China Electric Power Yearbook

2019 中国电力年鉴

《中国电力年鉴》编辑委员会

中国电力出版社
CHINA ELECTRIC POWER PRESS

本年鉴连续三届荣获中央级年鉴
评 比 一 等 奖

图书在版编目（CIP）数据

2019 中国电力年鉴 /《中国电力年鉴》编辑委员会编. —北京：中国电力出版社，2020.1
ISBN 978-7-5198-3966-6

Ⅰ.①2… Ⅱ.①中… Ⅲ.①电力工业－中国－2019－年鉴 Ⅳ.①F426.61-54

中国版本图书馆 CIP 数据核字（2019）第 241587 号

出版发行：中国电力出版社
地　　址：北京市东城区北京站西街 19 号（邮政编码 100005）
网　　址：http：//www.cepp.sgcc.com.cn
责任编辑：穆智勇（010-63412336） 柳　璐
责任校对：黄　蓓　常燕昆　朱丽芳
装帧设计：张俊霞　赵姗姗
责任印制：石　雷

印　　刷：三河市万龙印装有限公司
版　　次：2020 年 1 月第一版
印　　次：2020 年 1 月北京第一次印刷
开　　本：787 毫米×1092 毫米　16 开本
印　　张：50.25　　插　页：28
字　　数：1940 千字
印　　数：0001—2400 册
定　　价：298.00 元

2018年1月8日， 国内首个新能源大数据创新平台在青海西宁正式运营。图为中国工程院院士及与会发电企业代表听取介绍。

（国网青海电力 提供 汪晓刚 摄）

2018年2月11日，国家能源集团在北京牵头成立中国氢能源及燃料电池产业创新战略联盟（简称中国氢能战略联盟），并被选举为首届联盟理事会理事长单位。

（国家能源集团 提供）

2018年3月27日，国内首制新型海底电缆施工船正式出坞。

（国网浙江电力　提供　张帆　摄）

2018年5月17日，国家能源局2018年度水电建设工程防洪度汛应急演练在辽宁清原抽水蓄能项目水电八局施工区举行，这是国家能源局首次举行大型现场应急演练活动。

（中国电建　秦军　提供）

2018年5月18日，浙江省能源集团有限公司与国家发展改革委国际合作中心在杭州举办的开拓海外能源市场项目友好洽谈会上签署了战略合作协议及开拓海外能源投资市场项目咨询服务合同书。

（浙能集团　提供）

2018年5月22日，十三届全国人大常委会副委员长、中华全国妇女联合会主席沈跃跃（左二）一行到裕华公司调研大气污染防治法落实情况。

（中国华电　提供）

2018年5月28日，中宣部在天津市举办"时代楷模"发布仪式，国网天津电力员工张黎明被授予"时代楷模"称号。

（国网天津电力　提供）

2018年6月12日，2018年西北电网迎峰度夏联合反事故演习成功举办。本次演习由国网西北分部组织，西北各省（区）电力公司及部分发电企业共计52家单位856人参加了本次演习。

（国网西北分部　提供）

2018年7月13日，中广核与中央企业贫困地区产业投资基金（简称央企扶贫基金）签署项目投资合作协议，共同打造总投资98.94亿元、总装机容量160.83万kW的清洁能源产业扶贫平台。

（中广核 提供）

2018年7月26日，为纪念中国有电136周年，中国电力企业联合会举办2018年“中国电力主题日”活动，以“一带一路，点亮世界”为主题，向社会各界集中展示了电力企业在推动“一带一路”建设中做出的努力和贡献。

（中电联 提供）

2018年7月31日，由江苏省经信委主办、国网江苏电力承办的江苏省大面积停电事件应急演练成功举行。

（国网江苏电力　提供）

2018年8月18日，由国网电科院（南瑞集团）、智能电网保护和运行控制国家重点实验室（SGCC）共同主办的第三届“紫金论电”——智能电网保护和运行控制国际学术研讨会在南京召开。

（南瑞集团　提供）

2018年8月29日，国务院国资委在北京召开“创新体制机制 增强企业活力”媒体通气会。会上介绍了中广核在体制机制创新方面的举措和成效，并回答了媒体提问。

（中广核 提供）

2018年8月31日，全国首个电力现货市场——南方（以广东起步）电力现货市场试运行启动，国家发展改革委副主任连维良（左三）、南方电网公司总经理曹志安（右二）等出席启动会。

（广东电网公司 提供）

2018年11月，总装机容量672万kW的世界在役最大火电厂——大唐托克托发电公司入选国家博物馆“伟大的变革——庆祝改革开放40 周年大型展览”。

（中国大唐　提供）

2018年12月10日，泸州叙永山体滑坡，供电抢修“生命之光”照亮救援现场。

（国网四川电力　提供）

2018年12月18日上午，庆祝改革开放40周年大会在北京人民大会堂隆重举行，国网华北分部坚守调度一线，圆满完成保电任务。

（国网华北分部　提供）

2018年，由中国大唐投资建设的金边西至马德望230 kV输变电工程被中国商务部评为“丝路明珠”项目。

（中国大唐　提供）

2018年4月26日，在浙江省舟山市举行的浙江-新加坡经济贸易理事会第十三次会议上，浙能集团所属的浙江省石油公司与嘉能可亚洲公司签署合资经营协议。

（浙能集团　提供）

2018年5月28日，由中国南方电网有限责任公司、中国电力国际有限公司和越煤电力有限责任公司投资的越南永新燃煤电厂一期2×620MW工程1号机组168h可靠性试运行一次成功。

（国家电投　提供）

2018年6月4日，国家电投开发的首个海外绿地项目——澳大利亚亚洛克风电场并网发电。该风电场总装机容量2.87万kW，年预计发电量8670万kWh。

（国家电投 提供）

2018年6月17日，中国电建水电八局承建的亚洲第一长坝、柬埔寨最大的水电工程——桑河二级水电站5号机组顺利完成72h试运行，正式投产发电。

（中国电建　江先辉　提供）

2018年6月27日，津巴布韦总统埃默森·姆南加古瓦出席中国电建承建的津巴布韦旺吉燃煤电站扩机工程开工仪式。

（中国电建　提供）

2018年8月30日，来华参加2018中非合作论坛北京峰会的马拉维共和国总统彼得·穆塔里卡一行到中国能建总部参观访问。

（中国能建　提供）

2018年9月1日，加纳总统纳纳·阿库福-阿多（左二）及代表团一行莅临中国电建集团总部。（中国电建国际公司　杨鹏提供）

2018年9月3日，中国电建水电一局承建的刚果（金）布桑加水电站举行大江截流仪式。

（中国电建 王冬阳 提供）

2018年9月19日，国家能源集团国华印尼南苏电厂在亚洲电力颁奖典礼上斩获“年度煤电项目银奖”“年度独立发电企业（印尼区域）”两项大奖。

（国家能源集团 提供）

纳米比亚当地时间10月16日，国务院国资委党委副书记、主任肖亚庆，中国驻纳米比亚大使张益明一行到湖山铀矿项目调研，并与中广核集团公司党委书记、董事长贺禹等进行座谈。

（中广核 提供）

2018年10月22日，中国电建水电八局承担安装的巴基斯坦塔贝拉4期水电站最后一台（15号）机组完成全部有水调试并顺利移交业主，进入商业运行。
（中国电建 黄海宁 提供）

2018年12月11日，安提瓜和巴布达总理贾斯顿·布朗出席由中国电建承建的中国援助安提瓜和巴布达的两个社区中心项目开工典礼。
（中国电建国际公司 提供）

2018年12月27日，中国电建上海电建公司承建的菲律宾考斯瓦根（KAUSWAGAN）4×135MW燃煤电站EPC工程顺利实现首次点火。
（中国电建 龚玲霞 提供）

2018年4月24日上午10时，浙能绍兴滨海热电公司二期工程最后一台机组——6号机组投入商业运行。

（浙能集团　提供）

2018年7月18日，中国电建上海电建公司承建的世界首台135万kW超超临界二次再热燃煤发电机组——申能安徽平山二期项目开始锅炉钢架吊装，标志着整个安装工程建设全面展开。

（中国电建　张宇　提供）

2018年9月4日，中国电建上海电建公司承建的陕西清水川煤电一体化厂二期2×1000MW工程3号机组首次并网成功。

（中国电建　陈友斌　提供）

2018年11月1日，西北地区最大的集中供热项目——中国华电灵武电厂向银川“东热西送”集中供热项目正式投入运营。

（中国华电　提供）

2018年11月7日，中国电建山东电建一公司承建的华能烟台八角热电2×670MW燃煤机组工程1号机组圆满完成168h满负荷试运行。

（中国电建山东电建一公司　提供）

2018年12月19日，中国华电北京北燃能源有限公司1号机组顺利通过96h满负荷试运，进入商业运行，助力北京城市副中心建设。

（中国华电　提供）

2018年12月16日，中国华电江苏句容二期3号1000MW超超临界燃煤机组建成投运。

（中国华电　提供）

2018年12月30日，由中国能建所属西北电力设计院总承包的陕能赵石畔煤电一体化项目雷龙湾电厂一期工程（2×1000MW）1号机组168h试运成功。

（中国能建　提供）

2018年12月30日，由中国电建上海电建公司承建的神皖合肥庐江电厂新建工程2号机组一次性通过168h满负荷试运，标志着2号机组正式具备投入商业运营条件，同时也标志着庐江项目一期工程两台660MW机组圆满实现年内“双投”目标。

（中国电建　常青　提供）

2018年12月，中国能建承建的浙江台州第二发电厂（2×1000MW）荣获国家优质工程金质奖。

（中国能建　提供）

2018年12月，中国电建江西水电公司承建的华润海丰电厂2×1000MW工程获得2018年度国家优质工程奖。

（中国电建江西水电公司　提供）

截至2018年12月，大唐王滩发电公司发电机组连续103个月无燃油启动，创全国燃煤电厂单层等离子无油运行最长周期。图为大唐王滩发电公司海水淡化系统。

（中国大唐　提供）

2018年6月3日，中国电建成都院勘测设计的锦屏一级水电站荣获詹天佑奖。

（中国电建成都院　提供）

2018年9月7日，国内最大单机容量灯泡贯流式机组电站——大渡河沙坪二级水电站6台机组实现全部投产。

（国家能源集团　提供）

2018年11月16日，国家能源集团所属大渡河大岗山水电站入选“2018—2019年度第一批国家优质工程奖”名单，获评“国家优质工程金质奖”，工程质量被评价为“高质量等级优良工程”。

（国家能源集团　提供）

2018年11月30日，中国电建水电八局承建的白鹤滩水电站右岸大坝标段主体混凝土当月完成浇筑16.15万m^3。

（中国电建　柴俊锋　提供）

2018年12月27日，中国电建水电十二局承建的江西省峡江水利枢纽工程获中国水利工程协会2017—2018年度中国水利工程优质（大禹）奖。

（中国电建水电十二局　提供）

2018年12月27日，中国电建水电十六局承建的右江百色水利枢纽工程获中国水利工程协会2017—2018年度中国水利工程优质（大禹）奖。

（中国电建水电十六局　提供）

2018年12月，中国电建成都院勘测设计的藏木水电站荣获国家优质工程奖。

（中国电建成都院　提供）

2018年1月28日、2月13日，由中国电建集团贵州工程有限公司承建的贵阳市花溪城市生活垃圾综合处理工程1、2号发电机组分别顺利移交生产。该项目荣获2018年度贵州省“黄果树杯”优质工程奖。图为贵阳市花溪城市生活垃圾综合处理工程项目俯瞰图。

（中国电建 孔佑万 提供）

2018年6月21日，由中国电建贵州工程有限公司承建的云南兰坪30MW扶贫光伏农业科技大棚电站项目成功并网。该项目位于云南省怒江自治州兰坪自治县内，建设规模为30MW，于2017年12月1日开工建设。

（中国电建 王竞伟 提供）

2018年6月26日，全国首个光伏发电储能项目——黄河公司青海共和实证基地光伏储能项目并网发电。

（国家电投 提供）

2018年6月28日，国家能源集团为定点扶贫的右玉县建设的1.49MW村级扶贫光伏电站正式并网发电。

（国家能源集团　提供）

2018年6月29日，中国电建贵州工程公司EPC总承包建设的首个水上渔光互补光伏项目——广东湛江鼎瑞渔光一体100MW光伏发电项目成功并网。

（中国电建 黎光军 提供）

2018年6月29日、8月24日，全球首座AP1000核电站——浙江三门核电1、2号机组相继并网成功。

（中核集团　提供）

2018年6月30日，中国电建华东院勘测设计的亚洲规模最大的海上风电场——江苏滨海北H2 400MW海上风电场风电机组全部投产。

（中国电建华东院 提供）

2018年7月18日，江苏镇江电网储能电站工程正式并网投运。该储能电站总功率为10.1万kW，总容量20.2万kWh，是迄今已建成的世界规模最大、功能最全的电网侧储能电站项目。图为镇江丹阳建山储能电站鸟瞰图。

（国网江苏电力 提供）

2018年11月4日，国家能源集团所属龙源电力温岭江厦潮汐试验电站1号机组荣获全国“优秀海洋工程”荣誉称号。

（国家能源集团 提供）

2018年11月，全国最大沙漠生态光伏发电站——达拉特旗光伏发电应用领跑者基地（骏马图）并网发电，预计每年可发电61423.43万kWh。

（国家电投 提供）

2018年12月8日，浙能嘉兴1号海上风电场工程在嘉兴独山港区举行开工仪式，标志着浙能集团第一个海上风电场项目进入全面建设阶段。

（浙能集团 提供）

2018年12月22日，中核集团田湾核电4号机组100h满功率运行考核试验结束，具备商业运行条件。至此，田湾核电二期工程（3、4号机组）全面投产。

（中核集团 提供）

2018年4月23日，南瑞集团500kV全系列就地保护装置在世界首座就地化保护500kV变电站——江苏宿迁钟吾变电站成功投运。

（南瑞集团 提供）

2018年5月12日，巴楚—莎车750kV输变电工程正式建成投运。图为巴楚—莎车750kV输变电工程线路间隔棒安装。

（国网新疆电力 提供）

2018年6月28日，广东东莞纵江变电站配套500kV线路二期工程竣工投运。图为纵二线路黄牛埔水库大跨越。

（袁绮雯　摄）

2018年7月11日，镇江五峰山220kV跨江输电塔爆破拆除工程顺利完成。该工程1967年9月全线建成投运，是江苏境内首条跨江的220kV输电通道，也是国内首批建设的220kV跨江输电工程。爆破结束后，将在原址建设新的跨江线路。

（国网江苏电力　提供）

2018年7月19日，常州大唐国际（金坛）燃机电厂至河头220kV线路工程施工现场，国网江苏电力施工人员在45℃高温下进行立塔及平衡挂线工作。

（国网江苏电力 提供 史俊 摄）

2018年8月21日9时12分，"卓越号"盾构机历时近14个月穿越长江5468.5m，成功从长江北岸钻出，标志着淮南—南京—上海1000kV交流特高压输变电工程苏通GIL综合管廊工程盾构隧道全线贯通。

（国网江苏电力　提供）

2018年9月10日，南方电网主网与海南电网第二回（500kV）联网工程海缆敷设施工动员会在海口召开。

（海南电网公司　提供）

2018年9月11日，国网江苏电力历时12天，完成±800kV锡泰输变电工程江苏段检修任务。

（国网江苏电力　提供）

2018年9月15日，国网青海电力实施电网延伸工程。图为果洛州玛沁县施工现场。
（国网青海电力 提供 王国栋 摄）

2018年9月25日，±800kV扎鲁特换流站开始检修。
（国网蒙东电力 提供）

2018年9月28日，国网绵阳供电公司成功完成跨越西成高铁新建输电线路施工工作。
（国网四川电力 提供 田海 摄）

2018年10月24日，陕西榆林赵石畔电厂1号机组与榆横—潍坊1000kV特高压交流输变电工程成功并网。

（国网陕西电力 提供）

2018年10月30日，国家电网公司系统保护实验室投入运行。该实验室整体仿真规模世界第一，可显著提升大电网系统保护实验验证能力。

（南瑞集团 提供）

2018年11月7日，青海—河南±800kV特高压直流工程在青海省海南藏族自治州共和县开工。工程是中国乃至全球首条专为清洁能源外送而建设的特高压通道。

（国网青海电力 提供 汪晓刚 摄）

2018年11月14日，陕北至关中750kV第二输电通道工程验收工作全面启动。

（国网陕西电力　提供）

2018年11月，三峡秭归旅游母港岸电工程项目进入试运行。图为施工人员正在进行安装工作。

（雷　勇　张蔚蓝　摄）

2018年12月17日，新疆五家渠750kV输变电工程正式建成投运。图为GIS组合电器管母线对接。

（国网新疆电力　提供）

2018年12月22日，青海电网750kV日月山—海西—柴达木输电线路串补工程系统调试圆满结束，开始168h试运行。工程在750kV日月山—海西—柴达木四回输电线路上共计加装8组24套串补平台，是国内在同一输电通道中使用串补装置套数最多的工程之一。

（国网西北分部　提供）

2018年1月25日，国网山西电力积极应对恶劣天气，保障电网安全稳定运行。

（国网山西电力 提供）

2018年3月24日，国家能源集团所属资本控股公司容融1+1公益社组织开展了“点亮蓝灯放飞希望”公益活动，为来自北京星希望孤独症康复中心的孩子们带来了一场色彩斑斓的风筝之旅。

（国家能源集团 提供）

2018年4月11日，国网浙江电力举行“红船精神、电力传承”——国家电网浙江电力红船共产党员服务队授旗暨“人民电业为人民”专项行动启动仪式。

（周前 摄）

2018年4月12日，国网红岩（检修输检）共产党员服务队开展±800kV特高压复奉线大修工作。
（国网重庆电力　提供）

2018年5月20日，英吉沙县出现沙尘天气。图为国网英吉沙县供电公司员工冯皓、努尔艾力·穆合太尔在萨罕乡英叶尔9村如期送电保障春灌。
（国网新疆电力　提供）

2018年5月25日，贵州电网公司在贵阳举行团委主题团日活动暨青年创新成果展示会，庆祝改革开放40周年。
（贵州电网公司　提供）

2018年5月31日，国网太原公司走进中小学校，宣传用电知识。
（国网山西电力　提供）

2018年6月20～28日，青海电网成功实施了清洁能源供电216h（9天），再次刷新世界纪录。“绿电9日”期间，青海省所有用电均来自水力、太阳能以及风力发电产生的清洁能源。图为青海省果洛州玛多县居民卓玛吉和爱人在“绿电9日”期间使用电冰箱。
（国网青海电力 提供 王国栋 摄）

2018年6月22日，国网江苏电力开山岛共产党员服务队队长袁立雨与“时代楷模”、守岛英雄王继才在一起交流开山岛光伏电站使用维护情况。
（国网江苏电力 提供 陈忠财 摄）

2018年7月26日，国网河南电力共产党员服务队深入农村开展服务。

（国网河南电力　提供）

2018年8月9日，国网四川电力共产党员服务队奔赴“8·8”九寨沟抗震抢险一线。

（国网四川电力　提供）

2018年9月10日，中国电建水电七局建设的西藏日喀则桑珠孜区江当乡扶贫项目——阳光小镇，通过验收移交。

（中国电建　曾艾林　提供）

2018年9月14日，海口供电局工作人员在台风“山竹”登陆前对广告牌、公交车站等场所进行检测排查，全力保障台风天气期间供电安全。

（海南电网公司 提供 杨永光 摄）

2018年9月28日，国家电网乌兰托嘎（右旗宝日勿苏）共产党员服务队利用工余时间深入田间地头为农民收割粮食，共享丰收。

（国网蒙东巴林右旗供电公司 提供 白光元 摄）

2018年10月22日，国家电网老河口市供电公司张集供电所员工在营业大厅内的“再电气化”展示专区向客户介绍环保节能的新型家用电器。

（郭 峰 魏林丽 摄）

2018年10月，“10 · 11”金沙江白格滑坡后，中国电建成都院专家组翻山越岭奔赴堰塞坝现场，研究制定泄洪后处置方案。

（中国电建成都院 提供）

2018年12月21日，国网北京电力开展“首都卫蓝暖心服务日”活动。

（安晓静 摄）

《中国电力年鉴》编委会

《2019 中国电力年鉴》

《中国电力年鉴》编辑部

特约撰稿人（按姓氏笔画排列）

丁　林	丁　静	丁新新	于　汀	于　跃	万航宇	马　跃
马海洋	王　东	王　畅	王　爽	王　瑷	王一哲	王小春
王生龙	王永福	王庆杰	王红亮	王秀龙	王金宇	王孟潇
王珊丹	王钦霞	王庭军	王振华	王晓刚	王晓茜	王营华
王敏涛	王嘉君	王燕玲	王瀚伟	韦加雄	毛育东	公　锐
孔　灿	艾　青	左新强	龙　飞	龙　云	卢泽光	帅　伟
叶长鑫	叶伏虎	叶婉琪	申雁冰	田风廷	包丹阳	冯　晔
冯颖惠	司良奇	匡经国	邢　蕊	吉　炜	吕　军	吕　昕
吕　铎	朱　聪	伍　飞	任　健	庄　严	刘　丹	刘　严
刘　沙	刘　硕	刘　博	刘之阳	刘旭龙	刘振涛	刘葳蕤
刘雁斌	米连生	安晓滨	许　争	许为宁	那文凯	孙中琼
孙文成	孙目元	孙建锋	牟善科	严　艺	苏　玲	杜修明
李　刚	李　庆	李　杨	李　明	李　峰	李　曼	李　斌
李　鹏	李太安	李文俊	李青春	李国柱	李金忠	李树国
李洪光	李婷奕	杨　帆	杨　明	杨　挺	杨　亮	杨　倞
杨振华	杨鹏科	邴颂东	肖　前	时　伟	吴京晶	吴海明
旷路明	邱　宁	邱　威	何　飞	何　剑	何　媛	何显祥
何润生	邹文晴	辛　慧	张　义	张　屹	张　宇	张　虎
张　猛	张　楠	张　淼	张风营	张亚迪	张会旭	张兴辉
张初旺	张佩佩	张贺军	张晓东	张晓阳	张锁龙	张耀坤
陈　龙	陈　燕	陈孝健	陈利飞	陈原子	范晓虹	林　楠
林启鑫	尚伟亮	罗旭杰	岳　媛	金　鑫	周　杨	周　俊
周　翔	周　鹏	周建力	郑雪胜	宗佳慧	封　梁	赵　扬
赵　亮	赵　倩	赵　静	赵　影	赵　毅	赵大平	赵永华
赵江涛	赵国富	赵艳玲	赵哲源	赵海翔	郝占启	胡　波
胡　浩	胡侑实	侯　伟	侯　勇	姜力琪	姚惠珍	贺　冲
秦诗琼	袁国民	贾宝钦	贾建军	夏　春	顾宇桂	钱永乐

徐俊波　徐晓慧　徐鹏飞　栾凤奎　高　澈　高海峰　高鹏路
高群策　浮　婷　黄　勇　黄　荷　黄　婷　黄明亮　黄常元
黄敏婵　曹　祎　曹晓延　曹爱民　盛　兴　常　宏　崔　昊
崔沙宁　梁　佳　谌柳明　彭　江　彭　波　彭文博　葛　栋
葛云鹏　董时萌　敬慧莉　蒋　励　蒋辰临　覃桂平　程军生
傅建钢　温艳春　谢一骏　靳坤坤　雷定演　路　晓　简金芝
解晓东　褚立杰　蔡政权　蔡靖波　臧家宁　廖　爽　熊　雄
熊志明　缪莉庆　颜辉轩　潘　洁　薛洋企　戴力壮　魏　琦
魏中华

编 辑 说 明

1.《中国电力年鉴》（简称《年鉴》）于1993年创刊，已连续出版25期，是一本融史实性、资料性为一体的专业年鉴，也是一本全面实用，文、图、表并茂的综合性大型年刊。其主要服务对象为从事电力科研、生产、建设、经营管理的有关人员，以及与电力相关的政府和企事业单位的有关人员。

2. 本《年鉴》的编纂指导思想为：围绕电力工业改革与发展的主线，全面记载电力工业发展与改革、规划与建设、科技进步、国际合作等各方面的成就和工作。

3. 本《年鉴》是在国家能源局的领导和中国电力企业联合会的支持下，由国家电网有限公司、中国南方电网有限责任公司、中国华能集团有限公司、中国大唐集团有限公司、中国华电集团有限公司、国家能源投资集团有限责任公司、国家电力投资集团有限公司等共同组织编写的。《年鉴》编委会由国家能源局、中国电力企业联合会、两大电网公司、五大发电集团公司、两个建设集团公司，以及其他电力相关企业的主要负责人组成，并作为《中国电力年鉴》的领导机构，决定《年鉴》编辑出版的指导思想和主要内容。

4. 本期《年鉴》主要收录了2018年中国电力工业各方面所取得的成绩，重点反映了2018年电力工业发展和改革、电力建设、科技创新、国际合作、社会责任等内容。本期《年鉴》在框架结构上做了适当调整，调整的篇目和栏目情况如下：“电力建设”篇目，将“电源建设工程”栏目细分，增加一个层次，包括“火力发电”“水力发电”“核能发电”“非水可再生能源发电及储能”；“科技创新”篇目增加“专利和标准”栏目，“国际合作”篇目取消“国际标准”栏目。另外，对个别篇目顺序做了调整，将“社会责任”篇目移至“国际合作”篇目之后。

5. 本期《年鉴》的框架结构由篇目、栏目、条目3个层次组成，设有特载，电力发展与改革，电力建设，科技创新，国际合作，社会责任，行业管理，电力会议，学术团体与行业学协会，科研、教育与新闻出版，电力企业，地区电力，大事记，文献，统计资料等篇目。本期《年鉴》仍采用文章和条目两种体裁，以条目为主，并配有具有史料价值的彩图100余幅。为方便读者检索和查阅，本《年鉴》正文前有中文目录和彩图目录，正文后有内容索引。

6. 本《年鉴》实行文责自负。《年鉴》框架设计及文章类条目均由编委会审定，条目内容、数据、彩图等均由撰稿单位校核及审定。需说明的是，本《年鉴》统计资料及有关全国数据的图表等一般未包括我国台湾省和港澳地区的数据。

篇　目

目　录

电力发展与改革

电力建设

科技创新

国际合作

社会责任

行业管理

电力会议

地区电力

大事记

文　献

统计资料

企业风采

附　录

索　引

彩 图 目 录

重要电力事件

2018年1月8日，国内首个新能源大数据创新平台在青海西宁正式运营。图为中国工程院院士及与会发电企业代表听取介绍。

（国网青海电力　提供　汪晓刚　摄）

2018年2月11日，国家能源集团在北京牵头成立中国氢能源及燃料电池产业创新战略联盟（简称中国氢能战略联盟），并被选举为首届联盟理事会理事长单位。

（国家能源集团　提供）

2018年3月27日，国内首制新型海底电缆施工船正式出坞。

（国网浙江电力　提供　张帆　摄）

2018年5月17日，国家能源局2018年度水电建设工程防洪度汛应急演练在辽宁清原抽水蓄能项目水电八局施工区举行，这是国家能源局首次举行大型现场应急演练活动。

（中国电建　秦军　提供）

2018年5月18日，浙江省能源集团有限公司与国家发展改革委国际合作中心在杭州举办的开拓海外能源市场项目友好洽谈会上签署了战略合作协议及开拓海外能源投资市场项目咨询服务合同书。

（浙能集团　提供）

2018年5月22日，十三届全国人大常委会副委员长、中华全国妇女联合会主席沈跃跃（左二）一行到裕华公司调研大气污染防治法落实情况。

（中国华电　提供）

2018年5月28日，中宣部在天津市举办“时代楷模”发布仪式，国网天津电力员工张黎明被授予“时代楷模”称号。

（国网天津电力　提供）

2018年6月12日，2018年西北电网迎峰度夏联合反事故演习成功举办。本次演习由国网西北分部组织，西北各省（区）电力公司及部分发电企业共计52家单位856人参加了本次演习。

（国网西北分部　提供）

2018年7月13日，中广核与中央企业贫困地区产业投资基金（简称央企扶贫基金）签署项目投资合作协议，共同打造总投资98.94亿元、总装机容量160.83万kW的清洁能源产业扶贫平台。

（中广核　提供）

2018年7月26日，为纪念中国有电136周年，中国电力企业联合会举办2018年“中国电力主题日”活动，以“一带一路，点亮世界”为主题，向社会各界集中展示了电力企业在推动“一带一路”建设中做出的努力和贡献。

（中电联　提供）

2018年7月31日，由江苏省经信委主办、国网江苏电力承办的江苏省大面积停电事件应急演练成功举行。

（国网江苏电力　提供）

2018年8月18日，由国网电科院（南瑞集团）、智能电网保护和运行控制国家重点实验室（SGCC）共同主办的第三届“紫金论电”——智能电网保护和运行控制国际学术研讨会在南京召开。

（南瑞集团　提供）

2018年8月29日，国务院国资委在北京召开“创新体制机制　增强企业活力”媒体通气会。会上介绍了中广核在体制机制创新方面的举措和成效，并回答了媒体提问。

（中广核　提供）

2018年8月31日，全国首个电力现货市场——南方（以广东起步）电力现货市场试运行启动，国家发展改革委副主任连维良（左三）、南方电网公司总经理曹志安（右二）等出席启动会。

（广东电网公司　提供）

2018年11月，总装机容量672万kW的世界在役最大火电厂——大唐托克托发电公司入选国家博物馆“伟大的变革——庆祝改革开放40周年大型展览”。

（中国大唐　提供）

2018年12月10日，泸州叙永山体滑坡，供电抢修“生命之光”照亮救援现场。

（国网四川电力　提供）

2018年12月18日上午，庆祝改革开放40周年大会在北京人民大会堂隆重举行，国网华北分部坚守调度一线，圆满完成保电任务。

（国网华北分部　提供）

2018年，由中国大唐投资建设的金边西至马德望230kV输变电工程被中国商务部评为“丝路明珠”项目。

（中国大唐　提供）

国际合作与交流

2018年4月26日，在浙江省舟山市举行的浙江—新加坡经济贸易理事会第十三次会议上，浙能集团所属的浙江省石油公司与嘉能可亚洲公司签署合资经营协议。

（浙能集团　提供）

2018年5月28日，由中国南方电网有限责任公司、中国电力国际有限公司和越煤电力有限责任公司投资的越南永新燃煤电厂一期2×620MW工程1号机组168h可靠性试运行一次成功。

（国家电投　提供）

2018年6月4日，国家电投开发的首个海外绿地项目——澳大利亚亚洛克风电场并网发电。该风电场总装机容量2.87万kW，年预计发电量8670万kWh。

（国家电投　提供）

2018年6月17日，中国电建水电八局承建的亚洲第一长坝、柬埔寨最大的水电工程——桑河二级水电站5号机组顺利完成72h试运行，正式投产发电。

（中国电建　江先辉　提供）

2018年6月27日，津巴布韦总统埃默森·姆南加古瓦出席中国电建承建的津巴布韦旺吉燃煤电站扩机工程开工仪式。

（中国电建　提供）

2018年8月30日，来华参加2018中非合作论坛北京峰会的马拉维共和国总统彼得·穆塔里卡一行到中国能建总部参观访问。

（中国能建　提供）

2018年9月1日，加纳总统纳纳·阿库福—阿多（左二）及代表团一行莅临中国电建集团总部。

（中国电建国际公司　杨鹏　提供）

2018年9月3日，中国电建水电一局承建的刚果（金）布桑加水电站举行大江截流仪式。

（中国电建　王冬阳　提供）

2018年9月19日，国家能源集团国华印尼南苏电厂在亚洲电力颁奖典礼上斩获“年度煤电项目银奖”“年度独立发电企业（印尼区域）”两项大奖。

（国家能源集团　提供）

纳米比亚当地时间10月16日，国务院国资委党委副书记、主任肖亚庆，中国驻纳米比亚大使张益明一行到湖山铀矿项目调研，并与中广核集团公司党委书记、董事长贺禹等进行座谈。

（中广核　提供）

2018年10月22日，中国电建水电八局承担安装的巴基斯坦塔贝拉4期水电站最后一台（15号）机组完成全部有水调试并顺利移交业主，进入商业运行。

（中国电建　黄海宁　提供）

2018年12月11日，安提瓜和巴布达总理贾斯顿·布朗出席由中国电建承建的中国援助安提瓜和巴布达的两个社区中心项目开工典礼。

（中国电建国际公司　提供）

2018年12月27日，中国电建上海电建公司承建的菲律宾考斯瓦根（KAUSWAGAN）4×135MW燃煤电站EPC工程顺利实现首次点火。

（中国电建　龚玲霞　提供）

发电·火力发电

2018年4月24日上午10时，浙能绍兴滨海热电公司二期工程最后一台机组——6号机组投入商业运行。

（浙能集团　提供）

2018年7月18日，中国电建上海电建公司承建的世界首台135万kW超超临界二次再热燃煤发电机组——申能安徽平山二期项目开始锅炉钢架吊装，标志着整个安装工程建设全面展开。

（中国电建　张宇　提供）

2018年9月4日，中国电建上海电建公司承建的陕西清水川煤电一体化厂二期2×1000MW工程3号机组首次并网成功。

（中国电建　陈友斌　提供）

2018年11月1日，西北地区最大的集中供热项目——中国华电灵武电厂向银川“东热西送”集中供热项目正式投入运营。

（中国华电　提供）

2018年11月7日，中国电建山东电建一公司承建的华能烟台八角热电2×670MW燃煤机组工程1号机组圆满完成168h满负荷试运行。

（中国电建山东电建一公司　提供）

2018年12月19日，中国华电北京北燃能源有限公司1号机组顺利通过96h满负荷试运，进入商业运行，助力北京城市副中心建设。

（中国华电　提供）

2018年12月16日，中国华电江苏句容二期3号1000MW超超临界燃煤机组建成投运。

（中国华电　提供）

2018年12月30日，由中国能建所属西北电力设计院总承包的陕能赵石畔煤电一体化项目雷龙湾电厂一期工程（2×1000MW）1号机组168h试运成功。

（中国能建　提供）

2018年12月30日，由中国电建上海电建公司承建的神皖合肥庐江电厂新建工程2号机组一次性通过168h满负荷试运，标志着2号机组正式具备投入商业运营条件，同时也标志着庐江项目一期工程两台660MW机组圆满实现年内“双投”目标。

（中国电建　常青　提供）

2018年12月，中国能建承建的浙江台州第二发电厂（2×1000MW）荣获国家优质工程金质奖。

（中国能建　提供）

2018年12月，中国电建江西水电公司承建的华润海丰电厂2×1000MW工程获得2018年度国家优质工程奖。

（中国电建江西水电公司　提供）

截至2018年12月，大唐王滩发电公司发电机组连续103个月无燃油启动，创全国燃煤电厂单层等离子无油运行最长周期。图为大唐王滩发电公司海水淡化系统。

（中国大唐　提供）

发电·水力发电

2018年6月3日，中国电建成都院勘测设计的锦屏一级水电站荣获詹天佑奖。

（中国电建成都院　提供）

2018年9月7日，国内最大单机容量灯泡贯流式机组电站——大渡河沙坪二级水电站6台机组实现全部投产。

（国家能源集团　提供）

2018年11月16日，国家能源集团所属大渡河大岗山水电站入选“2018—2019年度第一批国家优质工程奖”名单，获评“国家优质工程金质奖”，工程质量被评价为“高质量等级优良工程”。

（国家能源集团　提供）

2018年11月30日，中国电建水电八局承建的白鹤滩水电站右岸大坝标段主体混凝土当月完成浇筑16.15万m^3。

（中国电建　柴俊锋　提供）

2018年12月27日，中国电建水电十二局承建的江西省峡江水利枢纽工程获中国水利工程协会2017—2018年度中国水利工程优质（大禹）奖。

（中国电建水电十二局　提供）

2018年12月27日，中国电建水电十六局承建的右江百色水利枢纽工程获中国水利工程协会2017—2018年度中国水利工程优质（大禹）奖。

（中国电建水电十六局　提供）

2018年12月，中国电建成都院勘测设计的藏木水电站荣获国家优质工程奖。

（中国电建成都院　提供）

发电·核能及新能源发电

2018年1月28日、2月13日，由中国电建集团贵州工程有限公司承建的贵阳市花溪城市生活垃圾综合处理工程1、2号发电机组分别顺利移交生产。该项目荣获2018年度贵州省“黄果树杯”优质工程奖。图为贵阳市花溪城市生活垃圾综合处理工程项目俯瞰图。

（中国电建　孔佑万　提供）

2018年6月21日，由中国电建贵州工程有限公司承建的云南兰坪30MW扶贫光伏农业科技大棚电站项目成功并网。该项目位于云南省怒江自治州兰坪自治县内，建设规模为30MW，于2017年12月1日开工建设。

（中国电建　王竞伟　提供）

2018年6月26日，全国首个光伏发电储能项目——黄河公司青海共和实证基地光伏储能项目并网发电。

（国家电投　提供）

2018年6月28日，国家能源集团为定点扶贫的右玉县建设的1.49MW村级扶贫光伏电站正式并网发电。

（国家能源集团　提供）

2018年6月29日，中国电建贵州工程公司EPC总承包建设的首个水上渔光互补光伏项目——广东湛江鼎瑞渔光一体100MW光伏发电项目成功并网。

（中国电建　黎光军　提供）

2018年6月29日、8月24日，全球首座AP1000核电站——浙江三门核电1、2号机组相继并网成功。

（中核集团　提供）

2018年6月30日，中国电建华东院勘测设计的亚洲规模最大的海上风电场——江苏滨海北H2 400MW海上风电场风电机组全部投产。

（中国电建华东院　提供）

2018年7月18日，江苏镇江电网储能电站工程正式并网投运。该储能电站总功率为10.1万kW，总容量20.2万kWh，是迄今已建成的世界规模最大、功能最全的电网侧储能电站项目。图为镇江丹阳建山储能电站鸟瞰图。

（国网江苏电力　提供）

2018年11月4日，国家能源集团所属龙源电力温岭江厦潮汐试验电站1号机组荣获全国“优秀海洋工程”荣誉称号。

（国家能源集团　提供）

2018年11月，全国最大沙漠生态光伏发电站——

达拉特旗光伏发电应用领跑者基地（骏马图）并网发电，预计每年可发电 61 423.43 万 kWh。

（国家电投　提供）

2018 年 12 月 8 日，浙能嘉兴 1 号海上风电场工程在嘉兴独山港区举行开工仪式，标志着浙能集团第一个海上风电场项目进入全面建设阶段。

（浙能集团　提供）

2018 年 12 月 22 日，中核集团田湾核电 4 号机组 100h 满功率运行考核试验结束，具备商业运行条件。至此，田湾核电二期工程（3、4 号机组）全面投产。

（中核集团　提供）

输变电工程

2018 年 4 月 23 日，南瑞集团 500kV 全系列就地保护装置在世界首座就地化保护 500kV 变电站——江苏宿迁钟吾变电站成功投运。

（南瑞集团　提供）

2018 年 5 月 12 日，巴楚—莎车 750kV 输变电工程正式建成投运。图为巴楚—莎车 750kV 输变电工程线路间隔棒安装。

（国网新疆电力　提供）

2018 年 6 月 28 日，广东东莞纵江变电站配套 500kV 线路二期工程竣工投运。图为纵二线路黄牛埔水库大跨越。

（袁绮雯　摄）

2018 年 7 月 11 日，镇江五峰山 220kV 跨江输电塔爆破拆除工程顺利完成。该工程 1967 年 9 月全线建成投运，是江苏境内首条跨江的 220kV 输电通道，也是国内首批建设的 220kV 跨江输电工程。爆破结束后，将在原址建设新的跨江线路。

（国网江苏电力　提供）

2018 年 7 月 19 日，常州大唐国际（金坛）燃机电厂至河头 220kV 线路工程施工现场，国网江苏电力施工人员在 45℃高温下进行立塔及平衡挂线工作。

（国网江苏电力　提供　史俊　摄）

2018 年 8 月 21 日 9 时 12 分，“卓越号”盾构机历时近 14 个月穿越长江 5468.5m，成功从长江北岸钻出，标志着淮南—南京—上海 1000kV 交流特高压输变电工程苏通 GIL 综合管廊工程盾构隧道全线贯通。

（国网江苏电力　提供）

2018 年 9 月 10 日，南方电网主网与海南电网第二回（500kV）联网工程海缆敷设施工动员会在海口召开。

（海南电网公司　提供）

2018 年 9 月 11 日，国网江苏电力历时 12 天，完成±800kV 锡泰输变电工程江苏段检修任务。

（国网江苏电力　提供）

2018 年 9 月 15 日，国网青海电力实施电网延伸工程。图为果洛州玛沁县施工现场。

（国网青海电力　提供　王国栋　摄）

2018 年 9 月 25 日，±800kV 扎鲁特换流站开始检修。

（国网蒙东电力　提供）

2018 年 9 月 28 日，国网绵阳供电公司成功完成跨越西成高铁新建输电线路施工工作。

（国网四川电力　提供　田海　摄）

2018 年 10 月 24 日，陕西榆林赵石畔电厂 1 号机组与榆横—潍坊 1000kV 特高压交流输变电工程成功并网。

（国网陕西电力　提供）

2018 年 10 月 30 日，国家电网公司系统保护实验室投入运行。该实验室整体仿真规模世界第一，可显著提升大电网系统保护实验验证能力。

（南瑞集团　提供）

2018 年 11 月 7 日，青海—河南±800kV 特高压直流工程在青海省海南藏族自治州共和县开工。工程是中国乃至全球首条专为清洁能源外送而建设的特高压通道。

（国网青海电力　提供　汪晓刚　摄）

2018 年 11 月 14 日，陕北至关中 750kV 第二输电通道工程验收工作全面启动。

（国网陕西电力　提供）

2018 年 11 月，三峡秭归旅游母港岸电工程项目进入试运行。图为施工人员正在进行安装工作。

（雷勇　张蔚蓝　摄）

2018 年 12 月 17 日，新疆五家渠 750kV 输变电工程正式建成投运。图为 GIS 组合电器管母线对接。

（国网新疆电力　提供）

2018 年 12 月 22 日，青海电网 750kV 日月山—海西—柴达木输电线路串补工程系统调试圆满结束，开始 168h 试运行。工程在 750kV 日月山—海西—柴达木四回输电线路上共计加装 8 组 24 套串补平台，是国内在同一输电通道中使用串补装置套数最多的工程之一。

（国网西北分部　提供）

党的建设与精神文明建设

2018 年 1 月 25 日，国网山西电力积极应对恶劣天气，保障电网安全稳定运行。

（国网山西电力　提供）

2018 年 3 月 24 日，国家能源集团所属资本控股公司容融 1+1 公益社组织开展了“点亮蓝灯放飞希望”

公益活动，为来自北京星希望孤独症康复中心的孩子们带来了一场色彩斑斓的风筝之旅。

（国家能源集团　提供）

2018 年 4 月 11 日，国网浙江电力举行“红船精神、电力传承”——国家电网浙江电力红船共产党员服务队授旗暨“人民电业为人民”专项行动启动仪式。

（周前　摄）

2018 年 4 月 12 日，国网红岩（检修输检）共产党员服务队开展±800kV 特高压复奉线大修工作。

（国网重庆电力　提供）

2018 年 5 月 20 日，英吉沙县出现沙尘天气。图为国网英吉沙县供电公司员工冯皓、努尔艾力·穆合太尔在萨罕乡英叶尔 9 村如期送电保障春灌。

（国网新疆电力　提供）

2018 年 5 月 25 日，贵州电网公司在贵阳举行团委主题团日活动暨青年创新成果展示会，庆祝改革开放 40 周年。

（贵州电网公司　提供）

2018 年 5 月 31 日，国网太原公司走进中小学校，宣传用电知识。

（国网山西电力　提供）

2018 年 6 月 20～28 日，青海电网成功实施了清洁能源供电 216h（9 天），再次刷新世界纪录。“绿电 9 日”期间，青海省所有用电均来自水力、太阳能以及风力发电产生的清洁能源。图为青海省果洛州玛多县居民卓玛吉和爱人在“绿电 9 日”期间使用电冰箱。

（国网青海电力　提供　王国栋　摄）

2018 年 6 月 22 日，国网江苏电力开山岛共产党员服务队队长袁立雨与“时代楷模”、守岛英雄王继才在一起交流开山岛光伏电站使用维护情况。

（国网江苏电力　提供　陈忠财　摄）

2018 年 7 月 26 日，国网河南电力共产党员服务队深入农村开展服务。

（国网河南电力　提供）

2018 年 8 月 9 日，国网四川电力共产党员服务队奔赴“8·8”九寨沟抗震抢险一线。

（国网四川电力　提供）

2018 年 9 月 10 日，中国电建水电七局建设的西藏日喀则桑珠孜区江当乡扶贫项目——阳光小镇，通过验收移交。

（中国电建　曾艾林　提供）

2018 年 9 月 14 日，海口供电局工作人员在台风“山竹”登陆前对广告牌、公交车站等场所进行检测排查，全力保障台风天气期间供电安全。

（海南电网公司　提供　杨永光　摄）

2018 年 9 月 28 日，国家电网乌兰托嘎（右旗宝日勿苏）共产党员服务队利用工余时间深入田间地头为农民收割粮食，共享丰收。

（国网蒙东巴林右旗供电公司　提供　白光元　摄）

2018 年 10 月 22 日，国家电网老河口市供电公司张集供电所员工在营业大厅内的“再电气化”展示专区向客户介绍环保节能的新型家用电器。

（郭峰　魏林丽　摄）

2018 年 10 月，“10·11”金沙江白格滑坡后，中国电建成都院专家组翻山越岭奔赴堰塞坝现场，研究制定泄洪后处置方案。

（中国电建成都院　提供）

2018 年 12 月 21 日，国网北京电力开展“首都卫蓝暖心服务日”活动。

（安晓静　摄）

特　载

党和国家领导人关注电力

习近平与马克龙共同为台山核电 1 号机组成为 EPR 全球首堆工程揭牌

1 月 9 日下午，国家主席习近平与法国总统马克龙在北京人民大会堂共同为台山核电 1 号机组成为 EPR（european pressurized reactor）全球首堆工程揭牌。台山核电 1 号机组于 2009 年开工建设，2 号机组于 2010 年开工建设，均为 EPR 三代压水堆核电机组，由中国广核集团、法国电力集团和粤电集团共同投资组建的台山核电合营有限公司负责建设和运营，是中法两国能源领域的最大合作项目。

习近平与马克龙共同见证中核集团、中国广核集团与法国相关机构签署合作协议

1 月 9 日，在国家主席习近平与法国总统马克龙共同见证下，中核集团董事长王寿君和法国新阿海珐集团在北京人民大会堂签署相关协议备忘录，与法国法马通公司签署全球战略合作协议；中国广核集团董事长贺禹与法国替代能源与原子能委员会（CEA）主席韦尔威尔德签订核研发技术领域合作协议，双方将在核反应堆技术、先进燃料和材料、燃料循环后端等方面深化合作。上述合作协议是落实《中法两国深化民用核能合作的联合声明》的具体举措，将开启中法核能合作新纪元，进一步推动中法两国乃至全球核能未来发展。

习近平考察三峡工程

4 月 24 日下午，中共中央总书记、国家主席习近平来到三峡大坝，详细了解三峡工程建设、发电、水利、通航、生态保护等方面的情况。随后，前往通航船闸、升船机和左岸发电厂实地调研。他肯定了工程技术人员所做的贡献，并指出，三峡工程是国之重器，是靠劳动者的辛勤劳动自力更生创造出来的。真正的大国重器，一定要掌握在自己手里。核心技术、关键技术，化缘是化不来的，要靠自己拼搏。国家要强大、民族要复兴，必须靠我们自己砥砺奋进、不懈奋斗。

习近平和普京见证中核集团与俄国家原子能集团签署框架合同

6 月 8 日，上合组织青岛峰会前夕，在国家主席习近平和俄罗斯总统普京见证下，中核集团与俄罗斯国家原子能集团签署田湾 7/8 号、徐大堡核电站框架合同，中国示范快堆设备供应及服务采购框架合同。合同总金额超过 200 亿元人民币，这是迄今为止中俄最大核能合作项目。根据合同约定，中俄将在田湾和徐大堡厂址合作建设 4 台 VVER-1200 型三代核电机组，双方将在中国示范快堆项目中开展设备供货和技术服务合作。

习近平和杜特尔特共同见证中国能建与菲方签署合作协议

11 月 20 日，在国家主席习近平和菲律宾总统杜特尔特共同见证下，中国能建董事长汪建平在菲律宾总统府签署了卡利瓦大坝项目和克拉克工业园项目协议。两个项目是中菲推动“一带一路”框架内基础设施建设领域互利合作，助力菲律宾实施更多民生项目的重要成果。

习近平和科斯塔共同见证国家电网公司、中国三峡集团与葡萄牙公司签署合作协议

葡萄牙当地时间 12 月 5 日，在国家主席习近平和葡萄牙总理安东尼奥·科斯塔的共同见证下，国家电网公司董事长寇伟（时任总经理）与葡萄牙国家能源网公司（REN）董事长兼首席执行官罗德里格在里斯本克鲁斯宫签署合作框架协议，深化双方能源领域合作发展；中国长江三峡集团有限公司董事长雷鸣山与葡萄牙电力公司首席执行官安东尼奥·梅西亚签署合作协议，进一步巩固和深化双方在海上风电、社会生态、科技文化等领域的交流合作。

李克强和菲利普共同见证中国大唐集团与法国电力集团签署合作协议

6 月 25 日，在国务院总理李克强和法国总理菲利

普的共同见证下，时任中国大唐集团有限公司董事长、党组书记陈进行与法国电力集团董事长乐维在人民大会堂共同签署了“低碳能源境内外项目合作协议”。根据协议内容，双方将进一步深化在境内外低碳能源项目上的合作，在既有良好交流合作和紧密的战略伙伴关系基础上，加强第三方市场的联合开发，并积极推进科研及人才交流等合作。

孙春兰率团赴防城港看望慰问干部群众并考察防城港核电站

12月11日，中共中央政治局委员、国务院副总理、中央代表团副团长孙春兰率中央代表团二分团，赴防城港看望慰问各族各界干部群众，共同庆祝广西壮族自治区成立60周年。孙春兰会见了防城港市各族各界干部群众代表，出席防城港市庆祝自治区成立60周年座谈会，还考察了防城港核电站，充分肯定核电站按照国际最高标准特别是采用拥有自主知识产权的技术进行建设。

王勇到广利核公司调研

12月7日，国务委员王勇到中国广核集团北京广利核系统工程有限公司调研核电DCS自主化和党的建设等工作。王勇强调，要坚持自主创新，推动中国核电仪控和工业控制技术水平不断提升，为实现国家两个一百年目标做出新的贡献。国务院国资委党委副书记、主任肖亚庆参加调研。

法律法规及产业政策

全国人民代表大会常务委员会关于修改《中华人民共和国电力法》等四部法律的决定

12月29日，第十三届全国人民代表大会常务委员会第七次会议决定：

（1）对《中华人民共和国电力法》作出修改。将第二十五条第三款修改为：“供电营业区的设立、变更，由供电企业提出申请，电力管理部门依据职责和管理权限，会同同级有关部门审查批准后，发给电力业务许可证。供电营业区设立、变更的具体办法，由国务院电力管理部门制定。”

（2）对《中华人民共和国高等教育法》作出修改（略）。

（3）对《中华人民共和国港口法》作出修改（略）。

（4）对《中华人民共和国企业所得税法》作出修改（略）。

《中华人民共和国电力法》《中华人民共和国高等教育法》《中华人民共和国港口法》《中华人民共和国企业所得税法》根据决定作相应修改，重新公布。

国务院办公厅发布《关于加强核电标准化工作的指导意见》

7月23日，国务院办公厅印发《关于加强核电标准化工作的指导意见》，部署进一步加强中国核电标准化工作。

意见指出，要立足国家核电长远发展，坚持标准自主化与国际化相结合，凝聚共识，自主创新，加快建设一套自主、统一、协调、先进、与国内核电发展水平相适应的核电标准体系，充分发挥标准的规范、引领和支撑作用，推动核电技术和装备进步，促进中国核电安全和可持续发展。

意见明确，到2019年，形成自主统一的、与国内核电发展水平相适应的核电标准体系；到2022年，国内自主核电项目采用自主核电标准的比例大幅提高，中国核电标准的国际影响力和认可度显著提升；到2027年，跻身核电标准化强国前列，在国际核电标准化领域发挥引领作用。

意见着眼于解决当前核电标准化工作中面临的标准体系不完善、实施应用不理想、国际认可度和影响力不够等突出问题，提出了五类共11项重点任务：一是优化完善核电标准体系。加快推进核岛机械设备标准技术路线统一，加强标准制/修订工作，建立能源行业核电标准动态管理机制，提高标准质量。二是推动核电标准广泛应用。完善与核安全相关标准的认可制度，优化实施反馈机制，实现标准实施—反馈—提升的良性循环。三是扩大核电标准国际影响。推动与核电贸易国建立双边、多边合作机制；加强与核电强国的标准技术交流与合作，推动标准互认、标准共建及技术交流等合作。四是强化核电标准能力建设。建立核电标准信息化工作平台，加强人才队伍建设，支撑核电标准长远发展。五是提升标准自主创新水平。全面开展标准化科研，加强科研成果转化，适时将技术创新成果转化为标准。同时，意见明确了建立机制、政府引导、企业配套、资金支持等组织落实措施。

国家发展改革委发布《关于降低一般工商业电价有关事项的通知》

3月28日，国家发展改革委发布了《关于降低一般工商业电价有关事项的通知》（发改价格〔2018〕500号），通知决定分两批实施降价措施，落实一般工商业电价平均下降10%的目标要求，进一步优化营商环境。第一批降价措施全部用于降低一般工商业电价，自2018年4月1日起执行。

具体措施包括：全面落实已出台的电网清费政策；推进区域电网和跨省跨区专项工程输电价格改革；进一步规范和降低电网环节收费；临时性降低输配电价。

国家发展改革委办公厅发布《关于清理规范电网和转供电环节收费有关事项的通知》

7月4日，为切实把《政府工作报告》关于一般工商业电价平均降低10%的要求落实到位，国家发展改革委发布《关于清理规范电网和转供电环节收费有关事项的通知》（发改办价格〔2018〕787号），通知要求：

（1）取消电网企业部分垄断性服务收费项目，如变电站间隔占用费、计量装置校验费、电力负荷管理终端设备费等，进一步清理电网企业收费，降低工商企业用电成本。

（2）全面清理规范转供电环节不合理加价行为，对于具备改造为一户一表条件的电力用户，电网企业要尽快实现直接供电，并按照目录销售电价结算。不具备直接供电条件，继续实行转供电的，转供电主体要将2018年以来的降价政策措施全部传导到终端用户。

（3）加快落实已出台的电网清费政策，加快退还用户临时接电费，开展减免余热、余压、余气自备电厂政策性交叉补贴和系统备用费政策落实情况检查。

国家发展改革委发布《关于利用扩大跨省区电力交易规模等措施降低一般工商业电价有关事项的通知》

7月19日，为贯彻落实好中央经济工作会议关于降低企业用能成本和《政府工作报告》关于一般工商业电价平均下降10%的目标要求，国家发展改革委印发《关于利用扩大跨省区电力交易规模等措施降低一般工商业电价有关事项的通知》（发改价格〔2018〕1053号），明确提出将扩大跨省区电力交易规模、国家重大水利工程建设基金征收标准降低25%、督促自备电厂承担政策性交叉补贴等电价空间，全部用于降低一般工商业电价。

国家发展改革委办公厅发布关于《切实做好清理规范转供电环节加价工作有关事项的通知》

11月20日，为切实做好清理规范转供电环节加价工作，确保降价成果真正惠及终端用户，国家发展改革委办公厅发布《关于切实做好清理规范转供电环节加价工作有关事项的通知》（发改办价格〔2018〕1491号），通知称，从全国情况来看，部分地区还存在转供电主体和终端用户底数不清、政策宣传解释不到位、转供电主体传导降价红利不到位、户表改造工作进展迟缓等问题，国家多次降低一般工商业电价的措施未能得到有效传递和落实。

通知强调，加快转供电摸排清理工作进度，各地要全面摸清本辖区内商业综合体、产业园区、物业、写字楼等转供电主体和终端用户底数，全面排查不落实降价政策、不在规定时限内全面传导降价红利的行为，打通降价政策传导中的堵点、难点。执行峰谷分时电价或随电费一并收取线损电价的地区，要进一步简化计价方式，可参照当地全年一般工商业平均电价等方式直接明确降价后终端用户执行的具体电价标准，提高降价政策的可操作性，便于转供电主体和终端用户落实执行。

国家发展改革委、国家能源局发布《关于积极推进电力市场化交易进一步完善交易机制的通知》

7月16日，国家发展改革委、国家能源局发布《关于积极推进电力市场化交易 进一步完善交易机制的通知》（发改运行〔2018〕1027号），通知要求，各地进一步提高市场化交易电量规模，加快放开发用电计划，扩大市场主体范围，积极推进各类市场主体参与电力市场化交易。在发电方面，加快放开煤电，有序推进水电、风电、太阳能发电、核电、分布式发电参与交易，规范推进燃煤自备电厂参与交易。在用户方面，放开所有符合条件的10kV及以上电压等级用户，支持放开年用电量超过500万kWh以上的用户，积极支持用电量大的工商业、新兴产业、工业园区、公共服务行业等用户进入市场，2018年全面放开煤炭、钢铁、有色、建材4个行业用户发用电计划。在售电方面，将履行相关程序的售电企业视同大用户参与交易，鼓励售电公司扩大业务范围，靠降低成本和提供增值服务参与竞争，支持供水、供气、供热等公共服务行业和节能服务公司从事售电业务，积极支持售电公司代理中小用户参与交易。

通知提出，结合实际统筹发用电侧放开节奏，明确放开各类发电企业、用户进入市场的时间，明确放开比例，完善准入退出机制。鼓励跨省跨区网对网、网对点交易，对有条件的地区，有序支持点对网、点对点交易，支持清洁能源开展交易。进一步完善交易机制，完善市场主体注册制，进入市场的发电企业、用户和售电公司等均要完成注册程序，成为合格市场主体。规范市场主体交易行为，要求市场主体按照交易规则参与各类交易，通过市场竞争形成价格，接受政府有关部门监管，同时明确要求各地有关部门最大限度减少对微观事务的干预。完善中长期合同交易电量价格调整机制，交易双方在自主自愿、平等协商的基础上，在合同中约定建立固定价格、“基准电价＋浮动机制”、随电煤价格、产品价格联动或随其他因素调整等多种形式的市场价格形成机制。加强事中事后监管，建立健全交易合同纠纷协调仲裁机制，保障电力市场健康运行。深入推进电力市场主体信用建设，开展信用评价，实施守信联合激励和失信联合惩戒。

通知明确，进一步加大力度推动发用电计划放开，选择4个行业全面放开发用电计划是重要举措，完善价格形成机制是重要目标，为此专门配套制定了《全面放开部分重点行业电力用户发用电计划实施方案》，对具体工作进行了安排。

国家发展改革委发布《区域电网输电价格定价办法（试行）》《跨省跨区专项工程输电价格定价办法（试行）》和《关于制定地方电网和增量配电网配电价格的指导意见》

2017年12月29日，国家发展改革委以发改价格规〔2017〕2269号文发布关于印发《区域电网输电价格定价办法（试行）》《跨省跨区专项工程输电价格定价办法（试行）》和《关于制定地方电网和增量配电网配电价格的指导意见》的通知，旨在纵深推进输配电价改革，建立规则明晰、水平合理、监管有力、科学透明的输配电价体系。

《区域电网输电价格定价办法（试行）》规定区域电网输电价格原则上采用两部制电价形式。其中：电量电费反映区域电网提供输电服务的成本；容量电费反映区域电网为省级电网提供可靠供电、事故备用等安全服务的成本。

《跨省跨区专项工程输电价格定价办法（试行）》规定跨省跨区专项工程输电价格实行事前核定、定期调整的价格机制。新投产跨省跨区专项工程输电价格按经营期电价法核定；多条专项工程统一运营并形成共用网络的，按照“准许成本加合理收益”方法定价。跨省跨区专项工程输电价格形式按功能确定，执行单一制电价。以联网功能为主的专项工程按单一容量电价核定，由联网双方共同承担；以输电功能为主的专项工程按单一电量电价核定。

《关于制定地方电网和增量配电网配电价格的指导意见》规定，配电网区域内电力用户的用电价格，由上网电价或市场交易电价、上一级电网输配电价、配电网配电价格、政府性基金及附加组成。用户承担的配电网配电价格与上一级电网输配电价之和不得高于其直接接入相同电压等级对应的现行省级电网输配电价。省级价格主管部门应根据本省情况，充分征求有关企业和社会意见后，选择合适的配电价格定价方法。核定配电价格时，应充分考虑本地区上网电价、省级电网输配电价、趸售电价、销售电价等现行电价，并结合地区经济发展需求、交叉补贴等情况，合理选取定价参数。

国家能源局发布《关于减轻可再生能源领域企业负担有关事项的通知》

4月2日，国家能源局发布《关于减轻可再生能源领域企业负担有关事项的通知》（国能发新能〔2018〕34号），进一步规范可再生能源行业管理，减轻可再生能源企业（含其他机构和个人投资者）投资经营负担，促进可再生能源成本下降，支持可再生能源相关实体经济健康发展。通知对可再生能源发电保障性收购、接网工程投资建设、电力市场化交易、降低土地和融资成本、制止纠正乱收费等多个方面提出要求。

通知提出要严格落实《中华人民共和国可再生能源法》要求，严格执行可再生能源保障性收购制度。要求电网企业及时受理并网申请，明确并网时限，按国家核定的区域最低保障性收购小时落实保障性收购政策，最迟于2020年达到保障性收购要求。对于未落实保障性收购要求的地区，国务院能源主管部门将采取暂停安排当地年度风电、光伏发电建设规模等措施控制项目开发建设节奏。

通知明确：各类接入输电网的可再生能源发电项目的接网及输配电工程，全部由所在地电网企业投资建设；接入配电网的分布式可再生能源发电项目，接网工程及配套电网改造工程由电网企业投资建设。

通知要求电力市场化交易应维护可再生能源发电企业合法权益。各电网企业和电力交易机构对区域最低保障性收购小时数内的电量应按国家价格主管部门核定或经招标、优选等竞争性方式确定的上网电价落实保障性收购。鼓励可再生能源发电企业超过最低保障性收购小时数的电量参与市场化交易。电网企业应与可再生能源发电企业签订优先发电合同，实施可再生能源电力配额制。

通知从三个方面提出优化投资环境，降低可再生能源开发成本的措施，包括减少土地成本及不合理收费，通过绿色金融降低企业融资成本，制止纠正乱收费等增加企业负担行为。

通知要求完善政府放管服等公共服务，激发市场活力。要求创新可再生能源项目开发机制，鼓励按照“谁审批，谁负责”的原则，建立能源管理部门牵头，相关部门协同配合的项目核准、备案等“一站式”服务。加强政策落实和监管，国家建立可再生能源开发利用法规政策执行监测评价机制。强化风机超大部件运输管理服务能力建设，减少可再生能源项目物流成本。

通知要求完善行业管理为，减少投资和经营负担，包括规范技术标准及其应用，转变风电设备质量风险控制方式，规范各类检查和收费。

国家能源局发布《分散式风电项目开发建设暂行管理办法》

4 月 3 日，为加快推进分散式风电发展，完善分散式风电的管理流程和工作机制，国家能源局制定并发布《分散式风电项目开发建设暂行管理办法》（简称《办法》）。

《办法》指出，鼓励各类企业及个人作为项目单位，在符合土地利用总体规划的前提下，投资、建设和经营分散式风电项目。鼓励开展商业模式创新，吸引社会资本参与分散式风电项目开发，充分激发市场活力。

《办法》要求，地方各级能源主管部门会同国土、环保、规划等部门和相关企业，依据当地开发建设条件，制订分散式风电开发建设规划，并给出了规划编制流程等方面的指导意见；要求全面拓宽应用领域，鼓励分散式风电项目与太阳能、生物质能、地热能等各类能源形式综合开发，提高区域可再生能源利用水平，与生态旅游等民生改善工程深入结合，促进县域经济发展等。

《办法》指出，在项目建设和管理方面，各地方要简化分散式风电项目核准流程，建立简便高效规范的核准管理工作机制，鼓励试行项目核准承诺制。分散式风电项目所产生电力可自用，也可上网。分散式风电项目申请核准时可选择“自发自用、余电上网”或“全额上网”中的一种模式。分散式风电项目可通过 110kV（东北地区 66kV）电压等级或 35kV 及以下电压等级接入电网。电网企业应为纳入专项规划的 35kV 及以下电压等级的分散式风电项目接入电网提供便利条件，为接入系统工程建设开辟绿色通道，并简化程序，完善接网和并网运行服务。

国家能源局发布《关于推进太阳能热发电示范项目建设有关事项的通知》

2016 年 9 月，国家能源局印发《关于建设太阳能热发电示范项目的通知》（国能新能〔2016〕223 号），启动首批 20 个太阳能热发电示范项目建设。为落实示范项目建设有关要求，加快推进示范项目建设，确保实施效果，2018 年 5 月 18 日，国家能源局发布《关于推进太阳能热发电示范项目建设有关事项的通知》（国新发新源〔2018〕46 号），提出根据示范项目实际情况，首批示范项目建设期限可放宽至 2020 年 12 月 31 日，同时建立逾期投运项目电价退坡机制，具体价格水平由国家发展改革委价格司另行发文明确。

通知提出，为促进太阳能热发电产业发展，在不影响行业公平公正性的前提下，示范项目业主可对相关示范建设内容进行适当调整，相关调整应符合以下要求：股权结构变更需维持绝对控股方不变；建设场址变更范围位于同一县域范围内；储换热介质和技术参数调整需保证系统性能优化；相关企业协商一致的，可调整技术集成商；其他示范内容原则上不得调整。

通知提出，要建立项目退出机制。对主动退出的示范项目，省级能源主管部门要配合做好相关善后工作；对逾期未报送建设承诺的示范项目，取消项目示范资格，不再享受示范政策；对承诺继续建设的示范项目，须明确计划开工时间和计划投产时间，落实安全生产责任和工程质量要求，确保按时建成投产。对未明确时限开工或投运的项目投资企业，将视情节轻重予以通报或限制参与后续太阳能热发电示范项目建设。

国家能源局发布《关于促进能源领域首台（套）重大技术装备示范应用的通知》

6 月 5 日，为全面做好经国务院同意、由国家发展改革委会同有关部门联合印发的《关于促进首台（套）重大技术装备示范应用的意见》要求的各项工作，加快推进能源领域首台（套）重大技术装备示范应用，国家能源局发布《关于促进能源领域首台（套）重大技术装备示范应用的通知》（国能发科技〔2018〕49号），提出加大政策支持力度，推动能源领域首台（套）重大技术装备取得突破。

通知强调，相关单位要按照建设清洁低碳、安全高效能源体系的要求，组织推动和加快突破一批能源领域瓶颈制约性的重大技术装备，加强首台（套）重大技术装备创新合作，强化研发与应用的衔接，加快创新成果的示范应用。做好能源领域首台（套）重大技术装备组织申报工作，以及首台（套）产品目录发布和示范效果评价等，在后续能源项目建设中进行推广应用。

通知提出，综合施策支持能源领域首台（套）重大技术装备示范应用。承担首台（套）重大技术装备示范任务的能源项目优先纳入相关规划并由各级投资主管部门按照权限核准或审批；根据实际需要，在设立示范项目时明确并享有燃料供应、发电并网、运行调度等方面的适当优惠政策。建立能源领域首台（套）容错机制，对承担首台（套）重大技术装备示范任务的项目，根据实际情况明确示范应用过失宽容政策，适当减轻或豁免相关企业及负责人的行政、经济、安全、运行考核等责任。

此外，能源领域首台（套）重大技术装备除享受相应的知识产权、资金、税收、金融、保险等支持政策外，鼓励地方根据实际情况进一步制定细化支持政策。

电力扶贫

国家能源局召开扶贫工作领导小组专题会议

8月17日，国家能源局召开扶贫工作领导小组专题会议。会议传达学习国务院扶贫开发领导小组重要会议精神，听取各司上半年扶贫工作汇报，交流讨论赴“三区三州”深度贫困地区调研中发现的问题和建议，审议国家能源局落实《中共中央、国务院关于打赢脱贫攻坚战三年行动的指导意见》的工作方案和定点扶贫考核整改落实清单，研究部署下一步能源脱贫攻坚工作。国家能源局党组成员、副局长、扶贫工作领导小组副组长綦成元主持会议并讲话。

綦成元指出，国家能源局高度重视扶贫攻坚工作，2018年进一步加强了对扶贫工作的领导，各部门、各单位积极响应，按照职责分工，加大扶贫力度。在大家共同努力下，2018年上半年能源扶贫工作取得了明显成效。

綦成元强调，精准打好脱贫攻坚战是当前最为重要的政治任务，现在离打赢脱贫攻坚战的最后时限2020年还有两年多的时间，时间紧、任务重，下一步的关键就是“狠抓落实”，坚决完成国家能源局负责的脱贫攻坚目标任务，努力以实际行动向党中央、国务院交上一份圆满答卷。

綦成元要求，下一步要重点落实四个方面的工作：一是按照《中共中央、国务院关于打赢脱贫攻坚战三年行动的指导意见》的部署要求，不折不扣贯彻落实，全力推进能源领域任务事项。二是落实定点扶贫试考核整改任务，针对2017年中央单位定点扶贫工作试考核中反馈的问题和不足，对症下药，进一步加大整改力度，确保成效。三是用好“三区三州”深度贫困地区调研成果。国家能源局组织赴“三区三州”调研，是落实脱贫攻坚作风建设工作的重要组成部分，要尽快梳理本次调研发现的问题，提出有针对性的措施，积极推动，落实解决。四是落实扶贫领域腐败和作风问题专项治理任务。相关各司和派出机构要积极落实和配合相关工作部署和要求，对于国家能源局层面的问题，必须立行立改；对于涉及其他方面的问题线索，及时向有关部门反映。

国家能源局发布《关于印发进一步支持贫困地区能源发展助推脱贫攻坚行动方案（2018—2020年）的通知》

5月9日，国家能源局发布《关于印发进一步支持贫困地区能源发展助推脱贫攻坚行动方案（2018—2020年）的通知》（国能发规划〔2018〕42号），要求加快贫困地区能源资源开发建设，以西南水电开发为重点，尤其是“三区三州”等贫困地区加快推动流域龙头水库和重大水电项目建设；各地结合可再生能源分布和市场消纳情况，积极支持贫困地区因地制宜发展风能、太阳能、生物质能等可再生能源，有序推进内蒙古、新疆、河北、四川等贫困地区风电基地和青海、新疆、甘肃、内蒙古、陕西等贫困地区光伏电站建设。着力完善贫困地区能源基础设施，加大贫困地区农村电网改造升级力度，启动实施抵边村寨电网升级改造攻坚计划，加快实施动力电全覆盖工程。精准实施光伏扶贫工程，光伏扶贫规模优先向深度贫困地区安排，确保光伏扶贫工程质量和效果。另外，还要完善能源扶贫政策措施，加强定点扶贫工作，强化落实保障措施。

国家能源局、国务院扶贫办发布《关于上报光伏扶贫项目计划有关事项的通知》

9月29日，国家能源局、国务院扶贫办联合发布《关于上报光伏扶贫项目计划有关事项的通知》(国能综通新能〔2018〕142号)。要求各省(区、市)扎实有序推进光伏扶贫工作，根据精准识别扶贫对象、严格落实申报条件、规范项目计划申报和下达流程、做好电站接网衔接四点要求，认真组织上报本省(区、市)脱贫攻坚期间拟新建光伏扶贫项目计划。

全国村级光伏扶贫电站建设管理工作会在安徽召开

7月31日～8月1日，国务院扶贫办、国家能源局在安徽金寨共同召开全国村级光伏扶贫电站建设管理工作会。国务院扶贫办副主任洪天云、国家能源局副局长綦成元出席会议并讲话。

洪天云指出，光伏扶贫已成为产业扶贫的重要抓手、打赢脱贫攻坚战的重要举措，为贫困地区脱贫攻坚培育了新产业，为壮大贫困村集体经济开辟了新路径，为解决贫困群众稳定脱贫提供了新手段。国务院扶贫办会同国家能源局，明确了村级光伏扶贫电站的“五个建设标准”：一是村级电站应建在建档立卡贫困村，受益对象以建档立卡贫困户为主；二是年等效利用小时1000h以上；三是具备电网接入条件；四是电站不得负债建设、企业不得投资入股；五是产权归村集体所有，所有收益用于扶贫，主要采取公益岗位、小型公益事业、小微奖补等方式。

洪天云要求，各地各单位必须提高认识，坚持问题导向，充分把握光伏扶贫面临的矛盾和困难，推动光伏扶贫健康可持续发展。一要夯实责任，切实把光伏扶贫电站管严管实管好；二要成立专班，常态化开展光伏扶贫督查巡查工作；三要做好政策解读，按照“老电站老办法，新电站新办法”原则，妥善处理好新老电站衔接问题；四要强化运维，保障光伏扶贫电站长期可持续运行；五要把握节奏，继续做好光伏扶贫补助目录和计划的申报。

国家电网有限公司启动“2018—2020年国网阳光扶贫行动计划”

3月，国家电网有限公司(简称国家电网公司)扶贫工作领导小组2018年第一次会议在北京召开。会议传达了党中央和习近平总书记关于扶贫工作的最新精神和指示要求，通报了国家电网公司扶贫工作进展情况及下一阶段工作安排，审议并原则通过了《关于开展国网阳光扶贫攻坚工作的意见》、国家电网公司扶贫工作领导小组办公室成员名单，标志着“2018—2020年国网阳光扶贫行动计划”正式启动。国家电网公司副总经理韩君主持会议并讲话。

韩君说，以习近平同志为核心的党中央把脱贫攻坚摆到前所未有的高度来抓，党的十九大把精准脱贫作为全面建成小康社会的三大攻坚战之一，要求动员全党全国全社会力量，坚决打赢脱贫攻坚战。国家电网公司作为国有骨干企业，要不折不扣地贯彻落实中央扶贫开发工作一系列方针、政策和要求，这是公司同以习近平同志为核心的党中央保持高度一致、积极践行“四个意识”的突出体现；要为贫困地区、贫困村的发展当好“先行官”，这是公司的职责和使命，也是发挥国有企业“六个力量”作用的具体体现；要深刻认识到中央单位定点扶贫工作的重大责任，以更加饱满的激情、更加有力的担当推动公司扶贫工作，为服务打赢脱贫攻坚战做出更大贡献。

“十三五”以来，国家电网公司积极推进“国网阳光扶贫行动”，各专项工程取得重要进展，村村通动力电“两年攻坚战”全面完成，实现7.8万个自然村通动力电和增容改造；光伏扶贫项目接网工程累计接网总容量954.2万kW；定点扶贫光伏工程如期完成，在湖北、青海建成7.7万kW光伏扶贫电站。下一步，国家电网公司将按照建立大扶贫格局总体要求，围绕服务各级脱贫攻坚，积极落实贫困地区电网攻坚、结对共建扶贫、光伏扶贫电站捐赠后的运维管理、村村通动力电排查、玛多光伏扶贫电站建设、第一批光伏扶贫项目接网、扶贫领域作风问题专项治理等重点工作任务。

国家电网有限公司召开“三区两州”深度贫困地区电网建设动员会议

3月19日，国家电网有限公司召开“三区两州”深度贫困地区电网建设动员会。会议深入落实党中央、国务院关于深度贫困地区脱贫攻坚的重大部署，特别是习近平总书记在深度贫困地区脱贫攻坚座谈会重要讲话精神。会议动员国家电网公司上下与地方党委政府密切配合，高质量推进“三区两州”深度贫困地区电网建设，全力助推深度贫困地区脱贫攻坚。公司总经理、党组副书记寇伟，国务院扶贫办党组成员、副主任洪天云，国家能源局党组成员、副局长刘宝华出席会议并讲话。四川省副省长尧斯丹，西藏自治区副主席张永泽，甘肃省委常委、副省长宋亮，青海省副省长匡湧，新疆自治区党委常委、常务副主席张春林代表五省（自治区）发言，公司副总经理韩君主持会议，副总经理刘泽洪、张智刚出席会议。

在国家要求重点支持的深度贫困地区中，有“三区两州”位于国家电网公司经营区，三区即西藏自治区，四川、甘肃、青海三省藏区，南疆四地州，两州即四川凉山州，甘肃临夏州。公司在“三区两州”农网供电范围包括198个县（区），共1.21万个贫困村，服务电力用户568.5万户2247万人。2018—2020年，国家电网公司将投资210亿元，到2020年“三区两州”农网主要供电指标接近或达到国家规定的农网规划目标，全面推动“三区两州”农村电网提档升级，实现深度贫困地区人民由“用上电”向“用好电”转变。

洪天云表示，电网是促进支持农村经济发展的基础。国家电网公司始终把电力扶贫作为重大政治任务，纳入企业发展战略，以实际行动践行“四个意识”，体现了国有企业“六个力量”的责任担当。

刘宝华表示，基础设施建设是打赢脱贫攻坚的重要保障，国家电网公司扶贫工作取得了显著成效。“三区两州”贫困程度较深，自然条件艰苦，施工条件较差。国家能源局将督促市县各级政府做好征地、拆迁、环评等工作。

寇伟表示，打好脱贫攻坚战是党的十九大提出的三大攻坚战之一，对如期全面建成小康社会、实现我们党第一个百年奋斗目标具有十分重要的意义。进一步加快“三区两州”电网建设，持续改善生产生活用电条件，助力当地摘掉深度贫困帽子，成为公司义不容辞的责任。国家电网公司要按照“三区两州”电网建设规划目标，发扬特别能吃苦、特别能战斗、特别能奉献的电网铁军精神，全力以赴、奋勇攻坚，确保把好事办好、实事办实，加强组织领导、坚持精准施策、确保安全质量、发挥党建优势。

中国南方电网有限责任公司印发《关于打赢脱贫攻坚战三年行动方案（2018—2020年）》

10月11日，南方电网公司制定印发《关于打赢脱贫攻坚战三年行动方案（2018—2020年）》（简称《三年行动方案》）。

《三年行动方案》明确将通过加大电力行业扶贫工作力度、深入推进定点扶贫工作、强化落实保障措施三方面24项措施，确保2020年实现供电区域贫困地区供电关键指标达到国家要求，全面满足脱贫攻坚用电需求；对口帮扶的贫困县、村如期实现脱贫摘帽，贫困人口实现稳定脱贫。

《三年行动方案》提出了工作总体要求，即全面贯彻党的十九大和十九届二中、三中全会精神，以习近平新时代中国特色社会主义思想为指导，充分发挥中央企业政治优势，坚持精准扶贫精准脱贫基本方略，坚持大扶贫工作格局，坚持脱贫攻坚“五个结合”（行业扶贫与定点扶贫相结合、千家万户与一家一户相结合、扶贫扶困与扶志扶智相结合、精准扶贫与乡村建设相结合、典型带动与整体推进相结合），聚焦深度贫困地区和特殊贫困群体，以更加集中的支持、更加有力的举措、更加精细的工作，深化行业扶贫和定点帮扶，助力五省区党委政府全面打赢脱贫攻坚战，为全面建成小康社会提供可靠的电力保障，为实施乡村振兴战略奠定坚实基础。

《三年行动方案》明确了工作总体目标，即到2020年，贫困地区关键供电指标基本达到本省（区）农村平均水平，配套电网项目与扶贫工程同步投产，实现贫困村动力电全覆盖，全面提升贫困地区供电质量，全面满足地方政府脱贫攻坚和贫困人口精准脱贫用电需要。再加大定点帮扶力度，如期完成国务院国资委及各级地方党委政府交办的脱贫任务，确保帮扶点贫困人口实现脱贫出列、贫困县实现脱贫摘帽。

为确保各项工作落实落地，《三年行动方案》细化了24项举措，进一步加大电力行业扶贫工作力度、深入推进定点扶贫工作、强化落实保障措施。在加大电力行业扶贫工作力度方面，南方电网公司将聚焦“三区三州”等深度贫困地区和左右江革命老区，对供电营业范围内的48个深度贫困县开展农网建设攻坚行动，重点解决深度贫困地区网架结构相对薄弱、装备水平较差、供电能力不足和低电压等问题。进一步加强贫困地区农网改造升级力度，提高贫困地区供电能力和供电质量，2020年，贫困地区各县区关键供电指标达到国家要求，供电能力满足当地生产生活需要，用电不卡脖子、报装不受限。

在深入推进定点扶贫工作方面，南方电网公司将聚焦深度贫困地区脱贫攻坚，加大深度贫困地区投入力度，推动政策、资金、人力等扶贫资源向云南怒江州、迪庆州等“三区三州”的深度贫困县倾斜；同时将加大产业扶贫力度、积极助力就业扶贫、积极开展教育扶贫、加快补齐基础设施短板、深入开展党建扶贫、落实保障性扶贫、深入开展扶贫扶志行动等措施，助力南方五省区党委政府到2020年如期完成脱贫攻坚任务。

《三年行动方案》还提出落实脱贫攻坚责任制、强化资金投入支撑保障、培养锻炼过硬的脱贫攻坚干部队伍、深入开展扶贫领域作风问题专项治理、开展典型选树和宣传报道营造良好舆论氛围等5项措施，强化落实保障。

“央企助力西藏脱贫攻坚”会议暨签约仪式在拉萨举行

9月7日，国务院国资委在拉萨举行央企助力西藏脱贫攻坚会议暨签约仪式，国务院国资委党委书记郝鹏、西藏自治区党委书记吴英杰、国务院扶贫办副主任陈志刚出席会议并讲话。西藏自治区党委副书记、自治区主席齐扎拉主持会议和签约仪式。国务院国资委党委委员、秘书长阎晓峰和西藏自治区有关领导出席。

会上，国家电网公司总经理寇伟指出，国家电网公司累计投入127亿元，实施农网改造升级工程，完成2797个小城镇的电网改造升级，将大电网覆盖范围由“十二五”初期的32个县延伸至现在的62个县，让全西藏超七成的百姓都用上安全稳定的电。在平均海拔4700m的措勤县，国家电网公司利用企业所长，完成205个扶贫易地搬迁供电工程，解决6733户贫困人口用电问题。

作为中央能源骨干企业，中国华电集团积极响应国家“精准扶贫”政策号召，积极投身地方经济社会发展和脱贫攻坚工作，展现责任担当，开展援藏扶贫、做好产业项目，发挥行业优势开展技能培训促进就业，将“中国华电 度度关爱”情怀深深植入贫困群众心里。

会上，国家电力投资集团党组副书记、董事江毅代表国家电投与西藏自治区人民政府签订战略合作协议，进一步助力西藏自治区发展清洁能源和绿色产业，并通过产业发展带动当地经济社会发展，助推脱贫工作取得更大成果。国家电投自合并重组以来，不断加大对西藏自治区的扶贫援助力度，在解决无电地区电力建设、产业扶贫等方面取得显著成效，累计投入资金超过5000万元。国家电投西藏分公司积极开展爱心援藏公益扶贫活动，资助贫困学生500余人，并向当地中小学捐赠书籍、学习用品和教学器材，改善教学环境。

中国广核集团与央企扶贫基金签署项目投资合作协议

7月13日，央企扶贫基金（中央企业贫困地区产业投资基金）重大示范项目签约仪式在北京举行。

当日，中国广核集团（简称中广核）与央企扶贫基金签署项目投资合作协议，合力打造清洁能源产业扶贫平台，拟在12个国家级贫困县建设17个清洁能源项目。此次，中广核将投资约16.3亿元，央企扶贫基金将投资7亿元，按70%：30%股比共同出资设立中广核创益风力发电（北京）有限公司，打造总投资98.94亿元、总装机容量160.83万kW的清洁能源产业扶贫平台，在广西、四川等8个省（区）的12个国家级贫困县，建设17个风力发电和光伏发电等项目。

作为助力贫困人口精准脱贫的具体措施，这17个项目在建设期将直接和间接为当地提供就业岗位3000余个，增加收入3000万元，新改建道路270km，新建输电线路190km。项目建成后，将为当地建档立卡人口提供就业岗位200余个，每年将向当地捐赠700万元，定向扶持建档立卡贫困户中部分失能、残疾等无劳动能力者，投资期间可兜底扶弱11 885人。此外，风力发电、光伏发电皆属于环境友好的清洁能源，项目每年的环保效益相当于节约标准煤107万t、减少二氧化碳排放176万t。

中国南方电网有限责任公司精准扶贫

中国南方电网有限责任公司（简称南方电网公司）始终把深度贫困地区作为脱贫攻坚工作的主战场和最前线，将扶贫工作统筹为电力行业扶贫和定点扶贫两部分内容协同推进。行业扶贫的主要内容是全力推进供电区域贫困地区农村电网改造升级，提升贫困地区电能质量和服务水平，全面满足脱贫攻坚用电需求；定点扶贫的主要内容是承接国务院扶贫办及南方五省区（广东、广西、云南、贵州、海南）各级党委政府安排的扶贫任务，确保对口帮扶点如期脱贫。全年投入农网改造升级资金403亿元，其中电力行业扶贫投资237亿元，在“三区三州”及其他深度贫困地区投资58亿元，全面提升供电区域内贫困地区电能质量和服务水平。落实党中央国务院及五省区各级党委政府要求，承接572个定点扶贫任务，印发《南方电网公司关于打赢脱贫攻坚战三年行动方案（2018—2020年）》，派出扶贫干部580名，帮助240个贫困村、8.1万人实现脱贫，连续两年在中央单位定点扶贫工作考核中获得最高等次评价“好”。

（1）贫困地区农村电网建设。南方电网公司持续加大供电区域农村电网改造力度，印发《加快推进新一轮农村电网改造升级建设攻坚工作方案》，全年建成“小康用电示范县”24个，完成18个“中国特色小镇”配套电网建设。对南方电网公司供电范围内的所有光伏扶贫电站提供接网服务并全额消纳，实现智能电能表、低压集抄全覆盖，全面保障农村地区电力供应。截至2018年底，南方电网公司供电区域农村电网供电可靠率达到99.78%，电压合格率达到

98.87%，分别比2015年提高0.17个百分点和1.72个百分点；用户平均停电时间19.68h，比2015年下降14.5h；农村户均配电变压器容量达到2.1kVA，比2015年增长0.52kVA。2018年全年，南方电网公司供电区域农村地区全社会用电量超过4000亿kWh，比2015年增长33.47%，近三年农村地区用电量增速均高于各省用电量增速平均水平。

为着力推动供电区域内216个贫困县和“三区三州”深度贫困地区农网改造升级工作，南方电网公司印发了《“三区三州”农网改造升级攻坚三年行动计划（2018—2020年）》和《“三区三州”怒江、迪庆地区电网改造升级建设攻坚实施方案》，全年在贫困地区投入电力行业扶贫资金237亿元，在“三区三州”及其他深度贫困地区投入行业扶贫资金58亿元，同比增长18.2%，实现贫困村通动力电全覆盖，全面保障农村地区电力供应，有效促进了乡村旅游、特色小镇、农村电商等农村新产业、新业态发展。2018年全年，供电区域内216个贫困县售电量为1575.3亿kWh，同比增长14.9%；供电可靠率99.73%，同比提升0.02个百分点；农村电压合格率98.34%，同比提升0.68个百分点；农村户均配电变压器容量达到1.90kVA，同比提升0.12kVA；用户数达到2945.4万户，同比增长5.5%。

（2）脱贫攻坚配套电网建设。以问题和需求为导向，建立动态分析脱贫攻坚用电需求工作机制，定期开展电力行业扶贫需求分析。2018—2020年南方电网公司供电区域内需配套电网建设的扶贫工程有3.5万项，涉及贫困人口187万户、665万人。印发《关于进一步加快扶贫工程配套电网项目建设的通知》，明确加快光伏扶贫、易地搬迁等扶贫工程配套电网项目建设，优化项目管理流程，提高并网服务效率，全年完成1907个易地搬迁电网配套项目建设，惠及贫困人口约73万人；完成221个光伏扶贫项目的配套电网建设，惠及贫困人口约24万人；完成1057个产业扶贫项目的配套电网建设，惠及贫困人口约36万人。

（3）贫困人口电费减免。南方电网公司全面落实城乡“低保户”、农村“五保户”减免电量政策，全年累计减免“五保户”“低保户”电费约1.49亿元；严格执行藏区居民用电政策，供电区域内的迪庆州居民用户累计节约用电成本337万元。

（4）选派干部。南方电网公司尽锐出战，把“最能打仗”的干部派到脱贫攻坚一线，累计派出了1300多名扶贫干部到脱贫攻坚一线工作，2018年仍有580名扶贫干部在岗。其中选派12名优秀扶贫干部分别挂任云南省迪庆州委常委、副州长，维西县委常委、副县长，贫困村第一书记，驻村工作队员等；选派9名优秀扶贫干部分别挂任广西自治区东兰县委常委、副县长，贫困村第一书记，驻村工作队员等。

（5）产业扶贫。根据对口帮扶贫困点实际，南方电网公司培育发展了养殖、种植、乡村旅游等产业项目。在对口帮扶的云南省维西县，探索创新扶贫模式，成立维西县扶贫开发公司，采取“公司＋基地＋农户（合作社）”的运营方式，依托塔城综合基地和永春中药材基地平台，打造“安啧啧”品牌，整合6大类24个农特产品，2018年销售额超过1000万元。投入400万元，在维西县开展“南网杯·强基惠农”村级集体经济大赛，注资16个优胜项目，涉及6乡3镇16个村，带动农户5000余户，为探索村集体经济发展提供了新路子。

（6）教育扶贫。南方电网公司广泛发动员工采用捐赠助学、志愿联谊、“一对一”结对帮扶方式帮助贫困学生。2014—2018年，以电力学校为平台，共定向培养贫困地区中专生并就业318名；联合大学开展“订单班”培养模式，共培养134名贫困地区电气专业本科生。毕业后帮助联系解决工作问题，通过解决一个人的就业，帮助一个家庭脱贫。

（7）党建扶贫。加强贫困村党组织建设，建立脱贫攻坚“农民夜校”和“讲习所”，将党的政策传到千家万户，增强贫困村党支部引领服务脱贫攻坚的能力。实施“党员·能人双培养一纳入”计划，把村里的致富能人培养为党员，把党员培养为致富能人，把党员能人纳入村两委后备干部队伍，发挥了党支部、党员在脱贫攻坚中的带动作用。

（8）消费扶贫。开展南网电子商城扶贫专区建设，组织南方电网公司系统各单位通过电子商城购买公司系统帮扶点农产品，2018年直接购买贫困地区农产品1100余万元，帮助贫困地区销售农产品270余万元。10月17日，南方电网公司在总部组织开展扶贫日活动，公司系统11家单位与扶贫点签订了4800余万元的扶贫产品销售意向协议。

中国华能集团有限公司精准扶贫

2018年年初调整成立扶贫援助工作领导小组，由党组书记、副书记和分管副总经理分别担任组长、副组长，明确12个成员部门的相关职责，党组成员全年6次深入帮扶地区的县乡镇村，实地查看扶贫项目推进落实情况；推动各单位健全工作机构和管理制度，建立扶贫援助工作三级管理体制，形成上下联动的扶贫组织体系。加大资金投入，根据定点扶贫、对口支援县贫困现状，及时调整项目资金计划，进一步突出精准扶贫、精准脱贫要求，深化扶贫管理，从脱贫攻坚最需要、最迫切的问题出发，集中向教育、医疗等领域倾斜，扎实推进贫困大学生救助、教育医疗设施改善等重点项目，党的十八大以来扶贫资金累计达到18.75亿元。助力定点脱贫，认真落实党中央、国务院工作部署，2018年在陕西榆林横山区、新疆阿合奇县和青海尖扎县投入扶贫资金2360万元，实施栋梁工程助学行动、同舟工程救急难行动、祝福工程兴农行动和驻村基层党建项目，着力帮扶贫困群众摆脱教育资源匮乏、医疗条件落后、居住环境简陋的困境，切实提升百姓生活质量，保障贫困户稳定增收。

国家能源投资集团有限责任公司精准扶贫

国家能源投资集团有限责任公司坚持以习近平总书记关于扶贫工作的重要论述为根本遵循，建立"党组统一领导、总部统筹协调、子分公司主责、挂职干部落实"扶贫工作组织体系，秉持"兜底线、保民生、促发展"宗旨，将"精准"二字贯穿扶贫工作始终，立足贫困地区资源环境禀赋和贫困人口美好生活需要，将开发式扶贫与保障式扶贫相结合，为深贫地区赋能，将扶智与扶志相结合，让深贫人口自强。2018年，集团累计投入定点扶贫及对口支援资金1.75亿元，同比增加9441万元，通过兜底保障、产业扶贫、教育扶贫、健康扶贫和创新帮扶等手段，共建设精准扶贫项目39个，受益人数达126万人，有力促进了贫困群众脱贫致富。

民生扶贫。针对贫困群众居住分散，通路、通水、通电难度大，农牧业基础设施建设滞后、公共服务设施较差等问题，2018年，集团在四川普格县捐资1193.5万元实施易地扶贫搬迁项目2个，为61户贫困群众解决住房难；在陕西吴堡县捐资490万元安装3950套净水器，为28个贫困村彻底解决饮水难；投入40万元援建弓家山桥涵项目，解决6村1500余人出行难；在陕西米脂县捐资400万元援建杨家沟排洪渠工程，保护了下游农田安全，有效解决当地村民生计难。

光伏扶贫。充分发挥集团新能源行业优势，在山西右玉县采用"建设—移交"的模式投入1000万元无偿援建两座总容量1.49MW的村级光伏扶贫电站，项目于6月28日全部并网发电，并移交当地政府。运营期内，光伏电站预计年电费收入约150万元，可带动400户以上深度贫困户长期稳定增收，建档立卡贫困人口共812人脱贫。此外，集团充分发挥自身在薄膜太阳能电池领域的技术优势，为藏区牧民成功定制研发了铜铟镓硒建筑光伏一体化（CIGS-BIPV）扶贫帐篷，可更好地适应牧区气候多变的环境特征，为牧民在远牧点生活提供持续稳定的离网清洁电能，有效解决牧民夏季放牧的用电和饮水安全问题，提升牧民生活质量。

产业扶贫。结合当地优良畜牧饲养条件和传统特色产业基础，重点投入支持农畜产品和经济作物的生产加工，提升当地产业发展水平和自我造血能力。在内蒙古宁城县捐资1000万元援建日光温室大棚项目，使100余户贫困家庭获得稳定资产收益。在陕西吴堡县捐资805万元扶持手工挂面厂、日光温室、枣园、中药材种植基地等5个产业发展项目，带动当地585户稳定增收。在陕西米脂县投资296万元培育壮大红色旅游产业，带动125户303名贫困群众脱贫。

教育扶贫。在四川布拖县、普格县和青海曲麻莱县，累计捐资3350万元援建瓦吉小学、补洛乡中心校等5所学校基础设施，并设立助学帮困基金，满足数千名儿童入学需求；在陕西米脂县捐资400万元新建第六幼儿园，解决县城400名幼儿入园难题；在山西右玉县等5个扶贫县先后举办三期电商培训班，培训22名电商致富带头人、98名优秀基层干部；接收定点扶贫县贫困户和西藏籍大学毕业生42人。

健康扶贫。在四川布拖县投入200万元设立"艾防专项爱心基金"，帮助提升基层"艾防"服务能力和服务水平，提高艾滋病抗病毒治疗覆盖率和治疗有效率；为布拖县人民医院购置400万元的医疗设备40多台（套），让很多急、危、重症患者能就近得到及时的救治。在西藏聂荣县建设远程诊疗系统和3个乡镇卫生院。在青海刚察县援建县人民医院和县藏医院；在青海曲麻莱县设立"帮困扶贫基金"，帮扶300名因病致贫人员改善健康状况和生活条件。在陕西米脂县开展"救急难"活动帮扶大病家庭，取得良好成效。依托国家能源集团公益基金会，持续在扶贫县开展贫困家庭先天性心脏病、白血病患儿救助，在聂荣、刚察、海晏三县开展在校（园）儿童先心病筛查工作，共筛查儿童约15 000名，实现三县学龄儿童先天性心脏病筛查全覆盖。

特色扶贫。创新开展党建扶贫、就业扶贫、电商扶贫等扶贫方式，取得显著成效。在四川布拖县博作村捐赠15万元专项党费帮助贫困村壮大集体经济，对党员干部及群众进行艰苦创业、脱贫争先教育，博作村荣获四川省农民夜校示范村和州级"四好"村称号。在青海曲麻莱县设立"黄河源生态保护扶贫基金""绿色生态保护扶贫基金"共计1850万元，选聘864名贫困群众担任生态管护员，将生态保护与精准帮扶高度融合。创新运用"互联网＋精准扶贫"模式，组建"能源爱购"和"国能慧采"2个电商平台，通过以购代捐，打通贫困县农牧产品销售渠道，年销售额突破1000万元。此外，集团充分发挥全体员工力量，在2018年10月17日第五个国家扶贫日，举办了全国“扶贫日”员工捐款主题活动，募集资金1209.73万元，形成全系统、聚合力、大格局的攻坚态势。

中国电力建设集团有限公司定点扶贫

中国电力建设集团有限公司（简称中国电建）定点扶贫云南省剑川县和新疆维吾尔自治区民丰县取得积极成效。2017年10月，民丰县成功实现脱贫摘帽；剑川县脱贫摘帽工作正抓紧推进。经国务院扶贫开发工作领导小组考核，中国电建2018年定点扶贫工作等次为“好”。

2018年，中国电建领导6人次赴定点扶贫县调研考察，研究部署并着力推动定点扶贫工作。中国电建扶贫捐赠资金共8953万元，同比2017年增长221.69%。其中：总部扶贫捐赠资金共5143万元，同比2017年增加4.5倍。有关成员企业按照地方党委政府的安排开展扶贫工作，扶贫捐赠资金共3810万元。中国电建总部及30家有关成员企业定点联系44个扶贫县（乡、村），重点分布在四川、云南、陕西、青海、新疆等地的贫困地区，共派出挂职扶贫干部、驻村第一书记和驻村工作队员57人（其中驻村第一书记29人）。印发《中国电建助力剑川县全面打赢脱贫攻坚战三年实施方案》。大力开展消费扶贫，2018年中国电建购买并帮助销售定点扶贫县农产品近200万元，超额完成责任书目标任务。

1. 扶贫调研

中国电建领导6人次赴定点扶贫县调研考察，指导并着力推动定点扶贫工作。10月11日，中国电建党委书记、董事长、扶贫开发工作领导小组组长晏志勇带队深入剑川县建档立卡贫困户调研考察，实地查看定点扶贫项目建设和效益发挥情况；与剑川县委县政府及有关乡镇政府负责同志进行座谈，共商脱贫之策。10月12日，晏志勇主持召开中国电建挂职扶贫干部、驻村第一书记座谈会，调研了解中国电建及所属企业派驻干部工作开展情况，指导下一阶段挂职干部开展驻村扶贫的工作方向和重点任务，要求切实关心驻村干部工作，支持解决有关问题，共同努力做好脱贫攻坚工作。

7月25～27日，中国电建党委副书记、总经理孙洪水带队赴新疆民丰县调研考察脱贫攻坚工作，与县委县政府领导、乡镇干部及有关部门就进一步巩固民丰县脱贫攻坚成果举措进行交流研讨，要求各级党员干部要有强烈的政治责任感、社会责任感和历史使命感，扎扎实实、尽早做好各项安排并抓落实促成效。

6月5～8日和7月11～13日，中国电建党委常委、副总经理、扶贫开发工作领导小组副组长姚强带队分别赴剑川县和民丰县调研考察，召开脱贫攻坚研讨会，走访建档立卡贫困户，实地踏勘帮扶项目，研究指导公司定点扶贫工作。根据国务院国资委及《中国电建扶贫领域作风问题专项治理实施方案》，9月27～28日，中国电建党委常委、纪委书记符岳岩带队赴剑川县开展扶贫领域作风专项检查。

2. 扶贫会议

2月28日，中国电建召开党委常委会专题研究部署定点扶贫工作。会议认真传达学习了习近平总书记在成都打好精准脱贫攻坚战座谈会上的重要讲话精神、中央及国务院扶贫办、国资委相关文件精神及有关工作部署，研究审议了年度定点扶贫工作计划，明确责任部门、责任人和完成时间。会后正式印发《中国电建2017年定点扶贫工作总结和2018年定点扶贫工作计划》。10月12日，中国电建在剑川县组织召开了2018年定点扶贫工作会议，党委书记、董事长、扶贫开发工作领导小组组长晏志勇作了《义不容辞履行社会责任　再接再厉助力脱贫攻坚》重要讲话，就集团下一阶段的扶贫工作提出了明确要求；党委常委、副总经理、扶贫开发工作领导小组副组长姚强主持会议并作总结讲话；有关成员企业和挂职扶贫干部作了交流发言。会议印发了《扶贫单位交流材料汇编》和《扶贫挂职干部交流材料汇编》。

3. 扶贫培训

中国电建在充分发挥自身优势的基础上，积极开展对定点扶贫县干部及技术职工的培训。2018年，通过中国电建延安干部学院高级研修班、中国电建投资管理高级研究班、水电工程造价培训班等，专业培训定点扶贫县干部、技术职工共8名，着力培育懂扶贫、会帮扶、作风硬、技术强的扶贫干部队伍。结合剑川县实际，中国电建进一步加强扶贫培训工作，《中国电建助力剑川县全面打赢脱贫攻坚战三年实施方案》明确三年培训剑川县乡村教师300人，培训乡村医生160人。

4. 干部挂职扶贫

中国电建严格按照党中央、国务院扶贫办和国务院国资委党委要求，选派有能力且吃苦耐劳、符合派驻要求的干部到定点扶贫县挂职扶贫，到贫困村任驻村第一书记，坚决杜绝“谁走得开就派谁”现象，2018年共派出挂职扶贫干部、驻村第一书记和驻村工作队员57人（其中驻村第一书记29人）。

增加派驻挂职干部和驻村第一书记，总部在已派驻剑川县1名挂职副县长、1名驻村第一书记的基础上，增派驻剑川县扶贫办1名挂职副主任、1名驻村第一书记；在已派驻民丰县1名挂职副县长的基础上，增派1名驻村第一书记。

派出干部深入贫困基层，在各自岗位上积极履行帮扶职责，加强调查研究，发挥自身优势，倾情开展精准有效帮扶，赢得了赞许，获得了肯定。下属湖北工程公司80后优秀干部聂赞派驻蕲春县张塝镇塔木村任扶贫工作队长（第一书记），倒在了他深爱着的精准扶贫岗位上。聂赞因出色的工作成绩被湖北省委省政府评为2018年工作突出扶贫工作队队长（第一书记）；水电三局工会荣获陕西省扶贫先进单位、派驻扶贫干部荣获陕西省扶贫攻坚先进个人称号；水电十四局荣获云南省怒江州脱贫攻坚“扶贫先进单位”称号等。

5. 扶贫宣传

2018年，中国电建积极参与中国红十字基金会“中小学校博爱校医室建设”公益活动，通过中国红十字基金会公益平台向剑川县、民丰县定向捐赠共60万元，建设6所校医务室，配置常用药品和医疗急救器械，旨在为学生在校期间的体检和医疗提供有效保障，促进和引导少年儿童健康成长。10月12日，中国电建党委常委、副总经理、扶贫开发工作领导小组副组长姚强，中国红十字基金会理事长郭长江共同参加了剑川县中小学校医务室揭牌仪式。

6. 扶贫资金投入

结合定点扶贫县全面打赢脱贫攻坚战实施方案和实际需求，具体包括：一是向剑川县扶贫捐赠资金3640万元，实施了剑川县万头奶牛及10万亩饲草饲料产业扶贫项目、剑川县甸南镇白蜡村肉牛养殖场建设、马登镇后甸村向善水库扩建工程、中小学校博爱校医室建设、“圆梦的手”教育奖学金等5个扶贫项目。二是向民丰县扶贫捐赠资金603万元，实施了民丰县驻村干部宿舍生活设施标准化改造、萨勒吾则克乡美丽乡村庭院建设改造、若克雅乡农贸市场扩建、中小学校博爱校医室建设等4个扶贫项目。三是协助中国延安干部学院向越西县扶贫捐赠资金400万元，继续实施瓦曲觉乡河西村易地移民搬迁项目。四是向平凉市灵台县扶贫捐赠资金500万元，实施了灵台县光伏产业扶贫项目。

7. 扶贫资金管理

中国电建对扶贫项目及资金实施严格的管理制度，强调“事前、事中、事后”的全过程监督管理。一是有计划安排扶贫项目，精准实施。2018年6～7月，主管领导带队分别赴剑川县和民丰县贫困一线，实地调研考察并与贫困户和派驻当地的挂职干部进行座谈交流，指导制订年度项目计划，经决策审批流程后予以下达，确保帮扶资金去向清楚。二是通过下发文件和派驻地方干部监督的方式，明确要求定点扶贫县对年度定点扶贫项目资金实施专账管理，专人负责，专款专用，坚决杜绝违纪、违规使用等问题，确保扶贫资金落到实处并发挥效益。三是强化督促检查。纪委书记带队赴剑川县开展扶贫领域作风专项检查，对照国务院国资委要求扎实细致开展有关工作。四是中国电建扶贫工作组加强对剑川县、民丰县扶贫工作督促指导，形成了《关于云南省剑川县2017—2018年脱贫攻坚实施情况的督促检查报告》《新疆维吾尔自治区民丰县2017—2018年脱贫攻坚实施情况督促检查报告》等专项报告，肯定成绩，指出问题，落实整改，推进工作，确保了扶贫资金安全高效，实现了定点扶贫工作的闭环管理。

8. 产业扶贫

为助力剑川县全面打赢脱贫攻坚战、按期实现脱贫摘帽，在充分发挥剑川县丰富的土地资源和饲草饲料资源及大量剩余劳动力资源等资源禀赋优势基础上，中国电建以产业扶贫为龙头抓手，开展“造血式”扶贫，实施剑川万头奶牛养殖及10万亩饲草饲料产业扶贫项目。该项目由中国电建捐赠扶贫资金3000万元，剑川县政府将该笔资金作为资本金注入县产业扶贫投资公司，通过部分融资和招商引资引进合作企业进行投资，采取“县委政府产业平台公司＋外部合作企业＋金融机构＋村民合作社＋农场主＋贫困户”的“1＋5”产业扶贫模式，分两期最终完成总投资达5.5亿元的万头奶牛及10万亩饲草饲料产业扶贫项目建设。中国电建扶贫捐赠资金带动效果明显。

该项目通过小投入撬动大投资，引入社会合作企业投资3.2亿元，带动剑川县地方优势产业发展，促进贫困户持续增收。项目建成后，剑川县10个贫困村每年可收益5万元，收益期10年；520户贫困户每户每年收益3000元，收益期6年；3000户贫困户每户每年收益1200元，收益期5年。牧草加工厂每年提供500个就业岗位，人均年收入4万元，年人工收入总额2000万元；10万亩饲草饲料种植可解决十万农民工就业问题，人工年收入总额35 000万元。该项目覆盖剑川县全部尚未脱贫3475户13 023人，直接助推建档立卡贫困户脱贫摘帽，并带动剑川县已脱贫群众进一步增收和乡村振兴发展，真正实现扶贫项目的“造血”功能，为实现扶贫长效打下坚实基础。

9. 教育扶贫

为阻断贫困代际传递，中国电建十分注重教育扶贫，在剑川县开展“圆梦的手”爱心助学金项目，2018年捐赠50万元资助具有剑川县户籍2018年参加普通高考并被录取的建档立卡贫困户本科生，每生资助3000元，受益建档立卡贫困户160户，进一步减轻建档立卡贫困家庭由于子女升学带来的经济压力，同时也起到了建立良好学风的导向作用。

10. 基础设施建设

中国电建扶贫捐赠 400 万元，实施剑川县马登镇后甸村向善水库扩建项目。该项目位于剑川县马登镇后甸村委会向善自然村北 1km 后山山脚下，水库始建于 20 世纪 80 年代，目前处于废弃状态。坝型为均质土坝，坝高 6m，总库容 8.45 万 m^3。2018 年计划投资建设Ⅴ等小（二）型水库，总库容 15.56 万 m^3，兴利库容 14.43 万 m^3。向善水库扩建后，受益人口 1085 户 4128 人，受益农田面积 1500 亩，增加种植水稻、玉米等农作物，可以实现年产量 90 万 kg，年净收入 180 万元，每户每年增收 1658 元，其中 91 户 301 人贫困人口受益。

考虑到民丰县地处南疆边远地区，维护好当地的和平与稳定、创造一个良好的发展环境具有十分重要的意义，预期当地驻村干部蹲点开展帮扶的政策将持续较长一段时期。为此，中国电建扶贫捐赠 340 万元，实施民丰县驻村干部宿舍生活设施标准化改造项目。通过配齐配强村级宿舍生活家电、办公设备等硬件设施，改善驻村干部生活工作条件，使驻村干部“蹲得住、住得下、起作用”，为驻村干部日常工作开展打下良好基础。该项目覆盖民丰县全部 34 个行政村，每村补助 10 万元，资金全额由中国电建帮扶解决。

中国电建扶贫捐赠 200 万元，实施民丰县萨勒吾则克乡美丽乡村（庭院改造）建设项目。该项目主要对喀拉墩村、巴格其村、古勒巴格村的 400 户 1153 人庭院进行三区分离，对庭院进行三区分离（修建隔离栏），路面硬化，闲置边角土地整理等。每户帮扶资金 5000 元，用于改厕、庭院三区隔离、院内生活区硬化及小道硬化等。项目建设后，可进一步提高农户庭院利用率，改善农户居住环境，拓宽农户经济发展渠道；可进一步改善村容村貌和农民人居环境，使村庄人居环境整体质量得到明显提高，为乡村生态农业、农家乐等发展创造良好条件。

中国能源建设集团有限公司电力扶贫

根据国务院扶贫办《关于 2018 年脱贫攻坚成效考核有关事项的通知》（国开发办〔2018〕51 号）的要求，中国能建承担广西壮族自治区百色市西林县、陕西省汉中市镇巴县定点扶贫任务。成立了由党委书记、董事长担任组长的扶贫工作领导小组，全面领导公司定点扶贫工作。党委书记、董事长汪建平，党委常委、副总经理吴春利，党委常委、纪委书记李子勇分别带队赴扶贫点开展工作。全年向定点扶贫县投入帮扶资金 1121.19 万元，培训光伏电站运维技术人员 2 名。积极开展消费扶贫，全年购买贫困地区农产品 1230.57 万元。

选派干部赴西林县、镇巴县挂职县委常委和副县长；选派干部赴镇巴县泾洋街道办蒿坪子村、西林县足别乡央龙村担任第一书记；除按规定选派挂职扶贫干部外，在两地分别派出工作队，加大对深度贫困地区的帮扶力度。2018 年，针对西林县至今不通高速公路的实际，葛洲坝集团投资建设田林—西林高速公路，公路全长约 198km，预计投资约 273.74 亿元，该项目是当地最大的民生工程项目和扶贫项目，实施后极大改善西林交通，促进当地经济社会发展；广西扶贫工作组帮助西林县开展风电资源的全面规划，完成龙谷等四个风电场的规划布置及场内测风塔设立，开展测风等前期论证工作；投入 450 万元支持镇巴县开展 5MW 集中式光伏电站项目，并为电站培训 2 名技术人员，提升电站运维技术力量，项目收益将全部用于带动全县 10 个深度贫困村、716 户贫困户，2864 人脱贫摘帽；陕西工作组免费为仁村镇 300kW 屋顶光伏电站提供勘察设计服务。2018 年，镇巴县贫困发生率由 2017 年底的 19.41%下降至 8.9%，西林县贫困发生率由 2017 年底的 9.6%下降至 2.38%，两地的脱贫工作取得了决定性进展。

电　力　环　保

中共中央、国务院印发《关于全面加强生态环境保护　坚决打好污染防治攻坚战的意见》

6 月 16 日，中共中央、国务院印发《关于全面加强生态环境保护　坚决打好污染防治攻坚战的意见》，意见提出：在能源、冶金、建材、有色、化工、电镀、造纸、印染、农副食品加工等行业，全面推进清洁生产改造或清洁化改造。全面整治“散乱污”企业及集群，实行拉网式排查和清单式、台账式、网格化管理，分类实施关停取缔、整合搬迁、整改提升等措施，京津冀及周边区域 2018 年年底前完成，其他重点区域 2019 年年底前完成。大力推进散煤治理和煤炭消费减量替代。安全高效发展核电。因地制宜、加快实施北方地区冬季清洁取暖五年规划。鼓励余热、浅层地热能等清洁能源取暖。加快淘汰老旧车，鼓励清洁能源车辆、船舶的推广使用。建设“天地车人”一体化的机动车排放监控系统，完善机动车遥感监测网络。推进钢铁、电力、电解铝、焦化等重点工业企业和工业园区货物由公路运输转向铁路运输。深入实施水污染防治行动计划，扎实推进河长制湖长制，坚持污染减排和生态扩容两手发力，加快工业、农业、生活污染源和水生态系统整治，保障饮用水安全，消除城市黑臭水体，减少污染严重水体和不达标水体。全面禁止洋垃圾入境，严厉打击走私，大幅减少固体废物进口种类和数量，力争 2020 年年底前基本实现固体废物零进口。

国家发展改革委发布《关于创新和完善促进绿色发展价格机制的意见》

6 月 21 日，为深入学习贯彻习近平生态文明思想，认真落实全国生态环境保护大会精神，助力打好污染防治攻坚战，促进绿色发展和生态文明建设，国家发展改革委发布了《关于创新和完善促进绿色发展价格机制的意见》。

意见提出，到 2020 年，基本形成有利于绿色发展的价格机制、价格政策体系，促进资源节约和生态环境成本内部化的作用明显增强；到 2025 年，适应绿色发展要求的价格机制更加完善，并落实到全社会各方面各环节。

意见聚焦污水处理、垃圾处理、节水、节能环保等四方面：一是完善污水处理收费政策，建立城镇污水处理费动态调整机制、企业污水排放差别化收费机制、与污水处理标准相协调的收费机制，健全城镇污水处理服务费市场化形成机制，逐步实现城镇污水处理费基本覆盖服务费用，探索建立污水处理农户付费制度。二是健全固体废物处理收费机制，建立健全城镇生活垃圾处理收费机制，完善危险废物处置收费机制，全面建立覆盖成本并合理盈利的固体废物处理收费机制，完善城镇生活垃圾分类和减量化激励机制，加快建立有利于促进垃圾分类和减量化、资源化、无害化处理的激励约束机制，探索建立农村垃圾处理收费制度。三是建立有利于节约用水的价格机制，深入推进农业水价综合改革，完善城镇供水价格形成机制，全面推行城镇非居民用水超定额累进加价制度，建立有利于再生水利用的价格政策，保障供水工程和设施良性运行，促进节水减排和水资源可持续利用。四是健全促进节能环保的电价机制，完善差别化电价政策、峰谷电价形成机制以及部分环保行业用电支持政策，充分发挥电力价格的杠杆作用，推动高耗能行业节能减排、淘汰落后，引导电力资源优化配置，促进产业结构、能源结构优化升级和相关环保业发展。同时，鼓励各地积极探索生态产品价格形成机制等各类绿色价格政策。

七部门联合发布《关于印发〈新能源汽车动力蓄电池回收利用管理暂行办法〉的通知》

1 月 26 日，工业和信息化部等七部门联合发布《关于印发〈新能源汽车动力蓄电池回收利用管理暂行办法〉的通知》（工信部联节〔2018〕43 号），旨在加强新能源汽车动力蓄电池回收利用管理，规范行业发展。

通知提出，汽车生产企业应建立动力蓄电池回收渠道，负责回收新能源汽车使用及报废后产生的废旧动力蓄电池。鼓励汽车生产企业、电池生产企业、报废汽车回收拆解企业与综合利用企业等通过多种形式，合作共建、共用废旧动力蓄电池回收渠道。

通知还强调，鼓励社会资本发起设立产业基金，研究探索动力蓄电池残值交易等市场化模式，促进动力蓄电池回收利用。

七部门联合发布《关于组织开展新能源汽车动力蓄电池回收利用试点工作的通知》

2 月 22 日，工业和信息化部等七部门联合发布《关于组织开展新能源汽车动力蓄电池回收利用试点工作的通知》（工信部联节函〔2018〕68 号），公布了《新能源汽车动力蓄电池回收利用试点实施方案》。在实施方案中，试点内容主要包括构建回收利用体系、探索多样化商业模式、推动先进技术创新与应用、建立完善政策激励机制。试点范围集中在京津冀、长三角、珠三角、中部区域等地区，以试点地区为中心，向周边区域辐射，开展新能源汽车动力蓄电池回收利用试点工作。支持中国铁塔公司等企业结合各地区试点工作，充分发挥企业自身优势，开展动力蓄电池梯次利用示范工程建设。在试点工作实施年限上，规定原则上不超过两年。

七部门联合发布《关于做好新能源汽车动力蓄电池回收利用试点工作的通知》

7 月 23 日，工业和信息化部等七部门联合发布

《关于做好新能源汽车动力蓄电池回收利用试点工作的通知》（工信部联节〔2018〕134号）。通知指出，经研究，确定京津冀地区、山西省、上海市、江苏省等地以及中国铁塔股份有限公司为新能源汽车动力蓄电池回收利用试点地区和企业。通知明确，试点地区及企业将统筹推进回收利用体系建设。

通知提出，以重点建设项目为抓手，带动试点工作整体推进，解决动力蓄电池梯次利用、高效再生利用等突出瓶颈问题，树立一批行业标杆企业，建设一批示范工程，促进相关标准及政策措施逐步完善。加大政策支持，制定出台支持动力蓄电池回收利用的配套政策措施，加强与相关产业政策的对接，充分利用现有税收优惠政策。创新投融资方式，引导金融机构及社会资本加大对动力蓄电池回收利用项目的支持力度。加强过程管理。及时协调解决试点工作过程中遇到的问题和困难，注重总结推广试点工作的好经验、好做法，不断优化试点方案，确保试点工作扎实推进。

青海“绿电9日”正式启动

6月20日零时，由国家电网公司组织开展的“绿电9日”——清洁能源在身边活动正式启动。6月20～28日，为期9天的时间里，青海全省216h全部以水、风、光等清洁能源供电，实现用电零排放，促进以新能源最大化消纳为目标的全清洁能源供电新实践。“绿电9日”期间清洁能源累计供电量17.6亿kWh，相当于减少燃煤80万t，减排二氧化碳144万t。

青海水电资源丰富，太阳能、风能资源得天独厚，2018年2月正式获国家能源局批复同意建设全国清洁能源示范省。2017年6月，青海成功创造全省7天共168h全清洁能源供电的世界纪录。与2017年相比，2018年电网规模进一步扩大，全省电源装机容量达到2640万kW，负荷达到850万kW，日均电量1.89亿kWh，分别增长了13%、17%和8%。其中新能源装机容量达1070万kW，增长了42%，占比达到40.6%，作为青海省第二大电源，新能源装机已接近水电规模。

解决好新能源高占比带来的调峰问题是“绿电9日”的基础和关键，本次活动利用市场化手段实现新能源最大化消纳，利用多能互补协调控制技术和依托大数据平台提升新能源管控水平。活动实施调峰补偿机制与负荷参与调峰机制，拓展光伏消纳空间；深化应用多能互补协调控制技术与推进新能源大数据中心建设，实现新能源优先发电，提升新能源发电利用小时数；通过开展发电权交易与组织直接交易突出市场化；企业生产用电实现零排放，工业产品成为真正“绿能产品”，实现绿色发展新突破。

电力发展与改革

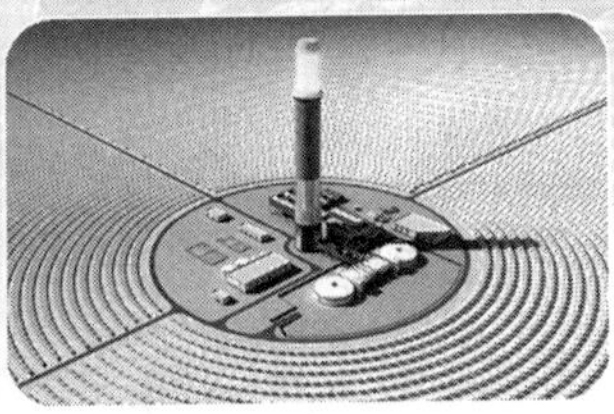

概　况

2018 年电力工业综述

2018 年，在以习近平同志为核心的党中央坚强领导下，国民经济运行总体平稳、稳中有进，质量效益稳步提升，人民生活持续改善，保持了经济持续健康发展和社会大局稳定，朝着实现全面建成小康社会的目标迈出了新的步伐。国内生产总值 90.0 万亿元，按可比价格计算，比 2017 年增长 6.6%，实现了预期发展目标；其中，第一、二、三产业分别增长 3.5%、5.8%和 7.6%，第三产业增加值比重为 52.2%，比 2017 年提高 0.3 个百分点。规模以上工业增加值比 2017 年增长 6.2%，增速缓中趋稳；战略性新兴产业、高技术制造业和装备制造业增加值分别比 2017 年增长 8.9%、11.7%和 8.1%，新动能持续发展壮大。固定资产投资比 2017 年实际增长 5.9%，其中制造业投资增长 9.5%，民间固定资产投资增长 8.7%。全社会消费品零售总额比 2017 年实际增长 9.0%，最终消费支出对经济增长的贡献率为 76.2%，比资本形成总额高 43.8 个百分点，消费的基础性作用有效发挥。全年能源消费总量 46.4 亿 t 标准煤，比 2017 年增长 3.3%；其中，煤炭消费占能源消费的比重为 59.0%，比 2017 年降低 1.4 个百分点；天然气、水电、核电、风电等清洁能源消费量占能源消费总量的 22.1%，比 2017 年提高 1.3 个百分点。

2018 年，电力行业以习近平新时代中国特色社会主义思想为指导，坚决贯彻落实习近平总书记关于“四个革命、一个合作”的国家能源安全新战略，按照高质量发展要求，坚定不移推进电力供给侧结构性改革，加大电力结构调整力度，绿色低碳发展取得新进展，终端电气化利用水平不断提高；深化电力体制改革，电力市场建设迈入新阶段；持续推动电力科技创新，创新发展取得新突破；积极应对气候变化，节能减排取得新成就；不断扩大“一带一路”电力国际合作，国际化迈出新步伐，持续构建清洁低碳、安全高效的现代能源电力体系，取得了很大成绩。

一、电力供应和电网输送能力持续增强，结构进一步优化

1. 电源投资连续三年下降，电网投资与 2017 年基本持平

2018 年，全国主要电力企业[1]电源工程建设完成投资 2787 亿元，为 2011 年以来最低水平，比 2017 年下降 3.9%，增速连续三年负增长。分类型看，水电投资 700 亿元，比 2017 年增长 12.7%，其中抽水蓄能电站投资 162 亿元、增长 14.0%，是抽水蓄能电站建设投资最多的一年；核电投资 447 亿元，比 2017 年下降 1.6%；风电投资 646 亿元，比 2017 年下降 5.1%；太阳能发电投资 207 亿元，比 2017 年下降 27.4%；国家大力推进防范化解煤电产能过剩风险工作取得成效，燃煤发电投资 644 亿元，比 2017 年下降 8.8%，带动火电投资（786 亿元）下降 8.3%。

全国电网投资完成 5340 亿元，与 2017 年基本持平。其中，直流工程 520 亿元，比 2017 年下降 39.4%，占电网工程总投资的 9.7%；交流工程 4600 亿元，比 2017 年增长 7.6%。全年配电网投资完成 3023 亿元，比 2017 年增长 6.4%，配电网投资持续保持较大规模，电力普遍服务能力持续增强。

2. 新增装机规模保持高水平，结构和地区分布进一步优化

2018 年，全国基建新增发电生产能力 12 785 万 kW，比 2017 年少投产 234 万 kW。分类型看，水电新增 859 万 kW，为 2003 年以来水电新投产最少的一年，比 2017 年少投产 428 万 kW，新投产大型常规水电项目主要有云南黄登水电站 4 台合计 190 万 kW、云南苗尾水电站 1 台 35 万 kW、云南大华侨水电站 4 台合计 92 万 kW，新投产抽水蓄能电站 130 万 kW，分别是深圳抽水蓄能电站 3 台合计 90 万 kW、海南琼

[1] 纳入中电联统计口径的 26 家大型发电企业：中国华能集团有限公司、中国大唐集团有限公司、中国华电集团有限公司、国家能源投资集团有限责任公司、国家电力投资集团有限公司、中国长江三峡集团有限公司、中国核工业集团有限公司、中国广核集团有限公司、广东省粤电集团有限公司、浙江省能源集团有限公司、北京能源投资（集团）有限公司、申能股份有限公司、河北省建设投资集团有限公司、华润电力控股有限公司、国投电力控股股份有限公司、新力能源开发有限公司、甘肃省电力投资集团公司、安徽省皖能股份有限公司、江苏省国信资产管理集团有限公司、江西省投资集团公司、广州发展集团有限公司、深圳能源集团股份有限公司、黄河万家寨水利枢纽有限公司、中铝宁夏能源集团公司和山西国际电力集团有限公司。

中抽水蓄能电站 2 台合计 40 万 kW。火电新增 4380 万 kW，比 2017 年减少 73 万 kW，已连续 4 年减少，其中煤电 3056 万 kW，比 2017 年少投产 448 万 kW；全国新投产 100 万 kW 火电机组 7 台，分别为国投电力天津北疆电厂二期 2 台、华电江苏句容电厂二期 1 台、国家能源江西九江电厂 2 台、陕西能源赵石畔煤电有限公司 1 台和陕西榆能横山高兴庄电厂 1 台。核电新投产 7 台合计 884 万 kW，是核电新增规模最大的一年，新投产项目分别为中核江苏田湾核电站 2 台合计 225 万 kW、中核三门核电一期工程 2 台合计 250 万 kW、国家电投山东海阳核电项目 1 台 125 万 kW、中国广核台山核电站一期工程 1 台 175 万 kW、中国广核阳江核电站 1 台 108.6 万 kW，其中三门核电 1 号和 2 号机组、山东海阳核电 1 号机组和广东台山核电 1 号机组采用的是第三代核电技术。风电新增 2127 万 kW，比 2017 年多投产 407 万 kW。新增太阳能发电 4525 万 kW，比 2017 年少投产 815 万 kW。2018 年，新增非化石能源发电装机容量 8645 万 kW，占全国新增发电装机容量的 69.2%；东中部地区新增风电和太阳能发电装机占全国同类型发电装机容量的比重分别为 63.5%和 71.9%。

3. 供应能力持续增强，电源结构持续优化

截至 2018 年年底，全国全口径发电装机容量 190 012 万 kW，同比增长 6.5%，增速比 2017 年回落 1.2 个百分点。发电装机容量稳居世界首位。全国人均装机规模 1.36kW，比 2017 年增加 0.08kW，超过世界平均水平，电力供应能力持续增强。

分类型看，水电 35 259 万 kW，增长 2.5%（其中抽水蓄能 2999 万 kW，增长 4.5%）；火电 114 408 万 kW，增长 3.1%（其中煤电 100 835 万 kW，增长 2.3%；气电 8375 万 kW，增长 10.5%）；核电 4466 万 kW，增长 24.7%；并网风电 18 427 万 kW，增长 12.4%；并网太阳能发电 17 433 万 kW，增长 33.7%；年底火电以及水电、风电、太阳能发电等非化石能源发电装机容量均居世界第一位。全国非化石能源发电装机容量占全国总装机容量的 40.8%，比 2017 年提高 2.1 个百分点；100 万 kW 级火电机组达到 113 台，60 万 kW 及以上火电机组容量所占比重达到 44.8%，非化石能源发电装机及大容量高参数燃煤机组比重继续提高，电源结构持续优化。

截至 2018 年年底，华北区域发电装机容量突破 4 亿 kW，达到 41 248 万 kW；华东、华中、南方分别为 37 606 万、36 376 万、32 741 万 kW，西北、东北区域分别为 27 352 万、14 690 万 kW。华北区域装机仍以火电（30 448 万 kW）为主，占比高达 73.8%，风电装机容量（5517 万 kW）在六大区域中最多，太阳能发电装机容量（4334 万 kW）略少于西北区域；华东区域火电装机容量（26 864 万 kW）仅次于华北，占比为 71.4%，核电装机容量（2216 万 kW）在六大区域中最多；华中和南方区域水电装机容量（分别为 14 880 万 kW 和 12 268 万 kW）多，占比分别为 40.9%和 37.5%，火电装机规模略高于水电装机规模，新能源发电装机规模相对较小，但发展较快；西北区域新能源发电（风电和太阳能发电分别为 4887 万 kW 和 4409 万 kW）合计占本区域总装机比重为 34.0%，在六大区域中最高，其中太阳能发电装机容量在六大区域中最多；东北区域装机规模（14 690 万 kW）最小，其中风电装机容量（2875 万 kW）占本区域总装机容量的 19.6%。各区域煤电装机占本区域发电装机容量的比重均比 2017 年有所下降，其中华北、华东区域煤电装机占比分别下降 3.4、3.1 个百分点，下降幅度最大；但目前煤电仍然是各区域第一大电源类型，华北区域煤电装机占比达到 66.7%。

分省份看，山东、江苏、内蒙古和广东发电装机容量突破 1 亿 kW。其中，山东发电装机容量规模最大（13 107 万 kW），同比增长 4.4%，四川、浙江、云南、新疆、山西和河南发电装机容量超过 8000 万 kW。

4. 电网规模稳步增长，跨省区输送能力继续提升

2018 年，全国新增 110kV 及以上交流输电线路长度和变电设备容量分别为 56 973km 和 31 024 万 kVA，分别比 2017 年少投产 1111km 和 1571 万 kVA。新增直流输电线路和换流容量分别为 3325km 和 3200 万 kW，分别比 2017 年少投产 5014km 和 4700 万 kW。全年新投产直流线路 2 条，分别为内蒙古上海庙—山东临沂和滇西北—广东±800kV 特高压直流工程。

截至 2018 年年底，全国电网 35kV 及以上输电线路回路长度 189 万 km，比 2017 年增长 3.7%，变电设备容量 70 亿 kVA，比 2017 年增长 5.4%。其中，220kV 及以上线路长度 73 万 km，比 2017 年增长 5.8%，变电设备容量 43 亿 kVA，比 2017 年增长 6.0%。

中国电网已实现除台湾以外的全国联网，跨省区输电能力继续增加，年底全国跨区输电能力 1.36 亿 kW；其中，跨区网对网输电能力 1.23 亿 kW，跨区点对网送电能力 1334 万 kW。分区域看，华中、西北外送能力分别达到 3840 万 kW 和 4381 万 kW，华北、东北和南方分别为 3630 万、1500 万 kW 和 264 万 kW。

2018 年底，中国内地与香港、澳门联网，为香港、澳门特别行政区送电。中国分别与俄罗斯、蒙古国、越南、缅甸和老挝等国实现了跨国输电线路互联

和电量交易。在大湄公河次区域，缅甸电厂以1回500kV、2回220kV和1回110kV线路向中国送电；中国以3回220kV、3回110kV线路向越南供电；中国以1回115kV线路向老挝供电。与俄罗斯远东电网建成了1回500kV、2回220kV和2回110kV输电线路；中国新疆通过35kV、内蒙古通过220kV和110kV输电线路与蒙古国实现一定规模的电力交易。中国与俄罗斯、蒙古国、越南和缅甸等周边国家跨国电力交易初步实现。

二、非化石能源发电加快增长，弃风弃光继续得到改善

1. 非化石能源发电量加快增长

2018年，全国全口径发电量69 947亿kWh，同比增长8.4%，是近四年的最高增速，增速比2017年提高1.9个百分点。

分类型看，水电12 321亿kWh，增长3.1%；火电49 249亿kWh，增长7.3%（其中煤电发电量44 829亿kWh，增长7.3%）；核电2950亿kWh，增长18.9%；并网风电3658亿kWh，增长20.1%；并网太阳能发电1769亿kWh，增长50.2%。2018年，水电、核电、并网风电和太阳能发电等非化石能源发电量合计21 634亿kWh，比2017年增长11.1%，占全口径发电量的比重为30.9%，比重比2017年提高0.8个百分点。青海、甘肃、宁夏和内蒙古新能源发电量占本省发电量的比重超过15%，新能源发电已经成为天津、河北、山西、内蒙古、吉林、黑龙江、上海、江苏、安徽、山东、陕西、宁夏和新疆13个省（区、市）的第二大发电类型；新能源发电量增量对全国发电量增长的贡献率为22.2%，其中，江苏、青海新能源发电量增量分别超过火电发电量增量110亿kWh和71亿kWh。

分区域看，华北、华东区域发电量及其火电发电量均超过1万亿kWh，其火电发电量占比分别为89.0%和81.0%。华东和南方区域核电发电量占比最高，分别为10.1%和9.6%。华中、南方区域发电量超过1万亿kWh，其水电发电量占比（43.1%和37.0%）明显高于其他区域；加上华东区域，三个区域新能源发电规模较小、占比偏低。西北、东北和华北区域新能源（风电和太阳能）发电量超过水电发电量。国家加快调整能源结构，新能源加快发展，煤电发电量占比逐年下降，但仍然是现阶段的重要发电类型，华北煤电占比为82.3%，东北、华东占比超过70%，华中和南方区域占比低于50%。

分省（区、市）看，山东、江苏、内蒙古发电量超过5000亿kWh，广东、四川、浙江、云南、新疆和山西发电量为3000亿～5000亿kWh。发电量不足1000亿kWh的省（区、市）主要有吉林、上海、青海、重庆、天津、北京、海南和西藏。

2. 弃风、弃光和弃水问题继续得到改善

2018年，在各级政府和行业企业协同努力下，各省（区、市）新能源消纳得到进一步改善，全国弃风弃光势头得到有效遏制，全国弃电量和弃电率实现“双降”。据国家能源局数据，2018年，全国弃风电量277亿kWh，弃风率7%，同比下降5个百分点；弃光电量55亿kWh，弃光率3%，同比下降2.8个百分点；全国有18个省（区、市）基本不弃风，22个省（区、市）基本不弃光，但新疆、甘肃等部分新能源比重较大的省（区）弃风弃光率仍偏高。全国弃水情况明显好转，其中，云南弃水电量同比减少114亿kWh，四川弃水电量有所减少，广西实现零弃水。

3. 各类型发电设备利用小时同比提高

2018年，全国6000kW及以上电厂发电设备利用小时3880h，比2017年提高90h。受电力消费增速提高和部分流域来水较少影响，各类型发电设备利用小时均有所提高，其中，水电3607h，比2017年增加10h；火电4378h，比2017年增加159h（其中燃煤发电4495h，比2017年提高183h），利用小时连续两年回升；核电7543h，比2017年增加454h；并网风电2103h，比2017年增加155h；太阳能发电1230h，比2017年增加25h。2018年全国分类型发电设备利用小时及变化情况见表1。

表1　　2018年全国分类型发电设备利用小时及变化情况　　单位：h

项目	合计	水电	火电			核电	风电	太阳能发电
			合计	煤电	气电			
发电利用小时	3880	3607	4378	4495	2767	7543	2103	1230
同比变化小时	90	10	159	183	6	454	155	25

广西、甘肃、福建、四川、湖北等24个省（区、市）火电设备平均利用小时同比增加。其中，受电力消费增长影响，广西、甘肃火电设备利用小时同比提高846、670h，福建因水电、风电减发等因素影响，火电设备利用小时同比提高628h；四川、湖北和云南同比提高超过500h。江西、内蒙古、河北、安徽、宁

夏、山东等 13 个省（区、市）高于全国平均水平，其中江西、内蒙古、河北、安徽超过 5000h。

全国有 7 个省（区、市）火电设备利用小时同比降低，其中，青海受水电发电大幅增加影响，利用小时同比降低 1150h，降幅最大；江苏、陕西受新能源发电和区域外来电增加等因素影响，分别降低 333、283h；上海和宁夏降低超过 100h。四川、云南和西藏火电利用小时不足 3000h。

4. 电煤供应总体平衡，存在阶段性缺口

2018 年，全国原煤产量 36.8 亿 t，同比增加 1.6 亿 t，煤炭净进口 2.76 亿 t、同比增加 0.13 亿 t；国内煤炭供应量总体满足消费需求，但进口煤政策变化削弱了沿海地区的电煤供应稳定性，4 月下旬至 5 月部分地区执行二类口岸停止接卸、一类口岸实施配额限制以及通关时间延长，第四季度继续严控进口煤量，加剧了电煤供需紧张的局面，导致电煤价格再次快速上涨。在此形势下，国家发展改革委等部门加大电煤保供力度，先后采取了增产量、增产能、增运力、增长协等系列措施，电煤供需偏紧形势得到缓解，重点电厂电煤库存有所提升，迎峰度冬电力供应总体平稳。

2018 年，中国电煤采购价格指数（CECI）沿海指数显示，全年 5500kcal（1kcal＝4.184kJ）现货成交价高位波动，各期综合价均超过国家发展改革委等《关于印发平抑煤炭市场价格异常波动的备忘录的通知》（发改运行〔2016〕2808 号）规定的绿色区间上限，国内煤电企业采购成本居高不下。国家统计局数据显示，全国火电企业亏损面 50%左右。

5. 跨区跨省送电量快速增长

2018 年，受电力消费需求较快增长、东部地区控煤和西部新能源东送规模增加等因素带动，全国跨区送电完成 4771 亿 kWh，比 2017 年增长 12.7%，增速比 2017 年提高 0.6 个百分点。分区域看，西南、西北和华中三个区域送出电量规模大，合计送出电量占全国跨区送电量的 71.8%；其中，西北送出电量 1617 亿 kWh，同比增长 24.9%，拉动全国跨区送电增长 6.8 个百分点。华东区域输入电量占全社会用电量比重超过 10%。

受跨省输电线路投产增加送电能力等因素拉动，全国跨省输出电量 12 951 亿 kWh，同比增长 14.6%，增速比 2017 年提高 2.0 个百分点。其中，受内蒙古上海庙—山东临沂特高压线路投产带动，内蒙古外送电量 1487 亿 kWh，占全国跨省输出电量的 11.5%；云南送广东 1052 亿 kWh，同比增长 6.6%，占全国跨省输出电量的 8.1%。跨省输出电量超过 1000 亿 kWh 的省（区）有内蒙古、云南、四川和山西，合计输出电量占跨省输出电量的 45.5%。云南、宁夏输出电量占本省发电量比重最高，分别达到 48.5%和 45.2%。广东净输入电量规模最大，达到 1750 亿 kWh；北京净输入电量占本市全社会用电量的比重达到 60.7%，上海占比为 41.6%，广东、重庆、辽宁、河北、浙江和天津占比超过 20%。

6. 电力建设及生产运行安全可靠

2018 年，全国没有发生较大以上电力人身伤亡事故，没有发生水电站大坝漫坝、垮坝以及对社会有较大影响的安全事故。主要电力可靠性指标总体保持在较高水平，其中，4 万 kW 及以上水电机组以及 10 万 kW 及以上煤电机组、燃气轮机组、核电机组等效可用系数分别为 92.30%、92.26%、92.47%、91.84%，除核电机组等效可用系数提高 0.74 个百分点外，其他三类机组分别比 2017 年下降 0.25、0.50、0.13 个百分点。架空线路、变压器、断路器三类主要设施的可用系数分别为 99.328%、99.741%、99.908%，均低于 2017 年水平。直流输电系统合计能量可用率、能量利用率分别为 92.15%、44.11%，分别比 2017 年下降 3.20、10.31 个百分点；总计强迫停运 35 次，比 2017 年增加 2 次。全国 10（6、20）kV 供电系统用户平均供电可靠率为 99.820%，比 2017 年提高 0.006 个百分点；用户平均停电时间 15.75h/户，比 2017 年减少 0.52h/户；用户平均停电频率 3.28 次/户，与 2017 年持平。

三、全社会用电量较快增长，电力供需总体平衡

1. 电力消费需求进一步回升

在宏观经济运行总体平稳、服务业、高新技术及装备制造业较快发展、冬季寒潮和夏季高温、电能替代快速推广、城农网改造升级释放电力需求等因素综合影响下，全社会用电实现较快增长。2018 年，全国全社会用电量 69 002 亿 kWh，比 2017 年增长 8.4%，为 2012 年以来最高增速，增速比 2017 年提高 1.8 个百分点。全国人均用电量 4945kWh，比 2017 年增加 356kWh。

分季度看，各季度全社会用电量增速分别为 9.8%、9.0%、8.0%和 7.3%，增速逐季回落，但仍处于较高水平。受夏季极端高温天气影响，第三产业和城乡居民生活用电量增速提高，对全社会用电量增长的拉动作用增强。第二产业用电量增长 7.1%，创 2012 年以来新高，各季度用电量对当期全社会用电量增长的拉动力均超过 4 个百分点。

分产业看，第一产业用电量 746 亿 kWh，比 2017 年增长 9.0%；第二产业用电量 47 733 亿 kWh，比 2017 年增长 7.1%，增速比 2017 年提高 1.6 个百分点，拉动全社会用电量增长 5.0 个百分点，是全社会用电量增速提高的最主要动力（其中制造业用电量

增长 7.1%，拉动全社会用电量增长 3.6 个百分点）；第三产业用电量 10 831 亿 kWh，增长 12.9%；城乡居民生活用电量 9692 亿 kWh，增长 10.3%，分别拉动全社会用电量增长 1.9、1.4 个百分点。第一、第二、第三产业和城乡居民生活用电量占全社会用电量的比重分别为 1.1%、69.2%、15.7%和 14.0%。与 2017 年相比，第三产业和城乡居民生活用电量占比分别提高 0.5、0.1 个百分点；第二产业用电量占比降低 0.7 个百分点。

分区域看，华东、华北、华中和南方区域全社会用电量超过 10 000 亿 kWh，四个区域合计用电量占全社会用电量的 82.3%。各区域用电均实现正增长，其中，华北、华中区域全社会用电增速高于全国平均水平，其用电量增长分别拉动全社会用电量增长 2.2、1.8 个百分点；除西北和东北区域外，其他区域用电量增长对全社会用电增长的拉动力比 2017 年均有不同程度提高，其中，华北、华中、南方区域对全社会用电增长的拉动力分别比 2017 年提高 1.0、0.7、0.2 个百分点。

分省（区、市）看，广东、江苏、山东、浙江、河北、河南、内蒙古、新疆、四川、福建、辽宁、山西、安徽和湖北 14 个省（区、市）全社会用电量超过 2000 亿 kWh，14 省（区、市）合计用电量 49 467 亿 kWh，同比增长 8.3%，占全国全社会用电量的 71.7%；对全国用电量增长的贡献率为 70.6%，除福建、山东外，其他东部省（区、市）用电增速均低于全国平均增速。全国所有省（区、市）的全社会用电量均实现正增长。15 个省（区、市）用电增速高于全国平均水平（8.4%），其中增速超过 10%的省（区、市）有西藏（18.6%）、广西（17.9%）、内蒙古（15.5%）、重庆（12.3%）、四川（11.5%）、安徽（11.1%）、湖北（10.8%）、甘肃（10.7%）、江西（10.4%）和湖南（10.4%），均为中西部地区省（区、市）。

2. 电能替代快速推广

电能替代是终端能源清洁利用途径之一，2018 年，全国累计完成替代电量 1558 亿 kWh，比 2017 年增长 21.1%。其中，全国工（农）业生产制造领域完成替代电量 968 亿 kWh，约占总替代电量的 62.2%；居民供暖、交通运输、能源生产供应与消费等领域电能替代也在快速推广，分别完成替代电量 116 亿、131 亿、267 亿 kWh。

3. 全国电力供需总体平衡

2018 年，用电增速回升，电网峰谷差加大，全国电力供需形势从前两年的总体宽松转为总体平衡。分区域看，华北区域电力供需总体平衡，1 月河北南网采取了有序用电措施，迎峰度夏期间山东、河北等地采取有序用电措施，迎峰度冬期间山东采取有序用电措施。东北区域电力供应能力富余，辽宁在迎峰度夏用电高峰时段采取了有序用电措施。华东区域电力供需总体平衡，江苏、浙江分别在 1 月和迎峰度夏用电高峰时段采取了有序用电措施。华中区域电力供需总体平衡，1 月受低温寒潮天气影响，江西、湖南、湖北、河南在用电高峰时段采取了有序用电措施；四川在迎峰度夏用电高峰时段采取了有序用电措施。西北区域电力供应能力富余，陕西在迎峰度夏用电高峰时段采取了有序用电措施。南方区域电力供需总体平衡。贵州受电煤供应不足影响，1、2 月采取了有序用电措施；广东 5 月底及 6 月初受持续高温、新机组投产滞后、省内来水偏枯等影响，采取了有序用电措施；云南受负荷快速增长、入汛偏晚、火电存煤不足等因素影响，5 月采取了有序用电措施。

四、电力体制改革继续推进，电力市场建设步伐加快

1. 完成首个周期的输配电价核定

2018 年，在建立起覆盖省级电网、区域电网、跨省跨区输电工程、地方电网、增量配电网的全环节输配电价格监管制度框架基础上，华北、东北、华东、华中、西北五大区域电网首个周期的两部制输配电价和 24 条跨省跨区专项工程输电价格陆续核定完毕，累计核减电网企业准许收入约 600 亿元，促进了跨省跨区电力交易。历时 4 年的首个周期输配电定价成本监审完毕。

2. 超额完成一般工商业电价下降 10%任务

各方积极落实全国降低一般工商业电价 10%的目标，通过中央财政降低国家重大水利工程建设基金征收标准、释放减税红利，电网企业推进区域电网和跨区跨省专项输电价改革、灵活实施两部制电价，地方政府多渠道自筹等十项降价清费措施，分四批合计降低用户用电成本 1258 亿元，平均降低 0.078 9 元/kWh，全国平均降幅达到 10.1%。

3. 市场交易电量比重大幅提高

2018 年，全国各地市场主体参与市场的数量进一步扩大，煤炭、钢铁、有色、建材四个行业电力用户用电计划放开，全国电力市场交易电量规模再上新台阶。全年合计交易电量❶ 20 654 亿 kWh，比 2017 年增长 26.5%。市场交易电量分别占全社会用电量和电网企业销售电量比重的 29.9%和 37.0%，比 2017 年分别提高 4.2、4.9 个百分点。

❶ 数据来源于中国电力企业联合会《全国电力市场交易信息简报》。

4. 电力现货市场建设试点稳妥推进

按照国家发展改革委、国家能源局加快推进电力现货试点工作要求，2018 年 8 月，南方（以广东起步）电力现货市场启动试运行，成为全国首个投入试运行的电力现货市场。为推动电力现货市场建设试点尽快取得实质性突破，国家发展改革委、能源局建立了对 8 个试点的联系协调机制，甘肃、山西电力现货市场于 12 月启动试运行。

五、电力绿色发展水平不断提高，节能减排取得新成绩

1. 资源节约水平继续提升

2018 年，全国 6000kW 及以上火电厂平均供电标准煤耗 307.6g/kWh，比 2017 年下降 1.8g/kWh，煤电机组供电煤耗继续保持世界先进；厂用电率 4.69%，比 2017 年下降 0.11 个百分点（其中，水电 0.25%，比 2017 年下降 0.02 个百分点；火电 5.95%，比 2017 年下降 0.09 个百分点）。全国线损率 6.27%，比 2017 年下降 0.21 个百分点。全国火电厂单位发电量耗水量 1.23kg/kWh，比 2017 年下降 0.02kg/kWh；粉煤灰、脱硫石膏综合利用率分别为 71%、74%，均比 2017 年下降 1 个百分点，综合利用量持续提高。

2. 污染物排放进一步降低

2018 年，全国电力烟尘、二氧化硫、氮氧化物排放量分别约为 21 万、99 万、96 万 t，分别比 2017 年下降约 19.2%、17.5%、15.8%；每千瓦时火电发电量烟尘、二氧化硫、氮氧化物排放量约为 0.04、0.20、0.19g，分别比 2017 年下降 0.02、0.06、0.06g。火电单位发电量废水排放量为 0.06kg/kWh，与 2017 年持平。截至 2018 年年底，达到超低排放限值的煤电机组约 8.1 亿 kW，约占全国煤电总装机容量 80%。

3. 碳排放强度持续降低

2018 年，全国单位火电发电量二氧化碳排放约 841g/kWh，比 2005 年下降 19.4%；单位发电量二氧化碳排放约 592g/kWh，比 2005 年下降 30.1%。以 2005 年为基准年，2006～2018 年，通过发展非化石能源、降低供电煤耗和线损率等措施，电力行业累计减少二氧化碳排放约 137 亿 t，有效减缓了电力二氧化碳排放总量的增长。其中，供电煤耗降低对电力行业二氧化碳减排贡献率为 44%，非化石能源发展贡献率为 54%。

六、科技创新取得新进展，电力建设与运行技术水平持续提升

2018 年，电力行业科技创新有力推动了行业科技进步，践行了国家绿色发展战略，显示了具有自主知识产权核心技术的国际竞争力。水电领域，解决了特高拱坝工程安全风险防控技术难题，创造了高坝通航的水力式升船机技术中国品牌，掌握了世界领先的百万千瓦巨型水轮发电机组制造技术。火电领域，完成热电解耦的汽轮机冷端近零损失供热关键技术研究及应用，天然气分布式能源系统、IGCC 的燃烧前 CO_2 捕集技术等取得了具有自主知识产权的核心技术。核电领域，掌握了第四代核电高温气冷堆蒸汽发生器制造技术；新能源发电领域，依托上海东海大桥海上风电示范工程建成中国首座大型海上风电场，在太阳能光热发电技术、新型高效太阳能电池技术研究方面取得重要进展。电网领域，攻克了复杂电网自动电压控制决策实时性和最优性难题，发明了电网大范围山火灾害带电防治关键技术，全面攻克±1000kV 特高压直流输电等关键核心技术，成功研制世界首套特高压 GIL 设备并实现批量生产。

七、电力企业资产总额增速回落，电力供应企业利润下降

1. 资产总额增速降低

根据国家统计局统计，截至 2018 年年底，全国规模以上电力企业资产总额 14.0 万亿元，比 2017 年增长 2.7%，增速比 2017 年下降 1.8 个百分点。其中，电力供应企业资产总额比 2017 年增长 4.2%；发电企业资产总额比 2017 年增长 1.5%（其中，火电企业资产总额比 2017 年下降 1.8%）。

2. 电力供应企业利润下降

规模以上电力企业利润总额 3231 亿元，比 2017 年增长 3.1%。其中，电力供应企业贯彻落实 2018 年政府工作报告中提出的一般工商业电价平均降低 10% 要求，向用电企业让利后，利润比 2017 年下降 24.3%。在 2017 年基数低以及发电量较快增长的拉动下，发电企业实现利润总额 2210 亿元，比 2017 年增长 23.8%。其中，火力发电企业实现利润 323 亿元，但亏损面仍然较高（为 43.8%）；风电、太阳能发电和核电利润增速均超过 20.0%，但风电、太阳能发电由于补贴不及时、不到位，企业账面利润短期内难以转化为实际资金流，导致资金周转困难。

八、全球能源互联网加快推进，"一带一路"电力合作呈现新亮点

1. 积极开展"一带一路"合作

2018 年，中国主要电力企业参与"一带一路"国际合作实际完成投资约 28 亿美元，涉及沿线亚洲和欧洲 8 个国家，直接创造 6700 个当地就业岗位。新签工程承包合同项目共 128 个，涉及沿线 30 个国家和地区，合同金额 256 亿美元。为保障"一带一路"建设顺利实施，各电力企业不断创新"一带一路"建

设合作机制，与相关国家或地区磋商建立共同的投资风险防范体系。

2. 全球能源互联网加快推进

2018年，全球能源互联网合作组织会员数量和覆盖国别大幅提升；组建了全球能源互联网大学联盟和智库联盟，并搭建了共商发展的合作新平台；与几内亚政府共同倡议成立非洲能源互联网可持续发展联盟；与联合国气候变化公约秘书处、拉丁美洲和加勒比经济委员会、非洲经济委员会，埃塞俄比亚、刚果（金）、几内亚等国政府，以及有关组织、机构、企业、高校新签15项合作协议；大力推动中国与周边国家及“一带一路”沿线国家电网互联，中缅孟联网项目成立政府间联合工作组，中韩联网项目完成预可研，海湾国家与东非联网项目签署三方合作协议。

回顾2018年，电力行业在取得卓越成绩的同时，还面临较多的问题和挑战。一是在发展方面，各地区之间、电源与电网、交流与直流、输电与配电发展不平衡不协调问题仍比较突出，煤电发展碳减排和污染防治任务依然艰巨，电力行业高质量发展仍受到比较严重的制约；二是在改革创新方面，电力市场化改革面临的困难仍然较多，部分领域改革推进相对滞后，“放管服”改革滞后于市场化建设进程，不利于新业态培育和模式创新；三是在运行方面，影响电力平衡的外部因素增多，部分地区电力供需平衡偏紧，保障电力供应难度加大，清洁能源消纳压力较大，弃水弃光弃风问题依然比较突出，不利于能源结构调整；四是受宏观经济、电价政策、环境质量和补贴不到位等影响，电网企业、火电企业和新能源企业亏损增加，电力行业经营形势更加严峻。

2019年是新中国成立70周年，是全面建设小康社会、实现第一个百年奋斗目标的关键之年。展望2019年，电力行业将坚持以习近平新时代中国特色社会主义思想为指导，牢固树立创新、协调、绿色、改革、共享五大发展理念，深化电力供给侧结构性改革，推动实施清洁替代和电能替代，努力提高电气化水平，努力打造绿色低碳、互联互通、共建共享的现代能源电力体系。加快清洁能源开发与利用，着力解决清洁能源消纳问题；优化煤电发展，努力提高煤电调节能力。深化电力市场化改革，扩大电力市场交易规模，服务实体经济发展。加大需求侧管理工作力度，保障电力供应，促进电力供需平衡。努力稳定电煤价格，引导电煤价格回归绿色区间，理顺电价形成机制，落实可再生能源补贴资金，着力解决影响电力企业经营的深层次矛盾和问题，缓解电力企业经营困境。

（侯　勇）

2018—2019全国电力供需形势分析预测报告

一、2018年度全国电力供需状况

（一）全社会用电量实现较快增长、电力消费结构继续优化

根据中国电力企业联合会快报，2018年，全国全社会用电量6.84万亿kWh，同比增长8.5%，同比提高1.9个百分点，为2012年以来最高增速；各季度同比分别增长9.8%、9.0%、8.0%和7.3%，增速逐季回落，但总体处于较高水平。全国人均用电量4956kWh，人均生活用电量701kWh。主要特点有：

一是第二产业及其制造业用电量增长较快，高技术及装备制造业用电领涨。2018年，第二产业用电量4.72万亿kWh，同比增长7.2%，增速为2012年以来新高，同比提高1.7个百分点，拉动全社会用电量增长5.0个百分点。制造业用电量同比增长7.2%，各季度增速分别为6.5%、8.0%、7.0%和6.2%。从几大类行业来看，高技术及装备制造业❶用电量同比增长9.5%，与同期技术进步、转型升级的相关产业和产品较快增长态势基本一致。四大高载能行业❷用电量增长6.1%，增速同比提高1.2个百分点，各季度增速分别为4.8%、5.3%、7.3%和7.0%，因国家和地方“稳投资”等措施逐步发力，并受2017年低基数影响，下半年增速回升。消费品制造业❸用电量增长5.5%，各季度增速分别为5.7%、7.9%、5.1%、3.5%，与社会消费品零售总额增速放缓趋势相吻合。

二是第三产业用电量继续快速增长。全年第三产业用电量1.08万亿kWh，同比增长12.7%，增速同

❶ 高技术及装备制造业包括医药制造业、金属制品业、通用设备制造业、专用设备制造业、汽车制造业、铁路/船舶/航空航天和其他运输设备制造业、电气机械和器材制造业、计算机/通信和其他电子设备制造业、仪器仪表制造业9个行业。

❷ 四大高载能行业包括化学原料和化学制品制造业、非金属矿物制品业、黑色金属冶炼和压延加工业、有色金属冶炼和压延加工业4个行业。

❸ 消费品制造业包括农副食品加工业、食品制造业、酒/饮料及精制茶制造业、烟草制品业、纺织业、纺织服装/服饰业、皮革/毛皮/羽毛及其制品和制鞋业、木材加工和木/竹/藤/棕/草制品业、家具制造业、造纸和纸制品业、印刷和记录媒介复制业、文教/工美/体育和娱乐用品制造业12个行业。

比提高 2.1 个百分点；拉动全社会用电量增长 1.9 个百分点，比 2017 年提高 0.5 个百分点。信息传输、软件和信息技术服务业用电量增长 23.5%，继续延续近年来的快速增长势头，其中互联网和相关服务业、软件和信息技术服务业用电量增速均超过 60%；批发和零售业用电量增长 12.8%，其中充换电服务业用电量增长 70.8%；受电气化铁路、城市公共交通运输、港口岸电、装卸搬运和仓储业等用电持续快速增长拉动，交通运输、仓储和邮政业用电量增长 11.7%。

三是城乡居民生活用电量快速增长。全年城乡居民生活用电量 9685 亿 kWh，同比增长 10.3%，增速同比提高 2.6 个百分点；拉动全社会用电量增长 1.4 个百分点，比 2017 年提高 0.4 个百分点。随着城镇化率和城乡居民电气化水平的持续提高，以及新一轮农网改造升级、居民供暖“煤改电”的大力推进，尤其在气温因素的作用下，冬季取暖和夏季降温负荷快速增长，带动了城乡居民生活用电快速增长。

四是畜牧业和渔业带动第一产业用电量快速增长。全年第一产业用电量 728 亿 kWh，同比增长 9.8%，增速同比提高 2.3 个百分点。其中，畜牧产品、渔业产品规模化生产逐步增多，带动畜牧业、渔业用电量分别增长 17.4%和 11.0%。

五是电力消费结构持续优化。第二产业用电量占全社会用电量的比重为 69.0%，比 2017 年降低 0.8 个百分点。其中，四大高载能行业用电量比重比 2017 年降低 0.6 个百分点；高技术及装备制造业用电量比重提高 0.1 个百分点。第三产业、城乡居民生活用电量比重分别提高 0.6、0.2 个百分点，第一产业用电量比重为 1.1%，与 2017 年持平。

六是中西部地区大部分省份增速相对较高。东、中、西和东北地区全社会用电量同比分别增长 6.9%、9.6%、10.9%、6.9%，比 2017 年分别提高 1.7、2.3、1.8、2.3 个百分点；用电量占全国比重分别为 48.3%、19.0%、26.9%、5.8%。其中中部、西部同比分别提高 0.3、0.2 个百分点，东部、东北地区分别下降 0.3、0.2 个百分点。全国 31 个省（区、市）用电量均实现正增长；除福建、山东外，其余 13 个用电量增速高于全国平均水平的省（区、市）均属于中、西部地区。

（二）电力生产延续绿色低碳发展趋势，高质量发展成效初步显现

截至 2018 年底，全国全口径发电装机容量 19.0 亿 kW，同比增长 6.5%。其中，非化石能源发电装机容量 7.7 亿 kW，占总装机容量的比重为 40.8%，比 2017 年提高 2.0 个百分点。分类型看，水电 3.5 亿 kW、火电 11.4 亿 kW、核电 4466 万 kW、并网风电 1.8 亿 kW、并网太阳能发电 1.7 亿 kW。火电装机中，煤电 10.1 亿 kW，占总装机容量的比重为 53.0%，比 2017 年降低 2.2 个百分点；气电 8330 万 kW，同比增长 10.0%。全国发电装机及其水电、火电、风电、太阳能发电装机规模均居世界首位。电力供应主要特点有：

一是发电装机绿色转型持续推进。全国新增发电装机容量 1.2 亿 kW，同比减少 605 万 kW。其中，新增非化石能源发电装机占新增总装机的 73.0%。“5·31光伏新政”[1]出台后，光伏发电增速放缓，全年新增太阳能发电装机容量比 2017 年下降 16.2%；国家加快推进和实施光伏扶贫政策，西部地区新增太阳能发电比重同比提高 7.8 个百分点。东、中部地区新增风电装机占比为 64.2%、太阳能发电装机占比为 72.2%。全国新增煤电 2903 万 kW，同比少投产 601 万 kW，为 2004 年以来的最低水平。

二是非化石能源发电量快速增长。全国全口径发电量 6.99 万亿 kWh，同比增长 8.4%。其中，非化石能源发电量 2.16 万亿 kWh，同比增长 11.1%，占总发电量的比重为 30.9%，比 2017 年提高 0.6 个百分点。水电发电量 1.23 万亿 kWh，同比增长 3.2%，火电发电量 4.92 万亿 kWh，同比增长 7.3%。全国并网太阳能发电、风电、核电发电量分别为 1775 亿、3660 亿、2944 亿 kWh，同比分别增长 50.8%、20.2%、18.6%。新能源发电已成为内蒙古、新疆、河北、山东、宁夏、山西、江苏、黑龙江、安徽、吉林等 14 个省（区、市）第二大发电类型。

三是各类型发电设备利用小时均同比提高。2018 年，全国发电设备平均利用小时为 3862h，同比提高 73h。其中，水电 3613h，提高 16h；火电 4361h，提高 143h；核电 7184h，提高 95h；并网风电 2095h，为 2013 年以来新高，比 2017 年提高 146h；并网太阳能发电 1212h，提高 7h。

四是弃风弃光问题继续得到改善。各级政府和电力企业等多方共同努力，多措并举推进清洁能源消纳。2018 年，全国弃风电量 277 亿 kWh，平均弃风率 7%，同比下降 5 个百分点；全国弃光电量 54.9 亿 kWh，平均弃光率 3%，同比下降 2.8 个百分点。华北、西北、东北地区风电设备利用小时分别比 2017 年提高 102、215、236h，西北、东北地区太阳能发电设备利用小时分别提高 66、65h。

五是 110kV 及以下电网投资比重提高。全国电网

[1] 5 月 31 日，国家发展改革委、财政部、国家能源局联合印发《关于 2018 年光伏发电有关事项的通知》（发改能源〔2018〕823 号），因发布时间的缘故，俗称“5·31 光伏新政”。

投资5373亿元，同比增长0.6%。其中，±1100kV、1000kV投资分别增长111.5%和6.8%；110kV及以下投资增长12.5%，占全部电网投资的比重为57.4%，比2017年提高4.5个百分点。全国基建新增220kV及以上变电设备容量2.2亿kVA，同比下降8.9%；新增220kV及以上输电线路长度3.77万km，同比增长14.0%；新增直流换流容量3200万kW，同比下降59.5%。全年投产1个特高压项目，为内蒙古上海庙—山东临沂±800kV特高压直流工程。截至2018年底，全国跨区电网输电能力达到1.36亿kW。

六是跨区跨省送电量快速增长。全年全国跨区、跨省送电分别完成4807亿、12 936亿kWh，同比分别增长13.5%和14.6%，增速同比分别提高1.4、1.9个百分点。特高压项目推动跨区跨省送电，其中山西晋北—江苏淮安、宁夏灵州—浙江绍兴特高压线路输电量分别拉动全国跨区送电量增长2.0、4.2个百分点。

七是电力燃料供需总体平衡，地区性时段性偏紧，煤电企业经营仍比较困难。反映电煤采购成本的CECI 5500kcal综合价波动区间为571～635元/t，各期价格均超过国家发展改革委等《关于印发平抑煤炭市场价格异常波动的备忘录的通知》（发改运行〔2016〕2808号）规定的绿色区间（价格正常）上限，国内煤电企业采购成本居高不下。2018年全年全国火电企业亏损面仍近50%。中国沿海电煤采购价格见图1。

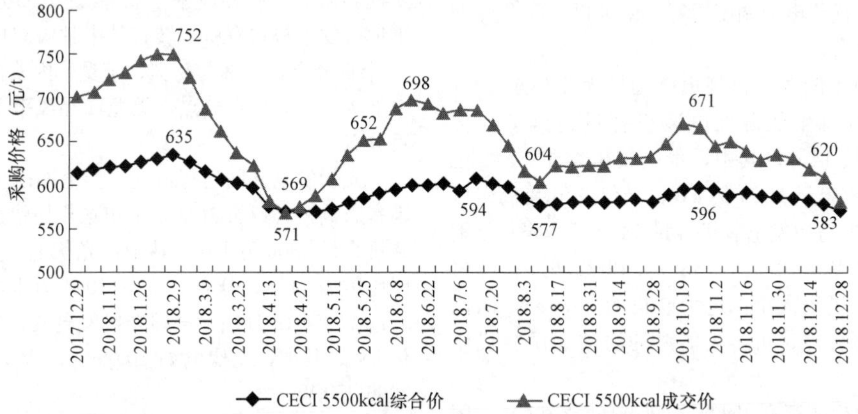

图1 中国沿海电煤采购价格

（三）全国电力供需总体平衡，部分地区出现错峰限电

2018年，用电增速回升，电网峰谷差加大，全国电力供需形势从前几年的总体宽松转为总体平衡。其中，华北、华东、华中、南方区域电力供需总体平衡，部分省（区、市）局部性、阶段性电力供应偏紧；东北和西北区域电力供应能力富余。

二、2019年全国电力供需形势预测

（一）全社会用电量增速较2018年回落

当前经济运行稳中有变、变中有忧，外部环境复杂严峻，经济面临下行压力，用电量增长不确定性增大。综合考虑国际国内形势、产业运行和地方发展等，以及2018年高基数影响，预计2019年全社会用电量增速将平稳回落，在平水年、没有大范围极端气温影响的情况下，预计全年全社会用电量增长5.5%左右。

（二）年底总装机容量约20亿kW，非化石能源装机比重进一步提高

预计2019年全国基建新增发电装机容量1.1亿kW左右，其中，新增非化石能源发电装机容量6200万kW左右。预计2019年底全国发电装机容量约20亿kW，同比增长5.5%左右。其中，水电3.6亿kW、并网风电2.1亿kW、并网太阳能发电2.0亿kW、核电5000万kW、生物质发电2100万kW左右。非化石能源发电装机容量合计8.4亿kW左右，占总装机容量的比重为41.8%左右，比2017年底提高1个百分点。

（三）全国电力供需总体平衡，局部地区部分时段电力供需偏紧

2019年，新能源发电装机将持续增加；第三产业和居民生活用电比重持续提高，拉大系统峰谷差，时段性系统调峰能力不足；电煤价格高位运行，发电用煤维持地区性季节性供需偏紧格局。在多重因素叠加、交互影响下，预计全年全国电力供需总体平衡，局部地区高峰时段电力供需偏紧。其中，华北、华中区域局部性时段性电力供需偏紧；华东区域电力供需总体平衡；南方区域电力供需总体平衡，枯水期广西、贵州偏紧，汛期云南清洁能源消纳压力较大；东

北、西北区域预计电力供应能力富余。预计 2019 年全国火电设备利用小时 4400h 左右。

2017 年可再生能源并网运行情况❶

一、可再生能源整体情况

2017 年，《政府工作报告》提出抓紧解决机制和技术问题，优先保障清洁能源发电上网，有效缓解弃水、弃风、弃光状况。国家发展改革委、国家能源局发布了《解决弃水弃风弃光问题实施方案》和《关于促进西南地区水电消纳的通知》。各方面积极采取措施，特别是国家电网公司、南方电网公司、内蒙古电力公司等采取多种技术和运行管理措施，不断提升系统调节能力，优化电力调度运行，使可再生能源并网运行有较大改善。

一是可再生能源装机规模持续扩大。截至 2017 年底，我国可再生能源发电装机容量达到 6.5 亿 kW，同比增长 14%；其中，水电装机容量 3.41 亿 kW、风电装机容量 1.64 亿 kW、光伏发电装机容量 1.3 亿 kW、生物质发电装机容量 1488 万 kW，分别同比增长 2.7%，10.5%，68.7%和 22.6%。可再生能源发电装机约占全部电力装机的 36.6%，同比上升 2.1 个百分点，可再生能源的清洁能源替代作用日益突显。

二是可再生能源利用水平不断提高。2017 年，国家发展改革委、国家能源局印发《解决弃水弃风弃光问题实施方案》，制定了可再生能源消纳的全方位解决方案。2017 年，可再生能源发电量 1.7 万亿 kWh，同比增长 1500 亿 kWh；可再生能源发电量占全部发电量的 26.4%，同比上升 0.7 个百分点。其中，水电 11 945 亿 kWh，同比增长 1.7%；风电 3057 亿 kWh，同比增长 26.3%；光伏发电 1182 亿 kWh，同比增长 78.6%；生物质发电 794 亿 kWh，同比增长 22.7%。全年弃水电量 515 亿 kWh，在来水好于 2017 年的情况下，水能利用率 96%左右；弃风电量 419 亿 kWh，弃风率 12%，同比下降 5.2 个百分点；弃光电量 73 亿 kWh，弃光率 6%，同比下降 4.3 个百分点。

二、分类说明

水电并网运行情况。2017 年，全国水电新增装机容量约 900 万 kW。新增装机容量较多的省份是四川（458 万 kW）、江苏（150 万 kW）和云南（98 万 kW），占全部新增装机容量的 78.5%。全国水电发电量 11 945 亿 kWh，同比增长 1.7%。水电平均利用小时为 3579h，同比降低 40h。

风电并网运行情况。2017 年，全国风电新增装机容量 1503 万 kW，继续保持稳步增长势头，中东部和南方地区占比 50%，风电开发布局进一步优化，山东、河南、陕西、山西新增装机容量均超过 100 万 kW。到 2017 年底，全国风电累计装机容量 1.64 亿 kW，其中中东部和南方地区占 25.6%，“三北”地区占 74.4%。

2017 年，全国风电发电量 3057 亿 kWh，同比增长 26.3%；平均利用小时 1948h，同比增加 203h；风电平均利用小时较高的地区中，福建 2756h、云南 2484h、四川 2353h。2017 年，全国风电弃风电量同比减少 78 亿 kWh，弃风率同比下降 5.2 个百分点，实现弃风电量和弃风率“双降”。大部分弃风限电严重地区的形势均有所好转，其中甘肃弃风率下降超过 10 个百分点，吉林、新疆、宁夏、内蒙古、辽宁弃风率下降超过 5 个百分点，黑龙江弃风率下降接近 5 个百分点。

光伏发电并网运行情况。受上网电价调整等多重因素影响，2017 年光伏发电市场规模快速扩大，新增装机容量 5306 万 kW，其中，光伏电站 3362 万 kW，同比增加 11%；分布式光伏 1944 万 kW，同比增长 3.7 倍。到 12 月底，全国光伏发电装机容量达到 1.3 亿 kW，其中，光伏电站 10 059 万 kW，分布式光伏 2966 万 kW。

从新增装机布局看，由西北地区向中东部地区转移的趋势明显。华东地区新增装机容量 1467 万 kW，同比增加 1.7 倍，占全国的 27.7%。华中地区新增装机容量为 1064 万 kW，同比增长 70%，占全国的 20%。西北地区新增装机容量 622 万 kW，同比下降 36%。分布式光伏发展继续提速，浙江、山东、安徽三省分布式光伏新增装机占全国的 45.7%。2017 年，全国光伏发电量 1182 亿 kWh，同比增长 78.6%。全国弃光电量 73 亿 kWh，弃光率同比下降 4.3 个百分点，弃光主要集中在新疆和甘肃，其中，新疆（不含兵团）弃光电量 28.2 亿 kWh，弃光率 22%，同比下降 9.3 个百分点；甘肃弃光电量 18.5 亿 kWh，弃光率 20%，同比下降 9.8 个百分点。

生物质发电并网运行情况。2017 年，生物质发电新增装机容量 274 万 kW，累计装机容量达到 1488 万 kW，同比增长 22.6%；全年生物质发电量 794 亿 kWh，同比增长 22.7%，继续保持稳步增长势头。累计装机容量排名前四位的省份是山东、浙江、江苏和安徽，分别达到 216 万 kW、158 万 kW、145 万 kW

❶ 国家能源局 2018 年 1 月 24 日发布。

和119万kW；新增装机容量较多的省份是山东、浙江、广东和安徽，分别为37万kW、36万kW、33万kW和24万kW；年发电量排名前四位的省份是山东、江苏、浙江和安徽，分别为107亿kWh、91亿kWh、83亿kWh和70亿kWh。

2017年风电并网运行情况[1]

据行业统计，2017年，新增并网风电装机容量1503万kW，累计并网装机容量达到1.64亿kW，占全部发电装机容量的9.2%。风电年发电量3057亿kWh，占全部发电量的4.8%，比重比2016年提高0.7个百分点。2017年，全国风电平均利用小时1948h，同比增加203h。全年弃风电量419亿kWh，同比减少78亿kWh，弃风限电形势大幅好转。

2017年，全国风电平均利用小时较高的地区是福建（2756h）、云南（2484h）、四川（2353h）和上海（2337h）。

2017年，弃风率超过10%的地区是甘肃（弃风率33%、弃风电量92亿kWh），新疆（弃风率29%、弃风电量133亿kWh），吉林（弃风率21%、弃风电量23亿kWh），内蒙古（弃风率15%、弃风电量95亿kWh）和黑龙江（弃风率14%、弃风电量18亿kWh）。

2017年风电并网运行统计数据

省（区、市）	累计并网容量（万kW）	发电量（亿kWh）	弃风电量（亿kWh）	弃风率	利用小时（h）
合计	16 367	3057	419	12%	1948
北京	19	3			1854
天津	29	6			2095
河北	1181	263	20.3	7%	2250
山西	872	165	11	6%	1992
山东	1061	166			1784
内蒙古	2670	551	95	15%	2063
辽宁	711	150	13.2	8%	2142
吉林	505	87	22.6	21%	1721
黑龙江	570	108	17.5	14%	1907
上海	71	17			2337
江苏	656	120			1987
浙江	133	25			2007
安徽	217	41			2006
福建	252	65			2756
江西	169	31			1995
河南	233	30			1721
湖北	253	48			2098
湖南	263	50			2097
重庆	33	7			2267
四川	210	35			2353
陕西	363	54	2	4%	1893
甘肃	1282	188	91.8	33%	1469
青海	162	18			1664

[1] 国家能源局2018年2月1日发布。

续表

省（区、市）	累计并网容量（万 kW）	发电量（亿 kWh）	弃风电量（亿 kWh）	弃风率	利用小时（h）
宁夏	942	155	7.7	5%	1650
新疆	1806	319	132.5	29%	1750
西藏	0.8	0.1			1672
广东	335	62			1841
广西	150	25			2280
海南	31	6			1848
贵州	369	63			1818
云南	819	199	5.7	3%	2484

注 1. 并网容量、发电量、利用小时来源于中电联。
2. 弃风电量、弃风率来源于国家可再生能源中心、相关电网企业。

电力体制机制改革

全国新能源消纳监测预警中心成立

4月10日，全国新能源消纳监测预警中心举行成立仪式。国家能源局党组成员、副局长綦成元出席成立仪式并讲话。

全国新能源消纳监测预警中心由电力规划设计总院在国家能源局的指导下挂牌设立，全面负责全国新能源电力消纳监测预警平台的建设、运行和管理工作。中心将建立全面科学准确的全国新能源消纳监测预警体系，搭建开放共享的信息平台，全面监测全国新能源消纳状况，建立多方会商的工作机制，科学预测评估未来新能源消纳水平，分析查找制约新能源消纳的关键因素，为新能源的优化布局和行业政策制定提供参考，促进新能源高质量发展。

綦成元强调，当前能源行业正处于转型变革、创新发展的关键阶段，大力发展新能源产业对于深化能源领域供给侧结构性改革，推动实现高质量发展具有重要作用。建立全面科学准确的全国新能源消纳监测预警体系，科学预测评估未来新能源消纳水平，分析查找制约新能源消纳的关键因素，对于解决新能源电力消纳问题，优化新能源布局和制定行业政策，促进新能源高质量发展具有重要的意义。监测预警中心要加大新能源消纳监测预警新技术的创新应用，深度挖掘各地区新能源发电的特性和运行消纳规律，建设开放共享的新能源消纳监测预警平台，确保及时、准确、完整地监测和预报全国新能源电力消纳运行情况。

成立仪式上，电力规划设计总院相关负责人汇报了监测预警中心的建设运行方案和相关工作进展情况。国家能源局新能源司以及中国能建集团公司，电力规划设计总院相关同志参加成立仪式。

国家发展改革委、国家能源局联合出台政策推进电力市场化交易，完善交易机制

为进一步完善要素市场化配置，推进电力体制改革，国家发展改革委、国家能源局7月16日联合出台了《关于积极推进电力市场化交易 进一步完善交易机制的通知》（发改运行〔2018〕1027号）。

通知在总结已有工作基础上，提出了下一步推进电力市场化交易的重点措施，对深化电力体制改革，完善电力市场交易机制具有重要的推动作用。

通知明确要求，各地进一步提高市场化交易电量规模，加快放开发用电计划，扩大市场主体范围，积极推进各类市场主体参与电力市场化交易。在发电方面，加快放开煤电，有序推进水电、风电、太阳能发电、核电、分布式发电参与交易，规范推进燃煤自备电厂参与交易。在用户方面，放开所有符合条件的10kV及以上电压等级用户，支持放开年用电量超过

500 万 kWh 以上的用户，积极支持用电量大的工商业、新兴产业、工业园区、公共服务行业等用户进入市场，2018 年全面放开煤炭、钢铁、有色、建材 4 个行业用户发用电计划。在售电方面，将履行相关程序的售电企业视同大用户参与交易，鼓励售电公司扩大业务范围，靠降低成本和提供增值服务参与竞争，支持供水、供气、供热等公共服务行业和节能服务公司从事售电业务，积极支持售电公司代理中小用户参与交易。

通知进一步提出，结合实际统筹发用电侧放开节奏，明确放开各类发电企业、用户进入市场的时间，明确放开比例，完善准入退出机制。鼓励跨省跨区网对网、网对点交易，对有条件的地区，有序支持点对网、点对点交易，支持清洁能源开展交易。进一步完善交易机制，完善市场主体注册制，进入市场的发电企业、用户和售电公司等均要完成注册程序，成为合格市场主体。规范市场主体交易行为，要求市场主体按照交易规则参与各类交易，通过市场竞争形成价格，接受政府有关部门监管，同时明确要求各地有关部门最大限度减少对微观事务的干预。完善中长期合同交易电量价格调整机制，交易双方在自主自愿、平等协商的基础上，在合同中约定建立固定价格、“基准电价＋浮动机制”、随电煤价格、产品价格联动或随其他因素调整等多种形式的市场价格形成机制。加强事中事后监管，建立健全交易合同纠纷协调仲裁机制，保障电力市场健康运行。深入推进电力市场主体信用建设，开展信用评价，实施守信联合激励和失信联合惩戒。

通知明确，进一步加大力度推动发用电计划放开，选择 4 个行业全面放开发用电计划是重要举措，完善价格形成机制是重要目标，为此通知专门配套制定了《全面放开部分重点行业电力用户发用电计划实施方案》（简称《实施方案》），对具体工作进行了安排。

《实施方案》指出，煤炭、钢铁、有色、建材 4 个行业市场化程度较高，在电力体制改革过程中已经参与了市场化交易，市场经验丰富，试点全面放开发电用计划具有较好的基础。通过先行先试，有利于充分还原电力商品属性，理顺和打通电力及其上下游行业的价格市场化形成机制，形成全产业链价格联动、利益共享、风险共担协同发展格局，进而有效促进社会主义市场经济的平稳健康运行。同时要求坚持“应放尽放”、规范有序、完善机制、保障安全、清洁发展的原则推进工作。

《实施方案》明确，试点全面放开 4 个行业发用电计划，用户全电量参与交易，具备条件的，同步放开发用电计划和电价，由用户和发电企业自主协商确定供电方式和价格机制，逐步放开参与跨省跨区交易限制，支持用户与清洁能源开展市场化交易。要求做好放用电计划放开和推进市场化交易完善交易机制的有效衔接，用户和发电企业无法协商一致的，可先放开发用电计划，用户价格暂按当地目录电价标准确定。建立完善科学合理的市场化价格形成机制，用户和发电企业签订合同时自主协商，约定建立“基准电价＋浮动机制”的市场化价格形成机制，明确“基准电价”和“浮动机制”的协商原则，继续支持资源综合利用和落实惩罚性电价。要求规范 4 个行业用户交易行为，推进签订中长期合同，确保安全稳定供电。进一步加强事中事后监管，保障合同执行。

国家能源局电力可靠性管理和工程质量监督中心正式挂牌运行

2 月 23 日，国家能源局电力可靠性管理和工程质量监督中心正式挂牌运行。

电力可靠性管理和工程质量监督中心是中央编办批复成立的国家能源局直属事业单位，负责全国电力可靠性管理和电力工程质量监督工作，具体业务主要接受国家能源局电力安全监管司的指导。

电力可靠性管理和电力工程质量监督中心主要职责是承担电力可靠性管理和工程质量监督政策措施、规章制度及监督检查大纲等研究拟订工作，并组织实施相关工作；研究提出推进和完善电力可靠性管理和工程质量监督工作体系的意见建议；负责电力可靠性管理和工程质量监督信息系统建设和运行维护，组织开展相关信息统计、核查、分析、应用、发布工作；组织开展电力可靠性评价、评估、预测工作；承担对电力工程质量监督机构的业务监督和指导工作；参与涉及电力可靠性和工程质量的重大争议处理、重大事故调查以及相关专项检查工作；组织开展电力可靠性管理和工程质量监督专业人才开发培训和学术研究交流工作；承办国家能源局交办的其他事项。

国家能源局党组成员、副局长刘宝华，综合司、电力司、新能源司、安全司、机关党委、人事司、机关纪委等有关司负责同志参加揭牌活动。

国家发展改革委、国家能源局同意西藏自治区开展电力体制改革工作

6 月 14 日，国家发展改革委、国家能源局发布《关于同意西藏自治区开展电力体制改革的复函》，同意西藏自治区开展电力体制改革。

经征求有关部门意见汇总修改形成的《西藏自治

区电力体制改革方案》指出，西藏自治区电力工业取得了长足发展和令人瞩目的成就，有力支撑了西藏经济社会持续健康发展。电力生产供应体系基本形成，特别是跨省联网、主网延伸、无电地区电力建设和农网改造升级等工程加快建设，供电能力显著提升，民生用能条件持续改善；“西电东送”接续基地建设取得重要进展。同时，自治区电力工业发展还面临一些亟需通过改革解决的问题。

《西藏自治区电力体制改革方案》提出，深化电力体制改革要立足西藏实际，建立健全电力行业“有法可依、政企分开、主体规范、交易公平、价格合理、监管有效”的市场体制；厘清发输配各环节边界，降低电力成本、理顺价格形成机制，逐步打破垄断、有序放开竞争性业务，实现供应多元化；增加区内能源供应，促进藏电外送，促进生态环境保护；着力完善农电管理体制，坚持推动厂网分开，健全电力发展机制，加强政府管理和有效监管，完善现代企业制度，逐步构建有效竞争的市场结构和较为完善的市场体系，逐步实现西藏电力工业清洁、高效、安全、可持续发展。

两部门强调，改革工作要始终坚持以下原则：一是坚持市场定价的原则，不得采取行政命令等违背改革方向的办法人为降低电价；二是坚持平等竞争的原则，向符合条件的市场主体平等开放售电业务和增量配电业务，不得以行政指定方式确定售电主体和投资主体；三是坚持节能减排的原则，对按规定应实行差别电价和惩罚性电价的企业，不得借机变相对其提供优惠电价和电费补贴。

江苏首家非电网参股配电企业取得电力业务许可证

6 月 29 日，江苏能源监管办对三家申请电力业务许可证的配电企业做出准予许可决定，其中包含江苏首家非电网企业参股的配电公司。至此，江苏共有四家列入国家增量配电业务改革试点的配电公司取得电力业务许可证，取证数量列全国首位。

本次许可的三家企业分别为无锡星洲能源发展有限公司、江苏通州湾配售电有限公司、宿迁运河港配售电有限公司。其中无锡星洲能源发展有限公司是江苏首家非电网企业参股的存量配电企业。该公司为无锡星洲工业园区提供电力能源运营服务，园区配电网面积约 3.2km^2，年用电量约 7.7 亿 kWh，日负荷约 10 万 kW。本次电力业务许可证的颁发将进一步促进园区企业降本增效。

电 力 规 划

清洁能源消纳行动计划❶（2018—2020 年）（摘要）

清洁能源是能源转型发展的重要力量，积极消纳清洁能源是贯彻能源生产和消费革命战略，建设清洁低碳、安全高效的现代能源体系的有力抓手，也是加快生态文明建设，实现美丽中国的关键环节。

近年来，中国清洁能源产业不断发展壮大，产业规模和技术装备水平连续跃上新台阶，为缓解能源资源约束和生态环境压力作出突出贡献。但同时，清洁能源发展不平衡不充分的矛盾也日益凸显，特别是清洁能源消纳问题突出，已严重制约电力行业健康可持续发展。

从现在到 2020 年，是中国全面建成小康社会的关键决胜期，是能源发展转型的重要战略机遇期。为贯彻落实习近平新时代中国特色社会主义思想和党的十九大精神，全面促进清洁能源消纳，制定本行动计划。

总体要求：以习近平新时代中国特色社会主义思想为指导，深入贯彻党的十九大精神，全面落实党中央、国务院决策部署，紧紧围绕“五位一体”总体布局和“四个全面”战略布局，牢固树立创新、协调、绿色、开放、共享的发展理念。立足我国国情和发展阶段，着眼经济社会发展全局，以促进能源生产和消费革命、推进能源产业结构调整、推动清洁能源消纳为核心，坚持远近结合、标本兼治、安全优先、清洁为主的原则，贯彻“清洁低碳、安全高效”方针，形成政府引导、企业实施、市场推动、公众参与的清洁

❶ 国家发展改革委、国家能源局 10 月 30 日以发改能源规〔2018〕1575 号文印发。

能源消纳新机制，切实践行“绿水青山就是金山银山”的理念，为建设美丽中国而奋斗。

工作目标：2018 年，清洁能源消纳取得显著成效；到 2020 年，基本解决清洁能源消纳问题。

具体指标：2018 年，确保全国平均风电利用率高于 88%（力争达到 90%以上），弃风率低于 12%（力争控制在 10%以内）；光伏发电利用率高于 95%，弃光率低于 5%，确保弃风、弃光电量比 2017 年进一步下降。全国水能利用率 95%以上。全国大部分核电实现安全保障性消纳。

2019 年，确保全国平均风电利用率高于 90%（力争达到 92%左右），弃风率低于 10%（力争控制在 8%左右）；光伏发电利用率高于 95%，弃光率低于 5%。全国水能利用率 95%以上。全国核电基本实现安全保障性消纳。

2020 年，确保全国平均风电利用率达到国际先进水平（力争达到 95%左右），弃风率控制在合理水平（力争控制在 5%左右）；光伏发电利用率高于 95%，弃光率低于 5%。全国水能利用率 95%以上。全国核电实现安全保障性消纳。

一、优化电源布局，合理控制电源开发节奏

（1）科学调整清洁能源发展规划。结合能源、电力及可再生能源“十三五”规划中期评估，科学调整“十三五”发展目标，优化各类发电装机布局规模，清洁能源开发规模进一步向中东部消纳条件较好地区倾斜，优先鼓励分散式、分布式可再生能源开发。

（2）有序安排清洁能源投产进度。各地区要将落实清洁能源电力市场消纳条件作为安排本区域新增清洁能源项目规模的前提条件，严格执行风电、光伏发电投资监测预警机制，严禁违反规定建设规划外项目。存在弃风、弃光的地区原则上不得突破“十三五”规划规模。

（3）积极促进煤电有序清洁发展。发挥规划引领约束作用，发布实施年度风险预警，合理控制煤电规划建设时序，严控新增煤电产能规模。有力有序有效关停煤电落后产能，推进煤电超低排放和节能改造，促进煤电灵活性改造，提升煤电灵活调节能力和高效清洁发展水平。

二、加快电力市场化改革，发挥市场调节功能

（4）完善电力中长期交易机制。进一步扩大交易主体覆盖范围，拓展延伸交易周期向日前发展，丰富中长期交易品种，进一步促进发电权交易，促进清洁能源以与火电等电源打捆方式在较大范围内与大用户、自备电厂负荷等主体直接签订中长期交易合约。创新交易模式，鼓励合约以金融差价、发电权交易等方式灵活执行，在确保电网安全稳定运行情况下，清洁能源电力优先消纳、交易合同优先执行。

（5）扩大清洁能源跨省区市场交易。打破省间电力交易壁垒，推进跨省区发电权置换交易，确保省间清洁能源电力送电协议的执行，清洁能源电力可以超计划外送。在当前跨区域省间富余可再生能源电力现货交易试点的基础上，进一步扩大市场交易规模，推动受端省份取消外受电量规模限制，鼓励送受两端市场主体直接开展交易。各地不得干预可再生能源报价和交易。合理扩大核电消纳范围，鼓励核电参与跨省区市场交易。

（6）统筹推进电力现货市场建设。鼓励清洁能源发电参与现货市场，并向区外清洁能源主体同步开放市场。在市场模式设计中充分考虑清洁能源具有的边际成本低、出力波动等特性。电力现货市场建设试点从 2019 年起逐步投入运行。持续推动全国电力市场体系建设，促进电力现货市场融合。

（7）全面推进辅助服务补偿（市场）机制建设。进一步推进东北、山西、福建、山东、新疆、宁夏、广东、甘肃等电力辅助服务市场改革试点工作，推动华北、华东等地辅助服务市场建设，非试点地区由补偿机制逐步过渡到市场机制。实现电力辅助服务补偿项目全覆盖，补偿力度科学化，鼓励自动发电控制和调峰服务按效果补偿，按需扩大储能设备、需求侧资源等电力辅助服务提供主体，充分调动火电、储能、用户可中断负荷等各类资源提供服务的积极性。

三、加强宏观政策引导，形成有利于清洁能源消纳的体制机制

（8）研究实施可再生能源电力配额制度。由国务院能源主管部门确定各省级区域用电量中可再生能源电力消费量最低比重指标。省级能源主管部门、省级电网企业、售电公司和电力用户共同承担可再生能源电力配额工作和义务。力争在 2018 年全面启动可再生能源电力配额制度。

（9）完善非水可再生能源电价政策。进一步降低新能源开发成本，制定逐年补贴退坡计划，加快推进风电、光伏发电平价上网进程，2020 年新增陆上风电机组实现与煤电机组平价上网，新增集中式光伏发电尽早实现上网侧平价上网。合理衔接和改进清洁能源价格补贴机制。落实《可再生能源发电全额保障性收购管理办法》有关要求，鼓励非水可再生能源积极参与电力市场交易。

（10）落实清洁能源优先发电制度。地方政府相关部门在制定中长期市场交易电量规模、火电机组发电计划时，应按照《可再生能源发电全额保障性收购管理办法》《保障核电安全消纳暂行办法》要求足量预留清洁能源优先发电空间，优先消纳政府间协议水电跨省跨区输电电量和保障利用小时内的新能源电

量。逐步减少燃煤电厂计划电量，计划电量减小比例应不低于中长期市场的增加比例；考虑清洁能源的出力特性，细化燃煤电厂计划电量的分解至月度，并逐步过渡至周。鼓励核电开展“优价满发”试点，充分发挥资源环境效益，合理平衡经济效益。因清洁能源发电影响的计划调整，经省级政府主管部门核定后，不纳入“三公”考核。系统内各类电力主体共同承担清洁能源消纳义务。

（11）启动可再生能源法修订工作。随着我国可再生能源产业的快速发展，可再生能源已逐渐成为我国的主要能源品种之一，面对可再生能源规模化发展、对电力系统渗透率不断提高等新形势，应尽快启动可再生能源法修订工作，更好地促进清洁能源健康发展。

四、深挖电源侧调峰潜力，全面提升电力系统调节能力

（12）实施火电灵活性改造。省级政府相关主管部门负责制订年度火电灵活性改造计划，国家能源局派出机构会同相关部门组织省级电网公司对改造机组进行验收。研究出台火电灵活性改造支持性措施，将各地火电灵活性改造规模与新能源规模总量挂钩。

（13）核定火电最小技术出力率和最小开机方式。国家能源局派出机构会同相关部门，组织省级电网公司开展火电机组单机最小技术出力率和最小开机方式的核定；2018 年底前全面完成核定工作，并逐年进行更新和调整；电力调度机构严格按照核定结果调度火电机组。

（14）通过市场和行政手段引导燃煤自备电厂调峰消纳清洁能源。进一步扩大清洁能源替代自备电厂负荷市场交易规模，研究出台自备电厂负荷调峰消纳新能源的相关政策，加强自备电厂与主网电气连接，率先实现新能源富集地区自备电厂参与调峰。督促自备电厂足额缴纳政府性基金和附加，提高清洁能源替代发电的竞争性。2018 年，清洁能源年替代自备电厂发电量力争超过 100 亿 kWh；到 2020 年，替代电量力争超过 500 亿 kWh。

（15）提升可再生能源功率预测水平。可再生能源发电企业利用大数据、人工智能等先进技术提高风况、光照、来水的预测精度，增加功率预测偏差奖惩力度，对于偏差超过一定范围的电量进行双向考核结算，国家能源局派出机构或地方能源主管部门做好考核细则制定工作，区域和省级电网公司做好功率预测的汇总和考核工作。

五、完善电网基础设施，充分发挥电网资源配置平台作用

（16）提升电网汇集和外送清洁能源能力。加快推进雅中、乌东德、白鹤滩、金沙江上游等水电外送通道建设；研究推进青海、内蒙古等富集地区高比例可再生能源通道建设。加强可再生能源富集区域和省份内部网架建设，重点解决甘肃、两广、新疆、河北、四川、云南等地区内部输电断面能力不足问题。

（17）提高存量跨省区输电通道可再生能源输送比例。充分发挥送受两端煤电机组的调频和调峰能力，调度机构要充分利用可再生能源的短期和超短期功率预测结果，滚动修正送电曲线。2020 年底前，主要跨省区输电通道中可再生能源电量比例力争达到平均 30%以上。

（18）实施城乡配电网建设和智能化升级。持续开展配电网和农网改造建设，推动智能电网建设，提升配电自动化覆盖率，增强电网分布式清洁能源接纳能力以及对清洁供暖等新型终端用电的保障能力。

（19）研究探索多种能源联合调度。研究试点火电和可再生能源联合优化运行，探索可再生能源电站和火电厂组成联合调度单元，内部由火电为可再生能源电站提供调峰和调频辅助服务；联合调度单元对外视为整体参加电力市场并接受电网调度机构指令。水电为主同时有风电、光伏发电的区域，以及风电、光伏发电同时集中开发的地区，可探索试点按区域组织多种电源协调运行的联合调度单元。鼓励新建核电项目结合本地实际，配套建设抽水蓄能等调峰电源。

（20）加强电力系统运行安全管理与风险管控。调度机构要科学合理安排运行方式，建立适应新能源大规模接入特点的电力平衡机制。加强涉网机组安全管理，增强电网对新能源远距离外送的安全适应性，完善分布式新能源接入的技术标准体系。加快建设完善新能源发电技术监督管理体系，加强新能源企业电力监控系统安全防护等网络信息安全工作，提高新能源发电设备的安全运行水平。针对新能源并网容量增加出现的安全风险，电力企业要落实电力安全生产主体责任，全面加强电网安全风险管控工作。国家能源局派出机构和省级政府能源主管部门要按照职能，切实加强电力系统运行安全管理与风险管控，定期开展监督检查工作。

六、促进源网荷储互动，积极推进电力消费方式变革

（21）推行优先利用清洁能源的绿色消费模式。倡导绿色电力消费理念，推动可再生能源电力配额制向消费者延伸，鼓励售电公司和电网公司制定清洁能源用电套餐、可再生能源用电套餐等，引导终端用户优先选用清洁能源电力。

（22）推动可再生能源就近高效利用。选择可再生能源资源丰富的地区，建设可再生能源综合消纳示范区。开展以消纳清洁能源为目的的清洁能源电力专线供电试点，加快柔性直流输电等适应波动性可再生

能源的电网新技术应用。探索可再生能源富余电力转化为热能、冷能、氢能，实现可再生能源多途径就近高效利用。

(23) 优化储能技术发展方式。充分发挥储电、储热、储气、储冷在规模、效率和成本方面的各自优势，实现多类储能的有机结合。统筹推进集中式和分布式储能电站建设，推进储能聚合、储能共享等新兴业态，最大化利用储能资源，充分发挥储能的调峰、调频和备用等多类效益。

(24) 推进北方地区冬季清洁取暖。全面落实《北方地区冬季清洁取暖规划（2017—2021 年）》要求，加快提高清洁供暖比重。加强清洁取暖总体设计与清洁能源消纳的统筹衔接，上下联动落实任务分工，明确省级清洁取暖实施方案。2019 年、2021 年实现北方地区清洁取暖率达到 50%、70%。

(25) 推动电力需求侧响应规模化发展。鼓励大工业负荷参加辅助服务市场，发挥电解铝、铁合金、多晶硅等电价敏感型高载能负荷的灵活用电潜力，消纳波动性可再生能源。鼓励并引导电动汽车有序充电。加快出台需求响应激励机制，培育需求侧响应聚合服务商等新兴市场主体，释放居民、商业和一般工业负荷的用电弹性，将电力需求侧资源纳入电力市场。

七、落实责任主体，提高消纳考核及监管水平

(26) 强化清洁能源消纳目标考核。科学测算清洁能源消纳年度总体目标和分区域目标，进一步明确弃电量、弃电率的概念和界定标准。弃水、弃风、弃光情况严重和核电机组利用率低的省（区、市），当地能源主管部门要会同国家能源局派出监管机构制定本地区解决清洁能源消纳问题的专项方案。组织具备接受外送清洁能源消纳条件的省（区、市），明确本区域消纳目标。明确新能源与煤电联合外送通道中，非水可再生能源占总电量的运行比重目标，并实施年度考核。原则上，对风电、光伏发电利用率超过 95% 的区域，其限发电量不再计入全国限电量统计。对水能利用率超过 95%的区域和主要流域（河流、河段），其限发电量不再计入全国限电量统计。

(27) 建立清洁能源消纳信息公开和报送机制。电网企业和电力交易机构按月向国家能源主管部门提供发电计划和跨省跨区通道的送电曲线、各类电源逐小时实际出力情况和清洁能源交易情况备查。国家能源主管部门组织第三方技术机构对清洁能源消纳进行监测评估，并向社会公布。

(28) 加强清洁能源消纳监管督查。全面梳理各地和电网企业对《解决弃水弃风弃光问题实施方案》《保障核电安全消纳暂行办法》等清洁能源消纳政策的落实情况。对实施方案和消纳目标完成情况按月监测、按季度评估、按年度考核，国家能源局派出监管机构开展清洁能源消纳专项督查和清洁能源消纳重点专项监管，对政策执行不力和达不到消纳目标的地区依法予以追责。畅通 12398 能源监管热线，及时分析统计涉及清洁能源消纳的投诉、举报和咨询等情况。

附件：清洁能源消纳主要目标（略）

电力安全生产行动计划[1]
(2018—2020 年)(摘要)

一、面临形势（略）

二、指导思想、基本原则和目标

（一）指导思想（略）

（二）基本原则（略）

（三）目标

到 2020 年，电力安全生产法律法规、规章制度、标准体系进一步优化完善，电力安全责任体系更加科学严密，电力安全监管体制机制进一步健全。电力安全技术水平和创新能力取得明显进步，电力安全保障能力进一步提高。安全文化建设进一步加强。坚决遏制重大以上电力人身伤亡责任事故、坚决遏制重大以上电力安全事故、坚决遏制重大以上电力设备事故、坚决遏制水电站大坝垮坝漫坝事故，防止对社会造成重大影响事故，实现电力安全生产事故起数和伤亡人数进一步下降，确保电力系统安全稳定运行和电力可靠供应。

三、主要任务

（一）防范人身安全事故

树立安全意识。加强安全文化引导、安全奖惩激励、从业约束等，提高从业者对安全的敬畏意识，实现“要我安全”到“我要安全”的转变，使“安全是自身需要”成为主旋律、“我要安全”成为从业者自身一致的追求。

提升安全防护技能。制定并发布电力行业安全基础培训导则，强化从业人员安全技能培训。加强安全培训基础建设，保证培训资源投入，依法培训、按需施教。定期开展岗位安全操作规程和安全操作技能教育培训，加大安全技能实操训练力度。积极融合现代

[1] 国家能源局 6 月 27 日以国能安全〔2018〕55 号文印发。

信息技术，创新安全培训方式方法。

规范安全生产环境。建立健全电力安全风险管控体系，广泛开展安全风险分类分级管理。强化隐患排查治理，完善安全隐患分级和排查治理标准。加强安全生产标准化建设，提高安全设备设施、技术装备、施工环境安全水平。建立安全生产标准化动态考评机制，提升安全生产保障能力。推进安全生产诚信体系建设，建立安全失信惩戒和守信激励机制。完善企业安全生产不良记录制度。

严禁不安全行为。完善现场安全检查制度，规范现场作业管理。落实现场安全措施，确保安全防护达标，对高风险作业场所实现全覆盖实时监控，实现现场人员不安全行为自动识别。严禁管理性违章、指挥性违章、装置性违章和作业性违章等不安全行为。坚持建设工程合理工期，严禁随意压缩。实施安全风险措施分析未落实不开工制度，严禁盲目和随意性作业。

强化基建人身安全管控。建立工程项目安全风险分析制度，编制工程项目安全风险管控方案，对特殊或重大风险项目的施工方案，要进行严格安全论证。明确基建工程开工前必须具备的安全条件，强化建设、勘察、设计、施工和工程监理安全责任。开展过程风险评估，对关键施工节点，提前发布预警通知；对安全风险较大节点实施风险预警管控，实施安全监护，施工、监理、项目单位管理人员要到现场旁站督导。强化外包工程管理，将承包单位纳入企业安全管理体系，严禁以包代管、只包不管。充分运用在线监控和互联网技术，实现对工程全覆盖实时监控和信息化管理。

（二）防范电网安全事故

加强电力系统规划。按照“分层分区、合理布局、结构清晰”的原则，统筹电源、电网、用电的发展规划和建设时序，统一标准、强简有序、远近结合、协调发展。构建科学合理的电网结构，提高清洁能源消纳能力，完善电网安全综合防御体系。

推进电网建设。统筹推进主网架建设，实现各电压等级电网有机衔接、协调发展。加快完善500kV及以上骨干网架，补强220kV薄弱网架。推进智能电网发展，加大配电网建设力度，推进农网改造升级及微电网建设。

加强电网运行管理。深入研究交直流混联、多直流馈入、电磁环网、大规模新能源接入等对电网安全的影响，抓紧修订《电力系统安全稳定导则》，筑牢“三道防线”。强化调度计划的多时段多层级协调配合和安全校核，提升电网安全预防控制水平。开展电网反事故演习，提高大面积停电事件防范和应急处置能力。加强电网防灾抗灾等安全设备研制，为各级电网安全运行提供有力支撑。

推进网源协调。完善网源协调相关技术规范。加强电力系统调峰能力建设，规范运行机组调峰性能管理，提高系统应急能力，提高电力系统跨区域协调管控能力。研究开展电网大面积停电情况下的联动机制试点，支撑源—网—荷的全面互动和协调平衡，建立健全新能源—常规能源—电网可中断负荷的协调管控机制。

加强电力设施保护。完善电力设施保护制度，落实法律责任，强化政企协同。加强风险监督管控，加大技防设施建设，落实警企联动机制。加强电力设施反恐防范重点目标管理，制定落实防范和应对处置恐怖活动的预案和措施。加大宣传工作力度，营造电力设施保护良好舆论环境。

（三）防范设备事故

加强设备质量源头管理。全面强化设备设计、制造、选型、招标、监造（监理）、安装、调试、运行、维护各环节质量控制和监督，探索建立电力设备“家族性”缺陷排查整治机制。依法建立产品安全质量备案（黑名单）制度，从源头严把产品质量关。

加强设备招标管理。建立勘察、设计、施工、物资材料和设备采购等环节招投标文件及合同的安全和质量约定机制，严格审查招投标过程中有关国家强制性标准的实质性响应，利用大数据分析设备招投标过程中存在的问题，保障安全和质量。

加强设备运行与维护。加强和完善发电、电网、新能源等领域设备安全监控与保护装置，严禁破坏或随意解除设备的保护措施。加强设备状态监测、精密诊断和设备设施缺陷管理。严格执行操作规程，推广设备运行规范化和设备检修精益化管理模式。

加强可靠性管理。强化可靠性监管和数据统计分析，构建设备设施可靠性信息共享机制，充分发挥可靠性技术与数据在电力规划设计、项目建设、运营维护、优质服务中的辅助决策作用。建立统一的可靠性管理专家库，充分发挥专家作用。

加强电力技术监督管理。进一步完善设备技术监督体系，优化技术监督预警、告警和整改制度。建立全国电力技术监督协作机制，加强技术监督专业交流沟通，实现信息共享。

加快设备技术改造。推广新技术，加大老旧设备综合升级改造力度，着力改善设备技术与质量状况。推广利用大数据技术和设备智能诊断技术，开展集中检修和专项整治。

（四）防范大坝安全事故

严格落实大坝安全“三同时”要求。对于新建水电站，实现大坝安全监测系统、泄洪消能和防护设施、应急电源等安全设施与大坝主体工程同时设计、同时施工、同时投入运行。做好验收前安全鉴定工作，实现大坝蓄水验收和枢纽工程专项验收前分别通过蓄水安全鉴定和竣工安全鉴定。

加强大坝安全状况检查与缺陷隐患治理。推行大坝安全检查、监测机制，及时发现缺陷隐患。开展大坝安全日常巡查、汛前及汛后检查、年度详查、定期检查。在遭遇大洪水、发生有感地震等自然灾害以及其他严重事件后，对大坝进行详细检查，必要时启动特种检查。强化险坝、病坝限时处理。

提高大坝安全风险管控水平。强化大坝安全注册登记，提高大坝安全管理水平。加强大坝安全风险分级管控。加强大坝安全监测与信息化建设工作，强化大坝安全监测和运行安全分析，对高坝大库和病险坝推行大坝安全在线监测，提升大坝安全状态监控水平。

完善大坝应急管理。建立大坝安全应急管理体系，制定大坝安全应急预案，建立与地方政府、相关单位的应急联动机制，进一步完善电力调度部门和防汛抗旱指挥部门的协调机制。

（五）防范网络安全事故

加强全方位网络安全管理。落实企业网络安全主体责任，建立健全网络安全责任制，健全企业网络安全组织体系。履行网络安全等级保护义务，修订行业等级保护制度，深化网络安全等级保护全过程管理工作。规范网络安全风险评估，加快完善自评估为主、第三方检查评估为辅的网络安全风险评估工作机制。加强全业务、全过程网络安全管理，保障电力系统网络安全。加强全员网络安全管理，建立健全全员网络安全管理制度。

强化关键信息基础设施安全保护。落实关键信息基础设施重点保护要求，研究制定电力行业关键信息基础设施认定规则、保护规划及标准规范，开展关键信息基础设施认定工作。加强关键信息基础设施网络安全监测预警体系建设，提升关键信息基础设施应急响应和恢复能力。逐步完善电力行业网络产品和服务安全审查制度，推进行业网络安全审查。完善电力监控系统安全防护体系，修订电力监控系统安全防护相关配套方案，强化新能源和中小电力企业网络安全防护能力，推进配电、用电涉控部分的网络安全防护建设。

加强行业网络安全基础设施建设。加快密码基础设施建设，完善电力行业密码支撑体系、健全密码检测手段，深化商用密码在电力行业中的应用。建立覆盖发、输、变、配、用、调度全环节的网络安全仿真验证环境。建立行业漏洞库加强漏洞预警能力建设。强化网络安全检测与服务，完善行业网络安全服务体系。

提高网络安全态势感知、预警及应急保障能力。建立健全网络安全信息共享和通报机制，建立电力行业、企业网络安全态势感知预警平台。加强网络安全应急处置能力建设，建立电力行业网络安全应急指挥平台，完善网络安全应急预案，组织开展实战型网络安全应急演练。健全重大活动网络安全保障机制。

支持网络安全自主创新与安全可控。加强安全可控产品的研制与应用，推动电力专用安全防护设备升级换代，加快推进专用系统与装备、通用软硬件产品安全可控替代及应用。加速推进核心技术攻关与应用，推进电力系统网络安全核心技术突破。加强对“大云物移智”等新技术，以及微电网、充电基础设施、车联网、“互联网＋”等新业务的网络安全风险研究，做好新技术、新业务网络安全保障。

（六）提高应急救援处置能力

完善应急管理体制。按照统一领导、综合协调、属地为主、分工负责的原则，完善国家指导协调、地方政府属地指挥、企业具体负责、社会各界广泛参与的电力应急管理体制。加强各级应急指挥机构和应急管理机构建设，明确责任分工，落实资金与装备保障。

健全应急管理机制。加强预警信息共享机制建设，建立应急会商制度，以科技手段提升监测预警能力。建立协同联动机制，开展跨省跨区电力应急合作，形成应急信息、资源的区域共享。完善灾后评估机制，科学指导灾后恢复重建工作。

加强应急预案管理。健全应急预案体系，充分发挥预案在应急处置中的主导作用。注重预案情景构建，突出风险分析和应急资源能力评估，提高预案针对性和可操作性。推动应急演练常态化，创新演练模式，逐步实现桌面推演与实战演练、专项演练与综合演练、常态化演练与示范性演练相结合。

加强应急处置能力建设。加大应急保障能力建设，完善应急设施、健全应急队伍、保障应急经费，提升极端情况下应急处置能力。

（七）完善责任体系

压实企业安全生产主体责任。实行全员安全生产责任制度，法定代表人和实际控制人同为安全生产第一责任人，完善各层级安全生产保障体系和监督体系。进一步完善安全风险管控体系，健全安全隐患排查治理机制，完善企业应急救援体系，严格执行新建改建扩建工程项目安全设施、职业健康“三同时”制度。建立企业增加安全投入的激励约束机制，制定并落实安全生产费用提取和使用制度。

明确行业安全生产监管法定责任。依法依规制定电力安全监管权责清单，优化形成横向到边、纵向到底、齐抓共管、边界清晰的监管体制。国家能源局依法依规履行电力行业安全监管职责，组织、指导和协调全国电力安全监管工作。各派出能源监管机构根据国家规定职责和法律法规授权，履行电力安全监管职责。

落实地方安全生产管理法定责任。按照“管行业必须管安全、管业务必须管安全、管生产经营必须管安全”的原则，地方各级政府电力管理等有关部门依法依规履行地方电力安全管理责任，并配合派出能源监管机构，做好电力安全监管工作。

严格安全考核奖惩。进一步健全电力安全考核评价体系，建立电力安全绩效与履职评定、职务晋升、奖励惩处挂钩制度，落实电力安全“一票否决”制，健全以安全绩效为引导的动态薪酬管理制度，研究制定领导班子年度及离任专项安全履职评价考核制度，落实安全生产“一岗双责”制度。依法依规追责瞒报、谎报、漏报、迟报事故的单位和个人，完善企业安全生产不良记录制度，依法建立失信惩戒和守信激励机制。

（八）强化安全生产依法治理

完善安全法规标准体系。建立以强制性标准和推荐性标准为一体的电力安全标准体系，制定电力安全法规和标准制定、修订计划，建立健全电力安全法律法规“立改废释”并举的工作协调机制，支持企业制定严于国家、行业、地方标准的安全生产标准。开展《电力安全事故应急处置和调查处理条例》释义修订，修编各项专业技术监督的范围和考核指标。

加大安全监管执法力度。加强电力安全执法检查，建立协调联动机制。完善执法程序，规范行政执法行为，健全执法全过程记录和信息公开制度。完善通报、约谈制度。加大社会参与监督电力安全违法违规问题的力度，建立电力安全事故重大责任人员职业禁入制度。

四、重点工程

（一）安全文化引领工程

牢固树立安全是技术、安全是管理、安全是文化、安全是责任的理念，强化安全文化导向和约束功能，推动强制安全行为逐步向自觉安全行为转变和提升。制定电力安全文化建设规划，推进严、细、实、常作风持久传承。建立个人安全行为规范，养成防范安全风险习惯，达成企业与从业人员在安全理念和行为上的共识。不断探索安全文化建设的新途径，围绕职工关心的热点、重点和难点问题，举办热点追踪、安全大家谈等活动，不断丰富安全教育内容；利用科技信息手段，让安全知识寓娱乐性、知识性、教育性、趣味性于一体，构建多具特色、多种形式的安全文化建设发展格局。建立企业安全文化评估机制和标准，积极推进安全文化建设示范企业创建工作。

关键措施：建立个人安全行为规范；建立电力安全宣传日；制定电力安全文化建设规划；建立企业安全文化评估机制和标准。

（二）安全诚信建设工程

构建设备设施可靠性信息共享机制，建立产品安全质量不良记录制度和安全责任追溯制度。建立企业和个人安全信用档案，制定企业和个人禁入电力行业负面清单，完善电力安全诚信评价机制和标准，把安全诚信等级列为市场准入条件。

关键措施：建立完善电力安全诚信评价机制和标准；建立企业和个人安全信用档案。

（三）安全风险管控体系构建工程

建立电力行业危险源辨识、风险分析、风险评估、风险控制为一体的闭环和分层次管理的安全风险管控体系。建立安全风险分析制度，建立定期发布安全风险预警机制，建立安全风险辨识培训制度，使从业人员立足岗位，清楚风险源分布，掌握风险防控措施，做到不同管理层次控制不同程度和类型安全风险，确保安全风险可控。建立健全安全风险分层管控机制，发挥电力企业安全保障和监督体系的协同作用。

关键措施：建立基于闭环和分层次管理的安全风险管控体系；建立涵盖电力行业各级单位的安全风险管控信息平台；建立各级电力企业安全风险辨识培训制度；建立安全风险预警发布、防控措施落实、安全风险解除闭环管理制度。

（四）安全隐患排查治理提升工程

牢固树立安全隐患防范意识，完善安全隐患排查治理长效机制，巩固安全隐患排查治理优良传统，充分运用现代化手段，强化安全隐患排查治理协调机制。制定安全隐患排查治理导则，建立安全隐患排查治理联网信息平台，实施安全隐患排查治理定期发布机制，健全重大隐患治理情况“双报告”制度，健全落实重大隐患挂牌督办制度。利用大数据、可靠性分析、设备智能诊断等技术提高隐患排查治理能力。

关键措施：制定安全隐患排查治理导则；建立安全隐患排查治理联网信息平台；建立重大隐患挂牌督办制度。

（五）安全科技支撑工程

建立政府指导、科研院校和电力企业参与的科研机构或实验基地，开展安全生产规律性、关联性特征分析，开展电力安全理论及技术研究。推进电力安全信息大数据应用研究，发挥设备可靠性数据的作用，将设备可靠性数据用于指导设备全过程管理，实现各类安全风险的动态监控。推广应用特高压核心技术、环保型高速断路器、新型智能电网调度控制系统、高可靠就地式继电保护、安全稳定防护系统。研发并推广智能化运检管控平台，推进无人机巡检和变电站巡检机器人技术的深化应用。推进新技术在新能源机组的应用，研究并推进人工智能技术在电力安全控制中的应用，开展电力行业网络信息安全监控预警技术的深化研究与应用，积极探索云计算、大数据等下一代电力行业网络与信息安全智能防御关键技术。

关键措施：建立政府指导、科研院校和电力企业参与的科研机构或实验基地；研究高可靠就地式继电保护、安全稳定防护系统、新型智能电网调度控制系统；研发特高压核心技术、环保型高速断路器、环保型管道输电技术；研究新一代智能变电站技术；推进无人机巡检、输电线路巡检机器人、变电站巡检机器人技术的深化应用；开展电力网络信息安全监控预警技术的深化研究与应用。

（六）应急能力提升工程

建立健全京津冀、长江经济带等区域性应急协调联动机制，完善首都公共安全保障机制，推进环渤海、泛珠三角等跨省跨区应急协调联动机制建设，完善应急指挥机制和处置程序。建立完善地市级以上电网调度控制异地分布式灾备系统，加快防范和处置大面积停电关键技术研究与应用。优化应急管理标准体系研究，建立统一的应急管理标准体系框架，推进应急管理基础标准制定，提升应急管理标准化水平。建立全国水电站大坝运行安全监督管理平台，实现与水利部、国家防汛抗旱总指挥部、自然资源部、国家地震局、国家气象局等信息互通。

关键措施：建立地级以上电网调度控制异地分布式灾备系统；开展防范大面积停电关键技术研究与应用；开展应急管理标准体系研究；建立全国水电站大坝运行安全监督管理平台。

（七）员工安全素质提升工程

建设具备宣传教育、实操实训和应急救援功能的体验式、参与式综合安全教育培训基地。建设安全生产远程宣传教育培训平台，完善培训方式方法。健全安全培训专业师资库，完善安全培训教材，推行安全生产网络教育培训。

关键措施：建设综合安全教育培训基地；建设电力安全远程宣传教育培训平台。

（八）工程建设安全管理提升工程

建立工程建设、施工安装承包商全业务流程精益管控提升机制，对外包工程实施全员、全过程、全方位、全天候精益管控，完善电力行业招标制度和标准，规范招投标行为。加强工程质量监督管理，理顺电力建设工程质量监督管理体系。开展工程施工现场安全标准化建设工程。建立分包单位安全管理工作评价、考核和退出机制。建立电力建设工程安全监管数据库和监管网络，依法推行安全质量“黑名单”制度。

关键措施：建立工程建设、施工安装承包商全业务流程精益管控提升机制；建立分包单位安全管理工作评价、考核和退出机制；建立电力建设工程安全监管数据库和监管网络；建立各级电力建设工程基本建设项目全过程安全管控网络平台。

五、实施保障

（一）加强组织领导（略）

（二）加强队伍建设（略）

（三）完善投入机制（略）

（四）强化技术支撑（略）

（五）加强评估考核（略）

电力行业应急能力建设行动计划[1]（2018—2020年）（摘要）

一、面临的形势（略）

二、指导思想、基本原则和建设目标

（一）指导思想（略）

（二）基本原则

（1）行业指导、分工负责。国家能源局负责指导协调全国电力应急能力建设工作。国家能源局各派出能源监管机构、各省（自治区、直辖市）政府及新疆生产建设兵团电力管理等有关部门按照职责组织、指导、协调本地区电力应急能力建设工作。各电力企业和有关单位，根据各自情况，负责组织实施本单位电力应急能力建设工作。

（2）面向实战、突出重点。针对电力应急管理工作实际，以提高应急救援处置实战效果为导向，抓重点、补短板、强弱项，着重解决组织机构不健全、制度体系不完善、应急准备不足、指挥协调不畅、信息共享不充分等突出问题，全方位系统规划应急能力建设工作。

（3）资源整合、优势互补。强化电力应急资源保障能力，充分利用和有机整合电力行业现有资源，提高电力应急基础设施利用率，发挥信息与智力资源优势。进一步汇集调动社会资源，增强电力应急支撑保障能力，实现应急资源共享和优势互补。

（4）技术引领、创新驱动。深入贯彻落实国家创新发展战略，利用电力和信息通信技术发展成果，发挥电力应急产业支撑保障作用，在风险辨识与评估、监测预警、响应决策、协同处置、装备升级等各个环节引入新技术、新方法、新设备，创新电力应急救援处置手段，提高电力应急科技水平。

[1] 国家能源局7月30日以国能发安全〔2018〕58号文印发。

（三）建设目标

1. 总体目标

立足电力行业应急管理工作实际，建立与全面建成小康社会相适应、各区域平衡发展、与电力安全生产风险特征相匹配、覆盖应急管理全过程的电力应急管理体系，制度保障、应急准备、预防预警、救援处置、恢复重建等方面能力得到全面提升，社会协同应对能力进一步改善，应急产业支撑保障能力大幅提高，全面实现电力突发事件科学高效应对。

2. 分类目标

（1）制度保障能力有效提升。完善电力应急管理责任制度，实现省、市、县三级大面积停电事件应急预案全覆盖，建立电力企业应急管理评价指标体系。加强电力应急管理机构建设，县级以上地方各级政府和大中型电力企业电力应急管理机构健全、职责明确。完善电力应急管理规章制度和标准规范，建立统一、规范的电力应急管理标准体系。构建电力应急能力评估长效机制，电力企业应急能力持续提高。

（2）应急准备能力显著加强。加强应急预案编制管理，提高预案针对性、科学性和可操作性，实现重点岗位、重点部位现场处置方案全覆盖，开展智慧预案应用。加强应急演练管理，强化应急宣教培训，建设一批国家级电力应急培训演练基地，实现大中型电力企业应急管理和救援处置人员培训全覆盖。

（3）预防预警能力大幅提高。加强重要城市和灾害多发地区关键电力基础设施防灾建设，提高电网防灾抗灾能力。强化自然灾害监测预警，建成电力系统自然灾害监测预警平台。强化电力企业人身伤亡事故风险预控能力建设，大中型电力企业实现安全事故风险全评估。加强水电站大坝安全应急管理，建成水电站安全与应急管理平台。

（4）救援处置能力不断增强。完善电力企业与县级以上地方各级政府有关部门的应急协调机制。建成多支能够承担重大电力突发事件抢险救援任务的电力应急专业队伍，加强社会应急救援力量储备，实施电力应急专家领航计划。初步建立电力应急物资和装备储备体系，启动西南水电工程应急救援基地建设，建成源网荷友好互动大面积停电先期处置综合应用项目。

（5）恢复重建能力继续强化。完善灾后评估机制，建立灾情统计系统。加强系统恢复能力建设，完善黑启动方案，创新灾变调度辅助技术，优化恢复策略。加强重要电力用户供电风险分析、应急电源配置和应急演练参与。加强新型业态应急能力建设，激励社会化服务供给，实现主体责任全覆盖。

（6）电力应急产业加快发展。明确电力应急产业发展方向，开展关键电力应急技术研究应用。组建电力行业应急科研机构，促进电力应急科技文化创新。推进电力应急产业融合发展，构建电力应急产业合作机制，建设国家级电力应急产业发展基地。

3. 量化指标

序号	指标名称	指标值
1	省、市、县三级大面积停电事件应急预案编修完成率	100%
2	省、市两级地方政府电力应急管理机构完备率	100%
3	大中型电力企业电力应急管理机构完备率	100%
4	大中型电力企业应急能力建设评估完成率	100%
5	大中型电力企业应急管理和救援处置人员培训覆盖率	100%
6	大中型电力企业安全事故风险评估率	100%
7	灾害导致重大以上大面积停电减供负荷恢复 80%以上及停电重点地区、重要城市负荷恢复 90%以上的时间	小于 7 天
8	一级以上重要电力用户供电风险分析实施率	100%
9	一级以上重要电力用户自备应急电源规范配置率	100%

三、主要建设任务及要求

（一）制度保障能力建设

（1）完善电力应急管理责任制度。按照统一领导、综合协调、属地为主、分工负责的原则，完善国家指导协调、地方政府属地指挥、企业具体负责、社会各界广泛参与的电力应急管理体制。推进县级以上地方各级政府有关部门落实大面积停电事件属地应急处置责任，力争 2018 年底前完成地市级大面积停电事件应急预案编修工作，2019 年底前完成县区级大面积停电事件应急预案编修工作。严格落实电力企业主要负责人是安全生产应急管理第一责任人的工作责任制，明确其他相关负责人的应急管理责任，建立科学合理的应急管理评价指标体系，落实相关岗位人员责任考核制度。

（2）加强电力应急管理机构建设。推动县级以上地方各级政府电力应急管理机构建设，建立健全省、市两级地方政府电力应急管理机构，明确相关职责，配齐管理人员。建立健全县区级以上电网企业、大中型发电企业和电力建设企业电力应急管理机构，地市级以上电网企业、大中型发电企业和电力建设企业配备专职人员，县级电网企业和其他电力企业酌情配备管理人员。

（3）完善电力应急管理法规规章。梳理电力行业现行法规制度体系，制定完善电力应急管理规章和规范性文件，推进电力应急管理法治建设。修订《〈电力安全事故应急处置和调查处理条例〉释义》，结合电力发展新形势，加强电力安全事故应急处置制度建设。研究制定电力企业水电站大坝运行安全应急管理制度，明确大坝应急管理责任，规范大坝应急管理工作。

（4）完善电力应急管理标准规范。充分发挥能源行业电力应急技术标准化委员会的作用，重点制定电力突发事件监测预警、电力应急队伍建设、应急物资装备储备、应急指挥信息系统、电力应急预案演练、电力突发事件应急处置后评估等标准，推进电力应急管理标准化建设。积极参与国际应急管理标准制定，加快电力应急管理与国际接轨。

（5）构建电力应急能力评估长效机制。持续开展电力企业应急能力建设评估，建立定期评估机制和行业对标体系，汇总分析行业评估数据，实现持续改进和闭环管理。县级以上地方各级政府电力应急管理机构组织开展大面积停电事件应急能力评估，强化属地应急处置指挥能力。加强电力突发事件应急处置后评估，总结和吸取应急处置经验教训。

（二）应急准备能力建设

（1）加强应急预案编制管理。制定《电力企业应急预案编制导则》《水电站大坝运行安全应急预案编制导则》。完善电力企业应急预案体系，编制现场应急处置卡，突出风险评估和应急资源调查，充分运用智能推演、态势感知、情景构建等预案编制技术，提高预案的针对性、科学性和可操作性。

（2）提升应急演练能力。推进电力突发事件应急演练由示范性、展示性向实战化、基层化、常态化、全员化转变。加强现场处置方案演练，做到岗位、人员、过程全覆盖。强化应急演练管理，规范方案制定和评估总结，对多部门、多单位参与的综合演练进行评估。推广桌面演练流程技术和虚拟现实技术应用，提升应急演练质量和实效。

（3）强化应急宣教培训。依托重点电力企业，建设若干国家级电力应急培训演练基地，突出专业性为主、技能培训优先、培训内容多样的特点，为开展电力应急实训演练提供硬件支撑。组织开展电力应急管理人员和专业救援处置人员专业技能与心理素质培训。依托高校智库、研究机构、行业协会等，推动设立电力应急相关学科专业，合作培养电力应急科技和管理人才。

（4）提高涉外电力突发事件应急能力。电力企业在境外项目建设和运营管理中，结合当地实际，编制电力应急预案及操作手册，明确电力突发事件信息报送流程和要求，定期开展应急演练。

（三）预防预警能力建设

（1）提高电网防灾抗灾能力。深入开展电网风险研究，突出电网规划引领作用，统筹电源、电网建设和用户防灾资源，按照"重点突出、差异建设、技术先进、经济合理"的原则，适当提高电网设施灾害设防标准，有序推进重要城市和灾害多发地区关键电力基础设施防灾建设。根据需要强化跨行政区电力应急支援能力建设。加大电力设施保护工作力度，配合有关部门持续开展电力设施周边环境治理，严格管理电力设施附近的施工作业活动。

（2）强化自然灾害监测预警。发挥气象部际联席会议作用，提高重特大自然灾害监测预警能力。电力企业强化自然灾害监测预警能力，与有关部门加强沟通合作，规范发布预警信息。选取代表性地区电网，建设自然灾害监测预警平台，重点研究自然灾害时空分布特征、电力系统承灾脆弱性、影响破坏规律、风险评价及预警模型等。

（3）强化人身伤亡事故风险预控能力。完善安全生产风险分级管控和隐患排查治理双重预防机制，强化重大电力基础设施、施工和生产作业现场安全管理。利用物联网、大数据等技术实现风险和隐患全过程动态识别和预警，重点加强对可能发生重大以上人身伤亡事故的人员密集作业区、高危作业场所、重点作业环节的风险评估和现场管控。建立应急救援现场危害识别、监测与评估机制，规范现场救援处置程序，强化作业前应急推演，落实安全防护措施，防止发生次生衍生事故。

（4）加强水电站大坝安全应急管理。厘清大坝安全应急管理职责，科学设置大坝应急管理机构，建立健全电力企业、地方政府、相关单位大坝应急协调联动机制，研究推进流域梯级水电站安全与应急管理。创新大坝应急管理和技术，加强大坝除险加固、隐患治理和运行管理，提高大坝本质安全和运行安全水平。加强大坝安全在线监测分析和安全评估，建设大坝安全与应急管理相关平台。完善大坝安全应急预案，加强联合应急演练。

（四）救援处置能力建设

（1）完善应急指挥协调联动机制。健全电力企业与县级以上地方各级政府有关部门的应急协调机制，加强企业之间、行业之间的应急协同联动。建立国家统筹、区域协调、跨省联动的大面积停电事件应急指挥协调联动机制，开展省、市、县三级大面积停电事件综合应急演练，推动国家级城市群大面积停电事件联合应急演练，重点提高跨省、跨区域协同应对能力。

（2）加强电力应急专业队伍建设。依托重点电力企业，建设多支具有不同专业特长、能够承担重大电力突发事件抢险救援任务的电力应急专业队伍。加强队伍管理和专业培训，按照标准配备应急装备，提高现场处置和协同作战能力。

（3）加强社会应急救援力量储备。组织具有相应资质的社会应急救援力量开展必要的电力专业培训和演练，建设社会救援力量基础信息共享平台，推进建立社会救援力量调用补偿机制，形成有能力、有组织、易动员的电力应急抢险救援后备队伍。

（4）加强应急专家队伍建设。建设国家、地方、企业各层面电力应急专家队伍，实施相关专业领域专家领航计划，形成分级分类、覆盖全面的应急专家资源网。完善专家管理、应急会商和辅助决策机制，组织专家开展专业咨询、培训演练、课题研究等。

（5）加强应急物资储备与调配。利用电力企业现有资源，在自然灾害多发地区设置省级电力应急物资储备库，统筹调配，满足跨省、跨区域应急处置需求。完善电力企业应急物资储备体系，推进建立联储联备、产储联合等物资保障机制，研究建立应急处置后续结算机制，实现应急物资共享和动态管理。

（6）加强应急指挥平台功能建设。推进县级以上地方各级政府与电力企业应急指挥平台之间的互联互通。充分运用信息化技术手段，完善应急指挥平台智能辅助决策等功能。加强应急队伍信息采集终端配置，实现电力突发事件多维度信息的准确快速报送。完善应急指挥平台运行维护机制，保证平台有效运转。

（7）强化大面积停电事件先期处置能力。结合电网运行新形势、新特点，完善电网运行安全管理机制，创新大面积停电事件先期处置手段，研究建立大面积停电先期处置的社会资源征用和费用补偿机制，提高电网抵御大面积停电的能力。

（五）恢复重建能力建设

（1）灾后评估机制建设与完善。完善电力突发事件灾害评估机制，健全评估标准体系，规范评估内容、程序和方法。建立灾情统计系统，及时掌握电力供应、系统运行、设施受损和供电中断等情况，为制定抢险救援方案和恢复重建规划提供可靠依据。

（2）加强系统恢复能力建设。完善电网黑启动方案，优化黑启动电源布局。对具备 FCB 和孤岛运行功能的发电厂，研究建立鼓励机制。推进电网灾变模式下调度辅助决策、主动配电网多电源协调控制、源网荷储协同恢复等技术的研究应用。

（3）重要电力用户应急能力建设。县级以上地方各级政府有关部门依据国家有关规定，确定本地区重要电力用户名单。国家能源局各派出能源监管机构配合省级政府有关部门督导重要电力用户按照规定配置自备应急电源并配合开展大面积停电应急演练。电网企业开展重要电力用户供电风险分析，根据需要加强对重要电力用户自备应急电源安全使用的指导。

（4）加强新型业态应急能力建设。具有配电网经营权的售电公司、微电网、局域电网等新型业态组织，落实本营业区供电安全应急主体责任。研究新型业态组织应急管理问题，探索适合新型业态发展需要的电力应急管理机制和措施。

（六）促进电力应急产业发展

（1）明确电力应急产业发展方向。结合国家应急产业规划要求，探索电力应急产品、技术和服务综合应用解决方案，推进自然灾害监测预警系统、生产现场前端智能设备、救援人员防护产品、高空救援技术与装备、极端条件应急通信设备、模块化电力应急装备、移动式应急变电站及智能应急电源等产品的研发应用。

（2）促进电力应急科技文化创新。依托全国电力安委会企业成员和行业学术团体，组建电力行业应急技术研究机构。研究建设电力应急产业标准体系，推进关键应急技术和产品研发，推广先进应急文化。重点开展大面积停电事件和自然灾害应急处置重大科技问题研究。

（3）推进电力应急产业融合发展。落实军民融合发展战略，研究探索军工技术向电力应急领域转移转化。加强与信息通信、装备制造、交通运输、金融保险、文化传媒等行业的沟通，促进应急应战协同发展。

（4）构建电力应急产业合作机制。以问题为导向、以技术为主线、以需求为动力，构建电力应急产业发展与技术体系。选择合适地区，与地方政府共建国家级电力应急产业发展基地。建立电力应急产业联盟，加强交流合作，促进资源共享和供需对接。

四、保障措施

（一）加强组织领导

各省（自治区、直辖市）政府及新疆生产建设兵团电力管理等有关部门、国家能源局各派出能源监管机构和电力企业要加强组织领导，密切协调配合，制定实施方案，分解建设任务，合理安排进度，有序推进电力应急能力建设。

（二）完善投入机制

电力企业要落实应急专项经费，县级以上地方各级政府电力管理等有关部门要落实应急专项资金，为实施本计划提供资金保障。电力企业要充分发挥金融、保险的作用，为电力应急能力建设提供辅助服务。

（三）强化实施评估

各单位要加强目标管理和过程管控，将建设任务纳入安全生产应急管理综合评价范围，定期总结评估，及时协调解决实施过程中发现的问题，保障计划顺利实施。

智能光伏产业发展行动计划❶（2018—2020年）（摘要）

光伏产业是基于半导体技术和新能源需求而兴起的朝阳产业，是未来全球先进产业竞争的制高点。为进一步提升我国光伏产业发展质量和效率，加快培育新产品新业态新动能，实现光伏智能创新驱动和持续健康发展，支持清洁能源智能升级及应用，制定本行动计划。

总体要求：全面贯彻党的十九大精神，以习近平新时代中国特色社会主义思想为指导，牢固树立和贯彻落实新发展理念，深入实施《中国制造2025》，以推进供给侧结构性改革为主线，以构建智能光伏产业生态体系为目标，坚持市场主导、政府引导，坚持创新驱动、产用融合，坚持协同施策、分步推进，加快提升光伏产业智能制造水平，推动互联网、大数据、人工智能等与光伏产业深度融合，鼓励特色行业智能光伏应用，促进我国光伏产业迈向全球价值链中高端。

工作目标：到2020年，智能光伏工厂建设成效显著，行业自动化、信息化、智能化取得明显进展；智能制造技术与装备实现突破，支撑光伏智能制造的软件和装备等竞争力显著提升；智能光伏产品供应能力增强并形成品牌效应，“走出去”步伐加快；智能光伏系统建设与运维水平提升并在多领域大规模应用，形成一批具有竞争力的解决方案供应商；智能光伏产业发展环境不断优化，人才队伍基本建立，标准体系、检测认证平台等不断完善。

一、加快产业技术创新，提升智能制造水平

（1）推动光伏基础材料生产智能升级。支持多晶硅生产、收获、运输、破碎、分拣、清洗、包装等环节的机械化与自动化；实现有毒有害物质排放和危险源的自动检测与监控、安全生产的全方位监控，建立多晶硅生产在线应急指挥联动系统。提升铸锭炉、单晶炉等自动化水平，研究长晶自动控制系统，推广自动喷涂、自动倒角、金刚线截断、开方和磨面自动上下料以及自动检测等设备。鼓励金刚线切割、自动插片、自动粘胶、全自动硅片清洗及自动分选机、自动粘脱胶设备等应用。提升工序间自动化传输和流水线作业能力。

（2）加快先进太阳能电池及部件智能制造。推广电池生产自动制绒、自动上下料、自动导片机、自动插片机等设备，提升智能感知衔接能力。鼓励自动串焊机、自动摆串机、智能层压机、自动焊接机、自动削边机、自动装框机、自动灌胶机、自动磨角、双玻组件自动封边等组件生产设备使用；研发并应用叠层自动焊机、接线盒自动焊接、第二层EVA/背板自动铺设、自动包装、EL图片自动分析等设备。推动逆变器检测、包装、运输、现场安装等环节机械化、自动化与智能化，建立完善的整机及各部件数据的记录及质量追溯机制，提升逆变器制造效率和产品可靠性；开发智能化逆变器产品，提升电站监控运维水平。

（3）提高光伏产品全周期信息化管理水平。鼓励企业采用ERP（企业资源计划）、MES（生产过程执行系统）、PLC（可编程逻辑控制器）、SCADA（数据采集与监视控制系统）、SRM（供应链管理系统）、PLM（产品生命周期管理系统）、CRM（客户关系管理系统）等信息化管理系统，实现产品设计、工艺研发、材料供应、资源调度、环境监控、设备管理、质量管控、库存管理等生产流程全信息化管理。在自动化流水线基础上，进一步实现生产线集中监控与智能化管理调配，包括生产数据自动获取、工业编码系统开发、实时质量监控、分析与处理等，通过信息监控调度和数据分析支撑加快工艺制程改善和智能化升级。

二、推动两化深度融合，发展智能光伏集成运维

（4）提升智能光伏终端产品供给能力。鼓励研制具有优化消除阴影遮挡功率损失、失配损失、消除热斑、智能控制关断、实时监测运行等功能的智能光伏组件。发展集电力变换、远程控制、数据采集、在线分析、环境自适应等于一体的智能逆变器、控制器、汇流箱、储能系统、跟踪系统以及适用于智能光伏系统的高效电力电子器件等关键部件。开发即插即用、可拆卸、安全可靠、使用便利的户用智能光伏产品及系统，规范户用光伏市场。推动先进光伏产品与消费电子、户外产品、交通工具、航空航天、军事国防等结合，鼓励发展太阳能充电包、背包、衣物、太阳能无人机、快装电站等丰富多样的移动产品。

（5）推动光伏系统智能集成和运维。运用互联

---

❶ 工业和信息化部、住房和城乡建设部、交通运输部、农业农村部、国家能源局、国务院扶贫办于4月11日联合发布（工信部联电子〔2018〕68号）。

网、大数据、人工智能、5G通信等新一代信息技术，推动光伏系统从踏勘、设计、集成到运维的全流程智能管控。支持无人机在光伏系统建设踏勘中应用，在云端完成2D/3D建模。鼓励开发智能化光伏设计系统，综合考虑勘测地理信息数据、屋顶承重能力、当地辐照条件、产品价格等因素，对不同组件、逆变器、电气方案、支架方式等进行模拟方案比对；开发智能光伏发电施工管理系统，促进其在采购、施工过程、质量检测、电站测试、验收等方面应用，实现工程进度实时监控、成本控制、库存管理、人员调配与施工问题预警。

以提升光伏系统效率、降低运维成本为导向，支持开发光伏电站系统智能清洗机器人、智能巡检无人机等产品。应用信息技术手段，发展具有光伏电站运行监测数据采集、集中远程监控、故障检测、记录、报警、分析和处理等功能的智能光伏发电监控系统。支持推广智能光伏发电监控系统的应用，建立智能区域集控运维中心和移动运维平台，实现集中管理与远程管理。应用大数据分析与处理技术，自动生成运维建议和电子工作票，实现远端系统“无人值班，少人值守”。支持采用智能机器人、无人机等技术替代人工运维管理。

三、促进特色行业应用示范，积极推动绿色发展

（6）开展智能光伏工业园区应用示范。深入落实《信息产业发展指南》《工业绿色发展规划（2016—2020年）》，鼓励工业园区、新型工业化产业示范基地等建设光伏应用项目，制定可再生能源能占比的具体评价办法，提升清洁能源使用比例，推动工业园区等绿色发展。

（7）开展智能光伏建筑及城镇应用示范。在有条件的城镇建筑屋顶（如政府建筑、公共建筑、商业建筑、厂矿建筑、设施建筑等），采取“政府引导、企业自愿、金融支持、社会参与”的方式，或引入社会资本出租屋顶、EMC节能服务合同管理等多种商业模式，建设独立的“就地消纳”分布式建筑屋顶光伏电站和建筑光伏一体化电站，促进分布式光伏应用发展。积极开展市、县、开发区一级的“城市级分布式建筑光伏电站”示范工程建设，由政府组织和引导作为公共建设项目，实现智能光伏建筑大数据在线监测管理。

在光照资源优良、电网接入消纳条件好的城镇和农村地区，结合新型城镇化建设、旧城镇改造、新农村建设、易地搬迁等渠道，统筹推进居民屋顶智能光伏应用，形成若干光伏小镇、光伏新村。积极在有条件的农村地区小型建筑、独立农舍推广“光伏取代燃煤取暖”技术应用。

（8）开展智能光伏交通应用示范。推动交通领域光伏电站及充电桩示范建设，鼓励光伏发电在公路声屏障、公路交通指示标志、太阳能路灯、公路服务区（停车场）、公交场站、港口码头、航标等导助航设施、海上工作趸船、海岛工作站点等领域的应用。探索光伏和新能源汽车融合应用路径。

（9）开展智能光伏农业应用示范。支持光伏与农业融合发展，开展立体式经济开发，在有条件的地方实现农业设施棚顶安装太阳能组件发电、棚下开展农业生产的形式，将光伏发电与农业设施有机结合，在种养殖、农作物补光、光照均匀度与透光率调控、智能运维、高效组件开发等方面开展深度创新；鼓励光伏农业新兴商业模式探索，推进农业绿色发展，促进农民增收。

（10）开展智能光伏电站应用示范。在符合光伏“领跑者”计划要求的前提下，优先支持基于智能光伏的先进光伏产品，鼓励结合领跑者基地建设开展智能光伏试点，在大型光伏电站及分布式应用中积极推广。鼓励结合荒山荒地和沿海滩涂综合利用、采煤沉陷区等废弃土地治理等多种方式，因地制宜开展智能光伏电站建设，促进光伏发电与其他产业有机融合。

（11）开展智能光伏扶贫应用示范。围绕脱贫攻坚目标，推进光伏扶贫工程，在禁止以任何方式占用永久基本农田的前提下，在具备条件的建档立卡贫困村建设村级光伏扶贫电站。鼓励先进光伏产品及系统应用，优先保证光伏扶贫产品质量和系统性能；加大信息技术应用，通过大数据、物联网等技术手段实现光伏扶贫数据采集、系统监控、运维管理的智能化；结合光伏扶贫电站模式及地域分布特点，因地制宜加强光伏扶贫与各类“光伏+”综合应用的整合，创新光伏扶贫模式。

四、完善技术标准体系，加快公共服务平台建设

（12）建立健全智能光伏技术标准体系。以《太阳能光伏产业综合标准化技术体系》为基础，加快智能光伏标准体系研究。重点开展智能化光伏组件、接线盒、逆变器、控制器、追踪系统、户用光伏系统等产品及测试方法标准制定，加强光伏产品生产及管理系统互联互通标准、智能制造工厂/数字化车间模型标准、智能制造关键设备标准、智能制造设备故障信息数据字典标准、制造过程在线检测、追溯及数据采集标准等智能生产及评价标准研究。加强光伏系统智能运维标准研究，包括智能清洗、智能巡检、智能排障等，制定智能运维平台设计及评价规范，规范光伏系统运维平台通信接口、数据格式、传输协议等。

（13）加快建设智能光伏公共服务平台。围绕智

能光伏产业发展需求，推动产学研用结合，建设技术创新平台，开展一批关键性、前沿性技术研发；支持有能力、有资质的企事业单位建设国家级智能光伏检测认证公共服务平台，围绕智能光伏各环节开展检测认证、评级等服务，为电站系统设计、设备选型提供依据；支持地方、园区、龙头企业等建设一批公共服务平台，开展技术研发、产品设计、财税政策、战略研究等科技及专业服务；支持智能光伏领域众创、众包、众扶、众筹等创业支撑平台建设，推动建立一批智能光伏产业生态孵化器、加速器，鼓励为初创企业提供资金、技术、市场应用及推广等扶持。

五、加强综合政策保障，统筹推动产业健康发展

（14）加强组织协调和政策协同。工业和信息化部会同住房和城乡建设部、交通运输部、农业农村部、国家能源局、国务院扶贫办等建立统筹协调工作机制，密切协作配合，探索体制机制创新，共同研究解决行动计划落实中遇到的重大问题，推动行动计划顺利实施。结合自身职责确定年度工作目标，确保行动计划各项任务措施落实到位。

各地工业和信息化、住房和城乡建设、交通运输、农业、能源、扶贫等主管部门要高度重视智能光伏产业发展，因地制宜制定实施方案，建立地方协调工作机制，明确各部门资源投入，积极形成合力，联合开展试点示范，科学组织实施。

（15）推动智能光伏试点应用。开展多元化智能光伏试点示范，培育一批国家智能光伏示范企业，支持若干行业特色智能光伏项目建设。引导光伏企业与软件开发、信息管理、系统集成及互联网、大数据等企业共同参与试点示范建设，鼓励光伏企业与信息、交通、建筑、农业、能源、扶贫等领域企业探索可推广可复制的智能光伏建设模式。相关部门适时对各地工作实施进展和效果进行评估，总结先进经验并向全国推广。

（16）加大多元化资金投入。发挥光伏产业市场化运营充分特点，支持建立智能光伏领域产业发展基金，探索政府和社会资本合作（PPP）模式，形成合作、开放、创新氛围，通过市场机制引导多方资本促进智能光伏产业发展。充分利用中央财政相关专项资金、地方财政资金等渠道，推动相关资源集约化整合和精准投放，加大对智能光伏产业扶持力度。

（17）促进光伏市场规范有序发展。逐步完善智能光伏相关标准检测认证等体系，推动智能光伏标准化、模块化发展。深入实施《光伏制造行业规范条件》和光伏“领跑者”计划，建立智能光伏产品及服务推广目录，促进试点示范应用。加强行业协会、中介机构等对消费者的使用培训服务，进一步支持智能光伏进入千家万户。

电 力 市 场

2018年全国电力市场交易信息分析

2018年，全国电力市场交易电量（含发电权交易电量）合计为20 654亿kWh❶，同比增长26.5%，市场交易电量占全社会用电量（即全社会用电量市场化率）比重为30.2%，较2017年提高4.3个百分点，市场交易电量占电网企业销售电量比重为37.1%。

2018年，大型发电集团❷合计市场交易电量13 713亿kWh（不含发电权交易），同比增长26.4%，占大型发电集团合计上网电量的比重为37.5%，较2017年提高4.5个百分点。

一、全国电力市场交易情况

2018年，全国全社会用电量累计68 449亿kWh，同比增长8.5%，增速比2017年提高1.5个百分点，为2012年以来最高增速，电网企业销售电量55 677亿kWh，同比增长9.4%（来源于中电联行业统计数据）。

2018年，全国电力市场交易电量（含发电权交易电量）合计为20 654亿kWh，同比增长26.5%，市场交易电量占全社会用电量比重为30.2%，较2017年提高4.3个百分点，市场交易电量占电网企业销售电量比重为37.1%。其中，省内市场交易电量合计16 885亿kWh，占全国市场交易电量的81.8%，省间（含跨区）市场交易电量合计3471亿kWh，占全国市场交易电量的16.8%，南方电网、蒙西电网区域发电权交易电量合计298.2亿kWh。

分季度看，2018年四个季度市场交易电量分别为3222亿kWh、4199亿kWh、6937亿kWh、6197亿

❶ 本文数据来源于中电联电力交易信息共享平台。

❷ 指参加中电联电力交易信息共享平台的11家中央及地方大型发电企业集团。

kWh，占全年全国市场交易电量的比重分别为16%、20%、34%、30%，见图1。

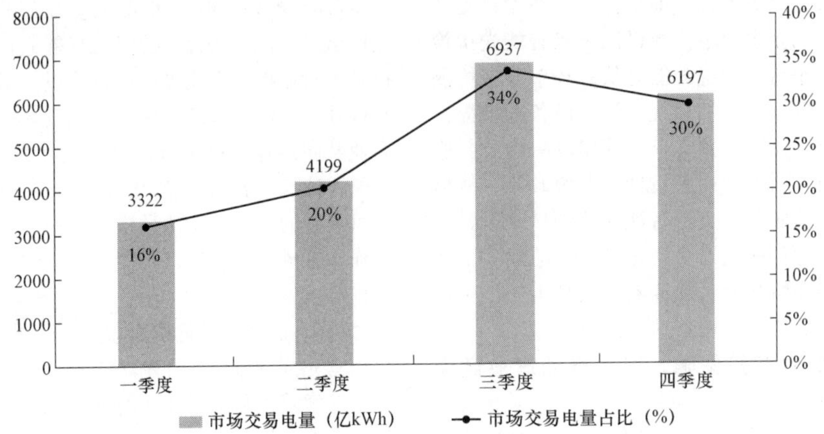

图1　2018年分季度市场交易电量及占比示意

二、分区域、分省电力市场交易情况

2018年，国家电网区域市场交易电量规模15 674亿kWh，占全国市场交易电量的75.9%，市场交易电量占该区域全社会用电量的28.9%；南方电网区域市场交易电量规模3724亿kWh，占全国市场交易电量的18%，市场交易电量占该区域全社会用电量的32.3%；蒙西电网区域市场交易电量规模1256亿kWh，占全国市场交易电量的6.1%，市场交易电量占该区域全社会用电量的45.3%。

分区域市场来看，华东、华北、南方区域市场交易电量规模分别为5628亿kWh、4800亿kWh、3724亿kWh，占全国市场交易电量的比重分别为27.2%、23.2%、18.0%，三个区域合计占全国市场交易电量比重的68.5%。

华东、东北、南方区域的市场交易电量占该区域全社会用电量的比重均超过了30%，分别为33.7%、32.5%和32.3%，见图2。

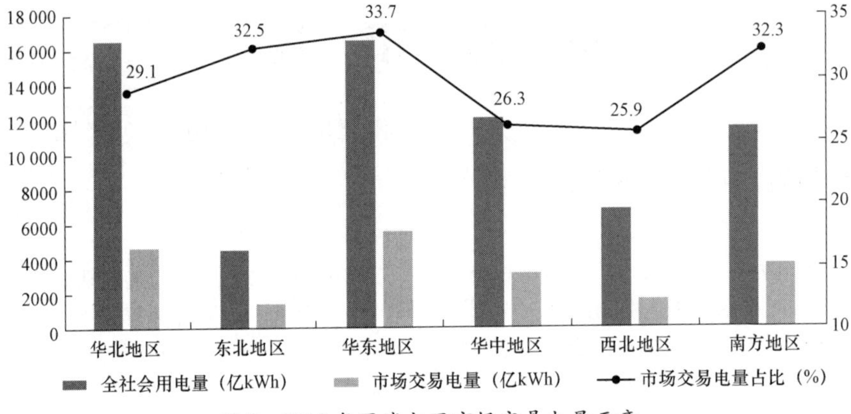

图2　2018年区域电网市场交易电量示意

市场交易电量规模增长较快的区域是华东和华中区域，市场交易电量较2017年增长均超过1000亿kWh，两个区域分别增长1584亿kWh、1169亿kWh，对2018年全国市场交易电量增长的贡献率分别为36.6%和27%。

分省来看，市场交易电量占全社会用电量比重超过40%的省区分别是云南（50.7%）、辽宁（47.6%）、蒙西（45.3%）和江苏（43.4%）；电力市场交易电量规模超过1000亿kWh的省区分别是江苏（2657亿kWh）、广东（1805亿kWh）、山东（1783亿kWh）、浙江（1470亿kWh）、蒙西（1256亿kWh）、辽宁（1097亿kWh）和河南（1080亿kWh）；省间市场交易电量（外受电量）规模前三名的省区分别是江苏（601亿kWh）、山东（520亿kWh）和浙江（478亿kWh），见图3。

市场交易规模增速最快的省份是江苏，市场交易电量较2017年增长1039亿kWh，市场交易电量占全社会用电量的比重较2017年提高15个百分点。

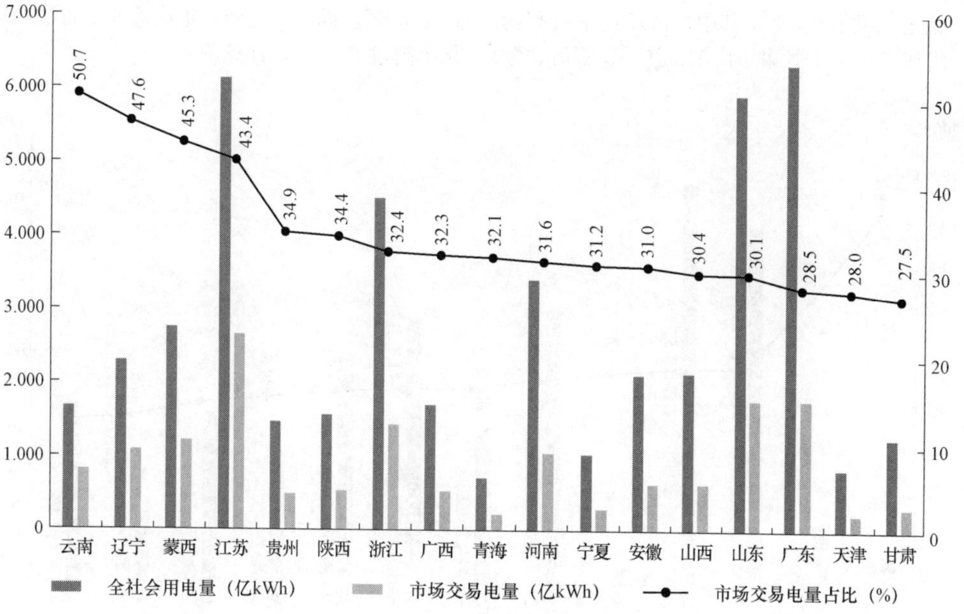

图 3　2018 年部分省区市场交易电量示意

三、大型发电集团参与电力市场交易情况

2018 年，大型发电集团上网电量合计 36 587 亿 kWh，同比增长 11%；大型发电集团市场交易电量合计 13 713 亿 kWh（不含发电权交易），同比增长 26.4%，占大型发电集团合计上网电量的 37.5%，较 2017 年提高 4.5 个百分点。其中，省间（含跨区）市场交易电量合计 2360 亿 kWh，同比增长 39.5%，占大型发电集团合计市场交易电量的比重为 17.2%，较 2017 年提高 1.2 个百分点，详见表 1。

表 1　　2018 年大型发电集团各类电源市场交易情况汇总

市场交易情况	煤电	气电	水电	风电	光伏发电	核电
上网电量（亿 kWh）	24 431	861	6451	1842	328	2675
市场交易电量（亿 kWh）	10 459	54	2056	395	87	662
上网电量市场化率	42.8%	6.3%	31.9%	21.4%	26.6%	24.8%
平均市场交易电价（元/kWh）	0.338 3	0.543 6	0.224 5	0.429 5	0.773 1	0.358 5
较上网电量平均电价降低（元/kWh）	0.024 5	0.108 8	0.039 6	0.098 2	0.062 2	0.047 7

注　1. 上网电量市场化率＝某类型电源市场交易电量/某类型电源合计上网电量。

2. 上网电量平均电价，指计划电量与市场电量综合平均电价。

2018 年，大型发电集团中 6 家企业的发电权交易电量（按照受让电量的结算口径统计）为 493 亿 kWh，发电权交易平均价格为 0.305 1 元/kWh。

（一）煤电

2018 年，大型发电集团煤电机组上网电量 24 431 亿 kWh，较 2017 年增加 1622 亿 kWh，占其合计上网电量的 66.8%；市场交易电量 10 459 亿 kWh，较 2017 年增加 2218 亿 kWh，煤电上网电量市场化率为 42.8%，较 2017 年提高 6.7 个百分点。煤电上网电量平均电价❶为 0.362 8 元/kWh，市场交易（含跨区跨省市场交易）平均电价为 0.338 3 元/kWh，市场交易平均电价较 2017 年提高 0.011 9 元/kWh。

❶ 指计划与市场电量加权平均电价。

分省来看，大型发电集团煤电上网电量市场化率超过40%的省区共有18个，其中，市场化率最高的是广西，达到了98%，甘肃、广东、江苏、青海、蒙西、辽宁、河南、陕西等8个省区的煤电市场化率超过了50%，湖南、贵州、重庆等9个省区的煤电市场化率超过了40%，详见图4。

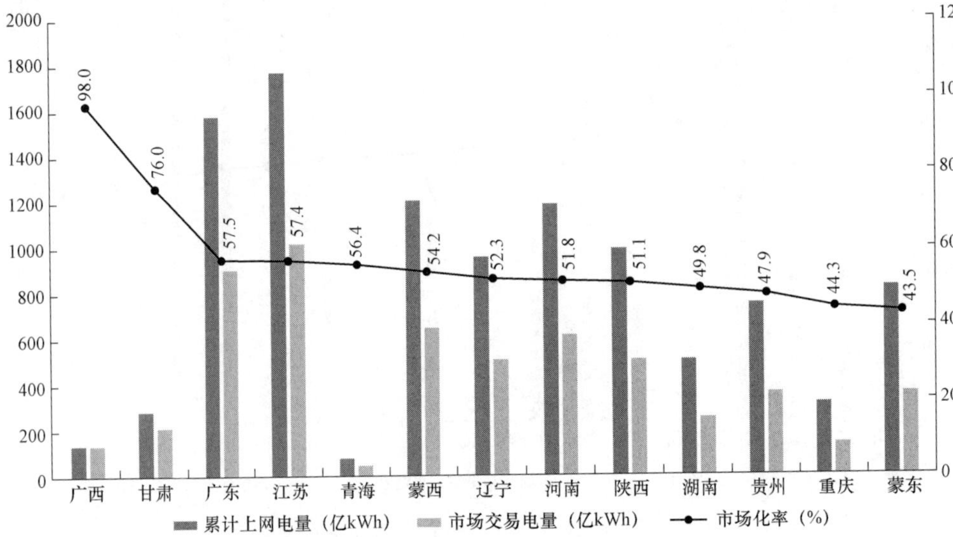

图4　2018年部分省区大型发电集团煤电市场交易电量示意

从分省煤电交易价格来看，与标杆电价比较降幅超过0.1元/kWh的省区有青海和云南，其市场交易平均电价分别为0.209 8元/kWh和0.229 7元/kWh，与标杆电价相比降幅分别为0.114 9元/kWh和0.106 1元/kWh。其次，降幅超过0.05元/kWh的省区有广东、上海、河南、陕西，其交易平均电价分别为0.376 3元/kWh、0.342 5元/kWh、0.318 2元/kWh、0.297 1元/kWh，详见图5。

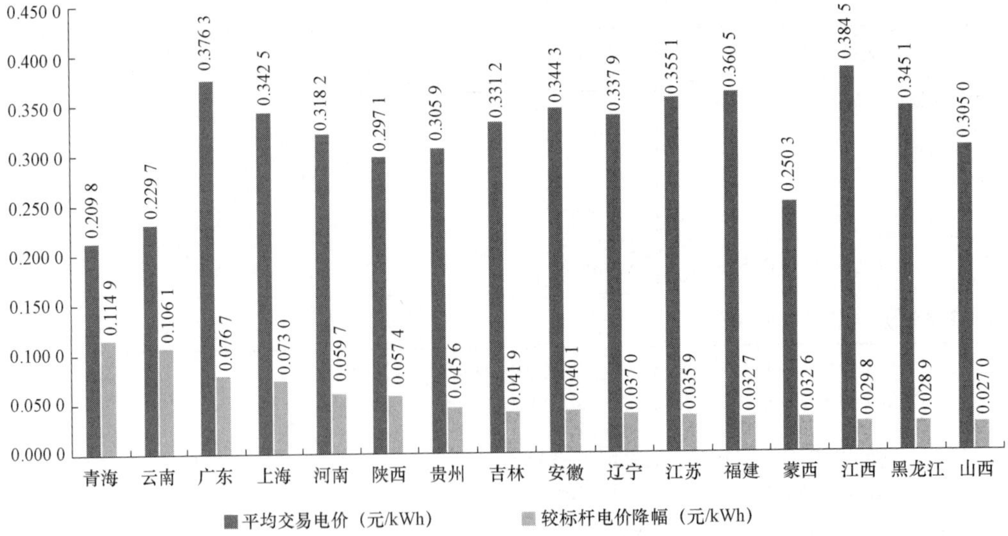

图5　2018年部分省区煤电市场交易价格与标杆电价示意

随着煤炭市场价格波动拉升以及市场交易的理性回归，煤电市场交易电价呈缓步回升趋势。自2017年4季度以来，煤电市场交易平均电价已连续4个季度保持增长。2018年4季度，大型发电集团煤电市场交易平均电价为0.338 4元/kWh，较2017年同期提高0.010 9元/kWh，详见图6。

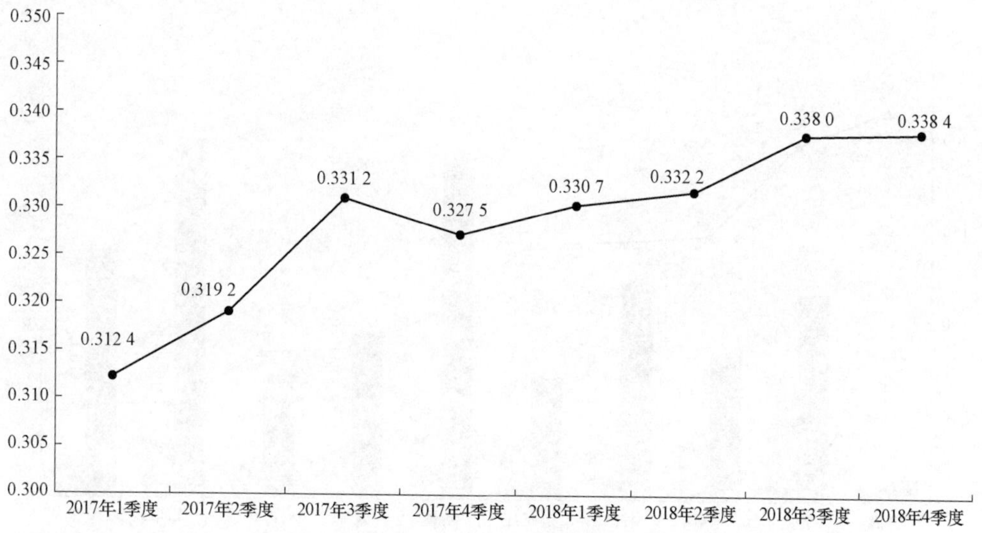

图 6　2017—2018 年煤电市场交易电价走势（单位：元/kWh）

（二）气电

2018 年，大型发电集团气电机组累计上网电量 861 亿 kWh，占其总上网电量的 2.4%。大型发电集团气电机组参与市场交易的省区仅有广东省，2018 年，广东省气电上网电量市场化率 48.5%，市场交易电量为 54 亿 kWh，平均交易电价为 0.543 6 元/kWh。

（三）水电

2018 年，大型发电集团水电机组上网电量 6451 亿 kWh，较 2017 年增加 748 亿 kWh，占其合计上网电量的 17.6%；水电市场交易电量 2056 亿 kWh，较 2017 年增加 292 亿 kWh，水电上网电量市场化率达到 31.9%，较 2017 年提高 1 个百分点；市场交易平均电价为 0.224 5 元/kWh，较 2017 年提高 0.003 8 元/kWh，详见图 7。

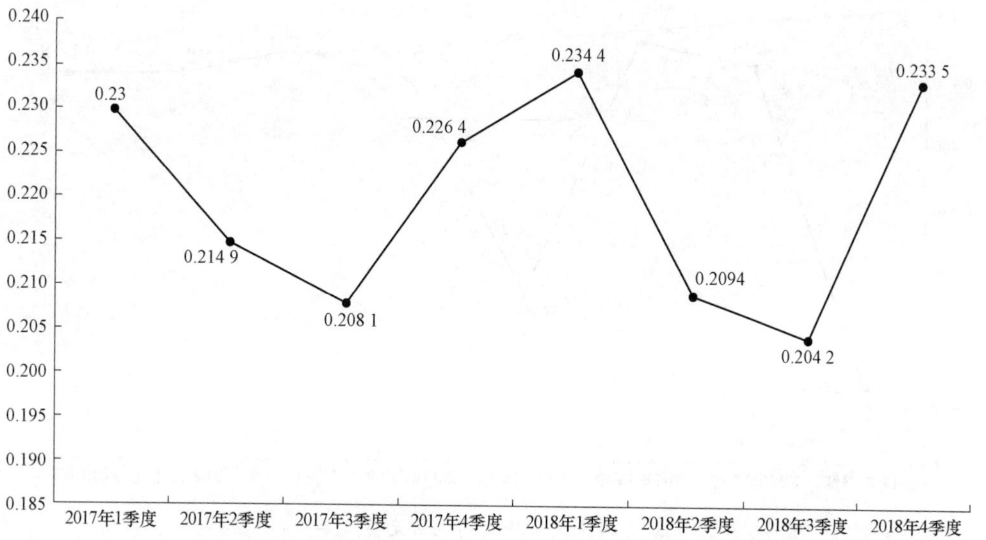

图 7　2017—2018 年水电市场交易电价走势（单位：元/kWh）

（四）风电

2018 年，大型发电集团风电机组累计上网电量 1842 亿 kWh，较 2017 年增加 461 亿 kWh，占其合计上网电量的 5%；风电市场交易电量 395 亿 kWh，风电上网电量市场化率为 21.4%，交易规模同 2017 年相近，其中跨区跨省交易电量约 164 亿 kWh，较 2017 年增加 60 亿 kWh，占风电市场交易电量的比重为 41.5%，详见图 8。

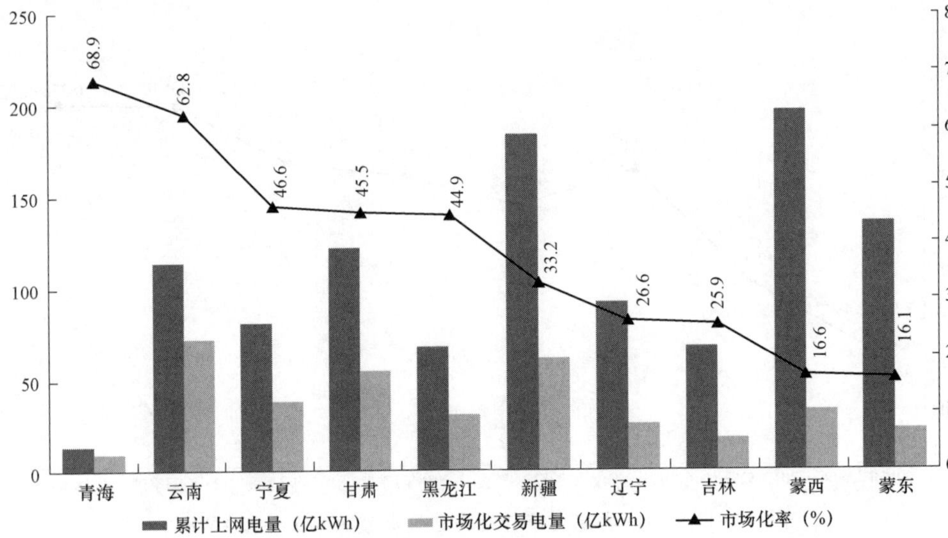

图 8 2018 年部分省区大型发电集团风电市场交易电量示意

2018 年，大型发电集团风电市场交易电量规模较大的省区分别是云南（71.8 亿 kWh）、新疆（61.1 亿 kWh）和甘肃（55.6 亿 kWh）；风电上网电量市场化率超过 40% 的省区分别是青海（68.9%）、云南（62.8%）、宁夏（46.6%）、甘肃（45.5%）、黑龙江（44.9%），其平均交易电价（含跨省跨区送出交易电量电价）分别为 0.392 3 元/kWh、0.440 0 元/kWh、0.533 6 元/kWh、0.341 6 元/kWh、0.494 9 元/kWh，详见图 9。

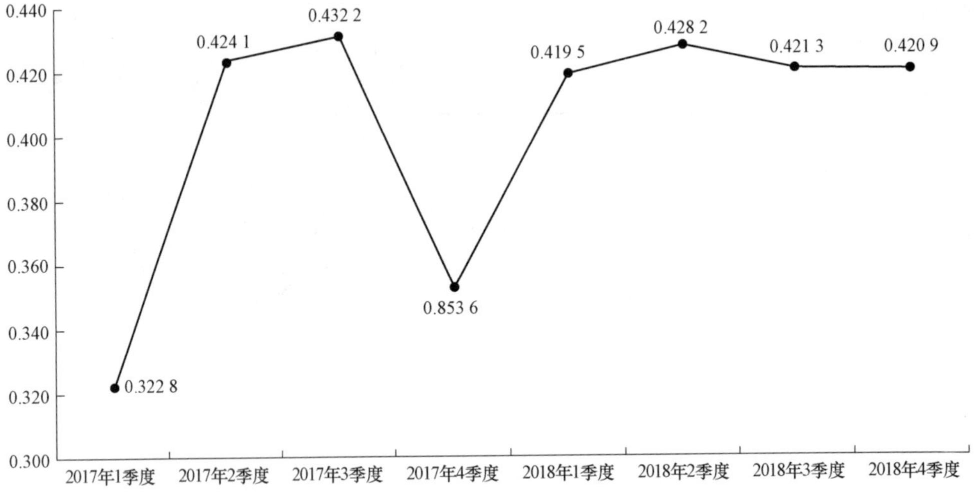

图 9 2017—2018 年风电市场交易电价走势（单位：元/kWh）

（五）光伏发电

2018 年，大型发电集团光伏发电累计上网电量 328 亿 kWh，较 2017 年增加 145 亿 kWh，占其合计上网电量的 0.9%；市场交易电量 87 亿 kWh，较 2017 年增加 35 亿 kWh，光伏发电上网电量市场化率为 26.6%，较 2017 年提高 2 个百分点，其中跨区跨省交易电量 19.6 亿 kWh，占光伏发电市场交易电量的比重为 22.5%，详见图 10。

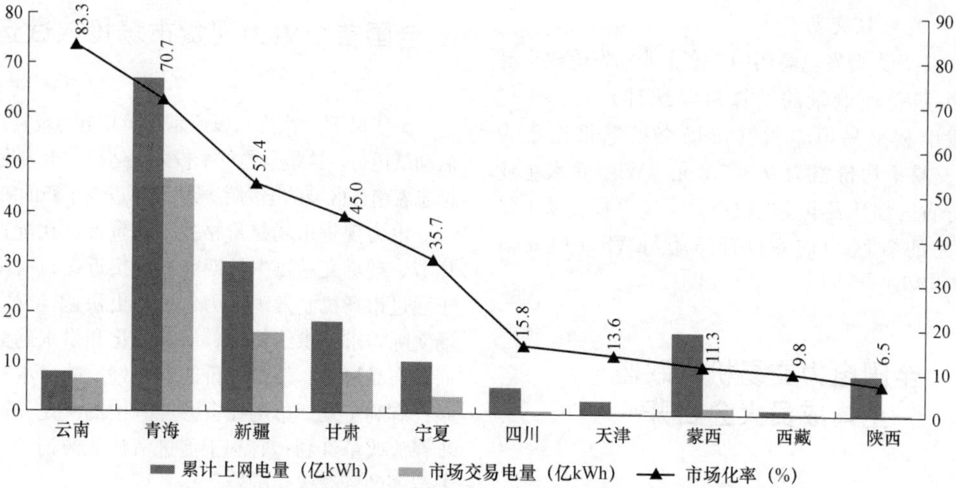

图 10　2018 年部分省区大型发电集团光伏发电市场交易电量示意

2018 年，大型发电集团中光伏发电市场交易电量规模较大的省区分别是青海（47.4 亿 kWh）、新疆（16.1 亿 kWh）和甘肃（8.3 亿 kWh），平均交易电价（含跨省跨区外送交易）分别为 0.790 5 元/kWh、0.710 1 元/kWh 和 0.781 1 元/kWh。光伏发电上网电量市场化率超过 30%的省区分别为云南（83.3%）、青海（70.7%）、新疆（52.4%）、甘肃（45%）和宁夏（35.7%），详见图 11。

（六）核电

2018 年，大型发电集团核电发电累计上网电量 2675 亿 kWh，较 2017 年增加 459 亿 kWh，占其合计上网电量的 7.3%；市场交易电量 662 亿 kWh，较 2017 年增加 268 亿 kWh，核电上网电量市场化率为 24.8%，较 2017 年提高 7 个百分点，其中跨区跨省交易电量 119 亿 kWh，较 2017 年增加 98 亿 kWh。

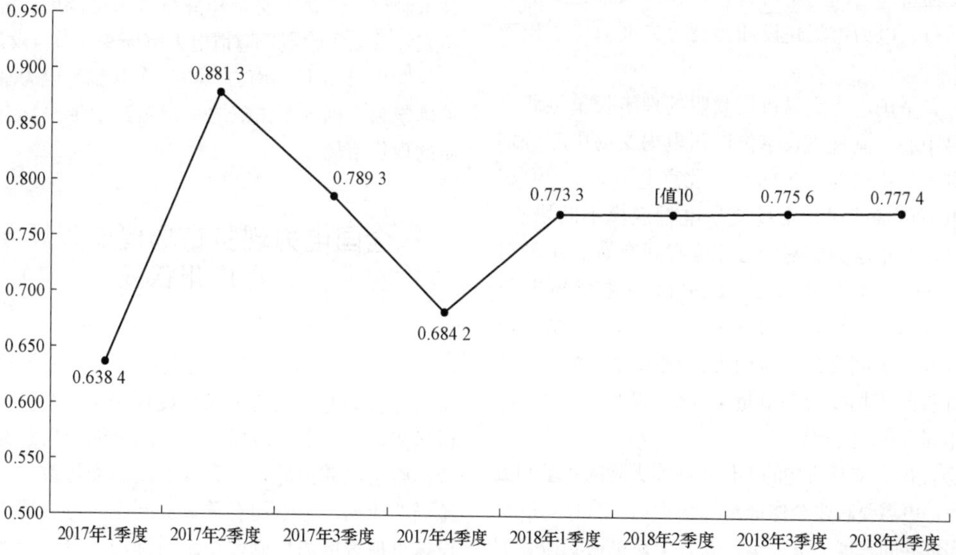

图 11　2017—2018 年光伏市场交易电价走势（单位：元/kWh）

2018 年，大型发电集团核电参与市场交易的省区共有 5 个，其中市场交易电量规模较大的省区分别是福建（277.4 亿 kWh）、浙江（126.4 亿 kWh）、广西（110.3 亿 kWh）和辽宁（108.4kWh），平均交易电价（含跨省跨区送出交易）分别为 0.345 8 元/kWh、0.389 0 元/kWh、0.368 6 元/kWh 和 0.335 6 元/kWh。大型发电集团核电上网电量市场化率居前三位省份分别是广西（73.2%）、福建（46.0%）、辽宁

(38.3%)。

(七) 发电权交易

2018年，大型发电集团中6家企业的发电权交易电量（按照受让电量的结算口径统计）为493亿kWh，发电权交易电量占其市场交易电量比重为3.6%，交易平均价格为0.305 1元/kWh。6家企业在大部分省区都开展了发电权交易，发电权交易电量规模较大的省区为广东（76.5亿kWh）和安徽（32.4亿kWh）。

全国电力交易机构联盟全体成员大会召开

9月5日，全国电力交易机构联盟全体成员大会在北京召开。大会审议通过海南电力交易中心加入全国电力交易机构联盟，审议通过《全国电力交易机构联盟专项工作组组建方案》《电力交易机构运营评价办法》及专项工作组成员名单。大会围绕联盟专项工作组工作计划、专家委员会组建方案，以及电力市场建设思路等进行深入讨论，就不断加强交流合作，共同推进电力市场建设等达成共识。

自成立以来，全国电力交易机构联盟积极落实国家电力市场改革精神和有关部委各项政策，努力推动各电力交易机构之间的交流合作，在深入推进交易机构规范运行、电力市场建设和运营等方面取得了积极成效。

会上，全国电力交易机构联盟的理事长单位北京电力交易中心、副理事长单位广州电力交易中心分别介绍了有关工作情况。2018年，北京电力交易中心积极推进电力市场建设，市场交易电量规模不断增长。前8个月，北京电力交易中心完成省间交易电量6381亿kWh，同比增长13.3%；其中市场化交易电量2175亿kWh，同比增长42.3%；共有8.5万家次市场主体参与了省间交易。从南方区域来看，截至7月底，累计省间市场化交易电量162亿kWh，省内市场化交易电量1805亿kWh。

大会提出，交易机构的工作正面临更高的要求和更多的挑战，更需要联盟全体成员加强沟通与合作，取得共识，实现共同发展。下一步，电力交易机构联盟要加强全国市场体系研究，探索核心规则体系；加强信息互联互通，建立平台技术标准；提升服务水平，共同维护市场秩序；聚焦关键问题，强化沟通交流，共同研究推动电力市场建设。会后，联盟各专项工作组将根据会上意见修改完善工作计划，修改完善专家委员会运行机制，正式聘请第一批7位专家委员会委员。

全国首个电力现货市场投入试运行

8月31日，南方（以广东起步）电力现货市场正式启动试运行，这是全国首个投入试运行的电力现货市场，标志着南方区域的电力市场化改革进入了新的阶段。

电力现货市场是价格发现和资源优化配置的重要环节。现货交易较中长期交易更接近运行时刻，有利于通过市场机制发现电力价格，更快速、真实反映市场实际需求、供给能力，供求变化和供求趋势，让电回归商品属性，使得电价能够更好反映成本和供求关系；有利于发挥市场在资源配置中的决定作用，进一步释放改革红利；有利于促进清洁能源消纳，实现更大范围的资源优化配置。

南方电网公司通过扎实开展现货试点各项工作，取得了很好的经验。一是加强沟通衔接，在现货交易机制、配套现货的中长期交易模式、不同成本电源同台竞争等关键问题上，与有关各方和各市场主体取得重要共识；二是加强探索研究，立足中国国情和广东实际，设计了适应广东实际情况的“中长期＋现货”集中式市场模式，构建了完整的市场体系；三是加大投入，投入1.37亿元开展电力现货市场技术支持系统建设和配套系统升级改造；四是加强技术攻坚，成立现货市场科研团队，开展了电力现货市场设计及关键技术研究，建立了安全经济与市场化调度、电力市场仿真等重点实验室，邀请电力市场专家参与设计研究。

2017年8月，南方（以广东起步）电力现货市场被确定为全国8个试点之一，是其中唯一具有区域性质的现货市场。

全国电力现货市场建设现场会在广州召开

11月16日，国家发展改革委、国家能源局在广州召开全国电力现货市场建设现场会，交流情况，分析形势，部署下一阶段工作。国家能源局总经济师郭智出席会议并致辞，国家发展改革委体改司，国家能源局法改司、电力司有关负责同志，电力现货市场建设试点地区电力体制改革牵头部门、电力企业有关同志、专家等出席会议。广东、浙江等8个试点地区交流了电力现货市场建设工作进展情况。

郭智在致辞中指出，中国经济已由高速增长阶段转向高质量发展阶段，加快构建电力市场体系、着力促进市场决定性作用的发挥，对电力行业转变发展方式、优化产业结构、转变增长动力具有不可替代的作用，是电力行业跨越关口、实现高质量发展的必由之路。他强调，电力市场化改革势不可挡，电力市场建设任务依然艰巨，行业各主体各单位要坚定电力市场建设必将成功的信心，在新时代当好电力深化改革的推动者、引领者，顺应潮流大势，树立大局观念，超越既有利益格局。

广东、浙江等8个试点地区交流了电力现货市场建设工作进展情况，南方电网公司有关负责人还介绍了南网电力体制改革推进情况。有关部门、电力企业围绕制定电力现货市场交易方案和运行规则、统筹跨省区电力市场与电力现货市场、以市场化方式促进清洁能源消纳等重点改革任务进行了交流讨论，业内专家对试点地区电力现货市场建设提出了意见建议。

北京电力交易中心2017年度电力市场交易信息发布

2月7日，北京电力交易中心在北京召开2017年度电力市场交易信息发布会，发布了2017年度电力市场交易信息，印发了《北京电力交易中心2017年电力市场年报》，专题介绍了电力供需形势，以及2018年度市场化交易组织情况和电网运行方式。

2017年，北京电力交易中心落实国家能源战略，促进能源资源大范围优化配置，将西北、东北、西南大型能源基地优质能源通过特高压交、直流大电网送至华北、华东、华中等负荷中心，支撑了中东部地区经济社会发展。2017年省间交易电量8735亿kWh，同比增长10.6%。

2017年，北京电力交易中心通过集中、挂牌、双边等市场化方式，初步形成了年度、月度交易定期开市格局，组织市场交易409次，平均每个工作日开市1.6次。2017年，省间市场交易电量2723亿kWh，同比增长42%，占省间交易电量的31%，较2017年提高6个百分点。

2017年，北京电力交易中心充分发挥大电网优势，统筹省内和省间市场，丰富新能源交易品种，创新开展湖北、江西抽水蓄能电站与西北新能源低谷交易，新能源替代自备电厂等交易，提高新能源外送电比例，增加新能源消纳电量。2017年，国家电网经营区域消纳新能源电量3230亿kWh，同比增长40.4%，弃电量同比下降11.3%，弃电率同比下降5.3个百分点，实现了“双降”目标。

国家发展改革委、国家能源局相关领导，发电企业代表，国家电网公司总部有关部门相关同志参加会议。

全国首例跨省跨区可再生能源发电权替代交易

4月18日，江苏5家发电企业与甘肃、新疆的5家发电企业，通过北京电力交易平台完成发电权交易1.29亿kWh，开创了通过跨区跨省发电权交易消纳西北新能源的先河，成为全国范围内首例成交的跨省跨区可再生能源发电权替代交易。

根据协议，2018年5至10月间，江苏将通过减少省内燃煤机组发电的方式消纳西部省份可再生能源，全年交易规模预计4.6亿kWh（甘肃3.4亿kWh、新疆1.2亿kWh），其中，5月成交电量计划为1.74亿kWh（甘肃1.29亿kWh、新疆0.45亿kWh）。

跨区跨省发电权交易，是指通过市场化交易方式，实现不同省区发电企业间发电权利的有偿转让。中西部地区存在的弃风、弃光、弃水问题，可通过跨区跨省发电权交易，将中东部地区发电企业火电机组部分基数电量计划，以一定价格转让给中西部新能源发电企业，调动送电端和受电端省区市场主体的积极性，在保证各方经济效益的同时，对促进电力资源大范围优化配置和清洁能源消纳有重要现实意义。

此次发电权交易，江苏能源监管办公室会同省有关部门积极做好跨省跨区发电权交易政策制定等工作，鼓励省内发电企业积极参与；江苏电力交易中心按照政策要求做好交易组织，汇总各方交易意向，积极加强与北京电力交易中心、有关可再生能源送出省份等沟通，争取交易空间；省内发电企业积极响应踊跃参与，共5家发电集团（中国华能、中国大唐、中国华电、国家电投、协鑫集团）参与了此次交易，涉及7家电厂。

电力建设

电源建设工程

火力发电

【宁夏大坝电厂四期工程7号机组正式投产发电】 10月21日，华能宁夏大坝电厂四期工程7号机组通过168h满负荷试运行，正式投产发电。

华能宁夏大坝电厂四期工程规划建设两台660MW高效超超临界燃煤发电机组，由中国华能集团有限公司和浙江省能源集团有限公司共同投资建设。机组采用目前国际上最先进的清洁发电技术，比超临界机组热效率高出约4%，每年可节省燃煤费用250多万元、水费85万元、运行费用340多万元，出口烟气含尘量、二氧化硫、氮氧化物指标均优于超低排放标准，达到国际先进的绿色节能、环保水平。

华能宁夏大坝电厂四期工程，是国家规划建设的西电东送"宁电入浙"的重要配套电源项目。该工程将进一步促进宁夏将煤炭资源优势转化为经济优势，缓解浙江省在高峰期的用电紧张局面。

【山东八角电厂2台67万kW超超临界新建工程1号机组投产发电】 11月7日，华能山东分公司八角电厂2台67万kW超超临界新建工程1号机组通过168h满负荷试运行，标志着目前国内供热能力最大、综合热效率最高的60万kW级双抽供热机组建成投产。

1号机组建设期间，实现了锅炉水压试验、DCS受电、汽轮机扣盖、厂用电受电、锅炉酸洗、点火吹管、汽轮机冲转、机组并网发电、168h满负荷试运，9个"一次成功"。试运期间，1号机组锅炉、汽轮机、发电机等主要设备及其附属设备、全厂公用系统运行安全稳定，累计发电1.12亿kWh，连续平均负荷率100%，热控自动化、继电保护、程控逻辑控制投入率均达100%，机组厂用电率3.6%，发电煤耗271.32g/kWh，供电煤耗282.1g/kWh，各项运行参数、能耗指标及排放指标均达到设计水平；除尘、脱硫、脱硝等环保设施与主机同步投运，烟囱出口烟尘、二氧化硫、氮氧化物排放浓度达0.48mg/m^3、12.2mg/m^3、32mg/m^3，远低于国家环保超低排放标准。

八角电厂新建工程是山东省重点大型清洁高效热电联产项目，是华能山东分公司落实山东省新旧动能转换重大工程、加快转型发展的关键项目，也是烟台市电力保障和民生供热的重要支撑点。项目建设2台67万kW高效、节能、环保的超超临界抽汽供热机组，采用国产28MPa/600℃/620℃超超临界机组，单机容量67万kW，单机设计采暖抽汽量655t/h，工业抽汽量80t/h，机组参数和供热能力为60万kW级机组之最，设计年均全厂热效率59.4%，各项设计经济指标在全国同类型机组中名列前茅。机组采用低温省煤器+低低温静电除尘器+脱硫除尘一体化湿法脱硫的烟气排放协同治理方案，将烟气除尘、脱硫、余热利用等有机整合，达到节能、节水和环保的综合治理效果，烟气排放指标优于超低排放标准，达到国际先进的绿色节能环保水平。

【江苏华电昆山热电有限公司热电联产项目投运】 2月28日，"西气东输"线上单体规模最大的江苏华电昆山热电有限公司热电联产项目在江苏昆山投运。昆山热电燃机项目一期工程2套机组装机总容量90万kW，可提供200万t商用蒸汽，可替代供热范围内82台小锅炉，能满足周边30km范围内热用户需求。两台机组年发电量46.8亿kWh，可减少煤炭消耗约33万t，削减区域二氧化碳排放64万t、二氧化硫排放420t、烟尘142t。

【华电永安发电公司二期工程7号发电机组投运】 3月29日，福建华电永安发电公司二期工程7号发电机组通过168h试运，标志着全国首台燃煤耦合垃圾及污泥发电机组正式投产，开创了国内利用存量发电设施规模化耦合垃圾（生物质）及污泥发电的先例。

永安市是福建省重要的工业基地，周边城市工业发达，每日产生的鞋、服加工边角料550t以上，生活和工业用水产生污泥100t左右。永安市也是中国著名的笋竹之乡，在竹笋的生产加工旺季，每年产生笋壳约6万t。这些大体量的固体废弃物，常规的生活垃圾焚烧发电厂无法进行处理，单纯的低温焚烧会导致严重的环境污染。

华电永安7号发电机组同时耦合城市固废、生物质及污泥进行发电，具有热值高、灰分低、挥发分高、环保效益好等优点。该机组充分发挥30万kW循环流化床锅炉燃料适应性广的优势，依托高效燃烧系统和福建省首家超净排放系统，真正实现了城市垃圾、工业废弃物、笋壳、污泥等一般固体废弃物的资源化、减量化和无害化处理。

华电永安二期工程7、8号机组全部投产后，每日可处理城市固废400t、污泥200t、生物质200t。每年可替代标准煤13.1万t，相当于减少排放二氧化硫10t、烟尘1t、氮氧化物30t、二氧化碳22万t。

【华电句容发电有限公司3号机组投产】 12月16日，国产化程度最高的百万千瓦项目工程——江苏华电句容发电有限公司二期3号机组通过168h满负荷试运行，正式投产发电，这标志着中国华电在打造发电设备国产化依托工程、环保示范工程上迈出了坚实的步伐。

华电句容3号机组主机、关键阀门、三大泵、四大管道等均实现国产，是国产化程度最高的百万千瓦机组。同时，该公司二期扩建工程积极打造百万精品机组，机组各项经济技术和环保指标经设计优化后在同时期同区域同类型机组中处于领先水平，排放指标优于燃机标准，设计供电煤耗为263g/kWh，同步建设高效除尘、脱硫、脱硝系统和二氧化碳捕集系统，每年预计收集二氧化碳10 000t，回收的二氧化碳可达99.99以上的食品级，在避免了污染的同时，做到废物利用，降低成本。灰、渣、脱硫石膏全部实现综合利用；工业废水及生活污水经处理后全部回收利用，真正做到“近零排放、零污染”。3号机组主要由中国能建所属江苏院设计、江苏电建一公司承建。

至此，华电句容公司已建成3台百万千瓦机组，年发电量可达171亿kWh。句容公司二期扩建工程位于江苏省西南部的下属临港工业集中区，该工程在一期工程扩建端顺序扩建两台2×100万kW二次再热超超临界燃煤机组，建成后电厂装机总容量为400万kW。

【陕西锦界电厂三期2台66万kW机组扩建项目开工】 5月28日，国家能源集团锦界电厂三期扩建项目开工。该项目位于陕西省榆林市神木县西南神府经济开发区锦界工业园，建设2台66万kW国产高效超超临界燃煤空冷发电机组，同步建设烟气脱硫、脱硝装置。

锦界电厂三期项目采用多项节能、环保创新技术，其中燃煤为锦界煤矿生产供应，通过输煤皮带输送至电厂；用水为锦界煤矿处理后的疏干水；电能通过500kV输电线路直送河北南网；汽轮机高位布置方案技术创新属世界首例工程应用，通过抬高汽轮发电机组布置高度，减少四大管道、排汽管道长度，达到降阻提效效果。

【陕西府谷电厂二期2台66万kW机组扩建项目开工】 2018年6月27日，国家能源集团陕西德源府谷电厂二期2台66万kW扩建项目开工。该项目位于府谷县西北沙梁川河道阶地，是开发建设陕北煤电基地向华北地区送电的重要项目，是国家规划建设的十二条治霾跨区送电通道电源点之一，也是“西电东送”北线方案的重要组成部分。

府谷电厂项目属煤电一体化项目，2016年3月14日取得陕西省发展改革委核准，规划容量2台60万kW+2台66万kW+2台100万kW，本期工程扩建2台66万kW超超临界直接空冷燃煤汽轮发电机组，分别计划于2020年6月、2020年9月投产。

【国电蚌埠发电有限公司二期2台66万kW机组项目建成投产】 4月15日、6月14日，国家能源集团所属国电蚌埠发电有限公司二期2台66万kW二次再热超超临界机组分别建成投产。该项目为国家科技支撑计划项目，被国家能源局确定为煤电节能升级与改造示范工程。

2012年12月26日，该项目获得“路条”。2015年9月29日，项目核准并开工建设。2018年6月14日，工程最后一台机组通过168h试运行投入商业运行。该项目在借鉴泰州二期二次再热工程成功建设、示范推广经验的基础上，进一步推进和完善66万kW超超临界二次再热技术，各项技术经济指标均达到或优于设计值，烟尘、二氧化硫、氮氧化物等主要环保指标均优于国家环保标准，实现了“安全可靠、经济高效、绿色环保”的建设目标。

【国华九江电厂一期2台100万kW超超临界清洁高效燃煤发电机组投产】 6月20日、7月7日，国家能源集团国华九江电厂一期2台100万kW超超临界清洁高效燃煤发电机组分别通过168h试运行投入商业运行。九江电厂地处江西省九江市湖口县高新技术产业园，一期工程建设2×1000MW超超临界燃煤发电机组和150万t/年的煤炭储备中转项目，于2014年12月25日开工。

项目一期工程在建设中集成应用23项火力节能环保和创新综合提效的领先技术，机组供电煤耗、厂用电率、烟气粉尘等各项排放指标均优于设计值，实现“近零排放”目标。在试运期间，1号机组锅炉效率95.35%，汽轮机热耗7178.70kJ/kWh，厂用电率3.9%，供电煤耗270.35g/kWh，烟尘排放0.21mg/m^3、二氧化硫6.63mg/m^3、氮氧化物18.51mg/m^3，主要环保指标优于超低排放标准，各项经济技术指标达到或优于设计值，处于同类型机组性能指标一流水平，实现了高效率与低排放的完美结合。两台机组均实现厂用电受电、汽机冲转、并网发电、RB试验和168h满负荷试运五个“一次成功”。

【国神陕西富平2台35万kW热电项目投产】 7月22日、8月30日，国家能源集团国神陕西富平2台35万kW热电项目分别投产。该项目位于陕西富平高新技术产业开发区，2014年12月16日获得核准，2015年8月6日开工建设。项目建设2台35万

kW 超临界空冷供热机组，同步建设炉外脱硫、脱硝系统，预留扩建条件。

【神皖合肥庐江电厂新建工程 2 台 66 万 kW 机组投产】 11 月 26 日、12 月 30 日，国家能源集团所属神皖合肥庐江电厂新建工程 2 台 66 万 kW 机组分别通过 168h 满负荷考核，投入商业运行。该项目于 2015 年 10 月获得安徽省发展改革委核准批复，2017 年 2 月正式开工建设，应用多项节能减排技术，各项经济技术指标达到设计值，烟尘、二氧化硫、氮氧化物等主要环保指标优于超低排放标准，实现了煤炭的清洁高效利用。

【国电湖州南浔天然气热电联产 1、2 号机组投产】 8 月 27 日、8 月 29 日，国家能源集团所属国电湖州南浔天然气热电有限公司热电联产 1、2 号机组先后投产。该项目位于湖州南浔经济开发区，总投资约 14 亿元，建设 2 台 6F 级燃气-蒸汽联合循环热电联产机组，总装机容量 23.2 万 kW。项目于 2016 年 4 月 28 日开工建设。

【陕西赵石畔煤电一体化项目雷龙湾电厂 1 号机组并网发电】 12 月 30 日，由中国能建所属西北电力设计院总承包的陕能赵石畔煤电一体化项目雷龙湾电厂（2×1000MW）工程 168h 试运成功。该工程是国家治理大气环境污染、建设大型煤电基地、“西电东送”配套电源点项目。

【广东陆丰甲湖湾电厂 2×1000MW 新建工程 1 号机组投运】 11 月 9 日，由中国能建所属广东火电和广东院联合总承包的广东陆丰甲湖湾电厂新建工程（2×1000MW）1 号机组竣工。该电厂是目前国内规划容量最大的高效清洁燃煤电厂，创新 18 项世界领先技术，刷新火电废气排放量最优指标，实现废气“近零排放”，突破煤耗 270g/kWh 大关，创全国最低供电煤耗。

【涿州京源热电有限责任公司 2×350MW 热电联产机组投产】 6 月 30 日，京能河北涿州京源热电有限责任公司（简称涿州热电）2 号机组通过 168h 满负荷试运行，成功投产，标志着涿州热电一期工程已全部竣工投产运行。其中 1 号机组于 2017 年 11 月 11 日投产。

涿州热电 2×350MW 超临界燃煤空冷热电联产机组工程，是落实京津冀协同发展战略，实现区域能源合作的河北省重点项目，项目总投资约 35 亿元。项目于 2015 年 7 月 23 日开工建设。

涿州热电一期工程在两台机组投产后，供热能力为 780MW，供热面积可达 2000 万 m^2，主要承担河北省涿州市三镇一城区、北京市房山区良乡镇等地区的供热任务，可直接替代京冀两地高能耗、高污染的燃煤小锅炉约 500 台，同时机组实现超低排放和全厂零水排放，具有较好的社会和环境效益，可为改善相关地区生态环境做出贡献。

水力发电

【芝瑞抽水蓄能电站开工】 芝瑞抽水蓄能电站（简称芝瑞电站）位于内蒙古克什克腾旗芝瑞镇境内，装机容量 120 万 kW，安装 4 台单机容量为 30 万 kW 立轴单级混流可逆式水泵水轮机，设计年平均发电量 20.08 亿 kWh，年抽水电量 26.77 亿 kWh。工程投资 830 797 万元，工程总工期 99 个月，2017 年 12 月取得项目核准手续。施工监理于 2018 年 7 月进场，施工供电标于 10 月 1 日正式开工。建设征地移民协议于 8 月 16 日签订完成。

芝瑞电站枢纽工程主要由上水库、下水库、水道系统、地下厂房及开关站等建筑物组成。上水库采用库内开挖、环库周圈回填方式形成，正常蓄水位为 1595m，死水位 1555m，总库容为 727 万 m^3。下水库由拦河坝和拦沙坝围筑形成，正常蓄水位 1129m，死水位 1103m，总库容 1160 万 m^3。水道系统由引水和尾水系统两部分组成，引水系统采用“一洞两机”供水方式，尾水系统采用“一机一洞”的布置形式，水道系统总长 2727m。

【海南琼中抽水蓄能电站全面投运】 7 月 29 日，南方电网公司投资开发建设的海南琼中抽水蓄能电站（简称海蓄电站）最后一台机组投入商业运行，标志着海南岛第一座抽水蓄能电站全面投产发电。

海蓄电站总装机容量为 60 万 kW（3×20 万 kW），设计年发电量为 10.02 亿 kWh，工程静态总投资约 33.94 亿元。电站位于海南省琼中县南渡江南源黎田河上游，距海口市、三亚市直线距离分别为 106km、110km，电站同时也是昌江核电站的配套工程。该电站于 2010 年 7 月启动前期工作，2013 年 2 月获国家发展改革委核准批复，2014 年 4 月 1 日，电站主体工程正式开工建设。

【深圳抽水蓄能电站全面投产】 9 月 25 日，南方电网公司深圳抽水蓄能电站（简称深蓄电站）最后一台机组（4 号机组）投入商业运行，标志着中国首座建于城市中的大型抽水蓄能电站全面投产。

深蓄电站是中国可再生能源发展规划中的重点建设工程，也是西电东送的落点和粤港电网的连接点。电站位于深圳市盐田区和龙岗区之间，距深圳市中心约 20km，距离香港、大亚湾核电站、岭澳核电站约 25km。该电站由南方电网公司全额投资，项目概算静态投资 49.48 亿元，安装 4 台 30 万 kW 单级立轴可逆混流式机组，总装机容量为120万kW，设计年均发电量15.11亿kWh，承担电力系统调峰、填谷、调频、调相以及紧急事故备用任务。同时，深蓄电站属于综合开发项目，兼具抽水发电、城市供水等功能。

深蓄电站枢纽工程主要由上水库、下水库、输水发电系统及地下厂房洞室群等辅助工程等组成。上水库主坝最大坝高55m，调节库容825万m^3；下水库利用铜锣径水库扩容改建而成，主坝最大坝高50m，调节库容1625万m^3。

深蓄电站是广东省最早开展前期工作的抽水蓄能电站，从1979年已开始规划，直至2002年1月项目通过选址规划，2004年12月获得国家发展改革委批准同意开展前期工作。2011年11月4日，国家发展改革委正式下发深蓄电站项目核准批复文件。2011年12月10日，深蓄电站项目正式开工。2012年10月26日电站上水库工程正式开工建设，2015年7月9日上水库工程正式下闸蓄水，2017年11月30日首台机组通过考核试运行后投产。

【华能集团大华桥水电站投产发电】 1月1日，大华桥水电站4号机组通过72h试运行，正式投产发电。至此，大华桥水电站4台机组全部投产发电。华能大华桥水电站位于云南省怒江州兰坪县兔峨乡境内，是澜沧江上游曲孜卡至苗尾河段水电梯级开发方案里规划建设的第七级电站。坝址控制流域面积9.26万km^2，水库总库容2.93亿m^3，正常蓄水位以下库容2.62亿m^3，具有日调节性能。电站总装机容量92万kW，共安装4台23万kW立轴混流式水轮发电机组，多年平均年发电量达39.18亿kWh，大坝坝高103米。电站于2010年9月筹建，2018年6月9日首台机组投产发电。

电站首次在国内大江大河中成功应用胶凝砂砾石（CSG）过水围堰，发明了“固定端＋竖井＋地下机房＋移动”缆机系统新型式，获国家发明专利；探索“互联网＋水电工程”，全面推行可视化施工法，并采用数字大坝技术全程监控施工。

【华能苗尾水电站建成投产】 6月1日，华能澜沧江公司苗尾水电站4号机组完成72h满负荷试运行后正式进入商业运行。至此，苗尾水电站4台机组全部投产发电，澜沧江上游水电站发电序幕正式拉开。

苗尾水电站位于云南省大理州云龙县苗尾乡境内，是澜沧江流域上游河段一库七级开发方案中的最下游一级电站，上接大华桥水电站，下邻澜沧江中下游河段功果桥水电站，是国家能源“十二五”规划重点开工建设项目，是云南省加快培育以水电为主电力支柱产业的重点建设项目。电站总装机容量140万kW，共安装4台35万kW发电机组。全部建成后，电站多年平均发电量约59.99亿kWh。枢纽工程主要由砾质土心墙堆石坝、溢洪道、冲沙兼放空洞、引水发电系统和灌溉取水口等建筑物组成，最大坝高131.3m，坝顶长576.7m，坝顶宽12m，正常蓄水位1408m，相应库容6.6亿m^3。首台机组于2017年10月投产，并在当年实现“一年三投”建设目标。

在工程建设中，苗尾水电站高度重视生态保护，首次在全国实现由电站出资购买并拆除库区支流水电站，恢复天然河道，建立鱼类栖息地保护区，保护澜沧江水生生态的多样性。同时，电站首次在全国创新实施“永临结合”模式，将临时承包商营地及苗尾大桥建设成为永久建筑，在电站建成后无偿交予地方政府使用。

【黄登水电站建成投产】 7月5日，云南省境内在建最大水电站——澜沧江公司黄登水电站首台1号机组通过72h试运行，正式投入商业运行。2、3号机组相继于7月12日、8月16日投产发电，实现了“一月双投”“两月三投”。2019年1月1日，4号机组正式投入商业运行，至此，电站全部机组实现投产发电。

黄登水电站位于云南省怒江州兰坪县营盘镇境内，是澜沧江上游曲孜卡至苗尾河段水电梯级开发方案的第六级电站，上游与托巴水电站，下游与大华桥水电站相衔接。电站装机总容量190万kW，安装4台47.5万kW混流式水轮发电机组，多年平均发电量85.7亿kWh。电站枢纽由拦河坝、左岸地下引水发电系统、地面出线楼等组成，其中拦河坝为碾压混凝土重力坝，大坝坝高203m，是世界最高碾压混凝土重力坝，具有季调节能力。水库正常蓄水位为1619.00m，库容为15.49亿m^3。工程于2008年12月筹建，2010年3月导流洞工程开工，2013年11月实现大江截流，2015年3月开始大坝混凝土浇筑，2017年11月28日导流洞下闸蓄水。电站由昆明院勘测设计、水电十四局等单位承建。

【大渡河沙坪二级水电站全部投产】 9月7日，国家能源集团大渡河沙坪二级水电站完成最后一台机组（6号机组）72h试运行，实现所有机组全部投产。大渡河沙坪二级水电站位于四川省乐山市峨边彝族自治县和金口河区交界处，为大渡河干流28级开发规划的第24级，上邻沙坪一级水电站，下邻龚嘴水电站。电站总装机容量34.8万kW，共安装6台单机容量5.8万kW的灯泡贯流式水轮发电机组。电站总库容为2084万m^3，调节库容585万m^3，正常蓄水位海拔554m。该电站于2012年3月1日取得国家发展改革委核准，5月8日正式开工建设。

【白鹤滩水电站开工】 7月，由中国能建葛洲坝集团承建的白鹤滩水电站开工，该电站是世界上在建规模最大的水电站，也是仅次于三峡电站的全球第二大水电站，拟装机容量 1600 万 kW。该工程承揽六项世界第一，创造了两项世界第二，建成后将成为国家能源战略布局“西电东送”的骨干电源点。

核 能 发 电

【海阳核电 1 号机组投入商业运行】 10 月 22 日，AP1000 依托项目第二台机组——海阳核电 1 号机组完成 168h 满功率连续运行考验，正式投入商业运行。本次投入商业运行的山东海阳核电 1 号机组，额定电功率 125 万 kW，设计负荷因子大于 93%，年发电量可达 100 亿 kWh，是山东省首台投运的核电机组。

海阳核电项目位于山东省海阳市核电产业区邵家庄村南，由国家电投控股投资、建设及运营，于 2009 年 9 月开工建设，由中国能建所属江苏电建三公司等承建，一期工程建设 2 台美国西屋电气公司第三代核电技术 AP1000 百万千瓦级压水堆核电机组（共 250 万 kW）。

【浙江三门核电全面投产】 9 月 21 日，AP1000 依托项目中核集团旗下三门核电 1 号机组完成 168h 满功率连续运行考核，机组具备投入商业运行条件，这也是全球首台具备商运条件的 AP1000 核电机组。

11 月 5 日，中核集团旗下三门核电 2 号机组完成 168h 满功率连续运行考核，正式投入商业运行，标志着三门核电一期工程全面建成投产。

三门核电位于台州市三门县健跳镇内，总占地面积 740 万 m^2，整个工程建设 6 台 125 万 kW 核电机组（AP1000），装机总容量达 750 万 kW，分三期建设。三门核电一期工程总投资 250 亿元，建设两台百万千瓦级压水堆技术机组，于 2009 年 4 月 19 日开工建设。

【田湾核电二期工程(3、4 号机组)全面投产】 12 月 22 日，中核集团田湾核电 4 号机组完成 100h 满功率运行考核，具备商运条件。至此，中俄最大的核能合作项目——田湾核电二期工程（3、4 号机组）全面投产。

二期工程的核岛继续采用俄罗斯设计制造的 VVER—1000 核电机组，满足国际三代核电安全要求，常规岛大胆采用由国内设计和制造的半速汽轮发电机组，同时，增设了移动式柴油泵应急补水系统、应急移动电源等设施，安全性更高，而且大大降低了超速风险。二期工程 3、4 号机组单机容量 112.6 万 kW。

田湾核电站位于江苏省连云港市连云区，规划建设 8 台百万千瓦级压水堆核电机组，8 台机组建成后，装机总量超过 900 万 kW，年发电能力约 700 亿 kWh。一期工程 1、2 号机组单机容量 106 万 kW，分别于 2007 年 5 月 17 日和 8 月 16 日投入商业运行；二期工程 3、4 号机组单机容量 112.6 万 kW，分别于 2012 年 12 月 27 日、2013 年 9 月 27 日开工建设，3 号机组于 2018 年 2 月 15 日投入商业运行；三期工程 5、6 号机组采用中核集团自主 M310＋改进机型，单机容量 111.8 万 kW，于 2015 年 12 月、2016 年 9 月相继开工建设，计划 2021 年底前投入商业运行；7、8 号机组拟采用俄罗斯的 VVER—1200 三代核电机组。

【广东阳江核电 5 号机组完成试运具备商业运行条件】 7 月 12 日，中国广核集团阳江核电 5 号机组完成 168h 满负荷运行，具备商业运行条件。

阳江核电 5 号机组是中国首个满足三代核电主要安全指标的自主品牌核电机组，其采用的 ACPR1000 技术路线在 CPR1000＋基础上实施了 31 项安全技术改进，其安全级 DCS（核电站数字化仪控系统）采用中国广核集团下属广利核公司自主研发的“和睦系统”，实现核电站“神经中枢”中国造，中国由此成为继美国、法国、日本之后第四个掌握该技术的国家。

阳江核电 5 号机组于 2013 年 9 月 18 日正式开工建设，历经土建、安装、调试等过程，经过 4 年多的建设，于 2018 年 5 月 23 日顺利实现首次并网。

阳江核电站位于广东省阳江市东平镇，于 2008 年 12 月 16 日正式开工，规划建设 6 台百万千瓦级核电机组。其中，1、2、3、4 号机组已分别于 2014 年 3 月 25 日、2015 年 6 月 5 日、2016 年 1 月 1 日、2017 年 3 月 15 日实现商业运行。

非水可再生能源发电及储能

【龙源江苏蒋家沙 30 万 kW 海上风电项目建成投产】 6 月 30 日，国家能源集团龙源江苏蒋家沙 30 万 kW 海上风电项目建成投产。该项目采用 2 回小截面 220kV 三芯海底电缆，送出增加输送冗余度，在一回海缆故障时，另一回海缆可送出风电场所发大部分电能，显著提升海上风电场送出线路可靠性和经济收益。同时，大批量应用原位测试方法分析土体性能，深入开展荷载迭代工作，全面优化单管桩基础设计，单根管桩平均重量仅 440t，创造国内最轻桩重记录，也降低了项目投资成本。此外，该项目海上升压站首次采用经济性与可靠性结合较好的内桥型接线方式，是国内首个带直升机平台的整体式海上升压站。龙源江苏蒋家沙海上风电项目于 2011 年 12 月获得国家发展改革委批复的“路条”，2015 年 5 月获得核准，

2016 年 9 月正式开工建设。

【国华投资乌兰 40 万 kW 风电场投产】 9 月 4 日，国家能源集团国华投资乌兰风电场投产。该项目位于内蒙古自治区巴彦淖尔市乌拉特中旗巴音乌兰苏木，共安装 160 台单机容量 0.25 万 kW 风电机组，总装机容量 40 万 kW。该项目应用国家重点节能低碳技术 5 项、建筑业“10 项新技术”4 大项 13 子项、电力建设“五新技术”25 项，荣获 QC 成果奖 9 项。该项目于 2016 年 10 月 29 日开工，2018 年 4 月 11 日升压站倒送电，4 月 12 日首台风机并网发电，4 月 16 日全部并网发电。该项目是国内一次性建设单体容量最大、建设周期最短、调试并网最快的风电项目之一。该项目被中国电力建设企业协会评选为 2019 年度中国电力优质工程，同时项目设计被中国电力规划设计协会评选为 2018 年度优秀工程设计一等奖。

【江苏滨海北 H2 40 万 kW 海上风电场全部投产】 6 月 30 日，国家电投江苏公司滨海北 H2 40 万 kW 海上风电项目第 100 台风机并网，实现全容量投运。滨海北 H2 40 万 kW 海上风电项目位于江苏省盐城市滨海县北部的中山河口至滨海港之间的近海海域，风场中心离岸 22km，海域面积 120km^2，安装 100 台 4MW 风机，是亚洲已建成投运的装机容量最大的海上风电场。该项目 2018 年 4 月 11 日首台风机并网成功，6 月 22 日全部风机完成倒送电。

【85 万 kW 莫合风电场成功并网】 12 月 31 日，由国家电投黄河公司负责建设的国内最大单体 85 万 kW 莫合风电场成功并网，那仁 10 万 kW 风电场也同时并网，合计投产容量达到 95 万 kW，这是世界上一次性并网容量最大的风电项目。这两座风电场分别位于青海省海南州切吉乡和海西州乌兰县茶卡地区，平均海拔在 3000m 以上，配套建设 330kV 升压站及 204km 送出线路，安装单机容量 2MW、2.2MW、2.5MW 风机共 447 台。项目于 2018 年 5 月开工建设。

【中广核阳江南鹏岛 40 万 kW 海上风电场开工】 5 月 10 日，中国广核集团（简称中广核）阳江南鹏岛 40 万 kW 海上风电场陆上集控中心破土动工，这标志着中国最大单体海上风电项目的主体工程正式开工。10 月 15 日，风电场首个风机沉桩完成，标志着该项目海上主体工程建设正式拉开序幕。该项目海上桩基工程于 2017 年 12 月 4 日开工。

中广核阳江南鹏岛海上风电场位于广东省阳江市东平镇南侧、海陵岛东南侧海域，北距南鹏岛约 4.6km，中心距离阳江市陆域约 28.5km，规划装机总容量 40 万 kW。该项目于 2017 年 9 月获得核准，计划 2020 年实现全部风机并网发电。布置 73 台 5.5MW 风电机组，同时配套建设 1 座 220kV 海上升压站、35kV 集电海缆、220kV 登陆海缆和一座陆上集控中心。

【惠州潼湖科技创新小镇建筑光伏一体化科技示范项目正式投用发电】 11 月 5 日，由国家能源集团和碧桂园集团合作建设的惠州潼湖科技创新小镇建筑光伏一体化（BIPV，光电建筑）科技示范项目正式投用发电。

惠州潼湖科技创新小镇建筑光伏一体化科技示范项目是国内首座铜铟镓硒（CIGS）—BIPV 示范建筑，也是国家能源集团承担国家住房和城乡建设部“CIGS 太阳能薄膜发电技术在光伏建筑一体化的应用研究”总课题中的组成部分。这一 CIGS－BIPV 示范项目，首次在国内实现了统一设计、统一施工、统一验收，并采用光伏光热太阳能综合利用技术、光伏幕墙快装配技术、大数据和云平台等多项技术，让建筑由能源消费者向能源生产者转变。项目的建成标志着潼湖科技创新小镇将实现清洁、绿色电力的自主供给，也标志着国家能源集团 CIGS 光伏技术开启了 BIPV 产业发展的破冰之旅。

惠州潼湖科技小镇铜铟镓硒光伏一体化示范建筑位于广东省惠州市仲恺高新技术开发区潼湖科技小镇内，总建筑面积 5500m^2，采用国家能源集团拥有核心技术、自主生产的 CIGS 薄膜光伏组件作为建筑外装饰幕墙。项目总计使用 CIGS 光伏组件 2037 块，总装机容量近 200kW，采用“自发自用、余电上网、就近高效利用”分布式发电模式，年发电量为 12.3 万 kWh，可以满足建筑 10%以上的用电需求。

【黄河水电公司水光风多能互补 100 万 kW 集成优化示范工程并网】 6 月 24 日，国家电投黄河水电公司水光风多能互补 100 万 kW 集成优化示范工程成功并网，26 日国内首个光伏发电储能项目——试验基地 2 万 kW 储能项目也顺利并网发电，为中国清洁能源提供了互补的新型发展模式。该工程被列入国家能源局首批集成优化示范项目名单，工程分两期，单体容量各 50 万 kW 同步建设，是黄河水电公司涉足光伏发电以来一次性建设投产的单体规模最大的光伏电站。场址区位于海南藏族自治州共和县城以南约 23km 处的荒漠化草原区域，共有 15 个阵列区，配套建成一座 330kV 升压变电站，13 座 35kV 汇集站。

【中国三峡集团格尔木光伏电站并网发电】 12 月 29 日，国内大型平价上网光伏项目在青海格尔木正式并网发电，标志着替代煤电的平价清洁能源正式走进千家万户。

格尔木光伏电站是座建在“世界屋脊”上的光伏电站，由中国三峡集团新能源公司联合阳光电源投资建设，总装机规模 50 万 kW，占地 771hm^2，总投资约 21 亿元，是国内一次性建成规模较大的“光伏领跑者”项目，项目平均电价 0.316 元/kWh，低于青海省火电脱硫标杆上网电价（0.324 7 元/kWh），开创了国内光伏平价上网的先例。

【中广核新能源德令哈 50MW 光热项目正式投运】 10 月 10 日，国内首个大型商业化光热示范电站——中广核新能源德令哈 50MW 光热示范项目正式投运，中国由此成为世界上第 8 个掌握大规模光热技术的国家。德令哈 50MW 光热示范项目是国家能源局批准的首批 20 个光热示范项目中第一个开工建设、唯一并网投运的项目，也是国内电力行业首个获得亚洲开发银行低息贷款支持的电站。该项目于 2014 年 7 月动工，2015 年 8 月主体工程开工。2018 年 6 月 30 日，该项目一次带电并网成功，成功填补国内大规模槽式光热发电技术的空白。

德令哈光热示范项目位于青海省海西蒙古族藏族自治州德令哈市的戈壁滩上，占地 2.46km^2，采用了槽式导热油集热技术路线，配套 9h 熔融盐储热，由太阳岛、热传及蒸汽发生系统、储热岛、发电岛 4 大部分组成。其中，太阳岛集热器由 25 万片共 62 万 m^2 的反光镜、11 万 m 长的真空集热管、跟踪驱动装置等组成。储热岛的熔融盐储罐，直径达 42m，是亚洲最大的熔融盐储热罐。

【羊易地热电站 16MW 奥玛特 ORC 机组投运】 10 月 17 日，中国能建规划设计集团西南院设计的西藏羊易地热电站 16MW 奥玛特 ORC 机组工程（简称羊易地热电站）完成 72h 试运行，标志着这座世界海拔最高（海拔 4560m）、国内单套机组容量最大的地热电站正式投运。该项目位于西藏拉萨市当雄县格达乡羊易村，由当雄县羊易地热电站有限公司开发建设。规划建设 32MW 地热发电机组，一期建设 1 台 16MW 机组，主要采用以色列奥玛特公司（ORMAT）的有机工质朗肯循环地热发电技术。该项目于 2015 年 9 月 9 日正式开工。

【联合动力 300kW 海洋潮流能发电机组并网发电】 3 月 31 日，国家能源集团科环联合动力自主研制的 300kW 潮流能发电机组在浙江省舟山市摘箬山岛实现并网发电，机组运行稳定且性能优越，已连续无故障运行 3400h，经受六次台风考验，发电量达 40 万 kWh，创国内发电能力最高纪录。这是世界首台应用 270°变桨技术，实现双向海流能量高效捕获的潮流能发电机组。

【海西州多能互补集成优化示范工程 50MW/100MWh 磷酸铁锂电池储能项目并网发电】 12 月 25 日，海西州多能互补集成优化示范工程 50MW/100MWh 的磷酸铁锂电池储能项目并网发电。

项目位于青海省海西州格尔木市东出口光伏园区境内，距格尔木市东直线距离约 17km，是国内最大的发电侧电化学储能项目。由 50 台标准集装箱和 25 台 35kV 箱式变压器组成，每台集装箱装设 1MW/2MWh 的磷酸铁锂电池子单元（放置 2 台 500kW PCS），接入新鲁 330kV 汇集站 35kV 侧送出。

海西州多能互补集成优化示范工程是以风、光、热、储为主导的纯清洁能源工程，储能项目主要是对风电、光伏进行优化、补偿，减少弃风弃光，平滑出力曲线，削峰填谷。本项目将光热、光伏、风电和储能结合起来，实现多种能源的优化组合，能够有效解决用电高峰期和低谷期电力输出的不平衡问题，提高电网的稳定性。

【国网江苏电力国内最大规模电网储能项目投运】 7 月 18 日，江苏镇江电网储能电站工程正式并网投运。镇江电网侧储能项目是迄今已建成的世界规模最大、功能最全的电网侧储能电站项目，该项目总功率为 10.1 万 kW，总容量 20.2 万 kWh。电站采用“两充两放”的模式参与到电网运行中，即每天充电两次，同时分别在一天的两个用电高峰中将电能全部释放。

电网建设工程

【北京西—石家庄 1000kV 特高压交流输变电工程开工】 3 月，北京西—石家庄 1000kV 特高压交流输变电工程获得核准并开工建设。北京西变电站于 3 月正式开工，开始站内设备基础施工。石家庄变电站也于 3 月正式开工，开始站内设备基础施工。北京西—石家庄 1000kV 特高压交流输变电工程是华北区域特高压电网成环成网的关键组成部分，符合国家能源局《电力发展“十三五”规划》中提出的“十三五”期间华北地区特高压电网总体规划。工程的建设将增加蒙西—天津南和榆横—潍坊两个特高压输电通道之间的联络，加强两个通道互济能力，对于提高蒙西—天津南和榆横—潍坊两个特高压交流通道送电能力及可靠性，提升京津冀及华北电网安全稳定水平，缓解河北南部地区用电紧张局面，满足雄安新区用电负荷增长需要，促进张家口可再生能源示范区风电、太阳能发电等清洁能源大规模开发利用，均有重要意义。

（吕　铎　马　跃）

【山东—河北环网 1000kV 特高压交流输变电工程开工】 4 月，潍坊—临沂—枣庄—菏泽—石家庄

1000kV特高压交流输变电工程（简称山东—河北环网工程）通过规范化开工核查、各标段陆续开工。10月，各标段相继完成杆塔组立前质监检查，转入铁塔组立阶段。12月，潍坊—临沂段导线贯通，投入运行。

山东—河北环网工程是华北特高压网架的重要组成部分，将与锡盟—山东、蒙西—天津南、榆横—潍坊等工程一起形成特高压交流环网。建设山东—河北环网工程，可优化华北电网网架结构，构建京津冀鲁负荷中心坚强电力交换平台，提高山东电网接受区外电力能力和系统安全稳定水平，还可将清洁能源送至山东地区，有利于减少环境污染。

（邱　宁　张晓阳）

【蒙西—晋中1000kV特高压交流输变电工程开工】 3月16日，蒙西—晋中1000kV特高压交流输变电工程获得国家发展改革委核准，11月6日开工建设。

蒙西—晋中1000kV特高压交流输变电工程是加强华北特高压交流网架结构，增强抵御系统严重故障能力，保障煤电基地电源安全可靠送出，提高特高压交流通道输电能力的重要工程。工程扩建蒙西、晋中1000kV变电站，新建蒙西—晋中双回1000kV输电线路2×304km。途经内蒙古自治区和山西省，工程投产后，山西—河北特高压断面送电能力将提高3000MW。

（黄常元　李　峰）

【青海—河南±800kV特高压直流输电工程开工】 10月22日，青海—河南±800kV特高压直流输电工程获得国家核准，11月7日，开工建设，计划2021年建成投运。

青海—河南±800kV特高压直流输电工程是贯彻落实习近平总书记指示精神，专门为青海新能源开发规划的电力高速公路，是全国也是全世界第一条以光伏发电为主要电源的输电大通道，完全依靠清洁能源自身互补能力独立供电，采用特高压技术大规模、远距离输送至大电网负荷中心，是中国发展运用特高压输电技术推动新能源大规模开发利用的一次重大创新。

（黄　勇　李金忠　朱　聪）

【藏中电力联网工程投运】 11月23日，藏中电力联网工程竣工投运。

藏中电力联网工程由西藏藏中和昌都电网联网工程、川藏铁路拉萨至林芝段供电工程两个单项工程组成。工程建设后将满足西藏中部电网负荷需求，解决西藏电网“大机小网”问题，同时兼顾西藏中部丰期富余电力外送，实现西藏中部电网与西南电网联网，满足川藏铁路供电需要。

（张亚迪　孙文成　刘振涛）

【张北可再生能源柔性直流电网示范工程开工】 2月，张北可再生能源柔性直流电网示范工程开工建设，计划2019年12月张北—北京带电，2020年6月四端直流电网投运。

张北可再生能源柔性直流电网示范工程为汇集和输送大规模风电、光伏、储能、抽水蓄能等多种形态能源的四端柔性直流电网，采用架空输电线路，线路全长约666km，系统电压±500kV，张北、北京换流站换流容量300万kW，康保、丰宁换流站换流容量150万kW，工程总输送容量900万kW，总投资约125亿元，2017年12月获得国家发展改革委核准。

（赵江涛　周　杨）

【湘潭、酒泉等4个调相机工程投运】 湘潭调相机工程于2016年7月核准，2018年2月16日投入商业运行。工程新建2台300Mvar调相机，接入湘潭换流站500kV系统，由国网湖南电力出资并负责工程建设管理。

酒泉调相机工程于2016年5月核准，2018年10月16日投入商业运行。工程新建2台300Mvar调相机，接入酒泉换流站750kV系统，由国家电网公司出资，国网直流建设公司负责工程建设管理。

泰州调相机工程于2016年7月核准，2018年10月22日投入商业运行。工程新建2台300Mvar调相机，接入泰州换流站500kV系统，由国网江苏电力出资并负责工程建设管理。

南京调相机工程于2016年12月核准，2018年12月11日投入商业运行。工程新建2台300Mvar调相机，接入南京换流站500kV系统，由国网江苏电力出资并负责工程建设管理。

【上海庙换流站配套工程子工程开工、投运】

（1）内蒙古国电双维上海庙电厂送出工程。8月28日获得内蒙古自治区发展改革委核准，9月30日正式开工建设，计划2019年6月30日竣工投产。

内蒙古国电双维上海庙电厂送出工程位于内蒙古自治区鄂尔多斯市鄂托克前旗上海庙镇境内，线路电压等级为500kV，线路长度2×57.8km，新建铁塔275基。线路起于国电双维上海庙电厂，止于伊克昭换流站，其中换流站进线段2×0.5km与备用回路按两个同塔双回路架设，本期单侧挂线，其余段按单回路架设。

（2）内蒙古山能盛鲁上海庙电厂送出工程。8月28日获得内蒙古自治区发展改革委核准，9月30日正式开工建设，计划2019年6月30日竣工投产。

工程概况。内蒙古山能盛鲁上海庙电厂送出工程位于内蒙古自治区鄂尔多斯市鄂托克前旗上海庙镇境内，线路电压等级为500kV，线路长度2×53.5km，新建铁塔247基。线路起于山能盛鲁上海庙电厂，止于伊克昭换流站，其中换流站进线段2×0.7km同塔双回路架设，本期单侧挂线，其余段按单回路架设。

(3) 上海庙换流站750kV接入工程（宁夏段）。沙湖—上海庙750kV线路、沙湖变电站750kV间隔扩建工程：2016年9月12日可研评审，2017年8月25日核准，2017年9月13日初设批复，2017年9月20日开工建设，2018年9月28日投运；±800kV灵州换流站750kV银川东间隔限流电抗器扩建工程：2016年9月12日可研评审，2017年8月25日核准，2017年10月13日初设批复，2018年11月5日开工，计划2019年6月30日投运。

【青海海西—主网送电通道能力提升工程投运】 11月30日，工程竣工，12月21日开始168h试运行，12月29日正式并网运行。

青海海西—主网送电通道能力提升工程（串补工程）在日月山750kV变电站（日月山变电站）月海Ⅰ、Ⅱ线路，每回线路加装容量为556Mvar的固定串联补偿装置。在海西750kV变电站（海西变电站）海月Ⅰ、Ⅱ线路，每回线路加装容量为556Mvar的固定串联补偿装置；海柴Ⅰ、Ⅱ线路，每回线路加装容量为597Mvar的固定串联补偿装置。在柴达木750kV变电站（柴达木变电站）柴海Ⅰ、Ⅱ线路，每回线路加装容量为597Mvar的固定串联补偿装置。以上3站每回线路串联补偿装置串补度均约为40%。

【晋中变电站配套古交电厂三期工程投运】 7月20日工程投运。该工程是晋中特高压配套重点工程，工程的建设投运缓解华北电网2018年迎峰度夏期间的电力供应缺口，为华北“两横一纵”特高压交流环网提供电源及电压支撑。同时也是国网山西电力立足全国特高压互联电网大格局，贯彻“晋电外送”的电网规划建设方略的成果体现。

工程于2016年7月21日取得可研评审意见，2016年12月20日核准，2016年12月30日开工建设。

【山西“一交一直”电网改接工程子工程开工、竣工】

(1) 山西山阴电厂二期500kV送出工程。3月30日开工建设，12月12日正式投运。山西山阴电厂二期500kV送出工程起自在建山阴电厂，止于北岳1000kV变电站。新建山阴电厂—晋北1000kV变电站2回500kV线路，线路长度约2×29km，按同塔双回路架设，导线截面采用4×400mm²。线路途经山西省朔州市山阴县、应县。

(2) 山西神泉电厂一期—晋北换流站500kV线路工程。2月27日取得核准，7月12日取得初设批复，6月开工，年底提前竣工。山西神泉电厂一期—晋北换流站500kV线路工程起于朔州市平鲁区红崖村北侧已建神泉电厂，止于平鲁区南汉井村已建晋北±800kV特高压换流站。线路长度2×18km，共使用铁塔40基，其中直线塔27基，耐张塔13基。

(3) 山西神头二电厂1、2号机组改接入晋北交流特高压站500kV送出工程。工程于1月3日可研批复，4月20日取得核准，7月取得初设批复；6月30日开工建设，计划2019年12月30日建成。山西朔州神头二电厂1、2号机组改接入晋北交流特高压站500kV送出工程位于山西省朔州市境内，涉及朔城区、山阴县、应县3个县区。线路起于朔城区神头二电厂，止于北岳1000kV变电站。线路长度为2×60.831km。新建工程使用154基铁塔，其中单回路直线塔7基，单回路耐张塔8基，双回路直线塔100基，双回路耐张塔39基。

(4) 山西北部500kV电网完善工程和神二电厂3、4号机组接入朔州变电站工程。5月17日工程取得核准，7月12日取得初设批复，6月开工，计划2020年1月投运。山西北部500kV电网完善工程和神二电厂3、4号机组接入朔州变电站工程包括变电部分、线路部分及系统配套通信部分等工程。神头500kV开关站新建工程，站址位于山西省朔州市朔城区，500kV本期出线8回（忻州2回、朔州2回、雁同2回、保北2回）。500kV新建线路工程长度23.3km，新建铁塔40基，更换地线（良导体）70.464km，拆除旧线长度64.606km，拆除旧塔83基。工程扩建500kV变电站1座，涉及对侧500kV变电站（串联补偿站）4座、220kV变电站1座、110kV变电站1座、500kV线路10回。

【扎鲁特换流站配套工程子工程投运】

(1) 兴安—扎鲁特500kV输变电工程（吉林段）。5月28日工程正式竣工投运。兴安—扎鲁特500kV输变电工程（吉林段）是扎鲁特输变电工程重要配套工程之一，该配套工程的建成，有利于送出东北地区盈余电力、缓解窝电问题，促进东北地区风电消纳，满足山东电网用电负荷增长需求，更有利于吉林省白城、松原等地区现有大规模风电直接送至扎鲁特换流站，减少潮流迂回、降低网损，并满足远期吉林、蒙东新能源开发和外送需要，加强蒙东地区兴安及通辽电网网架结构和联系，保障直流工程安全稳定运行。

(2) 兴安—扎鲁特500kV输变电工程（蒙东段）。6月25日工程正式投运。兴安—扎鲁特500kV输变电工程是扎鲁特—青州±800kV特高压直流工程的重要配套工程之一，该配套工程的建成，将提高东北地区盈余电力外送能力，缓解东北地区弃风、窝电等问题，对强化扎鲁特换流站网架结构、直流工程电力汇集、加强兴安与通辽地区电网供电可靠性具有重要意义。

(3) 扎鲁特—吉林500kV输变电工程（吉林段）。5月25日工程正式投运。扎鲁特—吉林500kV配套输变电工程（吉林段）是扎鲁特配套输变电工程重要配套工程之一，该配套工程的建成，为送出东北地区盈余电力、缓解窝电问题，促进东北地区风电消纳，满足山东电网用电负荷增长需求，有利于吉林省白城、松原等地区现有大规模风电直接送至扎鲁特换流站，减少潮流迂回、降低网损，并满足远期吉林、蒙东新能源开发和外送需要，加强蒙东地区兴安及通辽电网网架结构和联系，保障直流工程安全稳定运行需要。

（4）扎鲁特—吉林500kV输变电工程（蒙东段）。2月10日工程投运。扎鲁特—吉林500kV输变电工程是扎鲁特—青州±800kV特高压直流工程的重要配套工程之一，该配套工程的建成，将提高东北地区盈余电力外送能力，缓解东北地区弃风、窝电等问题，对强化扎鲁特换流站网架结构、直流工程电力汇集、加强通辽地区电网供电可靠性具有重要意义。

（5）冯屯—岭东500kV线路工程（黑龙江段）。5月，工程投产，黑龙江电网对外联络线路增加4回，电网整体结构加强，黑龙江省外送能力由320万kW增加为540万kW。

（6）齐南—兴安500kV输变电工程（黑龙江段）。5月工程投产。齐南—兴安500kV输变电工程（黑龙江段）包括3个单项工程：齐南500kV变电站间隔扩建工程、齐南—兴安双回500kV线路工程（黑龙江段）、相关光纤通信工程。本期在齐南变电站站内扩建2串500kV配电装置，本期扩建500kV出线2回至兴安。新建线路68.6km，同塔双回路。线路位于黑龙江省齐齐哈尔市境内，始于齐齐哈尔市龙江县500kV齐南变电站，依次经过广厚乡、头站乡，线路终点为黑龙江省和内蒙古交界处。

（7）齐南—兴安500kV输变电工程（蒙东段）。5月23日工程竣工投产。齐南—兴安500kV输变电工程是扎鲁特—青州±800kV特高压直流工程的重要配套工程之一。工程的建设将提高东北盈余电力外送能力，对强化扎鲁特换流站网架结构、扎鲁特换流站大功率送出、加强蒙东电网供电可靠性具有重要意义。

（8）科尔沁—阜新500kV输变电工程（辽宁段）。6月30日工程建成投产。科尔沁—阜新500kV输变电工程可以提高辽宁省和赤峰地区盈余电力的外送能力，加强扎鲁特换流站周边电网的网架结构，提高扎鲁特直流送端换流站短路比，降低阜新电网孤网运行风险，减少阜新220kV电网的重复建设，提高阜新电网供电可靠性。工程建成投运后，将改善辽西电网网架结构，不仅可以满足阜新地区的负荷发展需求，提高采矿业、化工业、铸造业等高危用户的供电可靠性，还能将辽宁地区的富余电能转入扎鲁特—青州特高压系统输送至京津冀鲁地区，实现风电等清洁能源更大范围消纳，提高辽宁主网对能源配置和区域能源安全的保障能力。

（9）科尔沁—阜新500kV输变电工程（蒙东段）。6月30日工程正式带电投运。科尔沁—阜新500kV输变电工程是扎鲁特—青州±800kV特高压直流工程的重要配套工程之一。工程的建设将提高东北盈余电力外送能力，对强化扎鲁特换流站网架结构、扎鲁特换流站大功率送出、加强蒙东电网供电可靠性具有重要意义。

（10）吉林昌盛500kV输变电工程。2月8日工程投入运行。吉林昌盛500kV输变电工程是扎鲁特配套输变电工程重要配套工程之一，工程的建成为送出东北地区盈余电力、缓解窝电问题，促进东北地区风电消纳，满足山东电网用电负荷增长需求，有利于吉林省白城、松原等地区现有大规模风电直接送至扎鲁特换流站，减少潮流迂回、降低网损，满足远期吉林、蒙东新能源开发和外送需要，加强蒙东地区兴安及通辽电网网架结构和联系，保障直流工程安全稳定运行需要。

【盂县电厂送出工程（山西段）竣工】 11月工程提前竣工。山西盂县电厂500kV送出工程是响应国家政策，防治大气污染，减轻环首都经济圈的环保压力，国家能源局等有关部门规划建设12条大气污染防治输电通道之一；是落实“西电东送”“输煤、输电并举”发展战略的重点工程，对满足河北南网地区日益增长的负荷需求、助推地方经济发展、提升电网可靠性具有重要意义。

【锦界、府谷电厂送出工程（河北段）开工】 3月工程开工建设。工程是落实国务院发布的《大气污染防治行动计划》，国家能源局以《国家能源局关于加快推进大气污染防治行动计划12条重点输电通道建设的通知》（国能电力〔2014〕212号）明确的12条送电通道之一。工程的建设对解决东部地区电力资源相对短缺的问题，缓解东部地区的环保压力，促进“西部大开发”进程，实现西部资源优化配置，促进地区经济发展，满足河北南网的负荷发展需求等方面都将起到积极作用。

【鲁能集团海西多能互补示范工程电源侧储能项目投运】 12月25日，50MW/10MWh储能项目并网投运。工程规划建设光伏项目20万kW、风电项目40万kW、光热项目5万kW、蓄电池储能电站5万kW，通过构建“风电—光伏—光热—储电”优化互补系统，提升整体效率，减小弃风弃光，预期弃风率小于5%，对外输电通道容量小于发电容量的40%。该项目接入330kV汇集站35kV侧送出。储能系统采用预装式结构，共有50个1MW/2MWh子单元。研发储能电站监控系统以及统一调度与能量管理系统，配置50套储能就地监控系统，在保证储能系统安全运行的前提下实现指定功率输出。储能系统具备多种应用模式，包括虚拟同步控制、跟踪发电计划、支持

AGC二次调频等辅助服务。

（孙建锋）

【乌东德电站送电广东广西特高压多端直流示范工程开工建设】 5月，南方电网公司全面启动乌东德电站送电广东广西特高压多端直流示范工程（简称“昆柳龙直流工程”）建设。昆柳龙直流工程是国家特高压多端直流的示范工程，工程投资超过240亿元，线路长度1489km，途径云南、贵州、广西和广东。工程将提升云电东送通道能力，解决“十三五”期末及中长期云南水电消纳问题。该工程计划于2020年8月形成送电能力，2021年全部建成投产，将增加800万kW的通道送电能力，年送电量超过320亿kWh。

【同里综合能源服务中心正式运行】 5月9日，项目开工建设，10月10日整体移交运行。项目站址位于同里湖西北，总建筑面积28 161m²。项目按照“能源供应清洁化、能源配置智能化、能源消费电气化、能源服务共享化”的思路，集聚能源领域最先进的理念与技术，探索构建“电为中心、电网为平台，再电气化为重点，多能协同互补”的新型区域能源互联网，建设具有典型性的15项世界首台首套能源创新示范项目。

工程采用EPC总承包建设模式，由中国能源建设集团江苏省电力设计院有限公司负责实施。

获 奖 项 目

第五届中国工业大奖电力行业相关获奖企业和项目

大奖企业	
中国核电工程有限公司	
常州天合光能有限公司	
江苏上上电缆集团有限公司	
大奖项目	
项　目	企　业
核级DCS平台“和睦系统”研发及产业化应用	北京广利核系统工程有限公司
±800kV特高压直流输电示范工程（向家坝—上海；云南—广东）	国家电网有限公司、中国南方电网有限责任公司
表彰奖企业	
大唐环境产业集团股份有限公司	
南京国电南自电网自动化有限公司	
表彰奖项目	
项　目	企　业
650MW等级核电汽轮机国产化研制	哈尔滨汽轮机厂有限责任公司
煤矸石清洁燃烧综合利用示范项目	山西平朔煤矸石发电有限责任公司
提名奖项目	
项　目	企　业
超超临界火电机组用特种不锈钢管研发及产业化	江苏武进不锈股份有限公司
660MW超超临界二次再热发电机组项目	华能安源发电有限责任公司

2018—2019 年度国家优质工程奖 电力行业工程项目（第一批）

金　质　奖

序号	工程名称	施工单位（建设、总承包、参建）
1	酒泉—湖南±800kV 特高压直流输电工程	国家电网公司直流建设分公司 国网湖南省电力有限公司 国网甘肃省电力公司 国网陕西省电力公司 国网重庆市电力公司 国网湖北省电力有限公司 湖南省送变电工程有限公司 河南送变电建设有限公司 甘肃送变电工程公司 浙江省二建建设集团有限公司 中国能源建设集团天津电力建设有限公司
2	500kV 鲁西背靠背换流站工程	中国南方电网有限责任公司超高压输电公司 广西送变电建设有限责任公司 中国电建集团江西省水电工程局有限公司 贵州送变电有限责任公司
3	中煤新集利辛板集煤电一体化工程	中煤新集利辛发电有限公司 山东电力工程咨询院有限公司 中国能源建设集团安徽电力建设第二工程有限公司 中国能源建设集团江苏省电力建设第三工程有限公司 中国能源建设集团安徽电力建设第一工程有限公司 山东中实易通集团有限公司 安徽新力电业科技咨询有限责任公司
4	四川大渡河大岗山水电站	国电大渡河大岗山水电开发有限公司 中国葛洲坝集团股份有限公司 中国水利水电第七工程局有限公司 北京振冲工程股份有限公司 中国葛洲坝集团机电建设有限公司 中国水利水电第八工程局有限公司 中国水利水电第十四工程局有限公司 中国电建集团北京勘测设计研究院有限公司
5	江西洪屏抽水蓄能电站	江西洪屏抽水蓄能有限公司 中国人民武装警察部队水电第二总队 中国水利水电第六工程局有限公司 中国安能建设总公司 中国葛洲坝集团三峡建设工程有限公司 中国葛洲坝集团机电建设有限公司 国网新源控股有限公司技术中心

续表

序号	工程名称	施工单位（建设、总承包、参建）
6	华能山东如意巴基斯坦萨希瓦尔 2×660MW 燃煤电站工程	华能山东如意（巴基斯坦）能源（私人）有限公司 中国电建集团核电工程有限公司 中国能源建设集团天津电力建设有限公司 中国电建集团山东电力建设第一工程有限公司 河南省第二建设集团有限公司 中铁二十一局集团有限公司 西安热工研究院有限公司
	国家优质工程奖	
7	国网能源哈密煤电有限公司哈密电厂 4×660MW 机组工程	国网能源哈密煤电有限公司 中国能源建设集团天津电力建设有限公司 中电建湖北电力建设有限公司 中国电建集团山东电力建设第一工程有限公司 湖南省湘电试验研究院有限公司 国网新疆电力有限公司电力科学研究院 黑龙江惠泽电力科技有限公司 神华国能山东建设集团有限公司
8	青海西宁热电厂“上大压小”新建工程	华能西宁热电有限责任公司 中国能源建设集团安徽电力建设第二工程有限公司 中国电建集团山东电力建设第一工程有限公司 中国电建集团核电工程有限公司 河南省第二建设集团有限公司
9	江西大唐国际抚州电厂 2×1000MW 机组新建工程	江西大唐国际抚州发电有限责任公司 中国能源建设集团广东省电力设计研究院有限公司 中国能源建设集团天津电力建设有限公司 上海电力建设有限责任公司 东北电力烟塔工程有限公司 华北电力科学研究院有限责任公司
10	广西钦州电厂二期扩建工程（2×1000MW）	国投钦州发电有限公司 中国能源建设集团江苏省电力建设第三工程有限公司 中国能源建设集团浙江火电建设有限公司 北京博奇电力科技有限公司 中交第一航务工程局有限公司 浙江东南网架股份有限公司
11	焦作电厂 2×660MW “上大压小”异地扩建工程	神华国能焦作电厂有限公司 西北电力建设第一工程有限公司 中国电建集团河南工程有限公司 河南第一火电建设有限公司 北京北方电联电力工程有限责任公司 北京振冲工程股份有限公司
12	华能渑池（2×350MW）热电联产工程	华能渑池热电有限责任公司 中国电建集团河南工程有限公司 中国能源建设集团安徽电力建设第一工程有限公司 河南省第二建设集团有限公司 东北电力烟塔工程有限公司

续表

序号	工程名称	施工单位（建设、总承包、参建）
13	大唐滨州 2×350MW“上大压小”热电联产新建工程	大唐滨州发电有限公司 中国电建集团核电工程有限公司 中国能源建设集团北京电力建设有限公司 中国电建集团山东电力建设第一工程有限公司 大唐环境产业集团股份有限公司环保分公司 大唐（北京）水务工程技术有限公司 大唐环境产业集团股份有限公司机械输送事业部
14	华能莱芜电厂百万机组“上大压小”扩建工程	华能莱芜发电有限公司 中国电建集团山东电力建设第一工程有限公司 中国电建集团核电工程有限公司 中国能源建设集团广东火电工程有限公司 中国十五冶金建设集团有限公司 河南省第二建设集团有限公司 西安热工研究院有限公司 山东中实易通集团有限公司
15	山西永济“上大压小”2×350MW 热电联产工程	山西漳电蒲洲热电有限公司 山西建筑工程有限公司 中国能源建设集团山西电力建设有限公司 中国能源建设集团广东火电工程有限公司 西北电力建设第一工程有限公司 北京博奇电力科技有限公司 山西世纪中试电力科学技术有限公司
16	江苏华电通州 2×200MW 级燃机热电联产工程	江苏华电通州热电有限公司 上海电力安装第二工程公司
17	华润海丰电厂 2×1000MW 超超临界燃煤发电机组工程	华润电力（海丰）有限公司 中国电建集团河南工程有限公司 中国能源建设集团安徽电力建设第二工程有限公司 中国能源建设集团广东电力工程局有限公司 中国电建集团江西省水电工程局有限公司 中国能源建设集团广东火电工程有限公司 中交一航局第二工程有限公司 中冶集团武汉勘察研究院有限公司
18	南昌泉岭生活垃圾焚烧发电厂工程	南昌首创环保能源有限公司 浙江省二建建设集团有限公司 中国能源建设集团广东火电工程有限公司
19	国电汉川三期第 2 台机组扩建工程	国电汉川发电有限公司 中国能源建设集团安徽电力建设第二工程有限公司 中国十五冶金建设集团有限公司 中国能源建设集团江苏省电力建设第三工程有限公司 北京朗新明环保科技有限公司 南京龙源环保有限公司 北京国电龙源环保工程有限公司
20	宁海电厂一期 500kV 送出线路改接工程	国网浙江省电力有限公司 浙江省送变电工程有限公司

续表

序号	工程名称	施工单位（建设、总承包、参建）
21	安徽池州涓桥 500kV 变电站工程	国网安徽省电力有限公司建设分公司 安徽送变电工程有限公司 国网安徽省电力有限公司池州供电公司 国网安徽省电力有限公司物资分公司
22	随州 500kV 变电站新建工程	国网湖北省电力有限公司中超建设管理公司 江西省送变电工程有限公司 国网湖北省电力有限公司随州供电公司 国网湖北省电力有限公司检修公司
23	常德北 500kV 变电站工程	国网湖南省电力有限公司 国网湖南省电力有限公司建设分公司 国网湖南省电力有限公司经济技术研究院 湖南省送变电工程有限公司
24	塔拉 750kV 变电站工程	国网青海省电力公司建设公司 青海送变电工程有限公司
25	甘肃桥湾 750kV 变电站工程	国网甘肃省电力公司 国网甘肃省电力公司建设分公司 安徽送变电工程公司 甘肃送变电工程公司
26	智圣—密州 500kV 输电线路工程	国网山东省电力公司 国网山东省电力公司建设公司 山东送变电工程有限公司
27	河南周口西 500kV 变电站工程	河南省电力公司建设管理中心 河南送变电建设有限公司
28	福建漳州东林 500kV 变电站工程	国网福建省电力有限公司经济技术研究院 福建省送变电工程有限公司
29	500kV 现代变电站工程	深圳供电局有限公司 广东省输变电工程有限公司
30	500kV 卧龙（云浮）变电站工程	广东电网有限责任公司云浮供电局 广东省输变电工程有限公司
31	500kV 吕合变电站工程	云南电网有限责任公司建设分公司 云南送变电工程有限公司
32	天津中电晟发太平镇窦庄子一期 95MW 渔光互补光伏发电项目	天津中电晟发光伏发电有限公司 江苏南通二建集团有限公司 江苏启安建设集团有限公司 青海省地质基础工程施工总公司

续表

序号	工程名称	施工单位（建设、总承包、参建）
33	内蒙古固阳红泥井风电场100MW风电工程	内蒙古华晨新能源有限责任公司 内蒙古电力勘测设计院有限责任公司 内蒙古第三电力建设工程有限责任公司 内蒙古电力建设（集团）有限公司检修运维分公司
34	华润海原西华山300MW风电项目	华润风电（海原）有限公司 河北省电力建设第二工程公司 成蜀电力集团有限公司 四川省送变电建设有限责任公司 中车株洲电力机车研究所有限公司风电事业部 浙江运达风电股份有限公司
35	华能雅鲁藏布江藏木水电站工程	华能西藏雅鲁藏布江水电开发投资有限公司 中国葛洲坝集团第六工程有限公司 中国葛洲坝集团第五工程有限公司 中国葛洲坝集团机电建设有限公司 中国水利水电第八工程局有限公司 中国水利水电第一工程局有限公司 中国安能建设总公司

2018—2019年度中国建设工程鲁班奖（国家优质工程）电力行业工程项目

序号	工程名称	承建单位	参建单位
1	济南1000kV变电站	山东送变电工程有限公司	
2	盱眙1000kV变电站	江苏省送变电有限公司	江苏精享裕建工有限公司
3	山东华电国际十里泉电厂“上大压小”2×660MW超超临界机组工程	中国电建集团山东电力建设第一工程有限公司	中国电建集团核电工程有限公司 河南四建股份有限公司
4	±500kV金官换流站工程	云南送变电工程有限公司	

2018年度中国电力优质工程奖获奖项目

序号	工程名称	建设单位	施工单位（总承包）
1	国投湄洲湾第二发电厂2×1000MW机组工程	国投云顶湄洲湾电力有限公司	山东电力工程咨询院有限公司 中国能源建设集团江苏省电力建设第三工程有限公司 中国能源建设集团安徽电力建设第二工程有限公司 中交第三航务工程局有限公司 北京振冲工程股份有限公司

续表

序号	工程名称	建设单位	施工单位（总承包）
2	广西钦州电厂二期 2×1000MW 扩建工程	国投钦州发电有限公司	中国能源建设集团江苏省电力建设第三工程有限公司 中国能源建设集团浙江火电建设有限公司 中交第一航务工程局有限公司 北京博奇电力科技有限公司 浙江东南网架股份有限公司
3	华润海丰电厂 2×1000MW 超超临界燃煤发电机组工程	华润电力（海丰）有限公司	中国能源建设集团广东电力工程局有限公司 中国电力建设集团河南工程公司 中国能源建设集团安徽电力建设第二工程有限公司 中国电力建设集团江西省水电工程局
4	江西大唐国际抚州电厂 2×1000MW 机组新建工程	江西大唐国际抚州发电有限责任公司	中国能源建设集团广东省电力设计研究院有限公司 中国能源建设集团天津电力建设有限公司 上海电力建设有限责任公司 中国能源建设集团东北电力烟塔工程有限公司
5	中电投协鑫滨海新建 2×1000MW 燃煤发电工程	国家电投集团协鑫滨海发电有限公司	中国能源建设集团江苏省电力建设第三工程有限公司 中国能源建设集团江苏省电力建设第一工程有限公司 中国能源建设集团安徽省电力建设第二工程有限公司 中交第四航务工程局有限公司 国家电投远达环保工程有限公司
6	华能莱芜电厂百万机组“上大压小”扩建工程	华能莱芜发电有限公司	中国电力建设集团山东电力建设第一工程有限公司 中国电力建设集团核电工程有限公司 中国能源建设集团广东火电工程有限公司 中国十五冶金建设集团有限公司 河南省第二建设集团有限公司
7	国电汉川三期第 2 台机组扩建工程	国电汉川发电有限公司	中国能源建设集团江苏省电力建设第三工程有限公司 中国能源建设集团安徽电力建设第二工程有限公司 中国十五冶金建设集团有限公司 北京国电龙源环保工程有限公司 南京龙源环保有限公司 北京朗新明环保科技有限公司
8	华电国际十里泉发电厂“上大压小”2×660MW 超超临界机组工程	华电国际电力股份有限公司十里泉发电厂	中国电力建设集团山东电力建设第一工程有限公司 中国电力建设集团核电工程有限公司 河南四建股份有限公司
9	焦作电厂 2×660MW“上大压小”异地扩建工程	神华国能焦作电厂有限公司	西北电力建设第一工程公司 河南第二火电建设公司 河南第一火电建设公司
10	国网能源哈密煤电有限公司哈密电厂 4×660MW 机组工程	国网能源哈密煤电有限公司	中国能源建设集团天津电力建设有限公司 中国电力建设集团湖北电力建设有限公司 中国电力建设集团山东电力建设第一工程有限公司 神华国能山东建设集团有限公司
11	大唐滨州 2×350MW“上大压小”热电联产新建工程	大唐滨州发电有限公司	中国电力建设集团山东电力建设第一工程有限公司 中国能源建设集团北京电力建设公司 中国电力建设集团核电工程公司 大唐环境机械输送事业部 大唐北京水务工程技术公司 大唐科技产业集团股份有限公司环保分公司

续表

序号	工程名称	建设单位	施工单位（总承包）
12	青海西宁热电厂2×350MW“上大压小”新建工程	华能西宁热电有限责任公司	中国电力建设集团山东电力建设第一工程有限公司 中国能源建设集团安徽电力建设第二工程有限公司 山东电力建设第二工程公司 河南省第二建设集团有限公司
13	华能渑池2×350MW热电联产工程	华能渑池热电有限责任公司	中国电力建设集团河南工程有限公司 中国能源建设集团安徽电力建设第一工程有限公司 河南省第二建设集团有限公司 中国能源建设集团东北电力烟塔工程有限公司
14	山西永济“上大压小”2×350MW热电联产工程	山西漳电蒲洲热电有限公司	山西建筑工程有限公司 中国能源建设集团广东火电工程有限公司 中国能源建设集团山西电力建设有限公司 中国能源建设集团西北电力建设第一工程有限公司 中国能源建设集团西北电力建设第四工程有限公司 北京博奇电力科技有限公司
15	江苏华电通州2×200MW级燃机热电联产工程	江苏华电通州热电有限公司	上海电力安装第二工程公司 调试单位：华电电力科学研究院 江苏方天电力技术有限公司
16	南昌泉岭生活垃圾焚烧发电厂工程	南昌首创环保能源有限公司	浙江省二建建设集团有限公司 中国能源建设集团广东火电工程有限公司
17	宁波市鄞州区生活垃圾焚烧发电项目	宁波明州环境能源有限公司	山东淄建集团有限公司 山东淄建集团有限公司
18	芜湖中电环保发电项目	芜湖中电环保发电有限公司	中国能源建设集团安徽电力建设第二工程有限公司
19	酒泉—湖南±800kV特高压直流输电工程	国家电网公司直流建设分公司 国网湖南省电力有限公司 国网陕西省电力公司 国网重庆市电力公司 国网湖北省电力有限公司 国网甘肃省电力公司	国网甘肃送变电工程有限公司 国网湖南省送变电工程有限公司 国网河南送变电建设有限公司 中国能源建设集团天津电力建设有限公司
20	500kV鲁西背靠背换流站工程	中国南方电网有限责任公司超高压输电公司	广西送变电建设有限责任公司 中国电建集团江西省水电工程局有限公司 贵州送变电有限责任公司
21	盱眙1000kV变电站工程	国网江苏省电力有限公司	国网江苏省送变电有限公司 江苏精享裕建工有限公司
22	±800kV灵州换流站工程	国家电网公司直流建设分公司 国网宁夏电力有限公司	中国能源建设集团天津电力建设有限公司 中国能源建设集团江苏省电力建设第三工程有限公司 国网湖北省送变电工程有限公司 国网安徽送变电工程有限公司 国网宁夏送变电工程有限公司 国网辽宁省送变电工程有限公司
23	±500kV金官换流站	中国南方电网有限责任公司超高压输电公司	云南送变电工程有限公司

续表

序号	工程名称	建设单位	施工单位（总承包）
24	常德北500kV变电站工程	国网湖南省电力有限公司 国网湖南省电力有限公司经济技术研究院	湖南省送变电工程有限公司
25	智圣—密州500kV输电线路工程	国网山东省电力公司	山东送变电工程有限公司
26	宁海电厂一期500kV送出线路改接工程	国网浙江省电力有限公司	浙江省送变电工程有限公司浙江省送变电工程有限公司
27	安徽池州涓桥500kV变电站工程	国网安徽省电力有限公司建设分公司	安徽送变电工程有限公司
28	随州500kV变电站新建工程	国网湖北省电力有限公司中超建设管理公司	江西省送变电工程有限公司
29	山西五寨（管涔）500kV变电站工程	国网山西省电力公司	国网山西送变电工程有限公司
30	河南周口西500kV变电站工程	河南省电力公司建设管理中心	河南送变电建设有限公司
31	塔拉750kV变电站工程	国网青海省电力公司	青海送变电工程有限公司
32	桥湾750kV变电站工程	国网甘肃省电力公司经济技术研究院	安徽送变电工程有限公司
33	500kV北海变电站工程	广西电网有限责任公司电网建设分公司	广西建宁输变电工程有限公司
34	500kV现代变电站工程	深圳供电局有限公司	广东省输变电工程有限公司
35	500kV吕合变电站	云南电网有限责任公司建设分公司	云南送变电工程有限公司
36	天津中电晟发太平镇窦庄子一期95MW渔光互补光伏发电项目	天津中电晟发光伏发电有限公司	江苏南通二建集团有限公司
37	大唐赤峰头道沟、一棵松99MW风电工程	大唐（赤峰）新能源有限公司	中国大唐集团科技工程有限公司 中国能源建设集团北京电力建设公司
38	内蒙古固阳红泥井风电场100MW风电工程	内蒙古华晨新能源有限责任公司	内蒙古电力勘测设计院有限责任公司 内蒙古第三电力建设工程有限责任公司 内蒙古电力建设（集团）有限公司检修运维分公司
39	华润海原西华山300MW风电项目	华润风电（海原）有限公司	四川省送变电建设有限责任公司 河北省电力建设第二工程公司 中国十七冶集团有限公司 成蜀电力集团有限公司
40	华能富源胜境二期、三期96MW风电工程	华能云南富源风电有限责任公司	中国能源建设集团云南火电建设有限公司 中国电力建设集团核电工程公司 中国能源建设集团天津电力建设有限公司

续表

序号	工程名称	建设单位	施工单位（总承包）
41	山东龙源临沭玉山、青云98.2MW风电项目	龙源临沂风力发电有限公司	龙源（北京）风电工程设计咨询有限公司 临沭县金明寓建筑工程有限公司
42	福建漳州东林500kV变电站工程	国网福建省电力有限公司经济技术研究院	福建省送变电工程有限公司
43	500kV卧龙（云浮）变电站工程	广东电网有限责任公司云浮供电局	广东省输变电工程有限公司 广东省输变电工程有限公司
44	果洛网外三县与青海主网联网工程	国网青海省电力公司	青海送变电工程有限公司 甘肃送变电工程有限公司 陕西送变电工程有限公司 青海万立建设有限公司 青海宏海电力科技有限公司 中国电力建设集团青海工程有限公司
45	江西洪屏4×300MW抽水蓄能电站	江西洪屏抽水蓄能有限公司	中国人民武装警察部队水电第二总队 中国水利水电第六工程局有限公司 中国安能建设总公司 中国葛洲坝集团三峡建设工程有限公司 中国葛洲坝集团机电建设有限公司
46	四川大渡河大岗山4×650MW水电站	国电大渡河大岗山水电开发有限公司	中国葛洲坝集团股份有限公司 中国葛洲坝集团机电建设有限公司 中国水利水电第七工程局有限公司 中国水利水电第八工程局有限公司 北京振冲工程股份有限公司
47	四川雅砻江官地4×600MW水电站	雅砻江流域水电开发有限公司	中国水利水电第四工程局有限公司 中国水利水电第六工程局有限公司 中国水利水电第七工程局有限公司 中国水利水电第十一工程局有限公司 中国水利水电第十二工程局有限公司
48	华能西藏雅鲁藏布江藏木6×85MW水电站工程	华能西藏雅鲁藏布江水电开发投资有限公司	中国葛洲坝集团股份有限公司 中国葛洲坝集团第六工程有限公司 中国水利水电第八工程局有限公司
中小型、单项工程项目			
1	萧山区东片生活垃圾焚烧发电一期工程	杭州萧山城市建设投资集团有限公司	浙江省二建建设集团有限公司 浙江省二建建设集团有限公司
2	220kV观桥变电站工程	广东电网有限责任公司湛江供电局	广东省输变电工程有限公司
3	220kV吉安输变电工程（变电部分）	云南电网有限责任公司红河供电局	中国能源建设集团云南火电建设有限公司
4	220kV大岗变电站工程	广州供电局有限公司	广州番电电力建设集团有限公司
5	阿拉腾敖包220kV开闭站工程	内蒙古电力（集团）有限责任公司阿拉善电业局	内蒙古第三电力建设工程有限责任公司

续表

序号	工程名称	建设单位	施工单位（总承包）
6	保定满城夜借110kV变电站	国网河北省电力有限公司保定供电分公司	保定吉达电力建设集团有限责任公司
7	滨州海丰（滨港）220kV变电站工程	国网山东省电力公司	山东滨州东力电气有限责任公司
8	东莞220kV道岭变电站工程	广东电网有限责任公司东莞供电局	中国能源建设集团广东火电工程有限公司
9	河北沧州管庄（宋门）110kV变电站工程	国网河北省电力有限公司沧州供电分公司	沧州中兴实业集团有限责任公司
10	乌海海勃湾南220kV变电站工程	内蒙古电力（集团）有限责任公司乌海电业局	内蒙古送变电有限责任公司
11	芒哈图（上海庙）220kV开关站工程	内蒙古电力（集团）有限责任公司鄂尔多斯电业局	内蒙古送变电有限责任公司
12	华润安达1、2号40MW太阳能发电项目	华润新能源（安达）有限公司	河南省第二建设集团有限公司 中国能源建设集团黑龙江省电力设计院有限公司
13	龙源广西横县六景48MW风电项目	广西龙源风力发电有限公司	中能电力科技开发有限公司
14	上海崇明北堡47.5MW风电项目	龙源电力集团（上海）风力发电有限公司	上海江龙建设工程有限公司
		境外项目	
1	华能山东如意巴基斯坦萨希瓦尔2×660MW燃煤电站工程	华能山东如意（巴基斯坦）能源（私人）有限公司	中国电力建设集团核电工程有限公司 河南省第二建设集团有限公司 中国电力建设集团山东电力建设第一工程有限公司 中国能源建设集团天津电力建设有限公司
2	塔吉克斯坦杜尚别2号火电站二期2×150MW机组工程	塔吉克斯坦国家电力控股有限公司	特变电工股份有限公司 特变电工国际工程有限公司 河南省第二建筑工程发展有限公司 中国电建湖北电力建设有限公司 福建龙净环保有限公司
3	安哥拉SK变电站工程	安哥拉共和国能源水利部	特变电工股份有限公司-中国水电建设集团国际工程有限公司联合体 特变电工股份有限公司 中国水利水电第四工程局有限公司
4	印度古德洛尔电厂一期2×600MW工程	IL&FS Tamil Nadu Power Company Limited	山东电力建设第三工程有限公司 山东电建铁军电力工程有限公司 监理单位：Fichtner Consulting Engineers 主体施工单位：山东电力建设第三工程有限公司 山东电建铁军电力工程有限公司

2017—2018 年度中国安装工程优质奖（中国安装之星）电力行业工程项目（第二批）

序号	工程名称	承建单位	参建单位
1	浙江仙居抽水蓄能电站机电设备安装工程	中国水利水电第五工程局有限公司	浙江仙居抽水蓄能有限公司（建设单位） 中国电建集团华东勘测设计研究院有限公司（设计单位） 中国水利水电建设工程咨询北京有限公司（监理单位）
2	福建福清核电厂 1、2 号机组 1 号核岛安装工程	中国核工业二三建设有限公司	福建福清核电有限公司（建设单位） 中核工程咨询有限公司（监理单位）
3	中电投协鑫滨海新建 2×1000MW 燃煤发电工程	国家电投集团协鑫滨海发电有限公司	
4	国投湄洲湾第二发电厂 2×1000MW 机组工程 A 标段	山东电力工程咨询院有限公司	广东天安项目管理有限公司（监理单位）
5	大唐赤峰头道沟、一棵松 99MW 风电工程	大唐（赤峰）新能源有限公司	
6	湖南株洲攸县电厂“上大压小”新建工程项目（2×630MW）2 号机组（安装工程）	中国能源建设集团湖南火电建设有限公司	大唐华银攸县能源有限公司（建设单位） 湖南电力工程咨询有限公司（监理单位）
7	华电土右电厂一期 2×660MW 空冷机组工程（Ⅳ标段：输煤系统建筑及安装工程）	内蒙古第三电力建设工程有限责任公司	华电内蒙古能源有限公司土默特发电分公司（建设单位） 西北电力设计院有限公司（设计单位） 山西和祥建通工程项目管理有限公司（监理单位）
8	内蒙古阿拉善盟巴彦浩特 2×330MW 机组热电联产（A 标段）安装工程	迪尔集团有限公司	
9	光大江东环保能源（马鞍山）有限公司马鞍山市生活垃圾焚烧发电项目安装工程	盛安建设集团有限公司	光大江东环保能源（马鞍山）有限公司（建设单位） 浙江省二建建设集团有限公司
10	华能富源胜境二期、三期 96MW 风电工程	华能云南富源风电有限责任公司	中国能源建设集团云南省电力设计院有限公司（设计单位） 中国电建集团核电工程有限公司 中国能源建设集团天津电力建设有限公司 中国能源建设集团云南火电建设有限公司
11	广元市城市生活垃圾焚烧发电项目安装总承包工程	黑龙江省建筑安装集团有限公司	
12	中电海诺尔（宜宾）环保发电有限公司垃圾焚烧发电项目安装工程	四川省工业设备安装公司	

续表

序号	工程名称	承建单位	参建单位
13	湖南省岳阳市华容县塌西湖200MW一期100MW渔光互补光伏发电项目（安装工程）	中易建设有限公司	
14	华能德州电厂二期2×330MW机组烟气脱硫装置串塔提效改造及湿式除尘器改造工程	山东国舜建设集团有限公司	华能国际电力股份有限公司德州电厂（建设单位） 山东中达联工程咨询有限公司（监理单位）
15	临沂市中（启阳）220kV变电站工程	临沂超越电力建设有限公司	
16	220kV大岗变电站工程	广州供电局有限公司 广州番电电力建设集团有限公司	广州电力设计院有限公司（设计单位） 广州电力工程监理有限公司（监理单位）
17	东莞220kV道岭变电站工程	中国能源建设集团广东火电工程有限公司 广东电网有限责任公司东莞供电局	东莞电力设计院（设计单位） 广东创成建设监理咨询有限公司（监理单位）
18	220kV观桥变电站工程	广东电网有限责任公司湛江供电局	广东南海电力设计院工程有限公司（设计单位） 湛江中汇电力咨询有限公司（监理单位） 广东省输变电工程有限公司
19	山东滨州海丰（滨港）220kV变电站工程	山东滨州东力电气有限责任公司	国网山东省电力公司滨州供电公司（建设单位）
20	山东枣庄邵楼220kV变电站工程	枣庄力源送变电工程有限公司	
21	乌海海勃湾南220kV变电站安装工程	内蒙古送变电有限责任公司	内蒙古电力（集团）有限责任公司乌海电业局（建设单位） 内蒙古电力勘测设计院有限责任公司（设计单位） 内蒙古康远工程建设监理有限责任公司（监理单位）
22	河北沧州管庄（宋门）110kV变电站工程	沧州中兴实业集团有限责任公司	国网河北省电力有限公司沧州供电分公司（建设单位） 沧州同兴电力设计有限公司（设计单位） 河北电力工程监理有限公司（监理单位）
23	土右旗九峰110kV输变电工程	内蒙古第三电力建设工程有限责任公司	内蒙古电力（集团）有限责任公司包头供电局（建设单位） 包头奥拓电力设计有限责任公司（设计单位） 内蒙古康远工程建设监理有限责任公司（监理单位）
24	徐州微山湖220kV变电站工程电气安装工程	徐州送变电有限公司	

续表

序号	工程名称	承建单位	参建单位
25	芒哈图（上海庙）220kV 开关站工程	内蒙古送变电有限责任公司	内蒙古电力（集团）有限责任公司鄂尔多斯电业局（建设单位） 内蒙古电力勘测设计院有限责任公司（设计单位） 内蒙古康远工程建设监理有限责任公司（监理单位）
26	淮安管镇（铁云）220kV 变电站—电气安装工程	淮安宏能集团有限公司	
27	阿拉腾敖包 220kV 开闭站工程	内蒙古第三电力建设工程有限责任公司	内蒙古电力（集团）有限责任公司阿拉善电业局（建设单位） 内蒙古电力勘测设计院有限责任公司（设计单位） 内蒙古康远工程建设监理有限责任公司（监理单位）

科技创新

重点科技项目

【国家电网公司成功研制世界首台1100kV刚性气体绝缘输电线路设备】 由国家电网公司主导，平高集团有限公司、山东电工电气日立高压开关有限公司、ABB和AZZ公司合作研制的1100kV刚性气体绝缘输电线路（GIL）设备在西安高压电器研究院通过全部型式试验。这是世界上首次研制成功的特高压GIL设备，将应用于苏通GIL综合管廊工程，代表国际同类设备最高水平。

作为世界上首个在重要输电通道采用特高压交流GIL输电技术的工程，苏通GIL综合管廊工程是穿越长江的大直径、长距离隧道之一，总长5468.5m，国内埋深最深、水压最高。GIL管线总长34 200m（单相米），世界上电压等级最高、输送容量最大、输电距离最长、技术水平最高。1100kV特高压GIL全套设备包括直线单元、小角度单元、补偿单元（伸缩节）、直角单元、竖井单元等模块，可满足隧道内全线三维转角需要。

特高压GIL技术难度大、可靠性要求高，国际上没有成熟标准和现成设备。设备研制采用业主主导的产学研联合创新模式，由设备供应商、科研院所、高等院校和专家组联合攻关。研制供货采用了国内外厂商“联合设计、技术共享、国内出厂”模式，充分发挥国内厂商特高压GIS先进技术和国际厂商超高压GIL工程经验的互补优势。研制过程中，国家电网公司组织院士专家团队，对GIL设计方案、工艺措施、试验方案进行了多次深入的研讨和审查，西安高压电器研究院研发升级了所需试验装备，中国电科院对试验过程开展了全程监督，确保试验考核严格。特高压GIL型式试验考核形态全、项目多、样机多，共有四个制造厂采用两种不同技术路线的共5套供货方案，每套供货方案进行17项试验、分别采用5套不同形态样机同步进行。从2017年12月开始，历时100多天，至2018年3月28日完成了全部25套样机的型式试验，结果满足技术规范要求。

【电网大范围山火灾害带电防治关键技术】 1月8日，国家科学技术奖励大会在人民大会堂举行，国网湖南电力“电网大范围山火灾害带电防治关键技术”项目荣获2018年度国家技术发明二等奖。项目第一完成人陆佳政博士作为获奖代表参加大会，并作为国家技术发明奖获奖代表接受颁奖。

中国地域广大，山林面积众多，山火等灾害频发，对电网安全造成严重威胁。针对水绝缘低，无法带电灭火，而多条线路停电灭火危及电网安全运行情况，国网湖南防灾减灾中心项目团队创造性提出了山火“定量预测—风险救援—水雾绝缘带电高扬程灭火”的不停电防治独特思路，发明了全新的电网山火灾害带电防治技术：发明电网人为山火定量预报新方法，实现提前布控，为不停电灭火赢得时间；发明了山火群发故障电网风险快速分析方法，实现山火风险最小化精准救援；首次发现水强效雾化绝缘超过空气的水雾绝缘反常现象，发明了水雾绝缘高电压带电灭火技术及装备，攻克含特高压的高压带电灭火世界难题。

“电网大范围山火灾害带电防治关键技术”项目累计授权发明专利57项、海外专利4项，编制标准2项，出版专著1部，项目成果在国家电网公司和南方电网公司27省区市电网广泛应用，成功应对2010年以来23次电网山火灾害，实现电网防山火技术跨越式发展，使电网防山火从被动防御转变为主动防治，填补了国内外线路山火广域监测技术空白。

【复杂电网自律-协同自动电压控制关键技术、系统研制与工程应用】 1月8日，由清华大学、国家电网公司、南方电网公司等单位共同完成的“复杂电网自律-协同自动电压控制关键技术、系统研制与工程应用”项目荣获2018年度国家科学技术进步奖一等奖。

电压是电网运行的核心指标。自动电压控制（简称AVC）系统是控制电网电压的大脑，是智能电网的核心技术之一。中国已建成全球最大最复杂电网，并接入了全球最多的风光发电，电压问题已成为核心挑战，对AVC有重大需求。

该项目在国家973、863等支持下，历经20余年持续研究和产学研用联合攻关，突破了复杂电网AVC这一电气学科的世界性难题，形成了重大原创性成果：创立复杂电网主从分裂理论，奠定了自律-协同AVC的理论基础，构建了合作博弈模型，使复杂电网AVC的实现成为可能；创建“自律协同”技术体系，发明了多控制中心自律协同、风/光汇集区自律协同等技术，攻克AVC决策的实时性和最优性难题；研制出世界上首套复杂电网AVC系统，构建了电网广域闭环控制体系。

成果大规模应用于全国40个网省级电网、306个地区电网和全部13个大型风/光汇集区，闭环控制了全国81%的水/火电、88%的220kV以上变电站和

55%的集中并网风机/光伏。出口至美国最大电网PJM，控制了美国首都和东部13个州的电压。

该项目共发表论文273篇，获授权专利108项。实现了现代电网电压控制“从人工到自动，从离线到在线”的重大跨越，使AVC成为世界范围内电力控制中心一个新的基础闭环控制系统，是中国对世界的原创性贡献，具有里程碑意义，入选2016年度中国高校十大科技进展。

【国家工频高电压全系列基础标准装置关键技术与工程应用】 1月8日，“国家工频高电压全系列基础标准装置关键技术与工程应用”项目荣获国家科学技术进步奖二等奖。该项目的第一完成人为江苏省电机工程学会测试技术与仪表专业委员会主任委员黄奇峰，项目牵头完成单位是国网江苏省电力有限公司。

该项目攻克了环境因素、杂散参数对高电压量值测量准确度的影响难题，取得了集高电压量值溯源方法、基础标准装置、现场可靠校准技术于一体的系列成果。一是首创电磁式工频高电压比例二分之一对称叠加量值溯源方法；二是首创高电位跨越精密电压测量技术，研制出1～1000kV工频高电压全系列基础标准装置；三是研制了六个等级现场高电压计量/测量设备高可靠性校准系统。

该项目建立的1～1000kV全系列高电压基础标准装置，使中国在高电压量值的源头上第一次实现了完全独立自主。该项目研制的“1～1000kV全系列工频高电压计量标准装置”已经全面取代了进口设备，被国家质检总局授权为国家法定最高等级社会公用计量标准，电力、航天、高铁、核工业等各行业的高电压计量设备已经全部溯源到该系列基础标准装置，有效保障了国家高电压量值统一和计量的准确可靠。

该项目成果以优异的性能获得了欧美发达国家的互认，促进国产互感器等高电压测量装备出口至德国、日本、菲律宾等多个国家和地区。项目推动中国在工频高电压计量领域取得重大技术跨越，由长期跟跑西方发达国家跃变为国际领先，在行业内掌握了话语权。

【交直流电力系统联锁故障主动防御关键技术与应用】 1月8日，由国网河南电力牵头完成的“交直流电力系统联锁故障主动防御关键技术与应用”项目，在2018年度国家科学技术奖励大会上荣获国家科学技术进步奖二等奖。项目参与单位还包括清华大学、中国电力科学研究院、国网上海电力、西安交通大学、国网四川电力等。

中国已建成世界上电压等级和直流输电比例最高、结构最复杂的交直流电力系统。该项目突破了交直流电力系统联锁故障准确建模、主动预防及主动阻断等国际电工界公认的三大技术难题，首次研发了具有完全自主知识产权的交直流电力系统联锁故障主动防御系列核心技术和交直流电力系统联锁故障分析、电网灾害风险评估及安全预警、联锁故障在线阻断系统系列软件平台，项目研发成果应用于河南、上海、四川、广东、新疆等5大特/超高压交直流电力系统，20多个省级电力系统和100多个电力工程项目，为保障中国特/超高压交直流电力系统的安全运行发挥了重要作用。

【复杂大电网时空信息服务平台关键技术与应用】 1月8日，由国家电网公司、武汉大学等单位完成的“复杂大电网时空信息服务平台关键技术研究与应用”项目，在2018年度国家科学技术奖励大会上获得国家科学技术进步奖二等奖。

与其他国家相比，中国拥有全球规模最大、结构最复杂、用户最多的复杂大电网。长期以来，国内电网GIS平台被国外产品垄断，集成层次浅、实用化程度低、扩展性差、时空信息孤岛化严重，无法满足全信息化数字电网的建设需要。项目组经过多年攻关，突破了复杂大电网时空信息服务平台关键技术，创建了双空间一体化电网时空信息模型，提出了复杂大电网时空拓扑的秒级实时重构技术，构建了基于北斗系统的电网资源信息可信高效更新技术体系，同时研发了具有完全自主知识产权的复杂大电网时空信息服务平台，构建了全球规模最大、覆盖最广的电网地理信息服务网络。

该项目的成果已应用于国家电网公司总部、27个省级电力公司及其所有地市、县、乡共3.5万多个单位，10万多个班组，日均在线用户数70多万，日均时空信息服务调用1000余万次，实现了对国家电网公司15.2亿余台电网设备全时态信息的全在线管理。项目获得发明专利45项、软件著作权58项，出版专著7部，制定各类标准16项，发表论文121篇。荣获中国地理信息产业协会、中国电机工程学会等省部级一等奖5项，项目四项应用成果获中国地理信息产业协会优秀工程金奖。

【电力系统接地基础理论、关键技术及工程应用】 1月8日，2018年度国家科学技术奖励大会在北京隆重举行，清华大学、国网陕西电力、中国电力科学研究院、广东电网公司、电力规划设计总院等完成的“电力系统接地基础理论、关键技术及工程应用”项目获国家科学技术进步奖二等奖。

项目主要成果包括：揭示了雷击下土壤放电机理，解决了考虑土壤放电非线性时变特性的冲击接地电阻计算难题；提出任意分层分块媒质中多尺度电磁场数值计算理论，实现了复杂结构土壤中大型接地系统电气参数的精确计算；首创基于精控爆破的深层岩土改性技术，解决了高电阻率岩土地区接地系统降阻的世界性难题；发明了适用于地中隐蔽接地系统的综合诊断技术，实现其状态准确评估。

项目组主导编写接地设计、施工和检测的系列标准，其中ITU国际标准1项、国家标准3项、电力行业标准11项；成果写入1项IEC标准、1项IEEE标准及4项CIGRE导则。发表论文227篇（含SCI论文50篇），出版中英文专著7部，获授权发明专利28项、软件著作权14项。

项目成果已直接应用于28省区市涵盖110～1000kV交流、±500～±800kV直流的200余条输电线路，1500余个发电厂、变电站、换流站的接地设计、降阻和检测，以及20多国的接地工程，还应用于青藏铁路、北京奥运场馆等国家重大工程及其他行业的防雷接地工程，并通过项目组主导编写的系列标准在国内外广泛应用。

【基于集合四维同化的电力气象多尺度数值预报技术研究及应用】 “基于集合四维同化的电力气象多尺度数值预报技术研究及应用”项目是由中国电力科学研究院牵头承担的电力气象领域首个“千人计划”专项支持项目，4月3日通过国家电网公司组织的验收。

该项目主要是针对新能源功率预测、输电线路雷电预警及风偏预报对气象技术的需求，研发世界领先的电力气象数值模式，建成电力气象预报及综合服务平台，填补国内电力气象技术从数值模式到服务体系的空白，提升气象技术对电网安全、高效、可靠运行的支撑能力。项目研究了多源电力气象数据校验与集成技术，实现了将电力气象监测数据与常规气象观测数据的融合应用，研发了基于集合四维数据同化的系列先进电力气象数值模式系统，建立了考虑气候效应及电力需求的高分辨率气候资料库，建成了电力气象综合应用平台。项目成果在国网冀北电力示范应用，实现了新能源功率预测、输电线路雷电预警及风偏预报功能，并显著提升了预报预警精度。

2014年12月9日，项目由国家电网公司科技部正式立项。2015年4月15日，项目启动会顺利召开。

【全球首个静止同步串联补偿器(SSSC)正式投运】 12月6日，天津石各庄220kV静止同步串联补偿器（Static Synchronous Series Compensator，SSSC）科技示范工程顺利完成168h试运行，标志着全球首个静止同步串联补偿器正式投入运行，也是中国在柔性输电领域一次重要的创新实践。

SSSC技术基于电压源换流器，通过向输电线路注入可控电压，调节线路电压幅值和相位，实现对线路和临近电网的潮流重新分配与优化。作为柔性交流输电（FACTS）家族成员，SSSC自20世纪80年代提出至今，一直是电力电子领域的研究热点和攻关重点。

国家电网公司自2015年启动项目研发，组织国网天津电力牵头，联合全球能源互联网研究院、南瑞集团中电普瑞及中国电力科学研究院等单位，攻克了SSSC换流阀电流电压自适应取能、多级直流均压及潮流控制、串联变压器仿真建模与优化设计、超宽电流范围自励平滑启动等关键技术难题，研制了基于压接型IGBT的H桥级联换流阀、SSSC控制保护系统等核心设备，打造了全球首个自励型SSSC装置并顺利投入运行。

该示范工程位于天津石各庄220kV变电站，容量30MVA，实现了输电线路及输电断面功率均衡、限流等灵活调节功能，解决了高场—石各庄双线潮流分布不均、电力输送能力受限的问题，增加了南蔡—北郊供电分区内10%的供电能力，大幅提高了系统安全稳定裕度。与现有潮流控制装置相比，此次投运的自励型SSSC装置造价和工程占地面积节省了67%，损耗降低了50%，具有良好的经济性和可推广性。

【世界容量最大的基于IGBT的静止同步补偿器正式投运】 12月4日，国网江苏省电力有限公司500kV吴江变静止同步补偿器（STATCOM）接入系统功能试验全部完成（72h试运行结束），这套世界容量最大的基于IGBT的动态无功补偿装置正式投入运行。

IGBT（insulated gate bipolar transistor）是绝缘栅双极型晶体管，是能源变换与传输的核心器件，俗称电力电子装置的“CPU”。基于IGBT的STATCOM装置为无功补偿的最新技术代表，通过判断系统故障，快速响应发出动态无功，进而维持系统电压水平。其可在防止系统电压崩溃、提高系统电压稳定性、提高电网电能质量等方面起到显著作用。

苏南地区经济发展迅猛，其用电需求主要依靠500kV交流线路和±800kV直流等区外来电满足，交直流通道负荷较重，一旦发生电网故障易造成无功损耗巨大，将无法支撑系统稳定。

此前国内其他省份STATCOM装置仅参与变电站内无功协调控制，国网江苏电力首次实现了将吴江STATCOM接入调度自动电压控制系统进行控制，研究制定了吴江STATCOM运行控制策略和调度运行规程，减少了STATCOM与固定电容电抗器可能发生的反向调节影响，实现全网无功电压优化控制。

该项目于2017年11月28日批准开工，在500kV吴江变电站220kV设备区装设3组±100Mvar的STATCOM，总容量300Mvar，故障状态下最大输出容量可达450Mvar。该项STATCOM装置的顺利启动，将为苏州南部电网提供快速无功控制，对于系统过负荷或者发生重大事故导致的电压崩溃，有着重要补救作用。

【世界首个千米深接地极项目试验成功】 11月24日，世界首个千米深井接地极验证试验在河源市连平县结束，经过全方位测试，对比分析各项性能参数，试验正式宣布成功。此次试验的成功意味着南方电网公司已自主掌握深井接地极工程应用全套技术，同时也标志着在直流输电领域取得了又一战略性突破。

接地极是直流输电系统的重要组成部分，在特定方式下系统需要将大地作为回路来扩散电流，而接地极则是电流输入大地的通道。传统的接地极一般采用水平布置，建在地表层2～4m深的地方，占地接近$1km^2$，在经济发达地区，常常面临选址、征地困难。而连平县这个深1000m的深井接地极，不仅节省用地面积，而且减少了投资和维护成本，还能提供更为安全可靠、环境友好的运行方式。

【“700℃超超临界发电关键技术研究”通过验收】 2月1日，国家科技部在西安组织召开了国家“863”计划项目——“700℃超超临界发电关键技术研究”项目验收会。会议听取了项目首席专家王月明所做的项目执行情况汇报，经验收专家组审议，项目顺利通过了技术验收。

该项目由西安热工研究院牵头承担，上海电气集团、上海锅炉厂、清华大学和上海交通大学等多家单位联合完成。项目研发团队经过四年攻关，提出了一套自主设计的700℃超超临界锅炉、汽轮机、高温蒸汽管道系统的关键部件选材方案，完成了700℃超超临界锅炉热力特性、传热特性、水动力特性、应力分析、强度计算等设计计算，开发了相关计算软件；完成了小口径管、大口径管（集箱）加工试制，开发了水冷壁拼排制造工艺技术；提出了流量为40 t/h的700℃超超临界锅炉高温热部件验证试验台的设计和建造方案；搭建了700℃超超临界燃烧与水动力耦合试验台；完成了700 ℃超超临界燃煤锅炉设计方案。

该项目研究成果为进一步开展700 ℃等级高效超超临界发电关键技术的研究奠定了良好的基础，也为国内相关材料、装备制造等领域的发展提供了重要保障。

【国家重点研发计划“700℃等级高效超超临界发电技术”项目实施方案论证暨启动会召开】 7月31日，“煤炭清洁高效利用和新型节能技术”重点专项2018年立项项目“700℃等级高效超超临界发电技术”牵头单位中国华能集团和专项办公室在南京联合组织召开了项目实施方案论证暨启动会，项目咨询专家组，项目牵头单位及参与单位领导代表、课题负责人和骨干成员，专家组及专项办相关成员参加了会议。

会议指出，700℃等级高效超超临界发电技术研究得到国家863计划两个五年计划的持续支持，已为做好本项目实施奠定良好的基础，项目团队会更加突出研究重点，同时严格按照国家重点研发计划管理办法规定和任务书的相关要求，做好项目实施的组织、支撑和监督工作，推进项目顺利实施，为该技术在2030年建成工程示范打下坚实基础。项目负责人孙宇明从项目任务（课题）分解、主要研究内容、实施关键节点、具体实施计划、组织管理机制、项目成果呈现及测试方法等方面介绍了项目实施方案，各课题（任务）相关负责人介绍了年度工作计划及预期性成果。与会专家认真听取了实施方案报告，与项目团队进行了充分的交流，就项目关键技术问题、关键节点控制、工作梳理及衔接性、项目组织管理机制、风险分析等方面提出了许多建议，并重点围绕任务接口问题、700℃试验台测试方法论证、试验台适用种类和数量、风险分析和应对措施、自筹经费配套等方面展开了讨论。

【水力式升船机关键技术及应用】 中国华能、中国三峡集团、中国电建等单位，针对升船机建设运行中一直存在的安全性和可靠性的重大技术难题，发明了一种利用水能作为提升动力和安全保障措施的全新升船机，创造性提出了以水力驱动取代传统电力驱动的水力式升船机的基本原理，建立了以水力驱动系统同步为基础、机械同步系统主动抗倾为运行保障、沿程导向系统极限锁定为安全储备的安全运行保障体系；发明了以“等惯性＋等阻力”输水为核心的水力驱动系统，研发了多种流量均衡和平衡重稳定升降技术，成功解决了非线性、大流量、高流速条件下水力驱动系统多点驱动均衡出力关键技术难题；创立了船厢主动抗倾斜理论与技术，发明了微间隙大型封闭环形机械同步系统和船厢自反馈抗倾覆导向系统及相应的制造安装技术，解决了水力式升船机“水-机-厢”多重耦合作用下的船厢安全稳定运行技术难题；创建了水力式升船机非恒定流变速运行控制理论和方法，发明了主辅阀协同控制技术及稳压减振箱与阀前环向强迫掺气装置，研发了专用运行控制系统，攻克了水力式升船机运行控制和船厢与闸首精确对接两关键技术难题。水力式升船机在景洪枢纽的成功应用，为世界高坝通航提供一种全新、先进、实用的技术选择，促进了行业技术进步。该技术成果获2018年度国家技术发明奖二等奖。

该项目获授权发明专利21项，在编规范6项，出版专著2部，发表论文100余篇，获国家技术发明奖二等奖1项，省部级科技特等奖2项，中国专利奖1项。项目成果为世界首创、中国原创，是世界通航技术领域的重大创新，达到了国际领先水平。世界通航领域权威组织国际内河委员会已将水力式升船机确定为第三种垂直升船机类型，其突破了传统升船机的技术瓶颈，更具技术优势，为高坝通航领域提供了一种全新、先进、实用的技术选择。

【天然气分布式能源系统全工况集成关键技术研究与应用】 中国华电针对天然气分布式能源系统全工况集成性能差、能量利用不充分、变工况运行复杂、评价决策体系缺乏等难题，开展系统全工况集成设计方法、余热分级回收/储存/利用技术、系统供需一体协同控制、系统全过程评估评价方法等多项关键技术研究，该项目获得2018年中国电力科学技术奖一等奖。

【实现热电解耦的汽轮机冷端近零损失供热关键技术研究及应用】 中国华电实现热电解耦的汽轮机冷端近零损失供热关键技术研究及应用项目研发了新型抽凝背供热等多项核心技术，形成了适应不同类型热电机组的冷端余热回收技术路线，实现了机组冷端近零损失供热与电力调峰的高效协同，已推广应用于10余家热电企业，效益显著，该项目获得2018年电力创新奖大奖。

【分布式能源系统评价评估研究与应用】 中国华电针对分布式能源存在的检测运行评估体系不健全、多目标综合评价方法不明确等难题，开展了系统检测评估方法、综合评价方法等研究，提出基于数据挖掘理论和多源信息融合的系统检测及运行评价方法，建立了基于层次分析模型的多目标评价方法，该项目获得2018年电力创新奖一等奖。

【热电联产网源一体化智慧供热技术研究与应用】 中国华电热电联产网源一体化智慧供热技术研究与应用项目开发了一站一优化曲线智能调节技术等多项核心技术，从热源热网一体化的角度，实现了电力、热力生产与供给的协同调度，克服了热源与热网信息孤立引起的过量供热、机组调峰困难等问题，并在多家热电企业完成应用，该项目获得2018年电力创新奖一等奖。

【火电厂高盐末端废水浓缩减量及“零排放”处理技术】 中国华电研发了火电厂高盐末端废水的预处理、浓缩减量处理、烟气蒸发处理等多项关键技术，实现了高盐末端废水的高效低成本浓缩减量和“零排放”处理，累计获得经济效益过亿元，授权专利9项，编写1项标准、3部专著，发表论文近20篇，该项目获得2018年电力创新奖一等奖。

【湖北华电襄阳发电有限公司6号机组项目稻壳与秸秆成型燃料混合气化试验成功】 7月7日，全国首个以农林废弃物秸秆为主要燃料的生物质气化耦合发电项目——湖北华电襄阳发电有限公司6号机组项目稻壳与秸秆成型燃料混合气化试验成功，各项参数达到设计要求，系统运行稳定。此次试运行期间，机组系统按照8t/h给料量满负荷运行，秸秆燃料最大掺烧占比为50%，每小时产气量1.6万m^3（标况），燃气热值5.5～6MJ/m^3（标况），折合发电功率10.8MW，各项指标均达到设计值。项目投产后，每年可利用生物质固废5.14万t，生物质能发电效率超过35%，年供电量可达5458万kWh，节省标煤约2.25万t，减排二氧化硫约218t，减排二氧化碳约6.7万t，将显著改善当地因秸秆焚烧而造成的空气污染现象，为打赢污染防治攻坚战积极贡献力量。

【高效灵活二次再热发电机组研制及工程示范】 国家能源集团以泰州二期为代表的首批自主研制的二次再热超超临界机组成功投运后，面临煤质多变、节能减排、系统调峰等严峻挑战，机组在部分负荷下运行的经济性明显下降。有鉴于此，国家能源集团牵头中国电力工程顾问集团华东电力设计院有限公司、华北电力大学、上海电气等14家单位联合申报了“高效灵活二次再热发电机组研制及工程示范”国家重点研发计划项目，深入开展理论探索、关键单元技术开发、系统集成到工程示范等方面研究，推动实现二次再热机组高效、清洁、灵活协同运行。截至2018年底，该项目已攻克12项关键技术难题，示范工程两台机组均已通过168h试运行，在机组性能、灵活性、环保指标、智慧企业建设等方面都取得了显著成效。其中，国家能源集团宿迁电厂2×660MW机组工程3号机组于2018年12月31日通过168h试运，正式投产发电，标志着国内首台高效灵活二次再热发电机组研制及工程示范成功。

【燃煤电站低成本超低排放控制技术及规模装备】 “燃煤电站低成本超低排放控制技术及规模装备”是国家能源集团申报的国家重点研发计划项目，致力解决燃煤电厂超低排放时面临的超低排放技术稳定性不高、成本能耗高、劣质煤超低排放难等主要问题。截至2018年底取得以下成果：一是突破超高硫煤超低排放技术并完成工程示范。国电都匀2号660MW机组超低排放改造工程于2018年10月通过168h试运，这是中国首个超高硫煤超低排放项目，创造了超高硫煤同类机组最低排放指标。该技术通过中国环境科学学会鉴定达到国际先进水平。二是完成宽调节比旋流燃烧器工程示范。宽调节比旋流燃烧器已成功应用于华润南京热电、大唐乌沙山、华能东方等低氮燃烧器改造项目，黑龙江省机械工业联合会组织行业专家鉴定达到国际先进水平。三是完成燃煤烟气超超低排放工程示范。成功应用于宿迁发电有限公司二期扩建工程，项目2018年12月31日投产，本次改造后烟气常规污染物排放指标在超低排放限值基础上降低一半。

【兆瓦级潮流能发电机组关键技术研究及样机研制】 国家能源集团组织实施的“兆瓦级潮流能发电机组关键技术研究及样机研制”项目，致力形成一套具有完全知识产权的大型海洋潮流能发电机组设计技术、组装工艺技术、性能测试技术，研制一套应用于兆瓦级潮流能发电机组的全功率测试平台。

3月31日，国家能源集团科环联合动力自主研制的300kW潮流能发电机组在浙江省舟山市摘箬山岛实现并网发电，机组运行稳定且性能优越，已连续无故障运行3400h，经受6次台风考验，发电量达40万kWh，创国内发电能力最高纪录。机组起始发电流速（0.5m/s）、整机效率（40%）、单位千瓦扫流面积（0.82m^2）以及单位千瓦机组质量（0.107t/kW）等技术指标处于国际领先地位。该项目已通过国家海洋技术中心组织的现场正式验收。

【江厦潮汐能试验电站增功改造】 国家能源集团所属江厦潮汐试验电站是国内最大、世界第四大的潮汐电站，近年来积极探索高效利用潮汐能资源，不断加强提高设备可靠性和发电效率的设备制造与技术研究。阶段性成果是自主创新研制了国际首台可六工况双向高效运行的三叶片潮汐发电机组，新机组正向发电最高效率达88.7%，反向83.2%，达到世界领先水平，极大丰富了双向潮汐发电机组的系列型谱，也为其他潮汐电站的设计建造起到了良好的示范作用。2018年，江厦潮汐试验电站1号机组增效扩容改造项目获得“全国优秀海洋工程”等荣誉称号。

【多维度融合的燃气智能电站研究与应用】 国家能源集团组织实施的“多维度融合的燃气智能电站研究与应用项目”，通过技术创新及示范工程建设，攻克了数据联通、流程联动、系统融合等关键技术难题，研发了多项核心技术与方法，主要成果有：首次研发智能电站一体化云平台；研发现场总线集成控制装置与数据应用预警系统；行业内首次实现主辅系统全过程、无断点一键启停；首次实现电站全业务移动作业，并建立三级防误机制；首次研发智能电站三维消防安保平台，实现安防报警信息与三维、监控视频、周界防护、应急预案的“一点触发、多点联动”；行业首例双虚拟DPU激励式高精度在线仿真，实现运行全景呈现、操作预演；建立首个聚合全寿命周期的设备数据管理中心，实现全设备故障预警，构建了多维度、全方位的设备信息集中展示中心等。

截至2018年底，该项目研究成果已在国家能源集团电力板块12家单位应用，累计投资2.6亿元，效益产出逾5亿元。获得授权发明专利11项，实用新型专利15项，软件著作权5项，形成4项企业标准。在中国电机工程学会组织的专家鉴定会上，得到了中国工程院岳光溪院士、陈清泉院士等11位专家学者“该项目研究成果体现了电站智能化发展的技术方向，总体达到国际领先水平，具有重要示范意义和推广价值”的高度评价。

【CO_2近零排放的煤气化发电技术】 燃烧中CO_2捕集技术研究。国家能源集团开展的“基于富氧燃烧的百万吨级碳捕集燃煤电厂技术研发及系统集成项目”，进行200MW等级富氧燃烧碳捕集关键技术研究，实现以下目标：一是完成200MW等级富氧燃烧碳捕集基础理论及试验研究、锅炉及关键设备研发、电厂系统集成及设计技术研究；二是开发拥有自主知识产权的符合富氧燃烧实际特点的空分系统、除尘系统、脱硫系统、CO_2压缩纯化系统、控制系统，形成富氧燃烧电厂建设、调试、运行指导规程，为自主设计、建造200MW等级富氧燃烧示范项目提供核心工艺、系统集成、运行控制等方面的技术保障。

燃烧后CO_2捕集技术研究。国家能源集团作为课题承担单位正在配合项目牵头单位浙江大学实施“用于CO_2捕集的高性能吸收剂/吸附材料及技术”。该项目为“十三五”国家重点研发计划项目，共包含5个课题，分别为低能耗吸收剂研发及规模化制备，高性能吸附材料研发及规模化制备，CO_2吸收/吸附过程强化技术、关键设备及工程放大，CO_2吸收/吸附全系统集成优化及匹配技术，低能耗CO_2吸收/吸附技术工业示范和验证。

【海上风电场运维技术和装备设计和海上风电近海关键技术研究与应用】 国家能源集团所属龙源电力已形成成熟的海上风电场高效运维、少人值守、数字化管控以及海上交通运维通达、安全和灾害预警处置等运营管理体制机制。龙源电力集开发、建设与运维一体的福建南日400MW海上风电项目是中国第一个岩基地质海域海上风电项目，以该项目为依托，探索攻克了岩基海床岩基强度高、国外技术和装备无法应用、风机基础桩基打入困难、海缆无法敷埋等一系列技术难题，形成了适合中国岩基海域海上风电开发的成套关键技术，将海上风电开发能力扩展到全地质类型海域。

【我国首座大型海上风电场关键技术及示范应用】 1月8日，2018年度国家科学技术奖励大会在北京隆重举行，上海东海风力发电有限公司，上海电力学院，中交第三航务工程局有限公司，中国三峡集团上海勘测设计研究院有限公司，华锐风电科技（集团）股份有限公司，国网上海市电力公司，上海交通大学等完成的“我国首座大型海上风电场关键技术及示范应用”项目获国家科学技术进步奖二等奖。

该项目通过自主创新与协同攻关，攻克了海洋大风浪、急洋流、强腐蚀严酷环境对项目实施的影响难题，解决了中国海域特有的台风天气、软土地基、淤泥地质条件的特殊挑战，首次全面实现大型海上风电场建设与运行关键技术国产化，建成了适应中国海域环境与运行需求的国内首座大型海上风电场——东海大桥 100MW 海上风电示范工程。在海上风机研制方面，研发了国内首台 3、5MW 离岸型风机，攻克了强台风海域风机的安全稳定运行难题；在风机基础设计方面，首创了多桩混凝土-钢组合式海上风机基础结构，解决了淤泥地质下高耸风机对基础的强作用力问题、1000t 级主航道中风机的撞击耐受问题；在施工方面，率先研发了大型海上风机整体安装技术，攻克了海上有效施工期短、漂浮式平台安全快速吊装高、重型设备的难题；在电气系统设计方面，提出了大型海上风电场电气系统优化方法，解决了近海海域海上风电场电气系统与海洋多功能区的交叉穿越问题、海缆故障定位难、维护难引起的可靠性问题。

该项目实现了中国海上风电从无到有的关键转变，掌握了海上风电自主技术，形成了系统的海上风电技术与标准。项目的成功示范，直接促成海上风电的爆发式增长。项目成果已推广应用至上海、江苏、福建、广东等地区的海上风电项目。

【三峡升船机工程总体设计关键技术】 中国三峡集团下属三峡机电公司联合长江勘测设计研究院有限公司，围绕三峡升船机规模大、上下游通航条件复杂以及安全可靠性要求高等关键技术难题系统深入研究，提出了在三峡枢纽大流量泄洪、大负荷调峰、大水位变幅运行条件下，保障船舶安全进出升船机的总体方案，破解了上游引航道水位变幅大、涌浪高、斜流大、回流强、泥沙易淤积，下游引航道水位变率快等难题；研发了适应变水位、多船型、地震条件下超大型齿轮齿条爬升式升船机承船厢多项安全技术，以及重载齿条螺母柱高精准定位与可靠传力技术，攻克了超大型升船机承船厢变水位沿程锁定、抗震减震、多船型进厢安全，重载齿条螺母柱安装难度大以及与混凝土结构可靠传力的难题；研发了大水位变幅、高扬程、重载条件下的超大型垂直升船机新型结构体系，解决了三峡升船机承载力要求高、变形控制要求严、安全疏散要求快的技术难题；研发了升船机机械同轴下自适应电气同步控制安全技术，以及船厢高精度平衡运行与对位控制技术，攻克了船厢运行水平偏差累积、同步轴扭振、船厢四驱同步平稳运行和上下游动态水位快速精准对位等技术难题。三峡升船机工程的顺利建成，有力推动了世界升船机技术的发展和应用，为大型垂直升船机建设积累了宝贵经验，对于提升中国乃至世界升船机工程建设水平和关键设备设计制造能力发挥了十分重要的促进作用。该技术成果获 2018 年度中国大坝工程学会科学技术奖特等奖。

【水泥灌浆智能控制系统关键技术和成套设备】 中国三峡集团下属中国三峡建设管理有限公司牵头，联合成都中大华瑞科技有限公司等单位，针对传统灌浆方式的薄弱环节，将灌浆工艺及过程控制技术与现代通信技术、智能化技术紧密结合，遵循“全面感知、真实分析、实时控制”的闭环控制理论，聚焦灌浆核心工艺，系统总结与提升了中国水电水泥灌浆技术和经验，确立了“浆液密度与灌浆路径智能寻优＋灌浆特殊情况智能识别实时处理”相结合的技术路线，创造性地解决了灌浆核心工艺智能控制技术、正常灌浆和特殊情况灌浆一体化控制技术、动态自动配浆补浆、复杂介质 6.0MPa 压力精准控制等难题；结合白鹤滩、乌东德大规模精细化灌浆实践，自主研发了集灌浆工艺智能控制、自动配浆、压力自动调整、灌浆参数实时感知为一体的智能灌浆成套装备，解决了大规模水泥灌浆优质、高效、精细化施工难题。该技术装备经过国家法定部门质量检测、软件测试和计量认证，已在乌东德、白鹤滩两座大型水电工程固结、帷幕灌浆中全面规模化应用，并推广至澜沧江乌弄龙水电站和雅江加查水电站，在社会上受到广泛关注，在行业内产生了良好的示范作用。该技术成果获 2018 年度中国大坝工程学会技术发明奖一等奖。

【地下洞群爆破开挖关键技术研究与应用】 中国三峡集团下属中国三峡建设管理有限公司牵头，联合长江科学院等单位，以实现巨型地下洞室群优质、高效、安全、环保开挖施工为目标，依托白鹤滩、乌东德和溪洛渡水电站等大型水电工程建设，从工程实际问题出发，围绕巨型水工地下洞室群开挖爆破关键技术问题，采用理论分析、数值计算、现场试验、工程类比和工程应用等多种研究方法，揭示了巨型水工地下洞室群开挖爆破扰动机理及响应特征，提出了巨型水工地下洞室群开挖爆破安全控制标准和评价体系，建立了巨型水工地下洞室群开挖爆破质量控制与动态优化方法，形成了一整套适用于巨型水工地下洞室群开挖爆破控制的综合技术，解决了巨型水工地下洞室群优质、高效、快速开挖难题，确保了工程施工安全和长期运行安全。研究成果已在溪洛渡、白鹤滩、乌东德等地下洞室群开挖爆破中得到全面成功应用，并正在浙江安吉长龙山、巴基斯坦卡洛特等水电站推广，为中国特大型水利水电工程建设提供了关键技术支撑，并极大地促进了水电工程地下洞室群开挖爆破技术的进步。该技术成果获中国爆破行业协会科学技术奖一等奖。

【白鹤滩水电站施工导流与基坑渗流控制关键技术】 中国三峡集团联合中国电建华东勘测设计研究院有限公司等单位，通过研究“梯级环境、巨流量、窄河谷”条件下的施工导流技术，在导流标准选择、导流布局优化、陡坡隧洞群水流水力控制、超大基坑渗控、高水头复合土工膜防渗技术等方面取得重大突破并实现了规模化应用，创新采用了多梯级在建条件下导流标准优选与窄河谷导流系统布局优化技术，集成创新了大流量窄河谷水流控制与超大基坑渗流控制技术，率先研发了能自动适应高围堰堰体变形的高水头复合土工膜防渗技术，安全高效建成了国内单洞最长、单洞过流能力最大的巨型导流隧洞群及最高的斜墙式复合土工膜防渗土石围堰。研究成果已经应用于白鹤滩导流工程建设中，节省了项目投资约，缩短了建设工期，减少了黏土开采量。部分成果已应用于澜沧江苗尾水电站、雅砻江杨房沟水电站及西藏 DG 水电站，相关成果还可应用于交通、矿山、河道整治、垃圾填埋场等领域工程，应用前景广阔。该技术成果获 2018 年度中国电力科学技术奖一等奖。

【水电机组智能评估及诊断技术】 中国三峡集团联合中国水利水电科学研究院等单位，针对超大规模、跨区域、多机组状态评价关键问题，开展了机组健康标准评定、机组性能退化机理及退化趋势预测研究，构建了基于健康大数据的水电机组智能评估和诊断理论及方法，建立了多维度水电机组健康评估、异常检测和性能退化预测模型，大幅提高了水电机组异常诊断的准确率；设计了水电机组智能诊断与故障识别的实现方案，通过对这些故障开展基于规则的故障树构造，实现了水电机组常见故障的实时诊断和自动识别；利用机载测试技术完成转轮动应力、主轴及导叶扭矩等关键旋转部件的力特性试验研究，提出了大型机组安全稳定运行分区准则，建立了安全稳定运行评价标准；开展了超大规模、跨流域、多机组、多系统的大型水电设备集中监测与诊断策略研究，实现了机组故障的及时诊断与远程会商，建立了机组设备全生命周期履历档案。研究成果已成功应用于三峡、溪洛渡、向家坝等巨型电站，并成功应用到几内亚凯乐塔、埃塞俄比亚 GIBE III 等“一带一路”相关国家大中型电站。该技术成果获 2018 年度大禹水利科学技术奖一等奖。

【流域梯级水电站协同调度关键技术与应用】 中国三峡集团联合华中科技大学等单位，针对国家重大水利枢纽工程运行调度需求与基础理论和技术支撑之间的突出矛盾，建立了流域水文动力特性演化分析与多维时空广域综合预报理论，提出了大规模混联水库群防洪兴利联合全景调度与多属性风险决策方法，突破了长江上游巨型水库群全周期多尺度自适应协同优化调度理论瓶颈；创建了水文模型参数自适应优化及多模型耦合自寻优的实时校正综合预报技术，研发了多区多标准防洪库容优化分配及联合调度技术，攻克了水库群汛期防洪兴利多目标协同优化调度关键难题；提出了水电站水头-流量-出力全动力特性空间曲面建模及其降维技术，建立了水电站多维时空嵌套自适应优化调度模型，发明了大规模梯级水电站分区优化控制与跨网调峰响应多级协同调度技术，实现了长江上游巨型水电站群多维时空协同调度、跨网调峰和风险决策；研发了拥有自主知识产权和核心技术的流域巨型水电站群分布式远程协同调度优化决策高级应用系统，解决了系统开发集成部署和在长江上游水电站群应用的关键技术难题。研究成果已在 20 多个重大水利枢纽工程生产运行中发挥了重要关键作用，达到增创效益、减少损失、改善生态、优化配置水资源的目的，取得重大的经济、社会和环境效益，为中国大规模库群安全稳定运行和管理提供了强有力技术支撑和决策支持。该技术成果获 2018 年度水力发电科学技术奖一等奖。

【大型水电工程建设场地地质灾害监测预警与应急管理研究及应用】 中国三峡集团下属中国三峡建设管理公司牵头，联合中国水力发电工程学会风险管理专委会等单位，围绕中国西南高山峡谷区大型水电工程建设面临的地质灾害频发及防灾减灾困难等实际问题，以金沙江乌东德、白鹤滩水电站建设场地内典型、重大的地质灾害体为研究对象，开展了系统的地质灾害监测预警与应急管理专项研究及应用工作，创新形成了西南山区水电工程泥石流灾害综合监测预警技术、高边坡联合调查技术及分布式光纤综合监测预警技术、斜坡地震动响应监测与研究分析技术、水电工程地质灾害监测预警与应急管理信息平台技术等成果。研究成果已在两大电站工程建设中应用，为两大水电工程建设的安全生产与应急管理工作提供了有力的技术支撑，多次成功预警建设场地内的地质灾害并有效避免了人员伤亡和财产损失，取得经济效益显著。该技术成果获 2018 年度水力发电科学技术奖二等奖。

【高重力坝地基深厚软弱破碎岩体处理技术研究与应用】 中国三峡集团下属中国三峡建设管理公司牵头，联合中国电建集团中南勘测设计研究院有限公司等单位，依托向家坝水电站工程，针对向家坝坝基特殊复杂地质条件，创新提出了解决高重力坝地基软弱破碎岩体处理技术的理论和方法，提出了符合向家坝特点的结构面分级和坝基岩体质量分类的体系与标准，建立了重力坝坝基深层抗滑稳定边界条件和滑移模式，统计研究了坝基岩体抗滑稳定分析抗剪断强度参数，明确了坝基变形条件、坝基防渗及渗透稳定条件，为坝基工程处理打下了基础；探索提出了高重力坝深层抗滑稳定安全度的多元判据，确定了以坝踵齿槽，坝基、消力池混凝土置换，加强渗控措施为主的坝基综合处理方案，研发了加快基础置换碾压混凝土快速施工的新工艺，满足了置换混凝土整体受力和大仓面快速施工的要求，确保了工程的顺利建设；创新提出了坝基可控制的抽排体系理论，解决了坝基抗滑稳定、应力应变、渗透稳定三者的综合平衡问题；创新发明了坝体和墙体连接的细部构造要求，提出了高重力坝软弱破碎地基采用防渗墙防渗的设计方案，发明了高压冲挤灌浆工艺专用器具，开发了针对向家坝复杂坝基处理过程和永久监测信息的管理系统，完善了基础处理的方法和手段，提高了基础处理的针对性和效果，为工程安全运行监测和反馈分析提供了便捷直观的平台。研究成果在向家坝工程坝基处理中进行了运用，解决了向家坝工程复杂地基高重力坝建设的关键技术问题，取得了显著的经济和社会效益，提高了中国高重力坝坝基处理技术水平，具有很好的推广应用价值。该技术成果获 2018 年度水力发电科学技术奖二等奖。

【300m 级特高拱坝安全控制关键技术及工程应用】 中国电建成都勘测设计研究院有限公司、中国三峡集团下属中国三峡建设管理公司等单位，依托溪洛渡特高拱坝建设，针对 300m 级特高拱坝安全控制的关键技术难题，创建了 300m 级特高拱坝安全控制方法标准及成套技术，解决了特高拱坝结构抗裂、基础抗滑和整体稳定的安全控制难题；系统构建了特高拱坝防震抗震设计方法与安全评价体系，满足了特高拱坝极端地震不溃的控制要求；创建了特高拱坝施工期快速反馈设计技术和运行期安全评判体系，为特高拱坝长期运行安全提供了技术保障。项目成果全部用于依托工程，确保了工程的成功建设与安全运行，填补了中国特高拱坝设计的空白，部分成果纳入了水工设计手册和水工建筑物抗震设计等相关规程规范。同时，核心技术已推广应用到多座特高拱坝设计中，确立了中国特高拱坝设计位居国际领先地位。该技术成果获 2018 年度国家科学技术进步奖二等奖。

项目获得授权发明专利 39 项，软件著作权 11 项，发表论文 101 篇。成果已获得国家科学技术进步奖二等奖 1 项，省部级科技进步一等奖 3 项，省部级优秀设计一等奖 3 项，溪洛渡水电站获得世界 FIDIC 工程项目杰出奖，锦屏水电站一级获得中国土木工程詹天佑奖。

【超深与复杂地质条件混凝土防渗墙关键技术】 中国电建历经 13 年攻关，形成了超深与复杂地质条件混凝土防渗墙技术体系，首创复杂地质条件下 200m 级超深防渗墙造孔成槽施工工法体系和成套装备，解决了传统装备无法满足施工要求的难题。研发超深与复杂地质条件防渗墙槽孔固壁技术，开发了新型防渗墙正电胶固壁泥浆，研制了大体积泥浆自动搅拌系统。创新超深防渗墙混凝土浇筑成墙技术体系，首创“接头管法”防渗墙相邻墙段连接技术，研究形成超深混凝土防渗墙“气举法”槽孔清孔换浆、泥浆下混凝土浇筑和防渗墙内预埋灌浆管等技术。

该成果获 2018 年国家科学技术进步奖二等奖 1 项，省部级科学技术特等奖 1 项、一等奖 3 项，授权专利 35 项，获国家级工法 5 项，主编行业规范 2 部，发表论文 113 篇、专著 13 部。项目成果成功应用于国内所有 11 项超深防渗墙工程，创造了防渗墙深 201m 的世界纪录，并推广应用于交通、市政、矿山、环保工程等多个领域，经济、社会和环境效益显著。

【超大型水电站用金属结构关键材料成套技术开发应用】 金属结构是水电站可靠运行的关键，压力管道是水电站的“主动脉”，是金属结构的核心。随着超大型水电站高水头（200m）、大型化（100 万 kW）的发展，对压力管道的强韧性和可焊性提出了极高的要求。目前国外材料无法适应水电野外施工和安全服役要求。因此，高强度、特厚钢板及配套焊材成套技术是攻克水电站超大型发展技术瓶颈的关键，也是世界级难题。针对影响世界上水电机组扩容的最大技术瓶颈，即缺乏高强、特厚钢板及配套焊材和焊接成套技术进行攻关，历经十余年，通过全产业链协同创新，首次开发了超大型水电站金属结构关键材料成套技术，包括高性能系列钢板、高强韧焊材、高效焊接技术。

该项目成果获得 2018 年国家科学技术进步奖二等奖、北京市科学技术一等奖、冶金科学技术一等奖、中国电力科学技术一等奖，获授权发明专利 8 项，制定国家标准 3 项，发表论文 51 篇，企业级技术秘密 14 项。开发的水电用钢系列产品稳居市场占有率第一，其中 150mm 特厚板占有率 100%。该项目成果已应用在 31 个重大水电工程，其中国内 23 个，总装机 6774 万 kW，占“十一五”以来国内新增水电装机的 50%以上，其中包括已投产单机容量最大的向家坝水电站、单机容量最大的抽水蓄能机组——仙居电站、巴基斯坦“三峡”——塔贝拉电站、非洲最大的吉布Ⅲ水电站等超大型水电工程。

【高混凝土面板堆石坝关键技术创新】 2018 年 7 月 4 日，国际大坝委员会第 26 届大会在奥地利维也纳隆重开幕。在大会开幕式上颁发了首届国际大坝委员会科技创新奖（Innovation Awards），由中国水利水电科学研究院、南京水利科学研究院、中国电建集团等单位贾金生、郦能惠、徐泽平、向建等共同完成的“高混凝土面板堆石坝关键技术创新”成果荣获国际大坝委员会科技创新奖。

获奖成果针对近十年高面板坝快速发展的需求，在巴西、美国早期开展的研究基础上，围绕高面板坝变形安全、防渗安全关键技术难题，创新性提出了高面板坝变形协调设计新理念和动态稳定止水新理念，开发了系列新模型，研发了专用施工装备和新型监测仪器，形成了高面板坝优质、安全建设技术，成果应用于包括中国水布娅（高 233m，世界最高）、马来西亚巴贡（高 202m）、老挝南俄二级（高 182m）等国内外 150 多座面板坝工程，效益显著。

国际大坝委员会科技创新奖是为了鼓励水库大坝工程领域的科技创新而设立的，特别是在考虑环境约束条件下对水库大坝发挥可持续水资源管理作用做出的重大贡献的科技创新。该奖项每三年评选一次，由个人或研究团队申请，要求所取得的科技成果为水库大坝领域在近十年中的原创性科技创新，在此之前未申请过国际其他类似奖项，要求科技成果创新不仅推动技术进步，同时需要兼顾可持续水资源管理中社会、经济和环境各因素的平衡。

本次创新奖共有 10 个国家推荐的 29 个项目参与评选，共 4 个项目获此殊荣。另外三个获奖项目分别由奥地利、南非和法国的项目提交。

【±800kV 特高压直流输电线路设计及施工关键技术研究与应用】 特高压是目前世界上最先进的输电技术，通过海外特高压重大创新工程建设，能够显著提升中国在能源领域的国际影响力，在创新型国家建设中发挥重要的示范和引领作用。项目依托巴西美丽山直流特高压输电一期工程，针对工程实际，系统规划、科学研究，在工程设计、装备制造、工程施工等方面全面开展集成创新和自主创新，掌握关键技术，形成完全自主和系统性的知识产权。主要技术创新有：首次设计出“拉线塔无混凝土螺旋桩基础”和“自立塔复合螺旋桩基础”；创新研制了“轻型螺旋桩安装设备”，首次创新设计了特高压输电线路拉线塔“全预制装配式基础”，首次提出了单柱拉线塔。科技成果的研究与应用，促使巴西美丽山特高压项目一期工程提前两个月投入商业运行，工程建设创造了 5 项“世界第一”和 3 项“海外第一”。

本成果共取得各类科技成果 35 项，其中省（部）级工法 6 项，授权发明专利 2 项，实用新型专利 13 项，申报国际 PCT 专利 6 项，论文 6 篇。

本科技成果成功应用在巴西美丽山±800kV 直流特高压输电线路一期工程中，在施工环境恶劣、雨季持续时间长、没有成熟装备技术的多方不利因素下，出色完成了建设任务，提前两个月投入商业运行，体现了“中国速度”及“中国质量”，进一步体现了中央企业践行国家“一带一路”倡议的责任与担当，确立了中国输变电工程技术在国际上的领先地位。

【300m 级高心墙堆石坝施工关键技术研究及应用】 项目依托长河坝水电站砾石土心墙堆石坝工程（大坝建于深厚覆盖层上，坝体高 240m，覆盖层和坝体的总高度 293m，坝体高度大，地震设防烈度高达 9 度），根据工程特点、难点，开展复杂地质条件下高堆石坝施工技术研究，形成了系统的复杂地质条件高心墙堆石坝施工关键技术，提出了心墙土料改性的成套施工新工艺；研制了土石坝精细化施工的系列新设备；研发了基于信息技术的质量检测和控制新方法。解决了深厚覆盖层上 300m 级堆石坝建设的一系列工程技术难题。该项目技术成果获 2018 年度中国电力科学技术奖一等奖。

项目形成了 3 项行业标准；获得了 53 项发明及实用新型专利，获得 8 项软件著作权；研制和应用了 15 套软硬件新装备，形成了 40 项国家级及省部级施工工法；培养了一大批站在行业技术前沿、勇于创新的高素质人才。项目还获得省部级科学进步奖特等奖 1 项，一等奖 2 项。研究成果在长河坝、两河口、双江口、苏丹上阿特巴拉等国内外大型水电工程应用，并为澜沧江古水、如美、金沙洪其宗等高心墙堆石坝工程的设计和施工提供了技术支撑和实践经验，经济效益与环境效益显著，有力地推动了行业科技进步，具有广泛的推广应用前景。

【百万千瓦超超临界二次再热机组设计关键技术及工程应用】 中国能建所属华东电力设计院有限公司完成百万千万超超临界二次再热机组关键设计技术研究，其主要创新点如下：一是建立了针对高参数蒸汽的金属材料耐受极限分析方法，综合材料、制造、结构、成本等因素，攻克了利用现有成熟高温材料提高蒸汽参数提升机组效率与确保机组安全可靠相悖的难题。二是构建了二次再热机组复杂热力系统；三是创立了百万千瓦超超临界二次再热燃煤电站的整体设计体系；四是围绕“二次再热”这个核心技术，提出并完成了“五大类”“十六大”节能减排优化集成创新技术。

2016—2018 年，华东电力设计院有限公司围绕该项目共申请发明专利 7 项，实用新型专利 3 项，软件著作权 11 项，发表论文 23 余篇，电力行业专著 1 本。示范工程获“国家煤电节能减排示范电站”称号；该项目的国家科技支撑计划课题（二次再热机组热力系统优化与集成）获电力工程科学技术进步奖；该项目获得中国电机工程学会国家科学技术进步奖一等奖提名、2018 年度中国电力科学技术奖一等奖、中国机械工业科学技术一等奖；该项目研究依托的示范工程泰州电厂二期获国家优质工程金质奖和电力行业优秀工程设计一等奖、国电泰州电厂二期（2×1000MW 二次再热机组）工程可行性研究报告获全国优秀国产咨询成果一等奖，基于新技术课题在发电工程设计管理模式的创新与实践获全国电力行企业管理创新成果一等奖和全国电力行业企业管理创新五年经典案例一等奖。

【高压富水复杂地层盾构成洞技术】 中国能建所属葛洲坝集团第五工程有限公司经过多年的科技攻关，完成高压富水复杂地层盾构成洞技术研究，并取得多项创新成果。

项目授权发明专利2项，实用新型专利13项，获2018年湖北省科技进步二等奖1项，该项目经专家鉴定为整体达到国际领先水平，经济效益超过2000万元。

【喜马拉雅域大埋深超长隧洞施工关键技术研究与应用】 中国能建所属葛洲坝集团第三工程有限公司经过多年艰苦攻关，攻克了喜马拉雅域复杂地质环境下长隧洞施工关键理论与技术难题。

该技术成果形成专利24项（发明专利9项），省部级工法3项，核心期刊发表论文17篇（获奖荣誉），荣获2018年水力发电科学技术一等奖，全面支撑了NJ水电站核心工程——大埋深超长引水隧洞的建设，实现了TBM在喜马拉雅域首次成功应用，已推广应用于四川绵阳武都引水工程、白鹤滩水电站、乌东德水电站及埃塞俄比亚GD-3水电站等国内外水利水电项目。

【特大型升船机施工安全控制关键技术】 中国能建所属葛洲坝集团三峡建设公司完成特大型升船机施工安全控制关键技术研究。

该项目成果获2018年中国电力创新奖一等奖、水力发电科学技术奖二等奖，依托该项目形成了发明专利2项，湖北省工法1项，其关键技术达到国际先进水平。项目成功应用于三峡升船机、向家坝升船机工程中，工程质量优良率达97%以上，产生经济效益3889.4万元。

【现场混装智能化爆破技术】 中国能建所属葛洲坝集团易普力股份有限公司以产学研的方式开展联合攻关，取得了具有国际领先水平的系列创新成果。

依托项目研究，葛洲坝集团易普力股份有限公司获2018年中国爆破行业协会科技进步一等奖等省部级科技进步奖2项；2018年主编行业标准6项，形成省部级工法3项；获发明专利25项、软件著作权6项；发表论文60余篇，培养全国有突出贡献爆破专家2名。研究成果在阳江核电站、平朔东露天煤矿、利比里亚New Liberty金矿、巴基斯坦Karot水电站等百余项国内重点工程、大型矿山和“一带一路”国际项目中推广应用，累计使用混装炸药超过100万t，取得了显著的经济、社会效益。

【特大型水电站深埋洞室群爆破施工控制理论与关键技术】 中国能建所属葛洲坝集团三峡建设公司完成了特大型水电站深埋洞室群爆破施工控制理论与关键技术研究，主要创新点如下：一是揭示了深部裂隙岩体加卸载力学特性、节理岩体拉压损伤力学特性、动静力组合条件下的岩体爆破损伤力学特性，建立了动静力组合作用下的围岩累积损伤效应、结构面超低摩擦效应与位移突变效应的作用机制，发展了深地围岩爆破开挖损伤变形稳定分析理论；二是阐明了深部节理裂隙岩体中的应力波传播与衰减机制，并首次发现了深埋特大型地下洞室群爆破振动的邻洞放大效应，以及出线竖井与厂房高边墙的高程放大效应，揭示了深地洞室群爆破振动分布规律，突破了考虑多种放大效应的深地洞室群围岩爆破振动时空分布分析理论；三是建立了基于超低摩擦、位移突变和累积损伤三大效应的围岩变形稳定动力学分析评估方法，构建了深地洞室群多维度爆破振动安全判据，解决了复杂空间结构下的深地洞室群爆破开挖稳定性的多维度振动控制标准问题；四是建立了时序控制断裂爆破方法等关键技术，构建了精准钻爆、定量控制的精量化控制爆破体系，攻克了特大型水电站深地厂房、岩锚梁、穹顶与竖井等特殊部位的爆破开挖施工关键技术难题。

项目获得2018年湖北省科学技术进步奖一等奖，依托项目发表论文130余篇，其中被SCI及EI收录74篇，出版专著2部，并形成了发明专利11项，实用新型专利28项，软件著作权1项，施工工法7项。项目成果已在溪洛渡水电站、白鹤滩水电站、乌东德水电站等世界级水电工程和国家重点工程中得到推广和应用，为解决中国“西电东送”骨干工程建设过程中的爆破施工安全控制难题发挥了重要作用，产生经济效益22.077亿元以上。

【大型竖井混凝土施工成套技术】 中国能建所属葛洲坝集团三峡建设公司完成大型竖井混凝土施工成套技术研究，主要创新点如下：一是发明了竖井液压自升模板；二是研发了竖井滑模偏移监测新技术；三是研制了竖井衬砌施工成套专用设施。

项目成果获2018年中国施工企业管理协会科学技术进步奖一等奖，依托该项目形成了国家发明专利4项，实用新型专利3项，省级工法1项，其关键技术达到国际先进水平。项目成果已成功应用于三峡、向家坝、溪洛渡、乌东德等特大型水电工程，施工质量优良，产生经济效益约2060万元。

【火(核)电厂特大新型冷却塔关键技术研发及应用】 中国能建所属西北电力设计院有限公司历时十年对大容量火（核）电机组建设急需的超规范限制的“特大、超高、新型式”冷却塔展开深入研究，并付诸工程实践，完成多项开创性工作，取得丰硕的研究成果。

应用研究成果，完成1000MW核电一台机组配一座高位塔布置方案设计，并应用于桃花江核电冷却塔初步设计及冀东核电冷却塔可行性研究；完成特大型间接空冷塔的设计，并建成了高河电厂（220m高世界之最）、鸳鸯湖电厂等7座塔高200m以上特大型间冷塔，在建6座；完成1000MW机组高位收水冷却塔技术国产化开发，并建成寿光电厂（海水塔）、九江电厂等4座1000MW机组高位塔；指导了信友奇台、华能大坝、麟游（排烟钢塔）等工程7座塔高170m以上钢结构塔的建设。

项目获授权发明专利3项，授权实用新型专利9项，发表论文27篇，编制或修编国标/行标规范3部，出版专著1部。获2018年中国电力科学技术奖二等奖1项、2018年陕西省科学技术奖一等奖1项。

【钢制管道相控阵超声检测与评定技术研究】 中国能建所属安徽电力建设第一工程有限公司历经长达6年的攻关，在钢制管道相控阵超声检测与评定技术研究中取得较大突破，参与编制首个电力和特种设备行业相控阵标准，取得多项创新成果。

2017～2018年，项目授权专利8项，行业标准2篇，省部级科技奖14项，发表高水平论文8篇，出版专著2部，项目成果已在20余个国家重点建设项目中大规模应用，解决了火电、核电和石化设备制造过程中的多项技术难题，在替代射线检测方法，减少环境辐射污染，提高钢制管道焊接质量和设备运行安全，减少经济损失等方面起到关键作用。

【电力系统接地技术及工程应用】 中国能建所属电力规划设计总院及有关单位组成的项目组针对目前接地技术中出现的问题，系统地开展了接地技术研究，取得了多项突破性成果。

项目研究团队主导编写接地设计、施工和检测的系列标准，其中ITU国际标准1项、国家标准3项、电力行业标准9项；成果写入1项IEC标准、1项IEEE标准及2项CIGRE导则。发表论文227篇（含SCI论文50篇），出版中英文专著7部，获授权发明专利28项、软件著作权14项。2018年获国家科学进步奖二等奖。项目成果已直接应用于28省市区涵盖110kV～1000kV交流、500kV～800kV直流的200余条输电线路、1500余个发电厂、变电站、换流站的接地设计、降阻和检测，及五大洲20多国的接地工程，还应用于青藏铁路、北京奥运场馆等国家重大工程及其他行业的防雷接地工程，产生巨大的经济和社会效益。

【统一潮流控制器(UPFC)设计关键技术及工程应用】 中国能建所属江苏省电力设计院有限公司完成统一潮流控制器（UPFC）设计关键技术研究，于2015年投运南京西环网UPFC示范工程［中国第一个、世界上第四个UPFC工程，也是世界上第一个基于模块化多电平（MMC）技术的UPFC工程］、2017年投运苏南500kV UPFC示范工程（是目前世界上电压等级最高、容量最大、控制最复杂的UPFC工程，也是世界上首个500kV电压等级的双回线路UPFC工程），取得多项创新成果。

该项目获“一种基于控制模式切换的UPFC电压稳定控制策略”等发明专利5项及“变电站三维实时信息监测展示软件”软件著作权，荣获2018年度中国电力科学技术奖一等奖。

【1035mm^{2}级大截面钢芯铝合金型线选型及工程应用】 中国能建所属西南电力设计院有限公司历经3年攻关，取得了大截面钢芯铝合金型线绞线多项关键技术成果。研究成果成功应用于溪洛渡直流工程30mm重冰区，是国内输变电工程中首次应用1035mm^{2}级大截面铝合金型线，解决了线路穿越重冰区的技术难题，填补了国内大截面导线选型、金具设计、杆塔设计等领域多项空白。工程中采用1035mm^{2}级大截面型线，相比同直径900mm^{2}截面导线，导线电阻率降低15%，年省电费418.5万元，经济效益显著。

项目获发明专利2项，实用新型专利11项，研究成果获2018年度电力工程科学技术进步奖一等奖。

【提高超高海拔输变电工程外绝缘可靠性的关键技术及应用】 由中国能建所属西南电力设计院有限公司与中国电力科学研究院联合开展研究，历经4年攻关，取得了多项创造性成果。项目成果填补了世界高海拔超高压交流输电工程空气间隙、污秽外绝缘等领域多项空白，推动了输电线路设计技术的进步。西藏昌都电网与四川电网联网输变电工程500kV输电线路工程应用该研究成果共节约投资13 164万元，经济效益显著。

项目发表论文2篇，获2018年度中国电力科学技术奖二等奖。

【“华龙一号”全球首台全范围模拟机研制成功并交付使用】 9月14日，由中核集团自主研制的“华龙一号”全范围模拟机顺利通过验收，提前115天正式交付使用，为“华龙一号”福清核电5、6号机组及华龙海外卡拉奇K2、K3机组首批核电厂操纵员培训、考试和取照奠定了基础，同时也为“华龙一号”“走出去”提供有力技术支撑。

全范围模拟机俗称“数字虚拟指挥部”，它采用多种国际先进仿真技术，模拟核电站正常运行和严重事故等运行工况，是“华龙一号”仪控系统自主化、国产化的重要保障。

“华龙一号”全范围模拟机由中核武汉核电运行技术股份有限公司自主研制，按照福清核电5号机组主控室1∶1比例复制。模拟机盘台包括后备盘、大屏幕、操作员工作站、远程停堆站等设备组成，与二代改进型M310机组相比，其监视控制方式更加优化，安全控制措施更加完善。该设备采用了中核武汉具有完全自主知识产权的最新一代仿真开发平台RINSIM 2.0、反应堆物理、热工水力、严重事故软件及其他工艺系统仿真软件。核电站控制系统仿真采用了DCS实物模拟及虚拟实物模拟的仿真技术，提升了模拟机仿真精度和工程验证能力。

【输电等级单断口真空断路器关键技术及应用】 1月8日，由西安交通大学主持，西安高压电器研究院、平高集团有限公司等为主要参加单位的项目“输电等级单断口真空断路器关键技术及应用”荣获国家技术发明二等奖。西安高压电器研究院元复兴作为主要完成人出席了颁奖大会。

该项目针对输电等级单断口真空断路器这一国际开关电力设备研究领域的制高点，围绕击穿电压在长真空间隙下难以提高、额定电流与开断电流难以同时提升以及高电压大电流开断易于失败等三大技术问题，历经12年攻关，发明了具有多重悬浮电位屏蔽罩特征的灭弧室复合新结构和纳秒级连续脉冲灭弧室老炼新工艺，发明了双层三回路并联纵磁触头新结构，建立了长真空间隙燃弧模式定量分布图，提出了通过变速分闸控制燃弧模式的方法，并研发了系列输电等级单断口真空灭弧室、弹簧操动机构和单断口真空断路器产品，126kV/2500A/40kA单断口真空断路器的技术参数为世界最高指标，开发的技术和系列产品已经在多家企业得到应用和生产，并已出口海外，创造了显著的经济效益。该项目获授权发明专利34项、美国专利1项，出版专著1部，发表SCI/EI论文104篇，部分成果获得教育部和陕西省科技一等奖2项，核心发明专利获中国专利优秀奖1项。

【大规模复杂电力系统可靠性评估技术及工程应用】 为提高电力系统的整体可靠性水平，本项目从发电、输电和配电全链条出发，从可靠性评估、可靠性跟踪与优化三个方面入手，攻克直流输电系统可靠性评估、大电网可靠性评估、配电网可靠性评估、可靠性跟踪与优化四大难题。其中，可靠性评估是基础，通过评估可掌握电力系统可靠性水平及其随时间的变化规律，发现技术和管理方面的不足；可靠性跟踪与优化是关键，通过可靠性跟踪可确定各元件对系统风险的“贡献”，发现薄弱环节，指明可靠性提升方向；针对薄弱环节，可开展优化改善分析，实现可靠性和经济性的平衡。本项目由重庆大学牵头组织实施，中国能建所属西南院作为参与单位及推广应用单位之一，参与了场站和直流输电系统可靠性评估软件的功能需求分析；在电力系统规划设计中，推广应用场站、交直流大电网和配电网的可靠性评估技术、可靠性与经济性协调优化技术。本项目获2018年度中国电力科学技术奖一等奖。

专利和标准

【“变电所电源的快速切换方法”荣获中国专利奖金奖】 12月25日，国家知识产权局在北京颁布了第二十届中国专利奖，国网常州供电公司一发明专利“变电所电源的快速切换方法”荣获中国专利奖金奖，这是江苏电力科技领域的历史性突破。

随着现代电网规模日益扩大，电网运行均采用分层分区方式。在该专利发明以前，电源的跨区切换只能采用人工停电操作，全国每年电源的跨区切换需要停电高达2万余次。该专利提出了一种变电所电源的快速切换方法，首次实现了跨区电源的不停电快速切换，实现了切换速度快、不停电，而且具备反向恢复和智能适应的独特优势。该专利成果的推广应用，对提升电网可靠性，保障人民生产生活需要，推动社会经济发展具有重要意义。

该专利技术自2007年提出至今，截至2017年底，电源快速切换装置已在国内电力系统中得到了广泛应用，累计投入运行超过6650套，并延伸应用于发电侧、用户侧等其他行业，尤其针对供电不能中断的场合，如金属冶炼、石油化工、精密制造等企业。此外，该专利还成功走向了海外市场，进入巴西、巴基斯坦等国家。据统计，十年来全国累计完成电源跨区切换7万余次，按每次减少停电0.5h、平均负荷3万kW计算，累计为用户多供电量10.5亿kWh，增加GDP产值约119亿元。

【中国专家首次当选IEC主席】 10月26日，在韩国釜山召开的国际电工委员会（IEC）第82届大会上，IEC各国家委员会一致提名并选举通过现任IEC副主席、中国国家电网有限公司董事长舒印彪为IEC第36届主席，任期为2020—2022年。这是该组织成立112年来，首次由中国专家担任最高领导职务，是中国参与国际标准工作的重要里程碑。

IEC成立于1906年，成员覆盖171个国家，是电工、电子和相关技术领域全球公认的标准制定和合格评定机构，是目前世界上最具权威性的三大国际标准化组织之一，享有“电工领域联合国”的美誉。电工领域国际标准制定，深刻影响着各国企业开展国际化业务。目前IEC在电工领域累计发布国际标准7713项，出版了应对能源挑战、能源储存、可再生能源并网等一系列白皮书，为促进全球能源电力可持续发展做出了重要贡献。

舒印彪是具有国际影响力的能源电力专家，长期参与国际标准工作，自2008年起先后担任IEC高压直流技术委员会秘书、IEC特高压战略组和市场战略局成员等职务，2013年起连续两届担任IEC副主席，直接领导IEC市场战略局工作，其能力得到国际同行的高度认可。

舒印彪当选IEC主席，是中国积极参与全球治理和国际标准工作的重要成果。1957年，中国加入国际电工委员会。2011年，凭借电力事业举世瞩目的成就，中国成为IEC常任理事国。自2012年底以来，中国参与ISO（国际标准化组织）、IEC等国际标准化组织的活动取得突破。由中国承担的ISO、IEC技术机构主席和副主席，从35位增长到69位；承担的秘书处从60个增长到88个，增加了47%。截至2018年6月，中国主导制定ISO/IEC标准506项。

【国家电网公司发起的IEC虚拟电厂国际标准提案获批立项】 3月5日，由国家电网公司主导发起的关于虚拟电厂"架构与功能要求"和"用例"的两项国际电工技术委员会（IEC）标准提案获批正式立项。这是IEC在虚拟电厂领域立项的首批国际标准，也是中国在能源转型和绿色发展领域国际标准化方面取得的又一突破。

虚拟电厂，是聚合优化"网源荷"清洁发展的新一代智能控制技术和互动商业模式。该技术模式，能够在传统电网物理架构上，依托互联网和现代信息通信技术，把分布式电源、储能、负荷等分散在电网的各类资源相聚合，进行协同优化运行控制和市场交易，实现电源侧的多能互补、负荷侧的灵活互动，对电网提供调峰、调频、备用等辅助服务。这是适应能源生产和消费革命的国际主流趋势，构建广泛互联、智能互动、灵活柔性、安全可控的新一代电力系统的关键组成部分，为破解清洁能源消纳的世界性难题和低碳能源转型提供前瞻解决方案。

【中国能建牵头的IEC标准《塔式太阳能光热发电站设计总体要求》第一次工作组会议召开】 3月27～29日，国际电工委员会太阳能热发电站技术委员会（IEC/TC117）PT62862-4-1《塔式太阳能光热发电站设计总体要求》第一次工作组会议在瑞士日内瓦IEC总部召开。会议由中国能建集团工程研究院项目负责人主持。IEC技术官Charles Jacquemart和IEC/TC117主席Werner Platzer及中国电力企业联合会、中国能建集团工程研究院相关人员出席会议。

会议对PT62862-4-1标准草案条款进行了认真研讨，共计完成近百条的征求意见梳理与答复。IEC技术官Charles Jacquemart对以中国能建为首的工作组在短时间内提交的高质量委员会草案和会议取得的成果给予高度评价。

《塔式太阳能光热发电站设计总体要求》（PT62862-4-1）在2017年获得国际电工委员会立项，是IEC首部针对塔式光热发电站设计而编制的综合性技术规范，由中国能建集团工程研究院牵头，编制工作组由中国以及来自西班牙、德国、葡萄牙、摩洛哥等国家的22名专家组成。

2月24日，中国能建集团工程研究院在北京组织召开该IEC标准项目启动会。会议对前期筹备工作进行了总结，对标准共性问题进行了讨论，并对后续工作进行了部署，明确了该项目中国工作组人员的任务分工。

11月6日，国际电工委员会太阳能热发电站技术委员会（IEC/TC117）工作组会议暨年会在北京开幕。同日，《塔式太阳能光热发电站设计总体要求》（PT62862-4-1）第二次工作组会议在北京召开。

【国际标准创新基地授牌仪式在北京举行】 9月21日，由国家电网公司和国际电工委员会（IEC）联合主办、国网冀北电力承办的"能源转型"高端论坛暨国际标准创新基地授牌仪式在北京举行。

国家市场监管总局标准创新管理司司长崔钢，国家能源局电力司副司长郭伟和IEC秘书长兼首席执行官Frans Vreeswijk为论坛致辞。国家电网公司董事长舒印彪致欢迎辞，并就《以标准建设助推能源转型》作主旨演讲。美国联邦能源监管委员会前任主席Pat Wood Ⅲ以及杜祥琬、刘吉臻、薛禹胜和彭苏萍四位中国工程院院士围绕美国清洁能源技术发展、能源转型支撑高质量发展、新能源消纳的瓶颈及其对策、电力转型对能源转型的主动支撑以及固定氧化物燃料电池高效发电和调峰储能技术等发表主题演讲。

论坛期间举行了国家电网公司首批国际标准创新基地的授牌仪式，国网冀北、上海、江苏、浙江和四川五家省级电力公司被授予国际标准创新基地。这些创新基地将为国家电网公司参与国际标准制定提供试验平台和示范场地，成为贯彻落实国家创新驱动发展战略、深化推进能源转型和绿色发展领域标准国际化进程的重要举措。

【国家技术标准创新基地（智能电网）筹建工作推进会议召开】 6月29日，中国电力企业联合会在北京组织召开国家技术标准创新基地（智能电网）筹建工作推进会。中国电力企业联合会专职副理事长王志轩，国家标准化管理委员会副主任于欣丽、综合业务部主任国焕新、工业标准二部副主任王莉，国家电网公司总经理助理王益民；中国工程院院士、中国电力科学研究院董事长郭剑波；国家电网公司科技部副主任沈江，以及创新基地领导小组成员、专家咨询委员会全体委员、创新基地成员单位代表、国家电网公司技术标准创新基地承建单位代表等共 100 人出席了会议。会议由中国电力企业联合会副秘书长许松林主持。

于欣丽、王益民、郭剑波等分别作了讲话。基地筹建工作领导小组组长王志轩做了《加强顶层设计建立协同机制　做好国家技术标准创新基地（智能电网）筹建工作》的讲话。

王志轩指出，创新基地是标准化试点示范的一种形式，是促进创新成果转化为技术标准的服务平台，创新基地的核心是标准，筹建工作要以标准为主线，以标准为龙头，做好创新基地的筹建各项工作。

会议宣读了创新基地筹建工作领导小组、办公室、秘书处、专家咨询委员会组成文件，介绍了创新基地筹建计划，讨论通过了创新基地工作章程。

国家技术标准创新基地（智能电网）是为贯彻落实国家《标准化事业发展“十二五”规划》《“十二五”技术标准科技发展专项规划》战略要求，为推动国家智能电网技术进步和产业发展，提升国家智能电网技术标准及其国际化水平而设立的国家技术标准创新基地，旨在搭建产业横向对话的高等级平台，满足横向快速响应市场需求，协助产业发展达到最短路径，对智能电网发展需求提供支撑。

根据国家标准委批复文件，中国电力企业联合会负责筹建创新基地，国家电网公司作为创新基地承担单位，成员单位包括国家电网公司、南方电网公司、中国合格评定国家认可中心、清华大学、中国西电集团、中国华能、大唐集团、中国华电、国家电投、国家能源集团、三峡集团、内蒙古电力、中国标准化研究院、中国计量科学研究院等 29 家单位。筹建工作从 2017 年 7 月算起，两年内完成创新基地筹建。

【国家标准《塔式太阳能光热发电站设计标准》发布】 7 月 10 日，住房和城乡建设部发布公告，自 2018 年 12 月 1 日起正式实施《塔式太阳能光热发电站设计标准》。该标准由中国电力企业联合会组织、中国能建集团主编，是中国第一部同时也是世界首部关于太阳能光热发电站设计的综合性技术标准，填补了国内外太阳能光热发电站设计标准的空白。

2014—2017 年，中国能建集团工程研究院组织相关单位在广泛和深入调研国内外太阳能光热发电工程项目的基础上，全面总结和吸收国际上的成功经验，并多次咨询国内外专家意见，完成了标准的编制，同时完成了 14 项关键技术的专题研究，汇编成《塔式太阳能光热发电站设计关键技术》。

该标准共分 23 章和 1 个附录，主要技术内容包括：基本规定，电力系统要求，太阳能资源评估，站址选择，总体规划，集热场布置，发电区布置，集热系统及设备，传热、储热与换热系统及设备，汽轮机设备及系统，水处理设备及系统，信息系统，仪表与控制，电气设备及系统，水工设施及系统，辅助系统及附属设施，建筑与结构，供暖通风与空气调节，环境保护与水土保持，职业安全和职业卫生，消防等。

重　大　奖　项

2018 年度国家科学技术进步奖
电力行业获奖项目（通用项目）

序号	项目名称	主要完成人	主要完成单位
		一等奖	
1	复杂电网自律-协同自动电压控制关键技术、系统研制与工程应用	孙宏斌、郭庆来、张伯明、吴文传、许　涛、刘映尚、王　彬、黄　华、姚建国、李海峰、汤　磊、张明晔、王轶禹、胡　荣、戴则梅	清华大学、国家电网公司、中国南方电网有限责任公司、南瑞集团有限公司、中国电力科学研究院有限公司、国网江苏省电力有限公司、北京清大高科系统控制有限公司、内蒙古电力（集团）有限责任公司

续表

序号	项目名称	主要完成人	主要完成单位
二等奖			
1	国产非晶带材在电力系统中的应用开发及工程化	周少雄、申　威、张广强、张卫国、胡其勇、刘国栋、沈向东、蔡定国、曲学东、李宗臻	北京科锐配电自动化股份有限公司、北京中机联供非晶科技股份有限公司、安泰科技股份有限公司、中兆培基（北京）电气有限公司、吴江变压器有限公司、明珠电气股份有限公司
2	超大型水电站用金属结构关键材料成套技术开发应用	周德光、张　熹、邹　扬、刘国权、余雪松、万天明、李　谦、张建中、翟　泳、白学军	首钢集团有限公司、秦皇岛首秦金属材料有限公司、北京科技大学、中国水利水电第七工程局有限公司、中国电建集团华东勘测设计研究院有限公司、中国葛洲坝集团机械船舶有限公司、天津大桥焊材集团有限公司
3	电力系统接地基础理论、关键技术及工程应用	何金良、曾　嵘、张　波、王　森、刘　健、胡　军、李志忠、郭　剑、李　谦、杜澍春	清华大学、国网陕西省电力公司、中国电力科学研究院有限公司、广东电网有限责任公司、电力规划设计总院、海南中海电力工程有限公司、四川桑莱特智能电气设备股份有限公司
4	国家工频高电压全系列基础标准装置关键技术与工程应用	黄奇峰、雷　民、周　峰、杨世海、何俊佳、章述汉、王乐仁、卢树峰、徐敏锐、姜春阳	国网江苏省电力有限公司、中国电力科学研究院有限公司、国家高电压计量站、华中科技大学、国网电力科学研究院有限公司、苏州华电电气股份有限公司、武汉磐电科技股份有限公司
5	我国首座大型海上风电场关键技术及示范应用	符　杨、张开华、黄国良、林毅峰、金宝年、黄玲玲、魏书荣、朱开情、唐征歧、沈志春	上海东海风力发电有限公司、上海电力学院、中交第三航务工程局有限公司、上海勘测设计研究院有限公司、华锐风电科技（集团）股份有限公司、国网上海市电力公司、上海交通大学
6	汽轮机系列化减振阻尼叶片设计关键技术及应用	谢永慧、方　宇、阳　虹、张　荻、毛汉忠、杨　宇、范小平、陆　伟、李国平、蓝吉兵	西安交通大学、东方电气集团东方汽轮机有限公司、上海电气电站设备有限公司上海汽轮机厂、杭州汽轮机股份有限公司、上海发电设备成套设计研究院有限责任公司、上海船舶设备研究所（中国船舶重工集团公司第七〇四研究所）
7	交直流电力系统联锁故障主动防御关键技术与应用	梅生伟、安　军、张振安、余晓鹏、张雪敏、黄少伟、徐得超、张保会、饶宇飞、魏　巍	国网河南省电力公司、清华大学、中国电力科学研究院有限公司、国网上海市电力公司、西安交通大学、国网四川省电力公司
8	高效低风速风电机组关键技术研发和大规模工程应用	褚景春、袁　凌、王小虎、刘永前、董汉杰、王文亮、薛　扬、刘伟超、张　磊、周文明	国电联合动力技术有限公司、中国电力科学研究院有限公司、华北电力大学、洛阳 LYC 轴承有限公司、河北工业大学
9	超、特高压变压器/电抗器出线装置关键技术及工程应用	李金忠、高步林、刘东升、俞英忠、韩先才、王绍武、孙建涛、谢庆峰、张书琦、汲胜昌	中国电力科学研究院有限公司、泰州新源电工器材有限公司、常州市英中电气有限公司、保定天威保变电气股份有限公司、西安西电变压器有限责任公司、西安交通大学、特变电工沈阳变压器集团有限公司
10	超深与复杂地质条件混凝土防渗墙关键技术	宗敦峰、刘建发、肖恩尚、王玉杰、孔祥生、韩　伟、刘志明、张社荣、石　峰、赵明华	中国水电基础局有限公司、中国水利水电科学研究院、水利部水利水电规划设计总院、天津大学
11	300m 级特高拱坝安全控制关键技术及工程应用	王仁坤、祁宁春、洪文浩、李德玉、杨　强、周　钟、赵文光、杨建宏、张　冲、邵敬东	中国电建集团成都勘测设计研究院有限公司、中国三峡建设管理有限公司、雅砻江流域水电开发有限公司、清华大学、中国水利水电科学研究院、四川大学、国电大渡河流域水电开发有限公司

续表

序号	项目名称	主要完成人	主要完成单位
12	复杂大电网时空信息服务平台关键技术与应用	王继业、朱欣焰、赵　光、刘金长、庄玉林、赖征田、杨成月、李功新、曾　楠、李浩松	国网信息通信产业集团有限公司、武汉大学、厦门亿力吉奥信息科技有限公司、武大吉奥信息技术有限公司、国网福建省电力有限公司、北京恒华伟业科技股份有限公司、中国电力科学研究院有限公司

2018 年度国家技术发明奖电力行业获奖项目（通用项目）

序号	项目名称	主要完成人
	二等奖	
1	水力式升船机关键技术及应用	马洪琪（华能澜沧江水电股份有限公司） 曹以南（中国电建集团昆明勘测设计研究院有限公司） 胡亚安（水利部、交通运输部、国家能源局、南京水利科学研究院） 郑大迪（中国长江三峡集团公司） 袁湘华（华能澜沧江水电股份有限公司） 吴一红（中国水利水电科学研究院）
2	压水堆核电高温高压水环境材料损伤关键测试技术及成套装备与应用	韩恩厚（中国科学院金属研究所） 吴欣强（中国科学院金属研究所） 王俭秋（中国科学院金属研究所） 郦晓慧（中国科学院金属研究所） 匡文军（中国科学院金属研究所） 彭群家（中国科学院金属研究所）
3	风电装备变转速稀疏诊断技术	陈雪峰（西安交通大学） 雷亚国（西安交通大学） 訾艳阳（西安交通大学） 李　兵（西安交通大学） 杨志勃（西安交通大学） 刘晓枫（北京汉能华科技股份有限公司）
4	电网大范围山火灾害带电防治关键技术	陆佳政（国网湖南省电力有限公司） 薛禹胜（国网电力科学研究院有限公司） 吴传平（湖南省湘电试研技术有限公司） 徐勋建（国网湖南省电力有限公司） 冉茂农（北京华云星地通科技有限公司） 孔昭斌（陕西银河消防科技装备股份有限公司）
5	输电等级单断口真空断路器关键技术及应用	王建华（西安交通大学） 耿英三（西安交通大学） 刘志远（西安交通大学） 王振兴（西安交通大学） 元复兴（西安高压电器研究院有限责任公司） 吴军辉（平高集团有限公司）

2018 年度中国电力技术发明奖获奖项目

序号	项目名称	主要完成人
一等奖		
1	基于电压平面的线路过负荷与故障识别技术	柳焕章、周泽昕、王德林、朱晓彤、王兴国、杜丁香
二等奖		
1	知识自动化配用电调控技术及成套装备	袁晓冬、余　涛、曾　江、李　强、李正佳、袁宇波
2	适应复杂动态演化阶段性特征的电网稳定控制新技术	方勇杰、李　威、刘福锁、崔晓丹、侯玉强、薛　峰
3	配电网接地故障检测与隔离关键技术	徐丙垠、薛永端、马士聪、刘伟生、李天友、王安宁

2018 年度中国电力科学技术奖获奖项目

序号	项目名称	主要完成单位	主要完成人
一等奖			
1	芯片化保护关键技术与应用	南方电网科学研究院有限责任公司、北京四方继保自动化股份有限公司、中国南方电网有限责任公司、华中科技大学、长沙理工大学、广西电网有限责任公司电力科学研究院、贵州电网有限责任公司电力科学研究院、广东电网有限责任公司佛山供电局、贵州电网有限责任公司贵阳供电局、广西电网有限责任公司钦州供电局	李　鹏、习　伟、张　涛、李立浧、杨奇逊、徐　刚、郭晓斌、尹项根、曾祥君、曾勇刚、李　岩、陈秋荣、倪伟东、周　柯、徐长宝、匡晓云、姚　浩、陈　波、刘志超
2	统一潮流控制器（UPFC）关键技术、成套装备及工程应用	国网江苏省电力有限公司、南京南瑞继保电气有限公司、国网上海市电力公司、全球能源互联网研究院有限公司、浙江大学、中国能源建设集团江苏省电力设计院有限公司、西安西电变压器有限责任公司、中电普瑞科技有限公司、国网江苏省电力有限公司南京供电分公司、国网江苏省电力有限公司苏州供电分公司、国网江苏省电力有限公司检修分公司、江苏省送变电有限公司	陈　刚、李　群、邓占锋、曹冬明、谢　伟、严　胜、徐　政、李　斌、黄志高、刘建坤、田　杰、吴　争、赵国亮、崔　勇、李　鹏、蔡林海、王粉芍、谢珍建、张宁宇、费益军
3	百万千瓦超超临界二次再热机组关键技术及工程应用	国家能源投资集团有限责任公司、电力规划总院有限公司、上海电气集团股份有限公司、国电泰州发电有限公司、中国电力工程顾问集团华东电力设计院有限公司、上海电气电站集团、北京国电智深控制技术有限公司、浙江大学、上海交通大学、华北电力大学	高　嵩、赵　洁、黄迪南、阳　光、陈仁杰、黄　瓯、张世山、孙　锐、丘加友、杨宏强、赵　虎、武　俊、韩　宾、杨　勤、何阿平

续表

序号	项目名称	主要完成单位	主要完成人
4	300m级高心墙堆石坝施工关键技术研究及应用	中国水利水电第五工程局有限公司、四川大学、河海大学、中国电建集团成都勘测设计研究院有限公司、四川二滩国际工程咨询有限责任公司、中国水电基础局有限公司	吴高见、李法海、薛　凯、田中涛、樊　鹏、韩　兴、姚　强、江万红、孙林智、杨建平、周家文、李洪涛、王嵛民、戴松贵、朱　晟
5	白鹤滩水电站施工导流与基坑渗流控制关键技术	中国电建集团华东勘测设计研究院有限公司、三峡金沙江云川水电开发有限公司宁南白鹤滩电厂	吴关叶、周垂一、徐建荣、樊义林、陈炜旻、石安池、王永明、邬　志、蔡建国、任金明、徐　剑、李　军、王克祥、张志鹏、邓　渊
6	煤电机组烟气Hg和SO_3协同脱除关键技术研究与应用	中国大唐集团有限公司、中国大唐集团科学技术研究院有限公司、内蒙古大唐国际托克托发电有限责任公司、东南大学	郭婷婷、张志刚、吕庭彦、陈坤洋、曹　蕃、胡　冬、李兴旺、王海刚、孙维本、段钰锋、王艺霏、王　伟、高向阳、金绪良、邱桂芝
7	微电网定制化能源供应关键技术及工程应用	国网天津市电力公司电力科学研究院、中国电力科学研究院有限公司、天津大学、北京四方继保自动化股份有限公司、国电南瑞科技股份有限公司、南京南瑞继保电气有限公司、天津天大求实电力新技术股份有限公司、北京国电通网络技术有限公司、国网天津市电力公司滨海供电分公司、国家电网公司客户服务中心	王成山、刘海涛、王旭东、吴　鸣、郭　力、马世乾、庄　剑、承文新、李　鹏、陈　俊、季　宇、李　哲、刘　云、孙龙彪、杨宇全、丁　一、于　辉、曲道旻
8	大规模复杂电力系统可靠性评估技术及工程应用	国网重庆市电力公司电力科学研究院、重庆大学、中国电力科学研究院有限公司、南方电网科学研究院有限责任公司、国网重庆市电力公司、中国长江电力股份有限公司、重庆师范大学、中国电力工程顾问集团西南电力设计院有限公司、国网浙江杭州市余杭区供电有限公司	谢开贵、吕跃春、胡　博、万凌云、邱　伟、余　娟、石文辉、李志祥、周家启、赵　渊、李亚军、杨群英、王　艳、李凌飞、陈　涛
9	青藏地区大容量高适应性可再生能源独立供电技术及应用	中国电力科学研究院有限公司、国网西藏电力有限公司、合肥工业大学、阳光电源股份有限公司、龙源西藏新能源有限公司	王伟胜、刘　纯、张　兴、吴福保、刘前卫、何永胜、何国庆、贡　卓、李光辉、陶以彬、余　勇、张　晞、刘　芳、孙文文、汪东林
10	天然气分布式能源系统全工况集成关键技术研究与应用	中国华电集团有限公司、中国科学院工程热物理研究所、中国南方电网有限责任公司、华电电力科学研究院有限公司、中国华电科工集团有限公司、中国华电集团科学技术研究总院有限公司	赵建国、张东晓、隋　军、周宇昊、宋洪涛、肖小清、彭桂云、孙青松、陈耀斌、滕　斌、韩　巍、范　炜、刘　锋、宿建峰、郑文广、孔　飞、胡永锋、张钟平、张海珍、李恒真、徐静静
11	经济型大容量高压固态储热关键技术及在电网中的规模化应用	国网辽宁省电力有限公司、沈阳世杰电器有限公司、沈阳工业大学、北京科东电力控制系统有限责任公司、国网黑龙江省电力有限公司、国网吉林省电力有限公司、国网内蒙古东部电力有限公司、辽宁调兵山煤矸石发电有限责任公司、丹东金山热电有限公司、国电奈曼风电有限公司、辽宁省粮食科学研究所	葛维春、朱建新、王顺江、刘前卫、谭洪恩、邢作霞、董恩伏、袁　骏、苏安龙、高　凯、葛延峰、李家珏、张　波、杨万清、苏　明、丛培贤、程荣新、韩彦国、王　健

续表

序号	项目名称	主要完成单位	主要完成人
12	基于 IGCC 的燃烧前 CO_2 捕集技术与工程示范	中国华能集团清洁能源技术研究院有限公司、华能国际电力股份有限公司、华能集团技术创新中心有限公司、华能（天津）煤气化发电有限公司	许世森、程　健、刘　沅、赵　平、周　贤、刘振华、任立兵、陈景硕、李志强、步新战、陶继业、缑志斌、任永强、王保民
13	±800kV 高端换流变压器自主化研制及工程应用	中国电力科学研究院有限公司、西安西电变压器有限责任公司、华北电力大学、清华大学、国网浙江省电力有限公司、国网上海市电力公司电力科学研究院、国网山东省电力公司、国网湖南省电力有限公司、国网江苏省电力有限公司、国网山西省电力公司	刘泽洪、李金忠、宓传龙、张福轩、李　博、李　鹏、程涣超、张　进、帅远明、齐　波、刘　杉、遇心如、关健昕、赵志刚、周远翔、邓洁清、王健一、汤　浩、刘雪丽、刘　洋
二等奖			
1	±320kV 大容量真双极柔性直流输电关键技术及示范应用	国网福建省电力有限公司、国网福建省电力有限公司电力科学研究院、国网经济技术研究院有限公司、全球能源互联网研究院有限公司、中电普瑞电力工程有限公司、中国电建集团福建省电力勘测设计院有限公司、南京南瑞继保电气有限公司	郑家松、陈文兴、乐　波、贺之渊、孙宝奎、陈国华、曹冬明、唐志军、林国新、柯清辉
2	新能源电力系统鲁棒一体化调控关键技术及应用	国网青海省电力公司、清华大学、中国电力科学研究院有限公司、国家电投集团黄河上游水电开发有限责任公司、青海大学	梅生伟、范　越、李春来、陈来军、魏　韡、吴福保、刘　锋、董　凌、李延和、杨立滨
3	大型电力变压器运行可靠性提升关键技术研究及工程应用	广东电网有限责任公司、西安交通大学、国网江西省电力有限公司、重庆大学、沈阳变压器研究院股份有限公司、广西电网有限责任公司、特变电工衡阳变压器有限公司	杨　贤、林春耀、汲胜昌、周　丹、孙文星、刘明军、吴旭涛、黎大健、马志钦、欧小波
4	提高超高海拔输变电工程外绝缘可靠性的关键技术及应用	中国电力科学研究院有限公司、国网青海省电力公司电力科学研究院、国网西藏电力有限公司电力科学研究院、中国电力工程顾问集团西南电力设计院有限公司、武汉大学、国网四川省电力公司电力科学研究院	周　军、丁玉剑、黄瑞平、康　钧、于昕哲、王生富、姚修远、包正红、田　亮、蓝　磊、梁　明、小布穷、白　欢、曲全磊、于鑫龙
5	超、特高压交直流开关设备高可靠性绝缘关键技术及应用	平高集团有限公司、国网江苏省电力有限公司电力科学研究院、中国科学院电工研究所、华东电力试验研究院有限公司、西安交通大学、国网山西省电力公司经济技术研究院、国网河南省电力公司	郝留成、钟建英、段晓辉、田　浩、杨保利、赵军平、林生军、袁端鹏、章　程、吴明清
6	大型能源基地交直流密集电网安全外送关键技术及新型装备	国网宁夏电力有限公司、西安交通大学、安徽徽电科技股份有限公司、北京中恒博瑞数字电力科技有限公司、南瑞集团有限公司、国电南瑞科技股份有限公司	艾绍贵、丁茂生、刘志远、黄永宁、郝治国、王小立、项　丽、鲍颜红、贺　波、高　峰
7	高载能负荷孤立电网消纳大规模风电关键技术及示范工程	国家电投集团内蒙古能源有限公司、武汉大学、清华大学、国家电力投资集团有限公司、国家电投集团科学技术研究院有限公司、辽宁中电投电站燃烧工程技术研究中心有限公司	刘明胜、刘建平、李晓民、谷俊和、赵风云、徐树彪、王明策、刘凤友、顾荣伟、王景利

续表

序号	项目名称	主要完成单位	主要完成人
8	数字化计量系统的溯源及检测关键技术研究与装备开发	云南电网有限责任公司电力科学研究院、云南省计量测试技术研究院、国网四川省电力公司计量中心、江苏凌创电气自动化股份有限公司、东南大学、华中科技大学、重庆大学	曹　敏、李　波、林　聪、刘清蝉、朱梦梦、付志红、罗　强、王立辉、李开成、刘　鹍
9	800kV 大容量高可靠性开关设备关键技术及应用	平高集团有限公司、沈阳工业大学、华东电力试验研究院有限公司、国网甘肃省电力公司、国网河南省电力公司、国网江苏省电力有限公司电力科学研究院、中国科学院电工研究所	张友鹏、孙英杰、邵　涛、徐建源、王赛豪、顾根泉、夏亚龙、杜迎乾、柴影辉、徐仲勋
10	兼作支柱用高抗震性能特高压避雷器的研发与工程应用	中国电力科学研究院有限公司、平高东芝（廊坊）避雷器有限公司、南阳金冠电气有限公司、西安西电避雷器有限责任公司、抚顺电瓷制造有限公司、醴陵华鑫电瓷科技股份有限公司、西安西电高压电瓷有限责任公司、国网上海市电力公司电力科学研究院、国网江苏省电力有限公司电力科学研究院	张搏宇、孙　岗、时卫东、殷　禹、陈国强、贺子鸣、卢智成、赵　霞、刘振林、谢清云、徐学亭、宋继军、汤晓中、史晓琪、杨雪峰、康　鹏、雷　挺
11	大电网脆弱地质环境灾害防控关键技术及应用	国网四川省电力公司电力科学研究院、同济大学、电子科技大学、成都理工大学、国网电力科学研究院武汉南瑞有限责任公司	韩晓言、谢　强、曹永兴、刘　勇、薛志航、胡　灿、陈　缨、朱　军、李为乐、邓鹤鸣
12	电力二次系统一体化关键技术及推广应用	中国南方电网电力调度控制中心、南京南瑞继保电气有限公司、广东电网有限责任公司、云南电网有限责任公司、中国能源建设集团广东省电力设计研究院有限公司、广西电网有限责任公司、北京四方继保自动化股份有限公司	汪际峰、周华锋、杨俊权、胡　荣、何超林、张喜铭、梁寿愚、陆　鑫、郑　龙、丁　士
13	多区域安控系统协调及在线诊断、辅助决策关键技术与应用	南瑞集团有限公司、国电南瑞科技股份有限公司、国家电网公司华中分部、国网四川省电力公司、国网宁夏电力有限公司、国网上海市电力公司电力科学研究院	徐泰山、薛禹胜、鲍颜红、任先成、许　涛、李　勇、庞晓艳、王胜明、沈凤杰、郑　亮
14	智能变电站可靠实时安全网络交换关键技术及应用	国网电力科学研究院有限公司、全球能源互联网研究院有限公司、盛科网络（苏州）有限公司、中国电力科学研究院有限公司、国网上海市电力公司、国网北京市电力公司电力科学研究院、国电南瑞科技股份有限公司	吴维宁、奚后玮、吴军民、范志刚、黄国方、黄在朝、张小建、吴　鹏、吴　明、孙洪雷
15	面向智能配电网的大数据分析关键技术及应用	中国电力科学研究院有限公司、国网上海市电力公司电力科学研究院、国网湖北省电力有限公司、国网安徽省电力有限公司、国网福建省电力有限公司电力科学研究院、国网浙江省电力有限公司电力科学研究院、国网宁夏电力有限公司、国网浙江省电力有限公司绍兴供电公司、国网辽宁省电力有限公司、国网江苏省电力有限公司泰州供电分公司、国网福建省电力有限公司福州供电公司	盛万兴、刘科研、孟晓丽、张　勇、刁赢龙、白牧可、何开元、贾东梨、刘永梅、沈　煜、叶学顺、胡丽娟、董伟杰、吕　琛、张　稳、张　爽、吴　涵

续表

序号	项目名称	主要完成单位	主要完成人
16	特高压区域电网大功率缺失下频率协调控制关键技术与应用	国电南瑞科技股份有限公司、国家电网公司华东分部、国网江苏省电力有限公司南京供电分公司、国网上海市电力公司电力科学研究院、国网安徽省电力有限公司、国网浙江省电力有限公司电力科学研究院、国网山东省电力公司	滕贤亮、吴继平、徐　瑞、刘金波、谈　超、葛朝强、徐　田、于昌海、张琦兵、罗汉武
17	多数据源全球能源电力一体化图示建模及基础数据平台开发与应用	全球能源互联网发展合作组织、北京洛斯达科技发展有限公司、中国电力科学研究院有限公司	梁旭明、周原冰、李　隽、冯利民、王闻昊、徐新智、梁才浩、张义斌、刘　伟、夏俊荣
18	强溶蚀复杂地层防渗灌浆技术研究与应用	中国电建集团中南勘测设计研究院有限公司、五凌电力有限公司	胡大可、曾再祥、李永丰、杨松林、王少华、樊　勇、舒王强、钟　平、周运东、吴宏丽
19	大渡河流域安全风险智能管控关键技术	国电大渡河流域水电开发有限公司、四川大学	涂扬举、周业荣、严　军、令狐克海、陈建康、沈定斌、贺玉彬、向文平、李艳玲、王勇飞
20	复杂地质环境下水电工程大型滑坡灾变演化过程及控制关键技术	中国电建集团成都勘测设计研究院有限公司、中国地质大学（武汉）	张世殊、胡新丽、章广成、冉从彦、彭仕雄、谢剑明、王　刚、吴建川、赵小平、石定国
21	爆破挤淤形成悬浮式海堤关键技术	中国电建集团华东勘测设计研究院有限公司、中国水利水电第十二工程局有限公司	单治钢、徐学勇、李洪林、孙淼军、汪明元、李　炜、杜文博、王永明、王宽君、周力沛
22	火（核）电厂特大新型冷却塔关键技术及应用	中国电力工程顾问集团西北电力设计院有限公司、中国电力工程顾问集团华东电力设计院有限公司、中国电力工程顾问集团东北电力设计院有限公司、中国电力工程顾问集团华北电力设计院有限公司、中国电力工程顾问集团西南电力设计院有限公司、中国电力工程顾问集团中南电力设计院有限公司、中国电力建设工程咨询有限公司	姚友成、高　玲、杨迎哲、侯宪安、刘鹤忠、李武申、王　毅、陈承宪、刘志刚、闫　明
23	火电机组一体化节能改造技术	西安热工研究院有限公司、中国华能集团有限公司、华能山东发电有限公司、内蒙古上都发电有限责任公司	居文平、赵　贺、罗发青、丁兴武、陈　锋、姜卫国、冯润富、江　浩、马汀山、问树荣
24	改性飞灰深度脱除燃煤烟气中重金属汞技术及应用	国家能源投资集团有限责任公司、华北电力大学、中国神华能源股份有限公司国华电力分公司、神华国华（北京）电力研究院有限公司、华中科技大学、三河发电有限责任公司、国华徐州发电有限公司	王树民、张永生、宋　畅、张　翼、赵永椿、潘伟平、陈寅彪、顾永正、余学海、赵　毅、高武军、汪　涛、刘更生、王家伟、王传栋、廖海燕、刘志江、柴发合
25	热电厂汽轮机余热近零损失智能供热关键技术研究和应用	中国大唐集团科学技术研究院有限公司、大唐清苑热电有限公司、河北大唐国际丰润热电有限责任公司、大唐黑龙江电力技术开发有限公司、大唐保定供热有限责任公司	常　征、万逵芳、赵文波、刘建龙、张振华、刘　岩、邢百俊、杨会斌、孟建国、李建军

续表

序号	项目名称	主要完成单位	主要完成人
26	地面重型燃气轮机关键高温构件状态评估与工程化技术应用研究	广东电网有限责任公司、上海大学、中国科学院金属研究所、广东惠州天然气发电有限公司、广州珠江天然气发电有限公司	黄　丰、梁永纯、任维丽、聂　铭、秦学智、钟万里、杨卫国、甄家麟、董重里、王　伟
27	700℃超超临界燃煤发电机组关键部件验证试验平台研制与应用研究	中国华能集团清洁能源技术研究院有限公司、中国华能集团有限公司、华能国际电力股份有限公司、西安热工研究院有限公司、东方电气集团东方锅炉股份有限公司、哈尔滨锅炉厂有限责任公司、上海锅炉厂有限公司	蒋敏华、赵　平、肖　平、江建忠、钟　犁、孙宇明、邹鸿良、刘入维、周荣灿、孙孜平、王冬平、欧海燕、周　一、胡　皓、徐松乾、李小敏
28	超临界机组深度节能控制关键技术及应用	国网浙江省电力有限公司电力科学研究院、浙江大学、杭州意能电力技术有限公司、华能国际电力股份有限公司玉环电厂、浙江国华浙能发电有限公司、浙江浙能中煤舟山煤电有限责任公司	尹　峰、胡建根、罗志浩、马巧春、陈　波、赵　琦、李　泉、汪自翔、吕洪坤、周　昊
29	660MW 机组 100%容量给水泵国产化研发	中国电建集团上海能源装备有限公司	程道俊、林永祥、蔡国建、陈乃娟、缪方明、张江涛、徐晓峰、成晓伟、胡永海、高　强
30	超大型冷却塔多过程全寿命结构优化与集成设计系统关键技术及应用	中国能源建设集团广东省电力设计研究院有限公司、南京航空航天大学	汤东升、柯世堂、任宇新、刘立威、王　浩、何小华、王金玺、马兆荣、刘东华、余　玮
31	1000MW 机组海水高位收水冷却塔国产化研究与工程实践	中国神华能源股份有限公司国华电力分公司、神华国华寿光发电有限责任公司、中国电力工程顾问集团西北电力设计院有限公司、神华国华（北京）电力研究院有限公司、电力规划总院有限公司、中国水利水电科学研究院、常州金坛塑料厂	李　巍、严志坚、尹武昌、张京锁、陆国栋、柴靖宇、韩　晶、裴志铭、朱传鹏、王　勇
32	半焦在电站煤粉锅炉的应用	西安热工研究院有限公司	姚　伟、方顺利、刘家利、王志超、张喜来、王桂芳、杨忠灿、蒙　毅、李兴智、周广钦
33	非能动安全壳冷却系统整体试验台架研制与性能试验	国核华清（北京）核电技术研发中心有限公司	常华健、赵瑞昌、范普成、阳　祥、江小松、樊焕然、周明正、常　磊、施文博、田　芳
34	压水堆核电站燃料组件全自动装卸与转运成套设备研制及应用	中广核研究院有限公司、中广核工程有限公司、中广核核电运营有限公司、苏州热工研究院有限公司	吴凤岐、黄文有、周国丰、赵阿朋、陆秀生、王　君、陈建军、宁新献、徐成明、丁慧民
35	大容量风电机组一体化叶片智能设计制造技术研究与大规模工程应用	国电联合动力技术有限公司、中国电力科学研究院有限公司、中国科学院工程热物理研究所	褚景春、袁　凌、潘　磊、张明明、秦世耀、刘伟超、王小虎、付德义、林　明、石可重、冯永国、罗晓军

续表

序号	项目名称	主要完成单位	主要完成人
36	海上风电场交流并网协调运行及其控制技术与应用	中国电力科学研究院有限公司、南瑞集团有限公司、国网江苏省电力有限公司电力科学研究院、中国电建集团华东勘测设计研究院有限公司、河海大学、国网浙江省电力有限公司舟山供电公司、远景能源（江苏）有限公司	迟永宁、李　琰、刘建坤、赵生校、俞恩科、李　磊、柏　嵩、刘皓明、王　勃、张占奎
37	核电站仪控设备检测和可靠性提升技术研发及应用	中广核核电运营有限公司、大亚湾核电运营管理有限责任公司	马　蜀、李　勇、丁俊超、浦　黎、纪庆泉、吴长雷、董世儒、犹代伦、刘新东、李明钢
38	“华龙一号”整体水力学比例模拟实验	中广核研究院有限公司	苏前华、卢冬华、段远刚、邢　军、童　刚、王　阔、彭　帆、方　健、张　炯、王春意
39	三代核电焊接材料国产化研发及应用	上海核工程研究设计院有限公司、四川大西洋焊接材料股份有限公司、哈尔滨焊接研究院有限公司	郑明光、景　益、李欣雨、徐　锴、黄逸峰、蒋　勇、陈佩寅、顾国兴、张俊宝、谷　雨

2018 年度水力发电科学技术奖获奖项目

序号	项目名称	完成单位	完成人
		一等奖	
1	锦屏一级特高拱坝枢纽泄洪消能与减雾关键技术	中国电建集团成都勘测设计研究院有限公司、雅砻江流域水电开发有限公司、四川大学、南京水利科学研究院、中国水利水电科学研究院	周　钟、祁宁春、游　湘、许唯临、饶宏玲、张公平、杨　弘、唐忠敏、胡亚安、张　东、曾　勇、刘文潮、潘晓红、李旭东、蒙富强
2	各向异性岩石力学特性力学模型及工程应用	河海大学、中国电建集团华东勘测设计研究院有限公司	吴关叶、徐卫亚、孟庆祥、徐建荣、王环玲、石安池、闫　龙、何明杰、赖道平、郑文棠、狄圣杰、宁　宇、吉　华、贾朝军、林志南
3	景洪水力式新型升船机建设关键技术研究与应用	华能澜沧江水电股份有限公司、南京水利科学研究院、中国葛洲坝集团机电建设有限公司、中信重工机械股份有限公司、中国电建集团昆明勘测设计研究院有限公司、西安航天自动化股份有限公司、中国水利水电第八工程局有限公司	向泽江、胡晓林、胡亚安、邹　锐、吉　勇、张步斌、黄　群、王处军、刘金山、陈兆新、梁秀华、王虎军、付云权、田智洪、刘同欣
4	喜马拉雅域大埋深超长隧洞施工关键技术研究与应用	中国葛洲坝集团第三工程有限公司、中国葛洲坝集团股份有限公司、中水北方勘测设计研究有限责任公司、中国科学院武汉岩土力学研究所、西安科技大学、中国葛洲坝集团第五工程有限公司、中国科学院地质与地球物理研究所	邓银启、冯兴龙、冯夏庭、王焕明、陈洪莲、胡泉光、张为明、汪文桥、王西奎、郑选荣、陈方明、陈卫忠、洪　松、陈　松、吕　高

续表

序号	项目名称	完成单位	完成人
5	流域梯级水电站协同调度关键技术与应用	华中科技大学、三峡水利枢纽梯级调度通信中心、长江勘测规划设计研究有限责任公司、国家电网公司华中分部、长江水利委员会水文局、长江水利委员会长江科学院	周建中、陈　璐、覃　晖、丁　毅、赵云发、莫　莉、孙新德、戴明龙、曾小凡、周　超、刘　懿、张　胜、严　冬、王永强、闫宝伟
6	大型水泵水轮机稳定性与厂房减振关键技术及工程应用	国网新源控股有限公司技术中心、河北张河湾蓄能发电有限责任公司、通用电气水电设备（中国）有限公司、大连理工大学	路　建、宫　奎、Jean-Bernard Houdeline、唐拥军、马震岳、张　鑫、樊玉林、谷振富、桂中华、朱海峰、秦　俊、王　勇、王国柱、郭旭东、刘　杰
7	长江上游重大水利工程影响下鱼类保护关键技术研究与应用	南京水利科学研究院、三峡大学、长江水利委员会长江科学院	陈求稳、陈　进、石小涛、施文卿、林育青、陈　端、李卫明、胡柳明、王　丽、陈　诚、黄明海、唐　磊、曾晨军、王智娟、胡　晓
二等奖			
8	适应复杂环境的水工建筑物聚脲基防渗防护体系关键技术研究与应用	中国水利水电科学研究院、中国三峡建设管理有限公司、北京化工大学	李炳奇、张国新、廖建新、汪小刚、程德虎、刘有志、刘小楠、袁志刚、符昌胜、潘　东
9	大型水电工程建设场地地质灾害监测预警与应急管理研究及应用	中国三峡建设管理有限公司、中国水力发电工程学会风险管理专委会、中国科学院·水利部成都山地灾害与环境研究所、中国地质科学院地质力学研究所、中国地质调查局水文地质环境地质调查中心	樊启祥、殷跃平、时　斌、陈宁生、杨宗立、汪志林、顾功开、丁长青、胡　斌、於三大
10	特大型升船机施工安全控制关键技术	中国葛洲坝集团三峡建设工程有限公司	李国建、李友华、汪文亮、张新宇、程雷梓、张俊霞、李晓萍、石　莉
11	大型水电机组定子局部放电智能监测预警关键技术研究与应用	国电大渡河流域水电开发有限公司、国电大渡河大岗山水电开发有限公司、国电科学技术研究院有限公司成都分公司、加拿大 IRIS Power 公司	李　林、杨忠伟、Greg C. Stone、周业荣、孟宪宽、邓方雄、江建明、高　伟、杨俊双、周洪宇
12	高重力坝地基深厚软弱破碎岩体处理技术研究与应用	中国三峡建设管理有限公司、中国电建集团中南勘测设计研究院有限公司、清华大学、武汉大学	樊启祥、冯树荣、潘江洋、王毅华、张永涛、王　毅、曾祥喜、邹阳生、王恩志、周红波
13	水电水利工程水下大孔口浮体闸门封堵技术研究及应用	中国电建集团西北勘测设计研究院有限公司	朱增兵、廖永平、姚栓喜、苑连军、谭大基、王海峰、丁晓利、李　岗、赵春龙、郭富权
14	复杂多变条件下雅砻江梯级水库群精细化调度关键技术	雅砻江流域水电开发有限公司、中国水利水电科学研究院、河海大学、长江水利委员会长江科学院	陈云华、蒋云钟、聂　强、王　旭、缪益平、闻　昕、战永胜、廖卫红、周　永、王　超
15	重大水利水电工程鱼类生境保护关键技术与应用	水电水利规划设计总院、中国水利水电科学研究院、中国电建集团成都勘测设计研究院有限公司、中国电建集团华东勘测设计研究院有限公司	顾洪宾、薛联芳、彭期冬、冯顺新、姜　昊、张陆良、陆　波、林俊强、董磊华、吴赛男
16	大粒径心墙砾石土填筑质量检测设备及快速测定技术	中国水利水电第五工程局有限公司	吴高见、张邯涛、江万红、张永春、杨建平、谭小军、李法海、薛　凯、胡宗容、梁　涛

续表

序号	项目名称	完成单位	完成人
三等奖			
17	乌东德水电站超深覆盖层超深基坑围堰施工关键技术	中国葛洲坝集团三峡建设工程有限公司、中国葛洲坝集团基础工程有限公司	李国建、曹中升、周志远、袁瑞卿、李哲朋、常福远、黄家权
18	强溶蚀复杂地层防渗灌浆技术研究与应用	中国电建集团中南勘测设计研究院有限公司、五凌电力有限公司	胡大可、曾再祥、李永丰、杨松林、王少华、樊　勇、舒王强
19	金沙江下游梯级全寿命期绿色水电开发生态保护关键技术	中国三峡建设管理有限公司、四川大学、三峡大学	樊启祥、王小明、邓　云、刘大翔、杨少荣、魏　凡、洪文浩
20	基于 HydroStation 平台的水电站全生命周期管理系统	中国电建集团华东勘测设计研究院有限公司、浙江华东工程数字技术有限公司	张春生、王国光、张业星、蒋海峰、王金锋、徐　震、邓新星
21	非线性防晕材料自动检测及发电机防晕结构多参量检测系统的研发与应用	哈尔滨电机厂有限责任公司、哈尔滨理工大学、哈尔滨大电机研究所	孙永鑫、潘延明、陈庆国、张大鹏、隋银德、满宇光、宋春辉
22	大型高流速常年泄流泄洪洞耐冲磨混凝土施工关键技术	中国水利水电第七工程局有限公司	刘晓宁、雷　文、魏　平、甘　露、彭志海、高　军、朱家林
23	高水头大容量冲击式水轮机组安装技术	中国水利水电第十四工程局有限公司、中国水电建设集团国际工程有限公司、哈尔滨电机厂有限责任公司	彭贵军、周玉龙、王建利、尚　志、陈　婉、刘和林、张自敏
24	水电行业技术标准体系课题研究	水电水利规划设计总院、中国电建集团北京勘测设计研究院有限公司、中国葛洲坝集团股份有限公司	郑声安、李　昇、彭土标、赵　轶、党林才、李仕胜、刘荣丽
25	大型梯级水电站群负荷实时智能调度技术	国电大渡河流域水电开发有限公司、四川大学、南瑞集团有限公司	周业荣、李攀光、钟青祥、徐　麟、陈仕军、贺玉彬、何红荣
26	复杂地形多种料源高面板堆石坝变形控制筑坝技术	中国水利水电第十二工程局有限公司、江苏国信溧阳抽水蓄能发电有限公司、中国电建集团中南勘测设计研究院有限公司	沈益源、沈仲涛、劳俭翁、龚家明、赵仲舒、石含鑫、练新军
27	大型竖井混凝土施工成套技术研究及应用	中国葛洲坝集团三峡建设工程有限公司	李友华、詹剑霞、朱俊杰、周　雄、方延洪、张　欣、路佳欣
28	水工结构物软硬交界区域复合土工膜力学特性研究及工程应用	中国电建集团华东勘测设计研究院有限公司、长江水利委员会长江科学院	周垂一、王永明、任金明、邓　渊、梁现培、郭　志、蔡建国
29	45°缓倾斜井反导井开挖及复杂结构滑模衬砌技术	中国水利水电第七工程局有限公司、国电大渡河猴子岩水电建设有限公司	向　建、张学彬、王　峻、郑正勤、王焕强、张登柱、袁平顺
30	水环境治理工程智能管控关键技术研发与集成应用	中电建水环境治理技术有限公司、中国水利水电第三工程局有限公司、中国电建集团西北勘测设计研究院有限公司	王民浩、陈惠明、陶　明、杨　立、段红波、周利雪、辜晓原
31	水库沥青混凝土面板智能喷淋冷却系统关键技术研究与应用	中国电建集团北京勘测设计研究院有限公司	阳春树、赵　轶、李仕宏、李振中、武　媛、杨　威、陈建华
32	澜沧江流域水电站群巨型分布式集控监控系统的构建及应用	华能澜沧江水电股份有限公司、南瑞集团有限公司	胡　林、马月姣、徐　麟、鲁　铭、周　星、唐睿高、万建强
33	大型水电机组高灵敏继电保护技术深化研究及应用	南京南瑞继保电气有限公司、清华大学、北京交通大学	陈　俊、王　光、桂　林、王　凯、陈佳胜、张琦雪、郝亮亮

续表

序号	项目名称	完成单位	完成人
34	水工岩体损伤状态精细识别与安全预警关键技术	中国电建集团华东勘测设计研究院有限公司、中国科学院武汉岩土力学研究所、河海大学	侯　靖、单治钢、陈祥荣、徐建荣、陈建林、褚卫江、刘　宁
35	岩石盖重固结灌浆施工工艺研究	中国水利水电第四工程局有限公司	冯　涛、吴　涛、刘俊国、滕鸿煜、张　兴、罗增录、郭长安
36	水电工程移民安置独立评估管理信息系统研发与应用	中国长江三峡集团有限公司、长江水利委员会网络与信息中心	姚英平、金和平、姚元军、嵇培欢、周竞亮、张　军、李岸昀

第二十届中国专利奖电力行业获奖项目

金奖

序号	专利名称	专利权人	发明人
1	变电所电源的快速切换方法	国网江苏省电力有限公司常州供电分公司、国网江苏省电力有限公司、国家电网公司	龚　冰、徐雯霞、许建明、陆　政、陆怀谷、嵇建飞、倪　菁、曹　良、杜　健、张　伟、张红洁、朱海宇、严以臻
2	一种用于电气设备的减震装置	中国电力科学研究院有限公司、国家电网公司	程永锋、卢智成、朱祝兵、刘振林、钟　珉、王旭明、李　圣
3	光伏直驱系统及其控制方法	珠海格力电器股份有限公司、珠海格力能源环境技术有限公司	董明珠、赵志刚、张雪芬、蒋世用、刘克勤、冯重阳
4	一种风电场功率协同控制方法及其系统	国电联合动力技术有限公司	褚景春、武春晓、潘海宁、李明辉

银奖

序号	专利名称	专利权人	发明人
1	适用于多直流馈入电网的动态无功补偿装置的控制方法	华南理工大学、南方电网科学研究院有限责任公司	汪娟娟、傅　闯
2	一种跨大区电网交流联络线头摆功率冲击的抑制方法	国家电网有限公司、中国电力科学研究院	郭剑波、卜广全、赵　兵、胡　涛、李文峰、李　尹
3	核电站非能动堆腔注水系统及方法	中广核工程有限公司、中国广核集团有限公司	黄　威、周绍飞、唐　辉

外观设计金奖

序号	专利名称	专利权人	设计人
1	室内轨道巡检机器人	山东鲁能智能技术有限公司	慕世友、李子乐、傅孟潮、韩　磊、宋志峰、李运厂、张　斌、付崇光、赵亚博、张海龙

国际合作

战　略　合　作

【国家能源局与阿盟秘书处签署关于成立中阿清洁能源培训中心的协议】 7月10日，国家能源局副局长李凡荣在北京出席中国—阿拉伯国家合作论坛第八届部长级会议，并代表国家能源局与阿拉伯联盟秘书处签署了“关于成立中阿清洁能源培训中心的协议”。

根据协议，国家能源局与阿盟秘书处拟在北京共同建立中阿清洁能源培训中心，双方将通过该中心组织光伏、光热、风电、智能电网等方面的培训工作。除在北京建立培训中心外，双方还将根据实际情况在阿拉伯国家建立一处或多处分中心。

【中法签署核研发技术领域合作协议】 1月9日，中国广核集团（简称中广核）董事长贺禹与法国替代能源与原子能委员会（简称CEA）主席韦尔威尔德在北京人民大会堂签订了核研发技术领域合作协议，双方将在核反应堆技术、先进燃料和材料、燃料循环后端等方面深化合作。

根据协议，中广核与CEA将在平等互利、充分发挥各自的优势和成果共享的原则基础上，在核电上下游产业链等领域开展更深层次的交流和合作。包括第四代核能技术概念设计、反应堆寿期管理、先进燃料技术、核燃料循环后端、加速器、公众接受度与应急准备等。

贺禹表示，此次与法方在研发等领域的深化合作，将进一步巩固和加强两国核电科技领域的交流与互信，开辟中法核能合作的新空间，促进世界核电工业整体安全水平的提升，为两国在核电领域新的合作奠定基础。

【中国—瑞士能源工作组第二次会议在北京召开】 11月19～20日，为落实《中瑞能源合作谅解备忘录》和《中瑞能源合作路线图》，国家能源局与瑞士联邦能源办公室在京召开中国—瑞士能源工作组第二次会议，双方就抽水蓄能、先进光伏等领域的发展现状、规划、产业政策、关键技术等进行了交流。国家能源局副局长李凡荣和瑞士联邦能源办公室主任莱瓦斯出席会议并在开幕式致辞。

李凡荣指出，中瑞两国在能源领域互补性强，合作潜力大。瑞士是世界上最早建设抽水蓄能电站的国家，拥有先进的技术和丰富的国际能源市场开发经验。中国是世界上抽水蓄能电站在运和在建装机规模最大的国家，在抽水蓄能电站全产业链具备综合能力和优势。双方应继往开来，开拓创新，围绕抽水蓄能、先进光伏等领域加强相互学习和借鉴，共同促进行业进步，推进能源合作朝着更加务实的方向发展。

莱瓦斯表示，在当前国际形势下，中瑞进一步加强可再生能源领域合作，推进能源转型意义重大。多年来，瑞士在水力发电、太阳能发电、大坝安全管理等领域积累了丰富的经验，瑞士愿与中国积极交流分享经验，加强能源务实合作，实现互利共赢。

会议期间，双方联合发布了共同编制的《中国与瑞士先进抽水蓄能技术联合研究报告》并配套召开了中国—瑞士能源工作组专业研讨会，就企业层面的技术与产业合作进行了深入的交流。

来自中瑞双方有关部门、研究机构和能源企业的代表参加此次会议。

中国—瑞士能源工作组第一次会议于2017年10月11～14日在瑞士召开。

【中电联与日本电动汽车用快速充电器协会(CHAdeMO)签署合作谅解备忘录】 为支持电动汽车产业发展，推动充电技术进步，促进相关国际标准化工作，中国电力企业联合会与日本CHAdeMO协议会经过协商，达成了在电动汽车充电设施领域加强双边和国际合作意愿，双方将在共同感兴趣的议题开展专题讨论、信息交换，就中国电力企业联合会标准与CHAdeMO标准间开展深入合作，在充电设施国际标准化方面开展沟通和协调，重点推进电动汽车大功率充电领域的合作。8月28日上午，中国电力企业联合会常务副理事长杨昆与日本电动汽车用快速充电器协会（CHAdeMO）会长志贺俊之在北京签署了电动汽车充电设施领域技术和标准合作谅解备忘录，签约仪式由中电联专职副理事长王志轩主持。

中国国家标准化管理委员会、国家能源局以及日本经济产业省有关领导出席了签字仪式，国家电网公司、国网电动汽车服务有限公司、南瑞集团等单位的代表共20多人见证了签字仪式。签字仪式后，双方还就电动汽车充电设施技术标准现状及发展趋势进行了交流。

【国家电网公司与尼泊尔电力局签署中尼电力联网可研合作协议】 6月20日，在尼泊尔总理奥利的见证下，中国国家电网公司总经理寇伟与尼泊尔电力局总经理吉辛签署《中尼电力联网可研合作协议》，标志着中尼电力联网项目进入工程可研阶段。这是国家电网公司落实人类命运共同体理念，积极推进“一带一路”建设，推动周边国家电网互联互通取得的又一重大进展。

签约仪式后，寇伟与尼泊尔能源部部长巴沙·曼·普恩进行会谈。寇伟表示，国家电网公司积极贯彻“一带一路”倡议，推进与周边国家电网互联互通。国家电网公司在电网的投资、建设、运营领域拥有丰富的经验和全球领先的技术，近年来积极开展中尼电力联网前期工作，目前基本完成了项目预可研。下一步，双方应加快项目可研，推进中尼电力联网项目取得新突破。国家电网公司愿意牵头开展中尼电力联网的可研工作，希望尼方能够全力支持配合国家电网公司开展收资和设计等工作，顺利推进项目取得实质性进展。

普恩对国家电网公司发展能力和技术水平给予高度评价。他说，奥利总理和尼泊尔政府高度重视中尼电力能源合作，两国在发输配电领域合作顺利。中尼电力联网项目是两国能源合作的重要项目，双方签署中尼电力联网可研合作协议对两国政府落实“一带一路”倡议，推进周边国家基础设施联网具有重要意义。尼泊尔能源部将全力支持和配合国家电网公司开展中尼电力联网可研工作，希望尽快取得成效。

【国家电网公司与巴西国调中心签署合作谅解备忘录】 6月12日，中国国家电力调度控制中心与巴西国家电力调度中心（ONS）在北京签署合作谅解备忘录。国家电网公司副总经理张智刚会见了来访的ONS主席巴拉塔一行，双方就进一步深入开展合作交换了意见。

张智刚对巴拉塔一行来访公司表示欢迎，并介绍了公司近期发展情况，对ONS长期以来给予公司在巴西业务的帮助和支持表示感谢。他表示，自2010年国家电网公司并购巴西输电特许权项目以来，ONS不仅为国家电网公司迅速学习和了解巴西电网管理规则提供及时辅导，而且与国家电网公司当地运行和基建团队保持密切沟通，提供了大量支持服务；双方专家还在电网检修计划管理、电网应急事故响应、特高压技术在巴西落地及国际电网技术标准领域开展了卓有成效的合作。巴西与中国都面临着国内能源资源与负荷需求逆向分布的情况，电网结构及未来发展有共同之处。本次巴西国家电力调度中心与中国国家电力调度控制中心签署合作备忘录，充分体现了双方继续深化合作的良好意愿，将对促进双方共同发展具有长远意义。希望双方进一步加强合作，拓展合作领域，发挥协作效用，谋求共同发展。

巴拉塔对国家电网公司对巴西电网建设作出的突出贡献表示感谢。他认为，中巴双方合作关系紧密，能源分布及电网发展有共同之处，希望未来双方就电网运行新形势、新问题、新技术等方面深入研究，互相帮助，共同发展。

6月11日，国家电网公司总工程师兼国调中心主任陈国平，国家电网公司发展部、营销部、科技部有关负责人同巴拉塔举行会谈，就电网安全运行、新能源设施建设和新技术应用等方面展开交流讨论。

国网国际公司、国网巴控公司相关负责人参加备忘录签署仪式。在北京期间，巴拉塔一行还参观了国家电力调度中心、国网经研院高压直流控保系统。

【国家电网公司与德国电气工程师协会签署合作谅解备忘录】 8月15日，国家电网公司董事长舒印彪与德国电气工程师协会（VDE）总裁安斯加尔·海因茨代表双方在北京签署合作谅解备忘录。

舒印彪衷心感谢VDE长期以来对国家电网公司给予的大力支持，表示双方将进一步增进了解、加强互信、深化交流与合作。通过本次签署合作备忘录，VDE和国家电网公司将在科研、标准、测试和应用等领域实现双赢，推动中德未来技术合作。双方将考虑联合成立多个任务组和项目组，紧盯热点和双方共同关注的领域，促进未来能源高效供给，推动中德技术创新项目，深化双方在智能电网、信息安全和可再生能源领域的战略合作。备忘录将于2018年10月1日起生效。

VDE历来与国家电网公司保持着良好的合作关系。双方在技术层面保持密切合作，在国际标准化领域互为重要战略合作伙伴。

VDE是欧洲最大的科技协会之一。其工作范围涵盖科学研究、标准化、产品测试和认证，从事电气工程、电子信息技术及相关应用的科研和技术转移，关注青年人才培养。

【乌兹别克斯坦国家计量院与中国电科院开展交流】 4月11日，乌兹别克斯坦国家计量院到访中国电力科学研究院有限公司，开展交流座谈。乌兹别克斯坦国家计量院成立于2017年4月，主要承担乌兹别克斯坦共和国计量科学基础研究，建立国家计量标准，开展计量器具的认证、校准等量值溯源工作，推行及实践国内外先进计量检测技术、设备，进一步建立计量标准化国际实验室。

来访人员参观了中国电科院国网计量中心实验室、计量展厅以及国网计量生产调度监控展示大厅。

该公司国网计量中心主要开展计量技术的科研、检测和技术服务工作，负责建立和维护国家高电压大电流标准和行业电能标准。国网计量中心重点介绍了实验室资质、计量基准和计量标准配置、电能计量器具检测能力。双方还就电能计量器具的防尘、防水、耐热阻燃、阳光辐射等检测方法进行了深入交流。

此次交流是对“一带一路”发展倡议的积极响应。乌兹别克斯坦国家计量院副总经理哇斯耶夫充分肯定了国网计量中心在计量专业的突出成绩，对其落实国家计量法制化管理，维护计量标准量值的准确统一，以及对计量产品质量监督管控等方面的工作给予认可，希望双方能够在实验室建立、人才交流、委托测试、标准比对等方面进一步加强交流与合作。

【南方电网公司与老挝政府签署合作开发建设老挝国家输电网可行性研究谅解备忘录】 8月8日，《关于开发建设老挝国家输电网可行性研究谅解备忘录》签字仪式在老挝首都万象举行，这是贯彻落实在中共中央总书记、国家主席习近平和老挝人民革命党中央委员会总书记、国家主席本扬共同见证下，中国国家发展改革委与老挝能矿部签署的《关于建立电力战略合作伙伴关系的谅解备忘录》精神的重要举措，标志着中老电力合作迈出新步伐。老挝副总理宋赛·西潘敦、中国驻老挝大使王文天见证签约。南方电网公司党组书记、董事长李庆奎致辞，并与老挝计划投资部部长苏潘·乔米赛，老挝国家电力公司总经理奔乌·席万鹏共同签署谅解备忘录。

李庆奎在致辞中表示，中老两国山水相邻、人文相亲、电网相连。新时期，中老电力合作焕发出新的蓬勃生机。南方电网公司在长期的电网规划、建设、运行中，积累了丰富的经验，积淀形成了远距离、超高压、大容量的核心输电技术。此次谅解备忘录签署后，公司将在老挝政府各部门的大力支持下，与老挝国家电力公司精诚合作，全力推进项目建设，为老挝经济社会发展和人们生活水平提高提供安全、可靠、绿色的电力供应保障。

2017年11月13日，《关于建立电力战略合作伙伴关系的谅解备忘录》签署，两国政府同意支持中国南方电网公司、老挝国家电力公司发挥各自优势，在老挝骨干电网的投资、建设、运行和管理方面开展合作。2018年7月16日，老挝总理通伦·西苏里授权计划投资部代表老挝政府与南方电网公司和老挝国家电力公司共同签署开展建设老挝国家输电网可行性研究谅解备忘录。通过优势互补、互惠互利的电力合作，将助力老挝加快建成一体化骨干输电网，提高老挝电网输送能力和供电可靠性，促进老挝与周边国家的电网互联互通，构建老挝将水能资源优势转化为经济优势的平台。

【南方电网公司携手IEEEPES成立国际首个直流电力系统技术组织】 11月24日，由南方电网公司和IEEE电力与能源协会（Power & Energy Society，PES）主办，南方电网公司超高压公司承办的IEEEPES直流电力系统技术委员会成立大会暨2018年高压直流输电技术论坛在广州举行。南方电网公司携手IEEEPES成立国际首个直流电力系统技术组织——IEEEPES直流电力系统技术委员会，标志着中国在直流电力系统领域的全球引领地位，对于推动中国在直流电力系统技术领域的快速健康发展，促进中国直流电力系统技术以及相关企业的国际化进程，搭建直流电力系统技术领域的国际信息互通平台具有里程碑意义。

IEEEPES主席Saifur Rahman、中国区理事长薄志谦，中国电机工程学会副理事长，来自国内外有关技术组织、企业、高校和研究院所的专家代表共400余人参加了会议。

IEEEPES直流电力系统技术委员会秘书处设立在南方电网公司超高压公司。委员会成立后，南方电网公司将立足IEEE这个全球大平台，进一步加强与国内外相关单位的交流合作，推动直流输电技术发展。

与成立大会一同举办的技术论坛以直流输电“新技术、新挑战、新作为”为主题，围绕特高压多端混合直流、柔性直流技术的发展与应用等前沿课题发表主旨报告，现场就电力电子化电力网络谐振稳定性，特高压直流换流变、穿墙套管、电缆等主设备关键技术等方面进行了深入探讨交流。本次会议还举行了直流科技成果转化签约仪式，南方电网公司超高压公司6项直流科技成果签署了转化协议。

【国家能源集团董事长出席第十届金砖国家工商论坛并访问非洲有关国家】 7月25日，国家能源集团董事长乔保平作为中国工商界代表，应邀出席在南非约翰内斯堡举行的第十届金砖国家工商论坛。在南非期间，乔保平分别与南非能源部长拉德比、世界级煤化工公司沙索集团CEO本格瑞进行了会谈，就进一步开拓南非新能源市场和开展火电节能减排领域合作，以及进一步加强双方在煤化工领域合作进行了深入交流，并达成了相关共识。在赴南非之前，乔保平还应邀赴赞比亚、博兹瓦纳访问，并出席有关活动。

【国家能源集团总经理会见泰拉能源集团董事长比尔·盖茨等】 11月8日，国家能源集团总经理凌文与中国工程院院长李晓红一同在北京会见了美国泰拉能源集团董事长比尔·盖茨一行。中外双方就加强清洁能源特别是核电领域的合作深入交换意见，表示将一致为第四代核电技术在中国的推广和应用做出积极努力。

同日，凌文在北京会见了来访的GE公司全球副总裁、发电集团燃气发电业务总裁兼首席执行官查克·纽金特一行。双方就天然气发电市场发展和加强相关领域合作交换了意见。

【中国能建与白俄罗斯国家科学院签署合作备忘录】 当地时间6月15日上午，中国能建与白俄罗斯国家科学院在白俄罗斯首都明斯克签署合作备忘录。中国能建董事长汪建平与白俄罗斯国家科学院院长古萨阔夫·弗拉基米尔·格里果里耶维奇代表合作双方签约。双方将发挥各自专业优势，在能源战略规划、联合研究、自然科学、人才培养等方面开展紧密合作；在智慧电网、智慧小区、智慧农庄和智慧城市等方面开展深度合作；以互派学者、交流访问、联合出版科研成果、申报国家科研课题等方式广泛开展合作交流。

白俄罗斯国家科学院是白俄罗斯最高科研机构，负责组织、实施和协调科学基础和应用研究，具有参与国家科技政策制定和管理并提供决策参考的职能，拥有各级专家16 000余名和数十个科研机构。

汪建平表示，白俄罗斯国家科学院是科技研究与开发的领军机构，长期以来，为推动中白科技合作作出了重要贡献。中国能建始终致力于能源前沿技术的探索和研究，始终致力于与白俄罗斯在清洁能源、智慧能源领域的合作。此次备忘录的签订，对于双方优势互补，共同推进基础科学和应用科学融合发展具有重要意义。希望双方不断拓展合作领域、创新合作模式，在清洁能源、智慧能源等多方面进一步提升合作质量和效益水平，实现互惠双赢、共同发展。

古萨阔夫·弗拉基米尔·格里果里耶维奇高度认可中国能建在能源建设领域的整体实力，希望以此次备忘录签订为契机，进一步深化双方在能源领域技术创新及人才建设等方面的务实合作，实现互利共赢。

国际工程

【南方电网公司收购卢森堡Encevo公司股权】 卢森堡当地时间10月22日，南方电网公司与法国私募股权基金Ardian公司在卢森堡完成股权交割，南方电网公司成功收购Ardian持有的Encevo公司24.92%股权。

卢森堡副首相兼经济部部长埃蒂安·施耐德，中国驻卢森堡大使黄长庆，南方电网公司党组成员、副总经理毕亚雄，南方电网国际（香港）公司董事长唐红键及南方电网公司有关部门负责人和有关人员，Ardian公司董事麦克·罗伊特，Encevo公司董事会主席马可·霍夫曼等共同见证并参与了交割工作。

卢森堡地处欧洲中心地带，倡导自由贸易，是欧盟最早的发起国之一。得益于独特的地缘优势和良好营商环境，卢森堡经济高度发达，人均GDP位居世界第一。本次收购标的Encevo公司治理结构完善，管理水平较高，运营超过10 000km的输电线路和超过3700km的天然气管道，并有丰富的欧洲统一电力市场运作经验。Encevo公司主要从事输配电及输配气监管业务、售电和售气业务、新能源发电业务及其他股权投资业务，除传统电力和燃气业务外，其积极拓展电动汽车、能效管理、分布式能源及智能应用等方面业务，未来计划在能源输配网、新能源投资等领域实现新的业务增长。

【中国华能所属国际电力公司英国Spalding OCGT项目开工】 3月5日，中国华能所属国际电力公司英国Spalding OCGT（具有黑启动功能的燃气开式循环机组）项目正式开工建设，总装机容量30万kW，总投资约9800万英镑，预计2019年6月投产。这是海外国际兴业有限公司（中国华能持股60%、粤电集团持股40%）收购国际电力公司50%股权以来，国际电力公司首次在英国实现新项目开发建设。

该项目于2016年12月获得为期15年、价格为22.5英镑/（kW·a）的容量合同，是截至目前英国唯一一个成功竞拍并开工建设的大型新建燃气轮机项目。项目于2018年2月顺利完成融资，成为全英国第一个依靠容量合同实现项目融资开发建设的大型发电项目。同时，该项目还将为英国国家电网提供黑启动服务，具有很高的社会效益。

【国家能源集团国华电力南苏电厂荣获印尼“年度最佳电力企业”称号】 11月15日，国家能源集团国华电力南苏电厂在印尼国家矿能部组织的“2018年最佳电力奖”颁奖会上，荣获“年度最佳电力公司”称号。该项目为两台150MW机组，截至2018年底，实现连续7年无非停，累计上缴税费7.39亿元，员工本地化率超过80%，解决当地就业超过1000人，为当地取得了显著的经济和社会效益。

【国家能源集团美国宾州页岩气项目投产】 8月，国家能源集团神华海外公司美国宾州页岩气项目29口气井全部投产。该项目位于美国宾夕法尼亚州格林县，总投资2.22亿美元，其中神华海外公司投资1.57亿美元，占50%不可分割权益。截至2018年底，累计实现产气量24.21亿m^3，神华海外公司权益气量11.79亿m^3，全年实现净利润5487万元。

【国家电投完成巴西圣西芒水电站运维交接】 5月10日，经过6个月的过渡期工作，国家电投正式接管圣西芒水电站，顺利实现自主运营。国家电投海外公司派驻代表在庆祝仪式上表示，交接工作的完成标志着圣西芒公司正式成为国家电投大家庭的一员。国家电投在巴西的投资发展有利于促进当地经济增长、创造就业机会，希望圣西芒公司全体员工以此为新的起点，切实做好电站的发电运行、检修维护与安全环保工作，共同为当地经济社会发展贡献力量。

在交割过渡期间，国家电投海外公司切实贯彻执行集团公司的指示和要求，从公司建设、组织保障和技术保障方面派出骨干力量成立交接联合工作小组，协调各部门紧密配合，严格落实各项工作，最终确保圣西芒水电站交接工作顺利完成。

2017年9月，国家电投海外公司成功中标圣西芒水电站30年特许经营权。该电站总装机容量为171万kW，是巴西第九大水电站。此外，国家电投在巴西还拥有两个风电场的特许经营权。至此，国家电投在南美地区（巴西和智利）的总装机容量达226万kW。

【哥伦比亚塔拉萨水电站项目】 11月19日环球水电公司完成塔拉萨项目公司80%股权收购交割，三峡国际在环球水电所占股比为50%。

哥伦比亚塔拉萨水电站项目位于哥伦比亚西北部乔科省，距第二大城市麦德林120km。项目总装机容量17.09万kW，总投资约3.9亿美元。塔拉萨水电站项目已获得环评许可和50年的发电特许经营权，已在开展开发建设的各项前期工作，工期预计40个月。

该项目被列为哥伦比亚国家级重点战略项目，项目建成后将缓解哥伦比亚西北部地区电力短缺局面，推动区域内经济发展和社会全面进步。

【英国Moray海上风电项目完成股权收购交割】 三峡国际于12月21日完成英国Moray海上风电项目10%股权收购交割。

Moray项目位于英国苏格兰马里湾海域，离岸距离约31km，水深约37～54m。项目总装机容量95万kW，项目总投资27.32亿英镑。该项目于2017年9月成功中标英国差价合约CfD电价补贴，2018年12月完成融资关闭并开工建设，预计2022年投产发电。

英国是全球领先的海上风电市场，此次股权收购的完成开启了三峡集团和葡萄牙电力公司合作开发第三方市场新的里程碑，标志着三峡集团成功进入全球最大的海上风电市场。

【英国Brenig项目所有风机并网发电】 11月30日，由中广核欧洲能源公司负责开发的英国布雷尼格（Brenig）项目所有风机并网发电，成为中广核首个海外自主建设的风电项目。Brenig项目是位于英国威尔士地区的陆上风电项目，项目由16台2.35MW风机组成，项目装机容量为37.6MW。

2017年7月27日，中广核欧洲能源公司与英国Jones Bros Civil Engineering公司在法国巴黎签署了Brenig项目的配套设施以及电气系统合同，合同签署当天，土方工程也正式动工。

【中国电建投资开发澳大利亚牧牛山风电项目】 4月11日，中国电建海投公司与新疆金风科技股份有限公司在悉尼签署了澳大利亚牧牛山风电项目股权收购协议、股东协议及战略合作协议，这标志着中国电建投资开发的澳大利亚牧牛山风电项目正式落地。中国电建海投公司董事长盛玉明和新疆金风科技股份有限公司董事兼执行副总裁曹志刚参加签约仪式。

项目位于澳大利亚塔斯马尼亚岛中央高地，计划建设安装48台风力发电机组，总装机规模为147.5MW，年发电量约4.4亿kWh，项目建成后将成为塔斯马尼亚州最大的风电场。该项目的投资开发，有利于促进和发展当地新能源电力，带动当地经济发展。同时，将为实现澳大利亚的2020可再生能源目标做出重大贡献。

【中国电建签订欧洲最大路基风电项目EPC合同】 基辅当地时间9月6日，在乌克兰总统波罗申科和挪威外交大臣瑟雷德的共同见证下，中国电建与挪威NBT公司正式签订了乌克兰西瓦什250MW风电项目EPC合同。

西瓦什250MW风电项目由挪威NBT公司投资，欧洲复兴开发银行牵头融资，中国电建与福建公司组成联营体共同作为EPC承包商。该项目位于乌克兰南部赫尔松地区锡瓦什湖畔，装机容量250MW，采用64台Nordex 3.9MW风机，适用欧盟标准。项目计划于2018年10月10日实现融资关闭，正式开工，2019年12月31日完工。该项目建成后将成为欧洲最大的路基风电场。

乌克兰总统波罗申科表示，随着项目的实施，将给乌克兰创造许多新的就业机会，而这一电力项目的建成也将满足赫尔松地区1/3以上的电力需求，极大改善当地用电情况，带动地区经济发展。

【中国电建与印度阿达尼集团签署印度鼓达电站EPC合同】 4月24日，在印度总理莫迪开启访华之行前，中国电建与印度阿达尼（ADANI）集团正式签署印度鼓达（Godda）燃煤电站项目EPC合同签约以及双方战略合作谅解备忘录。中国机电产品进出口商会会长张钰晶，孟加拉国驻华经济参赞贾汗吉尔，中国电建集团暨股份公司董事长晏志勇，阿达尼集团主席高塔姆·阿达尼、首席执行官嘉应出席了仪式并见证签约。

鼓达2×800MW燃煤电站位于印度贾侃德邦，将通过专用输电线路向孟加拉国供电，是印度总理2016年访孟期间确定的印度和孟加拉两国能源合作的重大项目之一，具有进一步推动“孟中印缅”经济走廊建设、加强区域性产能互联互通的重要意义。

孟加拉国电力发展委员会、使馆等政府部门，普华永道等合作机构代表，中国出口信用保险公司山东分公司、中国工商银行、中国进出口银行、中国农业银行、中国民生银行、亚洲基础设施投资银行等金融机构，中国电建股份公司及相关成员企业代表参加了此次仪式。

“一带一路”项目

【国家电网公司与巴基斯坦政府签署默蒂亚里—拉合尔±660kV直流输电工程交易文件】 5月14日，在巴基斯坦总理阿巴西和中国驻巴基斯坦大使姚敬的见证下，中国国家电网公司董事长舒印彪在伊斯兰堡分别与巴基斯坦国家输电公司总裁扎法尔、私营电力与基础设施委员会执行董事沙阿·贾汉签署默蒂亚里—拉合尔±660kV直流输电工程输电服务协议、执行协议等一系列交易文件。

默拉直流输电项目是中巴经济走廊框架下的优先实施项目，是巴基斯坦首条直流输电工程，也是巴基斯坦输变电领域向外资开放的首个落地项目。工程采用国家电网公司完全自主知识产权的±660kV直流输电技术，填补了巴基斯坦在高压直流输电领域的空白。工程近80%采用中国技术标准，可为当地创造5000～7000个工作岗位。

工程南起默蒂亚里换流站，止于拉合尔换流站，途经信德省和旁遮普省，线路全长878km，输送容量400万kW，年输送电量能力约350亿kWh。国家电网公司以BOOT（建设—拥有—运营—移交）模式建设该工程，经营期25年，总投资16.58亿美元，预计2021年上半年投运。工程投运后，将把巴基斯坦南部多个中巴经济走廊能源项目生产的电力输送到该国中部拉合尔地区的负荷中心，可缓解巴基斯坦中部地区的电力紧张状况，改善电网结构，提高电网的供电质量。

【国家电网公司波兰科杰尼采项目竣工】 11月8日，平高集团有限公司在波兰科杰尼采市举办了“400kV/220kV/110kV科杰尼采变电站扩建及改造项目”竣工仪式。中国驻波兰大使馆经参处、波兰国家电网公司、科杰尼采市政府以及中国银行、中国工商银行、汇丰银行、山东电工等10多家大型中资公司，西门子、GE等20多家跨国企业的代表约100余人参加了仪式。

科杰尼采项目是中国企业在欧盟完工的首个输变电工程总承包项目，对深化中国与欧盟在电力领域的产能合作，进一步开拓欧洲电力工程市场具有重要意义，是国家电网公司以实际行动服务和推进“一带一路”建设取得的又一硕果。

科杰尼采项目是平高集团在波兰中标签署的第三个EPC工程总包项目，于2014年5月9日正式签约启动，包括110kV开关站扩建一个间隔，400kV开关站拆除原有9个间隔，扩建（改造）为新的18个间隔。科杰尼采变电站不仅承载着波兰首都华沙一半的电力供应，也是波兰国家电网公司重要的枢纽变电站。项目建成后将对接临近的欧洲最大火力发电厂科杰尼采电厂扩建机组，成为该电厂电力输出总开关。

【越南永新电厂一期BOT项目2号机组投运】 越南永新燃煤电厂一期2×620MW工程位于越南平顺省，由中国南方电网有限责任公司、中国电力国际有限公司和越煤电力有限责任公司共同投资，是中国企业在越南首个采用BOT（建设-运营-移交）模式投资的电力项目，中国能建广东院为项目建设总承包方。广东院于2006年应邀到越南开展电厂规划选址工作，并提出在现永新厂址处建设越南国家最大的电力煤炭港口基地，获越南政府批准。2015年7月18日，在中越两国领导人的见证下，永新一期项目正式开工。作为越南首个采用当地无烟煤的超临界W型火焰锅炉发电厂，该项目对带动越南电力产业升级具有重要意义。项目建设过程中，广东院围绕“先进、可靠、绿色”的设计原则，对电厂开展了64项设计优化专题研究，实现了13个优良技术经济指标，标准煤耗、综合厂用电率、全厂热效率等大部分指标高于合同要求。2018年11月27日，永新一期项目2号机组投入商业运营，标志着永新一期项目两台机组全部投入商运。项目投产后，每年可提供约80亿kWh

的发电量，满足当地125万居民的用电需求，缓解越南南部用电紧张局面，助力当地经济社会发展。7月1号机组正式投运。

【老挝南塔河一号水电站投产发电】 10月26日，老挝南塔河1号水电站3台机组投产发电。该电站是南方电网公司在国家"一带一路"框架下的首个境外水电项目，由南方电网公司与老挝国家电力公司共同投资建设。项目位于老挝博胶省湄公河左岸支流南塔河上，是以发电为主、兼有防洪、灌溉等综合效益的水电枢纽，采用BOT模式，建设期4年，特许运营期28年，总装机容量为168MW。电站主体工程于2014年11月开工，2018年6月26日实现电站下闸蓄水。

【柬埔寨桑河二级水电站8号机组投产发电】 柬埔寨当地时间10月21日，由中国华能澜沧江水电股份有限公司控股投资开发的柬埔寨境内最大水电工程——桑河二级水电站8号机组顺利通过72h试运行，正式投产发电。至此，桑河二级水电站8台机组全部投产发电。12月17日，桑河二级电站正式进入商业运行。

该电站于2013年10月开工，2017年12月9日首台机组投产发电，2018年内实现"一年六投"目标，8台机组在11个月内全部投产发电。

桑河二级水电站位于柬埔寨王国东北部上丁省西山区境内的桑河干流上，总装机容量40万kW，占柬埔寨全国总发电装机容量的近20%。电站大坝全长6.5km，为亚洲第一长坝，采用的8台5万kW灯泡贯流式机组均由中国制造。

【国家能源集团正式运营希腊色雷斯风电项目】 6月8日，国家能源集团所属神华新能源公司（国华投资公司）与希腊能源企业科佩鲁佐斯（Copelouzos）集团顺利完成希腊色雷斯格莱玛提卡奇和奥卡尼斯2个风电项目（36.8MW）的交割并开始正式运营。根据双方签署的色雷斯项目股权收购协议，神华新能源公司下一步将完成后续2个项目的交割工作，最终实现4个色雷斯风电项目（78.2MW）的控股经营。

希腊北部色雷斯地区，4座原属科佩鲁佐斯集团的风电场，曾经在兴建初期遇到资金难以为继的困境。2017年11月，国家能源集团与希腊科佩鲁佐斯集团签署协议，收购旗下4个风电场75%的权益（科佩鲁佐斯集团保留25%股权）。

【国家电投智利蓬塔风电项目竣工】 当地时间8月24日下午，国家电投太平洋水电智利公司蓬塔风电项目竣工庆典在项目现场举行。中国驻智利大使馆代办李无无，国家电投董事江毅、朱鸿杰、刘宝瑛，智利经济部长何塞·拉蒙，智利能源部长苏珊娜·西门内斯出席庆典仪式，并共同为竣工项目剪彩揭牌。

蓬塔风电项目总装机容量为80MW，总投资额近1.5亿美元，工期约18个月，拥有风机32座，预计年均发电量为282GWh。蓬塔风电场是区域内装机容量最大、机组性能最先进的风电场，同时也是国家电投乃至中国在智利投资建成的第一座风电场。

智利参议院，科金博大区，利马里省及奥瓦耶市等各级政府官员，当地社区居民、同业协会、智利能源企业及中资企业代表等共计200余名嘉宾共同见证了项目竣工。国家电投集团公司、海外公司、太平洋水电公司及智利公司有关负责人和部分员工参加了本次庆典活动。

蓬塔风电项目位于智利中部的科金博大区（第Ⅳ大区）的沿海地区，距离圣地亚哥约316km，距离北部的拉塞雷纳约100km。项目占地面积约1500hm^2，场址为临海丘陵台地，海拔从120m到330m。项目所在地80m高度年平均风速为6.8m/s，风功率密度高达776W/m^2。厂址紧靠智利5号公路，对外交通便利。项目于2017年5月30日正式开工。

【中国三峡集团乌干达伊辛巴水电站首台机组并网发电】 乌干达伊辛巴水电站及配套输电线路项目总装机183MW，合同工期47个月，合同金额5.68亿美元，资金来源的85%由口行提供优惠贷款，剩余15%由业主乌干达能矿部自筹。主要工程内容包括发电厂房，配备4台轴流转桨式水轮发电机组，溢洪道、左右岸土石坝、重力坝、开关站及42km 132kV输电线路。项目自2015年4月30日开工，于2018年11月5日下闸蓄水，12月31日项目首台机组成功并网发电。

自2015年4月30日开工以来，项目各项主要工作顺利开展，发电厂房主体、溢洪道及重力坝混凝土已全面浇筑完成，土石坝填筑完成，二期上游围堰拆除完成，砂石骨料加工系统及拌和系统等库区临时设施拆除完成，组织业主咨询完成蓄水前验收，项目第一阶段蓄水已完成，蓄水水位高程至1053.5m（正常蓄水水位高程为1054.5m）。金属结构及机电设备安装已基本完成，1号机组无水调试工作完成，并于12月26日启动有水调试工作。2号机无水调试工作完成，并于12月6日启动机组有水调试工作，且于12月25日完成调试，并于12月31日成功并网发电。3号机组总装完成，分系统的配线工作已完成，分系统的无水调试工作基本完成。4号机组总装完成，正在进行分系统的无水调试工作。伊辛巴侧及Bujagali侧开关站132kV户外电气二次设备安装及调试完成。发电厂房、端部副厂房及开关站控制楼装修工程正全面进行，输变电线路基础、铁塔安装及架线工作已全部完成，并组织咨询验收完成。

【中国三峡集团巴基斯坦风电二期项目正式投产】 巴基斯坦风电二期项目的两个风电场分别于6月9日和6月20日正式投产发电，项目投产以来运营良好。

巴基斯坦风电二期项目位于巴基斯坦信德省塔塔地区贾姆皮尔，距卡拉奇90km。项目总装机9.95万kW，项目总投资1.6亿美元。该项目于2016年9月开工建设，工期22个月，2018年6月正式投产发电。该项目已列入中巴经济走廊早期收获项目。

【中国电建巴基斯坦卡西姆港燃煤电站正式商运】 巴基斯坦当地时间4月25日，由中国电建和卡塔尔AMC公司共同投资开发的2×660MW卡西姆港燃煤电站正式完工，提前67天进入商业运行。卡西姆港2×660MW燃煤电站项目是中巴经济走廊排在首位的“优先实施项目”，于2014年5月6日举行奠基仪式，2015年5月正式开工。

卡西姆港电站采用中国自主设计制造的超临界机组，超过99％的设备来自中国。电站利用海水二次循环冷却和海水淡化补水，采用石灰石—石膏湿法脱硫工艺，满足巴基斯坦和世界银行环保标准要求。电站机组与传统燃油发电机组相比，发电效率更高，对环境更加友好。

卡西姆电站项目是中巴经济走廊首个落地实施的大型能源项目和巴基斯坦政府1号工程。该项目荣获2018年度巴基斯坦环境保护优秀大奖。

【巴基斯坦萨希瓦尔燃煤电站项目通过验收全面竣工】 8月17日，巴基斯坦萨希瓦尔燃煤电站项目通过竣工验收，实现全面竣工。该项目是“中巴经济走廊”优先实施项目，共建设两台660MW超临界燃煤发电机组，总装机容量1320MW，年发电量超过90亿kWh。项目于2015年7月正式动工，1号和2号机组分别于2017年5月25日和6月8日正式投运。

萨希瓦尔燃煤电站项目由中国华能山东发电有限公司和中国山东如意集团共同投资，中国电建核电公司EPC总承包，中国电建山东电建一公司承担建设任务。该项目荣获巴基斯坦能源部颁发的设计金奖、巴基斯坦总理阿巴西亲自签发的“杰出成就奖”和中国施工企业管理协会组织评选的“国家优质工程金质奖”。

【巴基斯坦塔贝拉四期水电站投入商业运行】 当地时间10月22日，巴基斯坦塔贝拉水电站四期最后一台（15号）机组，完成全部有水调试并顺利移交业主，进入商业运行。至此，塔贝拉4期水电站的三台机组全部按期完成移交。

巴基斯坦塔贝拉水电站是巴基斯坦境内最大的水电站，号称“巴基斯坦的三峡工程”。四期扩建工程于2013年10月开工，由上海福伊特作为机电EPC总承包商，中国电建成都院承担金属结构及辅机设计，水电七局、水电八局负责安装及土建施工。四期扩建项目在现有的14台机组上增加3台单机容量为47万kW的混流式水轮机，即在原3478MW容量的基础上，扩容1410MW，增加了约40％的发电量，将该水电站的发电量总额提高到4888MW。

塔贝拉水电站位于巴基斯坦北部印度河干流上，伊斯兰堡西北约100km处。塔贝拉水坝是世界上最大的土石坝之一，最大坝高143m，坝顶长2743m。

【津巴布韦旺吉燃煤电站三期扩机项目正式开工】 旺吉扩机项目装机规模为2台335MW的亚临界燃煤发电机组，由中国电建与津巴布韦电力公司（ZPC）以BOO模式共同投资开发，该项目是中资企业目前在津巴布韦的最大火电项目，也是津巴布韦独立以来最大的能源基础设施建设项目。6月27日，该项目正式开工。

【津巴布韦卡里巴南岸水电站扩机工程全面投产】 3月28日，中国电建承建的津巴布韦卡里巴南岸水电站扩机工程举行竣工仪式，标志着津巴布韦独立以来最大的水电项目全面建成投产。

卡里巴南岸水电站扩机项目位于津巴布韦和赞比亚交界的赞比西河上的卡里巴峡谷段，项目于2014年11月10日正式开工，在原有6台机组的基础上新安装2台单机容量150MW的混流式水轮发电机组，使卡里巴水电站总装机容量由75万kW提升至105万kW。两台机组全部并网发电后，卡里巴水电站发电量增加40％，为津巴布韦增加约20％～30％的电力供应，大大缓解了津巴布韦电力短缺局面。

卡里巴南岸扩机项目是津巴布韦独立以来开工建设的规模第二大能源项目，合同金额约3.55亿美元，其中3.19亿美元使用中国进出口银行优惠信贷，其余部分由津方出资。中国电建以“EPC＋F”模式签约。

【科特迪瓦苏布雷水电站项目通过验收】 5月22日，苏布雷水电站全部机组通过验收，标志着该项目全面进入质保期。苏布雷水电站位于萨桑德拉河上纳瓦瀑布处，是科特迪瓦国家能源平衡战略的核心项目，总装机容量为275MW，预计年发电量11.9亿kWh，由中国电建以EPC模式承建。

项目于2013年9月24日开工，2017年11月2日竣工。科特迪瓦共和国总统阿拉萨内·瓦塔拉出席竣工典礼并致辞。

【阿尔及利亚233MW光伏项目全部并网发电】 1月18日，中阿首个光伏电站合作项目、中国电建以EPC模式签约承建的阿尔及利亚233MW光伏电站项目最后一个电站——巴特纳站成功并网发电。至此，阿尔及利亚国内首个大规模光伏电站全部并网发电。

2013年11月，中国电建以5.24亿美元中标343MW光伏电站项目中的三个标段，装机容量达233MW。该项目于2013年12月签订合同。

中国电建承建的233MW光伏电站项目三个标段共15个电站，各个电站分布相对分散，从北部沿海到中部高原再到南部沙漠，纵贯阿尔及利亚全境。其中，一标位于阿尔及利亚东部高原地区，由5个电站组成，共计90MW；三标位于中部高原地区，由4个电站组成，共计90MW；已于2016年3月全部率先并网发电的五标位于撒哈拉沙漠腹地，由7个电站组成，水电十三局承建，总装机容量53MW。

【摩洛哥努奥光热发电项目并网发电】 努奥（Noor）光热电站项目是全球单机容量最大的光热电站工程，包括二期200MW槽式光热电站和三期150MW塔式光热电站，由中国电建集团与西班牙SENER组成联营体以“EPC＋OM”模式承建，于2015年5月开工建设。

8月15日，努奥三期项目发电机首次并网一次成功，标志着目前全球装机容量最大的150MW塔式光热电站项目实现并网。努奥三期采用塔式光热技术，是世界上首次采用混凝土和钢结构混合式结构的光塔，也是世界上最高的光热发电集热塔，高达248m。

努奥二期项目于1月10日并网成功，已投入正式运行。

10月22日，努奥二期和三期项目荣获摩洛哥瓦尔扎扎特省政府颁发的“社会贡献奖”和“经济就业促进奖”。

努奥光热发电场总装机规模为510MW，为世界最大规模的太阳能聚热电站项目。其中一期项目为160MW槽式光热电站，已投入运营。

【沙特延布三期5×660MW燃油电站项目1号机组供汽】 5月16日，延布三期5×660MW燃油电站项目1号机组完成供气目标。该项目是中东地区在建规模最大的燃油电站项目，项目业主是沙特海水淡化公司。2017年5月7日，中国电建集团正式与业主签订项目EPC合同。项目包括新建一座总装机容量2708MW的燃油电站和配套的55万m^3海水淡化厂，承载着为沙特圣城麦地那供水的重任。

【沙特阿美MGS一期项目首台机组运行】 1月2日，阿美MGS（燃气增压站）一期项目首台燃机完成全部调试工作，正式点火运行。该项目属于沙特东气西输主管线扩建项目，包括建设两座大型天然气压缩站，使日输气能力从84亿ft^3提升至96亿ft^3，是沙特国王亲自关注的重点项目，由中国电建集团以EPC模式承建。

【巴基斯坦特里肯波顿150MW风电项目投产发电】 当地时间9月13日下午，中国电建华东院总承包的巴基斯坦特里肯波顿（Tricon Boston）风电项目B站通过168h试运行，可利用率99.9%。至此，该项目A、B、C站均已正式投入商业运行，即该项目全线投产发电，累计提前96天完工。

巴基斯坦Tricon Boston项目位于巴基斯坦东部的信德省达塔县锦屏区，距港口城市卡拉奇市约120km，总装机容量150MW，共安装87台GE103－1.715MW的风力发电机组。

【白俄罗斯核电输出及电力联网项目全面竣工】 当地时间11月21日，由中国能建规划设计集团华北院总承包、西北电建和山西电建四公司承建的白俄罗斯核电输出及电力联网改造工程23子项——罗斯变电站改造、扩建工程验收工作完成，标志着该工程实现全面竣工。

该项目于2014年3月3日开工以来，历时4年8个多月竣工。该项目地跨白俄罗斯格罗德诺州、维捷布斯克州和明斯克州，是白俄罗斯首座核电站电力输出的配套工程，包括新建线路、变电站以及相应线路和变电站的改造，涉及白俄罗斯75%的电网改造工作，工程竣工后，新建和改造线路及变电站有力保障了白俄罗斯首座核电站与国家电力系统的顺利联网。

【中国能建中标中老500kV联网工程可行性研究项目】 8月16日，中国能建规划设计集团西南院收到中标通知书，中标南方电网云南国际有限责任公司中老500kV联网项目（老挝段）可行性研究项目。

该项目包括新建老挝境内段的500kV联网线路和500kV那磨变电站，500kV单回线路长度约75km，主变压器容量3×750MVA。项目将推进中国与老挝、泰国的跨境电网互联和电力贸易，实现互联互通，是落实“一带一路”倡议的重要举措。项目建成后，将成为中国与东盟国家第一个高电压、大规模电力交换项目，具有显著的示范意义。

【越南富安华会257MW光伏项目开工】 越南富安华会257MW光伏项目于11月17日开工，该项目位于越南富安省富华县华会镇，建设单位为Phu Yen TTP JSC，中国能建山西省电力勘测设计院承担EPC总承包。项目计划于2019年5月竣工。

富安华会257MW光伏项目作为越南2018年批准的中大型光伏项目之一，也是富安省重点新能源项目，该项目在建成后将有效弥补当地的电力供应缺口。

【泰国B. GRIMM屋顶光伏项目群开工】 6月，泰国B. GRIMM尾顶光伏项目群开工。项目位于泰国曼谷周边地区，包括总容量累计70MW的若干个项目。由中国能建所属山西省电力勘测设计院总承包，计划于2019年6月底竣工。

【亚洲首个建设的H级燃气轮机项目——必凯1180MW联合循环电站项目投运】 巴基斯坦当地时间4月27日，中国能建中电工程东北院设计的亚洲首个建设的H级燃气轮机项目——必凯（Bhikki）1180MW联合循环电站项目顺利通过168h可靠性运行试验，机组运行稳定，各项参数良好。

巴基斯坦必凯项目是哈电国际与巴基斯坦Quaid-E-Azam电力公司于2015年9月22日签订的EPC总承包交钥匙工程，是中国企业在海外承建的第一个容量最大、世界上效率最高的209HA联合循环电站项目。该项目总装机容量为1180MW，采用2+2+1的配置，即2台9HA燃气轮机、2台余热锅炉和1台汽轮发电机组。9HA重型燃气轮机是GE公司最新的燃气轮机技术，借鉴了航空发动机领域先进的冷却和材料技术。

该项目位于巴基斯坦旁遮普省拉合尔以西约60km处，于2015年9月22日开工兴建。

【巴基斯坦百路凯1223MW联合循环电站项目正式投入商业运行】 巴基斯坦当地时间7月29日，由中国能建天津电建承建的百路凯（Balloki）1223MW联合循环电站项目正式投入商业运行（COD）。

该项目位于巴基斯坦旁遮普省拉合尔市西南约80km处。项目总装机容量为1223MW，全厂配置为2台采用GE公司9HA.01重型燃气轮机、2台余热锅炉和1台汽轮发电机的联合循环电站项目。截至7月26日，该项目陆续顺利完成联合循环168h可靠性试运行、联合循环燃油和燃气性能试验，并实现合同规定的所有完工试验各项性能指标均满足合同保证值要求。

百路凯1223MW联合循环电站项目于2015年11月2日开工，1号燃气轮机于2017年8月13日通过性能试验投入商业运行，2号燃气轮机于2017年8月16日通过168h可靠性试运行。2018年2月10日，电站汽轮发电机组首次并网成功。

巴基斯坦必凯项目和百路凯项目是哈电国际总承包交钥匙工程，均是巴基斯坦政府开发的大型燃气发电项目。这两个项目均采用GE公司生产的世界容量最大、效率最高、技术最先进的9HA型燃气轮机机组，也是世界范围内第一批采用该机型的电厂。

【巴基斯坦胡布2×66万kW燃煤电站1号机组并网发电】 当地时间12月28日，巴基斯坦胡布2×66万kW燃煤电站1号机组实现并网发电。该项目由中国能建所属的中电工程西北院和天津电建组成联合体负责实施。项目位于巴基斯坦俾路支省，总装机容量2×660MW，该项目投资方为中电国际（74%）和当地公司HUBCO（26%）组成的合资公司中电胡布发电有限公司（CPHGC）。由“西北院—天津电建联合体”投标并成功中标，于2016年9月完成EPC合同签约。

该项目是中巴经济走廊的重点项目，是国家电投中电国际在巴投资的首个燃煤电站项目，也是中国能建目前装机容量最大的海外超临界燃煤电站EPC总承包项目。

【巴基斯坦尼勒姆·杰勒姆水电站项目开工】 巴基斯坦尼勒姆·杰勒姆（N-J）水电站项目由中国能建所属的葛洲坝集团负责实施。项目位于巴基斯坦克什米尔特区首府地区，距离首都伊斯兰堡约200km。项目为长隧洞引水式水电站，电站4台机组，总装机容量969MW。项目由葛洲坝集团和中国机械设备进出口公司组成的联合体中标。项目业主为巴基斯坦水电开发署（WAPDA），开工时间为1月30日，3月实现首台机组发电。

该项目是中国企业在巴基斯坦承建的合同金额最大的水电项目，也是巴基斯坦最大的在建水电工程项目，该工程建成投产后产生的清洁水电能源将输入巴基斯坦国家电网。

【巴基斯坦苏基克纳里(SK)水电站投资项目】 该项目是由中国能建所属的葛洲坝集团投资建设，项目位于巴基斯坦开普省Kunhar河上，距伊斯兰堡偏东265km。电站总装机容量873MW，可提供年发电量30.8亿kWh。

SK水电站以BOOT的模式开发，特许经营30年（不含建设期），项目业主是SK水电（私人）有限公司，葛洲坝集团控股98%，并以EPC总承包方式负责项目实施。项目采取项目融资的方式，由中国进出口银行和工商银行提供融资。

该项目是中巴经济走廊能源早期收获项目清单中的三个水电站项目之一，是目前中国企业在巴基斯坦投资最大的项目。

【孟加拉第一大电站——古拉绍电站4号机组改造项目投运】 10月30日，中国能建规划设计集团中南院设计、中国能建广东火电总承包、中国能建西北电建参建的孟加拉第一大电站——古拉绍电站4号机组改造项目完成单循环168h试运行，正式投入商业运行。

古拉绍电站改造项目是由孟加拉国家财政部提供担保，世界银行提供贷款的国际公开竞标的EPC项目，计划将原有210MW的4号机组升级改造为联合循环机组，拆除原有锅炉，在保留原有汽轮发电机组的基础上，增设一台9F.04燃气轮机、一台补燃型F级余热锅炉和其他辅助设备，使机组出力增至409MW。

古拉绍电站位于孟加拉中部，项目建成后可缓解孟加拉首都达卡地区用电紧张的形势，推动当地的经济发展。

【约旦阿塔拉特 2×235MW 燃油页岩电站 EPC 项目】 该项目由中国能建所属广东火电负责实施，由中国出口信用保险公司提供中长期出口信用保险，中国银行牵头组成的银团提供出口买方信贷。该项目于 2017 年 3 月 16 日在约旦首都安曼签署融资关闭协议。

该项目是约旦第一个采用油页岩燃料的大型新能源发电项目，是第一个采用目前世界上最大的油页岩循环流化床锅炉项目，是中国企业在世界上承揽的最大油页岩发电项目，也是中国金融机构在约旦第一个采用项目融资方式提供出口信贷的项目。

社会责任

【国家电网有限公司社会责任报告(摘要)】

1. 建立应急安全体系

全面完成省、市、县级电力公司应急能力建设评估。应急能力建设评估工作全面覆盖公司系统内供电、发电、电力建设单位。共对1650家县级电力公司开展了应急能力建设评估工作。公司全面完成省、市、县三级电力公司应急能力建设评估任务。

深入推进地市公司、县公司大面积停电事件应急演练常态化开展。深刻认识大面积停电事件应急演练重要意义，切实加强组织领导，共组织大面积停电事件应急演练803场，实现了省级电力公司、地市电力公司演练全覆盖。筛选28场演练进行全系统视频直播观摩学习，不断提升各单位开展应急演练的积极性、主动性和创造性。

完成电网迎峰度夏安全生产值班。公司总部、6家分部、27家省级电力公司和新源、运行、直流、交流、通航、节能、信通公司等7家直属单位，共计2338家各级单位、65.8万人次参加值班工作，各级领导履行带班职责，值班人员坚持到岗到位，实行24h不间断值班，全面落实公司各项值班要求。

2. 应对用电高峰

2018年，公司系统6个区域电网和除上海外的所有26个省级电网负荷创历史新高。西南电网及西藏、四川、山东、湖南、蒙东、江西、河南、山西等8个省级电网最高负荷增幅超过10%。

强化安全工作组织领导。公司党组作出一系列部署，连续组织“六查六防”专项行动、电气火灾综合治理等活动，领导班子带头履职，深入基层督导检查，各单位严格执行迎峰度夏安全生产值班制度，保障了公司安全局面平稳。

确保电网安全稳定运行。加强电网稳定和安全裕度管理，动态优化电网方式，开展“三道防线”核查，协同落实运行控制、机组调峰、负荷管理等措施，确保电网保持安全稳定运行。

确保设备安全可靠运行。对特高压站线和跨区跨省输电通道等进行特巡特护，增加重要设备巡视检测频次，保障了电网设备可靠运行。

确保电力平稳有序供应。按期投产1.7万个迎峰度夏、1.1万个迎峰度冬配网项目。加强电网日内错峰调剂，利用市场化手段削峰填谷，实施电力需求响应，及时落实有序用电措施，尽最大努力保障平衡紧张地区电力供应。

全力做好防汛抗台工作。立足防大汛、抢大险、抗大灾、防强台，提前谋划部署，及时发布预警，全力开展应对，累计投入人员19.4万人次、车辆4.8万台次，有力抗击台风侵袭，积极应对汛情灾情，快速抢修恢复受损电力设施。

3. 完成重大活动保电

认真贯彻党中央、国务院部署，高度重视重要时段、重要活动保电工作，提前部署、精心筹备、统筹调配、认真值守，公司各保电单位广大干部员工发扬“迎难而上、敢于担当、攻坚克难”的拼搏精神，经过艰苦努力和细致工作，以最高的标准、最有效的组织保障、最可靠的技术措施、最饱满的精神状态、最严明的工作纪律要求，全力以赴做好做大活动电力安全保障工作，先后高标准、高质量地圆满完成了全国两会、上合组织青岛峰会、中非合作论坛北京峰会、中国国际进口博览会、庆祝改革开放四十周年大会等系列重大活动保电任务，实现“设备零故障、客户零闪动、工作零差错、服务零投诉”目标，全面完成全年重要活动保电任务。

4. 妥善处置突发事件和自然灾害

全力应对年初雨雪冰冻灾害保供电。1月，我国中东部地区先后出现两轮大范围雨雪冰冻恶劣灾害天气过程，湖北、安徽、湖南、江西、江苏等地输电线路大量覆冰，对电网安全稳定运行造成严重影响。公司上下启动应急响应，有关部门和单位协同配合，提前准备应急队伍、应急物资和故障处置方案；各省公司密切跟踪天气变化，在确保安全的前提下，迅速组织、有序开展抢修恢复工作，全力做好受损设备抢修、电力调配、有序用电等工作，公司各单位累计投入抢修人员11.21万人次、车辆2.45万台次、融冰装置105套，确保了电网和抢修安全、确保了民生电力供应，得到地方政府的充分肯定和表扬。

成功应对处置“温比亚”等8轮台风影响。7月以来，第8号台风“玛莉亚”、第10号台风“安比”、第12号台风“云雀”、第14号台风“摩羯”、第18号台风“温比亚”、第19号台风“苏力”、第22号台风“山竹”、第25号台风“康妮”8个台风先后登陆公司经营区域，相关单位投入抢修人员10.23万人次、抢修车辆2.73万台次、发电车166台、发电机558台、大型抢修机械293台、照明装置2852套，积极开展抢修恢复，台风中受损停电的供电设备和用户均在短时间内全部抢修恢复。

5. 推进各级电网协调发展

滚动优化“十三五”发展规划。做好“十三五”电力规划中期评估和滚动调整，推动国家能源局印发《关于加快推进一批输变电重点工程规划建设工作的通知》，“五交五直”特高压工程纳入国家规划。组织开展220kV及以下电网滚动规划，组织编制配电网网格化规划指导原则，推进配电网高质量发展。组织开展重大问题研究，完成青海—河南直流配套电源、“疆电入渝”方案、新能源外送受阻断面等专题报告。

不断完善电网网架。落实蒙西—晋中、张北—雄安、驻马店—南阳特高压交流，青海—河南特高压直流工程核准批复、西藏阿里联网工程项目建议书批复，完成白鹤滩—江苏特高压直流工程可研；组织完成115余项省内330～750kV输变电工程核准。召开京张高铁、蒙华铁路等重点项目专题推进协调会，全力推进国家重点工程项目外部供电工程建设。开展白鹤滩—江苏特高压直流工程可研和设计一体化招标。

重点工程建设取得丰硕成果。落实党中央、国务院决策部署，178项“煤改电”配套35kV及以上电网工程和44项京津冀及周边地区、汾渭平原“煤改电”三年攻坚35kV及以上工程提前建成投产；积极服务守边固边工作，如期完成中央军委下达的边防部队电网建设任务；助力全面建成小康社会，加快小康用电示范县配套工程建设，169项工程如期建成；有序推进341项“三区两州”深度贫困地区电网配套以及25项“2020年冬奥会”配套工程建设。

优化220kV及以下电网审批权限。落实“放管服”改革精神，结合优化电力营商环境工作要求和统一部署，扩大省级电力公司220kV及以下电网项目审批、管理权限，优化完善储备项目动态和调整机制，增强管理针对性、有效性。

6. 加快一流现代化配电网建设

高度重视配电网发展，部署实施世界一流城市配电网基础建设年行动计划，建成北京城市副中心世界一流高端智能配电网等28个世界一流配电网先行示范区。指导雄安公司高质量做好配电网规划建设，建立西藏配电网工程建设和运检管理帮扶工作长效机制。坚持“1135”新时代配电管理思路，全力推进中央预算内投资工程、小康用电示范县、“三区两州”深度贫困地区电网建设等重点项目实施，提前4个月完成边防部队通大网电10kV及以下项目建设任务。

7. 深化电力体制改革

扎实推进输配电价改革，持续释放改革红利。配合完成26个省级电网（除西藏外）、5个区域电网输配电价、20条跨省跨区专项工程输电价格核定并落地实施，全面完成首轮输配电价改革，建立了覆盖各级电网科学独立的输配电价机制。严格落实国家降价、清费、减税等减负措施，争取多途径筹集降价资金来源，合计减负915亿元，其中一般工商业减负792亿元，降幅12.4%，提前实现了一般工商业电价平均降低10%的目标。

深化全国统一电力市场建设，实现资源大范围配置。研究制定全国统一电力市场深化设计方案，全面提出我国电力市场体系整体框架、运营方式和发展路径，积极做好向国家发展改革委、国家能源局的汇报以及与市场相关方的沟通对话。25家电力交易机构启动股份制改造，21个省组建市场管理委员会，完成市场化交易电量1.62万亿kWh，同比增长32.5%。出台《北京电力交易中心跨区跨省电力中长期交易实施细则（暂行）》，进一步完善省间中长期交易机制。现货市场试点逐步推开，山西、甘肃电力现货市场已启动试运行，山东、浙江、福建、四川等4个试点省级电力公司已编制完成现货市场建设方案，正在按地方政府主管部门计划进行方案完善和规则编制等工作。

加快增量配电改革试点，促进配电网健康发展。认真落实国家发改委增量配电有关要求，研究解决试点推进中的关键问题，及时向国家有关部委沟通汇报。建立统筹推进工作机制，指导省级电力公司深化认识、优化机制、抓好执行。增量配电改革试点取得阶段性进展，公司经营区内三批试点共256个项目，其中已确定项目业主95个，完成公司组建60个，取得电力业务许可证35个，实现并网34个，25个试点项目开展了配售电业务。

8. 持续推进新一轮农网改造升级

公司未来三年农网投资3300亿元，强力推进农网改造升级工程建设，着力解决农网网架薄弱、结构不合理等突出问题，力争彻底解决农村电网“卡脖子”、台区容量不足等问题，到2020年农村户均供电能力提升26%。2018年完成投资80亿元，建成74个小康用电示范县，完成2311个自然村通动力电改造任务，实现除西藏外的自然村通动力电全覆盖。

9. 高效推进脱贫攻坚工作

国网阳光扶贫行动计划。启动“2018～2020年国网阳光扶贫行动计划”，未来三年将投资1292亿元，提升“三区两州”深度贫困地区198个县及其他地区的381个贫困县配电网供电能力，接近本省农网平均水平，动力电源全面覆盖，低电压问题基本消除，为脱贫攻坚提供坚强电力保障。全力扶助公司定点扶贫的湖北、青海五县区打赢脱贫攻坚战，帮助1213个扶贫点全部脱贫摘帽。

突出强网扶贫。坚持精准扶贫、电力先行，完成投资325亿元，全力推动“三区两州”（不含营业区外的云南怒江州）、国家贫困县电网攻坚，实施易地扶贫搬迁、抵边村寨的电网建设，推动跨区电力交易扶贫，为贫困地区的发展注入绿色动能。

突出定点扶贫。发挥公司优势，聚焦地方资源禀赋，激发群众内生动力，捐赠光伏扶贫电站，坚持引资、产业、助学、医疗扶贫多措并举，落实“百县万村”“救急难”行动，助力“四县一区”（即公司定点扶贫的湖北长阳县、巴东县、秭归县、神农架林区和青海玛多县）脱贫攻坚。目前湖北神农架林区已退出贫困县序列，青海玛多县和湖北秭归县已申请摘帽退出。

突出光伏扶贫。坚持将服务光伏扶贫作为公司扶贫的重要抓手，全力以赴担起电站并网重任，制订光伏扶贫国家标准，做好光伏电站服务，为贫困群众提供稳定、可持续的脱贫资金保障。

成立光伏学院。借助光伏云网2.0平台，通过线上线下结合方式，开展光伏电站规划建设、运维检修、技能鉴定等方面的培训，拓展行业标准制定、共享运维等服务；通过专业技能培训和认证审核，带动中小企业创收创效和农民工创业就业，培育新兴业态，变救济式扶贫为开发式扶贫，实现“造血式”扶贫。

支持引导绿色产业发展。吃“生态饭”：捐赠790万元，在神农架林区发展中蜂养殖产业，为670户贫困户购买蜂箱、种蜂养蜂工器具，年户均增收4000～10 000元。炒“无烟茶”：捐赠672万元，帮助三峡库区茶叶合作社升级茶叶电加工设备，资产归村集体所有，改造后茶叶加工能力提升20%，改善了产业品质，提高了销售价格，实现贫困户和村集体同步增收，大量减少污染气体排放，保护生态环境。种“幸福瓜”：捐赠20万元，帮助长阳县无产业贫困户发展瓜蒌种植产业，打造兼具观赏性、收益性、持久性的“绿色银行”，年人均增收2000～3000元。

构建电商扶贫新模式。公司依托国网商城业务优势和资源优势，以电商平台为贫困地区特色农副产品提供销售新渠道，成立电商扶贫专区，形成地方特产、企业扶贫、爱心团购、扶贫众筹、公益行动等功能板块。自2017年7月上线至今，已完成湖北、冀北、山西、新疆、河南等省20余家扶贫商户入驻，上架产品百余种，涵盖蔬果生鲜、粮油调味、干货茶叶、手工艺品等8大品类，覆盖近100个贫困村，惠及4500余户贫困户。

10. 持续推动援疆援藏工作

统筹部署援疆援藏工作。坚决贯彻党中央治边兴边战略，将援疆援藏作为服务党和国家工作大局的重要政治任务。公司多位领导先后赴疆、赴藏调研慰问，协调推动支援工作；与新疆、西藏、四川、甘肃、青海省（自治区）党委政府会谈，签署战略合作协议，共同促进地方经济社会发展。印发2018年援疆、援藏重点工作任务清单，从稳增长、调结构、补短板、促就业、惠民生、保稳定等方面入手，持续推动援疆援藏工作。

提高应急处置能力。购置10辆应急电源车，完成南疆维稳应急物资储备中心建设工程规划许可证办理。加快维稳项目实施，完成全部191个“两所一中心”双电源供电工程。完成国网阿克苏、伊犁供电公司新增营业厅安防、技防配置，加快西藏各级应急指挥中心建设改造，加大甘肃、青海、四川应急抢修装备投入，确保及时有效处置各类突发事件。

满足边防用电需求。结合边防电网建设，统筹实施抵边村寨电网改造升级攻坚工程；在新疆完成27个边防部队供电任务；在西藏全面开工建设129个边防点供电工程，除7项工程在边防点要求下暂停以外，其余122个点完成通电。

促进清洁能源发展。落实公司促进新能源消纳工作意见，多措并举，确保新疆、甘肃、青海等新能源富集地区弃电量、弃电率实现“双降”目标。加快清洁能源并网及输送通道建设，满足清洁能源外送需要，积极组织“电力援疆”外送交易，新能源电量占比达35.1%。

开展就业和人才援助。选派内地电力公司470名优秀员工，赴新疆、西藏、甘肃、青海、蒙东等公司开展电力帮扶工作；完成2018年度高校毕业生招聘工作，在新疆、蒙东、西藏和三省藏区共招聘毕业生3101人，其中本地生源比例超过50%。国网新疆电力开展供电服务公司补员招聘近400人，其中包括喀什、和田富余劳动力50人。

【中国南方电网有限责任公司社会责任报告(摘要)】 2018年南方电网公司社会责任报告主体篇包括电力供应、绿色环保、经营效率和社会和谐四大章节，识别出的实质性议题分别在报告不同篇章中披露。

一、电力供应

优化电力营商环境，在降低客户平均停电时间、降低客户用电成本、实现接电便利化、推动城乡用电均等化等方面持续发力，助力制造业高质量发展和形成强大国内市场。

以科技创新为关键，以服务和商业模式创新为核心，以管理创新为保障，推动客户服务数字化转型，推进传统用电业务与互联网融合创新，有力提升服务效率和客户问题解决能力，以专业优质服务为客户创造更多价值。优化升级南方电网互联网统一服务平台，实现了南方五省区互联网服务品牌统一、客户权限统一、服务功能统一与后台管理统一，提升用户体验，基本实现常规业务办理“一次都不跑”。南方电网公司互联网统一服务平台注册用户突破3000万人，互联网业务办理占比70%。

南方电网公司始终坚持“以客户为中心”，健全客户全方位服务体系，加强专业协同与解决客户问题能力，2018年全面完成供电服务承诺，优质服务赢得五省区客户的广泛认可。2018年南方五省区“12398能源监管热线”投诉数量同比下降62%，得到国家能源局充分肯定。

二、绿色环保

建设和运营安全、可靠、绿色、高效的智能电网，并依托智能电网持续打造、发展和创新各种开放型平台。

以运营智能电网为基础，向上游整合新能源、分布式能源，向下游整合智慧用能、需求侧管理，横向整合多网融合、多能互补。

中国电力行业电源结构持续优化，煤电装机比重连续下降。从太阳、风、水转化而来的能量，为电力行业植入绿色基因。清洁、低碳、安全、高效的能源体系正在逐步构建，能源生产和消费处于变革进行时。2018年南方电网统调水电发电量3766亿kWh。

积极落实国家节能减排工作要求，充分发挥在产业链中对上下游的引导作用，推进绿色电网建设，用实际行动贡献绿色发展。2018年，南方电网公司单位发受电量化石能耗142.2g/kWh（标准煤），万元产值综合能耗0.146g/万元（标准煤），带动上下游节能减排折合减少标准煤4934万t，相当于减排二氧化碳13 124万t。

南方电网公司大力支持新能源健康有序发展，助力扩大新能源装机规模。2018年，区域内风电装机容量1929万kW，光伏装机容量1085万kW，生物质发电装机容量251万kW，为有效减少温室气体排放做出积极贡献。

加快新能源技术研究，确保新能源发电并网运行安全。支持新产品研发，研究开展生物质等新能源发电业务。全年风、光、生物质等新能源发电量同比增长超过20%。2018年，并网接入风电、光伏等新能源装机容量700万kW。

打造南方电网供电区域海上风电、光伏、储能、海洋能等多类型新能源应用及先进装备技术研究、试验及示范基地。2018年，国家能源局首批新能源微电网示范项目——广州南沙智能微电网项目投入运营。

落实绿色发展理念，积极推进绿色电网建设，注重施工过程中的生物多样性保护，努力降低电网建设对自然环境和社区的影响。

有效降低运营能源损耗，提高资源利用率，努力减少运营环节对环境的影响。

三、经营效率

坚持以供给侧结构性改革为主线，牢牢把握“巩固、增强、提升、畅通”八字方针要求，坚持市场化改革和高水平开放。

坚决贯彻落实党中央重大决策部署，统筹推进保安全、稳增长、抓改革、调结构、促转型、增活力、强党建等各项工作。

贯彻党中央、国务院关于防范化解重大风险的战略部署，全力投入防范化解重大风险攻坚战，始终坚持主动防范，系统应对，降低资产负债率、防范经营风险，以高质量发展推动建成具有全球竞争力的世界一流企业。

实现年度经营目标，连续12年荣获国务院国资委年度经营业绩考核A级，世界500强排名位居110位，世界品牌500强排名第293位。

深入学习贯彻习近平总书记关于全面依法治国的重要论述，提法治能力、优审计环境，加快建设治理完善、经营合规、守法诚信的法治央企。

积极贯彻落实新发展理念，通过创新推动体制机制变革，实现战略转型，促进企业高质量发展。

充分发挥改革“试验田”的重要作用，在输配电价、增量配电网、电力现货市场建设等领域先行先试，让改革发展成果更好惠及广大群众。

坚决落实国家关于一般工商业电价平均降低10%的政策，大力实施电网收费清理、降低一般工商业电价等措施，全年降低客户用电成本223亿元。

主动配合增量配电业务改革，公平公正参与试点项目竞争。南方区域第一批20个试点项目业主全部确定，配合地方政府完成第二、三批试点配电网规划编制。

务实推进南方区域电力现货市场建设，在全国率先启动电力现货市场试点试运行。

围绕“完善治理、强化激励、突出主业、提高效率”的要求，破除体制机制障碍，完善治理体系和管控模式。

大力推进入选国务院国资委“双百行动”的深圳供电局、南网能源公司、广东省输变电工程公司改革试点工作。明确前海混改试点项目的总体思路和发展目标，制定5个方面、36项举措，协调各方力量，完成前海供电公司股东资产注入，形成可复制、可推广、有引领性和示范性的混合所有制改革“前海模式”。

四、社会和谐

一鼓作气打好脱贫攻坚战，加大南方电网供电区域内“三区三州”等深度贫困地区和特殊贫困群体脱贫攻坚力度。

坚持全心全意依靠工人阶级的方针，纵深推进产业工人队伍建设改革，加速员工成长成才，不断增强员工的获得感和幸福感。

认真贯彻党中央决策部署，编制《南方电网公司关于打赢脱贫攻坚战三年行动方案（2018—2020年）》，积极探索创新扶贫工作模式和路径，全力推进电力行业扶贫和定点扶贫，助力精准脱贫，服务乡村振兴战略。

严格遵守各项劳动法律法规，尊重员工隐私，尊重和保障员工各项合法权益，积极构建和谐劳动关系。

坚持公平、公正招聘原则，杜绝任何形式的就业歧视。依法签订劳动合同，劳动合同签订率100%。

建立健全系统完整的人力资源制度体系，修订印发五项与劳动、人事和收入分配相关的管理制度。全年社会保险覆盖率100%。

规范职工代表大会制度，推进厂务公开民主管理贯标认证向四级单位延伸。员工参加工会比例100%，职代会提案答复办结率100%。

升级职工之家，改善一线员工工作条件，推动建家工作向文化建家拓展，建成移动App“南网e家”。全年11个单位获全国模范职工之家（小家）。2018年女性员工占比24.59%。2018年人均带薪休假天数9天。

持续推进智慧供应链建设，通过供应链各环节高效协同，促进供需精准匹配和产业升级，提升入网设备质量和服务水平，降低公司经营和交易成本，加快推进向能源产业价值链整合商转型。

致力于构建与上下游合作伙伴互利共惠、开放共赢的合作关系，建立良性发展生态圈，服务南方五省区经济、社会可持续发展。

【中国华能集团有限公司社会责任报告(摘要)】 中国华能2018年可持续发展报告以“责任助发展”为主题，主体部分以“改革创新，助经济腾飞”“生态文明，助绿色永续”“开放合作，助价值共享”“以人为本，助能者兴邦”“感恩奉献，助生活美好”为框架，系统阐述了中国华能2018年以来在改革创新、生态文明、开放合作、以人为本、社会奉献等方面开展的工作和取得的成效。

改革创新，助经济腾飞。保障电力供应，中国华能始终坚守电力行业保障电力供应的本质责任，在国家重大活动的关键时期、在严寒酷暑的恶劣天气时期，各产业板块通力协作，确保为广大群众提供安全稳定的电力供应。优化产业布局，着力发展电力产业，2018年国内发电量达到7026亿kWh，综合、煤电、水电、风电利用小时全面领先；煤炭产业在保障内部效益提升的同时，积极为主营电力板块提供有力支持；航运系统始终以服务电力主业为宗旨，持续优化运力安排，不断提升航行率、载重量利用率等关键指标；金融系统主动作为，科学应对各种困难挑战，实现风险可控在控，金融业务运行平稳。深化科技创新，实施创新驱动发展战略，纵深推进企业“双创”工作，加强科技攻关、科技项目管理以及科研实验能力建设，进一步推进科技产业化。

生态文明，助绿色永续。完善环境管理，中国华能按照国家打好污染防治攻坚战和打赢蓝天保卫战的工作要求，发布《污染防治攻坚实施方案（2018—2020年）》，全面部署燃煤机组超低排放改造、煤场灰场治理、废水治理、建设项目环保“三同时”和煤矿环保治理五大攻坚任务。调整能源结构，2018年，风电项目开工建设109万kW，投产80万kW；光伏项目开工建设41万kW，投产47万kW；水电项目投产400万kW，超额完成投产任务；全力推进国家重大科技专项高温气冷堆示范工程建设，大力推进控股海南昌江核电二期项目开发，核电产业进入突破发展新阶段；择优布局气电项目，积极有序推进生物质、垃圾发电项目开发，持续发展清洁煤电项目。加快污染防治，全面部署节能降耗工作，进一步完善三级管理体系，加强节能降耗体系建设，提升节能降耗精细化管理水平，以能耗指标创优和对标、机组小指标达标治理为抓手，深入开展节能降耗工作。提升环保意识，落实绿色办公，引导员工从身边小事做起，降低平日生活中的能源消耗，增强环保意识；加强生态保护，电站建设综合考虑发电、防洪、水土保持、水产养殖、旅游发展等方面的要求，着力保护周边环境和生物多样性，实现项目开发与生态环境和谐统一。

开放合作，助价值共享。强化境外管理，2018年成立海外事业部统筹部署境外业务，加强对国际化发展顶层设计和系统优化的研究，制定《推动共建“一带一路”走深走实实施方案》，明确“一带一路”建设新阶段的发展目标和主要措施。推进工程建设，积极推动共建“一带一路”走深走实，打造高品质电力工程，截至2018年底累计境外投资达到410亿元，可控和参与管理的装机容量约914万kW，分布在缅甸、柬埔寨、巴基斯坦等“一带一路”沿线发展中国家。开展国际交流，坚持“海外业务自觉服务服从国家总体外交”的理念，积极参加重大外交活动，搭建全方位、深层次、宽领域的交流平台，对外讲好中国故事，树立华能形象，助力提升公司海外品牌美誉度。

以人为本，助能者兴邦。夯实安全基础，秉承“安全就是效益，安全就是信誉，安全就是竞争力”的理念，扎实开展“全员安全生产责任制落实年”活动，积极推进安全生产责任体系、制度体系、保障体系和防控体系建设，全年安全生产形势总体平稳，没有发生较大及以上事故。提升设备安全，突出抓好设备本质安全管理，持续开展“降非停、控非停”工作，落实防止电力生产事故重点要求，完善各项预案措施。落实员工责任，严格遵守《中华人民共和国劳动法》《中华人民共和国劳动合同法》，依法与员工签订劳动合同，严格按照规定缴纳社会保险，保护员工个人隐私，不断完善劳动用工的基础管理。助力职业发展，员工培训工作有序开展，华能人才培训网络学院正式上线，区域公司和基层企业组织开展各类管理、专业技术和技能岗位培训，2018年举办培训班共计4.5万个，参训人数达120.4万人次。

感恩奉献，助生活美好。深化扶贫管理，2018年年初调整成立扶贫援助工作领导小组，由党组书记、副书记和分管副总经理分别担任组长、副组长，明确了12个成员部门的相关职责，党组成员全年6次深入帮扶地区的县乡镇村，实地查看扶贫项目推进落实情况；推动各单位健全工作机构和管理制度，建立扶贫援助工作三级管理体制，形成上下联动的扶贫组织体系。加大资金投入，根据定点扶贫、对口支援县贫困现状，及时调整项目资金计划，进一步突出精准扶贫、精准脱贫要求，从脱贫攻坚最需要、最迫切的问题出发，集中向教育、医疗等领域倾斜，扎实推进贫困大学生救助、教育医疗设施改善等重点项目，党的十八大以来扶贫资金累计达到18.75亿元。助力定点脱贫，认真落实党中央、国务院工作部署，2018年在陕西榆林横山区、新疆阿合奇县和青海尖扎县投入扶贫资金2360万元，实施栋梁工程助学行动、同舟工程救急难行动、祝福工程兴农行动和驻村基层党建项目，着力帮扶贫困群众摆脱教育资源匮乏、医疗条件落后、居住环境简陋的困境，切实提升百姓生活质量，保障贫困户稳定增收。

【中国大唐集团有限公司社会责任报告(摘要)】 中国大唐集团有限公司《2018年社会责任报告》以“新时代，新大唐，新篇章”为主题，集中展现了中国大唐为建设世界一流企业做出的努力，全面履行社会责任的积极行动和取得的成果。

一、价值创造

坚持“干就干一流的事，干就干成一流”总要求，制定落实攻坚行动计划，多措并举降杠杆减负债，2018年盈利95.98亿元，连续六年获得中央企业经营业绩考核A级。

认真落实中央关于保持经济持续健康发展各项决策部署，抢抓全社会用电量较快增长、清洁能源加快发展等机遇，主动作为，降本增效，经营业绩稳步提升。2018年，中国大唐火电装机容量9445.26万kW，发电量完成4221.91亿kWh；风电装机容量1631.67万kW，发电量完成323.03亿kWh，实现利润33亿元；水电装机容量2703.74万kW，完成发电量980.44亿kWh，实现利润49亿元。

坚持降本节支，推进燃料保供控价体系建设，在发电行业率先实现集团层面的燃料采购“日管控、周分析”，通过优化燃料资源配置，降低中国大唐燃料标准单价约2.19元/t（含税）；强化资金成本管控，深入开展“两金”压降工作，资产负债率平稳下降，资产质量持续改善；拓展商贸物流产业，积极发展能源服务，实现利润5.56亿元，在商务部等八部委组织的供应链创新与应用工作中成为发电行业唯一入选试点央企。

积极融入电力市场化改革，建立科学合理的市场化定价机制，提高电力市场化水平。积极研究并参与国家、地方电力市场建设方案及规则制定，做实做强售电业务，促进市场营销管理一体化、专业化、规范化。

二、安全生产

持续完善安全生产管理体系、狠抓安全生产责任制落实、强化安全生产履职问责、提高安全生产管控能力，持续健全“大安全”管控模式，圆满完成了“两节”“两会”和上合组织峰会、中非合作论坛等重大保电任务。

以创建本质安全型企业为目标，完善全员安全生产责任体系，形成了“党政同责、一岗双责、失职追责”的责任体系。实施安全生产“一票否决”，严肃责任追究，严格实行“双查”制度，形成高压态势。全年共计开展各类安全检查督查166次，发现问题4200余项，安全风险得到有效管控。

创新安全管理手段，加强作业行为管控，建立外包队伍“业主带班制”“以帽辨人”机制、重大问题挂牌督办和销号制度，大力开展反违章专项整治；对超低排放改造现场进行全覆盖检查，对火电机组A级检修开展重点内容核查，实行分子公司四级验收和中国大唐五级验收，逐级防控安全风险。持续强化金牌机组创建和评比管理，14台机组在全国电力可靠性优胜机组评比中获奖，占获奖机组台数的31.1%，居同类发电企业首位。

持续加强安全教育，配合国家能源局制作发行《发电行业安全生产警示教育系列片》，全面推进安全文化建设示范企业、班组文化样板间创建工作，促进安全文化在班组、在企业落地生根。

三、绿色追求

践行“绿水青山就是金山银山”的发展理念，主动适应能源革命新形势，持续加大结构调整力度，积极淘汰落后产能，大力发展新能源、可再生能源等清洁能源，有序推进燃煤发电清洁高效发展，优先发展大容量、高参数机组和高效节能环保的热电联产机组，电源结构不断优化，绿色发展水平显著提升。2018年，中国大唐发电总装机规模1.39亿kW。燃机、风、光、水等清洁能源和可再生能源当年新增发电量141.31亿kWh，同比升高10.88%，累计多减排二氧化硫0.23万t、氮氧化物0.31万t、二氧化碳1315万t。

编制《打赢蓝天保卫战三年行动计划》，制定6项工作目标、12项重点工作和8项具体实施计划，坚决履行好中央企业的政治责任和社会责任。积极推广应用成熟技术，累计投入节能资金10.6亿元。超低排放机组累计226台9249.9万kW，占在役燃煤机组容量的94.7%，继续保持行业领先。所有燃煤机组全部安装了高效的脱硫、脱硝、除尘设施。脱硫除尘一体化、尿素水解技术等一批环保新技术处于行业领先并得到广泛应用。集团公司二氧化硫、氮氧化物、烟尘排放总量较 2017 年分别下降 19.5%、10.45%、13.8%。

四、创新驱动

以提高自主创新能力为核心，全面加强创新体系建设，着力促进产业结构优化升级、提升科技创新基础能力，推进先进技术成果转化，培养激励创新型科技人才脱颖而出，以科技进步引领和支撑能源安全高效、清洁低碳发展。

落实《中国大唐“十三五”科技发展规划》，对接科技规划 88 项关键技术，确定 2018 年科技项目计划 300 项，涵盖火电、水电、可再生能源、分布式能源、“互联网+”大数据、煤炭等六个领域。2018 年，对全系统行业级和集团级科技奖励总额 482 万元，授奖项目 437 项，获奖人员 980 名，授奖项目和人员数量均创新高。组建完成了科技情报、计算分析、热电联产城镇供热研等 8 个研究中心。积极承担国家前沿技术研究，3 项课题进入国家重点研发计划。

2018 年，中国大唐在电力科技进步奖、电力创新奖、能源创新奖三项行业级评比中获奖 49 项，获奖总数和一等奖数量保持行业先进水平。截至 2018 年，累计获得专利 6642 件，同比增长 10%，其中发明专利同比增长 20%。2018 年，科技成果创效能力可增加收入 42.91 亿元/年，同比增加 3.95 亿元，可增加利润 14.8 亿元/年。经第三方鉴定，中国大唐有 5 项成果达到国际领先、13 项达到国际先进、8 项达到国内领先。

五、国际合作

积极响应“一带一路”倡议，遵循“共商、共建、共享”原则，深化对外交流与合作，国际化业务初步形成了境外投资、工程承包、技术服务、国际贸易、国际金融等多项业务的发展格局。

中国大唐现有境外投产运营的项目 3 个，分别是缅甸太平江一期水电站、柬埔寨斯登沃代水电站、柬埔寨金边至马德望输变电网项目，共有装机容量 36 万 kW、三座 230kV 变电站和 294km 线路。三个电力项目对当地意义重大：缅甸太平江水电站是中国大唐在境外投资建设的第一个电力项目，对加强中缅能源合作，增进两国经济文化交流具有重要意义；柬埔寨斯登沃代水电项目和金边西—马德望电网项目入选商务部“丝路明珠”项目，是中柬友好合作的典范；金边—马德望输变电项目是柬埔寨第一个国家主干电网项目，输电量逐年增长，占柬埔寨用电量的三分之一。

截至 2018 年底，中国大唐从事海外技术服务业务的主体单位有 5 家二级单位，实施中的海外技术服务项目共计 15 个，业务涉及柬埔寨、缅甸、印尼、马来西亚等 10 个国家。由中国大唐提供技术服务的菲律宾迪格宁 2 台 66.8 万 kW 超临界火电项目，是中国大唐乃至中国企业涉足欧美电力市场标准的代表性项目。马来西亚巴林基安项目是“一带一路”沿线东南亚地区的重要工程，2 台 30 万 kW 机组一次顺利并网。

六、共同发展

中国大唐始终从“命运共同体”的思维出发，与外部合作共赢、共享发展，对内关注员工的切身利益和持续成长，努力与各方形成互相认同、相互促进的良好关系。

坚持以人为本、员工与企业共同发展的理念，通过实施人才发展规划，积极为员工构筑素质提升和职业发展的平台。各级企业共开展培训项目 3.38 万个，191 万人次参加；在 29 个专业领域选拔首届集团级技术技能专家 80 人。2018 年，3 人获全国技术能手称号，3 人获电力行业技术能手称号，38 人获中国大唐技术能手称号。

企业职代会建制率不断提高，企业重大决策和劳动用工、工资分配、生活福利、劳动保护、社会保险等关系到职工切身利益的重大事项，均提交职代会审议。2018 年，立项并完成“六最”项目 563 个，帮助员工解决最关心、最需要解决的问题，极大地增强了员工的幸福感。

热心社会公益活动，将公益理念融入企业的文化与追求，鼓励员工以爱心行动为社会和谐发展作出有益贡献。坚持每年举行“大唐启明星课堂”“大唐青春牵手行”等公益活动，2018 年共有 87 家企业组织“大唐启明星课堂”活动，向 8000 余名师生普及电力生产知识及安全用电常识，中央人民广播电台、人民网、搜狐网、网易等百家媒体对此进行了报道。

年度专题一：高质量发展

2018 年，中国大唐落实供给侧结构性改革要求，不断夯实高质量发展基础，装机容量达到 1.39 亿 kW，清洁能源装机容量占比达到 35.57%，实现了水、风、光、燃机等清洁能源种类全面发展。

结构调整取得进展。抓住国家实施京津冀协同发展、长江三角洲一体化、粤港澳大湾区建设、“一带一路”建设等战略机遇，抓住国家推进东部、中西部和东北地区协调发展的政策机遇，加快调整结构布局，培育新的增长点、增长极、增长带，加快形成发展新动能。

提质增效深入推进。提前一年并超额完成国资委下达的“瘦身健体”三年考核任务，预计每年可减亏 2.78 亿元，降低管理成本约 3600 万元。全面完成

“僵尸企业”及特困企业主体治理任务。深入推进企业办社会职能分离移交，“三供一业”正式移交率99.36%，居中央企业先进水平。

圆满完成大唐国际资本运作并实现历史性绝对控股，顺利完成桂冠电力资产整合，成功转让渝能公司股权。完成90亿元可续期公司债券发行，募集资金全部偿还债务，降低资产负债率1.2个百分点，为完成国资委降杠杆任务作出贡献，中国大唐获上交所2018年优质发行人称号。

谋划推进世界一流能源企业建设。组织13个调研组，开展“什么是一流、谁是一流、怎样成为一流”专项调研。召开4次改革发展座谈会，集团公司领导班子成员与各二级企业主要负责人面对面谋划发展、研究改革，统一思想、凝聚共识，为推动高质量发展，加快建设世界一流能源企业奠定基础。

年度专题二：精准扶贫

深入贯彻中央脱贫攻坚决策部署和习近平总书记扶贫开发重要论述，成立脱贫攻坚领导小组，制订三年行动计划，召开专题推进会议，与各二级企业签订责任状，加强现场调研督导，推进脱贫攻坚工作扎实开展。2018年向贫困地区直接投入帮扶资金3.95亿元，向贫困地区选派挂职干部129名，全面超额完成了中央单位定点扶贫责任书的工作部署。

中国大唐定点扶贫县陕西澄城县历经县级自查自评、市级核查、省级贫困县退出专项评估检查，正式摘掉贫困县的帽子，1.4万名贫困群众脱贫。广西大化县1.5万名贫困群众脱贫，18个贫困村脱贫出列。整村对口帮扶的44个贫困村中31个贫困村脱贫出列，1375户3887名贫困群众实现脱贫。

2018年12月28日，国务院扶贫办在《扶贫信息》——东西部扶贫协作与定点扶贫专刊第108期刊登了《中国大唐集团“1234”助推扶贫攻坚》，推广了中国大唐的工作经验。

【中国华电集团有限公司社会责任报告(摘要)】 2018年，中国华电继续大力推进“中国华电度度关爱”责任品牌实施战略和责任品牌“4C”行动计划，在信息披露和公众沟通方面不断努力探索，取得突出成效。一是信息披露更具规划性。发布8家区域可持续发展报告，打造发电行业首个社会责任报告矩阵；发布公司首份扶贫报告《中国华电精准扶贫行思·路在脚下》。二是信息披露形式多样化。重视“两微一端”等移动互联渠道应用，披露形式进一步丰富。三是更加注重社会化表达。积极与社会公众互动，创新公众沟通交流方式，在持续开展“公众开放日”和“度度关爱月”的基础上，创作发布度度关爱主题曲《这是一首 you and me》，形成广泛影响力和良好美誉度，提升了社会各界对中国华电品牌的心理感受和心理认同。

2018年，中国华电在以习近平同志为核心的党中央坚强领导下，认真贯彻落实党中央、国务院以及国资委各项部署，以高质量发展为主题，以深化供给侧结构性改革为主线，狠抓提质增效，加快转型升级，深化改革创新，各项工作取得了积极成效，主要指标实现了“一个超额、一个下降、多个增长”：全面超额完成了国资委业绩考核指标；资产负债率77.58%，较年初降低3.13%；完成发电量5559亿kWh，同比增长8.52%；营业收入2152亿元，同比增长8.5%；煤炭产量5078万t，同比增长13.7%；供热量3.04亿GJ，同比增长20%；清洁能源装机占比39.7%，同比增长0.7%。

中国华电围绕“巩固、增强、提升、畅通”八字方针，做好“加减乘除”四则运算，把发展的出发点和落脚点放在提高发展质量上，加快转变发展方式，优化产业结构，转换增长动力，实现从“用上能”到“用好能”转变，从保障供应向增加有效供给转变，实现质量变革。

扩大有效供给，补齐发展短板，把有限的资金和资源配置到具有市场竞争力的优质清洁能源项目上来，积极发展水电、风电、太阳能等非化石能源。2018年核准境内电源项目全部为清洁能源，关停淘汰落后产能火电机组14台186万kW，水电、天然气装机继续位居同类企业首位，清洁能源装机占比达39.7%。

全年压减72户存量法人企业，累计压减180户存量法人企业，压减率23.23%；完成8家“僵尸企业”处置和9家特困企业治理任务，提前完成国资委下达的任务目标；战略性退出煤化工业务，处置无效资产216项。

全面推进管理、科技、商业模式创新，充分利用云计算、大数据、物联网、人工智能、移动互联网等新兴技术，升级传统产业，培育高质量发展的“乘数因子”，积极稳妥推进混合所有制改革，大力引进外部资本，放大国有资本功能。

中国华电坚持有所为有所不为，提高资源配置效率，坚持眼睛向内、苦练内功，用低能耗、低排放和高效率赢得市场竞争优势，实现效率变革。向发展质量要效益，坚持以效益为前提谋划发展，贯穿发展全过程；向存量运营要效益，下大力气抓好存量运营管理，提升市场竞争力；向管理提升要效益，不断挖掘管理潜力，提升成本控制、环保排放和运营效率；2018年，中国华电资产负债率近十年来首次降到80%以下，清洁能源装机占比达39.7%，核准境内电源项目全部为清洁能源，关停淘汰落后产能火电机组14台186万kW。“瘦身健体”让企业轻装上阵，“经济细胞”健康度持续提升。

2018 年，中国华电坚定不移以供给侧结构性改革为主线，防范化解重大风险捷报频传，精准脱贫步履坚实，污染防治成效初显。三大攻坚战稳扎稳打，初战告捷，开局良好。

防范化解重大风险被列为三大攻坚战之首，是全面建成小康社会必须跨越的重要关口。中国华电统筹推进“三去一降一补”，坚持把降杠杆减负债作为一项重要工作安排部署。截至 2018 年底，中国华电资产负债率 77.58%，较年初下降 3.13 个百分点，近十年来首次降到 80%以下。

全面推动无效、低效资产处置。全年压减 72 户、累计压减 180 户存量法人企业，压减率 23.23%，完成 8 家、累计完成全部 20 家“僵尸企业”处置，两项工作均提前完成目标任务。

2018 年，中国华电聚焦定点扶贫，打出了产业扶贫、就业扶贫、教育援助、干部支持等扶贫组合拳。直接投入扶贫资金 9340 万元，派驻 92 名扶贫干部和驻村队员对口精准扶贫。

中国华电还以电力扶贫带动和辐射产业扶贫，将解决“用电难”与“促发展”结合起来，着力解决无电人口用电问题，使电力扶贫成为改善贫困地区生产生活条件的关键举措，成为精准扶贫的重要动力。

2018 年 10 月 26 日，中国华电助力藏区脱贫攻坚“三定培养”班正式开班，45 名定向培养学生全部来自藏区建档立卡贫困户，毕业后将被安置到华电金上公司、华电西藏公司下属电厂工作，真正实现“就读 1 人、就业 1 人、脱贫 1 户”。这种限定“入口”和“出口”的“三定培养”模式，在国内尚属首例。

2018 年，中国华电印发《中国华电集团有限公司打好污染防治攻坚战指导意见》，继续实施《超低排放三年实施规划（2017—2019 年）》，“绿色、低碳、环保”成为中国华电发展的最靓底色。

清洁取暖大步迈进。2018—2019 供热季期间，中国华电供热面积 5.64 亿 m^2，同比增长 14.4%，新增供热装机 1290 万 kW，供热装机占火电比例 71%，一张清洁供暖蓝图覆盖全国。

坚决做好低效无效煤电机组的关停工作。全年关停淘汰落后产能火电机组 14 台容量 186 万 kW。大力提升清洁能源尤其是非化石能源比重，为建设美丽中国注入强劲有力的绿色动能。截至 2018 年底，清洁能源装机占比 39.7%，试点地区 14 家控排企业全部完成碳交易履约，建成电力行业首个二氧化碳在线检测平台。

共抓长江生态保护。金沙江上游等流域实现首次鱼类增殖放流，放流珍稀特有鱼类 300 余万尾。

【国家能源投资集团有限责任公司社会责任报告（摘要）】 2018 年，国家能源集团坚持以习近平新时代中国特色社会主义思想和党的十九大精神为指引，牢记“奉献清洁能源，建设美丽中国”使命，深入践行“社会主义是干出来的”伟大号召，立足实现“高质量、高效益、可持续”发展，推动社会责任融入企业经营全过程，深化社会责任管理，加强社会责任沟通，力做央企履责典范，实现了新集团社会责任工作高起步、稳推进、见实效。

1. 经营管理再创新佳绩

国家能源集团始终坚持在奋斗中深化改革，在发展中提高质量，在岗位中建功立业。2018 年，集团改革重组取得重大突破，八大产业板块盈利全线飘红，主要生产经营指标全部超额完成年度计划，实现营业总收入 5423 亿元、利润总额 735 亿元，上缴税费 895 亿元；产量达到千万吨及以上的煤矿 19 个，采掘机械化率达到 100%，30 座煤矿进入全国煤炭科学产能百强并囊括前三名；火电总装机 1.8 亿 kW，占全国火电总装机的 15.8%，新能源形成了涵盖风能、太阳能、生物质能、潮汐能、地热能、海洋能在内的门类齐全的产业体系。

2. 安全环保迈上新台阶

国家能源集团始终注重节能减排和环境治理，努力践行“奉献清洁能源、建设美丽中国”的承诺。截至 2018 年底，集团所有燃煤发电机组均实现脱硫、脱硝改造，新建煤电项目全部符合超低排放标准，超低排放机组占煤电机组总量的 91%，全年火电业务主要污染物烟尘、二氧化硫、氮氧化物同比分别减排 27.1%、12.7%、10.3%；集团严守生态红线和环境安全底线，矿区生态和人居环境得到根本改变；20 家火电企业参与碳试点市场交易，全部按期完成履约。

3. 和谐央企做出新奉献

立己达人，温暖万家。国家能源集团努力实现社会和顺和美和谐，全年发放困难慰问金 2415 万元，慰问特困职工 3760 名，实现让员工职业有发展、健康能保障、生活更幸福；“走出去”真正做到从“项目合作”到“民心相通”的深入融合，获评“2018 年海外履责典范”奖；南非德阿风电项目被誉为“金砖”国家能源合作典范；印尼南苏电厂成为中国煤电在海上丝绸之路的闪亮名片。同时，国家能源集团还以南苏电厂职工和当地姑娘的真实爱情故事为原型创作电影《爱在零纬度》，生动展现了国家能源集团为实现两国经济互利双赢、促进两国人民友谊加深所作的不懈努力和贡献。

4. 精准扶贫收获新成果

国家能源集团坚决打赢脱贫攻坚战。集团层面共承担 7 个定点扶贫县和 2 个对口支援县帮扶任务，二级公司共承担 23 个省（区、市）约 200 个县（乡、村）的帮扶任务。2018 年，国家能源集团累计投入定点扶贫和对口支援资金1.75亿元，定点扶贫的山西右玉县、青海刚察县成功脱贫摘帽，对口支援的西藏聂荣县通过脱贫验收。

【国家电力投资集团有限公司社会责任报告(摘要)】 2018年，是学习贯彻十九大精神的开局之年，是国家电投转型发展的关键之年。

一、清洁低碳　展现绿色发展担当

面对能源供需格局新变化和国际能源发展新趋势，国家电投认真贯彻“四个革命、一个合作”能源发展战略，持续推进供给侧结构性改革，壮大清洁能源产业，保障清洁能源供应；服务国家重大战略，优化能源生态布局；构建安健环体系，力推节能减排和生态保护，实现绿色安全运营，助力能源清洁低碳转型。坚持以清洁能源开发为主导，2018年清洁能源投资达586亿元，占公司总投资68%，清洁能源占新增装机总量82%。

推进能源区域合理布局，服务国家战略落地。积极对接东北振兴、山东新旧动能转换、京津冀、粤港澳大湾区、长三角城市群建设、长江经济带发展、西部大开发等国家重大战略，大力推进重点地区、清洁能源特大型基地和特大项目建设，包括在山东、辽宁建设近千万千瓦级核电基地，在江苏、广东建设百万千瓦级海上风电基地，在四川、青海、内蒙古建设千万千瓦级风电和光伏发电基地，为保障国家清洁低碳能源供应和国家战略落地作出新贡献。

国家电投大力践行绿色发展理念，积极加快公司产业结构转型与发展质量升级，推动清洁能源成为能源增量主体，推动传统化石能源为主向清洁能源为主转变，推动能源供应从规模速度向质量效益转变。截至2018年底，国家电投已基本形成以清洁能源为主、行业示范效应初显的绿色多元产业结构。

引领第三代非能动核电技术发展。国家电投作为依托项目EPC总承包商，建成了完整的三代核电产业链体系，为中国核电发展作出了重要贡献。截至2018年底，控股运行核电机组5台，装机容量573万kW，参股运行核电机组权益容量108万kW，年发电量330亿kWh。

大力发展光伏发电。不断完善光伏产业链，推动光伏发电产业升级，光伏装机位居全球第一，电站分布在青海、河北、新疆等30个省区和日本、马耳他等国家。2018年，中标国家第三批光伏领跑基地项目164.5万kW，占比32.9%，排名全国第一。在中电联组织的运行指标评比中，国家电投13家光伏电站获评5A级，位列全国第一。

稳步发展风电。推进特大型陆上风电基地项目，稳妥开发沿海省区海上风电，大力拓展“一带一路”沿线国家风电项目。截至2018年底，投资运营风电装机容量1656.62万kW，较“十二五”末增加658.79万kW，共有215座风电场，年发电量305亿kWh，主要分布在国内23个省区和澳大利亚、智利、巴西等国家。大力拓展“一带一路”沿线国家风电项目，澳大利亚亚洛克、克劳兰以及智利蓬塔、黑山莫祖拉等风电项目陆续并网发电。

优质发展水电。以“人水和谐”的理念，在国内有序推进黄河上游、长江沅水支流两大流域开发建设，打造两个流域梯级水电站集群；在境外顺利接管、安全运营巴西圣西芒水电站，2018年实现发电60.74亿kWh。

清洁高效发展火电。大力推进存量机组的升级改造和淘汰落后产能，开发、应用先进高效环保机组，不断降低能耗水平，打造大容量、高参数、高效率、高收益、低排放的火电项目，使火电版块进入国内一流水平。

二、创新驱动　激活持续发展动能

国家电投积极响应国家创新驱动发展战略，紧跟技术革命新趋势，聚焦科技创新，以两个国家重大专项为抓手，突破“卡脖子”核心技术；加快新能源核心技术研发，引领清洁低碳能源发展；加强创新人才培养，建立健全科技创新体系，打造高质量发展的核心优势。

国和一号，全球最大的非能动压水堆核电站。国和一号是中国自主研发的世界功率最大的非能动压水堆核电站，安全性、经济性和环境相容性达到三代核电的世界先进水平。国和一号自主化型号的成功开发，标志着中国已经全面掌握了第三代非能动核电技术，也标志着中国核电技术达到世界一流水平。积累知识产权成果6513项、国家专利1705项、设备国产化率达到85%以上。

重型燃气轮机，引领高端制造技术发展。重型燃气轮机发电效率高、能够频繁快速启停，适合电网调峰，是优化能源结构、实现大规模清洁能源替代的主要选择之一，以超级高效、清洁、灵活的特点，被誉为装备制造业“皇冠上的明珠”，它的研发制造水平代表了一个国家的重工业和高端制造业的水平。国家电投是重型燃机工程的实施责任单位，已经完成了300MW级F级重型燃气轮机涡轮第一级静叶铸件研制。重型燃气轮机国家科技重大专项的目标是建立中国在重型燃机轮机领域的自主研发和设计能力，并通过专项进一步提升燃气轮机的制造、运行和维护能力。2018年，国家电投与德国西门子、意大利安萨尔多能源公司签署技术合作谅解备忘录，充分借鉴国际厂商的先进经验，加快实现具有完全自主知识产权的重型燃机技术的研发目标。

氢能研发及应用。培育产业发展新动能通过积极推进氢能源生产供应体系建设，稳步推进氢能示范应用和打造氢能利用全产业链，助力公司成为氢能产业链一体化发展服务商、氢燃料电池先进自主技术引领者、国家氢能产业发展的推动者。强化顶层设计。成立氢能工程领导小组，进一步贯彻落实创新驱动发展战略，加强对氢能技术研发、示范应用等工作的组织领导。完善硬件设施。建成氢燃料电池研发实验室，完成燃料电池原理样堆开发，实现核心原材料关键技术自主化，性能指标处于国内领先水平。布局核心技术研发。取得氢燃料电池开发领域重大突破，部分性能指标达到世界领先水平，计划于2020年实现氢燃料电池技术的产业化，助力中国步入氢能交通时代。促进应用研究。组建氢能科技发展公司，稳步推进天然气掺氢示范项目、制氢加氢站及氢能示范项目前期工作。

先进技术研发。立足先进能源技术开发商的战略定位，不断提升创新发展能力、技术研发能力和成果落地能力，以技术创新引领清洁低碳能源发展。太阳能：国家电投黄河公司形成国家重点实验室分实验室和联合研究中心、国际联合创新工作室等，率先在国内打造了多晶硅制造-切片工艺-太阳能电池及组件-太阳能光伏发电为一体的垂直、协同光伏产业链。2018年，国家电投黄河公司晶硅材料和特种气体入选工业和信息化部工业强基工程重点产品，存储器工艺“一条龙”应用计划示范企业和示范项目。开展光伏电池技术研发。国家电投黄河公司开展国内首条规模化N型IBC电池及组件项目建设，建成后电池平均转换效率将大于23%。国家电投中央研究院太阳能技术研究所在南昌高新区搭建高效异质结光伏电池研发试验平台，在现有光电转换效率22.5%、优于同行且成熟量产光伏电池技术基础上，重点开展高效低电阻金属栅线晶体硅异质结（C－HJT）光伏电池的技术研发。

清洁煤电：以技术创新为引领，以智慧驱动为手段，以指标先进为目标打造清洁煤电技术，助力实现大容量、高效率、绿色环保为特征的清洁煤电。2018年，国家电投上海成套院“汽轮机系列化减振阻尼叶片设计关键技术及应用”项目获得2018年度国家科学技术进步奖二等奖；国家电投山东院承担主体设计的华能莱芜2×1030MW二次再热超超临界燃煤发电机组工程，各项环保指标全面优于国家超低排放限值，获得亚洲电力奖2018年度燃煤发电项目金奖，也是中国唯一一个获得该奖的火电机组项目。

创新体系建设。围绕打造创新生态，建立健全科技创新体系，搭建创新平台，加大产学研合作力度，加强创新人才引进与培养，建立激励机制，激发全员创新潜能。“创客空间”获批工业和信息化部2018年制造业“双创”试点示范项目。

三、智慧集成　构建共享能源生态

以智慧化应对全球能源挑战和引领能源发展正在成为全球共识，以新技术、新模式、新业态为内核的“智慧能源”是当前能源革命的首选实践方案。国家电投紧跟国家战略部署，牵头建设国家级智慧能源信息平台，为推动能源与互联网、大数据、人工智能深度融合提供中国智慧和解决方案，打造国家能源大脑。率先推广应用“水光风光互补”“渔光农光互补”“光伏治沙”等项目，构建多能互补、供需协调的智慧能源系统。以高效利用和循环利用为核心，形成以煤、电、热、铝、路、港协同发展的循环经济产业集群。已开展或正在开展智慧化建设的机组占70%，智慧化建设覆盖国家电投31个省市80%的区域，已开展或正式开展智慧化建设2个省份90%项目。

提供能源一体化最优解决方案。在光伏发电、火电、风电、水电等方面积极拥抱智能技术，用互联网技术、大数据等智能化手段为能源发展赋能，推进智慧运行管理、智慧检修安全、智慧新能源发电等举措，提升电厂核心竞争力，全面打造智慧能源体系。多能互补：以提升能源系统综合效率为目标，探索并推广运用多能互补、光伏储能等关键技术研究，解决新能源出力的波动性、随机性和间歇性较大等问题，实现新能源发电和用电的供需平衡，提高新能源发电电能质量和电网运行稳定性，致力走多能互补、智能协同的能源生态发展道路。黄河公司探索用水电调节光伏发电稳定性的方式让光伏电力在进入电网前就达到稳定供电的上网条件，建成的全球运行最大的“水光互补”项目——85万kW龙羊峡水光互补光伏发电项目。龙羊峡水光互补光伏电站一年可发电14.94亿kWh，对应到火力发电相当于一年节约标煤18.356万t，减少排放二氧化碳约48.09万t、二氧化硫1560.26t、氮氧化合物1358.34t。光伏储能：大力推进储能技术的研发和应用，率先开展光伏储能研究，解决由于新能源出力不平衡而导致其无法在电网中独立存在的难题。

四、开放合作　推动全球互利共赢

聚焦互联互通，深化务实合作，携手应对人类共同的风险挑战，是每一个负责任大国的担当之举。国家电投积极贯彻国家“走出去”战略，致力于国际化发展，坚决践行“一带一路”倡议。通过践行高标准、惠民生、可持续理念，面向全球，致力消除贫困、增加就业、改善民生，更好融入全球供应链、产业链、价值链，实现联动发展，齐心开创共建“一带一路”美好未来。9月12日，习近平总书记在第四届东方经济论坛全会上宣告中俄地区合作发展投资基金（简称中俄基金）正式成立。国家电投作为母基金的主发起人，同时主导设立能源电力子基金，将专注于能源产业投资，聚焦国家电投业务范围内的中俄两国及友好第三国或地区的重点区域合作项目。2018年，国家电投获得穆迪、惠誉、标普三大国际信用评级机构A类评级。

加强国际化管理。将社会责任的理念和原则纳入决策并以此作为实践的基础，建设境外业务管理体系，组织开展境外业务发展环境调研，加强境外风险防控，并积极策划境外特色履责项目和责任品牌传播活动，不断提升境外履责能力和责任形象。境外发展战略。坚持发挥核心优势，优选产业和布局，构建科学有效的境外发展战略，努力开拓国际市场空间，不断提升国际化发展能力。

布局海外业务，为国际市场奉献绿色能源。国家电投紧跟国家战略，积极响应“一带一路”倡议，聚焦核心主业，聚焦重点区域，推动核能、光伏、水电、风电、清洁煤电等优势产业及工程技术服务“走出去”。2018年，顺利接管巴西圣西芒电站并实现安全运营，当年盈利超过11亿元；越南永新煤电、智利蓬塔风电实现商运，巴基斯坦胡布煤电项目首台机组并网；马耳他能源项目、智利篷塔风电项目成功入选国资委《中央企业共建“一带一路”研究报告（2019）》。截至2018年底，国家电投海外在运装机容量364万kW，清洁能源占比86.3%。

实施属地化运营，促进当地经济建设。坚持走共同发展之路，尊重项目所在地法律法规及文化习俗，积极开展属地化运营，充分利用所在地的社会关系和各类资源，提升项目国际竞争力的同时带动当地经济社会发展，更好地造福当地人民。促进当地经济建设。坚持企业与经济社会共同发展的理念，通过项目投资提升当地经济社会水平，为当地发展提供稳定的能源供应，推动地方特色产业发展。作为东盟成员国的越南正处于经济快速发展的关键阶段，对电力的需求非常迫切，但缺乏相应的技术及资金。打造优质电力项目，缓解越南“电荒”。中电国际联合南方电网和越煤电力，共同投资建设越南永新燃煤电厂一期项目，项目装机容量2×620MW，总投资17.5亿美元。两台机组分别于7月和11月正式投入商业运行。尊重当地文化习俗。尊重项目所在地的历史、文化和法律法规，并充分理解当地员工因其种族和宗教信仰不同所造就的多元价值观，努力消除文化差异和隔阂，构建和谐的发展环境，以更加积极的姿态融入当地社会发展。加强文化融合。国家电投海外公司大力宣贯“和文化”，组织优秀外籍员工来华交流，实施中外员工“一对一”友好计划，在各区域公司开展国别文化交流等活动，促进文化融合，凝聚团队活力。融入当地社会发展。我们不断强化海外项目属地化管理，有效提升项目核心实力，保障工程质量和进度，促进双方交流融合，提升履责形象。属地化用工。我们严格遵守项目所在地对外来劳务的准入限制，落实当地员工招聘政策，拓展招聘渠道，在帮助所在地解决劳动者就业问题的同时提升项目管理的适应性、促进当地就业。巴西PAMPA 345MW燃煤电站项目坚持使用属地化员工，建设过程中为本地区提供数千个就业岗位和就业机会，大幅度提振了当地的就业率。3月15日，中央电视台《朝闻天下》栏目报道山东院总承包建设的巴西PAMPA 345MW燃煤电站项目的建设情况，以及项目建设对当地经济社会发展作出的贡献。属地化采购。我们遵守项目所在地的法律法规和相关物资进口规定，充分了解当地物资供应状况，在确保符合项目物资质量要求的前提下大力推动属地化采购，不断完善采购政策和制度，促进采购资源优化，并带动项目所在地经济发展。

践行全球公民责任。秉持负责任、可持续的经营理念，在推进海外能源产业发展的同时，注重保护当地生态环境，促进社区基础设施建设，以主人翁精神，积极投身社区志愿活动，帮扶弱势群体，真诚回馈项目所在地人民。参与海外社区建设。主动投身当地社区建设，投资建设道路、码头、学校、养老院等公共设施，助力改善当地居民生活，造福一方百姓。巴基斯坦中电胡布燃煤发电项目所在地区基础设施薄弱，教育水平较低，人民生活贫困，周边居民主要以捕鱼为生。中电胡布积极参与社区建设，解决当地居民面临的困境。投入30万美元，全资兴建并运营一所公民基金会学校普及当地学龄儿童基础教育，为贫困学生尤其是女生提供更多的教育机会，提升民众文化素质水平。投入40万美元，建设一座渔民码头于12月投入使用，为当地渔民搭建方便的进出海通道，提高其捕鱼效率，助其勤劳致富。为Mouza Kund公益学校重新翻建足球场。赞助相关体育设施和学生运动装备，确保当地学生正常开展体育活动。保护海外生态环境。在海外项目建设中注重生态环境、生物多样性和自然栖息地的保护，促进当地生态环境建设。在项目前期，开展环境影响评估，做好污染预防，努力减缓并适应气候变化。项目实施过程中，积极开展生态研究，努力减少排放，保护当地生物多样性和自然栖息地，促进当地生态环境建设。上海电力主导完成的马耳他D3电厂油改气改造工程，其排放值远低于马耳他政府的排放限值，整体运行指标处于领先水平。2018年，D3电厂获得由英国皇家认可委员会授予的ISO 14001环境管理认证证书。积极参与海外公益。关爱弱势群体，在项目所在地开展形式多样的公益活动，包括公益捐赠、公益助学等，传递社会温情，树立公司良好的海外履责形象。公益助学。山东院“向日葵”志愿者团队持续在全国多地及巴西、印尼、赞比亚、加纳、孟加拉等多个国家开展贫困学校爱心助学活动，累计助学100余次，捐赠广播站、电脑、课桌椅、衣物、书籍、运动器材等物资约200批，价值50余万元，让3000余名学生受益。公益捐赠。11月23日，中国驻巴基斯坦卡拉奇总领馆遭遇恐怖袭击，2名巴方警察牺牲，1名保安人员负伤。中电胡布第一时间发起为殉职警察家属募捐活动的倡议，公司巴方员工得知后主动要求参与捐款。活动共筹款25万卢比，并通过中资企业协会交付于总领馆妥善安排。

五、和谐共生　携手绘就美好未来

坚持以人民为中心的发展思想，使人民获得感、幸福感、安全感更加充实、更有保障、更可持续是新时代中国特色社会主义思想的重要内容。国家电投以满足人民对美好生活的向往为奋斗目标，努力实现发展成果全民共享，致力保障员工权益，增进员工福祉，携手员工共同成长；坚持合作共赢，推动责任理念传播；全面助力脱贫攻坚，热心参与公益事业，真正践行中央企业的责任使命。截至2018年底，承担国家级扶贫任务3个，承担各省市地方政府委托的扶贫任务34个，2018年定点扶贫资金投入4393万元。

扎实开展精准扶贫，助力打好打赢脱贫攻坚战。国家电投高度重视扶贫与援助工作。通过紧抓民生扶贫、产业扶贫、智力扶贫和光伏扶贫四大扶贫模式，推进精准扶贫、精准脱贫工作落地落实，为打赢脱贫攻坚战、推进全面建成小康社会作出了积极贡献。2018年，实施扶贫项目100余项，5.07万贫困人口受惠；国家电投扶贫案例《高质量脱贫一个不能少》，被编入中国第一部聚焦企业扶贫管理和实践的研究报告《企业扶贫蓝皮书（2018）》（国务院扶贫办和中国社科院联合研究出版）。

倾力脱贫攻坚。党的十九大指出，2018～2020年是中国脱贫攻坚战的决胜期。国家电投严格贯彻落实习近平总书记关于脱贫攻坚的重要指示精神，加大帮扶力度，创新帮扶方式，与地方政府密切配合，通过因村施策、因户施策、因人施策，促进真扶贫、扶真贫。全年投入精准扶贫资金4393万元，实施帮扶项目100余项，5.07万贫困人口受惠。绿色电力扶贫。积极推进绿色电力扶贫，将装机容量全球第一的光伏发电产业与脱贫攻坚紧密结合，按照“光伏扶贫、生态涵养”理念，打造光伏＋扶贫＋生态示范项目，创造扶贫、生态、经济多赢的新模式。光伏扶贫投产85万kW，为3.1万户贫困户连续创造20年稳定收入，荣获国务院扶贫办“企业扶贫优秀案例奖”。特色产业扶贫。因地制宜，精准施策，以“扶持一个产业、致富一方百姓”为目标，积极培养地方特色产业活力，并建立扶贫县农特产品销售渠道，在国家电投物资采购平台“电能e购”设立扶贫专区，推荐13家涉农带贫企业产品在线销售，激发扶贫造血功能。品牌助学扶贫。创新开展教育帮扶，着力扶心扶智、扶能扶志，力求改善贫困地区教育现状，提升内生脱贫动力。充分发展“映山红爱心助学行动”和“远方助学行动计划”，建设特色助学品牌，树立良好口碑。连续16年开展“映山红”爱心助学活动，累计捐款1082万元、资助8782人、捐建“映山红”希望小学36所。2018年，国家电投“映山红”爱心助学志愿者公益行动获批全国青年志愿服务示范项目，入选全国首批青年志愿服务优秀项目库，成为首批入选该库的三家中央企业之一。

携手员工成长。我们秉持“以人为本”的理念，保障员工权益，重视员工成长发展，为员工搭建多元化的职业发展通道，并致力于促进员工工作生活平衡，关爱困难员工，持续提升员工幸福感。全力保障员工权益。严格遵守《劳动法》《劳动合同法》等法律法规，依法雇佣员工，为员工缴纳“五险一金”，严禁性别、种族等歧视，杜绝童工及任何形式的强迫劳动，建立职代会制度，强化民族管理，确保员工的反馈和诉求得到有效传达和回应。2018年集体合同覆盖率100%、公司社保覆盖率100%，员工体检及健康档案覆盖率100%，在岗员工120 254人，女性员工27 431人。切实帮助员工成长。深入推进员工职业发展。深入实施《员工职业发展管理办法》，完善经营管理、专业技术、操作技能多通道并行的职业发展路径，引导不同类型、不同专长员工选择适合自己的职业发展道路，做到人尽其才、才尽其用。开展分类人才库建设。制订《关于开展分类人才库建设推进骨干专业人才培养的实施意见》，按照职能管理、科技研发、国际化、专业技术4大类别，领军人才、高能人才和高潜人才3个层次，分类分层建立骨干专业人才库。对选拔入库的骨干人才实行统筹调配、集约使用、精准培养，打造富有竞争力的主力人才阵型，充分发挥骨干人才在生产建设、经营管理和科技研发各领域的引领、带动和攻坚作用。2018年，聘任专业技术、专业技能高阶岗位178人。开展知识更新和转型升级专项培训。围绕产业规划布局，紧密结合核能、氢能、海上风电、国际化等新兴产业发展的人才需求，大力开展知识更新和转型升级专项培训工程。按照“个人自愿、双向选择”的原则，从火电、水电等传统产业，尤其是冗员单位中选拔员工作为新兴产业的储备人才，针对性开展新知识、新技能培训，根据工作需要适时向对口单位转岗流动，打造人才“蓄水池”。2018年，组织开展主题劳动竞赛和200余项技能比武。持续提升员工幸福。关爱员工生活，不断完善员工福利，通过举办各类文娱活动提升团队活力与凝聚力，促进员工工作生活平衡。扎实做好员工关爱工作，致力于帮助困难员工，开展走访慰问与捐赠资助，提升员工的幸福感。2018年，慰问困难员工、先进模范等7272人次，救助特重病职工841人，组织劳模疗休养122人，全国技术能手和中央企业技术能手132人。

推进伙伴共赢。整合公司内外优势资源，积极搭建与各利益相关方合作的平台，扩大交流合作，创新合作模式，增进相互了解，构建优势互补、共享共赢的良好局面。促进供应商履责。持续加强物资与采购的集约化、专业化、数字化管理，筑牢规范化管理基础，提高电子招标采购覆盖率和应用水平，充分发挥物资与采购管理综合评价的考评激励作用，推动实施阳光采购、廉洁采购、价值采购，全力推进物资与采购管理工作提质增效。秉持开放、合作、共赢理念，加强战略供应商管理，完善全面沟通协调机制，推进供需互利共赢、长期合作。实施物资采购与供应商管理行动举措：完善体系机制、实施电子化招标采购、建立沟通协调机制、责任采购。助力行业进步。国家电投作为国内发电类型最齐全的综合能源企业，积极发挥产业带动作用，与行业伙伴在能源产业、电力供应、技术研发、海外市场和资本等领域加强合作，推动合作双方实现高质量发展。

【中国电力建设集团有限责任公司社会责任报告（摘要）】 2018年，中国电建继续贯彻“事耀民生，业润社会”的社会责任理念，践行可持续发展蓝图，围绕持续提升企业对外形象，树立公司责任品牌，不断提高企业美誉度和影响力，在系统内全面开展社会责任履责实践活动，在中国社科院社会责任研究中心发布的2018年中国企业社会责任蓝皮书中，中国电建列中国企业300强社会责任发展指数第15位、国有企业100强社会责任发展指数第12位。在社会科学院百人论坛第七届分享责任年会上，中国电建获得“2018年度海外履责典范企业金牛奖”，在国家品牌日活动中获得“您心目中最牛责任品牌”十佳企业奖，在2018中国企业可持续竞争力年会上获得“海外可持续实践卓越企业奖”等荣誉。总结2018年公司社会责任情况，重点做了以下几方面工作：

1. 贯彻《社会责任“十三五”规划》，全面推进社会责任工作

为了全面系统的开展公司社会责任工作，推进社会责任工作融入经营生产各项管理工作，进一步提高全员责任意识，提升责任能力建设，依据中国电建《“十三五”社会责任规划》提出的发展路径，制定了《“十三五”社会责任重大战略任务清单》，按照年度计划安排，有序推进中国电建的社会责任工作开展，对照联合国可持续发展目标（SDG）、GRI标准、ISO 26000标准及国资委《关于国有企业更好履行社会责任的指导意见》等开展社会责任实践与研究，围绕社会责任七大议题各企业结合自身发展需要主动开展活动，逐步推进社会责任职责业务融入各相关部门（系统），尤其在员工关爱、维护职工权益、环境保护、和利益相关方沟通、主动回应社会关切，参与和谐社区建设等都取得较好地实践成果，中国电建全系统社会责任领导体系进一步完善，全员社会责任意识和履责主动性明显增强，履责能力和创新能力显著提升。一年来，中国电建着力推进社会责任工作的深入开展，取得了较好成绩，为树立公司责任品牌贡献了力量。

2. 加强社会责任宣传沟通，提高公司运营透明度

为了有效推进全面社会责任管理，更好地担负大使命、大责任的同时，让社会更多地了解中国电建，信赖中国电建，中国电建以信息披露为责任沟通的重要途径，发动子企业提供素材，连续六年发布集团公司和股份公司《企业社会责任报告》，用精准详实的数据展现公司的运营状况，加强公司与各利益相关方沟通，提高运营透明度。中国电建《2017年社会责任报告》首次参加报告评级即获五星级评价，被评级机构评价为是一份卓越的社会责任报告。各子企业也按照公司的部署，积极筹划编辑发布本企业的社会责任年度报告，主动回应当地政府要求和利益相关方关切，上海院已连续七年发布本企业社会责任年度报告，电建国际也于10月30日发布了《可持续发展报告2017—2018》并召开了发布会，为子企业发布报告起到了引领示范作用。

6月13日，由中国电力企业联合会组织的《电力企业社会责任实施指南国家标准研制与试点应用》课题组对公司进行调研，用公司社会责任工作实践检验标准的适用性，为电力系统社会责任标准的实施作出了应有的贡献。

8月16日，国务院国资委《中央企业社会责任蓝皮书（2018）》和《中央企业“一带一路”履责报告（2018）》课题组来中国电建调研，由国资委综合局、社科院，以及来自南方电网公司、中国华能、国家能源集团、中国建筑、中国石化、国投、中铝集团等央企的领导和专家共同组成调研组对中国电建的社会责任工作进行调研。调研组高度评价了中国电建的社会责任工作开展情况，与会人员对中国电建社会责任工作取得的进展与成效给予充分肯定。

3. 加强社会责任业务培训，提升公司能力建设

为不断强化社会责任意识和理念，提高中国电建

社会责任管理水平，提升各成员企业社会责任管理的工作能力，中国电建一方面切实加强与相关专业机构的交流与合作，另一方面组织全系统社会责任业务人员参加中国社科院社会责任研究中心组织的第十期社会责任公益讲堂责任官培训。中国电建子企业共53人参加此次培训，全部是子企业从事社会责任业务的部门领导和具体工作人员。通过培训，学员们从厘清责任理念、树立责任意识、开展责任实践、提升责任能力上都得到了较大收获，学员们互相交流学习收获，发表了5000多字的感悟和心得，中国电建以文件形式印发全系统，要求各单位组织学习，对全面开展社会责任工作起到了良好的推动作用。

4. 积极引导海外履责，提高国际影响力

围绕国家“一带一路”倡议和“走出去”战略，中国电建高度重视海外运营中的社会责任工作，要求“走出去”的子企业要把社会责任工作全过程融入生产经营管理全过程，严格遵守所在国法律，尊重所在国的民族文化和宗教习俗，坚持诚信经营，保证产品和服务质量，保护当地环境，抓好安全生产，积极聘用当地员工，维护当地员工权益。要坚持多方共赢，要积极参与所在国公益事业，支持社区的文化、教育、医疗等公共服务设施建设，为当地经济社会发展做出应有贡献。

中国电建与社科院社会责任研究中心合作录制并编撰了《中国电建老挝可持续发展报告和影像志》，于2018年9月28日在老挝举行的“分享责任世界行（2018）——中国电建社会责任成果发布会”上公开发布。为了表彰海投老挝公司长期以来重视社会责任工作的开展并取得突出成绩，会上中国社会科学院社会责任研究中心为中国电建海外投资老挝公司授予“社会责任示范基地”奖牌，这是中国电建得到的第一块示范基地奖牌，也是中央企业在海外的第一块奖牌。为了进一步总结宣传公司响应国家“一带一路”倡议的履责成果，2018年初，中国电建再度与社科院合作，制作了《中国电建“一带一路”履责映像志》，在社会责任百人论坛第七届年会上公开发布，进一步展示中国电建的海外履责形象，打造可感知的电建责任品牌。

为了更好地引领公司各企业、各项目的海外履责行为，使公司的海外履责规范化、系统化，履责行动有组织、有计划、有目标、有总结、有宣传，中国电建海外事业部发起成立海外志愿者协会，组织海外员工有组织地以志愿服务的形式参与属地社会公益活动，这是中国电建创新海外履行社会责任的新途径。协会在全球六大区域总部设立区域海外志愿者分会，以“电力建设未来”为愿景，结合利益相关方诉求和联合国可持续发展目标，推出“科技点亮生活”“绿色拥抱未来”和“爱心温暖世界”3项品牌行动方案。2019年9月，该项目在首届中央企业青年志愿服务项目大赛中获得中央企业团工委金奖，这是中央企业系统唯一的金奖。

5. 征集评选社会责任优秀案例，讲好电建故事

为了进一步推进中国电建社会责任工作深入开展，丰富中国电建全系统的社会责任实践活动，方便各子企业间横向对标，取长补短，互相交流，互相学习，进而改进自身的社会责任实践。2018年7月，中国电建开展了首届社会责任优秀案例征集评选活动，80%的子企业提交了案例，共收到61家单位参选案例149篇。中国电建组成内部评审组，对上报的案例进行了初步评选后，邀请并组织社会各方面专家进行专业评选，并通过微信平台广泛征求各利益相关方意见，得到了社会各界的广泛关注和支持，特别是在微信投票环节，共有316 760人次参与投票，经过各子企业社会责任系统业务人员的精心组织，有6万多中国电建各企业、各层级的员工参与了投票，占中国电建员工总数的三分之一，许多单位的主要领导都亲自参加并指导了此次活动的开展。通过此项活动，在中国电建系统内掀起了推动和宣传企业社会责任的热潮，有效促进了各企业及广大干部职工提高社会责任意识、深化社会责任理念、投身责任实践的自觉性，为中国电建全面、深入开展社会责任工作奠定了坚实的群众基础。

《树责任品牌　讲电建故事》案例集共收录了各子企业申报的50篇经典案例，全书20万字，全方位讲述了中国电建海内外各个领域的履责故事，真实再现了各行业板块的履责发展历程和成果。案例集发至基层，广泛传播，给中国电建的社会责任工作带来较强的推广、复制示范效应，引起了强烈反响，达到了样板引路，推进工作的目的。

在此基础上，中国电建按要求择优推荐了20篇案例，参加中国电力企业联合会组织的电力企业社会责任优秀案例评选，有16篇入选《立责于心　履责于行——电力企业社会责任优秀案例集（2018）》案例集，在电力系统展示了中国电建的履责成果，也为电力行业企业广泛开展社会责任工作起到了较好的示范作用。

在2018年中央企业社会责任蓝皮书发布会上，中国电建水环境公司《持续强化技术创新　推进水环境治理工程管控智能化》、水电八局《铸造百年精品工程 造福千万当地人民》两篇案例分别入选《中央企业社会责任蓝皮书（2018）》和《中央企业海外社会责任蓝皮书（2018）》，成为中国企业社会责任典型案例，向全社会推广，宣传了电建责任品牌。

【中国能源建设集团有限公司社会责任报告(摘要)】 2018年，中国能建贯彻落实创新、协调、绿色、开放、共享发展理念，深入推进绿色发展，建设美丽中国，在追求高质量发展中，严格遵循“自主创新、奉献社会、科学发展、共建和谐”的社会责任观，致力于打造政府认可、投资者青睐、业主满意、职工幸福、绿色环保的和谐可持续发展企业。努力成为中央企业履行社会责任的表率。

一是积极维护社会稳定和谐。通过毕业生招聘、成熟人才引进、接收安置复转军人等方式全年完成新增就业4284人。加大对离退休人员和社会弱势群体的关爱，全年支付离退休人员养老金及福利性补助合计为7.8亿元；所属企业、职工全年对外捐赠总额1586.79万元。二是积极开展援疆援藏工作。2018年，中国能建在新疆、西藏、青海及三省藏区共有在建项目1254个，合同总金额470.06亿元，预计完成合同额63.85亿元。三是积极开展定点扶贫工作。对广西玉林县、陕西镇巴县定点开展扶贫工作，成立了广西、陕西扶贫工作组，派出扶贫干部4人，累计投入扶贫资金1130万元。大力实施基础设施建设，投资建设田林—西林高速公路，改善交通促进当地经济社会发展，项目总投资274亿元。积极推动消费扶贫，开展定点帮扶县农产品采购活动，完成采购额超过1100万元。积极开展教育扶贫，组织2个帮扶县贫困学生来京游学，开拓眼界、增加知识；组织镇巴县光伏扶贫电站运维人员技术培训。四是积极发展环保产业。公司积极发展污水处理、水环境治理、资源循环利用等环保产业，通过组建院士专家工作站、水务研究所、技术研究中心等逐步掌握流域综合治理、污泥处置、固废处理、水环境治理等先进环保技术。投建的温岭污水处理厂PPP项目正式通过环保验收，实现稳定达标运行；荆门竹皮河水环境综合治理PPP项目利用污泥固化技术处理有毒有害重金属，成功避免二次污染。五是在国际业务中积极履行社会责任。积极响应国家“一带一路”倡议，落实“走出去”战略，2018年在“一带一路”沿线及其他共计75个国家和地区开展海外工程项目开发工作。积极推行属地化管理，促进当地就业，解决当地就业、雇佣当地员工累计超过27 000人。积极开展抢险救灾活动，在老挝、巴基斯坦、科威特等国家开展抢险救灾8次，积极开展校舍捐建、助学助教、图书和文具捐赠、修建水渠、平整耕地，修缮道路等各类社会公益活动。六是积极推介履责成果。发布了《中国能建2017年度社会责任报告》，10个社会责任工作入选中电联2018年度电力企业社会责任优秀案例。

【中国核工业集团有限公司社会责任报告(摘要)】 2018年中核集团社会责任报告主体篇包括本质安全，夯实发展之基；绿色低碳，共建美丽中国；创新驱动，带动产业升级；协同发展，追求伙伴共赢；以人为本，打造一流队伍；社区参与，共建社会和谐六个章节，识别出实质性议题分别进行坦诚披露。

一、本质安全，夯实发展之基

安全为基，质量为本。中核集团注重提升员工的核安全文化意识，加强核安全文化的宣贯和规范化管理，通过开展核安全文化评估和交流活动，持续改进核安全文化建设，让核安全文化在每一个核电员工身上得到发扬和传承，继续做好卓越核安全文化的建设者和引领者。

安全运行取决于“万无一失、一次成功”的工作理念。中核集团不断完善核安全管理组织体系建设和安全生产标准化建设，压实工程建设和运行管理责任，多措并举，加强工程施工安全管理，实现品质工程建设，全方位保障核电安全。江苏核电2个现场班组获得“国家五星级现场”荣誉称号，是中核集团首次在现场管理领域获得国内最高荣誉。

中核集团注重防人因失误管理，提升操纵员安全意识和技能水平，有效排除人因失误造成的安全隐患；重视设备可靠性管理，全面落实设备管理要求；加强应急管理，有效应对台风等自然灾害，保障电厂安全稳定运行。

中核集团积极开展安全检查并主动整改，排除安全隐患，对标先进经验，组织同行评估，不断改进提升安全生产运行水平，持续推进经验反馈工作，提升本质安全。截至2018年底，实现运行机组安全运行150堆年，2018年，中核集团旗下4台机组WANO综合指数100分，排名并列世界第一。

二、绿色低碳，共建美丽中国

绿水青山，和谐共生。中核集团严格遵守《中华人民共和国环境保护法》《中华人民共和国核安全法》等法律法规，不断健全环境管理体系。对核电站选址、设计、建造、运行等各个阶段进行环境影响评价，形成环境影响评价报告，设立董事会安全与环境委员会，形成规范化议事程序和环境信息汇报机制，保障董事会对公司日常环境工作及突发环境事件进行有效管理和监督。2018年，董事会安全与环境委员会对三家成员公司开展工作调研，有效提升核电厂安全与环境管理水平。

作为绿色发展的引领者，中核集团积极发展以核电为主的各类清洁能源，助力我国能源转型和污染防治，为美丽中国建设贡献力量。中核集团严格遵守核电项目建设标准和国家有关法律法规，结合先进技术与措施，制定多项污染物排放优化项目，加强污染物排放管理。从项目建设源头减少污染物的产生，降低在工程建设过程中各个环节对环境的影响。

中核集团致力于实现经济发展与环境改善双赢，持续提升能源利用效率，降低运营能耗。开展环保污染源和风险排查，加强放射性废物管理。建立完善的环境监测体系，向公众公开主要监测数据，接受社会公众监督。

中核集团坚持与自然和谐共生，努力减少项目建设与运营对生态环境的影响。定期对厂址实地踏勘，记录厂址生态环境情况；与林业局、生态环保等部门开展沟通，明确项目生态保护红线划定方案，避免生态环境破坏；对厂区进行绿化，通过林地改造、生态修复等措施，保持厂区原生态。

三、创新驱动，带动产业升级

创新为要，科技领先。中核集团始终坚持创新驱动，积极推进地热开发、核技术应用、新产业平台建设，打造技术服务品牌和新的业务增长领域，助力公司创新发展。

中核集团大力实施科技强企战略，持续加大科技创新投入，积极搭建创新平台，推动创新人才培育，集中力量攻克重大核心技术，为核电发展提供持续动力。大力推进管理创新，积极开展标准化工作体系建设、搭建信息化管理平台，推动内部协同发展、提升管理质效、激发内生动力，促进公司高效发展。2018年，中核集团共获得省部级及以上科技成果奖53项，获得国家专利授权235项，逐步丰富八大产品，新增产品63项。

四、协同发展，追求伙伴共赢

协同发展，合作共赢。中核集团始终坚持开放共赢的态度，积极探索与政府、核电同行、设备制作商等利益相关方的合作共赢模式，开展技术交流与合作，共同创建可持续发展的核电产业链。2018年，中核集团围绕核电安全高效发展，与行业主管部门（能源局）、智库机构（行业协会、中电联、核电发展中心等）及相关合作伙伴建立良好互动，积极向国家有关部门建言献策，牵头组织9项课题研究。同时，中核集团积极响应“一带一路”倡议，以国际化战略为引领，拓展海外视野、深入开展国际交流、推动国际合作，助力公司国际化发展。截至2018年底，已与40多个国家、机构、协会建立稳定的合作关系。

中核集团在实现自身发展的同时，不断建立健全供应商管理体系，开展由供应商准入、采购管理、供应商考评等构成的供应商全生命周期管理，助力供应商成长、携手伙伴实现共赢发展。2018年，新引入供应商近300家，现有战略供应商135家。

中核集团充分发挥行业发展排头兵的作用，坚持技术引领、促进设备国产化发展，携手同行企业深化交流、推动优势资源共享，为行业发展贡献力量。2018年，中核集团持续推动设备国产化发展，田湾二期工程在一期工程基础上开展了一系列重要先进设计和大量自主化工作，核岛设备国产化率达到15%，常规岛与BOP设备国产化率达到98%。

五、以人为本，打造一流队伍

以人为本，共同成长。员工是公司最宝贵的财富，中核集团严格遵守相关法律法规，坚持平等雇佣，完善薪酬福利体系，加强内部沟通，保障职业健康，努力营造公平公正健康的职业发展环境，最大程度保障员工基本权益。中核集团荣获《福布斯》2018年全球最佳雇主荣誉和2018年度中国人才管理典范企业奖。

人才是企业可持续发展的动力。中核集团建立全方位、多层级的人才培养体系，满足员工专业知识和基本职业技能的学习需求，助力员工快速成长，鼓励员工根据自身情况选择适合自己的发展道路，最大化地实现自我价值，推进人力资源标准化系统工程，使中核集团内部人力资源实现有序流动和调配。

中核集团重视员工关怀，开展各种形式的文体活动，丰富员工精神世界，积极帮扶困难员工，给予物质上的支持和精神上的鼓励，提升每一位员工的归属感和幸福感。

六、社区参与，共建社会和谐

企地共荣，共享美好。中核集团通过开展核电知识科普宣传、组织公众参与核电宣传、信息公开等措施，保障公众知情权、参与权和监督权，加强与公众的交流互动，促进社区和谐共建。

中核集团人自觉发扬“守望相助、济困扶贫”的传统美德，用坚守和承诺真情诠释奉献，让核电充满魅力。以光伏扶贫、农牧扶贫、支教扶贫、产业援藏等多种形式开展扶贫，派出11名扶贫干部，对口10个定点扶贫村开展工作，年度投入精准扶贫资金652万元；积极倡导员工参与志愿服务活动，弘扬尊老爱幼的传统美德，树立负责任企业形象，2018年，捐赠金额362.28万元；全面支持地方发展，依法纳税、发挥专业优势为当地招商引资、带动发展地方工业旅游等，为地方发展贡献力量。2018年，缴纳税费62.21亿元。

行业管理

电　力　监　管

【国家能源局关于2017年度全国电力价格情况监管通报】 为全面反映全国各地电力价格信息及变化情况，更好地实施价格监管，切实维护好电力市场秩序，国家能源局组织对全国主要电力企业2017年度价格情况进行了统计分析，形成本报告❶。

一、综合厂用电率

2017年，全国发电企业平均综合厂用电率为5.52%，同比上升0.08个百分点。其中，生物质发电最高，为11.73%，水力发电最低，为1.00%。

（一）燃煤机组

从全国❷看，2017年燃煤发电平均综合厂用电率为6.88%，同比上升0.13个百分点。其中蒙东最高，为9.78%，安徽最低，为4.74%。

从山东、山西、江苏、河南、广东五个重点省份❸看，2017年平均综合厂用电率为6.53%，同比上升0.26个百分点。其中山西最高，为8.82%，江苏最低，为5.00%。详见图1。

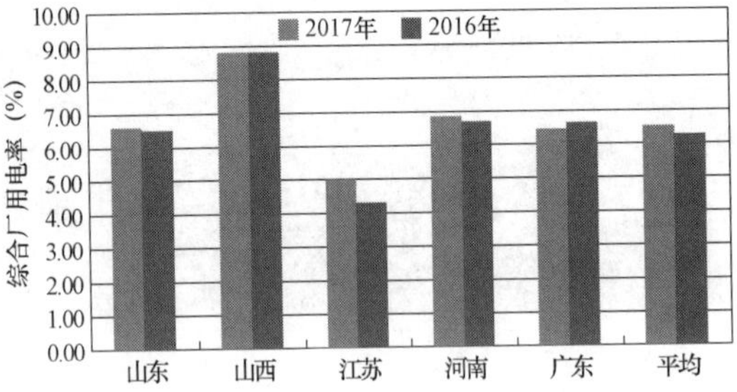

图1　重点省份燃煤机组综合厂用电率

（二）水电机组

从全国看，2017年水力发电平均综合厂用电率为1.00%，同比上升0.02个百分点。其中，黑龙江最高，为4.97%，江苏最低，为0.58%。

从湖北、湖南、四川、云南、贵州五个重点省份看，2017年平均综合厂用电率为0.92%，同比持平。其中湖南最高，为2.09%，湖北最低，为0.77%。详见图2。

（三）风电机组

从全国看，2017年风力发电平均综合厂用电率为2.95%，同比上升0.08个百分点。其中宁夏最高，为4.15%，北京最低，为1.10%。

从山东、蒙东、辽宁、甘肃、江苏五个重点省份（地区）看，2017年平均综合厂用电率为2.77%，同比上升0.04个百分点。其中辽宁最高，为3.88%，江苏最低，为2.35%。详见图3。

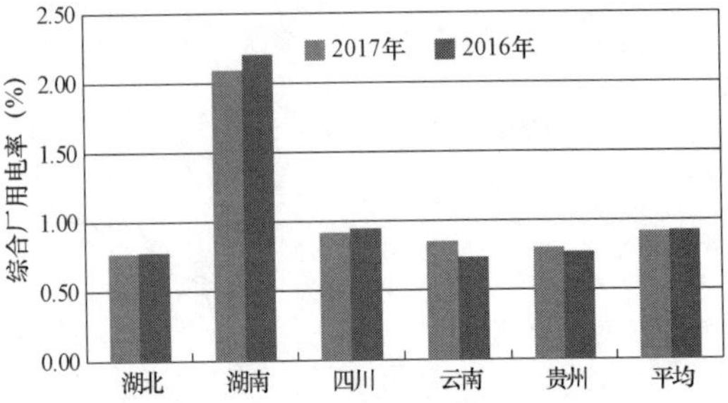

图2　重点省份水电机组综合厂用电率

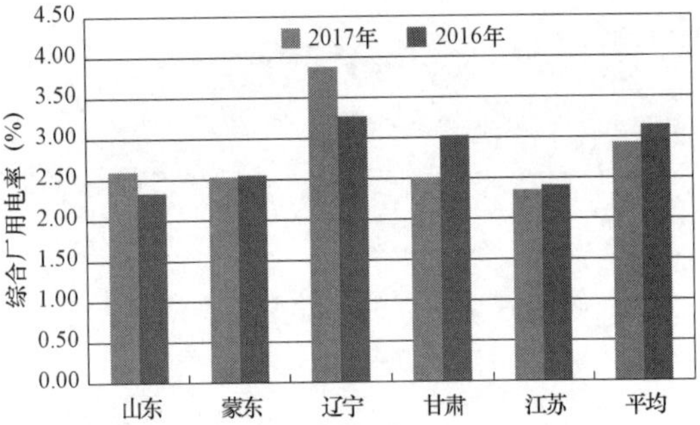

图3　重点省份（地区）风电机组综合厂用电率

（四）其他机组

从全国看，2017年燃气发电、光伏发电平均综合厂用电率分别为2.23%、1.90%，同比分别上升0.05个百分点、0.18个百分点，核电、生物质发电平均综合厂用电率分别为6.58%、11.73%，同比分别下降0.49个百分点、0.07个百分点。详见图4。

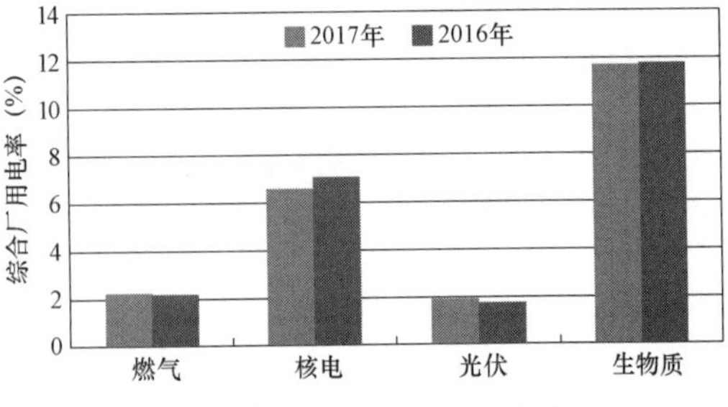

图4　其他机组综合厂用电率

❶ 国家能源局10月9日发布。

❷ 本报告中全国统计数据未包含西藏和港澳台地区。

❸ 本报告重点省份选取该类型机组发电量排序前5名省份，下同。

二、平均上网电价（含税）

2017年，全国发电企业平均上网电价为376.28元/MWh，同比增长1.93%。其中，光伏发电最高，为939.90元/MWh，水力发电最低，为258.93元/MWh。

（一）燃煤机组

从全国看，2017年燃煤机组平均上网电价为371.65元/MWh，同比增长2.56%。其中云南最高，为470.25元/MWh，新疆最低，为224.44元/MWh。

从山东、山西、江苏、河南、广东五个重点省份看，2017年平均上网电价为387.36元/MWh，同比增长2.51%。其中广东最高，为444.70元/MWh，山西最低，为316.07元/MWh。详见图5。

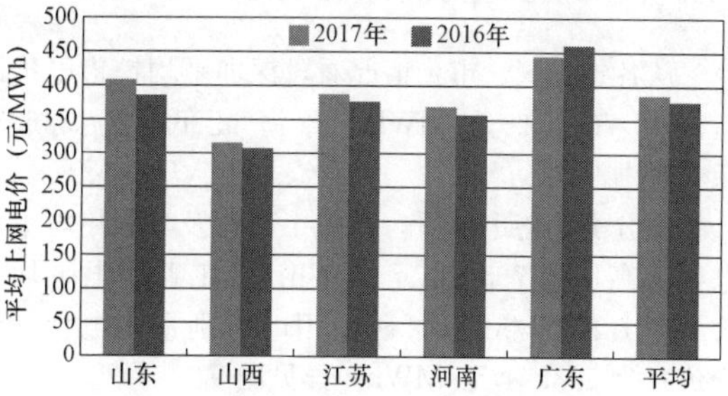

图5 重点省份燃煤机组平均上网电价

（二）水电机组

从全国看，2017年水电机组平均上网电价为258.93元/MWh，同比下降2.14%。其中浙江最高，为563.43元/MWh，云南最低，为192.20元/MWh。

从湖北、湖南、四川、云南、贵州五个重点省份看，2017年平均上网电价为254.22元/MWh，同比下降1.89%，其中湖南最高，为327.23元/MWh，云南最低，为192.20元/MWh。详见图6。

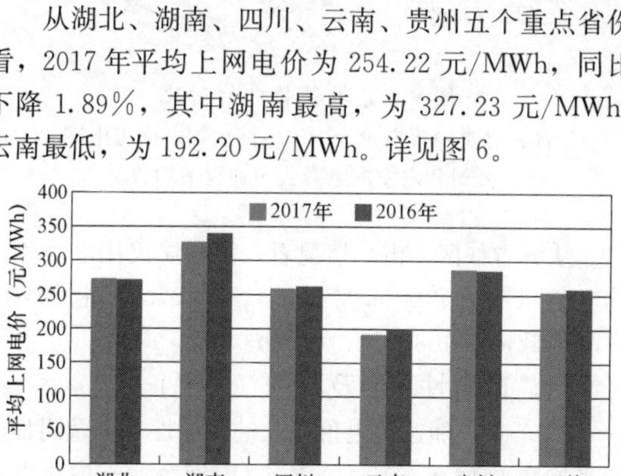

图6 重点省份水电机组平均上网电价

（三）风电机组

从全国看，2017年风电机组平均上网电价为562.30元/MWh，同比下降0.43%。其中上海最高，为751.91元/MWh，云南最低，为423.76元/MWh。

从山东、蒙东、辽宁、甘肃、江苏五个重点省份（地区）看，2017年平均上网电价为567.81元/MWh，同比增长0.40%，其中江苏最高，为652.90元/MWh，甘肃最低，为470.83元/MWh。详见图7。

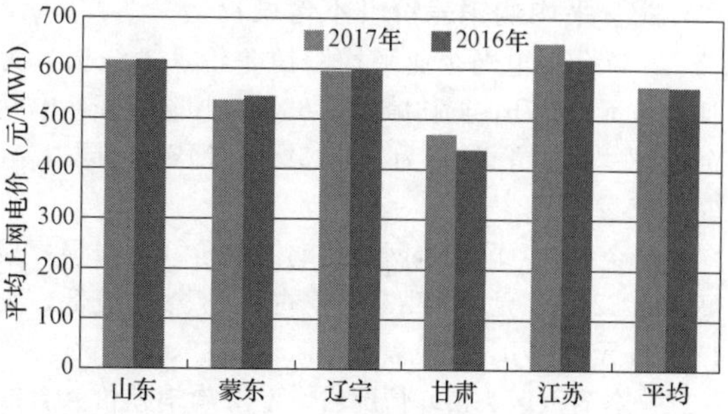

图7 重点省份（地区）风电机组平均上网电价

（四）其他机组

从全国看，2017年燃气发电、核电平均上网电价分别为664.94元/MWh、402.95元/MWh，同比分别下降4.34%、4.30%；光伏发电、生物质发电平均上网电价为939.90元/MWh、765.36元/MWh，同比增长0.18%、2.73%。详见图8。

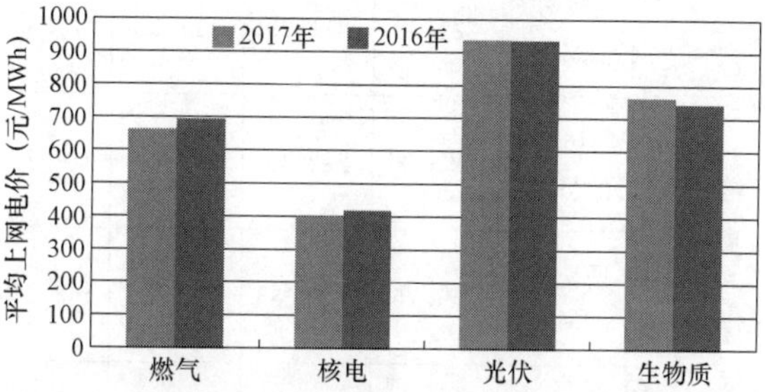

图8 其他机组平均上网电价

三、线损率[1]

2017年，电网企业平均线损率为6.72%，同比增长0.06个百分点。

从企业看，国家电网公司线损率最高，为6.86%，内蒙古电力公司最低，为3.93%。详见表1。

表1 电网企业线损率统计

项目	国家电网公司	南方电网公司	内蒙古电力公司	平均
2017年（%）	6.86	6.62	3.93	6.72
2016年（%）	6.73	6.77	4.04	6.66
增长额（百分点）	0.13	−0.15	−0.11	0.06
增长率（%）	1.93	−2.22	−2.72	0.90

---

[1] 部分电网企业2016年数据与《2016年度全国电力成本与价格情况监管通报》数据不一致，本通报采用电网企业2016年度财务决算口径数据。

从各省（区、市）情况看，新疆线损率最高，为9.63%，宁夏最低，为1.69%。

四、平均购销差价（不含税）

2017年，电网企业平均购销差价（含线损）为215.65元/MWh，同比减少1.63%；扣除线损，电网企业平均购销差价为193.52元/MWh，同比减少1.95%。

从企业看，国家电网公司购销差价（含线损）最高，为221.02元/MWh，内蒙古电力公司最低，为117.35元/MWh。详见表2。

从各省（区、市）情况看，上海购销差价（含线损）最高，为243.67元/MWh，宁夏最低，为97.34元/MWh。

表2 电网企业平均购销差价（不含税）统计

项目		国家电网公司	南方电网公司	内蒙古电力公司	平均
购销差价（含线损）	2017年（元/MWh）	221.02	211.29	117.35	215.65
	2016年（元/MWh）	222.78	222.12	118.10	219.22
	增长额（元/MWh）	−1.76	−10.83	−0.75	−3.57
	增长率（%）	−0.79	−4.88	−0.64	−1.63
购销差价（不含线损）	2017年（元/MWh）	198.34	188.90	108.58	193.52
	2016年（元/MWh）	200.70	199.95	109.34	197.38
	增长额（元/MWh）	−2.36	−11.05	−0.76	−3.86
	增长率（%）	−1.18	−5.53	−0.70	−1.95

五、平均销售电价（含税）

2017年，电网企业平均销售电价为609.10元/MWh，同比下降0.93%。

从企业看，南方电网公司平均销售电价最高，为622.87元/MWh，内蒙古电力公司最低，为388.36元/MWh。详见表3。

表3 电网企业平均销售电价统计

项目	国家电网公司	南方电网公司	内蒙古电力公司	平均
2017年（元/MWh）	616.58	622.87	388.36	609.10
2016年（元/MWh）	618.49	640.11	381.76	614.83
增长额（元/MWh）	−1.91	−17.24	6.60	−5.73
增长率（%）	−0.31	−2.69	1.73	−0.93

注 不含政府性基金及附加，含税。

从各省（区、市）情况看，深圳平均销售电价最高，为767.74元/MWh，青海最低，为346.31元/MWh。

从分类销售电价看，一般工商业及其他用电平均电价最高，为765.24元/MWh；大工业用电平均电价为597.85元/MWh；居民用电类别平均电价（到户价）为528.94元/MWh。详见图9。

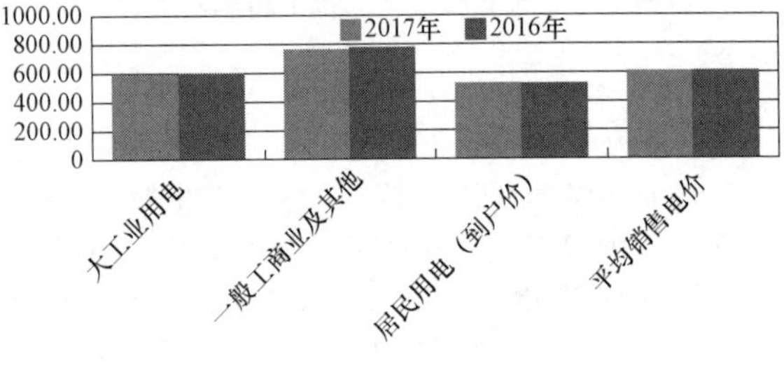

图9 分类销售电价对比

注：分类销售电价为国家电网公司、南方电网公司和内蒙古电力公司加权平均数。

从各省（区、市）情况看，深圳居民用电类别平均电价（到户价）水平最高，为707.41元/MWh，青海最低，为403.65元/MWh。

六、政府性基金及附加（含税）

2017年，随销售电价征收的政府性基金及附加全国平均水平为36.60元/MWh（电网企业省内售电量口径平均值，下同），同比降低26.91%。

政府性基金及附加主要有5种，即重大水利工程建设基金、农网还贷资金、水库移民后期扶持资金、可再生能源发展基金、城市公用事业附加（2017年4月取消）。

从各省（区、市）情况看，上海政府性基金及附加平均水平最高，为71.83元/MWh，新疆最低，为3.59元/MWh。

【2017年度全国可再生能源电力发展监测评价报告❶】

一、全国可再生能源电力发展总体情况

截至2017年底，全国可再生能源发电装机容量6.5亿kW，占全部电力装机的36.6%，其中水电（含抽水蓄能）3.41亿kW，风电1.64亿kW，光伏发电1.30亿kW，生物质发电1476万kW。2017年可再生能源发电量16 979亿kWh，占全部发电量的26.5%，其中水电发电量11 945亿kWh，占全部发电量的18.6%，风电发电量3057亿kWh，占全部发电量的4.8%，光伏发电量1182亿kWh，占全部发电量的1.8%，生物质发电量795亿kWh，占全部发电量的1.2%。

二、各省（区、市）可再生能源电力消纳情况

2017年，包含水电在内，全部可再生能源电力消纳量为16 686亿kWh，同比增加10.8%，占全社会用电量的比重为26.5%，同比上升1.1个百分点。综合考虑各省（区、市）本地生产、本地利用以及外送电力消纳量情况，2017年各省（区、市）可再生能源电力消纳量占本地区全社会用电量的比重见表1。

表1　2017年各省（区、市）可再生能源电力消纳情况

省（区、市）	可再生能源电力消纳量（亿kWh）	可再生能源电力消纳比重	同比增加百分点
北京	130	12.1%	1.6
天津	89	11.0%	1.7
河北	401	11.6%	1.3
山西	280	14.1%	2.0
内蒙古	554	19.2%	2.8
辽宁	260	12.2%	−0.5
吉林	156	22.2%	1.5
黑龙江	188	20.2%	4.5
上海	509	33.3%	0.7
江苏	856	14.7%	1.9
浙江	809	19.3%	−0.6
安徽	274	14.3%	2.0
福建	511	24.2%	−11.6
江西	328	25.4%	−1.8
山东	399	7.3%	1.2
河南	461	14.6%	4.2
湖北	803	43.0%	4.6
湖南	798	50.4%	0.7
广东	1932	32.4%	−1.5
广西	744	51.6%	1.7
海南	41	13.3%	1.0
重庆	488	49.2%	0.5
四川	1842	83.5%	0.4
贵州	493	35.6%	−5.6
云南	1317	85.6%	4.3
西藏	49	83.8%	−1.1
陕西	240	16.0%	5.9
甘肃	546	46.9%	4.0
青海	446	64.9%	2.5
宁夏	225	23.0%	1.9
新疆	521	26.0%	3.1
全国	16 686	26.5%	1.1

三、各省（区、市）非水电可再生能源电力消纳情况

2017年，全国非水电可再生能源电力消纳量为5025亿kWh，同比增加35.2%，占全社会用电量比重为8.0%，同比上升1.7个百分点。综合考虑各省（区、市）本地生产、本地利用以及外送电力消纳可再生能源电量情况，2017年，各省（区、市）非水电可再生能源电力消纳量占本地区全社会用电量的比重见表2。

从非水电可再生能源消纳比重来看，青海、宁夏、内蒙古最高，均超过18%；从非水电可再生能源消纳同比增长来看，西藏、陕西、河南三省（区）同比增长较快，分别同比上升了3.9、3.9、3.7个百分点；从完成2020年非水电可再生能源电力消纳比重目标情况来看，宁夏、青海、内蒙古等17个省（区、市）非水电可再生能源消纳比重已达到2020年目标，湖北、贵州、江苏、陕西达到2020年目标的75%以上，广东、海南、重庆低于2020年目标的50%。

表2　2017年各省（区、市）非水电可再生能源电力消纳情况

省（区、市）	非水电可再生能源电力消纳量（亿kWh）	非水电可再生能源电力消纳比重	同比增加百分点	2020年非水电可再生能源电力消纳比重目标	与2020年目标对比情况
青海	127	18.5%	0.2	10%	+8.5
宁夏	206	21.0%	1.9	13%	+8.0

❶ 国家能源局5月11日发布。

续表

省（区、市）	非水电可再生能源电力消纳量（亿 kWh）	非水电可再生能源电力消纳比重	同比增加百分点	2020 年非水电可再生能源电力消纳比重目标	与 2020 年目标对比情况
内蒙古	528	18.3%	3.0	13%	+5.3
云南	219	14.2%	1.7	10%	+4.2
吉林	115	16.4%	2.7	13%	+3.4
黑龙江	146	15.8%	3.4	13%	+2.8
山西	238	12.0%	2.0	10%	+2.0
安徽	169	8.8%	2.7	7%	+1.8
江西	84	6.5%	2.7	5%	+1.5
河南	255	8.1%	3.7	7%	+1.1
西藏	8	14.0%	3.9	13%	+1.0
甘肃	160	13.8%	1.3	13%	+0.8
北京	111	10.4%	1.4	10%	+0.4
天津	84	10.4%	1.4	10%	+0.4
河北	357	10.4%	1.4	10%	+0.4
湖南	115	7.2%	3.1	7%	+0.2
新疆	263	13.1%	2.0	13%	+0.1
湖北	127	6.8%	2.1	7%	−0.2
贵州	59	4.3%	−0.3	5%	−0.7
江苏	316	5.4%	1.2	7%	−1.6
四川	73	3.3%	1.0	5%	−1.7
广西	44	3.0%	1.7	5%	−2.0
上海	41	2.7%	0.7	5%	−2.3
陕西	115	7.7%	3.9	10%	−2.3
福建	95	4.5%	0.8	7%	−2.5
重庆	24	2.4%	0.8	5%	−2.6
浙江	176	4.2%	0.6	7%	−2.8
山东	372	6.9%	1.3	10%	−3.1
辽宁	197	9.2%	0.6	13%	−3.8
广东	189	3.2%	1.3	7%	−3.8
海南	14	4.7%	0.2	10%	−5.3
全国	5025	8.0%	1.7	9%	−1.0

注 贵州网对网外送电量按《关于下达 2017 年黔电送粤计划分配方案的通知》（黔经信运行〔2017〕26 号）中水电 30%、风电 4%的外送比例计算，由于和 2016 年测算依据不同，贵州非水电可再生能源电力消纳比重同比下降 0.3 个百分点。

四、风电、光伏发电保障性收购落实情况

2016 年，国家发展改革委、国家能源局按照《可再生能源法》要求，核定了重点地区风电和光伏发电最低保障收购年利用小时，提出全额保障性收购相关要求。

2017 年，全部规定风电最低保障收购年利用小时的地区的风电实际发电小时较 2016 年均增加，但新疆Ⅲ类资源区、甘肃、宁夏、吉林Ⅲ类资源区未达到风电最低保障收购年利用小时要求。其中，甘肃Ⅱ类和Ⅲ类资源区实际利用小时数与最低保障收购年利用小时偏差分别为－305h 和－383h；宁夏由于来风情况偏差，偏差为－200h；新疆Ⅲ类资源区和吉林Ⅲ类资源区偏差分别为－116h 和－112h。其他地区达到风电最低保障收购年利用小时要求。

2017 年，内蒙古、青海、黑龙江、吉林、山西Ⅱ类地区、河北Ⅱ类地区达到光伏发电最低保障收购年利用小时要求，五个省（区）未达到要求，其中，甘肃Ⅰ类和Ⅱ类地区实际利用小时数与最低保障收购年利用小时偏差分别为－382h 和－271h，新疆Ⅰ类和Ⅱ类地区偏差分别－274h 和－270h，宁夏偏差－174h，陕西Ⅱ类地区偏差－13h，辽宁偏差－5h。详见表 3 和表 4。

表 3　2017 年风电重点地区最低保障收购年利用小时落实情况　单位：h

省（区）	资源区	地区	最低保障性收购利用小时	2017 年实际利用小时	2017 年实际利用小时同比增加	2017 年偏差小时
内蒙古	Ⅰ类	除赤峰、通辽、兴安盟、呼伦贝尔以外其他地区	2000	2115	177	+115
	Ⅱ类	赤峰、通辽、兴安盟、呼伦贝尔	1900	1987	263	+87

续表

省（区）	资源区	地区	最低保障性收购利用小时	2017 年实际利用小时	2017 年实际利用小时同比增加	2017 年偏差小时
新疆	Ⅰ类	乌鲁木齐、伊犁、克拉玛依、石河子	1900	2119	396	+219
	Ⅲ类	除乌鲁木齐、伊犁、克拉玛依、石河子以外其他地区	1800	1684	475	−116
甘肃	Ⅱ类	嘉峪关、酒泉	1800	1495	450	−305
	Ⅲ类	除嘉峪关、酒泉以外其他地区	1800	1417	238	−383
宁夏	Ⅲ类	宁夏	1850	1650	97	−200
黑龙江	Ⅲ类	鸡西、双鸭山、七台河、绥化、伊春，大兴安岭地区	1900	1910	207	+10
	Ⅳ类	黑龙江省其他地区	1850	1907	255	+57
吉林	Ⅲ类	白城、松原	1800	1688	371	−112
	Ⅳ类	吉林省其他地区	1800	1972	518	+172
辽宁	Ⅳ类	辽宁	1850	2141	213	+291
河北	Ⅱ类	张家口	1900	2185	131	+285
山西	Ⅳ类	忻州、朔州、大同	1900	1998	72	+98

表 4　2017 年光伏发电重点地区最低保障收购年利用小时落实情况　单位：h

省（区）	资源区	地区	最低保障性收购利用小时	2017 年实际利用小时	2017 年实际利用小时同比增加	2017 年偏差小时
内蒙古	Ⅰ类	除赤峰、通辽、兴安盟、呼伦贝尔以外地区	1500	1636	160	+136
	Ⅱ类	赤峰、通辽、兴安盟、呼伦贝尔	1400	1545	40	+145
新疆	Ⅰ类	哈密、塔城、阿勒泰、克拉玛依	1500	1226	270	−274
	Ⅱ类	除Ⅰ类外其他地区	1350	1080	227	−270
甘肃	Ⅰ类	嘉峪关、武威、张掖、酒泉、敦煌、金昌	1500	1118	123	−382
	Ⅱ类	除Ⅰ类外其他地区	1400	1129	88	−271
青海	Ⅰ类	海西	1500	1535	132	+35
	Ⅱ类	除Ⅰ类外其他地区	1450	1497	44	+47
宁夏	Ⅰ类	宁夏	1500	1326	57	−174
陕西	Ⅱ类	榆林、延安	1300	1287	41	−13
黑龙江	Ⅱ类	黑龙江	1300	1380	46	+80
吉林	Ⅱ类	吉林	1300	1542	396	+242
辽宁	Ⅱ类	辽宁	1300	1295	155	−5
河北	Ⅱ类	承德、张家口、唐山、秦皇岛	1400	1438	56	+38
山西	Ⅱ类	大同、朔州、忻州	1400	1564	4	+164

五、生物质发电并网运行情况

截至2017年底，全国共有30个省（区、市）投产了747个生物质发电项目，并网装机容量1476.2万kW（不含自备电厂），年发电量794.5亿kWh。其中农林生物质发电项目271个，累计并网700.9万kW，年发电量397.3亿kWh；生活垃圾焚烧发电项目339个，累计并网725.3万kW，年发电量375.2亿kWh；沼气发电项目137个，累计并网50.0万kW，年发电量22.0亿kWh。生物质发电累计并网装机排名前四位的省份是山东、浙江、江苏、安徽，分别为210.7万、158.0万、145.9万、116.3万kW；年发电量排名前四位的省份是山东、江苏、浙江、安徽，分别是106.5亿、90.5亿、82.4亿、66.2亿kWh。2017年各省（区、市）各类生物质发电并网装机及发电量见表5。

表5　2017年各省（区、市）生物质发电并网运行情况

省（区、市）	累计并网装机容量（万kW）				年发电量（亿kWh）			
	合计	农林生物质发电	生活垃圾焚烧发电	沼气发电	合计	农林生物质发电	生活垃圾焚烧发电	沼气发电
北京	21.3	0.0	19.5	1.8	13.3	0.0	12.2	1.1
天津	10.3	0.0	10.3	0.0	5.3	0.0	5.3	0.0
河北	67.6	42.6	24.1	0.9	33.6	23.5	9.8	0.3
山西	39.0	27.9	11.1	0.0	22.8	17.2	5.6	0.0
内蒙古	17.2	10.2	6.9	0.1	7.7	6.2	1.5	0.0
辽宁	15.8	7.2	7.7	0.9	8.2	4.3	3.3	0.6
吉林	53.4	39.7	13.4	0.3	28.0	22.7	5.3	0.0
黑龙江	90.1	81.6	8.1	0.4	47.5	44.5	2.9	0.1
上海	27.2	0.0	25.5	1.7	18.7	0.0	17.6	1.1
江苏	145.9	49.4	90.8	5.7	90.5	31.8	56.6	2.1
浙江	158.0	21.4	133.1	3.5	82.4	11.6	69.0	1.8
安徽	116.3	74.9	40.0	1.4	66.2	48.5	17.0	0.7
福建	45.7	5.4	39.1	1.2	24.6	3.0	21.2	0.4
江西	29.3	17.6	8.1	3.6	17.0	12.1	2.9	2.0
山东	210.7	126.0	79.8	4.9	106.5	70.3	34.5	1.7
河南	51.9	39.1	6.4	6.4	25.1	20.1	3.1	1.9
湖北	73.2	48.3	23.5	1.4	36.9	23.7	12.9	0.3
湖南	55.1	39.7	12.7	2.7	26.7	19.9	5.5	1.3
广东	101.6	22.0	72.8	6.8	59.1	14.7	41.3	3.1
广西	28.0	17.0	9.3	1.7	14.9	8.6	5.3	1.0
海南	7.7	0.0	7.7	0.0	5.2	0.0	5.2	0.0
重庆	19.3	6.0	12.7	0.6	11.1	2.0	8.6	0.5
四川	43.6	5.5	35.9	2.2	20.4	3.5	16.1	0.8
贵州	9.6	6.0	3.6	0.0	5.6	3.7	1.9	0.0
云南	12.6	0.0	12.6	0.0	6.0	0.0	6.0	0.0
陕西	5.5	3.0	1.4	1.1	2.1	1.3	0.1	0.7
甘肃	8.9	3.0	5.8	0.1	4.7	1.7	2.9	0.1
青海	0.4	0.0	0.0	0.4	0.2	0.0	0.0	0.2
宁夏	8.4	5.0	3.4	0.0	2.3	0.7	1.6	0.0
新疆	2.6	2.4	0.0	0.2	1.9	1.7	0.0	0.2
全国	1476.2	700.9	725.3	50.0	794.5	397.3	375.2	22.0

2017年，全国生物质发电替代化石能源约2500万t标煤，减排二氧化碳约6500万t。农林生物质发电共计处理农林废弃物约5400万t；垃圾焚烧发电共计处理城镇生活垃圾约10 600万t，约占全国垃圾清运量的37.9%。

六、特高压线路输送可再生能源情况

2017年，12条特高压线路输送电量3008亿kWh，其中输送可再生能源电量1900亿kWh，同比上升10%，占全部输送电量的63%，同比下降11个百分点。国家电网公司覆盖区的9条特高压线路输送电量2426亿kWh，其中可再生能源电量1319亿kWh，占全部输送电量的54%；南方电网公司覆盖区的3条特高压线路输送电量581亿kWh，全部为可再生能源电量。详见表6。

表6　2017年特高压线路输送电量情况

序号	线路名称	年输送电量（亿kWh）	可再生能源电量（亿kWh）	可再生能源电量在全部输送电量占比	同比增加百分点
1	长南线	65.5	37.0	56%	21
2	锡盟—山东	64.8		0%	
3	皖电东送	594.5		0%	
4	浙福线	40.2		0%	
5	复奉直流	324.0	320.3	99%	−1
6	锦苏直流	387.1	384.6	99%	
7	宾金直流	389.6	389.6	100%	
8	天中直流	359.7	152.6	42%	19
9	灵绍直流	201.3	34.4	17%	−12
10	楚穗直流	282.2	282.2	100%	
11	普侨直流	297.5	297.5	100%	
12	新东直流	1.4	1.4	100%	
全国		3007.5	1899.6	63%	−11

注　1～9项数据为国家电网公司报送，10～12项数据为南方电网公司报送。新东直流于2017年12月投产。

七、国家清洁能源示范省（区）落实情况

浙江。2017年，全部可再生能源电力消纳量为809亿kWh，占本省全社会用电量的比重为19.3%；非水电可再生能源电力消纳量为176亿kWh，占本省全社会用电量的比重为4.2%，同比上升0.6个百分点。

四川。2017年，全部可再生能源电力消纳量为1842亿kWh，占本省全社会用电量的比重为83.5%；非水电可再生能源电力消纳量为73亿kWh，占本省全社会用电量的比重为3.3%，同比上升1.0个百分点。

宁夏。2017年，全部可再生能源电力消纳量有较大幅度提高，达到225亿kWh，占本省全社会用电量的比重为23.0%，同比上升1.9个百分点；非水电可再生能源电力消纳量为206亿kWh，占本省全社会用电量的比重为21.0%，同比上升1.9个百分点。风电和光伏发电均未达到最低保障收购年利用小时要求，偏差分别为−200h和−174h。

甘肃。2017年，全部可再生能源电力消纳量有较大幅度提高，达到546亿kWh，占本省全社会用电量的比重为46.1%，同比上升3.2个百分点；非水电可再生能源电力消纳量为160亿kWh，占本省全社会用电量的比重约为13.8%，同比上升1.3个百分点。风电和光伏发电均未达到最低保障性收购年利用小时要求且偏差较大，风电Ⅱ类和Ⅲ类资源区偏差分别为−305h和−383h；光伏发电Ⅰ类和Ⅱ类资源区偏差分别为−382h和−271h。

青海。2017年，全部可再生能源电力消纳量为446亿kWh，占本省全社会用电量的比重为64.9%，同比上升2.5个百分点；非水电可再生能源电力消纳量为127亿kWh，占本省全社会用电量的比重约为18.5%，同比上升0.2个百分点。

附件：可再生能源电力发展监测指标核算方法（略）

【国家能源局2017年度全国光伏发电专项监管报告】　为规范光伏发电市场秩序，促进光伏行业健康发展，推动光伏发电各项政策有效落实，按照《国家能源局2018年市场监管工作要点》（国能综通监管〔2018〕48号）的要求，国家能源局组织各派出能源监管机构会同地方能源主管部门开展了2017年度光伏发电专项监管。在汇总分析各地监管报告的基础上，形成本报告❶。

一、基本情况

（一）装机和电量情况

截至2017年底，全国光伏发电实际并网装机规模1.3亿kW。2017年，全国光伏发电量约1159亿kWh，同比增长74%；上网电量约1087亿kWh，同比增长73%；利用率94%，弃光率6%（同比下降约5个百分点）。

（二）并网接入和电量消纳等情况

1. 并网接入申请受理情况

电网企业普遍能够落实国家关于光伏发电项目并

❶　国家能源局12月1日发布。

网接入要求，优化接入电网前期工作流程，做好并网申请受理、方案答复、验收调试、表计安装等工作，完成接入系统设计评审并出具相关文件，签订并网调度协议和购售电合同，为光伏发电企业提供良好的并网服务。

2. 配套工程建设和回购情况

截至 2017 年底，国家电网有限公司（简称国网）、南方电网有限责任公司（简称南网）和内蒙古电力有限公司投资建设的 110kV 及以上光伏发电配套送出工程 152 项，投资金额约 51 亿元。总体看来，光伏发电项目建设速度较快，电网企业建设配套送出工程进度相对滞后。光伏发电企业考虑缩短项目建设并网周期和价格补贴退坡政策等因素，多数选择自建配套送出工程，据电网企业初步统计，光伏发电企业自建的接入 110kV 及以上电网配套送出工程有 142 项，国家电网按照相关政策文件要求，已与光伏发电企业协商回购 8 项。

3. 光伏扶贫绿色通道情况

电网企业普遍关注光伏扶贫项目接入和并网运行相关工作，通过集中监控、分区维护方式提升运维质量，优先保障扶贫项目资金需求，利用协议库存和配网应急物资储备提高响应速度，为光伏扶贫项目提供优先保障和绿色通道。截至 2017 年底，国网、南网和内蒙古电力有限公司共建设光伏扶贫项目配套送出工程 2.62 万项（含分布式光伏发电项目），投资金额约 20 亿元。

4. 电力消纳措施制定情况

电网企业从市场交易、技术创新、调度运行、系统优化、网架建设、指标考核等方面开展研究和部署工作，制定增强光伏电量消纳的综合措施。一些电网企业利用发电权交易、火电机组深度调峰、大用户直接交易、各类电能替代等方式深挖消纳潜力；运用新型负荷预测系统、新能源调度技术支持系统，提高硬件装备的信息化、智能化水平；开展科技创新，推进“互联网+”示范项目，促进光伏发电项目建设、接网和消纳。

（三）价格和收费政策情况

1. 价格政策情况

根据国家有关规定，集中式光伏电站执行当地光伏发电上网标杆电价，在当地燃煤机组标杆上网电价（含脱硫、脱硝、除尘电价）以内部分由省级电网企业结算，高出部分由国家可再生能源发展基金予以补贴。分布式光伏发电项目可以选择“全额上网”或“自发自用、余电上网”模式，“全额上网”项目电价按照当地光伏电站上网标杆电价执行；“自发自用、余电上网”项目实行全电量补贴，“余电上网”的电量由电网企业按照当地燃煤机组标杆上网电价收购。

2. 收费政策情况

目前光伏用地主要包括光伏方阵用地和生产生活设施用地两类。其中，生产生活设施用地通常占地面积较小，通常按照建设用地办理相关手续。光伏方阵用地多数采用土地租赁形式（少部分采用划拨等形式），由光伏发电项目投资企业与土地占有方签订土地租赁协议。涉及的土地税费主要包括耕地占用税、土地使用税、土地租赁费、青苗补偿费、工业用地出让费等。各地关于相关税费征收原则、征收标准、征收范围等规定不同。

（四）电费结算和补贴支付情况

电网企业基本能够按期结算光伏发电项目电费，尽快转付可再生能源电价补贴和省市级补贴。截至 2017 年底，上海、江西、湖北、浙江、湖南、安徽、山东、广东、海南等省（区、市）出台了省级和（或）地市级补贴政策。2017 年，国网、南网和内蒙古电力有限公司共支付光伏发电项目电费 319.56 亿元，向光伏发电项目业主转付国家可再生能源电价补贴资金 298.33 亿元。

二、发现的主要问题

（一）部分地区未严格落实国家光伏产业发展规划和政策，存在“超规模建设”“备建不一”“抢建抢并”等情况

部分地区经地方审批、备案的光伏发电项目容量超过国家下达规模，有的省份出台“先建先得”等政策，加剧了超规模建设。个别光伏发电项目在相关手续未齐备的情况下建成并网，或部分容量未按时取得电力业务许可证但长期并网运行。一些光伏发电项目不按批复或备案要求建设，存在变更建设地点、违规停建等“备建不一”行为，个别项目甚至涉嫌违法行为。光伏发电项目“抢建抢并”，给电网运行调试和系统稳定运行带来一定压力。

（二）部分光伏发电项目并网接入工作滞后，配套送出工程回购存在一定难度

电网企业建设配套送出工程时间通常较长，个别地区电网企业与光伏电站开发企业就配套送出工程中关于线路和配套汇集站建设责任认定无法达成一致，一些光伏发电项目建成后未及时并网。部分光伏发电项目自建送出工程手续不全、建设标准较低，增加了工程回购难度。

（三）补贴项目申报、备案、纳入目录时间较长，一些地区补贴资金未按期规范支付

光伏发电项目从并网发电到正式纳入补贴目录约历时 2～3 年，从列入补贴目录到实际获得拨付资金滞后约 6～8 个月。部分省级电网企业未严格执行补

贴资金申请、拨付制度，以及个别光伏企业涉诉、涉税、兼并，存在可再生能源补贴暂停发放现象，待问题解决后继续支付。一些光伏发电项目收款单位与项目备案主体、收款账户户名与备案名称不符，补贴资金难以按期规范支付。

（四）一些省份超期结算电费，使用承兑汇票比例偏高

部分电网企业未执行发电企业与电网企业电费结算相关规定，没有及时足额结算光伏发电项目电费，个别基层供电企业超期1～6个月结算电费，影响了光伏发电项目生产经营和经济效益。西部省份有的电网企业在电费结算中过多使用承兑汇票，加剧了光伏发电项目现金流压力。

（五）部分基层电网企业贯彻落实国家政策不到位，管理工作不够制度化、规范化

部分基层电网企业存在未按照规定优先支持自然人分布式光伏项目、限制光伏发电企业自主选择设计单位、档案管理不规范等问题。部分电网企业未与光伏发电项目签订购售电合同，或约定超期结算电费，未约定量、价、费等重要条款，购售电合同未向监管机构备案。基层电网企业以合闸送电、出具调度函、签订购售电合同等不同时间节点作为光伏发电项目投运时间，各地执行标准不一。

（六）部分省份和地区当地负荷和送出能力不足，光伏消纳存在困难

部分省份装机规模整体过剩或短期增长过快，用电负荷增长相对缓慢，省内消纳光伏电量空间不足，加之输电通道外送能力有限、调峰能力缺乏、光伏发电项目地域分布相对集中等，光伏等新能源消纳矛盾比较突出。一些水电大省本地负荷和送出通道有限，丰水期光伏消纳与水电消纳存在一定矛盾。

（七）部分光伏发电项目开具发票困难，自然人分布式光伏度电补贴标准依据不明确

部分光伏发电项目业主是乡政府或村集体，不适用开具增值税发票等常规开具方式，存在基层税务部门不予代开发票或对开票数量进行限制的情况。对于“自发自用、余量上网”的分布式光伏项目，电网企业根据相关规定按照不含税补贴标准申报和转付补贴资金。有的自然人分布式光伏发电项目，在不能开具增值税发票的条件下，要求按含税价格享受补贴，电网企业实际操作过程中依据不明确。

（八）部分光伏发电项目管理和运维水平落后，影响后期经济效益和扶贫效果

部分光伏发电项目建设管理不严格，业主不具备专业发电运行背景，在项目管理、施工监理、竣工验收等环节缺乏规范性。一些光伏发电项目业主忽视项目投运后运维管理，组件质保期后运维主体不明确，具体业务人员技术水平参差不齐。此类发电项目并网发电一段时间后往往出现质量问题，项目经济效益、扶贫效果受到影响。

三、监管意见

（一）电网企业按要求做好光伏发电项目并网接入、配套送出工程建设和回购等工作

电网企业要遵照《可再生能源法》以及《可再生能源发电有关管理规定》（发改能源〔2006〕13号）、《光伏电站项目管理暂行办法》（国能新能〔2013〕329号）、《国家能源局关于减轻可再生能源领域企业负担有关事项的通知》（国能发新能〔2018〕34号）等文件要求，认真落实光伏发电项目接入电网和配套送出工程建设有关要求，对符合国家规划和年度规模审核的项目，按照规定主动投资建设光伏发电项目接网工程，之前相关接网工程等输配电工程由可再生能源发电项目单位建设的，要科学合理制定回购方案，按协议或者经第三方评估确认的投资额如期完成回购工作。完善常态考核机制，进一步简化工作流程、压减各环节时间，建立健全过程管理和信息公开制度，加大基层业务人员培训力度，提升服务意识和水平。

（二）电网企业要多措并举提升消纳能力，积极消纳光伏电量

电网企业应积极采取有效措施提高消纳能力，持续推进智能电网建设和技术创新，深挖省内调峰潜力，通过优化运行方式、跨省联络线支援、发电权置换、辅助服务市场化等措施，落实光伏发电保障性收购政策，为光伏等新能源就近消纳和送出腾出空间。完善电网稳控措施，提升外送通道输电能力、效率和运行稳定性。利用跨区域省间富余可再生能源电力现货交易平台，积极消纳光伏电量。

（三）电网企业要加强结算工作，及时足额支付电费和转付补贴

电网企业要按照厂网电费结算有关规定，规范签订购售电合同，认真做好抄表计量和电费结算，按月足额结算光伏发电项目电费，严格控制电费支出中承兑汇票比例。严格贯彻落实电价补贴政策，限期足额转付补贴资金，控制补贴资金沉淀和税务留抵规模。按照补贴资金发放管理制度要求，优先将光伏扶贫项目和自然人分布式光伏项目补贴需求列入年度计划，优先保障扶贫项目和自然人分布式光伏项目按时获得补贴。

（四）光伏发电项目业主要认真落实政策规定，提升各环节管理水平

光伏发电项目业主要认真贯彻落实国家规划和政策规定相关要求，严格评估和确定项目容量、项目数

量、建设地点和实施条件等，如有调整及时向相关部门更新备案。项目纳入规模管理后，在完成法律法规要求的环保、土地、水保等相关手续后开工建设。加强项目并网发电后的运维管理，增强技术力量配备和培训考核，注重提高业务人员在负荷偏差控制、功率预测、设备检修等方面技能，不断提升精细化管理水平。

【2017 年度光伏发电市场环境监测评价结果[1]】

资源区	地区	评价结果
Ⅰ类资源区	宁夏	红色
	青海海西	橙色
	甘肃嘉峪关、武威、张掖、酒泉、敦煌、金昌	红色
	新疆哈密、塔城、阿勒泰、克拉玛依	红色
	内蒙古除赤峰、通辽、兴安盟、呼伦贝尔以外地区	橙色
Ⅱ类资源区	北京	橙色
	天津	橙色
	黑龙江	绿色
	吉林	橙色
	辽宁	绿色
	四川	绿色
	云南	橙色
	内蒙古赤峰、通辽、兴安盟、呼伦贝尔	橙色
	河北承德、张家口、唐山、秦皇岛	橙色
	山西大同、朔州、忻州、阳泉	绿色
	陕西榆林、延安	橙色
	青海除Ⅰ类外其他地区	橙色
	甘肃除Ⅰ类外其他地区	红色
	新疆除Ⅰ类外其他地区	红色
Ⅲ类资源区	河北除Ⅱ类外其他地区	绿色
	山西除Ⅱ类外其他地区	绿色
	陕西除Ⅱ类外其他地区	橙色
	上海	橙色
	江苏	绿色
	浙江	绿色
	安徽	绿色
	福建	橙色
	江西	绿色
	山东	绿色
	河南	绿色
	湖北	绿色
	湖南	绿色
	广东	绿色
	广西	绿色
	海南	橙色
	重庆	橙色
	贵州	绿色
	西藏	橙色

【浙福特高压交流等十项典型电网工程投资成效监管报告】 为促进电网工程前期科学论证规划，加强对电网工程建设运营的事中事后监管，进一步引导电网企业提升电网工程投资成效和运行实效，按照《国家能源局 2017 年市场监管工作要点》（国能监管〔2017〕81 号）的要求，2017 年国家能源局组织开展了浙福特高压交流等 10 项典型电网工程投资成效监管工作[2]。

一、基本情况

本次监管工作采取“双随机、一公开”抽查方式选取了浙福特高压交流等 10 项典型电网工程（详见表 1 和表 2，文中均采用工程简称），其中特高压工程 4 项、跨省区联网工程 1 项、电源送出工程 2 项、网架加强工程 3 项。同时，对往年检查过的部分典型直流工程进行了“回头看”。在电网企业报送自查报告及相关工程信息的基础上，我局组织相关派出能源监管机构、国家发展改革委成本调查中心、电力规划设计总院、中国电力企业联合会等有关单位从规划落实、运行实效、投资效益等方面对部分工程从投产至 2017 年 6 月的投资成效情况进行了现场核查。

从监管情况来看，大部分工程实现了设计预期的功能，但浙福、哈郑、天一等工程的输电量偏低；大部分工程运行情况总体良好，但溪洛渡、糯扎渡工程输电损耗偏高，哈郑、糯扎渡、溪洛渡工程的部分可靠性指标略低于全国平均水平；全部工程造价均未超核准投资，但浙福、溪洛渡、糯扎渡、溪浙、哈郑工程单项突破核准规模或投资较高；大部分工程建设程序合理，但武川工程在获得核准意见前已违规开工建

[1] 国家能源局 2 月 28 日发布。

[2] 国家能源局 3 月 5 日发布。

设。“回头看”工程总体运行良好，运行效益逐步稳定，但大部分直流工程平均利用小时不足5000h。

表1　直流工程经济效益分析

序号	工程名称	电压等级（kV）	输电能力（万kW）	年平均利用小时（h）			
				2014年	2015年	2016年	平均值
1	宁东工程	±660	400	7053	7394	7315	7254
2	云广工程	±800	500	5964	5678	5237	5626
3	贵广二回	±500	300	5168	5369	5808	5448
4	锦苏工程	±800	720	4894	5294	5324	5171
5	呼辽工程	±500	300	5067	5144	4972	5061
6	糯扎渡工程	±800	500	—	4592	5290	4941
7	向上工程	±800	640	4870	4763	5095	4909
8	溪洛渡工程	±500	640	—	4161	4677	4419
9	溪浙工程	±800	800	—	4157	4592	4375
10	哈郑工程	±800	800	—	3136	4033	3585
11	德宝工程	±500	300	3320	4092	2562	3325

注　1. 序号1～5、7、11共7项为“回头看”工程，6、8～10共4项为本次监管核查工程。

2. 表中平均利用小时是采用各工程运行效益相对稳定后的数据计算。

表2　典型电网工程项目基本情况

序号	工程名称（工程简称）	工程类型	投产年	电压等级（kV）	核准投资（亿元）	概算投资（亿元）	决算投资（亿元）	隶属单位	起经止省市
1	浙北—福州特高压交流输变电工程（浙福工程）	特高压	2014	1000	188.71	180.09	164.93	国网	浙江—福建
2	哈密南—郑州±800kV特高压直流输电工程（哈郑工程）	特高压	2014	±800	231.26	197.62	186.39	国网	新疆—甘肃—宁夏—陕西—山西—河南
3	溪洛渡左岸—浙江金华±800kV直流输电工程（溪浙工程）	特高压	2014	±800	238.55	196.93	183.88	国网	四川—贵州—湖南—江西—浙江
4	糯扎渡电站送电广东±800kV直流输电工程（糯扎渡工程）	特高压	2014	±800	159.93	153.37	135.20	南网	云南—广东
5	兰州东—天水—宝鸡750kV双回输变电工程（兰州东工程）	跨省区联网	2014	750	34.81	33.26	31.20	国网	甘肃—陕西
6	溪洛渡电站送电广东±500kV直流输电工程（溪洛渡工程）	电源送出	2014	±500	171.78	159.77	140.56	南网	云南—贵州—广西—广东
7	民勤红沙岗风电基地330kV送出工程（红沙岗工程）	电源送出	2015	330	0.34	0.31	0.27	国网	甘肃
8	唐山乐亭500kV输变电工程（乐亭工程）	网架加强	2015	500	9.45	7.16	6.16	国网	河北

续表

序号	工程名称（工程简称）	工程类型	投产年	电压等级（kV）	核准投资（亿元）	概算投资（亿元）	决算投资（亿元）	隶属单位	起经止省市
9	内蒙古武川—察右中旗—汗海 500kV 输变电工程	网架加强	2014	500	7.12	6.80	6.03	内蒙	内蒙古
10	浙江 500kV 天一—春晓Ⅲ回输变电工程	网架加强	2015	500	3.53	3.38	2.65	国网	浙江

二、存在问题

（一）部分工程运行最大功率未达预期，输电效益未充分发挥

部分工程由于负荷预测偏高、市场供需变化较大、工程建设与电源发展不协调等问题，投运后最大输电功率一直未达预期，输电能力发挥不充分，工程利用小时数偏低，输电效益未充分发挥。

（二）部分重大直流工程发生强迫停运，部分可靠性指标低于全国平均水平，运行效率有待进一步提升

哈郑、溪浙、糯扎渡、溪洛渡工程出现部分阀组强迫停运和单极强迫停运的情况，部分年度的强迫能量不可用率偏高，工程可靠性指标偏低。

（三）个别直流接地极工程存在建设过程中方案多次调整、建成运行后与油气管道工程相互影响等问题，导致相关电源送出受限，工程自身运行方式受限、短时输电能力下降

个别直流接地极工程由于建设进度受阻、方案多次调整导致投产时间晚于计划近两年，造成同期建设的水电站发电能力受限。部分建成运行后的直流接地极工程与临近的油气管道工程存在相互影响，尤其在负荷集中的发达地区，难以通过地理空间避让的方式消除彼此干扰，导致直流工程运行方式受限，灵活性降低，输电损耗增加，短时输电能力下降。

（四）部分工程智能化关键设备可靠性不足，未发挥应有作用

国家电网公司部分智能变电站试点项目中部分智能化关键设备存在质量和运行可靠性不高等问题，目前处于停用或减少使用状态。

（五）个别工程使用效率低，容量电费比重偏高

浙福工程由浙江、福建两省联网部分和浙江省内网架加强部分构成。国家电网公司目前采用两部制电价方式在华东全网收取电费，由于使用效率低，容量电费比重偏高。

（六）部分工程单项突破核准规模或投资较高，产生不合理成本

按照《输配电定价成本监审办法（试行）》（发改价格〔2015〕1347 号）要求，计入定价成本的费用应当符合输配电服务的合理需要，影响定价成本水平的主要经济、技术指标应当符合行业标准或者公允水平。部分工程存在单项突破核准规模或投资水平较高现象，由此产生的不合理成本，不应全额计入输配电准许成本。

（七）个别工程未核先建，建设管理不够规范

武川工程于 2013 年 9 月获得核准，但于 2012 年 5 月开工建设，该工程在未获得政府核准的情况下提前开工建设，不符合国家和行业政策，不利于输配电网络科学有序发展。

三、监管意见

（一）总结重大工程经验，进一步加强工程前期论证，重视工程投资效益

电网企业应在总结有关重大工程经验基础上，全面科学做好新建项目前期可行性论证工作，特别是结合国民经济和地方发展实情认真做好负荷预测工作，科学分析电磁环网对电网稳定和输电能力的影响，全面论证重大工程落点对送受端网架的冲击，充分论述工程投运后面临的风险和瓶颈，客观评估工程投运后实际能达到的输送能力，为国家科学全面决策提供有益参考，避免工程实际投产后的低效运行。

此外，电网企业在工程前期论证时，应按照输配电价相关政策，科学研究投资的回收方式，降低投资风险，提高投资效益。

（二）加强直流工程运维体系建设，不断提升工程运行实效

电网企业应加强在运直流工程的强迫停运原因分析总结，针对共性问题提出解决方案。提高直流工程的运维管理能力，完善直流工程运行控制策略，降低工程强迫能量不可用率，确保工程可靠性指标，不断提升工程运行实效。

（三）加强与政府及行业间沟通协调，实现工程预期输电能力

电网企业应联合相关行业积极开展课题研究，加大研究投入，深入分析并妥善解决直流工程与油气管道的交叉影响等问题。加强工程前期工作的深度和主

动性，做好与当地政府及油气行业的统筹协调，提前处理敏感问题，确保工程按期投产，安全可靠、经济高效运行。

（四）控制工程附属费用及建设规格，降低输配电成本

电网企业应在项目立项时严格论证工程建设中存在多种形式的附属费用的必要性和投资回收方式，如突破核准规模增列项目、突破单项核准投资、增设非电相关设施费用、列支大量研究试验费等，及时总结工程实施后的运行成效和投资决算情况，有效降低输配电成本。

同时，应规范电网工程建设成本参考标准，合理控制工程建设规格。充分总结经验，加强对智能变电站试点等新技术研究，遵循“技术攻关一批、试验示范一批、推广应用一批”的原则，待示范成熟再推广应用。

（五）规范工程运维成本管理，建议单独设立工程成本台账

电网企业应按照现行的输配电价核定原则，为电网工程单独设立工程运维成本台账，按电压等级和工程合理分割运维成本，提升工程管理水平，便于输配电成本核定。

（六）加强电网建设事中检查，完善项目管理体系

电网企业应加强对工程建设规模、工期进度、设计方案、招标采购等内容合法合规性的事中检查，严格执行相关法律法规、产业政策、国家和行业标准等，规范工程建设程序，不断完善项目管理体系。

行　业　服　务

中国电力企业联合会

【综述】

1. 坚持价值提升，重点工作亮点突出

举办纪念改革开放40周年电力成就展和高峰会，全面展示电力行业40年的成就。

与日本电动汽车用快速充电器协会签署电动汽车充电设施领域技术和标准合作谅解备忘录，已列入中日政府间加强第三方市场合作项目清单。

提交的《电动汽车充电漫游信息交互　第1部分：通用要求》（IEC 63119-1）通过表决，成为国际标准，并经欧盟国家表决通过成为欧盟标准，这是中国电力企业联合会（简称中电联）标准首次上升为国际标准。

受生态环境部委托，负责全国碳排放权交易市场（发电行业）运行测试方案、交易技术指南、培训教材编制等工作，举办交易市场培训会。

经国务院批准，申办2022年第24届亚太电协大会，中电联再次当选为亚太电协执委会委员。

工程质量监督首次走出国门，承担“一带一路”建设重要项目——孟加拉国帕亚拉2×660MW燃煤电站工程质量监督任务，已完成两次阶段性检查，发现隐患229项。

2. 坚持行业引领，智库作用有效发挥

完成国务院研究室委托的《能源产业新旧动能转换和转型升级政策措施》研究，受工业和信息化部委托开展“一般工商业电价降低10%”效果第三方评估，配合国家能源局开展能源发展“十三五”规划实施情况和《输配电价定价办法（试行）》执行情况评估。

开展“电力发展‘十三五’规划中期评估及滚动优化”“电力行业碳排放交易”“输配电价改革情况”“电力市场有关问题”“核电发展问题”“新能源发展趋势”“全国火电机组在运和退役装机容量分析预测”等问题的研究和调研，部分成果已报送国家有关部门。对《可再生能源电力配额及考核办法》提出修改意见。

多次参加有关部委煤电问题专项调研和督查，提出增加国内煤炭供给、优化进口煤调控措施、加大煤电联营、推进煤炭电力协调发展长效机制建设等建议。多次参加国务院及有关部委经济形势分析会，提交电力形势分析材料50余份。参加人民银行“行业协会专家咨询会”，提出货币信贷政策建议。

中国电煤采购价格沿海指数（CECI沿海指数）发布50期，11月发布CECI进口指数和电煤景气指数，拓展了指数范围。CECI沿海指数已成为企业电煤采购、电力市场核算成本的重要指标。

首次编制《中国火电节水和水污染防治报告》《国际电力发展报告》《国际电力数据手册》。发布《中国发电企业与世界同类能源企业对标研究报告》《中国电力行业年度发展报告（2018）》及国际合作、标准化、可靠性、行业人才、造价咨询、信息化、信用建设等7个年度专业报告。编印《中国电力工业现状与展望（2018）》，为电力行业全国“两会”代表

参政议政提供参考。

3. 坚持需求导向，专业服务拓展深化

全面执行新的《电力行业统计调查制度》，定期发布全国电力供需形势分析预测报告，编印《全国电力工业统计月报》《2017年电力工业统计资料汇编》。

召开标准化工作会议，总结30年电力标准化工作经验，发布《电力企业实施标准化战略倡议书》，颁布各类标准218项（国家标准10项、行业标准148项、中电联标准60项）。

进一步明确国家能源局委托中电联开展电力可靠性管理工作的主要内容；与国家能源局联合发布2017年全国电力可靠性年度指标、2018年上半年电力可靠性情况，为有关电力集团提供了个性化的可靠性专项服务。

适应国家职业资格目录调整新形势，建立电力行业从业人员技能等级证书制度，保证电力从业人员技能评价体系的完整性和员工职业发展通道的可持续性。完成国家职业标准（电力部分）制订、电力行业特有职业（工种）高级技师资格评审工作，5145人通过评审。

完成国家能源局委托的《电力建设工程质量监督实施程序》及生物质、垃圾、光热等发电工程质量监督检查大纲编制任务。推进质监业务转型，加强检验检测力量，为工程质量监督提供技术支撑。对8项特高压输电工程、17项百万千瓦机组工程开展了126次检查，发现问题9639项，完成藏中联网、昌吉—古泉±1100kV特高压工程监检任务。

启动2018年版电力建设工程定额与费用计算规定修编，编制分布式能源计价依据，完善计价体系。开展机械化施工、柔性直流、海底电缆、模块化智能变电站等计价依据研究。

拓展服务领域。造价咨询涉足±1100kV特高压、跨江综合管廊、最高电压等级海底电缆、最高跨越塔等世界之最工程；以贵州贞丰、安龙电厂综合技术咨询为契机，推进全过程咨询管理；安全咨询、安全技术审计业务取得进展。

成立电力纠纷调解中心，培训136名司法调解人员，开展投资争端调解等专业培训。

中电联司法鉴定中心入选“北京法院对外委托专业机构名单”，提供司法鉴定咨询近80件。中电联认证中心被国家认可委评为A级认证机构，发放认证证书900余张。完成120项新成果新产品鉴定。

制定失信联合惩戒对象及重点关注名单管理实施细则，由国家发展改革委、国家能源局印发。梳理4600余条涉电力领域失信记录，形成第一批“黑名单”报送国家发展改革委。

向人力资源社会保障部推荐中华技能大奖、全国技术能手候选人4名，推荐国家技能人才培育突出贡献候选单位1家、候选个人1名。推荐的4项专利获第二十届中国专利奖。推荐的2项电力行业标准获中国标准创新贡献一等奖、3项获二等奖，中电联编制的火力发电取水定额标准与其他定额标准共同获得二等奖。继续开展电力创新奖评选活动，已纳入国家社会科技奖励目录。

举办经济形势分析预测会、中国电煤高端论坛、电力企业文化建设工作交流会暨文化建设优秀成果现场会、第十一届全国电力行业职业技能竞赛、中国电力造价高端论坛暨第四届全国电力造价咨询企业年会、第十七届中国国际电力设备及技术展览会、火电风电太阳能发电机组能效水平对标结果发布会、智慧能源发展高峰论坛、中国（北方地区）电取暖发展论坛等活动；全年举办各类培训班67次，7290名技术人员参加培训；举办电力可靠性管理、燃煤电厂配煤掺烧、电取暖、智能运检等一系列专业交流活动。

4. 坚持国际视野，开放合作富有成效

举办以“一带一路　点亮世界”为主题的“中国电力主题日”活动、以“电力走出去　人才国际化”为主题的“中国电力人才发展论坛”，展示电力行业推动“一带一路”建设的贡献。

推进建立中非电力合作交流机制。推进东北亚和大湄公河次区域联网工作，推动东北亚电力合作论坛与大图门（GTI）机制融合。

召开中电联—国际能源宪章联合研究中心年度会议暨国际能源宪章北京研讨会、国际投资争端调解研讨会。受国际造价工程师协会（AACE）委托，设立中国分会北京办公室。与西安交通大学等单位发起成立“一带一路”国际商事争端管理中心。

完成国家发展改革委《推进电力行业国际产能合作指导政策研究》任务，推动部分电力项目纳入中巴、中越、中澳、中沙、中波政府间国别产能合作重点项目清单。

5. 坚持规范治理，本部建设持续加强

开展党的十九大精神集中学习，对处级以上干部进行集中轮训。持续加强党风廉政建设，设立巡察工作机构，制定巡察工作实施办法及五年规划，对两个直属单位开展了内部巡察。

中电联与行政机关脱钩改革工作基本完成，党组织关系由国家能源局转至国务院国资委。

召开临时会员代表大会，修订中电联章程和会费缴纳办法，成立首届监事会，增补全球能源互联网发展合作组织和协鑫集团为副理事长单位，治理结构进一步完善。成立电动汽车与储能分会、燃料分会，丰富服务体系。

印发《中电联五年发展规划（2018—2022年）》，

启动创建5A社团工作。

印发《关于进一步加强干部队伍建设工作的意见》，为中电联发展提供人才支撑。

【组织机构】

一、2018年中电联机构设置及人员变动情况

（1）中电联本部设置职能部门9个，直属单位4个，投资股份制企业1个。

9个职能部门为理事会办公厅（党委办公室、新闻宣传中心、信息化工作办公室、监事会办公室）、行业发展与环境资源部（电力统计与数据中心、电力行业应对气候变化中心）、国际合作部、党群人事部（纪检监察审计巡察办公室）、会员与企业文化建设部、电力工程质量监督管理部（电力工程质量监督站）、标准化管理中心、可靠性管理中心、技能鉴定与教育培训中心（电力行业职业技能鉴定指导中心）。

4个直属单位为电力发展研究院（中国电力企业联合会电力建设技术经济咨询中心、电力工程造价与定额管理总站）、电力评价咨询院（中国电力企业联合会科技开发服务中心、工业领域电力需求侧管理促进中心）、杂志社（《中国电力企业管理》杂志社）、北京恒功检测技术研究院有限公司。

1个投资股份制企业为华凯投资集团有限公司。

（2）人员变动情况：中电联本部2018年底实有职工总数182人，与2017年相比，调入3人，长期聘用增加14人，企业派驻增加4人，挂职增加1人；派驻、交流结束返回原单位1人，辞职2人，退休减员6人。

二、干部配置

1. 理事会领导成员

理事长：刘振亚

临时党委书记、常务副理事长：杨昆

专职副理事长、秘书长、临时党委委员、机关党委书记：于崇德

专职副理事长、临时党委委员：魏昭峰

专职副理事长、临时党委委员：王志轩

兼职副理事长（按姓氏笔画排序）：王树民、王炳华、卢纯、乔保平、伍萱、刘吉臻、李庆奎、李灼贤、吴国潮、汪建平、陈进行、赵建国、贺禹、顾军、晏志勇、钱智民、曹培玺

专职顾问：孙玉才

监事会监事长：安洪光

副秘书长：沈维春、许松林、江宇峰

监事会副监事长：田卫东

2. 2018年度职能部门及直属单位领导成员

理事会办公厅主任、党委办公室主任、信息化工作办公室主任：江宇峰（兼）

信息化工作办公室常务副主任、监事会办公室主任：米建华（部门正职级）

理事会办公厅副主任：孙红旗（部门正职级）

理事会办公厅副主任：谢清

理事会办公厅副主任：栾加林

行业发展与环境资源部主任：潘荔

行业发展与环境资源部副主任：薛静（部门正职级）

行业发展与环境资源部副主任：张琳

行业发展与环境资源部副主任：叶春

行业发展与环境资源部主任助理：蒋德斌

国际合作部主任：尤京

国际合作部副主任：许光滨

党群人事部主任：李晓霞

党群人事部副主任：孙建华

党群人事部副主任、机关纪委书记、机关工会副主席：刘仕海

党群人事部主任助理：吕传武

会员与企业文化建设部主任：郭玮

会员与企业文化建设部副主任：田卫东（兼，部门正职级）

会员与企业文化建设部副主任：王慧

会员与企业文化建设部副主任：张小明

会员与企业文化建设部副主任：沈连元

会员与企业文化建设部主任助理：徐敏

电力工程质量监督管理部副主任、电力工程质量监督站副站长：张天文

电力工程质量监督管理部副主任、电力工程质量监督站副站长：李晛

标准化管理中心主任：刘永东

标准化管理中心主任助理：汪毅

可靠性管理中心副主任：周霞（主持工作）

可靠性管理中心主任助理：王鹏

技能鉴定与教育培训中心主任：张志锋

技能鉴定与教育培训中心主任助理：张瑞雅

电力发展研究院副院长、中电联电力建设技术经济咨询中心副主任、电力工程造价与定额管理总站副站长：张天光（主持工作）

电力发展研究院党总支书记、电力发展研究院副院长、中电联电力建设技术经济咨询中心副主任、机关党委常务副书记、机关工会主席：张海涛（部门正职级）

电力发展研究院副院长、中电联电力建设技术经济咨询中心副主任：崔照胜（部门正职级）

电力发展研究院副院长、中电联电力建设技术经济咨询中心副主任：左晓文

电力发展研究院副院长、中电联电力建设技术经济咨询中心副主任：张慧翔

电力发展研究院副院长、中电联电力建设技术经济咨询中心副主任：董士波

电力评价咨询院院长、中电联科技开发服务中心主任、工业领域电力需求侧管理促进中心主任：黄成刚

电力评价咨询院党总支书记、电力评价咨询院副院长、中电联科技开发服务中心副主任：吴添荣（部门正职级）

电力评价咨询院副院长、中电联科技开发服务中心副主任：王益烜

电力评价咨询院副院长、中电联科技开发服务中心副主任：蔡义清

杂志社（《中国电力企业管理》杂志社）社长：管永生

杂志社（《中国电力企业管理》杂志社）副社长：李丽萍

北京恒功检测技术研究院有限公司总经理：胡小正（部门正职级）

北京恒功检测技术研究院有限公司副总经理：安宏文（部门副职级）

华凯投资集团有限公司董事长：徐绍忠（部门副职级）

【电力行业发展规划与电力发展课题研究】

（1）开展“电力发展‘十三五’规划中期评估及滚动优化”调研。结合电力发展面临的新形势与新挑战，调研分析影响电力高质量发展的有关重大问题，围绕新能源消纳、煤电灵活性改造、煤电建设、电力供需、中长期电力需求、新能源开发和优化电力发展“十三五”规划等方面提出意见建议，形成《电力发展“十三五”规划中期评估及滚动优化研究专题调研报告》。主要结论得到能源局规划司电力司认可，调研提出的重大电网项目已经在能源局文件中体现，调增电力需求目标，煤电市场定位，增加系统灵活性等结论，将纳入国家电力“十三五”规划中期评估。

（2）开展“核电发展问题”调研。在分析中国核电持续发展能力的基础上，通过深入研究世界核电发展趋势、中国发展核电的重大意义和存在的问题、核电在中国能源电力系统中的作用和定位等，提出促进核电安全高效发展的建议，形成《中国核电发展问题调研报告》。调研提出的制定核电发展战略保持合理建设节奏，每年核准6～8台机组，以及在碳排放约束背景下核电在保障电力供应安全、促进能源结构转型升级中发挥重要作用，使煤电早日达峰的关键要素等观点在行业内形成了广泛共识。

（3）开展电力市场有关问题调研。在分析当前电力市场建设、电力市场交易中存在矛盾及问题的基础上，反映发电企业、售电企业、电力用户等市场主体遇到的问题和困难，提出措施建议，形成《电力市场有关问题调研报告》，供政府主管部门决策参考，对推动电力改革不断深化、电力市场不断完善具有前瞻性和参考价值。

（4）开展输配电价改革情况调研。通过调研分析输配电价改革政策执行情况、改革对经济社会、对电网企业经营发展带来的影响和电力市场参与各方对输配电价政策的看法等，梳理和分析了输配电价改革政策及落实过程中存在的问题，提出政策建议，形成《输配电价改革情况调研报告》。调研提出的逐步取消交叉补贴、规范转供电收费等观点在政府部门关于积极推进电力市场化交易进一步完善交易机制的通知，关于清理规范电网和转供电环节收费有关事项的通知中得到体现。

（5）编制电力市场交易信息。牵头建立由电力交易中心、大型电力企业参加的电力市场交易信息交流沟通平台，维护和不断完善工作体系，按年度和季度编制《全国电力市场交易信息分析》，及时提供政府部门和平台参加单位。

（6）持续跟踪电力改革进展。收集整理电力改革重要信息，按年度和季度编制完成《电力改革动态》，印送相关单位，供企业全面了解电力改革进展参考。

【电力改革】

（1）开展行业重大问题研究，为政府决策提供技术支撑。① 在国家电网公司、南方电网公司等理事长、副理事长单位的支持配合下，组织开展调研和座谈，完成《输配电价改革情况调研报告》，报送国家发展改革委、国家能源局等政府主管部门，为电网企业争取相关政策扶持。② 在国家电网公司、南方电网公司、中国华能、大唐集团等发电集团公司、相关售电企业和电力大用户等单位的支持配合下，组织开展调研和座谈，完成《电力市场有关问题调研报告》，提交年度理事长会议参阅，报送国家发展改革委、国家能源局等政府主管部门。

（2）参与法规政策制修订，反映行业意见与诉求。向国家发展改革委办公厅报送《关于征求〈关于进一步推进增量配电业务改革的通知（征求意见稿）〉的反馈意见》，针对增量配电业务改革推进中遇到的实际问题提出了有针对性的意见建议；向国家发展改革委办公厅报送《关于〈可再生能源电力配额及考核办法〉反馈意见的函》，针对法律依据、考核内容、考核对象和考核指标等方面提出具体修改意见；向国家能源局综合司报送《关于国家能源局综合司征求〈供电监管办法〉修订稿（征求意见稿）的反馈意见》，针对指标定义等相关内容提出修改意见。

（3）完善电力交易信息交流平台，按期向政府部门、平台企业提供电力市场交易信息分析报告，向社会发布相关信息。① 组织相关成员单位，对电力市场交易信息交流平台工作办法进行讨论和完善，推进电力市场交易信息交流平台有效运行。按期出版《全国电力市场交易信息分析》报告，2018 年共出版四期。报告提交相关政府主管部门和相关理事单位，为政府推进电力改革工作提供参考，为相关理事单位制定营销策略、参与电力市场竞争提供依据。汇总整理相关交易数据，通过中电联网站向社会发布相关信息。② 收集梳理电力改革政策文件及各地电力改革试点动态情况，按季度出版《电力改革动态》，2018 年共出版四期，提交相关政府主管部门和相关理事单位，为政府和相关单位推进电力改革工作提供参考。

（4）组织理事长、各副理事单位相关同志，围绕电力市场改革开展座谈和专题讲座。组织召开电力市场改革座谈会，邀请理事长、各副理事单位电力改革部门相关同志参加，通报《电力改革动态》《电力市场交易信息分析》相关内容；请典型单位就电力改革工作、售电公司经营等情况进行专题发言，各单位围绕电力改革和电力市场市场建设相关问题进行研讨；邀请国网能源研究院、华南理工大学等单位专家围绕输配电价、电力现货市场、期货交易等内容进行专题讲解。

（5）参与配合北京、广州电力交易市场管理委员会相关工作，发挥市场第三方应有作用。多次参加北京、广州电力市场管理委员会工作会议，代表行业对相关议题提出意见建议；作为北京交易中心市场管理委员会信息工作组成员，参与《电力市场交易信息披露管理办法（建议稿）》的起草和讨论工作，联系相关理事单位提出意见建议，充分发挥市场第三方作用；针对《南方区域跨区跨省中长期电力交易规则》参加讨论并提出修改意见。

【电力统计与经济运行分析】

1. 电力统计工作

（1）开展电力行业综合统计。执行国家统计局新批准的《电力行业统计调查制度》，行业统计体系进一步完善。陕西地方电力集团纳入月度统计体系，继续协调完善云南电力统计。增加生产运营统计指标，细化统计颗粒度。完成 2017 年年度快报和 2018 年月度快报和月报，由国家能源局发布，为社会、政府、电力行业、电力企业提供决策参考；完成 2017 年年度电力工业运行情况简报和 2018 年各月度运行简况，在网站和电力报发布；编制完成《电力工业统计资料提要》《电力工业统计资料汇编》，发送统计体系、会员企业、政府部门，为进一步开展电力规划、政策研究、历史对比提供决策依据。完成 2017 年县级供电企业年度数据统计工作，编制专业统计分析报告，提交国家能源局；完成省间输入输出电量情况（逐月报送国家统计局）、发电集团效益共享数据等其他定期统计工作。

（2）建成统计信息系统（二期）等信息系统。实现与各统计报送单位统计系统间的联网直报；开发基于指标集的统计大数据挖掘功能，构建行业统计信息数据资源库、统计数据发布中心和统计数理分析中心，行业统计的信息化水平大幅提高。

2. 经济运行分析

（1）编制完成季度、半年度及年度全国电力供需形势分析预测报告，报送中央财办、国务院研究室、国家发展改革委、国家能源局等 10 个国家部门以及理事长、各副理事长单位，详细稿寄送直管会员级以上单位。为有关部门了解电力行业形势、出台有关政策，以及企业生产经营决策提供参考。

（2）召开 2017—2018 年度、2018 年上半年全国电力供需形势分析预测报告新闻发布会，及时为政府、企业和社会提供电力运行数据信息和供需形势分析。

（3）跟踪经济形势和电力运行情况分析，把握经济电力发展动态趋势，定期或不定期参加中央财办、国家发展改革委、财政部、工业和信息化部、能源局、国资委等部门组织的经济运行分析会，提交形势分析材料 60 余份，为国家了解电力行业形势和困难、进行宏观调控、制定政策提供重要支撑。

（4）每月按时上报电力运行信息及趋势性、苗头性和倾向性问题，全年报送发展改革委运行局、工业和信息化部产业政策司、国家能源局信息近 120 条，成为相关部门以及中办、国办收集了解电力行业信息的重要渠道。

（5）编撰《中国电力发展与展望（2018）》报告，总结电力行业 2017 年在消费、供应、节能减排、科技、改革、国际交流合作等方面的发展状况及取得的成绩，分析电力行业发展趋势和面临的挑战，展望电力行业供需形势、环保低碳、科技创新、改革、国际交流合作等。

（6）完成传统用能行业需求走势变化情况分析。总结全国和分地区层面钢铁、有色、化工、建材等传统用能行业的运行态势、用电形势及特征，分析供给侧结构性改革、产业转型升级等政策对中国能源经济发展形势的实施效果和影响程度，形成《传统用能行业需求走势变化研究》报告，为国家相关部门制定、调整产业政策及发展规划提供参考。

（7）编制全国电力景气指数体系设计初步方案，初步搭建形成指数体系构架，为后续研究工作的开展奠定基础；遴选合适的专业院校机构作为合作方，力求在理论和实践中均有所创新。

【电煤工作】

（1）全年准时编制和发布 CECI 沿海指数共 49 期，为电煤供应、采购、金融等企业提供参考，在煤电企业经营管理中广泛应用，被浙能、粤电等单位作为内部结算或招标采购依据，并被广东等地方作为电力现货市场机组发电成本的测算依据。

（2）积极推动燃料分会的成立，11 月 13 日召开成立大会。燃料大会的成立有效发挥行业整体优势，促进中国火电事业的绿色高效健康发展，促进电煤市场行为规范，维护行业利益，维护会员单位的合法权益，维护行业公平竞争，并为编制中国电煤采购价格指数（CECI）提供组织及人员支撑，共同助推电力燃料产业发展。

（3）加强价格监测，多渠道收集、统计、分析相关信息，针对电煤供需中存在的问题，起草《中电联关于国内电煤供应有关情况的报告》《中电联关于保障发电企业用煤安全的报告》《中电联关于保障迎峰度夏期间电煤稳定供应的报告》等，报送中央财办、国务院研究室、国家发展改革委、国务院国资委等相关部门，及时反映电煤市场运行情况及存在的突出问题，并提出相关针对性建议，供政府决策参考。

（4）受国家发展改革委委托，牵头电煤中长期合同核查的工作，分别赴西安、榆林开展实地核查工作，并撰写核查总结报告。参与对山西、内蒙古以及中央煤炭企业的核查工作，及时发现电煤中长协履约过程中的问题。提出了建立健全中长期合同履行考核机制，加强履约监督考核力度；加强中长期合同定价机制规范化；加强铁路运力均衡配置；加强运力、煤源等关键因素的科学管理和有力监管；确保优质产能释放到位；加大对煤炭市场价格的有效监管和合理引导等意见建议。对加强煤炭中长期合同履约的监管，规范煤炭市场交易秩序，提高履约兑现率具有重要推动作用。

（5）持续拓展 CECI 沿海指数采样体系。将广州发展集团和江苏国信集团纳入 CECI 采样体系，采样体系基本涵盖沿海大型发电企业，覆盖了 80%以上的海运电煤市场份额，指数的代表性、权威性进一步提高。

（6）研究编制《中国电煤采购价格指数管理办法》《中国电煤采购价格指数管理办法实施细则》，配套编制样本采集流程、样本审核要点、样本编码规则、数据保密机制等系列规章制度，切实保证指数运行的科学性、规范性。

（7）完成 CECI 进口指数、CECI 采购经理人指数编制方案，并开展 10 期指数的试运行，为完善方案、适时发布奠定基础。

（8）完成 CECI 电煤数据采集编制系统一期开发，在 4 个月试运行的基础上，于 11 月底正式投运。通过流程固化和异常数据自动检验，减少人为因素影响，有效提高了样本收集和指数编制工作的准确性、规范性。

【电力国际合作管理与服务】

1. 加强电力行业企业“走出去”服务

（1）推动国内政企合作。配合外交部、国家发展改革委、商务部、中国国际贸易促进委员会等部门、机构的国际合作战略的部署和实施，为电力企业寻找发展机会，发挥桥梁和纽带作用；与政府主管部门沟通，反映企业诉求，推动电力企业“走出去”。

（2）召开 2018 年电力行业国际合作会。8 月 2～3 日，组织召开 2018 年电力行业国际合作会议暨中国国际贸易促进委员会电力行业委员会（电力贸促会）委员大会。总结了电力行业 2017 年国际合作工作情况，分析了当前面临的形势，提出了相关建议，对中电联国际合作下一步工作安排做出了说明，并邀请有关专家做了专题讲座。会议期间，代表们围绕企业国际合作工作进行了经验教训分享，就开展行业国际合作、落实国家“一带一路”倡议进行了交流。

（3）编撰《国际电力发展报告 2018》。以国际权威机构的统计数据和研究报告为支撑，对国际能源电力发展状况及特点进行客观的研究和总结，帮助读者准确把握全球能源电力行业发展趋势，同时也为关注国际电力行业发展的业内人士提供价值信息和决策参考，为中国电力企业走出去开拓海外市场提供丰富的信息支撑。

（4）进一步完善年度国际合作业务调查体系，数据结构更加完善，信息覆盖面更加全面，结构更加合理，并在此基础上编制了《中国电力行业国际合作年度发展报告 2018》。报告数据信息丰富全面，内容完整，及时可靠，图文并茂，进一步丰富了数据分析的维度和场景，分析方法和角度上均有了较大提升。

（5）做好《电力国际信息参考》。共编译出版《电力国际信息参考》24 期，并结合当前实际和要点，完成《国际电力信息参考（精选篇）》（季度），为会员企业提供了优质的信息服务并获得企业好评。

（6）完成《中国煤电清洁发展报告》（英文版）、《中国电力年度发展报告（2018）》（英文版）翻译工作，为对外宣传中国煤电清洁发展利用及电力行业发展提供基础资料。研究编制《国际电力数据手册》。

（7）开展中国对外投资合作政策的研究工作，并形成《中国对外投资合作政策法规汇编 2018》，为企业及时了解国家现行“走出去”相关政策信息提供帮助。

2. 多深入开展对外交流

（1）推广中国电力行业发展优势。参加丝路中欧投资论坛、中国—中东欧国家能源合作第一次技术交流会、中捷协调推动“一带一路”合作规划工作会议、2018年东盟商机对话会、中俄能源商务论坛、东北亚能源互联网发展论坛、澜湄国家产能与投资合作论坛、第一届中日第三方市场合作论坛、第十二届中日节能环保综合论坛，推广“中国电力”名片。

（2）推进与各国同业机构及国际组织互访。组织派团赴境外拜访马来西亚电力公司、印尼电力行业协会、泰国地方电力局、世界能源理事会、阿联酋能源与工业部、非盟规划发展局、非洲联盟、联合国非洲经济委员会、非洲开发银行等机构；日本煤炭能源中心、国际能源宪章、摩根大通集团、Ricardo能源公司、美国阿莫林公司、世界能源理事会、比利时ACTE公司、法国能源监管委员会等多家机构访问中电联。

（3）加强与国际机构的沟通与合作。2018年，重点加强与非洲相关机构的沟通与联系。与非盟、非洲开发银行、非盟规划发展局等机构就活动推广、项目对接、人员交流等领域的合作达成初步意向；与加拿大电力协会、日本海外电力调查会就签署合作备忘录事宜进行沟通联系，已就备忘录文本达成初步一致意见；与欧电联保持工作联系，并在申请联合国气候变化大会边会等事项上进行合作；承担与日本煤炭能源中心合作的中日联合委员会日常协调与沟通工作，并在北京组织召开两次联合委员会工作会议和一次工作组会议，推进双方合作向更广泛的专业领域拓展；为支持电动汽车产业发展，推动充电技术进步，促进相关国际标准化工作，与日本快速充电器协会CHAdeMO签订合作备忘录，达成了在电动汽车充电设施领域加强技术和标准合作意愿；推进东北亚电力联网工作；应联合国亚太经社会邀请，赴蒙古国出席第三届东北亚电力联网与合作论坛并发言；应大韩电气协会邀请，赴韩国出席东北亚电力国际论坛并在论坛上发言，参与东北亚电力联网与合作论坛章程的起草，并应联合国亚太经社会邀请加入了论坛指导委员会。收集整理国外电力企业相关信息，配合专业部门开展与国外企业对标的相关工作。

3. 参与国际重大活动，搭建与利用国际交流平台

（1）组织中国企业参加2018年亚太电协大会。组织大陆地区会员企业参加在马来西亚吉隆坡举办的第22届亚太电协大会活动及论文宣讲等工作。国家电网公司、南方电网公司、中国华能、大唐集团、中国华电、国家能源投资集团、国家电力投资集团等单位均派代表团出席了本次会议，加深了中国电力行业在亚太地区的影响力和话语权。

（2）申办2022年第24届亚太电协大会。9月18日，在亚太电协执委会会议暨第44届理事会会议上，中电联代表大陆所有亚太电协成员单位成功申办2022年第24届亚太电协大会，并承担2021—2022年亚太电协秘书处工作。

4. 开展海峡两岸电力交流

牵头组织召开“海峡两岸（大陆—金门）电力联网交流会议”，联络国家电网公司、台湾方面等有关机构，就海峡两岸已经开展的大陆—金门电力联网有关工作及技术事宜进行交流，促进两岸电力联网工作的有序推进。

【电力节能环保】

1. 参与法规政策制修订，反映行业意见与诉求

（1）向生态环境部报送《中电联关于报送〈排污许可管理条例（草案征求意见稿）〉意见的函》，针对条例法律定位、依据、政策衔接、配套政策以及具体条款提出行业意见建议；向生态环境部报送《中电联关于报送〈固定污染源排污许可分类管理目录（征求意见稿）〉意见的函》，针对目录范围和条款定义提出修改意见；向国家统计局报送《2017年度火电厂应对气候变化统计指标数据》，反映火力发电企业温室气体相关情况。同时，参与政府相关部门组织的座谈会、讨论会、政策制修订等，反映电力行业节能环保低碳情况及诉求，做好政府的参谋、助手，促进电力节能减排健康发展。此外，开展电力节能减排相关法规政策动态跟踪研究，形成《电力行业节能环保低碳相关法规政策动态（2018年）》，向中电联会员单位报送。

（2）根据《水利部办公厅关于征求对〈火力发电行业水效领跑者引领行动实施细则〉（征求意见稿）意见的函》、工业和信息化部节能与综合利用司《关于征求〈国家工业固体废物资源综合利用产品目录（征求意见稿）〉意见的函》、生态环境部办公厅《关于征求〈中华人民共和国固体废物污染环境防治法（修订草案）（征求意见稿）〉意见的函》、淘汰落后产能工作部际协调小组办公室《关于征求〈淘汰落后产能工作督导检查方案〉意见的函》，在征求电力企业意见的基础上，提出意见并函复。

2. 深入开展行业重大问题研究，为政府决策提供技术支撑

（1）受生态环境部气候司委托，开展发电行业碳排放交易研究工作。一是组织发电企业开展“基准值、基准线”测算，形成《发电行业配额分配实施方案（建议稿）》向气候司报送并得到支持；二是组织发电企业编制标准《发电行业碳排放权交易技术指南》，帮助发电企业建立碳排放权交易管理体系、规

范碳交易管理工作；三是组织编写《碳排放权交易（发电行业）培训教材》（试用版）并发布，从形势、政策、技术、管理等方面全面指导电力企业开展碳排放权交易工作；四是开展烟气排放连续监测系统在碳排放监测领域应用研究，分析国内外在线监测二氧化碳法规政策、技术成本以及测量精准度；五是推进碳交易信用体系配套制度研究等相关工作。

（2）开展海南省火电行业排污许可证制度执行及监管的相关技术研究，形成《海南省火电行业排污许可证后制度执行情况评估报告》《〈海南省火电企业排污许可证执行报告〉模板研究报告》《海南省环保部门现场检查火电企业排污许可证执行情况工作指南》等研究报告，部分结论及建议得到海南省生态环境厅采纳；海南许可证试点具有典型性和代表性，对全国许可制度改革具有借鉴意义和参考价值。

（3）开展海南省火电厂污染物综合排放标准研究，形成《海南省火电厂污染物综合排放标准》及编制说明，该标准是国内首个综合大气、水、噪声、固废污染控制为一体的综合排放标准，有效衔接当前排污许可制度改革，促进火电行业环保监管优化发展。

（4）开展中国电力减排研究，编制《中国电力行业碳排放权交易市场进展与展望》并正式出版发布，从多种角度反映中国电力碳市场建设有关情况、共性问题及企业诉求，指导和规范电力企业有效参与碳市场相关工作，促进其他行业乃至公众了解电力发展水平及在推动碳市场建设方面的贡献。

（5）持续开展新能源调研及研究工作，并形成《新能源发展趋势调研》。报告全面介绍了以风电、太阳能发电为主的新能源发展现状，分析了当前新能源技术发展情况与成本变化，对新能源在电力系统中的影响及热点问题进行了探究，归纳总结了主要存在的问题和制约因素，对新能源的发展趋势进行了展望，并提出政策性建议。其中，大部分建议已纳入国家发展改革委、能源局出台的《清洁能源消纳行动计划（2018—2020年）》，对促进新能源的科学可持续发展发挥了重要作用。

（6）牵头编制《中国火电节水和水污染防治报告》。报告阐述了中国火电的发展现状及水在火力发电中的作用，梳理了火电节水和水污染防治的行动和措施，系统展现了火电节水和废水治理成效，并对火电节水和水污染防治工作进行了展望。

3. 开展节能减排专项调研，把握发展动态、反映共性问题

（1）开展发电行业碳排放权交易启动情况调研，协调八家大型发电集团公司和相关机构开展研究；针对碳市场建设关键问题，赴中国华能、大唐集团、国家能源投资集团、粤电集团、深圳能源及部分发电厂、华电电科院、湖北碳排放权交易中心、上海能源环境交易所、杭州超腾能源技术公司等开展专题调研；同时，组织召开电力企业碳交易座谈会、研讨会，进一步听取企业诉求及建议；在掌握第一手资料基础上，形成《发电行业碳排放权交易启动情况调研》，作为中电联理事长会议材料向各会员单位通报，部分结论和观点得到重视和认可。

（2）持续开展火电企业排污许可证执行情况调研，赴粤电集团、华能海南分公司、妈湾电厂、海口电厂、东方电厂、乐东电厂、洋浦电厂等开展排污许可证执行情况及问题调研，形成《火电行业排污许可证执行情况、问题及建议》报告，并向发电集团公司通报。

（3）为了解火电企业节能节水、废水排放等相关情况，做好向政府有关部门反映行业意见和政策建议、完善电力行业节能标准化等相关工作，赴上海吴泾第二发电厂、神华国华宝电公司、神华国神鄂温克电厂等就火电厂落实国家节能节水与废水控制实际工作情况，面临的主要问题及需要行业协会反映的意见等开展了现场调研。

4. 搭建服务平台、凝聚行业共识，召开行业会议、发出行业声音

（1）成立电力行业低碳技术中心，根据生态环境部应对气候变化司委托，推进、协调、归口管理电力行业碳排放权交易相关工作，开展行业自律及相关服务，促进全国碳市场建设稳步推进。

（2）扩充电力行业碳交易工作组至八家大型发电集团公司，加强电力企业参与碳排放权交易、开展碳减排等相关工作的经验和信息沟通交流。

（3）组织召开发电行业参与全国碳排放权交易市场动员部署会及培训会。动员部署会上，邀请生态环境部副部长庄国泰出席并讲话，并向与会代表赠送《碳排放权交易（发电行业）培训教材》；培训会上，就碳市场建设背景及相关问题、国际碳市场概况、碳市场配额分配、监测报告和核查体系、碳市场风险防控、电力低碳技术等方面内容向参会代表进行培训。

（4）组织召开大型发电集团公司2018年环保联席会，针对火电企业排污许可证执行情况及问题、火电厂废水排放与控制进展情况、发电企业参与全国碳排放权交易情况等进行了交流与讨论。

【电力标准管理与服务】

1. 标准项目计划及发布

（1）电力标准计划下达647项。其中住房和城乡建设部国家标准计划11项，国家标准委国家标准计划46项，国家能源局行业标准计划356项，中电联标准计划234项。

（2）2017年经有关部门批准发布标准共491项。

其中，国家标准 49 项，包括国家标准委批准发布 44 项，住房和城乡建设部批准发布工程建设国家标准 5 项；国家能源局批准发布行业标准 322 项，中国电力企业联合会公告发布中电联标准 74 项。

（3）完成标准报批 481 项。以智能电网、新能源发电、配电网建设、电动汽车充电设施以及电力生产建设急需为重点，制定标准并完成报批，其中国家标准 76 项，行业标准 266 项，中电联标准 74 项，英文标准 65 项。

2. 标准化重要成果

（1）召开中国电力企业联合会标准化工作会议。贯彻落实新修订标准化法精神，6 月 28 日在北京召开中国电力企业联合会标准化工作会议。国家标准委、住房和城乡建设部、国家能源局有关领导出席，相关行业协会和组织机构领导出席，中电联理事长、副理事长单位，代管学协会、中电联归口管理的全国、行业和团体标委会代表共计 200 余人参加了会议。杨昆常务副理事长做了题为《全面实施标准化战略　引领能源电力高质量发展》的讲话，回顾了电力标准化历程，总结了电力标准化工作，分析了电力标准化工作面临的新形势，提出了下一步电力标准化工作发展的方向和重点任务。会议通过对“标准化良好行为企业”的授牌和经验交流，倡导电力企业实施标准化管理；向与会代表发出了《电力企业实施标准化战略倡议书》，并就电力行业贯彻落实《标准联通共建“一带一路”行动计划（2018—2020 年）》实施方案征求意见。

（2）首个中电联标准上升为国际标准。由中国牵头编制的国际标准《电动汽车充电漫游信息交互　第 1 部分：通用要求》（IEC 63119 - 1）经过 IEC TC69 全体 17 个正式成员国的投票，一致同意，并于 2019 年年初正式发布。同时，该标准同步成为欧盟标准。该套标准是在 2016 年批准发布的中电联标准《电动汽车充换电服务信息交换》系列标准的基础上进行的，是中电联标准首次上升为国际标准。

（3）电力领域两个项目获 2018 年度标准创新贡献奖一等奖。10 月 14 日，2018 年世界标准日主题活动在北京举行，活动期间公布了 2018 年中国标准创新贡献奖获奖名单。GB/T 30149—2013《电网通用模型描述规范》等 42 项标准、Q/GDW 11040—2013《电力需求侧管理项目节约电力电量测量与验证通则》等 20 项标准获一等奖，GB/T 30155—2013《智能变电站技术导则》等 36 项标准、IEEE Std 1860—2014《1000kV 及以上特高压交流系统电压调节及无功补偿技术导则》等 3 项标准以及 GB/T 18916.1—2012《取水定额　第 1 部分：火力发电》等取水定额标准获二等奖。

3. 标准化重点建设

（1）贯彻落实国务院《深化标准化工作改革方案》文件精神，加快中电联标准建设步伐。加强组织建设，批准筹建 8 个中电联标准化技术委员会，其中完成筹建召开了成立会议的有 5 个。加强中电联标准宣传，在国家标准委第二批团体标准试点启动会上，作典型交流发言。完成中电联标准文本网上上传工作，向社会公开标准全文，方便查询使用。

（2）推进电力标准化基础工作，提升电力标准化管理水平和服务能力。一是完成国家技术标准创新基地（智能电网）创建组织机构方案，并于 6 月 28 日召开国家技术标准创新基地（智能电网）筹建工作推进会；二是开展充电互操作测试实验室一致性比对活动，验证各实验室的能力，为检测标准制定奠定基础；三是完成编制《中国电力标准化年度发展报告 2018》，重点描述国家、行业、中电联标准发展、企业标准化、重点领域标准化、国际标准化等方面的主要情况与成果；四是按照国家标准委、住房和城乡建设部以及国家能源局的统一部署，组织推荐工程建设强制性标准起草专家并开展工程建设全文强制标准研编工作。

（3）加强电力标准化组织建设。一是向有关部门申请成立新的国家、行业标委会。向国家标准委报送第二届全国电力设备状态维修与在线监测标委会换届及组成方案的请示，批复电力行业供用电标委会的换届方案；向国家能源局申请成立能源行业电力气象标委会，向国家能源局报送能源行业电力机器人标委会组建方案，向国家能源局提出申请将“电力行业农村电气化标委会”更名为“电力行业配电标委会”，加强配电领域标准的归口管理工作。二是印发《电力专业标准化技术委员会考核评估办法（试行）》及 2018 年度标委会考核评估工作通知。组织召开 2018 年度电力专业标准化技术委员会考核评估启动会。三是组织中国电力企业联合会地理信息标委会、输变电工程遥感测量标委会、电力培训标委会、电力系统用电力电子器件标委会、金具标委会、杆塔及基础标委会召开成立大会。

（4）进一步深入开展企业标准化工作。一是组织继续开展电力企业“标准化良好行为企业”试点现场确认活动。2018 年完成 52 家电力企业标准化良好行为评价确认工作。二是开展《企业标准体系》相关配套行业标准、团体标准的制修订。贯彻落实新版国家标准要求，对《电力企业标准体系表编制导则》《电力企业标准编制规范》等标准进行宣贯，并制定中电联标准《电力企业标准化工作　评价与改进》。这些标准为电力企业构建标准体系、有效推进和实施标准化管理提供了有力支撑。在《中国电力企业管理》发表《以新国标思想统领电力企业标准化建设》专题解读文章。

（5）标准化课题研究持续推进。受国家标准化管理委员会委托的中国标准 2035 战略规划《新一代信息技术及人工智能标准化体系战略研究》能源互联部分，现已完成报告初稿；根据 2017 年度国家重点研发计划“国家质量基础（NQI）的共性技术研究与应用”重点专项的申报要求，组织申报了“特高压交直流混联大电网运行关键技术标准研究”和“太阳能光热发电及热利用关键技术标准研究”两项课题并成功立项，课题成果将为中国大电网安全运行标准体系建设和光热发电标准体系建设提供坚强基础。完成了《电动汽车及基础设施标准规范和测试技术研究》课题。受住房和城乡建设部委托开展《“一带一路”电力工程建设标准国际化应用研究》课题研究，课题成果提交住房和城乡建设部。

4. 国际标准化工作

（1）组织申报《虚拟发电厂的架构与功能要求》《变电站通信网络智能电子设备（IED）物理资源配置语言》两项国际标准提案。提交 IEC《电动汽车充电漫游服务的信息交换》第 2～4 部分国际标准提案材料。

（2）组织承办国际电工委员会太阳能光热电厂技术委员会（IEC/TC117）工作组会议暨年会。会议对 IEC PT62862 - 2 - 1《储热系统通用特性》、IEC PT62862 - 4 - 1《塔式太阳能光热发电站设计总体要求》和 IEC PT 62862 - 3 - 1《槽式太阳能光热发电站设计总体要求》等三项国际标准进行深入研讨。会议的召开，有利于促进中国光热行业和光热标准化事业的发展，并加强中国在国际标准化领域的影响力。

（3）为支持电力企业走出去战略实施，继续开展电力标准英文版翻译工作，一是向国家能源局申报 2018 年电力标准英文版翻译计划 16 项；二是下达住房和城乡建设部 3 项标准英文版翻译计划。

（4）根据国家标准委与德国经济和能源部签署的中德标准化合作协议，承办中德电动汽车标准化工作组第六次会议，在大功率充电、无线充电等方面取得了阶段性成果。

【电力可靠性管理与服务】

（1）组织开展可靠性信息发布工作。一是配合国家能源局于 5 月 31 日在北京召开了 2018 年电力可靠性指标发布会暨安全生产月启动会，会上与国家能源局联合发布了《2017 年全国电力可靠性年度报告》。二是与国家能源局电力可靠性管理和工程质量监督中心联合发布《2018 年上半年电力可靠性情况通报》。三是对 2017 年和 2018 年上半年全国 52 个主要城市供电可靠性指标进行了统计计算，由国家能源局面向社会进行了发布。

（2）完成可靠性年度统计分析及专业报告编制工作。完成 2017 年度和 2018 年上半年全国电力可靠性数据的采集、汇总和分析等基础工作，编制《中国电力行业可靠性年度发展报告（2018）》及其发电设备、输变电设施、直流输电系统及供电系统用户供电可靠性等各类报告 11 册，并通过发布会、出版物、网络等多种形式向政府有关部门、电力企业及相关单位机构进行了发布和反馈，实现了电力可靠性数据在全行业、全社会的共享。

（3）开展会员单位专项服务，搭建技术交流平台。一是在做好对会员企业普遍服务的基础上，选取国家电网公司、南方电网公司、国家能源投资集团为对象，通过同类集团之间对标和对本企业问题的系统研究，为重点企业提供有针对性的、个性化和多样化的服务，并提出工作建议。二是组织召开输配电可靠性管理工作技术研讨会、发电可靠性管理专业研讨会，交流研讨低压供电可靠性管理、电能质量评价管理等可靠性管理重点工作和关键技术问题。

（4）组织召开“第四届电力可靠性管理标委会第四次会议”。会上宣布了委员调整批复文件，对 2018 年可靠性标委会工作进行了总结，同时围绕能源电力发展，满足企业管理需求提出了设想，明确了 2019 年标准制定项目；会上通过了《发电设备可靠性评价规程　第 3 部分：水电机组》《发电设备可靠性评价规程　第 4 部分：抽水蓄能机组》《电力可靠性管理信息系统数据接口规范　第 3 部分：发电设备》《输变电回路可靠性评价规程》等 5 项标准送审稿的评审。

（5）开展可靠性前瞻性和应用型课题研究工作。一是组织开展“增量配电网供电可靠性调查研究”，通过问卷调查及 10 个试点项目实地调研，厘清了现阶段增量配电业务在供电可靠性管理方面存在的不足。提出了做好增量配电网供电可靠性管理在制度规定、评价标准、工作规范等方面的措施方案。二是开展“全国火电机组在运和退役装机容量分析预测研究”，从燃煤机组装机容量、运行时限、技改情况及燃煤电厂产业相关政策几个方面进行分析，提出了问题，给出了合理的能源电力规划建议。三是开展“全国供电可靠性重大事件日分析”，对全国影响用户停电的重大事件日进行分析。报告从重大事件的地区分布、产生因素、事件特征、对供电可靠性影响等多个维度进行分析，反映了影响用户停电的重大事件现状和存在的问题，提出相应的建议。

（6）完成电力可靠性管理专项信息系统建设。一是完成电力可靠性管理代码申报查询系统开发工作，实现电力可靠性管理代码的在线管理。二是完成供电可靠性指标自动传输与共享平台的建设，缩短指标的发布周期，实现按季发布用户供电可靠性指标，满足政府监管、行业服务和企业自我管理的需求。

（7）组织开展发、供电可靠性管理及信息系统培训班。举办“供电可靠性管理工程技术人员培训班”“发电可靠性管理工程技术人员培训班”各两期，“发电可靠性管理信息系统培训”五期，各级电力企业近1200名可靠性管理技术人员参加了培训活动。培训就中国能源电力发展趋势、电力可靠性管理现状、法规办法、评价标准以及可靠性管理实践应用等方面进行讲解，为可靠性专业人员提供了学习交流平台。

（8）开展了国际交流活动。赴新加坡、菲律宾开展了电力可靠性技术交流，在可靠性管理模式、统计评价标准、统计评价方式、统计到低压用户的技术措施及指标数据信息等方面进行了充分的交流，建立了常态化的联系，为加快推进国际同业对标工作提供了数据资源。

【电力行业职业技能鉴定与教育培训管理及服务】

1．技能鉴定工作

（1）举办2018年中国技能大赛——第十一届全国电力行业职业技能竞赛。来自全国发电集团企业600MW及以上火电机组集控值班员组成的45支代表队90名选手参加决赛。

（2）构建电力行业从业人员技能等级证书体系。根据人社部职业资格制度改革精神，经广泛征求会员单位意见，并由本部理事长办公会议研究决定，印发了《关于实施电力行业从业人员技能等级证书制度的意见》。面向会员单位开展了电力行业从业人员职业（工种）目录设置的调研工作。制定并印发了《电力行业从业人员技能等级认证考评人员管理办法》。

（3）按计划完成国家职业技能标准（电力部分）修订工作。分别召开了电力10个职业技能标准的编制启动会和初审会，组织122名专家进行编写和审定工作。2018年底完成上报并由人社部面向社会公开征求意见。

（4）开展2017年电力行业特有职业（工种）高级技师评审工作。组织39个鉴定中心报送了6543份申报材料。经初审、专家组会议评审、电力行业特有职业（工种）高级技师评审委员会会议审核，5145份申报材料通过，通过率78.63%。

（5）完成第十四届高技能人才评选表彰遴选推荐工作。按人社部要求，组织行业企业推荐申报，共荣获中华技能大奖1人，全国技术能手2人，国家技能人才培育突出贡献候选单位1家，国家技能人才培育突出贡献候选个人1人。

（6）开展电力行业高级技师督导检查工作。15个高级技师鉴定考评质量督导检查组，分别对15家鉴定中心的高级技师鉴定考评工作质量进行了督导检查。

（7）举办电力行业职业技能鉴定管理人员培训班。219名鉴定站管理人员通过了培训、考试，获得电力行业职业技能鉴定管理人员培训合格证书。

2．教育培训工作

（1）开展2018年度电力行业仿真培训基地评估认证工作。新授予1个火电培训基地，8个火电培训基地增加脱硫专业；完成电力行业仿真培训基地2017年度检查工作和2018年复查评估工作；开展电力行业仿真培训高级指导教师考试认证和复证工作，185人通过了考试认证，84名指导教师通过了复训认证；开展电力行业仿真培训指导教师考试认证及复训认证工作，23人通过了考试认证，56名高级指导教师通过了复训认证。

（2）发布《中国电力行业人才年度发展报告2018》。汇集国家电网公司、南方电网公司及各发电集团公司等16家大型电力集团企业数据，编撰出版了《中国电力行业人才年度发展报告2018》。

（3）完成教育部委托的第一批13个全国高等职业学校电力类专业教学标准的修（制）订工作，启动第二批6个专业教学标准修（制）订工作。

（4）举办主题为“争创世界一流能源电力企业：电力走出去　人才国际化”人才发展论坛。来自全国电网、发电、电建单位及高校、培训机构的300余名代表出席。开展电力行业国际化人才培养优秀成果评选活动，共评出优秀成果56项，并从中评选出十佳项目和十佳案例。

（5）举办人社部委托开展的“中国电力企业国际化发展高级研修班”。来自各电力集团公司国际部、海外事业部以及从事海外工程项目管理和技术的高层次专业技术人员及管理人员共70人参加培训班，并取得人社部颁发的继续教育证书。

（6）召开中电联电力培训标准技术委员会成立大会，组织开展无人机巡检作业人员培训考核规范等专业标准编写工作。已完成制定2个中电联团体培训标准，在编2个培训标准，启动3个培训标准。

（7）开展电力行业企业培训师能力评培体系建设工作。完成能力标准与评价规范（初稿），制定了电力行业青年企业培训师教学技能竞赛方案（讨论稿）。

（8）开展《配电网建设改造行动计划》培训教材编写工作。开展系列培训教材编写与申报立项工作，已编写完成4本教材，在编41本教材，新立项7本教材。

【电力工程造价与定额管理及服务】

1．电力工程计价依据的编制和管理工作

（1）开展2018年版电力建设工程定额与费用计算规定编制。根据国家能源局《电力工程定额与造价工作管理办法》(国能电力〔2013〕501号),2013年版电力工程定额和费用计算规定已经达到修编周期,开展2018年版电力建设工程定额与费用计算规定编制工作。编制范围包括单机容量为50～1000MW级燃煤发电工程、36～310MW燃气-蒸汽联合循环发电工程、35～1000kV交流输变电工程、±1100kV及以下的直流工程等。现已完成报批稿。

(2)开展分布式供能定额的编制。包含单机规模小于等于50MW,接入电压等级在110kV及以下的内燃机、燃气轮机、垃圾供能、农作物直燃供能、小型清洁燃煤供热,以及分布式光伏发电、分散式陆上风电等目前主流分布式能源项目类型,侧重在用户侧、自产自销为主、综合能源利用的小型智慧能源站。已经完成了征求意见稿的编制工作。

(3)颁布实施电网技术改造工程、电网检修工程和20kV及以下配电网工程三套清单规范。由国家能源局以"2018年第4号公告"正式颁布,并于7月1日起正式实施。

(4)完成电网技术改造工程和检修工程定额使用指南的出版工作。为了总结和解决实际工作中出现的问题,完善电网检修、技改定额体系完整性,开展电网检修、技改、拆除定额使用指南的编制。该套使用指南包括《电网技术改造工程预算编制与计算规定使用指南》《电网技术改造工程预算定额使用指南》《电网检修工程预算编制与计算规定使用指南》和《电网检修工程预算定额使用指南》《电网拆除工程预算定额使用指南》。

2. 电力工程造价管理工作

(1)完成电力建设投资价格指数测算报告。按照指数测算方法和相关研究成果,结合电力工程建设的实际特点,研究构建、预测和分析未来三年电力建设投资价格变动趋势,编制和发布《电力建设投资价格指数报告(2018年)》,并及时上报国家能源局。

(2)对已发布的各套定额价格水平进行科学调整。跟进工程造价构成要素的市场价格变化,适时调整和发布"发电工程概、预算定额价格水平调整系数""电网工程概、预算定额价格水平调整系数""电力建筑工程施工机械价差""20kV及以下配电网工程、电网技术改造工程和检修工程预算定额价格水平调整系数"。

(3)定期发布电力建设工程设备、材料信息价格。编制、出版《20kV及以下配网工程设备材料价格信息》《电力工程主要设备、材料信息价格》;同时借助于电力工程造价信息网,建立了相关价格信息的发布常态机制,为准确计算工程投资提供了可靠的参考依据。

(4)召开全国电力工程造价与定额管理工作会议。12月19日,在北京召开2018年全国电力工程造价与定额管理工作会议。对电力工程造价与定额管理工作进行了全面回顾和总结,与会代表围绕会议主题,结合改革发展面临的问题和挑战,在提高电力工程造价与定额管理工作水平、丰富完善计价体系、开展造价咨询企业管理、探讨行业发展、国际交流与合作等方面提出了许多宝贵意见和建议。

3. 课题研究

完成"俄罗斯电力工程计价方法研究"课题。研究分析了俄罗斯电力和能源行业概况、中国电力企业在俄罗斯投资建设项目工程造价管理的实际情况,以及俄罗斯电力工程计价技术与方法。

4. 行业管理和服务工作

(1)规范行业管理,促进行业诚信自律。配合中价协开展了咨询企业信用评价初审工作,经审核推荐的造价咨询企业均获得AAA-以上的等级。设计了以人员为基础,社会采信为辅助的企业信用评价方案。

(2)履行政府委托管理职责。履行政府部门委托的电力行业造价咨询企业资质管理、电力行业注册造价师管理与继续教育管理职责。组织召开资质延续工作会议,严格审核提报材料,完成了27家电力行业工程造价咨询企业甲级资质延续初审工作,所有需进行资质延续的咨询企业一次性通过住房和城乡建设部审批。全年完成1000余人次电力行业造价工程师的初始注册、变更、延续工作。

(3)鼓励支持专业创新,促进行业发展。一是组织电力企业技经专业管理部门进行"电力创新奖"申报工作,经推荐的"特高压交流工程全过程投资管理标准化研究与应用"项目获得了管理类一等奖,"广东电网公司科技项目预算标准研究"和"电网台风抢修工程计价依据标准研究"两个项目分别获得管理类和标准类二等奖。二是在《中国电力企业管理》杂志设立"工程管理"专题栏目,合力打造服务于电力工程管理类论文分享交流平台,旨在通过创新、科研促进电力工程管理水平提升,推动电力建设持续良性发展。三是组织开展电力行业造价专业论文和成果交流活动,征集交流论文107篇,造价管理成果48项。

(4)构建电力造价从业人员评估体系,建设完成在线评估系统。在E数聚平台上开发"人才智库"模块,实现了人员能力多维度、全视角、可定制的动态评价。

(5)推动国际合作,深入开展国际交流。筹建美国造价工程师协会AACE中国(北京)办公室,协同AACE完成中国国际进口博览会参展工作,组织开展了AACE推荐规程翻译工作,已经完成24份文件的翻译(初稿),为电力行业标准与国际接轨以及进一步加强工程建设与世界的融合奠定了工作基础;组团参加世界建筑环境论坛，拓展咨询人员视野和思路；策划并组织团组分别参加英国皇家特许测量师协会RICS全球峰会、国际智慧建造联盟（BSI）标准峰会等活动，增进与国际专业人士技术交流。

（6）开展专业软件鉴定工作。组织开展“博微电力技改检修清单软件BJG2018”等4款计价软件的评审鉴定工作。

【电力工程质量监督管理与服务】

（1）完成质监体系调研，形成调研分析报告。先后走访了云南、河南、湖北、安徽等多地的能源建管办、电力企业，就电力工程质量监督工作进行调研，与杂志社合作形成了《新时期电力工程质量监督工作调研分析》。调研报告主要从电力工程质量监督的历史、现状以及当前面临的问题，通过深入的分析，提出了促进质量监督工作的政策措施建议。

（2）完成《电力建设工程质量监督实施程序》修订和《光热发电工程质量监督检查大纲》编制工作。两项规章的制/修订工作均历经集中研讨、集中编写、征求意见、修改完善、专家审查等阶段，分别于6月底和9月底正式完成送审稿，送审稿已报送国家能源局。

（3）完成质量监督工作平台维护工作，并适应职能调整，完成网站改版。质监网站名称更改为“电力工程质量监督检测”，在内容上删除了“机构管理”“公告公示”“投诉举报”等行政管理职能板块，增加了“检测工作动态”“检测认证”“行业服务”等栏目，整合了“社会观察”“政策法规”“学习园地”等栏目内容，整个网站页面更加突出行业服务和专业服务特色。

（4）完成发电项目和输变电项目的阶段性质量监督检查工作。对±1100kV新疆昌吉—安徽古泉、±800kV滇西北—广东特高压直流输电工程及广东电网与海南联网二回、藏中联网工程等8项跨区输电工程，开展了64次监督检查，提出整改问题3405项；对河北华润曹妃甸电厂、国电宁夏方家庄电厂、安徽华电芜湖电厂等22个百万千瓦机组项目进行了67次监督检查，提出整改问题9527项。所发现问题均已得到整改落实，有效地保障了工程建设质量。

（5）配合建设单位做好项目竣工验收，保障项目顺利投产。2018年投产的电网项目有±800kV内蒙古扎鲁特—山东青州、滇西北—广东等3项特高压输电工程；投产的发电项目有天津国投北疆电厂、湖北鄂州电厂等6个项目7台百万千瓦机组。在规定时间内完成了以上项目的质监报告报告和质监资料归档工作。

（6）依法依规做好新核准项目的注册工作。全年共新注册质监项目6个（电网项目4个，发电项目2个），新注册电网项目为1000kV特高压山东—河北环网工程、±800kV昆柳龙特高压柔性输电示范工程、±500kV张北柔性直流工程、500kV陕西锦界—府谷送出工程；发电项目为：安徽淮北平山1×1350MW试验示范工程、中兴蓬莱2×1000MW试验示范工程。

（7）首次承担“一带一路”重点项目的工程质量监督任务，质量监督工作“走出去”取得初步成果。应中国机械进出口（集团）有限公司邀请，首次承担了孟加拉帕亚拉2×660MW燃煤电站项目的工程质量监督任务。分别于3月和9月赴项目建设现场，开展了两次监督检查，共提出整改问题229项，内容涵盖了工程实体质量、质量保证体系、质量控制措施、检测试验计划、工器具与测量仪器、施工签证记录、文件档案资料、分部分项工程验收评价等各个质量管理的关键领域，不仅为项目诊断出了很多被忽略的“隐疾”，也为排除质量隐患开出了“良方”。

（8）完成《电力工程质量监督责任风险分析报告》。对工程质量监督的政策法规、标准规范、责任义务、社会观念进行了全面分析，指出了工作中的风险点。报告也提出了贯彻党中央国务院“放管服”要求，明确安全监管与质量监督职责，工程质量监督行政与技术分离，尽量避免重复报备和重复检查，减轻企业负担，依靠质量检测和质量体系认证强化质量监督工作的建议。

（9）为安徽申能平山电厂、山东中兴蓬莱电厂和山东—河北特高压环网项目举办了工程质量管理专题培训。系统讲解了质量管理体系、工程建设标准强制性条文、质量档案管理和质量监督程序及要求等。各项目参建单位的项目经理、技术负责人、质量管理专责和施工队长等参加培训。

（10）组织召开协调会，与建设单位、中心站一起探索质量监督工作和技术服务新模式。并在1000kV山东—河北特高压环网工程、±800kV昆柳龙特高压输电示范工程、±500kV张北柔性直流工程、安徽申能平山电厂和山东大唐郓城电厂等项目进行了成功实践。

（11）组织有关中心站，召开了质监工作审计、巡视发现问题整改研讨会，对照有关政策法规，梳理了责任风险，拟订了整改措施，为依法依规、科学合理做好质监工作统一了思想认识。

（12）完成江西大唐抚州、福建湄洲湾等项目的质监工作回访，开展了天津国投北疆、河南国投南阳等停缓建项目现状调研，及时向政府主管部门反映了相关情况。

（13）协助藏中联网工程指挥部，完成藏中联网工程质量监督检测实施方案审查和检测费用结算审核工作。

（14）完成光热发电项目和海西州多能互补集成优化示范工程调研，做好光热发电项目质量监督检测技术储备。

【电力行业文化建设】

（1）启动并完成《全国电力行业核心价值公约》修订工作。向有关电力企业、电力行协征集电力企业自律规范和员工职业操守等相关规约，组织召开行业自律规范和员工职业道德准则意见征集会，多次召开《公约》修订工作专家研讨会等。

（2）召开2018年度全国电力企业文化建设工作交流会暨企业文化建设示范单位现场会。总结了近年来行业企业文化建设方面的主要工作，探讨了新时代电力企业文化建设思路，交流了电力企业文化建设先进经验，实地考察了中国核电、秦山核电特色企业文化。

（3）首次在全行业举办以“演绎身边故事　传播企业文化”为主题的微话剧比赛。参赛节目生动展现了电力员工爱岗敬业、勇于奉献的精神风貌以及电力行业践行社会主义核心价值观的实际成果。

（4）组织开展2018年度中国电力企业创新奖（管理二类）评选工作，历经企业申报、集团推荐、形式审查、网络初审、现场复审、专家评定6个阶段的严格评审，共评选出电力行业企业文化优秀成果创新大奖1项、一等奖17项、二等奖33项。

（5）完善电力企业文化建设和社会责任智库建设。向理事长、副理事长单位及有关单位企业文化和社会责任管理部门发出了《中电联关于建立健全企业文化专家库的通知》，收集了专家信息，为后续组织开展企业文化和社会责任相关工作储备了专家人才。

（6）注重电力企业文化建设成果的交流和推广。公开出版企业文化系列丛书《文化创新实践——电力行业企业文化建设优秀成果集2017（上、下）》和《全国电力行业企业文化建设示范单位典型经验（2017）》，详细介绍了电力企业文化建设先进经验，并向行业及社会公开发布、宣传和推广。

（7）推进国家科技部委托的跨年度有偿课题“电力企业社会责任实施指南国家标准研制与试点应用”研究。开展电力行业责任文化理论研究和案例调研工作，组织召开阶段性专家研讨会，完成课题全部调研工作，上报《电力企业社会责任实施指南》国家标准（草案），发表相关学术论文2篇。

（8）开展2018年度电力企业社会责任优秀案例征集工作，召开2018年度电力企业社会责任优秀案例分析研讨会，分享推广电力企业社会责任管理经验，为展示电力企业责任形象、传播电力企业责任文化打造新的平台。

（9）组织推荐电力行业优秀企业在2018中国工业行业企业社会责任报告发布会上发布企业社会责任报告，进一步落实了国务院领导“发挥行业协会在推进企业社会责任工作方面的重要作用”和“建立促进企业履责长效机制”的批示精神。

【党群工作】 2018年，在会党组、临时党委的正确领导和各部门的支持配合下，党群人事部全面贯彻党的十九大精神，紧紧围绕新时代党的建设总要求，用习近平新时代中国特色社会主义思想指导工作，以中电联五年规划为抓手，按照中电联功能定位，紧紧围绕重点工作做好组织保障。一是抓好党的十九大精神学习贯彻工作，制定学习计划，组织召开三次中电联党组理论学习中心组学习会议，举办两期十九大精神集中轮训班，开展“学用新思想　笔谈千字文”活动。二是按照行业协会脱钩改革要求，中电联党员组织关系整体划入国资委协会党建局后，及时提出发展党员增补申请，严格工作程序，严肃工作纪律，做好党员发展工作。三是落实全面从严治党责任，明确各级组织和负责人的党建职责，认真做好代管协会党的组织和工作两覆盖梳理和自查工作。

（1）抓好政治建设，坚决维护以习近平同志为核心的党中央权威和集中统一领导。2018年本部认真贯彻执行上级党组织任务并及时上报执行完成情况。根据脱钩要求，成立了临时党委。完成了党组民主生活会的组织工作，上报了《关于2017年度中电联党组民主生活会准备情况的报告》《2017年度中电联党组民主生活会情况总结》和《2017年度中电联党组民主生活会情况通报》。印发了《关于开好专题组织生活会的通知》，组织各支部学习贯彻《中共国家能源局党组关于贯彻落实新时代全面从严治党要求的实施意见》。

（2）抓好思想建设，深入推进理论武装工作。推进“两学一做”学习教育常态化制度化，制定印发《中国电力企业联合会党组中心组2018年度学习计划》和《中电联2018年度职工理论学习计划表》，明确全年学习内容、要求和步骤，丰富学习方式。组织召开了三次中电联党组理论学习中心组学习会议，专题学习研讨党的十九大精神，学习全国“两会”精神和政府工作报告。制定印发《关于举办中电联副处级以上领导干部党的十九大精神集中轮训班的通知》，完成两期党的十九大精神集中轮训班的组织工作。及时给党员干部配发《习近平新时代中国特色社会主义思想三十讲》《周恩来永远的榜样》《新时代面对面》《深入学习贯彻中央经济工作会议精神》《政府工作报告》《监察法释义》《宪法》《纪律提醒》《支部党建36问》《机关行为36忌》《中国共产党纪律处分条例》《中国对外开放40年》《新时代中国特色社会主义政治经济学》等学习资料。完成“学用新思想　笔谈千字文”征文活动的收集、评审和表彰工作。组织444名职工参加“测一测，2018政府工作报告知多少”在线学习答题活动，学习全国“两会”精神和政府工作报告。组织党员干部参加国家能源局传达学习全国“两会”精神电视电话会议、国家能源局党组学宪法专题电视电话会议和国家能源局党组中心组（扩大）会议以及国资委组织的参观军民融合发展高基数装备成果展览等。

（3）抓好组织建设，扎实推进党员队伍建设。完成了2017年度支部党建述职评议和年度组织生活会的组织工作，收集了党员民主评议表、支部书记述职报告。深化“四自四新六不”支部工作法，强化党建工作台账建设，制定印发《中电联机关党委关于下拨党费使用和管理的规定》。印发《关于华凯投资集团有限公司党组织关系转由属地管理的通知》，通知华凯公司开展有关工作。根据工作需要和人事调整，印发《关于调整支部设立和组成人员的通知》，通知有关支部进行调整。做好党员组织关系管理和党费收缴工作，办理25名党员的党组织关系转入和28名党员转出手续，完成2018年全年党费收缴工作并公布2017年度党费收支与结存情况；根据部门考核办法修订安排，完成党建考核细则的修订工作。向国家能源局直属机关党委报送党员组织关系转接情况排查情况；按照《2018年国资委行业协会发展党员增补计划》，认真做好发展党员工作；完成向国资委协会党建局报送2018年发展党员工作总结和2019年发展党员计划。组织会领导观看《铁纪强军》专题教育片。参加牛街街道2018年党建工作协调委员会会议与城市民族工作交流会。

（4）抓好机关群团工作，共同推进本部和谐建设。召开2018年中电联第一次机关工会委员会议，完成了国家能源局2018年春节干部职工团拜活动的中电联拜年视频录制、节目编审排练参演的组织工作。按计划完成了职工的生日慰问、职工生病慰问、职工遗属慰问、家属病故慰问和困难职工慰问工作。完成了直属会员的公园年票办理和电影卡的发放工作。完成了春节、元宵节、端午节、中秋、国庆节职工慰问工作。组织60余名女职工开展了以“美丽女性·职场风采”为主题的庆“三八妇女节”女性职场淡妆技巧讲座。组织130余名职工前往天坛公园开展了庆“五一”健步走活动，举办了本部职工健康知识讲座，指导团委组织40余名青年职工前往铁军纪念园进行参观，并开展素质拓展活动。组织中电联部分员工参加国家能源局“能源发展大家谈”讲座；完成2017年度团费收缴工作并按要求上交能源局。根据国家能源局通知精神，开展2018年“幸福工程-救助贫困母亲行动”捐款活动，组织254名职工进行捐款，共计捐款22 620元。

（刘旭龙）

中电联分会

【中电联火力发电分会】

（1）主办了在郑州举行的燃煤电厂配煤掺烧专题技术研讨会。以“交流研讨燃煤电厂配煤掺烧工作，总结推广科学先进的配煤掺烧经验”为宣传主题，针对配煤掺烧过程中总结出的先进经验进行交流分享，会后对参会论文总结提炼出有使用价值的高质量论文64篇，推荐《中国电力》杂志发表14篇，编制《燃煤电厂配煤掺烧优秀论文集》。

（2）建立火电分会微信公众号，搭建技术交流平台，为会员及相关企业提供资料及技术支持，联络电力企业及相关单位进行关注，通过公众号平台宣传中电联企业文化、定期推送优良的行业信息和资讯共计400多次，为会员及相关企业工作提供了工作便利，同时也树立了分会品牌形象，保证分会各项工作健康稳定发展。

（3）了解企业诉求，加强与各企业的紧密联系，到各大电力公司及相关会员单位调研，组织火电企业高质量发展研讨会及会员单位联络员交流会，以调研及各种会议为契机积极与相关人员沟通，挖掘目前企业存在的技术及管理方面存在的困难，对于成功的经验和方法进行总结，为企业寻求解决经营难题的出路，并通过微信公众号或火电分会微信交流群等方式在会员单位间进行分享。

（4）加强行业横向联系，应中国矿业联合会邀请加强与非电企业的接触，将更好的资讯和商机提供给会员企业，同时也响应国家“一带一路”号召，为会员企业推进“一带一路”建设牵好线、搭好桥。

（5）新发展会员企业两家，壮大了火电分会的会员队伍。

（6）完善分会制度体系建设，按照5A社团评定标准，学习领会《中国电力企业联合会分支机构管理办法》及《中国电力企业联合会章程》等制度，结合分会工作实际情况修订了《火力发电分会管理办法》及《火力发电分会工作规则》等制度，为分会日常管理工作打下良好的基础。

【中电联水力发电分会】

（1）按照中电联管理要求，全面清理分会财务账实情况，梳理造册并通过中电联审计。同时，配合中电联整理并提供统一开设中电联分支机构财务账户所需材料，完成了全部财务移交工作。

（2）对分会成立以来有历史记录的110余家会员单位进行了清查整理，并按照中电联分支机构管理办法中规定的连续两年不缴纳会费的予以退会的原则，及时处理失联会员单位。更新掌握了56家合格会员单位的最新信息，及时制发《关于更新中国电力企业联合会水力发电分会会员单位信息的通知》，在各会员单位准确提交有关信息的基础上，建立了规范台账。

（3）按照《中电联会费缴纳及管理办法》标准，调整分会所有会员单位会费统一为每年2万元的标准，从2018年1月1日起施行。

（4）10月，分会原会长张定明岗位发生变动，原秘书长王俊娟到龄退休。分会按照《中国电力企业联合会分支机构管理办法》的有关规定，履行分会及中电联的有关管理程序，聘任中国长江电力股份有限公司总经理陈国庆担任任分会会长，中国长江电力股份有限公司总经理工作部副主任杨续斌担任分会秘书长。

（5）按照国家对网络安全管理的相关要求，完成分会网站的注册备案与IP地址迁址工作。

（6）在成都召开了2018年年会暨科技创新交流会。

（7）12月，谋划建立的水电厂供应商信息共享平台正式上线运行。

【中电联电力试验研究分会】

（1）召开2018年会长办公会暨四届三次理事大会。5月23～25日，在南昌召开2018年会长办公会暨四届三次理事大会，分会35家理事单位的理事及联络员共74人参加会议。会议审议通过了分会工作报告、2017年度财务执行情况报告和2018年度财务预算方案。

（2）召开2018年经营工作会。6月27～29日，在呼和浩特召开2018年经营工作会，分会31家理事单位共计74名代表参加会议。会议围绕各理事单位经营管理、科技创新成果转化及激励机制建设、集体企业改革发展、业务拓展等工作进行了交流研讨，并就建立成果转化平台、成立物资检测和综合能源服务标准工作联盟提出倡议。

（3）召开2018年联络员工作会。8月1～3日，在广西北海市召开2018年联络员工作会，分会30家理事单位的联络员及相关人员共47名代表参加会议。会议传达了2018年中电联本部年中工作会议精神，宣贯了《中国电力企业联合会代管学协会管理暂行办法》《中国电力企业联合会分支机构管理办法》，为各理事单位更好地享受中电联会员权益、融入中电联本部工作发挥了积极作用。

（4）召开2018年生产工作会。10月24～26日，在成都召开2018年生产工作会，分会32家理事单位的70余名代表参加会议，会议围绕安全生产、科技创新、成果转化等工作进行了交流研讨并参观了四川电科院科研基地，推动了各理事单位在更高层次、更广范围开展协同创新、合作共赢。

（5）召开2018年智能运检技术培训及交流会。8月29～31日，在呼和浩特召开2018年智能运检技术培训及交流会，分会32家理事单位的50余名专家代表参加会议。会议邀请四川电力科学研究院、浙江电力科学研究院、江苏电力科学研究院、内蒙古电力科学研究院、ABB（中国）有限公司事业部专家分别做了专题报告。参会代表就大数据技术应用于电力设备智能运检经验与案例、设备巡检智能化、电力设备带电检测、状态评估、故障诊断等新技术进行了深入探讨。

（6）召开2018年配网自动化新技术培训及交流会。10月29日～11月1日，在重庆召开2018年配网自动化新技术培训及交流会，分会33家理事单位及许继集团、华为公司的60余名专家代表参加会议。参会代表就配电自动化新技术发展进行了交流讨论。会议助力提升了各理事单位在配网自动化新技术领域的建设和支撑能力，有效加强了技术人员在配电自动化运用、发展等方面的经验及成果交流。

（7）召开2018年大数据及人工智能技术应用培训及交流会。12月3～5日，在济南召开2018年大数据及人工智能技术应用培训及交流会，分会26家理事单位及北京大学、华北电力大学、哈尔滨工业大学、汤尼实验室、华为公司、武汉大学的60余名专家代表参加会议。会议探讨了能源行业尤其是电力行大数据及人工智能技术应用发展趋势。

（8）12月19～21日，召开2018年绝缘油及六氟化硫新技术培训及交流会。

（9）《电力试研消息》和《电力安全生产信息》正常刊发。全年编发《电力试研消息》33期，刊登稿件2200余篇，纸质版《电力试研消息》内容与分会网站保持同步。编发《电力安全生产信息》11期，交流信息68篇，其中发电类52篇、供电类16篇。两报全方位宣传了现场技术监督、技术服务等工作成果，广泛报道了理事单位技术创新、科技成果、实验室建设、学术交流、硕博工作站等方面的工作成效，为各理事单位提供了便捷、高效、全面的资讯服务。

【中电联电力职业安全卫生分会】

（1）组织行业专家对13家单位近60个申请全国电力职工技术成果奖的职业卫生类项目进行初评和复评，结果报送本部评审委员会审定。

（2）牵头组织修订《电力行业劳动环境监测技术规范》（DL/T 799.1和DL/T 799.2），完成征求意见。

【中电联电力装备分会】

（1）向会员单位提供各类技术服务。先后组织了对电力机具、电站起重机械、牵张设备、电站高压管道等专业的课题调研，并应相关地方政府部门的要求，为有关会员单位提供了电力行业电站起重机械、输变电铁塔等专业的行业发展情况报告。

（2）开展新能源、新设备、新工艺的调研工作，先后对华电重工机械有限公司、北京电力设备总厂等进行了实地考察。

（3）开展“全面质量管理”课题研究并形成调研报告，为中国华电起草“全面质量管理制度”，规范中国华电全面质量管理工作，在企业内建立防范质量风险，推动企业全面质量管理水平持续提升。

（4）开展“电力企业标准化良好行为企业”的创建，通过专业培训，梳理企业制度标准化，规范企业生产标准化行为。

（5）开展“电力建设工程施工安全年”活动，通过电力建设施工项目安全生产标准化达标评级，排查安全隐患，降低安全风险，先后为华电邵武电厂、山西漳泽电力等进行了安全生产标准化达标。

【中电联节能环保分会】

（1）4月20日，在北京召开二届二次会长会。会议通告了分会副会长变更情况，介绍了电力行业节能减排形势及展望，发布了2017年度火电厂环保产业登记信息，总结了分会2017年工作，汇报并讨论了分会2018年重点工作计划与具体实施方案等。

（2）开展专题调研活动。围绕燃煤电厂超低排放改造稳定性经济性和环境污染第三方治理开展专题调研。形成2项调研报告，反映企业困难，为争取产业政策支持提供有力支撑。

（3）参与技术标准规范制修订。针对《火电厂烟气可凝结颗粒物的测定　干态撞击瓶法》《火力发电厂烟气袋式除尘器选型导则（征求意见稿）》《燃煤锅炉飞灰中氨含量的测定　分光光度法（征求意见稿）》《火力发电厂灰中硫酸氢铵含量检测方法（征求意见稿）》等12项电力行业标准向标准化管理部门反映意见建议共计145条。组织华电环保、大唐环境修订电力行业标准《火电厂烟气脱硫装置经济性评价导则》，形成征求意见稿，提交电力行业环境保护标准化技术委员会进行函审。

（4）搭建交流与服务平台。一是完成先进大气污染防治技术推荐工作。向生态环境部推荐燃煤烟气沸腾式泡沫脱硫除尘一体化技术等7项电力行业先进大气污染防治技术。其中，2项技术纳入2018年《国家先进污染防治技术目录（大气污染防治领域）》。二是组织会员单位申报2018年度电力创新奖，推荐了“基于国产燃机的分布式能源系统集成研究及应用”“燃煤发电全过程污染防治技术标准体系创建”等6个项目，其中4个项目获奖。三是召开2018年燃煤电厂氮氧化物控制技术交流会。

（5）开展产业信息统计工作。发布2017年度火电厂烟气脱硫、脱硝、除尘、第三方治理等19项火电厂环保产业登记信息。

（6）加强与会员单位沟通联系。召开2018年度中电联节能环保分会联络员会议。全年向会员单位发送34期《电力行业节能环保信息周报》。

（7）截至2018年底，共有会员单位59家，其中会长单位1家、副会长单位18家、一般会员单位40家。

【中电联电能替代产业发展促进分会】

（1）推进标准制定，规范行业发展。1月，牵头制定的12项系列团体标准《电供暖系统技术规范》正式发布，填补电供暖领域团体标准空缺。同时发挥“国家电网公司电能替代技术联合实验室”作用，为电取暖设备提供标准化检测，更好地规范行业发展。

（2）推动示范项目落地，引领行业发展。推动教育部共同发起“清洁取暖进校园活动”，在教育系统打造北方地区冬季清洁取暖综合试点，创新资金、方案、商业模式，引领电取暖行业发展。

（3）推动广泛合作，实现优势互补。与北京热力集团等传统热力公司广泛合作，发挥各自资源和技术优势，解决供热难题，引导行业良性发展。

（4）打造行业盛会，实现广泛宣传。5月22日，与法兰克福展览（上海）有限公司、北京中装泰格尔展览有限公司主办“中国（北方地区）电取暖发展论坛”，国家能源局、教育部、国家电网公司等相关领导与会并做主旨演讲。

【中电联电动汽车与储能分会】

（1）召开成立大会。12月22日，在北京召开中国电力企业联合会电动汽车与储能分会成立大会。中电联常务副理事长杨昆，中电联专职副理事长、分会会长王志轩、国家能源局电力司副司长赵一农、分会执行副会长单位国网电动汽车服务有限公司董事长江冰、执行副会长协鑫（集团）控股有限公司董事长朱共山出席会议并致辞。会议由中电联会企部主任、分会副会长兼秘书长郭玮主持，分会执行副会长单位、副会长单位、会员单位领导与代表及行业内优秀企业代表200余人参加了会议。

（2）2018年，发展会员39家，其中副会长单位18家，普通会员单位21家。

【中电联燃料分会】

11月13日，在北京召开燃料分会成立大会。成立后，将充分发挥政府与企业间桥梁纽带的作用，响应会员需求，反映行业诉求，开展行业自律，促进行业发展。

电力会议

工 作 会 议

【2019年全国能源工作会议】 12月27日，2019年全国能源工作会议在北京召开。会议主要总结2018年工作成绩，分析当前面临形势，部署2019年重点任务。国家发展改革委党组书记、主任何立峰，国家能源局党组书记、局长章建华出席会议并讲话。

何立峰指出，2018年全国能源系统按照党中央和国务院决策部署，认真履职尽责，奋发有为工作，能源领域各项工作取得了新进展新成效。习近平总书记在中央经济工作会议上对明年的经济形势和任务做出了一系列重大判断、重大部署，是做好能源发展改革工作的基本遵循，全国能源系统必须认真学习领会，严格对标对表，坚决贯彻落实。要坚持以习近平新时代中国特色社会主义思想为指导，坚持稳中求进工作总基调，坚持新发展理念，坚持推进高质量发展，坚持以深化供给侧结构性改革为主线，坚持深化市场化改革、扩大高水平开放，深入推进能源生产和消费革命，加快构建清洁低碳安全高效的能源体系，持续推进全面从严治党，不断实现能源工作新突破，以优异成绩庆祝中华人民共和国成立70周年。

章建华指出，能源行业要坚持以习近平新时代中国特色社会主义思想为指导，深刻认识当前能源发展面临的重大挑战和机遇，增强忧患意识和发展信心，保持战略定力，注重稳扎稳打，聚焦主要矛盾，把好节奏力度，提高工作谋划的科学化水平，不断把学习贯彻党的十九大精神、贯彻落实能源安全新战略引向深入。要按照"巩固、增强、提升、畅通"八字方针，坚定不移推进能源领域供给侧结构性改革，着力推动能源发展质量变革、效率变革、动力变革。要正确处理能源高质量发展面临的重大现实问题，切实加强推动能源高质量发展的支撑保障，扎实推进能源产业朝着更高质量、更有效率、更加公平、更可持续的方向发展。

会议认为，在以习近平同志为核心的党中央坚强领导下，2018年能源发展主要目标任务顺利完成，能源供给保障能力持续增强，消费结构显著优化，能耗水平稳步降低，行业发展效益明显提高，进一步巩固发展了稳中向好、稳中提质的良好态势：能源供给侧结构性改革深入推进，煤炭、煤电产业结构持续优化，油气产业发展取得重要阶段性成果；清洁能源产业稳步壮大，可再生能源规划和产业政策体系进一步完善，可再生能源装机突破7亿kW，在建在运核电项目有序推进，清洁能源消纳状况显著好转；重大攻坚战役实现良好开局，能源行业大气污染防治工作持续推进，清洁取暖工作全面启动、势头良好，能源扶贫工作产生良好的经济和社会效益；能源改革开放水平稳步提高，电力体制改革取得积极进展，油气体制改革有序推进，能源国际合作富有成效，"放管服"改革深入推进，能源行业依法治理不断深化；能源安全生产形势总体平稳，油气管道保护、煤矿瓦斯防治、冲击地压治理工作扎实推进，核电安全水平持续提升；全面从严治党工作纵深推进，政治引领作用日益突出，党风廉政建设、作风建设、干部队伍建设不断加强。

会议强调，2019年能源工作要坚持以习近平新时代中国特色社会主义思想为指导，全面落实中央经济工作会议决策部署和全国发展改革工作会议部署要求，深入推进"四个革命、一个合作"能源安全新战略，按照高质量发展的根本要求，在构建清洁低碳、安全高效的能源体系上取得新成效，着力推动能源高质量发展迈出新步伐。要坚持讲政治、顾大局，更加紧密围绕党中央重大战略部署开展工作，更加深入研究谋划能源发展重大问题，着力把好能源工作的正确政治方向；要坚持补短板、防风险，加快推进油气产业发展，抓好三大攻坚战任务落实，集中攻关关键核心技术，提升能源安全生产能力，着力夯实能源安全发展基础；要坚持调结构、优布局，注重打牢调结构优布局的基础，牢牢把握调结构优布局的方向，培育壮大调结构优布局的新模式新业态，着力提升能源协调发展水平；要坚持抓改革、强市场，深入推进电力体制改革，积极推进油气管网运营机制改革，深化"放管服"改革，着力增强能源发展内生动力；要坚持全方位、重实效，深化重点项目合作，积极推动国际能源治理变革，注重防范化解能源合作风险隐患，着力提高"一带一路"能源合作水平；要坚持强党建、抓廉政，坚持不懈强化理论武装，进一步严肃党内政治生活，坚定不移推进反腐败斗争，驰而不息纠治"四风"，大力加强干部队伍建设，切实强化宣传舆论引导，着力推动全面从严治党向纵深发展。

【全国电力安全生产电视电话会议】 1月30日，国家能源局在北京召开全国电力安全生产电视电话会议，贯彻落实全国安全生产电视电话会议、安全生产工作会议和全国能源工作会议精神，总结2017年电力安全生产工作，深入分析新时代电力安全生产面临的新形势和新挑战，研究部署2018年电力安全生产工作。国家能源局副局长刘宝华主持会议。

会议指出，党的十八大以来，党中央、国务院对安全生产工作高度重视，全国电力安全生产形势总体上稳定向好，电力企业安全生产管理水平显著提升，电力安全生产监管体制机制日趋完善，电力安全生产法治建设不断加强，全国电力安全生产技术长足进步。2017年，电力行业各单位认真贯彻落实党中央、国务院关于安全生产工作的决策部署，密切配合、团结奋斗，取得的成绩有目共睹。

会议强调，经济发展和社会稳定离不开安全可靠的能源供应，随着能源供给侧结构性改革的扎实推进、能源消费结构的重大转型，以及能源治理方式的重大转变，中国电力安全生产面临的形势正在发生复杂而深刻的变化。站在新时代的起点，各单位必须深刻认识、认真分析、科学研判、正确把握当前电力安全生产面临的严峻形势，切实保障电力系统安全稳定运行和电力可靠供应。

会议要求，各单位要以更加严格的管理，更加扎实的作风，更加有效的措施，认真做好2018年电力安全生产工作，切实做到“五个全面”：一是全面落实党的十九大精神，扛起电力安全政治责任。二是全面落实《国家发展改革委　国家能源局关于推进电力安全生产领域改革发展的实施意见》，推进电力安全持续发展。三是全面落实能源改革发展战略，保障电力系统安全稳定运行。四是全面落实双重预防机制，筑牢电力安全生产防线。五是全面落实应急管理和保电任务，维护电力安全稳定局面。同时，要求各单位切实做好近期低温雨雪天气应对工作及春节和“两会”期间电力安全生产工作。

会议还通报了2017年全国电力安全生产情况和2018年重点工作安排。国家电网公司、河南省发展改革委等7家单位在会上做交流发言。

【国家发展改革委召开全国电价专题工作会议】 为贯彻落实中央经济工作会议关于降低企业用能成本和《政府工作报告》关于“一般工商业电价平均下降10%”的目标要求，9月6日，国家发展改革委召开全国电价专题工作会议，部署各地价格主管部门，加大力度、加快进度，全力清理规范转供电环节加价，打通降低电价政策落地的“最后一公里”。

会议指出，降低一般工商业电价是深化供给侧结构性改革，降低实体经济成本的重要措施，有利于优化企业营商环境，增强企业活力，促进经济平稳发展。2018年以来，国家发展改革委分四批出台了10项降价措施，包括推进区域电网和跨省跨区输电价格改革、临时性降低输配电价、降低电网企业增值税、扩大跨省跨区电力交易规模、降低重大水利工程建设基金、督促自备电厂承担社会责任、释放电量增量效益、取消电网企业部分垄断性服务收费项目等。综合已出台全部措施，按年计算，合计可减轻一般工商业企业电费支出超过1000亿元，超额完成10%降幅目标。

会议要求，各地价格主管部门要全面落实国家已出台的各项降价措施，特别是重点清理规范转供电环节加价。认真排查本地区商业综合体、产业园区、物业、写字楼等转供电主体电价政策落实情况，找准降价政策落地的难点、堵点，分类施策，采取综合措施，加快清理规范转供电主体在国家规定销售电价之外向终端用户收取的不合理加价，打通降价的“最后一公里”，确保将2018年以来国家出台的各项降价措施涉及的金额，全部传导到终端转供电用户，使所有一般工商业用户有实实在在的获得感。

【全国能源行业依法治理工作会议】 10月16日，国家能源局在北京召开全国能源行业依法治理工作会议，总结工作成绩，分析形势任务，并对下一阶段能源行业依法治理工作提出要求，国家能源局党组成员、副局长綦成元出席会议并讲话。

綦成元强调，新时代全面深化能源行业依法治理工作是践行党中央全面依法治国的根本要求，是提升能源高质量发展水平的重要支撑，是强化能源安全稳定供应的基础保障，是推进政府转变职能的必然途径。能源行业要深入贯彻落实习近平总书记关于全面依法治国的新理念新思想新战略，紧扣中心工作，积极推进能源立法，健全法律制度体系，规范依法行政决策程序，严格实施阳光执法，多措并举推进普法，畅通权利救济渠道，保障行政相对人合法权益，加强合法性管理，构建公平竞争的市场规则体系，深化“放管服”改革，规范权力运行，加强法治队伍建设，提升能源行业法治化水平。

会议邀请中国社科院教授莫纪宏研究员，围绕法治政府建设作专题辅导，邀请司法部行政复议应诉局有关同志紧扣行政复议和行政应诉作了专业讲解。为加大能源行业普法工作力度，“中国能源普法网”在会议期间正式开通。

【电力行业信用体系建设工作会议】 为贯彻落实党中央、国务院关于社会信用体系建设的决策部署，总结电力行业信用体系建设工作的成绩，积极推进电力行业信用体系建设，7月18日，中国电力企业联合会在北京召开了电力行业信用体系建设工作会议。中电联党组书记、常务副理事长、电力行业信用体系建设工作领导小组组长杨昆，国家发展改革委运行局电力处处长刘琼、国家能源局资质中心副主任陈静出席会议并讲话，国务院国有资产监督管理委员会行业协会商会工作局副局长方长安出席会议，会议由中电联党组成员、专职副理事长兼秘书长于崇德主持。

会上，杨昆作了题为“弘扬诚信精神　培养信用电力　开创电力行业信用体系建设新局面”的主旨发言，他从组织体系建设、人才队伍建设、标准制度建设、企业信用评价、信用承诺机制、宣传教育培训、“信用电力”平台建设等方面对电力行业信用体系建设工作进行了全面回顾。

杨昆强调，党中央、国务院高度重视信用建设工作，国家建立了行业协会商会信用体系建设联合工作机制，国家发展改革委对电力行业明确提出“六个突出”的工作要求。他表示，中电联是电力行业信用体系建设领导小组组长单位，承担电力行业信用体系建设办公室的具体工作，今后，中电联将与电力企业一起，共同推进电力行业信用体系建设。

最后，杨昆结合电力体制改革新形势下面临的新任务，从五个方面部署了电力行业信用体系建设下一步重点工作：一要完善机构设置和运行机制；二要进一步健全信用评价标准；三要全面开展电力市场主体信用评价；四要积极推进信用采信机制建立；五要不断提升信用服务水平。

会议介绍了《电力市场主体信用评价规范》和“信用电力”信息平台，公布了2016年度电力行业企业信用评级结果，42家初评企业荣获“2016年度电力行业信用企业”称号，58家复评企业继续保持“电力行业信用企业”称号，会议还对信用企业、信用电力知识竞赛获奖单位和个人代表进行了表彰。

会议还举行了《信用电力自律公约》现场签约仪式，包括华能集团、大唐集团、华电集团、国电集团、国家电投、三峡集团、中国能建等114家单位成为首批《信用电力自律公约》签约单位。

【国家电网有限公司2019年工作报告(摘要)】

一、2018年工作回顾

过去的一年，在党中央、国务院的坚强领导下，公司上下深入学习贯彻习近平新时代中国特色社会主义思想，按照高质量发展要求，落实公司三届三次职代会暨2018年工作会议部署，大力实施新时代发展战略，努力拼搏、奋力攻坚，各项工作取得新的成绩。公司连续14年获国资委央企业绩考核A级，蝉联《财富》世界500强第二位、中国500最具价值品牌第一名。

党中央、国务院重大部署全面落实。贯彻打赢精准脱贫攻坚战部署，启动“三区两州”深度贫困地区电网建设，解决了259条10kV线路“卡脖子”、1.3万户居民低电压问题。实施国网阳光扶贫行动计划，累计接入光伏扶贫电站1814万kW、惠及247万贫困户。在定点帮扶的青海玛多县新建11座光伏扶贫电站，助力湖北神农架林区脱贫摘帽，公司荣获全国脱贫攻坚“组织创新奖”。贯彻打赢污染防治攻坚战部署，服务清洁能源发展，在新能源并网装机同比增长的情况下，弃风弃光率实现双下降。推进北方地区冬季清洁取暖，完成京津冀及周边、汾渭平原地区210多万户居民“煤改电”，天然气互联互通供电配套工程按期送电。积极服务长江流域生态大保护，三峡坝区绿色岸电实验区加快建设。贯彻优化营商环境部署，针对业扩报装服务，大力减环节、缩时间、降费用，在北京、上海推行小微企业“三零”办电服务新模式，推动我国在世界银行“获得电力”指标排名从98位提升至14位，为我国营商环境总体排名从78位提高到46位作出重要贡献。贯彻降低企业用能成本部署，超额完成“一般工商业电价平均降低10%”的目标。服务雄安新区建设，雄安新区电网进入规划实施阶段，国网金融科技集团、商用大数据、征信公司入驻雄安，混合所有制性质的车联网平台公司在雄安注册。严格执行中央规定，做到重大部署事事有回音、件件有落实。

确保了安全可靠供电。克服负荷屡创新高、新能源快速增长等挑战，完善“三道防线”，加强运维保障，电网保持安全稳定运行。面对低温冰冻、强降雨、超强台风等灾害影响，第一时间恢复受损电力设施，得到地方党委政府和人民群众高度评价。深刻吸取内外部安全事故教训，全面开展电气火灾等风险隐患排查治理，12座特高压换流站实现属地化运维，城市电缆专业管理进一步加强。强化本质安全建设，从源头入手提高设备质量，优质供应商市场份额占比提升至94%。基建改革12项配套措施有效落实，施工安全管控得到加强。圆满完成首届中国国际进口博览会、上合组织青岛峰会、天津夏季达沃斯论坛等重大保电任务。严控网络安全风险，开展网络安全仿真验证环境建设，在公安部组织的攻防演习中获得第一名。

电网发展取得重要进展。特高压发展实现突破，上海庙—山东直流工程按期投运，苏通GIL管廊隧道工程顺利贯通，蒙西—晋中等4项交流工程开工建设；把握国家稳投资、补短板机遇，推动“五交五直”特高压工程纳入国家规划，其中陕北—湖北直流工程，张北—雄安、驻马店—南阳交流工程获得核准，首条以输送新能源为主的青海—河南直流工程开工建设。藏中联网工程建成投运，彻底结束了西藏中东部地区孤网运行的历史，为藏区资源优势转化和边疆长治久安提供了有力保障。河西走廊750kV第三通道、5座抽水蓄能电站等工程开工建设。北京城市副中心等28个世界一流配电网先行示范区高质量建成，北京冬奥会配套工程启动建设。新一轮农网改造升级工程深入推进，74个小康用电示范县、2311个自然村通动力电改造按期完成，农村地区供电保障水平持续提升。提前3个月完成边防部队第一批通大网电任务。

经营管理进一步加强。适应改革监管要求，研究部署35项优化经营管理策略，制定实施加强集团化运作30条措施，资本运营管理中心和跨区电网资产运营管理中心成立运行，多维精益管理体系变革全面推进。积极开拓用电市场，完成电能替代电量1353亿kWh。现代服务体系加快建设，336家地市公司供电服务指挥中心全部建成，67家地市公司开展低压网格化综合服务试点，“网上国网”试点运行，线上缴费率超过50%。在27家省公司推广电网实物ID建设，8家通过验收；8家单位试点应用“国网商旅”系统，设备物资、差旅费等管理精益化水平不断提高。完善公司审计体系，积极配合审计署开展审计，及时整改发现的问题，内控体系建设得到加强。

产业、金融和国际业务发展成效明显。产业“去提创”加快推进，铁塔、导线、电缆产能分别压降14万t、9.3万t、4.1万km。综合能源服务、电商、车联网、芯片等新兴业务蓬勃发展。制定实施金融业务改革创新发展意见，产融协同、融融协同扎实推进。服务“一带一路”建设取得新进展，完成巴西CPFL新能源公司要约收购，埃塞俄比亚—肯尼亚直流输电工程、波兰科杰尼采输变电EPC项目竣工投产，巴基斯坦默拉直流输电项目进入全面建设阶段。在习近平总书记见证下，与葡萄牙国家能源网公司签署合作框架协议。通过参与中非合作论坛北京峰会、全球能源互联网大会等，宣传公司改革发展成就，展现了公司良好的品牌形象。

电力改革和国企改革部署全面落地。积极推进交易机构股份化改造，甘肃、山西电力现货市场启动试运行，在47个增量配电项目上与社会资本开展合作。完成省间交易电量9682亿kWh，同比增长10.6%。市场化交易电量突破1.6万亿kWh，占公司售电量的39%。公开发布深化改革十大举措，引起社会强烈反响。基本完成“三供一业”、医疗机构改革等剥离企业办社会职能改革任务，9家医疗机构划转国中康健集团。

科技创新取得新的突破。全面攻克±1100kV特高压直流输电等关键核心技术，成功研制世界首套特高压GIL设备并实现批量生产。世界容量最大的静止无功同步补偿器等示范工程建成投运。世界首个具有网络特性的张北柔性直流示范工程开工建设。国家“双创”示范基地建设深入推进，设立成果孵化培育基金，试点开展科技型企业项目和岗位分红激励。10项成果获得2018年度国家科学技术奖励。向家坝—上海示范工程荣获第五届中国工业大奖。智慧车联网项目获得国际爱迪生奖。累计主导编制国际标准61项、国家标准721项，9个项目获得中国标准创新贡献奖一等奖。

党的建设全面加强。深入开展习近平新时代中国特色社会主义思想大学习，推进“两学一做”学习教育常态化制度化，广大党员干部“四个意识”更加牢固、“四个自信”更加坚定、“两个维护”更加坚决。落实国资委党委“中央企业党建质量提升年”要求，实施“旗帜领航·三年登高”计划，党建对标管理扎实推进，基层组织力持续提升。组织大党建综合考评，管党治党责任进一步落实。贯彻新时代党的组织路线，完善选人用人制度体系，干部基础管理得到加强。坚定不移正风肃纪，推进“两个责任”落实，着力减存量遏增量，统一执纪尺度，监督执纪有力度、有温度，党风廉政建设和反腐败工作取得明显成效。成功举办第四届青年创新创意大赛，现场转化项目282个。关心基层一线，完成931个危房（无房）、1385个乡镇供电所建设改造。开展新时代劳动竞赛，3个单位、23名个人分别荣获全国五一劳动奖状、奖章，34个集体荣获全国工人先锋号，2名职工荣获中华技能大奖。天津电力共产党员服务队队长张黎明同志被中宣部授予“时代楷模”称号，在庆祝改革开放40周年大会上，被党中央、国务院授予“改革先锋”称号，成为新时代产业工人的一面旗帜。

走过2018，我国改革开放历经40年。伴随着国家翻天覆地的变化，我国电网规模从小到大、输电能力从弱到强、能源资源配置范围从局部到全国、技术水平从跟随到部分领跑，取得了辉煌的发展成就。今天的国家电网已经成为全球并网装机规模最大、电压等级最高、能源资源配置能力最强的电网，也是近20年来全球唯一持续安全运行的特大型电网，为我国GDP实现年均9.5%的增长和人民生活水平持续改善作出了重要贡献。

二、聚焦建设世界一流能源互联网企业，守正创新、担当作为推动公司转型升级

党的十九大描绘了实现“两个一百年”奋斗目标的宏伟蓝图，明确提出要“深化国有企业改革，发展混合所有制经济，培育具有全球竞争力的世界一流企业”。为落实党的十九大部署，近期国务院国资委将包括公司在内的十家央企，列为创建世界一流示范企业，提出明确的工作要求。作为保障国家能源安全、参与全球市场竞争的“国家队”，作为党和人民信赖依靠的“大国重器”，公司牢记使命责任，深入贯彻党的十九大精神和习近平总书记“四个革命、一个合作”能源安全新战略，顺应能源革命和数字革命融合发展趋势，在三届三次职代会暨2018年工作会议上，确立了建设世界一流能源互联网企业的新时代战略目标。一年来的探索实践表明，建设世界一流能源互联网企业前景十分广阔，但要实现这一目标，需要公司

发展理念、技术装备、核心能力全面升级，需要公司管控方式、经营模式、组织体系全面变革，需要广大干部职工思想认识、能力素质、精神风貌全面提升。这将是一个脱胎换骨、浴火重生的过程。我们必须守正创新、持续发力、久久为功，咬定青山不放松，撸起袖子加油干，在新时代新征程中阔步前行。

（一）清醒认识建设世界一流能源互联网企业的目标追求

要打造“三型”企业。这是建设世界一流能源互联网企业的重要抓手。基于能源互联网的功能特点和国家电网公司的责任使命，我们建设的能源互联网企业必然是具有枢纽型、平台型、共享型特征的现代企业。枢纽型企业，体现了公司的产业属性，是指要充分发挥电网在能源汇集传输和转换利用中的枢纽作用，促进清洁低碳、安全高效的能源体系建设，为经济社会发展和人民美好生活提供安全、优质、可持续的能源电力供应，进一步凸显公司在保障能源安全、促进能源生产和消费革命、引领能源行业转型发展方面的价值作用。平台型企业，体现了公司的网络属性，是指要以能源互联网为支撑，以公司品牌信誉为保障，汇聚各类资源，促进供需对接、要素重组、融通创新，打造能源配置平台、综合服务平台和新业务、新业态、新模式发展平台，使平台价值开发成为培育公司核心竞争优势的重要途径。共享型企业，体现了公司的社会属性，是指要树立开放、合作、共赢的理念，积极有序推进投资和市场开放，吸引更多社会资本和各类市场主体参与能源互联网建设和价值挖掘，带动产业链上下游共同发展，打造共建共治共赢的能源互联网生态圈，与全社会共享发展成果。

要建设运营好“两网”。这是建设世界一流能源互联网企业的重要物质基础。一方面，要持之以恒地建设运营好以特高压为骨干网架、各级电网协调发展的坚强智能电网，不断提升能源资源配置能力和智能化水平，更好地适应电源基地集约开发和新能源、分布式能源、储能、交互式用能设施等大规模并网接入的需要，满足人民群众日益多样的服务需求。打造坚强智能电网是公司适应技术创新和社会发展需要的必然选择，必须坚定信心、坚持不懈、加快发展。另一方面，要充分应用移动互联、人工智能等现代信息技术和先进通信技术，实现电力系统各个环节万物互联、人机交互，打造状态全面感知、信息高效处理、应用便捷灵活的泛在电力物联网，为电网安全经济运行、提高经营绩效、改善服务质量，以及培育发展战略性新兴产业，提供强有力的数据资源支撑，为管理创新、业务创新和价值创造开拓一条新路。承载电力流的坚强智能电网与承载数据流的泛在电力物联网，相辅相成、融合发展，形成强大的价值创造平台，共同构成能源流、业务流、数据流“三流合一”的能源互联网。

要瞄准世界一流。这是建设世界一流能源互联网企业的奋斗标杆。打造世界一流，关键是提升企业全球竞争力。要对照国资委“三个领军”“三个领先”“三个典范”标准，结合企业实际，努力在优化配置国际电力资源、引领全球电网技术发展、具有全球能源转型发展话语权和影响力方面成为领军企业，在运营效率、经济效益、优质服务方面成为领先企业，在践行新发展理念、履行社会责任、打造全球知名品牌方面成为典范企业。

（二）科学谋划建设世界一流能源互联网企业的战略路径

建设世界一流能源互联网企业，是具有开创性、长期性、复杂性的系统工程，必须沿着清晰明确的战略路径，坚定不移向前走。根据党的十九大精神和全国国有企业党建工作会议精神，综合考虑公司实际和未来趋势，公司实施新时代发展战略的基本路径可以概括为“一个引领、三个变革”，即：强化党建引领，发挥独特优势；实施质量变革，实现高质量发展；实施效率变革，健全现代企业制度；实施动力变革，培育持久动能。

强化党建引领，就是在推进世界一流能源互联网企业建设中，始终把坚持党的领导、加强党的建设作为“根”和“魂”，把旗帜鲜明讲政治融入公司各项工作，把服务党和国家工作大局作为重要出发点和落脚点，树牢“四个意识”，坚定“四个自信”，坚决做到“两个维护”，始终在思想上政治上行动上同以习近平同志为核心的党中央保持高度一致，确保公司沿着正确的方向前进。落实两个“一以贯之”要求，着力推动党的建设与改革发展同向聚合、相融并进，充分发挥党的创造力、凝聚力、战斗力，以一流党建引领保障一流企业建设，真正把国有企业党建优势转化为创新优势、竞争优势和发展优势。

实施质量变革，就是在推进世界一流能源互联网企业建设中，始终坚持高质量发展这个根本要求，强化精准投入、精益管理、精细作业，推动公司发展方式从规模扩张型向质量效益型转变。要强化精准投入，以科学规划为指导，突出安全、质量、效益、服务，全面履行政治责任、经济责任、社会责任，着力补短板、强弱项，不断提升投入产出水平。当前，尤其要加大清洁能源消纳工程和中西部农村地区电网建设改造投入，消除电网薄弱环节。要强化精益管理，树立全寿命周期理念，纵深推进多维精益管理体系变革，全面推行量化分析、标准化建设和全过程质量管控，统筹推动城乡、区域电网协调发展，以及各业务板块协调发展。要强化精细作业，弘扬工匠精神，把严谨细致的理念贯穿生产、建设、运行、营销等各个环节，严格执行制度规程，全方位提升工作质量和安全生产、优质服务水平。

实施效率变革，就是在推进世界一流能源互联网企业建设中，始终以供给侧结构性改革为主线，深入落实电力改革和国企改革部署，大力推进企业内部改革，破除制约公司效率提升的体制机制障碍，不断完善中国特色现代国有企业制度。要按照中发〔2015〕9号文件确定的电力改革方向，坚持“管住中间、放开两头”的体制架构，坚持电网统一规划、统一调度、统一管理的体制优势和“准许成本＋合理收益”的输配电价核定模式，推动构建全国统一电力市场体系，营造有利于电网可持续发展的监管环境。要贯彻中发〔2015〕22号文件部署的改革任务，着力推进混合所有制改革，引入战略资源、改善资本结构、优化企业治理、转换经营机制，不断提升国有资本运营效率，增强国有资本的带动力和影响力。要坚持控股型与生产经营型相结合的集团定位，动态优化集团管控模式，根据不同业务特点，分类推进“放管服”改革，调整总部与各单位职责界面，合理分权授权，压紧压实各单位责任。总部要大幅压减事前审批事项，强化事中、事后监管，重点履行好战略规划、统筹协调、制定标准、监督考核等职责，并从提供资源支持、搭建交流平台、协调解决问题等方面为各单位做好服务。电网业务要强化分级管理，一级对一级负责。对市场化单位，要强化出资人管理，落实企业法人财产权和经营自主权，试点推行基于集团统一战略的负面清单管理制度。

实施动力变革，就是在推进世界一流能源互联网企业建设中，始终把创新作为第一动力，通过创新破解发展难题，培育核心优势，为实现基业长青源源不断注入新动能。要面向公司重大战略需求，统筹内外部创新资源，优化科研布局，完善创新体系，打通创新链条，高效配置各类创新要素。要加强基础前沿和关键核心技术攻关，不断巩固和扩大电网技术领先优势，突破泛在电力物联网技术瓶颈，为能源互联网建设运营提供强大支撑。要统筹推进业务创新、业态创新和商业模式创新，以新理念、新技术改造提升传统业务，大力挖掘“两网”价值，积极培育和发展战略性新兴产业，建设能源互联网产业集群，打造一批具有较强竞争力和成长性的“独角兽”企业。要营造鼓励创新、宽容失败的良好环境，建立健全以创新能力、绩效、贡献为导向的科研人才评价和激励机制，充分释放创新创造活力。

（三）紧紧抓住建设世界一流能源互联网企业的战略突破期

2019—2021年，是党和国家事业发展至关重要的三年，也是国家电网公司建设世界一流能源互联网企业的战略突破期。主要基于三个方面的认识：第一，这是忠诚事业、展现担当的三年。为实现全面建成小康社会第一个百年目标，中央作出打赢三大攻坚战、实施乡村振兴战略、促进区域协调发展等一系列重大部署。公司必须在落实中央决策部署中积极担当作为，发挥“六个力量”重要作用。第二，这是危中有机、不进则退的三年。当前及今后一个时期，是我国经济转型升级的关键时期，新旧增长动能深刻转换，能源电力行业深刻变革，量子通信、人工智能、5G等信息通信技术加快发展，商业模式创新持续活跃。公司发展面临许多新的机遇和挑战，只有奋发有为、抢抓机遇，才能牢牢把握发展的主动权。第三，这是爬坡过坎、夯实基础的三年。随着内外部形势发展变化，公司长期积累的深层次矛盾和问题日益显现。要推进世界一流能源互联网企业建设，必须直面问题、锐意攻坚，为长远发展打牢基础。如果把握住这三年，公司转型升级有望全面突破，开辟出广阔发展空间；如果把握不住，公司发展将日趋被动，实现新时代战略目标也将成为空话。

展望未来，我们要瞄着“三型两网、世界一流”目标要求，沿着“一个引领、三个变革”战略路径，坚持不懈做强公司市场竞争力、行业带动力、抗风险能力，坚持不懈做优公司资产质量、管理素质、品牌形象，坚持不懈做大公司营收规模、利税规模、市场规模。力争通过三年的不懈努力，到2021年建党一百周年时，初步建成具有全球竞争力的世界一流能源互联网企业。

届时，按照国资委要求，在实现“三个领军”方面，电网优化配置能源资源能力要保持全球最强，初步建成泛在电力物联网架构，形成多项能源互联网领域的重大原创性成果，累计发起和主导制定国际标准超过80项，在能源清洁低碳转型和基于能源互联网的商业模式创新方面形成引领态势。在实现“三个领先”方面，保持《财富》世界500强企业排名前列，核心城市供电可靠性达到世界先进水平。在实现“三个典范”方面，初步建成中国特色现代国有企业制度，在污染防治、精准脱贫和乡村振兴中发挥突出作用，成为中国企业履行社会责任标杆，“国家电网”品牌价值位居世界前列。

（四）着力打造与世界一流能源互联网企业相适应的干部职工队伍

把战略蓝图变成现实，必须培养一支忠诚干净担当的高素质干部职工队伍，这是决定事业成败的关键。

要做到政治过硬。衡量政治过硬的根本标准，就是能否坚决做到“两个维护”。“两个维护”是我们党最重要的政治纪律和政治规矩，是我们党的政治命脉。公司上下必须始终把“两个维护”作为最重大的政治责任，发挥好政治建设统领作用，不断增强讲政治的思想自觉和行动自觉，坚决在践行“两个维护”上走在前、作表率。要深刻认识树牢“四个意识”关键是树牢“核心意识”、坚定“四个自信”最根本是坚定对习近平总书记和党中央的信赖，自觉在心灵上向总书记看齐，发自内心地维护习近平总书记党中央的核心、全党的核心地位，维护党中央权威和集中统一领导。不断增强贯彻落实总书记重要指示批示和党中央决策部署的自觉性坚定性，以钉钉子精神抓好落实、抓出成效。

要做到本领高强。建设世界一流能源互联网企业，是前无古人的宏伟事业，对干部职工的能力素质提出了很高要求。要强化理论武装，深入开展习近平新时代中国特色社会主义思想大学习，读原著、学原文、悟原理，深刻掌握其中蕴含的马克思主义立场、观点和方法，做到真学真懂真信真用。每位干部职工都要保持能力不足、“本领恐慌”的忧患意识，强化战略思维、市场思维、法治思维、国际化思维和互联网思维，自觉加强能源互联网和专业领域新知识的学习，更新知识结构，开阔思路视野，使自身能力素质跟上时代步伐和事业发展的需要。

要积极担当作为。习近平总书记指出，“伟大梦想不是等得来、喊得来的，而是拼出来、干出来的。”推动国家电网事业发展，必须树立迎难而上、担当作为的风向标，凝聚干事创业的强大合力。各级领导干部，责任尤为重大。要勇于担当任事，善于攻坚突破，敢于啃硬骨头。对于公司党组的各项部署，要行动迅速，措施有力，执行坚决，决不能有令不行、有禁不止。对于工作中的困难和问题，要不等不靠，敏锐思考，果断出招，创造性解决，决不能视而不见、听之任之，贻误事业发展。要善于处理同各方面的关系，对于涉及国家利益和公司核心利益的重大问题，要敢于坚持原则、敢于斗争，切实做到守土有责、守土尽责。

三、2019 年重点任务

2019 年是全面建成小康社会的关键之年，也是困难交织叠加、矛盾集中凸显、任务艰巨繁重的一年，做好全年工作意义重大。2019 年工作总的要求是，坚持以习近平新时代中国特色社会主义思想为指导，全面贯彻党的十九大、十九届二中、三中全会和中央经济工作会议精神，落实中央企业地方国资委负责人会议、全国能源工作会议部署，按照稳中求进工作总基调和高质量发展要求，坚持“巩固、增强、提升、畅通”八字方针，以供给侧结构性改革为主线，以安全为基础，以客户为中心，以服务为根本，锐意改革、锐意创新、锐意突破，加强党建引领和职工队伍建设，全面推进“三型两网”建设，加快打造具有全球竞争力的世界一流能源互联网企业，确保中央决策部署不折不扣落地落实，以优异成绩庆祝中华人民共和国成立 70 周年。重点抓好九个方面的工作：一是不折不扣落实中央重大决策部署；二是强化安全生产管理；三是加快电网高质量发展；四是加快建设泛在电力物联网；五是大力提质增效；六是深入贯彻推进各项改革；七是持续深化管理变革；八是大力实施创新驱动；九是持续加强党的建设和队伍建设。

【中国南方电网有限责任公司 2019 年工作报告（摘要）】

一、2018 年工作回顾

2018 年，全系统未发生较大及以上人身事故，未发生设备和电力安全事故，未发生对公司和社会造成重大不良影响的涉电公共安全事件。全网统调最高负荷 1.69 亿 kW，同比增长 3.4%；完成售电量 9703 亿 kWh，增长 9%；西电东送电量 2175 亿 kWh，增长 7.2%，创历史新高；固定资产投资 1218 亿元，增长 5.8%；营业收入 5373 亿元，增长 9.2%；利润总额 166.3 亿元；劳动生产率 53.5 万元/人年，增长 4.2%；期末资产总额 8167 亿元，增长 10.1%；资产负债率 60.4%。客户平均停电时间（低压）13.11h，下降 6.97h/户；中心城区客户平均停电时间 1.12h/户；累计有效专利拥有数 1.73 万项；第三方客户满意度测评 82 分，提升 1 分，广东、广西电网公司及广州、深圳供电局连续多年在地方公共服务评价中名列第一。南方电网公司连续 12 年获得国务院国资委年度经营业绩考核 A 级，在世界 500 强企业中名列第 110 位。主要体现在以下八个方面：

（一）落实党中央决策部署坚定有力

助力打赢防范化解重大风险、精准脱贫、污染防治三大攻坚战，实现良好开局。落实防范金融风险 20 条措施、金融业务负面清单，在保持投资强度的同时，资产负债率降低 0.3 个百分点，所属单位资产负债率超过 80%的户数同比下降 64.3%；基本完成清理拖欠民营企业账款和农民工工资专项工作阶段性目标。实施打赢脱贫攻坚战三年行动方案，直接帮助 240 个贫困点脱贫摘帽、8.1 万人脱贫，在国务院定点扶贫工作考核中获最高评级。实施清洁能源消纳 24 条措施，在全网来水好于 2017 年的情况下，云南弃水电量降低 40%，广西未发生弃水；全网风电、光伏发电量消纳比例均达到 99%以上；非化石能源电量占比 51.5%。全网线损率下降至 6.31%，新建充电站 374 座、充电桩 9605 个，新增电能替代项目 5880 个，替代电量 224 亿 kWh。扎实服务国家重大战略，落实乡村振兴战略，制定 25 条措施改造升级农村电网，全年完成投资403亿元，广东提前两年实现国家新一轮农网改造升级目标。实施服务粤港澳大湾区发展、海南全面深化改革开放两个“26条”重点举措，助力建设富有活力和国际竞争力的一流湾区和世界级城市群，努力将海南打造为国家级智能电网示范省。出台支持左右江革命老区振兴发展等专项规划，落实加强电网基础设施建设等21条措施。开展南方电网远景电力规划研究，提出南方五省区中长期电力发展建议。

（二）安全生产指标创近年最好水平

落实防范电网安全运行9大风险的38项重点工作，持续推进关键厂站、“西电东送”主通道和重要设备规范化检修和特巡特维，开展防范重大电气火灾事故、保护精益化检查，以及稳控管理专项提升等设备隐患专项整治，电力事件同比下降38%，确保了复杂大电网的安全稳定运行。推进乡镇供电所防范人身事故专项治理行动，进一步健全涉电公共安全隐患排查治理长效机制，未发生有责任的涉电公共安全事件，社会人员触电事故事件下降7.7%。网络安全防护和管理进一步加强，已具备500kV及以上主网网络安全态势感知能力，成功处置了勒索病毒等攻击，未发生二级以上网络安全事件。可靠供电水平逐年提高，佛山、深圳、广州位列全国前三名。圆满完成党和国家领导人视察、博鳌亚洲论坛、中国—东盟博览会等12次重大政治活动和重要民生活动保供电任务。统筹做好电网防灾减灾“三篇文章”，制订城市保底电网规划建设指导意见及具体规划。推动实施对澳供电保障能力28项重点工程，建成首条对澳供电220kV全电缆线路。持续强化防风加固改造，有效应对近年来持续时间最长、陆地大风影响范围最广、阵风风速最大的强台风“山竹”影响，杆塔受损率及抢修复电时间分别下降46%、40%。

（三）经营管理绩效稳中有进

深化瘦身健体提质增效，万元资产运维费同比下降6.8%。加大资金运作力度，抓好现金流精细化调度，资金集中率99.2%，实现资金运作收益25.9亿元。成功发行10亿美元债券、830亿元人民币债券，直接融资占比提高4.8个百分点。持续推进打基础、利长远的8个专项行动，夯实合规经营水平，稳步提升资产质量。亏损企业数量同比下降36%，亏损额下降81%，县级供电企业全部扭亏。“两金”余额下降11%。压减法人户数58户，超额完成国务院国资委考核目标。深化资产清理，主网资产账卡物一致率98.1%，配网资产账卡物一致率91.6%，补办权属证书9012宗。在建工程余额下降15.4%。盘活存量物业面积11.1万m^2。完成13项低效无效资产投资清理。完成运营管控中心一期建设并投入试运行。认真配合国家审计署专项审计调查、贯彻落实国家重大政策措施情况跟踪审计工作，坚持立行立改、标本兼治。

（四）电网发展质量不断优化

全面推进20项重点工程建设，滇西北至广东特高压直流工程提前建成投产，南方电网西电东送送电能力超过5000万kW。深蓄、海蓄电站全部投入商业运行。开工建设世界首个特高压多端混合直流工程——昆柳龙直流工程。云贵互联通道工程纳入国家能源基础设施补短板重点项目。鲁西背靠背换流站工程获国家优质工程金奖。“±800kV特高压直流输电示范工程（云南—广东）”荣获中国工业大奖，首获中国专利奖银奖。“复杂电网自律—协同自动电压控制关键技术、系统研制与工程应用”项目成果获国家科技进步奖一等奖。实施科技创新发展20条措施，广东电网公司和深圳供电局成立了科技孵化器公司。加快公司“双创”基地和平台建设。推动人工智能与业务深度融合，开展无人机巡视31万架次，机巡作业超40万km，应用机器人巡检变电站145座。

（五）全面深化改革卓有成效

在近年来实施34项改革试点项目的基础上，大力推进入选国务院国资委“双百行动”的3家单位改革试点工作。提前完成138户子企业公司制改制任务。深圳前海混改试点任务基本完成。全面实现“三供一业”分离移交和供电设施接收。10家教培机构和1家医疗机构完成改革工作。建立了组织机构、劳动用工、工资总额分类管理机制。产业工人队伍建设走在国企前列，职工创新、劳动和技能竞赛不断深化。多措并举提高劳动绩效，在业务和资产规模大幅增长的情况下，用工总量下降3.4%。稳步推进电力体制改革，南方（以广东起步）电力现货市场率先投入试运行，迈出了中国电力市场化改革的关键一步。市场化交易规模不断扩大，省内市场化交易电量占比35.1%，省间市场化交易电量占西电东送总量的14%；突破性实施云贵水火置换43.5亿kWh。有序引领、积极参与增量配电网建设，第一批20个试点项目已全部确定项目业主，第二、三批试点已配合地方政府完成配电网规划编制。落实云南保山地方电网合作协议，文山地方电网体制改革取得突破。

（六）电力营商环境持续优化

全面落实国家一般工商业电价降低10%部署，降低客户用电成本223亿元；大力推进电力市场化交易，降低客户用电成本284亿元；实施业扩投资延伸至客户红线，节约客户投资235亿元。粤港澳大湾区9个城市新增报装容量200kVA及以下客户实现接电“零投资”。用电报装流程精简为2～3个环节，低压、高压客户接电时间分别缩减34%和22%。大力推广“互联网＋电力服务”，互联网统一服务平台累计注册用户突破3000万人，互联网业务办理占比70%。实现智能电能表和低压集抄全覆盖。广州、深圳及珠三角六城市中心城区客户平均停电时间达到小于1h的世界一流水平，深圳福田核心区达到2.5min以内的世界顶尖水平。

（七）竞争性业务发展势头良好

围绕做强做优做大国有资本，拓展新的利润增长点，新兴、金融和国际等业务收入314.7亿元，同比增长26.9%；利润64.6亿元，增长49.2%，利润占比38.8%，提升14.9个百分点。成立产业投资集团、雄安公司。合作组建车联网公司。战略入股英大信托、广州银行、国电投资本控股公司和国核资本控股公司。开展融资租赁业务超120亿元。建成运营南网电子商城，交易额18亿元。完成智利输电公司、马来西亚埃德拉公司、卢森堡恩赛沃公司股权并购。与周边国家互联互通取得新进展。越南永新项目全面投入商业运营，老挝南塔河一号水电站正式投产发电。期末公司境外资产439亿元。

（八）党的领导和党的建设不断加强

制订党建工作责任制实施办法，修订领导班子成员全面从严治党责任清单，强化党建主责主业意识。建立了党建、经营业绩两位一体的“双A制”考核体系。加强党员教育管理，提升“三个计划、三个平台”执行质量，推进“两学一做”学习教育常态化制度化。落实意识形态工作责任制，推动宣传思想工作不断强起来，牢牢把握正确的舆论导向。开展庆祝改革开放40周年系列宣传活动，开发坚定“四个自信”宣传阵地。坚持正确的选人用人导向，公司选人用人满意度始终处于央企前列。出台进一步激励各级干部新时代新担当新作为的实施意见，建立健全容错纠错机制和澄清保护机制。制订发现培养选拔优秀年轻干部的实施意见，加大人才体制机制改革力度。扎实推进基层党组织建设，打造坚强战斗堡垒。党风廉政建设持续加强，受理信访举报484件、处置问题线索1001条、立案审查214件、党纪政纪处分339人。实现监督执纪“四种形态”规范化试点全覆盖。扎实开展迎接中央新一轮巡视自查自纠、为期三年的整治基层及群众身边不正之风和腐败问题“扫雷”行动。深入推进形式主义、官僚主义专项整治。

二、2019年工作安排

（一）全面贯彻落实党中央重大决策部署

一是持续打好三大攻坚战；二是积极服务国家重大发展战略；三是大力优化电力营商环境。

（二）突出保安全，确保安全生产局面持续稳定

一是落实安全生产责任制；二是强化重大风险防控；三是持续提升电网防灾减灾救灾能力；四是规范高效完成保供电任务。

（三）突出稳增长，确保经营业绩提升

一是积极配合做好核价工作；二是大力增收节支增供扩销；三是提升依法合规经营管理水平。

（四）突出抓改革，确保各项改革继续走在前列

一是强化改革统筹协调；二是扎实推进供给侧结构性改革；三是积极推进电力体制改革；四是加快推进国企改革。

（五）着力调结构，不断提升电网发展质量

一是持续强化西电东送资源优化配置平台，不断完善主网架；二是加快打造智能电网平台，全面加强配网建设；三是加强协同联合攻关，全力提高供电质量。

（六）着力促转型，培育壮大发展新动能

一是制订实施公司发展战略纲要；二是优化业务布局；三是积极融入“一带一路”建设；四是推动数字化转型。

（七）着力增活力，进一步提升创新水平

一是突出科技创新；二是注重服务升级；三是赶超管理先进；四是培育商业新动能。

（八）着力强党建，引领保障一流企业建设

一是统筹抓好党建各项重点工作；二是抓好队伍建设；三是抓好党风廉政建设和反腐败工作。

【中国华能集团有限公司2019年工作报告(摘要)】

一、2018年工作回顾

2018年，在以习近平同志为核心的党中央坚强领导下，中国华能坚决贯彻党中央、国务院决策部署，认真落实一届四次职代会暨2018年工作会议、党的建设工作会议精神，攻坚克难、扎实工作，三大攻坚战开局良好，安全生产总体平稳，提质增效成效显著，结构调整积极推进，科技创新取得新成果，党的建设不断加强，圆满完成各项目标任务。

(1) 三大攻坚战开局良好。金融业务运行平稳。落实公司防范和化解金融风险工作方案，实现风险可控在控。制定并落实降杠杆减负债防风险三年行动方案，公司资产负债率在四大发电集团中保持最低。脱贫攻坚取得新进展。助力榆林横山实现脱贫摘帽。累计投入资金6.21亿元，派驻干部160余人，全面推进在全国130多个贫困村的扶贫攻坚工作。获卓越责任企业奖、中华慈善奖、精准扶贫奖、国务院扶贫开发领导小组定点扶贫工作考核最优等级。污染防治攻坚成效明显。制定三年实施方案和责任追究办法，累计281台1.12亿kW煤机实现超低排放，提前完成

国家下达的“十三五”改造任务，环保绩效保持行业领先。

（2）安全生产总体平稳。安全基础不断夯实。推进安全生产领域改革发展，安全管理体系不断完善。全年没有发生较大及以上事故。圆满完成中非合作论坛北京峰会、上合组织峰会等重大活动服务保障工作。设备管理不断加强。机组等效可用系数、煤机可靠性指标保持行业领先。能耗指标不断改善。

（3）提质增效成效显著。经营业绩持续提升，利润、EVA、资产负债率超额完成预算目标。市场营销成绩突出，综合、煤电、水电、风电利用小时全面领先。成本管控有力有效。发挥煤炭采购规模优势及长协合同“压舱石”作用，公司标煤采购单价对标保持领先。资本运营取得新成绩。长城证券成功上市，股份公司A股成功增发。

（4）结构调整积极推进。推动国家战略落实落地。参与筹建雄安新区核电创新中心。在海南自贸区成立供应链平台科技公司。服务“一带一路”建设，萨希瓦尔煤电获巴基斯坦杰出成就奖和国家优质工程金质奖，柬埔寨最大水电工程——桑河二级水电站全部建成投产。绿色低碳发展步伐加快，建成黄登、大华桥、里底等水电项目。特高压送出、清洁高效煤电项目——大坝四期7号机组投产发电。西宁热电等5个项目获国家优质工程奖。产业协同水平不断提升，科技、金融等产业为公司发展作出了积极贡献。

（5）各项改革持续深化。中国特色现代国有企业制度不断完善。中国华能第一届董事会正式组建运行，明确并落实了党组织在法人治理结构中的法定地位和重大问题前置程序。体制机制改革不断深化。管理流程优化改革稳步实施。全面完成子企业分类工作，稳步推进分类改革发展和分类考核。供给侧结构性改革深入推进。“三供一业”、市政设施分离移交及教育医疗机构改革等任务全面完成。

（6）科技创新取得新成果。前沿技术研发取得重大突破。石岛湾高温气冷堆示范工程全面进入核岛设备系统安装调试阶段。IGCC示范电站连续安全运行创世界纪录。景洪电站水力式升船机技术，获国家技术发明二等奖。糯扎渡水电站工程获中国土木工程领域科技创新最高荣誉——詹天佑奖。基于IGCC的燃烧前二氧化碳捕集技术，获中国电力科学技术进步一等奖。科技创新活力不断增强。在科技型企业扩大分红激励试点。火电机组一体化节能和灵活性改造、废水零排放、电站智能控制等一批新技术得到示范应用和推广。完成“华创空间”平台开发建设，举办首届职工技术创新创意大赛，“双创”工作蓬勃开展。信息化建设扎实推进。数字大坝施工管理系统成功运用。全面预算管理系统、OA标准化系统上线运行。获国家流程行业工业互联网平台测试项目示范企业，华能企业云和云数据中心建设等工作有序推进。

二、2019年工作思路

坚持以习近平新时代中国特色社会主义思想为指导，全面贯彻党的十九大和十九届二中、三中全会精神，认真落实中央经济工作会议、十九届中央纪委三次全会精神，以及中央企业负责人会议要求，坚持稳中求进工作总基调，坚持新发展理念，坚持高质量发展要求，以深化供给侧结构性改革为主线，紧紧围绕“六个新提升”“两大突破”，以安全环保为基础，以提质增效为中心，以改革创新为动力，统筹推进稳增长、调结构、促改革、强党建各项工作，确保完成年度目标任务，加快创建具有全球竞争力的世界一流企业步伐，以优异成绩庆祝新中国成立70周年。

三、2019年重点工作

（1）强化风险管控。

（2）大力提质增效。

（3）加快结构调整步伐。

（4）深入推进改革落地见效。

（5）大力推进科技创新。

（6）持续抓好管理提升。

（7）全面加强党的建设。

【中国大唐集团有限公司2019年工作报告（摘要）】

一、认真总结2018年工作，巩固发展来之不易好形势

（1）科学应对错综复杂形势，生产经营局面稳中向好。完成发电量5540.84亿kWh，同比增长7.22%。实现营业收入1899.18亿元，同比增长11.07%，高于成本增幅2.3个百分点；利润总额98.08亿元，同比增加33.4亿元；净利润63.08亿元，同比增加12.67亿元；归属母公司净利润22.96亿元。

（2）落实供给侧结构性改革要求，夯实高质量发展基础。主动关停落后煤电产能208万kW。核准电源项目430.32万kW，清洁能源占94.91%。投产514.92万kW，清洁能源占52.03%，江苏滨海首批海上风电机组并网。一批创新驱动发展项目前期及基建工作取得实质突破。提前一年并超额完成国资委下达的瘦身健体三年考核任务，完成年度“处僵治困”处置任务，“三供一业”正式移交率99.36%，居中央企业先进水平。

（3）扛起中央企业政治责任，三大攻坚战良好开局。认真落实中央加强国有企业负债约束决策部署，负债率降到76.95%，比2017年末下降3.01个百分点，低于国资委年度控制目标1.05个百分点。全面推进依法从严治企，法治建设有关工作在国资委检查考评中获得A级。制定实施脱贫攻坚三年行动计划，落实资金3.95亿元，派驻干部129人，扶贫经验做法得到国务院扶贫办充分肯定。落实打赢蓝天保卫战行动计划，超低排放机组容量占比接近95%，位居行业先进水平。完成供电煤耗301.85g/kWh，同比下降3.44g/kWh。47台机组在全国火电机组能效对标竞赛中获奖。

（4）持续深化改革，加快推动创新发展。推进领导体制改革，党委书记、董事长由一人担任的二级企业达到29家。修订各级党委工作规则和决策制度，把党的领导融入公司治理各环节。两家公司入选“双百行动”改革试点。在23个省区批复组建26家售电公司。创新成果不断涌现，科技投入达到33亿元，同比增加20.8%；新增专利1212件，新承担行业及以上标准34项，获行业及以上科技奖100项。首次获得国际质量管理小组会议金奖、中央企业质量管理小组赛一等奖和国家科技成果转化领域最高奖“中国技术市场金桥奖”。

（5）以党的政治建设为统领，全面提升党建工作质量。深入学习贯彻习近平新时代中国特色社会主义思想和党的十九大精神，贯彻全国组织工作会议精神和中央有关要求，严格落实“中央企业党建质量提升年”工作要求，坚持全面从严管党治党，全面推进“三基建设”。狠抓纪律作风建设，严格落实中央八项规定精神，集中整治形式主义、官僚主义，规范履职待遇支出，完成19家二级企业党委常规巡视或专项巡视。

二、坚持高质量发展，开启建设世界一流能源企业新征程

遵循习近平总书记在十九大报告中提出的建设具有全球竞争力的世界一流企业的战略指引，坚持以建设世界一流能源企业为总目标，坚持以“干就干一流的事，干就干成一流”为总要求，奋力开辟新时代高质量发展新道路，谱写建设世界一流能源企业新篇章。

建设世界一流能源企业，必须始终坚持中央企业的政治站位和国有企业的属性定位，主动把企业各方面工作放在党和国家事业大局中来谋划和推动，努力成为国家战略的实施者、行业发展的领先者、清洁能源的提供者、公司价值的创造者和公共利益的维护者，成为广受尊敬的企业法人。

建设世界一流能源企业，要立足中国，更要拥抱世界。要大力提升集团化、市场化、专业化、国际化、法治化、信息化水平，形成一流的现代化治理能力和治理体系。

建设世界一流能源企业，必须坚持把发展作为第一要务。抓住重要战略机遇期，加快调整结构布局，培育新的增长点、增长极、增长带，加快形成发展新动能。

建设世界一流能源企业，必须坚持创新、协调、绿色、开放、共享的发展理念，围绕建设清洁低碳、包容多样、智慧互联、安全高效的能源供应服务体系这条主线，全力打造新时代的新大唐。

建设世界一流能源企业，必须坚持高质量发展。聚焦能源主业，把集团公司建设成为安全、绿色、智慧、价值共享、持续成长的世界一流能源企业，倾力打造电力、煤炭、金融、海外、煤化工、能源服务六大产业板块，实现质量更高、结构更优、效益更好的发展。

建设世界一流能源企业，必须全面深化改革。坚持发展出题目，改革做文章，大力推进质量、效率、动力“三个变革”，建设质量大唐、效率大唐、活力大唐、美丽大唐、幸福大唐。

三、扎实做好2019年工作，为建设世界一流能源企业奠定坚实基础

（1）全面推进高质量发展。

（2）全面抓好经营管理。

（3）全面深化体制机制改革。

（4）全面打好三大攻坚战。

（5）全面推进依法从严治企。

（6）确保安全生产和队伍稳定。

四、深入推进全面从严管党治党，为建设世界一流能源企业提供坚强政治保证

（1）坚持和加强党的领导。

（2）全面落实从严管党治党责任。

（3）扎实提升“三基”建设质量。

（4）始终坚持全面从严标准。

（5）驰而不息加强作风建设。

五、加强领导班子和干部人才队伍建设，为建设世界一流能源企业提供坚强组织保障

（1）在“选”上下功夫，突出政治标准。

（2）在“育”上下功夫，拓展战略视野。

（3）在“用”上下功夫，坚持正确导向。

（4）在“管”上下功夫，体现严管厚爱。

（5）在“聚”上下功夫，创新选用机制。

六、旗帜鲜明讲政治，为建设世界一流能源企业提供坚强思想基础

（1）严肃政治纪律政治规矩，坚决做到“两个维护”。

（2）深入贯彻习近平新时代中国特色社会主义思想。

（3）强化领导干部表率作用，营造良好政治

生态。

（4）保持斗争精神，增强斗争本领。

【中国华电集团有限公司 2019 年工作报告（摘要）】

一、2018 年工作总结

2018 年，中国华电上下深入学习贯彻习近平新时代中国特色社会主义思想和党的十九大精神，认真落实党中央、国务院以及国资委决策部署，各项工作取得积极成效。全年完成发电量 5559 亿 kWh；实现销售收入 2152 亿元；实现利润 82.3 亿元；归母净利润完成 15.6 亿元；资产负债率 77.83%，同比降低 2.88 个百分点，10 年来首次降至 80%以下；供热量 3.04 亿 GJ；煤炭产量 5078 万 t；核准电源项目 440 万 kW，开工 479 万 kW，投产 275 万 kW，发电装机容量达到 1.48 亿 kW，其中清洁能源装机占比 39.7%；单位电能烟尘、二氧化硫、氮氧化物排放量同比分别降低 32%、11%、11%；单位电能化石能源消耗同比下降 1.63g，比"十二五"末下降 7.94g。

（1）提质增效成绩显著。常态化抓好提质增效，发电、煤炭、金融、科工四大产业均实现盈利，年发电量首次突破 5500 亿 kWh，煤炭产量首次突破 5000 万 t。设备利用小时同比增长 230h。争取市场交易电量 2252 亿 kWh，同比增加 452 亿 kWh。弃风弃光率同比分别减少 5.6 个百分点和 6.8 个百分点，弃水电量同比减少 73 亿 kWh。带息负债余额较年初降低 134 亿元，带息债务攀升势头得到有效扭转。重点推进并顺利完成陕西榆天化处置工作。

（2）高质量发展加快推进。贯彻新发展理念，落实国家"四个革命、一个合作"的能源安全新战略，印发行政一号文件，对建设具有全球竞争力的世界一流能源企业进行了初步规划。制订印发中长期发展规划纲要（2018—2035 年），编制中国华电在雄安新区、海南自贸区、粤港澳大湾区和长江经济带发展规划。积极发展风光电，非化石能源装机比重同比提高 0.25 个百分点。科学有序推进金沙江上游水电开发，与河北、西藏签订金上水电电力送冀框架协议，外送工程被列为国家"十三五"电力规划重点推进项目。新增供热装机 733 万 kW。宁夏灵武至银川供热项目按期投产。关停淘汰落后煤电产能 14 台 186 万 kW。在运在建和拟建海外项目达 473 万 kW，重点跟踪项目约 1400 万 kW。获得穆迪、标普、惠誉三大评级机构的高级别国际信用评级。

（3）相关产业协同发展。大力推进本质安全型煤炭企业建设，3 家单位被命名为国家一级安全生产标准化煤矿，11 家单位获得"特级安全高效矿井"称号。金融产业管理资产规模达到 4642.7 亿元，为主业发展提供各类资金余额 270 亿元。科工产业核心业务进一步加强，承担的国家首个生物质气化耦合发电项目混合气化试验在襄阳电厂取得成功。国电南自 DCS、DEH 系统首次在江苏句容百万千瓦超超临界二次再热机组成功应用。江苏启通天然气管线获得核准，赣榆 LNG 接收站列入国家"十三五"天然气发展规划。

（4）改革创新持续深化。深入贯彻落实国企改革和电力体制改革部署，广泛开展庆祝改革开放 40 周年系列活动。按照"两个一以贯之"要求，不断完善法人治理体系。推动引战投工作，金上公司引入权益资金 16.67 亿元。完成 171 个"三供一业"项目分离移交以及 6 家教育机构、14 家医疗机构分类处理工作。扎实落实法治建设第一责任人职责，在国资委年度考评中获得 A 级。总部全年立改废制度 282 件。成立科技创新委员会，构建起"1+3+N"科技创新制度体系，十大重点科技项目计划稳步实施。实施电科院和科研总院机构整合。制定数字华电规划及 2018—2020 年建设方案。积极参与电力市场化改革，在 22 个区域组建售电公司或增加售电业务。

（5）三大攻坚战全面打响。坚决落实中央部署，制订三大攻坚战指导意见，编制三年实施计划。加强风险体系建设，建立"三道防线"工作机制。明确 2020 年负债率降到 70%以下的目标。成功发行 200 亿元永续类融资产品。发行资产证券化产品 54 亿元。40 亿元债转股项目落地收官。全面超额完成《中国华电定点扶贫责任书》（2018 年度）各承诺事项。重点聚焦国家安排的新疆阿图什市和乌恰县定点扶贫任务，打出了产业扶贫、就业扶贫、教育援助、干部支持等系列脱贫攻坚组合拳。认真开展扶贫领域作风问题专项治理。全面部署蓝天、碧水、净土、生态修复四大领域生态环境保护工作，制定生态环境保护责任清单。煤机超低排放机组占比达到 86.5%。

（6）安全生产总体平稳。认真贯彻国家安全生产系列部署，圆满完成了全国两会、上合峰会、中非合作论坛、首届进口博览会等重要时段电热安全保障和空气质量保障任务。成功处置了金沙江两次堰塞湖突发自然灾害。西藏水电项目成功抵御 50 年一遇洪水袭击。落实"党政同责、一岗双责"要求，加大安全监管问责力度。深入推进本质安全型企业建设，初步形成具有华电特色的"双重预防"管控机制。荣获公安部"护网—2018"演习关键信息基础设施攻防优秀单位称号。组织督查组对 4 个境外单位开展专项督查。

（7）党的建设进一步加强。深入学习贯彻习近平新时代中国特色社会主义思想和党的十九大精神，在学懂弄通做实上下功夫。坚决抓好中央巡视整改，梳理了 12 个方面、88 个整改事项和 5 个需研究探索事项，每位党组成员按规定目标和时限逐条压实责任，并负责研究需要深入调研、根治解决的9大类问题，逐项整改到位，基本完成整改任务。直属单位和具备条件的基层企业均完成党政"一肩挑"改革。深入开展"四项治理""两项检查"，层层落实"两个责任"，开展"纪律（规矩）建设年"活动。积极履行社会责任，荣获"最具影响力责任品牌""年度十大责任国企"等10余个重要奖项。

二、2019年重点工作

2019年工作的总体要求是"五个坚持、三个转变、创建一流"，即：深入学习贯彻习近平新时代中国特色社会主义思想和党的十九大精神，落实中央经济工作会议以及中央企业地方国资委负责人会议精神，坚持和加强党的全面领导，坚持稳中求进工作总基调，坚持新发展理念，坚持推动高质量发展，坚持改革创新，以供给侧结构性改革为主线，持续推进从保障供应向增加有效供给转变、从规模扩张向注重效益提升转变、从要素驱动向创新驱动为主转变，推动质量变革、效率变革、动力变革，真抓实干，攻坚克难，确保全面完成年度各项目标任务，加快建设具有全球竞争力的世界一流能源企业，以优异成绩迎接中华人民共和国成立70周年。

主要目标是：

（1）安全目标：确保不发生较大及以上安全事故，实现全年事故起数和伤亡人数"双下降"目标；确保不发生对公司形象稳定造成不利影响的事件，确保不发生政治、经济、环保安全事件。

（2）经营目标：利润总额超额完成国资委考核目标，努力同比增长超过10%；资产负债率降到75%以下；自发电量完成5820亿kWh，同比增长5%。

（3）发展目标：核准电源项目210万kW，投产电源项目848万kW。

（4）节能减排目标：单位电能烟尘、二氧化硫、氮氧化物排放量比"十二五"末降低60%、39%、47%；火电机组供电煤耗完成299.7g/kWh。

【国家能源投资集团有限责任公司2018年工作报告(摘要)】

一、2018年工作回顾

2018年，国家能源集团深入贯彻习近平新时代中国特色社会主义思想和党的十九大精神，认真落实"四个革命一个合作"能源战略，扎实践行习总书记发出的"社会主义是干出来的"伟大号召，以坚持党的领导、加强党的建设为统领，紧紧围绕集团发展战略，大力推进供给侧结构性改革，推动企业重组整合、科技创新、安全稳定、管理提升和高质量发展。全年完成发电量9533亿kWh，同比增长7.4%；实现营业总收入5423亿元，同比增长6.2%；利润总额735亿元，同比增长12.7%；八大产业板块全面盈利，主要生产经营指标全部超额完成年度计划，出色完成国务院国资委考核目标，为国民经济稳增长作出了积极贡献。

（1）党的建设和党风廉政工作全面加强。集团党组始终把政治建设摆在首位，制定《关于坚决维护以习近平同志为核心的党中央集中统一领导的意见》等文件。坚持"两个一以贯之"要求，把党的领导要求写入公司章程。组织党的十九大精神宣讲培训，开展"社会主义是干出来的"岗位建功行动，持续加强党的思想建设、组织建设、制度建设和作风建设。严格落实"两个责任"，强化监督执纪问责，制定巡视五年规划，开展两轮24家子分公司常规巡视。积极开展统战和群团工作，建立党外代表人士建言献策工作机制，推进民主管理，增进员工福祉，形成了"一家人、一条心、一盘棋、一股劲"的文化认同。

（2）改革重组取得重要阶段性成果。高起点、高标准、高质量实施重组整合，构建"职能部门＋产业平台＋服务中心"管控体系。持续深化企业改革，制定国有资本投资公司综合改革实施方案，深入开展员工持股试点，积极参加国企改革"双百行动"，包神铁路、龙源环保、联合动力三家单位入选试点。全力推进处僵治困、"三供一业"分离、压减等工作，处僵治困完成63家、完成率90%，"三供一业"分离移交协议签订率100%，法人企业减少219家。

（3）集团发展实力更加雄厚。重组整合后，形成煤炭、火电、新能源、水电、运输、化工、科技环保、产业金融八大产业，业务分布全国31个省区市以及北美、欧洲、印尼、南非等10多个国家和地区。2018年集团居《财富》世界500强101位，中国神华、国电电力、龙源电力分别名列《财富》中国企业500强29位、134位和301位。中国神华在普氏能源250强中位列第5位，中国企业排名第一。

（4）产业协同优势充分凸显。优化调整内部电煤供应方案，促进集团煤电产业协同发展。率先签订电煤三年长协合同，外部客户自产煤合同兑现率达到90%以上。积极开展电力营销，成立区域电力营销委员会，火电设备利用小时4669h，同比增加276h。积极履行央企责任，圆满完成金砖厦门峰会、博鳌亚洲论坛、上合组织青岛峰会、中国首届国际进口博览会等重大活动的电力保障任务。

（5）高质量发展取得明显进展。火电产业坚决贯彻"三个一批"要求，关停煤电机组349万kW；推进优质火电项目建设，新增装机898万kW；加强机组可靠性管理，14台机组在年度全国火电机组可靠性对标评比中获奖，国家能源集团77台机组荣获全国30万kW级以上火电机组能效对标优胜奖。新能源产业精心推进优质项目开发，新增投产装机容量

251 万 kW，新能源装机占比达到 16.6%，风电利用小时、单容利润总体处于行业先进水平。水电产业新增装机容量 17.4 万 kW，年发电量同比增加 6.6%，主营业务收入同比增加 10.3%，大岗山电站荣获国家优质工程金奖。加快“走出去”步伐，南非、加拿大、澳大利亚风电和印尼煤电等项目运营良好，南苏电厂荣获印尼“年度最佳电力企业”等多项大奖。

（6）安全生产形势总体平稳。高度重视安全生产工作，新集团组建伊始就成立安全生产委员会，按照“党政同责、一岗双责、齐抓共管、失职追责”原则，扎实推进风险预控体系和安全生产标准化建设，深入开展安全环保大检查和安全环保管理审计，集团安全生产形势总体保持稳定。61 个电厂实现零非停，火电非停同比减少 74 次。

（7）基础管理及队伍建设全面加强。完善法人治理结构，90%子企业设立规范的董事会、监事会、经理层，全力配合做好审计署开展的经济责任审计工作，积极开展内部审计，抓好审计发现问题整改。启动“法治国家能源”建设，构建集团核心制度框架体系，出台 134 项管理制度。加强网络安全和信息化建设，保证相关业务全口径全级次统一管控。打造行业领先的“国家能源 e 购”询比价平台，首家实现非招标采购全流程电子化。加强人才队伍建设，建立“首席师”制度，引入急需紧缺人才，全年引进专业人才 1718 人，接收高校毕业生 3591 人。

（8）三大攻坚战初战告捷。防范化解重大风险，大力推进“降杠杆、减负债”工作，集团资产负债率降至 60.7%。助力精准脱贫，全年投入定点扶贫及对口支援资金 1.75 亿元，定点扶贫的山西右玉县、青海刚察县成功脱贫摘帽，对口支援的西藏聂荣县通过脱贫验收。坚决推进污染防治方面，严守生态环保红线，强化重点问题整改，全年未发生生态环保事件，集团所有燃煤发电机组均实现脱硫、脱硝改造，新建煤电项目全部符合超低排放标准，超低排放机组达到 343 台，占煤电机组总量的 91%。

（9）科技创新取得显著成效。整合科技力量，成立科技委员会，筹备战略科学家与战略经济学家咨询委员会，牵头成立“中国氢能源及燃料电池产业创新战略联盟”及“煤炭清洁高效利用和应对气候变化”“智能发电”“新能源与环保”三个协同创新中心。获得国家和省部级科技奖励 92 项，获得中国专利金奖 1 项、优秀奖 2 项。牵头在研国家科技项目 28 个，主持制定国家标准 5 项，参与编制国家标准 25 项。获得授权专利 1513 件，其中发明专利 324 件。

二、2019 年工作安排

2019 年工作的指导思想：坚持以习近平新时代中国特色社会主义思想为指导，全面贯彻党的十九大和十九届二中、三中全会精神，认真学习贯彻中央经济工作会议精神、全国国有企业党建工作会议精神和中央企业负责人会议精神，践行“社会主义是干出来的”伟大号召，坚持和加强党对国有企业的全面领导，坚持稳中求进工作总基调，牢固树立新发展理念，以国有资本投资公司试点改革为契机加快改革融合，以供给侧结构性改革为主线推动高质量发展，服务国家战略，推动能源革命，保障国家能源安全，充分发挥能源供应稳定器和压舱石作用，继续打好三大攻坚战，深化凝心聚力，优化政治生态，加快建设具有全球竞争力的世界一流能源集团，为全面建成小康社会做出新的贡献，以优异成绩迎接中华人民共和国成立 70 周年。

年度重点工作：一是增强紧迫感和使命感，高标准、高起点精心谋划国家能源集团创建世界一流企业的发展之路；二是积极推进国有资本投资公司试点，深化内部改革求突破，进一步理顺体制机制，激发内生活力；三是充分发挥一体化运营和专业化管理优势，提升产业协同效应，为国家和社会创造更大更多的价值；四是以供给侧结构性改革为主线，牢固树立新发展理念，扎扎实实推动集团稳健而高质量发展；五是彻底扭转安全被动局面，在安全管理上打主动仗、打翻身仗，努力实现安全环保稳定；六是瞄准市场需求和集团需要，加大科技创新力度，推动科技成果尽早产业化、市场化，尽早转化为企业经济效益和先进生产力；七是以加强党建工作为统领，筑牢集团持续健康发展的政治基础，真正成为党和国家依靠的“六种力量”。

【国家电力投资集团有限公司 2019 年工作报告（摘要）】

一、2018 年工作回顾

2018 年是贯彻落实党的十九大精神的开局之年，也是国家电投步入改革发展新阶段的开篇之年。一年来，在集团公司党组和董事会的正确领导下，我们统筹推进稳增长、调结构、抓改革、促创新、强管理、防风险，各项工作取得积极进展，企业发展迈上新台阶，圆满完成了年度各项目标任务。

（1）安全生产实现“七不发生”，巩固“双下降”态势。

（2）资产总额 10 813.17 亿元；营业收入 2266.56 亿元，同比增长 12.81%；实现利润 108.18 亿元，同比增长 15.66%；净利润 65.9 亿元，同比增长 21.18%。

（3）资产负债率 78.61%，同比下降 3.09 个百分点。

（4）完成固定资产投资 887 亿元，新增电力产能 1452 万 kW。电力装机容量突破 1.4 亿 kW，清洁能源占比48.9%。全年完成发电量4980亿kWh，煤炭产量8059万t，电解铝产量251.4万t。

（一）着力推动高质量发展，生产经营目标圆满完成

经营效益大幅增长。水、风、光、核四大清洁能源发挥利润支撑作用，金融、煤炭板块效益稳定增长，产业结构优势进一步显现。安全质量环保局面持续向好。按照“党政同责、一岗双责、失职追责、齐抓共管”的要求，促进安全生产责任有效落实，连续实现“七不发生”目标，人身事故总量和伤亡人数同比下降50%，首次实现国家能源局统计范围人身伤害“零事故”目标。

（二）确定新时期发展战略，产业布局和结构持续优化

从战略上抢占能源革命制高点。深入开展“建设世界一流清洁能源企业”和“建立中国特色现代国有企业制度”两大战略课题研究，确立了国家电投“建设具有全球竞争力的世界一流清洁能源企业”总体战略，明确了“先进能源技术开发商、清洁低碳能源供应商、能源生态系统集成商”战略定位，发布实施“十三五”及中长期发展规划，确定了迈向世界一流的愿景、理念、定位、路径和保障，形成了国家电投高质量发展的战略指引。区域布局和产业结构持续优化。围绕落实东北振兴战略、山东新旧动能转换以及京津冀、粤港澳大湾区、长三角城市群建设、长江经济带发展等国家、地方重大战略，调整优化内蒙古、青海、山东、广东、黑龙江等区域产业发展布局，加强政府对接，形成战略共识。着力培育新业态、新动能。以新疆五彩湾电厂和贵州普安电厂为试点建设“智慧电厂”，启动水电大数据平台和智能水电厂建设，搭建智慧能源平台。落实国资委“工业互联网技术应用试点”要求，成立中能融合智慧科技公司，组建工业领域智能化技术联盟，推动能源行业智能转型。牵头建立氢能发展基金并引入外部创投资金，与北京市达成2019年世园会、2022年冬奥会氢能应用示范项目合作意向。组建氢能科技发展公司、氢能产业投资中心，天然气掺氢示范项目、制氢加氢站及氢能示范项目前期工作稳步推进。国际化发展迈上新台阶。国家电投海外在运装机达到364万kW，在建1240万kW。顺利接管巴西圣西芒电站并实现安全运营。越南永新煤电、智利蓬塔风电实现商运，巴基斯坦胡布煤电项目首台机组并网。缅甸伊江项目复工谈判工作取得重大突破。牵头发起成立中俄地区合作发展投资基金，组建了基金公司，基金意向出资已逾百亿。巴西SAE和巴基斯坦KE股权并购、土耳其第三核电等项目开发稳步推进。积极参加首届中国国际进口博览会，与14家境外供应商签署了合同和意向书，金额185亿元。

（三）积极履行央企责任，“三大攻坚战”成果显著

着力防范化解重大风险。把“降杠杆、减负债”作为关键任务，“一企一策”制定方案，全年新增权益融资549亿元，资产负债率降至78.61%，同比下降3.09个百分点，超额完成国资委考核目标。扎实推进供给侧结构性改革，清理低效无效资产。“处僵治困”55户任务全部完成，126个“三供一业”分离移交项目已全部完成管理移交，116户“压层减户”任务提前超额完成。妥善应对中美贸易摩擦和美国对华民用核能合作新政策，保持了核电稳定发展局面。扎实开展精准扶贫。全年投入资金4393万元，实施帮扶项目100余项，5.07万贫困人口受惠，助力地方政府打好打赢脱贫攻坚战。光伏扶贫投产85万kW，为3.1万户贫困户连续创造20年稳定收入，脱贫带动效果显著。荣获国务院扶贫办“企业扶贫优秀案例奖”。深入推进污染防治。发布生态环境保护提升行动方案，确定6个领域、24个提升方向、83个行动项，落实主体责任。深入开展生态环保问题排查治理，积极推进霍林河露天煤矿生态治理恢复，三板溪水电厂通过环保专项验收，完成控排企业核算核查，开展煤电超低排放改造及非电领域污染防治。

（四）持续深化改革，发展内生动力有效提升

深化中国特色现代国有企业制度建设。全面贯彻“两个一以贯之”，推动党的领导和公司治理有机融合，规范“三重一大”决策执行标准，进一步建立健全决策体系，明晰各治理主体权责定位。完善二级单位公司治理结构，外派董监事占多数的董事会和监事会组建完成。全面推进法治央企建设，在国资委履行法治央企建设第一责任人考核中排名第一。国有资本投资公司改革试点获得国资委批准。优化核能业务管理模式和总部机构设置。调整和优化总部机构、职能，按照“找准定位、规范运作、创造价值”的要求，开展一流总部建设。将国家核电本部与集团公司总部深度融合，加强集团公司总部对核能业务的直接管理，压实核安全责任，支撑新时期核能发展战略实施。搭建战略落地“两大体系”。加强顶层设计，聚焦战略落地，构建“战略、规划、计划”闭环管理体系和“计划、预算、考核、激励”工作落实体系，制定实施方案，搭建制度框架，把集团公司战略目标和重点任务逐级承接分解到部门、单位和个人，为推动战略落地、提升管理效率提供了有力的机制保障。推进“双百行动”综合改革。以市场化经营机制建设为核心，积极进行改革探索，选择试点“双百企业”，

综合改革实施方案获国资委备案同意，80 多项改革任务按计划推进。

（五）落实创新驱动战略，核心竞争力持续增强

两个重大专项取得突破。三代核电自主化依托项目三门、海阳 4 台机组全部商运；“国和一号”完成型号研发和施工图设计，示范工程具备核准开工条件；首台国产化 AP1000 主泵研制成功，“国和一号”非能动安全系统试验、数字化仪控系统工程样机研制等 18 项课题通过验收。以“科研工程化”理念快速高效推进重燃专项，型号研制、工程验证机研制、条件建设等任务取得重大突破；300MW 级 F 级燃机透平第一级静叶首件铸件通过鉴定，400MW 级 G/H 级技术验证项目完成总体和三大部件技术方案设计，与西门子、安萨尔多分别签署了技术合作谅解备忘录。先进能源技术研发成果显著。推进海洋核动力堆研发设计。研究确定核能产业“三个拓展”关键技术研发方向，制定实施计划。加强对四代堆、熔盐堆等前沿技术跟踪研究。推进先进高效太阳能电池技术研发，形成从技术研发、设备制造到投资运营的全产业链创新平台。光伏发电实证基地新增储能示范，御风系统成功发布并应用于乌兰察布项目。建成氢燃料电池研发实验室，完成燃料电池原理样堆开发，实现核心原材料关键技术自主化，性能指标处于国内领先水平。完成 250kW 级铁铬液流电池示范项目电池堆设计。黄河公司晶硅材料和特种气体入选工业和信息化部工业强基工程“一条龙”应用示范名单。全年获得电力、核能行业科技奖 23 项，获得中国专利授权 275 件，其中发明专利 82 件，技术秘密 360 项，软件著作权 80 件。科技创新体系进一步完善。整合科技资源，打造创新生态系统，初步构建了由先导层、核心层、支持层组成的“宝塔型”研发体系。确定科技创新“跨越计划”17 个重点项目。牵头组建核能供热产业联盟、国家重型燃机材料研发及产业联盟。双创平台获批工业和信息化部 2018 年制造业“双创”试点示范项目。

（六）夯实党建责任，全面从严治党深入推进

党的领导党的建设持续加强。各级党组织把方向、管大局、保落实，发挥了领导作用。开展全覆盖的“大党建”考核，促进了党建主体责任落实。抓基层、补短板、建机制，以党建促改革、促发展，提升了党建工作质量。制定完善党建工作制度、意见、办法 21 个，完成 37 家二级单位党组织成立、换届或委员增补。党风廉政建设和反腐败工作深入推进。以贯彻落实党的十九大全面从严治党战略部署和中央纪委二次全会精神为重点，在全系统开展对照检查。认真开展提升企业治理效能自查自纠工作。从严监督执纪问责。严肃查处违反中央八项规定精神案件，发挥巡视利剑作用。认真落实审计监督全覆盖计划。干部人才队伍建设取得新成效。坚持党管干部，落实中央企业领导人员管理规定要求，修订完善制度体系。完成党的十九大精神集中轮训任务，培训领导人员 4044 人。加强干部监督，开展选人用人专项巡视，严格执行领导干部个人有关事项报告制度。坚持党管人才，深入实施人才优先发展战略，建立完善分类人才库，畅通职业发展多通道，全年聘任专业技术、专业技能高阶岗位 178 人。群团工作不断加强。建立集团公司职代会制度，强化企业民主管理。扎实做好关爱员工工作，全年慰问困难职工、先进模范等 7272 人次，救助特重病职工 841 人，组织劳模疗休养 122 人。组织开展主题劳动竞赛和 200 余项技术技能比武，举办首届创意创新大赛、青年创新论坛。“映山红”公益行动荣获全国青年志愿服务示范项目。

二、2019 年总体要求

2019 年是中华人民共和国成立 70 周年，是全面建成小康社会、实现第一个百年奋斗目标的关键之年，也是集团公司新时期发展战略的落地元年，做好改革发展和党的建设各项工作意义重大。2019 年工作的总体要求是：以习近平新时代中国特色社会主义思想为指导，全面贯彻党中央国务院和上级部委的部署和要求，坚持新发展理念，坚持推动高质量发展，以全面落实“2035 一流战略”为统领，建好用好战略落地“两大体系”，着力推进“三个一流”建设，瞄准“零死亡、零亏损、零拖期”三个目标，突出抓好重大项目、改革创新、资本运作、降本增效、风险防控、党的建设，全面完成年度各项目标任务，开启建设世界一流清洁能源企业新征程，以优异成绩迎接中华人民共和国成立 70 周年。

三、2019 年工作安排

2019 年总体工作目标是：

（1）确保安全生产“七不发生”，巩固“双下降”态势；不发生突发环境事件；不发生较大以上违规经营投资损失。

（2）实现利润 120 亿元，力争 150 亿元，全面完成国资委下达的考核目标。

（3）固定资产投资 950 亿元，首期安排 657 亿元；新增权益融资 600 亿元，低效无效资产处理 100 亿元，资产负债率控制在 76%以下。

（4）新增电力产能 1234 万 kW，年末电力装机 1.51 亿 kW，清洁能源装机占比 50%、发电量占比 40%。

重点做好以下八个方面工作：

（1）抓好生产经营，确保完成年度经营目标。扎实做好降本增效，着力加强电力市场营销，积极释放

协同效益。

(2) 狠抓本质安全，提升安全质量管理水平。加强安全生产管理，确保核与辐射安全，加强质量管理。

(3) 扩大结构优势，建设一流清洁能源产业。加快核能产业拓展转型，发展壮大清洁能源产业，加快火电产业转型升级，积极培育新业态新动能，加快拓展国际化发展布局。

(4) 坚持创新驱动，抢占能源技术革命制高点。推进重大专项研发，大力实施“跨越计划”，完善科技创新体系。

(5) 强化责任担当，坚决打赢“三大攻坚战”。坚决防范化解重大风险，坚决完成扶贫攻坚年度任务，坚决打好污染防治攻坚战。

(6) 持续深化改革，推进国有资本投资公司试点。优化组织架构和管控体系，探索科学高效的运营模式，建立完善市场化经营机制。

(7) 推进管理创新，支撑总体战略有效落地。加强战略落地两大体系建设，加强人力资源管理，加强信息化建设，加强合规治理和对标管理。

(8) 加强党的领导，筑牢企业发展的“根”和“魂”。加强党的领导党的建设，推动全面从严治党向基层延伸，加强宣传工作和企业文化建设。

【中国长江三峡集团有限公司 2019 年工作报告(摘要)】

一、2018 年工作回顾

1. 统筹推进强主业、稳增长、促发展，主要业务板块稳中有进

乌东德、白鹤滩水电站实现质量安全“双零”目标，溪洛渡、向家坝水电站收尾有序，向家坝升船机开始试通航，浙江长龙山工程稳步推进，国内重点工程建设全面推进。梯级水库累计拦洪 150 亿 m^3，三峡船闸年过闸货运量 1.42 亿 t，梯级电站全年发电 2155 亿 kWh，三峡电站年发电量首次突破 1000 亿 kWh，再次刷新国内单座水电站年发电量纪录，流域梯级枢纽综合效益显著发挥。三峡新能源投产项目累计装机规模突破 1000 万 kW，中国三峡集团全年新获取海上风电资源 545 万 kW，新增核准 750 万 kW，陆上风电、光伏业务布局持续优化，全年核准项目 223 万 kW 国内新能源业务再上新台阶。紧跟“一带一路”倡议，国际化经营管理不断加强。

2. 统筹推进建机制、搭平台、抓试点，共抓长江大保护开局良好

推动形成“国家发展改革委统筹领导、相关部委行业指导、试点城市政府主导、集团公司牵头实施、社会资本广泛参与”的工作体制，顶层设计基本完成。长江生态环保集团有限公司、长江绿色发展投资基金、长江生态环境工程研究中心、生态环保产业联盟、长江大保护专项资金等五大业务平台基本形成。按照“开工一批、谋划一批、储备一批”的思路，按照“开工一批、谋划一批、储备一批”的思路，先行先试全面展开。生态环保工作扎实推进。

3. 统筹推进优布局、提质效、防风险，新业务发展态势良好

中国三峡集团全年完成股权投资 117 亿元，实现投资收益 90.57 亿元，同比增长 4.8%，资本投资业务成为重要增长极。清江流域梯级电站实现“双零”目标，鄂州电厂、江坪河电站、荆州煤港一期工程等有序推进，区域综合能源业务稳健发展。大力推进重庆区域配售电业务整合，基本完成整体上市前有关工作，配售电业务稳步拓展。

4. 统筹推进控负债、降成本、增效益，高质量发展基础更加巩固

制定专项工作方案，分类落实资产负债率管控措施，降杠杆减负债初见成效。乌东德、白鹤滩水电站投资控制激励和限额设计机制运行良好，完成海上风电平准化度电成本及参数专题研究，成本管控不断加强。全年压减法人户数 15 户，超额完成年度目标。瘦身健体提质增效持续深化。

5. 统筹推进抓改革、促创新、强支撑，发展新动能不断增强

中国三峡集团被国资委确定为创建世界一流示范企业，长江电力、三峡资本被确定为国企改革“双百行动”企业，内部改革深入推进。积极开展三峡工程申报国家科技进步特等奖工作。加强关键核心技术研发攻关，科技创新取得新成果。信息化支撑作用更加明显。

6. 统筹推进抓重点、补短板、强弱项，企业管理不断加强

高质量编制三年滚动规划，建立违规经营投资责任追究制度，实现国有资产监督工作闭环管理。集团管控更加有力。坚持关口前移，全面评估风险，精准落实管控措施，强化全过程监控，促进风险管控与生产经营深度融合，各类重大风险可控在控。主动应对严峻市场形势，超额完成电能销售任务，大水电合同电量和上网电量均创历史新高，电费及时足额回收。

7. 统筹推进抓安全、保质量、创精品，质量安全管理再上新台阶

深化安全生产领域改革发展，层层压实安全生产责任，安全发展基础更加巩固。牢固树立“质量第一”意识，严格落实质量主体责任，全面质量管理成效明显。

8. 统筹推进抓党建、强队伍、塑形象，党的领导和党的建设全面加强

深入学习贯彻习近平总书记视察三峡工程重要讲话精神，始终把政治建设放在首位，党建工作质量不断提升。聚焦“两个维护”，强化政治监督，完成对总部部门和两家二级单位常规巡视，全面从严治党成效显著。优化完善选人用人体制机制，人才队伍建设不断加强。加强党对宣传思想工作的领导，构建大宣传格局，树立全媒体理念，宣传思想工作再上新台阶。聚焦四个国家级定点扶贫县，增加帮扶力量，中国三峡集团再次荣获“中华慈善奖”。职工权益保障扎实有效。

二、2019 年重点工作

始终把高质量发展作为根本要求，从全力以赴稳增长、千方百计降成本、多措并举增效益三方面持续提升发展质量和效益；始终把改革创新作为根本动力，全面开展创建工作、持续深化内部改革、大力强化自主创新，加快创建世界一流示范企业；始终把打造大国重器作为根本使命，精心组织乌东德、白鹤滩水电站建设，加快推进乌东德、白鹤滩水电站移民工作，统筹推进其他项目建设，高标准高质量推进重点工程建设；始终把实现综合效益最大化作为根本目标，精心组织三峡工程运行管理，不断深化流域梯级枢纽联合调度，精益运行长江流域梯级电站；始终把生态优先、绿色发展作为根本路径，加快培育生态环保业务核心能力，全面推进先行先试工作，不断加强生态环保工作，推动共抓长江大保护取得重大进展；始终把同步提升规模和效益作为根本抓手，深入实施海上风电引领者战略，不断提升新能源业务发展质量和效益，稳步拓展区域综合能源业务，做强做优新能源和区域综合能源业务；始终把“一带一路”倡议作为根本指引，持续提升国际化经营管理水平；始终把服务发展战略作为根本任务，稳步拓展资本投资和配售电业务；始终把防控风险作为根本导向，持续提升管理水平；始终把加强质量安全管理作为根本举措，努力打造行业质量标杆和安全生产典范；始终把坚持党的领导、加强党的建设作为根本保障，全面提升党建工作质量，锲而不舍正风肃纪，加强干部人才队伍建设，全面加强宣传思想工作，积极履行社会责任，着力加强民主管理，不断为集团公司改革发展强根固魂。

【中国电力建设集团有限公司 2019 年工作报告(摘要)】

2018 年，中国电建各级党组织、经营班子和广大党员干部职工坚持以习近平新时代中国特色社会主义思想为指导，树牢“四个意识”，坚定“四个自信”，坚决做到“两个维护”，深入贯彻党中央、国务院的决策部署，认真落实国务院国资委的安排要求，积极应对复杂多变的各种挑战，持续推动公司“12358”战略规划落地，奋发有为，砥砺前行，改革发展和党的建设各项工作取得了新的成绩。

1. 始终坚持稳中求进，公司发展基础进一步稳固

一年来，中国电建上下准确把握高质量发展要求，充分发挥能力优势，大力开拓国内外两个市场，着力提升经营质量，推动公司发展实现稳中有进。一是经营业绩稳步增长。中国电建紧扣发展主题，始终把保增长放在突出地位，全年完成营业收入 4049 亿元，同比增长 11.2%；实现利润总额 138 亿元，同比增长 9.2%；实现新签合同 6406 亿元，同比增长 12%；实现经济增加值 52.5 亿元，同比增长 8.9%，主要经营质量指标和发展规模指标均好于年度预定目标。二是品牌影响稳步提升。集团公司 2018 年《财富》世界 500 强企业排名继续上升至第 182 位，在 ENR 全球 150 强设计企业和 250 强承包商中分列第 2 位、第 6 位；在国务院国资委 2017 年中央企业经营业绩考核中连续第六年获评 A 级企业。股份公司荣获第八届中国证券金紫荆“最佳上市公司”，董事会获得第十四届中国上市公司董事会“金圆桌”之“公司治理卓越企业”奖，充分体现了资本市场对公司治理和价值的认可。中国电建坚决贯彻落实中央脱贫攻坚战略部署，云南剑川、新疆民丰两个扶贫定点县脱贫攻坚成效显著。中国电建在金沙江白格堰塞湖应急处置工作中主动担当、勇于负责、发挥专业优势，勇创“四个第一”，得到国家有关部委和川藏各级政府及广大人民群众的广泛赞誉。

2. 深入推动改革创新，公司发展能力进一步增强

一年来，中国电建上下突出改革牵引力和创新驱动力，聚焦重要领域和关键环节，稳扎稳打，持续发力，内生活力和发展动力持续增强。一是体制机制不断改革创新。围绕推进实现“做强做优做大、实现世界一流”发展目标，持续优化公司治理与集团化管控、业绩考核与薪酬分配、投资管理与市场协同等顶层设计、运行机制与管理制度，全年新立和修订重大制度 38 项，进一步适应了公司发展要求。扎实推进“双百行动”，3 家子企业入选“双百行动”企业名单。二是发展方式不断改革创新。全产业链一体化生产经营模式进一步发展完善并深入推进，子企业协同意识明显增强，一体化优势得以有效发挥，获得了良好市场营销成效。着力推动发展方式转变，通过股权与项目合作、债转股等方式大力发展混合所有制。成立了贸综服公司、商业保理公司，搭建了海外资金管理平台，公司的供应链、金融链和产业链不断完善，产融结合向纵深发展。三是科技创新不断取得进展。公司

科技创新体系进一步健全，创新成果数量增加、质量提升、转化应用加快落地。4项工程获得国家科学技术奖，其中超深与复杂地质条件混凝土防渗墙关键技术等3项创新成果获得国家科技进步二等奖，水力式升船机关键技术及应用获得国家技术发明二等奖。

3. 积极推进转型升级，公司发展布局进一步优化

一年来，中国电建上下深入贯彻落实新发展理念，聚焦三大核心业务领域，大力推进供给侧结构性改革，推动公司业务结构不断优化调整、产业结构持续转型升级。一是战略引领取得新成绩。公司积极融入雄安新区建设、军民融合发展和海南自贸区建设发展等国家重大战略和地方重大规划，发挥“懂水熟电”核心能力开拓市场，承担了雄安新区能源发展规划研究等重大规划任务，在白洋淀治理、城市数字化建设与智慧管理方面与雄安新区达成合作意向，被雄安新区主要领导评价为“智慧贡献，首屈一指”；成立了海南分公司，推动参与海南自贸区发展。大力开展技术和业务创新，在生物质能、垃圾制气、数字经济等领域取得积极进展。二是国际经营呈现新特色。中国电建全球化发展“三步走”战略深入推进，集团化、属地化建设和立体营销体系、商业模式创新加快实施，大项目开发总监责任制、“三个一”工程协同推进。海外区域总部落地生根、工作扎实，区域营销特色鲜明、成效显著，在规划引领开发较大规模一揽子项目、开展高端对接推动合作协议签署、实施大营销推动主业相关市场综合开发等方面取得重大成果，沙特萨拉曼国王国际综合港务设施现汇项目、孟加拉燃煤电厂项目等一批重大项目顺利签约，在区域市场中的影响力和话语权稳步提升。参与“一带一路”建设模式实现创新升级，与发达国家企业合作在第三方市场推动重点项目27个。2018年，公司海外营业收入同比增长11.4%，新签合同额同比增长12.4%，利润总额同比增长24.3%。三是业务结构呈现新变化。2018年，中国电建传统建安施工承包业务和施工总承包业务均实现高速增长；全年新签水资源与环境业务合同同比增长58.6%；深圳地铁12号线等重大基础设施项目开工建设，在三大核心业务领域均实现良好发展。中国电建新签项目中，国内非投融资竞争性项目签约占比50%，同比增长30.4%；国内投资带动项目签约1020亿元，占比15.9%，同比下降27.2%；国际业务新签合同占比34.1%，同比增长12.4%，推动公司竞争性业务与投融资拉动业务、国内业务与国际业务协调发展，结构不断优化，可持续发展的基础不断稳固。

4. 大力提质增效，公司发展质量进一步提升

一年来，中国电建上下坚持效益优先、成本严控，大力推行精益经营，不断加强风险防控，推动公司质量效益持续提升。一是精益管理能力不断提升。项目管理信息化建设取得积极进展，99%以上的新开工施工项目纳入PRP项目管理系统运行。QHSE标准化管理体系基本实现全覆盖，质量、安全、进度和成本履约精益化水平持续提升。二是风险防控能力显著提升。建立了“降杠杆、减负债、防风险”的组织和考核体系，推动了风险管理与市场营销、项目经营较好对接融合。强化对重大经营风险指标的硬性管控约束，采取监控预警、督查约谈等有力措施保障落实，守住了不发生重大风险的底线。持续推动法治建设第一责任人职责落实，确保依法合规经营。将重大项目风险管控工作提升到集团层面，由集团党委常委会研究并督办，推动风险处置工作一抓到底，抓出了实实在在的成效。三是质量效益水平有所提升。完成了国务院国资委下达的企业法人压减管控任务，累计压减企业法人户数197家，管理层级总体控制在4级之内。市场化债转股稳步推进，引入权益投资85亿元。历史遗留问题逐步妥善解决，“三供一业”分离移交务实推进，经营性潜亏不断消化，自集团公司成立以来已累计支付解决历史遗留问题资金124亿元，“三供一业”改造移交费用19亿元，消化经营潜亏61亿元，切实减轻了负担，增强了发展后劲。

5. 不断加强党的领导，公司党建质量进一步提升

一年来，中国电建党委深入落实新时代党的建设总要求，坚持党的领导，加强党的建设，不断强“根”固“魂”，推动党的建设质量不断提高。一是政治建设质量进一步提升。中国电建各级党委把政治建设摆在首位，严格遵守政治纪律和政治规矩，坚定不移落实党中央决策部署，树牢“四个意识”、坚定“四个自信”，自觉在思想上政治上行动上同以习近平同志为核心的党中央保持高度一致。全力配合国资委党委政治巡视，全面接受巡视反馈意见，努力做好巡视“后半篇文章”。扭住国企党建会重点任务不放松，持续推动二、三级企业党建要求进章程，及时调整议事规则，在具备条件企业实施党委书记、董事长“一肩挑”，党委“把方向、管大局、保落实”作用有效发挥。认真开展王晓林案件专项整改工作，进一步提升了企业治理效能。二是思想建设质量进一步提升。中国电建党委带头学习贯彻习近平新时代中国特色社会主义思想和党的十九大精神，组织各级党组织集中轮训，参培人数近七万人次，基本实现党员培训全覆盖，推动习近平新时代中国特色社会主义思想和党的十九大精神进基层、进一线，增强了广大党员的党性修养。三是组织建设质量进一步提升。认真贯彻落实新时代党的组织路线，坚持新时期好干部标准和对国

企领导人员“20字”要求，大力加强年轻干部培养，努力培育高素质专业化领导人员队伍。坚持“四同步、四对接”，确保党的组织和工作全覆盖。加强基本队伍建设，选优配强基层党组织负责人和党务工作人员，落实党建工作经费保障。四是制度建设质量进一步提升。坚持制度治党，制/修订《党委议事规则》《党建工作责任制实施办法》等33项党建工作主要制度，进一步健全了务实管用的党建工作制度体系，确保制度文件符合党内法规和国资委党委规范性文件，促进党建管理水平不断提升。五是党风廉政建设与反腐败工作质量进一步提升。创新纪检监察工作方式，充分利用“互联网+”强化远程监督，开展远程廉洁教育，建立网络举报、电子邮箱和举报电话“三位一体”信访举报体系，强化群众监督。加大监督执纪问责力度，始终保持高压态势，持续强化不敢腐的威慑形式。落实公司党委巡视工作规划，着力开展巡视“回头看”和项目党组织机动式巡视。66家子企业启动开展巡查工作，初步构建了上下联动的监督网。六是群团组织桥梁纽带作用有效发挥。大力弘扬劳模精神、劳动精神、工匠精神，通过开展群众性创新创效活动、劳动和技能竞赛、建立职工创新工作室等方式，充分发挥广大职工干事创业的积极性和主力军作用。通过举办青年论坛、青年外语风采大赛等方式搭建平台，服务青年成长成才，激励青年人才建功立业。

【中国能源建设集团有限公司2019年工作报告(摘要)】

（1）狠抓市场转型，促进高质量发展。一是抢抓大市场机遇。纵览全球化全领域的大市场，看到当前能源电力结构转型、基础设施建设、投建营一体化、国际经营等新兴业务的广阔空间，敏锐对接市场新需求，全力抢抓市场新机遇，加速形成新的经济增长极。二是进一步强化“抓国内、抢国际，抓电力、抢非电，抓常规、抢高端”的市场思路和工作举措，在市场转型中找准定位、持续发力，竭尽所能提高签约质量、优化签约结构，提高签约份额。巩固传统市场、开发新兴市场、深挖细分市场，保证新老业务平稳过渡，防止经营形势剧烈波动，促进主营业务持续健康发展。三是再造核心能力，开拓大建筑格局。既要不忘电力这个老本行，又要苦练非电这项新本领，打造大建筑领域的新优势。坚定不移创新商业模式，成为基础设施建设投资领域的主力军。充分发挥区域公司地缘优势和重组后的规模优势，迅速提升新业务核心能力，尽快在投融资建设和非电建设市场异军突起、开疆拓土。积极抢抓雄安新区建设、城市基础设施、城市综合管廊、海绵城市、智慧城市、交通、环保、水务、军民融合等国内市场机遇，大力提升国际非电业务市场竞争力。找准突破口，精心培育大批高端项目。坚定不移巩固传统市场，确保国内火电、水电、特高压项目的市场份额稳中有升，持续提高新能源市场占有率，积极开发存量煤电升级改造以及运行、维护、检修等服务市场。有效发挥电力建设全产业链优势，夺取更多国际电力市场份额。

（2）狠抓国际业务，促进高质量发展。一是落实国际优先部署要求。充分发挥总部职能，引导所属企业积极、有序开展国际业务，实实在在做到国际业务“组织保障优先、资源配置优先、干部提拔优先、薪酬待遇优先”，激励各类人才争先恐后到国际舞台上大显身手、多做贡献。二是完善国际经营格局。加强国际业务统筹协调，完善国际业务协同发展的运行机制，定好规则，做好引导，充分发挥国际业务参与各方的作用。加强海外机构分类管理，积极探索海外“共建共享”的新办法。紧跟并服务我国对外重大战略实施，广泛参与国际电力规划合作，积极推动公司参与制订的中国标准“走出去”。抢抓“一带一路”建设以及国际产能合作、周边基础设施互联互通、能源和产业园区合作等战略机遇，做深做专重点国别市场；积极适应对外工程承包项目大型化、投建营一体化等新特点，探索灵活多样的“走出去”方式。深化与金融机构的合作，着力提高参与“一带一路”建设的深度和层次。发挥投资拉动功能，通过投资驱动更多优势产业、优质产能“走出去”，增强国际经营竞争优势，提升国际经营层次，塑造“中国能建”品牌。三是推动重点项目落地生效。加强重点大型国际项目生效管理，加快签约向营收转化。加强与政府主管部门、金融机构、业主的沟通联系，支持和协助所属企业重点项目加快签约并早日生效实施。加强国际项目履约及风险管理，保证国际项目顺利实施。

（3）狠抓从严治企，促进高质量发展。一是明确目标落实责任。发挥计划管理和预算管理的“指挥棒”作用，科学确定全年计划和预算安排，层层分解目标、落实责任、落实措施、落实奖惩，加强经济活动分析，提高计划和预算执行的前瞻性、主动性和均衡性。做实合同储备，加快合同储备向营业收入转化。深化瘦身健体提质增效工作，对标先进，自我加压，确定积极向上的经营目标，多增效益、多做贡献。在业绩考核、薪酬分配、选人用人等方面进一步强化业绩导向、适应转型要求，做到责任考核更严格、奖惩挂钩更紧密、激励约束更有力。二是深挖潜力降本增效。加大成本压控力度，对标行业领先水平，管住成本费用控制关键点，优化成本费用定额标准，确保实现营业成本增速低于营业收入增速，成本费用占收比同比下降，营收利润率同比提高。抓好项目预算管理，规范项目成本核算，精细工程项目事前算赢、事中监控、事后考核，严防效益跑冒滴漏。厉行节约、勤俭办企，严控三项费用过快增长，坚决压缩非生产性费用开支。加大资金集中管控力度，规范有效使用专项资金，争取实现外汇资金集中管理，力争提高资金集中度。三是加强“两金”管控。坚决遏制“两金”快速增长势头，明确目标，落实责任，奖惩兑现，确保“两金”增速低于收入增速，力争实现“两金”规模零增长。四是加强项目管理。规范推行项目经理负责制，夯实项目管理基础，加强项目督导检查，确保项目管理各项要求全面执行到位、监督到位、考核奖惩到位。强化项目管理正向激励、落实超额利润分享机制，按照责任书该奖多少奖多少。坚持以合同管理为主线，突出抓好项目的管理策划、成本控制、分包管理、结算管理和变更索赔等关键环节，精心组织项目全面履约，促进项目多创效益。不折不扣落实承（分）包管理及采购管理红线禁令，遏制非法转包、违法分包、提点挂靠、超结超付等丧失项目主权、滋生贪污腐败的行为。五是加强质量创优。加强全面质量管理，推进质量法规制度落地生根。积极推进增品种、提品质、创品牌，加大质量品牌建设、培育和推广力度，多创含金量高的质量奖项，充分展示质量内涵、彰显品牌价值。弘扬工匠精神，精雕细琢，奉献更多精品工程、名牌产品和优质服务。坚决贯彻国家污染防治攻坚战各项部署要求，严格落实企业环保主体责任。加强企业信用体系建设，进一步提高企业信用能力，强化企业信用行为。六是加强集采管理。着力打造集中统一、高效透明、共享共赢的集采平台，有效降低采购成本。持续推进采购行为集中，扩大集团级集中采购范围，强化批量集约化集中采购力度，推进国际工程项目采购管理提升。强化采购过程监督，确保采购工作守法、合规。

（4）狠抓创新驱动，促进高质量发展。一是加强科技创新，抢占转型先机。加强科技创新体系建设，加大科技投入，组织重大科技专项研究，重点在智能施工、绿色电源、智慧能源、非电工程、节能减排等领域开展关键技术研发，为转型升级提供新动能。加强研发平台建设，用好院士工作站等高端研发、转化平台，加强与国内高端研发团队的交流与合作，瞄准适合公司发展的新兴产业，联合开展新技术的应用研究，抢占新兴产业的技术制高点。加强集团数据平台的统筹建设与深度应用，推动互联网、大数据、云计算、人工智能与业务深度融合，充分挖掘数据价值。造就一批具有国际水平的科技人才和创新团队；积极规范实施股权、期权、分红等激励措施，充分调动各类创新人才的积极性和创造性。二是加强投资并购，发展资产经营。深入研究国家战略导向和产业发展趋势，聚焦主业，优化资源配置。统筹规划，运用好全集团的整体优势，加快打造国内外布局合理、效益良好、可持续发展的投资板块，促进公司投资平台与所属企业投资业务的协调发展。进一步提升投资拉动作用，带动工程企业、设计企业加快转型发展。在非电设计与施工、水电设计等领域补强发展短板，促进业务转型。积极稳妥开展资本经营业务，加快培育战略新兴产业，提升资本经营的效益和规模。三是加强融资创新，深化产融结合。围绕做强实业、服务主业、支持转型，积极提升公司金融能力。加强公司总部、内外部金融企业与各平台公司、所属企业的协同合作，提高平台公司独立融资能力，努力建设投融良性互动、产融紧密衔接的金融支持体系，有力支撑新业务发展。拓宽融资渠道，优化融资结构，降低融资成本，加快投资项目资金回流、效益兑现，加强与外部金融机构的合作，实现互惠共赢。

（5）狠抓风险管控，促进高质量发展。一是全面梳理排查风险隐患。深入开展风险评估，做到心中有数、预案在先，将风险消灭在萌芽状态。二是严控重大经营风险。密切跟踪重大风险管理效果，有效处置重大风险事件。严控债务风险，加强降杠杆减负债工作，持续做好负债规模和资产负债率双重管控，合理控制企业负债水平。严控投资风险，严格落实投资项目负面清单管理，突出抓好 PPP 风险防控。严控国际经营风险，规范境外经营行为，坚决杜绝无序恶性竞争，确保境外业务有效运行、境外资产安全可控。严格高风险金融业务管控，保证公司金融业务服务主业、有序开展。严控法律与内控风险，重点关注履约风险大、合同金额大的重点项目，落实项目风险防控措施。做好重大法律纠纷案件的诉讼和追债追责工作。三是合力落实风控责任。推进风控体系真正落地和服务于业务目标，坚持“三道防线”齐抓共管，落实一线业务部门的风险管理责任，完善风险管理与内部控制、内部审计、纪检监察等工作的联动机制。

（6）狠抓安全生产，促进高质量发展。一是牢固树立“红线”意识和底线思维。坚持安全发展理念，坚守发展决不能以牺牲安全为代价这条不可逾越的红线，坚守杜绝重特大事故发生这条底线，强化制度体系建设，实行最严格的安全生产考核和问责追责。二是全面深入落实安全生产主体责任。严密责任体系，坚持“党政同责、一岗双责、齐抓共管、失职追责”，加强全员安全生产责任制。三是推进安全生产双重预防机制建设。把风险控制在隐患前，把隐患消灭在事故前；严格安全风险分级管控，健全“查隐患、纠违章”长效机制，有效防控较大及以上事故发生，严肃事故管理。四是全面加强安全生产基础工作。强化安全生产宣传及教育培训，推进安全生产标准化建设，充实安全生产管理队伍，着重抓好新业务、新领域和改革重组企业的安全生产管理。遵循“谁使用、谁负责”的原则，不断深化承（分）包“安全+”管理，严格执行“黑名单”制度。

（7）狠抓党建保障，促进高质量发展。深入贯彻落实全国国有企业党建工作会精神，充分发挥公司党委“把方向、管大局、保落实”的作用，推动公司各级党组织将促进企业优质发展、加速转型的成效，作为检验党建工作的重要内容和标准。坚决完成“中央企业党建质量提升年”重点任务，推动党的领导、党的建设与企业生产经营、改革稳定深度融合，实现党建工作理念到位、工作落实到位、优势转化到位、“大党建”实施到位，为生产经营工作提供坚强保障。充分发挥基层党组织战斗堡垒作用和党员先锋模范作用，把广大干部职工的热情和干劲充分凝聚到干事创业、提质增效上来。

专 题 会 议

【2018 年电力可靠性指标发布会】 5 月 31 日，国家能源局召开 2018 年电力可靠性指标发布会暨安全生产月启动会，回顾总结 2017 年电力可靠性工作，部署 2018 年重点任务，启动 2018 年电力行业“安全生产月”活动。国家能源局党组成员、副局长刘宝华出席会议。

会上国家能源局与中国电力企业联合会联合发布了 2017 年度电力可靠性指标。近年来，中国电力可靠性管理工作取得了突出的成就，“政府主导、行业服务、企业主体”的电力可靠性管理模式初步形成；信息自动采集、在线监测分析等技术得到推广应用；电力可靠性管理水平明显提升，2017 年，中国主力发电机组等效可用系数均在 91%以上，10 万 kW 及以上容量常规燃煤机组非计划停运总时间为 95 925.6h，4 万 kW 及以上容量水电机组非计划停运总时间为 12 558.99h。全国电网 220 千伏及以上变压器、断路器、架空线路三类设施可用系数分别达到 99.856%、99.942%和 99.497%。全国城市用户平均停电时间 5.02h，农村用户平均停电时间 20.35h。

会议强调，各有关单位要自觉以习近平新时代中国特色社会主义思想为指引，以满足人民对更加可靠稳定的电力供应需求为目标，扎实推进电力可靠性管理工作；要认真落实企业可靠性管理的主体责任，建立职责明晰、分工明确、协同推进的可靠性监督管理体系；要强化在线采集、在线监控、在线分析等智能化管理手段，有序开展低压可靠性管理工作，采取有效措施减少停电时间和次数，打通用户可靠性管理的“最后一米”；要继续强化电力可靠性成果的应用，发挥好可靠性管理对安全生产的支持作用。

会议要求，各有关单位要按照相关部署切实将“安全生产月”六项活动及“安全生产万里行”四个主题贯彻好、落实好，确保活动落地生根、取得实效，在全行业建立长效机制，努力营造浓厚良好的安全文化氛围。

【2018“一带一路”能源部长会议和国际能源变革论坛】 10 月 18～19 日，由国家能源局、江苏省人民政府和国际可再生能源署联合主办的 2018“一带一路”能源部长会议和国际能源变革论坛在苏州举行，围绕“一带一路”建设、全球能源变革等议题，共商共建“一带一路”能源合作伙伴关系，为世界各国能源发展提供新动能。

本次会议和论坛受到全球能源领域的高度关注，出席人员包括 29 个国家能源部长和 7 个国际组织高级官员、国内主要能源企业和金融机构负责人、部分国际知名能源企业负责人、以及研究机构、高等院校和制造厂商的代表等，共约 200 人（其中外方 150 人）。

此次“一带一路”能源部长会议是为落实首届“一带一路”国际合作高峰论坛有关成果，为 2019 年第二届“一带一路”国际合作高峰论坛积累丰富的前期成果。会议主题是“共建‘一带一路’能源合作伙伴关系”，会议议题包括共建“一带一路”能源合作伙伴关系，为世界各国能源发展提供新动能；加强能源投资便利化；促进能源大宗商品贸易畅通和未来能源。会议发布《共建“一带一路”能源合作伙伴关系部长联合宣言》，主要内容包括时代背景、“一带一路”能源合作伙伴关系的建设原则、目标和主要举措等。

论坛的主题是“能源——为美好生活”。论坛举行了 IRENA 国际能源变革联盟成立仪式（18 日下午），发布了《中国可再生能源展望》《中国可再生能源发展报告》《先进电力系统灵活性报告》《中国城市能源报告》及企业绿色电力消费先锋项目、青海 9 日 100%清洁电力实践等多项能源转型成果，举行了“能源企业的转型创新与发展”“智慧清洁能源新业态”两场对话。10 月 19 日举行四场平行分论坛，分别为城市和区域能源转型、电力系统转型、绿色金融推动能源转型、可再生能源产业国际合作。论坛期间，各国能源部长和相关国际组织负责人、有关院士以及会议代表参观了同里综合能源服务中心，了解能源变革发展理念及15项世界领先的能源创新示范项目。

【2018年经济形势与电力发展分析预测会】 3月23日，中国电力企业联合会在北京举办“2018年经济形势与电力发展分析预测会”。会议围绕“新时代背景下的电力发展与改革”这一主题，邀请有关政府部门、研究机构、电力企业的领导和专家，针对经济高质量发展、能源转型发展、现代化能源体系建设、电力企业国际化发展、电力市场建设与交易等方面，作了精彩的政策解读和分析预测。

中电联党组书记、常务副理事长杨昆作了题为“我国电力发展形势分析与展望”的专题报告，分析了2017年电力消费结构，从电力供应能力与结构调整、节能减排与绿色发展、科技攻关与电力创新、电力改革与市场化建设、全球能源互联网与电力国际产能合作等方面，总结了2017年中国电力发展取得的成绩，阐述了电力清洁化、智能化、国际化、市场化发展趋势，分析了电力工业发展面临的挑战，强调要加快推动电力发展的质量、效率、动力变革。同时，从电力供需形势、电力环保低碳、电力科技创新、电力体制改革、国际交流合作等方面，阐述了2018年电力发展愿景。

国家发展改革委副秘书长范恒山结合国内国际经济走势，深入分析了中国宏观经济继续保持稳中向好的态势，深刻阐述了支撑经济稳中向好的条件和不确定因素，提出了建设性意见。国务院发展研究中心党组成员、办公厅主任余斌深入分析了中国经济发展进入新阶段，转型升级高质量发展的本质特点和要求，提出了实现高质量发展需要跨越的关口和解决途径。国家能源局发展规划司司长李福龙总结了能源发展的历史性变革与成就，解析了新时代能源发展的主要矛盾以及新的指导思想，阐述了新时代能源发展两步走的战略目标，明确了新时代能源发展的具体要求。中国能源研究会可再生能源专业委员会主任委员李俊峰同志分析了中国碳排放的严峻形势、能源转型及发展碳市场的必要性，总结了中国低碳发展成就，展望了中国中长期低碳发展前景，分析了中国低碳转型对电力行业的影响。中国长江三峡集团公司党组副书记、副总经理林初学结合三峡集团“走出去”案例，介绍了国有企业拓展资本市场与国际市场的思路、现状与问题，分享了参与国际市场的宝贵经验。北京电力交易中心有限公司党总支书记、副主任史连军系统分析了2017年电力市场运营情况，指出了电力市场面临的顶层设计、清洁转型、市场红利、有效竞争等挑战，提出了电力市场建设思想和发展思路。广州电力交易中心有限公司总经理吴建宏结合南方区域电力供应特征，分析了南方区域电力市场建设现状，指出电力市场建设面临的困难与挑战，提出了南方区域电力市场发展的设想。

会议由中电联专职副理事长兼秘书长于崇德主持，王志轩专职副理事长出席会议。来自中电联会员单位的有关领导，电力行业企业政策研究、发展规划等部门负责同志、专业人员，中电联本部有关人员450余人参加会议。

【EP China 2018中国国际电力展】 2018年10月15～17日，2018中国国际电力展（EP China 2018）暨第十七届国际电力设备及技术展览会在北京中国国际展览中心举行，展会由中国电力企业联合会及国家电网主办、香港雅式展览服务有限公司协办。本次展会首次占用10个展馆，展出规模达50 000m²，涵盖一站式输配电、电力自动化、能源互联网、电力节能环保、电力工程检测、电力安全应急、智能量测、中国改革开放40周年电力成就展及峰会，以及数据中心与云计算等主题，吸引了来自中外1000家电力电工设备参展商/品牌。从新产品、新技术、新应用到物资装备采购、交流，为国内外电厂、电力公司、电网公司、电力工程公司、电力物资公司、电力设计院等工业用户企业提供了设备采购和解决方案的一站式商贸平台。此外，还在现场举办了超过30场同期会议，带来了更多不同应用领域的现场活动。

【2018中国国际能源峰会暨展览会】 7月26～28日，以“能源产业发展与创新”为主题的2018中国国际能源峰会暨展览会在北京举行。本届展会以“智慧·互联·创新·应用”为主线，着力展示能源多元化协同发展、能源交叉创新技术。

2018中国国际能源峰会设置了2018中国微能源网（能源互联网）技术与应用会议和2018中国国际氢能与燃料电池产业发展大会两个主会场。微能源网会议针对微网的技术性和经济性，对行业的技术、装备、项目、模式进行了深入研究梳理，挖掘了部分业界目前具有较强能力的企业和研究机构进行技术分享。

氢能与燃料电池大会上，来自海内外的各界专家与来宾进行了行业发展深度探讨，集中讨论展示了本行业制氢、储运氢相关基础设施企业、燃料电池系统及关键部件、材料、测试装置等技术发展趋势。

本次会议由中国机械工业联合会、中国石油和化学工业联合会、中国节能环保集团公司主办，中国煤炭工业协会、中国电力企业联合会、中国可再生能源学会支持，来自国内外企事业单位的行业代表嘉宾共计2000人次参加了会议和展览。

【第七届国际清洁能源论坛】 12月11日，由国际清洁能源论坛（澳门）联合中国—东盟中心、东盟能源中心主办的“第七届国际清洁能源论坛”在澳门开幕。本届论坛以“清洁能源智能引领，中国东盟携手合作”为主题，旨在促进中国与东盟国家以及“一带一路”沿线国家的清洁能源合作，推动智慧能源和能源区块链技术创新。来自全国政协和澳门特别行政区政府有关领导、国内外政府能源与电力部门主管和驻华使节、行业协会、企业、大学和研究机构等各界人士参会。

开幕式上，国际清洁能源论坛（澳门）发布了《国际清洁能源产业发展蓝皮书（2018）》和《智慧能源产业创新发展蓝皮书（2018）》，同时举行了2018年度专家、常务理事、理事聘书颁发仪式，以及能源区块链技术创新专委会成立授牌仪式。

国际清洁能源论坛（澳门）理事长苏树辉在开幕致辞时表示，澳门是古代海上丝绸之路的起点之一，东盟国家是“21世纪海上丝绸之路”战略合作经济带的重点区域，在“一带一路”倡议的背景下，不仅让澳门作为中国与葡语系国家经贸合作平台，还要成为中国与东盟国家经贸合作平台，同时将清洁能源与智慧能源纳入两个重要合作平台的载体。

12月12～13日，论坛举办了“清洁能源智慧引领，中国东盟携手合作”主题报告会、“中国东盟清洁能源合作圆桌会”和“智慧能源与能源区块链技术创新峰会”，围绕水电、风电、光伏、核电、电力、煤炭清洁高效利用以及智慧能源和能源区块链等议题进行演讲、讨论和交流，重点推动清洁能源和智慧能源技术的产业化和国际合作。

国际清洁能源论坛是一个常设于澳门的非营利性国际组织，成立于2012年，致力于研究清洁能源政策、支持清洁能源研发、推动清洁能源投资、普及清洁能源市场，以实现能源可持续发展的生态文明社会。

【2018(第十四届)中国分布式能源国际论坛】 8月9日，2018（第十四届）中国分布式能源国际论坛在武汉召开。中国能源研究会常务副理事长、国家能源局原副局长史玉波，国家能源局原副局长张玉清，国际能源署（IEA）中国联络办公室主任何肇，国家应对气候变化战略研究和国际合作中心原主任李俊峰，中国能源研究会分布式能源专委会秘书长韩晓平出席论坛并为大会致辞，中国能源研究会分布式能源专委会做了年度工作报告。

会议期间，举行了2018年度中国分布式能源优秀奖项颁奖典礼，表彰了2018年国内分布式能源行业优秀项目、优秀设计单位、优秀运维单位及杰出贡献人物。此外，大会发布了《中国分布式能源行业研究2018》报告，该报告对中国分布式能源发展状况进行了系统总结和展望。

中国分布式能源国际论坛，已连续举办13届，成为了国内最早、影响力最大的分布式能源的国际论坛。2018（第十四届）中国分布式能源国际论坛汇聚业内专家，以“分布式能源新时代：变革、创新和融合”为主题，探讨在新的时期、新的政策下，中国分布式能源发展的方向和路径，推动中国分布式能源健康发展。

【第十二届中国新能源国际高峰论坛】 10月30～31日，以“多能互补”为主题的第十二届中国新能源国际高峰论坛在北京举行。本次高峰论坛由全国工商联新能源商会、大同市人民政府共同主办。来自中国能源主管部门的官员、新能源企业代表、专家学者和外国来宾等500余人参加开幕式。与会者围绕中国能源转型、新能源发展以及多种能源有机整合、集成互补展开交流。

论坛发布了《2017—2018中国新能源产业年度报告》，举行了全国工商联新能源商会储能专业委员会揭牌成立仪式和中国（万载）锂电新材料产业基地揭牌仪式，发布了新能源商会氢能专业委员会倡议和促进绿色金融发展倡议。

本届论坛由全国工商联新能源商会与大同市人民政府共同主办，开设“开幕式主题论坛”“光伏领袖对话”以及光热发电、薄膜光伏、新能源建筑、金融与投资、生物质能、低碳减排、储能、新能源汽车等专业论坛，增设可再生能源系统规划论坛，并举办山西大同“氢都”新能源产业城招商推介会。

【2018国家能源互联网大会】 11月6日，2018国家能源互联网大会在北京举行。会议由清华大学、国家能源互联网产业及技术创新联盟（简称联盟）主办，中关村智能电力产业技术联盟、中关村能源互联网产业技术联盟协办，清华大学能源互联网研究院、北京智中能源互联网研究院承办。来自国家能源局、清华大学、能源互联网相关企业、国家能源局核准的首批能源互联网示范项目承担单位、科研院所、大学、相关学会和联盟、新闻媒体等的领导、专家和代表近300人参加大会。

本次大会共有8个环节，包括开幕式、分支机构成立仪式、主旨报告、颁奖仪式、新技术新产品推介、主题报告、嘉宾对话以及分论坛。

本次大会的主题是“推示范、求共赢、促发展”，旨在通过搭建相关政府部门、能源互联网示范项目建设单位、能源互联网设备研发制造和新技术开发企业、科研院所、大学及媒体之间直接沟通和面对面交流的平台，总结梳理自2017年8月上一次联盟大会以来，中国能源互联网行业展现出的新热点、新观念、新技术、新产品、新趋势；理性分析盘点中国能源互联网行业的攻关重点和发力方向，为相关企事业推进能源互联网建设进程指引方向、确立目标。

【2018 全球能源互联网大会】 3 月 28～29 日，2018 全球能源互联网大会在北京召开，来自世界 30 多个国家和地区的 800 多位嘉宾会聚中国北京，围绕“全球能源互联网——从中国倡议走向世界行动”的大会主题，交流思想、分享成果，共商全球能源互联网发展大计。

大会得到各方高度重视和大力支持。联合国秘书长古特雷斯，联合国副秘书长、亚太经社会执行秘书阿赫塔尔，国际能源署署长毕罗尔，非盟副主席夸蒂，阿盟副秘书长阿里，俄罗斯能源部副部长亚诺夫斯基，中国民政部，中国国家发展改革委应对气候变化司等向大会发来祝贺视频或贺信。联合国、国际能源署、电气与电子工程师协会、国际大电网委员会等国际组织，阿根廷、埃塞俄比亚、突尼斯、希腊等国政府部门，中国国家电网有限公司、中国南方电网有限责任公司、中国长江三峡集团有限公司、埃及电力控股公司、葡萄牙国家能源网公司等能源企业及国内外院士专家共 80 余位重要嘉宾带来了精彩的演讲和发言。全球能源互联网发展合作组织主席、中国电力企业联合会理事长、瑞典皇家工程科学院院士刘振亚出席大会，发表题为“全球能源互联网改变世界”的主旨演讲。

【2018 年能源大转型高层论坛】 8 月 25 日，由国务院发展研究中心资源与环境政策研究所主办的 2018 年能源大转型高层论坛在京举行。国务院发展研究中心主任李伟、全国政协人口资源环境委员会副主任高波、国家能源局监管总监李冶出席会议并致辞。国务院发展研究中心副主任王一鸣出席会议并作主旨演讲。国务院发展研究中心资源与环境政策研究所所长高世楫主持论坛第一单元。

此次论坛重点讨论天然气与地热能等可再生能源融合发展的技术、体制和政策变革以及在雄安新区先行先试。会议还分别举行了主题为“天然气与‘互联网+’智慧能源创新改革”和“地热能与雄安新区高质量发展”的两组分论坛。在两组分论坛上，分别发布了《中国天然气发展报告（2018）》白皮书和《中国地热能发展报告（2018）》白皮书。

来自国内外能源领域的 500 多名代表出席了本次论坛。国内外政府机构、大学、重点企业和咨询公司的领导和专家围绕能源大转型、雄安新区能源高质量发展、多能互补、地热能高质量开发利用、天然气水合物发展前景、全球天然气发展、中国天然气高质量发展与雾霾防治、中国天然气体制革命与发展战略和政策、国际能源合作等议题发表演讲。

【第八届中国国际储能大会(CIES)】 5 月 19～21 日，第八届中国国际储能大会在深圳举行。本次大会以“勇担未来发展责任，推动能源结构转型”为主题。

来自中国、美国、德国、英国、加拿大、西班牙、日本、韩国、澳大利亚等国家和地区 1500 余位政府机构、科研院所、行业组织、电力公司、新能源项目单位、系统集成商等代表出席本次大会。

大会期间举行了 2018 储能产业十大人物颁奖活动。该活动由中国国际储能大会和中国储能网联合主办，自 2015 年以来每年举办一次，目的是推选为储能事业发展做出杰出贡献的人士，激励储能行业管理者和从业者锐意进取，改革创新。

第八届中国国际储能大会由中国化学与物理电源行业协会主办中国化学与物理电源行业协会储能应用分会、中国储能网承办。为期三天的大会聚焦政策标准、储能技术、商业模式、细分应用市场、资本合作等多个行业热点议题，通过 16 个专场主题论坛，凝聚产业前沿专家力量，深度剖析与广泛讨论行业现状、技术变革以及未来的发展趋势。大会还现场发布了《2018 储能产业应用研究报告》。

【2018 中国地热国际论坛】 11 月 27～28 日，2018 中国地热国际论坛暨地热资源利用国际工程科技高端论坛在上海举办。

该论坛自 2014 年开始，每两年举办一次，2018 年是第三届，也是首次在北京之外的城市举办。本届论坛由中国工程院与中国石化共同主办，主题是“绿色引领　创新发展　合作共赢”。包括 33 位院士在内的国内外地热能领域知名专家学者和优秀企业代表共 500 余人参会。与会院士和专家主要围绕地热资源勘查开发、绿色清洁能源产业新旧动能转换、地热资源开发利用装备升级和高效利用等议题展开研讨，助推全球特别是中国地热能高效利用和可持续发展。

中国地热能直接利用连续多年位居世界首位。地热能供暖面积已超过 1.5 亿 m^2，地源热泵装机容量达到 2 万 MW，形成了一系列较为完备的地热能开发利用新技术，培育了一大批技术先进、实力过硬的地热开发利用企业。

与会专家同时指出，中国地热产业发展还面临诸多制约因素，主要是：要进一步理顺地热管理体制，明确地热管理主体；要加速营造地热产业发展的良好政策环境，加大扶持力度；要加大资源勘查评价力度，调动多方积极性，加大基础性地热勘查工作，建设干热岩勘查开发先导试验区，加速统一规划布局。

【中国—中东欧国家能源合作第一次技术交流会】 6 月 4 日，由国家能源局指导，中国—中东欧国家能源项目对话与合作中心（简称“16+1”能源中心）中方秘书处单位电规总院主办的中国—中东欧国家能源合作第一次技术交流会在北京召开。国家能源局党组成员副局长李凡荣，外交部欧洲司参赞高睿，马其顿能源署执行署长弗拉蒂米尔·萨拉齐出席会议并致辞。会议由国家能源局国际司副司长何洋主持。电规总院负责人致会议欢迎辞，相关负责人作主旨演讲。

李凡荣在讲话中指出，中东欧地区是中国在“一带一路”沿线国家的重要合作伙伴，中国和中东欧国家在能源领域互补性强，合作潜力大。“16+1”能源中心为双方开展合作搭建了有效平台。本次技术交流会将有助于增进中国与中东欧国家相互了解，扩大合作共识，拓宽双方在能源领域合作范围。

会上，电规总院作了题为《中国—中东欧能源合作展望》的主旨演讲。来自中国能源行业的代表就中国能源电力发展技术、商业模式、工程实践、中国—中东欧能源合作展望等主题分别发表了演讲。中国及中东欧国家政府和企业代表还围绕中东欧国家能源发展规划与能源政策、中国—中东欧能源项目合作重点方向和主要模式等话题进行了圆桌对话。

2015 年在苏州“16+1”领导人峰会期间，中国和中东欧国家共同发表《中国—中东欧国家合作中期规划》和《中国—中东欧国家合作苏州纲要》，提出“建立中国—中东欧国家能源项目对话与合作中心”。“16+1”能源中心中方秘书处设在电规总院，欧方秘书处设在罗马尼亚能源中心。此次会议是“16+1”能源中心在中国举办的首次活动。

来自中国及中东欧国家政府能源主管部门、能源电力企业、研究院所、金融机构等 200 余名代表参加了本次会议。

【阿拉伯国家能源互联网暨“一带一路”建设论坛】 6 月 28 日，“阿拉伯国家能源互联网暨‘一带一路’建设论坛”在北京举行。论坛由全球能源互联网发展合作组织和阿拉伯国家联盟联合主办，来自中国外交部、发展改革委、民政部、商务部、生态环境部等政府部门，阿盟、联合国西亚经社委、阿拉伯地区可再生能源与能效中心等国际组织，阿尔及利亚、阿联酋、突尼斯、埃及、科威特、利比亚、约旦、摩洛哥、沙特阿拉伯、索马里、苏丹等国驻华使馆，以及能源电力、信息通信、设备制造企业、金融机构上百位代表参会。

论坛上，来自国际组织、能源电力企业、驻华使馆等机构的嘉宾围绕“能源转型下的清洁发展与能源互联互通”主题发表演讲，为推动阿拉伯国家能源转型提供可行方案。来自企业、科研、金融和学术界的嘉宾代表围绕“技术、政策与合作”主题展开交流讨论，为推动全球能源互联网创新发展贡献智慧与力量。

同时，论坛发出“关于推动阿拉伯国家清洁能源开发及能源互联互通”的倡议，倡议中国、阿拉伯国家及世界各国政府、组织、能源电力企业、金融机构、研究机构等各界，共同推动构建阿拉伯国家能源互联网，加快清洁能源开发和电网互联互通。

论坛期间，全球能源互联网发展合作组织分别与阿拉伯国家联盟、阿拉伯地区可再生能源与能源效率中心签署合作协议。此外，该组织还提出了 13 个重点互联工程，定位于跨洲、跨区清洁能源电力外送消纳、互补互济。

【非洲能源互联网发展论坛】 9 月 4 日，非洲能源互联网发展论坛在北京召开。论坛由全球能源互联网发展合作组织与非盟委员会、联合国非经委共同举办，是 2018 年中非合作论坛北京峰会系列重要活动之一。论坛正式发布《非洲能源互联网规划研究报告》，开展了项目对接，并有多家中国企业与非洲有关国家电力公司和贸易机构签署了项目合作协议和战略联盟协议。全球能源互联网发展合作组织与几内亚共和国联合发起成立“非洲能源互联网可持续发展联盟”，搭建共商、共建、共享、共赢的合作平台，共同推进非洲能源互联网重大项目建设，助力非洲清洁化、工业化、电气化和一体化发展。

2015 年 9 月 26 日，中国国家主席习近平在联合国发展峰会上提出构建全球能源互联网重大倡议，为促进世界能源转型、应对气候变化、实现可持续发展提供了中国方案，得到各方高度赞誉和广泛支持。

与会嘉宾认为，构建非洲能源互联网，为非洲可持续发展提供了重大机遇和系统方案，对于落实联合国 2030 议程、非盟《2063 年议程》至关重要。本次论坛进一步凝聚了非洲能源互联网发展共识，明确了非洲能源互联网总体思路和路线图，将推动全球能源互联网“中国倡议”在非洲落地，实现非洲清洁能源大范围优化配置和电力互联互通，助力非洲培育形成自主发展能力，加快工业化和现代化进程，推动中非合作迈向更高水平。

论坛上，全球能源互联网发展合作组织首次发布的《非洲能源互联网规划研究报告》，提出了构建非洲能源互联网的总体思路：加快非洲大型水电、太阳能、风电基地和各类分布式电源开发，加强各国骨干网架和配电网建设，推进洲内跨国跨区联网，推动建设非洲与欧洲、亚洲电力互联通道。

全球能源互联网发展合作组织分别与联合国非经委、非洲电力公用事业协会、东非电力池和西非电力池签署 4 项合作协议，将在规划研究、技术交流、项目推广等方面深化合作，共同促进清洁能源开发和电网互联互通项目建设，推动非洲能源互联网创新发展。

中国电建、中国能建、威胜集团、天合光能等中国企业与科特迪瓦艾斯能源公司、尼日利亚阿尔加维电力有限公司、尼日利亚中心电力公共设备公司、非洲贸易中心等非洲有关国家电力公司和贸易机构签署项目合作协议和战略联盟协议。

来自联合国非经委、联合国环境署、非盟、非洲电力公用事业协会等相关国际和区域性组织、机构，埃塞俄比亚、利比里亚等非洲国家政府部门和驻华使馆，埃及、加纳等非洲国家能源电力企业，中国国家发展改革委、生态环境部、国资委、国务院发展研究中心、国家能源局、中电联以及国家电网、大唐集团、华能集团、南方电网、三峡集团、中国电建、中国能建等中方企业100余家单位的400多位嘉宾出席论坛。

【中俄能源商务通论坛】 11月29日，首届中俄能源商务论坛在北京钓鱼台国宾馆举行。举办本次论坛，旨在落实6月8日习近平主席与普京总统签署的联合声明中达成的共识。中共中央政治局常委、国务院副总理韩正出席开幕式，宣读习近平主席贺信并致辞。近90家来自能源、金融、信息等领域的企业代表共同参加论坛。秉承“互利双赢、共同发展”的理念，与会代表围绕“进一步深化中俄能源贸易、投资及金融全方位合作”主题，深入沟通、凝聚共识，精准对接合作需求。共签署14项合作协议，涉及油气、煤炭、信息技术等多个领域。

论坛的宗旨是为促进双方企业在油气、电力、煤炭、新能源、能源装备等领域的长期一体化合作创造条件，建立和拓展业务往来，发展双方在科技、标准等领域的合作，为加强中俄能源合作营造良好的投资环境，为能源领域最具发展前景的项目交换意见，为共同开发的能源项目吸引投资，为促进能源科技发展创造积极条件，为完善双边能源合作的行业政策、组织形式和商业机制提供建议。

本次中俄能源商务论坛的主题为“进一步深化中俄能源贸易、投资及金融的全方位合作”。论坛期间，举行了油气和煤电主题专题分论坛。

作为中俄能源务实合作的重要平台，首届中俄能源商务论坛在外交部、国家发展改革委、商务部、国家能源局和俄罗斯总统能源发展战略和生态安全委员会的支持下，由中国石油和俄罗斯石油公司共同主办。

学术团体与行业学协会

【中国电机工程学会】

单位概况 中国电机工程学会（简称电机学会）是由从事电机工程相关领域的科技工作者及有关单位自愿组成并依法登记成立的全国性、学术性、非营利性社会组织，成立于1934年，办事机构设在北京，挂靠国家电网公司，接受社团登记管理机关中华人民共和国民政部和业务主管单位中国科学技术协会的监督管理和业务指导。电机学会的最高权力机构是会员代表大会，日常领导机构是理事会和常务理事会。电机学会设有9个工作委员会、45个专业委员会，33个省级学会是电机学会的单位会员。中国电力科学技术奖励工作办公室、国际大电网委员会中国国家委员会秘书处、国际供电会议组织中国国家委员会秘书处也设在电机学会办事机构。

负责人

理事长：郑宝森

副理事长：张智刚、毕亚雄、刘国跃、金耀华、邓建玲、魏锁、王良友、张诚、米树华、王树民、姚强、赵洁、高立刚、刘吉臻、宋永华、陈斌

组织机构 包括理事会、常务理事会、工作委员会、专业委员会和电机学会办事机构。下设组织、学术、科普、外事、编辑、咨询、青年和教育、名词术语、标准9个工作委员会，以及覆盖电机工程各个专业领域的45个专业委员会。33个省（自治区、直辖市）电机（电力）学会为电机学会单位会员。

学会建设 完善工作委员会、专业委员会、省级学会管理体制和运行机制，举办2018年院士专家座谈会暨省级学会、专业委员会主要负责人培训班，举办部分省级学会工作座谈会。根据能源电力发展需要对专业委员会布局进行调整，新成立3个专业委员会，完成4个专业委员会换届改选。

加强会员管理，推进会员规范登记，2018年完成个人会员规范登记81 400人，113人晋升高级会员。开展会士和外籍会士遴选工作，新入选会士17人和外籍会士10人。与山东大学、华南理工大学建立战略合作关系，并成立会员中心。

加强员工管理，充实员工队伍，优化人员结构，加大培训力度，规范员工职级管理，完善薪酬和绩效考核制度。强化财务管理，完成中国科协“科技社团财务管理规范化研究与应用”项目并出版《现代科技社团财务规范管理研究》专著，调整现行管理办法，完善各项规章制度。按期推进电机学会（2018—2020年）信息化规划建设落地。自主研发新版会员管理、数字化图书馆、会议管理、团体标准管理、民主决策、优秀论文评审、门户网站、移动应用APP、微信公众号、学会办公自动化（OA）等信息系统，取得6项软件著作权，支持学会各项业务发展。编印《中国电机工程学会2018年年报》。

决策咨询 完成“构建我国新一代电力系统研究”“雄安新区智慧能源系统战略研究”“多种新能源发电技术路线发展研究”等课题研究。首次开展“2035、2050电力科技重大发展方向研究”“新能源消纳状况与前景”和“面向综合能源系统的节能新技术研究”三项学会重点自立课题研究。受国家能源局委托，组织开展“660MW超超临界CFB机组示范项目技术装备评估”和“燃气轮机关键部件自主化制造项目技术评审”。

科技评价与成果登记 2018年承担国家发展改革委、国家能源局、中国科学院、中国科协、国家电网公司等单位委托开展的项目评价224项，组织2116人次专家（其中院士152人次），涉及约86个第一完成单位。完成科技成果登记474项，履行电力行业科技查新管理服务职能，确认电力科技查新资质机构38家。

国内主要学术会议 以“新时代 新能源 新电力”为主题举办2018年学术年会，同期举办院士专家论坛、学术建设发布会等30项学术交流活动，吸引了院士、专家、科技工作者及高校师生2000余人踊跃参加。各专业委员会围绕各自专业领域开展学术活动70场。

学术期刊 主办科技期刊17种。《中国电机工程学报》首次荣获“中国出版政府奖期刊奖”，连续16年荣获“中国百种杰出学术期刊”称号，并入选第三届全国“百强报刊”。《中国电机工程学会电力与能源系统学报》（英文刊）成功被科学引文索引（SCI）数据库收录，并入选“2018中国最具国际影响力学术期刊”。《高电压技术》《中国电力》《热力发电》《农村电气化》《农电管理》《动力与电气工程师》和《电信息》等办刊质量持续提高，国内外影响力显著增强。

学科发展研究 完善学术报告编撰体系和学术研究成果发布制度，2018年出版电力行业环境保护、水电建设等8个专业发展报告，以及新能源功率预测、配电网触电保护等7个专题技术报告，并在2018年学术建设发布会上发布。

国际学术会议 在国内组织召开2018“紫金论电”——智能电网保护和运行控制国际学术研讨会、第八届中国国际供电会议、第二届能源互联网与能源系统集成国际会议（EI^2）、第十一届电力系统技术国际会议、2018年国际大电网会议专题技术报告会。

全面提升中日韩学会合作机制，共同在日本和韩国组织中日可再生能源发电技术研讨会、中韩高压直流国际会议（HVDC）等双边学术交流活动；与美中绿色能源发展促进会共同在美国召开美中绿色能源高峰论坛。电机学会英国分会在英国组织中英未来能源

发展论坛，电机学会英国分会、北美会员中心共同在德国柏林举办“能源转型战略及综合能源先进技术研讨会”。

国际组织任职 电机学会副秘书长陈小良任国际供电会议组织指导委员会委员。2018年，电机学会推荐40名专家加入国际大电网委员会（CIGRE）各工作组，推荐7名专家参与国际供电会议组织（CIRED）专业组的研究工作，提升中国科技工作者的国际影响力。

国际交往 与英国工程技术学会（IET）主席及首席运营官就学会间加强合作进行了深入交流，并签署“中国电机工程学会与英国工程技术学会战略合作协议”和“国际工程师资质认证项目合作协议”。与国际大电网委员会（CIGRE）主席就推动中国专家在CIGRE组织发挥更大作用等议题进行了深入交流，并邀请CIGRE主席为CIGRE中国国家委员会部分专家委员及员工作了题为《CIGRE战略及国家委员会的参与》的技术讲座；参与国际供电会议组织（CIRED）战略规划研究组工作，抓住CIRED组织改革的机遇，提升中国在CIRED的影响力和话语权；与电气与电子工程师学会电力和能源分会（IEEE PES）主席、副主席及执行总监进行会谈，在深化当前合作的基础上进一步拓展合作领域。将电机工程国际会议（ICEE）的合作模式升级为国际电机工程理事会。

组织国内专家学者和论文作者参加国际大电网委员会（CIGRE）2018年大会、IEEE PES年会、国际供电会议组织（CIRED）2018年技术研讨会、第24届电机工程国际会议（ICEE）、2018年日本电气学会年会。

继续做好国际大电网委员会（CIGRE）和国际供电会议组织（CIRED）中国国家委员会秘书处工作，国际大电网委员会（CIGRE）中国国家委员会等值会员数继续保持全球第一。组织国内专家参加CIGRE 2018年大会，参会人数创新高，加强青年工程师培养力度，向大会推荐4名青年专家参加青年会员论坛。全年推荐40名专家加入CIGRE工作组。16个专委会均成立了国家委员会专委会并每年举办工作会议及研讨会。参加CIRED战略规划研究组工作，在CIRED机构改革中发挥核心引领作用，抓住机遇提升中国在CIRED的影响力和话语权。宣传会议并组织国内专家参加CIRED2018年技术会议，并推荐报告人，投稿数和录取率均创近年新高，推荐专家加入有关工作组。

加强与IEEE标准协会的高层交流，推动双标号标准联合开发项目协议的签署和落实。鼓励国内专家参加IEEE PES各专委会的技术活动，建立互信的合作关系，为双标号标准在IEEE立项、投票等环节的工作创造有利条件。继续稳步推进联合开发及互认试点，以3项UPES成套标准为试点，实现双方联合开发双标号标准的突破。

与IET开展工程师资质国际认证，双方于2018年10月启动了首批工程师资质国际认证报名，并于2019年1月组织了培训，计划4月组织同行评审面试。按照中国科协工程能力建设和工程能力国际认证的总体部署，与巴西联邦工程和农业委员会（CONFEA）探索开展工程师资格互认。

两岸及港澳交流 以海峡两岸暨港澳学术团体的合作为基础，与中国电机工程学会（台湾地区）、台湾智慧型电网产业协会、台湾汽电共生协会、香港工程师学会、澳门机电工程师学会联合组织“第一届两岸四地电机工程学术研讨会”，搭建学科、人才、研发等的创新平台，推动海峡两岸暨港澳科技人员参与粤港澳大湾区、长江经济带、京津冀一体化和“一带一路”建设。

科普活动 联合12家理事长/副理事长单位共同创立并开展2018年首届“电力之光”中国电力科普日活动，打造“1＋N”的全国联动电力科普盛事；举办电力科普工作经验交流会，交流探讨科普教育基地的发展建设；命名授牌2018年电力科普教育基地29家；推荐李立浧院士、刘建明主任为全国首席科学传播专家；搭建“电力之光”科普项目在线申报系统，挖掘电力行业科普资源；举办“电力之光”甘肃科普下乡暨扶贫攻坚活动，开展电力科普和产业扶贫工作；组织编著出版《国家风光储输示范工程　储存风光输送梦想》科普丛书和《电气化小分队科普故事：蓝天保卫战》科普图书；2018年科普工作得到中国科协表扬。

科技奖励 电机学会推荐的“电力系统接地基础理论、关键技术及工程应用”“国家工频高电压全系列基础标准装置关键技术与工程应用”“高效低风速风电机组关键技术研发和大规模工程应用”“超、特高压变压器/电抗器出线装置关键技术及工程应用”4个项目获得国家科学技术进步奖二等奖。组织2018年中国电力科学技术奖推荐评审工作，评选出授奖项目134项。

表彰举荐优秀科技工作者 将“中国电力年度科技人物奖”更名为“中国电力科学技术人物奖”，调整了授奖比例，加大获奖人数，2018年度共评选出“中国电力科学技术杰出贡献奖”获奖者10人、“中国电力优秀科技工作者奖”获奖者50人、“中国电力优秀青年科技人才奖”获奖者50人。

完成2018年“顾毓琇电机工程奖”评审工作，西安热工研究院有限公司原总工程师危师让获得2018年“顾毓琇电机工程奖”。举荐的中国华能集团公司董事长舒印彪荣获“第十二届光华工程科技奖”。

开展2018—2020年度“青年人才托举工程”项目27项，其中中国科协资助2项，电机学会自主资助25项。

会员服务 完善会员工作体系，发展会员并开展会员规范登记。推进在高校、海外成立会员中心（分会）工作，加强与青年会员、海外会员的联系。举办院士专家座谈会、老科技工作者座谈会、省级学会和专委会主要负责人培训班，组织全国科技工作者日赠书活动。通过微信、群发系统等信息化手段定期向会员推送学会电子刊物及各类学术活动信息，向会员共享包括各类期刊信息及会议报告的数字化图书馆。

党建工作 持续推进“两学一做”学习教育制度化常态化。严格按照发展党员程序和要求，完成2名入党积极分子的培养考察发展。健全党组织制度，发挥党支部的政治引领作用。参加中国科协党建系列活动，承担“党建强会计划”项目，参加党的十九大知识竞赛答题活动和“我与科协同成长”演讲比赛，开展党建课题研究项目，参加星级党组织创建评优。组织参加中国科协党务人员培训班，不断提升党务人员党性修养和业务能力。

主要事件

1. 2018年中国电机工程学会年会

2018年中国电机工程学会年会以“新时代 新能源 新电力”为主题，于11月12～15日在北京召开，吸引了包括20位院士在内的2000余位电机工程领域的专家、科技人员、工程师及高校师生的关注和参加。会议旨在研讨创新变革趋势，交流前沿关键技术，推动能源电力绿色协调发展，会议取得丰硕成果。为期4天的会议安排了院士专家论坛，联合港、澳、台相关学会共同召开的首届两岸四地电机工程学术研讨会，以及清洁高效发电技术协作网年会、学术建设发布会、女工程师论坛、11场专题研讨会、论文交流、技术参观等近30项学术交流活动，200余位院士、专家在会上作报告。年会期间还推出电力科技成果展，集中展示中国电力发展的辉煌成就，系统反映中国电力科技的重大成果，学会的奖励、标准和科普工作也做了展示。年会已成为电力能源领域学术水平最高、影响范围最广、涉及专业最多的科技盛会，蓄力成为具有代表性的国际化盛会。

2. 团体标准制定

2018年，电机学会进一步规范标准工作流程，着力提高标准质量，推进标准国际化，各项工作有序推进，取得显著成绩。共发布CSEE标准71项，批准立项183项，并首次启动成套系列标准编制工作。通过优化工作流程、增设标准指导专家、组织专家评审和形式审查、增大督促检查力度等多种方式，提升标准编制质量，组织标准编写人培训班。加大学会标准的宣传力度，鼓励各单位试点应用已发布标准，结合工作实际开发与提炼应用场景，实施标准项目专家负责制，建立标准应用过程中常态问题反馈机制。推动学会标准与国际标准、国外先进标准接轨，完成与IEEE标准互认协议细则制定。3项UPFC成套标准在IEEE和学会同步完成了标准立项。参与团体标准化发展联盟工作，参与联盟牵头编写的《团体标准的结构和编写指南》《标准必要专利许可规范》《团标百问百答》正式发布。以信息化为支撑，提升标准工作效率。结合工作实际要求，优化了学会标准信息化平台功能，实现了申请立项、形式审查、征询意见、投票评审等全过程信息化，增设了系列（成套）标准平台。申报中国科协服务国家社会治理品牌建设项目——“打造CSEE标准品牌，推动标准国际化”，扩大学会标准影响，为加快构建中国新型标准体系贡献力量。

3. 自立咨询研究项目

针对电力行业共同关注的热点和难点技术问题，发挥学会在高端智库优势，加大研究力度，经过课题征集、专家研讨、可研评审等环节，利用自有资金300万元，设立“2035、2050电力科技重大发展方向研究”“新能源消纳状况与前景”及“面向综合能源系统的节能新技术研究”三个自立咨询研究项目，分别由行业知名专家作为项目负责人，聘请十多位院士作为首席技术专家，参与研究技术专家累计近200人，分别针对2035年和2050年电力科技发展重大方向、新能源消纳、综合能源系统的节能新技术开展深入研究，为电力行业科技立项决策、促进新能源消纳和利用、促进综合能源系统发展提供咨询支持。项目得到行业内生产、设计、运行、制造等各有关单位及权威专家的关注和支持，目前基本完成研究工作，正在进一步完善研究报告。其中“新能源消纳状况与前景”项目研究成果在2018年11月中国电机工程学会院士专家论坛上进行研究成果发布。

4. 2018年首届“电力之光”中国电力科普日活动

为全面贯彻党的十九大精神、落实国家能源战略，助力全民科学素质的提升，满足人民日益增长的美好生活需要，中国电机工程学会联合国家电网公司等12家理事长/副理事长单位共同发起“电力之光”科普行动计划并创办“电力之光”中国电力科普日活动。

2018年首届“电力之光”中国电力科普日是在中国科学技术协会和国家能源局指导下，中国电机工程学会联合12家“电力之光”发起单位共同主办的面向公众的大型科普系列活动。本届活动紧紧围绕“新时代、新能源、新电力、共建美好生活”主题，精心打造了一场以科普互动展示为主的主场活动及 N 场全国分会场活动，形成了“$1+N$”模式的全国联动电力科普盛事。

主场活动于 9 月 15～19 日在北京奥林匹克公园庆典广场成功举办，开幕式上，来自中国科协、国家能源局及活动主办单位代表共同点亮“电力之光”，并举行了《国家风光储输示范工程　储存风光输送梦想》科普丛书首发仪式。主会场 1000m^2 的展览展示区域涵盖“洁净能源”“智慧输电”“科学用电”“电力安全”4 个板块 50 余项展品，通过多媒体展示、实物或模型展示、虚拟现实、互动体验等方式打造了一场内容丰富、形式多样的科普盛宴，生动展示了电力科技魅力，全面普及了电力科学知识，为公众搭建了一个现代、科学、趣味性的科普乐园，展示了一个清洁、智能、可再生的电力世界，吸引了社会公众的积极参与，活动参观人数达 3000 余人，营造了良好的科学氛围，让“电力之光”点亮百姓科学梦想，照亮公众美好生活。分会场活动在全国范围内开展，来自十余个省市的省学会、专委会及电力企业在全国各地开展了科普讲座、科普进校园、科普基地开放日等形式多样的科普活动。

（刘雁斌）

【中国水力发电工程学会】

单位概况　中国水力发电工程学会（简称水电学会）是由全国水力发电工程科学技术工作者自愿组成并依法登记的全国性非营利性学术团体，是国家发展水力发电工程科技事业的重要社会力量，是中国科学技术协会的组成部分。水电学会于 1980 年成立，现有团体会员单位 194 个（包括 32 个分支机构）。

领导班子

理事长：张野

副理事长：袁柏松（常务）、么虹、王琳、王森、王志轩、朱跃龙、刘国跃、刘金焕、李云、杨晓东、杨清廷、张建民、陈云华、周厚贵、郑声安、郑旭东、夏忠、晏志勇、韩水、喻新强

秘书长：袁柏松（兼）

服务创新型国家和社会建设　组织开展中国应对气候变化清洁能源发展现状研究、雅砻江流域风光水能互补相关政策研究工作。

组织开展大中型水电工程设计施工总承包监理技术、水污染检测与防控及取水口突发事件快速处理、水电工程枢纽区地质灾害监测预警与应急管理、地质灾害隐患排查和风险评估及治理技术等技术咨询服务。

水电学会国际河流水电开发生态环境研究工作委员会开展柬埔寨水电开发国际投资政策与建议研究、澜沧江—湄公河鱼类资源调查与鱼类洄游监测研究工作，服务澜湄合作和发展。

水电学会风险管理专委会组织开展的“大型水电工程建设场地地质灾害监测预警与应急管理研究及应用”科技成果通过专家鉴定。

全年共受理承担 21 个行业单位委托的 43 项科技成果鉴定工作，包括高混凝土重力坝岸坡坝段缺口导流关键技术研究、水电工程沥青混凝土心墙施工技术经济研究等。

发挥各分支机构专业特色，举办了水情水调监控技术、清洁能源调度、水电站运行管理技术、水电工程造价、水电厂计算机监控系统、大中型水电站安全生产管控及应急管理、贯流式水电站机电设备新技术等 10 余次培训班。

学会建设　八届水电学会有团体会员单位 194 个（包括 32 个分支机构）。经变更或增补后理事会成员 159 人。个人会员 38 712 人（含委托地方学会管理的会员），比 2017 年增加 686 人。1 个专委会完成换届工作，新成立清洁能源装备冷却技术专委会。

1 月 12 日，与国家电网公司共同举办一年一度的“中国水电发展论坛暨水力发电科学技术奖颁奖典礼”，300 余名新老水电工作者代表参会。

3 月 22～23 日，在北京召开了水电学会系统秘书长工作会议。张野作“十九大”精神宣讲报告。80 多名秘书长和代表参会。

9 月 26 日，水电学会八届三次理事会议在北京召开。理事和代表 150 余人参会。

9 月 26 日，在北京隆重举办改革开放 40 年中国水电纪念大会，行业新老领导和水电科技工作者代表 230 余人参会。

设立国际事务部，聘用国际事务专员。制、修订 9 个管理制度，增强依法依规依章程办会水平。加强财务预算和决算管理，2012 年以来连年获评中国科协全国学会财务决算工作先进单位。

不定期到分支机构和省级水电学会中调研了解情况和诉求，共促自身和行业健康发展。

潘家铮水电科技基金至 2018 年底已有 56 家单位和 10 名个人捐资，基金规模已达 4679 万元。2018 年召开了基金三届三次理事会；开展 2018 年度潘家铮水电奖学金评定，11 月 23 日在青海大学举行了第十届奖学金颁奖典礼，奖励来自 18 所高校和科研院的优秀学生 60 名。

编撰出版《中国水力发电年鉴（第 22 卷）》《中国水力发电信息 2018 年报》《学会简讯（季刊）》。

学会治理结构和治理方式改革　参与民政部“社会组织评估”并获评 4A 等级。

参与中国科协“综合能力评估”、申报“世界一

流学会建设”项目，水电学会综合能力得到科协肯定并获连续三年每年100万元经费资助。

成立监事会，加强对理事会（常务理事会）履职、学会财务运行管理和内部治理的监督检查。

继续在分支机构中发展个人会员，多渠道为会员学术成长个人成才提供服务。组织开展中国科协“学会分支机构发展现状和管理情况研究”。

编制《中国水力发电工程学会年报（2018）》，公布到网上并寄送全体会员单位和理事，推进开放型学会建设。

主办期刊 水电学会会刊《水力发电学报》全年出版12期，共收到论文稿件593篇，录用刊登150篇，印发6000册。在中国科技期刊引证报告（核心板）2018年统计中，《水力发电学报》核心影响因子0.776，在23种水利工程类刊物中排名第3；核心总被引频次1789，排名第3。综合总评分47，在23种水利工程类刊物中排名第5；在全国2008种学术刊物中排名625（2017年排名746）。完成2017年《水力发电学报》优秀论文奖评定。

联合主办《岩土工程学报》《水电能源科学》《大坝与安全》《水电站机电技术》《小水电》等核心期刊，行业影响力广泛。

学科发展研究 联合有关单位组织编撰《中国水电关键技术丛书》（36分册）和《中国水电管理创新丛书》（16分册），全面总结中国水电科技和管理成就及经验。2017年起陆续完成书稿编写，自2018年和2019年分批次出版。

联合支撑单位水电水利规划设计总院共同推进《中国水电工程技术发展报告》编撰工作，将于2019年完成并出版和发布。

决策咨询 组织专家对蒸发冷却技术在抽水蓄能机组应用进行评估，并形成《关于建议蒸发冷却技术在抽水蓄能电站推广应用的报告》送有关部门供决策参考。

水电学会水能规划及动能经济专委会参与编制《中国可再生能源发展报告2017》；组织参与“一带一路”国家多项有关水电和新能源规划研究等30多项研究工作和10多项规范编制工作。

水电学会电力系统自动化专委会调研并形成《水电站厂房三维辅助设计研究与应用》建言报告，为企业打造精品工程提供智力支持。

水电学会水库专委会完成“水电技术标准走出去研究”“云南省大中型水利水电工程移民安置方式实践与创新研究”，启动“西藏自治区水利水电工程移民安置工作专题研究”和“水电移民经验研究”研究等，大力服务国家水库移民工作。

国际学术会议 5月12日，水电学会联合中国大坝工程学会在成都举办2018高坝大库抗震安全国际学术研讨会，270余名中外专家参会，进一步加强国内外抗震技术的交流合作。

5月21日，水电学会协办国际水电协会“水电与未来能源系统北京论坛”，100余名中外专家共同探讨加快能源转型步伐，推动实现《巴黎协定》目标承诺。

5月30日，水电学会高坝通航工程专委会在南京协办“第二届水工河工模型模拟与量测技术国际研讨会”，220余名中外专家参会。

10月17日，水电学会机械疏浚专委会在武汉承办中国首届“与自然和谐”国际水环境生态建设技术发展会，中外专家500余人参会。

国内主要学术会议 水电学会及各专委会共举办国内国际学术交流活动70余场次，参加人数8540余人次，出版论文集24部共6700册、论文1600余篇，会议交流论文630余篇。

4月2～4日，水电学会水工金属结构专业委员会在云南省景洪市召开了“水电工程垂直升船机技术研讨会暨技术交流会”。来自全国水电行业有关单位的院士、领导和专家共162人参加了会议。

6月6～8日，水电学会水电站运行管理专委会和梯级调度控制专委会在湖北省隔河岩电厂联合召开了2018年学术交流会。来自行业45家有关单位共94名代表参加了会议。

7月12～13日，“推动移民竣工验收，促进移民后续发展”研讨会暨水电学会水库专业委员会2018年年会在青海西宁召开。34家有关政府部门、11家项目业主单位、15家规划设计单位、5家高等院校的领导、专家和代表共计170余人参加了会议。

7月26日，水电学会在北京召开大型水电工程建设总承包论坛。来自水电开发、设计、施工、运行管理、行业中介机构和媒体等40余家单位的100多名领导、专家和代表参会。

8月29日，水电学会联合青海省科协在西宁召开“风光水能互补开发研讨会”，60余名专家和代表参会。

9月27日，水电学会在北京组织召开西藏水电发展论坛。来自与西藏水电开发相关的规划、设计、施工、运行管理、金融机构和媒体等40余家单位的100多名领导、专家和代表参会。

11月20日，水电学会清洁能源装备冷却技术专业委员会成立仪式暨第一届清洁能源装备冷却技术交流论坛在北京举办，来自30多家单位的百余位领导专家学者参加了大会。

国际组织任职 中国水力发电工程学会理事、中国电建股份有限公司总工程师周建平，任国际大坝委员会（ICOLD）副主席，任期2016—2019年。

水电学会高坝通航工程专委会主任委员、南京水利科学研究院副院长李云2018年出任国际航运协会内河委员会委员。同时，高坝通航工程专委会牵头组织成立国际航运协会升船机工作组，专委会副主任委员胡亚安担任工作组主席，为该协会成立以来首次由非欧美国家专家担任。

国际交往 3月28日，国际水电协会（IHA）到访水电学会，双方就进一步深化日常合作等事宜进行洽商。

4月9日，日本三菱综合研究所环境及能源事业本部主席研究员田野中新及其合作机构艾斯佩兰萨公司高级咨询师石里宏一行来访水电学会，双方就利用西南地区剩余水电资源制氢方面合作开展交流。

水电学会高坝通航工程专委会5月组织专家团赴巴拿马参加国际航运协会第34届大会和交流访问；10月组织专家团赴西班牙塞维利亚参加国际航运协会内河委员会会议及第四届地中海日会议；组织参与湄公河老挝北本船闸、坡诺枢纽及船闸、乌干达白尼罗河卡鲁玛水电站鱼道等工程项目的设计、科研工作。

水电学会梯级调度控制专委会组织专委会代表参加国际大坝委员会世界大会，与国际代表围绕“梯级水库群联合优化调度”的案例和经验深入交流；组织专委会委员参加国际水利与环境工程学会（IAHR）主办的第一届梯级水库与水系统调度国际研讨会；配合IEA国际能源署水电课题组开展关于流域梯级水库管理模式及典型案例分析研究。

组织翻译IHA《2018水电现状报告——行业趋势及思考》，收集整理形成年度电力能源国际会议指南2期，一并上传水电学会网站供会员单位下载使用。

科普活动 有序推进中国水电科技博物馆筹建工作，完成了博物馆主体场馆建设，开展了展陈方案设计；组织召开中国水电史料及科技博物馆藏品征集研讨会、大中型水电站建设成就（展示系统）研讨会，征集展品和开发水电成就展示系统。

在5月30日全国科技工作者日联合常务理事单位汉能集团举行“水电与新能源科普论坛暨科普教育基地授牌仪式”。8月组织接待大连理工大学“走进爱心企业传递公益能量”暑期社会实践团队参观基地并座谈。

6月12日，支持四川水电学会举办第五届李冰杯水利水电知识竞赛。水电学会专家出席活动并做“如何科学全面认识水电”的科普进校园知识讲座。组织为凉山州西昌学院捐赠一批水利水电专业书籍共计400余册，价值5万余元，支持教育扶贫；在西昌市开展了“爱惜生命之源，关注点点滴滴”保护水资源、节约用水的宣传活动。

发挥院士领衔的科普传播专家团队作用，组织召开科普论坛或撰写文章引导舆情。加强与新华网、能源报、电力报等主流传媒的合作，扩大水电宣传。专人管理官网“中国水电网”和微信公众号，加强日常更新和维护。

表彰举荐优秀科技工作者 持续办好“水力发电科学技术奖”。2018年共收到行业单位申报的科技成果135项（参与科研人员近1500人）。经过形式审查、网络初审、专家会审和终审，36个成果项目获奖，其中一等奖7项，二等奖9项，三等奖20项，参与完成获奖的科技人员近400人。

组织开展自设奖项第五届潘家铮奖评定工作，中国电建昆明院张宗亮、中国电建水电四局席浩、雅砻江流域水电公司陈云华获奖。

组织开展第五届张光斗优秀青年科技奖评审推荐工作，中国电建华东院刘宁、中国电建水电七局李正兵、西南理工大学畅建霞获奖。

新设立面向水利水电工程基层一线工程师和科技人员的“水电英才奖”，并于2019年开始评奖，每年一评，每次奖励10人。

在科协领导下组织推荐亚太工程组织联合会工程师奖、联合国可持续发展目标青年工程师奖、宣传“展风采，树楷模”全国学会优秀党员科技工作者、第三届中国科协优秀科技论文（1篇入选）等。

组织对水电专家库现有专家的梳理核查确认以及申报新专家，推进水电专家库的更新和充实工作。

党建强会 制定十九大精神宣贯实施方案并全力推进，水电学会理事长带头宣讲。在水电学会章程中增加党的建设和社会主义核心价值观有关内容。

水电学会党委务实推进“三重一大”事项前置审议，全年共召开党委工作会议5次，就40余件水电学会改革发展事项进行了前置审议。

水电学会党委和秘书处党支部作为试点单位推进中国科协“星级党组织”创建工作并被评为7星。在分支机构中开展成立党小组试点并完成7家。

继续申报科协“党建强会”活动项目并获资助。

组织会员参加中国科协科技社团党委第九届全国学会乒乓球赛并获团体组织奖、男单第三名；参加“我与科协同成长”征文演讲比赛并分获一、二等奖和优秀组织奖。

党支部根据党员增加及时增补支部委员以更好开展工作；组织召开好民主生活会，支部书记带头、全体党员轮流讲党课。

组织秘书处全体党员群众到红色传统教育基地红旗渠参观学习。

会员服务 一是通过办好水电科技奖培养科技创

新人才；通过设立评定潘家铮奖（成就突出专家）、水电英才奖（基层一线科技人员）、潘家铮水电奖金学（在校大学生）和学报优秀论文奖，以及推荐两院院士候选人、光华工程科技奖、张光斗优秀青年科技奖等，打造全方位阶梯型人才培养机制。

二是水电学会和32个分支机构积极构筑学术交流平台，样式多元的学术交流和研讨活动为广大水电科技工作者提供了交流分享的机会，同时广泛组织论文征集并结集出版，为科技工作者学术成长和技术进步搭建舞台。

三是结合会员企业诉求组织开展岗位技术技能培训和有关专业取证人员继续教育培训等。

四是推荐优秀水电专家在有关国际组织机构任职。

五是及时更新网站和公众号有关行业资讯，方便广大会员及时获取相关信息。建设管理好会员联络QQ群、微信群，方便交流和服务。

主要事件

1. 2018中国水电发展论坛暨水电科技奖颁奖典礼在北京举行

1月12日，由水电学会与国家电网公司联合主办的2018中国水电发展论坛暨水力发电科学技术奖颁奖典礼在北京举行。水电学会名誉理事长、中国工程院院士陆佑楣，水电学会名誉理事长、国务院南水北调办原主任张基尧，水电科技奖励委员会主任委员、原中国国电集团总经理周大兵，水电学会理事长、国务院南水北调办副主任张野，国家开发银行原行长姚振炎，水利部原副部长、大坝工程学会理事长矫勇，中国华电集团原总经理贺恭、原总经理程念高，国家电网公司总经理寇伟，中国电建集团董事长晏志勇，国家能源局监管总监李冶等领导，中国科学院陈维江、中国工程院王浩、胡春宏、张建民、孔宪京等院士和来自全国水力发电战线80多个单位的300余名新老水电工作者代表共同出席了会议。

在水电发展论坛上，众多院士专家和与会代表共同回顾了过去一年中国水电事业取得的新成绩、新进展，以及行业内各单位在水电科研和工程实践中取得的新成果。论坛由陈维江等5名资深专家进行了主旨演讲。

根据《水力发电科学技术奖励办法》，经水力发电科学技术奖励委员会评审，2017年共评选出“水力发电科学技术奖”一、二、三等奖45项。大会向获奖单位代表隆重进行了颁奖。会议还对获得2017年度“《水力发电学报》优秀论文奖”的10篇获奖论文作者进行了表彰。

为了弘扬中国水电战线已故的潘家铮院士和谭靖夷院士毕生献身水电的科学精神和分享其丰富的学术成果，向水电学会全体单位会员赠送最新出版的《潘家铮全集》（共18卷）和《谭靖夷纪念文集》图书，并举行了赠书仪式。

2. 策划举办改革开放40年中国水电系列纪念活动

为总结回顾改革开放以来中国水电事业取得的成就和经验，传承弘扬中国水电的改革创新和拼搏奋斗精神，谋划中国水电和新能源事业迈向更好更高质量发展，水电学会党委牵头研究策划了系列纪念活动，重点举办了1场改革开放40年中国水电纪念大会，召开了大中型水电工程总承包论坛、风光水能互补开发研讨会、西藏水电发展论坛等3场高端学术会议，组织出版了1本纪念文集和制作了1部宣传片。活动共吸引400多名行业新老领导、院士专家和水电科技工作者代表参与，分享水电建设成就经验和未来设想，围绕当前国家政策导向和行业热点难点深入展开学术研讨，探寻新时代下促进行业健康发展的新思路、新途径、新突破，鼓舞了广大水电工作者竭诚服务中国和“一带一路”沿线各国水电清洁能源可持续发展的信心与决心。

纪念文集收到投稿200多篇，经评审录用150余篇，分上下册公开出版发行。联合水电规划总院、中央新影制作的《江河作歌　水电筑梦》宣传片，展现改革开放40年来中国水电的巨大成就。

开展完成了国内大中型水电站、中国建设的国外水电站数据统计工作，并以此为基础资料在今后每年滚动更新。

3. “推动移民竣工验收，促进移民后续发展”研讨会暨水电学会水库专委会2018年会在西宁召开

7月12～13日，“推动移民竣工验收，促进移民后续发展”研讨会暨中国水力发电工程学会水库专业委员会2018年年会在青海西宁召开。会议由中国水力发电工程学会水库专业委员会、青海省移民安置局、中国水利水电工程勘测设计协会、中国电力规划设计学会征地移民专业委员会共同主办，中国电建西北勘测设计研究院有限公司协办。来自青海省国土资源厅、云南省移民开发局等34家政府部门，中国华电、中国三峡集团等11家项目业主单位，中国电建成都院等15家规划设计单位，华北电力大学、同济大学等5家高等院校的领导、专家和代表共计170余人参加了会议。

4. 大型水电工程建设总承包论坛在北京召开

7月26日，大型水电工程建设总承包论坛在北京召开，会议由水电学会主办，雅砻江流域水电开发有限公司承办，中国电建水电七局、中国电建华东院、水电学会施工专委会协办。来自水电开发、设计、施工、运行管理、行业中介机构和媒体等40余家单位

的100多名领导、专家和代表，交流分享改革开放40年来中国水电体制和建设管理模式改革发展的实践经验，深入探讨展望如何促进工程总承包这一国际通行的建设项目组织实施方式的推广应用，更好地发挥总承包企业的技术和管理优势，推动产业转型升级，竭诚服务于中国及"一带一路"沿线各国大型水电工程建设健康发展。

5. 风光水能互补开发研讨会在青海西宁召开

8月29日，由水电学会、青海省科学技术协会主办，青海水力发电工程学会承办，黄河上游水电开发有限责任公司协办的"风光水能互补开发研讨会"在西宁召开，60余名领导专家代表和新闻媒体记者参加了会议。

6. 水电学会八届三次理事会议在北京召开

9月26日，水电学会八届三次理事会议在北京召开。张野作题为《凝聚合力激发活力增添动力，竭诚服务水电清洁能源事业可持续发展》的工作报告；会议还审议了学会《章程》增加党的建设和社会主义核心价值观内容、八届理事会部分成员变更增补、成立监事会、2017年度财务收支及2018年度预算和1～8月财务收支情况等事项，全体代表表决通过了各事项和大会决议。八届理事会成员和授权代表、监事、学会专委会和地方水电学会代表约150人出席大会。学会常务副理事长兼秘书长袁柏松主持会议。

7. 西藏水电发展论坛在北京召开

9月27日，西藏水电发展论坛在北京召开，会议由水电学会主办，西藏开发投资集团有限公司承办，水电水利规划设计总院协办。来自与西藏水电开发相关的规划、设计、施工、运行管理、金融机构和媒体等40余家单位的100多名领导、专家和代表，深入交流中国西藏水电开发的实践经验，探讨并展望如何促进西藏水电的合理有序开发，将西藏的水电资源优势转变成现实的生产力，为西藏的经济发展和改善农牧民的生活做出贡献。

（雷定演）

【中国电力发展促进会】

（1）重视自身发展与服务能力建设。协会第四届理事会第二次会议通过了知识产权、人工智能分会，新增理事单位9家，发展会员单位57家，优化了会员结构，增强了服务能力。同时组织发挥专家力量，印发《深化改革、砥砺前行——电力改革发展四十年专家回顾》集。

（2）重视分会组织机构建设。根据工作需要聘用了三位老专家，分别任可再生能源发电分会、核能分会、人工智能分会会长。邀请国网信产集团董事长任智能产业用电促进委员会会长，邀请腾讯安全云总经理任人工智能分会会长。二次理事会通过了《分支机构管理办法》，进一步完善了会员单位派驻制，为今后协会的开拓发展奠定了基础。

（3）制定管理制度、提升队伍素质。聘请律师，组织制定《聘用人员管理办法》《劳动纪律与假期管理制度》《考勤与假期管理实施细则》《假期工资管理办法》4项管理制度。研究制定电促会差旅费和授权审批制度。聘请律师依法对有关劳动诉讼进行了处理。本部秘书处和中国电力网先后招聘了3位员工，注重组织专家授课，努力拓展员工业务知识水平。

（4）重视并加强与会员单位的沟通联系。通过组织论坛与两个分会的成立大会，加强与国资委综合局、工业和信息化部科技司、国家能源局科技司等部委司局，以及五大发电集团、两大电网公司等科技信息部门的联系。邀请人民网、中国工业报、中国电力报等媒体及时报道协会的各种活动，为提升协会的影响力和覆盖面奠定了基础。

（5）加强对外合作。人工智能分会与科技部新一代人工智能技术创新联盟签订合作协议，中电创智科技有限公司与国网信产集团亿力科技公司签订战略合作协议。并先后组织参与国家电网"青创赛"和国网信产集团四川中电启明星信息技术有限公司的产品推介会。注重与会员共创、共建，提升协会服务水平。

【中国电力建设企业协会】

（1）编制《电力建设领域安全管理成果征集工作报告》及成果汇编、《电力建设监理企业落实监理安全责任情况调研报告》及安全监理工作的意见。

（2）组织开展"辽宁清原抽水蓄能水电工程项目应急演练""监理企业安全知识竞赛""大型机械吊装竞赛"以及电力建设安全生产应急演练、安全知识技能竞赛和专题培训。

（3）组织开展"电力建设工程施工安全年"活动。制定"安全年"活动方案，组织开展安全年活动，并在河南郑州成功举办了"安全年"活动大会。

（4）组织撰写《电力建设工程施工安全管理导则》，并协助国家能源局有关部门完成《导则》的能源行业标准立项和发布。

（5）组织编制和报送《基于EPC工程总承包模式下的电力建设工程施工安全监督管理制度研究》和《2015～2018年全国电力建设人身伤亡事故分类汇总报告》。启动"国内电力建设人身伤亡事故分析及防控措施研究"等课题研究。

（6）组织电力建设项目安全监管平台软件的系统开发。

（7）编制及发布《2017年度电力建设行业企业年度统计数据汇编》《2017年度电力建设行业统计分析报告》，并报送至国家统计局。

（8）组织2018年度电力建设施工企业季度统计

数据申报、指标汇总、编辑审核及向国家统计局的报送工作。

(9) 组织撰写中电联《2018年度中国电力行业发展报告》(电力工程建设部分)、中国施工企业管理协会《2017年度工程建设行业发展情况报告》(电力建设篇)、中国建筑业协会《2017年度中国建筑业年鉴》(电力建设篇)。

(10) 组织进行电力建设行业统计数据申报监控平台建设，完成了软件程序调试、运行等工作。

(11) 开展信用体系相关制度建设及培训等活动。完成《电力建设领域信用评价管理办法》《电力建设领域诚信典型企业评选管理办法》《电力建设领域信用专家管理办法（征求意见稿）》和《电力建设领域信用管委会管理办法（征求意见稿）》等制度的编写。组织开展《电力建设领域信用评价规范》的宣贯培训。

(12) 完成国家能源局的《能源行业信用管理办法》的征求意见工作，与国家能源局“信用能源”网站实现信息对接。

(13) 开展信用评价及信用动态管理工作。完成2018年度新申请信用评价企业28家、信用复评企业90家、信用年检企业138家。

(14) 组织各分支机构开展行业自律工作，对19家会员单位在市场招投标阶段的违规行为作出了相应的处罚建议，并记入企业信用评价档案。

(15) 根据中施企协《关于申报2018年度工程建设诚信典型企业的通知》(中施企协信用字〔2018〕7号)精神，组织开展电力建设领域诚信典型企业的评选工作，通过推荐，3家电力建设企业获得工程建设诚信典型企业称号。

(16) 组织专家制（修）订《光伏发电工程达标投产验收规程》《火电工程质量评价标准》等9项电力行业标准。

(17) 组织完成《电力建设施工技术规范　第3部分：汽机发电机组》等9项电力行业标准及《火电建设安全文明施工管理导则》等4项中电联团体标准的编制、征求意见、送审稿审查和报批工作。

(18) 持续开展“中国电力优质工程”的评审工作和国家级优质工程奖的推荐。国投湄洲湾第二发电厂2×1000MW机组工程等67项工程获得“2018年度中国电力优质工程”。国电大渡河大岗山水电站工程等35项电力工程荣获“国家优质工程奖”，其中，6项工程荣获国家优质工程金质奖（含1项境外工程)。国网济南1000kV变电站工程等7项电力工程荣获中国建设工程鲁班奖（含3项境外工程)。中电投协鑫滨海2×1000MW燃煤发电工程等14项电力工程荣获中国安装工程优质奖（安装之星)。

(19) 根据中施企协通知精神要求，开展2017年度电力建设行业优秀施工企业及先进个人的“双优”评选及向中施企协的推荐工作。经申报、评审、核查、评审会审定、公示等程序，评选出2017年度电力建设优秀施工企业29家、电力建设优秀施工企业家25人、电力建设优秀项目经理68人、电力建设优秀调试企业24家、优秀调试项目经理22人、优秀监理企业20家、优秀总监理工程师40人、优秀监理工程师80人。经推荐，11家电力施工企业、6位企业总经理、8位项目经理荣获得全国优秀施工企业、全国优秀企业家、全国优秀项目经理称号。

(20) 开展电力建设科学技术进步奖、质量管理小组活动成果、工法和关键技术的评审。经申报、审核及公示，评选并表彰449项“2018年度电力建设科学技术进步奖”，其中：一等奖21项、二等奖150项、三等奖278项；经申报、审核及公示，评选并表彰897项“2018年度电力建设质量管理小组（QC）活动成果”，其中一等奖100项、二等奖263项、三等奖534项；经申报、审核及公示，评审并批准212项工法为2018年度电力建设工法。

(21) 开展电力企业/人员能力资格管理的相关工作。2018年度，获得电力工程调试能力资格的企业31家、获得电力工程质量评价能力资格的企业20家，变更电力工程调试能力资格等级的企业52家、变更电力工程质量评价能力资格等级的企业4家。3097名电力工程监理从业人员通过了电力工程监理能力资格评审，645名复审合格，72名电力工程质量评价从业人员通过了能力资格评审。国家注册监理工程师个人入会216人。

(22) 根据企业需求，积极开展了现场质量咨询、达标投产复验、电力建设新技术应用、绿色施工验收和安全管理等电力建设工程技术服务工作。组织进行了176次现场质量咨询、13个工程项目的现场达标投产复验和78个工程的电力建设新技术应用、绿色施工、地基结构、达标投产和质量评价等246项报告的评审工作；先后对江苏田湾核电站、国瑞章丘九顶山风电场等4个项目进行了安全管理咨询服务，并首次为非电建设企业的中粮集团、利港电厂提供了专项安全技术咨询服务。

(23) 为行业和企业提供相关服务。组织举办了两期特种设备安全管理负责人（A1）培训考核班和一期起重机械安全管理及吊装技术培训班。组织电力施工企业参加“2018年中国技能大赛暨第五届全国吊装职业技能竞赛”，山东电建一公司和中电建核电工程公司分获一、三名。

(24) 受发展改革委外资司委托，组织开展《推进电力行业国际产能合作指导政策研究》，完成政策研究主报告和火电、水电、核电、风电、太阳能发电及输变电国际产能合作分报告。

（25）开展相关法律、金融服务，成立法律工作委员会，开展“电力国际产能合作大讲堂”系列活动，开展《电力企业融资评价指标体系研究》工作。

（26）为企业提供宣传和信息服务，组织编写了《中国电力国际产能合作成果汇编》《电力行业国际产能合作交流材料汇编》和《电力行业国际产能合作经典案例》等资料，发布国别投资风险提示等相关文章100余篇。

（27）与韩国电气工事协会就未来两国电力建设行业开展信息交流和区域合作进行了探讨。

【中国电力规划设计协会】

（1）正式推出协会团体标准。通过国家标准委审查并注册成为第二批团体标准试点单位。召开团体标准体系编制研讨会，制订协会团体标准管理办法及实施细则。面向会员征集标准编制专家906人，确定2018年协会团体标准制修订项目21项，完成审查8项，正式发布5项。

（2）成功举办第三届中国电力数字工程大赛活动。全面修订了竞赛规则，申请注册知识产权商标，树立起行业品牌。经过初赛、决赛，从申报的53项中，最终11家会员14项获得奖项。通过中国电力报及网络新闻、自媒体广泛宣传竞赛活动，促进会员转换发展思路。

（3）与欧特克软件公司签署协议。聚合行业力量，经过一年多、数十次的谈判，达成比国内销售价更优惠的集采协议，维护了行业利益。主动向国家知识产权局汇报行业设计软件国产化工作，召开了2次行业会议统一思想，形成工作方案，与中望、浩辰等国内软件公司签署备忘录，推动CAD软件国产化工作。

（4）发挥作用反映行业诉求建议。向国家能源局反映电力勘测设计行业的主营业务重复、设计产能过剩等发展困境，推动国家能源局主导召开由国家电网和中国电建、中国能建等参加的座谈会。受住建部委托、牵头组织《工程设计资质标准》电力行业修订建议的征集工作，召开了2次行业专家组会议，研讨上报了电力行业修订建议。

（5）评优评审工作。一是组织年度电力、水电行业“四优”评选，邀请242名专家对623个申报项目进行了初评、终评，共评出行业一等奖86项、二等奖105项、三等奖185项；水电类一等奖12项、二等奖8项、三等奖6项。二是组织年度行业优秀咨询成果奖的申报评选，111家单位732个项目参加，共评出行业一等奖109项、二等奖148项、三等奖200项。三是组织第四届电力工程科技进步奖评选，邀请95名专家对43个单位申报的147个申报项目进行了初评、终评，共评出行业一等奖5项、二等奖21项、三等奖18项。四是组织第三届行业优秀工程项目管理和优秀工程总承包项目评选，31家会员申报47项，共评出优秀工程项目管理一、二、三等奖各1项，优秀工程总承包项目一等奖9项、二等奖16项、三等奖19项。

（6）行业质量管理。组织行业质量检查活动，邀请专家分4组对4家会员的有关工程项目进行检查，重点抽查了规程、规范、标准执行情况，交流经验、解决问题。组织优秀QC活动小组成果评选，56家会员、共156项成果参加发布，共评选出行业一等奖35个、二等奖52个、三等奖69个。其中，推荐1项获得全国优秀质量管理小组奖；推荐47项成果参加电力行业评选，获得特等奖1项、一等奖34项、二等奖12项；推荐40项成果参加国家工程建设（勘察设计）评选，获得一等奖2项、二等奖24项。组织会员申报电力行业卓越绩效标杆企业，2家获得2A企业、4家获得4A企业、3家获得5A企业。组织会员申报电力行业质量信得过班组，1个班组获得全国质量信得过班组、9个班组获得电力行业奖项。组织开展三标体系认证评审工作，全年签订认证合同20个，安排约400余人次参与96家外审活动。

（7）标准管理。编制并发布《2018年电力设计行业标准有效版本清单》。征集并确立18项为2018年行业标准设计制/修订项目，已完成7个标准设计的送审稿验收。组织滚动翻译15项电力标准，已委托出版19项。完成国家能源局、电力规划总院委托立项翻译5项，已完成4项。完成《电力勘测设计管理制度》修编为8项的统稿工作。完成《火力发电厂系统设计说明》《汽水管道零件及部件典型设计手册》和《压力管道规范　动力管道实施指南》的出版、发行工作，与16家会员签订征订合同。完成《电力建设项目总承包管理规范》编制、送审工作。

（8）特色服务。一是组织行业发电技术交流会，43家会员84名代表参加，围绕太阳能热发电技术等6个行业新技术广泛讨论、拓展视野。二是组织完成10家会员申报31项科技成果鉴定。三是组织电力工程设计专有技术评审，从申报的121项中评审出62项为2018年电力工程设计专有技术。四是组织对14家会员申报36个软件进行评审并确认著作权。五是组织对2家会员单位的数字档案馆达标验收工作，对接国家电网公司明确电力工程竣工档案移交相关问题。六是组织49家会员参与工程设计责任险投保工作。七是编制《电力工程专有技术交易管理办法》，搭建会员间技术成果交易平台。

（9）协调推动行业发展。一是组织年度发电、电网、新能源、国际业务共4次市场开发交流研讨活动，帮助会员完善4批次市场投标咨询工作，促进了行业自律。二是组织135家会员填报行业统计与对标信息，发布了2017年度电力工程行业统计年报分析报告和同业对标标杆指标汇总信息。三是组织参加中勘协工程项目管理和工程总承包营业额百名排序工作，15家会员进入工程项目管理营业额排名、40家会员进入工程总承包营业额排名、9家会员进入境外工程项目管理营业额排名、25家会员进入境外工程总承包营业额排名。四是组织2018年压力管道设计资质需换证、取证的10家单位召开研讨会，邀请专家集中解答换证相关问题。先后为18家会员提供咨询服务，组织评审了14家企业压力管道设计资质并取得证书。五是组织专家做好2018年全国勘察设计注册工程师电气专业考试命题、组卷、阅卷等考务工作，受理5名考生2017年度成绩复查申请，完成注册服务8397人次。六是组织22家会员填报国家能源局主办的能源行业市场主体信用信息。修订行业信用评价办法，充实信用评价专家队伍。

（10）加强人才、文化等软实力建设。一是组织第5批电力勘测设计大师申报评选工作，共收到34家会员58人申报材料，经技术委员会终评，29人获得荣誉。二是组织首届电力工程行业最美工程师评选活动，45家会员申报65人参评，15人获得荣誉。三是组织4期、共517人次参加的压力管道设计审批人员培训考核并换发资格证书。四是举办2期、共179人参加的送变电设总培训班，分别举办1期59人参加的供用电设计技术和71人参加的送电专业设计人员培训班。五是与山东鲁电工程管理培训学校合作，举办注册电气工程师考前培训班，共103人次参加。六是完成《电力勘测设计》改月刊工作，全年出版12期、共刊稿191篇，出版增刊2期、刊稿83篇。七是《电力设计信息》以电子月刊推出，全年12期、刊稿365篇。会同中国电力报社评选电力工程行业新闻奖。八是组织8个课题组分赴行业内外17家单位进行实地调研，通过期刊、理事会等向会员发送政策调研成果，促进了成果转化。

（11）推开协会“走出去”窗口。一是组织行业参加2018年AVEVA全球峰会。二是组织与美国机械工程师学会北京代表处商讨参与动力管道国际标准修编工作。三是完成《“一带一路”电力工程建设标准国际化应用》研究课题报告。四是举办国际业务交流会和国际工程法律风险研讨会，累计共有90余会员近200人次参加，搭建“走出去”交流分享平台。五是组织29家会员汇编《国际电力工程标准有效版本清单》。先后到国际业务领先的3家会员调研，编制《国际项目全生命周期外部接口工作要点》。

（12）内部治理新起点。一是12月取得了与政府脱钩的正式批复文件，办理了新的法人登记证书，协会党建工作归口国务院国资委行业协会党建局领导、中电联代管。二是召开年度理事会和常务理事会，审议工作报告和财务收支情况报告等。三是新成立投融资分会和电力工程经济专委会、水电工程枢纽专委会和征地移民专委会等正式运作，组织活动起点高、吸引力大，会员参与十分踊跃。四是2018年共办理2批次17家入会、6家退会审批手续，目前会员总数为228家。五是继续参与、支持四川电力咨询设计公司“微爱”助学活动，发挥社会组织在扶贫攻坚中的积极作用。

【中国电力技术市场协会】

（1）做好电力科技统计工作。统计单位由从原来的15家企业增加到31家，建立起较完善的电力科技统计体系。

（2）承接政府委托工作。受国家发展改革委体改司委托，承担“电力市场期货探索与研究”课题研究。受国家发展改革委经济运行局委托，赴北京、上海、广州和深圳开展专项调研，落实中央经济工作会议精神和政府工作报告相关部署，优化电力营商环境，提升“获得电力”服务水平。提交发展改革委高技术司创新能力处2018年（第25批）国家企业技术中心认定领域复核意见（能源组）。

（3）向相关奖励机构推荐电力科技成果项目。一是依照中国技术市场协会第九届金桥奖表彰奖励工作排，开展了电力行业技术市场金桥项目评价暨“第九届中国技术市场金桥奖”推选活动。二是组织协会会员单位，向中电联电力创新奖办公室、中电联全国电力职工技术成果奖励办公室推荐协会会员单位技术成果项目20余项。

（4）开展专业技术交流工作。一是围绕专业技术监督、技术协作与新技术交流，组织召开了热工、化学、电气等专业技术监督交流会。二是发布《发电行业水处理技术发展报告》《电力设施保护工作报告》《火电燃料管理智能化技术报告》，在中国电机工程学会会年会上发布了年度全国燃气机组生产技术指标。

（5）开展专业技术培训。一是为促进新技术应用、促进技术标准转化，配合中电联团体标准宣贯，促进发电智能化建设。主办了“第一期发电厂智能化建设培训研修班”。二是举办2018电力行业锅炉压力容器安全监督管理工程师培训，为三百余名学员进行了近百余个学时的专业培训和专业知识更新。三是为提高电力行业安全阀检修校验人员的专业技能，针对当前锅炉压力安全阀潜在的影响安全运行的问题，由协会主办，协会理事单位承办了“电力行业安全阀检修校验工程师技术培训班”。

（6）开展电力科技咨询工作。一是与国网能源研究院合作，开展科研工具评估课题研究，在电力行业首次建立了“企业智库科研工具评估指标体系”。二是组织会员单位和电力企业开展电力技术标准编制，完成2项电力行业标准和中电联团体标准，即《电力设施安全防范系统技术规范》和《电动汽车充电设施信息安全技术规范》，并完成送审稿。

（7）电力技术市场服务体系建设。组建成立了综合智慧能源专业委员会、充电技术设备专业委员会、储能设备技术专业委员会等分支机构。

（8）加强协会基础管理工作。一是做好协会本部建设，逐步规范协会治理结构。加强与民政部、国资委相关管理部门的联系，按要求完成协会报备和法人变更等系列工作。完成协会内设岗位职责、员工薪酬等制度建设，在制订、修订协会办公制度、财务制度的基础上，岗位职责落实到人。在协会财务划归中电联财务统一管理后，做好业务工作和财务管理的磨合适应工作。按税务部门要求，在中电联财务部门配合下，完成协会注册地与税务属地管理统一工作。建立了会长办公会、秘书处办公会制度。二是组织召开中国电力技术市场协会四届二次理事会。三是制定协会分支机构管理办法及分支机构工作规则，建立协会分支机构管理体系，促进细分电力专业服务能力建设，促进专业会员吸收工作。

【中国水利电力质量管理协会】

（1）完成协会换届和相关组织建设等工作。3月22日，在北京先后召开了第六届会员代表大会、第六届理事会第一次会议。第六届会员代表大会审议通过了协会第五届理事会工作报告、财务报告，修订了协会章程和会费征收管理办法，选举产生了协会第六届理事会。六届一次理事会议选举产生了魏昭峰为会长，同时选举产生了副会长、秘书长、常务理事。11月27日协会召开六届二次理事会议，补充了会员单位，选举罗勇为常务副会长，增补了理事，完善了协会的组织机构，并明确了下一步的工作思路。协会全年工作成绩突出，获中国质量协会颁发的“2018年度全国质协系统先进单位”荣誉称号。

（2）推动QC小组活动及成果交流展示工作。收到各单位推荐的水利、电力行业优秀QC小组活动成果的数目，分别约400项和700项。在广西南宁、青海西宁、江苏无锡等地分别举办了QC小组活动成果展示会。5月，在浙江组织召开了首届电力行业优秀QC小组活动成果转化应用推进会，浙江省电力公司等参会单位交流了24个QC小组活动成果转化推广的成功经验。

（3）开展质量信得过班组建设推进活动。收到全国电力行业质量信得过班组申报材料120多份，于9月在山东青岛举办了全国电力行业《质量信得过班组建设准则》宣贯暨质量信得过班组建设典型经验展示会。

（4）以卓越绩效标杆、质量创新管理成果等评价活动为引领，促进企业高质量发展。专门组织专家编制了《电力行业卓越绩效标杆评价管理办法》，共有22家企业通过了电力行业卓越绩效标杆评价。为加强对企业质量创新成果的提炼、推广和应用，组织专家编制了《电力行业质量管理创新成果评审管理办法》，在全国电力行业中组织开展了质量创新成果评审活动。

（5）组织开展2018年水利、电力行业“质量月”活动。围绕“质量第一，严格管理，质量提升，高质量发展”的主题，制定质量月活动的方案、印发了《关于开展2018年水利电力质量月活动的通知》，编写并寄送了“质量月”活动宣传册、宣传画。组织会员单位积极开展形式多样、内容丰富的质量月宣传活动。

（6）坚持开展质量管理知识普及教育工作。5月在陕西省西安市，11月在广东省广州市，分别举办《质量管理小组活动准则》标准宣贯培训班，宣贯解读《质量管理小组活动准则》，介绍QC小组活动中运用质量管理理论和统计方法，研讨QC小组活动中存在的问题。通过循环的培训活动，增强了企业员工质量素养，提高企业员工的质量意识和业务技能。

（7）开展燃料管理标准化工作。5月在北京组织召开中电联火力发电企业燃料管理标准化技术委员会成立大会。协会充分履行秘书处承担单位职责，积极梳理完善燃料标委会标准体系，完成了《燃煤电厂煤场储存管理技术规范》《燃煤电厂配煤掺烧技术导则》《火力发电企业燃料化验员技能竞赛规范》《火力发电企业燃料化验员技能鉴定规范》《燃料机械采制样管理规范》等标准的编制工作。

（8）梳理电力设备质量管理标准体系。6月启动《电力设备全寿命周期评价技术规范》和《电力企业供应商产品质量保证力评价导则》编制工作，并组织召开变压器、组合电器、电线电缆、发电机等4类设备部分的编制工作讨论会议。组织申请筹建中电联电力设备质量管理标准化技术委员会。

（9）配合政府部门做好电力设备质量监督工作。与国家市场监管总局和国家能源局建立了良好的工作联系，获得国家市场监管总局“中国质量奖”推荐提名权，筹划协助国家市场监管总局开展电力设备质量事故调查等工作。

（10）成立检验检测认证分会并开展工作。成立了中国水利电力质量管理协会检验检测认证分会，明确了分会会长、副会长、秘书长等负责人，通过了分会工作规则，成立了土建、金属、电热、特高压、认证认可等5个专业委员会并确定了牵头单位和负责人。分会还明确了工作思路，制定了工作计划，建立了检验检测认证交流沟通平台。

【中国电力体育协会】

（1）组织举办2018年全国电力行业网球友谊赛。5月19日，在北京国家网球中心组织举办2018年全国电力行业网球友谊赛。共有全国电力行业10支代表队的140名选手参加了比赛。

（2）组织举办2018年全国电力行业职工桥牌锦标赛。6月11～13日，在贵州贵阳组织举办2018年全国电力行业职工桥牌锦标赛。来自全国电力行业的31支代表队、200多名运动员参加比赛。中国华电集团公司荣获冠军，中国南方电网公司二队荣获亚军，国网甘肃省电力公司、国网湖北省电力公司、深圳南港动力工程有限公司、中国华能集团公司、浙江省能源集团有限公司、贵州电网有限责任公司分获第3～8名。

（3）举办2018年全国电力行业职工羽毛球比赛。9月10～14日，在四川成都举办2018年全国电力行业职工羽毛球比赛。来自电力行业15支代表队共289人参赛。比赛共设8个比赛项目，分A、B、C三个组别进行。国家电网有限公司代表队荣获混合团体赛冠军，中国南方电网有限责任公司代表队和国家能源投资集团有限责任公司代表队分获混合团体赛亚军和季军。

（4）举办2018年在京电力单位扑克牌双升及掼蛋友谊赛。12月15日，在北京举行2018年在京电力单位扑克牌双升及掼蛋友谊赛。共有8支代表队、112名选手报名参加比赛。

（5）组织召开2018年协会会长扩大会议。12月14日，在京组织召开2018年中国电力体育协会会长扩大会议。会议总结了中国电力体协2018年工作，审议通过了《关于增补副会长的议案》，增补国家电力投资集团有限公司群团部副主任高清洁为中国电力体育协会第六届理事会副会长。就协会2019年的重点工作作了安排和部署。

（6）加入全球能源互联网合作组织。

【中国电力教育协会】

（1）组织建设。一是调整了协会第三届理事会会领导组成人员，通过了《中国电力教育协会理事调整议案》《中国电力教育协会常务理事调整议案》《中国电力教育协会领导人调整议案》，审议通过了《中国电力教育协会电力教育基金管理委员会委员调整议案》《中国电力教育编委会委员调整议案》，向会员单位及有关单位下发会议纪要。二是完成向国家财政部报送脱钩学协会财务报表，完成协会2017年度审计报告，按时到民政部进行协会2017年度年检工作，年检结果为合格。

（2）制度建设。起草《关于中国电力教育协会日常工作的几点建议》签报，对协会公文流转、公章使用、会议制度等方面进行了规范和明确；起草《中国电力教育协会分支机构管理办法（草案）》《中国电力教育协会财务与资产管理办法（草案）》《中国电力教育协会公文管理办法（草案）》，逐步完善内部规章制度。制定了规范的入会申请表。

（3）开展电力行业技能人才培育突出贡献奖工作。年初对2017年度评选出的5个单位和11名个人颁发了“2017年度电力行业技能人才培育突出贡献奖”，并组织开展2018年电力行业技能人才培育突出贡献奖评选表彰。

（4）组织召开电力职业技能培训委员会工作会议，开展电力行业培训师能力评培体系建设工作。

（5）开展电力仿真培训工作，开展新基地申报工作，指导教师的考试认证和复证工作，以及专家的申报评审和在聘专家的考核工作，组织召开电力仿真培训委员会工作会议。

（6）组织开展《电缆附件安装人员培训与考核规范》《变电站带电检测人员培训考核规范》《配电网低电压综合治理》《配电自动化基础培训教材》等系列审稿工作。

（7）举办2018暑期全国高校电气类、能动类专业课程及职业培训教学研修班。为落实《国务院深化产教融合的若干意见》的精神，有效提高高等院校主要电力专业课程的教学质量，促进专业课程的教学与改革，研究并创立高等院校与科研院所、行业、企业联合培养人才的新机制，7月底举办了2018暑期全国高校电气类、能动类专业课程及职业培训教学研修班，80多所高校的260多名教师参加了活动。

【中国国际贸易促进委员会电力行业委员会】

（1）编制发布《国际电力发展报告》《国际电力数据手册》和《国际电力信息参考》（半月刊），为关注国际电力行业发展的业内人士提供价值信息和决策参考，为中国电力企业走出去开拓海外市场提供丰富的信息支撑。

（2）加强门户网站及微信公众号建设和维护工作。对门户网站完成系统维护和升级，对“展会活动”栏目页面进行优化。开通微信公众号，增强行业信息传播的针对性和及时性。

（3）召开2018电力行业国际合作会暨电力贸促会委员大会。8月2日，与中电联国际合作部联合召开了本次会议，会议总结了电力行业2017年国际合作工作情况，分析当前面临的形势，提出相关建议，并对下一步工作安排做出说明。

（4）根据国家有关部委和相关机构的要求，先后整理了中国电力企业在多个地区、多个国家开展电力合作业务情况信息。应中国驻奥地利大使馆要求，为使馆参与欧洲电力展提供行业信息和展台搭建协助。发挥了企业、行业、政府和社会之间的桥梁纽带作用。

（5）完成改革开放40周年电力成就展暨第十七届中国国际电力设备及技术展览会（EP展）。成就展全方位展示了中国电力行业40年来发展的脉络和成绩。成就展同期还召开了纪念改革开放40周年电力行业高峰会，总结中国电力40年发展的经验，分析中国电力发展面临的新形势，探讨中国电力发展的新思路，推动构建清洁低碳、安全高效的现代能源体系。与成就展同期举办的EP展有来自全球20多个国家、近1000家电力装备企业参展，展览面积5万m^2，并举办了驻华使节走近中国电力、电力节能环保创新论坛（网络直播）等专题活动。

（6）举办2018中国—东盟博览会电力展。展会致力于为中国和东盟国家能源电力项目、业务合作和信息往来搭建高效互动平台，对落实国家“一带一路”倡议，促进中国和东盟各国实现多层次、多领域能源合作起到积极作用。展会展览面积共6000m^2，参展企业100余家。展览同期还举办了中国越南电力新能源行业专业采购对接会，其中越方企业约20家，中方企业约50家，参会代表共100人。

（7）召开2018粤港澳大湾区电力创新高峰会暨中国南方电网国际技术论坛及展览会。以“引领粤港澳大湾区电力创新”为主题，推动粤港澳深化合作，增强“大湾区”在国家经济发展和对外开放中的地位与功能。本次大会有来自有关政府部门及地方政府部门领导、粤港澳大湾区有关城市代表、电力企业和有关单位代表等共1000余人参加。同期举办的展览会展览面积共5000m^2，南方电网公司、许继集团、华北电力大学、电力需求侧管理有关企业等参加展览。

【中国电力思想政治研究会】

（1）明确功能定位。凝练出政研会六大主要功能，努力发挥作用：一是围绕贯彻党的方针政策，团结凝聚广大员工，维护各方合法权益，促进健康发展，探索发挥政研会作用的新途径、新方法；二是围绕全党全国和电力行业、企业中的新课题开展研究，打造思想政治工作研究的“思想库”；三是针对企业的难点、重点问题和社会高度关注的焦点问题，畅通沟通渠道，着力搭建“思想交流平台”；四是遵循电力发展规律，建立研究专家人才库，建设“学习型组织”，引领和发挥电力行业先锋模范作用；五是开展调查研究，做好“思想文化建设的咨询机构”和“培训的课堂”；六是唱响主旋律，坚守“时代精神宣传阵地”，把《当代电力文化》打造成为电力企业形象展示窗口、党建政工文化工作的交流载体和广大从业人员的工作助手。

（2）履行研究会换届程序。严格按照民政部、国资委规定履行研究会换届程序，10月25日，在北京召开电力政研会第七次全国会员代表大会。会议宣读了同意电力政研会开展换届工作和同意第七届理事会负责人选的批复文件；听取了第六届理事会工作报告、财务工作报告，审议并投票通过了《中国电力思想政治工作研究会章程（修改草案）》《中国电力思想政治工作研究会会费缴纳管理办法（修改草案）》和第七届理事会选举办法。会议选举产生了第七届理事会理事单位162家、理事180人，选举产生了第七届理事会领导班子。中国电力企业联合会党委委员、专职副理事长王志轩当选第七届理事会会长，辛保安、史正江、王永夫、张国厚、荆玉成、蔡庸忠、胡松、李有荣、王斌、秦天明、李彦旭等当选为副会长，郭玮当选为副会长兼秘书长（法人）。北京能源集团有限责任公司当选为常务理事单位。

（3）贯彻中央精神，不断强化思想武装。加强党的十八大以来系列重要会议精神和习近平总书记讲话精神学习，突出学术性、研究性功能，强化思想武装。4月11～12日，在湖北宜昌举办学习贯彻习近平新时代中国特色社会主义思想研究工作会议，深入践行十九大精神；表彰2017年度130家电力行业思想政治工作优秀单位和130名优秀工作者，引领行业进步。

（4）加强与电力行业企业的学习交流，围绕党建思想政治工作和企业文化建设，组织研究成果共享，王志轩会长的署名文章《全力推动电力行业思想政治工作再上台阶》、中国南方电网有限责任公司编辑出版的十九大之后电力行业第一本系统教材《新时代国有企业党的建设十六讲》以及国网天津电力公司、广东电网公司、国家能源国电电力公司等单位关于党建和文化建设成果的交流文章被推荐发表在中宣部主管的《思想政治研究》杂志。

（5）组织课题研究，发挥智库作用。建立重点课题申报、立项和评选管理流程，基本形成了以课题为纽带的联系网络。组织会员单位就企业党建、思想政治工作和企业文化建设中的重要理论和现实问题开展课题研究，2018年共征集181个课题，经各集团推荐、专家评审、领导小组审定、网站公示，评选出电力政研会2017年度优秀研究成果89个，获得中国政研会2017年度优秀研究成果一等奖1个和三等奖1个。

（6）结合新形势下加强党建工作的要求，集合党建、文化和宣传优势资源，发挥会刊《当代电力文化》作用，围绕学习贯彻党的十九大精神和全国两会精神，成功实施 6 个封面专题策划；组织开展讲好“中国电力好故事”活动，收集各单位报送的好故事超过 200 篇，刊发近 30 篇。

(7) 完善工作体系，不断提高工作水平。一是加强组织体系建设，根据章程规定，及时增补、调整理事会成员，发挥理事单位的作用。二是完善制度建设，在完成章程、会费收缴制度制/修订的基础上，又先后起草课题管理、“双优”评选管理、专家队伍建设等办法，做到有章可循、按章办事、职责清晰。三是建立沟通联络机制，加强与相关政府部门、行业协会以及行业企业的沟通协调；主动为会员单位开展信息交互等服务工作；完成会长办公会等重要会议、重要活动。

科研、教育与新闻出版

科 研 机 构

【中国电力科学研究院有限公司】

单位概况 中国电力科学研究院有限公司（简称中国电科院）成立于1951年，是国家电网公司直属科研单位，是中国电力行业多学科、综合性的科研机构，主要从事电力系统分析与保护、自动化与信息通信、高电压与输电线路、配用电与计量、新能源与电工、人工智能等技术领域的研究，研究范围涵盖电力科学及其相关领域的各个方面。

2018年，中国电科院获国家电网公司及以上科技奖励216项，获专利授权402项（其中发明专利346项），发表科技论文551篇，出版科技专著45部，登记软件著作权213项，承担的168项标准获批发布，全年技术服务满意率100%。2018年企业负责人业绩考核排名居运营保障板块首位。在2018年中国企业创新能力百强排行榜排名第六、央企排名第一。

组织机构 设有17个管理部门、15个业务部门、4个支撑部门、6个全资子公司、1个控股公司和6个参股公司。建有“国家级、省部级、公司级、院级”四级实验室体系共58个实验室，其中包括3个国家重点实验室、3个国家工程实验室、3个国家能源研发中心。拥有2个国家级、13个电力行业质检中心和1个认证机构，是国家高电压计量站、国网计量中心的依托单位。承担1个IEC（国际电工委员会）技术委员会主席单位工作，4个IEC技术（分）委员会、16个全国标委会、15个行业标委会、7个中电联标委会的秘书处工作。

人力资源 截至2018年底，中国电科院直签员工1890人，其中：博士研究生370人，硕士研究生1153人；正高级职称239人，副高级职称859人；平均年龄37.4岁。拥有中国科学院院士1人，中国工程院院士4人（含双聘院士2人），国家级有突出贡献的中青年专家2人，中央直接联系的专家3人，“百千万人才工程”国家级人选3人，“创新人才推进计划”中青年科技创新领军人才3人、重点领域创新团队1支，享受国务院政府特殊津贴的在职专家20人。国家电网公司科技领军人才7人，国家电网公司专业领军人才20人，国家电网公司优秀专家人才61人，国家电网公司优秀专家人才后备71人。中国电科院首席技术专家2人，中国电科院高级技术专家6人，中国电科院优秀技术专家26人，中国电科院资深技术专家4人。人才当量密度1.372。

经营管理 人财物管理。完成“十三五”规划修编。开展员工分类考核专题研究，探索优化员工绩效考核，全面兑现岗位分红及科技骨干人员激励。初步建立项目价值核算体系，制定收益分红类项目财务指标执行标准。推进“两金”压控，完成年度往来账款清理目标。规范项目类会议管理和车辆管理。构建物资采购标准化体系，建成院二级电商采购平台，提高物资管理质量和风险防控水平。

基础建设及信息化建设。检验检测认证技术用房项目获国家电网公司可研批复。完成张北光伏楼竣工验收。完善信息系统建设，平均效率提升30%以上。完善全业务统一数据中心，优化统一开发平台，云计算中心、人工智能基础平台、卫星数据应用平台扩展。

安全质量管理。完善网络安全管理体系，全年有效拦截网络攻击52万余次。编制安全责任清单，推动全员履责。强化作业现场6S管理，“三标”管理体系通过换版认证。

依法治企 推进公司制改制后续工作，完成73项资质、3大项资产的主体名称变更。召开院规章制度委员会会议4次，制修订制度31项。为52项涉法重大决策提供法律意见，规范基层单位“三重一大”决策管理。深化依法维权，完成41起应收账款等历史遗留纠纷案件处理。完成任中审计配合，落实问题整改。完成科技、工程等各类项目审计300余项。获工程咨询单位甲级资质，AAA级电力建设企业信用评价通过年检，电力工程调试企业特级资质通过复审。首次获评北京市信用AAA级企业。特高压直流试验基地控制性详细规划调整方案通过属地政府联审并完成公示。职工家属区“三供一业”完成分离移交。

科技创新 全年新签各级政府项目52项、国家电网公司项目241项。11项政府项目、228项国家电网公司项目和120项院自筹项目通过验收。获国家科技进步奖7项，其中一等奖1项、二等奖6项，累计获国家科学技术奖101项；获中国标准创新贡献奖4项，获奖等级和数量居全国第一；获中国电力科学技术奖32项，其中一等奖5项；获中国专利金奖、银奖、优秀奖各1项。牵头的6项国家重点研发计划项目和2项联合基金项目获批立项。

科研成果。在电力系统分析与控制保护技术领域，新一代仿真平台成功接入10回落点华东的全部直流控保装置；在抽能电抗器匝间保护、调相机失磁保护等方面取得原理性创新并研制装置样机。在调度自动化与信息通信技术领域，完成新一代调控系统总体设计，初步完成试验验证环境建设；完成电力信息通信仿真与半实物仿真顶层设计及基础平台研发；电力无线专网及5G技术布局初见成效。在高电压与输变电技术领域，攻克±1100kV特高压直流输电、环保型管道输电等关键技术并完成核心装备研制；完成电缆工程三维设计软件系统开发。在配用电与计量技术领域，建成配电密码应用系统，覆盖终端设备近百万套；能源路由器用计量模块的研发取得阶段性进展；完成院区能源互联网（二期）建设。在新能源与电工技术领域，建立覆盖全国的高分辨率数值天气预报模式；完成国内首套电网侧储能电站监控系统与500kW储能变流器研制；建成并投运国内首条百米级电动汽车移动式无线充电实验路段。在人工智能技术领域，突破面向电网资产运营管理的深度学习和强化学习关键技术；自主研发电力设备检测与缺陷识别等核心技术；完成新型物联网感知标签样机研制。

科研管理。提出新一代电力系统分析与控制技术等“四梁八柱”技术方案。完成39项“杀手锏”技术二次商业策划及相关12项核心技术专利布局，初步建立“杀手锏”技术“菜单式”成果转化业务模式。编制颠覆性技术评价、遴选及培育机制方案。推广“项目负责人制”，完成报工管理系统一期功能开发和员工绩效管理系统功能改造。

科研体系。人工智能应用研究所挂牌成立。7个中电联标委会获批筹建。国家能源计量中心（电力）、中国电机工程学会人工智能专委会获批成立。完成国家技术标准创新基地秘书处年度工作。电网安全与节能国家重点实验室通过国家科技部5年期评估，获评能源领域唯一的优秀实验室。举办研究生教育40周年学术研讨会，《中国电机工程学报》获评“2018期刊数字影响力100强”。

成果转化 全年共完成“配电终端安全开发套件”等68项成果转化，结算技术许可费2.16亿元，超额完成全年任务；获第九届“中国技术市场金桥奖”集体突出贡献奖。

探索成果转化新模式，首个控股公司国网上海能源互联网研究院有限公司正式挂牌成立。河北雄安许继电科综合能源技术有限公司投入运营。以技术作价方式增资许昌许继电科储能技术有限公司。完成北京智芯微电子科技有限公司增资扩股。项目分红取得阶段性进展，完成首批收益分红类项目储备，21项成果转化项目入选公司收益分红项目储备库。与国网重庆电力等20个单位开展科技交流，与国网天津电力等6个单位签署合作框架协议，达成合作项目71项。

支撑服务 全年完成国家电网公司总部及分部技术服务项目671项，累计投入工作量1023人年，连续3年技术服务满意率100%。

完成“三扩建两送出”特高压工程系统调试任务和“两交两直”调试阶段性任务。开展特高压工程、苏通GIL管廊及张北柔性直流工程的质量延伸管理、设备线材监造和工程质量监督。支撑完成西南电网异步联网试验及特高压换流站事故分析。完成雄安新区电力专项规划编制。开展新能源消纳能力分析计算，编制电力现货市场交易规则，促进清洁能源跨区消纳。开展“数字国网”顶层设计并制定行动方案。支撑“国网芯”技术研发及产业推广。完成国调中心等8个单位调控云工程建设。完成国家网络安全专项演习支撑。完成国家电网公司二次设备评价中心整体技术方案编制。挂靠中国电科院的国家电网公司变压器抗短路中心、信息通信设备状态评价中心、商用密码管理中心获批成立。

检验认证 全年新签检测认证合同额突破10亿元，出具检测报告2万余份，发放产品认证证书51张，保持有效认证证书80余张。

检验检测。管理体系通过国家主管机构复评审，获得新的实验室及检验机构认可（CNAS）、资质认定（CMA）资质，实现卫星接收终端等6个领域资质扩项。建成电化学储能系统综合试验检测和系统并网测试能力。国家能源太阳能发电研发（实验）中心成为IEC电工产品合格测试与认证组织（IECEE）的认证机构检测实验室（CBTL）。提升信息技术业务支撑比例，超过40%的检测部门具备在线自动出报告能力。支撑国家电网公司电网物资质量检测体系建设，完成国家电网公司系统光伏逆变器额定输出功率检测等5个项目实验室间比对。

产品认证。赛普认证公司获得CNAS认证机构认可资质，颁发中国首张分布式光伏发电并网逆变器、并网储能变流器和输变电工程施工机具产品认证证书。拓展产品认证领域，新增大规模电力储能系统、高压绝缘设备等9项实施规则和3项技术规范，累计向国家认监委备案32项认证实施规则。首次牵头承担3项国家认证认可行业标准制订。

国际化工作 全年主导编制并发布2项IEC标准，主导立项4项IEC、IEEE国际标准，申请海外专利6项，1项电能质量技术项目获IEEE工业技术杰出贡献奖。

海外业务。推进葡萄牙研发中心业务拓展，申请5项欧盟项目和1项葡萄牙科技基金项目。开展巴西美丽山二期工程系统调试前期准备，为墨西哥特墨、下加州项目及菲律宾直流联网等重点工程提供技术支撑，助力“一带一路”建设。

国际交流合作。与巴西电科院、巴西CPFL公司分别签署谅解备忘录，申请国网巴控公司2项科研项目，与美国ADI公司续签合作谅解备忘录。接待马耳他能源部等百余个来访团组，参加国际能源论坛等重大会议，代表国家电网公司承办中芬智慧能源论坛等重要活动。

国际化办刊。*CSEE JPES* 被SCI数据库收录，*High Voltage* 被EI核心数据库收录。

党的建设 基层党建。深入开展习近平新时代中国特色社会主义思想和党的十九大精神大学习。全面落实“旗帜领航·三年登高”对标管理年各项工作，基层单位党建专业化管理水平提升。开展大党建综合考评和党组织书记抓党建述职评议考核，压实管党治党责任。常态化开展“三亮三比三提升”主题活动，组建12支共产党员服务队、2支特高压系统调试党员突击队，在重大项目攻关、技术服务、工程调试等急难险重任务中，发挥党组织战斗堡垒作用。

队伍建设。规范干部选用和管理程序，完成干部人事档案专项审核。加强优秀年轻干部培养，举办中国电科院第二期青干班。建立党委联系服务专家工作机制。郭剑波获亚太工程组织联合会（FEIAP）年度工程师奖，迟永宁入选“万人计划”科技创新领军人才，孙华东入选“创新人才推进计划”中青年科技创新领军人才，新能源发电调度运行技术创新团队入选“重点领域创新团队”。优化院级技术专家体系，聘任王承玉等5人为院资深技术专家。328名员工实现年度职级晋升并兑现待遇。选拔35名干部员工进行跨部门挂职培养锻炼。加强校园招聘统筹策划，院领导带队赴高校开展毕业生招聘宣讲，提升人才引进质量。完善博士后进出站管理，4名博士后入站。

党风廉政建设。完成国家电网公司党组对中国电科院巡视配合工作，实现对设立党委的基层单位巡察全覆盖，开展巡视巡察发现问题整改，依规开展执纪问责。制定院领导班子成员党风廉政建设履责要点，全院科级及以上干部签订党风廉政建设责任书，深入开展廉政约谈，压实各级干部“一岗双责”。针对廉政敏感业务领域划出法纪红线、行为高压线和道德底线，强化权力运行、协同监督实效，初步构建大监督格局。

统战及群团工作。召开统战座谈会，凝聚统战人士力量。建立党建工作联系点制度，院领导班子成员开展30次督导调研。召开团员代表大会。参加国家电网公司第四届“青创赛”，获金奖1项、银奖2项、铜奖3项。拍摄展播国家电网公司级劳模和先进班组宣传片，弘扬劳模精神。落实离退休老同志“两项待遇”，离退休党总支获国家电网公司表彰。

2018年，高压所智能巡检技术研究室等2个集体获国家电网公司“一流班组”称号，系统所直流输电及电磁暂态技术研究室等10个班组获国家电网公司“先进班组”称号，高压所共产党员服务队获国家电网公司“优秀共产党员服务队”称号，高压所设备状态评价中心获“全国青年安全生产示范岗”称号，计量所团总支获国家电网公司“五四红旗团支部”称号。李鹏等7人获中国电力年度科技人物奖，黄越辉等3人获“中国能源研究会优秀青年能源科技工作者”称号，王伟胜获国家电网公司“特等劳动模范”称号，冯双磊、崔博源获国家电网公司“劳动模范”称号，邵瑰玮获国家电网公司“优秀班组长”称号，胡伟获国家电网公司“共产党员服务队优秀队长”称号，仲悟之获国家电网公司“青年五四奖章”称号。评选产生8个院先进单位（集体）、“十大标兵”及96名先进工作者。

（何　剑）

【国网电力科学研究院有限公司】

单位概况 南瑞集团有限公司（国网电力科学研究院有限公司）［简称南瑞集团（国网电科院）］是国家电网公司直属科研产业单位，实行“两块牌子、一套班子”一体化运行管理，是支撑保障国家电网安全稳定运行的中坚力量，是中国能源电力及工业控制领域卓越的IT企业、国际知名的智能成套装备及整体解决方案提供商，业务涵盖电力系统自动化、电力信息通信、特高压交直流输电、柔性交直流输电、智能化电气设备、水利水电自动化等领域。

南瑞集团（国网电科院）是国家科技部设立的“国家电力自动化工程技术研究中心”和国家发展改革委设立的“电力系统自动化－系统控制和经济运行国家工程研究中心”的依托单位，拥有“智能电网保护与运行控制”国家重点实验室，是第二批国家创新型企业、国家火炬计划重点高新技术企业和国家认定企业技术中心。2018年，南瑞集团入选国资委“双百行动”试点，获评中国城市能源变革十大杰出贡献企业，连续七届进入中国软件业务收入前十名，连续十七届进入中国软件和信息技术服务百强企业，连续十二届成为中国十大创新软件企业，获江苏省改革开放40周年突出贡献先进集体。

组织机构 南瑞集团下设15个职能部门、6个支撑部门、南瑞研究院和5个事业部，拥有53家产业公司，包括国电南瑞、置信电气（股票代码600406、600517）两家科技型上市公司。在南京、北京、上海、天津、武汉等20多个地区建有研发和产业基地，拥有40余条产品线、500多种具有自主知识产权的高新技术产品，产品和服务遍及全球100多个国家和地区。

人力资源 截至2018年底，南瑞集团用工总量17 310人，员工平均年龄35.2岁。其中，职工9729

人，外籍员工96人，社会化用工7485人；硕士博士4568人，本科及以上占比74%；高级专业技术资格2022人，中级及以上专业技术资格占比35.72%。获得国家电网有限公司级及以上人才称号共163人次，其中国家级人才49名，包括中国工程院院士2名、国家有突出贡献中青年专家7名、“万人计划”科技创新领军人才1名、国家特聘专家（海外高层次人才）3名、“百千万人才工程”国家级人选10名、享受国务院政府特殊津贴专家23名、“创新人才推进计划”中青年科技创新领军人才2名、全国青年岗位能手1名；国家电网有限公司级（含省部行业级）专家人才114名，包括国家电网有限公司科技领军人才5名、专业领军人才18名、优秀专家人才8名、优秀专家人才后备31名、青年岗位能手3名，以及省部行业级有突出贡献中青年专家、科学技术带头人等49名。现有博士研究生导师9名，硕士研究生导师174名。

科技创新 支撑世界首个±1100kV昌吉—古泉特高压直流工程、世界首个静止同步串联补偿器天津石各庄示范工程投运。建成江苏精准切负荷三期、湖南精准切负荷、苏州主动配电网、同里新能源小镇一期工程。张北±500kV柔性直流电网试验示范工程换流阀和直流断路器完成型式试验。研发新一代调控系统支撑平台核心功能。智慧能源服务系统上线运行。支撑世界首座就地化保护500kV江苏宿迁钟吾变电站投运。完成三峡坝区岸电实验区整体设计方案编制和关键设备研发，建成茅坪港岸电工程。研制应用电动汽车基础设施互联互通高安全交直流充电设备及数据平台。1200V/50A IGBT、FRD芯片流片，性能达到国际先进水平。GIL获江苏省重大装备首台（套）认定。国家电网有限公司系统保护实验室投运，常州检测中心新增10kV及以下配电变压器全套试验能力。南瑞集团实验验证中心成为亚洲首个具备电力二次设备检测能力的CBTL实验室。设立深圳、北京、西安区域研发中心。举办第三届紫金论电国际学术研讨会。举办科技成果集中鉴定暨新产品发布会。全年28项成果达到国际领先水平。主导发布1项CIGRE技术报告，发起6项IEC、IEEE国际标准。中文期刊《电力系统自动化》和英文期刊 *Journal of Modern Power Systems and Clean Energy* 荣获2018年中国最具国际影响力学术期刊。

全年获各级各类科技奖励122项，其中国家电网公司及省部级以上74项；获中国专利优秀奖3项、中国标准创新贡献奖一等奖1项；牵头制修订国家、行业及公司标准68项；获专利授权472项，其中发明专利309项。

产业发展 产业布局持续优化。新兴产业拓展取得成效，编制人工智能、储能和智慧消防产业规划，设立河北雄安南瑞能源科技有限公司、网络安全分公司。前两批16个战略新兴产业项目新增科技成果209项，特种变流器、变电站巡检机器人等15个产品实现首台（套）应用，电力工控安全防护等5个募投项目落地，储备第三批战略新兴产业项目47项。武汉南瑞智能输变电产业化建设项目获批启动。国家电网公司智能电网科研产业（南京）基地5～8号楼完成主体结构施工。南瑞集团天津节能环保生产基地建设项目取得不动产权证，国电富通迁入运营。置信电气福建泉港电子物资（设备）试验及仓储产业化项目建成投运。

市场营销取得突破。国家电网公司系统内市场稳中有升，承接山东交直流混合配电网、西北750kV串补系统、湖南长沙储能电站等示范工程，中标新一代配网主站、地调系统等重大项目，高速载波芯片实现多省份应用，变电站智慧消防、水冷系统、调配用一体化平台实现突破。系统外市场稳步增长，中标乌东德多端直流送电、广东电力现货交易、深圳前海综合能源服务项目，南网合同额大幅增长；签约三峡白鹤滩励磁、千岛湖智慧水务、万华回用水处理、北京等地轨道交通综合监控、华能大丰等海上风电二次设备集成等重大项目。商业模式创新持续突破，承接多个重大租赁节能项目，签约金华苏陈110kV变电站、江宁公交充电站等EPC总包项目。与14家战略客户签订合作协议。完成国电南瑞重大资产重组后24项资质变更承继，新获21项重要资质，下属单位北京科东电力控制系统有限责任公司和南京南瑞信息通信科技有限公司取得CMMI5级资质、国网电力科学研究院武汉南瑞有限责任公司获设备监理甲级资质。

国际业务稳步推进。联合中能建广东院编制海外总包组织机构试点方案。南瑞泰国工程服务有限公司获外商独资许可，南瑞继保古巴办事处投运，巴西能源计量公司股权收购项目获批立项。承接希腊变电站新建工程，首次突破欧洲高端总包市场。签约菲律宾500kV输变电、巴西440kV变电站扩建、新加坡电动汽车及充电站、苏丹配网升级改造、菲律宾光明乡村扶贫通电项目，支撑国家电网公司巴西美丽山二期特高压直流送出工程。稳控、绝缘子等7类产品突破新国家市场。新立项海外调配一体化系统研发项目。35个产品通过48项认证测试，与英国短路检测协会开展输配电产品检测业务合作。获“中央企业国际合作引智创新基地”“2018年中国走进东盟十大成功企业”等荣誉称号。

经营管理 实施国电南瑞重大资产重组配套融资，募集资金61.03亿元。制定市值专项规划，开展境内外投资者路演推介、上市公司董监高股票增持，国电南瑞股票被纳入明晟指数。制定“双百行动”综合改革实施方案，在国家电网公司系统内首个实施上市公司股票激励，999 名骨干人员纳入激励范围。全面深化改革 12 项重点任务落地，“放管服”改革 116 项清单事项落实。深化“三项制度”改革，扩大干部竞聘上岗范围，完善重大专项评审及奖励细则。构建预算考核体系，完成资金安全专项检查。开展合规管理试点，发布重大项目执行风险防控指引。建立重大项目牵头领导负责制。制定全员岗位安全责任清单，完成质量提升 303 项重点任务。编制客户服务管理体系规划，建成客户服务三级协同管理体系，南瑞集团新客服热线 4000095598 实现 7×24h 在线服务。

党的建设和精神文明建设 开展习近平新时代中国特色社会主义思想大学习，推进“两学一做”学习教育常态化制度化。组建集团机关党委，推进基层党委、党支部标准化建设，开展党建绩效考核和书记述职评议，首次将机关党建工作纳入本部绩效考核。落实党风廉政建设“两个责任”，制定巡察工作五年规划，完成 27 家单位内部巡察。开展“四风”问题自查自纠。调配各级领导班子，培养优秀年轻干部，举办领导干部党性修养培训班。

深化和谐企业建设，首次承担国家电网公司级企业文化建设示范项目，编印新时代企业文化手册。助力甘肃西和县、河北张北县光伏扶贫。完成中共中央宣传部“大江奔流”至南瑞集团集中采访，相关报道在《人民日报》等媒体刊发，举办“南瑞杯”青年主题读书活动及“出彩南瑞人”“身边的榜样”等活动。“交直流电网精细化电磁暂态建模及实时仿真技术研究与应用”获全国第五届职工优秀技术创新成果二等奖，在国家电网公司第四届青年创新创意大赛中获 1 金 1 银 5 铜。获全国电力行业思想政治工作优秀单位、国家电网公司精神文明建设创新奖。40 个集体和个人获省部级及以上表彰。

主要事件

2 月 22 日，根据国家发展改革委发布的国家企业技术中心 2017—2018 年评价，南瑞集团企业技术中心在全国 1300 余家企业中排名第二。

4 月 23 日，南瑞集团 500kV 全系列就地保护装置在江苏宿迁钟吾变电站（世界首座就地化保护 500kV 变电站）投运。

5 月 18 日，南瑞集团支撑的江苏电力毫秒级精准切负荷三期投入运行。

5 月 18 日，南瑞集团研发并建成投运世界首个“一体双核”配电自动化主站系统，显著提升区域电网配网故障处理效率和用供电可靠性水平。

6 月 29 日，南瑞集团荣获“2018 中国软件和信息技术服务综合竞争力百强企业”第 12 名。

8 月 18 日，由国网电科院（南瑞集团）、智能电网保护和运行控制国家重点实验室（SGCC）共同主办的第三届“紫金论电”—智能电网保护和运行控制国际学术研讨会在南京召开。

9 月 20 日，南瑞集团获中国城市能源变革“十大杰出贡献企业”称号。

10 月 18 日，南瑞集团支撑完成同里新能源小镇一期工程建设，完成多能互补智慧微网交互系统、源网荷储协调控制系统、负荷侧虚拟同步机等关键装备开发、调试及部署工作。

10 月 12 日，由青海省委书记王建军、省长刘宁带队的青海省党政代表团到集团调研。

10 月 27 日，南瑞集团举办科技成果集中鉴定暨新产品发布会，18 项成果经鉴定达到国际领先水平。

10 月 30 日，整体仿真规模世界第一的国家电网公司系统保护实验室投入运行，显著提升大电网系统保护实验验证能力。

11 月 7 日，南瑞集团捐建的甘肃西和县大桥镇亮桥光伏扶贫电站在大桥镇九年制学校正式揭牌投运。

11 月 25 日，南瑞集团 1200V/50A IGBT 芯片流片，性能达到国际先进水平。

12 月 8 日，南瑞集团“变电站智能消防关键技术、成套设备及工程应用”技术成果经中国电机工程学会组织的成果鉴定，整体达到国际先进水平。

12 月 18 日，南瑞集团获评“为江苏改革开放做出突出贡献的先进集体”。

12 月 30 日，南瑞集团承建的张北县 100MW 光伏发电扶贫项目正式并网发电。

（丁新新）

【国网北京经济技术研究院有限公司】

单位概况 国网经济技术研究院有限公司（简称国网经研院）是国家电网公司电网规划和工程设计技术归口单位，是国家电网公司直属科研单位，为国家电网公司电网发展提供技术支撑和智力支持，负责电网规划、工程设计、项目评审、技术经济及相关标准研究和制定工作，具有工程勘察专业（岩土工程、工程测量）甲级资质、工程设计电力行业专业甲级资质和工程咨询甲级资格，是国家发展改革委认定的承担国家委托投资咨询评估任务的咨询机构，对省市经研院（所）进行业务指导，归口协调外部设计单位。拥有国家能源特高压直流输电工程成套设计研发（实验）中心、大电网规划与量化分析实验室、电网工程技术经济实验室、电网工程航空遥感与线路智能巡检联合实验室、直流输电实时仿真实验室、工程设计评审平台 6 个国家和国家电网公司级实验室（平台），培育规划、设计、评审等核心业务能力，形成从特高压交直流到配电网各专业齐备的全业务体系。

国网经研院将工作嵌入国家电网公司电网发展链条，开展国家电网发展规划研究及煤电、水电、风电等大型能源基地输电规划，牵头特高压等重大电网工程设计，开展输变电工程造价分析，通过项目评审把关技术原则，贯彻国家电网公司“三通一标”和全寿命周期管理理念，加强新技术推广应用，合理控制工程投资，提升国家电网公司电网发展质量水平。围绕特高压交直流系统、大电网安全、柔性直流输电、新一代智能变电站等前瞻性技术研究，承担国家电网公司和国家级重大科研攻关，开展规划设计核心业务行业标准和国家标准的制定，推动特高压、智能电网等先进技术转化为国际标准。

组织机构 国网经研院设6个职能部门、9个业务部门、2个子公司。设6个经研分院，与所在省经研院实行“两个机构、一班人马”的管理模式。

人力资源 国网经研院用工总量486人，其中本部386人，徐州勘测设计中心82人，北京华建网源电力设计研究院有限公司2人，北京网联直流工程技术有限公司16人。拥有2名“新世纪百千万人才工程”国家级人选，4名享受国务院政府特殊津贴专家，14名国家电网公司专业领军人才，3名国家电网公司级优秀专家人才，拥有各类国家级注册师131人，3支国家电网公司级科技攻关团队。加强队伍建设，严把选人用人关，完善激励约束机制，加大岗位技能、职业资格专业培训，2018年培训1047人次，培训率100%。

经营管理 配合国家电网公司完成巡视审计，落实巡视审计反馈意见，完善“三重一大”决策制度体系，规范财务报销、物资采购、会议管理、人资管理，制修订规章制度34项。高新技术企业资格认证通过公示。制定法律风险防控措施，开展宪法学习宣传，《与宪法同行》微视频获国家普法办三等奖。构建“五位一体”标准采购业务体系，强化专家考核和现场监督，落实物资风险防控机制。开展保密专项检查和“安全生产万里行”等8项安全主题活动。印发《关于深化经研体系建设工作的指导意见》，举办增量配电、大跨越输电、海缆输电等7次技术交流活动。

电网规划 完成国家发展改革委委托的“中长期电网规划研究”、中国工程院委托的“我国未来电网格局研究”。推动“五交五直”特高压工程纳入国家规划。支撑总部分部一体化战略，完成“十三五”电网滚动规划和区域主网架优化调整，提出山西500kV电源“点对网”改接、华东电磁环网解环、三峡近区网架调整等建议，制定适应新能源消纳的西南、西北区域网架建设方案，形成更加系统的电网优化提升策略。聚焦配电网高质量发展，参与编制国家电网公司《配电网高质量发展指导意见》，提出网格化规划指导原则，出版《配电网规划设计》专著。完成雄安新区电力专项规划，提出乡村电气化、军民融合、“煤改电”配套电网实施方案，形成配电网规划成果体系。紧跟“大云物移智”、新一代通信技术和信息技术发展趋势，优化提出电网智能化、通信网、信息化发展方向、技术原则和重点内容，首次将无线通信专网纳入通信网规划，完成各专项规划的滚动修编。

工程设计 贯彻可研设计一体化要求，深化预可研和可研内容深度，强化工程方案及选站选线研究，支撑完成白鹤滩—江苏等11项工程前期工作，保障青海—河南、驻马店—南阳、张北—雄安、陕北—湖北4项工程获得核准。落实“一个设计单位、一套技术方案、一条工作主线”和“五个一步到位”原则，健全设计考核制度，细化设计管控措施，开展可研设计一体化平台建设，推进“五交五直”工程各阶段设计工作，全面提升设计质量。全年牵头完成7项特高压工程可研、7项初步设计、12项施工图设计。推进青海—河南、雅中—江西、陕北—湖北等8项工程成套设计，完成昌吉—古泉、渝鄂柔直工程控制保护联调试验，累计开展试验项目2.4万项，解决重大技术问题304项。完成北京电力交易中心等5项通信工程设计，中标西北光通信网优化等4个总部通信设计项目。

数字化信息化建设 构建具有自主知识产权的电网三维设计技术（GIM）标准体系，发布471项变电站主设备和5085项线路杆塔、绝缘子串、金具通用模型，实现输变电工程三维设计软件互联互通。完成27家省市公司基建三维设计管理培训，支撑三维技术全面推广应用。加快推进工程数据中心建设，完成需求分析及地理信息与电网数据的融合机制研究，编制三维设计数字化移交方面的3项企业标准、1项国家标准，规范工程数据管理流程，提升工程数据全寿命周期应用价值。推进基建—运检数据贯通，依托具体工程对基建环节设计、设备、施工、测试四类数据逐项分析，统一数据编码和数据格式，实现基建与运检PMS系统、智能管控系统的贯通。完善网络信息管理和网络安全常态检查机制，提高信息化建设和运行管控能力。完成国家电网公司《信息化SG-ERP架构设计》企业标准，开展6次省级公司信息化架构督查。

评审评价 全年累计完成各类评审431批次，评审投资797亿元。修订《项目评审工作管理办法》，规范评审流程和工作要求。严把工程安全质量关，开展首批三维试点工程设计评审，针对性地增设地质专业专项评审。发挥设备监造技术协同优势，完成83台（套）变压器、换流阀、电抗器等特高压主设备监造任务，开展柔性直流关键设备可靠性提升专项整治。支撑国家电网公司资产全寿命周期管理体系常态化运行，完成33家单位体系文件审查、6家直属单位专项督查和7家省公司监督评价任务，翻译出版《资产管理国际案例研究》等2本专著，编制发布行业标准《电力资产全寿命周期管理体系规范》。适应输配电价改革，研究输配电核价规模测算方法，配合国家电网公司编制电网投资合规性管理工作方案。牵头开展国家电网公司基建投资计划审查，研究提出年度总控目标及分省投资建议，推动规划计划精准衔接。深化“一省一策”投资策略研究，提出各省投资规模、方向、结构优化建议。推进工程造价精准管控，完成输变电工程估算、概算、预算、结算、决算“五算”造价对比分析，开展设备使用寿命、通用造价动态形成机制等专项研究，支撑国家电网公司工程造价管理“八个转变”。完善电网项目后评价和生产技改项目评价指标体系。制定三维设计、环水保验收、直升机应用等取费标准。

国际业务 开展巴基斯坦能源需求和形势联合评估研究，完成中韩、中尼联网工程预可研论证，统筹推进7个国家、8项国际工程的成套设计、联调试验和技术咨询工作。深化巴基斯坦默拉、土耳其凡城工程成套设计，配合开展设计审查、技术沟通和问题澄清，推动工程设计落实属地审批手续。完成巴西美丽山二期工程控制保护联调试验和设备监造任务，提出一、二期工程双回直流协调控制策略。履行业主工程师职责，严格菲律宾棉兰老岛—维萨亚工程招标文件技术把关。优化墨西哥特墨和下加州工程初步成套设计方案，提出设备技术参数。开展希腊克里特岛、葡萄牙—摩洛哥联网工程方案论证。

科研创新 自主研发混合级联多端直流成套新技术，开展白鹤滩水电大规模外送、受端电网柔性消纳问题研究，实现特高压和柔性直流技术融合的工程应用。搭建张北柔性直流新能源外送实时仿真平台，提出抑制柔性直流电网复杂振荡的有效策略。开展智能变电站完善提升试点工程设计技术原则研究，编制二次系统设计技术导则和典型设计方案。大电网规划、技经实验室获批成为国家电网公司首批技术标准验证实验室。新增2项国家重点科技项目、2项国家自然科学基金项目。国网经研院发起的中电联输变电工程遥感测量标委会完成组建。编制完成60项国家、行业、团体、企业标准，国际标准《1000kV交流变电站设计技术导则》获批发布，《高压直流系统设计导则》进入报批阶段。获得省部级（国家电网公司级）及以上科学技术奖19项。《电力建设》在电工类期刊排名晋升至第10位。

党的建设 深入学习贯彻习近平新时代中国特色社会主义思想，持续推进“两学一做”学习教育常态化制度化。制定印发党委1号文件，部署开展党建工作高质量发展“13345”工程，推动“旗帜领航·三年登高”计划落地实施。组建9支共产党员服务队。反映雄安新区规划工作的微视频《筑梦》获“京能杯”创作大赛二等奖。严格党风廉政建设要点履责，落实“两个责任”和“一岗双责”。在10个重点领域、37个关键环节落实协同监督管理机制。持之以恒落实中央八项规定精神，集中整治形式主义和官僚主义。开展作风建设专项行动，推进工作作风反思整改。出台领导人员管理办法、员工职级管理办法、绩效管理办法等规章制度，建立管理岗、技术岗相互转换和晋升评级机制，突出核心指标在部门绩效考核、工作质效在个人绩效考核中的作用，激发干部职工担当作为。组织科级干部培训58人次，新增教授级高级工程师23名，1人获评中国电力规划设计协会电力勘测设计大师，1人获评国家电网公司劳动模范，5个部门（团队）获评国家电网公司先进集体，23名员工获评国家电网公司先进个人。

（高群策）

【国网能源研究院有限公司】

单位概况 国网能源研究院有限公司（简称国网能源院）是国家电网公司的全资子公司，是国家电网公司从事软科学研究及重大决策咨询服务的直属科研单位，是国家电网公司的智库机构。

国网能源院围绕国家电网公司发展战略和核心业务开展研究，服务国家有关部门，主要从事能源电力行业战略规划、电力体制机制改革、企业战略与运营管理等领域的决策咨询，形成能源电力发展战略与规划、经济与能源电力供需分析、企业战略与管理、体制改革与电力市场、能源电力价格等优势专业。获得国家高新技术企业资格认定，是世界银行、亚洲银行注册咨询单位，入选成为国家能源局第一批研究咨询基地，博士后科研工作站已运转10年，连续三年进入上海社会科学院发布的中国智库影响力排名。

组织机构 设职能部门5个：办公室（党委办公室，内设后勤服务中心）、科研发展部、财务资产部（周转金管理中心）、党委组织部（人力资源部）和党委党建部（党委宣传部、监察审计部）。业务部门9个：全球能源互联网研究中心、企业战略研究所、能源战略与规划研究所（科技项目咨询中心、《中国电力》杂志社）、经济与能源供需研究所、电网发展综合研究所、新能源与统计研究所、管理咨询研究所（企业运营研究中心）、财会与审计研究所和能源决策支持技术研发中心。下属单位2个：国网人才评价中心和国网能源院苏州分院。

人力资源 截至2018年底，国网能源院在编员工273人，其中：研究咨询人员209人，占比77%；

博士139人、硕士111人，占比92%；高级职称人员159人；享受政府特殊津贴专家1人；国家电网公司专业领军人才10人；国家电网公司优秀专家人才3人；国家电网公司优秀专家人才后备7人。

2018年，录用高校毕业生29人，系统内外引进骨干人才5人；向总部输送人才2人；建立院士工作站和院级创新团队；授予“青年英才”称号1人，新增工程入选者27人；新增正高级职称专家6人。组织线上科研英语培训1期，新员工培训2期，干部培训2期，开展各类培训研讨100余次。

经营管理 承担项目和在线任务1286项；报送专报内参89篇；重大咨询建议被公司和政府部门采纳60项；向国家电网公司战略例会提供信息和分析成果161项；获得国家电网公司及以上等级研究奖项69项；发表核心期刊论文和主流媒体文章277篇；发明专利申请获授权6项、受理25项，取得软件著作权21项。连续五年在国家电网公司企业负责人业绩考核中被评为A级。

改革创新。入选国家电网公司中长期激励试点，形成岗位分红方案。推行专业岗位评聘积分制。单葆国获得国务院政府特殊津贴。科技项目后评估落实。配合国家电网公司巡视组对国网能源院的巡视，接受经济责任审计，建立整改工作双周协调机制，新的规章制度建立实施。国网人才评价中心事改企取得进展。

交流合作。与5个系统内单位建立战略合作关系。出版9部专著、两部综合性报告和12部基础研究年度报告，举办成果发布会暨能源转型研讨会。制作纪念改革开放40周年宣传手册，在光明日报、电力报等主流媒体刊发系列文章。承办央企智库联盟活动。3个专委会举办学术交流4次。《中国电力》引用数量上升，6篇论文获评电机工程学会年度百篇优秀论文。

课题研究 战略研究。首次联合省公司开展重大战略课题研究，赴10多个省市公司进行多层次调研。《国家电网专报》《国网内参》采用量达57篇，其中20篇获得中央领导批示。报送国家电网公司形势分析、管控模式优化等研究专报32篇。参与修编国家电网公司“十三五”发展规划和分类规划。联合院士牵头9项重大战略科技项目。定期向国家财政部提交国有企业经济运行分析成果，被中办国办引用15次。配合编写国家科技部2030智能电网实施方案。牵头组织中科院雄安新区智慧能源战略研究，参与工程院未来电网格局研究重大专项。

改革研究。协助制定深化改革总体思路和举措。研究全国统一电力市场设计方案，配合论证现货市场模式。全程参与增量配电改革实施方案制定和项目落地工作。加强跨行业、国内外能源价格比较分析，定量测算降成本政策、新一轮核价对国家电网公司经营的影响。参与编写内部企业功能界定和分类改革文件，配合研究混合所有制、“三项制度”和集体企业的改革方案。

能源电力研究。研究论证“十三五”电网规划滚动调整的边界条件。评估新能源补贴退坡政策影响，研究项目投资预警、弃风弃光率等问题。配合国家电网公司发布促进新能源发展白皮书，编制清洁能源消纳行动计划。城市能源转型理论与实践报告形成阶段成果。承担智慧用电及电动汽车充电网络规划任务。首次开展特高压工程和配电网建设后评价。协助编制电网运行风险预警管控规范。

国际化研究。派员赴国际可再生能源署学习，共同发布联合研究成果。与国际能源署、美国可再生能源实验室的合作研究取得阶段性进展。与德国能源署签订谅解备忘录，参与组织国际能源变革论坛两个分论坛，协办国企改革发展平行论坛。

业务创新研究。参与研究多维精益管理体系，为国家电网公司优化经营管理策略提供成果建议。开展国家电网公司资本运营和产融协同规划研究。配合运监业务创新工作，协助构建运营评价体系。编制电能替代和综合能源服务行动计划。开展国家电网公司综合计划差异化管控模式研究。

党的建设和精神文明建设 党的建设。深入学习习近平新时代中国特色社会主义思想和党的十九大精神，持续推进“两学一做”学习教育常态化制度化，完成“旗帜领航·三年登高”对标管理年任务。建立标准化建设督察机制，各党支部全部配齐“三本六盒一证”。开展“旗帜领航·党徽闪光”主题宣传，新建、改造20个党员活动阵地。党支部书记述职评议实现全覆盖，首次安排现场述职。共产党员服务队突出智库特色，与延安张思德服务队等合作联创。

反腐倡廉。全院干部职工以高度的政治站位，自觉接受巡视“政治体检”，反馈的问题基本整改到位。累计完成对12个党支部的内部巡察，持之以恒正风肃纪。修订八项规定实施细则，开展形式主义、官僚主义专项检查。组织廉政约谈9人次。在延安开展党风廉政建设专题教育活动。

群团工作。吕健获得国家电网公司劳模称号。新成立李成仁劳模创新工作室。举办运动会、健步走、篮球赛、长跑节等体育活动，组织国学讲座和绘画舞蹈培训。开展工作负荷和效能调研，召开管理提效座谈会。帮助职工解决实际困难。集中组织6批次职工疗养，走访慰问48人次。关心关爱离退休老同志。

（王珊丹）

【全球能源互联网研究院有限公司】

单位概况 全球能源互联网研究院有限公司（简称联研院）作为国家电网公司的直属科研单位，重点围绕特高压、智能电网、综合能源利用领域，开展基础性、前瞻性、战略性技术研究和信息安全技术支撑，致力于打造高端技术研发基地、高端人才培养基地、科技创新试验基地和重大成果输出平台，努力建成科技创新能力领先、管理水平一流的现代科技创新型企业，为国家电网公司建设“三型两网”世界一流能源互联网企业提供服务支撑。

截至2018年底，累计申请国内发明专利237项（其中获专利授权71项）；申请海外专利14项；立项国家标准9项、行业标准21项、团体标准33项、企业标准10项。获国家电网公司及以上等级重要科技奖励25项，其中中国专利优秀奖1项、省奖5项、中国电力奖7项、国家电网公司奖12项。

组织机构 设置6个职能部门、2个支撑部门，拥有直流输电技术、电力电子、电工新材料、信息通信、计算及应用、功率半导体6个研究所和全球能源互联网美国研究院、欧洲研究院2个海外研究院。

人力资源 截至2018年底，职工总数519人，拥有研究生学历的员工占比88.63%，中国工程院院士1人，中央直接联系高级专家1人，享受政府特殊津贴专家7人，新世纪百千万人才1人，国家电网公司科技领军人才1人，国家电网公司专业领军人才10人，国家电网公司优秀专家人才5人。

经营管理 开展资金安全专项检查，提升财务监督和风险防控能力以及财务决策支撑服务能力，提高资产管理效益。深化科研项目管理，基于信息系统平台，实现项目全口径、全过程管控，提升预算管控精益化水平。以信息系统为支撑，对实物资产进行全类别、全周期闭环管理，提高资产使用效能。深化物资标准化建设，完善采购策略，优化业务流程，提升物资采购风险防范能力。信息化建设和运营管理推进，PPM系统实用化初见成效。提升档案管理水平，连续两年被国家电网公司评为档案工作示范级单位。《中央企业海外研发机构发展与管控模式研究》获中电联2018年度电力创新管理类一等奖。分步推广实施集成产品研发模式（IPD），建成共用构建模块共享库（CBB）。依托双创示范中心，开展项目收益分红激励机制建设。深化技术人员职业发展通道建设，畅通信息安全高端人员成长路径。建立职业发展通道信息化管理系统，提高业绩基础数据的完善性和评级工作的高效性。

安全生产。开展安全生产检查、安全生产问题清单梳理和专项整治、危险源辨识评价、危险化学品闭环管控等工作，排查整治试验、消防、施工、危化品等领域安全隐患，提高风险防控能力。科研数据保护平台运行稳定，科研数据实现集中存储、统一备份。完成信息系统高危端口治理，落实全员网络安全责任，网络与信息安全管理能力增强。

国际化发展 研究制定《海外研究院财务管理工作规范》，提高海外院财务工作标准化、规范化水平，保障海外院资金安全。美国院严格遵守当地法律和文化，完善内控制度，制定职能部门职责分工、档案管理和物资采购等方面规章制度。欧洲院科技项目管理、财务管理、人力资源策略、固定资产及采购等方面管理提升；拓展科研项目管理的广度与深度，建立健全项目全过程管控机制，加大项目经费管控力度，加强保密管理。

交流与合作。在比利时布鲁塞尔主办第二届国际直流输电高峰技术论坛。美国院参加国际和北美学术会议，与海外科研机构开展学术交流，宣传推广国家电网公司品牌、技术和产品，举办北加华人能源工作者技术交流联谊会和储能技术及应用研讨会。欧洲院承办德国工业联盟（VHPready）董事会会议，成为欧洲可再生能源供热与制冷技术创新平台成员，成为太阳能热利用、地热等5个专业技术委员会成员，连任德国中国研发创新联盟主席单位，国际影响力和知名度增强。

科技创新 建成国内首条6in电力系统专用碳化硅功率器件全套工艺及IGBT/FRD背道工艺中试线并实现对外代工。建成院电磁兼容公共实验室。参与国家电网公司“十三五”科技规划滚动修编，牵头开展人工智能网络安全防护。牵头承担泛在电力物联网顶层设计中总体架构、标准体系等研究工作，被纳入国家电网公司战略。电缆和直流电容器薄膜材料、硅和碳化硅功率器件进入国家电网公司首批长线攻关研究框架。承担国家“科技创新2030”智能电网重大项目指南编制，柔性低频输电、电力监控安全防护等项目入围2019年国家项目指南。获批2项国家重点研发计划项目。

标准工作。牵头承担并首家完成国家市场监管总局“科技成果转化为技术标准”试点工作。完善标准组织布局，成立中电联电力系统用电力电子器件标委会并承担秘书处工作，成立中国电机工程学会人工智能专委会并承担联合秘书处工作，筹建中电联先进计算标委会。推动国际标准化工作，牵头立项柔性直流输电领域IEC标准1项，参与发布电网大数据应用领域CIGRE报告1项。组织IEC、CIGRE工作组会议。

核心技术攻关及工程示范。牵头开展±500kV柔直换流阀、500kV直流断路器工程化样机研制，完成渝鄂工程用±420kV换流阀研制及现场安装。自主研发世界首套高温相变储热装置并在江苏同里投运，电热效率超过95%。试制基于国产绝缘料的±500kV直流电缆样机及终端，800kV GIS用绝缘拉杆通过型式试验。研制4500V IGBT/FRD芯片和6500V/40A碳化硅二极管样品，高关断能力3300V/1500A压接型IGBT通过常高温、动静态、大电流关断等主要测试。研发特高频信号采集和局放分析系统、工业级增强现实智能头盔及云平台、新一代安全接入网关，移动终端监测及加固系统在16家网省公司实施部署。研发行业首套输电线路巡视图像（视频）智能识别系统、基于图计算的电网拓扑高性能分析系统。“电网关键信息基础设施网络安全威胁感知解决方案”入选2018年公安部组织的中央企业网络安全与工业互联网“十佳解决方案”；“电力大数据开放共享服务平台解决方案”被工业和信息化部评选为2018年全国“十佳大数据案例”。在张北建成世界首创、中国原创的10kV/5MVA柔性变电站并实现商业化运营。在天津石各庄220kV变电站投运全球首个静止同步串联补偿器（SSSC）工程。完成张北柔性直流工程±500kV/3000MW柔直换流阀和500kV直流断路器型式试验，加快推进张北工程建设。开展舟山工程技术改造和断路器现场试验，实现世界首次准确动作并切除直流故障。

知识产权运营。实现固体蓄热式电锅炉成果转化。推动IGBT芯片作价入股，与产业单位就成立合资公司达成合作意向。推动海外市场技术营销，签订德国（SuedOstLink）陆上柔性直流工程二期咨询合同；中标英国（Sofia）海上风电并网接入工程系统设计咨询项目。申报中关村硬科技孵化平台并获授牌。制定知识产权运营类项目管理规范。建立产品技术成熟度评价机制，完成19项科技成果技术成熟度评估，建立科技成果孵化项目储备库。知识产权运营机制建设与实践得到国资委认可。

“双创”工作 完成《国家电网有限公司双创示范基地建设管理模式与机制创新研究》管理咨询项目，并获得公司软科学成果一等奖。完成众创空间施工改造并投入使用。完成双创指标任务，其中新增科技、管理创新成果97项，组建矩阵式攻关团队37支，引导3支创客团队入驻众创空间，资助并奖励创客团队10支，带动中小微企业15家，带动就业500余人。举办2018年未来科学城创新思维火花大赛，联研院5个项目入选国资委主办的2018中央企业熠星创新创意大赛，并进入复赛。

党的建设和精神文明建设 深入学习习近平新时代中国特色社会主义思想和党的十九大精神；落实“旗帜领航·三年登高”计划，推进基层党组织标准化建设；深化价值创造，常态开展“三亮三比”，设立党员责任区和示范岗，成立党员先锋队、青年突击队，形成党建+业务的“同心圆”。分层分类制定党风廉政建设“两个责任”清单和履责要点；建立廉政约谈常态机制；落实中央八项规定精神，集中整治形式主义、官僚主义；推动协同监督项目化实施，深化重点领域关键环节监督；配合国家电网公司党组巡视组对院党委的巡视，建立问题任务责任“三个清单”，推动巡视反馈问题和对照自查发现问题整改。召开董事长联络员会议；创建“劳模创新工作室”；举办职工文化展示活动和家属开放日活动。

入选国家创新人才培养示范基地，首次获评第七届全国电力行业设备管理工作先进单位，被北京市知识产权局认定为首批北京市知识产权运营试点单位，获得2018年电力技术市场金桥奖集体奖。信息安全红队在2018中央企业网络安全技术大赛中代表国家电网公司参赛获得团体第一名及最强红军奖；邱宇峰获2018年度中国电力科学技术杰出贡献奖和2018（第六届）首都科技盛典人物奖项；雷宪章、荆平获2018年度中国电力优秀科技工作者奖。潘艳被评为国家电网公司劳动模范。

（苏　玲）

【南方电网科学研究院有限公司】

单位概况 南方电网科学研究院有限责任公司（简称南网科研院）是南方电网公司的控股子公司，于2010年11月在原南方电网技术研究中心的基础上组建而成，注册资本金1亿元。

南网科研院负责为南方电网发展规划、工程建设、安全、经济、优质运行和信息化建设提供全方位、全过程的技术支持与技术服务，开展电网基础性、共性、前瞻性核心技术研发，承担国家级、省部级、行业及学术组织和南方电网公司系统重大课题的研究与实施。承担电网安全稳定评估、系统安全运行评估与仿真分析、电网规划设计和技术咨询服务、交直流输电工程的系统集成及科研示范工程项目建设等业务。

南网科研院先后被授予“国家认定企业技术中心”“直流输电技术国家重点实验室”“国家能源大电网技术研发（实验）中心”“海外高层次人才创新创业基地”，获得设备监理甲级资质、电力工程调试甲级资质和广东省第三方节能量审核资质。2014年被认定为“南方电网公司中央研究院”。

领导班子

党委书记、董事长、南方电网公司首席技术专家：饶宏

党委副书记、院长：曾勇刚

党委副书记、纪委书记：刘智宏

党委委员、工会主席：具小平

党委委员、副院长：李鹏

党委委员、副院长、高级技术专家：黎小林

组织机构 南网科研院设有董事会、股东会和监事会。内部共设置5个职能部门（综合管理部、计划财务部、组织人事部、科技生产部、监察审计部）和12个直属机构[系统研究所、直流输电与电力电子技术研究所、电网仿真与控制技术研究所、高电压技术研究所、智能电网研究所、技术情报所、智能用电与计量技术研究所、南方电网生产技术支持中心、信息通信研究所（信息中心）、南方电网科技创新中心、科技成果推广应用事业部、《南方电网技术》杂志社]。

人员情况 截至2018年底，南网科研院共有员工443人，专业技术人员占比78%，博硕占比达84%，中高级职称占比47.4%，拥有国务院特殊津贴专家4名、海外高层次人才4名。

科技创新 首次获得中国专利银奖、中国工业大奖，获省部级科技奖一等奖4项。新增科研规模5亿元，科技研发投入实现翻番。专利授权516件，专利（授权）开发率达2.77件/百万元，同比增长69%，专利独有申请比例达87%。新承担2项国家重点研发计划，1项863项目通过国家验收；牵头成立直流输电、智能传感与透明电网2个重大科研团队，开展海上风电与新能源消纳、特高压混合直流、电网防灾减灾、大数据超算和人工智能技术等4个重大专项申报，布局18项支撑电网主业的“杀手锏”技术。

南方电网首个全国技术标委会——“全国电力需求侧管理标委会”成立。建成“直流输电技术国家重点实验室”，获批“广东省电力系统网络安全企业重点实验室”、南方电网公司网络安全实验室和南方电网公司网络安全信息通报中心。策划筹建南方电网新能源研究与试验基地。获准成为“直流输电控制保护系统功能实验”IEC标准召集人，实现IEC标准零突破。

技术支持与服务 支撑安全生产方面。有序推进防范系统运行风险重点工作，深度参与南方电网年度运行方式、迎峰度夏方式编制工作。研究制定南方电网安稳控制策略，稳控系统正确动作率100%。首次实现安稳控制装置远程仿真试验，将南方电网三道防线实际系统与交直流大电网全景仿真平台构建成为新型广域试验系统。为南方电网公司防范重大电气火灾、抗击台风、冰灾、雷达测风、防雷等提供技术支持。

支撑营销创新方面。完成智能电能表、低压集抄建设技术方案制定，以及设备质量和建设质量督导工作。完成南方电网公司电力营商环境“获得电力”指标分析和建议措施。完成20类变电设备品类优化、50余册变电设备技术规范。牵头制定南方电网首个提升配电电缆及通道管理水平专项行动方案。建立南方电网公司跨区域关口检定管理机制，出色完成港澳、越南、缅甸关口电能表检定检验工作。

支撑网络安全方面。完成博鳌论坛、改革开放40周年等国家重大活动网络安全技术保卫工作。加强网络安全威胁情报共享共用，实时监视全网网络与信息安全整体态势；履行南方电网公司网络安全红军职责，开展南方电网公司互联网应用系统攻击检查，获得信息部公开表扬。

服务重点工程建设 南网科研院切实履行网内重大工程技术总负责职责，为昆柳龙、滇西北、云贵互联直流工程等重点工程建设提供技术支撑。

（1）昆柳龙直流工程。昆柳龙直流工程集特高压多端直流、特高压大容量柔性直流、特高压混合直流、特高压柔性直流应用于长距离架空线路等最复杂最前沿电网技术于一体，代表着中国电力输电技术的顶尖水平。

南网科研院依托其牵头承担的国家重点研发计划项目“高压大容量柔性直流输电关键技术研究与工程示范应用”，开展了前期专题研究，完成了昆柳龙直流工程系统研究与成套设计，攻克了柔性直流换流阀全桥半桥混合拓扑比例优化、柔性直流换流阀功率模块旁路的冗余设计、混合多端控制保护核心策略等核心关键技术，为工程建设技术决策提供了有力支撑。

（2）滇西北直流工程。滇西北直流工程是南方区域范围最长的直流线路，其新松换流站是世界上站址海拔最高、抗震设防烈度最高的特高压换流站。

南网科研院针对该工程特点、难点开展技术攻关，完成了系统研究和成套设计，解决了特高压换流站直流场和阀厅整体耦联回路、单体设备抗震设计及校核验证等技术难题，形成了高海拔高地震烈度特高压换流站整体解决方案，取得了世界领先水平的开创性成果。工程投运至今保持连续安全运行，验证了系统研究、成套设计和设备监造质量。

（3）云贵互联直流工程。科学论证国内首个多端高压常规直流工程“云贵互联直流工程”方案，完成前期专题研究。

（4）建设千米深井接地极。开展了世界首个千米深井接地极建设并通过试验验证，自主掌握了深井接地极工程应用全套技术，是直流输电领域取得的又一重要技术突破。深井接地极技术作为一项可靠的创新，找到了直流工程接地极优化解决方案，引领了直流接地极技术发展方向。

产品产业化 战略入股湖南国芯半导体科技公司。首次开展7项专利许可交易，新增7项产品销售。自主研发的DSP系列软件、SMART混合仿真平台、CPros模块化直流控保仿真器等应用于南方电网年度方式计算、重大直流工程。“南网芯”系列产品市场化应用超1100万片，合同额破亿。自主研发的非侵入式负荷辨识装置和用电信息交互模块在全网推广1100余套。自主研制微型电流传感器，成为透明电网广泛互联物理平台的基础。

海外业务拓展 承担首个海外成套设计工程“菲律宾MVIP直流工程”。与巴西国家调度中心签订咨询项目，实现“大电网运行技术”再输出。牵头成立CIGRE B4.79“高压混合直流输电系统”工作组，引领直流输电技术发展方向。

人才队伍建设 试点人才发展体制机制改革。预兑现岗位分红激励，精准激励科技创新核心贡献人员。构建全员岗位序列，制定专业学科表、业务分类表。以网络信息安全方面的特殊人才需求为试点完成市场化用工招聘。

加强高素质专业化干部队伍培养。首设主任工程师、技术创新平台负责人、党建综合岗等管理岗位，增加1名“80后”部所负责人，1名“90后”入选南方电网公司年轻干部培训班。获得广东省“五一”劳动奖状、南方电网公司“五一”劳动奖章各1项，南方电网公司“劳动模范”1人，2人作为南方电网公司专利创造管理团队成员荣获集体一等功。培育广东省特支杰出人才1人，广州市产业高端人才4人。荣获省级女职工创新工作室1个。7项一线职工创新成果获得第十届全国电力职工技术成果奖。

关心关爱员工提升获得感和归属感。开展“新春送暖慰问专线”，全年家访慰问优秀员工、困难员工代表45人。开展元旦迎新舞会、职工运动会等文娱活动，提供公租房等后勤保障。

（王小春）

【南方电网能源发展研究院有限公司】

单位概况 南方电网能源发展研究院有限责任公司（简称南网能源院）是南方电网公司的全资子公司，于2017年8月21日正式发文成立，2017年12月14日核准工商登记注册，注册资本金1亿元人民币。

南网能源院是南方电网公司的智库机构，也是立足南方电网实际，服务国家能源战略、服务能源电力行业、服务经济社会发展的能源行业智囊。负责承担支撑南方电网公司重大发展战略决策的综合性能源研究和工程项目咨询工作。主要开展宏观政策与经济发展研究，能源电力发展战略与改革研究，企业发展与管理决策支撑研究，电力规划研究，电力工程咨询、咨询评审，电力工程技术经济及定额管理，电力工程质量监督，相关标准编制，实验室运营管理，专业软件及其他产品开发与销售，刊物出版、发行和经营，国际、国内技术交流与项目合作，经南方电网公司批准、允许或授权的其他业务。

领导班子

党委书记、董事长：金戈鸣

党委副书记、董事、总经理（院长）：吴宝英

党委委员、董事、副总经理（副院长）：肖谦

党委委员、纪委书记：夏筠

组织机构 南网能源院设立了董事会和监事会；内部设置5部4所4中心，代管2个站，即办公室（党委办公室、董事会办公室）、计划科研部、组织人事部、财务管理部、宣传监审部（纪委办公室），能源战略与政策研究所、能源供需研究所、企业管理研究所、投资与财务研究所，电力规划中心、咨询评审中心、技术经济中心、质量管理研究中心，代管中国南方电网有限责任公司电力建设定额站和南方电力建设工程质量监督中心站。

研究咨询重点任务 2018年，南网能源院围绕“抓实改革举措落地、提升电网发展质量、提升创新内生动力、提升绿色发展水平、提升产业发展活力”，为南方电网公司总部15个部门提供合计81项技术咨询服务，专项技术服务1项，承担完成重点研究课题7项，参与完成重点研究课题4项，完成《考虑新能源大规模发展的新型电力市场形态研究》等8个科技项目研究，发表2篇重要论文，申请发明专利10项，初步建立科技创新团队。完成国有企业改革等方面专题研究10项，分布式发电交易等方面政策研究报告8份，能源经济等方面信息分析报告90余份。参与南方电网公司运营管控平台建设，提交运营管控指标分析模块智能化等设计材料。组织完成国家能源局委托中国工程院的重点咨询项目“我国未来电网格局研究”，参与“南方电网远景电力规划”“广东电网目标网架深化研究”“广东省大规模海上风电输电规划”“粤港澳大湾区电力发展规划”“中国南方区域与澜湄五国电力互联互通及电力市场建设总体规划”“老挝EDL-T项目可行性研究”等规划及规划专题，承担“云南以水电为主的电力供应和重点产业协同健康发展的关系研究”。承担国家能源局“电力工程质量监督管理程序”等2项研究，提交相关成果4份。承担昆柳龙直流工程质量监督及工程质量创优咨询。

法人治理结构和组织构架 南网能源院完善法人治理结构，确定院党委会和董事会的工作职责、工作规范及议事规则，保障监事会依法依规发挥作用，理清董事会职责和经理层职责关系。优化完善“三定”方案，确定“职能部门＋专业研究所”的组织形式，形成综合管理、软科学研究、电网规划及工程项目咨询等业务。“5部4所4中心（含2站）”的整体组织构架全部建设完成。理顺管理关系，健全完善南方五省（区）电力工程定额管理和电力建设工程质量监督管理体系，实现两项业务日常管理规范化、制度化。

成立党委、纪委，按照“四同步”“四对接”要求，同步设立基层组织，成立工会，维护员工合法权益。

干部人才队伍 南网能源院通过系统内调动、公开招聘、校园招聘等多种形式选聘优秀人才，建立起基本满足企业管理、技术服务、课题研究需要的人才队伍。加快人才激励约束机制建设，建立党建、经营业绩两位一体的“双A制”责任制考核体系，建立以“成果＋质量”为导向的研究咨询人才绩效评价体系，全员按季度签订“绩效合约”，实施绩效契约化，调动员工的积极性和创造性，增强岗位胜任力。树立正向的激励机制，从薪酬、职称、团队上对专家型人才进行奖励。开展新入职员工“远航者训练营”、“一对一”师徒培养、一线跟班实践等培训，促进年轻人才快速成长，通过与高校、知名咨询机构合作，加速专业技术人员的成长。

制度标准体系 按照南方电网公司制度标准管理要求，结合智库机构实际，建立一整套涵盖行政、计划、财务、人事人资、党建、监察审计、技术经济、质量监督等制度标准，确保公司科研、生产、经营、管理等各领域工作有据可依、有章可循。全年承接应用南方电网公司制度111项、新编制度72项。成立南网能源院技术委员会和专家委员会，建立“分类管理、层级清晰、职责明确”的成果管控体系，制定《咨询项目成品报告质量管控措施》，明晰各级管控职责。

生产经营管理模式和工作规则 建立和完善各项议事规则、内控体系、成品管控和绩效考核等工作体制机制，“5部4所4中心（含2站）”各司其职、各尽其责，运转平稳有序，初步形成特色的经营模式，为南网能源院长远发展奠定坚实的基础。

建立规范高效的生产经营管理体系，梳理并制定企业管理和业务开展流程，基本确立组织、管理、运作模式和工作规则。行政管理、计划管理、督查督办以及责任传递机制等日趋规范。行政办公能力稳步提升，规范督查督办，对重点工作计划实施红绿灯管控，保障全年工作任务按期推进。计划经营内外兼顾，抓好信息化，完成协同办公、财务办公系统部署。

落实南方电网公司物资和招标管理改革，建立招投标管理体系，严格规范招投标业务，完成电子商务系统、电子商城部署。规范合同管理，与南方电网公司总部沟通汇报，确立研究咨询项目合同直签的主要原则和流程，按期完成年度“一揽子”服务项目、重点课题、科技项目、对外合作项目的立项及合同签署。

建立重大项目的组织管理模式，初步实现内部资源和社会资源统筹优化。重大项目采用南网能源院领导挂帅，组建跨专业部门专家团队组织模式，整合有限资源，发挥合力。参照科研做法，探索组建攻关团队，探索实行项目经理制，给予团队政策支持，鼓励团队自主管理，调动积极性和主观能动性。建立项目进度技术管控模式，制定环环衔接的项目过程管控流程、层层把关的分级审核制度，确保进度计划可控，确保技术质量优良。

基本建成预算管理体系和资金全过程管理体系，会计基础得到加强，开展税务管理，以促进业务发展为目标，反复测算分解各项业务成本预算，做好内部经营成本分解，确保收支平衡。加强宪法学习宣传教育，建设法治文化，严格执行重大决策合法性审核程序，推动依法治企融入企业经营管理各个环节，不断强化合法合规管理。

研究咨询生态 初步形成南网能源院自身生态、南网能源院与南方电网公司系统生态、南网能源院与研究咨询行业生态。研究确定南网能源院产品体系，《领导参阅》《能源动态》《全面深化改革动态简报》《国内外电力市场化改革动态简报》等研究报告和分析报告定期发布，得到南方电网公司肯定。与南方电网公司总部沟通，初步构建项目申报、服务方式、评审评价、成果展示等合作模式，主动服务各分子公司，拓展业务范围，初步发挥南方电网公司资源共享平台的作用。主动加强与国内外咨询机构交流合作，参加国资委“中央企业智库联盟”，加强与政府能源机构联系和央企智库交流合作，加入学术组织和行业协会，扩大研究咨询成果展示渠道，取得6个协会组织的正式批准。参加第三届中日韩电力企业高峰会并进行“需求侧响应及虚拟电厂”主题演讲，“大容量电化学储能技术应用研究”在南方电网智能电网发展论坛上作为主题演讲进行发布，在广东省能源研究会2018年年会上做主旨发言。

战略先行，系统谋划 编制南网能源院“十三五”发展规划、中长期发展战略，确定南网能源院的宗旨、使命、理念、发展愿景和发展目标等战略要素，确保南方电网公司战略落实落地。编制《南网能源院信息平台（系统）规划》，制定企业信息系统构架，规划建立统一的数据中心、信息中心，规划搭建企业管理研究、投资与财务研究、能源战略与市场研究、电力规划咨询、项目咨询以及质量管理等业务板块的研究咨询平台，提升研究支撑能力、成果展示能力和知识管理能力。

党的领导和党的建设 坚持用习近平新时代中国特色社会主义思想武装头脑、指导实践。推动“两学一做”学习教育常态化、制度化，严肃党内政治生活，党委理论学习中心组组织9次集体学习研讨，组织党员干部深入研读党的十九大报告、党章及文件汇编，抓好处级以上干部“5+3+2”学习。

坚持把政治建设作为根本性建设，全面加强党的建设。党组织的地位和作用以及党建工作写入《南网能源院章程》，明确和落实在法人治理结构中的法定地位。建立“三重一大”集体决策制度，把党委会研究讨论作为董事会、经理层决策重大问题的前置程序。明确党委成员党内分工，出台全面从严治党责任清单落实“一岗双责”，细化责任分解。抓好部门负责人“一岗双责”的落实。建立健全支部党建责任制，明确支部党建责任和支部书记的主体责任，与支部签订“2018年党的建设目标责任书”，确保责任层层传递。加强对党风廉政建设和反腐败工作的统筹领导。规范化运用监督执纪“四种形态”，分层级开展覆盖全员的“一对一”谈心谈话。开展“四风”及形式主义、官僚主义专项整治，营造风清气正的干事创业环境。

坚持党建融入中心起作用，实施“书记项目”激发支部战斗力。狠抓党建责任落实、任务落地，落实好南方电网公司党组1号文各项工作任务，制定重点任务28项、措施103条，全年任务完成率100%。以承接的“重大战略课题”为主要依托，建立6个“党支部书记项目”，同时建立60项“党员关键任务”，在研究咨询中心工作中发挥支部战斗堡垒和党员先锋模范作用。加强宣传思想工作，建立党建宣传栏、企业文化宣传栏，创办并发布9期《能源院e月刊》。组织开展党员拓展、传统佳节联欢等文体活动，增进干部员工感情，凝心聚力。

（范晓虹）

【西安热工研究院有限公司】

单位概况 西安热工研究院有限公司（简称西安热工院），是中国电力行业国家级热能动力科学技术研究与热力发电技术开发的机构。主要专业于1951年在北京创建，1965年迁址西安成立西安热工研究所；先后隶属燃料工业部、电力工业部、水利电力部、能源部、国家电力公司，期间随国家电力体制改革依次更名为电力工业部热工研究院（1994年）、国家电力公司热工研究院（1998年）、国电热工研究院（2001年）；2003年，成为由中国华能集团有限公司（简称中国华能）控股，中国大唐集团有限公司、中国华电集团有限公司、中国国电集团公司（后重组为国家能源投资集团有限责任公司）、中国电力投资集团公司（后重组为国家电力投资集团有限公司）参股的有限责任公司，并正式更名为西安热工研究院有限公司。

西安热工院拥有国家发展改革委授牌的电站锅炉煤清洁燃烧国家工程研究中心，国家能源局授牌的国家能源清洁高效火力发电技术研发中心，国家科技部授牌的煤基清洁能源国家重点实验室，陕西省科技厅授牌的陕西省燃煤电站锅炉环保工程技术研究中心；在北京、苏州、广州设有3个分公司，在广州、苏州、济南、太原、昆明、沈阳、呼和浩特设有7个技术监督及服务中心；院内还设有硕士学位授予点和博士后工作站；同时是国家级2个专业技术标准委员会、电力行业7个专业技术标准委员会、电力行业5个归口质量检测中心以及中国电机工程学会5个专业委员会的挂靠单位；是国家中文核心期刊、科技核心期刊《热力发电》的主办单位。

领导班子

董事长、党委书记：刘伟

总经理/院长、党委副书记：陈勇

副总经理/副院长、党委委员：王月明、汪德良、范长信、牟春华、吕怀安

党委委员、纪委书记：何敏强

总会计师、党委委员：阎锋

组织结构 职能管理部门名称变更（院长工作部更名为办公室、科研管理部更名为科技环保部），并新增海外事业部。2018年底，职能管理部门共14个（办公室、科技环保部、市场部、人力资源部、资产财务部、党建工作部/工会办公室、审计部、安全监察室、预算部、纪检监察部、事务部、海外事业部、采购中心、教育培训部）；此外，设有基地建设办公室，挂靠在事务部。

专业部门设置增加。新设置核电技术部、新能源技术部。

产业公司减少1家（西热电站化学科技有限公司注销）。截至2018年底，除母公司外，共有二级子公司8家，其中全资子公司6家（西安西热水务环保有限公司、西安西热控制技术有限公司、西安西热电站信息技术有限公司、苏州西热节能环保技术有限公司、北京华能新锐控制技术有限公司、西安热工院锅炉压力容器检验检测研究所有限公司）、控股子公司2家（西安西热锅炉环保工程有限公司、西安西热节能技术有限公司）；有分公司3家（北京分公司、苏州分公司、南方分公司）。

人员情况 2018年末，在岗职工1198人。其中：硕士及以上学历人员843人（其中博士108人）；高级工程师及以上职称资格人员366人（其中正高级工程师36人）。

科技工作

1. 科研奖项

2018年，9项科技成果通过技术鉴定，其中5项为国际领先水平、4项为国际先进水平。① 火电机组一体化节能改造技术（国际领先）；② 智能氢电导率仪表的研发及应用（国际领先）；③ 火电机组氮氧化

物超低排放全过程智能控制关键技术研究与应用（国际领先水平）；④ 火电厂低压缸零出力改造技术及工程应用（国际领先）；⑤ 基于树脂图像智能识别的凝结水精处理关键技术研究与应用（国际领先）；⑥ 海滨电厂高盐废水资源化利用及零排放关键技术（国际先进）；⑦ 褐煤低温热解半焦应用关键技术开发（国际先进）；⑧ 烟煤半焦燃烧特性及其在电站煤粉锅炉的应用研究（国际先进）；⑨ 烟气余热多联梯级深度利用关键技术研究及应用（国际先进）。

西安热工院作为第一完成单位获2018年度中国电力科学技术奖5项：① 火电机组一体化节能改造技术（二等奖）；② 半焦在电站煤粉锅炉的应用（二等奖）；③ 火电机组氮氧化物超低排放全过程智能控制关键技术研究与应用（三等奖）；④ 多级湍流高效脱硫协同除尘一体化技术研究与工程应用（三等奖）；⑤ 烟气余热多联梯级深度利用关键技术研究及应用（三等奖）。作为参与完成单位获2018年度中国电力科学技术奖2项，其中二等奖、三等奖各1项（名称略）。

西安热工院作为第一完成单位获2018年度陕西省科技进步奖5项：① 火电机组一体化节能改造技术（二等奖）；② 全保护自动加氧处理技术及装置的研究及应用（三等奖）；③ 火电机组氮氧化物超低排放全过程智能控制关键技术研究与应用（三等奖）；④ 火电机组全工况风机系统节能技术研究与工程应用（三等奖）；⑤ 在役奥氏体耐热钢磁性产生机理和相关安全对策研究与应用（三等奖）。

另外，“火电厂尿素水解制氨技术的研发与工程应用”获2018年中电联中国电力创新奖技术类一等奖，“总线监管系统在百万千瓦二次再热机组现场总线技术中的管理与提升”获第六届全国电力行业设备管理创新特等奖，“火电机组全工况风机系统节能技术研究与工程应用”获第五届电力行业技术市场金桥奖一等奖。

2. 专利

2018年，申报专利533项（其中发明261项）；获授权专利311项（其中发明89项）（名称略）。

3. 软件著作权

2018年度获得软件著作权73项（名称略）。

4. 专著和论文

2018年，由西安热工院专业人员编著出版的专著2部（主编1部、参编1部）；发表科技论文204篇（其中SCI论文14篇、EI论文10篇）。

5. 纵向科研项目

2018年新增科技项目合同48项（1.28亿元）。其中包括国家科技项目7项，省市科技项目9项，中国华能科技项目28项，标准制修订项目4项；设立院自立项目32项。

全年在研科研项目128项，科技项目年度计划完成率96%；完成33项，其中11项国家科技项目通过验收，8项华能科技项目已上报待验收，14项自立项目已通过院级验收。“700℃超超临界发电关键技术研究”等项目取得阶段性成果；开发的“海上风电运维管理平台”“大型热网管网关键节点运行数据采集装置及系统”等为相应设备的可靠运行提供了信息化监管手段。

6. 经营服务类技术项目

2018年，全年累计签订经营服务类技术项目3600余项（包括技术服务和咨询类3000余项；产品设备销售和工程类600余项）。项目设计火电、风电、水电、光伏发电、核电、煤炭、石化、有色金属以及市政等领域，涵盖国内30多个省（市、区），并涉及国外20多个国家和地区。

在技术服务和工程业务方面，西安热工院提供多项核心技术和设备监造、水处理系统、控制组态、信息监控系统、调试、性能试验等多项技术服务、已投运的华能萨希瓦尔2×660MW燃煤电站、华能莱芜电厂百万二次再热机组、青海西宁热电厂2×350MW新建工程、华能渑池2×350MW热电联产工程等4个项目在获得2018年度中国电力优质工程奖的基础上，其中的萨希瓦尔项目还获得2018～2019年度国家优质工程金质奖，其他3个项目获得国家优质工程奖。

7. 科研平台和基础设施

自筹资金3000余万元，用于仪器设备和试验台架建设。阎良基地实验楼工程建设已完成，正在抓紧进行各重点实验室的工装设计。超临界二氧化碳循环发电试验平台正在加快建设。

8. 资质证书

西安热工院的质量、环境、职业健康安全管理体系（三标一体）证书以及电力工程调试、设备监理、特种设备（压力容器）检验、环境工程设计、热喷涂、电力设施承试、节能服务专项、化学清洗等各项专业资质全面有效保持；高新技术企业证书有效保持。加大资质提升力度，获中国工程咨询协会首批核准的工程咨询单位甲级资信（含火电、水电、核电、新能源）、国家住建部核准的环境工程设计甲级资质、陕西省住建厅核准的环保工程承包二级资质以及陕西省环保厅核准的辐射安全许可证；实验室CNAS认证通过现场评审。

9. 技术报告

全年完成各类技术报告3000余份、质检报告1000余份。

其他荣誉 2018年，西安热工院再次荣获中国华能“先进企业”“绩效考核A级企业”以及“陕西省百强企业”等荣誉。

危师让荣获中国电机工程学会和IEEE联合颁发的国际性专业大奖“顾毓琇电机工程奖”（2018年度），是发电行业专家首次获此殊荣。

国际合作与交流 2018年，接待来自日本、法国、德国、美国、澳大利亚、芬兰、约旦和香港等8个国家和地区的来访团组共计15批次44人次，来访单位包括法国电力公司、芬兰国家技术研究中心等；办理赴英国、韩国、日本、捷克、土耳其、巴基斯坦、越南、印度、孟加拉、柬埔寨、菲律宾、老挝、塔吉克斯坦、印度尼西亚、巴西、白俄罗斯、津巴布韦等17个国家因公出国（境）团组共计122批次255人次，出访团组类型包括国际会议、技术调研、技术尽职调查、技术交流和技术服务等。

做好“一带一路”国家电力项目技术服务，包括巴基斯坦萨希瓦尔燃煤电站、柬埔寨桑河二级水电站等电力建设项目的多项技术工作。2018年承担了巴基斯坦中电胡布燃煤电站DCS项目、印度阿努布尔热电厂锅炉燃烧调整、土耳其速马燃煤电站性能试验等10多个国家的60多个海外技术服务项目。

党建工作 一是加强思想政治建设。西安热工院党委把学习贯彻习近平新时代中国特色社会主义思想和党的十九大、十九届系列全会精神作为首要政治任务，党委中心组示范引领学习，院党委学习研讨6次，各党支部学习180多次，党委委员讲十九大党课12人次；举办8期“学习贯彻党的十九大精神”轮训和集中培训，做到党员干部轮训全覆盖。党员干部职工的“四个意识”进一步增强。

二是层层压实党建工作责任。西安热工院党委贯彻落实中国华能党组各项决策部署，均在第一时间传达学习并结合实际制定具体措施。召开党建工作会暨党支部书记述职评议会，4名党支部书记现场述职评议，其他党支部书记书面述职，有力推动管党治党责任向基层延伸。召开党建工作领导小组以及意识形态工作领导小组会议，协调推进党建、干部人才、党风廉政等工作。在月（季）度经济分析会上，将党建与业务工作同部署、同落实、同检查、同考核。院党委发挥把方向、管大局、保落实作用，面对严峻的经营形势和发展趋势，组建新的业务机构，开拓新的经济增长点。建立和实施每季度院党委检查四大绩效等重点工作落实情况、部署下一阶段重点工作的机制；同时，党委通过听取重要专项工作进展情况汇报的方式，督促并保证了专项工作（如资质工作等）的落实；党委委员定期听取和指导分管单位党支部建设和业务工作开展。

三是着力提升党支部和党员队伍建设质量。西安热工院党委坚持党的一切工作到支部的鲜明导向，加强党支部规范化建设，切实发挥党员在科技研发、技术服务等领域的先锋模范作用；重视红旗党支部创建工作，建立红旗党支部党务公开台账，向中国华能推荐红旗党支部。推动党建工作与科研经营深度融合，党建考核时以科研经营工作的成效检验党建工作。深化党员示范行动，全院共设立党员示范岗234个、党员先锋岗95个、党员责任区15个、党员突击队19个、技术攻关项目59个；开展“每月之星”推选活动，发挥先进集体、优秀党员和职工在安全、科研、技术服务与产业化、管理提升等方面的带头示范作用，促进了各项工作的创新创效。针对海外项目分散、执行期较长等情况，加强了出差国（境）外党员的教育管理，确保党员教育管理不脱节、不断线。

四是切实加强干部队伍建设和监督工作。扎实推进选人用人工作，按照新时期好干部标准选优配强各级领导班子，加大年青干部选拔力度，将一批优秀年青干部选拔到重要岗位上；新任中层干部中45岁以下占一半以上，新任基层干部中40岁以下占四分之三、35岁以下占三分之一；同时注重用好各年龄段干部。加大干部的交流力度，有17名中层干部进行了交流轮岗。修订《干部管理办法》，引导各级干部重实绩、强担当、快作为。加强干部选任工作的监督和对干部的监督管理，定期召开干部监督工作领导小组会议；开展领导班子和领导人员考核及选人用人“一报告两评议”，召开领导班子专题民主生活会。

五是持续推进党风廉政和反腐败工作。西安热工院党委落实全面从严治党主体责任，纪委落实监督责任，主要负责人履行第一责任，纪委书记履行专职监督责任，其他班子成员履行“一岗双责”。召开党风廉政和反腐败工作会议，制定党风廉政和反腐败工作重点任务，把深化巡视巡察整改落实作为重中之重，形成7大类60条具体任务。与部门（公司）分类签订《党风廉政建设责任书》；落实四种形态下谈话，累计开展各类纪律谈话290多次，有效地督促和确保了各级干部和重点岗位职工的廉洁从业和担当作为。制定《党委持续深化专项巡视巡察整改工作方案》、党委巡察工作5项制度和年度检查、巡察工作计划，开展了内部政治巡察、职能监督、专项检查等工作。对财务资金、采购招标、“三重一大”及履职待遇等领域进行了专项督查，对两个部门和公司进行了巡查。制定并实施《贯彻落实习近平总书记重要指示精神集中整治形式主义、官僚主义工作方案》，进一步改进工作作风。

六是加强了工会、团青、统战等工作。健全工会制度，按时召开职工代表大会，进一步推进厂务公开民主管理工作；当好职工的“贴心人”，组织开展了拔河比赛、各类球赛等形式多样的群众性文体活动，做好离退休服务，建立了困难职工帮扶体系，关心帮助困难职工，全年帮扶救助14人次。以党建带团建，从党团培养、人才储备和教育培训等方面助力青年成长成才，举办系列青年活动和青年技术论坛，不断提高青年的凝聚力和业务能力。举办了企业文化培训和道德讲堂，增强企业文化理念的认同和遵从，稳步推进精神文明建设，在巩固“陕西省文明单位”和“中国华能集团文明单位”的基础上，即将启动“全国文明单位”创建工作。统战和维稳工作持续开展，营造了积极向上、团结和谐的良好氛围，促进了企业的健康稳定发展。

挂靠的行业学会、质检中心、标委会、硕士点、博士后站、专业期刊 中国电机工程学会四个专委会（火电专委会、热工自动化专委会、材料专委会、清洁低碳专委会）按计划举办了多次学术研讨会、技术交流等科技活动，取得良好成效。

“电力工业热力发电设备及材料质量检验测试中心”“电站工业发电用煤质量监督检验中心”“电力工业热工计量测试中心”等中心的工作有序进行。

两个国家标准化技术委员会机构（全国电气化学标委会、全国电站过程监控及信息标委会）和七个电力行业标准化技术委员会（电站锅炉标委会、电站汽轮机标委会、电厂化学标委会、电站金属材料标委会、电站阀门标委会、热工信息与自动化标委会、联合循环发电标委会），均按计划组织开展了标准的制（修）订、审查和宣贯工作；组织标准制修订61项（行业标准54项、中国电机工程学会团体标准7项）；年内完成报批的23项，完成送审稿的9项。

硕士学位授予点：研究生教育质量进一步提升，在与高校联合培养方面继续创新、取得良好效果；招生、教培、科研、学位评定等工作按计划进行。2018年内，研究生毕业并获硕士学位者8人，新招收研究生4人；年末在读研究生18人。

博士后科研工作站：2018年，博士后出站1人；年末在站博士后3人；科研工作如期进行。

由西安热工院与中国电机工程学会共同主办的专业期刊《热力发电》，全年按计划完成编辑出版12期，再次获得陕西省“精品期刊”荣誉。

主要事件

1月11日，西安热工院下属的西安能泰高新技术有限公司产权成功转让，标志着西安热工院“处僵治困”工作任务全面完成。

1月24日，西安热工院召开五届二次职工代表大会暨西安热工院及创新中心2018年工作会议。

1月，西热节能公司取得高新技术企业认定证书。

2月1日，西安热工院承担的国家863计划项目“700℃超超临界发电关键技术研究”通过验收。

4月，西热锅炉环保公司取得环境工程设计专项甲级资质。

5月22日，西安热工院参与承担的国家科技支撑计划项目“工业锅炉高效燃烧与低排放技术研究及示范”通过课题验收。

8月，西安热工院完成的“火电机组全工况风机系统节能技术研究与应用”项目荣获2018年（第五届）“电力金桥奖”一等奖。

9月9日，苏州西热节能环保公司中心试验室通过CNAS认证复审。

9月16日，中国电机工程学会理事长郑宝森一行到西安热工院调研。

9月18日，西安热工院召开2018年第一次股东会、五届一次董事会、五届一次监事会会议。

9月19日，中国华能集团公司人资部主持召开西安热工院干部任职宣布大会，宣布何敏强任西安热工院党委委员、纪委书记，阎锋任西安热工院党委委员，推荐阎锋任西安热工院总会计师（总会计师任职需经董事会程序）。

10月，西安热工院取得“辐射安全许可证”。

10月，西安热工院下属的西安西热电站化学科技有限公司完成工商注销。

12月13日，在2018陕西百强企业发布暨企业文化年会上，西安热工院荣获“2018陕西百强企业”。

12月28日，经中国设备监理协会批准，西安热工院参与起草的T/CAPED 01—2018《电站锅炉制造监理技术要求》等4项团体标准于2019年1月1日正式发布实施。

12月31日，由西安热工院承担机电复核调试的澜沧江上游段在建最大水电工程——华能澜沧江黄登水电站4号水轮发电机组一次性通过72h连续试运行，并正式投入商业运行。

12月，西安热工院环境工程设计专项（水污染防治工程）甲级资质通过审核。

（姚惠珍）

【中国大唐集团新能源科学技术研究院有限公司】

单位概况 中国大唐集团新能源科学技术研究院有限公司（简称新能源研究院）成立于2017年12月19日（2018年1月18日完成工商注册），是中国大唐集团有限公司全资子公司。主要负责中国大唐集团公司的新能源战略规划咨询、科技课题研究和技术工程服务等，为中国大唐新能源产业发展建设和生产经营提供专业化支撑。主营业务包括：新能源技术开发、技术转让、技术推广、技术咨询、技术服务，技术研究和实验发展，技术进出口，仪器仪表、机械设备、电气设备销售，机械设备维修、租赁，互联网信息服务，软件开发，工程设计、工程造价咨询，工程技术咨询，工程质量监督、检查，工程及建筑物的质量评估，专业培训等。

领导班子

董事长：高智溥

院长、党委副书记：吴智泉

党委书记、副院长：米克艳

副院长、党委委员：夏怀祥

副院长、党委委员：陈继录

总会计师、党委委员：石峰

党委委员、纪委书记、工会主席：白雪梅

组织机构 新能源研究院本部设办公室、计划财务部、人力资源部、安全监督和生产部、科研管理部、党群工作部、纪委办公室（审计部），成立了发展研究中心、设计研究中心、分布式能源与多能互补研究中心、培训中心和大唐可再生能源试验研究院，形成了院本部及“一院四中心一公司”的基本组织架构（一公司为管理新能源股份公司资产）。

安全生产 成立安全生产委员会并组织召开三次安委会议，建立安全生产监督体系和保证体系，实现两个体系正常运转，保证安全生产工作严密、完整、有序。针对新能源研究院三类安全生产风险并存这一突出特点，建立安全生产管控制度体系，分级分类制定相关规章制度10项。坚持“防大抓小”，全面落实安全主体责任，对所属及管理公司涉及施工、生产和技改服务的现场进行重点安全监督管理，确保了全年生产安全稳定。2018年，共对中国大唐系统所辖149个风电场、13座光伏电站进行技术监督动态检查，形成技术监督月报，对重点问题整改进行技术指导。

经营管理 完善组织架构，规范工作秩序，初步建立覆盖生产、经营、科研、管理的全方位规范管理体系。搭建全过程工程建设服务体系全面开展保障服务，主要包括：搭建运用BIM技术实现三维一体化设计的软件平台，提供定制化区域能源规划和综合能源技术咨询等服务；成立“协助推进新能源项目开工的政策与技术支持工作组”、启动基于人工智能的“五型五化”咨询平台建设，完成各类审查145次，涉及94个项目，实现审减额约50亿元，节省投资10%；以消灭落后风机为服务重点，成立专项工作组，支持系统风电企业消灭长停风机。2018年新能源研究院新成立板块实现盈利2610万元，划转单位同比减亏980万元。

科技创新 坚持“以我为主、合作共享”原则，坚持以重创新、硬科技为核心的竞争力建设，探索主导、联合攻关、协同研发等模式的校企合作、企业合作，与同济大学、海装风电等单位签订战略合作协议，初步形成产学研合作推广的平台和工程示范成果。启动7个实验室建设，在能量管理平台和振动监测等项目研发上，已经形成自主知识产权产品转化。加强对海上风电、智能风场、低风速技术、综合能源服务技术等瓶颈技术突破。“中国大唐集团基于相对能量可利用率的风电场发电性能对标评价体系的建设与研究”获中国大唐软课题研究优秀成果一等奖；“复杂地形风电场流场数值模拟与机组叶片气动提效技术研究与示范”获2018年电力行业金桥奖项目二等奖；“光伏电站性能检测与能效管理方法”“基于大数据的风机健康状况诊断及故障预警系统”获得中国能源研究会能源创新奖三等奖。

信息化建设 开展中国大唐新能源集控现状调研，编制新能源区域集控中心技术规范、新能源数据采集及通信规范。落实中国大唐“无人值班、少人值守、集中监控”新能源管理创新要求，以信息化建设为抓手推动大数据平台建设，初步搭建起中国大唐新能源大数据平台，完成综合采集终端开发，截至2018年底，完成84个风电场数据接入。自主开发的“风伯一号”风资源平台上线运行，实现对全中国大唐测风塔数据的自动管理。

标准化建设 牵头编制1项、参与编制3项IEC光热发电国际标准，发起4项光热发电国家标准并完成标准草案；牵头编制2项IEEE风电国际标准，17项电力行业标准。发布院企业标准6项。

2018年，新能源研究院成为中电联电动汽车与储能分会副会长单位、中国海洋工程咨询协会海上风电分会副会长单位。

人力资源 树立“人才为本”的发展理念，履行“人尽其才、才尽其用”的承诺，坚持高水平培养和高质量引进并举，做好人力资源战略规划。截至2018年底，新能源研究院拥有职工376人，其中硕士73人，博士及博士后15人，高级职称50人，客座专家1人，国家重点人才引进计划专家1人，形成以国家重点人才引进计划专家为带头人，以各类专家为核心，以各个专业技术人员和研究人员为骨干的人才梯队。

党建工作 把党建工作总体要求纳入公司章程，结合面临的主要矛盾、形势任务和改革发展党建工作实际，2018年新能源研究院院党委组织理论学习中心组（扩大）学习12次，其中开展专题研讨6次，利用党员学习日、全体党员视频大讲堂等形式，组织广大党员干部员工融会贯通学党的十九大精神。并制定党建责任制考核评价工作清单，完成中国大唐党建工作责任制检查。

主要事件

2月2日，新能源研究院召开一届一次职工代表大会暨2018年工作会。会议确定了2018年“一个中心、三个坚持、六个全面，两个保障”即“1362”工作思路。

3月3日，新能源研究院首次为中国大唐系统新能源企业（湖南新能源公司南山风场、银子山风电场）提供技术支持。

4月2日，新能源研究院出版《新能源政策与技术研究参考》（第1期）。

5月5日，新能源研究院正式启动风资源管理工程——风伯计划（Aeolus Project），加快开发“风伯1号/Aeolus1.0”。10月，实现风资源平台上线运行。

5月15日，新能源研究院组织召开IEEE P1451.8风力风电健康状态监测无线通信协议国际标准工作组第三次会议，全票通过了标准草案修订意见。

9月26日，新能源研究院科技项目“基于标准化直采和网络信息技术的新能源大数据云平台建设”入选工业和信息化部2018年制造业与互联网融合发展试点示范项目名单。

11月6～9日，新能源研究院承办了国际电工委员会太阳能光热电厂技术委员会（IEC/TC117）北京年会暨部分工作组会议。

12月18日，新能源研究院与华北电力大学联合设立“华北电力大学中国大唐集团新能源科学技术研究院研究生工作站”。

（李太安）

【北京低碳清洁能源研究院】

单位概况 北京低碳清洁能源研究院（简称低碳院）成立于2009年12月，注册地在北京市，注册资金84 360万元（截至2018年12月31日），位于北京市昌平区未来科学城，是国家能源投资集团有限责任公司（简称国家能源集团）的研发机构，也是海外高层次人才创新创业基地。

低碳院紧紧围绕国家能源集团建设具有全球竞争力的世界一流能源集团的战略目标，致力于低碳清洁能源技术开发，通过技术创新支持国家能源集团核心业务，依靠研发驱动寻求新的企业增长点，同时瞄准世界一流技术加大研发力度，努力增强国际影响力和竞争力。

领导班子

院长：卫昶

党委书记：张子荣

副院长：张冰

纪委书记：何文强

党委委员：何文强、矫卫东、高佳、熊日华

组织机构 低碳院设有先进材料研究中心、新能源技术研究中心、洁净煤技术研究中心、煤化工研究中心、环境保护技术研究中心、IGFC国家重大专项、煤间接液化国家重大专项等7个科研中心；技术商务中心、设备设施工程中心、分析表征中心等3个成果转化研发支持中心；综合办公室/党建工作部、人力资源部、财务资产部、运营支持中心、涉外法律审管中心等5个职能部门。

截至2018年底，低碳院员工总数624人，其中博士占员工总数50%、硕士以上占比达85%，拥有18位国家特聘专家，形成了矩阵分布、结构合理的人才队伍。

科技创新 低碳院聚焦低碳清洁能源技术研发，开展中试项目，加快商业转化进程，各项工作有序高效开展，特别是在绿色煤炭与产品加工、功能材料、新兴能源和环境保护等领域的技术研发和创新取得了可喜的成绩，累计承担国家重大科技项目27项、省部级项目23项、集团项目65项、低碳院项目120项、人才项目3项。

低碳院在研的一批关键技术取得了突破性进展：新型宽温脱硝催化剂实现工业化生产并在焦化领域成功应用，标志着第一代宽温脱硝催化剂迈入商业化阶段。光伏技术方面，组件效率和量产组件平均效率均再创新高，基于后处理技术（PDT）的新的冠军组件效率提升至16.5%。氢能方面，开发了国内首台符合国际通用协议SAEJ2601的35MPa加氢机，实现了氢气快速加注（物流车小于5min）；开发了国内首个35MPa/70MPa双压力模式加氢站工艺控制系统，有效提高了氢的储存。费托合成方面，取得了铁基催化剂活性相研究的基础性理论突破，世界上首次通过纯相ε-碳化铁的催化剂实现了零CO_2副产物，在科学子刊发表的成果被全球30多家国内外媒体报导。页岩气化工方面，正在开发国际上首个页岩气一步法制芳烃工艺，催化剂性能指标超过了目前所有公开的文献数据。水处理技术方面，开发了第一个可控盐通量反渗透膜组件及相关专利工艺，建立了一种全新的低压极限膜浓缩技术，填补了行业的空白。储能技术方面，在业内首次示范了高功率千瓦级液流电池，具有自主知识产权的1～2kW电池堆功率密度高于同类电池的2～4倍。材料技术方面，开发了煤基系列导热和储热材料，其性能显著优于商业化产品；开发新一代可控交联聚乙烯、高刚性聚丙烯等多项具国际领先水平的聚烯烃改性新材料。

（岳　媛）

【国电科学技术研究院有限公司】

单位概况 国电科学技术研究院有限公司（简称国电电科院）前身是成立于1980年9月的原电力工业部“火电厂大气环境测试研究中心”。2008年10月，在原国电集团安全生产技术服务中心和国电环境保护研究院基础上组建成立国电科学技术研究院。2017年11月，成为国家能源集团全资子公司，并更名为国电科学技术研究院有限公司。

国电电科院从技术监督和环保业务起步，逐步成长为火电专业门类齐全、节能环保技术领先的国家高新技术企业，业务范围包括：发电企业技术监督与技术服务、电力生产过程试验及研究、电力建设项目环境影响评价；火电节能减排及环保治理工程技术咨询、技术培训等。截至2018年底，国电电科院拥有3个国家级研发平台和3个省级工程研究中心。3个国家级研发平台分别是清洁高效燃煤发电与污染控制国家重点实验室（2015年获批）、国家环境保护大气物理模拟与污染控制重点实验室（2013年获批）、国家能源火力发电节能减排与污染控制技术研发中心（2010年获批）。拥有全国博士后科研工作站1个，江苏省企业研究生工作站1个，是中国电力企业联合会节能环保分会、中国电机工程学会环境保护专业委员会、电力行业环境保护标准化技术委员会的挂靠单位。获得授权专利397项，其中发明专利76项；主持编制国家、行业技术标准34项；获得省部级以上科技成果奖励23项，其中，获得中国电力技术发明奖一等奖1项、中国电力科技进步奖一等奖3项，中国环境科学技术奖一等奖3项、二等奖3项。

组织机构 国电电科院自成立以来逐步形成了“四个技术中心、四个专业子公司、六个服务分公司”的组织架构，共同组成了面向集团、按照区域划分，实行就近服务、响应迅速的技术监督服务体系。四个中心是技术监督中心、重点实验室（研发中心）、技术培训中心、火电工程质量监督中心；四个子公司是国电环境保护研究院有限公司、国电南京电力试验研究有限公司、国电锅炉压力容器检验有限公司、国电南京煤炭质量监督检验有限公司；六个分公司是北京分公司、沈阳分公司、太原分公司、银川分公司、武汉分公司、成都分公司。截至2018年12月底，共有正式员工722人，硕士以上学历人数占比达42.2%。

企业经营 2018年，国电电科院深入学习贯彻习近平新时代中国特色社会主义思想和党的十九大精神，以坚持党的领导、加强党的建设为统领，开展“社会主义是干出来的”岗位建功行动，开展技术服务和科研攻关，持续推动企业深化改革，不断提升安全环保服务能力，生产经营、两金压降等各项年度考核任务全面完成。全年共完成技术服务工作1084项，获得2018年度环境保护科学技术奖一等奖1项、二等奖1项，中国电力创新大奖1项、一等奖3项、二等奖1项，中国电力科技进步奖三等奖1项。获得全国第十届“中华环境奖”，新增省级工程研发中心1个，获各类专利121项，其中发明专利17项。1人获得科学中国人荣誉称号，1人获得中国电力科学技术杰出贡献奖。

科研成果 一是完成国家科技支撑课题“大型空冷火电机组梯级供热技术研究”“烟气深度净化技术及系统集成的研究”验收工作；完成“基于机炉耦合、主动蓄能和弹性运行控制技术的燃煤电站快速深度变负荷技术研究”“烟气脱硝催化剂性能评价及失活规律研究应用”等6个科研项目。二是稳步推进国家研发平台的建设。年内召开国家重点实验室第二次学术委员会会议，组织开展国家重点实验室、能源研发（试验）中心和博士后科研工作站年度工作计划、执行情况、科技成果等的报送工作，通过江苏省企业重点实验室绩效评估。持续加强校企合作，与清华大学、浙江大学等合作开展了16项开放课题研究。三是编制完成一系列国家及行业技术规范。已发布国标、行标等5项标准，国家能源集团首个国际标准《燃机进气过滤器耐水雾性能测试方法》获国际ISO标准委员会正式立项。四是提炼成果形成省部级科技进步奖、专利及优秀论文。全年作为第一完成单位共获省部级奖励6项，获批专利首次破百，1项专利荣获第二十届中国专利优秀奖。发表科技论文177篇，其中核心期刊发表论文48篇。“灰霾初期$PM_{2.5}$爆发式增长回流式风洞实验模拟研究”成果受邀参加地球物理学会百年年会。

（薛洋企）

【中国水利水电科学研究院】

单位概况 中国水利水电科学研究院（简称中国水科院）是以水利水电公益型研究和应用技术科学研究为主，面向全国的专业齐全的综合性科研机构，是全国水利水电科学技术研究的中心。它着重解决水利、水电建设中的重大关键技术问题，承担行业基础和应用基础研究及新技术、新成果的推广。

主要研究领域包括水文水资源、水环境与生态、防洪抗旱与减灾、水土保持与江湖治理、农村水利、水力学、牧区水利、河流水库泥沙、新型建筑材料、岩土工程及地基加固、工程抗震、遥感、高效水轮机及水泵、电站计算机监控和水情测报自动化系统、电站通讯及自动化设备、火电核电站冷却水及环境、试验仪器及水利史研究等方面。同时还进行水利水电工程经济、环境问题的咨询及评估、工程安全监测及缺陷处理、工程安全鉴定、工程监理等。

中国水科院是国家“水利工程”一级重点学科单位，设有8个硕士、8个博士学科授予点，并设有2个一级学科博士后流动站。拥有4个国家级中心：国家节水灌溉北京工程技术中心、国家能源水能高效利用与大坝安全技术研发中心、国家农业灌排设备质量监督检验中心和国家水电可持续发展研究中心。

中国水科院具有国家核准的安全评价机构资质证书、工程咨询资格甲级证书、水文、水资源调查评价甲级、建设项目环境影响评价甲级、编制开发建设项目水土保持方案资格甲级、建设工程地震安全性评价许可甲级、监理队伍资质甲级、设计乙级、施工贰级资质证书，以及通过国家质量监督检验检疫总局的计量认证。

目前在职人数1414人，其中中国科学院、中国工程院院士12人，高级工程师419人，教授350余人。固定资产6亿元，具有国内外先进水平的大型试验设备有：三维六自由度震动试验台、450gt土工离心试验机、大型减压厢、高精度水力机械试验台等大型设备120台套，水力学、冷却水、泥沙、岩土、结构与材料、抗震、水利、水力机械、计算机监控、水情测报、调速器等综合试验室32座，科研设备总值近1亿元。

中国水科院与国外著名科研机构、高等院校以及国际上重要的学术团体有广泛的交流与合作。国际泥沙研究培训中心（IRTCES）、国际大坝委员会（ICOLD）中国委员会、中国灌排委员会（ICID）中国委员会、国际水利与环境工程学会（IAHR）中国委员会、全球水伙伴（GWP）中国委员会、世界泥沙研究学会（WASER）中国秘书处、世界水土保持协会（WASWAC）秘书处等均挂靠在中国水科院。

领导班子

院长：匡尚富

党委书记：曾大林

副院长：杨晓东、刘之平、胡春宏、汪小刚、彭静

纪委书记：夏连强

组织机构 职能部门：院办公室、党委工作部门、院工会、人事劳动教育处、科研管理与规划计划处、国际合作处、财务与资产管理处、监察与审计处。科技研究所（中心）：水资源研究所、水环境研究所、水利研究所、工程抗震研究中心、岩土工程研究所、泥沙研究所、水力学研究所、水电可持续发展研究中心、牧区水利科学研究所、国家重点实验室筹建办、减灾中心。综合事业部：综合事业部办公室、离退休干部处、研究生部、标准化中心、图书学报部、中水科信（网络中心）。科技企业：中水科总公司、中水科技公司、天津水利电力机电研究所、中水科海利公司。后勤企业：北京爱德服务总公司。

科研创新 一是科研合同额再创新高。中国水科院新签合同总额较2017年增加了16.1%。其中，院本级新签合同额较2017年增长了16.1%，减灾中心、水资源所、抗震中心、水力学所、水环境所、水电中心均有较大增长；公司企业较2017年增长了22.3%，中水科技增幅明显；京外单较2017年增长54.3%。

二是重大项目立项再获佳绩。获批重点研发专项牵头项目8项，其中，单位牵头6项、个人牵头2项，承担课题32项；获批国家自然科学基金项目32项，荣获2项优青项目资助。

三是横向项目不断拓展。新签横向项目合同额较2017年增长20.6%。科技类横向项目委托单位广泛分布于地方水利厅局、南水北调、部属单位、流域机构、水利水电企业、电力企业、核电企业等，渠道不断拓宽。

四是科技成果再获丰收。获国家科技进步奖二等奖3项、国家技术发明奖二等奖1项，获省部级奖励50项。全年发表论文559篇，著作38部；新申请专利204项，授权专利319项，其中国内发明专利127项；新编（修编）标准9项。

科技支撑 中国水科院围绕“节水优先、空间均衡、系统治理、两手发力”治水方针，以解决新老水问题为切入点，全面加强科技创新，成果丰硕，支撑有力。

一是在破解水资源短缺问题方面。全程参与水利部、发展改革委、科技部等组织的《国家节水行动方案》编写工作，并为科技部撰写了《我国节水技术创新与发达国家仍有差距》专报，获得国办中办采用。

完善了喷、微灌水肥精量调控理论，建成中国第一套具有自主知识产权的高精度变量灌溉系统；发明了低压滴灌灌水器流道优化设计和滴灌带抗灼伤涂层制备及耐热材料改性方法，构建了西北地区农田土壤水盐“点—小区—区域”的多尺度监测诊断技术，提出了节灌和排水洗盐定额、咸淡水混合灌溉模式和分区分次排水冲洗方法。

开展自然通风冷却塔节水方案原理性试验研究，编制了《冷却塔节水运行管理规范》《消雾节水型冷却塔验收测试规程》及水利部行业标准《节水型机关评价导则》《宾馆节水技术规范》。

开展国家地下水超采综合治理试点评估工作。研究了华北平原深厚包气带水分运动与地下水补给规律研究，提出了不同下垫面条件地下水补给量及其变化特征；以辽河、海河流域为示范点，构建水资源短缺流域水质水量统筹的水资源空间均衡配置技术体系，提出水资源短缺流域“四分+协调”生态流量核定和管理技术体系；探明东北地下水超采与水稻种植扩张关系，在科技日报刊发相关警示文章，引起中央领导高度关注。

二是在破解水生态损害问题方面。系统梳理了生态流量概念内涵和计算方法，提出了基于河道内与流域面上水、土、生物综合特性的生态水文分区方法，建立了基于多目标生态需水的生态流量确定方法。

首次发现异重流环境中藻细胞的垂向分层聚集特

征，建立了异重流环境中藻类游动与水动力耦合的藻类垂向分布数学模型与数值预报平台，发现了中层异重流可抑制水华暴发，表层异重流易于加剧水华暴发的规律，为水华防控提供了新思路。

基于水文水动力和鱼类行为等学科，提出了一套大型水电开发中支流生境保护的适宜性评估理论和技术，全面评估了长江上游赤水河、澜沧江下游南腊河等重要支流生境，提出了保护和管理对策。

开展生态脆弱草原区水资源调控过程模拟研究与干旱牧场供水关键技术研发，提出生态脆弱区地下水调控技术方法；集成先进的提水设备、经久耐用的输配水技术及自动化供水终端，形成实用、可靠、经济的先进牧场供水成套系统。

系统研究了弯道推移质输沙规律和植被对岛面冲淤及洲滩稳定性的影响机理，建立了河流模拟过程中弯道和植被影响的定量表达，研发了能够反映“弯道对推移质的影响”和“植被对洲滩稳定性影响”等复杂条件的河流模拟技术。

三是在破解水环境污染问题方面。开展水库水环境污染的预测理论及评价方法研究。建立了三峡沉积物重金属污染物的质量基准和地球化学基线，科学评价了三峡库区重金属的污染程度。开展新型污染物调查与风险评价技术研究，提出了典型水源地健康风险优控污染物清单，构建了饮用水源地系统保护模式。

四是在破解水灾害问题方面。创建了基于水循环系统的区域水资源与旱涝评价理论与方法，分析了千年和百年尺度黄淮海地区旱涝事件演变规律，揭示了近 60 年全国水资源与旱涝事件演变特征；针对大规模城市洪涝模拟存在计算效率低、工程处理办法不足和概化方式粗犷等问题，研发了全要素城市精细化数据快速处理及自动校核工具。

开展大江大河凌汛防治、大型输水工程冬季安全运行研究，初步提出了涵盖冰情预报－冰水动力学模拟－真冰机理试验－设备研制－防凌技术原型观测一体的河冰水力学理论与冰害防治技术体系，成果应用在黄河、黑龙江上游江段。

全力以赴完成水旱灾害应急抢险工作，分别于 7 月 19 日和 7 月 31 日，两次派专家参加了水利部工作组，采用无人机、三维激光扫面仪对内蒙兴隆昌水库副坝和新疆射月沟水库溃口及险情等进行了测绘，对暴雨洪水、险情及溃坝原因等进行了分析。配合水利部信息中心，完成了四川省西藏雅鲁藏布江和金沙江堰塞湖水情信息报送。

五是在破解农村饮水安全方面。组织开展全国百处农村饮水安全工程建设管理情况调研。基本摸清了全国 15 个省 32 个县的农村饮水安全工程建设管理情况，科学评价了用水户饮水安全状况、供水工程运行现状，研判了工程可持续运行性，编制了饮水氟病区饮水安全巩固提升工作方案；首次开发了吸附性能优异的颗粒态复合金属氧化物吸附材料，现场运行穿透吸附容量为传统吸附剂的 3 倍以上，为解决高氟水问题提供了新途径。

六是在破解水工程安全问题方面。针对严酷环境地区混凝土结构耐久状态评估、服役寿命预测难题，研制了世界首台可用于三级配混凝土的大范围全自动全景荧光显微成像系统，提出了基于混凝土初始缺陷直接定量表征方法；针对混凝土结构开裂风险评估问题，基于自主研发的混凝土开裂全过程仿真试验机，实现了大坝混凝土在真实温度历程下的混凝土开裂试验模拟。

针对工程防渗问题，研制了大体积泥浆自动搅拌系统，突破了传统固壁泥浆无法满足造孔成槽安全高效施工要求的技术难题；以穿黄隧洞防渗工程为背景，形成了系列聚脲基防渗抗冲磨防护体系和成套技术，突破了防渗材料在复杂环境应用受限的壁垒。

针对高土石坝在极端地震作用下的动力破坏过程和模式研究的瓶颈性难题，提出了高土石坝地震破坏试验方法，解决了常规振动台设备受加速度最大值的限制；针对深埋输水隧洞高内水、高外水和高内外水交替环境下衬砌难以设计问题，提出了自适应衬砌整体设计理念。

针对高混凝土坝抗震安全问题，提出了最大可信地震下高混凝土坝不发生库水失控下泄导致严重地震灾变的定量评价指标体系，构建了特高拱坝抗震安全综合评价体系。

针对大型升船机的寿命与安全可靠性问题，提出了升船机安全可靠性评价与寿命分析关键技术，成功应用于三峡、向家坝、景洪升船机的设计、制造和安装；针对典型核电厂取水安全问题，提出了明渠拦污网“自清洁”方法和布设原则；针对冰害防治问题，研发冰水情一体化雷达监测新型装备，提出了冰情预报－灾害分析－冰情观测和监测－防凌爆破联合理论和技术。

针对水利水电智慧化问题，深化智能一体化平台、行业大数据、行业智能化应用研究。三峡左岸电站计算机监控系统改造完成后，三峡电站将全部由自主知识产权的 H9000 监控系统实时监控，全面实现国产化。

针对水力机械空化、磨蚀、多相流及稳定性等问题，拓展水力机械模型实验室功能，使其具备反击式和冲击式水轮机全部机型、鱼友型水轮机、海洋能水轮机等的实验能力；提高水力机械模型试验系统的信息化和自动化程度，保证处于国际领先地位。

七是在强化水监管科技支撑方面。围绕智慧水利建设，先后完成全国中小河流治理管理信息系统、重点水体水资源质量监控预警系统（一期）、全国水利项目及统计管理信息系统、社会水循环过程观测及一体化监测系统等多项水利部和省级的重大业务管理信息系统项目。构建了水利遥感定量应用系统平台，形成了水利工程建设管理云平台。

提出关于在《国家水安全保障总体规划》中实施“国家智能水网工程”的建议，系统阐述了智能水网工程的基本结构、特征与功能，指出中国现有水网工程亟需实施智能化跃迁升级，提出了国家智能水网工程建设目标与主要任务，建议实施“三步走”策略建设国家智能水网工程。

开展天津、湖北等区域“一河一策”总体方案、西藏自治区区级河湖长制方案等编制工作。以天津、黑龙江为研究区，开展水功能区水质背景值相关研究和省界缓冲区对下游水功能区达标影响修正技术研究工作，完成西藏自治区昌都市11个县的生态保护红线划定工作。主编或参编完成《水工建筑物抗震设计标准》《农村饮水安全评价准则》等国家、行业、地方标准20项。

创新能力　一是强化学科建设。组织编制《学科进展分析与展望》，系统梳理60年学科建设进程与主要成就，科学谋划“十四五”学科总体布局及发展方向，在基础研究、技术攻关、产品研发等三大方面明确了重点研究任务，提出了各学科到2020年、2035年和2050年的发展愿景，为学科建设指明了方向和目标。针对关键环节，适时调整基本科研业务费支持方向，加大支持力度，密切追踪项目研究进展，为学科从跟跑、并跑到领跑提供支撑和保障。

二是强化创新平台建设。制定《重点实验室建设与运行管理办法》，遴选“离心模拟试验室”等十大院级重点实验室，进一步完善中国水科院四级科技创新平台体系建设。规范工作流程，加强大型仪器设备和实验室共享管理。“大型土工离心机升级改造及试验研究平台”和“防汛抢险减灾试验厅”两个新建项目已进入实施建设阶段，岩土、抗震、结构、材料等分散实验室整体搬迁顺利推进，分步实施开放管理运行机制。

三是强化资质建设。水利水电、电力（含火电、水电、核电、新能源）、生态建设和环境工程3个专业均通过中国工程咨询协会组织的工程咨询甲级资信评价，水利工程质量检测（混凝土类）甲级资格、高新技术企业资质、建设项目水资源证甲级资质等成功延续，院质量管理体系顺利改版，为拓宽业务领域、参与市场竞争提供了有力支撑。修订《资质建设与管理办法》，规范利用程序。

四是强化信息化建设。全面开展综合办公平台（一期）需求调研、模块开发、功能测试等工作，已形成并搭建主体框架和主要功能模块，着力构建集成业务支撑、决策支持、公共服务的大系统平台。

五是强化学术期刊建设。承办水利学报、院学报、泥沙研究、国际水土保持研究、生态水力学等8种学术期刊。水利学报连续17次获中国百种学术期刊称号，入选2018年期刊数字影响力100强。《国际泥沙研究》由季刊改为双月刊，加大文章发行量。

人才队伍　一是加强科技人才引进。全院共有职工1370人，其中专业技术人才1241人，博士523人，硕士396人，较2017年分别提高3.1%、6.7%；具有高级职称846人，其中正高级职称350人，较2017年提高8.3%。全年接收高校毕业生21人，留学归国人员3人，出站博士后5人，研究队伍日益壮大。

二是优秀人才不断涌现。新增各类人才荣誉、入选人才工程10人次，其中45岁以下青年占50%。国家“万人计划”专家3人，光华工程科技奖1人，水利科技英才1人，钱正英水利水电科技创新奖1人，“优青”2人，第四届青年人才托举工程入选2人等。推荐1位院领导担任世界工程组织联合会创新委员会主席。

三是加强干部队伍建设。修订院党政处级、科级干部选拔聘任办法，制定研究所领导班子和领导人员管理办法等，人事制度不断完善。选拔调整处级干部6人，副处级干部6人，严把选人用人关。安排2名处级干部进行交流任职或轮岗，1名博士服务团成员延长挂职期限1年，10名年轻干部在院内跨单位交流，持续加大干部交流、轮岗、挂职锻炼力度。完成领导干部个人有关事项报告、抽查、核查等工作，严格因私出国境审批，强化干部监督。

四是加强研究生培养。中国水科院在读硕士和博士研究生245人，新招78人，在站博士后69人，“西部之光”访问学者1人。2018年10月，北京市教委、北京市政府外事办、北京市公安局联合批准，具备国际学生招收资质，提升研究生教育水平和国际化程度。

国际合作　一是深化多双边交流。2018年共接待来访386人次、组织出访286人次。首次作为议题组织协调单位，深度参与第8届世界水论坛，牵头组织“水利基础设施”议题协调下设的3个分会。组织了水电国际论坛、第8届基于全球水文实验与观测数据的水流情势研究国际会议等，为全球水治理分享了中国经验和技术。与近40家国际组织、科研机构、知名大学和企业签署了合作协议，推进实质性科技合作。

二是深化国际组织桥梁作用。中国水科院是9个大型涉水国际组织、机构总部或中国委员会秘书处的挂靠单位，是世界水理事会和亚洲水理事会的机构会员，有10余位资深专家担任名誉主席、副主席、董事等职务。通过策划、参与第21届国际水利学大会亚太分会、国际大坝委员会第26届大会暨第86届年会、国际灌排委员会第69届执理会、第12届生态水力学国际研讨会以及世界水理事会会员大会暨董事会会议等，提升了国际涉水事务话语权和主导权，发挥了国际组织的桥梁作用。

三是深化国际项目合作。承担了60余项涉及水资源、水环境、防洪减灾等领域的水利水电项目。利用中欧水资源平台计划，推进中德小水电项目、中丹战略合作项目、中芬暴雨洪水风险项目、中丹水生态修复项目等的合作，国际竞争力进一步提升。

四是深化国际智力合作。中国水科院特聘外籍专家、国际水利与环境工程学会（IAHR）前执行长克里斯托弗·乔治（Christopher George）先生获2018年度中国政府友谊奖。申请国家外专局引智项目并得到资助。现聘请外籍名誉教授10名，科技委海外委员6名。

主要事件

1月18日，国际水利与环境工程学会（IAHR）主席彼得·古德温（Peter Goodwin）、副主席詹姆斯·鲍尔（James E. Ball）、执行长克里斯托弗·乔治（Christopher George）一行来访中国水科院，院长匡尚富、副院长彭静会见了来访客人。

1月31日～2月1日，中国水科院副院长胡春宏赴德清调研水利工作并签署科学技术合作协议。

3月19日，中国水科院杨晓东副院长率团参加第8届世界水论坛。

4月10日，匈牙利内务部流域管理与水资源保护司司长彼特·科瓦奇（Peter KOVACS）一行访问中国水科院，院长匡尚富会见了科瓦奇司长一行。

4月11日，国际灌排委员会（ICID）主席菲利克斯·瑞恩德尔斯（Felix B. Reinders）一行来访中国水科院。院长匡尚富、副院长彭静会见了来访客人。

5月8日，英国德蒙福特大学副校长、第7届国际洪水管理大会（ICFM）地方组委会主席奈杰尔·莱特（Nigel Wright）一行来访中国水科院，副院长彭静主持报告会。

5月15日，中国长江三峡集团有限公司副总经理范夏夏到访中国水科院，围绕进一步深化合作等事宜进行座谈交流。中国水科院副院长汪小刚副院长主持会谈会。

5月21日，台湾地区中兴工程顾问社执行长陈伸贤一行来访中国水科院并做客名家讲坛，就“气候变迁下的水环境”进行学术报告和交流。院长匡尚富、副院长汪小刚会见了陈伸贤一行。

5月23日，中国水科院副院长汪小刚、彭静会见国际水电协会（IHA）执行总裁理查德·泰勒（Richard Taylor）及IHA董事会一行来访人员。

5月30日，第十二届光华工程科技奖在北京揭晓。中国水科院教高、中国大坝工程学会副理事长兼秘书长贾金生获得光华工程科技奖工程奖。

6月19日，中国水科院副院长彭静会见尼日利亚环境部和农业与农村发展部、世界银行资助的南南合作技术交流代表团。

7月2日，水利部副部长叶建春深入中国水科院检查指导水利科技工作和洪水风险图编制情况等。院长匡尚富主持会议，党委书记曾大林，副院长杨晓东、刘之平、胡春宏、汪小刚，纪委书记夏连强，副院长彭静，总会计师黄秋洪，工会主席李锦秀参加会议。

8月7日下午，巴基斯坦工程科技促进会执行委员沙克尔·杜拉尼（Shakil Durrani）一行来访中国水科院，就全面深入推进双方的合作进行讨论。副院长汪小刚、彭静会见客人。

9月17日，彭静副院长会见法国电力集团（EDF）水电站命令控制资深专家让·弗郎索瓦·巴尔提佳（Jean Franois Balmitgère）先生。

10月18日，中国水科院组建60周年。

11月5日，中国水科院院长匡尚富主持会见老挝自然资源与环境部副部长本坎·沃拉吉（Bounkham Vorachit），就深化中老水利科技合作与知识共享开展交流研讨。

11月16日，中国水科院院长匡尚富、副院长彭静会见马来西亚水利、国土与自然资源部秘书长陈耀宗（Tan Yew Chong）一行。

11月27日，中国水科院院长匡尚富、副院长彭静会见波兰海洋经济与内河航运部部长马莱克·格鲁巴尔契克（Marek Gróbarczyk）、波兰驻华大使赛熙军（Wojciech Zaj. czkowski），双方就深入水利水电领域的相关合作进行交流。

12月13日，第28届中日河工及水资源交流会于在日本东京举行。中国水科院副院长杨晓东率团参会。

（安晓滨）

教育机构

【华北电力大学】

单位概况 2018年，华北电力大学占地面积97.928 3万m^2，学校产权校舍建筑面积1 129 341.1万m^2。固定资产总值396 970.17万元，其中，教学、科研仪器设备资产值95 779.61万元；信息化设备资产值35 583.69万元。图书馆建筑面积37 901.41m^2，藏书265.96万册。全年教育经费投入220 694.01万元，财政拨款111 403.06万元，自筹经费：109 290.96万元。学校拥有计算机21 566台，网络多媒体教室345间，网络信息点30 233个，电子邮件系统用户23 145个，上网课程98门。学校设有直属学院11个，教学部1个，另设有国际教育学院、研究生院、继续教育学院、艺术教育中心和工程训练中心；开设本科专业59个；拥有一级学科博士学位授权点7个，一级学科硕士学位授权点23个；博士后科研流动站5个，其中博士后研究人员出站11人，进站25人和在站73人。学校拥有国家级重点学科2个、省部级重点学科25个，国家重点实验室1个，国家工程试验室1个、国家工程技术研究中心1个、教育部重点实验室2个、教育部工程技术研究中心1个、北京市重点实验室8个、北京市工程技术研究中心2个、北京市工程技术研究中心1个，另有北京市哲学社会科学研究基地1个。教职工2922人，其中，专任教师1880人，包括教授427人、副教授676人；博士生导师198人、硕士生导师927人；拥有中国工程院院士2人，双聘院士5人，国家“千人计划”6人，青年“千人计划”2人，“长江学者”特聘教授5人，国家“高层次人才特殊支持计划”6人，“973”首席科学家4人，国家级教学名师1人，国家杰出青年科学基金获得者9人，国家优秀青年科学基金获得者6人，中青年科技创新领军人才2人，国家“百千万人才工程”8人，入选教育部“新世纪优秀人才支持计划”38人，4支团队列入教育部“长江学者和创新团队发展计划”。毕业生11 753人，其中，学历教育学生中全日制研究生2371人（博士生176人、硕士生2195人），普通本专科生5417人（本科生5417人，专科生0人）、成人教育本专科生2622人（本科生1881人、专科生741人），在职人员攻读硕士学位1209人，外国留学生134人。本科毕业生就业率96.2%。研究生就业率98.5%。招生13 666人，其中，学历教育学生中全日制研究生3504人（博士生240人、硕士生3264人），普通本专科生6090人（本科生6090人，专科生0人）、成人教育本专科生2729人（本科生2218人、专科生511人）。在职人员攻读硕士学位0人。外国留学生343人。在校生43 375人，其中，学历教育学生中全日制研究生10 107人（博士生1110人、硕士生8997人）、普通本专科生23 293人（本科生23 293人、专科生0人），成人教育本专科生5574人（本科生4358人、专科生1216人），在职人员获取硕士学位3720人，外国留学生681人。网址为www.ncepu.edu.cn。

领导班子

党委书记：周坚

校长：杨勇平

党委副书记：杨勇平、何华、汪庆华、郭孝锋

副校长：李双辰、郝英杰、孙忠权、王增平、律方成、檀勤良

纪委书记：何华

党委常委：周坚、杨勇平、何华、李双辰、郝英杰、孙忠权、汪庆华、郭孝锋、律方成、檀勤良、张天兴

两项教学成果获国家级奖励 2018年，华北电力大学主持完成的“适应国家能源战略需求，培养行业特色卓越人才的十六年探索与实践”和参与完成的“基于校企协同的‘订单＋联合’大核电人才培养体系创新与实践”两项成果获国家级教学成果二等奖。“适应国家能源战略需求，培养行业特色卓越人才的十六年探索与实践”由刘吉臻院士等申报，介绍该校主动适应国家能源发展战略，依托由中国电力企业联合会和国家七大电力集团公司组成的学校理事会平台，深入分析和把握能源电力转型发展的趋势及行业企业对人才的新需求，着力培养适应经济社会发展、能源电力特色鲜明、以“厚基础、强能力、高素质”为特征的卓越人才，通过多年探索与实践，走出一条行业特色型高校卓越人才培养的有效之路。“基于校企协同的‘订单＋联合’大核电人才培养体系创新与实践”由陆道纲、李向宾参与完成，介绍该校以企业需求为导向，以校企协同为手段，与中广核共同开创“订单＋联合”培养模式，成为高校与核电企业协同培养高素质急需紧缺人才的发源地。

举行建校60周年创新发展大会 2018年是华北电力大学建校60周年校庆年。60年校庆以“点亮新时代的电力之光”为主题，突出文化校庆、学术校庆、开放校庆、共享校庆的定位，隆重热烈、简朴高

雅、特色鲜明、务实有序开展甲子纪念、卓越学术、联通国际、共享协作、文化校园、光明公益等系列校庆活动。10月28日，华北电力大学举行建校60周年创新发展大会。国务院原总理、全国人大常委会原委员长李鹏，全国政协原副主席钱正英发来贺信。教育部、北京市、河北省领导出席会议，大学理事会成员单位主要负责人联袂出席大会，共同为华北电力大学"新时代　新甲子　新征程"启航。电力央企领导"全勤"到场点赞，大学理事单位主要负责同志联袂为学校"新时代　新甲子　新征程"启航。重新编撰《校史》，新建校史馆，评选建校60周年华电人物和杰出校友。大会首次通过人民日报App、人民网等平台全球直播，近100万人在线上观看了直播。

太阳能电池研究获突破　2018年，华北电力大学李美成教授科研团队在国际著名期刊*Advanced Ma-terials*（影响因子21.95）上发表论文*Ion-Migration Inhibition by the Cation－π Interaction in Perovskite Ma-terials for Efficient and Stable Perovskite Solar Cells*，博士生卫东是论文的第一作者，李美成教授是通信作者。该论文的发表展示华北电力大学在能源材料领域强劲的科研实力，提高该校在该领域的科研声望。李美成团队发现钙钛矿中阳离子与芳香类分子可形成超分子cation-π相互作用，能有效抑制阳离子的迁移，大大减少钙钛矿薄膜缺陷态的产生、提升器件在工作状态下的稳定性。通过这种方法制造的钙钛矿太阳能电池（PSCs）获得20.86%的最高效率。另外，离子迁移的抑制同时减弱器件的迟滞现象，实现更稳定的功率输出。该研究可更好地发挥钙钛矿太阳能电池低成本和高性能的优点。

成立先进材料研究院　2018年，华北电力大学先进材料研究院成立。该研究院将依托学校"大电力"学科体系和科技创新体系，面向国民经济发展和国防现代化的重大需求，在先进节能材料、氢能源材料、高分子及生物医用材料等前沿新材料领域开展原创性科学研究，构筑以基础研究、应用基础研究、新材料技术集成及工程化为一体的先进材料技术创新体系，建设具有原创特色的先进材料知识体系、知识产权体系和标准体系，形成先进材料研究生和博士后的人才培养基地。该研究院定位为新型研发机构，组建研究院管理委员会、战略咨询委员会、学术委员会，研究院为管理委员会领导下的实体校级科研机构，按照学院管理的模式，实行院长负责制。管理委员会是研究院的最高决策机构，对重大事项进行决策，同时整合调动校内、外部资源助力研究院的快速发展；战略咨询委员会主要职责是对研究院重大发展战略、重大科技决策、重大改革发展举措和中长期发展规划等提出咨询评议意见和建议；专家（学术）委员会主要负责研究院科技项目制定和实施计划、专业技术人员的遴选推荐、专业技术人员任职资格的遴选推荐等工作。其中，华北电力大学校长杨勇平任管理委员会主任，中国工程院院士干勇，中科院物理所院士汪卫华分别担任战略咨询委员会主任和专家（学术）委员会主任。

"双一流"建设　加快"双一流"建设步伐，组织编制"双一流"建设实施方案，召开"双一流"建设推进会，确立关键环节的改革攻坚路线图。加强过程管理，出台"双一流"建设管理办法和资金管理办法，全面构建"双一流"建设基本管理制度，提升中央专项经费统筹管理能力。学科建设方面，新增水利工程、核科学与技术2个博士学位一级学科授权点，以及2个硕士专业学位授权点。"工程学"进入ESI世界前1‰行列，"材料科学""化学"两个学科进入ESI世界前1%行列，世界前1%学科数达到4个，学科整体实力和社会声誉进一步提升。

人才培养　"大思政"工作格局初步确立。"绿色电力"新能源科技教育扶贫服务行动获批教育部高校思想政治工作精品项目。本科教育中心地位全面凸显，通过教育部本科教学工作审核评估，首次召开全校本科教育工作大会，开启建设一流本科。启动"双一流"研究生人才培养项目建设，完成34个学位授权点的自评估工作，完善博士研究生选拔机制，开展研究生优质课程建设工作，实施研究生国际交流计划。教育教学改革深入推进，2项成果获国家级高等教育教学成果奖，16项成果获北京市高等教育教学成果奖。积极探索多元化人才培养机制，与中科院工程热物理所联合成立吴仲华学院，成立人工智能实验班。专业建设实现新突破，电气工程及其自动化、核工程与核技术专业通过教育部工程教育专业认证。创新创业教育蓬勃开展，学生获各类国际、国家级竞赛奖582项，省部级奖471项，成功承办首届全国大学生可再生能源科技竞赛。

科技创新　国家自然科学基金创新研究群体项目和教育部哲学社会科学研究重大课题攻关项目取得零的突破。全年共承担各类科研项目1089项，其中国家科技计划项目45项，国家自然科学基金和社科基金项目72项，获国家、省部级科技成果奖49项。高被引论文总数由2017年的不到100篇一跃增长至2018年的170篇，增幅达到85%，位列国内高校第46位。科研经费合同额首次突破7亿元，到账经费达到4.89亿元，均创历史最好水平。科技创新体系建设取得新成效，新能源电力系统国家重点实验室顺利通过评估，先后成立国家能源交通融合发展研究院、先进材料研究院、能源电力大数据研究院等跨学科研究机构，新增1个"111"引智基地和1个河北省重点实验室。召开全校科技创新大会，邀请诺贝尔化学奖得主以及47位两院院士开展前沿学术交流。

人事人才工作 持续深化人事制度改革，开展聘期考核和新一轮岗位聘任工作，修订专业技术职务评聘办法，完成机构设置及定岗定责基础工作，推进养老保险及职业年金的实扣实缴工作，出台七级及以下职员职级晋升办法，人力资源管理水平不断提升。加大高层次人才引育力度，积极推进海外引智，举办2018能源电力世界青年学者论坛，一批优秀青年才俊加盟华电，新增各类高层次人才9人。教师队伍彰显新活力，3人入选国家"万人计划"，2人入选科技部中青年科技创新领军人才，2人获得国家自然科学基金优秀青年基金项目资助。

对外合作 大学理事会建设实现新突破，新增中国三峡集团、中国广核集团、中国电建、中国能建、广东能源集团为副理事长单位，大学理事单位由9家扩容到14家，行业支持学校办学的能力显著增强。国内交流合作积极推进，走访大学理事单位等62家大型企业和行业机构，与大唐集团、国家能源集团、中国三峡集团达成全面战略合作，推进落实重要领域、重大项目的合作。与中国华电合作成立"华电'一带一路'能源学院"，作为发起单位成立"中国电力高校联盟"。国际合作持续深化，与挪威科技大学、东京大学等10所世界知名大学建立合作关系，与"一带一路"沿线主要国家15所知名高校达成战略合作伙伴，与国际能源宪章签署合作备忘录，成功主办"能源革命与大学责任"中外大学校长论坛，启动"一带一路"能源学院伙伴计划。继续教育稳中有进，建设印尼海外继续教育基地，国际业务进一步拓展。

条件保障 完成年度22亿元收入目标。建成大学主数据平台、移动端数字门户、IT运维平台、两校区视频会议系统和教师综合信息查询系统，分步推进"一表通"系统建设，升级网站群，信息化水平进一步提升。北京校部15号学生宿舍楼、保定校区学20舍投入使用，对校园基础设施进行大规模修缮改造，办学条件进一步改善。平安校园建设稳步推进，校园秩序、安全形势稳中向好。

党的建设 党委领导下的校长负责制进一步完善，召开全面从严治党大会，出台校内巡察工作五年规划及实施办法，以两地交叉的方式，完成了8个二级单位党组织的校内巡察，全面推行二级单位党组织书记约谈制度，推动"两个责任"落实落细。印发教师职业道德规范，落实师德"一票否决制"，开展"做新时代'四有'好老师和'四个引路人'"学习实践活动。以问题为导向，在全校大兴调查研究之风。

主要事件

1月8日，2017年度国家科学技术奖励大会在北京举行，华北电力大学参与完成的2项科技成果获2017年度国家科学技术奖：齐磊教授参与完成的"特高压±800kV直流输电工程"项目获国家科技进步奖特等奖；刘吉臻院士参与完成的"600MW超临界循环流化床锅炉技术开发、研制与工程示范"项目获国家科技进步奖一等奖。

1月，教育部下发《教育部关于公布首批全国高校黄大年式教师团队的通知》（教师函〔2018〕1号）文件，公布首批全国高校黄大年式教师团队，能源动力与机械工程学院"热科学与工程"团队入选。

2月5日，华北电力大学校长杨勇平会见来访的中电联专职副理事长王志轩一行。双方就推进电力行业卓越工程师培养校企联盟、共建中国能源与电力发展战略研究中心（智库）、联合开展电力行业远程继续教育、服务国家"一带一路"建设"走出去"战略的国际合作等问题进行深入细致地沟通与交流。

3月，华北电力大学副校长郝英杰带领相关部门负责人员赴南阳金冠电气有限公司开展洽谈，双方就人才培养与引进、产学研合作、新能源精准扶贫、60周年校庆等方面达成一揽子合作计划。

6月4～6日，华北电力大学电气工程及其自动化专业接受工程教育专业认证专家组现场考查工作，这是该专业第三次进行专业认证进校考察，也是中国在2016年正式加入《华盛顿协议》后按照2018版新标准进行的认证。

6月17日，"'一带一路'绿色电力合作国际论坛"在华北电力大学召开，这是华北电力大学首次举办面向"一带一路"电力合作主题的智库论坛。来自电力行业、国内外高端智库、主流媒体和师生代表共300人参加论坛交流。

7月4日，华北电力大学与大唐集团科学技术研究院共建研究生工作站签约暨揭牌仪式在大唐集团科学技术研究院举行。

7月6日，华北电力大学副校长王增平一行访问中核核电运行管理有限公司，就进一步落实"核电人才订单联合培养协议"培养方案、大学生实习基地揭牌、并对未来人才培养及科技合作等事宜进行交流。

7月21日，华北电力大学先进材料研究院成立。

8月，由国家能源投资集团有限责任公司（原中国国电集团公司）组织，华北电力大学参与的"十二五"国家科技支撑计划"大容量火电机组高效梯级供热技术开发及工程示范"（项目编号为2014BAA06B00）通过科技部高新司组织的项目验收。

9月27日，诺贝尔化学奖获得者阿达约纳特（Ada Yonath）教授莅临华北电力大学，参加学校建校60周年校庆系列活动"诺奖大师华电行"活动，并作了题为《下一代特定物种环保型抗生素》的学术报告。

10月12日，校长杨勇平、党委副书记郭孝锋、副校长律方成一行调研环境科学与工程系实验室建设。杨勇平一行视察由美国 Filtration Group Corporation 和南京丹恒科技有限公司共同捐赠建立的火电厂废水零排放实验室。

10月19日，中国电机工程学会第十五届青年学术会议暨青年学术会议永久会址揭牌仪式在华北电力大学北京校部举行。

10月24日，第四届直流输电与电力电子创新杯大赛决赛在杭州隆重举行，由华北电力大学校赵成勇教授和许建中副教授指导的博士生李帅、硕士生张继元和李嘉龙组成的参赛队伍获大赛唯一一项一等奖。

10月31日～11月1日，华北电力大学副校长郝英杰出席参加在蒙古乌兰巴托举办的东北亚地区电力互联合作论坛。

11月1日，华北电力大学与中国华电集团合作共建的华电“一带一路”能源学院正式揭牌成立。中国华电集团有限公司党组成员、副总经理余兵，人力资源部主任郑峰，国际业务部主任傅维雄，华北电力大学校长杨勇平、副校长孙忠权、党委副书记汪庆华等领导出席揭牌仪式。

11月30日，华北电力大学理事会2018年会在北京召开，会议与中国电力企业联合会2018年理事长会议暨中电联成立30周年座谈会同时召开。中电联理事长、华北电力大学理事会理事长、全球能源互联网发展合作组织主席刘振亚主持会议，华北电力大学校长杨勇平，中电联副理事长、华北电力大学理事会副理事长、中国工程院院士刘吉臻，副校长郝英杰，华北电力大学理事会副理事长、理事和有关负责同志出席会议。

12月5日，由中国南方电网有限责任公司、中国电力企业联合会、珠海市人民政府、华北电力大学共同举办的2018粤港澳大湾区电力创新高峰会暨第十五届中国南方电网国际技术论坛在珠海举行。校长杨勇平，中国南方电网公司董事长、党组书记孟振平，中国电力企业联合会常务副理事长杨昆，珠海市副市长张宜生，中国电机工程学会理事长郑宝森出席峰会并致辞。南方电网公司李立浧院士、华北电力大学刘吉臻院士作主题演讲，副校长王增平出席峰会第十五届南方电网国际技术论坛并作主旨报告。

12月19日，华北电力大学申报的“燃煤电站烟气多污染物协同控制重点实验室”纳入河北省学科重点实验室建设计划。

12月24日，华北电力大学与海南电网公司签署战略合作协议。双方围绕海南自由贸易试验区建设，将在人才培养、科技创新、智库建设等方面开展深度合作。

（王振华）

【东北电力大学】

单位概况 东北电力大学坐落在吉林省吉林市，学校是吉林省重点大学，始建于1949年，是新中国建立的第一所电力工科学校，1958年定名为吉林电力学院，1978年更名为东北电力学院。原隶属电力部、国家电力公司，2000年起，实行“中央与地方共建，以地方管理为主”的管理模式，2005年学校更名为东北电力大学。2012年东北电力大学入选为国家“中西部高校基础能力建设工程”重点建设高校。

东北电力大学坚持以人才培养、科学研究、社会服务、文化传承与创新为己任，主动适应国家电力工业和吉林省的经济建设需求，形成了以电力特色为主，多学科交叉融合，较为完整的学科体系。学校共有14个学院，46个本科专业，涵盖了工、理、管、文、法、经、教育、艺术8个学科门类。学校是博士学位授权单位，现有电气工程、动力工程及工程热物理、控制科学与工程3个博士学位授权一级学科，1个博士后流动站；具有硕士研究生推免权，现有14个硕士学位授权一级学科，涵盖58个硕士学位授权二级学科，有9个硕士专业学位授权类别；拥有吉林省特色高水平学科9个，其中一流学科4个、优势特色学科4个、新兴交叉学科1个。现有全日制在校生20 000余人。

东北电力大学有教职工1400余人，拥有高级职称人员500余人，其中中国工程院院士3人（双聘），国家万人计划第一批人选2人，全国杰出专业技术人才2人，国家级有突出贡献的中青年专家3人，国家杰出青年科学基金获得者1人，百千万人才工程国家级人选5人，国务院政府特殊津贴获得者36人，国家级教学名师1人。拥有“教育部长江学者和创新团队发展计划”创新团队2个，国家级教学团队2个，首批“全国高校黄大年式教师教学团队”1个。

东北电力大学现有国家级特色专业5个，国家级精品课程4门，国家级实验教学示范中心2个，国家级虚拟仿真实验教学中心1个，吉林省实验教学示范中心10个。近年来获国家级优秀教学成果奖3项。东北电力大学是国家大学生文化素质教育基地、全国社会体育人才培训和科研基地，首批国家级工程实践教育中心建设单位，“卓越工程师教育培养计划”试点高校，国家级专业技术人员继续教育基地。

东北电力大学坚持“面向国家重大需求、积极服务地方经济社会发展”的科研方针，不断提高学术研究水平、科技创新能力。东北电力大学有国家地方联合工程实验室2个，国家大学科技园1个，教育部重点实验室（工程研究中心）2个，吉林省重大需求协同创新中心4个，吉林省院士工作站1个，省级重点实验室、研究中心、文科基地等26个。近年来承担包括国家科技部重点研发计划、国家973计划项目、863计划项目、国家科技支撑计划项目、国家科技重大专项、国家重大科学仪器设备开发专项、国家自然科学基金重点项目等各级各类科研课题1800余项，取得了一大批高水平研究成果，获国家科技进步二等奖3项，省部级及以上科研成果奖143项，为推动科技进步以及电力工业和地方经济建设与发展作出了重要贡献。

东北电力大学先后与美国、日本、英国、俄罗斯、韩国、德国等国的高校或科研机构开展了多种形式的科技和学术交流。1998年获批培养外国留学生。2000年，国务院学位办批准学校与美国犹他州立大学合作举办国际经济与贸易专业本科教育项目。2012年，教育部批准学校与英国史萃克莱德大学合作举办电气工程及其自动化专业本科教育项目。2011年，东北电力大学获批为国家留学基金委青年骨干教师出国研修项目实施院校。2013年，经教育部批准成为中国政府奖学金来华留学生接受院校。

近年来，东北电力大学被授予全国文明单位、全国厂务公开民主管理先进单位、全国民族团结进步模范集体、全国模范职工之家、“全国毕业生就业典型经验50强高校”、吉林省先进基层党组织等荣誉称号。涌现出全国先进工作者、全国优秀科技工作者、全国职工职业道德建设先进个人、全国三八红旗手、全国优秀思想政治工作者、全国优秀党务工作者等一大批先进教师群体和以全国大学生自强之星标兵等为代表的优秀大学生群体。

领导班子

党委书记：李国庆

校长：蔡国伟

党委副书记：杨宝忠、李忱

纪委书记：李东玲

副校长：周云龙、王建国、关晓辉、王庆洲

组织机构 2018年底，共有直属单位6个（继续教育学院、工程训练教学中心、电气工程实验教学示范中心、图书馆、档案馆、校友工作办公室），附属单位3个（校医院、后勤保障部、就业服务处）。

教学改革与建设步伐加快

（1）教学改革与建设持续深化。获省教学成果奖11项，其中一等奖2项、二等奖3项、三等奖6项。获批省级教改项目47项，其中重点课题11项。制定出台《课程思政教学改革试点工作方案》《开设“学习筑梦”思想政治理论课选修课实施方案》，积极推动课程思政育人体系建设。开展本科教学秩序大整顿专项活动。举办了首届说课大赛。

（2）专业建设与课程建设取得新成绩。12个专业入选吉林省特色高水平专业，其中10个专业入选A类建设项目，2个专业入选B类建设项目。申报财务管理、思想政治教育、金融工程和机器人工程4个新专业。推进工程教育专业认证工作，4个专业获认证受理。持续推进在线开放课程建设，“运筹学”被认定为省本科高校精品在线开放B类课程。“大学语文”获评省课程思政教学改革“学科育人示范课程”。

（3）“双创”教育与大学生实践创新能力培养成效明显。获批省创新创业教育改革试点专业1个、示范课程2门、教改项目1项、大学生创新创业基地1个。获批大学生创新创业训练计划国家级项目50项，省级项目124项。学生在各类学科竞赛中获省级及以上奖384项。龙舟队在国际国内各项赛事中，获冠军17次，亚军20次，其中代表国家征战“2018第十三届亚洲龙舟锦标赛”，获三金三银。

（3）招生就业工作质量持续提升。2018年录取本专科生4600人，本科第一批次录取省份增至21个。制定《东北电力大学大类招生培养改革工作方案》，推动大类招生试点工作。全年邀请用人单位700余家，举办校园专场招聘会392场，发布招聘信息1065条。与国网信通公司北京分公司、辽宁省鞍山市人才办、泰康保险公司等达成合作协议，稳步推进校企合作。学校入选吉林省首批高校大学生就业创业指导服务站。

学科建设与研究生教育成效显著

（1）“学科建设年”活动取得实效。新增博士学位授权一级学科1个，硕士学位授权一级学科3个，硕士专业学位授权类别1个。获批省“十三五”特色高水平学科9个，其中一流学科A类1个，一流学科B类3个，优势特色学科A类1个，优势特色学科B类3个，新兴交叉学科1个。结合学科发展实际，调整了部分学科专业，优化了学科专业结构。开展学科建设规划编制工作，进一步明确各学科建设目标和建设内容。

（2）研究生教育培养更加规范。2018年，学校录取硕士研究生811人，博士研究生22人。制定出台《硕士研究生招生初试自命题工作管理规定》《研究生学位论文评审管理办法》，为保证硕士研究生入学质量、提升研究生学位授予质量奠定了基础。新增博士研究生指导教师3人、硕士研究生指导教师48人。

科技创新成果丰硕

（1）科研获奖捷报频传。穆钢教授荣获2018年度省科学技术特殊贡献奖。学校荣获吉林省科学技术奖13项，其中一等奖1项、二等奖6项、三等奖6项。东电科技开发总部荣获2018年度省科技成果转化贡献奖—单位奖。李国庆教授科研团队7篇学术论文入选基本科学指标数据库（ESI）高被引论文（1%）。

（2）国家级科研项目获批数量稳步增长。获批国家级科研项目 28 项，其中国家自然科学基金项目 17 项、国家社会科学基金 3 项；作为参加单位承担 2018 年度国家重点研发计划项目课题 6 项、智能电网联合基金集成项目 1 项、国家自然科学基金重点项目 1 项，学校全年科研经费合同总额大幅增长。

（3）科研平台、团队建设有力推进。“现代电力系统仿真控制与绿色电能新技术”教育部重点实验室、“油页岩综合利用”教育部工程研究中心通过验收。获批立项建设省工程实验室 1 个、省科技创新中心 1 个、省高校重点实验室 2 个。大型仪器设备共享系统进入试运行阶段。“电力系统安全运行与节能技术”“可再生能源联网安全分析与控制”2 支科研团队获评省“黄大年式科研团队”；“综合能源系统创新团队”入选省中青年科技创新团队。

（4）国家大学科技园建设取得新进展。学校科技园被认定为省第二批大众创业万众创新示范基地；加入“中国大学科技园联盟”。

师资队伍建设扎实推进

（1）高层次人才引育力度持续加大。大幅提高人才引进待遇，引进国家杰出青年基金获得者 1 人，引进、培养博士 45 人。新增国务院政府特殊津贴获得者 1 人。完成第二批“东电学者”人选评选工作，新遴选“东电学者”一层次人选 1 人、二层次人选 2 人、三层次人选 7 人。拓展培训渠道，全年共组织 160 名教师参与校内外各类教师教学能力培训活动。举办国家级高级研修班 1 期，省级高级研修班 1 期。

（2）师德师风建设持续推进。开展第五届师德先进个人评选工作，提高了奖励力度，表彰师德先进个人标兵 3 人，师德先进个人 22 人。开展“从教 30 年”表彰工作，表彰 598 人。

学生教育管理水平稳步提升

（1）学生思想政治教育工作取得成效。深入实施“学习筑梦”行动，工作经验在省大学生“学习筑梦”行动研讨会上进行推广交流。围绕贯彻落实十九大精神、改革开放 40 周年、马克思诞辰 200 周年等开展了主题鲜明的教育活动。依托青马工程，进一步加强新时代文明实践中心建设，开展“青年大学习”行动。

（2）育人体系建设进一步深化。开展校领导参加联系学院学生主题班（团）会活动 15 场次。发挥寝室育人功能，开展“美丽＋”人文宿舍创建活动。创新资助育人路径，开展了精准资助和发展型资助工作。承办 2018 年吉林省高校大学生心理健康教育骨干教师专题培训，取得良好效果。发挥校园文化育人功能，开展了高雅文化进校园、传统文化进校园系列活动。

（3）辅导员队伍建设扎实推进。开展专兼职辅导员选聘工作和“优干推免”工作，进一步充实辅导员队伍。开展“心理危机预防及干预工作能力”“新任职辅导员职业能力”专题培训。选派辅导员参加校内外专题教育培训 104 人次。举办班主任工作研讨会 1 期。

开放合作能力明显增强

（1）国际合作日益活跃。响应国家“中芬冬季运动交流年”号召，与芬兰凯萨卡里奥体育学院合作成立“中芬冰雪体育器械研发中心”“中芬体育职业培训中心”。获批开设国家留学基金委本科学术互认课程（ISEC），为提高学校教育国际化水平奠定基础。学校 28 名教师获国家公派项目资助出国研修；派出出国（境）学习交流学生 86 人；与美国北阿拉巴马大学等国外 4 所高校签订合作交流协议；获批吉林省引进国外智力项目 3 项。

（2）学术交流广泛开展。邀请两院院士、国内外知名专家来校举办学术讲座 43 场。承办学术会议 4 场，其中国际学术会议 2 场。举办“三省一区一校”电力系统科技交流年会。

服务保障水平持续提升

（1）基础设施建设进一步推进。科技园大厦优质竣工。校史馆建设进展顺利。石头楼群维保专项一期施工任务顺利完成。完成各类修缮项目 17 项。完成东、西校区运动场亮化升级改造工程。

（2）服务体系建设取得进展。智慧校园建设步伐加快，完成“学生成长服务信息化工程”和“‘互联网＋’管理服务提升工程”12 个软件应用系统（平台）的升级、上线和推动应用工作。节约型校园建设取得实效，荣获“2017—2018 年度国家级节能示范单位暨效能领跑者”荣誉称号。后勤、档案、医疗、平安校园建设工作取得新进展。

承办第二十三届中国大学生网球锦标赛，中国大体协授予学校“优秀承办单位”荣誉称号。

党建与思想文化建设扎实有效

（1）深入学习贯彻习近平新时代中国特色社会主义思想和党的十九大精神。结合学习贯彻新思想新精神，先后开展了“弘扬爱国奋斗精神　建功立业新时代”、向郑德荣学习等活动。开展干部作风大整顿活动。扶贫攻坚成效明显，学校包保的两个贫困村年底脱贫摘帽，学校脱贫攻坚工作连续被省委组织部考核为优秀，省委常委、延边州委书记姜治莹在学校包保村调研时，对学校帮扶工作给予高度肯定，《吉林省扶贫开发简报》专期刊出学校扶贫工作经验。

（2）深入开展“基层党建质量提升年”活动。以提升组织力为重点，实施“四工程一项目一模式”，取得良好成效。建筑工程学院学生第三党支部获评全国样板党支部，支部工作案例入选第二届全国高校

“学生党支部工作案例特色作品”。成立党委研究生工作部，进一步优化研究生教育、培养管理模式。

（3）干部队伍建设力度加大。加强中青年干部队伍建设，尤其注重优秀年轻干部提拔使用，出台《关于适应新时代要求大力发现培养选拔优秀年轻干部的实施意见》。注重干部培养，选送16名处级干部赴国家教育行政学院培训，选派4名处级干部赴海外研修、3名处级干部赴国家电网公司和地方单位挂职锻炼，举办青年骨干培训班一期。

（4）宣传思想工作开创新篇。采取多种形式，进一步推进习近平新时代中国特色社会主义思想学习，做到学习宣传系统及时，贯彻落实迅速有力。牢牢掌握意识形态工作主导权，进一步强化宣传阵地和文化阵地管理，培育和践行社会主义核心价值观。开展“校园文化建设创新年”活动，完成龙舟之光、奋进之歌、岁月回眸、魅力东电和文化讲堂五项工程。全年学校事业发展和各项工作得到了各界媒体的广泛关注，累计受到中央电视台、新华社、中国教育电视台等省级以上主流媒体报道200余次，学校知名度、影响力进一步提升。

（5）党风廉政建设稳步推进。召开2018年党风廉政建设工作会议，进一步统一认识，压实责任，有力推动了责任体系建设；启动第一轮校内巡察工作，开展廉政风险防范排查，制定出台《基层党委及领导干部问责实施办法》，聚焦监督执纪问责，推进全面从严治党向基层延伸；深入开展纪律教育、警示教育、廉洁教育，持之以恒贯彻落实中央八项规定精神，提升了广大党员干部廉洁自律意识和作风建设水平；完成特邀监督员选聘工作，健全了学校纪检监察干部队伍体系；举办纪检干部“廉政讲堂”，进一步提升了纪检干部履职能力。

（6）统战、离退休工作扎实开展。开展凝聚思想政治共识活动，强化各民主党派组织建设，重视党外代表人士队伍建设，发挥其在高水平大学建设中的作用。进一步强化了宗教工作。改进和加强了离退休教工服务管理工作。1人当选全国妇女第十二次代表大会代表。

年度要事

（1）党委深入贯彻习近平新时代中国特色社会主义思想和党的十九大精神，全面实施“基层党建质量提升年”活动，成效显著。建筑工程学院学生第三党支部获评全国样板党支部，支部工作案例入选第二届全国高校“学生党支部工作案例特色作品”。

（2）控制科学与工程学科获批为博士学位授权一级学科。

（3）9个学科入选省“十三五”特色高水平学科，其中一流学科4个、优势特色学科4个、新兴交叉学科1个。

（4）获2018年省教学成果奖11项，其中一等奖2项、二等奖3项，三等奖6项。12个专业入选吉林省特色高水平专业，其中10个专业入选A类建设项目，2个专业入选B类建设项目。

（5）穆钢教授荣获2018年度省科学技术特殊贡献奖。荣获吉林省科学技术奖13项，其中一等奖1项，二等奖6项，三等奖6项。东电科技开发总部荣获2018年度吉林省科技成果转化贡献奖——单位奖。

（6）李国庆教授为负责人的“电力系统安全运行与节能技术”科研团队、穆钢教授为负责人的“可再生能源联网安全分析与控制”科研团队获评省“黄大年式科研团队”。

（7）李国庆教授科研团队7篇学术论文入选基本科学指标数据库（ESI）高被引论文（前1%）。

（8）加大人才引进力度，成功引进高层次人才一国家杰出青年基金获得者1人。

（9）大学科技园大厦顺利竣工。

（10）承办第二十三届中国大学生网球锦标赛，中国大体协授予学校“优秀承办单位”荣誉称号。龙舟队在国际国内各项赛事中，获冠军17次，亚军20次，其中代表国家征战“2018第十三届亚洲龙舟锦标赛”，获三金三银。

（胡侑实）

【国家电网管理学院】

单位概况 国家电网管理学院（中共国家电网有限公司党校），简称国网管理学院（国网党校），是国家电网公司直属的教育培训单位，担负着领导力开发研究和应用、企业党建理论研究和实践探索、国家电网公司系统领导干部教育培训、党风廉政建设研究的重任，是国家电网公司高素质、复合型、国际化高级管理人才培养基地。

国网党校从属于中央党校国资委分校序列，前身是成立于1980年10月的中央党校中央国家机关分校电力部班；1994年12月，中共电力工业部党校成立；1998年8月更名为中共国家电力公司党校；2000年5月国家电力公司高级培训中心成立，国网党校、国网高培中心与北京电力管理干部学院按照“三块牌子，一个实体，一套班子，承担不同任务”的模式运作；2002年12月更名为中共国家电网公司党校；2009年12月国家电网管理学院成立，与国网党校、国网高培中心实行一体化管理；2011年11月，国家电网公司领导力开发研究中心成立，挂靠国网管理学院；2014年1月国网党校、国网管理学院与高培中心分设，独立运行。

国网管理学院（国网党校）始终致力于服务国家电网公司的发展战略，开展干部教育培训、系统党校建设、企业党建研究、领导力开发研究、党风廉政建设研究、知识管理等核心业务工作。先后获“中央党校中央国家机关分校先进党校班”“中央党校分校办学先进单位”“中央党校分校教学管理先进单位”“中央党校分校2014～2016学年教学管理先进集体”等多项称号。

2018年，对国网管理学院“十三五”规划进行修编，提出“12345”发展新思路，即坚持党校姓党，围绕“一个目标”（以建设世界一流企业管理学院和国内一流企业党校为目标），坚持“两条主线”（以服务国家电网公司党的建设和领导人员队伍建设为主线），增强“三个核心能力”（做强干部党性教育主阵地、做优党建理论研究制高点、做实国家电网公司党组决策智力库），实现“四个引领”（引领领导人员大数据建设、引领领导人员教育培训创新、引领国际化人才开发研究、引领系统党校协同发展），夯实“五个支柱”（全面提升党建统领力、管理驱动力、技术创新力、队伍战斗力、文化凝聚力）。

组织机构 截至2018年底，国网管理学院（国网党校）共下设9个部门，其中，职能部门2个：综合管理部、财务资产部；业务部门6个：领导力开发研究中心、教务管理部、培训开发部（党校部）、党建工作部（企业党建研究中心）、党风廉政建设研究中心、知识管理中心（管理科学图书馆）；支撑部门1个：后勤保障部。

人力资源 国网管理学院与国网党校实行两块牌子、一套人马、一体化运作。8月党风廉政建设研究中心成立；11月30日，国网管理学院（国网党校）将代管的蟒山会议中心管理权移交给国网物资有限公司。截至2018年底，国网管理学院（国网党校）全口径用工总量167人，其中：在编职工47人，博士研究生14人，硕士研究生18人。人才当量密度1.304 4。

干部教育培训 2018年，支撑国家电网公司领导干部队伍建设，共完成9期培训任务，全年培训人天数19 816人天。

培训质量提升。坚持党校姓党，举办国家电网公司领导干部学习贯彻习近平新时代中国特色社会主义思想和党的十九大精神专题研讨班、党委书记培训班、党建工作能力提升专题培训班，完成局级轮训任务。严格执行中央党校国资委分校教学计划，完成2018年春季、秋季青干班教学培训工作，培训质量满意率和综合服务满意率均达98%以上。

主业主课突出。始终把学习贯彻习近平新时代中国特色社会主义思想和党的十九大精神作为培训的重点内容，将党的理论教育和党性教育贯穿培训教学始终。邀请中央纪委、中央政策研究室、国务院研究室、中央党校（国家行政学院）知名专家学者授课，提升教学质量。

教学方式创新。加强现场教学力度，组织学员赴中共一大会址、毛主席纪念堂、革命圣地延安、梁家河等地开展现场教学。创新开展党性教育研究，开发情境党课50门，编辑出版国有企业情境党课教材。《6D模型“双核”驱动，助力国网“两型”人才培养》研究文章入选中组部《干部教育培训改革创新做法选编》。

企业党建研究 党建研究。完成国资委“中央企业党委（党组）发挥领导作用”等2项重大课题研究。开展新形势下加强国有企业党的建设特点和规律研究、国有企业党务日常工作指引研究、学懂弄通做实习近平新时代中国特色社会主义思想在基层落地实践研究，形成典型案例、情景党课、专题报告系列成果。

党建成果。推进研究成果转化，编辑出版《旗帜领航争先锋》系列丛书，举办新时代国企党建创新论坛。征集党建实践案例150个，获全国党建最佳案例奖。“党的十九大专题辅导”“以党建工作五个聚焦领航国有企业改革发展”等系列党课走进国资委系统党校课堂。

党建宣传。全面贯彻国家电网公司“旗帜领航·党建云网”计划，27家省公司云平台完成改版升级，整体入驻“人民党建云”，3家省级云平台实现省市纵向贯通，人民慕课首家央企党建在线学习宣传平台“国家电网党建学院”上线，获中国共产党新闻网2017—2018年度基层党建宣传示范单位称号。

党风廉政建设研究。明确党风廉政建设研究中心的功能定位、研究方向和重点任务。开展《关于国家电网公司党风廉政建设体制机制创新研究》《国家监察体制改革对国有企业的影响研究》，研究水平和专业能力增强。服务公司纪检监察重要会议，参与国家电网公司纪检监察专项检查治理和巡视成果总结，协助开展国家电网公司党建绩效综合考评党风廉政建设考评。运行维护国家电网公司反腐倡廉宣传教育网，在《国家电网报》开设“清风纪语、廉洁国网”党风廉政建设专栏，在《中国纪检监察报》发表专业文章，对外交流进一步加强。

领导力研究 共承担课题研究项目9项，其中国资委课题研究项目1项、国家电网公司科技项目2项、国家电网公司管理咨询项目1项、国网管理学院（国网党校）自主课题1项。

研究工作。首次承接并完成中组部重点课题“中管企业年轻干部队伍建设研究”，代表共同参与研究的8家央企统稿，形成《中管企业年轻领导人员队伍建设研究课题综合报告》，被中组部干部五局和研究局采用推广。聚焦“高素质专业化领导人员队伍建设研究”，推动研究转型，统领大数据应用、考核评价、新型学习模式等课题，形成1份白皮书、2部专著、2个平台、4份报告和2个课程体系，为国家电网公司领导人员队伍建设提供决策参考。打造业内领先研究品牌，承办中国企业高管培训发展联盟年会暨高峰论坛，获得“先进企业大学”称号，国网管理学院吴向京获得首届“央企名师名课奖”第一名；举办“智汇蟒山”学术论坛和“中国企业大学百人会共创沙龙”；成立领导力中心辽宁、重庆、山西分中心。

研究成果。推动研究成果转化为实体课程，全年转化课程8门，为23家系统内外单位干部培训提供授课服务。专著《水平：悟水浒中的领导力》由中信出版集团出版，获中组部第四届全国党员教育培训教材优秀教材奖，相应50h的系列讲座成为国内领导学领域最受欢迎的专题讲座。“考评的逻辑与伦理”成为中国大连高级经理学院、中欧国际商学院热门课程。做好公司系统领导人员在线学习支撑服务，推出“学习贯彻党的十九大精神”必修课程及九类选修课程，创新音频、AR等课程形式，全年更新课程161门、210学时，超额完成计划目标。累计开设学习账号1046个，人均学习时长458学时，落实中组部对干部培训的学时要求。

专业支撑。协助国网组织部推进国家电网公司组工系统课题研究，提供业务指导、发挥资源优势，完成国家电网公司级课题7项、单位级课题49项。牵头编制《国家电网公司领导人员队伍建设规划(2018～2022年)》，配合起草《国家电网公司领导人员日常考评办法》等制度。协助完成国家电网公司干部考察、组织人事干部轮训、总部毕业生招聘等工作，服务中兴公司等单位干部民主测评，为国家电网公司组织工作实践提供专业支撑。

智力库建设　智力库建设方向明确。走访8家知名智库、调研27家系统党校，提炼形成内外部调研报告各1份。编制《国家电网公司系统党校智力库建设规划》，明确了“围绕一个中心、抓好五项重点任务、健全七大机制”的总体建设思路，确立了“理念先进、定位清晰、特色鲜明、央企领先”的建设目标。

智力库成果资源丰富。制定成果入库标准，建立入库管理流程，梳理研究课题20个、相关文件187份、形成研究成果资源清单。完善智力库信息平台。编制《视窗》十九大精神专刊与系统党校建设专刊，打造成果宣传推广平台，促进成果的分享与传播，扩大在系统内外影响力。优化图书馆整体布局，引进智能化借阅设备，年度新增图书1万余册、数字资源1万余条，促进图书管理工作规范化、标准化，提升知识管理水平。

系统党校建设　发挥示范引领新作用。研究制定《关于进一步推进系统党校建设的总体方案》《关于进一步推进系统党校建设工作的意见（征求意见稿）》，明确系统党校建设目标、任务。发布国家电网公司系统党校青干班教学计划，明确教学目的、课程设置、教学活动和教材目录等，发挥引领作用。推进系统党校资源整合共享、协调服务工作，统筹构建国家电网公司系统党校智库，发挥系统优势。常态化开展师资库、课程库、案例库建设工作，加快资源共享和推广应用。师资库师资数量为50名，课程库课程5门，案例库案例5个，系统党校咨询服务20次，组织系统党校专题研讨会和年会4次。

搭建协同研究新平台。与国网吉林、宁夏电力签订战略合作协议，成立企业党建研究分中心，选取基层党建工作示范单位，建立党建实践研究基地。实施党建研究“五个一”工程，统筹安排各分校、二级单位党校年度党建研究计划，建立系统党校党建研究专家库，形成优秀课题60个，精品课程近100门，特色案例近500个。

形成合作办学新模式。与上海分校、西安分校合作，依托中国浦东干部学院、中国延安干部学院以及分校优势，共享优质教学资源，进行现场体验教学。

打造党校实践新示范。系统党校建设成果受到多家央企关注，“国网系统党校建设探索与实践”课程在中国大连高级经理学院的央企党校办学能力研讨班上广受赞誉。“国家电网公司系统党校1+N办学体系研究与实践”课题研究获中电联2018年度电力创新奖一等奖。

党的建设和精神文明建设　以党的政治建设为统领，注重融合内嵌。推进“旗帜领航·三年登高”计划实施，落实“对标管理年”工作部署，调整支部设置，健全完善党建工作联系点、党费管理、支部建设等方面的制度，标准化建设水平整体提升。坚持党建带团建，国网管理学院青年志愿者连续4年走进昌平鹏鹰打工子弟小学，常态化践行央企社会责任，国网管理学院团委获国家电网公司“五四红旗团委”称号。

党风廉政建设。修订党风廉政建设相关制度，围绕学院核心业务，开展8个协同监督项目，形成常态化督查、会商、整改闭环机制。结合业务领域重大廉洁风险防控，细化党风廉政建设“两个责任”清单，“一岗双责”得到落实。落实约谈报告工作要求，党委书记和纪委书记约谈9名部门主要负责人，班子成员分别约谈分管部门负责人，实现领导全参与、约谈全覆盖，加强党风廉政建设责任落实。

员工与企业实现和谐发展。主动关心关爱职工，落实员工福利。加强企业文化与精神文明建设，号召员工学习张黎明先进事迹，弘扬劳模精神和工匠精神，在岗位工作中建功立业。加强职工文化建设，举办健步走、篮球趣味赛、女职工主题读书等活动，丰富员工业余文化生活。组织参加国家电网公司“职工文学创作奖”评选，1名员工作品获奖。

（徐俊波）

【中共国家电网有限公司党校】

见国家电网管理学院。

【国家电网有限公司高级培训中心】

单位概况 国家电网有限公司高级培训中心（简称国网高培中心）是国家电网公司直属的教育培训单位，是国家电网公司专业管理人员以及高素质、复合型、国际化人才的培训基地，为国家电网公司人才培养和软实力建设提供服务保障与智力支持。

国网高培中心位于北京市海淀区清河，占地86亩，建筑面积约7.2万m^2，有报告厅3个，教室18间，研讨室16间，餐厅7个，学员住宿房间785间。教学培训设施完善，拥有配套的教学楼、学员公寓、学员餐厅和活动场所等，有音视频采集系统、电视电话会议系统、网络教室、演播教室等，实现校园Wi-Fi全覆盖，建成数字化校园系统，支撑国家电网公司网络大学建设。

组织机构 国网高培中心下设8个部门：综合管理处、教务管理处、教学研究处、教学培训处、培训信息处、党建工作处（监察审计处）、财务资产处和后勤保障处。

人力资源 截至2018年底，国网高培中心共有员工319人。其中：高级职称30人（正高级3人，副高级27人），中级职称10人；硕士及以上学历46人（博士11人，硕士35人）。1人获得国家电网公司办公室工作先进个人，1人获得国家电网公司信息通信工作先进个人，1人获得国家电网公司宣传工作先进个人，1人获得国家电网公司经济法律工作先进个人，1人获得国家电网公司人力资源工作先进个人，1人获得国家电网公司离退休工作先进个人，1人获得国家电网公司后勤工作先进个人，1人获得国家电网公司企协工作先进个人，1人获得国家电网优秀共产党员服务队优秀队长，1人获得国家电网公司优秀共青团干部，1人获得国家电网公司优秀共青团员称号。

2018年，国网高培中心完成组织人事制度“立、改、废”工作，建立纪实材料清单机制，确保干部选拔任用内容完整、准确、规范。按照好干部标准选贤任能，突出年轻干部培养和队伍建设，共完成2名处级干部选拔提任工作，选送1名处级干部参加国家电网公司青干班。

经营管理 2018年，国网高培中心完成各类项目365个，培训量12.9万人天，约2.9万名国家电网公司干部职工走进国网高培中心接受培训，培训质量满意率98.07%，综合服务满意率98.01%，人均培训贡献指数330人天，全年营业收入1.11亿元。安全生产、党的建设、教育培训、队伍建设等方面保持良好局面，各项指标均优于国家电网公司考核标准。先后获得“首都精神文明创建工作先进单位”等称号和“人才发展协会（ATD）卓越实践奖”“国际绩效改进协会（ISPI）绩效改进卓越奖”等行业奖项。

教学与培训 助力国家电网公司战略落地。全面落实1项解读、4类案例、1个课题“一四一”工程，组织开展公司新时代发展战略解读，邀请国家电网公司相关领导专家授课100余次，开发国家电网公司新时代发展战略“八个着力”解读系列微课，开发《青海全清洁能源供电实践》等4个重大案例。

重大课题研究。紧随国家电网公司战略做好课题研究，落实人力资本计量与应用研究、培训项目方案设计方法分类及共性流程技术标准、国家电网公司管理人员岗位能力培训规范技术标准3个国家电网公司级研究项目。

培训资源开发。开发优秀师资196名、内训师16名、现场教学点14个，组织开发406门网络大学课程，自主开发16门课件，多门课件获得国家电网公司网络大学、中央企业“联盟杯”微课大赛奖项。

培训标准化建设。完善《企业大学培训管理能力提升指导手册》《班主任培训标准化工作手册》等流程制度，制定跟班听课实施意见，建立五大模块课程师资评估指标体系。

培训方案设计。编制《培训项目方案设计九宫格方法论应用手册》，创新“4＋1”方案设计思路，全年累计完成104个项目方案设计，课程设置和师资授课质量提升。

品牌活动。全年开展“高培讲坛”36次，参与学员4700余人，邀请单霁翔、龙乐豪、贾樟柯等知名专家学者前来授课。

丰富培训方式。完善混合式培训方式应用指导手册，推出高管圆桌会、学习反思会、读书分享会等多种培训方式，提升培训效果。

培训信息化 信息系统建设。知识援助系统完成建设，数字高培、资源智能化系统上线运行，一卡通系统投入使用。掌上高培系统优化，完成内训师助手功能建设，实现课堂教学互动、研讨内容沉淀等功能，支撑培训业务发展。

网络大学运营支撑。支撑国家电网公司网络大学六大专业学院，实施35个网络培训考试，服务271万人次，协助国网物资部、财务部完成竞赛调考任务，支撑运营人资专业移动学习。

信息化保障。信息安全与运行维护工作实现工作零违规、设备零缺陷、业务零中断、运行零事件、安全零事故“5个零”，获得国家电网公司信息通信专业优秀基层单位流动红旗。

优质服务 健全服务基础设施。完成图书馆三期建设，丰富优质图书。组织实施校园绿化美化再提升、客房维修、餐厅改造等15个工程项目，完善校园基础设施。

服务面貌焕然一新。开展工作纪律、仪容仪表、文明用语专项检查活动，员工微笑服务、主动服务意识增强。持续开展“快乐周三美食日”活动，优化菜品结构，扩大学员覆盖范围，提高餐饮服务品质，受到学员广泛好评。

优化调整职能分工。梳理后勤各岗位工作职责，固化工作流程，完善工作手册，共梳理后勤各岗位工作职责和管理制度163项。完成前厅、综合服务中心、康乐班组的整合，优化工作流程和人员配置，充实服务人员力量。

党的建设和精神文明建设 政治建设摆在首位。持续抓好习近平新时代中国特色社会主义思想大学习，推进“两学一做”学习教育常态化制度化，印发党员教育培训规划，中心组累计学习18次，党支部学习研讨60余次。以纪念建党97周年为主题，开展表彰先进典型、党性现场教育、红色经典诵读、主题党日等系列活动。

夯实党建基层基础。落实“旗帜领航·三年登高”行动计划，制定党建对标管理方案，明确7类46项任务清单。调整各党支部设置，规范使用“三本六盒一证”，推广应用党建综合管理系统。制定落实中央八项规定精神实施细则的实施办法，组织开展7个协同监督项目，明确9方面27项措施。

打造党建培训阵地。全年组织40余期党建类培训，培训4000余人次，发放5大系列2万余册微教材。挂牌李大钊纪念馆党性教育基地，完成“国家电网公司系统党务工作实操应用研究”课题，构建6类党务工作者能力素质模型和课程体系。自主开发7门党建课程，运营“红色高培”平台，推动中央最新精神和公司战略进培训、进课堂、进头脑。

发挥党建引领作用。深化共产党员服务队标准化阵地建设，获得国家电网公司优秀共产党员服务队称号。打造“学习改变未来”校园文化，保持“国家电网公司文明单位”“首都文明单位”称号。建成并常态化运维“阳光小屋”，开展主题读书“重要节日一封信”“高培青年说”辩论会等活动，凝聚群团强大合力。

（曹　祎）

【国家电网有限公司技术学院分公司】

单位概况 国家电网有限公司技术学院分公司（简称国网技术学院）成立于2008年12月30日。根据国家电网公司党组决定，2010年11月8日，中国共产主义青年团国家电网公司团校在国网技术学院挂牌成立；2011年12月31日，技术学院与山东省电力学校合并，实施一体化运作；2012年8月30日，国网技术学院设立成都、长春、西安三所分院；2014年7月10日，国网技术学院设立苏州分院；2017年1月20日，国网技术学院设立郑州分院，确立“资源共享、优势互补、分工明确、协调发展”的集约化大培训体系。2018年12月21日，国网技术学院完成转企改制工作。

国网技术学院主要承担国家电网公司新入职员工培训、高层次技术技能人才培训、紧缺人才培训、国际化培训和学历教育，运营管理国家电网公司网络大学，是国家电网公司培训创新研发基地、团青干部培养基地、企业文化传播基地，技术技能人才培训开发中心、新技术新技能推广示范中心，技术技能人才培养国际合作交流平台。2018年，国网技术学院获“国家技能人才培育突出贡献单位”称号，成为中国职业技术教育学会副会长单位。

人力资源 截至2018年底，国网技术学院共有员工551人，其中，专职培训师215人，硕士以上学历195人，副高级以上职称305人，各级各类人才54人，英语授课团队50人，48人获得ATD国际培训大师资质。2018年，新增国家电网公司专业领军人才3人、省高校专家宣讲团2人、济南市精英领军人才2人，评选技术学院优秀专家人才35人；选派3名骨干培训师再次赴艰苦边远地区挂岗帮扶。

经营管理 落实公司改革工作部署，子改分工作完成，新的组织机构批复调整到位，集体企业得以保留，“三供一业”基本按期分离移交。研究出台学院新时代发展战略纲要和改革发展指导意见，推进全员岗位聘任工作，探索构建“精管理、强专业、高集成、重支撑”运营管理新模式。树立“过紧日子”思想，健全培训费归集常态化联系机制，建立财务预算和成本管控制度，分级排序投资项目。分析业务外包状况，开展资产清查盘点，经营管理水平提升。从严工程项目审批流程，加强安全、质量、造价管控，完成76项建设任务。

培训工作 举办培训班282期，培训7.05万人、136.69万人天。其中，新员工培训班4期、1.86万人、94.01万人天；国家电网公司短期培训班199期、1.65万人、6.15万人天；国家电网公司线上培训班13期、3.22万人、33.53万人天；委托类培训班66期、0.32万人、3万人天，培训质量及服务满意率98.39％。

推行翻转课堂、分组对抗、线上线下相结合等培训模式，精心设计课堂讲授和实战体验，动态征集学员学习需求，全面实施移动测评，试点开展培训师“五力”评价，提升培训教学质量。优化新员工培训方案和专用教材8套；超前策划国家电网公司技能等级评价工作，完成51个工种评价标准和题库开发任务；策划开展“补短培训”调研，试点开发“回炉培训”项目；编制标准化培训课程认证标准，探索建立线上线下相结合的技术技能培训标准化课程体系。

学历教育 紧跟职业教育发展形势，创新学历教育模式，加快构建现代职业教育体系。发布《政治引领立德树人工作实施方案》，打造职业教育发展体系，推行现代学徒制育人模式，建设“四有”师资队伍，形成全员、全过程、全方位育人格局。深化产教融合、校企合作，推广现代学徒制试点，扩大定向生培养规模，扩增新疆电力定向生，新增北京电力定向生，推进职前教育和职后培训深度融合。坚持“做、教、学”一体化，突出学生专业技能培养，对接岗位典型工作任务，重构课程体系，优化整体教学设计，开发4套定向人才培养方案，启动32门行动式教材开发，促进教学内容与岗位要求衔接。输送毕业生561名，就业率99.11%。

国际化业务 紧跟国家电网公司国际化发展步伐，形成国际电力技术技能培训多样化、国际电力人才交流常态化、国际化业务持续提升的局面。坚持“请进来”，举办“一带一路”首期电力能源高管研讨班、2018中国电力人才发展论坛；完成中美合作配网项目、NGCP高级技术人员、柬埔寨电力技术人员培训班，培训内容和形式实现新突破。坚持“走出去”，选派6名培训师赴埃塞俄比亚执行为期47天的现场培训任务，迈出海外培训第一步；加入ATD国际培训组织，参加国际青年能源论坛和“丝绸之路大学联盟”等活动，传播企业文化、展示国网形象。坚持“携起手”，加强与国家电网公司总部、中电联等汇报沟通，加强与国网国际公司、中电装备公司、港灯公司等产业单位，以及西安交大、香港理工大学等高校的洽谈联络，深化国际合作交流。

开发国际化培训课程25项、国家电网公司主导国际电力技术标准课程10项，联合港灯公司、国网北京电力完成2项课题研究；精心组织国际化培训技能竞赛，选派4人赴巴西、香港开展境外实践锻炼，实施国际化“育才工程”，2018年有17人通过ATD国际培训大师资质认证。

网络大学 推进培训业务由线下培训为主向线上线下相结合延伸，打造立体化、多元化全业务知识集成中心。创新网络学习方式，推广移动学习方式，策划“国网TALK”直播项目5期、工作赋能系列培训13期，改造客服热线，拓展运营模式，提高服务质量。制定技能等级评价标准与题库开发指南，组织编制管理类、技术类岗位培训规范企业标准234个，基本实现公司管理、技术、技能人员培训标准体系全覆盖。深化培训教学云平台建设应用，国网百科、扫码学习、“培训班助手”等功能上线运行，改善用户体验。网大资质认证业务在国家电网公司38个带电作业基地全面推广，获中国在线教育“博奥奖”最佳应用奖。网络大学登录2558万人次，网络学习45万人次，网络考试228万人次。

党的建设和精神文明建设 党建工作。深入开展习近平新时代中国特色社会主义思想“大学习、大调研、大实践”活动，党委中心组集中学习16次，基层党组织开展“三会一课”活动4100余次，推动新思想新精神落地生根。全面理顺党建组织架构，规范学院党委、机关党委、电校党委设置，深化“四维两化”党支部建设，优化党建对标体系，以项目制推动支部联建共创，筑牢党建工作基础。

党风廉政建设。聚焦“六个围绕”，提高政治站位，内部巡察实现全覆盖；完成国家电网公司审计和巡视配合任务，坚持整改与提升相结合，建立问题清单、任务清单、责任清单，抓整改、促提升。构建高效协同的监督工作机制，狠抓廉洁教育，狠抓思想转变，坚决贯彻落实中央八项规定精神，持之以恒正风肃纪。

企业文化建设。落实国家电网公司“旗帜领航·文化登高”行动计划，宣传国家电网公司企业文化，推进企业文化建设示范点“百千万”工程，实施楼宇文化建设，建设专家创新工作室，发挥文化阵地的引领示范作用。

群团工作。深化民主管理，创新职工代表巡视形式和内容，建立职工诉求服务平台，常态开展帮扶慰问和文化体育活动；落实离退休人员两项待遇，用心用情服务老同志。坚持党建带团建，承办国家电网公司“学习张黎明，争做时代新人”青年演讲比赛，参加青年创新创意大赛，打造团员青年素质提升阵地。

（崔　昊）

【中共中国南方电网有限责任公司党校】

单位概况 中共中国南方电网有限责任公司党校（简称南网党校）和中国南方电网有限责任公司干部学院（简称南网干部学院）是南方电网公司党组为加强党的建设，以及各级领导班子和党员干部队伍建设，提高企业领导干部政治理论水平和战略思考、系统思维能力，搭建的一个南方电网公司领导干部提高党性修养和综合素质的高端教育培训平台，成立于2011年4月8日。

中国南方电网有限责任公司培训与评价中心（简称南网培训中心）是南方电网公司党组为整合南方电

网公司系统培训资源，提升培训工作的系统性，开展高端技术技能人才培训和评价工作，于2011年7月27日正式成立的分公司，与南网党校、南网干部学院合署办公，实体化运作。2011年9月16日以“中国南方电网有限责任公司教育培训评价中心”完成工商注册登记，2018年6月8日进行工商变更登记，变更企业名称为“中国南方电网有限责任公司培训与评价中心”。

南网党校主要负责培训南方电网公司党员领导干部，开展党的理论教育和党性教育，开展南方电网公司新时代党建智库建设，开展党的理论宣传与研究工作，推进党的理论创新和实践创新；承担南方电网公司系统副处级及以上党员干部和中青年后备党员干部的轮训培训，着重培养党员干部的党性综合素质和党的理论知识，培养造就对党忠诚、勇于创新、治企有方、兴企有为、清正廉洁的好干部。2018年6月，南方电网公司成立新时代国有企业党的建设研究中心，承担党建研究、资政、教学三大职责，研究中心办公室设在南网党校，南网党校同时承担南方电网公司党建思想政治工作研究会秘书处职能。

南网干部学院主要负责培养南方电网公司高层次经营管理人才和政策研究人才；为南方电网公司提供决策咨询服务，开展企业管理等领域理论研究和政策研究；承担南方电网公司系统副处级及以上干部和部分优秀中青年后备干部的培训工作，研究南方电网公司干部教育培训工作中的重大问题，参与制定南方电网公司干部培训规划和政策，着重培养干部的战略思维、生产经营、应急管理、科学决策、领导能力等方面的综合素质，提升推动南方电网公司科学发展的能力。

南网培训中心是南方电网公司培训高层次专业技术人才和技能人才的重要基地，主要负责领导力研究、领导力培养、领导力评价，聚焦公司领导力发展标准，深化领导力评价应用，创新领导力培养项目，搭建完善针对公司中高层管理人员的领导力发展体系；承担南方电网公司下达的各类技术、技能人才的教育培训任务；承担南方电网公司下达的专业技术资格评定及高级技师技能鉴定工作；为南方电网公司的员工招聘、人才甄选等提供领导力测评、选拔测评与考试服务；协助南方电网公司开展教育培训和人才评价体系研究与建设的相关工作。

南网培训中心主要经营范围包括：① 从事与电网经营和电力供应有关的科学研究、技术开发、咨询服务和培训业务；② 经营国家批准或允许的其他业务。

领导班子

2018年，培训中心（党校、干部学院）领导班子发生调整。3月23日，根据南方电网党〔2018〕28号、南方电网党〔2018〕29号、南方电网党组织〔2018〕15号文，郑立春任南网党校（干部学院）副校长（副院长），南网培训中心党委委员、副书记、副主任；免去吕益华南网党校（干部学院）副校长（副院长），南网培训中心党委委员、副主任、纪委书记职务，另有任用。7月19日，根据南方电网党〔2018〕74号、南方电网党〔2018〕75号、南方电网组织〔2018〕37号文，郑立春任南网党校（干部学院）、南网培训中心巡视员，南网培训中心纪委书记；陈敬宁任南网党校（干部学院）副校长（副院长），南网培训中心党委委员、副主任、工会主席；免去吕志南网党校（干部学院）副校长（副院长），南网培训中心党委委员、副主任、工会主席职务，另有任用。

截至2018年12月31日，南网培训中心（党校、干部学院）领导班子成员如下：

南方电网公司党组副书记、副总经理兼南网党校校长：史正江

南网党校常务副校长，南网干部学院院长，南网培训中心党委书记、主任：赵杰

南网党校巡视员、副校长，南网干部学院巡视员、副院长，南网培训中心巡视员、党委副书记、副主任、纪委书记：郑立春

南网党校副校长，南网干部学院副院长，南网培训中心党委委员、副主任、工会主席：陈敬宁

组织机构 南网培训中心、南网党校和南网干部学院合署办公，日常管理实行一体化运作，设置一套内部机构，配置一套工作人员。根据现阶段工作实际，内部机构设为综合管理处、组织人事处、培训管理处、网络培训处、教学科研处、党建研究处和人才评价处7个处室。

人员状况 截至2018年末，共有员工54人，其中劳动合同制员工49人（领导班子3人，处室负责人11人，主管和专责35人），劳务派遣制员工5人。劳动合同制员工中，现有党员47人，占96%；硕士研究生及以上学历19人，大学本科30人；拥有高级及以上职称29人、中级职称13人、初级职称2人；员工平均年龄38.4岁。

年度工作 在南方电网公司党组的正确领导下，南网党校和南网培训中心以习近平新时代中国特色社会主义思想为指导，认真贯彻党的十九大精神，深入学习习近平总书记在全国国有企业党的建设工作会议、全国组织工作会议和全国宣传思想工作会议上的重要讲话精神，全面落实南方电网公司2018年工作会议和两个“一号文件”的各项部署，坚持党校姓党，彰显央企姓党，发挥阵地熔炉作用，抓好主业主

课，创新培训理念方法，努力提升党建研究能力，抓好领导力实验室和互联网学习品牌建设，服务于公司高素质专业化的党员干部队伍建设，为南方电网公司改革发展和战略落地提供智力支持和人才保障等方面发挥应有的作用。

全年统筹实施各类培训班102期，面授培训6089人次；培训量49 304人天，较2017年同期增长267%。实现培训班评估全覆盖，平均满意度96.8%。乐学南网（网上党校、精益学院）App用户数达到21万人，总学习人次突破750万人。完成高级职称评审3331人，评审通过1882人；政工师考试1096人，成绩合格402人。党建研究专著《新时代国有企业党的建设十六讲》由中央党校公开出版发行，荣获中国企业联盟颁发的2018年优秀教材成果奖。助力南方电网公司在“2017年中央企业人才培养荣誉评选”活动中获“先进企业大学”等11项大奖。

干部员工理论武装 一是贯彻落实公司党组加强和改进党的建设工作有关要求，把学习习近平新时代中国特色社会主义思想贯穿于培训各环节，策划实施10期公司处级以上领导干部学习贯彻十九大精神轮训班，共培训公司党组管理干部、总部及驻穗单位处级干部512人。利用网上党校平台开设学习十九大精神专区，南方电网公司系统约98万人次参与学习。二是在凸显南网特色的同时进一步提升主体班次党性教育课程比例。第四期年轻干部培训班和第七期中青班理论教育和党性教育课程占比分别为33.7%和75.8%，逐步积累形成了党性教育权威系列课程和高端师资库。注重问题导向，结合南方电网公司改革发展热点难点问题设置行动学习内容，引导学员养成理论联系实际、学以致用的好习惯。三是进一步深化“不忘初心、牢记使命”理想信念教育体验式培训项目品牌运营，形成“五省六线”教学格局。以纪念改革开放40周年为契机，及时推广应用“坚定四个自信，迈向强国之路”为主题的深圳线路，集中展现习近平新时代中国特色社会主义思想成果和南方电网公司发展最佳实践案例。

干部专业化培训 一是首次全面承接南方电网公司总部培训班次的统筹实施，重点做好公司第四期年轻班、领导干部经营管理培训班（EMT）和第七期中青班等重点班次的策划实施工作，其中领导干部经营管理培训班（EMT）荣获中山大学EDP模范班级称号。二是持续推进网络培训与南方电网公司业务深度融合，在南方电网公司范围内形成大规模、开放式、可持续的互联网学习文化。通过网上党校落实公司党组加强党员教育的要求，建成党员一站式网上自主学习阵地，吸引210万人次登录网上党校学习；基于精益管理微学院建成精益人才一站式学习、认证中心和交流研讨阵地，学习人次达213万，助力9.2万员工通过带级认证，在全员普及型培训方面充分发挥了互联网学习的效率和价值。互联网学习实践成果《互联网学习驱动南方电网网络学院管理模式创新建设》获公司管理创新一等奖。三是坚持从严治学，建立以“三查一评”（日常自查、教学巡查、档案检查和培训评估）为基本监督手段的教学质量监督体系。

党建教研能力建设 一是按照公司党组部署，在中央企业中成立新时代国有企业党的建设研究中心，完善党校内部组织架构，成立党建研究处，承接公司党建研究中心办公室和政研会秘书处职责，进一步加强新时代国有企业党建理论与实践问题研究。二是在史正江带领下，组织编写并出版《新时代国有企业党的建设十六讲》，集中呈现党的十八大以来国有企业党的建设理论和实践创新的重要成果，在系统内外引起强烈反响。三是主动接棒南方电网公司政研会工作。克服困难，加强与上级政研会的沟通交流，助力南方电网公司首次成为央企政研会副会长单位。加强南方电网公司政研课题研究管理，完成年度评审，确保每项成果能落地、可推广、实效强。四是党建实践案例“从体制机制上保证国有企业党委（党组）发挥领导作用”，获中央党校（国家行政学院）纳入其主体班次课程体系，面向全国作经验传授。五是参与南方电网公司重大课题“新时代党的建设与改革发展、生产经营深度融合”调研工作，形成调研报告，为南方电网公司党组决策部署提供重要参考。

领导力发展建设 一是构建南方电网公司高潜领导力素质能力模型，完善测评工具开发。按照国企领导人“二十字”要求，努力画好公司好干部“标准像”，助力公司高潜人才选拔与培养。二是开展心理测评在监督执纪“第一种形态”中的应用研究。首次研究探索心理测评应用于党建工作，提出可行的思路和方法，丰富和创新党内监督的形式和内容，推进心理测评与党建工作有机融合。三是深化组织领导力研究，目前已在系统内25家单位开展试测。推广应用高潜领导力测评工具，累计为四家分子公司提供300余人次测评咨询与服务。四是探索公司培训质量评估的新方法，重构三个关键指标体系，切实提升培训评估的系统性，共完成83期培训班的质量评估。

教育培训共享平台建设 一是充分发挥教学管理委员会作用，举办南方电网公司第一届培训与发展年会，共享人才发展创新成果，增强培训战线的向心力和凝聚力。总结南方电网公司成立以来教育培训工作的历程与成果，编制南方电网公司教育培训白皮书，展现南网特色培训文化。二是开展人才培养模式研究。完成高潜人才培养“春笋计划”可行性研究，修编南方电网公司专业技术和技能人员培训规范，努力打造具有南网特色的人才培养体系。三是完善课程和师资体系建设。落实史正江校长提出的授课师资“三个1/3”要求，启动党校讲师培养“星火计划”，计划用2～3年的时间培养一批能上课、上好课的党校讲师。组织开发自主品牌课程、教学案例和教材，其中《管理者情商培养与提升》课程荣获中国企业高管培训发展联盟颁发的“央企名师名课”奖。四是代表南方电网公司承办第二届中央企业“联盟杯”微课大赛，推动央企微课学习资源共建共享，吸引36家央企参赛并提交2037门作品，参赛单位和作品数量分别比首届增长44%和95%，南方电网公司在大赛中取得优异成绩。

自身能力建设 一是统筹制定两方案一通知一计划，确保学习宣传贯彻习近平新时代中国特色社会主义思想、党的十九大精神和南方电网公司党组1号文精神贯穿自身建设的全过程。深入宣贯南方电网公司2018年组织宣传工作会议精神，开展“四个一”宣讲活动（班子宣讲、班子送教、共建宣讲、网络宣讲）。二是通过“三个计划、三个平台”加强党支部标准化、规范化建设。加强对学员和员工“两支队伍”的学习教育和党内政治生活规范管理。总结提炼支部“互联网＋党校”的探索与实践，获评南方电网公司首批优秀基层党建创新典型案例，入选南方电网公司《全面从严治党·南网创新》。三是全面开展形式主义和官僚主义问题专项整治，印发关于加强作风建设文件4份并督办落实，持续培育优良作风。扎实开展巡视整改，全面开展“扫雷”行动和廉洁风险防控，自查发现的7个廉洁漏洞全部整改到位。四是贯彻落实南方电网公司党组部署，着重培养忠诚干净担当的高素质干部，提拔任用5名副处级优秀年轻干部。不断完善组织机构，引入系统外优秀人才，与系统内培训中心建立人员交流学习机制，在充实壮大党校人才队伍的同时，也向南方电网公司输送专业人才。五是加强培评业务与支部建设工作深度融合，首次举办处室负责人党建责任制考核和工作绩效考核述职，将党建责任落实落细。

（邹文晴）

【中国南方电网有限责任公司干部学院】

见中共中国南方电网有限责任公司党校。

【中国南方电网有限责任公司培训与评价中心】

见中共中国南方电网有限责任公司党校。

新 闻 出 版

【中国电力传媒集团有限公司】

单位概况 中国电力传媒集团有限公司（原中国电力报社，简称中电传媒），在李鹏的关心支持下，于1981年成立，先后隶属于电力部、水利电力部、能源部、电力工业部、国家电力公司、国家电力监管委员会。2012年12月，经党中央和国务院领导批准，正式转企改制并更名为中国电力传媒集团有限公司；2013年3月，国家能源局和国家电力监管委员会重组后，划归国家能源局主管。

中国电力传媒集团有限公司注册资本3亿元人民币，主营业务为报刊出版、广告、发行和网络传播、影视制作、网络电视、电子出版、信息咨询、展览展示、排版制作、计算机软件开发与销售、酒店管理、商业贸易、文化地产、能源投资等。

截至2018年12月，中国电力传媒集团有限公司合并报表总资产为44 759万元，负债13 556万元，所有者权益（净资产）31 204万元。在全国范围内拥有22家子公司和29个注册记者站。拥有职工488人。

组织机构 中电传媒设党委会、董事会、监事会，下设20个职能管理及传媒业务部门、20个记者站、13个下属公司。

主要事件

1月22日，中电传媒在北京召开第二届职工代表大会第四次会议暨2018年工作会议。

3月，中电传媒获评中国报业融合发展创新单位和中国报业融合发展优秀案例，展现了“中电传媒”品牌实力。

4月23日，中电传媒在北京召开全国两会报道总结表彰会议。“全国两会”报道期间生产了1条百万＋、6条10万＋新闻产品，首次获得中国记协专辑简报介绍做法和经验。

4月26日，中国报业协会五届四次理事会暨中国报业发展大会在北京召开，中电传媒副总经理郝兴国在会上发表演讲。

5月，中电传媒与国家能源局资质中心共同举办了资质十大优秀新闻的评选活动，参与前期评选及现场颁奖活动。

7月22日，中电传媒受邀于GE法国分公司以及德国西门子公司，董事长顾平安率团出访，赴法国、德国进行清洁能源发展前沿信息和媒体交流。

7月，中电传媒组织贫困地区学生进京游学活动，并向国家能源局定点扶贫地区捐书、捐资助学、消费扶贫。

8月28日，中电传媒党委书记、董事长顾平安在本部会见来访的韩国电气新闻社副社长李弘雨一行。

9月18日，中电传媒在河南省安阳市滑县举办“服务三农供电杯”第十五届中国电力新闻摄影比赛并召开电力新闻摄影研讨会。

9月19日，中电传媒在北京举办第十三届“中电传媒杯”全国电力行业优秀影视作品、2017年度“中国电力新闻奖（影视）”作品展评及颁奖活动。

9月30日，中电传媒中电丰凯自主开发、上线运行智慧党建云平台。

10月16日，中电传媒图书出版中心紧盯能源行业关键环节，发起成立中国电力发展促进会知识产权分会，筹办中国能源普法网站。

10月16日，中电传媒党委书记、董事长顾平安在本部会见来访的韩国电气公事协会会长柳在善、韩国电气新闻社社长李亨洲一行。

11月14号，中电传媒在广州召开了2018年度全国记者工作会。

11月20日，中电传媒推出“2018清洁供暖进行时”大型融媒体报道，前后方超百人协同作战，12路记者深入现场调查采访，完成28h不间断视频直播，实现80万＋微博话题参与量、50万＋直播浏览量，28h视频直播报道以长时段、高密度、大空间、全媒体成就了行业报道新标杆。

11月28日，中电传媒在广东珠海召开2018全国发电企业新闻年会。

12月，中电传媒制度“废改立”工作全面收官。

12月14日，中电传媒能源情报研究中心出版《改革开放40年我国能源行业发展成就》报告，共计10万余字，从能源、电力、新能源、煤炭、油气、国际合作六大视角深刻呈现了改革开放40年中国能源发展非凡成就。

（敬慧莉）

【英大传媒投资集团有限公司】

单位概况 英大传媒投资集团有限公司（简称英大传媒集团）是国家电网公司的全资子公司，于2008年8月7日正式成立，是中国首家企业传媒集团。

英大传媒集团以新闻、出版为核心业务，具有优良的新闻宣传和图书出版资质。旗下拥有《国家电网报》《亮报》《国家电网》杂志、《能源评论》杂志、《英大金融》杂志、《脊梁》杂志、《供用电》杂志、《水电与抽水蓄能》杂志、《项目管理评论》杂志、国家电网电视频道（SGTV）、《国家电网报》手机报等传统媒体；以电网头条“三微一端”（微信、微博、微视频、客户端）为旗舰，以国家电网报、闪亮播报、国网故事汇等微信公众号为支撑的新媒体矩阵；年出版发行电力、电子、教材、建筑机械、外语等领域各类图书、音像电子产品4000多种；同时开展影视专题片拍摄、品牌策划、会议展览、广告营销、装帧设计、投资与资产管理及相关咨询业务。

组织机构 英大传媒集团下设《国家电网报》有限公司、中国电力出版社有限公司、英大传媒（上海）有限公司、英大传媒投资集团武汉有限公司、英大传媒投资集团南京有限公司、国网卓越科技文化（北京）有限公司6家全资子公司，参股人民网有限公司、上海第一财经传媒有限公司、体坛传媒集团股份有限公司等社会化传媒企业。英大传媒集团共设有8个职能部门，16个业务中心，1个支撑中心，在国家电网公司所属省公司及相关单位建立记者站39个，在全国设立图书营销站店39个。

人力资源 截至年底，英大传媒集团共有在岗员工396人，其中博士研究生4人，硕士研究生174人，占员工总数的44.95%；大学本科189人，占47.73%。专业技术人员中，正高级31人，占员工总数的7.83%；副高级80人，占20.20%；中级165人，占41.67%。员工平均年龄38.6岁。

2018年，英大传媒集团人力资源工作以“三项制度”改革为核心，持续优化升级人力资源管理体系。深化开发应用绩效管理体系，加大部门绩效与工资总额挂钩力度、员工绩效与薪酬收入挂钩力度，强化正向激励，实现“收入能升能降”；公开公平公正选人用人，落实新时代党的组织路线，健全干部管理制度体系，坚持正确选人用人导向，规范干部选拔任用程序优化设置部门内设机构，大力选拔培养年轻干部，制定《领导干部能上能下实施细则》开展干部民主测评，及时反馈情况，激励干部改进提升。制定《英大传媒投资集团有限公司优秀专家人才管理办法》，建立职务、职级、人才三个成长序列，完成42名四级及以上职员选聘，畅通了员工发展通道，让所有员工都有成长进步空间。制定《专项奖励管理办法》，鼓励员工立足岗位干事创业。

经营管理 安全生产。深化对安全生产极端重要性的认识，编制安全责任清单，狠抓安全责任落实，完善安全生产管控措施，确保了安全稳定的良好局面。开展图书质量自查，完善出版质量监管机制。

依法从严治企。建立董事会，完成职工董事、监事设置，完善现代企业制度。开展规章制度梳理，制定制度8项，修订制度16项，废止制度51项。完成公司依法治企审计后续审计配合工作。完成全华书店清算关闭。

精益管理。开展经营、人力资源两项诊断分析，查问题、补短板，解决了人员混岗等问题。完成固定资产专项审计等各类审计、自查工作，健全内控体系。完成“两金”净额零增长目标。大兴书库技改项目完成施工总进度的90%，计划2019年一季度完成项目验收。

服务公司软实力建设 新媒体发展。电网头条微信号粉丝量突破200万，10万+作品356篇，在中国企业、中央企业微信中排名首位；抖音号阅读量1000万+作品12条；客户端累计下载量70万+，3.0版本上线运行。132篇新媒体作品被主流媒体转载240次，其中人民日报新媒体转载18次。电网头条获评“2018年度中国企业、中央企业最具影响力新媒体账号”。《国家电网报》新媒体入围中国产经媒体“新媒体影响力指数TOP10”。

主题传播。全媒体联动，完成庆祝改革开放40周年重大主题传播，开展“壮阔东方潮 奋进新时代”等采访报道，推出一系列专刊、专版、专题、专栏，充分展现了公司以及电力工业取得的历史性发展成就。完成特高压工程、优化营商环境等主题传播。面向基层一线，挖掘先进典型，创作了《美女硕士爬电杆4年，发生巨变》等优秀作品。完成公司总部新闻宣传任务736项，在主流媒体发表重要稿件76篇。“中央厨房”建设持续深化，融媒体技术平台上线试运行。

开门办媒体。与央视合作推出《走遍中国》国家电网系列节目《守护光明》(5集)、《中国特高压》(5集)；反映国家电网公司服务“一带一路”建设的《点亮新丝路》系列节目完成埃及、巴西等国拍摄任务。与《财经》杂志、上海一财等联合策划主题活动、开展主题报道。

出版效益。加强选题策划，开拓市场，坚持去低端、提中端、创高端，实现“两升两降”：重印书品种2197种，同比上升3.0%；销售实洋3.38亿元，同比上升26.02%；新书品种1665种，同比下降11.8%；平均退货率9.56%，同比下降2.6个百分点。围绕国家电网公司中心工作，出版《黎明 再出发》等重点图书。《供用电》杂志被收录为“中国科技核心期刊”。

数字出版。科技知识资源服务平台上线试运行，累计汇集数据资源1000万条以上，实现共享实验室、知识图谱、电力科普等功能。二期立项通过国家电网公司可研评审。平台科技项目进展顺利，1项发明专利申报获得受理，取得软件著作权3件，发表论文5篇。职工书屋实现运营收入1876万元，同比增长25.15%。书香国网数字阅读平台获得中电联电力创新奖一等奖。

出版精益化。图书库存码洋压降至3.1亿元以内，三年以内图书库存占比89%，库存结构持续优化。完善出版服务合作机制，促进优质资源和成果转化。畅销书项目经理制落地实施，4个项目完成出版。单品种核算模块投入使用。

党的建设和精神文明建设 高质量完成巡视配合与整改工作。6月8日～7月13日，国家电网公司党组对英大传媒集团党委开展巡视。8月17日，巡视组反馈了巡视意见，既肯定了成绩，也指出了问题。英大传媒集团党委把巡视整改作为重要政治任务，扎实做好巡视“后半篇文章”，细分问题为17类66个，制定175项整改措施，建立了问题、任务、责任“三个清单”，对账销号，认真推进整改。举一反三，深刻吸取教训，制定修订12项制度，建立长效机制，防止同类问题再次发生。印发案例汇编，用身边事教育身边人，增强全员纪律意识和规矩意识。

发挥党建引领作用。加强领导班子建设，发挥党委把方向、管大局、保落实作用。严格落实民主集中制，确保“三重一大”事项依法决策、民主决策、科学决策。落实党委理论学习中心组学习制度，集中学习18次，强化理论武装，坚定理想信念。严肃党内政治生活，召开民主生活会，认真开展批评与自我批评。落实全国宣传思想工作会议精神，坚持党管媒体、媒体姓党，制定《落实意识形态工作责任制任务清单、责任清单》。

夯实党建基础。制定党建工作责任清单，强化责任制落实。加强基层党组织建设，改变联合支部方式，实现党支部与部门同步设置，设立海外传播临时党支部。成立共产党员服务队。加强党员教育管理，在红色教育基地开展党员轮训。全面落实“旗帜领航·三年登高”计划对标管理年各项部署，认真开展“三会一课”和主题党日活动，提升党建标准化规范化水平。举办“党建大讲堂”，提升党务工作水平。落实“两个责任”，印发《作风建设六条要求》，完成年度内部巡察，营造干事干净的良好氛围。

（王红亮　许　争）

【南方电网传媒有限公司】

单位概况 南方电网传媒有限公司（简称南网传媒公司）是中国南方电网有限责任公司的控股子公司，成立于2010年9月3日，总部设在广州。

南网传媒公司注册资本为1亿元，6个股东分别为中国南方电网公司、广东电网公司、广西电网公司、云南电网公司、贵州电网公司、海南电网公司。

主要经营范围包括：传媒产业的投资、资产管理和经营业务；广播电视节目、视频动画节目制作、复制、发行；设计、制作、发布、代理国内外各类广告；办公文化用品、企业品牌用品、标识标牌、劳保用品的设计、制作、咨询监制及销售；品牌传播与市场营销策划创意服务；版权、专利的转让及代理服务，著作权代理服务；国内图书出版，报纸、期刊批发零售及其他批发和零售；承办会议、展览展示，体育赛事类活动承办及服务，演艺、娱乐类活动的组织与策划；网页设计及制作，计算机信息技术相关服务；室内装饰的设计制作及施工；上述相关业务的咨询、培训服务。

领导班子

党委书记、董事长：李晓彤

董事、总经理、党委副书记：王永基

巡视员、党委副书记、纪委书记：张燕维

党委委员、副总经理：焦向阳

党委委员、副总经理、工会主席：雷树华

组织机构 传媒公司设两家全资子公司和14个部门。其中南方电网报社与《南方电网报》社有限公司，南方能源观察杂志社与《南方能源观察杂志》社有限公司是两块牌子、一套人马。

新闻宣传工作 始终坚持央企姓党，坚持党管意识形态原则，各媒体开设《时政聚焦》《学习充电站》等专题、专栏，转载和摘登中央重大时政报道及解读文章182篇。南方电网公司网站、手机网开设央企首个“学习进行时”融媒体网络专题，刊发党报党刊文章1480余篇。持续做好“学习贯彻党的十九大精神”“新时代　新征程　新作为”等专栏，报纸党建版开设“把党的政治建设摆在首位”栏目，邀请南方电网公司系统10家单位的党委书记以署名文章的形式介绍党建工作经验。

完善宣传工作机制。制定新闻宣传专项工作方案，形成9个配套机制。通过召开采编联席委员会会议，加强采编业务联动和选题交流。建立外宣攻坚机制、融媒体共享机制，并通过周例会工作机制，推进外宣工作。

强化选题策划和议题设置。年初制定新闻舆论工作计划及选题安排，围绕十大选题广泛宣传南方电网公司在落实中央决策部署、服务五省区经济社会发展、服务粤港澳大湾区建设等方面的举措和成效。围绕庆祝改革开放40年、三大攻坚战、“一带一路”等选题开展策划报道，其中，南网扶贫事迹入选央视2018“厉害了我的国·改革开放40年”中国电商扶贫行动首批10个成就显著县名单。策划展现南网员工“摔跤炫富”报道，获人民日报点赞，总阅读量超过5000万。挖掘和塑造了南网“敲冰哥”“托举哥”等先进典型，获人民日报、新华社、中央电视台等媒体报道，网络话题阅读量累计超过1.63亿次。

南网品牌服务 在运营好南方电网公司中、英文官网、手机微网站、南网50Hz微信、微博的同时，上线运营幸福南网企业号、青春南网等新媒体平台，开通抖音、人民号、澎湃号、今日头条、网易等客户端渠道。联合国家电网策划2018电动汽车京广行等线下活动。推动小赫兹成为南网官方统一卡通形象，开发17个卡通形象文创产品。国家发展改革委致函南方电网公司感谢《南方能源观察》杂志社油气改革报道团队。

提升舆情监测和新闻应急能力。全年舆情监测处置完成率100%，舆情监测工作全年零漏报零迟报。完成南方电网公司媒介舆情风险分析研究软课题。做好重大自然灾害期间的新闻应急联动，投入记者、编辑94人次，开展内部媒体联动，新媒体24h直播等，推动应急信息在社会媒体发布。

经营业务 先后与总部、广东电网、超高压公司等公司完成框架协议签订。重点服务公司运营展示中心、华安楼展厅等重点展厅建设。完成澜沧江－湄公河合作成果展、亚洲可持续能源及科技展等国际展会中南网展位的设计制作。举办了2018中国（广州）国际电动汽车产业生态链展览会等三大展会。

推进大数据研发、分析业务，加强与经信委、广东省公安厅等政府部门合作，建设开发国务院国资委、中国节能、中国国新等项目。自主研发打造的“广东省制造业大数据指数平台”荣获“全国工业和信息化优秀研究成果一等奖”；入选工业和信息化部“国家2018年大数据产业发展试点示范项目”，并获评“2018中国智慧城市优秀解决方案”。成功开拓信息安全服务、互联网应用IPv6建设等信息化项目。在开展南方电网95598、广东电网、广州供电局公众号运营等常规服务基础上，新开拓了积分商城等新业务。

企业管理 完善领导干部出差、报备流程和监督检查制度。制定财务管理提升工作方案，围绕会计基础工作、会计基础服务、参与公司整体管理三个方面制定15项措施。推进电子商务系统、合同管理系统建设。优化新闻采编流程，开展专家审读报纸清样机制。推动影视辅助服务、应用软件开发辅助、办公场所装修改造等项目框架招标。

围绕重点领域和关键环节，建立和完善风险防控机制。针对股权投资业务等重大项目，开展尽职调查和风险分析，及时修订完善公司投资管理制度。围绕新媒体图片、字体等版权侵权风险，与版权方进行谈判沟通，维护公司利益。全面实施内外网隔离等措施，开展保密工作自查，全年未发生失、泄密事件。

推进企业资质升级。获得信息安全运维服务资质三级、信息安全集成资质三级，获得大数据环境下的网络安全分析方法、基于云计算的设备监控系统两项发明专利，新取得互联网安全监控系统、互联网应用漏洞扫描系统等 6 项软件著作权。通过展览展示 ISO14001 环境管理体系认证。

队伍建设 修订了干部管理规定、非领导职务管理实施细则等制度。完善年轻干部发现储备、培养锻炼、选拔使用和管理监督等机制。举办“蓝莓奖”评选，开展岗位技能练兵。持续开办赫兹新媒学院等全网新闻业务培训。首次开展青年岗位能手评选。

完善绩效考核激励体系。强化党支部书记、支部委员及党支部所对应的部门党建责任制、经营业绩“双 A 制”考核评价结果应用。初步构建效益指标考核与部门工资总额挂钩机制。加大荣誉表彰奖励力度，对获得南网劳模、“五一”劳动奖章，以及对高效处置互联网上仿冒南方电网公司门户网站工作的团队进行专项奖励。

党的建设和精神文明建设 南网传媒公司党委理论学习中心组以习近平新时代中国特色社会主义思想和党的十九大精神、新宪法修正案、习近平总书记关于党的新闻舆论和宣传思想工作的重要讲话精神等为主题开展集体学习研讨 12 次。面向全体党员和员工开展“讲政治　守纪律”主题活动，党委书记讲授“讲政治、守纪律”专题党课，五个党支部均组织开展了“讲政治、守纪律”专题组织生活会，组织 76 名党员签订“新时代共产党员带头‘讲政治、守纪律’承诺书”。各党支部开展“以十九大精神为指引唱响南网好声音”等主题学习、主题党日活动共计 37 次，提交学习体会 44 篇次。开设“不忘初心　牢记使命”一日一课平台，累计推送习近平新时代中国特色社会主义思想和党的十九大精神学习信息超过 200 条。

制定落实南方电网公司党组一号文及增订版的实施方案，围绕政治建设、思想建设等 10 个方面制定了 151 条具体措施。完成了南网传媒公司 2018 年度政治生态调研。制定领导班子成员全面从严治党“一岗双责”责任清单。组织 5 个党支部书记、13 个部门负责人签订“党的建设考核责任书”“‘一岗双责’责任书”。组织开展了 2018 年度党支部书记述职评议考核。制定迎接新一轮中央政治巡视有关工作整改安排表，梳理 2015 年以来历次审计、巡视发现问题。迎接公司党组巡视组常规巡视，配合好巡视组各项要求。针对巡视反馈问题成立整改工作领导小组和七个专项工作组，逐项推进整改工作。

制定《进一步规范运用“四种形态”继续深入开展监督执纪工作方案》，全年累计约谈党员和关键岗位人员 397 人次。动态编制公司廉洁风险库，组织全体员工签订岗位廉洁从业责任书。结合中央精神和南方电网公司制度，制定落实中央八项规定实施方案，开展执行情况专项检查。修订完善培训、公务用车、因公出国（境）等管理制度，控制各项费用支出。

（尚伟亮）

【中国三峡出版传媒有限公司】

单位概况 中国三峡出版传媒有限公司（简称中国三峡传媒）是在中央深化文化体制改革大背景下，为加快中国长江三峡集团有限公司（简称中国三峡集团）文化传媒产业发展、提升中国三峡集团软实力，经国家新闻出版广电总局核准，由中国三峡出版社按《中华人民共和国公司法》改制，合并重组长江三峡集团传媒有限公司，于 2015 年 7 月登记设立的中央级出版传媒企业。

中国三峡传媒是中国三峡集团全资子公司，注册资本 1 亿元，总部在北京，注册地址为北京市西城区西廊下胡同 51 号，在成都、宜昌设有全资子（分）公司。中国三峡传媒设有精干高效的总部职能部门和业务机构，主营图书与报刊出版、影视制作、新媒体、广告会展、印务、文化传媒产业投资等传媒业务，是目前中央企业所属文化企业中业务门类最齐全的国有文化传媒企业之一。

经营范围 出版与销售各类图书、读物、论著、规程与研究成果等；广告策划、设计与代理，利用自有媒体资源发布广告；编辑制作各类画册、书刊等宣传品；策划制作宣传片、专题片、纪录片等宣传品；拍摄与归档管理声像档案；设计、制作与销售文化用品、工艺品；承办会议、展览展示与交流咨询等活动；品牌建设与管理、公关活动策划与执行；投资文化传媒产业等。

经营理念 中国三峡传媒始终秉承“客户第一、诚信经营、创新发展”的理念，以客户为导向整合媒体资源，致力于为客户提供新闻宣传、图书出版、创意设计、品牌策划、公关活动、影视制作等全方位品牌建设与推广服务，全力为客户提供高质量的文化传媒服务，努力为客户创造价值，提升文化软实力。中国三峡传媒坚持把社会效益放在首位，着力实现社会效益和经济效益相统一，不断提升商业价值，为股东创造投资回报。致力提升专业化服务水平，拓展文化传媒业务领域，建立健全市场化、专业化、品牌化的经营管理机制，加强人才队伍建设和业务能力建设，推进体制机制和管理创新，努力实现传统媒体和新媒体的融合发展，以打造成为具有全球竞争力的世界一流清洁能源集团文化出版传媒企业为目标。

电力企业

国家电网有限公司

【公司概况】 国家电网有限公司（简称国家电网公司）成立于2002年12月29日，是根据《中华人民共和国公司法》规定设立的中央直接管理的国有独资公司，注册资本8295亿元，以投资建设运营电网为核心业务，是关系国家能源安全和国民经济命脉的特大型国有重点骨干企业。是全球最大的公用事业企业，经营区域覆盖全国26个省（自治区、直辖市），占国土面积的88%以上，供电人口超过11亿。2018年底，拥有员工160万名，资产总额3.9万亿元，管理境外资产655亿美元，全年实现营业收入2.6万亿元，连续3年排名《财富》世界500强企业第二位。

至2018年底，国家电网公司拥有110（66）kV及以上输电线路103.3万km、变电容量43.8亿kVA，并网装机总容量达到14.7亿kW，其中水电2.3亿kW、风电1.5亿kW、太阳能发电1.5亿kW，均居世界第一。近年来经过坚持不懈推进跨区跨省电网建设，国家电网西电东送能力达到2.1亿kW，年送电规模可达1万亿kWh。

【领导班子】

董事长、党组书记：寇伟

董事、总经理、党组副书记：辛保安

董事、党组副书记：韩君

中央纪委驻国家电网公司纪检组组长、党组成员：黄德安

总会计师、党组成员：罗乾宜

副总经理、党组成员兼全球能源互联网集团有限公司董事长、党委书记：刘国跃

副总经理、党组成员：刘泽洪

副总经理、党组成员：张智刚

【组织机构】

见2018年国家电网公司组织机构图。

【电网概况】

1. 电网基本情况

2018年，电网保持较高速发展，特高压吉泉、昭沂直流和施州背靠背直流工程建成并启动调试。新能源装机高速增长，2018年底在19个省级电网成为第二大电源，在甘肃、青海电网成为第一大电源。新投产220kV以上输电线路30 706km（967条），同比增长5.84%、变电容量190 510MVA（574台），同比增长6.17%。新增统调发电容量72 049MW，同比增长5.52%。跨国跨区通道25回（不含调试的吉泉、昭沂、施州）总能力提高至93 420MW，同比增加8.94%，大电网资源优化配置能力进一步提升。2018年底，国家电网公司系统主要电网（公司直调、华北、华东、华中、东北、西北、西南）统调装机容量1 377 610MW（不含分布式电源），其中火电870 590MW、常规水电173 463MW、抽水蓄能21 983MW、核电27 883MW、风电150 172MW、光伏发电132 217MW。主要电网统调220kV及以上交流降压变电容量3 276 345MVA；统调220kV及以上交流输电线路长度556 212km。

2. 电网调度装备和运行指标

2018年底，220kV及以上系统继电保护装置达184 209台，同比2017年（173 949台）增加10 260台，增幅5.90%。交流继电保护装置微机化率为100%。光纤通道在220kV及以上系统中应用，所占比例达95.33%，同比2017年（94.19%）提高1.14个百分点。220kV及以上交流系统继电保护正确动作率达99.977%，高压直流输电系统正确动作率达100%。

2018年底，国、网、省、地、县五级调度机构共有智能电网调度控制系统562套，能量管理系统（EMS）427套，广域相量测量系统（WAMS）32套，调度员培训仿真系统（DTS）311套，电能量计量管理系统（TMR）192套，调度计划系统（OPS）111套，调度管理系统（OMS）207套，雷电定位系统（LLS）23套，保护管理系统128套，水调自动化系统46套。调度数据网网络规模达68 930个节点，实现220kV以上厂站调度数据网双平面全覆盖，110/35kV厂站调度数据网单覆盖率为96.80%，双覆盖率达41.16%，调度数据网设备国产率达98.21%。电力监控系统部署纵向加密认证装置102 361台，正、反向隔离装置10 714台，防火墙10 498台，入侵检测装置1352台，网络安全监测装置13 400台。

2018年底，国家电网公司调度管辖范围内35kV及以上电压等级厂站监控系统47 692套；电能量远方终端29 386套；相量测量装置7380套；时间同步装置34 897台。

【战略体系】 战略目标——推进“三型两网”建设，打造具有全球竞争力的世界一流能源互联网企业（“三型”即枢纽型、平台型、共享型；“两网”即坚

- 国家电网有限公司
  - 总部（31个）
    - 办公厅（董事会办公室）
    - 总师办公室
    - 研究室
    - 发展策划部
    - 财务资产部
    - 安全监察部
    - 设备管理部
    - 营销部（农电工作部）
    - 科技部（全球能源互联网办公室）
    - 基建部
    - 特高压建设部
    - 抽水蓄能和新能源部
    - 信息通信部
    - 物资部（招投标管理中心）
    - 产业发展部
    - 对外联络部（品牌建设中心）
    - 国际合作部（『一带一路』工作办公室）
    - 审计部
    - 经济法律部
    - 党组组织部（人事董事部）
    - 人力资源部
    - 体制改革办公室
    - 离退休工作部
    - 后勤工作部
    - 党建工作部（与直属党委、公司团委合署办公）
    - 监察局（与中央纪委驻公司纪检组合署办公）
    - 党组巡视办
    - 工会
    - 国家电力调度控制中心
    - 国家电网运营监测（控）中心
    - 企业管理协会
  - 分部（6个）
    - 国网华北分部
    - 国网华东分部
    - 国网华中分部
    - 国网东北分部
    - 国网西北分部
    - 国网西南分部
  - 省公司（27个）
    - 国网北京市电力公司
    - 国网天津市电力公司
    - 国网河北省电力有限公司
    - 国网冀北电力有限公司
    - 国网山西省电力公司
    - 国网山东省电力公司
    - 国网上海市电力公司
    - 国网江苏省电力有限公司
    - 国网浙江省电力有限公司
    - 国网安徽省电力有限公司
    - 国网福建省电力有限公司
    - 国网湖北省电力有限公司
    - 国网湖南省电力有限公司
    - 国网河南省电力公司
    - 国网江西省电力有限公司
    - 国网四川省电力公司
    - 国网重庆市电力公司
    - 国网辽宁省电力有限公司
    - 国网吉林省电力有限公司
    - 国网黑龙江省电力有限公司
    - 国网内蒙古东部电力有限公司
    - 国网陕西省电力公司
    - 国网甘肃省电力公司
    - 国网青海省电力公司
    - 国网宁夏电力有限公司
    - 国网新疆电力有限公司
    - 国网西藏电力有限公司
  - 运营保障类企业（14个）
    - 国家电网有限公司运行分公司
    - 国家电网有限公司直流建设分公司
    - 国家电网有限公司交流建设分公司
    - 国家电网有限公司信息通信分公司
    - 国家电网有限公司客户服务中心
    - 中国电力科学研究院有限公司
    - 国网经济技术研究院有限公司
    - 国网能源研究院有限公司
    - 全球能源互联网研究院有限公司
    - 国家电网管理学院（中共国家电网有限公司党校）
    - 国家电网有限公司高级培训中心
    - 国家电网有限公司技术学院分公司（国家电网有限公司团校）
    - 全球能源互联网集团有限公司
    - 北京电力交易中心有限公司
  - 支撑服务类企业（6个）
    - 国网新能源控股有限公司（国网新能源水电有限公司）
    - 国网通用航空有限公司
    - 国网物资有限公司
    - 英大传媒投资集团有限公司
    - 国网中兴有限公司
    - 中国电力财务有限公司
  - 新兴业务类企业（4个）
    - 国网电动汽车服务有限公司
    - 国网电子商务有限公司（国网雄安金融科技集团有限公司）
    - 国网节能服务有限公司
    - 国中康健集团有限公司
  - 市场化产业企业（8个）
    - 国网国际发展有限公司
    - 鲁能集团有限公司（都城伟业集团有限公司）
    - 南瑞集团有限公司（国网电力科学研究院有限公司）
    - 国网信息通信产业集团有限公司
    - 中国电力技术装备有限公司
    - 许继集团有限公司
    - 平高集团有限公司
    - 山东电工电气集团有限公司
  - 市场化金融企业（8个）
    - 国网英大国际控股集团有限公司
    - 英大泰和财产保险股份有限公司
    - 英大泰和人寿保险股份有限公司
    - 英大长安保险经纪集团有限公司
    - 英大国际信托有限责任公司
    - 英大证券有限责任公司
    - 国网国际融资租赁有限公司
    - 国家电网海外投资有限公司

2018 年国家电网公司组织机构图

强智能电网、泛在电力物联网）。

核心任务——推进“三型两网”建设。

战略路径——“一个引领、三个变革”（强化党建引领，发挥独特优势；实施质量变革，实现高质量发展；实施效率变革，健全现代企业制度；实施动力变革，培育持久动能）。

战略安排——到2021年，初步建成具有全球竞争力的世界一流能源互联网企业；到2025年，基本建成具有全球竞争力的世界一流能源互联网企业；到2035年，全面建成具有全球竞争力的世界一流能源互联网。

企业战略理念——守正创新。

企业宗旨——人民电业为人民。

企业精神——努力超越、追求卓越。

（何　飞　邱　威　王永福　刘　丹　浮　婷）

【经营业绩】 2018年，贯彻落实供给侧结构性改革和“一般工商业电价降低10%”工作部署，开展提质增效，增收节支，经营业绩保持优秀。售电量42 361亿kWh，同比增长9.3%；全年实现营业收入25 602.5亿元，同比增长8.6%；成本费用25 047.4亿元，增长9.8%；受“一般工商业电价降低10%”政策影响，实现利润780.1亿元，同比降低14.3%（减少130.1亿元），剔除降价因素影响后，实现利润1060亿元，同比增长150亿元；EVA（经济增加值）136.5亿元；万元资产运维费567.7元，均完成国资委业绩考核任务。

持续加强资产负债管理，保持稳健的资本结构及合理的债务结构。2018年底，国家电网公司资产总额39 293.1亿元，同比增长3.1%；负债总额22 276亿元，增长1.4%；权益总额17 017.1亿元，增长5.3%。在完成固定资产投资5130亿元（同比增长1.3%）的情况下，资产负债率控制在56.7%，同比下降0.9个百分点，低于国资委警戒线（65%）8.3个百分点，财务状况保持稳健。

截至2018年底，国家电网公司连续14年获央企业绩考核A级，连续8年获央企财务绩效A级。蝉联《财富》世界500强第二位、中资企业首位，连续6年获得三大国际评级机构授予国家主权级信用评级。

（毛育冬　蒋辰临）

【电网发展】 电网开工规模。2018年开工110（66）kV及以上输电线路4.8万km、变电（换流）容量2.9亿kVA（kW），其中：1000kV线路2759km、变电容量1500万kVA，750kV线路2010km、变电容量1590万kVA，500kV线路4423km、变电容量6485万kVA，330kV线路1318km、变电容量1122万kVA，220kV线路1.7万km、变电容量7544万kVA，110（66）kV线路1.9万km、变电容量7965万kVA；直流线路2253km、直流换流容量2500万kW。开工的重点项目有张北可再生能源柔性直流送出与消纳示范工程、青海—河南特高压直流工程，蒙西—晋中、北京西—石家庄、潍坊—临沂—枣庄—菏泽—石家庄特高压交流工程等。

电网投产规模。2018年投产110（66）kV及以上输电线路5.2万km、变电（换流）容量3.0亿kVA（kW），其中：1000kV线路129km、变电容量900万kVA，750kV线路1573km、变电容量1140万kVA，500kV线路1.2万km、变电容量9435万kVA，330kV线路828km、变电容量612万kVA，220kV线路1.6万km、变电容量7113万kVA，110（66）kV线路1.7万km、变电容量7458万kVA；直流线路4538km、换流容量3700万kW。投产的重点项目有上海庙—山东特高压直流工程、藏中电力联网工程等。

（于　汀　丁　林）

【管理创新】 把管理创新作为体制机制变革的重要途径，围绕高质量发展要求，开展管理创新实践。组织实施“管理创新示范工程”110项、“管理创新推广工程”110项，拓展创新链条，深化国资国企、电力体制改革，完善现代企业制度，加快推动公司发展方式从规模速度型向质量效益型转变。

建立协同机制，推动管理创新计划实施。推行横向协同机制，推动总部部门之间相互协同，共同做好计划订立工作；推行纵向协同机制，发挥各部门专业指导作用，调动各单位参与管理创新的积极性。强化内外协同，就公司管理创新计划与全国创新办、外部专家沟通协调，征求有关意见建议，提高公司管理创新计划的时效性、创新性，邀请外部专家对公司重点成果进行专项指导，提升成果质量。

营造创新氛围，引导各级各类人员创新。各单位管理创新成果纳入员工绩效薪点加分和职称评定业绩加分。2018年，获第二十五届全国企业管理现代化创新成果奖34项，其中，一等奖3项、二等奖31项，在中央企业中名列首位；获中国电力创新奖162项，其中，中国电力创新大奖6项，一等奖58项、二等奖98项，位列电力行业企业首位；国家电网公司内部评选优秀管理创新成果110项，优秀管理创新推广成果100项。

【安全生产】 2018年，各部门、各单位落实2018年安全生产工作意见，持续推进本质安全建设，开展安全生产专项行动，应对自然灾害和突发事件，完成上合组织青岛峰会、中非合作论坛北京峰会、首届中国国际进口博览会等重要保电任务，电网保持安全稳定运行，安全生产总体平稳。

推进安全生产领域改革发展，完成66项年度安全生产重点任务，制定安全生产、应急能力建设和网络安全3个三年行动计划，完成全员安全责任清单编制，逐级配置安全总监，优化安监机构设置，保障安全投入，落实专项奖励，开展安全生产问题清单专项梳理，持续强化安全生产保障能力。推进三年电气火灾、危化品安全综合治理，有序组织安全生产“六查六防”、迎峰度夏安全生产督导、秋冬季安全督查、电力建设工程施工安全年、安全生产月等专项活动。

抓好消防问题隐患整治。开展电气火灾综合治理和火工品等重大危险源安全专项检查，完成39座换流站、3.8万座变电站拉网式排查。建立消防应急联动机制，完成39座换流站和27座特高压变电站消防车和消防人员配置。

建设施工安全管控。推进基建改革12项配套措施落地，完成27家省公司配套措施落实工作总部验收。开展电力建设工程施工安全专项治理行动，深化特高压工程总部协同监督，累计检查54个变电（换流）站、103个线路标段。开展水电和新能源建设安全督查，以及配电网工程现场安全管理提升专项行动等。

提升应急处置能力。持续推进应急能力建设评估，开展新一轮应急预案修编，做好应急培训，完成全部地市、20%县供电企业大面积停电事件应急演练。累计投入人员47万人次、车辆4.8万台次，快速抢修恢复受损电力设施，有效应对雨雪冰冻灾害，抗击8轮台风侵袭，配合做好金沙江白格堰塞湖、雅鲁藏布江堰塞湖险情应急处置。

安全隐患排查治理。2018年，各单位贯彻安全工作决策部署，巩固“全覆盖、勤排查、早发现、快治理”的工作机制，常态开展隐患排查治理，排查出76 622条安全隐患，完成整治73 545条（一般隐患76 594条，重大隐患28条）。强化电网专项隐患排查治理。加强重要输电通道和枢纽变电站隐患排查治理，治理9处跨越重要输电通道隐患，完成“三跨”（跨高铁、跨高速公路、跨重要输电线路）隐患治理10 859处，推进直升机、无人机、人工协同巡检，直升机累计巡航18.5万km，排查治理设备缺陷和隐患3万余处。消除重大火灾隐患38项，整治变电站消防、高压电缆及通道隐患4万余项。完成115万套保护安控装置排查，治理2.7万项通信通道问题，核查2750台并网机组一次调频、励磁、调速问题。

电力可靠性管理。2018年，国家电网公司围绕夯实基础、强化管控、深化应用等方面深化电力可靠性管理工作。截至12月底，国家电网公司全口径系统平均供电可靠率99.829 8%，系统平均停电时间14.91h/户，其中，系统平均预安排停电时间9.35h/户，系统平均故障停电时间5.56h/户。220kV及以上电压等级输变电回路可用系数99.617%，其中，输电回路和变电回路可用系数分别为99.596%和99.658%；220kV及以上电压等级架空线路、变压器、断路器可用系数分别为99.126%、99.78%、99.919%。跨区直流输电系统能量可用率为90.801%，强迫能量不可用率为1.286%，计划能量不可用率为7.913%。

开展技术监督工作。实现对220kV及以上所有新建工程技术监督全过程覆盖。累计在1270个220kV及以上新建工程、1366座在运变电站开展全过程技术监督，发现问题14 607项次。联合总部9个部门对27个省公司开展全过程技术监督现场督查，推进部门间协同及具体工作落地。推进电气性能及金属专项技术监督工作，累计覆盖2958个输变配工程及物资中心库，平均问题检出率为11.6%，严把设备入网材质工艺关。

开展“质量月”活动。贯彻全国“质量月”活动要求，开展质量提升行动，强化采购设备质量、工程建设质量、设备管理质量，夯实质量技术基础，推动全员质量共治。组织42.63万人参与国资委组织的中央企业全面质量管理知识竞赛活动，举办质量管理专题讲座2655场次，培训质量管理人员43.4万人次，召开质量分析会1962场，开展QC小组活动3635次。

输变电设备主要运行指标。2018年，500kV及以上变电设备故障跳闸13次，同比减少2次，下降13.3%。其中，500kV及以上变压器及高压电抗器故障跳闸2次，故障停运率为0.040次/（百台·年），同比下降29%；500kV及以上断路器（含组合电器）故障跳闸9次，故障停运率为0.044次/（百台·年），同比持平。在运39座换流站由于站内设备原因共发生闭锁12次，同比增加3次，平均单极闭锁次数0.2次/（极·年），同比下降23.1%。其中，换流变压器故障5次，直流控制保护系统故障4次，直流穿墙套管故障1次，直流测量设备故障1次，阀冷却系统故障1次。

（张　淼　王　东　帅　伟　陈利飞　王金宇　解晓东　赵大平　彭　波　张兴辉　于　跃　彭　江　张贺军　葛　栋　王秀龙　杜修明）

【电力市场】 电力市场建设取得成效。截至2018年底，电网资源配置能力提升，省级输配电价和省间输电价已全部核定，省间、省内中长期交易机制基本建立，省间中长期市场启动正式运营，年度、月度定期开市格局牢固建立，交易组织、交易结算、信息发布等各项流程实现运转。北京电力交易中心及27家省级交易中心组建完成，并推动多方参股。“国家—省”

两级交易平台实现协调运营，全部交易中心（除西藏）实现按月定期开市，省间市场已正式运行，省内市场正有序推进，“统一市场、两级运作”的市场总体架构初步建成。于2017年正式启动跨区域省间富余可再生能源电力现货交易试点工作。截至2018年底，共有送端10个省份近1700家可再生能源发电企业参与交易，受端14个省份参与购电，累计交易电量约138亿kWh。

开展辅助服务市场建设。按照国家能源局要求开展电力辅助服务试点，加大电力辅助服务补偿力度，推动补偿机制向市场竞争机制转型升级。通过市场化手段激励发电企业参与电网调峰调频工作，提升系统调峰调频能力和设备利用效率，实现新能源与火电企业互利共赢。省间层面，东北调峰辅助服务市场自2014年建成以来运行良好，推动市场主体开展发电机组灵活性改造，提升调峰能力，缓解东北电网弃风限电矛盾。华北、华东、西北调峰辅助服务市场进入试运行，华中完成市场建设方案和运营规则编制。省级层面，福建、甘肃、宁夏调峰市场和山西调频市场正式运行，山东、江苏、新疆、重庆调峰辅助服务市场正在试运行。

电力市场运营。2018年，国家电网公司经营区域总交易电量完成44 407亿kWh，同比增长8.9%。其中，省间交易电量9682亿kWh，同比增长10.6%；省内交易电量34 725亿kWh，同比增长8.5%。市场化交易电量快速增长。2018年经营区域内市场交易电量突破1.6万亿kWh，同比增长33%，其中电力直接交易电量超过1.2万亿kWh，同比增长37%。省间市场交易电量3514亿kWh，同比增长29%，占省间交易电量的36%，同比提高5个百分点。煤炭、钢铁、有色、建材4个重点行业市场化交易电量4242亿kWh，占行业电量的54%。

（赵　静　顾宇桂　刘　硕　何显祥
董时萌　司良奇　王一哲　张　楠）

【科技创新】 2018年，国家电网公司开展大电网运行控制领域、输变电领域、新能源发电与并网技术、配用电及微网领域、应用基础领域等技术攻关，攻克±1100kV特高压直流输电等关键核心技术，成功研制世界首套特高压GIL设备并实现批量生产，世界容量最大的静止无功同步补偿器等示范工程建成投运，世界首个具有网络特性的张北柔性直流示范工程开工建设。建成张北柔性变电站及交直流配电网示范工程、苏州同里小镇能源互联网示范工程，鲁能集团海西多能互补示范工程电源侧储能并网投运。

承接国家科研任务。2018年，国家电网公司牵头申报的12个国家重点研发计划项目获批立项，获国拨资金2.5亿元。国家“科技创新2030”智能电网重大项目实施方案通过国家科技体制改革和创新体系建设领导小组审议。完成国家自然科学基金委员会——国家电网智能电网联合基金2018年项目评审及2019年指南发布，国家电网公司直属单位牵头获资助项目3个。17项国家级科技项目课题通过国家验收，10项国家级科技项目通过中期检查。

2018年，国家电网公司共获得国际科学技术奖2项，国家技术发明奖2项，国家科学技术进步奖8项，中国专利奖26项，中国标准创新贡献奖4项，中国电力科学技术奖66项，省级科学技术奖励225项。“智能电网电能质量监测与控制关键技术”项目获IEEE TCCPS（国际电气和电子工程师协会信息物理系统技术委员会）2018年工业技术杰出贡献奖，“智慧车联网”项目获2018年度国际爱迪生奖。公司牵头的“电网大范围山火灾害带电防治关键技术”项目和参与的“输电等级单断口真空断路器关键技术及应用”项目获得国家技术发明奖二等奖。国家电网公司作为第二完成单位参与的“复杂电网自律-协同自动电压控制关键技术、系统研制与工程应用”项目获得国家科学技术进步奖一等奖。“向家坝—上海±800kV特高压直流输电示范工程”荣获第五届中国工业大奖。

全年共申请专利14 367项，其中发明专利9784项；获得授权专利9771项，其中发明专利3900项。截至2018年底，拥有专利82 810项，其中发明专利20 715项。专利申请量、授权量和累计拥有量连续8年排名央企第一。“一种用于电气设备的减震装置”和“变电所电源的快速切换方法”2项专利获中国专利奖金奖，“室内轨道巡检机器人”专利获外观设计金奖，“一种跨大区电网交流联络线头摆功率冲击的抑制方法”专利获中国专利奖银奖，“一种直流断路器及其实现方法”等22项专利获优秀奖，获奖等级和数量居全国第一。

开展各级标准制修订工作。2018年共发布企业标准249项，主导或重点参与制定的262项国家、行业标准获批发布。新获批牵头制定9项IEC标准、4项IEEE标准。优化完善技术标准体系，修订《国家电网公司技术标准系统表（2018版）》并正式发布实施，收录企业标准1880项，24个行业的行业标准共3975项，国家标准3640项和国际标准1230项。“GB/T 30149—2013《电网通用模型描述规范》等42项标准”“Q/GDW 11040—2013《电力需求侧管理项目节约电力电量测量与验证通则》等20项标准”2项成果获得中国标准创新贡献奖一等奖，“IEEE Std 1860—2014《1000kV及以上特高压交流系统电压调节及无功补偿技术导则》等3项标准”“GB/T 30155—2013《智能变电站技术导则》等36项标准”2项成果获得二等奖。国家电网公司企业标准连续五届获得一等奖。

2018 年，共评审授予国家电网公司科学技术奖 206 项。其中，“新一代大容量特高压直流输电技术开发及设备研制”“大规模源网荷精准负荷控制关键技术及应用”2 个项目被授予科学技术进步奖特等奖，“面向能源计量物联网的微功率无线关键技术与应用”等 16 个项目被授予科学技术进步一等奖，“级联混合式高压直流断路器关键技术及应用”等 3 个项目被授予技术发明奖一等奖，“IEC TS 62840.1—2016《电动汽车电池更换系统 第 1 部分：通用与导则》等 2 项标准”等 2 个项目被授予技术标准创新贡献一等奖，“一种直流断路器及其实现方法”等 3 个项目被授予专利奖一等奖。

（高海峰 孙建锋 周 翔 张晓东 周 俊 赵海翔 李 刚 盛 兴）

【国际业务】 2018 年，国家电网公司完成巴西 CPFL 新能源公司股权要约收购，共计持有 CPFL 新能源公司 99.94%股份；巴西美丽山水电特高压直流送出二期特许权项目直流线路工程已全线贯通，较合同工期提前 2 个月完工；巴西特里斯皮尔斯（TP）水电送出特许权二期项目 0 标段提前 2 年完工投运；国网澳洲资产公司中标澳大利亚北气东输支线的 ATLAS 输气管线绿地项目；保持菲律宾、巴西、葡萄牙、澳大利亚、意大利、希腊等国家的境外资产稳健运营，收益情况良好。

2018 年，国家电网公司承建的首个跨国电力联网工程埃塞俄比亚—肯尼亚直流联网工程按期完成建设；埃塞俄比亚城市配网升级改造工程按计划施工建设，计划 2019 年一季度完工；埃及国家电网升级改造总承包工程按计划施工建设，计划 2019 年上半年完工；默拉直流项目进入全面工程建设阶段，计划 2021 年 3 月投运；埃及 EETC 500kV 输电线路工程总承包项目、缅甸北克钦邦与 230kV 主干网连通项目、波兰输变电工程总承包项目等重大工程项目按施工计划开展工程建设工作。

2018 年，开展与世界经济论坛（WEF）、国际电工委员会（IEC）、国际大电网委员会（GIGRE）、电气电子工程师学会（IEEE）、全球可持续电力合作组织（G—SEP）、国际可再生能源署（IRENA）、世界可持续发展工商理事会（WBCDS）等十多家知名国际组织的交流与合作。推进主导国际标准工作，2018 年立项 IEC 标准 9 项、IEEE 标准 5 项，累计主导立项编制国际标准 61 项，正式发布 30 项，为国际标准化发展贡献中国方案。

10 月 22～26 日，国际电工委员会（IEC）第 82 届大会在韩国釜山召开。会议期间，IEC 各国家委员会一致提名选举现任 IEC 副主席、舒印彪董事长为 IEC 第 36 届主席，任期为 2020—2022 年。这是该组织成立 112 年来，首次由中国专家担任最高领导职务，是中国参与国际标准化工作的重要里程碑。

（李 明 马海洋 张 虎 陈原子 李 杨 吕 昕 王晓刚 张 义 张佩佩 胡 浩）

【节能减排】 主要节能减排指标情况。线损率指标：线损率完成 6.47%，同比下降 0.21 个百分点，比国资委 2016—2018 年任期考核目标（6.93%）低 0.46 个百分点，节约电量 95 亿 kWh，相当于节约标准煤 290 万 t、减排二氧化碳 730 万 t。万元产值综合能耗指标：万元产值综合能耗 0.124t 标准煤（可比价），比国资委任期考核目标（0.157t 标准煤）低 0.033t 标准煤。

落实国家节能减排工作部署。推进北方地区冬季清洁取暖，完成京津冀及周边、汾渭平原地区 210 多万户居民“煤改电”，天然气互联互通供电配套工程按期送电。服务长江流域生态大保护，加快建设三峡坝区绿色岸电实验区。落实全国生态环境保护大会精神，完成环境无害化处置任务，彻底消除环境污染隐患。配合政府部门实时监测火电机组烟气排放信息，保障环保电价政策执行到位，2018 年结算脱硫、脱硝、除尘、超洁净排放环保加价电费 750 亿元。

强化线损管理。加强分压、分区、分线和分台区综合线损管理，挖掘电网降损潜力，提升管理精益化水平。推进同期线损系统建设应用，提升营配调贯通质量，台区—配电变压器—线路对应率由 30.1%提高至 93.5%，解决单一专业难以发现的用电、计量管理问题。试点线损助手 App，提升基层线损治理效率。

电网建设全过程环保管理。推进变电站噪声超标治理专项行动，全年完成变电站（换流站）噪声超标治理 91 座。推动温室气体减排，规范气体回收和循环再利用管理，回收六氟化硫气体 79t，相当于减排二氧化碳 188 万 t。制定《电网废弃物环境无害化处置监督管理办法》，完成含多氯联苯电力设备封存点环境无害化处置。加强电网走廊规划、工程设计、施工建设的全过程环保管理，建设绿色电网工程。

促进新能源消纳。落实中央经济工作会议部署和国家解决弃水弃风弃光问题实施方案，制定促进新能源消纳工作安排，提出 6 个方面、22 项重点工作，从规划建设、调度交易、市场机制、技术创新等方面协同发力新能源消纳。2018 年，国家电网公司经营区域新能源弃电量下降 35%，弃电率下降 5.2 个百分点。青海实现连续 9 天全清洁能源供电、创造世界纪录。

北方地区冬季清洁取暖。完成政府下达的清洁取暖“煤改电”任务，国网北京电力成为首都第二大供热企业。落实国务院《打赢蓝天保卫战三年行动计划》和十部委《北方地区冬季清洁取暖规划（2017—2021年）》，编制完成《北方地区清洁取暖电供暖规划实施方案》，为北方地区1002万户居民、3.8万企事业单位实施电供暖改造，电供暖面积将达到15亿m^2。完成拓展电能替代项目2.6万个，替代电量732亿kWh。

综合能源服务业务。27家省级综合能源服务公司全部组建，全年实施综合能源服务项目2943个，重点打造河北雄安市民中心、冀北低碳冬奥专区等综合能源示范项目。推进综合能源服务公司混合所有制改革试点，创新商业模式。智慧车联网累计接入充电桩28万个，建成“十纵十横两环”高速公路电动汽车快充网络，保障电动汽车城际出行。

节能低碳宣传。6月11～17日，围绕“建设美丽中国，促进绿色发展”的节能宣传周活动主题，开展节能宣传周和低碳日活动。宣传贯彻国家节能减排工作部署，推广节能经验和做法，推动绿色低碳发展。

（栾凤奎）

【农网发展】 农网改造升级。2018年，完成农网投资1497亿元。按期完成1368.2亿元、21.8万项10kV及以下配电网工程建设任务。完成81亿元“三区两州”深度贫困地区电网建设任务，超过年度目标15亿元，改善1200个村、25.32万户、92.25万名群众生产生活用电条件；完成311亿元中西部贫困地区电网建设任务，竣工5.6万项配电网工程，推动381个国家级贫困县农村电网提档升级；完成4.5亿元农村通动力电建设任务，新增230万户农村动力电用户，解决2311个自然村通动力电问题，实现除西藏外自然村全部按标准通动力电；落实国家能源局等三部委要求，完成4.3亿元农村机井通电工程建设任务，新增通电机井2.2万眼，惠及农民24.3万户、93.6万人，灌溉农田面积199.9万亩；促进军民融合协同发展，建成48个边防哨所通电项目，提前3个月完成第一批边防部队通大网电建设任务；完成16.9亿元大电网延伸、异地扶贫搬迁配套电网工程，实现67个抵边村寨大电网供电，建成3184个异地扶贫搬迁配套项目，保障29万户搬迁群众生产生活用电；完成17.9亿元光伏扶贫接网配套电网工程，保证859万kW光伏扶贫电站顺利并网，惠及92.2万贫困户。

全能型乡镇供电所建设。2018年，建成五星级供电所200个，累计共建成五星级供电所500个。推动营配末端融合。2018年，所辖17 790个乡镇供电所，完成复合型班组优化调整，设置内勤类班组1.8万个、外勤类班组2.7万个。台区经理网格化服务实现100%覆盖，建成覆盖乡村全域的15万个供电服务网格和6.7万个供电服务小组，配置台区经理25.5万名，平均服务客户数量约1600户/人。营业厅配置综合柜员6万名，实现人员一专多能、业务一岗办理、诉求一次办结。提升供电服务质量效率。借助作业组织融合、营配业务融合，开展“互联网+营销服务”应用，构建“强前端、大后台”供电服务体系。融入政府公共服务平台共建服务窗口和柜台，降低低压业扩平均接电时长。2018年，供电所平均派单时长同比下降0.87min，平均到达现场时间由2016年的25.75min缩短至2018年的22.3min，客户报修话务量由2016年的875.1万次下降至2018年的616.6万次。2018年，开展电能替代业务的乡镇供电所12 581个，同比增长16.8%；开展分布式光伏接网业务的乡镇供电所14 326个，同比增长14.2%；开展电动汽车充电桩运维业务的乡镇供电所3531个，同比增长20.7%。

（吕　军　王庆杰　李树国　李文俊）

【人力资源管理】 人才队伍建设。截至2018年底，四级四类人才总量达7.8万名，其中国家级人才365人、公司（省部、行业）级人才8389人、省公司（地市、厅局）级人才30 316人、地市公司级人才39 219人。落实国家重大人才工程计划，培养国家级、省部（行业）级人才418名，新增国家级人才34名，其中享受国务院政府特殊津贴专家22名、创新人才推进计划2名、中华技能大奖获得者2名、全国技术能手4名等。组织各单位申报中级职称35 407人，通过27 856人；申报副高级职称26 019人，通过20 608人；申报正高级职称2506人，通过约1100人。

开展各级各类培训。全年组织脱产培训383万人次，完成网络培训3128万学时，网络考试228万人次，落实全员培训规划。网络大学上线课件25 640个，教材1618本，案例3714个，题库59万道，百科9649条。

（李　鹏　曹爱民　刘　严　高　澈　张耀坤）

【党建工作】 截至2018年12月31日，国家电网公司系统党组织总数42 654个，其中党委2790个、党总支2109个、党支部37 755个。党员总数65.05万名。

基层组织建设。落实“四同步、四对接”要求，适应公司改革发展形势，优化组织设置，重点抓好新建重组单位、混合所有制企业、乡镇供电所党组织建设。加强境外单位党的建设，在巴西、菲律宾等25个国家（地区）设立41个境外党组织，确保党的组织和工作全覆盖。开展基层党组织按期换届工作，健全完善督促提醒机制，4500个基层党组织全部完成按期换届。

党风廉政建设。压紧压实全面从严治党政治责任。推进全面从严治党，加强党风廉政建设和反腐败工作，细化完成60项重点工作任务。落实党风廉政约谈制度，先后对24名总部部门负责人、196名二级单位领导班子成员开展约谈，精准“点穴”并开展廉洁教育。严肃党内政治生活，针对公司领导班子民主生活会查摆出的问题，制订35项措施116条具体任务。贯彻落实中央纪委、国资委党委工作部署，围绕全面从严治党等5个方面，开展为期3个月的自查自纠提升企业治理效能工作，制订并落实整改措施2824项，修订规章制度694项，开展专项行动706次，推动全面从严治党责任落实。坚持过程评价与结果考核并重，做到考核全覆盖，600余名二级单位领导班子成员在考评会上公开述责述廉。加强责任追究，以问责倒逼责任落实。2018年，国家电网公司党组成立8个巡视组，完成4轮对6个分部、5家省公司、34家直属单位的巡视。53家省公司级单位对1198家所属单位、221家地市公司级单位对1831家县公司级单位开展巡察。

加强学习，用习近平新时代中国特色社会主义思想武装头脑。国家电网公司党组带头专题学习研讨，领导班子成员分赴基层面向一线干部职工讲党课、谈体会。各单位开展集体学习研讨近7000场、集中宣讲和专题党课3万余次、辅导培训6400余期，各级党校组织集中轮训213期，培训处级以上干部1.2万人次。

精神文明建设。梳理“旗帜领航·三年登高”重大实践创新成果，组织开展国家电网公司精神文明建设创新奖（2015～2017年度）评选，表彰一等奖9个、二等奖10个、三等奖11个、提名奖35个，激励各单位推进精神文明建设思路理念、体制机制和载体手段创新。截至年底，共有全国文明单位381家、省级文明单位1553家，数量在央企排名第一。天津电力共产党员服务队队长张黎明同志被中宣部授予“时代楷模”称号，在庆祝改革开放40周年大会上，被党中央、国务院授予“改革先锋”称号，成为新时代产业工人的一面旗帜。

（刘　博　崔沙宁　任　健
王　畅　辛　慧　张会旭）

【国家电网有限公司华北分部】

分部概况　国家电网有限公司华北分部（简称国网华北分部），按照国家电网公司党组决策部署，落实总部分部一体化要求，承担区域电网调控运行、安全质量监督、电网规划、审计监督等职责。内设办公室（社保中心）、安全质量监察部、财务部、规划统计部、党建工作部、工会办公室（离退休工作部）、国家电网华北电力调控分中心、华北审计中心等8个部门。下设分支机构后勤管理中心。

领导班子

国家电网公司副总工程师兼国网华北分部主任、党委书记：余卫国

党委副书记、副主任（正局级）：康建瓴

副主任、党委成员：赵玉柱

副主任、党委成员：曹福成

副主任、党委成员、纪委书记、工会主席，兼国家电网公司华北审计中心主任：徐钦田

副主任、党委成员：王利群

副主任、党委成员，兼国家电网公司国家电力调度控制中心副主任：李丹

副主任：张刚（2018年3月免职）

顾问：孙刚（2018年1月退休）

副局级调研员：任振良（2018年12月退休）

电网概况　华北电网主网架格局为1000kV交流“两横一纵”、特高压直流“两送两受”网架、500kV“八横三纵”；华北电网区外联络为“一交六直”格局，分别通过1000kV长南一线交流特高压工程与华中电网联络，通过高岭换流站背靠背直流工程、鲁固特高压直流工程与东北电网联络，通过昭沂直流、银东直流工程与西北电网联络，通过雁淮直流、锡泰直流工程与华东电网联络。1000kV交流“两横一纵”和500kV“八横三纵”通道，主要承担华北电网西电东送、北电南送任务。山西电网经四个通道（9条500kV线路）向东部输送电力，蒙西电网经两个通道（4条500kV线路）向东部输送电力。京津唐和河北南网承担着电力枢纽核心作用，潮流特征为多方向、多通道、多落点。山东电网通过四个通道（4条1000kV线路、4条500kV线路），接受京津唐和河北南网转移电力。截至2018年底，华北电网装机容量36 751万kW，1000kV变电站15座，变压器23台，变电容量69 000MVA；500kV变电站166座，变压器370台，变电容量324 560MVA；1000kV输电线路33条共5903km；500kV输电线路538条共39 486km。京津唐电网装机容量8586万kW，500kV变电站43座，变压器98台，变电容量98 055MVA；500kV输电线路115条共6567km。华北电网风电装机容量5531万kW，占总装机容量16.3%，最大风电电力3228万kW，全年风电电量1116亿kWh；京津唐电网风电装机容量1341万kW，占总装机容量15.9%，最大风电电力780万kW，全年风电电量276亿kWh。华北电网光伏装机容量2848万kW，占总装机容量8.4%，最大光伏电力1882万kW，全年光伏电量340亿kWh；京津唐电网光伏装机容量626万kW，占总装机容量7.4%，最大光伏电力390万

kW，全年光伏电量 65 亿 kWh。

电网调度 夯实安全管理基础。贯彻国家电网公司安全生产工作部署，履行区域安全监督职责，推进本质安全建设，组织完成"煤改电"配套建设工程等 14 项安全检查，开展"六查六防"、电气火灾综合治理等专项行动。深化电网运行风险辨识与分析，发布电网运行风险预警 43 项，完成全部四级风险管控情况现场督察，常态化开展五级风险管控情况抽查。按照"一组织一清单、一岗一清单"要求，完成分部 41 个机构、154 个岗位的安全责任清单编制、发布和报备。组织完成 26 座 500kV 及以上变电站保护基建验收复查"回头看"，实现 225 项问题分类整改、闭环管理。修订完善 7 项应急预案，组织开展无脚本大面积停电和突发事件疏散应急演练。

增强电网管控能力。加强全网统一调度和电力平衡管理，并将华北区域内各省网 366 台 1.49 亿 kW 统调机组纳入调度许可范围。创新特高压配套电源分电模式，发挥特高压配套电源调峰调频作用。完成华北电网 8733 套直调保护、安控装置专项核查和 182 座厂站安控策略核查，开展特高压交直流安控系统定检，督导相关单位开展整改。精细化应用在线热稳定分析结果，提高 500kV 芦滨双回、丰万双回等重载通道输送能力 170 万 kW。完善提升华北电网未来态模型，支撑电网中长期安全校核，实现风险超前预控。成功处置北京西北热电中心中水中断重大突发事件。完成全国两会、上合组织青岛峰会、中非合作论坛北京峰会、庆祝改革开放 40 周年大会等重大活动保电。

提升资源配置水平。统筹安排京津冀鲁备用容量，组织开展省间联络线互援 239 次，有效应对冬夏负荷高峰，保障电力有序供应。坚持京津唐电网电量统一平衡，完成电量计划编制和调整，有序放开发电计划。华北电网最大负荷达到 22 862 万 kW，同比增长 5.31%；京津唐电网最大负荷达到 6482 万 kW，同比增长 3.15%。

配合基建工程投产。完成潍坊—临沂特高压工程和雄安、石家庄等 31 项特高压站扩建及配套工程启动调试。配合推动特高压配套电源建设，超前开展电厂升压站反送电，完成博明、恩和等 5 座电厂 8 台 534 万 kW 机组投产。进一步补强 500kV 网架，完成天津南蔡站、冀北洛图站、南昌三线等 24 项重点工程的启动调试。

深化专题研究。组织完成交直流故障联锁反应引发电压和频率稳定问题等 6 项重点研究，向国家电网公司总部提出建议并获得肯定。针对北京西南部电网稳定水平下降和张北、乌兰察布地区新能源外送等问题，开展专题研究，支撑电网规划调整。适应电力改革要求，完成京津唐电网发电计划管理模式、供热机组"以热定电"原则研究。

多措并举促进新能源消纳。优化全网机组运行方式，开展火电机组深度调峰和启停调峰，发挥抽水蓄能机组作用。制定京津冀一体化可再生能源消纳实施方案，完成京津唐电网供热机组最小运行方式核定，建立华北电网新能源消纳工作通报机制和预测偏差分析机制。完成京津唐电网新能源分区预测，研究并运用新能源功率带宽预测方法。2018 年，华北电网新能源消纳电量为 1456.55 亿 kWh，同比增长 21.21%，弃电量 25.37 亿 kWh，弃电率 2.3%。京津唐电网新能源消纳电量 341.51 亿 kWh，同比增长 12.62%，除春节期间极个别时段外，没有发生调峰弃电。

市场化建设取得里程碑式进展。制定华北电力辅助服务市场建设方案，完成调峰辅助服务市场模拟运行，并实现正式结算。正式启动市场试运行，辅助服务完成了从"管理"向"市场"的升级，进一步提高了华北电网新能源消纳能力和资源优化配置水平，在全国范围内率先实现调峰市场实时闭环运转和自动安全校核。

电力交易 组织或参与签订购售电及输电合同 97 份，包括直调电厂年度交易合同 24 份、2019 年度长协合同 19 份、跨省电能年度交易合同 11 份、输电合同 1 份、京津唐地区煤机发电权替代合同 42 份。

每月 1 日完成电量电费结算工作，出具结算单共计 630 张，实现电量源数据采集率、结算数据核对率和结算结果准确率三个 100%目标。2018 年共计完成购电量 2294.6 亿 kWh，售电量 2243.13 亿 kWh。

通过月度网站和厂网联席会等方式向发电企业披露的信息包括统调电厂电量完成情况、跨区跨省电量完成情况、输变电检修计划、机组检修计划、机组非计划停运情况、新设备投产情况、月度方式变化情况、国网华北分部安全生产情况、电力电量平衡预测情况、两个细则执行情况等。

规划计划 组织完成"十三五"主网架规划调整及项目库审查工作。与国网发展部、国网经研院充分沟通，五次组织"十三五"电网主网架规划调整研究集中工作，两次参加"十三五"规划研讨会，对涉及主网架重大调整的 30 余项工程逐一研究，明确提出国网华北分部对华北各省市电网规划的意见和建议并上报国家电网公司。分析 2～3 年中期计算提出的问题，两次组织会议，督促各单位就提出的问题逐一研究提出解决措施。发挥统筹协调作用，完成"十三五"规划项目库调整审查工作。

参加区域内 500kV 项目系统方案和可研论证工作。2018 年共参加相关会议 95 次，结合华北电网发展及安全运行要求，在锡盟、上海庙、张北特高压工程配套新能源送出以及北京CBD等20多项500kV项目的可行性研究论证评审工作中，提出意见和建议，为电网的安全运行奠定基础。

推进抽水蓄能滚动规划相关工作。与国网发展部、相关省市公司紧密协作，配合国网能源院完成《华北电网抽水蓄能中长期发展规划研究分析报告》，出具山东省抽水蓄能电站选点规划调整意见，针对河北省、天津市抽水蓄能电站选点规划调整报告提出建议和意见。

市场化交易电量大幅增加，统筹京津唐电网发电量计划。2018年京津唐电网大用户直接交易达到355亿kWh，同比增长46%。分部组织召开电量计划工作会议4次，参加华北能监局相关会议4次，参加三地政府主管部门相关会议10余次。在电力市场化改革环境下，坚持京津唐电网电量统一平衡原则，落实各方面政策要求，创新方法，提出优先发电“保量市场议价”概念，推进电量计划与市场衔接。

承接新增的综合计划区域管理职责，开展相关工作。组织对区域内各省电力公司2019年综合计划项目论证进行监督检查，为国家电网公司系统编制2019年综合计划奠定良好基础。

分部管理 持续加强自身建设。落实国家电网公司党组决策部署，完成机构优化和人员安排，多措并举缓解缺员情况。制定分部组织工作“旗帜领航·组织登高”工程计划，推进“基础登高”各项工作。完成通信调度值班队伍组建与培训，制定调度、检修等4项工作细则，按期完成通信调度移交，各项业务平稳开展。开展分部科学技术奖励工作，6项成果45人次受到表彰。“响应驱动的交直流混联电网广域稳定控制理论及应用”“电网电力电子化背景下电网运行监测分析技术研究与应用”项目分别荣获国家电网公司2018年度科技进步一等奖、三等奖。北京电力医院管理权移交国中康健集团。

进一步强化经营管理。加强综合计划和预算管控，细化分解费用指标，组织定期督导与不定期抽查，强化执行情况跟踪，开展跨区跨省交易，做好利润指标调整工作，完成全年计划。落实国家电网公司“1233”资金管理体系建设要求，启动和推进多维精益管理体系变革有关工作，推进财务管理转型。执行华北区域电网输电价格政策，实现经营方式平稳转换。完成综合类问题清单、资金安全检查问题梳理和整改。

深化依法从严治企。开展法治宣传教育，执行国家电网公司通用制度，进一步规范合同管理、招投标管理和保密管理。组织开展社保业务风险自查及登记专项治理，完成企业年金拆分及代管企业年金资产移交。办结诉讼案件4起，全部取得胜诉。持续推进减少法人层级工作，完成华实公司黄山房产等产权变更到分部。按期完成“三供一业”管理权移交。严格规范公务用车和生产服务用车管理。

发挥审计职能。落实“上审下”工作要求，控制现场审计项目质量，开展金融业务和新兴业务审计，完成国家电网公司下达的4个经济责任审计项目和4个后续审计项目。完成数字化审计工作室一期工程建设，组织对6个省（市）公司开展数字化持续审计监督。服务分部依法从严治企，开展委托运维资产技改大修、党费及工会会费等专项审计。

营造和谐稳定氛围。落实国家电网公司“旗帜领航·文化登高”行动计划，开展“弘扬爱国奋斗精神、建功立业新时代”活动。发挥工会的“桥梁”和“纽带”作用。制定《国家电网有限公司华北分部机关工会会员慰问管理暂行办法》，对生产经营一线职工、劳动模范、退休离岗职工进行慰问。加强机关职工医疗互助会管理，切实解决了职工的后顾之忧。完成国家电网公司2018年“卓越杯”职工足球联赛华北赛区比赛的承办工作，华北赛区被评为国网足球联赛优秀赛区，组织开展趣味运动会、车辆安全知识大讲堂、健步走等各类活动200余次。创新离退休服务方式方法，走访慰问离退休老领导、老劳模、老红星、老寿星、长期病号、困难户、去世人员遗孀共计210余人次。完成“三供一业”社会化分离移交。

科技管理 2018年科技研发项目11项，申请专利超过13项。“响应驱动的交直流混联电网广域稳定控制理论及应用”项目荣获国家电网公司2018年度科技进步一等奖，该项目解决了交直流输电能力相互制约的难题，提出的基于响应的交直流混联电网广域控制方法在华北、华中电网应用后，分别提高雁淮、天中直流输电能力170万kW和150万kW，2015～2017年累计新增利润5.28亿元。“电网电力电子化背景下电网运行监测分析技术研究与应用”项目荣获国家电网公司2018年度科技进步三等奖，该项目提出了电力系统工频量测伪振荡的在线判别办法、电力系统次同步振荡成分的快速在线检测方法，基于该方法研制了能够准确测量次/超同步振荡成分的PMU样机并在智能电网调度控制系统得到应用。组织开展了国网华北分部科学技术奖励工作，对“适应高占比可再生能源的自动发电控制新技术开发与应用”等2项科技进步奖、2项技术标准创新贡献奖和2项专利奖成果进行表彰奖励。

党群工作 2018年，在国家电网公司党组坚强领导下，国网华北分部党委学习贯彻习近平新时代中国特色社会主义思想和党的十九大精神，落实国家电网公司党组全面从严治党各项要求，坚持“三同四实”，党建工作取得显著成效。坚持把党的政治建设摆在首位。全年召开党委会议33次，研究决策事项84个，切实发挥党委把方向、管大局、保落实的作用。逐级压紧压实党建责任。组织开展习近平新时代中国特色社会主义思想和党的十九大精神大学习，19个在职党支部全年集中学习319次，全体党员“四个意识”更加牢固、“四个自信”更加坚定、“两个维护”更加坚决。完成“旗帜领航·三年登高”对标管理年各项工作，制定落实党建工作责任制、工作要点、“三同四实”推进方案和党支部标准化建设实施细则，执行“三会一课”等七项组织生活制度，加强“三本六盒一证”管理，完成党支部书记和委员专题培训。深化党风廉政建设。学习《中国共产党纪律处分条例》，落实公司党风廉政建设工作部署，细化党风廉政建设“两个责任”清单，明确领导班子成员和部门党风廉政建设履责要点。落实中央八项规定精神和公司实施办法，开展形式主义、官僚主义集中整治，推进反“四风”工作。贯彻协同监督工作要求，全面排查各专业领域廉洁风险。开展《警钟声声》专题学习，编印《郭登峰贪污受贿案启示录》，组织参观北京市反腐倡廉警示教育基地，进一步筑牢拒腐防变思想防线。落实公司党组巡视工作部署。完成现场巡视配合工作，组织成立14个工作小组，提供2.7万余份档案资料，保质保量完成立行立改问题整改以及问题线索和信访举报的调查核实。针对巡视反馈问题，周密制定整改工作方案，细化落实87项整改措施，建立完善制度11项，问题整改和长效机制建设取得阶段性成果。

主要事件

1月7日1:00，京津唐电网500kV宽城输变电工程启动调试工作圆满结束，正式投产。

2月7日16:00，河北南网500kV蔺官一线（蔺河站至官路站）工程启动调试工作结束，500kV官路输变电工程正式投产。

3月6日，“面向特高压建设的大电网未来态模型技术研究”科技项目通过验收。

3月16日，蒙西—晋中特高压交流工程获国家发展改革委核准。

3月21日，全国两会保电工作落下帷幕，国网华北分部完成全国两会供电安全保障工作。

4月27日，国网华北分部与内蒙古岱海发电有限责任公司联合开展AGC控制模式下岱海电厂3号机组深度调峰实时控制试验，在提高火电机组深度调峰调节速率和负荷跟踪实时性的同时，将火电机组在AGC控制模式下的出力下限降至20%额定容量，使火电机组的调峰深度从50%提高至80%，即单机提高20万kW风电消纳能力。

6月11日，上合组织青岛峰会保电工作落下帷幕，国网华北分部完成上合组织青岛峰会供电安全保障。

6月25日，北京地区昌平变电站500kV 3号变压器增容工程启动调试工作结束，竣工投产，标志着京津唐电网北京地区500kV主变压器增容系列工程全部投产。

7月20日，生态环境部辐射源安全监管司在北京组织召开北京东—通州500kV输变电工程环境影响评价专家咨询审议会，同意工程环境影响报告书通过评审。

8月1日，华北电网最大负荷达到22 833万kW，同比增长5.2%。

9月5日18:00，国网华北分部完成中非合作论坛北京峰会期间各项活动保障任务。

9月8日，华北电网光伏最大电力达到1791万kW，达到历史最大值，同比增幅达到35.6%。

11月5日，北京市副市长隋振江在市政府办公厅、市城管委、市发展改革委相关领导陪同下，到国网华北分部调研指导工作。

11月19日17:11，华北电网通信调度指挥、调度值班、运行监视、故障受理和故障处置五项调控业务由国网信通公司正式移交至国网华北分部。

12月26日，华北电力调峰辅助服务市场启动试运行，标志着电网调峰从“管理”向“市场”的升级。

12月，华北电网新能源装机容量达到8056.5万kW，同比增长15.0%。其中，风电装机容量达到5369.4万kW，同比增长13.1%；光伏装机容量达到2687.1万kW，同比增长19.0%。

（李　斌）

【国家电网有限公司华东分部】

分部概况　国家电网有限公司华东分部（简称国网华东分部）于2011年4月成立，作为国家电网公司总部派出机构，是国家电网公司总部部分管理职能的延伸。在国家电网公司总部授权范围内，负责区域内电网调度运行管理、安全质量监督、审计监督及分部电网资产管理，开展区域内跨省电网项目前期及电网规划工作，发挥对国家电网公司总部的支撑作用。加强协调监督区域内省（市）公司，确保国家电网公司的各项决策部署及重点工作在区域内的推进落实和贯彻执行。

组织机构　国网华东分部内设机构为8个部门（中心），分别为办公室、安全质量监督部、财务部、规划统计部、党建工作部、工会办公室（离退休工作部）、国家电网华东电力调控分中心、华东审计中心。

国网华东分部电力调度控制分中心系统运行二科对外加挂北京电力交易有限公司交易三部的牌子（副处级建制）。分部下设分支机构后勤管理中心。

电网概况 华东区域电网供电范围包括上海市、江苏、浙江、安徽和福建省，区域面积 47.19 万 km^2，占中国国土面积的 5%，区域人口 2.6 亿，占全国总人口的 1/5，经济总量约占全国的 1/3。

华东电网装机容量 37 605.8 万 kW，其中：火电装机容量 26 864.6 万 kW，占 71.44%；水电装机容量 3059.6 万 kW，占 8.14%；核电装机容量 2216 万 kW，占 5.89%；风电及其他装机容量 5466 万 kW，占 14.54%。华东电网全社会用电量 1680.39 亿 kWh，同比增长 7.17%；8 月 10 日，华东全网累计发电量 14 583.2 亿 kWh，同比增长 6.03%；全网最高用电负荷 28 119 万 kW，同比增长 2.17%。

华东电网 1000kV 线路共 21 条，长度为 3299.8km，500kV 线路共 626 条，长度为 33 981.1km。500kV 厂站共 243 座，其中：变电站 168 座，开关站 3 座，电厂 72 座。500kV 变压器共 394 台，变电容量 566 911MVA。

电网调度 全力保障大电网安全。面对复杂的电力供需形势和多发频发的灾害性天气，超前落实准备工作，加强电网运行管控，统筹跨区支援、省间互济，切实保障了电网安全运行，完成首届进博会电力保障任务，彰显了价值担当，获得国家电网公司党组通报表扬以及能监机构、地方政府的高度评价。对迎峰度夏高峰电力短缺等可能出现的困难做了充分的预估和准备，超前落实跨区跨省送电计划，完善直流失去互保、紧急备用共享等工作机制，利用迎峰度夏汇报会等渠道与省市政府沟通交底、争取支持，度夏期间积极开展电力交易和调峰能力互济，确保了电力的可靠供应。面对台风次数多、路径重叠等特点，提前消除隐患，加强值班值守，应急响应迅速，较好地控制了台风对电网运行的影响，确保了华东主网的安全稳定运行。

切实提升电网调控能力。电网动态负荷模型研究完成，线路状态令操作模式启动试点，频控系统实现异地双重配置，网内首台 500kV 调相机投运，通信调度职能平稳划转，系统保护通信网投入运行。加强重要输电通道安全保障，完成“三道防线”核查，进一步强化电力监控系统安全防护，落实信息和网络安全管控措施，有效防控了各类安全风险，电网运行管控能力得到显著提高。

安全管理 加强安全监督。从严从实履行安全监督职能，年内累计开展各类安全督查 34 次。发挥设备技术管理的传统优势，跟踪分析区域内典型事故 10 余次，督促服务省市公司及时消除隐患和防范风险。坚持问题导向、责任导向，开展“六查六防”专项行动，排查整治电气火灾等安全隐患 28 项，编制全员安全责任清单，提升内部安全水平。

完善安全责任清单。明确“一组织一清单、一岗位一清单”的工作要求，营造“人人与安全有关系、人人为安全做贡献”的工作氛围，推进安全责任清单编制工作，内设机构及具体岗位的安全责任清单基本成型，切实形成齐抓共管的安全管理工作格局。

强化应急保障。新建应急指挥中心投入使用，先后印发分部总体应急预案 1 项、专项应急预案 6 项、现场处置方案 34 项，通过一系列从预防到处置、从机制到能力的有力措施，对安全生产重点岗位履职能力提出要求，实现了应急能力的大幅提升，应急工作得到进一步强化。

电力交易 华东电网完成国家电力市场交易电量 3714 亿 kWh，超过年初计划目标。全年接受区外来电 2209 亿 kWh，同比增长 15.62%。

推进清洁能源消纳。华东全年消纳清洁能源 4212 亿 kWh，同比增长 7.57%，其中消纳风、光、核电 2226 亿 kWh，同比增长 26.79%。

全年组织浙福特高压福建外送交易 145.55 亿 kWh，其中福建核电外送 73.35 亿 kWh。

促进电力资源优化配置。深化节能减排工作，加大发电资源优化力度，全年发电权交易电量达到 32.1 亿 kWh，节约标煤超过 8 万 t。推进电力市场化改革，对全国交易平台的支撑服务质量进一步提高。

全额完成新能源消纳任务，全年未发生弃风弃光现象。电力辅助服务市场正式投入试运行，新能源运行消纳预警机制逐步完善，沪皖抽水蓄能电力优化分配增强了低谷调峰能力，有力促进了新能源的科学消纳。

分部管理 完成改革发展任务。完成总部下达的经营指标，落实了 64 项年度重点任务和 9 项重点研究项目。聚焦影响分部改革发展的关键要素，研究输变电核价政策，系统梳理分部资产情况，量化分析增资需求，形成了整体增资工作方案，为第二轮输变电成本监审奠定了良好基础。

加强审计监督。区域审计中心有效发挥职能，高质量完成 11 项审计任务，国际化审计工作特色凸显，数字化远程审计监督功能得到强化。内部审计服务成效突出，对技改大修项目结算进行了全面审计。

强化依法从严治企。面对国家电网公司内部巡视、党建综合考评以及任期经济责任审计对分部政治建设、管党治党和依法治企工作的全面“体检”，坚持高站位、高标准，先行组织开展规章制度梳理、清单式自查自纠、内部巡察、整改“回头看”等一系列举措，营造了把握契机、提升管理的良好氛围。在巡视、党建考评和审计工作期间，配合积极、保障到位，工作过程有序。整改任务得到全面落实，完成巡视立行立改工作171条，按计划推进107项后续整改措施；审计整改事项销号19项，启动分部经营风险全面管控工作，推动建立长效机制。

队伍建设持续深化。全面评估分部人力资源现状，量化分析结构性缺员情况，组织开展青年人才素质能力测评。加强分部专家队伍建设，15位国家电网公司级专家年度考核全部合格，良好率较2017年提高20%。搭建人才培养的区域平台，组织华东电网第四轮技术技能竞赛，选树了10名华东电网工匠。

科技管理 完成科技项目实施工作12项，获得省部级及以上技术进步奖励三项，“应对多直流连续换相失败的交直流协同控制技术”项目获得国家电网公司年度科学技术进步三等奖。全年发表论文32篇，其中被EI收录14篇。截至2018年底，拥有发明专利31项，实用新型专利6项。

党群工作 党的建设全面加强。把学习贯彻习近平新时代中国特色社会主义思想作为首要的政治任务，组织党委理论中心组学习、流动党课、党务培训和各类专题培训班近20期次。修订《分部党委议事规则（试行）》，创新离退休党委“12345”精准工作法，试行调控分中心“党工团联席制”。按期完成机关党委换届。落实党建“旗帜领航·三年登高”对标管理年计划，以项目化管理模式细化七大类55项党建重点任务，党建标准化工作达标。持续加强组织力建设，积极落实意识形态工作责任和文化登高行动计划，建立领导班子党建工作联系点，深化党管信息系统应用，成立两支共产党员服务队。党建量化考核首次纳入分部业绩考核同步兑现。

党风廉政建设不断加强。党委班子公开廉政承诺，班子成员全覆盖约谈部门负责同志。按照公司党组统一部署，深入开展形式主义官僚主义集中整治工作。持续加强中央“八项规定”精神的贯彻落实，坚持“逢节必查、逢查必报”，严格执行党委书记、纪委书记对查纠报告的“双签”制度。

企业氛围团结向上。精心策划《新时代、新担当、新作为》主题展，组织开展庆祝改革开放40周年系列活动。举办上海市经信党委系统（电业板块）离退休干部庆祝改革开放40周年报告会。青年工作进取争先，在国家电网公司第四届青创赛上斩获银奖。创建“绿色机关”行动务实有效，职工食堂顺利通过食品安全管理体系双认证，员工的工作生活环境得到了进一步改善。

（牟善科　李　曼）

【国家电网有限公司华中分部】

分部概况 国家电网有限公司华中分部（简称国网华中分部）作为国家电网公司总部派出机构，在总部授权范围内，承担区域电网调控运行、安全质量监督、电网规划、审计监督等职责，加强对区域内省公司的协调监督，确保国家电网公司各项决策部署，以及重点工作在区域内的有效落实；同时加强分部自身建设，做好党群、工会、队伍建设以及离退休服务等工作。

组织机构 国网华中分部内设办公室、规划统计部、安全质量监督部、财务部、党建工作部、工会办公室（离退休工作部）、调控分中心、审计中心等8个部门。其中，调控分中心内设的系统运行二科，作为区域电力交易业务的支撑机构，对外加挂北京电力交易中心有限公司交易四部。下设分支机构后勤管理中心。共有长期职工321人，其中分部222人，后勤管理中心99人。

电网概况 华中电网覆盖湖北、河南、湖南和江西等四省，区域面积约73.16万km^2，人口约2.7亿。华中电网常规一次能源主要有水能、煤炭和油气资源，其分布特点呈现“南水、北煤、西气”的格局。水能资源主要分布在湖北、湖南，同时接收或转送西南水电。煤炭资源主要分布在河南省。负荷主要集中在河南中部、南部，鄂东、长株潭以及南昌等地区。华中地区的能源和负荷分布，形成了华中电网“西电东送、南北互供”的特点。

华中电网与周边所有区域电网互联，处于“联网中枢、安全中坚、资源中继”的重要地位，是全国互联电网的枢纽，跨区通道达到八直两交，跨区交换送出能力21 860MW，跨区交换受入能力18 610MW。其中，通过一回1000kV特高压交流线路（长南Ⅰ线）与华北电网相联；通过四回500kV交流线路（盘龙Ⅰ、Ⅱ线及张恩Ⅰ、Ⅱ线）与西南电网相联；通过两回±800kV特高压直流线路（天中、祁韶直流）及一回背靠背直流（灵宝直流）与西北电网相联；通过四回±500kV直流线路（葛南、龙政、宜华、林枫直流）与华东电网相联；通过一回±500kV直流线路（江城直流）与南方电网相联。华中电网成为全国电网互联的中心和枢纽。

湖北电网通过500kV盘龙Ⅰ、Ⅱ线和张恩Ⅰ、Ⅱ线与西南电网相联。河南电网通过1000kV南荆Ⅰ线、500kV卧贤Ⅰ、Ⅱ线和孝浉Ⅰ、Ⅱ回线与湖北电网相联；湖南电网通过500kV葛岗线和孱澧Ⅰ、Ⅱ线与湖北电网相联；江西电网通过500kV磁永线和咸梦Ⅰ、Ⅱ回线与湖北电网相联。

华中电网新投产调度口径发电机组223台（座）（含110kV）、总容量11 603MW。其中火电10台，容量4861MW，占41.89%；水电29台，容量264MW，占2.27%；风电场75座，容量4324MW，占37.27%；光伏94座，容量1829MW，占15.76%；生物质及其他326MW，占2.81%。新增单机容量1000MW及以上机组两台，容量2000MW，占新增总装机容量的17.23%。

华中特高压“四交三直”工程纳入国家规划，其中陕北—湖北直流、驻马店—南阳交流工程获得核准，首条以输送新能源为主的青海—河南直流工程开工建设。全年新投产220kV及以上输电线路共161条，总长度3053km。其中500kV输电线路净增16条、长度362km，220kV输电线路净增145条、长度2691km。新投产220kV及以上变电站49座、变压器103台、容量合计27 420MVA。其中500kV变电站五座、变压器12台、容量11 450MVA，220kV变电站44座、变压器91台、容量15 970MVA。

华中电网调度口径装机容量228 260MVA，同比增加11 600MVA，其中火电占57.21%，水电占27.84%，新能源及其他占14.95%。调度口径机组发电量7999亿kWh，同比增长9.9%，其中火电发电量5588亿kWh（占比69.86%，同比增长13%），水电发电量2046亿kWh（占比25.58%，同比下降2.2%）。

华中电网1000kV交流输电线路两条，总长640km；1000kV变电站两座，变压器四台，变电容量12 000MVA；500kV交流输电线路377条，总长26 514km；500kV变电站117座，变压器200台，变电容量174 400MVA。落点华中的±800kV直流线路两条，线路总长4593km；±500kV直流线路五条，线路总长4888km。

电网调度 国网华中分部坚持把大电网安全放在首位，准确把握枢纽电网运行特点，妥善应对“强直弱交”结构性风险，成功经受住年初两轮大范围雨雪冰冻灾害天气、夏季电网负荷屡创新高等挑战，完成各项重要保电任务，华中电网连续36年保持安全稳定运行。吸取国家电网公司系统安全事故教训，排查治理国网华中分部安全隐患，提升全员安全意识。全面梳理和落实全员安全责任清单，实施部门负责人安全述职，压紧压实安全责任。深化渝鄂直流背靠背工程投产后系统特性分析，完成南通道交流系统启动调试。强化应急管理，修订国网华中分部应急预案八项，及时发布电网风险预警13次，与国网通航公司建立应急救援联动机制。首次实现三峡右岸电厂参与华中电网实时调频调压运行，300MW以上机组纳入分部许可调度。发挥三峡电厂顶峰作用，有效缓解电力短缺局面。有效应对罕见秋汛，七年来首次启动湖北水电应急交易。正确处置咸宁变电站500kV母线跳闸恶性误操作等电网事件。

与水利部长江委建立沟通机制，汛期最大限度消纳三峡电力，枯期三峡电厂增发支援华中用电。实施继电保护整改措施27项，开展“三道防线”专项核查、安控系统专项检查，完成隐患排查治理20项，消除5组TA绕组分布死区重大隐患，完成所有已知危及电网运行的保护家族性缺陷整改工作。建成湖南500MW精准切负荷系统，完成华中系统保护策略研究。治理电力监控系统网络安全隐患167项。滚动修编信息通信“十三五”规划。编制直调（许可）设备临时检修工作管理规定、直调设备操作网络下令管理规定、AGC运行管理办法等五项管理制度。配合华中能监局启动华中电力调峰辅助服务市场建设。

制定推进区域特高压工程建设工作方案，完成1000/500kV网架协调发展、多直流多能互补等七项重大规划专题研究。确定500kV安福变电站合环、三峡近区500kV短路电流控制等重大问题解决方案。编制区域抽水蓄能中长期规划报告。

电力交易 推动政府部门、省公司将跨区受入电能分省分月纳入各省的年度发用电计划，组织现货市场交易，开展西南水电年度交易，消纳祁韶直流电能，完成年度交易任务。全年累计实现省间交易电量1359亿kWh，同比增长8.0%；完成购电量1465亿kWh，同比增加156亿kWh；完成售电量1449亿kWh，同比增加145亿kWh。

贯彻国家电网公司新能源消纳工作部署，按照“省内为主、区内优先、兼顾区外”的总体思路，开展跨区备用共享，深挖电网运行潜力，实现区内新能源消纳“双升双降”、水电基本全额消纳。与西南分部签订电能交易合作协议，创新建立“西南清洁能源电量库”、西南—西北—华中通道优化模式，丰富交易品种、扩大消纳范围，有效减少西南弃水电量。率先开展藏区电力交易帮扶活动，消纳藏区水电1.1亿kWh。组合运用水火风光多能多省打捆、火电发电权跨区置换和抽水蓄能电站跨区消纳等模式，全力消纳西北新能源。完成首笔祁韶直流合同转让交易，推动国网湖南电力实现发电权省间交易“零”的突破。累计消纳区内清洁能源2405亿kWh；消纳区外清洁能源293亿kWh，同比增长27%。其中，消纳西北新能源、西南富余水电分别为237亿kWh和55亿kWh，同比增长32.8%、5.9%；开展现货交易37亿kWh，占国家电网公司系统的53.4%。

及时编制市场秩序报告，按季召开信息发布会，电力市场秩序和交易合规管理不断加强。在全国开展电力市场主体信用评价指标体系研究，初步建立了电力市场信用评价体系，完成河南、江西省级市场指标试算工作。

分部管理 国网华中分部认真履行安全监督职能，开展各类安全质量监督检查、事故调查、信息安全督查和应急能力评估等100余次，推动公司安全生产部署在区域内有效落地。全方位参与公司资产全寿命质量管理，完成四省公司实物资产ID现场核查。发挥分部审计职能作用，完成总部下达的国网技术学院、山东电工电气集团等审计任务11项，发现问题205项，提出审计建议25条。设立数字化审计工作室，对区域内四省公司开展远程持续审计监督，发现疑点120项，确认问题73项。配合分部任期经济责任审计，按期整改发现的问题。开展分部委托运维资产管理审计监督，促进管理水平提升。

加强调查研究和沟通协调，分部输配电价核定取得预期目标，首个监管周期采用两部制电价形式，其中，电量电价1分/kWh，容量电价0.48分/kWh、0.28分/kWh不等。完成交易合同调整和前期电费清算，实现新电价政策平稳落地。进一步理顺电厂结算方式，四座抽水蓄能电站、两座水电站调整至分部结算，一座火电厂调整至省公司结算。稳步推进电网改扩建工程划转和资产优化调整，分部新增资产原值35亿元。

坚持问题导向，加强过程管控，综合计划和预算执行精准性、均衡性明显提升。分部直属500kV葛双Ⅰ、Ⅱ回线增容改造、渔宜线改接至朝阳变电站、凤凰山主变压器扩建等工程取得核准。集中招标采购项目256个，节资率6.7%。稳步推进问题清单梳理及整改再提升工作。完成资金支付、银行账户等重点领域专项自查。三项电网工程环保、水保验收遗留问题得到妥善解决。跟进两项法律纠纷，河南孝浉二线侵权纠纷案判决结果好于预期。抓好保密意识和常识教育全年未发生失泄密事件。深入排查整改消防安全隐患，加强设施设备运维管理，后勤本质安全基础更趋牢固。丽景酒店拓市场、强管理，实现服务保障、经营效益双提升。加强政策研究，做好解疑释惑，“三供一业”分离移交工作平稳有序实施。

科技管理 2018年，国网华中分部研究开发项目总经费1050.14万元，其中：新开项目12项，经费517万元，结转项目15项，经费533.14万元，技术服务19项，经费463万元。在超/特高压输变电技术、电网发展与规划技术、电力系统自动化技术、电网安全控制与保护技术、电网安全分析与仿真技术、大规模新能源发电并网与运行控制技术、电网安全控制与保护技术、能源发展与企业管理技术等领域，开展多项研究，填补国内外相关研究领域空白。

国网华中分部科技工作取得丰硕成果，共获得省部级科技进步奖九项，主持研究的“适应电能大规模远距离输送的发电控制关键技术及应用”“消除线路过负荷引发电网大停电事故风险的关键技术及应用”“基于大数据技术的电力系统智能在线安全稳定分析及应用”项目分别获湖北省科学技术进步奖一、二、三等奖；主持研究的“基于电压平面的线路过负荷与故障识别技术”项目获中国电力技术发明奖；主持研究的“输电线路杆塔运行寿命评估关键技术研究”项目荣获电力建设科学技术进步奖二等奖；参与研究的“多区域安控系统协调及在线诊断、辅助决策关键技术与应用”“响应驱动的交直流混联电网广域稳定控制理论及应用”“同塔多回输电线路纵向故障保护关键技术及工程应用”项目分别获国家电网公司科学技术进步奖一、一、二等奖；参与研究的GB/T 30149—2013《电网通用模型描述规范》等42项标准获中国标准创新贡献奖一等奖。新申请专利29项，获授权专利25项。15项新技术在专项工程中得到广泛应用。

党群工作 开展习近平新时代中国特色社会主义思想大学习，推进“两学一做”学习教育常态化制度化，广大党员干部“四个意识”更加牢固、“四个自信”更加坚定、“两个维护”更加坚决。发挥党委把方向、管大局、保落实作用，加强“三重一大”决策管理，召开党委会议38次，研究议题135项。健全完善抓党建工作机制，实施党建工作绩效考评、党组织书记述职评议考核。推进“旗帜领航·三年登高”计划，完成党委和党支部标准化建设。严格执行中央八项规定精神和公司实施细则，落实党风廉政建设“两个责任”，开展廉政约谈58人次。成立意识形态工作领导小组，加强各类意识形态阵地管理。把握政治巡视定位，开展自查自纠，立行立改巡视发现问题，补短板、强弱项。

加强国家电网公司“企业文化指引”宣贯，增强职工向心力和凝聚力。全年组织全员教育培训23批次，聘任分部兼职培训师50名，11名员工通过地方正高级职称评审。完成柳焕章劳模工作室迁改，为劳模团队开展科技创新提供了更好平台。

加大古楼冲村产业帮扶力度，精准扶贫工作得到政府高度评价。举办“卓越杯”华中赛区职工足球比赛、华中电网继电保护技能竞赛。用心用情、务实创新开展离退休工作，“把离退休党支部建在学习小组上，充分发挥党支部引领党员群众的主体作用”的做法被公司宣传推广。一人参加中国工会十七大，一人被评为国家电网公司劳动模范，一人荣获湖北省“五一”劳动奖章，两人分别获2018年湖北省、国家电网公司青年五四奖章；国网华中分部团委荣获国家电网公司“五四红旗团委”称号；调控中心第一党支部荣获湖北省国有企业“先进基层党组织”称号。

（李国柱）

【国家电网有限公司东北分部】

分部概况 国家电网有限公司东北分部（简称国网东北分部）于2011年4月在原东北电网有限公司基础上成立，是国家电网公司总部部分管理职能的延伸，实行总部分部一体化运作。在国家电网公司总部授权范围内，负责区域内的电网调度运行、安全质量监督、审计监督以及分部电网资产管理，开展区域内跨省电网项目前期及电网规划、电力交易和中朝水力发电公司中方相关业务，发挥对国家电网公司总部的支撑作用。对区域内省（区）电力公司发挥协调监督作用，确保公司各项决策部署，以及重点工作在区域内的推进落实和贯彻执行。

组织机构 国网东北分部由分部机关、后勤管理中心和绿源水力发电公司三部分组成，其中：分部机关内设办公室（社保中心）、安全质量监督部、财务部、规划统计部、党建工作部、工会办公室（离退休工作部）、国家电网东北电力调控分中心、国家电网有限公司东北审计中心、中朝水力发电公司理事会中方业务局九个部门。按照《国家电网有限公司关于东北分部成立绿源水力发电公司的通知》（国家电网人资〔2018〕484号）文件要求，分部机关设置水电管理部，与绿源水力发电公司合署办公。绿源水力发电公司下设四个单位，分别为云峰发电厂、太平湾发电厂、望江楼水电站工程建设局和绿源水力发电公司检修公司。

电网概况 东北电网覆盖辽宁、吉林、黑龙江及内蒙古东部三省一区，是国家电网公司六大区域电网之一，供电面积128万km^2，人口1.22亿。东北电网通过高岭背靠背直流及特高压鲁固直流与华北电网联网，在黑龙江北部通过黑河背靠背直流与俄罗斯远东电网联网，在辽宁东部与朝鲜共享鸭绿江水电资源。东北电网以500kV为主干网架，覆盖主要大中城市群的负荷中心，并与区域内的煤电、风电和水电能源基地相连，形成北电南送、西电东送和向扎鲁特汇集电力的主通道。区域内部北起内蒙古呼伦贝尔、南至辽宁鞍山的伊穆直流与500kV交流电网形成交直流混联结构。鲁固直流及其配套500kV工程建成投运后，全网整体电力流格局发生较大变化，形成了辽、吉、黑、蒙东四个省（区）向扎鲁特换流站汇集电力的输电格局，500kV主网潮流汇集能力满足鲁固直流送电需求。

东北电网总装机容量1.47亿kW。其中，火电装机占65%，其中供热机组装机占火电装机71%，风电、光伏、水电、核电等清洁能源装机占35%，发电电力极值6994万kW。东北电网拥有：500kV线路226条，长度23 544km；220kV线路2038条，长度59 362km；500kV变电站78座，变电容量116 253MVA；500kV发电厂升压站24座；直流换流站5座；220kV变电站655座，变电容量167 095MVA。2018年东北电网发电量5063.37亿kWh，同比增长9.22%。其中，水电发电量159.87亿kWh，同比增长5.64%；火电发电量3878.92亿kWh，同比增长5.88%；核电发电量301.57亿kWh，同比增长27.79%；风电发电量616.06亿kWh，同比增长15.38%，光伏发电量106.95亿kWh，同比增长109.13%。东北电网与外区交易净送出电量353.05亿kWh，同比增长59.72%，外购电量（东北受俄）30.76亿kWh。

电网调度 围绕电网安全、新能源接纳两条工作主线，强化电网运行分析，落实风险管控措施，确保电网安全稳定和实现新能源接纳“双降”目标。截至2018年12月31日东北电网实现安全运行7124天。

新能源消纳发挥“推进清洁能源发输电行动小组”领导和统筹协调作用，通过电力辅助服务市场、“跨区现货市场交易”“省间调峰支援”“提高电网输电能力”“统一调用全网备用及调峰资源”等多项措施，实现新能源接纳能力全面升级，新能源发电量723.01亿kWh，同比增长23.59%；受阻电量29.16亿kWh，同比下降62.93%；受阻率完成3.88%，同比下降7.97个百分点。

完成了春秋检、新设备投产、安全度汛、迎峰度冬和“两会”“中非论坛”及重要节日保电等工作。安排“春秋检”线路353条次，变压器205台次，重大检修方式16项。加强汛期来水预报分析，开展丰白水库联合调度，确保丰满大坝干地施工和鸭绿江平稳度汛。全年共投运500kV线路32条、变电站7座，鲁固特高压直流10条交流汇集通道全部投运，最大输电能力提高至560万kW，呼伦贝尔电网单运风险彻底消除。

全面加强电网“三道防线”运行管理。开展了电网“三道防线”定值策略、运行维护、检修调试、通信通道及反措执行等专项核查和督导检查，拆除不适应系统运行安全自动装置31套。电网高频紧急控制系统于2018年7月19日投运，截至2018年底，已投运57个厂站，最终规模计划89个厂站。开展全网火电、风电、光伏高频保护定值策略统一整定，完成61家风电场高穿改造，容量841万kW，完成率69.4%。

完成赤峰、通辽220kV电网及蒙东地区风电场、西乌热电厂及自备电厂调度管理关系调整的工作。推动长春新备调和电力调度监控系统网络安全管理平台建设，完成通信调度权由国网信通公司向分部的平稳移交，完成调度大厅升级改造搬迁。完成尖峰旋转备用市场规则编制及技术支持系统建设工作。完成19个项目的火电热电解耦改造，提升低谷调峰能力 328 万 kW。继电保护相位测试装置通过现场测试，具备推广应用条件。完成通信设备端继电保护通道 2Mbit/s 全光通信专用接口板卡的研制并已实现挂网测试。

电力交易 东北送华北电量完成 202.84 亿 kWh，其中风电送华北电量 62.78 亿 kWh；完成年度计划的 103.46%。国家电力市场非直调电量完成 766.68 亿 kWh，完成年度计划的 106.57%，其中：火电送出 557.65 亿 kWh，水电送出 104.71 亿 kWh，东北电网省间送出 104.32 亿 kWh。呼辽直流电量 152.45 亿 kWh，完成年度计划的 101.6%。俄电完成 25.68 亿 kWh，完成年度计划的 98.8%。鲁固直流完成 150.45 亿 kWh。

国网东北分部完成联络线送出 738.94 亿 kWh，完成年度目标电量 98.46%；国网辽宁电力完成联络线受入 494.9 亿 kWh，完成年度目标电量 99.15%；国网吉林电力完成联络线送出 61.48 亿 kWh，完成年度目标电量 104.62%；国网黑龙江电力完成联络线送出 59.15 亿 kWh，完成年度目标电量 104.57%；国网蒙东电力完成联络线受入 37.07 亿 kWh，完成年度目标电量 109.16%。

国网东北分部加强电力市场建设研究，出台《东北电网跨区跨省电量网损补偿实施方案》，发挥大电网互联优势，组织发电企业参与东北送华北中长期交易七轮次，达成交易电量 200.97 亿 kWh。组织发电企业参与鲁固直流通道外送山东中长期交易 22 轮次，达成交易电量 151.6 亿 kWh。

振兴东北发展，助力地方经济增长。一是为拉动辽宁经济增长，降低辽宁电力用户购电成本，全年共组织开展辽宁电力用户跨省与蒙东地区发电企业直接交易七轮次，达成交易电量 215.23 亿 kWh；二是助力蒙东地方经济发展，通过双边交易和挂牌交易开展蒙东地区电力用户与发电企业直接交易八轮次，达成交易电量 75.37 亿 kWh；三是首次开展吉林省与蒙东地方发电企业跨省直接交易，达成直接交易电量 2 亿 kWh。

中朝界河电厂 界河水库来水总量 512 亿 m^3，较多年平均减少约 9%，中朝水力发电公司总发电量 45.63 亿 kWh，中朝电量差 0.04 亿 kWh（中方多用）。界河中方电厂实现发电量 18.74 亿 kWh。界河电厂全年机组启停 346 次，自动装置投入率、动作正确率、继电保护投入率、自动开停机成功率、主设备完好率指标均为 100%。

立足“防大汛，抗大洪，抢大险”，推进防汛准备工作。一是汛前及时调整分部防汛组织机构，编制、完善防汛应急预案；二是组织召开分部防汛指挥部会议、东北电网防汛工作会议；三是组织界河各单位执行防汛标准化要求，完成抢险队伍组建、应急物资储备，开展防汛检查及应急预案演练，梳理存在问题，制定落实整改措施。汛期，切实履行防汛办职能，开展防汛值班，做好水情、汛情分析与上报；关注 18 号台风“温比亚”、19 号台风“苏力”动向，督导界河电厂落实防台措施，完成度汛任务。

组织完成中朝水力发电公司中方理事会 2018 年工作会议。组织完成中朝水力发电公司 2018 年六次专务理事会晤会议，召开 2018 年财务审议会议，进行两次物资采购专业会议，确认并落实采购计划，保证水丰、渭原电厂生产、生活平稳有序。

举行两次理事长临时特别会晤。受朝核问题和联合国制裁影响，原定于 2017 年召开的中朝水力发电公司理事会第 69 次会议未能如期举行。为解决中朝水力发电公司正常运营及防汛度汛等问题，6 月下旬在朝鲜平壤举行理事长临时特别会晤，对中朝双方所关切的核心问题进行讨论，批准《中朝水力发电公司 2017 年专务理事会晤纪要》等八个会议纪要，并签署了《中朝水力发电公司 2018 年理事长临时特别会晤纪要》。11 月下旬，中朝双方在北京再次举行了理事长临时会晤，就双方关切的问题进一步进行研讨。

分部管理 加强预算管理，严控各类成本支出。配合成本监审工作，维护电网利益，争取准许收入，促成输配电价方案落地实施。对工会账户归并管理。对照八项规定等要求，梳理防范财务管控风险。认真组织问题清单梳理全覆盖工作，总结梳理三大类 12 个方面 21 项问题，推进问题整改，督导国网吉林电力问题清单梳理工作。完成茂霖公司清算注销工作，遗留多年的历史问题得到解决。

履行审计监督职能。组建东北审计中心，推进“上审下”工作机制建设。完成了对国网高培中心、通航公司和国网太原供电公司等审计任务，参加 2017 年扶贫领域专项监督检查及新一轮农网改造升级“两年攻坚战”工程督查。开展了对界河电厂依法治企检查和调度大厅改造、望江楼电站建设工程审计。组织审计案例培训，提升企业风险防控能力。建立数字化审计工作室，为开展非现场、数字化审计工作奠定基础。

落实法治企业建设要求。执行通用制度和统一合同文本，审核合同文本 694 份。加强物资采购管理，完成七个批次 410 项集中规模招标、非招标采购，中标金额 3.64 亿元，节约资金 0.29 亿元。落实集体企业改革改制要求，突出核心业务，实施瘦身健体。推进界河电厂“两供一业”分离移交工作。

科技管理 国网东北分部电网资产研究开发项目六项，计划资金 750 万元，均已完成项目的研发、内部验收和结算等工作。下达的技术服务项目 16 项，计划资金205万元，完成项目的实施、验收、决算等工作。

向国家电网公司总部推荐两项科技进步奖候选项目、一项专利奖候选项目，同时申报一名中国电力年度科技人物候选人，其中一项科技成果获得国家电网公司科技进步二等奖。

配合国网科技部，协调相关省（区）公司，对涉及国网东北分部的遗留问题开展变动环评、补充水保方案编制、竣工环保验收及水保设施验收工作。

跨省电网建设项目环保遗留工作持续推进。500kV冯大哈Ⅱ回、冯大松输变电工程通过验收并分别取得中华人民共和国生态环境部和省环保厅批复。其余工程委托相关省（区）公司开展相应的环保验收及水保设施验收工作。资料收集整理工作基本完成，递交资料待批。数据驱动的大电网全景运行态势智能评估与优化控制关键技术研究项目稳步推进，效果显著。

党群工作 坚持以习近平新时代中国特色社会主义思想为指导，深入学习贯彻和党的十九大、十九届二中、三中全会精神，紧紧围绕新时代党的建设总要求，牢树“四个意识”、坚定“四个自信”、坚决做到“两个维护”，以高度的政治自觉推进全面从严治党新实践。再学习再领会全国国有企业党的建设工作会议精神，落实国家电网公司党建和干部工作会议部署，建立健全坚持和加强党的全面领导的组织体系、制度体系和工作体系，推动管党治党政治责任落地落实。把党的政治建设摆在首位，抓好党委理论学习中心组和干部职工政治理论学习。组织开展党的十九大精神专题培训，编印党员干部应知应会手册，开展党建知识竞赛，推进“两学一做”学习教育常态化制度化。全面履行党建工作责任制，逐级建立党建工作责任清单，明确主体责任、直接责任、“一岗双责”，开展党委书记抓党建述职评议、基层党建工作绩效考评，实现责任落实计划推进、整体联动、闭环管理。严肃党内政治生活，严格落实“三会一课”等七项组织生活制度，从严组织开展党员领导干部民主生活会、专题组织生活会和民主评议党员工作。实施党的建设“旗帜领航·三年登高”计划，规范建设党员活动阵地，配齐使用“三本六盒一证”，全面应用集中统一、上下贯通的党建信息化管理系统，进一步加强党建工作全过程管控，全面提升基层组织标准化、规范化、科学化管理水平。

提出“塑心、聚能、立行”新时代党员要求，丰富和延展党建“和合”理念内涵，促进党的建设与中心工作同频共振、党建理论与工作实践互融共促。组织开展纪念建党97周年系列活动，举办“幸福都是奋斗出来的——情满鸭绿江故事分享会”，举办“新思想引路，强本领践行”主题党日暨职工文化活动。深化“号手岗队”活动，鼓励引导团员青年创意创新显才智、立足岗位展风采。配合国家电网公司第七巡视组对分部党委政治巡视，聚焦“六个围绕”，开展巡视前自查自纠，组织整改工作专项督查和督查整改情况“回头看”，对巡视组移交的立行立改和问题线索，迅速核查、整改、处置，纠正存在的问题，检验干部职工队伍，为依法依规治企、从严从实管理提供有力遵循。组织开展“真情扶贫暖人心”爱心捐赠，发挥共产党员服务队作用，深入推进党建扶助、文化助学、走访慰问等活动，并通过光伏发电、蘑菇加工、无风险养驴、修路建桥等项目实施，履行社会责任、助力精准扶贫。

贯彻十九届中央纪委二次全会部署，全面落实国家电网公司党组、纪检监察组和分部党委工作要求，压紧压实“两个责任”，强化监督执纪问责，构建不敢腐、不能腐、不想腐机制。落实管党治党责任。全年党委会听取纪检监察工作汇报、专题研究部署党风廉政建设和反腐败工作11次，召开2018年党风廉政建设和反腐败工作会议、年中纪检监察工作座谈会。制定分部领导班子成员和部门履责要点，逐层逐级签订党风廉政建设责任书，年内实现廉政约谈全覆盖。加强作风建设。运用《国家电网公司落实中央八项规定精神监督检查指导书》，开展监督检查，持续纠正“四风”。组织分部职能部门分析评估易发腐败的薄弱环节，梳理排查廉洁风险防控点72个，强化了关键领域的监督管控。严肃执纪问责。严格执行《国家电网公司纪律审查工作规定》，综合运用监督执纪“四种形态”，规范处置问题线索。

（王生龙）

【国家电网有限公司西北分部】

分部概况 国家电网有限公司西北分部（简称国网西北分部）是国家电网公司总部在西北设立的派出机构，其前身为原西北电业管理局。1993年，政企分开改革，改组为中国西北电力集团公司；1998年，网省体制分离，改组为国家电力公司西北公司；2003年，网厂分开改革，改组为西北电网有限公司；2011年，改设为国家电网公司西北分部，与西北电网有限公司实行“两块牌子，一套人马”管理。2016年西北电网有限公司注销。

按照国家电网公司总部授权，国网西北分部负责西北陕西、甘肃、青海、宁夏、新疆区域内电网调度运行管理、安全质量监督以及分部电网资产管理，开展区域内跨省电网项目前期及区域内750kV主网架规划，组织跨区省间交易，承担总部安排的监督性、基础性、日常性审计等工作。

截至2018年底，国网西北分部有在职员工204

人。资产总额 47.42 亿元。电网资产主要包括：750kV 电网变电站 1 座，输电线路 13 条。此外，经营性租赁总部 750kV 变电站 4 座、750kV 输电线路 13 条。以上电网资产全部委托资产所在地省（区）电力公司运行维护。330kV 变电站 5 座，跨省联络线 7 条。此外，经营性租赁总部 750kV 变电站 2 座、750kV 输电线路 8 条。以上电网资产全部委托资产所在地省（区）电力公司运行维护。

领导班子

国家电网公司副总工程师兼国网西北分部主任、党委书记：王风雷

副主任、党委委员：左玉玺

副主任、党委委员兼国家电网公司审计部副主任：穆银安

副主任、党委委员、纪委书记、工会主席：马放瑞

副主任、党委委员兼国家电力调度控制中心副主任：韩悌

副局级调研员：房喜

组织机构 国网西北分部内设办公室、安全质量监督部、财务部、规划统计部、党建工作部、工会办公室（离退休工作部）、国家电网西北电力调控分中心（黄河上中游水量调度委员会办公室）、国家电网公司西北审计中心 8 个部门，另设正处级建制分支机构后勤管理中心。

电网概况 2018 年，西北五省区系统发电设备新增机组 309 台（座），新增发电容量 15 232.593MW，较 2017 年底总装机容量增长 6.39%。其中新增火电机组 48 台，新增发电容量 4291.74MW，增长率 3.42%；新增水电机组 22 台，新增发电容量 411.76MW，增长率 1.33%；新增风电场 41 座，新增发电容量 3974.28MW，增长率 8.84%；新增光伏电站 125 座，新增发电容量 6383.78MW，增长率 18.7%。

西北调控分中心直调发电设备新增机组 4 台（座），新增发电容量 1620MW。分别为大坝四期电厂 7 号机组、紫荆电厂 2 号机组和刘家峡 7、8 号机组。

2018 年西北五省区系统新增 220kV 及以上降压变压器 48 台，新增容量 26 770MVA。其中 750kV 新增降压变压器 11 台，容量 20 100MVA，增长率 13.44%；330kV 新增降压变压器 14 台，容量 4200MVA，增长率 3.07%；220kV 新增降压变压器 23 台，容量 2470MVA，增长率 3.4%。

2018 年西北五省区系统 220kV 及以上交流输电线路新增 84 条，新增长度 3272.119km。其中新建 750kV 线路 25 条，新增线路长度 1450.449km；新建、改建 330（500）kV 线路 31 条，新增线路长度 944.13km；新增 220kV 线路 28 条，新增线路长度 877.54km。

2018 年西北调控分中心直接调管线路净增 21 条，均为 750kV 线路，长度 1340.339km。

截至 2018 年末，西北五省区调度口径装机 7293 台（座），容量 252 361.59MW。其中，火电 130 265.27MW，占总装机容量的 51.62%；水电 31 386.53MW，占总装机容量的 12.44%；风电 48 914.28MW，占总装机容量的 19.38%；光伏 40 507.08MW，占总装机容量的 16.05%；其他 1288.43MW，占总装机容量的 0.51%。

西北电网 600MW 及以上大容量机组共计 62 台（含国调直调），容量 42 020MW，占总装机容量的 16.65%。

直接接入 750kV 及以上输电网络的机组 25 120MW（含国调直调），占总装机容量的 9.95%；直接接入 330（500）kV 输电网络的机组 67 485.5MW，占总装机容量的 26.74%；直接接入 220kV 网络的机组 56 118.6MW，占总装机容量的 22.24%；直接接入 110kV 及以下网络的机组 103 637.49MW，占总装机容量的 41.07%。

截至 2018 年末，西北五省区系统 220kV 及以上降压变压器变电容量 385 921MVA，其中 750kV 变压器容量为 169 700MVA（56 站 95 变压器），330kV 降压变压器变电容量为 141 045MVA（289 站 615 变压器）。西北电网 220kV 及以上交流输电线路长度 78 763.483km（1706 条），其中 750kV 线路长度为 20 119.546km（151 条），330kV 线路长度为 31 632.34km（755 条）。

电网调度 2018 年，西北电网向外送规模、新能源装机、用电负荷“三个亿级”规模电网继续迈进。其中，外送直流实现“两投产两提升”，外送规模达到 5471 万 kW，最大外送达到 2650 万 kW。750kV 网架结构进一步补强，网内塔城输变电工程、吐哈改接工程、南山第三台主变压器相继投运。新能源新增装机 512 万 kW（同比增长 8.2%），总规模突破 9000 万 kW。全网最大用电负荷 8519 万 kW，同比增长 6.13%。

2018 年西北电网调度工作成绩显著。一是系统保持安全稳定运行。始终把安全放在各项工作之首，严格落实重要时段保电方案和反事故预案，应对夏季全网负荷屡创新高，陕东南（错避峰 166.48 万 kWh）等部分断面长时间重载运行的安全压力，在保障区内电网可靠供电的同时，全力支援了“三华”电力供应。合理安排水库运行方式，多举措应对黄河上中游超预期来水的严峻形势，强化动态汛限水位控制，全力做好梯级水电防洪调度工作，确保沿河城镇

防洪安全，汛期总弃水电量为61.72亿kW。加强实时运行协同，完成全国两会、敦煌国际文博会、宁夏自治区六十周年大庆等15项重要时段保电任务，实现西北电网长周期安全稳定运行。

二是安全稳定基础不断夯实。坚持主网方式一体化统筹制定，年度“大反措”和“重点工作任务分工”相关内容完成。组织完成网内750kV乌北—塔城、月海柴串补等10余项新设备启动工作，配合开展吉泉直流、昭沂直流系统调试，保障了重点工程顺利投产。持续强化网源协调管理，合计完成1.3倍高电压穿越能力改造规模达到776万kW，改造范围和规模均创全国第一。建成了全球接入新能源容量最大的区域新能源自动电压控制系统，合计已接入166座常规电厂、360座变电站、656座新能源场站和51座地调子站闭环运行。全面启动西北电网新能源场站快速频率响应功能推广应用工作，首批改造容量1814万kW。组织开展春、秋季安全运行大检查，通报隐患843项，危急类缺陷已全部完成整改。深化“三道防线”专项核查，完成直调1758套装置九个方面核查工作，组织实施主网所有高危缺陷保护设备整改。完成所有直调电厂涉网安全防护专项核查。

三是新能源调度管控工作亮点纷呈。创新提出新能源发电快速响应及灵活柔性调度机制，通过采取“新能源发电72h预测及分级响应”“电网备用统筹安排”“短期、超短期现货、置换、交易”“调度运行动态值班”“新能源消纳精准后评估”等组合拳，实现新能源消纳能力的全面升级。持续加强新能源运行、消纳特性认识，深化新能源消纳测算平台建设，广泛应用于年度消纳测算、月度机组组合分析、检修弃电影响分析等工作。建立了全网备用统筹新模式，逐步将预测信息纳入可信出力，实现全网常规能源常态化负备用，累计增发新能源约119亿kWh。创新实施停电工作新能源受限风险预警，实现网、场检修联动。通过动态备用管控、现货交易、辅助服务、动态值班等手段增发新能源59亿kWh。完成虚拟电厂智能控制系统（陕北部分）建设，陕北新能源送出约束断面负荷率从90%提升至98%。完成青海“绿电九日”运行保障工作。全网新能源发电量1352.01亿kWh，同比增长22.5%；新能源发电量占用电量比例21.5%，同比提高2.8个百分点。

四是大电网驾驭能力显著提升。全面梳理全网新能源送出受限断面，针对性提出33项工程补强建议及措施，已完成2项，累计提升断面能力约62万kW。加快系统保护技术应用，通过优化运行方式、实施稳控等措施共提升新能源外送断面能力共537万kW。首创利用直流频率控制（FC）提升风电输送能力，提升祁韶直流近区风电输送能力至360万kW。打造西北电网一体化安全管控平台，推进了智能运检与智能调度数据融合，完成覆盖西北电网主网架的数值气象信息、输变电设备基础台账及在线监测信息获取、匹配及综合展示功能，搭建输变电设备故障概率评估模型，实现了N-K故障等电网在线稳定分析。

五是响应国家援疆、援藏、援青政策和要求，落实政府间电力交易框架协议，开展跨区现货交易，推动西北清洁能源大规模大范围外送，全年跨区外送电量达1441.9亿kWh，同比增长34.1%，成为国家电网系统最大的外送电网。创建新能源电量库交易机制，建立不平衡电量结算机制，推动调峰辅助服务市场建设，构建完成以“虚拟储能模式＋水电双向参与＋深调电量替代”为特点的西北跨省调峰辅助服务市场，目前已进入正式试运行阶段。在国内首创自备电厂虚拟储能模式，运用市场手段，灵活转换自备电厂企业用电、发电两种角色，产生新能源灵活存取电能的大规模虚拟储能效果，已在甘肃兰铝电厂开展试点。

电力交易 2018年，贯彻落实国家电网公司2018年电力交易重点工作，以扩大西北省间交易规模为重点，以创新市场机制高标准消纳新能源为关键，全面开展清洁替代发电权交易，着力化解西北弃风、弃光、弃水风险，服务陕西关中大气污染治理，开展电力交易援疆援青援藏和促进陇电外送，努力扩大市场交易规模，促进西北电网清洁能源发展的电力市场交易体系建设。

西北区域各交易机构加强与北京电力交易中心的工作协同，交易工作呈现“六个高”的特点：省间交易电量实现高速增长、高标准完成新能源消纳任务、高比例开展区域内跨省交易、高站位创新清洁发电权交易、高目标开展服务省（区）专项交易、交易运营效率效益显著提高。

西北电网省间交易电量高速增长。采取双边、多边及政府协议等多种方式开拓省间电力市场。发挥全国统一电力市场交易平台的作用，协同开展各种交易周期的集中交易。在北京电力交易中心的指导下，健全与华中、华东、西南等地区的多边会商机制，挖掘短期交易需求。强化区域内省间互济，保障跨区交易结果在西北送端市场的落实。2018年，西北电网省间交易电量1755亿kWh，同比增长32%。从交易规模来看，宁夏、新疆首次突破500亿kWh，甘肃首次突破300亿kWh，陕西首次突破200亿kWh。从同比增速来看，陕西、甘肃、宁夏省间交易高速增长，分别增长43%、50%、32%。从外送交易同比增速来看，青海、甘肃、宁夏外送高速增长，分别增长117%、60%、30%。从外送交易规模来看，宁夏、新疆、甘肃分别实现564亿、503亿、324亿kWh，青海首次突破126亿kWh。

高标准完成新能源消纳任务。印发2018年促进西北电网新能源消纳35条措施，从市场机制、调度交易、技术创新等方面精准发力，省间交易消纳新能源434亿kWh，占国家电网省间交易新能源电量718亿kWh的60%。在省内市场方面，有序开展新能源替代自备火电的清洁替代交易，消纳新能源电量132亿kWh。在区域内省间交易方面，采取省间互济、新能源发电权交易，虚拟储能、电量库置换、日前实时交易、跨省调峰辅助服务等消纳新能源电量。在跨区交易方面，通过新火打捆外送，发电权替代、利用华中抽水蓄能及跨区现货，消纳新能源电量382亿kWh。

高比例开展区域内市场化跨省交易。制定《西北电网新能源电量库交易（调度）实施细则》，促进新能源电量库运营机制管理提升，整合现行各种省间交换电量为新能源电量库交易，支撑西北大送端中长期交易有效执行。构建引导自备电厂更多参与系统调峰和新能源消纳的市场机制，开展西北地区自备电厂建档摸底工作，甘肃酒钢自备电厂以可调节负荷形式参与清洁替代交易规模有效扩大。开展西北地区清洁能源供暖专题调研，推进清洁能源供暖等电能替代项目开展省间直接交易。西北区域内跨省交易首次突破200亿kWh，完成221.8亿kWh，同比增长25%，市场化比例96.2%。

高站位创新清洁能源发电权交易。按照国家电网公司总体安排，积极促进发电权交易，全力推动清洁能源替代。2018年，西北电网开展清洁能源替代火电的发电权交易212亿kWh，跨区发电权交易12.8亿kWh，抽水蓄能替代交易2.2亿kWh，区域内清洁能源替代火电的发电权交易197亿kWh。其中：省内新能源替代自备电厂交易139亿kWh；跨省清洁替代自备发电权交易4.93亿kWh；新能源替代火电交易16亿kWh；水电替代火电37亿kWh。西北地区省间清洁替代实现“六个首次”，首次实现新能源跨省替代自备火电交易，首次实现水电跨省替代自备交易，首次实现西北西南清洁能源分时段打捆送华东交易，首次实现西北新能源与直流配套火电发电权交易，首次开展新能源与电力用户跨省直接交易，首次组织新能源与水电跨省打捆替代火电交易。

协同国网陕西电力，成立了促进陕西关中地区削减电煤工作协调推进组，将西部清洁能源消纳与陕西电力供应保障有效结合，通过省间电力资源优化配置，保量保价满足陕西购电需求，完成关中减煤252万t，为陕西打赢蓝天保卫战做出贡献。2018年，通过省间资源配置向陕西输送电能133亿kWh，其中，消纳甘肃、青海、宁夏、新疆新能源电量25亿kWh，消纳黄河清洁水电39.6亿kWh，消纳西南清洁水电34亿kWh。减煤期间，通过省间交易日均减少陕西关中电煤消耗折原煤4.48万t，日均减少PM_{10}、$PM_{2.5}$、氮氧化物污染排放分别为640、1199、35 978kg，相当于日限行机动车98万辆。关中西安、咸阳、宝鸡、铜川、渭南等主要城市空气质量明显改善。西安空气质量优良天数创2013年以来连续时间最长的纪录。

协同国网甘肃电力，拟订和实施《服务甘肃清洁能源消纳电力交易专项行动方案》，在提前完成年初国家电网公司与甘肃省政府商定的“力争2018年甘肃外送电量达到260亿kWh，同比再增长30%”目标的基础上，通过采取中长期交易、电量库交易、日前实时交易等一系列资源优化配置措施，促进新能源弃电率连续23个月大幅度下降。

面对2018年汛期黄河来水偏丰五成严峻形势，统筹做好水电运营和新能源外送交易，有效防范黄河水库弃水风险，全年跨省消纳青海黄河富余水电63亿kWh。早谋划，年初制定了黄河上游水电消纳应急交易预案，优化交易时序，在西北送山东和区域内跨省交易中预留应急消纳空间。早安排，汛前组织签订了黄河水电跨省消纳交易合同。快启动，组织陕西、宁夏、新疆等电力交易中心开展水电应急交易。勤沟通，协调优化月度交易组织，通过灵绍、祁韶直流等增加清洁水电短期临时外送。多方兼顾，在跨省消纳黄河水电的同时，高峰时段跨省消纳青海光伏35亿kWh，消纳藏中水电光伏6.5亿kWh。

协调国网宁夏电力，创新交易方式，打破省间市场壁垒，在市场开放中提升外送资源保障能力。2018年宁夏电力外送564亿kWh，同比增长30.3%，约占宁夏区内用电量的83%，再造了一个省域市场，成为西北电力外送的排头兵。

协调国网新疆电力，拟订和实施《服务新疆新能源消纳电力交易专项行动计划》。通过援疆电量库柔性调度交易机制，完成电力援疆政府间协议外送100亿kWh，同比增长28%。2018年，新疆新能源弃电率控制在21.7%以内，同比下降6.2个百分点，新能源发电量同比增长14%。疆电外送首次超过500亿kWh。

分部管理　2018年，国网西北分部深入学习贯彻习近平新时代中国特色社会主义思想，全面落实国家电网公司新时代发展战略，全力推动分部“四个升级”。清洁能源消纳持续“双升双降”。西北电网频率合格率100%。在发挥大电网优势，促进清洁能源消纳、推动能源转型、服务绿色发展等方面发挥了更加积极和重要的作用。

完成上合组织青岛峰会、敦煌文博会等15项重要保电任务。坚持开展春秋两季安全大检查。开展基建复工、“六查六防”等8个专项安全督查。西北电网共发布五级及以上风险预警694项，对四级风险全部进行了现场督查。开展750kV主设备安全风险评估。首次建立分部安全责任清单，明确各级各类人员安全责任，本质安全基础进一步夯实。7个专项应急预案全部完成首次修编。常态化开展无脚本演练，贴近实战，提高应急处置能力。开展继电保护家族性缺陷整改“回头看”、电厂涉网安全防护专项检查，推进网络安全管理平台建设，切实保障二次系统安全。应对黄河上游十年一遇洪水，优化梯级水库联合调度，保证水库安全运行。2018年，西北电网没有发生系统稳定性破坏事故和大面积停电。西北电力调控安全生产超过20年。

建立区域电网规划工作体系，坚持协调发展。统筹加快推动重点项目实施，河西走廊750kV加强工程等重点项目获得核准并加快建设。完成青海海西世界首个750kV串补群、新疆750kV乌北—五家渠—塔城输变电工程调试投运，河西、海西、北疆地区新能源外送关键通道输送能力显著提升。完成世界最高电压等级的±1100kV吉泉直流送端交流系统调试。±800kV昭沂直流按期投运。全球首条以输送新能源为主的青海—河南直流开工建设。

加快建设系统保护，提升新能源送出关键断面输送能力约800万kW。首创利用直流频率控制技术，将祁韶直流风电汇集能力提升至360万kW，基本解决了近区新能源消纳受限问题。推广新能源机组参与大电网快速频率响应，启动首批1814万kW场站改造，相关成果已纳入行业标准。建设国网系统首套新能源“数据云”，实现新能源大数据全景展示。开展特高压直流近区风机耐高压能力提升，完成1.2倍耐压改造3000万kW、1.3倍耐压改造1411万kW。投运首套区域电网智能协调控制系统，新能源大发期间陕北断面利用率提升至98%。首创新能源发电快速响应和柔性调度机制，增发新能源电量60亿kWh。

坚持绿色发展，始终把服务清洁能源发展作为重大政治任务。新能源消纳连续两年保持“双升双降”。西北直调水电厂发电量466亿kWh。首创大电网备用统筹新模式，实现全网常态化负备用，增发新能源电量128亿kWh。创新交易组织，实现了西北西南清洁能源分时打捆外送、新能源跨省替代自备火电、与直流配套火电发电权交易、与电力用户跨省直接交易等“六个首创”，增加交易电量18.6亿kWh。创新开展新能源受限分级及预警工作，实现网厂检修联动，减少新能源弃电量13亿kWh。统筹跨省消纳青海富余水电，完成关中减煤计划，助力陕西打赢蓝天保卫战。

坚持依托大电网、构建大市场，发挥电网能源资源优化配置平台作用。2018年，西北电网通过跨省区交易，为总部跨区直流通道带来输电费收入93.2亿元，为五省（区）公司创造运营效益67.7亿元，经济效益和社会效益显著。

完成国网西北分部电网资产优化调整，充实分部有效资产，改善了省公司经营状况。抓住输配电价改革契机，沟通协调，争取有利电价政策，为分部持续发展奠定了基础。持续推进区域数字化审计监督。完成国网西藏电力任期经济责任审计等9项重点审计任务。深化后勤领域依法治企，平稳完成“三供一业”分离移交。

开展技术创新，管理创新，重点项目攻关，国网西北分部牵头编制的2项国家标准颁布执行，3项成果获得省部级科技（创新）奖，1项获得国家电网公司（双越之星）银奖。开展轮流驻村扶贫攻坚。2018年，涌现出一大批先进集体、优秀个人和创新项目，荣获各类先进奖项46项。

科技管理　2018年，国网西北分部强化科技项目全过程管控，持续开展科技项目后评估和创新工作，取得了一定实效。

加强科技项目全过程管控。编制印发《国网西北分部2018年科技项目年度监督检查实施方案》和《2018年国网西北分部科技项目验收计划》。组织召开项目启动会和季度考评会，按季度对分部管理的科技项目执行情况进行督查分析，赴课题组开展分部2018年9个在研科技项目执行情况中期检查和经费使用情况监督。2018年国网西北分部管理的7个科技项目全部通过验收。2018年度科技项目执行计划完成率和验收通过率均为100%。加强科技项目经费过程管控，组织财务、审计开展了科技项目经费使用监督检查，确保科技项目经费使用合法合规。

组织2018年度国家电网公司和陕西省科技进步奖申报、公示及推荐和答辩工作。“基于间歇式电源综合消纳评估的电网规划关键技术与应用”获得国家电网公司科学技术奖二等奖，“提升多直流弱送端电网新能源消纳能力的源网全过程协调控制技术”获得国家电网公司科技进步三等奖，“新能源柔性调度机制研究与应用”获得国家电网公司职工技术创新“双越之星”劳动竞赛银奖。

组织开展了2019年科研技术需求征集和项目储备工作。并规范流程，高效完成2019年分部科技储备项目可研论证、项目审查、评级、批复及入库工作。

党群工作　学习宣传贯彻习近平新时代中国特色社会主义思想和党的十九大精神，持续深化“两学一做”学习教育常态化制度化。制定宣传贯彻党的十九大精神实施方案，明确27项重点工作任务。召开7次党委中心组集体学习，贯彻习近平重要讲话和中央会议精神，切实做到“两个坚决维护”，牢固树立“四个意识”。组织开展梁家河教育培训，编制形势教育知识手册，强化全体党员思想理论武装。

推进“旗帜领航·三年登高”计划实施，全面提升基层党组织组织力。制定推进党建工作高质量发展的工作措施和具体任务，建立领导班子党建工作联系点，强化对支部工作的督导。开展民主生活会和专题组织生活会，严格落实“三会一课”、主题党日等组织生活制度，推动支部工作规范起来、严肃起来。组织24位党支部书记进行抓党建述职评议，促进党建责任落实。组织实施“树标杆、抓创新、促升级”党建主题活动，推进党建工作与生产管理工作紧密融合。

不断夯实“两个责任”，推动分部全面从严治党向纵深发展。制定领导班子成员党风廉政建设履责要点，层层落实廉政责任，层层传导廉政压力。贯彻落实中央八项规定精神，针对加强作风建设提出28条具体要求。集中整治形式主义、官僚主义，按照12条形式主义官僚主义新表现进行拓展自查。集中学习《中国共产党纪律处分条例》等制度规定，持续加强警示教育，真正做到警钟长鸣、风清气正。2018年未发生违反廉洁纪律和八项规定的情况。

加强民主管理，引导建功立业。精心筹备组织召开三届二次职代会，组织代表审议补选10名职工代表，表决通过主任报告及大会立案提案，协调督促职能部门对20件提案和意见建议逐条办理或答复，答复率100%，立案提案落实率100%；组织召开分部工会全委（扩大）会议，健全完善工会组织机构，完成分部工会委员、经审委、提案审查委、女工委等委员增替补，审议通过工会经费审查及年度预算报告；畅通职工诉求表达渠道，开门办工会，组织召开分部工会工作座谈会，广泛征求职工会员对各方面方面工作的意见和建议，开展“我为企业献一策”合理化建议征集活动，共征集合理化建议44条，协调督促职能部门办理答复，答复率100%；开展分部职代会质量自查评估，并落实完善措施。

以“创新、升级”为主题，组织2018年度西北电力调控（交易）系统九大专业劳动竞赛；组织参加国家电网公司职工技术创新“双越之星”劳动竞赛，为职工成长成才搭建展示平台；以大规模新能源智能管控与市场机制创新工作为引领，动员广大职工积极开展技术创新、管理创新和重点难点项目攻关，成果展示；弘扬劳模工匠精神，在职代会上编发年度荣誉榜，对25项先进奖项集中宣传，“五一”前后利用分部内网、电梯多媒体和电业职工杂志对劳模工匠集中宣传。创新班组建设，调控分中心调度运行处荣获国家电网公司先进班组。

加强职工文化建设。组织国家电网公司2018年职工足球联赛西北赛区比赛，结合开展足球知识普及与援疆援藏送文化活动，完成总部交办任务，荣获国家电网工会“优秀赛区奖”；举办职工迎新春游艺会、城墙健步走、太极拳瑜伽辅导培训、“迎国庆”职工乒乓球人机对抗赛等活动，推动职工文体兴趣小组活动，及时添置、维护健身器材，在国家电网系统线上健步走活动中总排名第4，在分部中列第一；创设职工书画活动室，推进职工书屋建设；编辑出版《西北电业职工》杂志6期，宣传报道西北电力发展动态，为职工文化展示交流搭建平台；职工文学创作取得佳绩，张智锋同志电影剧本《逐日》荣获首届中国工业文学作品大赛剧本类二等奖和网络人气奖，电影剧本《白灵灵》获国家电网公司职工文学创作影视剧文学奖。

关爱服务职工。开展冬季“送温暖”、夏季“送清凉”慰问活动，走访看望退休老领导、老同志、省部级劳模，慰问调度、后勤一线职工、节日值班人员及困难职工；“送文化到基层”，慰问国网吉泉±1100kV特高压直流工程一线参建职工；重要节日前及时向职工发放节日慰问品，探望慰问大病住院、直系亲属去世职工；协调相关部门为到龄退休职工分别举办座谈欢送会，及时传递组织关怀。

加强退休职工思想政治建设和党支部建设，落实“两项待遇”。工会办公室（离退休工作部）荣获“国家电网公司离退休工作先进集体”，离退休党支部荣获“热爱国网”先进离退休党支部。

主要事件

1月16日，国网西北分部“大规模新能源智能管控与市场机制创新工作室”网站上线运行。

3月7日，西北电网新能源发电电力首次突破3000万kW大关，达到3101万kW。当日，宁夏、青海分别达到843万、633万kW。

3月29日，国网西北分部开展了秦岭电厂7号机负荷低至180MW不投油稳燃自动控制系统闭环深调试验，试验持续2h，获得成功。

5月22日，在2017年度陕西省科技奖励大会上，国网西北分部“源网协同提升西北新能源消纳能力与关键技术研发与应用”项目获得2017年陕西省科技进步二等奖；“青藏直流安全稳定运行关键技术研究与应用”项目获得2017年陕西省科技进步二等奖。

6月14日，国网西北分部在青海西宁举行西北电网2018年跨省年度购售电协议签约仪式。签订西北电网年度省间互济保障交易合同和协议7份，交易电量和交易意向合计74.85亿kWh。

6月20～28日，国网西北分部协同青海电网成功实施连续9天216h全清洁能源供电，实现用电零排放，刷新全清洁能源供电世界纪录。

7月3日，国网西北分部、国网西南分部在西安举行了水火风光电能互济合作框架协议签约仪式。

7月31日，"时代楷模"、国家电网天津滨海供电公司运维检修部配电抢修班班长张黎明先进事迹京外首场巡回报告会在西安举行。

9月6日13：46，昌吉—古泉±1100kV特高压直流输电工程送端交流系统调试结束，投入试运行。

10月11日，国网西北分部召开干部任免宣布大会。据工作需要，经国家电网公司党组研究并征得中共陕西省委同意，马放瑞任国家电网公司西北分部副主任、中共国家电网公司西北分部委员会委员、中共国家电网公司西北分部纪律检查委员会书记、国家电网公司西北分部工会委员会主席。

11月5日9：00，被誉为黄河上游"龙头电站"的龙羊峡水电站首次成功蓄水至2600m。

11月27～28日，由中国电力企业联合会举办的"2018年电力创新成果交流会暨中国电力创新奖颁奖大会"在成都召开。国网西北分部申报的"提升多直流弱送端电网新能源消纳能力的源网全过程协调控制技术"项目获得中国电力创新二等奖，并入选创新成果交流会优秀成果展示项目。

12月7日，西北、西南分中心和西藏区调举行西藏调度专业管理交接仪式，10：05，西藏区调调度专业管理工作正式由西北分中心移交至西南分中心。

12月22日13:46，青海电网750kV日月山—海西—柴达木输电线路串补工程系统调试圆满结束，开始168h试运行，填补了中国750kV电压等级串补工程技术空白。

12月24日0:00，750kV五家渠输变电工程本期新建设备全部试运行结束，正式归调，标志着该工程启动调试工作完成。

（程军生）

【国家电网有限公司西南分部】

分部概况 国家电网有限公司西南分部（简称国网西南分部）成立于2014年11月18日，是国家电网公司立足优化能源配置、服务西南清洁能源发展、促进西南（川渝藏）经济社会发展、推动电网互联互通需要而成立的非法人管理机构。主要职责是协助总部开展西南水电开发规划、西南电网建设有关工作，承担区域电网调控运行、电力交易、安全质量监督、电网规划、审计监督等核心职责。

组织机构 国网西南分部下设七个部门（中心），包括办公室、安全技术与工程管理部、财务部、规划统计部、党群工作部、调控分中心、西南审计中心。

电网概况 西南电网区域包括四川省、重庆市和西藏自治区，区域面积约177万km^2，覆盖人口1.15亿。西南电网是中国最大的清洁能源送端电网，东联华东和华中电网、北接西北电网，其中：与华东电网通过±800kV复奉、锦苏、宾金三大特高压直流输电线路相联，总输电容量2160万kW；与西北电网通过±500kV德宝直流、±400kV柴拉直流相联，输电容量360万kW；与华中电网通过四回500kV线路相联，断面最大外送能力260万kW；西藏电网除阿里电网孤网运行外，藏中、昌都电网通过川藏联络线与四川电网相联。

西南电网调度口径装机容量1.17亿kW。其中，水电8344.5万kW，占71.3%；火电2734.2万kW，占23.4%；风电光伏等618.2万kW，占5.3%。网内500kV变电站70座，总变电容量1.19亿kVA；500kV线路244条，总长2.08万km。国网西南分部直调500kV线路51条，电厂一座（装机容量330万kW）。

西南电网调度口径总发电量4217.7亿kWh，较2017年增加343.0亿kWh，同比增长8.84%；西南电网调度口径用电量3191.9亿kWh，较2017年增加472.9亿kWh，同比增长16.11%。

电网调度 按照国家电网公司总部统一部署，深化国调、分调一体化工作。与各方进一步完成调度权交接，调度管辖范围调整为：500kV百普线及其串补，500kV榄普一、二线及其串补，500kV二百线，500kV二榄一、二线，500kV二石一、二线，500kV石泉一、二线，500kV泉榄一、二线，500kV月普一、二线，500kV城沐一、二线，500kV普天线，500kV里月一、二线，500kV沙天线，500kV谭德一、二线，500kV洪板一、二线，500kV资思Ⅰ、Ⅱ线，500kV黄万一、二线，500kV宾叙一、二线，500kV泸复一、二、三线，500kV叙泸一、二线，500kV塘芒Ⅰ、Ⅱ线，500kV芒澜Ⅰ、Ⅱ线，500kV芒左Ⅰ、Ⅱ线，500kV左波Ⅰ、Ⅱ线，500kV波林Ⅰ、Ⅱ线，500kV林朗Ⅰ、Ⅱ线，500kV朗许Ⅰ、Ⅱ线，500kV张州Ⅰ、Ⅱ线，上述线路对应线路高抗及其二次设备。授权四川省调、重庆市调、西藏区调管辖除上述设备外500kV设备。

藏中联网工程 藏中联网工程由西藏藏中和昌都电网联网工程、川藏铁路拉萨至林芝段供电工程组成，起于西藏昌都地区川藏联网工程连接点芒康县，由东至西横跨昌都、林芝、山南三个地区，止于山南地区桑日县，向西北与青藏电网连接。工程总投资约162亿元。工程新建、扩建110kV及以上变电站16

座，新建110kV及以上线路2738km。其中，新建500kV变电站（开关站）六座，扩建三座；新建220kV变电站两座，扩建三座；扩建110kV变电站两座；新建500kV线路1984km，220kV线路441km，110kV线路313km。

藏中联网工程是中国电力发展“十三五”规划重点项目，于2017年3月22日获得国家发展改革委可研批复，同年4月6日开工建设，2018年11月23日竣工投运，是世界平均海拔最高、海拔跨度最大、最具建设挑战性的超高压输变电工程，打破了现有电网工程建设运行的多项纪录。工程实现了青藏联网工程与川藏联网工程互联，实现了藏中电网与全国主网交流同步互联，西藏电网电压等级由220kV升级至500kV。工程可造福沿线3070个小城镇（中心村）、156万各族群众，同时也将为川藏铁路提供安全可靠的供电保障。

电力交易 创新设立重庆电量库，形成跨区跨省互补互济新机制。开创电力交易“西南模式”，深化与华东、华中、西北清洁能源协同优化配置。建立具有鲜明特色的“政策＋市场”藏电消纳长效机制，签订16.3亿kWh藏电入渝、14亿kWh藏电外送协议。首次与区域省公司签订交易协议，完成省间交易电量215.8亿kWh，同比增长24.7%。在外送通道无新增、汛期新增水电装机容量385万kW、丰水期来水增长13%、三大直流限送10%的情况下，累计消纳西南水电3338亿kWh，同比增长5.2%，调峰弃水电量同比下降13.7%，新能源消纳同比增长46%。

分部管理 坚持“支撑总部、协调服务省公司、助力地方经济发展”定位，梳理国网西南分部职责和工作界面，完善专业一体化协同机制。开展八项课题研究。执行“三重一大”决策程序，实现有关事项全部纳入集体决策。新建、修订制度42项。深化综合计划和预算过程管控，取得实质性成效。取得电网资产划转，承接电费结算工作，首次以西南价区独立参与成本监审和价格核定。建立实施常态化经济活动分析机制。制定项目管理实施办法，强化监督管控。建立非招标采购供应商库，创新采用框架招标。全面上线运行经法系统，法律专业深度参与招投标、合同管理等关键环节。

完成总部审计项目及临时性重点任务10个。建成投运数字化审计工作室，推动区域省公司整改问题94个。配合分部经济责任审计，发现问题全部整改。开展分部内部控制审计调查。制定发布全员安全责任清单。发布电网运行风险10项，实行跨区风险协同管理。组建安全专家库，开展区域安全质量监督管理20次，整改问题300余项。加强信息安全和机要保密，开展保密协作组自查互查督查工作，全年无失泄密事件发生。

科技管理 创立罗卫华劳模创新工作室，获得国家电网科技进步奖四项、专利成果10项。建成国家电网公司系统首个高密度数据中心。完成西南通信调度建设，全面开展西南二级通信网调度。健全完善与华中、西北协同管理，启用西南备用调度。完成异步联网运行试验。实现与中国电科院战略合作关系。

党群工作 开展习近平新时代中国特色社会主义思想和党的十九大精神大学习，推进“两学一做”学习教育常态化制度化，全面开展处级以上干部轮训，举办全员培训四期。配合完成政治巡视，明确配合巡视工作机制、落实各项任务，开展发现问题立行立改。高效推进党支部标准化建设，基本实现党建工作规范化。建立党群季度例会制度，组织党支部书记抓党建工作述职评议考核，开展党群综合考评。在藏中联网建设中创新“把支部建在项目上”，形成党建与工程融合特色经验，得到国资委高度肯定。牵头组织藏中联网先进事迹报告团，在总部、分部、四家省公司举办报告会。组织成立党员示范团队，在工程调试、电网运行等重点任务中发挥了先锋作用。建立廉洁风险防控清单，实施四个项目协同监督。树立正确选人用人导向，规范干部管理。

举办院士讲堂四期、职工大讲堂六期。组织“卓越杯”足球赛西南赛区预赛。参加第四届青年创新创意大赛项目展示，获青年演讲比赛三等奖、“卓越之星”创新成果比赛银奖。一人获国家电网公司劳模、一人获重点工程立功竞赛劳模，一个集体获工人先锋号。

（赵国富　夏　春　王嘉君）

【全球能源互联网集团有限公司】

单位概况 全球能源互联网集团有限公司（简称全球能源互联网集团）成立于2015年12月31日，是国家电网公司的全资子公司，注册资本1亿元。全球能源互联网集团推动构建全球能源互联网，以清洁和绿色方式满足全球电力需求，实现联合国“人人享有可持续能源”和应对气候变化目标，服务人类社会可持续发展。主营业务范围为：集团总部管理；全球能源互联网战略规划；国际与国内电网互联互通项目开发；投融资和资产运营管理；设计、制作、代理、发布广告；出版《全球能源互联网》中、英文期刊。

组织机构 截至2018年底，全球能源互联网集团总部共设置8个部门（单位），包括综合局、秘书局、运行局、发展局、合作局、保障局和经济技术研究院、新闻传媒中心；驻外共设立非洲、西亚—北非、欧洲、东欧—中亚、东南亚—南亚、北美、中南美7个区域办公室；启动阿联酋、丹麦、瑞士、巴拿马、刚果（金）、印尼等重点国家代表处建设，推进全球业务布局。

人力资源 截至2018年底，在岗职工214人，硕士及以上学历205人，占比95.8%；中级及以上职称159人，占比75%。

加强队伍建设。队伍建设从重人力投入向重人才开发转变，注重员工的作风文化培养和“四个能力”（专业能力、文字能力、表达能力、交往能力）建设，为员工发展搭建能力开发、干事创业、价值回报平台，为全球能源互联网事业发展提供人才保障。

精准引进人才。开展人力资源盘点，明确专业骨干和“电气工程专业＋语言”、气候、环境、清洁能源、电力市场等紧缺专业补员需求，引进专业骨干26人、国际业务培训班人员选拔考核12人、2018年应届毕业生34人。

开展全员培训。开展八期新员工入职培训，掌握工作规则和流程；组织非电专业培训班，使非电专业人员掌握电力、能源相关领域应知应会基础知识；开展六期商务英语专题培训班，全面提升员工英语的听说读写能力，拓展国际交流视野；开展专家讲堂20期，拓宽员工的专业广度；开展六个语种的第二外语培训班，鼓励员工掌握多种语言。

经营管理 依法从严治企。深入推进“三全五依”法治企业建设，强化通用制度执行，完善内控体系建设，健全风险管控机制，严格小型基建、办公用房、公务用车等管理。加大成本管控力度，厉行勤俭节约，从严从紧控制各类支出。

加强综合计划管理。结合全球能源互联网集团业务特点，优化调整综合计划管控范围，实现主要业务、重点项目、重要工作、大额投入计划管控全覆盖。科学制定年度计划，规范履行决策程序，提高计划合理性；加大过程管控力度，做好执行情况分析，保证计划可控在控。

实行全面预算管理。统筹平衡业务需求，优化各类重要投入安排，提高预算支撑决策和发展的能力。加强预算过程控制，严格经费管理和成本管控，规范有序做好预算执行，支撑重点业务发展。

规范物资采购。完善招标采购有关制度，印发全球能源互联网集团物资采购管理工作意见，规范采购流程。灵活采取“班车制、专车制”相结合采购方式，满足重大会议活动、科技项目、信息系统建设、期刊出版发行等重点业务采购需求，完成项目招标采购工作54个。

开展风控体系建设。落实国家电网公司内控和风险管理要求，成立全面风险委员会（简称风委会），全年召开三次风委会会议，促进风委会规范运行。编制全球能源互联网集团全面风险管理方案，组织各部门（单位）形成全面风险管理子方案并组织实施。

加强驻外机构管理。建立健全驻外机构“1＋6＋7”制度体系，修订《驻外机构管理办法》，组织七个区域办公室分别制定实施细则。

加强科技创新。落实国家电网公司“放管服”工作要求，坚持问题和需求导向，围绕全球能源互联网发展的重点领域和关键问题，组织做好科技项目储备立项，加强过程监督管控力度和规范管理，提高研究成果质量。研究科技创新激励机制，鼓励研究人员积极参与高水平国际合作项目，提升研究成果影响力，支撑全球能源互联网发展。

打造高水平期刊。2018年，《全球能源互联网》中、英文期刊出版12期，刊载论文154篇，其中院士稿件占比10%，千人计划、长江学者等知名专家约稿占比53%，国家级基金资助项目论文占比55%。全年期刊订阅量突破一万余册，全年累计发行共六万余册，订阅量在国内能源电力领域科技期刊中排名第一。

信息化建设 制定“一平台、五系统、三保障”的信息化架构体系，并完成基础软硬件环境部署，提升研究规划、运行分析、项目推进等工作效率，保障各项业务开展。

推进大数据挖掘。采集全球各国经济社会、能源电力等数据3.7亿条和全球多语种能源电力资讯127万余条，建成覆盖全球161个国家和地区的丰富、权威、实时的数据资源池。

加强网络信息安全。成立网络安全和信息化领导小组，明确各部门（单位）网络安全责任。狠抓责任落实，逐级签订网络安全承诺书，提高全员安全意识。建立安全防护体系，落实安全管控手段，开展全面安全检查5次，安全基础管理显著增强。

优化全球能源互联网主题展厅内容。根据全年重要会议、外事接待、成果发布、工程进展，实时更新展厅内容，完善多维展示功能。全年累计接待重要嘉宾166批次、参观近2000人次，在理念传播和对外宣传方面发挥了重要窗口作用。

党的建设和精神文明建设 贯彻党中央各项决策部署，全面落实公司党组各项工作要求，全面推进党的政治建设、思想建设、组织建设、作风建设和纪律建设，深入实施“旗帜领航·三年登高”计划，有力促进了全球能源互联网事业发展。

加强政治建设。落实《关于新形势下党内政治生活的若干准则》，高质量召开民主生活会和组织生活会。组织全体党员开展参观纪念马克思200周年诞辰主题展览，重温入党誓词，重忆入党初心等活动，教育引导全体党员树牢“四个意识”，坚决做到“两个维护”。

加强思想建设。把坚定理想信念作为思想建设的首要任务，深入推进“两学一做”学习教育常态化制度化，坚持集中教育和经常性教育相结合，保持党的先进性和纯洁性。系统学习《中国共产党党内监督条例》《中国共产党纪律处分条例》等党内法规。组织两期党务工作者和新党员、入党积极分子集中培训。

加强组织建设。制定全球能源互联网集团党委议事规则，修订“三重一大”事项决策程序，确保各项决策科学民主、依法合规。成立全球能源互联网集团党建工作领导小组、企业文化建设领导小组和统一战线工作领导小组，全面加强党的领导。2018年度，党委累计召开党委会20次，研究重大议题71项。

加强作风建设。全球能源互联网集团党委会六次研究部署党风廉政建设相关工作。分层分类开展约谈，强化领导干部责任担当和廉洁意识。根据全球能源互联网集团业务特点，分别在招标采购合规管理和驻外机构业务管控两个领域，开展项目制协同监督。制定《因公出国（境）管理实施意见》，严格落实出访计划，严格控制团组人数和在外时间。制定《员工行为手册》，规范八个方面68项基本行为。

加强制度建设。修订全球能源互联网集团章程，明确和落实党委在法人治理结构中的法定地位。制定《党建工作责任制履责要点》和《党风廉政建设履责要点》，明确职责分工。开展年中和年度党支部书记抓党建现场述职，形成支部党建工作“书记抓、抓书记”的良好局面。

（胡　波　徐鹏飞　张风营）

【国家电网有限公司直流建设分公司】

单位概况　国家电网有限公司直流建设分公司（简称国网直流公司）为非独立法人机构，是国家电网公司的分公司，是国家电网公司直流电网建设的管理执行机构，为特高压和重点跨区直流工程项目建设提供专业化管理服务，主要开展受托建管换流站、直流线路工程的现场建设管理；直流工程业务技术支撑服务；直流核心设备监造管理；协助国家电网公司总部开展直流工程安全协同监督，环评、水保过程检查及验收，工程结算、决算，整体档案归档等多项专项工作。

组织机构　本部设有5个职能部门（综合管理部、计划部、财务部、安全质量部和党建工作部），3个业务部门（换流站管理部、线路管理部和物资与监造部），下设4个派出机构（宜昌、常州、北方和四川工程建设部）。

人力资源　截至2018年底，国网直流公司有职工138人。具有本科及以上学历人员123人，占比89.13%，其中研究生及以上学历59人，占比42.75%。中共党员117人，占比84.78%。具有专业资格技能122人，占比88.4%。国家电网公司级及以上专家人才6人，国家电网公司级专家人才36人。人才当量密度1.2804。

经营管理　2018年完成年度建设投资207亿元，按期实现“四投运三调试三建设二修复”，完成一站三线技术支撑工作；同步实施七站直流设备监造；做好青海换流站工程标准化开工准备，开启新时代“五直”工程建设新征程。实现安全生产零事故，工程质量提升，国网直流公司获评为国家电网公司运营保障单位业绩考核A级单位。

管理水平提升。国网直流公司连续两年获国家电网公司档案“示范级”单位。完成国家电网公司及建设部工商更名改制，实现两个“前身公司”工商注销。全年完成制度废改立共27项。加强财务精益化管理，实现办公费和公务用车费用压减3%的目标。印发实施《工程依法合规建设管理实施办法》，理清程序、规范管理、落实责任。开展柔直设备可靠性专项研究，形成11项标准化文件、198项通用要求和66项强制要求。完成12项配套政策改革措施落地后技术支撑工作重点及模式研究，与省公司形成良性互补。

依托重点工程创新成果。建设完成直流工程集控平台。研发单台承载400t和600t轨道小车，并在吉泉工程推广使用。优化±1100kV高端换流变压器抽真空及油处理工艺，开发现场用高真空注油系统。吉泉工程户内直流场、金具三维检测、穿墙套管安装等创新工程措施落地。编写发布15项施工调试企业标准，企业标准新编发布量排国家电网公司系统第三名。全年组织科技课题48项，获得中电建协电力建设科学技术进步奖二等奖3项、三等奖7项；中电建协电力建设优秀质量管理QC成果奖7项；完成1项国家电网公司科技项目验收结题。全年形成18项管理创新成果、10项调查研究成果、1项管理咨询成果。

压紧压实巡视政治责任，实现内部巡察全覆盖，迎接公司党组巡视和依法合规检查，问题线索和立行立改问题逐一查实，发现管理短板13项。

工程建设　上海庙站按期投运。昌吉—古泉±1100kV直流输电工程建成，实现双极四换流器全电压解锁。渝鄂工程南通道站按计划启动带电调试。渝鄂工程北通道站、张北工程实现里程碑计划。酒泉、锡盟、古泉新型调相机工程全面建成投运。天山站极Ⅰ高端抢修工作推进，宜宾站换流变压器修复工作完成。直流核心设备监造成效显著，形成重点设备、重点环境现场安装技术专项保障措施。推进技术支撑工作，组织张北工程钢网架顶升等重大方案研究审查。全年技术支撑线路长度达3953.8km，完成3300km吉泉线及古泉站接地极线路竣工验收。服务

"一带一路"建设，派驻专家组现场支撑巴西美丽山二期工程。

党的建设和精神文明建设 深入开展习近平新时代中国特色社会主义思想大学习。实施"旗帜领航·三年登高"，推进党建对标管理和量化计划考核，完成本部党支部调整和工程建设部党支部换届选举，深化共产党员服务队建设，党组织标准化建设全面实现。坚定不移正风肃纪。推进"两个责任"落实，持续强化廉洁教育，强化关键岗位、关键节点廉政风险防控。运用"四种形态"，加大执纪问责力度。贯彻新时代党的组织路线。落实党管干部、党管人才原则，坚持根据电网建设事业需要选用干部，加强领导班子建设和人才队伍建设。推进本部部门之间、本部与工程建设部之间干部交流，增强干部队伍活力。落实专家人才动态管理和退出机制。加强向工程现场一线、关键岗位、艰苦岗位及核心人才倾斜和定向激励的力度。

2018年，国网直流公司获国家电网公司吉泉工程、渝鄂背靠背工程及调相机工程先进单位，四川工程建设部获评"国家电网公司工人先锋号"。刘宝宏获评国家电网公司劳动模范，姚斌获评国家电网公司重点工程立功竞赛劳动模范。

（熊　雄）

【国家电网有限公司交流建设分公司】

单位概况 国家电网有限公司交流建设分公司（简称国网交流公司）是国家电网公司的直属专业化电网建设管理单位，主要从事国家电网公司直接投资或担任项目法人单位的特高压交流输变电工程和跨区电网重点交流输变电工程的建设管理和统筹支撑工作。

组织机构 国网交流公司现设置12个部门，分别是综合管理部、计划部、财务部、安全质量部、工程管理部、信息环保部、党委党建部（党委宣传部、巡察办）、宜昌工程建设部、武汉工程建设部、郑州工程建设部、华北工程建设部和华东工程建设部。

人力资源 截至2018年底，国网交流公司在职员工115人，其中博士研究生13人、硕士研究生47人、本科49人，合计占员工总量的94.7%；教授级高工（正高）9人、副高级66人，合计占员工总量的65.2%；一级建造师29人、监理工程师8人、造价工程师5人、咨询工程师（投资）3人、安全工程师13人、其他职业资格16人。公司级专业领军人才2人，优秀专家人才1人、优秀专家人才后备2人、高级兼职培训师5人，增选国网交流公司级优秀专家人才14人、优秀专家人才后备13人、各类兼职培训师38人。2018年末人才当量密度为1.414，人才引进指数1.16。

经营管理 2018年，国网交流公司年度预算执行率98%，执行情况良好。可控费用较2017年降低8.16%，实现降本增效。工程年度资金计划与工程投资预算完成率100%。

启动开展治理体系优化工作，搭建治理体系建设框架，确立治理体系优化思路，形成国家电网公司治理体系优化完善工作方案。构建以国家电网公司工作规则为基础、专业管理办法为骨干、专项实施细则为枝叶的三级制度体系。清理规范临时组织机构，整合优化各类会议，提高管理效率。确立计划管理作为工作主线的地位，形成"日控制、周协调、月分析、季考核、年度总结提高"的计划管理常态化机制。变革内部考核激励机制，优化考核指标，强化绩效沟通。完成国网交流公司"十三五"规划修编和2020—2024年研究项目储备。配合国家发展改革委跨省跨区专项输电成本监审，将国家电网公司成本纳入输电电价。开展行政后勤事务专项治理，集中开展固定资产清查、办公用房核查和周转房管理规范化工作，车辆管理实现线上审核调度全覆盖。开启国网交流公司大事记编写工作。重启职工大讲堂，将党的基本理论知识学习和专业技能培训结合起来，实现学习常态化。策划开展援藏人员跟踪采访宣传，跟踪报道首批境外工程支撑工作。锡盟—山东工程完成审计问题整改。配合完成国家重大政策落实情况跟踪审计，工程保留金实现及时清退。

安全质量管理 编印全员安全责任清单，组织开展5轮集中编写与审查，形成部门、岗位全覆盖的安全责任体系。组织开展安全大反思大讨论等安全质量主题活动。加强应急能力建设，创新开展安全体感式培训，探索建立小型体感式培训室。强化科技兴安，应用北斗遥感技术发布10次气象灾害预警；编制山东—河北环网工程地质灾害评估报告，指导项目临建选址和防灾避险工作。协调开展在建特高压工程质量监督工作。通过国家电网公司2018年资产全寿命周期管理体系专项督查。按计划完成安全生产问题清单专项梳理工作，形成预期成果。坚持保密委员会例会制度，配齐配全设备设施。常态化、分层级开展网络信息安全督查和高危端口治理，抵御网络攻击能力得到提升。

电网建设与发展 2018年，国网交流公司直管皖南扩、胜利扩2座特高压变电站。统筹支撑特高压工程8个，其中变电站8座、线路2160km（折单）。按计划完成年度重点工作计划70项，"二十四节气表"工作215项。

特高压工程建设。直管的皖南（芜湖）1000kV变电站扩建工程、胜利站电厂1000kV送出配套工程变电工程按期投运，一次启动成功。完成苏州站主变压器扩建工程、泰州站主变压器扩建工程、榆横电厂送出、胜利站电厂1000kV送出配套工程线路工程统筹支撑任务，工程按期投运。蒙西—晋中工程开工，直管的蒙西1000kV变电站扩建工程完成项目部组建和策划文件编制，完成施工招标。响应山东—河北环网工程高效建设需求，开展驻场专项支撑，保障潍坊—临沂段工程提前投运。系统总结北京西—石家庄工程“先签后建”试点成果，形成线路工程合规建设手续清单。首次开展海外特高压工程技术支撑，组织两批次8名专家赴巴西美丽山水电特高压直流送出二期项目，对提升线路工程施工工艺质量及创优工作给予指导。苏通GIL综合管廊工程盾构隧道提前贯通，承担的“一平台”“两机具”“两课题”“四方案”电气安装关键性研究任务，已交付成果并陆续现场应用。推进已核准工程开工准备工作，直管的张北1000kV变电站工程、南阳1000kV变电站扩建工程组织开展策划文件编制，推动属地协调、施工招标等工作。3项工程取得达标投产批复，4项工程通过档案验收，9项工程通过环水保验收，7项工程完成结算审核，4项工程完成决算，榆横—潍坊工程创优工作按计划推进。

工程专业管理。策划开展“透过档案看管理”年度主题活动，以档案管理水平带动提升工程管理水平。开发工程档案验收辅助系统，提升档案验收组织效率。牵头研发工程项目档案全过程管理系统，获“全国企业档案管理创新优秀案例一等奖”。反映国家电网公司特高压工程档案管理的纪实专题片获国家档案局“最佳管理奖”。协调多工程档案验收，档案移交验收进度滞后形成的“历史欠账”全部清零。淮南—南京—上海工程、锡盟—山东工程1.3万卷实体与数字化档案移交国网档案馆。

环水保管理。立项研究新形势下环水保全过程管理，推进环水保专项检查、典型措施标准化。在山东—河北环网工程南四湖地貌策划实施河网山区环水保管理样板。首个水保自主验收的蒙西—天津南工程通过水利部水保验收核查。与中电联电力发展研究院签订战略合作框架协议，就计价标准制定、施工图预算编制等技经业务开展合作研究。编制环水保服务费用标准，将其转化为企业标准。施工招标策略与合同条款协同研究成果在蒙西—晋中线路工程中实施应用。

总部专项支撑。支撑范围向超高压工程延伸，完成青海750kV串补工程、沙湖—上海庙750kV线路工程、河西走廊750kV第三回线加强工程支撑任务。支撑业务向“四不两直”安全督查扩展，承担27省在建输变电项目“四不两直”督查任务，提出整改问题230余项，责令4项存在重大事故隐患的工程停工整改。做强总部协同监督，开展藏中联网工程综合监督，将环水保、档案等专业纳入监督范围，建立综合监督平台；将基建12项配套措施落实情况纳入监督检查重点，夯实本质安全基础。开展11项在运特高压交流工程质量回访和国网蒙东电力在运工程GIS开关质量专项调查，形成高质量回访报告，为总部决策提供依据。协助总部开展国家电网公司输变电优质工程评选，规范评选专家团队建设。响应国家电网公司援藏工作，2人赴藏开展对口支撑和专业帮扶。

科技创新 研究低频加热技术，破解高寒地区主设备安装试验难题。开展合理工期研究，规范合规建设程序。研究形成碳纤维导线应用技术要求和管理建议，规范指导在特高压工程中首次应用。优化GIS移动防尘室，在华北“两交”工程中推广应用。吊桥封闭式跨越施工关键技术研究获国家电网公司科技进步奖。伸缩臂式跨越封网装置获中电建协科技进步奖。标准化工作取得新进展。完成《1000kV母线装置施工与质量验收规范》等6项企业标准起草工作。技经管理历年研究成果成功纳入2018版电力工程概预算定额。取得科研专利授权21项。14篇科研论文获电力建设专委会奖项，1篇论文获国家电网公司安全主题征文特别奖。2项管理创新成果获国家电网公司2018年度管理创新成果奖和管理创新推广成果奖。

党的建设和精神文明建设 党建基础管理。坚持把政治建设摆在首位，持续深入开展习近平新时代中国特色社会主义思想学习，推动“两学一做”常态化、制度化，严抓意识形态建设。落实“旗帜领航·三年登高”对标管理年任务要求，量化工作计划，分解落实责任。党委会年度研究“三重一大”事项211项。

党支部标准化建设。开展联合党支部建设，共产党员服务队走进工程现场。组织创建党员责任区和示范岗，开展“党员身边无违章”活动。

党风廉政建设。严格廉政约谈制度，完成7个协同监督检查项目的立项与实施，开展巡察工作2次，发现并纠正问题86项。全年新发展党员3人。完成国家电网公司党组巡视现场配合工作，提供各类资料2.1万余份。

成立团总支部委员会。3条合理化建议获国网工会表彰。获“首都文明单位”称号。

（谌柳明　赵　倩）

【国家电网有限公司信息通信分公司】

单位概况 国家电网有限公司信息通信分公司（简称国网信通公司）是国家电网公司总部层面信息通信系统建设管理与运行维护机构，负责国家电网公司一级骨干通信网以及总部信息通信系统、一级部署信息系统、直属单位集中部署信息系统、信息网、国网数据中心（北京）的调度、运行、检修、客户服务和安全等运维工作，承担总部委托的信息系统及一级骨干通信网建设管理工作，承担总部科技评审、专利服务、科技查新和国家电网公司网站运维工作。

2018 年，国网信通公司信息系统可用率 99.87%，通信系统运行可靠率 100%，信息通信建设任务完成率 100%，信息通信服务满意率 98%，网络与信息安全任务完成率 100%。

人力资源 截至 2018 年底，国网信通公司共有员工 260 人。其中，中共党员 208 人，国家电网公司级专家人才 11 人，高级职称 122 人，硕士、博士学历员工 202 人。离退休人员 211 人，其中中共党员 83 人。

安全管理 安全体系建设。以“一组织一清单，一岗位一清单”为原则，编制各机构和各岗位的安全职责和履责要求，完成 29 个部门、处室，11 个信通公司级岗位、58 个职能管理岗位、123 个业务中心岗位的安全责任清单编制。构建信通公司级、部门级、专责级三级运维责任矩阵，厘清各中心责任界面、明确协同分工关系。落实生产现场“十不干”和管理人员到岗到位要求，编制《安全生产监督管理规范》。

安全管理基础。深化《国家电网公司电力安全工作规程（信息、电力通信部分）》信息通信部分执行，组织两批次全员培训和考试，完成工作负责人、工作票签发人、工作许可人“三种人”认证。加强现场标准化作业管理。完善“一患一档”基础管理，开展隐患排查分析。编制核心系统运维导则，提升运维检修现场工作的标准化、规范化水平。开展信息通信运维体系（SG-ITOM3.0）试点建设，完成运维全流程校核。

重点工作。协助国网办公厅构建保密检查监测工作体系，承接国调中心网络安全与调度自动化运行值班工作，牵头完成“十八项反措”信息通信部分编制工作。高质量完成春秋检、“六查六防”“安全生产月”等活动。完成全国“两会”、上合组织峰会、中非合作论坛、夏季达沃斯论坛、中国国际进口博览会等 69 项电力信息通信重大保障工作，累计保障时长超过 4162h。

调度监控 风险预控。完成电网“三道防线”业务通道核查，完成华中区域 ECI 光传输设备割接，消除 577 条业务通道安全风险，实现通信网络和设备可靠性“双提升”。开展电力骨干通信网可靠性指标分析工作，完成三大类 12 个评价指标的设计及工具开发应用。完成 6 个分部通信调度职能移交，初步实现对一、二、三级骨干通信网运行告警的集中监视，提升区域电网通信保障水平。完成国网信通调度亦庄同城备调建设，完成通信专业网管系统可靠性和安全性风险评估，完成 OTN 光传输系统及数据通信网隐患评估。深化调度工具“微应用”建设，实现所有信息系统和通信传输设备全覆盖全景式展现及关联展示。在国家电网公司系统内率先开展信息调度台远程处置，实现信息调度的处置关口前移，通过国家电网公司信通调度唯一五星调度复评。

网络安全防御。建立面向国家电网公司系统的安全事件预警处置和实时指挥机制，指导二级单位信通专业开展网络安全分析室建设，两级联动机制初步形成。首次形成网络安全业务域全景视图，总结提炼 3 级 12 类典型攻击场景的应急处置预案，实现信息系统篡改、SQL 注入攻击的一键处置。研发网络安全态势实时监控平台，实现监控全景化、攻击一体化展示。创新引入“蜜罐”技术，实现电力交易等 5 套重要外网信息系统的加密流量监测，拓展网络安全监控范围。拦截总部层面遭受的攻击累计 579 万次，处置高危邮件告警 3061 起。

“护网 2018”。承担演习总指挥部职责，累计投入保障人员 1270 人次，发布风险预警通知 14 项、攻击情报 341 条，处置钓鱼邮件 1952 封，处置病毒告警 6700 余条，获“国家专项网络攻防演习优秀单位”称号。

运维检修 通信运行管理。加强通信电源方式管理，组织完成一级骨干通信网 505 个站、1083 套通信电源“一站一册”基础资料梳理及可靠性校核。开展三条骨干微波停退役实施，完成白广路站点微波设备拆除。强化通信属地运维责任落实，完善备品备件互济调用流程，协同分部、省公司建立全网备品备件应急响应库。推进机动应急通信系统优化整合。完成总部及在京直属单位行政电话号码优化调整工作。

信息系统运维。开展架构优化工作，完成小型机家族性缺陷等隐患问题整改。完善精益化运维工作标准，增加主机、存储、备份精益化运维内容，实现数据库精益化运维对象由 30 套扩展至 123 套。开展自动化运维门户建设，累计接入 62 套数据库、33 台存储设备、198 台 SAN 交换机，实现设备集中管理、告警集中监控。建立 IPv6 域名解析服务体系，完成国家电网公司和直属单位外网网站 IPv6 改造。

数据运维。编制 118 套系统数据资源清单，开展数据质量核查，编制完成设备运维精益管理、网络大学等系统数据资源质量报告。完成 118 套系统数据字典备案及 98 套系统数据集成关系梳理，实现数据拓扑全景实时监控。完成 32 套重要系统数据库备份恢复演练，开展 1100 余次检修，实现重要业务系统数据库零故障。

专项运维。在国家电网公司系统率先开展数据中心 ITSS 贯标工作，成为央企首家通过数据中心服务能力成熟度优秀级（四级）认证单位。重视消防工作，首次联合亦庄消防中队开展国网北京数据中心后备电源油库区火灾应急处置演练，开展北京数据中心节能降耗工作，实现PUE值降低0.05，达1.63。

服务保障 工程建管。强化通信工程施工安全分类分级管理，完成藏中联网等12项电网建设配套通信工程年度建设任务，新、扩建通信站点111个，累计安装设备859台套。完成三峡环网改造、大容量骨干光传输网新疆延伸覆盖等12项通信技改工程年度建设任务。推进全业务统一数据中心、国网云、网上国网等重点信息化项目建设，严把信息化项目设计、研发、验收三道管控关口，加大延期项目督办力度，延期率下降47%，平均延期天数降低35%。开展电力无线专网项目建管工作，编制印发《电力无线专网标准施工工艺》等6项技术标准和管控方案。完成绿色数据中心新技术调研，为北京数据中心二期项目建设奠定基础。

技术服务。完成总部视频会议保障1191场，同比增加15.5%，完成现场桌面服务10 281次，同比增加3.9%，受理用户电话172 257通，同比增加9.2%，审核发明专利超过2100件，实现总部应急指挥中心184天24h值守。开展客服一体化星级评价工作，健全两级信通客服协同工作机制，完成电子商务平台等试点系统用户实用化检测分析及展示，探索客服业务大数据分析模式，提升客户服务价值。完成办公终端防病毒系统改造，精准优化完善桌管系统功能。采用自动化流程机器人技术，实现基础资源台账数据治理和常用运维流程的自动化。完成总部电视电话会议室音视频系统和供电系统隐患消缺改造工作。

科技管理。实验室建立“1＋N”协同创新工作机制，初步形成资源共建共享的局面。完成电子商务平台等6套外网仿真系统的靶标部署，初步体现靶场业务仿真、环境互通、资源共享的优势。参与国家、北京市科技项目5项，牵头国家电网公司科技项目5项、参与17项，编制国家标准、团体标准、企业标准共27项。推进耐极寒、超低损OPGW关键技术，超高速OTN长距离传输等研究实践，完成相关技术测试及验证工作。

综合管理 问题清单梳理。梳理内外部监督检查发现的问题，查找管理中的薄弱环节和潜在风险点，建立综合类问题清单。实现问题整改与日常管理有机衔接。

依法治企。开展全面风险管理，制定风险管理计划，落实风险防控措施，实现合同法律审核把关率100%。推进“三全五依”法治企业建设，完成依法治企问题整改，实现法务管控内嵌至“三重一大”决策中。

计划物资管控。开展“月通报、季考核”，强化综合计划和成本预算的过程管控和均衡实施。加强计划物资规范管理，依法合规选择采购组织方式，实现100%公开招标采购，全年未发生招投标举报投诉事件。结合实物ID资产管理工具建设，实现财务部门和实物保管部门间数据联动，提升账卡物的一致性。

综合服务。对接国家电网公司新时代战略发展要求，组织编制国网信通公司发展战略纲要，形成“一个目标，三个坚持，五个着力”的战略发展体系。实现用印申请的线上电子化流转，基本完成历史档案资料整理及数字化工作，获评国家电网公司档案工作规范级单位，实现跨越式发展。加强办公用房、公务用车规范管理，完成“两供一业”职工家属区物业管理分离移交工作。担负公司保密第七协作组组长职责，完成保密协作组年度任务。

党的建设和精神文明建设 党的建设。推进“两学一做”学习教育常态化制度化，深入学习习近平新时代中国特色社会主义思想，开展“做好先行官　架起连心桥”“弘扬爱国奋斗精神　建功立业新时代”、学习《梁家河》心得分享会等主题活动。落实“旗帜领航·三年登高”对标管理年各项任务，坚持党的组织与行政机构同步设置，调整职能部门党支部机构设置，选优配强基层党务工作人员，推进党建对标管理，开展党委和党支部标准化建设，应用党建信息化系统，提升基层组织力。

队伍建设。坚持好干部标准，选拔调整处级干部8人次、科级干部8人次。加大轮岗交流和培养锻炼力度，提高干部综合能力。制定员工专业序列实施方案，拓宽发展通道。加强全员教育培训统筹设计与推进，提升专业技能水平。

党风廉政建设。完成巡视配合工作，狠抓巡视问题整改，规范问题线索处置，制定问题、任务、责任“三个清单”，落实巡视反馈意见。以自查自纠和督导检查相结合的方式，开展内部巡察，深化巡视巡察成果应用。落实中央八项规定精神，开展形式主义、官僚主义专项检查，推动作风建设常态化、长效化。

文化建设。完成“新三家”改造，建成党员活动阵地和职工书屋。调控中心调控班组入选国家电网公司企业文化建设“百千万”工程首批示范点。开展青春光明行志愿服务，举办第四届青创赛。以服务离退休老同志生活为目标，依法合规落实“两项待遇”，扎实推进“三项建设”，开展“我看公司新时代发展战略”主题活动。

2018年，国网信通公司获国家专项网络攻防演习优秀单位、国家电网公司网络安全攻防总决赛突出贡献单位、国家电网公司首批“容量提升、分层接入”特高压直流输电工程先进单位及锡盟—胜利、榆横—潍坊、青州换—潍坊变、临沂换—临沂变特高压交流工程先进集体等荣誉称号；获国家电网公司第四届青创赛铜奖、网络安全红蓝队建设优秀成果等项目表彰；获国家电网公司一流班组、国家电网公司应急指挥中心保障和技术支撑先进单位、国家电网公司优秀共产党员服务队、国家电网公司“热爱国网”先进离退休党支部、国家电网公司办公室工作先进集体等9项集体表彰；获中央企业技术能手、国家电网公司劳动模范、国家电网公司优秀班组长、国家电网公司网络安全红蓝队优秀个人、国家电网公司信息通信运维创新优秀个人等25人次个人表彰。

（全　鑫　林　楠）

中国南方电网有限责任公司

【公司概况】 中国南方电网有限责任公司（简称南方电网公司）是根据国务院关于电力体制改革的统一部署和国务院《关于印发电力体制改革方案的通知》（国发〔2002〕5号）、国务院《关于组建中国南方电网有限责任公司有关问题的批复》（国函〔2003〕114号）和国家发展和改革委员会《关于印发〈中国南方电网有限责任公司组建方案〉和〈中国南方电网有限责任公司章程〉的通知》（发改能源〔2003〕2101号）等文件精神，由广东省、海南省和国家电网公司在广西、贵州、云南所属电网资产为基础组建的国有企业。经国务院批准，2002年12月29日挂牌成立，2004年6月18日完成工商注册登记，总部设在广州市。南方电网公司属中央管理，在国家实行计划单列，财务关系在财政部单列，由国务院国资委履行出资人职责。根据《关于中国南方电网有限责任公司部分权益协议转让有关问题的批复》（国资产权〔2006〕1480号）和《关于调整国家电网公司所持中国南方电网有限责任公司部分股权有关事项的通知》（国资收益〔2012〕1117号），注册资本为人民币600亿元，各方比例为广东省38.4%、中国人寿保险（集团）公司32%、国务院国资委26.4%（暂时由中国国新控股有限责任公司代持）、海南省3.2%。

2018年，南方电网系统未发生较大及以上人身事故，未发生设备和电力安全事故，未发生对公司和社会造成重大不良影响的涉电公共安全事件。全网统调最高负荷1.69亿kW，同比增长3.4%；完成售电量9703亿kWh，增长9%；西电东送电量2175亿kWh，增长7.2%；客户平均停电时间（低压）13.11h，下降6.97h/户；中心城区客户平均停电时间1.12h/户；累计有效专利拥有数1.73万项；第三方客户满意度测评82分，提升1分，广东、广西电网公司及广州、深圳供电局连续多年在地方公共服务评价中名列第一。连续12年获得国务院国资委年度经营业绩考核A级，在世界500强企业中名列第110位。

【领导班子】 2018年，南方电网公司领导班子发生调整。1月24日，文利民任南方电网公司党组成员、总会计师，免去李文中的公司总会计师职务。5月15日，免去江毅的公司党组成员、副总经理职务。6月26日，刘启宏任公司党组成员、副总经理。8月16日，孟振平任公司党组书记、董事长，免去李庆奎的公司党组书记、董事长职务。

截至2018年12月31日，南方电网公司领导班子成员如下：

党组书记、董事长：孟振平

党组副书记、董事、总经理：曹志安

党组副书记、副总经理：史正江

党组成员、副总经理：毕亚雄

党组成员、总会计师：文利民

党组成员、副总经理：贺锡强

党组成员、党组纪检组组长：杨志宏

党组成员、副总经理：陈允鹏

党组成员、副总经理：刘启宏

【组织机构】 见2018年南方电网公司组织机构图。

【改革发展】 在近年来实施34项改革试点项目的基础上，推进入选国务院国资委“双百行动”的3家单位改革试点工作。完成138户子企业公司制改制任务。深圳前海混改试点任务基本完成。实现“三供一业”分离移交和供电设施接收。10家教培机构和1家医疗机构完成改革工作。建立了组织机构、劳动用工、工资总额分类管理机制。产业工人队伍建设走在国企前列，职工创新、劳动和技能竞赛不断深化。多措并举提高劳动绩效，在业务和资产规模大幅增长的情况下，用工总量下降3.4%。稳步推进电力体制改革，南方（以广东起步）电力现货市场率先投入试运行，迈出了中国电力市场化改革的关键一步。市场化交易规模不断扩大，省内市场化交易电量占比35.1%，省间市场化交易电量占西电东送总量的14%；突破性实施云贵水火置换43.5亿kWh。引领、

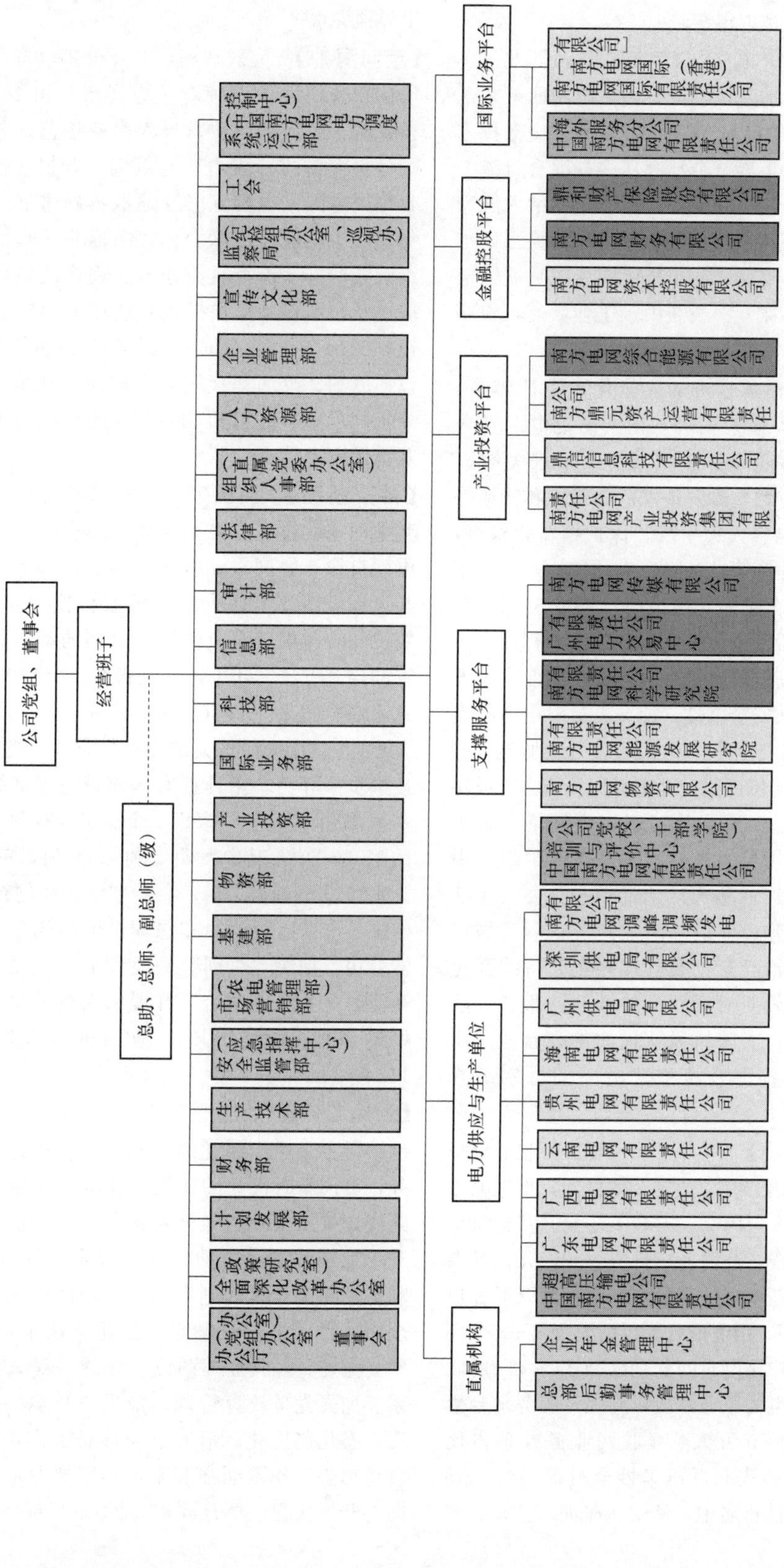

注：产业投资部与南方电网产业投资集团有限责任公司按“一套人马、两块牌子”的方式运作。

2018 年南方电网公司组织机构图

参与增量配电网建设，第一批 20 个试点项目已全部确定项目业主，第二、三批试点已配合地方政府完成配电网规划编制。落实云南保山地方电网合作协议，文山地方电网体制改革取得突破。

【重大项目】 推进 20 项重点工程建设，滇西北—广东特高压直流工程提前建成投产，南方电网西电东送送电能力超过 5000 万 kW。深蓄、海蓄电站全部投入商业运行。开工建设世界首个特高压多端混合直流工程——昆柳龙直流工程。云贵互联通道工程纳入国家能源基础设施补短板重点项目。鲁西背靠背换流站工程获国家优质工程金奖。“±800kV 特高压直流输电示范工程（云南—广东）”荣获中国工业大奖，首获中国专利奖银奖。

【安全生产】 健全覆盖全员的安全生产责任体系，推动形成“大安全”管理格局。落实防范电网安全运行 9 大风险的 38 项重点工作，持续推进关键厂站、西电东送主通道和重要设备规范化检修和特巡特维，开展防范重大电气火灾事故、保护精益化检查，以及稳控管理专项提升等设备隐患专项整治，电力事件同比下降 38%，确保了复杂大电网的安全稳定运行。推进乡镇供电所防范人身事故专项治理行动，进一步健全涉电公共安全隐患排查治理长效机制，未发生有责任的涉电公共安全事件，社会人员触电事故事件下降 7.7%。网络安全防护和管理进一步加强，已具备 500kV 及以上主网网络安全态势感知能力，成功处置勒索病毒等攻击，未发生二级以上网络安全事件。完成党和国家领导人视察、博鳌亚洲论坛、中国—东盟博览会等 12 次重大政治活动和重要民生活动保供电任务。统筹做好电网防灾减灾，制订城市保底电网规划建设指导意见及具体规划。持续强化防风加固改造，有效应对近年来持续时间最长、陆地大风影响范围最广、阵风风速最大的强台风“山竹”影响，杆塔受损率及抢修复电时间分别下降 46%、40%。

【优化电力营商环境】 落实国家一般工商业电价降低 10%部署，降低客户用电成本 223 亿元；推进电力市场化交易，降低客户用电成本 284 亿元；实施业扩投资延伸至客户红线，节约客户投资 235 亿元。粤港澳大湾区 9 个城市新增报装容量 200kVA 及以下客户实现接电“零投资”。用电报装流程精简为 2～3 个环节，低压、高压客户接电时间分别缩减 34%和 22%。推广“互联网+”电力服务，互联网统一服务平台累计注册用户突破 3000 万人，互联网业务办理占比 70%。实现智能电能表和低压集抄全覆盖。在 2018 年度全国电力可靠性排名中，佛山、深圳、广州、东莞供电局分列第 1、3、6、7 名。广州、深圳及珠三角六城市中心城区客户平均停电时间达到小于 1h 的世界一流水平，深圳福田核心区达到 2.5min 以内的世界顶尖水平。

【走向海外】 完成智利输电公司 27.8%、马来西亚埃德拉公司 37%、卢森堡恩赛沃公司 24.92%的股权并购。越南永新项目投入商业运营，老挝南塔河一号水电站投产发电。与缅甸、老挝、越南、柬埔寨等周边国家电网互联互通取得新进展。牵头西电集团和中电建组成联合体，中标菲律宾棉兰老岛和维萨亚斯群岛跨海直流输电工程换流站和接地极标段总承包项目。加快推进对澳送电第三通道项目建设，2018 年 12 月完成珠海侧海底隧道接收井主体建设。欧洲、柬埔寨代表处完成注册挂牌，南美代表处批准设立，驻外机构达到 7 个，辐射亚洲、欧洲及南美洲。

【科技创新】 获国家级、省部级科技奖励 58 项，其中国家科技进步奖一等奖、二等奖各 1 项，“复杂电网自律一协同自动电压控制关键技术、系统研制与工程应用”项目成果获国家科技进步奖一等奖，牵头的“适用于多直流馈入电网的动态无功补偿装置的控制方法”获中国专利银奖，“±800kV 特高压直流输电示范工程（云南—广东）”荣获中国工业大奖，“芯片化保护关键技术与应用”获中国电力科技进步一等奖。累计拥有国家级、省部级重点实验室达 17 个，其中国家级 2 个。累计有效专利拥有数达 17 267 项，其中发明专利 4799 项，较 2017 年底分别增长 59.4%、31.5%。实施科技创新发展 20 条措施，广东电网公司和深圳供电局成立了科技孵化器公司。加快“双创”基地和平台建设。推动人工智能与业务深度融合，开展无人机巡视 31 万架次，机巡作业超 40 万 km，应用机器人巡检变电站 145 座。

【党建工作】 始终把学习贯彻习近平新时代中国特色社会主义思想和党的十九大精神作为首要政治任务，贯彻新时代党的建设总要求和新时代党的组织路线，按照国务院国资委党委中央企业党建质量提升年工作部署，推动党的建设重点任务落实落地。制定党建工作责任制实施办法，修订领导班子成员全面从严治党责任清单，强化党建主责主业意识。建立党建、经营业绩两位一体的“双 A 制”考核体系。加强党员教育管理，推进“两学一做”学习教育常态化制度化。落实意识形态工作责任制，推动宣传思想工作不断强起来，牢牢把握正确的舆论导向。开展庆祝改革开放 40 周年系列宣传活动，开发坚定“四个自信”宣传阵地。坚持正确的选人用人导向，出台进一步激励各级干部新时代新担当新作为的实施意见，建立健全容错纠错机制和澄清保护机制。制定发现培养选拔优秀年轻干部的实施意见，加大人才体制机制改革力度。推进基层党组织建设，打造坚强战斗堡垒。党风廉政建设持续加强，受理信访举报484件、处置问题线索1001条、立案审查214件、党纪政纪处分339人。实现监督执纪“四种形态”规范化试点全覆盖。开展迎接中央新一轮巡视自查自纠、为期三年的整治基层及群众身边不正之风和腐败问题“扫雷”行动。推进形式主义、官僚主义专项整治。

（刘之阳）

【超高压输电公司】

公司概况 超高压输电公司前身最早为原水利电力部于1984年成立的华南电网办公室，先后改组、更名为中国南方电力联营公司、国家电力公司南方公司。2002年底，南方电网公司成立后，改组为南方电网公司的分公司，负责管理、运营、维护和建设南方电网跨省区骨干网架和重要联络线，承担实施西电东送战略的职责。

截至2018年底，南方五省区西电东送主通道形成“八交十直”500kV及以上输电通道，整体送电能力约5340万kW，其中除三广直流外的“八交九直”均由超高压输电公司运行管理，即500kV贵广交流双回，施贤线双回等八条交流输电通道，以及±500kV天广直流、高肇直流、兴安直流、牛从甲直流、牛从乙直流、金中直流，±800kV楚穗直流、普侨直流、新东直流九条直流输电通道。超高压输电公司拥有500kV及以上输电线路21 674km，其中800kV特高压输电线路4744km，500kV海缆3×31.4km。西电东送设计送电能力（送端）达到4860万kW，变电容量3700万kVA，换流容量3540万kW。拥有500kV变电站19座（花都、福山、青岩、黎平、崇左、独山、南宁、来宾、桂林、柳东、河池、平果、百色、永安、梧州、贺州、罗平、武平、如画），500kV及以上换流站17座（马窝、广州、高坡、肇庆、兴仁、宝安、牛寨、从西、楚雄、穗东、普洱、侨乡、鲁西、金官、桂中、新松、东方）、500kV串补站7座（平果、百色、河池、砚山、桂林、贺州、玉林）。2018年建设中的有海南联网二回工程、昆柳龙直流工程、云贵互联通道工程等重点工程。

领导班子

党委书记、执行董事：宫宇

党委副书记、总经理：赵建宁

党委副书记、副总经理：黄立新

党委委员、副总经理：庞准、俞彦、杜鹏

党委委员、总会计师：唐忠良

党委委员、工会主席：卢文生

党委委员、副总经理：李庆江

总经济师：邓庆健

党委委员、副总经理：蔡希鹏

党委委员、纪委书记：杨昌武

组织机构 超高压输电公司本部设有办公室（党委办公室与行政办公室合署）、企业管理部、计划发展部、组织人事部（直属党委办公室）、财务部、生产技术部、安全监管部（应急指挥中心）、基建部、审计部、监察部（纪委办公室）、宣传文化部、工会办公室12个职能部门；设置检修试验中心（计量中心、电科院，品控技术支持中心、机巡作业中心合署）、科技创新中心、信息通信运维中心、物流服务中心、培训与评价中心、综合服务中心（离退休服务中心）、南宁监控中心7个业务支撑和实施机构，以及海南联网工程项目部（简称海南联网项目部）、滇西北送电广东±800kV直流工程项目部（简称滇西北项目部）、乌东德电站送电广东广西输电工程（特高压多端直流示范工程）项目部（简称乌东德项目部）、云贵互联项目部4个业主项目部，其中检修试验中心（计量中心、电科院，品控技术支持中心、机巡作业中心合署）、南宁监控中心按二级机构管理。管辖广州局、贵阳局、昆明局、南宁局、柳州局、梧州局、百色局、天生桥局、曲靖局、大理局10个超高压局（其中广州局、贵阳局、昆明局为特大型企业；广州局下设海口分局，贵阳局下设黎平分局）。有5个专业子公司，包括广东南方电力通信有限公司、广东南电物资有限公司、广东天广工程监理咨询有限公司、广东美居物业管理有限公司、广东新天河宾馆有限公司。

截至2018年12月31日，超高压输电公司用工总量4921人，其中劳动合同制用工3713人。全口径统计，本科生2467人，研究生及以上学历488人；中级及以上职称员工1628人；40岁以下员工3413人。

电网发展 2018年超高压输电公司电网建设工程项目共8项，小型基建项目3项，大型技改项目2项。超高压输电公司集中基建队伍的优秀力量，成立专项工作组、攻坚工作组，坚持重点突破、逐个排除外部阻力，攻坚克难推进工程建设，实现了“滇西北直流提前整体投产”“海南联网二回陆地部分提前全线贯通、海上部分开始施工”“昆柳龙直流工程年内全面开工”等进度目标。全年电网投资完成率100.0%，投产计划完成率100%，里程碑进度计划完成率100%；工程造价控制指标100分，各项指标均优于年度目标。

滇西北直流工程提前全面建成投产。成立新东直流设备质量控制组织机构，总经理任领导小组组长，下设技术支持、基建物资协调等5个专项小组，明确了两方面重点工作以及六项保障机制，实现了验收、消缺、调试等关键环节的有效统筹和紧密衔接；用时3个多月完成全部高端换流变压器安装，35天完成双极高端站调试及系统调试全部试验项目，用时29个月完成工程全部建设任务，5月18日实现全面投产运行，6月27日双极四阀组进入试运行，8月14日双极输送功率500万kW，在迎峰度夏期间水电消纳任务中发挥重要作用。

海南联网二回工程海上部分开始施工。成立陆地工程攻坚工作组，5月31日完成福徐甲线改造并按期复电，陆地架空线路全线贯通。9月底完成海缆路由内所有渔业设施清理。工程项目用海的海域使用权不动产权证书和海缆敷设施工许可所需的水上水下施工作业许可证、海底电缆敷设施工许可、外籍船只进入非开放水域许可等手续全部办理完成。11月15日，广东侧海域路由段开始预挖沟，标志着工程海上部分施工正式实施。

昆柳龙直流工程全面开工建设。3月29日国家发展改革委核准批复昆柳龙直流工程建设，明确工程为特高压多端直流示范工程。成立项目建设指挥部，执行董事、党委书记任总指挥，下设综合推进组、技术组、商务组、廉洁风险防控工作组和乌东德项目部。5月15日召开工程建设动员会，工程全面进入建设阶段。开展柔性直流换流阀拓扑结构优化研究等关键技术攻关，在保证技术方案先进性的同时有效降低设备造价和运行损耗。推进换流站初步设计、直流主设备设计联络会，11月下旬开始主设备冻结，标志着直流主设备陆续进入生产阶段。昆北站、龙门站12月11日开工，柳北站12月18日开工，直流线路11月26开工。

云贵互联通道工程全面启动建设准备工作。自4月初明确任务后，第一时间启动相关工作，先后组织5次集中工作、7次中间检查，仅用51天完成工程系统方案研究及规划选址选线工作，按期完成前期第一阶段任务。

其他工程：兴仁站扩建普安电厂送出工程9月13日较计划提前3个月建成投产；平果站扩建金陵间隔工程9月3日开始场平施工；从西站、侨乡站主变扩建工程分别于11月26、30日开工，各项工程均按计划推进。

经营管理 2018年，超高压输电公司落实国家和南方电网公司党组消纳云南水电工作部署，完成售电量1951亿kWh，同比增长6.0%，其中云南送出（含溪洛渡）电量1381亿kWh，比年度计划多265亿kWh，清洁水电占比达到89%。实现利润10.94亿元、EVA 7.2亿元，完成经营考核指标。万元固定资产售电量18.73千kWh/万元。全员劳动生产率207万元/人年，首次突破200万元/人年大关。信息化评级保持A级。落实南方电网公司全面深化改革各项部署。开展提质增效及8个专项行动，集中解决了一批长期遗留的难点问题，制定“1+8”系列工作方案，细化落实36项工作举措。完成资产产权证明补办211项；“两金”余额16.9亿元；固定资产账卡物一致率超过98%；信息系统数据治理指标完成率98.6%。

生产指标。全年未发生电力安全事故、设备事故及人身伤亡事故，未发生重大不良影响的电力安全事件，事件和直流闭锁次数实现“双降”。直流综合能量可用率96.47%，连续8年保持在96%以上。所辖直流全年共发生单极闭锁9次，同比减少10次，降幅达53%，未发生双极闭锁。鲁西柔性直流单元通道利用小时达5034h。主设备可用系数99.82%，继电保护正确动作率99.8%，故障快速切除率、安自装置正确动作率连续多年保持100%，生产实时控制业务通道保持零分钟中断。

风险管控。按期完成防范电网运行9大风险各项重点任务。排查整治隐患311处，形成专项研究报告18份，提出消防反措建议20余项，提升消防管理水平。落实入地电流综合管控机制，牛从直流以零闭锁的成绩完成国家能源局第三个周期的考核任务，天广、高肇、兴安和楚穗直流入地电流管控满足南方电网公司要求。

设备管理。2018年，通过巡视、试验及巩固深化数据多维度分析等有效机制，发现紧急缺陷23起、重大缺陷83起，消缺及时率达到100%。消除设备批次性隐患7类143台，按计划完成全部118个Ⅰ级特维间隔保护出口传动试验及失步解列装置的传动试验。吸取巴西“3·21”大停电经验教训，迎峰度夏前完成楚雄、普洱站母线解列紧急跳闸功能升级，严防保护、安自装置拒动风险。

应急保电。完成全国“两会”、亚洲博鳌论坛、南宁东博会、黎平春晚等重大保供电任务，规范化开展节假日保供电及应急值班工作。2018 年共发布（调整）预警 93 次，启动（调整）响应 59 次，迅速组织开展“灾前防、灾中守、灾后抢”各阶段工作，有效应对 2 轮低温冰冻灾害天气、“艾云尼”“山竹”等 5 个台风、7 轮强降雨、金沙江堰塞湖、普洱墨江 5.9 级地震等 4 次 4 级以上地震等自然灾害，全年未发生因自然灾害引起的事故事件。

科技工作。2018 年共策划科技项目 109 项，资金规模较 2017 年提升 91%。完成网内首台基于非动力船的海缆检测机器人的研制，实现多源设备数据在生产指挥中心的融合，建立山火预报准确率超 80%的卫星山火监测预警平台，具备了输电线路覆冰系统的趋势判断能力。成果推广项目实施数量达 32 项，成果转化许可 14 项。举办 IEEE PES 直流电力系统技术委员会成立大会暨 2018 年高压直流输电技术论坛，牵头筹建了首个国际直流电力系统专业技术组织——IEEE PES 直流电力技术委员会，超高压输电公司承担委员会秘书处职责，推动超高压输电公司直流输电技术品牌“走出去”。

通信信息工作。组建超高压输电公司网络与信息安全专家咨询委员会，统筹部署网络安全防护工作。建立灾备中心，超高压输电公司信息管理系统全面具备灾备能力。建立电力监控系统网络安全态势感知平台，实现网络安全态势全天候全方位感知。对系统安全、数据安全、终端安全等网络信息安全全方位升级改造，夯实了技术防护体系，2018 年成功抵御网络攻击 4.8 万余次，查杀病毒入侵 1.3 万例，未发生信息及网络安全事件。

审计工作。全年完成整改问题 1566 个，整改完成率 99.5%，收回资金 1249 万元，完善制度 77 项。全年配合南方电网公司完成 4 次专项审计和 6 项工程竣工决算审计，开展内部审计 4 类 43 项，促进了重点领域和薄弱环节的管理提升。落实南方电网公司工作部署，完成清洁能源消纳任务。将南方电网公司清洁能源消纳 24 条措施进一步细化为 32 项具体工作，做好通道运维和建设管理，滇西北直流工程全面投产，提升云电送粤能力 500 万 kW，全年云南水电送出电量 1381 亿 kWh。云南水电外送通道利用小时达 4517h，其中主汛期云南送广东通道日均利用小时达 21.4h，同比提高 0.2h。

依法治企。坚持依法治企，不断提升依法合规经营水平。以构建“2+5+9”决策制度为重点，加强决策管理和依法经营制度构建，全年按计划编制印发了 72 项管理制度，确保超高压输电公司内部制度合法合规、高效运转。完成合同审查 2772 份，规章制度审查 67 项。评估出 2018 年五大业务领域 10 项法律风险，提出 36 项风险预控措施。2018 年办结诉讼案件 56 宗，胜诉率 100%，挽回或避免经济损失 2216.85 万元。

人力资源管理 2018 年，招聘优秀高校毕业生 135 人，其中 985、211 院校毕业生占比 56%。新增政府特殊津贴 1 人，高级专业技术资格 79 人、新增中级专业技术资格 230 人，全员劳动生产率达到 207 万元/人年。

干部队伍建设。年内开展党委管理干部交流轮岗 104 人次，东西部干部交流 10 人次。开展 3 期处级干部学习贯彻党的十九大精神集中轮训，实现党委管理干部学习全覆盖，举办 2 期科级干部培养班和组工干部业务能力提升专业研讨班，编制 2019 年干部培训规划，确保党性教育、能力培养两手抓两促进。完成超高压输电公司党委管理领导人员配偶、子女及其配偶经商办企业情况及近三年因私出国（境）情况专项核查工作。开展干部谈心谈话、年度考核评价结果反馈、试用期满考核、因私出国（境）审批及证照管理等日常管理监督工作。

员工及组织管理。优化 26 个议事机构。成立云贵互联项目部及分部，设置贵阳监控中心。修订《岗位管理实施细则》，规范 875 个岗位。推进员工量化绩效考核，共有 226 个（超过班组总数 95%）生产一线班组实现工作任务量化考核，超过 50%的班组在绩效工资中兑现了量化结果，发挥了“业绩升、工资升”的良好导向，激发员工队伍活力。做好绩效结果的应用，共有 2430 人因绩效考核优秀或积分增长晋升了岗级或薪级。

培训教育。2018 年全年完成集中培训 149 期次，其中管理类 4 期，专业技术类 45 期，技能类 75 期，安全培训 12 期。建设超级培训师团队，15 名培养对象进入“速航”阶段培养，超级培训师团队初具规模。同时建立了 34 人的后备超级培训师库，纳入超级培训师梯队进行培养。完善人才发展培养机制，制定实施高潜人才、高级技术专家后备一对一的培养措施，依托重点工程定向培养柔性直流等专业人才。与东京电力互派培训，实现了对国际先进同行的管理经验输出。

党的建设 2018 年，超高压输电公司持续深入学习贯彻习近平新时代中国特色社会主义思想和党的十九大精神，贯彻落实南方电网公司党组一号文件，推动全面从严治党向纵深发展。推进“两学一做”学习教育常态化制度化，建立全方位学习贯彻中央精神的工作机制，以实际行动坚决做到“两个维护”。从完善制度流程、健全长效机制等方面进一步巩固深化了巡视整改成果，确保了巡视整改见真章、出实效、经得起检验。策划开展“品质党建映初心、主责主业践使命”主题行动，打造了党建工作新品牌。深化“支部建在站上”，延伸实施“支部建在项目上”，试点推行“一部门一支部”，提升了基层党建标准化规范化水平。开展了3期处级干部学习贯彻党的十九大精神集中轮训，持续强化领导干部“四个意识”。强化资金、人员、组织保障，全面完成年内扶贫任务。推进监督执纪“四种形态”规范化试点全覆盖和“扫雷”行动，保持了反腐败高压态势。

2018年4月10日开始，南方电网公司党组第二巡视组对超高压输电公司党委开展了为期3个月的政治巡视。超高压输电公司抓好巡视发现问题整改落实，从完善制度流程、健全长效机制等方面进一步巩固深化了巡视整改成果，确保了巡视整改见真章、出实效、经得起检验。推动建立了超高压输电公司党委统一领导、职能部门（支部）具体落实、党政工团共同推进的巡视整改工作责任体系，并形成了“1个责任体系、1个工作机制和1套管控表”的三个“1”巡视整改工作体系。对照巡视反馈问题，举一反三，制定整改措施2539项，其中整改任务类692项，立行立改类937项，长效机制类910项。截至2018年12月31日，全部整改措施按计划推进，完成2522项整改措施落实，完成率99.3%，长效机制类措施已完成完成率98.9%。制定或修订制度及业务指导书183个，建立健全长效机制783个，以巡视整改为契机推动了全面从严治党向纵深发展。

两学一做。通过制定党支部主题党日计划、党员个人自学计划、每月政治学习内容提示、季度督促检查等方式，教育引导广大党员自觉用习近平新时代中国特色社会主义思想武装头脑、指导实践、推动工作。建立站点党支部“三会一课”与安全生产工作相关会议衔接机制，将解决重点、难点问题纳入党支部“三会一课”研究研讨，将党员发挥作用载体融入安全生产相关工作统一部署。

基层党组织建设。开展“品质党建映初心、主责主业践使命”主题行动，从党委、党支部和党员三个层面同步推进实施，各基层党委就11个选题开展共进合作，17个各级标杆党支部与35个支部开展联建共建，10个各类党员活动阵地融合岗区队室升级改造为“初心驿站”。深化“支部建在站上”，与工程建设同步新建柳北换流站党支部，在广州局、贵阳局等单位试点按照“一部门一支部”调整机关党支部设置，规范党支部组织生活流程和记录，开展组织生活精益管理研究。组织开展标杆（达标）党支部、先锋班站（工作室）复核考核，超高压输电公司《支部建在站上 加强基层党组织建设》荣获南方电网公司首批优秀基层党建创新案例。严把发展党员“入口关”，全年新发展党员39名，其中发展一线党员35名。组织开展第一批机关党员示范岗评选，创建党员示范岗25个。

正纲肃纪。严格落实中央八项规定精神，制定超高压输电公司管理办法，出台公务用车等配套制度以及超高压输电公司系统加强作风建设8项措施，巩固作风建设长效机制。配齐各单位专职纪委书记，优化了巡察机构设置，全面增强党内监督力量。推进形式主义、官僚主义专项整治，2次召开党委会专题研究，制定切实管用的整改措施23条，并针对南方电网公司专项督查指出的问题逐项认真进行整改。推进监督执纪“四种形态”规范化试点全覆盖和“扫雷”行动，成立督导组实现现场督导全覆盖。深化“三不腐”体制机制建设，建立审计发现问题线索移交纪检监察的联动机制，形成监督“大安全”格局。

团青工作。开展“青年大学习”教育实践，组织两批次全覆盖的团干培训，开设新入企员工专题课程，组织青年团员深入学习宣贯习近平新时代中国特色社会主义思想、党的十九大精神、团的十八大精神。强化规矩规范意识，推进团组织“三会一课”、组织生活、志愿服务等基础工作，增强了基层团组织活力，引导广大青年同志扎根一线、立足岗位、提升本领。

工会工作。强化榜样引领，树立学习标杆，挖掘提炼“南网劳模、南网工匠、南网创客”以及“中央企业劳动模范”“全国技术能手”等先进候选人素材，广州直流技术实训部被认定为“全国职工教育培训示范点”，百色局谭永殿被评为“全国技术能手”。加强与广东省总工会和云南省总工会汇报沟通，将高压直流输电控制保护技能竞赛分别纳入两省职工职业竞赛。1个劳模工作室荣获省级总工会劳模创新工作室称号。2018年形成专利申请180件，其中一线职工自主开发的“GIS不停电扩建功能模块”获得德国专利授权。在第十届全国电力职工技术成果奖评选中，8项成果获奖（其中一等奖2项）。

扶贫工作。超高压输电公司党委主要负责人2次主持召开扶贫专题会研究部署，班子成员多次深入定点扶贫村实地调研、慰问贫困户、协调解决问题，推动精准脱贫工作稳步开展。建立了向所在地党委政府沟通协调的工作机制，超高压输电公司定点扶贫村的产业扶贫效果获地方党委政府认可，驻村书记连续两个年度在地方考核中获评优秀。强化扶贫资金、人员、组织保障，推进扶贫领域作风问题专项治理，超高压输电公司定点扶贫村河源市亨渡村被认定为南方电网公司第二批精准脱贫示范村，截至2018年12月31日，超高压输电公司系统7个扶贫点已有 3 个实现脱贫摘帽，百色局负责的飘零村获该市市委“乡村振兴·争创五旗”活动“红旗村”称号。

（万航宇）

中国华能集团有限公司

【公司概况】 中国华能集团有限公司（简称中国华能）是经国务院批准成立的国有重要骨干企业，是集电力、煤炭、金融、科技、交通运输产业于一身的综合能源集团，2009 年在中国发电企业中率先进入世界企业 500 强，2018 年排名第 289 位。

截至 2018 年底，中国华能境内外全资及控股电厂装机容量达到 17 657 万 kW，煤炭产能 7760 万 t/年，资产总额 10 732.96 亿元，2018 年营业收入 2786.27 亿元，业务分布于全国 31 个省（市、区）和四大洲 6 个国家。

【领导班子】

截至 2018 年 12 月 31 日，中国华能集团有限公司领导班子成员如下：

董事长、党组书记：舒印彪

副总经理、党组副书记：邓建玲

副总经理、党组成员：樊启祥

副总经理、党组成员：王敏

总会计师、党组成员：王益华

副总经理、党组成员：叶向东

副总经理、党组成员：王文宗

纪检监察组组长、党组成员：王利民

【组织机构】 见 2018 年中国华能组织机构图。

【生产经营】 2018 年，在以习近平同志为核心的党中央坚强领导下，中国华能坚决贯彻党中央、国务院决策部署，落实一届四次职代会暨 2018 年工作会议、党的建设工作会议精神，三大攻坚战开局良好，安全生产总体平稳，提质增效成效显著，结构调整积极推进，科技创新取得新成果，党的建设不断加强，完成各项目标任务。

安全绩效。未发生较大及以上安全事故。生产、经营、政治、形象安全保持良好态势。

经营绩效。截至 2018 年底，实现营业收入 2786.27 亿元，资产总额和金融管理资产规模均超过 1 万亿元。

发展绩效。截至 2018 年底，境内外全资及控股电厂装机容量 17 657 万 kW。

党建绩效。进一步树牢“四个意识”，坚定“四个自信”，做到“两个维护”，党的路线方针政策和党中央各项决策部署在华能得到全面贯彻落实；全面从严治党向纵深推进，党的建设质量明显提升，政治优势得到充分发挥。

【结构调整】 推进结构调整，推动国家战略落实落地。参与筹建雄安新区核电创新中心，在海南自贸区成立供应链平台科技公司。服务“一带一路”建设，萨希瓦尔煤电获巴基斯坦杰出成就奖和国家优质工程金质奖，柬埔寨最大水电工程——桑河二级水电站全部建成投产。绿色低碳发展步伐加快，产业协同水平不断提升，科技、金融等产业为公司发展作出了积极贡献。

【国际化经营】 服务“一带一路”建设，实施国际化发展战略，是最早“走出去”的中国发电企业。目前，中国华能拥有海外装机容量 913.7 万 kW，分布在澳大利亚、新加坡、缅甸、英国、巴基斯坦、柬埔寨六个国家。发挥集团化运作优势，境外电力技术服务拓展到 20 多个国家，境外金融服务有序开展，支持境外电力项目的发展。

贯彻落实党和国家对外方针政策，融入国家整体外交和“一带一路”建设，聚焦国际化高质量发展，围绕创建具有全球竞争力的世界一流企业的战略目标，不断深化实施“走出去”战略。

2018 年，柬埔寨桑河二级水电站实现 8 台机组全部投产发电，缓解柬埔寨电力供应不足的现状。华能萨希瓦尔电站获巴基斯坦总理阿巴西签发授予“杰出成就奖”，同时获国家优质工程金质奖。英国斯伯丁开式循环燃气发电（OCGT）项目开工建设，成为英国第一个依靠容量合同实现项目融资开发建设的大型发电项目。中国华能联合国新国际，开展英国威尔特郡电池储能项目前期工作，其中 99.8MW 储能项目已经进入筹建阶段。

【科技创新】 中国华能科技创新取得新成果，前沿技术研发取得重大突破。石岛湾高温气冷堆示范工程全面进入核岛设备系统安装调试阶段。IGCC 示范电站连续安全运行创世界纪录。景洪电站水力式升船机技术，获国家技术发明二等奖。糯扎渡水电站工程获中国土木工程领域科技创新最高荣誉——詹天佑奖。基于 IGCC 的燃烧前二氧化碳捕集技术，获中国电力科学技术进步一等奖。科技创新活力不断增强，信息化建设扎实推进。

【专利成果】 截至 2018 年底，中国华能拥有企业专利总量 2009 件，其中发明专利拥有总量 638 件、海

总部部门

- 办公室（党组办公室）
  新闻中心
- 董事会办公室
- 规划发展部
- 预算与综合计划部
- 企业管理部
- 法律事务部
- 市场营销部
- 燃料部
- 财务部
- 资本运营与股权管理部
- 安全监管部
- 生产管理部
- 科技环保部
- 基本建设部
- 采购管理部
- 国际合作部
- 人力资源部
  离退休人员办公室
- 纪检监察部
- 党组巡视办
- 审计部
- 党建工作部
- 直属党委
- 工会工作委员会

事业部及专业办公室

- 电力开发事业部
  页岩气开发利用办公室
- 核电事业部
- 煤炭事业部
  煤化工管理办公室
- 海外事业部

直属单位

- 中共中央党校中国华能集团公司
  党校教育培训中心
- 技术经济研究院
- 信息中心

产业公司

- 华能国际电力开发公司
  绿色煤电有限公司
- 华能国际电力股份有限公司
- 华能新能源股份有限公司
- 华能核电开发有限公司
- 华能能源交通产业控股有限公司
- 华能煤业有限公司
- 中国华能集团燃料有限公司
- 华能资本服务有限公司
- 中国华能财务有限责任公司
- 中国华能集团清洁能源技术研究院有限公司
- 华能综合产业公司
- 华能置业有限公司
- 中国华能集团香港有限公司
- 华能海外企业管理有限公司
- 西安热工研究院有限公司
- 华能集团技术创新中心

区域分公司

- 中国华能集团有限公司雄安分公司
- 中国华能集团有限公司华北分公司
- 中国华能集团有限公司东北分公司
- 中国华能集团有限公司华东分公司
- 中国华能集团有限公司华中分公司
- 中国华能集团有限公司南方分公司
- 中国华能集团有限公司西北分公司
- 中国华能集团有限公司河北分公司
- 中国华能集团有限公司山西分公司
- 中国华能集团有限公司吉林分公司
- 中国华能集团有限公司黑龙江分公司
- 中国华能集团有限公司江苏分公司
- 中国华能集团有限公司浙江分公司
- 中国华能集团有限公司安徽分公司
- 中国华能集团有限公司福建分公司
- 中国华能集团有限公司江西分公司
- 中国华能集团有限公司山东分公司
- 中国华能集团有限公司河南分公司
- 中国华能集团有限公司湖南分公司
- 中国华能集团有限公司广西分公司
- 中国华能集团有限公司海南分公司
- 中国华能集团有限公司重庆分公司
- 中国华能集团有限公司贵州分公司
- 中国华能集团有限公司云南分公司
- 中国华能集团有限公司西藏分公司
- 中国华能集团有限公司青海分公司

区域子公司

- 北方联合电力有限责任公司
- 华能陕西发电有限公司
- 华能新疆能源开发有限公司
- 华能澜沧江水电股份有限公司
- 华能宁夏能源有限公司
- 华能呼伦贝尔能源开发有限公司
- 华能甘肃能源开发有限公司
- 华能四川水电有限公司
- 华能西藏雅鲁藏布江水电开发投资有限公司

直管企业

- 华能招标有限公司
- 华能信息技术有限公司

2018 年中国华能组织机构图

外专利拥有量2件、美日欧专利拥有量2件。2018年度企业专利申请量1115件，其中发明专利申请量532件；2018年度企业获得专利授权量619件，其中发明专利授权量169件。

【企业管理】 中国华能各项改革持续深化。中国特色现代国有企业制度不断完善，中国华能第一届董事会正式组建运行。体制机制改革不断深化，管理流程优化改革稳步实施，4家单位纳入国资委“双百企业”综合改革试点。供给侧结构性改革深入推进，“压减”法人，“三供一业”、市政设施分离移交及教育医疗机构改革等年度目标任务全面完成。

【党建工作】 党的建设不断加强。持续深入学习贯彻习近平新时代中国特色社会主义思想和党的十九大精神，全面落实全国国有企业党的建设工作会议部署，按照国资委“中央企业党建质量提升年”的要求，坚持强基础、抓重点、补短板、创特色，党的领导全面加强，党的建设质量明显提升。推进“两学一做”学习教育常态化制度化，44项年度党建工作重点任务全面完成。以党建责任制考核为抓手，健全责任书、重点任务、考核办法“三位一体”考核体系。推进基层党组织标准化规范化建设，全面开展“红旗党支部”创建活动，深化党员示范行动。全面推行党委书记抓党建述职评议考核工作，各级党委参加率100%。

正风肃纪持续发力。坚定不移纠“四风”、树新风，集中整治形式主义、官僚主义突出问题。建立起巡视巡察上下联动监督网。坚持政治巡视定位，组织开展3轮常规巡视、1轮巡视“回头看”。做好巡视整改“后半篇文章”，持续深化中央专项巡视整改。

依法治企水平不断提升。推进法治华能建设，落实法治要求，保障依法治理和决策，确保依法合规经营。常态化开展风险评估和内控评价，实现公司系统全覆盖。开展经济责任、建设项目投资及各类专项审计，抓好审计整改，发挥审计监督保障作用。

队伍建设全面加强。按照国有企业领导人员“二十字”要求，严把选人用人关。完善干部监督制度。建立健全年轻干部选拔、培育、管理和使用工作机制，组织开展各类培训。

和谐企业建设取得新成效。围绕庆祝改革开放40周年，开展系列主题宣传和群众性教育活动，获评改革开放40年中国企业文化典范组织。推动解决一批信访积案。深化职工之家建设，开展厂际竞赛、技能竞赛，实行厂务公开清单制度。华能“三色帆”活动在中央企业青年志愿服务项目大赛中获一等奖。锡林热电二电厂燃料检修队、小湾电厂运维部、马蹄沟煤矿综采队生产二班等5家单位获全国工人先锋号；海南清洁能源分公司高行、达拉特电厂郑桂杰获全国五一劳动奖章；玉环电厂郑卫东获大国工匠称号；西安热工院危师让获顾毓琇电机工程奖，成为第一位获此殊荣的发电领域科技人员。

（王晓茜）

中国大唐集团有限公司

【公司概况】 中国大唐集团有限公司（简称中国大唐）成立于2002年12月29日，是中央直接管理的国有特大型发电企业集团，是国务院批准的国家授权投资的机构和国家控股公司试点企业。2017年11月，中国大唐完成全民所有制企业变更为公司制企业的改制工作，注册资本金为人民币370亿元。

中国大唐实施以集团公司、分（子）公司、基层企业三级责任主体为基础的集团化管理体制和运行模式。截至2018年底，拥有上市公司5家、区域分公司12家、区域子公司18家、专业公司15家、派出机构1家。在役及在建资产分布在全国31个省区市以及境外的缅甸、柬埔寨、老挝等国家和地区，资产总额达到7560亿元，员工总数9.6万人，发电总装机容量达到14 703万kW。拥有世界在役最大火力发电厂——内蒙古大唐国际托克托发电公司和世界最大在役风电场——内蒙古赤峰塞罕坝风电场，拥有中国已建成投产发电的最大水电站之一的大唐龙滩水电站以及物流网络覆盖全国的中国水利电力物资有限公司。自2010年起连续九次入选世界500强，自2012年起连续六次列入国资委中央企业负责人经营考核A级企业。

【领导班子】

党组书记、董事长：陈飞虎

党组副书记、董事、工委主任：王森

党组成员、副总经理、总会计师、总法律顾问：胡绳木

党组成员、纪检监察组组长：熊皓

副总经理：金耀华

党组成员、副总经理：刘广迎

党组成员、副总经理：任维

【组织机构】 见2018年中国大唐组织机构图（见文后插页）。

【安全生产】 贯彻党中央、国务院有关安全生产工作部署，把安全稳定放在各项工作第一位，坚持安全发展理念和“大安全”观，抓责任落实，抓制度执行，抓作风转变，加大“四不两直”督查和风险遏制力度，安全生产局面保持持续平稳。

一是安全管控机制不断强化。制定《二级企业安全生产巡查办法》《安全生产重大事项挂牌督办制度》，修订《安全生产工作奖惩办法》，开展166次安全生产督查及巡查，组织开展实战化应急演练，提升安全管理规范化水平。完成迎峰度夏度冬、防汛防台及上合组织峰会、中非合作论坛、中国国际进口博览会等重大政治保电任务。

二是本质安全建设深入推进。开展岗位风险辨识及安全风险控制评估工作，加强外包队伍及外来人员风险管控，逐级建立重大隐患挂牌督办制度，深化班组标准化建设，推进全国安全文化建设示范企业创建与班组文化样板间创建工作，本质安全风险管控体系建设更加完善。

三是设备可靠性水平持续提升。狠抓“降缺陷、降非停、创金牌”工作，缺陷同比下降6条/台月。加强长周期种子机组动态管理，2017年度全国电力可靠性优胜机组获奖14台，同比增加2台，占获奖机组台数的31%。推进区域内检修力量优化整合和使用，火电机组自主检修率达83%，水电机组自主检修率达72%。

四是环保管理能力全面加强。贯彻全国生态环境保护大会精神和“绿水青山就是金山银山”理念，编制实施《打赢蓝天保卫战三年行动计划》，超低排放机组累计226台9249.9万kW，容量占比94.7%，超额完成国家下达的改造任务。推进废水及废弃物治理，各类污染物稳定达标排放。持续开展能耗对标攻坚，加强生产运营管理，完成供电煤耗301.85g/kWh，同比下降3.44g/kWh。47台机组在全国火电机组能效对标竞赛中获奖。

【经营管理】 落实中央关于保持经济持续健康发展各项决策部署，抢抓全社会用电量较快增长、清洁能源消纳改善等有利形势，降本增效，经营业绩稳步提升。2018年，实现营业收入1899.18亿元，同比增长11.07%，高于成本增幅2.3个百分点；利润总额98.08亿元，同比增加33.4亿元；净利润63.08亿元，同比增加12.67亿元；归属母公司净利润22.96亿元，同比持平。其中，电力板块（含热）累计盈利33.35亿元，同比增利14.93亿元；非电板块实现利润31.86亿元，同比增利20.9亿元；累计资产处置收益32.87亿元，同比减少2.42亿元。

全年核准电源项目430.32万kW，清洁能源占94.91%。全年投产发电容量514.92万kW，清洁能源占52.03%。关停落后煤电产能208万kW。

2018年发电量5540.84亿kWh，同比增加373.13亿kWh，增长7.22%。设备平均利用小时完成4059h，同比升高161h。2018年，中国大唐在27个地区共签约市场电量2164.72亿kWh，同比增长37.51%，市场电签约占比高于准入装机占比2.31个百分点。

提前一年并超额完成国资委下达的瘦身健体三年考核任务，累计压减法人单位180户。加强过程管控和重点督导，及时调整优化“处僵治困”方案，完成年度处置任务。

落实中央加强国有企业负债约束决策部署，制订落实攻坚行动计划，多措并举降杠杆减负债，负债率降到76.95%，比2017年末下降3.01个百分点，低于国资委年度控制目标1.05个百分点。

【人力资源】 深刻领会习近平总书记关于培养忠诚干净担当高素质干部的重要论述，贯彻新时代党的组织路线，坚持党管干部、党管人才原则，持续加强领导班子和干部人才队伍建设。

一是加强领导班子和干部队伍建设。围绕领导班子建设总目标，加强系统各级领导班子建设，对49家二级企业创新开展干部考评、党建责任制落实和党风廉政建设“三合一”的综合考评检查，针对每个二级企业领导班子和领导班子成员绘制“一图一表”。进一步加快年轻干部培养选拔，举办了第五期“70后”青年干部培养班和第四期优秀青年人才培训班，年轻干部队伍建设工作在“国有企业年轻干部培养选拔专题研修班”上进行经验交流，并参加中组部干部五局“中管企业年轻干部队伍建设”课题研究及成果交流。

二是全面加强“三支人才”队伍建设。贯彻中央海外高层次人才引进计划，先后引进“千人计划”专家5名，在系统29个专业领域中选拔首届集团公司级技术技能专家80人。建立三级培训体系，着力建设知识型、技能型、创新型劳动者大军，2018年集团公司层面共开展管理类、技术技能类培训52项85期，共6699人参加培训。开展各类职业技能竞赛并积极参加行业竞赛，在近三届“金砖国家”国际焊接技能竞赛中，获得1次团体银奖和2次团体铜奖。2016年以来，通过国家和行业竞赛，2人获“全国五一劳动奖章”、13人获“全国技术能手”、百余人次获央企或行业“技术能手”称号。

【科技创新】 贯彻落实创新驱动发展战略，以提高自主创新能力为核心，加大科技创新力度，推进中国大唐创新体系建设，着力促进产业结构优化升级。

一是科技投入和创新产出稳步提升。2018年科技投入达到33亿元，同比增加20.8%。新增专利1212件，新承担行业及以上标准34项，获行业及以上科技奖101项，科技成果及专利转化、推广应用为中国大唐增收43.81亿元，增利15.06亿元。首次获得国际质量管理小组会议金奖、中央企业质量管理小组赛一等奖和国家科技成果转化领域最高奖“中国技术市场金桥奖”。

二是承担国家前沿技术研究。“大型燃煤电站锅炉有机污染物排放控制技术的应用示范”“燃煤机组水分回收与处理系统集成设计与装备成套技术”“高效重金属控制技术集成及工程示范”3项课题正式进入国家重点研发计划煤炭清洁高效利用和新型节能技术重点专项计划。

三是创新工程项目取得成效。山东郓城630℃超超临界二次再热国家电力示范项目，通过研发高参数1000MW（630℃）超超临界二次再热锅炉、高效1000MW等级35MPa/615℃/630℃/630℃二次再热汽轮机，首次应用具有国内自主知识产权的G115新型高温材料，首次研发灵活高效带功率平衡发电机的双机回热技术、多介质耦合余热深度利用技术，实现发电效率50%、蒸汽温度达630℃等技术突破。长山发电厂国家能源局燃煤耦合生物质气化发电试点项目投产在即，预计年增发电量1.14亿kWh，年消耗残余秸秆约10万t。

【国际业务】 贯彻落实党中央、国务院提出的“一带一路”倡议，不断完善国际化业务发展体系，坚定不移推动国际化业务高质量发展。2018年，中国大唐境外投资业务实现营业收入5.2亿元，利润近7000万元。

一是重点在役项目安全稳定运行。中国大唐三个境外投产运营项目全部立足于“一带一路”沿线国家，分别是缅甸太平江一期水电站、柬埔寨斯登沃代水电站以及柬埔寨金边—马德望输变电网项目，电站装机容量36万kW，电网有三座230kV变电站和294km线路。柬水项目被柬埔寨政府誉为“中资企业与柬政府合作的典范”，柬水、柬网项目被商务部评为“丝路明珠”项目。

二是前期项目取得阶段性成果。推进印尼米拉务燃煤发电项目开工准备工作；老挝北本水电项目作为老挝推荐给泰国的优先供电项目，同泰方开展购售电协议谈判；法电新能源希腊收购项目被发展改革委列为中法第三方合作示范项目，与法方研究并购方案。

三是对外工程承包业务带动中国技术装备“走出去”。中国大唐目前执行中的对外承包工程项目共计4个，其中泰国NPP5、NPP9生物质总包项目和印度脱硫总包项目建设基本完成；印度古德洛尔脱硫项目利用中国设备达95%以上，成为印度国家脱硫工程的标杆项目；泰国NPP9生物质电站是目前亚洲最大的生物质电站；泰国PTG生物质总承包项目处于项目执行阶段。

四是加大境外运维市场开发力度。中国大唐系统内成立“海外运维联盟”，海外技术服务业务分布在印尼、柬埔寨、马来西亚、菲律宾、孟加拉国、圣普、巴西等国家。其中，圣普项目是中国和圣普恢复外交关系后，中国外交部和商务部联合实施的紧急援外项目，中国大唐技术服务外派专家组在48h内恢复了圣普首都供电，得到圣普总理和中国使馆的赞扬。

【信息化建设】 一是进一步提升信息化建设与管理水平。编制发布《中国大唐集团有限公司网络安全和信息化规划（2018—2023年）》，确立了CDT1633体系框架；持续推进财务及相关业务一体化、采购与物资管理中心、全面计划、全面风险、项目全过程、财务共享等系统的深度应用；全面开展网络安全大检查专项活动；根据国资委国资监管系统上线运行方案部署安排，按时接入国资监管系统，与国资监管平台实现了互联互通。北京数据中心作为中国大唐第一个按照私有云平台架构设计的数据中心，已完成机房和云平台规划设计。启动智慧电厂建设，确立7家试点企业。推进两化融合管理体系贯标，发挥数据要素的创新驱动潜能，打造企业信息化环境下的新型能力，3家企业有望通过评审确认。

二是逐级压实网络安全责任。制定发布《中共中国大唐集团有限公司党组网络安全责任制》《中国大唐集团有限公司网络安全责任制管理办法》等一系列网络安全制度。7～10月，在全系统开展了为期4个月的网络安全专项检查。加强网络基础设施管理，建设网络安全和信息系统在线监测平台，网络安全防御能力逐步提升。2018年，中国大唐网络安全投入约为1.38亿元，占信息化整体投入30%。

【工会工作】 坚持以组织建设为基础，以职工创新创效为中心，以维护职工合法权益为重点，服务企业、服务职工，发挥桥梁纽带作用。

一是不断夯实基本组织、基本队伍、基本制度建设。组建女职工委员会和直属工会，完善系统工会的组织架构；推进工会工作“制度创新、流程再造”，修订制度7项，新建制度5项；加强工会干部培训交流工作，提升工会干部队伍素质。

二是围绕企业中心工作，团结动员职工以主人翁姿态建功新时代。组织系统各级工会开展劳动竞赛活动1000余项，参与职工人数6万余人次。推进职工技术创新工作，开展职工技术创新工作室命名创建及职工技术创新交流活动，促进创新成果的推广和转化。

三是推进民生工程“六最”项目建设。2018年共建设563个项目，涉及维护职工合法权益、改善生产工作和生活条件、丰富文化活动、搭建成长平台等职工生活工作的各个方面，解决了一批“职工群众最关心、最直接、最现实的利益问题，职工群众面临的最困难、最操心、最忧虑的实际问题”。

四是深化企业民主管理。组织职工通过职代会（职工大会）、厂务公开、职工代表巡视等形式深化对重大经营决策的参与力度。组织开展维护职工合法权益、竭诚服务职工专项调研，逐项检查系统工会组织在履行维护服务基本职责方面的工作情况。组织6000余名职工代表开展“安全生产月”巡视活动，共发现问题2500余项。

五是弘扬劳模精神。“劳模精神宣传月”活动期间，各级企业开展各类活动1000余项，走访慰问劳模1500多人，共有近45 000余人次职工参与活动。2018年，中国大唐系统共获得全国“五一”劳动奖章2人，全国“三八”红旗手1人，全国工人先锋号5个，省级劳动模范3人。

【党建工作】 深入学习贯彻习近平新时代中国特色社会主义思想和党的十九大精神，增强“四个意识”，坚定“四个自信”，做到“两个维护”，坚持和加强党的领导，坚持全面从严治党，以一流党建引领一流能源企业建设。截至2018年底，中国大唐系统共有党组1个，基层党委330个，党总支97个，党支部1942个，共有党员46 057人，其中在岗职工党员35 878人。

一是坚持把党的政治建设作为根本。贯彻全国组织工作会议精神和中央有关要求，制定《关于贯彻落实中央有关决策部署，进一步提高政治站位、强化担当作为的意见》，提出十项措施，鼓励干部新时代新担当新作为。贯彻《中央企业领导人员管理规定》，完善相关制度，加强干部队伍建设。严格落实“中央企业党建质量提升年”工作要求，全面推进“三基建设”，组织两轮党建责任制考核评价和党委书记现场述职评议，促进党建工作全面进步全面过硬。

二是坚持把党的领导融入公司治理各环节，推进加强党的领导和完善公司治理相统一。坚持“两个一以贯之”，严格执行“三重一大”决策前置程序，建立健全相关工作规则和议事规则，制发了《“三重一大”决策制度实施细则》以及决策事项清单，明确并落实党委（党组）组织在决策、执行、监督等各个环节的权利、责任及实现途径和工作方式，使党组织发挥作用组织化、制度化、具体化。充分处理好党组织和其他治理主体的关系，指导批复47家主要二级企业完成“三重一大”决策制度修订完善并制定议事清单，确保建立规范的二级公司决策体系。

三是狠抓纪律作风建设。深刻吸取王晓林等严重违纪违法案件教训，严格执行党内法规，狠抓监督执纪问责，实践“四种形态”。严格落实中央八项规定精神，集中整治形式主义、官僚主义，规范履职待遇支出。坚持政治巡视定位，完善体制机制，加强巡视力量，完成19家二级企业党委常规巡视或专项巡视。

四是落实以人民为中心发展思想。贯彻全国宣传思想工作会议精神，聚焦举旗帜、聚民心、育新人、兴文化、展形象使命任务，制定落实方案，加强改进思想政治工作和宣传工作。严管内部各类媒体阵地，抓好互联网舆情管控，压紧压实意识形态工作主体责任。加强职工思想动态分析，开展专项调查调研，加强矛盾隐患排查，把做好思想工作与解决实际问题紧密结合，把思想工作做到职工心坎上，让职工有更多获得感。

【电力发展与改革】 贯彻落实国企改革“1＋N”系列文件。2018年，中国大唐及所属各级子企业共召开学习贯彻国企改革“1＋N”系列文件会议626次，参与会议及培训的各级领导干部共12 539人。累计制定完善出台深化企业改革相关文件13份。党的十八届三中全会以来，累计制定完善出台深化企业改革相关文件46份。

一是推进国企改革“双百行动”。8月17日，国资委召开了国企改革“双百行动”动员部署视频会议，启动“双百企业”改革行动。按照国资委部署和有关通知精神，中国大唐组织两家企业（大唐京津冀公司和大唐环境公司）入选“双百企业”，开展了综合改革方案的研究制定工作。两家企业按照国资委“五突破、一加强”的改革重点要求，结合自身特点，针对性设计了本企业综合改革实施方案。其中，大唐京津冀公司的方案为“1＋6”架构，包括1个总方案和6个专项实施方案；大唐环境公司的方案为“1＋5”架构，包括1个总方案和5个专项实施方案。9月通过中国大唐党组专题审议，并正式上报国资委备案。截至2018年底，两家企业已开展并完成到相关企业的学习调研，进一步深化细化实操方案，全面启动改革工作。

二是企业内部改革全面深化。按照“干就干一流的事、干就干成一流”总要求，抓住“发展出题目、改革做文章”基本思路，推动“经营、发展、改革统筹谋划”，着力“存量、增量、减量一起抓”，系统思考各部门、各单位的改革发展经营工作，2018年分别召开4次改革发展座谈会，统筹研究部署经营发展改革工作。为了增强改革谋划的前瞻性和有效性，组成13个专题调研组，开展调研，为中国大唐统筹谋划未来的改革发展工作提供思路和方向参考。

三是改革发展取得新成效。落实“两个一以贯之”要求，推进领导体制改革，党委书记、董事长由一人担任的二级企业达到29家。修订各级党委工作规则和决策制度，把党的领导融入公司治理各环节。适应电力体制改革，参与电力市场建设，推进市场营销体系改革，在23个省区批复组建26家售电公司。持续深化物资、燃料管理体制改革，服务保障能力进一步提升。

（戴力壮）

【大唐华银电力股份有限公司】

公司概况 大唐华银电力股份有限公司（简称大唐华银）成立于1993年1月。1996年8月，公司股票在上海证券交易所上市。经营范围涉足发电（火电、水电、风电）、煤炭开采、科技信息等领域。

大唐华银地处中国中部湖南省，是“西电东送”“北电南送”的重要战略通道，为湖南和所涉区域经济和社会可持续发展提供能源产品和服务。截至2018年12月31日，大唐华银拥有火电企业4家，水电企业3家，风企业4家，科技、煤炭等6家非电企业，总资产176.42亿元，运营机组566.75万kW，其中火电524万kW，占92.46%，水电15.4万kW，占2.72%，风电等新能源27.35万kW，占4.82%。

领导班子

总经理、党委副书记：徐永胜

党委书记、副总经理：周浩

副总经理、党委成员：韩旭东

总会计师、党委成员：罗建军

副总经理、党委成员：赵云辉

纪委书记、党委成员：郭世新

副总经理、党委成员：吴晓斌

组织机构 大唐华银本部设置10个部门，包括总经理工作部、规划建设部、计划营销部、人力资源部、财务管理部、资本运营部、安全监督与生产部、燃料物资部、党群工作部、监察审计部。

企业管理 紧盯“区域一流”总体目标，激发“深化改革、全面创新”两种动力，筑牢“安全生产、依法治企、从严治党”三大根基，遵循“集华银员工之智、走创新发展之路、强科学管理之基、办惠及民生之事”四项原则，常抓“降本增效、节能减排、转型升级、提能转岗、资本运作”五大任务，推进“安全生产、降本增效、创新发展”等10大专项行动，建立完善“政研引领、对标推进、督办落实、薪酬激励、干部考评”5大工作机制，开启华银健康发展新篇章。

安全生产 牢固树立“大安全”理念，坚持“依法治安、以制严安、以严保安”，狠抓“三项重点工作”，安全管控目标全面实现，安全管理水平明显提高。全年修订完善制度135项，落实重点区域、重点场所、重点部位人防、物防、技防措施543项。开展各类安全督查55次，发现问题901项，整改完成率93.5%，到期完成率100%，挂牌督办12项，销号7项。开展领导干部安全生产述职95人次，实施安全生产考核奖励500余万元。开展工程施工安全治理专项行动，下发安全风险提示函9份，检查整改问题646项。连续7年实现生产、基建、多经、环保“零事故”“零事件”“零曝光”“零通报”。

经营管理 发电量完成239.5亿kWh，同比增加22.19%；火电利用小时完成4337h，排名第一。市场电量份额占比高于装机占比1.02个百分点，降价幅度2.61元/MWh。全年入厂标煤单价完成941.6元/t，区域对标排名第1位，燃料内部管理13项具体业务指标在中国大唐综合对标排名第2位。可控费用完成3.57亿元，较中国大唐标准成本压降25.4%，节约1.35亿元。火电单位容量可控费用65.90元/kW，比非大唐区域平均值低28.42元/kW，区域对标排名第1位。

电力建设 建立政策、市场、资源、技术、管理“五位一体”的发展机制，紧盯省内能源政策变化，挖掘内部潜力，创新发展。推进株洲百万煤电项目，纳入湖南省“十三五”电力规划并通过中国大唐初可研审查。克服风电项目停工整顿、环保政策压力巨大等困难，五团风电13台风机于9月实现按期投产，西晃山二期和宝鼎山二、三期工程稳步推进。化解更换施工单位重大风险，小洪项目提前21天完成二期围堰截流合龙，被中国大唐评为安全文明施工样板工地。柳树冲煤矿按期完成联合试运转，12月24日通过竣工验收。

节能减排 加强经济运行，开展以10项重点小指标为管控核心的专项治理行动，开展以参数“压红线”为重点的优化运行调整，降低煤耗0.96g/kWh。加强设备治理，在技改资金同比降低50%，检修费用同比降低35%的情况下，完成2台机组A修，2台机组B修，6台机组C修，现场泄漏、外护超温、烟道阻力等问题大幅改观。加强统筹协调，实施电量跨厂转移和单位内部电量结构优化，60万kW机组发电比例60.14%，同比提高4个百分点，优化电量结构降低煤耗1.5g/kWh。全年完成供电煤耗318.03g/kWh，同比下降4.79g/kWh。

人力资源 以人的发展为核心，深化人力资源优化配置顶层设计，为员工谋出路。着眼战略转型，与广东公司签订优化人力资源战略合作协议，落实岗位需求202人；与江西公司达成抚州电厂维护合作，落实岗位需求78人。推进“三定”改革，耒阳发电公司完成雷州项目骨干队伍组建和留厂人员定岗；株洲发电公司向工程公司分流配置224人；金竹山发电公司完成第一轮竞争上岗和提能转岗培训。加大薪酬激励，制定执行“三精准、两促进、一提升”薪酬改革方案，聚焦核心效益指标，实施精准业绩考核929万元。狠抓培训落地，全年开展培训项目1075个，技术技能人员培训22万人次，举办技能竞赛170项，参赛6304人。

党建工作 夯实党建基础，开展从严治党专项行动，狠抓党建工作责任制检查，开展“三亮”先锋行动和“十区百岗”创建工程，设立党支部责任区144个、党员示范岗992个，开展党员突击队、党员课题攻关等务实行动235次。着力落实两个责任，制定《班子成员“一岗双责”责任清单》和《落实党风廉政建设“两个责任”考核评价实施细则》，签订责任书35份；把握“四种形态”，纠“四风”，开展政治巡察5次，警示教育93次，干部诫勉谈话和提醒谈话8人，组织系统各企业开展各类监督检查109次，多措并举营造风清气正的良好政治生态。汇聚人心力量，开展“四好四讲”“大国顶梁柱”主题宣讲10次，实施员工道德工程和群众性精神文明创建活动145项，持续推进“六最”民生工程16项。

扶贫攻坚 对口扶贫湘西自治州永顺县首车镇龙珠村，通过领导干部“一对一”结对帮扶、干部员工爱心捐款、帮扶发展油茶、黑猪等种养殖业，2018年实现预脱贫80户358人，社会兜底保障8户17人，把“三年脱贫”任务提前到“一年脱贫、三年巩固”。

（*颜辉轩*）

【中国大唐集团有限公司广西分公司】

公司概况 中国大唐集团有限公司广西分公司（简称大唐广西）成立于2007年9月30日，是中国大唐的二级企业，经营管理中国大唐在广西等区域内的资产。

中国大唐与广西桂冠电力股份有限公司（简称桂冠电力）实行“两位一体”的管理模式。大唐集团持股桂冠电力51.55%。

截至2018年底，大唐广西资产总额474.66亿元，主要分布在以西南区域为主的全国9个省区（在役发电资产分布在6个省区）；下辖14家发电企业、3家专业公司、1个集控中心、2个项目筹建处；拥有水电站41个、火电厂1个、风电场8个；在役装机容量1193.81万kW，其中水电1022.76万kW、火电133万kW、风电38.05万kW，清洁能源比重达88.9%。在职员工3649人。大唐广西是广西区内最大的发电企业，在广西区内装机容量1060.94万kW，分别占全区总装机和统调装机的23.7%、33.0%。

领导班子

总经理、党委副书记：李凯

党委副书记、副总经理：孙广春

党委委员、副总经理、工会主席：罗书葵

党委委员、纪检组长：黄晓衡

副总经理：王询

党委委员、副总经理：施健升、张强、曾浩

组织机构 本部共有10个职能管理部门，拥有龙滩水力发电厂等14家基层发电企业、3个专业公司、2个筹建处及1个集控中心。

企业管理 构建并完善了符合中国大唐工作思路和总体要求、符合大唐广西实际的“六位一体”战略管控体系，持续写好“双新”“双优”“双评价”“双排序”“四篇文章”，促进大唐广西各层面、各领域、各战线切实把基础夯实、把责任压实、把要求提实、把考核抓实、把效益增实。

安全管理 坚持“196”安全工作方略，全面落实“党政同责、一岗双责”，严格到位做实各级安全责任；强化“严抓敢管”，“四不两直”常态化，始终把安全生产工作的重心放在基层、放在一线；抓领导、抓现场、抓车间、抓班组，始终保持了对安全生产的高压态势，确保了生产安全、基建安全、形象安全及职工队伍思想稳定。

生产经营 全年完成发电量415.04亿kWh，同比增加4.08亿kWh；在电改政策性影响较大情况下，利润全面完成了中国大唐下达的利润指标，净资产收益率15.92%。强化预算执行刚性，可控费用、财务费用、外委费用分别压降1.01亿元、6506万元、2063万元。坚持守正出新，管理挖潜创造“十大效益”，推进向观念、管理、质量、机制、安全、成本、市场、政策、能力、短板要效益，累计达11.54亿元。桂冠电力成功重组聚源资产，每年节约财务费用1.87亿元。转让百色银海铝业参股权，资产增值率72.31%，盘活资金8000万元。谋划、推进合山及香电公司“亏损治理三年行动计划”，成果卓著，同比分别减亏2.56亿元、902万元，合山同比减亏幅度达51.43%，坚守“两零目标”。在政策收紧形势下，马王二期、射广嶂二期风电项目相继核准，提前收官年度核准（15万kW）目标。

科技创新 重视专利工作，全年共获得专利授权67项，其中发明专利10项。主编行标9部，参编国标5部、行标23部，增强行业话语权。获行业以上科技成果奖30项，其中“跨流域多能源大数据集控智慧运营关键技术及应用”科技成果获得了中国电力创新大奖。大唐广西成为中国大唐首批技术标准创新示范基地，3家基层企业为标准化良好行为4A企业，1家基层企业为试点企业，岩滩公司成为电力行业首家通过4A级复审的企业。

人力资源管理 坚持因事择人、人岗适配，近两年选拔任用领导干部19人，调整优化领导干部41人，领导干部队伍专业、知识、年龄结构得到改善，“70后”新增4人，占比36.59%、提升3.1个百分点，“80后”新增2人，占比2.44%、提升1.06个百分点。从战略高度谋划加强年轻干部培养，制定并实施第一批年轻干部培养“长板凳计划”，完成13家单位公推直选团委书记。基层企业加大80后中层干部培养与使用，为整体优化人力资源配置提供了空间。

节能减排 制定《火电节能减排及燃料指标对标评价办法》，加强对标整改，深度管理挖潜，能效指标大幅改善，供电煤耗完成313.57g/kWh，同比降低5.09g/kWh，2017年以来累计下降38.69g/kWh；67万kW机组开机用油创新低至6.61t，全年调峰稳燃耗油0t；燃料厂炉热值差完成167kJ/kg；累计掺烧煤量20.85万t，掺烧比例20.71%，标单降低贡献24.04元/t，掺烧效益1602.82万元。全年实现达标排放，环保满足国家要求。

党建工作 全面落实党建工作责任制，管党治党“一岗双责”；集团党建工作责任制检查问题及时整改率96%；自查自纠全覆盖对14家基层企业及本部开展了“政治体检”，严肃整改共性和个性问题。党建“三基”不断夯实，党组织内嵌公司治理结构无死角，“四同步”“四对接”党组织全覆盖。牢牢把握意识形态工作主动权，有效担负起宣传思想工作“15字”使命任务。推进党风廉政建设，吸取王晓林案件暴露出的五个方面教训。严肃整改中国大唐党组审计、巡视“回头看”提出的重点问题。集中整治各种形式主义、官僚主义。精准运用“四种形态”，强化监督执纪问责，强化内外审计监督与整改。推进“法治大唐”建设。

（魏中华）

【大唐环境产业集团股份有限公司】

公司概况 大唐环境产业集团股份有限公司（简称大唐环境）致力于建设成为世界一流科技型环保企业，持续专注于燃煤电厂环保节能全产业链及能源绿色、清洁、高效利用，逐步形成了以运营类为主，兼顾工程建设和产品制造的综合性、科技型环保产业结构布局，业务范围覆盖燃煤电厂脱硫、脱硝、除尘、除灰渣、粉尘治理，水处理和节能等环保全产业链。大唐环境创建于2004年，于2016年11月15日在香港联交所主板上市（股票代码01272.HK）。

领导班子

总经理、党委副书记：侯国力

党委副书记、副总经理：申镇

党委委员、副总经理：刘维华、王海杰、毛辉

党委委员、纪委书记、工会主席：曾兵

党委委员、副总经理：梁秀广

副总经理：朱梅

组织机构 本部设11个职能管理部门，下辖10家实体业务单位，包括1家分公司、5个事业部、4个子公司。

经营业绩 2018年，大唐环境实现营业收入86.01亿元，其中系统外收入占比21.23%。实现利润总额9.38亿元，归属母公司净利润7.67亿元。净资产收益率达到11.23%。

安全管理 2018年，大唐环境牢固树立安全发展理念，安全生产持续保持平稳，完成了年度安全目标。

一是安全生产责任有效落实。理清公司领导、本部各部门、各业务单位三级安全责任清单与到位标准，修订了公司《安全生产工作奖惩办法》，发布了《安全管理红黄牌制度》，加大了月度检查考核力度，约谈各单位主要领导24人次，提出纠偏改进要求62项，督促各级管理人员履职尽责。

二是危大作业安全风险有效管控。以落实重点反事故措施为重点，建立了危大作业清单，通过一体化流程实现三级管理，有效防控各类风险。

三是标准化、信息化管理持续推进。全面实施在建项目封闭隔离、人脸（指纹）识别门禁系统、远程视频监控，搭建安全一体化管控平台，实现了“安全检查、安全培训、危大作业审批”等20个功能模块的三级一体化管理。

四是安全管理基础进一步夯实。8家业务单位均设立了安全监察机构，配备专职安监人员41人，102个项目部配备了专职安监人员166人，做到了100%持证上岗。修订了《安全生产责任制管理办法》等18项管理制度，建立专项预案、现场处置方案76个，开展有针对性应急演练83次，开展各类安全培训、警示教育1000余次，全年安全投入2420余万元。

节能减排 2018年，大唐环境持续推动绿色发展，履行企业社会责任，专业化管理水平不断提升，为国家生态文明建设作出贡献。特许运营脱硫装机容量3923万kW，脱硝装机容量3114万kW，全部实现达标排放，全年累计减少排放二氧化硫128.11万t，减少排放氮氧化物14.48万t。全年累计完成37台浆

液循环泵变频改造、18台浆液循环泵永磁电机改造及10台陶瓷泵改造，单台节电率最高达24.1%；完成吕四港、乌沙山等项目喷氨优化和智能控制改造，喷氨量平均减少10%，节能效果显著。全年累计生产脱硝催化剂3.74万m^3。

科技创新 2018年，大唐环境持续强化科技创新，累计取得专利授权1053项，其中发明专利100项；主编国际标准1项，国家标准3项，参编国际、国家及行业标准16项；现有1个院士专家工作站，3个博士后科研工作站，2个省级企业技术中心和1个中国合格评定国家认可委员会认定催化剂检测中心。自主研发的联合暖风器的烟气余热全工况高效利用关键技术应用于宁德电厂，获得2000万元经济效益，经中电联鉴定达到国际领先水平。燃煤电站SCR系统智能化控制技术应用在乌沙山、黄岛等18台机组，改造后平均脱硝效率提高3.57%，取得直接经济效益3000余万元，经中电联鉴定达到国际先进水平。低成本脱硫废水零排放技术可有效降低运行成本，提高出水水质，经中电联鉴定达到国际领先水平。获科技奖项13项，荣获中国工业大奖表彰奖和中国技术市场金桥奖先进集体奖，“脱硝催化剂国家标准及IEEE标准的研制与应用”项目荣获2018年度中国电力创新奖标准类一等奖，“脱硝催化剂全生命周期管理技术开发与应用”技术荣获中国技术市场金桥奖。

市场开拓 2018年，大唐环境持续强化对外发展，签订乌苏、临河检修及华能井冈山二期2×660MW脱硫运维项目，特许经营系统外取得突破性进展。签订华电可门除尘、内蒙古哈伦能源脱硫、中能硅业烟羽治理、华润电力烟气脱白等一批大气治理项目以及西宁市第六污水处理厂项目，工程业务开拓取得新成效。签订泰国屋顶光伏项目，中标俄罗斯5000t/天水泥生产线61台除尘器供货项目，板式催化剂在成功销往韩国、台湾地区后，已与欧洲和美国公司签署供货合同，国际业务取得新成绩。

党建工作 2018年，大唐环境坚持按照“全面提升党建工作水平”要求及各类党建专题会议精神，抓好贯彻落实。

一是讲政治、把方向、管大局全面落实。党委有效落实党中央决策部署、持续发挥党委政治核心作用，坚持把党的领导融入公司治理，大唐环境以及所属8家独立法人分子公司将党建要求已经写入公司章程；所属9家企业全部配备党委书记、副书记。

二是党的理论学习全面加强。党委重视对习总书记重要讲话精神的学习，落实“两学一做”常态化制度化要求，全年共举办2期党的十九大精神集中培训，88位副处级以上领导干部全部脱产参加。创新党委理论学习中心组学习制度，采用积分学习的模式加强管理，全年共开展中心组学习14次，中心组成员累计撰写学习心得体会、理论文章26篇，党政主要负责人在中国大唐及以上媒体发表理论文章13篇次。

三是“三基”建设全面提升。大唐环境党委落实党建工作“四同步、四对接”制度要求，实现了党员教育管理全覆盖；狠抓党员队伍建设，建立党员发展规划，2018年严格按照标准要求发展党员7名；修订完善党建规章制度22项。

四是党风廉政建设全面加强。各级党委落实全面从严治党主体责任，逐级签订责任书303份，形成横向到边、纵向到底的党风廉政建设责任体系。加强履责督促，约谈基层单位党政主要负责人17次，纪委书记5次。严格落实中央八项规定精神，全面加强作风建设，深入剖析王晓林严重违纪违法案件及相关典型案例，开展任前廉洁谈话51次。

五是宣传工作成效显著。大唐环境被评为中国大唐2018年度新闻宣传A级单位，荣获2017～2018年度《中国电力报》优秀通讯站特等奖、优秀通讯员特等奖、优秀作品特等奖，展示了大唐品牌，新闻宣传取得良好成果。

企业文化建设 2018年，大唐环境坚持企业文化建设与中心任务有机融合，促进各项工作协调发展。19个文体协会创新开展各类活动，打造众多文体活动品牌，屡获殊荣，得到全总能化工会、中电联以及中国大唐的肯定。23人组成的专业翻译团队和57人组成的志愿者团队完成“一带一路”贸易投资论坛暨大唐之夜的志愿服务工作。承办了2018年清洁高效发电技术协作网年会和2018年中电联燃料管理标准委员会。

（杨振华）

【大唐京津冀能源开发有限公司】

公司概况 大唐京津冀能源开发有限公司（简称大唐京津冀公司）成立于2017年12月27日，是中国大唐最大的核心区域公司，主要负责中国大唐在京、津、冀和内蒙古区域能源项目的开发、投资、建设和运营。主要经营火电、燃机、风电、光伏、水电、粉煤灰综合利用、燃料经营和电力营销等业务。

截至2018年末，大唐京津冀公司资产总额525亿元，在役装机容量1839.9万kW，所属企业18家，职工总数10 027人，在建及施工准备容量331.92万kW，重点前期项目容量503.45万kW。

领导班子

党委书记、董事长：梁永磐

党委副书记、总经理：沈刚

党委委员、副总经理：郭红

党委委员、总会计师：孙延文

党委委员、副总经理：白福贵

党委委员、纪委书记：宋波

党委委员、副总经理：赵建军

总工程师：佟义英

总工程师：刘福阁

组织机构 本部设立办公室、规划建设部、计划营销部、人力资源部、财务管理部、安全监督与生产部、燃料物资部、党群工作部、监察审计部9个部门。

下设燃料公司、同舟科技公司、能源营销公司、电力物资公司4个专业公司，以及托克托发电公司、北京高井热电厂、陡河发电厂、张家口发电厂、下花园发电厂、盘山发电公司、王滩发电公司、唐山热电公司、丰润热电公司、迁安热电公司、张家口热电公司、河北新能源公司、蔚州能源公司、北京新能源公司等14家基层企业。

企业管理 坚持以问题为导向，集中精力完善体制、协调机制，统筹部门建设和系统建设，着重解决“管”和“理”的问题。组织体系、制度体系、监督体系、对标体系、考核体系更加完备，管控更加有力，办事更加快捷，纪律更加严明。作为中国大唐两家“双百企业”之一，成立“双百行动”综合改革领导机构，科学编制“1+6”改革方案，完成综合改革顶层设计，启动“双百”改革。推进企业办社会职能分离移交，系统6家企业协议签订率和申报通过率都达到100%。“三供一业”累计移交34 954户，移交完成率100%。持续强化依法治企，围绕中心工作，落实法治建设第一责任人职责，加强合规化管理。执行总法律顾问制度，促进了法律队伍建设。

安全生产 始终将确保安全稳定作为首要政治任务。牢固树立“大安全”观，坚持“防大抓小”，持续保持高压态势，完成了两会、中非论坛北京峰会、夏季达沃斯论坛、改革开放四十周年纪念活动等六项重大政治保电任务，全年未发生较大及以上事故，实现年度安全生产“十杜绝”目标，在中国大唐分子公司安全生产履职综合评价中排名第一。5台机组荣获全国发电可靠性A级机组称号。

经营管理 2018年，实现利润31.07亿元，同比增利7.72亿元，增长33.06%。累计发电864.51亿kWh，同比增长43.73亿kWh，同比升高5.33%，煤机、燃机、风电利用小时均实现区域五大第一。暖水—张家口、准格尔—湖东—京津唐、蒙西—晋北—唐山、蒙西—张家口—唐山四个燃料供应链建设取得初步成效。推进深度配煤掺烧，实现掺烧效益13.12亿元，标煤单价降价贡献49.54元/t。强化预算的刚性管控，可控费用和财务费用较预算少支出1.63亿元。争取优惠政策，累计实现政策创效3.14亿元。

节能减排 开展能耗诊断专题分析，推进节能技改项目。供电煤耗累计完成303.13g/kWh，同比降低3.19g/kWh。大唐京津冀公司系统五家企业11台机组在全国能效对标中获奖。重视环保应急管理，执行地方政府和中国大唐环保要求，定期开展环保演练，启动应急预案，落实环保减排措施。严控瞬时超标，对小时均值超标严肃考核。推进环保改造项目，系统所有燃煤机组全部实现超低排放。

科技创新 共获得行业以上科技成果奖励7项，QC质量管理奖5项、“煤电机组烟气Hg和SO_3协同脱除关键技术研究与应用”获得电力科技进步奖一等奖，“降低汽轮机轴承瓦温超温预警次数”荣获第43届国际质量管理国际ICQCC金奖，主编IEEE国际标准1项，行业标准3项。

电力建设 渤海新区百万机项目从无到有，取得河北省发展改革委和中国大唐同意开展前期工作的批复，并与渤海新区签订框架协议。蔚县1号机组移交生产，2号机组完成并网前试运，取得国家能源局列入煤电应急储备电源的批复。丰润供汽管网项目主线管道全线贯通，青灰岭风光互补项目正式开工，大滩风电项目已完成66台风机安装，补龙湾风电项目进入施工准备阶段。

人力资源 坚持经营企业就是经营人气，“崇尚卓越、包容平凡、拒绝平庸”的理念深入人心。落实《关于进一步激励广大干部新时代新担当新作为的意见》，激发干部员工干事创业的积极性和主动性。加快年轻干部培养，推行“助理制”“备岗制”，实施“长板凳计划”，构建人才多通道成长机制。开展各类技能竞赛，实现以赛促学，托电获得“国家技能人才培育突出贡献单位”，1人荣获“国务院政府特殊津贴”，10人荣获中国大唐首届专家人才称号，20人荣获全国技术能手、电力行业技术能手、中国大唐技术能手等称号。

党建工作 坚持和加强党的全面领导，充分发挥党委把方向、管大局、保落实领导作用。落实“两个责任”，党风廉政建设持续深化，作风建设持续深入。深化精神文明建设，推进“三百三十”道德工程计划，8家企业荣获“中国大唐文明单位”称号，6家企业荣获“全国文明单位”称号。

电力扶贫 开展脱贫攻坚，强化扶贫工作组织领导，梳理帮扶项目，细化措施，压实责任。2018年共计派出驻村工作人员24名，投入扶贫资金73.18万元，8个定点扶贫村共计脱贫407户，脱贫人数达到698人，6个村实现整村脱贫。

（王瀚伟）

【中国大唐集团有限公司赤峰分公司】

公司概况 中国大唐集团有限公司赤峰分公司（简称大唐赤峰）是中国大唐的直属企业。主要负责赤峰地区的风力发电、太阳能发电等新能源项目的开发、建设、生产运营。

大唐赤峰于2004年开始开发赤峰地区的风力资源。2005年8月，塞罕坝一期工程首批机组并网发电，实现了中国大唐风电项目“零”的突破。2010年底，在赤峰地区建成中国大唐第一个百万千瓦风电场。拥有国内首家电网友好型风电场东山风电场。2015年11月22日，大唐赤峰被确认为中电联4A级标准化良好行为企业。大唐赤峰已累计实现装机容量151.3万kW。投运风电场10座，安装风机1000余台，累计发电量近200亿kWh，利润近30亿元。

领导班子

总经理、党委副书记：刘相锐

党委副书记、副总经理：王淳忠

副总经理、党委委员：杨岗、杨立华、曹文娇、陈子新

党委委员、纪律检查委员会书记、工会主席：李艳芬

组织机构 设立共11个部门，包括总经理工作部、规划发展部、人力资源部、计划与投融资部、财务与产权管理部、安全质量监察部、生产技术部、工程管理部、纪委办公室、审计部和党群工作部。

统筹管理包括大唐（赤峰）新能源有限公司、大唐中日（赤峰）新能源有限公司、中国大唐集团新能源股份有限公司塞罕坝分公司、赤峰唐能新能源有限公司、大唐翁牛特新能源有限公司、大唐三合（林西）新能源有限公司及大唐阿鲁科尔沁旗新能源有限公司，共7家法人单位。

企业管理 对外采取多层级协调电网调度；对内派驻专业管理人员深入现场解决疑难问题，并继续推动班组间发电小指标竞赛，利用系统小风期、停电期及限电期开展风电厂检修和预防性试验，抢发电量。加强风机定、巡检质量验收和风机运行数据分析，强化风机管理，全面提升风机可利用率。强化线路治理，开展现场集电线路全面体检，线路运行可靠性得到提升。加大设备提质和提效技改项目的实施力度，风电机组健康水平和发电能力得到提升。

持续深化成本费用管控，通过推行单机成本核算和度电成本管理模式，使成本线不断下移。大唐赤峰以现金流管理为核心，严防资金风险。通过强化税收风险管理，落实税收优惠政策，实现政策效益最大化。依托单台风机成本控制管理系统，对单位时间内平均风速、可利用风时数、风频数据、单机度电成本、设备损失电量等进行综合对比，调整营销和发电策略，实现了设备出力最大化。全面落实“全员营销、情感营销、技术营销”策略，成立了以总经理为主要负责人的营销中心，通过梯级开展营销工作，实现了发电空间最大化。

安全管理 完善安全生产责任体系，深化公司安全生产考核追责管理，增强安全生产管理水平。坚持以制度落实为抓手，在对安全生产管理制度进行梳理汇总的同时，开展制度修编工作，2018年累计修编完成32项管理标准和20项管理制度，进一步确保了企业安全生产主体责任的全面落实。

生产经营 2018年，大唐赤峰年度发电量完成33.93亿kWh，同比增加5.77亿kWh。2018年，大唐赤峰不断优化运行指标，全面做好涉网工作。一是严格执行梯级协调策略，切实做到三个5min原则，争分夺秒抢发电量；二是完成塔林花风电场三期并网调度协议新签，实现了提前40天全容量调电；三是协调中国电科院组织开展各风电场并网性能检测工作，按计划完成东山、西场、塞罕坝、塔林花、达里风电场并网性能检测工作；四是配合国网东北分部完成直调风电场单台风机测点信息及理论、可发功率信息点上传工作；五是按照国网蒙东电力要求完成9个风电场一次设备和二次设备信息录入工作；六是协调各设备厂家配合完成调度数据网切改工作，2018年11月末实现了并入东北电网的9个风电场调度关系转移至蒙东电网调控中心。

科技创新 2018年共获得发明专利1项，实用新型专利7项，软件著作权2项，各项专利均在系统内推广应用。“基于大数据的风电集控系统关键技术及应用”项目获得中国电力创新二等奖。获得电力行业金桥奖先进集体奖1项，获得全国电力职工技术成果奖一、二等奖各一项。参与自治区级企业研发平台建设成果评审，“大唐新能源风力发电研发中心”晋级自治区级企业研发中心。

党建工作 修订印发《大唐赤峰落实“三重一大”决策制度实施办法》《大唐赤峰党委工作规则》《大唐赤峰总经理办公会议事规则》，定期对党建重点工作进行研究部署，按照中国大唐党组的要求把党建工作做细做实。开展领导班子成员下基层调研工作，全年共深入党建联系点参加组织生活35次，讲专题党课7次，开展廉政谈话25人次，调研了所有基层党支部工作，参加所在支部活动24次。

（赵　扬）

中国华电集团有限公司

【公司概况】 中国华电集团有限公司（简称中国华电）是2002年底国家电力体制改革组建的国有独资发电企业集团，属于国务院国资委监管的特大型中央企业。中国华电主营业务为：电力生产、热力生产和供应；与电力相关的煤炭等一次能源开发以及相关专业技术服务。公司资产主要分布在全国32个省（区、市）以及俄罗斯、印尼、柬埔寨、西班牙等多个国家。管理实体单位共计494家，其中直属单位（二级单位）45家，基层企业448家，控股7家境内外上市公司，现有职工9.8万人。世界500强排名第397位。发电产业装机容量达到1.48亿kW，拥有煤电8917万kW、水电2722万kW、天然气发电1509万kW、风力发电及光伏发电1629万kW、生物质能2.8万kW，清洁能源装机占比39.7%，是中国同类型企业中水电装机最多、天然气发电装机最多、分布式发电装机最多的企业。煤炭产业控股煤矿产能5580万t/年，拥有4个千万吨级煤矿。金融产业拥有6家金融机构，取得财务公司、信托公司、证券、保险经纪等4类金融牌照，管理资产规模达到4643亿元。科工产业涵盖自动化、信息化、环保水务、高端装备制造等业务，拥有国家级企业技术中心、国家能源分布式能源技术研发中心等多个科技创新平台。

【领导班子】

董事长、党组书记：温枢刚

党组副书记、副总经理：任书辉（截至2018年底）

党组成员、副总经理：陈建华、杨清廷

党组成员、总会计师：邵国勇

党组成员、党组纪检组组长：张本平（截至2018年底）

党组成员、副总经理：王宏志、余兵

领导人员变动情况：

2018年7月，余兵任中国华电集团有限公司党组成员、副总经理。

2018年11月，温枢刚任中国华电集团有限公司董事长、党组书记，不再担任中国华电集团有限公司总经理。

2018年11月，赵建国不再担任中国华电集团有限公司党组书记、董事长。

【组织机构】 见2018年中国华电组织机构图（见文后插页）。

【年度业绩】 2018年，中国华电深入学习贯彻习近平新时代中国特色社会主义思想和党的十九大精神，落实党中央、国务院以及国资委决策部署，以建设具有全球竞争力的世界一流能源企业为引领，以深化供给侧结构性改革为主线，以中央巡视为重要契机，按照“五个坚持、五个转型”发展思路、“两低一高”发展要求，实现“2218”发展目标，应对燃料成本上涨、市场竞争加剧等严峻经营形势，调结构、提效益、推改革、促创新、抓整改、强党建。全年实现利润82.3亿元，销售收入2152亿元；完成发电量5559亿kWh；核准电源项目440万kW，开工479万kW，投产275万kW，发电装机容量达到1.48亿kW，清洁能源装机占比39.7%；国际业务收入74亿元，利润总额9亿元；资产负债率77.83%，10年来首次降至80%以下；供热量3.04亿GJ；煤炭产量5078万t；单位电能烟尘、二氧化硫、氮氧化物排放量同比分别降低32%、11%、11%，单位电能化石能源消耗同比下降1.63g，比“十二五”末下降7.94g。

【结构调整】 坚持新发展理念，贯彻习近平总书记“四个革命、一个合作”能源安全新战略，不断推动企业高质量发展。一是服从服务于国家战略。印发行政一号文件，对建设具有全球竞争力的世界一流能源企业进行了初步规划。制订印发中长期发展规划纲要（2018—2035年），编制中国华电在雄安新区、海南自贸区、粤港澳大湾区和长江经济带发展规划。贯彻中央扩大高水平开放战略部署，在进博会期间与多家全球知名企业签署14项采购合同及合作协议，涉及金额11.5亿美元。二是转型发展扎实推进。发展风电、太阳能等新能源，非化石能源装机比重同比提高0.25个百分点。金上水电外送消纳取得实质性进展，与河北、西藏签订电力送冀框架协议，外送工程被列为国家“十三五”电力规划重点推进项目。金上拉哇200万kW水电项目获得国家核准。广东阳江50万kW海上风电项目获得核准。江苏句容二期3号高效超低排放百万kW火电机组建成投运。广州增城、天津军粮城H级重型燃机开工建设。新增供热装机733万kW，供热装机占火电比例71%。宁夏灵武—银川供热项目按期投产。关停淘汰落后煤电产能14台186万kW。三是国际业务加快推进。印尼玻雅项目实现融资关闭，印尼占碑2号项目签订PPA并通过国家部委备案。在运在建和拟建海外项目达473万kW，重点跟踪项目约1400万kW。获得穆迪、标普、惠誉三大评级机构的高级别国际信用评级。成立香港财资中心。联合华北电力大学共建华电“一带一路”能源学院。四是相关产业协同推进。大力推进本质安全型煤炭企业建设，3家单位被命名为国家一级安全生产标准化煤矿，11家单位获得“特级安全高效矿井”称号。金融产业管理资产规模达到4642.7亿元，为主业发展提供各类资金余额270亿元。科工产业核心业务进一步加强，承担的国家首个生物质气化耦合发电项目混合气化试验在襄阳电厂取得成功。国电南自DCS、DEH系统首次在江苏句容百万千瓦超超临界二次再热机组成功应用。江苏启通天然气管线获得核准，赣榆LNG接收站列入国家“十三五”天然气发展规划。

【深化改革】 贯彻落实国企改革和电力体制改革部署，开展庆祝改革开放40周年系列活动。按照“两个一以贯之”要求，完善法人治理体系，优化“三重一大”决策机制，依法落实董事会职权，修订各治理主体议事规则，明晰权责界面，优化决策流程，保证科学决策。加强与产业资本、金融资本沟通对接，推动直属单位、基层企业引战投工作，金上公司引入权益资金16.67亿元。推进剥离办社会职能及厂办大集体改革等工作，完成171个“三供一业”项目分离移交以及6家教育机构、14家医疗机构分类处理工作。江苏公司、华电重工按照国资委“双百行动”部署推进改革工作。研究制定多经企业规范清理方案。参与电力市场化改革，在22个区域组建售电公司或增加售电业务，推进山东售电公司专业化管理运营试点建设，组建电力市场研究中心。参股4家电力交易中心，推动交易机构独立和规范运营。探索创新综合能源供应与服务商业模式，与数据中心运营商加强战略合作，延伸供应服务产业链。

【生产经营】 常态化抓好提质增效，成立督导组加强困难区域实地督导，发电、煤炭、金融、科工四大产业均实现盈利，年发电量首次突破5500亿kWh，煤炭产量首次突破5000万t。一是拓市场。设备利用小时同比增长230h。争取市场交易电量2252亿kWh，同比增加452亿kWh，占全部售电量的43.6%。采取“优价满发”策略，促进“三弃”问题进一步缓解，弃风弃光率同比分别减少5.6个百分点和6.8个百分点，弃水电量同比减少73亿kWh。经济运营优化电量276亿kWh，实现电量优化效益7亿元。落实关停补偿电量107亿kWh，实现增效近12亿元。抢抓煤炭产业市场机遇，创下日产商品煤17.5万t、月产商品煤496万t、年产商品煤5078万t的纪录。二是控成本。应对煤价持续高位运行的严峻形势，通过研判市场、错峰采购、优化结构、掺配掺烧等措施，节约燃料成本约23亿元。供电煤耗完成300.33g/kWh。推进统一平台采购和电子招标，招标批次数和非招标采购订单数同比分别增长64.6%、42.8%，物资采购节资率达23.15%，电子招标比例达98%以上。发电固定成本低于预算5.1个百分点，期间费用占收入比重11.57%。带息负债余额较年初降低134亿元，带息债务攀升势头得到有效扭转。加强资金集中管理，资金归集率、账户入网率分别达到86.78%、86.52%。加大“两金”压降力度，国资委考核口径“两金”占用下降3.8个百分点。三是治特困。持续开展瘦身健体，全年压减72户、累计压减180户存量法人企业，压减率23.23%，提前一年完成国资委下达的目标任务。全年完成8家、累计完成全部20家“僵尸企业”处置。重点推进并完成陕西榆天化处置工作。完成9家特困企业治理任务。处置低效无效资产216项，收回资金10.98亿元。

【安全环保】 贯彻国家安全生产系列部署，落实主体责任，强化央企担当，完成了全国两会、上合峰会、中非合作论坛、首届进口博览会等重要时段电热安全保障和空气质量保障任务。所属国家会展中心（上海）能源站为进博会“核心区”提供高品质、无间断能源服务。在国家有关部门和地方政府统一组织下，处置金沙江两次堰塞湖突发自然灾害。西藏水电项目抵御50年一遇洪水袭击。落实“党政同责、一岗双责”要求，健全直属单位安全监督机构，加大安全监管问责力度。推进本质安全型企业建设，推行安全风险分级管控，初步形成具有华电特色的“双重预防”管控机制。加强基建安全责任管理和重点领域专项整治，切实强化外委工程、外协人员、高风险区域等专项治理。组织对130余家单位和基建工程进行现场督导，集中消除了一批事故隐患。践行“零非停”管理理念，加大设备综合治理力度。作为参加公安部“护网—2018”演习的唯一发电集团，荣获关键信息基础设施攻防优秀单位称号。加强境外项目安全生产工作，组织督查组对4个境外单位开展专项督查。制订打好污染防治攻坚战指导意见，编制三年实施计划，全面部署蓝天、碧水、净土、生态修复四大领域生态环境保护工作。制定生态环境保护责任清单，落实各级人员环保主体责任。持续推进煤机超低排放改造，基本完成公司在东、中部地区的煤电机组改造，超低排放机组占比达到86.5%。试点地区14家控排企业全部完成碳交易履约，建成电力行业首个二氧化碳在线检测平台。认真落实国资委环保要求，对248家企业进行了环保督查。开展“环保监督＋互联网”，环保信息联网率达到98.46%。共抓长江生态保护，金沙江上游、雅鲁藏布江中游实现首次鱼类增殖放流，放流珍稀特有鱼类300余万尾。

【科技创新】 成立科技创新委员会，构建“1+3+N”科技创新制度体系，十大重点科技项目计划稳步实施。推进科研体制改革，实施所属电科院和科研总院机构整合，形成统一研发平台。制定数字华电规划及2018～2020年建设方案，稳步推进统一数据存储共享平台、北京上海两大数据中心建设；开展“三合一”协同办公、电力市场、财务共享等重点业务信息化系统建设。6个项目获评国家部委、行业协会一等奖，8个项目获二、三等奖，其中天然气分布式关键技术研究项目获中国电力科技进步一等奖，汽轮机冷端近零损失供热技术研究项目获中国电力技术创新大奖。新授权专利1045项，同比增长17.2%。其中发明专利137项。

【党建和队伍建设】 深入学习贯彻习近平新时代中国特色社会主义思想和党的十九大精神，坚决抓好中央巡视整改，梳理了12个方面、88个整改事项和5个需研究探索事项，每位党组成员按规定目标和时限逐条压实责任，并负责研究需要深入调研、根治解决的9大类问题，坚持上下一体整改，系统单位举一反三，自查自纠，逐项整改到位，基本完成整改任务。深入落实全国国有企业党的建设工作会议精神，坚持“两个一以贯之”，直属单位和具备条件的基层企业均完成党政“一肩挑”改革，8家规模较大的直属单位配备专职副书记，直属单位均已完成纪委书记专职化。贯彻落实《中国共产党支部工作条例（试行）》，以“示范党支部”为抓手，推动基层党建全面进步、全面过硬。深入开展“四项治理”“两项检查”，层层落实“两个责任”，以开展“纪律（规矩）建设年”活动为主线，严格监督执纪问责，深化政治巡视巡察，常规巡视了21家直属单位和41家基层企业，推动全面从严治党向纵深发展。认真抓好国家审计查出问题整改督导，组织开展内部审计831项。加大人才储备培养力度，继续实施“骏才计划”。推进精神文明和企业文化建设，开展职工思想教育，举办企业故事报告会。组织举办火电环保监督、火电集控运行、财务技能大赛和“金点子”创新创意大赛，组织赛前技能培训700余场次。承办并参加第十一届全国电力行业集控运行大赛，获团体一等奖。大力开展职工创新创效活动，18项成果荣获全国电力职工技术成果奖。开展华电“幸福行动”600余场次，获首届中央企业青年志愿服务项目大赛银奖。履行社会责任，荣获“最具影响力责任品牌”“年度十大责任国企”等10余个重要奖项，进一步提升了“中国华电”品牌形象。

（谢一骏　封　梁）

【华电国际电力股份有限公司】

公司概况 华电国际电力股份有限公司（简称华电国际）前身为山东国际电源开发股份有限公司（简称山国电公司），于1994年6月28日在山东济南注册成立，成立时总股本为38.25亿股，总装机容量182.5万kW。

1999年6月30日，山国电公司H股在香港联交所上市，总股本增至52.56亿股。其中，境外上市外资股为14.31亿股。2002年底电力体制改革之后，山国电公司划归中国华电集团公司。为适应企业改革与发展需要，2003年11月1日，山国电公司正式更名为华电国际电力股份有限公司。2005年2月3日，华电国际A股作为国内询价发行第一股，在上海证券交易所正式挂牌上市。发行A股后，华电国际总股本达到60.21亿股。其中集团公司占50.01%的股份；香港H股股东占23.77%的股份。2009年6月20日，华电国际办公地点由山东济南迁至北京，注册地未变。2009年12月1日和2012年6月21日，华电国际先后非公开发行A股7.5亿股和6亿股，总股本增至73.71亿股，其中集团公司占44.19%的股份，H股股东占19.41%的股份。2014年7月18～30日，华电国际先后非公开发行A股11.5亿股和新增发行H股2.86亿股，总股本由73.71亿股增至88.07亿股，其中集团公司占50.04%的股份，其他H股股东占18.52%的股份，其他A股股东占31.44%的股份。2015年9月8日，华电国际非公开发行A股10.56亿股，总股本由88.07亿股增至98.63亿股，其中集团公司占46.84%的股份，其他H股股东占28.50%的股份，其他A股股东占24.66%的股份。

华电国际主要业务为建设、经营管理发电厂和其他与发电相关的产业，发展领域由单一的火电拓展到水电、风电、生物质能发电、太阳能发电、核电和煤炭产业。发展区域由山东一地拓展到四川、宁夏、安徽、河南、河北、浙江、内蒙古、天津、山西、重庆、广东、湖北和陕西等14个省市（自治区、直辖市）。

领导班子

董事长：赵建国

副董事长：陈斌、倪守民

董事：田洪宝、苟伟、褚玉、王晓渤

独立董事：丁慧平、王大树、王传顺、宗文龙

监事会主席：陈炜

监事：彭兴宇

职工监事：袁亚男、马敬安

独立监事：查剑秋

党委书记：陈斌

总经理：田洪宝

副总经理：彭国泉、陈存来、陈斌

财务总监：冯荣

纪委书记、工委主任：袁亚男

主要领导人员变动情况：2018年10月30日，王映黎辞任副董事长、董事，张科辞任董事，李晓鹏辞任监事及监事会主席。倪守民任副董事长、董事，王晓渤任董事，陈炜任监事及监事会主席。

组织机构 截至2018年底，华电国际本部下设“一室五部”。分别是办公室（人力资源部）、计划投资部、财务资产部、安全与运营管理部、证券合规部（内控部）、党建工作部（纪检办公室）。

截至2018年底，华电国际控股发电总装机容量4995.24万kW，资产总额2250.25亿元。所属单位共有132家，其中：区域分公司12家，分别是华电国际北京分公司、华电国际山东分公司、华电国际安徽分公司、华电国际宁夏分公司、华电国际浙江分公司、华电国际河北分公司、华电国际河南分公司、华电国际天津分公司、华电国际广东分公司、华电国际四川分公司、华电国际山西分公司、华电国际重庆分公司；区域子公司1家，为华电湖北发电有限公司；专业公司4家，分别是华电国际物资有限公司、华电国际项目管理有限公司、华电国际山东信息管理有限公司、青岛华拓科技有限公司；技术服务中心1家，为华电国际电力股份有限公司技术服务中心；全资及控股发电企业85家；控股煤炭企业9家；煤炭运销公司4家；投资管理公司4家；控股热力公司11家；港务公司1家。

年度工作业绩 2018年，华电国际全年实现利润31.56亿元，同比增加18.58亿元；总资产达2250.26亿元，营业收入达883.65亿元；控股发电装机容量达4995.24万kW，其中清洁能源占比21.48%；控股煤矿批复产能达990万t/年，控参股煤炭资源储量达20.13亿t。资产负债率70.42%，较年初降低3.95个百分点。

生产经营管理 安全生产管理。推进本质安全型企业建设、风险分级管控与隐患排查治理双重预防机制建设，开展季节性安全检查、重大技改工程安全管控、“安全生产月”活动、重大危险源安全监督管理、应急管理、不安全事件分析处理、安全技能培训等工作，全年安全生产保持总体平稳。2018年，水电板块实现“零非停”；火电机组强迫停运年台均次数0.37，同比增加0.05，17个火电企业实现“零非停”。扎实推进节能环保。供电煤耗完成299.2g/kWh，同比降低0.41g/kWh，29台机组荣获全国火电机组能效指标对标优胜机组称号。94台40 225MW燃煤火电机组中有88台37 825MW机组达到超低排放要求，容量占比94%；二氧化硫、氮氧化物、烟尘等环保排放指标均达到或优于国家及地方环保法规要求。所有火电单位均如期取得了排污许可证。

经营管理 应对煤价持续高位运行、市场竞争日趋激烈、供给侧结构性改革不断深化等挑战，开展提质增效，制定年度提质增效增收节支工作方案堵漏工作方案，提出21条市场开拓、成本挖潜、结构调整、存量盘活、风险防范等重点工作措施，统筹协调狠抓落实，取得较好成效。全年87家运营单位中66家盈利，盈利面达76%。加大市场营销力度。全年争取市场电量861亿kWh，同比增长28.7%。除重庆外，各区域煤机利用小时均超发电集团“三同”水平。紧跟电力市场化改革和市场营销工作新形势，推进售电公司实体化运营试点，开展市场交易，参与电力交易中心改造。强化煤炭保供控价管理。在完成电煤季节性储备的基础上，发挥长协采购主渠道作用，有效提高议价能力。年度入厂标煤单价完成817.64元/t，同比升高18.51元/t，上涨2.3%，涨幅低于全国电煤价格指数。深化困难企业专项治理，全力协调解决困难企业生产营销、资金接续、法律纠纷、内部管理等实际困难，配合中国华电对控股煤矿、朔州热电、重庆奉节公司等困难企业开展减亏提效专项治理督导，引导困难企业逐步走上良性发展轨道。强化资金成本管控，强化沟通协调，把握时机和方式，以较低成本开展债券发行、银行借款、委贷发放等资金运转工作，全力节约税款和手续费。

项目发展 全年核准电源项目63.06万kW，全部为清洁能源项目。跟踪国家新能源开发政策，加强风电资源储备，启动内蒙古锡盟正镶白旗特高压外送、山东临沂马陵山、山西泽州三期、宁夏海原李俊堡二期等50万kW风电项目可研工作，核准广东乐昌五山、重庆奉节杉树包、山东陵城义渡口二期等7个风电项目38万kW。结合环境保护及产业政策，推进气电项目发展，启动广东江门鹤山、杭州江东二期燃机项目前期工作，核准湖北樊城2台6F燃机和石家庄第一医院0.5万kW分布式项目。加强拓展热力市场，启动山东滕州公司蒸汽管网、河南漯河源汇区热网、广东坪石公司热网项目前期工作。加强热负荷、原料收储运等外部条件论证，因地制宜开发生物质项目，开展河南淮阳3万kW生物质热电联产项目可研工作。

改革发展 发挥“资本运作和投融资平台”核心职能，根据中国华电要求和资本市场形势，制订完善资本运作方案。加大多元化融资力度，发行两期共50亿元可续期公司债券，降低资产负债率2.3个百分点。紧跟电力市场化改革和市场营销工作新形势，推进售电公司实体化运营试点，开展市场交易、参与电力交易中心改造工作。加大科技、管理创新力度，申报中国华电管理创新成果2项，中国华电科技进步奖14项。推进内控要求与管理流程的紧密融合，促进管理制度化，制度流程化，发挥内控在风险防控中的积极作用；强化对所属单位业务人员规范运作和内控评价的有关培训，提升从业人员工作水平。严格管控关联交易，调整与中国华电关联交易上限额度，确保年度关联交易数额满足授权要求。完善法制建设，进一步树牢依法治企观念，提高法律审核把关质量，严格按照法律和制度办事；加大法律纠纷案件处理力度，全面推进依法合规经营，防范法律风险。

党的建设、精神文明建设和企业文化建设 深入学习宣传习近平新时代中国特色社会主义思想和党的十九大精神，通过组织知识竞赛、党的十九大论文征集等形式，把宣传贯彻工作做深做实。组织党员员工参观“真理的力量”马克思诞辰200周年展览、“改革开放40周年”展览，举办“大国顶梁柱”主题宣讲、开展井冈山红色主题教育培训，坚持用马克思主义中国化最新理论成果武装党员、干部头脑，干部员工政治理想和信念更加坚定。以安全和生产运营部党支部1个标杆支部带动其他5个党支部实现共同创建，推进支部争先创优。将意识形态工作纳入年度党建工作要点，坚持党管意识形态，上半年制定印发《华电国际电力股份有限公司党支部意识形态工作责任制实施细则》和《华电国际电力股份有限公司意识形态领域动态情况分析制度（试行）》，认真抓好贯彻工作，牢牢掌握意识形态工作的领导权和主动权。全面从严治党，深化党风廉政建设和反腐败工作，推进两个责任落实，强化制度建设，加强警示教育，开展专项治理，反腐败斗争压倒性胜利的态势进一步巩固。推动中央巡视和中国华电巡视整改，实现巡视工作初衷，提升公司治理水平。

【华电福新能源股份有限公司】

公司概况 华电福新能源股份有限公司（简称华电福新）是由中国华电全国新能源资产与福建区域资产重组整合而设立的清洁能源上市公司，2012年6月在香港联交所上市，华电福新股权构成为中国华电集团有限公司占59.57%、贵州乌江水电开发有限责任公司占2.25%、中国华电科工集团有限公司占0.94%、中国电力工程顾问集团投资有限公司占3.03%、昆仑信托有限责任公司占2.43%、兴证创新资本管理有限公司占0.91%、福建华兴创业投资有限公司占0.30%、流通股占30.57%。

华电福新是中国华电清洁能源发展和海外发展的主要平台，拥有包括风电、太阳能、水电、煤电、分布式（天然气）、核电和生物质能等多种发电类型，风电等其余板块主要分布在全国27个省、市、自治区及海外的西班牙。截至2018年12月31日，华电福新控股装机容量1628.44万kW，其中风电799.3万kW、太阳能发电115.56万kW、水电260.79万kW、煤电360万kW、天然气（分布式）90.26万kW、生物质2.53万kW。另外，主要参股福清核电（650万kW）39%股权和三门核电（750万kW）10%股权，资产总额1083.15亿元，资产负债率69.44%，电源结构上高效煤电、水电、风光、气电、核电多个板块并驾齐驱、协同发展，呈现清洁化、多元化的鲜明特点。

领导班子

党委书记、董事长、执行董事：黄少雄

执行董事、总经理、党委副书记：吴建春

执行董事：李立新

非执行董事：陶云鹏、师重光、梅唯一

独立非执行董事：张白、陶志刚、吴毅强

监事会主席：李长旭

监事：王崑、徐磊、胡晓红

职工监事：陈文新、朱德元、赖甲星

独立监事：丁瑞玲、郭小平

党委副书记、纪委书记：黄沈阳

党委委员、副总经理：马骏彪

党委委员、总会计师（财务负责人）：王会萍

党委委员、副总经理、总法律顾问、董事会秘书：孙涛

党委委员、副总经理：林文彪

主要领导人员变动情况：

2018年2月6日林文彪获聘任副总经理；2018年3月12日赖甲星获任职工监事；2018年3月12日闫仲军因工作变动原因辞任职工监事；2018年6月28日徐磊获任监事；2018年6月28日侯佳伟因个人原因辞任监事；2018年11月9日黄沈阳因工作变动原因辞任总法律顾问职务；2018年11月9日孙涛获任总法律顾问；2018年11月26日孙涛获任董事会秘书；2018年

12月28日，师重光获任非执行董事；2018年12月28日李一男因个人原因辞任非执行董事。

组织机构 本部设有办公室、人力资源部、计划投资部、财务资产部、证券合规部、内控部、安全与运营管理部、党建工作部、纪检办公室等9个部门。下属单位191家，其中分公司22家、分公司（筹）2家、全资单位101家、控股单位57家、参股单位9家，员工9136人。

年度工作业绩 2018年，华电福新完成发电量445.74亿kWh；实现利润27.58亿元；等效净资产收益率9.83%；资产负债率69.44%，较年初降低5.88个百分点；直接融资发行总量106.58亿元；核准容量70.5万kW，新增装机容量74.41万kW。

经营管理 一是强化经营管理，管控效能全面提高。加强预算管理，规范财务核算流程，建立财务管理通报制度，切实提高财务信息的及时性、准确性和有效性。关注生产管理，严格审核生产项目计划、持续跟踪电量计划执行、有效开展燃料监管。强化产权管理和资本运作，加大资产监管力度，将资产报废、处置纳入年度预算；规范产权管理，强化产权登记；稳步推进资产重组并购，完成山西区域小股东股权转让工作；立足上市公司发展需要，从降本增效、避税增利等角度出发，协调内蒙古、江苏等区域做好“瘦身健体”工作。二是聚焦主业主责，融资功能充分彰显。贯彻降杠杆减负债要求，突出核心职能，创新融资方式，全年共发行资产证券化产品43.49亿元，其中资产出表35.09亿元，新增融资8.4亿元，缓解65家企业、99个风光电项目国补不到位的资金困境，受益面85%以上，荣获“2017—2018年度资产证券化介甫奖”“最具市场影响力绿色金融资产证券化产品奖”。全年共发行50亿元永续产品，成本均低于同期银行贷款利率，降低公司资产负债率4.5个百分点。发行超短融债券13亿元，节约财务费用共计1560万元。加强三总部融资协调力度，实行“总对总”“分对分”双向联动沟通工作机制，落实存量融资接续和增量融资安排，有效保障资金供给。争取高信用等级和更多银行授信，累计授信263亿元。在股权融资方面，利用资本市场，统筹谋划，切实加强市值管理和信息披露，跟踪公司及行业股价波动和交易量变动情况，在港股新能源板块股价全年收跌21.24%的情况下，股价收涨3.83%。筹划H股增发、内资股增发、可转债发行、A股IPO等一系列股权融资方案。

项目发展 坚持战略引领，清洁发展有序推进。对各区域风光电现状及未来发展趋势进行研究，明晰风光电产业发展目标和规划布局。突出价值思维，提升项目发展质量，积极争取海上风电项目投资机会，广东阳江500MW海上风电项目获得核准；推进分散式风电项目开发，河南洛阳宜阳20MW分散式风电项目获得核准；紧跟锡盟特高压风电基地项目进展，内蒙古正蓝旗100MW特高压外送风电项目通过发起决策；海南昌江光伏项目开工，江西宜春风电项目开展施工准备；抢占长三角、珠三角、京津冀及长江沿线城市气电项目资源，完成江苏华电扬州江都116MW燃气分布式项目立项。

改革发展 强化合规管制，依法治企不断增强。根据公司“1+2+N”制度体系建设的总体要求，成立规章制度管理委员会，全年共召开制度委员会8次，审核通过了145项新建或修订的制度，废止与现有管控模式相抵触的规章制度43项，公司制度总数由224项减少为181项，完成2018年度制度建设工作计划。坚持“统一规划、分步实施、深入推进”原则，逐步建立起一整套覆盖公司生产经营等各环节的合规内控管理体系，形成了《权限指引》《内部控制手册》《内控评价手册》等指导性文件；强化海外项目风险管理，进一步理顺巴辛风电项目投资、管理、资金回流等监管体系和流程。按照“年度限额授权、超限报批”模式，从严管控关联交易，实现关联交易的动态管控，完成发电权转让关联交易的申报和审批，全年关联交易未发生违规事项。推进依法治企，切实强化合同风险管理，对合同审批流程进行系统性优化；加大“七五”普法宣传力度，组织开展宪法宣传周活动，邀请大学教授和专业律师进行授课，增强了全员宪法和法律意识。

党的建设、精神文明建设和企业文化建设 全面从严治党，党建质量持续提升。以习近平新时代中国特色社会主义思想为指导，通过科学谋划，夯实党建基础。制定印发了《2018—2020年党建工作规划》，明确了3个阶段的总体目标，对“十三五”时期党的建设进行全面谋划和部署；牢固树立“一切工作到支部”的鲜明导向，扎实开展“示范党支部”创建工作。持续强化党员干部理论武装，全年共召开17次党委（扩大）会传达学习上级最新精神，开展14次党委中心组学习和8次“学原文、悟原理”专题学习研讨。落实“两个责任”，开展“四项治理”和“纪律（规矩）建设年”活动，严格监督执纪问责。坚持党管人才原则，抓好人才队伍建设，完善绩效考核体系，发挥正向激励作用。加强精神文明建设，开展“中国梦·华电梦·我的梦”主题教育活动，推进“三个文明（标兵）”创建，以“纪念改革开放40周年系列活动”为载体，开展爱国主义教育、改革创新教育、“四德”教育、学雷锋志愿服务活动，编制“咱们的福新·奋进的2018”主题宣传展板，荣获中国华电2017—2018年度“文明单位标兵”称号。结合管控模式优化调整后的职责定位，重新优化、完善、发布《融·创之道》企业文化体系，推动企业文化建设取得新成效。

【华电煤业集团有限公司】

公司概况 华电煤业集团有限公司（简称华电煤业）成立于2005年8月，是中国华电旗下负责煤炭及相关产业开发的专业公司。在2018煤炭企业50强净利润排名中，华电煤业位列第8位、净利润增长率排名第2位，连续7年进入中国煤炭企业50强前25位，推动公司总体步入5000万t级特大型煤炭企业集团。华电煤业控股煤矿实际生产能力5650万t/年，投产电力装机规模192万kW，投运和在建港口吞吐能力7400万t，自有船舶运力34.8万载重t，煤矿铁路专用线及疏港铁路81.88km，参股投资运煤铁路总里程2857km。

领导班子

党委书记、董事长：王旺旺

总经理、党委副书记：殷作如

党委副书记：李建伟

副总经理、党委委员（集团公司部门正主任级）：兰毅

集团公司派驻华电煤业纪检组组长、华电煤业党委委员、纪委书记：刘书德

副总经理、党委委员、工委主任：徐建伟

副总经理、党委委员、总法律顾问：王秀林

总会计师：王世伟

主要领导人员变动情况：2018年10月30日，王秀林兼任华电煤业集团有限公司总法律顾问。

组织机构 华电煤业下设2个分支机构、4个全资子公司、12个控股公司、9个专业化管理企业和17个参股公司。截至2018年底，华电煤业产权口径资产总额557.75亿元，在册员工7030人。

年度工作业绩 2018年，华电煤业系统安全环保实现零事故，管理口径经营性利润总额48亿元，同比增加7.66亿元；资产负债率69.84%，原煤产量5078万t，同比增产13.7%；发电量78.85亿kWh；船舶货运量2525万t，港口接卸量1290万t。荣获中国华电“先进企业”“文明单位”等荣誉称号。

生产经营管理 煤炭产量超428万t，同比增产612万t，增效9.59亿元。开展煤炭产品质量管理提升行动，各矿原煤热值波动由年初的±300kcal左右降至年末的±200kcal以内，累计增效1.71亿元。市场营销成效显著。坚持低库存策略，全面推行“双随时、一通报”工作联络机制，煤炭库存始终控制在低位水平；坚持价格管理动态优化，深化竞价煤与非竞价煤联动机制，规范煤炭产品定价周期，探索建立区域定价协调机制，商品煤销售价格变动幅度优于煤炭价格指数变动幅度；全年竞价销售1327万t，价格上涨5.74元/t，增收7614万元；完成系统内朔州热电、山东和华电能源区域电厂保供任务；全年销售商品煤5065万t，同比增加582万t，产销率99.7%。成本费用进一步降低。以全面预算为依托，以成本定额为基础，重点强化矿务工程、材料、水电、修理等费用预算管控，直接生产成本39.63元/t（扣除工资增长部分）。严格落实中国华电费用定额，可控费用、五项经费逐年下降。集约物资管理，累计完成采购20.13亿元，节约资金1.27亿元，集中采购率91.18%。建立“两金”压降管控机制，两金周转率9.49次，同比提高2.62次。争取税收优惠政策，累计降低税负3.45亿元。在煤炭行业开展区队民主创新管理实践，组建区队联盟，设立课题实验基地，集思广益、提炼形成区队场景管理模式，通过中国煤炭协会专家论证。

项目发展 证照手续办理和项目前期取得新的进展。小纪汗煤矿取得1000万t/年安全生产许可证，肖家洼煤矿新立采矿权的相关报件已由山西省报至自然资源部，万通源煤矿取得210万t采矿许可证。隆德煤矿深部及外围预留区探矿权申请通过陕西省政府省长办公会审议，万胜二矿获得国家发展改革委核准，矿山地质环境保护及复垦方案通过自然资源部评审，万利矿区增设高家梁井田方案已报送至内蒙古自治区能源局，西黑山煤矿完成新疆自治区矿权评估，具备采矿权证办理条件，曹妃甸煤码头三期后续工程取得河北省发展改革委批复，福建储运通过国家一类口岸验收。基本建设有序推进。小纪汗煤矿矿井水综合利用工程完成设计变更，基础出零米。万胜二矿土建、安装工程基本完工。万通源煤矿2018年6月进入试生产阶段。曹妃甸煤码头三期项目先期工程泊位建成，具备空载调试条件。产能提升成效明显。小纪汗煤矿产能置换方案取得国家能源局批复。白芦煤矿产能提升（120万t/年核增至180万t/年）通过国家煤监局核定。下梨园煤矿（90万t/年核增至150万t/年）完成产能置换及前期工作。

改革发展 完成“僵尸企业”处置工作，转让退出煤化工行业，解决过渡期安全生产管理、1847名员

工安置、1013笔债权债务处理等重点难点问题，按期完成“630”股权交割任务，完成中国华电成立以来资产规模最大、人员数量最多、安全稳定最好的整建制产权转让工作；获准退出绥阳页岩气项目；破产清算云南滇北公司。推进“瘦身健体”工作，光耀公司破产申请获法院受理；新程公司通过股权转让方式处置完成；昌吉能化公司完成清算注销；完成大路物流园“压减”。创新实践专业化管理煤矿运营模式，白芦、下梨园煤矿均超额完成生产任务，同比分别增产65%、39%。

党的建设、精神文明建设和企业文化建设 深入学习贯彻习近平新时代中国特色社会主义思想和党的十九大精神，全面落实新时代党的建设总要求，党建工作质量不断提升。加强党的政治建设，落实党建工作责任制，健全完善党的组织及工作机构，配齐配全党组织负责人及党务工作人员，落实党务工作经费保障，深化干部和人才队伍建设，党的建设得到全面加强。抓好宣传思想和意识形态工作，举办以“中国梦·华电梦·我的梦”为主题的“7＋4X”系列活动，启动企业文化升级工作。广泛开展创新创效活动，积极推进职工创新工作室、职工之家建设和技术比武活动。通过产业扶贫、就业扶贫等方式，积极参与脱贫攻坚，较好履行央企社会责任。狠抓巡视审计整改，坚持问题导向，扎实开展“纪律（规矩）建设年”“四项治理”和“两项检查”，推进纪律建设。落实中央八项规定精神，持续反对“四风”，持续保持反腐败高压态势，切实发挥巡察利剑作用，推动公司全面从严治党向纵深方向全面发展。企业软实力进一步增强，经营管理愈加规范，政治生态愈加清明。

【中国华电集团资本控股有限公司】

公司概况 中国华电集团资本控股有限公司（简称资本控股公司）成立于2007年5月，注册资本40亿元，是中国华电的全资子公司，是金融发展和资本服务的核心平台，负责推进中国华电金融机构发展，管理中国华电参股金融股权，开展投行、投资、融资和理财顾问等业务。主要业务包括投资业务、融资业务、资产管理业务、金融股权的投资与拓展，以及对中国华电现有参股金融机构股权的管理。

领导班子

董事长、党委书记：褚玉

总经理、党委副书记：金树成

党委副书记：龙德文

党委委员、副总经理：刘晖

党委委员：胡永庆

党委委员、副总经理、总会计师、工会主席：江涛

中国华电派驻纪检组组长、资本控股党委委员、纪委书记：李红淑

党委委员、副总经理：王志平

总经理助理：华淑蕊

组织机构 截至2018年底，资本控股公司控股5家企业，分别是华鑫国际信托有限公司、华信保险经纪有限公司、北京华信保险公估有限公司、川财证券有限责任公司、华电融资租赁有限公司。参股6家企业，分别是建信基金公司、永诚财险公司、华泰保险集团公司、华电金泰基金公司、华电财务公司、华电置业公司。

年度工作业绩 2018年全年实现利润总额20.51亿元，同比增长13.7%，完成年度预算目标的102.6%；净资产收益率9.91%，同比提升1个百分点，比考核目标8.31%高1.6个百分点。对比五大发电集团资本控股公司，净资产排名第四（仅高于大唐资本），但利润总额及增幅排名第三，利润总额高于大唐资本、国电资本，增幅高于国电投资本、国电资本，净资产收益率排名第一。

生产经营管理 风险管控能力持续提升。一是风险管理制度体系进一步完善。本部及所属各机构共制定发布了《关于加强和提升所属机构风险合规管理工作的意见》在内的24个风险管理相关制度，夯实风险管理基础。结合金融业务特点，强化责任落实，推进企业主要负责人落实法治建设第一责任人职责的各项工作。二是本部对所属机构风险管控力度得到加强。召开机构业务与风险管理专题会议，掌握各机构业务和风险合规管理的基本情况，探讨拓展业务和加强风险合规管理的思路，对所属各机构风险项目处置工作进行检查监督和指导。组织开展所属机构风险总监述职，规范风险总监工作行为，引导风险总监独立履职、勤勉尽责。督促各机构充分重视合规管理，确保机构规范经营，稳健发展。三是风险项目处置取得新进展。全年化解风险项目2个，另有多个项目收回部分逾期本息，收回资金4.39亿元，其中本部2个项目回收本息4亿元，项目风险得到有效化解。

服务主业能力不断提升。本部发挥桥梁纽带作用，牵头做好产融结合；2018年，通过无追索权应收账款保理形式为主业公司融资29.4亿元；代理处置各类资产交易21项，资产交易规模12.41亿元。华鑫信托受托管理中国华电企业年金40亿元，2018年

实现收益率6.74%；协助华电云南公司向下属公司发放信托贷款2.2亿元，比委贷形式节约增值税及手续费支出约70万元；向中国华电系统内企业及职工推荐购买优质信托产品17个，总计规模44亿元。华信保险2018年为集团整体降低保费支出6400万元，累计理赔金额8900万元；开通“华信e保”平台，服务华电职工，截至2018年12月31日，累计推出近30款个人保险产品，惠及中国华电职工及家属1.3万人。川财证券积极承销资本控股公司债，协助华电置业公司、华电财务公司发行资产证券化产品和金融债，服务成员单位融资；向华电系统内单位推送相关行业研究报告，组织能源产业定制课题、能源行业形势分析会等，邀请系统内单位参加各类论坛和产业调研，发挥决策支撑作用。融资租赁帮助主业拓宽融资渠道，解决融资难问题并实现节税效益，截至2018年底，累计向系统内单位投放资金余额141.6亿元，有效降低企业财务成本，2018年度实现节税收益1.2亿元。华电金泰创新ABN产品结构，出资3400万元认购华电福新次级ABN份额，并成功拉动该产品10亿元的发行，为中国华电压减“两金”做出了重要贡献。

项目发展 业务转型持续推进。华鑫信托发行金融街威斯汀酒店资产支持专项计划，实现资产证券化业务突破；成立江苏财富管理中心，探索多元化共赢模式；逐步提升主动管理业务占比，主动类信托规模较年初稳中有升，实现规模493.66亿元，占比18.32%，同比提升1.43个百分点。华信保险向财产险与人寿险并重模式转变，向线上与线下协同模式转变，向直保与再保混合模式转变；2018年“华信e保”平台注册用户数量新增2.7万人，累计达3.9万人，并为中国华电员工及家属专属开发“度度关爱”家庭综合保障产品。川财证券分支机构建设力度加大，广东分公司、天津营业部、武汉营业部已获批开业；自有投资实现收益率8.5%；基金分仓业务在行业排名进入前30名。融资租赁市场化业务占比进一步加大。投放市场化电力行业项目25笔，投放规模30.69亿元，市场化业务收入占比22%，比2018年提升16个百分点；融资方面加大债券发行力度，全年累计新发行超短期融资券10亿元、中期票据9.6亿元。

改革发展 金融改革持续深化。一是配套制度持续完善，金融改革“基石”不断夯实。确定配套制度建设整体框架，提出建设基本制度、管理办法、操作细则三个层级、12个方面的制度建设体系，全年制定相应制度近30项，涉及人力资源、风险控制等多个方面，市场化机制有章可循，集团化管理更加规范。二是信托租赁增资完成，发展实力显著增强。完成华鑫信托和融资租赁增资，华鑫信托权益资本达到62亿元，资本实力行业排名提升近20名，接近行业中位值，融资租赁权益资本达到30.2亿元。川财证券已与四川金控签署备忘录，增资具备较好基础。华电金泰完成股权重组，实现正常经营。三是新机构择机发展，现有机构积极引战。跟踪监管政策，关注金控平台发展态势。开展华鑫信托引战工作，但受资管新规影响，市场对信托公司的投资价值有一定疑虑，加之国企监管、民企资金紧张导致合格投资者减少，暂时未取得实质性进展。四是完成市场化机构总经理任期目标责任书签署。进一步完善职业经理人激励约束机制。

党的建设、精神文明建设和企业文化建设 修订完善党委议事规则，编制党建工作职责清单，通过重点任务分解、督导考核强化责任落实。开展党委中心组学习、领导干部讲党课、“党员活动日”和系列主题教育活动，推进“两学一做”学习教育常态化制度化。完成机关党支部换届，举办支部书记及党务人员培训班，基层党建活力不断增强，华信保险成为中国华电首批“示范党支部”。探索制定《党风廉政建设和反腐败工作定期任务清单》，明确责任任务140项；开展违反中央八项规定精神和“四风”突出问题自查自纠。开展“四项治理”中的财务管理、资产处置两项治理工作。协调、配合中央和中国华电巡视；对照中央巡视整改落实方案制定56项整改措施，分阶段推进，整改完成率93%。健全企业文化管理办法，加强内外宣传，通过形式多样、内容丰富的活动载体营造氛围、弘扬正气。企业文化研究成果荣获中电联2018年度电力创新奖；全年捐款42万元资助四川、山西部分贫困大学生和贫困村；完成工会组建和机关工会换届；承办中国华电在京单位足球联赛并荣获亚军；川财证券一项目荣获中国华电创新创意大赛三等奖。

【中国华电科工集团有限公司】

公司概况 中国华电科工集团有限公司（简称华电科工）是中国华电100%投资的有限责任公司，也是科工产业板块的重要组成部分和发展平台，前身可追溯到国家电力公司电力机械局、水电部机械局。华电科工现有在职员工4920人。

2018年，华电科工系统3家单位被认定为中国华电五星级企业，2家单位被认定为四星级企业，1家单位荣获中国华电文明单位标兵称号，6家单位被评为中国华电安全生产先进单位。

领导班子

党委书记、董事长：文端超

总经理、党委副书记：彭刚平

党委委员、副总经理：刁培滨

党委委员、副总经理、工会主席：姜学寿

中国华电派驻纪检组组长，党委委员、纪委书记：徐磊

总工程师：沈明忠

党委委员、总会计师：李国明

副总经理：蒋方帅

副总经理：田立

主要领导人员变动情况：2018年8月16日，文端超任中国华电科工集团有限公司董事、董事长，中共中国华电科工集团有限公司委员会委员、书记；孙青松不再担任中国华电科工集团有限公司董事、董事长，中共中国华电科工集团有限公司委员会书记、委员职务；彭刚平任中国华电科工集团有限公司总经理，中共中国华电科工集团有限公司委员会副书记；霍利不再担任中国华电科工集团有限公司总经理职务；徐磊职级晋升为中国华电部门正主任级。

年度工作业绩 2018年，华电科工资产总额达到357.12亿元，资产负债率78.2%，较年初降低0.32个百分点。累计实现营业收入151亿元，同比增长8.41%；利润总额2.75亿元，完成中国华电年度考核目标的101.85%。

生产经营管理 “两金”压降成果显著。成立专项工作组，多措并举推进清理工作，实现“两金”总额和中国华电外“两金”双下降，存量“两金”较年初压降82.64亿元，压降61.4%；中国华电外“两金”减少0.95亿元；销售回款162亿元，经营性现金净流入32.74亿元，“两金”周转率1.12次。加大“四算”管理力度，连续三年开展完工待结算项目专项清理，三年以上完工项目结算率98%。成本控制切实有效。强化现金全过程预算控制，拓宽融资渠道，拓展与银行合作方式，践行保量控价，开展应付、应收账款双向保理，完成巴厘岛电厂境外债券资金配置，有效保障资金需求，降低资金成本，全年节约财务费用1000多万元。严格控制各项费用开支，三项费用同比下降10.5%；可控费用同比下降13.2%。深入研究财税政策，争取政策支持，节约税费1.1亿元。运营质量不断提升。拓展市政水务市场，北戴河团林污水处理厂作为首个PPP模式建设项目，进入试运营阶段，水厂总规模达到66万t/天。加强投资项目运营管理，巴淡、巴厘岛电厂不断提升经济运行水平，可用系数均高出PPA要求5%以上，实际运行煤耗分别低于核准煤耗10.14g/kWh和17.81g/kWh，全年完成发电量37.9亿kWh，实现营业收入16.15亿元，利润2.46亿元，超额完成年度发电量计划。在运水厂全年累计处理水量0.95亿t，供水0.5亿t，合格率100%。推进产业园房源租赁，园区入住率97%。

项目发展 总承包业务深入推进，海上风电业务发展迅速，签订三峡阳西沙扒、华电福清海坛海峡等多个总承包合同，新签合同额24.7亿元；江苏大丰项目投产，创造了同等规模海上风电项目建设工期最短的“世界之最”。物料专业逐渐走出低谷向上攀升，中标辽宁宝来输煤系统、新余翻车机系统、重庆涪陵长距离下运系统等多个重点项目，合同金额29.7亿元。抢抓“蓝天保卫战”历史机遇，签订煤场封闭项目合同6项共计7.56亿元，承揽供热改造工程38项共计2.6亿元，承建环保改造项目101台3045万kW。高标准、高起点融入雄安新区能源布局，获得环境治理第一标；拓展废水零排放业务市场，中标小纪汗煤矿矿井水综合利用项目。完成江陵电厂一期工程建设。山东汶上农光互补光伏、漳平红尖山风电及天津北辰、广东三水分布式能源等清洁能源项目按期并网；承担的国家首个生物质气化耦合发电项目在襄阳电厂获得成功。加强国际项目开发、建设，越南沿海二期项目对标山东莱州、十里泉，越南永新一期等标杆项目。加强施工准备、安全文明施工、质量工艺、达标创优四个策划，加快推进项目规范管理，完成锅炉钢架吊装等里程碑节点。中标孟加拉2台66万kW燃煤电站项目、越南文芳电厂输煤系统及首个非洲项目中铝几内亚物料输送工程；印尼玛木朱项目正式移交生产；西西拉项目全面复工，基本具备机电安装条件。与西门子开展战略合作，创新燃机销售模式，签署广州增城主机供货合同。华电重工四大制造基地新签合同17.7亿元，同比增长16.6%。青岛催化剂厂通过实验室CNAS认证，荣获“全国质量诚信标杆企业”等五项称号，产品合格率98.8%。天津超滤膜厂通过国家级中小科技型企业认定，浸没式超滤膜组件入选天津市“专精特新”产品。开拓航改型燃机市场，实现4台LM航改型燃机销售。坚持借船出海，完成首台百万机组印尼芝拉扎三期工程高压管道成套生产；获得约旦凝结水处理、津巴布韦旺吉凝结水精处理系统采购项目。加大国际贸易开发力度，确定机电产品进出口业务主攻方向，获得德国科德宝进气系统及过滤设备代理权；与中国华电内外多家客户、供应商达成进口煤炭合作意向。开拓技术服务市

场，承揽新能源运维项目273万kW，在山西、宁夏和江苏区域推行一体化运维管控模式；成立“安科所”，完成中国华电安全性评价及相关标准编制；完成世界最大空冷机组高背压供热项目技术支持和调试。

改革发展 “大海外”战略实施方案初步成型。响应“一带一路”倡议，顺应中国华电国际化发展浪潮，坚持顶层设计引领，专题召开“大海外”战略研讨会，制定“大海外”战略实施工作方案，将中国华电优势产能带向国际、将华电科工拳头产品带向国际的“两服两带”发展定位，完善海外管理体制机制，规划打造华电科工集群优势。治理体系更加完善。修订“三重一大”实施办法，健全党委会议事规则，严格执行党委前置程序，公司治理体系和治理机制规范高效运转。落实“双向进入、交叉任职”要求，改进基层组织领导体制和决策机制，10家二级单位完成党组织书记、董事长“一肩挑”改革。完善内控管理体系，建立健全规章制度52项。重点领域改革有序推进。积极推进“瘦身健体”，2家单位完成清算注销，3家单位进入税务注销阶段。加快“三供一业”分离移交，一对一制定专项方案，4家单位5个项目职能移交和资产划转任务全部完成。响应国资委国企改革“双百行动”，华电重工入选试点名单，制定双百行动综合改革方案，为打造国企改革样本奠定基础。推进收入分配制度改革，使薪酬分配向经营业绩突出的单位、关键岗位、核心人才和一线员工倾斜，考核激励作用充分发挥；用好政策红利，编制高新技术企业岗位分红激励管理办法和改革方案，释放发展活力。顶层设计资本运作。制定公司资本运作实施方案，有效对接和利用资本市场，细化具体实施方案，分阶段、分类别推进资产和业务整合，逐步搭建公司资本运作平台体系。加强分红管理，全年收到现金分红和股权转让款2.2亿元。

党的建设、精神文明建设和企业文化建设 中央巡视整改纵深推进。成立巡视整改工作领导小组和办公室，以问题为导向，制定整改工作方案，确定5个方面21项具体整改任务，研究制定整改措施64条，落实整改责任，逐项整改到位，基本完成巡视整改任务。党的建设全面加强。抓实抓好党委中心组理论学习，全年集中学习13次、专题研讨8次。推进“两学一做”学习教育常态化制度化，规范做实“党员活动日”，举办党组织书记培训班和道德讲堂，策划主题党日活动，各级党委、党支部（总支）委员带头进行宣讲，推动学习宣传进基层、进一线、进班组、进网络。统筹推进党建日常工作规范化、清单式管理，开展党组织书记抓基层党建述职评议，推行“亮号”工程，建立党员干部直接联系群众制度，建设科技专家建言献策工作室，基层党的建设更加富有生机活力。党风廉政建设坚实有力。落实“两个责任”，以“纪律（规矩）建设年”活动为抓手，铺开工程建设管理、资产处置、财务管理专项整治活动，推进违反中央八项规定精神和“四风”突出问题、八项费用自查自纠，开展“制度建设”行动，累计发现、整改违反八项规定精神问题6259项，挽回经济损失126.15万元；发现专项整治问题85项。发挥内部巡察震慑作用，常规巡察4家二级单位、5家三级单位，发现问题76项，推动全面从严治党向纵深发展。盯紧“关键少数”，开展“执纪问责”行动，加强领导干部“任前、任中、离任”常态化监督，23人受到党纪处分、17人受到政纪处分、252人受到组织处理。干部人才队伍建设扎实推进。坚持党管干部原则，健全领导干部考核体系，规范选拔任用流程，落实选人用人全程纪实，严把关键程序，多角度开展领导班子考评、选人用人满意度测评、新提任干部试用期考核，从严监督管理领导干部。坚持人才强企，在“零增长”和“一事一议”的原则下，调整优化用工管理模式，加强重点方向、核心岗位、关键人才流动实时监控，探索人才内部流动机制，实施“骏才”计划，保障人力资源需求；创新人才培养机制，优化职位职级管理体系，加强思想动态调查分析，强化定向培训，激发了广大员工干事创业的内在动力。群团工作成效明显。推进“三力”工会建设，选举产生第一届工会组织机构；开展职工创新创效、技能大赛、劳动竞赛、先进操作法和工作法评选等活动，获评中国华电“金点子”创新创意大赛先进单位；打造职工之家，举办首届职工综合运动会、元宵文娱灯会、球类比赛等丰富多彩的文体活动，员工幸福指数不断提升。以改革开放暨公司成立40周年为契机，宣传公司发展历程和辉煌成就，巴厘岛电厂入选国家庆祝改革开放40周年大型展览、新中国工业档案文献巡展。以实际行动履行央企社会责任，积极响应集团公司定点扶贫县专项扶贫，开展第二届“公众开放日”活动，发布海外区域可持续发展报告。发挥共青团组织作用，启动“青年大学习”“青春建功新时代、担当使命共筑梦”主题实践，开展“号手岗队”“创青春”活动，华电产业园分布式能源站青年志愿服务岗被评为首都学雷锋志愿服务岗。

【中国华电香港有限公司】

公司概况 中国华电香港有限公司（简称华电香港公司）是中国华电全资子公司，于2006年6月在香港注册成立。经过多次增资，目前实收资本21亿元人民币。主要从事国外开发、建设、运营和管理发电厂，以及电力能源、煤炭、交通、海运、进出口及相关行业的投资和融资活动。

领导班子

党委书记、执行董事：方正

总经理、党委副书记：刘雷

纪委书记、工会主席、党委委员：付卫

党委委员、副总经理：李林威

党委委员、总经济师、总法律顾问：王勇

党委委员、副总经理：罗积满

党委委员、总会计师：李远志

副总经理：王志浩

主要领导人员变动情况：2018年8月，刘雷任华电香港公司总经理、党委副书记；文端超不再担任华电香港公司总经理、党委副书记职务。2018年12月，方正任华电香港公司执行董事，不再担任华电香港公司董事长职务。

组织机构 截至2018年底，华电香港公司共有员工366人，下设综合管理部、人力资源部、计划发展部（风险管理与法律合规部）、项目开发一部、项目开发二部、生产运营部、投融资管理部、财务资产部、政治工作部（监察部）9个职能部门；香港公司内共有法人单位11家，其中二级法人单位1家、三级法人单位7家、四级法人单位3家，代表处1家；有实际经营业务的单位共8家，特殊目的实体1家。

年度工作业绩 2018年实现利润总额2.91亿元，较2017年增长5.1%，完成全年目标的291%；营业收入37.5亿元，较2017年增长幅度达到40%；净资产收益率4.71%，确保了国有资本的保值增值。资产总额为112亿元，资产负债率66.54%，较2017年下降1.69个百分点。

生产经营管理 安全管理。2018年，华电香港公司安全形势平稳，未发生人身重伤及以上事故，未发生一般及以上设备事故，未发生造成严重社会影响或外交影响的不安全事件。

经营管理。额勒赛公司加强与柬埔寨电力公司的沟通联系，实现流域科学调度，全年累计发电量16.05亿kWh，完成中国华电下达年度发电量计划的158%，实现利润总额3.34亿元，完成利润目标的371%，荣获中国华电“五星级发电企业”称号。上海奉贤持续深化精益管理，强化生产经营全过程闭环管理。全年累计发电量19.58亿kWh，实现利润总额2.04亿元，完成利润目标的102%。捷宁公司坚持问题导向，应对、处置合资企业在公司治理、经营管理、安全生产、维护稳定等方面存在的问题，实现下半年“零非停”，全年累计完成发电量30.55亿kWh，完成中国华电下达年度发电量计划的112%。推动降本增效，大幅压低天然气成本，实现利润总额2151万元，剔除汇率影响后实现利润总额3203万元，完成利润目标的107%。贸易公司深挖市场潜力，开拓集团内部市场，全年累计完成216万t煤炭交易，实现利润总额629万元，完成利润目标的105%。利用在香港的投融资平台优势，借力海外资本市场，利用金融工具，优化债务结构，做好税收策划，降本增效明显。通过增加授信额度、更新授信方式、承接中国华电债券资金，以及利率掉期、税收返还等方式，控制财务风险，节约财务成本，降低负债率。

项目发展 坚持“绿地为主，并购为辅”发展策略，重点投资火电、水电、燃机项目；构建清洁低碳、安全高效的能源结构，开发、并购清洁能源项目，优选带动国内电力装备和技术出口、促进国际装备制造和产能合作的项目；重点关注“一带一路”沿线国家，开发东南亚、南亚市场，开发拉美市场，稳步开发中亚、中东欧市场，努力开拓非洲市场。玻雅项目发挥内部资源优势，以项目开发带动工程建设、运行维护优势力量“联合出海”，工程全面进入了建设实施阶段。以印尼、柬埔寨市场为基础，重点推进印尼占碑、柬埔寨西港项目、孟加拉国吉大港、缅甸伊洛瓦底项目。优化能源结构，推动清洁能源项目开发，跟踪越南、柬埔寨、泰国光伏、风电项目。增强发展后劲，开发厄瓜多尔、南非、智利等国家项目。

改革发展 一是加强战略规划研究，编制完成中国华电2035—2050年国际业务发展研究课题，以及香港公司中长期发展规划纲要（2018—2035年）。二是推动香港公司股权架构优化，为降低税费、化解合规风险提供合理解决方案。探索引进战略投资者工作，为降低资金成本、降杠杆减负债做出有益尝试。三是推进绩效管理改革，明确薪酬分配向有贡献者倾斜、向项目开发部门倾斜、向海外一线倾斜的基本原则。遵循“无功就是过，业绩论英雄”的理念，研究修订绩效考核管理办法，落实月度绩效奖励动态考核制度。坚持以人为本，提升人文关怀，积极改善公司员工薪酬待遇。四是创新公司财务管理模式，将财务管理嵌入到公司前期项目投资架构、税收筹划、商务谈判等工作中。深度发挥财务管理价值引领作用，找准病因、开准药方，推动扭亏增盈。推进全面风险管理体系建设，制定十大风险应对方案，提升了风险防控能力。五是履行法治建设第一责任人职责。健全法律风险防范机制，严格落实规章制度、重大决策、经济合同法律审核制度，推动法律管理与企业经营管理深度融合，加强合规管理和法律监督，组织实施普法规划，强化法治宣传教育，提升全员法治意识，努力打造法治文化，提高依法治企水平。六是深化境外采购管理制度建设，建立健全了招标采购管理体系，确保招标采购有章可循。严格落实规章制度建设、加强招标采购过程管理，完善内部监督机制，实现招标采购全过程管控，提高招标采购工作效率。

党的建设、精神文明建设和企业文化建设 华电香港公司党委旗帜鲜明讲政治，把学习认真贯彻习近平新时代中国特色社会主义思想和十九大精神作为首要政治任务，持续强化党员思想教育，切实增强党员“四个意识”，引导党员学做结合加快公司高质量发展。建立党建工作责任制，明确党委、党支部、本部有关部门、各级领导干部责任。加强党建工作的部署、督导和考核，促进党建工作责任制的全面落实。坚持党对国有企业的领导不动摇，明确重点任务并抓好落实，充分发挥党委领导作用，保证中央方针政策、重大部署在企业的贯彻执行。强化党支部的基础力量，创新境外党建工作，提升基层党建工作水平。履行党风廉政建设的主体责任，推进党风廉政建设并抓好党风廉政建设监督责任的落实，维护了风清气正的政治生态。提升精神文明建设、群团工作水平。召开一届二次职代会，组建华电香港公司工会，推进工会规章制度建设，开展工会“送温暖”活动。团支部组织开展“推动新时代华电香港公司加快高质量发展的青年力量”大讨论、“五四”评比表彰等活动，引导团员青年岗位建功。加大宣传力度，参加东盟博览会、中国第一届进口博览会等重大会展，加强宣传工作，为公司发展营造了良好的舆论环境。

【中国华电集团有限公司山东公司】

公司概况 中国华电集团有限公司山东公司（简称华电山东公司）成立于2009年7月，是中国华电在山东设立的分支机构，负责中国华电在山东区域的发展规划、能源项目开发、生产运营管理、电力市场营销、统一对外协调等工作。

截至2018年底，华电山东公司装机容量1778.69万kW。

领导班子

党委书记、执行董事：季军

总经理、党委副书记：邢世邦

党委委员、副总经理：黄鹏

党委委员、副总经理：安同溪

党委委员、副总经理：尹荣峰

党委委员、副总经理：史生福

党委委员、副总经理：王涛

党委委员、纪委书记、工委主任：余文昶

党委委员、总会计师：王开喜

主要领导人员变动情况：2018年5月，来建民调离，不再担任党委委员、纪委书记、工委主任职务；余文昶任党委委员、纪委书记、工委主任；2018年8月，安同溪任党委委员、副总经理；王开喜任党委委员、总会计师。

组织机构 本部设办公室（法律事务部）、规划发展部、人力资源部、财务资产部、生产技术部、工程管理部、安全环保部、市场营销部、党建工作部、监察部（纪检办公室、巡察办公室）、工会办公室等11个职能部室。

年度工作业绩 2018年，华电山东公司完成利润23.23亿元；完成发电量907.25亿kWh，同比增长6个百分点；供热量完成5603.17万GJ，同比增长27.43%；火电机组利用小时完成5298h，高于电网平均水平175h；供电煤耗完成299.38g/kWh；综合厂用电率完成6.98%；开工在建项目219万kW，投产10.35万kW。华电山东公司被授予中国华电先进企业、文明单位标兵，邹县电厂、潍坊公司、青岛公司、十里泉电厂、章丘公司、莱州公司等6家单位被评为中国华电五星级发电企业。

生产经营管理 常态化推进提质增效增收节支，强化月度经营对标，所属基层单位全部实现盈利。电量营销成效显著。开展市场交易电量争取，累计争取市场电量428.5亿kWh，占区域五大发电集团市场电量份额的37.7%，高于装机比2.8个百分点。燃煤管控措施得当。完善区域电煤采购价格决策机制，注重电煤采购区域深度合作，加强目标库存与对标管理，做好“保供、控价、稳质”工作，实现同区域、同流向、同煤种价格相对最低。财务管理精准有力。强化财务预算管理刚性，完善经济活动全过程分析管理，加强资金管控，财务费用较预算降低5700万元。实施债务总量和资金预算双重管控，优化债务结构，资产负债率较年初降低0.88个百分点。

坚持把安全环保作为“第一任务、第一责任、第一效益”，压实安全环保责任，注重源头防范化解，完成全国“两会”、上合青岛峰会、首届国际进口博览会等重要时段保电工作，青岛公司荣获上合青岛峰会保电工作先进单位。本质安全型企业建设深入推进。推进风险分级管控与隐患排查治理双重预防体系建设，邹县电厂、青岛公司、章丘公司被评为山东省“双重预防体系省级标杆企业”。设备管理进一步规范。以“本质回归”为目标，开展技术监督示范区域和示范电厂建设，逐步实现技术监督标准化、模板化、程序化管理。狠抓反措落实和隐患排查治理工作，设备可靠性得到不断提升，莱州公司实现全年“零非停”。积极推进新能源集控中心建设，实现运营新能源场站风机（光伏）、升压站数据全部接入济南集中控制中心，远程调度管理取得突破。节能环保助力增效。加大能耗指标过程对标管控，23台机组荣获2017年度全国火电机组能效水平优胜机组称号，邹县3、5号机组分别荣获全国火电300MW级供电煤耗、600MW级厂用电率最优机组称号。成立生态环境保护领导小组和污染防治攻坚工作小组，推进环保风险评估示范点创建工作，完成章丘公司、邹县电厂、淄博公司、青岛公司、莱城电厂、滕州公司等6家单位煤场主体封闭改造工作。

项目发展 强化与中国华电的战略协同，编制华电山东公司中长期发展规划纲要，优化电源布局，加快转型升级。电源项目投产10.35万kW、在建219万kW。气电项目扎实推进。青岛、章丘2个燃机项目和东营经开区分布式能源项目取得开工决策批复；淄博经开区和东营广饶天然气分布式项目取得中国华电批复。供热市场做强做大。坚持“网、源、荷”协调发展，提高供热市场占有率，新拓展供热面积3675万m^2，区域总供热面积1.6亿m^2，实现三年供热面积翻一番的目标。完成供热量5603万GJ，同比增长27.43%。新能源项目转型加快。济宁汶上10万kW光伏项目实现“5·31”全容量并网，潍坊和莱州2个合计0.35万kW屋顶光伏项目建成投产；莱州郭家店三期等4个合计19万kW风电项目开工建设。高效煤电有序建设。莱州二期取得接入系统批复和省发展改革委原则同意2019年投产安排意见，其中一台机组被国家能源局列入应急储备电源，完成3号锅炉全部焊口、汽轮机试扣盖等节点。十里泉电厂“上大压小”扩建工程成功荣获“鲁班奖”。做好莱州核电场址保护工作，与国家核电公司达成合作意向。

改革发展 区域“做实”持续深化。履行区域管理主体责任，踏准改革步伐，区域管控效能持续增强。管控体系高效协调。落实改革要求，优化华电山东公司本部机构设置，充实管理力量，持续完善各部门职责分工，明晰本部与基层企业管理界面，理顺管理流程，有效发挥区域管控和指挥中枢作用。加快创新市场化、专业化运营管理模式，整合区域市场营销资源，健全完善市场营销管理体系，加强市场营销队伍建设。扎实推进新能源管理整合，明确新能源公司运营模式、职责界面及移交节点，加强全过程协调督导，各项管理职能实现平稳交接。在东营公司开展分布式能源管理体制试点，探索构建区域管理一体化、运行维护一体化模式。精益管理持续发力。全面推行精益管理和7S常态化管理，开展综合对标工作。深化管理创新和科技创新，13项成果获得中国华电管理创新奖，5项成果获得中国华电科技进步奖。22项QC成果获得全国电力行业成果奖，占集团获奖总数的56.4%。新增授权专利37项，累计取得授权专利244项，“华电山东”品牌形象持续提升。瘦身健体稳扎稳打。累计压减法人12户，提前一年完成“瘦身健体”压减目标任务。坚持“一厂一策”推进“三供一业”分离移交，区域32个项目全部完成移交，申请到位国有资本经营预算补助资金8981万元；十里泉电厂、龙口公司家属区社区管理职能移交地方。

队伍建设有效加强。落实按定员组织生产要求，完成18家基层企业定员核定工作。严格规范企业“四定”工作，推进企业内部机构、岗位标准化设置，有效盘活用工存量，向能源销售公司、新能源公司等新建企业配置骨干人才60余名，用工管理精益化水平持续提升。拓展员工发展职业化通道，推进职位体系建设，选拔推荐中国华电高层职位人选42名，人才梯队不断完善。推进全员绩效考核，加大业绩考核结果与职位晋升、薪酬分配、评优评先等工作挂钩力度，促进管理效能整体提升。实施人才培养“涌泉”工程，推进“人才评价管理中心”和干部、专业技术人员网络学院建设，做实技能鉴定、仿真培训、实训基地建设与管理。强化人才培养，荣获中国华电财务、火电集控运行、火电环保监督等技能大赛个人一等奖6项。

党的建设、精神文明建设和企业文化建设 持续深入学习贯彻习近平新时代中国特色社会主义思想和党的十九大精神，增强“四个意识”，坚定“四个自信”，坚决做到“两个维护”。加强思想理论武装，举办山东公司系统理论研讨会1期，领导干部集中轮训3期，党委中心组学习170次、研讨70次，形成调研报告（体会）233篇次，党员群众参加知识竞答8537人次，荣获中国华电“习近平新时代中国特色社会主义思想和党的十九大精神竞赛答题活动”优秀组织奖。加强党风廉政建设，深入开展“纪律（规矩）建设年”活动，扎实开展“四项治理”“两项检查”，持续加强廉洁文化宣贯活动，配合完成中央和中国华电党组政治巡视，并抓好巡视整改任务落实，自行开展2轮政治巡察。加强基层党组织建设，举办首届党建工作技能大赛，持续推进党建绩效流程管理和考评管理，开展“示范党支部”创建工作和“五争先”党员主题实践活动。加强宣传思想工作，通过全国文明单位和山东省文明单位复查，组织“中国梦·华电梦·我的梦”职工思想教育活动，提炼质量、创新文化体系，举办公众开放日和社会责任月活动。华电山东公司被新授予山东省思想政治工作优秀企业、全国安康杯竞赛优胜单位、全国五四红旗团委，并获集团公司新闻宣传先进单位、十佳网站和微信公众号，优秀政研成果奖4项，及最具责任品牌影响力奖、最具网络人气奖和十佳社会责任案例奖。

【华电江苏能源有限公司】

公司概况 中国华电集团有限公司江苏分公司成

立于2003年4月，2013年8月改制为华电江苏能源有限公司（简称华电江苏公司），是中国华电在江苏区域的子公司，负责组织开展中国华电在江苏区域的发展规划、项目前期、工程建设、安全生产、经营管理、公共关系、精神文明等工作。业务涵盖煤机、燃机、分布式、太阳能、风电及燃机服务、煤炭码头运营等，企业分布在京沪铁路、京杭运河和长江、东海沿线，覆盖全省10个地级市。

截至2018年1底，华电江苏公司在运装机容量1387.7万kW，其中煤机665.8万kW、燃机653.9万kW、新能源68万kW。

领导班子

党委书记、执行董事：徐旭

总经理、党委副书记：齐崇勇

党委副书记、工会主席：洪顺荣

党委委员、副总经理：杨惠新、居斌、樊爱兵

党委委员、总会计师：蔡毅平

党委委员、纪委书记：王茹

主要领导人员变动情况：2018年1月，王茹任党委委员、纪委书记，洪顺荣不再担任纪委书记职务。

组织机构 华电江苏公司本部设有办公室（法律事务部）、规划发展部、人力资源部、财务资产部、生产技术部、安全环保部、工程管理部、市场营销部（售电公司）、党建工作部（工会办公室）、监察部（纪检办公室、巡察办公室）、燃料管理部等11个部门。

在职员工4653人，下属企业18家，包括望亭发电公司（上海华电电力发展有限公司、中国华电集团公司江苏望亭发电分公司、江苏华电望亭天然气发电有限公司）、江苏华电句容发电公司、江苏华电扬州发电有限公司、江苏华电戚墅堰发电有限公司、江苏华电吴江热电有限公司、江苏华电仪征热电有限公司、江苏电力发展股份有限公司、江苏华电通州热电有限公司、江苏华电燃料物流有限公司、江苏华电昆山热电有限公司、江苏华电如皋热电有限公司、江苏华电通州湾能源有限公司、江苏华电金湖能源有限公司、江苏华电句容储运有限公司、华瑞（江苏）燃机服务有限公司、上海通华燃气轮机服务有限公司、江苏华电华汇能源有限公司、江苏华电扬州中燃能源有限公司；区域化管理的企业1家，华电福新能源股份有限公司江苏分公司。

年度工作业绩 2018年，全年实现利润7.62亿元，完成中国华电保障目标的108.86%；资产负债率77.04%；完成发电量465.89亿kWh，同比增长9.4%；供热量2467.82万GJ，同比增长38.92%。完成供电煤耗255.77g/kWh，比中国华电下达目标下降2.43g/kWh；燃机发电气耗190.2m^3/MWh（标况），同比下降5m^3/MWh（标况）；二氧化硫实时排放绩效0.048g/kWh，同比下降14%；氮氧化物实时排放绩效0.126g/kWh，同比下降8%。句电公司3号机组、赣榆四期投产发电；启通天然气管线项目取得开工决策批复。

华电江苏公司荣获中国华电先进企业、前期工作先进单位、文明单位标兵称号；荣获中国华电最具责任品牌影响力、十佳社会责任案例、火电环保监督技能大赛团体一等奖。句电公司、戚电公司、扬电公司、新能源分公司4家单位被授予中国华电五星级发电企业，仪征热电、吴江热电、通州热电被授予四星级发电企业，望电公司、昆山热电被授予三星级发电企业。句电公司、仪征热电荣获中国华电安全生产先进单位。句电公司荣获全国安全文化建设示范企业称号，通州热电联产工程获国家优质工程奖，望电公司四号机组荣获全国火电机组能效水平对标竞赛4A奖，句电公司2号机组获中国华电100万kW标杆机组。

生产经营管理 生产管理方面。全年完成火电机组计划性大小修18台次，新能源风场93台次，机组可靠性有效提升。开展样板班组"全覆盖"活动，深化班组现场7S整治和可视化管理，公司系统打造样板班组360余个，促进了"五型"班组创建和精益管理的有机融合。坚持以问题为导向，强化技术监督，增加技术监督检查频次和力度，共组织技术监督专家活动8次、专项检查10次，各类问题整改率超过80%。健全基层企业安全生产主体责任落实机制，完成集团公司安全风险分级管控和隐患排查治理双重预防机制试点工作，加强事故易发频发领域安全督查和应急管理，全年开展安全环保督查80余次，组织安全约谈4次，应急演练33场次。开展季节性安全检查、高风险区域专项治理、电力建设工程施工安全年等活动，切实强化"两外"人员管理，完成进博会等重大活动和节日的保电工作。加强与高校和科研院所的项目合作，开展定期交流活动，推进"工业燃机热通道部件自主检修工艺"等科技项目的研究与应用。建立环保监控平台，对各企业主要污染物排放、环保设施投运率等做到全面掌控。

经营管理方面。坚持价值思维，开展差异化市场竞争，句电公司自发电量超全省"三同"65h。创新营销策略，全年争取"以热定电"补贴电量13.51亿kWh；推动"气电联动"政策落地，燃机电价实现5个月气电联动；实施差异化热力市场拓展，实现供热量同比增长36.8%。加强燃料管理，深化燃料管控改革。修编掺配掺烧考核办法，加强经济煤种掺配掺烧，全年掺配掺烧率23.5%。强化机组经济指标全过程管控，实施能效提升专项行动方案，对系统各单位进行能耗普查和设备隐患排查，供电煤耗、气耗、厂用电率等指标持续优化。加强资金管控，合理压降负

债规模，节约财务费用。全部回收替代关停机组电热费，超额完成“两金”压降目标。

区域项目发展 前期项目方面，编制中长期发展规划纲要（2018—2035年），做好政企、内外、横向、上下“四个协同”，加快重点项目推进。赣榆LNG接收站项目已上报中国华电立项，项目用海申请已报省政府，启通天然气管线项目取得开工批复。望亭二期燃机争取获批国家燃机创新示范项目；枣林湾智慧能源项目成为国家第三批增量配电业务试点并取得开发权；仪征东部热网项目取得集团立项批复；江都分布式项目即将主机招标；扬州东部热网项目完成可研审查。基本建设方面，打造基建工程流程化、清单化管理，全过程梳理和优化现场签证、设计变更和达标投产验收等24项管理流程，制定开工管理、安全督查、质量督查、造价督查、创优工作等5项清单，做好基建工程综合管控，基建管理制度体系成为中国华电案例。2018年，通过开展工程建设专项治理共发现问题59项，基本完成整改。

改革发展 推进基层企业领导体制改革，完成13家企业“党政一肩挑”领导人员体制改革。逐步推进“集采、检修、燃管、物业”四大中心改革，结合业务特点和责权界定，搭建组织架构，明晰管理界面，理顺业务流程，探索具有江苏公司特色的管控模式。开展“制度建设年”活动，修编制度标准共163项，并按“三纵三横”要求进行划分，初步构建了与华电江苏公司治理体系和治理能力现代化相适应的制度体系。加强管理创新、科技创新项目全过程管理，建立项目发布、推广、应用机制与平台，广泛组织各类创新活动。完善全面风险管理体系，梳理风险事件33条，并逐一制定措施。完成“瘦身健体”工作，累计压减法人单位6家。完成扬电公司“三供一业”职能和资产移交，完成望亭、扬电教育医疗机构改革方案。入选国企改革“双百”行动试点单位，各项改革措施有序推进。

党的建设、精神文明建设和企业文化建设 学习贯彻习近平新时代中国特色社会主义思想和党的十九大精神，进行13次集中学习和7次深度研讨。制定《党委意识形态工作实施细则》，加强重点任务宣传。落实“四同步四对接”，落实党建主体责任，完成所属企业基层领导体制改革工作，实行“党委（党支部）书记、董事长（执行董事）由一人担任，总经理单设”的领导体制。重新梳理和明确基层单位治理主体的权责边界，完善《党委会议事规则》《“三重一大”决策实施意见》等，明确了90余条“三重一大”具体事项。严抓巡视整改，针对集团公司巡视组反馈意见建议，组织落实了48项具体整改措施，跟踪整改措施落实进展情况。开展“纪律（规矩）建设年”活动，组织“四项治理”等专项检查，进一步强化公司系统干部职工的规矩意识，构建风清气正的政治生态。全面修编干部管理制度，持续优化干部队伍结构。开展“中国梦·先行梦·我的梦”职工系列主题教育活动。

国家能源投资集团有限责任公司

【公司概况】 国家能源投资集团有限责任公司（简称国家能源集团）是经党中央、国务院批准，由中国国电集团公司与神华集团有限责任公司合并重组而成的中央直管国有重要骨干企业，2017年11月28日正式挂牌成立，属国有资本投资公司改革试点企业、创建世界一流示范企业，主要经营国务院授权范围内的国有资产，开展煤炭等资源性产品、煤制油、煤化工、电力、热力、港口、各类运输业、金融、国内外贸易及物流、高科技、信息咨询等行业领域的投资和管理，拥有煤炭、火电、新能源、水电、运输、化工、科技环保、产业金融等八大业务板块，是世界最大的煤炭生产公司、火力发电公司、风力发电公司和煤制油煤化工公司，在世界500强中排名第101位。注册资本1020亿元，总部设在北京。

截至2018年底，国家能源集团电力总装机容量2.38亿kW，其中，火电装机容量1.8亿kW，约占全国火电总装机容量的15.8%；新能源装机3969万kW，形成了涵盖风能、太阳能、生物质能、潮汐能、地热能、海洋能在内的门类齐全的新能源产业体系；风电装机容量3829万kW，居世界第一。全年实现发电量9533亿kWh，同比增长7.4%，完成电力保障任务。

【领导班子】

党组书记、董事长：乔保平

党组副书记、董事、总经理：凌文

党组副书记：张国厚

党组成员、副总经理：李东

党组成员、副总经理：高嵩

党组成员、副总经理：米树华

党组成员、副总经理：王金力

党组成员、总会计师：陈斌

党组成员、纪检监察组组长：卞宝驰

党组成员、副总经理：王树民

【组织机构】 见2018年国家能源集团组织机构图。

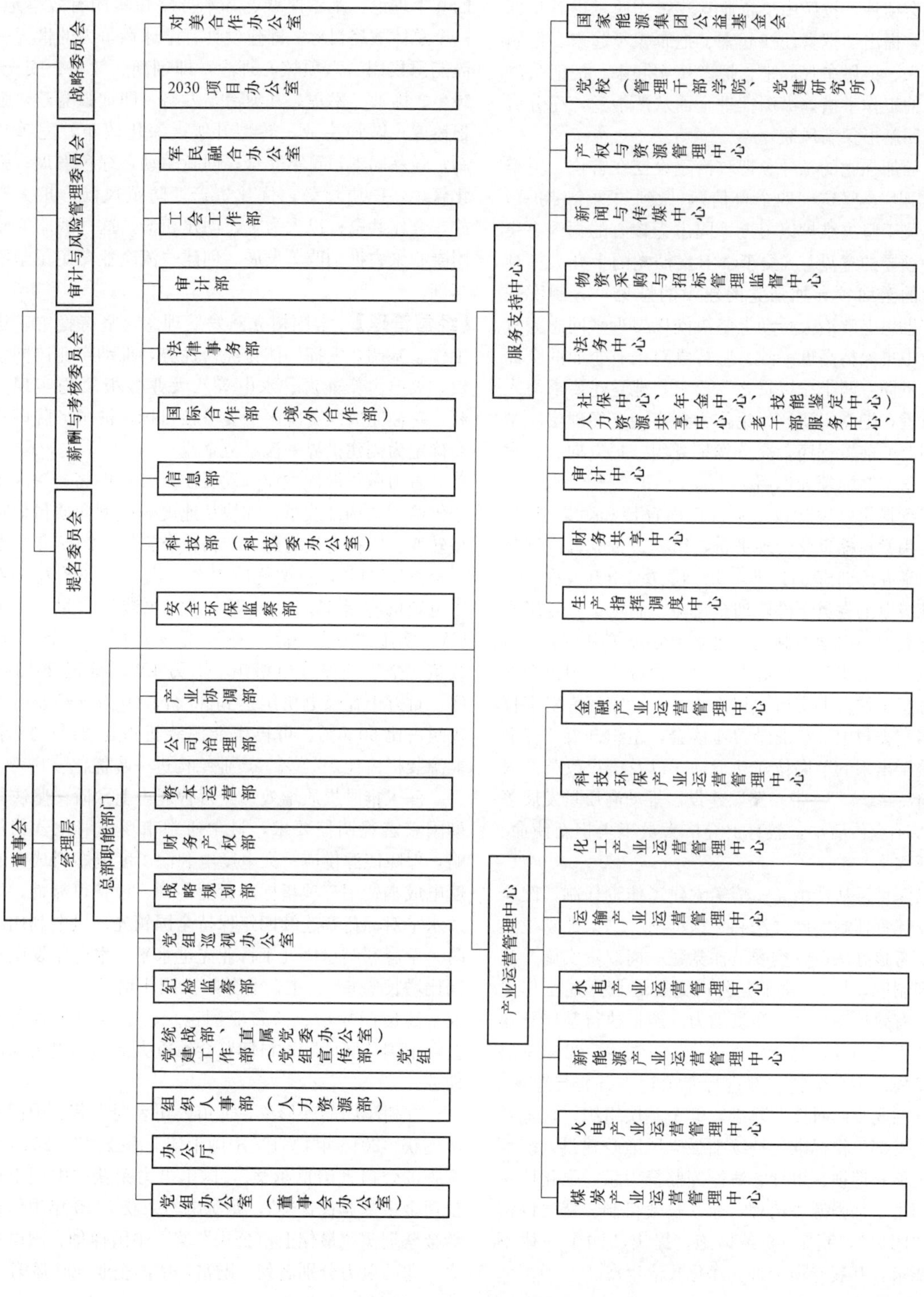

2018年国家能源集团组织机构图

【党的建设】 国家能源集团坚持以习近平新时代中国特色社会主义思想和党的十九大精神为指导，认真落实全国组织工作会、全国宣传思想工作会和全国国企党建会精神，按照中央企业党建工作质量提升年部署要求，提出“把责任扛起来、把旗帜竖起来、把制度硬起来、把堡垒强起来、把考核实起来、把廉政严起来”的工作举措，纵深推进全面从严治党，充分展现新集团新形象新风貌。

全面加强党的领导。把政治建设摆在首位，树牢“四个意识”，坚定“四个自信”，做到“两个维护”，制定《关于坚决维护以习近平同志为核心的党中央集中统一领导的意见》《关于学习贯彻党的十九大精神坚持党的全面领导加强党的建设的意见》等制度规定，在思想上政治上行动上坚决同以习近平同志为核心的党中央保持高度一致。坚持党对国有企业的全面领导，贯彻“两个一以贯之”要求，把党建要求写入公司章程，把党组研究讨论作为董事会、经理层决策重大问题的前置程序，充分发挥党组“把方向、管大局、保落实”的领导作用。

持续强化思想建设。坚持正面宣传和舆论引导，推广应用党建信息化管理平台，组建首批党务内训师队伍，举办培训班 6414 期，培训党员 24 万人次，实现副处级以上党员干部轮训全覆盖。制定集团党组和基层党委中心组学习制度，建立子分公司中心组学习报备机制，集团党组中心组学习经验做法在中央企业宣传思想工作会上交流。积极承办《梁家河》发书仪式暨国资委与中央企业学习座谈会，组织开展“社会主义是干出来的”岗位建功行动，以及庆祝改革开放 40 周年、参与“一带一路”建设、推动高质量发展等 39 项专项宣传活动，教育引导广大员工勇担新使命、展现新作为。

纵深推进从严治党。落实党建工作责任制，健全完善党建责任制实施办法和考核办法、书记抓党建述职评议考核办法、党委委员抓党建一岗双责实施办法等系列制度，与 94 家子分公司党委签订党建工作责任书，有效传递压力、激发动力。严格执行基层党建工作联系点制度，对全系统子分公司党委、62 家基层企业党委及 189 个党支部进行专项检查并督导整改。按照“四同步四对接”要求，健全基层组织，规范党委、党支部工作标准。持续加强党风廉政建设，统筹运用纪检、巡视、审计、法律等监督力量，强化监督执纪问责，加强源头治理，建立长效机制。持之以恒纠正“四风”，制定 46 条措施，提出“四个一律不得”要求，开展专项治理，净化政治生态。

【企业战略】 国家能源集团在一届一次职代会暨 2018 年工作会上提出了“一项根本政治原则，一个总体目标，六项核心理念，九项治企方略”的发展战略。一项根本政治原则，即牢固树立“四个意识”，坚定“四个自信”，坚决与以习近平同志为核心的党中央保持高度一致，坚决贯彻中央决策部署，确保党的基本理论、基本路线、基本方略在集团有效落地。一个总体战略目标，即建设具有全球竞争力的世界一流能源集团。六项核心理念，即创新、效益、安全、绿色、廉洁、幸福。九项治企方略，即加强党建，强根铸魂；做强主业，转型升级；深化改革，完善机制；强基固本，筑牢安全；创新驱动，绿色发展；强化管理，提质增效；优化资产，防范风险；扩大开放，合作共赢；以人为本，创建和谐。这一战略为集团凝心聚力推动改革发展、创建一流企业奠定了坚实基础。

【经营管理】 牢固树立新发展理念，坚持稳中求进工作总基调，发挥一体化经营优势，推动产业协同创效，火电、新能源、水电等八大业务板块均实现盈利，超额完成国务院国资委考核目标，被国务院国资委确定为创建世界一流示范企业。

着力做强做优主业，发展质量日益提高。深入推进供给侧结构性改革，加快从速度规模型向质量效益型转变。坚持有进有退，严格投资管控，2018 年主业投资占比 94%，新增优质火电装机容量 898 万 kW、水电装机容量 17.4 万 kW、新能源装机容量 251 万 kW；实施“三去一降一补”，落实煤电“三个一批”政策，全年关停煤电机组 349 万 kW。截至 2018 年底，百万千瓦煤电机组达到 30 台，60 万 kW 及以上机组占比 60.6%，可再生能源装机占比 24.4%，新能源装机占比 16.6%，产业结构进一步优化。

深入推进提质增效，经营管理再上台阶。坚决贯彻国家宏观调控要求，科学研判市场，细化营销策略，保障能源供应。火电度电利润、度电燃料成本和度电成本费用三项指标居行业前列，设备可靠性、能效水平对标竞赛连续四年保持全国领先。风电利用小时、单容利润总体处于行业先进水平。水电年发电量同比增长 6.6%，主营业务收入同比增长 10.3%。完成金砖厦门峰会、博鳌亚洲论坛、上合组织青岛峰会、中国首届国际进口博览会等重大活动的电力保障任务。

立树集团品牌形象，上市公司表现卓著。中国神华连获“2018 年 CCTV 中国十佳上市公司”“2018 年度香港公司管治卓越奖”，国电电力荣获“中国上市公司金牛基业长青奖”，龙源电力荣获 2018 年中国证券金紫荆奖“最佳上市公司”奖。中国神华、国电电力、龙源电力分别名列《财富》中国企业 500 强第 29 位、134 位和 301 位。

【深化改革】 深入推进改革重组。坚决落实中央决策部署，高起点、高标准、高质量实施重组整合，全方位推进资产、业务、机构、人员、管理、文化和党建深度融合，实现了“联合、整合、融合，合作、合力、合心”的重组要求，得到了国务院领导，中央纪委、中组部和国资委的充分肯定。按照国有资本投资公司试点改革方案，坚持一体化运营、专业化管理的思路，确立“实施专业管理－理顺产权关系－逐步分业上市”的三步走战略，构建“职能部门＋产业平台＋服务中心”的组织体系，打造党建统领型、战略管控型、资本运营型、创新驱动型、价值创造型、廉洁高效型一流总部，奠定了企业长远发展的组织基础。

深化企业内部改革。健全法人治理结构，把党的领导融入公司治理各环节，明确董事会“管战略、议大事、防风险”的战略定位，发挥专门委员会作用，加强调查研究，加强对重大项目的审核把关；90％的子企业已设立规范的董事会、监事会、经理层。坚持市场化改革方向，积极稳妥推进混合所有制改革，制定国有资本投资公司综合改革实施方案，抓好员工持股试点改革，深化三项制度改革，参与国企改革“双百行动”，包神铁路、龙源环保、联合动力三家单位入选试点，企业内生动力进一步增强。

全力推进瘦身健体。坚持依法合规，用足用好政策，加大处僵治困、剥离企业办社会职能、压减机构工作力度。成立处僵治困督导组，一企一策推进，共完成63家、完成率90％。“三供一业”分离移交协议签订率100％，法人企业减少219家。组织召开国家能源集团“压减”工作视频会，推广风电集约化管理模式和子公司改分公司做法，管理机构和人员进一步精简。采用内退、协解、转岗、对外承包业务等多种途径，妥善分流安置职工，保障了企业生产经营和职工队伍稳定。

【科技创新】 实施科技创新战略。召开国家能源集团首届科技大会，发布《关于加强科技创新工作的决定》，明确新时代科技创新工作定位、目标、战略布局和重点任务。整合科技力量，完善创新体系，牵头成立“中国氢能源及燃料电池产业创新战略联盟”及“智能发电”“新能源与环保”等三个协同创新中心，搭建起产学研深度融合的创新平台。截至2018年底，拥有包括3个国家重点实验室在内的12个国家级研发平台、4个直属科研机构。

协同推进科技创新应用。加大科研力度，获得国家和省部级科技奖励92项，其中国家科技进步二等奖5项、各类省部级科技奖87项；获得中国专利金奖1项、优秀奖2项，授权专利1513件，其中发明专利324件。牵头在研国家科技项目28个，主持制定国家标准5项，参与编制国家标准25项。统筹推进智慧企业、智能电厂与智能制造产业生态体系建设，形成一批高新技术企业，掌握节能减排、综合污染治理、新能源装备制造等20多项核心技术。火电超低排放、低风速风电开发、水电智慧企业建设等重大关键技术保持行业领先，联合动力“300kW海洋潮流能发电机组”并网发电，国内首座铜铟镓硒薄膜建筑光伏一体化示范建筑投入使用。

打造创新人才梯队。坚持“按需引才、为我所用、攻坚克难、促进发展”原则，成立科技委员会，筹备战略科学家与战略经济学专家咨询委员会，聘任13位院士，7位院士担任首席科学家；持续深化“首席师”制度，集团公司级“首席师”35人，在岗享受政府特殊津贴人员62人，中华技能大奖获得者5人，全国技术能手52人，形成了梯队合理、覆盖全面、适应发展的科技人才队伍。

【国际业务】 秉持共商共建共享原则，坚持以质量效益为中心，加强国际化战略规划和体系建设，重点聚焦“一带一路”沿线国家，发挥技术、资金、管理优势，突出产能和技术合作，以项目投资带动相关产业“走出去”。截至2018年底，在印尼、澳大利亚、希腊、德国、南非、加拿大、美国等7个国家共有11个投资项目在运、1个项目在建、6个项目正在开展前期工作，投资涉及页岩气开发、火电、风电、光伏发电、科技环保技术产品、高新技术研发等领域，在促进“一带一路”沿线国家经济社会发展、改善民生等方面发挥了重要作用。

【安全生产】 高度重视安全生产工作。国家能源集团组建伊始即成立安全生产委员会，按照“党政同责、一岗双责、齐抓共管、失职追责”原则，推进风险预控管理体系和安全生产标准化建设，开展安全环保大检查和安全环保管理审计，安全生产形势总体平稳，未发生较大及以上人身和设备事故。

强化安全责任落实。健全安全生产制度体系，陆续出台安全监察、应急处置、事故调查、考核评价等12项基本制度，以及人身安全风险分析预控等23项专项制度。编制电力安全生产三年规划，明确未来三年主要任务与重点工程。推进安全生产标准化管理，完善发电企业安全生产标准化管理体系，分步建立流程化表单化工作规范，完善风险预控和监督评价机制。深入开展员工人身风险预控分析，实现全覆盖和常态化。

狠抓重点领域与关键环节治理。开展电力安全环保专项监察，对重大隐患实施挂牌督办，严防系统性、可能造成群死群伤和社会影响的重大事故。完成76家发电企业安全性评价工作，覆盖率超过25％。建立发电企业危化品重大危险源动态数据库，密切监督危化品安全管理。推广中小水电管理经验，完成集团中小水电综合治理工作方案，全面启动中小水电综合治理。不断提升设备可靠水平，火电机组等效可用系数92.93%；台均非停0.46次，同比降低0.20次；14台机组在年度全国火电机组可靠性对标评比中获奖，占获奖机组总数的31%。

推动应急保障和宣传教育常态化。积极推进应急能力建设，不断加强预警预报，切实做到防患于未然。截至2018年底，修订各类应急预案5308个，组织开展应急演练5953次，参演人员达到14万人次，应急保障水平不断提升。持续强化安全文化建设，先后开展安全生产咨询日、岗位大练兵、职工安全健康卫生知识普及教育等系列活动，2018年获评全国“安康杯”竞赛安全文化宣传工作先进示范单位。

【节能减排】 贯彻落实党中央、国务院关于打好污染防治攻坚战的战略部署，严守生态环保红线，强化重点问题整改，深化节能节水减碳、达标排放、超低排放等重点工作，所有燃煤发电机组实现脱硫、脱硝改造，多项环保技术行业领先，全年未发生生态环保事件。

构建环保管理体系。制定《突发环境事件应急管理办法》《生态环境信息统计与报告管理办法》等制度，实施生态环境保护三年规划和污染防治三年行动计划，整合升级生态环境统计监测系统，实现主要污染源“全产业、全要素、全口径”统计监测。2018年完成48家生产型子分公司生态环保隐患排查，整改消缺16项重大环境隐患。

优化节能经济运行。积极开展节水、节电和挖潜增效活动，稳步实施设备节能改造，完成13台机组通流改造和20项供热改造项目，改造机组供电煤耗平均降低11g/kWh。开展节能示范单位创建工作，以国华电力定州电厂等3家单位为试点，创建示范基地，明确节能管理目标、技术指标等示范标准。扎实推进碳减排和碳资产管理，建立碳排放管理基本制度，完成年度盘查，举办专题培训，20家火电企业参与碳试点市场交易并全部按期完成履约。

推进污染防治工作。打好蓝天保卫战，实施工业锅炉达标治理等20项蓝天工程，全年完成45台煤电机组超低排放改造，超低排放机组达到343台、总装机1.6亿kW，占煤电机组总量的91%（占常规煤电的98%），新建煤电项目全部符合超低排放标准要求。打好碧水保卫战，积极落实水源地保护等治理要求，深入开展火电企业全厂水平衡试验，持续推进废水综合利用，完成20个火电厂重大废水改造项目。打好净土保卫战，以危险废弃物污染防治、沿江沿河沿湖等区域为重点，落实土壤和地下水污染防治措施，推行固体废物全过程管理，加强土壤和地下水自行监测，完成13项固废危废重大项目改造，科环集团实现脱硫石膏全部综合利用。

【市场营销】 完善电力营销管理体制。主动适应电力市场化改革需要，整合内部资源，打造竞争合力。在总部专设部室，负责电力市场营销统一管理协调工作，对接主管部门和全国性交易中心等机构，指导和协调集团跨产业、跨地区、跨发电类型的电力交易。在25个省区成立省级电力营销委员会，负责对接区域主管部门和交易中心等机构，统筹内部电力资源，参与区域电力市场竞争。

创新电力市场营销方式。鼓励基层电力营销创新实践，川、渝地区内部水电、火电企业紧密协同，积极协调主管部门、交易机构和电网公司，由大渡河公司替代重庆火电，全年减少弃水电量4.3亿kWh，实现综合增效1.2亿元。继续开展重庆、新疆火电替代交易，实现国内首例集团内部跨省区发电权交易及首例非援疆省市“电力援疆”，全年完成新疆火电替代重庆火电4.1亿kWh。

提升电力市场竞争实力。集团总部统一协调部署，各地区电力企业整体出击，政策营销、技术营销、品牌营销等多措并举，全年完成发电量超出年度发电计划7%，市场化交易电量达到3590亿kWh，同比增加28.4%，交易电量占售电量的40.1%，同比提高7个百分点，市场占有率和竞争力进一步提高。

【信息化建设】 推进工业化与信息化融合。强化信息化管理，成立网络安全和信息化领导小组，建立集团总部、二级单位、矿厂段生产单位三级管控体系，从规划、计划预算、项目立项、建设推广、应用评价全过程完善制度体系和标准体系。制定实施“两化”融合方案，启动完成网信工作总体规划和智慧企业顶层设计工作，加强重点领域集中管控，堵塞管理漏洞，限制自由裁量权，切断利益输送链。打造“国家能源e购”询比价平台，实现非招标采购全流程电子化，完善审批管理，畅通协调机制，提升管控效率和能力。

推动信息化项目建设。推动统建系统建设应用，优化电力营销管控系统、燃料系统、电力生产报送平台、邮件系统、招标计划系统、党建信息化综合管理平台，实现相关业务全口径全级次统一管控；完成国务院国资委监测应用系统相关数据自动报送，在近百家央企中，报送数量最多、质量优异，获得国务院国资委通报表扬。推动集团数字化转型，以数据资源化、资产化、资本化为方向，制定数据架构、管理体系、应用蓝图和实现路径；启动建立集团工业互联网平台，支撑集团各产业板块智能化改造和数字化转型。

加强信息化安全建设。构建立体防护体系，组织编制完成火电板块工控系统网络安全规范，推进IPV6（互联网协议第6版）改造工作，搭建IPV6实验网络，通过国务院国资委测试监测平台考核。举办集团首届网络安全大赛，开展网络安全视频培训，组织申报的《大型央企信息安全综合监控、态势展现及应急响应平台解决方案》荣获中央企业网络安全优秀解决方案奖。参加国务院国资委首届中央企业网络安全攻防大赛，两支参赛队伍获得第14名和第15名的优良成绩。

【人力资源】 科学配置人力资源，迅速夯实组织基础。按照人岗相适原则，对两总部人员专业背景、工作经历、工作表现、综合素质和岗位匹配逐一分析、认真比对，与每个部门、中心负责人逐一对接、充分沟通、交换意见，科学合理安排，保持队伍稳定，实现了广大员工“有岗位、有舞台、有作为、有自信”。紧紧围绕集团战略和发展需要，遵循“工作急需、成熟先行”原则，研究出台干部、人事、组织、薪酬、考核、培训等29项制度，迅速搭建起人力资源管理制度体系，为组织人事工作科学化、规范化、制度化打下了良好基础。

按需精准引才育才，持续优化人才结构。坚持“按需引进、为我所用、攻坚克难、促进发展”原则，有针对性地引进创新型科技人才和急需紧缺专业人才，积极稳妥做好人员分流安置，实施集团“首席师”制度，多渠道培养选拔基层优秀人才。全年引进专业骨干人才1718人，接收高校毕业生3591人，系统内调配6853人，评聘集团级“首席师”35人，推荐享受政府特殊津贴人选15人、“万人计划”青年拔尖人才1人。

多措并举培养人才，有效提升履职能力。突出政治素养和专业素质培训，举办19期党的十九大精神专题培训，实现副处级以上领导人员全覆盖。学习贯彻全国组织工作会议精神，开展党组织书记轮训，提高党建科学化水平。聚焦清洁能源发展和领导力提升，开展5期境外培训，126人参训，“新能源发展与商业模式创新”高级研修班获2018年中电联“电力行业国际化人才培养十佳案例奖”。综合运用研讨式、案例式、体验式教学方法，开展5期基层企业厂长、段长和矿长标准化培训以及风险管控、基建安全等61个专业培训，累计培训9475人次，进一步提高了干部职工的政治素质、党性修养和专业能力。

【扶贫与公益】 担当央企责任，坚决打好扶贫攻坚战。编制实施《2018—2020年扶贫工作方案》，聚焦“三区三州”深度贫困地区，重点做好9个定点扶贫、对口支援县的帮扶工作。全年投入定点扶贫及对口支援资金1.75亿元，同比增长117%。开展全国“扶贫日”员工捐款主题活动，募集扶贫捐款1210万元。实施产业扶贫、易地搬迁扶贫、健康扶贫、教育扶贫等精准扶贫项目39个。定点帮扶的山西右玉县和对口支援的青海刚察县成功脱贫摘帽，对口支援的西藏聂荣县通过脱贫验收。

开展公益慈善活动，精心打造“爱心”品牌。“爱心行动”项目年度救助全国贫困家庭先天性心脏病、白血病患儿1280名，累计救助“两病”患儿27 199名；开展新生儿先天性心脏病筛查18 533名，累计筛查63 323名。“爱心书屋”项目年度捐赠图书259万册，建立1661所爱心书屋，项目开展7年来累计向全国15个省（自治区、直辖市）的中小学捐赠2697万册图书，建立14 516所爱心书屋，受益学生超千万。“爱心学校”累计建设17所。“爱心助学”项目年度帮扶新疆和田地区、贵州台江县贫困学生1100人，累计帮扶学生3900人。

【和谐企业】 加强企业文化建设。打造“一家人、一条心、一盘棋、一股劲”的文化认同，出台企业文化建设三年规划和建设管理办法，开展《以新思想引领企业文化融合实践》课题研究，发布企业标识和《品牌视觉识别手册》。所属大渡河公司被评为全国企业文化建设最佳实践企业；信息公司获新时代企业文化建设示范单位称号。坚持以社会主义核心价值观为引领，加强新闻宣传和舆论引导，启动“争当大国顶梁柱”巡回宣讲，组织开展庆祝改革开放40周年等系列活动，传播正能量，唱响主旋律。

凝聚改革发展合力。加强统战工作，建立党外代表人士建言献策工作机制，召开党外代表人士座谈会，筹建党外代表人士缪平建言献策工作室，组织开展香港教师“中国神华能源之旅”活动。建立健全职代会制度，制订《职工代表大会实施办法（试行）》等民主管理制度，建立以职工代表大会为基本形式的厂务公开民主管理体系。制定《职工技能竞赛管理办法》等制度，畅通职业发展路径。大力开展青年岗位建功行动，召开第一次团员代表大会，选举产生国家能源集团公司团委，组织“青年思想理论学习行动”“青春建功新时代”等系列活动，举办3期团干部培训班。

共建和谐幸福家园。关爱员工生活，实施惠民工程，着力解决员工最关心、最直接、最现实的问题，制订《关于做好困难职工精准帮扶工作的指导意见》等困难职工帮扶制度，建立困难职工精准帮扶工作机制，全年慰问特困职工3760名，发放困难慰问金2415万元，拨付专项困难救助资金660万元。注重员工职业健康，完善员工医疗保障体系，定期开展职业健康体检和心理健康援助。丰富充实员工生活，举办新春团拜会、首届职工篮球赛、职工书画摄影作品征集等活动，9家单位分别获“全国模范职工之家”“全国模范职工小家”“全国工会职工书屋示范点”和“能源化学地质工会职工书屋共建单位”等荣誉称号。

（简金芝）

【国电电力发展股份有限公司】

公司概况 国电电力发展股份有限公司（简称国电电力，股票代码 600795）是一家全国性上市发电公司，是国家能源集团核心电力上市公司和常规能源发电业务（包括火电、水电）整合平台，产业涉及火电、水电、风电、光电、煤炭、化工、多晶硅、金融等领域，分布在全国 24 个省、市、自治区，为全国第二大电力上市公司。截至 2018 年底，公司资产总额 2725.11 亿元，控股装机容量 5530.59 万 kW，控制煤矿总资源储量 29.72 亿 t；总股本为 196.50 亿股，员工总数 25 586 人。

国电电力股票在二级市场表现良好，先后入选上证 50 指数、上证 180 指数、沪深 300 指数和《福布斯》首批世界最受信赖公司榜单，保持着国内 A 股绩优蓝筹股地位。先后荣获中国上市公司百强、全景投资者关系金奖、中国上市公司金牛基业长青奖等资本市场重要奖项；荣获全国“五一”劳动奖状、全国文明单位、全国电力行业优秀企业等荣誉称号。

领导班子

总经理、党委副书记：冯树臣

党委书记、副总经理：吕志韧

党委委员、总会计师、工会主席：姜洪源

党委委员、副总经理、总工程师：许琦

党委委员、副总经理：顾玉春、贾吉林

党委委员、纪委书记：云天宝

组织机构 国电电力设置本部职能部门 20 个，拥有分公司及内核企业 22 家；全资及控股企业 69 家，其中控股上市公司 1 家，为宁夏英力特化工股份有限公司；参股企业 24 家，其中参股河北银行 19.02%，是河北银行的第一大股东；筹建处及项目部 4 家。

企业战略 国电电力认真贯彻落实国家能源集团发展战略，结合公司工作实际，制定公司发展战略。战略目标为建设具有全球竞争力的世界一流综合性电力上市公司。发展战略为以电为主，以煤为辅，创新引领，管理先进，质量第一，效益优先，安全高效，绿色低碳，建设具有全球竞争力的世界一流综合性电力上市公司。战略安排如下：第一步，到 2020 年达到国内领先水平，成为国内电力上市公司标杆企业；第二步，再通过五年努力，到 2025 年达到世界领先水平，跻身世界一流电力公司行列；然后，再通过持续不断的努力，巩固扩大领先优势，到 2035 年成为具有较强影响力的世界知名电力公司。

人力资源 国电电力拥有中高级技术职称人数 5556 人，技师以上人数 2713 人，涵盖电力、煤炭、化工、管理等十余个专业。完善干部选用机制，在国家能源集团系统率先实施领导干部选拔任用动议提名和全程纪实制度。推进人才强企工程，选拔产生优秀年轻干部 177 名，选聘青年英才 120 名。拓宽员工职业发展通道，评审产生首席师 79 名，技术专家 157 人，高级技能人才和技术人才 539 人。加强领导干部培训，连续举办四届企业领导人员研修班，共 316 名企业领导人员参加培训。实施国际化人才选育，选拔 50 名高素质人才开展“国际化人才”脱产集训，为公司稳步实施“走出去”战略提供支撑。强化专业技术和技能人才培育，组织开展人力资源、财务、法律、火电集控运行、风电运检等专业培训班，推进全员素质提升工程。完善收入分配机制，坚持收入与业绩同增同减，完善差异化分配体系，建立员工收入增长导向机制。

安全生产 国电电力深入实施本质安全工程，建立健全安全生产保证、监督、风险预控、应急管理四大管控体系，坚持开展安全第一责任人述职，坚持非停约谈、考核、通报机制，各级安全生产责任有效落实。建立健全风险预控和隐患排查治理双重预防机制，严控风险、严查隐患、强化治理，全年排查各类隐患 7867 项，挂牌督办公司级重大隐患 12 项，隐患整改完成率 95.96%，东胜、邯郸、库车等 9 家单位、公司 37 台机组全年实现“零非停”。推进标准化建设，全部火电企业通过复评，8 家水电企业通过验评，35 个新能源场站通过达标验收。

经营管理 坚持新发展理念，推进高质量发展，资产结构持续优化，60 万 kW 及以上火电容量占火电装机比例达到 63.13%，清洁可再生能源装机占比达到 37.29%。全力推动火电板块挖潜提效，新能源、水电、煤炭板块发挥效益支撑作用，实现利润 51.46 亿元，营业收入 654.90 亿元。全面防范化解重大风险，发挥上市公司优势，获得上交所储架发行公司债券资格，成功完成 530 亿元 DFI 注册，累计发行公司债券 66 亿元、超短期融资券 118.5 亿元、中期票据 70 亿元；搭建“点对点”银企对接平台。强化市场营销，成立新疆、宁夏、蒙西、浙江、江苏、安徽售电公司，参股辽宁、河北、云南售电公司，发挥营销合力，开拓电力市场，确保收益最大化，年发电量完成 2132.21 亿 kWh，同比增长 5.50%，获得市场电量 882.49 亿 kWh，占上网电量的 43.49%，发电利用小时 4058h，高于全国平均利用小时 196h。加强燃料保供控价，准确把握市场趋势，实施“超前、错峰、低价”合理储煤，对矿直购比例超过 70%，现货阳光采购比例 100%，掺烧经济煤种 5574 万 t，节约燃料成本 12.53 亿元。

科技创新与信息化建设 实施创新驱动发展战略，召开首届科技与管理创新工作会议，确立“十三五”期间科技创新项目 20 项、管理创新项目 10 项。

公司层面搭建23个管理创新和7个技术创新平台，承担国家重点研发项目2项，获得国家行业级科技项目奖项17项。全面推进智慧企业建设，按照“国电电力本部智能大数据管控中心”+“智慧火电、智慧风电、智慧水电、智慧矿山”的总体布局，覆盖生产、经营、发展、党建等各个领域。

节能减排 坚决打好污染防治攻坚战，制定《国电电力生态环境保护三年规划（2019—2021）》，推进实施火电机组超低排放改造，提前两年完成国家节能减排行动计划。截至2018底，完成超低排放改造机组64台，装机容量3311.2万kW，占总装机容量的94.84%。加强设备治理，强化经济运行管控，主要经济技术指标持续改善，供电煤耗完成297.71g/kWh，同比降低1.85g/kWh；19台机组在全国大机组能效对标竞赛中获奖，5台机组被评为5A机组；3台机组获评国家能源局可靠性对标优胜机组。

党建工作 深入学习贯彻习近平新时代中国特色社会主义思想和党的十九大精神，认真落实全面从严治党“两个责任”，国电电力党委、纪委首次与基层单位党委、纪委签订年度党建党廉工作责任书，构建了党建工作闭环管理体系。开展落实国企党建会精神“回头看”和专项检查督导，推动贯彻全国国企党建会精神具体措施100%得到落实。坚持把党委研究作为“三重一大”决策前置程序，国电电力党委全年研究前置决策事项140项。持续深化“抓支部、强堡垒”工作，深入开展“社会主义是干出来的”岗位建功行动，各级党组织围绕企业经营发展，攻关解决重难点问题3972项。荣获“2017年度全国电力行业思想政治工作优秀单位”称号和“改革开放40年中国企业文化四十标杆企业”等荣誉。

电力扶贫 坚决贯彻落实党中央打好精准脱贫攻坚战决策部署，制定《2018—2020年扶贫工作方案》，重点推进生态保护与精准扶贫相融合、保持社会稳定和长治久安与精准扶贫相融合、脱贫攻坚与扶智扶贫相融合三大品牌建设，扎实开展四川、青海、新疆等地区精准扶贫工作。全年投入扶贫资金4935.44万元，分别向青海曲麻莱县、新疆库车县派出两名援助干部，向新疆喀什伽师县选派6名副处级干部任村第一书记，统筹各方面资源推进脱贫攻坚，树立了良好社会形象。

主要事件

2月1日，国电电力获得国家能源集团目标责任制考核A级。

2月6日，国电电力首台燃气机组——国电湖州南浔天然气热电有限公司燃气-蒸汽联合循环机组通过96h试运。

2月22日，国电电力荣登“2018全球最有价值的50大公用事业品牌”榜。

3月28日，国电浙江北仑第一发电有限公司首家实施600MW机组锅炉整体接长技术，为机组丰富配煤掺烧、降低燃料成本奠定了扎实基础。

3月30日，国电电力重大资产重组方案通过股东大会，国电电力和中国神华能源股份有限公司将以各自持有的相关火电公司股权及资产，共同组建由国电电力控股的合资公司。合资公司组建后，国电电力控股装机容量将超过8000万kW。

4月8日，国电电力连续四届获评“最受投资者尊重的上市公司”。

5月10日，国电电力股东大会批准2017年度利润分配方案，连续8年现金分红比例超50%。

5月17日，国电电力生产运营管控系统建设及应用项目获电力企业信息技术应用创新成果一等奖。

5月25日，国电电力承办2018年中国能源板块上市公司研讨会。

6月4日，国电电力发电板块158家核算体实现财务集中管控信息化整体上线。

7月10日，国电电力再度上榜《财富》中国500强，位列134位。

7月29日，国电电力系统25个新能源场站获全国对标A级，其中6个风电场、1个光伏电站获评5A级。

8月14日，国电电力牵头承担国家重点科技研发项目——“超低NO_x煤粉燃烧技术”项目。

10月22日，国电电力风电板块年累计发电量突破100亿kWh。

11月15日，国电电力荣获“中国上市公司金牛基业长青奖”。

11月17日，国电电力荣获全国“改革开放40年中国企业文化四十标杆单位”荣誉称号。

（杨鹏科）

【龙源电力集团股份有限公司】

公司概况 龙源电力集团股份有限公司（简称龙源电力）成立于1993年，当时隶属国家能源部，后历经电力部、国家电力公司，在2002年电力体制改革中划归中国国电集团公司。2017年，中国国电集团公司、神华集团有限责任公司合并重组，龙源电力隶属于国家能源集团。2009年，龙源电力在香港成功上市，创下中国电力企业在境外首次公开发行融资额最大、市盈率最高等多项第一，被誉为“中国新能源第一股”。2015年，龙源电力风电装机容量达到1576.5万kW，超越西班牙IBERDROLA（伊比德罗拉）公司，成为世界第一大风电运营商。截至2018年底，龙源电力控股装机容量超过2000万kW，其中风电近1900万kW，继续保持全球最大风电运营商地位。经过25年发展，龙源电力现已成为以新能源为主的大型综合性发电集团，业务分布于国内32个省市区和加拿大、南非等国家。龙源电力在中国证券“金紫荆”奖评选中，多次荣获“最佳管理”“十三五最具投资价值”“最具品牌价值”“最佳上市公司”等奖项，连续6年被评为“全球新能源500强”企业，先后获得“全国五一劳动奖状”“全国文明单位”等荣誉。

领导班子

总经理、党委副书记：贾彦兵

党委书记、副总经理：黄群

党委委员、副总经理、董事会秘书：贾楠松

党委委员、副总经理：张滨泉

党委委员、总会计师：常世宏

党委委员、副总经理、工会主席：金骥

党委委员、纪委书记：胡延波

组织机构 截至2018年底，共设置18个职能部门，共管辖发电及技术服务类企业43家，其中省级新能源发电企业30家、海外新能源发电企业2家、火电企业2家、技术服务类企业5家、培训基地2家、海外投资管理和投融资公司各1家。

安全生产 贯彻落实国家能源集团战略，推进安全生产经营各项工作。一是健全安全管理体制机制。汇编安全监督工作制度，内容涵盖最新安全规章60余项，为安全监督提供了制度保障；制定《安全监督考核办法》，对各类失职缺位行为严肃问责；修订《风电生产安全管控分析表》，新增安全风险点和预控措施49项，有效降低了人身伤害和设备损坏等事故风险；完善风电设备检修标准化管理体系，细化明确各级各类检修周期、流程、工艺及标准，持续提升检修管理水平。二是强化设备缺陷集中治理。编制13种主力机型电气作业安全手册，制定有效防护措施，降低作业风险。全面排查设备运行缺陷，并针对老旧机型集中性故障缺陷，实施精准诊断，制定整改方案，机组稳定性得到进一步提升。

经营管理 实施积极经营策略，强化资产管理，防控经营风险，盈利水平再创新高。一是全面防控经营风险。按照国家能源集团要求，开展全面风险管理体系试点建设，并高分通过验收。强化财务集中管控，杜绝计划外付款。严控“两金”规模，发行央企首期10亿元绿色ABN（资产支持票据），打造行业绿色产品标杆。二是财务管理取得成效。深化预算分析和过程管控，开展多维度对标，加大月度考核力度，推进成本线下移。创新融资渠道，年度资金成本率继续保持行业先进水平。

科技创新 提升科技支撑能力，承担国家及行业标准制定5项，新增专利授权38项，“三叶片新型潮汐发电机组设计”等2个项目获得省部级科技进步奖，主编的2项能源行业标准获国家能源局批准执行，涌现了“潮间带风电新型单桩基础设计”“大直径单桩嵌岩技术”等一批具有核心竞争力的科技成果。推动风电场监控系统标准化建设，自主研发的风电机组监控系统，实现了14种主流机型的统一管理。在国家能源集团首届科技大会上，获评科技创新先进单位，10项科技成果获科技进步奖。

国际业务 积极稳妥“走出去”，加拿大德芙林项目投产以来，连续4年保持盈利；南非德阿项目2018年实现投产即盈利。国资委主任肖亚庆调研德阿项目时，对“走出去”工作，尤其是南非风电项目成果给予高度评价。

信息化建设 坚持“顶层设计、统筹规划、分步实施、尽快见效”原则，召开公司信息化专题会议，明确信息化的建设思路、目标定位，以及管理部门和职责职能，以信息化建设为引擎，全面提升管理水平，助推公司高效运行。

工会工作 一是大力实施惠民工程。深化绿色关爱，组织系统内劳模先进及家属62人疗休养。开展送温暖活动，公司班子成员深入基层走访慰问一线、劳模、困难和离退休职工。建立健全职工文体协会，开展有利于身心健康的文体活动，形成了职工与企业共同发展、和谐共赢的局面。二是扎实做好群团工作。坚持职代会制度，充分听取职工意见建议，提案办理率100%。组织公司系统第四届职工篮球赛，33支代表队、315名选手参赛，丰富了职工生活。

党建工作 以习近平新时代中国特色社会主义思想为指导，深入学习贯彻党的十九大精神，切实把学习成果转化为推动企业改革发展的强大动力。一是扎实推进党建责任制落实。深化党建管理信息系统建设，推动党建考评体系有效实施，借助信息化平台，对基层党组织党员管理、党支部标准化建设等工作进行监督检查。聚焦全面从严治党，构建巡察工作体系，开展了首轮政治巡察。二是强化监督执纪问责。编写“两个责任”全程纪实手册，全过程记录落实“两个责任”及“一岗双责”情况。坚持廉洁日常谈话，落实抓早抓小。积极配合集团党组第三巡视组开展工作，针对反馈的问题立行立改。三是提升基层党组织战斗力。深化“做安全卫士、做治企表率”实践活动成果，精选8个优秀案例进行集中展示。大力开展“社会主义是干出来的”岗位建功活动，设立党员责任机组1226台、示范岗524个，成立党员攻坚队143支，党组织战斗堡垒和党员先锋作用得到有效发挥。

电力扶贫 响应打好打赢精准脱贫攻坚战号召，通过委派干部挂职、保护绿色生态、搭建电商平台、实施医疗救助等多种举措，成功推动定点帮扶的山西右玉县实现脱贫。精心选派优秀干部挂职右玉县副县长和贫困村第一书记，学透政策，扎根基层，积极为地方办实事，很好地发挥了公司与贫困地区的桥梁纽带作用。建立“右玉绿色生态保护扶贫基金”，选聘贫困护林员对绿色生态重点保护区进行管护。充分发挥企业自身优势，投入1000万元建成1.49MW右玉村级扶贫光伏电站，可帮助400多户贫困家庭每户年增收3000余元。

主要事件

3月2日，由中央电视台与工业和信息化部联合制作的大型纪录片《大国重器第二季》正式开播，纪录片第五集收录了龙源电力所属江苏如东风海上电场和浙江温岭江厦潮汐电站运行画面，从海上风电与潮汐发电两方面展示了公司在海洋经济取得的成就。

3月15日，龙源电力首届“首席师”培训生毕业答辩会在南通培训中心举行，这是迄今为止龙源电力投入最大、培训时间最长、规划级别最高的技能人才培训活动。

4月19日，龙源电力在2018年度全国电力企业文化建设工作交流会暨企业文化建设示范单位现场会上荣获“2017年度全国电力行业企业文化建设示范单位”称号并作经验交流。

7月17日，中国驻加拿大全权大使卢沙野一行参观访问龙源电力德芙林风电场。

9月8日，龙源电力江苏大丰H7海上风电项目刷新公司迄今为止最长单桩基础沉桩纪录。

10月14日，国务院国资委主任、党委副书记肖亚庆赴龙源南非公司调研。

12月5日，第八届中国证券“金紫荆”奖评选结果在香港揭晓，龙源电力在千余家上市公司中脱颖而出，荣获“最佳上市公司”奖。

（*林启鑫*）

【国电大渡河流域水电开发有限公司】

公司概况 国电大渡河流域水电开发有限公司（简称大渡河公司）于2000年11月在成都高新区注册成立，是国家能源集团所属最大的集水电开发建设和运营管理于一体的大型流域水电开发公司。目前主要负责大渡河流域和西藏帕隆藏布流域开发，拥有大渡河干流、支流以及西藏帕隆藏布流域水电资源约3000万kW。大渡河流域规划28个梯级电站开发，总装机容量约2340万kW。大渡河公司负责干流17个梯级电站的开发，涉及四川省三州两市12个县，总装机容量约1762万千瓦。大渡河公司投产电站有龚嘴、铜街子、瀑布沟、深溪沟、大岗山、枕头坝一级、猴子岩、吉牛、沙坪二级等9个大渡河流域电站及二台子、上河坝等12个其他区域小电站，总装机容量1173.5万kW；在建电站有金川、双江口（公司代管）2个电站，总装机容量286万kW；前期筹建项目有巴底、丹巴、老鹰岩等7个项目，总装机容量约362万kW，形成了投产、在建、筹建稳步推进的可持续发展格局。帕隆藏布流域已完成流域规划报告（咨询稿），初步规划了“一库九级”方案，规划装机容量1142万kW。

截至2018年底，大渡河公司资产总额为893.5亿元，在川投运装机约占四川统调水电总装机容量的1/4。公司有机关部门13个，基层单位21个，职工2125名；有基层党委16个，党（总）支部84个，党员1429名。公司先后荣获全国“五一”劳动奖状、全国文明单位、全国模范职工之家、国务院国资委“抗震救灾先进集体”、中华慈善突出贡献企业、全国企业文化建设最佳实践企业等荣誉称号，被评为中央企业先进基层党组织、中央企业思想政治工作先进单位；获得国家科技进步奖二等奖1项，获得第24届全国企业管理现代化创新成果一等奖、四川省科技进步奖一等奖等省部级以上科技奖励11项。

领导班子

董事长：高嵩

总经理、党委副书记：涂扬举

党委书记、副总经理：何仲辉

副董事长、党委副书记：高建

党委委员、副总经理：王春云、胡卫、王存福、严军

党委委员、总会计师：李仕堂

党委委员、纪委书记：高廷源

安全生产 严格落实安全风险管控责任，动态管控重大危险源，安全风险可控在控。推进安全文明生产标准化建设，制定并落实三年达标计划。落实“安全隐患排查深化年”要求，印发《安全生产诚信承诺和诚信报告制度》，开展“重细节、找问题、强管理”专题活动，完成流域七厂九站检修改造任务，设备健康水平持续提升。加强防汛安全管理，开展实战应急演练，成功应对“5·21”乐山沙湾突发山洪险情和“7·12”瀑布沟建库以来最大洪水。全面建成安全风险管控数据中心，有效防控了猴子岩开顶、大岗山黄草坪滑坡体变形加剧风险，安全风险管控数据中心获第三届中国设备管理创新成果一等奖。连续9年获中央在川及省属重点企业安全生产先进单位，被评为四川省唯一的电力企业安全监管同业对标综合标杆企业，实现连续安全生产4872天。

生产经营 坚持以效益为中心，提升发展质量，大岗山水电站获得国家优质工程金奖，沙坪二级6台机组实现高标准投产，金川水电站实现核准。多渠道争取有利政策，促成瀑深枕三站联调补偿等优惠政策

落地。科学研判市场，动态调整合同谈判策略和节奏，实现年度保价增量目标。强化财务集中管控，落实“两压双控”措施，度电可控成本同比降低22.06%，资产负债率较2017年末下降1.6%，资金归集率99.5%。

科技创新 响应国家“双创”号召，依托智慧企业建设，加快推进由传统能源生产企业向创新型能源综合服务企业转变。布局电能替代市场，发挥好成都清洁综合能源公司平台作用。落实与成都市政府签订的战略合作框架协议，参与成都低碳经济新模式建设，成为成都低碳城市试点建设的第三方专业服务机构。统筹推进氢能发展研究，与东方电气等燃料电池研发机构签订战略合作协议，成为成都市氢能联盟副理事长单位，在城市交通、燃料电池储能等方面超前布局。整合成立大汇科技平台公司，拓展技术研发、产品推广、咨询服务等新产业，科技产业新签合同金额超亿元。2018年获得国家科技进步奖二等奖1项、省部级以上科技奖励11项，新增知识产权授权29项，13项标准同时在编。

深化改革 推进体制机制改革，加快建设可持续发展的智慧管理体系。稳步推进机构改革，优化调整机关部门，组建枕沙分公司和大数据服务公司。履行“三重一大”决策程序，加强公司“三会”管理。推广全面风险管理体系建设，提高风险防范能力。落实“法治国家能源”建设要求，完善公司“两集中、一监督”试点工作方案，健全公司法律组织体系。启动实施高技能人才、长期运龄津贴制度，优化提高艰苦边远地区补贴标准。

党建工作 深入贯彻习近平新时代中国特色社会主义思想和党的十九大精神，坚持融入中心、服务大局、做实党建、发挥作用，坚定不移推进全面从严治党向纵深发展。开展“大学习、大讨论、大调研”和“新时代、新使命、新担当”主题党日活动，推进“社会主义是干出来的”岗位建功行动，组织开展建党97周年、改革开放40周年系列活动。组织流域党建工作专题督查，开展全国国有企业党的建设工作会精神“回头看”，推进国家能源集团党建督导反馈意见整改落实。加强党务干部队伍建设，抓实考核评价，完善智慧党建系统，推广国家能源集团党建信息化平台应用。全面加强党的纪律建设，持之以恒正风肃纪，落实党风廉政建设责任，集中开展整治形式主义、官僚主义工作，针对性开展党风廉政宣传教育和专项检查，常态化开展约谈提醒，完成4个单位巡察。坚持全心全意依靠职工办企业，加强企务公开民主管理，实施惠民工程209项，完善多层次干部职工培训体系，提升了职工幸福指数。抓好青年创新工作室建设，9项职工技术成果获得省部级表彰。

电力扶贫 贯彻落实党中央、国务院和四川省委省政府脱贫攻坚部署，履行定点帮扶单位工作职责，成立扶贫工作领导小组和办公室，抽调专门力量推进脱贫攻坚各项工作，完成四川省和国家能源集团扶贫工作年度考核目标。按照国家能源集团党组统一安排，自2018年9月接手凉山州普格县定点扶贫任务以来，结合地方实际，实施“一路一培两助两村两点”扶贫项目8个，选派优秀挂职干部3名，投入帮扶资金2600余万元。按照省委省政府统一部署，会同省自然资源厅和相关职能部门，参与甘孜州丹巴县、乐山市峨边县脱贫攻坚工作，投入200余万元，开展产业帮扶等项目，完成丹巴县半扇门乡腊月山三村和乐山市峨边县庞沟村精准扶贫任务。同时，发挥大渡河爱心帮扶基金会优势，组织实施年度爱心帮扶计划，重点开展精准扶贫、捐资助学、改善教育卫生条件等爱心帮扶项目13项，帮扶资金总计158万元。

主要事件

8月5日，2018全国企业文化现场会在成都召开。中国企业联合会、企业家协会授予大渡河公司“全国企业文化建设最佳实践企业”称号。

11月27日，大渡河公司参与编写的《智慧企业指引》在2018智慧企业论坛上发布，这是国内首部智慧企业白皮书。

12月26日，大渡河干流猴子岩水电站接入大渡河公司流域生产指挥中心远方集中控制试运行，大渡河公司流域远控水电统调装机规模达到1075万kW。

12月31日，大渡河公司年发电量达415亿kWh，超额完成年度发电任务。

（赵　影）

【国华电力公司】

公司概况 国华电力公司是北京国华电力有限责任公司和中国神华能源股份有限公司国华电力分公司的统称。北京国华电力有限责任公司成立于1999年3月，按照原神华集团有限责任公司资产上市方案，部分资产于2005年2月注入上市公司，并设立了中国神华能源股份有限公司国华电力分公司。2017年11月，神华集团有限责任公司与中国国电集团公司重组，成立国家能源投资集团有限责任公司，北京国华电力有限责任公司成为国家能源集团以火力发电为主营业务的全资子公司。

国华电力公司依托国家能源集团“煤、电、路、港、航”一体化的资源优势，按照“点、线、面”相结合的方针策略，重点在坑口、港口、路口和负荷中心建设了一批高效率、高参数、大容量火电机组，形成了“选址好、造价低、管理新”的综合竞争优势。国内资产主要分布在全国15个省、直辖市、自治区，境外投资项目分布在印度尼西亚苏门答腊岛和爪哇岛。截至2018年，国华电力公司拥有24家发电单位，运营装机容量4180万kW；其中60万kW煤电机组及以上容量占比79.3%，超临界、超超临界煤电机组容量占比58.6%。

2018年，国华电力公司全年完成发电量2053亿kWh；利用小时5037h，比全国平均数高676h；实现营业收入690.04亿元，经营利润98亿元，经济增加值14.48亿元。

领导班子

北京国华电力有限责任公司党委书记、董事长，中国神华能源股份有限公司国华电力分公司党委书记、总经理：宋畅

北京国华电力有限责任公司党委副书记、总经理，中国神华能源股份有限公司国华电力分公司副总经理：李巍

北京国华电力有限责任公司党委委员，中国神华能源股份有限公司国华电力分公司总工程师：陈寅彪

北京国华电力有限责任公司党委委员，中国神华能源股份有限公司国华电力分公司副总经理：耿育

北京国华电力有限责任公司党委委员、纪委书记，中国神华能源股份有限公司国华电力分公司纪委书记：邢仑

北京国华电力有限责任公司党委委员，中国神华能源股份有限公司国华电力分公司副总经理：许定峰

组织机构 2018年底，国华电力公司本部共设17个部门，包括办公室（档案室）、党建工作部（工会办公室、团委）、安健环监察部（电力安全监察中心、应急管理办公室）、生产技术部（调度室）、内控审计部、法律事务部、纪检监察部（巡视办公室）、节能环保部、战略发展部（国际合作部、核电发展办公室）、人力资源部（社会保险办公室、离退休人员办公室）、财务产权部、经营管理部（营销中心）、物资管理部、基建项目部、工程建设部、科技信息部。

安全生产 着力加强安全风险预控管理体系建设，正式发布实施新版《安全风险预控管理体系》《国华印尼发电单位安全管控体系建设管理办法（试行）》，所有发电营运单位年度安全环保评价审核全部达标。强化应急救援管理，编制典型应急预案范本，应急视频会议系统全覆盖，“掌上国华”App实现安全信息共享。台山、惠州两厂成功抵御台风“山竹”，成功处置线路跳闸、高潮位外排水困难等突发事件。全年未发生各类事故和环境污染事件；机组等效可用系数95.2%，连续7年高于全国平均水平。

节能减排 位列“2018中国绿金企业100优”榜单第一名，荣获第十届中华环境优秀奖。全面实现超低排放，改造机组54台，容量3305万kW，所有30万kW以上煤机的烟尘、二氧化硫、氮氧化物等各项污染物全部实现超低排放；供电煤耗降至300.04g/kWh，同比降低1.8g/kWh，能耗保持先进。神华国华（北京）燃气热电有限公司作为首都唯一一家发电单位获得第二届“首都环境保护先进集体”殊荣。

经营管理 挖掘内外部潜力，积极探索市场增长途径，全年完成发电量2053亿kWh，首次突破2000亿kWh，全口径市场占有率116%。持续推动非电产品销量稳步增长，通过内施改造、外拓客户，系统内供热（汽）机组达到45台，同比增加4台。海水淡化业务保持稳步增长，全年淡化水外销量1001万t，新增用户8家。持续开展重点厂燃料经济采购与合理配烧，全年节约成本4600万元。售电业务闯出新天地，3个售电公司共获得用户代理电量98亿kWh，占国家能源集团获得用户代理电量（236亿kWh）的41.5%。

企业发展 深入贯彻新发展理念，稳步推进已核准煤电项目，试点分布式和新能源项目，服务高品质能源企业建设。一是坚持“所有能为企业带来价值创造的改变都是创新”理念，做好存量资产经营，积极推进盘山创新升级及延寿示范项目。二是拓展国际市场，继续深耕印尼电力市场，发挥既有项目品牌优势，探寻“一带一路”国家投资机遇。三是加大清洁能源发展力度，推动阳江风电项目；立足现有电厂选址，努力拓展与光伏、风电耦合发电。四是推进能源综合利用，开发热、电、冷、汽多联供项目和烟气余热回收利用，提高能源综合利用效率。支持国家及地方建设工作，参与雄安新区建设和军民融合项目。

科技创新 持续加大科技研发投入，年度批复科技创新项目立项49项。组织完成国家科技支撑计划课题“大型燃煤电站近零排放控制关键技术及工程示范”和中国工程重大咨询研究课题“碳约束条件下我国煤炭利用优化研究”，完成“极寒地区空冷岛运行方式智能优化研究”等8个国家能源集团重大科技创新项目及56项国华级科技创新项目专家评审验收。新聘院士专家5人，目前在站院士10人，专家11人。获得2018年度中国电力科学技术奖6项，中国电力创新奖6项，中国煤炭工业协会科学技术奖1项。

党建工作 深入贯彻习近平新时代中国特色社会主义思想和党的十九大精神，坚定不移推进全面从严治党。坚持“有根有力有效”原则，实施“党建领航工程”，党建与生产经营进一步融合。学习贯彻十九大精神做到全覆盖，台山电厂党委用棋局思维扎实开展党建工作，以宁海电厂、准格尔电厂党委为试点分别开展“双星融合”实践，研究成果获中央企业政研成果一等奖，孟津电厂党委《电力“三票”在政工业务中的应用示范》获“2018年度电力企业管理创新论

文大赛”二等奖。集中整治形式主义、官僚主义，集中约谈党政负责人147人，选聘第三届工作作风监督员110名。推动国华文化的传承与发扬，开展了“文化月”活动、“新时代新担当新作为”大讨论、“讲梁家河故事、做大国顶梁柱”巡讲等活动，被首都精神文明建设委员会授予“首都文明单位标兵”荣誉称号。

主要事件

1月23日，国华电力公司荣获“2017年中国走进东盟成功企业奖”。

2月28日，神木发电公司两台11万kW机组关停。

4月25日，台山发电公司4号60万kW机组超低排放改造项目通过验收，国华电力公司30万kW以上燃煤机组全部实现超低排放。

6月2日，国华电力公司获“2018中国绿金企业100优”榜首第一名。

6月20日，国华九江发电公司2号100万kW机组投产，标志国华电力公司总装机容量突破4000万kW。

7月7日，九江公司1号100万kW机组投产，一期工程完成。

9月2日，南苏发电公司完成第十八届亚运会保电任务。

9月19日，南苏发电公司荣获亚洲电力“年度煤电项目银奖”“年度独立发电企业（印度尼西亚区域）”两项荣誉。

11月14日，国华电力公司“双星融合”政研课题荣获“2018年度中央企业党建思想政治工作优秀成果一等奖”。

11月15日，南苏发电公司被印度尼西亚国家矿能部授予“2018年最佳电力奖”。

（吴京晶）

【国神集团】

公司概况 国神集团是国能集团有限公司和神东电力有限责任公司的统称，实行“一个平台、两个公司、一体化运营”的管理模式，是国家能源集团“以电为核心、煤为基础、煤电一体化发展”的特一类综合能源企业。主要资产分布在新疆、内蒙古、陕西、山西、东北、宁夏、川渝等中西部地区，多年来开发建设了一批大容量、高效环保机组和高产高效矿井，以及一大批资源综合利用发电项目，为国家西部大开发、振兴东北老工业基地、支持革命老区发展等做出了积极贡献。

截至2018年底，资产总额1329.7亿元，运营发电总装机容量2660.25万kW，生产煤矿7座设计（核定）产能4600万t/年。在建火电项目5个，总装机容量654万kW；在建煤矿1座、产能1100万t。

领导班子

董事长、党委书记：刘志江

党委副书记、副董事长（正职级）：王治禄

党委副书记、总经理：李瑞欣

副总经理：陈维民

工会主席：董云鹏

副总经理：徐建杰、李沛然、彭广虎

总经济师：周明立

组织机构 截至2018年底，在全国16个省、市、自治区拥有全资和控股子（分）公司71家，其中18家分公司、26家全资子公司、27家控股子公司。本部设置19个职能部门。员工总数20 013人。

主要指标 2018年，完成发电量1193.57亿kWh（含新机试运电量10.58亿kWh），煤炭产量4082.66万t，煤炭销量4408.13万t；实现经营利润33.22亿元。

安全生产 加强安全体系建设，严格落实《发电单位生产领导干部下班组跟班管理办法》，深入推进“一岗一网一中心”安全监察体系建设，逐级签订安全生产目标责任书，修订《安全工作奖惩规定》，完善安全生产考核体系。加强安全风险管理，发电单位全面应用风险管理信息系统，实现作业任务、生产区域、设备故障的危险源辨识与风险评估、控制措施制定与执行以及风险预警的全过程信息化管理；全面推广《员工人身安全风险分析预控本》，深入推进风险预控票“四点八步”管控流程，员工安全风险辨识和预控能力显著提高；持续开展风险预控体系检查与审核，各单位每月对体系运行情况进行自查，公司每季度开展全覆盖的体系审核，对发现的问题，严格按照“五定”原则做好闭环整改。加强技术监督。细化公司技术监督简报内容，下发技术监督简报10期，专业分析事故原因。完善技术监督问题库台账，建立台账14期。实时跟踪问题的整改进度，督促问题整改落实。强化预警、告警管理，共下发24个预警、告警通知单，并不间断跟踪一级、二级告警问题整改方案和实施进度。全年组织现场查评30次涉及26个单位，出具查评报告22份，提出重要问题14项。加强检修维护，2018年安排等级检修机组33台次。同时加强检修技改全过程控制，累计派出检修监理24组，有效提升检修质量和检修管理水平。

企业改革 2018年全部完成6家单位27个分离移交项目的管理职能移交和资产移交，涉及分离移交户数40 247户，维修改造面积104.3万m^2，协议总金额30 946.37万元。完成压缩管理层级任务；法人单位压减任务共13家，已完成12家。

经营管理 加强区域电、煤市场研判及沟通协调，主动与山西中铝等大用户沟通，签约交易电量25亿kWh，交易电价同比上涨7分/kWh，增利1.75亿元。寻求关停补偿电量替代，组织协调将重庆电厂关停补偿电量通过援疆电量的方式由新疆电厂代发；参与区域电力市场化改革，参股重庆电力交易中心，加入蒙东、蒙西、新疆和重庆电力市场管理委员会。加强对标管理工作，运营电厂指标达标率77.23%，同比提升2.15%。强化制度建设，2018年完成制度发布或发布审核共计143项，其中新增59项，修订84项。

科技创新 2018年完成项目研发投入7823万元，取得授权专利105项，其中发明16项。加大科技成果应用力度，“全负荷脱硝技术研究成果”先后在12台机组成功实施，单机节约宽负荷脱硝改造费用约2000万元，脱硝宽度优于同类型改造机组，显著改善锅炉启动运行条件，降低锅炉启动阶段空气预热器等尾部受热面二次燃烧的风险，机组启动耗煤量均降低20%～30%。“萨拉齐电厂煤质在线快速分析系统研究与应用项目”，解决了火电厂入炉煤传统取样、送样、化验结果滞后的问题，经中电联科技成果鉴定，主要技术指标达到了国际领先水平，具有推广价值。鸳鸯湖电厂“声波测温系统在600MW级燃煤锅炉炉膛温度测量上的研究及应用”项目，研发出频率可调电动声源的双层24点多路径声学测温系统，实现了炉膛二维温度场实时在线监测，每年可节省费用达到240余万元。

节能减排 实施超低排放改造，超低排放机组达到46台22 284MW，占火电装机的86%，煤粉炉全部实现超低排放。加强节能降耗管理，强化机组能耗指标的日监督、周分析、月考核，及时发现问题及时纠偏；组织各发电单位积极开展能耗诊断和能源审计，积极开展水平衡试验，进一步提升节能挖潜水平。

信息化建设 2018年信息化项目完成投入1042万元，分批次对34家运营和基建单位从制度建设、机房管理、网络管理、信息安全管理等方面进行现场检查，形成《2018年信息安全检查报告》，督促各单位对检查发现的43项信息安全隐患进行了有效整改。开发新能源实时监控系统，实现352台风机、20台光伏逆变器的远程监控。深化工业视频管控平台应用，实现电厂氨区、氢站、油区等重大危险源区域以及基建、检修技改高风险作业现场的远程监控。

工会工作 组织参加全国电力行业600MW超临界机组集控值班员技能竞赛，来自鸳鸯湖电厂两名选手分获第10、20名，分别被授予“全国电力行业技术能手”“全国电力行业优秀技术能手”称号。组织开展年度劳模先进评选表彰、职工经济技术创新、劳模先进事迹慰问宣讲、“安康杯”竞赛等系列活动，进一步激发了干部职工干事创业的激情与干劲。

党建工作 截至2018年底，国神集团党委下设46个党委、356个党（总）支部，共有党员7926人。坚持以习近平新时代中国特色社会主义思想和党的十九大精神为指引，严肃和规范党内政治生活，将“社会主义是干出来的”岗位建功行动纳入“不忘初心、牢记使命”主题教育，组织开展“新时代新使命新担当”主题党日、“七一品牌创建”、党员“亮身份、履承诺、做楷模”、民族团结一家亲等系列活动。全公司建立“党员示范岗”1228个、“党员责任区”958个，成立党员先锋队214个，开展志愿服务或献爱心活动411次，完成攻坚任务504项。加强共青团工作，举办“青春建功新时代”主题演讲比赛，开展青年创新创效活动，创建“青年创新基地”“青年科技创新工作室”，多支志愿服务队被授予电力行业雷锋式先进集体。

主要事件

1月8日，白马电厂“600MW超临界循环流化床锅炉技术开发、研制与工程示范”项目荣获国家科学技术进步奖一等奖。

4月9日，白马电厂创新成果《大型循环流化床锅炉冷渣机优化创新》喜获第六届全国电力行业设备管理创新成果奖一等奖。

4月25日，鸳鸯湖电厂电气二次班被授予宁夏回族自治区“工人先锋号”荣誉称号。

4月28日，亿利电厂热工班被内蒙古自治区总工会授予“工人先锋号”荣誉称号。

5月28日，焦作电厂上大压小异地扩建工程喜获2018年度中国电力优质工程证书。

7月4日，大港电厂工会被授予全国、天津市“安康杯”竞赛优秀组织单位。

7月22日，富平电厂2×350MW新建工程1号机组通过168h满负荷试运行。

8月30日，富平电厂2号机组通过168h满负荷试运行。

10月31日，内蒙古分公司巴音杭盖200MW风电工程22：59首台机组顺利并网发电。

11月3日，鸳鸯湖电厂二期3号机组首次并网一次成功。

12月19日，哈密电厂4×660MW项目工程获得中国施工企业管理协会2018—2019年第一批国家优质工程奖。

（王营华）

国家电力投资集团有限公司

【公司概况】 国家电力投资集团有限公司（简称国家电投）是中央直接管理的特大型国有重要骨干企业，肩负保障国家能源安全的重大责任，成立于2015年5月，由中国电力投资集团公司与国家核电技术有限公司重组组建，业务涵盖电力、热力、煤炭、铝业、物流、金融、环保、光伏、电站服务等领域，拥有核电、火电、水电、风电、光伏、生物质发电等全部发电形态，是国务院国资委确定的中央企业董事会、中央企业兼并重组、国有企业信息公开、国有资本投资公司试点企业，注册资本金350亿元。

国家电投是世界500强企业、全球最大光伏发电企业、中国三大核电开发建设运营商之一，拥有全球最先进的非能动三代核电技术，牵头组织实施具有自主知识产权的大型先进压水堆核电站、重型燃气轮机两个国家科技重大专项，是国务院国资委确定的智慧能源建设示范企业，牵头发起中国智慧能源产业联盟。

截至2018年底，国家电投资产规模1.08万亿元，资产负债率78.61%。电力装机容量1.4亿kW，其中清洁能源装机容量6861万kW，清洁能源占比49%；光伏发电装机容量1500万kW，居世界第一。煤炭产能8460万t，电解铝产能254万t。境外资产789亿元，境外业务范围涵盖45个国家，三大国际评级机构维持A类信用评级。员工总数13万人，所属二级单位68家。

【领导班子】

党组书记、董事长：钱智民

党组副书记、总经理、董事：江毅

党组副书记、董事：时家林

党组成员、副总经理、总会计师：杨亚

党组成员、副总经理：刘祥民

党组成员、副总经理：夏忠

纪检监察组组长、党组成员：陈维义

【组织机构】 见2018年国家电投组织机构图。

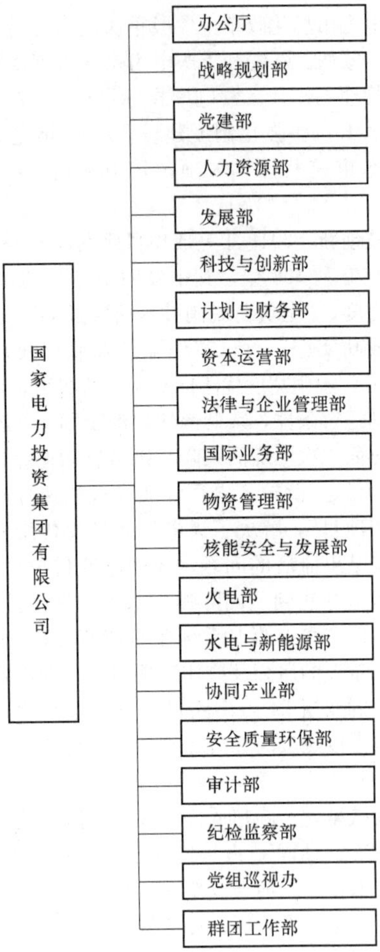

2018年国家电投组织机构图

【党的建设】 国家电投坚持以习近平新时代中国特色社会主义思想和党的十九大精神为指导，认真落实全国组织工作会、全国宣传思想工作会和全国国企党建会精神，按照中央企业"党建工作质量提升年"部署要求，持续加强党的领导党的建设。

各级党组织把方向、管大局、保落实，发挥了领导作用。开展全覆盖的"大党建"考核，促进了党建主体责任落实。抓基层、补短板、建机制，以党建促改革、促发展，提升了党建工作质量。制定完善党建工作制度、意见、办法21个，完成37家二级单位党组织成立、换届或委员增补。

党风廉政建设和反腐败工作深入推进。以贯彻落实党的十九大全面从严治党战略部署和中央纪委二次全会精神为重点，在全系统开展对照检查。从严监督执纪问责。严肃查处违反中央八项规定精神案件，发挥巡视利剑作用。认真落实审计监督全覆盖计划。

【企业战略】 2018年，国家电投认真贯彻落实党的十九大精神和习近平总书记关于能源革命的重要论述，深刻洞悉能源革命发展趋势，聚焦"建设世界一流清洁能源企业"和"建设中国特色现代国有企业制度"两大课题，最终确立了"2035一流战略"，致力于建设具有全球竞争力的世界一流清洁能源企业，明确了“先进能源技术开发商、清洁低碳能源供应商、能源生态系统集成商”战略定位，发布实施“十三五”及中长期发展规划，形成了国家电投高质量发展的战略指引。

【经营管理】 国家电投秉承“创新、协调、绿色、开放、共享”五大发展理念，具有鲜明的清洁发展、创新发展、国际化发展特征。2018年，高质量发展的条件逐步积累，业务增长前景向好，超额完成了国资委的各项年度考核任务。

2018年，国家电投规模总量和产业结构迈上新台阶，清洁能源装机占比48.92%，稳居4大发电集团之首，光伏装机1537万kW，保持世界首位，持续保持强劲发展势头；资产结构及经营指标持续向好，利润增长高于营业收入增长，投资增长的同时资产负债率下降；安全生产及管理指标不断改进；科技创新及产业升级能力进一步增强；打赢“三大攻坚战”成效显著。高质量发展呈现良好成色，展露强劲动势。

国家电投资产总额10 813.17亿元；2018年营业收入2266.56亿元，同比增长12.81%；实现利润108.18亿元，同比增长15.66%；净利润65.9亿元，同比增长21.18%。资产负债率78.61%，同比下降3.09个百分点。完成固定资产投资887亿元，新增电力产能1452万kW。电力装机容量突破1.4亿kW，清洁能源占比48.9%。光伏1537万kW，保持世界首位。全年完成发电量4980亿kWh，煤炭产量8059万t，电解铝产量251.4万t。国家电投资产结构和盈利质量持续优化，规模总量迈上新台阶，穆迪、惠誉和标普三大国际评级机构保持A类信用评级。

2018年国家电投主要经济指标见表1。

表1　2018年国家电投主要经济指标

项目	2017年	2018年	比2017年增长（%）
资产总额（亿元）	10 012	10 813	0.08
所有者权益（亿元）	18.75	21.84	3.09
营业收入（亿元）	2009	2266	12.81
利润总额（亿元）	93.53	108.18	15.66
净利润（亿元）	54.38	65.9	21.18
利税总额（亿元）	191.23	236.88	23.87

推进大型先进压水堆、重型燃机两个国家科技重大专项，实现了三代核电自主化依托项目四台机组全部商运。以规模化清洁能源基地落实国家重大战略，推进了清洁发展和区域协调发展。落实“一带一路”倡议，推动国际项目走深走实，提升了“国家电投”品牌国际影响力。坚决打赢“三大攻坚战”，完成了风险防控、精准扶贫、污染防治各项阶段性任务。各项工作取得积极进展，企业发展迈上新台阶，圆满完成了年度各项目标任务。

【改革发展】 国家电投深化中国特色现代国有企业制度建设。全面贯彻“两个一以贯之”，推动党的领导和公司治理有机融合，规范“三重一大”决策执行标准，进一步建立健全决策体系，明晰各治理主体权责定位。完善二级单位公司治理结构，外派董监事占多数的董事会和监事会组建完成。全面推进法治央企建设，在国资委履行法治央企建设第一责任人考核中排名第一。国有资本投资公司改革试点获得国资委批准。开展一流总部建设，将国家核电本部与国家电投总部深度融合，构建“战略、规划、计划”闭环管理体系和“计划、预算、考核、激励”工作落实体系，为推动战略落地、提升管理效率提供有力的机制保障。

【清洁发展】 国家电投践行绿色发展理念，加快公司产业结构转型与发展质量升级，推动清洁能源成为能源增量主体，推动传统化石能源为主向清洁能源为主转变，推动能源供应从规模速度向质量效益转变。截至2018年底，国家电投已基本形成以清洁能源为主、行业示范效应初显的绿色多元产业结构。坚持以清洁能源开发为主导，2018年清洁能源投资达586亿元，占公司总投资的68%，清洁能源占新增装机总量82%。

全球首批AP1000核电站投入商运，引领第三代非能动核电技术发展。截至2019年1月底，全球首批4台AP1000依托项目三门核电1号、海阳核电1号、三门核电2号、海阳核电2号机组全部商运，标志着中国三代自主化战略取得了重大突破。国家电投作为依托项目EPC总承包商，建成了完整的三代核电产业链体系，为中国核电发展作出了重要贡献。截至2018年底，控股运行核电机组5台，装机容量573万kW，参股运行核电机组权益容量108万kW，年发电量330亿kWh。

不断完善光伏产业链，推动光伏发电产业升级，光伏装机位居全球第一。电站分布在青海、河北、新疆等30个省区和日本、马耳他等国家。2018年，中标国家第三批光伏领跑基地项目164.5万kW，占比32.9%，排名全国第一。在中电联组织的运行指标评比中，国家电投13家光伏电站获评5A级，位列全国第一。

推进特大型陆上风电基地项目，稳妥开发沿海省区海上风电，大力拓展“一带一路”沿线国家风电项目。截至2018年底，投资运营风电装机容量1656.62万kW，较“十二五”末增加658.79万kW，共有215座风电场，年发电量305亿kWh，主要分布在国内23个省区和澳大利亚、智利、巴西等国家。大力拓展“一带一路”沿线国家风电项目，澳大利亚亚洛克、克劳兰以及智利蓬塔、黑山莫祖拉等风电项目陆续并网发电。

优质发展水电。在国内有序推进黄河上游、长江沅水支流两大流域开发建设，打造两个流域梯级水电站集群；在境外顺利接管、安全运营巴西圣西芒水电站，2018年实现发电60.74亿kWh。

【科技创新】 2018年，国家电投就加强和提升创新发展和成果落地的能力做出了一系列安排，以先进能源技术创新为核心，以产业创新为目标，以商业模式创新与业态创新为手段，以体制机制创新为保障，“产学研用”深度融合，实现了局部创新、孤立创新向系统创新、协同创新转变，构建了纵向一体、横向协同的组织管理体系和“宝塔型”研发体系。在《“十三五”及中长期发展规划》中专门对“创新驱动”的总体思路和目标进行规划，明确了近20项重点项目；依托“创新发展规划”，梳理了7个重点领域的10类研究型、20类研发型、20类示范验证型项目，初步确定了一批“跨越计划”项目；发布了《国家电投创新体系建设方案》，建立健全纵向一体、横向协同的科技管理机制，构建由先导层、核心层、支持层组成的研发体系；优化中央研究院、上海核工院、国核电力院等科研实体的职能定位和协同机制，着手打造光伏、风电、综合智慧能源等一批产业创新中心；实施军民融合体系建设和重点项目，推动军民融合深度发展。

在“2035一流战略”的驱动下，一年多来，国家电投承担的“大型先进压水堆核电站”国家科技重大专项取得一系列重大进展，掌握了一批世界先进水平的关键技术：“国和一号”完成型号研发和施工图设计，“国和一号”示范工程具备核准开工条件，这是中国自主研发的世界功率最大的非能动压水堆核电站，安全性、经济性和环境相容性达到三代核电的世界先进水平，标志着中国已经全面掌握了第三代非能动核电技术，也标志着中国核电技术达到世界一流水平。首台国产化AP1000主泵研制成功，“国和一号”非能动安全系统试验、数字化仪控系统工程样机研制等18项课题通过验收。

重型燃气轮机国家科技重大专项的目标是建立中国在重型燃机轮机领域的自主研发和设计能力，并通过专项进一步提升燃气轮机的制造、运行和维护能力。国家电投作为“重型燃汽轮机”重大专项的实施责任单位，已取得自主铸成大尺寸一级静叶、完成400MW级H/G级研发设计等里程碑成果。2018年，国家电投与德国西门子、意大利安萨尔多能源公司签署技术合作谅解备忘录，充分借鉴国际厂商的先进经验，加快实现具有完全自主知识产权的重型燃机技术的研发目标。

国家电投积极谋求氢燃料电池全产业链自主化，通过积极推进氢能源生产供应体系建设，稳步推进氢能示范应用和打造氢能利用全产业链，助力公司成为氢能产业链一体化发展服务商、氢燃料电池先进自主技术引领者、国家氢能产业发展的推动者。2018年，已推动部分性能指标达到世界领先水平，与多个地方政府及企业达成了氢能产业合作协议，组建氢能科技发展公司、氢能产业投资中心，天然气掺氢示范项目、制氢加氢站及氢能示范项目前期工作稳步推进。

2018年，国家电投黄河公司形成国家重点实验室分实验室和联合研究中心、国际联合创新工作室等，率先在国内打造了多晶硅制造－切片工艺－太阳能电池及组件－太阳能光伏发电为一体的垂直、协同光伏产业链。黄河公司晶硅材料和特种气体入选工业和信息化部工业强基工程重点产品，存储器工艺“一条龙”应用计划示范企业和示范项目。

光伏发电实证基地新增储能示范。国家电投黄河公司开展国内首条规模化N型IBC电池及组件项目建设，建成后电池平均转换效率将大于23%。国家电投中央研究院太阳能技术研究所在南昌高新区搭建高效异质结光伏电池研发试验平台，在现有光电转换效率22.5%、优于同行且成熟量产光伏电池技术基础上，重点开展高效低电阻金属栅线晶体硅异质结（C－HJT）光伏电池的技术研发。

国家电投自主开发的以电力气象技术为核心的智慧化技术平台——御风系统，可提供全球超短期天气预报和提供15天的长期风力、海浪预报，通过寻找最优风电作业窗口，可以让风电场发电量提升10%以上，风力评估精确到1km×1km，通过精细化的风资源普查及评估手段、高效的风电场运维模式，最大化提升了风电产业的投资效益。2018年，御风系统成功发布并应用于乌兰察布项目。

在新能源、氢能储能、智慧能源等领域，国家电投秉承“绿色低碳，安全高效”发展理念，大力推进清洁能源技术进步，积极培育新业态，取得了一批高质量成果，包括“1000MW高效宽负荷超超临界机组开发与应用”、水光互补技术、高载能工业孤立电网消纳大规模风电、新能源全生命周期的智慧化技术平台——御风系统、三代铁铬液流电池储能系统、沸腾式泡沫脱硫除尘一体化技术等。

2018年，全年获得电力、核能行业科技奖23项，获得中国专利授权275件，其中发明专利82件，技术秘密360项，软件著作权80件。国家电投上海成套院“汽轮机系列化减振阻尼叶片设计关键技术及应用”项目获得2018年度国家科学技术进步奖二等奖。

国家电投所属单位主编国家标准5项、行业标准76项、军标1项；共获得电力、核能行业科技奖23项，获得中国专利授权275件。

2018年11月，国家电投牵头组建中能融合公司，发起成立中国智慧能源产业联盟，开展智慧电厂试点建设，部署安全态势感知平台试点，加快推动能源智慧信息平台建设和应用，打造“国家能源大脑”。

【国际业务】 国家电投积极贯彻国家“走出去”战略，致力于国际化发展，坚决践行“一带一路”倡议。坚持发挥核心优势，优选产业和布局，构建科学有效的境外发展战略，努力开拓国际市场空间，不断提升国际化发展能力。海外在运装机容量364万kW，在建1240万kW。

9月12日，国家主席习近平在第四届东方经济论坛全会上宣告中俄地区合作发展投资基金（简称中俄基金）正式成立。国家电投作为母基金的主发起人，同时主导设立能源电力子基金，将专注于能源产业投资，聚焦国家电投业务范围内的中俄两国及友好第三国或地区的重点区域合作项目。巴西SAE和巴基斯坦KE股权并购、土耳其第三核电等项目开发稳步推进。积极参加首届中国国际进口博览会，与14家境外供应商签署了合同和意向书，金额185亿元。

聚焦核心主业，聚焦重点区域，推动核能、光伏、水电、风电、清洁煤电等优势产业及工程技术服务“走出去”。2018年接管巴西圣西芒电站并实现安全运营，当年盈利超过11亿元；越南永新煤电、智利蓬塔风电实现商运，巴基斯坦胡布煤电项目首台机组并网；马耳他能源项目、智利篷塔风电项目成功入选国资委《中央企业共建“一带一路”研究报告（2019）》。

【安全生产】 国家电投不断强化绿色运营和安全生产，积极推进安健环体系（HSE）建设，致力于建设环保低碳、安全可靠的世界一流清洁能源企业。

强化责任制落实，印发《安全生产三大责任体系建设指导意见》，并完成对东方能源等11家二级单位安全生产尽职督察；夯实安全生产基础，深入开展班组安全建设和应急能力评估工作；提升安全生产水平，大力推进新能源发电企业安全目视化示范项目建设工作；增强安全生产意识，发布《安全“和”文化读本》，升版发布《安全生产十三五及中长期规划》。2018年完成春节、“两会”、博鳌论坛、上合组织青岛峰会、中非合作论坛北京峰会以及首届进博会等重大事件、重要时段的电力安全稳定供应。

2018年完成安全生产年度目标，实现“七不发生”，实现“未发生负主要责任的人身事故”，实现了国家能源局统计范围人身伤害“零事故”目标。严格遵循《核安全法》，确保了核与辐射安全，推进质量体系建设和经验反馈，未发生一般及以上质量事故。国核工程有限公司“以核安全为先”的质量管理模式，荣获国家市场监督管理总局颁发的第三届“中国质量奖提名奖”；上海电力股份有限公司、上海核电工程研究设计院有限公司，荣获上海市人民政府颁发的“2018年度上海市市长质量奖”。

【绿色运营】 国家电投重视生态环境保护，发布实施《国家电力投资集团有限公司生态环境保护提升行动方案》，针对生态环境保护意识能力、风险预控、污染防治攻坚、生态环境治理、绿色创新发展以及管理品牌建设6个领域，确立24个提升方向，制定83项行动任务，为助力建设世界一流清洁能源企业奠定基础。深入推进污染防治。推进霍林河露天煤矿生态治理恢复，三板溪水电厂通过环保专项验收，完成控排企业核算核查，开展煤电超低排放改造及非电领域污染防治。

大力推进火电机组的升级改造和落后产能的淘汰，持续优化火电装机结构。2018年，投入技改资金72.05亿元，其中火电节能改造资金12亿元，环保改造资金26.2亿元，实现火电煤耗300.38g/kWh（标准煤），同比下降2.27g/kWh。为投资运营的火电机组100%安装脱硫设备和脱硝设备，加大对火电机组超低排放改造，使其排放指标达到甚至优于燃气机组水平。通过全面开展废气、废水、固废、噪声等污染综合治理，满足国家固定污染源排污许可要求全面实现污染物达标排放。国家电投山东院承担主体设计的华能莱芜2×1030MW二次再热超超临界燃煤发电机组工程，各项环保指标全面优于国家超低排放限值，获得亚洲电力奖2018年度燃煤发电项目金奖，也是中国唯一一个获得该奖的火电机组项目。

【信息化建设】 着力培育新业态、新动能，以新疆五彩湾电厂和贵州普安电厂为试点建设“智慧电厂”，启动水电大数据平台和智能水电厂建设，搭建智慧能源平台。落实国资委“工业互联网技术应用试点”要求，成立中能融合智慧科技公司，组建工业领域智能化技术联盟，推动能源行业智能转型。

为贯彻落实党中央、国务院关于“大众创业、万众创新”战略部署，助力“制造强国、网络强国”和“互联网+”行动深入实施，国家电投与工业和信息化部携手中国计算机学会大数据专家委员会等单位联合举办2018年“创客中国”国家电投大数据及智能应用创新创业大赛。2018年11月29日，国家电投双创平台获批国家工业和信息化部2018年制造业企业级“双创”资源汇聚平台试点示范项目。国家电投双创平台，集聚系统内外资源，按照线上+线下协同创新模式倾力打造的面向全社会、具有能源行业专业资源支撑的双创平台。其中，线上平台——和创网，通过创新动态发布、技术供需对接、创新资源共享、创新创意赛事举办、在线协作交流等，实现创新要素与创新需求的匹配，推动国家电投内外协同创新。目前已在多业务领域实现供需对接，并成功举办国家电投大数据及智能应用创新创业大赛、国家电投首届职工创新大赛等赛事活动，发掘了一批优质项目和优秀团队。线下平台——创客空间，位于北京市未来科学城所属中央研究院，为系统内外双创团队提供科技创新条件和配套支撑服务，包括政策咨询、资源对接、应用推介、定制服务、后勤保障等，着力推动科技成果孵化转化。目前，首批双创团队已入驻创客空间，开展双创项目孵化工作。双创相关赛事优质项目也在线下平台展开孵化。

【人力资源】 坚持党管干部，落实中央企业领导人员管理规定要求，修订完善制度体系。完胜党的十九大精神集中轮训任务，培训领导人员 4044 人。加强干部监督，开展选人用人专项巡视，严格执行领导干部个人有关事项报告制度。

国家电投人才学院立足“质量立院、人才强院、品牌兴院”的发展方向，以一流的培训质量铸就一流人才，加快助推国家电投战略落地，努力为公司创造更大的价值。10 月，人才学院通过上海质量体系审核中心审核，取得 GB/T 19001－2016/ISO 9001：2015 质量体系认证。人才学院资源配置合理，改进机制完善，实现了质量体系与信息化系统的有效融合，使人才学院成为培训行业为数不多通过质量体系认证的企业培训机构，标志着人才学院质量管理提升到了新水平。

深入推进员工职业发展。深入实施《员工职业发展管理办法》，完善经营管理、专业技术、操作技能多通道并行的职业发展路径，引导不同类型、不同专长员工选择适合自己的职业发展道路，做到人尽其才、才尽其用。

坚持党管人才，深入实施人才优先发展战略，建立完善分类人才库，畅通职业发展多通道。制定《关于开展分类人才库建设推进骨干专业人才培养的实施意见》，按照职能管理、科技研发、国际化、专业技术 4 大类别，领军人才、高能人才和高潜人才 3 个层次，分类分层建立骨干专业人才库。对选拔入库的骨干人才实行统筹调配、集约使用、精准培养，打造富有竞争力的主力人才阵型，充分发挥骨干人才在生产建设、经营管理和科技研发各领域的引领、带动和攻坚作用。2018 年，聘任专业技术、专业技能高阶岗位 178 人。

开展知识更新和转型升级专项培训。围绕产业规划布局，紧密结合核能、氢能、海上风电、国际化等新兴产业发展的人才需求，大力开展知识更新和转型升级专项培训工程。按照“个人自愿、双向选择”的原则，从火电、水电等传统产业，尤其是冗员单位中选拔员工作为新兴产业的储备人才，针对性开展新知识、新技能培训，根据工作需要适时向对口单位转岗流动，打造人才“蓄水池”。2018 年，组织开展主题劳动竞赛和 200 余项技能比武。为贯彻落实党中央、国务院关于“大众创业、万众创新”战略部署，助力“制造强国、网络强国”和“互联网＋”行动深入实施，国家电投与工业和信息化部携手中国计算机学会大数据专家委员会等单位联合举办 2018 年“创客中国”国家电投大数据及智能应用创新创业大赛。大赛旨在激发员工创新活力，提升企业核心竞争力，树立创新典范。上海成套院、北京公司、吉电股份、河南公司等所属单位积极参与大赛，公司内部共征集 150 多道赛题，上海成套院“智能炉管检测机器人”项目获得创意组第一名。

【和谐企业】 严格遵守《中华人民共和国劳动法》《中华人民共和国劳动合同法》等法律法规，依法雇用员工，为员工缴纳“五险一金”，严禁性别、种族等歧视，杜绝童工及任何形式的强迫劳动，建立职代会制度，强化民族管理，确保员工的反馈和诉求得到有效传达和回应。2018 年集体合同覆盖率 100%、社保覆盖率 100%，员工体检及健康档案覆盖率 100%，在岗员工 120 254 人，女性员工 27 431 人。

建立国家电投职代会制度，强化企业民主管理。扎实做好关爱员工工作，全年慰问困难职工、先进模范等 7272 人次，救助特重病职工 841 人，组织劳模疗休养 122 人。

（姜力琪）

【黄河上游水电开发有限责任公司】

公司概况 黄河上游水电开发有限责任公司（简称黄河水电公司）是国家电投控股的大型综合性能源企业，成立于 1999 年 10 月。主要从事电站的开发与建设；电站的生产、经营、测试及检修维护；晶硅产品、太阳能电池及组件的生产、销售；电解铝的生产、销售；矿产资源开发等业务。

领导班子

董事长、党委书记：谢小平

总经理、党委副书记：魏显贵

党委副书记、副总经理：白炎武

党委委员、副总经理：杨存龙

党委委员、副总经理、有色金属总工程师：于淼

副总经理、新能源总工程师：刘柏年

党委委员、副总经理：周杰

党委委员、副总经理：胡一栋

党委委员、纪委书记、工会主席：孙蔚泓

党委委员、副总经理：王兴玉

财务总监：葛明波

副总经理：王思德

组织机构 机关本部：办公室（董事会办公室）、规划发展部、海外部、经营部、人力资源部（体制改革办公室）、财务产权部、物资与采购部、企业管理与法务部、科技管理部、工程技术部（征地移民办公室）、水电与新能源生产技术部、电力协同产业部、火电部、安全质量部（环境保护部）、审计内控部、政治工作部、纪检监察部、工会办公室、巡察工作领导小组办公室、扶贫工作办公室。

本部职能中心：资产管理中心、电力营销中心、纪检监察中心、安全环保中心、审计内控中心、会计核算中心、劳动人事与薪酬管理中心、培训中心、新闻中心、档案管理中心。

基层单位：电力技术公司、班多发电分公司、龙羊峡发电分公司、拉西瓦发电分公司、李家峡发电分公司、公伯峡发电分公司、积石峡发电分公司、陇电分公司、宁电分公司、中型水电公司、陕西能源公司、西宁发电分公司、兰州新区热电分公司、甘肃新能源发电公司、工程建设分公司、新能源集成公司、电力检修公司、物资公司、黄河配售电公司、羊曲发电分公司筹建处、非洲工作组、光热发电事业部、鑫业公司、矿业公司、光伏产业技术公司、新能源分公司、太阳能电力公司、风电公司、新能源投资开发公司、智慧能源公司、电力运营公司、光伏维检公司、新能源维检公司。

综述 2018年，黄河水电公司稳步推进清洁能源高质量发展，扎实推动改革创新，各项工作再创佳绩。全面完成国家电投下达的各项任务，首次获得综合业绩考核第一名；经营效益大幅增长，利润总额完成国家电投下达目标的134%，超额完成奋斗目标；年内投产新能源197万kW。截至年底，总装机容量达1792万kW，其中水电1083万kW、光伏388万kW、风电189万kW、火电132万kW。资产总额突破千亿元大关。科技引领、绿色发展及经济社会贡献等方面取得丰硕成果，交出了习近平总书记视察两周年的出色答卷。荣登“2018全球新能源企业500强”榜单，获得首届青海省“文明企业”称号。董事长谢小平当选“2018十大新能源年度人物”，荣膺“改革开放四十年能源变革风云人物”。太阳能电力公司西宁分公司荣获“全国五一劳动奖状”。

安全环保 狠抓责任落实和体系推进，实现“零死亡”安全生产目标。健全完善三个责任体系，开展班组安全管理评价，加强安全培训和制度规程调考，建立违章积分下岗和主要负责人连带处罚机制，推进承包商安全等同管理，安全基础进一步夯实。推进安健环体系建设，强化风险预控措施落实，安健环体系“二钻”以上单位超过90%，生产单位HSE管理工具应用率和固化率达到100%。针对洪水来势汹、持续长、杂物多的汛情，准备充分、沉着应对，落实防汛责任和各项措施，经受住大流量、长历时泄洪考验，确保了安全度汛。防控结合，开展各类专项检查和隐患排查治理，共发现隐患1363项，整改完成率99.6%。制定生态环境保护提升方案并推进。中央环保督查问题全部整改完成。持续提升环保设施设备水平，完成鑫业公司生阳极烟气治理等5项环保技改工作。西宁火电废水零排放项目荣获“2018年发电行业水处理技术创新成果”一等奖。

能源开发 研究国家政策导向，融入地方发展，编制完成《海南州千万千瓦级新能源基地基础设施建设规划》《海南州特高压外送基地电源配置规划》《黄河水电公司“十三五”及中长期发展规划》。以编制规划和制定相关方案为契机，集合产业优势和技术优势，开发海南特高压外送通道配套电源。探索推进新能源+储能、清洁能源供暖等能源发展的新途径新业态。编制完成西宁南片区供热规划、青南地区清洁能源供暖方案。加快“走出去”步伐，编制国际化发展规划，推进海外重点项目前期工作。狠抓“四大控制”，加强外部关系协调和内部资源优化，克服设备供应滞后、接入系统批复晚等诸多困难。多能互补100万kW、实证基地2万kW光伏项目完成“6·30”保电价投产目标；多能互补40万kW、共和45万kW、乌兰10万kW风电一次性并网；200MWN型IBC电池项目开工建设。夏日哈木镍钴矿采选项目取得环评批复，推进开工准备工作。加强全过程合规管理，加快前期手续办理和后期竣工验收，有效降低政策风险。18个项目完成土地证、房产证办理。羊曲电站河段环评和移民安置规划报告获得批复。拉西瓦、积石峡、班多水电站完成竣工结算和部分专项验收。拉西瓦水电站完成移民安置专项验收，为其他电站的移民验收积累了宝贵经验。巨亭电站提升至正常高水位，完成工程竣工验收。西宁火电及切吉敦曲等7个新能源项目完成竣工决算。

生产经营 联合黄河水利委员会（简称黄委）开展洪水资源化利用和龙羊峡水库汛期限制水位提升研究。加强水情预报与防洪调度相结合，研判黄河上游来水趋势，向黄委提出龙羊峡小流量泄洪的运行方式，及时调整龙羊峡以下各水电站水库的运行方式，最大限度减少弃水，多年调节水库和梯级水库群协调运行的作用得到充分发挥。经积极协调，并取得黄委和地方政府支持，龙羊峡电站投产31年来，首次达到2600m的设计正常蓄水位，水库运用取得重大突破。紧紧抓住黄河来水偏丰的机遇，统筹谋划，争取各方政策支持，全年发电量同比增加49%。水电，正确处理安全生产与发电效益的关系，加大汛前龙羊峡出库，加强设备巡查与维护，及时消除龙羊峡3号主变压器温度升高等设备缺陷，加强汛期拦污栅清理，确保机组长周期稳发满发。汛后及时部署机组检修和水毁工程修复，全年完成水电机组检修70台次，提高了电站持续生产能力。新能源，加强发电对标，持续改进生产管理；加强设备维护，及时消除各类缺陷；优化功率预测模型，提升发电效益。火电，狠抓燃煤采购管理，推行混配掺烧，狠抓精细化生产管理，完成换热首站建设，供电煤耗同比降低2.27g/kWh。加强市场分析和统筹谋划，创新实施水、火发电权置换，开展电力跨省跨区交易，水电新能源送山东、宁夏、陕西、江苏等10省区，外送电量同比增加45%，确保了电力消纳。在青海省“绿电9日”行动中提供了全网75%的电量，为打造清洁能源示范省发挥了中坚作用。制造业努力降本控亏。铝业，加快电解槽节能改造，开展铝水平提升专项工作，推行标准化作业，持续优化工艺管理，电流效率同比提高1.86%，综合交流电耗同比降低229kWh/t（铝），阳极二级品率同比提高17.7%。扩大铝液和光伏支架销售，开展套期保值业务。全年可控成本降低135元/t铝。多晶硅，加强洁净化操作检修管理，产品主要杂质含量同比降低50%以上。开展节能降耗，全年节约用电625万kWh、用水5万t、液碱7600t。开拓电子级多晶硅市场，全年销售329.7t。光伏制造，应用前沿技术，硅片每千克出片数提高到64片，双面PERC电池平均转换效率达到21.55%。优化减少人员130名，每年降低人工成本1400万元。加强生产经营分析，完善对标工作机制。扎实开展“两金”压控，存货同比降低2744万元；收回宁电、火电等各类陈欠账款6.01亿元，占应收陈欠账款的61%（不含补贴）。按期完成国家电投集团物资采购管理系统的推广应用。除大宗原材料外，物资集中采购比例达到97%，降低采购成本约5%。加强议价谈判，融资成本处于市场最低水平。完成15亿元的债转股工作，资产负债率降至70.76%。强化税收筹划，加强政策争取，每年减免土地使用税3947万元。

科技创新 建成世界一流光伏产业创新平台。光伏产业技术创新中心建成投运，科技创新硬件水平大幅提升。联合杜邦、华为、清华大学、弗朗霍夫等知名企业和高校及科研院所，建立了17个联合创新平台，成立了由院士及国内外知名专家组成的学术委员会，开展联合创新、协同创新。2个院士工作站和3个国家级重点实验室分支机构在公司落户。新增省级光伏发电技术工程研究中心和新能源材料与技术重点实验室。联合华为举办IV诊断等智能光伏技术创新成果全球发布会，承办青海省光伏产业技术创新与政策研究论坛。完善企业为主体、市场为导向，产学研用相结合的技术创新体系。研发投入8761万元，同比增加92%。开展自上而下的科技创新，参加国内国际学术交流，把握前沿技术发展，确定科研项目方向与技术路线。混凝土面板坝裂缝机理及防裂技术研究、组件回收产业化及设备国产化研究、多能互补发电调节控制研究、智慧能源关键技术研究等科研项目扎实推进。同时开展自下而上的科技攻关、技术革新和发明创造等活动。设立员工创新专项经费。职工（劳模）创新工作室达到15个。科技创新成果丰硕，入选2018年工业强基工程存储器“一条龙”应用示范企业，“电子级多晶硅工艺系统升级改进项目”“用于芯片硅外延制造的三氯氢硅产业化研究”入选示范项目。年内申请专利139件，获得授权81件，同比分别增加81%和98%。发布国家标准2项，申请软件著作权2项，完成省级科研成果评价15项。

机制改革 组建资产管理中心、电力运营公司、维检公司等单位，新的管控机制开始试运行。高水平建成西宁、西安新能源生产运营中心，陕西地区新能源和大通河流域水电站全部实现远程集控，青海地区新能源集控率达到81%。持续深化内部分配制度改革，风电公司、电力检修公司、中型水电公司等单位陆续实行市场化薪酬分配机制，项目部经理负责制、标准成本控制等配套制度同步运行。继续推进鑫业公司改革，完善KPI关键绩效考核，实施能源中心资产内部转让，完成“处僵治困”阶段性目标。因地制宜地开展“三供一业”移交，23个项目全部按期签订移交协议。

企业管理 加强审计与风险内控管理，在持续强化经济责任审计和工程审计的基础上，对6家单位创新开展履职专项内控评价。全面优化提升内控合规体系，决策、招标、合同、资金4个领域实现线上合规审查。深化“法律进企业、服务进基层”活动，提高依法治企和法律风险防范能力。深入开展制度评估、修编及宣贯工作，全年修编制度124部。本部通过“三标体系”认证；生产型单位质量管理体系贯标率达到100%。优化财务共享系统，资金计划在共享平台全流程管理，新增两家财务集中管控单位。加快信息化建设，加强网络信息安全管理，ERP系统拓展了综合统计和合同管理模块。

党群工作 开展政治理论学习教育，深入推进意识形态建设。逐级夯实责任，强化“三基建设”，不断增强各级党组织的创造力、凝聚力、战斗力。党建工作与生产经营深度融合，紧紧围绕“6·30”发电目标、防洪度汛等重点工作，开展“亮身份、见行动、作表率”主题实践活动，激发党员干部干事创业的新动能。认真做好国家电投集团党组首次政治巡视整改，整改率94%。成立巡察工作机构，制定五年规划，全面启动内部巡察。年内先后开展了4批次10家基层单位党委的政治巡察，把全面从严治党的责任传导到基层。以上率下推动“两个责任”落实，不断加大党纪党规宣传教育力度，扎实召开贯彻中央全面从严治党战略部署专题民主生活会。驰而不息纠正“四风”，加大监督检查力度，强化制度约束，作风建设在巩固中不断深化。总结完善派驻、联点单位垂直监督机制，不断提升监督质量和效果。加大企业文化宣贯力度，弘扬“扎根高原、艰苦奋斗、无私奉献、追求卓越”的企业精神，推进文化理念与公司战略、管理、行为的全面融合。新闻宣传多维度展示公司发展成果，在《人民日报》、中央电视台等媒体发表报道995篇，荣获中国电力新闻特等奖和一等奖。开展安全生产民主监督、技能竞赛等专项工作，全面提升员工安全意识和技能水平。获得青海省安全知识竞赛第一名。推进共青团改革，开展“安全生产·青年争先”等主题实践活动和青年创新论坛，激发团组织和青工队伍的生机与活力。2名青年荣获“全国青年岗位能手”，1个集体荣获“全国青年安全生产示范岗”荣誉称号。

扶贫工作 协助青海省政府化解省投集团外债到期兑付风险，稳定地区经济发展。承办“国家电投远方助学”研修班，系统培训了100名边远贫困地区骨干教师。成立扶贫工作机构，制定精准脱贫行动方案，大力开展脱贫攻坚。建成羊旗村清洁能源供暖示范项目，援建畜牧养殖合作社，购进并培育藏羊1100余只。广大员工捐款118.4万元建立了扶贫专项资金。定点帮扶的尕布村已实现脱贫摘帽。获得“省级定点扶贫先进单位”“成效显著的省级结对共建单位”荣誉称号。

主要事件

1月26日20:54，定边新能源董新庄风电场37号风机并网发电；21:57，王圈风电场25号风机并网发电。至此，定边董新庄、王圈风电场50台100MW风机全部并网发电。

4月19日，在中国电力技术市场协会主办、电力行业化学专业技术委员会承办的2018年发电行业水处理技术研讨会上，西宁发电分公司申报的“火电厂废水零排放技术线路选择与实践”项目荣获2018年发电行业水处理技术创新成果一等奖。

4月28日，太阳能电力公司西宁分公司荣获“全国五一劳动奖状”，海南新能源发电部河南光伏电站获得“全国工人先锋号”，黄河水电公司董事长谢小平荣获“青海省优秀企业家”称号。

6月24日，黄河水电公司水光风多能互补100万kW集成优化示范工程成功并网。该工程被列入国家能源局首批集成优化示范项目名单，工程分两期、单体容量各50万kW同步建设。

6月26日，国内首个光伏发电储能项目——试验基地20MW储能项目并网发电。至此，黄河水电公司光伏装机容量达388万kW。

6月20～28日，在开展的连续9天216h全部使用清洁能源供电的“绿电9日”行动中，黄河水电公司凭借在青973万kW的水电和314万kW的新能源装机，输送清洁能源供电量14.5亿kWh，约占全省供电量的75%。

7月11日，受持续阴雨天气影响，黄河上游出现明显的涨水过程，黄河龙羊峡水电站于7:15以约为1500m/s的出库流量开闸泄水。

8月23日11:18，国内首条量产规模的IBC电池和组件生产线——国家电投太阳能电力公司西宁分公司200MW N型IBC电池及组件项目开工仪式在西宁举行。

9月20日，在《人民日报》举办的第二届中国能源产业发展年会暨2018中国城市能源变革峰会上，黄河水电公司850MW龙羊峡水光互补光伏项目，被评为中国城市能源变革“十大样板工程”。

10月7日，历经17h连续抢修，公伯峡水电站及时处理了2号机组发电机上端轴与主轴补气装置支座把合面甩水的重大设备缺陷。

11月5日，黄河龙羊峡水电站首次蓄水至2600m水位，标志着龙羊峡水库运行水位这一重要参数达到设计值。

11月29日，由《能源》杂志社主办的“能源十年：过去与未来”2018年能源年会暨第十届中国能源企业高层论坛在北京召开，黄河水电公司被授予“能源十年新能源榜样企业”称号。

12月27日，黄河水电公司首个院士工作站——郝跃院士工作站获得青海省科协批复成立。

12月29日，工业和信息化部正式公布《2018年工业强基工程重点产品、工艺“一条龙”应用计划示范企业和示范项目名单》，黄河水电公司及“电子级高纯多晶硅工艺系统升级改进项目”“用于芯片硅外延制造的三氯氢硅产业化研究”两个项目上榜。

12月31日5:18，由黄河水电公司负责建设的国内最大单体85万kW莫合风电场成功并网，那仁10万kW风电场也同时并网，合计投产容量达到95万kW，这是世界上一次性并网容量最大的风电项目。

12月31日5:18，共和45万kW风电场并网发电。

（许为宁）

中国长江三峡集团有限公司

【公司概况】 截至2018年底，中国长江三峡集团有限公司（简称中国三峡集团）拥有二级公司22家（其中控股上市公司2家），从业人员2.53万人（含海外约1500人）。资产总额7500亿元，净资产3965亿元，资产负债率47.1%，可控、权益和在建总装机规模达到1.26亿kW，其中可控装机容量7030万kW，在建装机容量3551万kW，权益装机容量2169万kW，96%为清洁可再生能源。2018年，全年完成发电量超过2900亿kWh，实现营业收入938.3亿元，实现利润总额422亿元，信用评级继续保持国家主权评级，经营业绩考核连续11年为A。

中国三峡集团围绕清洁能源主业包括工程建设与咨询、电力生产与运营、流域梯级调度与综合管理、国际能源投资与承包、生态环保投资与运营、新能源开发与运营管理、资本运营与金融业务、资产管理与基地服务八大业务板块。业务遍布国内31个省、自治区和直辖市，以及全球40多个国家和地区。

2018年4月，国家发展改革委、国务院国资委印发中国三峡集团新战略发展定位，要求发挥好“六大作用”，即在促进长江经济带发展中发挥基础保障作用，在共抓长江大保护中发挥骨干主力作用，在带领中国水电“走出去”中发挥引领作用，在促进清洁能源产业升级中发挥带动作用，在深化国有企业改革中发挥示范作用，在履行社会责任方面发挥表率作用。同年12月，国务院国资委把中国三峡集团纳入十家创建世界一流示范企业之一。

【领导班子】

1. 中国长江三峡集团有限公司董事会

董事长：雷鸣山

董事：王琳

外部董事：丁中智、王志森、李燕斌、张元荣

职工董事：蔡庸忠

2. 中国长江三峡集团有限公司领导班子

董事长、党组书记：雷鸣山

董事、总经理、党组副书记：王琳

党组副书记、副总经理：林初学

党组成员、副总经理：王良友

党组成员、纪检监察组组长：龙飞

党组成员、副总经理：范夏夏

党组成员、副总经理：张定明

党组成员、副总经理、总会计师、总法律顾问：杨省世

党组成员、副总经理：孙志禹

【组织机构】 截至2018年12月底，中国三峡集团设有办公厅（党组办公室、董事会与监事会办公室）、战略规划部（海上风电办公室）、计划发展部、资产财务部、人力资源部、科技管理部（总师办公室）、环境保护部、质量安全部、企业管理部、法律事务部、市场营销部、审计部、党群工作部（工会工作部、直属党委办公室）、纪检监察部（纪检监察组办公室）、党组巡视工作办公室、宣传与品牌部、国际事务部、信息中心、招标采购管理中心等19个职能部门；设有流域枢纽运行管理局（三峡枢纽建设运行管理局）、移民工作局等2个特设机构；设有中国三峡集团发展研究院、中国三峡集团党校、中国三峡集团大学和中国三峡集团审计中心等4个直属机构；设有中国三峡集团公益基金会秘书处；设有综合能源分公司、福建分公司、西藏分公司、重庆分公司、广东分公司等5个分公司；共有21家全资和控股子公司，其中控股上市公司2家。

【节能减排】 大力发展清洁能源，清洁能源装机规模和发电量再创新高。中国三峡集团坚持生态优先、绿色发展，不断提高清洁能源发展规模，构建清洁低碳的能源体系。截至2018年底，中国三峡集团国内可控装机容量6164万kW，其中水电4944万kW（80.2%），风电594万kW（9.6%），太阳能363万kW（5.9%），火电263万kW（4.3%），可再生清洁能源装机比例高达95.7%，比2017年增长0.27%。2018年累计完成发电量2522.7亿kWh，其中95.8%为清洁能源电量。

推进资源全面节约和循环利用，能效水平不断取得新进展。通过开展三峡、溪洛渡、向家坝、清江梯级等电站联合优化调度，科学开展中小洪水优化利用，全年节水增发电量超103.4亿kWh。化石能源消费总量占中国三峡集团能源消费总量比例较2017年下降3.24%，清洁能源消费总量占中国三峡集团能源消费总量比例较2017年上升5.17%。发展壮大节能环保产业，全力推进长江大保护业务。2018年中国三峡集团以高度的政治担当和社会责任，承担起共抓长江大保护新的历史使命。长江生态环保集团公司等五大平台基本形成，试点城市累计先行先试开工项目16个，投资总规模约377亿元。全面落实乌东德水电站

库尾水环境保护措施，启动黑水河生态修复工程。积极实施梯级水库联合生态调度，宜都断面四大家鱼产卵13.3亿粒，再创新高。连续第60次实施中华鲟增殖放流活动，全年放流珍稀特有鱼类150余万尾。中国三峡集团荣获中国企业评价协会组织的首届“中国绿金企业100优”评选第二名。

【信息化建设】 信息化持续为集团业务发展提供有效支撑。智能建造在乌东德、白鹤滩应用迈上新台阶。智慧电厂建设拉开序幕。信息化为长江大保护业务开展提供支撑。TGPMS及时覆盖中国三峡集团所有工程建设项目。施工管理App为施工现场精细化管理提供支撑。水电工程造价管理系统基本建成。具有完全自主知识产权的新能源智慧资产管理系统验证试用。投资管理系统一期建成并验收。三峡智慧旅游系统建设取得初步成果。海外业务信息化建设全方位推进，输出三峡管理经验。

开创集团管控信息化建设新路径。引入微服务新技术，践行“双模IT”。开展综合信息门户改造，解决长期困扰不同系统、不同密码登录的难题；快速响应国家有关部委交办工作，完成3项“急、难”任务；持续优化指挥中心功能，创新采用卫星通信技术破解海上风电建设期视频监控和远程可视化项目管理难题。

网络安全情况良好，全年未发生重大网络安全事故。初步建成核心网络综合安全态势感知平台。开展网络安全专项行动，获得公安部肯定。以赛促训，在公安部组织的网络攻防竞赛中获得良好成绩。

信息化管理与运维服务不断提升。开展“十三五”信息化总体规划修编。组织参与编制国际标准3项，国家标准4项，行业标准4项。取得ISO27001和ITSS体系认证。保障了200多个信息系统稳定运行。

【党的建设】 2018年，中国三峡集团党组紧紧围绕新时代党的建设总要求和党的组织路线，坚持把用习近平新时代中国特色社会主义思想武装头脑作为首要政治任务，持续兴起学习宣传贯彻习近平总书记视察三峡工程重要讲话精神热潮，树牢“四个意识”，增强“四个自信”，切实做到“两个维护”；坚持以建强党的组织体系为重点，紧抓党建工作重点任务落实落地，持续推动党的领导和公司法人治理深入融合，健全完善管党治党的责任体系、任务落实体系和保障体系，开展“党建质量提升年”活动，聚焦薄弱环节推进党建工作任务清单化、内容标准化和管理信息化，党建工作呈现全面推进、重点突破、明显提升的良好态势；坚持以服务改革发展和生产经营为导向，突出政治标准和专业能力加强干部队伍和人才队伍建设，制定激励干部新时代新担当新作为系列文件，坚持不懈抓好党风廉政建设和反腐败工作，大力开展施工区大党建创建、党建工作联创联建、党员先锋岗、党员责任区、党员身边无事故等活动，为建设世界一流清洁能源集团提供了坚强组织保证。

【生产经营】 装机容量。2018年，中国三峡集团新增装机容量148.5万kW（不含呼蓄公司不再纳入合并范围减少抽水蓄能装机容量120万kW），其中新增风电61万kW、光伏85万kW。

截至2018年底，中国三峡集团可控装机容量7030万kWh，其中国内6164万kW，包括水电4944万kW、风电594万kW、光伏发电363万kW、火电263万kW；境外866万kW，包括水电820万kW、风电44万kW、光伏发电1.8万kW。

截至2018年底，中国三峡集团总装机规模1.28亿kW，其中可控7030万kW、权益2169万kW（国内1311万kW、境外858万kW）、在建3551万kW（不含已投产装机）。

发电情况。2018年，中国三峡集团完成发电量2901.6亿kWh，同比增加2.0%。其中，国内大型水电2234.9亿kWh、国内中小水电18.7亿kWh、国内新能源163.4亿kWh、国内火电105.7亿kWh、国际项目378.9亿kWh。

（严　艺）

【中国长江电力股份有限公司】

公司概况　中国长江电力股份有限公司（简称长江电力）是经国务院批准，由中国三峡集团作为主发起人发起设立的股份有限公司。

长江电力创立于2002年9月29日。2003年11月在上交所IPO挂牌上市，发行股份23.26亿股，发行价4.30元/股，股票代码600900。

截至2018年12月31日，长江电力股权结构为：总股本220亿股。其中，中国三峡集团持股57.92%，香港中央结算5.19%，平安人寿普通保险占4.49%，云南能投持股4%，四川能投持股4%，三峡建管公司持股4%，中国证券金融持股2.99%，阳光人寿吉利两全持股1.91%，中核集团持股1.19%，阳光人寿万能保险持股1.14%，其他投资者持股13.17%。

领导班子

1. 董事会

董事长：雷鸣山

副董事长：马振波

董事：陈国庆、何红心、洪文浩、宗仁怀、黄宁、周传根、赵燕、赵强

独立董事：张崇久、吕振勇、张必贻、文秉友、燕桦

2. 监事会

主席：杨省世

监事：莫锦和、夏颖、黄萍、盛翔

职工监事：姚金忠、王晓健、杨兴斌

3. 管理层

总经理：陈国庆

财务总监：谢峰

副总经理：薛福文、李平诗、关杰林、王宏

董事会秘书：李绍平

组织机构 董事会办公室、总经理工作部、战略投资部、生产技术部、财务部、市场营销部、企业管理部（审计部、法律事务办公室）、经营管理部、党群工作部、人力资源部、安全监察部（环境保护部）、纪检监察部、信息化工作部等13个职能部门；三峡电厂、葛洲坝电厂、溪洛渡电厂、向家坝电厂、检修厂、梯调中心、乌东德电厂筹建处、白鹤滩电厂筹建处等8个生产单位；三峡电能、国际运营公司、三峡高科、川云公司、长电资本等5家子公司；长电党校（长电学院）、技术研究中心2个直属机构。

经营情况 2018年，长江电力以习近平新时代中国特色社会主义思想为指导，坚决贯彻落实党中央和中国三峡集团决策部署，完成年度各项工作任务。全年实现利润总额270.42亿元，市值最高达3927亿元，发电量达2154.82亿kWh。各项工作取得新进展、新成效、新业绩。

梯级枢纽综合效益显著发挥。贯彻“三精”（精确调度、精益运行、精心维护）理念，梯级电站单日、单月和全年发电量，以及三峡、溪洛渡年发电量均刷新历史纪录。通过优化联合调度，梯级电站累计节水增发电量99.3亿kWh。三峡电站发电量首次突破千亿大关，再次刷新国内单座水电站年发电量纪录。三峡工程汛期成功应对4场超44 000m^3/s洪水，梯级水库累计拦洪150亿m^3；三峡水库连续第9年实现175m试验性蓄水目标，枯水期累计为下游补水227亿m^3。开展梯级枢纽联合生态调度试验。梯级枢纽巨大社会效益得到国家防总和社会各界高度评价。

安全生产态势保持平稳。以重大安全风险管控为抓手，推进双重预防机制建设。开展承包商安全施工能力评估和二十五项反事故重点要求实施情况评价，安全风险管控关口进一步前移。推进科技兴安，运用“互联网+”、大数据等信息化、智能化手段提升本质安全型企业建设水平。大坝安全管理信息系统顺利建成。设备关键性管理指标保持行业领先水平，全年没有因设备原因产生弃水。

配售电发展步伐加快。完成重庆区域配售电业务整合，为整合上市打下坚实基础。抢抓增量配电项目资源，参与开发8个国家配电改革试点项目。全年完成售电量170亿kWh，市场化售电能力进一步提升。吸收、借鉴葡电先进技术和经验，合作完成三峡坝区智慧能源规划。建成三峡太平溪岸电、江苏启东用户侧储能等项目，完成船舶电动化研究项目，配售电业务形态进一步丰富。

乌东德、白鹤滩电力生产筹建全面推进。完成乌东德、白鹤滩电力生产准备方案编制，各项筹建工作有序推进。持续践行“建管结合，无缝交接”管理理念，选派72名技术骨干参与工程建设相关工作。

围绕公司水电主业发展、新业务培育和国际市场拓展，全年新增对外投资约79亿元，实现投资收益约27亿元。初步具备与公司规模相适应的投资收益贡献能力。创新开展直接融资，全年共发行债券8期，筹集资金240亿元。

国际业务 跟随中国三峡集团“走出去”战略，支持巴西大水电运维管理，继续为马来西亚沐若水电站提供高端咨询服务，首次以投标方式竞得巴基斯坦风电运行项目，完成伊辛巴水电站运维培训，国际业务迈出新的步伐。承办中国三峡集团与伊泰普公司首次技术研讨会，参加IEA HYDRO和ICOLD等国际组织交流活动，扩大公司国际影响力。

主要事件

3月12日，乌东德水力发电厂筹建处、白鹤滩水力发电厂筹建处和三峡水利枢纽梯级调度通信中心昆明调控中心筹建处正式成立。

4月24日，习近平总书记考察三峡工程。听取了三峡工程建设、发电、水利、通航、生态保护等情况汇报，并发表重要讲话。

5月26日，世界单级提升高度最高的向家坝水电站升船机正式开始试通航。

6月19日，中国三峡集团在宜昌召开长江电力干部大会，任命马振波长江电力党委书记，并推荐为长江电力副董事长人选；陈国庆任长江电力党委副书记，推荐为长江电力总经理人选。7月24日，长江电力在宜昌召开2018年第一次临时股东大会，选举马振波、陈国庆和赵强担任第四届董事会董事。7月25日，长江电力召开第四届董事会第二十七次会议，会议选举马振波担任第四届董事会副董事长。

7月2日，葛洲坝电站新中央控制室正式投运，1985年建成的老中央控制室退出使用。

7月5日，三峡水库最大入库流量达53 000m^3/s，出库流量40 000m^3/s，削峰率近三成，2018年长江1号洪水通过三峡。

7月24日，三峡、葛洲坝、溪洛渡、向家坝四座梯级电站单日发电量达10.5082亿kWh，超2016年7月23日纪录（10.3498亿kWh）。

8月3日，国务院国资委印发了《国企改革“双百行动”工作方案》，长江电力作为中央企业子企业被确立为“双百企业”之一。

9月11～13日，中国三峡集团与伊泰普公司在三峡坝区召开技术交流会，深入交流水电运营管理经验，共同推动世界水利水电行业的进步与发展。长江电力组织承办此次交流活动。

10月31日，三峡水库坝前水位达到175m，2018年三峡水库175m试验性蓄水完成，这也是连续9年实现175m蓄水目标。

12月19日，长江电力职工家属区物业管理分离移交资产及管理交接进行签字确认，12月24日与宜昌市政府签署《长江电力宜昌区域市政社区移交协议》，并同步完成市政社区管理职能移交。至此，长江电力2018年剥离企业办社会职能工作全部完成。

12月21日，三峡电站年累计发电量首次突破1000亿kWh，成为中国首座年发电量破1000亿kWh的水电站，继2014年、2017年后第3次成为全球单座水电站当年发电量最高的水电站。

12月31日，长江电力所属长江干流三峡、葛洲坝、溪洛渡、向家坝四座梯级电站年累计发电2154.8亿kWh。其中，三峡1016.1亿kWh、溪洛渡624.7亿kWh；向家坝330.8亿kWh、葛洲坝183.2亿kWh。

中国核工业集团有限公司

【公司概况】 中国核工业集团有限公司（简称中核集团）是经国务院批准组建、中央管理的国有重要骨干企业，创建于1955年，前身为第二机械工业部、核工业部、中国核工业总公司。1999年7月，在原中国核工业总公司的基础上组建了中国核工业集团公司。2013年开始，中核集团组建董事会，并建立了与董事会相配套的经营管理体制机制。2017年12月，中核集团名称变更为中国核工业集团有限公司，企业类型由全民所有制变更为有限责任公司（国有独资）。2018年1月，经中央批准，中核集团与中核建设集团实施战略重组。中核集团作为中国核科技工业的主体，是国家战略核威慑力量的核心、核能发展与核电建设的主力军，肩负着服务国防建设和国民经济与社会发展的双重使命。注册资本金595亿元。2018年末从业人员人数15.4万人。

中核集团主要在核电、核燃料循环、核技术应用、核环保工程等领域从事科研开发、设计、建造和生产经营，以及对外经济合作和进出口业务，是国内投运核电和在建核电的主要投资方、核电技术开发主体、最重要的核电设计及总承包商、核电运行技术服务商和核电出口商，是国内核燃料循环专营供应商、核环保工程的专业力量和核技术应用的骨干，是国家核工程建设的龙头企业。

【领导班子】

党组书记、董事长：余剑锋

党组副书记、总经理：顾军

党组副书记：祖斌

党组成员、副总经理：杨长利、李定成、俞培根、李清堂、曹述栋、和自兴

党组成员、总会计师：陈书堂

党组成员、纪检组组长：王杰之

【组织机构】 见2018年中核集团组织机构图。

【安全生产】 2018年，中核集团核设施运行状况良好，处于安全受控状态，核设施流出物排放低于或远低于国家批准的限值，核设施周围辐射环境水平处于本底涨落范围，核与辐射安全保持良好记录，未发生INES 1级及以上核事件。在运21台核电机组中，6台机组WANO综合指标达到满分，另有3台机组进入WANO机组排名前四分之一。

【经营管理】 截至2018年末，中核集团可控发电装机容量2276.5万kW，其中核电1910.4万kW、水电184.5万kW、风电111.2万kW、太阳能68.0万kW、生物质能2.4万kW。2018年全年总发电量1306.6亿kWh，其中核能发电1177.88亿kWh，水电及新能源发电94.9亿kWh。

中核集团电力相关业务主要集中于旗下的上市公司中国核能电力股份有限公司（简称中国核电）和新华水力发电有限公司（简称新华发电）。截至2018年末，中国核电在运核电机组21台，在运装机容量1909.2万kW，在建核电机组4台，在建装机容量455.8万kW。2018年，中核集团旗下田湾3/4号、三门1/2号共4台机组投入商运，全年在建核电项目总体进展顺利，取得多个重大里程碑节点；新华发电控股水电装机容量184.5万kW，控股新能源装机也在逐步增长中。

中国核电荣获新时代文化建设标杆单位、福布斯2018年最佳雇主榜（全国第8名，全球第115名）、2018年度中国人才管理典范企业奖、2017年度中国上市公司信用500强、中国企业信用500强、连续第三年荣膺中国证券“金紫荆”奖等多项荣誉。秦山核

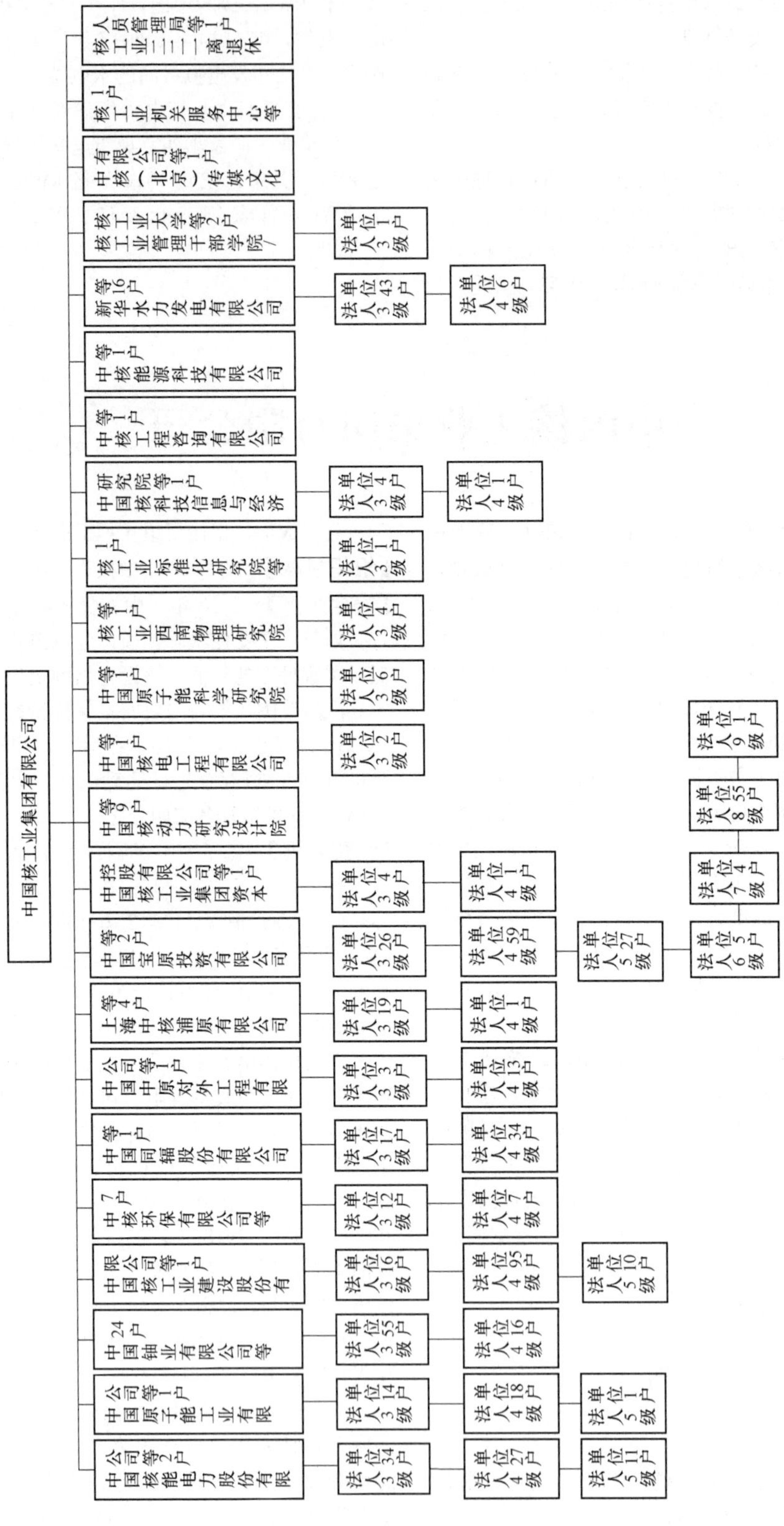

2018 年中核集团组织机构图

电荣获“中央企业工业文化遗产，红船·党性教育基地”；田湾核电获国家“高新技术企业”认证；海南核电获得中华全国总工会授予的“全国五一劳动奖状”荣誉称号；中核运行、海南核电荣获全国“安康杯”优秀表彰等众多奖项。新华发电投资兴建的阿尔塔什水力枢纽工程被评为“2018全国有影响力十大水利工程”。

【科技创新】 科技创新是企业增强核心竞争力的动力和源泉。2018年，中核集团全面贯彻创新驱动发展战略，在加快建设创新型集团方面做了一系列卓有成效的工作。一是发布中核集团“创新2030工程方案”，提出先进核能系统技术发展路线，确定重点研究型号与先导技术研究方向；二是与清华大学等四所高校建立校企合作新模式，形成“小核心、大协作”的产学研用一体化创新机制；三是出台中核集团科技成果转化细则，打通科研成果转化激励路径。

2018年，中核集团全年科研投入超过60亿元，取得了一批重大科研成果，荣获国家科学技术进步特等奖1项。荣获中国工业大奖1项。国防科技进步奖一等奖4项。专利申请突破3000件，2件专利获得中国专利优秀奖。中国原子能科学研究院1项重大成果荣获2018年度国家科学技术进步奖特等奖；中国核电工程有限公司荣获“中国工业大奖”；中核集团39项成果获2018年度国防科学技术奖，其中一等奖4项、二等奖12项、三等奖23项；核动力院、四〇四公司411班组和王多明分别获第三届中国质量奖提名奖；中核二三公司承建的纳米比亚湖山矿项目CC003标段工程荣获2018年中国建设工程鲁班奖；中国核电工程有限公司核能非标设备QC小组，江苏核电有限公司化学远航QC小组、电气采购QC小组，海南核电“常规岛仪控先锋队QC小组”、核协QC小组等5个QC小组荣获国际优秀QC成果金奖；获省部级科技成果奖50余项，专利授权235项，所取得的科技成果应用于电厂，为电站安全运行提供了有效支持。6月6日，中国核动力院和中核运行联合完成中国首个核电自主高端维修项目——秦山核电320MW机组稳压器安全端接管堆焊维修项目，合格率100%，打破了国外核电巨头对高端维修市场的垄断，为中国核电运维技术“走出去”打下了基础。高端维修技术聚焦于核岛设备，以设计可靠、自动化程度高、工艺稳定为特点，立足缓解材料退化、解除设备功能降级风险，是一项集成设计、材料、焊接、机电、检测等多专业的综合性工作，对科研、工程的技术水平要求极高。回火堆焊技术是核电高端维修的主流技术之一，其实质是通过在风险区域进行堆焊，形成新压力边界，以加强局部结构、改善应力分布，防止破损，同时纠正焊接热影响区的劣化组织，确保部件功能。此前，“稳压器安全端接管自动回火堆焊维修技术”于2015年12月通过了国家核安全局审查。9月20日，由中核阿海珐（上海）锆合金管材有限公司（简称CAST）生产的，用于华龙一号全球首堆——福建福清核电站5号机组的核燃料包壳管按照计划交付，标志着中国三代核电站核级锆合金管材实现了国产化。

【国际业务】

1. 境外投资与工程承包

“一带一路”合作。2018年度，中核集团落实国家“一带一路”倡议，与巴基斯坦、阿尔及利亚、巴西、阿根廷、伊朗等国家开展了电力方面的交流与合作。此外，与俄罗斯、保加利亚、沙特、加拿大、土耳其、韩国、乌克兰等国家核能合作也在逐步深入。

巴基斯坦：中核集团在巴基斯坦有1个在建核电项目2台核电机组承包工程，即K2/K3项目；K2/K3项目总体进展正常，合同里程碑节点按计划完成。全年完成多个重大里程碑节点，2018年9月29日，K3机组穹顶吊装完成，进入设备安装阶段。

阿尔及利亚：中核集团在阿尔及利亚有2台实验堆（B1/B2）改造项目。2018年，B1/B2项目进展总体正常，项目质量控制和安全管理状态良好。

俄罗斯：6月8日，上合青岛峰会前夕，在中共中央总书记、国家主席习近平和俄罗斯总统普京见证下，中俄双方签署了田湾7/8号、徐大堡新厂址、示范快堆、同位素热源等一揽子合作政府和企业间共7份文件，合同总金额超200亿元人民币，项目总造价超千亿人民币。

境外工程承包。2018年，中核集团旗下中核中原国际合作建设项目中涉及的巴基斯坦、阿尔及利亚2个国家，完成境外承包工程项目营业额121 790万美元，同比增长33%。中核中原在ENR全球最大250家国际承包商排名89位，完成营业额9.15亿美元，较2017年提升7位，首次进入中国参评公司前20。

2. 国际交流与合作

推动世界核电运营者协会（WANO）上海中心落地。WANO与中核集团共同倡议发起的第五中心将落户上海。WANO上海中心由WANO倡导、中核集团响应、国内其他涉核企业大力支持和通力协作的结果。推动WANO上海中心的设立和运作，是中国企业学习领会党的十九大精神和习近平总书记“打造国际合作新平台，增添共同发展新动力”重要指示精神，参与全球治理的又一次实践，将为世界核电安全可靠运行贡献更多的中国智慧和中国力量。2018年，中国核电组织开展14次WANO同行评估、经验反馈、培训与提升、技术支持与交流等活动。日常的经验反馈与信息共享也在积极有序开展，其中三门核电上报59份WER报告；承办1次WANO东京中心培训活动，有力提升了核电安全运行管理水平。

推动中英联合研发中心落地工作。暨2016年11月中英签署研发中心核心条款和研发中心揭牌后，国防科工局、英方商务能源工业战略部与中核集团，于2018年5月31日签署了新合作模式下的合作谅解备忘录。2018年上半年，中国核电与英方商务能源工业战略部和英国国家核实验室召开研讨会，形成商业计划书，并在英方政府审查进展缓慢的情况下从各方面积极开展协调工作，推动项目进展。

推进中加重水堆项目。中核集团及所属中国核电与加拿大兰万灵公司就双方开展中加重水堆领域合作展开了新的交流和探讨。双方在之前合作的基础上，共同推进未来重水堆项目开发、CANDU堆压力管更换等技术服务、项目退役等领域的合作，共同推动实现国内新重水堆项目的获准与开工建设，并考虑未来在第三国家开发建设新的重水堆项目。

开展高温堆国际推广工作。中核集团及所属中国核电与沙特能源城完成知识产权合作方式、产业链本地化方案、项目投资建设方案和商务模式等可行性研究工作，编制完成并向沙特科技城提交了联合可研报告、高温堆海水淡化可行性研究初稿。2018年4月，中核集团所属高温堆控股公司受邀出访约旦，与对方开展技术交流，并实地考察了3个高温堆拟选厂址。2018年6月，双方签订《约旦高温堆项目前期工作合作框架协议》，正式启动约旦高温堆项目前期工作。2018年5月，高温堆控股公司与印尼原子能委员会磋商《关于在高温气冷堆项目进一步合作的框架协议》初稿，开启了向印尼推广高温堆的征程。

与IAEA开展深度合作。9月17日，国际原子能机构（IAEA）第62届大会在维也纳召开。中核集团董事长余剑锋率团参加活动，中核集团受国家原子能机构委托承办中方展区布置，展览中国核工业完整产业体系以及华龙一号、高温气冷堆、燕龙低温供热堆等先进技术，展示“一站式核能系统供应商”核心竞争力。中国国家原子能机构与国际原子能机构签署《关于在应急准备与响应领域开展教育、培训、知识网络构建和管理及人力资源开发合作的实际安排》。中核集团代表国家原子能机构建设IAEA核与辐射应急准备与响应能力建设中心（CBC-EPR），这也是国际原子能机构继日本、韩国和奥地利后第4个CBC-EPR。

开展对外运维服务。中核集团所属中国核电紧紧围绕“规模化、标准化、国际化”发展战略，通过对国内机组运行经验的积累，加强对外服务的核心能力，为“走出去”积蓄力量。目前，在对外输出方面，主要以秦山核电对巴服务为代表，对巴基斯坦4台30万kW机组提供调试服务及核电机组运行的评估、检修。此外，还为巴基斯坦、阿联酋、沙特等国外和管理机构和企业提供相应培训。

【节能减排】 2018年，中核集团核电发电量1177.88万kW，同比增长16.98%，约占全国总发电量的1.68%，相当于减少标煤消耗3788.2万t，减排二氧化碳9011万t、二氧化硫32.7万t、氮氧化物37.4万t，造林约35.2万hm^2。2018年，中核集团风、光、水电等清洁能源发电量接近百亿kWh，在能源方面为国家绿色低碳循环发展做出积极贡献。

【信息化建设】 一是统筹建设ERP系统、数据中心，初步奠定“数字核工业”发展基础，推动网络互联互通，开展各下属成员单位之间的商网建设；二是推进总部信息化建设，扩展业务系统应用，相关专业和综合业务管理系统等系统陆续上线运行，显著提升中核集团信息化管理水平；三是推进产业数字化建设，全面启动“数字核电”一期重点项目建设，推动生产决策的信息化；四是全面提升成员单位信息化水平，稳步实施“两化融合”管理体系贯标工作，中核运行、江苏核电获“两化融合”管理体系评定证书，新华发电、中核建中成为国家“两化融合”管理体系贯标试点企业；原子能院获科工局“2017—2018年度军工行业信息化推进工作先进单位”；计算机所、中核北方获国资委“央企信息化应用典型案例”。

中国核电：2018年按期完成“数字核电”重点任务推进计划，在2017年工作推进基础上，进一步整合信息资源，加强信息化工作的统筹与落实；成立了数字核电业主联盟，加强对数字核电工作的统筹谋划，统一建设、成果共享。一是整合资源、强化管理、提升效能，推动一卡通、IT基础设施统一，完成中国核电下属5家以上单位统建系统推广，促进核电数字化转型。二是落实网络安全主体责任，调整设立公司网络安全与信息化委员会，成立网络安全实验室，加强信息安全（工控）能力建设，承接并完成中核集团核电行业密码规划与实施方案编制，举办首届网络安全宣传周活动，明确12条违章行为；策划并启动生产管理系统自主化研发专项；37份信息子领域管理导则全部完成；海南核电列入工业和信息化部贯标试点单位。三是组织完成秦山核电态势感知平台试点建设，包括平台搭建，态势感知平台数据接入，数据汇总展示功能等。四是建立了网络安全指标体系，实行网络安全绩效指标评价管理制度。五是推动工控系统测试平台建设。六是成立专项工作组参与编制了核安全局的《核电厂网络安全技术防护政策》、能源局的《网络安全行动规划》。

新华发电：完善信息化组织体系，严格落实安全责任制；持续开展安全保密等级测评和备案工作，提高信息安全保护能力和水平。将“信息化领导小组”和“信息化领导小组办公室”调整为“网络安全与信息化领导小组”和“网络安全与信息化领导小组办公室”，并加入了两化融合的相关职责。同时，要求所属各单位加强网络与信息安全组织体系建设，严格落实安全责任制，明确信息化管理部门的职责，加强网络安全管理制度建设。严格贯彻落实《中华人民共和国网络安全法》，按照“科学测评、认真整改、准确定级、及时备案”的要求，采取统谈分签的方式开展等级保护的测评、定级、整改、备案等工作，完成信息系统的安全评估及安全加固工作，有效保护基础信息网络的安全，提高了信息安全保障工作的整体水平。截至 2018 年底共完成 1 个三级和 78 个二级系统的测评、定级、整改、备案工作。

【党的建设】 中核集团深入学习贯彻习近平新时代中国特色社会主义思想和党的十九大精神，落实全国国有企业党的建设工作会议精神，全面加强党的领导和建设。落实“四同步、四对接”的要求，做到哪里有党员哪里就有党组织、哪里有党组织哪里就有健全的组织生活和党组织作用的充分发挥。以基本组织、基本队伍、基本制度为着力点，全面加强基层党建工作。推进党建工作理念创新、机制创新、方法创新、手段创新。以落实党建工作责任制为抓手，全面落实管党治党责任。充分发挥支部的战斗堡垒作用和党员的先锋模范作用，持续推进党的建设与生产经营深度融合。完善推广党建质量管理体系，全面提高党的建设质量。以信息化建设为载体，积极推进“智慧党建”建设。落实《中国共产党支部工作条例（试行）》，全面推行基层党支部标准化建设。

党建进章程，党组织发挥领导作用情况。坚持“两个一以贯之”，全面加强党的领导和建设，把党的领导融入公司治理各环节，把企业党组织内嵌到公司治理结构之中，进一步明确和落实党组织在公司法人治理结构中的法定地位。将党建工作要求写入公司章程。确保党组（党委）“把方向、管大局、保落实”领导作用贯穿、落实到企事业单位经营管理、改革发展的主要领域和关键环节。落实将党建工作要求写入公司章程，完善议事规则等配套制度，厘清党组织与公司其他治理主体的权责边界，严格落实党组织研究讨论董事会、经理层决策重大问题前置程序的要求。中核集团所属二级单位中，企业共 15 家。其中，建立规范董事会并已组建党委的有 13 家，均实行了党委书记、董事长由一人担任，党员总经理兼任党委副书记。探索部分科研院所等事业单位实行党委领导下的院长负责制，由党委书记作为一把手。还为符合条件的 15 家单位配备了专职党委副书记，专责抓党建和干部工作。

境外单位党的建设情况。加强对境外党建工作的领导和指导，将境外单位党的建设纳入党建工作统一部署。建立了 229 个基层党组织，2800 多名党员奋战在“一带一路沿线”。考虑境外特殊的政治经济和宗教文化因素，结合驻在国（地区）具体情况，把握原则要求，创新工作方法，简化操作流程，党组织机构、党内文件、党内职务、党员身份、党员活动一般不公开，做到内外有别、灵活简便、安全保密。

（吴海明　杨　挺）

中国广核集团有限公司

【公司概况】 中国广核集团有限公司（简称中广核），是伴随中国改革开放和核电事业发展逐步成长壮大起来的中央企业，由核心企业中国广核集团有限公司及 30 多家主要成员公司组成的国家特大型企业集团。1994 年 9 月，中国广东核电集团有限公司正式注册成立，注册资本 102 亿元人民币。2013 年 4 月，中国广东核电集团更名为中国广核集团，中国广东核电集团有限公司同步更名为中国广核集团有限公司。截至 2018 年 12 月 31 日，中广核注册资本 137.2353 亿元人民币，职工人数 40 740 人。

中广核形成核电、核燃料、新能源、金融服务四大产业板块和若干新业务。截至 2018 年底，中广核所属子公司和二级成员企业 32 家，资产总额 6750 亿元，在运清洁能源控股装机容量 5116 万 kW（含核电 2430 万 kW、非核清洁能源 2686 万 kW），是中国最大的核电集团、第二大清洁能源集团、世界第三大核电集团。

【领导班子】

党委书记、董事长：贺禹

党委副书记、总经理：张善明

党委常委、副总经理：谭建生

党委常委、副总经理：施兵

党委常委：高立刚

党委常委、纪委书记：李有荣

党委常委、副总经理：庞松涛

党委常委、总会计师：吴俊峰

总经理助理、联合工会主席、职工董事：陈遂

【组织机构】 总部设董事会办公室、办公厅、党群工作部、战略规划部、安全质保部、科技管理部、资本运营部、财务部、人力资源部、监察部、巡视办/巡视组、审计部、法律事务部、体系管理部、投资发展部、国际合作部、中广核大学（党校）、文化宣传中心、研究中心、财务共享中心、信息技术中心、核燃料事业部22个部门；新疆分公司、湖北分公司、浙江分公司、青海分公司、云南分公司5个分公司。共有二级企业30家，主要分布在核电站运营、核电站设计和建设，核电相关技术研究，铀资源开发，风电、水电、太阳能等清洁能源开发，以及相关配套服务等行业。

【企业管理】 2018年中广核在公司治理、流程管控和体系运作上持续发力，成果显著。一是立足于提升公司治理能力和水平，强化成员公司董事会建设。建立外部董事库，并陆续推荐到各公司董事会任职，董事会履职能力和决策水平进一步增强。二是持续强化集团制度流程化、信息化建设。完成投资、并购、资产盘活与退出等5个关键领域端到端流程，实现与各成员公司的贯通，决策与管理运作的规范化水平明显提升。三是调整理顺了部分业务的运作体系。成立信息技术分公司，推动信息化能力外溢。重组上海科技公司，搭建工业控制、自动化业务发展新平台。重组水务环保业务，为更好孵化发展创造条件。

【安全生产】 中广核坚决贯彻落实习近平总书记关于核安全的相关指示，连续三年定为“核电安全管理提升年”，聚焦影响核安全的两大主要因素：人因与设备，以“人不犯错误，设备不出问题”为目标，开展了核安全专项提升行动。扎实开展隐患排查与整治工作，及时消除隐患；为提高全体员工的核安全意识，提出了“没有核安全就没有中广核”。通过三年的持续行动，核电安全运行水平大幅提升。2018年，在世界核电权威组织核运营者协会（WANO）组织评比的全部11项核安全指标中，中广核与美国、法国、英国、俄罗斯、韩国的六家全球先进核电企业相比，6项排名第一，1项排名第二，3项排名第三，1项排名第五，核电安全运行整体达到世界卓越水平。

【科技创新】 截至2018年底，中广核建有9个国家级重点实验室和研发中心，拥有科研人员7000余人，每年投入科研经费约16亿元。2018年，中广核申请专利1245项（其中发明专利722项），获得授权专利769项（其中发明专利268项）。其中，“核电站非能动堆腔注水系统及方法”获第二十届中国专利银奖，“一种利用图同构验证编译器的方法”和“核反应堆压力容器用整体螺栓拉伸机及其操作工艺”2项专利获得第二十届中国专利优秀奖。

【国际合作】 2018年，中广核持续加大“走出去”力度，着眼于长远布局、精耕细作、注重实效，企业品牌和影响力持续提升，实施了5个在运风电及光伏项目的并购，投资金额约67.98亿元，新增境外在运在建的装机容量146万kW，新增境外绿地开发容量39.5万kW。

海外核电开发方面。中广核参股的英国欣克利角C（HPC）项目于2018年12月4日完成了1号机组核岛筏基浇筑第一罐混凝土的里程碑计划；中广核参与开发的塞兹维尔C（SZC）项目和拟使用中国自主“华龙一号”技术主导开发的布拉德韦尔B（BRB）项目前期开发工作按计划进行；华龙一号通用设计审查“GDA”第二阶段工作完成，于11月13日正式进入第三阶段。捷克新建核电项目、罗马尼亚核电项目开发及其他潜在核电市场开发工作按计划开展。纳米比亚湖山铀矿于11月底提前实现并超过年度生产目标。中哈组件厂项目建设工作有序推进。

海外非核清洁能源开发方面。中广核自主开发建设的马六甲224万kW燃气联合循环项目、规划装机224万kW，总投资约59亿林吉特，已于12月15日完成1号机组主体工程的混凝土浇筑；吉打5万kW太阳能项目3月正式开工建设，12月实现升压站带电一次成功。

海外收购、并购方面。瑞典北极股权并购项目装机容量48.8万kW，已于2018年11月完成交割，是欧洲最大的单体陆上风电项目。巴西Atlantic股权并购项目，于2018年11月签订SPA。巴西Gamma项目，总投资金额约合人民币54亿元，于2018年12月签订SPA。

【党建工作】 2018年是全面贯彻落实党的十九大精神的开局之年，也是“中央企业党建质量提升年”。在国资委党委的坚强领导下，中广核以习近平新时代中国特色社会主义思想为指导，把政治建设摆在首位，牢牢把握新时代党建工作总要求，认真贯彻落实党中央、国务院和国资委党委部署要求，持续推动集团党建质量提升，为企业改革发展提供坚强保证。

第一，以习近平新时代中国特色社会主义思想武装头脑指导实践推动工作。认真学习国资委党委贯彻中共中央政治局关于加强和维护党中央集中统一领导的若干规定精神，将政治建设列入中广核年度重点工作抓落实，组织广大干部员工深入学习贯彻习近平新时代中国特色社会主义思想和党的十九大精神，贯彻落实习近平总书记在庆祝改革开放40周年大会上的重要讲话精神、视察广东的重要讲话精神、国资国企改革系列重要讲话精神，牢固树立“四个意识”，增强“四个自信”，坚决做到“两个维护”，在思想上、政治上、行动上坚定地同以习近平同志为核心的党中央保持高度一致。坚持以新思想指导新实践，在生态文明建设、统筹粤港澳大湾区清洁能源建设、提升开放型经济

水平、推动高质量发展等方面聚焦用力，扎实推进。

第二，紧扣重点要点，推动中广核党建工作质量整体提升。深化“三个基本”建设，推动全面从严治党在基层严起来实起来。实现境内外党组织全覆盖，按照“四同步”“四对接”要求，修订完善中广核境外单位、混合所有制企业党建工作实施办法；创建集团十个示范党支部，2018年，标准化党支部建设覆盖率超过95%，创建评选出10个集团示范党支部，推动形成以点成线、以线带面，比学赶超的良好局面；组织实施“红鹭计划”20期，培训党支部书记600余人，提高政治素养和履职能力。开展创新争优活动，设立党员先锋岗900余个，岗位攻坚的模范作用更好发挥。大亚湾公司党委创新建立党务辅导机制，实现管党治党上下贯通的积极探索，相关经验做法在《中央企业党建工作简报》推广。

第三，整治“四风”成效显著。组织召开中广核党建工作培训研讨会暨反“四风”专项工作部署会，督促本部各部门及成员公司深入开展“四风”突出问题专项整治，聚焦形式主义、官僚主义10种表现，通过“领导点、基层提、自己找”，各单位共查摆问题196个，制定369项整改措施并已大部分完成。年度巡视6家单位，发现问题272个，制定整改措施525项，举一反三改进措施51项，形成上下结合抓作风、齐抓共管显成效的“四风”整改格局。

第四，关爱行动深入人心。持续开展为职工“办实事、解难事”专项行动近300项，争取当地人才租赁房、安居型商品房指标，累计解决近600名员工住房需求。深入开展“健康伴我行”活动，全年组织文体协会活动5895场次，累计参与约10万人次。举办集团第六届运动会，竞赛项目达42项，25人次刷新集团13项记录，36名外籍员工参赛。关注员工心理健康辅导，全年累计心理咨询量突破2000人次。深入推进技能竞赛，承办广东省、深圳市级竞赛各1项，组织集团级竞赛18项，基层级竞赛600项，累计参赛达2万多人次。

（王　爽）

中国电力建设集团有限公司

【公司概况】 中国电力建设集团有限公司（简称中国电建）是经国务院批准，于2011年9月29日在中国水利水电建设集团公司、中国水电工程顾问集团公司和国家电网公司、南方电网公司所属的14个省（市、区）电力勘测设计、工程、装备制造企业基础上组建的国有独资公司。

中国电建是全球能源电力、水资源与环境、基础设施及房地产领域提供全产业链集成、整体解决方案服务的综合性特大型建筑集团，主营业务横向跨越国内外能源电力、水利、铁路（地铁）、公路、机场、房屋建筑、水环境治理、市政基础设施及大土木、大建筑多行业，纵向覆盖投资开发、规划设计、工程承包、装备制造、项目运营等工程建设及运营全过程，具有懂水熟电的核心能力和产业链一体化的突出优势。此外，受国家有关部委委托，承担了国家水电、风电、太阳能等清洁能源和新能源的规划、审查等职能。

中国电建注册资本金300亿元，员工18.6万人。2018年实现营业收入4049亿元、利润总额138亿元，年末资产总额8529亿元。位居2018年《财富》世界500强企业第182位、2018年中国企业500强第41位；2018年ENR全球工程设计公司150强第2位；2018年ENR全球工程承包商250强第6位；连续六年获评国务院国资委中央企业负责人经营业绩考核A级企业。中国电建共有8个国家级研发机构，82个省级研发机构，8个院士工作站，6个博士后工作站；86家成员企业及下属子企业被认定为高新技术企业；获得国家科学技术奖110项、省部级科技进步奖2293项，拥有专利12 136项（其中发明专利1890项）。

【领导班子】

1. 中国电力建设集团有限公司

党委书记、董事长：晏志勇

党委副书记、董事、总经理：孙洪水

党委副书记：王斌

党委常委：王民浩

党委常委、纪委书记：符岳岩

党委常委：姚强、李跃平、孙璀、李燕明

2. 中国电力建设股份有限公司

党委书记、董事长：晏志勇

党委副书记、副董事长、总经理：孙洪水

党委副书记、董事：王斌

党委常委、副总经理：王民浩

党委常委、纪委书记：符岳岩

党委常委、副总经理：姚强、李跃平

党委常委、总会计师：孙璀

党委常委、副总经理：李燕明

【组织机构】 见2018年中国电建组织机构图。

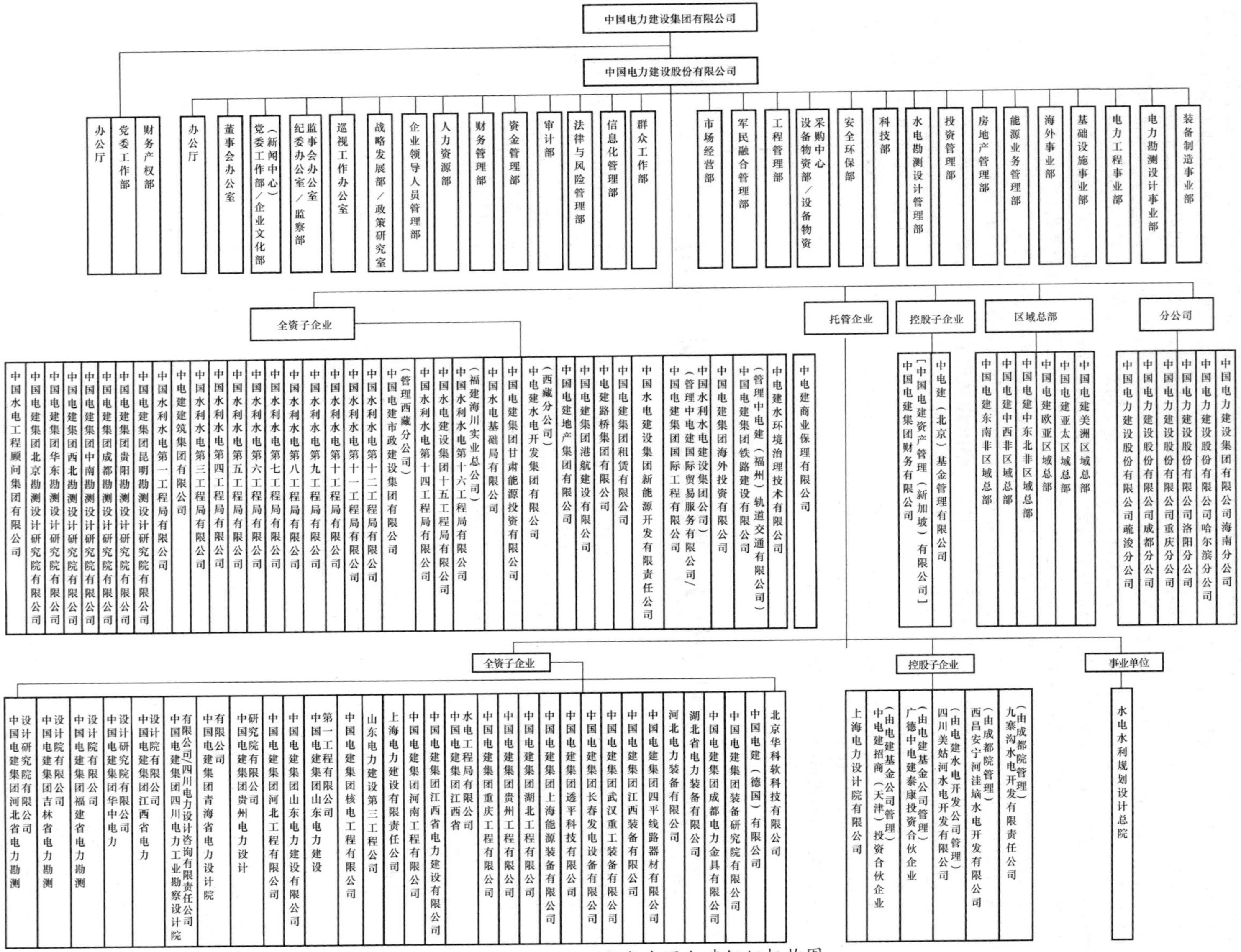

2018年中国电建组织机构图

【改革发展】 2018年，中国电建在《财富》世界500强企业排名上升至第182位，在中国企业500强排名上升至第41位；在ENR全球工程设计企业150强中排名第2位、全球工程承包商250强中排名第6名；股份公司荣获中国证券金紫荆“最佳上市公司”称号，改革发展不断迈上新台阶。

（1）生产经营稳步发展，稳增长任务全面完成。落实“稳增长”目标任务，强化市场开拓、经营管理和提质增效，生产经营继续保持良好发展态势。全年完成营业收入4049亿元，同比增长11.2%；实现利润总额138亿元，同比增长9.2%；实现新签业务合同6406亿元，同比增长12.0%；实现经济增加值52.5亿元；年末合同存量达到11 769亿元，同比增长4.6%；资产总额达到8529亿元，同比增长24.7%；全员劳动生产率达到223万元/人年，同比增长14.3%；资产负债率为78.22%，较2017年下降0.04个百分点；设备总利用率78.6%，比2017年上升0.8个百分点。

（2）业务结构不断优化，转型升级效果明显。一是营销体系进一步完善。统筹推进战略营销、区域营销和项目营销，与山东省、战略支援部队、中国一重等政府、部队和产业链相关企业建立了战略合作关系，市场领域和营销区域不断扩展。强化了京津冀一体化、雄安新区、川藏铁路等重点战略区域营销布局，区域营销体系更加健全。融入长江经济带、粤港澳大湾区、关中平原等国家级城市群规划和沪杭甬大湾区都市圈建设，服务海南自由贸易试验区战略、长江大保护战略、军民融合发展战略，中标承建了一批高难度、示范性重大区域项目。

二是能源电力业务巩固发展。推动流域规划、抽水蓄能调整规划审批，推动四川、云南、贵州、陕西和雄安等区域水利水电及抽水蓄能电站前期工作，跟踪重大水电和抽水蓄能电站工程项目，推行联营合作，2018年新签国内外水利能源电力业务合同达3250亿元。

三是水资源与环境业务快速增长。“流域规划、系统治理”理念、“懂水熟电”的独特优势和行业领先的规划设计、专业技术及管理能力得到国家有关部委、多地政府的认可。2018年，水资源与环境业务完成营业收入153.19亿元；实现新签合同484亿元，同比增长58.6%，业务覆盖区域进一步扩展。

四是基础设施业务持续扩大。坚持市场竞争和投资拉动双轮驱动，参与基础设施业务市场开拓和项目竞争，2018年新签国内非投融资业务合同3200亿元，同比增长30.4%。适应PPP项目监管新规，严格履行项目审批制度，从源头筑牢PPP业务风险防控防线，中标PPP项目质量有了明显提高，PPP业务发展总体规范有序。

五是投资业务不断优化。投资业务持续发挥促进结构调整、转型升级和获得经营收益、产生利润贡献作用，全年完成投资1249亿元，拉动工程施工总承包业务合同1020亿元。固定资产及经营性投资完成营业收入427亿元，同比增长10.9%；实现利润总额25.35亿元，同比增长22.7%。能源电力运营业务取得良好经营业绩，甘肃能源公司大幅度减亏，电建水电开发公司实现扭亏转盈，电建海投公司、水电顾问公司、水电新能源公司营收和利润大幅增长。售电业务迈入正轨，实现创新发展，西北售电公司不断创新电量交易模式，在区域内和跨区交易电量实现重大突破，累计签订直购和销售电量超过2.2亿kWh，推动火电外送价格同比提升6.68分/kWh。电建地产公司认真贯彻国家房地产市场宏观调控政策，在产业转型、区域拓展、创新营销、优配资源等重点领域持续发力，全年累计签约销售合同314亿元，实现营业收入202亿元、利润总额17亿元；累计去化面积24万m^2，去化率87%，行业综合实力排名跃升至第53位，在“2018中国房地产开发企业运营效率10强”排名第9位。

（3）开拓国际市场，全球化发展再上新台阶。一是国际经营实现稳步增长。在全球贸易放缓的大背景下，主要经营发展指标实现逆势上扬，全年完成营业收入977.4亿元，同比增长11.4%，占营业收入总额的24.1%；实现利润总额51.7亿元，同比增长24.3%，占利润总额的37.5%；实现新签国际业务合同2186亿元，同比增长12.4%，占新签合同总额的34.1%。特别在市场开发方面取得新突破，新开拓吉布提、南非等7个新国别，贡献合同金额134.14亿元；新进入地热、海工、炼油、援外4个行业领域，贡献合同额356.35亿。海外能源电力投资成效持续凸显，已投产电站年总发电量突破100亿kWh，并创造了海外中资发电企业年度发电利用小时数最佳指标。截至2018年末，巴基斯坦卡西姆港燃煤电站累计发电75.59亿kWh，约占巴基斯坦全国总发电量的10%。

二是属地化经营取得丰硕成果。推进国际业务属地化发展，区域总部建设实现较大进展。区域总部凝聚、统筹区域内子企业打造立体营销体系，分行业确定牵头子企业负责研究行业规划和项目培育，在潜力国别和机会型别市场增加大授权营销、分层营体力度，使得整体竞争能力得到较大提升。东南非区域通过小比例投资带动的津巴布韦旺吉燃煤电站7、8号机组项目顺利开工，开创了中国政府“两优”贷款用于海外项目贷款的先河；中西非区域在加纳新签一揽子项目合同27亿美元；中东北非区域成功签约公司最大的海外现汇项目——沙特萨拉曼国王国际综合港务设施项目；欧亚区域实现中亚俄罗斯市场历史性突破；亚太区域中标越南16个光伏项目，超过该国别年度光伏市场份额60%；美洲区域抢抓新能源机遇，在阿根廷、墨西哥、古巴等国实现新能源类项目签约装机1066MW，并使得公司成为拉美地区最大的新能源项目总承包商。在全球70个国别和地区市场实现联合营销。部分子企业与当地企业联营或根据国别特点成立当地企业，以风险共担、利润共享、优势互补为原则，先后在巴西、智利中标实施多个输变电项目。

三是参与“一带一路”建设取得新成效。融入“一带一路”建设，参与沿线国家市场开发，全年在“一带一路”沿线39个国家新签对外承包工程项目合同371份、合同总额1335亿元；在“一带一路”沿线65个重点国家中的46个执行在建项目，合同总额达到5700亿元。推动巴基斯坦南北燃气管线项目进入“中巴经济走廊”能源项目清单，签署了越南油汀420MW光伏电站EPC项目、布隆迪胡济巴济水电站项目等。“一带一路”沿线一系列重大项目的签约，筑牢了公司服务“一带一路”建设领头企业的战略定位。

四是国际履约经营合规能力进一步提升。加强国际工程履约监管，成立项目履约监管中心，关注重大风险项目、重点关注项目履约风险，协调内外资源对海外风险项目提供支持。以履约为核心的子企业国际经营能力评价体系不断健全，根据评价结果对国际业务市场布局进行适应性调整，形成优胜劣汰良性机制。中老铁路、雅万铁路建设项目施工建设开展，卡鲁玛水电站项目成功化解项目工期及调差风险，塔吉克斯坦格拉夫纳亚水电站首台机组提前发电，赞比亚下凯富峡水电站等13个项目获评“海外杰出营地”和“海外优秀营地”。

（4）继续夯实基础管理，经营管理水平不断提升。一是全面深化改革不断向纵深推进。电建建筑公司、水电十四局、中南院3家企业进入国务院国资委国企改革“双百行动”企业名单，启动科技型企业股权分红激励改革试点工作，深化改革向纵深推进。“处僵治困”工作稳步推进，相关难题逐步得到破解，市场化出清退出加快推进，在满足生产经营需要基础上不断压减法人机构存量。加快内部资源优化重组，长春设备公司和长春龙源公司完成重组整合。不断深化医疗机构改革，通过改制重组、关闭撤销、移交地方等方式加快推进改革移交工作，减轻子企业办社会负担，改革完成率高于中央企业平均水平20个百分点。推进教育机构改革，组建公司职业教育学院，整合教育资源，加强技能人才建设。幼教机构改革方案妥善制定，稳步推进。企业管理层级和法人数量压减工作成效显著，提前半年完成三年压减工作任务目标。厂办大集体改革、清理规范关联企业和自然人持股工作进入尾声，“三供一业”分离移交工作稳步推进，完成国务院国资委考核目标。

二是财资管理不断深化。强化预算管理体系建设，“三下两上”预算编制体系不断完善，“业财融合”不断深化，预算管控力度得到加强。制定降杠杆减负债工作方案和“两金”管控方案，增加权益融资，年内实现市场化债转股85亿元。创新清欠方式方法，通过金融手段促进资金回流，实现30亿元应收账款和可再生能源补贴应收款资产证券化。参与央企结构调整ETF基金认购工作，直接增加企业权益超过18亿元。电建财务公司各项指标达到行业领先，金融产品共计和服务日益丰富，助推高质量发展作用日益显现。继续打好“降减防”攻坚战，坚持“现金为王”，强化资金预算管理，货币资金占比处于历史同期较低水平，资金使用效率进一步提升；直接融资取得新成效，多家子企业在境外成功发债，金融资源配置能力明显提升；对大型PPP项目、“一带一路”重点项目、战略性投资项目的金融服务能力进一步增强，金融资产集约化配置优势得到较好体现。境外资金集中管理平台上线运行，电建租赁公司、电建基金公司服务能力大幅提升，电建保理公司业务初步开展，金融业务体系初步形成。

三是集中采购管理能力不断提升。持续推进国务院国资委“采购管理对标”工作，狠抓采购创新和集中管理，2018年设备物资集中采购额1307亿元，集中采购率94.8%，上网采购率82%，节资率超8%，相关指标较2017年均实现大幅提升，支撑生产、服务经营和降本增效作用有力发挥，对提质增效的贡献度日益增加。

四是法治与风险内控管理不断加强。推进“法治电建”建设，落实法治建设第一责任人职责，发挥法律支撑保障服务作用，重大决策、经济合同、规章制度的法律审核率达到100%，当期法律纠纷案件得到有效处置。内部审计工作不断加强和完善，围绕“两金”压减、债务防控和亏损潜亏等重点领域着力开展，推动公司经营发展质量效益水平持续提升；配合国家审计署开展专项调查审计工作，建立了配合审计监督工作长效机制。国内外重大经营风险项目防控处置取得成效，马其顿MS公路、柬埔寨公路改善工程等项目工期风险得到化解，马里塔乌萨水电站、越南松邦4水电站、摩洛哥拉巴特绕城高速公路等项目实现风险关闭。

五是项目信息化管理不断加强。项目管理信息化PRP系统在施工业务板块应用持续深化，新开工施工项目系统覆盖率达到99.39%。研究开发了水电工程勘测设计施工一体化信息化平台、基于BIM的火电工程EPC项目管理平台，完成了全球可再生能源规划平台、风电规划和光伏电站规划系统开发及应用并在行业推广，国际项目履约管理可视化，提升国际项目履约质量。

（5）着力推动技术进步，产品和服务质量不断提高。一是技术创新能力不断增强。各业务领域关键核心技术研发不断取得进展，技术创新主体不断扩围，全年新增国家级研发平台2个，总数增加至8个；新增省部级研发平台5个，总数增加至82家；高新技术子企业增至86家，14家子企业通过省级、市级创新型企业认定或试点。科技成果数量和质量进一步提升，4项科技成果获得国家科技进步二等奖、国家技术发明二等奖。拥有有效专利12 136项，其中发明专利1890项。《堰塞坝险情处置与开发利用保障技术与装备研发》国家重点研发计划获批。

二是产品服务质量不断提升。加强标准化体系建设，全年制修订国家与行业标准415项，其中新制订134项，完成发布159项；获得行业和省部级工法340项，技术标准化体系不断完善。全年有28个重大工程项目获得国家级优质工程奖荣誉。

三是创新成果加快转化应用。启动“中国电建—德国科技创新中心”建设前期工作，与地方政府、科研机构、先进制造企业、清华大学等广泛开展政产学研用协同创新，为转型升级提供强大支撑。压静力植桩机系统完成首台设备设计、制造、调试、实验并研制成功第二代样机，两栖消防船取得国家消防装备质量监督检验中心检验报告，具备市场投放条件。军民融合领域技术创新取得重大成果，中标中国最大低速风洞装备项目。上海装备公司成为国内第一家通过船级社认证的具有船用脱硫技术的企业，2018年共获得国内外146台套船用脱硫装置合同。

（6）高度重视安全环保，积极承担央企责任。一是安全环保形势持续稳定向好。坚守安全生产红线、生态环保高压线，强化安全责任落实，突出样板引领，提升依法治安能力，狠抓风险防控、分级教育培训、应急能力建设，开展专项整治活动，持续强化标准化落地。杜绝了较大及以上生产安全事故，未发生重大违规的职业健康、环境保护、节能减排事件，安全生产标准化、应急能力建设工作得到了国家能源局及相关政府主管部门的肯定。

二是积极履行社会责任取得丰硕成果。重视社会责任建设，在扶贫攻坚、抢险救援、扶危救困等方面作了大量富有成效的工作。拓展社会责任履行范围，围绕“一带一路”倡议和“走出去”战略，扎实落实海外经营社会责任，坚持多方共赢理念，参与所在国公益事业，支持社区的文化、教育、医疗等公共服务设施建设，为当地经济社会发展作出应有贡献。创新海外社会责任实践方式，海外志愿者服务行动荣获全国大赛中央企业唯一金奖。2018年，位列中国企业300强社会责任发展指数第15位、国有企业100强社会责任发展指数第12位，获得“中国社会责任海外履责奖”“海外履责典范企业金牛奖”等荣誉。

（7）党的领导党的建设取得新成效，为公司高质量发展提供坚强政治保证。各级党组织认真贯彻党的十九大、十九届二中、三中全会和全国国企党建工作会议精神，深刻领会新时代党的建设总要求，坚持党的领导，加强党的建设，落实管党治党责任，着力解决基层党组织“四个化”问题，全面发挥“把方向、管大局、保落实”作用，狠抓政治建设、思想建设、组织建设、廉政建设质量提升，迅速、全面、坚决落实国资委党委巡视意见整改，党的领导、党的建设的制度体系、组织体系、决策体系进一步完善，宣传思想工作基础进一步巩固，全面从严治党进一步深入，为公司在新时代实现高质量发展、推进建设世界一流企业提供了坚强政治保证。

【安全管理】 体系建设。按照国务院国资委下发的《关于调整中央企业安全生产监管分类的通知》，结合各子企业生产经营范围、规模、业务领域、安全风险等现状，将子企业分三类进行管控，针对不同类别子企业的“四个责任体系”责任人、安全总监、专职安全管理人员配置、管理机构设置等进行明确规定，突出分类管理的差异化，明确分类管理的重点要求，增强分类管控的针对性；梳理新形势下各类合同模式的安全管理责任体系，组织开展了《工程总承包安全管理规程》研究工作，从组织体系、制度建设、责任落实、过程监管等方面进一步完善管理体制和机制，强化针对性，提升管理能力；组织子企业严格落实国务院安委办《关于全面加强企业全员安全生产责任制工作的通知》，结合“四个责任体系”负责人和各级党组织书记安全履责规定，进一步健全完善安全生产责任制，制定子企业“四个责任体系”负责人、党委书记和安全总监安全履职清单范本，进一步强化责任体系的有效运转。对发生一般生产安全事故的205名相关责任人进行责任追究。

制度建设。组织修订《安全生产管理规定》，发布《工程总承包安全管理规程》，并结合施工过程中易发、多发事故的作业特性，组织编制了《临时用电安全管理强制规定》《施工栈桥安全管理强制规定》两个强规，针对监理安全管理存在的制度短板，组织编制了《电力建设工程施工监理安全管理规程》，进一步强化管理制度的针对性。

教育培训。按照“加大安全教育培训力度，突出安全教育培训针对性，将教育培训工作延伸至分包单位和劳务人员”的培训工作要求，年初明确了各子企业年度安全教育培训的重点和任务，继续开展全员安全能力及素质提升教育，创新培训方法，提升培训效果。结合安全管理现状，组织编制培训教材，全年举办了三期安全培训班，1147 人参加培训取证，完成企业领导人员滚动安全轮训目标，三年累计培训子企业“四个责任体系”负责人和党委书记 545 人。各子企业落实分级教育培训要求，按要求完成了对二级生产经营单位和所属建设项目“四个责任体系”负责人和党组织书记的安全轮训，累计培训 10 940 人；对所选用的分包单位法人和现场负责人安全培训工作有序进行，11 573 名分包负责人参加了安全培训，攻克分包队伍、二级生产经营单位安全管理偏弱的短板。2018 年各子企业累计完成各类安全培训和三级安全教育 662 407 人次。

科技兴安。推动安全生产科技工作，组织开展加快淘汰落后和推广先进安全技术装备，推动企业装备的转型升级，推动“机械化换人、自动化减人”的科技强安工作，组织子企业参与编制了一大批行业安全标准、规范，鼓励建设项目充分利用视频和手机 App 监控系统、扬尘监测与喷淋联动系统、塔式起重机远程安全监控系统等科技手段，促进安全科技成果转化应用，积极探索实行“智能＋安全”“大数据＋安全”管理模式，用科技的力量坚守红线。

坚持把预防事故作为安全生产科技工作的主攻方向，抓现在与谋长远相结合，不断探索研究。整合内外创新资源，充分发挥子企业在堰塞湖治理方面的技术优势和唐家山、红石岩堰塞湖等重大险情处置实践经验，申报了国家重点研发计划重点专项“堰塞坝险情处置与开发利用保障技术与装备研发”并顺利获批。启动“现代信息技术在安全生产标准化管理中的应用”“房屋建筑与市政基础设施工程绿色施工管理研究与应用”专项课题研究，用现代科技和信息化的力量提升安全环保管理效率、效果。

检查考核。坚持“查考并举”和“查培结合”的原则，持续推行“一体化、常态化”检查考核机制，强化分级监督检查和生产过程全方位管控，对检查中发现的问题、不安全现象，剖析本质原因，从根源上系统整改，切实提高整改成效。结合滚动式检查持续深化安全专项整治，开展地质灾害防治、施工营地管理、危化物品专项整治等事故易发多发专项治理活动。2018 年，共安排 20 个检查考核组和 4 个安全督导组，对 190 家子企业、二级生产经营单位和建设项目进行了安全检查考核和督导，对查出的 4174 项问题提出了书面整改意见和要求，并提出管理建议 495 条，督促子企业督办整改。同时，对检查发现风险性较大并存在严重隐患的项目，责成停工并由子企业挂牌整改督办，实现彻底整改消除隐患的目的。

安全督查及隐患排查。重视风险分级管控和隐患排查治理双重预防机制建设，坚持把责任落实挺在风险管控前面，把风险管控挺在隐患排查治理前面，把隐患排查治理挺在应急救援前面。针对安全生产领域的突出问题，组织各子企业全面开展安全风险辨识，全面排查、研判、管控各类安全风险点，制定有效实用的管控措施及应急机制，明确分工，落实责任，强化对重大危险源和存在重大安全风险的生产经营系统、生产区域、岗位的重点管控，实现对隐患整改的实时监控、闭环管理。2018 年各子企业排查治理隐患 124 260 个，投入隐患排查治理资金 2.18 亿元，完成安全投入费用 57.3 亿元。

标准化建设。把标准化建设作为安全管理的主要抓手，组织编制了建筑工程施工、电力投资运营及水电水利规划咨询等三个安全生产标准化评价标准，建立起覆盖全公司业务板块的标准化体系。完成电建国际公司、水电新能源公司等 15 家子企业和投资项目的达标验收。2018 年共计 71 家子企业和 176 个二级生产经营单位及投资项目通过了标准化达标认定。同时，组织子企业全面开展了标准化自查评工作，评审、通报了 61 家子企业标准化建设自查评工作情况，对评审不合格的 2 家企业组织开展“回头看”专项行动。标准化建设工作开展五年来，各单位对标准化建设工作重视程度日益提高，创建、自查工作开展的深入性、过程的规范性、工作的有效性得到提升，标准化助推安全管理基础不断夯实、安全管理水平提升的成效逐渐突显。

应急管理。开展应急能力建设工作，指导子企业对照标准建立健全应急管理机构，完善应急规章制度，优化应急物资配备管理，强化应急演练，提升应急处置能力。按计划分五批组织完成了 53 家子企业应急能力建设评估验收工作，印发了《关于进一步加强应急能力建设评估工作的通知》，对建设工作出现的问题，提出针对性的整改要求，进一步规范建设评估工作，突出强化建设过程的质量监管。同时，组织编制了《平台、投资及专业业务板块企业应急能力建设评估规范》。2018 年，各子企业依据公司应急模块和范本完善修订应急预案 40 369 个、现场处置方案 35 143 个，开展应急演练 8670 次，应急投入资金 1.68 亿元。尤其在应急实战检验方面效果明显，由北京院和水电八局在辽宁清原承办的国家能源局“电力建设工程施工安全年”水电建设工程防洪度汛应急演练活动，得到了国家能源局、中电建协和地方政府的肯定；金沙江、雅鲁藏布江堰塞湖险情发生后，中国电建主动履行社会责任，第一时间全力投入抢险，充分发挥技术优势，开展监测、提出方案，按照国家有关部委要求开展工作，得到了应急部、水利部、国资委及四川省、西藏自治区等政府部门的高度评价，彰显了央企的责任担当和应急处置专业水平。

安全宣传。以开展“安全生产月”及“电力建设工程施工安全年”活动为契机，贯彻落实党的十九大精神、习近平总书记关于安全生产工作的重要思想和党中央、国务院关于安全生产工作的决策部署，采取多种形式宣传安全红线的不可逾越，注重突出活动重点，做好主题宣讲、警示教育、安全培训、应急演练等活动，组织各级领导带头宣讲、发表署名文章，开展专题讲座活动，并在电建水环境公司项目现场举行了以“生命至上、安全发展”为主题的“安全生产月”启动仪式。各子企业、二级生产经营单位和建设项目也纷纷通过开展“安全生产宣传咨询日”、生产安全事故警示教育、安全经验交流会等系列活动，把安全生产的思想深入到每一位员工心里。

7月27日，中国电建2018年安全生产专题工作会在武汉召开，会议总结了2018年上半年安全生产工作，分析存在的问题和面临的形势，部署2018年下半年安全生产重点工作。副总经理姚强作了工作报告，要求提高安全履职能力，强化管控执行成效。会议对下半年安全生产工作进行了部署：一是各子企业要深刻领会、忠诚践行习近平总书记关于安全生产的重要思想，强化“红线意识”，狠抓安全责任落实；二是强化风险隐患管控，深化专项治理，进一步提升检查整改成效；三是加强科技支撑，推动安全信息化建设，进一步提高事故防范能力；四是提高培训质量，严格分包安全管理，进一步提升全员安全生产能力；五是理顺管控体系，落实安全责任，进一步强化海外安全生产管理；六是推进一体化管理，严格履行环境保护主体责任，坚决打好污染防治攻坚战；七是有序推进创建，扎实开展标准化自查，进一步强化标准化成效落地；八是夯实应急基础，全面开展建设评估，切实做好汛期安全生产各项工作。

1月24日，中国电建2019年安全生产工作会议在北京召开，会议传达贯彻全国安全生产电视电话会议，总结2018年安全生产工作，分析存在的问题和面临的形势，部署2019年安全生产重点工作。党委书记、董事长晏志勇出席会议并讲话，党委副书记、总经理孙洪水主持会议并就落实会议精神提出要求，党委副书记王斌宣读《关于表彰2018年度安全生产先进集体和个人的决定》，副总经理姚强作了题为《压实安全责任　强化制度落地　全面推进安全管理水平再上新台阶》的安全生产工作报告。

【党的建设】

（1）深入学习贯彻习近平新时代中国特色社会主义思想，强化“四个意识”、坚定“四个自信”、践行“两个维护”。

一是深入学习领会，把握精神实质。全年组织6次公司党委中心组集中学习研讨，各级党组织累计开展集中轮训培训241期，参培人数近7万人次，处级以上受训干部约9000名。开展基层党委中心组学习情况现场督查，对22家子企业中心组学习情况进行督导。领导班子成员全年到项目一线讲党课18次。二是严肃政治纪律政治规矩。落实《关于贯彻〈党中央集中统一领导若干规定〉的实施意见》，党委班子成员坚持“四个服从”基本原则，坚决听从党中央号令、服从党中央指挥、落实党中央指示，始终在政治立场、政治方向、政治原则、政治道路上同以习近平同志为核心的党中央保持高度一致。严格执行请示报告制度，公司重大事项、领导班子个人事项均按要求上报请示。精心开好领导班子民主生活会和王晓林案件专题民主生活会，积极开展批评和自我批评，公司党委领导班子成员按规定带头参加指导子企业民主生活会。高质量完成基层党组织组织生活会和民主评议党员工作。三是推进“两学一做”学习教育常态化制度化。聚焦坚定理想信念强化党性修养，创新开展爱国主义教育基地现场教育、红色教育等多种形式的教育活动。注重发挥典型示范引领作用，开展向时代楷模张黎明、以黄群等为代表的抗灾抢险英雄群体和“全国优秀共产党员”“中央企业优秀共产党员”学习宣传活动，引导广大党员对标先进，不断提升干事创业精气神。强化《梁家河》学习宣传工作，组织开展了“大国顶梁柱”系列宣讲活动。落实“三会一课”制度，探索推广支部主题党日、党员固定活动日和网上组织生活，邀请驻外使领馆党组织负责人到境外项目讲党课，广大党员的党员意识全面增强，党性修养进一步提升。

（2）坚决贯彻党中央重大决策部署和国资委党委要求，切实做好各项重点工作。

一是积极传达落实。2018年，召开了27次党委常委会、7次党委专题会，共审议了271项议题。组织学习传达全国两会、全国组织工作会议、全国宣传思想工作会议、全国国有企业改革座谈会、中央企业党的建设工作座谈会精神，提出具体贯彻落实意见。研究制定《公司2018年重点工作》《国资委党建责任制考核整改方案》等重要意见或方案，把坚持党的领导和加强党的建设落实到推动企业改革发展的具体行动中。二是主动服务国家战略。贯彻落实习近平总书记对集团公司所在行业或经营领域的相关指示批示精神，确保不折不扣全面落实。组建集团参与雄安新区规划建设发展工作协调领导小组和工作组，先后中标雄安新区工程数字化管理平台设计开发等16个项目。

设立集团军民融合领导小组和军民融合管理部，与火箭军、战略支援部队签订了战略合作协议。主动对接“一带一路”建设总体规划，在126个国家做了能源电力行业规划研究，编写了131份报告。

（3）坚持“两个一以贯之”，确保党组织作用充分发挥。

一是推进党建要求进章程。在二级企业全部完成党建要求进章程基础上，推动三级企业党建要求进章程工作。通过三次摸底调查，理清三级企业设立方式、运营方式、决策方式和党组织情况，推动233家三级企业党建要求进章程工作。截至2018年底，已完成224家，完成率96%。二是完善企业决策机制。重新修订公司党委议事规则，体现前置要求，进一步明晰党委会、董事会、经理层各治理主体之间的权责边界。指导全部二级企业完成议事规则修订工作。印发《关于进一步完善三级企业领导体制，确保党组织有效履行职责的指导意见》，区分不同情况对三级企业党组织作用发挥作出明确规定。三是推进子企业领导体制调整。截至2018年底，已有62家二级子企业实行党委书记、董事长一人担任，党员总经理兼任党委副书记，在具备条件的6家二级子企业设立专职党委副书记，探索推进三级企业领导体制调整工作。结合领导体制调整，理顺基层党组织在企业决策、执行、监督各环节的权责和工作方式，在健全完善决策机制的同时，督促子企业梳理改善决策流程、提高议事决策效率，既加强了党的领导，又规范了公司治理。四是落实党建责任制。做好顶层制度设计，完善考核体系，修订《中国电建党建工作责任制实施办法》《中国电建党建工作责任制考核评价办法》。严格考核评价，完成对68家子企业党建责任制考核，强化结果运用，将考核评价结果同领导班子薪酬挂钩，发挥好考核的指挥棒作用，形成鲜明的全面从严治党导向。把党委书记述职评议作为履行管党治党主体责任的重要举措，完成43家子企业党委书记现场述职评议和25家子企业党委书记书面述职，有效落实党委主体责任和党委书记第一责任人职责。

（4）加强“三基建设”，夯实基层基础。

一是加强基本组织建设。落实“四同步、四对接”原则，及时动态调整设立基层党组织，确保企业发展到哪里，党的建设就跟进到哪里，党组织作用发挥就体现到哪里。做好党组织换届工作，严格执行党委换届的提醒督促机制，完成20家子企业党委换届工作，做到了应换尽换。加强党务工作力量配备，绝大多数子企业设有专门党务工作机构，个别规模小、人数少的企业设有综合性工作机构，并明确专人负责党建工作。二是加强基本队伍建设。落实《中国电建党员教育培训2014—2018年规划》，下发2018年度党员教育培训工作计划，加强基层党组织书记和党务工作者培训。子企业党委通过中心组学习带动全员学习，开展专家辅导、专题讲座、交流研讨等多种形式的学习教育。认真做好发展党员工作，严格遵守发展党员工作细则，制定发展党员工作计划，坚持标准，严格程序，完成发展党员任务。组织开展党员基本信息采集录入，建立党员信息档案库。三是加强基本制度建设。坚持制度治党，制修订《党委议事规则》等33项党建工作主要制度，进一步健全了务实管用的党建工作制度体系，确保制度文件符合党内法规和国资委党委规范性文件，促进党建管理水平不断提升。

（5）坚持党管干部原则，打造忠诚干净担当干部队伍。

一是贯彻全国组织工作会议精神，落实《中央企业领导人员管理规定》。围绕《中央企业领导人员管理规定》新要求新内容，修订《中国电建企业领导人员管理规定》，先后制定《关于贯彻落实〈关于进一步激励广大干部新时代新担当新作为的意见〉的实施意见》《关于适应新时代要求大力发现培养选拔优秀年轻干部的实施意见》等制度，进一步完善了知事识人、选拔任用、从严管理、正向激励等机制。二是严格执行领导人员选拔任用工作制度、标准和程序。坚持新时期好干部标准和对国企领导人员“20字”要求，把政治标准放到首位，把德才兼备的优秀人才充实到领导人员队伍中来。严格执行干部选拔任用程序，特别是干部选拔任用“动议、考察、决策、任用”四个关键环节，严格落实“凡提四必”“三个不上会”及廉洁从业评价双背书等制度规定。针对领导班子年龄结构不合理以及专业结构与发展战略不匹配的问题，优先补充具有国际化、经营管理、法律风控、投资融资以及新业务领域优势的优秀年轻人才进班子。三是坚持激励约束并重。全面落实领导人员个人重大事项报告制度，严格出国（境）审批等工作。建立了容错纠错机制，鼓励探索创新，支持担当作为，凝聚崇尚创新创业正能量。四是持续加强年轻干部队伍建设。印发《关于适应新时代要求大力发现培养选拔优秀年轻干部的实施意见》，提出了中国电建优秀年轻干部2020年工作目标及发现、培养、选拔的措施，明确了各级党委和组织人事部门的责任。在人选的确定上，注重选拔政治素质好、经过基层实践锻炼、契合公司战略发展需求的优秀年轻人才。总体上，后备干部与现岗位领导人员形成了较好的年龄梯次，专业结构更加符合班子建设的需要。截至目前，已有10名“80后”进入子企业领导班子，进一步优化了领导班子年龄结构，激发了年轻干部干事创业热情。五是积极落实国家重大人才工程和人才工作重点任务。制定实施《人力资源（人才）“十三五”规划》

《院士后备人才培养计划》，组织完成了科技创新人才推进计划、青年拔尖人才、享受国务院政府特贴专家等选拔推荐工作。六是创新人才激励和保障机制。修订完成新的《工资总额管理办法》，突出效益导向，针对不同板块，引入人均创利、净资产收益率、年度新签合同增长率等板块分类指标。编制《“重大专项”管理暂行办法》，鼓励企业及广大职工为公司改革与发展多做贡献。探索构建按要素分配、吸引和激励人才的中长期分配激励体系，开展境外职工薪酬体系课题研究，为境外薪酬体系及考核体系的顶层设计奠定了基础。

(6) 加强党风廉政建设和反腐败工作，健全完善不敢腐不能腐不想腐的长效机制。

一是严格落实“两个责任”。坚持把党风廉政建设和反腐败工作与生产经营和党建工作同部署、同落实、同检查、同考核，定期听取纪委工作汇报，年初层层签订党风廉政建设责任书，制定党风廉政建设和反腐败工作要点。党委书记做到重要工作亲自部署、重大问题亲自过问、重点环节亲自协调、重要案件亲自督办。严把案件立案审批关，对拟立案件线索亲自批示，对案件涉及的重大问题通过召开党委书记办公会等形式及时进行协调解决。二是持续强化作风建设。紧盯“四风”问题的新形式、新动向和“节日病”，狠抓专项整治，针对“小金库”“四风”问题整治情况“回头看”、各企业驻外办事机构、办公用房、扶贫领域作风建设等事项开展专项督查，严防“四风”反弹回潮。2018年中秋国庆期间，组成6个暗访小组对12家在京企业和驻京办事机构进行了不打招呼、突然到访的突击检查，对公务用车和内部食堂管理情况进行了暗访；2018年共查处违反中央八项规定精神问题8起，给予党政纪处分和组织处理14人，并通过印发文件、大会通报等方式点名道姓通报曝光。三是坚持挺纪在前。坚持把党章党规党纪的学习纳入党委中心组学习、“三会一课”和党员教育培训，集团党委班子带头组织学习，强化纪规意识。新修订的《纪律处分条例》颁布后，组织学习，各级党纪组织开展了形式多样的学习活动，层层进行宣贯学习。组织总部副处级及以上160多名干部集中观看警示教育片《毕成福警示录》《欲望的代价》。召开警示教育大会，传达了国资委党委召开的中央企业警示教育大会精神，通报了国资委党委在中央企业警示教育会议上通报的典型案件和中国电建近年发生的违法违纪典型案件。先后8次派人赴子企业进行反腐倡廉专题授课，督促各企业领导干部守纪律，讲规矩。编制应知应会100题，采取网络答题的方式组织全系统800多名纪检监察干部开展在线答题，答题情况纳入党风廉政建设和反腐败工作责任制考核重要内容。严格按照中央纪委五类处置标准，对问题线索实行集中统一管理、分类规范处置，实现信访和问题线索受理、处置、上报完成率100%。坚持思想教育、政策感化、纪法威慑相结合，综合用好约谈提醒、谈话函询、民主生活会、组织处理、党政纪处分等方式，努力巩固“不敢腐”压倒性态势。四是构建“大监督”工作格局。落实中国电建《全面监督“十三五”规划》，按照“业务谁主管、监督谁负责”原则，实施“1+X”监督管理模式，初步形成了问题协商、联动处置、成果共享等工作机制，同时将监督触角向基层延伸，发挥监督资源的整合效应。五是加强廉洁风险联防联控。制定国内大型项目联防联控指导意见，推动风险防控由“各自为战”转为“协同作战”。在“一带一路”中巴经济走廊首个落地能源项目——巴基斯坦卡西姆项目和中老铁路项目成立了联合党工委、纪工委，制定《中老铁路“廉洁之路”建设实施方案》，推进中老铁路“廉洁之路”建设。

(7) 深化政治巡视，充分发挥巡视“利剑”作用。

一是认真配合好国资委党委巡视工作。2018年9～11月，国资委党委第五巡视组对中国电建党委进行巡视。中国电建党委把全力支持、积极配合巡视组工作作为重要政治任务和重大政治责任，认真筹备召开巡视工作动员会，精心准备各专题汇报会，共计整理汇总721份文件上报巡视组，统筹制订调研计划，配合巡视组到42家二级、三级企业调研，确保巡视工作顺利开展。针对巡视组反馈的立行立改事项，迅速组织研究，提出整改落实意见，把巡视组的要求落实到位。二是全力以赴做好国资委巡视反馈意见整改工作。2018年12月11日，国资委党委第五巡视组反馈了巡视意见。召开党委常委会第一时间研究部署整改落实工作，制定印发公司党委落实巡视意见整改工作方案和整改方案，提出巡视整改的工作思路、工作目标和责任分工。先后召开2次党委书记专题会、2次党委常委会会议、4次中心组学习会、1次党员领导干部民主生活会，全面系统研究推进巡视整改工作。三是健全公司巡视工作制度体系。制定《中国电建党委巡视工作规划（2018—2022年）》，对今后五年党委巡视工作作出统筹安排部署。结合五年规划，细化分解全年工作任务。编制6项制度文件和近20项配套规范模板，建立《巡视周报》和《巡视整改半月报》制度，各子企业累计建立巡察工作相关制度158项，推动巡视巡察工作制度化、规范化、标准化。四是做好公司内部巡视巡察工作。2018年，对5家子企业党委开展了巡视“回头看”，并延伸巡视所属基层党组织；对7家子企业承建的白鹤滩水电站项目党组织开展了“机动式”巡视。子企业党委巡察工作有序推进，已对135个三级企业或在建项目党组织开展了巡察，累计发现问题1821个。通过巡视“回头看”、电话回访、资料抽检等方式，分别对子企业整改情况进行审核评估，督查问题整改。建立《问题清单》，向总部职能部门移交问题，实现巡视成果共享、责任共担，强化职能管控和督办。

（8）加强宣传思想文化工作，营造良好发展环境。

一是加强意识形态工作。贯彻全国宣传思想工作会议精神，坚持和加强党对意识形态工作的全面领导，制定印发集团意识形态责任制、网络意识形态责任制和网络安全责任制的实施细则，把意识形态工作作为党建重要内容，纳入党建责任制考核和党委书记述职评议。健全完善党建政研会组织，年内先后有24项党建政研成果被中国政研会、中央企业党建政研会、中国电力政研会等机构表彰，其中荣获一等奖2项、二等奖10项、三等奖9项。二是加强企业文化建设。修订完善企业文化建设“十三五”规划，打造具有显著“中国电建”特征的境外分支文化，为全球发展战略的实施提供了强有力的文化保障。认真践行社会主义核心价值观，融入生产经营管理活动，营造了传播社会主义核心价值观的浓厚氛围。积极组织开展精神文明“三创建”活动，复核通过11个全国文明单位。三是组织开展庆祝改革开放40周年活动。制订庆祝改革开放40周年活动方案，召开纪念改革开放40周年座谈会，举办改革发展成就展，选树改革开放先进典型人物，组织庆祝改革开放40周年征文，举办庆祝改革开放40周年暨2019年网络春晚，组织庆祝改革开放40周年“五个一”活动。四是讲好中国电建故事。贯彻落实习近平总书记关于宣传思想工作的重要论述，落实“九个坚持”，完善“六个一”外宣工作机制，努力讲好中国电建故事，传播中国电建声音、塑造中国电建形象。全年共在央视、《人民日报》和《经济日报》等40多家媒体发表新闻宣传作品460多篇，被人民网、新华网等网站转载6万多次；其中在央视报道12次、人民日报报道23次。

统战、群团工作。按照国资委党委统战部的安排部署，落实国资委党委年度统战工作要点。

一是加强对统战、群团工作的领导。保障统战和群团工作经费，配齐配强统战、群团工作人员，建立从上到下的统战工作领导体系和工作体系，群团组织健全，组织和工作全覆盖，作用有效发挥。制定实施《关于进一步加强统战工作的意见》《深入开展“弘扬爱国奋斗精神、建功立业新时代”活动方案》，开展统战工作调查摸底，重新梳理健全了集团和各企业统战工作分管领导、责任部门、工作负责人等组织机构，确保工作开展的组织保障。建立健全定期走访座谈制度，开展联谊活动，重点举办好中秋慰问和新春慰问，通报企业生产经营状况及发展趋势，认真做好统战人士对企业改革发展意见建议的征求工作，充分发挥他们参政议政作用，增强了统战人士的主人翁责任感。二是团结动员广大职工建功立业。做好工会、妇女代表大会代表候选人推选工作，2人当选中国工会十七大代表、1人当选中国妇女十二大代表，履行代表职责，正确行使民主权利。开展提合理化建议、技术创新和技术攻关活动，组织“积极作为勇担当，提质增效促发展”主题实践活动，弘扬劳模精神、劳动精神、工匠精神，获得全国电力职工技术成果奖一等奖1项、能源化学地质系统优秀职工技术创新成果评选一等奖2项。建立“全国工会职工书屋示范点”，5项作品获中国能源化学地质工会微电影创作大赛一等奖，职工文化生活更加丰富，荣誉感、归属感全面提升。完善服务职工和困难帮扶体系，走访慰问老红军、老劳模，发放送温暖资金2200万元，把解决思想问题同解决实际问题结合起来，以实实在在工作效果得人心、暖人心、稳人心。三是加强团青工作。围绕中心、服务大局，举办第六届青年论坛，组织首届青年外语风采大赛，开展“号手岗队”活动，突出价值引领，服务企业改革发展。1家子企业荣获“2017年度全国五四红旗团委”；7人荣获“2016—2017年度全国青年岗位能手”称号，1人当选团十八大代表。

工会工作。3月20日，中国电建工会在成都召开第二届委员会第二次全体会议，中国电建党委副书记、副总经理王斌出席会议并作了题为《认真学习贯彻党的十九大精神，团结动员广大职工为建设具有全球竞争力的质量效益型世界一流综合性建设投资集团而努力奋斗》的报告。

3月，经中国电建工会常委会研究决定授予中国水利水电第一工程局有限公司工会等15个基层工会“2017年度先进工会”荣誉称号，授予中国电建集团湖北工程有限公司女工委等15个女工委“2017年度先进女工委”荣誉称号，授予水电顾问川藏分公司工会等38个基层分会“2017年度先进工会分会”荣誉称号，授予中电建水电开发集团有限公司夏巧荣等10人“2017年度最美职工贴心人”荣誉称号，授予中国电建集团北京勘测设计研究院有限公司杜强等82人“2017年度先进工会工作者”荣誉称号，授予中国电建集团河北省电力勘测设计研究院有限公司田海燕等30人“2017年度先进女职工”荣誉称号，授予中国电建集团长春发电设备有限公司王洋等76人“2017年度工会积极分子”荣誉称号。

2018年，获2018年（第十届）全国电力职工技术成果一等奖1项、二等奖7项、三等奖27项。

2018 年，获全国能源化学地质系统职工技术创新成果一等奖 2 项、二等奖 4 项、三等奖 8 项。

12 月，参加由中国化工施工企业协会等单位主办的“中联重科杯”第五届全国吊装职业技能竞赛，山东电建一公司获得团体冠军，电建核电工程公司获得团体第三名，水电七局获得团体第七名。

10 月，水电七局刘劲松、山东电建三公司孙启利当选中国工会十七大代表，并参加会议。电建海投公司副总经理、总会计师兼女工委主任李铮当选为中国妇女十二大代表，并参加会议。

2018 年，水电基础局西藏结巴项目部综合管理部荣获全国“五一”巾帼标兵岗荣誉称号，北京院杨梅荣获全国五一巾帼标兵荣誉称号。华东院海外事业部综合办、水电四局白鹤滩施工局缆机操作班两集体荣获全国三八红旗集体荣誉称号；水电基础局一公司人力资源部荣获全国巾帼标兵文明岗荣誉称号。水电四局、水电五局、水电八局、贵州工程公司 4 家单位被全国总工会授予“全国模范职工之家”称号，12 个基层工会被全国总工会授予“全国模范职工小家”称号，13 个基层工会被省级总工会授予“模范职工之家”称号。

【国际合作】 2018 年，对外承包工程业务完成营业收入同比增长 11.44%，占年度完成营业额的 24.14%；新签合同额同比增长 12.39%，占年度境内外新签合同额的 34.13 %。

68 家子企业在 125 个国家执行工程总承包或施工承包类项目合同 2776 项，在建项目合同总金额同比增长 6.77%。国际业务从业人数合计 98 305 人。

(1) 国际管控。2018 年持续强化集团化国际业务管控模式，发挥管控和引领作用，海外营销和管理制度体系不断健全。海外事业部行使国际业务总部职能，电建国际公司为集团国际业务平台公司，成员企业为国际业务中坚力量和履约主体；在全球设立六个海外区域总部，对成员企业按历史、专业和市场需求等进行了国别营销划分；在 116 个国家设有 373 个当地机构，在 125 个国家有在建项目；联合营销、分层营销和授权营销构成了集团化立体营销体系；“一母多子”品牌体系形成；建立了较为完善的组织和工作制度体系；行业布局渐趋合理，竞标、融资和投资三驾马车成为主要营销方式，大中小项目齐头并进，中国电建国际业务的全球化布局基本形成。

为更好适应集团国际业务发展的新情况，进一步加强履约监管工作，加速打造高效的履约监管体系，海外事业部/电建国际公司专门设立项目履约监管中心，在不改变项目履约单位应承担的履约主体责任和直接责任、不改变区域总部应承担的风险防范和履约监管中心职责、不改变专业部门应承担的项目履约专业技术支持职责的基础上，通过整合公司资源、统筹集团内外资源，健全海外项目履约监管体系，牵头组织海外重大风险项目、重点关注项目、痛点难点事项的监管和处置。

(2) 国际经营。签约并生效的竞标项目达 340 个同比增长 23.39%，中标沙特港务设施项目，合同额超过 206.04 亿元。海外新能源共签约 302.18 亿元，总装机容量 3.5GW，成为仅次于火电、水电之后排名第三的行业。在越南、阿根廷、南非和乌克兰等新能源市场斩获大单、业绩优异；联合中信保、华为等多家新能源领先制造企业，成立国际新能源解决方案平台（INES）。矿业开发业务取得新进展，签署印尼 TAS 镍矿开采和泰国猜也蓬钾盐矿项目合同，合同总额超过 75 亿元。中标了菲律宾国家电网公司棉兰老岛—维萨亚斯电网直流联网换流站项目、巴林和阿布扎比海水淡化项目、南非红石光热项目等，其中阿布扎比海水淡化项目为全球单体最大的海水淡化厂。中标 13 个援助项目，合同额 6.13 亿元。塞尔维亚贝尔格莱德绕城公路成为第一个在欧洲实现优惠贷款融资关闭的项目。首次在安提瓜和巴布达、巴拿马、吉布提、圣多美和普林西比、乌克兰、俄罗斯、南非、罗马尼亚、阿尔巴尼亚、智利等 10 多个国别签订工程合同。在债权卖断的条件下，帮助加纳政府实现表外融资；伊拉克鲁迈拉燃气电站以卖方信贷方式实现融资关闭；越南油汀光伏电站以远期跟单信用证福费廷及特险项下应收账款无追索卖断实现融资关闭；老挝世贸中心等 4 个项目以“建信通”（出口信用特险融资）完成融资；采用承包商贴息和支付部分保费方式推进玻利维亚庞贝欧公路项目；在香港成功发行 3 亿美元永续债。

与国际知名企业合作开发第三方市场成效显著。2018 年与日本东芝、软银、法国 NEOEN 等多家国际知名企业建立战略合作关系。在拉美，与欧洲企业紧密合作已成为主流商业模式；在中东，与国际著名开发商开展多层次合作。2018 年与西方企业在第三方市场合作中标及在建项目 11 个。

(3) 国际履约。强化项目履约管理，履约能力持续提高。沙特延布三期 5×660MW 燃油电站项目进度与质量良好，获得“一带一路”联合工作组赞扬；津巴布韦卡里巴南岸水电站扩机项目投产发电；塔吉克斯坦格拉夫纳亚水电站技改项目首台机组提前发电；斯里兰卡莫洛嘎哈堪达大坝项目（M 坝）实现竣工；科特迪瓦苏布雷水电站全部机组完成验收；赤道几内亚吉布洛上游调蓄水库工程实现竣工；刚果（金）宗果Ⅱ水电站项目竣工移交；阿尔及利亚 233MW 光伏电站项目全部并网发电；玻利维亚圣何塞水电站一级电站实现提前并网发电；巴基斯坦特里肯波顿150MW风电项目进入商业运行；沙特MGS一期项目正式点火运行；摩洛哥努奥二、三期光热电站项目荣获该国“社会贡献奖”和“经济就业促进奖”；新加坡T217地铁项目荣获新加坡陆路交通管理局颁发的“施工环境优秀奖”；马里古伊那水电站等13个境外项目荣获中国对外承包工程商会颁发的“中国海外工程杰出营地”和“中国海外工程优秀营地”奖；巴基斯坦萨希瓦尔2×660MW燃煤电站项目荣获国家优质工程金质奖；印度古德洛尔电厂一期2×600MW工程、安哥拉索约—卡帕瑞输变电工程和几内亚凯乐塔水利枢纽工程荣获中国建设工程鲁班奖（境外工程）。

首次完成成员企业国际工程履约评价工作。组织完成了2017年度成员企业国际工程履约能力评价工作，共有36家成员企业和337个海外在建项目参评，对在质量管理、职业健康安全管理、施工进度管理等项目履约方面表现优异的8家获评A级企业和17个获评优秀项目经理部进行表彰，同时要求成员企业对排名后5%的项目经理部进行约谈和督导。

开展海外重大经营风险项目管控处置专项工作。针对海外重大经营风险项目进一步分类梳理项目的风险点，通过专题会议、点对点督导、现场巡查、专家支持、现场督办等措施，指导和帮助项目实施单位找准问题、制定措施，贯彻落实并持续跟踪改进，对重点项目派出督导工作组常驻现场，协调集团内外资源推动重大经营风险化解，海外重大风险项目管控处置工作总体取得积极进展，个别风险已减弱到可控范围内或已实质性完工。

（4）国际商务。海外事业部加强与相关国家部委、主管单位和各行业协会的对接，组织并参加了2018年中非合作论坛北京峰会、第九届国际基础设施投资与建设高峰论坛、中央企业国际合作与业务交流工作座谈会、第四届连云港论坛、第三届香港“一带一路”高峰论坛、国际商会中国国家委员会环境与能源委员会2018年下半年工作会议暨能源行业国际化经营的机遇与挑战座谈会。

发挥外事局职能，助力全面提升整体外事管理水平，创“中国电建”外事管理品牌。2018年“外事管理系统”新增、优化23项功能。新上线“公证认证工作管理”模块。组织编写《外事文件汇编》和《外事工作指导手册》，发布《中国电力建设股份有限公司APEC商务旅行卡管理办法（2018年版）》，组织召开了股份公司外事工作培训会，共有64家成员企业122人参加学习。

2018年共审批和办理出国（境）团组12 598批次，29 677人次；新办证照8144本；邀请外国人来华团组741批次，1758人次；办理公证及认证11 096本。

截至2018年底，中国电建在境外12个国家实施投资项目共计23个，其中正式投产运营项目12个（1个建材项目、4个水电项目、1个火电项目、1个风电项目、1个矿产项目、4个并购项目），在建的投资项目11个（1个水电项目、1个矿产资源项目、1个风电项目、6个火电项目、2条铁路项目），项目大多分布在亚洲地区。

2018年电建集团境外运营及在建投资项目年度完成投资总额78.28亿元。其中已投产运营项目完成投资额17.54亿元；在建项目完成投资额60.74亿元。

截至2018年底，中国电建及所属成员企业在116个国家和地区设有373个驻外机构，其中“一带一路”沿线65个国家中的44个国别设置。

【科技发展与创新】

（1）强化顶层设计，统筹创新驱动战略部署。为深入贯彻十九大精神，落实国家科技部、国资委《关于进一步推进中央企业创新发展的意见》，推动集团创新驱动战略实施，提出中国电建《关于进一步推进中央企业创新发展的意见》实施方案，确定了技术攻关、协同创新平台、成果转化应用、国际科技创新合作、研发投入、创新激励机制、创新人才队伍建设、双创工作推进、创新成果基金等各方面的工作要求和进度安排，进一步丰富细化了创新工作任务清单和责任主体。

（2）创新型企业建设。学习贯彻党的十九大创新理念及全国科技创新大会精神，落实中国电建“十三五”创新驱动发展战略，持续推动成员企业创新型企业、高新技术企业建设工作。年度新增5家省、市级创新型企业，14家企业分获省级、市级创新型企业认定，高新技术企业已增至86家；增加创新资金投入，2018年研发投入占营业收入3.04%。

（3）研发平台体系建设。打造国家级高端研发平台。发挥协同创新优势，持续加大资源投入，新增国家级研发平台2个，国家级研发平台已达8个。依托企业技术中心、国家能源水电工程技术研发中心、垃圾焚烧技术与装备国家工程实验室等一批国家级研发平台，把脉水电、风电、太阳能等可再生能源领域科技创新的战略方向，开展中国风电、太阳能技术标准“走出去”、优化能源配置推动能源供给侧改革研究、垃圾焚烧烟气污染物超低排放处理技术研究等事关行业发展的政策性、战略性课题研究，做好相关领域标准化体系建设和管理工作，为国家可再生能源行业重点工程建设、行业可持续发展和科学监督评估提供支撑。

在稳步推进国家级创新技术平台的同时，所属企业根据自身发展需要及技术优势，推进省级创新技术平台建设。2018年新增省部级以上研发平台7家，省部级研发平台达83个。其中，以华东院、成都院、中南院、贵州院等为代表的一批设计企业，加强了数字化经济和区域新能源业务打造，新增数字城市CIM技术浙江省工程研究中心、浙江省智慧轨道交通工程技术研究中心、贵州省分布式能源技术应用工程研究中心等专业研发平台。

培育集团海外研发平台。引导并扶持有意愿、有能力的企业持续推进海外创新工作，结合海外发展战略，支持并资助山东一建、海投公司等分别组建巴西电网工程技术（美洲）研究院、老挝南欧江流域电力开发研究院等2家典型海外研发机构，围绕重点海外工程的技术研发、创新成果转化应用，以及属地化管理等方面持续开展工作，加快海外研发机构建设步伐，提升企业海外创新能力，促进属地化发展和海外品牌影响。

（4）科技项目管理。持续强化创新战略引领和成员企业创新主体作用，在做好传统优势业务领域关键共性技术研发工作的基础上，加大新兴产业技术攻关投入力度、强化现代信息技术融合应用，系统推进重点技术攻关和标准化建设，促进各业务领域核心关键技术研发和转化应用。整合集团内外创新资源，发挥成员企业技术优势，承担国家重大科技任务，牵头组织并参与“堰塞坝险情处置与开发利用保障技术与装备研发”等12项新立国家重点研发计划、国家自然科学基金项目及课题；加大企业重大技术攻关组织管理力度，在持续有效推进国际标准应用、水环境治理、水电设计施工一体化、水文气象等重大专项的同时，开展“太阳能热发电设计、装备制造及施工建造系统集成技术研究”等光热发电、地铁信息化、核电领域3项重大专项，筹划推进军民融合、川藏铁路建设重大技术攻关，新增76项集团级重点项目和标准化建设项目，以及2000多项成员企业自立项目，强化新兴产业技术攻关和现代信息技术融合，推进了各业务领域现代技术体系的建设。

（5）重大科技成果情况。2018年，持续推进科技项目研究，取得大批具有良好经济社会效益的科技创新成果。其中，牵头完成的“超深与复杂地质条件混凝土防渗墙关键技术”“300m级特高拱坝安全控制关键技术及工程应用”、参与完成的“超大型水电站用金属结构关键材料成套技术开发应用”和“水力式升船机关键技术及应用”分别获国家科技进步、技术发明二等奖；“高混凝土面板堆石坝关键技术创新”成果获首届国际大坝委员会科技创新奖，“300m级高心墙堆石坝施工关键技术研究与应用”等一批创新成果先后获得298项省部级科学技术奖项。

知识产权创造与管理能力稳步提升。组织开展知识产权核心竞争力专题研究，促进知识产权创造由量到质的转变。新授权专利2643项，其中发明专利420项，累计有效达到12 136项，其中发明专利1890项。不断完善技术标准体系建设，年度制修订国家与行业标准415项，其中新立项134项，完成发布159项。组织开展水电、火电、地铁等工法体系研究，年度获行业和省部级工法340余项，集团级工法397项，促进了工法体系的科学完备有效性。

有序推进科技成果工程化。完善科技创新投入、研发、转化、应用机制，依托水环境公司、地铁公司等平台公司，集成集约现有的技术资源，全面推动水资源与水环境治理技术领域、地铁等领域业务技术体系建设。围绕解决重点业务领域重大技术难题，加强合作创新，实施联合攻关，积极推动产学研结合，利用内外科技资源，探索多种方式，实现各业务领域技术跨越发展，以现场观摩、技术咨询等多种形式交流推广科技成果，有效促进了科技成果的转化应用。

（6）科技创新体制机制建设。研究国资委、科技部和财政部等相关部委对于中央企业股权及分红激励最新政策和工作要求，结合所属企业现状和成员企业实施分红激励意愿，推进股权激励和分红激励方案实施；推进科技成果转化基金建设研究工作，促进科技成果资本化、产业化；开展科技创新项目低息贷款方案研究，开展《中国电力建设股份有限公司科技项目优惠贷款管理办法》制定，争取拓宽成员企业创新资金来源；促进科技体制机制创新。

在企业发展中，不断完善《中国电力建设股份有限公司科技进步考核暂行办法》。系统研究科技发展要求，完善相关创新要素，科学调整指标权重，较好引导各企业创新驱动发展功能定位和发展新要求。依据中国电建《科学技术奖励办法》制度，设立科技奖励专项资金，加大对科技人才的激励力度，表彰做出突出贡献的先进集体和个人。

（7）协同创新情况。整合内外优质科技创新资源，依托企业技术中心、国家工程实验室、工程技术中心、院士工作站、博士后工作站等各级研发平台，与行业权威科研机构、高校，以及产业链上下游相关企业，进行全方位、多层次科技合作，组织开展重大技术攻关、重大工程建设咨询、院士学术讲座和专项技术培训，为服务国家重大战略实施、重点工程建设提供有力支撑和保障。

1）联合开展技术攻关，系统推进产学研用深度融合。在水电业务领域，携手河海大学、清华大学、武汉大学、中国水利水电科学研究院等权威高校和科研机构，推进“共建水安全与水科学协同创新中心”建设，结合老挝南欧江梯级流域、雅砻江锦屏一级、澜沧江如美、拉哇等国内外水利水电工程，系统开展“复杂条件下特高土石坝建设与长期安全保障关键技术”“大坝安全评估智能管理技术”“土石坝异常渗流探测及长期渗流安全分析评价关键技术研究”“混凝土数字化施工与精细化控制成套技术”等大批工程共性技术攻关，为强化国家水资源和水利水电工程安全，提高工程建设质量奠定坚实基础。

在火电业务领域，先后与清华大学、同济大学、华北电力大学、中国电科院、上海电力学院等科研院所建立战略合作伙伴关系，广泛开展科技合作，持续推进变电站节能技术体系研究、地下变电站全寿命周期成本研究、脱硫废水蒸发处理技术研究等多项技术攻关，为推进火电高效节能环保创造良好条件。同时，积极与中船重工集团等大型企业组队出海，联合开展海上散货自动化转运设备与系统研制等研究工作，为孟加拉吉达港燃煤电厂工程建设物资设备物流管控提供解决方案。

在新能源领域，与河海大学、天津大学、上海交通大学等高校联合开展分布式光伏与梯级小水电互补联合发电技术研究及应用示范、海上风电开发系统创新方法集成与示范应用、新能源发电技术研究等一批国家重点研发计划任务；与国家电网公司、国网上海市电力公司等企业，联合开展智能电网、电动车、储能电站等领域关键技术研究，上海市深远海域海上风电重大示范工程关键技术攻关等一批地方科技任务，为实现水光多能互补、新能源发电，特别是海上风电开发等技术的推广示范应用提供支撑。

在战略新兴领域，分别与浙江大学、华北电力大学、清华大学等高校，联合开展垃圾焚烧烟气污染物超低排放处理技术研究、太阳能光热发电的应用研究、非补燃式压缩空气储能技术研究、空气储能技术应用研究等重点研究工作，努力做好垃圾焚烧、光热发电、高效储能等战略新兴业务关键技术与人才培育和储备。

2）发挥创新主体作用，推动新兴产业技术创新联盟发展。凭借在水环境治理、太阳能发电、地下管廊等领域技术开发和成果转化优势，成为水环境产业技术创新战略联盟（简称水环境联盟）理事长单位、光伏发电产业技术创新战略联盟副理事长单位、中国城市地下综合管廊产业联盟副理事长单位，以及国家太阳能光热产业技术创新战略联盟、青海省太阳能产业技术创新战略联盟单位，为推动新兴业务快速发展创造良好条件。其中，牵头组织的水环境联盟，年度新增 31 家单位入盟，成员涵盖基础研究、技术、装备、施工等产业链上下游单位，共计达 119 家。同时，发起并联合深圳市深港产学研环保工程技术股份有限公司等 5 家联盟成员单位，共同出资成立“华浩淼水生态环境技术研究院”，围绕水环境领域科研和工程项目，先后组织联盟成员单位联合开展技术攻关，进行技术交流数十余次，推动 8 项水环境治理领域团体标准发布，为完善水环境治理技术体系，加快水环境行业技术标准体系建立创造了良好条件。因成效突出，水环境联盟顺利通过了 2018 年中国产业技术创新战略联盟协同发展网员单位审批，成为 152 家国家试点联盟之一。

3）积极组织和参与国内外学术交流活动，扩大企业影响力。以重大创新需求与关键技术为导向，依托企业院士工作站、博士后工作站等平台，加强与行业权威专家、学协会的沟通联系，积极开展学术研讨与交流。承办 2018 非洲国家水资源开发与水环境治理研修班、缅甸水资源管理能力建设研修班、斐济水源分析和实验室实践海外培训班等高端技术培训；凭借与美国本特利公司联合组建的 ECIDI-Bentley 中国 BIM 工程研究院，面向行业协会、政府部门以及工程领域相关企业等开展多项 BIM 解决方案及产品的宣传推广，以及工程三维数字化技术人才的培养认证；组织参与全球能源互联网与大学创新发展论坛、“电力之光”中国电力科普日展览、改革开放 40 年中国水电纪念大会、水科院组建 60 周年学术活动周，通过主旨报告及专题报告宣讲等多种方式，宣传企业在相关业务领域的技术创新成果。

中国能源建设集团有限公司

【公司概况】 中国能源建设集团有限公司（简称中国能建）成立于 2011 年 9 月 29 日，是经国务院批准、由国务院国资委直接管理的特大型能源建设集团公司，注册资本 260 亿元，2014 年 12 月 19 日，中国能建与全资子公司电力规划总院有限公司共同发起设立了中国能源建设股份有限公司（中国能建持股 99.53%）；2015 年 12 月 10 日，中国能源建设股份有限公司首次公开发行 H 股在香港联合交易所有限公司主板挂牌上市（股票代号 3996. HK）。

中国能建是中国乃至全球能源电力、基础设施和房地产等行业提供整体解决方案、全产业链服务的综合性特大型集团公司，主营业务涵盖能源电力、水利水务、铁路公路、港口航道、市政工程、城市轨道、生态环保和房屋建筑等领域，具有集规划咨询、评估评审、勘察设计、工程建设及管理、运行维护和投资运营、技术服务、装备制造、建筑材料为一体的完整产业链，连续五年进入世界500强，在ENR全球工程设计公司150强、国际工程设计公司225强、全球承包商250强和国际承包商250强排名中均名列前茅，获惠誉、穆迪A－（A3）信用评级。

中国能建自成立以来，获得国家、省部、行业级科学技术进步奖1000余项、中国建筑工程鲁班奖14项、国家优质工程金质奖42项；拥有2个国家级企业技术中心、4个院士专家工作站、11个博士后科研工作站、46个省级研究机构和86家高新技术企业；累计拥有有效专利8797项；制（修）定国家、行业标准570余项，对中国90%以上火电站、核电站常规岛及电网勘察设计标准做出了重要贡献；承担了世界建筑施工最高技术水平三峡水电工程65%以上工程施工，设计并建设了一批世界领先水平超超临界火电工程、世界首个第三代核电的常规岛工程、世界最大风光储输工程、世界最高技术水平特高压输电工程、世界首个多端柔性直流输电工程等一系列高水平工程。在全球80多个国家和地区设立了200多个分支机构，业务分布境外140多个国家和地区。

【领导班子】

1. 中国能源建设集团有限公司

董事长、党委书记：汪建平

总经理、党委副书记、董事：丁焰章

党委副书记：张羡崇

党委常委：吴春利

党委常委：于刚

党委常委、安全总监：周厚贵

党委常委、纪委书记：李子勇

党委常委：陈关中

党委常委、首席信息官：吴云

2. 中国能源建设股份有限公司

董事长、党委书记：汪建平

总经理、副董事长、党委副书记：丁焰章

党委副书记、董事、副总经理：张羡崇

党委常委、副总经理：吴春利

党委常委、副总经理：于刚

党委常委、副总经理、安全总监：周厚贵

党委常委、纪委书记：李子勇

党委常委、总会计师：陈关中

党委常委、副总经理、首席信息官：吴云

【组织机构】 见2018年中国能建组织机构图。

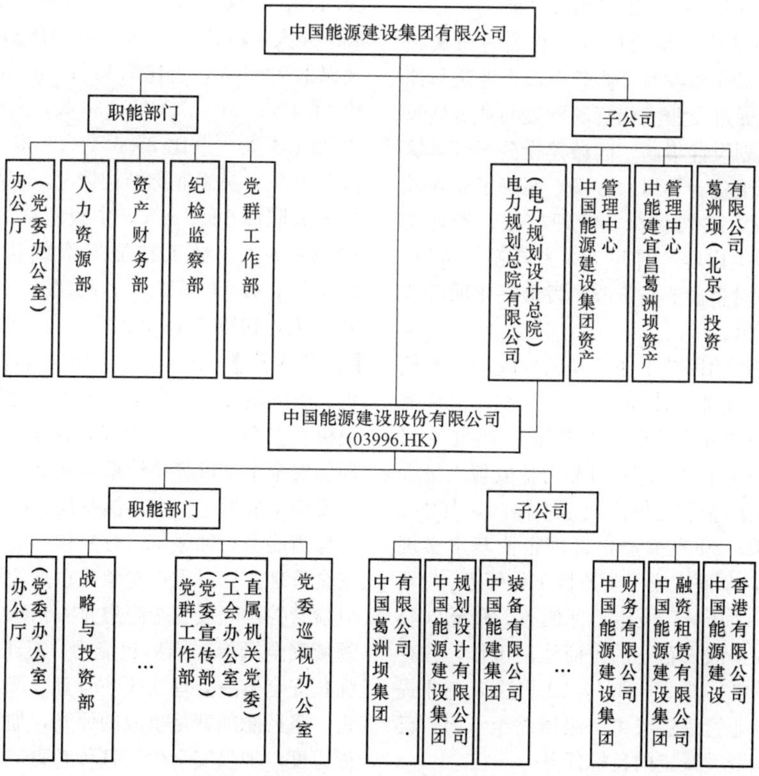

2018年中国能建组织机构图

【企业战略】 2018年，中国能建以“十三五”发展战略规划为指引，推动转型升级、深化企业改革、提升企业管理、全面从严治党，在前几年高速增长的基础上，各项指标保持了平稳发展的态势。加快转型升级，在巩固传统优势市场基础上，拓展新兴业务领域市场，业务转型取得新进展。加快“走出去”步伐，积极参与“一带一路”建设、国际产能合作，国际业务对企业发展的支撑作用不断增强；积极参与雄安新区、军民融合、长江大保护、支持海南全面深化改革开放等国家重大战略实施，奋力抢抓基础实施建设市场机遇；创新商业模式，加强与中国PPP基金等机构合作，持续提升各级企业新商业模式项目运作能力；稳妥推进投资业务，一批风电、光伏、生物质发电等投资项目进展顺利，水泥生产、民用爆破、房地产等业务稳步提升，环保水务业务获批成为拟发展业务。

【体制改革】 贯彻《中共中央 国务院关于深化国有企业改革的指导意见》（中发〔2015〕22号）精神，落实“1+N”改革系列文件及供给侧结构性改革有关要求，大力推动改革重点任务落实落地。先后下发了《关于中国能建“处僵治困”工作2017年完成情况与2018年工作安排的通知》《关于推进新设（重组）公司内部企业重组整合的通知》《关于中国能建混改试点及国企改革“双百行动”近期工作安排的通知》等文件，各项改革工作取得了积极进展。

一是完成组织结构调整阶段性工作。对所属设计、电建、投资、国际和咨询等业务板块企业进行组织结构调整重组，促进企业优化资源配置与业务转型升级。研究制定规划设计集团、区域建投公司等8家新设（重组）公司组建（重组）方案，明确了企业功能定位、职责范围、发展目标、管理权限、管理关系、本部设置等相关内容，召开了8家新设（重组）公司成立大会，并对企业下一步改革发展提出明确要求、作出了具体部署。

二是推进“处僵治困”工作。经国务院国资委核定，“僵尸”和特困企业共计32户，12户拟予清算关闭，20户拟持续经营并强化管理。截至2018年末累计分流安置人员19 431人，超过计划分流安置人员人数；12户拟清算关闭企业已停产或基本停产，其中2户已完成税务注销；20户拟强化管理企业基本实现“减亏控亏”目标，全面完成了阶段性工作任务。

三是完成企业“压减”既定目标任务。截至2018年末累计完成133户法人企业的工商注销工作，占存量法人企业（621户）的21.26%，59户法人企业提升了管理层级，企业管理层级由7级压缩至5级，已提前完成国务院国资委既定的目标任务。

四是完成剥离企业办社会职能工作。截至2018年末，“三供一业”总体移交率为99.75%；市政职能移交、消防机构分类处理等方面移交完成率为100%；社区管理职能移交完成率为94%。

五是推进实施混合所有制改革工作。2018年，推动实施混改试点工作，下发通知文件，建立工作机制，江苏电建一公司、湖南院2家国家第三批混改试点单位按照国家发展改革委批复的混改试点总体方案框架，进一步制定完善混改及员工持股具体方案，审定并经国家发展改革委、国务院国资委备案后实施。推荐东电二公司、广电工程局公司、华南装备公司作为国家第四批混合所有制改革试点企业。

六是推进国企改革“双百行动”工作，促进体制机制创新突破。组织开展了“双百企业”候选企业甄别遴选工作，选择湖南院、葛洲坝绿园公司、安徽电建二公司3家企业作为“双百企业”候选企业，并被国务院国资委列入“双百企业”，3家单位“双百行动”综合改革实施方案已报国务院国企改革领导小组办公室备案，就“双百行动”下一步工作下发通知文件，建立工作机制。

【人力资源】 2018年末，中国能建在职员工共129 929人，其中在岗职工114 226人，不在岗职工15 703人；劳务派遣人员20 577人。员工学历结构情况，博士研究生477人，占比0.4%；硕士研究生10 980人，占比8.5%；本科45 999人，占比35.4%；专科29 449人，占比22.7%；中专及以下43 024人，占比33.1%。员工年龄结构情况，55岁及以上9296人，占比7.2%；50～54岁18 694人，占比14.4%；40～49岁42 736人，占比32.9%；30～39岁33 194人，占比25.5%；29岁及以下26 009人，占20.0%。员工职称结构情况，正高级职称2484人，副高级职称14 915人，中级职称20 340人，初级职称23 442人。员工技能等级结构情况，高级技师2223人，技师7512人，高级工16 579人，中级工6164人，初级工1933人。

【安全生产】 2018年，中国能建深入贯彻落实党中央、国务院关于安全生产工作的决策部署和要求。牢固树立安全生产红线意识，层层压实安全生产责任，确保安全生产形势持续稳定向好，坚决遏制较大及以上安全事故发生。突出抓基层、抓基础，全面提高安全保障能力，加强承（分）包“安全+”管理和现场安全管理。针对重点对象、重点领域，加强安全生产风险管控，开展安全隐患排查治理，严控新业态、新领域安全风险，严禁超能力、赶工期影响安全生产，强化安全事故处理的闭环管理。严肃安全生产问责追责，坚持隐患就是事故的原则，加大违章隐患查处治理力度。加强安全生产宣传教育，开展企业负责人和安全监管人员轮训，提升全员安全素质。全年没有发生一般以上生产安全事故，安全生产形势持续稳定。

【经营管理】 2018年，中国能建以习近平新时代中国特色社会主义思想为指导，学习贯彻落实党的十九大精神，在国务院国资委的正确领导下，坚持稳中求进和高质量发展，应对外部环境深刻变化所带来的风险挑战，综合施策，扎实工作，推动公司生产经营克难奋进、平稳发展，较好地完成了国务院国资委下达的年度经营业绩考核目标，主要经营指标平稳增长，经营效益稳步提升。完成新签合同额4640.67亿元，同比增长4.11%，其中，国内新签合同同比增长2.86%，国际新签合同同比增长7.06%；资产总额3965.54亿元，同比增长9.16%，所有者权益同比增长17.12%；实现营业收入同比下降4.56%；实现利润总额同比增长6.19%，实现净利润同比增长6.73%。

【节能减排】 2018年，中国能建未发生环境事件和节能减排违法违规事件，节能减排指标受控。完善节能环保管理和制度体系，落实责任，强化管理，严控风险。拓展绿色产业，环保水务获批成为拟发展业务；引领绿色技术，依托电力规划总院完成多项国家重大环保科技项目研究任务；坚持绿色生产，开展环保督查、实施技术改造、推进绿色施工管理，取得一定成效，安徽电建二公司获评安徽省环保产业优秀企业，江苏电建三公司等单位承建的4个项目荣获省级绿色工地奖，葛洲坝水泥公司获评湖北省环保绿牌企业。

【科技发展与创新】 2018年，中国能建着力实施创新驱动发展战略，建立了重大科技专项、众筹科技项目、各单位自主立项三个层次的研发机制，形成了以2个国家级和46个省级研究机构、4家院士专家工作站、11家博士后科研工作站为主体的研发体系，高新技术企业达到86家，科技创新体系不断完善，技术创新能力进一步增强。

2018年，完成“±1100kV特高压直流输电设计关键技术”“柔性交流输电设计技术”“主动配电网规划设计相关领域关键技术”“大型冷却塔三维热力特性优化技术”“电站新型钢自动焊和信息控制技术”“相控阵超声检测技术”等一批关键技术攻关，取得多项科研成果。全年共获得国家级科技奖励3项，省部和行业级科技奖励217项，获得的省部和行业级及以上科技奖励同比增长24%。

2018年，获得专利授权1289项，其中发明专利231项，累计拥有有效专利8797项，其中发明专利1527项；获得软件著作权106项；编制完成国际标准3项（IEEE标准），国家和行业标准86项，主编的世界上首部光热发电设计标准发布。

依托项目研究，葛洲坝集团易普力股份有限公司获中国爆破行业协会科技进步一等奖等省部级科技进步奖2项；主编行业标准6项，形成省部级工法3项；获发明专利25项、软件著作权6项；发表论文60余篇，培养全国有突出贡献爆破专家2名。研究成果在阳江核电站、平朔东露天煤矿、利比里亚New Liberty金矿、巴基斯坦Karot水电站等百余项国内重点工程、大型矿山和“一带一路”国际项目中推广应用，累计使用混装炸药超过100万t，取得了显著的经济、社会效益。

【市场建设】 2018年，中国能建国内市场签约同比增长2.86%。

电力市场总体平稳，新能源签约增长持续。巩固传统电力市场、开拓新兴电力市场，坚持存量市场与增量市场并重。在巩固存量市场的同时，以创新技术、创新理念、创新服务的新思维，拓展电力结构调整市场，奋力抢抓调峰市场、分布式风电、分布式光伏和光伏扶贫等新业务的市场机遇。在电力市场的市场份额显著提升，新能源业务增长较快，国内全年新能源业务签约同比增长7.86%。

软实力持续保持行业领先，行业地位显著增强。2018年中标国家能源局能源发展、能源技术创新、电力发展、风电发展“十三五”规划评估和雄安新区能源规划评估论证等10余项规划评估和研究课题，承接华北电网等区域电网规划、粤港澳大湾区能源规划、长沙高新区增量配网规划等专题研究。

推进科技助力市场开发，核心竞争力不断提升。“特高压±800kV直流输电工程”荣获国家科学技术进步奖特等奖，国家风光储输示范工程荣获菲迪克优秀工程奖，陕西富平热电项目荣获中国电力数字工程（EIM）大赛特等奖。世界海拔最高、海拔跨度最大、自然条件最复杂的输变电工程——藏中电力联网工程竣工投运。承担了蒙西—晋中1000kV特高压交流项目、青海—河南±800kV特高压直流项目、西藏阿里联网500kV特高压项目等特高压勘察设计任务。

电力施工业务签约平稳。不断强化市场合作与协同引领，电力施工市场份额不断提升。签约国内最大燃机项目——华电增城9H燃机电厂；签约黄河玛尔挡水电站EPC总承包项目。

新兴电力市场换挡提速。签约阳江南鹏岛海上风电场工程总承包，中标达拉特和库布其光伏项目，开启了光伏发电与“治沙、发电”＋“扶贫”新模式；与中国核电在徐大堡核电一期工程工艺性BOP土建工程上实现主体工程的首次合作。

非电业务转型再上新台阶。全年非电业务签约同比增长21.10%，占比达50.94%，首次超过电力业务份额。其中非投融资传统非电施工业务签约同比增长 48.79%，业务领域进一步拓展。在城市轨道交通、房屋建筑、水务工程、河运工程、矿山工程等领域取得新的进展。

PPP 业务提质增效，健康发展。贯彻落实国务院国资委相关文件精神，严控各类风险、严控项目质量、严控资本金出资。全年新中标签约 PPP 项目占国内市场签约总额 32.20%。新设（重组）成立了北方、华东、南方、西北四个建投公司，赋予小额投资开拓 PPP 等新商业模式业务、拉动所属电建企业非电转型的职责。贯彻 PPP 的战略定位和经营理念，围绕主营业务和战略发展方向，把好 PPP 项目“入口关”。总部主动作为，审查和协调项目信息，帮助直属企业解决资本金小额出资、出表、出平台等核心问题。通过与中国 PPP 基金建立全面合作关系，推进项目合作，5 个重点项目纳入 PPP 基金计划投资项目短名单，资本金投资合作合计近 40 亿元。

【国际业务】 2018 年，面对复杂的世界经济环境和严峻的市场形势，中国能建以“一带一路”建设为引领，开拓国际市场，国际业务继续保持良好的发展态势。全年实现国际新签合同同比增长 7.06%，在全球 89 个国家和地区实现项目签约，亚洲及非洲地区签约占比 91.44%，其中亚洲市场签约同比增长 62.73%。全年国际电力项目实现签约同比增长 24.9%。全年新签工程总承包项目同比增长 16.4%，占比较 2017 年同期提高了近 9 个百分点。签约尼日利亚蒙贝拉水电站、越南南定一期燃煤电站、美国莱斯光热电站等一批大型项目。

始终紧跟国家“一带一路”倡议、国际产能合作、中非合作等政策导向，参与“一带一路”建设取得新成绩。全年在“一带一路”沿线国家签约占签约总额的 75.89%，同比增长 37.97%。全年在“一带一路”沿线国家新签合同额占同期中国企业在“一带一路”沿线国家新签合同额的近 15%。

【信息化建设】 2018 年，中国能建加强管理信息系统建设，提升管理效率和效益；推进主营信息化工作，助力企业发展与改革创新。完成国际业务管理系统、总部费用报销系统、综合事务系统、运维监控系统的建设工作，对人力资源管理信息系统、OA 系统、科技管理系统、数字档案馆进行了功能升级并推广应用，降低了管理成本，提高了管理效率和水平。所属单位开展“大数据”“高清视频辅助”“私有云”三大基础平台建设和应用，提出了建设“数字化管理平台、数字化设计平台、数字化项目管理平台、数字化协作平台、数字化知识管理平台”等多个价值平台的工作举措，完成了能源研究网、全国新能源电力消纳监测预警平台开发等重点项目。

网络安全方面，修订网络安全管理办法，明确党委对网络与信息安全负主体责任。将网络与信息安全监督工作纳入“大监督”体系，加强督导和管理；制订电力行业网络安全三年行动计划实施方案，对网络安全工作进行部署。持续开展网络安全信息通报工作及网络安全隐患排查整改工作，启动总部网络与信息安全风险评估工作，制订相应的风险管控方案，开展网络与信息安全技术培训及技能竞赛，提高技术防护实操水平。

【党建工作、工会工作】 2018 年，中国能建党委聚焦“中央企业党建质量提升年”要求，围绕建设党建“旗帜、强基、对标、阳光、扬名”五大工程和“三级两化一格局”总体布局，落实党建重点工作任务，坚持党建工作理念到位、工作落实到位、优势转化到位、“大党建”实施到位和推动各项工作创新发展，从严从新从实推进各项工作。

一是用习近平新时代中国特色社会主义思想和党的十九大精神武装头脑。开展党委常委赴基层宣讲活动，推动十九大精神进工地、进车间、进班组。修订印发《党委意识形态工作责任制管理办法》《党委理论学习中心组学习管理办法》，体现了最新要求。举办党委中心组集中和扩大学习讲座 10 次，举办 6 期所属企业负责人集中轮训班，主要领导在求是网、经济日报、国资报告发表署名文章，用习近平新时代中国特色社会主义思想武装头脑，以深学彻悟引领善用善为。

二是全面强化党建责任。印发《公司党建责任制考核评价办法》，对党建考核做出全面安排。组织召开企业度党委书记现场述职评议会，开展党建工作现场检查。完成 2017 年度基层党建“述、评、考”工作。按照“应进必进”的要求推进党建进章程，二级企业 16 户、三级企业 83 户全部完成，实现全覆盖。在中央企业党建工作责任制首次考评中，获得“优秀”等级。在中组部、国资委党委召开的中央企业党的建设工作座谈会上，党委作了题为“突出三个关键环节　压实管党治党责任”的现场交流。

三是规范党内政治生活。印发所属企业召开党代会工作计划，推动相关工作制度化开展，强化督导，规范换届选举。执行“三会一课”、领导班子民主生活会、组织生活会、谈心谈话、党员党性分析等基本制度，其中对直管企业民主生活会现场督导实现全覆盖。

四是进一步夯实党建基础。召开党建工作推进会，聚焦上级党建、组织、宣传三个重要会议，明确下一阶段工作重点。从体系入手加强制度建设，印发党建三级责任体系文件，明确提出“集团总部管总、直管企业主建、基层企业主抓”体系建设要求。深化基层党支部标准化建设，集团层面举办 2 期（共 106

人）党支部书记示范培训班。命名百家示范党支部，完成培训教材《实践在支部》案例集编辑。修订印发党务公开管理办法，开展在京所属单位失联党员规范管理、处置和发展党员排查、规范党费工作专项检查和补交党费自审工作。

五是弘扬劳模精神和工匠精神。加强劳模选树宣传，表彰30名“公司劳动模范”，召开劳模座谈会，组织首次基层企业“外籍功勋员工”评选活动，编印《来自一线的故事》故事集，举办红色遵义劳模疗休养活动；推进《职工发展报告》工作，印发规范。搭建劳模创新创效平台，出台《劳模创新工作室管理办法》，命名首批10家“劳模创新工作室”，完善公司工会工作体系。加强高技能人才选拔工作，出台《“能建工匠”选拔管理办法》，首次认定“能建工匠”149名；推荐选拔全国技术能手2名、国家高技能人才突出贡献个人1名、中央企业技术能手5名，获奖数量居央企前列。加强重大荣誉争创工作，获评全国“五一”劳动奖章1项、全国三八红旗手2项、中央企业劳动模范8个、中央企业先进集体4个、省级劳模荣誉24个，推荐一线先进典型当选十三届全国人大、工会十七大、共青团十八大代表、妇女十二大代表。

六是职工队伍建设取得新成效。加强组织建设和民主管理，结合工会十七大精神，研究提出工会组建方案，督促直管企业完善工会组织；修订公司《职工代表大会管理办法》，推动星级职代会创建；审核“处僵治困”中民主管理程序10项，选举产生新职工代表监事。加强竞赛管理，举办2018年焊接技能大赛，荣膺2018年“嘉克杯”国际焊接技能大赛团体金奖，摘得企业代表队中单项奖半数桂冠，斩获一、二、三等奖32项，在全国吊装技能竞赛中取得优异成绩；出台《职工技能竞赛管理办法》，将2项企业竞赛升格为集团竞赛，并在国资委备案。加强班组建设，评选表彰第三届标杆班组（长）10个、优秀班组（长）100个。开展职工技术创新活动，获评第十届全国电力职工技术创新成果奖一等奖3项、二等奖7项、三等奖14项，获评全国能源化学地质系统职工技术创新成果奖一等奖2项、二等奖6项、三等奖10项。丰富职工文化生活，举办“能建杯”职工篮球赛，展示职工队伍风采。做好慰问帮扶工作，开展定点扶贫“百元捐赠献爱心”活动，共计捐款730余万元；组织镇巴县、西林县10名优秀学生代表赴京开展体验教育；做好捐赠管理、走访慰问在京企业劳模、老党员、困难职工工作。

七是创新团青工作。召开首次团代会，选举产生了第一届团委。批复18家企业团组织新建、换届，印发《团委议事规则》《青年创新指导意见》，完善了团青制度体系。组织开展党的十九大、团的十八大精神学习宣贯、征文评选活动，召开组织生活会，开展青年成长专题调研等活动。

【宣传工作】 按照国务院国资委党委对思想文化宣传工作的总体部署及要求，切实加强思想文化宣传工作，公司品牌影响力、公信力不断提升。

一是开展主题宣传。围绕改革开放40周年、“一带一路”倡议，提出五周年、首届进博会等主题，开展内外宣传。制定20项重点工作清单，开展以“奋进能源建设新时代”为主题的全媒体报道活动，参与中电联组织的改革开放40周年电力成就展，承办中宣部对外开放主题宣传座谈会，举办庆祝改革开放40周年主题摄影、书法作品展，开展“大家小家画初心”摄影作品征集活动。把握“一带一路”倡议，提出五周年、中非合作论坛、G20等重大外交活动契机，公司媒体平台开设专题专栏，微信发布快闪，邀请主流媒体走进越南海阳、永新项目实地采访，在巴基斯坦开展“共绘家乡美”巴籍少儿绘画活动，组织征集100多篇海外员工故事，编辑出版《共赢致和——“一带一路”上的建设者故事》。首届进博会期间，公司在中央及行业媒体刊发（播出）相关报道近20篇，实现了重点媒体全覆盖。

二是深化文明建设。按照国务院国资委部署，开展“弘扬爱国奋斗精神、建功立业新时代”活动，精心策划和组织“初心能见”主题传播活动，编撰出版《初心能见——电力专家口述奋斗史》。该策划荣获中国电力新闻“特别策划奖”，经验做法入选中宣部《新时代国有企业思想政治工作创新案例选编》。组织2016～2017年度文明单位评选，共评出39家文明单位。开展“工程师文化”课题研究，《“工程师文化”研究纲要》在中电联企业文化创新成果评选中荣获一等奖。

三是优化体制机制。制定印发《意识形态工作责任制管理办法》，加强舆情管控，畅通监测、报告、预警、处置机制。组建公司新闻中心，开设能建新闻视频平台，全年在中央主流媒体发稿260余篇。1件作品获2018国有企业海外传播好新闻奖，2件作品获“国企好新闻”，8件作品获中国电力新闻奖，24件作品获首届中国电力工程新闻奖，2件作品获中电传媒新媒体奖。建立并逐步完善外宣“三个一”工作机制，上线运营Energy China Facebook账号，建立了覆盖全部二三级企业共195人的境外新闻宣传队伍，制定了一批境外重点分支机构和重点项目部舆论引导预案。

【中国能源建设集团规划设计有限公司】

公司概况 中国能源建设集团规划设计有限公司（简称规划设计集团）成立于2018年5月，由中国电力工程顾问集团有限公司（简称中电工程）所属6家区域设计院和中国能源建设股份有限公司所属14家省级设计院合并组建，注册资本100亿元，现为中国能源建设股份有限公司的全资子公司。中电工程继续保留，并由规划设计集团进行管理。

规划设计集团在职员工近2万人，其中国家级勘察设计大师12人，具有丰富的工程经验，是最值得信赖的工程专家。

领导班子

规划设计集团党委书记、董事长（法定代表人），中电工程党委书记、董事长（执行董事）、法定代表人：张满平

中国能源建设股份有限公司党委委员，规划设计集团总经理、党委副书记、董事，中电工程总经理、党委副书记：罗必雄

规划设计集团党委常委、副总经理、董事，中电工程党委常委、副总经理：李兵

规划设计集团党委常委、纪委书记，中电工程党委常委、纪委书记：封静福

规划设计集团党委常委、副总经理，中电工程党委常委、副总经理、总法律顾问：车洪林

规划设计集团党委常委、副总经理，中电工程党委常委、副总经理：李宝金

组织机构 共有20家子公司，分别是中国电力工程顾问集团东北电力设计院有限公司、中国电力工程顾问集团华东电力设计院有限公司、中国电力工程顾问集团中南电力设计院有限公司、中国电力工程顾问集团西北电力设计院有限公司、中国电力工程顾问集团西南电力设计院有限公司、中国电力工程顾问集团华北电力设计院有限公司、中国能源建设集团黑龙江省电力设计院有限公司、中国能源建设集团辽宁电力勘测设计院有限公司、中国能源建设集团天津电力设计院有限公司、中国能源建设集团山西省电力勘测设计院有限公司、中国能源建设集团江苏省电力设计院有限公司、中国能源建设集团浙江省电力设计院有限公司、中国能源建设集团安徽省电力设计院有限公司、中国能源建设集团湖南省电力设计院有限公司、中国能源建设集团陕西省电力设计院有限公司、中国能源建设集团甘肃省电力设计院有限公司、中国能源建设集团新疆电力设计院有限公司、中国能源建设集团广东省电力设计研究院有限公司、中国能源建设集团云南省电力设计院有限公司、中国能源建设集团广西电力设计研究院有限公司。

企业战略 为发挥战略的引领和指导作用，初步确定了“三型两化”（科技型、平台型、创新型、多元化、国际化）世界一流跨国工程公司的战略目标和“全球能源科技发展的引领团队、咨询与规划设计的国际一流企业、能源与基础设施一体化解决方案的跨国工程公司、建设领域全价值链集成和全生命周期管理的综合服务商”的战略定位，初步明确了“设计能源未来、引领能源发展”的企业使命和“科技领先、世界一流”的企业愿景，规划了“近期—中期—远期”三步走的行动路径，经过认真分析各企业基本情况、经营现状、业务特点、技术实力等因素，提出了多元化、差异化发展的基本设想。

开展2018—2020年业务发展与投资方向专题研究工作。本次研究聚焦在粤港澳大湾区、长江经济带和长江大保护以及雄安新区三个热点区域，筛选了海上风电、环保、储能、智慧能源综合解决方案、智能微网和配网、电力新材料与新技术融合发展等六个热点技术领域，特别关注传统项目投资机会、境外项目投资机会和相关行业咨询设计资质并购等三个投资方向，共12个研究专题。

启动所属企业“十三五”战略规划评估及滚动修编工作。各所属企业根据规划设计集团机构调整重组的新格局、体制机制改革发展的新要求、业务与商务模式转型创新的新趋势，结合本单位实际情况开展了战略规划滚动修编工作，全部完成本单位2018—2020年滚动发展规划报告。

2018年规划设计集团正式组建，此次改革是自2011年电网企业主辅分离以来，规划设计集团所属企业的再一次深度整合，也是中国能建成立后，为应对行业发展形势变化和自身发展需要，而开展的一次组织结构调整重组，涵盖了规划设计集团本部、6家区域设计企业和14家省级设计企业，涉及人员近2万人。

体制改革 一是“压减”工作有序推进，按照年初制定的工作计划，完成了8户企业法人的“压减”。二是混改和“双百企业”试点工作取得突破。所属湖南院被确定为混改和“双百”试点企业后，规划设计集团履行出资人职责，推动湖南院混改和“双百”改革工作。三是国有企业办社会职能分离移交工作加快推进。“三供一业”分离移交正式协议签订工作基本完成。

2018年，规划设计集团建立健全投资管理体制机制，加快推动新业务孵化平台，投融资平台等功能性平台建设，通过投资开发加快补短板和培育新市场。在股权投资方面，设立天津新能源开发公司，探索全产业链联动开发新模式。与西藏开投集团签署投资合作协议，筹备西藏能源规划设计公司；积极推进境外工程设计公司并购工作，打造海外中高端市场开发平台。在融资建设投资方面，推进多个PPP项目；通过PPP方式参与污水处理，片区开发、市政道路等多个项目，在探索投资促进新商业模式方面取得积极进

展。围绕电力体制改革，发挥规划咨询优势，参与投资多个增量配电网项目。

人力资源 截至 2018 年 12 月 31 日，规划设计集团共有职工 18 584 人，拥有国家级勘察设计大师 12 人（其中在职 2 人），享受国务院政府特贴专家 116 人（其中在职 7 人），全国核工业工程勘察设计大师 2 人（其中在职 2 人），全国百千万人才工程专家 1 人（其中在职 1 人），全国劳动模范 3 人（其中在职 3 人），五一劳动奖章获得者 3 人（其中在职 3 人）。拥有正高级专业技术职务人员共计 1705 人，拥有高级专业技术职务人员共计 7036 人，拥有中级专业技术人员共计 5192 人；拥有大学本科及以上学历人员共计 15 804 人，占全体职工比例 85%，其中博士 256 人，硕士 7127 人，学士 8421 人。

经营管理 2018 年，新签合同额 882.63 亿元，完成全年考核指标的 112.39%。其中，国内和国际新签合同额分别为 636.74 亿元、245.88 亿元，分别完成全年考核指标的 108.68% 和 123.28%。2018 年，实现营业收入 438.94 亿元，完成全年考核指标的 105.9%。资产总额 621.42 亿元，净资产 212.34 亿元，所有者权益总额较年初增长 4.46%，全面实现了国有资产保值增值。

多个项目荣获国家级科技进步奖和优质工程奖，所属多家单位进入 ENR《建筑时报》“中国承包商 80 强、工程设计企业 60 强”和中国勘察设计协会“项目管理和工程总承包百强”名单。越南永新项目投产、多个特高压项目建设、苏通 GIL 综合管廊工程贯通、外罗海上风电项目施工等得到央视等国家媒体关注；应邀出席首届中国国际进口博览会和“一带一路”能源部长会议。

市场建设 注重高端经营，全年签订 108 项战略合作协议，参加首届中国国际进口博览会、“一带一路”能源部长会议、创交会、科博会等重大论坛会议。

注重政策导向，持续关注压控煤电、发展新能源与核电、新一轮农网改造升级和一批特高压输变电工程，全力巩固传统市场；开展业务发展与投资方向专题研究，重点关注粤港澳大湾区、雄安新区、长江经济带等重点区域和军民融合、海上风电、环保、智慧能源等重点方向，引导企业转型升级，开拓新市场新业务。

注重差异化经营，推动所属企业根据自身优势特点，在不同地区、不同专业领域、不同业务板块、不同规模上开拓，形成“三个一批”企业梯队，并加强国内和国际市场的协同经营，维护规划设计集团整体利益。

注重商业模式创新，通过 PPP 方式参与河南、广东、重庆、湖北等地市政道路、污水处理、棚户区改造、园区开发、生态环境修复等非电项目。围绕电力市场化改革新机遇，参与投资安徽、湖南、新疆等地增量配电网项目，探索综合能源服务商转型途径。介入风电、太阳能热等新能源项目投资和开发，以投资成功拉动了业务承揽。

注重平台搭建，开展数字化设计平台、培训平台、知识管理平台等功能性平台建设，全力弥补企业能力短板。推动西藏能源规划设计有限公司和天津中能建新能源有限公司成立，牵头组建中国能建储能业务发展中心，助推新兴业务开拓。

国际业务 2018 年，规划设计集团所属单位共实现国际业务签约 245.88 亿元，完成全年计划的 108.05%。贯彻“巩固东南亚和西非、扩大中东、拓展欧亚太、推进南美、突破北美”的国际市场布局，整合公司资源，创新商业模式，签约项目遍布亚、非、美、欧 90 多个国家和地区；除传统项目外，还开发了新能源、网信、智慧能源、城市园区等新兴业务。在亚洲，签约中东地区燃机、巴基斯坦煤电、缅甸水电站、越南平顺风电、泰国光伏等总承包项目，以及老挝、印尼、印度、蒙古等煤电和迪拜光热等设计项目。在非洲，签约尼日利亚燃机、赞比亚大学校区等总承包项目，以及肯尼亚铁路供电、加蓬国家主干网等设计项目。在欧洲，签约乌克兰多个风能、光伏、垃圾电厂，立陶宛燃机等总承包项目，以及俄罗斯燃机和立陶宛多个变电站改造等设计项目。在美洲，签约阿根廷风电、哥斯达黎加智慧城市等总承包项目，以及巴西电厂大修等设计项目。

安全管理 2018 年，规划设计集团安全生产形势基本稳定，未发生较大及以上生产安全事故，未发生对社会产生负面影响的其他突发事件。

加强安全生产的组织领导。一是落实安委会工作制度。2018 年，规划设计集团召开 2 次安委会会议，研究安全生产重大事项。二是加强安全生产管理力量。规划设计集团本部及各单位均按要求成立了安全生产委员会并按规定召开安委会会议，均设置独立安全生产管理部门，配备安全总监，充实基层安全生产管理力量。

全面落实安全生产主体责任。一是完善安全生产责任体系。规划设计集团建立健全了安全生产责任制，规划设计集团和各单位、本部各部门均签订了年度安全生产责任书，明确了责任、要求和措施。各单位与部门（子公司）、工程总承包项目部签订了年度安全生产责任书。二是落实工程总承包项目安全生产责任。规划设计集团编制了工程总承包项目安全生产管理责任清单，梳理出火力发电工程总承包项目安全控制点，将所有安全控制点管理责任落实到各级人员，进一步推动了工程总承包项目安全生产管理任的落实。三是严格落实领导干部任前安全谈话制度。规划设计集团及各单位严格落实领导干部任职前安全谈话制度，明确各级领导应担负的安全生产责任，促进“一岗双责”的落实。

开展安全生产教育培训。一是加强关键岗位人员教育培训。规划设计集团加强关键岗位人员安全生产教育培训，提高了安全生产履职能力。2018 年 8 月，规划设计集团在哈尔滨举办了安全生产培训班，各单位在建工程总承包项目经理和监理项目总监等 147 人参加了培训。二是加强三项岗位人员教育培训。各单位结合自身实际，采取“走出去、请进来”等多种形式，认真组织主要负责人、专职安全生产管理人员和项目负责人等进行培训，进一步增强了各级领导干部安全生产意识，提高了安全生产管理能力。

加强安全生产管理制度建设。2018 年，规划设计集团制定发布了安全生产管理规定、安全生产责任制、生产安全事故隐患排查治理管理办法和工程总承包项目安全生产管理办法等 11 项安全生产管理制度。各单位分析研判新领域、新业态的安全生产风险，研究有针对性的安全管理措施，制定了相应的管理制度。

加强安全生产风险管控和隐患排查治理力度。组织所属各单位对生产经营过程中的安全生产风险进行了全面分析，结合可能造成的生产安全事故后果进行了风险等级界定，制定了危险源辨识、风险评价和控制措施清单（措施表），有针对性的拟定了相应的风险防控措施，对安全生产风险进行分级管控；隐患排查治理方面，规划设计集团在做好经常性安全生产检查的基础上，认真组织开展了春季、秋冬季及专项安全生产大检查，进一步加大隐患排查治理工作力度，有效预防和坚决遏制各类生产安全事故的发生。2018 年，规划设计集团成立了 15 个检查组，开展在建工程总承包项目安全生产大检查 26 次。

加强应急能力建设。一是完善应急预案。规划设计集团依据法律法规，结合企业生产经营实际情况，修订完善了各类突发事件应急预案，部分单位引入第三方机构进行了预案评审，增强了应急预案的适宜性和有效性。2018 年，规划设计集团制定发布了综合应急预案和 11 个专项应急预案；二是提高应急处置能力。各单位按照应急演练计划，紧密结合企业、项目现场实际情况，开展了高温中暑、消防、防洪、高空坠落等应急演练 436 场次。各单位通过应急演练，提高了应急处置能力；三是开展应急能力建设评估。各单位通过应急能力建设评估，补齐短板，进一步提升了应急能力。2018 年，17 家所属单位依据国家能源局电力建设企业应急能力建设评估规范，开展了应急能力建设评估工作。

完成江西丰城发电厂“11・24”特别重大事故整改措施落实情况评估迎检工作。按照国务院安委会办公室相关通知要求，自 9 月中旬起，规划设计集团和中南院分别成立工作组，开展江西丰城发电厂“11・24”特别重大事故整改措施落实情况评估迎检工作，编制完成了落实情况报告及 47 卷证实性材料。2019 年 1 月 3 日，国务院安委会“11・24”事故整改措施落实情况评估小组对集团及中南院进行了江西丰城发电厂“11・24”特别重大事故整改措施落实情况评估工作。

节能减排 2018 年，规划设计集团完成环保和节能减排工作目标，严格按照中国能建下达的 2018 年环保和节能减排指标进行过程控制，未发生环境责任事件；未发生对企业正常生产经营活动有较大影响的节能减排违法、违规事件；所属企业环境管理体系保持有效运行，在第三方审核中未发生严重不符合项，未发生证书被停用或被撤销的责任事件；各类污染物 100%达标排放，排污总量控制在地方环保部门下达的指标内。

科技创新 2018 年，完成改革重组之后在科技创新工作方面的平稳过渡，积极探索适应公司技术及业务发展需要的科技管理体系及科技创新模式，组建了公司科学技术委员会，确定了“科技委—专委会—专家库”的科技管理架构以及集中开发、专项开发、众筹开发相结合的科技创新模式。

2018 年组织开展国家自然科学基金项目“地震作用下土体液化准则的区域变异性研究”，国家科技支撑计划“基于热电解耦的风电消纳技术研究及示范”，国家科技重大专项“高压大容量柔性直流输电关键技术研究与工程示范应用”“工业园区多元用户互动的配用电系统关键技术研究与示范”，以及中国能建科技项目“大型冷却塔三维热力特性优化研究”“GIL 输电管廊工程关键设计技术研究”等研究工作。参与完成了 IEEE 国际标准《交流架空输电线路设计导则》《火电站分散控制系统维护和试验规范－总要求和定义》和《交流输电线路参数测量导则》编制工作；完成了国家标准《电力工程电缆设计标准》《电厂标识系统编码标准》《太阳能热发电厂初步设计文件内容深度规定》和电力行业标准《采动影响区架空输电线路设计规范》《换流站接地极工程建设预算项目划分导则》《天然气分布式供能站建设预算项目划分导则》《发电厂废水治理设计规范》《输变电工程接入系统设计规程》等标准的编制工作。

2018 年，共完成中国能建科技项目 1 项，发布自主研发项目成果 51 项；完成国际标准编制 3 项，主编完成国家标准 8 项、行业标准 75 项，发布企业技术标准13项。全年共获得各种科技类奖励143项，其中，“特高压±800kV直流输电工程”荣获国家科学技术进步奖特等奖，“600MW超临界循环流化床锅炉技术开发、研制与工程示范”“中国节水型社会建设理论、技术与实践”分获国家科学技术进步奖一、二等奖，“统一潮流控制器（UPFC）关键技术、成套装备及工程应用”等11个项目获中国电力科学技术奖；“1000MW火电机组表面式凝汽器间接空冷系统设计技术研究”等36个项目获2017年电力工程科学技术进步奖，“火（核）电厂特大型冷却塔综合技术深化研究及应用”等22个项目获2018年度中国能建科学技术奖，获得其他各类省部级科技奖励41项。

截至2018年底，共获得专利授权577项，其中发明专利124项；持有专利4913项，其中发明专利900项；新申请专利673项，其中发明专利246项。共持有软件著作权742项，其中新增108项；持有专有技术324项，其中新增31项；公开发表论文715篇，其中EI检索13篇。

信息化建设 2018年，开展《“十三五”信息化规划》编制工作，完成了《规划设计集团数字化平台建设思路》《规划设计集团信息化规划研究大纲（2018—2023年）》等专题研究，提出了致力于打造“信息化、数字化、网络化、智能化”平台公司的信息化发展战略和建设“数字化管理平台、数字化设计平台、数字化项目管理平台、数字化协作平台、数字化知识管理平台”等多个价值平台的总体发展思路。

推动主营业务数字化平台建设，按照“实用为主、急用先行、有限目标、有效推进”原则，研究确定了数字化平台建设的总体思路，完成《送变电数字化平台建设调研报告》，以及《送、变电数字化设计平台技术白皮书》《送、变电数字化设计平台应用指导意见》和《送、变电数字化设计平台共享库建设方案》初审文件，有效推进数字化送、变电设计平台建设。开展软件集采工作，讨论并确定了《Bentley软件集中采购方案》，并与Bentley软件公司进行3轮商务谈判，确立公司在大型工程软件采购中的主体地位。

推动协作平台建设，完成集团内外网站建设，满足对管理工作的功能要求，提高管理效率，规范管理行为，保障公文、财务、采购、人事等各项管理工作有序开展。

推动信息化建章立制工作，按照公司打造规范化、现代化企业治理体系的目标，先后制定了《信息化工作管理规定》《网络与信息安全管理办法》《电子文件归档管理办法》等多项制度，把制度建设贯穿信息化工作的全过程。

党的建设 规划设计集团党委深入学习贯彻习近平新时代中国特色社会主义思想和党的十九大精神，牢固树立并认真践行政治意识、大局意识、核心意识、看齐意识，自觉在思想上政治上行动上同党中央保持高度一致，坚定执行党的路线方针政策和中国能建党委要求，推动全面从严治党向纵深发展。一是全面落实全国国有企业党建工作会精神，积极推进“央企党建落实年”各项工作。二是贯彻落实各级党委工作部署，推进“两学一做”学习教育常态化制度化。三是以考核为抓手，有效推动党建工作责任制落实。四是发挥党委领导作用，严格执行“三重一大”集体决策制度。五是加强基本组织建设，严格落实“四同步”“四对接”制度，确保党组织全覆盖。六是加强基本队伍建设，进一步落实党员教育管理制度。七是加强基本制度建设，抓好基层党组织“三会一课”制度落实。八是坚持党管干部原则，树立鲜明正确选人用人导向。九是狠抓政治理论学习，站稳守牢意识形态工作阵地。十是加强党风廉政建设，扎实做好巡视巡察相关工作。

团青工作 坚持党建带团建，围绕“凝聚青年、服务大局、当好桥梁、从严治团”四维工作格局，深入开展共青团“一学一做”教育实践。认真组织做好团十八大代表及中国能建第一届团代会代表的选举工作及会议精神的学习宣贯等工作，有效发挥桥梁纽带作用。规划设计集团本部开展了五四青年拓展活动，增强青年团队合作精神。

精神文明建设 开展精神文明创建活动。围绕企业中心任务，坚持抓好精神文明建设，组织开展道德讲堂活动。规划设计集团共开展47期“道德讲堂”活动。通过身边人讲身边事，学习身边看得见、学得到的模范及善举，推动企业精神，汇集道德力量，营造“崇德尚善”的浓厚氛围，激发了全体职工爱岗敬业、无私奉献的工作热情。组织开展了全国文明单位和中国能建文明单位评选工作，规划设计集团本部和所属单位共5家单位获得中国能建文明单位称号，其中有4家单位获得中国能建文明单位标兵称号。5家单位获得全国文明单位称号。

履行社会责任 完成社会责任情况季度报送，完成2017年度企业社会责任报告。加强定点扶贫工作，按照国务院扶贫工作会议要求和中国能建有关要求，规划设计集团全年共用于定点扶贫专项资金636.104万元；职工以购代捐410.046 455万元支持扶贫点农副产品生产加工；规划设计集团开展百元赠献爱心捐款活动共计162.1276万元。规划设计集团本部与西北院继续做好扶贫点镇巴县仁村镇的“两联一包”，加大对陕西镇巴县的精准扶贫等工作力度，赴镇巴县仁村镇实地考察调研扶贫近况，督促扶贫项目进展。西北院作为中国能建驻陕扶贫工作组组长单位，牵头制定“十三五”定点扶贫规划，投入270万元，用于支持镇巴两个村镇道路建设，扶持种养殖产业，同时开展大学生就业和电商扶贫工作，派驻长期驻村干部4名协助当地政府工作。广西院作为中国能建广西扶贫组的组长单位，以“党建+产业”模式，开展联合党课，帮扶救急难等联建活动，开展“六帮扶，两帮带”创新扶贫新模式，扶贫攻坚工作取得明显成效。西南院自2017年8月定点帮扶凉山州雷波县莫红中心乡马处哈村。先后派出了4名扶贫干部驻雷波县莫红乡开展定点扶贫工作。捐资修建了党建活动室，开展了三次“以购代捐”活动。湖南院选派3名干部组成驻村工作队驻扎湘西凤凰县高登村，并选派84人“一对一”帮扶，连续三年在湘西泸溪松柏潭小学开展献爱心活动。

工会工作 2018年，规划设计集团工会工作紧紧抓住四个要点，一是以劳动竞赛、技能大赛为载体，调动广大职工的积极性，服务企业生产中心，获全国“安康杯”竞赛优胜单位1个，省级劳动竞赛“先进集体”“工人先锋号”“安康杯”竞赛优胜单位4个，获得全国电力职工成果奖10项（云南院），获得全国能源化学地质系统优秀职工技术创新成果奖2项；二是以劳模工程为抓手，充分发挥典型模范的引领作用，带动职工队伍建设，表彰规划设计集团劳动模范21名，先进集体21个，获得省劳动模范1个，省“五一劳动奖章”2个，省青年岗位能手2个，省“五一巾帼标兵”“巾帼建功标兵”“女职工建功标兵”“省女职工创新能手”4个，省“电业五一劳动奖章”1人；三是以民主管理为切入点，充分发挥广大职工主人公精神和责任意识，保障企业健康发展。所属单位共召开22次职代会，80次职代会联席会议。落实处理职工提案446条；四是以职工需求为导向，充分保障职工权益，服务广大职工群众。举办了规划设计集团首届“新时代杯”职工乒乓球比赛，协助中国能建承办《点亮中国——影像见证中国能建水电火电发展历程》，参加第十八届平遥国际摄影大展；参加中国能建2018年“能建杯”葛洲坝职工男子篮球邀请赛获得第四名；组织了规划设计集团首届职工国庆摄影展、纪念改革开放四十年图文故事征集等活动。

做好统战工作。及时做好统战精神的宣传学习教育，做好统战人士的统计工作。加强对侨联工作的支持和指导，重大节日期间举办侨联联谊会和座谈会，对生活困难和重病的归侨侨眷进行慰问，及时编发《侨讯》，传达各级文件精神，报道侨联活动，展现华侨、归侨和侨眷风采，凝聚侨心，汇聚侨力。中南院召开党外人士座谈会，开展“爱献做”主题活动，做好“武昌区台胞联谊会会员”“湖北欧美同学会理事”“武昌区妇代会代表”人选推荐工作，有效发挥了企业党外人士在改革发展稳定中的积极作用。

文化建设 根据编制中长期发展规划的统一安排，编制了企业文化与品牌建设规划专题纲要，将“十三五”期间的工作进行细化分解，将2020—2025年期间的工作进行粗略性分解，已形成了初步成果。提出以习近平新时代中国特色社会主义思想和党的十九大精神为指导，践行社会主义核心价值观，贯彻中国能建企业文化与品牌建设总体要求，以战略为导向，以党建为保障，以宣传为抓手，内聚人心，外树品牌，建设“三型三化”，世界一流跨国工程公司企业文化和品牌形象，推动公司实现更高质量、更有效益、更可持续发展。

随着战略规划工作的推进，规划设计集团亚文化的内涵不断丰富，初步提炼出了企业文化理念。规划设计集团的企业使命为“设计能源未来、引领能源发展”，企业愿景为“科技领先、世界一流”。核心价值观为“开拓进取、团队合作、真诚守信、高效务实”，经营理念为“以客户为中心”，服务理念为“快速响应”，工程建设理念为“一体化解决方案”，客户理念为“一起成功”。

制定了品牌文化建设计划，分设计制作VI手册（2018年）、建立和实施CI体系（2019年）和持续提升（2020年及以后）三个阶段逐步推进相关工作。采用中国能建单一品牌架构，发布了《中国能源建设集团规划设计有限公司品牌视觉形象管理规范》，品牌推广工作取得了初步成效。

主要事件

3月，中国电力规划设计协会公布2018年电力工程科学技术进步奖评选结果，华东院科技成果荣获一等奖；东北院、中南院、西南院、华北院、山西院、江苏院科技成果荣获二等奖；规划设计集团本部、西北院、华北院、浙江院、安徽院、广东院科技成果荣获三等奖。

3月21日，由华东院承担常规岛设计的“华龙一号”示范工程福清核电6号机组成功“加冕”——完成了穹顶吊装。这标志着国内第二台“华龙一号”核电机组全面由土建阶段进入设备安装阶段。

4月27日，东北院设计的亚洲首个建设的H级燃机项目——必凯1180MW联合循环电站项目一次顺利通过168h可靠性运行试验，机组运行稳定，各项参数良好。

5月18日，东北院、中南院、西南院、华北院、湖南院、江苏院、广东院参与设计的世界海拔最高、抗震设防级别最高的特高压直流输电工程——滇西北—广东±800kV特高压直流输电工程全面投产送电。

5月21日，中国能建实施组织结构调整重组，中国能源建设集团规划设计有限公司成立。

7月18日，越南共产党中央委员、海阳省委书记阮孟显率领海阳省9个政府主要职能部门相关人员到西南院总承包的越南海阳电厂项目现场考察工程进展情况，对施工现场的规范化管理、安全和质量的控制标准及工程进展感到满意。海阳省委副书记阮文山、海阳省省长阮阳泰陪同考察。

8月21日，华东院承担总体设计、工程勘测和电气设计工作的苏通GIL综合管廊工程长江南北两岸隧道正式贯通。

8月30日，西北院EPC总承包建设的陕西神华富平热电2台35万kW机组新建工程成功“双投”。

10月，国际咨询工程师联合会（法文缩写FIDIC，中文音译为“菲迪克”）2018年全球基础设施大会在德国柏林召开，华北院设计的国家风光储输示范工程，荣获菲迪克优秀工程奖（FIDIC Award of Merit）。

10月9日，中国电力规划设计协会公布的“第三届电力勘测设计行业优秀工程项目管理和优秀工程总承包项目评选”获奖项目信息显示，规划设计集团荣获17个奖项，其中一等奖6项，二等奖7项，三等奖4项。

10月31日，中国电力规划设计协会公布2018年电力行业优秀工程咨询成果获奖项目。规划设计集团所属20家设计院177个项目获奖，其中一等奖44项，二等奖62项，三等奖71项。

11月6日，首届中国国际进口博览会中国能建交易分团集体签约活动在上海国家会展中心举行，广东院与香港奥立卡水处理技术有限公司签订污水处理设备采购协议。

11月9日，广东院设计的广东陆丰甲湖湾电厂2×1000MW新建工程1号机组168h可靠性试运行一次成功。

11月12日，中国能建党委第二巡视组正式进驻规划设计集团（中电工程）开展巡视工作，并召开了巡视工作动员会。

11月13日，规划设计集团获中国电力科学技术进步奖12项，其中一等奖3项、二等奖5项、三等奖3项，1人获中国电力优秀科技工作者奖。

11月21日，华北院总承包的白俄核电输出及电力联网项目的最后一个子项，第23子项正式通过白俄罗斯国家验收，标志着白俄罗斯核电输出和电力联网项目所有建安工作全部完成，通过国家验收。

12月13日，西北院设计的榆能横山煤电一体化发电项目2号机组通过168h试运行，成为世界首台投入商业运行的间接空冷百万机组，同时也是世界首台投运的将脱硫装置、低位排烟集中布置在冷却塔内的“三塔合一”百万机组。

12月25日，西北院设计的国内最大的发电侧电化学储能项目——海西州多能互补集成优化示范工程50MW/100MWh的磷酸铁锂电池储能项目并网发电。

12月25日，广东院牵头总承包建设的世界规模最大的多端交直流混合柔性配网互联工程在广东珠海唐家湾投运。

12月27日，规划设计集团在北京组织召开了中国能建储能业务发展中心成立大会。

12月28日，西北院总承包的巴基斯坦中电胡布2台66万kW燃煤发电项目1号机组并网。机组运行平稳，各项指标均达到优良。

12月30日，华北院总承包的神皖庐江电厂2号机组一次性通过连续168h满负荷试运行，正式投产发电，实现2018年内双投。

【中国葛洲坝集团股份有限公司】

公司概况　中国葛洲坝集团股份有限公司（英文简称CGGC，简称葛洲坝集团）成立于1970年，是世界500强企业——中国能源建设集团有限公司的核心成员企业。1997年组建中国水电行业首家上市公司（股票代码：600068），2007年实现主业资产整体上市，主要业务涵盖建筑、环保、房地产、水泥、民爆、公路、水务、装备制造、金融等领域。

截至2018年底，总资产突破2000亿元，员工近4.5万人。

2018年，葛洲坝集团实现营业收入1006.63亿元、营业利润77.09亿元，实现归属于母公司所有者的净利润46.58亿元，总资产2182.09亿元。

葛洲坝集团拥有世界一流水电建设能力，在全球承建1000多座各类水电工程，通过投资建设和承包施工等方式，广泛参与电力、交通、市政、环保、水利等基础设施建设，在大江大河导截流、筑坝施工、地下工程、大型金属结构制造安装、大型机组安装等领域占据了世界技术制高点。葛洲坝集团参建的装机规模全球第二、在建规模全球第一大水电站金沙江白鹤滩水电站主要特性指标均位居世界水电工程前列，地下洞室群规模居世界第一，单机容量世界第一（100万kW），拱坝坝高289m，居世界第三。葛洲坝集团中标金额约占主体工程投资额70%的乌东德水电站，被誉为国家重大公共工程新标杆，是中国继三峡、溪洛渡之后的第三座千万千瓦级巨型水电站。

国际业务　完善国际市场布局，确立了“8＋6”的深耕格局，将全球市场调整为28个核心国别、30个市场中心、84个普通国别，海外分支机构1＋2＋

3+N的共管共建格局深入推进。加快走出去步伐，牵头成立新能源国际投资联盟，积极打造国际新能源市场开发新平台。开辟六个新国别市场，实现亚非拉区域齐头并进。完善大项目工作机制，成功签约尼日利亚蒙贝拉水电站、越南南定燃煤电站等一批标志性项目。加强国际项目管理，引进信息化管理手段，实现国际在建项目实时监控、信息共享和风险预警。阿根廷 CC/LB 项目防范了政权变更风险，安哥拉凯项目完成承包商主体变更，巴基斯坦 SK 项目进展顺利，巴基斯坦 NJ 水电站四台机组全部实现发电。海外项目新签合同额和营业额在 4000 多家走出企业中分列第 4 位和第 9 位。

投资并购 葛洲坝集团拥有十大投资平台公司，已经成长为全球知名的基础设施综合投资运营商。围绕环保、房地产、水泥、民爆、公路、水务、高端装备、停车场、砂石骨料等领域，面向国内外广泛开展投资。目前，投资建设的高速公路总里程超过 1500km，水处理能力达到 300 万 t/天、能源装机总容量超过 100 万 kW。

科技兴企 建立了专家技术服务体系，新增博士后科研工作站 1 家，院士专家工作站新增入站院士 3 人，获行业及以上科技奖励 71 项，其中国家级奖励 2 项；新发布标准 16 项，授权专利 429 项。在保持世界水利水电技术优势的同时，掌握一批环保、高端装备制造、高端地产、水泥、民爆的技术制高点，推动技术成果产业化。

国投电力控股股份有限公司

【公司概况】 国投电力控股股份有限公司（简称国投电力公司），英文名 SDIC Power Holdings CO.，LTD，前身是中国石化湖北兴化股份有限公司（简称湖北兴化），主营业务为石油化工。国投电力公司是由湖北兴化与国家开发投资集团有限公司（简称国投）于 2002 年进行资产置换后变更登记设立的股份有限公司，发电业务成为公司的核心业务。至此，国投成为国投电力公司第一大股东。总股本 6 786 023 347 股，其中，国投公司持股 3 337 136 589 股，占总股本的 49.18%。

国家开发投资集团有限公司成立于 1995 年 5 月 5 日，是中央直接管理的国有重要骨干企业，是中央企业中唯一的投资控股公司，是首批国有资本投资公司改革试点单位。注册资本金 338 亿元，截至 2018 年末，资产总额 5823 亿元。2003 年“二次创业”以来，连续 15 年在国务院国资委业绩考核中荣获 A 级，连续五个任期获得业绩优秀企业。国投在国民经济发展中发挥了投资导向、结构调整和资本经营的独特作用。国投成立以来，不断完善发展战略，优化资产结构，逐步构建基础产业，前瞻性战略性产业，金融及服务业和国际业务四大战略业务单元。

国投电力公司是一家以水电为主、水火并济、风光为补的综合电力上市公司。截至 2018 年底，已投产控股装机容量 3405.5 万 kW，其中水电 1672 万 kW，占比 49.10%；火电 1575.6 万 kW，占比 46.27%；风电 110.1 万 kW，占比 3.23%；光伏 47.8 万 kW，占比 1.40%，是国内第三大水电装机规模的上市公司，处于行业领先地位。

截至 2018 年底国投电力公司总资产 2207.08 亿元，归属于上市公司股东的净资产 376.92 亿元，归属于上市公司股东的净利润 43.64 亿元，资产负债率 68.20%。

【领导班子】

董事长、党委书记：胡刚

总经理、党委副书记：朱基伟

党委副书记：李俊

副总经理：赵风波、江华

董事会秘书：杨林

纪委书记：王立民

【组织机构】 见 2018 年国投电力公司组织机构图。

【经营管理】 2018 年，国投电力公司在董事会的正确领导下，把握经济发展机遇，围绕社会主要矛盾变化和供给侧结构性改革，坚持稳中求进，力促转型升级，以“为美好生活补短板、为新兴产业作导向”的长远使命，加快高质量发展步伐，完成年度经营目标。

1. 落实业务发展增量，创新业务发展模式

年内着力跟踪雅砻江中游直流特高压送出工程，该工程已列入国家能源局要求加快推进的输变电重点工程文件名单，工程前期工作取得有效进展；推动北疆二期顺利投产，提高了百万千瓦级机组在公司资产中的占比；布局新能源，在天津、陕西、内蒙古、青海、广西等地获得一批项目储备；并购云南南庄 30 万 kW 大型光伏项目 100%股权，英国 Afton 5 万 kW 陆上风电项目 100%股权；介入环保

产业，参股瀚蓝环境，并注册成立了国投环能电力有限公司，作为垃圾发电、固废处理和环保产业项目的投资平台；稳步介入售电、配网项目，新成立了安徽国宣能源销售公司，投资参股了多个增量配电网项目。

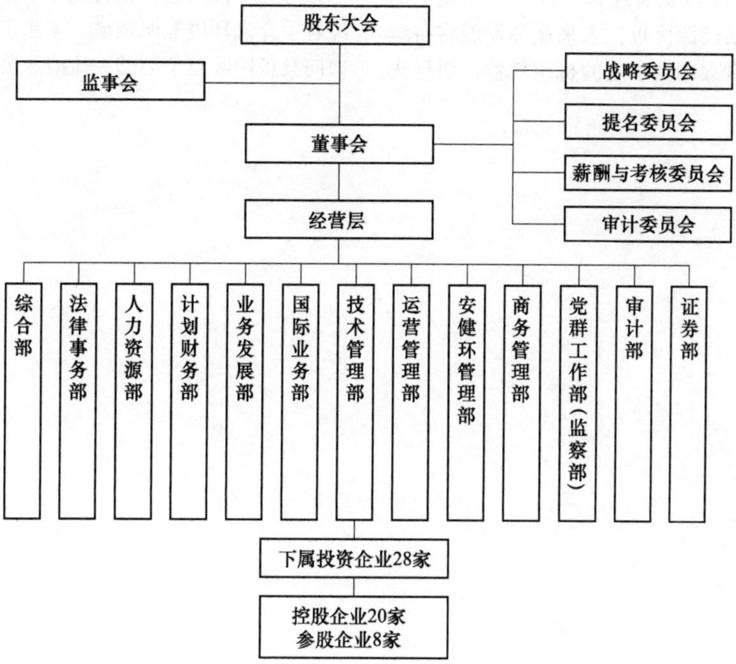

2018 年国投电力公司组织机构图

2. 减负减亏、严控成本，持续提升资产质量

推进“降杠杆减负债”工作。通过提高经营效益、优化资产结构、发行可续期债等措施，整体资产负债率降低到 68.20%，完成年度控制目标。

继续做好亏损治理工作。定期跟踪、密切关注亏损企业特别是重点监控的火电亏损企业，研究亏损原因和扭亏措施，明确增收、节支的具体措施，亏损面、亏损额均得到有效控制。

严控成本。通过加强燃料管理，完成入厂入炉热值差的有效控制；通过加强招标采购管理，减少各项成本开支；全年成本费用超额完成预算压降目标；及时跟进争取税收优惠，2018 年享受和争取的税收优惠较大程度增厚了利润。

3. 夯实生产管理，提高运营效率

适应改革发展需求，优化完善生产管理体系，进一步简化管理流程、细化管理职责、明晰管理界面，打造高效实用的从基建到生产全过程管理体系。

持续深入开展“检修质量提升”活动，夯实机组可靠性管理工作，开展设备隐患排查治理工作，机组可靠性稳步提升。

加强技术管理，组织企业研究生产过程中出现的共性难点问题，加强对重大技术方案的审核指导，组织金属专业和热控技术专业培训，为机组安全运行提供技术支撑。扎实开展能效对标工作，通过检查企业的节能降耗工作、定期通报企业经济指标完成情况、组织参加各类型机组竞赛活动等，各企业年度累计供电煤耗均有不同程度的降低。

规范企业智慧电厂建设规划及实施，通过智能管控系统建设，有序推进和提升生产管控水平。通过科技创新成果奖励，激活企业创新动力。

4. 强化主体责任　安全生产持续稳定

研究制定了《国投电力安健环体系建设工作规划》，明确三年内安健环体系工作目标及重点任务。科学推进安健环管理体系建设，优化体系运行评审标准，将体系五个方面的先进性作为主要评审内容，全面检验企业在体系建设过程中全员参与、全面管理、持续改进、风险管控等情况。按照修订的评价标准，完成 4 家企业安健环体系评审。

有效构建了双重预防机制，基本实现了“把风险控制在隐患形成之前、把隐患消灭在事故前面”的建设目标。扎实开展“承包商安全管理年”活动，推进承包商管理“四个统一”，强化承包商安全生产主体责任，将“承包商安全管理年”与安健环管理体系建设、安全生产月等工作有机结合。对投资企业安全生产检查 2 次全覆盖，实现了安全生产形势的持续稳定。

【发展战略】 突出绿色发展理念，进一步优化电力业务结构，提高清洁能源比重。未来业务发展将持续优化存量机组，提升火电及水电的机组效益，引导火电企业转型，积极有序开发水电，在资源条件好、土地成本低、送出消纳有保障的区域大力发展新能源，积极稳妥开展境外投资业务。此外，跟踪及参与新兴电力产业，择机进行相关业务布局。2018 年，公司已经着手介入环境能源领域，未来，国投电力将继续努力向具备国际竞争力的一流能源公司迈进。

地区电力

华 北 地 区

【国家能源局华北监管局】

基本情况 国家能源局华北监管局（简称华北能源监管局）是国家能源局的派出机构，设于北京市，负责北京、天津、河北和内蒙古（西部地区）的能源监管工作，及对山西、山东能源监管办的业务指导。2013年11月21日成立，前身是国家电力监管委员会华北监管局。

领导班子

局长、党组书记：戴俊良（2018年2月11日任）、郭智（至2018年2月11日）

副局长、党组成员：郝瑞锋

副局长、党组成员：程裕东

组织机构 内设综合处、市场监管处、行业监管处、电力安全监管处、资质管理处、稽查处和监察室（机关党委），天津、河北和内蒙古业务办公室。

主要职责 监管电力市场运行，规范电力市场秩序；监管电网和油气管网设施的公平开放；监管电力调度交易，监督电力普遍服务政策的实施；负责电力等能源行政执法工作，依法查处有关违法违规行为，监督检查有关电价；负责除核安全外的电力运行安全、电力建设工程施工安全、工程质量安全的监督管理以及电力应急和可靠性管理，依法组织或参与电力事故调查处理；负责组织实施电力业务许可以及依法设定的其他行政许可；负责协调有关跨省跨区能源监管业务，以及对山西、山东能源监管办进行业务指导；负责法律法规授权以及国家能源局下达或交办的有关事项监管。

主要工作 2018年，华北能源监管局贯彻“稳增长、调结构、补短板、强市场”要求，以“五个围绕”为监管重点，监管工作取得新突破。

1. 围绕能源发展“两个安全”，加强重点监管

将保障能源供应安全和系统运行安全作为第一要务，始终站在政治的高度，全方位做好能源供应和运行监管工作。

（1）重点做好“迎峰度夏”“迎峰度冬”供应保障监管。提前研究部署，加强分析研究，督促电网企业采取风险防范措施；分析电网大负荷期间电力平衡情况；协调拟投产电源项目并网工作，协调相关煤电机组应急备用和特高压输电线路工程建设。制定措施推进；建立大负荷期间电力供应信息报送机制；迎峰度夏期间协调解决多个电网电源“中梗阻”问题，发现安全隐患207处，处置多起突发情况。

（2）扎实做好电力安全运行保障监管：① 圆满完成全国“两会”、中非合作论坛北京峰会、天津达沃斯论坛等重大政治活动保电任务，开展迎峰度夏、迎峰度冬、防汛抗旱等电力运行安全保障监管。② 践行“铁的制度、铁的检查、铁的处罚”工作要求，开展监管约谈和现场督查，针对严重违章问题做出停工整顿处理。③ 大力压实企业主体责任。开展督查检查专项行动15项，检查企业70多家，查出问题隐患500多项。④ 狠抓电力建设施工和工程质量安全。抓住作业面密集、地质条件和环境复杂、交叉作业集中的工程，开展大兴国际机场配套项目、河北丰宁抽水蓄能电站等现场检查。⑤ 推行加强电网安全风险管控的新举措。开展冀北、河北南部涉网安全和网络安全督查和现场检测。

2. 围绕能源供给侧改革和京津冀协同发展，加强精准监管

（1）开展京津冀地区清洁能源一体化消纳。印发《京津冀绿色电力市场化交易规则（试行）》，建立交易调度协调运作的新型市场化交易机制，将市场范围推广至京津冀地区，积极推进京津唐电网参与跨区域省间富余可再生能源电力现货交易。

（2）开展华北区域“十三五”中期电力规划落实情况监管。牵头成立“十三五”中期电力规划实施情况专项监管推进小组，创新开展“华北区域能源规划监管评价指标体系”建设，重点开展区域“十三五”电力规划中期评估工作，发布《华北区域中期电力规划实施情况监管报告》。

3. 围绕现代能源经济和体制改革，加强创新监管

（1）大力推进电力市场建设。① 积极推进电力辅助服务市场建设。11月启动华北电力调峰辅助服务市场模拟运行，极大提高了新能源消纳能力；积极推进蒙西电网调峰辅助服务市场建设。② 全面推进和完善京津唐电力中长期交易。印发《京津唐电网电力中长期交易偏差处理和考核管理暂行办法》，逐步推进京津唐电力中长期交易开展。③ 加快推进内蒙古现货市场建设。与自治区相关部门共同成立现货试点工作推进小组，积极推进现货市场试点工作。④ 全面启动区域内发电机组最小出力核定工作。开展京津唐电网、河北南网、蒙西电网的发电机组运行最小方式核定，促进华北辅助服务市场的安全稳定运行。

（2）积极推进增量配网试点。向区域内5家拥有配电网运营权的售电公司颁发供电类电力业务许可证，促进增量配电业务改革在华北区域有效落实。

4. 围绕保障和服务民生，加强综合监管

（1）开展服务乡村振兴战略、服务民生监管。① 助力精准扶贫，开展光伏扶贫和专项供电监管。开展华北区域光伏发电专项监管，制定《冀北电网集中式光伏扶贫电站有限调度实施细则（试行）》，利用市场手段解决光伏扶贫电站电量消纳问题，充分发挥光伏扶贫效益。现场帮助18家光伏扶贫项目业主解决申请电力业务许可证（发电类）过程中遇到的问题。年度供电监管向贫困地区倾斜，选取沽源、康保两个国家级贫困县的供电分公司为现场检查对象，提出20多条监管意见。② 落实“放管服”，稳步推进“获得电力”专项监管。开展用户“获得电力”优质服务重点综合监管，以小微企业“获得电力”为攻坚重点，针对用户办理用电过程中所需环节、时间和费用等供电服务情况，对5家电力公司及下属地市级、县级供电企业开展现场督查，并建立日常监管制度。③ 搭好“民生桥”，切实做好投诉举报受理处理工作。及时处理12398各类信息12 930件，依法依规处理645件群众投诉举报，约谈8家企业。

（2）开展阳光许可加强准入管理。统一标准，压缩流程，推进许可工作统一化。严格限制停建、缓建的煤电机组进入市场，对关停、淘汰机组及时注销电力业务许可证。开展许可制度执行情况专项监管，随机检查共发现违反许可法规制度的行为10类，涉及企业20余家。

（3）依法行政，维护公平公正市场秩序。依法严惩市场主体违法违规行为，做出6个行政处罚决定，罚款36万元。深入推进能源行业信用体系建设，印发《华北能源监管局涉电力领域失信联合惩戒对象名单管理工作实施细则》，建立失信联合惩戒对象名单制度。

5. 围绕综合施策和强化落实，加强协同监管

（1）主动开展调研，提出针对性监管建议。分别拜会辖区各省（区、市）人民政府，与区域内近100家能源企业座谈，提出了服务地区能源行业改革发展与民生、保障能源供应安全和运行安全、落实京津冀协同发展和新能源消纳等方面的建议。

（2）加强监管力度，确保党和国家有关要求落地。及时掌握地方能源工作动态，与国家规划、政策、重大方针对标对表，及早发现问题、纠正问题，提出监管建议。

（3）加强主动性，为地方保障民生履职尽责。综合分析冬季供热尤其是保民生供热难度等实际情况，同意相关供热机组作为个案处理，在供热期间临时运行，并且提出了责任划分、后续工作等要求，为当地政府解决了冬季供热实际困难。

【国家能源局山西监管办公室】

基本情况 国家能源局山西监管办公室（简称山西能源监管办）前身为原国家电力监管委员会山西省电力监管专员办公室（简称山西电监办），于2013年12月更名为国家能源局山西监管办公室。

领导班子

党组书记、监管专员：贺刚

党组成员、巡视员：宋晋冀

党组成员、监管副专员：谢康

组织机构 内设综合处、市场监管处、行业监管处、电力安全监管处、资质管理处、稽查处六个职能处室。

主要职责 监管电力市场运行，规范电力市场秩序；监管电网和油气管网设施的公平开放；监管电力调度交易，监督电力普遍服务政策的实施；负责电力等能源行政执法工作，依法查处有关违法违规行为，监督检查有关电价；负责除核安全外的电力运行安全、电力建设工程施工安全、工程质量安全的监督管理以及电力应急和可靠性管理，依法组织或参与电力事故调查处理；负责组织实施电力业务许可以及依法设定的其他行政许可；负责协调有关跨省、跨区能源监管业务；负责法律法规授权以及国家能源局下达或交办的有关事项监管。

主要工作

1. 市场监管

市场建设成效显著。截至10月底，市场成员在册1255家，同比增长75%；省内直接交易均价315.95元/MWh，低于燃煤标杆价16.05元/MWh，成交电量共计617.91亿kWh，累计减轻用户负担14.5亿元。电力现货试点稳中有进。按照国家能源局要求，做好试运行启动相关准备工作。会同相关部门进一步完善试点方案和技术支持系统，努力建成以“全电量优化、新能源优先”为核心原则，满足全电量进入、统一平衡的“双优型”电力现货市场。市场规则体系不断完善。先后印发一系列电力中长期交易规则配套文件，明确电量偏差免考工作的审核原则和测算标准，简化办理流程，增强市场主体参与的积极性。出台《山西电力合同电子化管理办法（暂行）》，进一步提高市场主体合同履约能力和合同签订效率。辅助服务市场机制逐步优化。完善电力辅助服务市场化建设，进一步完善调峰市场参与机制，保障火电机组参与调峰辅助服务的合理收益，促进主体灵活性改造积极性，有效缓解供暖期电网调峰压力。大力推进储能建设工作。召开山西储能产业发展座谈会，充分进行论证，形成《山西储能产业发展座谈会的论证意

见》《储能技术及产业发展在山西的路径选择可行性研究报告》，上报省政府。培育4家发电集团开展独立储能试点工作（容量为百兆瓦级），10家发电企业开展储能联合火电试点工作，走在全国前列。积极推进增量配电业务改革试点工作。深入开展电力业务许可证（供电类）的发放工作，主动服务企业，培育售电主体，深入试点企业，实地审查增量配电许可条件，提出具体的整改措施。

2. 电力安全监管

深入开展电网安全风险管控，组织编制《山西省电网运行安全风险分析报告（2017～2018年度）》，梳理二级及以上电网运行安全风险4项（其中一级电网风险0项，二级电网风险4项），并研究制定风险的监视、控制措施。加强电力监控系统建设，分3个阶段开展电力监控系统安全防护专项检查工作，针对6个方面工作对289个省调发电企业进行督查，印发督查通报督促企业落实整改，实现系统备案、等保测评、安全防护评估工作全面推进。开展涉网安全专项监管工作，结合2017年并网电厂涉网安全专项检查“回头看”工作，督促并网电厂切实开展发电机组并网安全性评价工作，组织省电力调度机构指导发电企业加强发电机组涉网安全隐患排查工作，彻底消除涉网安全隐患。切实发挥电力安委会平台作用，完成对11家省级电力集团公司2017年度安全目标责任考核工作。切实做好春节、“两会”保电工作，重点督查保供电、保供热工作，对存在的问题提出整改建议并跟踪问效。深入开展电力建设施工安全专项监管，成功举办电力建设施工现场“强制性条文”执行要求和电力建设工程施工现场监理旁站工作要求讲座。

3. 行业监管

开展清洁取暖监管调研。聚焦去冬今春“气荒”问题，开展民生用气、清洁取暖等一系列调研和专项监管。与地方有关部门建立协同监管机制，向企业明确保供要求。下发《关于开展山西省保障民生用气专项监管工作的通知》。开展光伏发电专项监管。联合有关部门，围绕规划执行、并网接入、发电运行及价格补贴政策执行情况等内容，重点关注光伏领跑者项目、光伏扶贫项目以及新能源微电网示范项目中的分布式光伏项目，上报专项监管报告，同时下发整改通知并跟踪后续整改落实情况，全面评价山西省光伏发电基本情况，促进山西省光伏发电行业健康可持续发展。推进油气管网公平开放。以山西能源监管一体化平台为载体加强信息公开与信息报送。明确油气企业与上下游用户按照天然气购销合同标准文本规范合同条款，向我办备案。开展信息公开和信息报送专项监管，对省内长输管网企业进行现场督查，促进管网企业信息公开和信息报送工作逐步规范。推动信息平台建设落地。山西能源监管一体化平台系统于7月上旬通过功能验收。加强煤电去产能政策落实监管。会同省发展改革委开展煤电项目核准建设情况监管，督促省内核准（在建）煤电项目积极办理报建审批事项，并将开工支持性文件报告备案。加强能源供需形势运行分析。每季定期召开全省煤电油气供需形势分析座谈会，编写《山西能源供需形势分析报告》，提出监管意见建议上报国家能源局和山西省政府。以统计年报为抓手，加强电力监管统计分析。组织各有关电力企业开展2018年度电力监管统计年报数据会审、新版电力监管统计调查制度宣贯和山西能源监管一体化平台培训，确保每一指标项的填报符合规范要求，满足监管需要。

4. 资质管理

大力推动阳光审批机制。全面落实“放管服效”工作和国家能源局“最多跑一次”服务要求，在门户网站提供全面详实的填报指南，全部审批业务网上办理，开通许可证邮寄服务，实现“企业最多跑一次”，甚至“一次不用跑”，给企业减轻负担。建立资质许可审批随机抽取机制，办理时限进一步压缩，行政审批逐步透明化。着力加强事中事后监管，对专项监管中发现的违规企业列入国家能源局监管公告的黑名单，及时跟进对违规企业的处理；及时通知即将到期的企业提交延续申请，注销未延续承装（修、试）企业，完善进入退出机制。深入开展无证机组、超期服役机组后续监管工作，切实做好保障民生供热工作。8月主动赴大同调研协商解决大同市冬季民生供热问题，提出合理化建议。扎实开展信用信息归集工作，成立山西能源监管办能源行业信用信息归集工作领导小组，对信用信息归集工作实施统一领导、推动落实。

5. 行政执法

扎实推进“获得电力”重点监管工作。积极开展优化营商供电环境专项行动，组织4个专家组对4个地市供电公司及基层供电所、营业厅开展明察暗访专项行动，组织召开全省“获得电力”优质服务现场推进会，深入企业开展专项调研，建立承装（修、试）企业定期报送制度，精简小微企业办电手续，确保用户“获得电力”便利水平明显提升。切实加强行政执法。针对供电监管检查中发现的违法违规行为，认真开展调查取证和行政处罚工作。修订完善《山西能源监管办行政处罚程序规定》，进一步健全行政处罚的程序，组织召开拟处罚案件讨论会和行政处罚委员会预备会议，确保所处罚的案件符合程序和要求。积极开展12398能源监管热线标识普及和宣传工作。将12398能源监管热线（以下简称“12398热线”）标识普及和宣传有关要求纳入年度供电监管检查范畴。

对全省12家煤炭、油气和5家新申领电力业务许可证（供电类）等能源企业进行专项检查和考核。及时办理12398投诉举报，按月发布通报。

【国网北京市电力公司】

企业概况 国网北京市电力公司（简称国网北京电力）是国家电网公司的子公司，负责北京地区1.64万 km^2 范围内的电网规划建设、运行管理、电力销售和供电服务工作。2018年完成售电量1037.04亿kWh，同比增长7.13%。

领导班子

国家电网公司副总工程师兼国网北京电力董事长、党委书记：李同智

董事、总经理、党委副书记：万志军

党委副书记、副总经理（正局级）：李百顺

总会计师、党委委员：李路

副总经理、党委委员：刘润生、周建方

副总经理、党委委员、工会主席：王西胜

城区公司总经理、党委副书记：张铁恒

通州公司总经理、党委副书记：赖祥生

党委委员、纪委书记：闫承山

总工程师：陈守军

副总经理、党委委员：安建强（2018年3月离任）、唐屹峰（2018年3月离任）

副总经理、党委委员，城区公司总经理、党委副书记：孙兴泉（2018年9月离任）

组织机构 下辖二级单位33个，包括供电公司16个、业务支撑和实施机构13个、其他单位4个。

电网概况 国网北京电力所属500kV变电站10座，变压器28台，变电容量30 951MVA；220kV变电站90座，变压器237台，变电容量44 540MVA；110kV变电站372座，变压器934台，变电容量45 211MVA。北京电网共有110kV及以上架空线路641条，共7229.422km，110kV及以上电缆线路1083条，共2292.170km。500kV架空线路8条，共312.706km；500kV电缆线路2条，共13.372km（其中昌海、门海线为架混线路）。220kV架空线路233条，共3029.755km；220kV电缆线路164条，共647.962km。110kV架空线路400条，共3885.313km；110kV电缆线路917条，共1630.836km。

人力资源 截至年底，共有长期职工8336人，其中研究生及以上学历1853人，本科学历4130人，专科学历1436人；高级职称1853人，中级职称1682人；技师及以上职业资格3881人，高级工1619人，中级工448人。

调整110kV输变电运检和调控运行业务模式，将远郊110kV输调控业务由市调控中心调整至区域供电公司；将通州地区110kV及以下输变电设备运维检修业务由检修公司调整至通州公司。整合经研院建管中心、监理公司，挂牌成立建设咨询分公司。组建综合能源服务公司和电缆分公司。构建现代供电服务体系。在公司和供电公司层面建设供电服务指挥平台、反外力监控、安全监控平台；积极推进供电服务指挥中心建设。开展北京城市副中心、新机场、冬奥会等园区供电服务中心建设；城区公司持续建设东城、西城、崇文、宣武等供电服务中心，实现首都核心区全域供电服务中心全覆盖；针对乡镇区域，推进全能型乡镇供电所建设。

丰富培养手段，与国网技术学院深度合作，针对入职5年内的青年员工，实施继电保护、调控运行、配电自动化等专业“回炉”培训；各单位通过师带徒、现场实练、班组讲堂等举措，创新实施人才培养；建立交流共享机制，推广典型经验，初步形成重视人才、培养人才的良好氛围。专家队伍建设持续加强，新增全国青年岗位能手1人，新增北京大工匠1人。截至年底，共有国网系统内人才705人，其中：国家电网公司专业领军人才20人，国家电网公司级优秀专家人才17人，国家电网公司级优秀专家人才后备69人；省公司级优秀专家人才99人，省公司级优秀专家人才后备138人；地市公司级优秀专家人才149人，地市公司级优秀专家人才后备213人。发挥专家作用，培训授课1.2万学时，获得科技、管理创新成果奖392项，授权专利266项，研究课题202项。

电网建设与发展 超前启动北京电网中长期发展规划和2035年电网空间布局规划，年内全面完成16区“网格化”规划，273座变电站站址、1500km电力廊道纳入地区控规。核心区结合架空线入地打造高端配电网，10kV线路“手拉手”率100%、电缆化率93.7%；城市副中心以北京市级机关搬迁为契机，建设高标准智能配电网，供电可靠率实现99.999 9%，达到国际领先水平。

深化应用“一会三函”（“一会”是指市政府召开会议集体审议决策；“三函”是指前期工作函、设计方案审查意见、施工意见登记书）、绿色通道等有利政策，成功将树村等6项电网工程纳入“多规合一”试点平台；开发应用前期管理App，实现全流程业务在线跟踪管控，前期效率提升30%以上，全年取得重大项目核准66项，CBD站等前期工作取得重大突破。建成“1+6”冬奥标准体系，创新建设与服务保障一体化的工作模式，冬奥会配套12项工程完成全部关键节点审批，延庆高山滑雪中心等4座场馆进入实质性流程，11座场馆正式开展报装。借助冬奥（世园）工程，落实应急抢修附属设施8000 m^2。积极争取电缆入廊有利政策，预留电力舱约156km。

全年开工110kV及以上输变电工程63项，新建变电容量1230.2万kVA、线路691.95km；投产110kV及以上输变电工程57项，新建变电容量1218.55万kVA、线路598.83km；完成电力线路迁改工程53项、线路长度213.48km。首都核心区79条道路、78.73km架空线入地工程按期完成，基本实现核心区主次干路架空线入地目标；全面完成副中心行政办公区配套电力工程建设，为市级机关入驻提供保障。提前半年投产直接服务新机场的6项输变电工程，创新应用2座35kV智能移动变电站，满足新机场调试运营用电需求。完成新机场高速、新机场北线高速、兴延高速等涉及的高压线路迁改工程。推动4项新首钢配套工程、8项冬奥会（世园会）配套工程全部开工建设。

全年开展6批次安全质量责任督查，及时发现并整改问题1960项；推行基建专业安全双准入管理，全面推行“四不两直”（不发通知、不打招呼、不听汇报、不用陪同接待、直奔基层、直插现场）督查和抽查考问；组织开展作业层班组建设，发布核心分包队伍和人员备案名单；建立风险作业许可报备和值班机制，每日监督风险作业到岗到位和安全措施落实；开展基建安全事故反思教育、电力建设工程施工安全专项治理等活动；强化安全信息化手段，确保基建现场“智慧工地”全覆盖并应用系统监督管控现场安全；开发应用“安全质量责任量化考核系统”，实时发布考核情况。开展钢结构工程施工标准工艺研究，在输变电工程建设过程分阶段开展过程质量督查，全年74项工程通过输变电工程达标投产考核；针对12方面质量共性问题开展专项治理，推广实体质量实测实量，在变电土建专业推广预制技术，在GIS安装、电缆终端安装环节推行空气净化设备，规范施工过程影像记录，确保质量问题可追溯。

完成“110kV电缆接头防火防爆装置应用研究”“220kV高压电缆工程通用设计技术研究及应用”“110kV高压电缆工程通用设计技术研究及应用”共3项依托基建新技术应用研究项目验收工作。继续开展三维设计应用研究，完成三营门220kV站施工图三维设计审核。组织设计竞赛与设计评优，国网北京电力经研院获国家电网公司设计竞赛三等奖2次，马坡220kV变电站工程获国家电网公司优秀设计一等奖。编制完成《2019～2022年度基建施工企业装备配置中长期规划报告》，完成年施工装备购置，提升施工单位装备配置水平。完成全年输变电工程专项造价分析，完成《国网北京电力2018年投产项目其他费用分析报告》《国网北京电力2018年结算工程设备购置费投资控制情况分析报告》。组织编制完成《电气安装工程施工特殊措施性费用内容以及计列标准》《城区架空入地工程结算管理指导意见》《加强施工图预算管理指导意见》《电气安装工程施工措施费用内容及标准》。

经营管理 完成固定资产投资206.5亿元，取得电网建设外部资金56.9亿元；优化营商环境投资模式，争取国网3亿元专项资金。科学安排华能三期并网和煤机应急备用电量计划，压减燃气电量28.9亿kWh、节约购电成本2.47亿元。通过加装10kV联络断路品计量，加大高损线损台区治理力度，试点推广线损助手App，4家公司和5家供电所孵化为线损示范单位，分线分台区线损合格率90%以上，综合线损率下降0.3个百分点、贡献利润2.42亿元；同期线损精益管理“北京方案”，获得国家级管理创新二等奖和北京市管理创新成果一等奖。试点开展“三率合一”监测分析体系建设，完善信息系统功能，实现报表100%自动生成、数据100%自动校验，蝉联北京市“诚信统计单位”荣誉称号。

落实国家一般工商业电价降价措施，降低客户用电成本10.39亿元；适应改革监管新形势，制定实施27项优化经营管理策略；应对非首都功能疏解、电价调整等影响，增供扩销、挖潜增效，完成各项经营指标；争取到北京市压减高价燃气机组发电小时数，优化购电结构，节约购电成本；用足用好税收优惠政策，节约税金4952万元；承接多维精益管理体系建设试点，参与规划设计，先行先试，统一业财数据标准和管理规范，贯通业财流程和信息系统，推进业财共建共享；试点开展“1233”卓越资金管理体系建设，优化资金收支标准流程，开发资金“日排程”系统并上线应用，实现资金支付按日排程和业财信息实时共享；完成国网北京电力资金安全专项检查，100%完成问题整改；开展长期挂账工程专项清理，规范工程决算转资，完成工程转资162.43亿元。

全年物资及服务类集中采购金额101.97亿元。签订物资合同2936份，总金额43.75亿元，累计支付资金37.26亿元。累计下达检测任务2087条，检测物资13 040台/套，对52项工程开展164项监造工作，发现问题361项。完成废旧物资处置6899.75万元，跨省调拨1358万元，内部调拨1.69亿元。

配合政府做好延庆增量配电试点前期工作，协助制定售电市场放开配套细则，市场化交易电量达61.5亿kWh，向社会释放改革红利1.16亿元。完成国网北京电力及子公司章程修订工作，工程公司、经研院、承发包公司三家改制单位实现执行董事、党委书记一肩挑。开展电击人身伤害案件压降专项整治，案件数量同比下降50%。健全依法主动维权机制，避免或挽回经济损失9800余万元。结合“12·4”宪法日活动，创新发布企业法治建设成果，建成“互联网+”法治服务保障平台，推动法治工作智能化、集约化、互动化。

接受国家审计署、国家电网公司共计五项审计，累计迎审255天，审计结果平稳；完成国网江苏苏州供电公司经济责任审计，获评国家电网公司总部审计项目质量考核A类；两级审计共实施审计项目96项，同比增长26%；发现整改问题1443项，同比增长36%；促进增收节支3.97亿元，同比增长135%。主要对5家单位主要负责人开展离任审计，对所属21家单位、39.98亿元资本性投资项目开展竣工决算全面审计，对低压报装接电服务情况及85项集体企业承揽客户工程情况开展“三减一提升”（减环节、减时长、减成本，提升客户感知）专项审计，对8家单位“煤改电”工程、充换电设施建设开展了嵌入式审计，在关键环节实现纠偏问题103项，对所属20家单位政治供电经费、16家供电公司电费资金安全开展了专项审计，对36家单位共1190项内外部审计发现问题开展后续审计，对28家所属单位开展数字化持续审计，调取业务数据115.37万条，核实属实问题1603个，工单核实准确率94%，组建数字化审计模型开发小组，研发数据模型并应用审计项目，全面构建数字化审计生态；审计工作受到了上级及行业协会的肯定，审计业绩考核连续两年获评国家电网公司A段，3项审计项目获评国家电网公司优秀审计项目，1篇审计实践成果荣获国家电网公司管理创新成果三等奖，1篇理论研究荣获北京市内审协会论文一等奖。

构建“1+X”（以客户为中心，围绕客户服务能力、安全保障能力、运营管控能力、增值创新能力四个方面构建多层次、多维度监测体系，全面开展监测分析工作）现代化客户服务监测体系，开展话务量、购电下发时长等12项重点专题监测。开展配电自动化率、电压合格率、线损率、客户满意率“四率”指标监测。搭建监测主题库、分析项目库、大数据储备库“三库”体系架构，实现监测分析工作规范化、系统化、常态化。完成电力营商环境监测体系业务设计及试点任务，重点围绕世行“获得电力”评价指标开展监测，建立5大类、9个主题、19个业务点的首都电力营商环境监测体系。梳理核心系统业务数据，完成PMS2.0、OMS、财务管控等8套核心业务系统对应数据库表清单及数据项清单的调研，形成业务与数据表、字段对应关系表。建立数据存储统一标准，完成36套统推一级系统全量数据的接收入库。编制数据获取工作规范，完成13套统推二级业务系统全量数据导出及归集。试点开展“基于春节返乡人口模型的配变负荷预测大数据应用”研究，完成《客户服务质量第三方监测体系构建与评估》《基于客户服务的95598工单大数据挖掘》等专题运营分析研究。开展“极端天气对北京电网运行影响的大数据分析”，全面提升北京电力大数据分析应用水平。

完成北京市清理整顿各类交易场所联合工作组现场检查，并取得北京市金融工作局关于首都电力交易中心有限公司开业的正式批复；根据有关文件精神吸纳有关市场主体、第三方交易场所及科研机构，高效推进增资扩股、资产划拨、股权转让、变更备案等系列工作，全面深化交易机构规范运行。截至年底，北京电网全口径购电交易电量1108.14亿kWh，同比增长6.86%。其中购华北电网电量684.46亿kWh，占比61.77%；购电厂电量423.67亿kWh，占比38.23%。全年累计达成各类市场化交易电量61.5亿kWh，其中首次开展电力用户直接交易，组织89家用户、18家售电与京外发电企业开展交易，9～12月交易合同电量32.23亿kWh；开拓跨省跨区交易模式，主动邀请政府部门前往东北、西北、西南各省调研协商，通过特高压购入东北、西北、西南地区区外电量21.54亿kWh，持续推进“疆电入京”政府间框架协议履约，购入电量1.16亿kWh；响应节能减排号召，高度重视发电权交易工作，在与常规火电机组完成发电权替代的基础上，首次开展了山西清洁能源电厂与区内关停电厂发电权替代交易，完成了发电权替代任务，被替代发电量6.57亿kWh，清洁能源替代电量1000万kWh。此外，根据京津唐地区特点，研究利用市场化手段消纳张北地区风电方式，拓展消纳区域内清洁能源新思路，促成《京津冀绿色电力市场化交易规则（试行）》印发。

组建后勤综合巡检组，全年不间断开展现场检查9609处，发现并治理隐患237项，交通违法行为同比下降9%。准确梳理196处、9030户职工家属区台账，涉及建筑面积约67.66万m^2、账面资产2.4亿元，2741.7万元公共维修基金、9943.29万元售房款余额全部匹配到户，建立各项档案资料1.5万余份，职工家属区全部完成管理权现场移交。开展变配电站室附属用房专项隐患排查，累计核查9451处，对查出隐患进行整改。推进房屋资源合理创效，实现合同收入1.5亿元。出版《非生产项目典型设计》《典型造价》等专业指导书籍，承担《国家电网公司非生产性技改大修技术规范》编制任务，推广《国网北京市电力公司小型基建项目前期工作手册》，建设线上技经中心，统筹把控关键节点。完成公司车辆日常管理，出台车辆购置更新、租赁、单车核算、维修保养、调度监控等7项管理办法。完成中非论坛后勤保障，投入保障人员3500余人次、车辆2300余辆次，配送保障餐饮64 000余份，安排医疗巡诊7轮次。牵头编制《国家电网公司重大活动保电后勤保障标准》，推广北京经验。完成1.3万名职工体检，开展女职工专项体检，开展重大疾病专家“面对面”咨询、“健康服务送一线”等特色服务。完成给架空线入地、煤改电等夜间施工现场提供全电餐车送夜宵服务，累计服务职工1.6万人次，日均送餐160份。围绕后勤工作重点领域，明确立查立改任务，制定整改措施38项，严密防范经营风险。在国家电网公司首届后勤竞赛中，取得初赛八强、复赛第四名、综合排名第七名。聘请国内知名专家，开展全口径后勤人员专业技能培训，为基层单位挖掘、培养了一批青年业务骨干。

开展指标预测、预控，优化制订内部对标指标体系，将高质量发展、“三减一提升”等重点工作纳入内部对标，并组织开展专项诊断和经验交流，搭建上下沟通平台，促进各专业管理水平提升。138项创新实践成果（论文）获得省部级以上奖项，管理创新成果（论文）66项，QC小组活动成果72项，3个QC小组获得“国优小组”称号。落实国家电网公司制度标准执行考核要求，组织城区公司、通州公司同步完成季度考核资料上报，全面反映制度标准一体化建设成效。完成中电联供电分会与农电分会合并工作，完成北京电力行业协会注销工作，实现社团组织规范管理健康发展。建立卓越绩效“四个一体化”工作模式，组织通州西集供电所围绕基于全能供电所的“台区线损合格率”和“台区低压电压合格率”、亦庄公司围绕基于以客户为中心的“停电信息主动通知率”指标，开展卓越竞争力体系建设试点工作。城区公司、经研院被评为“全国电力行业卓越绩效企业”荣誉。深入开展失信联合惩戒自查自纠工作，失信行为的监测、预警、处置和整改实现“四个百分百”管控。

全面落实国家电网公司决策部署，积极发挥“第二梯队”作用，围绕“以高质量管理促高质量发展”总基调，突出“一力四率”，推进瘦身健体、转型发展和规范管理工作。扎实推进瘦身健体，开展百日攻坚工作，逐户签订责任状，制定专项考核激励制度，累计完成16户吸收合并、3户清算关闭和1户对外转让，压减用工1500余人，超额完成国家电网公司年度任务。推进施工作业层建设，提出“3＋N＋X”；健全两级巡检体系，做到现场巡检和视频监控全覆盖。创新创效成效显著，深化设计施工联合运作，全年参与项目2200余个，电网设计市场占有率同比提升27%。对接综合能源服务，推广智慧能源管家，编制3类65项业务指导手册，全年新签代维合同3.7亿元，增长117%。集约统筹深化推进，建成10类31项财务制度体系，深化资金集中统一管理，实现账户挂接率、监控率100%，运作效益2.24亿元。持续开展“两金”压降和往来清理，组织专项审计，全年压降应收16.5亿元、预收89.2亿元、存货34.1亿元，较期初降低72.4%、51.8%和66.9%。

安全生产　全年完成保电任务182项（特级任务2项，一级任务63项，二级任务39项，三级任务78项），累计保电天数345天。完成天安门广场开关站改造工程，在人民大会堂、天安门城楼及广场等重要政治供电区域首次大规模配置40套“SSTS＋UPS”不间断供电装备，实现主备电源微秒级切换。

完成94座变电站智能安防建设，实现220kV及以上变电站以及政治供电重点变电站智能安防全覆盖；应用气象灾害精准预报预警系统，度夏防汛期间有效发布各类精准预警192次；应用国内首套电缆精益化管理系统，完成全部1442km电缆隧道及5390km管井基础数据普查录入，实现电缆业务管理全覆盖。

推进安全生产领域改革，制定从主要负责人到基层一线的全员安全责任清单，实现“一岗一清单”全覆盖。健全安全监督机构，在18家基层单位设置安全总监，在31家单位成立安全监督机构，持续加强对集体企业安全工作同质化管理。深化安全准入管理，首次将准入范围扩大至监理单位及一般工作人员，实现所有人员持证上岗。开展安全生产问题清单专项梳理、“六查六防”（安全责任落实、查安全基础保障、查消防隐患整治、查现场安全管控、查专业安全管理、查迎峰度夏工作，防范大面积停电事故、防范人身死亡事故、防范重特大设备事故、防范重大网络安全事件、防范重大火灾事故、防范重特大交通事故）专项行动、电气火灾综合治理等活动，消除各类安全隐患1316项，违章率下降25.8%。组织承办以电力为主题的全国安全宣传咨询日活动，彰显应急能力建设成果，得到国务院、北京市领导高度评价。

依托信息化手段在配网运维、输电反外力等方面深化应用，实现扁平化、透明化的全过程管控。开展输变电运检质量提升百日专项行动、压降配网故障专项行动，输、变、配电设备同比下降29.5%、28.6%、34.3%，输电架空线路外力故障同比下降39.5%。强化设备隐患治理，完成14座35kV老旧变电站改造，四环内45km电缆隧道防火整治及79处输配电“三跨”线路隐患治理，实现设备健康水平的显著提升。持续推进配电自动化建设应用，实现配电自动化覆盖率和功能投入率100%、自愈功能投入率90%，创新成立配网数据管理中心和自动化运维中心，集中开展系统数据维护和终端传动运维。完成不停电作业业务、人员、装备集约调整，在城区、朝阳等七个示范区实现不停电作业100%。

深化风险预警管控，全年发布电网风险预警586项，督促制定落实响应措施，电网风险得到有效控制。加强配电自动化调控应用，在计划检修、方式调整、故障异常处置等工作中全面采用远方遥控，全年累计执行 12 793 次。持续推进配电网图模建设，实现配电网图模覆盖率 100%。加强二次系统管理，深入开展北京电网“三道防线”专项核查，排查并整改问题 32 项。推动上庄解重载等 102 项度夏工程按期投产，实施方式调整措施 157 项，编制严重故障预案 1053 份，开展反事故演练 11 次，平稳应对 2356 万 kW历史最大负荷考验，并成功处置顺义地区倒塔、西北热电中心全停等重大突发事件，确保电网度夏防汛平稳运行。

营销工作 响应中央优化营商环境政策，面向社会推出零上门、零审批、零投资的“三零”服务，在全国范围内实现“三个率先”（率先将世行调研对象与国务院扶持小微企业政策相结合、率先将低压供电容量由 100kW 提升至 160kW、率先推出小微企业接电“三零”服务）。低压小微企业客户接电环节由 6 个压减至 2 个，接电时间由 141 天压减至 25 天以内，接电成本压降至 0，为 1.76 万户小微企业节约投资约 7.5 亿元，获得“电力指标”由 2017 年度的第 105 名大幅跃升至第 14 名。“三零”服务举措受到国务院、北京市和国家电网公司各级领导多次表扬肯定，并作为“北京方案”向全国电力系统推介。

保质保量完成市政府下达“煤改电”任务基础上，超额完成 163 个村电网改造，全年共完成 285 个村、12.49 万户。全市平原地区基本实现“无煤化”，提前两年完成国务院《打赢蓝天保卫战三年行动计划》中，承担的清洁取暖任务和“十三五”期间“煤改电”任务，供暖季贡献电量 80 亿 kWh，减少燃煤 452 万 t，助力首都大气污染防治。建成 40 项电动公交车外电源工程，满足新增 2100 辆电动公交车充电需求；累计建成 143 座，满足全市 7000 辆电动公交车充电需求，全年拉动售电量 2 亿 kWh。新建充电桩 1231 个，总量达到 1.6 万个，率先建成国内一流智能充电网络，充电设施服务能力显著提升。

全年售电量完成 1037.04 亿 kWh，同比增长 7.13%。年内新增用电客户 27.71 万户，新增接电容量 1177.36 万 kVA，拉动电量增长 4.39 个百分点。完成电能替代电量 28.5 亿 kWh，提前超额完成国家电网公司下达任务。落实国务院下调一般工商业电价 10%的要求，完成四次调价工作。配合开展转供电加价清理工作，清理规范 2418 家企业的转供电行为。首次开展市场化交易，145 家大工业企业累计实施交易电量 15.57 亿 kWh。加强电费回收管控，当年电费回收率实现 100%，实现年底电费零在途。联合市发展改革委、公安局开展反窃电行动，全年累计追补电量 1014.82 万 kWh，补收电费及违约金 4170.56 万元。

全年累计换装卡表 1.1 万具、智能表 46.7 万具，升级采集 4G 信号 3.48 万台，分换装集中器 3642 台，采集覆盖率达到 99.85%。压降购电下发时长，制定 10 项措施，治理集中器 2 万台，升级 4G 信号 3.5 万台，下发时长由年初的 5.77min 下降至 3.81min。构建计量全业务监控体系，深化全量采集数据应用，实现“一体化平台、两级监控、三类主题”，全年处理督办工单 25.4 万件，采集抄通率由年初的 98.81%提升至 99.52%。

完成“三供一业”供电设施接收工作，完成国资委管理的在京央企 261 个项目、29.77 万户的资产移交协议或补充协议签订工作，全面完成实施协议签订、供电职能移交和实物资产移交三个 100%的工作目标。

科技与信息化 主动配电网 863 项目通过国家科技部验收；“电能替代技术联合实验室”获国家电网公司联合实验室命名；获国家电网科技成果奖励 13 项，其中牵头获得一等奖 2 项。获中国电力科学技术奖励 5 项、北京市科技奖励 4 项；获中国专利奖 1 项；牵头完成 4 项国家电网公司总部科技项目并通过验收；完成电能替代、智能配电网、量子通信等重点研发任务。围绕“煤改电”电动汽车、分布式电源等开展专利布局，全年共申请专利 303 件，累计拥有授权专利 2425 项。新开工 110kV 及以上电网建设项目环评率 100%，110kV 及以上电网建设项目竣工环保验收率 100%；对 15 项在建项目进行了环保、水保现场技术监督检查。完成 125 座变电站电磁环境和噪声监测，完成 40 座有办公人员的变电站废水监测；完成太阳宫 220kV 变电站、沙窝 110kV 变电站、阜成门 110kV 变电站噪声超标治理工作。

健全网络安全和信息化工作领导小组，印发《全面深化网络安全和信息化工作意见》。完成公安部组织的“护网 2018”国家专项演习网络安全防护工作，完成全国两会、中非论坛供电任务信息安全保障工作。完成 16 个 APN 专线通道 APN 专线通道梳理（本部 13 个、基层单位 3 个）。举办首届网络安全技能竞赛，首次将网络安全纳入技能体系。研究的“智能门锁安全隐患”，被评选为国家电网公司优秀成果。全年共完成电网信息化项目 176 个，投资额 2.37 亿元。完成“国网云”的建设，提升系统支撑能力和业务协同发展，完成 ERP 系统小型机架构向 x86 架构的迁移改造，国网北京数据中心二期工程开展，“特大型城市‘一体双核’配电自动化主站系统设计与应用”获得一等奖，“移动互联网技术在线损管理中的应用”“基于‘互联网+’模式的计量器具智能配送”获二等奖，“基于现代可视化技术的运营全景式监测展示”获三等奖。完成国家电网信息通信运维体系（SG-ITOM3.0）试点应用。建立了调度、方式和检修的联动机制，缩短了信息故障处理时间，信息故障同比下降63.15%。在国家电网“星级调度”评选工作中达到最高四星“星级调度”标准。

35kV及以上变电站、主要办公场所、营销网点、分支机构的光纤覆盖达到100%。推进朝阳、亦庄、通州公司本部骨干通信网带宽提速项目；行政交换核心网汇接功能由电路交换系统迁移至IMS系统，具备异地容灾能力。完成16个供电公司第三会议室高清一体化会议系统覆盖，会议效率更加便捷、高效。印发800M数字集群终端、卫星通信系统管理规定，印发通信风险预警管理实施细则，修编通信系统突发事件应急预案，印发通信安规实施细则，完成通信安规落地实施工作。对移动应用和无线公网实现“五个一”统一管理，即“一个终端、一张SIM卡、一套通道、一个商店、一笔预算”，通过充分竞价和深化管理进一步降本增效，年度无线通信租用费用节省3577万元，成本节约45.7%。

优质服务 深化要客定向服务20项举措，与北京市医管局、国家机关事务管理局等4家首都集团重要客户签订战略合作协议，与中直管理局、国家大剧院等达成战略合作意向。累计开展首都集团要客定向服务365户次，涉及中央军委等重要集团客户及所属53户高压客户。

开展优质服务“百日攻坚”专项行动，压投诉、压话务、压结存、提升客户满意度。推广掌上电力等线上服务渠道，发放便民服务卡109.14万张，建立电力管家微信群4153个，累计新增线上客户107.45万户。全年客户投诉量、95598话务量同比下降29.03%、21.68%。在亦庄地区试点开展主动服务，通过掌上电力、电话短信等渠道，实现停电信息主动告知。供暖季期间，开展“首都卫蓝暖心服务日”主题活动，广泛宣传“日常购电不出村”等五项服务举措，全力保障“煤改电”客户温暖度冬。

编制《北京地区电力市场化直接交易工作指引》，发挥交易中心在市场规则与市场成员间衔接；持续完善交易平台服务功能，优化市场成员注册界面，拓展数字证书办理途径，打造良好平台使用体验；同时建立市场成员注册流转登记制度，规范处室间业务衔接；组织召开月度电力市场交易部门联席会和季度电力市场交易信息发布会，为发电企业创造畅所欲言和答疑解惑的平台桥梁，促进全年直接交易工作顺利开展，促进厂网协同发展、和谐共赢；建立直接交易结算微信工作群沟通机制，及时磋商解决各类问题近300余条。组织开展多批次电力直接交易专项培训，参培人员775余人/次，解答市场主体各类疑问470余次，全面提升优质服务水平。

党的建设和精神文明建设 深入学习贯彻习近平新时代中国特色社会主义思想，开展两级中心组学习334次，创新实施“六进”宣讲438场次，分层、分类组织领导干部脱产培训班4期，累计培训618人次。充分发挥党建工作领导小组及其办公室统筹作用，建立党组织书记例会机制，每月召开专题例会，聚焦会议主题，研究工作方案，重点工作双周调度，实现大党建部门议事常态化。建立“组织建到现场、支部建到班组、阵地建到前端”工作模式，一线班组支部比例达到32.8%，临时党支部实现220kV及以上输变电工程全覆盖。崇文党支部获评国家电网公司首个中央企业示范党支部。实施“党建+”工程，开展“争当新时代先锋”系列活动，深化党员保障队、突击队、服务队建设，4支党员服务队、4名党员服务队队长受到国家电网公司党组表彰。国网北京电力党建经验在国务院国资委中央企业党建工作简报和“两学一做”简报上刊登，党建成果荣获国家电网公司管理创新论文大赛一等奖。实施“旗帜领航·文化登高”行动计划，创建国家电网公司级企业文化示范点3个、公司级示范点27个。深化“号手岗队站”创建，激励团员青年立足岗位、创新创效，在国家电网第四届青年创新创意大赛上获得3金2银4铜。

健全完善党风廉政建设和反腐败工作领导小组等保障机构，细化界定主体和监督责任清单39项。完善干部任前廉政谈话和履责约谈机制，对全部52名提职干部进行了任前廉政谈话，共约谈下级负责人2455人次，实现100%全覆盖。落实巡视反馈整改意见，从党的建设、关键领域等6方面拉列81项整改任务，细化217项措施。修订巡察工作“一规定四规则”，推动巡察工作更加高质、有序实施。加大巡察力度和深度，完成15家基层单位内部巡察工作。深化开展领导干部“七廉”（学讲研促守述评）活动，各级领导干部带头讲廉306人次。深化拓展廉洁从业重点岗位监督管理措施，以在同一岗位满6年必须交流轮岗为硬约束，交流496人次。针对营商环境、工程建设等重点领域风险，促进两级班子成员实施立项协同监督190项。

完成两级工会换届，增设劳模兼职副主席，明确基层工会副主席设置。持续开展职工代表巡视检查和代表述职评议工作，促进职代会各项决议与重点任务的贯彻落实。组织“我为企业献一策”合理化建议、“众说新时代国家电网”论文征集和“一句话建言献策”活动，征集职工一句话建言献策320余条，采纳优秀合理化建议101条，4条建议、2篇论文获国家电网公司表彰。王府井变电站巾帼班荣获“北京市三八红旗集体”“北京市工人先锋号”称号，陈爽等荣获“北京市三八红旗奖章”，侯伟获得国家电网公司劳模称号。连续十年保持全国“安康杯”竞赛优胜单位，3家单位获评国家电网公司先进集体，1人获评国家电网公司工匠，4人获评国家电网公司劳动模范，3名女职工获评国家电网公司巾帼建功标兵，7个一线班组获评国家电网公司工人先锋号。1人荣获首都劳动奖章，2个一线班组荣获全国工人先锋号，1个一线班组同时荣获北京市三八红旗集体和北京市工人先锋号。还荣获北京市企业管理现代化创新成果优秀组织单位，北京市安全生产月优秀组织奖，中国电力行业企业公众透明度责任沟通创新责任企业奖。

组织集中新闻发布72次，与国家电网公司联动发布11次；传播重点议题62项，各类媒体发稿达3740篇次，同比增长16%。在中央电视台播出时长302min，其中《新闻联播》播出时长突破230s；在中央主流媒体发稿460余篇，同比增长20%；在国际媒体传播平台发稿19篇，实现新突破；围绕优化营商环境、打赢蓝天保卫战策划深度报道6篇。“煤改电”经验分别在《人民日报》、新华社《国内动态清样》及《科技日报》内参刊发；优化营商环境系列宣传获得国际认可，“北京方案”纳入国务院发展调研报告，向党中央、国务院进行宣传展示。举办庆祝改革开放40周年成果展。全年舆情形势保持平稳。11项品牌工作被纳入“国家电网”品牌贡献度榜单，其中4项被评为A级。荣获2018年中国电力行业企业公众透明度“责任沟通创新卓越企业奖”。强化社会责任管理体系，从管理制度、项目制方法、履责案例、责任传播等多层面深化体系建设，丰富全面社会责任管理示范基地内涵。主动融入公司“互联网+”发展战略，开展网站信息多元化、杂志传播立体化、展板展示电子化、媒资管理网络化建设，通过传播手段创新和技术创新，提高传播资源的聚合能力和行业传播能力。

12月19～29日，国网北京电力举办了“砥砺奋进 电靓京华——庆祝改革开放40周年成果展”。展览回顾了1978年以来，特别是党的十八大以来，首都电网跨越发展、供电能力突飞猛进、人民用电日新月异的光辉历程。

（邢　蕊）

【国网天津市电力公司】

企业概况　国网天津市电力公司（简称国网天津电力）是国家电网公司的子公司，负责天津电网规划、建设和运营，致力于为天津经济社会发展提供安全、经济、清洁、高效的电力能源供应。供电面积1.19万km^2，供电服务人口超过1560万。2018年，促成天津市与国家电网公司签署战略合作协议，推出“1001工程”、智慧能源小镇、“电十条”等一系列创造性举措，争取政府出台“一会五函”等支持性政策28项，卓越2018（天津政府奖）高质量通过文件审查和现场评审，天津电网加快向世界一流能源互联网跨越升级，综合能源服务走在系统前列，全球首个静止同步串联补偿器成功投运，北方清洁取暖形成天津方案，利润、资产负债率等核心指标逆势走强，“获得电力”指标在国务院大督查中排名全国第四，党建工作考核位列第一，业绩考核获评A级。张黎明获评“时代楷模”“改革先锋”称号，公司发展成就在庆祝改革开放40周年大型展览上展示。截至2018年12月31日，资产总额794亿元，资产负债率56.15%；年售电量731.1亿kWh，同比增长7%；营业收入450.9亿元，同比增长5.5%，实现利润9.64亿元。

电网概况　天津电网是华北电网的重要组成部分，通过锡盟—廊坊—海河—泉城双回1000kV交流线路及鄂尔多斯—北岳—保定—海河双回1000kV交流线路与华北特高压主网相联。通过南蔡—安定、盘山—安定两回500kV交流线路与北京电网相联，通过吴庄—霸州双回、芦台—裕丰双回500kV交流线路与冀北电网相联，通过静海—黄骅双回500kV交流线路与河北南网相联。

截至2018年12月31日，天津电网共有1000kV变电站1座，1000kV主变压器2台，变电容量6000MVA；500kV变电站9座，500kV主变压器20台，变电容量19 653MVA；220kV公用变电站76座，220kV主变压器177台，变电容量32 226MVA。天津电网共有1000kV线路8条，天津维护段长度577.894km；500kV线路30条，天津维护段长度951.225km；220kV线路272条，线路长度3473.227km。

人力资源　围绕“1001工程”等重点工作，精准配置人员力量，开展能力提升培训需求调研，建立健全考核评价体系，强化专项支撑保障；牵头“放管服”改革工作，形成100项重要权责清单和39项优化调整事项，配套梳理26项制度或规范性文件制（修）订计划，推动构建责权利对等的管理模式。资源配置能力大幅提升。积极响应业务发展需求，系统内首家成立综合能源公司，组建建设公司和电缆公司，动态实施16项机构与职责优化调整；组合运用内部市场临时借用、挂职锻炼等方式，精准配置工程实施人员力量，全年盘活人员存量3031人次，促进专业管理能力不断提升。人才队伍建设成效凸显。制定专业人才能力建设机制，试点实施技能人员“蓝领工匠”培养工程，连续6年举办青年人才大赛，创新开展“津彩青春”特训营，全面提升员工队伍素质；2018年高级技师通过率同比提高8.08%，国家电网公司级优秀专家人才年度考核优秀率排名系统第 3，首次入选天津市“131”创新型人才团队。四是企业发展活力持续激发。针对不同业务特点，推行 16 种多元量化考核模式，提高考核针对性和激励有效性，全面推进绩效经理人履职成效评估，实现评估结果在干部评价、教育培训、岗位调整、评优评先等方面应用，引导提升绩效经理人履职动力与能力；推进“三项制度”改革，公开招聘班组长 28 人，清理不在岗人员 34 人，市场化单位绩效薪金倍比达 1.3 倍，“三项制度”改革相关经验做法获得寇伟董事长肯定。

干部队伍建设成效显著。强化顶层设计，制定国网天津电力干部人才队伍建设三年规划，明确“旗帜领航·组织登高”工程 5 方面 60 项重点任务，科学谋划选育管用各环节工作。修编专业制度文件 13 项，构建科学合理的干部管理制度体系。贯彻新时期好干部标准，树立担当作为的鲜明用人导向，坚持以事择人、人岗相适，注重在“1001 工程”、营商环境改善等急难险重任务以及基层一线、复杂环境中锤炼干部，干部队伍素质显著提升。培养选拔优秀年轻干部，创新青干班“副处级、正科级、副科级”三级后备梯队培养模式，首次公开竞选聘本部部室副主任，动态做好优秀年轻干部储备，优化调整后正副处级干部年龄分别下降 1.8 岁和 1.3 岁。创新干部队伍 360°全方位考核机制，全面提高选人用人的精准度和公信力。树立有为有位、担当实干的鲜明导向，召开干部队伍作风建设大会，开展“六型”一流本部建设，深化领导干部一线安全履职，作风建设成效进一步向基层延伸，干部队伍的执行力、向心力、战斗力空前提升。

电网建设与发展 电网发展提挡加速。专题研究天津电网目标网架，出台《天津电网规划设计技术原则（2018 版）》，完成“十三五”发展规划修编。加快“1001 工程”实施，500kV 双环网工程全部核准，吴双 500kV 线路、楚雄道 220kV 输变电等 59 项工程开工，双青 500kV 站等一批标志性工程投运，静海、东丽、武清等区域电网明显加强。启动农网升级改造“三年行动计划”，完成 268 个村电网升级改造，户均容量提升至 3kVA。建成新一代配电自动化主站系统，配电自动化覆盖率 100%。

找到促进基建高质量发展的有效载体。实施“1001 工程”，“煤改电”配套工程初站告捷，主网架提升工程加快建设，板中板万、东站等一批近 10 年受阻工程取得突破。创造历史上最好的外部建设环境。构建崭新政企合作模式，建立天津市、区两级协调平台，建立“1001 工程”任务清单、问题清单、督办清单，全面加强考核推动，解决大量电网建设前期规划和工程建设问题，实现政企共赢。争取电网建设审批政策。推动政府出台《天津市电网工程项目联合审批流程实施方案》等文件，出台 28 项支持政策，取消施工许可等 3 项审批、精简规划方案等 11 项审批、优化土地手续等 13 项审批，出台“企业承诺、以函代证、容缺后补”支持政策，前期工作时限大幅压缩。建立一套保证基建安全高质量发展的体制机制。推动基建改革配套措施全面落地，以安全问题为导向，健全完善建设管理模式，现场两级管理、两个关键因素管控以及三个支撑保障明显加强。培养一支敢于担当、敢打硬仗、敢于碰硬的基建队伍。基建战线精神面貌焕然一新，讲大局、有能力，敢于吃苦、甘于奉献，全年开工 35kV 及以上电网工程 59 项、投产 40 项，树立基建战线“干在实处、走在前列”的新形象。

经营管理 经营管理提质增效。应对复杂经营形势，抢抓历史机遇，化解历史遗留问题。严格执行国家降低一般工商业电价政策，年降低企业用电成本 14.2 亿元，化解电价矛盾，既履行央企责任又争取到公司高质量发展的资金来源。持续优化效益结构，综合能源服务业务收入完成 1.62 亿元，超额 47%完成指标，效益占比日益提高；严格管控非生产支出，“三公”经费及会议费同比下降 36.98%。构建“1233”新型资金管理体系，强化资金收支管控，年底资金规模达到 111 亿元，财务状况保持稳健；清理长期挂账在建工程 31.6 亿元，开展项目结决算专项治理，探索逾龄资产退出机制，资产质量不断提升。统筹实施 46 项优化经营管理策略，实现投资规模、有效资产、成本费用等关键核价参数与核价规模日益趋同。实施多维精益管理变革，在设备管理、营销服务、物资采购等领域形成特色经验，逐步推进管理精益。开展重大决策事项法律论证 96 项，促进依法决策；强化重大风险预警，开展资金安全和税务专项检查，风险防范能力不断提升；完成总部委托审计任务，审计效果获评 A 级。

全面落实国家电网公司各项改革部署，研究确定电力改革、国企改革和内部变革 25 项重点任务。全年电力直接交易规模翻番，释放红利 5.45 亿元。推动跨省跨区交易，完成晋、疆电入津 13 亿 kWh，释放红利 5500 万元，完成甘电入津、宁电入津框架协议签订。及时总结提炼改革经验，“电十条”等多项经验纳入《国家电网公司庆祝改革开放 40 周年工作成果汇编》。开展重大决策事项法律论证 160 项，促进依法决策。营商环境（业扩报装）领域廉洁风险管控协同监督、生产服务用车领域廉洁风险管控协同监督分获国家电网公司 A、B 类项目一等奖。

推进集体企业瘦身健体，压减 13 户集体企业，三源信息公司在“新三板”挂牌上市，成为国家电网公司系统第一户挂牌上市的集体企业。深化平台实体化运营，强化平台企业人财物管控职能，平台企业组织批次业扩物资协议库存招标；财务预算指标分解下达、固定资产购置计划等由三源公司归口审核，资金归集统一运作。新设集体企业管理办公室，撤销发展部内设的集体企业管理处、撤销平台企业内设的集体企业管理中心，集管办负责集体企业的发展、改革和监管职能。

安全生产 安全生产保持平稳。统筹推进107项重点任务，应对1531万kW负荷、20年一遇台风暴雨等考验，保持电网安全稳定运行。扎实推进基建改革措施落地，做实现场两级管理。层层压实安全责任，两级班子及各级干部带头下基层近6000次；配齐配强基层单位安全总监，建立全员责任清单，实现“一组织一清单，一岗位一清单”；发挥安委会和各专业分委会作用，研究解决13项重大安全生产问题；引入第三方安全稽查，实行现场稽查、诊断分析、督促整改的闭环管理，促进现场安全责任落实。开展“六查六防”专项行动、春（秋）季安全大检查、电气火灾综合治理等活动，排查隐患1300余项，110kV及以上输变电故障创近年新低；按“先降再控”原则，消除500kV东丽站母线消缺、220kV泰保站故障抢修期间的电网四级风险，建立同级单位电网风险预警管控协同机制，发布管控电网风险507项；坚持铁腕治安，查处曝光违章2565起，约谈违章单位9次，惩处730余人。组织开展“2018年天津夏季达沃斯论坛供电保障综合应急演练”。完成中俄领导人会晤等137项重大保电任务，没有发生网络信息安全和失泄密事件。

营销工作 营销工作成效显著。服务地方营商环境优化工作大局，创新制定“电十条”，推行“一证办理”“容缺后补”“上门服务”；放宽低压接电容量至160kW，实现低压小微企业接电免费办理，小微企业享受“免审批”全国最优政策；在2018年国务院大督查中，天津地区“获得电力”指标名列全国第四。参与政府“放管服”改革，配合天津市开展“政务一网通”“一制三化”和“工程建设项目审批制度”的改革，实现电力公共服务事项可以“一窗办理、一网通办、一次办好”。服务绿色出行，新建电动汽车充电桩3296个，充电量7691万kWh，同比增加46%。推动国有企业职工家属区“三供一业”供电分离移交，涉及36家企业、177个小区、14.55万户，全部用户实现“分户设表、按户收费”和“抄表、收费、抢修、运维”四到位。对省级以上园区业扩项目，公司投资到红线，电能替代工作取得积极成效，实施电能替代项目1109个，实现替代电量28.14亿kWh，同比增长11.05%。推动实施亚洲最大游轮母港——天津国际邮轮母港船舶岸基供电系统项目建设，岸电泊位覆盖率达60%。创建国家电网“多表合一”综合示范区，为客户提供多种能源“一站式缴费”“一单式打印”服务。建成国家电网首个“综合能源计量与评价实验室”，并获得国家认监委颁发的CMA资质认定；智能表在线监测监管技术取得革命性突破，主导发布国内首份“失准更换”地方规范。以“台区经理制”和“综合柜员制”为核心，构建网格化服务模式，国网天津宁河公司大北供电所获评国家电网公司“五星级供电所”。国网天津滨海、城南和城西公司荣获国家电网公司营销先进集体。省部级以上部门和单位组织的各类大赛中获得金奖1个、银奖2个；9项技术成果获科学技术进步奖，其中一等奖5个、二等奖4个；4项企业管理创新成果获二等奖；国网天津客服中心获天津市“五一”劳动奖状。

科技与信息化 科技创新再上新台阶。首次牵头获中国电力科技一等奖、天津市专利金奖，连续3年获得天津市科技进步一等奖，全年累计牵头获得省部级以上科技奖励21项。建成投运光储微网863示范工程、微网虚拟同步机示范工程和全球首个220kV静止同步串联补偿器（SSSC）示范工程。首次申报国家重点研发计划课题“新型城镇能源互联网示范工程”，牵头申报3项总部科技项目和2项天津市科技项目。“基于人工智能的配网带电作业机器人研究”项目成功研制出样机，实现带电作业自动化操作功能测试。全年开展研究项目128项，投入11 886万元，完成4项总部科技项目和27项国家电网公司科技项目验收。累计拥有专利2690件，其中发明专利520件，国际专利4件。通过中电联“标准化良好行为企业”AAAA级创建现场验收。与天津大学共建综合能源计量与评价实验室，获得市科技局批准筹建“电力物联网”天津市重点实验室。

完成具备监控预警、安全测评、应急响应、新技术研究、攻防实训等功能为一体的综合性网络与信息安全实验室建设，网络安全技防水平得到大幅提升。圆满完成“护网2018”国家网络安全专项、中非合作论坛、上合组织青岛峰会、夏季达沃斯论坛等重要活动期间的信息通信和网络安全保障任务。被国家电网公司评为2018年度网络安全“红蓝”队优秀单位，获得2018年度网络安全工作流动红旗。完成年内一体化运维管理体系（SG-ITOM 3.0）建设推广工作任务，信通生产调度运行体系得到大幅强化。完成116套信息系统迁移上云，有效提升国网云和虚拟资源池的使用率。完成建设分公司、电缆分公司信息系统适应性调整工作，支撑公司体制变革。配合安质部，通过国家电网公司对国网天津电力电网资产统一身份编码（实物ID）项目的现场验收。信息通信新技术行动计划工作取得成效，3个项目获评国家电网公司信通新技术行动计划优秀成果二、三等奖。两化融合管理体系再评定工作通过工业和信息化部外审。

优质服务 全面推进“互联网+营销服务”，线上业务办理率97.85%；提供B2B企业网银等多样化交费支付方式，线上交费购电比例66.65%，同比提高12.34个百分点。健全与国网客服中心常态化联动沟通平台，畅通客户信息共享和客户需求直连通道。实现109个营业厅实现视频监控全覆盖，对95598重点问题实行积分管理，营业窗口服务水平不断提升。与中国人民银行天津分行签署《天津市用电诚信体系建设合作备忘录》，将企业、事业单位和居民窃电、欠缴电费等违法违规行为纳入中国人民银行征信系统，有效发挥对窃电和欠费行为的信用惩戒作用。拓展用电信息采集系统应用功能，实现电、水、气、热“多表合一”采集接入4万户。服务区域发展更加深入。实施“点亮津城”路灯设施提升工程，完成32条道路、22个小区设施改造，更换节能灯具3564套，更换灯杆1589基，新光源应用率较2017年提升178%。

在服务地方经济和民生上有作为。以“双走访”“六进”和“四心服务”为载体，对接融入区域经济发展和民生工程。连续13年实施“天津电力心连心工程”。完成第二届世界智能大会、2018夏季达沃斯论坛等各项政治活动、重要节日和防汛保电任务。

党的建设和精神文明建设 思想理论武装持续深化。把学习宣传贯彻习近平新时代中国特色社会主义思想和党的十九大精神作为首要政治任务，坚持“走出去”“请进来”深化党委理论学习中心组学习，第一时间学习党中央、国家电网公司党组最新部署和寇伟董事长来津督导调研讲话精神，示范带动党员干部增强“四个意识”，坚定“四个自信”，坚决做到“两个维护”。管党治党责任逐级落实。制定两级党委和班子成员抓党建工作责任清单，建设大党建工作格局，推动年度85项重点任务。贯彻民主集中制，2018年年召开党委常委会43次，审议重大议题307项。全面推动基层单位党建工作要求进章程，确保党组织在公司治理结构中的法定地位。深入开展党建工作绩效考核、基层党组织书记抓党建述职评议考核，形成一级抓一级、层层抓落实的良好局面。党的组织体系不断巩固。加强基层组织规范化建设，到届党支部全部按期换届；对接重大工程、重点任务实施，及时设立9个临时党支部。加强基层党委“六个标准化”、党支部“五个标准化”建设以及党组织管理信息化建设，推动党建工作规范化、科学化。加强“三支队伍”建设，累计轮训基层党支部书记332人，培训党务专业干部80人、新党员100人。精神文明建设成果丰硕。时代楷模、改革先锋张黎明成为新时代产业工人的一面旗帜，他和他代表的天津电力形象走进人民大会堂，走进大学校园，走进各行各业，走进千家万户，闪耀津门，感动中国。健康中心获评天津市健康管理示范基地，并通过京津冀检验结果互认体系认证。推进后勤专业规范管理，《生产服务用车领域廉洁风险管控协同监督》项目荣获国家电网公司协同监督优秀项目。开展“聚焦公司发展”实地考察活动，组织离退休老同志实地参观特高压海河变电站，组织离退休老同志参加纪念改革开放40周年座谈会；接待国家电网公司离退休老领导史大桢一行调研考察活动。

党的建设和精神文明建设取得显著成果。“大型电网企业战略导向的先进重大典型培育与推广管理”获全国企业管理创新成果一等奖；“以蓝领工匠张黎明为内核的重大典型培育及推广机制”获国家电网公司精神文明建设创新一等奖；国家电网天津电力心连心（滨海黎明）共产党员服务队被授予国家电网公司金牌共产党员服务队光荣称号；国家电网天津电力心连心（城东九队）共产党员服务队等3支服务队被授予国家电网公司优秀共产党员服务队光荣称号；首获“全国五四红旗团委”荣誉称号，2个项目分获第四届中国青年志愿服务项目大赛金奖和铜奖，在国家电网第四届青创赛取得2金3银1铜。

获评全国模范职工之家，工会获评“国家电网公司工会工作先进单位”，首次被授予全国“安康杯”竞赛示范单位称号，特高压“海河站”获评全国工人先锋号。“时代楷模”张黎明获评“津门工匠”，当选中国工会十七大代表，被授予“改革先锋”称号。黄旭获评首届天津市“新时代职工创新创业之星”称号。1项成果获得全国职工技术创新成果优秀奖。3名同志获评国家电网公司劳动模范，6名同志获评优秀班组长，2个集体获评先进集体，6个集体获评工人先锋号，1人获得国家电网公司工会工作先进个人，3个家庭荣获国家电网公司“和美家庭”，3名女职工获得国家电网公司“巾帼建功标兵”，10名女职工荣获天津市“最美电网一线女工”，11家单位荣获国家电网公司职工书屋示范点。2018年离退休工作荣获国家电网离退休工作先进集体；机关离休党支部被评为“热爱国网”先进离退休党支部；离退休台球队代表国资委在天津市举办的老年台球比赛中获得团体亚军。

（王　媛）

【国网河北省电力有限公司】

企业概况 国网河北省电力有限公司（简称国网河北电力）是国家电网公司的全资子公司，负责河北南部电网的规划建设和运营管理，营业区域覆盖石家庄、邯郸、保定、沧州、邢台、衡水六市及雄安新区，供电面积 8.4 万 km^2，服务人口 5100 余万人，供电客户 2100 余万户。现有基层单位 16 个、县级供电企业 98 个。2018 年，完成发展总投入 209.77 亿元，其中电网投资 190.4 亿元。售电量 1793.71 亿 kWh，同比增长 8.81%。综合线损率 7.34%，同比下降 0.06 个百分点。资产负债率 64.85%。

电网概况 河北南部电网处于全国西电东送、南北互供的核心通道，是华北区域电力潮流汇集和输送的重要枢纽，承担着服务河北经济社会发展、保障首都电力供应的重要职责。全网形成特高压“双落点”、500kV“三横两纵”骨干网架、220kV 分区供电的整体格局，现有 1000kV 变电站 2 座，容量 1200 万 kVA，500kV 变电站 21 座，容量 4350 万 kVA，220kV 变电站 201 座，容量 7430 万 kVA。

人力资源 将三项制度改革作为全年人力资源工作的首要任务进行部署，创新用人、分配、激励机制，印发推进改革的 12 个方面 36 项措施，“六能”通道实现拓展，为改革提供保障。围绕国网雄安新区供电公司发展定位，建立“1 室 4 部 3 中心”和“100 个关键岗位”的组织架构体系，制定满足实体化运营需求的人力资源制度体系，开发具有雄安特色的人才培训体系。将最优质的人力资源资源向国网雄安新区供电公司调配。

2018 年全口径用工总量 9.22 万人，同比减少 0.29 万人；全员劳动生产率 50 万元/人年，同比增长 9.4%；人事费用率 10.87%，同比降低 0.56 个百分点。人才开发培养突出，2 名职工获得国务院特殊津贴，5 名职工分获大国工匠和全国“五一”劳动奖章、技术能手、青年岗位能手。1 个班组、11 个集体分获全国和河北省工人先锋号，2 个单位荣获河北省“五一”劳动奖状，16 名职工被授予河北省第七届金牌工人和能工巧匠称号。3 个单位、10 个班组、13 名职工分获国网先进集体、一流班组、劳动模范和优秀班组长称号。获得电力行业技能人才培育突出贡献奖。

电网建设与发展 推行特高压“先签后建”，雄安—石家庄工程首标段贯通，山东—河北环网工程进度领先，张北—雄安工程提前核准，定河双线改造工程开创特高压迁改“世界首例”。500kV“三新三扩”、220kV“六新一扩”等重点工程投运，“强网护航”专项行动全面启动。实施新一轮农网改造升级，提前完成 32.3 万户、4331 家企事业单位“煤改电”任务，2292 个美丽乡村配套工程按期投产，4 个小康电示范县全部竣工。完成 1341 个贫困村电网改造和 414 个光伏扶贫电站接网，对藏帮扶、边防部队通大网电工程全面完成。3 项工程分别获得中国安装工程优质奖和中国电力优质工程奖，6 项工程入选国家电网公司配电网“百佳工程”。

经营管理 适应改革监管要求，研究制定 26 项优化经营管理策略，推进多维精益管理变革，全面推行月度预算，管理效益持续提升。强力降杠杆、减负债，“两金”分别压降 15%和 51.4%，清理长期在建工程和前期费用挂账项目 153 项、涉及资金 14.02 亿元。加大同期线损管理和精准查窃力度，治理高损台区 3.9 万个，10kV 及以下线损同比下降 0.44 个百分点，反窃查违堵漏增收 1.57 亿元。首创“煤改电”低谷电量打捆交易，完成交易电量 3.28 亿 kWh，节约购电成本 4925 万元。加大市场开拓力度，打造“全电港口”等电能替代示范区，累计替代电量 88.6 亿 kWh，综合能源服务业务收入突破 2 亿元。推进触电人身伤害案件压降专项整治，新发触电案件同比减少 39%。

安全生产 始终坚持安全第一，加强安全生产领域改革发展，编制全员安全责任清单，完成各级安全机构调整和安全总监配备，基建配套改革首批首家通过验收。开展“六查六防”、电气火灾等隐患排查治理，累计整治各类问题 7386 项，220kV 及以上输变电设备故障同比下降 28%，百个现场查处违章同比下降 25%。配网“双降”行动取得明显成效，10kV 故障同比减少 38.6%，平均抢修时长同比减少 28.5%。加强设备质量源头管控，优化分级分类采购策略，配网 A 级供应商占比提升至 95.6%，主配网物料精简任务超额完成。通过积极争取外购电力、超前开展电网补强、精准实施有序用电等一系列举措，实现迎峰度夏圆满收官。完成多项重大政治保电任务。

营销工作 售电量完成 1793.7 亿 kWh，同比增长 8.81%。完成替代电量 88.6 亿 kWh，同比增长 8.43%。大力增供扩销，开展结存压降“百日攻坚行动”，建立重点工程分级督办和接电销号机制，全年业扩净增容量 2163 万 kVA，结存容量同比降低 36.8%，新增客户对电量增长贡献率达到 93%。开展燃煤自备电厂治理，关停容量 13.5 万 kW，市场占有率提升 0.43 个百分点。

构建常态管理、风险预控、应急处置三位一体电费回收体系，持续开展电价执行专项检查，整改 2.5 万户，增收 1.34 亿元，售电平均单价完成 595.19 元/MWh，当年应收电费 1106.5 亿元，同比增长 7.45%，100%结零。完成 47 万只农排智能表改造，台区线损率 4.8%，同比降低 1.67 个百分点，台区线损合格率 95.2%，同比提高 13.2 个百分点。

制定“营销服务十条禁令”，强化服务态势感知分析，超前开展投诉预警和防控，营业服务类投诉同比下降 22%。开展人为责任投诉专项治理，人为责任投诉同比下降 34%。

科技与信息化 打造国家电网首家“量价费损本”实时监控平台，实现省市县三级全覆盖，运营管控能力大幅提升。完成全业务统一数据中心全域综合示范，电网资产统一身份编码试点通过验收。与河北省社科院联合成立能源发展研究中心，“煤改电”以电定量等政策建议得到政府采纳。创新开展远程在线审计监督，5 个项目获国网优秀审计项目。加大科技创新培育力度，1 项成果获中国专利优秀奖，15 项成果获国家电网科技奖，7 项成果获省科技进步奖。深化“双创”平台建设，2 项成果获第五届全国职工优秀技术创新成果奖，国网青创赛夺得 3 金 3 银，荣获全国和河北省企业管理现代化创新成果奖 76 项，摘得国网管理创新成果奖 6 项并首获特等奖。两项管理咨询项目分获国网软科学一、二等奖。

优质服务 坚决落实国家降价降费部署，先后四次下调一般工商业电价，配合政府全面完成转供电加价清理，年内共降低客户用电成本 14.5 亿元。出台服务脱贫攻坚五项行动、十大举措，1341 个贫困村电网改造全面竣工，534 个村级光伏扶贫电站顺利接网，63 个易地扶贫搬迁配套项目按时完成，55 个定点扶贫村提前摘帽。

“互联网＋”服务不断深化，新发展网上客户 455 万户，累计达到 1657 万户，线上办电率保持 99%以上、交费率达到 60%，全面推广电子发票，接入光伏云网 1.48 万户、27.51 万 kVA，服务更加高效便捷。

建成运营雄安新区首个综合能源项目（市民服务中心）。加快综合能源服务体系建设，印发综合能源服务工作规范和实施方案。完成全能型乡镇供电所全覆盖，全面推广供电所综合业务监控平台，业务支撑和管控能力显著加强。建立完善县公司和供电所评价体系，创建 10 个五星级、48 个四星级供电所，评选出 1.07 万星级员工。实施供电所基础设施改善提升工程，配置 92 辆电动汽车、1069 辆电动三轮车和 8094 辆电动自行车，进一步增强供电服务保障能力。

党的建设与精神文明建设 始终把政治建设摆在首位，持续深化习近平新时代中国特色社会主义思想大学习，各级党委中心组累计学习 1354 次，举办三级宣讲 2000 余场，学习宣贯不断入脑入心。开展“旗帜领航·赶考行”主题实践，“135＋N”党建赶考体系全面建立，党委和支部标准化建设全部达标，“党建＋基建”典型经验在全省推广。成立全省首家共产党员志愿服务队，5 支服务队荣获国家电网“金牌（优秀）共产党员服务队”称号。推进市县一体化巡察，完成 13 批共 6 家市公司、12 家直属单位和 27 家县公司巡察任务，实现二级单位巡察全覆盖。大力实施“旗帜领航·组织登高赶考行”工程，打通省市县三级双向挂（任）职通道，加大年轻干部培养选拔力度，干部队伍活力深度激发。开展“奋斗新时代、建功主战场”十项劳动竞赛，全面开展职工体育文化节。

雄安新区建设 坚持“五个一流”，牵头编制《河北雄安新区电力专项规划》并首批通过领导小组审议，启动区、容东片区电力专项规划成功纳入区域控详规。主导编制《雄安新区规划技术指南（电力分册）》，以“工作营”形式开展 11 项重大技术和 4 项专题研究，“1＋3＋1＋1”电网标准体系相继发布。建成国内首个电网数字化工程管理平台（EIM），城市智慧能源管控系统（CIEMS）正式投入运行。成立雄安新区能源互联网建设管理办公室，雄安供电公司挂牌成立，协助 7 家国网产业单位完成注册。取得容西片区综合能源规划联合编制权，建成运营新区首个综合能源项目，在市民服务中心设立首家能源类企业营业窗口。建立“两院两联盟一工场”创新生态圈，智能特色小镇方案在 16 个联合体中成功胜出，“绿能魔盒”直流屋等三项“暖科技”建成展示，推进业内首个商业化直流路灯项目，前沿技术示范效应逐步显现。

（郑雪胜）

【国网冀北电力有限公司】

企业概况 国网冀北电力有限公司（简称国网冀北电力）隶属国家电网公司，肩负着保障首都供电安全、服务冀北地区经济社会发展、服务国家新能源发展的特殊职责使命。供电营业区域包括唐山、张家口、秦皇岛、承德、廊坊 5 市，43 个县（区、市），供电面积约 10.41 万 km^2。截至 2018 年底，国网冀北电力本部设置 23 个部室（中心），所属基层单位 21 家，职工总数 24 010 人；2018 年投产 110kV 及以上工程 45 项，线路长度 1678km、变电容量 480 万 kVA，里程碑计划 100% 完成；实现售电量 1340.71 亿 kWh。

电网概况 冀北电网属于“西电东送、北电南供”的受电方，主要由河北省北部的唐山、张家口、秦皇岛、承德和廊坊五个地市电网组成，其中秦皇岛地区还承担着北戴河暑期保电任务。截至 2018 年底，冀北地区总装机容量 3089.5 万 kW，其中清洁能源装机占比 57.6%，最大负荷 2327 万 kW，全社会用电量 1572.61 亿 kWh；运维 500kV 变电站 32 座，线路 11 570.4km；220kV 变电站 122 座，线路 11 138.9km。

人力资源 加大优秀年轻干部培养力度，着力夯实选人用人工作基础。制定《旗帜领航·组织登高工程实施计划》，规划国网冀北电力未来三年组织人事工作。持续开展“领导干部上讲台”活动，共计授课 281 人次。以学习贯彻习近平新时代中国特色社会主义思想为主题，分层分类举办干部培训班 14 期，培训学员792人次，实现处级干部、县公司负责人和本部处长等关键少数全员轮训。举办第四期党校青年干部培训班，择优选拔30名优秀青年干部开展为期近两个月的集中培训。夯实本部队伍建设，持续开展双向挂职（岗）锻炼、关键岗位人员交流、跨省公司人才交流。完成内设机构标准制定，严控用工总量，优化人才引进与配置机制，各类用工实现负增长。统筹人才帮扶、岗位竞聘等多种形式建立起跨单位人才互补和支持机制。推进“三项制度”改革工作，薪酬能增能减及市场化单位能上能下、能进能出取得突破。2人享受国务院政府特殊津贴、3人获得“全国技术能手”称号、2人获得“全国青年岗位能手”称号。

电网建设与发展 深化中长期电力需求预测分析，滚动修编“十三五”发展规划。张北—雄安特高压、500kV廊坊北等重点工程获得核准。张北柔性直流工程按里程碑计划推进。14项涉奥工程开工建设，110kV崇礼北输变电工程投运，“零碳冬奥”清洁取暖示范工程启动。完成北京城市副中心顺通双回迁改和北京新机场安固双回迁改工程。全年投产110kV及以上线路1678.83km、开工1424.03km，投产变电容量480万kVA、开工415万kVA。以配电网专项诊断分析为突破口，B类及以上区域全部实现“网格化”规划，5项工程入选国家电网公司百佳工程。完成4.5万户居民“煤改电”任务，198项“煤改电”配套工程全面竣工。廊坊、秦皇岛供电公司完成遗留工程“清零”任务。

经营管理 强化输配电价机制下投资合规性分析，优化调整张北柔性直流工程新能源汇集方案和京雄、京张电铁接入方案，节约投资7.5亿元，2019年500kV及以下基建专项规模同比减少8亿元。强化成本类项目费用管控，压降成本4.56亿元。规范集中招标采购，节约资金5.31亿元。实物ID统推系统上线试运行。标准物料种类大幅压减，主网标准物料精简率及优选率均70%，配电网精简率82%。新发触电人身伤害案件同比压降44.12%。完成冬奥项目等3项审计署延伸审计和国家电网公司2项审计迎审配合工作，开展内部审计103项。完成“两供一业”分离移交任务，供电设施接收协议全部签订。压减集体企业50户。组建工程管理公司，基建改革配套措施落地情况通过验收。制定“三项制度”改革三年计划，两项成果入选国家电网公司典型做法汇编。

安全生产 以安全生产大检查、“六查六防”等专项活动为载体，深化本质安全建设，推动50项重点任务和100条细则措施一贯到底，发现问题1.25万项，整改1.19万项，安全事件同比减少6起。编制完成全员安全责任清单，开展问题清单专项梳理，整改完成率83.8%。建立电网建设五项管理机制，确保基建安全。完成特高压廊坊站全停首检等5项年度重点检修技改任务和1053项电气设备消防隐患治理工作。应对新能源大规模接入、极端恶劣天气挑战和2327万kW最大负荷考验，确保电网安全运行。深化应急能力建设，开展演练453次，实现县公司应急能力建设全覆盖。完成上合组织青岛峰会、中非合作论坛北京峰会、秦皇岛暑期等重大政治保电任务。完成国家网络安全专项演习和军地演习任务。

营销工作 加强营销稽查和“量价费损”专项监测，台区同期线损合格率93.2%，整体合格率达到A段水平，唐山开平地区年度线损率下降16%，实现市级打击窃电政企警企联动机制全覆盖，挽回损失1.2亿元，将10名窃电违法犯罪分子纳入窃电失信黑名单。争取区域电网租赁费返还及东西帮扶政策，当年增加收入5.26亿元。风光储能电价政策取得重大突破，年增加收入3亿元。完成业扩接电容量1179.73万kVA，同比增长32.81%，净增容量1005万kVA，同比增长56.89%。推广电能替代项目3108个，完成替代电量76.65亿kWh。综合能源服务实现收入2.1亿元，利润居26家省属综合能源服务公司之首。加强电费风险防控，当年及陈欠电费连续七年实现“双结零”。构建张家口可再生能源示范区“四方协作”交易机制，交易电量2.14亿kWh。参与京津冀绿电交易规则制定，有关诉求纳入交易规则。落实工商业降价清费措施，降低各类客户成本22亿元，助力企业轻装上阵。唐山德宁供电公司取得电力业务许可证，进入实体化运营阶段，第二批和第三批增量配电改革试点项目进入可研评审和分级决策阶段，第四批试点项目完成遴选上报。

科技与信息化 立项首批虚拟电厂IEC国际标准，组织承办“能源转型”高端论坛系列活动，被国家电网公司确认为首批国际标准创新基地。加快张家口可再生能源智能电网示范区建设，建成投运世界首个基于柔性变电站的交直流配电网示范工程，完成全球首个场站级虚拟同步机功能测试与区域孤岛启动试验。国家科技支撑计划课题“大型风电场智能化运维关键技术研究及示范”通过验收。通过工业和信息化部两化融合管理体系评定，首批高分通过信息化企业验评。制定“零碳冬奥展示中心”总体方案，支撑零碳电力调度交易、冬奥保电智慧指挥等核心业务。获得省部级科技奖项41项，荣获国家级管理创新成果二等奖2项、省级110项，荣获国家电网公司管理创新成果特等奖。

优质服务 坚持以客户为中心、以市场为导向，创新推行“5+服务”和“办事一次成”服务，16项业务实现一次都不跑，5项业务最多跑一次，线上办电率、交费率分别超过99.5%和78.26%，客户投诉一次性解决率99.85%，营业类投诉、服务类投诉分别同比降低44.71%和11.56%，故障修复时间缩短至3.15小时。实现三星级及以上供电所全覆盖。建成充电站146座、充电桩1179个。全额保障性收购新能源电量322.09亿kWh，同比提高12%，实现弃电量、弃电率“双降”目标。并网44座集中式、878座村级光伏扶贫电站，惠及贫困户10.3万户，32个贫困村中累计已实现24个村脱贫摘帽。驻村扶贫经验成果在国家级扶贫扶志论坛发布。

党的建设和精神文明建设　开展习近平新时代中国特色社会主义思想和党的十九大精神大学习，广大党员干部“四个意识”更加牢固、“四个自信”更加坚定、“两个维护”更加坚决。推进“旗帜领航·三年登高”对标管理年工作，落实党委“六个标准化”、党支部“五个标准化”建设要求，1045个党组织完成标准化建设。“党建+安全生产”案例推荐上报国务院国资委，共产党员服务队事迹在《新华社内参》刊发。落实“两个责任”和“一岗双责”，深化“三级约谈”机制。严格执行中央八项规定精神，准确把握“四种形态”，持续纠正“四风”。落实巡视整改“四个必须”要求，针对巡视反馈的238项问题制定整改措施，按时间节点整改完成100%，实现二、三级单位巡察全覆盖。宣贯全国组织工作会议精神，制定落实“旗帜领航·组织登高”工程实施计划，选优配强各级领导班子，加强年轻干部培养，打造高素质专业化干部队伍。坚持党管宣传，把牢意识形态领域主阵地。落实“百千万”工程，推进企业文化示范点建设，3个基层单位获评国家电网公司首批示范点。开展“书记谈文化”活动，举办第六届职工文化体育艺术节。开展高端主题传播，在中央媒体重要版面、栏目刊播新闻报道125篇次。“党员服务队”实践风采入选“伟大的变革”大型展览。秦皇岛公司博物馆入选国家第二批工业遗产。落实离退休老同志“两项待遇”。加强信访和保密管理，强化舆情监测处置，确保和谐稳定局面。2人当选第十三届全国人大代表，1人当选共青团十八届中央委员会候补委员。7家单位分获全国文明单位和首都文明单位，1个班组荣获全国青年安全生产示范岗，5家单位分获国家电网公司先进集体、河北省工人先锋号，8个班组荣获国家电网公司一流班组，11人分获国网工匠、国家电网公司劳动模范和优秀班组长，4人摘得省级劳动奖章。荣获国家电网公司青年创新创意大赛金奖。

（赵哲源）

【国网山西省电力公司】

企业概况　国网山西省电力公司（简称国网山西电力）是国家电网公司全资子公司，以电网规划、建设、运行管理及电力调度、经营等为主营业务，拥有资产871.7亿元，员工2.83万人，下设11个市供电公司、104个县级供电公司，服务客户1132万户，并承担着向京津唐、河北、江苏、湖北、山东等地外送电力的重要任务。

2018年，国网山西电力聚焦“十大工程”，强管理、补短板、促提升，三年基层基础攻坚战收官，创新成果不断涌现，提质增效成绩凸显，各项指标超额完成，全年售电量突破2100亿kWh，电力现货市场率先试运行，基建配套政策全面落地，内部机构集约整合，为长远发展打下了坚实基础。

电网概况　截至2018年底，山西电网总装机83 314.8MW。按调管范围划分，江苏直调装机容量3300MW（阳城电厂，点对网方式送江苏电网）；华北直调装机容量7240MW；山西直调装机容量67 692.6MW；地区小电厂合计容量5082.2MW。山西省调装机以火电为主，常规火电机组154台，容量46 885MW，占比59.3%（含1台余热机组，100MW）；燃气机组9台，容量1845MW，占比2.7%；煤层气电厂2座，容量175.8MW，占比0.3%；水电站4座（含抽水蓄能），容量2068MW，占比3.1%；风电场105座，容量10 746.1MW，占比15.9%；光伏电站120座，容量5972.7MW，占比8.8%。常规火电机组当中，供热机组109台，容量29 235MW，占比62.4%；空冷机组136台，容量40 705MW，占比86.8%；循环流化床机组62台，容量11 965MW，占比25.5%。

共有220kV及以上电压等级变电站263座，主变压器591台（含换流变压器24台），变压器电容量136 618.694MVA（含换流变压器容量9723.12MVA）。其中，1000kV交流特高压变电站3座，变压器5台，容量15 000MVA；±800kV直流特高压换流站1座，换流变压器24台，容量9723.12MVA；500kV变电站23座（含榆社开闭站），主变压器44台，容量38 500MVA；220kV变电站236座，主变压器518台，容量73 395.574MVA。共有110kV变电站934座，主变压器1941台，容量79 317.1MVA；其中用户站412座，主变压器864台，容量32 436.5MVA。35kV变电站1755座，主变压器3514台，容量29 615MVA；其中用户站1189座，主变压器2388台，容量18 816.3MVA。

共有220kV及以上输电线路834条，线路长度25 327.68km（不含过境跨省输电线路）。其中1000kV交流特高压线路9条，境内长度1283.92km；±800kV直流特高压双极线路2条，境内长度615.822km；500kV线路97条，长度6285.465km；220kV线路726条，17 142.473km（其中省调线路635条，

15 763.145km）。另有过境跨省输电线路（资产属于国家电网公司、国网华北分部及国网浙江、陕西、山东、河北电力等单位）42 条，全长 15 761.477km，山西境内长度 5404.887km。共有 110kV 线路 1910 条，线路长度 23 163.6km；其中用户线路 647 条，长度 7152.4km。35kV 线路 3074 条，线路长度 26 969.6km；其中用户线路 1804 条，长度 14 304.7km。

人力资源 国网山西电力编制《深化全员绩效管理，推进“三项制度”改革工作方案》，配套出台 16 项保障制度，明确 14 项改革创新点和突破点，形成阶段性工作目标 37 项，任务清单 78 项，确立了时间表和路线图。在推动员工能进能出方面，严格用工规范管理，通过新员工试用期和首次订立固定期劳动合同“两个窗口期”考核，根据考勤考核结果严格执行员工退出规定，畅通员工退出通道；在推动管理人员能上能下方面，搭建干事创业平台，建立职务、职员职级、专家人才成长“三通道”，优化管理机关人员考核，试点开展 16 个供电所长、班组长岗位公开竞聘和任期制管理，推进“能上能下”；在推动收入能增能减方面，深化考核分配机制，全面修订企业负责人业绩考核办法和指标体系，开展优秀绩效经理人选树，200 人通过资格审核进入培育范围，加强优秀绩效经理人示范引领效果，深化业绩考核“双挂钩”，强化薪酬激励，拉大工资收入差距，管理人员绩效工资高低差达 1.32 倍，一线员工达 1.4 倍。

各级各类人才规模不断壮大。以目标为导向，创新人才工作新思路，实现了人才投入、素质和总量的全面提升。人才当量密度达到 1.076 6，四级四类专家人才 1167 人。省部级及以上高端人才由 2017 年 37 人增长到 578 人，年增加 541 人，增长 14.6 倍。941 名专业技术人员及 4729 名技能人员通过职称和技能鉴定实现等级晋级提升，正高级职称增加 38 人，年增长 34%，技师及以上高技能人才增加 1042 人，年增长 10%。465 名员工入选 2018 年度山西省“三晋英才”支持计划（高端领军人才 1 名，拔尖骨干人才 97 名，青年优秀人才 367 名），入选人数占 16 家中央驻晋国有企业入选总人数的 71%。员工队伍结构和素质水平明显改善，首个博士后科研工作站通过国家人社部审批，为高端核心技术人才培育提供了平台。

组织“千方百计”课程送教，覆盖 26 个二级单位，36 门优秀课程送到工区、班组和生产现场，受众人群达到 6000 余人。牵头编写《国家电网公司进一步加强职业院校学历教育的指导意见》；承担国家电网公司复转军人岗前培训主干课程设计、方案编制工作；承担国家电网公司华北六网省复转军人首次集中培训班 100 名军培学员试点培训任务，率先在国家电网系统内实现学历、能级评价“双认证”培养目标。

电网建设与发展 继续加强规划和前期工作，修编“十三五”国网山西电力和电网发展规划，特高压落地和西电东送通道调整纳入国家规划。陕北—湖北直流山西段前期文件全部取齐，166 项工程取得核准。加快重点工程建设，开工蒙西—晋中交流、晋北特高压配套电源改接等 92 项工程，竣工盂县、神泉电厂送出工程，投运古交、山阴电厂送出等 92 项重点工程。完成中部电网“卡脖子”线路改造，有效缓解电源“空心化”问题。加大配电网建设力度，完成 5.3 万户“煤改电”，建成 5 个小康电示范县和 10 个新农村电气化县，城乡供电保障能力大幅提升。太原配网网架提升经验成为国家电网典型推广模式。强化工程质量管控，五寨 500kV 变电站工程获中国电力优质工程奖和国网优质工程银奖，6 项配网工程入选国家电网“百佳”，配网标准化建设通过国家电网达标验收。

国家大气污染防治行动计划 12 条重点输电通道中，山西省境内共有 7 条，涉及特高压 5 条。其中，国网山西电力负责建设管理特高压工程项目“两交三直”（蒙西—晋北—天津南、榆横—晋中—潍坊 1000kV 特高压交流输变电工程，灵州—绍兴、山西晋北—江苏南京、内蒙古上海庙—山东临沂±800kV 特高压直流输电工程）5 项，截至 2018 年底，最后一项内蒙古上海庙—山东临沂±800kV 特高压直流输电工程实现双极高端带电。

经营管理 2018 年，国网山西电力完成省内售电量 1657.69 亿 kWh，同比增长 9.57%；外送电量 466.44 亿 kWh，同比增长 32.8%。

适应改革监管要求，部署 35 项优化经营管理策略，全方位提质增效。增供扩销，净增接电容量 1273.9 万 kVA，电能替代电量 63.6 亿 kWh，同比增长 20%。新扩建 113 座充换电站，充电设施覆盖 70%以上县域。拓展工业余热综合利用等市场，综合能源业务营收达 2.4 亿元。全省外送电量突破 900 亿 kWh，同比增长 19.6%。狠抓“三高”治理，台区线损合格率保持 95%以上，线路停电次数同比下降 19%，业扩结存率同比降低 80%。强化风险防范，推动窃电户纳入央行征信系统，电费回收率 100%。充实审计、法律、监察专业力量，开展依法治企、财务规范等活动，问题整改率 94%，新发和触电案件同比减少 41%和 49%。

安全生产 国网山西电力始终把保障人身安全、杜绝人身事故作为首要任务，把大电网安全作为重中之重，持续推进本质安全建设。2018 年全年未发生人身、设备、电网事故和信息安全事件。压实安全责任，出台安全巡查等4项制度，发布全员安全责任清单，配置市、县公司安全总监，设立专项奖励基金重奖重罚，促进安全理念深入人心。严格现场安全管控，加强施工企业作业层班组建设，培育40支核心分包队伍，生产技改工程全部应用施工分包管理系统，有效杜绝“以包代管”。深化现场“军事化、标准化、可视化”管理，“四不两直”安全督（纠）察1.5万次，覆盖现场1.4万个，现场作业平稳有序。确保大电网安全，完善“三道防线”，加强运维保障，实现大面积停电应急演练市县公司全覆盖，应对负荷连创新高、新能源集中并网等考验，完成重大保电任务。狠抓薄弱环节排查治理，推进变电站消防验收取证，开展电气火灾治理等专项行动，整改隐患2677项，治理老旧变电站95座，220kV及以上线路停运次数同比下降36%。实现特高压消防驻站，长治站10年无故障运行，雁门关换流站500天零闭锁。严格设备质量源头管控，标准物料精简率73%。强化信息安全保障，举办攻防竞赛演习，建成调度网络监控平台，信息网络安防能力持续提升。

营销与优质服务 国网山西电力实施报装接电专项行动，高低压办电环节减至4个和2个，10kV接电时间同比下降53.9%，节约客户投资2.5亿元，用电报装在国务院大督查和国家统计局营商环境调查中排名前列。构建现代服务体系，建成晋中、侯马城区营配综合服务试点，11个市供服中心实体运转，3323个低压营配服务网格、6.4万个台区微信群覆盖经营全域，故障报修工单和恢复时间同比分别下降35%和50%，太原供服中心获国家电网“十佳建设标杆”。交费、办电、能源服务等业务“应上尽上，全程在线”，线上办电率达99.9%。助力脱贫攻坚，2235座光伏扶贫电站提前并网，带动17.7万贫困户增收。坚持产业扶贫和消费扶贫并举，帮扶55个定点村脱贫摘帽。服务新能源发展，开展新能源优先调度和市场化交易，在并网装机增长30%的情况下，弃电量同比减少8.19亿kWh，弃电率同比下降4个百分点，超额实现“双降”目标。

科技与信息化 国网山西电力加强重点领域攻关，大电网安全稳定控制、输变电防灾减灾等项目取得突破，274项专利获得授权，28项科技成果获省部级以上奖励，11项通过省科技奖评审，首获全国职工优秀创新成果奖和国家电网科技进步一等奖。

通信系统稳定可靠运行，全省未发生八级及以上通信安全事件。通信重点工程建设评价指数、通信专业管理规范指数、通信网络运行可靠率、通信管理系统综合应用评价指数等各项通信指标完成率100%。正式启动了“光通信系统（A平面）整体改造工程”，加快构建依托省调、省备调、地调、500kV及220kV变电站的省级骨干光纤传输网络，累计完成153台重要通信设备安装及60个通信站点调整和扩容工作。各地市“光通信系统改造工程项目”通过国网经研院可研报告评审，“数据通信网接入网整体改造”“光通信B平面改造”项目完成招标，“十三五”通信建设工作取得里程碑进展。

“培考结合”促进信息化专业队伍建设，组织开展通信专业安规宣贯培训和专业调考，落实通信安规和十八项反措要求，提高通信专业管理运维人员业务素质和技能水平。夯实通信安全与应急管理，组织完成《通信系统突发事件应急预案》的第五次修订，进一步健全通信系统应急响应机制，提高通信系统突发事件预防和应急能力。

党的建设和精神文明建设 国网山西电力始终把政治建设摆在首位，深入开展习近平新时代中国特色社会主义思想大学习大讨论大实践，各级党委中心组集中学习研讨1056次，组织专题讲座和辅导报告582场次，党员干部“四个意识”更加牢固、“四个自信”更加坚定、“两个维护”更加坚决。推进“亮旗夺标”，建立党建对标体系，推行量化计划管理和省市县三级联动考评，基层党委和党支部标准化建设全面达标。培育推广122个亮旗项目，124支共产党员服务队2.7万人次在急难险重任务中亮旗帜、当先锋。坚定不移正风肃纪，落实“两个责任”，实施“六类约谈”2236人次。完成4轮16家单位巡察，实现二级单位和县公司全覆盖。开展车辆、扶贫、营商环境等问题易发领域专项治理，坚决查处了一批违规违纪问题。强化队伍建设，坚持好干部标准，提任33名处级干部，选派166名优秀骨干上挂下派、东西帮扶、驻厂维稳，干部队伍素质和结构进一步优化。山西公司博士后工作站获国家批复，多项竞赛调考取得佳绩。加强和谐企业建设，落实意识形态工作责任制，开展“十大工程”主题传播，微电影《高原上的心愿》荣获中国金鸡百花奖。举办系列职工文化活动，出版《晋电百年话春秋（人物篇）》。信访、舆情和保密工作平稳有序。18个集体分获全国和山西省五一劳动奖状、工人先锋号、国家电网先进集体和一流班组，19名职工分获山西省“五一”劳动奖章、国家电网劳模和优秀班组长。

（龙　云）

【国网山东省电力公司】

企业概况 国网山东省电力公司（简称国网山东电力）是国家电网公司的全资子公司。服务电力客户4549万，2018年，全省全社会用电量5916.77亿kWh，完成售电量3760.73亿kWh，同比增长11.36%。

组织机构 本部设23个部门，下属131家单位

(18家地市级供电企业、16家业务支撑单位和综合单位，97家县供电公司)，管理1家代管县供电公司。

电网概况 山东电网电源装机以火电为主，300MW和600MW级发电机组为主力机型，覆盖全省17个地市。形成1000kV泉城站落点济南、1000kV昌乐站落点潍坊、1000kV高乡站落点临沂、±800kV广固直流落点青州、±800kV昭沂直流落点沂南、±660kV银东直流落点青岛，以500kV为主网架、220kV为市域电网主网架，发、输、配电网协调发展的大容量、高参数、高自动化的大型现代化电网。通过7条输电大通道与内蒙古、天津、河北、宁夏等省（市）互联互通，接受省外来电最大达到1700万kW以上。截至2018年底，山东电网电源总装机容量13 106.5万kW，拥有110kV及以上变电站（换流站）1943座、变电（换流）容量4.21亿kVA，线路7.26万km。

人力资源 截至2018年底，国网山东电力全口径用工总量为137 621人，同比减少6109人。全口径劳动生产率完成66.64万元/人年，同比增长7.29%。人才当量密度1.112 2，同比增长1.32%。

试点开展跨市域劳务协作，有效盘活了人员存量、提高了收入水平。选派32名优秀员工赴西部开展东西人才帮扶。引导聚焦中心工作，将市公司关键业绩指标、考核要素、评价项目数量压减44%。完善市县一体化考核机制，指导市公司建立县公司“1+*X*”考核体系，健全县公司业绩看板。针对运维检修、客户服务等一线岗位特点，创新研究28项量化考核“工具箱”。制定绩效经理人管理办法，授予绩效经理人绩效工资分配权和职业发展建议权。推广应用“三维度、十要素”工资总额分配模型，工资总额分配进一步向县公司倾斜。将职员职级拓展至技能服务岗位和26家试点县公司，共聘任各级职员505人。修订人才发展规划，优化人才培养体系，全年新增“享受国务院政府特殊津贴专家”“泰山产业领军人才”等高端人才57人。153人通过正高级工程师评审，同比增长10%。“院士工作站”签约进站陈维江、侯保荣2名院士，“优秀人才流动站”第四批21名优秀人才顺利出站。

电网建设与发展 500kV规划完整纳入国家电力规划，陇东—山东送电方案获得国家电网公司和山东省政府同意，山东—河北特高压环网工程全面开工，潍坊—临沂线路提前11个月竣工，上海庙—山东特高压直流和临沂调相机工程按期投运。建成投产35～500kV工程200项，线路3443km，变电容量1808万kVA。构建“功能区、网格化、单元制”城市配网规划体系，编制1800个乡镇“一图一表”规划，全面完成青岛世界一流城市配电网基础建设年、6市18县一流现代化配电网、17个小康用电示范县建设任务，10kV线路联络率84.2%，户均配电变压器容量达2.79kVA。基建改革12项配套措施通过国家电网验收，济南1000kV特高压变电站通过“鲁班奖”评审公示，智圣—密州500kV输电线路获国家优质工程奖。配电网“百佳”工程数量实现“五连冠”。

经营管理 连续15年实现电费回收100%，追补违约使用电费8893.5万元。台区线损率同比降低0.56个百分点，减少电量损失4.03亿kWh。建设智能评标系统和现代智慧供应链，完成招标采购576.15亿元，压减供应商35%，采购设备质量不断提升。审计监督促进增收节支11.03亿元。公网通信统租统管节支5100余万元。全业务数据中心建成上线。触电防治专项行动成效显著，新发触电案件同比下降47.8%。综合能源公司实现收入4.18亿元，同比增长52.27%。电动汽车公司实现收入2.2亿元，主要指标居系统首位。“多表合一”突破120万户。电力直接交易1316亿kWh，省间交易719亿kWh，分别同比增长40.67%、22.6%，降低用户电费成本17.33亿元。以控股方式完成胜利公司组建并正式运营，获国资委高度评价。13个增量配电试点项目依法合规有序推进。集体企业瘦身健体压减法人企业215户。宾馆酒店和医疗体制改革顺利完成。“三供一业”供电服务职能接收和资产划转按期完成，“两供一业”管理权移交率100%。

安全生产 应用“两体系一平台”，配置安全总监120名，充实安全督察人员857人，投运省市安全监控中心。编发8218个机构、54 456个岗位安全责任清单，推动安全生产从“全员参与”到“全员履责”转变。推行现场作业“六到位一规范”，实现“作业全程有监督、关键节点有许可”。强化“违章就是事故”理念，突出重奖重罚，营造自觉不违章、人人反违章的浓厚氛围。建成投运精准切负荷系统。率先实施同日削峰填谷需求响应，探索网源荷友好互动电力平衡新机制。完成检修任务8532项，整改重大反措问题5153项，特高压线路、“三跨”重要区段实现可视化监拍全覆盖。排查消除火灾风险隐患9000余项，6座特高压变电站（换流站）全部实现消防队伍驻守。上合峰会保电彰显央企责任担当，众志成城打赢“护网2018”行动完成央视中秋晚会重大保电任务。在菏泽成功开展省公司防汛应急演练，潍坊公司抗灾抢险保供电获山东省省委书记刘家义充分肯定。

营销工作 坚持“强前端、大后台”，打造适应市场和客户需求的供电服务体系，成立省市县三级市场管理与客户服务委员会，服务协同能力有效提升。深化“全能型”供电所建设，台区经理网格化综合服务覆盖率100%，五星级供电所数量保持国家电网系统首位。加强政企客户经理、台区经理、营业厅“电管家”三支队伍建设，评定首席客户经理143人、星级台区经理1.84万人。在国家电网公司首批建成青岛、济南两个A级“三型一化”营业厅，率先应用“刷脸办电”和“远程视频”VTM服务。高效推进供电分离移交，实施协议签订、资产移交协议签订、供电服务职能接收均完成100%。面对十年不遇的供电紧张形势，首次开展有序用电方案分段执行，参与客户1.93万户，最大错避峰负荷661.2万kW。制定智能电能表失准在线监测及状态更换方案，牵头组建山东省电能计量产业联盟，授权成立国家城市能源电能计量分中心，省计量中心获评“全国电力科普教育基地”。持续优化“市县一体、区域协作”不停电作业体系，全年开展带电作业29.7万次，多供电量9.14亿kWh。连续6年实现大年夜台区“零停电”，春节期间首次实现配变“零过载”。

科技和信息化 组建山东省能源互联网技术创新中心，输变电大数据分析863课题高质量通过国家科技部验收并示范应用。电力行业机器人国家重点研发计划完成项目立项。43项成果获得省部级及以上科技奖励，“室内轨道巡检机器人”荣获中国专利金奖，“电网致灾预警及应急处置关键技术”获得省科技进步一等奖。获得发明专利授权937项，获批成立能源行业电力机器人标准化技术委员会。“护网2018”全面实现“三个确保不发生”目标，在全国19个行业、52家防守单位中勇夺第一，荣获公安部“护网2018”先进单位称号。建成全业务数据中心，全量接入在运信息系统数据。“统建统管”付诸实践，科学构建统筹模式，实现信息化管理的重大创新和变革。

优质服务 服务精准脱贫攻坚战，投资5.2亿元完成省定贫困村电网改造升级和黄河滩区配套电网建设，捐建巨野光伏扶贫电站正式并网发电，三年脱贫攻坚电网建设任务圆满收官，得到山东省和国网扶贫办高度评价。助力打赢污染防治攻坚战，全国首家成立省级新能源产业协会，牵头举办新能源·电能替代高峰论坛暨产品展览会，完成“煤改电”21.26万户，替代电量125.28亿kWh，充换电量1.44亿kWh。开展简化获得电力专项行动，实施优化营商环境十大举措，组建17市供电服务指挥中心，试点开展城区低压网格化综合服务，供电服务窗口进驻143个政务服务大厅，山东省“用电报装”指标位列全国第三，在全省营商环境评价中位居六大行业第一。落实降低企业用能成本部署，完成一般工商业电价平均降低10%的目标。实施全面服务新旧动能转换十大举措，国家电网公司与省政府签署战略合作协议，省委书记刘家义评价国网山东电力积极主动的态度、迅速跟进的作风，值得各级各部门学习。参与首个国家级军民融合创新示范区规划建设，在电网规划、能源管理等方面达成战略合作意向。

党的建设和精神文明建设 深入开展习近平新时代中国特色社会主义思想和党的十九大精神大学习，研究构建“三型一化”现代企业党建工作体系。创新开展“党建统领·亮旗登高”十项行动，做实“党建+”工程，推动党建与生产经营同频共振，绘就了党建与业务融合发展“同心圆”。构建党建对标“四个体系”，实践应用“三级九项”清单和6类28项量化计划，使党建“软任务”变成了“硬指标”。扎实推进党组织标准化建设，基层党委、党支部达标率实现“两个100%”。创新情景模拟培训，完成供电所党支部书记等“三支队伍”集中培训1300余人。建成“1+N”彩虹共产党员服务队战斗矩阵，5支服务队获国网金牌（优秀）共产党员服务队。首次编制干部队伍建设五年规划，制定出台12项干部管理制度，干部基础管理不断加强。发挥巡察利剑作用，完成3轮26家单位政治巡察。强化监督执纪问责，运用“四种形态”处理258人次。开展巡察发现典型问题集中治理专项行动，针对六方面重点排查问题534项。深入开展纠正“四风”专项行动，集中整治形式主义官僚主义，警示教育巡回宣讲21场次，干部员工规矩纪律意识明显增强。

（高鹏路　路　晓）

【内蒙古电力(集团)有限责任公司】

企业概况 内蒙古电力（集团）有限责任公司（简称内蒙古公司）是直属自治区管理的大型省级电网企业。负责自治区中西部8个盟市的电网建设运营工作，供电面积72万km^2，服务人口1380多万。

2018年9月，内蒙古公司在中国企业联合会、中国企业家协会正式发布2018年“中国企业500强”名单上，以营收681.67亿元位列2018中国企业500强第249位，较2017年第252位提高3位，同时位列2018中国服务业企业500强第98位。

领导班子

董事长：王玉成（蒙古族）

党委书记：王玉成（蒙古族）

总经理：贾振国

纪委书记：马金柱

工会主席：白振英

总法律顾问：李普强

组织机构 总部职能部门共23个，直属内设机构共5个，挂靠机构共12个，供电生产单位12个，分公司10个，子公司12个，控股公司3个，参股公司2个。

经济技术指标 2018年，内蒙古公司完成售电量1953.4亿kWh，同比增长16.35%；营业收入实现

776亿元；发展总投资完成172.8亿元，其中固定资产投资完成159.9亿元。全口径产值778亿元，管理运营资产达到1109亿元。截至2018年底，电网统调装机容量6905.6万kW。综合电压合格率98.81%，城市供电可靠率99.8970%，平均停电时间同比减少1.9h/户。全年主网开工192项，投产114项，完成投资54.74亿元。配网开工505项，投产488项，完成投资63.13亿元。完成国家、自治区部署的电力扶贫专项工程和29个贫困旗县农网改造升级工程，涉及投资28.78亿元，59个贫困村实现通动力电，7220户偏远农牧区实现新能源转网电。全年交易电量完成1168亿kWh，同比增长18.7%，占总售电量的59.8%，占区内售电量的70.2%。通过市场交易和落实各类电价政策，发电侧和电网侧向用电市场释放改革红利共计144.65亿元，为自治区稳增长、促改革、调结构、惠民生、防风险做出积极贡献。

党群工作和精神文明建设　组织建设。内蒙古党委组织工作认真贯彻执行内蒙古党委的决策部署，坚持以习近平新时代中国特色社会主义思想为指导，学习贯彻党的十九大精神，贯彻落实全国、全区组织工作会议和组织部长会议精神，践行新时代党的组织路线，落实全面从严治党要求，突出政治引领，不断加强干部队伍建设、基层党组织建设、人才队伍建设和组工干部队伍建设，为内蒙古开启高质量发展新征程提供了坚强组织保证。

政治思想工作。内蒙古党委政治思想宣传工作以习近平新时代中国特色社会主义思想为指导，以贯彻落实党的十九大为主线，围绕内蒙古中心工作，以纪念改革开放40周年为契机，贯彻中央、自治区党委关于宣传思想及精神文明建设工作的重大部署，把握思想舆论导向，强化理论武装学习，压实意识形态工作，加强社会主义核心价值体系建设，完成了全年的工作任务，为内蒙古改革发展提供坚强思想文化保证。

廉政建设。坚持以习近平新时代中国特色社会主义思想为指导，增强“四个意识”，坚定“四个自信”，坚决做到“两个维护”，推动全面从严治党不断向基层延伸、向纵深推进，为“全新责任蒙电”开启高质量发展新征程提供了坚强保证。各级党组织、纪检监察机构严格落实全面从严治党“两个责任”，始终把党的政治建设摆在首位，深化运用监督执纪“四种形态”，持之以恒落实中央八项规定及其实施细则精神，全面推进“四个专项治理”，高质量开展政治巡察，持续完善纪检监察工作体制机制，强化纪检监察队伍建设和自我监督，以过硬作风和扎实本领，统筹推动管党治党各项工作，取得良好成效。特别是各级党员干部、广大纪检监察工作者，忠诚敬业，履职尽责，以实际行动为内蒙古高质量发展保驾护航，付出艰辛努力，取得良好业绩。

精神文明建设。推进文明创建，精神文明建设在打造品牌中迈上新台阶。培育和践行社会主义核心价值观，推动精神文明实践养成。举行第四届“蒙电杯”竞赛活动成果展示暨第五届“蒙电杯”竞赛活动启动仪式，对第四届竞赛活动涌现出的先进集体和个人进行隆重表彰，下发第五届竞赛活动实施方案和考核细则，全系统、全口径推开“蒙电杯”竞赛活动。弘扬志愿服务精神，开展“爱心光明行日”志愿服务活动，1家单位荣获第三批全区学雷锋活动示范点，3个集体荣获全区学雷锋志愿服务“优秀志愿服务组织”荣誉称号，3人被授予全区学雷锋志愿服务“优秀志愿者”荣誉称号。推进先进典型选树工作，1人获评全国“最美退役军人”称号，1人提名第六届全区道德模范“敬业奉献”名单，9名职工提名“中国好人榜”，9名职工荣登“内蒙古好人榜”，形成示范引领、以点带面的典型选树工作新局面。组织做好21家全国文明单位复查验收工作，指导内蒙古电力集团经济技术研究有限责任公司和内蒙古电力供用电稽查（局）分公司申报参评2018年度自治区国资委文明单位并获评，进一步巩固文明单位创建成果。开展精神文明创建活动。组织开展“讲文明树新风”公益广告征集评选和展播活动和“我家这40年”家庭好故事征集活动；围绕“我的节日”多措并举开展丰富多彩的主题实践活动，继承发扬中华民族节日优秀文化；调研、普查精神文明建设创新项目开展情况，推出公司首批“社会主义核心价值观教育示范基地”。

电网建设与发展　开展上海庙清洁能源特高压汇集、蒙西电网与华北电网异步联网工程规划研究，完成《蒙西电网“十三五”规划》中期修编，编制完成《智能电网规划》，印发《电网建设脱贫攻坚三年行动计划》，完成2019年脱贫攻坚电网建设项目前期工作，13个集中式光伏扶贫项目全部按期并网。强化精准投资管理，完成包头九原工业园等6项工程项目后评价工作。生产计划预测准确率不断提升，售电量、线损率精准管控进一步增强。

推动主配网建设。全年主网开工192项，投产114项，完成投资54.74亿元。配网开工505项，投产488项，完成投资63.13亿元。德坤Ⅱ回、德河Ⅱ回、丰泉至吉铁、杭宁达莱、天皮山、康德等工程竣工投产，保障乌兰察布地区78万kW新增负荷落地。百灵、红庆河、圣园、白同等工程启动送电。完成国家、自治区部署的电力扶贫专项工程和29个贫困旗县农网改造升级工程，涉及投资28.78亿元，59个贫困村实现通动力电，7220户偏远农牧区实现新能源转网电。生产调度指挥中心按期完工。开展“工程建设质量提升年”活动，推广“三通一标”，创新开展整站招标、工程总承包、全过程咨询等模式，4项工程获得“中国安装工程优质奖”，4项工程获评自治区级优质工程。

安全生产 全年安全生产保持稳定。以“本质安全建设年”活动为主线，落实《关于推进安全生产领域改革发展的实施方案》《提升本质安全100条重点措施》。开展安全生产大检查、防人身事故专项治理、电力建设施工安全专项治理等活动，累计发现并整改问题2170项。所属供电单位全部完成应急能力建设评估，6家供电单位完成第四轮安全性评价。成功应对中西部地区洪涝灾害，有效开展电力抢险和设施重建。层层落实安全生产责任，加强交通消防、信访维稳、综合治理、网络安全等工作，完成各类重要活动保电任务。截至12月31日，电网实现7798天长周期安全运行纪录。

强化电网运行管理，多次协调相关方面，提升呼丰断面极限130万kW，有力保障乌兰察布地区重大项目用电需求。蒙西地区发电机组平均利用小时同比提高355.6h，全年新能源发电量489.5亿kWh，同比增加12.8%，完成新能源装机并网250万kW，同比增加11.2%，超额完成国资委清洁能源并网和消纳增量考核指标。强化设备运维检修和隐患治理，强化综合停电管控，全面推广带电检测，检修停电时间同比减少20.26%。组建航检中心，开展直升机巡检作业7086km。加强“两率”指标管理，综合电压合格率98.81%，城市供电可靠率99.897 0%，平均停电时间同比减少1.9h/户，完成国资委考核指标。

企业管理 探索管理变革，创新管理驱动高质量发展积聚新动能。坚持“战略引领”的发展思路，持续完善战略研究，向45个部门和单位征集意见建议81条，完成中长期发展战略纲要修订。落实自治区国资委要求，编制发布《关于推动企业高质量发展三年行动计划》。全面落实首届管理创新大会精神，扎实开展管理创新工作，编制发布《管理创新任务分解方案》，组织参加中国企业家联合会管理创新论文大赛，推动管理创新与科技创新共同成为推动公司高质量发展的“双翼”，创新体系得到进一步完善。树立简政放权、放管结合优化服务的改革理念，探索总部机关服务职能转变，编制发布《推进“放管结合、优化服务”工作实施方案》，通过权责清单梳理，明确权限、实现权责对等，总部服务效能进一步提升，管理效力进一步突显。

发展实现新突破。推进标准化建设，针对“时间紧、任务重、范围广”的问题，探索新方法、新路径，通过“总部统一协调，精准指导培训和基层紧密配合”。第二阶段标准化建设各项工作有序推进，系统内“决策找依据、办事找标准”的干事氛围日渐浓郁。持续推进班组管理，完成所属各单位班组定级工作，编制班组诊断分析报告，班组岗位职责和工作流程进一步清晰，班组管理更加科学高效。找准标准落脚点，对C、D级标准的统一性进行深度调研和交流指导，由技术标准分委会统一推进，班组作为基层“组织单元”的最大效能得到充分发挥。

开展QC成果评审工作。举办2018年度QC成果发布会，年内共计向各级行业协会推荐QC成果45项，15项QC成果获得水电质协奖项、2项获得中质协奖项，基础管理工作得到进一步夯实，精益管理水平得到进一步提升。

持续完善考评体系。导向作用引领高质量发展发挥新成效。完成2017年度业绩考核工作，编制供电单位及费用单位《2017年度业绩考核评价报告》，实现分公司年度业绩考核分析评价全覆盖，为所属单位加强企业管理提供科学依据，确保考核导向作用有效发挥。组织开展南方电网公司调研，拓宽考核及对标工作思路，增强业务素质能力。持续完善业绩考核管理办法，精简考核指标及考核采分点，合理设置考核分阶，科学设置各专业考核权重，确保考核内容重点突出、考核评价全面精准；完成国资委对内蒙古公司2017年度企业负责人经营业绩考核工作和综合考核相关工作，组织相关部门提出2018年度业绩考核目标建议并持续沟通，确保考核承接无缝对接、落实到位；建立业绩考核管理双向沟通机制，坚持“聆听基层、服务基层”的工作原则，广泛征集所属单位意见建议，并组织相关部门进行逐一回复，确保考核管理接地气、重实际。

全面落实社会责任。蒙电品牌支撑高质量发展取得新进展。挖掘履职尽责案例，讲好“全新责任蒙电”故事，启动《2017社会责任报告》编制工作，在原报告基础上新增微信版和视频动画版，全方位展现履职尽责生动实践。牵头开展优化营商环境工作，赴国网上海电力开展专项调研，探索研究优化营商环境的着力点，助推服务品质提升。完成中电联信用企业评审工作，获得“电力行业AAA级信用企业”。完成全国优秀企业家申报，董事长王玉成获评全国2017年度“优秀企业家”荣誉称号。

持续优化资本配置，产业协同促进高质量发展开辟新路径。强化和完善子公司现代企业制度和法人治理结构，编制和《子公司管理办法》。探索开展国企改革，推进“混合所有制及国有资本投资运营模式研究”课题研究，编制完成混合所有制改革课题报告，推荐蒙电控股等三家子公司参与“国企改革双百行动”。持续强化理论研究，开展“子公司现状、存在问题及诊断分析与研究”课题，编制完成了资产公司等五家单位《产权理顺工作建议方案》和《子公司共性与个性分析诊断报告》。6月21日完成首例理顺产权划转工作，形成了内蒙古公司—蒙电控股—元瑞电建的国有产权纽带关系，标志着多经资产将正式并入集团公司，为开启“全新责任蒙电”高质量发展新征程和打造“1+N”产业布局提供重要支撑。

坚持实施对外合作。开放共享助力高质量发展打造新平台。全面实施开放发展战略，持续加强对外合作力度。跟进与西电集团、正泰集团、华电、浙大和中国电科院等单位的战略合作项目。完成与无锡超算中心、重庆机电集团、南瑞集团战略合作签约。参与地区能源合作，以“首席战略合作伙伴”标准完成“2018‘一带一路’第八届中俄蒙（内蒙古）国际能源投资发展战略高峰论坛暨展览”参会准备。梳理战略合作管理流程，编写《内蒙古电力（集团）有限责任公司战略合作管理标准》，建立健全对外合作工作管理机制。不断探索开放发展新平台，通过“校企”“院企”“企企”联合推进与中科院等一流科研院所、知名企业战略合作。扩展转型升级路径，推动技术革新和管理变革，打造新的平台，实现对行业领先企业的“弯道超车”。

人力资源　长期合同制职工29 122人，男女比例为2∶1，生产技能人员与管理人员比例为2.4∶1。全员劳动生产率79.5万元/人年，较2017年提升10.04万元/人年，增幅14.7%。取得职称人员占总人数的64%，其中正高级50人、副高级2644人、中级3676人；取得职业技能等级人员占总人数的62%，其中高级技师818人、技师1231人、高级工5992人，人才队伍结构进一步优化。

继深化全员培训教育，共举办培训班5816期，培训量共计51.02万人天。落实自治区精神，减少外出培训，完成全年培训目标。

根据“劳动用工与收入制度改革”进度安排，经相关会议审议并履行机关工会民主程序后，出台了《内蒙古电力（集团）有限责任公司总部及挂靠机构薪酬制度改革实施方案及执行标准》（内电人资〔2018〕63号），并于2018年9月在总部率先实施改革。实施初期设置四个月的改革试行期，全面收集总部各部门意见和建议并在相应配套制度中进行调整，2019年1月正式实施，确保总部薪酬制度改革平稳落地。

理顺38家旗县农电分局人力资源管理，完成机构岗位的统一规范调整和ERP系统人力资源模块并轨实施工作；统筹考虑旗县供电分局人员结构及技能水平因素，通过加大培训力度和有针对性地设置技能鉴定的报名条件及考试内容，促进职工提升技术技能水平；为旗县供电分局签订补充医疗保险协议药店，实现职工就近购药。

经营管理　经营管理工作持续强化。着力强化全面预算管理，修订《资产处置管理办法》，深入开展资产清查和“物财融合”工作，开展“清仓利库”专项行动，有序推进财务共享中心建设，经营管理水平不断提升。电力财务公司营业收入实现7.3亿元，资金使用效率和运营收益有效提升。强化企业涉税管理，获评国家A级信用纳税企业。落实审计工作全覆盖，开展业扩报装、扶贫资金、中介咨询等专项审计，集中完成近3年所有工程项目决算审计，审减投资1.68亿元。出台《供应商不良行为处理标准》《全面提升采购设备质量实施意见》等系列配套制度，全面开展电子化招标采购，“蒙电电子商务系统”获得国家信息安全三星认证并上线运行。

完成各专业“十三五”规划修编，印发《关于推动企业高质量发展三年行动计划》。完成第二阶段标准化体系建设，出台《推进“放管结合、优化服务”工作实施方案》，完成首批70项权责下放，进一步提升企业整体运行效率。优化完善业绩考核体系，考核激励导向作用有效发挥。持续开展管理创新提质增效活动，30余项成果分获国家、自治区管理创新成果奖。强化干部人才队伍建设，开展厂局级干部及中层管理人员培训9522人次。参加自治区走进中国科学院大学和中国人民大学专场引才招聘，深度开展校企合作，与浙江大学合作推进“百优人才”培养工程，计划五年时间培养100名硕士和博士研究生。深入推进“蒙电英才”工程，强化全员教育培训，全年举办各类培训班5270期。5名职工荣获自治区“五一”劳动奖章。25名青工荣获全国、自治区青年岗位能手，获评自治区“草原英才”2人，创建自治区“创新创业人才团队”2个。

营销工作　营销服务工作水平不断提升。助力自治区优化营商环境，形成“投资洼地”，培育区内用电市场，保障呼市中环、包铝华云、新恒丰、蒙泰、吉铁等一批重点项目落地。全年最大供电负荷2779万kW，同比增加350万kW。三年来最大供电负荷增长850万kW，相当于消化了区内1000万kW存量发电装机，蒙西地区基本实现电力发供用平衡。全年交易电量1168亿kWh，同比增长18.7%，占内蒙古公司售电量的59.8%，占区内售电量的70.2%。通过市场交易和落实各类电价政策，发电侧和电网侧向用电市场释放改革红利共计144.65亿元，为自治区稳增长、促改革、调结构、惠民生、防风险做出积极贡献。

成立客户服务委员会，印发《公司实施优化电力营商环境工作方案》，全面提升服务保障能力水平。系统9家供电单位95598业务实现大集中，热线接通率和服务满意度大幅提升，12398投诉同比降低36.1%。百万客户投诉量低于国资委考核指标。推行新版行业用电分类，排查各类用户400余万户。开展用户侧安全用电实地互查工作，营销基础管理进一步夯实。提升营销服务智能化水平，实现用户网上报装，推广电子化缴费，智能计量表覆盖率显著提升。“大营销、大服务、大市场”管理创新成果荣获自治区首届质量创新大赛二等奖。

科技信息 科技信通工作全面贯彻落实国家、自治区及公司安全生产工作决策部署，紧紧围绕部门年度管理目标及重点工作要求，持续加强科技项目、信息化项目及技改等工程管控力度，全面推进信息通信专业管理，落实党委领导下的网络安全主体责任，为安全生产和经营管理提供了有力的支撑和保障。

全年信息通信系统运行稳定，完成通信网、信息网络运行及网络安全等指标，未发生五级信息系统事件、有人员责任的四级通信设备事件、有人员责任的五/六级设备事件及六级信息系统事件，未发生大范围病毒传播、大规模网络攻击等信息安全事件。

按照内蒙古公司“十三五”科技发展规划，结合2018年度科技管理重点工作及目标，推进各项工作。全年完成《科技管理标准》等8项管理办法的修编及发布。组织完成《“十三五”科技发展规划》中期修编工作及2018—2019年两年度共计208个科技项目评审立项工作。科技成果取得优异成绩，内蒙古公司作为重要成员完成的国家级科技项目“复杂电网自律-协同自动电压控制关键技术、系统研制与工程应用”，获得国家级科技进步一等奖1项；获得自治区科技进步奖3项，其中二等奖2项；全年取得专利70余项。全年获批国家重大专项1项、自治区科技计划项目2项，另有5个项目正在申报国家、自治区重大专项。首次编制发布《内蒙古电力公司重点推广新技术目录（2018年版）》，全年完成推广应用30余项。扎实推进与国家超算无锡中心等多家单位的产学研战略合作。

参照国家、自治区和电力行业的科技管理流程，新修订发布《科技管理标准》《科技奖励管理办法》等8项管理标准，其中《科技成果转化管理办法》《科技项目预算编制及计算规定》《科技项目预算定额》3项标准属于电力企业中率先发布实施。积极参与行业标准编制，完成《电力科技项目后评估导则》及《电力科技项目立项评价导则》等2项行业标准的编制工作。

工会工作 全年主要完成的工作包括：突出思想政治引领，深入学习宣传贯彻党的十九大精神和中国工会十七大精神；做好发挥工人阶级主力军作用，大力引导职工建功新时代；聚焦服务职工群众，深入推进幸福企业建设工作；忠实履行了社会责任，扎实推进脱贫攻坚工作；强化了自身建设，夯实工会工作的基层基础；组织召开了内蒙古公司工会五届六次全委（扩大）会暨2018年工会工作会议。

主要事件

1月25日，国家能源局总经济师、华北能源监管局局长郭智一行8人组成的督查组来到内蒙古公司，对2018年春节和全国“两会”电力安全保障工作进行督查。内蒙古公司党委委员、副总经理牛继荣就安全生产主体责任落实、电网安全风险管控以及春节和全国“两会”期间的保电措施等相关情况进行了详细汇报。

1月，内蒙古公司管理创新成果《以科技创新为支撑的新能源运行管理实践》获第24届自治区企业管理现代化创新成果一等奖。

2月1日，内蒙古公司召开2018年工作会暨五届三次职代会，总结2017年各项工作。

2月8日，自治区国资委党委书记、主任张金亮赴内蒙古公司走访慰问困难职工，为困难职工送去慰问金和慰问品，并致以新春祝福和节日问候。董事长、党委书记王玉成，董事、党委委员、工会主席白振英，党委委员、党委组织部部长石文斌陪同。

2月22日，内蒙古公司印发了《2018年全国“两会”电力安全保障工作方案》，董事长、党委书记王玉成、总经理贾振国亲自挂帅保电工作领导小组，从安全生产、设备运行、重要用户供用电安全、工程施工安全、网络信息安全、应急处置、重要电力设施安全、信访维稳等8个方面明确了会议期间的重点工作，提出4项具体工作要求。

3月12日，中国三峡集团党组成员、总会计师杨亚一行到访内蒙古公司进行座谈交流，总经理贾振国等参加会议。

3月14日，自治区人大常委会副主任、总工会主席吴团英一行莅临内蒙古公司调研指导。董事长、党委书记王玉成，党委副书记、总经理贾振国，党委委员、工会主席白振英陪同调研。

3月26日，中共内蒙古电力（集团）有限责任公司委员会党校揭牌仪式在内蒙古电力培训中心举行，内蒙古公司党委书记、董事长王玉成，党委副书记、总经理贾振国，党委副书记、董事郝智强，党委委员、党委组织部部长石文斌，党委委员、宣传部部长燕林生出席揭牌仪式。

3月29日，在由中国企业联合会主办的2018年全国企业管理创新大会上，内蒙古公司“基于‘共享共赢’理念的电力多边交易市场的创建与管理”成果获2017年度205项国家级企业管理创新成果一等奖，乌海电业局“保障电网安全运行的输变电设备防污闪全面综合管理”成果获二等奖。

4月27日，内蒙古自治区总工会举行庆祝“五一”国际劳动节暨创建和谐劳动关系表彰大会。阿拉善电业局唐崇年创新工作室集体获自治区工人先锋号，乌海电业局获自治区“五一”劳动奖状。包头供电局杨玉龙、郭建清，乌兰察布电业局谌望、鄂尔多斯电业局朱明成、巴彦淖尔电业局武飞5名职工在2017年全区职工职业技能比赛中获第一名，被授予自治区“五一”劳动奖章。

4月，自治区第八批“草原英才”工程评选结果公示，侯佑华带领的大规模新能源并网安全运行与高比例消纳创新研究团队和张叔禹带领的新能源电力系统仿真分析与运行检测创新人才团队，入选常规评审类产业创新创业人才团队、高层次人才创新创业基地类目；孙利强、吴集光入选常规评审类“草原英才”名单。

5月8日，自治区总工会召开女职工委员会六届四次全委会暨全区“五一”巾帼标兵岗和“五一”巾帼标兵表彰大会。乌海电业局“向日葵职工创新工作室”荣获全区“五一”巾帼标兵岗荣誉称号并作先进经验交流发言。内蒙古公司总部机关黄永娴、包头供电局翟玉波、锡林郭勒电业局李晓峰、巴彦淖尔电业局李昊等4名个人荣获全区“五一”巾帼标兵荣誉称号。

5月21日，内蒙古公司与鄂尔多斯市人民政府、北方联合电力、亿利资源集团正式合作组建配售电公司，自治区首个增量配电业务改革试点取得突破性进展，综合能源公司入围国务院国资委国企改革“双百行动”。

5月30日，中华全国总工会劳动和经济工作部副部长闵迎秋一行对内蒙古公司劳动和技能竞赛、职工技术创新工作进行专项调研。

5月，乌海电业局海勃湾南220kV变电站、阿拉善电业局阿拉腾敖包220kV开闭站和鄂尔多斯电业局芒哈图（上海庙）220kV开闭站3项工程分获2018年度“中国电力行业优质工程奖”。

6月20日，内蒙古公司9家供电单位95598业务大集中全部完成，737万电力客户全部接入公司95598服务平台，服务热线接通率提升到97%以上。

7月4日，“2018中国内蒙古—蒙古国投资贸易合作推介会”和“‘一带一路’·中蒙科技成果展示交易会”在蒙古国首都乌兰巴托举办，内蒙古公司同蒙方签署供电项目合作备忘录。

7月9日，国家档案局在内蒙古公司召开电子文件归档与电子档案管理试点项目验收会。首批共有包括内蒙古公司在内的全国33家企业成为试点单位，内蒙古公司也是自治区唯一一家试点单位。

7月11日，国家能源局副局长李凡荣、国家能源局油气司副司长李英华、国家能源局电力司副巡视员郭伟一行到陕京四线托克托压气站进行现场调研指导，自治区发展改革委副主任、能源局局长赵文亮，自治区能源局总工程师徐义，内蒙古公司计划发展部、呼和浩特供电局相关负责人等陪同调研。

7月19日，由中国企业文化研究会举办的第五届中国企业传媒与品牌传播年会在贵阳举办。内蒙古公司及其他23家企业被授予“最具品牌传播力企业”荣誉称号，“内蒙古电网”微信服务号荣获“融媒体语境下企业文化与品牌传播创新”优秀传播媒体称号。

7月24日，中华全国总工会党组书记、副主席、书记处第一书记李玉赋，自治区人大常委会副主任、总工会主席吴团英一行到内蒙古电力科学研究院调研职工创新工作，内蒙古公司总经理贾振国，党委委员、工会主席白振英陪同调研。

7月31日，随着最后一个电力交易客户市场化清单成功打印，标志着内蒙古公司利用营销信息系统在首次成功实现550个电力交易客户输配电价当月结算，首次成功利用系统程序实现电力交易客户输配电费清算，首次成功实现电力交易客户输配电价倒阶梯计算。

7月，国家能源局下发《关于进一步完善“十三五”电网主网架规划工作的通知》（国能发电力〔2018〕54号），将巨宝庄、金山、上海庙特高压汇集工程等13项500kV输变电工程纳入国家“十三五”电网主网架规划。

7月，内蒙古公司申报的“沙漠地形履带吊机械化装配铁塔安全管理”等7项成果在国家能源局电力建设领域安全管理成果征集、评审活动中获二级成果1项、三级成果6项。

8月8日，由国网信息通信产业集团有限公司和内蒙古公司共同出资组建的思极智联（内蒙古）信息通信科技有限公司成立大会在呼和浩特举行。内蒙古公司总经理、党委副书记贾振国，国网信产集团董事长、党委书记王政涛出席大会并为思极智联公司揭牌，内蒙古公司党委委员、副总经理牛继荣，国网信产集团党委委员、副总经理赖征田分别代表双方讲话。

8月10～13日，以“探索新时代能源发展路径”为主题的2018内蒙古国际能源大会在鄂尔多斯市召开。内蒙古公司作为能源输送关键企业，大会前期及召开期间多措并举全力保障大会供电安全。

8月22日，自治区党委宣传部副部长高文鸿率调研组到内蒙古公司就企业思想政治工作和企业文化建设工作开展专题调研。内蒙古公司党委副书记、总经理贾振国，党委委员、宣传部部长燕林生陪同调研，汇报有关工作。

8月，共青团中央、人力资源和社会保障部联合印发《关于命名表彰2016—2017年度全国青年岗位能手标兵和全国青年岗位能手的决定》，内蒙古公司第四届“蒙电青春榜样”、内蒙古超高压供电局青年员工黄智榜上有名。

9月2日，中国企业联合会、中国企业家协会正式发布2018年“中国企业500强”名单。内蒙古公司以营收681.67亿元位列2018中国企业500强第249位，较2017年第252位提高3位，同时位列2018中国服务业企业500强第98位。

9月5～8日，国家能源局供电可靠性与质监中心副主任汪拥军一行赴呼和浩特供电局，通过听取汇报、实地走访、查阅资料等方式对该局供电可靠性管理情况进行深入调研，内蒙古公司党委委员、副总经理牛继荣参加分析总结会。

9月20日，反映内蒙古公司影视作品《走进新时代》获“中电传媒杯”宣传片一等奖，包头供电局影视作品《与你相遇》获纪录片一等奖及“中国电力新闻奖（影视）”作品二等奖，同时，包头供电局程国兴获“改革开放40年电力影视工匠”殊荣。

10月19日，由中国信息协会和国家电网信息通信产业集团联合举办的第八届中国能源企业信息化大会在北京召开。内蒙古公司信息化成果“一体化平台数据中心”获2018中国能源企业信息化管理创新奖。

10月24日，内蒙古电力财务公司标准体系的发布，至此，内蒙古公司所属9家供电单位、14家分子公司标准化完成建设，正式转入实施运行阶段。

10月，内蒙古公司电子商务系统通过国家电子招标投标检测认证，成为自治区首个获得三星级电子招标投标系统认证证书企业，并获得电子招标投标系统最高等级认证证书。

10月，内蒙古公司首座就地化保护装置在包头供电局220kV固北变电站挂网试运行。

11月2日，内蒙古公司参加由中国企业联合会《企业管理》杂志社与华北电力大学经济管理学院共同举办的“电力企业管理创新论坛·2018”，共斩获特等奖1篇、一等奖1篇、二等奖7篇、三等奖10篇。

11月8日，乌拉特中旗（白同）500kV升压工程取得里程碑式进展，完成可调高抗安装工作，正式进入调试阶段。该可调高抗是国内第一台500kV磁控高压电抗器。

11月10日，中央宣传部和退役军人事务部表彰全国20名“最美退役军人”，乌海电业局输电管理处郑璐光荣入选，成为全国电力系统和全区唯一获此殊荣个人。

11月17日，中外企业文化峰会在深圳召开。会上，内蒙古公司获评“改革开放40年中国企业文化典范组织”。同时，呼和浩特供电局、乌海电业局、内蒙古超高压供电局获评“改革开放40年中国企业文化优秀单位”。

11月，内蒙古电力交易中心按照自治区《关于做好蒙西地区煤炭行业电力用户生产用电市场交易工作有关事宜的通知》要求，组织开展了蒙西地区煤矿及配套洗选用户企业参与电力多边交易市场。

11月，第十一届全国设备管理先进表彰大会在北京人民大会堂召开，包头供电局荣获“全国设备管理优秀单位”荣誉称号。

11月，自治区第六届道德模范评选结果揭晓，阿拉善电业局黑鹰山供电所职工苏依勒图获敬业奉献类提名奖。

12月10日，国家能源局、水规总院、自治区能源局等主管部门领导，鄂尔多斯市委书记牛俊雁与内蒙古公司副总经理梁景坤共同完成推闸，鄂尔多斯达拉特旗库布其沙漠经济先导区应用领跑光伏发电示范基地全容量并网成功。这是自治区唯一的全国第三批光伏发电应用领跑基地、国内沙漠地区最大集中连片光伏基地、全区首个光伏领跑发电示范基地。

12月12日，内蒙古公司参与完成的“复杂电网自律一协同自动电压控制关键技术、系统研制与工程应用”项目，荣获国家科学技术进步一等奖，实现国家级科技进步奖项零的突破，也是自治区首个国家科学技术进步一等奖。

12月14日，内蒙古公司隆重举行蒙电乌兰牧骑揭牌授旗仪式，蒙电乌兰牧骑正式揭牌首演，自治区党委宣传部向蒙电乌兰牧骑授旗。

12月18日，太仆寺旗光伏扶贫电站红旗站建设项目全容量并网发电，这是锡林郭勒盟“十三五”第一批村级光伏扶贫电站中首个并网投产的项目，也是内蒙古自治区第一个一次性全容量并网发电的光伏扶贫村级联建电站项目。

12月26日，内蒙古公司与中国三峡集团有限公司举行内蒙古呼和浩特抽水蓄能发电有限责任公司股权转让交接仪式，呼和浩特抽水蓄能电站正式归属内蒙古电力集团控股运营。

12月28日，随着乌兰开闭站“棉纺913棉府线局放电波检测”数据及图像回传至包头供电局青山分局监控室，标志着蒙西电网首个配网智能巡检机器人“领感号”应用项目正式投运并通过验收。

12月31日，内蒙古公司完成年度售电量1953.38亿kWh，同比增量274.5亿kWh，同比增长16.35%；完成发展总投资172亿元，同比增长6%。

其中，全年消纳新能源发电量489.5亿kWh，超额完成清洁能源消纳增量考核指标；贫困旗县电网建设投资完成36亿元，29.1万kW集中式光伏扶贫项目全部实现并网。

（赵　毅　包丹阳）

【北京能源集团有限责任公司】

公司概况　北京能源集团有限责任公司（简称京能集团）成立于1993年，是北京市人民政府出资设立的国有独资公司，注册资本204亿元。截至2018年末，总资产近2800亿元，年实现营业收入超过600亿元，拥有员工近37 000人。

经过多年的发展壮大，京能集团形成了以煤电、清洁能源、热力、煤化、房地产开发、文旅健康六大产业平台和战略新兴、金融两大产业板块构成的“6+2”战略发展格局。主要经营业务涵盖煤电、气电、热力、新能源、煤炭、煤化工、油气、房地产、建筑、健康医疗、物业经营、文化旅游、金融、融资租赁、酒店、物流、智能停车等领域，投资区域遍布全国20余个省、自治区、直辖市和海外。京能集团拥有全资及控股企业290余家，参股企业110余家，拥有京能电力（600578.SH）、京能清洁能源（00579.HK）、昊华能源（601101.SH）、京能置业（600791.SH）四家上市公司，资产证券化率78%。

京能集团运营和在建项目控制装机容量2600余万千瓦；资产规模2800亿元，营业收入633亿元，位居全国地方电力能源类企业前三，中国500强企业第259位，集团呈现出健康持续发展的良好态势。截至2018年末，运营和在建电力项目装机容量突破2600万kW，供热面积超过3.5亿m^2，煤炭产能超过1500万t/年，房地产在建项目与储备项目总建筑面积均超过600万m^2。

领导班子

党委书记、董事长：姜帆

党委副书记、总经理：阚兴

副总经理：刘水洋

党委副书记、职工董事：李迅

党委常委、纪委书记：段梓斌

副总经理：刘海峡

副总经理：王永亮

总工程师：关天罡

副总经理：孟文涛

副总经理：李育海

财务总监：朱保成

组织机构　京能集团总部设有16个职能部室，包括党委办公室、集团办公室、战略发展部、经营计划部、能源投资部、实业投资部、人力资源部、财务管理部、企业管理部、安全与科技环保部、产权与资本运营部、法务审计部、党委组织部、党委宣传部、纪检监察室、工会办公室。拥有全资及控股企业290余家，参股企业110余家。

电力工程　电力工程进展顺利。其中河北涿州京源热电有限责任公司2×350MW超临界燃煤空冷热电联产机组工程于6月30日前完成168h试运并投产运行，项目直接替代京冀两地高能耗、高污染的燃煤小锅炉488台，实现超低排放和全厂零水排放，对改善周边区域大气环境质量具有重要意义。京能五间房电厂是锡盟—山东1000kV交流特高压输电线路配套的清洁发电项目，1号机组于10月20日完成168h试运并投产运行，该线路是北京接入特高压的首条线路。项目运用褐煤提水工艺和先进的环保工艺，实现了全厂零补水、“超低排放”和“两低双高”，工程是京蒙区域合作清洁发电示范窗口工程。京能十堰热电有限公司2×350MW超临界燃煤热电联产工程是国家重要生态功能区、南水北调中线工程核心水源区重要配套项目。1号机组于12月22日完成168h试运并投产运行，正式向十堰市城区供热，同时供应工业蒸汽200t/h。十堰热电投产后，替代了十堰城区现有的2个小火电和87个燃煤锅炉，每年可减少烟尘排放9029.65t、二氧化硫排放10 030.7t、氮氧化物排放5136.6t。

科技创新　科技创新各项工作有序推进，成绩斐然。

（1）2018年度科技成果转化情况。660MW级高参数超超临界机组发电新技术、余热利用技术、数字化电厂建设、锅炉低氮改造技术与分布式能源等相关科技创新项目悉数落地，为企业安全、经济发展提供支撑。

锡林发电660MW级机组实现高参数超超临界褐煤锅炉、高背压九级回热高效汽轮机、双水内冷汽轮发电机组、锅炉尾部高焓值烟气热能集合利用、烟气提水系统等节能高效发电新技术及新装备在集团所属新投产电厂成功应用；源深节能余热利用系列技术，获得专利16项，其中发明专利6项，该技术先后在望京蓝天供热锅炉房、总后锅炉房、未来城电厂、太阳宫燃气电厂等应用；高安屯热电智能化燃气电厂的建设与运营管理成果，获得亚洲电力2015年度燃气机组升级改造铜奖，同时结合发电厂的工艺特性，开创性地将大数据分析技术应用于发电厂，辅助发电厂实现智能化管理；京西热电大型燃气-蒸汽联合循环机组控制系统关键技术突破与智能化应用，推动大型燃机国产化进程，同时为缓解北京市热力供应紧张的局面和北京市冬季电网深度调峰提供了安全稳定的保证。

（2）2018年度推动科技创新情况。健全完善科技管理制度，做好京能集团科技项目立项审查以及国有资本金的争取工作，2018年科技项目立项共45项，增强在关键领域、关键技术创新能力提升。不断拓宽产学研合作领域，京能集团所属企业已经形成与中科院、电科院、煤科总院等院所，清华大学、哈尔滨工业大学、浙江大学、东南大学、中国矿业大学等多所高校围绕科技攻关项目、行业发展重点、难点项目深入开展的产学研合作，为京能集团的产业转型升级，可持续发展奉献力量。

2018年京能集团系统内共获得各级科学技术奖励33项，获得专利授权184项，较2017增长19%，获得软件著作权19项，主编或参与编写国家、行业和地方标准共计8项，发表科技论文295篇。

争取申报高新技术企业，京能集团现有高新技术企业17家，正在申请企业5家，创新能力显著提升。

筹备京能集团能源研究院、院士工作站的建设工作，已完成能源研究院前期注册等相关工作。

环境保护 京能集团2018年完成645蒸吨燃煤锅炉（新接收延庆供热所的锅炉）的改造工作。在北京企业实现了燃煤清零，2018年与2017年相比，燃煤总量减少25.17万t，氮氧化物减排170.42t，二氧化硫减排154.9t，烟尘颗粒物减排109.57t，VOCs减排14.02t。

自2016年起，投入16.1亿元对11家燃煤发电公司、26台机组、11 620MW容量需进行超低排放改造。完成改造后三项大气污染物排放浓度为国家超低排放标准限值的一半，即氮氧化物排放浓度为25mg/m^3、二氧化硫排放浓度为17.5mg/m^3、烟尘排放浓度为2.5mg/m^3。至2018年底，已完成24台10 630MW容量的超低排放改造，改造后，对比2015年底，年减排氮氧化物4184t、减排二氧化硫6920t、减排烟尘1105t。

2018年完成3家燃煤发电厂的超低排放改造，对比2017年，减排氮氧化物746t、减排二氧化硫1362t、减排烟尘128.4t。

主要事件

2月15日，北京市委常委、副市长阴和俊到京能北京热力、京阳热电检查指导工作。

3月5日，北京市副市长隋振江一行到京能北京热力检查指导工作。

3月17日，北京市委常委、副市长阴和俊来到石景山热电厂及京煤集团鑫华源公司，就京能集团内部融合，企业转型发展进行调研。市国资委党委书记、主任张贵林，党委委员、副主任孟韬，企业改革处处长石小璞；京能集团党委书记、董事长姜帆，党委副书记、总经理阚兴，副总经理李育海等陪同。

5月29日，京能集团与西门子就合资成立北京京能国际能源技术有限公司以及深圳钰湖电力有限公司2×F级热电联产项目机岛设备合同在西门子大厦举行签字仪式，京能集团党委书记、董事长姜帆，党委副书记、总经理阚兴，副总经理刘海峡出席签字仪式。

6月2日，中共中央政治局常委、全国人大常委会委员长栗战书到盛乐热电调研。内蒙古自治区党委书记、人大常委会主任李纪恒，呼和浩特市市委书记云光中，呼和浩特市市市长冯玉臻陪同调研。

8月7日，北京市石景山区副书记、代区长陈之常，副区长肖平率领区有关部门负责同志，调研北京西北热电中心发展及政企合作项目推进情况，京能集团党委书记、董事长姜帆，副总经理李育海一行一同检查指导工作。

8月28日，北京市人大常委会党组书记、主任李伟在内蒙古自治区、赤峰市、京能集团相关人员的陪同下，率北京市考察团莅临赤峰市考察调研京蒙合作项目。

9月1～2日，“2018中国500强企业高峰论坛”在陕西西安举行。京能集团连续第9年入围中国企业500强，排名第259位，同2017年持平；继续入围中国服务企业500强，排名第101位。

9月10日，雄安新区改革发展局朱忠文局长到访京能集团，京能集团党委副书记、总经理阚兴接见并就京能集团参与雄安新区热力规划和综合能源中心建设等相关事宜进行座谈。

9月17日，中央政治局委员、北京市委书记蔡奇率副市长阴和俊、崔述强一行莅临京阳热电调研指导工作，京能集团党委书记、董事长姜帆及领导班子成员等陪同调研。

11月12日，北京市市委书记蔡奇到京能集团京西热电及北京热力复兴路供热服务保障中心检查冬季供热服务保障工作时强调，群众温暖过冬一刻都耽误不得，要把安全稳定运行放在第一位，全力做好服务保障工作，提升应急保障能力，积极回应市民诉求，进一步提高服务质量，确保群众温暖过冬。北京市市委副书记、市长陈吉宁一同检查。

11月13日，北京市国资委党委书记、主任张贵林一行到京桥热电就冬季供热准备工作进行了现场调研，京能集团党委副书记、总经理阚兴、副总经理刘水洋陪同调研。

12月4日，北京市副市长张家明到京能北京热力调研指导今冬供热运行和服务保障工作时强调，供热是保证城市温暖的生命线，关系千家万户冷暖，要以高度的政治责任感做好各项工作。

（陈　龙）

东 北 地 区

【国家能源局东北监管局】

基本情况 国家能源局东北监管局（简称东北能源监管局）于 2013 年 12 月 13 日正式挂牌，是国家能源局在东北区域的派出机构，负责辖区内电力等能源的监督管理和行政执法工作，以及电力安全监管工作。

领导班子

党组书记、局长：苑舜

党组成员、副局长：郭建宇

党组成员、综合处处长：张锐

组织机构 东北能源监管局内设综合处、市场监管处、行业监管处、电力安全监管处、资质管理处、稽查处、综合监察室（机关党委）、吉林监管业务办公室、黑龙江监管业务办公室 9 个职能处室。全局编制 48 人，现有在职人员 43 人。

主要职责 在东北区域内，监管电力市场运行，规范电力市场秩序；监管电网和油气管网设施的公平开放；监管电力调度交易，监督电力普遍服务政策的实施；承担电力等能源行政执法工作，依法查处有关违法违规行为，监督检查有关电价；承担除核安全外的电力运行安全、电力建设工程施工安全、工程质量安全的监督管理以及电力应急和可靠性管理，依法组织或参与电力生产安全事故调查处理；实施电力业务许可以及依法设定的其他行政许可；承办法律法规授权以及国家能源局交办的其他事项。

主要工作

1. 促改革，深入推进东北区域能源体制革命

（1）深化东北电力辅助服务市场，筹划市场机制升级。电力辅助服务市场运行以来成绩斐然，新挖掘火电调峰潜力 400 万 kW 以上，大大缓解东北电力系统低谷调峰困难，多发风电约 100 亿 kWh，常态保持 3 台以上核电机组运行，春节期间东北地区完全消除了单机供热风险。2018 年又开展了东北电力辅助服务市场机制全面升级工作，一是增设旋转备用交易品种，实现辅助服务市场“压低谷、顶尖峰”全覆盖；二是完善原有深度调峰补偿机制。新的辅助服务规则已正式出台，并开始模拟运行。

（2）稳步推进电力市场化交易，强化市场监管。2018 年全区直接交易电量突破 1100 亿 kWh，同比增长 40%，降低电力用户成本近 30 亿元；实现市场化送华北交易电量 210 亿 kWh，富余风电 60 亿 kWh，为东北地区风电企业带来 20 多亿元售电收入；在售电交易方面，牵头、配合出台了辽、吉、黑三省售电公司履约保函管理办法及售电交易细则，各省均有售电公司代理用户参与了市场交易，东北售电市场初步建立。密切关注东北各省区电力市场工作进展情况，按照国家电改精神和政策要求对地方提出相关建议意见，并主动提供帮助和指导；严格监管电力市场交易行为，确保各地、各批次交易均依照规则规范开展；积极向国家能源局反映东北电力外送问题，争取国家尽快出台鲁固直流东北上网侧电价，协调送华北挂牌交易电价下降问题等，维护东北地区发电企业的权益。

（3）推进增量配电业务改革，民营资本参与取得突破性进展。通过组织召开推进增量配电业务改革会议、东北区域试点和非试点项目单位座谈会、配售电企业业务培训会等多种方式，深入宣贯电力体制改革精神，缜密筹划颁发增量配电项目许可工作，面对面指导企业，推动增量配电项目业主尽快获得电力业务许可。为瓦房店市三台新材料工业园、太平湾沿海经济区、红沿河循环经济区增量配电业务试点项目业主颁发电力业务许可证。首次为民营企业控股的配售电企业颁发电力业务许可证，极大地提升社会资本，特别是民营资本参与增量配电改革的信心，对东北区域增量配电改革具有重要的示范和推动作用。

2. 强监管，全力保障能源行业健康有序发展

（1）做好安全监管。开展电网风险管控，确保区域电网稳定运行；推进电力安全标准化监管，提升安全管理工作制度化、规范化建设水平；应用电力安全监管平台实现非现场监管，推动电力安全监管信息化；坚持问题导向，对区域内 61 个储灰场进行全面排查，下达责令整改通知书 52 份；以“电力建设工程施工安全年”等活动为抓手，加强重点时期、重点项目安全监管；与吉林省能源主管部门形成电力安全监管合力，属地安全监管合作取得良好效果；建立专家库，为电力安全提供智力支持。未发生大面积停电和溃坝漫坝事故，事故起数和死亡人数较 2017 年下降明显，东北区域电力安全生产形势总体稳定。

（2）做好规划监管。开展东北区域“十三五”中期电力规划实施情况专项监管工作，提出 7 个方面 13 条规划调整意见建议，为国家能源局滚动调整“十三五”电力规划提供了决策参考；开展光伏发电专项监

管，针对年度建设指标控制不到位、并网“建小报大”等11项问题，提出7项监管意见，严控光伏发电盲目发展；开展辽宁省异议光伏项目核查工作，提出了“既用足用好国家补贴政策、又相对公平分担超指标困难”的核查意见，充分利用辽宁省2016年剩余指标，并使2017年“630”并网的19家光伏项目业主每年减少电费损失3900万元。

（3）做好行政许可监管。开展承装（修、试）电力设施许可制度执行情况重点问题专项监管及电网企业和电力交易机构执行许可制度情况摸底调查工作；积极与地方安监局进行对接，确保区域内40万电工证管理平稳过渡，顺利交接；积极推进放管服改革，推动行政许可标准化建设，落实“最多跑一次”要求。

（4）做好稽查工作。开展东北区域用户“获得电力”优质服务情况重点综合监管工作、东北区域2017—2018年度供电监管整改检查工作、东北区域供电企业施工基建用电报装自查工作；制定出台《东北能源监管局“黑名单”及“重点关注名单”认定管理办法（试行）》；首次开展“获得电力”明察暗访工作，收效良好；12398投诉举报实现全流程网上办理。

（5）做好能源信用体系建设。扎实推进东北能源行业信用平台建设，进一步启动建设“东北信用能源信息平台”；稳步开展承装（修，试）电力企业信用监管，建立承装（修、试）企业信用档案，开展差别化信用监管；与地方政府相关部门和行业协会建立定期沟通对话机制，做到信息互通共享，为下一步对能源企业的联合奖惩做好铺垫。

3. 优服务，不断提高广大人民群众获得感

（1）破解能源行业难点，保障民生供热需求。在严格落实煤电调控政策前提下，积极协调辽宁省民生供热机组并网，争取到1台热电联产机组投产指标，并将其余机组列为应急调峰储备电源；针对部分超期服役机组停止发电上网将影响民生供热、安全运行等严峻问题，及时沟通、汇报，在确保产业政策落实和节能环保的前提下，稳妥推进超期服役机组延续运行工作。

（2）疏导企业经营堵点，打破行业发展瓶颈。协调解决发电企业超合同上网电量、辽宁部分光伏发电项目、辽宁省应急机组电费结算问题，保障发电企业合法权益；破解合规建设风电项目并网困难问题，促成吉林农安万顺、黑龙江大庆青山等风电项目并网发电，缓解企业经营压力；落实审计署整改要求，监督电网公司开展部分光伏项目用户自建接网工程回购工作，减轻可再生能源企业负担。

（3）加强供电质量监管，解决群众用电难题。及时解决上千户自然人分布式光伏并网、电费结算及补贴发放不及时的问题；针对上百起个人或企业反映在报装用电过程中产生的争议纠纷，积极沟通协调，主动予以解决；针对群众反映的两百余件低电压及频繁停电问题和50余件欠费停电通知不到位、停电未及时通知问题，要求有关供电企业及时采取整改。

（4）优化资质许可管理，实现“最多跑一次”。许可实行综合受理，资质办证系统随机派件；进一步简化资质年报内容，全面实行线上受理审核；实现线上办理回复意见标准化，并增设企业自行实时维护企业基本信息和选择取证方式功能；针对蒙东地区光伏扶贫项目业主单位对许可办理流程不熟悉、机组并网时间过于集中等问题，进行专人指导，为扶贫项目办证开辟绿色便捷通道。

【国网辽宁省电力有限公司】

企业概况 国网辽宁省电力有限公司（简称国网辽宁电力）成立于1999年，是国家电网公司的全资子公司，以建设运营辽宁电网为核心业务，供电营业区域14.75万km^2，供电服务人口超过4216万人。截至2018年底，资产总额957.79亿元，拥有66kV及以上输电线路57 786.87km，变电站1794座，变电容量21 028.13万kVA。2018年完成售电量1853.24亿kWh，实现利润6.2亿元，营业收入1015.82亿元。

组织机构 本部设23个部门，下属32家单位，全口径用工6.9万人。

电网概况 辽宁电网是东北电网的负荷中心，通过500kV蒲梨、丰徐四回线与吉林电网相连，通过科沙、阜科四回线与蒙东通辽电网相连，通过青燕、青北四回线与蒙东赤峰电网相连，通过±500kV伊穆直流直接受入蒙东呼伦贝尔地区电力，通过500kV高岭换流站与华北电网相连。

辽宁电网分为辽西、中部、辽南三大系统，负荷主要集中在中部地区，沈阳—辽阳—鞍山—营口—大连构成了辽宁电网负荷的中轴线。中部电网形成内外层双环网为核心的500kV骨干网架，内外环网间通过4回500kV线路相连，辽南电网经6回500kV线路（南瓦一、二线，瓦渤一、二线，丹程一、二线）与辽宁中部电网相联。辽西电网经5回500kV线路（董辽双回、北王线、北鹤双回线）与辽宁中部电网相联。省内220kV电网以500kV变电站为核心形成不完全独立的10个供电分区。

截至2018年底，辽宁电源装机总容量为5192.48万kW（含应急调峰电源项目175万kW，含绥中电厂3、4号机200万kW），其中：水电299.26万kW，火电3382.95万kW，风电760.74万kW，太阳能302.01万kW，核电447.52万kW。

截至2018年底，辽宁电网共有500kV换流站2

座，换流变压器36台，换流变容量1060万kVA；500kV变电站（开关站）30座，主变压器61组，变电容量为5633万kVA；220kV变电站（开关站）238座，主变压器442台，变电容量7736.9万kVA；66kV变电站1555座，主变压器2989台，变电容量7658.23万kVA。

500kV线路110条（含1条直流），线路总长度为9047.28km（含直流线路192.53km）；220kV线路872条，线路总长度为19 219.56km；66kV（含35kV）线路2761条，线路总长度为36 189.09km。

人力资源 截至2018年末，全口径用工总量69 347人，同比减少2240人；全员劳动生产率完成72.46万元/人年，同比增长0.53%；企业负责人业绩考核在公司系统排名第11位。

持续优化组织机构设置，组建省建设分公司（监理公司），地市公司成立项目管理中心，优化调整省市县三级安全监察管理职责，增设16个县级安全监察质量部，设置地市公司物资部和县公司物资供应分中心，完善省市两级集体企业管理机构，促进专业管理质效提升。

加快构建现代供电服务体系，扩展供电服务指挥中心建设，实现地市公司“全覆盖”。组建省综合能源服务公司，满足公司客户服务、市场拓展和新业务发展需求。变革生产一线组织模式，差异化实施输变电设备属地运维，优化营业窗口布局，试点实施变电运维“2+*N*”值班模式，提升人力资本效率效益。

严控用工总量，各类用工持续保持负增长，其中职工、农电用工和集体职工同比分别减少2.43%、2.45%、13.94%。全年实现人员内部流动2053人次，选派19名优秀员工赴西部五省开展人才帮扶，存量人力资源得到有效盘活。员工退出机制持续强化，基于绩效结果执行降岗17人，规范清理长期不在岗人员108人，依法解除劳动合同59人。

开展全员培训和技能大比武活动，精益培训计划、项目管理，全年培训26万人次，同比增长21.17%。加大高端人才推荐选拔力度，新增省部级及以上人才称号15人次，取得辽宁省正高级工程师84人，姜广敏获得第十四届中华技能大奖，赵永彬当选享受政府特殊津贴人员。

开展绩效管理提升年活动，通过集中培训、送课下基层、班组绩效大讨论等方式，累计培训各级绩效经理人近3000人次，绩效管理文化氛围增强。不断丰富绩效考核方式方法，管理人员“三维比较法”“主基二元法”和一线员工精益积分、增量积分、台区承包制、抢单制等考核方法在国家电网公司系统得到广泛应用。持续加大绩效结果应用力度，存量工资总额的自然减员部分全部纳入“绩效奖金池”，增量部分的75.22%依据企业负责人业绩考核结果发放。

持续优化薪酬分配结构，调整所属单位企业负责人绩效年薪和特殊贡献奖励兑现方式，解决基层和机关交流任职的企业负责人薪酬标准衔接问题。严格管控专项考核奖励比例，取消综合奖，规范各类单项奖励和一次性奖励过多问题。推广职员职级序列建设，31家单位共聘任各级职员1626人。优化福利支出结构，福利总额支出同比增长8.49%，食堂经费、体检费和疗养费等集体性福利支出提高，员工获得感增强。

电网建设与发展 2018年，辽宁电网新增两回省间输电通道，全面形成辽西、辽南500kV主网架双环网，建成风、光、水、火、核、储能、储热等源网荷一体化协调发展的省级电网。持续改善电网发展环境，促成电网专项投资全部纳入地方政府投资建设规模，电网工程施工许可证办理成功豁免。500kV宽邦、阜新、阜新至科尔沁工程按期投运，220kV京沈客专、锦阜高、锦承线等电铁供电工程全面建成，大连英特尔、海上风电等配套电网项目如期完工，承建的藏中联网500kV线路工程全线贯通。投资21.8亿元新建改造自动化主站13座，自动化覆盖率由1.99%提升至45%。完成20个小康电、贫困县工程建设任务，打造优质样板工程145个，6项工程获国家电网公司百佳工程。朝阳榆州220kV变电站获评国家电网公司优秀设计一等奖。多措并举服务新能源发展，全年消纳清洁能源618.74亿kWh，同比增长23%，无弃光现象，弃风率降至0.97%。

经营管理 适应改革监管要求，部署6个方面50项优化经营管理策略，开展多维精益管理变革综合试点建设。强化非监管资产、低效无效资产管理，对15家企业实施注销、清算、转让，清收核销长期债权2.04亿元。清理长期未完在建工程，余额压降至13.38亿元，压降率76.02%。试点创建银企征信体系，推行电费即时结算，实现电费颗粒归仓。开拓电力市场，完成电能替代项目754项，替代电量48.37亿kWh，综合能源业务收入1.21亿元。完善运检、安监、建设、物资、经法、综合能源、集体企业管理等专业机构设置，挂牌成立国网（辽宁）电动汽车服务有限公司。深化市县业务集约融合，优化输变电设备属地运维、变电运维“2+*N*”值班模式。开展“绩效管理提升年”活动，创新实施精益积分、增量积分、台区承包制和抢单制等考核方法。深化物资标准化工作，标准物料压减至3257条，精简率49.33%。

2018年完成降价10%目标，提升财务资产基础管理水平，推进财务精益管理深度。独立承担《财务管理一本制度框架体系设计》课题研究工作。围绕整体战略和运营情况，构建监测分析业务体系，逐步形成“时时监测、精准分析、即时把控”的运营监测模式，提升了常态监测质效，增强了专题分析能力，加强了运营数据管理；95598大数据分析成果荣获国家电网公司第四届青创赛奖励。

开展“法治国网”建设，落实法治企业建设五项主体责任。开展触电案件和被诉案件压降专项行动，案件数量同比分别压降15%和23%，避免及挽回经济损失1.79亿元。出具重大决策合法性审核法律意见书52份，审核率100%。完成国网辽宁电力及5家子公司章程修订工作，规范治理结构。开展“修章建制年”专项行动，本部新建、修订、废止制度75项。推动审计监督全覆盖，完成领导干部任期（中）审计、“四风”问题专项审计等任务，跟踪审计13项党委会议题落实情况，完成投资额100亿元的工程“两算”审计。落实人力资源专项审计整改意见，整改率80%。发挥风控委员会作用，梳理三级风险206个，开展资金安全专项检查和问题整改。全过程管理协同监督项目，实施“五制五化”管控模式，防控廉洁风险318项。

安全生产 安全局面保持平稳。压实各级安全责任，编制全员安全责任清单。开展“六查六防”专项行动，整改各类问题6822项。吸取系统内外事故教训，发布电网风险预警1331项，排查治理换流站、变电站、电缆沟道等火灾隐患734处，整治220kV变电站交直流电源隐患。强化作业现场安全管控，加大奖罚和通报力度，查处各类违章14 609项。落实基建队伍12项改革配套措施，工程“以包代管”现象得到有效遏制。加强电网运行控制和设备维护，完成特高压鲁固直流系统保护建设及595座变电站精益化管理评价自查整改。应对夏季持续高温大负荷，完成习近平总书记考察辽宁等特殊时段保电任务。完成国务院国资委交办的中央企业保密培训教材编制任务，舆情形势总体平稳。

营销工作 截至12月，售电量完成1853.24亿kWh，同比增长8.26%；业扩新装、增容完成1633.90万kVA，净增容量合计1237.59万kVA，同比增长33.99%；发行电费1077.96亿元，当年电费回收率完成99.99%；预收电费余额90.59亿元，占月均电费比重95%；考核口径售电均价完成589.48元/MWh；安装智能电能表2371.01万只，实现信息采集2369.42万只，采集成功率99.82%；供用电合同签约率100%；营销服务承诺兑现率、回访满意率均为100%。

科技与信息化 2018年，国网辽宁电力获批1项国家重点研发计划项目——“互联大电网高性能分析和态势感知技术”，在研国家级项目达到5项（牵头3项），承担的2015年度国家科技支撑计划课题“高压电制热储热提升可再生能源消纳的关键技术”通过国家科技部验收；获批国家电网公司科技项目27项（牵头8项），在研国家电网公司科技项目61项（牵头19项）。落实国家“放管服”政策，印发了《关于进一步规范科研项目管理的意见》，为一线科研人员“减负”；完善“双创”工作组织机构，开展各类群众性创新和成果转化活动，依托首个省级电网企业科技成果孵化转化中心和科技成果孵化转化信息管理平台，全年完成12项科技成果孵化转化，累计合同额约1.7亿元；牵头申报的辽宁省重点实验室“清洁能源并网运行与消纳”获批，获准筹建国家电网公司第二批技术标准创新基地。全年共申请专利693项，其中发明专利申请333项；专利授权402项，其中发明专利授权119项。

全年共获得省部级及以上科技奖励36项（一等奖5项、二等奖16项、三等奖15项），其中牵头申报的“固态储热源网荷调度提升清洁能源消纳技术与应用”和“经济型大容量高压固态储热关键技术及在电网中的规模化应用”分别获得2018年度辽宁省科技进步一等奖和2018年度中国电力科技进步一等奖。

2018年完成信息化项目建设任务118项；试点开展全业务统一数据中心全域综合示范工作，促进国家电网公司内外部数据关联分析和深度挖掘，支撑国家电网公司运营决策；开展全业务泛在电力物联网体系架构设计，推进沈阳“电力全业务泛在物联网”示范工程建设；完成“数据治理年”“数据开放服务与应用创新”专项任务，支撑多维精益管理变革、供电服务指挥平台等重点工作开展；完成国家电网公司电力无线专网阶段性试点任务；完成全年各项信息通信安全保障工作，未发生重大网络安全和信息通信事件；开展管理信息大区终端接入安全专项工作，形成的典型经验获国资委通报嘉奖；通过工业和信息化部“两化融合”年审；荣获国家电网公司“信息通信工作先进单位”称号。

优质服务 2018年以提升“获得电力”优质服务水平为导向，围绕“三压减、二加强、一提高”六方面工作，开展报装接电专项治理行动优化营商环境工作，实现环节少、时间短、造价低、服务优的办电服务新模式。压减流程环节，实现报装更省力。推广线上办电，深化“一站式”服务，精简办电环节，再造服务流程，10kV报装压减为4个环节，低压报装压减为3个环节，实现简单业务“一次都不跑”，复杂业务“最多跑一次”。压减接电时长，实现报装更省时。实行“一证受理”和同城异地受理，下放业扩配套电网项目可研、初设审批权限，推行客户经理和项目经理“1+1”服务，强化客户工程和配套工程“双契约”管理，对在建配套费工程和重点业扩工程实时跟踪、挂牌督办。截至11月末，高低压业扩平均接电时间控制在80天和30天之内。压减办电成本。取消向客户收取负控装置的安装和调试费用，延伸业扩配套电网工程投资界面，将省级及以上园区、电能替代和电动汽车充电桩客户电网投资界面延伸到客户红线，提高低压业扩接入容量标准，城市地区提升至100kW，农村地区提升至80kW，每年为小微企业节省办电1亿元。

党的建设和精神文明建设 国网辽宁电力党委深入学习贯彻习近平新时代中国特色社会主义思想和党的十九大精神，落实新时代党的建设总要求，在国家电网公司党组正确领导下，以提升专业管理和价值创造能力为目标，以推进党建与生产经营深度融合为根本，以"旗帜领航·三年登高"计划实施为抓手，以基层党组织和党员队伍标准化建设为重点，突出政治建设，强化组织功能，用党建登高、组织登高、宣传登高和文化登高，打造"六位一体"党建格局，实现党的建设各项工作高质量发展。

坚持把政治建设放在首位，强调政治领导、思想领导、组织领导的有机统一。深入学习宣贯习近平新时代中国特色社会主义思想，严格执行2014—2018年党员教育培训计划，发挥党校阵地优势，组织各层级十九大精神培训，举办专（兼）职书记、党务骨干、党小组长培训及示范班。贯彻习近平总书记在深入推进东北振兴座谈会上的重要讲话精神，通过问卷调查、建言献策、主题征文、结对联建、专业座谈等方式，开展"夯基础、求突破、勇争先"大讨论，以思想统一促进行动一致，把准企业高质量发展方向。坚持党的领导不动摇，构建相互衔接、制约、协调机制体系。坚持民主集中制，严格执行《"三重一大"决策实施办法》，召开30次党委会研究讨论163项重要议题，召开12次党建领导小组及其办公室会议，持续提升集体决策效能，推动党组织参与重大问题决策制度化、程序化。健全党建责任体系，建立各级领导班子成员落实党建"一岗双责"及党建联系点机制。坚决贯彻供给侧结构性改革、辽宁全面振兴、电价政策改革等重大战略部署，落实"十三五"电网发展合作框架协议和国网服务东北振兴行动方案，统筹推进电网与经济、主干电网与城乡配电网、电网与新能源之间协调发展。

坚持"四同步、四对接"，严密组织体系、严格组织管理、严肃组织生活，推动全面进步全面过硬。贯彻执行《关于新形势下党内政治生活的若干准则》，落实"三会一课"、民主（组织）生活会等七项制度，常态下发全面从严治党月度工作清单和主题党日活动安排，推进党内政治生活制度化、规范化。

围绕党的先进性和纯洁性建设，探索队伍管理创新，把控登高实践主体，被省国资委确立为党员分类管理试点单位。发出服务专项倡议，"战高温、斗酷暑、保供电"行动得到辽宁省省委省政府批示肯定，"党代表精准扶贫项目"获辽宁省省委省政府通报表扬，走出具有系统特色的光伏扶贫道路。

举办首届职工岗位技能"大比武"，在国家电网公司安全、财务、营销、服务、后勤等专业竞赛调考中获得多项荣誉，在青创赛中斩获1金1银4铜。姜广敏荣获中华技能大奖，11人荣获辽宁省优秀专家和"兴辽英才"称号，2人荣获全国"五一劳动奖章"，12人荣获辽宁"五一劳动奖章"。获国家电网公司职工文化创作6项大奖，获国家电网公司首届足球联赛东北赛区冠军。实施企业文化示范点"百千万"工程创建，举办"光明之路"主题文化展览。加强新闻宣传和品牌传播，举办新闻发布会5次，品牌贡献度获国家电网公司A级评价。建成国家电网公司系统首家覆盖省市县班的四级职工诉求服务体系，扩建心理关爱工作室，深入31个班组开展心理关爱活动。落实职工福利政策和离退休职工生活待遇，改善偏远地区职工生产生活条件，职工获得感增强。

（杨　明　赵永华）

【国网吉林省电力有限公司】

企业概况 国网吉林省电力有限公司（简称国网吉林电力）是以经营、管理、建设电网为主营业务的国家大一型企业，是国家电网公司全资子公司，对所属企业和单位的国有资产承担保值增值责任，依法对省内及相关电网实施调度管理，承担着保障安全、经济、清洁、可持续的电力供应的使命。供电营业面积16.2万km^2，供电服务人口2649万人。截至2018年末公司资产总额476.86亿元，用工总量35 249人，其中在册全民职工23 506人。

2018年全年完成固定资产投资41.94亿元，同比下降53.92%；售电量600.5亿kWh，同比增长8%；利润总额1.71亿元，资产总额476.86亿元，同比减少40.83亿元，资产负债率58.84%，较年初下降1.57%，全口径劳动生产率41.35万元/人年，同比增长7.18%，当年电费回收率100%，连续实现第13个安全年。

领导班子

董事长、党委书记：王金行

董事、总经理、党委副书记：王志伟

党委副书记、副总经理：王如伟

副总经理、党委委员：马明焕

党委委员、纪委书记：张成军

副总经理、党委委员、工会主席：周艾辉

副总经理、党委委员，国网长春供电公司总经理、党委副书记：李国辉

副总经理、党委委员：吴越

副总经理、党委委员：孙文胜

总工程师：李大勇

总会计师：牛殿峰

组织机构 本部设置职能部门22个，省公司层面业务支撑和实施机构8家，地市供电公司9家，县公司49家。

电网概况 吉林电网位于东北电网的中部，北连黑龙江电网，南接辽宁电网，西临内蒙古东部电网，在满足全省电力供应的同时，还是东北电网北电南送的重要通道。截至2018年末，吉林省电网共有500kV线路4781.2km；500kV变电站16座，变电容量2585.3万kVA。220kV线路12 609.2km；220kV变电站93座，变电容量2436.5万kVA。66kV线路19 529.1km；66kV变电站910座，变电容量2413万kVA。目前，已形成全省500kV“井”字形骨干网架、各地区220kV环网结构的坚强吉林电网，并分别与辽宁、黑龙江、蒙东电网相联，电力交换能力和资源优化配置能力显著提高，电网供电能力和运行可靠性明显增强。

吉林省电源分布特点是水电主要分布在东部，西部以风电为主，火电以城市热电联产机组为主。近年来，吉林省电源建设快速发展。2018年末吉林省全口径装机容量3055.47万kW，如图1所示，其中：水电装机容量385.10万kW，占12.60%；火电装机容量1891.79万kW（其中热电装机容量1395.44万kW），占61.92%；风电装机容量513.63万kW，占16.81%；太阳能装机容量264.94万kW，占8.67%。

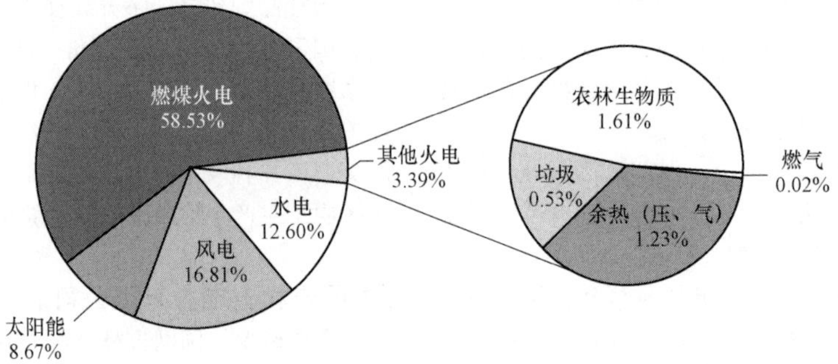

图1 各类型装机构成情况

电网建设与发展 联名33名全国人大代表（副省级及以上7人）提交了关于建设吉林乃至东北特高压交流电网的建议提案，并取得国家能源局书面答复。编制完成2018—2022年电网滚动规划，超前开展2030年吉林电网500kV目标网架研究，首次制定县域配电网中长期规划，为电网高质量发展勾画了科学框架。建成吉林—扎鲁特4回电力外送通道，2018年通过扎鲁特直流外送交易电量38.82亿kWh，占东北三省一区总成交规模25.81%，比吉林省分电比例高5.58个百分点。500kV茂胜输变电工程投运，220kV平齐、长西铁路牵引站配套工程投产，白城光伏发电领跑基地外送线路提前6个月建成。建成3个小康用电示范县。“井井通电”低压工程县级财政4.4亿元资金取得政府支持。经研院首次中标总承包工程和省外500kV设计工程，建设分公司首次中标设计监理项目，送变电公司中标总额达到12.1亿元，基建施工单位市场竞争力全面增强。

经营管理 财务新型资金管控改革取得创新性突破，抓住国家电网公司资金管控优化提升试点重要契机，开展了以电费省级直收、资金省级直付、现金流按日排程（财务“三项试点”）为主要内容的试点改革工作并达到了预期目标。试点经验在国家电网公司内参刊登，并先后4次得到国家电网公司领导高度评价。11月26日，国家电网公司增补国网吉林电力为多维精益管理体系变革综合试点和国网商旅应用深度推广试点单位。

加快同期线损系统建设，不断提高线损管控能力。2018年综合线损率完成7.39%，同比下降0.1个百分点，农电县公司综合线损率同比下降0.25个百分点；持续压降中低压线损率，加强对高损台区的监控、治理，台区线损合格率提高至96.17%，同比提升4.41个百分点。适应输配电价改革和政府监管要求，优化经营管理策略，实现跨区跨省输电资产和水电外送资产上划，优化了资产结构。智能交费客户已达1409万户，占总客户的99.5%，日均预收电费余额25亿元用于压降贷款规模，放大了资金“蓄水池”作用。电费连续12年实现“双结零”。台区线损合格率96.17%，同比提升4.41个百分点。通过争取资金帮扶、穿越网损补偿、资产清查、资金试点、差异化利率贷款等措施，共创效18.52亿元。加快推广数字化审计，完成各类审计项目2264项，增收节支0.72亿元。争取到稳岗补贴6154万元、集体企业改革中央补助3292万元。组建综合能源服务公司，累计签约合同金额2.32亿元。新能源集团管理更加规范。开展普法教育，案件胜诉率86%，新发触电案件同比下降27%。创新开展经法系统合同管理法财融合，被国家电网公司确定为唯一一家试点单位。全面启动诚信体系建设工作，未发生失信黑名单和重点关注对象名单问题。召开党委会、总经理办公会58次，研究讨论“三重一大”事项174项，出具法律意见书27份，做到了依法、民主、科学决策。获评国网财务工作先进单位。

安全生产 贯彻国家电网公司安全生产各项部署，深刻吸取系统内外事故教训，开展“六查六防”等安全检查活动，编制9206个典型岗位安全责任清单，配置74名安全总监、92名专职安监人员，加大安措投入同比提高375%。推进500kV金城变隐患治理，在国内首次开展220kV GIS、500kV HGIS电子式互感器采集卡、合并单元试点改造，为国家电网500kV智能变电站完善提升提供了示范经验。开展电气火灾综合治理，整改问题711项。66kV及以上断路器、隔离开关调控远方操作占比分别为95%、72%。落实迎峰度夏度冬等措施，严格执行“三人三岗”应急值班制度。应对台风“苏力”、松原龙卷风和地震等自然灾害。完成习近平总书记来吉林视察等保电任务。建成智能运检管控中心，推动传统运检向智能运检转型。基建改革12项配套措施、电网实物资产统一身份编码试点高质量通过国网检查验收。网络信息、交通、消防、通信、安保、集体企业等领域保持安全平稳。获评国家电网安全生产先进单位。连续实现第13个安全年。

营销工作 营销工作有序推进。售电量600.5亿kWh，同比增长8%；市场占有率97.25%，同比提高2.39%；售电平均单价634.59元/MWh，可比口径提高1.07元/MWh；营业外增收2253万元，完成年计划的215.77%；客户满意率98.98%；推进营配贯通建设，完成1290万户的数据采录并实现关系准确对应。召开营销集约化管理现场会，总结推广延边经验，费控用户99.5%，基本实现了全费控目标。

贯彻优化营商环境部署，压减业扩报装环节和时间，降低接电成本，提高办电效率；业扩报装“五个时限”实现“零超时”，高压业扩报装接电时间平均缩短3.2个工作日，增加售电量2.09亿kWh。千方百计增供扩销，与通化钢铁集团等339户企业开展直购电交易（其中售电公司代理26户），各类电采暖用户累计5.3万户，累计电供暖面积2497万m^2，年使用电量12.9亿kWh。

松原公司开展“多表合一”示范区建设，与政府联动并结合国家“三供一业”政策，实现油田小区电、水、热“多表合一”远程采集，通过国家电网公司验收，成为东北三省唯一一家国家电网公司级“多表合一”信息采集示范区。计量中心完成单相电能表自动化检定线、三相电能表自动化检定线、采集终端自动化检定线、低压电流互感器自动化检定线和自动化仓储及生产调度平台“四线一库一平台”建设任务，计量生产自动化系统高分通过国家电网公司营销部组织的实用化验收。

科技与信息化 科技创新成果丰硕，参与完成的“经济型大容量高压固态储热关键技术及在电网中的规模化应用”项目获得中国电力科学技术一等奖，获得中国电力科学技术三等奖2项，吉林省科技进步一等奖1项，二等奖5项，三等奖2项，辽宁省科技进步一等奖1项，国家电网公司科技进步一等奖1项，二等奖1项，三等奖5项，技术发明三等奖1项；获得发明专利授权27项，专利申请授权工作全面完成计划目标。

信息系统建设高效推进。完成资金管控优化提升信息化建设，开展ERP、财务管控等十余套系统的适应性调整和功能优化，试点工作通过国家电网公司验证。完成电网实物资产统一身份编码项目功能部署，自主开发移动应用功能，完成实物ID主数据贯通深化应用建设。开展“全能型”乡镇供电所系统建设，在所属9家试点单位顺利上线。完成供电服务指挥系统推广应用建设，有效支撑供电服务指挥中心业务运作。“基于电网资产实物ID的数据贯通创新应用”获得信通新技术创新发展行动计划优秀成果三等奖。

信息运行管理水平不断提升。创新开展信息系统全貌图“绘制”，全面、直观描绘信息系统运行现状，信息系统家底更加清晰、信息核查更加便利、资源调配更加合理。建设营销业务系统同城灾备环境，完成企业门户、目录、统一权限平台灾备环境建设，提升重要系统本质安全水平。开展大一线信通186客服建设，实现信通186客服全省业务集中统一受理。

网络安全防线进一步筑牢。深化网络安全责任落实，完成各层级网络安全责任书及承诺书签订。首次开展省公司网络安全跨专业联合检查，完成全部所属单位网络安全现场检查。在全省范围内择优选拔年度红队队员7人，蓝队队员6人，网络安全队伍建设更加完善。规范移动应用建设流程，杜绝散乱建设。邀请吉林省公安厅网安总队专家对网络安全人员开展等保知识培训，提升专业人员管理水平。年度支撑国家电网公司网络安全保障78人天。

优质服务 贯彻优化营商环境部署，压减业扩报装环节和时间，降低接电成本，提高办电效率；建立“只跑一次”用电服务新机制，实现80%的常用办电业务“一次都不跑”，线上办电率100%。在国务院大督查营商环境调查中，用电报装指标在全国31个省（区市）中排名第五位。完成供电服务指挥中心建设任务，9个地市级和3个县级指挥中心投入运行，主动工单派发准确率提升至96.05%，吉林供电公司获评国网建设标杆单位。在总结3家试点单位经验基础上，其余6家市公司全部成立营销集约管控中心，实现了抄核催停账等业务一体化智能运营和集中管控。在国家电网系统首家制定“全能型”供电所建设标准，创新实施“五个协同”工作机制，供电服务网格、台区经理现场综合服务实现全覆盖。完成90个“三型一化”营业厅改造升级。计量生产自动化系统通过国家电网公司实用化验收。延边公司按期完成城区低压网格化综合服务试点。松原“多表合一”采集示范区通过验收，成为东北区域唯一国家电网级示范区。

清洁发展取得实效，各项改革稳步推进。协调政府出台风电保障性发电基数和风火互补促进外送机制，通过中长期跨区交易及富余风电跨区现货交易等方式，全年累计送出风电29.4亿kWh。2018年弃风电量同比减少65.83%，弃风率由2016年最高30.6%降至6.85%。制定清洁取暖规划实施方案，促成省政府将蓄热式电采暖客户投资补贴由28元/m^2提高至35元，电供暖面积达2497万m^2，占全省集中供暖的2.58%。完成电能替代24.3亿kWh，同比增加7.61%。落实光伏扶贫要求，完成95.5万kW集中式和6.69万kW分布式光伏并网任务。

落实国家关于一般工商业电价平均降低10%的部署，四批合计降低电价8.85分/kWh，降幅10.17%，降价和清费共减轻用户负担30.15亿元。推进交易机构股份制改造；累计完成市场化交易电量255.8亿kWh，减少企业成本1.49亿元；完成大用户直接交易电量130.1亿kWh，其中，售电公司首次参与市场交易电量38.51亿kWh；外购蒙东2亿kWh低价电量，市场配置资源作用得到进一步发挥。第一批2个增量配电试点项目全部签订供电营业区划分协议。全面完成33家国企、23.29万客户“三供一业”供电资产接收任务。供水、供热、物业共移交9178户。清理处置集体企业19户，完成年度计划的136%。提前完成管道公司“子改分”任务。向国中康健集团移交电力医院。

党的建设和精神文明建设 开展习近平新时代中国特色社会主义思想大学习，推进“两学一做”学习教育常态化制度化。实施“旗帜领航·三年登高”计划，落实标准化建设要求，创新开展“两化一评”。深化支部联创和共产党员服务队建设，4支服务队获评国家电网金牌（优秀）服务队。实施量化计划管理，完成对标管理年任务。坚定不移正风肃纪，推进“两个责任”落实。发挥巡察利剑作用，完成第二轮常规巡察全覆盖，开展提级和交叉巡察，国网巡视发现问题整改率100%。统筹开展109项协同监督项目。荣获国家电网党风廉政建设优秀单位和纪检监察先进单位。

贯彻新时代党的组织路线，完善选人用人制度体系。完成第三批“双挂双提”工程，累计培养锻炼617人。开展“冬季大培训”，全年举办各级各类培训班8000余期。实现355个全能所文体设施全覆盖，累计完成344个乡镇供电所旱厕改造和681个班组配餐室标准化建设。在中央主要媒体发稿90篇；63条信息在国网系统刊发交流，11次被转报至中办、国办，连续6年获评省政务信息优秀单位。2人当选十三届全国人大代表，3人获吉林省“五一”劳动奖章，11人获“吉林省技术能手”“吉林能源工匠”称号，4个班组当选全国工人先锋号，1个青年集体获“全国青年安全生产示范岗”，1个基层团委获“全国五四红旗团委”，1名青年员工获评国家电网青年五四奖章。

在国家电网公司表彰中，通化、延边公司被评为先进集体，四平伊通新家供电所等7个班组被评为一流班组（工人先锋号），白山公司贾春贺等3人被评为劳动模范，吉林供电公司赵岩等7人被评为优秀班组长。在第四届青创赛中荣获“一金二银三铜”。获评国家电网档案工作“示范级”单位称号。保密建设等6项成果获国家电网管理创新成果奖。21项成果获国家电网及以上级别职工技术创新、优秀QC小组活动成果奖。信访稳定工作被评为吉林省先进，国家电网公司信访办发来感谢信。舆情平稳，队伍稳定，保持了和谐发展的良好局面。

主要事件

1月11日，吉林省第一届电力市场管理委员会第二次会议暨市场成员座谈会在长春召开。

1月25日，国网吉林电力召开六届三次职工代表大会暨2018年工作会议。

2月1日，新时代国企党建创新论坛暨《旗帜领航争先锋》新书发布会在人民网一号演播厅举行，国网吉林电力董事长、党委书记王金行出席并作主题发言，国网吉林电力党委委员、纪委书记张成军出席发布会。

3月7日，国家电网公司2018年企协工作会议在北京召开，会议对2016—2017年度企协工作先进单位、先进集体、先进个人和2017年度管理创新及推广成果进行了表彰。国网吉林电力企协被授予“企协工作先进集体”称号，2名员工被授予“企协工作先进个人”称号，5项管理创新及推广成果分获二、三等奖。

3月15日，国家电网公司系统党校党建研究暨党建云平台建设研讨会在长春召开。

4月14日17:19，吉林省风电发电电力达352.4万kW，占当时全省供电负荷的46%；4月11日，风电发电量达7165万kWh，占当日全省供电量的

44%，齐创历史新高。

5月11日，“国家电网公司党校与国网吉林省电力有限公司签署战略合作框架协议暨党建研究分中心揭牌仪式”在国网吉林电力党校举办。

5月14～15日，国家电网有限公司总会计师、党组成员罗乾宜到国网吉林电力，就贯彻落实国家电网公司二季度工作会议精神、电网企业经营管理、适应输配电价改革优化经营管理策略和资金管控优化提升两项试点工作进展、集体企业瘦身健体等情况进行调研。

5月15日，国家电网公司适应输配电价改革优化经营管理策略座谈会在长春召开。会议由国家电网公司财务资产部主任冯来法主持，国家电网公司总会计师、党组成员罗乾宜，国网吉林电力董事长、党委书记王金行出席会议。

5月25日，受吉林省副书记、省长景俊海委托，吉林省副省长朱天舒与国网吉林电力董事长、党委书记王金行举行工作座谈会，双方就依托吉林电科院共同建设清洁能源物互联网平台，进行了广泛深入地交流。

5月28日01:50:52，松原市宁江区毛都站镇附近（东经124.71°、北纬45.27°）发生5.7级地震，震源深度13km。震后国网吉林电力立即开展变电站内设备及输电线路全面特巡，制定可靠防范措施，排查震后设备受损情况。抢修人员实行24h随时待命，应急车辆、发电机及应急物资准备就绪，时刻准备应对有可能发生的突发情况，全力确保震区生产、生活可靠供电。

6月26日，国家电网公司入驻“人民党建云”暨人民慕课“国家电网党建学院”上线仪式在人民日报社新媒体大厦举行。国家电网公司党校常务副校长于良民，国网吉林省电力有限公司党委书记、董事长王金行，国家电网公司党校副校长费耀山，国网吉林电力纪委书记张成军，人民网副总编辑罗华、副总编辑兼共产党新闻部主任孙海峰等200余人参加活动。

8月24日，国网吉林电力开展了省内售电侧市场化交易工作，售电公司作为市场主体首次登上舞台参与市场交易，改变了吉林省原有的购售电格局。

8月，吉林省在特高压鲁固东北送山东的月度挂牌交易中成交电量7.3亿kWh，其中火电成交量7.2亿kWh，月度总外送规模及火电外送规模均创历史新高。

9月10日0:00，国网吉林电力电费“一省一行一户”试点工作在通化供电公司上线，标志着国网吉林电力资金试点工作成功迈出了坚实的一大步，进入推广应用的新阶段。

9月28～30日，经北京电力交易中心组织协调，国网吉林电力在北京电力交易平台上首次实现2亿kWh外购电交易。

10月11日，中央电视台《新闻联播》播出长新闻《诉求中心　打造员工“解忧站”》，在社会各界引起广泛关注。

11月1日，国网吉林电力召开资金集约管控电费“一省一行一户”“省级集中支付”全省全面上线正式运营部署会，董事长王金行宣布国网吉林省电力有限公司资金集约管控电费“一省一行一户”“省级集中支付”在全省全面上线正式运营。

11月14～17日，国家电网公司在北京举办第四届青年创新创意大赛决赛。国网吉林电力选送的6个参赛项目，荣获1金、2银、3铜。

11月22日，国家电网公司财务部主任冯来法率国网财务、营销、信通、法律、人资部门组成的验证组，对国网吉林电力资金管控优化提升试点工作进行现场验证，国网吉林电力通过验证，得到验证组高度评价。

12月24日，在国网吉林电力调控中心和国网辽源供电公司的共同努力下，国网吉林电力首个220kV就地化保护试点项目在辽源国庆变电站投入试运行。

12月29日16:30，国网吉林电力电费100%收缴，提前完成全年电费回收任务，连续十二年实现“双结零”。

12月31日，吉林省2018年风电机组累计发电量104.82亿kWh，同比增长20.68%，风电平均利用小时为2057h，同比增加336h；弃风电量同比减少65.83%，弃风率降至6.85%，同比减少14个百分点，实现“双升双降”。全省风电消纳水平创10年来新高。

（李青春）

【国网黑龙江省电力有限公司】

企业概况　国网黑龙江省电力有限公司（简称国网黑龙江电力）是国家电网公司全资子公司、特大型国有骨干企业，承担着建设、运行维护黑龙江电网和全供电区安全可靠供电的任务，服务各类客户1752万户，供电人口3800万。所属二级单位27个。2018年，售电量完成763亿kWh，同比增长5.5%；资产总额668亿元；资产负债率70.84%。

领导班子

董事长、党委书记：李永莱

董事、总经理、党委副书记：胡卫东（至2018年6月）

董事、总经理、党委副书记：朱薪志（2018年6月至今）

副总经理、党委委员、工会主席：吴德义（至2018年6月）

党委副书记、副总经理：吴德义（2018年6～12月）

董事、党委副书记、副总经理：吴德义（2018年12月任）

副总经理、党委委员：李运灵

副总经理、党委委员：张满洲（至2018年6月）

副总经理、党委委员：许传辉（至2018年6月）

副总经理、党委委员、工会主席：许传辉（2018年6～12月）

职工董事、副总经理、党委委员、工会主席：许传辉（2018年12月任）

副总经理、党委委员：李长林

党委委员、纪委书记：陈晓东

副总经理、党委委员，国网哈尔滨供电公司总经理、党委副书记：王志伟（至2018年6月）

副总经理、党委委员：朱玉库

副总经理、党委委员，国网哈尔滨供电公司总经理、党委副书记：李罡（2018年6月任）

总会计师：梅仉和（至2018年9月）

总工程师：纪会争

组织机构 本部职能部门包括办公室（党委办公室）、发展策划部、财务资产部、安全监察质量部（保卫部）、运维检修部、营销部、农电工作部、科技信通部（智能电网办公室）、建设部、物资部（招投标管理中心）、对外联络部（品牌建设中心）、审计部、经济法律部（体改办）、党委组织部（人事董事部）、人力资源部（社保中心）、离退休工作部、后勤工作部、党建工作部（直属党委办公室、团委）、监察部（纪委办公室、巡察办）、电力调度控制中心、运营监测（控）中心、工会、企协分会。所属二级单位27个，其中地市公司13个、直属单位14个。直供直管县供电企业27个，农电企业131个。

电网概况 黑龙江电网位于东北电网的东北部，供电面积47万km^2，占东北供电区域总面积的58.3%。西部通过6回500kV线路与蒙东电网相联，南部通过4回500kV线路与吉林电网相联，北部通过1回500kV线路与俄罗斯电网直流背靠背相联。

截至2018年末，黑龙江电网运行管理电厂378座（调度口径统计），总装机容量为30 793.98MW。其中：火电厂171座，装机容量为22 270.9MW，占比72.32%；水电厂71座，装机容量为1040.28MW，占比3.38%；风电场76座，装机容量为6015MW，占比19.53%；光伏电站60座，装机容量为1467.8MWp，占比4.77%。

截至2018年末，黑龙江电网共有500kV厂站21座（含500kV七台河厂、鹤岗B厂、双B厂），主变压器25组，运行容量为20 416MVA；220kV变电站147座（未包括35个铁路牵引变电站、北钢三总降变电站、建龙变电站、轧钢变电站、宁钢变电站、米都变电站），主变压器共235台，运行容量为30 996MVA；500kV线路共49条（省调调度4条），线路总长度为6752.95km（省调调度309.82km）；220kV线路共451条，线路总长度为15 133.84km。

2018年，黑龙江电网全口径发电量完成1029.26亿kWh，同比增长7.85%。全省供电量完成881.97亿kWh，同比增长4.59%，国网黑龙江电力完成供电量821.99亿kWh，同比增长5.40%。全省最大供电负荷11 308MW，同比增长1.71%。

人力资源 用工总量59 744人，职工劳动生产率25.6万元/人年，全口径人事费用率15.16%，人才当量密度0.947 5，教育培训投入8212万元，全年净减长期职工1905人，流动配置内部人力资源3290人次，完成人力资源计划指标。

优化调整基建、安全监督、继电保护、物资、监察等相关机构及职责。本部设置集体企业管理办公室，组建综合能源服务公司与建设分公司（监理公司）。成立呼兰、平房两家县公司级园区供电公司和39个园区供电中心。解决原伊大微波人员遗留问题。完成电力医院成建制划转地方工作。严控员工入口，招录高校毕业生210人。派出对藏和东西帮扶人员12人、扶贫人员127人，国网齐齐哈尔供电公司获得国家电网公司对藏帮扶先进集体称号。

推进“三项制度”改革。优化工资结构，增设安全生产专项资金，薪点和绩效单元占比分别达到31%和55%。业绩考核向重点工作倾斜，新增考核内容4项。评聘各级职员644人，职务和职员序列并行互通。实现福利项目计划、实施、监测预警的全程在线管控。首次开展全员安全专项冬季培训。实施教育培训机构改革，形成“一中心+两基地”技能培训格局。1名员工获得中电联“全国电力行业技能人才培育突出贡献奖”。

电网建设与发展 滚动修编“十三五”电网规划，编制哈尔滨市新区、农村电网三年提升方案等专项规划。编制完成2018年经济活动分析报告。促请黑龙江省政府出台《精简电网建设用地管理意见》，电网建设周期将缩短9～12个月。

完成电网建设投资25.84亿元。当年累计开工35kV及以上输变电工程92项，投产129项。开工35kV及以上线路540.99km，变电容量1236.3MVA；投产35kV及以上线路2726.27km，变电容量8941.3MVA。未发生基建安全质量事故（事件），保持基建安全稳定局面。

黑龙江省向鲁固直流汇集的500kV冯屯—岭东、齐南—兴安输变电工程建成投产，打通了“北电南送”的电力通道。500kV冯屯—齐南—庆南—哈尔滨输变电工程投产，黑龙江西部500kV电网实现双线环网运行。500kV鹤岗—群林输变电工程、黑河换流站扩建工程实现投产。提前3个月建成220kV哈佳电铁供电工程。仅用6个月建成哈牡客专供电工程，为客专提前半年通车提供电源保障。

经营管理 2018年，实现利润总额－19.41亿元、净资产收益率－10.35%、资产负债率70.84%、可控费用42.9亿元、经济增加值－28.94亿元。推进内部模拟市场建设，完成教培经费使用改革，深化代管企业预算管理。降低一般工商业电价10%，建立省低价电量“资金池”。完善黑河园区电价定价机制，落实征收自备电厂政府性基金，清理临时接电费，配合完成中俄直流专项输电工程定价成本监审工作。

完成国家电网公司资金安全检查及整改工作，推进“1233”资金管理体系（搭建一套公司级集团账户、建立两个结算池、融通三个市场、构筑三维立体安全防线）建设。清理长期在建工程资金，完成500kV资产划转东北分部等工作。农电企业划转完成工商规范、清产核资、企业信息系统搭建等工作，争取到省政府财政贴息政策支持。从省国税争取到增值税超缴停征政策，实现代管农电企业增值税留抵税额100%退税。构建多维精益管理体系，推广国网商旅应用系统。治理重点领域财税风险10项，建立综合类问题清单，并加大整改力度。

安全生产 完成春秋检、技改大修等工作，累计完成电网技术改造项目365项，设备大修项目568项。开展架空输电线路通道隐患专项治理工作，消除隐患1902项。实施输电线路“三跨”区段改造项目23项。委托运维500kV输电线路，500kV线路故障跳闸率0.06次/（百千米·年），为近10年最佳。建立输电“立体化”巡检体系，深化应用直升机巡检和全地形车巡检技术，探索应用“高精度红外多光谱成像”技术和“无人机自动飞行与智能识别”技术。完成全国“两会”、“改革开放40周年活动”、习近平总书记黑龙江调研等重要活动和重要节日保电任务35次，实现保电工作“四个零”工作目标。

开展装置违章治理，完成治理10 466项。调串220kV变压器调4台，增加供电能力210MVA，缓解绥滨、海伦等地区春灌负荷激增局面。制定《10（20）kV及以下客户供配电设施建设工程设计技术设备工艺规范指导意见（试行）》和《电网资源信息公开工作指导意见》，取消业扩报装带电接火费。支持政府光伏扶贫项目，完成全部906个光伏扶贫配套电网项目，完成投资8804万元。精简配电网工程典型设计方案33个，缩减标准物料目录403条。应用配网工程项目辅助支撑软件，实现典型设计应用率、标准物料执行率100%。

强化本质安全建设。制定《安全生产领域改革发展意见》任务分解清单，制定、完善安全规程及制度规定33项。建立“矩阵式”安全责任管理体系，增设23家单位独立安全监督机构，配齐101名安全总监。组织开展大面积停电事件应急演练23项，完成大面积停电应急演练全国观摩，完成莲花、镜泊湖水电厂“黑启动”试验。应对“温比亚”“苏力”台风、“11·09”雨雪冰冻灾害，恢复受损线路供电。

加强施工现场安全管理。选派70余名专业人员进驻供电工程现场督查，纠正各类违章912起。开展安全生产“六查六防”专项行动，整改问题1258项。开展春秋季安全大检查、专项安全督查、专项隐患排查，全年累计排查治理事故隐患1738项。印发安全工作奖惩意见，全年累计发放安全奖励3693万元，全口径查处违章2924起，查处责任人3419人，罚金117.64万元。

营销工作 完成售电量763亿kWh，同比增长5.5%；对俄罗斯购电量完成31.09亿kWh（其中交流线路进口结算电量5.08亿kWh，直流线路进口结算电量26.01亿kWh），累计进口额1.38亿美元。

开展深化机关作风整顿优化营商环境专项行动，出台优化电力营商环境报装接电专项治理23条，组建优化营商环境纠察室和检查大队，纠正各种违规行为。高、低压客户平均接电时间分别压至80天和30天以内。明晰与客户投资分界点，投入高压客户配套项目资金5163万元。2018年，黑龙江省“获得电力”指标位居国家电网公司第20位。

与大庆油田签订《“三供一业”供电分离移交实施协议》，接收覆盖4500km^2、涉及36.6万户的油田供电设施，为解决国企电力自供区问题提供了经验。央企供电移交改造项目协议签订率、供电服务职能接收率、资产移交协议签署率均100%，维修改造完成87%，位居国家电网公司第三名。

跟进增量配电业务试点进程，推进供电区域划分工作。指导地市公司收集信息，争取优质项目参股比例。化解电煤供应紧张衍生风险，避免减供电量2.9亿kWh。帮助省重点企业通过直购电交易降低企业用能成本1.2亿元，年增售工业电量9.1亿kWh。修订《黑龙江省电能替代“十三五”规划》，确定全省“依托油田开采，提升农业辅助，挖掘轨道交通，稳妥推进供暖，实施再电气化”的电能替代方向。对468所中小学校和159个村委办公用房实施以电代煤，新增电动公交车3180辆，年替代电量1.79亿kWh。

加强电费回收过程管控。对高耗能、高污染、存在欠费记录以及临时用电等客户，实行领导负责制，专人看守，全年未发生大额欠费。开展高损台区治理百日攻坚活动，执行“日监督、周通报、月考核”举措，关键指标持续优化。全年共开展现场检查 282 次，出动人员 4779 人次，发现各类问题 2.27 万件。全省累计治理高损台区 3749 个、负损台区 2497 个，占公用台区总数的 15.62%。2018 年，台区线损率同比压降 19.79%。

推进计量资产专业化、精益化管理，解决缺封、无锁、串户等管理难题。提升采集通信能力，加强安全防护措施，网络信息安全风险大幅降低。完成“东西帮扶”100 万只电能表轮换工作，低压台区线损率下降 1.46%，采集成功率提高 4.88%。

深化“互联网+”营销服务建设，推广应用电子账单、电子发票、线上办电等功能。实时监控营销信息系统运行情况，完成营销信息系统版本升级 11 次、处理系统运行事件 18 次、消除系统隐患 16 件，完成全年电价调整 5 次。

科技与信息化工作 牵头完成的国家电网总部科技项目“输变电设备状态监测装置低温长期运行可靠性提升技术研究”通过国家电网公司验收。“极寒条件下特高压交流主设备性能及高寒地区特高压试验基地建设规划研究”“变电主设备高寒运行诊断技术研究”等项目通过国家电网公司中期督导。“高寒地区电力设备可靠性提升技术”科技攻关团队完成技术突破、人才培养和成果培育目标。加大国家重点项目“常规/供热机组调节能力提升与电热综合协调调度技术”研发力度。推进“输变电设备极端环境运行与检测技术联合实验室”和“电力器材安全性能技术标准验证实验室”建设和运行工作，提升实验资源利用率和共享率。

全年共申请发明专利 108 项，获得发明专利授权 29 项；截至 2018 年末，累计拥有专利 971 项，发表科技论文 84 篇，出版论著 3 部，获得软件著作权 1 项。全年共有 22 项成果分获国家电网公司及省政府科技进步奖。组织国网哈尔滨供电公司开展 4A 级标准化良好行为企业创建工作，并通过中电联现场确认。

完成国家电网公司统推信息化项目 75 个，获得国家电网公司 2018 年信息通信项目优秀管理流动红旗。1 个项目获得“国家电网公司 2018 年度建设实施优质项目”称号。“绿色节能机房”获得 2018 年电力企业信息技术应用创新优秀成果二等奖。推进 SG-ITOM3.0 体系试点建设，实现二期 9 项流程单轨运行。牵头编制一体化“国网云”运维技术规范企业标准。通过国家电网公司信息化企业验评。

制定《国网黑龙江电力信通安规》实施细则，完成信息通信工作票“三种人”梳理及资格认定。举办信通网络大学培训、信通安全生产冬训、信息安全轮岗交流等活动。深化网络安全“红蓝”对抗体系，加强红蓝攻防演练。完成“护网 2018”专项演习行动保障任务。完成全省 131 家农电企业的用电采集系统改造，消除农网营销系统安全隐患。开展网络安全应急演练、弱口令排查、网络边界安全加固专项工作，提升网络安全防护水平。

优质服务 落实省委、省政府集中整治窗口服务突出问题的要求，对照“四零”承诺服务厅标准完善服务设施，解决自助服务设备长期故障问题，加强窗口即时评价管理。

印发《营业厅服务标准》，组织开展网络和现场培训，举办客户服务技能竞赛。开展“三比一争”供电服务及营销服务之星竞赛，评定出五星级营业厅 49 个、四星级营业厅 72 个和年度红旗标杆窗口 10 个，评选“十佳营销服务之星”“优秀营销服务之星”。

定期走访重要客户，开展“一对一”个性化、差异化服务，督导客户整改缺陷，送达电网风险预警告知单 217 份。开展三方协同应急演练，提高重要客户的应急处置能力。2018 年共派出用电检查人员 8860 人次，深入现场 3825 处，查出安全隐患 1064 条，完成整改 217 项，未整改隐患均向政府电力主管部门报备，实现“服务、通知、报告、督导”四到位。

农电工作 争取国家电网公司和省政府资金支持，一次性完成 131 家农电企业划转工作。开展乡镇供电所管理平台建设、全能型创建、星级所创建项目。开发特色“全能型”乡镇供电所管理平台并在全省推广应用。创建五星级供电所 7 个、四星级供电所 40 个。坚持驻村扶贫工作，助力抚远市（国家级贫困县）摘帽。服务光伏扶贫接网工程，完成 16 个市县光伏并网工作。

党的建设和精神文明建设 加强政治思想建设。各级领导干部带头抓学习、讲党课，深入基层一线宣讲 986 次，调研 5780 次。组织辅导报告会 460 次，主题党日 3067 次。加强监督考核，1021 名基层党组织书记向上级汇报党建工作，361 名基层党组织书记完成现场述职。实行“成员领学+专题研学+集体诵读”模式，全年各级中心组学习 470 次。

加强党建责任落实。组织召开党建暨干部工作会议，下发党委 1 号文件，细化分解 100 项工作任务。明确三级党组织、4 个岗位共 60 项工作职责，防止出现责任真空。开展党建工作量化计划管理，明确 7 大类、33 个量化项目。开展党建工作联评互查，综合考评所属 33 个单位年度党建工作绩效。

推进党建标准化建设。制定机关党建对标管理实施方案，细化基层党委党支部标准化建设方案和工作指引。投入 3000 多万元建设标准化党员活动室和党委工作室，推进标准化阵地建设。组织开展“双学双融”党务知识大学习活动，4782 名党员领导干部和专兼职党务工作者参加闭卷考试。

开展“党建+”活动。开展“作业现场党旗红”活动，党员自觉接受群众监督，带动全员提升本质安全意识。开展安全专题员工思想动态调研。制定《加强代管企业员工思想政治工作意见》，实行思想动态周报制度，推动代管企业划转工作进行。

提升精神文明创建水平。推进企业文化建设示范点“百千万”工程建设，基层示范点覆盖率10.32%，2个班组（站所）获得国家电网公司首批企业文化示范点称号。1项创新成果获得国家电网公司精神文化建设创新奖。深化共产党员服务队建设，1支共产党员服务队被授予“国家电网公司金牌共产党员服务队”称号。深化志愿服务工作，130支志愿者服务队、6661名志愿者累计帮扶40余万人次。

激发群团工作活力。召开共青团代表大会，完成换届任务。组织参加国家电网公司第四届“青创赛”，获得决赛银奖、铜奖各一项。3个集体、5名个人获得国家电网公司“两红两优”称号。组织开展“爱企业、献良策、做贡献”等活动，建立党外知识分子建言献策工作室，支持统战人士建言献策。

主要事件

2月14日，黑龙江省委书记、省人大常委会主任张庆伟来到国网哈尔滨供电公司，亲切慰问节日期间坚守一线的电力员工，并向全省电力员工致以新春祝福。

3月23日，全国人大代表、国网黑龙江电力董事长、党委书记李永莱到国网哈尔滨供电公司首个春检现场——66kV朝阳变电站督导工作，并向生产一线员工宣讲全国“两会”精神。

3月23日，省公司与大庆油田正式签署“三供一业”供电资产无偿移交协议，标志着大庆油田供电自供区中的职工家属区及转供社会负荷无偿移交工作正式启动。

6月15日，国家电网公司副总经理、党组成员杨晋柏在哈尔滨出席黑龙江省委省政府举办的“央地携手、共谋发展”合作交流会。

6月22日，国网黑龙江电力参加了黑龙江由省委省政府纠风办、黑龙江广播电视台主办的《行风热线》直播节目。

7月3日，国网黑龙江电力与国网内蒙古东部电力有限公司签署团青工作合作框架协议。

7月25日，国网黑龙江电力召开“优化营商环境开展报装接电专项治理”新闻发布会。《人民日报》、新华社、《黑龙江日报》等10家中央、省、市级新闻单位记者出席发布会。

8月21日，国网黑龙江电力举办“能源转型与综合能源系统构建”讲座，邀请特高压工程技术专家进行授课。

8月24日，500kV冯屯—齐南—庆南—哈尔滨输变电工程全线投产，标志着黑龙江西部500kV电网实现双线环网运行。

8月28日，国网黑龙江电力2018年大面积停电事件应急演练在国网哈尔滨供电公司举行。

9月20日，国家电网公司2018年集体企业关联交易、车辆、资金管理综合检查组进驻国网黑龙江电力并召开进点会。

10月17日，全国第5个“扶贫日”，也是第26个国际消除贫困日。国网黑龙江电力在帮扶的村屯——抚远市浓江乡生德库村开展2018年“扶贫日”活动。

12月10日，国网黑龙江电力开展黑龙江电网2018年迎峰度冬联合反事故演习。

12月21日，国务院国有资产监督管理委员会下发了关于延寿县电业局等131户农电企业国有产权无偿划转有关问题的批复，标志着国网黑龙江电力全面完成农电企业国有产权无偿划转工作，从此结束了全省20年农电代管历史。

12月29日，国网黑龙江电力与黑龙江中医药大学在哈尔滨举行黑龙江省电力医院划转协议签约仪式。

（蒋　励）

【国网内蒙古东部电力有限公司】

企业概况　国网内蒙古东部电力有限公司（简称国网蒙东电力）成立于2009年6月，由原属东北电网公司的赤峰、通辽电业局和原属内蒙古电力公司的兴安、呼伦贝尔电业局划转组建。主要负责内蒙古东部赤峰、通辽、兴安、呼伦贝尔四盟市电网的规划建设、运营管理、供电服务等工作，承担着内蒙古境内特高压及配套工程的前期协调、建设管理、运行维护等任务，供电面积47万km^2（占内蒙古总面积的40%），供电人口1160万（占内蒙古总人口的50%），服务客户601万户。国网蒙东电力先后获得国家电网公司文明单位、自治区文明单位、自治区五一劳动奖状、自治区“百佳诚信企业”等荣誉。

2018年，国网蒙东电力完成固定资产投资83.3亿元，其中电网投资78.8亿元。投产66kV及以上线路3438km、变电容量529万kVA。售电量325.8亿kWh，同比增长11.06%；外送电量712.1亿kWh，同比增长19.51%；综合线损率7.99%，同比降低0.16个百分点。利润总额−6.6亿元，同比减亏1.8亿元。资产总额469亿元，资产负债率81.96%。业绩考核保持国家电网公司B级。蒙东电网以扎鲁特—青州特高压直流为依托，初步形成了以500kV电网为骨干网架、220kV电网基本实现县域全覆盖、

110（66）kV电网链式环网与辐射性相配合的供电网络。

截至2018年末，蒙东电网拥有66kV及以上变电站670座、变电容量6509万kVA、线路37 819km。其中，1000kV变电站3座，变电容量1500万kVA，线路长度468km；±800kV换流站3座，换流容量3000万kVA，线路长度981km；500kV变电站12座，变电容量1515万kVA、线路长度6654km；±500kV换流站1座，换流容量300万kVA，线路长度715km；220kV变电站80座，变电容量1820万kVA，线路11 152km；110（66）kV变电站575座，变电容量1674万kVA，线路17 849km。内蒙古境内已经投运“三交三直”特高压工程（锡盟—山东、蒙西—天津南、锡盟—胜利交流，锡盟—泰州、上海庙—临沂、扎鲁特—青州直流），特高压外送能力4400万kW。

组织机构 国网蒙东电力设置21个本部部门，有7家业务支撑和实施单位、4家盟市供电公司、5家全资子公司、41家县级供电公司、4家集体企业公司。国网蒙东电力全口径用工2.4万人、其中长期职工1.4万人。

电网概况 内蒙古东部电网位于内蒙古自治区东部地区，包含赤峰、通辽、兴安、呼伦贝尔四个盟市电网，是典型的“大电源、小负荷”外送型电网，通过20回500kV交流线路和伊穆直流与东北主网联网，通过±800kV鲁固直流与华北电网联网。其中，赤峰电网通过青燕1、2号线和青北1、2号线与辽宁电网联网；通辽电网通过科沙1、2号线、科阜1、2号线与辽宁电网联网，通过扎向1、2号线、扎昌1、2号线与吉林电网联网，通过±800kV鲁固直流与山东电网联网；兴安电网通过兴甜1、2号线与吉林电网联网，通过华兴1、2号线与黑龙江电网联网；呼伦贝尔电网通过伊冯甲、乙线、岭冯1、2号线与黑龙江电网联网，通过伊穆直流与辽宁电网联网。在正常方式下，呼伦贝尔、兴安、通辽电网在蒙东境内通过500kV线路联网运行。截至2018年底，蒙东电网装机总容量33 133MW，其中火电20 387MW、水电336MW、风电10 018MW、光伏2392MW。220kV及以上换流站、变电站、开关站共112座，总容量51 791.5MVA。其中，1000kV变电站3座，总容量15 000MVA；±800kV换流站2座；±500kV换流站1座；500kV变电站10座，总容量13 650MVA；220kV变电站86座，总容量23 141.5MVA。1000kV线路共9条，线路总长528.799km；500kV交流线路69条，线路总长5207.556km；220kV线路338条，线路总长13 236.085 4km；±800kV直流线路4条，线路总长1534.848km；±500kV直流线路2条，线路总长1430.08km。

人力资源 2018年，国网蒙东电力企业负责人业绩考核连续两年获得B级。2018年调整基建、安监、物资、巡察机构设置，组建省、市两级会计核算中心，成立后勤服务中心、集体资产监管中心，创新开展综合能源服务国网蒙东电力市场化改组，构建“大后台、通中台、强前端、实一线”的新型供电服务组织体系。

2018年，招聘毕业生413人、“订单+定向”培养61人、接收复转军人9人，累计招入457人。出台全面落实劳动合同制、供电服务公司实体化和农电工队伍职业化指导意见，社会化招聘供电服务公司员工49人。开展跨单位岗位竞聘，引入素质量化积分，重点缺员岗位优化配置43人。规范清理不在岗31人，延期录用试用期1人。分省、市布局6个员工档案室，完成档案电子化试点测试工作。

深化岗位绩效工资制度，出台管理职级、技术能级序列建设意见，在管理岗位构建管理职级序列，在技术、技能和服务岗位构建技术能级序列。完善工资总额分配机制，坚持“效益优先，兼顾公平”的分配原则，根据企业功能定位和用工类别，建立差异化工资总额分配模型，工资总额与企业增加值、劳动价值量、业绩考核值紧密挂钩，突出工资与效益同向联动，充分发挥薪酬价值导向作用。切实用好工资增量，突出业绩导向，增量工资进一步向业绩优、贡献大的单位倾斜。修订各级企业负责人业绩考核管理办法，初步形成“全方位、全动力”的差异化业绩考核体系。一线员工工时积分同价计酬工作不断提升，2018年A级人员绩效薪金倍比115.28%、C级人员绩效薪金倍比83.73%，一线员工绩效薪金差异化已达到国网要求水平；督导各单位建立员工奖励、惩处“两本账”管理机制，实行滚动更新、逐级报备的管控流程，员工奖惩实现了合规、及时、严谨、在控。

实施青年人才培养“六大工程”，新建（改造）用餐场所25处、宿舍188间，累计解决青年员工用餐、住宿问题2072人次。实施新员工入职培训443人次、师徒结对2339人次、一线锻炼373人次、轮岗交流212人次，评选省市两级“青年英才”328人、“优秀职业导师”89人。选拔8名优秀员工赴国网冀北电力实践锻炼。晋升正高级工程师9人，高级、中级专业技术资格699人，同比增长48%。组织各类脱产培训1361期、7.2万人次，开展冬季大培训，组织营销、运检专业冬训普调考、技术比武4158人次，20门课件入围国家电网公司2018年网络大学优秀课程评选。

完成国网东北分部代管企业年金资金划转工作。印发社会保险业务档案整理规范等5项管理制度。建立社会保险综合服务平台，开展省、市、县三级“社会保险政策宣传活动”。及时准确落实国家及自治区降低保险缴费比例政策，积极申请稳定岗位补贴，2018年累计节约成本2460万元。

电网建设与发展 2018年，完成《国网蒙东电力“十三五”发展规划》（修编），提出了10个发展目标和13项发展重点，以及规划实施的保障措施。明确了“到2020年，全面建成‘一强三优’现代国网蒙东电力。

开展蒙东地区远景目标网架研究，滚动修编“十三五”主网架规划，推进国网蒙东电力电网规划成果纳入自治区电力规划。与通辽市政府签署共同推进电网发展合作协议，凝聚电网发展合力。针对锡盟特高压配套新能源汇集方案中重点、难点问题开展研究，推动电规总院完成500kV汇集方案评审；联合锡盟政府，全面推进锡盟特高压配套新能源接网工作进度，完成锡盟特高压配套新能源项目220kV接网方案和联网工程可研评审。畅通重点项目“绿色通道”，服务重要负荷，有效缩短项目前期周期，推进毕氏项目、齐鲁制药等供电工程加快建设，确保满足客户用电需求。

与经研院、盟市国网蒙东电力合力攻坚，推进国网蒙东电力重点项目前期工作，完成年度前期工作任务，同业对标指标保持A段。

核准蒙西—晋中、神华胜利电厂送出等4项1000kV工程；核准锡盟换流站配套、朱家坪电厂送出、满洲里等3项500kV输变电工程；锡盟特高压配套新能源5项500kV汇集工程完成核准上报，36家风电场200kV接入工程全部核准。

开展工程建设领域自查自纠，发现2项问题并及时完成整改。修订下发项目前期咨询服务专题招标资质业绩条件设置建议，编制电网项目预可行性研究内容深度要求2项工作指导意见。年度召开3次前期工作座谈会，组织1次前期培训，有效解决基层单位30多项前期工作难点问题。

实施配电网项目储备管理的新机制，提升电网基建项目储备管理水平，基层项目储备精益管理水平不断提高，10kV项目可研深度得到明显提升。开展2017—2018年冬季、夏季高峰负荷分析工作，深入分析地区高峰负荷发展规模，统筹研究各地区重点项目方案，制定2018—2022年电网基建项目建设时序表，有效衔接规划、前期、投资计划、建设各环节工作。积极开展光伏扶贫项目接网服务工作，实行无休息日工作模式，缩短各环节审批时限，蒙东地区70.9万kW集中式光伏扶贫项目在6月30日前全部完成并网。落实国家保障性收购及风电、光伏发电投资监测预警机制，坚决按照弃风、弃光“双降”工作要求，开展可再生能源消纳分析，引导地区可再生能源科学、有序发展。对经营区域内项目落实国网园区业扩项目“绿色通道”，加快园区业扩配套电网投资建设。

以《国家电力发展“十三五”规划（2016—2020年）》为指导，国网蒙东电力全面开展“十三五”电网规划滚动调整工作，高质量完成省、市、县三级共64个电网规划报告及专项、专题报告编制工作，落实精准投资、精益管理要求，因地制宜、有的放矢，提升配电网发展效率和效益，加快构建安全可靠、坚固耐用的现代化智能配电网。

立足地区电网差异，开展高峰负荷分析和农配网重点问题专项规划，推动配电网高质量发展。开展松北新城现代智能配电网项目研究，打造高可靠性城市配电网范本。加大农灌地区电网投资力度，推进光伏发电服务农灌负荷，基本解决农灌期季节性缺电问题。

推动增量配电改革落地见效，多次对接沟通地方政府，了解第三批申报试点项目最新情况，宣传国家及国家电网公司政策，研究编制试点项目供电规划方案。针对拟申报试点项目存在问题，从政策沟通、规划衔接、试点范围确定、电压等级、是否含存增量负荷等方面，提出明确相关原则及意见，主动对接地方政府，服务试点上报工作，推动试点顺利实施。同时，沟通自治区能源局，督促完成了第一批试点项目可研评审，取得批复文件。

根据《国家电网公司关于开展2016年全国节能宣传周和全国低碳日活动的通知》（国家电网发展〔2016〕551号）文件要求，国网蒙东电力积极落实贯彻国家节能减排工作部署，组织各直属单位紧紧围绕“节能降耗　保卫蓝天”和“提升气候变化意识，强化低碳行动力度”主题，提前安排部署各地市公司、县级公司在蒙东地区开展了范围广泛、形式多样的节能宣传活动，倡导节能低碳的生产方式、消费模式和生活习惯。

经营管理 实施内售和外送“两个策略”，推广“煤改电”等电能替代项目2673个，完成替代电量19.2亿kWh。电费收缴连续10年实现“双结零”。发挥电价优势争取外送空间，鲁固直流蒙东外送份额达到44%。特高压外送电量是2017年的3.1倍，促进增收3.5亿元。同期线损工作初见成效，关口采集覆盖率100%，采集成功率99.5%。争取自治区年度同网同价补助资金12.3亿元。

顺利完成2017年同网同价补贴资金清算工作，自治区发展改革委批复按核定上限拨付同网同价资金，确保利润最大化；促请自治区财政厅提前拨付2018年同价补助资金12亿元，节约财务费用约1470万元。积极协调国家电网公司，争取到特高压外送电量（含计划电和市场电量）收取输电费 3 分/kWh，特高压交流工程单位输电效益同比翻一翻，实现 2018 年特高压工程外送输电费增收 2.29 亿元。区域输电价格取得突破，争取到蒙东地区通过区域共用网络外送辽、吉、黑三省电量收取输电费 3 分/kWh 政策，预计年增加输电收入 1.65 亿元。促请自治区发展改革委向国家发展改革委汇报，将 2017 年同网同价时一般工商业用电价格平均每千瓦时降低 5.31 分作为本次调价的空间，并促请国家发展改革委形成东西帮扶机制，利用帮扶资金 2.3 亿元，一般工商业用电降价 13.18 分，超额完成国家降价 10%的目标，最大限度减轻公司的损失，配合价格主管部门开展清理转供电加价工作。

配合自治区成本监审局“呼辽直流工程”输电成本实地监审工作，提前模拟测算、归集各类成本费用，核定的核价成本较定额测算成本增加 0.8 亿元，核定输配电价为 4.59 分/kWh。大工业倒阶梯输配电价政策落地。制定了蒙东地区大工业倒阶梯输配电价方案，得到自治区发展改革委和国网蒙东电力领导的认可，已于 2019 年 1 月 1 日起正式实施；并研究制定了《国网蒙东电力大工业执行倒阶梯输配电价操作方案》，成立了领导小组和办公室，明确工作职责和相关业务流程，确保电价政策落地执行。受益于电价改革政策落地及特高压电量增长，国网蒙东电力外送效益显著提升，2018 年电力外送效益占比 21%，同比提高 9 个百分点，“输电与售电”两翼齐飞，“内涵与外延”双轮驱动格局更加明朗。

确定“三年减亏”总体思路。综合预判经营形势，统筹考虑发展需求，明确“保障发展、逐步减亏、三年扭亏”总体思路，作为今后一段时间年度经营目标依据。建立业财采“三力合一”机制。按月开展预算滚动测算，加强预算执行分析监控，及时开展年度预算调整，8 月底前下达 95%以上成本预算，基本形成业务部门、财务部门、采购部门“三力合一”机制。

按照可控费用总额 50%比例，提前下达 2019 年成本预算，有效解决预算及招标时间节点衔接问题。修订标准成本。协同运检、营销、发策部门，组织盟市、旗县国网蒙东电力，以配网检修运维为切入点，按照业务驱动成本理念，分解料、工、费形成作业单价，完成多维精益管理任务。争取到物资和服务采购模块专项试点，完成管理规范编写，细化制定采购业务应用规范 5 个方面 60 余条。完成工程到资产、采购到付款、总账到报表等 98 项端到端流程验证，如期完成 ERP、财务管控、员工报销、项目管理平台等 144 项相关功能部署；实现电网损益类会计科目成功切换，多维成本报表自动出具，完成执行财政部成本核算制度的法定任务。财务机器人（RPA）应用成果显著。

牵头开展国网商旅方案设计，率先实现预定、报销和支付全程贯通和上线应用，得到国网充分肯定；商旅订单总额达到 2200 万元，订单总量超过 28 000 笔，报销单总量超过 32 000 笔，占七家推广单位业务量的 75%以上。实现凭证电子化“从无到有”。基于全业务发票池在线验真、查重和认证等全链条电子化管理，通过集成经法、ERP、财务管控等多系统，实现业财数据共享、自动校验，初步实现服务确认至款项支付的电子化、标准化及自动化。实物 ID 建设取得阶段性成果。梳理完成“14＋2”类设备、2.26 万条物料编码“三码对应”，资产智能盘点功能上线应用，实现盘点任务在线发布、执行，盘点报告自动生成，进一步提升资产管理力度。开发自动化报销功能。通过电子影像系统扫描上传票据及资料，运用 OCR 技术自动提取票据信息，自动生成报销单，确保发票的准确性和真实性，提高单据填报效率和质量。

认真落实国家电网公司资金安全大检查工作要求，共发现整改 5 大类 42 项问题；在资金支付关键环节引入“人脸＋密钥”双重安全防控体系，打造三维立体资金安全防线；加强财务制度建设，印发制度规范，规范支付行为，堵塞管理漏洞；加强集体企业资金管理，下发制度规范，执行银行存款余额调节表审核工作机制，防范资金风险，保障资金安全。加强成本规范性管理。开展成本规范性专项检查，针对存在的问题，印发《成本费用报销管理规范》，全面规范成本费用流程、要求、标准等，成本规范性水平较大提升；建立财务工作通报机制，按月梳理各专项重点工作存在问题及进展，加强过程管控力度；严格项目储备审核，深化国网蒙东电力级项目管理平台应用，进一步夯实预算基础、提升管理效益。加强工程资产管理。开展资产设备数据治理，完成 1.5 万条土地、房产和车辆信息梳理完善工作，建立信息库，实现信息直观、准确在线展示；开展工程资产专项检查，发现 19 类 140 项问题，建立问题清单销号机制，整改完成率 100%，举一反三，推动工程资产管理水平再提升；强化工程全过程财务管理，制定具体措施 29 项，规范工程财务管理 11 大方面，持续提升管控水平。风控稽核作用充分发挥。有序推进问题清单梳理，涉及财务管理、电网安全等 15 个方面，累计梳理全级次问题 221 项；加强重大风险防控，牵头制定风险防范措施 17 项，按月明确风险防控工作计划 16 条，消除风险隐患；完成输配电成本稽核工作，对国网蒙东电力 2016—2018 年度输配电成本管理情况进行全面自查，发现问题和风险 15 个，涉及金额 83.32

亿元。规范本部报销管理。配合完成国网蒙东电力巡视检查整改工作，结合费用报销存在问题和风险，下发《国网蒙东电力关于规范本部差旅费管理的通知》，进一步从严控制成本支出。

编发《国网蒙东电力关于加强外部数据获取与应用管理工作的通知》，通报了外部数据资源现状，明确规范管理和数据共享应用要求；选取输配电主要设备缺陷、配网公变运行状态两项课题开展大数据应用探索实践，形成《基于大数据技术的配网设备运行状态挖掘分析》《基于大数据技术的典型设备缺陷状态挖掘分析》两篇报告。确认并整改电网设备数据问题14 829项，电网运营监测系统内设备数据匹配率同比提升10.87个百分点；量价费损监测全年查处用户偷窃电、互感器接线虚接或反接等各类问题1156项，累计追补电量293.03万kWh，追补电费195.38万元；营销稽查监测全年查处变损电量异常、超容量用电等各类问题939项，累计追补电量87.51万kWh，追补电费82.86万元；大工业用户用电异常实时监测，累计发现私自增容变压器、私自启用已办理暂停变压器等违约用电行为15起，向客户提出无功补偿建议59项，追补电费16.53万元。

健全“班车制”加“专车制”的立体采购模式，灵活调增批次，畅通采购“绿色通道”，优化采购策略，缩短采购周期，有效满足特高压、农网改造升级、市场增供扩销等重点工程项目需要。全面落实《关于提升采购设备质量的若干意见》，以“选好设备”为中心，进一步完善内部质量管控机制，质量管控工作稳步推进。激发物资队伍青年同志们创新创造热情，“国网物联”项目荣获国家电网公司“青创赛”铜奖。落实从严治党要求，全面加强物资队伍思想建设、能力建设和廉政建设，物资队伍整体履职能力和作风形象显著提升。

完成物资组织机构优化调整，实现职能部门与业务实施机构一体化管理，增加“授权采购实施工作”“电商化采购执行与监督”等职责，进一步完善国网蒙东电力物力集约化管理体系，提升物资体系协同和支撑保障能力。全年组织完成招标与非招标批次80个，节资率9.47%，物资采购标准执行率98.78%，物资采购计划完成率100%，物资采购管控指数100%，物资合同履约完成率99.9%，仓储标准化建设完成率100%。

围绕庆祝改革开放40周年、特高压建设、迎峰度冬等开展了37次主题宣传，在中央媒体发稿386篇，在新华社动态清样发稿1篇。围绕特高压女子输电班事迹进行策划，稿件《“90后”女子输电班不甘无为挑战特高压“禁区”》在新华社国内动态清样刊发并荣获国资委纪念改革开放40周年中央企业故事一等奖。输电班集体获评“中国网事·感动内蒙古”人物。把握重要时间节点，传播新一轮农网升级改造“两年攻坚战”成果，《内蒙古全部乡镇结束无长电历史》在中央电视台新闻联播栏目播出。打造特高压名片，《内蒙古特高压工程全部投入运行》新闻在中央电视台新闻联播播出。

及时向国家电网公司和自治区国资委报告国网蒙东电力意识形态工作责任制落实情况。制作意识形态工作基本要求手册及意识形态责任制宣贯课件，明确组织领导、阵地建设、队伍管理、检查考核等相关工作责任。不断提升相关工作人员对意识形态的理论认识高度和实际工作能力，在新员工入职教育培训中进行品牌维护与意识形态专题培训，规范新入职员工言行。开展意识形态工作专题督查，梳理4方面32个问题并现场对各单位提出整改要求。密切监测了重要时间节点、重要议题相关舆情动态，全年编发意识形态工作周报50期，适时组织开展了夏季暴雨天气预防触电等相关舆论引导。就营商环境检查等事项下发舆情预警，全年发布舆情预警10次，提出管理要求并在特殊时段执行舆情日报制度，全年国网蒙东电力系统舆情总体平稳。组织召开2次社会责任工作推进会，不断提升各单位对社会责任工作的重视程度和参与度。以呼伦贝尔满洲里市公司作为全面社会管理工作的实施单位，积极培育社会责任示范基地。持续推进社会责任根植重点项目，赤峰巴林左旗公司与河南洛阳栾川县公司、甘肃临夏州临夏县公司积极开展根植项目沟通交流，《电杆安家记——社会责任根植农网改造升级过程》项目入编国家电网公司2018年社会责任报告。

基础设施保障能力全面提高，完成国网通辽供电公司生产综合楼地下停车库项目建设。实现运维检修综合楼投运，结束国网蒙东电力检修公司租房历史，提高运维检修保障能力。稳步推进国网兴安供电公司生产综合楼项目建设，实现主体封顶。累计建成乡镇供电所100座，乡镇供电所无房、危房问题得到有效解决。

强化调度通信楼管理，印发了《国网蒙东电力调度通信楼管理手册》，规范工作秩序，调度通信楼管理步入正轨。加强职工服务保障，通辽业务支撑中心职工食堂建成使用，为基地职工提供优质用餐保障。推进健康食堂建设，开展厨师交流活动，后勤服务保障能力明显提升。

安全生产 推进以“一标双控”（一岗一标、一人一控、一事一控）为抓手的本质安全建设，推广典型经验。建设正向激励机制，全年兑现安全生产奖励2300余万元。强化春检、秋检预试工作督导检查，领导班子带队对9家单位开展全覆盖督查。全年发布五级及以上电网风险预警65项，建设工程风险预警34项，预警期间保持安全平稳。

推进应急能力建设评估，完成41家旗县公司和4家平台企业应急能力建设评估工作，及时梳理问题清单，制定闭环整改措施。全年开展84次应急演练，3560余人参加，重点开展了桌面与实战相结合的通辽地区大面积停电事件应急演练，省市县三级联动，全国网系统远程观摩。完成各项保电任务，部署"两会"、上海合作组织青岛峰会保电，收到国家电网公司表扬信，组织开展了中非合作论坛北京峰会、司法考试、"进博会"保电及迎峰度夏保电应急值班。

营销工作 售电量325.8亿kWh，同比增长11.06%，高于国家电网公司平均增速1.72个百分点，超计划目标1.96个百分点，四盟市公司均实现正增长。电费资金"颗粒归仓"。强化电费回收管控八项措施，坚持高耗能和产能过剩企业"一户一策"措施，持续推广智能交费，开展在线监控、常态预警与专项稽查，当年电费回收率100%。降损反窃成果突出。建立台区线损多维度指标管控体系，组建高损台区治理攻关团队，部署实施台区综合指标分析看板，综合评判各单位线损工作质量，归真线损指标。开展营销线损管理现场稽查，全年治理高损台区2617个，台区同期线损率降至4.05%，同比降低0.21个百分点。深入开展反窃查违工作，全年共查处窃电及违约用电567起，追缴电费及违约金收入329.94万元。

以业扩提速、电能替代为重点大力增供扩销，在运用户容量增长8.44%。开展自备电厂专项治理，加快清理落后产能和违法违规自备电厂，规范企业自备电厂6户，容量5.78万kW，市场占有率同比提升5.75个百分点。实施电能替代项目2673个，完成替代电量19.24亿kWh。新兴业务凸显新亮点。推进综合能源服务公司市场化运作，强化市场意识和竞争意识。加强综合能源服务技术团队建设，加快提升规划设计、建设运营能力，构建灵活高效的项目管理制度，全年完成营收5345.58万元，同比增长61.15%，实现净利润595.68万元。对接专用充电设施用电需求，146台社会充电桩接网运行，累计充电量540万kWh。服务污染防治攻坚战取得突破。建立三级纵向贯通，发展、营销、运检等跨专业协同联动工作机制，在营业窗口开辟"煤改电"绿色通道，"煤改电"清洁取暖工作已覆盖蒙东地区600余个行政村，用电总容量36万kW。因地制宜推进风电清洁供暖，促成赤峰市林西县和通辽市扎鲁特旗作为"风电供暖试点旗县"，实现风电供暖面积138.5万m^2，消纳风电电量1.18亿kWh。促请自治区发展改革委出台清洁供暖电价政策，延长谷段时间，利用谷段电价优势支持清洁供暖。

"互联网+"供电服务方面，电子账单、线上办电等服务功能实现全覆盖。上线营销移动作业平台，全面推进业扩报装、计量装拆等服务业务现场移动办公。"电e盈""电e贷"等产品进一步丰富，居民智能交费占比99.96%。客户通过"电费网银"交费5672万元。营配调管理方面，建立营配调基础数据的系统级核查、专业间比对、闭环式管控的核查治理机制。智能电能表推广应用方面，安装智能电能表93.8万只、采集终端3.8万台，智能电能表覆盖率98.63%，采集覆盖率100%。全年向各专业推送采集数据25.3亿条。稽查监控有效加强。初步建成"省、市、县"三级营销稽查管控体系。开展专变用户电量突变等5项异动数据预警，计量装置技术参数订正等12类突出问题专项稽查，累计清零稽查主题84项，消除异动数据633万条，追补电费及违约使用电费45万元。

科技与信息化 2018年，共获省部级及以上科技奖励18项，其中牵头获奖6项。完成科技奖励评审工作，共授予科学技术进步奖27项，专利奖23项。地市供电公司组织申报地市科学技术奖，呼伦贝尔公司获得呼伦贝尔市科技进步二等奖1项、三等奖1项。在专利方面，优化指标考核算法，促进专利指标提升。全年发明专利申请42项，授权16项，发明专利申请量和授权量分别完成国家电网指标的140%和267%。截至2018年，累计拥有专利147项，其中，发明专利26项。所属各部门、各单位的科研创新热情，群众创新项目和论文发表数量质量均有较大提升，全年共发表技术论文300余篇，其中SCI论文2篇，中文核心期刊论文42篇。

建立完善技术标准实施评价工作组织体系，推进技术标准实施评价体系建设。严格按照国网蒙东电力技术标准工作要求及时更新新发布的技术标准，开展重新辨识，共辨识各类技术标准6857项，形成了适合国网蒙东电力安全生产需要的作业指导书和安全管理要求的作业流程体系，深化末端融合，实现技术标准和日常工作的对接。组织赤峰国网蒙东电力申报2018年电力企业"标准化良好行为企业"试点单位，并以优异成绩通过中电联4A级电力标准化良好行为企业现场验收确认，"一标双控"管理理念得到认可，标准化水平进一步提高。

在执行国家电网公司各项管理办法的基础上，相继编制、印发国网蒙东电力环（水）保验收实施细则和验收工作程序与职责分工等文件。全面明确了环保工作流程与各部门、各单位的职责。年内相继完成"白音华—赤峰—辽宁500kV输变电工程"与"科尔沁、沙岭、朝阳500kV变电站扩建工程"环保各项工作并通过国家电网竣工环保验收。

2018年，没有发生影响国网蒙东电力形象及发展、被政府环保行政主管部门通报批评的事件；没有发生因环保工作失误导致政府环保（水保）主管部门对国网蒙东电力采取限批措施的事件；没有发生环保污染事故；没有发生输变电设施投诉事件。积极与自治区环保厅、水利部相关流域委保持良性交流互动，环、水保工作获得了高度肯定。“六·五环境日”开展了多种形式的宣传活动。完成了103座变电站的噪声监测工作，监测率100%，全面完成噪声监测指标。六氟化硫气体回收中心处理废气692.1kg，净化率100%。

优质服务 开展报装接电专项治理行动，简化10kV及以下业扩配套电网项目管理流程，明确投资界面，推广小微企业“三零”办电新模式，高、低压业扩环节分别精简至4个、3个，高压客户、小微企业平均接电时间减至47天、19天。降价清费效果广受好评。完成三次降价调整，经营区内一般工商业电价降幅15%，全年降低一般工商业客户用电成本7.43亿元。严格执行退还临时接电费和三余自备电厂系统备用费减半政策，减少客户用能成本1.2亿元。积极配合政府清理转供电加价，发放宣传单0.6万份，为5.17万终端客户减少电费支出760万元。“三供一业”任务按期完成。健全制度体系，落实工作责任，明确分离移交工作基本原则、实施步骤和里程碑计划，全力推进国有企业职工家属区供电分离移交实施，实现供电分离移交“协议签订、职能接收、资产移交”三个100%，累计接电改造4.21万户。

构建基于客户感知的六维度供电服务考核评价体系，2018年末，10kV客户平均报装接电时长61.14天，客户报装接电单位容量投资176.96元/kWh，居民受电可靠性99.9882%，居民受电电压合格率98.05%，电费类投诉每万户0.22件，费清复电平均时长38.87min，各项指标均好于年初水平，客户实际用电体验不断改善，面向前端、面向客户的供电服务产品理念初步建立。投诉管控力度不断加强。2018年共受理客户投诉4589件，每万户投诉7.71件，位于国家电网公司第13位，同比上升5名。从投诉反映的情况看，服务行为和电网建设方面不断向好（服务投诉483件，同比降低19.50%；电网建设投诉136件，同比降低9.93%），反映出基层人员服务意识、服务水平不断提升，电网建设现场管控不断加强。配网运维水平不断提升，10kV线路故障报修同比减少45.74%；低压故障报修同比减少36.82%。现代服务体系建设精心筹备。树立供电服务产品理念，坚持“实一线、强前端、通中台、大后台”的建设思路，完成现代服务体系方案编制，下一步将优化供电服务组织架构，构建省级“六个中心”（供电服务监管中心、电费核算发行中心、计量器具检定配送中心、计量电量数据中心、营销业务稽查中心、营销技术支持中心），作为供电服务品质监管和技术支撑的大后台，构建市级“四个中心”[供电服务指挥中心、运营监测（控）中心、配网调控中心、计量中心]，作为贯通营配调业务的中枢平台，在城区（园区）层面建设区域化、网格化的供电服务中心，在乡镇（牧区）打造全能全责型供电所，强化配网专业技术力量配置。服务措施成效明显。推出“改善供电服务八项措施”，运检、营销、调控等专业协同加强客户停电时间预算管理，强化智能交费业务停复电管控，大力推广客户实名制，完善供电服务例会制度、服务问题“说清楚”制度，坚持服务日通告、周通报、月考核。建成供电服务网格3113个，故障报修平均到达现场时间缩短9%。组织开展供电服务明察暗访。成功举办国网蒙东电力第三届供电服务技能竞赛。供电服务平稳有序。周密制定有序用电方案，有力应对排灌期间电力缺口。多措并举促进新能源发展，风电、太阳能发电同比分别增长17%、47%，弃风弃光率同比下降5.2个百分点。开展客户侧安全隐患排查，治理安全隐患1.48万条，努力消除用电安全问题。完成全国两会、纪念改革开放四十周年等客户侧保电任务。

党的建设和精神文明建设 树牢“四个意识”，坚定“四个自信”，坚决做到“两个维护”，将学习党的十九大和十九届二中、三中全会精神列为主题，及时用党的最新理论成果武装头脑。发挥党委理论学习中心组学习示范带动作用，完成中心组集体学习研讨8次，各层级党委完成中心组集体学习449次。推进“两学一做”学习教育常态化制度化，按月分类下发参考资料和学习要点，将党章的学习贯穿于党员全年学习内容，各级党组织共开展党章集中学习438场次，参加学习党员6077人。

印发党委一号文件，确定开展“六大提升工程”工作思路。健全两级党建工作组织机构，制定工作规则。将党建工作总体要求纳入章程，把党的领导嵌入公司治理。坚持民主集中制，严格“三重一大”事项集体决策，召开党委会议41次，研究议题167项。党建工作领导小组研究党建工作相关议题57项。完成年度党组织书记抓党建述职评议考核，587名基层党组织书记向上级党组织述职。

强化组织建设，分层建立基层党委“六个标准化”和党支部“五个标准化”评价指标体系，规范、调整基层党组织377个，打造党支部标准化示范点52个。强化队伍建设，开展“党务人员走基层”大调研，形成专题调研报告4篇，调研见闻22篇。深化共产党员服务队建设，构建“三级一体”管理模式，创新实施“五队合一”推进计划，建立115支国家电网乌兰托嘎共产党员服务队，累计参与重大保电761次，抢修抢险1376次，志愿帮扶6975人次。强化制度建设，结合中心工作建立省、市、县三级党建工作联系点，落实“三会一课”等七项组织生活制度，各级党组织全年召开党员大会4976次，支委会4255次，党小组会1061次，党课2808次，开展主题党日活动7569次。

落实意识形态责任制，成立意识形态工作领导小组，建立健全意识形态工作责任制，制作意识形态工作基本要求手册及意识形态责任制宣贯课件。加强思想政治工作，认真贯彻全国宣传思想工作会议精神，按月下发党员及职工政治理论学习计划。按季度开展职工思想动态调研分析。开展困难党员群众慰问活动，慰问困难党员群众296人次。选树宣传先进典型，开展“感动蒙东人物”评选表彰，评选“感动蒙东人物特别奖”2个，员工10名。开展向时代楷模张黎明学习活动，组织观看张黎明先进事迹报告会。推进企业文化建设，制定“旗帜领航·文化登高”行动计划，举办以“诗书传家·唱响蒙东”为主题的企业文化月系列活动，开展传统文化、民族文化、企业文化“三融合”实践，组织“双十佳”（十佳道德讲堂、十佳企业文化长廊）创建评比。2名员工当选内蒙古自治区“北疆最美女工匠”。展示国网蒙东电力品牌形象，围绕学习贯彻党的十九大精神、党的建设等工作开展主题传播28次，中央权威媒体发稿258篇。

加强群团工作，贯彻落实《新时期产业工人队伍建设改革方案》，明确65项重点工作任务。学习宣传贯彻习近平总书记“7·2”重要讲话精神，落实团的十八大精神，开展团青工作“基础夯实年”活动，省、市、县三级团组织累计排查问题189个。探索打造青年线上阵地，努力建设青年员工创新之家、活动之家和展示之家。3人荣获国家电网公司第三届青年五四奖章提名奖。2人、4个集体分别荣获“全区优秀共青团员、团干部”和“全区五四红旗团委、团支部”称号。加强统战工作，印发年度统战工作要点，开展“爱企业、献良策、做贡献”合理化建议征集活动，建立各级领导干部与党外专家人才联系机制。

认真落实国家电网公司党组决策部署，坚定不移推进全面从严治党，深化“两个责任”落实，旗帜鲜明地配合国网政治巡视，经营管理全面加强，政治环境和营商环境持续向好。在国网蒙东电力党委的坚强领导下，各级纪检监察部门切实履行监督责任，政治生态持续净化，权力运行监督持续强化，中央八项规定精神落实持续深入，配合巡视任务顺利完成，执纪审查力度持续加大，纪检监察队伍建设持续加强，扬清抑浊、弘扬正气，监督执纪有力度、有温度，为国网蒙东电力发展提供了坚强的政治保障。

各部门、各单位在首次配合巡视中倾尽全力、精诚合作，创下了多个“唯一”。国网蒙东电力是唯一一个在巡视进驻前得到巡视组书面感谢和表扬的被巡视单位；唯一一个配合人员工作区和巡视组办公区在一起的被巡视单位；唯一一个各专业人员可以直接与巡视组人员对接，研讨问题处置的被巡视单位。国网蒙东电力巡视资料提供及巡前准备工作获得国网巡视办、巡视组满分评价。

2018年，国网蒙东电力连续9年获得国家电网公司党风廉政建设责任制考核优秀单位。财务部财务成本费用管理廉洁风险防控获得国家电网公司协同监督A类良好项目，国网通辽供电公司资金日常管理隐患管控获得国家电网公司协同监督B类良好项目。两名同志荣获国家电网公司巡视工作先进个人。本部未发生违纪违法问题。处级及以上领导干部未发生违法问题。未发生瞒案不报、压案不查等问题，未发生严重影响和损害国网蒙东电力形象的重大事件。

（宗佳慧　那文凯）

华东地区

【国家能源局华东监管局】

基本情况　国家能源局华东监管局（简称华东能源监管局）是国家能源局在华东地区设立的区域监管机构，履行辖区内跨省、跨区能源监管以及上海市和安徽省能源监管和能源行政执法职责。2013年10月，局名称由国家电力监管委员会华东监管局变更为国家能源局华东监管局。

领导班子

党组书记、局长：邱水录

党组成员、副局长：郑逸萌（正司局长级）

党组成员、巡视员：何昌群（正司局级）

党组成员、副局长：杨梦云

组织机构　设综合处、市场监管处、行业监管处、电力安全监管处、资质管理处、稽查处、监察室

（机关党委）和安徽监管业务办公室（办公地点设在安徽省合肥市）共8个处室。

主要职责 依据中编办和国家能源局有关文件，华东能源监管局主要职责为：监管电力市场运行，规范电力市场秩序；监管电网和油气管网设施的公平开放；监管电力调度交易，监督电力普遍服务政策的实施；负责电力等能源行政执法工作，依法查处有关违法违规行为，监督检查有关电价；负责除核安全外的电力运行安全、电力建设工程施工安全、工程质量安全的监督管理以及电力应急和可靠性管理，依法组织或参与事故调查处理；负责组织实施电力业务许可以及依法设定的其他行政许可；负责协调有关跨省、跨区能源监管业务；负责法律法规授权以及国家能源局下达或交办的有关事项监管。

主要工作

1．全面加强党的建设，为能源监管工作提供强有力的组织领导和纪律作风保障

（1）切实强化党组领导核心作用，全面加强党对各项工作的领导。修订完善了《华东能源监管局党组工作规则》和“三重一大”事项集体研究决策制度，切实发挥局党组对全局工作和重大事项的决策定向和领导监督作用。严格落实“党要管党”的政治责任，成立了局党建工作领导小组，制定印发了《2018年机关党建工作要点》并分解落实到各支部，建立实施了月度党建工作与行政工作“同部署、同汇报、同考核”工作机制，确保党建各项任务全面完成。

（2）认真落实国家能源局的巡视、检查整改要求，从严从细抓好纪律风险防控工作。对国家能源局部署的巡视整改要求和专项检查意见，逐条研究制定整改方案，不折不扣全面完成了整改任务。认真贯彻国家能源局专项排查部署和对相关情况、问题通报，举一反三开展对照排查，从严从细查隐患，抓早抓牢控风险，不断筑牢纪律风险的防线。

（3）强化理论学习、警示教育和业务培训，打造忠诚、干净、担当的干部队伍。以党组中心组学习、支部活动、干部轮训为载体，举办集中学习教育活动30多次、组织党员干部参加外部轮训41人次，全面加强全局干部的理论学习、警示教育和业务培训，推进学习型机关创建和“两学一做”的常态化开展。通过开展“党组成员讲党课”“业务骨干开讲座”等特色宣教活动，营造了浓厚学习氛围，有效增强了干部职工的政治素质和业务能力。

（4）持续完善制度机制，确保从严治党、依法履职的责任层层落实。进一步健全完善党风廉政建设岗位责任制，分级签订党风廉政建设岗位责任书，切实按照“一岗双责”的要求层层压实党风廉政建设“两个主体责任”。编制印发了《华东能源监管局处室岗位职责清单》，明确了每个处室的具体职能和每个岗位的工作职责，为干部职工依法履职、照单尽责创造了条件。

在局党组的坚强领导和全局党员干部共同努力下，“上海市文明单位”创建取得积极进展，党建工作得到了上海市直机关党委的充分肯定，1个处室被授予“上海市工人先锋号”、1人被授予“上海市级机关系统青年岗位能手称号”、1人被评为“上海市级机关系统优秀共产党员”。

2．聚焦重点领域，发挥区域监管职能，在推动和服务华东能源发展改革方面展现新作为

（1）聚焦华东大电网运行安全，以区域电力安委会为平台，持续强化电网风险联防联控。针对可能引发跨区电网交直流联锁故障的“一级电网风险”，在区域内统一部署开展专项治理行动，对涉及199条500kV及以上交流线路、92个500kV及以上厂站逐一采取了整改防范措施，确保风险全面受控；以跨区跨省特高压密集通道为重点，督促指导跨区跨省输电线路运维单位采取切实有效措施强化运维管控、打造“放心通道”；联合开展受端电网安全课题研究，持续推进受端电网一次调频性能提升和华东电网频率紧急协调控制系统优化完善，有效提升电网抗冲击干扰能力；健全完善应急支援和协同保电机制，发挥大电网优势共同应对电网低谷调峰困难和外来电故障威胁，圆满完成了区域内首届进博会等重大活动保电任务。

（2）致力区域电力市场建设，以跨省发电权交易和调峰辅助服务市场为突破口，进一步拓展区域市场空间。在推进区域跨省市场化交易电量水平持续大幅度提升、实现福建核电区域内消纳的基础上，会同福建能监办协调促成福建宁德核电和上海宝钢自备电厂签订跨省发电权交易协议，这也是华东区域自备燃煤电厂跨省发电权交易落地实施的首个案例。经过一年多的大力推动，华东电力调峰辅助服务市场试点工作已经于9月底开始模拟运行，目前运行情况良好，具备在2019年1月进行试运行的条件。此外，华东区域2018版“两个细则”修订工作即将完成，新的细则将有利于进一步调动市场主体参与跨省交易的积极性、拓展区域市场空间。

（3）关注区域电力供需形势，通过建立华东电力运行季度分析报告机制，在区域层面构筑了政、监共享的信息桥梁。区域报告是在各省市供需形势分析基础上，对各省市电力运行情况、电力改革进展情况等进行横纵向对比分析和趋势研判，并提出了监管建议意见。区域分析报告让各省市从比较分析中更加清晰看到各自电力运行管理和发展改革的现状、存在的薄弱环节和下一步工作重点，得到了华东四省一市主要领导和分管领导的高度关注和充分肯定，成为省市之

间、政府部门与监管机构之间协同推进区域电力协作与改革发展的信息桥梁。

(4) 注重区域电力规划，通过开展华东“十三五”电力规划中期实施情况监管，为电力规划调整提供决策参考。积极发挥区域协调优势，牵头组织区域内各省能源监管办、华东电力规划分中心等单位，对华东区域“十三五”电力规划中期实施情况进行评估分析，对“十三五”中后期华东区域及各省市电力需求、电源发展以及跨区、跨省项目建设和资源优化配置等内容研究提出了针对性的调整建议，得到了国家能源局相关专业司局充分肯定和区域内各省市能源主管部门高度认可，为进一步提高“十三五”电力规划的科学性、指导性和适应性，加强区域资源优化配置和电力规划的统筹协调发挥重要积极作用。

(5) 围绕污染防治和空气质量保障，充分发挥区域协同作用，统筹部署电力行业控煤减排工作。针对首届“进博会”空气质量保障的标准要求，会同国家电网华东分部提前制定了华东电力行业进博会空气质量保障工作方案，发挥区域协同保障优势，加大清洁能源供应比例，将长三角煤电机组开机方式压至最低，有力保障了进博会期间的空气质量。同时，积极在区域层面推动开展煤电与清洁电力的替代化交易，支持推进上海等重点区域控煤减排和污染防治攻坚。

(6) 着眼民生用气保障，以开展天然气产供储销体系建设监管调研为契机，积极研究区域天然气产供储销体系建设。迎峰度冬前，组织对上海、浙江和安徽天然气储气设施建设运行、调峰用户落实、民生用气保障、“煤改气”项目管理、应急保供预案和舆情应对等11个方面的有关情况开展深入监管调研，督促相关政府部门和企业落实产供储销体系建设要求，履行储气设施建设和冬季保供气责任，切实加强了今冬明春民生用气保障。从监管调研看，当前以省为实体的天然气产供储销体系在应对天然气供应波动方面的局限性和脆弱性，在区域层面构建天然气产供储销体系具有迫切性和可行性，华东能源监管局也将积极开展相关研究。

(7) 发挥协同监管合力，运用区域能源监管机构定期联系会议机制，不断推进区域能源监管各项工作。由华东能源监管局牵头，每季度定期召开由能源监管机构主要负责人和相关处室参加的联系会议，就涉及区域能源监管的事项进行充分沟通协商，形成合力，共同部署和推动上述重点工作的开展，同时也就进一步强化区域协同监管达成了共识。

3. 坚持问题导向，强化监管服务，推动上海、安徽能源服务保障工作上新水平

(1) 强化安全监管，实现电力安全生产长周期平稳。全年监管辖区电力行业没有发生较大及以上事故，一般事故同比大幅度下降，成功应对年初2轮冰冻雨雪灾害和夏季登陆长三角地区的4个台风的正面袭击，圆满完成了首届中国国际进口博览会电力安全保障任务。重点领域安全治理管控成效显著，通过督促指导国网安徽省电力公司运用移动信息系统等手段全面加强施工安全在线监控，扭转了农配网改造施工现场安全违章多发局面，实现了零事故。现场督查力度进一步加大，建立实施了计划检查和对表督查制度，对40余家单位开展了现场督导督查，累计印发了24份书面整改通知书，提出了220项限期整改要求，推动治理了一批长期存在的突出问题。对违法违规行为严肃查处问责，先后对12家单位进行了点名通报，对3家单位主要负责人实施了诫勉约谈，对4家单位5名责任人实施了行政罚款，释放电力安全监管“有违必纠、有责必问”的信号，在行业内产生了强烈反响。

(2) 跟踪改革发展，积极研究探索电力市场监管机制制度。组织开展了上海电网调峰专项监管，摸清上海电网调峰现状，听取了各方化解调峰困难的意见建议。率先在安徽开展发电企业价格和成本核实工作，为后续开展价格成本监管积累数据信息。组织开展《安徽售电公司监管办法》《上海电网运营绩效和服务质量考核办法》《安徽电力辅助服务市场规则》《上海辅助服务市场规则》等文件制定工作，积极为推动电力市场建设和加强市场监管创造条件。

(3) 强化专项监管，推动国家能源规划政策在上海、安徽落地实施。通过开展光伏发电专项监管，有力推动国家关于光伏发展相关规划、年度计划和政策的执行落实，促进辖区内光伏等可再生能源规范有序发展。通过组织开展民生用气保障情况监管，与地方能源主管部门的协调联动机制，共同督促相关企业落实民生用气保供主体责任；建立天然气供需形势日报制度，针对安徽省冬季供气缺口较大的情况，协调中石油、中海油等油气企业加大对安徽省气源供应，缓解安徽省供气压力，实现了冬季供气形势总体平稳有序。通过部署开展油气管网设施公平开放信息公开和信息报送专项督查，并以此为着力点和突破口，积极推进油气管网设施公平开放及监管工作。

(4) 聚焦“获得电力”，在强化供电服务监管方面取得重大成效。举全局之力开展“获得电力”综合监管工作，从用户侧着手，运用“互联网+”等监管方式多渠道开展综合监管，探索建立回访、调查、通报“三个百分百”监管机制，回访各类用户4000余次，累计暗访或明查营业网点40余个，通报各类问题60余项，对问题整改不力供电企业行政处罚30万元。强化12398热线处理，进一步压缩举报投诉处理时限，加大对违规行为的处罚力度。经过近一年的努

力，上海“获得电力”指标排名从2017年的第98位跃升至第14位，为中国营商环境世行排名一年跃升32位做出重要贡献。

（5）运用“互联网＋”手段，全面优化许可服务，强化事中事后监管。全面普及“一网通办”服务，电力业务许可事项实现全程网上办理，切实做到“一次都不跑、最多跑一次”。主动调整、精简许可办理流程，降低市场准入门槛，减轻企业负担，释放改革红利。积极协调地方政府推进增量配电业务改革试点改革工作，为2家企业颁发了增量配电项目供电业务许可证。建立“互联网＋监管”的工作机制，利用许可监管系统对企业资质保持情况实施动态监管，提高了监管工作的有效性和针对性。建立健全黑名单管理制度，认真开展“承装（修、试）电力施工企业信用监管”的试点工作，发挥信用约束力量，有效促进企业依法诚信经营。自主开发了“双随机一公开”监督检查系统，积极推行“双随机一公开”监督检查。认真组织开展承装（修、试）许可执行情况重点问题专项监管，30家单位进行了为期5周的现场检查，严肃查处违规行为，切实维护承装（修、试）电力设施市场秩序。

（6）积极建言献策，持续推动地方电力发展改革。向上海市委提交了“创建可靠清洁高效智慧新电力，为上海建设卓越全球城市贡献新动能”报告，提出了在上海开展“压减煤电产能优化电源结构、改造升级电网美好城市环境、深化电力改革优化营商环境”三大攻坚战的措施建议，获得了李强书记的批示和高度肯定。会同上海市发展改革委等部门认真落实李强书记的批示，研究制定具体实施方案，加快推进“三大攻坚战”，并在自备电厂控煤、城市架空线入地、户外变电站户内化改造、洋山港电价协调解决和电力市场化改革等方面取得阶段性成效。组织编制了《华东能源监管工作（2017年·上海篇）》和《华东能源监管工作（2017年·安徽篇）》，主动向地方政府及相关部门提供能源监管成果，积极为地方电力发展改革建言献策。

【国家能源局江苏监管办公室】

基本情况 国家能源局江苏监管办公室（简称江苏能源监管办）是国家能源局在江苏省设立的派出机构，依据国家能源局的授权，履行江苏省能源监管和行政执法职责。2013年10月单位名称由国家电力监管委员会江苏省电力监管专员办公室变更为国家能源局江苏监管办公室。

领导班子

党组成员、副专员：宋宏坤（主持工作）

党组成员、综合处处长：王勤

组织机构 单位下设综合处、市场监管处、行业监管处、电力安全监管处、稽查处和资质管理处等6个处室。

主要职责 监管电力市场运行，规范电力市场秩序；监管电网和油气管网设施的公平开放；监管电力调度交易，监督电力普遍服务政策的实施；负责电力等能源行政执法工作，依法查处有关违法违规行为，监督检查有关电价；负责除核安全外的电力运行安全、电力建设工程施工安全、工程质量安全的监督管理以及电力应急和可靠性管理，依法组织或参与电力事故调查处理；负责组织实施电力业务许可以及依法设定的其他行政许可；负责法律法规授权以及国家能源局下达或交办的有关事项监管。

主要工作

1. 突出电力安全监管，确保电力系统安全稳定运行

2018年，江苏省电力安全生产保持平稳态势，未发生电力安全事故、设备事故和较大以上人身伤亡事故，一般人身伤亡事故起数和死亡人数实现“双下降”，为江苏经济社会发展提供了安全可靠的电力保障。

（1）推动落实电力安全监管属地责任。向樊金龙常务副省长和马秋林副省长专题汇报电力安全监管工作情况，提出落实属地监管责任建议，推动省政府成立江苏省电力安全生产专业委员会。印发专委会工作方案，建立工作机制，细化部门职责，推动省政府召开省电力安全生产专业委员会工作会议，努力构建上下联动、齐抓共管的安全监管新格局。强化协同监管，与省能源局、省经信委等部门共同召开电力安全生产工作会议，印发安全文件，组织开展电力建设工程施工安全专项治理行动，形成监管合力。

（2）严格落实企业安全生产主体责任。与省电力公司和各发电集团签订安全生产责任书，分解落实安全生产目标。组织电力企业开展落实安全生产主体责任专项行动，深入推进隐患排查治理，加大安全监管执法问责力度。2018年，共排查安全隐患12 575项，已整改12 058项，整改率95.9％；对29家企业下发整改通知书，现场责令5项在建电力项目停工，对6家电力企业实施行政处罚。

（3）强化电网安全风险管控。开展江苏电网特高压输电受端电网安全影响专题研究，排查梳理电网薄弱环节和事故风险，提出对策措施。深化发电企业风险预控，对32家电厂开展迎峰度夏（度冬）技术监督检查，累计检查91台机组，发现问题958项。推进电力安全监管信息系统建设，加强非现场监管，提升监管工作效能。

（4）加强电力建设工程施工安全监管。对30家电力企业在建电力项目开展安全督查，共发现问题

411项，现场下达整改通知书限期整改。加强可再生能源电力施工安全监管，会同省电力行业协会对9家风力、光伏发电建设项目开展安全专项检查。对目前世界上电压等级最高、输送容量最大的超长距离苏通GIL综合管廊工程开展安全督查，对于督查发现的重大安全隐患，当场责令停工并依法依规查处。

（5）深化推进电力行业应急体系建设。组织开展江苏电力行业“安全生产月”和“安全生产万里行”活动，积极推动开展江苏省大面积停电事件应急演练。加强电力行业危险化学品安全监管，对41处重大危险源均建立档案，督促企业落实管控措施。

（6）督促企业做好迎峰度冬（度夏）保电工作。针对寒潮强降雪天气、缺气停机、区外输电通道故障等不利因素，督促电力企业全力做好各项安全生产措施，确保迎峰度冬期间电力热力可靠供应。对9家发供电企业开展迎峰度夏及防汛现场督查，发现问题112项，督促相关企业落实迎峰度夏安全措施。对特高压泰州站开展安全生产专项督查，督促企业深刻吸取新疆天山换流站“4·7”事故教训，针对检查发现的消防重大隐患，督查落实限期整改。积极做好防御台风应急管理工作，针对2018年4次台风正面登录江苏，及时启动应急响应，强化值班值守，及时做好信息报送，督促企业做好灾后抢修工作。

2. 突出电力体制改革，加快电力市场建设进程

（1）电力市场交易有序开展。做好电力市场交易组织，进一步丰富交易品种。在年度长协、挂牌和月度竞价市场的基础上，新增月内增量挂牌和合同转让市场。2018年，全省直接交易成交电量1951亿kWh，占全社会用电量31.8%，度电平均降价2.1分，降低用能成本40亿元。完成省内发电权交易236亿kWh，节约标煤118万t。积极推动跨省跨区发电权交易，成交电量4.4亿kWh，为减少西部地区弃风、弃光做出贡献。

（2）全面推进增量配电业务改革试点工作。联合省发展改革委制定《江苏增量配电业务改革试点实施细则》，明确增量配电业务改革试点相关要求。召开国家增量配电业务改革江苏试点项目座谈会，对连云港徐圩新区等6个增量配电试点项目开展调研，协调解决试点项目推进过程中遇到的问题。2018年，江苏共有6家增量配电公司取得电力业务许可证，其中5家列入国家增量配电业务改革试点，3家为非电网参股配电企业，有力推动江苏电力体制改革进程，该项工作在全国资质管理工作会议上作了经验介绍。

（3）完善监管规则体系建设。制定《江苏电力市场监管实施办法》《江苏省售电公司监管实施办法》《江苏省电力市场信用管理办法》等一批监管规则，加强电力市场监管，积极构建良好市场秩序。制定的《江苏省电力中长期交易规则》受到国家发展改革委、能源局调研组充分肯定。在全国率先制定《江苏增量配电网供电服务规范（试行）》，促进增量配电网进入规范化供电服务轨道。

（4）积极推进江苏电力辅助服务（调峰）市场建设。开展电力辅助服务市场建设及监管课题研究，编制《江苏电网辅助服务（调峰）市场建设工作方案》《江苏电网辅助服务（调峰）市场规则》，在模拟运行基础上正式启动江苏辅助服务（调峰）市场试运行工作，国家能源局监管司和省有关部门负责人亲自参加启动会，有力推动了江苏电力市场建设进程。

3. 突出服务职能，保障经济发展和民生用能需求

（1）深入开展“获得电力”优质服务情况重点综合监管。制定工作方案，召开启动会，精心打造“五大用电工程”，确定常州市、如皋市为江苏首批省级优质服务示范城市。赴宿迁等地开展用户“获得电力”优质服务情况调研，会同地方政府部门共同推进“获得电力”优质服务工作。对苏州等地“获得电力”优质服务工作进行全面检查，通报相关问题，责令限期整改。分赴镇江等地开展暗查暗访，在全省13个地级市随机抽取120多家电力用户开展调查问卷专项行动，通过门户网站、座谈会等渠道广泛征求意见建议。召开现场推进会，全面总结各地成功经验，提出复制推广意见，形成《关于进一步提升江苏用户“获得电力”优质服务水平优化用电营商环境的实施意见》，促进“获得电力”优质服务工作规范化、制度化、常态化。2018年，江苏省高低压用户用电环节分别由9个、6个缩减至4个、3个；平均接电时间缩短至66.2个和7.4个工作日以内，分别降低24%和29%；在国家电网公司系统率先实现10kV及以下用电项目免费配套建设外线工程，全年降低用户办电成本约61亿元。

（2）全力服务人民群众用能需求。不断深化人民满意用电监管，充分发挥12398能源监管民生通道作用，及时处理投诉举报发现的违规行为，维护人民群众合法权益。深入贯彻党中央、国务院关于确保群众温暖过冬重要指示，按照国家能源局工作部署，开展保障民生用气专项监管，确保供暖季民生用气平稳有序。

（3）加强投诉举报监管。充分发挥12398能源监管民生通道，及时处理投诉举报发现问题，维护人民群众合法权益。2018年，共受理投诉举报69件，已办结68件，有效减少全省涉电矛盾纠纷。坚持以问题为导向，依法依规开展案件调查和行政处罚，2018年下发行政处罚决定书14份，共处罚金63万元，行

政执法力度较往年显著加大。

（4）贯彻落实“放管服”改革工作部署。结合江苏实际出台推进电力业务许可“最多跑一次”工作举措，推行“不见面”审批，开辟绿色通道简化审批流程，完善“双随机、一公开”制度，提升许可工作规范化水平，为电力企业提供便捷、高效、优质服务。

4. 突出市场秩序监管，促进能源行业健康发展

（1）开展简政放权同步监管。开展“十三五”电力规划中期实施情况监管，先后完成江苏省“十三五”能源、电力和天然气规划中期实施情况监管报告，为国家能源局决策提供参考。参加国家能源局组织的煤电调控及超低排放和节能改造、清洁能源消纳、天然气产供储销体系建设等专项督查，充分发挥一线监管就近就便优势，确保国家能源政策落实到位。加强对电力项目简政放权后规划建设情况监管，及时跟踪白鹤滩特高压直流输电工程等国家重点输变电工程规划建设进展情况，协同省有关部门对省内个别“未批先建”热电项目进行约谈，促进能源项目规范有序。

（2）推进油气管网设施公平开放。开展油气管网设施公平开放信息公开和信息报送专项督查，规范油气企业信息公开和信息报送行为，督促进一步落实油气管网设施公平开放相关要求。开展成品油生产供应情况、LNG接收站公平开放和运营情况约访约谈，及时掌握省内油气生产和供应情况。参与国家能源局《油气管网设施公平开放监管办法》编制、油气体制改革调研等工作。

（3）加强能源市场秩序监管。会同省发展改革委开展光伏发电专项监管，围绕项目合规性、并网接入、电量收购、电费结算等方面提出监管意见，促进清洁能源发展；开展售电公司专项监管，督促有关售电公司认真执行交易规则，履行合同义务；开展财务成本专项检查，规范电网企业财务成本管理；开展承装（修、试）电力设施许可制度执行情况专项监管，规范电力建设市场秩序，促进各类市场主体公平竞争；开展新建电源并网服务情况专项监管，确保新建电源公平无歧视接入电网。

（4）主动服务地方工作大局。全面完成《省政府2018年度十大主要任务百项重点工作》交办的加强能源供应保障、抓好降成本重点工作、扎实推进电力市场建设等具体任务。认真落实国务院《蓝天保卫战三年行动计划》要求，督促全省燃煤发电企业做好超低排放和节能改造及日常运营，推动提升全省电力行业绿色发展水平。严格落实淘汰落后产能政策，持续加大超期服役机组监管，服务江苏绿色环保生态环境建设。向省政府报送《关于进一步做好江苏省电力行业减煤工作建议的报告》，提出合理安排电力行业减煤任务、统筹开展电力行业减煤工作意见，获得省政府领导批示肯定。

【国家能源局浙江监管办公室】

基本情况 国家能源局浙江监管办公室（简称浙江能源监管办）于2005年4月22日组建。

领导班子

党组书记、专员：周志明

党组成员、副专员：郭昌林

党组成员、综合处长：卢延国

电力安全监管处处长：戴天将

市场监管处处长：应华泉

行业监管处调研员：金华征（主持工作）

资质管理处处长：黄瑞意

稽查处副处长：梅天华（主持工作）

组织机构 设综合处、市场监管处、行业监管处、电力安全监管处、资质管理处和稽查处。其中，综合处负责文电、机要、财务、人事、信息、党务、档案、保密、内部审计和资产管理等工作；市场监管处负责监管电力市场运行、规范电力市场秩序，监管电网公平开放，监管电力调度和交易结算，监督电力普遍服务政策的实施，监督检查有关电价和各项辅助服务收费标准等工作；行业监管处负责监管能源规划、计划、产业政策和重大项目的执行情况，负责对取消和下放的能源行政审批项目的后续监管，监管节能减排和资源综合利用等工作，监管油气管网设施的公平开放；电力安全监管处负责除核安全外的电力运行安全、电力建设工程施工安全、工程质量安全的监督管理以及电力应急和可靠性管理，依法组织或参与电力事故调查处理；资质管理处负责组织实施电力业务许可以及依法设定的其他行政许可，组织开展电力业务许可持续性监管以及相应的市场准入监管；稽查处负责电力等能源行政执法，依法查处有关违法违规行为，承担“12398”投诉举报处理。

主要职责 监管电力市场运行，规范电力市场秩序；监管电网和油气管网设施的公平开放；监管电力调度交易，监督电力普遍服务政策的实施；负责电力等能源行政执法工作，依法查处有关违法违规行为，监督检查有关电价；负责除核安全外的电力运行安全、电力建设工程施工安全、工程质量安全的监督管理以及电力应急和可靠性管理，依法组织或参与电力事故调查处理；负责组织实施电力业务许可以及依法设定的其他行政许可，组织开展电力业务许可持续性监管以及相应的市场准入监管；负责法律法规授权以及国家能源局下达或交办的有关事项监管。

主要工作

1. 电力安全监管

坚持从实际出发，积极探索和实践加强电力安全监管的有效办法和途径，组织制定《浙江省发电企业安全生产监督管理实施办法（试行）》，开发建设浙江省发电企业安全生产监管系统，努力压实电力企业安全生产主体责任和监管机构跟踪监督责任。认真执行《电网安全风险管控办法》，扎实开展电网安全风险管控监管和涉网设备常态化现场核查工作，全力确保浙江电网安全。深刻吸取江西丰城“11·24”特大电力安全生产事故教训，强化电力建设施工安全监管，组织电力建设工程施工安全专项治理行动，有力保障了浙江省电力建设工程施工安全。强化电力安全隐患排查治理监管，组织全省发电企业开展排查治理，有效提升了设备本质安全，遏制了安全事故苗头。强化应急管理、防台防汛、水电站大坝安全监管，督导电力企业全面提升应急能力，妥善应对台风影响，确保了水电站大坝运行安全。高度重视重大活动电力安全保障监管，完成了全国“两会”、首届中国国际进口博览会、第五届世界互联网大会、2018年“枫桥经验”纪念大会和首届联合国世界地理信息大会等保电监管任务。

2. 市场监管

坚持把用户“获得电力”重点综合监管作为市场监管重中之重，以“双随机”的形式，对杭州、温州、丽水三地6家供电企业开展了有质量高效率的现场检查，查出了一批典型问题，向相关企业进行了通报，督促其进行整改。坚持问题导向，开展了宁波地区供电能力专项监管，对宁波地区的电网网架结构薄弱环节、电网转供能力、供电可靠性、电网规划和投资、电源问题等5个方面提出了15个问题和整改建议，宁波市据此调整了“十三五”后两年电网建设规划和重点工程项目安排，推动了宁波地区供电能力的改善和提升。针对当前网源协调工作中存在的问题，开展浙江省电力系统网源协调工作情况专项监管，根据自查情况选取了全省10家统调发电企业开展了现场检查，对发电企业进一步提高网源协调工作起到了积极作用。继续积极配合推进浙江省电力体制改革进程，强化电力市场监管相关制度的修编，编制完成《浙江省电力交易机构监管办法规则（试行）》。继续完善和着力推进“1+4”创新性制度机制建设，通过严格执行网源协调监管办法和网源协调监管信息月报机制、可再生能源发电企业发电情况月报机制、并网调度协议购售电合同电子化备案工作机制、供电信息月报工作机制，在调度监管、网源协调监管、可再生能源全额保障性收购监管、供电监管等市场监管各个领域均取得了常态化监管的新突破。

3. 行业监管

夯实能源监管基础，开发建设浙江能源监管信息系统，建立能源监管数据库，以图表方式直观展现能源监管动态，实现可统计、可对比、可预警。深入开展能源形势分析，全面分析掌握浙江省能源行业动态，研究存在的主要问题并提出监管意见和建议。加强能源规划执行情况监管，建立新建能源项目信息报送管理机制，动态跟踪重大项目落实情况，开展“十三五”电力规划实施情况中期监管，向省政府和国家能源局提出对规划调整的意见和建议。加强淘汰火电落后产能监管，超额完成国家下达的关停指标。开展煤电项目规划建设情况监管，密切跟踪镇海电厂搬迁改造项目建设情况。开展2017年度光伏发电专项监管工作，对光伏补贴、局部区域光伏发电容量比率过高、电网企业未开展接入系统回购等问题提出监管意见。开展保障民生用气专项监管，确保采暖季浙江省不出现民生用气限供情况。开展油气管网设施公平开放信息公开和信息报送工作专项督查，对存在的六方面问题提出监管意见。

4. 稽查和行政执法

全年通过12398能源监管热线收到的有效信息3655件，同比上升82.07%；依法依规登记办理的投诉举报185件，同比上升15.69%。通过责令整改、督促落实诉求等方式切实纠正供电企业违规行为，登记办理的投诉举报事项办结满意率96.26%。通过对投诉举报情况进行综合分析研判，向供电企业指出了六类突出问题，提出五项监管要求并在行业内通报和公开。2018年累计8次下发责令整改或案件通报文件，约谈电力企业2家，行政处罚电力企业4家，有效规范了电力市场秩序。针对2018年调查的投诉举报案件反映出的问题，印发了《关于近期电力监管有关情况的通报》，对拒不配合监管调查、电力施工中无证施工、不按规定支付合同电费补贴等情况，向全省供电企业提出了自查自纠和整改落实的要求，对拒不整改的情况进一步予以明确。

5. 资质许可和管理

截至2018年底，浙江省承装（修、试）电力设施许可证共颁发851本，累计注销91本，持证760本，持证企业中，一级企业10家，二级企业32家，三级企业82家四级企业246家，五级企业390家。浙江省电力业务许可证（发电类）共颁发1183本，累计注销84本，持证1099本，持证企业按发电容量划分，25MW及以上企业210家，6（含）～25MW企业284家，1（含）～6MW企业564家，1MW以下企业41家。浙江省电力业务许可证（输电类）共颁发1本，为国网浙江省电力有限公司。浙江省电力业务许可证（供电类）共颁发101本，累计注销5

本，持证 96 本，持证企业中 2 家为增量配电试点项目。

按照浙江省人民政府“最多跑一次”改革实施方案要求，全面梳理了行政许可事项，修订了许可工作流程和办事指南，完善了网上许可办理系统，在实现许可申请企业“最多跑一次”目标的基础上，进一步打破信息孤岛，推进数据共享。高度关注浙江省增量配电试点项目的推进情况，与地方能源主管部门密切沟通，了解掌握试点项目基本情况，对于符合条件的项目及时颁发电力业务许可证。重视能源行业信用体系建设工作，按照国家能源局资质中心的统一部署，开展了浙江省承装（修、试）电力设施企业信用监管试点工作，在企业中积极倡导“诚信”的价值取向，以守信受益、失信惩戒为导向，以信用信息归集为基础，创新拓展应用，试点工作稳步推进。开展了电网企业和电力交易机构执行许可制度情况和承装（修、试）电力设施许可制度执行情况两项专项监管。对检查发现的问题进行了通报，严重违规问题进行了行政处罚，进一步严肃了许可制度执行的刚性。2018 年，共审核批准新颁发承装（修、试）电力设施许可证 103 家，许可事项变更 40 家，登记事项变更 140 家，延续许可 65 家，注销许可 26 家；批准新颁发电力业务许可证（发电类）48 家，许可事项变更 39 家，登记事项变更 76 家，注销许可 6 家；批准电力业务许可证（输电类）登记事项变更 1 家；批准新颁发电力业务许可证（供电类）3 家，许可事项变更 31 家，登记事项变更 71 家，注销许可 3 家。

（周志明）

【国家能源局福建监管办公室】

基本情况 国家能源局福建监管办公室（简称福建能源监管办）依据国家能源局的授权，在福建省范围内履行能源监管、行政执法的职能。

领导班子

党组书记、专员：张建平

党组成员、副专员：朱文毅

党组成员：曹祥云

组织机构 机关设党组，党组书记一人，党组成员二人。党组书记和党组成员由国家能源局任免。内设六个处，即综合处、市场监管处、行业监管处、电力安全监管处、资质管理处、稽查处。

主要职责 监管电力市场运行，规范电力市场秩序；监管电网和油气管网设施的公平开放；监管电力调度交易，监督电力普遍服务政策的实施；承担电力等能源行政执法工作，依法查处有关违法违规行为，监督检查有关电价；承担除核安全以外的电力运行安全、电力建设工程施工安全、工程质量安全的监督管理以及电力应急和可靠性管理，依法组织或参与电力生产安全事故调查处理；实施电力业务许可以及依法设定的其他行政许可；承办法律法规授权以及国家能源局交办的其他事项。

主要工作

1. 电力安全监管

2018 年事故起数、伤亡人数实现“双下降”，没有发生较大以上电力安全生产事故。建立并网电厂涉网安全管理联席会议制度，完善并网电厂涉网安全督查工作机制，建立例会与专题会议相结合机制；创新安全监督检查工作方式，研究制定福建省电力企业安全生产巡查工作制度和检查大纲，形成齐抓共管定期巡查制度；注重点面结合细化工作方案，全面开展防汛备汛、风险管控、隐患排查、网络安全、施工安全及反恐怖防范等督查检查，及时发现并消除事故隐患，“平安福建”建设取得了明显成效。

2. 电力体制改革

新增月度双边、集中竞价、跨省发电权交易等交易品种，推动 37 家售电公司首次参与福建电力市场交易，全年市场化电量约 809.17 亿 kWh，同比增长 40.2%，平均降价 3.3 分/kWh，减少用电成本约 17.9 亿元。电力辅助服务市场试点运行一年效果良好，试点方法市场化程度高，达到多方共赢的效果，全年各类辅助服务费用累计约 6.39 亿元，其中，调峰辅助服务费用约 4.04 亿元，同比增长 48.12%，激发了企业参与的积极性。积极推动福建电力现货市场试点启动，完成第一阶段现货规则研究拟订，并做好辅助服务市场与现货市场的过渡衔接。推进增量配电业务改革试点实施，福建已获批 14 个试点项目中，已有 7 个试点园区明确了项目业主单位，4 家业主单位取得供电类电力业务许可证，是推进较好较快的省份。

3. 市场监管

不断深化完善电力市场交易监管，进一步组织修订了《福建电力中长期市场交易规则》《调峰交易规则补充内容》和市场交易《合同示范文本》。开展电费结算情况专项监管及“回头看”检查，进一步研究完善市场交易电费结算实施细则、售电开票结算规范、增值税率等问题。率先统一了市场主体的抄表计量周期。完善电力企业价格与成本信息报送工作机制，全年共核查省电网公司成本核算问题 20 项。密切关注、监督落实电网一般工商业电价降价政策，其中目录电价比降 10.03%，全年共减少企业用电负担 29.69 亿元。推动放开新建住宅小区供配电设施建设市场，与省住建厅联合印发《福建省新建住宅小区供配电设施建设与运行维护监督管理办法》及相关规范性文件。加强可再生能源发电全额保障性收购、电力调度交易与市场秩序专项监管，解决有关接网和购售电结算矛盾，牵头组织开展流域梯级优化调度和经济补偿方案课题研究。以问题为导向，开展用户获得电力优质服务情况重点综合监管、民生用气应急储备能力重点问题监管、承装（修、试）电力设施许可制度执行情况重点问题监管，开展油气管网设施公平开放信息公开和信息报送专项督查，完成全省天然气购销及输送服务合同备案工作。2018 年各重点和专项监管共发现问题 90 个，发出整改通知 11 份，是历年发出整改通知单最多的一年。

4. 能源行业规划、政策和项目执行情况监管

不断深化习近平总书记提出的“四个革命、一个合作”能源安全新战略的认识，办党组组织撰写了《落实能源安全新战略　引领新时代能源高质量发展》体会文章，在《中国电力报》发表。开展“十三五”中期能源规划执行情况专项监管、“十三五”新一轮农村电网改造升级规划执行情况重点问题监管、光伏发电专项监管、保障民生用气专项监管并取得成效。推动闽粤联网工程列入国家重点输变电工程，并实质性启动建设，推动中海油与中石油油气管网互联互通实质性启动。核电等清洁能源送华东消纳取得显著成效，全年共实现外送电量 145.54 亿 kWh，增收约 50 亿元，提高核电机组利用小时 436h。认真履行能源发展项目前期工作监管职责，全年共参与 16 个能源项目投资建设专题协调工作。积极参加国家能源局统筹的扶贫行动，高质量完成承担的工作任务，关注并支持福建革命老区、苏区的能源发展与政策扶持。参与协调处理有关煤电特殊问题，配合制定煤电应急调峰储备电源方案，参加电煤供应保障现场督查，参与研究协调机组延寿、关停享受发电权等有关事宜。开展海上风电发展安全管理和课题研究，形成近 10 万字的报告。完成 4 份较高质量的能源形势分析报告，得到省政府领导的批示，批转省直相关部门阅研；以呈阅件、工作报告等形式向国家能源局、福建省政府递交 60 余份报告，推动了相关工作的开展。

5. 资质许可

加快推进信用监管工作，制定相关规章制度。试行告知承诺制，全年有 6 批次共 42 家电力承装（修试）企业采用告知承诺制办证。采取“双随机”方式，加强证后管理，出台推进审批服务便民化的措施和办法，实施从申报到领证全流程的优化。落实国家惠台 31 条政策措施相关文件精神，先行先试向台湾勇帅技术顾问有限公司颁发首张承装（修、试）电力资质采认书。开展 2018 年度承装（修、试）企业自查工作，开展电网企业和电力交易机构执行许可制度情况摸底调查，跟踪、督促企业办理机组延续运行申请，持续认真开展打击假冒特种作业操作证专项治理行动。

6. 行政执法

扎实做好 12398 热线投诉举报受理办理工作，全年共收到 12398 热线有效信息 3116 件，其中，投诉举报 81 件，有效咨询及其他事项 3035 件，均按时办理办结。加大典型案件稽查和行政处罚工作力度，将行政处罚工作作为能源监管的重要手段和有力措施，先后对 8 起违法违规行为实施立案调查、履行行政处罚程序，罚没金额 48.2 万元，成为办建立以来办案最多、处罚金额最多的一年。

【国网上海市电力公司】

企业概况　国网上海市电力公司（简称国网上海电力）隶属于国家电网公司，是从事上海地区电力输、配、售的特大型企业，统一调度上海电网，参与制定、实施上海电力、电网发展规划和农村电气化等工作，并对全市的安全用电、节约用电进行监督和指导。管辖的上海电网位于长江三角洲的东南前缘，北靠长江，东临东海，与江苏、浙江两省接壤。供电营业区覆盖整个上海市行政区。

2018 年，深入学习贯彻党的十九大精神，坚决贯彻上海市委、市政府和国家电网公司党组各项决策部署，全面实施“一三六六”新时代发展战略，传承红色基因党建品牌辐射全市全网，坚持以智能城市能源互联网建设驱动电网高质量发展、以智慧企业建设驱动公司高质量发展，以品牌引领全球竞争力培育、以品质引领高质量率先发展，打赢了首届进博会保电、营商环境排名提升、架空线入地“三场攻坚战”，高质量完成全年各项目标任务。连续 4 年保持企业负责人业绩考核 A 级，连续 18 年保持市政风行风和 12345 热线绩效考核第一，在公共事业领域首家获全球卓越绩效奖（世界级）。获得上海市政府颁发的“2018 年度上海市质量金奖”。

组织机构　截至 2018 年底，国网上海电力下设 23 个部门，直接管辖各类电网企业、发电企业、施工企业、科研机构、能源服务、培训中心等单位 26 家，职工 13 366 人。服务客户 1072 万户。

电网概况　上海电网已形成“五交四直”特高压和 500kV 跨区电网组成的市外来电主通道，500kV 电网建成双环网和南外半环。220kV 电网是上海电网主要供电网络，已实现杨行、徐行、亭卫、远东等 14 个分区运行。城市综合电压合格率 99.999%，供电可靠性 99.965 3%。

电网建设和发展　实现各区政府战略合作协议签订全覆盖。配合完成“十三五”电力和能源规划中期评估，编制架空线入地区域配电网和张江世界一流城市配电网专项规划。500kV 静安站主变压器扩建等 74 项 35kV 及以上项目获核准。500kV 泗泾主变电站增容、南桥主变电站扩建工程完成主变压器投运。建成

14项220kV、46项110kV输变电工程。平稳开复工220kV政立等6个受阻工程。不停电作业率和配电自动化覆盖率分别提升至83%和76%，建成浦东等5个世界一流配电网先行示范区，投运两级供电服务指挥中心。架空线入地开工141km、竣工100km，成为城市精细化管理样板工程。全过程工程咨询试点项目——胜辛输变电工程正式开工。完成全部58项超长工期项目治理。新建110、220kV变电站实现模块化建设，新建110kV架空线路实现机械化施工。参与完成国网现代（智慧）供应链顶层设计。投运工程数字化交付管理平台，建成智能化联调基地，试点采用EPC总承包、设计施工一体化招标模式，实现工程提速。

安全生产 落实安全生产领域改革发展和安全工作意见“两个任务清单”，保持长周期平稳局面。制定全员安全生产责任清单，首次开展“一把手”安全述职和违章约谈，加强安监组织机构设置。吸取系统内外事故教训，开展电气火灾综合治理等专项活动，整治安全隐患288项，消除设备严重缺陷965项，国网系统首家制定《电网企业消防安全评估规范》。建成“互联网＋”安控系统。开展集体企业安全性评价。成功应对台风、高温、寒潮考验，实施首次填谷削峰需求响应。连续三年保持了重要输电线路“零故障”、换流站“零闭锁”。构建了智慧保电新模板，进博会保电实现“六零三确保”。完成品博会等92项重大保电任务。修订完善新一轮应急预案301项。实现电力监控系统网络安全管理平台应用全覆盖。荣获2018年首届央企网络安全技术大赛团体一等奖。

优质服务 2018年，完成售电量1325.83亿kWh，同比增加3.86%；业扩新增接电容量767.70万kVA，净增用电容量562.94万kVA。完成电能替代40.75亿kWh，打造岸电替代示范港口，洋山深水港四期集装箱码头4000kVA岸电和上海吴淞口国际邮轮港码头第二套1.6万kVA岸电系统先后投运。按期送电华力微电子、和辉光电等15项市政重大项目。完成智能化有序充电试点，新投运充电站123座、充电桩1178台，运营设施充电量和全社会充电量同比分别增长105%和75%。试行新版业扩工程配电（用户）站设置指导意见和10kV地下配电站技术导则。实施卓越服务工程，实现FREE成效，“五省五增”便利化举措被世行专家誉为电力行业最佳实践并入选国务院典型做法，“掌上电力”被世行报告列为典型经验。助力“获得电力”排名由98名跃升至14名，实现了“三个最，两个第一”。制定现代服务体系试点方案。“三型一化”营业厅、“五星级”乡镇供电所分别达到10家和5家。实名制基本实现全覆盖。线上办电率、缴费率分别为96.43%和85%。95598投诉量下降25.3%，满意率提升0.59个百分点。

科技与信息化 科创中心“一院一室一中心”正式挂牌，编制城市能源互联网白皮书和国家电网张江实验室等两个建设方案，建成张江科学城智慧城市能源管理云平台。实施创新型企业建设三年行动计划，建成“1＋23”双创基地，组织三批“举手制”、191个科技项目。成立由6个院士领衔的科技咨询委员会。与上海交通大学签订战略合作协议，成立联合研发中心。首批成为国家电网公司国际标准创新基地，分别发布和立项首个IEC变压器、电力储能技术标准。启动数字化转型三年行动计划，搭建数字化企业建设方案框架。首批通过电网资产统一身份编码试点验收。获国家科技进步二等奖2项、中国电力专利成果奖4项、中国电力科技奖13项、国家电网公司科技奖27项。获得“中国企业改革发展优秀成果”二等奖1项、上海市管理创新一等奖1项。在首届“中国能源企业创新能力百强榜单”中位列电力行业第一、能源行业第二。在美国《快公司》发布的“中国最佳创新公司50”排行榜中位列第五。

党的建设和精神文明建设 党建引领不断加强。分级开展习近平新时代中国特色社会主义思想大学习2900余次，实现“两个全覆盖”。编制推广红色教育资源导图和中国共产党精神图谱，配合市委组织部等部委完成4项党建课题研究。成立国网党校上海分校，开发红色精品课程，承办国家电网公司所属单位专职党委副书记培训班，开展公司处级干部和青年干部培训。启动“旗帜领航·组织登高”，建立运用领导人员评分模型。制定党委巡察工作五年规划，设立巡察办和2个巡察组，完成首轮二级单位巡察全覆盖。形成基于“微流程”的风险防控图138份，完成协同监督项目123项。获评全国电力行业思想政治工作优秀单位。1个集体、1家单位分别获全国工人先锋号和中央企业先进集体，1支党员服务队、4个一线班组分别获国家电网公司金牌服务队和企业文化建设示范点，各有1人获评中华技能大奖、全国技术能手和上海青年“五四”奖章标兵，2人获评中央企业劳动模范。8个单位、6名个人获评上海市“五一”劳动奖状、奖章，4个集体获评上海市工人先锋号，3人获评“上海工匠”。蝉联上海市法务技能大赛一等奖。幸福企业深耕厚植。制订实施幸福企业建设三年行动计划，落地首批八项具体举措，职工关爱平台初步建成，“快乐工作、幸福生活”氛围更加浓郁。获评首届中国幸福企业建设最佳实践企业。深化职工关爱保障，开展EAP“一线行”和职工“心理体检”，发放“EAP爱心卡”，提供心理咨询服务。依托电力医院建立的三级医院会诊网络会诊600余人次，到保健站接诊1000余人次。举办“幸福运动，超越无限”首届职工运动会暨安全文化日等主题活动。开展明道大讲堂、“书香国网”“幸福悦读”系列读书活动。推出“暖心生日”、职工理发等便利措施。

主要事件

2月25日，国网上海电力UPFC关键技术及工程应用通过科技成果鉴定。

3月23日，国网上海电力召开“打造以传承红色基因为使命的央企党建品牌”专项任务启动会，编制推广红色教育资源导图和中国共产党精神图谱。

4月26日，举行“打造架空线入地精品工程，助力上海建设卓越全球城市”劳动竞赛启动仪式，上海市总工会党组成员、巡视员何惠娟参加仪式。

4月28日，国网上海电力召开质量大会，上海市副市长许昆林，上海市政府副秘书长顾金山，上海市质量技术监督局局长黄小路，浦东新区市场监管局党委书记、局长吴伟平，国网上海电力董事长、党委书记钱朝阳，总经理张俊利共同启动发布了国网上海市电力公司《高质量发展三年行动计划（2018～2020）》。会议宣布，每年的4月28日被确立为国网上海电力“质量日”。

5月7～8日，“配电网不停电作业抢修服务”通过“上海品质”认证联盟现场审核并予以发布。

5月10～12日，国网上海电力完成首届“中国品牌日”保电任务。

5月30日，“2018年国网安徽、上海电力琅琊山和响水涧抽水蓄能电站电力优化分配框架协议”在沪签订。

6月13日，泗泾站500kV 2号主变压器投运，大幅提升迎峰度夏期间松江地区的供电可靠性。

6月18日，国网上海电力实施首次大规模“填谷”需求响应，是国内参与负荷类型最多、比例最高、参与客户最多的一次“填谷”需求响应。

6月29日，国网上海电力牵头的国家863计划课题“智能配用电大数据应用关键技术”通过国家科技部验收。

7月31日，国网上海电力与浦东新区政府签署“十三五”期间战略合作协议。

8月，国网上海电力通过2018年AAA级企业信用评级，连续10年获评企业资信最高信用等级。

8月14日，上海市市长应勇、副市长周波、国家电网公司副总经理杨晋柏参加上海推进科创中心建设办公室第七次全体会议，会上揭牌国家电网张江实验室、国网上海能源互联网研究院、国网上海张江能源服务中心；会后，国网上海电力与中国电科院签署国网上海能源互联网研究院有限公司合资协议。

8月17日，国网上海电力在当日负荷高峰时段成功实施削峰需求响应，响应负荷共计34.45万kW。

8月21日，国网上海电力与武警上海市总队签署军民融合协议。

8月27日，国网上海电力荣膺“全球卓越绩效奖”（世界级），是中国公用事业领域首家获得这一管理类世界大奖的企业。

9月6日，国网上海电力举行双创基地揭牌仪式，标志着本部和覆盖11家供电公司、12家专业公司的“1+23”个双创基地整体投运。

9月14日，国网上海电力与中国铁塔上海公司共同签署战略合作框架协议。

11月5～10日，首届中国国际进口博览会在沪举办，国网上海电力以“五个最”实现“六零三确保”保电目标，构建智慧保电新模板。

12月17日，国网上海电力荣获第十三届人民企业社会责任奖绿色发展奖。

12月23日，国网上海电力董事长、党委书记钱朝阳同志荣获2018“质量之光”年度质量人物。

12月25日，由国网上海电力组织编制的《电网企业消防安全评估规范》正式通过专家评审，是国内电网企业系统中首个关于消防安全的评估规范。

12月27日，±500kV南桥换流站新4号主变压器投运，对于提高奉贤地区供电水平，促进当地社会经济发展，提升上海500kV主网架的运行可靠性起到重要作用。

（龙　飞）

【国网江苏省电力有限公司】

企业概况　国网江苏省电力有限公司（简称国网江苏电力）隶属于国家电网公司，从事江苏省境内电网建设、运行与管理，经营江苏电力销售业务。2018年国网江苏电力辖13个市、53个县（市）公司及12个科研、检修、施工等单位，服务全省4324万电力客户。现有职工37 363人，供电服务公司职工36 893人。拥有35kV及以上变电站（换流站）3121座、输电线路9.77万km，变电容量57 090万kVA，电网规模超过英国、意大利等国家。电压合格率、电网抵御风险能力达到国际先进水平。江苏电网已进入特高压、大电网、高负荷时代。

2018年，江苏全社会用电量6128亿kWh，增长5.52%；调度口径最高用电负荷1 0288万kW，增长0.68%。国网江苏电力完成售电量5297亿kWh，增长7.43%；完成固定资产投资392亿元；投产110及以上线路3349km、变电容量3900万kVA；线损率3.31%。业绩考核连续7年保持国家电网系统A级第一名。

领导班子

董事长、党委书记：尹积军

董事、总经理、党委副书记：石华军

党委副书记、副总经理：李斌（2018年3月23日任）

纪委书记、党委委员：李作锋（2018年3月23日任）

副总经理、党委委员、工会主席：刘人楷（2018年3月23日任）

副总经理、党委委员：张龙、黄志高

总会计师：王小兵

副总经理、党委委员：陈庆

副总经理、党委委员，兼南京供电公司总经理、党委副书记：陈刚（2018年3月23日任）

副总经理、党委委员：夏勇

副总经理、党委委员，兼苏州供电公司总经理、党委副书记：陈宏钟（2018年3月23日任）

总工程师：吴争（2018年3月23日任）

组织机构 2018年末，国网江苏电力本部设有22个职能部室：办公室（党委办公室）、发展策划部、财务资产部、安全监察质量部（保卫部）、运维检修部、营销部（农电工作部）、科技信通部（智能电网办公室）、建设部、物资部（招投标管理中心）、对外联络部（品牌建设中心）、审计部、经济法律部（体改办）、党委组织部（人事董事部）、人力资源部（社保中心）、离退休工作部、后勤工作部、党建工作部（机关党委办公室、团委）、监察部（纪委办公室、巡察办）、电力调度控制中心、运营监测（控）中心、工会和企协分会。国网江苏电力下辖13个地级市供电公司、53个县级供电公司及12个业务支撑与实施单位。

电网概况 江苏电网是华东电网重要组成部分。现有1000kV特高压变电站3座，容量2100万kVA，±800kV特高压直流换流站3座，容量2928万kVA，±500kV特高压直流换流站1座，容量340.44万kVA，特高压线路长度1581.8km。500kV变电站59座、容量13 175万kVA，线路长度12 653km。220kV及以下变电站3056座、容量62 409万kVA，线路长度410 501km。特高压"一交三直"工程基本落地，初步形成特高压交直流混联电网格局。500kV电网形成"六纵六横"电网结构。220kV电网细化为28个分区运行，各分区互联互济，有效提高电网安全水平；110kV及以下配网基本形成高效、灵活、可靠的网络结构，满足江苏经济社会发展和人民生活用电需求。

截至2018年末，江苏共有统调电厂253座、机组19 999台（其中风电机组3813台，光伏机组15 762台），总装机容量10 645万kW，其中火电机组9024.35万kW，核电机组437.2万kW，抽水蓄能机组10万kW，风力发电机组861.02万kW，太阳能发电机组243.25万kW（另有非统调太阳能发电机组1089.01万kW）。接入220kV及以下电网装机容量8011.18万kW，接入500kV电网装机容量4646.2万kW。

人力资源 加强本部部门和基层班子建设，制/修订《领导人员管理办法》等8项干部管理制度。完成约200人次处级领导干部和约100人次本部人员岗位调整。选用优秀年轻干部，"80后"处级领导干部新增11人，总量达到17人，45岁以下正、副处级领导干部占比分别提高5个百分比和9个百分点。

编制干部梯队建设2018—2020年三年行动计划，制定年龄结构、能力素质、职业路径"三转变"工作目标。举办处级、处级后备、新任科级、科级后备、年轻骨干等各类培训班，累计培训600余人次。选拔约100名年轻干部开展上下挂职、人才帮扶培养锻炼。

创新开展党委联系服务专家工作，以"聚专家人才、促创新发展"为目标，打造"引领服务、成果孵化、人才培育"三大系统工程，建立省市县三级联动工作体系，各级领导班子直接联系服务专家498名，各级党委全面服务公司3000余名专家。首创"爱专家"综合门户网站和手机App，首家开发专家成果大数据平台，首次构建电力行业专利成果评价标准体系，首创创新成果"抢单竞争"培育孵化机制，构建跨区域、跨专业柔性专家团队攻关模式，与中央候补委员、中国工程院院士、海军工程大学教授马伟明团队建立内外部专家联合培养机制。

制定深化"三项制度"改革工作方案，扎实推进"放管服"，出台薪酬"能增能减"指导意见，完善主业工资总额核定模型，实现工资总额分配向"用人少、业绩好"的单位倾斜。研究建立供电服务公司工资总额分配模型，强化工资总额与市场化新型业务的紧密联动。

完成部分部门、省经济研究院机构设置和人员编制调整。组建省工程咨询公司和市县公司项目管理（分）中心。有序完成输变电运检业务模式调整及1856名人员的整体划转。完成南京、南通"两个集约"试点任务。制定供电服务公司、集体企业人力资源管理指导意见，提升人力资源规范化、制度化、精益化管理水平。制定机构编制管理规范，下放机构改革权和编制分解权。制定"领头雁"人才三年培养规划，开展三年进阶培养。组建省综合能源服务公司等市场化企业，建立机构编制、岗位薪酬、考核任用自主决定机制，探索市场化人力资源管理新模式。组织部分直属单位公开招聘，开展供电服务公司专项补员，试点集体企业核心业务优秀人才招聘，满足主业、农电、集体企业业务发展需要。

电网建设与发展 1000kV特高压苏通GIL综合管廊工程实现全面贯通，施工进度超里程碑计划。特高压南京站、泰州站调相机工程完成投运并网。完成特高压直流晋北—南京、锡盟—泰州工程尾工工作。建成苏州、泰州特高压扩建500kV送出、晋北—南京直流受端500kV送出等项目。特高压苏州变电站第五台主变扩建工程前期工作有序推进。投产500kV石牌变电站增容改造、如东输变电等49项迎峰度夏工程。建成世界最大容量的静止同步补偿器（STATCOM）吴江变电站无功加强装置。建成大规模源网荷友好互动系统。并网运行镇江电网侧10.1万kWh/20.2万kWh储能项目，启动第二批40万kWh电网侧储能项目建设，构建储能技术标准体系。投产盐城大丰H3等20余项新电源配套送出工程和连盐、宁启二期等12项电气化铁路配套供电工程。启动建设世界首个南京智慧能源物联网示范区。建成连云港开山岛风光互补智能微电网一期工程。建成全国最大规模苏州主动配电网示范工程。完成西藏帮扶工作，19项35～110kV共建项目全部投产移交。全年完成基建投资208亿元。开工35～500kV工程422项，线路4511.2km，变电2811.8万kVA；投产35～500kV工程369项，线路3490.9km，变电3004.8万kVA。盱眙1000kV特高压变电站先后荣获中国建设工程2018—2019年度鲁班奖、国家电网公司输变电优质工程金奖、中国电力行业优质工程奖。

编制发布新时代高端电网发展战略与规划技术导则。促成国家电网公司与江苏省人民政府签订关于加快电网建设促进能源变革发展合作备忘录。获得全部70项白鹤滩入苏工程可研支持协议。完成年度输电网、配电网滚动规划研究报告。提前完成“十四五”初期特高压东吴变电站扩建、无锡南、吴江南、东吴—吴江南等500kV输变电工程可研评审。

建成初具能源互联网特征的苏州同里区域能源枢纽自由交换示范区，15项世界首台套、多能互补项目在“一带一路”能源部长会议和国际能源变革论坛期间展示，累计接待4500人次参观，能源变革发展理念广泛传播，获得各级领导和社会各界高度赞誉，成为展示国家电网公司推动能源变革发展成果的窗口。开展典范城市建设国际合作，与苏州市人民政府、德国能源署签订三方合作谅解备忘录。完成苏州能源消费总量控制等18项课题研究。

经营管理 完成新时代战略100项年度重点任务。开展优化经营管理策略与多维精益管理体系变革综合试点。制订实施卓越绩效管理三年行动计划。开展同业对标和国际对标，完成年度73项结对管理对标项目，以及苏州配网资产国际对标年度任务。建立机动预算管理机制。清理长期挂账工程项目628项，完成4037项存量居配项目整改任务。加快基建工程“两算”增资，接受优质用户资产和农场电网资产，全年增加固定资产624亿元。常态化开展项目预算、业扩报装、电网运营、物资管理等专项运营监测分析。建成物资智慧运营中心和“储检一体化”智慧仓库，消减积压物资12.56亿元。与镇江市人民政府、苏宁易购、凤凰传媒等签署综合能源利用方面合作框架协议。全省集体企业压减至147户，集体企业改革部署协同监督A类项目获国家电网协同监督优秀成果。

配合完成国家跨省跨区专项输变电工程成本监审。建成售电侧交易市场，截至2018年末，完成229家售电公司注册，用户准入实现20kV及以上工业和一般工商业全覆盖。开展电力市场化交易，省内直接交易电量1951亿kWh，增长54.2%，规模保持全国第一。跨区跨省交易总量1173亿kWh，清洁能源达599亿kWh。完成电能替代项目3676项，替代电量153亿kWh。与苏州、无锡等第三批增量配电试点项目投资方签署合作意向。完成镇江、南通、无锡、宿迁等一批增量配电试点项目混合所有制公司组建。编制综合能源服务公司“双百行动”混合改革方案，签订战略投资者投资意向协议。组建淮安苏嘴顺河风电混合所有制项目公司。实施电力交易公司股份制改造。规范处置燃料公司股权。落实基建改革12项配套措施，高水平通过国家电网公司验收。完成后勤领域“两供一业”分离移交、徐州电力医院改革任务。

开展自查自纠提升企业治理效能工作，整改招标采购等五个重点领域问题15个。按期完成重点问题清单整改决议目标。实施重大决策合法性审核。成立国家电网公司系统首家外部法律专家顾问团。推动《江苏省电力条例》列入2019年立法计划。开展触电防治专项行动，新发触电案件同比下降53.3%。国网江苏电力法治企业成熟度评价工作纳入《全省深化企业法治建设行动方案》。修订全资、控股、参股公司行权方式与授权机制，法人治理体系更加完善。执行审计向公司党委报告机制，开展经济责任、工程投资以及管理专项等各类审计9422项，督促问题整改，防范经营管理风险。

安全生产 贯彻落实国家电网公司推进安全生产领域改革发展的实施方案，组织10项主题安全专项活动，梳理制定企业和全员安全责任清单，修订“生产现场领导干部和管理人员到岗到位规定”，同步开展执行情况专项监督。严格执行生产现场作业“十不干”，开展安全生产问题清单梳理、“六查六防”等活动，排查整改安全隐患1.2万余个。举办首届安全技能竞赛，构建安全技能测评新模式。深化外包管理信息系统，推广“人脸识别”安全管控试点应用。实施电气火灾综合治理，编制完成《电气火灾综合治理手册》，启动储能电站消防安全技术研究，研究应用基于细水雾技术的变电站消防系统。电网资产实物“ID”建设高水平通过国家电网公司验收。承办江苏省大面积停电事件应急演练，高效应对雨雪冰冻和台风等恶劣天气，电网成功经受住高温高负荷考验。完成全国两会、国家公祭日、江苏省运会等重要活动供电保障，以及上合组织青岛峰会、上海国际进口博览会应急支援任务。

正式接管特高压苏州换流站运检业务。完成220kV运检模式调整，实现生产人员划转、变电站、线路管理关系的平稳调整。电网主设备保持安全运行。高质量完成淮安、泰州换流站首检。全力保障调相机工程顺利投运。连续5年实现特高压满送期间“零故障”。完成各类反措、隐患排查治理8000余条。开展302项新建输变电工程等全过程技术监督工作，发现并整改问题352项。新建改造10kV线路2.1万km，配电变压器2.4万台，全省户均容量提升至4.85kVA。

推进配电自动化实用化建设和应用，新增配电自动化线路25 942条，全省配电自动化线路覆盖率和农网低压线路绝缘化率分别提升至95%和94%。在6家供电公司投运全国首套新一代配电自动化主站，提高一线运检人员工作效率。完成3万余台智能配电变压器终端建设任务，实现低压配网运行状态全景感知。成立供电服务指挥中心和省检修公司智能运检管控中心，提升运检设备管控力度。

营销工作　优化电力营商环境，全省高低压业扩项目平均接电时间压降至68.4天和11.6天。促请江苏省人民政府发布《进一步优化营商环境实施意见》，配合各级政府制定优化电力营商环境转型文件68份。完成76个政府综合服务大厅办电窗口设置，实施业务联办。贯彻降低企业用能成本部署，全年减少用户电费成本97.5亿元，超额完成国家一般工商业电价平均降低10%目标，推动出台可中断负荷电价政策。

构建“强前端、大后台”综合能源业务体系，组建18个综合能源服务中心，全年营收8.02亿元，位居国家电网公司首位。开发综合能源服务信息化平台，向客户推送能效诊断报告1.3万余份，客户预警10万余条。完成10万亩“虾稻共生”电气化养殖试点。建成苏州同里全电气化街区。实现京杭运河水上服务区岸电互联互通全覆盖。打造“光储充”一体式互动化充电站，投运用户侧储能电站60座，总容量9.7万kW。维护供电秩序与安全，开展反窃电大案要案集中整治，查获涉案金额百万元以上的窃电案件7起。

首创填谷电力需求响应，在春节、国庆假期开展长假“填谷”需求响应，单次最大响应负荷168万kW，累计增加新能源消纳1.21亿kWh，实现新能源发电100%消纳。

深化“全能型”供电所建设，修订15项工作流程和23项作业指导书。制订台区经理安全、廉政风险防控手册。累计创建国家电网公司五星级供电所30个。开展农电现场综合督查，督查供电所583个，检查台区1823个，用电客户5.2万户，发现和整改各类问题8019条。制订电力服务脱贫10项行动计划和电力扶贫督查巡察方案，全过程服务光伏和产业扶贫项目，培育“能源绿”电力特色扶贫项目。

科技与信息化　提升通信运行安全质量，完成光缆跨铁路、一二级通信站点电源和OPGW三点接地全部隐患整治。实施护网行动，完成省市县网络边界统一加固，归集内网移动通道裁剪冗余边界。开展“红蓝对抗”真实场景演练，提升应急处置能力。信息化企业建设云计算落地、移动作业整合、全域示范贯通实现“三个率先”。实施“千兆到县、百兆到所”专项工程，1117个供电所实现共享百兆接入，传输带宽全面提速。研发推广“云电话”“云会议”系统，实现基于桌面的电话、会议服务，为供电所等基层管理模式创新提供支撑。获得1.8GHz无线电频率使用许可，与江苏铁塔集团签订杆塔共享框架协议，完成南京、苏州、常州等电力无线专网试点项目。

成功申报7项国际标准，获国家电网公司首批“国际标准创新基地”授牌。获得省部级及以上奖励27项，其中中国专利金奖1项、国家科技进步二等奖1项、国家电网公司科技进步特等奖1项、技术发明一等奖1项、中国电力一等奖1项、省政府一等奖1项。

优质服务　完成“优质服务提质转型年”68项工程。全省95598电话呼入量845万个，业务总量539万件，同比上升2.27%，万户投诉率降至2.19，保持国家电网公司系统最低。整合掌上电力等线上服务渠道，提供线上业务服务3.5亿次，网络客户突破1800万户，规模保持国家电网公司系统第一。完成营销2.0系统可研性研究。实施台区经理预约上门服务，实现客户办电“一次都不跑”，累计预约上门服务8.1万次。拓展末端电网智能感应应用，覆盖1500个台区、用户18万户。研发负荷特征分析智能电能表，为客户提供电器用电详单和用电安全隐患辨识等延伸服务。“多表合一”信息采集覆盖147万户。推进南通现代服务体系建设试点。新建充电站206座，年充电量增长超145%。

党的建设和精神文明建设　落实国家电网公司党组“旗帜领航·三年登高”计划，扎实开展“建凝聚人心好支部，做遵章守约好党员”活动，在2000多个基层党组织、4万余名党员中开展“双好”大讨论，凝练形成基层党支部《凝聚人心关键行为指引》《组织行为负面清单》和《苏电党员行为公约》，形成梯次衔接、科学闭环的“党委—支部—党员”标准化管理体系。推广党委委员复合式分工模式。实施“分众式”党员教育培训，构建党支部书记能力素质模型，研发“全交互党内学习教育终端”，组织2600余名党支部书记参加关键能力场景化训练，1560名青年党建骨干参加专题研习。以“不忘初心·坚守信仰”为主题，历时8个月，分104个批次，组织5162名基层党员，赴延安和井冈山接受红色实景党课教育。

制定领导班子成员和本部部门党风廉政建设履责要点。认真执行党风廉政建设约谈和报告工作规定，开展党风廉政约谈9278人次。组织开展落实“两个责任”专项督查，以通报、考核、问责倒逼责任落实。完成四轮12家单位政治巡察，实现地市公司全覆盖，对5家大型县级公司开展提级巡察。开展扶贫领域、作风建设、优质服务、招标采购等专项督查，立项开展协同监督项目114个，发现问题1659个，制定整改措施1640项，修订完善482个制度，优化647项业务流程。推荐参评的7个协同监督项目全部获得国家电网公司表彰。认真分析研判行风问题线索，落实行风廉政类举报工单压降举措，行风投诉量下降58.2%。加大违纪违法案件通报力度，制作警示教育片，编印“全能型”供电所员工廉洁风险防控手册，完善反腐倡廉教育基地和网上廉洁教育馆建设，促进员工遵规守纪。

实施“感知企业价值　聚力公司发展”主题宣传工程，构建故事传播、礼仪仪式、行为信条、典型选树和示范点孵化五大体系。首创员工积极心态养成系统，举办“基层企业文化论坛”，推进新时代国家电网公司价值理念有效落地。企业文化根植成果获中国电力创新一等奖。1个项目获国家电网公司企业文化建设优秀成果一等奖，2个项目获二等奖，4个项目获优秀案例。如东共产党员服务队等4个团队和个人获评“中国好人”。

举办第四届青创赛，牵头成立驻苏央企“青创联盟”，5个项目获国家电网公司青创赛金奖。首次举办“苏电吉尼斯”青工技能挑战赛。精心培育青年先进典型，共有87个集体和个人获得省级以上团委荣誉。开展团青工作理论研究，十大团青工作创新案例获中央团校宣传推广。总结提炼的企业共青团“十大工作法”在江苏团省委创新创优工程中获得企业界别唯一一等奖。开展“关爱好人行动”，组建“电暖流·爱心联盟”，获中国青年志愿服务项目大赛2项金奖。

实施品牌高端精准传播。在中央三大媒体发稿329篇（条），其中新华社及人民日报188篇，中央电视台141条、新闻时长达310min。通过纪念改革开放40周年系列活动，展示公司服务地方经济社会发展品牌形象。获得2018年中国电力行业企业公众透明度“责任沟通创新卓越企业奖”，新媒体获国资委“金旗帜”央企十大品牌传播创新奖，蝉联“央企最具影响力新媒体二级账号”。

开展群众技术性创新活动，建成职工创新平台和孵化基地。实施劳模工作室“双创双提升”工程，全年组织职工创新项目246项。1项成果首获全国职工优秀技术创新成果一等奖；27项成果获全总、中电联、中国能化工会表彰；3项成果、3名职工获国家电网公司首届职工技术创新“双越之星”劳动竞赛表彰。1名职工获“全国五一劳动奖章”，1名女职工获“全国三八红旗手”，4个集体获“全国工人先锋号”，8名职工获国家电网公司特等劳模或劳模称号。围绕1000kV特高压苏通GIL综合管廊、苏州同里新能源小镇等重点工程开展22项劳动竞赛。实施职工服务“5980”工程，推进“互联网+”工会服务，制定基于“九项行动”的年度40项服务清单，细化职工帮扶救助项目和标准。职工疗休养等服务项目得到职工好评。持续推进“为老服务十项实事”。实施12方面50项后勤服务提升，打造生态智能办公场所和“智慧食堂”。高质量通过国家电网公司保密“进驻式”检查。加强重要时段信访和舆情管控，企业保持和谐稳定。

主要事件

1月25～26日，国网江苏电力第六届职工代表大会第四次会议暨2018年工作会议在南京召开。

2月11日23：00，随着72h试运行结束，交流特高压泰州站主变压器扩建工程正式投入运行，工程建设任务圆满完成。特高压泰州站主变扩建工程位于江苏省泰州兴化市大邹镇南舍村，与泰州±800kV特高压换流站合址建设。本期扩建1组3000MVA主变压器及1个间隔1000kV GIS；新建2回500kV出线，调整2回500kV出线间隔，装设2组240Mvar低压电容器和2组240Mvar低压电抗器。

3月5日，江苏电网新能源发电出力首次突破千万大关，达到1246.2万kW，占当时全省调度发电的1/4，占全省用电负荷的1/5；新能源日发电量刷新历史纪录，达1.6亿kWh，达到常州市最高日用电量规模。江苏新能源发电实现全额消纳。

4月2日，国网江苏电力召开领导班子调整宣布会议，宣布国家电网公司党组对国网江苏电力领导班子调整的决定：李斌任国网江苏电力党委副书记；李作锋任国网江苏电力纪委书记，免去其国网江苏电力副总经理职务；刘人楷任国网江苏电力副总经理、党委委员、工会主席；陈刚任国网江苏电力副总经理、党委委员，免去其国网江苏电力总工程师职务；陈宏钟任国网江苏电力副总经理，免去其国网江苏电力工会主席职务；吴争任国网江苏电力总工程师（试用期一年）；免去王树炎国网江苏电力党委委员、纪委书记职务（另有任用）；免去韩冰国网江苏电力副总经理、党委委员职务（另有任用）。

4月3日，国家能源局江苏监管办公室向镇江扬中高新区配售电有限公司颁发电力业务许可证。这是江苏省范围内增量配售电公司的第一张电力业务许可证，也是国家电网公司控股增量配售电公司的第一张电力业务许可证，标志着扬中高新区配售电有限公司正式具备试点区域内的供电营业资质，可以依法合规开展相关业务。

4月23日23：15，随着500kV钟吾变电站5063断路器合闸，全球首座500kV全类型就地化保护变电站顺利投运。

5月19日，全国人大常委会副委员长吉炳轩一行在国网江苏电力调研统计工作。

7月11日，镇江五峰山220kV跨江输电塔爆破拆除工程顺利完成，标志着长江南京以下12.5m深水航道通航净空的最后一关被正式打通，5万t级货轮可从海上畅通无阻直达南京港，长江航运加速驶入“大港大船”时代。

7月18日，江苏镇江电网储能电站工程正式并网投运。该储能电站总功率10.1万kW，总容量20.2万kWh。

镇江电网侧储能项目是迄今已建成的世界规模最大、功能最全的电网侧储能电站项目。

8月9日，受持续湿热天气的影响，江苏电网调度用电负荷急剧飙升，最高用电负荷7次突破1亿kW，达到10 288万kW，成为国家电网公司系统首个用电负荷连续两年突破1亿kW的省级电网。

8月21日9：12，“卓越号”盾构机历时近14个月穿越长江5468.5m，成功从长江北岸钻出，标志着淮南—南京—上海1000kV交流特高压输变电工程苏通GIL综合管廊工程盾构隧道全线贯通。

8月，“大规模源网荷精准负荷控制关键技术及应用”获得国家电网公司科技进步特等奖，国网江苏电力成为迄今为止唯一获得国家电网公司特等奖的省级电力公司。

9月1日，在法国巴黎召开的2018年度国际大电网大会上，国网江苏电力获得2021年“国际大电网雷电会议”暨“国际大电网电力系统技术特性专业委员会”年会举办权。

9月20日，在北京召开的第二届中国能源产业发展年会暨（2018）中国城市能源变革峰会上，国网江苏电力荣获“能源·十大美丽中国形象大使”企业称号，苏州工业园区国家多能互补示范工程、镇江电网储能电站工程被评为中国城市能源变革“十大样本工程”。

10月2日，国网江苏电力援建的西藏藏中和昌都电网联网工程——500kV波密变电站新建工程投运。

10月18日，国网江苏电力在苏州同里召开新闻发布会宣布同里综合能源服务中心启用，15项世界领先的能源创新示范项目悉数亮相，展示先进能源电力技术，打造未来能源自由交换示范区及清洁低碳、安全高效、绿色智能、互动共享的未来城市能源系统典型构建模式，引领城市能源变革重要方向。

11月2日，中国电机工程学会通报2018年度中国电力科学技术奖获奖项目，国网江苏电力“统一潮流控制器（UPFC）关键技术、成套装备及工程应用”获得科技进步一等奖。

11月8日，全国政协副主席、民革中央常务副主席郑建邦视察国网江苏电力，先后调研苏州同里未来能源自由交换示范区（同里综合能源服务中心）、大规模源网荷储友好互动系统、苏州南部电网500kV统一潮流控制器（UPFC）示范工程等。

11月14～17日，国家电网公司第四届青年创新创意大赛决赛暨青创成果交易展在北京举行，国网江苏电力共获得5金5银2铜。

12月4日，国网江苏电力500kV吴江变静止同步补偿器（STATCOM）接入系统功能试验全部完成（72h试运行结束），这套世界容量最大的基于IGBT的动态无功补偿装置正式投入运行。

12月13日，由国网江苏电力组织建设的盱眙1000kV交流特高压变电站工程获得2018—2019年度第一批中国建设工程鲁班奖（国家优质工程）。6月25日，该工程还获评中国电力优质工程。

12月25日，第二十届中国专利奖颁奖大会在北京举行，国网江苏电力发明专利“变电所电源的快速切换方法”获评中国专利金奖。在此次评选中，国网江苏电力共获得专利奖4项，其中金奖1项、优秀奖3项。

12月25日，在中国企业新媒体年会上，国网江苏电力官方微博、微信账号荣获“2018年度央企最具影响力新媒体二级账号”第一名。

12月26日，江苏省年度全社会用电总量首次突破6000亿kWh大关，达到6003亿kWh。

12月27日，第二十五届全国企业管理现代化创新成果评审结果揭晓，国网江苏电力“电网企业促进全产业链资源优化配置的源网荷储互动管理”获评一等成果，国网苏州供电公司“电网企业以保障城市可持续发展为目标的城市能源变革示范区管理”获评二等成果。

12 月 29 日 0：00，±800kV 锦苏特高压苏州同里换流站正式完成运检业务移交。国网江苏电力全面接手并负责苏州换流站的设备运维检修、人员管理、项目计划管理等业务。

（缪莉庆）

【国网浙江省电力有限公司】

企业概况 国网浙江省电力有限公司（简称国网浙江电力）是国家电网公司的全资子公司。2018 年，成立国网浙江省电力有限公司建设分公司、国网浙江综合能源服务有限公司。下辖杭州、宁波、温州、绍兴、湖州、嘉兴、金华、衢州、舟山、台州、丽水 11 家地市供电企业，其中杭州、宁波（计划单列市）为副省级城市，67 家县供电企业，14 家业务支撑实施机构，本部设 22 个职能部门。

2018 年，完成固定资产投资 344.9 亿元，其中电网投资 339.9 亿元；售电量 3904 亿 kWh，同比增长 8.1%；线损率 3.90%，同比下降 0.20 个百分点。资产总额 2226 亿元，资产负债率 63.2%。全员劳动生产率 149.8434 万元/人年，职工人数 38 637 人。业绩考核列国家电网省市公司第二。

领导班子

董事长、党委书记：肖世杰

董事、总经理、党委副书记：杨勇（2018 年 4 月任）

党委副书记、副总经理（正局级）：单人

副总经理、党委委员：阙波

副总经理、党委委员：赵光静

副总经理、党委委员：吴国诚

副总经理、党委委员：黄晓尧

党委委员、纪委书记：姜启亮（2018 年 4 月任）

总工程师、党委委员：凌卫家

副总经理、党委委员：司为国（2018 年 4 月任）

党委委员、工会主席：杨玉强

总会计师：陈树国

副总经理：王凯军

顾问：姜雪明

副局级调研员：李斌

组织机构 国网浙江电力本部职能部门 22 个，办公室（党委办公室）、发展策划部、财务资产部、安全监察质量部（保卫部）、运维检修部、营销部（农电工作部）、科技信通部（智能电网办公室）、建设部、物资部（招投标管理中心）、对外联络部（品牌建设中心）、审计部、经济法律部（体改办）、党委组织部（人事董事部）、人力资源部（社保中心）、离退休工作部、后勤工作部、党建工作部、监察部（纪委办公室）、电力调度控制中心、运营监测（控）中心、工会、企协分会。

地市供电公司 11 家，分别为国网浙江省电力有限公司杭州供电公司、国网浙江省电力有限公司嘉兴供电公司、国网浙江省电力有限公司湖州供电公司、国网浙江省电力有限公司绍兴供电公司、国网浙江省电力有限公司衢州供电公司、国网浙江省电力有限公司宁波供电公司、国网浙江省电力有限公司金华供电公司、国网浙江省电力有限公司温州供电公司、国网浙江省电力有限公司台州供电公司、国网浙江省电力有限公司丽水供电公司、国网浙江省电力有限公司舟山供电公司。

公司层面业务支撑和实施机构 14 家，分别为浙江电力交易中心有限公司、国网浙江省电力有限公司经济技术研究院、国网浙江省电力有限公司电力科学研究院、浙江省送变电工程有限公司、国网浙江省电力有限公司检修分公司、国网浙江省电力有限公司信息通信分公司、国网浙江省电力有限公司培训中心、国网浙江省电力有限公司物资分公司、国网浙江省电力有限公司综合服务中心、国网浙江省电力有限公司综合服务分公司、国网浙江省电力有限公司紧水滩水力发电厂、浙江华电器材检测研究所有限公司、国网浙江省电力有限公司建设分公司、国网浙江综合能源服务有限公司。

电网概况 通过溪洛渡—浙西特高压直流、灵州—绍兴特高压直流线路，与四川、宁夏等全国能源基地连通，通过淮南—浙北—上海特高压交流、浙北—福州特高压交流和 9 条 500kV 线路与上海、江苏、安徽及福建电网相联，基本形成了以“两交两直”特高压为骨干，主网架南北贯通、东西互供、交直流互备的坚强智能电网。特高压电网增加浙江省供电能力 2500 万 kW，全年经特高压通道受入电量 863 亿 kWh，为保障电力供应、科学应对控煤方案提供了有力支撑。

截至 2018 年底，浙江电网共有 1000kV 变电站 3 座，变电容量 1800 万 kVA；±800kV 直流换流站 2 座，容量 1600 万 kW；500kV 变电站 46 座，变电容量 10 405 万 kVA；220kV 公用变电站 329 座，变电容量 14 526 万 kVA；110kV 公用变电站 1402 座，变电容量 13 948 万 kVA。

截至 2018 年底，浙江省全口径发电装机容量 9564.60 万 kW，全省 6000kW 及以上发电装机容量 8564.11 万 kW，其中浙江省统调装机容量 6201.00 万 kW，非统调装机容量 1166.71 万 kW，国网华东分部统一调度电厂装机容量 1196.40 万 kW；6000kW 以下发电装机容量 1000.49 万 kW。浙江省统调电源以火电为主，总装机规模 5493.58 万 kW，约占 88.59%，水电 178.28 万 kW，核电 282.20 万 kW，风电 39.48 万 kW，太阳能 207.46 万 kW。

人力资源 优化双创中心、综合能源服务公司等机构设置，以适应企业内外部改革形势，服务公司发展大局。深化内部人力资源市场建设，落实国家电网公司内部人力资源市场通用制度有关规定，规范基层单位公开竞聘，积极开展岗位竞聘、挂岗锻炼和人员借用等人员配置工作，2018 年，共完成公开竞聘 159 人次、挂岗锻炼 50 人次。做好东西人才帮扶和西部企业骨干赴东部企业实践锻炼，选派 35 名优秀管理和专业技术专家，前往西藏、蒙东、新疆等地区进行帮扶。推进人力资源信息化建设，先于各网省公司开展劳动合同网上签约试点工作。优化业绩考核指标体系，完善绩效经理人履职机制，细化、管理人员考评方式，丰富一线人员量化考核工具，拓展考核结果在职业发展等方面应用，推进“互联网+”模式绩效系统建设，构建与生产、营销等信息系统的互通互联渠道。探索薪酬多元化分配制度，继续推进员工职员职级序列和职业生涯管理，协同实施岗位职务、职员职级、职称技能三大序列。切实落实各项社保政策，规范企业年金和补充医疗保险管理。创新培训模式，加大各级各类人才培养力度。开展高端人才培养的研究和规划，构建各级人才梯队，推荐国家级、省部（行业）级专家人才 11 名，其中 1 人入围浙江省 151 人才工程培养人选，新增高端人才 9 人。

截至 2018 年末，全口径用工总量 76 551 人；实现全口径劳动生产率 1 209 799 元/人年，较 2017 年同比增长 0.57%；实现职工劳动生产率 1 498 434 元/人年，较 2017 年同比减少 0.33%。人才当量密度达 1.185 1。在国家电网公司级以上竞赛调考中位列总成绩第 5 名，6 人获“国家电网公司技术能手”称号。

电网建设与发展 2018 年，新开工 110kV 及以上项目 99 个，线路长度 1999km，变电容量 1747 万 kVA；投产 110kV 及以上项目 167 个，线路长度 3330km，变电容量 2572 万 kVA。500kV 岙坑输变电、甬港输变电等重点工程按计划开工建设，500kV 诸北输变电、杭变升压输变电、诸北扩、芝堰扩及 220kV 鱼山输变电、杭黄高铁牵引站外部供电工程等项目按计划投产，67 个超期项目有效治理。完成“十三五”电网规划中期评估和“十四五”电网规划研究，编制浙江省大湾区智慧能源互联网发展规划。促成白鹤滩特高压直流送出项目落地浙江，确定工程站址路径方案。制定配电网建设逐年过渡方案，推进安吉余村“两山”示范区等特色配电网规划建设。完成杭州、宁波世界一流城市配电网“基础建设年”任务。高标准建设嘉兴城市能源互联网、尖山源网荷储主动配电网等示范项目，启动第一批电网侧储能项目建设。完成 635 个小城镇、1133 个村电网升级，是获习近平总书记批示肯定的浙江省“千村示范、万村整治”工程的重要内容。

2018 年，共有 240 项工程满足达标投产及优质工程评定考核条件，均通过达标投产。浙江宁海电厂一期 500kV 送出线路改接工程实体质量优良，先后荣获国网优质工程金奖、国家优质工程奖。台州 220kV 广文变电站、金华 220kV 汤溪变电站、嘉兴 220kV 天星变电站、湖州 220kV 林城变电站等 4 项工程获得浙江省工程建设质量管理最高奖，被授予“钱江杯”称号。舟山 500kV 联网输变电等重点工程建设投产，创造 14 项世界纪录，发布 5 项国家电网企业标准，立项 3 项国家标准和 1 项行业标准，组立完成西堠门大跨越 380m 世界最高输电铁塔。

经营管理 实施高质量发展三年行动计划，落实 34 项优化经营管理策略，争取合理的全省煤炭总量控制方案，强化综合计划和预算精益管控，经营成效显著，资产总额增长 4.4%，带息负债下降 3.1%。全面应用主配网自动竣工结算，清理 790 个长期挂账项目，推进融资租赁和用户资产接收，形成有效资产 314.3 亿元。集体企业月均归集资金 112 亿元，账户监控率 100%，提前两年实现“十三五”规划的产值目标。开展内部公开竞聘、挂岗锻炼和人才帮扶，完善员工职员职级序列和全员绩效管理，探索多元化分配制度。

推进全业务数据应用，9 项课题浙江全省数据价值挖掘一等奖。构建合规管理体系，开发可视化法律监督平台，触电案件下降 30.6%。创新开展网络信息安全审计。完成集体企业关联交易、车辆管理检查整改。全面启动现代（智慧）供应链建设，升级仓储硬件基础，优化调整市县物资机构。全省推广配网物资“区域智能配送”，物资调度指挥中心在国网系统内首次实现实体化运作；全年完成采购金额 447.3 亿元，完成供应计划 55 762 条，涉及 110kV 及以上工程 265 个。

安全生产 健全安全组织管理体系，完善全员安全责任清单，营造责任心安全文化，安全工作平稳有序。常态化开展安全检查巡查稽查，加强生产作业安全管控，严格外包队伍准入机制及量化考核。深化资产全寿命周期管理，加强主设备抽检和配网物资全检。深入开展消防安全隐患整治，完成特高压换流站消防改造和微型消防站建设。健全网络安全主动防御体系。完善应急体系建设，开展突发事件应急演练，加强应急基干队伍建设和全员应急培训，不断提高应急处置能力。

推进智能运检管控平台、变电站机器人巡检等技术应用，实现特高压线路全面可视化、换流站全年无故障，主网设备故障数量减少一半。建成配网监控体系，配电自动化覆盖率95%。落实电网安全稳控措施，推进燃煤机组深度调峰改造，加大外购电力度，确保了电网安全稳定运行和可靠供电。完成首届中国国际进口博览会、首届联合国世界地理信息大会、世界互联网大会乌镇峰会、世界游泳锦标赛等重大保电任务。

营销工作 实施岸电建设沿海、沿江、沿河全覆盖工程，打造"全电景区"、机场廊桥、港口岸电、住宅电供暖等电能替代示范工程，建成"全电景区"70个、岸电设施165套，推广电供暖住宅2.4万户，全年替代电量70.5亿kWh。组建综合能源服务公司及11家地市分公司，建设运行综合能源服务平台，启动10个千万级重特大项目，实现营收9.35亿元。深化电动汽车服务网络建设，建成国内首个电动汽车充电站"微综合体"和首座电气油"综合供电服务站"。探索"居民家庭电气化"家电新零售商业模式，推广家电205万台。全面推广"光伏云网"，实现清洁能源全消纳，开通分布式光伏业务线上申请和签约付费功能，全年新增并网容量2443MW。深入推进业扩报装提质提速，结存容量由年初的73.4%压降至11.3%，实现让1.3万户企业客户早投产、早用电。参与售电侧改革，按期完成湖州长广和舟山洋北配售电有限公司工商注册，取得嘉兴海盐增量配电项目控股权。

科技与信息化 科技成果奖励实现历史突破。"电能表智能化计量检定技术与应用"成果获国家科技进步奖二等奖。获得国网科学技术奖励31项，浙江省科学技术奖11项，中国电力科学技术奖12项，中国专利优秀奖2项；1人获2018年度中国电力科学技术人物奖。13项成果获得2018年度省政府科技奖励提名。申请专利815项，其中申请发明专利518项，完成年度计划的102.17%。获授权专利601项，其中发明专利210项，完成年度计划的116.02%。

标准国际化工作成果丰硕。IEEE P2780《绝缘穿刺线夹》编制快速推进。申报的《电力金具节能技术评价导则》标准提案通过IEEE-SASB新标准委员会审、立项。推进《就地化即插即用继电保护装置》等5项国家标准、13项行业标准，16项团体标准，8项国家电网技术标准标准编制。新增获批11项行业标准，5项中电联标准立项。双创建设工作成效显著。完成公司双创示范中心升级为国家双创示范基地国网浙江示范中心，建成基于双创示范基地的创新成果转化平台，35项基层创新应用进入建设序列。

组织重大科技项目研究。国家863课题"高密度分布式能源接入交直流混合微电网关键技术"通过国家科技部技术验收，基于项目凝练的创新成果通过中国电机工程学会成果鉴定。国家重点研发项目"智能配电柔性多状态开关技术、装备及示范应用"按计划有序研发，基本完成子课题理论研究。杭州江东智能柔性直流配电网示范工程于8月正式投入运行。世界首条500kV交联聚乙烯海缆等重大科技示范工程扎实推进，建成交联绝缘海缆软接头内部局部放检测平台，完成舟山500kV联网输变电工程的海缆预鉴定试验工作，编制发布3个国家电网公司标准。

深化"大云物移智"新技术研究与应用。深化全业务统一数据建设及一体化云平台软硬件资源扩容、升级，开展泛在电力物联网研究，建成国家电网系统首个全地区基本覆盖的电力无线专网。建立常态化网络安全工作机制，落实网络安全执法检查工作，强化与政府部门的网络安全合作，加大网络安全考核力度，将网络安全考核指标纳入企业负责人年度业绩考核和对标考核。2018年，获国家电网公司网络安全攻防总决赛团体第二名，获浙江省信息通信行业职业技能竞赛团体一等奖2项、团体二等奖1项、团体三等奖3项；获国家电网公司信息通信新技术行动计划优秀成果一等奖1项，二等奖1项，三等奖2项。在首次参加浙江省通信学会科学技术奖评奖中，获一等奖7项、二等奖7项，三等奖12项。

优质服务 制定"互联网+智慧能源"服务新起点计划，实施服务人民美好生活八大工程。持续深化办电"最多跑一次"，试点建成"网上国网"，打通与省政府大数据中心接口，推行供电业务"一网通办、一证通办、一窗通办"，全年累计线上办理业务363万笔，与184个第三方服务渠道合作跨行业办理业务28万余笔。创新开发全国首个电力接入项目行政审批平台，推动政府部门实施行政联合审批改革，高压业扩平均办电时长缩短27.5%，让客户接电"更省时"。全面实施城区低压网格化服务，故障平均修复时间减少13.8%，停电时户数下降39.9%。深化小微企业园区供电服务，小微企业园低压供电接入容量提升至160kW，优化营商环境成效显著。实施大用户直接交易、一般工商业电价调整、临时接电费清退等国家降价减费政策，累计为企业减少用电支出119亿元。建成109家"三型一化"营业厅、227个"全能型"乡镇供电所，提高10kV及以下营配业务前端快速响应服务能力。

党的建设和精神文明建设 深入学习习近平新时代中国特色社会主义思想和党的十九大精神，组织"新时代国网浙江电力讲习团"巡回宣讲20场。推进党建"旗帜领航·三年登高"计划，加强基层党组织标准化建设，选树15家基层党建示范基地。深化"红船精神·电力传承"特色实践，以"红船"统一命名全省党员服务队，国网浙江电力红船（嘉兴）共产党员服务队入围第三届"央企楷模"评选。开展

"人民电业为人民"专项行动，建成红船党员服务队示范基地。组建党建（领导力）研究中心，召开省电力政研会第十届会员大会，开展《新时代国有企业传承和弘扬红船精神实践与研究》课题研究，列入中央企业党建政研会重点课题。实施党建专业"百千万素质大提升"行动计划，落实书记抓党建"三级联述联评"和党建工作报告制度。推进企业文化示范点"百千万"工程，《国家电网公司优秀企业文化在本质安全中的落地实践》项目获得2018年中国电力创新奖二等奖。开展向第十届中华慈善奖"慈善楷模"钱海军学习活动，组织钱海军先进事迹报告会。

落实"好干部"标准，优化各级班子年龄、专业结构，选人用人满意率99.69%。实施省市县干部一体化管理，开展年轻干部上挂下派培养锻炼。加强巡察力量配备，严格问题整改和责任追究，实现二级单位巡察全覆盖。完善党风廉政建设责任体系，推进"互联网+智慧监督"建设，加强"小微权力"风险防控。落实意识形态责任制，创立央企首个品牌实验室，"十大传播工程"宣传成效显著。落实《新时期产业工人队伍建设改革方案》，1家劳模创新工作室获评全国示范点，1个班组被授予全国工人先锋号，1名职工获评国家电网特等劳模。加强后勤保障，为职工办好12件实事。深入落实离退休人员"两项待遇"。大力选树精品典型班组。常态化排查化解企业不稳定因素和信访矛盾，保持企业稳定。

召开第一次团代会，成立党建和思想政治研究会青年学组，创建浙电青年新媒体工作联盟。推进国家电网浙江电力红船青年突击队建设，3个集体获评全国青年安全生产示范岗，2名青年获评全国青年岗位能手（标兵）。打造"点亮浙里"公益品牌，在第四届中国青年志愿服务大赛公司项目获1金2银。成立国网青年创新创业（杭州）孵化中心，在国家电网第四届"青创赛"中获得5金4银。承办首届浙江省企业青工创新创效大赛，获得金奖3项、银奖6项、铜奖10项、优秀奖7项。团委获评全国电力行业团青工作示范单位。

（丁　静）

【国网安徽省电力有限公司】

企业概况　国网安徽省电力有限公司（简称国网安徽电力）是国家电网公司的全资子公司，主要负责安徽省域电网的建设、管理和经营工作，从事电网建设、电力经营、电力施工、电力设计、电力科研和教育培训等业务，承担优化全省电力配置、满足经济社会发展电力需求供应的重要职责。

2018年，完成售电量1672.3亿kWh，增长12.8%。综合线损率6.94%，下降0.24个百分点。实现营业收入1031.1亿元，增长14.8%。企业负责人业绩考核进入A级，位列第6。

组织机构　本部设21个职能部室（中心）、1个电力工会委员会，另设国家电网企协安徽分会1个机构。国网安徽电力现下设16个市公司、72个县公司和9个直属单位，管理各类员工近7.6万人，服务电力客户达2660万户。

电网概况　安徽电网拥有110kV及以上变电站874座，变电容量1.7亿kVA，输电线路4.4万km，换流站1座，换流容量600万kVA，直流线路1557km。±1100kV换流站1座（古泉换流站），±1100kV直流输电线路1条；特高压交流站2座，变电容量900万kVA；500kV变电站30座，开关站1座，变电容量4060万kVA。安徽省已建成两条特高压交流工程和"四纵三横"500kV环网，形成1000kV和500kV电网为骨干、220kV电网覆盖安徽省的电网格局。

截至2018年12月底，安徽省全社会装机容量达7089万kW，其中火电5413.5万kW（含皖电东送机组1354万kW）、水电311.8万kW、风电246.3万kW、生物质发电163.5万kW、太阳能发电1117.7万kW。2018年安徽省煤电装机发电利用小时为5000h。

人力资源　以激发员工动能为目标，推动"三项制度"改革实施方案有效落地。试点实施岗位聘任制，116个班组的187个班组长岗位实行竞聘上岗。提升企业负责人业绩考核绩效薪酬比重，优化基层单位工资总额分配模型。合理授权放权，明确第一批11项权限下放清单，提升基层单位管理活力。下放供电所、班组设置权限，新设园区供电所、复合型班组197个。用工配置进一步优化，内部优化盘活存量7834人，拓展"一企一策"应用范围，制定结构性缺员策略。组建命名41个省公司级专家人才工作室。加强高端人才储备、推荐与申报，新增省部级及以上高端人才24名。开发制定"职工培训项目"等四项工作指南，提高教育培训标准化管理水平。全员劳动生产率74.8万元/人年，增长3.1%。

电网建设与发展　完成"十三五"电网规划调整，推动规划成果纳入国家、省级规划。优化电网规划管理，220kV电网规划由市公司负责编制。"十三五"500kV规划项目可研全面完成，启动"十四五"前期500kV重点项目可研编制。完成安徽省抽水蓄能电站站址规划调整，新增岳西等3个项目纳入规划，桐城、宁国抽水蓄能电站前期工作有序推进。

完成世界首条±1100kV昌吉—古泉特高压工程施工建设任务，推动工程实现全压送电，完成古泉换流站移交接收工作，标志着安徽电网进入特高压交直流混联时代。完成±800kV白鹤滩—江苏特高压工程。

前期和开工前各项准备工作。按期投运500kV合肥长临河变电站扩建等169项重点工程。持续推进新一轮农网改造升级，完成投资68亿元，农村户均容量达2.5kVA，较“十二五”末增长67%。500kV池州涓桥变电站获国家优质工程奖，6个配电网项目入选国家电网公司“百佳工程”。完成西藏山南农网帮扶任务，荣获国家电网公司东西人才帮扶先进集体。

经营管理 优化经营管理策略，推进多维精益管理，加强项目投资和成本使用后评估，在实施降价降费、成本刚性增长、投资规模大幅增加的情况下，资产负债率低于年度计划1.02个百分点，各项经营效益指标均优于考核目标。规范集体企业用工行为，印发集体企业聘用社会职工管理规定。强化资金集中管理，筹措各类资金159亿元，保障发展资金需求。落实“质量强网”战略，全面建设“1+6+10”质量检测体系，实现B级以上检测能力全覆盖。推进失信联合惩戒工作，有效防控失信风险。加强本部建设，修订本部绩效管理办法，强化工作督办和闭环管理。组织开展十大调研课题和重大事项研究，积极推动成果深化应用。

推进电力市场建设和交易中心股份制改造，完成直接交易电量580亿kWh。启动新一轮输配电价成本监审准备工作。配合增量配电试点项目申报，加快推进配售电公司组建运营，宁国河沥、六安金寨项目取得供电业务许可证。全省国企职工家属区供电资产实现全部接收，“两供一业”分离移交完成。推进集体企业瘦身健体，清理处置160户集体企业，完成年度压减目标；成立集体企业管理办公室，明确集体企业职能定位和发展方向。实现供电服务指挥中心实体化运作。合肥滨湖城区网格化综合服务试点工作取得良好成效。蚌埠供电公司市县业务集约融合试点工作完成。研究推行农村地区“中心供电所”模式。

安全生产 坚持发展不能以牺牲安全为代价这条红线，应对电网安全风险大、生产建设任务重、现场作业管控难等挑战，扛起“零死亡”担当，未发生国家电网公司考核的安全事件。推进安全责任具体化，制定全员安全责任清单，实现安全责任与岗位精准匹配。强化作业计划刚性执行，全面推行配电网“两票十制一单”，突出抓好“小散”作业和集体企业安全管控。统筹推进“六查六防”、电气火灾综合治理、触电案件压降等专项行动，排查整治各类安全隐患，整改完成率99.87%。落实基建改革12项配套措施，通过国家电网公司首批验收，施工安全管控进一步加强。强化外包安全管理，实施“黑名单”退出机制。发挥各级稽查队作用，创新建立安全生产重大隐患举报制度，广泛调动各方力量共抓共保安全。

加强电网调度管理和风险管控，强化设备运行维护，应对冰雪、台风等自然灾害，多措并举保证电力平衡，始终确保电网安全可靠供电，完成迎峰度夏、进博会、世界制造业大会等重大保电任务。落实属地责任，构建密集通道“四维”高标准防护体系，推动促成中央领导关注密集通道安全。配合修订全省大面积停电应急预案，组织开展合肥电网停电应急演练，应急处置能力进一步提升。推进智能运检体系建设，完成4家单位平台部署。开展配电网“一导向、两提升”专项行动，配电线路停运率、配电变压器过载台数分别下降18.5%和49.1%。加强信息通信安全管理，通信网络和信息系统运行平稳。

营销工作 紧抓打赢蓝天保卫战和长江流域生态环境建设等机遇，推进电能替代和港口岸电建设，与15家重要港口码头签订合作协议，完成替代电量46.9亿kWh，超额完成年度目标。组建省综合能源服务公司，开拓业务市场，完成营业收入1.57亿元。落实电费回收“一户一策”，实现电费“颗粒归仓”。推进同期线损系统建设和应用，高损台区整治成效明显。加大反窃电工作力度，追补电费及违约金8051万元。

科技与信息化 加强科技项目规范化管理，国重1.3专项研究课题示范工程有序推进。牵头完成电气安全（火灾）实验研究能力提升方案编制，依托安徽电科院国网输变电设施火灾防护实验室。开展红蓝队能力一体化建设，建成核心队员、省级和市级的三级网络安全人才梯队。承担国网云2.0、企业门户2.0和统一权限身份认证系统3.0试点任务。强化重大隐患排查治理，完成71项ADSS光缆“三跨”隐患治理，完成220kV及以上变电站光缆“双沟道”隐患改造工作。获得工业和信息化部两化融合贯标认证。通过国家电网公司信息化企业评价验收。印发数据同源管理办法，开展生产、营销、调度、ERP、量测类系统数据治理，持续建设完善数据质量管控平台功能，提升营配调系统设备档案准确率及拓扑一致率。启动企业级停电信息管理建设，开展电网动态拓扑平台研发。获得中国电力科技奖三等奖1项，安徽省科学技术奖励一等奖1项。

优质服务 贯彻优化营商环境部署，推进业扩提速增效，降低用户接电成本。实施“先接入、后改造”和“零上门、零审批、零投资”服务，高、低压客户办电环节分别缩减到4个、3个，平均接电时间压减至57天、16天。开展线上服务，微信公众号绑定户数接近1000万，低压客户简单业务实现“一次都不跑”。完成一般工商业降价10%的目标，减少企业用能成本34.9亿元；清退临时接电费11.58亿元。聘任120名首席、高级客户经理，集中资源为优质客户提供差异化精准服务。深化“全能型”供电所建设，新增11个国家电网公司五星级供电所。建成首个国家电网公司级“多表合一”示范区，实现水电联合过户等业务线上办理。

贯彻打赢精准脱贫攻坚战部署，制订全力服务脱贫攻坚十大行动计划，增派79名年轻干部驻村帮扶，定点帮扶的12个村出列、4091人脱贫，本部帮扶的金刚台村如期出列。获评安徽省第六批选派帮扶工作先进单位。投入资金35.5亿元，推动31个贫困县、淮河行蓄洪区电网改造升级。累计并网光伏扶贫容量241万kW，惠及40多万贫困户，每年可为贫困地区增收约21亿元，光伏扶贫工作在国务院扶贫办第三方评估中位列全国第一。应对新能源出力屡创新高的压力，通过优化抽水蓄能电站开机方式、实施火电深度调峰和省际电力置换等措施，实现新能源全额消纳。

党的建设和精神文明建设 开展习近平新时代中国特色社会主义思想大学习，推进“两学一做”学习教育常态化制度化，广大党员干部“四个意识”更加牢固、“四个自信”更加坚定、“两个维护”更加坚决。开展“解放思想大讨论”活动，坚决摆脱僵化观念，广泛凝聚发展共识。高质量完成“旗帜领航·三年登高”对标管理年各项任务，实现基层党委、党支部两个标准化建设100%达标。全面推广共产党员服务队“1+N”模式，相关工作得到中组部充分肯定，5支队伍被评为国家电网公司金牌（优秀）共产党员服务队。贯彻全国宣传思想工作会议精神，意识形态工作加强。召开统战工作座谈会，发挥统战人士力量。

落实全国组织工作会议精神，树立正确选人用人导向，建立干部常态学习机制，注重在吃劲岗位历练干部，加大优秀年轻干部培养选拔力度。新增24名国家电网公司级专家人才。创新实施“1+N”、提级交叉巡察方式，完成对16家市公司、11家直属单位巡察任务，实现二级单位巡察“全覆盖”。深化巡察成果应用，做好“后半篇文章”，以项目化方式推动协同监督管理。健全审计工作制度，建成数字化审计工作室，配合迎审工作，完成离任审计问题整改。开通董事长信箱，新聘22名董事长联络员，畅通上下沟通渠道。推进和谐企业建设，组织开展帮扶慰问，关心关爱员工，落实老同志“两项待遇”。加强后勤服务保障，改善本部工作环境。完善重大事项请示报告机制，报送服务脱贫攻坚、抗灾抢险等重要信息，获中央领导批示6次。22个集体获全国“安康杯”竞赛优胜单位称号，团委获全国五四红旗团委，3个班组获全国工人先锋号；许启金当选全总第十七届执委会主席团委员。

（时　伟　伍　飞）

【国网福建省电力有限公司】

企业概况 国网福建省电力有限公司（简称国网福建电力）是国家电网公司的全资子公司，以投资建设运营福建电网为核心业务。供电面积12.4万km^2，供电客户1817万户。2018年，完成售电量2003亿kWh，同比增长10.5%，突破两千亿大关；营业收入1115亿元，全员劳动生产率84.2万元/人年。

组织机构 本部设23个职能部门，辖9个市供电公司、1个水电企业、16个直属单位、62个县级供电公司，全口径用工5.8万人。

电网概况 福建电网通过浙北—福州1000kV交流特高压和双回500kV线路与浙江电网相联，省内形成“全省环网、沿海双廊”500kV主干网架。现有1000kV特高压变电站1座，容量600万kVA，线路342km；±320kV柔性直流换流站2座，输送容量100万kW，线路21.4km；500kV变电站23座，容量4440万kVA，线路5340km；220kV变电站192座，容量6468万kVA，线路13 370km；110kV变电站740座，容量6020万kVA，线路16 792km；35kV变电站479座，容量547万kVA，35kV及以下线路长度超过15万km。

人力资源 编制基层领导班子规范运作手册；用好各年龄段干部，注重年轻干部工作，统筹推进任职超规定年限和低职高配处级干部消化。推动本部人员“能进能出”成为常态，搭建全省科级干部交流平台，选派年轻科级干部和业务骨干挂职帮扶宁德公司。强化干部实践锻炼，将班组长经历作为基层新提任中层干部的重要条件。健全全方位、立体化干部考核体系，深化日常考查、半年考评，开展规范公有产权用房管理维稳等急难险重任务现场考察。实现国家电网公司系统谈心谈话全员全覆盖。推广《国网福建省电力有限公司职员职级实施方案》。

从用工数量、学历、职称、技能等级多个维度建立人力资源“一本账”，加强诊断分析；以挂职锻炼、岗位竞聘、组织调配、人才帮扶等形式，优化配置均衡率。加大缺员单位、紧缺专业、供电所人员配置力度，录用电工类毕业生539人。选派32名管理、技术骨干赴国网蒙东、甘肃、青海、新疆、西藏电力开展人才帮扶，获评国家电网公司东西人才帮扶工作先进集体。

举办各类培训班5193期，培训17.3万人次；构建“进阶式”岗位能力认证体系，完成2.4万名运检、营销、调控专业技能岗位人员首轮初始认证；供电所配电营业工和综合柜员持证率达95%以上；完成1.4万名工作负责人“双提升”全员培训；举办第一届青年技能运动会。新增国务院特殊津贴专家1名、福建省技能大师2名、全国青年技术能手2名、国家电网公司领军人才14名。

人才当量密度1.111；技师及以上技能人员比例达到37.1%；中级职称及以上管理和技术人员比例达到70.6%。实施“工匠精神弘扬”计划，评选表彰10名“闽电工匠”；建立745名先进劳动模范三级“人才池”，1人获全国“五一劳动奖章”、17人获福建省劳模，1人获国家电网公司特等劳模，4人获国家电网公司劳动模范。7个班组获评国家电网公司一流班组（工人先锋号），7人获评国家电网公司优秀班组长。

电网建设与发展 开展2018年电网发展诊断分析，完成国网福建电力“十三五”发展规划修编；开展2025年、2035年电力需求分析预测及500kV及以上目标网架规划；完成《“十三五”500kV主网架滚动规划》和《2018—2025年220kV及以下电网滚动规划》。开展规划专业安全监督管理、福建电网短路电流控制措施研究、“保底电网”规划研究、输变配电设备负载分析等专题研究，完成福州华能电厂、厦门嵩屿电厂机组退役电网适应性专题分析；完成福建省55个C类以上供电区域配电网目标网架规划以及晋江世界一流新型城镇配电网规划建设方案。

金辉、棠园、洋荷500kV输变电，福州500kV变电站2号主变压器扩建，漳州500kV变电站1号主变压器扩建（三期）等5个项目取得核准。投运邵武电厂送出等7项电源电铁配套、18项专项农网和14项小康用电示范县项目，投产22项迎峰度夏工程，500kV井门、通港输变电工程等重点项目建设有序推进。水口坝下枢纽工程一期主围堰形成，一线船闸混凝土浇筑6.53万m^3。500kV东林变电站荣获输变电优质工程金奖和国家优质工程奖。推动基建改革12项配套措施落地见效，各级组织机构及职责调整到位。建立健全作业层班组建设、核心劳务分包队伍培育、关键人员全过程管控、队伍招标硬约束、施工风险管控等常态机制，全省组建116个作业层班组，补充一线关键人员324人，培育41支核心劳务分包队伍。

建成4个小康用电示范县，完成中央预算内投资等年度任务。完成689个B类及以上供电区域网格化规划；福州山姆小镇配电站工程等5个项目入选“国网2018年度配电网百佳工程”，通过国家电网公司2018年配电网标准化建设改造创建活动验收；结合美丽乡村、特色小镇建成84个示范台区。加快推进防灾差异化建设，沿海大风速区新增应用窄基铁塔、钢管杆4235基；新装、更换线路避雷器7万组，试点应用绝缘横担、复合电杆，提升配电网防雷水平。推进福州厦门世界一流城市配电网建设，完成2018年度基础提升和重点工程建设等25项工作任务。

截至2018年底，福建省除煤电以外的清洁能源装机容量3195万kW，比重55.4%，其中，水电、核电、风电的装机比重分别为23%、15.1%、5.2%；核电装机比重居全国第2位。推行电源集约化送出和走廊整合优化的规划设计方案，推广风电场群集中送出模式；并网光伏等分布式电源项目17 576个，总容量148万kW。清洁能源发电1209亿kWh（占全省发电量49%），核电、风电、光伏发电量分别增长15%、12%、140%，实现可再生能源全额消纳。

经营管理 出台全面深化改革工作规则，建立健全改革工作周例会、季度会工作机制，加大改革统筹协调力度。配合制定一般工商业电价四批降价措施，实现目录电价降低10%。推动出台全国首个增量配电网价格机制落地实施意见、全国首批非三余自备电厂征收电价交叉补贴政策。推进福建省中长期电力市场建设，配合完成电力市场管委会组建，开展月度集中竞价交易，调峰辅助服务市场正式运行，调频市场启动模拟试运行。组建联合体中标厦门海沧增量配电试点项目。出台公司优化市场化单位管控模式意见。“两供一业”分离移交任务完成。落实基建改革12项配套措施，通过公司验收。市县财务、法务、小型基建等业务完成分区域集约。直属单位综合业务实现分类集约。实施“四种模式”市县检修集约融合。建成市级供电服务指挥中心。实施“三包联动”改革力量编成，试点一、二级内部模拟市场建设。启动多维精益管理体系变革，探索贯通业财链路。

完成县级供电公司“子改分”工作，56家县公司实现分公司模式运作。开展长期挂账往来款项清理工作，共清理1.53万笔，金额14.35亿元。持续开展应收账款和存货清理工作，存量分别减少79%、77%。2018年资金集约运作减少融资成本3.38亿元。完成县公司扭亏目标。当年电费回收率99.999%，无欠费百万元及以上用户；跨省外送电145.54亿kWh，同比增长113.7%。完成省市两级集中采购金额221.55亿元，节资率4.8%；实施价格联动，提高评标技术评审权重，落实提升采购设备质量22条措施；启动供应链网商模式改革；开展出库物资规范管理专项工作；建立供应计划平衡机制和物资问题快速响应机制；完成13 370km；110kV变电站740座，容量6020万kVA，线路16 792km；35kV变电站479座，容量547万kVA，35kV及以下线路长度超过15万km。拓展卓越绩效应用范围，将卓越绩效管理和评价工作拓展至62家县公司和6家专业机构，长乐公司深化应用卓越管理获福州市政府质量奖。深化“四好”本部建设，常态化开展“双全”体验，实施“最多跑一趟”办事服务新机制和“双随机一公开”综合检查新机制，强化本部与基层月度重点工作双向联动，组织编制《本部员工操作规范（通用）》。建立班组建设“123456”体系，提升班组建设，命名五星级班组389个（含供电所62个），按照“一类别一方案”“一专业一方案”“一班组一方案”实施班组精准帮扶。6项管理创新（含推广）项目入选国家电网公司年度计划，获得中企联二等奖4项、中电联二等奖1项，国家电网公司二等奖1项、三等奖5项。获得电力企业管理创新论文大赛二等奖2篇、三等奖2篇；获得国家电网公司管理创新论文大赛一等奖1篇，二等奖2篇、三等奖3篇。

围绕资金收支、工程及资产管理、物资管理、营销服务等风险隐患高发领域，开展52项重点主题监测，发现异动37 903个，异动整改率95.19%。形成管理建议书35份，发出风险提示单97份，推动管理改进提升65项。梳理各类问题及风险信息1616条，确定30项重大风险，形成“风控工作重点任务清单”。制定《数据资产管理与共享应用工作方案》《数据质量治理方案》。搭建国家电网公司级数据共享应用平台。发布19套核心系统数据资源手册，完善数据资源注释8.6万条。主办“数据应用创意劳动竞赛”。

推进法治企业建设，推行法务集约化管理，实行核心法务集约管控，落实重大决策合法性审核，开展触电人身伤害案件压降专项整治行动，处理各类诉讼案件，部署实施“6+3”年度重大风险控制计划，深化合同管理，全完成年度各项经法工作任务，荣获国家电网公司经济法律工作先进单位称号。《守护梦想》等6项微电影作品分别获全国普法办第十五届法治动漫微电影优秀奖等奖项。

开展瘦身健体改革，全年压减78户，完成年度任务的132%；优化整合处置方式，节约改革成本3.12亿元；全面完成“僵尸”、亏损企业治理。实现委托贷款规模35.49亿元，资金池收益2.01亿元；创新保函集中管理，全年开具集中保函2.4亿元，年增加收益700万元。完善平台企业法人治理机制，将主办单位党委会研究决策作为平台企业股东会决议的前置程序。开展集体企业关联交易、车辆管理、资金管理综合检查，完成整改问题582个，整改率98.15%。

安全生产　树立安全发展理念，围绕本质安全建设，推进安全生产领域改革，开展安全生产问题清单梳理、电气火灾综合治理、电力建设工程施工安全年等活动，落实各级安全生产责任制，强化人身安全风险管控，构建“预防为主”的安全管理体系，安全生产基础不断夯实。2018年，安全生产保持平稳，未发生一般及以上人身、电网和设备事故。

推进安全基础能力建设。编制全员安全责任清单，明确从主要负责人到一线从业人员的安全职责，推行全员责任公示和培训机制。开展配电网工程劳务分包“1+N”安全同质化管理示范点创建活动，推动分包队伍“三固定”“五统一”等同质化管理要求落地，提升配电网建设安全质量水平。开展重特大事故风险源排查治理，实行隐患整治挂网公示和逐条销号管理，强化隐患排查治理过程的责任落实，排查治理各类隐患1597项，投入整改资金1.2亿元。

全面强化人身安全风险防控。开发“现场风险管控平台（SRCP）”，深化运用“互联网+”技术监控重大现场、危险作业、施工关键环节的安全风险。编发40个典型违章案例“动漫”课件；细化制定《生产现场作业“十不干”分专业细化条款》；制定小型分散作业、基建施工作业人身安全关键风险库；深入开展“两票”管理提升活动、配电网施工现场安全管理提升专项行动。集中举办28期工作负责人培训班，着力培养一批有责任心的“明白人”。

持续加强应急能力建设。成立应急中心，提高应急管理“三个阶段、四条战线”实战化水平，固化具有福建特色的抗灾保电应急模式。修订防抗台风作业指导书。建成“应急指挥管理系统（ECS）”，融合应用多专业信息，实现了电网气象精准预警、电网停送电信息自动化采集、故障抢修全过程跟踪、物资和队伍智能调配等功能，为应急指挥决策提供技术支撑。

实施现场作业安全质量清单化管控，修订应用输变配电标准作业卡227份；发布重大作业风险预警通知单49份，开展本部管理人员现场到岗到位督查162人次。组织配电网工程现场督查5636人次，发现并整改问题3736个；开展集体企业施工安全专项治理，严格集体企业劳务分包安全管控，强化劳务分包“1+N”同质化管理；制定配电网工程三个项目部标准化管理手册，深化“两面红旗、三级警示”考评机制。开展隐患排查治理，整治高故障风险变电站、开关室运行环境、老旧设备、线路“三跨”、人身触电伤害、高故障配电线路等各类隐患12.2万余项，其中电气火灾隐患1.47万项；完成水口电厂3号机组转轮改造工作。完成首届“数字中国”建设峰会保电任务。

营销工作　完成电费月末余额压降至0.8亿元，落实一般工商业四次调价及转供加价清理，累计为客户减负27亿元，线上过程管控做法入选国家电网公司典型经验。智能交费用户占比96%；实现“一市一行一户”，压减账户112个，自动对账率61.5%；完成“三供一业”项目实施协议签订及供电服务职能接收，涉及10.29万户，其中9.15万户实现分户装表、按户收费。

76.8万新装用户实现全采集接入，采集成功率99.7%；完成"多表合一"采集建设8万户。实现"一台区、一指标"，台区线损月度合格率、月度在线监测率、日在线监测率全面实现公司管控目标。实施巡察、审计、稽查问题整改两级复核管控；稽查整改问题2.01万例，纠正电费、业务费差错1541万元。

成立国网福建综合能源服务有限公司。完成电能替代电量95.6亿kWh，增长34.8%。实施电能替代模式创新试点，沿海港口岸电项目、宁德古田食用菌种植加工电气化项目被国家电网公司评为"电能替代优秀示范工程"，促成首批57户电能替代用户获准参与电力直接交易；实施电动汽车畅行工程，建成充电站196座、充电桩1543个，打造厦门滨湖"五项综合服务"全国示范充电站，引入地方资本组建公司首个省级电动汽车充电设施投资公司。福州市电动汽车及充电设施监管平台上线运行，平台以国网智慧车联网为依托，支撑政府政策制定、产业布局规划和推广。组建福建省充电设施投资发展有限责任公司，实现与省属大型国企合作布局电动汽车充电市场。

推进售电侧改革试点落地，参与的联合体中标厦门海沧信息产业园增量配电试点项目，综合能源公司、港城能源公司、环三售电公司和厦门供服公司作为售电主体首次参与电力市场交易，全年签约用户131户，市场化售电量成交19.7亿kWh，售电收益453.2万元；签约2019年电力零售用户302家，签订售电量64亿kWh；实现市场化客户电费当月精准结算。

科技与信息化 参与的"复杂大电网时空信息服务平台关键技术与应用"项目获国家科技进步二等奖，获得福建省科技进步奖二等奖6项、三等奖11项；国家电网公司科技奖一等奖2项、二等奖9项、三等奖12项；中国电力科技进步奖二等奖3项、三等奖5项。

信息系统运行率99.978%，网络设备可用率100%，信息系统检修合格率、通信计划检修率、业务保障率100%。完成全域综合示范应用试点建设工作；完成56家县公司"子改分"信息系统适应性调整；完成多维精益管理体系变革损益类科目相关信息系统调整。发现254个信息系统首发漏洞，6篇信息安全典型经验、1项网络安全红队特色工作被国家电网公司采纳。获国家电网公司网络安全攻防比赛总决赛第五名，福建省第一届工控网络安全竞赛第三名。获评国家电网公司信息系统实用化诊断优秀单位、2个项目获国家电网公司信息化建设实施优质项目。

通信计划检修率、业务保障率100%，通信设备平均运行率、通道保障率99.999%以上。完成福建省调厦门通信备调建设；牵头承担《国家电网有限公司电力安全工作规程（电力通信部分）（试行）》《国家电网有限公司电力安全工作规程（信息部分）（试行）》编制任务并在信息通信专业上首次发布应用；完成省级骨干网大容量传输系统建设第二平面建设，实现2×400Git带宽的双平面骨干通信网络。

优质服务 开展业扩报装接电专项治理行动；用电报装嵌入"多规合一"平台，"政企联署"快速办电，低压接入容量提升至100kW（厦门地区160kW）；10kV业扩送电容量同比增长22.7%，年末业扩结存容量压降至13.7%。10kV、400V业扩项目平均送电时长分别压减至65天、7天，同比下降40%、35%。推广"一码办电""一证启动"服务，贯通线上服务渠道，线上用户注册绑定数同比增长174.7%。

推进"让人民生活更美好八大服务工程"，加强方案分解落地和成效管控。剖析服务热点和痛点问题，推动管专业必须管服务。开展频繁停电热点投诉治理。搭建全省前端、后台抢修进度信息共享机制，抢修进度信息更新率由17%提升至90%；推进城乡一体低压网格化综合服务模式，明确"人员到网格、管理到网格、责任到网格"具体要求，试点区域完成282个网格划分，深化"全能型"乡镇供电所建设，实现"派工制"向"责任制"的转变。

推动"网上国网"建设，持续开展营销信息系统优化完善，实现费控系统1700万用户每日完成电费测算，累计完成803项基层减负功能完善；持续推进电能表状态检测，完成状态评价12.6万架次、状态量基础数据清理13.5万条，现场检验工作量减少19.8%；全面推行拆回表分拣集约管控，完成分拣67.9万只，创新电能表周转柜应用；完成26万户HPLC改造；优化采集任务管理方式支撑市场化售电业务结算，费控成功率提升至93%。

党的建设与精神文明建设 落实党的建设"旗帜领航·三年登高"计划对标管理年工作任务，实现党委、党支部标准化建设"双达标"。坚持党建内嵌融入中心，制定党建"721"绩效评价办法，推行党建工作访谈评价机制，出台10项党建工作制度。构建"统分一体、平战结合"的共产党员服务队建设机制。开展"'党旗引领·攻坚突破'2018专项行动"，重点解决陈欠电费、应收账款、工程建设、队伍稳定等方面的问题；通过党建"三级联创"、党员"一带二"和组建"攻坚突破"党员小组、党员责任区等措施，凝聚各级党组织和党员力量攻坚克难。以张黎明为榜样，在全体党员中开展"学习时代楷模，当先锋、作表率"活动，创建"管理无差错、作业无违章、服务无投诉"先锋团队，发挥党的思想政治工作优势，针对重复发生或较严重的差错、违章、投诉问题，通过支部开展“拉家常”式的谈心谈话和组织生活会等措施，推动改进提升。“建立党建‘三级联创’机制，推进‘四好’本部建设”案例于2018年获福建省机关体制机制创新优秀案例一等奖。坚守协助党委推进全面从严治党的职责定位，在细化党委、纪委、班子成员责任清单、履责要点基础上，将105条业务领域易发廉政风险作为负面问题纳入清单管理。紧盯资金管理、项目建设等重点领域和关键环节，开展14项协同监督重点项目。开展政治巡察，完成5批次20家单位巡察工作，推行巡察整改“433”（“党委班子成员、专业部门主要负责人、被巡察单位现任领导班子成员、时任有关负责人”巡察反馈和集中提醒谈话“四覆盖”，“组织部门、纪检监察部门、专业管理部门”巡察整改“三督导”，“整改方案、整改过程、整改结果”整改节点“三管控”）工作机制。

蝉联第八届福建省文明行业，55家单位荣获第十三届省级文明单位，1个项目荣获全国学雷锋“四个100”最佳志愿服务项目，2项创新成果分别荣获国家电网公司精神文明创新奖二等奖和提名奖，4支共产党员服务队荣获国家电网公司优秀（金牌）共产党员服务队，宁德公司叶德奕荣获第五届福建省道德模范。实施“旗帜领航·文化登高”行动计划，4个班组荣获国家电网公司首批企业文化示范点，4个项目荣获国家电网公司企业文化建设优秀成果，3个项目荣获优秀案例。举办首届青年技能运动会。深化“四季关怀”工程，慰问职工2.1万人次；下拨404.3万元配套资金，实施285个办实事项目；资助困难会员1084人次493.13万元。实施EAP职业心理健康促进计划，组织1360名特定工种职工开展心理体检，举办75场讲座，开通24h心理热线，建设28个心理舒压场所，实施心理治疗干预。健全完善职工诉求服务体系，围绕劳保用品发放、家庭困难等焦点诉求，会商诉求解决方案184项。开展党建典型宣传，央视、人民日报、新华社等中央、省级媒体刊发相关报道；举行国网福建电力百支共产党员服务队服务乡村振兴新闻发布会，新华社、福建日报等十几家中央、省级媒体刊发共产党员服务队相关报道。

（蔡政权）

【浙江省能源集团有限公司】

企业概况 浙江省能源集团有限公司（简称浙能集团）成立于2001年2月，总部位于杭州，主要从事能源及设施建设、电力热力生产、石油煤炭天然气开发贸易流通、能源服务和能源金融等业务。经过18年的创业发展，浙能集团已成为省属国企中能源产业门类较全、电力装机容量最大的能源企业。

截至2018年底，浙能集团资产总额为2107亿元，所有者权益为1079.22亿元；2018年营业总收入为936.47亿元。

电力产业方面，浙能集团控股管理发电装机容量3430.93万kW，其中在省内的统调装机容量为2828.68万kW，占全省统调装机容量的45.62%；年发电量1435.21亿kWh，同比增长7.79%，其中在省内的统调发电量1185.60亿kWh，占全省统调发电量的49.81%。60万kW及以上煤电机组占煤电总装机的74.73%。

浙能集团共有控股、管理企业231家（2家A股上市公司），企业员工近21 426人。“浙能”商标被认定为“浙江省著名商标”，连续16年在浙江省政府年度安全生产目标管理责任考核中，被评为优秀单位。

领导班子

董事长、党委书记：童亚辉

董事、总经理、党委副书记：柯吉欣

董事、党委副书记：陆翔

董事、副总经理、党委委员：范小宁

董事、副总经理、党委委员：赵建林

纪委书记、党委委员：张荣博

董事、党委委员：孙玮恒

副总经理、党委委员：徐小丰

副总经理、党委委员：朱松强

董事、工会主席、党委委员：许强

党委委员：倪震

组织机构 浙能集团本部设有16个职能部门，共有控股管理企业231家，均股企业4家，代为管理的参股子公司3家。

企业管理 浙能集团高举习近平新时代中国特色社会主义思想伟大旗帜，深入贯彻落实浙江省委“八八战略再深化、改革开放再出发”的战略部署，坚持大能源战略引领下的浙能集团“能源立业、科技兴业、金融富业、海外创业”四业发展路径，坚持能源行业平行及垂直一体化发展、发挥能源全品种和产业链优势，把握机遇，积极打造“新浙能”，努力推动企业高质量发展。

2018年，浙能集团把握能源发展规律，坚持改革创新，坚持能源立业不动摇，把握市场机遇，扩大市场占有率和盈利能力；牢牢把握能源供给侧清洁化低碳化、能源消费侧电气话智能化、能源供应方式集中式与分布式并举的机遇，全力打造综合能源服务、智能化运输、现代能源销售、特色金融服务和“数字浙能”五大产业体系，通过实施系列行动计划、示范项目和攻坚战，加快结构调整、技术升级、业态创新和产业布局，把集团打造成“技术型、协同型、服务型”的现代能源企业，重塑企业核心竞争力。

（1）推进国资改革试点。编制形成首批国有资本投资公司改革试点实施方案，授权事项有序承接。董事会决策委员会有序运转；以党建党风廉政建设责任制考核完全下放板块为标志，三项责任制考核实现全面下放；项目并购按照前期费用限额授权板块公司立项；在明确决策模型、边界条件、重点要求的基础上，授权石油公司自主决定综合供能服务站前期、投资、建设、管理事项。积极推进混合所有制改革，推出5项混改重点项目。

（2）推进绩效考核改革。建立以市场和绩效为导向的考核体系，推进分级管理与分类考核。板块建立所属营运企业薪酬考核管理办法，合理确定所属营运企业调节系数和经营者年薪系数。推进岗位绩效考核体系建设，各板块公司建立起内部岗位绩效考核办法。持续推进市场化业务激励考核，在电力、煤炭、天然气板块等所属企业开展10余项市场化业务激励。实施超额净利润提成奖励、项目开发奖励、经营性并购奖励、科技成果奖励等办法，在市场化企业率先推行任期激励。持续推进企业优化二次分配，鼓励向贡献大者、向一线倾斜。

（3）试点用工管理改革。调整优化三定方案，稳妥推进天然气运行公司等8家企业竞争上岗试点。根据产业进退开展系统内公开招聘和人员直接调配工作，全年调配人员近500人次。拓展社会化市场招聘、新精尖项目团队引进等渠道，引进集团急需的各类成熟人才40余人。

（4）“四化管理”显成效。持续推进“规范化、集约化、精细化、信息化”管理，完成浙能集团制度“立、改、废”，集团本级新增制度48项，修订128项，废止38项，总部规章制度和管理标准总数达395项，公司系统达10 849项。对14家单位开展采购规范性巡回检查，针对发现的163条问题制定整改清单。浙能集团平均资金归集率87.7%，财务共享中心完成70家单位上线。

安全管理

（1）安全生产可控受控。未发生省政府安全生产责任书考核范围内的各类人身死亡事故和设备事故，未发生集团年度安全生产目标中杜绝发生的各类事故（事件）。发电机组等效强迫停运率为0.15%，平均非计划停运次数为0.24次/台年，分别同比下降0.09%、0.19次/台年。宁波海运3艘船舶被评为安全诚信船舶。省级天然气主管网、城燃管网和新天煤制气持续安全运行，分别达3675、2975、1000天。

（2）安全责任分解落实。安全风险分级管控及隐患排查治理双重预防机制初步建立。应急调度指挥中心年底上线试运行，安全生产系统性、科学性有效提升。对255类检修维护和116类运行操作进行了危险源辨识、评价及预控。温电、凤电、六横电厂等设备管理上台阶。推进危化品安全综合治理，对重大危险源的监测监控设备设施进行全面摸排，完成管道高后果区识别和风险评价工作。公司系统共发现各类安全隐患8835项，完成整改8718项，整改完成率98.7%。对27家营运企业开展了安全管理专项稽查，稽查发现问题55项，下达整改通知书15份，安全约谈17次。班组建设亮点纷呈，集团系统班组达标率89%。

经营管理

（1）生产经营稳中有进。面对错综复杂的发展环境，集团上下克难攻坚，经济效益保持平稳。全年实现销售收入936.47亿元，同比增加121.51亿元，实现利润总额61.7亿元，同比减少6.2亿元。截至2018年底，资产总额2106.85亿元，所有者权益1079.22亿元，分别增长9.31%、3.87%。资产负债率48.77%，上升2.7%。全年完成发电量1435亿kWh，完成煤炭供应6638万t，天然气供应110亿m^3（含代输），供热2028万t，同比分别增长7.79%、14.19%、26.15%和34.9%。

（2）市场拓展进中向好。在外来电大幅增长及“双控”条件下，积极争取发电量，省内统调煤机发电量同比增长2.16%；大用户直购电竞得电量319亿kWh，让利幅度符合预期。完成市场煤销售1920万t，同比增长34.91%，海运市场化业务提升27%。新建投运天然气管网310km，天然气管网干线总长达1816km。新增城燃企业1家，城燃公司实现销售气量10.02亿m^3，同比增长58%。燃料油加注量突破27万t。科服板块市场化业务收入10.6亿元，同比增长10.5%。

（3）提质增效精准施策。新天累计生产煤制气8.04亿标m^3。滚动发行6期超短融共125亿元，发行集团首笔30亿元公司债券、4笔共85亿元中期票据。实施淘汰落后产能三年行动方案，清理完成四级及以下管理层级企业。实施审计140余项，完成53个合同结算审核。

（4）社会责任担当有为。切实做好重要会议、重大活动及全年能源保供工作，落实“蓝天保卫战”“清洁能源示范省”行动计划，履行国企政治责任和社会责任。全年向社会让利91亿元。做好全省有序用气、保障供应，得到省委省政府表扬。作为唯一省属国有企业，参加产业援疆助力脱贫攻坚工作会并发言。提前一年完成“光伏消薄”目标。维持长广集团稳定，产业园完成7个项目签约。棚户区改造工程二期完成主体施工，启动土地复耕等工作。

电力建设 浙能集团在“四业”发展路径的引领下，一批电力项目顺利投产，一批项目获得核准。

1. 投产项目

4月24日，浙能绍兴滨海热电公司二期工程最后一台机组——6号机组投入商业运行，标志着全国最大绿色环保热电联产项目全面建成投产。至此，该公司共6台机组每小时最大供热量可达2100t，每年最高可提供蒸汽量1800万t，将为亚洲地区最大的印染纺织行业集散地——绍兴滨海工业区提供稳定优质的热能保障，为浙江地方经济的发展注入强劲动力。

2018年控股管理的光伏增加容量853.13MW，其中新建设投产132.37MW，具体为浙能嘉兴发电厂二期光伏发电项目投产5MW、北仑电厂5.3MW分布式光伏发电项目投产5.298MW、台二电厂厂区光伏发电项目投产32.5MW、浙能兰电厂区与灰库光伏发电项目投产3.737MW、浙能长兴新农都屋顶光伏发电项目（一期）投产0.627MW、浙能长兴新能源小镇紫琅衬布613.8kW屋顶光伏项目投产0.613 8MW、松阳光伏小康工程光伏项目投产23.5MW、宁波金田铜业分布式光伏一二期光伏项目投产29.98MW、浙能杭州湾金田新材料分布式光伏项目投产11MW、舟山中远屋顶分布式光伏项目投产19.9MW、长广集团本部分布式光伏电站项目投产0.218MW。

10月22日，总装机容量1.028MW，总投资近600万元的常山郭塘村光伏项目全面投产发电，这是浙能集团积极落实浙江省委省政府“千企结千村，消灭薄弱村”专项行动方案，率先在全省国企中实现“项目落地、资金到位、投产见效”。该项目每年预期收益将稳定在50万元以上，收益期在20年以上。

浙能集团第二轮帮扶的对坑村、鳙鲶村、茶源村三个光伏项目也基本建成，总投资额近1300万元，每年可为三个村集体总计带来近百万元的收入。

2. 核准项目

（1）浙能嘉兴1号海上风电场项目。8月14日，浙能嘉兴1号海上风电场项目获浙江省发展改革委核准。该项目是浙江省能源发展“十三五”规划建设的重点工程。项目场址位于杭州湾平湖海域，王盘山以东约10km，涉海面积约46.87km^2。项目装机容量300MW，拟安装75台4MW的风电机组，建设一座220kV海上升压站和一座陆上计量站。项目总工期36个月，动态总投资约55.8亿元。12月8日11：00，该项目开工仪式在嘉兴独山港区计量站隆重举行，标志着浙能集团第一个海上风电场项目进入全面建设阶段。

（2）浙能嵊泗2号海上风电场项目。12月24日，浙能嵊泗2号海上风电场工程获得舟山市发展改革委核准，该风电场位于崎岖列岛西南侧王盘洋海域，实际涉海面积约62km^2，拟建设67台6.0MW的风电机组，总装机容量为400MW，计划总投资约72.2亿元，建设总工期约36个月。这是继嘉兴1号海上风电以来，2018年浙能集团获得的两个大型海上风电项目之一。江苏竹根纱是目前浙能最大的海上风电项目，也是舟山地区2018年首个获得核准的海上风电项目。

科技创新　科技创新体系初步建立，新增1个省级创新平台，3个联合研发中心，2个科技项目取得省重大科技专项。新申请专利72项，取得专利授权累计77项，实现知识产权申请和授权双翻番。钙钛矿太阳能电池研发、新型储能电池样机研制取得突破，首台充电机器人成功试运行，组织开展综合能源、氢能等6个新能源示范项目前期。

4月，浙能技术研究院的“浙江省火力发电高效节能与污染物控制技术研究重点实验室”正式获浙江省科学技术厅、浙江省发展和改革委员会、浙江省财政厅授牌；12月5日，“浙江能源学院”揭牌成立。

国际业务　浙能集团跟踪22余个海外项目的前期进展情况，总计17个海外项目的进展。接待来访的涉外团队或个人22批次，总计207人。

完成进口煤炭销售787万t，同比增长24.72%，完成年计划的787%；完成进口燃料油销售7.87万t，完成年计划的100%。

实现对巴西已投产40年装机容量171万kW的第九大水电站的运维接管；境外20亿美元（多币种）中期票据计划项目启动；与世界最大的大宗商品贸易企业之一嘉能可公司签署了合资经营协议，共同投资组建国内首家原油贸易类中外合资企业——浙江浙石油贸易有限公司。12月12日，浙江浙石油贸易（新加坡）有限公司成立。

节能减排　控股管理火电机组平均供电标准煤耗298g/kWh，完成年度目标；北海水电水能利用提高率12.57%，同比上升4.66%；海运公司船舶营运率98.05%，千吨海里能耗5.776kg标煤，同比下降0.76%。火电机组主要污染物达标排放水平稳定提升，二氧化硫、氮氧化物、烟尘三项污染物达标率均超过99.9%，处于国内领先水平。推进废水治理工作，长电3号机组、台二2号机组脱硫废水零排放项目投运，为“美丽浙江”建设做出新贡献。

人力资源管理　开展2016—2018年度集团管理中层领导人员全面考察工作，对71家企业、322名领导干部开展考察。完善职业经理人管理机制，实行外派高管兼任企业董事制。严格对照省委巡视组、选人用人工作专项检查组反馈意见，提出整改落实意见35条。持续加大后备梯队培养选拔力度，制订出台人才新政21条。省特级专家实现突破，完成1名“省千”人才申报。实施集团中层领导人员十九大精神集中轮训389人，完成专题培训8000余人次。

信息化建设 深化 ZN163 信息化工程建设，完成 31 家单位 ERP 系统推广建设，每月集成财务凭证 4.5 万张，管理供应商 1.3 万家，累计上线合同 11.9 万件。构建完成浙能集团“同城双中心”容灾体系，“浙江能源”统一移动办公平台投入使用，用户数达 8400 余人。

工会工作 加大对困难职工关爱帮扶力度，浙能集团工会荣获“全国模范职工之家”。开展立功竞赛，滨海热电公司荣获“浙江省五一劳动奖状”。举行创新创意大赛，打造青年联谊品牌，浙能集团团委荣获“全国电力行业团青工作优秀单位”。举办第一届职工运动会，改造浙能展厅，组织开展“庆祝改革开放 40 周年”等系列活动。精神上关怀、生活上照顾，切实做好离退休老干部服务工作。

党建工作 全面落实“两个责任”。以习近平新时代中国特色社会主义思想武装头脑，深入贯彻中央省委系列重要精神。严格落实党委主体责任，召开第二次党代会，完成浙能集团党委换届工作。浙能集团党委制定 17 件大事清单，建立重点工作、重大项目协调推进例会制度，严格落实年度重点任务。压实管党治党政治责任，落实省委巡视回头看要求，反馈的 19 项问题已完成整改 15 项，基本完成 1 项，持续推进整改 3 项。深化巡察工作，将各级党组织整改情况纳入责任制考核和党委书记述责述廉。完善党风廉政建设“三个清单”，开展作风建设年活动。浙江省省委专项巡视和回访检查中，对浙能集团党风廉政建设及巡视整改工作予以了总体肯定。

强化政治思想武装。持续开展“千名书记带你学”十九大精神专题党课，展播优秀党课 300 余个。开展“不忘初心，牢记使命”等主题教育，巩固政治思想基础。以星级党组织创建为抓手，持续建强基层党组织。深化党群活动阵地建设，打造一批以“红咖啡馆”为代表的党群活动中心。采取支部共建、星级晋升等创新形式，促进基层党组织互促共进。依托“互联网＋党建”，启动党组织、党员积分管理试点。列入省属国有企业意识形态试点单位，抓实意识形态责任制。发挥五大宣传平台合力，加强思想舆论引领。

启动“清廉浙能”建设。“清廉国企”建设得到浙江省纪委肯定，承接省纪委正风肃纪反腐“八大行动”，制定“清廉浙能”建设实施方案。开展“清廉浙能”建设全面对照检查活动，制定包含 83 条问题的全面对照检查清单，在全系统开展对照自查、检查。开展反腐倡廉教育活动近千场次，覆盖人员超过 5 万人次。全年开展正风肃纪督查 400 余次，招投标监督 750 余项。

主要事件

1 月 8 日，浙能集团与浙江大学产学研用合作项目“燃煤机组超低排放关键技术研发及应用”荣获国家技术发明一等奖。党和国家领导人习近平、李克强、张高丽、王沪宁出席大会。

2 月 28 日，浙能长兴地面光伏电站入选新华社编发的《加速迈向国际第一方阵——我国五年来科技创新成就巡礼》篇，与长征四号乙运载火箭、“蛟龙”号载人潜水器、“天眼”500m 口径球面射电望远镜、天舟一号与天宫二号自动交会对接等重大科技创新成果同列。

4 月 24 日 10:00，浙能绍兴滨海热电公司二期工程最后一台机组——6 号机组投入商业运行，标志着全国最大绿色环保热电联产项目全面建成投产。

4 月 24 日 10:00，浙能绍兴滨海热电公司二期工程最后一台机组——6 号机组投入商业运行。

6 月 7 日上午，浙能集团董事长童亚辉在浙能大厦会见了来访的商务部发展中国家能源研修班官员考察团一行。研修班的官员来自多米尼加、墨西哥、蒙古、特立尼达和多巴哥、格林纳达、哈萨克斯坦、巴拿马、乌兹别克斯坦、老挝、约旦、南苏丹、乌干达、冈比亚等 13 个国家，共计 54 人。

7 月，国家能源局、生态环境部联合发布的《关于燃煤耦合生物质发电技改试点项目建设的通知》中，浙江省入选的三个生物质耦合发电试点项目均落户浙能集团。浙能集团成为全国入选国家级生物质耦合发电试点项目最多的省属能源企业。

8 月 14 日，浙能嘉兴 1 号海上风电场项目获省发展改革委核准。该项目是浙江省能源发展“十三五”规划建设的重点工程。项目装机容量 30 万 kW，拟安装 75 台 4MW 的风电机组，动态总投资约 55.8 亿元。项目开工仪式于 12 月 8 日 11：00 在嘉兴独山港区隆重举行，标志着浙能集团第一个海上风电场项目进入全面建设阶段。

9 月 20 日，在北京举办的“第二届中国能源产业发展年会暨 2018 中国城市能源变革峰会”上，浙能集团荣获“能源 · 2018 十大‘美丽中国形象大使企业’”荣誉称号，受到大会表彰。

9 月 29 日，浙能集团萧山发电厂两台燃煤机组 180m 高的烟囱整体爆破拆除成功完成，曾经作为省会城市杭州重要电源点的萧电燃煤机发电组完成使命。为集团转型升级、践行绿色承诺，促进浙江省清洁能源示范省建设树立了典范。

10 月 22 日，总装机容量 1.028MW，总投资近 600 万元的常山郭塘村光伏项目全面投产发电，这是浙能集团积极落实省委省政府“千企结千村，消灭薄弱村”专项行动方案，率先在全省国企中实现“项目落地、资金到位、投产见效”。

12 月 12 日，新加坡会计与企业管理局下发了浙江浙石油贸易（新加坡）有限公司的营业执照，标志着集团“海外创业”的又一个起点，同时也是浙石油贸易公司在“一个目标、两个平台、多轮驱动”发展思路下迈出的又一个坚实步伐。

12月24日，浙能嵊泗2号海上风电场工程获得舟山市发展改革委核准，该风电场位于崎岖列岛西南侧王盘洋海域，实际涉海面积约62km²，拟建设67台6.0MW的风电机组，总装机容量为400MW，计划总投资约72.2亿元，建设总工期约36个月。

（罗旭杰）

华　中　地　区

【国家能源局华中监管局】

基本情况　国家能源局华中监管局（简称华中能源监管局）是国家能源局在华中区域的派出机构，接受国家能源局的垂直领导，依据国家能源局的授权履行区域电力等能源行政执法职能。经中编办批准，原华中电监局于2013年11月更名为华中能源监管局（2014年1月正式挂牌），设于武汉市，目前主要负责湖北、江西、重庆、西藏四省（市、区）的电力等能源监管工作。

领导班子

党组成员、巡视员：罗毅芳

党组成员、巡视员：葛才胜

党组成员、副局长：唐俊

主要职责　在所辖区域内，监管电力市场运行，规范电力市场秩序；监管电网和油气管网设施公平开放；监管电力调度交易，监督电力普遍服务政策的实施；承担电力等能源行政执法工作，依法查处有关违法违规行为，监督检查有关电价；承担除核安全外的电力运行安全、电力建设工程施工安全、电力工程质量安全的监督管理以及电力应急和可靠性管理，依法组织或参与电力安全生产事故调查处理；实施电力业务许可以及依法设定的其他行政许可；承办法律法规授权以及国家能源局交办的其他事项。

主要工作

（1）着力确保电力系统安全稳定运行。认真贯彻落实《地方党政领导干部安全生产责任制规定》和《国家发展改革委国家能源局关于推进电力安全生产领域改革发展的实施意见》文件精神，推进地方政府落实属地安全生产管理责任、压实企业安全生产主体责任；及时开展电力建设施工安全、电力行业防汛抗旱及水电站大坝安全隐患督查等重点专项监管，先后对辖区的省级电力公司、6家地市供电公司、3家在运发电企业及10个在建工程项目开展现场督查，并由3位局班子成员带队对安全生产基础薄弱的江西省开展节后复工安全督查等3次专项督查，发现隐患及时下发通知书责令整改，电力安全监管的影响力、辐射力得到充分体现。此外，还对水布垭等12座水电站大坝、湖北黄龙滩水电厂和重庆银盘水电厂等14家防汛抗旱重点企业开展督查，发现问题和隐患82项，提出意见和建议144条，助推企业提升隐患排查治理水平，确保华中地区电力系统安全稳定运行。

（2）着力推动电力市场化建设及改革。全年颁发5张增量配网供电业务许可证；积极推进华中电力调峰辅助服务市场建设，启动重庆调峰服务市场化试点；推动出台鄂渝赣三省（市）电力中长期交易规则；加强流域水电优化调度，乌江及嘉陵江流域增发电量10.07亿kWh；落实水电应急交易和电能交易会商会议制度，消纳川渝藏富余水电53.4亿kWh（同比增长34.9%）、西北电量217.3亿kWh（同比增长35.9%）；推动跨省发电权交易，抽水蓄能电站跨省发电权交易1.3亿kWh，水火跨省发电权交易10.9亿kWh。

（3）着力围绕促进能源协调发展抓监管。完成华中区域“十三五”中期电力规划实施情况监管报告；深入开展光伏发电专项监管，规范光伏发电秩序，推动国家政策有效落实；进一步加大油气企业监管力度，推动油气管网设施向第三方市场主体公平开放；开展辖区内天然气产供储销体系建设情况专项督查，牵头调研湖北、安徽、河南三省居民用气保供、储气设施建设运行和调峰预案落实等情况，全力保障天然气稳定供应。

（4）着力深化“放管服”改革抓监管。全面推行行政许可办理“最多跑一次”，大力推进“互联网＋许可服务”，“零见面”指导申请企业线上填报申请材料；严格执行行政许可退出制度，全年共注销豁免范围内的发电企业许可491家、达到设计寿命的发电机组许可4台、不满足国家产业政策的发电企业许可1家、许可证届满未延续的承装（修、试）电力设施企业76家。

（5）着力强化民生事项监管和行政执法。统筹开展用户“获得电力”优质服务情况综合监管、供电企业“零投诉”活动和“低电压治理”工作，实现“零投诉”的供电所199家（共2275家），完成低电压台区治理2010个（治理率100%）；加大对江西省瑞金市君嘉商务酒店被长时间停电致生产经营受困等人民群众和小微企业反映强烈、损害“营商环境”投诉举报事项的查处力度，以点带面推动“获得电力”优质服务水平全面提升；加大行政执法力度，对辖区内4家承装（修、试）企业依法实施行政处罚，并对另外5起违法行为立案调查。

（6）着力推进落实全面从严治党工作。深入学习贯彻习近平新时代中国特色社会主义思想和党的十九大精神，全面加强党的政治建设，牢固树立“四个意识”，坚定“四个自信”，坚决做到“两个维护”，不折不扣执行党中央决策部署和国家能源局党组决定；严守党的政治纪律和政治规矩，严守“四个服从”，严防“七个有之”，认真开展中央巡视反馈问题的整改和“回头看”工作；严肃党内政治生活，严格执行《关于新形势下党内政治生活的若干准则》，认真落实民主生活会和组织生活会制度；充分发挥党组中心组理论学习的龙头作用，全年党组中心组集中学习8次，组织全局处级以上干部集体学习12次。

及时传达学习贯彻国家能源局2018年党风廉政建设工作电视电话会议精神，结合努尔·白克力和王晓林严重违纪违法案件开展警示教育活动；制定《华中能源监管局腐败风险防控工作制度》，印发《中共国家能源局华中监管局党组巡察工作实施办法》，制定廉政告知卡和廉政回访表，用好“四种形态”，进一步强化廉政风险防控工作。全年对领导干部提醒谈话24人次，工作人员廉政谈话21人次，签订廉政承诺书并开展党风廉政巡查工作。

积极搭建平台，开展干部交流轮岗和挂职锻炼工作。全年交流轮岗处级干部3人次，派往地方政府挂职锻炼1人，接收企业人员到局机关和业务办挂职锻炼8人次；抓好青年干部队伍“选育管用”工作，选派青年干部到脱贫攻坚第一线开展精准扶贫工作；召开两次青年干部座谈会、举办青年干部演讲活动等，鲜明树立“重实干、重实绩”的用人导向。

牢固树立“作风建设永远在路上”的理念，严格执行中央八项规定实施细则精神和国家能源局党组落实中央八项规定实施办法，着力整治形式主义和官僚主义，持续整治享乐主义和奢靡之风。大力推行“五勤”工作法，引导党员干部“站高看远干工作、用心用脑干工作、扑下身子干工作”，坚决杜绝“慵、懒、散”现象；大力整顿工作作风、改善机关办公条件，营造秩序井然、整洁美观的办公环境和“干必写”的良好氛围。

【国家能源局河南监管办公室】

基本情况 国家能源局河南监管办公室（简称河南能源监管办）是国家能源局派驻河南省的监管机构。

领导班子

党组书记、专员：王笃奎

党组成员、副专员：沈军

组织机构 河南能源监管办内设综合、市场监管、行业监管、电力安全监管、资质管理、稽查等6个处。

主要职责 监管电力市场运行，规范电力市场秩序；监管电网和油气管网设施的公平开放；监管电力调度交易，监督电力普遍服务政策的实施；负责电力等能源行政执法工作，依法查处有关违法违规行为，监督检查有关电价；负责除核安全外的电力运行安全、电力建设工程施工安全、工程质量安全的监督管理以及电力应急和可靠性管理，依法组织或参与电力生产安全事故调查处理；负责电力业务许可及依法设定的其他行政许可；负责法律法规授权以及国家能源局下达或交办的有关事项监管。

主要工作

1. 电力安全监管工作

持续深化“电力建设工程施工安全年”活动要求，全面落实工程建设项目风险提示制度，加强电力建设项目备案管理，积极推动开展电力建设信息化安全监管平台试点，加强现场督查和建设工程停复工管理，全面落实各参建单位安全主体责任，推动监管关口前移。对漯河西500kV变电站、商丘民生热电等项目开展现场督查，进一步推动落实建设、施工和监理等单位的安全生产主体责任和属地监管责任。年初对全省电力企业应对雨雪冰冻天气做出部署，并及时报送关于恶劣天气应对的情况报告。认真开展全国“两会”保电督查，督促企业做好保电措施落实和重要客户保电工作。切实做好电力迎峰度夏监管，结合河南实际深入开展防汛抗旱现场督查，确保电力系统安全稳定运行和电力可靠供应。积极开展重大危险源（液氨罐区）调研，推动电力企业逐步开展重大危险源改造。加强电力企业应急预案备案管理，稳步推进河南省电力企业应急能力建设评估工作。经过努力，2018年全省电力行业未发生较大以上人身伤亡事故、电力安全事故和电力设备事故，电力安全生产保持了持续稳定的良好态势。

2. 电力市场准入监管

严格许可标准，规范许可审查行为。进一步规范许可办理过程中的自由裁量权，许可证发放工作平稳进行。截至10月底，共审查批复发电类电力业务许可证91家，全省持证发电企业449家；审查批复输供电类电力业务许可证6家，全省持证供电企业134家；审查批复承装（修、试）电力设施许可证406家，全省持证承装（修、试）电力设施企业1295家。

3. 电力交易监管

积极推进河南省大用户直接交易工作，监管规则落实、合同执行等情况。发布河南省电力市场交易信息分析。积极推进跨省跨区交易试点工作，参与分布式发电市场交易试点推进工作，参加市场管理委员会会议。2018年河南电力直接交易1093.3亿kWh，均价322.5元/MWh，降低企业用电成本55.42亿元。

4. 供电监管

认真组织开展用户“获得电力”优质服务情况重点综合监管工作。组织河南省各级供电企业约1200人参加的用户“获得电力”优质服务情况重点综合监管工作视频启动会。按照“双随机一公开”原则，结合供电舆情监测、12398热线以及供电企业信息报送等非现场监管手段反映出的问题，对13家供电企业严格开展了现场检查，确保中央和河南省委省政府有关要求的落实。圆满完成了2017—2018年度供电监管工作。按照2017—2018年度供电监管工作实施方案，安排部署了2018年迎峰度冬及春节保电督导工作，并赴信阳、周口及其所辖部分县级供电企业进行现场督导。针对发现的问题，向全省各级供电企业印发了监管通报，并向17家检查对象下发了整改通知书，督促相关供电公司认真整改，做到监管工作闭环。

5. 电力监管行政执法

畅通群众投诉举报渠道，及时受理和处理投诉举报事项。全年12398热线共接到河南地区有效信息8255件，其中投诉举报521件，所有投诉举报事项均在规定时间办结，实现办结率100%，回访率100%。群众投诉举报满意率稳步提升，满意率92.62%。

【国家能源局湖南监管办公室】

基本情况 国家能源局湖南监管办公室（简称湖南能源监管办）前身是原国家电力监管委员会华中监管局长沙监管办公室，于2006年4月26日挂牌成立；2010年7月，更名为国家电力监管委员会湖南省电力监管专员办公室；机构改革后，国家能源局湖南监管办公室于2013年12月7日挂牌成立。

领导班子

党组书记、专员：银车来

党组成员、副专员：陈显贵

党组成员、综合处处长：王朝晖

组织机构 湖南能源监管办下设综合处、市场监管处、行业监管处、电力安全监管处、资质管理处、稽查处。

主要职责 负责监管能源规划、计划、产业政策和重大项目的执行情况，负责对取消和下放的能源行政审批项目的后续监管，监管节能减排和资源综合利用等工作；监管电力市场运行，规范电力市场秩序；监管电网和油气管网设施的公平开放；监管电力调度交易，监管电力普遍服务政策的实施；负责电力等能源行政执法工作，依法查处有关违法违规行为，监督检查有关电价；负责除核安全外的电力运行安全、电力建设工程施工安全、工程质量安全的监督管理以及电力应急和可靠性管理，依法组织或参与电力事故调查处理；负责组织实施电力业务许可以及依法设定的其他行政许可；负责法律法规授权以及国家能源局下达或交办的有关事项监管。

主要工作

（1）积极推进电力市场化改革。持续抓好电力中长期交易市场运营与监管，建立月度交易会商机制，全年完成交易电量410亿kWh，释放改革红利1.57亿元。积极推进电力辅助服务市场建设，制定《湖南省电力辅助服务市场建设方案》，协调省外送入主体参与受端辅助服务市场。推进湖南省三批共17个试点项目增量配电业务改革，对4个园区开展现场调研，协调解决突出问题，两家增量配电业务企业取得许可证并实现独立核算运营。

（2）推动重点项目规划计划落实。推动神华永州、华电平江火电项目建设，多次赴现场协调督办，督促电网企业完成6个500kV输变电工程建设。开展农网改造升级工程及贫困地区农网改造升级工程重点问题、光伏发电项目落实情况专项监管，确保扶贫政策落实。加强煤电超低排放改造计划落实监管，湖南在役39台30万kW及以上煤电机组2018年9月底全面提前实现清洁化生产。

（3）保障电力安全可靠供应。针对湖南电力需求持续快速增长，迎峰度冬度夏期间电力缺口情况较重情况，积极采取应对措施，加强电煤监测预警，组织开展安全保供督查，督促电网企业优化电网运行方式，落实有序用电、错峰用电预案，督促发电企业保障电煤库存和提高机组运行可靠性，积极主动协调省外送电支持，保障人民群众生产生活正常用电。

（4）不断优化营商环境。贯彻落实“放管服”改革要求，以解决企业生产经营中的“痛点”“难点”为重点，不断优化营商环境。组织开展用户“获得电力”优质服务重点综合监管，针对企业违规收取临时接电费及违规增设用电接入环节等情况，提出限期整改要求，向相关企业退回2.9亿元临时接电费。严格执行电力业务许可“最多跑一次”机制，落实线上咨询、网上全过程办理等八项具体举措，切实简化企业办事环节、压缩接电时间、减少接电成本。

（5）积极建言献策支持地方能源发展。向国家能源局反映湖南能源发展中的困难和诉求，湖南省被国家能源局确定为“煤电规划建设预警”2018—2021年两个“绿色”区域之一，为湖南保留了充裕的能源发展和调整空间。积极为湖南经济发展建言献策，在充分调查研究的基础上，以湖南经济社会发展为大局，向省有关领导汇报影响湖南能源发展的问题和建议，多次向省政府、省直有关单位反映能源发展、改革、市场化建设等意见建议，为湖南能源安全稳定可靠供应出谋划策、奔走呼吁。

（6）协调解决矛盾分歧。规范秩序落实政策，充分发挥厂网联席会议协调厂网关系、解决突出矛盾问题的作用，对火电企业经营困难、可再生能源发电项目接入电网工程补贴不到位等问题，研究解决措施，提出监管意见要求。加强电源自建送出工程回购监管，多次组织召开联席协调会议，适时下达督办函，推进9家发电企业自建送出工程全面完成回购，总资金达5亿元。开展光伏发电项目落实情况专项监管，协调推动电网企业履行接入服务、按实结算、补贴垫付等责任，确保湖南光伏630项目全面落实。

【国家能源局四川监管办公室】

基本情况 国家能源局四川监管办公室（简称四川能源监管办）是国家能源局派驻四川的机构，因国家机构改革，在原国家电力监管委员会四川监管办公室基础上设立，于2013年12月16日正式挂牌。

领导班子

党组书记、专员：马军杰

党组成员、副专员：何淑兰

组织机构 设综合处、市场监管处、电力安全监管处、行业监管处、资质管理处、稽查处。

主要职责 监管电力市场运行，规范电力市场秩序；监管电网和油气管网设施的公平开放；监管电力调度交易，监管电力普遍服务政策的实施；负责电力等能源行政执法工作，依法查处有关违法违规行为，监督检查有关电价；负责除核安全外的电力运行安全、电力建设工程施工安全、工程质量安全的监督管理以及电力应急和可靠性管理，依法组织或参与电力事故调查处理；负责组织实施电力业务许可以及依法设定的其他行政许可；负责法律法规授权以及国家能源局下达或交办的有关事项监管。

主要工作

1. 保持电力安全生产平稳态势

以电力安委会为抓手，督促企业安全生产主体责任的落实。对强化安全生产信息报送、水电站大坝安全管控、强化防汛防地灾、电力建设施工安全与工程质量安全、网络信息安全、开展“交叉检查”等安全生产相关工作进行传达与部署，将监管要求逐级落实到企业基层一线。

推进“同业对标”工作，丰富非现场监管手段。已参与对标的企业有19家，153个在运水电站，总装机容量6520.26万kW，占四川水电总装机规模的87.62%。

以检查找问题，以约谈促整改。完善了《四川能源监管办电力安全监管诫勉约谈制度（试行）》《四川能源监管办行政处罚程序规定》等制度。组成检查组对甘孜地区、绵阳地区、攀西地区和乐山地区的8家电力企业及其所属的11个在建电力工程项目开展了安全执法检查工作。责令1个在建电力工程项目停工整改，约谈相关电力企业35家，处罚金额100余万元，问题和隐患已整改81.2%。

强化电网风险管控，建立高效协同的电网安全风险管控机制。通过不断强化电网风险管控，组织相关发电企业与电网企业开展专题会商，了解各项管控措施落实情况，建立了高效协同的电网安全风险管控机制，使各项运行安全风险可控、在控。

深入开展隐患排查治理深化年活动，全省开展隐患排查治理电力企业1470家，较年初的820家增加了650家，增长幅度79.3%。共计排查一般安全隐患29 536项，完成整改29 176项，一般隐患整改率从年初的90.84%持续提高到98.78%，提升近8个百分点。

强化应急能力建设，成功应对突发灾害，特别是“10·11”“11·03”金沙江堰塞湖处置，参加了由应急管理部牵头、有关部委组成的联合工作组，圆满完成任务。

2. 推进电力体制改革不断深入

制定出台《2018年四川电力交易指导意见》，实现电力中长期交易规则在四川落地。牵头编制发布《四川电力市场交易技术支持系统功能规范》，为四川电力交易标准化、安全化、准确化提供了有力支撑。牵头制定四川电力市场交易合同示范文本，规范了四川电力市场交易秩序。

3. 保障电力供应促进清洁能源消纳

及时开展电力调度交易协调工作，加强调度、交易的协调，加强信息披露，丰富交易手段，细化安全校核，研究解决存在的困难和问题。促进电网公平开放，确保清洁能源公平无歧视并网。进一步协调厂网关系，维护企业合法权益，落实29个已核准风电项目接网手续办理。配合国家能源局开展清洁能源消纳综合监管督查，客观反映四川弃水情况，深入挖掘弃水原因，并就四川清洁能源消纳提出统筹网源协调发展、扩大电力市场建设成果等4条具有可操作性的意见建议。

4. 扎实开展专项市场监管

开展新机转商运专项监管，就2014年以来并网机组退出商业运营情况监管约谈5次，下发整改通知书11份，追溯企业差额电费1056万元。联合省能源局开展四川省光伏发电专项监管，进一步规范光伏发电秩序。开展四川省油气管网设施公平开放信息公开和信息报送专项督查，组织问卷调查和现场检查，对问题企业发出整改通知。

5. 开展民生热点问题监管

以“获得电力”优质服务综合重点监管为抓手，开展提升供电服务质量和效率专项工作、施工基建用电专项督查、“获得电力”优质服务综合重点监管等专题监管工作，落实中央优化营商环境要求。会同省能源局启动天然气分布式能源规划计划执行情况专项监管工作，制定并印发了《关于报送天然气分布式能源项目信息的通知》《关于开展四川省天然气分布式能源规划计划执行情况重点问题监管的通知》《四川省天然气分布式能源规划计划执行情况重点问题监管工作方案》等文件，对中电国际成都高新西区分布式能源项目等5个分布式能源项目开展现场检查，并召开座谈会专题研究。

6. 积极探索“柔性执法”

坚持监管为民的理念，寓监管与服务之中，积极探索“柔性执法”手段运用，普遍推行监管约谈。监管约谈实行分级实施，采取宣贯式、督查督办式、探讨式、征求意见式、一对一会谈、一对多会谈等形式进行。同时，结合监管约谈工作，按照“谁执法谁普法”原则，向监管对象宣贯国家能源行业法规政策。2018年度就“获得电力”营商环境检查中发现的问题约谈20家电力企业，就在建工程安全管理问题约谈35家企业，就新机转商运专项监管中发现的问题约谈40家企业。

7. 落实“放管服”改革要求

积极推进“互联网＋许可服务”，优化行政许可流程，全过程线上咨询指导，快递方式寄发许可证，实现许可办理“一次不用跑”或“最多跑一次”。充分利用业务QQ群、电话等多种沟通交流工具，提供线上咨询服务，“零见面”指导申请企业线上填报、提交、补交电子版申请材料。顺利完成四川省电工进网作业许可证整合工作，主动对接省安监局建立联合工作机制，加强电工进网作业许可证整合以及整合后许可证在电力相关领域应用工作的沟通协商，落实了整合后电工许可信息与我办许可审批平台的有效衔接。

8. 开展专项课题研究建言献策

开展统筹输配电网协调发展有关问题研究，办领导亲自带队赴国网四川省电力公司、四川省能投集团等7家企业实地调研，发现输、配电网从规划、设计、建设施工到运行管理过程中存在的37个具体问题，采用定性研究和定量分析相结合的方法，科学分析及评价输配电网协调发展现状，提出29项建议及措施，形成《统筹输配电网协调发展有关问题研究报告》报送省政府政策研究室。

开展四川清洁能源产业发展专题研究。研究分析全省清洁能源产业发展现状，发现在政策规划、运行管理和输配电网协调发展方面存在的14项问题，研究提出加快清洁能源产业培育工作在优化电源布局、完善市场机制、提升电力系统调节能力等6个方面20项具体建议及措施，并针对《四川省清洁能源产业培育方案（2018—2022）》提出具体修改意见，大力支持四川清洁能源产业发展。

9. 党建工作情况

加强党的政治建设。办党组认真学习领会十九大对党的建设提出的新要求，认真贯彻落实国家能源局《关于坚决维护党中央集中统一领导的规定》，切实履行管党治党政治责任。

加强政治理论学习。坚持党组中心组理论学习制度，建设学习型机关，组织全办干部职工认真学习习近平新时代中国特色社会主义思想、十九大精神、党章党规、宪法法律和全国能源工作会议精神、国家能源局党风廉政工作会议精神。

加强党风廉政建设。严格落实党风廉政建设责任制，严格执行党纪、中央八项规定精神和国家能源局落实八项规定实施细则，开展集体廉政谈话、召开2018年廉政工作会议、层层签订廉政承诺书、组织参观廉政警示教育基地、召开王晓林案件专题民主生活会、印发违纪违规案例和剖析材料、撰写《中国共产党纪律处分条例》心得体会。

10. 扶贫工作情况

2018年8月，对口帮扶县顺利脱贫摘帽后，办领导实地调研、专题研究脱贫后帮扶工作。编制2018—2020年定点扶贫帮扶工作规划和年度定点扶贫帮扶工作计划，明确帮扶项目和措施，实现精准帮扶。建立省、市、区、镇、村五级会商协调机制，定期议事定事抓落实。三是开展扶贫领域作风问题治理阶段性总结，以作风改进带动扶贫成效提升。

【国网湖北省电力有限公司】

企业概况 国网湖北省电力有限公司（简称国网湖北电力）是国家电网公司的全资子公司，以电网建设、管理和运营为核心业务，负责电网安全稳定运行，为湖北地区经济发展和人民生活提供电力保障。2017年9月，原国网湖北省电力公司作为一家按照《全民所有制工业企业法》注册登记的全民所有制企业完成公司制改制，更为现名，改制后的法定代表人、经营范围等内容均与改制前保持一致，注册资本增至2940亿元。至2018年底，用工总量81 061人，其中职工46 587人，同口径同比分别下降3.40%、1.93%；有用电客户2551.02万户，其中居民

2324.65 万户，大工业 1.93 万户，一般工商业 145.1 万户，其他 79.34 万户。全年投产 110kV 及以上输电线路 2012km，变电容量 816.6 万 kVA。完成售电量 1678.13 亿 kWh，同比增长 11.28%。

领导班子

董事长、党委书记：肖黎春

董事、总经理、党委副书记：胡卫东

董事、党委副书记、副总经理：侯春

总会计师、党委委员：许毅蒙

副总经理、党委委员：李政、傅景伟、余先进

副总经理、党委委员、国网武汉供电公司总经理、党委副书记：明煦

副总经理、党委委员：张立庆

党委委员、职工董事、工会主席：周新风

党委委员、纪委书记：姚志荣

总工程师：吴耀文

组织机构 至 2018 年底，国网湖北电力有直属单位 33 家，其中地市供电企业 14 家，直供直管县级供电企业 84 家。

电网概况 湖北电网 500kV 及以上网架形成 1 个中部主框架、2 个“西电东送”大通道及 1 个受端双环网格局；与河南、湖南、江西、重庆电网分别通过 4 回、3 回、3 回及 4 回 500kV 交流线路联网；与华东、广东电网分别通过 4 回、1 回±500kV 直流联网；通过 1000kV 荆门—南阳—晋东南特高压交流线路与华北电网相联。湖北电网以 220kV 电网为主要供电网络，并依托 500kV 变电站逐步实现分片区运行。110kV 电网以 220kV 电网为中心，实现分片分区运行，向配电网络和用户供电。

2018 年，湖北电网 35kV 及以上公用变电容量 17 998 万 kVA，输电线路长度 7.40 万 km。至 2018 年底，湖北全口径发电设备装机容量 7401.05 万 kW，居全国第 12 位，同比增长 3.88%；全年发电量 2851.06 亿 kWh，居全国第 11 位，增长 7.77%；全社会用电量 2071.43 亿 kWh，居全国第 14 位，增长 10.83%，其中工业用电量 1254.07 亿 kWh，增长 7.32%。2018 年湖北电网规模一览见表 1。

表 1　2018 年湖北电网规模一览

指标名称	计量单位	2017 年	2018 年	增幅（%）
全口径发电设备装机容量合计	万 kW	7124.48	7401.05	3.88
水电	万 kW	3671.49	3675.22	0.10
火电	万 kW	2786.71	2884.29	3.50
风电	万 kW	252.83	331.19	30.99
太阳能发电	万 kW	413.45	510.35	23.44
110～1000kV 公用变电站合计	座	1049	1095	4.39
110kV	座	834	868	4.08
220kV	座	188	199	5.85
500kV	座	26	27	3.85
1000kV	座	1	1	0.00
110～1000kV 公用变压器容量合计	万 kVA	16 097	16 901	5.00
110kV	万 kVA	5765	6056	5.05
220kV	万 kVA	5632	6025	6.98
500kV	万 kVA	4100	4220	2.92
1000kV	万 kVA	600	600	0.00
110～1000kV 输电线路回路长度合计	km	50 597	51 815	2.41
110kV	km	23 041	23 560	2.25
220kV	km	14 586	15 182	4.09
500kV	km	9806	9909	1.05
±500kV	km	1798	1798	0.00
±800kV	km	1185	1185	0.00
1000kV	km	180	180	0.00

注 1. 全口径发电设备装机容量栏目中，火电包含生物质发电和垃圾发电。

2. 500kV 变电站座数不包含开关站和龙泉、江陵之外的换流站。

3. 输电线路统计包括架空线路和电缆线路。

2018年，湖北省发电装机容量增幅3.88%，但增幅同比略有下降。发电新增装机中，水火电机组投产速度放缓，在国家化解煤电机组过剩产能背景下，全年仅投产2台急调峰机组。水火电合计发电装机占比88.63%，同比下降2.01个百分点。新能源装机增长态势持续，其发电装机占比11.37%，同比提高2.02个百分点，全省以水火电为主的装机结构进一步优化。

湖北电网建设投资重点继续向配网、农网和扶贫领域倾斜，保障供应前提下大力惠及民生。全年完成建设和改造投资173.5亿元，其中220kV以上线路投资36亿元；配网和农网投资达134亿元，其中农网投资105亿元，建设5个小康用电示范县，加强了全省38个省级贫困县农网建设，同时安排易地扶贫搬迁配套供电工程资金10亿元，惠及居民15.2万户、40.5万人。全年开工110kV及以上输电线路1811.6km、变电容量597.6万kVA，投产2012km，816.6万kVA。经过不断投资建设改造，湖北电网已基本形成覆盖全省城乡的现代化、智能化大电网，供电质量和可靠性进一步提高，为湖南省经济社会发展和人民群众生活质量改善提供了坚强电力保障。

2018年全口径发电量稳步增长，电力生产及调度平稳有序。全年发电计划完成率101.19%。各主要流域来水除长江干流丰于多年平均近2成外，清江、汉江流域来水较多年平均偏少1～3成。调度机构采取节水增发等多种措施，发挥水电保供、顶峰、调节等多重作用。2018年湖北省发电量情况一览见表2。

表2　2018年湖北省发电量情况一览

发电量	2017年（亿kWh）	2018年（亿kWh）	增幅（%）
一、全口径合计	2645.58	2851.06	7.77
水电	1493.71	1471.23	−1.50
其中：三峡	971.17	1011.32	4.13
火电	1075.35	1266.53	17.78
风电	48.32	64.40	33.28
太阳能发电	28.21	48.90	73.33
二、统调和非统调			
统调	1357.16	1534.95	13.10
水电（不含三峡）	394.98	363.18	−8.05
火电	933.43	1132.71	21.35
非统调电厂	317.26	304.78	−3.93
水电	127.56	96.72	−24.17
火电	141.91	133.82	−5.70
风电	29.16	37.39	28.22
太阳能发电	18.63	36.85	97.81

主力水电厂中，三峡电厂发电同比增长4.13%，丹江口电厂发电同比增长45.17%，其余均同比下降。非统调水电厂发电同比下降24.17%。2018年湖北省主力水电厂发电情况一览见表3。

表3　2018年湖北省主力水电厂发电情况一览

指标	2017年发电量（亿kWh）	2018年发电量（亿kWh）	增幅（%）
主力水电厂发电量合计	1307.00	1320.60	1.04
三峡电厂	971.17	1011.32	4.13
葛洲坝电厂	189.30	181.80	−3.96
水布垭电厂	52.52	36.01	−31.44
隔河岩电厂	39.62	27.29	−31.11
高坝洲电厂	13.03	9.50	−27.08
丹江口电厂	29.25	42.46	45.17
黄龙滩电厂	12.12	12.21	0.75

全省火电发电量占全省全社会用电量的61.14%，其稳定出力有力支撑了全省电力正常供应。全年统调火电机组平均利用小时4629h，同比增加709h。尽管火电机组利用小时数大幅增加，但因全年电煤价格持续高位运行，火电企业经营效益仍不佳，多数电厂处于微利或盈亏边沿。

电力供应 2018年，湖北电网500kV及以上网架保持2017年格局。湖北电网以220kV电网为主要供电网络，并依托500kV变电站逐步实现分片区运行。110kV电网以220kV电网为中心，实现分片分区运行，向配电网络和用户供电。启动57个大电网运行风险防控项目。完成23台220kV及以上主变压器抗短路能力不足改造、6条500kV输电线路防舞动改造、309处线路“三跨”隐患治理。排查变电站消防隐患4325项、直供小区电气火灾隐患68万余处。220kV及以上输电、变电设备跳闸次数同比分别下降11%、20%。监测并拦截互联网高危攻击15万余次。在国家电网公司系统首次发现并配合处理充电桩网络安全高危漏洞。完成2家直属单位和83家县公司应急能力评估，组织开展华中四省应急联动演练。有序应对迎峰度夏、度冬期间负荷屡创新高考验，完成习近平总书记视察湖北等重大活动保电任务。湖北电网连续安全稳定运行36周年。

电力直接交易 2018年，湖北省大力推进电力市场化改革，努力降低实体经济用电成本。电力直接交易工作，按照湖北省政府确定的“发电侧让利等额传递给用户”总体思路，进一步扩大交易规模，降低准入门槛，努力为实体经济降成本、促转型提供动力。全年，全省电力直接交易电量达420.7亿kWh，同比增长20%，其中高新技术企业及战略新兴产业成交电量占58%；参与直接交易的电力用户由2017年的236家增加至876家，进一步扩大受惠面；全年为电力用户节约用电成本9亿元，用户有明显获得感；支持售电公司等新兴主体参与市场交易，全年33家售电公司代理688家用户共成交电量122.9亿kWh，占成交总量的近1/3，市场活跃度高。

电力消费 全社会用电量同比增长10.83%，各大产业和城乡居民生活用电均作出不同贡献，其中，第一、二、三产业对全社会用电增长的贡献率分别为1.88%、44.60%、24.98%；城乡居民生活用电对全社会用电增长的贡献率为28.53%。全年，工业用电同比增长7.32%，较2017年同期提高2.51个百分点，呈逐年加快态势。其中，采矿业、制造业、电力热力燃气及水的生产和供应业用电增长分别为7.17%、8.09%和5.00%，三者对工业用电增长贡献率分别为3.23%、80.45%、16.32%，制造业用电增长是拉动工业用电增长的主要动力。

主要制造行业用电6升4降仍呈分化态势，高端制造业用电增幅居前。月均用电超过2亿kWh的10个主要制造行业用电6升4降。其中，计算机通信和其他电子设备制造、电气机械和器材制造业、有色金属、黑色金属4个行业用电快速增长。从用电下降行业原因看，化工行业因环保整改、水泥行业因自发限产保价、汽车行业主要是销售量下滑等影响所致，但行业绝对用电量仍处正常区间。

除工业外，全社会其他10大类行业用电形势普遍良好，最高增幅为房地产业，增幅达27.11%；最低增幅为住宿和餐饮业，增幅为9.71%。2018年湖北省全社会用电构成情况一览见表4。

表4　2018年湖北省全社会用电构成情况一览

指标	单位	2017年	2018年	增幅（%）
全社会用电量	亿kWh	1869.00	2071.43	10.83
第一产业用电量	亿kWh	29.61	20.29	23.15
第二产业用电量	亿kWh	1200.36	1284.63	7.56
第三产业用电量	亿kWh	301.18	371.48	15.76
城乡居民生活用电	亿kWh	337.84	395.03	17.13
城市	亿kWh	222.71	261.50	17.56
乡村	亿kWh	115.13	133.53	16.29
人均用电量	kWh/人	3166.72	3500.81	10.55
人均生活用电	kWh/人	572.42	667.62	16.83

注 1. 2017年常住人口5902万，2018年常住人口5917万。

2. 根据国家能源局要求，2018年行业用电分类按照目前国民经济行业分类进行了相应调整，本表中2017、2018年行业用电数据均为调整后口径。

全省14个用电统计地区全社会用电普遍增长，其中武汉、荆州、黄石等9个地区全社会用电增幅超过两位数。各地区工业用电同样全部不同程度增长，其中黄石、咸宁和神农架林区3个地区增幅在两位数以上。武汉全年全社会用电量580.34亿kWh，超过全省用电总量的1/4，增长11.74%，超过全省平均水平0.91个百分点，充分发挥了其领头羊的地位作用。“两副”城市宜昌、襄阳全社会用电量分别为227.78亿kWh和155.95亿kWh，分别增长3.88%和9.28%，保持了较为稳健的增长。

电力环保 实施绿色电力调度，发电行业节能减排成果显著。湖北省认真贯彻落实可再生能源法和国家有序放开发用电计划改革相关要求，全面推进优先发电计划改革，放开新能源和可再生能源发电计划，对大容量、高效率大型火电机组优先发电权安排上高于一般火电机组100～200h。科学安排火电最小开机方式，确保全年全省无弃水弃光弃风现象发生。全额收购风电、太阳能电量106.6亿kWh。鼓励在役中小火电机组向大型高效率机组转让发电量计划，全年共落实转让电量12.86亿kWh。贯彻落实国家煤电行业淘汰落后产能政策，全年关停小火电机组5.25万kW。发电行业为全省节能减排做出应有贡献。

供电服务 出台一系列优质服务文件，制定供电服务“八个严禁”和“零投诉”指导意见。推进微信网格化服务和“红领网格”建设，4家地市公司开展低压网格化综合服务试点，持续开展“百佳网格员”评选和“降投诉百日攻坚”活动，常态化开展明察暗访。推动营销管办分离和城区营配合一，新组建6家园区供电机构，14家地市公司供电服务指挥中心全部建成，推进87家供电营业厅智能化转型。开展“掌上电力”集中运营试点，线上办电率99.16%，线上缴费用户1468.95万户，智能电管家覆盖率96.33%。优化采集系统软硬件平台，推进小时级复电，30min内远程命令执行成功率提升至93.05%。完成拆回智能表省级集中分拣，推进二、三级表库智能周转柜应用。建成国网恩施供电公司“多表合一”信息采集示范区。4家区县公司、204个营业所实现“零投诉”。落实优化营商环境各项措施，开展“三压减、二加强、一提高”报装专项治理行动，高、低压办电环节分别精简至4个、2个，平均接电时间分别压至34.5天、1.5天，在武汉、襄阳开展“获得电力”试评价，取得较好成绩，优化营商环境管理创新工程获得国家电网公司特等奖。

港口岸电建设与推广应用取得阶段性成效 6月，国网湖北电力启动三峡坝区岸电实验区建设，探索岸电建设推广的机制、技术和运营服务模式，取得了阶段性成果。

构建岸电工作体系。成立由主要负责人任组长的三峡岸电建设领导小组，明确各部门工作职责和工作任务。推动成立了由国网湖北电力牵头，长江航务局、湖北省能源局、湖北省港航局、三峡通航局、三峡枢纽局、国网南瑞集团、国网许继集团、国网电动汽车公司等单位参与的实验区建设运营工作组，统筹开展三峡坝区岸电建设工作。

编制建设布点和运营方案。组织各方专家集中编制了《三峡坝区岸电实验区建设布点方案》和《三峡坝区岸电实验区建设运营服务方案》，并通过了交通部专家组的评审。制订实验区建设里程碑计划，确保2019年完成坝区内12个码头和12个锚地的岸电建设任务。

开展关键设备技术攻关。针对三峡坝区丰枯季水位落差超过30m、停靠船型多等问题，国网湖北电力联合相关厂商开展岸电技术研究，提出随水位自动变化供电浮趸等系列解决方案，确定了靠岸固定式、离岸浮动式供电系统等六类供电方案，满足各类船舶充电服务需要，解决了坝区水位落差大、江心锚地接电难等世界性难题。

探索岸电运营服务模式。开展车船一体化平台“岸电云网”建设，试点应用扫码岸电系统，为客户提供岸电服务。编制《宜昌长江三峡岸电运营服务有限公司组建方案》，联合三峡电能（湖北）有限公司、国网电动汽车服务湖北有限公司，共同发起成立宜昌长江三峡岸电运营服务有限公司，负责长江流域宜昌段岸电设施的日常维护和岸电运营服务。

争取岸电配套支持政策。国网湖北电力联合长江航务局、省能源局等开展港口岸电政策研究，已收集国家、省、市级规划类、环保类、价格类、补贴类政策45项，就电价政策、财政补贴、船舶受电设施改造、岸电强制使用等支持政策向相关部门提出了建议。湖北省岸电价格和配套服务费政策已经出台，交通运输部正在研究新的岸电设施补贴政策，船舶受电设施改造、岸电强制使用等政策正在制订之中。至2018年底，国网湖北电力在三峡坝区先后建成4个船舶岸电示范项目。在示范项目的带动下，长江流域湖北境内94个港口进行岸电改造，建成投运总容量11.22万kVA的岸电设施，年用电量近2100万kWh，相当于替代燃油4463t，减少各类气体排放1.2万余t。三峡坝区岸电建设工作被央视、新华社等主流媒体多次报道，并得到中央和全国政协有关领导的批示肯定。

优化营商环境改革攻坚取得初步成效 成立优化营商环境工作领导小组，印发优化营商环境协同监督工作方案等系列政策文件，安排落实各项工作。各单位围绕“获得电力”4个指标，推动各项措施落地，取得初步成效。

办电流程进一步优化。开展“三减一提升”业扩报装治理专项行动，精简办电环节和办电资料，高、低压办电环节分别压减至4个、2个，高、低压平均办电时间压减至34.5天、1.5天。在国家电网公司系统率先开展“掌上电力”省级集中运营试点，实现高压8类常规业务和低压办电、交费、服务全业务“一网办”，线上受理办电率99%以上。武汉、襄阳参与国家发展改革委“获得电力”试点评价，供电服务水平实现了较大提升。

客户办电、用电成本大幅降低。严格落实湖北省降价降费政策，全年降低一般工商业目录电价0.087元/kWh，以2018年售电情况测算，每年为终端客户降低用能成本29.04亿元。协助价格主管部门清理转供电主体违规加价行为，梳理转供电主体7272个、终端用户33.5万户，促使更多工商业客户享受降价措施红利。在全国率先开展“双挂双摘”和集中撮合市场化交易，直接降低企业用电成本5.8亿元。减免电力负荷管理终端设备费、变电站间隔占用费等7项费用。推行低压居民和小微企业“零费用”接入，武汉和其他地市低压接入容量从50kVA分别放宽至160kVA和100kVA。

供电服务体系逐步完善。在14家供电单位建设供电服务指挥中心，构建规范统一的供电服务指挥体系。全面建设“全能型”供电所，优化供电服务末端业务融合。推进“红领网格”建设，加快实体营业厅转型升级，推行报装客户经理制和台区经理制，打通供电服务“最后一公里”。

供电质量和可靠性大幅提高。持续推进农网改造和“低电压”治理。2015年以来，农网户均配变容量从1.35kVA提升至1.93kVA，提升了0.58kVA；综合电压合格率从98.988%提升至99.801%，提升了0.813个百分点；年均停电时间从16.01h下降至10.51h，减少了5.5h。制订“配网建设·三年登高”活动实施方案，优化网架结构，加快县域配网35kV配电站建设，进一步提升供电能力和可靠性。开展配电网“降故障、降停运、降投诉”专项行动，把重过载设备、高故障设备等作为治理重点，设备故障率明显降低。

主要事件

1月9日，东风公司与国网湖北电力签订《东风公司十堰基地电网及家属区供电业务分离移交协议》。

1月30日，国家电网公司命名第一批技术标准验证实验室，国网湖北电力现场高压试验技术标准验证实验室获得批准命名。

2月8日，湖北省能源局发布《关于公示首批拟列入湖北省售电企业目录企业名单的通知》，国网湖北电力交易中心同步对首批审查资料符合条件的68家售电公司予以公示。

2月13日，湖北省省委书记、省人大常委会主任蒋超良深入国网洪湖市供电公司，看望慰问全省电力员工，感谢国网湖北电力为湖北经济社会发展作出的重大贡献，并向全省电力员工拜年。

3月上旬，国网湖北电力启动“金扳手”新员工实操技能提升培养工程，其培训结果与能级评价将和员工后续跟踪培养相结合。

4月10日，国网湖北电力全业务统一数据中心初步具备为业务部门提供数据支撑能力。

4月13～14日，经中国电力企业联合会现场验收，确认国网赤壁市供电公司符合电力企业“标准化良好行为企业”AAAA级要求。

4月17日，国网湖北电力召开三项制度改革启动电视电话会议。会议确定了“在员工能进能出上实现突破，在管理人员能上能下、收入能增能减上取得显著成效”的工作目标。

5月初，国家电网公司第三代智能变电站研究专项指南项目在北京完成可研论证答辩，国网湖北电力“第三代智能变电站高级功能应用研究”科研项目完成答辩。在国家电网公司先后发布的7项第三代智能变电站科技指南项目中，国网湖北电力牵头2项、参与1项。110kV金马变电站入选国家电网公司首批（9座）第三代智能变电站试点示范工程。

5月16日，国网湖北电科院配网技术中心成立，该中心业务主要包括配电网发展建设技术支撑、配电网运维检修技术支撑和配电网专业科技创新三个方面。

6月5～6日，第十三届中国企业社会责任国际论坛暨2017“金蜜蜂企业社会责任·中国榜”发布典礼在北京举行，国网湖北电力获评“金蜜蜂·和谐贡献奖”。

6月上旬，500kV随州变电站工程获评国网输变电优质工程金奖及中国电力优质工程奖。国网湖北电力参与建设管理的酒泉—湖南特高压直流输电工程也获此荣誉。

6月21日，国网湖北电力在宜昌召开三峡坝区岸电建设工作启动会，对三峡坝区岸电全覆盖和长江流域岸电建设作出部署。

6月25日，国网湖北电力与中国铁塔股份有限公司湖北分公司举行共享铁塔合作协议签约仪式。

7月5日，国网湖北电力召开干部任免宣布大会。

会议宣布，胡卫东任公司董事、总经理、党委副书记，邬捷龙不再担任公司董事、总经理、党委副书记职务，另有任用。

7月20日21:25，湖北电网统调用电负荷3557.9万kW，比2017年最大值增长5.11%。同日，湖北电网统调日用电量7.3393亿kWh，比2017年最大值增长1.32%。

7月27日，国网湖北电力与中国电信股份有限公司湖北分公司在汉签署业务合作框架协议。

8月20日，国网湖北电力召开安委会，部分领导班子成员作安全述职报告。

9月初，国网湖北电力启动“金领航”——科级干部（核心骨干）培训工作。

9月29日，湖北电力交易大厅正式投运。

10月上旬，从湖北省科技厅官网公告获悉，2018年度湖北省科学技术奖建议授奖完成公示，国网湖北电力作为第一完成单位，获得10项湖北省科技进步奖，其中，二等奖3项，三等奖7项。

10月22日，湖北省省委副书记、省长王晓东在神农架林区调研期间，专程到神林农商公司，参观国家电网公司“扶贫济困·国网情深”展柜，充分肯定了国家电网公司扶贫活动取得的成效。

11月6日，国网湖北电力召开安全生产电视电话会议，公司党政主要领导分别发表讲话。会议观看了“公司近期典型违章案例分析”幻灯片，听取了“11·1”500kV咸宁变电站带电合接地开关事件国网快报、情况通报和国网湖北检修公司的检讨发言，3个部门和一个二级单位分别作了专题发言。

11月21日，国网湖北电力召开优化营商环境两年行动计划工作布置会议，落实分解国家电网公司《持续优化营商环境提升供电服务水平两年行动计划》工作任务。

12月6～7日，国家电网公司纪念质量管理小组活动开展40周年大会在武汉召开。27个省（区、市）电力公司和国家电网公司有关直属单位参加成果展。国网湖北电力承办此次大会。

12月13日，国网湖北电力新能源数据服务平台建设成果被国家电网公司在其相关系统推广。该平台已完成8项功能模块的开发建设。通过该平台的可视化全景展示，可以查看2008～2018年间省、市、县、电厂四级新能源的各类数据。

12月，±800kV陕北—湖北特高压直流输电工程开工。陕北—湖北特高压直流输电工程输电规模800万kW，送端换流站位于陕西省榆林市，受端换流站位于武汉新洲区仓埠街，全长1139.1km，该工程有助于推动西北煤电输出、保障湖北电网用电需求。

（杨　倞）

【国网湖南省电力有限公司】

企业概况　国网湖南省电力有限公司（简称国网湖南电力）是国家电网公司全资公司，主营业务为湖南省电网的规划、建设、运行、检修和营销。2018年全面完成年度业绩考核目标，完成售电量1369.37亿kWh，同比增长13.52%；资产总额1009亿元，同比下降1.47%；营业总收入812.13亿元，同比增长10%；全口径劳动生产率53.18万元/人年，同比提高1.57%。电费回收率100%，连续10年实现“双结零”。

组织机构　现设职能部门23个，下辖市州供电公司14家、县供电公司104家，员工总数7.3万人（全口径）。

电网概况　截至2018年底，湖南电网发电设备装机容量4593.76万kW，比年初新增装机容量244.82万kW。其中水电装机容量1729.62万kW，占37.65%；火电装机容量2223.91万kW，占48.41%；风电装机容量347.90万kW，占7.57%；太阳能发电装机容量292.33万kW，占6.36%。拥有35kV及以上输电线路6.99万km，变电容量1.42亿kVA。

2018年，湖南电网发电量1442.83亿kWh，同比增长7.45%。统调外省净输入电量259.25亿kWh，同比增长198.16%。日最大电量5.88亿kWh，同比增长8.13%。全省社会用电量1745.24亿kWh，同比增长10.35%。分行业看，第一产业用电量15.06亿kWh，占0.86%；第二产业用电量955.94亿kWh，占54.77%；第三产业用电量315.36亿kWh，占18.07%。

人力资源　国网湖南电力落实全面从严治党要求，推进“旗帜领航·组织登高”，鲜明选人用人导向，规范干部选用程序，加强年轻干部培养，推行干部预警管理，干部队伍建设更加完善，选人用人满意度逐步提升。

牢树选人用人正确导向。盘活“60后”，激活“70后”，重点培育“80后”“90后”，调动和激发各年龄阶段干部活力。加强年轻干部培养锻炼。实施“领航·接力”工程，组织5个批次9种类型挂职挂岗培养锻炼，为157名优秀年轻干部提供锻炼机会。举办“80后”“90后”班组长培训班。新提拔处级干部平均年龄下降5岁，新提拔“80后”“90后”科级干部占比达74%。持续深化领导班子和领导人员预警管理，纳入重点工作预警39项，组织干部谈话12次，涉及科级及以上干部93人次。实施管理提升示范县公司建设。聚焦县公司干部队伍建设，发挥业绩优秀、贡献突出县公司的示范引领作用，评选示范县公司20个，以点带面持续推动县公司发展。创新开展履职尽责档案建设。形成《干部履职尽责分析报告》，对干部履职情况进行量化分析，全方位、多角度监督评价干部履职能力。

机构改革优化卓有成效。组建14家市级和79家县级供电服务指挥中心，实施网格化客户服务组织模式。推进湘潭德盛、湖南益为等第一批混合所有制配售电公司实体化运作，设立长沙湘江新区等8家园区供电服务机构。整合组建水电分公司，组建省建设公司（咨询公司），推进湘潭公司市县业务集约融合试点，完成6个县域“一县两公司”合并。通过组织机构优化，共减少科、处级机构30个，减少管理定员461人。人员配置持续优化。灵活运用内部市场，累计盘活内部存量3718人次，流向核心缺员岗位3306人次。加强劳动合同管理，落实待岗降岗制度，有效破解员工能进不能出的困局。树立“经营电网”理念，建设内部模拟市场，一体化设计内部模拟市场体系，实现全覆盖。三项基础工作全面完成。对12大专业2399项业务开展核心业务梳理，组织开展“全覆盖、全方位、多维度”的用工配置诊断分析。规范业务外包管理，将业务外包纳入全面综合计划体系。“五大薪酬体系”建设初见成效。成功试点以成果转化为激励导向的虚拟分红激励模式和市场化单位人员考核提成工资制。“三级四层”大培训体系全面建立。设立“1+6”实训基地和25个专业培训室，深化专业培训引领。农电人资管理全面加强。研究制定14个制度文件，组建14家市农服公司、103家县农服分公司，93家县级农服公司完成工资制度套改。按照属地原则定向招聘供电服务职工330人，并完成集中培训；委托长沙电力职院开展定向培养，完成200人高考录取招聘。

电网建设与发展　全年完成电网基建投资115.08亿元，累计开工主网输变电工程219项，变电容量1608.5万kVA，线路长度2290.9km；累计投产35kV及以上输变电工程164项，变电容量721.4万kVA，线路长度1101km，全面实现电网建设进度目标。投产湘潭换流站1、2号调相机，提升了祁韶直流送电能力。投产怀化牌楼500kV主变压器扩建，湘西猛洞河、郴州西水220kV输变电工程，怀邵衡铁路110kV供电工程等一批主网重点项目，解决了局部电网变电容量偏紧和“卡脖子”问题。完成2018年长沙电网建设“630攻坚”任务。竣工投产曹家坪220kV 3号主变压器扩建、110kV群显科技、日写蓝思等重要专用变压器供电工程。推进基建改革十二项配套措施落地见效。成立省建设（咨询）公司，组建14个市州公司项目管理中心，开展全过程工程咨询试点。强化安全质量责任落实，基建工程全部通过达标投产，酒湖特高压直流输电工程获国家电网公司输变电优质工程金奖、国家优质工程金质奖；常德北500kV变电站工程获国家电网公司输变电优质工程金奖、国家优质工程银质奖。

特高压交流工程推进取得突破，南阳—荆门—长沙、武汉—南昌—长沙特高压交流工程于2018年10月取得国家立项，争取雅中特高压直流50%分湘电力。筹备国家电网公司与湖南省政府的战略合作框架协议，全力争取未来三年1008亿元电网投资。出台电网规划主要技术原则，确立“强—简—强—弱—强”各级电网发展思路。初步完成500kV远景目标网架研究，定位2035年，确立“南北分片、立体多环”的网架格局。完成国家电网公司和电网“十三五”发展规划滚动修编，制定网格化规划指导原则和工作手册，推行“网格化”规划，

首批完成6个市、县试点。出台“改必改好”指导意见，按照“改必改好、一步到位”要求推进农网改造升级，农网户均配电变压器容量从“十二五”末的1.09kVA增至1.87kVA。构建政企联动共建电网新模式，推动长沙供电能力提升，最大供电能力提升13.4%。启动电网建设“三年行动计划”，优化10kV及以下配电网立项建设管理模式，投产韶山换流站1、2号调相机，祁韶直流送电能力450万kW，湖南电网外来电总规模增至560万kW。建成长沙榔梨、芙蓉、延农等储能示范一期工程。

经营管理　制定61项优化经营策略，完成主营业务和各层级经营诊断。持续降低资产负债率，划转祁韶直流资产，接收用户资产规模50亿元，压减带息负债105亿元。优化电力营商环境，取消减免各类收费约7亿元。严格落实党中央“三去一降一补”精神和清理民营企业欠款有关要求，清理收回各类历史欠款1.9亿元，清理拖欠民营企业资金8900余万元。盘活资金存量，合理安排融资，节约利息支出2.1亿元，协调金融机构，压降代收电费手续费约1500万元。获2018年度湖南省服务业50强企业第一名。

聚焦基础管理提升，开展管理创新、全面质量管理、信用体系建设等基础管理工作，2018年管理创新成果获国家级二等奖1项，电力行业级二等奖1项，国家电网公司二等奖2项、三等奖3项，省级一等奖7项、二等奖12项成果、三等奖4项，连续五年获得湖南省企业管理创新奖第一名。3个QC小组获全国优秀质量管理小组称号。获行业级优秀QC成果一等奖1项、二等奖1项、三等奖7项。获国家电网有限

公司质量管理（QC）小组成果二等奖1项、三等奖5项。42个QC小组获湖南省优秀质量管理小组称号。国网湖南永州供电公司永电联合创新工作室QC小组获国家电网公司纪念QC活动40周年优秀QC小组称号。国网湖南长沙供电公司、郴州供电公司获“全国用户满意服务明星班组”和“全国用户满意服务明星”称号。国网湖南湘潭供电公司、娄底冷水江供电公司获“全国用户满意服务企业”称号。建立信用体系建设组织体系，规范风险防范、信息报告、信用修复、联合惩戒、监督考核等工作机制，推动信用体系建设工作落实落地。

安全生产 推进本质安全实践，健全全员安全责任制，有效促进各级责任体系、保证体系、监督体系充分履责，连续五年被评为“湖南省安全生产工作先进单位”，连续八年保持“湖南省平安单位”称号。吸取系统内外事故教训，推进现场反违章、安全生产大检查和“落实主体责任年”活动，治理隐患3015项，查处违章8832起。强化电网运行控制、设备维护和风险管控，抓好迎峰度夏、防冻融冰、防雷防汛防山火等工作，应对2008年冰灾以后强度最大的雨雪冰冻挑战，经受住多轮次暴雨台风、洪涝灾害和持续高温考验。接管世界首台双水内冷大容量调相机组，完成韶山换流站首检任务，换流站保持“零强停”，四大特高压直流保持“零故障停运”，湖南电网安全稳定运行37周年。完成长沙1723个“630攻坚”配电网项目，以及全省1881个贫困村、4个国家级小康用电示范县等重点工程建设任务。完成习近平总书记视察岳阳、李克强总理视察衡阳、全国两会、湖南省首届国际进口博览会等重大供电保障任务。荣获2018年度“国家电网有限公司设备管理先进单位”称号，实现连续第9个安全生产年目标。

营销工作 市场占有率88.82%，同比提高2.1个百分点。业扩净增容量1976万kVA，增长32.72%。电能替代电量53.3亿kWh，完成年度计划的104.5%。连续十年实现电费“双结零”，实现公用变压器远程费控全覆盖，专用变压器远程费控比例93.67%；抄、核、收、账全环节实现自动化运营。整治特殊电价1.53万户，一般工商业电价降价10%等十次调价工作严格实施到位。公用变压器台区综合线损率同比下降1.08个百分点，月度台区同期线损合格率超过90%。计量管理“三大指标”公司排名并列第一，按期完成11 329户10kV专用变压器负荷管理系统建设，连续6年实现买电关口计量无差错，推动政府出台《在用电子式电能表检定规程》。启动营销三大系统建设：上线应用“两率一损”大数据模块，解决了基层工作异常查找难、分析难，现场处理不及时、不规范等问题；推广应用微信服务号，绑定客户达650万户；建设智能运营管控平台，强化对营销业务查询、统计、分析和指标管控功能支撑。推动第一批湘潭、益阳试点项目实现实质化运营；出台加强县公司改革发展30条指导意见和19项配套制度；组建14家市级农电服务公司和103家县级分公司；成立3家综合能源分公司；优化供电所布局，规范岗位工作标准与常用业务流程；收购韶能耒阳地方电网，接管35个自供区；高、低压客户办电流程分别压减至4个、3个；“三供一业”供电分离移交完成中央下达的任务。

科技与信息化 全年共获省部级及以上科技奖励22项，其中“电网大范围山火灾害带电防治关键技术”项目获国家技术发明二等奖；获中国标准创新贡献一等奖1项；获湖南省科学技术一等奖3项、二等奖2项、三等奖3项，科学技术创新团队奖1项，获奖数量与质量创历年最好成绩；获中国电力科学技术一等奖1项；获国家电网公司科学技术二等奖3项、三等奖7项。“带电巡检与智能作业技术实验室”获国家电网公司实验室命名。年度申请专利375项（发明专利265项），授权专利274项（发明专利138项）。截至2018年底，累计拥有专利1518项，其中发明专利552项。完成1项国家标准、7项行业标准、4项国家电网公司技术标准的制修订任务，发布各级标准32项。国网湖南电力株洲供电公司高分通过中电联电力企业标准化良好行为4A级企业试点验收。获得国家电网公司环境保护工作先进单位荣誉称号。

启动大数据建设“数据治理—数据共享—数据创新”三年行动计划，举办首届大数据知识大赛。建成数据高速通道，常态监测迈入自动化时代。实施营销“两率一损”大数据分析应用，获评2018年度国家电网公司信息化建设优质实施项目和信息通信新技术行动计划二等奖。“停电服务风险智能预控”和“基于多维大数据的直流偏磁预警分析与应用”两个大数据应用项目分获国家电网公司第四届青创赛金、银奖。湖南省委书记杜家毫、省长许达哲率全体省委常委考察大数据建设工作，并给予高度肯定。完成“十三五”通信网规划滚动修编，统筹通信接入网管理。启动电力无线专网建设，实现长沙、衡阳C类及以上区域无线专网全覆盖。完成省网SDH光传输系统（一期）建设，实现省级SDH传输网中南部网架优化与带宽升级。信息通信系统安全事件保持零纪录，实现“五个零”工作目标。完善专业统筹与工作协同机制，强化网络安全管理和技防体系，完成“护网2018”国家网络安全专项演习，被评为国家电网公司信息通信先进单位、国家电网公司年度网络安全红蓝队优秀单位。

优质服务 实施“八大服务工程”，“农网升级送出‘致富电’”获评全国民生示范工程；完成4043户光伏扶贫项目并网，为贫困户带来收入1.22亿元；实施电能替代，减排二氧化碳465万t、二氧化硫2.3万t；牵头成立“湖南充电联盟”，建成快充站48座，月均服务电动汽车近2万台次；实施综合能源服务项目63个，打造示范项目5个；推广“电网连万家、共享电气化”主题活动；推进业扩报装接电提质提速，居民、高压客户平均接电时间分别缩短2.3天、6.5天；初步构建现代服务体系，建成运作14家市公司、79家县公司供电服务指挥中心；推进网格化综合服务，试点运作12个城区网格服务站，借助村级（社区）服务中心便民服务大厅设置电力便民服务点，前移服务窗口，“创新网格服务”案例在国家电网公司“八大服务工程”白皮书发布。完善营销和供电服务奖惩激励机制，出台营销管理、供电服务奖惩实施意见。建立了远程复电24h服务响应机制，并满足了居民客户费控“小时级复电”要求。推广线上服务，推送服务消息2673万条，传播力指标快速跻身国家电网公司第2名；应用电子发票，低压客户线上交费率78.95%，超过国家电网公司平均水平近30个百分点。供电服务满意度保持在98%以上，荣获全国用户满意服务奖4项。

党的建设和精神文明建设 深入开展习近平新时代中国特色社会主义思想和党的十九大精神大学习，开展增强党员干部政治意识活动，实施“旗帜领航·三年登高”计划，推动党建提质54项重点举措落地。构建基层党建工作“4+4”责任体系，开展“党建+”十大工程和“联学联创”活动，推行党建工作量化计划管理，实施基层党建工作专业诊断，深化共产党员服务队建设，推进党委“六个标准化”和党支部“五个标准化”建设。印发关于加强县公司党建工作和农电党支部建设的意见，建成679个供电所党支部。获评全国电力行业思想政治工作先进单位，党建部获评湖南省思想政治工作优秀集体，5支共产党员服务队获国家电网公司表彰，4个单位获评国家电网公司企业文化示范点，17个单位保持“全国文明单位”称号。在国家电网公司“青创赛”上勇夺3金3银1铜，青年志愿服务项目获全国金奖。

坚持主题传播做大、舆情风险控小、品牌形象做靓、公司媒体做强，把握意识形态工作领导权、管理权和主动权。荣获国家电网公司宣传工作先进单位。围绕庆祝改革开放40周年、全国两会、特高压等主题开展系列重大主题传播125次，在中央三大媒体发稿573条次，同比增长20%以上。开展全国两会大型融媒体专题访谈，开展国际化直播。迎峰度夏、迎峰度冬主题宣传双获国家电网品牌贡献度A级项目。品牌传播项目“湖南农网升级送出‘致富电’”获人民日报社“2018年民生示范工程”。广播剧《壶瓶山深处的灯光》获第十八届中国广播剧专家评析单本剧一等奖。微博、微信首发推出“雪花哥”“裤衩哥”“山顶冻人”等抗冰保电典型。微博、微信先后荣获2018年度央企最具影响力新媒体二级账号、全国“最佳正能量微博”“金旗帜微博十大社会责任央企榜样”等荣誉。

全面落实意识形态工作责任，制定下发“网络意识形态问责”“互联网群组管理”等7个意识形态工作相关文件，完善舆情风险超前防控工作体系，舆情平稳。社会责任管理扎实推进，建成2家国家电网公司社会责任示范基地，在14个市州公司开展社会责任管理试点，组织实施27个责任根植项目，5个根植项目获评国家电网公司示范项目。规范实施33个捐赠项目，784.58万元资金。加强公益品牌建设，“爸爸妈妈团”获湖南十佳企业优秀公益项目。

落实国家电网公司依法引导、服务职工、凝心聚力、岗位成长的工作要求，结合实际确定“依法、服务、创新”的工会工作思路，持续深化“民主、卓越、文化、爱心”家园建设，打造新时代公司美好家园。先后获评国家电网公司工会工作先进单位、省劳动竞赛先进单位、国家电网公司首届“双越之星”竞赛金奖等荣誉；获全国模范职工之家6个、全国模范职工小家6个、全国示范劳模工匠创新工作室2个、全国“五一”巾帼标兵岗1个、湖南省“五一劳动奖章”10个；11项成果获评全国电力职工技术创新一、二、三等奖。制定实施“十三五”职工文体设施建设规划，启动12座职工全民健身多功能文体场馆建设，目前已投运1座，2019年竣工5项、开工1项、可研4项，力争2020年实现14个市州公司全覆盖。加快智慧工会建设进度，“指尖上的职工之家”的界面、功能与内容不断完善，实时展示劳模先进、创新成果、职工文化等内容，在线发放生日祝福、电影票等工会福利，点对点推送国家电网公司“两会”相关信息，系统已在5家单位试点运行。

（叶伏虎 李洪光）

【国网河南省电力公司】

企业概况 国网河南省电力公司（简称国网河南电力）是国家电网公司的全资子公司，国有特大型企业，肩负着为河南省经济社会发展提供可靠电力保障的重要任务。截至2018年底，国网河南电力共有直属单位33家，县级供电企业110家；全口径用工总量14.18万人。当年完成售电量2708.56亿kWh，先后荣获全国“五一”劳动奖章、全国模范劳动关系和谐企业、国家电网公司文明单位和河南省文明单位等荣誉称号。

组织机构 截至2018年底，国网河南电力管理单位合计143家，其中直属单位15家、地市供电公司18家、县供电公司110家。国网河南电力本部设置20个职能部室和工会、企协分会。

重大电网项目建设成效显著 坚持发展第一要务，优化投资管控机制，完成年度电网建设任务。世界电压等级最高、输电容量最大的昌吉—古泉直流工程按期建成，实现双极带电，河南段获得国家电网公司示范业主项目部称号。世界首条特高压清洁能源外送通道青海—河南直流工程开工建设，配套驻马店—南阳特高压交流工程在华中“日”字型环网中率先取得省内核准，河南特高压电网建设进入新阶段。建成投产110kV及以上工程149项，推动省网500kV“鼎”字型网架加快建成，成功经受夏冬季负荷双创新高考验，全省110kV电网容载比提升至1.81、达到导则要求。完成投资57亿元的“煤改电”配套工程建设，惠及居民117万户，有力助推能源转型。按期投运35kV及以上脱贫工程164项，城市、农村10kV户均配电变压器容量分别达3.28、2.18kVA，是“十二五”末的1.4、2.1倍，供电能力和可靠性不断提升。

电力改革 坚持以中发9号文件为根本遵循，积极稳妥推动电力改革。有效竞争的电力市场基本形成，推动出台电力市场交易规则，加快多元化市场主体培育，目前已准入市场主体近万家。电力直接交易规模持续增长，连续三年实现翻番，2018年达到1093亿kWh，在全国各省居第4位。交易中心股份制改造积极推进。增量配电改革试点稳步实施，参与南阳、濮阳等2个试点项目，推动参与组建的配售电企业（南阳中关村科技产业园增量配电试点配售电公司）注册成立。

内部改革 理顺农电管理体制，在完成106家县公司划转基础上，推进淅川县公司划转。持续推进集体企业瘦身健体改革发展，压减集体企业107户。规范授权管理，优化各层级职责界面，制定7类88项授权清单，有效提升市县公司经营灵活性。推动“放管服”改革，完善投资管控机制，优化调整110kV及以下项目安排、可研初设评审等管理职能，逐级严格审查综合计划项目。深化“三项制度”改革，试点实施全员公开竞聘上岗及班组长、供电所长岗位聘任制，持续完善全员绩效考核体系，创新开展主营业务绩效考核、生产一线班组量化考核，发挥绩效激励作用。

安全生产 贯彻国家电网公司安全生产工作部署，夯实本质安全基础，狠抓责任落实，严格落实生产、基建、营销、集体、信息等领域管控措施，安全局面保持稳定，没有发生上级考核的安全事件。18个地市公司连续安全生产均超过4700天，获国家电网公司2018年度安全工作先进单位。

印发安全生产领域改革发展意见实施细则和安全生产工作意见，按期完成19个方面124项重点工作。厘清各级安全职责界面，编制全员安全责任清单，制定安全生产例会管理规范、各级人员生产现场到岗到位实施方案、班组长安全生产责任管理细则、消防安全责任制实施细则、安全事件报告和调查处理工作规范等规章制度。完成安全监督机构调整和各级安全总监配备，235名安全总监到位履责。

开展春秋季安全大检查、工程开复工安全督查、煤改电工程安全监督、“六查六防”等专项行动。健全反违章常态机制，划定15条严重违章行为，加大现场督查和处罚力度，每月对督导检查情况进行通报，全年累计督查现场3.56万个，下发整改通知书3357份，待岗处理83人。逐级开展安全生产对话谈心，举办安全技能竞赛，开展“三种人”、班组长等关键岗位人员紧急救护、逃生避险专题培训，累计参培9.64万人。开发现场作业人员信息管理系统，严把作业人员进入关。开展防范误操作技术专题研究，智能五防在线管理系统在许昌公司220kV长乐变电站成功运行。研制保护控制屏柜智能系统，实现运行屏柜与检修屏柜的隔离。

提升大电网安全运行管控能力，成功应对夏冬季负荷双创新高考验，3家地市公司实现全年220kV线路“零跳闸”。坚持“先降后控”原则，完成主网综合停电计划861项，应对五级电网风险212项。全力服务大气污染防治和清洁能源发展，通过现货交易吸收弃风弃光电量16.5亿kWh，占国家电网公司系统总量的25%，居国家电网公司首位。不断强化二次系统管理，第一批通过了国家电网公司省地县一体化整定计算实用化验收，220kV茶棚变电站实现华中地区首座220kV全类型就地化保护挂网运行。加强电力监控系统网络安全防护，实现省地县三级调控机构网络安全管理平台全覆盖。开展“清朗、有序、安全”网络空间创建活动，对19个调度主站、2600余座变电站、460多个并网电厂进行全面核查整改。

制定突发事件应急处置操作手册，修订印发《突发事件总体应急预案》和《大面积停电事件应急预案》等20个专项方案。组织107家县供电公司评估应急能力建设情况，全年开展演练745场，参与18 236人。建立电力气象应急协作机制，与省气象局签署共同推进电力气象高质量发展合作协议。严肃应急值班纪律，及时发布预警，成功应对“温比亚”台风、商丘等地区强对流暴雨灾害，快速恢复供电，受到各级政府、社会各界的高度评价。

开展交叉跨越、设备重过载、防汛等隐患排查治理，加强带电检测和特巡特护，电网设备成功经受6364万kW省网历史最高负荷考验。加强重要输电通道风险评估，加快推进特高压线路通道可视化建设，组织特高压线路重要跨越改造，做好新建特高压线路生产准备。稳步推进变电检修集约化，贯彻属地化管理要求，完成中州换流站运维业务属地化工作，生产业务平稳交接，是首家与国网运行分公司签署运维业务移交协议的网省公司。持续推进配电线路跳闸治理和配电变压器台区综合治理，配电线路故障率149次/百条，同比降低35.65%。

网络和信息系统安全运行稳定，未发生八级以上信息安全事件。建成省地"1+18"家调控机构网络安全管理平台，完成431座变电站、131座统调电厂网络安全监测装置部署。建成省级网络安全分析室和信息系统远程运维专区。作为河南省唯一央企代表参加"2018年河南省网络安全宣传周"成果展，相关成绩得到省委领导的充分肯定。荣获工业和信息化部"护网杯"2018年网络安全防护赛暨首届工业互联网安全大赛二等奖。荣获2018中央企业网络安全技术大赛、2018年中央企业网络安全大赛团体赛第一名。"人工智能电网信息安全防控体系的构建与实施"项目荣获2018年电力企业信息安全管理创新成果评选一等奖。

科技与信息化 启动实施"1110"双创重点工作，在国家电网公司系统率先建立涵盖储备、立项、验收、奖励、推广等全过程的群众创新工作体系。加强正向激励，将群众创新成果纳入奖励范畴，制定以实际效益为核心的成果推广奖评价标准。河南省电力线路舞动防治技术重点实验室顺利通过验收，河南省能源大数据分析与应用工程研究中心获得命名，省部级实验室总数达到8个。11个总部科技项目获批立项，在省级电力公司中位居前列。获批建设国家电网公司技术标准创新基地，组织洛阳公司申报电力行业标准化良好行为企业，并通过现场检查，获4A最高等级认定。牵头或主要承担的1项国际标准、6项国家标准、3项行业标准正式发布，标准创造能力稳步提升。

牵头完成"交直流电力系统联锁故障主动防御关键技术与应用"项目，获国家科技进步二等奖。全年获省部级科技奖励21项，首次有地市公司获中国专利优秀奖。制作10集群众创新专题片，通过周例会广泛宣传，员工创新热情持续提升。

两化融合管理体系建设顺利通过中电联专家组年度监督审核。在国家电网公司首家实现移动办公覆盖省市两级应用，大幅提升办公效率。初步建成全业务统一数据中心分析域。GIS2.0试点项目被评选为国家电网公司信息化建设实施优质项目。

通信光缆总长7.5万km，通信设备2.8万台套，全年未发生七级及以上通信设备事件。投运云视讯自助视频会议系统，为国家电网公司系统中首家实现省市需求业务部门、供电所和驻站班组高清视频会议全覆盖的单位。完成郑州市"二七商圈"全省首个电力无线专网试点建设。

2018年，共获得国家级管理创新成果2项，电力行业成果2项，国家电网公司成果6项，河南省成果12项。按照"注重现场、注重实用、注重实效"的原则，遴选12项成果，转化成职工技能培训教材，列入专业岗位培训计划。开展QC活动后评估，覆盖18个市、2个县、4个直属单位的100项成果，推动各项成果在实际生产服务中均得到了持续应用，其中61项被推广，产生专利79项、经济效益1.1亿元，523名员工在职称、技能、岗位等方面得到不同程度的晋级或晋升。3人分别获国家电网公司、行业、全国QC活动40周年先进个人，2个小组分别被授予国家电网有限公司、全国"质量管理小组活动40周年标杆QC小组"。编著出版了国内首部QC科普类漫画读本《嘻嘻哈哈学QC》，完成了《国家电网有限公司QC小组活动40周年纪念册》编撰任务，获得广大读者认可和国家电网有限公司领导表扬。培育选拔的93项优秀QC成果获省部级及以上荣誉，其中"国优"10项、电力行业和国家电网公司级各8项；1个小组作为6支国家电网公司入选参赛队之一，获首届中央企业QC小组成果发表赛一等奖；省检修公司1个小组作为国家电网公司系统唯一代表队，参加第43届国际质量管理小组大赛并摘得"金奖"。

党建工作 学习贯彻习近平新时代中国特色社会主义思想和党的十九大精神，国网河南电力党委中心组发挥学习示范作用，开展集中学习研讨11次，举办3批400余人次处级干部、6批780余人次县公司领导人员集中轮训，强化科学理论武装。结合焦裕禄、红旗渠等红色教育资源，组织集中宣讲1200余场、主题党日活动7100余次、专题培训780余期。

制定全面从严治党"两个责任"清单，落实向上级党组织报告年度党建工作制度，推动党建绩效考核向基层党支部延伸，开展党组织书记抓党建述职评议考核，逐级压实党建工作责任。落实"旗帜领航·三年登高"计划对标管理年各项任务，推进基层党组织标准化建设，印发基层党委、党支部标准化建设"一本通"，制定换届选举、发展党员、组织生活会三个实操手册，分类实施量化计划管理。深化省市县公司党支部"三级联创"活动，推动党建工作与业务工作双促进；强化党建协作区功能，协同开展课题研究，交叉互查党建工作。24个基层党委、748个基层党支部全部按期完成换届，519个新建党支部全面实现规范运行。组织270余名党务人员岗位测试、1400余名支部书记集中轮训、3.5万余名党员干部网络答题。288支共产党员服务队活跃在重大保电、抗灾抢险、惠民服务等工作第一线，其中5支队伍分获国家电网金牌和优秀共产党员服务队称号。

深入贯彻新时代党的组织路线，落实国家电网公司组织工作“旗帜领航·组织登高”工程方案，从5个方面制定23项重点任务和57项工作要点，扎实推进“5+5”组织体系建设。严格落实《中共中央关于党的基层组织任期的意见》和《中共中央组织部关于建立健全基层党组织按期换届提醒督促机制的通知》，指导24家基层党组织按期完成换届选举工作，组建成立离退休工作部党委。严肃党内政治生活，完成2018年度领导班子民主生活会、3252个基层党支部组织生活会和5.5万多名党员民主评议全覆盖工作。成立12个督导组，对38家基层单位2017年度民主生活会进行全覆盖督导。

构建精益监督体系，层层压实管党治党责任，纵深推进党风廉政建设和反腐败工作。组织所属单位党委、纪委书面报告“两个责任”落实情况。对18家单位46名领导干部进行党风廉政建设约谈，实现了本部部门及所属二级单位约谈全覆盖。持续开展纪委书记巡回廉政讲堂活动595场，2.5万余名干部员工受到教育；将《廉洁教育口袋书》纳入“三会一课”和主题党日必学内容，用身边事教育身边人；编印《清风润豫电》各级纪委书记廉政讲堂讲义，完善网上廉政教育基地。探索利用网上廉政教育基地平台开展党规党纪知识测试，增强党员干部拒腐防变意识。

制订巡察工作五年规划，结合被巡察单位规模强化分类指导，探索实施“一托二”巡察，全年完成三批巡察任务，实现了市县供电公司巡察全覆盖。聚焦主责主业，准确履行“监督的再监督”职能，依托协作组工作平台，充分发挥省市县一体化监督合力，不断提升监督综合成效。围绕打赢脱贫攻坚战开展专项治理，针对发现的问题，督促相关单位立行立改。围绕优化营商环境，实施“基层供电所廉洁风险管控”“电力市场经营管理廉洁风险管控”协同监督项目，补齐监督短板防范化解风险。严肃执纪问责，综合运用监督执纪“四种形态”，强化以案促改，使抓早抓小、动辄则咎成为常态，持续营造良好政治生态。2018年度党风廉政建设工作被国家电网公司评为“优秀”。

工会工作 深入开展企业文化重点项目和示范点建设，评选表彰优秀重点项目18项、建成省级示范点20个，市级示范点完成覆盖基层班组站所10%目标，5个重点项目、3个示范点获国家电网公司命名表彰。开展向“时代楷模”“改革先锋”张黎明等先进典型学习活动，深化文明单位创建，新获（保持）全国文明单位11家，省级及以上文明单位覆盖率超过90%。推选375名党内外人士，担任县级及以上人大代表和政协委员，积极建言献策，为公司和电网发展争取支持、营造环境。深入开展“青年大学习”行动，举办第四届青年创新创意大赛，开展“奋斗的青春最美丽”榜样分享，5个集体和个人获全国青年“号手岗队”荣誉。

召开5次职工代表团长联席会议，审议通过了5项需履行职代会民主程序的事项。建设班务公开规范化试点124个，形成了主题、制度、内容、形式“四规范”的班务公开工作局面，基层单位和县公司累计公开事项7000余项。认真落实国家电网公司党组《新时期产业工人队伍建设改革方案》实施意见，制订工作方案，全面完成2018年164项措施任务。大力弘扬劳模工匠精神，着力选树“实干型、创新型”劳模先进，26人、18个集体受省部级以上表彰，5人入选“中原大工匠”。

深入实施班组建设三年行动方案，落实6个方面36项工作措施。深化市县公司班组结对共促，新结成1000个班组互帮对子。全年创建国家电网公司先进班组和一流班组107个，完成年度计划的119%；创建公司一流班组50个、先进班组550个，13个班组荣获全国、河南省工人先锋号。深入开展“安康杯”竞赛，4500个班组、8万余名职工参赛，46家单位获全国“安康杯”竞赛优胜单位，21个单位获省优胜单位。认真落实省电力工会帮扶救助及慰问实施细则，规范开展慰问救助工作。

职工文化建设蓬勃开展，以6个职工文化工作室和职工文化交流基地为载体，积极开展文艺文学作品创作，举办沙龙、讲座、交流活动100余次，创作作品获全国总工会“书香三八·嘉年华”女职工读书活动展演表演类一等奖。6个职工书屋荣获国家电网公司优秀职工书屋示范点，8个职工书屋荣获全国工会职工书屋示范点。充分发挥职工文体俱乐部、文体协会的作用，积极开展足球、健步走、羽毛球、棋类等各类职工文体健身活动，不断丰富拓展职工文化建设内涵与形式。

主要事件

1月10日，河南省副省长张维宁到国网河南电力调研。

1月23日，获国家电网公司新一轮农网改造升级“两年攻坚战”工作先进单位称号。

1月26日，国网河南电力召开第七届职工代表大会第四次会议暨2018年工作会议。

1月27～28日，国网河南电力召开2018年安全生产工作会议。会议传达了国家电网公司 2018 年安全生产工作会议精神，强调做好安全工作的极端重要性，部署了 2018 年安全工作的重点任务。

2 月 2 日，国网河南电力获“国家电网公司纪检监察工作先进单位”称号。

2 月 8 日，国网河南电力召开 2018 年党风廉政建设和反腐败工作会议。会议传达了国家电网公司 2018 年党风廉政建设和反腐败工作会议精神，要求坚持党要管党、全面从严治党，纵深推进党风廉政建设和反腐败工作，为加快推进本质提升、实现高质量发展提供坚强保证。

2 月 14 日，河南省委书记、省人大常委会主任谢伏瞻到郑州供电公司慰问供电员工。

4 月 9 日，国网河南电力被评为河南省第一书记选派工作先进单位。

4 月 26 日，国网河南电力召开 2018 年第二季度工作会议。

5 月 3 日，国网河南电力被评为河南省脱贫攻坚工作先进单位。

6 月 20 日，国家电网公司副总经理刘国跃到国网河南电力调研。

6 月 25 日，周口西（迟营）500kV 变电站工程获评中国电力建设企业协会发布的 2018 年度中国电力优质工程奖。

6 月 28 日，国家电网公司总经理、党组副书记寇伟到国网河南电力检查迎峰度夏安全生产工作，并开展调研。

7 月 12 日，国网河南电力与省气象局签署共同推进电力气象高质量发展合作协议。

7 月 17 日，国家能源局河南省监管办公室副专员沈军一行到国网河南电力督导调研迎峰度夏和安全生产工作。

8 月 2 日，国网河南电力与郑州航空港经济综合实验区举行工作会谈，双方共同为港区公司揭牌。

8 月 20 日，河南省发展改革委主任何雄、副主任、省能源局局长高义到国网河南电力调研电力发展工作。

8 月 29 日，国家能源局安全司司长童光毅到国网河南电力调研电网建设工程安全管理情况。

9 月 10 日，国网河南电力与中国铁塔股份有限公司河南省分公司签订战略合作框架协议。

10 月 15 日，国家能源局安全司副司长张扬民一行到国网河南电力调研电力安全生产有关工作。

12 月 3 日，中国电力企业联合会授予国网河南电力项目 2018 年中国电力创新管理类一等奖。

12 月 6 日，国网河南电力 6 项工程被评为“国家电网公司 2018 年度配电网百佳工程”。

12 月 15 日，国家生态环境部副部长赵英民到国网河南电力调研重污染天气用电量和绿色调度工作。

12 月 25 日，国网河南电力 30 个配电网工程业主项目部被评为“三部两代”星级项目部。

12 月 25 日，国网河南电力获“河南省劳模助推脱贫攻坚十面红旗单位”称号。

（申雁冰）

【国网江西省电力有限公司】

企业概况 国网江西省电力有限公司（简称国网江西电力）是国网河南电力公司的全资子公司，负责江西电网的建设、管理和运营。

2018 年，完成固定资产投资 110.77 亿元，110kV 及以上线路开工 2357km，投产 1479km，变电容量开工 657 万 kVA，投产 933 万 kVA；售电量 1163.33 亿 kWh，同比增长 11.34%；综合线损率 6.91%，下降 0.01 个百分点；概念收益 222.76 亿元，同比增长 7.26%；主营业务收入 688.13 亿元，同比增长 11.81%；资产总额 714.07 亿元，增加 30.75 亿元；资产负债率 70.08%，下降 2.52 个百分点；全员劳动生产率 50.11 万元/人年，同比增长 2.72%；人才当量密度 1.1588，同比提升 0.34%。

组织机构 本部设有 23 个部门，所属单位 122 家，其中市级供电公司 12 家、直属单位 13 家、县级供电公司 97 家。用工总量 56 899 人，同比减少 1005 人。

电网概况 江西一次能源缺乏，电源以火电为主，水电资源开发潜力有限，近年新能源发展迅猛。截至 2018 年底，江西电网统调装机总容量为 25 431.2MW，其中火电装机容量为 18 940MW，占总装机容量的 74.48%；水电装机容量为 3017.7MW，占总装机容量的 11.87%；新能源发电装机容量为 3473.5MW，占总装机容量的 13.66%。

江西电网以南昌为中心，北起九江，南接赣州，东至上饶，西抵萍乡。±800kV 宾金线（特高压直流输电线路）过境江西。全网 500kV 变电站 22 座，变电容量 2875 万 kVA，输电线路 63 条，长度 4899km；220kV 公用变电站 159 座，变电容量 4545 万 kVA，输电线路 518 条，线路长度 12 924km；110kV 公用变电站 534 座，变电容量 3837 万 kVA，输电线路 1118 条，长度 16 345km。目前，江西省内 500kV 电网已形成“两纵四横五环网”主干网架，并通过 3 回 500kV 线路与华中电网联网，所有县域电网实现 110kV“双电源”供电。

人力资源 坚持以提升人力资本效率效益为中心，以增强企业和员工内生动力为目标，以深化“三项制度”改革为主线，实施省、市、县公司人力资源一体化管理，进一步授权地市公司管理县公司，打通市县公司员工职业发展通道等机制建设方面取得了历史性突破。

优化机构人员配置。实行运检部、专业室相对独立运作，强化专业管理职能，提升专业室现场安全管控水平。强化施工安全管理，建设分公司与经研院独立运作，实行地市公司项目管理中心对电网项目全过程管控。实体化运作地市公司供电服务指挥中心，成立综合能源公司，完善现代服务体系。推进九江公司市县业务集约融合试点工作，强化前端服务和现场作业管控。成立公司巡察办、巡察组及安全巡查组，构建上下联动的巡视巡察（查）工作机制。加强内部人力资源配置，调整优化毕业生招聘录用策略，2018年实现内部人力资源市场优化配置2231人次，录用新进毕业生576人。

健全激励约束机制。建立省、市、县公司人力资源一体化管理机制，打破市县公司“身份”壁垒。健全以安全为基础，效率效益和社会责任为导向的企业负责人业绩考核指标体系及工资总额分配体系，加大与安全生产、经营管理、供电服务、风险管理的挂钩力度。完善生产一线班组薪酬激励指导意见，提高安全员、技术员岗级和一线关键岗位绩效基数，增设生产一线津贴。修订职员职级管理办法，推进技能、服务类岗位职员职级建设，核定技能、服务类职员职数2208人，拓宽一线员工职业发展通道。实施新员工“三年人文关怀”计划，建立职业技能和成长指导“双导师”带徒机制和到施工安装现场培养机制，精准助力新员工岗位成长。提高补充医疗保险统筹层级，将县公司纳入省公司级统一管理。

推进“三项制度”改革。出台“三项制度”改革实施意见和督导方案，明确20项重点任务举措。开展班组长公开竞聘、班组长与班员“双选”、班组绩效工资“承包制”，执行待降岗制度，建立集中待岗培训机制。“三项制度”改革工作得到国家电网公司董事长寇伟署名文章点名肯定，《江西以“组合拳”推进改革》在《国家电网》杂志专题报道，班组长聘任制试点工作入选国家电网公司典型案例。

电网建设与发展　推进特高压项目前期工作。特高压入赣取得突破性进展，“一交一直”特高压工程纳入国家输变电重点工程，雅中—江西特高压直流工程取得核准支持性文件。

开展电网规划研究。争取“十三五”配电网规划投资364亿元，后两年调增49亿元。承担国家电网公司1项专项规划、2项专题研究，累计完成13项国家电网企标和2项团标编写，2018年发布6项。完成A、B类城市配电网“网格化”规划。完成全省村级电网规划，涉及乡镇1405个，行政村1.7万个，自然村15.2万个。参与政府能源主管部门组织的江西省2018—2023年电网规划编制工作，争取电网规划纳入政府规划。

狠抓基建改革配套措施落地。吸取事故教训，以基建改革为契机，充实项目管理力量和关键人员，省市两级基建机构及职责全部调整到位，业主项目部现场履职能力大幅提升，实现每个项目“有人盯”“盯到位”。督促施工企业加强线路组塔、架线作业层班组骨干人员配置，统一审查发布55家核心分包队伍和1708名核心分包人员。开展投标人承载力分析评估，补充完善关键人员数据库，建立基建施工装备补充常态机制，持续优化施工监理企业薪酬激励政策。通过国家电网公司基建改革配套措施验收，“两项机制、若干制度”变革获高度评价。

多措并举确保施工安全管控。严格执行风险管控机制，累计发布四级风险预警信息43条，保证了3000余项三级及以上风险作业的施工安全。依托省经研院组建基建安全稽查组，累计开展204次现场检查，覆盖全省178个在建工程，发现问题1800余条，下发204份整改通知单，签发5份停工令，处罚4家分包队伍，清退12名不合格人员，对4家施工、监理单位给予停标处罚，约谈相关企业负责人9次，起到监督履责、消除隐患的效果。举办安全管理关键人员等各类培训班10次，1200余人次参培。建立施工安全风险监管值班机制，安排专人对在建工程进行定时抽查监督。

工程建设任务全面完成。组织修订属地管理办法，试点开展“先签后建”。借助省重点办工程建设协调平台，加快协调跨越铁路、高速等手续办理。应对反复多次停工和密集安全检查给工程进度带来的不利影响，确保电铁配套、新能源送出、小康用电示范县等重点项目有序推进。开展超期工程治理工作，对存量工程建立督办机制，定期现场协调督导推进。建立在建工程进度预警机制，对超出节点计划阈值的工程进行预警、督促。

经营管理　倡导“大经营”理念，出台“两项机制、若干制度”，激发企业内在活力和动力。研究制定国网江西电力经营管理策略，推进多维精益和新型资金管理体系建设。开拓用电市场，业扩净增容1842万kVA，同比增长21%。组建综合能源公司，全年业务收入1.47亿元。强化“量价费损”及营销稽查监控分析，挽回损失6220万元。实施反窃电专项行动，台区线损率下降0.92个百分点，减少电量损失3.21亿kWh。接收客户电力资产15.2亿元。清理长期挂账在建工程余额17.59亿元，降幅达96.81%。在投保资产增加93亿元的情况下，实现保费不增长、赔付率提高25个百分点。开展触电案件压降专项整治行动，案件数量同比下降59.5%。严格物资质量管控，处罚不良行为供应商 143 家。加大房产确权力度，完成 375 宗土地、703 处房屋确权。强化审计监督，完善“上审下”工作机制，实现增收节支 3.69 亿元。

持续优化成本结构，协同业务部门出台业务规范，完善公司标准成本体系。细化“两供一业”、培训、医疗机构等成本管控目标，压降相关成本 1.56 亿元。统筹内外部信用资源，降低资金使用成本，节约财务费用 0.66 亿元。深化资金安全管控，推动资金支付融合，实行全面风险联防联控，共同构筑业务审核、会计审核、支付审核三道防线，有效强化资金本质安全。

持续开展法律风险防范，全年共下发法律风险提示书 263 份。全面开展重大决策合法性审核，全年共出具法律审核意见书 94 份。进一步加强合同规范管理，全年共签署经济合同 34 315 份，法律审核率 100%。加强制度建设，全年共新建制度 101 项，修订 34 项，废止 48 项，制度法律审核把关率 100%。

加快推进集体企业瘦身健体，累计瘦身 86 户，比总部计划多 27 户；全年完成营业总收入 110 亿元，利润 5.7 亿元；全面推进平台企业实体化运营，完善“三会一层”法人治理结构及议事规则，落实平台企业管理职能；完成 2018 年关联交易、车辆、资金管理综合检查。

安全生产 吸取“5·20”事故教训，开展大反思大讨论，剖析安全生产管理深层次问题，出台运维检修强基固本保安全“十项”重点举措等一系列措施，采取强有力的现场管控手段，防范作业现场人身伤害风险，稳定安全生产局面。出台各项安全生产制度，组成较为完善的过程和结果并重的安全管理体系，为夯实安全生产基础提供了制度保障，安全生产综合治理效果初显。

压紧压实各级安全职责。成立安全巡查组，聚焦各单位领导班子安全履职情况，督促各单位领导层认真履行安全生产职责。出台《国网江西省电力有限公司加强班组长及现场工作负责人安全责任管理规定》及《国网江西省电力有限公司安全生产管理经济考核评价办法》等安全管理考核办法，严格落实“失职追责”的安全管理要求。进一步明确安委会及专委会职责，成立 9 个安全专业委员会，各专业分别制定本专业安全重点举措，推进各领域安全机制改革措施落地，压实各专业领域安全管理责任。

全面加强现场安全管控。印发《工作票“三种人”管理办法》，完成“三种人”资质重新认定工作。修订《电气两票管理规定》，进一步规范现场安全措施执行。持续创新管理手段，深化工程施工全过程管控系统应用，推进现场作业视频监控系统建设，实现各类作业计划与现场环节作业管控全覆盖。常态化开展“四不两直”安全稽查，各专业加大现场安全稽查力度，形成反违章高压态势。对稽查中发现违章人员和单位进行严肃考核，2018 年责任追究员工 2132 人（待岗处理 34 人），7 家单位（集体企业 3 家）被列入黑名单，67 家单位被批次停标。11 家配电网施工单位因承载力不足，主动申请弃标 24 项中标工程。

保障电网安全稳定运行。保障特高压宾金线安全运行，夯实宾金线三级护线网络，强化通道属地化管理；推进立体巡检模式，加强直升机、无人机、人工协同巡检业务模式，深化无人机智能巡检技术应用；推进“三跨”治理，制订隐患治理方案，部门联动、内外协同，消除 1098 处“三跨”隐患，设备健康水平持续提升。做好特高压生产准备；推进防电气火灾、防烧柜、防误操作隐患治理，改善变电站设备运行环境，提升文明生产水平，确保设备安全可靠运行。强化配电自动化设备入网质量管控，实现 12 家地市公司配电自动化系统上线运行。优化生产技改大修管理，建立分级机制、优化业务流程，做实运检业主项目部；强化电网实物资产管理，推进存量设备实物 ID 建设；推进退役设备再利用。强化电网运行风险管控，完成江西电网 2018 年迎峰度夏反事故演习、省调主备调实战切换演练。落实迎峰度夏（冬）、全国两会、世界 VR 产业大会等特殊时期保电方案，经受度冬期间 2230 万 kW 统调用电负荷考验，应对雨雪冰冻、强对流、超级台风“玛莉亚”以及入冬以来两轮雨雪寒潮等恶劣天气，第一时间恢复因灾停电用户供电。贯彻《网络安全法》，强化各级网络安全管理责任落实，签订网络安全责任书。完善电力监控系统网络安全监测体系，建成省调、地调共 13 套网络安全管理平台。

2018 年发生人身事故 1 起、死亡 2 人，未发生电网事故、设备事故和六级以上信息系统事件。500kV 主变压器实现“零跳闸”，35kV 及以上主变压器跳闸率同比下降 13%，10kV 及以下配电线路故障停运率同比下降 17%。

营销工作 全年完成售电量 1163.31 亿 kWh，同比增长 11.34%；智能交费客户数 1802 万户，占比 91.05%，年末客户预存电费余额 24 亿元。“电 e 宝”企业电费代收全年收费金额 94.6 亿元。全年查处 4061 起违约窃电行为，追补电量 1212.87 万 kWh，追补电费 855.38 万元，追缴违约电费 1758.11 万元。台区线损率同比下降 0.92 个百分点，减少损失电量 3.21 亿 kWh；台区线损合格率 93.22%，比年初提升 17.54 个百分点。累计建成乘用车城市快充站 11 座、高速快充站 97 座，实现沪昆、福银、大广、济广、杭瑞、宁上等省内国家级骨干高速公路服务区电动汽车快充站全覆盖，基本满足电动汽车“城际出行无忧”。

供电所基础建设有序推进。实施改善乡镇供电所生产营业条件两年攻坚，解决基层实际困难。解决233个供电所无车问题，落实70个供电所危房无房项目计划。制定《城乡供电所综合管理工作评价办法》，开展全省供电所基础信息摸底，构建基础信息数据池，减少供电所信息报送工作量，为供电所减负。

智能电能表数据应用不断深化。累计推广应用智能电能表2020万只，在运采集终端32万只，采集成功率高达99%以上。开展专用、公用变压器48点实时电流电压数据采集，完善终端停上电研判，推广面向对象通信协议（OOP）和高速电力线载波技术（HPLC），户表停复电事件主动上送并缩减至3min以内，准确率95%以上，支撑配电网分析及主动抢修。国网南昌供电公司试点扫码共享用电，应用场景涵盖农业排灌、电动车充电、公租房等，国网鹰潭供电公司开展多表合一数据关联分析应用，通过建立诊断模型开展串户、窃电等关联分析应用。

科技与信息化 2018年，国网江西电力共计获得20项省部级科技奖励，其中，3项科技成果获得江西省科学技术进步奖一等奖。

精益化管理取得实效。转变管理科技费用管理模式，首次发布科技项目申报指南，科技储备项目质量大幅提升。

安全运行保障坚强有力。完成全国两会等重大活动信息通信保障工作以及国家网络安全专项演习任务。落实网络安全责任，组织签订网络安全责任书与网络安全承诺书。完成22套信息系统等级保护测评工作。

新技术应用水平稳步提升。印发信息通信新技术创新发展三年行动计划实施方案，完成基于移动互联的配电网工程管控技术研究等17项行动计划项目建设。

重点建设项目有序推进。完成全业务统一数据中心、一体化“国网云”平台、电网资产统一身份编码等重要信息系统建设工作。完成全省行政会议电视系统高清化改造，启动省干东北部光传输网改造，实施35kV变电站通光工程。

优质服务 电力营商环境不断优化。落实优化营商环境和省委省政府“降成本、优环境”工作要求，省市县公司相继出台实施优化营商环境、服务地方全面小康建设相关措施，得到各级党委政府和社会各界高度肯定。配合完成国务院营商环境大督查，用电报装营商环境指标在全国排名11位。落实降低一般工商业、大工业电价等政策，全年减少各类客户用电成本60.65亿元。实施报装接电专项治理，低压、10kV高压客户平均接电时长分别压减至3.18个、47.21个工作日，同比缩短1.26个、4.54个工作日。

现代服务体系建设稳步推进。国网南昌、九江等供电公司探索建设以客户为中心的现代服务体系，国网南昌供电公司被国家电网公司评为十家供电服务指挥中心“建设标杆单位”之一，国网九江供电公司“供电企业基于‘强前端+大后台’的现代服务体系建设”获第二十五届全国企业管理现代创新成果二等奖。市级供电服务指挥中心实体化运营，启动地市公司供电服务指挥中心2年深化运营工作，国网南昌、九江供电公司通过国家电网公司年度现场评估，国网南昌供电公司被评为国家电网公司“建设标杆单位”。6家地市公司试点分片区营配合一综合服务。加快配电自动化建设，配电自动化覆盖率提升至85%，12个地市主站全面进入实用化考核期。

电力扶贫成效明显。出具32个集中式光伏扶贫电站电力消纳保障意见函，确保光伏扶贫可靠接入、全额消纳。完成光伏扶贫接网工程审计整改。开展江西省新能源消纳预警研究，为省能源局新能源规划提供技术支撑，召开风电企业接网工作座谈会，协调本体与送出工程同步建成。启动服务脱贫攻坚十大行动计划，加大农村电网改造升级工程投资。建立光伏扶贫项目接网工程绿色通道，光伏扶贫电站并网211.4万kW，实现“同步接网、全额消纳、及时结算”。选派驻村第一书记74人，累计帮扶146个贫困村，4207户贫困户脱贫，脱贫比例84%，荣获全省定点帮扶贫困村先进单位。多点发力帮扶上饶县前汪村脱贫摘帽，成为全县建设秀美乡村示范村。进贤县供电公司李俊敏的扶贫先进事迹得到江西省委省政府和公司领导的高度肯定，并追授“2018年度全省脱贫攻坚贡献奖”和国家电网公司劳动模范。

党的建设和精神文明建设 开展习近平新时代中国特色社会主义思想大学习，推进“两学一做”学习教育常态化制度化。实施“旗帜领航·井冈先锋”工程，推动基层党委和基层党支部标准化建设。制定各级领导班子党建工作责任清单，压紧压实管党治党责任。实施“旗帜领航·组织登高”工程，完善选人用人制度体系。开展作风问题大整顿，完成10家二级单位政治巡察。加强监督执纪问责，严肃查办违规违纪案件。开展向“时代楷模”张黎明学习活动。组织召开离退休领导小组和工作会议，落实老同志“两项待遇”。深化“建家强家暖家”活动，建成15个职工服务中心。落实意识形态工作责任制，加强思想政治和新闻宣传工作。2018年，获省部级及以上集体荣誉66项、个人荣誉130项。14家单位被评为全国文明单位，2名员工获评“中国好人”，2个集体分获全国五四红旗团支部和全国青年安全生产示范岗，1人获评“全国青年岗位能手”，在国家电网公司第四届青创赛中分别获得1项金奖、1项银奖、3项铜奖。连续7年荣获全省机关党的工作特别优秀奖。

组织召开三届五次职代会和联席会，审议企业年度综合计划、财务预决算、集体合同以及补充医保等重要事项。开展“阳光班务　温馨小家”创建活动，3家单位获全省厂务公开示范单位，13家单位获全省厂务公开先进单位。组织开展“我为企业献一策”活动，4条建议获国家电网公司优秀建议。1个班组获全国工人先锋号，7个班组获国家电网公司一流班组，66个班组获国家电网公司先进班组。1个班组获全国工人先锋号，1家单位获全省“五一劳动奖章”，7个班组获国家电网公司一流班组，10人获省部级劳模、“五一劳动奖章”，2人被授予全省“赣鄱工匠”，5人被授予“能工巧匠”。

（熊志明　孙目元　叶婉琪）

【国网四川省电力公司】

企业概况　2018年，国网四川省电力公司（简称国网四川电力）完成固定资产投资164.15亿元；售电量2007.05亿kWh，同比增长13.36%；营业收入1053.13亿元，同比增长8.47%，突破千亿大关；受政策调整等因素影响，实现利润−12.75亿元；资产总额1607.32亿元；资产负债率69.84%，同比下降1.31个百分点；全口径劳动生产率48.01万元/人年，同比增长7.6%。线损率同比降低1个百分点，降幅居国家电网公司第2位。

领导班子

2018年，国网四川电力领导班子成员有部分调整。原国网四川电力董事长、党委书记石玉东调离，谭洪恩由国网辽宁电力调至国网四川电力担任董事长、党委书记。原副总经理、党委委员褚艳芳调离，张晓明由国网华中分部调至国网四川电力担任党委副书记、副总经理，王永平由国网甘肃电力调至国网四川电力担任副总经理，寇剑波由国网山西电力调至国网四川电力担任纪委书记、党委委员。调整后的领导班子为：

董事长、党委书记：谭洪恩

董事、总经理、党委副书记：谭永香

党委副书记、副总经理：张晓明

总会计师、党委委员：杨桂荣

副总经理、党委委员：谭志红

副总经理、党委委员：董京营

副总经理：王永平

副总经理、党委委员，国网成都供电公司总经理、党委副书记：刘 勇

副总经理、党委委员：陈云辉

总工程师、党委委员：石俊杰

党委委员、工会主席：左宇龙

党委委员、纪委书记：寇剑波

组织机构　截至2018年底，国网四川电力本部职能部门26个，下属二级单位37家（其中发供电企业23家、直属单位14家）；上市公司4家；县级供电企业151家（直供直管县供46家、全资上划县供58家、控股县供47家）。

电网概况　四川各级电网加快发展。促成并积极落实国家电网公司与四川省委省政府会谈精神。高位推动四川特高压电网目标网架纳入国家规划，雅中—江西、白鹤滩—江苏（浙江）纳入国家加快推进规划建设重点工程。500kV雅安送出加强工程有序推进，500kV盐源、江油、泉龙双回，以及成贵、成蒲、成雅铁路配套等重点工程投运。承办国家电网公司2018年脱贫攻坚推进会暨援藏工作会，推动落实“三区两州”农网攻坚三年行动计划，建成4个小康用电示范县，完成1029个贫困村电网建设改造，72个定点帮扶村实现脱贫摘帽，国网四川电力荣获“推动中国”影响力品牌扶贫贡献奖、“四川省定点扶贫先进单位”。

人力资源　2018年全口径用工总量减少6777人，同比减少6.55%；全口径劳动生产率达到48.01万元/人年，同比增长7.6%；人才当量密度1.024 7，同比增长1.5%。

“三项制度”改革有序推进。以问题为导向印发重点任务实施方案24项，制定出台配套制度29项，分层级组织3期培训500人，督导基层单位工作“全覆盖”，出版工作动态专刊5期66篇。存量人员盘活、岗位聘期制、员工绩效管理及差异化业绩考核等典型经验在《国家电网》杂志刊登，并入选国家电网公司“三改”第一批典型经验。

“素质提升”成效显著。开展“素质提升年”活动，实施素质提升九大工程，建立专业主导的人才培养模式，完善员工十年培养规划，深化创新创效成果转化。累计获得各级各类成果、荣誉1355项，取得授权专利316项，发表核心期刊论文246篇，新增省部级人才27名、省公司级人才273名、地市级人才255名。授评“国际标准创新基地”、四川省高技能人才培训基地；获得国家科技进步奖2项，省部级科研奖16项，在国家电网公司“青创赛”取得2金4银1铜；竞赛调考成绩排名大幅提升，营销、调控专业竞赛分获团体第二名和第五名；“素质提升年”活动专题报道入选国家电网公司工作动态。

组织架构持续完善。调整组建综合能源服务公司、电力工程咨询公司，试点开展国网南充供电公司变电运检一体化和国网天府新区供电公司营配合一网格化服务新模式，建成绵阳高新园区供电中心。推进

地市公司供电服务指挥中心（配网调控中心）建设以及市县调度业务集约融合。完成基建机构职责、市县供电公司物资机构优化调整，分类完善安全监督管理机构，健全党建机构设置和人员配置，梳理本部19个部门交叉职责界面32项。厘清国网四川电力综合服务中心与国网四川电力本部部门专业管理界面。

用工管理不断优化。编制下达盘活存量计划2794人，全年优化配置5067人次，执行考核降岗50人，待岗10人。开展2316名不在岗人员专项清理，完成129名停薪留职人员处置，依法解除劳动合同355人。组织4家单位接收2018年退役士兵9人。制定印发国网四川电力员工有序流动、岗位聘期制、贯彻落实国家电网公司劳动合同管理办法意见等3项制度。

绩效考核更趋精准。建立3种差异化关键业绩指标方案，供基层单位自主选择激发争先潜力，成果获中企联管理创新论文一等奖；制定《本部部门业绩考核管理工作评价办法》，明确责任兑现奖惩。作为国家电网公司深化全员绩效管理试点单位，建成覆盖10大类、105小类一线业务的量化考核工具集，精准实现一线员工绩酬联动；率先建立绩效经理人制度及履职成效评价模型，落实绩效管理主体责任。实现3.6万余员工绩效系统线上流程化考核，以效益为核心创新综合能源服务公司考核激励机制，建成省级内模市场将运营结果全面对接业绩考核，6项典型做法入选国家电网公司双月报。

薪酬激励体系更加科学。建立与内模市场建设、业绩考核得分相适应的工资总额激励机制。建立以利润、营业收入和社会业务决定工资总额的市场化单位激励管控模式。创新员工薪酬激励维度，优化新招收录用职工初期工资待遇方案，制定在岗人员技术技能人才激励措施。开展农电人工成本、集体企业人工成本及职业经理人激励机制研究，试点设立高科技科研人才激励专项薪金、一线绩效薪金，落实边远艰苦地区和高海拔地区待遇，加大收入向多劳、绩优、一线、艰苦岗位员工倾斜。

福利管理体系进一步健全。配合国家电网公司完成《现代企业福利》课题、“微课”开发，完成国家电网公司全部40个通用流程按制度分解匹配。优化福利计划核定模型，统筹平衡福利水平。组织新建和修编国网四川电力体检、疗养、困难补助、探亲、统筹外、福利机构维修等6项制度，全面适配公司发展改革。发布2018版福利项目名录，全面实施福利参数管理线上管理。定期开展“网监飞检”，促进福利项目实施规范有序。

电网建设与发展　2018年，国网四川电力电网建设业绩考核在国家电网公司系统名列第7。全年完成110kV及以上开工56项，线路长度2241.5km，变电容量657.15万kVA，投产61项，线路长度2042.24km，变电容量589.4万kVA；35kV项目开工37项，线路长度315.53km，变电容量35.3万kVA，投产23项，线路长度200.87km，变电容量11.67万kVA。工程项目建设高效推进，安全质量管控得到进一步加强，基建改革措施落地持续深化，工程造价管理不断精益，工程技术管理不断提升，建设管理水平稳步提升。

建成投运了500kV输变电工程5项，220kV输变电工程17项，110kV输变电工程39项。在建110kV及以上输变电工程共93项，线路长度3774.98km，变电容量1161.15万kVA。在建500kV项目9项，220kV项目37项，110kV项目47项。国网四川电力完成78项110kV及以上电压等级工程达标投产，其中500kV变电站工程2项，220kV变电站工程6项，110kV变电站工程20项，500kV线路工程4项，220kV线路工程18项，110kV线路工程28项。

全力推进水电送出工程建设，建成一大批水电送出项目。藏中联网工程（四川段）于2018年8月率先带电投运，江油输变、盐源输变电、路平—富乐、猴子岩送出等500kV工程如期投运，雅安送出加强500kV输变电工程、色尔古—茂县Ⅲ回500kV输变电工程等按期开工建设，马尔康500kV输变电工程按计划推进。全力推进雅中—江西、白鹤滩—江苏（浙江）特高压直流工程建设，成立主要领导为组长和副组长的特高压工程前期和建设领导小组，负责研究解决工程前期和建设期间的重大问题；成立特高压工程建设指挥部，负责工程建设的统一指挥和组织协调，履行建设管理职能。

经营管理　适应改革监管要求，落实35项优化经营管理策略，实施多维精益管理体系变革，开展专项成本检查，提升经营质效。争取到政府出台取消大工业优待电价、自备电厂承担交叉补贴等支持政策。全面建成省、市、县三级内部模拟市场。当年电费首次实现年内结零，追回1.6亿元陈欠电费；处置低效无效投资22项、金额3.58亿元；提前一年完成资产负债率压降任务。深挖市场潜力，在来水和装机持续增长情况下，全网弃水天数同比减少48天，调峰弃水电量减少18.4亿kWh，同比下降13.1%，全口径外送电量1331.86亿kWh，连续五年突破千亿。拓展电能替代项目3717个，替代电量84.08亿kWh，同比增长24.6%。围绕企业运营薄弱环节，开展主题监测分析45个，预警风险并督导闭环整改。综合能源服务业务完成收入2.1亿元。精简物资型号，电网标准物料压减30%以上；强化库存物资管控，库存金额同比下降34.4%。触电案件防治专项行动取得实效，新发案件同比下降20.8%。

安全生产 全面贯彻安全生产领域改革部署，切实强化本质安全建设，完成安全责任清单编制、专项奖惩机制建立等重点工作，开展六查六防、春（秋）安检查、三年电气火灾治理等专项行动，持续消除薄弱环节。完成国家领导人来川视察、中非合作论坛峰会、进博会、“双创周”等重要保电工作，处置金沙江堰塞湖、泸州叙永山体滑坡等险情，确保电网稳定运行和电力可靠供应，杜绝了群伤群亡事故、大面积停电事故、重特大设备事故，全面完成年度安全目标，获国家电网公司高度评价，安全指标持续向好，国网四川电力荣获国家电网公司“安全工作先进单位”。

编制安全生产 7 类 35 方面安全工作规划，制定全员安全责任清单，健全专项奖励、违章曝光等机制，处级干部安全述职实现全覆盖。开展“六查六防”、输电线路“三跨”整治、配网调控管理攻坚等行动，查处违章 1763 起，整改风险隐患 7015 项。深化“强直弱交”运行机理研究，管控五级以上电网风险 477 项，制订并落实补强措施 442 项。政企协作开展防外破、电气火灾、森林防火等隐患排查治理。通过国家电网公司基建改革 12 项配套政策落地、电网资产统一身份编码试点建设验收。省（市）两级运检管控中心建设稳步推进。健全发电机组商业运营管理体系。打造电缆隧道示范段，完成 3200km 左右配网电缆通道整治。快速有效应对金沙江 2 次堰塞湖、泸州山体滑坡等险情。

营销工作 完成省内全口径售电量 2007.05 亿 kWh，同比增长 13.36%。其中，大工业售电量 1037.74 亿 kWh，同比增长 14.20%；居民售电量 447.25 亿 kWh，同比增长 9.38%；商业售电量 197.65 亿 kWh，同比增长 12.66%；非普售电量 110.97 亿 kWh，同比增长 6.01%；趸售电量 114.35 亿 kWh，同比增长 28.27%；非居售电量 78.21 亿 kWh，同比增长 10.37%。

科技与信息化 攻关多项课题，科技引领作用切实增强。聚焦基础性、前瞻性领域集中攻关，多个领域科技创新取得硕果。开展电网大面积停电事件情景构建及应急处置推演关键技术研究，形成了突发事件的情景库、任务库模板与大面积停电事件应急演练脚本实例化技术，为应急演练的实践提供了科学依据。开展对宽高比大于 2.5 时混凝土扩展基础基底土压力分布规律及其正截面弯矩计算方法研究，得到了输电线路锥型底板扩展基础破坏模式及截面配筋计算公式等系列成果。开展基于 IEC 61968 标准的配电网互操作关键技术研究，研究实现各应用及标准之间融合架构，建立统一互操作体系架构，研发了互操作设计平台及综合测试平台。对于指导国家电网公司配电智能化“两系统一平台”的研发与应用，推动智能配电网精益化管控具有重要意义。

布局重点领域，科学技术创新再添佳绩。首次牵头承担申报国家重点研发计划“分布式光伏与梯级小水电互补联合发电技术研究及应用示范”项目立项，实现国网四川电力牵头国家项目零的突破。组织召开项目启动会，编制工作方案和各项规章制度，发布项目组织方案；加强项目过程管理，组织召开项目推进会和协调会，稳步推进项目进展。牵头申报的四川省 2018 年度新一代人工智能重大科技专项“能源网络智能化应用示范”课题成功立项。牵头申报国家电网总部科技项目成功立项 5 项，参与申报项目立项 17 项。6 项国网总部科技项目均通过验收，其中 2 个项目验收评价为“优”。

强化技术标准管理，国际标准工作卓有成效。国家电网公司授牌国网四川电力“国际标准创新基地”“国际标准化工作先进单位”。开展 3 项 IEEE 国际标准编制，组织 2 个牵头负责 CIGRE 工作组会议并编制工作组报告。新提交 1 项 CIGRE 工作组提案和 3 项 IEEE 标准提案，前往 2018 CIGRE 巴黎大会介绍和宣传了 2019 CIGRE 成都会议情况。完成技术标准创新基地 2018 年各项工作。组织国网成都供电公司高分通过中电联现场确认，获评 4A 级“标准化良好行为企业”；“数字化计量设备检测技术标准验证实验室”获得国家电网公司第一批技术标准验证实验室命名。组织完成牵头负责 12 项技术标准制修订任务。建设完成“技术标准科普教育基地”，开展技术标准实施评价。策划“世界标准日”宣传活动，发放宣传手册 500 余册。

采用如下新技术：① 在新津 500kV 输变电工程、四川成都崇州经开区 220kV 输变电工程、四川成都正兴（兴隆）220kV 输变电工程等工程中应用模块化智能变电站技术、预制舱式二次组合设备技术、过程层智能设备技术、保护测控集成装置技术和一体化监控系统技术；② 在新津 500kV 输变电工程、色尔古—茂县Ⅲ回 500kV 输变电工程、四川雅安送出加强工程、成兰铁路绵阳高川牵引站 220kV 供电工程和雅中换流站 500kV 配套工程等工程中应用 110～750kV 输电线路通用设计、三维优化选线技术和输电线路防振设计技术；③ 四川雅安送出加强工程中应用岩石扩底锚桩基础设计技术、杆塔、基础数字化设计建模技术、防污闪技术和水土保持与生态保护措施设计技术；④ 凉山州盐源 220kV 变电站扩建工程和四川绵阳桑枣 220kV 变电站主变压器扩建工程应用了变压器油中溶解气体在线监测技术；⑤ 成兰铁路四川阿坝茂县牵引站 220kV 外部供电工程应用了落地抱杆组塔施工技术、不良地质作用与地质灾害勘测与评价、

110～750kV输电线路通用设计、走廊并行设计技术和输电线路防振设计技术。

2018年获得省部级（含行业奖）奖励25项。其中2018年度四川省科技进步二等奖3项，三等奖6项。2018年度中国电力科技进步奖二等奖4项，三等奖1项。2018年度国家电网公司科技进步奖一等奖3项，其中“大电网脆弱地质环境灾害防控关键技术及应用”项目由国网四川电力牵头完成；二等奖1项，三等奖4项，技术发明三等奖1项，技术标准贡献二等奖1项和专利三等奖1项。专利申请方面，全年申请专利404件，其中发明专利208件；获得专利授权278件，其中发明专利78件。

优质服务 坚持以客户为中心，以深化营销“三全”建设为抓手，以实施“连心桥”工程为平台，进一步夯实管理基础，提高服务质量，提升队伍素质。充分发挥资源优势，提高市场把控能力。确保不发生造成重大社会影响的供电服务质量事件；供电服务承诺兑现率保持在99.9%以上，服务和创新能力不断增强。助力营商环境改善，“获得电力”指标跃升至12名，在全省七个评价指标中排名第一。精简业扩环节，平均接电时间降至42天，缩减为原来的1/3。供电服务指挥中心实现全覆盖。深化营销转型，全口径自动采集成功率98.31%，线上缴费客户1907万户、金额36.8亿元，分别同比增长1.1、1.2倍。完成全国“大众创业、万众创新”活动周国家电网公司展示工作，“双创”成果得到韩正副总经理、寇伟董事长等领导高度评价。率先建成国家电网公司“国际标准创新基地”，实现国网西部省公司牵头国家重点研发项目“零”的突破。与华为公司签订科技创新战略协议。代表国家电网公司参展“国家网络安全周”，网信安全工作成果获得中央网信办高度评价。获得发明专利授权78件，省部级以上科技、管理和优秀QC成果奖共计75项。

党的建设和精神文明建设 深入学习习近平新时代中国特色社会主义思想和党的十九大精神，推进“两学一做”学习教育常态化制度化，完成处级干部轮训，各级领导干部深入基层宣讲700余次。实施“旗帜领航·三年登高”计划，基层党组织标准化建设实现全覆盖。出台深化党员服务队实施意见，《共产党员服务队与群众心连心》入选央企党建工作案例集。全面落实“两个责任”，配合完成国家电网公司党组巡视，制定巡察工作五年规划，开展2家地市公司“专项巡察”、4家大型县公司“提级巡察”及44家县公司“交叉巡察”。完善干部管理制度11项，规范32项干部选聘流程。建立干部赴藏区彝区和省直机关挂职锻炼常态机制。在国家电网公司“青创赛”、第三届服务技能大赛等竞赛中连创佳绩。关心基层一线，完成702个生产生活用房（设施）建设改造。加强企业文化建设和意识形态工作，表彰国网四川电力首届道德模范，开展汶川大地震十周年、脱贫攻坚等主题策划传播，获得国家电网公司品牌贡献度A级评价。2家单位、13名个人荣获全国（全省）五一劳动奖状、奖章，6个集体荣获全国（全省）工人先锋号，6名职工、4家单位荣获国家电网公司劳模、先进集体。

主要事件

5月23日，国家电网公司深化共产党员服务队建设推进会在四川召开，会议以习近平新时代中国特色社会主义思想和党的十九大精神为指导，进一步贯彻落实习近平总书记视察国家电网四川电力共产党员服务队时的重要指示精神，不忘初心、牢记使命，深化国家电网共产党员服务队建设，以更优质的服务、更优秀的业绩，做好电力先行官，架起党联系群众的连心桥，为经济社会发展作出新贡献。

8月30日，四川省委书记彭清华亲切接见国网四川电力董事长、党委书记谭洪恩，对国网四川电力全力保障夏季电力供应，为四川经济发展和人民群众生产生活提供坚强电力保障给予了表扬，鼓励国网四川电力要进一步发挥“川电铁军”优良传统和优良作风，在统筹推进电网发展、保障电力充足可靠供应、加大清洁能源消纳等方面进一步加大工作力度，为推动治蜀兴川再上新台阶作出新的贡献。

9月7日，国家电网公司主要领导在成都与四川省委书记彭清华，省委副书记、省长尹力举行会谈，双方就加快四川水电外送通道建设、解决电力“丰余枯缺”结构性矛盾、加大脱贫攻坚力度、深化电力体制改革等方面展开深入交流。四川省委常委、常务副省长王宁，副省长彭宇行参加会谈。

9月8日，国家电网公司服务贫困地区脱贫攻坚推进会暨2018年援藏工作会在四川召开。国网四川电力的扶贫做法获汪洋、丁薛祥、胡春华等中央领导的批示肯定。阿吼村扶贫被央视等媒体连续报道。

9月21日，在能源转型高端论坛暨国际标准创新基地授牌仪式大会上，国网四川电力被授予“国家电网公司国际标准创新基地”称号。

10月9日，中共中央政治局常委、国务院副总理韩正在成都出席2018年全国“大众创业、万众创新”活动周启动仪式，并参观国家电网双创示范基地，对国网四川电力工作给予充分肯定。

11月16日，四川省内统调统分电厂外送电量数字定格在317.8亿kWh，国网四川电力提前完成315亿kWh的年度外送任务。国网四川电力获得中国能源十大美丽中国形象大使称号。

11月20日，国网四川电力与四川省发展改革委、省经信化厅、乐山市政府签订战略合作协议，加快推进乐山电网网架建设，重点支持乐山发挥资源优势，发展光伏、大数据、云计算等绿色高载能产业，力争到2022年使乐山市新增绿色高载能产业用电量超过100亿kWh，把乐山建成水电就地消纳促进高质量绿色发展的典范。

11月23日，藏中联网工程竣工投运，标志着西藏电网电压等级正式迈入500kV超高压时代。为支援藏中联网工程建设，国网四川电力组织精兵强将，派出9家单位、借用18名基建骨干支援工程建设，承担了包括5个变电站、6个线路标段的施工，5个标段监理和工程整体系统调试，以及18个线路标段物资供应，波密现场指挥部后勤保障和工程全线生命保障等藏中联网工程任务。

11月29日，国网四川电力与四川省经信厅、省经济合作局、甘孜州政府签订水电消纳产业示范区建设战略合作协议，积极建设甘孜州水电消纳产业示范区、促进富余水电消纳。战略合作协议的签署。

12月7日，国网西南分部和国网四川电力联合举办藏中联网工程先进事迹报告会，大力宣传工程中的先进人物和感人事迹。

截至12月底，国网四川电力持续参与精准扶贫工作10年，8536个贫困村全部达到“户户有生活用电”的标准，36个深度贫困县户均配电变压器容量超过了全省平均水平。

（李　庆　何　飞）

【国网重庆市电力公司】

企业概况　国网重庆市电力公司（简称国网重庆电力）于1997年6月6日随重庆市直辖成立，是国家电网公司的全资子公司，负责重庆电网规划建设和统一调度、运维管理，以及电力销售和供电服务工作。供电面积7.9万km^2，服务人口3000万人，用电客户1554.7万户。固定资产投资94.44亿元，其中电网投资83.14亿元；资产总额684.2亿元；完成售电量822.45亿kWh，同比增长11.79%，增速创五年来新高。

2018年，落实“十三五”电力规划，与23个区县政府签订战略合作协议。渝鄂背靠背联网工程（重庆段）南通道按期建成。实施精准脱贫，光伏扶贫惠及4600余户贫困人员。完成小康用电示范县、市级深度贫困乡镇配网改造，连续两年获重庆市扶贫工作先进集体。优化营商环境，高低压办电平均时限分别压缩至70、30天以内，实现小微企业报装接电“三零”服务。支持民营企业发展，工商业电价平均降幅10.22%，市场化交易电量340亿kWh，降低企业用能成本36.2亿元。经受住雨雪冰冻、洪峰过境等灾害考验，保障最大负荷突破2000万kW的电网电力供应和电网安全。推进增量配电改革、市场化售电等业务改革，两江增配项目实现全业务、全流程落地。全面推进多维精益管理体系建设，“三项制度”改革深入推进，供电服务指挥中心实现全覆盖。成立反窃电中心，反窃电成效位列国家电网公司第1名。国家科技支撑项目获全国企业管理现代化创新成果二等奖，科技创新项目获得中国专利奖和中国电力科技进步一等奖。国网重庆电力红岩（检修输检）服务队获“国家电网金牌共产党员服务队”称号，品牌建设荣获国家电网公司特殊贡献奖。获得国家电网首届“卓越杯”职工足球赛冠军、中国青年志愿者服务大赛金奖和全国电力行业QC大赛特等奖。

领导班子

董事长、党委书记：陈连凯

董事、总经理、党委副书记：周雄

董事、党委副书记、副总经理：吕跃春

副总经理、党委委员：孙铁群

副总经理、党委委员，国网重庆市区供电公司总经理、党委副书记：陶时伟

职工董事、工会主席、党委委员：何建军

总会计师：陈虹

党委委员、纪委书记：肖兴立

总工程师：何永胜

副总经理：徐韬

副局级调研员：莫文强

副局级调研员：曹宁

组织机构　本部设置23个部门，下设二级单位42个，包括供电分公司32个、业务支撑和实施机构10个。

电网概况　重庆电网是国家电网、西南电网的重要组成部分，西联四川、东联湖北，是西部水电外送唯一的超高压交流通道，对国家资源优化配置起着重要作用。作为特大城市受端电网，承担了西部唯一直辖市的供电任务。重庆电网东部通过四回500kV线路与湖北电网联系，西部通过六回500kV线路与四川电网相联，每年约1/3的电力电量需要从外部购入。重庆电网呈“两横三纵”结构，形成以500kV网络为骨干，220kV网络为支撑的地区电网。500kV分为9个片区运行，220kV中西部网络联系相对紧密，抵御安全风险的能力增强。目前，重庆电网有三条±800kV特高压直流输电线路（复奉线、锦苏线、祁韶线）过境，总长676km，国网重庆电力负责运行维护。

截至2018年底，重庆电网总计发电设备容量2518.18万kW，同比增长2.46%，其中火电1669.49万kW、水电756.05万kW、风电49.95万kW。重庆国家电网直调装机容量为1991.62万kW，其中火电1420万kW、水电483.42万kW、风电49.73万kW、光伏38.47万kW。重庆电网220kV及以上

变电容量 6624 万 kVA，其中 500kV 变电站 14 座（含奉节串补站），变电容量 2727 万 kVA；220kV 变电站 100 座，变电容量 3897 万 kVA。220kV 及以上线路长度 11 415.7km，其中 500kV 线路长度 3386.36km，220kV 线路长度 7527.81km。重庆统调装机容量 1991.62 万 kW，其中火电 1420 万 kW，水电 483.42 万 kW；风电 49.73 万 kW，光伏 38.47 万 kW。

2018 年，重庆电网统调用电量 885.28 亿 kWh，同比增长 13.77%；统调发电量 616.28 亿 kWh，同比增长 13.29%；外购最大电力 530 万 kW，同比增长 21.55%；外购电量 266.08 亿 kWh，同比增长 13.61%。最高负荷 2048 万 kW，同比增长 5.46%；日最高用电量 4.08 亿 kWh，同比增长 3.88%；最大峰谷差 811.86 万 kW，同比上升 6.46%；最大降温负荷 1036 万 kW，同比增长 3.19%。

重点工作

（1）落实精准脱贫部署，全面完成深度贫困乡镇电网改造。全年投资 13.3 亿元，完成小康用电示范县、市级深度贫困乡镇配网改造。实施“全能型”乡镇供电所建设完善提升工程，14 个国家贫困区县实现自然村动力电全覆盖，国家电网供区 17 个市级深度贫困乡镇的配电网改造全面完成。实施光电扶贫，累计并网光伏站点 1258 个，惠及 287 个贫困村的 4600 余贫困户。重庆市扶贫办前后三次就公司扶贫工作以专报形式上报国务院扶贫办和市委市政府主要领导。重庆市市长唐良智对公司在助力脱贫攻坚，保障人民生产生活用电方面的积极努力给予充分肯定，连续两年获重庆市扶贫工作先进集体。

（2）落实“十三五”电力发展规划，全力推进电网建设。落实《重庆市“十三五”电力发展规划》，累计与 23 个区县政府签订战略合作协议，形成重庆市中长期电力保障研究成果得到市委市政府认可。落实国家电网公司特高压发展战略，完成白鹤滩—江苏特高压直流工程（重庆段）可研工作。全力推进渝鄂直流背靠背联网工程（重庆段南通道）建设，按期完成南通道涉及的 500kV 张家坝变电站改造工程，保障渝鄂背靠背联网工程南通道顺利投运。±800kV 酒湖线荣获“国家优质工程金奖”。

全年开工建设输变电工程 88 项，线路 1333km、变电 747 万 kVA；建成投产输变电工程 50 项，线路 847km、变电 368 万 kVA。500kV 九盘—万县电网加强工程加快推进，220kV 盘龙输变电工程竣工投产，220kV 渝贵铁路重庆西牵等重点配套按时投运。500kV 铜梁、明月山输变电工程和 500kV 思金线建设进展顺利。110kV 铜元局、溉澜溪、朝天门和 220kV 杨林等重难点工程成功建成，25 项多年受阻工程全面复工。如期建成 110kV 大梁子、千野草场风电等服务电铁和清洁能源送出项目。

（3）深化电力体制改革，稳妥推进增量配电改革和售电业务改革。全面落实中央电力体制改革要求，推进增量配电改革和市场化售电等业务改革。1 月 17 日，国网重庆电力与重庆两江长兴电力有限公司签署合作协议，组建重庆两江新区工业开发区配售电公司，这是重庆最大的从事增量配售电业务的混合所有制配售电公司，是深化电力体制改革，引导社会资本投资增量配电业务的重要行动。

全市增量配电改革试点稳妥推进，两江增配项目实现全业务、全流程落地，长寿项目实质运营。国网重庆电力参与重庆地方增量配电改革细则办法制定。建立 4 家售电公司开展市场化零售业务，客户市场化交易电量 218.71 亿 kWh。

（4）优化营商环境，降低企业用能成本，提升服务品质。落实压减流程环节、压减接电时间、压减办电成本，加强服务创新、加强监督监察，提高供电可靠性的“三压减、二加强、一提高”举措，制定十五项工作措施，压减高、低压客户办电环节至 4 个和 3 个，压减 10kV、400V 非居民客户平均接电时间至 70 天和 30 天。取消电网环节部分收费，清退临时接电费 6.4 亿元。将城镇地区小微企业低压接入容量放宽至 160kVA，全年为小微企业节省变压器购置等费用近 7000 万元。实现小微企业办电“零上门、零审批、零投资”服务。走访民营企业 3316 家，解决用电问题 233 项。进驻市级工程建设行政审批服务大厅，实现线上办电的客户“一次都不跑”，到厅办电的客户“最多跑一次”。全年接电容量净增 956.6 万 kVA，完成售电量 822.45 亿 kWh，同比增长 11.79%。

贯彻执行国家降低电价和清理规范不合理加价等政策措施，落实降低企业用能成本部署，指导企业科学合理用电，累计全年降低企业用电成本 36.2 亿元。其中一般工商业电价降价幅度达到 10.22%，降低企业用电成本 10.93 亿元。贯彻打赢污染防治攻坚战部署，规划长江流域重庆段岸电建设，消纳清洁能源 422.6 亿 kWh。

（5）国家科技支撑项目获全国现代化创新成果二等奖，科技工作取得多项成果。承担的“十二五”国家科技支撑计划项目——“山地城市电动汽车分时租赁模式及支撑技术研究与示范应用”实施两年多，高水平通过国家科技部验收并顺利收官，获全国企业管理现代化创新成果二等奖。目前，全市已经形成 5 家分时租赁运营商，23 家配套服务企业，4939 辆电动汽车、1260 个分租点的市场规模，成为国内电动汽车分时租赁运营规模领先的城市。

“大规模复杂电力系统可靠性评估技术及工程应

用”荣获2018年中国电力科学技术进步一等奖，授权发明专利20项，登记软件著作权5项，出版著作6部，发表SCI/EI论文232篇，制定电力行业标准2项，成果整体达国际先进水平，部分成果达国际领先水平。“GIS耐压测试方法”“热电联产机组与风力发电联合供热系统及调度”获得第二十届中国专利奖优秀奖。开展全球能源互联网关键技术攻关，申请发明专利5项。国家科技项目武隆230M无线专网和两化融合体系贯标、山地无线专网试点通过工业和信息化部验收。全业务统一数据中心接入23套核心系统全量数据，完成国家电网公司首批综合示范建设。全年获得省部级及以上科技奖励13项，获得发明专利授权40项。代表国家电网公司参加中央企业和全国电力行业网络安全技能大赛获得个人和团体第一名。全业务统一数据中心综合示范建设获国家电网公司信息化优秀建设项目。

（6）构建反窃电工作联动机制，反窃电成效居国家电网公司前列。构建“三全三防”反窃电工作体系，以全员知责尽责，全过程监测管控，全方位协同联动，构筑人防、技防、联防三道防线。创新以最高完成值为基准的竞争考评模式，开展线损电量捆绑动态评价，建立反窃电激励机制。全面推行反窃电现场查处三级响应机制，建立反窃电两级风险管控机制。成立首个省网级反窃电中心，形成“产学研”一体化的反窃电支撑团队。加快智能反窃电系统建设，实现“大数据”分析，推广应用移动便携反窃电新设备，配合反窃电系统高效定位嫌疑客户。建立反窃电实验室和反窃电后备人才库，建成反窃电策略库。规范警企联动和司法鉴定配合工作流程，严控“讲情面、轻处罚”等情况。运用电视、互联网等多渠道曝光窃电行为，通过司法介入，将窃电行为纳入社会征信体系建设。2018年累计查处窃电2.61万件，成效2.91亿元，追究刑事责任17人。

（7）品牌建设获中国“可持续沟通创新卓越企业奖”，首次获得国家电网足球赛冠军。品牌建设围绕“全员参与、全过程覆盖、全方位融合”，强化社会沟通，实现透明履责。策划贯穿全年的“人民电业为人民——用心点亮重庆发展”履责行动，连续9年对外发布履责实践成果汇编。连续6年坚持举办社会责任沟通日，发布履责实践成果、履责行动方案及履责实践案例。荣获2018年中国可持续竞争力卓越企业“可持续沟通创新卓越企业奖”、中国电力行业企业公众透明度“公众透明度典范企业奖”和国家电网公司特殊贡献奖。

国网重庆电力职工足球队获得国家电网首届“卓越杯”职工足球联赛冠军，与重庆市总工会、共青团共同举办重庆市第二届供电服务之星劳动竞赛，“光明行”精准扶贫纪实摄影展在重庆美术馆成功举办，舞蹈《走向未来》获得国家电网优秀节目奖。

电网规划与发展　落实《重庆市“十三五”电力发展规划》，累计与23个区县政府签订战略合作协议。对接重庆市“两点”定位、“两地”“两高”目标和相关政策，开展中长期电力保障研究。针对重庆电网进入持续缺电状态且缺口不断加大的分析结果，预测2020～2035年的重庆电力供需形势，研究制定加强川渝联网、川电疆电入渝、加快开建入渝输电通道电力保障方案和措施，形成重庆市中长期电力保障研究成果，得到市委市政府认可。

落实国家电网公司特高压发展战略，全力推进白鹤滩送出特高压直流工程初步设计和工程前期，完成白鹤滩—江苏±800kV特高压直流工程（重庆段）可研工作，在沿线各省市率先取得沿线市级及8个区县全部路径协议。完成规划选址、国土预审及稳评意见等核准支撑性要件办理工作。±800kV酒湖线荣获“国家优质工程金奖”，实现“零”的突破。

全年开工建设输变电工程88项，线路1333km，变电747万kVA；建成投产输变电工程50项，线路847km，变电368万kVA。重点工程——500kV渝鄂背靠背联网工程（重庆段）南通道按期建成。500kV九盘—万县电网加强工程加快推进，220kV盘龙输变电工程竣工投产，220kV渝贵铁路重庆西牵等重点配套按时投运。500kV铜梁、明月山输变电工程和500kV思金线建设进展顺利。110kV铜元局、溉澜溪、朝天门和220kV杨林等重难点工程成功建成，25项多年受阻工程全面复工。如期建成110kV大梁子、千野草场风电等服务电铁和清洁能源送出项目。铜梁盘龙及华万线、盘旱线迁改等电网高风险工程实现既定建设目标。

实施并完成14个国家贫困区县电气化提升工程，实现自然村动力电全覆盖。完成国家电网供区17个市级深度贫困乡镇和小康用电示范县配网改造。实施光电扶贫，村级和户用光伏站点并网1258个，惠及287个贫困村的4600余贫困户。

全年建成智能变电站15座，其中220kV 3座，110kV 12座。累计建成智能变电站121座，其中500kV 2座，220kV 26座，110kV 93座。累计建成11个公交专用充电站，51个市内公用快充站，75个高速公路快充站，2个离散式充电站，1734个充电桩。

人力资源　深化内部机构改革，优化机构管理模式，构建“管放结合、刚柔并济”的机构编制管控机制。按照市场化机制建设供电服务指挥平台，供电服务指挥中心实现全覆盖。整合18家区县供电服务公司，组建综合能源服务公司。实质化运营电动汽车合资公司，电缆管理中心挂牌成立。剥离企业办社会职能，完成“两供一业”分离改造移交，职工医院改革顺利完成，电专移交和退休人员社会化管理试点有序推进。优化劳动组织模式，实施集体企业瘦身计划，全年压减集体企业 23 户。“三项制度”改革深入推进，依法解除劳动合同 322 人，基层单位岗位竞聘流动 1104 人次。遵循管理优化和基层努力的原则，加强基层单位负责人业绩考核，并适度体现差异化，采用月度看板跟踪、季度分析、年度综合考核的方式实施考核工作。创新完善员工绩效考核方式，落实绩效管理责任，建立绩效经理人月度、年度履职评估和考核机制。形成绩效管理工作评价体系，评价结果与同业对标挂钩。优化工资总额分配体系，与内模市场、业绩考核等挂钩，内部分配更趋合理。

人才当量密度 1.068 9，同比提高 0.002 9。实施技能人员岗位能力分级培训，围绕售电市场改革、“三项制度”改革、全能型供电所打造和降本增效等重点，完成各类培训 9.3 万人天、考试 4530 人。实行专业竞赛备赛项目制管理，在 5 个国家电网专业竞赛中有 4 个项目获奖。新增国家电网公司级及以上专家人才 5 人，正高级工程师 42 人，高级工程师及工程师 650 人，技师及以上职鉴 352 人。南岸供电公司马溢获授“全国青年岗位能手”称号。

安全生产 深化本质安全建设，推进安全生产领域改革，分解落实 35 项重点改革任务。开展安全管理“三提升”，建立领导干部安全生产述职制度，强化安全生产基础补短板工作。35 家基层单位全面推行安全总监制度，遴选 130 名专家组建安全专家库，组织专家对县供电企业开展安全性评价。加强两级安全质量督查，开展重点督查 41 项，督查发现问题 1268 个，督促整改完成 1254 个问题，整改率 98.8%。完成西南电网异步运行试验、花龙南北线开断等重要电网安全保障工作。成功经受住雨雪冰冻、洪峰过境等灾害考验，保障度夏期间电网最大负荷突破 2000 万 kW 的电力可靠供应，完成智博会等一级及以上保电任务 19 次。参与“10·28”万州公交车坠江事故、“11·16”龙头寺加气站燃气泄漏事故应急处置救援，得到地方党委政府充分肯定。

围绕“1+5”重大风险工作，组织新一轮应急预案分层分级修订，完成 22 家供电公司应急能力建设评估复查评估。实施电网运行风险闭环管控，发布电网风险 1960 项，治理安全隐患 6618 条，治理率 99.26%。结合基建 12 项改革配套政策，开展专项督查和施工安全风险预警管控，基建工程风险预警 30 次。围绕电力体制改革改制、持续可靠供电和“平安建设”等工作，加强治安保卫和反恐重点目标安全。加强电力设施保护，整治线下钓鱼等七类重点隐患 12.3 万处，新发触电案件同比压降 61%，外力破坏和盗窃电力设施发案持续保持低发态势。国网重庆电力及 10 家基层单位被评为重庆市“三电”设施安全保护工作成绩突出集体。

经营管理 以利润总额为核心，深化内模市场建设应用，构建“1+4”指标体系。突出内部 8 类效益引领交易业务，制定 615 条提质增效措施，建立闭环管控机制。出台内模市场落地指导意见，督导内模体系逐级落地。推进多维精益管理体系建设，实施 31 项优化经营管理策略，多维工作年终考核列国家电网公司第一档。深化资金集中管理，流动资产周转率同比增长 3.84%。工程价值闭环管理经验纳入国家电网公司典型经验推广。牵头完成国家电网公司“全国公共采购年度评选”参评材料编制，获得年度集采机构等 4 个十佳奖项。全年签订物资供应合同 3854 份，完成供应计划 30.36 万条，供应及时率 100%。

实施“三大管理创新工程”，组织管理创新示范工程 96 项，创新成果推广工程 49 项。构建“1+N”卓越绩效模式推广协同机制，制定同业对标“综合 16”总体目标，出台两级 43 套“1+N”对标提升方案，构建“76 横 92 纵”对标责任矩阵，50%以上指标同比提升。提炼卓越管理案例 240 个，评审发布 50 个优秀案例，选送 10 个精品案例参评国网优秀案例。4 个 QC 小组荣获“全国优秀 QC 小组”称号，首次荣获全国电力行业 QC 成果特等奖，连续两年获得国家电网公司 QC 成果一等奖。获得国家级管理创新成果二等奖 1 项，国家电网公司管理创新成果 6 项，重庆市管理创新成果奖 49 项。工程管理典型经验入选国家电网公司提升型表彰单位，资产负债率典型经验入选国家电网公司华中区域提升型表彰单位。

依法从严治企，建立一体化工作机制，构建“1+6”监督体系。推进协同监督项目制管理，实施协同监督项目 266 个，对 980 个扶贫项目进行扶贫领域专项治理。开展重大决策落实情况与风险领域数字化审计。对落实八项规定执行情况实行双签报告制度，18 家单位纳入企业负责人业绩考核，追溯考核离任领导干部 10 人。深入推进内部巡察工作，增设监察部巡察处，成立 5 个巡察组，按照“整改表象—举一反三—完善机制—改进作风”的标准进行评估和督导。下发巡察典型案例 13 类 35 个，自查问题 158 个，拟订整改措施 269 条。

营销工作 全年新增用电客户 79.88 万户，业扩净增容量 956.6 万 kVA，同比增长 22.04%。创新省间交易品种，全年增购市外电超过 70 亿 kWh。智能电能表累计安装 1550 万只，实现 1160 户分布式电源用户的小时级采集，采集覆盖率 99.89%，采集成功率 98.9%。主动工单派发正确率 85%。119.3 万户基于宽带载波实现低压停电主动上报，上报准确率90%以上。落实“一户一策”电费风险管控措施，全额回收当年电费。全年治理高损台区1.5万个，减少损耗电量3.42亿kWh。成立国内首个省级反窃电中心，全年查处窃电2.61万件，收回电费2.91亿元，反窃电成效位列国家电网公司第一名。

稳妥推进增量配电改革试点，参与重庆地方细则办法制定。两江增配项目实现全业务、全流程落地，长寿项目实质运营。建立4家售电公司开展市场化零售业务，市场化交易电量218.71亿kWh。电价调整落实到位，一般工商业电价降幅10.22%。加快推广电能替代，推进70个电能替代示范项目落地。在28个营业厅增设电能替代展示区。实现电能替代18.1亿kWh，节电量2.4亿kWh。供电分离移交接收用户25.8万户，全面完成供电接收任务。推进三联供项目建设进度，扩大页岩气开采电代油落地范围，对长租公寓实施集中供能。实施污染防治攻坚，规划长江流域重庆段岸电建设，消纳清洁能源422.6亿kWh。

科技与信息化 国家科技支撑项目“山地城市电动汽车分时租赁模式及支撑技术研究与示范应用”通过国家科技部验收，并获全国企业管理现代化创新成果二等奖。助推新能源汽车发展，累计建成充电桩1734个，公用充电设施覆盖所有区县。组建电动汽车合资公司，启动电动汽车租赁销售和市场化充电业务，重庆成为全国分时租赁最大城市之一。

应用“大云物移智”新技术，滚动修编“十三五”电网智能化规划。组织参展2018年全球能源互联网大会、西洽会和智博会。推动电网与分布式储能系统双向互动项目实施。与重庆大学等院校建立联合实验室。建成“能源互联网先进计量与检测技术”市重点实验室，院士专家工作站被市科协评为“优秀”工作站。全业务统一数据中心接入23套核心系统全量数据，供电服务指挥系统和电网资产统一编码ID上线运行。推进无线专网扩大试点。通过两化融合管理体系评定和信息化企业验评。IMS行政交换工作位居国家电网公司前列。信息系统可用率99.97%，通信业务保障率100%，被评为“重庆市网络安全等级保护先进单位”，荣获国家电网公司“网络安全红蓝队优秀单位”称号。

全年获得省部级及以上科技奖励13项。科技项目“大规模复杂电力系统可靠性评估技术及工程应用”获得中国电力科技进步一等奖。获得发明专利授权40项，GIS耐压测试方法等两项发明专利获得第二十届中国专利奖优秀奖。代表国家电网公司参加中央企业和全国电力行业网络安全技能大赛获得个人和团体第一名。全业务统一数据中心综合示范建设获国家电网公司信息化优秀建设项目。

优质服务 持续提升服务品质，深化95598业务实时监控、及时纠偏、限时整改、定时评价的“四时”管控机制，95598业务支撑水平99.99%。开展工单回复专项治理活动，优化工单关键指标流程化管控模式，开展报修工单全量泛质检。“一对一”跟踪报修约时工单处置，建立投诉工单“两把关、全质检”及“业务处理过程留痕”机制。拓展线上电子化交费渠道，推进低压居民智能交费、供电服务积分上线。全市范围实现增值税电子普通发票上线运用。开通电e宝企业电费网银交费功能、为居民客户提供19种交费方式。引导客户应用新型服务渠道，线上缴费应用率54.16%。组织101支红岩共产党员服务队主动对接公益事业、精准扶贫等民生领域，实现保障对象“全覆盖”。

支持实体经济企业健康发展，开展持续优化营商环境两年行动计划。“一企一策”指导企业降低用电成本，推广大中型企业省力、省时、省钱“三省”。围绕“三压减、二加强、一提高”，压减高、低压客户办电环节，将10kV、400V非居民客户平均接电时间压缩至70天和30天以内。实现小微企业报装接电零上门、零审批、零投资“三零”服务。指导企业科学合理用电，累计降低企业用能成本36.2亿元。取消电网环节部分收费，清退临时接电费6.4亿元。

全面实施“全能型”乡镇供电所建设完善提升工程，创建7个国家电网“五星级”供电所。改造小城镇（中心村）电网922个，惠及180余万人。供电所平均故障处理时限压缩了13min，报装接电时限压缩了45min，台区低压线损率同比降低0.48个百分点。95598回访客户满意度99.99%。四星级供以上供电所，实现客户服务“零投诉”。

党的建设 深入开展习近平新时代中国特色社会主义思想大学习，两级党委590余人专题学习47次，领导走进基层宣讲44场次，各单位宣讲337场次，走进18个贫困乡镇和生产服务一线座谈232次。召开四大片区座谈会，客户调研67次。以“为民、忠诚、奋进、起航”四个专题组织开展读书分享会，3500余人学习交流活动180次。组织大党建课题研究，形成研究报告56篇，省部级以上刊物发表15篇。

落实中央企业党建座谈会精神，制定实施方案，细化3大类12项重点任务。明确党建工作责任61项，制定压实“责任、任务、问题、整改”四张清单。贯彻新时代党的组织路线，规范领导班子和领导干部职级。组织基层党委书记现场述职，落实“一岗双责”。依托“党建＋扶贫”等工作，服务特级保电任务260余项，志愿帮扶4576人次。全面完成“旗帜领航·三年登高”对标管理年任务，开展星级党支部创建，党建标准化建设达标率100%。开通“渝电党建”微信公众号，设立“党校365”网络平台。完善特色廉政管控体系，建立“动态检查+年中报告+年底考评”的闭环管理模式。党政主要负责人约谈17家基层单位党政主要负责人34人，开展函询、提醒、诫勉谈话12人次。受理处置党风廉政问题线索109件，处理处分148人。完成5轮25家单位内部巡察，推动全面从严治党向基层延伸。

工会工作 按照电力体制改革要求成立3个基层工会，10个基层工会完成换届选举。签订2018—2020年集体合同和工资、劳动安全卫生及女职工权益保障专项合同。职工代表提案答复率、办理率均100%。建立健全以董事长联络员和职工代表巡视检查等为支撑的“双路径、三保障”职工民主管理体系。在国家电网公司系统率先开展职代会质量评估和职工代表述职及评议。建立4个职工诉求服务中心，厂务公开知情度和满意度平均达到99.38%，集体合同履行到位。

工会与市总工会、团市委共同举办的重庆市第二届供电服务之星劳动竞赛活动，取得圆满成功。实施“十三五”班组建设再提升工程，开展对口帮扶班组建设工作。命名表彰80个五星级红旗班组和71名五星级红旗班组长。开展“我为企业献一策”和“一句话”合理化建议活动，获国家电网公司优秀合理化建议3条。开展“五比五赛四创”系列劳动竞赛，持续开展“安康杯”竞赛以及专业技能和知识竞赛。荣获国家电网公司首届职工技术创新“双越之星”劳动竞赛优秀组织奖。

电力作协举办文学交流大讲堂和优秀文学作品鉴赏沙龙会，19名会员加入中国电力作协，2名会员加入重庆市作家协会。6个班组获评国家电网公司一流班组和工人先锋号，6名班组长获评国家电网公司优秀班组长。3个职工书屋评为“全国职工书屋示范点”，2个劳模创新工作室被授予省部级劳模创新示范工作室。1个基层工会荣获全国模范职工之家，1个单位被授予重庆“五一”劳动奖状。5人荣获国家电网公司劳动模范，9人获评重庆“五一”劳动奖章，1人获评全国青年岗位能手，1人荣获国家电网公司特等劳模。

企业文化和精神文明建设 坚持新时代企业文化建设思路，聚焦文化价值创造，实施“旗帜领航·文化登高”行动计划，统筹“示范项目、重点项目、精品项目、储备项目”四级项目化管理，示范项目《国家电网公司卓越文化体系研究》被国家电网公司评价为优秀，7个企业文化优秀成果案例获国家电网公司表彰。建设企业文化“项目库”“专家库”“成果库”。将建设优秀企业文化与建设“忠诚干净担当”干部员工队伍结合，举办《准确把握和弘扬红岩精神》专题讲座，打造“忠诚的力量”文化传播品牌。开通微信公众号，设立网络平台，组织线下培训，实施企业文化立体传播。以“专业专注，聚焦聚力”为主题推进专项文化建设，取得“黄马甲”安全文化、“线损管理提升”质量文化、“廉洁护航”廉洁文化和“析案说法”法治文化等多项实践成果。将企业文化建设示范点创建与星级班组创建挂钩，基层示范点覆盖率达11.65%。形成30余项企业文化落地案例，4个示范点荣获国网“百千万”工程首批示范点称号。

传播改革开放40周年电力员工优秀故事汇系列，策划“国网40人 述说40事”特色传播。22部作品入选“电网头条”抖音号，11部作品获“国网故事汇”奖项，《最美的国土》获“国家电网公司2018年度最佳策划奖”。创作微电影荣获“亚洲微电影艺术节金海棠奖”。员工马菲峰高空作业故事，入选央视《绿水青山看中国》栏目。策划“人民电业为人民——用心点亮重庆发展”履责行动，发布履责实践成果、履责行动方案及履责实践案例，荣获2018年中国可持续竞争力卓越企业“可持续沟通创新卓越企业奖”、中国电力行业企业公众透明度“公众透明度典范企业奖”、国家电网公司特殊贡献奖。

开展精神文明建设创新奖评选，优秀成果“实施‘三无四当’推进创先争优”获国家电网公司精神文明创新成果二等奖。对13家全国文明单位开展自查，选树全国文明单位重点培育创建单位。

举办“青春建功新时代 创新担当有作为”优秀青创成果展，开设“青创大讲堂”，举办第四届“青创赛”，6个项目入围国家电网“青创赛”决赛荣获1金1银4铜，1个项目入选国家电网青创成果交易展十佳人气项目，2个项目入选十佳意向合作项目，4个项目团队被授予“重庆市青创工作室”。2个集体分别被命名为“全国青年安全生产示范岗”和“重庆市十佳青年安全生产示范岗”。开展“国网情暖春苗心 我与祖国共成长”志愿服务活动，聚焦17个市级深度贫困乡镇，与18个扶贫开发工作重点区县的100名贫困留守儿童“一对一”精准结对帮扶，荣获第四届中国青年志愿服务项目大赛金奖。

（何润生　廖　爽）

西 北 地 区

【国家能源局西北监管局】

基本情况 国家能源局西北监管局（简称西北能源监管局）于 2013 年 12 月 12 日正式挂牌成立。按照“三定方案”规定。

领导班子

党组书记、局长：黄少中

党组成员、副局长：仇毓宏（至 2018 年 1 月 22 日）

组织机构 内设处室有综合处、市场监管处、行业监管处、电力安全监管处、资质管理处、稽查处、监察室（机关党委）。同时向青海、宁夏省（区）分别派驻监管业务办公室。

主要职责 监管电力市场运行，规范电力市场秩序；监管电网和油气管网设施的公平开放；监管电力调度交易，监督电力普遍服务政策的实施；负责电力等能源行政执法工作，依法查处有关违法违规行为，监督检查有关电价；负责除核安全外的电力运行安全、电力建设工程施工安全、工程质量安全的监督管理以及电力应急和可靠性管理，依法组织或参与电力事故调查处理；负责组织实施电力业务许可以及依法设定的其他行政许可；负责协调有关跨省、跨区能源监管事务；负责法律法规授权以及国家能源局下达或交办的有关事项监管。

主要工作

1. 抓牢电力安全监管工作，取得新成效

牢固树立安全发展理念，狠抓主体责任，不断强化红线意识和底线思维，有序推进电力安全生产各项工作。研究制定了《西北（陕宁青）电力企业主要负责人年度安全生产履职报告规定（试行）》《西北（陕宁青）电力企业安全生产形势预警管理办法（试行）》《西北（陕宁青）电力安全专家委员会管理办法》三项制度，从制度层面压实了企业安全生产的主体责任。严肃执法，先后责令 2 个施工项目停工整改，依法参与了 2 次事故调查，现场下发 14 份整改通知书，约谈 5 家企业主要负责同志，对其是否切实履职进行严肃评述。精心策划，组织首届陕宁青三省（区）电力行业安全生产知识竞赛，进一步夯实了西北地区电力行业人员安全素质基础。高度重视汛期电力安全，在青海拉西瓦水电站召开水电站大坝防汛安全工作现场会，并组织专家会诊，将黄河上游拉西瓦水电站长达八年的果卜滑坡体 2 级重大隐患降为可管控风险，按程序实现了摘牌处理。电力应急工作程序化、规范化进一步加强，接报青海省果洛州玛沁县玛尔挡水电站围堰出现渗水后，第一时间赶赴现场查勘并采取有效措施，及时排除险情，并多次开展围堰后续应对处置。

2. 抓实电力市场建设和市场监管，取得新业绩

深刻认识能源领域改革开放的新形势新任务，稳妥推进电力体制改革和电力市场化改革，依法维护电力市场秩序。结合实际，积极探索，电力市场建设稳步推进。加强对陕煤铜川矿业、铜川坡头、韩城龙门及青海海西团鱼山、宁夏固原等 5 个增量配电试点项目的服务指导，实现了增量配电改革和许可在我局监管辖区内的全面突破。研究印发市场运营规则、督促建设技术支持系统，宁夏电力辅助服务市场率先实现试运行；启动西北区域电力辅助服务市场建设工作，形成了西北区域省间调峰市场运营规则，省间调峰辅助服务市场试运行一个月来发生交易 217 笔，减少新能源弃电 2.47 亿 kWh，水火电获得调峰补偿 2213 余万元；青海电力辅助服务市场建设工作稳步推进，其中电储能参与交易将成为市场规则设计中的创新和突破。多措并举，综合施策，新能源和常规能源协调运行机制逐步完善。指导青海绿电 9 日（全清洁能源供电）成功实施，省内新能源消纳形势持续向好，连续 22 个月保持“双升双降”。科学调峰，有序调度，热电联产机组发电调峰能力核定实现全覆盖。至 2018 年供热季，三省区已累计释放新能源消纳空间约 3 亿 kW。突出问题导向，依法协调陕西下半年电力直接交易过程中出现的问题，关注陕西关中削减电煤对发电企业的影响，开展陕西地电小水电消纳及电价电费相关政策执行情况监管和宁夏清洁能源自建并网线路回购整改工作，有效促进了电力市场规范、有序运营。结合实际，加强研究，深入开展《西北区域新能源消纳机制研究》《西北能源市场化改革和能源监管问题研究》《西北区域电力现货市场及监管机制研究》等工作，针对新能源消纳、现货市场、改革和监管等新情况，认真梳理、厘清问题、探索机制、形成了有关建议。

3. 抓深供电监管和 12398 热线工作，取得新实效

把人民群众利益放在心上，把人民群众是否满意作为供电监管的出发点和落脚点。普及 12398 热线，充分发挥民生通道作用。依法做好 12398 投诉举报处

理工作，全年共处理用户投诉举报事项1288件，依法受理258件，同比增加55.42%，截至2017年底已办结257件，办结率99.61%，平均办结时间8.04天，用户满意率达到86.34%。推动重点综合监管，提升“获得电力”优质服务。召开供电监管工作会议暨优化用电营商环境工作现场会，研究制定《国家能源局西北监管局优化用电营商环境监管行动计划》等系列文件，建立了常态监测工作体系和用电信息台账；以“获得电力”优质服务示范工程为突破口，打造用电营商环境“样板工程”，对200余项低压办电项目或高压接入的160kVA及以下小微企业办电项目进行访问或跟踪调查。以“提升办电效率、规范市场秩序、优化用电体验”为目标导向，深抓供电监管的广度、深度。采取随机抽查方式对辖区内4家电网企业、5家地市级、18家县级供电企业开展了现场检查，发现问题300余例，并责令限期整改。探索对供电企业供电能力与运营效率开展分析评价，开展“两率”定点监测，解决了群众反映集中的“最后一公里”问题，供电质量不断改善。

4. 抓准行业发展焦点难点问题，取得新进展

加强专项规划监管，发挥规划引领约束作用。完成了西北区域“十三五”中期电力规划实施情况监管，全面评估电力“十三五”规划主要目标，提出了滚动调整的建议。加强重点项目监管，服务地方经济社会发展。组织督查三省（区）14个电网主网架项目任务完成情况，确保按期投产；组织督查榆横—潍坊、陕北—河北南网扩建工程及配套电源建设，协调推进项目。加强产业政策监管，助力能源结构的优化。开展了光伏发电专项监管，定期通报区域新能源并网运行情况。注重新兴产业包容审慎监管，促进储能应用与产业发展。组织调研储能示范项目，探讨储能技术应用途径，研究产业化发展思路；联合清华大学开展了规模化储能技术应用研究，全面调研示范项目效果，组织召开西北区域储能应用与发展研讨会。加强民生用能监管，助力群众生活方式革命。落实国家决策部署，调研果洛藏区“十三五”电网规划实施及新一轮农村电网改造升级工程建设，提升普遍服务水平。

5. 抓实资质许可放管服政策的落地，取得新成绩

强化许可标准化建设，依法开展许可工作。结合新的政策规定和条件标准，对应标准化具体环节步骤，就资质许可的关键环节进行了优化设计；落实事中事后监管有关要求，增设了企业网上自查功能，许可平台的功能和易用性得到极大提升。加强服务体系建设，落实“最多跑一次”举措。优化办理程序，进一步压缩业务办理时长，全面实现了各类许可事项全流程网上办理；严格执行一次性告知制、首问责任制等许可服务规范。积极推进信用体系建设工作。组织召开资质管理暨信用体系建设工作会议，宣传、解读、宣贯信用体系政策法规；成立了局能源信用体系建设工作组，统筹管理协调信用工作；研究制定了局《涉电力领域“黑名单”“重点关注名单”管理实施细则》。

【国家能源局甘肃监管办公室】

基本情况 国家能源局甘肃监管办公室（简称甘肃能源监管办）于2013年12月组建。其主要职能是负责所辖区域内电力等能源的监督管理和行政执法工作，以及电力安全监管工作。

领导班子

监管专员、党组书记：仇毓宏（2018年1月任）

监管副专员、党组成员：王毅敏

党组成员、机关党委书记、综合处处长：金涛

组织机构 行政编制19人，下设综合处、市场监管处、行业监管处、电力安全监管处、资质管理处和稽查处等六个职能部门。

主要职责 监管电力市场运行，规范电力市场秩序；监管电网和油气管网设施的公平开放；监管电力调度交易，监督电力普遍服务政策的实施；负责电力等能源行政执法工作，依法查处有关违法违规行为，监督检查有关电价；负责除核安全外的电力运行安全、电力建设工程施工安全、工程质量安全的监督管理以及电力应急和可靠性管理，依法组织或参与电力事故调查处理；负责组织实施电力业务许可以及依法设定的其他行政许可；负责法律法规授权以及国家能源局下达或交办的有关事项监管。

主要工作 2018年，国家能源局甘肃监管办公室聚焦“一个目标”，“内强素质、外树形象”，努力建成一支政治过硬、作风优良、务实高效、风清气正的能源监管队伍。把牢“三个抓手”，抓学习、抓制度、抓思想，增强学习意识、丰富学习内容、拓宽学习渠道，培养学习型人才，建成学习型组织；狠抓制度建设，严格制度执行，做到用制度管人管事；持续抓好思想建设，扎实开展理想、道德和文化教育，转变思想作风、提高队伍素质。做到“三个落实”，落实全面从严治党向纵深发展、落实能源改革和能源监管全面推进、落实干部队伍全面建设。全年，党的领导坚强有力，党的建设不断巩固，能源监管依法依规，队伍建设凝心聚力，脱贫攻坚扎实有效，为党的十九大开局之年能源监管工作树立了鲜明的导向、打下了良好的基础、提供了有利的契机、营造了和谐的氛围。

1. 市场监管

按照“建机制、推市场”工作思路，制定了《甘肃调峰辅助服务市场运营规则》《甘肃省富余新能源

跨省跨区增量现货交易规则》。通过新能源与电力大用户直接交易、新能源与自备电厂发电权置换交易、建立调峰辅助服务市场化交易等深挖新能源就地消纳潜力。通过调研河西地区新能源基地、新能源与火电打捆送出、富余新能源跨省跨区现货交易等扩大市场外送，缓解甘肃新能源高占比和高弃风、弃光率矛盾。2018年，甘肃自行组织或参与的市场交易品种达12类，是全国电力市场交易品种最丰富的省份之一。全年省内交易电量1096亿kWh，同比增长20%；跨省外送电量324亿kWh，同比增长59.8%；其中，通过市场化有效途径，甘肃富余电量已经送往陕西、湖南、上海等19个省（市、自治区）；新能源跨省区增量现货交易2565笔，送出新能源电量32.49亿kWh，占全国交易量的46.67%，甘肃跨省区新能源现货交易电量连续两年位居全国第一。经过不懈努力，甘肃弃风率下降13.80%，弃光率下降10.47%，完成了国家能源局下达的“双升双降”目标。

2. 行业监管

启动油气管网设施公平开放信息公开和信息报送专项督查，全面了解企业概况、油气管网设施公平开放信息公开情况、油气管网公平开放及信息报送工作机制建立情况。开展甘肃能源行业（非电）专家库建设工作，组织全省电力监管统计工作培训，提高监管统计报表质量。按照冬季天然气保供要求，配合开展保障民生用气专项监管现场检查，深入了解油气企业供需保障、管道布局、应急预案、运行管理等方面情况。认真开展油气设施产供储销专题检查调研，督促政府部门和油气企业规范管理，保证社会和民生用气安全。

3. 电力安全监管

强化电力安全风险管控和隐患排查治理，督促甘肃电网针对10项二级风险落实防控措施，形成了涉网设备安全管控常态机制。突出电力应急管理，全力应对黄河流域、白龙江流域历史罕见的暴洪汛情，实地督导碧口电厂、九甸峡水电厂、盐锅峡水电厂、八盘峡水电厂等重点水电站大坝安全，确保安全平稳度汛。围绕“电力建设施工安全年”“安全生产月”“安全生产万里行”等主题，基本实现重点地区、重点企业全覆盖。协调解决甘肃电投常乐电厂质监问题，督促省内50MW以上水电站大坝完成备案注册。2018年，甘肃省电力未发生较大及以上电力生产人身伤亡、电网大面积停电以及对社会造成重大影响的事故，电力安全供应满足了经济社会发展和人民生活需求。

4. 资质许可监管

落实“阳光许可”“最多跑一趟”要求，进一步优化升级电力业务许可在线申报系统，方便市场主体网上业务办理；向酒钢自备电厂等颁发电力业务许可证，妥善解决历史遗留问题。行政审批事项向“告知承诺”转型，缩短许可审批时间，提高办事效率，树立窗口形象。构建信用监管工作机制，推动能源监管从行政许可、行政处罚手段向综合运用信用激励、信用约束转变。全年，颁发电力业务许可证（发电类）25家，变更电力业务许可证（发电类）登记事项43家，注销电力业务许可证（发电类）51家；颁发承装（修、试）电力设施许可证证48家，许可延续27家，变更62家，重新核定许可等级1家，许可注销8家。

5. 电力稽查

创优电力营商环境，督促供电企业进一步简化办电流程、压缩办电时间、降低接电成本，解决“用电难”问题。开展停电频繁和低电压问题专项督查，督促供电企业加大农网改造力度，解决“用电优”问题。开展“获得电力”综合监管，按照“双随机、一公开”方式，督查兰州、金昌等8家市（州）级及10家县（区）级供电企业，发现问题30余项，下发监管通报和整改通知书10余份。依法严肃查处了4起违反承装（修、试）电力设施许可制度的违法违规行为，维护了电力市场秩序。做好12398投诉举报热线受理，全年国家能源局12398热线中心下发工单409件，其中投诉工单112件，咨询工单41件，其他工单256件；对涉及供电服务类的297件工单进行了认真办理和解决，对其他类工单进行了耐心解释和答复。

6. 精准扶贫

组织学习研讨《习近平扶贫论述摘编》，协助编制国家能源局定点帮扶通渭县、清水县脱贫攻坚的总体规划，配合开展“三区三州”现场调研。积极推动产业扶贫，协调督促项目进度；通渭县已建成风电30万kW、光伏16.24万kW，带动2.16万户贫困户脱贫；清水县已建成3万kW光伏发电项目和20个村级光伏电站，惠及16个乡镇1417户贫困户。“扶贫”与“扶志”“扶智”相结合，连续5年组织贫困县优秀小学师生代表赴北京游学，组织专家学者讲解宏观经济、电子商务、文化旅游政策，组织开展新能源电力安全技能培训；组织通渭县陇川镇李岘村党员干部和建档立卡贫困户赴山东学习金银花种植加工技术。组织开展“携手党建共建新征程、夺取脱贫攻坚新胜利”活动，覆盖通渭县18个乡镇和109个深度贫困村的200多名党务干部。发挥驻村帮扶工作队和扶贫挂职干部作用，帮助李岘村党支部基层党组织建设“硬件”“软件”双提升，分类细化81户建档立卡贫困户“一户一策”帮扶措施，稳步有序实施脱贫退出。

【国家能源局新疆监管办公室】

基本情况 国家能源局新疆监管办公室（简称新

疆能源监管办）于2013年11月6日经中央编办批准正式成立（中央编办发〔2013〕130号），于2013年11月21日经国家能源局授权（国能人事〔2013〕438号），依照《电力监管条例》等法律法规，在新疆自治区范围内履行能源监管和行政执法职能。

领导班子

党组书记、专员：李悠勇

党组成员、副专员：张志平

党组成员、综合处处长：师建中

组织机构

新疆能源监管办内设6个处室，分别是：

（1）综合处：负责文电、机要、财务、人事、信息、党务、档案、保密、内部审计和资产管理等工作。

（2）市场监管处：负责监管电力市场运行，规范电力市场秩序，监管电网和油气管网设施的公平开放，监管电力调度和交易结算，监督检查有关电价和各项辅助服务收费标准等工作。

（3）行业监管处：负责监管能源规划、计划、产业政策和重大项目的执行情况，负责对取消和下放的能源行政审批项目的后续监管，监管节能减排和资源综合利用等工作。

（4）电力安全监管处：负责除核安全外的电力运行安全、电力建设工程施工安全、工程质量安全的监督管理以及电力应急和可靠性管理，依法组织或参与电力事故调查处理。

（5）资质管理处：负责组织实施电力业务许可以及依法设定的其他行政许可，组织开展电力业务许可持续性监管以及相应的市场准入监管。

（6）稽查处：负责电力等能源行政执法，依法查处有关违法违规行为，监督电力普遍服务政策的实施，承担“12398”投诉举报处理。

主要工作

（1）明确2018年为“电力体制改革年”，深入推进电力体制改革，推动并规范辅助服务市场化投入试运营工作。

围绕“电力体制改革年”工作主线，在2017年工作的基础上，进一步加大了兵团售电侧改革试点工作的推进协调和推进力度。深入分析了兵团售电侧改革试点推进过程中面临的实际问题和矛盾，研究国家一系列改革政策，结合实际情况，变更了大唐红星售电公司电力业务许可证（供电类），将大唐红星售电公司配电区域补充完善至覆盖十三师全行政辖区，协调兵团发展改革委进一步推动了兵团售电侧改革实施。

全年，督促国网新疆电力有限公司加快完成了新疆电力服务市场技术支持系统建设工作，梳理并协调解决了市场组织、计量结算、信息披露等交易环节实际存在问题，推动市场于2018年7月投入试运营。实地调研了市场试运营及全疆火电机组灵活性改造情况，梳理了市场试运营期间亟需解决的实际问题，研究了具体的解决措施，预测了年内市场运营走向，提出了后续相关工作计划，并编制了调研报告。

（2）开展“迎峰度夏”安全检查、电力监控系统安全防护等专项安全监管，保障电网安全稳定运行。

新疆能源监管办为确保春节和“两会”期间保电安全生产等工作有效落实，开展保电督查工作，“两会”、节假日期间电力安全供应和系统可靠运行。组织召开2018年度新疆电力安全监管工作会议，安排部署2018年新疆电力安全监管重点工作，并与全口径电力企业签订电力安全生产责任承诺书，明确安全生产责任主体。

第一时间赶赴哈密天山换流站发生换流变压器设备烧损事故，现场开展现场处置和应急救援工作。配合国家能源局开展天山换流站“4·7”设备烧损事故调查，顺利完成事故调查工作。对27家企业开展“迎峰度夏”安全生产检查，共发现534项问题，提出监管意见，并督促落实整改。对15家企业开展了电力监控系统安全防护专项检查，共发现问题135项。其中，贯彻落实《网络安全法》情况方面问题9项，电力关键信息基础设施防护情况方面问题6项，电力监控系统安全防护工作开展情况方面问题120项。对存在问题的企业提出整改意见，并督促落实整改。

（3）开展光伏发电项目、煤电调控项目建设、燃煤电厂超低排放和节能改造等专项监管工作，促进规划、政策有效实施。

依据《国家能源局综合司关于开展光伏发电专项监管工作的通知》（国能综通监管〔2018〕11号）要求，会同自治区能源主管部门开展新疆区域光伏发电项目专项监管工作，对光伏企业进行监管，形成监管报告。

依据国家发展改革委《关于进一步规范电力项目开工建设秩序的通知》（发改能源〔2016〕1698号）要求，开展了新疆区域煤电调控项目建设专项监管工作，对新疆区域内6个停（缓）建煤电项目和准皖直流配套煤电项目进行监管检查，形成监管报告。

依据国家发展改革委、环境保护部、国家能源局联合印发的《全面实施燃煤电厂超低排放和节能改造工作方案》（环发〔2015〕164号），开展2018年度新疆燃煤电厂超低排放和节能改造专项监管工作，形成监管报告。

（4）集中力量开展市场监管，规范调度交易市场行为，维护市场公平、公正秩序。

加强电网公平开放的监管，协调解决乌尔禾

110kV 输变电工程公平无歧视接入电网，对并网中存在的突出问题及时发现并提出解决措施，督促进行落实，提升了克拉玛依市乌尔禾区民生、维稳用电可靠性，促进了乌尔禾区经济发展，保障了区域社会稳定和长治久安。

组织开展电力调度交易与市场秩序专项监管，坚持以问题为导向，落实监管工作，通过现场检查，提出监管意见，并形成监管报告，督促落实整改。

(5) 开展供电质量专项监管，切实做到监管全覆盖。

开展南疆供电质量提升监管，掌握南疆农村地区供电质量现状，分析供电质量较低的原因，提出监管要求和措施，提升南疆农村地区供电质量水平，并形成专项监管报告。

(6) 主动当担，推进并逐步解决未取证企业的问题，积极推动能源行业信用体系建设。

开展自备电厂合规性审查，重点落实《国家能源局关于加强发电企业许可监督管理有关事项的通知》(国能资质〔2016〕351号) 文件规定，主动汇报，大力推进并逐步解决新疆 2000 万 kW 左右自备电厂机组未获发电许可的重大问题。

全年，推进能源行业信用体系建设工作。按照通知要求，结合新疆区域能源行业实际情况，编制印发《关于开展新疆区域电力行业信用体系建设工作的通知》和《新疆能源监管办能源行业信用体系建设工作方案》，新疆能源行业信用体系建设稳步推进。

(7) 加大 12398 热线宣传普及，规范业务受理流程，畅通能源监管民生通道。

结合 3 月 15 日“国际消费者权益日”，编写筹备 12398 宣传资料，印制发放 12398 热线宣传页，在全疆范围进行热线宣传；在“3·15 国际消费者权益日”期间开展 12398 能源监管热线宣传工作，对乌鲁木齐市的宣传点进行现场指导检查。同时规范业务受理流程，编制《12398 热线标准化作业指导书》，并组织开展业务培训，提升业务办理服务水平。

(8) 发挥清洁能源优势，助力打赢“乌鲁木齐蓝天保卫战”。

办党组书记、专员李悠勇应邀与乌鲁木齐市市长牙生·司地克会谈，就充分发挥达坂城风电优势，打赢“乌鲁木齐蓝天保卫战”进行专题研究。对达坂城区清洁能源基地运行和建设情况进行实地调研，提出实现“乌鲁木齐蓝天保卫战”工作目标分“两步走”的意见建议，得到市领导和有关部门的赞同，相关工作按照计划稳步推进。

(9) 主动服务新疆工作大局，千方百计助力地方经济发展。

为推进南疆经济社会发展，应乌什县委请求，新疆监管办帮助协调推进南疆利民工程乌什天然气支线管道项目建设，并取得突破性进展，工程于 2018 年 4 月开工，并于 10 月建成投运。“南疆天然气利民工程乌什支线”项目投运后，可惠及当地 22.8 万各族群众，真正实现“打通天然气利用最后一公里”目标，做到精准施策，助力乌什县 2019 年如期实现脱贫“摘帽”任务。

协调自治区相关部门，妥善解决自治区首个煤基新材料项目——神华新疆化工有限公司 68 万 t/年煤基新材料项目配套动力装置热电机组并网问题；妥善解决新兴铸管新疆有限公司 300 万 t 特钢项目配套动力装置煤气机组并网问题，对推动自治区制造业转型升级，优化产业结构发挥重要作用。

按照自治区政府统一部署，配合相关部门开展“全国援疆电量”谈判工作，实施“电力援疆＋市场化”方案，与 7 个省（市）签订电力援疆协议；协调西北电网公司创建“疆电外送电量库”，试行效果明显，极大缓解了新疆发电企业经营压力和严峻的供需形势。

【国网陕西省电力公司】

企业概况 国网陕西省电力公司（简称国网陕西电力）是国家电网公司的全资子公司，是陕西省电力建设、输送、销售的独立法人，是全省电网规划、建设和运营的公用事业企业，承担着为陕西经济社会发展和城乡广大电力客户提供安全可靠电力供应的重要职责，负责除榆林以外的其他 10 个地市城区、1 个国家级新区、1 个国家级农业高新技术产业示范区及 41 个直供行政县（市、区）输配电网运营和服务工作。

截至 2018 年底，国网陕西电力员工职工 2.25 万人，服务用电客户 649.66 万户，资产总额 659.78 亿元。截至 2018 年底，陕西电网总装机容量 4107.76 万 kW，其中火电 2858.79 万 kW、水电 330.78 万 kW、风电 330.02 万 kW、光伏 588.17 万 kW。陕西电网共有 750kV 变电站 6 座，变电容量 2520 万 kVA；330kV 变电站 64 座，变电容量 3633 万 kVA；110kV 变电站共计 481 座，变电容量 3750 万 kVA。陕西电网共有 750kV 线路 21 条，长度 2499.78km，330kV 线路 255 条，长度 10 601.48km。外送能力 1171 万 kW，电网最大负荷 2393 万 kW，输电线路 3.8 万 km，变电容量 10 979 万 kVA。2018 年售电量 1174.22 亿 kWh。用电量为 1363.83 亿 kWh，同比增长 7.01%。

领导班子

董事长、党委书记：梁旭

董事、总经理、党委副书记：沈同

董事、党委副书记、副总经理：衣立东

副总经理、党委委员：何晓英

职工董事、副总经理、党委委员：王成文

总会计师、党委委员：李英

副总经理、党委委员：邢晨、周军义

副总经理、党委委员，西安供电公司总经理、党委副书记：陶轶华

总工程师：刘太洪

副总经理、党委委员：钟筱军

党委委员、纪委书记：李文立

组织机构 国网陕西电力下辖 11 个地市级供电单位（含西咸新区供电公司）和 14 个综合单位。

安全管理 坚持严抓严管铁腕治安。深刻汲取安全事故事件教训，挺规矩、压责任、强执行、严考核，扎实开展安全专项整顿治理工作。开展春、秋季安全大检查、迎峰度夏和“六查六防”领导带队安全督查，排查整改各类问题 655 项。开展“两票”执行督查工作，检查 16 家基层单位已执行“两票”67 918 张，抽查班组各类作业票共计 15 789 张。压紧压实安全生产责任。深入贯彻安全生产领域改革发展意见，制定《安全生产领域改革发展实施细则》。坚持“党政同责、一岗双责、齐抓共管、失职追责”和“谁主管谁负责，管业务必须管安全”的原则，制定了全员安全责任清单，覆盖 9507 个不同岗位。组建省建设分公司和地市项目管理中心，基建 12 项配套措施落地见效。确保电网安全稳定运行。积极应对度夏过冬、防汛抢险、外力破坏、新能源大规模接入等挑战，科学高效应对“1・3”关中地区暴雪、“7・11、7・14”汉中略阳特大暴雨、“9・12”汉中宁强 5.3 级地震等突发事件，建立服务应急处置“四项机制”，圆满完成春节、迎峰度夏、青岛上合组织峰会等重要供电任务，电网经受住 2394 万 kW 历史最大负荷考验。全力推进隐患排查治理，完成 10kV 及以上停电检修任务 4881 项，新增稳控系统 17 套，消除各类隐患 1.62 万条。深入电气设备火灾隐患排查治理工作，发现各类消防火灾隐患 4061 项。开展电网“三道防线”核查安排，完成 738 套安全自动装置、20 649 台保护装置、9436 份保护定值单的核查工作。狠抓作业现场安全管控。组织省市县三级安全稽查队伍开展“全覆盖、不间断”安全飞行检查，建成作业现场安全远程视频监控平台，全年检查作业现场 31 828 个，全年共查处问题 4530 个，考核人员 3296 人次，组织约谈 119 次。不断提升应急管理能力。修订完善本部 22 项、基层单位 2203 项应急预案，制定专项应急预案重点岗位应急处置卡 2998 张。组织 11 家供电公司开展大面积停电事件示范性应急演练和视频观摩活动，全年共组织开展各级演练 264 场，参演人员 8892 人次。开展应急救援基干队伍应急技能培训 10 期和野外拉练演练 2 期，开展各级应急管理培训 148 次，培训人员 8780 人。

生产经营 促请陕西省发展改革委允许商业用户参与直接交易，交易电量由 2017 年的 300 亿 kWh 提高到 400 亿 kWh。组织电供暖直接交易 6 亿 kWh。主动跟进陕西省第三批 21 个增量配电试点项目申报过程，成功将国家正式批复项目数量压缩至 7 个。加快“三供一业”分离移交，国企家属区供电设施接收、国网陕西电力“两供一业”供电服务职能接收率分别达到 100%、93.57%，完成年度任务。贯彻国家部署要求，全面完成“一般工商业电价平均降低 10%”的目标，积极配合全面清理转供电环节加价和临时接电费，用户用能成本累计降低 15.05 亿元。全面建成省市县三级“大经营”分析例会机制，推行综合计划项目“五率”考核，系统经营协作效率效益进一步提升；完成 28 家县公司内模市场验收，“电网企业内部市场化管理探索与实践”获国家电网公司管理创新特等奖。努力压降成本，年末带息负债同比减少 27.52 亿元，节约利息支出 0.84 亿元，“零库存”节约资金占用 2.85 亿元；争取税收优惠政策，节约支出 2.02 亿元。推进降杠杆减负债，资产负债率控制在 66%，“两金”净额较年初下降 15.26%，全面完成年度压控目标，资产质量不断提高，经营发展基础进一步夯实。

国网陕西交易公司股份制改造实现占股 67%的预期目标，省内市场化直接交易 430 亿 kWh、跨省区交易 220.67 亿 kWh，释放红利 14.2 亿元。以绝对控股方式，组建铜川坡头、渭南韩城两家混合所有制配售电公司。压减集体企业 36 户，集体企业管理平台实体化运营。顺利完成铜川公司市县业务集约融合试点任务，全面实施岗位绩效工资浮动点值激励机制。优化投资项目管理模式，深化项目与资金一体化管控，年转资额达 103 亿元。增供扩销，净增业扩报装容量 1458.52 万 kVA，完成替代电量 39.93 亿 kWh；组建综合能源服务公司，营业收入达 1.2 亿元；在全国率先取得智慧车联网独家建设管理权，电动汽车充电量 1.5 亿 kWh、同比增长 50%。强化风险防控，建立审计“一体化”运行机制和“上审下”机制，触电案件和被诉案件分别同比下降 66%、16.67%，重大决策合法性审核 100%。

人力资源管理 持续推进“三个改革”，支撑企业高质量发展。大力推进“三项制度”改革，系统谋划 4 方面 20 项改革措施，各单位自主申报 119 项试点任务并取得显著成效，推行职业经理人制、科级岗位试点竞聘任期制、职员序列、职务职员转任机制、重要技能岗位竞聘任期制，实现能上能下；持续开展长期不在岗人员清理，严格执行降岗、待岗、考核退出规定及各项处罚决定，实现能进能出；率先在国家

电网系统实施浮动点值激励机制，同一单位最高档点值岗位增资与标准岗位最大差异1.8万元/年，薪酬分配向艰苦偏远地区和一线生产岗位倾斜，实现能增能减。持续推进组织机构变革，规范完成党建、建设、审计、物资、二次、综合能源等专业机构设置，优化调整园区供电服务机构，完成330kV输变电运检业务属地移交，完成国网地县集融合试点，组建西北地区首家混合所有制配售电公司。研究推动用工策略变革，创新构建"劳动定员、成本费用、用工配置"联动的业务外包管控体系，2018年外包费用较2017年同比压降1亿元，核减相关单位外包定员2777人。印发集体企业用工管理指导意见，组织集体企业统一招聘直签用工，做强"第二梯队"。纵深推进"两个市场"，进一步激发内部活力。深化"内部人力资源市场"应用，分批选派115人次赴陕南陕北开展人才帮扶，各单位内部实施专业、岗位间流动配置3861人次，对调控、信通、财务、法律等专业梯队建设进行规划，率先实施"流动积分"激励，保证重大工程、缺员地域、艰苦岗位力量补充，各专业力量配置合理均衡。创新构建"内部模拟市场"考核机制，突出效益导向，将各单位由成本中心转变为利润中心，建成覆盖省、市、县三级785家市场主体的内模市场体系和配套的考核机制，年度考核挂钩工资总额5亿元，各单位之间人均专项考核差异超过5000元，经营和效益意识深入人心。创新构建"三个体系"，强化员工队伍建设。构建"5年义务教育式"新员工职业生涯培养体系，组建首批240人的职业规划导师队伍，745名近五年入职新员工纳入该体系培养，突出普惠培养。构建岗位任职资格标准、评价和培训体系，完成覆盖供电企业所有岗位中类、涉及28个分支专业2389个典型岗位的任职资格标准建设，完成4026名员工岗位能力测评，针对性强化培训，促进人岗匹配。构建青年工程技术人员业绩贡献后评估体系，完成456人次评估，评估结果为A的由省公司为其安排"一对一"专业发展导师，实现精准滴灌。加强专业建设，促进人力资源管理高质量发展。突出精益管理，严控用工总量和人工成本，两年来用工总量压降1084人，全口径劳动生产率提升22.3%，同业对标指标保持国网前列。持续夯基固本，扎实完成2017年国家电网巡视问题整改，开展2018年专业自巡察，用高质量工作赢得各方面认可，先后获得西北能监局专家管理先进单位，陕西省统计管理、社保管理等先进单位。坚持创新引领，率先成立人力资源创新工作室，超前开展前瞻性课题研究，11项成果获得省政府奖项，2项成果获得国家电网公司级奖项。

信息化建设 以承担国家电网全业务统一数据中心全域综合示范试点、电网资产实物ID试点项目为契机，构建数据驱动型创新体系和发展模式。支撑国家电网公司与西安交通大学签订战略合作协议，参与联合研发。《智慧电力》入选中文核心期刊。"电力系统接地基础理论、关键技术及工程应用"成果获国家科技进步二等奖，实现国网陕西电力在国家科技进步奖领域零的突破；"中性点非有效接地配电网单项接地故障处理装置及方法"获得美国授权，实现国网陕西电力在国际专利领域零的突破。此外，获得中国专利优秀奖1项；获得陕西省科学技术奖5项，其中一等奖1项；获得国家电网公司科学技术奖4项；中国电力创新奖3项，中国电力人物奖2项。承担1项国家自然科学基金项目、1项国家重点研发计划项目、1项陕西省重点研发项目、1项陕西省重点产业链项目。参与2项国际标准及1项CIGRE国际技术报告的编写工作；协助IEC/TC85组建"状态监测"镜像工作组，并担任召集单位，为国网陕西电力下一步争取牵头开展"状态监测"IEC系列国际标准打下坚实的基础。1个项目入选央企创新成就展，2个项目入选"创响中国"国家电网站发布会。自主研发的750kV线路避雷器在750kV洛横Ⅱ线挂网运行，其成果被鉴定为国际领先。"配电网单相接地故障智能处置技术及成套设备"应用于汉中、宝鸡、合肥、嘉兴等国内多个区域配电网；"智能电能表本地复电装置"成果参加国家电网公司青创成果交易展，签订交易意向协议；"少油设备多参数综合状态在线监测装置"获得国家电网第四届青创赛唯一金奖，监测装置已在330kV雍城变电站成功挂网运行。"输变电工程电磁环境控制关键技术"项目突破了输变电工程低频噪声定位、全天候电磁环境监测、复杂条件下环境敏感区识别与避让的难题，创造性地提出了"精确测算、精准防控"的技术路线，可为输变电工程电磁环境控制以及环保全过程管控提供坚强的技术支撑，获陕西省2018年度科学技术一等奖。"一种电噪声源精确定位测量方法"获得2018年度中国专利优秀奖。基于该专利自主研发的输变电工程噪声源精确定位装置，以及声子晶体降噪结构科技成果登上央视，《走近科学》栏目分两集播出《声音捕手》《给变电站静音》，起到了很好的宣传和科普作用，同时也向社会展示了电网企业在环境保护方面的负责任的精神。国家电网公司孵化项目"噪声定位测量系列装置及降噪新材料应用"已完成工程样机试制，完成出孵指标，已在10多个特高压输变电工程中得到推广应用，总合同额960万元。先后开展了750kV西安北变电站、商洛110kV西郊变电站、汉中110kV凤凰变电站等降噪工程，将近些年在输变电工程降噪领域的多个研究成果在工程上进行了应用，取得了很好的示范作用。

党建工作 坚持以习近平新时代中国特色社会主义思想为指导，坚决贯彻国家电网公司党组决策部署，扎实推进“旗帜领航·三年登高”计划，坚持“抓基础、抓融合、抓特色、创先争优”，着力打造国网陕西电力“寻心梁家河·传承延安魂”党建品牌，党建工作有效加强，取得显著成效。制定并落实学习宣传贯彻党的十九大精神60项重点任务，各级党委中心组开展集体学习研讨205次、辅导报告会102场、专题党课208次，组建宣讲团赴基层单位宣讲50场，省市县三级领导干部累计宣讲404次，现场受教育人数达14 000余人次。举办“不忘初心，牢记使命——学习梁家河大学问”辅导讲座，组织94期“寻心梁家河·传承延安魂”现场体验式教育活动。组建国网陕西电力党建研究中心，分级确立一批党建重点项目，聚焦问题开展实践探索。实施党建量化计划管理，全面完成“旗帜领航·三年登高”计划对标管理年各项任务，国网陕西电力73个基层党委、720个党支部全面完成标准化建设任务。推广应用党建信息化综合管理系统，在国家电网公司系统首家编制《党建信息化综合管理系统运行管控手册》，集中开展27期关键用户培训，分级培训1014人，党团组织、党团员信息维护率100%。按期完成142个党组织换届选举，实现应换必换。深化“三亮三比”主题活动，广泛创建电网先锋党支部，建立党员示范岗、责任区5300余个，党员公开承诺46 000余条。组织国网陕西电力1.6万名党员集中开展“做好先行官、架起连心桥”主题党日活动。创新实践“党建+”管理模式，在国网陕西电力层面立项12个专业方向150个“党建+”项目，推动党建工作与生产经营等各项业务工作相融共进。坚持“四同步、四对接”，规范设置党的工作机构、配齐配强各级党组织负责人、党建工作人员。全面强化精神文明创建工作，制订公司年度精神文明建设工作计划，举办道德讲堂74次，开展职工思想动态调研4次。弘扬劳模精神、工匠精神，建立先进典型资源库，举办张黎明先进事迹京外首场巡回报告会。“延安红色资源在国有企业党建和管理工作中的应用研究”得到国家电网公司领导充分肯定。国网陕西电力党委荣获陕西省国资委“先进党组织”称号。

电网建设与发展 紧紧依靠政府，加大对电网建设政策倾斜和协调力度，构建良好外部环境。促请梁桂常务副省长召开750kV陕北二通道工程专题协调会，对工程沿线各级政府进行督办，解决制约工程建设外部阻挡问题，为工程按期建成投运奠定了坚实的外部基础。±1100kV昌吉—古泉工程、1000kV榆横开关站配套电源送出工程按期投运，±800kV陕北—湖北、青海—河南特高压工程“先迁（签）后建”工作有序推进。330kV港务变电站、蒙华铁路配套供电等70项重点工程按时开工，750kV陕北—关中第二通道、清水川电厂配套送出等61项工程按时投产，完成投资和投产规模均创历史新高。

编制完成《330kV智能变电站通用设计陕西实施方案施工图集》，110kV渭南西区变电站“折叠式”项目部临建设施技术创新成果得到国家电网公司专家充分肯定。荣获国家电网公司±1100kV昌吉—古泉特高压工程管理先进单位；酒湖特高压工程荣获2018—2019年度国家优质工程奖，榆横送出工程QC小组被命名为2018年度陕西省优秀质量管理小组三等奖。“35～110kV智能变电站柔性设计全过程管控机制构建与实施”获国家电网公司软科学成果二等奖，“输变电工程基于‘三算’精准联动的造价管控机制”荣获国家电网公司优秀卓越管理案例三等奖。

营销工作 电能替代工作向纵深发展，全年替代电量39.93亿kWh，作为国家电网公司7家电能替代模式创新试点单位之一，率先建立电能替代B2B、B2C市场拓展机制，完善电能替代奖励资金考核管理办法。在西北电网首次开展跨区交易自备电厂清洁替代，交易电量10.08亿kWh，同比增长251%。促请政府出台多项“煤改电”支持政策，6个“电化陕西”提案写入当地政府工作报告。入选国网电能替代典型案例12项。完成19.2万户“煤改电”确村确户和改造任务。推进综合能源服务市场。组建省级综合能源服务公司，制定《加快拓展综合能源市场工作方案》，建立省公司、综合能源公司、地市公司分工负责、协同合作的工作机制，完成《综合能源服务三年规划》编制。业扩报装结存容量占比9.34%，净增业扩容量同比增长7.87%。积极推广国网电商电费金融产品，全年电费网银累计交易金额超过35亿元，创下企业电费网银单笔最大交易金额2.45亿元的国网记录，进一步夯实企业欠费风险防线，保证全年电费百分百回收。对接人行征信和政府信用平台数据，实现电力客户社会信用数据与用电信用数据交互，初步建成全方位的电费信用应用体系。全力配合政府部门，完成一般工商业降价10%和转供电清理任务。

建成省、市、县“三级”业务管控机制。开展营业厅视频监控工作，全年发现设备异常167起，不规范服务行为210起，有效促进了营业厅优质服务水平提升。开展现场稽查9次，发现问题用户29户。2018年全省共计堵漏增收1.1亿元。继续开展以“标准化、精益化”县公司建设为引领的县公司“两化”建设工作。建立县公司同业对标、指标贡献率、指标达标率三维度评价体系。国网宝鸡市陈仓供电公司等20家县公司实现“两化”县公司命名。

优质服务 开展国家电网现代服务体系试点任

务，率先成立省市县三级市场与客户服务委员会，地市供电服务指挥中心实体化运作。提前两年完成国家电网公司下达的 23 个五星级供电所建设任务。建成 20 个精益化、标准化县公司。率先出台《陕西省进一步优化小微企业电力接入实施办法（试行）》，大力开展报装接电专项治理，平均接电时间同比压缩 4.65 天。促请陕西省出台户表改造支持政策，完成 36.95 万户合表户改造。深化“互联网＋营销服务”，完成 35 万户本地费控远程化改造；开展智能表非计量功能应用，实现停电事件主动上报、主动抢修。积极服务生态文明建设，压减关中地区电煤 252 万 t，在新能源并网规模、消纳电量“双提升”（新能源并网容量 796 万 kW，同比增长 26.97%；消纳新能源 116.23 亿 kWh，同比增长 44.72%）的情况下，弃电量和弃电率实现“双下降”。实施全力服务脱贫攻坚十大行动计划，选派 77 名扶贫干部驻点扶贫，助力西安周至、渭南蒲城、铜川宜君、榆林米脂 4 个县脱贫摘帽。

围绕聚焦客户感知提升和保障客户可靠用电两大主线。一是提升市场与客户服务响应能力。完成《“五个服务”工作手册》编制，梳理内、外部客户 115 项服务标准，推进后台对前端和客户需求的精准、高效响应。二是推动“八大服务工程”落地。编制实施 2018 年行动计划，将 20 项重点任务“八定”落实至相关部门，建立月报及季度例会机制，各项举措圆满落地。三是推动营业厅转型升级。完成 6 个营业厅“三型一化”转型升级，与 7 家企业实现跨界合作，全面推行营业窗口“业务工单制”，将工单流转纳入供电服务指挥平台统一管控和监督评价。四是强化服务质量管控。推行营业厅“311”管理举措，建立“客户诉求回溯管理缺位，强化专业闭环整改”机制，有效解决供电服务瓶颈。五是开展客户侧用电保障。按照“政府主导、客户主体、电力主动”的“三位一体”客户侧保电机制，全面排查所有专线客户电缆安全隐患，完成 23 项重要保电任务。六是开展“供电所人人争当电保姆”活动，建成 10 个国家电网公司五星级乡镇供电所。七是“掌上电力”“电 e 宝”等自有线上渠道累计开通服务 416.7 万户，高、低压线上办电率分别超过 98.54%和 96.47%。八是建成省级政府充电设施服务平台，编制了全国首个充电、加油、加气站三站合一安全技术地方标准，累计建成充电桩 1800 个，全省充电量突破 1.5 亿 kWh。2018 年完成 824 个村动力电提升工程，其中，2018 年脱贫退出贫困村动力电提升工程项目 56 个，投资 2838.69 万元。完成国网陕西电力营业区进入国家光伏扶贫目录电站接网容量共计 185.881MW，接网工程累计投资 5805.66 万元，帮助 10 383 户贫困户增收。促成陕电送苏交易电量 15.24 亿 kWh，扩大能源外送规模输，服务陕西经济发展。

主要事件

1 月 8 日，国家科学技术奖励大会中，国网陕西电力参与完成的《电力线路行波保护关键技术及装置》获国家技术发明二等奖。

1 月 23 日，由人民日报、新浪微博、新浪网发起，国资委新闻中心联合主办的政务 V 影响力峰会金旗帜央企论坛在北京召开，国网陕西电力官方微博“国网陕西电力”与国家电网公司官方微博“国家电网”一起获得“金旗帜”最具影响力央企微博矩阵奖。

4 月 9 日，西成客专 330kV 供电工程最后一条线路 330kV 周至变电站—佛坪牵引变电站Ⅰ、Ⅱ回线路顺利带电，标志着西成客专供电工程供电任务完工，为西成高铁安全运行奠定了坚实的基础。

4 月 20 日，中央电视台综合频道《晚间新闻》栏目以《社会扶贫结硕果，农民齐步奔小康》为题，对国网陕西电力在米脂县定点扶贫工作取得的成效和经验进行了深入报道。

4 月 26 日，国网陕西电力负责建设的陕能赵石畔电厂 1000kV 送出工程线路工程最后一相导线牵引到位，标志着该线路工程全线贯通。

5 月 15 日，国网渭南供电公司与陕西群生发电有限公司正式签订清洁替代交易协议，标志着国网陕西电力清洁替代工作进入新的历史阶段。本次清洁替代共关停煤矸石自备机组 10 万 kW，年替代电量达 2 亿 kWh。

5 月 29 日，由国网陕西电力建管的酒泉—湖南±800kV 特高压直流输电线路工程（陕西段）获得 2018 年度中国电力优质工程奖。

5 月 31 日，陕西省渭南市境内陕 2 标 N6711～N6730 段导线牵引就位，标志着昌吉—古泉±1100kV 特高压直流输电工程全线贯通。

7 月 7 日，国家电网公司与中国延安干部学院战略合作框架协议签约仪式在陕西延安举行，并在梁家河村揭牌成立国家电网有限公司梁家河党性教育基地。

7 月 11 日，国家电网公司总值班室收到汉中略阳县徐家坪镇寄来的感谢信，信中对国家电网公司连续十年对该镇徐家坪社区“5·12”地震灾后通电、恢复家园建设中长期给予的帮助支持表示衷心感谢。

7 月 12 日，国网陕西电力脱贫攻坚工作再次得到陕西省委领导肯定。陕西省委副书记、省长刘国中对国网陕西电力助力陕西脱贫攻坚作出批示，认为国网陕西电力积极响应落实中央号召和省委部署，发挥优势，主动尽责，脱贫攻坚工作取得了良好成效，为全省做出了贡献。

9月16～18日，国家电网公司副总经理、党组成员杨晋柏来党建联系点国网陕西电力调研党的建设、科技创新、信息通信、营销服务、电力交易等工作情况；组织召开国家电网公司全业务统一数据中心全域综合示范工作现场推进会。

9月19日，国网陕西培训中心荣获由新华报业传媒集团《培训》杂志权威评选的“中国人才发展菁英奖——2018—2019年度中国企业大学50强”称号。

9月28日，西北能源监管局向铜川银河配售电有限责任公司颁发电力业务许可证（供电类），标志着铜川银河配售电有限责任公司正式具备试点区域内的供电营业资质，可以依法合规开展相关业务。西北能源监管局党组书记、局长黄少中，国网陕西电力总经理、党委副书记沈同出席并讲话。

9月29日，《人民日报》以《灯火辉映“好江南”——国网陕西电力服务“三农”助力南泥湾发展记事》为题，通过电力点亮好日子、服务助力“三农”建设、红色小镇后劲更足三个方面，大篇幅报道了改革开放40年来电力支撑下南泥湾翻天覆地的变化，报道国网陕西电力改革开放40年成就。

10月8日，由国家电网有限公司主管、国网陕西电力主办的《智慧电力》期刊收到北京大学图书馆《中文核心期刊要目总览》入编通知，标志着《智慧电力》成功入选中文核心期刊要目2017年版（第8版）之“电工技术”类。

10月24日，位于陕西榆林赵石畔电厂1号机组与榆横—潍坊1000kV特高压交流输变电工程并网发电，新增发电容量100万kW，陕西首次跨省对外送电，标志着陕西迈入特高压电力外送新时代。

11月14～17日，国家电网公司第四届青年创新创意大赛决赛暨青创成果交易展在北京举行。国网陕西电科院“少油设备多参量综合状态在线监测装置”项目荣获金奖，国网宝鸡供电公司“基于人工智能的用户用电异常状态识别与成果应用”、国网铜川供电公司“‘互联网+安全’配电接地线智能监测管控的研制与应用”、国网陕西物资公司“实物ID串起智慧供应链”3个项目荣获铜奖。

12月19日，酒泉—湖南±800kV特高压直流输变电路工程获2018—2019年度国家优质工程金奖。

（韦加雄　陈　燕）

【国网甘肃省电力公司】

企业概况　国网甘肃省电力公司（简称国网甘肃电力）更名于1990年2月，是国家电网公司的全资子公司、依据《中华人民共和国公司法》规定设立的有限责任公司，具有独立的法人资格。承担着建设、运行、管理、发展甘肃电网的任务，为甘肃省地方经济和社会发展提供安全可靠的电力保障。

截至2018年底甘肃电网有750kV变电站10座，主变压器18台，容量36 000MVA；330kV变电站67（含1座开关站）座，主变压器147台，容量40 170MVA；220kV变电站7座（含1座开关站），主变压器18台，容量2370MVA；750kV线路41条，省内长度5608km；330kV线路256条，长度10 755km；220kV线路40条，长度883km。有各类用电客户841.64万户，其中大工业用户0.528万户，居民用户738.34万户及其他用户102.772万户。

领导班子

董事长、党委书记：叶军

董事、总经理、党委副书记：许子智

党委副书记、副总经理：魏琦

副总经理、党委委员：王多

总会计师：张治强

党委委员、工会主席：王海涛

副总经理、党委委员：李俭

副总经理、兰州供电公司总经理、党委副书记：路民辉

党委委员、纪委书记：严光升

总工程师：张祥全

副总经理：行舟

组织机构　本部设置23个职能部门（含工会、企协、集体企业管理办公室），按照本部管理的其他机构有（常设机构甘肃电力交易中心有限公司、国网甘肃省电力公司综合服务中心，挂靠机构甘肃省电机工程学会，非常设机构县公司和供电所达标创优工作办公室、脱贫攻坚帮扶工作领导小组办公室。下属14个市（州）供电公司、92家县供电公司，10个业务支撑单位，1个水电厂。全口径用工总量45 774人。其中：长期职工30 306人，农电用工6724人、劳务派遣用工2662人，集体企业用工6082人。

电网概况　甘肃电网处于西北电网中心位置，是西北电网水火（新能源）互济，跨省功率交换的核心枢纽。与新疆、青海、宁夏、陕西、四川省（区）电网联网运行。

甘肃电网按地域、结构和功能主要可分为750kV主网、330kV河西、中部、南部和东北部电网。750kV主网是西北电网的中枢部分，分别与陕西、宁夏、新疆通过4回750kV线路连接，与青海通过6回750kV线路连接，是西北电网潮流交换的核心枢纽。330kV河西电网，以750kV武胜变电站、河西变电站、酒泉变电站、莫高变电站、敦煌变电站、沙洲变电站为中心330kV电网分区运行，连接西北新疆电网，主要承担着酒泉千万千瓦级风电基地送出，河西五市负荷供电。330kV中部电网，以750kV白银变电

站、兰州东变电站为中心，构成750kV/330kV电磁环网及330kV双环网主网架，承担着黄河水电送出及兰州市、白银市、定西市负荷供电。330kV南部电网，以麦积山变电站为中心，330kV网架承链式、辐射状电网结构，承担着南部水电送出及陇南市、甘南市、天水市供电任务。330kV东北部电网，以750kV平凉变电站（单主边）为中心，与750kV麦积山变电站（单主变压器）、750kV兰州东变电站（双主变压器）之间形成750kV/330kV电磁环网，承担着平凉市、庆阳市电网供电任务。

2018年甘肃电网输变电工程建设主要为补强电网结构、提高通道输送能力及供电可靠性、解决部分变电站不能满足$N-1$问题为主的电网改造与建设，缓解甘肃省新能源发展受限压力，促进省域经济社会清洁及绿色发展，提高甘肃电网主网运行的安全稳定。

甘肃电网统调（五级调度）装机容量47 832MW，其中：水电9086MW，火电18 500MW，风电12 773MW，光伏7473MW；全网用电量1047.33亿kWh；甘肃电网日最大用电负荷为15 127MW。甘肃省全社会用电量1289.52亿kWh。

甘肃电力市场：甘肃省内交易电量1096.58亿kWh。跨区跨省交易外送电量324.99亿kWh，其中：送华中170.65亿kWh，送华东27.84亿kWh，送山东21.06亿kWh，送四川0.88亿kWh，送陕西30.62亿kWh，送宁夏1.6亿kWh，送青海19.44亿kWh，送西藏8.56亿kWh，直流通道现货交易送出32.90亿kWh，日前实时、调峰互济及偏差送出11.44亿kWh。外购电交易，跨区跨省购入电量10.64亿kWh。

直接交易电量338亿kWh，增量负荷直接交易电量10.72亿kWh。电铁与水电超发直接交易电量13.98亿kWh。新能源消纳：各直流通道外送中长期交易电量203.77亿kWh，其中祁韶直流外送127.82亿kWh。节能减排实施规模化替代发电，新能源替代自备电厂发电量38.12亿kWh，其中新能源置换33.98亿kWh。节约标煤105.71万t、减排SO_2 121.73t，减排CO_2 274.83万t。新能源就地供热交易，组织供热企业与38家新能源开展就地供暖交易，交易电量2.12亿kWh。

电网发展与建设　“十三五”国网甘肃电力发展规划，电网发展规划报告编制完成。促成国家电网公司和甘肃省政府签订战略合作框架协议，将甘肃电网规划纳入甘肃省能源、电力规划和各级政府专项规划，统筹城乡电网发展。开展电磁解环、电力外送等重大问题研究，确保电网安全稳定运行，提高甘肃电网可持续发展能力。

2018年完成110kV及以上项目开工21项，其中线路1336.81km，变电485.00万kVA；完成110kV及以上项目投产23项，其中线路191.65km，变电428.25万kVA。重点项目前期工作。汇报国网启动陇东直流可研，完成预选所、电源组织方案、网架调整等初步研究，与山东会谈并达成一致，成立前期协调推进领导小组。完成青海—河南、河西走廊750kV加强工程等8项重点项目及34项110kV项目核准工作。项目管理。按照“深化5年规划、提前3年开展可研、提前2年开展前期，提前1年开展征地”的原则，推进电网项目前期与工程前期的无缝衔接和闭环管理。编修电网项目管理指导意见、电网项目可研初设一体化管理指导意见，推行可研初设一体化工作。配农网管理。以问题和需求为导向，完成项目储备94亿元。建立定期衔接协调机制，有序推进煤改电、光伏扶贫、异地扶贫搬迁配套电网建设。落实国家电网公司援藏工作会议精神，推进甘南天祝藏族电网建设工作。实施临夏州脱贫攻坚电网改造升级“两年攻坚战”。

电网工程建设。750kV河西走廊第三回线加强工程，330kV银西电铁配套供电工程全面开工建设。±800kV青豫特高压工程完成“前签后建”前期准备工作。±1100kV吉泉特高压工程顺利投运。长期挂账项目治理完成21项，土地证治理完成16项。刘家峡排沙洞扩机及其配套送出工程，麦积750kV变电站主变压器扩建，平凉750kV变电站330kV配套送出，330kV洛大主变压器扩，兰州热电异地新建330kV送出，玉门东330kV变电站扩建等工程投运。

750kV河西加强工程，银西电铁330kV供电工程，庆阳330kV洪德、庆中、张掖甘州、天水主变压器增容、成纪110kV送出等工程按期开工。330kV徽县、成纪、金泉等工程稳步推进。农网工程全部按期完成建设任务，甘南7项“一区一州”工程按期投产。

电网建设施工安全管理。开展现场安全质量巡查和防汛、分包等专项检查，现场隐患排查治理工作。研发应用“基建风控”“基建E控”等App，“周预警、日抽查”风险管控工作，做到现场风险作业可控在控。按照《国家电网公司关于基建日常管控体系简化优化的实施方案》，明晰基建安全质量工作及各级管控6类297项。落实《国家电网公司关于加强线路工程核心劳务分包队伍培育及管控的指导意见》，明确施工单位强化核心分包队伍人员“四统一”管理要求，提升分包队伍素质。酒湖±800kV线路工程、桥湾750kV变电站工程获得国家电网公司优质工程金奖和行业优质工程。落实《国家电网公司输变电工程工艺标准》，强化安全质量责任量化考核，开展现场督查，完善施工图预算招标标准化管理体系，践行“过程创优、一次成优”，推动质量工艺水平整体提升。工程设计质量，强化工程造价过程管理，促进技经管理和建设管理深度融合，梳理涉及工程安全、关键性能、智能化等重点技术问题，落实执行《输变电工程设计质量控制问题清单（2017年版）》。

优化管理体制结构。2018年9月开始启动除临夏、甘南地区以外330kV输变电工程建设管理职责属地化移交工作。330kV建设管理职责属地化移交后，施工企业和区域供电公司现场项目，从管理模式、组织机构、劳动用工、薪酬分配、管控机制、市场机制、考核机制、技术装备、技术措施、等方面管控手段不断加强。

经营管理 2018年甘肃省经济整体发展放缓，固定资产投资较2017年有所下降。电量增长主要是2015年以来停产负荷逐步恢复性增长。4月2日国网甘肃电力新一届领导班子正式上任。根据国家电网有限公司决定，叶军任公司董事长、党委书记、许子智任公司董事、总经理、党委副书记。新班子到任以后调研分析国网甘肃电力发展面临的形势任务，在经营形势异常严峻的情况下，明确37814工作思路。强化十四项基础工作（规划管理、电网运行、新能源消纳、市场营销、电力交易、经营管理、党的建设、依法治企、人力资源、脱贫攻坚、干部队伍、集体企业、三基工作、后勤工作），推动坚强智能电网建设，助力甘肃省深度贫困地区脱贫。

国网甘肃电力和甘肃政府能源管理部门联合会商电网发展新模式，探索经营采用租赁方式建设急需项目，开展经营租赁项目20亿元，重点解决近年来投资不足未能实施的“三补一消”项目。国家能源局将临夏州农网中央资本金比例由20%提高到50%，下达甘肃省2019年农网中央资本金6亿元，同比增加2倍。争取国家电网公司注资10亿元、东西帮扶5亿元，全额投资35亿元建设河西走廊750kV第三通道工程。通过资本注入、资产划拨等多种措施，使得公司资产负债率降至2003年以来最低水平。实施国家一般工商业电价降价部署，通过四批措施实现降幅10.11%，减少用户电费支出4.79亿元，清退临时接电费3.94亿元。配合完成审计署重大政策落实及稳增长审计、原董事长任期经济责任审计。实施各类审计项目123项，发现并整改突出问题1508个，促进增收节支8327万元。运用法律武器主动维权31起，涉及金额2.04亿元。以“低碳、高效调度”为目标，推进甘肃电力市场化建设。开展甘肃省内现货市场建设，完成现货市场规则设计及系统建设。推进甘肃调峰辅助服务市场正式运行，研究新能源中长期外送中占比比例，完善跨省区富裕新能源现货交易。探索开展跨区风火置换、抽水蓄能替代的现货交易，全力推动新能源消纳，新能源发电量同比增长24.11%，弃风率、弃光率分别下降13.8、10.47个百分点。2018年，首次实现甘电入津、甘电入粤，前9个月外送电量236.25亿kWh，交易规模超过2017年全年水平。建成西北首家调峰辅助服务市场，完成跨省区现货交易电量32.9亿kWh。兰州、平凉增量配电公司正式挂牌。“两供一业”分离移交框架协议、实施协议、资产移交协议签订率均为100%。完成26户企业“瘦身健体”处置，初步完成“新科源系”平台及所属企业机构改革。调整嘉酒公司运作模式，整合6家“一县两公司”，完成330kV设备运检、建设管理业务属地化移交，建成13家市（州）公司供电服务指挥中心。开展“三项制度”改革，在7家单位进行试点。基建改革12项配套措施落地执行、信息化企业通过国家电网公司验收。投资4.09亿元改善基层生产生活条件，完成66个营业厅升级、427个乡镇供电所维修、454个乡镇供电所旱厕改造，基本配齐供电所安全工器具。实现706个供电所视频会议系统全覆盖。举办覆盖各级的职工技能运动会，竞赛覆盖37个工种、2.3万职工。开展现场培训、送培上门、网络培训17.9万人次，新增中级及以上职称550人，技师、高级技师2382人，人才当量密度1.0169。乡镇供电所“五小”建设作为典型经验在国家电网公司系统全面推广。坚持为职工办实事，有效解决上划县供电公司社保历史遗留问题。成立达标创优办，启动县公司、乡镇供电所达标创优专项工作，完成第一批18家县公司和231个供电所预评价。9项成果获省部级科技进步奖。1项成果获国家级管理创新成果奖。QC管理获甘肃省质量管理小组最佳组织奖、3个QC小组获全国优秀质量小组，7个QC成果获国家电网公司表彰。16项职工创新成果获省部级表彰，1项成果获全国职工技术创新成果奖。在国家电网公司第四届“青创赛”上取得2金3银2铜。“青春光明行”志愿服务活动，1人被评为“甘肃省岗位学雷锋标兵”。2家单位获甘肃省“五一”劳动奖状、8人获甘肃省“五一”劳动奖章、8个班组获甘肃省工人先锋号、1人获“陇原工匠”称号。国务院国资委党委书记郝鹏在国网甘肃省电力公司调研时指出：“甘肃电力学习习近平新时代中国特色社会主义思想，落实十九大精神、国企党建会精神，抓得很实，抓得很紧，抓党建、带队伍、促发展取得了新的成果”。国网甘肃省电力公司员工马进伟先进事迹获中央领导批示。国务院国资委、甘肃省委、国家电网公司党组追授马进伟为“优秀共产党员”，中办主任丁薛祥、中纪委副书记杨晓渡、国资委主任肖亚庆等领导先后作出重要批示。

企业改革 清洁能源消纳。一是富裕新能源跨区现货市场提高资源优化配置的能力，培育了市场主体参与的积极性，为甘肃省内电力现货市场的运行奠定了坚实的实践基础。在新能源占比重、省内消纳空间有限的情况下，不断开拓“两个市场”，开展跨省区中长期外送、现货交易，跨省主控区置换、短期交易、全网留取负备用、扶贫电力援建外送等方式促进新能源消纳；二是挖掘省内潜力，开展新能源与自备电厂发电权替代、省内大用户及增量用户的直接交易，调峰辅助服务市场运行用市场化手段激励火电机组开展灵活性改造，主动开展深度调峰，提高电网运行的可靠性和调节性能，也增加了新能源的消纳空间。新能源市场化消纳成效显著。

增量配电业务。在增量配电业务改革工作中，贯彻电力体制改革精神，落实甘肃省发展改革委电改工作要求，按照《有序放开配电网业务管理办法》（发改经体〔2016〕2120号）有关要求，在遵循国家电网公司相关工作精神和要求的前提下，加强与地方政府、园区的沟通，避免重复投资、重复建设，提高投资效率和效益，明确配电网等级范围，明确增量投资业务类别，向符合条件的市场主体放开增量配电投资业务试点。在政府主导规划编制的形势下，主动汇报公司电网规划建议，配合做好规划编制工作，合法合规开展增量配电业务。在保障电网安全的前提下，规范各地市州以混合所有制方式，开展增量配电网投资业务的相关工作。要求新增配电业务投资主体应具备相应资质和许可，执行电网统一规划、统一标准，服从统一调度，参与省级交易，确保电网安全和用户可靠供电。2017年12月22日，国网甘肃电力召开增量配电业务政策宣贯及工作指导会议，对国家及甘肃省的最新增量配电业务改革政策进行宣贯，针对《国家发展改革委国家能源局关于规范开展第二批增量配电业务改革试点的通知》和《甘肃省发展和改革委员会关于做好增量配电业务改革试点工作的通知》具体宣讲，评审了第二批及潜在增量配电项目可行性研究报告。2018年按照国家能源局增量配电网试点要求，第一批试点必须于9月确定投资主体。遵照国家电网公司效益优先的原则，从甘肃5个增量配电网试点项目遴选了兰州新区职教园和平凉工业园区等2个项目，开展试点竞标工作。8月23日与国投甘肃售电有限公司签订了增量配电网合作协议，9月28日以绝对控股的模式中标。9月20日与平凉市政府签订共同推进电网建设发展框架协议，10月10日以高比例参股模式中标。两个项目的中标标志着国网甘肃电力增量配电业务改革试点工作取得阶段性成果，按照新组建配电公司特许经营期为25年测算，为国网甘肃电力新增售电量37.53亿kWh，同时为开展第二批项目试点积累了宝贵的工作经验。一是采用竞争性磋商优选业主上，要求参与比选的投标候选人对配电价格、终端用户价格、供电可靠性、供电安全、电能质量、运营服务方案等方面做出承诺，并以此作为优选依据。二是激励性闭环监管机制的建立，政府转变传统的电网监管机制，通过标尺竞争和信息披露的方式，对电网的投资运营效率进行有效监管。三是增量试点项目将以微电网、多能互补、能源综合服务等多种方式开展。

第一批增量配电网试点项目。甘肃省第一批增量配电试点项目5项，分别是兰州新区、兰州国际港务区及机场北高新园区增量配电业务试点、兰州经济技术开发区兰州西部药谷产业园增量配电业务试点、瓜州柳沟综合物流及现代煤化工产业园区、平凉工业园区增量配电项目。参与兰州新区职教园区和平凉工业园区2个项目。2017年平凉工业园区增量配电项目由国网甘肃电力、中国华能、平凉鸿源电力有限公司三家联合中标，持股比例分别是40%、40%、20%，平凉工业园区配售电公司7月18日正式挂牌。兰州新区职教园区项目国网甘肃省电力公司占股51%，国投甘肃售电有限公司占股49%。兰州职教园区配售电公司7月25日正式挂牌，10月11日完成工商注册。两家试点公司董、监、高人员已配备，业务委托当地供电公司管理。第二批增量配电网试点项目情况。国家能源局公布的第二批试点项目中，甘肃省试点项目5项，分别是金昌经济技术开发区紫金云大数据产业园区、敦煌市文化产业示范园、酒泉市肃州区新能源综合利用试验区、玉门东镇建化工业园、玉门经济技术开发区增量配电业务改革试点项目。第二批增量配电试点项目规划已经甘肃省发展改革委批复，其中金昌经济技术开发区紫金云大数据产业园区于10月18日发布业主招标公告，其余项目尚未招标。

第三批增量配电网试点项目情况。国家能源局批复的第三批甘肃增量配电网试点项目共11个，分别是白银刘川工业集中区、武威工业园区、张掖循环经济示范园、张掖冶金产业园、定西岷县梅茶新区、庆阳市长庆桥工业集中区、天水张家川东部工业园、酒泉金塔县北河湾循环经济产业园、酒泉经济技术开发区、嘉峪关嘉北高端铝制品加工产业园、酒泉阿克塞县工业园区。甘肃省发展改革委已将规划等权限下放市州，由各市州自行按国家要求开展，目前正在编制规划等前期工作。

“三项制度”改革。一是深化管理机关目标任务制考核应用；二是优化本部绩效管理。将部门“目标任务”考核权“还原”给公司“一把手”；三是深入推进一线员工“工作积分制”量化考核；四是进一步扩大绩效薪金分配差距；五是加强绩效管理制度落实督导、检查、评比；六是深化绩效分析研究；七是优化调整主网输变电运检业务管理模式。

主网输变电运检业务管理模式优化调整。针对检修公司主网输变电运检业务原管理模式不能满足特高压骨干网架安全保障要求、超高压电网迅速发展带来管理幅度过大，员工归属感不强的问题，结合实际，组织编制公司输变电设备属地化移交实施方案，取得国家电网公司批复同意。组织省检修公司和各供电公司进行设备移交，开展机构、编制、人员、职责调整，移交属地地市公司管理，举办针对业务接收单位的主网设备精益化管理培训班。送变电公司开展对接收业务相关线路开展运维巡检。改革工作有力保障了大电网安全稳定运行，提升了主网设备运维检修水平，增进了员工归属感，提升了资源配置效率效益。

优化调整业务流程。为适应外部改革形势，推动组织模式向业务驱动转变，梳理提出 15 项 62 条重点目标清单，优化投资、报装、建设、物资等管理业务流程。完成基建队伍机构调整，持续深入基建队伍改革，强化施工安全管理。成立综合能源公司，探索创新市场化业务。聚焦市场，紧盯客户，推广小微企业报装接电新模式，全省年内实现台区经理全覆盖，供电服务指挥平台实体化全覆盖。

精细开展集约融合。按照“前端优化、后端高效；末端融合，系统集约”的原则梳理确定 21 家单位 400 余项精细化任务，推动“市场服务、本质安全、经营发展”等主营业务的再提升更适宜。推进与支撑单位联系紧密的 10 个管理专业强化纵向贯通，夯实业务协同机制，直属单位业务联动性显著提升。

售电侧市场。甘肃电力交易公司从提升市场注册服务水平出发，优化售电公司市场注册流程和标准，发布售电公司、直接交易用户、市场化零售用户服务指南。建立省、市、县、营业厅四级市场化售电业务联系机制，开展上门走访，全面宣传市场化售电业务服务流程和规范，主动做好各类市场主体服务，347 家售电公司完成交易平台注册，其中 85 家省内售电公司具备参与省内直接交易资格。超前做好售电结算规范化管理，2018 年 19 家售电公司代理 128 家用户参加直购电交易，占全省直购电用户 67.72%。

安全生产管理　按照设备好、结构好、技术好、管理好的目标，推进本质安全建设。在预防和抵御事故风险能力中，落实各级安全责任。各单位主要负责人要扛起安全生产第一责任人的职责，各专业部门要对业务范围内安全工作负直接管理责任，履行好“管业务必须管安全”职责。组织制定各单位和全部岗位安全责任清单，明确从主要负责人到一线从业人员的安全职责和考核标准。对照责任清单，尽职照单免责，失职照单问责。建立全员责任制公示和培训机制，使从业人员熟悉岗位职责、自觉履行职责。深化领导干部安全履职评价，将评价结果与绩效评价、业绩考核挂钩。开展安全生产问题清单专项梳理，强化问题闭环整改。安全管理严格执行生产现场作业“十不干”，全覆盖签订承诺书，不间断开展“四不两直”安全稽查，有效管控七级及以上电网风险 1060 项。完成春（秋）季安全大检查、“六查六防”安全专项行动等重要任务，2018 年安全生产保持平稳局面。

随着国家安全生产监管、应急管理体系的不断健全完善，安全生产法制环境更加严格。甘肃电网安全稳定风险、新老设备运行风险、现场作业人身风险、网络安全风险并存。储能、分布式电源、微网等新业务新业态不断涌现，配电网安全面临新的挑战。信息通信网络全面融入生产运行各环节，电力监控系统涉及主体多、边界管理复杂等情况。主网设备属地管理、营配调融合、一县两公司合并等业务组织体系和管理模式优化调整，不断出现新情况、新问题对国网甘肃公司安全生产管理带来挑战。甘肃电网“两头薄弱”问题依然突出，甘肃电网集中接入大规模新能源，特高压吉泉、天中、祁韶直流河西走廊密集布置，交直流混联电网送受端交互影响，电网安全稳定风险突出。国网甘肃电力负责运维 330kV 及以上线路近 2 万 km，同时天中、祁韶、吉泉三条特高压直流线路形成酒泉桥湾换流站至武威黄花滩共计 515km 的密集通道，通道内重要交跨 42 处、隐患 16 处，在受不可抗力影响下，存在多回特高压直流同时闭锁的风险。一是为保持甘肃电网稳定运行，制定落实三大直流 515km 的密集通道专项运维方案。采取“先降后控”策略，安全管控六级及以上涉网检修风险 554 个。开发建成输电线路可视化智能管控平台，完成 330 处“三跨”、4.6 万处“六防”隐患点治理，220kV 及以上跳闸同比下降 20.18%。二是开展“三位一体”变电主设备联合巡检，处置问题 1692 项。处理 330kV 及以上输电线路危急缺陷 22 处，抢修受损配电线路 233 条、台区 1.1 万个。三是开展配电网“三个专项”综合治理，完成甘肃省级新一代配电自动化集中监控系统建设，县域故障定位系统覆盖率 99.62%。四是配网工厂化预制车间市（州）全覆盖，新建配电变压器台区预制率 100%。完成敦煌文博会等 10 余项大型保电工作。青创赛运检 4 个项目获得 1 金 2 银 1 铜。国网电缆技术比武获得团体第十一名。

设备安全保障，新设备、首台首套设备、老旧设备处于质量不稳定期，主设备检（监）测异常多，GIS、高压电抗器、断路器、互感器、电力电缆等设备故障时有发生。开展设备全寿命周期管理，在部分电网设备设，抵御自然灾害能力不足的情况下，按照《电网资产统一身份编码技术》规范及管理办法，推进资产管理体系深化应用。加强技术监督，按照《国家电网公司新修订技术监督管理规定》，推动技术监督从经验向标准转变。依据《国家电网公司基于不停电检测技术的状态检修研究报告》和《基于不停电检测技术状态检修工作指导意见》，开展运维检测和设备故障诊断。完成330kV输变电设备属地化调整，成立配农网改造建设办公室，通过租赁方式解决设备配置，主变压器4台和生产车辆，实现运维班站机器人和无人机全覆盖。完成13个市（州）供电服务指挥中心实体化运作，实现330kV及以上77座变电站全面监视。优化保护专业管理体系，配置“金属铠装柜一体化验电接地手车”60台，消除变电站封闭母线验电、接地安全隐患，完成503座变电站、18条电缆隧道消防等综合治理。

配农网安全生产管理，甘肃省应急管理厅组织对国网甘肃电力所属部分县供电公司开展安全督查时，发现在依法合规安全生产方面存在漏洞和短板。一是组织编制覆盖国网甘肃电力系统3602个组织、20 361个岗位的安全责任清单，完成安全生产问题清单专项梳理工作，确认问题30项，监督整改13项，健全安全生产责任制。制定公司安全生产领域改革发展实施方案，落实8个方面126项任务，优化安监机构设置，加强安监人员配置。制定年度安全教育培训方案，举办首届安全技能竞赛。二是在甘肃送变电工程有限公司成立省公司应急抢修中心，加强应急抢修和应急基干队伍建设，完善硬件设施和基本装备。制定落实《反恐怖工作意见》，研究建立打击涉电犯罪办公室体系，联合甘肃省三电办公室下发《关于进一步加强打击涉电犯罪工作的通知》。

开展电气火灾综合治理，变压器自动灭火装置投运率95.8%。并以消防典型在国网范围内讲课。联合甘肃省消防总队出台《关于加强电网企业消防安全管理的通知》，组织第三方机构开展消防检测，集中整治500座变电站、70幢办公楼消防安全隐患，30%完成合规性验收（备案）工作，得到国务院消防工作第二考核组的肯定。

开展安全生产量化评价和基层领导干部安全履职评价，推动各级严格安全履职。针对220/330kV主网设备属地化移交等改革工作，与基层单位签订2018～2019年改革期间安全责任书，监督落实33项加强管控工作要求，压紧靠实安全稳定责任。加强集体企业和三新公司安全管理，严格分包队伍（人员）安全准入，开展施工类集体企业安全专项治理活动，推进集体企业与主业安全同质化管理。

营销工作 建设以客户为中心的服务体系，以市场为导向的用电管理模式。构建快捷高效的线上办电模式和电费结算体系，突出电能替代、市场开拓和综合能源服务，全力提升县供电公司服务能力，以管理创新和技术创新引领营销工作转型发展。优化营商环境降低客户用电成本，推广客户经理制及业扩报装线上办理，线上办电率95%。10kV和400V非居民平均接电时间分别减少到57天和3天，节省用户办电成本2.2亿元，中贵石油天水压气站项目提前两个月供电。电费电价，一般工商业四批降价标准全部执行到位，客户电价平均降幅10.11%，累计全年可降价9.3亿元，清退临时接电费3.9亿元，直购电交易累计降低客户成本9.7亿元。通过法律诉讼、欠费停电等措施，连城铝业、古浪鑫淼、恒亚水泥、中瑞铝业等欠费全部收回。推广智能交费562.05万户，远程停复电业务覆盖率69.97%，清理中小用户跨月欠费167万元，应收电费余额连续3个月管控在目标范围之内。营销基础管理，完成“六大”专项活动，完成营销基础督导查处770个问题整改。

推进“互联网+”体系建设。整合客户服务中心、计量中心、节能服务公司、电动汽车公司等营销服务机构，从电科院划出，独立设置为国网甘肃电力的二级单位。节能公司发展为综合能源服务公司。省客户服务中心成立电子化线上渠道运营相关班组，统一负责甘肃省技术运营和日常问题的快速处理。市州供电公司依托客户服务中心建立辖区内供电服务统一指挥平台，实现服务资源优化配置和统一调度职能。恢复营销专业内部稽查，建立全过程业务管控体系，完善省、市、县营销稽查组织机构和技术管控平台，建设公司系统12家供电服务指挥平台，实现服务资源调配和服务过程管控和统一调控。

围绕营销核心业务需求加强基础应用研究、突出关键共性技术，为营销向智能化方向发展提供有力支撑。推进报装、抄核收、服务等线上业务办理，凡是能用信息化解决的业务，就交给系统去处理，最大程度上提高效率，减少投诉。落实电费回收风险管控机制，坚持“一户一策”防范措施，将回收责任量化到基层单位和个人。推广实施智能交费和电费智能抄核收一体化作业，推进自动化抄表、采集集约融合，深化“互联网+”多元化缴费渠道应用。抓电费电价基础管理，提升营财一体化协同应用和账务工作规范，推动电费抄核收业务模式、服务方式创新和变革。

营配调贯通和台区线损管理。完成采集工程建设在建项目，推广“多表合一”。营配调贯通数据治理，通过国家电网验收。台区线损治理，以台区同期线损监测和台区线损异常处理为抓手，对营销工作质量进行检验，建立“台区线损整治问题库”，实行销号管理。将台区线损“承包”、推行台区经理制和打造全能型供电所相结合，将电量、电费、线损等相关管理指标分解量化到基层班组和个人，释放营配末端融合红利。

大数据分析应用。营销业务应用系统、采集系统、稽查监控系统、95598大数据等信息系统，为深化大数据应用提供了海量信息，结合营销工作实际，通过大量数据的分析，支撑国网甘肃电力提升综合能源服务能力，培育新的经济增长点。推进采集运维闭环管理功能，实现采集运维工作的精准和高效，保障用电信息采集系统持续、稳定、高效运行。营销信息化系统和用电信息采集系统老旧设备升级改造资金得以落实，升级改造后系统业务支撑能力提升。消除各移动作业模块信息通信障碍，有效推动大数据技术与营销业务的融合。推进营销重点领域大数据主题研究与应用，以客户为中心，以市场为导向，主动服务报装项目，推进电能替代，替代电量61.94亿kWh。落实大客户直购电交易措施，交易电量293.01亿kWh。省内售电量累计完成805.93亿kWh。

电能替代。建立政府、电网、客户多方利益共享的电能替代推广机制，实施电能替代和清洁替代。借助治理雾霾契机，扩大电供暖规模，2018年电能替代争取完成50亿kWh。加强与甘肃省发展改革委员会及相关部门的汇报沟通，不断优化直购电交易模式和措施，将电铁、电供暖、输油输气加压、石油开采等电能替代用户纳入直购电，通过直购电模式稳定大工业用电市场。推进新能源替代企业自备电厂发电工作。关注工业园区用电服务和增量配电试点项目，统筹做好配网建设与供电服务。定期滚动梳理大项目报装库，加快“三供一业”供电移交工作进度，坚持接收与供电服务同步到位，完成框架协议签订率的目标。推动向综合能源服务公司的转型发展。续开展配网节能改造、节能设备购销及授权下的节能测评等业务。取得机电设备安装工程四级资质，开展电能替代及电气承装修业务。支持综合能源服务公司与国网电商、南瑞节能、国网节能公司等产业集团和公司，以组建项目公司的方式开展特定的综合能源服务业务。增加售电公司购售电业务，利用电能服务管理平台完成优质中小用户的打捆交易业务。电动汽车业务稳步发展，甘肃省电动汽车保有量共计11 637辆，累计充电量9237万kWh。2018年建成临夏7座快充站、甘南11座快充站、8个离散桩建设。核查清理用户电能表584.47万只，找回丢失电能表5791只，赔付16 950只、赔付资金298.75万元。用电信息采集覆盖率99.80%，日均采集成功率98.55%。台区同期线损率完成7.44%，环比下降1.65%，压降率国网第一名。

服务光伏扶贫。甘肃省累计并网光伏扶贫项目村级电站有255个、光伏扶贫户6013个，并网容量10.3826万kW，结算光伏扶贫上网电费1829.22万元，补助资金1369.51万元，帮扶2.33万贫困户。完成节电量3.81亿kWh、节电力14.18万kW，完成率107.3%、214.5%。

乡镇供电所建设。2018年国网甘肃电力落实改造资金4.09亿元，重点解决东乡县公司营销帮扶工作。督导各市（州）供电公司解决辖区新上划县供电公司基础设施差、管理薄弱、员工办公生产生活条件配置不足等问题。建成五星级供电所10个、四星级供电所80个、“全能型”乡镇供电所118个。强化员工队伍服务意识和依法经营教育，及时纠正不规范服务行为，提升供电服务水平，助推美丽乡村建设。

科技与信息化 引进外部优势资源，与全球能源互联网研究院、西安交通大学沟通协调，与中国工程院汤广福院士、王锡凡院士达成协议，建成首个院士工作站。推进校企合作，与上海电力大学签订战略合作协议，将在科技创新、人才培养等多个领域开展全面合作，培育青年科技创新人才。电科院、培训中心、刘家峡水电厂、临夏公司在科研合作、电力科普等方面为社会提供了有力支撑，甘肃省电机工程学会换届以来，科普下乡、电力知识进学校效果显著。

科技管理工作。科研管理流程持续优化，科技项目储备采用指南申报方式，储备质量显著提升。荣获10项2018年度国家电网公司科技进步奖（其中牵头5项），牵头获得国家科技进步二等奖1项。

2018年共申请专利73项，取得授权58项，分别完成国家电网公司下达任务的74%和69%。电科院获得省部级奖9项，占国网甘肃电力获奖总数的81%，经研院、信通公司、检修公司专利质量显著提升。

科研成果应用。压力注浆变电站降阻新方法在花海110kV变电站等工程中应用，有效解决现有离子接地降阻衰减的问题，纳入国家电网基建新技术推广应用目录。“甘肃省新能源并网运行控制重点实验室”和“甘肃省风电并网工程技术中心”荣获甘肃省科技厅实验室和工程中心评估，实验室建设工作得到各级政府充分认可。电科院牵头开展的农业负荷的分布式电源就地消纳相关研究成果得到国家电网公司的推广。经研院推动3项科研成果系统内转化应用，经济效益显著。

电网环保。强化环保技术监督，制定环保全过程技术监督方案与计划，针对监督管理的10个环节，每月选取1～2家地市公司开展全过程环保技术监督。针对国家和省重点项目组织开展专项环（水）保技术监督，联合各级环保主管部门共同完成环境日宣传活动。完成国家电网公司职业卫生管理体系试点建设任务。荣获2017～2018年度国家电网公司环境保护工作先进单位。

技术标准工作。累计参与 5 项国际标准、主导、参与 57 项国家、行业、企业技术标准，荣获 2018 年度中国标准创新贡献奖一等奖。常态化技术标准实施评价工作，针对技术标准应用落地过程中存在的标准缺失、不适用、交叉矛盾等问题，按月常态化开展技术标准“双反馈”，推动企业标准化工作深化应用。开展技术标准试点工作，选取甘南、酒泉供电公司开展标准化良好行为企业创建试点，选取信通公司开展技术标准双反馈机制完善试点，有效推动技术标准管理方法创新研究。

信息通信工作。承担信息通信管理的国网甘肃信通公司，肩负着甘肃境内Ⅰ、Ⅱ、Ⅲ级主干通信传输网、综合数据通信网及 220kV 及以上变电站通信设备的维护管理职责。负责国网甘肃电力 ERP、营销等重要信息系统，省电力公司行政、调度电话网及视频会议系统，负责电网信息网络安全工作。

2018 年围绕“通信运维自动化、智能化、电子化”的主题，建立 TMS 数据质量标准化评比机制，结合本省通信资源分布情况，在充分调研的基础上，规范评比内容、模式和流程，深化通信基础数据“四性合一”的精益化管理，制定符合甘肃电网的保护业务通信通道方式安排新规范，保障了通信运行数据及时准确。甘肃公司持续开展的“三跨”改造、保护通道光纤化改造等重点专项工作，强化通信运行、通信检修等标准化、规范化管理流程，制定、完善一系列通信专业标准规范，形成了保护业务通道倒换等通信专业典型经验。新增继电保护装置由单口升级为 A/B 口装置。为发挥 A/B 口继电保护装置的双业务通道优势，国网甘肃电力以线路保护业务通道满足“$N-2$”需求为目标，结合四级网通道资源，以及在纤芯资源较为丰富的光缆段使用光纤直连通道，对线路保护业务第三路由进行了通道组织设计。2018 年 11 月 22 日 18：30，全国统一电力市场技术支撑平台，经过 12h 完成交易模块升级，国网甘肃电力作为 2018 年全国首批现货交易试点单位，实现全国统一电力市场技术支撑平台现货交易。该系统支撑覆盖甘肃省电力公司交易中心、甘肃省发电企业以及甘肃省内电力用户直接交易和跨区跨省的电量交易。

优质服务 统筹制定电网运行控制策略，强调停电风险安全校核，以“安全调度、清洁调度、低碳调度、智能调度、阳光调度、和谐统一调度”为主线，抓调控本质安全。开展厂站二次设备标准化建设，落实《变电自动化技术发展框架》，建立覆盖建设、运行、管理、监督等方面的标准制度和考核评价体系，提升特高压交直流电网运行分析和控制水平和市场化改革的适应能力，以低碳、高效为原则着力构建电力调控新体系。防范新能源调度的法律风险，全面梳理调度风险点。开发调度应用移动 App 电厂侧功能，完成辅助服务支持系统与调度计划模块的贯通。制订新能源并网服务指南、分布式电源（含扶贫光伏）管理规定、光热调度原则，建立网厂调度运行协调制度。应用配电图形模型规范，适应增量配电网改革要求，提升调控一体化水平。完成光伏扶贫并网容量 43.38 万 kW，惠及 3.355 万贫困户。

以“安全调度”为本，强化电网本质安全，加强电网运行方式管理。重点做好调相机投运影响研究，重点开展吉泉直流、750kV 麦积主变压器接入、750kV 平凉变电站 330kV 送出工程安全校核。修订甘肃调控本质安全实施意见，防范市场化调度中的电网安全风险。加强区域性安控装置管理，制定巡视与安装现场标准化作业指导书。开展直流送受端电网特性研究，提高祁韶输送能力。开展祁韶近区风电无功特性专题研究，完成 200 万～300 万 kW 风机 1.3 p.u. 耐压能力改造。开展湖南电网受电能力专题研究。开展电网系统保护建设，尽快提升祁韶直流送电能力至 400 万 kW，近区风机出力 500 万 kW。

坚持二次专业联合巡检、智能站 SCD 文件审查，实现主网变电站精益化查评价全覆盖。在地市供电公司内网监控平台接入缺失防火墙入侵检测装置，做到对发电厂（站）预警事件的实时管控。2018 年实现 330kV 变电站地调分层监控率大于 50%，配合完成 330kV 变电站无人值守 100%，实现 OP 互联、建立调控与运检一体化缺陷管理模式。开展省地调一体化监控远方操作防误功能建设，推进省地负荷批量控制功能深化应用。完成兰州、白银、定西、嘉峪关地区 AVC 系统电厂接入功能的升级改造，开展地调调管电厂接入，推进 330kV 变电站 110kV 侧直接并网风机、光伏逆变器接入省调 AVC 调相运行工作。

制定“高比例”新能源调度运行体系。掌握集中式新能源的运行规律，从电力电量平衡、有功无功控制、预测技术、调度计划管理、市场机制、电网调节特性、技术支持系统等方面建立符合甘肃电网运行实际的“高比例”新能源的调度运行体系。整合省内新能源消纳数据，实现新能源厂站信息的全采集，事后全面分析，为消纳工作提供数据支撑，确保完成新能源省内保障性电量 137 亿 kWh。开展自备电厂与新能源发电权置换，全年置换电量不少于 25 亿 kWh，配合完成 600 万 kW 火电灵活性改造，全面完成全年新能源 270 亿 kWh 发电任务，确保“双降”目标实现。

供电服务管理。严格执行《国家电网公司供电服务奖惩规定》，以国网甘肃电力供电服务“十五条红线”为准绳，严格落实供电服务工作红线规定的要求。适应电力市场发展需求，优化供电服务体系建设，围绕以客户为中心的理念调整营销管理措施和业务流程。为各类用电客户提供个性化服务、差异化服务。为专线客户、直购电客户、重要客户、高危客户提供一对一的服务措施，延伸服务产业链，培育综合服务市场。服务质量管控和稽查，规范投诉调查处理。通过台区经理制加大属地化业务办理力度，就地解决客户用电诉求。加强对停送电投诉的专业管控，降低因停电信息发布不及时、停电检修计划执行不严谨等问题引发的停送电投诉。将供电质量投诉治理与频繁停电线路整治、配网综合治理等工作相结合，降低频繁停电引发的投诉风险。服务环境建设。开展各类营业厅标准化建设，深化专业化管理在乡镇供电所的全覆盖，全面推进星级乡镇供电所创建。落实服务管控要求，从窗口服务、电能计量、电价电费、业扩报装、新能源推广、业务流程、服务设备设施的完善，多方位、多角度、多环节开展整治，落实“供电服务工作十五条纪律红线”，推进投诉主题分析模式，营销投诉总量下降16%，“零投诉”供电所289个，占供电所总数的40.93%。完成敦煌文博会等全省重大活动保电服务，完成抗洪抢险，受到甘肃省政府和社会赞誉。协助甘肃省环保厅完成“绿盾2018”生态红线方案和330kV黑河变环保运行工作。节省用户办电成本2.2亿元。

党的建设和精神文明建设　学习贯彻习近平新时代中国特色社会主义思想和党的十九大精神，牢牢把握新时代党的建设总要求和新时代党的组织路线。落实“中央企业党建质量提升年”，国家电网公司实施党建对标和量化计划管理，从班子建设、组织建设、党员管理、党内生活、工作体系、基础保障等六个方面，加强党的领导和完善公司治理，健全组织体系，增强政治功能和组织力。

党的建设。组织引导广大党员、干部、职工为实现“两个一百年”奋斗目标、实现中华民族伟大复兴的中国梦作贡献的要求。按照“旗帜领航·三年登高”计划，从组织建设、组织生活、党员管理、信息台账、活动阵地等五个方面，持之以恒加强党的建设。明确基层党委、党支部标准化建设要求，对照基层党委和党支部两套标准化建设体系，对基层党委的运行、履责提出要求，建立“4+2”全员党建责任体系推动党建工作高质量发展。突出党建基础管理和常态化工作，推行量化计划管理，设置党建责任、组织建设、党员教育、宣传思想、企业文化、统战团青等六类量化项目，明确量化数值要求，加强工作计划落实情况的督促检查，促进党建对标抓在日常、严在经常。独立承担全国党建研究会课题《加强基层党组织政治功能研究》，参与国资委课题《中央企业党委（党组）发挥领导作用研究》提升党建理论水平。实施文化登高工程，命名省公司级企业文化示范县公司5个、示范班组和站所80个。36个集体和个人获省部级及以上表彰，2个项目入选国网公司精神文明建设创新奖。7个项目入围国网青创赛决赛，取得2金3银2铜。党员“双卡双带双联”先锋工程获电力政研会3等奖。党风廉政建设。严格落实中央八项规定精神，制定印发国网甘肃电力贯彻落实中央八项规定实施细则，紧盯“关键少数”，督促各级领导干部自觉加强党性锻炼。组织开展纠正“四风”问题专项治理。推进“不作为、不担当”问题专项治理行动。全面开展2018年巡察监督工作。坚持落实责任清单化，推进协同监督项目化，完善巡察监督工作体系，成立巡察工作领导小组、巡察办和巡察组，制定巡察工作两项规则，启动“一库一册一集”编纂工作，细化履责内容，督促各级领导干部认真落实“一岗双责”履职清单。筹建甘肃电力企业文化展厅，宣传“陇电明星”，推进企业文化传播落地。工会工作。深化职代会质量建设，开展董事长联络员调研活，制定《国网甘肃职工诉求管理实施意见》，畅通民主管理诉求渠道。推广“五小”职工小家创建工作，因地制宜建成40m^2“高原氧吧”一所，开展“两节”、援藏、“三送”等送温暖慰问活动，覆盖一线职工5000多人，增强一线班组员工的归属感和幸福感，“五小”建家工作经验得到上级领导的充分肯定。团青工作。国网甘肃电力团委所属各级团组织297个，其中二级团委22个、三级团委10个，团（总）支部265个。35岁及以下青年8492人，占员工总数的22.54%。团青工作从“企业所急、社会所需、青年所盼、共青团所能”中找准工作的切入点，发挥共青团作为党联系青年的桥梁和纽带作用，被甘肃省委省政府授予全省双联行动最高奖“民心奖”。

开展“青春光明行，服务展风采”活动，国网甘肃电力共有177支青年志愿者服务队组织活动486场次，服务客户超过3.7万人次。青春助力脱贫攻坚，在陇西赵家营小学建成20kW光伏发电教育扶贫项目，发电收益用于助学助教。启动关爱留守儿童“情暖童心·童伴计划”，基层团组织与1610名留守儿童结对。在全省精准扶贫贫困村动力电覆盖工程建设中组建“青年突击队”，完成工程建设任务。开展“走进希望”联村联户青年支教行动，先后选派24名青年开展每期半年的全脱产、常驻支教和扶贫工作，开展入户调查摸底、政策宣讲等工作，组织爱心捐赠、扶贫济困等活动。

2018年国网甘肃电力党委所属各级党组织1028个，其中二级党委29个、三级党委17个，党总支80个、党支部879个。党员17 365人，其中在职党员13 665人，占员工总数的36.28%；离退休党员3700人。统战人员7525人，其中民主党派35人，无党派

694 人，党外知识分子 2991 人，少数民族和信教员工 3785 人，归侨侨眷 10 人，出国和归国留学人员 6 人，台属 4 人。

中共国网甘肃电力党委将国企党建工作责任由全体员工共同承担，建立“层层负责、人人有责、各负其责、责任分明”的《“4+2”全员党建工作责任体系建设实施方案》，组织系统 28 家单位 1028 个党组织全面推广落实。该方案在定责明责、履责考责、问责追责上提出新举措，推动党建与生产经营工作深度融合，促进国网甘肃电力各级党组织、干部、党员和普通员工切实承担好、履行好管党治党责任，形成“横向到边、纵向到底”的整体责任，实现党建责任全员落地，推进党建工作高质量发展。

帮扶工作 中共甘肃省电力公司党委增强“四个意识”发挥国有企业党建优势，贯彻国家《“三区三州”农网改造升级攻坚三年行动计划（2018—2020年）》，落实甘肃省委、省政府与国家电网有限公司《建设幸福美好新甘肃战略合作》协议。做好电力“先行官”争当扶贫“排头兵”，坚持“省公司向甘肃省委、省政府负责，各基层帮扶单位向地方党委、政府负责”，实施三年攻坚行动，截至 2018 年底完成农村电网投资 20.89 亿元。

光伏扶贫。农村“煤改电”及光伏扶贫配套电网项目建设 1.77 亿元，服务易地扶贫搬迁点搬迁 804 个，惠及贫困户约 12.63 万人。投资 24.4 亿元实施“一区一州”深度贫困地区脱贫攻坚电网建设与改造步伐。坚持“同步接网、全额消纳、及时结算”要求，全力支持光伏扶贫电站早发电、早收益。探索开展“飞地扶贫”集中式光伏扶贫，在光能资源丰富地区推动实施扶贫项目 4 个，电站容量 5.2 万 kW。投资 7950 万元完成光伏扶贫村级电站接网工程并网容量 39.6387 万 kW。

定点帮扶。2018 年以实施国家电网服务脱贫攻坚十大行动计划为抓手，聚焦电网建设与改造、扶贫光伏接网和定点帮扶三大重点领域精准施策，服务脱贫攻坚工作。创新干部入户结对帮扶思路，根据省市县三级党委、政府安排，以党支部为单位，突出“一支部一特色”“一户一策”，入户结对帮扶实现 100%全覆盖，助力甘肃省坚决打赢精准脱贫攻坚战。国网甘肃电力共有承担帮扶任务的 12 家发供电单位和 69 家县公司，配强做实扶贫办建立职责清晰的组织体系，与承担脱贫攻坚帮扶任务的发供电单位签订责任状，层层压紧压实工作责任，召开专题会议研议扶贫工作事宜 12 项。系统帮扶 119 个贫困村，建档立卡 3600 余户、1.5 万人，在 81 个村选派驻村干部 154 人，在 54 个村担任第一书记兼队长，认真履行驻村使命，自觉作强农惠农富农政策“解读人”“落实人”，帮助帮扶村新建 40 个村集体经济合作社，探索电商平台作用，拓宽贫困群众增收渠道。累计实施扶贫捐赠约 1000 万元，专项采购帮扶贫困户农产品约 125 万元。针对省委、省政府安排定点帮扶的陇南市西和县大桥镇的 5 个贫困村，组建前方指挥部，派驻 1 名总负责人、5 名队长兼第一书记，全力推进帮扶任务落实。先后通过投资 160 万元建成 21.82km“富民产业路”。投资 115 万元发展种植养殖业。开展“电力之光”科普下乡活动捐资 74.9 万元。对易地搬迁人口在财政补助基础上再给予人均 1000 元、对帮扶村整户搬迁贫困户每户 1 万元的资助。培训 50 名村民取得电工证书。自行研制并捐赠花椒烘干机 15 台。给予 1 名重症儿童紧急救助 2 万元。资助贫困学生 110 名。抽调甘肃公司 5 名党建专家帮扶开展贫困村党支部标准化建设，助推“星级村党支部”和“红旗党支部”创建举措，把扶贫工作做到贫困群众的心坎上、心窝里。协调兰州新区一家光伏电站与大桥镇政府签订为期 20 年的扶贫协议，甘肃公司捐资建成 200kW 光伏扶贫电站，年产生约 135 万元的稳定扶贫收益，有力保障了定点帮扶贫困户早脱贫、真脱贫。

主要事件

4 月 2 日，国网甘肃电力召开领导干部任免宣布大会，时任国家电网有限公司党组副书记、副总经理，现任国家电网有限公司总经理、党组副书记辛保安出席会议并作重要讲话。根据国家电网有限公司决定，叶军任公司董事长、党委书记；许子智任公司董事、总经理、党委副书记。

5 月 20 日，国家电网有限公司与甘肃省人民政府签订了《加快幸福美好新甘肃建设战略合作框架协议》，就电网建设、电力外送、新能源消纳等达成共识。

7 月 24 日，国家发展改革委经济研究所所长刘树杰一行到国网甘肃电力调研指导工作，双方就电力调度和运行情况、电力交易开展情况、用电负荷情况及电力市场预测、电网投资情况，电价执行情况进行了交流。甘肃省发展改革委员会党组成员、能源局局长孟开，国网甘肃电力总经理许子智陪同调研。

8 月 15 日，国家能源局副局长刘宝华带领全国人大等有关部门人员到甘肃省张掖市 750kV 变电站现场调研。甘肃省常务副省长宋亮、甘肃省政府秘书长曹天民、张掖市委书记杨维俊、张掖市市长黄泽元等相关部门负责人随同调研。国网甘肃电力总经理许子智陪同调研并作了关于目前甘肃省清洁能源消纳情况的汇报。

9 月 12～14 日，时任国家电网有限公司总经理、党组副书记，现任国家电网有限公司董事长、党组书记寇伟到国网甘肃电力调研。

9月21日，甘肃省委常委周学文到刘家峡水电厂检查指导防汛工作，省水利厅副厅长吴天临、临夏州副州长董贤勇、国网甘肃电力总工程师张祥全陪同检查。

9月28日，水利部副部长魏山忠到刘家峡水电厂检查指导防汛工作。省水利厅厅长魏宝君、副厅长王勇陪同检查。

（魏　琦　吉　炜　赵艳玲）

【国网青海省电力公司】

企业概况　国网青海省电力公司（简称国网青海电力）成立于2002年，是国家电网公司的全资子公司，企业性质为国有独资公司，注册资本142.76亿元。

国网青海电力在青海地方经济社会发展中具有重要地位，连续20年被评为全省财政支柱企业，连续11年被评为全省行风建设优秀单位，连续7年被授予推进地方经济运行“先进企业”，2018年获青海省第三届质量奖。

青海电网南北跨距800km，东西跨距1300km，覆盖西宁市、海东市以及海西、海南、海北、黄南、果洛、玉树6个民族自治州，形成“一横三纵”750kV骨干网架，是西北电网骨干网架的重要组成部分。

资产总额432.32亿元，供电区域62万km^2，供电人口577万，年销售电量684.38亿kWh。下辖8家地市供电公司、10家业务支撑单位、4家集体企业。长期职工8071人，农电员工1716人。

领导班子

董事、董事长、党委书记：董天仁

董事、总经理、党委副书记：祁太元

副总经理、党委副书记：毕红卫

副总经理、党委委员、工会主席：李生

总会计师、党委委员：高浦

副总经理、党委委员：巩正俊

副总经理、党委委员、国网西宁供电公司总经理：刘文泉

纪委书记、党委委员：杨明凯

副总经理、党委委员：范越

副总经理、党委委员：郭顺宁

副总经理：朱罡

电网概况　青海电网是西北主网重要组成部分，通过6回750kV交流线路与西北主网相连，通过±400kV直流线路与西藏电网相连，750kV东部电网形成拉西瓦—西宁—官亭三角环网，通过双回750kV线路向西延伸至鱼卡，南部电网形成塔拉—日月山—西宁环网。

330kV东部电网以双环网为主，中西部以单环网和辐射为主，省内电网整体呈现“东密西疏”的特点。截至2018年底，青海电网总装机容量2799.5万kW，比2017年增长8%。其中：水电装机容量为1191.6万kW，占总装机容量的42.56%；火电装机容量为379万kW，占总装机容量的13.54%；太阳能发电装机容量962万kW，占总装机容量的34.36%；风电装机容量266.9万kW，占总装机容量的9.53%。

2018年全网最高用电负荷924.9万kW，增长率2.22%；全社会用电量738.34亿kWh，增长率3.91%。截至2018年底，青海电网110kV及以上线路25 281km，变电站203座，变电容量5791万kVA，其中：直流换流站1座、容量60万kW、线路长度608km；750kV变电站9座（含1座开关站）、变电容量2670万kVA、线路长度3205km；330kV变电站36座（含2座开关站）、变电容量1929万kVA、线路长度6840km；110kV变电站157座、变电容量1132万kVA、线路长度14 628km。

人力资源　截至2018年底，长期职工人数8071人。其中，研究生及以上学历253人，大学本科学历5052人，大学专科学历1862人，中等职业教育学历600人，高中及以下学历304人；高级职称1183人，中级职称2251人，初级职称3500人；高级技师460人，技师1971人，高级工1893人，中级工815人，初级工318人。人才当量密度达到1.055 8，同比增长3.03%。

修订印发了《国网青海省电力公司领导干部管理办法》等10项干部管理制度。实施领导干部队伍优化调整，年内调整干部二批80人次，其中提任干部23人，平任交流56人，转任二级职员1人。选派3名青年干部赴国家电网公司总部、分部培养锻炼、5名青年干部和业务骨干赴直属单位挂职、培养锻炼、10名青年干部赴国网上海电力实践锻炼。2018年，国家电网公司党组首次将青海公司纳入选派挂职体系，从东部发达地区选派6名处级干部赴青挂职。

依法合规缴纳各项社会保险和住房公积金6.06亿元，完成率100%。申领落实企业稳岗补贴资金695.44万元；申请认定工伤人员5人，工伤定期待遇领取认证16人；使用网络、手机App方式认证2795人离退休人员养老金待遇资格；完成福利费计划15 863.07万元。

电网建设与发展　2018年，青海电网网架结构主要完成了主网架供电延伸、网架结构优化和新能源汇集等5项重点工程。750kV日月山—海西—柴达木输电线路串补装置投运，缩短了青海电网东西电气距离，提升了海西新能源外送断面能力80万kW，极大缓解了海西新能源断面受阻问题，减少了新能源弃

电；750kV塔拉—香加Ⅰ线及750kV香加变电站投运，750kV电网向南部进一步延伸，为海南州清洁能源基地新能源及羊曲水电上网提供了上网点；750kV日月山—塔拉Ⅱ线投运，形成塔拉750kV变电站第三条外送通道，极大提升了塔拉外送断面能力；330kV小寨开关站投运，为2019年阿兰、杏园、敦顶山改接小寨工程实施创造条件；330kV文鲁、望京等新能源汇集站陆续投运，海西、海南两大清洁能源基地的电源接入能力得到进一步提升。

经营管理 全面完成国家电网公司下达的年度资产经营考核指标，全年完成售电量684.38亿kWh，营业收入264.44亿元，资产总额431.66亿元，实现利润−3.01亿元，蝉联2018年青海企业50强第二位。

响应国家混合所有制改革，加强资本运营管理，引进社会资本，投资成立省内第一家控股企业青海海西团鱼山售电有限公司。完成股权投资预算项目储备及投资预算安排，为绿能公司提供了财务支撑；有序安排融资计划，提前归还外部银行较高利率借款2亿元，争取国家电网公司40亿元内部差别利率借款，取得3亿元中期票据；调整购电费、工程和物资款支付时序，节省财务费用0.79亿元。

部署青电智羚1号财务机器人，实现财务人工智能应用“零的突破”；青电智羚2号财务机器人在海东公司实现分布式光伏电费结算智能处理；青电智羚3号物资全流程机器人完成主体功能开发测试，准备正式上线运行。

安全生产 修订《国网青海省电力公司领导干部和管理人员生产现场到岗到位工作规范》，印发《国网青海省电力公司安质部关于开展2018年基层单位党政主要负责人安全述职工作的通知》，修订《反违章工作意见》，健全“红黄牌”和“黑名单”管理制度，建立反违章档案和历年来安全事故、事件数据信息库，发布反违章通报40期，累计检查各类作业现场5389个，查处各类违章850人次，经济处罚202.29万元。

对现场安全管理混乱、违章记分达到12分及以上的40家施工外包单位进行了安全黄牌警告，并要求停工整顿；对违章记分达到24分及以上的14家施工外包单位给予了安全红牌警告，并永久清退。

编制下发《国网青海省电力公司安质部关于做好农网改造升级工程安全监督工作的通知》，完成383座35kV以上变电站、2.4万台配电设备消防隐患排查，发现9大类、1403处问题和隐患，整改990处；完成26家重要客户、217座变电站防汛隐患排查，排查并治理隐患770处；有效应对“4·12”冰冻灾害天气，完成750kV海柴Ⅱ线325号塔、330kV官兰线76号塔、塔档Ⅰ线395号塔、拓乌线300号塔滑坡、季节性河道防护坝损伤、杆塔防汛护墙损坏等隐患的治理。

编制《2018年安全隐患排查治理重点工作计划》和《安全隐患排查治理工作手册》，实施隐患排查治理过程奖惩制度，截至12月底，各单位累计排查各类事故隐患857项。其中重大隐患4项，已整改4项，整改完成率100%；一般隐患853项，已整改847项，整改完成率99.3%，累计落实整改治理资金3286.17万元。

营销工作 完成售电量684.38亿kWh，创历史新高。替代电量24亿kWh，完成年度目标的114.3%，玛多县城一、三片区清洁取暖工程顺利投运，实现了玛多县清洁电取暖全覆盖。利用直购电等举措，电解铝、铁合金行业售电量增长30.67亿kWh。园区售电量同比增长4.55%。完成“三供一业”供电分离移交年度任务，新增用电客户7.8万户。综合能源服务业务收入突破1亿元，同比增长802%。实施玛沁、达日、班玛、玉树市、巴塘“煤改电”清洁取暖项目，新增电供暖面积28万m^2。推动省内首个“气改电”916电台电锅炉改造示范项目顺利投运。强化电动汽车充电设施运营管控，充电量达到439万kWh，充电金额237.63万元，较2017年增长144%。

落实优化营商环境要求，减少客户成本支出1608万元，减免“三余”自备电厂系统备用费1839万元，清退临时接电费1.92亿元。落实国家一般工商业电价降价要求，降费7.81亿元。高低压客户报装接电环节分别由9个和7个压减为4个和3个，平均接电时间分别压减17.16%和8.3%，线上办电率90.5%。推行低压业扩配套工程“抢修领料”模式，基本实现低压客户和小微企业接电“零上门、零审批、零投资”。主动延伸客户配套工程投资界面，为客户节省投资成本5239万元。治理高负损台区3108个，减少损失电量约1060万kWh，查处窃电及违约用电423起，追补电量111.9万kWh，追补电费385万元。

与省扶贫开发局合力打造政企光伏扶贫示范项目，同步建成20座扶贫光伏电站接网工程，惠及贫困户30496户。助力玛多县脱贫攻坚，11个贫困村光伏电站率先并网发电，寇伟董事长7月28日亲赴玛多指导扶贫工作，11个贫困村扶贫电站创造了最高海拔、最佳环保、最先受益的记录。扶贫工作得到了国务院扶贫办、省委省政府的高度肯定，得到了扶贫受益群众和社会各界的一致好评。

大力推进智能交费，实现低压居民客户智能交费100%全覆盖，其中预付费交费客户占比93.89%，月均电费结余9600万元；线上交费率72.23%，电e宝已成为电子渠道交费主要方式。2018年，湟源县供电公司被国家电网公司确定为县公司卓越绩效管理试点单位，西海镇和沙珠玉两个供电所被国家电网公司命名为五星级乡镇供电所；全面落实改善乡镇供电所生产营业条件两年攻坚计划，14个续建维修改造项目开工建设。

科技与信息化 2018年完成信息通信投资1.3亿元，科技投资4800万元。“光伏发电关键部件户外测试及系统评价技术实证研究”通过国家电网公司验收；建成高海拔高压试验大厅并具备试验能力；“高海拔交直流输变电工程绝缘配合试验及标准化研究”成果，在世界电压等级最高的直流输电工程新疆±1100kV昌吉换流站成功应用；光伏发电并网技术重点实验室通过政府验收；青海省微电网及储能工程技术研究中心获得省级认定；青海省科技重大专项“支撑多能源互补发电联合运行与测试关键技术”和“兆瓦级梯次动力电池集成技术研究及应用”顺利实施；国家自然基金项目“多能网络模型及动态演化机理研究”和国家重点研发计划项目“兆瓦级先进飞轮储能关键技术研究”获批立项；聚焦电网引导支撑能源转型，组织承办“促进青海清洁能源发展院士行”活动，促进了青海电网区域100%可再生能源供电的示范作用，与薛禹胜院士合作的“能源转型中电力系统的主动支撑”研究项目成功启动。

9项成果获省部级科技奖，“750kV可控并联电抗器关键技术、成套装备与工程应用”获青海省科技进步一等奖；“保障超高海拔地区电网外绝缘安全的关键技术及其应用”获国网公司科技进步一等奖。

实现了“互联网+”理念在新能源领域的落地。平台接入新能源场站共119座，装机容量4232.53MW，其中离网光伏20座；新能源大数据平台被青海省工信厅初步确定为工业互联网企业上云平台；平台电站集中监控工业互联网App应用解决方案，入选工业和信息化部2018年工业互联网App优秀解决方案；依托平台获得专利98项，为青海“绿电九日”的实施及扶贫光伏电站规划等提供了有力的技术支撑，有效助力了清洁能源发展。

全面优化公司信息化架构，结合海湖核心机房建设，搬迁设备1549台、虚拟机857台、迁移数据150T，按照公安部等安保最新要求，全面梳理细化新机房边界防火墙控制策略3152条，在国网首家实现业务系统分区分域安全运行；有效将商用VMware软硬件资源池全部迁移至国家电网自主研发SG-vcs资源池，在国家电网首家实现资源池国产化改造。加强与省发展改革委、无委会、环保局等政府部门汇报沟通，全力推进公司通信网平面架构优化建设，完成OTN网新建工程核准，完成电力无线专网频率资源批复及环保备案，OTN工程与电力无线试点工程按计划陆续开工，通信网“A平面汇聚接入、B平面高速贯通、终端网泛在互联”的布局逐步形成，信息通信运行水平不断提升。

优质服务 组织开展供电服务明察暗访活动，查出问题5类34条，下发敏感工单17件；营业厅视频监控指出违规行为107条，实时预警194人/次；现场核查投诉109件，有效降低了客户服务风险。海东供电公司积极压缩信息传递链条，在民和地区建立客户微信群216个，并针对乐都区表计串户及串台区等高发类投诉问题，编制出台“农网改造计量及台区信息各环节业务处理流程方案”；西宁供电公司加大智能用电推广宣传力度，大力开展党员服务队进社区等活动，客户对购电制的知晓率显著提升；海西供电公司对海西州乌兰县赛纳村285户客户，率先实现“互联网+供电服务”全覆盖，线上交费率64.47%；海北供电公司采取“零点作业”方式，有效降低了频繁停电投诉问题的发生。

全年受理客户投诉2730件，电网建设类投诉同比下降52.49%，服务类投诉同比下降46.32%，营业类投诉同比下降26.64%，停送电类投诉同比下降26.52%，业扩超时限、服务不规范、停送电信息报送不及时等服务突出问题得到有效遏制。全年未发生重大供电服务质量事件和负面舆情，客户满意率99.68%，同比提升0.33个百分点。

大力推进“全能型”乡镇供电所建设，建成272个供电服务网格，实现台区经理全覆盖。深化“互联网+营销服务”，全面推广电e宝、“掌上电力”、微信公众号等线上缴费渠道，实施营业厅音、视频远程监控预警，窗口服务、业扩报装体外流转等问题同比下降42.4%，窗口服务投诉同比压降50%。探索藏区“服务+营销”双融合模式，制作《藏汉双语服务礼仪规范》(安多及康巴语系)，实现95598康巴语系服务热线上线运行。

党的建设和精神文明建设 两级班子组织专题学习267次、专题调研160次，集中宣讲、专题辅导累计100余场次，开展理论问题和改革发展、扶贫等重大问题研究，有效转化为推动改革发展共识。

召开党委会和党建工作领导小组会议31次，研究党建工作59项。明确“一单两纪实”党建联系点过程管控机制，两级班子建立联系点300个。

制定党校发展规划，扩充硬件功能，努力打造具有高原电网特色的企业党校。实施党建课题“点题+选题+专题”模式，深化“书记项目”“一支部一载体”。加强党建队伍建设，年内累计培训520人次。

彰显团青活力。组织开展“青年大学习”，举办青年创新创意大赛，建立青年员工“注册考试联盟”

和“硕士博士直通联盟”，多途径引导青年成长成才。

管党治党取得新成效。制定实施《贯彻落实中央八项规定实施细则》和《进一步纠正“四风”加强作风建设的意见》，开展“提升企业治理效能”和“‘不能腐’体制机制建设”两项自查堵漏行动，推动完善“不能腐”内控机制586项、立改废制度149项。聚焦“六个围绕一个加强”，紧扣政治巡察“六听六问六查”，完成4轮12家单位巡察任务。开展新修订的《中国共产党纪律处分条例》和“讲党性、守党规、严党纪”专题讲座，在24期处科两级干部培训班上设置党风廉政课程，编制《党风廉政典型案例警示教育读本》，制作《短路·断路》警示教育片，正面反面教育相结合，引导干部员工明得失、算好账，坚守“干事干净”理念，时刻保持正确航向。

（米连生　贯宝钦）

【国网宁夏电力有限公司】

企业概况　国网宁夏电力有限公司（简称国网宁夏电力）是国家电网公司全资子公司，是关系宁夏能源安全和经济社会发展的国有重要骨干企业，主要从事宁夏境内电网的建设、运行、管理和经营，为全区经济社会发展和人民生活提供电力供应和服务。截至2018年底，供电面积6.64万km^2，服务人口688万余人，用工总量13 612人，其中长期职工9008人、劳务派遣130人、供电服务职工3233人、集体企业用工1241人。

组织机构　设置职能部门22个，下辖6个地市级供电公司、11个业务支撑单位、18个县级供电公司。

电网概况　宁夏电网是国家主要的送端电网，是典型的“小省区、大电网”。宁夏电网主网由750kV、330kV、220kV三个电压等级构成，通过4回750kV线路与西北电网连接；通过3回750kV线路与内蒙古伊克昭换流站相连；通过宁东—山东±660kV直流输电工程向山东送电，输电容量4000MW；通过宁东—浙江±800kV特高压直流输电工程向浙江送电，输电容量8000MW（由于配套电源缓建，目前送电能力6400MW）。截至2018年底，宁夏境内有5条特（超）高压输电线路，其中，宁夏作为送端的有2条，分别是宁东—山东±660kV直流输电工程、宁东—浙江±800kV特高压直流输电工程；接入宁夏电网的有1条，即上海庙—山东±800kV特高压直流输电工程；过境宁夏的有2条，分别是哈密—郑州±800kV特高压直流输电工程、昌吉—古泉±1100kV特高压直流输电工程。在发电设备方面，截至2018年底，宁夏电网统调总装机容量为42 726.076MW。其中火电24 000.4MW，占比56.17%；水电422.3MW，占比0.99%；风电10 111.28MW，占比23.67%；光伏8192.096MW（含分布式光伏575.5MW），占比19.17%，新能源总装机容量18 303.38MW，占比42.84%。在输变电设备方面，截至2018年12月31日，宁夏电网统调220kV及以上变电站86座，容量63 130MVA。其中750kV变电站8座，降压变压器12台，容量22 800MVA；330kV变电站35座（包括330kV用户变压器12座），降压变压器81台，容量23 380MVA；220kV变电站43座（包括220kV用户变压器8座），降压变压器93台，容量16 950MVA。宁夏电网220kV及以上电压等级交流线路共计270条：其中750kV线路37条，330kV线路96条，220kV线路137条；直流线路2回：其中±660kV银东直流1回，±800kV灵绍直流1回。

人力资源　国网宁夏电力把习近平新时代中国特色社会主义思想和党的十九大精神作为干部员工培训的主要内容，坚持不懈强化理论武装。举办3期处级干部集中轮训及1期党校青干班，先后推荐15名优秀处级、科级干部分别参加国家电网公司2018年党校青干班、国家电网公司党组2018年巡视及挂职锻炼，选派10名青年管理骨干赴国网山东电力进行为期半年的实践锻炼。加大年轻领导人员选拔使用力度，国网宁夏电力“80后”处级领导人员数量同比增长100%。全年招聘录用高校毕业生218人，其中研究生及学历毕业生30人，占13.76%；“985”“211”及原电力部属院校毕业生100人，占45.87%；电工类专业毕业生174人，电占79.87%。制定人才当量密度提升三年规划，提升员工素质。壮大高端科技人才队伍，全年新增正高级职称25人，1人受国家科技部选派参加金砖国家青年科学家论坛，1人入选享受国务院政府特殊津贴，1人荣获全国青年岗位能手称号，7人被自治区评为青年拔尖人才。深化“三项制度”改革，企业内生动力不断激发。在“能上能下”方面，严格落实岗位竞争上岗要求，实行绩效等级不达标“一票否决”，32名优秀员工竞聘到新岗位，73名员工因年度绩效不达标降岗待岗；在“能进能出”方面，开展长期不在岗人员专项清理工作，限期返岗32人，解除劳动合同2人；在“能增能减”方面，推进全员绩效管理，加大考核标准刚性执行监控力度，拉开考核差距，强化“以绩取酬”分配，“工资是挣来的”在员工中形成普遍共识。

电网建设与发展　2018年完成固定资产投资38.84亿元，其中电网基建投资29.70亿元。完成“十三五”国网宁夏电力规划修编及“十四五”主网架发展研究。承担并完成宁夏回族自治区“十三五”电力及可再生能源规划中期评估。完成2018～2025年220kV及以下电网滚动规划。制定新时代配电网高质量发展三年行动计划，推进电网规划信息化试点建设。750kV妙岭等18项工程获得核准，“十三五”主网规划项目核准全部完成。结合规划成果，研究制定宁夏电网“1236”发展战略，确立了“围绕一流能源互联网企业目标、实施主网和配网两大行动、落实三步走战略、实现电网发展六个一流”的总体思路和实施途径。加快建设事关全国资源优化配置及自治区经济社会发展的重大工程，完成±1100kV昌吉—古泉特高压工程宁夏段建设任务，750kV沙湖—上海庙工程成功带电，宁浙直流配套电源送出工程全部投产。750kV沙坡头、杞乡工程投运，330kV及以下电网项目完成年度建设任务。2018年全年35kV及以上新开工工程26项，线路321.53km，变电容量4181.9MVA，分别完成年度计划的100%和100%；累计投产工程29项，线路880.13km、变电容量6426MVA，分别完成年度计划的100%和100%。狠抓工程质量管理，太阳山—六盘山—平凉750kV工程获国家电网有限公司优质工程银奖。落实乡村振兴战略，新一轮农网改造升级、4个“小康电示范县”建设、光伏扶贫并网等项目全部完成。

经营管理 适应电网发展及核价要求，合理安排各项成本支出。稳步推进“1233”卓越资金管理体系建设，资金安全管控水平持续提升。落实企业所得税优惠政策，节约税款2.6亿元。争取增值税进项税留抵6.39亿元一次性返还，缓解流动资金压力。强化重大决策合法性审核，触电人身伤害案件压降专项整治行动、新能源领域合规管理试点工作取得明显成效，法治企业建设持续加强。支持改革、加快推动改革，增量配电业务取得重大进展，成立固原市新合配售电有限公司，取得宁夏第一张增量配电电力业务许可证，完成国家电网公司混改试点任务。落实国家降低一般工商业电价政策，完成降幅10%的目标。启动第二个监管周期输配电价核价准备工作。配合地方政府成立电力市场管理委员会，全年完成直接交易电量310.6亿kWh，同比增长13.23%，进一步降低了区内企业用电成本。正式运营电力辅助服务市场，电力市场机制进一步完善。“三供一业”改造接收19家国有企业163个小区配电设施，涉及各类用户11.41万户。完成“两供一业”管理服务职能移交、资产无偿划转及维修改造工作，得到自治区国资委肯定。基建改革12项配套政策落地见效，通过国家电网公司验收。以提升综合素质和可持续发展能力为核心，制定《集体企业综合治理行动计划》。与银川市、石嘴山市、吴忠市、中卫市及宁东管委会签订战略合作协议。

安全生产 严格落实安全生产各项部署，狠抓本质安全建设，建立全员安全责任清单，专项梳理安全生产问题清单，推行违章记分管理，“五不发生”安全目标全面实现。截至2018年12月31日，宁夏电网长周期安全运行6786天。健全安全监督体系，增设安全总监和安全监督机构，实现生产施工类单位全覆盖。开展“六查六防”专项行动和继电保护基础管理提升年专项活动，制定宁夏电网安全运行问题责任清单并整改提升。完成两大直流年检等重大检修任务，电网运行保持稳定。完成所有在运35kV及以上变电站（换流站）消防验收取证工作，实现“五个百分之百”，提前两年完成国家电网公司三年治理任务。建成473条“自愈”配电网线路，非故障区域恢复供电时间由2.3h缩短至3.2min。完成省市县三级应急能力建设评估和全部地市公司大面积停电事件应急演练。开展“护网2018”攻防演习，网络保持安全稳定。承担宁夏回族自治区成立60周年庆祝大会保电任务，以“五个最”（最高的标准、最有效的组织保障、最可靠的技术措施、最饱满的精神状态、最严明的工作纪律）实现了“四个零”（设备零故障、客户零闪动、工作零差错、服务零投诉）目标，宁夏回族自治区主要领导给予高度评价。

营销工作 在内供方面，促请各地市政府出台电能替代相关优惠补贴政策6项，替代电量16.38亿kWh。开拓市场，恢复停产容量2992.5MVA，区内售电量683.60亿kWh，同口径同比增长7.38%。拓展新兴业务，综合能源服务公司全年营业收入达6660.19万元。强化电费回收过程管控，当年电费回收率100%，陈欠电费得到有效解决。开展线上交费推广活动，低压居民线上交费率82.68%、企业电费网银缴费金额16.3亿元。外送方面，2018年全年宁夏电网累计外送电量564.45亿kWh，同比增加30.16%，首次突破500亿kWh大关。其中宁夏外送山东电量全年累计238.40亿kWh，同比下降6.53%；外送浙江电量全年累计240.97亿kWh，同比增加85.18%。通过昭沂直流送出宁夏电量9.85亿kWh。截至2018年底，宁东—山东±660kV直流示范输电工程、宁东—浙江±800kV特高压直流输电工程自投运以来分别送电2320.69亿kWh、648.83亿kWh，相当于近1.5亿t煤炭就地转化，产生了良好的生态效益、经济效益和社会效益。另外，现货交易电量5.14亿kWh，宁夏送江苏上海电量15.74亿kWh，送青海电量3.95亿kWh，送华中、西南、陕西电网电量15.81亿kWh。

科技与信息化 实施创新驱动和科技强企战略，深化重点领域技术攻关和示范应用。加强重点领域技术攻关和示范应用，深化大规模新能源及多直流送端电网协调控制技术研究及成果应用。开展短路电流限制技术研究和应用，研制的220kV交流快速真空断路器成功通过西高院试验验证，研制的世界首台110kV

变阻抗变压器完成一年挂网试运行并通过产品鉴定。推进实验能力建设，完成自治区电力能源安全重点实验室和“宁夏高压设备检测与试验技术创新中心”等两个省级创新中心年度建设任务。科技创新成果丰硕，1项被自治区推荐参评2019年度国家科技进步奖。23项成果获省部级奖励，其中1项获宁夏回族自治区科技进步一等奖。发明专利申请完成年度指标的111%，授权完成年度指标的127%。科技成果指数同比提高38.1%。在国家电网公司青创赛中获1银4铜。获全国企业管理现代化创新成果二等奖1项。79项管理创新成果在自治区获奖，其中一等奖10项。举办职工技术创新暨第四届青年创新创意大赛优秀成果展，1项成果获全国职工技术创新优秀奖及自治区一等奖。完成国家电网公司全业务统一数据中心全域综合试点示范工作，通过信息化企业验收。

优质服务 研究制定国网宁夏电力营销基础管理三年登高行动计划，分解确定营销基础管理工作三年发展目标和管控措施。完成地市公司供电服务指挥中心实体组建，实现中压配电网主动抢修。推进“互联网+”技术应用，提供营业厅、掌上电力、95598网站等多种办电渠道，进一步提升客户办电的便利度。持续优化营商环境，启动“八大服务工程”，推出“三零三快三早”九大为民服务新举措，线上服务“零距离”，农网低压用电“零投资”，带火接电“零费用”，业扩报装“快接入”，光伏扶贫“快并网”，保卫蓝天“快替代”，美丽乡村“早惠民”，重点项目“早对接”，企业用电“早诊断”，高压用户电网企业责任环节平均办电时间缩短为14.38个工作日、同比减少1.3天。居民线上交费率82.68%，非居民线上交费金额16.3亿元。推进“全能型”乡镇供电所建设，推行“综合柜员制”和“台区经理制”，实行网格化管理模式，变被动服务为主动服务，快速响应客户需求。补员招聘供电服务用工，建成3个农网“三型一化”营业厅，宁东惠安堡镇供电所等6个供电所先后被国家电网有限公司授予“五星级乡镇供电所”称号，服务“最后一公里”能力进一步提升。将服务新能源发展作为一项重要政治任务，多措并举服务新能源发展，满足新能源项目“6.30”并网需求，实现新能源“双升双降”目标。全年新增装机容量2657.4MW，同比增长282%。消纳电量284.14亿kWh，同比增长23.29%。新能源发电量占总发电量17.70%，同比上升1.19个百分点；弃电量同比降低31.92%，弃电率3.01%、同比降低2.29个百分点。

党的建设和精神文明建设 深入学习贯彻习近平新时代中国特色社会主义思想，广大党员干部“四个意识”更加牢固，“四个自信”更加坚定，“两个维护”更加坚决。狠抓党组织标准化建设，71个基层党组织实现“应换必换”，“旗帜领航·三年登高”对标管理年任务全面完成。与国网党校战略合作成立企业党建研究分中心。开展“党建+”项目建设，3支共产党员服务队分获国家电网公司“金牌共产党员服务队”“优秀共产党员服务队”称号。清单式推进党风廉政建设“两个责任”落地，规范廉政约谈，“一岗双责”成效明显。从严执纪审查，通报典型案例，依规依纪纠正违规违纪问题。巡察实现对二级单位“全覆盖”，正风肃纪取得良好效果。持之以恒落实中央八项规定精神，坚决防止“四风”问题反弹。蝉联“自治区文明行业”称号，3个基层班站荣获国家电网有限公司“企业文化建设示范点”称号。强化领导干部队伍建设，完善干部制度体系，树立了鲜明的用人导向。开展学习“时代楷模”张黎明活动，1人获“自治区60年感动宁夏人物”。建立“四级”职工诉求管理体系，关心关爱职工生活。实施补充医疗保险业务委托管理，落实离退休“两项待遇”。

（田风廷）

【国网新疆电力有限公司】

企业概况 国网新疆电力有限公司（简称国网新疆电力）是国家电网公司的全资企业，是以经营新疆电网为核心业务的国有企业。本部设24个职能部（室、中心），所属供电企业14家，业务支撑、实施和集体企业等单位12家。

领导班子

董事长、党委书记：李明

董事、总经理、党委副书记：开赛江·阿不都如苏里

党委副书记、副总经理：徐建忠

副总经理：白伟

副总经理兼国网乌鲁木齐供电公司总经理、党委副书记：向红伟

副总经理：张龙钦　阿斯卡尔·阿合买提　谢恒

副总经理、工会主席：钟永泰

纪委书记：党晓峰

总会计师：郭爱民

组织机构 设置办公室（党委办公室）、发展策划部、党委组织部（人事董事部）、人力资源部（社保中心）、财务资产部、安全监察部、设备管理部、建设部、营销部（农电工作部）、科技信通部（智能电网办公室）、物资部（招投标管理中心）、审计部、监察部（纪委办公室）、党建工作部（机关党委、团委）、离退休工作部、经济法律部（体改办）、集体企业管理办公室、对外联络部（品牌建设中心）、后勤工作部、运营监测（控）中心、电力调度控制中心、工会、公安保卫部（武装部）、企协分会等24个职能部（室、中心）。

电网概况 截至2018年底，国网新疆电力拥有750kV线路32条4594.505km，变电站12座3053.6万kVA；500kV线路7条195.705km；220kV线路480条21 182.188km，变电站118座3892.6万kVA；110kV线路986条24 148.175km，变电站475座3327.43万kVA。统一调度的新疆电网已覆盖自治区全部14个地州（市）。

人力资源 贯彻全国组织工作会议精神，完善选人用人制度体系。面向全公司公开选拔本部管理人员，18名内设机构负责人及32名一般管理人员竞聘上岗。8名援疆挂职干部、30名东西帮扶人员为国网新疆电力发展注入活力。规范举办第14期优秀青年管理人员培训班。实施多元化用工策略，首次采用社会化招聘方式聘用高技能人才。组织6490名运检、营销、调度专业技能岗位员工能力素质测评，依据测评结果确定培训方向。与自治区总工会共同举办变电运维、变电检修和输电运维专业技能大赛，提升竞赛层级，让获胜员工得到更高荣誉。开展新闻应急、信息安全、客户服务、物资管理等相关专业技能竞赛，达到了以赛促学的目的。召开第三次团代会，评选表彰“十大杰出青年”，激励青年岗位建功。在国家电网公司第四届青创赛中荣获1金3铜。

电网建设与发展 规划前期加快推进。优化修编公司“十三五”发展规划，配合完成电网中期规划调整工作。与国网经研院、南瑞集团等单位签订战略合作协议，提升战略协作能力。750kV木垒、库车—阿克苏—巴楚Ⅱ回输变电、哈密抽水蓄能电站等重点工程得到自治区及时核准，750kV南疆环塔输变电工程取得电规总院可研评审意见。提出的35项电网差异化措施纳入国家电网公司规划设计导则，为全面推进坚强电网建设提供标准。

建设任务圆满完成。±1100kV吉泉特高压直流输变电工程带电运行，新疆电网形成“内供三环网、外送四通道”主网架格局。开工建设750kV博州、阿勒泰输变电工程，750kV南疆延伸补强工程全线贯通，750kV准北、五家渠输变电工程按期投运，750kV变电站达到20座。已建成搁置近两年的220kV和田皮山输变电工程，在全面风险有效控制下顺利送电。完成220kV阿拉尔3号主变压器扩建等105项35kV及以上重点工程建设任务。

工程管理水平全面提升。基建12项配套改革措施通过国家电网公司验收，基建安全质量管理水平得到显著提升。落实技经管理“八个转变”要求，加强工程预算管理和造价精准管控。750kV博州变电站实施三维设计，试点工作通过国家电网公司首批验收。建设750kV准北工程，首次实现变电、线路“零缺陷”投产。全面实现变压器台附件工厂化预制，配电网建设速度及标准化水平大幅提升。3项工程荣获国家电网公司“配电网百佳工程”。完成32项存量及新增工程土地证办理工作。500kV及以上输变电工程全面落实“先签后建”要求，依法合规建设水平得到提升。

经营管理 管理质效明显增强。建立全疆两级领导班子全体参加的生产经营周例会，通报问题、交流经验、部署工作，有效提升管理穿透力。建立经研、信通专业对标体系，制定县级供电公司对标管理办法。重视短板工作，召开综合计划、技经工作、“三项制度”改革、教育培训主题月度会和继电保护专题会。加强成本控制，优化资金使用，集中解决安全生产、经营发展等方面突出问题。落实提升采购质量21项措施，大幅精简归并标准物料，不断提高采购设备质量。制定本部先进部室评选细则、重大任务激励办法，对做出突出贡献的部门和人员给予专项奖励。全面加强同期线损管理，营配调贯通工作得到规范和提升。深化政企、警企联合执法，加大窃电及违约用电行为打击力度，累计追收电费4713万元。试点参与社会金融机构征信体系建设，加强了对拖欠电费行为的联合惩戒力度。综合能源服务公司拓展新业务，完成营业收入1.07亿元。送变电公司中标柬埔寨230kV输变电项目，实现东南亚市场新突破。

重大改革任务取得实质性进展。实施非居民用电与一般工商业电价同价，实现“一般工商业电价平均降低10%”的目标。统一执行全疆输配电价标准，不再执行北疆直购电交易价差推算规则。准东开发区配电价格获得自治区批复，电改矛盾得到疏导。与克拉玛依市政府就成立股份制公司达成共识，签订战略合作框架协议。协调解决电力交易中心股份制改造相关问题，自治区上报方案符合国家电网公司要求。主动加强与兵团沟通协商，增进合作共识。优化调整了基建、安全、物资、体改、集体企业管理等专业各层级组织机构。审计部与审计中心实现一体化高效运转。统筹营销服务、市场竞争需求，成立10个园区供电所。两座特高压直流换流站完成属地化运维接收，同步健全完善公司直流专业组织构架。有序推进乌鲁木齐、昌吉、巴州公司供电服务指挥中心试点建设工作。全面推行营配末端融合及城区低压网格化综合服务新模式，协同高效的现代供电服务体系初步形成。积极开展多维精益管理体系综合试点建设，完成管理体系框架搭建等工作。

科技、创新工作成果丰硕。15项科技创新成果获得省部级科技进步奖。获得专利授权399项，33项专利具备转化条件。获得自治区企业管理现代化创新成果奖59项，省部级优秀QC成果奖49项。黄新民获评“国网工匠”称号。

安全生产 安全管理基础不断夯实。强化本质安全建设，扎实推进加强安全生产工作26项重点任务。制定发布各层级、全岗位安全责任清单，明确"尽职照单免责、失职照单问责"。设立1500万元安全专项奖惩基金，实施安全生产工作重奖重罚。健全安全监察体系，常态化开展"四不两直"作业现场检查。开展"六查六防""反违章"等安全专项行动，查纠各类违章1717起，治理各类隐患7516项。开展触电人身伤害案件压降专项整治行动，案件数量大幅压降43.48%。组织大面积停电应急演练，提升处置能力，完善政企协调机制。西北首家"电力器材安全性能技术标准验证实验室"获得国家电网公司命名。

电网保持安全稳定运行。克服恶劣天气多发频发、新能源高占比消纳、特高压设备故障、南疆电煤供应不足等多重挑战，电网保持安全稳定运行。完善"三道防线"，加强运维保障，精准管控1072项电网风险。研发次同步振荡综合防控系统，抑制双馈风机次同步振荡。优质高效完成750kV五彩湾变电站合并单元改造，完成750kV巴吐Ⅱ线、伊犁变1号主变压器高压套管更换等3050项35kV及以上检修工作。加大输配电通道清障消缺力度，输配电设备故障率同比分别下降13.7%、39.94%；加强变电运维管理，加大隐患治理，变电故障率同比下降27.2%。经营租赁急需的无人机、仪器仪表等设备，显著提升生产运维能力。历时三年，建成覆盖全疆电网的新一代数字式雷电定位系统，建成万兆大容量宽带光通信骨干网络。落实"护网2018"行动要求，实现网络信息安全"五个不发生"目标。妥善应对洪灾及大风、暴雪等极端灾害天气，第一时间恢复受损电力设施。圆满完成亚欧博览会、民运会等121次重大保电任务，电力保障工作得到各级地方党委政府的高度认可。

营销与优质服务 经营业绩稳步提升。落实国家电网公司优化经营管理策略35项措施，主动作为、多措并举，努力提升经营质效。全年推广电能替代项目9021项，完成替代电量69.3亿kWh，同比增长1.4倍。完成大用户直接交易电量276.59亿kWh，同比增长51.17%。完成调峰替代、新能源替代自备电厂发电共计104.12亿kWh，同比增长19.5%。完成"政府间协议援疆"电量104.98亿kWh，同比提升33.42%。发挥"西北援疆电量库"作用，增加外送电量29亿kWh。实施重点业扩项目挂牌督办，新增110kV及以上报装容量321.5万kVA。

服务能力显著提升。实施优化营商环境两年行动方案，压减高低压客户办电环节，10kV项目平均总时长大幅缩短。3家试点单位0.4kV及以下业扩项目表前工程实现客户"零投资"，各类降费措施节约客户接电成本1480万元。推行营业厅电管家制，试点开展6个营业厅"三型一化"转型改造。推广"互联网+"营销服务，14家供电单位智能卡表远程充值业务上线运行。作为系统首家单位，实现营业厅、自助交费设备扫码支付，大幅提升服务效率。

服务新能源发展成效显著。实施新能源并网全过程"一站式服务"，新增并网新能源129万kW。实行特事特办，喀什深能福塔光伏扶贫项目按期并网。克服天中直流故障、五彩湾合并单元改造等因素影响，综合采取系列组织和技术措施，最大限度调度新能源厂站发电。全年新能源发电量476.9亿kWh，同比增加14.8%，风电平均发电2024h，同比增加219h，光伏平均发电1337h，同比增加114h。全年实现新能源消纳"双升双降"目标。

援疆维稳 国家电网公司25条援疆措施全面落地，为服务自治区社会稳定和长治久安总目标注入强大动力。全面加强安全生产、电网建设、供电服务等各项工作，以确保各级电网安全稳定运行的实际成效，服从总目标、服务总目标。高效完成便民警务站等维稳设施双回路建设改造任务，实现停送电信息的实时监测。完成27个边防部队通电任务，为边境防控和抵边村落用电提供可靠保障。坚决助力南疆四地州深度贫困地区脱贫，完成22个县261个村的年度脱贫攻坚电网建设任务。大干50天，完成南疆三地州3.3万户"煤改电"配套电网建设。服务城市建设和民生改善，完成乌鲁木齐河滩路景观靓化杆线入地迁改和后峡35kV供电工程。服务支持小微企业发展，优质高效保障卫星工厂、农产品仓储、坚果加工、服装制造等民生用电需求。成立公司意识形态工作责任制领导小组，认真落实《反恐怖法》《自治区去极端化条例》要求。举办《电网反恐怖防范设置规范》现场推进会，推动标准化安防全面落实。修订《"访惠聚"驻村工作管理办法》，全面加强驻村管理工作。深化"民族团结一家亲"活动，组织结亲家庭子女到乌鲁木齐开展爱国爱疆主题联谊活动。250名驻村干部履职尽责、不负重托，为社会稳定做出贡献，为脱贫攻坚注入力量。公司荣获自治区"访惠聚"驻村工作优秀组织单位、自治区包村定点扶贫先进单位称号。

党的建设和精神文明建设 学习新思想取得新成效。党委和各级党组织坚持把学习贯彻习近平新时代中国特色社会主义思想和党的十九大精神作为首要政治任务。党委会、理论中心组把学习传达党中央、国务院和自治区党委重要会议精神作为重要内容，领导班子围绕《习近平新时代中国特色社会主义思想三十讲》，带头讲党课。各级党组织带领广大党员，持续深入学习研讨，形成了浓厚的学习氛围。

党建与中心工作相融并进。大力实施"旗帜领航·三年登高”计划，完成对标管理年各项任务。按期完成国家电网公司党建信息化系统建设，党支部标准化建设达标率实现100%。探索“党建+基建”新模式，在重大工程建设中设立临时党支部，实现党建与基建工作深度融合。结合单位属性，丰富服务方式，创新成立天山雪莲共产党员服务队、突击队和“访惠聚”共产党员服务队，天山雪莲（乌鲁木齐检修）共产党员服务队荣获国家电网公司“金牌”服务队。开展纪念建党97周年、“党员安全述职”主题党日等活动。突出政治巡察定位，实现巡察“两个全覆盖”年度目标，解决党的领导弱化、党的建设缺失等突出问题。驰而不息正风肃纪，发现“四风”等问题89件，制定整改措施104项，准确运用监督执纪“四种形态”，全年处理183人次。

主要事件

3月9日，自治区召开电网建设专题协调会议和南疆四地州煤改电专题研究会，政府常务副主席张春林主持会议，明确建立电网建设常态协调机制，政府每月召开一次电网建设问题协调会议。由自治区财政厅落实2018年9000万元电网建设贴息补助资金，要求尽快到位。自治区发展改革委、国土厅等相关单位全力协调解决电网建设中存在的问题，限期完成。坚持实事求是、循序渐进的原则推进南疆四地州煤改电工作，完善南疆煤改电可研报告，并报请国家尽快批复，同时加大资金和政策的支持。

3月20日，国家电网公司党组书记、董事长舒印彪与张春林副主席就南疆煤改电问题进行专题座谈。国家电网公司调研组随即深入南疆四地州现场一线进行摸排调研，并进行可行性研究。

3月23日，调研组与自治区相关部门召开南疆四地州煤改电调研会，落实国家电网公司“三区两州”深度贫困地区电网建设工作部署，科学制定电网规划和建设方案，全力支持和配合做好南疆四地州“煤改电”工程建设，加快可行性研究报告编制，根据共同明确的电供暖实施方案及分解的任务目标，坚持保基本、经济性的原则，因地制宜推进工程建设。

5月21～28日，全疆相继出现雷暴、大风、沙尘暴等强对流天气，喀什、和田等地尤为严重。新疆电网10kV配网线路及配电设备发生了多条（台）故障跳闸，致部分用户停电。事故发生后，董事长、党委书记李明和总经理、党委副书记开赛江多次召集专题会议，对抢修保电进行安排部署。各级供电单位立即启动应急预案，迅即抢修受损的供电设备。5月29日，停电客户全部恢复供电。新疆电网未发生110kV及以上线路跳闸而引发的大面积停电事故。

7月5日，750kV准北输变电工程送电，新疆750kV骨干网架延伸至北部最末端塔城电网。

7月31日6：00～9：30，哈密市伊州区沁城乡小堡区域短时突降特大暴雨，哈密电网先后停运1座110kV变电站、3座35kV变电站、17条线路，217基杆塔受损或倾倒，致3个乡、9个村的4637户居民停电。灾情发生后，国网新疆电力迅即启动自然灾害应急响应，因地制宜调整哈密电网运行方式，努力恢复中断供电区域的电力供应。应急抢修队伍即时赶赴受灾核心区全力抢修。同时，积极配合当地政府救灾工作，当日完成了受灾群众安置点72顶帐篷和12间教室的临时供电，25名抢修人员在安置点提供24h供电服务。8月2日19：00，停电居民的电力供应全部恢复，哈密电网正常运行。

9月30日，和田地区策勒县乌恰特村电网建设改造工程建成，国网新疆电力承担的新疆电网区域内261个深度贫困村电网建设改造任务完成。

12月2日，750kV巴楚—莎车输电线路工程全线贯通。

12月17日，750kV五家渠输变电工程建成投运。该工程是国家电网公司“十三五”期间的重点工程，是新疆750kV骨干网架的一部分。

12月31日，中国自主设计建设的世界首条±1100kV特高压输电工程——准东—皖南直流输电工程建成，实现双极全压送电。

（旷路明）

【国网西藏电力有限公司】

企业概况 2007年7月，国家电网公司控股、西藏自治区人民政府参股，共同组建国网西藏电力有限公司（简称国网西藏电力）。国网西藏电力统一规划、统一建设、统一管理地市电网，经营相关发输配电业务；按照国家统一规划，合理有序开发西藏电力资源，投资或参与投资建设相关电源项目，促进国家规划电源基地开发和前期工作开发；制定并组织实施国网西藏电力发展规划和重大生产经营决策；开展电力建设项目前期工作和其他工作。

组织机构 国网西藏电力本部设立21个职能部门，下辖正处级建制单位23个（地市供电公司7个、发电公司6个、支撑单位9个、交易中心1个），其中分公司20个、子公司3个。2017年底，国网西藏电力对西藏全区66个县供电公司实施农电代管，8个县（区）沿袭或实施直供直管（未设置县级供电公司）。

电网概况 截至2018年底，西藏自治区发电装机容量304.078万kW，其中水电装机容量159.845万kW（常规水电150.845万kW、抽水蓄能9万kW），火电装机容量41.655万kW，太阳能光伏装机容量97.510万kW，地热机组装机容量4.318万kW，风电装机容量0.750万kW。藏中电网装机容量

299.286 万 kW，新增 53.870 万 kW（同比增长 21.95%），其中水电增加 27.820 万 kW、太阳能光伏增加 22.500 万 kW。

2018 年，西藏自治区全年发电量 67.44 亿 kWh，全社会用电量 69.02 亿 kWh。国网西藏电力管理机组发电量 17.29 亿 kWh，同比增长 9.33%。青藏联网送入电量 10.20 亿 kWh，外送电量 6.72 亿 kWh。川藏联网送入电量 2038.30 万 kWh，外送电量 2.11 亿 kWh。

人力资源 2018 年，国网西藏电力全口径用工 5325 人，同比增加 238 人，其中长期职工 5075 人、劳务派遣用工 250 人；全口径人事费用率 29.8%，同比降低 1.3 个百分点；全员劳动生产率 33.2 万元/人年，完成年初计划；队伍结构持续优化，人才当量密度 0.895 5，同比增长 2.35%。招聘高校毕业生 481 人。

机构设置优化。以提高组织运行效率效益为导向，精准对接业务需求，优化调整巡察、基建、物资机构设置，强化安全监督管理机构设置与人员配置。推进施工监理企业转型升级，成立建设管理分公司。试点建设供电服务指挥平台、低压城区网格化供电服务中心，各级组织机构不断完善。用工配置优化。严格按照公司高校毕业生招聘要求，招聘高校毕业生 644 人（包括分配至代管农电公司 163 人）。落实西藏籍高校毕业生就业政策，申领市场就业补贴 1700 余万元，招聘西藏籍高校毕业生总数在驻藏央企中保持排名第一。首次开展社会招聘工作，引进 11 名专业人才。印发高层次人才柔性引进方案，指导国网西藏电科院、国网西藏电建公司开展人才柔性引进。国家电网公司组织 380 名帮扶人员进藏开展帮扶工作，完成人才帮扶交接工作。激励和保障机制细化。争取落实西藏“特殊津贴”。建立工资总额分配模型。在继续加大企业负责人绩效工资与业绩考核结果挂钩力度的同时，建立包含人员年龄结构、人才当量密度、企业经营难度以及绩效考核结果等要素的工资分配模型，工资总额分配方式更加符合实际。落实自治区个税调整政策，宣贯和指导各单位落实西藏个税起征点和“六项附加”免税政策，享受政策红利，增加干部职工收入。福利保障标准进一步提高。增加集体性福利支出，福利费计划增长比例超过 15%，其中食堂经费增长 10.4%。企业年金缴费比例提高至 8%，当年运营收益 5.48%。落实失业保险有关优惠政策，领取政府稳岗补贴 444.1 万元。及时批复职工离岗休养与申报职工退休。批复离岗休养 132 人，累计批复离岗休养 347 人，取得退休批复 125 人。

员工教育培训与队伍建设。加强人才队伍建设，拓展员工职业生涯成长通道，完善人才选拔培养机制，印发《国网西藏电力有限公司首席专家管理实施细则（试行）》，引导优秀人才发挥聪明才智、多出成果。建立“四级四类人才种子库”，提高专家人才储备、选拔效率，提前筹划人才发展路径，引导优秀员工参与专家人才队伍建设。选派 10 名青年管理技术骨干赴东部电力企业实践锻炼。2018 年，中、高级职称评审通过率分别为 65.98%、62.69%，技师、高级技师评审通过率分别为 40%、62.5%。管理技术人员中，中级及以上人员 477 人，同比提高 143 人；技能人员中，技师、高级技师人员 109 人，同比提高 9 人；及时兑现专业技术资格、技能等级一次性奖励。围绕骨干专业需求和解决结构性矛盾，累计为那曲、昌都、阿里供电公司定向培养专科生 250 名（其中已毕业入职 50 名，在校培养 200 名）。落实全员培训计划。整合各类培训资源，搭建技能人才实训平台，深化习服基地实训室应用，自主开展技能实训 400 余人次。缓解高端实训资源不足，年度选拔技能骨干共 36 期、合计 122 人次到四川技培插班实训。争取政策支持，落实紧缺专业国家电网公司总部入藏援助培训 8 期，累计培训 1700 人天。加快师资队伍建设，新选拔兼职培训师 40 名，发挥援藏帮扶人员“传帮带”作用，组建援藏帮扶人员师资库。年度组织各类脱产培训 850 期，累计培训 2.7 万人次。深化网络大学应用，累计完成网络培训 1.47 万人次、26 万学时。

电网建设与发展 完成电网投资 91.85 亿元，完成计划 103.38%，其中，新开工 110kV 及以上线路 437.60km，变电容量 44.20 万 kVA；投产 110kV 及以上线路 2305.98km，变电容量 883.90 万 kVA。主网基建工程未发生基建人身伤亡事故、一般及以上电网设备事故。2018 年 11 月，对西藏经济发展具有重大里程碑意义和战略意义的 500kV 藏中联网工程，一次性启动投入运行，西藏电网跨入 500kV 超高压大电网时代。完成扶贫搬迁、边境小康村等配套供电设施建设，提前 97 天实现玉麦通电。

强化制度标准执行和主体责任落实，推进基建改革 12 项配套措施落地。完成基建机构和人员调整。开展标准化工艺深化应用，聂荣 110kV 变电站等 33 项工程被国家电网公司评为“达标投产工程”。结合实际编制完成《西藏 35～110kV 变电站线路设计差异化技术导则》，组建评审专家库。梳理发布西藏工程合同特别条款。引导建管单位强化依法规范管理，转变工作观念和工作方式，从“事后整改”模式逐步向“事前、事中控制”模式转变。针对西藏七地市不同自然条件，吸取运行及维护过程中发现的共性问题，制定发布《西藏各地市输变电工程设计差异化技术导则》。依托阿里联网工程，开展全线 60%采用机械化施工、变电站及景观塔美学设计、富氧系统、共享铁塔等 16 项科研课题研究。

经营管理 全年完成固定资产投资98.18亿元，资产总额618.03亿元（同比增长19.62%），资产负债率34.82%（同比减少6.31%），营业总收入同比增长21.32%，综合线损率同比降低0.82个百分点，城市综合供电电压合格率同比提升0.136个百分点。完成国家电网公司业绩考核目标，经营管理成效明显。

累计落实到位中央资金98.35亿元。2018年与多家金融机构达成协定存款协议。争取地方政策支持，在落实农电代管县运维补贴资金1亿元基础上，促请自助区财政新增预算3900万元用于弥补农网贷款利息。落实东西帮扶20亿元资金。根据《国家发展改革委关于降低一般工商业电价有关事项的通知》，落实国家“一般工商业电价平均降低10%”部署，出台电价调整文件，进一步规范理顺西藏销售电价。2018年，售电平均下降0.088 28元/kWh，减少工商企业用电成本4.5亿元左右。配合完成青藏直流专线成本监审工作。青藏直流输电价格维持原0.06元/kWh政策不变，国网西藏电力利益得到保障。促进新能源消纳和外送，2018年新并网光伏电站8座20万kW，光伏发电量同比增长36.54%，藏中联网工程投运后实现零弃水。签订2019年外送交易电量14亿kWh框架协议。完成财务“十三五”规划滚动修编。持续开展财务数据治理。组织各单位开展长期挂账往来款项清理、财务系统供应商数据清理及“两金”压降工作，提升会计数据质量。推进财务信息化基础建设，多维精益管理体系工作全面推开。完成电子发票系统升级建设工作，提升财务管理水平。配合完成原总经理离任经济责任审计、藏中联网工程专项审计、2017年物资及招投标管理专项审计及国家电网巡视问题及整改工作。规范代管县供电公司财务基础工作，制定下发10项财务管理制度。完成代管县供电公司远光软件固定资产模块及预算管理模块系统部署。制定“奋进三年·全面进位”追赶指标100项、提升措施301条。

安全生产 全年未发生人身安全事件，未发生六级及以上电网、设备事件，未发生消防和信息安全事件，首次实现六级及以上电网设备事件零纪录。面对电网结构薄弱、自然环境恶劣、电网建设任务繁重、新能源快速增长、电网负荷屡创新高等情况，贯彻落实党中央国务院、国家电网公司、自治区党委政府安全生产工作系列决策部署，推进本质安全建设，狠抓筑牢安全基础管理，不断夯实全员安全教育，完成雅鲁藏布江和金沙江堰塞湖等自然灾害电力应急抢险工作，确保安全生产总体局面持续保持平稳向好态势。2018年，贯彻《中共中央、国务院关于推进安全生产领域改革发展的意见》，编制印发实施方案，制定细化36项具体措施，推进本质安全建设。完善安全监督管理，配齐各级安全总监，成立基层单位安全监察大队，组织开展安全述职工作，确保各级单位全面掌握本单位安全生产情况，发现查处安全生产领域存在突出问题。全面梳理各级安全职责，编制覆盖全员安全责任清单23册，确保安全经费投入，加大安全奖惩力度，健全完善安全生产履职绩效考核和失职责任追究的激励约束机制。常态化开展各类安全监督检查，排查问题隐患4005项，整治3895项。全方位落实安全生产基础管理，持续加大输电线路防外破和“三跨、六防”隐患排查，严守电网“三道防线”，严格作业现场“十不干”，确保作业现场和基建施工安全。狠抓落实隐患排查治理及风险预警双重防控措施，在电网运行、基础建设、设备运维等专业开展风险预警管控，全年发布风险预警68项。开展覆盖22家单位253个作业现场的春、秋季安全大检查，共计发现问题556项，全部完成整改。

2018年5～12月，结合西藏电网运行特点，在地市供电公司开展大面积停电事件应急处置演练，提升各地市供电公司处置突发大面积停电事件应急处置能力。组织开展应急队伍应急抢险处置演练，完成应急抢修塔组装实战演练，应急能力建设取得重要突破。强化交通消防和信息安全监督工作，推行交通安全“十条禁令”，实现公务车辆在线监测。开展电气火灾综合治理，排查各电压等级变电站、换流站及发电站共530座，组织开展“全民消防我行动”隐患排查等专项活动和冬春火灾防控工作，邀请自治区消防总队等有关专家联合召开电气火灾综合治理检查。加强信息通信安全运行管理，统筹安排信息通信运行方式和检修管理，强化信息通信应急体系建设，建立完善网络安全工作机制。网络安全综合防御能力不断提升，2018年9月获得国家网络安全技能大赛西藏赛区第一名。持续强化全员安全教育，开展安全生产大反思大讨论、“一把手”讲安全课等各类安全活动，提升全员安全管理与技能水平。全年共举办安全主体责任讲座15次，安全技术专题讲座35次，应急演练18次，反事故教育8次，各类知识竞赛、演讲比赛、技能比武等7次，首次开展模拟人急救实训。组织完成内部应急管理人员培训、应急装备基础技能实操培训。组织应急基干队伍10人，参加国网西南分部互联互训活动，2人获得优秀队员。

营销工作 2018年，国网西藏电力完成售电量59.66亿kWh，同比增长20%，当年电费回收率100%。全年完成业扩净增容量121.52万kVA，同比增长29.83%。全区智能电能表覆盖用户15.24万户，采集覆盖率99.62%，整体采集成功率98.58%，完成年度目标。费控执行成功率从72%提升至95%。全年治理高损台区221个，台区同期线损率降至14.42%，同比降低7.53个百分点，台区线损合格率

81.86%，提升32.80个百分点。全年查获窃电及违约用电136件，追缴电费收入242.55万元。国网西藏拉萨供电公司建立警企联动机制，开展联合打击窃电违约用电专项行动，查处金额100余万元；国网西藏那曲供电公司依托用电采集系统，实施精准打击，查处金额80多万，反窃查违成效明显。落实电能替代工作部署，完成配套项目投资750万元，推动社会化项目116个落地见效。加大政策宣传，引导社会广泛替代，实施“煤改电”，完成煤锅炉替代272个。全年完成替代电量2.52亿kWh。加强和规范业扩管理，提高办电效率，“互联网+营销服务”不断深化，服务方式更加便捷、多样，居民智能交费覆盖13.23万户、占比99.04%，线上交费笔数31.46万笔、占比17.48%，线上交费金额1.33亿元、占比3.03%，客户体验、客户感知得到提升。加大营销业务稽查力度，常态开展在线稽查监控。通过业扩、电费、线损和营业专项稽查，发现并整改各类异常1432条，累计补收电量428.17万kWh，电费455.30万元。

组织开展报装接电专项治理行动。精简办电流程，实施流程“串改并”，取消普通高压客户设计审查等环节，高低压环节分别精简至4个和3个。严格“一证受理”，减少办电申请资料，统一供电方案答复方式，推行供电方案答复单，提高方案答复效率，低压客户实现网上办电“一次都不跑”。10kV、400V非居民客户平均接电时间压缩至80天和30天。贯彻国家和自治区降低一般工商业电价有关决策部署，细化实施方案，加强宣传，强化政策执行，国网西藏电力经营区域一般工商业目录电价平均降幅达到11.8%。清理涉电收费项目8项，取消表计校验费、低压客户装表费、复电费等收费项目。促请自治区政府成立自治区国有企业职工家属区“三供一业”分离移交工作领导小组，明确8家试点单位，全面推进框架协议签订。建成省级拆回电能表分拣系统，试点开展拆回电能表检定工作，完成检定128只，合格再利用67只，做到及时分拣、充分利旧、规范处置，为降低用户经营成本开拓途径。

科技与信息化　2018年，获得省部级科技进步奖共7项，一等奖3项，其中国家电网公司科学技术进步一等奖2项，中国电力科学技术进步一等奖1项；申报专利30项，软件著作权2项，获得授权专利11项，其中发明专利1项。发表的SCI检索论文2篇，EI检索论文3篇。重点领域研究不断推进，自主研发建成海拔3800m地区首座无人值守观冰站，掌握了海拔5000m及以下绝缘子人工覆冰闪络特性，提出了2000～5000m覆冰电压海拔校正方法。“双创”工作深入推进，成立双创工作领导小组，印发《国网西藏电力有限公司“大众创业、万众创新”工作实施方案》。2018年9月，在创响中国发布会上，发布“保障超高海拔地区电网外绝缘安全的关键技术”和“高海拔地区提升配网不停电作业能力关键技术”两个高海拔特色项目。国网拉萨供电公司、国网林芝供电公司青创项目，分别获得国家电网公司第四届青创赛银奖和铜奖；国网阿里供电公司计量QC小组项目，获得国家电网公司2018年质量管理成果三等奖；国网西藏检修公司、国网阿里供电公司QC小组项目，分别获得国家电网职工技术创新“双越之星”成果银奖和铜奖；国网阿里供电公司计量在线管理系统研制项目，获得第十届全国电力职工技术成果三等奖。

强化网络安全责任制。组织各部门、各单位逐级签订年度网络安全责任书及承诺书，共签订责任书316份，承诺书6017人次。深化网络安全法普法宣传，通过网站和电子大屏等媒介开展普法宣传，开展全员网络安全法普法考试，考试合格率100%。

落实安全防范措施，深化隐患排查治理，发布网络安全周报52期，开展常态督查及特色督查工作，发现并整改敏感邮件、弱口令、应用及系统侧安全漏洞等隐患问题608项，全面覆盖管理信息大区及生产控制大区。举办网络安全专业年度培训，依托信息安全攻防实验室，开展红蓝队技术骨干实战技能培训5次，网络安全管理人员及技术骨干水平显著提升。成功完成国家级2018“护网”行动防守任务，多次参加国家、省部级举办的信息安全大赛，取得优异成绩。加强年度信息通信演练，精心编制保障方案，修编网络与信息系统突发事件应急预案，不断提高保障能力，完成青岛上合峰会、中非合作论坛、2018“护网”演习防守等重要活动以及重要节日、敏感时段信息通信保障工作，全年没有发生八级及以上信息通信事件。完成信息机房环境建设及搬迁工作，信息机房安全运行条件、信息系统及网络平台可靠运行水平得到较大改善。推进电网实物资产编码项目建设、全业务数据中心分析域二期、一体化“国网云”、多维精益管理变革等重点项目建设工作，严格按照国家电网公司统一设计要求开始实施工作，确保与国家电网公司建设路线及进度保持高度一致。完成2012—2015年历史项目资料整改。

优质服务　“95598”供电服务平台全年24h平稳运行，话务量、业务量分别为15.56万件和11.13万件。规范服务行为，建立员工服务行为红线预警机制，严肃考核问责，服务类投诉同比下降42.48%，全年未发生重大服务事件。开展表计线路接错、功率因数调整电费专项排查整治，累计规范基础数据3727项。建立员工服务行为红线预警信息库，服务类投诉同比下降42.48%。加强客户用电安全服务，排查重要用户隐患850条，指导整改570条。精心组织，落实措施，完成金沙江和雅江堰塞湖应急抢险，以及藏博会、区运会等一系列重大节日、重要活动和特殊敏感时期的保电任务，全年累计完成各类保电任务623次。配合政府清理转供电加价，在转供电主体及营业厅、“95598”网站、官方微博等发布公告及电价目录，增加电价透明度，稳步推进转供电加价清理工作。成立“八大服务工程”领导小组，启动让人民生活更美好八大服务工程，完成年度各项预定目标。以客户为中心、市场为导向，因地制宜，试点先行，推进供电服务体系机制创新，首个供电服务中心——国网西藏拉萨供电公司城区供电服务中心挂牌成立，营配末端业务实现有效融合落地。藏中联网投产，周密制定有序用电方案，确保迎峰度冬电力安全保障。科学采取措施，坚持有保有限，应对阿里电力缺口。

党的建设和精神文明建设 2018年，以习近平新时代中国特色社会主义思想和党的十九大精神为指导，全面实施“旗帜领航·三年登高”计划，立根聚魂，团结带领广大干部职工，完成年度各项目标任务。

旗帜鲜明突出政治建设。忠诚践行“两个坚决维护”，确保党的路线方针政策、国家电网公司党组和自治区党委政府决策部署贯彻到位、执行到底。坚决贯彻以人民为中心的发展思想，在农村电网改造、边防部队通大网电、降低企业用能成本等中央部署中，广大党员积极发挥作用。在推进建设西藏统一电网、确保西藏长治久安等自治区发展战略中，体现了责任央企政治本色。知行合一强化理论武装。推进“两学一做”学习教育常态化制度化。各级中心组学习252次，专题辅导82次，领导干部讲党课193场，逐级举办十九大知识竞赛26场，组织党章党规调考71人次，举办培训班5期和党员夜校2期，轮训各级党员干部209人次，开展主题党日398场次。狠抓标准化建设。18个党委、196个党支部（党总支，新增75个党支部）全面达标。调整充实各级书记91人和党建队伍67人，发展党员87人。制修订党建制度6项。党建信息综合管理系统全面上线应用。在自治区国资系统做政治建设暨党组织标准化建设示范交流。全面落实党建工作责任。层层制定《党建责任清单》。严格落实党建工作年度报告和党组织书记抓党建述职评议考核制度。规范党委会议事规则。及时修订《党建工作绩效考核评价实施细则》和指标体系。各级党建工作领导小组及其办公室定期研究党建重点工作。国网西藏电力及二级单位党委班子成员到党建工作联系点指导党建工作110人次。加强基层组织力建设。通过开展“三亮三比”、党员“政治生日”“七一”表彰、集中慰问困难党员等常态化活动，“党员（团员）安全先锋行”、直升机巡检党团共建、企地军民党建联盟等主题活动，党员主体意识不断增强。3个共产党员服务队受公司表彰，多名党员获党内表彰。着力加强三支队伍建设。全年调整党委书记6名，增配兼职党支部书记85名，充实党建队伍67人。举办基层党委书记、党建部主任、党支部书记、党务骨干4期轮训班。培训入党积极分子80名。将援藏帮扶党员纳入党组织统一管理。团青工作不断加强。全面落实团十八大和自治区团十大精神，学习领会习近平总书记“7·2”讲话精神，逐级开展“青年大学习”主题团日活动。国网西藏电力青春志愿服务获“西藏自治区最佳志愿服务项目”，2名青年获“西藏自治区最美志愿者”。举办团青干部培训班。国网西藏电力团委连续三年获自治区、国家电网公司“五四红旗团委”，9家基层团组织获地方表彰。

精神文明建设工作始终坚持以习近平新时代中国特色社会主义思想和党的十九大精神为指引，全面深入贯彻落实习近平总书记关于“加强民族团结、建设美丽西藏”重要指示和给隆子县玉麦乡群众回信精神，以深化文明创建为抓手，增强精神文明建设工作吸引力、感染力，提升整体文明水平。机制健全。将文明创建活动与中心工作同安排、同部署、同考评，把精神文明建设作为深入推进党的建设重要抓手，并纳入党建绩效考核，做到年初有计划、年中有检查、年末有总结。适时调整精神文明建设领导小组，强化责任落实，强化创建工作领导，形成一级抓一级、层层抓落实工作格局。重点突出。为增强文明创建工作针对性和指导性，印发《开展提升班组职工思想道德水平工作方案》，狠抓员工思想政治教育，提升员工思想道德水平。制定“旗帜领航·文化登高”行动计划、企业文化示范点“百千万”、示范文化长廊、示范道德讲堂等工作方案，明确精神文明建设方向，重点工作突出，使文明创建工作落地落实落地做细。载体丰富。深化民族团结教育，开展讲述“民族团结在身边”和“我与党旗合影”等活动。组织参观谭冠三将军纪念园等爱国主义教育基地，组织观看《废奴》等教育影片，坚定听党话、感党恩、跟党走信心和决心。坚持“人民电业为人民”企业宗旨，深化共产党员服务队创建，开展“安全用电常识”进校园活动，发放安全用电宣传手册，为学生讲解安全用电常识。深化卓越文化建设，组建56人兼职宣传讲师队。层层开展党委书记讲企业文化课，评选企业文化建设示范点95个、示范文化长廊9个和示范道德讲堂4个。企业文化重点、储备项目荣获公司奖项。国网西藏电力再获“自治区民族团结进步模范集体”，1名职工获全国职业道德建设先进个人和自治区“藏地工匠”称号，“国家电网”品牌形象不断提升。

（梁 佳 郝占启）

南方地区

【国家能源局南方监管局】

基本情况 根据《中央编办关于国家能源局派出机构设置的通知》和《国家能源局派出机构主要职责内设机构和人员编制规定》国家能源局南方监管局（简称南方能源监管局）于2013年12月20日正式挂牌成立。

南方能源监管局是国家能源局派驻南方区域的监管机构，根据国家有关法律法规和国家能源局授权，依法履行对广东、广西、云南、贵州、海南五省（区）电力等能源行业的监管和行政执法，以及电力安全监督管理职责。内设机构有综合处、市场监管处、行业监管处、电力安全监管处、资质管理处、稽查处、监察室（机关党委）。同时向广西壮族自治区、海南省分别派驻监管业务办公室。

领导班子

党组书记、局长：陈建长

党组成员、副局长：高玉樵、郑毅

副巡视员：曾壮鹏

主要工作

1. 扎实推进改革创新再出发

积极稳妥推进南方（以广东起步）电力现货市场建设试点启动模拟试运行。学习借鉴其他地区和金融行业成功经验和实践成果，结合广东实际，精心设计具有中国特色、广东特点的“1＋8”模式南方（以广东起步）电力现货市场规则体系。8月31日南方（以广东起步）现货市场在国内率先启动试运行，为中国电力现货市场建设起到了重要推动作用。推动广东调频辅助服务市场平稳试运行，指导督促广东中调组织各市场主体参与调频辅助服务市场模拟运行，通过市场化方式确定AGC有偿服务提供者和市场结算价格。自9月进入试运行并正式结算以来，广东调频辅助服务市场总计交易规模1.81亿元，较原“两个细则”AGC补偿规模提升了4倍，市场化机制作用显现。持续完善中长期电力交易机制，推动落实售电公司履约保函制度。

增量配电业务改革试点规范展开，在试点政策没有具体规定、许可法规尚未明确的情况下，经实地调研，指导企业完善许可条件。12月为向广州开发区（中新广州知识城）、珠海市金湾区金湾东增量配电业务试点核发了供电业务许可证。

调研掌握油气管网设施向第三方市场主体公平开放过程中存在的问题以及推进工作的重点方向，专项督查油气管网设施公平开放信息公开和信息报送情况。10月24日，在国家能源局的见证下，粤东LNG接收站迎来了“破冰之船”，标志着中国LNG接收站向第三方公平开放取得实质性进展。配合推进油气体制改革、天然气产供储销体系建设，助力打造区域气源和站点相互连通“一张网”大格局。

2. 狠抓改革举措落实见真章

认真贯彻落实“谁执法谁普法”普法责任制，设立普法大讲堂，依法做好行政复议和行政应诉，能源监管社会认知度和公信力显著提高。成功组织了我局乃至国家能源局系统的首次行政处罚听证会，以公开透明保障当事人合法权益。

通过全面评估南方区域“十三五”能源规划指标、重点任务和重大工程的落实情况，为国家“十三五”能源规划中期调整提供决策参考。对广西列入2018年改造计划的全部煤电企业开展督查，确保国家“提速扩围”政策全面实施。持续开展滇西北东广东直流输电工程、乌东德送电广东广西直流输电工程等项目建设情况监管。滇西北送广东直流输电工程提前1个多月投产，乌东德直流工程总体进度可控、在控。

深化“放管服”改革举措进一步落实，完成电工进网作业行政许可事项整合移交工作，推动辖区内煤电项目执行国家政策和调控目标并纳入日常监管，联合地方能源主管部门对部分供电企业和有代表性的光伏发电项目开展现场督查，持续推进超期服役机组专项治理。制定出台《信用信息归集工作方案》《涉电力领域信用监管“黑名单”和重点关注名单管理实施细则（试行）》，向社会公布电力企业行政许可负面清单，为电力企业涉及行政许可的行为划出“红线”，警示倒逼持证企业遵守执行许可法规制度。出台激发企业活力、发挥许可监管效能、进一步优化营商环境的十条举措，将办理许可“最多跑一次”或“一次不用跑”在南方区域落到实处。

3. 精准监管营造公平竞争新环境

建立跨区跨省电力交易信息及广东电力市场运行信息报送工作制度，出台南方区域电力市场信息披露监管办法，促进辖区内电力市场交易规范透明。督导区域调度和交易机构开展多周期、多频次、多品种的市场化交易。2018年，南方电网清洁能源装机容量1.47亿kW，装机占比达52.3％；全网水电同比多发233亿kWh，增长6.6％；风电、光伏分别发电增长14.8％、61.1％，广东、广西、海南三省（区）未发生弃水，云南全年弃水不超过200亿kWh。

按照“双随机一公开”原则，开展了广东、广西、海南省（区）承装（修、试）电力设施许可制度执行情况重点问题专项监管，查清并纠正了7大类11个方面阻碍承装（修、试）电力设施施工市场秩序的问题，震慑违法违规企业，树立了监管权威。

统筹推进“获得电力”优质服务重点综合监管，通过打造广州深圳样板，以点带面，优化提升包括粤东西北地区在内的广东电力营商环境，粤港澳大湾区覆盖的9座珠三角城市实现了小微企业接电零成本，不断提高用户用电满意度和供电普遍服务水平以提高广东发展平衡性和协调性。

通过优化内部流程、加强外部联动、研究建立转办处理评优机制等举措，认真处理12398热线投诉举报事项。2018年，广东致电12398热线数量较往年有所下降，收到国家能源局转办热线工单1226件，其中投诉举报226件，同比下降66.7%，妥善协调处理近30项矛盾突出的投诉举报或信访事项。

4. 强化监管提供安全新保障

贯彻落实安全发展新理念，在广东省政府的同意和支持下，将电力安全监管压力和责任传导到地市级政府，初步完成推进建设分层分级、相互支撑、无缝对接的电力安全监管体系的任务。2018年以来，我局多次与省有关职能部门联合发文督导工作，开展联合检查，初步形成齐抓共管、协同监管的局面，推动电力安全监管领域改革发展。

成功化解多项重大安全风险，及时处置了珠海电厂高温高压蒸汽泄漏事件，降低同类型设备再次发生泄漏、危及人身安全的风险；成功应对了年初两次严重寒潮、汛期第22号强台风“山竹”和多次强降雨对南方区域电力系统的影响，避免了出现类似2017年超强台风“天鸽”台风造成澳门供电中断和2008年冰灾的严重后果。

为避免出现类似2017年超强台风“天鸽”台风造成澳门及珠海电网供电中断的严重后果，组织有关方面召开提升对澳门供电保障能力工作协调会。2018年已基本完成珠海区域电网重要线路、望洋发电厂设备改造，强化供电、发电各环节可靠性，为粤港澳大湾区电力可靠供应保驾护航。

2018年以来，辖区电力安全生产形势总体持续稳定，未发生较大以上电力人身伤亡责任事故，未发生国务院599号令定义的电力安全事故，未发生水电站水淹厂房和垮坝漫坝事故。电力安全监管工作达到了“事故起数伤亡人数双下降”“三不发生”目标。

【国家能源局云南监管办公室】

基本情况 国家能源局云南监管办公室（简称云南能源监管办）为国家能源局派驻云南的正厅级行政机构，于2013年10月31日按中央省编办印发了《中央编办关于国家能源局派出机构设置的通知》（中央编办发〔2013〕130号）组建。

领导班子

党组书记、监管专员：周光灿

党组成员、监管副专员：高进

党组成员、行业监管处处长：杨新红

组织机构 国家能源局云南监管办公室内设综合处、市场监管处、行业监管处、电力安全监管处、资质管理处、稽查处等六处室。

综合处：负责文电、机要、财务、人事、信息、党务、档案、保密、内部审计和资产管理等工作。

市场监管处：负责监管电力市场运行，规范电力市场秩序，监管电网和油气管网设施的公平开放，监管电力调度和交易结算，监督检查有关电价和各项辅助服务收费标准等工作。

行业监管处：负责监管能源规划、计划、产业政策和重大项目的执行情况，负责对取消和下放的能源行政审批项目的后续监管，监管节能减排和资源综合利用等工作。

电力安全监管处：负责除核安全外的电力运行安全、电力建设工程施工安全、工程质量安全的监督管理以及电力应急和可靠性管理，依法组织或参与电力事故调查处理。

资质管理处：负责组织实施电力业务许可以及依法设定的其他行政许可，组织开展电力业务许可持续性监管以及相应的市场准入监管。

稽查处：负责电力等能源行政执法，依法查处有关违法违规行为，监督电力普遍服务政策的实施，承担“12398”投诉举报处理。

主要职责 在所辖区域内，监管电力市场运行，规范电力市场秩序；监管电网和油气管网设施的公平开放；监管电力调度交易，监督电力普遍服务政策的实施；承担电力等能源行政执法工作，依法查处有关违法违规行为，监督检查有关电价；承担除核安全外的电力运行安全、电力建设工程施工安全、工程质量安全的监督管理以及电力应急和可靠性管理，依法组织或参与电力生产安全事故调查处理；实施电力业务许可以及依法设定的其他行政许可；承办法律法规授权以及国家能源局交办的其他事项。

主要工作 2018年，在国家能源局党组的坚强有力领导下，国家能源局云南监管办公室按照“五位一体”总体布局和“四个全面”战略布局，以五大发展理念为指引，坚持稳中求进工作总基调，全面落实全国能源工作会议部署，大力推进“四个革命、一个合作”能源安全新战略，结合云南实际全面履行能源监管各项职责，云南清洁能源产业稳步壮大，能源保障能力进一步增强，电力体制改革持续推进，增量配电业务改革取得突破性进展；电力安全生产形势继续保持平稳，发生2起一般电力人身伤亡事故、死亡2人，事故起数和死亡人数与2017年持平；电力、油气等能源普遍服务、优质服务水平进一步提高，电力营商环境进一步优化，群众获得感、幸福感、安全感进一步增强。

1. 云南能源行业总体形势

2018年底云南电力装机容量9366万kW，其中以水电为主的清洁能源装机容量7852万kW，清洁电力装机占比83.84%；火电（含生物质发电）装机容量1514万kW，占全省电力装机容量的16.16%。2018年，云南发电量3243.59亿kWh，同比增长9.64%。其中，以水电为主的清洁能源发电量2953.31亿kWh左右，清洁能源发电量占比91.05%；火电发电量仅占全省发电量的9%。全省纳入统计天然气总利用量10.45亿m^3，同比增长77.93%，供需总体保持平衡。

2. 专项监管

4月，会同省能源局开展光伏发电专项监管，督促有关州（市）发展改革委（能源局）、电网和供电企业、昆明电力交易中心、部分光伏发电企业认真对照监管内容开展自查整改，专项监管工作小组分赴楚雄州、大理州、红河州、文山州等4州开展了现场核查督导工作，另外对怒江州兰坪县光伏扶贫项目实施情况进行了重点监管；为进一步强化发电许可监管，国家能源局云南监管办公室对已列入国家淘汰落后产能目标任务及淘汰计划的发电项目以及停建和暂缓建设期内的发电项目进行梳理，并组织相关政府部门、电网企业和2017年6月30日后仍未取得电力业务许可的发电机组业主召开座谈会，协调解决留存已久的西洱河等“搁置电站”以及60多家电站长期未持证经营问题；2018年11月6～12日国家能源局云南监管办公室开展新能源企业运营情况专项监管，覆盖全省60%以上的新能源企业，并对华能、国电、大唐、华电等公司下属的12个新能源项目进行现场核查。

3. 清洁能源消纳

以促进清洁能源消纳为重点，加强对电力调度及电力运行方式的监管，督促调度机构合理安排水库调度运行，全力消纳清洁能源。积极支持云南水电铝水电硅产业发展，努力扩大省内消纳市场。积极配合和支持扩大“西电东送”规模，加强滇西北至广东±800kV特高压直流输电工程建设监管，促进工程按期全部投产。2018年，云南“西电东送”电量1380.5亿kWh，同比增加11.13%，比协议规模增送265.03亿kWh；云南“西电东送”通道总输送能力达3240万kW。向境外送电18.5亿kWh，同比增长28.47%。在各方共同努力下，2018年全省的弃水弃风弃光总量控制在180亿kWh，同比减少120亿kWh，完成国家能源局下达的2018年弃水总量不超过200亿kWh的控制目标。

4. 电力市场监管

积极参与深化云南电力体制改革工作，推进《云南电力市场中长期交易实施细则》实施，着力规范云南电力市场运行秩序。2018年底，云南电力市场主体7662家，位居全国前列。其中发电主体443家，装机占比78.65%；电力用户7109家，售电公司110家，市场活跃程度显著增强。2018年云南电力市场化交易电量达850.99亿kWh，占省内售电量的63%，远高于全国23%的水平，其中97%为清洁能源电量；电厂侧平均成交价0.18元/kWh左右，用户侧平均成交价0.33元/kWh左右，促进了云南主要行业开工率由年初的42%上升至61%以上，为云南稳增长、调结构、降成本，优化营商环境，推动供给侧结构性改革和高质量发展提供了有力支撑。

5. 增量配电业务改革

5月，对云南增量配电试点项目及永平工业园区增量配电项目等16个项目开展调研，会同云南省能源局一道认真推进改革，推动全省17个增量配网项目加快项目进度，尽快具备许可条件。8、9月分别为符合条件的保山工贸园区配售电有限公司、昆明配售电有限公司和永平建达配售电有限公司等3家不同类型的企业颁发电力业务许可证（供电类），云南增量配电业务改革取得突破性进展。

6. 电力安全监管

在云南在建和已建电力项目众多、汛期地质和洪涝灾害频发、电网复杂性和驾驭难度日益增加等不利形势下，云南电力安全生产形势继续保持平稳，没有发生较大及以上人身伤亡事故，没有发生水电站大坝和灰坝的漫坝垮坝溃坝事故，没有发生对社会造成重大影响的事故。全年发生2起一般电力人身伤亡事故、死亡2人，事故起数和死亡人数与2017年持平，为实现全行业持续健康快速发展奠定了牢固可靠的安全生产基础。

（1）加强与地方有关政府部门的联合执法，督促其落实属地监管责任。认真贯彻落实《电力安全生产领域改革发展的实施意见》，主动加强与省直有关部门和地方各级政府的沟通联系，推进电力安全生产属地监管，各司其职，协同配合，电力安全监管合力逐步形成。2018年两次会同云南省能源局等部门对电力企业开展联合督查，初步形成了国家能源局派出机构、省地县电力管理部门齐抓共管电力安全生产的良好局面。

（2）深入推进云南电力企业落实安全生产主体责任。国家能源局云南监管办公室进一步完善电力安全监管体系，加强非现场监管，10月22日印发实施《云南省电力企业安全生产主体责任落实情况监管考核办法（发电类）》，对云南省内20家主要发电企业安全生产主体责任落实情况开展量化考核，进一步促进电力企业落实安全生产主体责任，取得了良好成效。

（3）突出重点，紧盯重大工程施工安全、水电站安全运行和电网安全运行，督促电力企业深入开展隐患排查治理和风险防范工作。重点抓好乌东德、白鹤滩等重大工程施工安全监管，2018年下发整改通知3份，提出45项监管意见，督促项目业主落实安全生产主体责任，层层压实参建单位安全生产责任，确保电力建设工程施工安全。强化水电站安全运行监管，督促企业扎实开展水电站大坝隐患排查，现场抽查3家电力企业在运水电站大坝，下发整改通知3份，提出整改意见20条。同时，配合国家能源局现场抽查了3座在建水电站，针对电力企业自查发现的隐患，进行后续整改情况跟踪督办，确保大坝安全稳定运行。紧抓二级以上电网风险防范工作，强化电网企业安全风险管控，11月28日，对发生事故的云南电网公司等电力企业进行严肃约谈，要求云南电网有限责任公司深刻吸取事故教训，举一反三认真反思，确保电网的安全稳定运行。11月29日国家能源局云南监管办公室听取云南电网公司和南网超高压输电公司电网安全风险管控工作的专题汇报，现场督查了新松、牛寨、富宁换流站和罗平变电站。

7. 应急处置

有效应对和处置了云南省近十年来最强低温雨雪天气、“8·13”玉溪通海地震、“9·2”文山州麻栗坡县猛硐乡洪涝山体滑坡、“9·8”普洱墨江地震灾情，特别是金沙江堰塞湖等严重自然灾害。10月11日、11月3日，金沙江干流先后发生堰塞湖险情，国家能源局云南监管办公室派出专项督导工作组，赴梨园水电站现场督导应急工作。督导组在梨园水电站应急指挥中心召开应急处置工作联席会，督促各单位履行好安全生产主体责任，确保大坝运行安全，做好应急抢险物资、设备、队伍的共享和调度工作，制定防范大型漂浮物堵塞泄洪设施和进水口的相应措施。经过周密部署，金沙江堰塞湖洪峰顺利通过云南境内。

8. 能源普遍服务监管

建立《云南省用电报装信息报送制度》，动态掌握全省相关基础信息和数据，重点对1163个办理时间超时情况进行深入分析。深入4个州市开展6次专项督导，层层压实供电企业“获得电力”优质服务的主体责任，下发4份整改通知，提出15项监管意见。国家能源局云南监管办公室对12398能源监管热线76件投诉举报进行重点查核，严肃查处限制、拖延用户报装接入系统、向用户加收不合理费用或变相提高用户接电成本等违法违规行为。

截至目前，云南电网公司供电区域高压用户报装申请资料已经由之前的41种减至10种，低压非居民用户报装申请资料由之前的13种减至2种，居民用户报装申请资料由之前的5种减至2种。从接电时间看，低压居民用户报装接电平均时间压缩到5.8天，低压非居民用户压缩到8.5天，高压单电源用户压缩到14.9天，高压双电源用户压缩到48.2天，低于国家能源局要求时间9%～60%不等，基本达到居民办电“零上门”，高压用户、小微企业办电“最多跑一次”的既定目标。同时，国家能源局云南监管办公室督促电网企业加快延伸业扩投资界面，减少企业用户用电成本3.76亿元；切实执行取消临时接电费政策，截至10月末清退用户临时接电费12.49亿元；认真执行降低一般工商业电价政策，四次降价后云南每千瓦时平均降低6.75分，累计减少用户电费约3亿元。

9. 行政处罚

进一步完善能源监管行政处罚工作机制，加大对违法违规线索调查核实力度，集中力量查处了一批有较大影响的违法违规案件，为进一步规范能源行业、促进能源行业健康发展起到了积极作用。认真落实国家能源局相关要求，督促云南冶金集团向国家能源局作出深刻检讨并上缴违法所得，对云南冶金集团不得进入光伏领域和上缴的违法所得专项用于“三区三州”等能源扶贫的整改措施持续跟进落实。同时，对云南竟奎电力工程有限公司违法转包、国投大朝山水电有限公司未按电力监管统计要求报送相关数据、中州建设有限公司违反国家有关规定将承装（修、试）电力设施业务发包给超越许可范围承揽工程单位、云南翔邦泰电力工程有限公司超越许可范围非法从事承装、承修、承试电力设施活动等违法违规行为，严格按照规定立案、审查、召开行政处罚委员会审议，作出行政处罚4起，罚款金额29万元并已执行到位。

10. 党建工作

（1）以落实全面从严治党责任和“一岗双责”为核心，健全制度，压实责任。国家能源局云南监管办公室党组认真履行全面从严治党责任，办党组成员带头履行“一岗双责”。召开全办年度党的建设暨党风廉政建设工作会议，制定印发《2018年党的建设暨党风廉政建设工作要点》，明确5方面11项30个具体工作任务，建立工作台账，扎实推进落实。2018年共召开30次党组（扩大）会议、6次理论学习中心组集中学习，传达学习党中央、国务院、局党组重要会议和文件精神，3名党组成员认真过好“双重组织生活”，累计参加支部活动120余人次。

(2) 强化党的一切工作到支部的导向，机关党支部组织力进一步提升。进一步加强支部规范化建设，推进支部活动方式创新，2018年以来共组织开展了31次支部集中学习，9次党员大会，1次组织生活会和2次专题组织生活会，陆续开展了“缅怀先烈弘扬爱国精神 不忘初心牢记光荣使命”“‘讲规矩 守纪律 知戒惧 重操守’党纪教育”、“提学风 转作风 强本领 善作为”“学法用法 遵规守纪”“弘扬爱国奋斗精神、建功立业新时代”等10个系列的主题教育和主题党日活动，9名普通党员分专题领学十九大精神，进一步丰富了活动形式，支部工作更接地气、更有实效。

(3) 以深入学习贯彻习近平新时代中国特色社会主义思想和党的十九大精神为主线，理论武装和政治建设进一步强化。2名厅级干部、5名处级干部参加了党的十九大精神轮训班，3名普通党员参加了“万名党员进党校”培训班，实现处级以上领导干部集中轮训全覆盖，20%以上的普通党员进党校学习。扎实组织开展了6次党组理论学习中心组学习和31次党支部集中学习，办党组成员、党支部班子成员结合自身学习工作体会为全体党员讲了5次专题党课，9名普通党员分专题领学十九大精神，推动了学习贯彻工作深入开展。

(4) 以国家能源局2018年巡视整改“回头看”等专项工作为着力点，深化“四风”整治，纪律建设进一步增强，工作作风进一步改进。按照党的政治纪律专项教育治理活动、王晓林严重违纪违法案件专题警示教育、中央和国家机关警示教育、国家能源局2018年一季度二季度三季度巡视整改“回头看”、中央八项规定精神和廉政风险防控机制落实情况专项检查、扶贫领域作风治理、官僚主义形式主义集中整治等专项工作要求，逐条逐项梳理自查，累计发现问题和不足73个，制定针对性整改措施197项，除长期坚持措施外，全部整改完成。

(5) 强化高素质专业化监管队伍建设，担当作为意识和履职能力显著增强。除参加上级机关组织的各项培训和督促各处室开展学习外，建立支部“微党课、微讲堂”制度，开展能源监管专项知识分享学习，开展了“石油天然气简介与油气监管工作”“能源立法计划与规范性文件制定”“我国行政处罚制度及其在能源监管工作中的应用”等4期专题活动，切实提高了监管人员履职尽责能力。

【国家能源局贵州监管办公室】

基本情况 国家能源局贵州监管办公室（简称贵州能源监管办）是国家能源局在贵州设立的派出机构。2013年11月21日单位名称由“国家电力监管委员会贵州省电力监管专员办公室”变更为“国家能源局贵州监管办公室”。

领导班子

党组书记、专员：潘军

党组成员、副专员：汪拥军

党组成员：陶少刚

组织机构 贵州能源监管办内设综合处、市场监管处、行业监管处、电力安全监管处、资质管理处、稽查处六个职能处室。

主要职责 监管电力市场运行，规范电力市场秩序；监管电网和油气管网设施的公平开放；监管电力调度交易，监督电力普遍服务政策的实施；负责电力等能源行政执法工作，依法查处有关违法违规行为，监督检查有关电价；负责除核安全外的电力运行安全、电力建设工程施工安全、工程质量安全的监督管理以及电力应急和可靠性管理，依法组织或参与电力事故调查处理；负责组织实施电力业务许可以及依法设定的其他行政许可；负责法律法规授权以及国家能源局下达或交办的有关事项监管。

主要工作

1. 电力安全监管

2018年，贵州电力行业没有发生重大以上电力人身伤亡事故，没有发生重大电力安全生产事故，没有发生较大电力设备事故，没有发生电力系统水电站大坝垮坝、漫坝以及对社会造成重大影响的事件，电力安全生产形势稳中向好。

贵州能源监管办认真履行电力安全监管职责，通过召开安全生产工作会议、开展执法检查督查等形式，督促电力企业落实安全生产主体责任，及时化解安全风险，确保贵州电力安全生产形势平稳向好。全年共召开电力安全生产工作会议6次，参加各类电力安全生产工作会议49次，开展电力安全生产检查督查20次，监管约谈12人。一是组织贵州在运大中型水电站开展大坝安全隐患排查，督促电力企业加强对水电站大坝、尾矿库、施工营地等安全度汛工作。对乌江渡、毛家河、响水、普定等水电站开展防汛督查，组织有关电力企业对格里桥、老江底水电站进行防汛交叉检查。二是听取贵州电力系统运行情况和运行方式安排，细化电网风险防控措施，开展并网电厂监控系统网络安全专项治理，针对贵州冬季频发多发凝冻的特点，开展防冰应急演练。三是把全国两会等重要会议及节假日电力安全保障作为重要政治任务抓实抓细，部署落实各项保电工作措施，做好值班值守，畅通信息报送，确保贵州电力系统安全稳定运行和电力可靠供应。

2. 电力市场监管

通过推动贵州电力体制改革和开展电力调度监

管、电力价格和成本监管、电力市场交易监管等工作，规范了市场行为和市场秩序，促进了贵州电力工业健康可持续发展。一是按照贵州省电力中长期交易规则的规定，新增月度双边协商交易、合同电量计划调整、合同电量转让交易、电量互保交易等品种，为市场主体提供更多选择，有效发挥市场在电力资源配置中的决定性作用。二是全面放开贵州煤炭、钢铁、有色、建材等4个行业电力用户发电计划，鼓励优先购电企业和电力用户自愿进入市场。全年共计21家发电企业、121家电力用户、23家售电公司参与电力市场化交易，市场化交易电量470亿kWh，同比增长7.7%，为贵州实体经济降低用电成本36亿元，开展云贵两省水火置换交易共计43.2亿kWh。三是开展贵州电力市场交易情况重点问题监管，针对市场主体反映集中的问题，通过企业自查、现场检查和重点督查调研等强化监管，督促整改，促进贵州电力市场交易更加规范有序和高质量发展。四是召开贵州电力行业厂网联席会议，听取厂网双方意见建议，协调解决厂网关系中重点难点问题，维护贵州电力市场良好秩序。五是开展电力企业价格成本专项监管，汇总分析贵州电力企业价格水平和成本信息，就电力企业亏损、电煤价格持续高企等影响企业价格成本的问题提出意见建议，形成2017年度价格与成本情况专题报告。六是会同省能源局开展光伏发电专项监管，对个别地区光伏发电消纳受限、涉及分布式光伏发电投诉咨询较多、可再生能源补助的申报和结算滞后等问题督促有关电力企业开展整改，推动国家光伏发电政策的贯彻落实。七是开展电力监管统计信息报送工作培训，编制贵州电力体制改革简报，参与贵州增量配电业务改革试点规划评审等工作。针对能源供需中的热点难点问题提出专业意见建议。

3. 行业监管

积极探索煤炭、油、气等能源行业监管方式，加强能源规划实施情况监管，做好能源行业化解过剩产能监管。一是开展贵州“十三五”电力规划中期实施情况重点问题监管，编制《贵州“十三五”电力规划中期实施情况监管评估报告》。二是配合开展贵州煤电调控及超低排放和节能改造专项督查，对大龙电厂、黔东电厂、都匀电厂等煤电企业进行现场督查，确保升级改造任务按期完成。三是做好农网改造升级计划执行情况监管，深入县级基层供电企业开展现场督查，督促电网企业完成1301个中心村农网改造升级工程和144个贫困村通动力电工程两大国家规划目标任务，惠及农村人口368万。四是开展天然气保供专项监管，参加国家天然气产、供、储、销体系建设现场督查，督促贵州燃气企业落实保供主体责任。参加贵州晴隆中缅天然气管道改迁工程现场督查。五是认真履行贵州化解煤炭行业过剩产能实现脱困发展领导小组成员单位职责，配合有关单位和部门做好贵州煤炭行业系统性去产能、结构性优产能工作，2018年贵州累计兼并重组建设煤矿39处、产能1860万t/年。

4. 电力稽查和供电监管

及时处理投诉举报事项，调解电力争议纠纷，着力解决一些反映强烈、群众期待的突出问题，切实维护了电力消费者的合法权益。一是加大投诉举报办理力度，全年共处理12398能源监管热线工单651件，其中投诉事项67件，咨询事项106件，其他事项478件，发布通报12期。对每件投诉及时约谈供电企业，督促整改，受理率、办结率和回访率均为100%。二是按照国家能源局统一部署，开展用户“获得电力”优质服务情况重点综合监管，制定贵州用户“获得电力”优质服务情况重点综合监管工作实施方案和建立报送用电报装信息工作制度，通过企业自查、重点督查、现场检查、整改约谈等方式督促供电企业优化政策措施，持续加强用电报装管理，推动“获得电力”优质服务“样板工程”建设，进一步精简办电流程，压缩办电时间，降低办电成本，提升企业和群众的获得感。三是召开2018年供电监管座谈会，宣传优化用电营商环境典型做法，分析存在的问题，明确下一阶段优化用电营商环境重点工作。四是选派精兵强将组成行政执法专班，以“铁面无私、铁证如山、铁案难翻”的要求，依法查处4起案件，达到预期效果，树立了能源监管权威。

5. 电力业务许可监管

落实“放管服”改革要求，实现行政许可规范化、流程化、标准化，积极推行阳光许可。一是优化电力业务许可流程和完善资质管理信息系统，进一步实现“网上申请、网上受理、网上审核、网上查询”，做到降低企业办证成本，优化营商环境，做到办理业务许可公开透明。截至2018年底，贵州电力业务许可证（发电类）持证企业233家，电力业务许可证（输电类）持证企业1家，电力业务许可证（供电类）持证企业88家，承装（修、试）电力设施许可持证企业315家。二是按照国家能源局统一部署，按期开展电力业务许可制度执行情况专项监管，采用“双随机、一公开”的方式抽取凯里、都匀、兴义供电局开展现场检查，进一步规范贵州电力建设市场秩序，促进“放管服”改革的落实。三是配合做好贵州增量配电业务试点改革工作，落实能源行业信用体系建设工作要求，不断完善贵州许可持证企业信用信息数据网上归集工作。

（李婷奕）

【广东电网有限责任公司】

基本情况 广东电网有限责任公司前身是广东省广电集团有限公司，2002年12月29日，国家电力体制实施重大改革，广东省广电集团有限公司划归中国南方电网公司。根据《国务院关于组建中国南方电网有限责任公司有关问题的批复》（国发〔2002〕5号）和国家发展改革委批准的《中国南方电网有限责任公司组建方案》规定，并经广东省人民政府同意，2005年3月31日，广东省广电集团有限公司完成工商登记注册，更名为广东电网公司。根据南方电网公司决议，2010年12月31日，广东电网公司与广州供电局有限公司、深圳供电局有限公司分立。2014年6月4日，广东电网公司完成工商登记注册，更名为广东电网有限责任公司（简称广东电网公司）。

广东电网公司是南方电网公司的全资子公司，注册资金429.98亿元。截至2018年底，公司资产总额2655亿元，资产负债率51.49%。

广东电网公司是统一管理广东电网（广州市和深圳市的电网和业务除外）的企业法人，经营范围包括：投资、建设和经营管理广东电网，经营相关的输配电业务；参与投资、建设和经营相关的跨区域输变电和联网工程；从事电力购销业务，负责电力交易和调度；电力设备、电力器材的销售、调试、检测及试验；从事与电网经营和电力供应有关的科学研究、技术监督、技术开发、电力生产调度信息通信、咨询服务、电力教育和业务培训。

领导班子

董事长、党委书记：廖建平

董事、总经理、党委委员：马辉

董事、副总经理、党委委员、总会计师：莫锦和

董事、党委委员、纪委书记：李欢

董事、副总经理、总法律顾问：贺金生

董事、副总经理：陈晔

党委委员：李福来

董事、副总经理：李铭钧

组织机构 广东电网公司本部设有20个职能部门、1个党委工作机构、1个挂靠机构，下辖19个地市供电局、16个直属中心机构、10个全资子公司、2个控股子公司。

人员状况 2018年末，广东电网公司有职工9.84万人，其中博士202人、硕士3270人、本科3.62万人、专科2.48万人，正高级职称107人、副高级职称5037人、中级职称1.60万人、初级职称1.53万人，以及高级技师1661人、技师1.10万人、高级工4.06万人、中级工1.23万人、初级工2527人。

电网规模 截至2018年12月底，全省（不含广州、深圳）共有35kV及以上输电线路7.18万km，变电站2112座，主变压器4535台，变电容量37 719万kVA。其中：500kV线路8972km，变电站43座，主变压器310台，容量9562万kVA；220kV线路2.12万km，变电站300座，主变压器701台，容量13 534万kVA；110kV线路3.43万km，变电站1477座，主变压器3032台，容量14 282万kVA；35kV线路7367km，变电站292座，主变压器492台，容量341万kVA。

电网发展 结合和承接广东电网公司“十三五”发展规划及滚动规划，制定了35个核心指标计划安排，提出落实年度综合计划安排的重点举措。

完成珠海金湾东、肇庆高新区北部工业商贸区两个增量配电网试点项目公司组建。取得揭阳揭东五房生态旅游及绿色农业生产园、河源市灯塔盆地国家现代农业示范区核心区两个试点项目业主资格。

推进广东电网公司“1+7”（统一推进和7个示范区）智能电网规划建设。珠海横琴自贸区、佛山金融高新区、东莞松山湖、中山、韶关乳源、云浮新兴、汕头南澳等第一批7个智能电网示范区，以及惠州、江门智能电网示范区专项规划报告通过南方电网公司评审。

落实《广东省打好污染防治攻坚战三年行动计划（2018—2020年）》，配合省政府做好城市燃煤电厂退役及替代电源建设工作。编制《沙角电厂退役及配套电网改造方案研究报告》，完成《沙角电厂退役机组改造为调相机方案研究》等专题研究。

推进广东目标网架深化研究工作。提出目标网架过渡方案和电网中长期发展技术路线。完成大规模海上风电输电规划报告。围绕《粤港澳大湾区发展规划纲要》，完成粤港澳大湾区电力发展规划报告，推动大湾区电网建设。

完成储能在电网应用的分析研究。推进在东莞、惠州等地做好分布式储能试点建设工作。开展调相机在广东珠三角电网应用专题研究，提出布点建设建议。组织完成2018年网架完善措施滚动修编，开展重点工程推进专项行动。

落实国家能源局和中央军委要求，按照南方电网公司统筹安排，组织湛江、江门、珠海等6个相关地市局与驻地边防部队、地方政府对接，配合编制第二批边防部队电网建设需求，并上报中央军委。

完成乌东德送电广东配套500kV交流线路、江门—西江双回线路及江门—顺德双回线路串联电抗器、芷寮—回隆线路、芷寮输变电工程等4项500kV工程核准批复。

全年累计并网集中式光伏电站项目26个，并网分布式光伏1.54万个。开展海上风电规划研究和项

目前期工作，全年开展海上风电前期项目 26 项，其中核准 14 项。加强湛江等新能源资源富集地区电网规划建设，编制广东电网新能源消纳情况分析报告，提出解决新能源富集地区消纳问题的电网规划措施。

完成甲湖湾电厂送出、纵江二期、海门电厂送出等 7 项南方电网公司和 2 项省政府重点督办工程。服务粤港澳大湾区建设，建成加林—珠海线路、珠凤线电缆化改造、珠拱第二回线路等 3 项工程，形成一条对澳供电的全电缆通道。

完成农网改造升级任务，完成省定贫困村电网改造升级项目共 1661 项。完成 7 个小康电示范县以及 6 个特色小镇电网建设改造任务。

建设智慧供应链体系。试点 LCC 采购，开展变电站整站设备招标采购，推进资产全生命周期管理。深化物资及招标管理体制改革，完成广东电网物资有限公司的组建，招标采购业务“管办分离”。制定广东电网公司 2018 年货物、工程、服务采购目录及集中采购计划，明确本部和地市级的采购范围及权限。

推进省级江村仓库、省级计量仓库智能化建设，形成“2＋19＋N”仓库建设布局，开展 AGV 机器人、RFID 识别等智能设备试点应用。将业扩配套及配网项目物资纳入储备管理，将项目物资从“按项目管理”转化为“按品类管理”，实现以 20%库存保障 100%物资供应的目标。

电网运行与安全生产　2018 年全广东省用电需求保持平稳增长，最高统调负荷 10 896 万 kW，同比增长 0.4%。统调发受电量 6179 亿 kWh，同比增长 6.2%。吸纳西电 1923 亿 kWh，超计划 224 亿 kWh，多消纳云南富余水电 254 亿 kWh，100%消纳省内风、光等清洁能源 1605 亿 kWh。

2018 年完成各级保供电任务 1055 次，其中特级 2 次，一级 3 次，重点完成改革开放四十周年、港珠澳大桥通车仪式、春节春晚，省运会等重大保供电任务。

印发《广东电网公司本部部门安全职责规定（试行）》，形成广东电网公司系统“安监综合监管、部门管理监督、责任主体落实”的“大安全”管理格局。完善问责管理办法，新增对缺陷体外循环、缺陷不处理等失职行为的问责，签订 1.4 万份安全责任书，发现问题整改率九成以上。

聚焦“业务管理、工作作风、队伍状态、人力资源”巡查重点，对 19 个供电局开展全面巡查，查出 1.4 万项问题，梳理形成 10 类共性问题。全年现场督查 22 万次，约谈违章单位 160 个次，有效管控 26 万项作业。基于乡镇供电所人身事故风险、社会人员触电风险、城乡供用电设施隐患等薄弱环节，按照“省统筹、地负责、县落实、所执行”工作模式，推进乡镇供电所防范人身事故专项治理、防范社会人员触电专项治理、配网隐患排查专项治理、城乡供用电设施安全隐患专项整治、安规能力提升 5 个专项治理工作，排查广东电网公司产权隐患 14 万项、整改 100%，用户产权隐患 2 万项、整改 99%。

完善停电时间和客户诉求驱动的可靠性管理体系。围绕综合停电管理、网架结构、不停电作业、降低故障、快速复电等五个方面的关键业务环节，构建“创一流”过程管控指标体系。

针对安全生产领域减少停电和电压质量投诉问题，运转快速响应机制、预防机制、减少投诉长效机制、处置监督机制和考核奖惩机制等“五项机制”，提升客户用电体验。以指标管控、管理提升、技术支撑为主线，成立专项小组，严管客户平均停电时间，重点管控 1h 区域年度停电计划，开展可靠性数据质量核查。

固化“能转必转、能带不停、能保则保”的不停电作业机制，全年带电作业 10.6 万次，持续深化降低配网故障率专项行动，配网重复事件同比减少 89%。

推进电网防风加固，完成珠海和中山 12 回对澳供电线路、江门和阳江核电 500kV 送出线路 6 基杆塔、湛江 7 回 220kV 保底电网线路的防风加固改造。开展沿海配网防风综合加固，累计加固改造配电线路 2.35 万 km，加固和更换杆塔 15.2 万座（根），加固电杆基础 6.7 万个，安装防风拉线 15 万组，整改 8 万个长度超标的耐张段和直线档。完成沿海地区 13 个供电局 505 座变电站附属设施防风加固改造。落实南方电网公司 3 年防冰抗冰工作部署，完成 36 项防冰抗冰项目，其中 35 个涉及中重冰区。

执行差异化运维和规范化检修策略，消除紧急、重大缺陷 3.28 万项，建立与电网风险联动的设备与作业风险管控机制，有效化解 902 项主网风险。开展防范二次人为责任事件整治，完成全省 187 座变电站二次精益化检查，全面核查主网 2.48 万份保护定值，设备保持安全可靠运行。

制定广东电网 2018—2020 年三年行动计划，建成中山 220kV 光明站等 8 个覆盖输变配专业的智能技术应用示范基地。推广智能作业技术应用，截至 2018 年底，实现 500kV 变电站机器人巡视全覆盖，无人机规模达 4206 架，拥有无人机飞手 856 人，机巡总量超过 32.8 万 km。持续深化调控一体化建设，建成省地一体化调度操作机器人，实现程序化操作全电压等级覆盖，佛山、东莞局获南方电网公司调控一体化示范基地称号。

完善 54 个生产管理系统二级功能模块，重点优化主网电子化移交、设备运行评价、设备风险管控、维护检修管理、反措管理等功能。

建设生产技术三大支持中心，初步实现主网设备的状态监测、机巡作业、规范化检修三类业务专业化、集约化管理。推动生产管理体系的改革，解决生产运维长期存在的“资源配置分散、管理链条长、执行力逐级衰减、终端专业分工过细、执行单元层级过低、执行能力不足”等问题。

2018年全年投资完成率101%、资金完成率99%，四季度施工项目数同比下降8.6%。

完成超导电缆研制可行性论证及应用方案设计，完成超导实验平台建设，组建南网超导重大科研团队。完成4个超导电缆供电优化应用方案，应对重负荷区域供电、供电走廊受限等问题。

截至2018年底，累计拥有专利6134件。获得国家科学技术进步二等奖1项，中国电力科技进步一等奖1项，中国电力创新一等奖10项，全国电力职工技术创新成果一等奖7项，南方电网公司科技奖励一等奖8项，共计获得南方电网公司及省部级及以上奖励183项。

2018年，综合电压合格率99.989%，城镇居民端电压合格率99.992%，农村居民端电压合格率99.978%；中心城市（区）用户平均停电时间0.71h，城镇用户平均停电时间3.5h，农村用户平均停电时间10.16h，客户平均停电时间7.89h；500kV架空线路可用系数99.972%，500kV变压器可用系数99.977%，500kV断路器可用系数99.901%；220kV架空线路可用系数99.946%，220kV变压器可用系数99.975%，220kV断路器可用系数99.984%。

完成南方电网公司瘦身健体考核指标，完成国家能源局首批“互联网+”智慧能源（能源互联网）示范项目信息层建设，实现信息化对智能电网技术的支撑。成立“阿拉丁智慧创新工作室”等各类信息化创新专家工作室。

市场营销 2018年广东电网公司完成购电量5510.70亿kWh，增长7.45%；售电量5311.70亿kWh，同比增长7.69%。2018年，全口径当年电费回收率为99.97%，同比下降0.01个百分点。

2018年，广东电网公司受理投诉举报110宗，同比降低69.78%，占广东省投诉总单数的48.67%（广东电网公司管辖区域内客户数占全省80%）。统一服务平台关注客户数1639.5万，互联网业务比例由2017年的23.3%提升至81.2%，增量业务比例达98%。

深化“节电你我行”节能服务品牌建设，利用新媒体渠道推进节能宣传，累计完成节约电量14.51亿kWh，节约电力29.91万kW。全面推广电能替代，2018年新增电能替代项目2451个，累计实施电能替代项目4452个，年度替代电量104.8亿kWh。建成并投运珠海神华高压岸电、湛江港高压岸电，虎门港中山港及三榕港低压小容量岸电等5个示范项目。

分布式光伏新增并网项目1.96万个，累计并网项目3.85个；新增容量80.23万kW，累计容量219.06万kW。完成全省3万多户光伏户档案拆分，独立抄表结算，光伏户电子化结算率100%。

在城市公共、高速公路、内部机构等领域新增投运充电桩2856个，累计投运5302个。全年充电电量4202万kWh。完成21.5对高速服务区充电站建设，省级公共平台“粤易充”接入运营商79个，充电桩4.6万个，注册人数7.2万人。

提前实现智能电能表与低压集抄全覆盖。开展高损线路（台区）降损治理工作，逐步降低高损线路（台区）占比，完成500条线损率超5%高损线路、7000个线损率超10%高损台区“精准”降损任务。截至2018年12月，自动抄表率99.48%。

推进“互联网+用电”融合，为用户提供网上营业厅、微信服务号、95598等各类远程服务渠道。实现用电报装远程“一口受理”，更名过户等一般业务远程自助办理，用电信息、电费信息、电子发票自动推送。

2018年，稽查样本1871.11万个，发现问题样本26.97万个，处理营销差错27.22万宗，问责1532人；查处窃电及违约用电行为5870宗，追回电费及违约金6646.55万元。2018年度重要客户410户，其中一级重要客户86户，二级重要客户324户，重要客户供电电源配置合格率、自备应急电源配置合格率均为100%。

人力资源 干部队伍建设。抓好县区局处级主要领导和本部科级干部队伍建设，储备一批优秀年轻干部。推进领导体制改革，在全部地、县供电局实现了“党政一肩挑”。2018年，调整处级干部529人次，其中提拔191人。新提拔的处级干部中，1980年及以后出生的有28人，占提拔人数14.66%，为南方电网公司输送处级及以上干部18人。

人才队伍建设。申报广东省博士工作站，取得院士专家工作站、博士后工作站、博士工作站、研究生工作站的企业授权资格，搭建广东电网公司内外部高层次人才建设平台。新聘南方电网公司级技术专家46名，签订专家任期目标责任书，实现对专家的闭环管理。开展区域联动人才交流锻炼，全省共提出交流锻炼需求352项，计划交流533人次。新选聘43名省公司级技术专家和323名地市局助理级技术专家，选拔推荐22名专家作为南方电网公司高级专家后备人才开展重点培养。

经营管理 组织召开广东电网公司“创一流”全面攻坚推进大会，明确提出“坚持只干一件事”。建立广东电网公司“创一流”指标管控机制，完善指标常态报送机制，强化指标管理协同。开展省地两级运营管控平台建设，深化大数据应用，进一步完善广东电网公司运营风险管控、辅助决策分析手段。与海南电网公司签订携手共创世界一流电网企业战略合作框架协议

全年售电量增速 7.68%，吸纳水电、西电，西电东送电量同比增长 8.67%。落实国家一般工商业电价降低 10%部署，完成三批降价措施，全年降低广东用户用电成本 113 亿元。

推动政府核定的年度 390 亿元投资规模落地，建立完善形成有效资产长效管理机制，推进资本性项目及时形成有效资产，年度增资转固率 89%。完成国家第一批增量配电网试点项目珠海金湾东和第二批试点项目肇庆大旺北部高新区增量配网项目公司的组建，建立增量配网试点项目经济性评价分析模型，完成第三批增量配网项目经济性评价等前期工作。

加大新兴业务投入，围绕“十大新动能”，增加涉电新兴业务股权投资，完成广东电网产业投资公司注资 900 万元，广东电网能源技术公司对外股权投资近 4000 万元，研究向能源技术公司注资 3 亿元。

推进独立供电区域接收工作，全年共完成 81 个独立供电区接收协议签订。完成潮州市意溪镇农电机构国有产权无偿划转协议签订。

实施韶关仁化、清远连山、梅州平远和汕尾陆丰 4 家县级供电企业“子改分”工作。完成新一轮农网投资 124.52 亿元，投资完成率 100.21%。完成供电范围内省定贫困村电网改造任务，共投资 10.97 亿元，投资完成率 100.75%。

2018 年，广东电网公司新兴业务板块资产总额 394.3 亿元。全年完成营业收入 316 亿元，同比增长 20.5%，完成利润总额 23.5 亿元，同比增长 15%。

推进市场化售电，全年交易电量 120.9 亿 kWh。

全年开展审计项目 204 个，审计项目完成率 100%、问题整改完成率 100%。审计发现问题 4011 个、违规金额 34.8 亿元，促进增收节支 7579 万元，完善制度 81 项。开展经济责任审计 42 项，发现问题 1053 个，促进增收节支 1140 万元，完善制度 23 项。

法治系统审核重要经营决策 332 项，管理制度 57 项，经济合同 10.81 万份，实现三项法律审核 100%；办结法律案件 254 宗，胜诉率 93%，避免或挽回经济损失 2.3 亿元。

党的建设和精神文明建设 出台广东电网公司党委议事规则等 4 项制度，明晰广东电网公司党委、董事会、经理层等治理主体之间的职责权限，推动广东电网公司党委在方向上与董事会科学决策、党组织的组织力与经理层的执行力统一。实施党建创新“书记项目”，倡导“支部解难题、党员担重任”，擦亮“我是党员走在前”品牌，开展“一区双岗创一流”“一看就是党员”等主题活动，引导广大党员立足岗位创先争优。

把深入学习宣贯落实习近平新时代中国特色社会主义思想和党的十九大精神作为首要政治任务。全面加强党委中心组学习日常管理与督查，按照“全覆盖、机动式、现场化”的要求，制定中心组督查工作方案，拟订督查工作清单，成立 6 个督查组，累计开展督导 27 次。

全年外宣累计发稿 660 篇，其中“一报一社一台”三大央媒 93 篇。代表南方电网公司参加了《中国工业史·电力工业卷》《中国电力工业史》的编纂工作。

把党的政治建设摆在首位，加强对遵守政治纪律和政治规矩的监督检查，对“七个有之”问题高度警惕，坚决做到“两个维护”。推广运用全面从严治党“两个责任”监督平台，全年推送责任清单 1092 份，完成措施 5330 条，实现责任落实可视化、在线化、过程化、一体化管理。推广公务回避，组织 1.64 万名领导人员和重要岗位人员开展公务回避自查，对 129 人采取回避措施。压实各级党委主体责任，全年受理信访举报 88 件。

规范化、常态化推进监督执纪“四种形态”工作，全年突出法纪意识教育“全面谈”9 万余人次、围绕高风险岗位“重点谈”6 万余人次、紧扣苗头性问题“交心谈”5750 人次、瞄准问题线索“精准谈”233 人次。

建立上下联动巡察监督网，设立广东电网公司和直属 19 个地市供电局党委巡察办公室，同步建立人才库，健全巡察组织架构，配强配齐巡察人员。2018 年全年共对 4 家直属供电单位和 2 家直属非供电单位开展了两轮常规巡察。

把物资招投标、工程建设等廉洁风险集中领域作为监督检查重点，依法查处重大案件，追回损失和回收境外资产累计 3731.05 万元。曝光典型问题 229 次，发出监察建议书 454 份。

全年共召开各级职代会及职代会联席会议 221 次，审议通过涉及企业改革改制和职工切身利益的重大事项、规章制度 195 项，征集职工代表提案 276 件，立案办理 116 件，对职工代表提案、来信来访等职工诉求的办理率和答复率 100%。

维护员工的合法权益和特殊利益，组织职工代表参与安全生产、劳动保护专项巡视活动，采取深入工会干部基层联系点调研、与一线职工座谈、设立工会

主席信箱、办理职工信访信件等多种形式，与职工群众建立平等协商、沟通互信的平台。

以劳模、先进为引领，高质量创建职工创新工作室263个。7个工作室获评“广东省劳模和工匠人才创新工作室”，3个获评“广东省工业系统劳模和工匠人才创新工作室”，58个获评南方电网公司星级工作室。

在各级技能竞赛中，获“中央企业技术能手”5人，“广东省技术能手”20人，“南网技术能手”9人，“南网青年岗位能手”26人；在“安康杯”系列竞赛中，获全国集体奖3项，广东省集体奖5项、个人奖4项。

全年创建全国模范职工之家1个，全国模范职工小家3个，南方电网公司五星级模范职工之家14个，五星级模范职工小家30个；评选四星级模范职工之家13个，四星级模范职工小家501个，四星级和三星级职工小家达标率分别为50%和80%。

全年帮扶重大疾病职工968名，帮扶困难职工子女入学252名。做实“四送”品牌（夏送清凉、秋送希望、冬送温暖、全年送健康），做好重点工程一线职工、基层困难职工和伤病职工慰问。全年开展“夏送清凉”活动1239次，慰问职工7.7万多人次；开展重大节日慰问2000余次，慰问职工10万多人次。

结合纪念改革开放40周年，开展“建功新时代，迈进新征程”职工主题摄影，女职工“和煦家风”及职工文化建设成果展演等系列活动。围绕“巾帼心向党，建功新时代”主题，开展“保护环境，女职工在行动”“五个一”系列活动。举办“树新时代家风，筑新征程梦想”先进女职工表彰暨“家”故事分享会。组织参加全国第六届“书香三八”读书活动及“书香三八·嘉年华”读书成果展示活动。

全年获省部级及以上荣誉63项。其中，获国家级表彰集体8个、个人7名；省级表彰集体18个、个人6名；南方电网公司级表彰集体7个、个人17名。推荐申评“中央企业先进集体”2个、“中央企业劳动模范”5名。

出台并实施《广东电网公司共青团学习宣传贯彻党的十九大精神行动计划》，指导全省青年团员开展“青年大学习”主题活动，组织全省青年团员学习贯彻习近平总书记在纪念马克思诞辰200周年大会上的重要讲话精神。

2018年，广东省“新一轮”农村电网改造升级完成投资124.52亿元，市域农村户均配电变压器容量、综合电压合格率、供电可靠率三大关键指标均达到国家新一轮农网改造升级要求，智能电能表、低压集抄实现全覆盖。完成2277个省定贫困村电网改造升级、7个小康电示范县以及6个特色小镇电网建设（除未接管区域）。

主要事件

2月14日，广东电网公司印发《四个统一工作方案》。

6月，广东电网公司完成国有企业职工家属区“三供一业”供电设施接收工作，实现分离移交用户全部抄表到户。

6月28日，南方电网公司2018年重点工程——500kV甲湖湾电厂送出线路工程投产。

6月29日，广东电网公司下辖19个供电局全部撤销县区调度机构，在地市级调度机构设立配网调度管理团队，实现了对配网调度的集约化管理。

8月9日16：13，广东省统调最高负荷10896万kW，比2017年最高负荷增长0.4%。

8月31日，广东电网公司贯彻落实深化电力体制改革的政策，推动电力现货市场建设，完成南方（以广东起步）电力现货市场试运行启动任务，成为全国首个投入试运行的电力现货市场。

9月中旬，强台风“山竹”中心在广东江门市沿海登陆，致459.1万用户用电受影响。经广东电网有效采取措施应对和全力抢修，仅用78h即全面恢复供电。

11月25日，220kV烟墩—北安双回电缆工程竣工投产，这是首条对澳全电缆通道，也是广东省第三条对澳输电的通道。

11月30日，广东电网公司提前实现国家“十三五”新一轮农村电网改造升级的三项关键指标要求。其中，农村电网供电可靠率99.9%，综合电压合格率99.98%，各地市乡村户均配电变压器容量均达到2.0kVA。

12月，“2018年广东省地方政府公共服务公众评价”调研报告显示，广东电网公司公共服务公众满意度评价连续十年排名第一，所辖19个地市供电局满意度在所在市政府公共服务中均排名第一。

（覃桂平　钱永乐　刘葳蕤）

【广州供电局有限公司】

基本情况　广州供电局有限公司（简称广州供电局）是南方电网公司的全资子公司，于2012年2月22日正式挂牌运作，注册资本75亿元，主要从事广州电网规划、投资、建设与运营，负责广州市的电力供应与服务。截至2018年12月底，拥有110kV及以上变电站352座、主变压器容量8320.85万kVA，输电线路7541km，供电面积7434km²，供电客户数578万户，资产总额约558亿元。2018年广州电网累计供电量864.43亿kWh，同比增长4.19%；售电量830.82亿kWh，同比增长4.09%；最高负荷16 791MW（7月5日），同比下降5.19%（历史最高负荷为 2017 年 8 月 22 日 17 711MW）。

领导班子　2018 年 12 月，根据南方电网党〔2018〕133 号文、南方电网组织〔2018〕70 号文通知，免去杜满权广州供电局有限公司副总经理、党委委员职务，退休。调整后，广州供电局有限公司领导班子组成如下：

党委委员、书记、董事长：甘霖

董事、总经理、党委委员、副书记：胡帆

巡视员、党委委员、副书记、副总经理、机关党委书记：齐文京

党委委员、纪委书记：张曙华

副总经理、党委委员、工会主席：张泽华

总会计师：孙宏兵

副总经理、党委委员：刘育权

组织机构　共设置 18 个职能部门，直接管理 18 个直属机构、16 个业务支撑和实施机构、2 个全资子公司、1 个控股子公司。其中，内设机构 281 个、供电所 43 个、班组 557 个。

电网运行　全年最高负荷 16 791MW（7 月 5 日），同比降低 5.19%；年供电量 864.43 亿 kWh，同比增长 4.19%。电力供应形势总体平稳，全年执行电源性错峰 5 天，最高错峰负荷 481 000kW，无网络受限错峰。连续安全运行 10 811 天，成功化解主网风险 187 项、配网风险 61 项、风险设备 3709 项，成功应对 110kV 及以上设备跳闸 123 起、紧急停运 98 起。电网主要运行指标良好，其中全部保护正确动作率、故障快速切除率连续 6 年保持 100%。

加强大电网分析与稳定控制，完成 500kV 木棉、增城稳控系统升级改造，在全网首次引入电压判据解决直流受端电网暂态电压稳定问题，有效提升了广州核心城区安全运行水平，广东省网东西断面供电能力提升 60 万 kW。深化调控一体化建设工作，程序化操作快速推广应用，6 月起常态化实施 220、110kV 线路停送电程序化操作，累计操作 220、110kV 线路 393 条次，涉及断路器隔离开关近 2700 项次，减少变电操作时间 220h；隔离开关远方确认技术取得重大突破，基于图像智能识别的敞开式隔离开关远方精确判别装置成功在 110kV 汉嘉线程序化操作中应用；南方电网范围内率先实现主网启动方案网络发令。完成增城、南沙和从化局的配网调度管控模式调整，实现全局统一调度管控模式；发布《广州电网配网电力调度管理规程》。

建立完善设备运维体系，有序开展差异化运维，优化设备检修维护策略，抓好三未设备、老旧设备和隐患设备整治，实现设备运维精细化、标准化管理。消除紧急缺陷 217 项、重大缺陷 536 项，一般缺陷 3256 项，紧急重大缺陷消缺率和消缺及时率均为 100%。化解电网风险 353 项和设备风险 3679 项。加强设备运维检修试验管理，完成 973 组设备规范化检修、7490 组设备预防性试验，4415 组设备带电测试。完成 255 项变压器非电量保护隐患专项整治、18 个防误闭锁装置隐患整改，累计完成 227 组刀闸电机电源隐患整改。完成输电自动化平台建设，实现日常巡视“机巡为主，人巡为辅”，全年未发生污闪、鸟害、树障引起的线路跳闸，开展沿海Ⅰ、Ⅱ类风区输电设备防风能力校核，对 3 回防风能力不足的线路制定了三年改造计划，完成 110kV 电缆线路短时负载能力提升，在广州电网全面应用。开展配网设备运行评价，编制主要配网设备质量评价报告，纳入配网设备供应商考核评价。发挥配网设备质量检测中心作用，首次实现全批次、全供应商、全型号覆盖检测，严把配网设备入网关。

安全生产　贯彻落实南方电网公司安全生产工作要求，狠抓责任落实，强化电网风险防控和隐患排查治理，持续夯实安全生产和应急管理基础，圆满完成全年安全生产目标任务，全局安全生产形势总体平稳，电网保持安全稳定运行，没有发生事故，没有发生对社会和公司造成重大不良影响的安全事件，实现年度安全生产 365 天。客户年平均停电时间 1.23h/户，同比大幅降低 62%，供电可靠性连续九年在全国地市级供电企业排名前十，近两年均位列全国前三。安全生产领域为广州供电局率先冲刺世界一流综合标杆达标攻坚提供有力支撑。

构建全员安全生产责任制，完善部门安全生产权责清单，构建专业管理部门负责本专业领域安全生产管理、安全监管部门负责综合监督管理的“大安全”格局。强化电力建设工程安全生产主体责任落实，发布施工作业十大风险，制定 192 项管控措施。落实安全风险管控及隐患治理闭环管理，对变电站内涝、电缆管廊、重大电气火灾、重要交叉跨越等隐患进行挂牌督办。推动涉电公共安全隐患整治，全面排查产权及代维设施 18 万项，发现并整改隐患 4760 项。深化政企联动化解外部隐患，成功处置线下违章建筑 167 处、超高树木 4 万余棵、飘挂物 296 处，重点处理违法行为 67 宗，立案 6 宗，追回损失逾 500 万元。全年累计启动应急响应 14 次，有序应对台风“艾云尼”“山竹”“9·3”赤岗停电等突发事件，累计出动应急抢修人员 7980 人，抢修车辆 2534 台，应急发电车 176 台，打好“现场处置、快速复电、政府沟通、舆情管控、客户服务”五场应急攻坚战。

专项提升方案，强化供电可靠性“总抓手”作用，采取“分区差异化管控”的策略，针对高可靠性示范区、中心城区、城区、城镇四类区域系统推进工作开展，优化一系列流程机制提升管理水平，弥补管

控缝隙，加强过程管控和动态跟踪。建立完善中压巡视责任追溯机制、发电车统筹调派机制、不停电作业审查机制和重大时户数提级审查机制等，重点解决设备运维责任追溯、预安排发电车应用率低和重大时户数事件管控差等问题。2018 年广州电网供电可靠性考核完成值中，客户停电时间（中压）为 1.34h，同比下降 45.7%，客户停电时间（低压）为 1.23h，同比下降 63%。全年累计不停电作业 14 151 次，转电操作 5882 次，优化综合停电管理 1.13h，遥控操作 3125 次，合计节省停电 6.39h。低压快速复电到位平均用时 23.32min，复电平均用时 39.16min，同比分别下降 7.68% 和 19.47%。95 598 供电类投诉工单为 7269，同比下降 23.4%，其中频繁停电投诉为 4521 单，同比下降 27.7%

科技创新 2018 年科技项目投资 1.43 亿元，同比增长 67.7%。国家重点研发计划“500kV 及以上电压等级经济型高压交流限流器的研制”获批立项，863 计划课题“基于大数据分析的城市电网状态评估系统开发与应用”顺利通过验收；国家重点研发计划“工业园区智能配用电系统的研究和示范建设”顺利通过中期检查。累计有效专利数为 1019 件，提前完成“十三五”目标。通过专利实施许可和共享支持穗能通业务发展，启动多项专利成果转化工作。完成 7 项科技成果鉴定，其中 3 项成果整体达到国际领先水平，4 项整体达到国际先进水平。“城市电网电缆系统安全与运维保障实验室”和“中低压电气设备质量检验测试实验室”成功认定为南网重点实验室。全年共获得省部级奖励 2 项、南网科技奖励 28 项，全国电力职工技术成果奖 20 项。

信息化管理 制订广州局数据资产行动计划，构建广州局数据资产目录。开展主数据一致性治理，建立协同治理机制，形成解决方案并推进实施，有效控制增量问题。深化时空大数据平台应用，实现了全局“一张图”感知现场，支撑了配网设备状态评价实现了对内涝点分布、台区负荷等信息的综合分析及可视化。扎实推进四个方面的数字化转型。优化业务模式聚焦业务数据化，数据业务化；释放员工潜能，聚焦员工绩效，用数据说话；拓展客户价值，开展设备运维托管等综合服务；开展设备智能化改造以节省人力，高质量增值共享电力资源以收获新的业务增长。完成“网站群 IPv6 升级改造”重点任务。率先完成国产密码算法实用化。在中央企业网络安全专项督查和广州市网络安全执法检查中，获得国资委和市公安局的肯定。在广东省公安厅“护网 2018”行动中成功抵御 10 万余次专项渗透、攻击。

电网规划与建设 2018 年初，市政府颁发《2018 年广州市电网建设责任书》。全年协调议题 262 个，形成议定事项 828 个；及时协调 500kV 南洲、番南等一批重点输变电工程项目；促成市国规委发文明确不再规划新增地下及半地下变电站、配电房设置在建筑物首层等有利于规划的原则；成功应对 110kV 猎桥、银沙等输变电工程项目引起的邻避问题；全年取得核准批复 30 个，同比增长 76.5%；完成“十三五”电网规划环评报批，实现 220kV 及以下输变电项目环保审批免除初审环节，减少 30 个工作日审批时间，全年取得环评批复 32 项，同比增长 113.3%。

智能电网方面，编制广州智能电网全面规划以及越秀区、知识城、明珠工业园、南沙区 4 个专项规划，全面指导智能电网建设。

主网规划方面，完成“广州电力供应平衡及自给率研究”，相关成果已上报市政府；推动楚庭第二通道等 6 个 500kV 项目纳入“广州市推进粤港澳大湾区建设工作要点”；新增 136 项主网建设项目路条纳入省能源局规划。

配网规划方面，印发《广州供电局世界一流配电网推进工作方案》，形成具有广州特色的世界一流配电网顶层设计和专业设计；建成中新知识城、南沙自贸区、琶洲总部商务区等 8 个高可靠性示范区，实现可转供电率等 6 个 100%和光纤通信全覆盖，其中中新知识城实现 1min 停电高可靠供电目标，南沙自贸区建成全局首个 10kV 双环网接线示范区，广州大学城率先实现典型馈线配网自愈试点；筑牢第二张网配电（光纤）通信网，完成配网通信技术路线研究报告及《广州供电局配电通信网规划指导意见（修编）》，在 2019 年四个批次中低压配网基建项目，共完成 2148 项自动化、光纤网覆盖项目可研编制，投资合计 20.1 亿元；围绕 2018 年度夏期间频繁停电投诉抱怨下降 50%以上的工作目标，多措并举解决度夏频繁停电问题，通过推行督办机制、动态跟踪、闭环管控，2018 年度夏期间频繁停电抱怨投诉同比下降 77%，过载馈线同比下降 81.5%，过载配电变压器同比下降 65.1%。

增量配网方面，广州知识城配电公司于 2018 年 12 月 6 日取得电力业务许可证（配电类），稳妥推进各项工作，确保增量配网改革顺利进行。

2018 年基建工程完成投资 77.7 亿元，投资计划完成率 102%，投资完成金额同比增长 17%。

主网方面，新增变电站 16 座，同比增加 14.3%，新增容量 281 万 kVA；新增线路 326.8km，同比增加 13.8%。投产太和扩建等 8 项度夏工程和庙岭扩建等 2 项重点工程，解决重载变电站 6 座、重载线路 2 条、不满足 $N-1$ 变电站 12 座、主变压器孖接变电站 1 座。

500kV 蓄增线“双改单”工程克服省级自然保护

区内施工、临近带电、交叉跨越、停电安排复杂等一系列困难，精心策划、高效推进，提前投产送电，获南方电网公司领导表扬。500kV楚庭变电站工程克服大地块用地报批、施工许可等前期手续困难，实现项目开工建设。推动220kV大岗站、110kV合和站等项目荣获中国安装工程优质奖、中国电力优质工程等各类工程优质奖27项。

配网方面，新增配电房651座，新增配电变压器1641台，同比增加13.4%，新增容量113万kVA，新增线路1662km，同比增加24.7%。完成配网度夏项目898项投产任务，投产时间同比提前一个月，解决重过载线路223回，解决过载和低电压台区1334个，一个月内完成全部43项公交充电设施业扩配套项目；全国首次应用现场3D打印技术建设配电房，获得政府、媒体高度关注。

综合方面，超额完成资产产权清理“应办必办”工作任务；开发并启用市电力基础设施建设任务督办系统；研发应用南方电网首个智慧工地平台和配网基建智能辅助决策系统；承办南网基建精益管理现场交流会，艺苑站和业主项目部建设经验成为全网典范；依托基建项目实现了建筑信息模型、预制装配工艺、新型植物油配电变压器等26项创新技术推广应用；全面实现了主配网项目自主评审；棠下电力运监中心项目首创利用供电用地建设技术业务用房，克服没有先例可循的行政许可难题。

物资管理方面，完善采购策略。建立全品类采购策略库，印发物资类、非物资类162个物资品类、217个非物资标的品类招标采购策略。完成招标采购业务“上平台、进基地”，在全网率先开启无纸化电子采购模式，招标采购活动实现全程线上留痕，提高了采购效率。

强化合同履约管理。加强合同交付期限及合同变更管控，推进历史未履约合同清理，初步清理需办理终止手续的合同18.17亿元、3081份，降低“两金”占比和资产负债率，防范违约风险。加强供货商不良行为管控及违约索赔工作，规范供货商履约行为。

优化定额储备及配送管理保障物资供应。储备物资供应范围扩大至配网迁改、充电桩建设等项目，发挥物资通用性，合并并优化配网基建和应急抢修物资储备方案，满足多种项目类型物资保障要求，累计领用定额物资18.99亿元，库存常规储备物资周转率853.42%。采用移动App“物流宝”应对强台风“艾云尼”和“山竹”抢修，供应抢修物资735万元，保障了大规模应急状态下的物资供应，实现在线跟踪项目物资供应，解决了项目物资入库不及时问题。

提升物资领域精益管理。完成物资领域星级班组培育及评价，花都仓储配送班获四星班组，钟村仓储配送班获“南方电网公司五星班站所”称号。“通用型电缆盘装卸架”和“横担式吊装工具”2个项目均获得国家专利，“物资需求预测优化精益管理项目”“打造可视化物资供应监控平台提高物资供应服务与调配水平”“网购式体验—应急物资供应移动应用App设计项目—推广应用项目”3个项目获南方电网公司精益项目成果。

经营管理　全年广州地区电力供应形势保持平稳，满足各类用户的用电需求。全市最高用电负荷16 791MW（7月5日）。年售电量830.8155亿kWh，广州全社会用电量936.9亿kWh，同比增长3.81%。电费回收过程管控，当年电费回收率99.9963%，超额完成南方电网公司下达的当年电费回收指标。深化电能量数据应用，推行基于抄维一体模式下的新型抄核收工作模式，加强信息化支撑，建立完善的指标监控机制；建成涵盖营销七大专业的移动App，营销全专业实现移动作业。

营商环境在南方能监局“获得电力”满意度排名中获得第一名，供电服务满意度在省市公共服务调查中分别实现十连冠和十八连冠，第三方客户满意度85分。

持续优化营商环境。推出“减四提二”核心措施，减少办电时间，高低压接电环节缩减至2～3个；仅需身份证明及物业权属证明“两证”即可申请业扩报装；率先在全国将供电企业投资界面延伸到用电企业用地红线内，进一步将用电企业专用变压器的设置条件提高到200kVA，实现报装容量200kVA以下的低压电用户和小微企业接电“零费用”；落实国家取消临时接电费、降低一般工商业电价降价政策。2018年，业扩工单平均总时长分别为44.94天、5.42天，同比减少61%和81%，办电资料减少80%，减少客户投资累计约37亿元，减少客户用电成本超16.5亿元，已降低一般工商业电价社会用电支出10%，供电可靠性连续三年排名全国前列，100%实现新装、增容业务线上办电，让企业、群众“一次都不跑”。

转型升级服务渠道。以建成综合能源服务商经营场所为目标，开展11个实体营业厅升级改造工作。借助“互联网+”技术，全面实现32类82项业务在线办理，快速响应客户服务需求。全年互联网业务比例年度累计70.82%，服务平台注册量累计269万，同比增长40%。

推动服务创新。加强客户应急管控，以天河为试点，建立“电子围栏、应急通知”两个短信平台，台风“艾云尼”“山竹”防风防汛期间，精准投放应急短信累计超12万条。提升客户用能体验，开展7户高端节能诊断和13户普通节能诊断，结合环保政策推动电能替代。推进“互联网+充电设施”建设，完成充电桩建设 5172 个，建设电动汽车充电设施智能管理平台，接入 77 个公共运营商，共 2174 个充电站，18 960 台充电设施。

资产管理方面，进一步完善两级运营监控机制，在输变电单位成立生产监控指挥中心并常态化运作。进一步深化与各业务领域服务与合作，服务型机构定位更加凸显：建立综合标杆监控指标一、二级体系，开展指标直采直送，穿透分析延伸至流程、数据质量等，关键业务指标改善率超过 85%。建立基于两级运监的投诉闭环管控机制，通过“收集数据、锁定台区、协同措施、闭环跟踪、效果评价”五步走，实现措施闭环，度夏期间频繁停电类投诉同比下降 77%。开展供电可靠性数据专题分析，促进大时户数停电事件分级管控等策略优化。持续夯实基础管理，主配网账实一致率在南方电网公司抽检中达 100%，账卡一致率提升至 97.3%，报废净值率指标全年完成值 7.55%，达到世界一流水平。

财务管理 完成经营考核目标。开展提质增效，全面完成“1＋8＋7”方案各项任务、指标。超额完成“两金”清理任务，两金余额较目标少 0.33 亿元。争取税收优惠 1.45 亿元。完成 2 家厂办集体企业清理。扎实推进账卡物一致清理，实现资产全口径台账从无到有。应对输配电价改革，落实一般工商业电价降价 10%的要求，推进分电压等级核算及制造成本法研究。智能化水平不断提升，实现全网首家财务流程机器人“E 助理”上线运行，实现历史档案电子化，首创“会计档案电子查询系统”获得国家软件专利，全网唯一一家成为国家档案局电子档案管理试点单位。支撑竞争性业务发展，完善集体企业财务管控体系，向中新知识城、网络公司、穗能通公司注资共 1.85 亿元。开展金融创新，创立票据结算模式，推动融资租赁业务发展，均超额完成预定目标，票据结算金额和融资租赁计划完成率均在全网排名第三。落实国家降低实体经济成本要求，清退临时接电费 5.86 亿元，清理民营企业欠款、工程建设领域质保金。

构建大审计监督体系。集体企业实现监察与审计分离，新兴业务企业明确审计兼职岗位，局所辖企业实现审计全覆盖。全年共开展各类审计监督 32 项，审计领导干部 9 个、投资项目 5261 项、重点业务领域 9 个。充实监督方式，启动监事会运作。依法列席企业股东会、董事会，提出优化建议；开展监事会监督检查，对所有新兴业务企业（5 家）开展监事检查，帮助企业及时梳理问题、防控风险。完善新兴业务投资风险评价机制，绘制《投资风险及运营监督事项清单》，对股权投资、固定资产投资及融资租赁 3 类投资方式梳理了 4 个等级共 134 个风险。全面推进审计整改标本兼治。完善整改管理体系，审计发现问题和整改情况纳入局党委会决议内容，形成自上而下的整改成效监督体系；开展整改专项工作，集中精力解决重点领域存在问题；创新启用审计提醒函和整改函，督促单位及时组织自查自纠，堵塞漏洞。

行政管理 参谋辅政更有质量。针对电力电量平衡、优化营商环境等重难点问题，统筹运用书面汇报、信息报送、重大事项报告三渠道加强对内外沟通汇报，2 篇文字材料得到市领导批示，147 篇信息被上级采纳，6 篇信息得到国家部委采用。作风建设更有实效。组织开展落实中央八项规定精神深化自查自纠，查阅凭证 55 970 份，发现问题 294 项，完成退款 21.7 万元；组织开展企业奢侈浪费问题专项督导抽查，发现 9 类问题 55 项并督促整改 53 项。推进机关作风年建设，通过“四抓四促”全面提升办公效率。综合保障更有章法。完成国资委郝鹏书记调研等各类重要接待任务 43 次、老挝副总理等众多政企高层外事来访 34 次。对 1.3 万名基建外委人员开展背景审查，发现案底违法人员 727 名并及时处置，实现全年盗窃电力设施法案和损失下降 40%和 33.6%。与市保密局共同举办全国首个“保护国家秘密应急演练”。物业运营更有效益。番禺电力科技园、南沙供用电实操基地、天河电源改造及华安楼等重点项目取得扎实进展。开展土地清查，筛选 24 项可用性大、价值较高地块，市价 2.17 亿。出租 100 宗物业，全年增收节支 5000 余万元。完成 3885 户“三供一业”改造，每年节省水费支出 200 万元。利用变电站空余用地规划建设周转宿舍 3139 套，首批规划建设 906 套已获得市国规委原则通过。制定物业服务提升举措 30 项。

围绕建设具有全球竞争力的世界一流企业，以解决实际问题、提升运营基础管理水平为导向，明确聚焦 18 项关键指标和 52 项二级监测指标重点发力，常态化开展指标异动分析及通报，形成了任务督办与闭环管控机制，定期召开总经理双周协调会，全年解决重点难点任务 30 余项，进一步夯实基础管理，助推关键指标提升。同时，将达标纳入组织绩效考核，实行“达标重奖，不达标不奖”，建立考核激励机制。

2018 年省级综合标杆一流评价指数达到 100 分以上。第三方客户满意度、综合线损率、综合电压合格率等 8 项指标达到世界一流水平，客户平均停电时间、全员劳动生产率、总资产周转率等 3 项指标达到国内一流水平，11 家区局均达国内一流水平，13 个班站所获评“五星”，实现 7 大专业全覆盖，位居全网第二。

充分发挥属地优势，积极向产业价值链上下游拓展，新兴业务规模不断扩大。全年新兴业务营业收入达到 88.6 亿元，利润总额 6.1 亿元，分别同比增长 18%和 16%。累计完成投资 4.6 亿元。建成并运营电动汽车充电桩5172个，与广州市公交集团合资成立捷电通公司，投产公交充电桩2890个，充电量1363万kWh，占广州市场37%。自建光纤网络规模增长17%，总规模位居广州第四。稳步拓展IDC业务，建成机柜1708个。天河南智慧路灯示范项目按期投产。孵化优势产品，完成3个智慧工地、730间智能电房建设。全面推广四网融合三表集抄业务，全市各区落地9个旧城微改造、4个新建小区、2个水表集抄项目。南沙高可靠性智能低碳微网项目建成投产。推动政府将天河南二路、教育路项目纳入广州市第一批智慧路灯试点。推动中美智能电网第二阶段国际合作项目，促进技术标准化。申请中芬能源合作示范项目。盘活土地物业资源，棠下电力运维监控中心项目正式开工。健全薪酬机制，强化考核联动，对竞争性企业实现“一企一策、审计业绩”。试行职业经理人机制，完成首批2家企业7个经营班子岗位的职业经理人选聘。全面实现南投集团集团化管控，打造6家A类标杆企业，启动清算8家低效企业。

全年局规章制度、经济合同及重大涉法经营决策三项审查率保持100%；共审批经济合同11 662份，涉及合同金额595.29亿元；办结法律案件29宗，案件胜诉率100%，为局避免或挽回经济损失5307万元；全局共开展法律培训74次，培训7210人次。

完善现代企业治理，推动党建工作总体要求纳入公司章程。主要负责人履行推进法治建设职责，全面落实法治建设“六个一”活动。持续开展资产产权证明专项清理工作，提前2个月、超额34%完成网公司下达的办证指标。重大诉讼案件成效显著，负有责任案件总数及经济损失率双下降，圆满解决萝岗电力调度大楼、邓某高压触电等重大案件，主动起诉维护局合法权益。全面推进合同精益管理落地，通过优化制度流程、强化合同质量、开展合同履约研究、完善合同范本库等方式提高广州供电局合同管理水平。加强法律风险管控，制定《产业投资法律风险防控指引》，聚焦积水触电、火灾事故、著作权侵权等风险，印发法律风险提示书。深度参与棠下电力运维监控中心、番禺电力科技园等项目，确保重大项目于法有据。率先打造“法治央企”示范单位，开展宪法系列宣传活动。获评广州市首届“谁执法谁普法”履职评议“优秀单位”，“法律诊所绿色座席”获南网“十佳普法品牌”称号及广州供电局精益项目金奖。

深化运用监督执纪“四种形态”，监督执纪由“惩治极少数”向“管住大多数”拓展。扎实推进“四种形态”规范化工作全覆盖，组织开展政策宣传教育5247人次，引导一批干部员工主动说明违规违纪问题，上缴违规违纪所得。持续保持惩治腐败高压态势，紧盯重大工程、重点领域、关键岗位，紧盯权力集中、资金密集、资源富集的部门和领域，从严从紧查处违反中央八项规定精神、违规插手干预招投标、亲属违规经商办企业、为特定关系人牟利、违规选人用人等问题。坚持失责必问，对落实管党治党责任不力、发生重大腐败案件、“四风”问题屡禁不止等情形进行严肃问责。连续八年举办廉洁从业研讨班暨警示教育大会，组建警示教育宣讲团到33个单位巡回宣讲，用身边事教育身边人。纪检监察队伍进一步配齐配强，充实调整所属单位纪委书记（副书记），进一步优化纪委书记（副书记）的年龄、知识和专业结构。增设专职纪检监察干部监督岗位，严防“灯下黑”。

人力资源管理　结合业务发展需求，持续优化组织机构。增设配网规划组，深化“运规合一”融合，优化区局配网管控模式，提高配网规划对运维业务的支撑能力；完成营销班组管控模式转型升级，为向综合能源服务商转型提供组织保障；深化两级运监，调整运监中心单位层级，基层配套成立生产监控班，强化运监广度和深度，提高智能化运监技术手段，支撑广州供电局向“数字广供”转型。

调整优化人员配置。完善选拔机制，促进人员岗位动态管理。全年竞争上岗621人，降岗121人，实现能上能下，激发员工工作活力和进取意识，盘活人力资源。结合营销、物资、舆情等领域新问题、新案例，修订员工处分细则，严格解除劳动合同的条件，完善员工退出机制。处分47人，有效扭转“庸懒散”现象。

优化薪酬激励机制。加大工资与组织绩效考核结果的联动力度，兑现应用比例由15%提高至20%。修编4项奖励制度，及时兑现11项专项奖励，持续提升员工干事创业动力。建立竞争性企业市场化薪酬管理机制，实行工资总额、高管薪酬水平与组织绩效、个人绩效双挂钩的管控方式，允许自主制定薪酬分配体系，打破身份和职级管理，真正做到以能力和贡献定分配。

推广员工绩效管理“三化”（即任务工单化、工单价值化、价值绩效化）。率先在全网通过“三化”系统全面完成了员工绩效量化考核的兑现应用工作，实现全局23个单位所有生产班组“三化”兑现应用100%覆盖，通过差异率分配杠杆，合理拉开员工收入分配差距，引导员工从“派单干”变为“抢活干”，有效激活了员工全新的内生动力和工作热情。

深入贯彻党的十九大和十九届二中、三中全会精神以及新时代党的组织路线，贯彻落实中央和南方电网公司关于选人用人工作的一系列决策部署，落实党要管党、全面从严治党特别是从严管理干部的要求，紧扣新时期好干部标准和国有企业领导人员“20字”

要求，持续推进领导班子和干部队伍建设。选人用人工作中坚持党管干部原则，严格条件程序和纪律要求，充分发挥各级党组织的领导和把关作用，严把资格条件关、动议提名关、推荐考察关、集体讨论关。严格实行任前审核制度，干部人事档案做到“凡提必审”，纪检监察部门意见做到“凡提必听”，反映考察对象问题的举报做到“凡提必查”，党风廉政情况做到“凡提必背”，防止“带病提拔”“带病上岗”。

持续优化培训—评价—岗位（岗级）闭环管理机制，完成59类班组、765个岗级的评价标准修编。2018年完成认证2148人次，1273人获得更高岗级晋升、314人获更高岗级竞岗资格、229人获得其他专业转岗资格、一次性奖励共85.8万，实现能上能下。完成内训师年度考核，对121名称职及以上的内训师给予奖励共89.2万元。新聘60名内训师，全局内训师达到281名。落实党委（党支部）联系服务专家机制；明确南方电网公司级10名技术技能精英潜在人选并针对性培育；新聘39名技术技能专家，目前全局领军人才73人，技术技能专家157人。完基层单位现场培训696期4.3万人次，完成南方电网公司高压电缆高技能人才培训班，充实壮大人才队伍；开展2600名农电人员第二年能力提升培训，实施2015年入职大学生第三年回炉培训，有效提升员工技能水平；积极推荐，变电二所周哲获得2018年国务院政府特殊津贴。承办南方电网公司变电检修竞赛，取得团体一等奖、个人一等奖。

党的建设 2018年，广州供电局党委深入践行“以党建引领业务，以业务成绩体现党建成效”的工作理念，着力构建党建高质量发展“1＋2”工作体系，以抓好南网党组2018年一号文的执行落地为统领，以党建精益管理“44131”工程和机关作风建设年为抓手，推动全局党建工作上水平、上台阶，取得了扎实成效。党建精益管理、产业工人队伍建设2个案例入选南网首批优秀基层党建创新典型案例，3个基层党支部入选广州市星级党支部，5个基层党组织获评为南方电网公司先进基层党组织。在南方电网2018年度组织绩效考评中，获得了党建责任制考核和经营业绩考核“双A”的成绩。国务院国资委郝鹏书记在广州调研时，对广州供电局党员发挥作用情况予以肯定。

深入学习宣传贯彻习近平新时代中国特色社会主义思想和党的十九大精神。持续开展“大学习、大讨论、大宣讲”。紧密围绕《习近平谈治国理政》第二卷及《习近平新时代中国特色社会主义思想三十讲》内容，结合党的十九大报告、习近平总书记系列重要讲话精神等重点文献材料，开展大学习、大讨论、大宣讲系列活动。大学习，邀专家宣讲，做好权威解读；成立“广供讲习团”“青年学习社”，打造党支部学习品牌“学习充电站”；开展“广供月读”活动。大讨论，组织全局各党支部开展党员大讨论，理论联系实际，以解决工作中面临的实际问题为导向，讨论如何把习近平新时代中国特色社会主义思想融入工作、落实落地；开展“新时代＋新使命”学习贯彻党的十九大精神征文活动；组织“感恩奉献勇担当、建功立业新时代”主题党（团）日活动40余场，全局共3000多人次参与。大宣讲，组建四支巡回宣讲小分队，以分片区集中宣讲的方式开展巡回宣讲并于年底举办总结汇报会，采用情景再现、交流访谈、故事讲述等形式，结合中心工作谈体会、谈领悟，分享先进人物践行新时代理论的优秀事迹。全年“大学习、大讨论、大宣讲”总结汇报会的形式获得市委宣传部与中央媒体的充分肯定。

研究制定党风廉政建设责任通知书及任务清单，明确8方面26项工作任务98项具体措施，组织签订责任书770份、廉洁从业承诺书10 695份。做好迎接中央新一轮巡视各项自查整改，完成整改措施349项，新增、修编制度27项。建立健全巡察监督体系，将巡察办作为党委工作部门，组建三个巡察组，配强巡察组长、巡察办负责人和巡察专员。制订局党委巡察工作五年规划，对5个所属单位党委开展常规巡察，并对其所属55个党支部开展提级巡察。

开展落实中央八项规定精神专项检查，查阅财务凭证5.6万份，发送廉洁短信约9万条，印发通知和方案7次，重要节日期间组织监督检查798次，修订完善业务接待、公务用车、日常费用报销细则等配套制度8个。开展形式主义、官僚主义问题专项整治，摸清形式主义和官僚主义突出问题及42种表现形式，并制定针对性整改措施；出台《关于加强广州供电局机关作风建设工作措施的通知》，以上率下改进作风，会议次数、发文简报数量、会议费、业务招待费等分别降低4.4%、20.3%、9.1%、11.1%。深入开展整治基层和群众身边不正之风和微腐败“扫雷”行动，集中整治营销、财务、生产运维和工程建设、物资管理和招投标、组织人事以及“四风”等六个方面“微腐败”问题。

抓创建，以点带面推动企业文化全面提升。立标杆，启动第三批企业文化示范单位、示范点建设，组织召开专业评审会确定2个示范单位、10个专业文化示范培育单位、12个示范点重点培育名单。分梯队，根据各单位自身软硬件条件，分梯队、分批次建设企业文化示范单位、示范点。结对子，组织开展企业文化示范单位、示范点结对培育，提供成功经验和优秀做法分享的平台。客服中心获得2018年度广东省企业文化示范基地的荣誉。输电一所的“增城群侠 守卫光明——增城巡维站班组文化建设项目”获2018年度电力创新奖二等奖。

按照“七个一”行动计划，落实《南网总纲》规范上墙工作，确保100%覆盖及规范使用。在星级班站所建设过程中，要求基层单位充分考虑文化阵地建设，有效推动企业文化在基层落地。以《南网总纲》为价值观引领，创作文化微话剧《彩虹》，荣获2018年电力行业企业文化微话剧大赛一等奖。树立先进典范，推选陈志聪参选广州市道德模范，并获提名奖。

动员全局团员青年学习宣传贯彻团十八大精神，从理想、本领、担当三个维度，以“6个学”为载体组织开展团员学习，举办“感恩奉献勇担当、建功立业新时代”主题党（团）日活动，实现基层团组织、团员青年全覆盖。深入开展全面从严治团，着力做好“两个规范”，强化“三个机制”，完成24个基层团组织换届选举工作。依托岗位实际，局团委深化“青”字品牌活动，获得一个中央企业青年文明号和一个中央企业青年安全生产示范岗的称号。丰富青年文体需求，每月开展一次青年兴趣小组活动、每季度举办一次青年联谊活动。深化“红木棉”志愿服务品牌，开展三个计划和三个工程志愿服务工作，年服务时间达6500多h。连续三年选派电力工程师参与中国·广州青年志愿者塞舌尔项目。

（黄　婷）

【深圳供电局有限公司】

企业概况　1979年，深圳供电局伴随深圳改革开放的步伐正式成立。2012年，在南方电网公司的统一部署下，正式注册为深圳供电局有限公司（简称深圳供电局），成为南方电网公司直接管理的全资子公司。2015年底成立董事会，进一步完善现代企业治理。

深圳供电局承担着深圳市及深汕特别合作区的供电任务，供电面积2421km²，供电客户323万户；共有110kV及以上变电站252座，110kV及以上输电线路4871km。深圳电网是中国供电负荷密度最大、供电可靠性领先的特大型城市电网之一。2018年最高负荷1721万kW；供电量889.7亿kWh；售电量862.4亿kWh；客户年平均停电时间0.68h/户，供电可靠率行业对标连续8年全国前十。供电服务连续8年位居深圳市40项政府公共服务满意度第一位，第三方客户满意度85分。

领导班子

董事长、党委书记：庞骁刚

董事、总经理、党委副书记：宋新明

巡视员：赖佳栋

董事、党委副书记、副总经理：潘超

董事、副总经理、党委委员：吴宇宁

董事、副总经理、党委委员：胡子珩

总会计师：杨志鹏

董事、党委委员、纪委书记：李毅

董事、工会主席、党委委员：谢宏

董事、副总经理、党委委员：李锐

董事、副总经理、党委委员：王益军

组织机构　深圳供电局下设部门（单位）总数47个，内设机构220个。其中，本部部门17个、内设机构66个；挂靠机构3个、内设机构2个；中心机构11个、内设机构43个；直属单位16个、内设机构109个。

2018年部门成立及撤销情况：成立通信管理所、深汕特别合作区供电局，成立深圳电网产业投资有限公司、深圳电网综合能源有限公司，改革及产业发展部更名为产业发展部，员工技术技能实训中心更名为培训与评价中心。

电网发展　电网规划成果纳入市政府规划。配合市规土委完成《深圳市电力设施及高压走廊专项规划（2018—2035）》，将“十三五”及远景电网规划成果纳入其中。完成保底电网规划。深圳保底电网规划构筑占深圳电网比例1/3的保底电网网架，重点保障核心区域、重要用户和对港供电。提出20项新增保底电网建设项目，形成保底电网站点和线路清单。开展全市智能电网规划。完成6个智能电网试点区域规划。

2018年完成基建投资64.97亿元，其中主网投资18.31亿元，配网投资46.66亿元，三年时间达到“十二五”整体投资的90%。2018年投产配网项目2938项，投产主网项目32项，110kV及以上线路长度352.53km，主变压器容量321.7万kVA。

完成南方电网公司重点工程滇西北直流受端配套交流工程全部建设任务（投产4回500kV线路、10回220kV线路），滇西北直流工程作为西电东送首条落点深圳的特高压直流线路，有效吸纳了澜沧江上游水电站的电能，为深圳每年提供200亿kWh清洁水电。

推动智能变电站建设，2018年建成投产220kV四黎、110kV皇岗口岸及110kV塘下涌变电站3座智能化变电站；在110kV雨虹变电站开展数字化、智能化、预制式、装配式试点；继续推进“两化一型”，投产220kV玳田站、110kV皇岗口岸站2座半地下式变电站；在110kV庙西站开展智慧工地试点，提升基建现场安全文明施工水平；大力推进配网“四个标准”建设，试点开展智能化、预制式配电房建设，目前配网预制件覆盖率达到95%。

落实项目建设全程质量监督，着力打造优质精品课程，500kV现代变电站工程获得2018—2019年度国家优质工程奖。

安全生产运行 安全监管。落实“管行业必须管安全、管生产经营必须管安全”的要求，制定《深圳供电局本部职能部门安全职责规定（试行）》，明确各专业领域安全生产主体责任，构建安监综合监管，各业务部门（单位）专业管理和监督的大安全格局。组织各级人员重新签订安全生产责任书4994份，修订各级1174个岗位安全职责标准。

建立安全巡查机制，在深汕特别合作区供电局开展第一站巡查，为基层“把脉问诊，对症下药”，共发现问题515项，进一步查找分析原因2462项，组织深汕特别合作区供电局研究制定整改举措53项，提升安全生产管理水平。

制定《深圳供电局配网防范人身事故专项治理行动工作方案》55项措施，深入开展为期三年的专项治理行动，提升各区供电局配网安全生产管理水平。

成功抗击35年来影响深圳最强台风“山竹”，深圳市委书记王伟中批示深圳供电局是“全市抢险救灾工作中的一个典范”。

完成改革开放40周年庆典活动、习近平总书记视察深圳等特级保供电任务3项，各类保供电任务146项，实现“零事故、零差错、零投诉”的保供电目标。

开展各分管生产经营业务负责人、副总师和各相关部门（单位）党政负责人共144人电力安全培训及考试取证工作。组织开展3期安全轮训，覆盖深圳供电局1183名基层员工，实现班、站长及专助责全覆盖。

电网调度运行。客户计划停电时间大幅优于公司目标值，支撑“客户平均停电时间”关键指标达到世界一流水平。对计划停电可靠指标执行严格管控，每月根据已使用指标情况分配当月指标红线供区局参考，对达到分级管控标准的停电执行重大停电审批要求，“能环必零”、带电作业、旁路作业、接入中压及低压发电车消除公变停电影响等一系列措施实现客户停电零感知，客户计划停电时间0.182h，优于全年目标值0.4h，完成客户停电时间创一流指标。同时针对紧急缺陷处理开展多项管控措施，优化紧急缺陷处置流程，实行紧急缺陷日通报机制，全力支持带电作业处理紧急缺陷，带电处理缺陷数由2017年的零比重提升至16%，组织开展远方重合闸试控工作，累计共远方投退重合闸3585次，提升了各单位不停电工作效率。

推进深圳电网网架建设，优化系统潮流分布，解决局部网络过载问题，开展深圳抽水蓄能电站黑启动试验，夯实保底电网架构。通过优化电网运行方式共将30项Ⅳ级及以上风险降级，最高减少错峰限电约840MW。推进500kV东方站、滇西北配套工程投产送电，消除宝安换流站失压导致一般事故风险，解决宝安网主变断面满载问题；推进民田输变电工程投产送电，彻底改变深圳市福田中心区长达10余年的单一供电通道供电的被动局面，消除电力安全一级事件，同时消除“梅皇甲乙线”断面重满载问题；推进220kV深圳抽水蓄能电站至远丰站双回线路投产，为抵御灾害提供了可靠的网架结构。首次利用直调抽水蓄能机组开展全电压等级设备的黑启动试验，直接对10kV侧恢复供电。

完成光纤全覆盖任务，大幅提升配网自动化应用效能，为深圳电网智能化、高质量发展提供有效技术支撑。推进光纤全覆盖工作，采用月计划＋周管控的模式，通过对里程碑节点以及工程量完成情况的跟踪，完成全年光纤全覆盖任务120%，同时优化配网自动化建设思路，推进配网自动化建设及实用化应用。2018年新投运终端相当于过去10年总量的92%，新增可控三遥终端相当于过去10年总量的228%，三遥终端覆盖范围及布点密度均成倍增长。2018年将快速复电应用范围推广至全市，聚焦推动智能、高效的集中式自愈技术应用，完成首批12条试点线路投入集中式自愈运行。提升配网自动化应用效能，快速提升复电效率。

完成招商蛇口电网接入深圳电网和接收深汕合作区电网调度运行，实现深圳电网历史性的跨越。完成了招商蛇口电网正式接入深圳电网和正式接收深汕特别合作区电网的工作。完成蛇口电网一、二次风险分析、关键设备改造和调度协议签订等工作，保障了蛇口供电可靠性不低于原香港中电供电方式，同时协调推进深汕合作区鲘门输变电工程投产并网，解决深汕电网单一故障导致合作区大面积停电的风险，确保了深汕合作区电网可靠电力供应和高效管理，完成深圳电网“东进深汕”“西拓蛇口”。

坚持“灾前防、灾中守、灾后抢”的抗灾应急机制，大幅提升电网调度应急保障和处置能力，有效应对超强台风“山竹”。全面落实灾前防范各项工作，精心组织落实抗击超强台风“山竹”应急准备工作，做好保护系统及设备运行管理，开展深圳电网首次主备调切换实战演练，实现主备调独立运行互为备用。建立深圳香港应急支援沟通机制，开展了蛇口电网停电香港电网应急转供演练。台风期间，蛇口供电未受到重要线路故障跳闸影响。高效开展应急处置，成功避免了电力安全一级事件，维护了核电和对港供电安全，避免了重要用户的断电风险。台风过后，快速组织全局生产单位开展抢修复电工作，48h内恢复95%受影响客户供电。

生产技术。印发《提升设备健康水平专项行动方案》，变电管理一所及时消除水贝站 GIS 局放异常、主变压器套管异常等隐患。电力科学研究院全年共计实施设备监造 374 套，到货抽检样品 1587 个，同比增长 78.2%，主网设备跳闸数量降低 17.3%、消缺速度提高 60%。连续六年未发生三级及以上设备事件。

强化风险管控，针对关键设备开展巡视 15 953 台次，在 280 次电网风险、135 项保供电任务中，设备安全稳定运行。

印发《输电线路防外力破坏提升工作方案》，彻底解决 43 处外飘隐患，输电所全年消除外部隐患 369 项，开展专项巡视 31 063 人次，做好 881 处隐患黑点管控；与燃气公司签署互保协议，外力破坏跳闸降低 33.3%。

2018 年，深圳供电局客户平均停电时间（低压）0.68h，同比下降 73.9%，首次低于 1h，达到世界一流水平。

2018 年，深圳供电局配网线路可转供电率达 98.5%，同比增长 2.3%；计划停电实际转供电率 85.1%，同比增长 14%；配网自动化覆盖率 90.5%，配网自动化覆盖线路故障平均复电时间 4.6min。

引入“零计划停电”理念，推广“能环必零”“能带不停”“分级审批”“熔断机制”等模式。2018 年，深圳供电局计划停电重复停电率 0.65%，同比下降 90%；开展合环转供电 2082 次，同比增长 276%；不停电作业 15 700 次，同比增长 455%，减少停电时间 5.76h。其中，10kV 电缆旁路作业共实施 819 次，连续三年领先国内外。全年计划停电 0.19h，同比降低 85.4%。

2018 年，福田中心区高可靠性示范区客户平均停电时间 1.93min，供电可靠率超过 99.9996%，达到世界顶尖水平。选取福田中心区试点开展高可靠性示范区建设，建设应用“基于 N 供一备的电网分布式自愈技术”，自主研发电缆旁路作业技术开展施工，实现城市建成区国际顶尖高可靠性配电网不停电升级改造，完成福田高可靠性示范区建设。

获得 ISO55001 资产管理标准审核认证，成为内地首家通过认证的电网企业。印发《深圳供电局有限公司资产全生命周期管理办法》《深圳供电局有限公司资产管理体系评价标准》，明确资产管理各环节定位、职责及例行工作清单，为体系常态化运作提供制度保障。

持续提升入网资产质量及装备技术。优化采购策略，强化品控管理。修订招标及非招标管理制度，持续推广 LCC 采购，开展 LCC 评标，提升采购设备质量。制定并动态调整物资品控策略，优化关键点见证，加大重要物资到货抽检力度。全年共计完成设备监造 408 台，发现并整改制造过程问题 29 项，实现监造设备零缺陷出厂。将抽检项目延伸至设备原材料、零部件，开展特殊试验抽查，全年共计到货抽检 1613 件，同比增长 78%，累计发现不合格品 162 次，整改同批次产品 685 台，同比增长 23%。

健全资产退役报废机制及再利用管控机制。印发《电网设备退役及维修再利用指导意见》《配电类设备退运技术鉴定、维修、验收、再利用标准（试行）》等标准，弥补退役全流程缺乏整体规范的空白，优化退役全流程，退役鉴定审批流程由原 9 个审批节点简化至 4～5 个节点，促进业务流程高效运转。大力推进配网设备维修再利用，全面提升维修能力及维修质量，实现“应修必修、修必修好、修旧如新”，2018 年全年共送修配网设备 765 台，帮助报废资产净值率降低 2.78%。

科技信息 科技创新。建成深圳供电局双创基地（睿创 e 空间），入驻深圳供电局电力科学研究院、深圳电网能源科技有限公司及入孵科研团队 120 人，引入双创团队 26 支，初步建成直流配电和电能质量实验室，并逐步开展综合能源及电动汽车、人工智能、华为 ICT 联合创新等科研实验室建设。注册成立集“科技成果转化、投融资服务、孵化服务”三大业务的孵化器公司——深圳电网能源科技有限公司。拥有专利数 1050 项，增长 87.5%，连续第 2 年成为唯一一家年内同时获得南方电网公司科技、技改、专利、职创一等奖的分子公司。

信息化建设。10 月 25 日，深圳供电局与华为技术有限公司签署了全面战略合作协议，共建 ICT 联合创新实验室，建设运营监控平台，支撑公司管制业务创新。打造全景展示、运营监测、分析督办三大功能，依托大数据平台整合业务系统海量数据，实现了 27 个关键核心指标的直采直送。8 月 30 日上线国内电力行业首个应用语音机器人的智能客服系统。累计服务客户 12 万余人次，质检系统完成服务检测 15 万余次。规划并建设深圳供电局统一的综合能源管理平台，支撑深圳供电局向综合能源服务公司转型。率先在电力数据对外商业化运营方面开展探索和尝试，与招商银行、百行征信合作探索电力数据在企业征信、个人征信方面的应用，并建设数据开放运营平台，对电力数据产品实现从需求、开发、定价、上架到计量计费的数据商业化全生命周期管理。建设开放共享创新资源平台，支撑公司双创基地运营。

营销服务 精简办电流程，低压业扩报装精简到 2 个环节，高压业扩报装精简到 3 个环节，实现报装流程“砍一半”。

自主研发 WiFi 智能插座、PLC 宽带载波智能插座等 4 款智能用电设备。发布国内首款融合多种先进技术智慧能源网关，实现非侵入符合识别、分钟级数据采集、水电气多表采集、安全用电监测等高级应用，在南山漾日湾畔进行试点。

推进供电服务与政务及其他公共服务联动，2018年7月及10月，供电服务分别入驻市政服务大厅和市住建局，公租房退房用电实现实时结算、无审批秒办，供电服务上载“i深圳”政务App，盐田营业厅作为全市水电气业务融合办理试点窗口。

配合深圳市政府落实工商业降成本工作，协助编制《深圳市工商业用电降成本暂行办法》，配合做好规则制定、资金测算及政策宣贯，对全部15 306家目标企业进行点对点通知，完成22.68亿元电费资助发放，涉及5115家企业，搭建专业降成本网站提供企业查询。

积极推进清理转供电加价摸底和宣传，建立1569家转供电主体台账，累计召开18场政策宣贯会，派发政策宣传册和告知单2万余份，发送短信74万条，覆盖近30万户工商业客户。在工业和信息化部组织企业《广东省降低一般工商业电价政策自评估工作方案》问卷调查中，满意的企业占比98.72%。

经营管理 财务管理。打好瘦身健体提质增效攻坚战，八个专项行动成效显著，完成经营考核目标。狠抓降杠杆减负债，带息负债同比减少5.2亿元。

推进成本精益管理，基本达到深圳首个监控周期核价费率水平要求。全面总结首个监管周期输配电价执行情况，有针对性地提出30条输配电价政策建议。

全面落实国家、广东省先后出台各项减费降价政策，完成全年3次降价调整，累计降低普通工商业电价8.51分/kWh，全年降低工商业用电成本31.3亿元；完成高可靠性供电费及临时接电费退费3.98亿元。

推动按平稳过渡原则核定售招商供电的关口电价。优化资源投向，支撑新兴业务发展，向股权投资项目注入资金3.7亿元。

推动前海和蛇口区域电力资产及业务同步注入前海供电公司，混改项目试点规模进一步扩大。

做实电网有效资产，在建工程转资81.37亿元，接收用户资产4.83亿元。

推进产业金融业务。建立银企数据校验机制，内外联动防控资金风险。推进南网产业金融业务落地，率先完成全网首笔融资租赁业务全流程实操运作。

审计工作。2018年开展经济责任审计、经营管理审计、工程审计及各类专项审计14项，审计发现问题542个，提出审计建议276项。

总结提炼“审计立项评估模型”与“审计结论评价模型”两项创新成果，于2018年初申请“一种审计立项评估方法及系统”“一种审计评价方法及系统”等两项专利。

全年审计工作共获得7项行业奖项，其中包括中国内部审计协会审计报告质量提升优秀成果及中国内部审计协会优秀论文等两项国家级奖项。

企业管理。深圳供电局成为全国404家“双百企业”中唯一的供电企业，按照“五个突破一个加强”的目标要求，编制《深圳供电局“双百行动”综合改革实施方案》并报国务院国资委备案，力争在8个改革领域取得24项突破。

深圳供电局国企改革5项试点全部纳入南方电网公司国企改革试点项目，涵盖管制业务、竞争性业务、科技创新和混合所有制改革4个方面，以点带面将深圳供电局国企改革全面推向深入。

推动相关存量电力资产注入深圳前海蛇口自贸区供电有限公司，实现了前海混改项目试点规模进一步扩大。

推进国际低碳城增量配电网改革，创新提出“源＋网公司”模式，成立低碳城供电有限公司。

组织制定“创一流、补短板、夯基础”行动计划表和短板提升方案，在运营监控平台实时跟踪指标状态，创建世界一流企业。

统筹全局制定班组建设方案和标准，印发《班组建设整体提升工作方案》，召开班组建设整体提升启动会，搭建基层交流服务平台，落实班组建设提升责任，推动深圳供电局班组建设全面提升，新增五星班站所10个。

构建企业运营监控指标体系，梳理出195项监测指标和任务，按日、周、月、季、年不同频度跟踪进度。建设企业运营监控系统，集成应用已有的12个主要业务系统，推动数据互联互通，开发上线了企业运营监控平台系统PC版、大屏版、移动应用App，实现监测场景全覆盖，随时随地在线监控企业经营管理活动，推动公司数字化转型。

人力资源管理 人事管理。加强领导班子和干部队伍建设。2018年，共选拔任用干部259人次，基层单位班子成员平均年龄下降1.75岁，配备“80后”班子成员的数量由2个提升至8个，干部队伍结构不断优化。加快培养选拔年轻干部。2018年，新提拔处级干部中有15人为“80后”，其中2人为“80后”正职，新提拔科级干部中有1人为“90后”。

加强干部教育培训。举办3期十九大精神轮训班，覆盖全部处级干部，并选派61名处级干部、78名科级干部前往百色干部学院、遵义干部学院学习，引导干部筑牢信念之基，解决好“总开关”问题。举办2期新任科级干部培训班，培训学员80人。

强化干部监督管理。加大干部因私出国（境）管理力度，严格规范干部因私出国（境）审批手续，限定出行频次，对新提拔、新调入干部信息登记备案，共审批因私出国境业务205件。开展领导班子及领导人员年度考核评价及结果反馈工作，出台《科级干部综合考核评价指导意见》。

人力资源。开展首届“璀璨你世界·精英学子体验营”，邀请国内7所重点院校57名学生走进深圳供电局，提高深圳供电局品牌形象和社会影响力。建立“常设+专项”岗位动态管理机制，在15个基层单位设立139个专项岗位，实行任期制管理，推进岗位能上能下机制建设。持续运营内部人才市场，2018年共开展4次常规季度竞聘、3次专项竞聘，111人“成交”。拓宽职业发展通道，扩大专家选聘业务领域，设置管理专家和业务尖兵，激发员工工作热情。加大工资自主分配权限，自主分配单位扩充至22家，从6个维度开展工资总额核算，突出业绩导向。滚动修编绩效指标库、完善董事长奖励金优化专家薪酬激励机制，强制考核结果比例分布。推进“情深工程”落地，丰富非物质激励途径、延长哺乳假、提升团体意外险理赔标准。2018年共完成7个教培技改项目，开发微课258门，累计聘任内训师264人。推进产业工人队伍建设，基层供电局互学共进结对子，解决地区间培训发展不平衡、不充分问题。构建班站长素质模型，建立成长关键期人才培养机制，开展首届“领英计划”“智绘未来”及第三届“点亮未来”等高潜人才培训。

党群宣传　组织建设。完成党建条款修订，在直属单位全面实行“党政一肩挑”，完善议事决策内容、规则，全年召开党委会议52次，决策议题229项。提高组织生活质量，把政治学习作为主题党日活动必选项，常态化开展党员述学活动，落实党员每月自学15h要求。通过广泛、深入调研、研讨，对支部建设提出10条举措，对基层党建工作管理明确10条要求。

提高组织覆盖质量，建立华睿丰盛合伙企业（有限合伙）、深圳南方和顺电动汽车产业服务有限公司、深汕特别合作区供电局等临时党委，建立（调整）产业发展部、国际低碳城等党支部。

引入“情景式”模拟实操模式，对党务人员、支部书记和党委书记、副书记进行分类培训；举办“不忘初心·牢记使命”组织工作知识竞赛，以赛促学；举办基层支部组织委员研讨班，分6期与基层119名组织委员进行了深入交流。

宣传文化。建设应用“四个自信”（深圳）宣传阵地。自主开发7门理论课程、26个现场教学点，举办新党员及团干培训班、优秀党员现场教育、优秀年轻干部班、坚定“四个自信”理想信念培训班、基层党支部书记体验式培训班、主题党日活动、企业文化提升班、团干部培训班等27期现场教育培训班。

制作推广《变革者》宣传片，编制《深圳供电局2017年社会责任实践报告》，联合市安委办、经信委和住建局，共同举办“璀璨深圳　安全用电”百场科普进万家活动，“电网企业品牌发展评价模型及测评机制运行”等三项品牌成果获中国质量协会主办的2017年中国企业品牌创新优秀成果奖，做好改革开放40周年、超强台风“山竹”来袭等重大事件的宣传报道，其中《中国电力报》《南方电网报》等媒体头版刊发《深圳电网40年光辉岁月》。

加强思想引领，坚定青年理想信念。79个集体和个人获得各级表彰，深圳供电局团委获“广东省五四红旗团委”称号，郝蛟获评2018年度“十大深圳好青年”；开展“号、手、队、岗”创建活动，创建南方电网公司青年安全生产示范岗1个，创建各级青年文明号10个；开展各类主题志愿服务活动212场，每月开展市直机关工委统一志愿服务行动，形成“电亮未来”“绿电同行”“暖阳行动”等一批志愿服务品牌，1个集体和2个个人分别荣获全国电力行业雷锋式先进集体和个人；稳步推进扶贫工作。

纪检监察。设立6个派驻纪检监察组，对19家下属单位实现全面派驻，构建深圳供电局党委统一指挥、全面覆盖、权威高效的监督体系。组织开展明察暗访458批次，通过实时比对关联车辆GPS行驶轨迹和报警信息，定期调取公车加油记录、粤通卡扣费记录和车辆维修凭证信息数据。完成智能谈话室建设工作，安全规范执纪水平迈上新台阶。

工会工作。推荐职工王其林获评全国能源化学地质系统“大国工匠”，并被国家人力资源和社会保障部授予“全国技术能手”荣誉称号。推进职工创新，从工会经费下拨工作室建设经费136万元，为职工创新工作室提供有力保障。推进职工之家建设，常态化开展送祝福、送清凉、送温暖等活动。全年工会系统共开展各类慰问234次，慰问员工2800多人次，慰问资金72.18万元。

关注政策导向，精心策划、自主实施面向全体职工的疗休养活动，增强职工群众获得感，全年共564人参加。

（孔　灿　王燕玲）

【贵州电网有限责任公司】

企业概况　贵州电网有限责任公司（简称贵州电网公司）是南方电网公司的全资子公司，负责贵州电网的统一规划、建设、管理和调度，经营中央在黔国有电网资产，承担着贵州省内电力供应和西电东送双重任务。贵州电网公司供电范围覆盖贵州全省10个市州（含贵安新区），供电户数1400余万户。截至2018年底，共有35kV及以上输电线路2685回、长度 4.97 万 km；变电站 1509 座；统调装机容量 4903.2 万 kW。

2018 年，贵州电网公司在南方电网公司和贵州省委省政府领导下，全面完成各项目标任务。安全生产保持平稳，未发生人身、电力安全、设备事故，电力安全生产事件 12 起，同比降低 40%（减少 8 起），实现全口径“零死亡”。省内最高统调负荷 2476 万 kW，创历史新高，同比增长 12%；完成售电量 1472.1 亿 kWh，同比增长 7.2%。完成固定资产投资 140.42 亿元，同比增长 56.9%。资产总额 873 亿元，营业收入 652.4 亿元，利润总额 0.37 亿元，经济增加值 −4.61亿元，资产负债率 78.48%，同比下降 0.33 个百分点。当年电费回收率 99.99%。客户平均停电时间 19.33h，同比下降 29%，其中中心城区 2.21h，下降 24%；综合电压合格率 99.14%，同比提高 0.67 个百分点；综合线损率 5.63%，同比降低 0.27 个百分点；第三方客户满意度 78 分，同比提高 1 分。累计拥有有效专利 1510 件，提前完成“十三五”目标值。连续 8 年在地方政府组织开展的多行业客户满意度调查评价中排名第一。

2018 年，贵州电网初步形成“三横一中心” 500kV 主网架，各市州实现 500kV 电网全覆盖、220kV 电网环形或多回路主干供电。以“五交两直”（500kV 兴安直流、高肇直流、山河双回、黎桂双回、天金线）通道与南方主网并联运行，黔电送粤能力达到 1000 万 kW 以上。

2018 年，贵州电网公司年末用工总量 45 568 人，其中：劳动合同制用工 39 006 人，占比 85.6%；劳务派遣制用工 1869 人，占比 4.1%；非全日制用工 4693 人，占比 10.3%。

领导班子

董事长、党委书记：尚春

董事、总经理、党委副书记：郑之茂

董事、党委副书记、副总经理：何愈国

董事、党委委员，贵阳供电局局长、党委副书记：时蕴伟

董事、党委委员、纪委书记：晋晓越

党委委员、工会主席：张帆

董事、党委委员、副总经理：刘强

董事、党委委员、总会计师兼总法律顾问：颜朋

总工程师：毛时杰

董事、党委委员、副总经理：郑龙

副巡视员：王玉萍

组织机构 贵州电网公司下设 24 家地市级分子公司和 84 家县级分公司。

电网规划与建设 电网规划。优化输电网“十三五”规划，适应贵州省 2017 年经济回暖用电大幅增长的良好态势，增加输电网变电站布点、解决局部电力送出卡脖子问题，率先成为南方电网五省区中实现“$N-1$”一级及以上事件零风险的省区电网。及时修编贵州“十三五”配电网规划，按照国家新一轮农网改造升级指标要求完善配电网，大幅增加农村配电网建设投资，提升农村配电网“三大指标”。编制《贵州电网加快推进新一轮农村电网改造升级建设攻坚实施方案（2018—2020）》，精准开展深度贫困地区电网改造升级行动、小康电示范县建设行动、问题台区改造行动、易地扶贫搬迁安置点保障行动和产业扶贫项目保障行动。

节能减排。线损管理不断优化，2018 年综合线损率 5.63%，同比降低 0.27 个百分点；综合线损率超过 9%的分县局全面消除；10kV 有损线损率 5.68%，同比降低 0.61 个百分点。环保风险防范不断强化。开展公司系统新建项目环评备案工作，2018 年新建项目环评批复率 100%；清洁能源消纳能力不断增强。开展云贵水火电发电权置换、省间电力互济等工作，拓展清洁能源消纳市场，最大限度拓展清洁能源消纳空间，2018 年贵州非化石能源电量占比 40.78%，同比提升 0.63 个百分点。

电网建设。完成电网建设投资 97.71 亿元，投产 35kV 及以上电网项目 45 项，新增 35kV 及以上线路 908km、变电容量 376 万 kVA。2018 年投产 500kV 铜仁碧江变输变电工程和 500kV 诗碧线路黔东北主电网通道，开工建设 500kV 威宁输变电工程；投产国家发展改革委重点南气北输压气站供电工程。完成“三大工程攻坚战”建设任务，完成农网升级改造项目 4971 项；智能电能表、低压集抄覆盖率 100%；建成 103 个供电所项目。积极开展基建工程创优，500kV 贵阳西变电站工程等 7 个工程获 2018 年度南方电网优质工程奖。

物资管理。全面实施招标管理改革，成立省级物资公司，全面承接省级、地市供电局、综合单位、竞争性子公司采购业务，实现所有招标采购业务“上平台”。应用电子商城，实现省地县三级全覆盖。优化配网物资品类，由 1965 个品类优化至 652 个，实现配网物资标准化储备，促进电网设备通用互换。全年采购金额 162 亿元，其中物资类 101 亿元、非物资类 61 亿元，分别同比增长 24.53%、37.26%，物资供应及时率 100%。

电网运行 2018 年底，贵州电网输变电设备情况见表 1。

表 1　贵州电网输变电设备情况

电压等级	变电站（座）	变压器数（台）	变压器容量（MVA）	线路（条）	线路长度（km）
500kV	17	87	21 500	61	4016
220kV	127	258	38 850	412	12 024
110kV	527	861	37 322	990	16 832
合计	671	1206	97 672	1463	32 872

注　500kV 不含超高压公司青岩变电站、黎平变电站及独山变电站，含八河开关站。

主要运行指标。2018 年，生产设备运行总体稳定可靠，27 项生产技术指标，完成情况良好，均优于计划值。其中，客户平均停电时间（低压）19.33h/户，同比减少 7.93h/户；综合电压合格率 99.14%，同比提升 0.67%。报废资产净值率 9.2%，同比降低 1.62%。

电网运行管理。贵州电网共计 186 座集控或巡维中心，500kV 变电站 8 座无人值守，9 座有人值守；220kV 变电站有 115 座实现无人值守，占 220kV 变电站总数的 90.6%；110kV 变电站有 526 座实现无人值守，占 110kV 变电站总数的 99.8%。全省 110kV 及以上变电站和纳入集控管理的 35kV 变电站全部实现变电运行标准化管理。

贵州电网公司共有 10kV 馈线 0.940 3 万回，其中公用馈线 0.722 8 万回，专用馈线 0.217 5 万回。10kV 公用线路长度 16.466 3 万 km，比 2017 年增加 0.100 7 万 km，其中架空裸导线 10.915 1 万 km，架空绝缘导线 4.687 4 万 km，电缆线路 0.863 8 万 km。共有 10kV 配电变压器 31.943 7 万台，容量为 81 742.760MVA，比 2017 年增加 4.863 4 万台，容量增加 27 130.405MVA。其中公用配电变压器 16.512 1 万台，容量为 30 570.111MVA，比 2017 年增加 2.331 5 万台，容量增加 9451.179MVA。专用配电变压器 15.431 6 万台，容量为 51 172.648MVA，比 2017 年增加 2.531 9 万台，容量增加 17 679.225MVA。

系统运行 9 项指标均为满分值，其中，调度自动化主站系统失灵指标连续九年零故障，安自装置和 500kV 保护正确动作率连续五年 100%。

安全生产　全力抓好安全生产各项工作。安全生产形势总体平稳。未发生人身事故（同比下降 1 起），未发生电力安全事故，未发生设备事故，未发生对社会和公司造成重大不良影响的安全事件，未发生外包项目人身事故。

实现事件总数大幅下降，发生电力安全生产事件 12 起，同比下降 40%（减少 8 起）。人员责任事故事件大幅下降，同比下降 83%（2 起，同比下降 10 起）。其中，一级事件 0 起（同比减少 1 起），二级事件 0 起（同比减少 2 起），三级事件 6 起（同比上升 4 起），四级事件 3 起（同比减少 2 起），五级事件 3 起（同比减少 7 起）。

实现社会人员触电事件和伤亡人数双下降，发生社会人员触电事件 19 起，伤亡 19 人（死亡 11 人、受伤 8 人），其中，事件数减少 13 起，同比下降 40.6%，伤亡人数减少 14 人（其中死亡人数减少 16 人、受伤增加 2 人），同比下降 42.4%。

科技创新　科技项目。科技研发全口径投入 7.37 亿元，科技项目投入 2.475 亿元，开展以岗位创新为主的职工创新活动，共投入 2704 万元用于职工创新项目。申报南方电网公司及省级项目 2 项，科技成果孵化转化 9 项；2018 年度首次被南方电网公司评为科技创新先进单位。贵州电网公司防冰减灾重点实验室通过南方电网公司认定。

科技成果。荣获省部级及以上科技奖励 65 项，其中一等奖 11 项。荣获省部级以上的职工技术创新奖 30 项，培训中心跨平台工作小组的“一种便携式中置开关柜断路器检修省力装置”及铜仁供电局的“一种新型线缆配线装置的研发与应用”获得全国电力职工技术成果一等奖；在中国创新方法大赛中，安顺供电局“提高输电线路带电更换绝缘子的效率”荣获三等奖。

信息化建设　2018 年，信息化投资 3.94 亿元，投资计划完成率 99.69%。年度关键应用系统运行率 100%、核心网络运行率均为 99.98%，事件按时解决率 100%，一线解决率 58.8%，信息客户满意度 99.96 分。系统实用化率 100%，数据准确率 96.8%，业务协同场景线上应用覆盖率 95.7%，元数据梳理覆盖度 100%，主数据一致率 98.2%，全省信息安全态势平稳，未发生信息安全事件。

强化网络安全管理，将网络安全纳入贵州电网公司安全生产管理体系。完成 7 个系统灾备建设及应急切换演练，有效保障 7 个核心业务系统的数据安全和业务连续。将数据质量提升和系统实用化作为公司 2018 年五项关键任务之一，全力推动数据质量提升。GIS、生产系统、营销系统间数据一致率 99.41%，数据准确率 96.8%；开展管理对象专项治理，数据认责管理对象 100%已进入系统，98%管理对象的数据可用，系统功能与流程应用率 100%。

市场营销　2018 年购电 1552.3 亿 kWh，同比增长 7.09%。其中购火电 964 亿 kWh，同比增长 6.61%；购水电 499.3 亿 kWh，同比增长 6.23%；购风电 66.8 亿 kWh，同比增长 7.22%；购光伏电 14.8

亿 kWh，同比增长 117.65%；购生物质、瓦斯等其他电量 7.4 亿 kWh，同比增长 19.35%。

2018 年售电量完成 1472.1 亿 kWh，同比增长 7.2%。省内 1109.8 亿 kWh，同比增长 8.4%；西电东送 362.2 亿 kWh，同比增长 4.0%，其中黔电送粤 356.8 亿 kWh，同比增长 3.4%。推进云南富余水电消纳工作，全年完成云贵水火置换电量 43.2 亿 kWh。

电费回收。启动电费回收日跟踪、发布电费回收动态信息，督促统筹开展电费发行、电费回收、电子化结算等工作。与中国人民银行合作，将恶意欠费的遵义玉隆铝业纳入征信系统；与各级政府协调沟通，致力解决政策性欠费问题，同时反映巨额欠费给电网、电厂企业带来的经营问题和审计风险，争取政府理解和支持。截至 2018 年底，一年期、三年以上期电费回收均超额完成南方电网公司目标要求。

需求侧管理。组建省级电动汽车充电基础设施服务与监控中心，2018 年平台接入充电桩 3691 个，完成 600 台充电桩建设任务，建成贵阳市首个大型公共充电站（渔安充电站）；全年实施电能替代项目 701 个，其中年度新增项目 395 个，完成替代电量 23.52 亿 kWh。

电能计量。提前 40 天保质保量完成智能电能表、低压集抄“两个全覆盖”建设任务，关键指标增幅均居南方电网五省区首位。截至 2018 年 12 月，智能电能表覆盖率、低压集抄覆盖率 100%，同比年初分别提升 19.0 个百分点、65.0 个百分点。自动抄表率 96.5%、低压电子化结算率 93.4%，同比年初分别提升 24.2 个百分点和 77.3 个百分点。

用电检查及营销稽查。组织签订《市场营销领域廉洁从业责任书》17 047 份，印发《营销领域 2018 年业务流程廉洁风险防控表》；查处营销差错 976 件，挽回电量损失 1179.782 万 kWh，挽回经济损失 1182.304 万元；启动 2018 年营销领域权力寻租专项检查；推动审计数据平台营销模块实用化，常态化开展风险筛查及问题整改。

2018 年，全省合计完成客户用电检查 81.245 5 万户，共查处客户违约、窃电案件 1052 宗，涉及追回金额共计 2208.367 9 万元。

客户服务。深化投诉管控“六项机制”，构建全省“自上而下”和“自下而上”的客户服务全面预警机制，通过对“低电压”类工单流转的全过程监控，实现对客户“低电压”诉求的有效处置。细化客户满意度绩效考评办法，持续加强 12398 投诉管控，2018 年，全省 12398 投诉累计排名 24 位。

电力营商环境得到明显改善，印发《贵州电网有限责任公司进一步提升供电服务水平优化电力营商环境实施方案》，制定 7 个方面共计 25 项工作措施，重点在压缩业扩报装时间、减少客户接电成本和提升供电可靠性等方面开展工作，2018 年，全网低压非居民、高压单电源客户用电报装各环节平均办理时间比国家标准分别缩减 62%和 18%。

产业投资 贵州电网公司新兴业务所辖国有竞争性子公司 4 家，资产总额 20.3 亿元，员工 1732 人；大集体企业 218 家，资产总额 93.9 亿元，员工 1.5 万人。2018 年新兴业务完成营业收入 88 亿元，同比增加 21%。其中竞争性子公司 21.7 亿元，同比增加 21.2%；大集体企业完成 66.3 亿元，同比增长 20.9%。实现利润 3.5 亿元，同比增长 41%，竞争性子公司 1.0 亿元，同比增长 130%；大集体企业 2.5 亿元，同比增长 22%。

出台《2018 年竞争性业务整合发展工作计划》，完成省级公有平台的搭建工作，明确黔能公司作为省级综合能源业务的专业化平台的地位，形成“1＋*N*”业务协同关系。实现 A 类标杆企业 5 家（超额完成南方电网公司下达的 4 家 A 类标杆企业的目标）、B 类标杆企业 17 家；完成 44 家企业清算关闭；按期完成产业投资公司的工商登记注册和 4 家竞争性子公司股权划转工作。

经营管理 资金管理。贯彻落实中央“打好防范化解重大风险攻坚战”的要求，开展电网企业金融风险防范措施研究，持续优化公司融资结构，全年到位直融资金 162.5 亿元，直融占比由 2018 年初的 24.2%提高至 41.47%。稳步推进票据结算工作，进一步完善票据集中管理体系，制定下发《票据支付结算推进工作方案》。制定《网络银行业务使用管理规定》，有效解决各级财务共享服务中心资金异地支付问题，确保资金安全。

资产管理。按照输配电价机制“准许成本加合理收益”的要求，以持续提升资产质量、做实做大有效资产为目标，开展有效资产清理工作。2018 年末在建工程余额 79 亿元，实现年度目标在建工程余额控制在 91 亿元以下目标，当年投产工程项目暂估率实现 90%；完成闲置物资再利用率达到 80%，库存报废物资金额不超过 800 万元的目标。加快推进用户资产移交协议签订及资产评估，2018 年接收用户资产 18 亿元，超年度预算 2.3 亿元。

产权管理。纳入合并范围总户数 14 个，其中，全资子公司 10 个，控股公司 3 个，事业单位 1 个，与 2017 年相比增加 1 户。对 2018 年产权占有、变动和注销登记进行办理，完成贵州电网物资有限公司登记、贵州电网有限责任公司注册资本变动、贵州省惠水磷酸盐厂 30%产权注销等办理产权登记。

电价管理。3 月，省内一般工商业用电的目录电价和输配电价每千瓦时下调1.91分。6月，一般工商业用电的目录电价和输配电价平均每千瓦时降低0.7分。7月，在原基础上再取消电网企业计量设备测试费、电器仪表检验费项目。一般工商业目录销售电价平均每千瓦时再降低4.46分，全面完成国务院关于一般工商业降低10%的目标任务。11月，贵州电网公司兑现返还122.63万户城乡低保和农村五保户居民生活用免费电量电费0.67亿元。

会计核算。推进制造成本法和输配电成本分电压等级核算管理工作，制定《电网经营企业产品成本核算办法实施细则》。推进“两金”压降，清存量，控增量，2018年末“两金”余额为21.32亿元，超额完成南方电网公司下达目标值。

税收管理。共计缴纳各项税费20.63亿元（含个人所得税），其中增值税15.66亿元、企业所得税0.27亿元、城建税0.9亿元、教育费附加0.72亿元、其他税费1.38亿元、代扣代缴个人所得税1.67亿元。继续落实农村电网维护费免征增值税政策，全年免征增值税3.03亿元。严格执行国家“减税降费”相关政策，2018年受益增值税税率由17%下调至16%的影响，少缴纳增值税1.76亿元。

审计工作。审计项目计划完成率100%。全年共开展审计项目5263项，其中经济责任审计65项、专项审计24项、工程项目竣工决算审计5174项，审计发现问题4244个，纠正违规资金2125.72万元，查处损失浪费975.77万元，促进增收节支1494.81万元，审减工程成本4738万元，提出审计建议1874条。通过开展原多元企业改革后情况审计调查、生产检修技改项目专项审计、扶贫专项审计、客户服务专项审计调查、计量装置审计调查五项专项审计，实施过程实现业务领域全覆盖。

法律工作。超额完成资产产权证明清理专项行动年度目标任务，2018年累计补办2901处资产权属证明，占南方电网公司下达目标（2315处）的125.3%，补办数连续两年位列南方电网区域第一。2018年办结案件138宗，涉案金额27 309.39万元，胜诉案件136宗，挽回或者避免经济损失27 275.09万元。持续推进合同全过程管理，全年共审核经济合同19 480份，涉及金额340.03亿元，全年未发生因合同条款争议而引发负有责任案件。审核管理制度及指导书1161份、涉法重大决策31项，出具法律风险尽职调查报告56份、法律意见书78份。坚持中心组学法发挥示范引领作用，通过开展法治建设“六个一”等普法活动，聚焦提升法治能力、营造法治氛围、彰显法治形象。“多彩V课堂”特色普法品牌获南方电网公司“十佳普法品牌”称号。组织拍摄的3部“我与宪法”微视频作品获第十五届全国法治动漫微电影征集活动公益广告类二等奖等多项国家级奖项。

人力资源管理　领导班子建设。牢固树立正确的选人用人导向，把好干部标准和国有企业领导人员“20字”标准落在实处，全年调整党委管理干部153人次、其中提拔34人。完成所属三级单位和设立党委的84家县局“党政一肩挑”工作，分别设置执行董事、党委书记1人，局长（或总经理、经理、院长、主任）、党委副书记1人。强化选人用人制度执行刚性，修订印发《贵州电网公司领导人员管理规定》等制度，加强对所属单位选人用人工作的指导和监督。

加快培养选拔年轻干部，组织开展贵州电网公司第二期优秀年轻干部和优秀骨干培训班（ATP培训班），11名同志参加南方电网公司第四期优秀年轻干部培训班，按季度跟踪南方电网公司优秀年轻干部培训班和贵州电网公司2017年ATP班培训学员成长情况。截至2018年底，在所属二级单位配置“80后”正职1名、副职5名，占比27.27%。

干部监督管理。对贵州电网公司党委管理领导人员考察对象试行个人有关信息报送管理，36名考察对象填报相关信息。对贵州电网公司党委管理的262名处级领导干部，以及175名县级供电企业主要负责人（正科级）的配偶、子女及其配偶经商办企业情况进行摸底调查。完成所属23家单位领导班子和党委管理254名领导人员、本部84名科级管理人员2017年度综合考核评价工作，评选出50名处级、17名科级人员优秀等级。

人才队伍建设。修订《贵州电网公司技术专家管理细则》及助理技术专家实绩评价标准，完成年度助理技术专家选聘工作，共新选聘164名一～四级助理技术专家。按照“优进绌退”的要求，严格开展技术专家任期（年度）考核。向南方电网公司推荐国际化人才库120名初选人员。完善技术人才发展通道建设，选聘助理技能专家229名、三级技能专家11名、二级技能专家2名、一级技能专家4名、高级技能专家3名。

深化岗位胜任能力评价，组织完成5693人的岗位胜任能力评价；专业技术资格评定3037人；开展职业技能鉴定6143人，新增技师和高级技师246名，高级工及以上高技能人才占比为48%。

党建和精神文明建设　党建工作。承接南方电网公司党组2018年一号文，实施“党建质量提升工程”，分解29个方面263项措施，并按月管控，按期完成率100%。持续深化拓展“两学一做”学习教育，规范实施主题党日活动“5+N”模式，严肃党内政治生活。健全基层组织体系，完成53家县供电局

"一局一党委"工作，建立"一站（所）一支部"312个、"一部门一支部"196个，调整、新增大集体企业党组织34个。深化"双培养"工程，在新发展的330名党员中，专业技术人员、一线党员占比达90%。无党员班组比例2.57%，同比降低36.1%。

思想政治工作。创新"两堂一所一学习"，深化学习宣贯，协同推进"新时代电力大讲堂"4期，建设新时代道德讲堂122个，培养宣讲员347名，举办宣讲活动335场次，创建"新时代工人讲习所"104个，开展312场讲习活动。开发"学习管理大地图"，完成对所属23家单位党委中心组学习机动式、全覆盖督导并形成通报。用好集体学习研讨、个人自学、调查研究三种方式，开展集中学习13次，其中集体学习研讨4次，学习效果得到南方电网公司督导组充分肯定。

扶贫工作。电力行业扶贫。率先完成全省所有极贫乡镇（20个）和深度贫困村（2760个）农网改造，对全省极贫乡镇和深度贫困村分别投资3.1亿元和18.2亿元，对5个小康电示范县农网建设投资9.3亿元。"十三五"以来，累计投资1.17亿元，保障905个安置点用电，惠及搬迁人口132万。安排近3亿元专项资金，重点解决产业扶贫项目用电。

定点扶贫。有序推进109个帮扶点的定点扶贫工作。直接投入扶贫捐赠资金693.9万元，帮助协调引进资金2.09亿元，引进项目141个，直接帮助3.5万名困难群众摆脱贫困。紫云猫营工业园区初步形成以电力设备生产为主的"电力园区"，2018年新型电杆厂实现产值3600万元，增加地方税收230万元。

公益帮扶。持续开展好"电亮·同步小康梦"公益帮扶活动。2018年，志愿者参与4232人次，开展服务3446.6h，累计帮扶58 976人次，捐款捐物130余万元。

2018年，贵州电网公司系统75个集体和个人受到各级党委政府的表彰，其中，5名个人和3个集体获得省委脱贫攻坚"七一"表彰；在省国资委系统企业2018年度定点扶贫考核中以满分的优异成绩获最高评级"优秀"。

纪检监察工作。持之以恒纠正"四风"，开展监督检查1067次，查处违反中央八项规定精神问题8起；专项整治形式主义官僚主义，查摆问题249个，制定整改措施459条。深入推进监督执纪"四种形态"规范化试点工作，制定"四坚持、四强化、五个全覆盖、三到位"工作方案，283人主动向组织讲清问题。保持反腐败高压态势，受理信访81件，处置线索188件，立案审查38件，党政纪处分65人，挽回经济损失2180余万元。加大巡视整改和巡察力度，开展迎接中央新一轮巡视自查、网公司"机动式"巡视反馈问题整改，分级对所属35家二、三级单位开展常规巡察，发现问题2438个，移交问题线索70件。扎实开展整治基层及群众身边不正之风和腐败问题"扫雷"行动，集中整治营销、财务等六个方面突出问题，查处问题132件。

工会团青　工会工作。依托"新时代工人讲习所"开展"讲习"活动298次；开展"每周一讲"主题宣传45期；开展主题宣传活动114场。全年开展公司级劳动（技能）竞赛14项。各级工会全年共组织劳动（技能）竞赛190项，在一线班站所开展"三小"岗位PK赛272场次。贵州电网公司系统获中华技能大奖、全国五一劳动奖章、全国工人先锋号等国家部委及全总级综合荣誉14项，省"五一"劳动奖章、省工人先锋号等省级综合荣誉22项，南方电网公司综合荣誉29项。

举办职创成果展、职创论坛、成果推介会，开展优化电力营商环境金点子征集评比、"精益杯"7S管理劳动竞赛等，征集合理化建议773条，取得现场改善成果512项。2018年，实现南网五星级职工创新工作室零的突破，获省部级及以上职工创新奖61项。

开展职工小家提质升级专项行动。各级工会共开展慰问1391次，慰问劳模先进、三大工程攻坚战一线职工等10 662人，发放慰问品、慰问金2396万余元。各级工会干部共深入基层调研走访680余次，为一线职工协调解决问题308个。各级工会共帮扶大病、受灾、生活困难职工及家属职工1774人次，困难职工子女459人，共发放帮扶资金263万余元。

共青团工作。认真学习宣传贯彻习近平总书记"7·2"重要讲话精神及团十八大精神，按照"12341"工作主线，持续打造"万家灯火 青春点亮·贵州梦想"团青品牌。贵州电网公司团委获全省"五四红旗团委"和"全国电力行业团青工作优秀单位"，系统各级团组织荣获省部级及以上荣誉共36项。

在急难险重任务中积极作为，共组建300余支青年突击队和团员先锋队在防冰保电、迎峰度冬和"三大工程攻坚"战中攻坚克难；2个集体获"全国青年安全生产示范岗"。35周岁以下青年员工直接创建（命名）的工作室37个，2018年获得国家级专利90个，公司级及以上创新成果奖33个。

主要事件

3月12日，贵州电网公司第一期领导干部学习贯彻落实习近平新时代中国特色社会主义思想和党的十九大精神轮训班开班，轮训共7期，实现贵州电网公司党委管理干部和本部（中心）科室负责人全覆盖。

6月8日，贵州电网公司印发《进一步提升供电服务水平优化电力营商环境实施方案》，针对客户业扩报装和供电服务存在的堵点、难点和痛点，从七个方面25条措施入手，加强服务创新，进一步精简环节、压缩时限、降低成本，努力实现简单业务“一次都不跑”，复杂业务“最多跑一次”。

6月19日，南方电网公司科技部发布新一批重点实验室，贵州电网公司防冰减灾重点实验室（梅花山基地）获批升级为南方电网重点实验室，实现贵州电网省部级重点实验室零的突破。

9月，贵州电网公司为讲好南网故事、彰显南网品牌形象，为新时代改革发展贡献力量，评选产生首届“最美电网人”，共23个个人（团队）获此殊荣。

10月31日，贵州电网公司召开增量配电业务改革试点工作领导小组会议。

11月16日，人力资源社会保障部下发表彰第十四届中华技能大奖和全国技术能手的决定。贵州电网公司贵阳供电局员工卢兴福获“中华技能大奖”表彰，是南方电网公司首位“中华技能大奖”获得者。此次表彰，南方电网公司共获得6个奖项，其中贵州电网公司获得4项。

11月20日，作为“三大工程攻坚战”之一，贵州电网公司提前一个多月完成“两个全覆盖”建设目标，扣除国债资金、拆迁等暂不建设部分，实现全网智能电能表覆盖率100%、低压集抄覆盖率100%、低压自动抄表率95.2%、低压电子化结算率92.1%。

11月22日，贵州电网公司印发《关于坚决打赢脱贫攻坚战行动实施方案》，明确三年脱贫攻坚战的主要目标和总体要求，提出要注重实效、点面结合，统筹推进“电力行业扶贫、定点扶贫、公益帮扶”，发挥行业优势，以聚焦重点抓实六大行动为重点，坚决打赢脱贫攻坚战，助力贵州省委省政府到2020年如期完成脱贫攻坚任务。

11月30日，南方电网公司下发《关于2018年度南方电网公司科技奖励的决定》，贵州电网公司承担的首个国家863计划课题“基于多能源系统的主动配电网关键技术研究及应用”获得科技进步奖一等奖。此次表彰，贵州电网公司共获得南方电网公司科技奖励26项，其中科技进步奖6项、技改贡献奖6项、专利奖7项、职工技术创新奖7项。

12月21日，贵州电网公司召开党委中心组集体学习研讨（扩大）会议，强调要深入学习贯彻习近平总书记在庆祝改革开放40周年大会上的重要讲话精神，推动公司改革发展再上新台阶，继续为建设百姓富生态美的多彩贵州新未来贡献力量。

（蔡靖波）

【广西电网有限责任公司】

企业概况 广西电网有限责任公司（简称广西电网公司）是南方电网公司的全资子公司。地处“西电东送”主通道的中部，在西电东送中发挥着重要的支撑作用，是南方电网公司的重要组成部分。2018年广西全社会用电量1703亿kWh，比2017年增长17.9%。广西境内电厂装机容量为4513.23万kW，比2017年增长4.19%。广西境内电厂发电量1617.01亿kWh，比2017年增长20.22%，其中：水电完成发电量608.76亿kWh，占37.65%；火电完成发电量796.00亿kWh，占49.23%；核电完成发电量160.96亿kWh，占9.95%；风电完成发电量41.99亿kWh，占2.60%；光伏完成发电量9.30亿kWh，占0.58%。购外省电量206亿kWh，售外省电量120亿kWh。

截至2018年底，供电面积23.67万km^2，供电客户数1264万户；累计拥有35kV及以上输电线路4.9万km，公用变电容量9269万kVA。蝉联“全国文明单位”，荣获“全国五一劳动奖状”等荣誉，连续九年荣获广西“强优工业企业”称号，连续七年被评为广西“优秀企业”，2018年荣获“2016—2017年度广西十佳企业”称号。连续六年在广西公共行业满意度测评排名中蝉联第一。

领导班子

党委书记、董事长：揣小勇（法定代表人）

党委副书记、董事、总经理：吴小辰

党委副书记、董事：瞿佳兵（2018年3月27日免去纪委书记）

党委委员、董事、副总经理：黄家林

党委委员、董事、工会主席：林辉

党委委员、董事、纪委书记：李建设（2018年3月27日任职）

党委委员、董事、副总经理：陶先文

党委委员、董事、副总经理：叶雄

总会计师、总法律顾问：李欣

党委委员、董事、副总经理：陈伟荣

党委委员、董事：陈邦宇

组织机构 2018年，广西电网公司本部设有20个部门（其中系统运行部与电力调度控制中心合署）、13个业务支撑和实施机构，分公司59家、全资子公司5家、控股子公司4家。

人员结构 截至2018年12月，广西电网公司用工总量为4.1万人，其中劳动合同制员工32 827人，劳务派遣制员工2166人，非全日制员工6782人；按学历层次分类：博士生31人，硕士研究生1503人、本科生14 234人、专科生10 932人，中专技校及以下15 075人；其中具备专业技术资格19 011人，具备技能等级资格25 724人。

电网发展 电网规划。2018年完成固定资产投资127.87亿元。完成广西电网公司“十三五”输电网规划修编以及支持左右江革命老区振兴、北部湾城市群和珠江—西江经济带电网发展专项规划，有力支撑广西区域协调发展。开展广西电网公司“十四五”及中长期电力发展规划和广西远景电力规划研究，超前谋划远景电网发展蓝图，组织编制14个地市“十三五”配电网规划项目库2018年优化调整、66个重点工业园区增量配电网专项规划。2018年末，广西境内500kV系统实现所有地级市全覆盖，220kV系统形成联系紧密的多环网结构，实现110kV变电站覆盖全部县（市、区）、一个乡镇至少一座35kV变电站、一个村屯至少一台10kV配变的目标。完成小城镇、中心村农村电网改造升级，实现贫困村“村村通动力电”，乡村户均配变容量由2017年1.73kVA/户提升至1.9kVA/户。

电网建设。2018年累计完成基建投资98.94亿元，完成率100.9%；项目进度计划完成率100%。基建项目累计投产15 834项，其中主网82项，配网1357项，农网14 395项。投产35kV及以上线路973.74km（其中500kV线路90.57km，220kV线路425.94km，110kV线路311.31km，35kV线路145.92km），新增35kV及以上变电容量344.879万kVA（其中500kV变电站容量75万kVA，220kV变电站容量130万kVA，110kV变电站容量105.15万kVA，35kV变电站容量34.729万kVA）。建成投产主网项目26项，完成34个移民搬迁、168个挂点扶贫、7个产业扶贫、2808个精准扶贫电网项目的建设。500kV福成输变电工程荣获“中国电力优质工程奖”；220kV排岭变电站工程首获“中国安装工程优质奖”；云南金沙江中游电站送电广西直流受端500kV交流配套工程等11项工程荣获2018年南网公司优质工程奖。220kV紫荆变电站工程等13项工程获南方电网公司2018年度基建工程优秀设计奖。

物资管理。全年完成物资采购62.9亿元，相比预算节约6.12亿元。物资采购集中度为96.85%，比年度目标值高0.85%。完成国家天然气互联互通压气站外电工程、中央投资农网等重点项目物资供应，履行物资供应合同67.79亿元，完成配电变压器1.3万台、导线11万km、水泥杆25万根等物资到货。完成物资监造与抽样4269台/件，同比提高57%。成立物资公司，承接公司系统采购服务业务，实现招标和物资业务管理和操作分离，权责对等、有效制衡。强化廉洁风险管控，实施采购业务“上平台、进基地”，各单位3385个采购项目在电子商务系统上单轨运行。南方电网公司系统首个省级物资采购供应监控中心建成投运。实现桂林封闭评标基地投入使用，全年开展评标31次，参加评标的专家人数1179人。供应商“双百”服务热线上线运行，提升供应商服务质量和效率。贵港供电局仓储班获南方电网公司西部物资领域首个“五星班站所”。广西电网公司2018年度物资管理综合评价得分在南方电网公司五省区电网公司中排名第二。

安全生产运行 安全管理。2018年广西电网公司没有发生一般及以上电力事故，没有发生三级及以上电力事件，没有发生网络安全三级及以上事件，连续6年没有发生Ⅰ类电气误操作事件。百万工时工伤意外率2.16人次/百万工时，优于年度目标值。安风体系评级三钻、四钻比例分别达100%、47.06%，连续四年保持南方电网公司西部第一，南宁供电局成为南方电网公司西部首家五钻单位。在广西壮族自治区对重点企业开展的安全生产工作考核中排名第一，荣获优秀等级评价。建立“红黑榜”过程管控激励约束机制，充分发挥绩效考核“指挥棒”作用。全年开展专业监督检查2.9万人次，开展综合监督检查15万人次，累计查处各类违规行为4489起，5186人次受到处罚，“大安全”管理格局初步形成。成功应对5次强冷空气、5次台风、15轮强降雨袭击，首次在抗击超过12级台风中没有发生因树障造成的110kV及以上线路停电事件，没有发生因应急处置不当导致事故事件扩大的情况。连续15年实现中国—东盟博览会保供电万无一失，圆满完成全国“两会”、自治区成立60周年大庆、第15届中国—东盟博览会等保供电任务326项，累计投入18万人次、3万台次车辆、2004台次应急发电装备。

电网运行。2018年，广西境内水电来水总体比常年偏枯1成左右。1～10月，广西电网累计购云南电量130.7亿kWh，提前完成年度购电份额，加剧汛期水电消纳的难度和岁末年初电力供应紧张的形势，在电网安全、机组供热约束、市场化交易执行和“三公”调度多目标协调困难的情况下，完成既定的各项工作目标任务，实现全年“零弃水、零弃风、零弃光”目标。2018年500kV陵邕甲线、500kV福成站220kV送出工程、如画站220kV送出工程、220kV翰峰站、亭洪站、磨东站（新）、多吉站、科林Ⅱ线等重点工程相继投产，网架结构得到加强。不断优化机组开机和云电、西电曲线，尽最大能力全额吸纳可再生能源，确保了电网安全、稳定、经济、优质运行和电力可靠供应。全年广西电网统调负荷九次创新高，最高负荷出现在12月30日，为24 620MW，同比增长22.4%；12月30日电量为全年最高值，达到4.63亿kWh，同比增长18.7%。

可靠供电。2018年设备健康水平持续提升，生产技术管理总体平稳。综合电压合格率99.363%，比2017年提高0.099%；城市居民端电压合格率99.679%，比2017年提高0.04%；农村居民端电压合格率为98.512%，比2017年提高0.324%，增加电压监测点363个。客户平均停电时间（低压）16.17h/户，比年度计划降低6.82h/户；客户平均停电时间（中压）17.30h/户，比年度计划降低1.32h/户。完成本体重大风险设备整改338台、主变压器A修54台，对2352台（条）Ⅰ、Ⅱ级管控级别设备和1502台（条）防范电网风险重点设备开展29 104台（条）次特巡特维；排查整治城中村供电等涉及公共安全的重大隐患7690处；110kV及以上输电线路跳闸次数比2017年下降17.5%。

改革发展 印发《广西电网公司关于学习贯彻落实党的十九大精神 推进2018年全面深化改革的实施方案》和行动计划，提出5个方面21项重点任务、67项具体实施举措。配合政府出台并推进落实《进一步深化广西电力体制改革的若干措施》及《广西水电与火（核）电发电权交易方案》《广西工业园区和现代服务业电力市场交易方案》等“1+2”文件，激发广西壮族自治区实体经济活力和潜力。2018年，区全社会用电量1702.7亿kWh，同比增长17.8%，增速位居全国第二（西藏居第一）。全年电网环节降低用户用电成本23亿元，助力广西率先在全国实现一般工商业电价平均降低10%，全年降低用户用电成本6.05亿元，拉动电量增加17.8亿kWh。与广西农村投资集团签订新时代战略合作框架协议，启动广西县域电网110kV统一规划研究，加快全区县域220kV输配电网架的建设进度，完成220kV上林智城、罗城多吉站投运，加快解决目前农投集团所属的蒙山、资源等12个县无220kV变电站问题，助推广西县域经济发展和脱贫攻坚；与广西投资集团签订《来宾区域电网整体合作协议》。

节能减排 2018年全口径综合线损率完成5.58%、同比下降0.2%。企业能耗水平：万元产值综合能耗完成0.13t标煤/万元（按2015年可比价），比年计划降低0.006t标煤/万元。全年节约电量2.87亿kWh，完成目标的109%；节约电力8.70万kW，完成目标的144%。全力推进广西清洁能源消纳工作，全年实现“零弃水、零弃风、零弃光”，是南方电网公司区域内唯一实现清洁能源全额消纳的省份。

国际合作 以南方电网公司“一主两翼、国际拓展”产业发展布局为指引，紧跟国家“一带一路”战略步伐，借助南方电网公司地缘优势和区位优势，在海外市场精耕细作，广西送变电建设有限责任公司在肯尼亚中标吉尔吉尔—锡卡—内罗毕东—孔扎400kV输电项目；中标老挝500kV输变电项目（川圹—纳塞通段）帕腊变电站施工项目，是广西电网公司承建的境外首个500kV变电站工程项目；深化与中国水利电力对外有限公司、中国重型机械有限公司等总承包单位的合作，中标几内亚林桑—弗米—康康段225kV输变电工程、柬埔寨国家电网230kV输变电二期项目（东部环网第二部分）。广西送变电建设有限责任公司全年新增海外合同总额约8.85亿元。

科技信息 科技创新。2018年新增科技项目147项，完成科技验收项目130项，科技项目投资1.36亿元，技术投入比例1.13%，累计有效专利拥有数1431项，亿元营业收入有效专利拥有数达2.67（件/亿元营业收入）的国际领先水平。获得省部级以上各类科技奖励36项，其中“应对大范围输配电线路覆冰的关键技术与工程实践”“‘三横四纵’网格式成本管理体系构建与实践”“基于可信计算的电网网络安全自适应防护关键技术及应用”分别获全国电力创新技术类、管理类及信息类一等奖。“电能变换设备与智能配电网友好交互关键技术研究与应用”“大规模交直流电力系统最优运行与校正关键技术及应用”科技成果分别获得自治区科技进步一等奖及技术发明一等奖。与广西大学共同建设先进测控与智能电力工程技术研发中心和网络平台，牵头完成广西电力行业知识产权维权援助工作总站建设，开展12项科技成果的产品化转化。

信息管理。2018年信息化水平评价97.25分，未发生Ⅲ级以上信息安全事件，关键应用系统和网络运行率均达到100%，年度信息化投资2.75亿元，同比增长4.9%，投资计划完成率102%。建成保供电可视化调度指挥应用系统，实现中国—东盟博览会等重大活动保供电现场“看得见”，风险“无处躲”，使保供电更加直观可靠。协同业务线上应用覆盖率96.24%、主数据一致性96.18%、元数据梳理覆盖率100%、在运信息系统清理394套，超额完成网公司瘦身健体提质增效年度目标。南方电网公司系统内建成首个覆盖资产、营销、人资、财务、主数据、OMS等信息系统集成应用可视化监控系统，实现协同全业务、全流程、全服务可视化监控与分析，电子化移交闭环率96.2%、资产财务协同应用率由30%提高到90%以上。

经营管理 市场营销。2018年售电量1324.8亿kWh，同比增长18.3%，其中区内售电量1217.3亿kWh，同比增长17.6%。制定增供扩销28条64项具体措施，有效促进百色、来宾电解铝企业及梧州、贺州钢铁企业恢复和扩大产能，全年共拉动增量负荷96万kW。全年组织开展69批次市场化交易，成交直接交易电量502.76亿kWh，降低用户购电成本43.7亿元。全面落实降低一般工商业电价措施，所辖供电区域工商业电价下调8.1分，广西在全国首批实现“一般工商业用电价格平均降低10%”的目标，全年为相关客户节约用电成本合计14.1亿元，促进一般工商业电量增长超过10%。全年建设电能替代项目821

个，完成电能替代电量 23.5 亿 kWh，建成 142 个示范点、816 个电动汽车充电桩。首次实现当年电费 100%回收，在连续四年排名南方电网公司系统第一的基础上实现新突破。

客户全方位服务。2018 年，广西电网公司公共行业满意度测评 87.41 分，连续六年获得公共行业满意度测评第一名，第三方客户满意度 79 分，同比提高 2 分，12398 转办投诉 46 件，同比下降 71.3%。大力应用“互联网＋电力服务”，大力推广 95598 热线和“三厅”等远程服务，受理各类业务工单 192.62 万件、处理及时率 99.66%，首次评价满意率 98.85%。统一服务平台全年累计实现注册客户数约 413 万户，远程业务办理比例 73.11%，非现金交费客户比例 99.87%。低压居民和非居民新装平均用时同比分别减少 69%、72%；高压单电源新装平均用时同比减少 43.6%。2018 年 95598 人工接通率达 99.17%，高于呼叫行业卓越值 4 个百分点。客户全方位服务系统部分功能实现供电局全覆盖，停复电信息发送时间由原来的平均 20～30min 缩减至 5～8min，大幅度提高工作效率。落实国家新要求，完成“三供一业”供电设施接收小区 708 个，涉及客户约 25 万户，实现资产接收、户表改造和增资入账“三个 100%”。

农电管理。县级供电企业售电量 315.28 亿 kWh，同比增长 13.46%；综合线损率 9.61%（还原值 5.32%），同比增长 2.97%；电费回收率 100%，同比持平；综合电压合格率 99.336%，同比增长 0.156%；综合供电可靠率 99.778 1%，同比增长 0.020 8%。完成了 17 家县公司“子改分”改制工作，新增接收 78 个独立供电区域。

财务管理。2018 年，广西电网公司财务工作贯彻落实公司党委各项决策部署，迎难而上化解降价压力，传导降价让利负担 30.4 亿元，完成南方电网公司下达的经营业绩目标任务。以“钉钉子”精神推动瘦身健体提质增效各项举措落实落地，以提质增效为抓手解决掣肘改革难题，全年新增有效资产 165 亿元，进一步做大做实定价基础；在投资增加 15 亿元的前提下实现资产负债率、融资成本“双下降”，《“三横四纵”网格式成本管理体系构建与实践》课题获中电联 2018 年度管理类“电力创新一等奖”。

审计管理。开展审计组织机构优化调整，在地市供电局全面完成市县两级审计业务集约化。2018 年累计完成各类审计项目 706 项，其中经济责任审计 49 项，财务收支审计 14 项、工程投资审计 578 项、专项业务审计 65 项；提出审计建议 843 条，纠正管理不规范问题 1380 个，促进增收节支 4192 万元。开展“审计发现常见问题专项治理行动”，启动对财务、工程、物资、营销等关键业务领域 23 个审计发现常见问题的治理；开展审计决定执行情况专项检查，闭环管控审计发现问题整改，通过审计整改，收回资金（挽回损失）3507 万元，促进修订完善管理制度或流程 114 项。加强审计创新，围绕“创一流”目标积极实施精益项目，完成“构建‘四库合一’的清单式审计作业管理模式”“基于底线思维的风险防控机制优化”等管理类精益项目。开展审计技能“大练兵”，获 2018 年南方电网公司“精益杯”审计专业技能竞赛团体一等奖以及个人一等奖 1 人和二、三等奖各 3 人。

企业管理。2018 年，广西电网公司务实推进企业管理各项工作，综合标杆评价得分 85.72 分，获西部省级公司首个“一流”认定；10 个班站所获评南方电网公司五星班站所标杆，数量位列南方电网公司西部第一、全网第三；全年实施精益项目 889 项，完成成果推广应用 346 项；南方电网公司精益课件设计大赛获组织奖一等奖，获课件设计一等奖 2 项，二等奖 4 项，三等奖 4 项，总成绩在南方电网公司排名第二。“两位一体”考核有效落地，增量配电业务公司运营管理机制取得突破，编制了《增量配电业务项目公司经营过程管控实施方案》。梳理 136 项一级业务、414 项二级业务、1309 项业务事项，废、改、立管理制度 84 份、业务指导书 162 份，制度标准体系运行良好。修订印发《广西电网公司管理咨询及软课题项目管理办法》；开展 2018 年风险评估，识别重大风险 8 个，一般风险 3 个，有效防范了重大风险发生。

法治工作。印发《广西电网公司分子公司主要负责人履行推进法治建设第一责任人职责管理细则》，组织开展领导干部依法治企“六个一”活动，累计完成活动 122 项，“关键少数”引领作用充分发挥；在南方电网公司系统率先成立省级法律服务中心并实体化运作。开展广西电力法规规章立法后评估，编制《广西电网公司对外投资股权架构典型设计方案》，为改革发展提供法律支撑。全年累计办结案件 166 起，挽回经济损失 6900 万元，胜诉率 95%，其中主动维权成效显著，全年新发主诉案件 368 起，占当年新发案件 76%，同比增长 8 倍，首次超过被诉案件。强化重大法律风险管理，广西电网公司系统三项法律审核率 100%，在南方电网公司系统第一个超额完成年度产权办证考核指标；合同标准文本使用率、合同签订及时率均为 95%，在南方电网公司排名第一。联合广西壮族自治区司法厅、教育厅、安监局开展 2018 年全区“涉电公共安全风险防范”法治宣传教育及“依法治安”巡回宣讲活动，累计开展“法治观察”活动 14 场、“依法治安”巡回宣讲 32 场，各大媒体专题报道 500 余篇，群众参与 5 万余人次，“法治观察”及河池供电局“山歌普法”荣南方电网公司“十佳普法品牌”称号。广西电网公司作为广西唯一企业代表，荣获全国“七五”普法中期先进单位称号。

党群宣传 党建工作。广西电网公司党委自觉用习近平新时代中国特色社会主义思想和党的十九大精神武装头脑、指导实践、推动工作，不折不扣贯彻落实南方电网公司党组决策部署，以高质量的党建工作引领和保障企业改革发展。把开展好作风建设和支部建设年活动作为工作抓手和特色实践，推动南方电网公司党组1号文落实落地。出台《公司党建工作责任制实施及考核评价管理细则》及4个百分制配套考核子方案，形成“1＋4”党建工作责任制考核新模式。创新开展“党建引领·先锋耀八桂”基层党支部建设年活动，实现五星级党支部地市供电局全覆盖，实现无党员班组降为零的目标。出台《广西电网公司党委关于党支部发挥战斗堡垒作用的指导意见》，明确支部工作与生产经营深度融合的“11332”具体工作要求，使深度融合有章可循。坚持党管干部原则，调整充实公司党委管理干部268名（其中提拔52名）。坚持党管人才，完成面向公司系统的本部空缺岗位择优选聘及电网规划研究中心社会招聘工作。

理论武装工作。制定学习宣传贯彻十九大精神“两案一表”，组织宣讲721场次、参与党员员工30 302人次。创新“1＋4＋N”中心组学习模式，南方电网公司中心组学习督查组高度肯定公司党委中心组学习“为全南网中心组学习树立了标杆”。荣获2017年度全国电力行业思想政治工作优秀单位，承担南方电网公司重点政研课题《新时代国有企业加强党的政治建设实践与探索》获中央企业2018年优秀政研课题三等奖、南方电网公司优秀政研课题一等奖。党委中心组学习十九大精神专题理论文章《学习贯彻十九大精神　创建国际一流电网企业 为促进广西经济社会发展贡献力量》，获推荐参评国务院国资委优秀论文。

宣传工作。首次采用“1＋4＋7”联动模式发布社会责任报告，获评电力行业企业公众透明度“责任沟通创新卓越企业奖”。官方微博荣获由人民日报、国资委共同举办的2018“金旗帜”央企论坛微博“十大社会责任央企榜样奖”。建设智能电网展厅参展第十二届国际园博会，策划开展首届“南网杯”亲子攀岩挑战赛、“壮乡美 南网情”美化配电箱、“牵手看大庆”品牌活动。6家单位获评南方电网公司2016—2018年度文明单位。举办“总纲使者——践行社会主义核心价值观”展示活动，展示践行社会主义核心价值观的动人故事。开展“我推荐、我评议身边好人”活动，广西电网公司共8人获自治区身边好人荣誉称号。在新华社、人民日报、中央电视台等三大中央媒体发稿82篇，同比提升90.69%，形成中央级媒体密集发声、自治区级媒体重点关注、地市级媒体全方位报道、其他媒体取得重大突破的立体化、高密度、多角度的外宣声势。扶贫干部专题纪录片《那山花开》荣获中组部第十四届全国党员教育电视片三等奖。广西电网公司新闻中心新媒体运营团队获2017—2018年度中电传媒新媒体好新闻评选先进集体。

党风廉政建设。坚持用习近平新时代中国特色社会主义思想指导党风廉政建设和反腐败工作，有力削减腐败存量、有效遏制腐败增量，营造风清气正的良好政治生态，2018年度政治生态评价得分99.76分。创新开展政治建设专项巡察，把加强党的政治建设纳入日常监督重要内容。从严整治“四风”，扭住关键要害专项治理形式主义、官僚主义，自查自纠1151个问题。实现监督执纪“四种形态”规范化试点全覆盖，抓早抓小运用“第一种形态”形成常态，深化纪检监察中心集约管理和科级人员执纪提级管控，从严查处违规违纪问题，后三种形态威慑持续保持。组织“把纪律和规矩挺在前面”主题纪律教育月活动，开展廉洁教育1821场次、警示教育745场次。启动三年“扫雷”行动，开展扶贫领域专项“扫雷”，整治基层和群众身边不正之风和腐败问题。开展迎接中央新一轮政治巡视对照整改，全力配合南方电网公司物资采购与工程项目招标管理领域专项巡视，落实党委巡察工作五年规划，完成4家单位常规巡察，探索开展工程管理和物资采购领域“机动式”巡察、政治建设专项巡察，发现问题861个、移交问题线索30条，保持巡视巡察利剑作用。

工会工作。开展职工素质“双培工程”、职工文化“凝心工程”、职工服务“暖心工程”。建立劳模创新工作室137家、创客空间34个，举办弘扬劳模精神“五个一”系列活动，有3人荣获2018年“广西工匠”称号，打造“劳模、工匠、创客”三大品牌，在全国能源化学地质系统加强产业工人队伍建设现场推进会上做经验交流发言。全年组织开展客户服务等5项劳动竞赛，开展变电检修等7项技能竞赛，参与职工1.83万人次，荣获南方电网公司乡镇供电所安全生产技术比武、审计专业、汽车驾驶员技能竞赛共3个团体一等奖，荣获变电、继电保护、营销专业共3个团体二等奖。结合庆祝改革开放40周年和广西壮族自治区成立60周年，组织“深植价值观”系列活动及羽毛球、柔力球等文体比赛。三、四级单位全部通过厂务公开贯标认证审核。开展“鼓干劲 送温暖 促工作”主题活动，“夏送清凉”“冬送温暖”慰问活动形成常态机制。工会工作在南方电网公司2018年度工会专业考评中名列第一。

共青团工作。广西电网公司团组织关系实现垂直管理，43家县级供电企业团组织全部收归公司管理。

承接完成南网公司青年发展状况调研年度重点任务，形成专项调查报告。建立跨专业、跨领域青年技能攻关团队，青年“萃智”计划直接提升企业经营效益。成立志愿者服务队，注册志愿者15 247人，累计开展志愿服务时长7440h，服务对象18 600多人次。持续深化“爱在南网 ＋1度温暖”品牌，在广西14个地市持续开展“爱在南网·春苗成长营”公益活动，并在南方电网公司、广西壮族自治区6个定点扶贫村发起“爱心南网·图书漂流”图书捐赠公益活动。广西电网公司青年集体和个人荣获“全国青年安全生产示范岗”“全国青年岗位能手”“全国优秀共青团员”等国家级荣誉3个，荣获“广西五四红旗团委”“广西五四红旗党支部（总支）”等省部级荣誉50个。

扶贫工作。2018年安排28.4亿元实施贫困地区农网改造升级，供电区域贫困县供电可靠率提升至99.73%、综合电压合格率提升至98.51%、公用户均配电变压器容量提升至1.9kVA/户，公司供电区域实现贫困户100%通生活用电，贫困村通动力电全覆盖。做好特殊贫困群体用电服务，2018年共计对14.53万户“低保户”“五保户”减免电量1635.15万kWh，电费约863万元，以实际行动践行“有电用”一个都不能少。全年安排1182.11万元投入“1县1区6村”省部级定点帮扶任务和80个地市、县区定点帮扶村任务，其中自治区安排的上林县云桃村、陆川县石垌村脱贫摘帽，上林县云桃村荣获“南方电网公司精准扶贫示范村”称号。一批优秀扶贫干部、后盾单位获得表彰，广西电网公司被评为驻桂央企唯一的全区“美丽广西”乡村建设（扶贫）工作先进后盾单位，扶贫办获得“全区脱贫攻坚先进集体”称号，冯久龄、韦峥、罗伟等3人获得“全区脱贫攻坚先进个人”称号，21个单位和集体、37人次获得各级扶贫工作表彰，其中以扶贫干部龙梅为原型拍摄的专题纪录片《那山花开》荣获中组部第十四届全国党员教育电视片三等奖，派驻融安县安宁村第一书记何赤同志获评全国电力行业2018年度“十佳最美电力人”。

主要事件

5月30日，广西电网公司与广西农村投资集团落实自治区推进“四个结合”的部署，签订新时代战略合作框架协议，共同启动广西县域电网110kV统一规划研究，并加快220kV变电站在全区各县域全覆盖的建设进度，服务乡村振兴战略实施。

9月，广西电网公司周密部署，抢抓时间，做细做实灾前防工作，使最强台风“山竹”给广西电网造成的损失远小于历史同类风灾和灾前预测，首次没有发生因树障造成的110kV及以上电压等级的输电线路停电事件，台风过后25h就全部恢复客户供电，保障全区经济社会生产生活正常秩序。

10月31日，广西壮族自治区统计局社情民意调查中心公布了2018年全区公共行业满意度测评结果，公众对供电行业的总体满意度为87.41分，连续六年排名第一，领先其他行业优势逐年加大；在广西自治区14个地市中，供电行业满意度综合得分均排第一。

12月20日，广西电网公司与中国铁塔广西分公司在贺州220kV万顺线153号塔加装通信基站，建成投运广西首座电力通信“共享铁塔”，实现一塔多用，同时满足供电、通信两大功能共享，提高优化土地资源利用率。

2018年，广西电网公司党委深入开展“党建引领·先锋耀八桂”基层党支部建设年活动，通过“质力双提”行动，推动基层党支部建设全面进步、全面过硬，全面提升公司党建工作整体质量。

（秦诗琼　叶长鑫）

【云南电网有限责任公司】

企业概况　云南电网有限责任公司（简称云南电网公司）是云南省域电网运营和交易的主体，是云南省实施“西电东送”“云电外送”和培育电力支柱产业的重要企业。截至2018年底，员工总数6.51万人，拥有110kV及以上电压等级变电站691座、输电线路5.43万km。全省发电装机（含向家坝）9366万kW，其中以水电为主的清洁能源装机7852万kW（水电6666万kW、风电857万kW、光伏329万kW），占比83.8%；火电1514万kW，占比16.2%。

云南电网是国家“西电东送”战略和“一带一路”面向南亚东南亚的重要电力枢纽，是世界上技术最先进、特性最复杂、电力最绿色的交直流并联异步运行省级送端大电网。国内通过多回直流向华南、华东远距离大容量送电，国外辐射越南、缅甸、老挝等国家。云南西电东送主要依托3回±800kV特高压直流、5回±500kV超高压直流送电和鲁布革电站送电广东、广西，最大送电能力3115万kW。

全年完成固定资产投资135.7亿元；实现营业收入891.41亿元，同比增长18.31%；实现利润总额5亿元；实现经济增加值（EVA）－3.6亿元。截至2018年底，资产总额达到1206.69亿元；资产负债率74.58%。

2018年，完成售电量2426.47亿kWh，同比增长9.67%。其中，省内售电量1356.35亿kWh，同比增长11.96%；西电东送电量1051.63亿kWh，同比增长6.59%%；趸售云南国际公司电量18.5亿kWh，同比增长28.47%。云南省西电东送电量（含溪洛渡）1380.5亿kWh，同比增长11.13%。

领导班子

党委书记、董事长：薛武（法定代表人）

党委副书记、董事、总经理：刘静萍

党委委员、董事、副总经理（正职级）：佀蜀明

党委委员、董事、副总经理：王文

党委委员、董事、副总经理、总会计师：周正风

工会主席：赵建华

党委委员、董事、纪委书记：祝谦

党委委员、董事、副总经理：高孟平

党委委员、董事，昆明供电局局长、党委副书记：徐尤峰

总工程师：张虹

副巡视员：邹立峰

副巡视员：杨波

组织机构 云南电网公司管辖单位157家。本部设办公室（与党委办公室、董事会办公室合署）、计划发展部、财务部、生产技术部、安全监管部（与应急指挥中心合署）、市场营销部（与农电管理部合署）、基建部、物资部、产业投资部、科技信息部、审计部（与监事会办公室合署）、法律部、组织人事部（与机关党委办公室合署）、人力资源部、企业管理部（与全面深化改革办公室合署）、宣传文化部、监察部（与纪委办公室合署）、工会办公室、系统运行部19个部门，设云南电力调度控制中心（与系统运行部合署）、电网规划建设研究中心、云南省公安厅防范和打击涉电违法犯罪中心（保卫处）、新闻中心、社保（年金）中心、财务共享服务中心、电力客户服务中心、计量中心、审计中心、法律服务中心11个直属机构；设节约用电服务中心1个挂靠机构。设有昆明供电局等地市单位（三级单位）分公司23家，县级单位（四级单位）分公司117家。云南电力试验研究院（集团）有限公司等10家控股子公司。

安全生产 电网运行。抓实防范年度9大系统运行风险的42项重点工作53项措施，西电东送主通道保持安全稳定运行，连续22年确保了大电网安全稳定。强化薄弱地区风险管控，防控一级事件及以上风险67次，未发生严重不良影响的停电事件。

安全基础管理。构建“全面覆盖、责任明确、结构合理”的安全生产责任制体系，安全监管“1＋3”机制持续发挥作用，各单位生产安全状态指标总体转好。扎实开展“8·8”事故反思整改，梳理30项重点问题清单并严格推进整改。抓好安风体系建设，“四钻”率高于年度计划指标。设备运维质量持续提升，推进输变电及中压配网生产业务集约化，运维能力和抢修效率不断增强。主变压器故障跳闸数同比下降57%，实现GIS设备零故障。与中国空间技术研究院总体部联合成立“空间技术电网应用联合实验室”，在全省范围内开展卫星山火监测预警、在昭通地区试点卫星覆冰监测预警。

应急管理。巩固应急“三体系一机制”建设成效，“灾前防、灾中守、灾后抢”的应急处置机制有效运转。成功应对雨雪冰冻、金沙江堰塞湖等自然灾害，得到南方电网公司和各级政府的认可表扬。完成全国“两会”、南博会以及国家领导人调研等重要保供电任务。其中，完成一级保供电6项，二级保供电105项，三级保供电437项。

电力体制改革 电价改革。加强与云南省委、省政府及有关部门汇报沟通，在重大改革问题上积极发声、争取主动，得到省领导高度肯定，与省内有关各方在电价改革等方面达成广泛共识。云南省领导先后3次到广州拜会南方电网公司领导，并专程到国家有关部委高位协调增量水电铝输配电价等重大问题。结合首个周期运行情况，深入开展输配电价改革“回头看”，梳理改革遗留问题，研究提出下周期应对策略。研究推动载能行业与电网协调发展的输配电价机制，促请政府部门率先向国家上报政策性交叉补贴标准。

电力市场化交易。引入售电公司直接参与市场化交易，市场交易主体进一步丰富，共有约6300余家工业企业参与市场化交易。省内市场化交易电量851亿kWh，其中清洁能源交易电量占比97%，省内市场化率63%。

增量配电改革。参与增量配电改革试点，注册组建4个增量配电网试点项目公司。保山地方电网合作协议逐步落实，保山工贸园区配售电公司获得云南省首张增量配电业务许可证。广南电力体制改革取得重大突破。

电力供应与客户服务 增供扩销。充分挖掘省内用电潜力，全力做好重大项目、重大工程的供电服务。通过精简办电环节、缩短办电时限等优化营商环境措施，全力增供扩销。落实打好污染防治攻坚战要求，合理安排西电东送增送电量，全力促进清洁能源消纳。全年弃水电量175亿kWh，降幅40%，风电、光伏等新能源发电实现基本全额消纳。

供电服务。采取一系列措施加快“两覆盖”建设，实现智能电能表、低压集抄覆盖率100%，自动抄表率96.12%，低压用户电子化结算率94.27%，超额完成年度目标。全面优化电力营商环境，将业扩报装精简到2～3个环节，并在营销系统内进行固化。实施业扩投资延伸至客户红线，节约客户投资9.56亿元。12398投诉年度降幅52%，月度投诉量均未进入全国前10，5月首次实现“零投诉”。全面落实国家一般工商业电价降低10%要求，全年降低客户用电成本13.04亿元。建立“客户经理＋设备主人”网格化服务模式，17家地市供电单位共划分网格8806个，配置网格经理1.2万名。加快服务渠道转型升级，省内首个智慧营业厅在昆明投入运行。

扶贫工作。投资48.68亿元提升贫困地区农村电网供电能力，向202个挂钩扶贫点投入定点扶贫资金1680万元。制定维西扶贫开发公司发展规划，全力发展羊肚菌产业。实施消费扶贫，推动维西农产品进机关、进食堂、进基层。壮大村级集体经济，投入400万元开展“南网杯·强基惠农”村级集体经济大赛。云南电网公司先后获评2017年度云南省扶贫考核、省级行业扶贫考核最高等级“好”，“央企2018年度扶贫责任企业”奖。云南电网公司扶贫工作获得中央第十二巡视组及南方电网公司孟振平书记、史正江副书记的高度肯定。

电网规划建设 规划研究。全力支持云南打造“绿色能源牌”，结合水电铝材、水电硅材一体化产业发展规划，开展了中长期电力供需形势分析及500kV输电网规划调整。完成全省16州市的城市保底电网规划编制，提升电网防灾抗灾保障能力。

电网建设。着力补齐城乡配电网“短板”，加快推进新一轮农网改造升级，优先解决低电压、自然村通动力电、配电自动化建设等问题。开展工程和设备质量提升专项行动，500kV吕合变电站获国家优质工程奖，220kV吉安输变电工程获电力行业优质工程奖。

工程建设管理。推进物资和招标管理体制改革，完成物资公司与物流中心整合，建成云南电网集中采购专业服务平台。在南方电网公司系统内首家实现废旧物资网上竞价处置，品控品类覆盖度、供应商覆盖度连续3年100%。

企业经营管理 瘦身健体提质增效。深化瘦身健体提质增效，推进8个专项行动，亏损企业数量、亏损额同比分别下降85.7%和74%，实现县级供电企业全面扭亏。清理了5项低效无效投资，压减法人户数43户。“两金”余额控制在南方电网公司下达目标范围内，在建工程余额下降46.7%。

财务管理。制定7个方面16条金融风险防范重点措施，未发生重大债务风险及资金安全事故。开展经营绩效持续提升专项行动，从持续提升经营效益，不断增强经营积累能力、强化投资管理、合理控制投资规模、严控“两金”占用规模增长、持续优化债务结构、加快资金融通，提高资金使用效率、盘活存量资产，清理低效无效投资、加快用户资产接收、推进全级次单位降杠杆减负债等方面着手，全力控制资产负债率。资产负债率较年度控制目标降低1.72个百分点，所属单位资产负债率超过80%的户数同比下降96%。

基础管理。云南电网公司一流水平由“网内较低”提升至“网内平均”，昆明、玉溪供电局分别达“国内一流”“网内一流”，实现“零突破”。配合审计署审计调查和南方电网公司专项审计，立行立改并抓好后续整改。完成审计项目805个，提出管理建议2652条，审减工程投资2385万元，收回违规资金1820万元。依法治企能力有效提升，聚焦年度十大法律风险，制定并落实172项防控措施，涉案总金额达1.56亿元的8宗重大案件全部胜诉。资产权属证书补办完成率169%，全网排名第一。

竞争性业务 优化竞争性业务顶层设计，制定《竞争性业务“十三五”发展规划》及各单位竞争性业务“十三五”发展实施方案。有序推进大集体企业分类盘活工作，A类标杆企业达到8家，D类亏损企业减至12家，企业法人数量减少68户。统筹小水电集中运维管理，提升发电效益，实现资产保值增值。积极开展市场化售电业务，代理市场化客户4306户，市场化售电量240亿kWh。建成云南电网新能源汽车与充电设施公共服务管理平台。进一步拓展国际业务，送变电工程公司参与老挝和柬埔寨3个电力建设项目。以竞争性企业为主体开展“智能预警安全头盔”等成果孵化，相关产品在一线应用。

科技创新 科技和信息化工作。成立科技创新中心，搭建科研成果转化交易平台、咨询服务平台。完善科技成果转化体制机制，56项成果签约转化。推动商业模式和技术创新，在全国率先开创“共享铁塔”新模式。在南方电网公司系统率先建成“云电智云”大数据平台，为开展大数据应用打下基础。网络安全运维能力得到提升，荣获第二届央企网络安全技术大赛团体二等奖等多项省部级奖励。

精益管理。实施配网“三统一、两强化”管理优化重大精益项目，初步实现了核心资源集约化管控、关键业务专业化运作及低压配网运维与客户服务的前端融合，提升了运转效率，降低了沟通成本，提高了客户满意度。5个试点供电局客户平均停电时间22.38h，同比降低14.9%；12398投诉量减少了14起，同比降低60.78%。推进县调集约化管理，撤销县调30家。

职工创新。积极营造鼓励探索、宽容失败、尊重人才、尊重创造的创新氛围。推进“大众创业、万众创新”，牵头建成南方电网公司职工创新平台。完善大众创新激励机制，激发广大员工创新活力，24项优秀职创成果获省部级奖励。

队伍建设 干部队伍建设。强化制度建设，完善任用资格条件，全面优化后备干部队伍选拔工作。加强领导班子建设，优化基层班子年龄结构，强化纪检班子成员配备。完善党建工作领导体制，全面推行“党政一肩挑”，进一步加强党的领导。加大年轻干部储备，持续培养跟踪，加强优秀年轻干部使用力度。拓展发展通道，激发干事创业热情，统筹谋划县级供电企业升格工作。优化考核体系、强化结果应用，建立科学、实用的领导班子及干部考核机制。

员工队伍建设。打造爱国爱企奉献人才队伍，召开首次人才工作会议，出台《关于加强人才工作的指导意见》。云南电网公司技术专家聘任总数创历史新高，整体技术专家聘任总数达 789 人，三级以上专家达到 22 人，聘任总人数居南方电网公司第一。不断完善人力资源管理机制，促进员工能进能出、收入能增能减，有效激发企业活力和员工内生动力。探索建立市场化人力资源管理机制。在原有基础上进一步完善专家选聘考核机制，优化专家结构等级分布，充分发挥用人单位管理考核主体责任，强化专家履职考核和聘任质量。

党的建设 学习宣贯党的十九大精神。深入学习贯彻习近平新时代中国特色社会主义思想和党的十九大精神，切实增强“四个意识”、坚定“四个自信”、坚决做到“两个维护”，确保打赢三大攻坚战、全面深化改革、优化营商环境等党中央重大决策部署不折不扣贯彻落实到位。推进“两学一做”学习教育常态化制度化，启动“理论面对面—千堂报告进基层”理论宣讲，让理论宣讲生动、鲜活，接地气，累计开展“支部集中讲+党委巡回讲”1992 场，经验被《南方电网报》刊载。搭建“333”“千百十”宣传骨干培育体系，计划用 3 年时间打造百名示范、千名一线、十名专家宣传骨干的“3 个培养工程”，推动实现基层理论宣传“讲有对象、干有队伍”。

党建基础管理。落实南方电网公司党组“1 号文”，推动管党治党责任有效落实。在南方电网公司范围首家推行党建工作领导小组季度例会机制，首家印发《加强职工持股改革后企业党的建设的指导意见》，在 27 家设党委的基层单位及改革后企业开展“党政一肩挑”。推进“一所一支部”建设，党的基层组织更加健全。积极探索党组织、党员在安全生产、客户服务等领域发挥作用的途径，在部分基层单位取得实效。组织修订《各级领导班子成员全面从严治党责任清单和党员任务清单》，明确了从云南电网公司党委书记、班子成员、支部书记到普通党员的职责任务清单。完善了党建责任制与经营业绩“双矩阵”考核、“双 A 制”评价体系。

党风廉政建设。构建并持续完善全面覆盖、深植业务、规范有序的大监督体系，管党治企各项要求落得更严更实。深入推进整治基层及群众身边不正之风和腐败问题“扫雷”行动、形式主义和官僚主义问题专项整治，政治生态持续向好。举一反三，标本兼治，扎实开展南方电网公司党组“机动式”巡视整改。全力做好中央脱贫攻坚专项巡视配合工作，坚持问题导向推进整改，全面提高扶贫工作质量。

群团工作。建立推进产业工人队伍建设“4133”工作模式，获中国能源化学地质工会高度评价。劳模创新工作室、文化工作室、职工成长通道建设等工作获云南省总工会高度肯定。加强青年思想政治引领，制定团员青年五年教育培训规划，举办马克思生平及原著导读主题青年学堂，开展“青年大学习 建功新时代”等主题团日活动。首次开展团组织负责人述职评议。

主要事件

1 月 12 日，云南省委书记、省人大常委会主任陈豪对《云南电网有限责任公司关于 2017 年工作的报告》作出批示。批示指出，2017 年云南电网公司在中国南方电网公司的领导下，立足云南、强化服务，全力保障电力供应，大力促进水电消纳，着力加快电网建设，主动承担社会责任，有力促进了云南经济社会平稳健康发展。

1 月 25～29 日，中共中央政治局常委、国务院扶贫开发领导小组组长汪洋在云南怒江调研脱贫攻坚工作。云南电网公司全力做好调研期间保供电工作，确保了保供电工作万无一失。

3 月 26 日，云南电网公司与中国铁塔股份有限公司云南省分公司在昆明签订《共享铁塔合作协议》，双方将在云南电网的电力输电塔杆上加装通信基站，全力推动电力和通信基础设施建设共同发展，标志着云南在全国率先推广“共享铁塔”。

3 月 30 日，昆明电力交易中心在日前交易中首次启用“电交 e 通”平台结算交易服务费并获得成功，标志着全国首个服务于电力交易业务的综合金融服务平台正式投运。

4 月 12 日，云南省委、省政府组织召开全省脱贫攻坚推进会，云南电网公司获评扶贫考核最高等级——“好”，并作为扶贫工作先进单位的唯一国有企业代表作交流发言。

5 月 11 日，大华桥电站—苗尾电站 500kV 线路工程投运，是怒江地区首条投运的 500kV 线路，至此，云南电网实现全省 16 个地州 500kV 线路全覆盖。

5 月 22 日，红河芦槎冲服务区充电设施顺利投运，标志着云南省首个高速公路服务区电动汽车充电基础设施项目建成投运。

5 月 31 日，鲁甸灾后重建水电铝项目 220kV 外部供电工程顺利带电，标志着云南电网首个 220kV 业扩延伸项目投运。

6 月 20 日，随着曲靖供电局实现配网抢修指挥中心与服务调度合署办公，标志云南电网 16 家地市级供电单位（保山供电局未设立配网抢修指挥中心）全部实现配抢中心与服务调度合署办公。

6 月 22 日，澜沧江上游梯级电站 500kV 送出工程——黄登电站至新松换流站线路工程顺利投运。工程投运后，将配合澜沧江上游电站233.5万kW机组投产送出，实现2018年汛期滇西北直流达到500万kW满送能力。

8月1日，500kV砚山至通宝输变电工程顺利投运。工程投产后，将有效强化滇南电网结构，为滇南建设500kV双环网建设奠定基础，同时增强永富直流运行稳定性，提高云南电力外送网架可靠性。

9月12日，云南省发展改革委正式核准乌东德电站送电广东广西输电工程（特高压多端直流示范工程）送端电网侧500kV交流配套工程。

10月15日，金沙江堰塞湖洪峰过境迪庆和丽江，公司积极配合地方政府，完成堰塞湖险情各项应急处置和灾民安置点保供电工作，确保了电网安全稳定运行和人民生命财产安全。

12月14日，在云南省宣传部（新闻办）、能源局和能监办的主持和支持下，由云南电网公司策划、承办的“云南电力改革发展40年专题新闻发布会”在昆明海埂会堂举行，董事长薛武做主旨发言。

12月17日，500kV庄乔输变电工程投产，该工程的投产将极大缓解昆明南部和玉溪北部快速增长的用电需求，同时将缓解云南电网公司迎峰度夏压力，对进一步优化电网结构，提高供电可靠率发挥重要作用。

（匡经国）

【海南电网有限责任公司】

企业概况 海南电网有限责任公司（简称海南电网公司）是南方电网有限责任公司的全资子公司，负责经营南方电网在海南投资的国有电网资产，对海南电网实行“统一规划、统一建设、统一调度、统一管理”，承担国有资产保值增值责任，负责全省电网的安全生产工作，直接为海南经济发展和人民生活提供电力保障。

截至2018年12月31日，全省现已建成220kV“目”字型环岛双环网主网架，并通过联网Ⅰ回500kV海底电缆（容量60万kW）与南网主网相联。全省统调装机总容量818.4万kW，统调最高负荷481.7万kW，日最大发电量1.1亿kWh。建成投运35kV及以上变电站311座、变电总容量2118万kVA。输电线路总长1.11万km，配电线路总长3.49万km。乡镇、行政村和自然村通电率均达100%。供电户数共266.3万户，供电人口约926万人，营业区面积3.38万km^2。

2018年，完成售电量254.88亿kWh，同比增长7.83%；第三方客户满意度78分，同比大幅提升6分；全省户均停电时间26.99h，同比下降14%；固定资产投资完成70.9亿元，同比增长47.65%；综合线损率7.19%，同比下降0.08个百分点。荣获南方电网公司党建考核A级，在11个管制型业务单位考核中首次进入第二梯队。

截至2018年12月31日，海南电网公司拥有员工10 434人。其中，博士研究生8人，硕士研究生230人，大学本科3427人，大学专科2828人，中专及以下3941人；高级职称261人，中级职称886人，初级职称4140人；高级技师7人，技师177人，高级工4594人，中级工614人，初级工432人；离退休人员4355人。

领导班子

党委书记、董事长：邓恩宏

党委副书记、董事、总经理：郑外生

党委副书记、董事、副总经理：詹晓晖

党委委员、董事、副总经理：林芳泽

党委委员、董事、纪委书记：郭可青

党委委员、海口供电局局长：陈东

工会主席：陈琼生

总会计师：林潮光

党委委员、董事、副总经理：符永锋

党委委员、董事、副总经理：程其云

组织机构 海南电网公司实行省公司直管市县供电局两级管理，本部设置19个职能部门，包括办公室（党委办公室、董事会办公室、督查办公室）、计划发展部、财务部、生产技术部、安全监管部（应急指挥中心）、市场营销部（农电管理部）、基建部、物资部、产业投资部、科技信息部、审计部、法律部、组织人事部（机关党委办公室）、人力资源部、企业管理部（全面深化改革办公室）、宣传文化部、监察部（纪委办公室）、工会、系统运行部。设置直属机构12个，包括电力调度控制中心、培训与评价中心（与党校、电力学校合署）、信息中心（与信通分公司合署）、综合服务中心、社保（年金）中心、新闻中心、电网规划设计研究中心、客户服务中心、电能计量中心、财务共享中心、审计中心、法律服务中心。

下辖单位32个，包括19个供电局（即海口、三亚、儋州、琼海、三沙、文昌、澄迈、万宁、昌江、东方、乐东、陵水、临高、定安、屯昌、琼中、保亭、白沙、五指山供电局），6个按分公司管理的单位（海南电网有限责任公司电力科学研究院、海南电网有限责任公司信息通信分公司、海南电网有限责任公司建设分公司、海南省电力学校、海南电网清澜电厂、海南电网有限责任公司输变电检修分公司），5个全资子公司（海南送变电工程有限公司、海南电力物业管理有限公司、海南电力产业发展有限责任公司、海南电网产业投资有限责任公司、海南电网物资有限公司），2个控股子公司（海南电力交易中心有限责任公司、海南联网二回项目管理有限公司）。

电网发展 电网规划。完成《海南智能电网发展规划》并获国家能源局发文支持。编制完成《海南智能电网建设方案（2019—2021年）》，提出“75111”（7项系统工程、5个综合示范项目、1个数字电网平台、1个智能电网实验室、1个智能电网论坛）的智能电网海南发展路线，形成232亿元的智能电网项目库。协助南方电网公司成功举办首届博鳌智能电网发展论坛。完成数字电网平台工程前期、西沙军民融合可再生能源局域网建设方案、博鳌乐城低碳智慧能源与智能电网综合示范区项目专项规划。将电网规划建设项目坐标全部录入省测绘局“多规合一”系统，实现电网规划与城乡、土地、林地等市政规划有效衔接。

电网建设。促成海南省政府将提升电网“三年行动计划”各项指标纳入市县综合考核，推进政府包干电网建设项目征地青赔工作模式，与海南省交通厅签署《电网工程建设合作框架协议》，妥善解决全省77个电网建设施工受阻问题，创造月均完成投资6.8亿的海南新速度。提前谋划全年电网建设工作任务，率先在南方电网公司范围内完成智能电网配网标准设计和典型造价编制工作。制订年度均衡施工方案，对全年影响均衡施工的10大建设要素进行分析，累计完成项目9970个，同比增长402%。建成投运首个“创行优”工程220kV澄迈玉楼变电站。220kV西南电厂—望楼线路工程、海口供电局大林市6号低压台区及白沙供电局江排村台区新建工程等三个项目获网优称号。

安全生产运行 电网调度。落实防范海南电网年度安全风险70项重点工作，精心做好运行方式安排，先后三次、长达42天孤网运行期间，确保了海南电网安全稳定运行，有效防范了三级及以上风险213项（4个一般事故、2个一级事件、99个二级事件、108个三级事件）。完成省地一体化备用调度系统、省级配电自动化A主站以及配网OMS省级集中系统建设。完成14套国电南自PST1200主变继电保护误动作反措整改，线路主保护通道实现100%光纤化。常态化开展海南电网电力监控系统主厂站投运的纵向加密认证装置、隔离装置、防火墙等856台边界设备策略的合规性排查整改工作，二次系统支撑保障水平得到提升。全省调度自动化主站系统与设备运维和自动化业务实现集约化管理，实行7×24h在岗值班。推进调监控模式优化工作，完成东部片区调监控模式优化试点。

安全管理。完善领导人员安全生产责任制、部门安全职责、过程评价考核、责任书考核四个维度的安全责任体系。落实安全隐患治理“分层、分级”管控机制，开展春、秋两季安全生产大检查，全面排查各类安全隐患。严控作业现场安全，各级人员共出动9万人次，检查5.8万个作业现场，查处各类违章1276起。开展乡镇供电所防范人身事故专项治理，推动现场安全管控、配网设备运维等10个方面40项举措落实落地。2018年未发生人身安全事故，三级及以下电力安全事件，同比减少4起。推动海南省安委办出台《关于开展汛期城乡电力设施安全隐患专项排查整治工作的通知》《关于加强防范因使用金属类高杆工具靠近电力线进行采摘作业引发安全事故的通知》等文件，政企联合管控社会人员涉电安全。将安全生产风险管理体系理念深度应用各类专业，完成海南电网25家体系建设单位审核工作，其中1家单位达4钻水平，23家单位达3钻水平。

供电可靠管理。落实提高供电可靠性各项关键举措，2018年户均停电时间26.99h，同比下降14%。加强综合停电管控，强化各基层单位生产、基建、营销部门的协同力度，全年户均停电次数为3.68次/户，同比下降28%。完成输变电检修分公司及4个检修部组建以及供电局中压“统一运维”改革工作，组织成立省级带电作业中心，缓解了扁平化管理模式下存在的检修、运维力量不平衡、不充分等矛盾，实现专业化、规范化、精益化管理。累计完成166项隐患排查和微环境整治工作，110kV及以上变压器强迫停运率同比下降75%。配网带电作业次数2730次，同比增加148%，累计减少停电时间约4h。

重大保电。按照“全网一盘棋、全省保重点地区、重点地区保重要场所”的思路，有序推进各项保供电工作，完成央视春晚、博鳌亚洲论坛年会、建省办特区30周年庆典等重大政治活动保供电任务，博鳌亚洲论坛年会保电工作连续17年万无一失。按照“灾前防、灾中守、灾后抢”工作思路，成功抵御“艾云尼”“山神”等台风袭击，实现24h内修复受损电力设备，保证了电力的安全可靠供应。

科技信息 信息化。完成协同应用监控平台、协同数据整改工具和停电可视化平台的开发利用，承接固化数据校验规则6070条，校验通过率98%以上，电子化移交办结率稳定在96%以上。梳理关联资产系统和财务系统的概预算类型，解决了工程业务支付概预算不同步的问题。开展涵盖市场营销、安全生产等7个业务域的移动应用建设，解决营销域“三多一难”问题（携带资料多、纸质表单多、后台录入多、风险管控相对较难），生产域抢修处理及时率从91.4%提升到97.93%。

科技创新。编制热带海岛智能电网实验室建设方案，推动省域智能电网建设。依托“含波浪能发电系统的海岛智能微网关键技术研究及示范应用”科技项目，开展含波浪能发电系统的微网仿真与控制技术以及波浪能发电系统实用化应用研究，波浪能装置首次成功并网试运行。科技项目《热带省域电网输电线路抵御雷电、台风、污秽灾害技术研究及应用》达到国际先进水平，《多类型新能源发电综合消纳的关键技术研究及应用》荣获海南省科技进步一等奖，《消除电网传输功率越限的光伏电站有功功率自动控制方法》荣获第一届海南省专利奖金奖。截至 2018 年，累计有效专利拥有数 326 项，同比增长 128%，亿元营业收入有效专利拥有数 2.91 件。

电网节能降耗。开展清洁能源消纳专项行动工作，消纳清洁能源 118.98 亿 kWh，占比达 40.75%，全网统调化石能耗 176.63g/kWh，同比增加 3.4g/kWh，相当于节约标煤 353 万 t，分别减少二氧化碳排放 939.99 万 t、二氧化硫排放 6.8 万 t。加快推进充电基础设施合理布局和有序建设，2018 年投资建设充电桩 210 台，基本实现海口、三亚等重点城市和环岛高速公路充电桩全覆盖，并配合举办新能源汽车国际车展、新能源汽车国际赛事、新能源汽车产业高峰论坛等系列活动。

营销服务 营销管理。推广自动抄表和电子化结算模式，“互联网+”电费业务和征信体系，2018 年月度、季度、年度电费回收率均好于历史同期，其中年度电费回收率排名南方电网公司第二。完善线损系统自动统计功能，开展营销、计量系统线损计算模型和计量装置现场档案一致性整改工作，实现同期线损自动统计及日常线损异常监控，10kV 及以下综合线损率同比下降 0.21 个百分点。强化基层班组建设与评价工作，计量中心计量检定班荣获南方电网公司五星标杆班组称号，实现零的突破。与广东电网市场营销专业结对攻坚工作，制定方案和 32 项攻坚计划，建立三个中心、四个地市局和星级班组三个层面的帮扶机制。完成八类营销专业题库的修编和评审工作，组织参加南方电网公司营销专业竞赛和供电所营销安全生产技术比武活动，均获团体三等奖。

客户服务。开展“优化营商环境满足人民追求美好生活电力需求”调查活动，出台优化营商环境十项举措，将客户报装流程精简为 2～3 个环节，低压、高压客户报装时间同比分别下降 50%、25%。推行“一次电话解决问题”模式，采用大数据分析系统加强重复来电客户监控，将客户抱怨管理关口从投诉环节前移至诉求环节，推动 95598 客户投诉下降 35%，12398 投诉下降 62%；第三方客户满意度得分 78 分、同比提升 6 分。业扩投资界面实现开发园区全口径延伸，工商业客户业扩投资界面由 5000kVA 延伸至 3000kVA，为客户累计节约投资 1.85 亿元。落实国家降低一般工商业电价和清费政策要求，减少一般工商业客户电费支出 1.59 亿元，清退临时接电费 2.5 亿元。接收客户资产 4.08 亿元。优化服务渠道，全面推广平台“一键报修”等快捷服务，实现业扩低压新装、增容、更名等 12 项业务远程受理，远程业扩报装率提升至 99%。开通 95598 热线英语服务，新增统一服务平台关注数 85.18 万人，完成南方电网公司计划的 170.36%。

经营管理 企业改革。持续推进瘦身健体提质增效，争取到南方电网公司注入资本金 9 亿元及中央预算内农网资本金 2 亿元，接收客户资产净值 2 亿元。企业改革取得突破，完成近一半供电所中压集约化运维改革，实现全省变电检修业务集中管理、通信设备集中运维、电能计量器具省级集中检定“三集中”，计量中心计量检定业务获得政府授权。组建产业投资公司，完成海口设计公司改制为产业投资公司子公司。完成儋州天润水电有限公司、东方服务中心、海口物资公司、儋州输变电公司及新技术公司等清算注销工作。积极推进农电体制改革，完成 4 个独立供电区接收。2018 年“三供一业”任务全面完成。

新兴业务。组建产业投资公司，发挥国有资本投资平台作用。2018 年，新兴产业营业收入、利润总额分别增长 37%、83%。加强内外战略合作，联合当地有实力的企业积极开拓外部市场，形成了专业分工、协同有序的产业发展布局和合作共赢的良好局面。总结博鳌乐城项目建设经验，主动开展江东新区智慧能源规划。加快布局综合能源，在高耗能企业完成电能替代达 5 亿 kWh，稳步推进 3 个港口岸电项目，产业链拓展取得实效。深入研究海南自贸区（港）建设带来的总部经济、调峰气电、综合能源、产业地产等发展机遇，为新兴业务布局抢占了先机。启动首次电力直接交易，在推进市场化改革方面迈出重要一步。

财务管理。以深化供给侧结构性改革为主线，制定瘦身健体提质增效“1+8”系列工作方案，细化 36 项 90 条措施，在投资增加的同时有效控制在建工程余额和“两金”余额，实现增效益、促改革、补短板。稳步推进降杠杆减负债工作，落实防范化解重大风险攻坚战要求，年末整体资产负债率 77.17%。持续推进财务管理精益与创新，资金计划准确率持续保持在 95%以上，年末资金归集率 99%以上。成立省级财务共享中心，完成非物理集中财务共享模式研究，为后续创新财务共享实施模式奠定基础。稳妥推进降电价政策，完成一般工商业降价 10%目标，临时接电费清退比例 97.49%，通过工业和信息化部降价成效初评估。梳理并整改 12 种主要税种、96 个涉税风险点，税务风险防控得到加强。

审计管理。推进审计监督全覆盖，强化风险管控，关注企业会计质量、资金和金融业务、重大投资等经营信息，注重审计整改和成果应用。2018 年组织开展审计项目310个（经济责任审计11个，固定资产投资全过程监督审计4个，线路走廊清理资金专项审计6个，小型基建项目专项审计调查6个，工程项目竣工财务决算审计项目283个），共发现问题830个，提出管理意见及建议789条，揭示管理不规范资金1.89亿元，促进增收367.78万元，工程项目审减1412.69万元。审计整改方面，追回资金129.38万元，促进增收40.91万元，物资退库21.14万元；开展近年审计整改专项治理，共追回资金985.54万元，追究相关责任15人次。

基础管理。推进精益管理工作，两个标杆建设（班站所标杆建设、综合标杆建设）取得突破。海口、昌江、文昌供电局综合标杆建设提前一年达到南方电网内一流水平。海口供电局演丰供电所等3个班站所荣获南方电网公司第二批五星班站所称号。93个入库精益项目全部结题，其中琼中供电局《基于计量自动化提升台区线损精益化管理》项目荣获全国示范级精益项目一等奖。培育全员精益文化，举办精益培训77期4290人次，编发《精益管理简报》季刊4期共95篇稿件约5万字。23个基层单位244个QC小组围绕精益管理开展课题研究，其中15个QC小组荣获海南省质量协会优秀称号。

法律事务。落实领导干部法治建设“六个一”，印发并实施《领导干部法治建设“六个一”活动实施方案》。开展重大经营决策审核关及法律风险管理“五进”（进制度、进流程、进信息系统、进岗位、进表单），对诉讼案件实行“集约管控”“一案一策”“双向负责”管理，2018年共妥善处理各类诉讼案件102宗，胜诉率91.67%，避免或挽回经济损失共3435.62万元。加强合同精益管理，合同关键指标合同标准文本使用率大幅提升至78%。开展普法宣传新“五进”活动，自创“律动天涯”普法品牌荣膺全网“十佳普法品牌”，营造了良好的法治环境。推动政府再次出台历史遗留房屋确权专项政策，通过“三抓一交流”（抓协调、抓考核、抓进度，与兄弟单位加强交流学习）形成合力，累计完成686宗资产的产权证书补办（土地302宗，房产384宗）工作，提前超额完成南方电网公司资产产权证明专项清理447宗的目标任务，完成率153.47%。

人力资源管理 队伍建设。首次设立董事长专项奖励基金，完善领导干部考核标准，出台《领导人员季度综合考核评价方案》，构建“一人一方案”“一业绩一待遇”的干部考核激励机制等7个考核激励体系，形成干部员工干事创业的正向激励。印发《新时代全面深化队伍建设指导意见》，推动员工队伍主动适应海南建设自贸区（港）的要求。与华北电力大学、广东电网达成战略合作协议，在现代职业培训、高端人才培养等方面开展广泛合作。开展本部职能部门科级人员优化调整及专业技术岗位竞争上岗工作，24人择优选拔到机关专业技术岗位，原有专责淘汰率近10%，盘活优化了机关人力资源。全面推行技能班组员工工分制考核模式，打破“平均主义”，激发了一线员工工作积极性。坚持党管人才原则，加强技术人才选拔培养，1名技术人才入选海南省“南海名家”青年项目培养计划，2名技能人才入选海南省“南海工匠”培养计划，1名员工荣获“全国青年岗位能手”称号。

劳动管理。完成输变电检修公司实体化运作，实现通信、自动化等业务全省集约化管控目标，成为南方电网唯一一家所有地、县级供电局实现通信集约化管理的单位。以地市供电局为主体，稳步推进调监控一体化业务。2018年荣获“海南省模范劳动关系和谐企业”荣誉称号，全员劳动生产率39.95万元/人年。

教育培训。完成技能类27个典型岗位初、中、高级，技师四个等级108套岗位胜任能力实操手册、评价标准和理论及实操题库建设；完成生产技术、市场营销等18个专业序列78个业务模块的专业技术岗位胜任能力评价标准和题库建设，在南方电网公司范围内率先完成涵盖所有技能类和专业技术类岗位的全省统一的岗位胜任能力评价体系建设。以重点人群、重点培训项目实施为引领，着力实施分层分类分专业培训，全年完成各类培训班845期次，培训3.76万人次；技能类岗位胜任能力评价持证率达87.85%，同比提升10.85个百分点。

党群宣传 党建工作。在南方电网公司内部率先出台《对管党治党不力问题加大问责力度的实施意见》，制定《推进领导干部“能上能下”实施意见》，倒逼各级领导压实全面从严治党政治担当。加强基层组织建设，各单位、部门实现“一部门一支部”“一所一支部”全覆盖，新成立的单位均同步设立党组织。选派139名35岁左右的支部副书记深入基层挂职指导，着力构建从严管党治党的新格局。以党的建设一体化、基础管理规范化、党务干部专业化、作用发挥显性化、班组文化特色化为抓手，全面实施“勇当先锋　做好表率”先锋工程。海口“三包三促”工作法和文昌党建帮扶机制入选南方电网首批优秀基层党建创新典型案例。三沙供电局永兴党支部庆祝建党97周年主题党日活动照片“进驻”国家博物馆入围“伟大的变革——庆祝改革开放40周年大型展览”。

反腐倡廉工作。持续保持高压态势，紧盯“四类问题”，2018年共处置问题线索35条，同比减少22%；立案审查13件，同比持平。整治群众身边不正之风和腐败问题，梳理“雷区”26类，核实违规收费行为37起。推进基层党风廉政建设，新增“廉洁从业供电所”9家。通过集中分类研判问题线索、推动日常监督与执纪问责相结合、“四种形态”全覆盖与三年“扫雷”行动紧密结合等方式，集中整治车辆油料管理乱象、虚报冒领差旅费、工程验收“收红包”等腐败问题，退缴不当所得197万元。制定十九届中央任期内巡察全覆盖五年规划和年度巡察计划，首次将新兴业务纳入巡察范围。强化廉洁教育力度，提出“四凡四必”警示教育工作要求，用身边事教育身边人，发挥以案促教的作用。

民主管理。落实职代会各项职权，坚持以职代会议案形式推进为职工办实事项目，深化“职工权益品牌”，2018年为职工办实事8项。强化职代会民主监督，组织5批次职工代表到基层单位开展专项巡视，实现巡视全覆盖。规范和深化厂务公开民主管理工作，做到经营决策公开化、透明化。2018年各单位厂务公开民主管理认证全部达到A级评定，实现认证全覆盖。

精神文明建设。开展党的十九大精神“5＋3＋2”大轮训，举办领导干部轮训班5期258人，举办3期专题辅导和2期网络学习。强化主题宣传，组织开展“学习贯彻党的十九大精神”专题征文活动，征集各级党政主要负责人共94篇专题文章。开展纪念改革开放40周年和建省办经济特区30周年系列宣传活动，深入报道海南电网公司服务海南全面深化改革开放和“一区一港”系列举措，2018年对外发稿2592篇（条），在中央级媒体发稿38篇（条），同比增长172％，树立责任央企良好形象。厚植社会主义核心价值观，创新推进企业文化建设，从价值理念、文化传承、精益管理、教育培训、团队和谐等五个维度开展“一班组一特色”文化创建活动。涌现出海口供电局“椰城之光”文化系列、三沙供电局“万家灯火 南海有我”值守团队等地域特色文化，培育了海口演丰供电所“演武修文 丰情惠民”等特色班组文化。三亚、儋州、文昌、万宁供电局等4家单位获得全国文明单位称号，三沙供电局等10家单位获得海南省文明单位，白沙供电局荣获海南省国资系统文明单位称号，2个职工家庭被评为海南省国资系统文明家庭，2名职工被评为海南省国资系统精神文明建设先进工作者。

主要事件

3月22日，由海南电网公司与中国铁塔公司海南分公司共同建设的海南省首座“共享电力铁塔”——乐东35kV佛尖孔线T7号塔试点项目圆满落地。该项目不仅解决了西环高铁乐东282.8km处信号盲点问题，而且开创了省内共享电力设施的先河。

4月8～11日，海南电网公司投入保供电人员27 451人次，保供电车辆3438辆次，完成博鳌亚洲论坛2018年年会特级保供电工作，博鳌年会保供电连续17年实现万无一失。

5月27日，中国首个远海岛屿智能微电网在海南三沙永兴岛建成并投入运行，使永兴岛供电能力提高8倍。

6月25日，在国务院总理李克强与法国总理菲利普的见证下，南方电网公司与法国电力集团共同签署了博鳌乐城智能电网与低碳智慧能源综合示范区项目合作声明，该项目被列为海南省“百日大招商”项目加以推进。

6月28日，海南电网公司正式启动海南数字电网平台建设工作，成为南方电网公司数字电网平台建设首个试点单位。

7月3日，南方电网公司围绕海南“一区一港”和“三区一中心”战略定位，出台了服务海南全面深化改革开放26项重点举措，全力支持海南自贸区（港）建设。

7月，随着最后一台机组投入商业运行，海南首个抽水蓄能电站——海南琼中抽水蓄能电站全面投产发电。该站总装机容量60万kW（3×20万kW），设计年发电量为10.02亿kWh，电站以4回220kV出线接入海南电网。

7月4日，海南变电容量最大的变电站——三亚220kV吉阳变电站投运。该变电站的投运解决了三亚新城区的发展需求，进一步优化三亚城区电网结构。

7月4日，海南电网统调日发受电量首破亿关，达1.07亿kWh，同比增长26％。

11月18日，海南电力交易中心有限责任公司组织开展海南省内首次电力直接交易，交易主体为4家准入发电厂、13家准入电力用户，交易电量规模为2亿kWh。

（王庭军）

大 事 记

1月8日 中共中央、国务院在北京举行国家科学技术奖励大会，以南方电网公司专家委员会主任李立浧为第一完成人的“特高压±800kV直流输电工程”项目获得2017年度国家科学技术进步奖特等奖；“特大型交直流电网技术创新及其在国家西电东送中的应用”获得2017年度国家科学技术进步奖二等奖。中国华能清洁能源技术研究院有限公司作为参加单位完成的“60万kW超临界循环流化床锅炉技术开发、研制与工程示范”项目荣获2017年度国家科学技术进步奖一等奖。中国大唐自主开发的“高铝粉煤灰提取氧化铝多联产技术开发与产业示范”项目获得国家科学技术进步奖二等奖。国家能源集团“600MW超临界循环流化床锅炉技术开发、研制与工程示范”等2个科技项目获得国家科学技术进步奖一等奖。由中广核苏州院、中广核检测技术公司、东南大学、武汉大学和广东电网电力科学研究院等单位联合完成的科技创新成果——工业智能超声检测理论与应用关键技术荣获国家科学技术进步奖二等奖。中国能建荣获国家科学技术进步奖特等奖、一等奖、二等奖各1项。

1月9日 在国家主席习近平和法国总统马克龙见证下，中核集团董事长王寿君和法国新阿海珐集团签署相关协议备忘录，与法国法马通公司签署全球战略合作协议。

同日 国家主席习近平与法国总统马克龙，在北京人民大会堂共同为中国能建参建的台山核电1号机组成为EPR（European Pressurized Reactor）全球首堆工程揭牌。中广核董事长贺禹、总经理张善明，核电股份公司高立刚等出席揭牌仪式。

同日 在国家主席习近平与法国总统马克龙共同见证下，中广核董事长贺禹与法国替代能源与原子能委员会（CEA）主席韦尔威尔德在北京人民大会堂签订核研发技术领域合作协议。

1月10日 国务院总理李克强在柬埔寨金边参观澜湄合作成果展南方电网展台，并听取南方电网公司相关工作情况汇报。

同日 中国电建山东电建三公司EPC总承包的摩洛哥努奥二期，装机容量200MW项目并网一次成功，标志着全球单机容量最大的槽式光热电站并网发电。

1月11日 国家能源集团与大唐集团、国投电力、浙能集团、粤电集团、江苏国信、申能股份等国内重点电力企业在北京签署电煤三年长协合同。

1月12日 中国华能外部董事聘任宣布会在中国华能总部召开，会上宣布了国务院国资委聘任的中国华能5位外部董事，标志着中国华能董事会正式组建运行，这是中国华能向建立中国特色现代国有企业制度、建设具有国际竞争力的世界一流企业迈出的重要一步。

同日下午 2018中国水电发展论坛暨水力发电科学技术奖颁奖典礼在北京举行。雅砻江水电获得多项水力发电科学技术奖。“流域水电全生命周期数字管理平台研究与应用”荣获一等奖；“300m级特高拱坝安全控制关键技术及工程应用”荣获一等奖；“水电厂大型PLC国产化及通信网络化技术研究与应用”荣获二等奖，“轴流转浆式水轮机组事故状态下电站安全保护技术及应用研究”和“桐子林水电站工程软弱地基综合处理技术”荣获三等奖。

1月16日 国家电投所属上海核工院牵头，联合国核华清共同承担的大型先进压水堆核电站重大专项“CAP1400非能动堆芯冷却系统性能试验和验证研究”课题通过国家能源局验收。

1月17日 中电联成立创建5A社团领导小组及办公室，负责创建5A社团相关工作。

1月18日 国家能源局印发《关于开展光伏发电专项监管工作的通知》（国能综通监管〔2018〕11号）。

1月19日 国家能源局印发《关于开展“百个城镇”生物质热电联产县域清洁供热示范项目建设的通知》（国能发新能〔2018〕8号）和《关于建立清洁能源示范省（区）监测评价体系（试行）的通知》（国能发新能〔2018〕9号）。

同日 上海证券交易所公布2017年度公司债券融资业务评选结果，国家电投以总排名第一的成绩荣获上海证券交易所债券市场2017年度“公司债券优秀发行人”称号。

1月20日 第十三届（2017）中国上市公司董事会“金圆桌”论坛暨“金圆桌奖”颁奖典礼在北京举行，中国核电荣获三项大奖：中国核电董事会荣获“绿色治理奖”、中国核电总经理张涛荣获“最具领导力CEO”、中国核电董事会秘书罗小未荣获“最具创新力董秘”。

1月20～22日 国家电网公司召开第三届职工代表大会第三次会议暨2018年工作会议，董事长、党组书记舒印彪出席会议并做题为《以习近平新时代中国特色社会主义思想为指导 为建设世界一流能源互联网企业不懈奋斗》的工作报告。总经理、党组副书记寇伟主持会议。

1月22日 国家能源局印发《关于开展核电重大专项科研设施及验证平台开放共享试点工作的通知》（国能综通核电〔2018〕16号）。

同日 中国大唐在北京召开2018年工作会议。会议深入贯彻落实党的十九大精神，以习近平新时代中国特色社会主义思想为指导，认真落实中央经济工作会议和地方国资委、中央企业负责人会议各项部署，总结2017年工作和党的十八大以来改革发展经验成果，研究部署了新时代新阶段奋斗目标和2018年重点工作。

1月23～27日 国家电网公司董事长、党组书记舒印彪出访瑞士达沃斯，参加世界经济论坛2018年会暨冬季达沃斯论坛，参会期间，参加国资委代表团在达沃斯期间的系列活动。当地时间1月25日，国家电网公司董事长、党组书记舒印彪受邀参加年会“能源转型”论坛，与四位国际组织和能源企业主要负责人就如何创造更清洁、安全、可负担的未来能源系统展开了讨论，并作了发言。

1月25日 中电联专职副理事长魏昭峰会见台湾旅沙电力协会理事长郑翔之、秘书长肖金义等一行，双方就两岸电力行业交流与合作进行了友好而深入的交谈。

1月25日 由国务院国资委综合局、中国社科院企业社会责任研究中心联合主办的“中国社会责任百人论坛暨《中央企业社会责任蓝皮书（2017）》发布会”在北京举行。南方电网公司精准扶贫案例入选蓝皮书；中国华电“以度度关爱之心 行责任品牌之路”案例入选《中央企业社会责任蓝皮书（2017）》，并荣获“2017年度中国最具影响力责任品牌”“2017年度十大责任国企”“卓越责任官”等多个奖项。

1月27日 西藏自治区人民政府、河北省人民政府和中国华电签订“关于金沙江上游藏川段水电送冀战略合作协议”，金上水电外送消纳取得实质性进展。

1月29日 中广核广利核公司与韩国斗山重工签署韩国4台核电机组棒控系统改造项目供货合同。

1月30日 国家能源局召开全国电力安全生产电视电话会议。

同日 中电联在北京召开2018年全国电力行业统计与分析工作会议。中电联专职副理事长杨昆出席会议并致辞。

1月31日 中电联在北京召开2017—2018年度全国电力供需形势分析预测报告新闻发布会，为社会和有关部门了解电力行业形势、出台有关政策，以及企业生产经营决策提供参考。

同日 经报国务院批准，中国核工业集团有限公司与中国核工业建设集团有限公司实施重组。

同日 国务院总理李克强与英国首相特蕾莎·梅共同会见出席中英企业家委员会成立大会暨第一次会议的企业代表，中广核党组书记、董事长贺禹作为中方代表发言，向两国领导人介绍中国在英国及欧洲最大投资项目进展情况。

同日 三峡汕头市南澳洋东300MW海上风电项目获得核准，成为粤东地区首个核准的海上风电项目，标志着中国三峡集团在粤东地区海上风电开发取得重大突破。

2月 中电联完成《中国电力工业现状与展望（2018）》的编撰出版工作，并向电力行业“两会”代表委员及会员单位发放。

2月5日 国家能源局印发《2018年电力安全生产工作思路和重点任务安排》（国能发安全〔2018〕15号）。

2月9日 国家能源局与陕西省政府签署《关于推动能源产业创新绿色发展战略合作框架协议》。根据协议，双方将重点围绕落实中共中央总书记、国家主席习近平提出的能源安全新战略，加强政策、改革、创新等方面合作。

同日 国家水利部公布了2017年度生产建设项目国家水土保持生态文明工程名单，广东电网公司梅州供电局建设的“220kV园区（畲江）输变电工程”名列其中，这是广东省和南方电网首个生产建设项目国家水土保持生态文明工程，也是全国220kV输变电工程中唯一获此殊荣的项目。

2月10日 中国能建设计并承建的亚洲最大9H级燃机——巴基斯坦百路凯1223MW联合循环电站工程首次并网成功。

2月11日 国家能源集团牵头成立中国氢能源及燃料电池产业创新战略联盟，并被选举为首届联盟理事会理事长单位。

2月14日 国家能源局印发《关于进一步加强电力建设工程质量监督管理工作的意见》（国能发安全〔2018〕21号）。

2月15日 中核集团旗下田湾3号机组完成100h满功率运行考核，具备商运条件。

2月24日 全国自贸区首个供用电规则——《中国（广东）自由贸易试验区珠海横琴新区片区供用电规则》在珠海正式发布。

2月26日 国家能源局印发《2018年能源工作指导意见》（国能发规划〔2018〕22号）。

2月27日 国家能源局印发《关于进一步深入做好流域水电综合监测及水能利用监测工作的通知》（国能综通新能〔2018〕29号）。

同日 新华网以《守护温暖——国家电投2018年春节保供纪实》为题报道国家电投春节保电保供热工作。

同日 全国政协常委、外事委员会主任、中国工程院院士潘云鹤一行到国家能源集团调研考察。

2月28日 国家能源局印发《2017年度光伏发电市场环境监测评价结果》。

同日 国家发展改革委、国家能源局印发《关于提升电力系统调节能力的指导意见》（发改能源〔2018〕364号）。

同日 “西气东输”线上单体规模最大的江苏华电昆山热电有限公司热电联产项目在江苏昆山投用。

3月 中电联编制完成《中国电力企业联合会服务指南（2018）》，并向会员单位发送，为会员单位提供了“服务工作路线图”。编制完成17家理事长、副理事长单位《专项服务合同履约报告》。

3月 中电联出版《文化创新实践——电力行业企业文化建设优秀成果集2017（上、下）》和《全国电力行业企业文化建设示范单位典型经验（2017）》，并向行业及社会公开发布。

3月 中国大唐获得国家标准化管理委员会批准，负责“国家技术标准创新基地（发电国际标准化）”筹建工作。

3月 在WANO公布的全球核电机组运行业绩排名中，中核集团旗下共有6台机组获得100分，分别为秦山一期30万kW机组，秦山二期1、2、3号，田湾核电站2号机组，福清核电1号机组。

3月1日 国家电投申报的国际标准IEC 63186《核电厂—安全重要仪表和控制系统—地震停堆系统推荐性设计准则》立项，实现了中国核电领域在国际标准化组织（ISO和IEC）标准制定上的历史性突破。

同日 国家能源集团所属国电电力召开七届五十一次董事会，审议通过关于公司出资组建合资公司重大资产重组暨关联交易方案等16项议案。根据议案，国电电力和中国神华将以各自持有的相关火电公司股权及资产，共同组建合资公司。

3月2日 中宣部命名第四批50个全国学雷锋活动示范点和50名全国岗位学雷锋标兵，国家电网公司系统4个集体和2名员工获此殊荣。

同日 中电联专职副理事长王志轩会见发展改革委气候司司长李高一行，双方就中电联开展电力行业参与全国碳市场及电力行业低碳发展情况进行交流。

3月5日 国家能源局印发《关于发布2018年度风电投资监测预警结果的通知》（国能发新能〔2018〕23号）。

同日 国际电力公司英国SpaldingOCGT（具有黑启动功能的燃气开式循环机组）项目正式开工建设，总装机容量30万kW，总投资约9800万英镑，预计2019年6月投产。这是海外国际兴业有限公司（华能持股60%、粤电持股40%）收购国际电力公司50%股权以来，国际电力公司首次在英国实现新项目开发建设。

3月8日 南方电网公司首次发布《南方电网公司新技术应用指南（2018版）》，打通新技术推广应用绿色通道，促进技术和装备更新换代。

3月13日 国家发展改革委、国家能源局印发《增量配电业务配电区域划分实施办法（试行）》（发改能源规〔2018〕424号）。

同日 中广核岭澳L214大修提前7.86天结束，工期27.14天，创造国内核电机组大修非RCD模式（反应堆完全卸料模式）的最短工期和国内含二/三级BOSS检修的最短大修工期纪录。

3月13～16日 中国电力建设企业协会在北京组织召开了2018年度电力建设科学技术进步奖以及电力建设优秀质量管理QC成果奖评审会。国投北疆“燃煤发电机组烟气超低排放技术研究及应用”和“低温过热器进口集箱接管泄漏治理研究及应用”两项科技成果分别荣获电力建设科技进步奖二等奖、三等奖，“解决磨煤机低煤量振动问题”荣获电力建设优秀质量管理QC成果奖三等奖。

雅砻江锦屏二级水电站、官地水电站通过水利部国家水土保持生态文明工程评审，荣获2017年度“国家水土保持生态文明工程”称号。

3月14日 华能果多水电有限公司名称变更为西藏开投果多水电有限公司。至此，果多公司完成51%股权转让、股权交割及工商变更登记手续。此次股权转让完成后，华能澜沧江上游水电有限公司持有西藏开投果多水电有限公司15%股权。

同日 由中国能建参与研究编制的首个“一带一路”国家级电力规划课题——“老挝电力规划研究”完成并通过验收。

3月15日 国家电投所属内蒙古乌兰察布外送京津冀风电基地项目获得国家能源局批复，一期600万kW建设规模获准列入内蒙古自治区2018年新增风电建设规模管理，所发电量按照可再生能源优先发电原则参与京津冀电力市场交易。

3月16日 国家能源局发布2018年第1号公告，批准《水电工程混凝土生产系统设计规范》等6项能源行业标准英文版。

同日 国家发展改革委正式印发《关于蒙西—晋中特高压交流工程核准的批复》，核准建设蒙西—晋中特高压交流工程。该工程是国家电网公司累计获得核准的第十二项特高压交流工程，标志着华北区域特高压交流主网架将构建形成。

同日 中电联专职副理事长杨昆、魏昭峰会见法国能源监管委员会专员让-劳伦·拉斯特耶一行，双方建立了工作联系，就两国能源电力发展、相关政策进行了交流，并探讨了未来合作前景。

同日 中核集团董事长王寿君会见约旦原子能委员会主席图甘，签署“‘华龙一号’合作谅解备忘录”和“高温气冷堆合作谅解备忘录”。

3月19日 国家电网公司召开“三区两州”深度贫困地区电网建设动员会，国家电网公司总经理、党组副书记寇伟，国务院扶贫办副主任洪天云，国家能源局副局长刘宝华出席会议并讲话。新疆维吾尔自治区常务副主席张春林，四川省副省长尧斯丹、西藏自治区副主席张永泽、甘肃省副省长宋亮、青海省副省长匡湧代表五省（自治区）发言。

当地时间3月19日 南方电网公司与加拿大资产管理公司在智利圣地亚哥完成股权交割，南方电网公司成功收购加拿大资产管理公司间接持股的智利最大输电公司Transelec公司约27.8%的股权。

3月20日 全国两会顺利闭幕。全国两会期间，国家电网公司总部和有关单位应急指挥中心互联互通，开展24h保电值班，共投入供电保障人员27117人、保电车辆6020辆，确保电网运行正常，实现“设备零故障、客户零闪动、工作零差错、服务零投诉”目标，完成保电任务。

同日 第十一届“新财富中国最佳投行”榜单出炉，华能澜沧江水电股份有限公司（股票简称：华能水电，沪市代码：600025）IPO项目在参评的300个项目中名列2017年度最佳IPO项目第二名。

3月22日 国家能源局印发《国家能源局2018年市场监管工作要点》（国能综通监管〔2018〕48号）。

同日 国家能源局发布2018年第2号公告，批准《应用于核电厂的一级概率安全评价 第11部分：功率运行内部事件》等74项行业标准。

同日 国投北疆与天津大学就人才培养、课题攻关、项目合作等内容，签订战略合作协议。

3月23日 国家能源局印发《2018年电力可靠性管理和工程质量监督工作重点》（国能综通安全〔2018〕50号）。

同日 中电联在北京组织召开2018年经济形势与电力发展经济预测会，中电联专职副理事长杨昆作“2017年我国电力发展形势分析与展望”主旨演讲。

同日 巴基斯坦国庆日当天，巴基斯坦总理阿巴西亲自签发授予华能萨希瓦尔电站“杰出成就奖”。

3月26日 国家能源局、国务院扶贫办印发《光伏扶贫电站管理办法》（国能发新能〔2018〕29号）。

同日 云南电网公司与中国铁塔云南分公司共享铁塔合作协议签字仪式在昆明举办，双方共同签署了《共享铁塔合作协议》，在国内率先实现了省级电网企业与省级铁塔公司关于“共享铁塔”的战略合作模式。

同日 中广核沈昌祥院士工作站揭牌仪式暨院士工作站工作启动会在深圳中广核大厦举行。

3月28日 中国电建水电十四局大理晴云山风电场、斗顶山风电场工程通过竣工验收。

当地时间3月28日 法国电力公司（EDF）在巴黎举行2017年度国际同类型机组安全业绩挑战赛颁奖仪式。中广核大亚湾核电基地荣获核安全/自动停堆和能力因子两项第一名。

3月29日 中电联专职副理事长魏昭峰会见国际能源宪章秘书长鲁斯纳克博士，双方就能源宪章北京研究中心及双方互派专家交流等事项进行深入沟通。

同日 世界首个特高压多端混合直流工程——乌东德电站送电广东广西特高压多端直流示范工程获得国家发展改革委核准。

同日 福建华电永安发电公司二期工程7号发电机组通过168h试运，标志着中国首台燃煤耦合垃圾及污泥发电机组正式投产，开创了国内利用存量发电设施规模化耦合垃圾（生物质）及污泥发电的先例。

3月30日 由中广核达胜加速器技术有限公司与清华大学发起并主编的《电子束处理印染和造纸工业废水技术规范》在第十五届中国国际核工业展览会上正式颁布，该技术规范是全球电子束处理工业废水应用领域的首个技术标准。

3月31日 中国华电所属望亭发电厂2号燃机一次并网成功，标志着全国首个9FA级燃机自主大修取得成功，打破了国内9FA级燃气轮机大修技术长期被国外原始设备制造商垄断的局面。

3月31日～4月4日 中电联在安徽合肥开展2017年度电力行业特有职业（工种）高级技师评审工作，共5145份申报材料通过评审，通过率78.63%。

4月 中国电力企业联合会电力司法鉴定中心（北京）成功入选北京市高级法院“北京法院对外委托专业机构名单”。

4月2日 国家能源局印发《关于减轻可再生能源领域企业负担有关事项的通知》（国能发新能〔2018〕34号）。

同日 中电联开展孟加拉国帕亚拉2×660MW超超临界燃煤电站工程的质量监督服务，电力工程质量监督“走出去”迈出了重要一步。

4月3日 国家能源局印发《分散式风电项目开发建设暂行管理办法》（国能发新能〔2018〕30号）。

同日 国家能源局发布2018年第4号公告，批准《风力发电机组振动状态评价导则》等168项行业标准。

同日 南方电网公司与中国广核集团在深圳完成埃德拉项目股权交割，成功收购马来西亚埃德拉公司37%股权。

4月9日 国家能源局印发《关于切实做好2018年电力行业防汛抗旱工作的通知》（国能综通安全〔2018〕59号）。

同日 国家发展改革委、国务院国资委联合印发《中国长江三峡集团有限公司战略发展定位意见》，明确中国三峡集团战略发展定位。

4月9～13日 国家能源局副局长李凡荣赴印度出席第16届国际能源论坛（IEF）部长级会议，并在会议闭幕式上代表中国政府宣布，中国将于2020年主办第17届IEF部长级会议。

4月10日 国家电网公司董事长、党组书记舒印彪在海南博鳌参加博鳌亚洲论坛2018年年会开幕式，参加国资委召开的央企座谈会并发言。

同日 生态环境部副部长、国家核安全局局长刘华在北京向中广核台山公司颁发台山核电厂1号机组首次装料批准书。

4月11～12日 由国家电投所属上海核工院牵头，联合国核自仪承担的大型先进压水堆核电站重大专项“核电泵、阀、电气设备及测量仪表研制”课题通过国家能源局验收。

4月11日 中国大唐海外公司与圣多美和普林西比民主共和国政府签署了“能源开发战略合作框架协议”，与比利时特克贝尔公司签署了“境外电力项目开发战略合作框架协议”。

同日 由中国电建昆明院设计，水电四局、水电十四局、水电基础局、西北院等单位参建的世界在建最高碾压混凝土重力坝——黄登水电站主坝全线封顶。水电站主坝全线达到1625m设计高程。

4月12日 中国国际贸易促进委员会、中国国际商会、世界商会联合会、丝绸之路商务理事会共同举办了“一带一路”贸易投资论坛，中国大唐作为丝绸之路商务理事会中国委员会主席单位举办了“大唐之夜”活动，60多个国家的400多名国内外嘉宾出席活动。

同日 中广核大亚湾公司召开媒体通气会介绍岭澳1号机组创纪录情况。中广核岭澳1号机组连续13年无非计划停机停堆，截至2018年4月4日实现连续安全运行达4373天，创造了国际同类型机组连续安全运行天数的最高纪录。

4月13日 国家电网公司科技咨询委员会成立会议暨第一次咨询活动在北京举行，36位中国科学院和中国工程院院士参加会议。

4月16日 国家核安全局向中广核铀业发展有限公司颁布全国首台高燃耗乏燃料运输容器ENUN 24P使用批准书。

4月17日 国家电网公司总经理、党组副书记寇伟赴吉林参加“央企助力东北振兴·建设美丽吉林”座谈会并发言。

同日 中电联在北京组织召开“发电企业碳排放交易相关工作座谈会”，中电联专职副理事长王志轩出席并讲话。

4月18～20日 中电联在浙江海盐召开“2018年度全国电力企业文化建设工作交流会暨企业文化建设示范单位现场会”。中电联专职副理事长于崇德出席会议并讲话。

4月18～20日 生态环境部副部长、国家核安全局局长刘华到中广核大亚湾、阳江、台山核电基地调研。

4月19～20日 由国家电投所属上海核工院牵头，联合国核华清、上海交大共同承担的大型先进压水堆核电站重大专项“CAP1400熔融物堆内滞留（IVR）研究及试验”课题通过国家能源局验收。

4月20日 全国人大常委会副委员长艾力更·依明巴海一行赴国家电投所属上海核工院调研国家科技重大专项工作开展情况。

同日 中国华电首座抽水蓄能电站——华电福新周宁抽水蓄能电站下水库成功截流，标志着该电站下水库工程建设全面铺开，进入大坝主体工程施工阶段。

4月23日 国家能源局印发《关于公布2018年全国水电站大坝管理单位安全责任人名单的通知》（国能综通安全〔2018〕68号）。

4月25日 生态环境部在北京向国家电投所属三门核电颁发“三门核电厂1号机组首次装料批准书”，标志着中国三代核电自主化依托项目——全球首台AP1000核电机组各项工作均已满足要求，即将投入运行。

同日 中国能建参与设计、建设的三代核电AP1000全球首堆装料获批。

4月25～26日 由国家电投所属上海核工院牵头，联合国核华清、上海交大共同承担的大型先进压水堆核电站重大专项“CAP1400非能动安全壳冷却系统性能研究及试验”课题通过国家能源局验收。

4月26日 国家电网公司董事长、党组书记舒印彪出席国网分布式光伏云网2.0上线暨新能源生态伙伴大会并讲话。国务院扶贫开发领导小组办公室副主任洪天云与舒印彪为光伏学院揭牌。

4月27日 国家能源局印发《关于进一步促进发电权交易有关工作的通知》(国能发监管〔2018〕36号)。

4月27～28日 国家电网公司董事长、党组书记舒印彪到山东调研并检查上合组织青岛峰会保电工作。期间，与山东省委书记刘家义、省长龚正举行会谈。双方就上合组织青岛峰会保电、山东新旧动能转换综合试验区建设、服务山东高质量发展等达成共识，并签署加快山东新旧动能转换综合试验区建设战略合作框架协议。国家电网公司副总经理、党组成员王敏代表公司签署协议。

4月28日 国家能源局印发《关于加强和规范电力建设工程质量监督信息报送工作的通知》(国能综通安全〔2018〕72号)。

同日 2017年光伏应用领跑基地项目优选工作结束，国家电投共获得164.5万kW开发权，在全部项目中占比32.9%，在所有64家参与投标企业中排名第一。

同日 中华全国总工会庆祝“五一”国际劳动节大会在北京人民大会堂隆重召开。会上，中核集团海南核电有限公司荣获“全国五一劳动奖状”，原中核建集团中国核工业第五建设有限公司焊工班班长罗开峰、中国核工业华兴建设有限公司木工主工长陈晓兵获得“全国五一劳动奖章”。

5月 电力发展研究院(中电联技经中心)获得英国皇家特许测量师学会(RICS)举办的“RICS Awards 2018”年度专业咨询服务团队一建造领域优秀奖。

5月1日 国家电投所属黄河公司太阳能西宁分公司、东北公司、上海核工院等三家单位获2018年度“全国五一劳动奖状”，河南公司平顶山热电设备维护部机械二班获2018年度“全国工人先锋号”。

5月3日 国家能源局印发《用户“获得电力”优质服务情况重点综合监管工作方案》(国能发监管〔2018〕41号)。

同日 国家能源局发布2018年第5号公告，决定废止《关于印发〈电工进网作业许可考试违纪行为处理规定〉的通知》(电监资质〔2006〕46号)等14件文件。

同日 共青团中央、全国青联公布了第22届“中国青年五四奖章”评选结果，由中核集团中国核动力研究设计院报送的核动力研发设计团队荣获中国青年集体最高荣誉——中国青年五四奖章集体。

5月9日 国家能源局印发《关于进一步支持贫困地区能源发展助推脱贫攻坚行动方案(2018－2020年)的通知》(国能发规划〔2018〕42号)。

5月10日 南方电网公司在深圳前海举办2017年社会责任报告、绿色发展年刊发布会暨南方电网服务粤港澳大湾区发展论坛，并发布了南方电网公司第11份社会责任报告。

同日 国内最大单体海上风电项目——中广核阳江南鹏岛400MW海上风电场正式开工。

同日 中埃塞两国政府正式签订由中国能建承建的默克莱供水开发项目的合作框架协议。全国人大常委会委员长栗战书和埃塞俄比亚总理阿比·艾哈迈德出席仪式。

5月11日 国家能源局印发《关于2017年度全国可再生能源电力发展监测评价的通报》(国能发新能〔2018〕43号)。

同日 国家电网公司董事长、党组书记舒印彪主持召开领导班子扩大会议，通报党中央、国务院关于刘国跃任副总经理、党组成员，免去王敏的副总经理、党组成员职务(另有任用)的相关决定。

5月13～15日 国家电网公司董事长、党组书记舒印彪出访巴基斯坦。14日，在巴基斯坦总理阿巴西和中国驻巴基斯坦大使姚敬的见证下，与巴基斯坦国家输电公司总裁扎法尔、私营电力与基础设施委员会执行董事沙阿·贾汉签署“默蒂亚里—拉合尔±660kV直流输电工程输电服务协议”“默蒂亚里—拉合尔±660kV直流输电工程输电执行协议”等交易文件。签约仪式后，舒印彪拜会巴基斯坦总理阿巴西。

5月14日 国家能源局印发《关于发布2021年煤电规划建设风险预警的通知》(国能发电力〔2018〕44号)。

同日 中宣部在天津举办“时代楷模”张黎明发布活动。中宣部副部长、国家新闻出版署(国家版权局)署长(局长)庄荣文主持发布活动。国家电网公司党组书记、董事长舒印彪，党组副书记、副总经理辛保安，党组成员、工会主席刘广迎参加发布仪式。28日，中央宣传部印发《中共中央宣传部关于授予张黎明同志“时代楷模”称号的决定》，授予张黎明“时代楷模”称号。

同日 根据《国务院扶贫开发领导小组关于2017年中央单位定点扶贫工作试考核情况的通报》(国开发〔2018〕7号)，国资委扶贫开发工作领导小组向国家电网公司通报2017年定点扶贫工作试考核结果，国家电网公司2017年定点扶贫工作等次为“好”。

同日 中广核综合热工水力与安全实验室通过深圳市科技创新委员会评估验收，正式挂牌深圳市核反应堆安全重点实验室。

5月15日凌晨 明晟公司公布了一系列MSCI指标的审查结果，标志着中国A股正式纳入MSCI系列指数，“国投电力”纳入MSCI系列指数获得确认。

5月16日 国家能源局印发《国家能源局关于修改水电领域6件规范性文件的通知》(国能发新能〔2018〕45号)。

5月17日 国家能源局印发《电力建设工程施工安全专项治理行动实施方案》(国能综通安全〔2018〕84号)。

同日 国家能源局2018年度水电建设工程防洪度汛应急演练在辽宁清原抽水蓄能项目中国电建水电八局施工区举行，这是国家能源局首次举行大型现场应急演练活动。

5月18日 国家能源局印发《关于推进太阳能热发电示范项目建设有关事项的通知》(国能发新能〔2018〕46号)。

同日 国家能源局印发《关于2018年度风电建设管理有关要求的通知》(国能发新能〔2018〕47号)。

同日 在中国企业责任品牌计划启动会暨“最牛责任品牌”发布会上，国家电投荣获责任品牌金牛奖。

同日 滇西北至广东±800kV特高压直流输电工程全面投产运行。

5月20日 来自马尔代夫、日本、西班牙、瑞士、韩国、印度、厄瓜多尔、斯洛伐克等19个国家的驻华大使、公使、总领事等47位外交官组成的驻华使节团到澜沧江公司景洪电站参观。使节团对澜沧江公司大力履行社会责任、致力于"一带一路"电力设施建设等方面作出的贡献给予赞誉，并希望进一步加强与公司的沟通交流。

5月21日 中国能源建设股份有限公司新设（重组）公司成立大会在北京召开。8家新设（重组）公司为规划设计公司、北方建投、华东建投、南方建投、西北建投，重组投资公司、国际公司、咨询公司。

5月22日 国家发展改革委、国家能源局、生态环境部、国防科工局等部门印发《关于进一步加强核电运行安全管理的指导意见》（发改能源〔2018〕765号）。

同日 全国人大常委会副委员长，中华全国妇女联合会主席沈跃跃一行到裕华公司调研大气污染防治法落实情况。

同日 中广核自主研发的核电站数字化仪控系统和睦系统百万千瓦级核电工程首台套应用揭牌仪式在阳江核电站举行，阳江核电5号机组成为中国首个使用自主研发神经中枢的百万千瓦级核电项目。

5月23日 中国能建承建的阳江核电厂5号机组成功实现并网发电。

5月25日 中电联在北京召开中电联第六届理事会第六次会议。杨昆报告了中电联一年来的工作情况和下半年工作安排，魏昭峰、王志轩报告了中电联2017年财务和会费收支情况及相关议案。于崇德主持会议。会议增补全球能源互联网发展合作组织、协鑫集团有限公司为第六届理事会理事单位、常务理事单位、副理事长单位，增补伍萱、朱共山为第六届理事会理事、常务理事、副理事长，增补浙江省电力行业协会为第六届理事会理事单位，增补任乐鸣为第六届理事会理事。会议审议通过了相关报告。会议审议通过了关于发展会员的议案，10家单位成为中电联会员单位。会议同意设立中电联电动汽车与储能分会、燃料分会。

同日 中电联在北京召开中电联临时会员代表大会。审议通过了《中国电力企业联合会章程（修改草案）》《中国电力企业联合会会费缴纳及管理办法（修改草案）》，选举产生了中电联首届监事会监事，首届监事会由9人组成。

同日 中国大唐收到国家工商行政管理总局商标局《第20340253号"唐朝"商标不予注册的决定》（〔2018〕商标异字第0000018237号），认定中国大唐商标为"能源生产"服务商的驰名商标。

5月26日 世界单级提升高度最高的向家坝水电站升船机正式开始试通航。

5月27日 南方电网公司在海南省三沙市永兴岛建成投运中国首个远海岛屿智能微电网，使永兴岛的供电能力提高8倍，让孤立海岛的供电稳定性可媲美城市。

当地时间5月28日 中广核董事长贺禹在英国伦敦大使官邸拜会中国驻英国大使刘晓明，并检查英国项目群工作开展情况。

5月28日 国家发展改革委、水利部、国家能源局印发《关于开展长江经济带小水电排查工作的通知》（发改办能源〔2018〕606号）。

同日 在南方五省区有电130周年之际，南方电网公司在广州召开《中国南方电力工业志（1888～2002）》发布会，该志填补了中国南方区域电力工业志书的空白。

5月29日 中国华能与中国船舶重工集团有限公司在中船重工总部签署战略合作框架协议。根据协议，双方将本着"长期合作、共赢发展"的原则，深化在清洁能源、电站工程、煤炭开采、交通运输、资本和金融以及海外市场开发等领域的合作。其间，华能江苏分公司与中船海装北京新能源公司还就海上风电开发签署了合作框架协议。

5月30日 中电联在武汉电力职业技术学院召开中电联电力培训标准化技术委员会成立大会，完成制定2个中电联团体培训标准，在编2个培训标准，启动3个培训标准。

同日 国务院国资委党委委员、副主任翁杰明到宁德核电调研指导工作。中广核党委常委、副总经理谭建生陪同调研。

同日 中国电建北京院投资建设的山西河曲风电一期100MW工程项目开工。

同日 中国能建签订全球最大光热发电项目——迪拜太阳能园区第四期700MW光热发电项目勘察设计合同。

同日 三峡新能源江苏大丰300MW海上风电项目首台风机吊装成功，为中国三峡集团在江苏地区建成首个集中连片规模化开发的百万千万级海上风电基地迈出了坚实一步。

当地时间5月31日 国防科工局副局长王毅韧到中广核英国项目群公司调研指导工作。

5月31日 国家发展改革委、财政部、国家能源局印发《关于2018年光伏发电有关事项的通知》（发改能源〔2018〕823号）。

同日 国家能源局召开2018年电力可靠性指标发布会暨安全生产月启动会，回顾总结2017年电力可靠性工作，部署2018年重点任务，启动2018年电力行业"安全生产月"活动。国家能源局党组成员、副局长刘宝华出席会议。

同日 根据国家能源局、中电联发布《2017年全国电力可靠性年度报告》，佛山供电局、深圳供电局、广州供电局、东莞供电局、中山供电局供电可靠性分别列全国第1、2、3、5、9名。

同日 华电济宁汶上100MW"领跑者"光伏项目一次性通过国网山东省电力公司验收并顺利并网投产。

同日 大唐雄安能源公司在雄安新区揭牌成立。

6月 中国电建成都院勘测设计的藏木水电站荣获国家优质工程奖。

6月 中国能建设计施工的国电泰州电厂4号机组获评2017年度全国百万千瓦火电最优机组。

6月1日 国家电投所属国核自仪牵头承担的大型先进压水堆核电站重大专项"CAP1400核电站数字化仪控系统工程样机研制"课题通过国家能源局验收，标志着具有完整自主知识产权、国产的核电站数字化仪控系统工程化产品研制成功。

同日 澜沧江公司苗尾水电站4号机顺利完成72h满负

荷试运行后正式进入商业运行。至此，苗尾水电站 4 台机组全部投产发电，澜沧江上游水电站发电序幕正式拉开。

同日 中国能建天津电建签署首个海外总承包+融资项目——巴基斯坦宝沃水泥厂余热发电项目。

6 月 3 日 第十五届土木工程詹天佑奖颁奖大会在北京召开，华能澜沧江公司糯扎渡水电站工程获得詹天佑奖。

同日 中国电建成都院全阶段设计、施工的锦屏一级水电站和参建的云南糯扎渡水电站荣获第十五届“中国土木工程詹天佑奖”。其中，由中国能建葛洲坝集团承建锦屏一级水电站获“詹天佑”奖。

同日 辽宁大连庄河海上风电项目 2018 年首台风机吊装成功，标志着中国最北端的海上风电项目全面进入风机吊装阶段。

6 月 5 日 国家能源局印发《关于促进能源领域首台（套）重大技术装备示范应用的通知》（国能发科技〔2018〕49 号）。

6 月 6 日 国家能源局发布 2018 年第 8 号公告，批准《煤层气定向井井身质量控制要求》等 87 项行业标准。

同日 美国爱迪生电气协会宣布国家电网公司智慧车联网项目获得 2018 年度国际爱迪生奖，国家电网公司成为首个获得该项殊荣的中国电力企业。

6 月 6～7 日 由西门子股份公司主办的 2018“一带一路”国际合作论坛在北京举行。中国华能董事长、党组书记曹培玺出席论坛，并发表题为《在“一带一路”倡议下深化全球能源电力合作》的主旨演讲。

6 月 7 日 国家能源局印发《国家能源应用技术研究及工程示范项目管理暂行办法补充规定》（国能发科技〔2018〕52 号）。

同日 国家能源局印发《2018 年承装（修、试）电力设施许可制度执行情况重点问题专项监管工作方案》（国能综通资质〔2018〕89 号）。

6 月 8 日 国家电网公司党组副书记、副总经理辛保安参加国资委 2017 年度党建责任制考核结果反馈。在 2017 年度中央企业党建工作责任制考评中，国家电网公司在全部企业中排名第一。

同日 上合青岛峰会前夕，在国家主席习近平和俄罗斯总统普京见证下，中核集团与俄国家原子能集团签署田湾 7/8 号、徐大堡核电站框架合同和示范快堆设备及服务采购框架合同。这是迄今为止中俄最大核能合作项目，通过项目实施将有力带动双边贸易产业与合作。

6 月 9 日 由中核集团承担的国际热核聚变实验堆（ITER）磁体支撑首批产品正式交付，运往位于法国的聚变实验堆现场，中国也成为首个向 ITER 项目批量交付核心产品的国家。该产品是 ITER 重要结构安全部件之一，100%自主研发制造，中核集团将继续积极支持国家核能发展三步走即热堆-快堆-聚变堆战略的实施。

6 月 10 日 国家能源局与丹麦能源、能效与气候事务部召开座谈会，双方就中丹能源合作情况、海上风电合作前景等进行深入探讨。会后，双方签署了“中丹质量海上风电合作实施协议”。

同日 2018“一带一路”暨金砖国家技能发展与技术创新大赛之“嘉克杯”国际焊接大赛在湖南株洲落幕。中国华能代表队荣获团体银奖；平凉发电公司王进帅、大坝发电公司邵刚、丰镇电厂李明明、汇流河电厂李洋荣获个人单项三等奖。

6 月 12 日 国家电网公司总经理、党组副书记寇伟赴英大传媒集团调研，了解报纸、影视节目等生产制作流程，慰问一线编辑记者。

6 月 12～21 日 国家电网公司董事长、党组书记舒印彪出访瑞士、俄罗斯、美国。出访瑞士期间，参加 IEC 高层管理会议，并作为 IEC 副主席出席 IEC 执行委员会会议、理事局会议和标准管理局会议。出访俄罗斯期间，分别与俄罗斯电网公司总经理利文斯基，俄罗斯统一电力国际公司总裁科瓦利丘克，统一俄罗斯党最高理事会成员、俄罗斯电网公司原总经理布达尔金，中国驻俄罗斯大使李辉举行会谈。出访美国期间，主持 IEC 市场管理局会议，赴全球能源互联网美国研究院调研。

6 月 13 日 国家能源集团企业形象标识正式在集团官网发布。

6 月 13～14 日 生态环境部副部长、国家核安全局局长刘华到中广核苏州院调研。

6 月 14 日 中电联在北京召开新闻发布会，发布《中国电力行业年度发展报告 2018》。

6 月 14～15 日 2018 年 G20 能源部长会议在阿根廷巴里罗切举行，国家能源局副局长刘宝华参加会议，并在部分分论坛就能源可及性问题发表讲话。

6 月 15 日 深圳市正式批复中广核研究院有限公司申报的核电站高安全性事故容错燃料技术工程实验室（Accident Tolerant Fuel，ATF），标志着中国首个高安全性事故容错燃料研发工程实验室正式落户中广核。

6 月 16 日 国家电网公司总经理、党组副书记寇伟陪同国务委员王勇、应急管理部书记黄明、北京市市长陈吉宁参加 2018 年全国安全宣传咨询日活动。国务委员王勇现场观摩了电力和消防应急演练，了解国家电网公司应急管理情况，对国家电网公司在应急抢险、建设国家电网北京电力应急防恐基地等方面所做的努力给予肯定。

6 月 17 日 中国电建水电八局承建的亚洲第一长坝、柬埔寨最大的水电工程——桑河二级水电站 5 号机组完成 72h 试运行，正式投产发电。

6 月 17～18 日 老挝副总理宋赛·西潘敦率领老挝政府企业高层代表团到南方电网公司考察。

6 月 19 日 国家能源局印发《关于做好光伏发电相关工作的紧急通知》（国能综通新能〔2018〕93 号）。

6 月 20 日 由世界经理人集团（World Executive Group）、世界品牌实验室（World Brand Lab）联合主办的 2018 年（第十五届）世界品牌大会在北京举行。会上发布 2018 年《中国 500 最具价值品牌》排行榜，国家电网品牌以 4065.69 亿元的价值蝉联榜首，品牌价值较 2017 年增长 766.82 亿元，连续 12 年攀升。这是国家电网品牌连续三年位居该榜榜首。

6 月 21 日 国家能源局、生态环境部印发《关于燃煤耦合生物质发电技改试点项目建设的通知》（国能发电力

〔2018〕53号）。

同日 由中国电建贵州工程有限公司承建的云南兰坪30MW扶贫光伏农业科技大棚电站项目成功并网，该项目位于云南省怒江自治州兰坪自治县内。

6月22日8:16 国投北疆二期工程3号机组完成168h满负荷试运行，具备商业运行条件，标志着国投北疆二期扩建工程两台机组投产发电。

6月24日 国家电投所属黄河公司水光风多能互补100万kW光伏示范项目并网发电。该项目是国家能源局首批集成优化示范项目，将与黄河上游水电、风电联合运行，实现水光风多能互补，提供安全稳定清洁电力供应。

同日 南方电网公司与广州银行举行广州银行引入战略投资者签约仪式，南方电网公司正式入股广州银行，成为其第二大股东。

6月25日 国家发展改革委、国家能源局印发《关于规范开展第三批增量配电业务改革试点的补充通知》（发改经体〔2018〕956号）。

同日 在国务院总理李克强与法国总理菲利普共同见证下，南方电网公司与法国电力集团签署博鳌乐城智能电网与低碳智慧能源综合示范区项目合作声明，中国大唐与法国电力集团在人民大会堂共同签署了“低碳能源境内外项目合作协议”。

6月26日 中国能建葛洲坝机电公司中标世界单机容量最大水电机组安装工程——中国长江三峡集团金沙江白鹤滩水电站右岸机电设备安装与调试工程和乌东德水电站左岸机电设备安装与调试工程。

6月27日 国家能源局印发《电力安全生产行动计划（2018—2020年）》（国能发安全〔2018〕55号）。

同日 中宣部、国资委、中华全国总工会、天津市委联合举办的“时代楷模”张黎明先进事迹报告会在北京人民大会堂举行。国资委党委书记郝鹏出席报告会并讲话。中宣部副部长、国家新闻出版署（国家版权局）署长（局长）庄荣文主持报告会。国家电网公司领导班子成员出席报告会。全国总工会、天津市委、市政府等有关领导参加。

同日 南方电网公司与中国移动通信集团有限公司、华为技术有限公司在上海联合发布了《5G助力智能电网应用白皮书》。

同日 国家能源集团在青海省2017年度脱贫攻坚表彰大会上被授予“青海省2017年度脱贫攻坚先进单位”荣誉称号。

同日 津巴布韦总统埃默森·姆南加古瓦出席中国电建承建的津巴布韦旺吉燃煤电站扩机工程开工仪式。

6月28日 第三届金砖国家能源部长会议在南非约翰内斯堡举行，国家能源局副局长刘宝华出席会议做主旨发言，并就能源发展与国际合作等问题与各方进行了深入交流。

同日 中电联在北京召开标准化工作会议。杨昆出席会议并讲话。

同日 国投电力与天合光能签订股权转让协议，取得云南冶金新能源股份有限公司建水南庄300MW光伏电站90%股权。

6月29日 南方电网公司李立涅院士、朱继忠教授获科学中国人（2017）年度人物。

同日 中国大唐集团国际贸易公司在海口市挂牌成立。

同日 中国电建贵州工程公司EPC总承包建设的首个水上渔光互补光伏项目——广东湛江鼎瑞渔光一体100MW光伏发电项目成功并网。

6月30日4:48 AP1000全球首堆浙江三门核电1号机组首次并网成功，各项技术指标均符合设计要求、机组状态控制良好。

同日 中国大唐海南能源开发有限公司三亚大隆水库干渠10MW集中式光伏发电项目一次性成功并网发电。

同日 中国大唐最大海上风电项目南澳勒门Ⅰ海上风电项目获得核准。

同日 中国电建华东院勘测设计的亚洲规模最大的海上风电场——江苏滨海北H2号400MW海上风电场全部投产。

同日晚间 国内首个大型商业化槽式光热电站——中广核新能源德令哈50MW光热项目一次带电并网成功，填补中国大规模槽式光热发电技术的空白，使中国正式成为世界上第8个拥有大规模光热电站的国家。

7月 中电联发布《中国电力行业可靠性年度发展报告（2018）》。

7月 中国能建总承包建设的在越南投资规模最大的电力项目——越南永新燃煤电厂一期项目1号机组正式投入商业运营。

7月5日 国家电投发起成立全国首家核能供暖产业联盟，旨在落实中央推进北方地区冬季清洁取暖的精神，聚集央企与黑龙江省产学研资源，开发安全高效的核能供暖技术，推进核能供暖产业应用，推动实现北方地区清洁供暖。

同日 云南省境内在建最大水电站——澜沧江公司黄登水电站首台1号机组通过72h试运行，正式投入商业运行。该项目2号机、3号机组相继于7月12日、8月16日投产发电，实现了“一月双投”“两月三投”。

7月6日 《中国国家能源局与保加利亚共和国能源部关于和平利用核能合作的谅解备忘录》在保加利亚首都索菲亚正式签署，为两国开展和平利用核能合作奠定基础。

同日 中国电建水电五局承建的安徽省最大抽水蓄能电站——安徽绩溪抽水蓄能电站下水库下闸蓄水。

7月7日 全国首个以农林废弃物秸秆为主要燃料的生物质气化耦合发电项目——湖北华电襄阳发电有限公司6号机组项目稻壳与秸秆成型燃料混合气化试验成功，各项参数达到设计要求，系统运行稳定。

7月10日 国家能源局副局长李凡荣出席中国—阿拉伯国家合作论坛第八届部长级会议，并代表国家能源局与阿拉伯联盟秘书处签署“关于成立中阿清洁能源培训中心的协议”。

7月11日 国家能源局印发《关于做好2018年台风多发季节核电厂安全应急管理工作的通知》（国能综通核电〔2018〕101号）。

同日 国家能源局印发《关于简化优化许可条件、加快推进增量配电项目电力业务许可工作的通知》（国能综通资质〔2018〕102号)。

7月12日21:00 中广核阳江核电5号机组投入商业运行。这是中国投入商运的首台ACPR1000技术路线机组，也是2018年中广核首台具备商运条件的核电机组，至此中广核具备发电能力的机组增加到21台。

7月16日 国家发展改革委、国家能源局印发《关于积极推进电力市场化交易进一步完善交易机制的通知》(发改运行〔2018〕1027号)。

7月17日 国家能源局印发《关于做好城镇生活垃圾焚烧发电项目运行监测评价工作有关要求的通知》(国能综通新能〔2018〕106号)。

同日 国务院国资委公布2017年度中央企业负责人经营业绩考核结果，国家电网公司再次获评经营业绩考核A级企业。南方电网公司获年度考核A级，这是南方电网公司连续十二年荣获A级。中国华能完成考核指标，第13次获年度经营业绩考核A级荣誉。大唐集团连续第六年荣获国资委经营业绩考核A级。国家能源集团、中国能建获得经营业绩考核A级。国家电投连续三年获评年度中央企业经营业绩考核A级。

7月18日 上海电建公司承建的世界首台135万kW超超临界二次再热燃煤发电机组——申能安徽平山二期项目开始锅炉钢架吊装，标志着整个安装工程建设全面展开。

7月19日 国家能源局印发《关于进一步加快推进电力行业危险化学品安全综合治理工作的通知》(国能综通安全〔2018〕109号)。

同日 国家电投所属上海成套院牵头承担的大型先进压水堆重大专项“常规岛关键设备自主设计和制造”课题通过国家能源局验收。该课题研究成果填补了大型核电汽轮机低压焊接转子设计制造、汽水分离再热器等多项国内技术空白。国家电投以营业收入297.265亿美元位列第395位，连续七年荣登榜单。

7月19日 美国《财富》杂志公布了2018年世界500强排行榜，南方电网公司排名第110位。中国华能以388.72亿美元的营业收入位列第289位。中国华电凭借2017年营业收入296.12亿美元的经营业绩，连续第七年上榜，位列第397位。国家能源集团位居第101位。中国电建以营业收入538.7亿美元名列182位，较2017年排名前进了8位。中国能建位列榜单第333位。

7月19～20日 国家电网公司2018年年中工作会议在北京召开。董事长、党组书记舒印彪出席会议并做题为《锐意进取 扎实工作 全面完成新战略开局之年各项任务》的工作报告，总经理、党组副书记寇伟主持会议并作会议总结。

7月19～20日 中电联在四川省成都市召开“2018年中国燃煤发电高峰论坛暨火电机组能效水平对标结果发布会”。共计700余名代表参加了此次峰会。

7月23日 国家能源局印发《关于切实做好电力行业防汛防台风和抢险救灾工作的紧急通知》(国能综通安全〔2018〕111号)。

7月26日 中电联在北京组织举办2018年“中国电力主题日”活动。以“‘一带一路’点亮世界”为主题，向社会各界集中展示了电力企业在推动“一带一路”建设中做出的努力和贡献，交流了“一带一路”电力建设的经验和做法，首次在海外(老挝)设立分会场。

同日 中国华电发电量完成20.06亿kWh，同比增长4.9%，首次突破20亿kWh。

7月29日 由调峰调频发电公司投资开发建设的海南首座抽水蓄能电站——海南琼中抽水蓄能电站全面投产发电。

7月30日 国家能源局印发《电力行业应急能力建设行动计划(2018—2020年)》(国能发安全〔2018〕58号)。

7月31日 国家能源局印发《关于开展承装(修、试)电力设施企业信用监管试点工作的通知》(国能综通资质〔2018〕117号)。

同日 中国电建江西水电公司承建的吉安灵华山100MW风电场完成竣工验收。

7月31日～8月1日 国家能源局党组成员、副局长綦成元赴安徽金寨，与国务院扶贫办联合召开全国村级光伏扶贫电站建设管理工作会。

8月 中电联发布《中国电力行业人才年度发展报告2018》。

8月 中国能建主编的《塔式太阳能光热发电站设计标准》发布，填补国内外太阳能光热发电站设计标准的空白。

8月2～3日 中电联组织召开2018年电力行业国际合作会议暨中国国际贸易促进委员会电力行业委员会(电力贸促会)委员大会。中电联专职副理事长魏昭峰出席会议并致辞。

8月3日 国家能源局印发《能源行业监测统计调查制度》(国能发规划〔2018〕60号)。

同日 国家能源局印发《可再生能源发电利用统计调查制度》(国能发规划〔2018〕61号)。

同日 国务院国资委印发《国企改革“双百行动”工作方案》，长江电力、三峡资本作为中央企业子企业被确立为“双百企业”。

8月4日 国家能源局印发《关于依托能源工程组织申报第一批燃气轮机创新发展示范项目的通知》(国能综通科技〔2018〕121号)。

8月6日 国家电投获批国内首单面向公众投资者公司债券“储架发行”，获批公开发行公司债券260亿元。

同日 国务院国资委印发《国企改革“双百行动”工作方案》，深圳供电局成为全国唯一入选“双百企业”的供电局。

8月7日 中国华能科技工作者危师让荣获2018年度顾毓琇电机工程奖，成为该奖项设立以来第一位获此殊荣的发电领域科技人员。

同日 国家电投所属上海核工院、国核运行等单位联合实施的大型先进压水堆重大专项“CAP1400蒸汽发生器研制”课题通过国家能源局验收。该课题历时3年科研攻关，突破了技术瓶颈，使中国具备了CAP1400蒸汽发生器自主制造能力。

8月8日 在老挝副总理宋赛·西潘敦和中国驻老挝大使王天文见证下，南方电网公司与老挝政府签署《关于开发建设老挝国家输电网可行性研究谅解备忘录》。

8月9日 南方电网统调最高负荷达1.69亿kW，同比增长3.4%。

同日 国家电投所属上海核工院牵头50家核电主体单位共同开展大型先进压水堆重大专项“中国先进核电标准体系研究”课题第一阶段所提出的标准体系框架方案成果，得到国务院采纳，即以通用标准为主、堆型专用标准为辅的包容性框架，建立中国统一的核电标准体系。

8月10日 中国华能与哈尔滨电气集团有限公司在集团公司总部签署战略合作框架协议。根据协议，双方将本着“资源共享、优势互补、互惠互利、合作共赢”的原则开展全方位战略合作，重点深化在清洁能源发电、电站服务、海外电力项目、科研、金融等领域的合作。

同日 国家能源集团参展2018第三届中国西安光伏产业发展高峰论坛暨展览会，集团研发创新的铜铟镓硒薄膜光伏建筑一体化（CIGS－BIPV）核心技术实验单元在展会上首次亮相。

8月11日 世界海拔最高的500kV芒康变电站建成投运，标志着西藏电网电压等级实现由220kV到500kV的历史跨越。

8月13日 国家能源局印发《2018年度核电重大专项科研设施及验证平台开放共享试点平台的通知》（国能综通核电〔2018〕123号）。

8月14日14:10 AP1000全球首堆三门核电1号机组首次100%满功率运行。

8月15日13:46 中国电建以EPC总承包方式承建的摩洛哥努奥三期项目发电机首次并网一次成功，标志着目前全球装机容量最大的150MW塔式光热电站项目并网目标顺利实现。

8月17日9:50 国家电投首台控股建设的海阳核电1号机组首次并网成功，各项技术指标均符合设计要求、机组状态良好。

8月19日 国家能源局、生态环境部印发《2018年各省（区、市）煤电超低排放和节能改造目标任务》（国能发电力〔2018〕65号）。

8月24日 国家能源局印发《关于推行电力业务许可办理“最多跑一次”的实施意见》（国能发资质〔2018〕66号）。

同日17:22 三门核电2号机组首次并网成功，各项技术指标均符合设计要求、机组状态良好。

8月27日 国家能源局印发《关于修改承装（修、试）电力设施许可证申请条件等规范性文件的通知》（国能发资质〔2018〕68号）。

8月28日 国家发展改革委、国家能源局印发《关于推进电力交易机构规范化建设的通知》（发改经体〔2018〕1246号）。

同日 国家能源局发布2018年上半年全国52个主要城市用电供电可靠性指标，佛山、东莞、深圳、广州分列全国1～4名，用户平均停电时间均少于1h。

同日 中电联专职副理事长杨昆与日本电动汽车用快速充电器协会（CHAdeMO）会长志贺俊之在京签署了电动汽车充电设施领域技术和标准合作谅解备忘录。

同日 中电联专职副理事长王志轩会见美国环保协会国际总裁茹冠洁，就气候变化、生态环境保护及中国电力行业环保领域发展等问题进行深入探讨。

8月29日 由世界品牌实验室主办的“亚洲品牌大会”发布了2018年亚洲品牌500强排行榜，南方电网公司位列第35位，较2017年上升1位。

同日 中国大唐董事、总经理、党组副书记陈飞虎在总部会见了日本自民党议员片山皋月一行。双方就推进清洁能源发展，促进两国企业加强合作进行了沟通交流。

8月30日 国家电网公司董事长、党组书记舒印彪，总经理、党组副书记寇伟，副总经理、党组成员韩君赴国网北京电力检查中非合作论坛北京峰会供电保障工作。

同日 中电联专职副理事长杨昆会见日本参议员片山皋月女士，探讨中日两国在第三国合作促进可再生能源发展的前景，实践此前中日峰会上两国达成的在第三国进行业务合作的协议。

同日 中电联在北京召开中电联电力行业信用体系建设工作联席会。中电联专职副理事长于崇德出席会议并讲话。

8月30～31日 董事长钱智民、副总经理魏锁出席CAP1400示范工程FCD（第一罐混凝土浇灌日）前同行评估暨工程推演活动，并调研国核示范自建项目。

8月31日 南方（以广东起步）电力现货市场试运行启动会在广州召开。这是全国首个投入试运行的电力现货市场，标志着广东电力市场体系基本建成。

9月1日 “中华人民共和国政府和加纳共和国政府和平利用核能合作协定”正式签署。

同日 中国电建党委书记、董事长晏志勇在总部会见来访的加纳总统纳纳·阿库福-阿多及代表团一行，双方围绕共同关心的能源和基础设施领域合作进行了坦诚交流，并签署了加纳优先基础设施项目协议。中国驻加纳共和国使馆大使王世廷，中国电建股份公司副总经理李燕明参加了相关活动及会谈。

9月2日 国家能源集团上榜“中国企业500强”榜单，排名第24位。

9月3日 南方电网公司重点科技项目——国内首个五端柔性直流配电示范工程在贵州投入试运行。

同日 中国大唐党组副书记、董事、总经理陈飞虎出席2018中非合作论坛北京峰会和2018中非领导人与工商界代表高层对话会暨第六届中非企业家大会。

同日8:00 中国电建水电一局承建的刚果（金）布桑加水电站举行大江截流仪式。

9月3～4日 2018年中非合作论坛北京峰会在北京隆重举行，南方电网公司董事长、党组书记孟振平应邀出席会议，公司党组成员、副总经理毕亚雄出席峰会配套活动非洲能源互联网发展论坛并作主旨演讲。

9月3～10日 中电联专职副理事长于崇德带队赴新加坡和菲律宾进行交流，与新加坡能源集团公司、新加坡能源市场监管局、菲律宾国家电力公司就中新、中菲电力基础信息交换探讨合作前景。

9月4日 “非洲能源互联网发展论坛”在京举行，中国大唐党组副书记、董事、总经理陈飞虎出席论坛并作题为“深化中非电力合作 助力点亮美丽非洲”的主旨演讲。

同日 中国电建上海电建公司承建的陕西清水川煤电一体化厂二期 2×1000MW 工程 3 号机组首次并网成功。

9 月 5～7 日 国务院国资委、西藏自治区在拉萨举办“央企助力西藏扶贫攻坚”系列活动。中国大唐董事、总经理、党组副书记陈飞虎出席了“央企助力西藏脱贫攻坚”会议暨签约仪式、中央企业援藏干部座谈会和“2018 年中央企业区内国有企业面向西藏高校毕业生和贫困家庭劳动力专场招聘会”等有关活动。

9 月 6 日 国家能源局印发《大型先进压水堆及高温气冷堆核电站重大专项档案管理实施细则》（国能综通核电〔2018〕132 号）。

同日 中电联理事长刘振亚和专职副理事长杨昆会见亚太电协主席、马来西亚电力公司总裁、首席执行官拿督斯里阿兹曼・莫德，共同探讨进一步推动亚太电协区域电力行业交流合作、推动区域电力行业发展。

9 月 6～7 日 国家电网公司总经理、党组副书记寇伟赴拉萨参加国资委央企助力西藏脱贫攻坚会议暨签约仪式，并代表中央企业发言。

9 月 7 日 国家电投召开总部、国家核电本部干部员工大会，就国家电投总部机构暨核能管理模式优化调整工作进行动员部署。

9 月 7 日 国内最大单机容量灯泡贯流式机组电站——大渡河沙坪二级水电站 6 台机组实现全部投产。

9 月 10 日 中国电建全阶段设计并施工的锦屏一级水电站荣获菲迪克 2018 年工程项目杰出成就奖，这是锦屏项目 6 月荣获第十五届中国土木工程詹天佑奖之后的又一重量级奖项。

9 月 10～17 日 中电联专职副理事长王志轩带队赴美国加州旧金山参加全球气候行动峰会，同时与美国和加拿大交流碳减排和碳市场建设有关情况。

9 月 10～18 日 国家电网公司董事长、党组书记舒印彪赴俄罗斯参加第四届东方经济论坛和中俄副总理级能源合作委员会第十五次会议，并赴蒙古国与蒙能源部长举行会谈。出访期间，舒印彪与俄统国际公司总裁科瓦利丘克举行会谈。并在东方经济论坛能源分论坛和中俄商业对话中发言。

9 月 11 日 中电联专职副理事长王志轩参加在美国加州旧金山举行的全球气候行动峰会，在中国碳市场展望（China Carbon Market Outlook）分会场作了主旨演讲。

9 月 11～13 日 中国大唐党组副书记、董事、总经理陈飞虎出席第 15 届中国—东盟博览会、中国—东盟商务与投资峰会，并出席中国大唐走进东盟与中国驻东盟十国参赞交流活动，拜会了柬埔寨首相洪森和老挝副总理宋迪・隆迪。

9 月 12 日 国家主席习近平在第四届东方经济论坛全会上宣布：中方已设立首期 100 亿元、总规模 1000 亿元人民币的中俄地区合作发展投资基金（简称中俄基金），愿同俄方一道支持运营好基金，推进重大项目落地，将其打造成为中俄地区合作的重要平台。中俄基金由国家电投作为主要发起人会同其他四家单位发起设立，采取有限合伙制，实行政府引导、市场化运作，重点支持中俄地区合作项目。

9 月 13 日 中芬智慧能源论坛在北京召开，国家能源局副局长刘宝华，芬兰环境、能源与住房部长蒂卡宁参会并讲话。

同日 国家能源局印发《关于加强电力行业网络安全工作的指导意见》（国能发安全〔2018〕72 号）。

同日 中电联专职副理事长杨昆会见阿联酋能源产业部副部长、第 24 届世界能源大会组委会主席玛塔・内雅迪博士，双方针对将于 2019 年 9 月在阿布扎比举办的世界能源大会上的合作进行深入探讨。

同日 国家能源集团在第十届“中华慈善奖”表彰大会上获评“中华慈善奖”捐赠企业。

9 月 14 日 人民日报海外舆情中心发布《中央企业海外品牌形象传播研究报告（2018 上半年）》。报告中显示，国家电投取得了海外传播和品牌建设的优异成绩，在国资委监管的 96 家中央企业海外品牌形象传播指数排行榜上排名第十，在同类型电力企业中排名第一。

同日 在海南省与中央企业第二轮战略合作协议签约仪式上，中国华能与海南省人民政府签署战略合作协议。

同日 海南省政府与中央企业战略合作签约仪式在北京举行。中国大唐等 9 家中央企业与海南省政府签订战略合作协议。国务院国资委主任肖亚庆，海南省省长沈晓明出席签约仪式。中国大唐董事、总经理、党组副书记陈飞虎代表中国大唐与海南省人民政府副省长彭金辉签订战略合作框架协议。

同日 中国能建与海南省人民政府战略合作协议在京签署。国务院国资委主任肖亚庆，海南省省长沈晓明，省委常委、政法委书记刘星泰出席签约仪式。

9 月 15 日 中国大唐参加并承办“电力之光”中国电力首届科普日，通过沙盘模型、视频短片形式，展示“清洁电力、助力蓝天工程、光煤耦合、超低排放、风力发电、人与自然和谐共生”等技术与成果。

9 月 16 日 2018 年太原能源低碳论坛召开。国家能源局党组成员、副局长刘宝华出席并致辞。

同日 第 22 号强台风“山竹”在广东台山登陆。南方电网公司全网一盘棋科学部署、应对有力，抢修复电迅速安全开展，三天内受影响用户已恢复供电。

9 月 18～21 日 中电联组织大陆地区会员企业参加在马来西亚吉隆坡召开的第 22 届亚太电协大会。国家电网公司、南方电网公司、中国华能、中国大唐、中国华电、国家能源投资集团、国家电力投资集团等单位均派代表团出席了本次会议。在亚太电协执委会会议暨第 44 届理事会会议上，中电联代表大陆所有亚太电协成员单位成功申办 2022 年第 24 届亚太电协大会，并承担 2021—2022 年亚太电协秘书处工作。

9 月 19 日 在 2018 年成都国际投资峰会上，中国华能与成都市人民政府签署战略合作协议。

同日 有着亚洲电力行业“奥斯卡盛典”之称的 2018 年度亚洲电力奖颁奖典礼在印度尼西亚首都雅加达举办，华能山东莱芜电厂两台 103 万 kW 二次再热机组凭借效率高、能耗低、指标优、环保好、自动化程度高等特点，获燃煤发电项目金奖，这是 2018 年中国唯一一个获得该奖的火电机组项目。

同日 国家能源集团印尼南苏电厂在亚洲电力颁奖典礼上斩获“年度煤电项目银奖”“年度独立发电企业（印尼区域）”两项大奖。

9月20日 南方电网产业投资集团有限责任公司成立，与公司产业投资部按“一套人马、两块牌子”的方式运作。

9月21日 中核集团旗下三门核电1号机组顺利完成168h满功率连续运行考核，机组具备投入商业运行条件，这也是全球首台具备商运条件的AP1000核电机组。

9月23日 华能天津IGCC整套装置连续运行3918h，打破由日本勿来电站保持的连续运行3917h的世界纪录，并继续处于稳定运行状态，成为全世界连续运行时间最长的IGCC机组，标志着中国煤炭资源绿色开发和清洁低碳高效利用技术处于世界领先水平。

9月25日 中国内地首座建于城市中的大型抽水蓄能电站——深圳抽水蓄能电站全部投产。

9月26日19:05 由中广核自主设计，中国第一重型机械股份公司制造的“华龙一号”示范项目防城港3号机组首台反应堆压力容器水压试验取得成功。该压力容器从开工制造到水压试验历时19个月，创造国内外百万千瓦级核电机组压力容器最短制造工期。

9月27日 中电联在北京召开中电联一国际能源宪章联合研究中心年度会议暨国际能源宪章研讨会。中电联专职副理事长杨昆致辞，中电联专职副理事长魏昭峰介绍联合研究中心成立一年来的工作情况和取得的有关成果；联合研究中心专家就双方联合开展的研究成果作报告。

同日 中广核董事长贺禹陪同国务院副总理胡春华在内蒙古兴安盟乌兰浩特市对当地农业、畜牧业以及如何做好生物质天然气项目进行调研。

同日 中广核在北京人民大会堂宾馆举办改革开放40周年故事汇暨大型纪录片《改革开放40年·核电风云录》首映仪式，国务院国资委、国家核安全局、纪录片制作方中央电视台等40余家单位的代表和媒体记者出席活动。

9月30日 国家能源局印发《关于开展低压用户供电可靠性管理工作的通知》(国能综通安全〔2018〕141号)。

同日 华能供应链平台科技有限公司、兖矿（海南）智慧物流科技有限公司在海口正式完成注册，10月22日正式运作。

同日 中国大唐董事、总经理、党组副书记陈飞虎，在总部会见来访的柬埔寨国家电力公司总裁罗塔纳。罗塔纳参观了中国大唐生产调度中心。陈飞虎介绍了中国大唐的情况和在实践“一带一路”倡议方面取得的成绩。双方就进一步加强合作进行了交流。

10月 中国能建设计承建的国家风光储输示范工程获菲迪克优秀工程奖。

10～11月 在金沙江白格堰塞湖应急处置工作中，中国电建发挥专业能力优势，第一个到达堰塞体现场开展勘踏工作、打通登坝通道、登上坝顶排险作业，并运用创新技术实时提供专业处置信息，准确监测分析快速制订排险方案，提供装备人力支持抢险救援，为两次险情妥善应急处置做出了突出贡献。

10月2～21日 中电联在江苏苏州组织召开2018智慧能源发展高峰论坛。中电联专职副理事长王志轩出席会议并发表主旨演讲。

10月9日 国家发展改革委、财政部、国家能源局印发《关于2018年光伏发电有关事项说明的通知》（发改能源〔2018〕1459号）。

同日 中共中央政治局常委、国务院副总理韩正在四川成都参观2018年全国大众创业万众创新活动周公司展览，听取国家电网公司总经理、党组副书记寇伟对国家电网公司双创工作成效的汇报，了解国家电网公司推动能源变革转型、带动中小微企业发展等方面情况，对国家电网公司双创示范基地建设及取得的创新成果给予肯定。

同日 《国家能源集团2017年度报告》正式在集团网站发布。这是集团重组成立后发布的首份年度报告，充分展现了新集团在新时代的新作为与新担当。

10月10日 国家能源局印发《关于贯彻落实全国深化“放管服”改革转变政府职能电视电话会议重点任务分工方案的通知》(国能综通法改〔2018〕143号)。

同日 中国首个大型商业化光热示范电站——中广核德令哈50MW光热示范项目正式投运，中国由此成为世界上第8个掌握大规模光热技术的国家。

10月10～11日 中电联在乌镇举办2018年中国电力造价高端论坛暨第四届全国电力造价咨询企业年会。中电联专职副理事长杨昆出席会议并作主旨演讲。

10月10～15日 西藏自治区昌都市江达县和四川省甘孜藏族自治州白玉县境内发生山体滑坡，堵塞金沙江干流河道，形成堰塞湖自然灾害。中国华电积极配合地方政府、国家相关部门做好应急处置，确保了人员安全，此次自然灾害未对中国华电在建、在运项目造成明显影响。

10月11日 国家能源集团承办的“2018中国（海南）氢能源及燃料电池产业高峰论坛”在海口举办。

同日20:04 中广核红沿河核电站4号机组一次并网成功，标志着H401大修结束。

10月12日 国家能源局发布2018年第11号公告，制定印发《能源行业标准英文版翻译指南》。

同日 由国务院国资委宣传局、中国大唐联合主办的“第七届国企开放日观摩推进会暨中国大唐第十二届企业开放日”在陕西省西安市灞桥热电厂举行。

10月13日9:51 海阳核电2号机组首次并网成功，各项技术指标均符合设计要求，机组状态良好。

当地时间10月13日 国家发展改革委副主任张勇在法国考察期间专程来到中广核欧洲能源公司调研并参观位于巴黎的公司总部全球新能源资产远程监控及数据处理中心，了解中广核和欧洲能源公司海外可再生能源事业发展历程和现状。

10月15日 改革开放40周年电力成就展暨第十七届中国国际电力设备及技术展览会在中国国际展览中心隆重开幕。中电联理事长刘振亚出席会议并讲话，中电联专职副理事长杨昆、于崇德、王志轩参加了相关活动。国家能源集团参展。

同日 国内单体容量最大的海上风电项目——中广核阳江南鹏岛40万kW海上风电场首台风机沉桩完成，标志着该项目的海上主体工程建设正式拉开序幕。

同日 中国能建参与联合体总承包建设的国内单体容量最大的海上风电项目——中广核阳江南鹏岛40万kW海上风电项目主体工程开工。

10月16日 中国能建负责设计的世界首个海拔4000m以上的高海拔特高压直流试验线段工程——中国电力科学研究院西藏高海拔特高压直流试验线段顺利通过验收。

当地时间10月16日 中广核党委书记、董事长贺禹陪同国务院国资委党委副书记、主任肖亚庆，中国驻纳米比亚大使张益明到纳米比亚湖山铀矿项目调研，与斯科公司高管座谈。

10月17日 南方电网公司董事长、党组书记孟振平参加央企扶贫论坛，并代表南方电网公司作了题为《在脱贫攻坚中彰显央企时代担当》的发言。

10月17～19日 国家电网公司董事长、党组书记舒印彪在苏州参加"一带一路"能源部长会议和国际能源变革论坛开幕式并发言，会议期间会见国际可再生能源署（IRENA）总干事阿德南·阿明。

10月18日 "一带一路"能源部长会议和第三届国际能源变革论坛在江苏苏州召开，国家主席习近平致贺信，向会议召开表示热烈祝贺，国务委员王勇出席大会开幕式，宣读习近平主席贺信并致辞。与会各方围绕共建"一带一路"能源合作伙伴关系、推动全球能源高质量发展等议题进行了深入交流。中国与17国共同发布建立"一带一路"能源合作伙伴关系部长联合宣言。中国大唐董事、总经理、党组副书记陈飞虎应邀出席会议和论坛开幕式。17～18日，陈飞虎分别会见老挝能矿部长坎玛尼、泰国能源部检察长巴色·辛素巴色、缅甸电力与能源部部长吴温楷，就共同深化能源电力领域方面的项目开发与务实合作进行了交流。

同日 以国家能源集团国华电力印尼南苏电厂员工为原型、以印尼南苏电厂为背景、由国家能源集团员工团队主创、导演的"一带一路"上的爱情故事电影《爱在零纬度》在第二届平遥国际电影展举行首映。

10月20～27日 国家电网公司董事长、党组书记舒印彪赴韩国参加第82届IEC大会及IEC理事会会议，IEC各国家委员会一致提名选举现任IEC副主席舒印彪为IEC第36届主席，任期为2020—2022年。

10月21日 宁夏公司大坝电厂四期工程7号机组通过168h满负荷连续试运行，正式投产发电。大坝电厂四期工程建设2台66万kW机组，由中国华能和浙江省能源集团有限公司共同投资建设。

当地时间10月21日 由华能澜沧江水电股份有限公司控股投资开发的柬埔寨境内最大水电工程——桑河二级水电站8号机组顺利通过72h试运行，正式投产发电。至此，桑河二级水电站8台机组全部投产发电。12月17日，桑河二级电站正式进入商业运行。

10月22日22:12 国家电投首台控股建设的海阳核电1号机组通过168h满功率连续运行考验，系统、设备运行平稳，具备投入商业运行条件。

同日 由中广核与中央广播电视总台中文国际频道《走遍中国》联合摄制的改革开放40年大型纪录片《核电40载风云录》开始在CCTV4（中文国际频道）播出。

同日 中国电建水电八局承担安装的巴基斯坦塔贝拉4期水电站最后一台（15号）机组，完成全部有水调试并移交业主，进入商业运行。

当地时间10月22日 南方电网公司与法国私募股权基金Ardian公司在卢森堡完成股权交割，南方电网公司成功收购Ardian持有的Encevo公司24.9%股权。

10月23～26日 2018年中国技能大赛——第十一届全国电力行业职业技能竞赛（集控值班员）决赛在华电潍坊发电有限公司举办。

10月23～26日 中国华电承办的2018年中国技能大赛——第十一届全国电力行业职业技能竞赛（集控值班员）决赛在潍坊公司举办。

10月26日 中国华电助力藏区脱贫攻坚"三定培养"班开学仪式在成都崇州四川省水利职业技术学院举办。

10月29～30日 国家能源局副局长刘宝华赴新加坡出席第15届东盟与中日韩（10+3）能源部长会议和第12届东亚峰会能源部长会议。

10月29～30日 国家电网公司总经理、党组副书记寇伟赴海南出席"一带一路"媒体合作论坛并作主旨演讲。

10月30日 国家发展改革委、国家能源局印发《清洁能源消纳行动计划（2018—2020年）》（发改能源规〔2018〕1575号）。

10月31日 世界银行发布《2019营商环境报告》，报告显示，中国"获得电力"指数在全球排名位列第14名，比2017年提升84个名次。

同日 国家标准化管理委员会正式批复成立全国电力需求侧管理标准化技术委员会，标委会秘书处挂靠在南网科研院，这是南方电网公司首个全国标委会。

同日 在第九届中国技术市场金桥奖颁奖大会上，中国大唐科学技术研究院有限公司火力发电技术研究院获得国家科技成果转化领域最高奖"中国技术市场金桥奖项目突出贡献奖"。

同日 中国电建西北院设计并承建的石泉县光伏扶贫电站——熨斗镇中河村、板长村电站通过电力部门入网验收。

同日 中国三峡集团江苏大丰300MW海上风电项目首批机组成功并网发电。

同日 三峡水库坝前水位175m，2018年三峡水库175m试验性蓄水顺利完成，这也是连续9年成功实现175m蓄水目标。

11月 中国能建荣获18项中国电力科学技术奖。

11月1日 国家能源局印发《关于下达2018年能源领域行业标准制（修）订补充计划（第一批）的通知》（国能综通科技〔2018〕157号）。

同日 由中国华电和华北电力大学合作共建的华电"一带一路"能源学院在华北电力大学正式成立。

同日 宁夏回族自治区供暖季第一天，中国华电向银川集中供热项目投入运行，正式向银川开栓供热，供热面积达

3700万m^2。标志着中国华电助力银川告别分散低效供暖的历史，迎来清洁高效集中供热的新阶段。

11月1～2日 中电联与联合国亚洲及太平洋经济社会委员会、蒙古国能源部、韩国外交部和亚洲开发银行共同在乌兰巴托举行2018年东北亚区域电力互联与合作论坛。中电联专职副理事长王志轩出席会议并致辞。

11月3～16日 金沙江白格堰塞湖原山体滑坡点发生二次滑坡，中国华电在上级部门和地方政府的统一指挥下，两次成功处置金沙江堰塞湖突发自然灾害事件，保护了人民生命财产安全，保证了人员零伤亡，将金沙江上游各级电站的损失降到了最低，保证了金沙江中游各级电站运行稳定。

11月4日 国家能源集团所属龙源电力温岭江厦潮汐试验电站1号机组荣获全国“优秀海洋工程”荣誉称号。

11月5日 工业和信息化部副部长、国家原子能机构主任张克俭到国家电投所属上海核工院实地考察国家科技重大专项大型先进压水堆核电站国和一号（CAP1400）研发工作。

同日 国家电投所属黄河龙羊峡水库水位达到正常蓄水位2600m，这是龙羊峡水库自1986年下闸蓄水32年以来首次达到正常蓄水位，电站主要运行参数达到设计值，将有效发挥龙羊峡水库多年调节作用，提高发电效益和水资源利用效率。

同日 国家能源集团和碧桂园集团合作建设的惠州潼湖科技创新小镇建筑光伏一体化科技示范项目正式投用发电。

同日 中核集团旗下三门核电2号机组完成168h满功率连续运行考核，机组具备投入商业运行条件。

11月5～10日 中国华电国家会展中心（上海）能源站为进博会“核心区”提供高品质、无间断能源服务，圆满完成首届进口博览会供能安全保障任务。

11月5～10日 首届进博会上，国家电投共与14家境外供应商签署18项合作协议，协议范围涉及核能、重型燃机、煤炭、矿产、机械设备等多个领域，意向成交金额达185亿元人民币。

11月6日 在首届中国国际进口博览会上，南方电网公司与西门子股份公司、ABB集团等5家外企现场签约，此次签约的重点是乌东德电站送电广东广西特高压多端直流示范工程的配套设备等。

11月6～7日 国家电网公司董事长、党组书记舒印彪，总经理、党组副书记寇伟赴青海，副总经理刘泽洪赴河南，参加青海—河南特高压直流工程开工动员大会。

11月7日 青海—河南±800kV特高压直流输电工程开工，国家能源局党组成员、副局长林山青出席动员大会并讲话。

同日 中国华能山东分公司八角电厂2台67万kW超超临界新建工程1号机组通过168h满负荷试运行，这是目前中国供热能力最大、综合热效率最高的60万kW级双抽供热机组。

同日 国家能源集团在首届中国国际进口博览会上与来自全球的21家供应商现场签订框架协议及进口设备采购合同。

同日 中国电建山东电建一公司承建的华能烟台八角热电2×670MW燃煤机组工程1号机组完成168h满负荷试运行。

11月8日 国家能源局印发《关于健全完善电力现货市场建设试点工作机制的通知》（国能综通法改〔2018〕164号）。

11月12日 国家能源局副局长綦成元参加首轮中加经济财金战略对话，并就推动中加能源领域合作发言。

11月13日 中电联在北京成功举办2018中国电煤高端论坛。中电联专职副理事长杨昆出席会议并致辞，中电联专职副理事长于崇德主持会议。

同日 中电联在北京召开中国电力企业联合会燃料分会成立大会。中电联专职副理事长杨昆出席会议并致辞，中电联专职副理事长于崇德主持会议。

同日 中国电机工程学会命名大唐田家庵发电厂历史展览馆为电力科普教育基地，作为普及电力科学技术知识、促进科学传播的重要载体。

11月14日 国家电投成功首次在境外发行5亿美元高级永续债。

11月15日 国家电网公司召开领导班子扩大会议。中组部有关干部局负责同志宣布党中央有关决定：舒印彪不再担任董事长、党组书记职务，另有任用；董事、总经理、党组副书记寇伟暂时主持全面工作。

同日 中广核工程有限公司牵头主编的首个强制性国家标准《低、中水平放射性废物高整体容器—交联高密度聚乙烯容器》（GB 36900.3—2018）正式发布，填补国内交联高密度聚乙烯高整体性容器性能标准在核电领域的空白。

当地时间11月15日上午 中广核与法国电力集团（EDF）发布声明称，英国核能监管办公室（ONR）和英国环境署（EA）发布联合声明，宣告中国三代核电技术“华龙一号”在英国的通用设计审查（GDA）第二阶段工作完成，正式进入第三阶段。

11月16日 国家发展改革委、国家能源局联合印发《关于建立增量配电业务改革试点项目直接联系制度的通知》（发改办经体〔2018〕1492号）。

同日 中国施工企业管理协会对外公布了2018—2019年度第一批国家优质工程奖入选工程名单，中国华能五个项目成功入选。其中，华能巴基斯坦萨希瓦尔燃煤电站工程问鼎国家优质工程金质奖，成为获此项殊荣的唯一境外电力项目；华能渑池热电联产工程、华能莱芜电厂百万机组“上大压小”扩建工程、华能青海西宁热电厂“上大压小”新建工程和华能雅鲁藏布江藏木水电站工程获国家优质工程奖。国家能源集团所属大渡河大岗山水电站入选“2018—2019年度第一批国家优质工程奖”名单，并获评“国家优质工程金质奖”，工程质量被评价为“高质量等级优良工程”。中国能建32项工程荣获国家优质工程奖（含金质奖7项）。

同日 国家能源集团3名职工入选第十四届中华技能大奖和全国技术能手名单，分别荣获“全国技术能手”“国家技能人才培育先进个人”称号。

11月16～20日 中国大唐董事、总经理、党组副书记陈飞虎，赴巴布亚新几内亚参加APEC工商领导人会议。

11月19日 国家发展改革委、国家能源局、工业和信息化部、财政部等部门印发《提升新能源汽车充电保障能力行动计划》(发改能源〔2018〕1698号)。

同日 中广核宁德核电1号机组第4循环寿期末延伸运行结束，本次延伸运行历时26.6天，创造国内核电机组延伸运行新纪录。

11月20日 中国电建重庆工程公司承建的华能高龙山风电场项目主体工程竣工投产。

同日 在国家主席习近平和菲律宾总统杜特尔特共同见证下，中国能建在菲律宾总统府签署卡利瓦大坝项目和克拉克工业园项目协议。

11月21日 国家能源局发布2018年第13号公告，批准《核电厂常规岛焊接工艺评定规程》等15项行业标准。

同日 国家能源局印发《关于进一步规范电力安全信息报送和事故统计工作的通知》(国能综通安全〔2018〕181号)。

同日 国家发展改革委、国家能源局联合印发《电力市场运营系统现货交易和现货结算功能指南(试行)》(发改办能源〔2018〕1518号)。

11月23日 藏中电力联网工程投产，国家能源局党组书记章建华出席投产仪式并讲话。

同日 国家能源局印发《关于做好2018－2019年采暖季清洁供暖工作的通知》(国能发电力〔2018〕77号)。

同日 中国社会责任百人论坛暨《企业社会责任蓝皮书(2018)》发布会在北京举行，中国华电社会责任发展指数连续四年位列全国第二。

同日 中国大唐与东方电气集团分别签署大唐郓城630℃超超临界二次再热国家电力示范项目及印尼米拉务2台22.5万kW燃煤发电项目三大主机合同。郓城630℃国家电力示范项目是中国大唐"十三五"期间核准的第一个示范项目，印尼米拉务项目是中国大唐首个落地的境外火电项目。

同日 全国人大常委会副委员长、九三学社中央主席武维华，全国政协常委、副秘书长、提案委员会副主任、九三学社中央副主席赖明一行到国家能源集团调研。

同日 中国能建设计参建的世界海拔最高、海拔跨度最大、自然条件最复杂的输变电工程——藏中电力联网工程竣工投运。

11月24日 世界首个千米深井接地极项目试验成功，南方电网公司自主掌握深井接地极工程应用全套技术。

同日 由南方电网公司和IEEE电力与能源协会主办、超高压输电公司承办的IEEE PES直流电力系统技术委员会成立大会暨2018年高压直流输电技术论坛在广州举办。

11月26日 中电联在北京召开与日本煤炭能源中心共同主办的中日联合委员会2018年第二次工作会议。中电联专职副理事长杨昆出席会议并讲话。

同日 国防科技工业局在中广核宁德核电站举办风暴——2018核安保综合演练。国防科工局局长、国家原子能机构主任张克俭，国防科工局副局长、国家原子能机构副主任张建华现场指导演练。福建省委常委、常务副省长张志南，中广核党委书记、董事长贺禹出席观摩。

11月27日 国家电投参股投资建设的越南永新燃煤电厂2台机组全部并网发电(2×60万kW)。该项目是目前中国企业在越南投资规模最大的电厂项目，也是中国企业在越南的首个BOT电力项目。

同日 由南方电网公司投资建设的越南永新燃煤电厂一期BOT项目开始全面投入商业运行。

11月28日 国家能源局印发《电力安全监管约谈办法》(国能发安全〔2018〕79号)。

11月28～29日 全国质量管理小组活动40周年纪念大会暨2018年中国质量协会年会在北京召开，国家电网公司被授予全国质量管理小组活动40周年"卓越企业奖"。

11月29日 中俄能源商务论坛在北京举办，国家主席习近平和俄罗斯总统普京分别致贺信。中国国家能源局局长章建华主持开幕式并做闭幕式总结发言。

11月30日 由中广核欧洲能源公司负责开发的英国Brenig项目所有风机并网发电，成为中广核首个海外自主建设的风电项目。

12月 中国能建获评2018年度中国对外承包工程AAA级信用企业。

12月1日 第十三届全国政协常务委员会委员王寿君、常兆华一行调研山东核电海阳核电项目，了解AP1000三代核电自主化依托项目建设进程，并座谈交流。

12月2日 在第四届中国青年志愿服务项目大赛暨2018年志愿服务交流会上，国家电投"映山红"爱心助学志愿者公益行动获批全国青年志愿服务示范项目，入选全国首批青年志愿服务优秀项目库，成为首批入选该库的三家中央企业之一。

12月3～6日 国家电网公司总经理、党组副书记寇伟出访葡萄牙。出访期间，在国家主席习近平和葡萄牙总理安东尼奥·科斯塔的共同见证下，寇伟与葡萄牙国家能源网公司(REN)董事长兼首席执行官罗德里格签署合作框架协议，并参加习近平主席访问葡萄牙期间的有关国事活动。寇伟会见REN全体高管，听取罗德里格关于REN经营状况和近期主要事项的汇报。

12月4日 国家能源局印发《关于落实国务院安委会通报精神 加强电力行业危险化学品安全生产工作的通知》(国能发安全〔2018〕183号)。

同日 国家电投所属上海核工院、国核运行等单位联合实施的大型先进压水堆重大专项"国和一号(CAP1400)反应堆压力容器研制"课题通过国家能源局验收。

同日 国务院国资委主任肖亚庆到南方电网公司调研，了解企业改革发展和党建等工作情况。

12月4～8日 国家能源局局长章建华赴法国参加第六次中法高级别经济财金对话，并与法国生态转型部能源与气候署署长洛朗·米歇尔共同主持召开第二次中法能源对话。

12月5日 中电联与中国南方电网有限责任公司、珠海市人民政府、华北电力大学联合在珠海国际会展中心举办2018粤港澳大湾区电力创新高峰会暨展览会。中电联专职副理事长杨昆出席会议并发言，中电联专职副理事长于崇德主持会议。

同日 《企业扶贫蓝皮书(2018)》发布会暨第三届企

业精准扶贫红旗高峰论坛在京召开，国家电投扶贫案例《高质量脱贫一个不能少》入编该书，荣获“企业扶贫优秀案例奖”。

12月5～6日 由南方电网公司和中电联、珠海市政府、华北电力大学共同举办的2018粤港澳大湾区电力创新高峰会暨第十五届中国南方电网国际技术论坛在珠海举行。南方电网公司董事长、党组书记孟振平出席并致辞。

12月6日 南方电网对澳输电第三通道的枢纽——220kV烟墩变电站顺利竣工投产。

同日 中央企业党建思想政治工作研究会印发2018年度优秀研究成果获奖名单，南方电网公司“国有企业基层党组织组织力提升策略研究”获一等奖。

同日 在第十一届中国企业社会责任报告国际论坛上，中国华电凭借《中国华电2017可持续发展报告》荣获“金蜜蜂2018优秀企业社会责任报告·长青奖二星奖”。

同日 中核集团正式发布中国首套军民融合安全级DCS平台（龙鳞系统），龙鳞系统拥有完全自主知识产权，安全性、可靠性高，打破了国内核电DCS系统严重依赖进口的被动局面，使中国成为世界上少数掌握该技术的国家。

12月7日 国务委员王勇到中广核广利核公司调研核电DCS自主化和党的建设等工作。王勇强调，要深入贯彻习近平新时代中国特色社会主义思想，加强党的建设，坚持自主创新，推动中国核电仪控和工业控制技术水平不断提升，为实现两个一百年目标做出新的贡献。国务院国资委党委副书记、主任肖亚庆参加调研。

当地时间12月7日 国务院副总理胡春华与法国经济与财政部长勒梅尔在巴黎共同主持第六次中法高级别经济财金对话，双方就构建紧密持久的中法全面经济战略伙伴关系主题进行了交流。中广核董事长贺禹应邀出席并发表演讲。

12月9日 南方电网公司建设的云广±800kV特高压直流输电示范工程获得第五届中国工业大奖。

同日 第五届中国工业大奖发布会在北京举行。由广利核公司代表中广核申报的核级DCS平台和睦系统研发及产业化应用项目荣获本届中国工业大奖，成为核电仪控领域首个获得该殊荣的项目。

12月10日 国家能源局发布2018年第14号公告，批准《核电厂建设工程常规岛建筑安装工程费用定额》等42项行业标准。

同日 国家能源局发布2018年第15号公告，批准《压水堆核电厂用碳钢和低合金钢　第1部分：1、2、3级锻件》等5项能源行业核电标准英文版。

12月11日 国家能源局印发《核电厂初步设计消防专篇内容及深度规定》《核电厂消防工程竣工验收管理办法》和《运行核电厂消防安全管理实施细则》（国能发核电〔2018〕82号）。

同日 世界首个特高压混合直流工程——乌东德电站送电广东广西特高压多端直流示范工程直流输电工程全面开工建设。

同日 国务院副总理、中央代表团副团长孙春兰率中央代表团二分团前往防城港核电基地看望慰问广大员工，共同庆祝广西壮族自治区成立60周年。广西壮族自治区党委副书记、政府主席陈武，党委常委、宣传部长范晓莉，防城港市委书记李延强，中广核党委副书记、总经理张善明参加慰问活动。

12月12日 南方电网统调发受电量达到10 018.5亿kWh，首次突破万亿大关，成为世界上第六个用电量突破万亿千瓦时的电网。

同日 中国电建再获4项国家科技进步奖。其中，水电基础局研发的“超深与复杂地质条件混凝土防渗墙关键技术”、水电七局研发的“超大型水电站用金属结构关键材料成套技术开发应用”、华东院参与的“超大型水电站用金属结构关键材料成套技术开发应用”分别获得2018年度国家科技进步奖二等奖；昆明院参与的“水力式升船机关键技术及应用”获得2018年度国家技术发明奖二等奖。

同日 长江生态环保集团有限公司与湖北省武汉市江岸区人民政府签署合作协议，中国三峡集团推进共抓长江大保护实施主体落户武汉。

12月13日 国家能源局印发《关于下达2018年能源领域行业标准制（修）订补充计划（第二批）的通知》（国能综通科技〔2018〕191号）。

同日 国家电网公司召开干部大会。中组部有关负责同志宣布中央关于国家电网公司董事长、党组书记任职的决定：寇伟任董事长、党组书记，免去其总经理职务。

同日 中国能建设计参建的世界首台投入商业运行的间接空冷百万千瓦机组——榆能横山煤电一体化发电项目投入商运。

同日17:00 中广核台山核电1号机组投入商业运行，成为全球首台具备商运条件的EPR三代核电机组。

12月14日 中电联专职副理事长王志轩出席在海南博鳌举行的以“发展智能电网助推能源转型”为主题的首届南方电网（博鳌）智能电网发展论坛，并在开幕式上致辞。

同日 中国华能党组书记、董事长舒印彪在总部会见了全球能源转型委员会（Energy Transitions Commission，ETC）主席亚岱尔·特纳勋爵。双方就加强国际合作，实现全球能源行业绿色、低碳、可持续发展进行了深入交流。

同日 中广核与法国电力集团（EDF）在中国国务院新闻办公室举行的记者见面会上联合宣布，台山核电1号机组已于北京时间12月13日17：00完成168h示范运行，具备商业运行条件，成为全球首台具备商运条件的EPR三代核电机组。

12月16日 江苏华电句容发电有限公司3号机组成功通过168h满负荷试运行，正式投产发电。

12月17日 BSI公司中国区董事总经理张明为深圳供电局颁发了ISO55001资产管理标准认证证书，深圳供电局成为国内首家获得该认证的电网企业。

12月19日 国家能源局、国务院扶贫办印发《关于做好光伏扶贫电站验收评估工作的通知》（国能综通新能〔2018〕198号）。

同日 中国消费者协会在北京召开新闻发布会，发布《重点服务领域部分企业服务热线体验式调查报告》。国家电网公司在调查中表现突出，客户感知总体评价得分88.2，排名第一。

同日　中电联在北京召开2018年全国电力工程造价与定额管理工作会议。中电联专职副理事长于崇德出席会议并讲话。

12月20日　国家电投所属上海电力盐城大丰H3号30万kW海上风电项目全容量并网发电，创造了国内同等规模海上风电建设速度新纪录，实现当年开工、当年建成、当年取得收益。该项目是当前国内离岸最远的海上风电场，中心离岸距离约43km。

12月20～27日　国家能源集团接连获评“2018中国可持续竞争力卓越企业”“2018海外履责典范企业”，五篇优秀履责案例入选《中央企业社会责任蓝皮书（2018）》《中央企业海外社会责任蓝皮书（2018）》。

12月21日　国家能源局党组成员、副局长刘宝华赴雄安新区参加充电基础设施深度互联互通合作协议签订会议。

同日　国家能源局印发《能源行业市场主体信用信息应用清单（2018版）》（国能综通资质〔2018〕196号）。

同日　国家电投集团资本控股有限公司和国核资本控股有限公司增资协议签署仪式在国家电投总部举行。此次国家电投金融产业整体开展增资引战工作，募集权益资金近60亿元。投资资金将重点用于国家电投金融产业服务实体经济、深化产融结合、助力国家能源战略发展。

同日　中国电建水环境公司博士后科研工作站、博士工作站揭牌仪式在深圳举行，标志着中国电建在水资源与环境领域的技术创新进一步提速，全力打造“科技电建”。

同日　中国电建海外电站年发电量突破100亿kWh，年发电量均刷新历史新高，并创造了海外中资发电企业年度发电利用小时数最佳指标。其中，巴基斯坦卡西姆港燃煤电站累计发电76亿kWh，约占巴全国总发电量的10%，得到了中巴两国政府及社会各界、当地群众高度赞许。

同日　三峡电站年累计发电量首次突破1000亿kWh，创国内单座水电站年发电量新纪录，成为中国首座年发电量破1000亿kWh的水电站，继2014年、2017年后第3次成为全球单座水电站年发电量最高的水电站。

同日　国务院国资委印发《中央企业创建世界一流示范企业名单》，明确中国三峡集团为创建世界一流示范企业。

12月22日　中电联在北京组织召开中电联电动汽车与储能分会成立大会，分会执行副会长单位、副会长单位、会员单位领导与代表及行业内优秀企业代表200余人参加了会议。中电联专职副理事长王志轩担任分会会长。

同日　中核集团旗下田湾核电4号机组完成100h满功率运行考核，具备商运条件。田湾二期项目是中俄核能合作的标志性工程。

12月25日　国家能源局发布2018年第16号公告，批准《光伏发电工程地质勘察规范》等204项行业标准。

同日　中国华电北京、南京、成都三个评标中心正式落成并进入试运行。

同日　国家能源集团所属科环集团联合动力自主发明的“一种风电场功率协同控制方法及其系统”荣获中国专利金奖。

同日　由国家电投主导的中国首件300MW级F级重型燃机透平第一级静叶铸件通过专家组鉴定，标志着中国重型燃机自主化关键技术实现突破。

同日　中国能建总承包建设的世界规模最大的珠海唐家湾多端交直流混合柔性配网互联工程成功投运。

同日　长江电力三峡电厂精益生产团队被国资委授予“央企楷模”称号，成为国资委第三届央企楷模表彰单位中唯一一家水电单位。

12月26日　国家能源局发布2018年第17号公告，批准《高海拔风力发电机组技术导则》等59项能源行业标准英文版。

同日　由人民日报社与国务院国资委新闻中心联合举办的2018中国品牌论坛在北京举行。中广核获颁改革开放40年中国品牌案例奖。

同日　中国电建投资建设的全国首个军民融合可再生能源局域网国家示范项目——新疆荣和项目实现并网发电，成为国内首个采用可再生能源就地分散式解决边防军民用电问题的成功案例。

同日　湖北清江水布垭水电站工程通过国家竣工验收。

12月27日　国家电网公司召开甘肃、山西电力现货市场试运行启动暨2019年省间年度交易开市仪式。国家发展改革委副主任连维良，国家电网公司董事长、党组书记寇伟在北京主会场参加仪式并讲话，国家电网公司副总经理张智刚主持仪式。

同日　由中国社科院企业社会责任研究中心指导、中国社会责任百人论坛主办的“2018责任金牛奖颁奖典礼暨第七届分享责任年会”在北京举行。中国华能凭借多年来在脱贫攻坚方面做出的重要贡献，荣膺“精准扶贫奖”。同时，会议还发布了《中国社会责任年鉴（2018）》，中国华能入选“十大责任国企”。

同日　由国务院国资委综合局、中国社科院工业经济研究所联合主办的第七届分享责任年会在京举行，中国华电获得“最具影响力责任品牌”及“年度十大责任国企”奖项。

同日　中国电建上海电建公司承建的菲律宾考斯瓦根（KAUSWAGAN）4×135MW燃煤电站EPC工程实现首次点火。

同日　中国电建水电十六局承建的右江百色水利枢纽工程获得中国水利工程优质（大禹）奖。

同日　中国电建水电十二局承建的江西省峡江水利枢纽工程获中国水利工程协会2017—2018年度中国水利工程优质（大禹）奖。

12月28日　国务院国资委召开11家中央企业国有资本投资公司试点启动会，国家电投在内的11家中央企业成为新一批国有资本投资公司试点企业。

同日　“国家能源集团牵头成立氢能产业联盟：中国氢能产业步入快车道”新闻入选由新华社《经济参考报·能源周刊》评选的2018年中国能源十大新闻。

同日　中国三峡集团参与共抓长江大保护工作专题会在北京召开。会后，中国长江生态环保集团有限公司（筹）和长江生态环保集团有限公司举行了揭牌仪式。

12月29日　国家电投投资建设的乌兰察布风电基地一期600万kW示范项目获乌兰察布市发展改革委核准，成为国内首个列入国家规划并完成核准的大型平价外送风电基地，投产后每年可向京津冀地区输送约 189 亿 kWh 绿色电力。

同日 国家电网公司董事长、党组书记寇伟主持召开公司领导班子（扩大）会议。受中组部领导委托，中组部有关干部局负责同志宣布中央关于国家电网公司总经理任职的决定：辛保安任董事、总经理。

同日 中国首个大型平价上网光伏项目在青海格尔木正式并网发电，标志着替代煤电的平价清洁能源正式走进千家万户。

12 月 30 日 由中国电建河北工程公司承建的张北县“互联网＋智慧能源”240MW 光伏示范项目具备并网发电条件，该项目是国务院下发的精准扶贫工程。

同日 三峡新能源并网项目总装机规模突破千万千瓦大关，达到 1010 万 kW，标志着中国三峡集团高质量发展再迈新台阶。

12 月 31 日 南方电网公司全年累计完成西电东送电量 2175kWh，同比增长 7.2%，其中清洁水电占比达 87%。

同日 中国华电全年发电量完成 5552 亿 kWh，同比增长 8.38%，首次突破 5500 亿 kWh 大关。

同日 中国能建参建的世界首个±1100kV 昌吉—古泉直流工程启动送电。

文　献

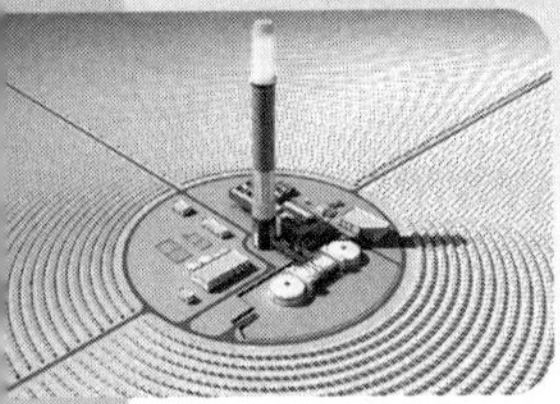

国务院文件

国务院关于印发打赢蓝天保卫战三年行动计划的通知

（国发〔2018〕22号）

各省、自治区、直辖市人民政府，国务院各部委、各直属机构：

现将《打赢蓝天保卫战三年行动计划》印发给你们，请认真贯彻执行。

国务院

2018年6月27日

打赢蓝天保卫战三年行动计划（摘要）

一、总体要求

（一）指导思想。（略）

（二）目标指标。经过3年努力，大幅减少主要大气污染物排放总量，协同减少温室气体排放，进一步明显降低细颗粒物（$PM_{2.5}$）浓度，明显减少重污染天数，明显改善环境空气质量，明显增强人民的蓝天幸福感。

到2020年，二氧化硫、氮氧化物排放总量分别比2015年下降15%以上；$PM_{2.5}$未达标地级及以上城市浓度比2015年下降18%以上，地级及以上城市空气质量优良天数比率达到80%，重度及以上污染天数比率比2015年下降25%以上；提前完成“十三五”目标任务的省份，要保持和巩固改善成果；尚未完成的，要确保全面实现“十三五”约束性目标；北京市环境空气质量改善目标应在“十三五”目标基础上进一步提高。

（三）重点区域范围。京津冀及周边地区，包含北京市，天津市，河北省石家庄、唐山、邯郸、邢台、保定、沧州、廊坊、衡水市以及雄安新区，山西省太原、阳泉、长治、晋城市，山东省济南、淄博、济宁、德州、聊城、滨州、菏泽市，河南省郑州、开封、安阳、鹤壁、新乡、焦作、濮阳市等；长三角地区，包含上海市、江苏省、浙江省、安徽省；汾渭平原，包含山西省晋中、运城、临汾、吕梁市，河南省洛阳、三门峡市，陕西省西安、铜川、宝鸡、咸阳、渭南市以及杨凌示范区等。

二、调整优化产业结构，推进产业绿色发展

（四）优化产业布局。各地完成生态保护红线、环境质量底线、资源利用上线、环境准入清单编制工作，明确禁止和限制发展的行业、生产工艺和产业目录。修订完善高耗能、高污染和资源型行业准入条件，环境空气质量未达标城市应制订更严格的产业准入门槛。积极推行区域、规划环境影响评价，新、改、扩建钢铁、石化、化工、焦化、建材、有色等项目的环境影响评价，应满足区域、规划环评要求。（生态环境部牵头，发展改革委、工业和信息化部、自然资源部参与，地方各级人民政府负责落实。以下均需地方各级人民政府落实，不再列出）

加大区域产业布局调整力度。加快城市建成区重污染企业搬迁改造或关闭退出，推动实施一批水泥、平板玻璃、焦化、化工等重污染企业搬迁工程；重点区域城市钢铁企业要切实采取彻底关停、转型发展、就地改造、域外搬迁等方式，推动转型升级。重点区域禁止新增化工园区，加大现有化工园区整治力度。各地已明确的退城企业，要明确时间表，逾期不退城的予以停产。（工业和信息化部、发展改革委、生态环境部等按职责负责）

（五）严控“两高”行业产能。（略）

（六）强化“散乱污”企业综合整治。（略）

（七）深化工业污染治理。持续推进工业污染源全面达标排放，将烟气在线监测数据作为执法依据，加大超标处罚和联合惩戒力度，未达标排放的企业一律依法停产整治。建立覆盖所有固定污染源的企业排放许可制度，2020年底前，完成排污许可管理名录规定的行业许可证核发。（生态环境部负责）

推进重点行业污染治理升级改造。重点区域二氧化硫、氮氧化物、颗粒物、挥发性有机物（VOC）全面执行大气污染物特别排放限值。推动实施钢铁等行业超低排放改造，重点区域城市建成区内焦炉实施炉体加罩封闭，并对废气进行收集处理。强化工业企业无组织排放管控。开展钢铁、建材、有色、火电、焦化、铸造等重点行业及燃煤锅炉无组织排放排查，建立管理台账，对物料（含废渣）运输、装卸、储存、转移和工艺过程等无组织排放实施深度治理，2018年底前京津冀及周边地区基本完成治理任务，长三角地区和汾渭平原2019年底前完成，全国2020年底前基本完成。（生态环境部牵头，发展改革委、工业和信息化部参与）

推进各类园区循环化改造、规范发展和提质增效。大力推进企业清洁生产。对开发区、工业园区、

高新区等进行集中整治，限期进行达标改造，减少工业集聚区污染。完善园区集中供热设施，积极推广集中供热。有条件的工业集聚区建设集中喷涂工程中心，配备高效治污设施，替代企业独立喷涂工序。（发展改革委牵头，工业和信息化部、生态环境部、科技部、商务部等参与）

（八）大力培育绿色环保产业。壮大绿色产业规模，发展节能环保产业、清洁生产产业、清洁能源产业，培育发展新动能。积极支持培育一批具有国际竞争力的大型节能环保龙头企业，支持企业技术创新能力建设，加快掌握重大关键核心技术，促进大气治理重点技术装备等产业化发展和推广应用。积极推行节能环保整体解决方案，加快发展合同能源管理、环境污染第三方治理和社会化监测等新业态，培育一批高水平、专业化节能环保服务公司。（发展改革委牵头，工业和信息化部、生态环境部、科技部等参与）

三、加快调整能源结构，构建清洁低碳高效能源体系

（九）有效推进北方地区清洁取暖。坚持从实际出发，宜电则电、宜气则气、宜煤则煤、宜热则热，确保北方地区群众安全取暖过冬。集中资源推进京津冀及周边地区、汾渭平原等区域散煤治理，优先以乡镇或区县为单元整体推进。2020年采暖季前，在保障能源供应的前提下，京津冀及周边地区、汾渭平原的平原地区基本完成生活和冬季取暖散煤替代；对暂不具备清洁能源替代条件的山区，积极推广洁净煤，并加强煤质监管，严厉打击销售使用劣质煤行为。燃气壁挂炉能效不得低于2级水平。（能源局、发展改革委、财政部、生态环境部、住房城乡建设部牵头，市场监管总局等参与）

加快农村“煤改电”电网升级改造。制定实施工作方案。电网企业要统筹推进输变电工程建设，满足居民采暖用电需求。鼓励推进蓄热式等电供暖。地方政府对“煤改电”配套电网工程建设应给予支持，统筹协调“煤改电”“煤改气”建设用地。（能源局、发展改革委牵头，生态环境部、自然资源部参与）

（十）重点区域继续实施煤炭消费总量控制。到2020年，全国煤炭占能源消费总量比重下降到58%以下；北京、天津、河北、山东、河南五省（直辖市）煤炭消费总量比2015年下降10%，长三角地区下降5%，汾渭平原实现负增长；新建耗煤项目实行煤炭减量替代。按照煤炭集中使用、清洁利用的原则，重点削减非电力用煤，提高电力用煤比例，2020年全国电力用煤占煤炭消费总量比重达到55%以上。继续推进电能替代燃煤和燃油，替代规模达到1000亿kWh以上。（发展改革委牵头，能源局、生态环境部参与）

制定专项方案，大力淘汰关停环保、能耗、安全等不达标的30万kW以下燃煤机组。对于关停机组的装机容量、煤炭消费量和污染物排放量指标，允许进行交易或置换，可统筹安排建设等容量超低排放燃煤机组。重点区域严格控制燃煤机组新增装机规模，新增用电量主要依靠区域内非化石能源发电和外送电满足。限时完成重点输电通道建设，在保障电力系统安全稳定运行的前提下，到2020年，京津冀、长三角地区接受外送电量比例比2017年显著提高。（能源局、发展改革委牵头，生态环境部等参与）

（十一）开展燃煤锅炉综合整治。加大燃煤小锅炉淘汰力度。县级及以上城市建成区基本淘汰10t/h及以下燃煤锅炉及茶水炉、经营性炉灶、储粮烘干设备等燃煤设施，原则上不再新建35t/h以下的燃煤锅炉，其他地区原则上不再新建10t/h以下的燃煤锅炉。环境空气质量未达标城市应进一步加大淘汰力度。重点区域基本淘汰35t/h以下燃煤锅炉，65t/h及以上燃煤锅炉全部完成节能和超低排放改造；燃气锅炉基本完成低氮改造；城市建成区生物质锅炉实施超低排放改造。（生态环境部、市场监管总局牵头，发展改革委、住房城乡建设部、工业和信息化部、能源局等参与）

加大对纯凝机组和热电联产机组技术改造力度，加快供热管网建设，充分释放和提高供热能力，淘汰管网覆盖范围内的燃煤锅炉和散煤。在不具备热电联产集中供热条件的地区，现有多台燃煤小锅炉的，可按照等容量替代原则建设大容量燃煤锅炉。2020年底前，重点区域30万kW及以上热电联产电厂供热半径15km范围内的燃煤锅炉和落后燃煤小热电全部关停整合。（能源局、发展改革委牵头，生态环境部、住房城乡建设部等参与）

（十二）提高能源利用效率。继续实施能源消耗总量和强度双控行动。健全节能标准体系，大力开发、推广节能高效技术和产品，实现重点用能行业、设备节能标准全覆盖。重点区域新建高耗能项目单位产品（产值）能耗要达到国际先进水平。因地制宜提高建筑节能标准，加大绿色建筑推广力度，引导有条件地区和城市新建建筑全面执行绿色建筑标准。进一步健全能源计量体系，持续推进供热计量改革，推进既有居住建筑节能改造，重点推动北方采暖地区有改造价值的城镇居住建筑节能改造。鼓励开展农村住房节能改造。（发展改革委、住房城乡建设部、市场监管总局牵头，能源局、工业和信息化部等参与）

（十三）加快发展清洁能源和新能源。到2020年，非化石能源占能源消费总量比重达到15%。有序发展水电，安全高效发展核电，优化风能、太阳能开发布局，因地制宜发展生物质能、地热能等。在具备

资源条件的地方，鼓励发展县域生物质热电联产、生物质成型燃料锅炉及生物天然气。加大可再生能源消纳力度，基本解决弃水、弃风、弃光问题。（能源局、发展改革委、财政部负责）

四、积极调整运输结构，发展绿色交通体系

（十四）优化调整货物运输结构。（略）

（十五）加快车船结构升级。（略）

（十六）加快油品质量升级。（略）

（十七）强化移动源污染防治。

推动靠港船舶和飞机使用岸电。加快港口码头和机场岸电设施建设，提高港口码头和机场岸电设施使用率。2020年底前，沿海主要港口50%以上专业化泊位（危险货物泊位除外）具备向船舶供应岸电的能力。新建码头同步规划、设计、建设岸电设施。重点区域沿海港口新增、更换拖船优先使用清洁能源。推广地面电源替代飞机辅助动力装置，重点区域民航机场在飞机停靠期间主要使用岸电。（交通运输部、民航局牵头，发展改革委、财政部、生态环境部、能源局等参与）

五、优化调整用地结构，推进面源污染治理

（十八）实施防风固沙绿化工程。（略）

（十九）推进露天矿山综合整治。（略）

（二十）加强扬尘综合治理。（略）

（二十一）加强秸秆综合利用和氨排放控制。（略）

六、实施重大专项行动，大幅降低污染物排放

（二十二）开展重点区域秋冬季攻坚行动。（略）

（二十三）打好柴油货车污染治理攻坚战。（略）

（二十四）开展工业炉窑治理专项行动。（略）

（二十五）实施VOC专项整治方案。（略）

七、强化区域联防联控，有效应对重污染天气

（二十六）建立完善区域大气污染防治协作机制。（略）

（二十七）加强重污染天气应急联动。（略）

（二十八）夯实应急减排措施。（略）

八、健全法律法规体系，完善环境经济政策

（二十九）完善法律法规标准体系。（略）

（三十）拓宽投融资渠道。各级财政支出要向打赢蓝天保卫战倾斜。增加中央大气污染防治专项资金投入，扩大中央财政支持北方地区冬季清洁取暖的试点城市范围，将京津冀及周边地区、汾渭平原全部纳入。环境空气质量未达标地区要加大大气污染防治资金投入。（财政部牵头，生态环境部等参与）

支持依法合规开展大气污染防治领域的政府和社会资本合作（PPP）项目建设。鼓励开展合同环境服务，推广环境污染第三方治理。出台对北方地区清洁取暖的金融支持政策，选择具备条件的地区，开展金融支持清洁取暖试点工作。鼓励政策性、开发性金融机构在业务范围内，对大气污染防治、清洁取暖和产业升级等领域符合条件的项目提供信贷支持，引导社会资本投入。支持符合条件的金融机构、企业发行债券，募集资金用于大气污染治理和节能改造。将“煤改电”超出核价投资的配套电网投资纳入下一轮输配电价核价周期，核算准许成本。（财政部、发展改革委、人民银行牵头，生态环境部、银保监会、证监会等参与）

（三十一）加大经济政策支持力度。建立中央大气污染防治专项资金安排与地方环境空气质量改善绩效联动机制，调动地方政府治理大气污染积极性。健全环保信用评价制度，实施跨部门联合奖惩。研究将致密气纳入中央财政开采利用补贴范围，以鼓励企业增加冬季供应量为目标调整完善非常规天然气补贴政策。研究制定推进储气调峰设施建设的扶持政策。推行上网侧峰谷分时电价政策，延长采暖用电谷段时长至10h以上，支持具备条件的地区建立采暖用电的市场化竞价采购机制，采暖用电参加电力市场化交易谷段输配电价减半执行。农村地区利用地热能向居民供暖（制冷）的项目运行电价参照居民用电价格执行。健全供热价格机制，合理制定清洁取暖价格。完善跨省跨区输电价格形成机制，降低促进清洁能源消纳的跨省跨区专项输电工程增送电量的输配电价，优化电力资源配置。落实好燃煤电厂超低排放环保电价。全面清理取消对高耗能行业的优待类电价以及其他各种不合理价格优惠政策。建立高污染、高耗能、低产出企业执行差别化电价、水价政策的动态调整机制，对限制类、淘汰类企业大幅提高电价，支持各地进一步提高加价幅度。加大对钢铁等行业超低排放改造支持力度。研究制定“散乱污”企业综合治理激励政策。进一步完善货运价格市场化运行机制，科学规范两端费用。大力支持港口和机场岸基供电，降低岸电运营商用电成本。支持车船和作业机械使用清洁能源。研究完善对有机肥生产销售运输等环节的支持政策。利用生物质发电价格政策，支持秸秆等生物质资源消纳处置。（发展改革委、财政部牵头，能源局、生态环境部、交通运输部、农业农村部、铁路局、中国铁路总公司等参与）

加大税收政策支持力度。严格执行环境保护税法，落实购置环境保护专用设备企业所得税抵免优惠政策。研究对从事污染防治的第三方企业给予企业所得税优惠政策。对符合条件的新能源汽车免征车辆购置税，继续落实并完善对节能、新能源车船减免车船税的政策。（财政部、税务总局牵头，交通运输部、

生态环境部、工业和信息化部、交通运输部等参与）

九、加强基础能力建设，严格环境执法督察

（三十二）完善环境监测监控网络。（略）

（三十三）强化科技基础支撑。（略）

（三十四）加大环境执法力度。（略）

（三十五）深入开展环境保护督察。（略）

十、明确落实各方责任，动员全社会广泛参与

（三十六）加强组织领导。（略）

（三十七）严格考核问责。（略）

（三十八）加强环境信息公开。（略）

（三十九）构建全民行动格局。（略）

国务院办公厅关于加强核电标准化工作的指导意见

（国办发〔2018〕71号）

各省、自治区、直辖市人民政府，国务院各部委、各直属机构：

安全高效发展核电是我国能源战略的重要组成部分。核电标准化是支撑我国核电安全和可持续发展的重要保障，是促进核电“走出去”的重要抓手，对推动我国由核电大国向核电强国迈进具有重要意义。为进一步加强我国核电标准化工作，经国务院同意，现提出以下意见。

一、总体要求

（一）指导思想。

以习近平新时代中国特色社会主义思想为指导，全面贯彻党的十九大和十九届二中、三中全会精神，按照国务院印发的《深化标准化工作改革方案》部署，立足我国核电长远发展，坚持标准自主化与国际化相结合，凝聚共识，自主创新，加快建设一套自主、统一、协调、先进、与我国核电发展水平相适应的核电标准体系，充分发挥标准的规范、引领和支撑作用，推动核电技术和装备进步，促进我国核电安全和可持续发展。

（二）基本原则。

——完善机制，强化领导。建立核电标准化工作领导协调机制，明确各相关部门职责分工，在核电标准体系建设、实施、监督、科研、国际合作等方面发挥领导和协调作用。

——部门联动，加强实施。制定相关政策和措施，建立相应工作机制，在核电项目核准等环节积极引导和推动我国核电项目采用自主核电标准。

——统筹规划，自主统一。全面覆盖我国各压水堆核电机型的技术需求，兼顾其他堆型需求，以自主技术为基础，充分利用核电工程建设经验和研究成果，制定自主统一核电标准，持续完善标准体系，提升自主化水平。

——国际合作，助力出口。分层次、有重点地与相关国际标准组织、国家和地区开展核电标准化国际合作与交流，接轨国际，提升核电标准国际影响力，助推核电“走出去”。

二、总体目标

建立政府引导、相关企事业单位广泛参与、协同推进核电标准化工作的体制机制；形成标准技术路线统一、结构完善的核电标准体系，全面支撑核电安全高效发展及核电“走出去”。

到2019年，核电标准体系更加完善，体系框架结构进一步优化，标准技术内容逐步统一，标准自主化水平和协调性显著提高，形成自主统一的、与我国核电发展水平相适应的核电标准体系。

到2022年，标准应用明显加强。国内自主核电项目采用自主核电标准的比例大幅提高，我国核电标准的国际影响力和认可度显著提升。

到2027年，跻身核电标准化强国前列，在国际核电标准化领域发挥引领作用。

三、重点任务

（一）加强自主创新，优化完善核电标准体系。

1. 提升标准自主化水平。在充分总结、凝练我国核电工程技术经验、科研成果的基础上，提升我国核电标准的自主化程度。以核岛机械设备领域为切入点，重点开展标准技术路线统一专题研究，统筹考虑我国核电安全性、经济性及工业基础和监管体系，加强试验验证，制定我国自主统一的核岛机械设备标准。

2. 优化标准体系结构。推动建立以通用标准为主、专用标准为辅的标准体系。提高标准体系的协调性、自洽性，加强标准应用的整体性、配套性，编制总目录，分卷汇编，方便使用。

3. 提高标准质量。加快建立能源行业核电标准动态管理机制，梳理分析现有核电标准质量和适用性，加强标准制修订工作，力争标准质量达到国际先进水平，满足实施应用的现实需求。

（二）加强政策引导，推动核电标准广泛应用。

4. 完善相关政策。完善核电项目核准、监督的相关制度，将采用自主核电标准的比例作为项目核准的一项重要参考指标。制定相关政策，提高行业研究和应用自主标准的积极性。

5. 推进标准认可。完善与核安全相关标准的认可制度，优化程序，创新模式，提高效率，为我国核电标准的应用和实施创造条件。

6. 加强宣传贯彻实施。通过宣讲培训、技术交流

等方式，多渠道、多层次开展核电标准宣传贯彻工作。搭建标准实施反馈平台，优化实施反馈机制，实现标准实施—反馈—提升的良性循环。

（三）深化国际合作，扩大核电标准国际影响。

7. 推进与核电贸易国标准化合作。加强对核电贸易国行业政策、监管体系和标准体系的研究，推动建立双边、多边合作机制，强化标准与政策、规则的有效衔接。

8. 加强与国际标准组织合作。积极参与国际标准组织活动，在相关国际标准化工作中发挥更大作用。加强与核电强国的标准技术交流与合作，推动标准互认、标准共建及技术交流等合作，提升我国核电标准国际影响力和认可度。

（四）强化能力建设，支撑核电标准长远发展。

9. 提升信息化水平。统筹规划，建立核电标准信息化工作平台，做好与现有平台的对接，推进核电标准化与信息化融合，提升核电标准化工作效率，提高核电标准共享程度，拓展核电标准服务内容，提升核电标准服务质量。

10. 注重人才队伍建设。加强核电标准化组织建设，积极引进和培育标准化高端人才，广泛吸纳核电技术专家，引进国际高级专业技术人才。对参与核电标准化工作的专业技术人员在待遇提高、职务和职称晋升等方面予以倾斜。

（五）开展配套研究，提升标准自主创新水平。

11. 全面开展标准化科研。结合我国工业基础和研究现状，对关键性能指标开展必要的试验研究和验证，提升核电标准自主化水平。分析比对国外先进核电标准，总结我国核电标准与国外先进核电标准的差异，进一步提升我国核电标准自洽性、完整性和先进性。加强科研成果转化，适时将技术创新成果转化为标准，促进新技术的推广和应用。

四、组织实施

（一）建立机制，加强组织落实。

建立核电标准化领导协调机制，在政策引导、资源保障、协同推进等方面加强统筹协调和督查落实。根据需要不定期召开会议，研究制定和细化政策措施，提出具体工作计划和年度重点任务，衔接协调核电标准化有关规划、政策、专项、“走出去”工作等，为核电标准化工作提供强有力的组织保障。

（二）政府引导，形成政策合力。

政府各有关部门要及时出台政策，组织推动行业形成核电标准化工作合力。能源局要加大对核电标准化工作的支持，加强核电标准顶层设计，推动核电标准统一；在核电项目核准阶段，审核项目采用自主核电标准的比例，推动自主核电标准的实施应用。标准委要积极推进核电标准化体系建设，推动核电标准国际合作，支持打造我国核电标准自主品牌。核安全局要积极支持和鼓励采用自主核电标准，开展与核安全相关标准的认可工作，创新认可方式，提高认可效率。国防科工局、能源局、标准委要根据各自职责推动核电核燃料、乏燃料、核安保、核应急等相关标准的制定。科技部要鼓励和支持核电标准配套研究。财政部要统筹利用现有资金渠道做好核电标准建设经费保障。

（三）企业配套，提升行业能力。

核电相关企业、研究机构要将核电标准化作为重点工作进行部署，积极承担标准的制修订和研究任务，积极采用自主核电标准；增加标准化工作在职称评定、绩效考核、评选先进等方面的评价指标权重，鼓励职工积极参与核电标准化工作。

（四）资金支持，保障工作开展。

各有关单位要加大核电标准化经费支持，各核电集团要积极配套核电标准化工作经费，引导和鼓励社会力量积极参与核电标准化工作，多渠道落实核电标准化经费，形成对核电标准化工作的有效支持保障。

国务院办公厅

2018 年 7 月 23 日

国务院办公厅关于保持基础设施领域补短板力度的指导意见

（国办发〔2018〕101 号）

各省、自治区、直辖市人民政府，国务院各部委、各直属机构：

补短板是深化供给侧结构性改革的重点任务。近年来，我国固定资产投资结构不断优化，为增强经济发展后劲、补齐基础设施短板、带动就业和改善民生提供了有力支撑。但今年以来整体投资增速放缓，特别是基础设施投资增速回落较多，一些领域和项目存在较大投资缺口，亟需聚焦基础设施领域突出短板，保持有效投资力度，促进内需扩大和结构调整，提升中长期供给能力，形成供需互促共进的良性循环，确保经济运行在合理区间。为贯彻落实党中央、国务院决策部署，深化供给侧结构性改革，进一步增强基础设施对促进城乡和区域协调发展、改善民生等方面的支撑作用，经国务院同意，现就保持基础设施领域补短板力度提出以下意见。

一、总体要求

（一）指导思想。（略）

（二）基本原则。

——聚焦短板。支持“一带一路”建设、京津冀协同发展、长江经济带发展、粤港澳大湾区建设等重大战略，围绕打好精准脱贫、污染防治攻坚战，着力补齐铁路、公路、水运、机场、水利、能源、农业农村、生态环保、公共服务、城乡基础设施、棚户区改造等领域短板，加快推进已纳入规划的重大项目。

——协同发力。充分发挥市场配置资源的决定性作用，积极鼓励民间资本参与补短板项目建设，调动各类市场主体的积极性、创造性。更好发挥政府作用，加强补短板重大项目储备，加快项目审核进度，积极发挥政府投资引导带动作用，为市场主体创造良好的投资环境。

——分类施策。加大对储备项目的协调调度力度，加快推进前期工作，推动项目尽早开工建设。在依法合规的前提下，统筹保障在建项目合理资金需求，推动在建项目顺利实施，确保工程质量安全，早日建成发挥效益，避免形成“半拉子”工程。

——防范风险。坚持尽力而为、量力而行，根据地方财政承受能力和地方政府投资能力，严格项目建设条件审核，合理安排工程项目建设，坚决避免盲目投资、重复建设。规范地方政府举债融资，管控好新增项目融资的金融“闸门”，牢牢守住不发生系统性风险的底线。

二、重点任务

（一）～（五）（略）

（六）能源领域。进一步加快金沙江拉哇水电站、雅砻江卡拉水电站等重大水电项目开工建设。加快推进跨省跨区输电，优化完善各省份电网主网架，推动实施一批特高压输电工程。加快实施新一轮农村电网改造升级工程。继续推进燃煤机组超低排放与节能改造，加大油气勘探开发力度，做好天然气产供储销体系和重点地区应急储气能力建设。积极推进一批油气产能、管网等重点项目。（能源局牵头负责）

（七）农业农村领域。（略）

（八）生态环保领域。加大对天然林资源保护、重点防护林体系建设、水土保持等生态保护重点工程支持力度。支持城镇生活污水、生活垃圾、危险废物处理设施建设，加快黑臭水体治理。支持煤炭减量替代等重大节能工程和循环经济发展项目。支持重点流域水环境综合治理。（发展改革委、生态环境部、住房城乡建设部、水利部、林草局按职责分工牵头负责）

（九）社会民生领域。（略）

三、配套政策措施

（一）加强重大项目储备。根据重大战略部署、国民经济和社会发展规划纲要、重大建设规划以及财政承受能力和政府投资能力等，对接经济发展和民生需要，依托国家重大建设项目库，分近期、中期、长期三类储备一批基础设施等重点领域补短板重大项目，形成项目储备和滚动接续机制。（发展改革委牵头负责，工业和信息化部、生态环境部、住房城乡建设部、交通运输部、水利部、农业农村部、能源局、林草局、铁路局、民航局、中国铁路总公司等按职责分工负责，地方各级人民政府负责）

（二）加快推进项目前期工作和开工建设。加强沟通协调，强化督促调度，加快规划选址、用地、用海、环评、水土保持等方面前期工作，加大征地拆迁、市政配套、水电接入、资金落实等推进力度，推动项目尽早开工建设。（发展改革委、工业和信息化部、自然资源部、生态环境部、住房城乡建设部、交通运输部、水利部、农业农村部、能源局、林草局、铁路局、民航局、中国铁路总公司等按职责分工负责）

（三）保障在建项目顺利实施，避免形成“半拉子”工程。坚决打好防范化解重大风险攻坚战，对确有必要、关系国计民生的在建项目，统筹采取有效措施保障合理融资需求，推动项目顺利建成，避免资金断供、工程烂尾，防止造成重大经济损失、影响社会稳定，有效防范“处置风险的风险”。（地方各级人民政府负责）

（四）～（十）（略）

各地区、各部门要把基础设施领域补短板作为推进供给侧结构性改革、巩固经济稳中向好态势、促进就业和提升国家长期综合竞争力的重要举措，按照职责分工抓好贯彻落实，强化分类指导，层层压实责任，加强沟通协调，形成工作合力，确保各项政策及时落地生效。

国务院办公厅

2018年10月11日

国家发展和改革委员会文件

国家发展改革委关于印发《区域电网输电价格定价办法（试行）》《跨省跨区专项工程输电价格定价办法（试行）》和《关于制定地方电网和增量配电网配电价格的指导意见》的通知

（发改价格规〔2017〕2269号）

各省、自治区、直辖市发展改革委、物价局、电力公司，国家电网公司、南方电网公司、内蒙古电力公司：

根据《中共中央国务院关于推进价格机制改革的若干意见》（中发〔2015〕28号）、《中共中央国务院关于进一步深化电力体制改革的若干意见》（中发〔2015〕9号）的相关规定，为纵深推进输配电价改革，建立规则明晰、水平合理、监管有力、科学透明的输配电价体系，经商国家能源局，我们制定了《区域电网输电价格定价办法（试行）》《跨省跨区专项工程输电价格定价办法（试行）》和《关于制定地方电网和增量配电网配电价格的指导意见》，现印发给你们，请按照执行。试行过程中如遇相关问题和情况，请及时报告。

附件：1. 区域电网输电价格定价办法（试行）
2. 跨省跨区专项工程输电价格定价办法（试行）
3. 关于制定地方电网和增量配电网配电价格的指导意见

国家发展改革委
2017年12月29日

附件1

区域电网输电价格定价办法（试行）

第一章　总　　则

第一条　为促进区域电网健康有序发展，建立规则明晰、水平合理、监管有力、科学透明的区域电网输电价格体系，根据《中华人民共和国价格法》《中华人民共和国电力法》《中共中央国务院关于推进价格机制改革的若干意见》（中发〔2015〕28号）《中共中央国务院关于进一步深化电力体制改革的若干意见》（中发〔2015〕9号）的相关规定，制定本办法。

第二条　本办法适用于区域电网跨省共用网络输电价格（以下简称“区域电网输电价格”）的核定。区域电网输电价格，是指区域电网和相关省级电网所属的500kV或750kV跨省交流共用输电网络，以及纳入国家规划的1000kV特高压跨省交流共用输电网络的输电价格。

第三条　核定区域电网输电价格遵循以下原则。

（一）区分功能。区域电网既承担保障省级电网安全运行，又提供输电服务。区域电网输电价格，应在严格成本监审基础上核定准许收入，并按功能定位和服务对象合理分摊的原则制定。

（二）尊重历史。区域电网输电价格，要考虑区域内各省级电网之间已形成的输电费用分摊机制，平稳过渡，促进区域电网及省级电网健康可持续发展。

（三）促进交易。区域电网输电价格，应有利于促进市场公平竞争和资源合理配置，促进跨省跨区电力市场化交易，促进新能源等清洁能源在更大范围内优化配置。

第四条　区域电网输电价格，先核定区域电网输电业务的准许收入，再以此为基础核定。区域电网输电价格实行事前核定、定期调整的价格机制，监管周期暂定为三年。为与省级电网输配电价改革衔接，首个监管周期为2018～2019年。

第二章　准许收入的计算方法

第五条　区域电网准许收入计算方法参照《省级电网输配电价定价办法（试行）》（发改价格〔2016〕2711号）执行。区域电网准许收入由准许成本、准许收益和价内税金构成。

第六条　准许成本由基期准许成本和监管周期新增（减少）准许成本构成。基期准许成本，根据《国家发展改革委国家能源局关于印发〈输配电定价成本监审办法（试行）〉的通知》（发改价格〔2015〕1347号）等规定，经成本监审核定。监管周期新增（减少）准许成本，按监管期初前一年及监管周期内预计合理新增或减少的准许成本计算。

区域电网从电力市场统一购买的电力市场调频、备用等服务费用，不得计入区域电网输电成本，按“谁受益、谁承担”原则由相关省级电网分摊，通过省级电网输配电价回收。

第七条 准许收益按可计提收益的有效资产乘以准许收益率计算。可计提收益的有效资产，是指为提供区域电网输电服务所需的，允许计提投资回报的输电资产，包括固定资产净值、无形资产净值和营运资本，固定资产净值和无形资产净值通过成本监审核定，营运资本按不高于监管周期前一年电力主营业务收入的10%核定。

新建区域电网跨省共用网络输电线路，经相关省级价格主管部门审核同意后纳入有效资产范围。

准许收益率的计算公式为：准许收益率＝权益资本收益率×（1－资产负债率）＋债务资本收益率×资产负债率。其中：权益资本收益率，按本监管周期初始年前一年1月1日～6月30日国家10年期国债平均收益率加不超过4个百分点核定；债务资本收益率，参考同期人民币贷款基准利率与电网企业实际融资结构和借款利率核定；资产负债率参照监管周期初始年前3年电网企业实际资产负债率平均值核定。

第八条 价内税金依据现行国家相关税法规定核定执行。计算公式为：价内税金＝所得税＋城市维护建设税＋教育费附加。

第三章 输电价格的计算方法

第九条 区域电网输电价格原则上采用两部制电价形式。其中：电量电费反映区域电网提供输电服务的成本；容量电费反映区域电网为省级电网提供可靠供电、事故备用等安全服务的成本。

区域电网准许收入在电量电费和容量电费之间进行分摊。电量电费比例，原则上按区域电网输电线路实际平均负荷占其提供安全服务的最大输电容量测算，并考虑输电线路长度、促进电力交易、与现行输电价格政策衔接等因素。计算公式为：

电量电费比例＝(Σ各线路实际平均负荷×该条线路长度权重)÷(Σ各线路的稳定限额×该条线路长度权重)×K

容量电费比例＝1－电量电费比例

其中：输电线路实际平均负荷反映区域电网提供输电服务的能力，按监管周期前一年电力调度机构统计数据计算。输电线路提供安全服务的最大输电容量，考虑整个网络安全稳定水平情况下各线路允许达到最大输电容量，按监管周期前一年电力调度机构确定的线路稳定限额计算。

输电线路提供安全服务的最大输电容量超过其实际平均负荷的部分，反映区域电网提供安全备用服务的能力。考虑区域电网功能差异，设置调整系数K，取值为0.7～1.3。东北、西北电网主要以消纳新能源和电力送出为主，K系数原则上大于1，适当提高电量电费比例；华北、华东、华中电网主要以保障用电需求和安全为主，K系数原则上小于1，适当提高容量电费比例。

各地可考虑季节变化因素，采取每月系统最大负荷日典型方式进行计算，再加权平均计算得到全年平均水平。

第十条 电量电费随区域电网实际交易结算电量收取，由购电方承担。改革初期，可对区域电网现行不同标准的电量电价政策进行归并，简化并逐步统一区域电网电价标准。电力市场机制建立后，可探索建立反映位置信号和输电阻塞的电价机制。

第十一条 各省级电网承担的容量电费比例，按区域电网为各省级电网提供安全服务能力并结合现行输电价格政策合理确定。区域电网为各省级电网提供安全服务的能力，主要考虑提供事故紧急支援能力和对各省级电网峰荷贡献等因素。事故紧急支援能力按监管周期前一年电力调度机构确定的典型运行方式计算。运行方式复杂的区域电网，可按各典型运行方式实际执行时间（按月）加权计算出各省级电网可获得的全年平均最大事故紧急支援能力。省级电网峰荷责任按监管周期前一年电力调度机构统计的每月最大负荷数据计算。

分摊给各省级电网的容量电费作为上级电网分摊费用通过省级电网输配电价回收，随各省级电网终端售电量（含市场化电量）收取。

随各省级电网终端售电量收取容量电费标准＝该省级电网应承担的容量电费÷监管周期该省级电网终端平均售电量

第四章 输电价格的调整机制

第十二条 建立区域电网输电准许收入平衡调整机制，解决东西部电网发展不平衡问题。监管周期内，各区域电网因电网投资规划调整、输电量或售电量大幅变化、省级电网承受能力不足等原因，导致区域电网准许收入回收不足时，通过电网企业内部东西部电网平衡调整机制，优先在各区域电网之间进行准许收入平衡调整。

第十三条 监管周期内遇有国家重大政策调整、发生重大自然灾害、不可抗力等因素造成的成本重大变化，区域电网企业可以向国家发展改革委申请对准许收入和输电价格作适当调整。

第十四条 区域电网准许收入和输电价格调整，应与省级电网输配电价和销售电价调整相衔接。各省级电网应将分担的区域电网容量电费作为上级电网传导成本纳入本省输配电成本，通过省级电网输配电价回收。

第五章　附　　则

第十五条　本办法由国家发展改革委负责解释。

第十六条　本办法自发布之日起实施，有效期5年。

附件2

跨省跨区专项工程输电价格定价办法（试行）

第一章　总　　则

第一条　为促进电网健康有序发展，建立规则明晰、水平合理、监管有力、科学透明的跨省跨区专项工程输电价格体系，根据《中华人民共和国价格法》《中华人民共和国电力法》《中共中央国务院关于推进价格机制改革的若干意见》（中发〔2015〕28号）和《中共中央国务院关于进一步深化电力体制改革的若干意见》（中发〔2015〕9号）的相关规定，制定本办法。

第二条　本办法适用于跨省跨区专项工程输电价格的核定。跨省跨区专项工程输电价格，是指电网企业提供跨省跨区专用输电、联网服务的价格。

第三条　核定跨省跨区专项工程输电价格遵循以下原则。

（一）*坚持科学、规范、透明定价*。以制度、规则、机制建设为核心，转变政府价格监管方式，提高政府定价的科学性，规范政府定价程序，推进定价成本信息公开，制定合理的输电价格。

（二）*坚持激励约束并重*。强化监管，严格开展成本监审，合理确定专项工程收益。既要激励电网企业主动加强管理、降低经营成本，又要约束电网企业投资行为，提高投资效率。

（三）*坚持促进电力平衡充分发展*。通过科学的价格机制，发挥中西部地区能源优势，保障东部地区能源安全供应，实现电力平衡发展。推进跨省跨区电力市场建设，提高电力基础设施利用效率，增强清洁能源消纳能力，促进电力资源在更大范围优化配置。

第四条　跨省跨区专项工程输电价格实行事前核定、定期调整的价格机制，监管周期暂定为三年。为与省级电网输配电价改革衔接，首个监管周期为2018～2019年。

第二章　输电价格的计算方法

第五条　新投产跨省跨区专项工程输电价格按经营期电价法核定。经营期电价是指以弥补合理成本、获取合理收益为基础，考虑专项工程经济寿命周期内各年度的现金流量后所确定的电价。

其中：运维费率按不高于《省级电网输配电价定价办法（试行）》（发改价格〔2016〕2711号）新增资产运维费率标准的80%确定；投资和设计利用小时按政府主管部门批复的项目核准文件确定；资本金收益率、银行贷款利率参照《省级电网输配电价定价办法（试行）》核价参数确定；还贷年限按20年计算；项目经营期限按30年计算，形成的固定资产按项目经营期限计提折旧费。

第六条　建立定期评估调整机制。以成本监审结果为基础，参照《省级电网输配电价定价办法（试行）》有关参数，定期评估，科学合理确定收益并调整输电价格。

其中：历史运维费、折旧费、输电量等以成本监审结果为准。监管周期内，运维费率、银行贷款利率等参照新投产专项工程核价参数确定；输电量按设计利用小时确定；资本金收益率，实际利用小时达到设计值75%的，参照《省级电网输配电价定价办法（试行）》核价参数确定，实际利用小时达不到设计值75%的，资本金收益率可适当降低。

第七条　多条专项工程统一运营的，电网企业应按工程项目逐条归集资产、成本、收入，暂无法归集的应按照“谁受益、谁承担”原则合理分摊。

多条专项工程统一运营并形成共用网络的，按照“准许成本加合理收益”方法定价。

第三章　输电价格形式

第八条　跨省跨区专项工程输电价格形式按功能确定，执行单一制电价。

对于参与跨省跨区可再生能源增量现货交易的电量，可在基准输电价格基础上适当核减。

第九条　以联网功能为主的专项工程按单一容量电价核定，由联网双方共同承担。容量电费分摊比例以本监管周期初始年前三年联网双方平均最大负荷为基础，结合工程最大输电能力确定，客观反映两端电网接受备用服务的效用。

第十条　以输电功能为主的专项工程按单一电量电价核定。

第四章　输电价格调整机制

第十一条　监管周期内遇有国家重大政策调整、发生重大自然灾害、不可抗力等因素造成的成本重大变化，应在监管周期内对输电价格进行合理调整。

第十二条　监管周期内新增跨省跨区专项工程投资、输电量变化较大时，应在监管周期内对输电价格进行合理调整。

第十三条 跨省跨区专项工程输电价格调整，应与省级电网输配电价和区域电网输电价调整相衔接。

第五章 附 则

第十四条 本办法由国家发展改革委负责解释。

第十五条 本办法自发布之日起实施，有效期5年。

附件3

关于制定地方电网和增量配电网配电价格的指导意见

为科学合理制定地方电网和增量配电网（以下简称“配电网”）配电价格，促进配电网业务健康发展，根据《中华人民共和国价格法》《中华人民共和国电力法》《中共中央国务院关于推进价格机制改革的若干意见》（中发〔2015〕28号）《中共中央国务院关于进一步深化电力体制改革的若干意见》（中发〔2015〕9号）《国家发展改革委国家能源局关于印发〈售电公司准入与退出管理办法〉和〈有序放开配电网业务管理办法〉的通知》（发改经体〔2016〕2120号）《国家发展改革委国家能源局关于规范开展增量配电业务改革试点的通知》（发改经体〔2016〕2480号）《国家发展改革委关于全面深化价格机制改革的意见》（发改价格〔2017〕1941号）相关规定，提出以下指导意见。

一、总体要求

按照深入推进电力体制改革的总体要求和“管住中间、放开两头”的基本思路，对地方政府或其他主体建设运营的地方电网和按照《有序放开配电网业务管理办法》投资、运营的增量配电网核定独立配电价格，加强配电价格监管，促进配电业务健康发展。

一是建立机制与合理定价相结合。通过制度和规则建设，既提高政府定价的科学性，加强对配电网的成本、价格监管；又规范配电网企业的价格行为，形成科学合理、公开透明、激励有效的配电价格，促进售电侧市场公平竞争。

二是弥补成本与约束激励相结合。在严格成本监审基础上，按照弥补配电网企业合理成本并获得合理收益的原则核定配电价格，促进配电网健康可持续发展，提供安全可靠电力服务；同时建立激励约束机制，促进配电网企业提高效率、降低成本，以尽可能低的价格为用户提供优质配电服务。

三是公平开放与平等负担相结合。配电网与省级电网具有平等的市场主体地位。省级电网应向地方电网和增量配电网无歧视开放，配电网应向售电公司无歧视开放。配电网企业应按照相同的原则和标准承担政策性交叉补贴。

二、定价方法

配电网区域内电力用户的用电价格，由上网电价或市场交易电价、上一级电网输配电价、配电网配电价格、政府性基金及附加组成。用户承担的配电网配电价格与上一级电网输配电价之和不得高于其直接接入相同电压等级对应的现行省级电网输配电价。

省级价格主管部门应根据本省情况，充分征求有关企业和社会意见后，选择合适的配电价格定价方法。核定配电价格时，应充分考虑本地区上网电价、省级电网输配电价、趸售电价、销售电价等现行电价，并结合地区经济发展需求、交叉补贴等情况，合理选取定价参数。

（一）对于招标方式确定投资主体的配电网项目，采用招标定价法确定配电价格。竞标主体应同时做出投资规模、配电容量、供电可靠性、服务质量、线损率等承诺。政府相关主管部门对合同约定的供电服务标准等进行监管和考核，没有达到约定标准的，相应核减配电价格。

（二）对于非招标方式确定投资主体的配电网项目，可以选择准许收入法、最高限价法和标尺竞争法三种定价方法中的一种或几种方法确定配电价格。对于同一类型配电网，应选择相同定价方法。

一是准许收入法。省级价格主管部门在能源主管部门确定配电网规划投资及项目业主确定投资计划后，参照《省级电网输配电价定价办法（试行）》（发改价格〔2016〕2711号），核定配电网企业监管周期内的准许成本、准许收益、价内税金，确定监管周期内的年度准许收入，并根据配电网预测电量核定监管周期的独立配电价格。

二是最高限价法。先按照“准许成本加合理收益”的方法测算某个配电网的配电价格，再参照其他具有可比性的配电网配电价格，结合供电可靠性、服务质量等绩效考核指标，确定该配电网的配电最高限价，由配电网企业制定具体配电价格方案，报省级价格主管部门备案。鼓励各地探索建立最高限价随居民消费价格指数和效率提高要求挂钩的调整机制。

三是标尺竞争法。先按照“准许成本加合理收益”的方法测算某个配电网的配电价格，再按测算的该配电网配电价格与本省其他配电网配电价格的加权平均来最终确定该配电网的配电价格。在首个监管周期，可给予该配电网以较高权重。配电网差异较小的地区，也可以同类型配电网社会平均先进水平为基准，按省分类制定标杆配电价格。

三、调整机制

配电网配电价格调整，应明确价格监管周期，做好过渡阶段价格衔接，并参照《省级电网输配电价定价办法（试行）》建立平滑处理机制、定期校核机制和考核机制。

（一）明确配电价格监管周期。政府制定配电价格的监管周期原则上为三年。招标确定配电价格的有效期限，以配电项目合同约定期限为准。

（二）做好过渡阶段价格衔接。配电价格确定前，电力用户与配电网结算的输配电价暂按其接入电压等级对应的现行省级电网输配电价执行。配电网区域内列入试点范围的非水可再生能源或地方电网区域内既有的小水电发电项目与电力用户开展就近交易时，用户仅支付所使用电压等级的配电价格，不承担上一电压等级的输配电价。配电网区域内不得以常规机组“拉专线”的方式向用户直接供电。

（三）做好与存量地方电网配电价格衔接。省级价格主管部门应按照尊重历史、合理衔接的原则，在不增加交叉补贴的前提下，制定地方电网配电价格，与现行省级电网输配电价、趸售电价等做好衔接，并逐步过渡到按本指导意见确定的方法核定配电价格。

（四）鼓励建立激励机制。在一个监管周期内，配电网由于成本下降而增加收入的，下一监管周期可由配电网和用户共同分享，以激励企业提高经营效率、降低配电成本。

四、结算制度

配电网与省级电网之间的结算电价，按现行省级电网相应电压等级输配电价执行。配电网企业可根据实际情况，自主选择分类结算电价或综合结算电价与省级电网企业结算电费。不同电压等级输配电价与实际成本差异过大的，省级价格主管部门可根据实际情况，向国务院价格主管部门申请调整省级电网输配电价结构。

（一）分类结算电价。配电网企业根据配电网区域内实际供电用户类别、电压等级和用户用电容量向电力用户收取电费，再按省级电网分电压等级、分用户类别的输配电价，向省级电网企业支付输配电费。

（二）综合结算电价。配电网企业根据配电网接入省级电网的接网容量和电压等级，按省级电网两部制输配电价，向省级电网企业支付输配电费。

配电网区域内的电力用户（含自发自用电量）应承担国家规定的政府性基金及附加等社会责任，由配电网企业代收、省级电网企业代缴。在配电网与省级电网接入点，由省级电网专为配电网建设变电站的，省级价格主管部门可探索核定由配电网承担的接入费用，并适当调整配电网与省级电网之间的结算电价。配电网与发电企业的结算，按照调度协议约定的主体执行。

五、相关要求

配电网配电价格的制定和调整由省级价格主管部门负责，报国务院价格主管部门备案。省级价格主管部门要按照指导意见要求，抓紧制定配电网成本监审和价格管理规则，加快推进配电价格改革工作。

（一）配电网实行业务分离。配电网企业应设立独立企业法人，依法取得电力业务许可证，将配电网业务与其他业务分离，成本独立核算。目前配售一体化经营的配电网企业的配电业务、市场化售电业务应逐步实现独立核算。

（二）严格执行配电价格。省级价格主管部门制定并公布配电区域内电力用户与配电网结算的分电压等级、分用户类别配电价格。配电网企业可探索结合负荷率等因素制定配电价格套餐，由电力用户选择执行，但其水平不得超过省级价格主管部门制定的该类用户所在电压等级的输配电价。配电网企业对未参与电力市场的电力用户应严格执行价格主管部门制定的目录销售电价。

（三）推动信息公开，强化社会监督。省级价格主管部门制定和调整配电价格，要通过门户网站等指定平台向社会公开价格水平和相关依据。配电网企业要定期通过企业网站等平台公布成本、收入等相关信息。各地要加快建立配电价格监管数据库，推进价格信息公开透明，强化社会监督。

国家发展改革委　国家能源局关于加强和规范涉电力领域失信联合惩戒对象名单管理工作的实施意见

（发改运行规〔2018〕233号）

各省、自治区、直辖市和新疆生产建设兵团发展改革委、经信委（工信委、工信厅）、能源局，国家能源局各派出能源监管机构，中国电力企业联合会，中国核工业集团有限公司、国家电网有限公司、中国南方电网有限责任公司，中国华能集团有限公司、中国大唐集团有限公司、中国华电集团有限公司、国家电力投资集团有限公司、中国长江三峡集团有限公司、国家能源投资集团有限责任公司、国家开发投资集团有限公司、华润集团有限公司、中国广核集团有限公司：

为贯彻落实党的十九大精神，加强诚信体系建设，根据《中共中央　国务院关于进一步深化电力体制改革的若干意见》（中发〔2015〕9号）、《国务院关于印发社会信用体系建设规划纲要（2014－2020年）的通知》（国发〔2014〕21号）、《国务院关于建立完善守信联合激励和失信联合惩戒制度加快推进社会诚信建设的指导意见》（国发〔2016〕33号）、《国家发展改革委 人民银行关于加强和规范守信联合激励和失信联合惩戒对象名单管理工作的指导意见》（发改财金规〔2017〕1798号）的相关要求及规定，加强对涉电力领域市场主体的信用监管，建立失信联合惩戒对象名单（以下简称“黑名单”）制度，完善违法失信惩戒的联动机制，促进行业健康发展，现提出如下实施意见。

一、总体要求

（一）政府主管部门及行业监管部门对存在严重违反电力法律、法规、规章等严重失信行为的涉电力领域市场主体，依法依规列入“黑名单”，并向社会公布，实施信用约束、联合惩戒。市场主体存在违法失信行为且情节较轻的，可先纳入诚信状况重点关注对象名单（以下简称“重点关注名单”）。

（二）国家发展改革委、国家能源局负责对全国涉电力领域“黑名单”管理工作进行指导和协调，县级以上行业主管部门、相关监管部门根据职能负责本地区“黑名单”管理工作。

（三）坚持“谁认定、谁负责”的原则，认定“黑名单”的部门和单位负责“黑名单”的公布、信用修复、异议处理、退出等工作。

（四）认定为涉电力领域“黑名单”市场主体的相关信息应纳入全国信用信息共享平台，按照《关于对电力行业严重违法失信市场主体及其有关人员实施联合惩戒的合作备忘录》等有关规定，实施联合惩戒。

二、认定标准

（五）涉电力领域市场主体包括发电企业、售电企业、参与电力市场交易的电力用户、电网企业、电力建设、施工、监理、勘察、设计企业、电能服务企业、电力设备供应企业。

（六）涉电力领域市场主体存在下列情形之一的，应按照规定程序列入“黑名单”：

1. 未取得许可从事相关业务、涂改许可证、隐瞒有关情况或者以提供虚假申请材料等方式违法违规进入市场，未按要求及时变更注册信息和用户登记信息，且拒不整改。

2. 违反信用承诺且拒不整改。

3. 在其他领域因严重违法失信行为被列入相关“黑名单”。

4. 存在其他违法违规行为，受到行政处罚等法律处罚，情节严重或拒不整改。

（七）发电企业存在下列情形之一，情节严重或拒不整改的，应按照规定程序列入“黑名单”：

1. 未执行并网调度协议，未服从电力调度管理。

2. 经审核符合准入条件的企业自备电厂，未足额缴纳政府性基金及政策性交叉补贴。

3. 违反相关规定，建设电厂向用户直接供电的专用线路，以及与其参与投资的增量配电网络连接的专用线路。

（八）售电企业存在下列情形之一，情节严重或拒不整改的，应按照规定程序列入“黑名单”：

1. 超出准入条件规定的售电量范围开展售电业务。

2. 未承担保密义务，违规泄露用户信息。

（九）参与电力市场交易的电力用户存在下列情形之一，情节严重或拒不整改的，应按照规定程序列入“黑名单”：

1. 存在违约用电、窃电或者破坏电力设施行为。

2. 存在用电安全隐患等影响电力安全稳定运行或威胁人身安全的行为。

3. 以各种形式逃缴、拒缴和拖欠政府性基金或政策性交叉补贴。

（十）电网企业存在下列情形之一，情节严重或拒不整改的，应按照规定程序列入“黑名单”：

1. 未按国家有关规定和合同约定承担保底供电服务和普遍服务。

2. 未严格落实电网安全责任，供电质量未达到承诺标准。

3. 未做到对发电企业、电力用户及其他电网企业的无歧视公平接入。

4. 存在干预发电企业、售电公司、电力用户之间相互自主选择的行为。

（十一）电力建设、施工、监理、勘察、设计企业存在下列情形之一，情节严重或拒不整改的，应按照规定程序列入“黑名单”：

1. 转让、出租出借、借用挂靠、涂改、伪造许可资质（资格）证书或者以其他方式允许其他单位或者个人以本单位名义承揽工程。

2. 超越许可范围承揽工程。

3. 弄虚作假骗取中标、不正当手段承揽工程。

4. 将工程转包或者违法分包。

5. 存在重大安全、质量隐患，经督查不及时整改。

6. 未按核准文件确定的招标方式开展招标。

7. 发生因工程安全质量问题引发的较大安全责任事故。

8. 严重违反合同约定。

（十二）电能服务企业存在下列情形之一，情节严重或拒不整改的，应按照规定程序列入“黑名单”：

1. 提供的平台或产品问题给用户造成经济损失。

2. 拒不处理客户投诉。

3. 采用不正当手段竞争，扰乱市场秩序。

4. 骗取国家政府补贴。

（十三）电力设备供应企业存在下列情形之一，情节严重或拒不整改的，应按照规定程序列入“黑名单”：

1. 降低产品设计标准、偷工减料，或在生产制造过程中使用伪劣原材料、组部件以次充好。

2. 在施工（建筑、安装等）、调试或运行过程中，出现质量问题，发生安全事故或质量事故。

3. 不能安全稳定运行或技术、质量等性能指标与设计值出现重大偏差，且无法通过进一步调试和正常维护得到解决。

4. 存在商业行贿受贿行为，经营者为销售或购买商品而采用财务或其他手段贿赂对方单位或个人。

（十四）涉电力领域市场主体在电力市场交易方面存在下列情形之一，情节严重或拒不整改的，应按照规定程序列入“黑名单”：

1. 无故未履行市场交易合同或具有法律效力的交易意向。

2. 未按时进行交易结算，拖欠电费。

3. 恶意串通、操纵市场或变相操纵市场。

4. 提供虚假信息，违规发布信息，或未按规定披露、提供信息。

5. 违反电力市场交易规则开展交易。

（十五）涉电力领域市场主体在电力规划设计、政策标准执行及项目合作、建设管理方面有下列情形之一，情节严重或拒不整改的，应按照规定程序列入“黑名单”：

1. 未按照规划总量进行产能布局、重复建设、开发利用效率低下、发展失衡，违反相关优选原则。

2. 选择性执行或变相、消极、错误执行国家有关能源政策。

3. 违反电力行业标准化工作有关强制性规定或执行国家强制性标准情况不达标。

4. 新建电力项目违法违规转让开展前期工作资格或核准文件。

5. 违法违规变更新建项目投资主体。

6. 需核准的电力项目未经核准先行开工建设，或者未按核准文件规定建设。

7. 电力项目存在超容量建设、停产整顿项目继续建设、为争取国家补贴指标而虚拟项目、以资源综合利用名义建设低效项目等情形。

（十六）涉电力领域市场主体在安全生产、应急管理和节能减排方面有下列情形之一，情节严重或拒不整改的，应按照规定程序列入“黑名单”：

1. 发生《生产安全事故报告和调查处理条例》所规定的重大生产安全事故，或一年内累计发生责任事故死亡10人（含）以上。

2. 发生《电力安全事故应急处置和调查处理条例》所规定的重大电力安全事故。

3. 重大安全生产隐患不及时整改或整改不到位。

4. 发生暴力抗法的行为，或未按时完成行政执法指令。

5. 发生事故隐瞒不报、谎报或迟报，故意破坏事故现场、毁灭有关证据。

6. 经监管执法部门认定严重威胁安全生产的其他行为。

7. 在电力、核电厂等领域未按国家要求有效落实应急管理责任。未建立电力应急指挥体系，未制定电力安全应急预案，不按规定开展应急演练。

8. 未按规定安装、运行环保设备，污染物排放不符合环保标准和规定，瞒报、伪造、篡改统计数据和相关备查资料。

9. 阻碍、抗拒依法实施的节能监管，情节严重或隐匿、拒不提供相关资料。

（十七）在许可监管中发现涉电力领域市场主体有下列情形之一，情节严重或拒不整改的，应按照规定程序列入“黑名单”：

1. 出租出借或借用挂靠许可资质。

2. 超出许可范围或者超过许可期限从事相关业务且限期未完成整改。

3. 不具备许可条件仍从事相关业务，未在规定期限内申请许可变更或注销且限期内未完成整改。

4. 未经批准，擅自停业、歇业。

（十八）市场主体具有相关失信行为，但尚未达到“黑名单”认定标准的，应按照规定程序列入重点关注名单，通过约谈、提醒、下达整改函等方式督促整改。

（十九）市场主体列入重点关注名单未能在整改期限完成整改并退出，或无明确整改期限的未能在3个月内完成整改并退出，或一年内3次或3次以上被列入重点关注名单，应按照规定程序列入“黑名单”。

三、认定与发布

（二十）县级以上行业主管部门、相关监管部门可按照认定标准，根据职能认定涉电力领域“黑名单”、重点关注名单。国家发展改革委、国家能源局可根据需要授权全国性行业协会商会，按照认定标准认定涉电力领域“黑名单”、重点关注名单。

（二十一）鼓励电力交易机构、行业协会商会等各类单位和公民个人积极支持和配合认定工作，向认定部门（单位）提供市场主体的失信行为信息。认定部门（单位）应积极委托大数据企业开展大数据监管，将大数据分析结果作为认定“黑名单”的重要参考依据。

（二十二）认定部门（单位）应按照以下程序认定“黑名单”：

1. 正式告知拟列入“黑名单”的市场主体列入事由和列入依据，允许其在10个工作日内提交有关申辩材料。

2. 组成相关政府部门、社会组织及行业专家参加的小组，根据各方提供的材料进行审查，提出市场主体是否列入“黑名单”的认定意见书。

3. 县级以上行业主管部门、相关监管部门认定的“黑名单”直接生效；授权的全国性行业协会商会认定的“黑名单”，需经相应信用建设牵头部门或能源监管部门审核后生效。

4. 完成认定后，认定部门（单位）应向列入“黑名单”的市场主体下达认定决定函。

（二十三）建立全国涉电力领域“黑名单”信息管理系统，各认定部门（单位）认定的“黑名单”均统一纳入信息管理系统。市场主体被列入“黑名单”后，认定部门（单位）应于列入当日将有关信息录入“黑名单”信息管理系统。录入信息主要内容包括：一是基本信息，包括法人和其他组织名称（或自然人姓名）、统一社会信用代码、全球法人机构识别编码（LEI码）（或公民身份证号码、港澳台居民的公民社会信用代码、外国籍人身份号码）、法定代表人（或单位负责人）姓名及其身份证件类型和号码等；二是列入名单的事由，包括认定违法失信行为的事实、认定部门（单位）、认定依据、认定日期、有效期等；三是市场主体受到联合奖惩、信用修复、退出名单的相关情况。

（二十四）涉电力领域“黑名单”信息管理系统应主动将相关信息共享至全国信用信息共享平台，供各级国家机关、法律法规授权具有管理公共事务职能的组织共享使用。

（二十五）认定生效的“黑名单”，由认定部门（单位）通过其门户网站、地方政府信用网站、“信用中国”网站、电力交易机构网站等向社会公众发布。对于涉及企业商业秘密和个人隐私的信息，发布前应进行必要的技术处理。

（二十六）认定部门（单位）对列入重点关注名单的市场主体，应制定有关标准和程序，录入“黑名单”信息管理系统，共享至全国信用信息共享平台。

四、名单退出与权益保护

（二十七）已被列入“黑名单”的市场主体，符合以下条件的，经认定部门（单位）确认，可以退出“黑名单”：

1. 市场主体自被列入“黑名单”之日起满3年，未再发生严重违法失信行为。

2. 市场主体被列入“黑名单”的主要事实依据被撤销。

3. “黑名单”认定标准发生改变，不符合新认定标准。

4. 按照有关规定和标准完成自主信用修复，经认定部门（单位）审核同意。

5. 经异议处理，“黑名单”认定有误。

（二十八）市场主体退出“黑名单”后，认定部门（单位）应及时通过原发布渠道发布名单退出公告，并将其列入重点关注名单。对于认定有误的“黑名单”，不列入重点关注名单。

（二十九）认定部门（单位）应建立市场主体自主信用修复机制，在下达“黑名单”认定决定函时结合失信行为的严重程度，明确市场主体能否修复信用以及修复的方式和期限。可通过履行相关义务纠正失信行为的“黑名单”市场主体，可在履行相关义务后，向认定部门（单位）提交相关材料申请退出。

（三十）认定部门（单位）应建立“黑名单”异议处理机制，明确异议受理渠道、办理流程和时限。有关单位和个人对被列入“黑名单”有异议的，可向认定部门（单位）提交异议申请并提供证明材料。认定部门（单位）应严格按时限反馈是否受理的意见，受理后要按时限反馈处理结果。当事人对反馈结果仍有异议的，可依法申请复议。

（三十一）认定部门（单位）自主发现的，或接到相关部门、单位、个人反映、投诉的名单信息不准确情况，要及时进行核实。确因认定部门（单位）工作失误导致有关单位和个人被误列入“黑名单”的，认定部门（单位）应及时更正当事人的诚信记录，向当事人书面道歉并进行澄清，恢复其名誉。导致当事人权益受损的，依法给予赔偿。

五、保障措施

（三十二）国家发展改革委、国家能源局负责指导监督全国涉电力领域“黑名单”管理工作，各认定部门（单位）按照国家统一规定开展“黑名单”认定工作。

（三十三）国家发展改革委、国家能源局负责建设和管理全国涉电力领域“黑名单”信息管理系统，建立健全并严格执行保障信息安全的规章制度并做好落实。各认定部门（单位）要严格按照规定录入、查询、维护和使用信息，确保信息真实，严防信息泄露。

（三十四）对“黑名单”认定过程中出现的违法违规行为，各认定部门（单位）应当及时予以纠正。各认定部门（单位）及其相关工作人员在“黑名单”认定相关工作过程中存在滥用职权、玩忽职守、徇私舞弊、因故意或工作失误泄露不公开信息等行为的，由所在单位或上级主管部门视情节轻重对直接责任人和其他负有责任的主管人员依法依规予以处理；对市场主体造成损失的，依法承担相应责任；构成犯罪的，移送司法机关依法追究刑事责任。

（三十五）省级行业主管部门和相关监管部门在管辖区域内可根据本实施意见，制定涉电力领域失信联合惩戒对象名单管理实施细则。经授权的全国性行业协会商会可根据本实施意见，制定本协会商会内部的管理实施细则。

（三十六）行业协会商会、电力交易机构、大数据企业等在配合政府部门开展“黑名单”管理工作中要注重加强自身信用建设，坚持公平公正、实事求是。

本文件自发布之日起试行，有效期至2020年12月31日。

附件：中国电力企业联合会关于涉电力领域会员单位失信联合惩戒对象及重点关注名单管理实施细则（略）

国家发展改革委
国家能源局
2018年2月3日

国家发展改革委　国家能源局关于提升电力系统调节能力的指导意见

（发改能源〔2018〕364号）

各省、自治区、直辖市及计划单列市、新疆生产建设兵团发展改革委（能源局）、经信委（工信委、工信厅）、国家能源局各派出监管机构，国家电网公司、南方电网公司，华能、大唐、华电、国电投、国能投集团公司，国投公司、华润集团，中国国际工程咨询公司、电力规划设计总院：

为贯彻落实党的十九大精神，按照2017年中央经济工作会议部署，以习近平新时代中国特色社会主义思想为指导，扎实推动能源生产和消费革命，推进电力供给侧结构性改革，构建高效智能的电力系统，提高电力系统的调节能力及运行效率。现提出以下指导意见：

一、重要意义

党的十九大报告指出，要推进能源生产和消费革命，构建清洁低碳、安全高效的能源体系。2017年中央经济工作会议提出，要增加清洁电力供应，促进节能环保、清洁生产、清洁能源等绿色产业发展。当前，我国电力系统调节灵活性欠缺、电网调度运行方式较为僵化等现实造成了系统难以完全适应新形势要求，大型机组难以发挥节能高效的优势，部分地区出现了较为严重的弃风、弃光和弃水问题，区域用电用热矛盾突出。为实现我国提出的2020年、2030年非化石能源消费比重分别达到15%、20%的目标，保障电力安全供应和民生用热需求，需着力提高电力系统的调节能力及运行效率，从负荷侧、电源侧、电网侧多措并举，重点增强系统灵活性、适应性，破解新能源消纳难题，推进绿色发展。

二、加快推进电源侧调节能力提升

（一）实施火电灵活性提升工程。

根据不同地区调节能力需求，科学制定各省火电灵活性提升工程实施方案。“十三五”期间，力争完成2.2亿kW火电机组灵活性改造（含燃料灵活性改造，下同），提升电力系统调节能力4600万kW。优先提升30万kW级煤电机组的深度调峰能力。改造后的纯凝机组最小技术出力达到30%～40%额定容量，热电联产机组最小技术出力达到40%～50%额定容量；部分电厂达到国际先进水平，机组不投油稳燃时纯凝工况最小技术出力达到20%～30%。

（二）推进各类灵活调节电源建设。

加快已审批的选点规划推荐的抽水蓄能电站建设，适时开展新一轮选点规划，加快推进西南地区龙头水库电站建设。“十三五”期间，开工建设6000万kW抽水蓄能电站和金沙江中游龙头水库电站。到2020年，抽水蓄能电站装机规模达到4000万kW（其中“三北”地区1140万kW），有效提升电力系统调节能力。

在气源有保障、调峰需求突出的地区发展一定规模的燃气机组进行启停调峰，“十三五”期间，新增调峰气电规模500万kW，提升电力系统调节能力500万kW。

积极支持太阳能热发电，推动产业化发展和规模化应用，“十三五”期间，太阳能热发电装机容量力争达到500万kW，提升电力系统调节能力400万kW。

（三）推动新型储能技术发展及应用。

加快新型储能技术研发创新，重点在大容量液流、锂离子、钠硫、铅炭电池等电化学储能电池、压缩空气储能等方面开展创新和推广，提高新型储能系统的转换效率和使用寿命。在调峰调频需求较大、弃风弃光突出的地区，结合电力系统辅助服务市场建设进度，建设一批装机容量1万kW以上的集中式新型储能电站，在“三北”地区部署5个百兆瓦级电化学储能电站示范工程。开展在风电、光伏发电项目配套建设储能设施的试点工作。鼓励分布式储能应用。到2020年，建成一批不同技术类型、不同应用场景的试点示范项目。

三、科学优化电网建设

（四）加强电源与电网协调发展。

坚持市场需求为导向，在确定电源规划和年度实施方案过程中，组织相关方确定电力消纳市场、送电方向，同步制定接入电网方案，明确建设时序。根据不同发电类型和电网工程建设工期等，合理安排电源及配套电网项目的核准建设进度，确保同步规划同步实施同步投产，避免投资浪费。

（五）加强电网建设。

加强新能源开发重点地区电网建设，解决送出受限问题。落实《电力发展“十三五”规划》确定的重点输电通道，“十三五”期间，跨省跨区通道新增19条，新增输电能力1.3亿kW，消纳新能源和可再生能源约7000万kW。进一步完善区域输电网主网架，促进各电压等级电网协调发展。

开展配电网建设改造，推动智能电网建设，满足分布式电源接入需要，全面构建现代配电系统。按照差异化需求，提高信息化、智能化水平，提高高压配电网“$N-1$”通过率，加强中压配电网线路联络率，提升配电自动化覆盖率。

（六）增强受端电网适应性。

开展专项技术攻关，发展微电网等可中断负荷，解决远距离、大容量跨区直流输电闭锁故障影响受端安全稳定运行问题，提升受端电网适应能力，满足受端电网供电可靠性。

四、提升电力用户侧灵活性

（七）发展各类灵活性用电负荷。

推进售电侧改革，通过价格信号引导用户错峰用电，实现快速灵活的需求侧响应。开展智能小区、智能园区等电力需求响应及用户互动工程示范。开展能效电厂试点。鼓励各类高耗能企业改善工艺和生产流程，为系统提供可中断负荷、可控负荷等辅助服务。全面推进电能替代，到2020年，电能替代电量达到4500亿kWh，电能占终端能源消费的比重上升至27%。在新能源富集地区，重点发展热泵技术供热、蓄热式电锅炉等灵活用电负荷，鼓励可中断式电制氢、电转气等相关技术的推广和应用。

（八）提高电动汽车充电基础设施智能化水平。

探索利用电动汽车储能作用，提高电动汽车充电基础设施的智能化水平和协同控制能力，加强充电基础设施与新能源、电网等技术融合，通过“互联网+充电基础设施”，同步构建充电智能服务平台，积极推进电动汽车与智能电网间的能量和信息双向互动，提升充电服务化水平。

五、加强电网调度的灵活性

（九）提高电网调度智能水平。

构建多层次智能电力系统调度体系。优化开机方式，确定合理备用率。开展风电和太阳能超短期高精度功率预测、高渗透率新能源接入电网运行控制等专题研究，提高新能源发电参与日内电力平衡比例。实施风光功率预测考核，将风电、光伏等发电机组纳入电力辅助服务管理，承担相应辅助服务费用，实现省级及以上的电力调度机构调度的发电机组全覆盖。国家能源局批复的电力辅助服务市场改革试点地区，按照批复方案推进执行。完善日内发电计划滚动调整机制，调度机构根据风光短期和超短期功率预测信息，动态调整各类调节电源的发电计划以及跨省跨区联络线输送功率。

探索电力热力联合智能调度机制，在调度机构建立热电厂电力热力负荷实时监测系统，并根据实际热力负荷需求确定机组发电曲线。研究制定储热装置、电热锅炉等灵活热源接入后的智能调度机制。

（十）发挥区域电网调节作用。

建立常规电源发电计划灵活调整机制，各区域电网内共享调峰和备用资源。研究在区域电网优化开机方式，提升新能源发电空间。在新能源送出受限地区，开展动态输电容量应用专题研究。

（十一）提高跨区通道输送新能源比重。

优化在运跨省跨区输电通道运行方式。调整和放缓配套火电建设的跨区输电通道，富余容量优先安排新能源外送，力争“十三五”期间，“三北地区”可再生能源跨区消纳4000万kW以上。水电和风电输电通道同时送入的受端省份，应研究水电和风电通道送电曲线协调配合方式，充分发挥风电和水电的互补效益，增加风电通道中风电占比。

六、提升电力系统调节能力关键技术水平

（十二）提高高效智能装备水平。

依托基础研究和工程建设，组织推动提升电力系统调节能力关键装备的技术攻关、试验示范和推广应用。突破一批制约性或瓶颈性技术装备和零部件的技术攻关，推动一批已完成技术攻关的关键技术装备开展试验示范，进一步验证技术路线和经济性，推广一批完成试验示范的技术装备实现批量化生产和产业化应用。

（十三）升级能源装备产业体系。

在电力装备领域，形成一批具有自主知识产权和较强竞争力的装备制造企业集团，形成具有比较优势的较完善产业体系和产学研用有机结合的自主创新体系，总体具有较强国际竞争力，实现引领能源装备制造业转型升级。

（十四）加强创新推动新技术应用。

建立企业、研究机构、高校多方参与的提升电力系统调节能力技术创新应用体系。加强火电灵活性改造技术的研发和应用，推进能源互联网、智能微电

网、电动汽车、储能等技术的应用。着力通过技术进步和规模化应用促进电力系统与信息技术的融合和电储能技术成本的降低。

七、建立健全支撑体系

（十五）完善电力辅助服务补偿（市场）机制。

按照“谁受益、谁承担”的原则，探索建立发电企业和用户参与的辅助服务分担共享机制。进一步完善和深化电力辅助服务补偿（市场）机制，实现电力辅助服务补偿力度科学化，合理确定火电机组有偿调峰的调峰深度，并根据系统调节能力的变化进行动态调整，合理补偿火电机组、抽水蓄能电站和新型储能电站灵活运行的直接成本和机会成本。鼓励采用竞争方式确定电力辅助服务承担机组，鼓励自动发电控制和调峰服务按效果补偿，鼓励储能设备、需求侧资源参与提供电力辅助服务，允许第三方参与提供电力辅助服务。

（十六）鼓励社会资本参与电力系统调节能力提升工程。

支持社会资本参与火电灵活性改造，以及各类调峰电源和大型储能电站建设。支持地方开展抽水蓄能电站投资主体多元化和运行模式探索。鼓励以合同能源管理等第三方投资模式建设、运营电厂储热、储能设施。火电厂在计量出口内建设的电供热储能设施，按照系统调峰设施进行管理并对其深度调峰贡献给予合理经济补偿，其用电参照厂用电管理但统计上不计入厂用电。

（十七）加快推进电力市场建设。

加快电力市场建设，大幅度提高电力市场化交易比重，建立以市场为导向的促进新能源消纳的制度体系。逐步建立中长期市场和现货市场相结合的电力市场，通过弹性电价机制释放系统灵活性。研究利用市场机制支持储能等灵活调节电源发展的政策，充分反映调节电源的容量价值。在电力现货市场建立之前，通过峰谷电价、分时电价等价格机制，支持电力系统调节平衡。大力推进售电侧改革，鼓励售电公司制定灵活的售电电价，促进电力消费者与生产者互动。以北方地区冬季清洁取暖为重点，鼓励风电企业、供暖企业参与电力市场交易，探索网、源、荷三方受益的可持续发展机制。

（十八）建立电力系统调节能力提升标准体系。

开展有关电力系统调节能力提升的标准制订和修编工作。对现有火电厂技术标准进行修编，“三北”地区新建煤电达到相应灵活运行标准，新建热电机组实现“热电解耦”技术要求。研究编制新型储能技术以及需求侧智能化管理的相关标准。借鉴国际电力系统灵活运行先进经验，促进电力系统调节能力提升技术标准的国际交流与合作。

八、按职责分工抓紧组织实施

（十九）加强组织领导。

国家发展改革委、国家能源局牵头开展电力系统调节能力提升工程及监管相关工作，统筹协调解决重大问题。各省级人民政府相关主管部门因地制宜研究制定本省（区、市）电力系统调节能力提升工程实施方案，将电力系统调节能力提升效果纳入节能减排考核体系。电力现货市场建设试点地区可结合市场设计方案，自行设计提高电力系统调节能力及运行效率的调度机制。各电网企业和发电企业是提升电力系统调节能力的实施主体，要积极制订实施计划，落实项目资金，推动项目建设。国家能源局各派出能源监管机构会同各地方能源主管部门负责电力系统调节能力提升工程的具体监管工作，国家能源局各派出能源监管机构负责组织推进当地电力辅助服务补偿（市场）工作及日常事务的协调处理。各单位要根据指导意见相关要求，统筹谋划，协作配合，科学组织实施，务实有序推进相关工作。

（二十）强化监督管理。

国家能源局各派出能源监管机构会同各地方能源主管部门对电力系统调节能力提升工程开展专项监管。对于实施方案整体落实不到位的省份，将削减其新能源等电源建设指标。对已享受相关优惠政策但实际运行效果未达到的项目，将向社会公布，视情节取消相关优惠政策。对已纳入灵活性改造范围的火电机组，未按时完成改造或未达到规定调节效果的，将暂时削减其计划发电量。国家能源局将按年度对全国电力系统调节能力提升工程的进展情况进行评价考核。

国家发展改革委
国 家 能 源 局
2018 年 2 月 28 日

国家发展改革委　国家能源局关于印发《增量配电业务配电区域划分实施办法（试行）》的通知

（发改能源规〔2018〕424 号）

各省、自治区、直辖市、新疆生产建设兵团发展改革委、能源局、经信委（工信委、工信厅），国家能源局派出监管机构：

为深入学习贯彻习近平新时代中国特色社会主义思想和党的十九大精神，全面落实《中共中央　国务院关于进一步深化电力体制改革的若干意见》（中发〔2015〕9 号）及其配套文件要求，进一步推动增量配电业务改革，根据《有序放开配电网业务管理办法》等有关规定，国家发展改革委、国家能源局制定了

《增量配电业务配电区域划分实施办法（试行）》。现印发你们，请认真贯彻执行。

附件：增量配电业务配电区域划分实施办法（试行）

国家发展改革委
国家能源局
2018年3月13日

增量配电业务配电区域划分实施办法（试行）

第一章 总 则

第一条 为深入学习贯彻习近平新时代中国特色社会主义思想和党的十九大精神，落实《中共中央 国务院关于进一步深化电力体制改革的若干意见》（中发〔2015〕9号）及其配套文件精神，积极稳妥推进增量配电业务改革，依据《国家发展改革委 国家能源局关于印发〈售电公司准入与退出管理办法〉和〈有序放开配电网业务管理办法〉的通知》（发改经体〔2016〕2120号）以及相关法律、法规、规章，制定本办法。

第二条 本办法所称增量配电业务配电区域（以下简称配电区域）是指拥有配电网运营权的售电公司向用户配送电能，并依法经营的区域。

第三条 在一个配电区域内，只能有一家售电公司拥有该配电网运营权，按照有关规定履行电力社会普遍服务、保底供电服务和无歧视提供配电服务义务，退出配电业务时履行配电网运营权移交义务。

第四条 国家发展改革委、国家能源局负责对全国配电区域划分实施情况进行监督管理。地方政府确认的主管部门（以下简称地方相关主管部门）负责配电区域的划分；国家能源局派出监管机构负责向增量配电业务项目业主颁发电力业务许可证（供电类）并在许可证中载明配电区域。

第二章 划 分 原 则

第五条 配电区域划分应坚持公平公正、安全可靠、经济合理、界限清晰、责任明确的基本原则。

第六条 配电区域原则上应按照地理范围或行政区域划分，具有清晰的边界，避免出现重复建设、交叉供电、普遍服务和保底供电服务无法落实等情况。

第七条 增量配电业务应符合国家电力发展战略及产业政策，符合省级配电网规划，并满足国家和行业对电能配送的有关规定及标准要求。

第八条 配电区域划分应与国家能源政策相衔接。国家发展改革委、国家能源局公布的各类能源行业示范项目中已包含增量配电业务并明确供电范围的，配电区域原则上与其保持一致。

第九条 鼓励以满足可再生能源就近消纳为主要目标的增量配电业务，支持依据其可再生能源供电范围、电力负荷等情况划分配电区域。不得依托燃煤自备电厂建设增量配电网，防止以规避社会责任为代价营造成本优势。

第十条 地方相关主管部门应当在配电网规划、项目论证、项目业主确定、项目核准（备案）等环节明确具有清晰地理边界的配电区域，出具配电区域划分意见，并抄送国家能源局派出监管机构。

第十一条 对于增量配电业务项目业主已确定，但尚未明确配电区域的，项目业主可向地方相关主管部门补充提出配电区域划分申请。

第十二条 配电区域划分意见应载明配电区域的地理范围、划分界限及产权分界点等信息，并附配电区域地理平面图、电网分布图等说明文件。

第十三条 增量配电业务项目业主按照有关规定申领电力业务许可证（供电类）时，国家能源局派出监管机构主要依据地方相关主管部门出具的配电区域划分意见，在电力业务许可证（供电类）中载明配电区域。已满足其他许可条件，但未取得配电区域划分意见的，国家能源局派出监管机构参考企业间自主达成的配电区域划分协议等材料，在电力业务许可证（供电类）中载明配电区域。

第三章 申 请 与 办 理

第十四条 增量配电业务项目业主向地方相关主管部门补充申请划分配电区域的，应提供以下资料：

（一）法人营业执照；

（二）增量配电业务项目业主确定材料；

（三）配电区域基本状况；

（四）配电区域划分协商情况及存在的主要争议；

（五）主张的配电区域划分方案及论证依据。

第十五条 地方相关主管部门收到项目业主配电区域划分书面申请后，应征求配电区域划分相关方对申请方所主张划分方案的意见。配电区域划分相关各方（含申请方）应配合做好资料提供、现场调查等工作。

第十六条 配电区域划分依据主要包括：

（一）配电网规划有关情况；

（二）增量配电业务项目业主确定情况；

（三）配电网覆盖范围及产权归属情况；

（四）配电网是否满足国家及行业对电能配送的有关规定和标准要求，在考虑外部电网的互联后，能否实现电力平衡和电量平衡；

（五）增量配电业务配电区域划分前，配电网运营单位与电网企业签订的供用电合同、电网接入意向或历史形成的实际供用电约定文件。

第十七条　地方相关主管部门收到配电区域划分申请后，应在20个工作日内向申请方及相关各方出具配电区域划分意见。因难度和争议较大，需要延迟的，需向申请方书面说明原因。

第十八条　地方相关主管部门收到配电区域划分申请至正式出具配电区域划分意见期间，配电区域划分相关各方（含申请方）原则上不得在相关配电区域内进行配电网施工建设。

第四章　资产与用户

第十九条　拥有配电网运营权的售电公司依法享有所辖配电区域配电网投资建设及经营管理的权利。由非本区域配电网运营主体投资建设并运营的存量配电网资产，可通过以下方式处置：

（一）存量配电网资产产权单位通过资产入股等方式，参股拥有本区域配电网运营权的售电公司，共同运营区域配电网；

（二）存量配电网资产产权单位通过出售、产权置换等方式，将存量配电网资产所有权转让给拥有本区域配电网运营权的售电公司；

（三）存量配电网资产产权单位通过租赁等方式，将存量配电网资产租借给拥有本区域配电网运营权的售电公司运营；

（四）存量配电网资产产权单位按照企业主管部门有关要求或其他符合法律法规的方式厘清配电网资产运营权。

第二十条　配电区域确定后，增量电力用户和随存量配电网资产移交的存量用户的配电业务按照属地原则，由拥有该区域配电网运营权的售电公司负责。

第二十一条　对于配电区域内，主要电源为其他配电网运营企业专线（专变）供电的电力用户，本着节约资源的原则，供电方式可维持不变（但保留用户的选择权），本专线（专变）不可再扩展其他电力用户。

第五章　变更与管理

第二十二条　配电区域发生变更的，地方相关主管部门应当出具配电区域变更意见，拥有该区域配电网运营权的售电公司应当依法申请电力业务许可证（供电类）的变更。

第二十三条　配电网运营企业擅自变更配电区域的，由国家能源局派出监管机构依法予以处理。

第二十四条　拥有配电网运营权的售电公司应建设运营满足区域内各类用电需求的配电网，按照《供电监管办法》等规定为用户提供接入电网、供电保障等服务，并接受国家能源局派出监管机构的监管。

第六章　附　则

第二十五条　本办法由国家发展改革委、国家能源局负责解释。

第二十六条　本办法自发布之日起施行，有效期2年。

国家发展改革委关于降低一般工商业电价有关事项的通知

（发改价格〔2018〕500号）

各省、自治区、直辖市发展改革委、物价局、电力公司：

为贯彻落实中央经济工作会议关于降低企业用能成本和《政府工作报告》关于降低一般工商业电价的要求，决定分两批实施降价措施，落实一般工商业电价平均下降10%的目标要求，进一步优化营商环境。现将第一批降价措施有关事项通知如下。

一、主要措施

（一）全面落实已出台的电网清费政策。要严格按照《关于取消临时接电费和明确自备电厂有关收费政策的通知》（发改办价格〔2017〕1895号）规定，做好电网清费工作，一是督促电网企业组织清退已向电力用户收取的临时接电费，二是减免余热、余压、余气自备电厂政策性交叉补贴和系统备用费，确保政策精准落地。

（二）推进区域电网和跨省跨区专项工程输电价格改革。根据《关于核定区域电网2018—2019年输电价格的通知》（发改价格〔2018〕224号）和《关于调整宁东直流等专项工程2018—2019年输电价格的通知》（发改价格〔2018〕225号）核定的区域电网和跨省跨区专项工程输电价格，将降低部分用于核减相关省份输配电价。

（三）进一步规范和降低电网环节收费。一是提高两部制电价的灵活性。完善两部制电价制度，两部制电力用户可自愿选择按变压器容量或合同最大需量缴纳电费，也可选择按实际最大需量缴纳电费。逐步实现符合变压器容量要求的一般工商业及其他用电选择执行大工业两部制电价。二是全面清理规范电网企业在输配电价之外的收费项目。重点清理规范产业园区、商业综合体等经营者向转供电用户在国家规定销售电价之外收取的各类加价。产业园区经营的园区内电网，可自愿选择移交电网企业直接供电或改制为增量配电网。商业综合体等经营者应按国家规定销售电价向租户收取电费，相关共用设施用电及损耗通过租金、物业费、服务费等方式协商解决；或者按国家规定销售电价向电网企业缴纳电费，由所有用户按各分表电量公平分摊。

（四）临时性降低输配电价。将省级电网企业已核定的规划新增输配电投资额转为用于计提折旧的比例由平均75%降至70%，减少本监管周期定价成本，并相应降低输配电价。

二、执行时间

第一批降价措施全部用于降低一般工商业电价，自2018年4月1日起执行。

三、有关要求

（一）各省（区、市）价格主管部门要按照本通知规定，抓紧研究提出降低一般工商业电价具体方案，经同级人民政府同意并报我委（价格司）备案后实施。相应降低各省（区、市）一般工商业输配电价水平。

（二）各省（区、市）价格主管部门、电网企业要精心组织、周密安排，做好宣传解释工作，主动服务企业，确保电价政策平稳实施。执行中遇到的情况和问题，请及时报送我委（价格司）。

国家发展改革委
2018年3月28日

国家发展改革委关于电力行业增值税税率调整相应降低一般工商业电价的通知

（发改价格〔2018〕732号）

各省、自治区、直辖市发展改革委、物价局、电力公司：

为进一步贯彻落实中央经济工作会议关于降低企业用能成本和《政府工作报告》关于一般工商业电价平均下降10%的目标要求，现就电力行业增值税税率调整相应降低一般工商业电价有关事项通知如下。

一、电力行业增值税税率由17%调整到16%后，省级电网企业含税输配电价水平和政府性基金及附加标准降低、期末留抵税额一次性退返等腾出的电价空间，全部用于降低一般工商业电价。

二、以上规定自2018年5月1日起执行。

三、各省（区、市）价格主管部门要按照本通知规定，抓紧研究提出增值税税率调整相应降低一般工商业电价具体方案，经同级人民政府同意并报我委（价格司）备案后实施。相应降低各省（区、市）一般工商业输配电价水平。

四、各省（区、市）价格主管部门、电网企业要精心组织、周密安排，做好宣传解释工作，确保上述电价政策平稳实施。执行中遇到的情况和问题，请及时报送我委（价格司）。

国家发展改革委
2018年5月15日

关于进一步加强核电运行安全管理的指导意见

（发改能源〔2018〕765号）

中国核工业集团有限公司、中国广核集团有限公司、国家电力投资集团有限公司、华能集团有限公司：

为贯彻落实党中央、国务院关于安全高效发展核电工作的重要决策部署，宣贯实施《中华人民共和国核安全法》，按照《中共中央国务院关于推进安全生产领域改革发展的意见》等有关要求，在总结核电行业安全管理经验和“核电安全管理提升年”专项行动工作基础上，聚焦核电运行关键环节，进一步加强安全管理，保障核电机组安全稳定运行，促进核电安全高效发展，现提出如下意见。

一、总体要求

（一）指导思想

深入学习贯彻习近平新时代中国特色社会主义思想和党的十九大精神，紧紧围绕“五位一体”总体布局和“四个全面”战略布局，坚持创新、协调、绿色、开放、共享的发展理念，坚持理性、协调、并进的核安全观，坚持安全第一、预防为主、责任明确、严格管理、纵深防御、独立监管、全面保障的原则，加强核安全文化建设，落实安全生产主体责任，将确保安全的方针落实到核电运行管理各个环节各项工作中，确保核电安全万无一失。

（二）基本要求

坚持安全第一。牢固树立安全第一意识，完善核安全文化体系，深入推进核安全文化建设，与安全管理工作深入融合，不断提高全员核安全文化水平。

坚持落实责任。强化落实企业安全生产主体责任，实行全员安全生产责任制，明确企业各层级各部门各岗位安全生产责任，确保责任落到实处。

坚持方法创新。推进信息化、智能化、大数据等新技术在核电运行安全管理中的应用，加强对设备状态的监控和人员行为的评价，提高安全管理水平。

坚持持续改进。充分汲取运行事件经验反馈和国内外同行经验教训，扎实有效开展常态化、机制化的评估、检查和改进行动，追求卓越，持续提高安全绩效。

坚持开放透明。严格执行核电厂运行报告制度，建立开放共享的经验反馈体系，在行业内共享良好实践和经验教训，促进全行业安全管理水平共同提升。

（三）总体目标

核电运行安全始终处于受控状态，运行安全水平始终保持国际前列并持续提升。核电企业安全管理体系更加完善，安全生产责任制全面落实，安全管理水平持续提升。政府安全管理能力不断提高，核电行业安全管理、核安全监管、核应急响应、核安保能力进一步增强。核电安全得到更加充分、全面、有效的保障。

二、加强核安全文化建设

积极培育和建设核安全文化，营造人人敬畏核安全、共同守护核安全的工作氛围，使全体从业人员自觉将安全第一的理念内化于心、外化于行。

（一）充分发挥领导带头示范作用。核电集团和核电厂应制定并公示主要负责人核安全文化行为准则。企业各级负责人，特别是党政负责人，在工作中要率先垂范、带头践行安全第一理念。坚持保守决策，以审慎保守的态度处理安全相关问题。授予安全岗位相适应的权力，确保安全相关人员、物资、资金等资源投入。建立容错机制，鼓励员工主动报告安全问题，并予以及时回应和合理解决。

（二）制定核安全文化建设指导方案和评价指标体系。相关部门会同有关方面，研究制定核安全文化建设指导方案，指导规范企业核安全文化建设活动，将核安全文化的原则和属性转化为具体要求，进一步落实到核电厂安全管理工作中。研究制订定性与定量相结合的评价指标体系，实现核安全文化健康状态可检查、可量化、可评价。核电厂要定期开展核安全文化自评估和同行评估活动，及时查找弱项短板，借鉴良好实践，有针对性地提升核安全文化水平。

三、进一步落实安全生产主体责任

核电厂要严格按照核安全法等法律法规要求，建立健全自我约束、持续改进的内生机制，做到安全生产责任明确、分工有序、人人自觉。

（三）进一步完善企业各部门各岗位安全生产责任。核电厂要落实全员安全生产责任制，按照管业务必须管安全、管生产经营必须管安全的要求，强化企业各相关部门的安全生产职责，明确从主要负责人到基层员工（含承包商、劳务派遣人员）的安全生产责任，清晰界定责任范围和考核标准。通过加强教育培训、强化管理考核和严格奖惩等方式，建立安全生产工作层层负责、人人有责、各负其责的责任体系。

（四）加强对安全履责情况的考核。核电集团对核电厂进行考核时，应加强安全行为导向，指标权重上应统筹生产性和安全性指标，并向机组安全性、可靠性、人员行为规范、信息公开透明的方向倾斜。健全激励约束机制，研究建立以安全绩效为引导的动态薪酬管理制度，将安全履责情况作为干部选拔、任用的考察内容，将安全行为准则纳入员工入职培训、岗前培训、在岗复训内容，实行安全生产绩效与履职评定、职务晋升、奖励惩处挂钩制度。建立安全生产责任追究制度，明确违章操作等红线行为，对弄虚作假、瞒报谎报等不诚信行为零容忍，依法依规追究有关单位和个人的责任。

四、加强核电厂人员行为规范管理

进一步筑牢核电安全的人防屏障，确保正确的人按照正确的方式做正确的事，预防和减少人因失误。

（五）加强新技术新方法在核电运行安全管理中的应用。核电厂要积极探索利用信息化、智能化、大数据等新技术，对核电厂工作人员在厂内重要区域的行为进行事前提示、事中监控和事后分析，提高管理信息化、智能化水平，更简单、更有效地预防人因失误。

（六）持续推进防人因失误工具开发和应用。核电厂要定期检查员工防人因失误工具掌握和使用情况，开发应用电子化规程等防人因失误技术。细化岗位培训基本要求，确保换岗、轮岗人员接受相应培训，掌握岗位所需的防人因失误工具应用技能。积极开展防人因失误工具经验交流。

（七）建立良好工作氛围，提升工作积极性。核电厂要加强组织建设、团队建设，努力创造良好的工作氛围和生活环境，针对反应堆操纵人员等重点岗位优化晋升、薪酬等机制，不断增强员工的归属感和成就感，提升工作积极性和自觉性。

五、加强核电厂设备可靠性管理

构建更加完善的核电安全技防屏障，加强关键设备识别和故障诊断，提升设备运维水平，有效预防和减少设备故障，进一步提高核电厂运行安全性和可靠性。

（八）加强关键设备运行状态监测。核电厂要根据机组设计特点识别关键设备，进行专项标识和运维管控，改进监控技术手段，提高关键设备运行状态监测的全面性、及时性和准确性，实现设备故障的早期预警，优化设备维修策略，推动状态维修技术的发展并同定期维修有机结合，提升设备可靠性。

（九）建立关键设备管理平台。核电集团和核电厂要逐步建立关键设备全寿期管理平台和可靠性数据库，提高设备智能监测、故障诊断、健康评价和寿命预测水平。

（十）开展核电厂动态风险评价。核电厂要逐步应用动态风险评价系统等工具，加强对核电机组运行风险的实时跟踪监测，相应调整管理资源配置，精准提高核电运行安全水平。

六、提高核电厂运行安全保障能力

加强核电运行关键环节管理，提升核电厂电源、冷源可靠性，提高消防安全管理水平，保障核电机组安全稳定运行。

（十一）提高电源保障能力。核电厂要积极协调电网管理部门，确保核电机组外电源线路的冗余性和可靠性。建立厂内应急电源保障相关的监督和评价机制，编制重大缺陷跟踪清单和异常事件处置应急预案，定期开展应急预案的操作演练。提高移动柴油发电机等应急电源的快速接入能力。

（十二）提升冷源保障水平。核电厂要加强可能影响冷源系统安全的外部因素识别和分析，进一步摸清致灾海生物及杂物的种类、形式和形成规律，提高循环水取水口拦截栅格、滤网的拦污和清洁能力，建立有效的监测、预警和响应机制，制定应急预案，提高快速响应能力，保障核电厂冷源可靠性。

（十三）提高消防安全管理水平。核电厂要从确保核安全的高度，充分认识消防安全的重要性。加强消防管理机构建设，落实消防安全责任制。加强消防重点部位管理，严格可燃物控制和动火作业管理。加强消防系统及设施管理，规范专职消防队建设，提高消防培训、演习的针对性和有效性。积极探索应用信息化技术管理消防业务。严格执行消防安全检查制度，加强大修期间的消防安全监督检查。

七、建立开放共享的经验反馈体系

加强运行事件原因分析，提高经验反馈的及时性和有效性，进一步降低核电厂运行事件发生频率，防止类似事件和问题重复发生。

（十四）完善行业经验反馈体系。发挥相关部门、行业组织、企业合力，完善行业经验反馈平台，加强信息共享，实现工程设计、制造、建设与运行之间的纵向反馈，以及各核电厂之间的横向反馈。

（十五）深入开展运行事件分析和经验反馈工作。核电厂应加强运行事件原因分析，切实找准根本原因，采取针对性的改进措施。核电集团应建立统一的经验反馈体系，实现集团内经验反馈信息的互联互通，集团所属技术支持单位应开展经验反馈信息的分析研究，提炼共性问题、关键问题、前瞻性问题，有针对性地开展相关培训和技术支持。相关部门会同有关方面，组织专家对重要运行事件开展独立分析，在行业内进行通报和交流。

（十六）提高评估交流活动实效。核电厂要积极开展同行评估、经验交流等活动并实现规范化、制度化，减少形式，提高实效。积极开展同先进核电国家、国际核电组织的合作，借鉴国际先进经验，进行管理对标和经验交流。

八、加强核电厂网络安全管理

将网络安全纳入核电安全管理体系，加强能力建设，保障核电厂网络安全。

（十七）开展网络安全能力建设。核电厂要建立健全电力监控系统安全防护管理制度，对网络威胁进行评估和风险分析，合理配置网络安全监控工具，建立核电厂防范网络攻击、数据操纵或篡改的能力，定期开展网络安全检查。核电集团和核电厂要加强网络安全能力建设，研究建立核电厂网络安全实验室、工控系统测试平台等基础设施。

（十八）做好网络等级保护测评。核电厂要制定生产控制大区、管理信息大区安全防护总体方案，完成等保定级、备案，并定期进行等级测评，建立网络安全事件应急响应预案并定期进行演练。

（十九）开展网络安全培训及评估工作。支持行业组织开展网络安全相关人员的技术培训，建立网络安全保护规范和协作机制，开展核电厂网络安全同行评估。

九、加强核应急与核安保管理

完善国家核应急协调机制，加强场内外核应急工作合力，提升核应急能力。建设完善全国核材料管理指挥控制中心，加强演习演练，提升核安保突发事件应对能力。

（二十）持续提升核应急工作水平。核电厂应履行核应急主体责任，健全体系、完善机制，促进核应急工作常备不懈、持续改进。加强企业与地方之间的沟通协调，充分发挥场内外核应急工作合力作用，不断提升核应急响应能力。

（二十一）推进核安保模拟演练制度化、规范化。核电厂应以真实检验响应力量保卫能力为目的，开展实兵对抗演练，切实提升实战能力。利用先进仿真软件技术，开展多情景下的模拟对抗演练，检验并提升核安保事件处置预案的科学性、合理性。推进核安保实兵对抗演练与模拟对抗演练制度化、规范化。

（二十二）加强核电厂实物保护系统。核电厂应制定实物保护系统有效性自评估方案。对企业管理、制度、技术措施、响应能力等方面开展常态化核安保专项检查工作，确保实物保护系统正常运行。针对薄弱环节，进一步健全管理制度，开展核电厂实物保护系统能力提升工程。

（二十三）提高核电厂低空空域安全保障能力。核电厂要积极开展防范低空空域飞行物入侵工作，建立有效防范低空空域飞行物入侵的感知、识别、处置、通报管理体系与技术手段，加强对核电厂低空空域的安全保卫能力，建立涵盖核电厂水下、水面、地面、低空的立体全面安全保卫体系，保障核电安全。

十、加强核电行业安全管理和监督检查

巩固“核电安全管理提升年”专项行动经验，加强企业内部安全监督和政府安全管理，把各项安全工作抓实抓好。

（二十四）建立和完善安全隐患排查治理机制。核电厂要建立健全隐患排查治理制度，开展定期检查和专项检查等，实行自查自改闭环管理，严格重大隐患挂牌督办制度。企业主要负责人应亲自带队，定期深入现场，开展巡视检查，督促对重大隐患的整改。相关部门按照核安全法要求，落实核安全监督检查制度，强化隐患排查治理监督检查。

（二十五）完善核电企业安全监督体系。建立完善核电厂自我监督、核电集团监督指导的监督体系，提升企业内部监督的有效性，形成自我检查、整改、提升的良性循环和长效机制。

（二十六）加强政府核电安全管理。能源局进一步加强核电行业安全管理，从行业规划、产业政策、法规标准、行政许可等方面加强行业安全生产工作，指导督促企业加强安全管理；核安全局以宣贯实施核安全法为抓手，严格核安全独立监管，推进核电行业核安全责任进一步落实，提升核安全管理水平；国防科工局进一步强化国家核应急和核安保管理体系。

国家发展改革委
国 家 能 源 局
生 态 环 境 部
国 防 科 工 局
2018 年 5 月 22 日

国家发展改革委办公厅关于清理规范电网和转供电环节收费有关事项的通知

（发改办价格〔2018〕787 号）

各省、自治区、直辖市发展改革委、物价局、电力公司，国家电网公司、南方电网公司：

为切实把《政府工作报告》关于一般工商业电价平均降低 10%的要求落实到位，我委分别下发了《关于降低一般工商业电价有关事项的通知》（发改价格〔2018〕500 号）、《关于电力行业增值税税率调整相应降低一般工商业电价的通知》（发改价格〔2018〕732 号），部署了 5 项降价措施。各地高度重视，积极落实，已取得初步成效。为贯彻落实全国深化“放管服”改革转变政府职能电视电话会议精神，进一步简政放权、创新监管、优化服务，减轻企业负担，优化营商环境，现将有关事项通知如下。

一、取消电网企业部分垄断性服务收费项目

电网企业提供的输配电及相关服务发生的费用应纳入输配电成本，通过输配电价回收，不得再以其他名义向用户变相收取费用。取消电网企业向电力用户收取的变电站间隔占用费、计量装置校验费、电力负荷管理终端设备费等收费项目；取消可以纳入供电基本服务的电卡补办工本费、复电费、更名过户费等收费项目，以及与之服务内容相似的其他垄断性收费项目。电网企业已为电力用户提供计量装置校验、复电服务超过三次且不属于电网企业责任的，由用户承担相关费用。

省级价格主管部门要严格监管，进一步清理电网企业收费，降低工商企业用电成本。确需保留的垄断性服务收费项目，按照地方定价目录和实行政府定价的经营服务性收费目录清单严格管理并向社会公开，主动接受社会的监督；没有列入清单的项目，一律不得收费。

二、全面清理规范转供电环节不合理加价行为

转供电是指电网企业无法直接供电到终端用户，需由其他主体转供的行为。目前，一些地方的商业综合体、产业园区、物业、写字楼等转供电环节存在不合理加价现象，国家多次降低一般工商业电价的措施未能得到有效传递和落实，必须采取有力措施清理规范，确保降价成果真正惠及终端用户。

对于具备改造为一户一表条件的电力用户，电网企业要主动服务，尽快实现直接供电，并按照目录销售电价结算。不具备直接供电条件，继续实行转供电的，转供电主体要将今年以来的降价政策措施全部传导到终端用户。省级价格主管部门要会同电网企业采取有效措施，清理规范转供电环节加收的其他费用，纠正转供电主体的违规加价、不执行国家电价政策的行为。

三、加快落实已出台的电网清费政策

（一）加快退还用户临时接电费。省级价格主管部门要督促电网企业于今年 7 月底前全部退还已向电力用户收取的临时接电费。确因用户销户等原因无法退还的，电网企业应在营业网点、当地主要媒体上依法公告，并按照相关法律规定进行处理，在债权诉讼时效结束后仍无法退还的，冲减省级电网输配电准许收入。

（二）开展减免余热、余压、余气自备电厂政策性交叉补贴和系统备用费政策落实情况检查。省级电网企业要于 7 月底前将本地区并网自备电厂名单（区分余热、余压、余气自备电厂和其他两类）、系统备用费减免政策落实情况、政府性基金及附加征缴详细情况报省级价格主管部门。尚未落实的，省级价格主管部门要督促电网企业尽快落实到位。

四、工作要求

（一）高度重视。一般工商业电价平均降低10%是《政府工作报告》的明确要求，是必须坚决完成好的重大任务。各级价格主管部门、电网企业要高度重视，认真对照我委文件要求，加大工作力度，加快工作进度，狠抓关键问题和关键环节，采取更加有力的措施和更加有效的办法，切实增强一般工商业用户获得感。

（二）协调配合。降低一般工商业电价工作要求高、涉及面广、政策性强，各级价格主管部门、电网企业要加强协调配合，形成工作合力，做好宣传解释，务求取得实效。省级价格主管部门要主动向省级政府减负办汇报沟通，及时报送工作进展情况，说明相关政策落实效果。

（三）落实责任。省级价格主管部门要加大督促检查力度，国家电网公司、南方电网公司要加强对各级电力公司的指导。对于执行不力的单位和个人，要给予通报批评。

（四）加强监管。价格主管部门要按照相关法律法规加强对转供电加价行为的监管，建立相关主体信用档案和失信黑名单制度，将违规加价、不执行国家电价政策等失信行为纳入全国信用信息共享平台，通过"信用中国"网站对外公示。

省级价格主管部门要于8月底前将降价措施执行和落实情况报我委（价格司），我委将于9月组织专项工作小组赴部分地区开展重点督促指导。

国家发展改革委办公厅
2018年7月4日

国家发展改革委关于印发《水电前期工作中央预算内投资专项管理办法》的通知

（发改投资规〔2018〕795号）

中国电力建设集团有限公司：

为加强水电前期工作管理，建立健全水电前期工作管理机制，促进水电持续健康有序发展，提高中央预算内投资使用效益和效率，我们研究制定了《水电前期工作中央预算内投资专项管理办法》，现印发你公司，请按照执行。《国家发展改革委水电前期工作管理暂行办法（2014年修订）》同时废止。

附件：水电前期工作中央预算内投资专项管理办法

国家发展改革委
2018年5月25日

水电前期工作中央预算内投资专项管理办法

第一章 总 则

第一条 为加强水电前期工作管理，建立健全水电前期工作管理机制，促进水电持续健康有序发展，提高中央预算内投资使用效益和效率，根据《中央预算内直接投资项目管理办法》（国家发展改革委第7号令）、《中央预算内投资项目日常监管实施办法（试行）》（发改稽察规〔2017〕2276号）、《中央预算内投资计划编制管理暂行办法》（发改投资〔2015〕3092号）及有关法律法规，结合水电前期工作实际，特制订本管理办法。

第二条 国家发展改革委负责管理属于政府行为的水电前期工作，主要包括：全国水力资源普查（含复查）、大中型河流（河段）水电规划及其补充规划编制（修编）、具有战略意义的部分大型水电站预可行性研究、全国或部分省份抽水蓄能电站选点规划编制（调整）等。

第三条 国家发展改革委安排中央预算内投资专项（以下简称"专项投资"）用于第二条所列水电前期工作。国家发展改革委委托中国电力建设集团有限公司所属水电水利规划设计总院（以下简称"水电规划总院"）组织项目实施。

第四条 专项投资安排和使用坚持公开公正、突出重点、统筹兼顾、有效监管的原则。

第二章 安 排 程 序

第五条 水电规划总院科学合理提出年度水电前期工作任务并测算年度资金需求，及时将符合条件的项目（涉密项目除外）纳入全国重大建设项目库三年滚动投资计划库、年度投资计划库。通过投资计划编报库上报的投资计划数据应与通过重大项目库上报的三年滚动投资计划相关数据衔接一致。

第六条 年度投资计划申请文件由中国电力建设集团有限公司按照国家发展改革委年度投资计划申报时限规定，按时报送国家发展改革委。中国电力建设集团有限公司按照申报规定和要求，认真审核水电规划总院提出的水电前期工作任务和资金需求，并对审查结果和申报材料的真实性、合规性负责。

第七条 年度投资计划申请文件视情况还应包括：续建项目任务进展情况、资金到位情况、新安排项目建议书等。

第八条 年度投资计划按项目安排。国家发展改革委受理年度投资计划申请文件后，重点对以下事项进行审查：

（一）符合党中央、国务院决策部署、有关规划、政策要求；

（二）符合中央预算内投资安排要求和本办法规定；

（三）申报材料齐备、有效，开展年度水电前期工作任务条件具备、科学合理，经费测算合理。

国家发展改革委委托咨询评估机构对年度投资计划申请文件开展评估工作。

第九条　年度投资计划由国家发展改革委下达给中国电力建设集团有限公司，中国电力建设集团有限公司在收到投资计划下达文件后10个工作日内转发下达给水电规划总院。

第三章　使　用　管　理

第十条　水电前期工作项目实施实行招标投标制和合同管理制，由水电规划总院负责组织招投标工作并与中标勘测设计单位签订合同，按合同进行全过程管理。

第十一条　项目完成后，由水电规划总院按合同组织验收，并报国家发展改革委。

第十二条　利用专项投资完成的预可行性研究项目，继续实行项目成果有偿转让制度，有偿转让收入列专户，滚动使用，根据国家发展改革委计划用于水电开发前期工作，进一步推动水电前期工作的开展。

第十三条　水电规划总院按月于每月10日前将项目启动情况（涉密项目除外）、资金使用情况、工作最新进展等通过重大项目建设库报送国家发展改革委。

第四章　监　督　检　查

第十四条　水电前期工作项目单位为水电规划总院，日常监管直接责任单位为中国电力建设集团有限公司。项目日常监管直接责任单位及监管责任人对项目申报、建设管理、信息报送等履行日常监管直接责任。项目单位承担项目建设主体责任，自觉接受审计等部门的监督检查，保证中央预算内投资的合理使用和项目顺利实施。

第十五条　专项投资使用严格执行有关财务管理规定，设立专门账户，专款专用，严禁截留、转移、侵占和挪用。

第十六条　国家发展改革委接受单位、个人对水电前期工作专项资金安排、项目实施过程中违法违规行为的举报，按照有关规定办理。

第十七条　国家发展改革委按照有关规定对使用专项投资项目进行检查和考核，对发现的问题严格按照《中央预算内直接投资项目管理办法》（国家发展改革委令第7号）、《中央预算内投资项目日常监管实施办法（试行）》（发改稽察〔2017〕2276号）等进行处理。

第十八条　项目出现下列情形之一，国家发展改革委责令限期整改，采取措施核减、收回或者停止拨付中央预算内投资，并可以根据情节轻重提请或移交有关机关依法追究有关责任人的行政或者法律责任。

（一）提供虚假情况，骗取中央预算内投资的；

（二）转移、侵占或者挪用中央预算内投资的；

（三）擅自变更前期工作实施任务和标准的；

（四）无正当理由未及时实施的；

（五）拒不接受依法进行的监督检查的；

（六）其他违反国家法律法规和本办法规定的行为。

第五章　附　　则

第十九条　本办法由国家发展改革委负责解释。

第二十条　本办法自公布之日起执行，有效期5年。2014年印发的《国家发展改革委水电前期工作管理暂行办法（2014年修订）》同时废止。

国家发展改革委　财政部　国家能源局关于2018年光伏发电有关事项的通知

（发改能源〔2018〕823号）

各省、自治区、直辖市及新疆生产建设兵团发展改革委、财政厅、能源局、物价局：

近年来，随着我国光伏发电建设规模不断扩大，技术进步和成本下降速度明显加快。为促进光伏行业健康可持续发展，提高发展质量，加快补贴退坡，现将2018年光伏发电有关事项通知如下。

一、合理把握发展节奏，优化光伏发电新增建设规模

（一）根据行业发展实际，暂不安排2018年普通光伏电站建设规模。在国家未下发文件启动普通电站建设工作前，各地不得以任何形式安排需国家补贴的普通电站建设。

（二）规范分布式光伏发展。今年安排1000万kW左右规模用于支持分布式光伏项目建设。考虑今年分布式光伏已建情况，明确各地5月31日（含）前并网的分布式光伏发电项目纳入国家认可的规模管理范围，未纳入国家认可规模管理范围的项目，由地方依法予以支持。

（三）支持光伏扶贫。落实精准扶贫、精准脱贫要求，扎实推进光伏扶贫工作，在各地落实实施条件、严格审核的前提下，及时下达“十三五”第二批光伏扶贫项目计划。

（四）有序推进光伏发电领跑基地建设。今年视光伏发电规模控制情况再行研究。

（五）鼓励各地根据各自实际出台政策支持光伏产业发展，根据接网消纳条件和相关要求自行安排各类不需要国家补贴的光伏发电项目。

二、加快光伏发电补贴退坡，降低补贴强度

完善光伏发电电价机制，加快光伏发电电价退坡。

（一）自发文之日起，新投运的光伏电站标杆上网电价每千瓦时统一降低 0.05 元，Ⅰ类、Ⅱ类、Ⅲ类资源区标杆上网电价分别调整为每千瓦时 0.5 元、0.6 元、0.7 元（含税）。

（二）自发文之日起，新投运的、采用“自发自用、余电上网”模式的分布式光伏发电项目，全电量度电补贴标准降低 0.05 元，即补贴标准调整为每千瓦时 0.32 元（含税）。采用“全额上网”模式的分布式光伏发电项目按所在资源区光伏电站价格执行。分布式光伏发电项目自用电量免收随电价征收的各类政府性基金及附加、系统备用容量费和其他相关并网服务费。

（三）符合国家政策的村级光伏扶贫电站（0.5MW 及以下）标杆电价保持不变。

三、发挥市场配置资源决定性作用，进一步加大市场化配置项目力度

（一）所有普通光伏电站均须通过竞争性招标方式确定项目业主。招标确定的价格不得高于降价后的标杆上网电价。

（二）积极推进分布式光伏资源配置市场化，鼓励地方出台竞争性招标办法配置除户用光伏以外的分布式光伏发电项目，鼓励地方加大分布式发电市场化交易力度。

（三）各地、各项目开展竞争性配置时，要将上网电价作为重要竞争优选条件，严禁不公平竞争和限价竞争，确保充分竞争和建设质量。省级能源主管部门应及时将采取竞争方式确定的项目及上网电价或度电补贴额度抄送省级价格、财政主管部门和国家能源局派出监管机构。

国家发展改革委
财　政　部
国家能源局
2018 年 5 月 31 日

国家发展改革委关于创新和完善促进绿色发展价格机制的意见

（发改价格规〔2018〕943 号）

各省、自治区、直辖市发展改革委、物价局：

绿色发展是建设生态文明、构建高质量现代化经济体系的必然要求，是发展观的一场深刻革命，核心是节约资源和保护生态环境。为深入学习贯彻习近平生态文明思想，认真落实全国生态环境保护大会精神，助力打好污染防治攻坚战，促进生态文明和美丽中国建设，现就创新和完善促进绿色发展的价格机制提出以下意见。

一、重要意义（略）

二、总体要求

（一）指导思想

全面贯彻落实党的十九大和十九届二中、三中全会精神，以习近平新时代中国特色社会主义思想为指导，牢固树立和落实新发展理念，按照高质量发展要求，坚持节约资源和保护环境的基本国策，加快建立健全能够充分反映市场供求和资源稀缺程度、体现生态价值和环境损害成本的资源环境价格机制，完善有利于绿色发展的价格政策，将生态环境成本纳入经济运行成本，撬动更多社会资本进入生态环境保护领域，促进资源节约、生态环境保护和污染防治，推动形成绿色发展空间格局、产业结构、生产方式和生活方式，不断满足人民群众日益增长的优美生态环境需要。

（二）基本原则

——坚持问题导向。重点针对损害群众健康的突出环境问题，紧扣打赢蓝天保卫战、城市黑臭水体治理、农业农村污染治理等标志性战役，着力创新和完善污水垃圾处理、节水节能、大气污染治理等重点领域的价格形成机制，理顺利益责任关系，引导市场，汇聚资源，助力打好污染防治攻坚战。

——坚持污染者付费。按照污染者使用者付费、保护者节约者受益的原则，创新资源环境价格机制，实现生态环境成本内部化，抑制不合理资源消费，鼓励增加生态产品供给，使节约资源、保护生态环境成为市场主体的内生动力。

——坚持激励约束并重。针对城乡、区域、行业、不同主体实际，在价格手段可以发挥作用的领域和环节，健全价格激励和约束机制，使节约能源资源与保护生态环境成为单位、家庭、个人的自觉行动，形成共建共享生态文明的良好局面。

——坚持因地分类施策。支持各地结合本地资源禀赋条件、污染防治形势、产业结构特点，以及社会承受能力等，研究制定符合绿色发展要求的具体价格政策；鼓励有条件的地区制定基于更严格环保标准的价格政策，更好促进生态文明建设和绿色发展。

（三）主要目标

到2020年，有利于绿色发展的价格机制、价格政策体系基本形成，促进资源节约和生态环境成本内部化的作用明显增强；到2025年，适应绿色发展要求的价格机制更加完善，并落实到全社会各方面各环节。

三、完善污水处理收费政策（略）

四、健全固体废物处理收费机制（略）

五、建立有利于节约用水的价格机制（略）

六、健全促进节能环保的电价机制

充分发挥电力价格的杠杆作用，推动高耗能行业节能减排、淘汰落后，引导电力资源优化配置，促进产业结构、能源结构优化升级。

（一）完善差别化电价政策。全面清理取消对高耗能行业的优待类电价以及其他各种不合理价格优惠政策。严格落实铁合金、电石、烧碱、水泥、钢铁、黄磷、锌冶炼等7个行业的差别电价政策，对淘汰类和限制类企业用电（含市场化交易电量）实行更高价格。各地应及时评估差别电价、阶梯电价政策执行效果，可根据实际需要扩大差别电价、阶梯电价执行行业范围，提高加价标准，促进相关行业加大技术改造力度、提高能效水平、加速淘汰落后产能。鼓励各地探索建立基于单位产值能耗、污染物排放的差别化电价政策，推动清洁化改造。各地出台的差别电价、阶梯电价政策应及时报国家发展改革委备案。

（二）完善峰谷电价形成机制。加大峰谷电价实施力度，运用价格信号引导电力削峰填谷。省级价格主管部门可在销售电价总水平不变的前提下，建立峰谷电价动态调整机制，进一步扩大销售侧峰谷电价执行范围，合理确定并动态调整峰谷时段，扩大高峰、低谷电价价差和浮动幅度，引导用户错峰用电。鼓励市场主体签订包含峰、谷、平时段价格和电量的交易合同。利用峰谷电价差、辅助服务补偿等市场化机制，促进储能发展。利用现代信息、车联网等技术，鼓励电动汽车提供储能服务，并通过峰谷价差获得收益。完善居民阶梯电价制度，推行居民峰谷电价。

（三）完善部分环保行业用电支持政策。2025年底前，对实行两部制电价的污水处理企业用电、电动汽车集中式充换电设施用电、港口岸电运营商用电、海水淡化用电，免收需量（容量）电费。

在推进上述改革任务的同时，鼓励各地积极探索生态产品价格形成机制、碳排放权交易、可再生能源强制配额和绿证交易制度等绿色价格政策，对影响面大、制约因素复杂的政策措施可先行试点，摸索经验，逐步推广。

七、狠抓政策落地

创新和完善促进绿色发展价格机制，是当前和今后一个时期价格工作的一项重要任务，各地要加强组织领导，采取有力措施，确保各项政策落地生根。

（一）强化政策落实。各地价格主管部门要全面梳理现行资源环境价格政策落实情况，发现问题及时改进，对落实不力的要强化问责。对新出台的政策要建立落实台账，逐项明确时间表、路线图、责任人，扎实推进。规范市场交易价格行为，强化价格信用体系建设，督促市场主体严格履行价格合约。加强对政策落实情况的跟踪评估，找准政策执行中的痛点、难点、堵点，及时调整完善政策，以“钉钉子”的精神抓好落实。

（二）加强部门协作。推进绿色发展，需要全社会共同参与。各级价格主管部门要主动与相关部门加强协作，统筹运用价格、环保、财政、金融、投资、产业等政策措施，形成政策合力，共推绿色发展。

（三）兜住民生底线。正确处理推进绿色发展与保障群众生活的关系，充分考虑社会承受能力尤其是低收入群体承受能力，完善并执行好社会救助和保障标准与物价上涨挂钩的联动机制，采取有效措施，对冲价格调整对困难群众生活的影响。

（四）注重宣传引导。切实做好宣传引导工作，将宣传工作与政策制定放在同等重要位置，同研究、同部署、同落实，最大限度凝聚社会共识，强化全社会节约资源、保护环境、促进绿色发展的共同责任，提高执行促进绿色发展价格政策的积极性、主动性，推动将绿色发展的要求转化为自觉行动，共同建设美丽中国。

国家发展改革委

2018年6月21日

国家发展改革委　国家能源局关于积极推进电力市场化交易　进一步完善交易机制的通知

（发改运行〔2018〕1027号）

各省、自治区、直辖市发展改革委、经信委（工信委、工信厅）、能源局、物价局，国家能源局各派出能源监管机构，国家电网有限公司、中国南方电网有限责任公司，中国华能集团有限公司、中国大唐集团有限公司、中国华电集团有限公司、国家电力投资集团有限公司、中国长江三峡集团有限公司、国家能源投资集团有限责任公司、国家开发投资集团有限公司、中国核工业集团有限公司、中国广核集团有限公司、华润集团有限公司：

习近平总书记在中央经济工作会议上强调指出，2018年要加快电力市场建设，大幅提高市场化交易比重。李克强总理在政府工作报告中提出加快要素价格市场化改革。为全面贯彻党的十九大和十九届二中、三中全会精神，以习近平新时代中国特色社会主义思想为指导，认真落实中央经济工作会议和政府工作报告各项部署，继续有序放开发用电计划，加快推进电力市场化交易，完善直接交易机制，深化电力体制改革，现就有关事项通知如下。

一、提高市场化交易电量规模

（一）各地要总结电力市场化交易工作经验，结合实际，进一步加快推进电力体制改革，加快放开发用电计划，加快放开无议价能力用户以外的电力用户参与交易，扩大市场主体范围，构建多方参与的电力市场，大幅提高市场化交易电量规模，统筹协调好扩大市场化交易规模和放开发用电计划。开展电力现货市场试点地区，可根据实际设计发用电计划改革路径。

（二）各地应结合实际，统筹发用电侧放开节奏，做好供需总量平衡，进一步明确放开各类发电企业、电力用户和售电企业进入市场的时间，明确放开比例，制定具体工作方案，并进一步完善和规范参与市场化交易的发电企业、电力用户和售电企业等市场主体准入标准、准入程序和退出机制，向社会公布。

（三）各地要取消市场主体参与跨省跨区电力市场化交易的限制，鼓励电网企业根据供需状况、清洁能源配额完成情况参与跨省跨区电力交易，首先鼓励跨省跨区网对网、网对点的直接交易，对有条件的地区，有序支持点对网、点对点直接交易，促进资源大范围优化配置和清洁能源消纳。北京、广州两个电力交易中心要积极创造条件，完善规则，加强机制建设，搭建平台，组织开展跨省跨区市场化交易。

（四）为促进清洁能源消纳，支持电力用户与水电、风电、太阳能发电、核电等清洁能源发电企业开展市场化交易。抓紧建立清洁能源配额制，地方政府承担配额制落实主体责任，电网企业承担配额制实施的组织责任，参与市场的电力用户与其他电力用户均应按要求承担配额的消纳责任，履行清洁能源消纳义务。

二、推进各类发电企业进入市场

（一）加快放开煤电机组参与电力直接交易，《中共中央　国务院关于进一步深化电力体制改革的若干意见》（中发〔2015〕9号）文件颁布实施后核准的煤电机组，原则上不再安排发电计划，投产后一律纳入市场化交易，鼓励支持环保高效特别是超低排放机组通过电力直接交易和科学调度多发电。

（二）在统筹考虑和妥善处理电价交叉补贴的前提下，有序放开水电参与电力市场化交易。消纳不受限地区，根据水电站多年平均或上年实际发电能力，综合考虑外送和本地消纳，安排优先发电计划，在保障优先发电优先购电的基础上，鼓励水电积极参与电力市场化交易。水电比重大或消纳受限地区，可根据实际情况有序放开水电，扩大水电参与市场化交易比例。进一步完善优先发电优先购电制度，建立水电等优质电源优先采购机制，提升对居民、农业等优先购电用户的保障能力。

（三）在确保供电安全的前提下，完善和创新交易规则，推进规划内的风电、太阳能发电等可再生能源在保障利用小时数之外参与直接交易、替代火电发电权交易及跨省跨区现货交易试点等，通过积极参与市场化交易，增加上网电量，促进消纳。各地要结合实际合理确定可再生能源保障利用小时数，做好优先发电保障和市场化消纳的衔接。

（四）拥有燃煤自备电厂的企业按照国家有关规定承担政府性基金及附加、政策性交叉补贴、普遍服务和社会责任，取得电力业务许可证，达到能效、环保要求，成为合格市场主体后，有序推进其自发自用以外电量按交易规则参与交易。为促进和鼓励资源综合利用，对企业自发自用的余热、余压、余气发电等资源综合利用机组，继续实施减免系统备用费和政策性交叉补贴等相关支持政策。

（五）在保证安全的情况下，稳妥有序推进核电机组进入市场，在保障优先发电计划外，鼓励核电机组通过参与交易实现多发。

（六）有序开展分布式发电市场化交易试点工作，参与交易的应科学合理确定配电电价。

（七）参与交易的发电企业，其项目的单位能耗、环保排放、并网安全应达到国家和行业标准。不符合国家产业政策、节能节水指标未完成、污染物排放未达到排放标准和总量控制要求、违规建设、未取得电力业务许可证（依法豁免许可的除外）等发电企业不得参与。

三、放开符合条件的用户进入市场

（一）在确保电网安全、妥善处理交叉补贴和公平承担清洁能源配额的前提下，有序放开用户电压等级及用电量限制，符合条件的10kV及以上电压等级用户均可参与交易。支持年用电量超过500万kWh以上的用户与发电企业开展电力直接交易。2018年放开煤炭、钢铁、有色、建材等4个行业电力用户发用电计划，全电量参与交易，并承担清洁能源配额。

（二）支持高新技术、互联网、大数据、高端制造业等高附加值的新兴产业以及各地明确的优势特色行业、技术含量高的企业参与交易，可不受电压等级及用电量限制。

（三）支持工业园区、产业园区和经济技术开发区等整体参与交易，在园区内完成电能信息采集的基础上，可以园区为单位，成立售电公司，整体参与市场化交易。园区整体参与交易的偏差电量，可探索建立在园区企业中余缺调剂和平衡的机制。

（四）条件允许地区，大工业用户外的商业企业也可放开进入市场，可先行放开用电量大、用电稳定的零售、住宿和餐饮服务行业企业（例如酒店、商场等），并逐步放开商务服务、对外贸易及加工、金融、房地产等企业参与交易。

（五）在制定完善保障措施的条件下，稳妥放开铁路、机场、市政照明、供水、供气、供热等公共服务行业企业参与交易。

（六）结合电力市场建设进度，鼓励和允许优先购电的用户本着自愿原则，进入市场。

（七）各地可以结合实际情况，自行确定用户电压等级及用电量限制，扩大放开的范围，新增大工业用户原则上通过参与交易保障供电。参与市场交易的电力用户，其单位能耗、环保排放应达到标准。

四、积极培育售电市场主体

（一）积极推进售电企业参与交易，售电企业履行相关程序后，可视同大用户与发电企业开展电力直接交易，从发电企业购买电量向用户销售，或通过交易机构按规则参与各类交易。规范售电公司经营行为，鼓励售电公司依靠降低成本和提供增值服务参与竞争。

（二）鼓励供水、供气、供热等公共服务行业和节能服务公司从事售电业务。鼓励电能服务商、负荷集成商、电力需求侧管理服务商等扩大业务范围，帮助用户开展电力市场化交易。

（三）积极支持各类售电公司代理中小用户参与交易，帮助用户了解用电曲线，探索建立对售电企业的余缺调剂平衡和偏差考核机制，提高市场化意识，减少市场风险。

五、完善市场主体注册、公示、承诺、备案制度

（一）发电企业、电力用户和售电企业等市场主体需在电力交易机构注册成为合格市场主体；交易机构提供各类市场主体注册服务，编制注册流程、指南，对市场主体进行注册培训。

（二）发电企业、电力用户按要求和固定格式签署信用承诺书，向交易机构提交注册材料，并对提交材料的真实性、准确性、合规性和完备性负责，交易机构收到企业提交的注册申请和注册材料后，原则上在7个工作日内完成材料完整性核验，注册自动生效。售电企业按《售电公司准入与退出管理办法》有关规定进行注册。

（三）发电企业、电力用户和售电企业等市场主体完成注册程序后，纳入市场主体目录，获得交易资格。交易机构按期将市场主体注册情况向能源监管机构、省级政府有关部门和政府引入的全国性行业协会、信用服务机构备案，对市场主体目录实施动态管理。

六、规范市场主体交易行为

（一）发电企业、电力用户和售电企业注册成为合格市场主体后，自愿在电力交易平台按照批准和公布的交易规则参与各类交易，遵守有关规定，服从统一调度管理和市场运营管理，接受政府有关部门监管。市场主体选择进入市场，在3年内不可退出，通过市场竞争形成价格。各地区有关部门要最大限度减少对微观事务的干预，充分尊重和发挥企业的市场主体地位，不得干预企业签订合同，不得强制企业确定电量和电价，不得干扰合同履行，不得实行地方保护。

（二）发电企业与电力用户、售电企业进行直接交易的，为保障公平竞争，电力交易机构应开展对市场交易的审核，市场主体要严格执行包含政府性基金及附加和政策性交叉补贴在内的输配电价，要切实承担清洁能源配额，落实优先购电责任，有关情况及时报告各地政府相关部门。

（三）电力用户原则上应全电量参与电力市场，可自主选择向发电企业直接购电或向售电企业购电。

（四）发电企业与电力用户、售电企业进行直接交易的，应按市场交易规则和电网企业签订三方购售电合同，明确相应的权利义务关系、交易电量和价格、服务等事项，鼓励签订1年以上中长期合同，可由各地组织集中签订，也可自行协商签订，签订的合同由电力交易机构汇总和确认，由电力调度机构进行安全校核。鼓励各地根据实际情况规范直接交易合同，推荐交易双方按统一合同样本签订中长期交易合同。

（五）电力交易机构要加强自身能力建设，搭建公开透明、功能完善、按市场化方式运行的电力交易平台，发挥市场在能源资源优化配置中的决定性作用。要切实发挥好电力交易机构在市场交易核查工作中的第三方监管作用，保证各类主体市场交易行为有序规范。

七、完善市场化交易电量价格形成机制

（一）促进输配以外的发售电由市场形成价格，鼓励交易双方签订中长期市场化交易合同，在自主自愿、平等协商的基础上，约定建立固定价格、“基准电价＋浮动机制”、随电煤价格并综合考虑各种市场因素调整等多种形式的市场价格形成机制，分散和降低市场风险。电力用户的用电价格，由三部分相加组成，包括与发电企业、售电企业协商定价机制确定的价格、政府有关部门明确的输配电价（含损耗）和政府性基金及附加。

（二）协商建立“基准电价＋浮动机制”的市场化定价机制，基准电价可以参考现行目录电价或电煤中长期合同燃料成本及上年度市场交易平均价格等，由发电企业和电力用户、售电企业自愿协商或市场竞价等方式形成。

在确定基准电价的基础上，鼓励交易双方在合同中约定价格浮动调整机制。鼓励建立与电煤价格联动的市场交易电价浮动机制，引入规范科学、双方认可的煤炭价格指数作参考，以上年度煤炭平均价格和售电价格为基准，按一定周期联动调整交易电价，电煤价格浮动部分在交易双方按比例分配。具体浮动调整方式由双方充分协商，在合同中予以明确，浮动调整期限应与电煤中长期合同的期限挂钩。

（三）探索建立随产品价格联动的交易电价调整机制。生产成本中电费支出占比较高的行业，交易双方可参考产品多年平均价格或上年度价格，协商确定交易基准电价、基准电价对应的产品价格、随产品价格联动的电价调整机制等，当产品价格上涨或下降超过一定区间或比例时，电价联动调整，由交易双方共同承担产品价格波动的影响。

（四）交易双方签订年度双边合同后，可探索建立与月度集中竞价相衔接的价格浮动调整机制，根据月度竞价结果，由双方自主协商，对双边合同价格进行调整确认。

（五）探索建立高峰用电市场化机制。积极推进电力现货市场建设，通过市场化机制形成不同时段价格，补偿高峰电力成本；现货市场建立前，参与市场化交易的电力用户应执行峰谷电价政策，合理体现高峰用电的成本和价值差异。

（六）2018 年放开煤炭、钢铁、有色、建材等 4 个行业电力用户发用电计划，全电量参与交易，通过市场化交易满足用电需求，建立市场化价格形成机制。具体实施方案见附件。

八、加强事中事后监管

（一）政府有关部门要有针对性地制定和完善相关法规政策，加强制度建设，着力保障电力市场健康运行。发电企业、电力用户和售电企业要牢固树立法律意识、契约意识和信用意识，合同一经签订必须严格履行。地方经济运行部门会同有关部门和单位对电力市场化交易合同履行情况实行分月统计，发挥大数据平台作用，电力直接交易相关信息纳入平台管理。能源监管机构对市场主体履行合同和执行市场运行规则等情况进行监管。

（二）各相关部门要建立健全交易合同纠纷协调仲裁机制，对市场主体在合同履约过程中产生的纠纷及时进行裁决，营造公平公正的市场环境，坚决避免因合同纠纷造成用户可靠供电受到影响，妥善解决因不可抗力因素造成合同难以执行等问题，避免市场主体受到不公平待遇。

九、加快推进电力市场主体信用建设

国家发展改革委、国家能源局会同有关方面加快推进电力市场主体信用体系建设，针对不同市场主体建立信用评价指标体系，引入全国性行业协会、信用服务机构和电力交易机构，建立信用评价制度，开展电力直接交易数据采集工作，实行市场主体年度信息公示，实施守信联合激励和失信联合惩戒机制，强化信用意识，限制有不良信用记录的市场主体参与电力市场化交易。建立完善红名单、黑名单制度，对于遵法守信，信用评价良好以上的市场主体，纳入红名单，研究给予同等条件下市场交易优先等激励措施；对于违反交易规则和有失信行为的市场主体，纳入不良信用记录，情节特别严重或拒不整改的，经过公示等有关程序后，纳入失信企业黑名单；强制退出的市场主体，直接纳入失信企业黑名单。

附件：全面放开部分重点行业电力用户发用电计划实施方案

国家发展改革委
国家能源局
2018 年 7 月 16 日

全面放开部分重点行业电力用户发用电计划实施方案

为全面贯彻党的十九大和十九届二中、三中全会精神，以习近平新时代中国特色社会主义思想为指导，认真落实中央经济工作会议和政府工作报告各项部署，积极推进电力市场化交易，全面放开部分重点行业电力用户发用电计划，建立完善科学合理的市场化定价机制，促进电力及上下游行业全产业链协同发展，特制定本方案。

一、充分认识放开重点行业电力用户发用电计划的重要意义

新一轮电力体制改革启动以来，各地区、有关部门和企业认真贯彻党中央、国务院决策部署，大力推进电力市场化交易，逐步建立了规则明确、组织有序、形式多样、主体多元的市场化交易体系，2017 年市场化交易电量达到全社会用电量的 26%，改革成效已经显现。在已有工作基础上，2018 年选择煤炭、钢铁、有色、建材等部分重点行业电力用户，率先全面

放开发用电计划试点，进一步扩大交易规模，完善交易机制，形成新的改革突破口和着力点。4个重点行业市场化程度较高，在电力体制改革过程中已经参与了市场化交易，市场经验丰富，试点全面放开发电用计划具有较好的基础。通过先行先试，有利于充分还原电力商品属性，理顺和打通电力及其上下游行业的价格市场化形成机制，形成全产业链价格联动、利益共享、风险共担协同发展格局，进而有效促进社会主义市场经济的平稳健康运行。

放开煤炭、钢铁、有色、建材等行业用户发用电计划，要坚持“应放尽放”，取消电力用户参与市场的电压等级和电量规模限制；要坚持规范有序，加强市场主体准入、交易合同、交易价格的事中事后监管，落实惩罚性电价；要坚持完善机制，引导交易双方建立“基准电价＋浮动机制”的市场化价格形成机制，共担市场风险；要坚持保障安全，确保放开发用电计划过程中电网安全稳定运行和电力用户的稳定供应；要坚持清洁发展，放开发用电计划的用户要公平承担清洁能源配额消纳责任。

二、试点全部放开重点行业发用电计划，提高市场化交易规模

（一）鼓励重点行业电力用户全部开展市场化交易。各地要认真梳理，建立煤炭、钢铁、有色、建材等行业电力用户目录，结合实际情况，在落实清洁能源配额的前提下，积极推进4个重点行业电力用户参与市场化交易，全部放开10kV及以上电压等级用户。煤炭、钢铁、有色、建材等行业电力用户全电量参与交易，通过市场交易满足用电需求。

（二）具备条件的用户，同步放开发用电计划和电价。煤炭、钢铁、有色、建材等重点行业电力用户可选择与各类型发电企业开展市场化交易，双方可自主协商确定市场化的定价机制。双方协商一致的，全部放开发用电计划和电价。用户也可参与集中竞价交易，或向售电公司购电。

（三）逐步放开重点行业电力用户参与跨省跨区交易。各地要逐步取消发电企业和电力用户参与跨省跨区电力市场化交易的限制，允许重点行业电力用户跨省跨区购电，首先鼓励跨省跨区网对网、网对点的直接交易，对有条件的地区，有序支持点对网、点对点直接交易。北京、广州两个区域电力交易中心要积极创造条件，完善规则，加强机制建设，搭建好平台，适时组织开展重点行业电力用户跨省跨区市场化交易。

（四）支持重点行业电力用户与清洁能源开展交易。为促进清洁能源消纳，支持煤炭、钢铁、有色、建材等行业电力用户与水电、风电、太阳能发电、核电等清洁能源开展市场化交易。尽快建立清洁能源配额制，电网企业、电力用户和售电公司应按要求承担相关责任，落实清洁能源消纳义务。重点行业电力用户与清洁能源开展市场化交易，可适当减免交叉补贴；鼓励参与跨省跨区市场化交易的市场主体消纳计划外增送清洁能源电量，并可通过协商适度降低跨省跨区输电价格。

三、做好发用电计划放开与推进市场化交易完善交易机制的有效衔接

放开煤炭、钢铁、有色、建材等重点行业发用电计划，若电力用户与发电企业双方无法协商一致签订市场化交易合同，暂不具备同步放开条件的，可先放开发用电计划，并设置一定的过渡期，由电力交易机构组织挂牌等交易，用户电价按当地目录电价标准确定，发电企业电价按目录电价扣减输配电价、政府性基金及附加确定，促成双方达成一致，签订交易合同，保障企业电力稳定供应。过渡期后，再由电力用户和发电企业自主协商确定电量和价格形成机制。已参加市场化交易又退出的电力用户，在再次参与交易或通过售电公司购电前，由电网企业承担保底供电责任，执行保底供电价格。

四、建立完善重点行业科学合理的市场化价格形成机制

2018年起，煤炭、钢铁、有色、建材等重点行业电力用户参与市场化交易，不再执行目录电价。鼓励电力用户和发电企业在签订电力市场化交易合同时自主协商，约定建立“基准电价＋浮动机制”的市场化价格形成机制。电力用户的用电价格，由三部分相加组成，包括与发电企业协商的“基准电价＋浮动机制”价格、政府明确的输配电价（含损耗）和政府性基金及附加。

（一）约定基准电价。交易双方可根据发电企业电煤来源，自主协商选取合理的基准电煤价格，将与其对应的发电价格确定为交易合同的基准电价。双方协商达不成一致的，推荐参考煤电标杆上网电价或电煤中长期合同价格对应的发电价格确定为基准电价。

（二）约定浮动机制。煤炭、钢铁、有色、建材等行业电力用户和发电企业签订电力市场化交易合同时，可自主协商建立价格浮动机制，综合考虑各类市场影响因素，协商确定浮动的参考标准、浮动周期、浮动比例。协商达不成一致的，推荐综合考虑发电成本和各类市场因素，主要参考煤炭市场价格，兼顾下游产品价格等市场因素，实施浮动，可每季度浮动调整一次。

（三）支持资源综合利用。为促进和鼓励资源综合利用，对重点行业用户自发自用的余热、余压、余气发电或其他类型资源综合利用机组，继续实施相关支持政策，减免系统备用费和政策性交叉补贴。

（四）严格落实惩罚性电价。煤炭、钢铁、有色、建材等行业电力用户在电力市场化交易中要严格落实相关产业政策，对不符合国家产业政策、以及产品和工艺属于淘汰类的企业不得参与电力市场化交易，且严格执行差别化电价；已出台阶梯电价政策的行业，企业在市场化电价的基础上继续执行阶梯电价政策。对存在违法、违规行为且尚在整改期内的企业和列入“黑名单”的严重失信企业执行更高额度的惩罚性措施。

五、规范重点行业用户交易行为，加快推进签订电力中长期交易合同

（一）推进签订中长期交易合同。积极推进煤炭、钢铁、有色、建材等重点行业电力用户与发电企业及电网企业签订三方发购电合同，约定电量、价格及价格调整机制、偏差处理、违约责任等内容。鼓励签订3～5年甚至更长期限的中长期合同，促进双方锁定经营风险，优化生产安排。鼓励各地根据实际情况规范直接交易合同，推荐交易双方按统一合同样本签订中长期交易合同。

（二）完善重点行业电力用户注册、公示、承诺、备案制度。参与电力市场化交易的煤炭、钢铁、有色、建材等重点行业电力用户，都应在电力交易机构注册成为合格市场主体，交易机构提供注册服务，进行注册培训。电力用户完成注册程序后，自动纳入市场主体目录，获得交易资格。电力交易机构按期将企业注册情况向能源监管机构、省级政府有关部门和引入的全国性行业协会、信用服务机构备案。

（三）确保安全稳定供电。放开煤炭、钢铁、有色、建材等重点行业电力用户发用电计划，要遵循电力供需实时性、波动性等技术经济规律，妥善做好清洁能源消纳、有序用电、应急处置等各项工作衔接，确保电力供应持续安全稳定，实现电力供需动态平衡。

（四）减少地方行政干预。充分尊重企业的市场主体地位，发挥市场在资源配置中的决定性作用，支持企业自主协商签订合同，最大限度减少对微观事务的干预。

（五）加强相关落实责任的核查。放开煤炭、钢铁、有色、建材等重点行业电力用户发用电计划，为确保公平竞争，电力交易机构应开展对市场交易的核查，确保交易完全承担包含政府性基金及附加和政策性交叉补贴在内的输配电价，确保市场主体完全承担清洁能源配额，承担优先购电责任，有关情况及时报告各地政府相关部门。

六、加强事中事后监管，依法严格保障执行

（一）加强合同信用监管。国家发展改革委会同有关方面加强指导，引入全国性行业协会、信用服务机构和电力交易机构开展电力交易信用数据采集，建立动态信用记录，适时公布有关履约信用状况。对诚实守信、认真履约的企业纳入诚信记录，对履行不力甚至恶意违约的企业纳入不良信用记录并视情况公开通报并实施联合惩戒。企业要牢固树立法律意识、契约意识和信用意识，合同一经签订必须严格履行。鼓励和支持签订市场化合同的企业，对市场化交易、合同履约过程中出现的问题，及时向有关部门反映、举报，提出处理建议。

（二）严格保障市场化交易的执行。国家发展改革委、国家能源局负责指导和监督全国发用电计划放开工作，地方政府主管部门负责本地区发用电计划放开工作的组织实施，会同监管部门对市场化交易开展监管。政府有关部门要不断完善相关法规政策。电力交易机构、电力调度机构要按照要求做好市场化交易的组织和落实，配合有关部门开展监管。协调仲裁机构对市场主体反映的合同纠纷要严格按照公平公正的原则予以裁决，保证市场平稳健康运行。行业协会要积极发挥作用，引导行业电力用户参与电力市场交易，加强行业自律，保障市场规范运行。

国家发展改革委关于利用扩大跨省区电力交易规模等措施降低一般工商业电价有关事项的通知

（发改价格〔2018〕1053号）

各省、自治区、直辖市发展改革委、物价局、电力公司：

为贯彻落实好中央经济工作会议关于降低企业用能成本和《政府工作报告》关于一般工商业电价平均下降10%的目标要求，现就利用扩大跨省区电力交易规模等措施降低一般工商业电价有关事项通知如下。

一、将扩大跨省区电力交易规模、国家重大水利工程建设基金征收标准降低25%、督促自备电厂承担政策性交叉补贴等电价空间，全部用于降低一般工商业电价。

二、以上规定自2018年7月1日起执行。

三、各省（区、市）价格主管部门可根据当地实际，通过停征地方水库移民后期扶持资金、扩大一般工商业用户参与电力直接交易规模、从跨省跨区现货市场直接购买低价电量等方式，进一步降低一般工商业电价。

四、各省（区、市）价格主管部门要按照本通知规定，抓紧研究提出再次降低一般工商业电价具体方案，经同级人民政府同意后，于7月底前报我委（价格司）备案后实施。

五、各省（区、市）价格主管部门要严格按照国

家要求，将今年以来国家部署的各项降价措施，全部用于降低一般工商业电价，不得挪作他用；要精心组织、周密安排，确保各项降价措施平稳实施；要认真开展降价措施落实情况自查，抓好各项措施落实，做好迎接第三方评估和国务院第五次大督查的准备。各省（区、市）价格主管部门执行中遇到的情况和问题，请及时报送我委（价格司）。

国家发展改革委
2018年7月19日

国家发展改革委关于核定部分跨省跨区专项工程输电价格有关问题的通知
（发改价格〔2018〕1227号）

各省、自治区、直辖市发展改革委、物价局，国家电网公司，南方电网公司：

根据《国家发展改革委关于印发〈区域电网输电价格定价办法（试行）〉〈跨省跨区专项工程输电价格定价办法（试行）〉和〈关于制定地方电网和增量配电网配电价格的指导意见〉的通知》（发改价格规〔2017〕2269号），经商有关方面，现就调整部分跨省跨区专项工程输电价格有关事项通知如下。

一、调整灵宝直流等21个跨省跨区专项工程输电价格。

（一）灵宝直流输电价格为4.26分（每千瓦时，含税，下同），线损率1%。

（二）德宝直流输电价格为3.58分，线损率3%。

（三）锦苏直流输电价格为5.50分，线损率7%。

（四）高岭直流输电价格为2.50分，线损率1.7%。

（五）龙政线输电价格为7.40分，线损率7.5%。

（六）葛南线输电价格为6.0分，线损率7.5%。

（七）林枫直流输电价格为4.71分，线损率7.5%。

（八）宜华线输电价格为7.40分，线损率7.5%。

（九）江城直流输电价格为4.17分，线损率7.65%。

（十）三峡送华中输电价格为4.83分，线损率0.7%。

（十一）中俄直流输电价格为3.71分，线损率1.3%。

（十二）青藏线输电价格为6.0分，线损率13.7%。

（十三）呼辽直流输电价格为4.59分，线损率4.12%。

（十四）阳城送出输电价格为2.21分，线损率3%。

（十五）锦界送出输电价格为1.92分，线损率2.5%。

（十六）府谷送出输电价格为1.54分，线损率2.5%。

（十七）晋东南—南阳—荆门工程输电价格为3.32分，线损率1.5%。

（十八）溪广线输电价格为5.32分，线损率6.5%。

（十九）向上工程输电价格为6.2分，线损率7%。

（二十）宾金工程输电价格为4.95分，线损率6.5%。

（二十一）辛洹线容量电价为每千瓦每年40元。

二、按照我委发布的《关于完善跨省跨区电能交易价格形成机制有关问题的通知》（发改价格〔2015〕962号）规定，本次跨省跨区专项输电工程降价形成的资金在送电方、受电方之间按照1∶1比例分享。

三、对跨省跨区专项输电工程超过设计利用小时的超收收入按照2∶1∶2的比例分别由送端、电网和受端分享。

四、各项工程实际运行中输电线损率超过定价线损率带来的风险由电网企业承担，低于定价线损率带来的收益由电网企业和电力用户各分享50%。

五、通过跨省跨区专项工程参与电力市场交易的用户，其购电价格由市场交易价格、送出省输电价格、跨省跨区专项工程输电价格及损耗、落地省省级电网输配电价和政府性基金及附加组成。

本通知自2018年9月1日起执行。

国家发展改革委
2018年8月25日

国家发展改革委　国家能源局关于推进电力交易机构规范化建设的通知
（发改经体〔2018〕1246号）

各省、自治区、直辖市、新疆生产建设兵团发展改革委、经信委（工信委、工信厅）、能源局，国家电网公司、南方电网公司：

《中共中央　国务院关于进一步深化电力体制改革的若干意见》（中发〔2015〕9号，以下简称中发9号文件）印发后，北京、广州电力交易中心和各省（区、市）电力交易中心相继成立，在电力市场化交易中发挥了重要作用。但是，目前只有广州电力交易中心和山西、湖北、重庆、广东、广西、云南、贵州、海南等8省（区、市）电力交易中心为股份制公司，其他电力交易中心仍为电网企业全资子公司，尚未实现电力交易机构相对独立和规范运行。为全面贯彻党的十九大和十九届二中、三中全会精神，以习近平新时代中国特色社会主义思想为指导，认真落实中发 9 号文件精神，进一步深化电力体制改革，推进电力交易机构规范化建设，为各类市场主体提供规范公开透明的电力交易服务，现就有关事项通知如下。

一、推进电力交易机构股份制改造。国家电网公司、南方电网公司和各省（区、市）要按照多元制衡的原则，对北京电力交易中心、广州电力交易中心和各省（区、市）电力交易中心进行股份制改造，为市场主体搭建公开透明、功能完善的电力交易平台。电力交易机构应体现多方代表性，股东应来自各类交易主体，非电网企业资本股比应不低于 20%，鼓励按照非电网企业资本占股 50%左右完善股权结构。各省（区、市）发展改革委、经信委（工信委、工信厅）、能源局和国家电网公司、南方电网公司要抓紧制定实施方案，结合实际明确改革目标、细化实施路径、完善配套措施，加快推进电力交易机构股份制改造。实施方案请于 2018 年 9 月 30 日前报国家发展改革委、国家能源局备案。各电力交易机构股份制改造工作应于 2018 年 12 月底前完成，并持续推进电力交易机构相对独立工作。

二、充分发挥市场管理委员会作用。市场管理委员会由电网企业、发电企业、售电企业、电力用户等组成。尚未成立市场管理委员会的电力交易机构，要尽快成立市场管理委员会。已成立市场管理委员会的电力交易机构，要进一步规范市场管理委员会主任人选、成员组成、功能定位、议事规则等相关工作机制，保障市场主体的合法权益。

三、进一步规范电力交易机构运行。各省（区、市）发展改革委、经信委（工信委、工信厅）、能源局要加强对电力交易机构的指导，国家能源局各派出机构要加强对电力交易机构的监管，推动交易机构丰富交易品种，提升服务能力，确保电力交易机构的独立性和公正性。北京、广州电力交易中心要按照国家发展改革委、国家能源局有关要求，推进相关工作并接受监管。电力交易机构要不断完善交易机制，及时修订交易规则，尊重市场主体意见，提高市场主体的满意度和认同度；要规范开展信息披露工作，重点对信息披露内容、时间、频次、方式和平台等进行规范，确保披露内容全面、准确、及时，以满足市场主体的交易需求；要推动电力交易系统建设，促进电力交易机构之间信息共享，在市场主体准入与退出方面实现信息交换及信息互认，为电力市场化交易提供优质高效服务，促进电力资源在更大范围优化配置。

特此通知。

国家发展改革委
国家能源局
2018 年 8 月 28 日

国家发展改革委　财政部　国家能源局关于 2018 年光伏发电有关事项说明的通知

（发改能源〔2018〕1459 号）

各省、自治区、直辖市及新疆生产建设兵团发展改革委、财政厅、能源局、物价局，国家电网公司、南方电网公司、地方电力企业：

5 月 31 日，国家发展改革委、财政部、国家能源局联合印发了《关于 2018 年光伏发电有关事项的通知》（发改能源〔2018〕823 号）。为进一步做好文件贯彻落实工作，现就实施中的有关事项说明如下。

一、2018 年 5 月 31 日（含）之前已备案、开工建设，且在 2018 年 6 月 30 日（含）之前并网投运的合法合规的户用自然人分布式光伏发电项目，纳入国家认可规模管理范围，标杆上网电价和度电补贴标准保持不变。

二、已经纳入 2017 年及以前建设规模范围（含不限规模的省级区域）、且在 2018 年 6 月 30 日（含）前并网投运的普通光伏电站项目，执行 2017 年光伏电站标杆上网电价，属竞争配置的项目，执行竞争配置时确定的上网电价。

三、请各省级能源、价格主管部门和电网公司做好政策宣介落实工作。请各派出能源监管机构加强对并网及政策执行情况的监管。

国家发展改革委
财政部
国家能源局
2018 年 10 月 9 日

国家发展改革委办公厅关于切实做好清理规范转供电环节加价工作有关事项的通知

（发改办价格〔2018〕1491 号）

各省、自治区、直辖市发展改革委、物价局、电力公司，国家电网公司、南方电网公司：

一般工商业电价平均降低 10%，是今年《政府工作报告》向全社会做出的重要承诺，是一项必须完成的硬任务。今年以来，我委陆续出台了 10 项措施降低一般工商业电价，各地价格主管部门主动作为，在电力公司的支持配合下，降价工作取得明显成效，清理规范转供电工作也取得了积极进展。但从全国情况来看，部分地区还存在转供电主体和终端用户底数不清、政策宣传解释不到位、转供电主体传导降价红利不到位、户表改造工作进展迟缓等问题，国家多次降低一般工商业电价的措施未能得到有效传递和落实。为切实做好清理规范转供电环节加价工作，确保降价成果真正惠及终端用户，现就有关事项通知如下。

一、加快转供电摸排清理工作进度

各地要全面摸清本辖区内商业综合体、产业园区、物业、写字楼等转供电主体和终端用户底数，全面排查不落实降价政策、不在规定时限内全面传导降价红利的行为，打通降价政策传导中的堵点、难点。对街边门面店铺、底商等转供电环节存在的不合理加价情况，也要进行系统排查清理，不留盲点。各省级价格主管部门要会同电网企业组织市、县（区）价格主管部门、电力公司，集中力量，集中时间，开展专项排查行动，对辖区内转供电主体进行逐个梳理排查，核查指导物业、商业综合体经营者等不同层级转供电主体是否将政策落实到位，并抽查部分一般工商业用户用电电价是否已真正降下来。对清理出来有问题的转供电主体要建立台账，实行限时整改销号管理，严格按照降价政策规定时限清退多收电费，并持续跟进、动态掌握落实情况。推进工作缓慢的地区，要抓紧组织召开专题会议，对清理规范转供电加价工作再强调、再部署、再落实。

二、提高降价政策传导的可操作性

各地要综合已出台的各项降价措施，明确具体降价标准，简化操作程序，确保降价措施可操作、可传导。转供电主体向所有终端用户（含转供电主体经营者办公、共用部位、共用设施设备、停车场等用电，下同）收取的电费总和，以不超过其向电网企业缴纳的总电费为限。转供电主体应按国家规定的销售电价向电网企业缴纳电费，其缴纳的电费由所有终端用户按各分表电量公平分摊。按照《物业管理条例》及物业服务收费管理办法有关规定，物业共用部位、共用设施设备的日常运行、维护费用应当通过物业费收取，转供电单位不得以用电服务费等名义向终端用户重复分摊收取。执行峰谷分时电价或随电费一并收取线损电价的地区，要进一步简化计价方式，可参照当地全年一般工商业平均电价等方式直接明确降价后终端用户执行的具体电价标准，提高降价政策的可操作性，便于转供电主体和终端用户落实执行。

三、进一步加大降价政策宣传力度

各地要采取各种有效宣传方式加强宣传，突出重点，明确降价政策传导时限规定，确保所有转供电主体和终端用户知晓降价政策、执行落实降价政策。要充分发挥电网企业优势，继续采取上门派发《一般工商业电价降价政策告知单》等方式，将降价政策措施宣传至每一户转供电主体，并督促其发放至所有终端用户，请终端用户签字确认，提高政策告知的针对性、有效性。可协调当地通信管理部门，组织通信运营商采取向所有用电户户主发送降电价公益短信息等方式扩大政策宣传覆盖面。对转供电主体截留国家降价红利的，鼓励转供电主体终端用户通过12358价格举报电话向价格监督检查主管部门投诉举报。对于拒不执行、截留政策红利等负面典型，要进行约谈、媒体曝光或依规处罚。

四、积极配合做好第三方评估等工作

各地价格主管部门要主动与当地工信部门对接工作，沟通工作进展状况，解释相关政策执行情况，做好评估准备工作。认真分析本地区各项降价措施落实情况及一般工商业电价平均降幅，主动开展自查自评，及时发现问题、解决问题。各地电网企业要协助用户向价格主管部门反映转供电主体违规加价、不执行国家电价政策等情况，对拒不整改或执行政策不到位的，及时向当地价格主管部门报告。建立转供电加价主体信用档案和失信黑名单制度，协助提供相关材料，及时将违规加价、不执行国家电价政策等失信行为纳入全国信用信息共享平台。

五、切实推进一户一表改造

国家电网公司、南方电网公司要进一步增强责任感，提高为任何用电主体需求服务的意识，部署各级电力公司尽快摸清辖区内具备一户一表改造条件的电力用户数，主动服务，加大改造力度，尽快实现直接供电，并按照目录销售电价直接结算。对于意愿强烈、产权关系清晰的转供电主体，要优先安排，抓紧落实改造。电网企业因一户一表改造增加的固定资产折旧和运行维护费用等，纳入输配电成本并适时疏导。

六、进一步强化责任担当

降低一般工商业电价的主体责任在地方价格主管部门，各省（区、市）价格主管部门要进一步提高认识，增强紧迫感、责任感，严格按照国家要求，加大力度、狠抓落实，把清理规范转供电环节加价工作放在当前价格工作重中之重的位置。各地要按照此前制定的工作目标任务、责任分工，认真对标对表，扎实推进，对工作责任不落实、措施不到位，影响降价政策效果或第三方评估较差的，要严肃追究有关责任人员的责任，确保降价成果真正惠及终端用户。

国家发展改革委办公厅

2018年11月20日

国家发展改革委　国家能源局关于印发《清洁能源消纳行动计划（2018—2020年）》的通知

（发改能源规〔2018〕1575号）

各省、自治区、直辖市及计划单列市、新疆生产建设兵团发展改革委、能源局、经信委（工信委、工信厅），国家能源局各派出能源监管机构，国家电网公司、南方电网公司、中国华能、中国大唐、中国华电、国家能源、国家电投、中核、中广核、中国三峡集团公司，中国国际工程咨询公司、电力规划设计总院、水电水利规划设计总院：

为全面贯彻习近平新时代中国特色社会主义思想和党的十九大精神，认真落实中央经济工作会议和政府工作报告各项部署，用更大的决心、更强的力度、更实的措施解决清洁能源消纳问题，建立清洁能源消纳的长效机制，国家发展改革委、国家能源局制定了《清洁能源消纳行动计划（2018—2020年）》❶，现印发你们，请遵照执行。

国家发展改革委
国家能源局
2018年10月30日

国家发展改革委办公厅关于做好京津唐电网淘汰关停煤电机组发电计划补偿工作的通知

（发改办运行〔2018〕1669号）

北京市发展改革委、城市管理委，天津市发展改革委、工业和信息化局，河北省发展改革委，华北电网有限公司：

根据《中共中央　国务院关于进一步深化电力体制改革的若干意见》（中发〔2015〕9号）精神，按照《关于推进供给侧结构性改革　防范化解煤电产能过剩风险的意见》（发改能源〔2017〕1404号）等有关文件要求，经与北京市、天津市、河北省政府主管部门协商一致，现就做好京津唐电网淘汰关停煤电机组发电计划补偿工作有关事项通知如下。

一、京津唐电网所属本地机组及点对网送电煤电机组，在《关于推进供给侧结构性改革　防范化解煤电产能过剩风险的意见》（发改能源〔2017〕1404号）印发后，由相关省（区、市）政府主管部门纳入关停计划，按期实施关停或认定为应急备用电源，且不参与等容量替代的，可享受发电计划补偿。

二、符合条件的淘汰关停和应急备用煤电机组可享受5年的发电计划补偿，年度补偿小时数参考2016—2018年京津唐电网统调煤电机组基数计划平均小时数确定为3750h。

三、在年度电力电量平衡方案制定时，北京市、天津市、河北省政府主管部门分别明确本地区应安排发电计划补偿的淘汰关停和应急备用煤电机组清单，华北电网有限公司在提出京津唐电网年度电力电量平衡方案时进行测算和落实，最后由北京市、天津市、河北省政府主管部门共同研究确认方案。

四、北京市、天津市、河北省政府主管部门要完善机制，加强组织，积极推进淘汰关停和应急备用煤电机组的补偿计划参与发电权交易，保障交易顺利完成。要以电力安全稳定运行为前提，促进淘汰关停和应急备用煤电机组与清洁能源发电机组、高效环保火电机组进行发电权交易，通过市场化方式优化资源配置。

国家发展改革委办公厅
2018年12月20日

关于印发《提升新能源汽车充电保障能力行动计划》的通知

（发改能源〔2018〕1698号）

各省、自治区、直辖市发展改革委、能源局、工业和信息化主管部门、财政厅，北京城管委，各派出能源监管机构，国家电网公司、南方电网公司：

为加快推进充电基础设施规划建设，全面提升新能源汽车充电保障能力，推动落实《电动汽车充电基础设施发展指南（2015—2020年）》，根据《国务院办公厅关于加快电动汽车充电基础设施建设的指导意见》（国办发〔2015〕73号）要求，国家发展改革委、国家能源局、工业和信息化部、财政部制定了《提升新能源汽车充电保障能力行动计划》，现印发你们，请遵照执行。

国家发展改革委
国家能源局
工业和信息化部
财政部
2018年11月9日

提升新能源汽车充电保障能力行动计划

我国新能源汽车正处于市场化发展的关键时期，

❶ 具体内容见“电力规划”栏目。

充电基础设施是新能源汽车推广应用的重要基础之一。近年来，在党中央、国务院的正确领导下，在各有关方面的大力支持下，我国充电基础设施快速发展，已建成充电桩数量超过 60 万个，为新能源汽车提供了配套能源保障，在能源供给侧结构性改革和大气污染防治等方面发挥了重要作用。

当前，新能源汽车和充电设施尚处于发展过程中，特别是充电基础设施依然面临着建设落地难、运营效率低等问题，仍是制约新能源汽车发展的短板之一，新能源汽车充电保障能力亟待提升。为加快推进充电基础设施规划建设，全面提升新能源汽车充电保障能力，推动落实《电动汽车充电基础设施发展指南（2015—2020 年）》，根据《国务院办公厅关于加快电动汽车充电基础设施建设的指导意见》（国办发〔2015〕73 号）要求，特制订本行动计划。

一、总体要求

深入贯彻习近平新时代中国特色社会主义思想，落实党中央、国务院关于加快新能源汽车发展的决策部署，以新能源汽车推广应用为出发点，以提升充电保障能力为行动目标，推动充电基础设施高质量发展，为新能源汽车发展提供坚实能源保障，为新能源汽车用户提供更高效便捷的充电服务。

二、工作目标

力争用 3 年时间大幅提升充电技术水平，提高充电设施产品质量，加快完善充电标准体系，全面优化充电设施布局，显著增强充电网络互联互通能力，快速升级充电运营服务品质，进一步优化充电基础设施发展环境和产业格局。

三、重点任务

（一）提高充电设施技术质量

加强充电技术研究和充电设施产品开发，满足充电可靠性要求，促进充电设施智能化，实现充电连接轻量化，探索充电方式无线化，改善用户充电体验，满足新能源汽车不同场景的充电需求。充分发挥整车、动力电池、充电设备生产、设施运营等企业主体作用，加快技术创新，加强品质管控，促进充电技术的创新开发应用，确保充电设备质量优良、环境友好、使用便捷、安全可靠。严格执行充电接口及通信协议标准，加强跨专业合作，跟踪先进充电技术的发展，加快大功率充电、无线充电、智能充电等技术的研发应用，共同提升电动汽车充电保障能力。

（二）提升充电设施运营效率

充电设施运营企业要全面提升设施运营维护水平，加强管理和资源保障，采购符合标准的充电设备，系统排查现有设施设备运行状态，确保运营安全，积极盘活“僵尸桩”，结合服务场景科学配置车桩比例，切实提升充电设施利用效率和服务能力。继续探索出租车、租赁车等特定领域电动汽车换电模式应用。

（三）优化充电设施规划布局

各地能源主管部门要牵头会同相关方面，加强协同，形成合力，根据中长期新能源汽车保有量、区域分布、类型结构等，梳理总结行驶停放及充电规律，分析充电需求场景，优化车桩匹配，及时滚动编制充电设施建设专项规划，并将其纳入城乡整体规划，指导充电设施科学合理布局，千方百计解决老旧居民区充电桩、城市中心公共充电设施等建设难题，补齐充电网络短板，有效缓解充电设施利用率低和车辆充电不便利并存的矛盾。

进一步明确和细化充电基础设施的用地政策，保证公交车、出租车、物流车、分时租赁车、共享汽车等运营类新能源汽车充电设施的建设用地，以及有明确需求的其他新能源车辆的充电专用场地，提高充电保障能力。针对老旧、电力增容困难且有充电需求的居民区要在周边合理范围内，科学规划公共充电设施建设用地。在企事业单位停车场按需配建充电设施，鼓励在商业区、旅游区停车场因地制宜建设充电设施。深度挖掘城市停车空间，加强停车场规划与充电设施规划的衔接，支持结合停车场一体建设充电设施，并鼓励通过化零为整的方式，将分散的各类城市停车充电设施集中委托给停车场管理单位或有实力的充电服务企业，开展规模化建设或经营。进一步落实简化规划审批要求，重点加快居民自有停车库、停车位建桩，企事业单位既有停车位建桩，以及运营商在城市公共停车场建桩的推进速度。建立和完善充电设施建设用地及其相关管理标准、规范，明确场地方、建设方、运营方责任和管理措施。

（四）强化充电设施供电保障

将充电设施电力接入作为发展新能源汽车基础配套设施范畴统筹考虑。对用户充电规律、充电电量、使用场景进行系统研究预测，将设施供电纳入配电网专项规划，保证供电容量满足需求并具有包容性。电网企业要按照相关专项规划，做好基础设施配套电网建设与改造，合理建设充电设施接入系统工程，相关成本纳入电网输配电价。各供电企业要进一步规范接电报装流程，落实开辟绿色通道和限时办结的要求，为充电设施建设提供便利、高效服务。

加强居民区充电设施接入服务。新建居民区应统一将供电线路敷设至固定停车位（或预留敷设条件），预留用电容量。全面摸排现有居民区停车位安装充电桩及供电现状，研究探索公共电网对物业管理停车位直接供电模式，加快推广电动汽车智能化有序充电，针对老旧居民区电力容量不够等问题，引导电动汽车低谷充电，挖掘现有电网设备利用潜力，千方百计满足“一车一桩”接电需求。

保障公交、出租、物流、环卫等专用充电设施用电需求。根据专用电动车辆的增长情况，提前做好配网规划，并保障充电设施红线外供配电设施投资建设，实现配套电网建设工程与充电设施同步施工、同步接电，服务专用领域电动汽车规模化应用。

（五）推进充电设施互联互通

着力提升充电互联互通水平，加快构建和完善充电基础设施信息互联互通网络，有效解决充电用户找桩难、联通难、结算难等问题，为充电用户提供更好的充电服务保障，促进产业科学健康发展。

推进国家充电基础设施信息服务平台和国家新能源汽车监管平台协同发展。研究建立数据共享机制，实施新能源汽车充电溯源管理，做到充电行为数据可追溯、节能减排数据可计算、车桩信息数据可统计。推进国家级信息平台与重点城市信息平台、企业平台的互联互通，逐步形成充电设施信息服务网络。

各充电设施运营企业要提升信息化水平，面向用户提供充电服务信息，准确提供充电设施的状态信息，强化所属设备的支付结算、运行维护和充电安全等信息管理。鼓励整车企业优化新能源汽车运行监测平台，与充电设施运营、出行服务等企业对接，实现信息互联互通。

（六）完善充电设施标准体系

做好标准顶层设计和体系规划，发挥标准技术引领、规范充电设施市场的作用，促进新能源汽车与充电设施行业标准间的协调统一。加快推进充电标准化进程，建立形成国家标准、行业标准、团体标准有效互补的充电标准体系，满足充电技术发展需要。

结合新技术、新工艺、新材料发展，完善传导充电、无线充电标准体系。提高产品质量要求，完善充电设施关键元器件、材料、工艺团体标准，制定高温高湿沿海地区、低温严寒地区充电设施防护标准。制定电动客车大功率充电技术标准，开展乘用车大功率充电技术研发及标准预研工作，制定电动汽车无线充电互操作标准，启动无线充电互操作测试，研究大电流交流充电标准。研究电动汽车、充电设施与电网互动标准体系，结合有序充电、充电电力需求侧管理、微电网-充放电示范试点，加快制定电网互动标准。

继续开展充电互操作性测试活动，提升相关实验室的检验检测能力。加强充电信息安全标准建设，完善充电设施、新能源汽车充电信息安全测试评价标准。完善互联互通标准，制定充电设施-充电服务平台、充电服务平台-整车平台通信协议标准，满足国家级、城市级信息平台建设需要，以及个人桩分享、即插即充充电业务需求。

积极开展电动汽车充电设施国际标准化工作，参与国际充电标准制定。推动我国充电标准国际化，提高我国在国际标准中的地位，服务行业企业走出去。

四、保障措施

（一）积极鼓励商业模式创新

进一步加大对充电设施运营模式创新的支持力度。在公共、私人、专用充电服务领域创新商业模式，鼓励打造商业模式创新示范工程，为电动汽车用户提供更好的充电服务体验与综合增值服务，促进形成健康、可持续发展的商业生态环境。

鼓励整车、充电设施运营服务、出行服务等企业开展合作，促进充电服务专业化发展，通过众筹建桩、电力市场、车位经营、车辆租赁、广告服务、大数据应用、电动汽车充放电等多种方式增加运营收入。开拓电动汽车销售、租赁、维修保养等服务市场，探索创新公交、出租、环卫、物流、分时租赁、网约、共享、通勤、旅游巴士等专用充电领域商业运营模式。鼓励充电场站与商业地产相结合的发展方式，提升商场、超市、电影院、便利店、旅游景区等公共领域充电服务水平。

（二）持续加大政策支持力度

加大相关部门间统筹协调力度，系统解决项目建设用地、电力接入、配建预留、燃油车占位、运营盈利难等共性问题。鼓励地方充分发挥“十三五”中央财政充电基础设施奖补政策作用，促进整车行业与充电设施建设运营行业合作，调动社会资本积极性，为私人用户提供建桩充电保障。引导地方财政补贴从补购置转向补运营，逐渐将地方财政购置补贴转向支持充电基础设施建设和运营、新能源汽车使用和运营等环节。支持采用“互联网＋”等方式，加强对享受补贴充电设施的事中事后考核监管，确保相关充电设施产品符合国家相关标准并发挥实效。

电网公司要按照规定落实现有优惠电价政策。具备条件的充电设施，通过安装核减表，满足电费发票抵扣需求，促进电价规范和公平竞争。加大峰谷电价实施力度，引导充电基础设施参与电力削峰填谷，降低电力使用成本。利用智能电网、智能网联汽车等技术，鼓励新能源汽车提供储能服务，并通过峰谷差获得收益。引导鼓励开发充电设施的财产险、产品责任险等险种，保护消费者权益。加强技术储备，开展电动汽车充放电试点，探索分布式发电、储能与电动汽车充放电技术的结合，促进清洁能源消纳。

（三）充分发挥行业协会作用

充分发挥中国充电联盟等行业组织的作用，积极促进充电设施行业向规模化、规范化、多元化方向发展，促进创新，提质增效。通过开展自愿性产品检测认证、行业白名单制定等工作，配合政府部门严格产品准入和事中事后监督，引导充电技术进步，提升充电设施产品质量和服务水平，强化企业社会责任和行业自律。推动国家充电基础设施信息服务平台建设，加快与国家新能源汽车监管平台的信息互联互通。

工业和信息化部文件

工业和信息化部 科技部 环境保护部 交通运输部 商务部 质检总局 能源局关于印发《新能源汽车动力蓄电池回收利用管理暂行办法》的通知

（工信部联节〔2018〕43号）

各省、自治区、直辖市及计划单列市、新疆生产建设兵团工业和信息化、科技、环保、交通、商务、质检、能源主管部门，各有关单位：

为加强新能源汽车动力蓄电池回收利用管理，规范行业发展，推进资源综合利用，保护环境和人体健康，保障安全，促进新能源汽车行业持续健康发展，工业和信息化部、科技部、环境保护部、交通运输部、商务部、质检总局、能源局联合制定了《新能源汽车动力蓄电池回收利用管理暂行办法》。现印发给你们，请认真贯彻执行。

工业和信息化部
科学技术部
环境保护部
交通运输部
商务部
国家质量监督检验检疫总局
国家能源局
2018年1月26日

新能源汽车动力蓄电池回收利用管理暂行办法

一、总则

第一条 为加强新能源汽车动力蓄电池回收利用管理，规范行业发展，推进资源综合利用，保障公民生命财产和公共安全，促进新能源汽车行业持续健康发展，依据《中华人民共和国环境保护法》《中华人民共和国固体废物污染环境防治法》《中华人民共和国清洁生产促进法》《中华人民共和国循环经济促进法》等法律，按照《国务院关于印发节能与新能源汽车产业发展规划（2012—2020年）的通知》及《国务院办公厅关于加快新能源汽车推广应用的指导意见》要求，制定本办法。

第二条 本办法适用于中华人民共和国境内（台湾、香港、澳门地区除外）新能源汽车动力蓄电池（以下简称动力蓄电池）回收利用相关管理。

第三条 在生产、使用、利用、贮存及运输过程中产生的废旧动力蓄电池应按照本办法要求回收处理。

第四条 工业和信息化部会同科技部、环境保护部、交通运输部、商务部、质检总局、能源局在各自职责范围内对动力蓄电池回收利用进行管理和监督。

第五条 落实生产者责任延伸制度，汽车生产企业承担动力蓄电池回收的主体责任，相关企业在动力蓄电池回收利用各环节履行相应责任，保障动力蓄电池的有效利用和环保处置。坚持产品全生命周期理念，遵循环境效益、社会效益和经济效益有机统一的原则，充分发挥市场作用。

第六条 国家支持开展动力蓄电池回收利用的科学技术研究，引导产学研协作，鼓励开展梯次利用和再生利用，推动动力蓄电池回收利用模式创新。

二、设计、生产及回收责任

第七条 动力蓄电池生产企业应采用标准化、通用性及易拆解的产品结构设计，协商开放动力蓄电池控制系统接口和通信协议等利于回收利用的相关信息，对动力蓄电池固定部件进行可拆卸、易回收利用设计。材料有害物质应符合国家相关标准要求，尽可能使用再生材料。新能源汽车设计开发应遵循易拆卸原则，以利于动力蓄电池安全、环保拆卸。

第八条 电池生产企业应及时向汽车生产企业等提供动力蓄电池拆解及贮存技术信息，必要时提供技术培训。汽车生产企业应符合国家新能源汽车生产企业及产品准入管理、强制性产品认证的相关规定，主动公开动力蓄电池拆卸、拆解及贮存技术信息说明以及动力蓄电池的种类、所含有毒有害成分含量、回收措施等信息。

第九条 电池生产企业应与汽车生产企业协同，按照国家标准要求对所生产动力蓄电池进行编码，汽车生产企业应记录新能源汽车及其动力蓄电池编码对应信息。电池生产企业、汽车生产企业应及时通过溯源信息系统上传动力蓄电池编码及新能源汽车相关信息。

电池生产企业及汽车生产企业在生产过程中报废

的动力蓄电池应移交至回收服务网点或综合利用企业。

第十条 汽车生产企业应委托新能源汽车销售商等通过溯源信息系统记录新能源汽车及所有人溯源信息，并在汽车用户手册中明确动力蓄电池回收要求与程序等相关信息。

第十一条 汽车生产企业应建立维修服务网络，满足新能源汽车所有人的维修需求，并依法向社会公开动力蓄电池维修、更换等技术信息。新能源汽车售后服务机构、电池租赁等运营企业应在动力蓄电池维修、拆卸和更换时核实新能源汽车所有人信息，按照维修手册及贮存等技术信息要求对动力蓄电池进行维修、拆卸和更换，规范贮存，将废旧动力蓄电池移交至回收服务网点，不得移交其他单位或个人。

新能源汽车售后服务机构、电池租赁等运营企业应在溯源信息系统中建立动力蓄电池编码与新能源汽车的动态联系。

第十二条 汽车生产企业应建立动力蓄电池回收渠道，负责回收新能源汽车使用及报废后产生的废旧动力蓄电池。

（一）汽车生产企业应建立回收服务网点，负责收集废旧动力蓄电池，集中贮存并移交至与其协议合作的相关企业。

回收服务网点应遵循便于移交、收集、贮存、运输的原则，符合当地城市规划及消防、环保、安全部门的有关规定，在营业场所显著位置标注提示性信息。

（二）鼓励汽车生产企业、电池生产企业、报废汽车回收拆解企业与综合利用企业等通过多种形式，合作共建、共用废旧动力蓄电池回收渠道。

（三）鼓励汽车生产企业采取多种方式为新能源汽车所有人提供方便、快捷的回收服务，通过回购、以旧换新、给予补贴等措施，提高其移交废旧动力蓄电池的积极性。

第十三条 汽车生产企业与报废汽车回收拆解企业等合作，共享动力蓄电池拆卸和贮存技术、回收服务网点以及报废新能源汽车回收等信息。回收服务网点应跟踪本区域内新能源汽车报废回收情况，可通过回收或回购等方式收集报废新能源汽车上拆卸下的动力蓄电池。

报废新能源汽车回收拆解，应当符合国家有关报废汽车回收拆解法规、规章和标准的要求。

第十四条 新能源汽车所有人在动力蓄电池需维修更换时，应将新能源汽车送至具备相应能力的售后服务机构进行动力蓄电池维修更换；在新能源汽车达到报废要求时，应将其送至报废汽车回收拆解企业拆卸动力蓄电池。动力蓄电池所有人（电池租赁等运营企业）应将废旧动力蓄电池移交至回收服务网点。废旧动力蓄电池移交给其他单位或个人，私自拆卸、拆解动力蓄电池，由此导致环境污染或安全事故的，应承担相应责任。

第十五条 废旧动力蓄电池的收集可参照《废蓄电池回收管理规范》（WB/T 1061—2016）等国家有关标准要求，按照材料类别和危险程度，对废旧动力蓄电池进行分类收集和标识，应使用安全可靠的器具包装以防有害物质渗漏和扩散。

第十六条 废旧动力蓄电池的贮存可参照《废电池污染防治技术政策》（环境保护部公告 2016 年第 82 号）、《一般工业固体废物贮存、处置场污染控制标准》（GB 18599—2016）等国家相关法规、政策及标准要求。

第十七条 动力蓄电池及废旧动力蓄电池包装运输应尽量保证其结构完整，属于危险货物的，应当遵守国家有关危险货物运输规定进行包装运输，可参照《废电池污染防治技术政策》（环境保护部公告 2016 年第 82 号）、《废蓄电池回收管理规范》（WB/T 1061—2016）等国家相关法规、政策及标准要求。

三、综合利用

第十八条 鼓励电池生产企业与综合利用企业合作，在保证安全可控前提下，按照先梯次利用后再生利用原则，对废旧动力蓄电池开展多层次、多用途的合理利用，降低综合能耗，提高能源利用效率，提升综合利用水平与经济效益，并保障不可利用残余物的环保处置。

第十九条 综合利用企业应符合《新能源汽车废旧动力蓄电池综合利用行业规范条件》（工业和信息化部公告 2016 年第 6 号）的规模、装备和工艺等要求，鼓励采用先进适用的技术工艺及装备，开展梯次利用和再生利用。

第二十条 梯次利用企业应遵循国家有关政策及标准等要求，按照汽车生产企业提供的拆解技术信息，对废旧动力蓄电池进行分类重组利用，并对梯次利用电池产品进行编码。

梯次利用企业应回收梯次利用电池产品生产、检测、使用等过程中产生的废旧动力蓄电池，集中贮存并移交至再生利用企业。

第二十一条 梯次利用电池产品应符合国家有关政策及标准等要求，对不符合该要求的梯次利用电池产品不得生产、销售。

第二十二条 再生利用企业应遵循国家有关政策及标准等要求，按照汽车生产企业提供的拆解技术信息规范拆解，开展再生利用；对废旧动力蓄电池再生利用后的其他不可利用残余物，依据国家环保法规、政策及标准等有关规定进行环保无害化处置。

四、监督管理

第二十三条　工业和信息化部会同国家标准化主管部门研究制定拆卸、包装运输、余能检测、梯次利用、材料回收、安全环保等动力蓄电池回收利用技术标准，建立动力蓄电池回收利用管理标准体系。

第二十四条　建立动力蓄电池回收服务网点上传制度，汽车生产企业应定期通过溯源信息系统上传动力蓄电池回收服务网点等信息，并通过信息平台及时向社会公布有关信息。

第二十五条　工业和信息化部、质检总局负责建立统一的溯源信息系统，会同环境保护部、交通运输部、商务部等有关部门建立信息共享机制，确保动力蓄电池产品来源可查、去向可追、节点可控。

第二十六条　工业和信息化部会同有关部门对梯次利用电池产品实施管理，加强对梯次利用企业的指导，规范梯次利用企业产品，保障产品质量和安全。

第二十七条　鼓励社会资本发起设立产业基金，研究探索动力蓄电池残值交易等市场化模式，促进动力蓄电池回收利用。

第二十八条　工业和信息化部会同质检总局等部门，在各自职责范围内，通过责令企业限期整改、暂停企业强制性认证证书、公开企业履责信息、行业规范条件申报及公告管理等措施，对有关企业落实本办法有关规定实施监督管理。

第二十九条　任何组织和个人有权对违反本办法规定的行为向有关部门投诉、举报。

五、附则

第三十条　本办法由工业和信息化部商科技部、环境保护部、交通运输部、商务部、质检总局、能源局负责解释。

第三十一条　本办法自2018年8月1日施行。

附录　术语和定义（略）

工业和信息化部　科技部　环境保护部　交通运输部　商务部　质检总局　能源局关于组织开展新能源汽车动力蓄电池回收利用试点工作的通知

（工信部联节函〔2018〕68号）

各省、自治区、直辖市及计划单列市、新疆生产建设兵团工业和信息化、科技、环保、交通、商务、质检、能源主管部门，有关中央企业：

为贯彻落实《新能源汽车动力蓄电池回收利用管理暂行办法》，探索技术经济性强、资源环境友好的多元化废旧动力蓄电池回收利用模式，推动回收利用体系建设，工业和信息化部、科技部、环境保护部、交通运输部、商务部、质检总局、能源局将组织开展新能源汽车动力蓄电池回收利用试点工作。

现将《新能源汽车动力蓄电池回收利用试点实施方案》予以印发。请各省、自治区、直辖市及计划单列市、新疆生产建设兵团工业和信息化主管部门商同级科技、环保、交通、商务、质检、能源主管部门，按照实施方案要求，组织编制本地区试点实施方案，并于2018年3月30日前将申报材料报工业和信息化部（节能与综合利用司）。请有关中央企业结合本企业特点和目标，商相关地方政府有关部门编制示范工程实施方案，报工业和信息化部（节能与综合利用司）。

附件：新能源汽车动力蓄电池回收利用试点实施方案

工业和信息化部
科学技术部
环境保护部
交通运输部
商务部
国家质量监督检验检疫总局
国家能源局
2018年2月22日

新能源汽车动力蓄电池回收利用试点实施方案

为贯彻落实《新能源汽车动力蓄电池回收利用管理暂行办法》，探索技术经济性强、资源环境友好的多元化废旧动力蓄电池回收利用模式，推动回收利用体系建设，制定本方案。

一、总体要求

以党的十九大精神为指导，全面贯彻落实生态文明建设要求，践行新发展理念，选择新能源汽车保有量大、动力蓄电池回收利用基础好、区域带动性强、有积极性的地区开展动力蓄电池回收利用试点。以市场为主导，充分发挥汽车生产、电池生产和综合利用企业主体作用，探索动力蓄电池回收利用市场化商业运作模式，完善相关标准，突破动力蓄电池梯次利用、高效再生利用产业发展瓶颈，建设示范工程，为建立科学完善的动力蓄电池回收利用制度提供实践支撑。

到2020年，建立完善动力蓄电池回收利用体系，探索形成动力蓄电池回收利用创新商业合作模式。建设若干再生利用示范生产线，建设一批退役动力蓄电池高效回收、高值利用的先进示范项目，培育一批动力蓄电池回收利用标杆企业，研发推广一批动力蓄电池回收利用关键技术，发布一批动力蓄电池回收利用相关技术标准，研究提出促进动力蓄电池回收利用的政策措施。

二、试点内容

（一）构建回收利用体系

充分落实生产者责任延伸制度，由汽车生产企业、电池生产企业、报废汽车回收拆解企业与综合利用企业等通过多种形式，合作共建、共用废旧动力蓄电池回收渠道。鼓励试点地区与周边区域合作开展废旧动力蓄电池的集中回收和规范化综合利用，提高回收利用效率。坚持产品全生命周期理念，建立动力蓄电池产品来源可查、去向可追、节点可控的溯源机制，对动力蓄电池实施全过程信息管理，实现动力蓄电池安全妥善回收、贮存、移交和处置。

（二）探索多样化商业模式

充分发挥市场化机制作用，鼓励产业链上下游企业进行有效的信息沟通和密切合作，以满足市场需求和资源利用价值最大化为目标，建立稳定的商业运营模式，推动形成动力蓄电池梯次利用规模化市场。加强大数据、物联网等信息化技术在动力蓄电池回收利用中的应用，建设商业化服务平台，构建第三方评估体系，探索线上线下动力蓄电池残值交易等新型商业模式。

（三）推动先进技术创新与应用

鼓励新能源汽车、动力蓄电池生产企业在产品开发阶段优化产品回收和资源化利用的设计；开展废旧动力蓄电池余能检测、残值评估、快速分选和重组利用、安全管理等梯次利用关键共性技术研究，鼓励在余能检测、残值评估等阶段适当引入第三方评价机制；开展废旧动力蓄电池有价元素高效提取、材料性能修复、残余物质无害化处置等再生利用先进技术的研发攻关。同时，形成一系列动力蓄电池回收利用相关标准和技术规范，推动废旧动力蓄电池无害化、规范化、高值化利用。

（四）建立完善政策激励机制

鼓励试点地区将动力蓄电池回收利用工作作为落实生态文明建设要求、推动绿色制造产业发展的重要内容及举措，研究支持新能源汽车动力蓄电池回收利用的政策措施，探索促进动力蓄电池回收利用的相关政策激励机制，充分调动各方积极性，促进动力蓄电池回收利用。

三、组织实施与管理

（一）试点范围

在京津冀、长三角、珠三角、中部区域等选择部分地区，开展新能源汽车动力蓄电池回收利用试点工作，以试点地区为中心，向周边区域辐射。支持中国铁塔公司等企业结合各地区试点工作，充分发挥企业自身优势，开展动力蓄电池梯次利用示范工程建设。

（二）实施年限

试点工作实施年限原则上不超过2年。

（三）方案编制与申报

各省、自治区、直辖市及计划单列市、新疆生产建设兵团工业和信息化主管部门可自愿申报，会同相关部门按照《新能源汽车动力蓄电池回收利用试点实施方案编制指南》（见附件）组织编制本地区试点实施方案，并报工业和信息化部。中国铁塔公司等结合本企业特点和目标，自行编制示范工程实施方案，报工业和信息化部。

（四）审核确定

工业和信息化部、科技部、环境保护部、交通运输部、商务部、质检总局、能源局组织专家对申报的实施方案进行论证，确定试点地区，并对实施方案进行备案。

（五）实施管理

试点地区按照试点工作总体要求，积极指导和督促相关企业开展试点工作，进行阶段性评估、经验总结，加强试点工作的过程管理和优化调整。

（六）总结评估

试点工作结束后，试点地区对试点完成情况进行总结，中国铁塔公司等企业对示范工程实施情况进行总结，并报工业和信息化部。工业和信息化部、科技部、环境保护部、交通运输部、商务部、质检总局、能源局组织试点验收和示范工程评估，总结试点示范经验，在全国范围内推广。

四、保障措施

（一）加强组织领导

试点地区应高度重视试点工作，加强对试点工作的组织领导，成立试点工作领导小组，按照试点方案目标、重点任务和具体计划，确定各项任务分工，落实责任，确保试点目标任务按期完成。

（二）加大政策扶持

试点地区应加强资源整合，积极协调利用现有政策措施和资金渠道，加大对试点工作的支持力度。支持中国铁塔公司等优势企业联合设立产业基金，加强政府、企业和金融机构的对接，引导金融机构创新产品和服务。

（三）强化能力建设

国家建立统一的溯源管理平台，对试点地区动力蓄电池全生命周期实现信息溯源管理，支撑试点工作科学开展和阶段性评估。发挥行业协会、骨干企业和科研机构等各方面优势，搭建动力蓄电池回收利用交流平台，促进试点地区产学研用合作，建立动力蓄电池回收利用技术联合攻关和推广应用机制。

（四）加强宣传推广

充分发挥电视、广播、报纸、互联网等新闻媒体作用，加强对社会公众的宣传，增强公众资源节约与环境保护意识。试点地区应在网站上公布本地区试点企业名单和相关信息，积极引导公众参与新能源汽车动力蓄电池回收利用。

附件：新能源汽车动力蓄电池回收利用试点实施方案编制指南（略）

工业和信息化部　科技部　生态环境部　交通运输部　商务部　市场监管总局　能源局关于做好新能源汽车动力蓄电池回收利用试点工作的通知

（工信部联节〔2018〕134 号）

各省、自治区、直辖市及计划单列市、新疆生产建设兵团工业和信息化、科技、生态环境、交通、商务、市场监管、能源主管部门，中国铁塔股份有限公司：

根据《关于组织开展新能源汽车动力蓄电池回收利用试点工作的通知》（工信部联节函〔2018〕68 号）要求，工业和信息化部、科技部、生态环境部、交通运输部、商务部、市场监管总局、能源局组织对有关地区及企业申报的新能源汽车动力蓄电池回收利用试点实施方案进行了评议。经研究，确定京津冀地区、山西省、上海市、江苏省、浙江省、安徽省、江西省、河南省、湖北省、湖南省、广东省、广西壮族自治区、四川省、甘肃省、青海省、宁波市、厦门市及中国铁塔股份有限公司为试点地区和企业。有关事项通知如下：

一、加强组织领导。各试点地区要结合实际情况，成立试点工作领导小组。按照试点实施方案目标、重点任务和具体计划，明确各项任务分工，精心组织，加强协调，确保完成试点目标任务。

二、注重区域协作。各试点地区要与周边地区建立联动机制，破解影响和制约协作开展的瓶颈问题。结合各自产业基础和特点，充分发挥区域互补优势，开展废旧动力蓄电池的集中回收和规范化综合利用，促进形成以点带面的协同发展格局，实现跨区域产业链融合发展。

三、统筹推进回收利用体系建设。推动汽车生产企业落实生产者责任延伸制度，建立回收服务网点，充分发挥现有售后服务渠道优势，与电池生产、报废汽车回收拆解及综合利用企业合作构建区域化回收利用体系。做好动力蓄电池回收利用相关信息公开，采取回购、以旧换新等措施促进动力蓄电池回收。

四、积极探索创新商业模式。要充分调动企业积极性，引导产业链上下游企业密切合作，形成跨行业利益共同体。利用信息技术推动商业模式创新，建设第三方商业化服务平台和技术评估体系，探索线上线下动力蓄电池残值交易等新型商业模式，形成成熟的市场化机制。

五、统筹产业布局和规模。结合本地区新能源汽车保有量、动力蓄电池退役量等实际情况，充分利用现有报废汽车、电子电器拆解以及有色冶金等产业基础，统筹布局动力蓄电池回收利用企业，适度控制拆解和梯次利用企业规模，严格控制再生利用企业（特别是湿法冶炼）数量，促进产业可持续发展。

六、强化科技支撑。统筹利用现有资源，充分发挥骨干企业、科研机构、行业平台及第三方认证机构等各方面优势，促进产学研用合作，重点加强关键共性技术攻关，建立完善动力蓄电池绿色制造、回收利用及处置污染防控等标准体系，形成动力蓄电池回收利用技术创新和推广应用机制。

七、抓好项目建设。以重点建设项目为抓手，带动试点工作整体推进，解决动力蓄电池梯次利用、高效再生利用等突出瓶颈问题，树立一批行业标杆企业，建设一批示范工程，促进相关标准及政策措施逐步完善。

八、加大政策支持。制定出台支持动力蓄电池回收利用的配套政策措施，加强与相关产业政策的对接，充分利用现有税收优惠政策。创新投融资方式，引导金融机构及社会资本加大对动力蓄电池回收利用项目的支持力度。

九、中国铁塔股份有限公司要按照试点实施方案目标、任务等要求，做好组织协调，通过重大项目建设保证示范工作落实。加强与试点地区的对接合作，发挥自身优势，在梯次利用商业模式构建、关键技术研发、标准规范研究及信息化平台建设等方面加强创新。

十、加强过程管理。及时协调解决试点工作过程中遇到的问题和困难，注重总结推广试点工作的好经验、好做法，不断优化试点方案，确保试点工作扎实推进。

十一、做好宣传解读。充分发挥新闻媒体作用，对废旧动力蓄电池的环境安全风险及国家有关政策进行广泛宣传，加大对违法行为的曝光力度，提升社会公众对动力蓄电池回收利用问题重要性的认知度，营造良好的社会氛围。

十二、试点工作结束后，试点地区和中国铁塔股份有限公司要对试点完成情况进行总结，并报工业和信息化部。工业和信息化部将会同科技部、生态环境部、交通运输部、商务部、市场监管总局、能源局，在试点期满后组织开展试点评估，总结试点经验，进一步推动在全国范围内构建完善、高效、规范的动力蓄电池回收利用体系。

其他非试点地区也应结合本地实际情况，尽快研究提出本地区具体实施方案，并将实施方案报工业和信息化部等七部门备案。要加强政府引导，推动汽车生产等相关企业落实动力蓄电池回收利用责任，构建回收利用体系和全生命周期监管机制。加强与试点地区和企业的经验交流与合作，促进形成跨区域、跨行业的协作机制，确保动力蓄电池高效回收利用和无害化处置。

工业和信息化部
科学技术部
生态环境部
交通运输部
商务部
国家市场监督管理总局
国家能源局
2018年7月23日

工业和信息化部关于组织开展降低一般工商业电价政策落实情况第三方评估工作的通知
（工信部运行函〔2018〕275号）

各省、自治区、直辖市工业和信息化主管部门，国家电网公司、南方电网公司、内蒙古电力（集团）公司：

为贯彻落实2018年4月4日国务院常务会议关于“确保一般工商业电价平均降低10%，降价效果要组织第三方评估”的工作部署，经国务院同意，我部组织中国电力企业联合会、中国中小企业发展促进中心、华北电力大学等单位组成第三方评估工作组，对全国降低一般工商业电价政策的落实情况开展第三方评估工作。现将有关事项通知如下：

一、工作目标

针对2018年中央和地方出台的降低一般工商业电价政策措施落实情况以及用户端对政策措施落实情况的获得感，组织开展第三方评估，对照“全国一般工商业电价平均降低10%”的预期效果，分析政策实际成效，提出措施建议。

二、评估对象

评估对象为执行一般工商业电价的用户，主要分为两类：一是与电网企业有合同关系的电网结算用户；二是地方产业园区内的企业、商业楼宇和综合体内的商户等非电网结算用户。

三、评估内容

以一般工商业用户的度电均价（电费/电量）为基准，结合物价部门出台的降价措施，对政策措施出台前后数据进行对比，评估用户对政策措施落实情况的获得感；同时，分析各项政策措施的降价幅度和减费金额，并与全国各项政策的预期目标进行对比，评估最终政策成效。

评估的降价政策措施主要包括：落实已出台的电网清费政策、推进区域电网和跨省跨区专项输电价格改革、进一步规范和降低电网环节费用、临时性降低输配电价、降低电网环节增值税率和增值税留抵返还、扩大跨省跨区电力交易规模、进一步降低国家重大水利工程建设基金征收标准、督促自备电厂承担电价交叉补贴等。

四、评估方式

（一）请各省（区、市）工业和信息化主管部门，按照《地方自评估工作指引》（见附件1）要求，通过用户抽样调查、“解剖麻雀”、电网企业协助调查等方式，组织完成对本地区降低一般工商业电价政策措施落实情况自评估工作，形成正式书面评估报告，经省（区、市）人民政府同意后，于2019年1月15日前报第三方评估工作组。

（二）请各电网企业按照《电网企业协助调查工作指引》（见附件2）要求，于每月15日前向第三方评估工作组报送电网企业落实一般工商业降价措施情况调查表；2019年1月15日前就电网企业落实国家降低电价政策措施情况，形成书面报告报第三方评估工作组；指导各省级电网企业配合地方工业和信息化主管部门，做好自评估相关工作。

（三）组织开展全国用户抽样调查。请各省（区、市）工业和信息化主管部门根据《抽样调查指引》（见附件3）要求，按照不低于本地区一般工商业用户0.03%的抽样比例等原则选取样本，开展抽样调查工作，组织样本企业于2018年12月底前完成在线填报工作；梳理汇总本地区抽样调查结果，评估本地区用户对降电价政策措施落实情况的获得感。第三方评估工作组负责梳理汇总形成全国抽样调查结果。

（四）开展“解剖麻雀”和专题研究。第三方评估工作组将结合地方自评估工作，针对“转供加价”等企业反映突出的问题开展专题研究，同时选择不同地区、不同类型用户“解剖麻雀”，形成典型案例材料。

五、有关要求

（一）高度重视，加强领导。各省（区、市）工业和信息化主管部门要及时向地方人民政府汇报，争取工作支持。要加强组织协调，组成自评估工作组，做好人员和经费等保障工作。

（二）结合实际，精心设计。各省（区、市）工业和信息化主管部门和电网企业要在摸清底数的基础上，结合全国评估方案要求和本地区（企业）实际，有针对性地完善和细化方案，确保各项工作具有操作性和实效性。要结合实际开展自查，及时回应一般工商业用户诉求，增强用户的政策获得感。

（三）加强配合，形成合力。各省（区、市）工业和信息化主管部门要发挥减轻企业负担工作机制作用，加强与本地区物价、能源等有关部门和电网企业的工作协调，形成工作合力。对于工作过程中发现的有关情况和问题，要及时反馈第三方评估工作组。

联系人及联系方式：

王馨艺　010－66013568　13911313240

柴晓军　010－63253506　13811976191

邮　箱：chaixiaojun@cec. org. cn

附件：1. 地方自评估工作指引（略）

2. 电网企业协助调查工作指引（略）

3. 抽样调查指引（略）

工业和信息化部

2018 年 8 月 12 日

生态环境部文件

关于印发《生活垃圾焚烧发电建设项目环境准入条件（试行）》的通知

（环办环评〔2018〕20 号）

各省、自治区、直辖市环境保护厅（局），新疆生产建设兵团环境保护局：

为规范我国生活垃圾焚烧发电建设项目环境管理，引导生活垃圾焚烧发电行业健康有序发展，我部组织制定了《生活垃圾焚烧发电建设项目环境准入条件（试行）》，现印发你们，作为开展生活垃圾焚烧发电建设项目环境影响评价工作的依据。

环境保护部办公厅

2018 年 3 月 4 日

附件：

生活垃圾焚烧发电建设项目环境准入条件（试行）

第一条　为规范我国生活垃圾焚烧发电建设项目环境管理，引导生活垃圾焚烧发电行业健康有序发展，依据有关法律法规、部门规章和技术规范要求，制定本环境准入条件。

第二条　本环境准入条件适用于新建、改建和扩建生活垃圾焚烧发电项目。生活垃圾焚烧项目参照执行。

第三条　项目建设应当符合国家和地方的主体功能区规划、城乡总体规划、土地利用规划、环境保护规划、生态功能区划、环境功能区划等，符合生活垃圾焚烧发电有关规划及规划环境影响评价要求。

第四条　禁止在自然保护区、风景名胜区、饮用水水源保护区和永久基本农田等国家及地方法律法规、标准、政策明确禁止污染类项目选址的区域内建设生活垃圾焚烧发电项目。项目建设应当满足所在地大气污染防治、水资源保护、自然生态保护等要求。

鼓励利用现有生活垃圾处理设施用地改建或扩建生活垃圾焚烧发电设施，新建项目鼓励采用生活垃圾处理产业园区选址建设模式，预留项目改建或者扩建用地，并兼顾区域供热。

第五条　生活垃圾焚烧发电项目应当选择技术先进、成熟可靠、对当地生活垃圾特性适应性强的焚烧炉，在确定的垃圾特性范围内，保证额定处理能力。严禁选用不能达到污染物排放标准的焚烧炉。

焚烧炉主要技术性能指标应满足炉膛内焚烧温度≥850℃，炉膛内烟气停留时间≥2s，焚烧炉渣热灼减率≤5%。应采用“3T＋E”控制法使生活垃圾在焚烧炉内充分燃烧，即保证焚烧炉出口烟气的足够温度（temperature）、烟气在燃烧室内停留足够的时间（time）、燃烧过程中适当的湍流（turbulence）和过量的空气（excess-air）。

第六条　项目用水应当符合国家用水政策并降低新鲜水用量，最大限度减少使用地表水和地下水。具备条件的地区，应利用城市污水处理厂的中水。

按照“清污分流、雨污分流”原则，提出厂区排水系统设计要求，明确污水分类收集和处理方案。按照“一水多用”原则强化水资源的串级使用要求，提高水循环利用率。

第七条　生活垃圾运输车辆应采取密闭措施，避免在运输过程中发生垃圾遗撒、气味泄漏和污水滴漏。

第八条　采取高效废气污染控制措施。烟气净化工艺流程的选择应符合《生活垃圾焚烧处理工程技术规范》(CJJ 90) 等相关要求，充分考虑生活垃圾特性和焚烧污染物产生量的变化及其物理、化学性质的影响，采用成熟先进的工艺路线，并注意组合工艺间的相互匹配。重点关注活性炭喷射量/烟气体积、袋式除尘器过滤风速等重要指标。鼓励配套建设二噁英及重金属烟气深度净化装置。

焚烧处理后的烟气应采用独立的排气筒排放，多台焚烧炉的排气筒可采用多筒集束式排放，外排烟气和排气筒高度应当满足《生活垃圾焚烧污染控制标准》(GB 18485) 和地方相关标准要求。

严格恶臭气体的无组织排放治理，生活垃圾装卸、贮存设施、渗滤液收集和处理设施等应当采取密闭负压措施，并保证其在运行期和停炉期均处于负压状态。正常运行时设施内气体应当通过焚烧炉高温处理，停炉等状态下应当收集并经除臭处理满足《恶臭污染物排放标准》(GB 14554) 要求后排放。

第九条 生活垃圾渗滤液和车辆清洗废水应当收集并在生活垃圾焚烧厂内处理或者送至生活垃圾填埋场渗滤液处理设施处理，立足于厂内回用或者满足 GB 18485 提出的具体限定条件和要求后排放。

若通过污水管网或者采用密闭输送方式送至采用二级处理方式的城市污水处理厂处理，应当满足 GB 18485 的限定条件。设置足够容积的垃圾渗滤液事故收集池，对事故垃圾渗滤液进行有效收集，采取措施妥善处理，严禁直接外排。不得在水环境敏感区等禁设排污口的区域设置废水排放口。

采取分区防渗，明确具体防渗措施及相关防渗技术要求，垃圾贮坑、渗滤液处理装置等区域应当列为重点防渗区。

第十条 选择低噪声设备并采取隔声降噪措施，优化厂区平面布置，确保厂界噪声达标。

第十一条 安全处置和利用固体废物，防止产生二次污染。焚烧炉渣和除尘设备收集的焚烧飞灰应当分别收集、贮存、运输和处理处置。焚烧飞灰为危险废物，应当严格按照国家危险废物相关管理规定进行运输和无害化安全处置，焚烧飞灰经处理符合《生活垃圾填埋场污染控制标准》(GB 16889) 中 6.3 的要求后，可豁免进入生活垃圾填埋场填埋；经处理满足《水泥窑协同处置固体废物污染控制标准》(GB 30485) 要求后，可豁免进入水泥窑协同处置。废脱硝催化剂等其他危险废物须按照相关要求妥善处置。产生的污泥或浓缩液应当在厂内妥善处置。鼓励配套建设垃圾焚烧残渣、飞灰处理处置设施。

第十二条 识别项目的环境风险因素，重点针对生活垃圾焚烧厂内各设施可能产生的有毒有害物质泄漏、大气污染物（含恶臭物质）的产生与扩散以及可能的事故风险等，制定环境应急预案，提出风险防范措施，制订定期开展应急预案演练计划。

评估分析环境社会风险隐患关键环节，制定有效的环境社会风险防范与化解应对措施。

第十三条 根据项目所在地区的环境功能区类别，综合评价其对周围环境、居住人群的身体健康、日常生活和生产活动的影响等，确定生活垃圾焚烧厂与常住居民居住场所、农用地、地表水体以及其他敏感对象之间合理的位置关系，厂界外设置不小于 300m 的环境防护距离。防护距离范围内不应规划建设居民区、学校、医院、行政办公和科研等敏感目标，并采取园林绿化等缓解环境影响的措施。

第十四条 有环境容量的地区，项目建成运行后，环境质量应当仍满足相应环境功能区要求。环境质量不达标的区域，应当强化项目的污染防治措施，提出可行有效的区域污染物减排方案，明确削减计划、实施时间，确保项目建成投产前落实削减方案，促进区域环境质量改善。

第十五条 按照国家或地方污染物排放（控制）标准、环境监测技术规范以及《国家重点监控企业自行监测及信息公开办法（试行）》等有关要求，制定企业自行监测方案及监测计划。每台生活垃圾焚烧炉必须单独设置烟气净化系统、安装烟气在线监测装置，按照《污染源自动监控管理办法》等规定执行，并提出定期比对监测和校准的要求。建立覆盖常规污染物、特征污染物的环境监测体系，实现烟气中一氧化碳、颗粒物、二氧化硫、氮氧化物、氯化氢和焚烧运行工况指标中炉内一氧化碳浓度、燃烧温度、含氧量在线监测，并与环境保护部门联网。垃圾库负压纳入分散控制系统（DCS）监控，鼓励开展在线监测。

对活性炭、脱酸剂、脱硝剂喷入量、焚烧飞灰固化/稳定化螯合剂等烟气净化用消耗性物资、材料应当实施计量并计入台账。

落实环境空气、土壤、地下水等环境质量监测内容，并关注土壤中二噁英及重金属累积环境影响。

第十六条 改、扩建项目实施的同时，应当针对现有工程存在的环保问题，制定"以新带老"整改方案，明确具体整改措施、资金、计划等。

第十七条 按照相关规定要求，针对项目建设的不同阶段，制定完整、细致的环境信息公开和公众参与方案，明确参与方式、时间节点等具体要求。提出通过在厂区周边显著位置设置电子显示屏等方式公开企业在线监测环境信息和烟气停留时间、烟气出口温度等信息，通过企业网站等途径公开企业自行监测环境信息的信息公开要求。建立与周边公众良好互动和定期沟通的机制与平台，畅通日常交流渠道。

第十八条 建立完备的环境管理制度和有效的环

境管理体系，明确环境管理岗位职责要求和责任人，制定岗位培训计划等。

第十九条　鼓励制定构建“邻利型”服务设施计划，面向周边地区设立共享区域，因地制宜配套绿化或者休闲设施等，拓展惠民利民措施，努力让垃圾焚烧设施与居民、社区形成利益共同体。

第二十条　本环境准入条件自发布之日起施行。

关于进一步强化生态环境保护监管执法的意见

（环办环监〔2018〕28号）

各省、自治区、直辖市环境保护厅（局），新疆生产建设兵团环境保护局：

近年来，在各地区、各部门的共同努力下，环境监管执法工作取得积极进展。但也应当看到，一些企业仍然存在违法排污、难以监管等突出环境问题。为贯彻落实党中央、国务院决策部署，坚决纠正违法排污乱象，压实企业及其主要负责人生态环境保护责任，推动守法成为常态，现提出如下意见。

一、落实企业主要负责人第一责任

地方各级生态环境部门要抓住企业主要负责人这一“关键少数”，督促其承担应尽的生态环境保护职责，做到责任清晰。

企业法定代表人、主要负责人对本单位的生态环境保护负第一责任。在严格执行建设项目环境影响评价和“三同时”制度、保障治污设施正常运行、杜绝超标排污、规范危险废物处理处置、杜绝环境污染和生态破坏事故、接受执法检查等方面履行领导职责。企业分管生态环境保护的负责人和主管人员对以上生态环境管理工作负直接责任。

企业造成环境污染和生态破坏，应当对其造成的生态环境损害和公众人身、财产损害依法承担责任。同时，地方各级生态环境部门应当依法依规追究相关企业法定代表人、实际控制人、主要负责人和直接责任人的责任。

二、全面推行“双随机、一公开”

地方各级生态环境部门要落实“放管服”改革要求，改进优化监管执法方式，健全以“双随机一公开”监管为基本手段、以重点监管为补充的新型监管机制，做到重点突出、提高效能。

一般企业落实“双随机”抽查，发挥“双随机”抽查对各个行业领域、各种规模类型企业的执法震慑作用。探索建立政府部门间“随机联查”制度，减轻分散检查对企业造成的负担。

重点企业实现“全覆盖”排查，电力、钢铁、冶金、石化、焦化等行业企业，各类工业园区和产业集聚区等重点区域内的生产企业，应当纳入重点监管范围。

对大型企业要组织技术专家，对其进行全面检查，确定重点环境问题和监管重点，并纳入监管档案。

三、利用科技手段精准发现违法问题

地方各级生态环境部门要充分运用科技手段，提高监管执法针对性、科学性、时效性，做到精准执法、高质高效。

在京津冀及周边地区大气污染热点网格监管的基础上，我部深入实施“千里眼”计划、扩大热点网格监管范围，汾渭平原和长三角地区城市如期完成大气污染热点网格的划分和筛选工作，分别于2018年10月、2019年1月起正式实施热点网格预警通报制度。我部将每月向社会公开上月预警网格名单。各省级生态环境部门要督促有关市、县对预警网格开展排查，及时整改，发现问题进行督办。

大力推进非现场监管执法，加快建设完善污染源实时自动监控体系，依托在线监控、卫星遥感、无人机等科技手段，充分发挥物联网、大数据、人工智能等信息技术作用，打造监管大数据平台，推动“互联网+监管”，提高生态环境保护监管智慧化、精准化水平。

四、实施群众关切问题预警督办制度

地方各级生态环境部门要畅通并发挥“12369”电话热线、微信、网络等举报投诉渠道的作用，积极回应群众关切，做到民意畅通、回应有力。

我部将梳理群众关心的突出生态环境问题，并实施预警督办。按月向相关市级人民政府发送预警函，抄送省级生态环境部门，并通过生态环境部网站及“微博、微信公众号”将问题清单和查处情况向社会公开。

各省级生态环境部门要督促相关市级人民政府，严格落实预警督办要求，对能够立即解决的，采取有力措施解决问题；对短期内无法解决的，制定工作方案，积极引导群众通过合理合法方式维护权益、化解矛盾。同时，按照“谁办理，谁公开”的原则，在官方网站开设信息公开专栏，将举报情况、调查结果、整改方案及落实情况，全部向社会公开。

五、集中力量查处大案要案

地方各级生态环境部门要继续保持严打的高压态势，坚持零容忍、零懈怠、零缺位，严惩重罚违法犯罪行为。

坚决惩治任性违法，坚持有案必查，严肃查处屡查屡犯、弄虚作假、拒不纠正、虚假整改等违法乱象。对有案不查、重大案件久拖不结的，上级生态环

境部门应当责令纠正或者直接查办。对群众反映强烈、社会影响较大等重点生态环境违法案件，予以挂牌督办，公开约谈，查处一批有影响力、有震慑力的典型案例。

全面强化“行政执法与刑事司法”衔接工作机制，深入开展重大案件联合执法行动、联合挂牌督办、联合现场督导，坚决克服有案不移、以罚代刑现象。对案情重大、影响恶劣的案件要联合公安机关挂牌督办，坚决依法严厉打击污染环境犯罪。

六、制定发布权力清单和责任清单

地方各级生态环境部门要推动形成边界清晰、分工合理的分工体系，建立科学有效的权力监督、制约机制，做到权责一致、履职尽责。

各省级生态环境部门应当根据省以下环保机构监测监察执法垂直管理制度的层级职能特点和执法任务需要，强化属地监管责任，明确市、县级生态环境部门监管执法的事权与责任。

市级生态环境部门应当根据实际，加强与相关部门协调，认真梳理法律法规规章，尤其是地方性法规和规章，公布本部门的执法权力清单和责任清单，向社会公开职能职责、执法依据、执法标准、运行流程、监督途径和问责机制。坚持法定职责必须为，严格依法履行职责。

七、严格禁止“一刀切”

地方各级生态环境部门要严格落实《禁止环保“一刀切”工作意见》《关于印发生态环境领域进一步深化“放管服”改革，推动经济高质量发展的指导意见》的有关要求，在生态环境保护监管执法中禁止“一刀切”，保护企业合法权益。

坚决反对形式主义、官僚主义，严格禁止“一律关停”“先停再说”等懒政、敷衍做法，坚决避免以生态环境保护为借口紧急停工停业停产等简单粗暴行为。对于符合生态环境保护要求的企业，不得采取集中停产整治措施。

坚持依法依规，科学制定、实施可行的监管执法措施，加强政策配套，根据具体问题明确整改阶段目标，禁止层层加码，避免级级提速。对生态环境保护监管执法中不作为、乱作为现象，发现一起、查处一起，严肃问责。

请各省级生态环境部门于 2018 年 10 月底前，将本地区落实本意见的实施方案报送我部。每年年底前将落实本意见的进展情况报告报送我部。对责任不落实、工作不到位的，我部将通过中央生态环境保护督察严肃追责问责。

生态环境部办公厅
2018 年 9 月 13 日

水利部文件

水利部关于全面加强农村水电安全监管工作的通知
（水电〔2018〕245 号）

各省、自治区、直辖市水利（水务）厅（局），新疆生产建设兵团水利局：

农村水电点多、面广，关乎公共安全。一段时间以来，一些地方由于监管责任不落实，监管基础薄弱、能力不足、手段不够等原因，导致安全事故时有发生。为贯彻落实党中央、国务院关于加强安全生产工作的要求，根据水利部“三定”规定，现就加强农村水电安全监管有关工作通知如下：

一、总体要求

深入贯彻落实《中共中央　国务院关于推进安全生产领域改革发展的意见》，牢固树立安全发展理念，以严格农村水电安全生产责任制为体制保障，压实安全监管责任；以农村水电站水库大坝安全监管为重点，防范化解安全风险；以农村水电安全生产标准化为抓手，提升安全生产水平；以农村水电安全监管能力建设为引领，提升安全生产监管信息化水平，加快构建完备的监管体系，推动农村水电安全生产水平再上新台阶。

二、进一步夯实安全生产工作责任

明确地方政府属地监管、行业主管部门专业监管的农村水电安全生产监管责任，全面落实农村水电企业安全生产主体责任。

（一）明确安全生产领导责任。按照党政同责、一岗双责的原则，明确领导责任，建立权责明确、尽职免责、失职追责的安全生产责任体系。

（二）明确安全生产监管责任。按照管行业必须管安全、管业务必须管安全、管生产经营必须管安全和谁主管谁负责的原则，进一步落实行政主管部门农村水电安全生产监督管理职责，依法依规开展农村水电监督管理，将安全生产工作作为行业管理的重要内容，完善法规、标准和政策，加强对行业安全生产工作的指导监督。

（三）落实安全生产主体责任。农村水电企业法人对安全生产负主体责任。应遵循“安全第一、预防为主、综合治理”的方针，严格履行安全生产法律法规规定的主体责任。要督促企业以应急管理、隐患排查治理等风险防控为基础，以建立健全安全生产责任制为核心，完善安全生产规章制度，建立安全生产标准化管理体系，全面提升安全生产管理水平，做到安全责任、管理、投入、培训和应急救援“五到位”，切实夯实农村水电安全生产基础，预防和减少安全事故发生。

三、努力提高安全生产管理水平

各级水行政主管部门要定期组织开展农村水电站隐患排查，立查立改。对不能立即整改的，要做到治理责任、资金、措施、期限和应急预案“五落实”，尽早消除安全生产隐患。

（一）以农村水电站水库大坝为重点，加强对已建农村水电站的安全监管。要按规定严格落实大坝安全鉴定、注册登记制度。要确保水电站大坝安全监测系统和泄洪闸门、启闭设备、动力电源等泄洪设施正常，确保能够按照防洪调度原则和设计规定安全运行。汛期要对水电站大坝近坝库岸和下游近坝边坡进行巡视检查，发现险情及时报告并妥善处理。要保证厂坝间通信设施畅通，应急备用电源靠得住用得上。严格执行防汛调度命令和经批准的调度运用计划，严肃防汛纪律，不得违规超汛限水位运行。加强农村水电站水库的预测预警能力建设，完善报汛设施，并全面接入防汛指挥系统。

（二）以风险防控为重点，加强对在建农村水电站安全监管。严禁违反规划、未经审批擅自开工建设农村水电站，未经验收不得擅自蓄水或投运。在建农村水电站要落实工程施工与安全生产监督“三同时”制度，安全监管的重点是大坝、围堰、隧洞、泄洪建筑物及高边坡、深基坑等的安全保障措施和落实，易燃易爆等危险化学品的登记、保管、放置和使用，特种设备日常管理维护、运行及检测检验等。对跨汛期施工的新建和改扩建农村水电站，要对工地和宿营区的安全隐患进行排查，指导落实施工安全度汛措施。

要特别关注报废停运农村水电站的安全监管。全面开展安全影响评估，对于可能存在安全隐患的，要及时采取有效措施予以处置，不留隐患死角。

四、全面加强安全生产监督管理

（一）夯实监管基础。结合行业特点和各地实际，推进农村水电安全生产监管权力清单和责任清单制定工作，建立监督考核机制，尽职照单免责、失职照单问责。完善以国家强制性标准为主体的农村水电安全生产技术标准体系。建立农村水电安全监管信息台账，包括“三个责任人”情况、电站和水库相关基础数据、隐患排查治理等信息，同步建立信息报送制度。注重与其他相关部门监管信息的对接。指导农村水电企业严格落实安全教育培训，切实做到先培训、后上岗。

（二）强化监管手段。通过开展“智慧水利”等信息化建设工作，充分利用互联网技术建立农村水电安全监管平台，实现农村水电安全监管信息化，有效开展安全监管全过程的动态监管。利用水利大数据分析当前农村水电安全生产总体态势，分析共性问题和薄弱环节，为不断改进安全监管工作提供基础。要采取“四不两直”等形式，及时发现问题，不断提高安全生产监督检查的效果。对违规水电站和安全隐患突出的水电站，应及时向当地人民政府汇报，按规定下达停产或关闭决定，提高监督检查效力，确保农村水电站生产安全和下游人民群众生命财产安全。

（三）提升监管能力。要完善农村水电安全监管设施设备，将监管费用纳入财政预算。充分发挥农村水电行业相关科研院所、高校和企业的作用，通过购买服务的方式参与监督检查工作。鼓励推广应用保障安全生产的新设备、新技术、新材料和新工艺，推进农村水电安全生产技术进步。加强与市场监督管理、发改能源、应急管理、生态环境等部门的密切配合，推动联合执法。

（四）强化社会和舆论监督。要在农村水电站厂区外设立农村水电安全生产和监管责任人公示牌，通过新闻媒体或新媒体等向社会公告农村水电安全监管和生产责任人名单，公布监督电话等内容，接受社会监督。可聘用电站周边群众担任社会监督员等形式，对违规违法建设运行等情况进行社会监督。

各级水行政主管部门要按照本通知精神，切实加强农村水电建设管理。今年汛期刚刚结束，各地要在做好水毁工程修复的同时，针对防汛度汛和安全生产情况进行全面总结，对发现的问题要求限期整改。请各地于12月底前将整改情况、本通知精神的贯彻落实意见及农村水电站“三个责任人”落实情况报送水利部农水水电司。水利部将采取“四不两直”的方式适时开展农村水电安全生产情况抽查，请各地做好配合工作。

2018年10月10日

国家市场监督管理总局文件

市场监管总局办公厅关于开展电站锅炉范围内管道隐患专项排查整治的通知

（市监特函〔2018〕515 号）

各省、自治区、直辖市及新疆生产建设兵团质量技术监督局（市场监督管理部门），各有关单位：

近期，热电联产锅炉以及企业自备电站锅炉范围内管道接连发生事故，造成了较大损失和社会影响。一些地区在后续排查中陆续发现，部分锅炉范围内管道的设计、制造、安装、使用管理、检验检测等环节存在锅炉安全技术规范及相关标准未得到严格执行等问题。为防范系统风险，消除安全隐患，明确各方责任，进一步加强电站锅炉范围内管道安全监察工作，现将有关要求通知如下：

一、电站锅炉范围内管道的界定

电站锅炉范围内管道包括锅炉主给水管道、主蒸汽管道、再热蒸汽管道等。

主给水管道指锅炉给水泵出口切断阀（不含阀门，下同）至省煤器进口集箱的主给水管道和一次阀门以内的支路管道。

主蒸汽管道指锅炉末级过热器出口集箱（有集汽集箱时为集汽集箱）出口至汽轮机高压主汽阀的主蒸汽管道和一次阀门以内的支路管道。对于主蒸汽母管制运行的电站锅炉，包括主蒸汽母管和一次阀门以内的支路管道。

再热蒸汽管道包括再热蒸汽冷段管道和再热蒸汽热段管道。再热蒸汽冷段管道指汽轮机排汽逆止阀至再热器进口集箱的再热蒸汽管道和一次阀门以内的支路管道。再热蒸汽热段管道指锅炉末级再热蒸汽出口集箱出口至汽轮机中压主汽阀的再热蒸汽管道和一次阀门以内的支路管道。

二、电站锅炉范围内管道基本要求

电站锅炉范围内管道应当按照《锅炉安全技术监察规程》（以下简称《锅规》）《锅炉监督检验规则》（以下简称《监检规则》）《锅炉定期检验规则》（以下简称《定检规则》）以及相关标准的规定进行设计、制造、安装、使用管理以及检验检测。

（一）设计

1. 由锅炉制造单位设计的锅炉范围内管道，其设计文件应当纳入锅炉设计文件进行鉴定，并加盖设计文件鉴定专用章；由管道设计单位设计的，设计单位应当具有相应级别压力管道设计资质以及火力发电厂汽水管道设计经历，管道设计文件中应当注明符合《锅规》和相关标准的规定，同时标注材料、焊接、热处理、检验检测等技术要求。

2. 管道强度应当按照 GB/T 16507《水管锅炉》或者 DL/T 5054《火力发电厂汽水管道设计技术规定》进行计算和校核。管道元件的连接、焊缝布置应当符合《锅规》3.7 和 3.9 的要求。

（二）制造

1. 建设单位采购电站锅炉范围内管道中使用的元件组合装置［减温减压装置、流量计（壳体）、工厂化预制管段，下同］时，应在采购合同中注明“要求按照锅炉部件实施制造过程监督检验”的要求。制造单位制造上述元件组合装置时，应向经总局核准的具备锅炉或压力管道监检资质的检验机构提出监检申请，由检验机构按照安全技术规范和标准实施制造过程监督检验，合格后出具监检报告和证书。未经监督检验合格的管道元件组合装置不得在电站锅炉范围内管道中使用。

2. 电站锅炉范围内管道中使用的压力管道元件（钢管、阀门、管件、补偿器、法兰和元件组合装置）还应当符合压力管道安全技术规范的要求。其中，元件组合装置可以由压力管道元件制造单位制造，也可以由相应级别的锅炉制造单位制造。制造和监检的重点技术要求如下：

（1）应当对原材料进行入厂验收，确认合格后才能使用。

（2）流量计（壳体）原则上应由整段无缝钢管制成，不得存在异种钢焊接的环缝。特殊情况需要使用两截管段用环缝焊接流量计（壳体）的，应经锅炉设计文件鉴定机构书面同意。

（3）应当对合金钢管、管件对接接头母材和焊缝进行 100%化学成分光谱分析。

（4）外径>159mm 或者壁厚≥20mm 的环向对接接头，应当进行 100%射线或 100%超声检测；外径≤159mm 的环向对接接头，应当进行 50%射线或 50%超声检测（锅炉额定工作压力≥9.8MPa 时，应当进行 100%射线或 100%超声检测）。

（5）外径>108mm 的全焊透结构角接接头，应当进行 100%超声检测，其他管接头的角接接头按照不少于接头数的 20%进行表面检测。

（6）焊接、热处理应当符合《锅规》4.3和4.4的要求。

（7）在产品质量证明书中注明满足《锅规》相关要求。

（三）安装

1. 安装单位在办理安装告知前，应与监检机构签订安装监检协议，并在办理告知时出示监检协议。

2. 电站锅炉范围内管道的安装除应符合《锅规》规定外，还应当符合DL 5190.5《电力建设施工技术规范　第5部分：管道及系统》和DL/T 869《火力发电厂焊接技术规程》的有关规定。

3. 电站锅炉范围内管道一般应由相应锅炉级别的锅炉安装单位安装，也可以由相应管道级别的压力管道安装单位安装。安装环节重点要求如下：

（1）安装单位应当对到货的电站锅炉范围内管道相关的管道元件（钢管、阀门、管件、补偿器、法兰和元件组合装置）进行验收，核查相应的出厂资料，包括质量证明文件、型式试验证书、元件组合装置的制造监督检验证书等。对于合金钢材料应当进行100%化学成分光谱检测并记录签字，不符合上述要求的管道元件不得安装在锅炉范围内管道上。

（2）安装单位应当对电站锅炉范围内管道合金钢材质安装焊接接头进行100%化学成分光谱检测并记录签字。

（3）外径＞159mm或者壁厚≥20mm环向对接接头（包括对无损检测结果有怀疑的压力管道元件上的环向对接接头，下同），应当进行100%射线或100%超声检测；外径≤159mm的环向对接接头，应当进行25%射线或25%超声检测（锅炉额定工作压力≥9.8MPa时，应当进行50%射线或50%超声检测）。

（4）外径＞108mm的全焊透结构角接接头，应当进行100%超声检测，其他管接头的角接接头按照不少于接头数的20%进行表面检测。

（四）监督检验

1. 电站锅炉范围内管道的安装过程应当按照《监检规则》及本通知要求进行安装监督检验。元件组合装置制造过程应当按照《监检规则》中对锅炉范围内管道的相关要求及本通知要求，由相应级别的锅炉或压力管道元件制造监检机构进行制造监督检验，合格后出具监督检验报告和证书。

2. 安装监检单位在开始进行安装过程的监督检验时，应审查安装单位的资质和人员设备条件，还应当审查锅炉范围内管道设计文件的设计依据，并对合金钢材料化学成分光谱分析记录进行100%核查确认。

3. 制造监督检验和安装监督检验时，还应当检查制造、安装单位质量保证体系运转是否正常，是否对分包的检测工作（重点是光谱分析、无损检测等）质量进行有效控制。

（五）使用管理及定期检验

1. 使用单位应当严格落实巡回检查制度，电站锅炉范围管道在锅炉调试、运行过程中一旦发生泄漏、爆破等情况，应当立即停炉，不允许进行带压堵漏或采取其他临时措施。锅炉使用单位应当制定锅炉范围内管道泄漏、爆破应急措施和救援预案。

2. 电站锅炉范围管道应当按照《定检规则》的要求进行定期检验。母管制运行的锅炉，主蒸汽母管的检验周期不得超过锅炉的定期检验周期，一般应当随锅炉进行内部检验。

三、开展电站锅炉范围内管道专项隐患排查整治

按照2018年总局重点工作部署，各地应当重点开展电站锅炉范围内管道专项隐患排查整治。本次隐患排查整治，应当以本通知第二部分以及相关安全技术规范和标准要求为主要内容，以企业自查为主要方式，由市、县级特种设备安全监督管理部门负责监督抽查、督促整改，由省级特种设备安全监督管理部门进行指导和督查。

（一）重点内容

1. 超期未检的锅炉范围内管道

对于超期未进行定期检验的锅炉范围内管道，尤其是长期未进行内部检验的主蒸汽母管，使用单位应当安排检验计划，并在2018年年底前完成内部检验工作。对于运行超过10万h未进行检验的主蒸汽母管，还应当对其对接焊接接头进行100%无损检测、金相检验及硬度检测。未能按期开展内部检验的电站锅炉范围内管道，应当由当地特种设备安全监督管理部门列入重大隐患报市级地方政府安委会挂牌督办。

2. 未实施制造监检的元件组合装置

对于在建电站锅炉，应当由建设单位委托具有相应资质的电站锅炉检验机构对元件组合装置的制造焊接接头补充检验检测，包括对接接头100%射线或100%超声检测，角接接头100%表面检测，对合金钢材质对接接头还应当进行100%化学成分光谱分析、硬度检测，必要时进行金相检验，其检验报告等作为锅炉技术资料进行存档。未经以上检验检测合格并出具补充检验检测报告的，监检机构不得出具锅炉安装监督检验合格证书。

对于在用电站锅炉，使用单位应当结合锅炉检修，委托经核准的检验检测机构对元件组合装置的制造焊接接头参照上述要求进行检验检测并保存检验报告。发现安全隐患应当消除，否则不得使用。

3. 锅炉范围内管道安装质量检查

建设单位及相关方应当加强对安装单位工作质量（尤其是材料验收、焊接、无损检测等环节）的检查，

督促安装单位加强对分包单位工作质量的控制。建设单位应当尽快对锅炉范围内管道的光谱分析、硬度、金相、无损检测等报告组织一次全面核查，必要时安排现场抽查。

4. 存在安全隐患的流量计壳体

建设单位或使用单位应当对锅炉范围内管道使用的流量计壳体进行全面排查，重点核查其设计文件及质量证明文件等出厂资料是否齐全，并按照本通知三（一）2 的要求进行补充检验检测。对于检验检测不合格或者存在结构不合理、材料错用、存在异种钢焊接环缝的流量计壳体，应当立即更换满足本通知二（二）2 规定的流量计。

5. 应急预案及救援演练

重点核查使用单位是否制定电站锅炉范围管道发生事故的应急预案，必要时开展事故应急救援演练。

（二）进度要求

1. 企业自查及整改落实

各电站锅炉建设单位和使用单位应当按照本通知要求对锅炉范围内管道进行全面检查，应当于 2018 年 8 月 31 日前完成自查工作，并将自查情况报送当地特种设备安全监督管理部门。企业应当对于自查中发现的隐患和问题进行全面整改，并于 2018 年 11 月 30 日前将整改结果报送当地特种设备安全监督管理部门。

2. 监督抽查

各地特种设备安全监督管理部门应当及时把本通知要求传达到相关企业，做好组织实施和监督检查。对于企业未能按时完成隐患整改的，监督管理部门应当依法处理，必要时报上级部门和地方政府采取进一步措施和挂牌督办。

2018 年 12 月 5 日前，各省级特种设备安全监督管理部门应当填写《电站锅炉范围内管道隐患排查整治汇总表》（见附件），并将本省电站锅炉范围管道专项排查整治情况书面报告总局。

附件：电站锅炉范围内管道隐患排查整治汇总表（略）

市场监管总局办公厅

2018 年 7 月 3 日

国家能源局文件

国家能源局关于建立清洁能源示范省（区）监测评价体系（试行）的通知

（国能发新能〔2018〕9 号）

浙江省、四川省、西藏自治区、甘肃省、宁夏自治区、青海省发展改革委（能源局），水电水利规划设计总院：

为促进全国清洁能源示范省（区）持续健康发展，加强清洁能源示范省（区）建设及运行情况的事中事后监管，总结各地成功经验和工作方法，国家能源局决定建立清洁能源示范省（区）建设运行情况监测评价体系。现将有关事项通知如下。

一、建立定期评价专项监测机制。各有关省（区）能源主管部门应在每年 2 月 1 日前提交上一年度清洁能源示范省（区）建设运行情况的自评价报告，建立清洁能源示范省（区）的滚动监测评价机制。同时，对各清洁能源示范省（区）建设情况实行专项监测，各有关省（区）能源主管部门应定期填报建设情况、重大工程进展等信息，建立信息化管理机制。

二、建立清洁能源示范省（区）监测评价体系。清洁能源示范省（区）建设运行情况评价方法见附件 1，评价等级分为：较好、一般和较差三个等级。监测评价体系由清洁能源利用目标完成进度、重点任务完成率、清洁能源消纳情况、自评价报告完成质量 4 项指标组成。其中，自评价报告完成质量由国家能源局委托有关技术机构或组织专家组进行评审后确定。

三、监测评价结果用于指导各省（区）清洁能源项目建设规模及产业政策调整。监测评价结果为较好，表示该清洁能源示范省（区）建设开展较好，能够按进度完成清洁能源建设目标，清洁能源消纳情况较好，国家能源局将在《关于可再生能源发展“十三五”规划实施的指导意见》（国能发新能〔2017〕31 号）的基础上适当提高该省（区）清洁能源开发建设规模；监测评价结果为一般，国家能源局将维持该省（区）清洁能源开发建设规模；监测评价结果为较差，国家能源局将减少该省（区）当年清洁能源开发建设规模，并调整相关产业支持政策，连续两年监测评价结果为较差，则国家能源局不再将该省（区）作为清洁能源示范省（区）。

四、开展 2017 年清洁能源示范省（区）评价工作。各有关省（区）能源主管部门在 2018 年 3 月 1

日前提交2017年建设运行情况自评价报告。2017年清洁能源示范省（区）建设运行情况自评价报告模板见附件2。

自评价报告请报送国家能源局新能源和可再生能源司（联系电话：010－51973293，15810493738，邮箱：xgxwww@163.com）。

特此通知。

附件：1. 清洁能源示范省（区）建设运行情况评价方法

2. 2017年清洁能源示范省（区）建设运行情况自评价报告模板

国家能源局

2018年1月19日

附件1

清洁能源示范省（区）建设运行情况评价方法

一、评价方法

每项评价指标分值之和即为清洁能源示范省（区）建设运行监测评价结果。评价结果按分数范围分为三个等级：较好（≥80分）、一般（60～79分）、较差（<60分）。

二、评分标准

序号	指标	分值	评分标准
1	清洁能源利用目标完成进度	30	根据清洁能源利用目标的完成进度评分： 1）全部完成当年进度目标，30分； 2）完成当年进度目标的80%及以上，20分； 3）完成当年进度目标的60%及以上，10分； 4）完成当年进度目标的60%以下，0分
2	重点任务完成率	30	根据各项重点任务完成率评分： 1）全部完成当年重点任务，30分； 2）完成当年重点任务的80%及以上，20分； 3）完成当年重点任务的60%及以上，10分； 4）完成当年重点任务的60%以下，0分
3	清洁能源消纳情况	20	根据清洁能源（水电、风电、光伏发电等）限电情况评分： 1）不限电，20分； 2）限电10%及以下，10分； 3）限电10%以上，0分
4	自评价报告完成质量	20	根据自评价报告完成质量评分，评价指标包括：内容详实程度、数据丰富程度、实施方案清晰程度、问题分析透彻程度、解决措施可实施性、当年进度目标合理程度、附件完整程度。 1）质量较好，20分； 2）质量一般，10分； 3）质量较差，0分

附件2

2017年清洁能源示范省（区）建设运行情况自评价报告模板

一、清洁能源发展概况

总结2017年清洁能源发展情况、各能源品种装机容量、发电量、能源结构调整情况、能源消费终端用电情况，以及存在问题等。

二、清洁能源利用目标完成情况

阐明本省（区）清洁能源利用目标及实施计划，总结2017年清洁能源利用目标完成情况、非石化能源消费比重、实施方案等。分析存在问题，提出2018年解决措施及清洁能源利用目标

三、重点任务完成情况

阐明各项重点任务的目标及任务分解计划，总结2017年具体实施方案、政策支持情况、任务完成进度等。分析工作中成功的经验和有效的工作方法，以及存在问题，提出2018年解决措施及重点任务完成进度目标。

四、清洁能源消纳情况

2017年本省（区）水电、风电、光伏发电等清洁能源的消纳情况，包括发电量、弃电量、利用小时数、配套输电通道建设情况等。分析弃电原因，提出解决措施及2018年消纳目标。

国家能源局关于开展“百个城镇”生物质热电联产县域清洁供热示范项目建设的通知

（国能发新能〔2018〕8号）

各省、自治区、直辖市及新疆生产建设兵团发展改革委（能源局），国家电网公司，南方电网公司，中国光大集团，中节能集团，水电总院，中国生物质能联盟，内蒙古电力公司，晋能集团，湖南郴电国际发展股份有限公司，广西水利电业集团，重庆三峡水利电力股份有限公司，四川省水电集团，陕西省地方电力公司，云南保山电力公司：

为全面贯彻党的十九大精神，以习近平新时代中国特色社会主义思想为指导，落实中央经济工作会议、中央农村工作会议和中央财经领导小组第14次会议精神，推进区域清洁能源供热，减少县域（县城及农村）散煤消费，有效防治大气污染和治理雾霾，根据北方地区清洁取暖工作总体部署及国家发展改革委、国家能源局《关于印发促进生物质能供热发展指导意见的通知》（发改能源〔2017〕2123号），现组织开展“百个城镇”生物质热电联产县域清洁供热示范项目建设。有关事项通知如下：

一、示范建设目的

当前大气污染和雾霾形势严峻，县域特别是农村散煤消费是重要的污染来源。生物质热电联产绿色低碳、清洁环保、经济可靠，是重要的区域分布式清洁供热方式，为中小型区域提供清洁供暖和工业蒸汽，直接在用户侧替代燃煤，节约天然气，是治理散煤污染的重要举措。

“百个城镇”生物质热电联产县域清洁供热示范项目建设的主要目的是，建立生物质热电联产县域清洁供热模式，构建就地收集原料、就地加工转化、就地消费的分布式清洁供热生产和消费体系，为治理县域散煤开辟新路子；形成100个以上生物质热电联产清洁供热为主的县城、乡镇，以及一批中小工业园区，达到一定规模替代燃煤的能力；为探索生物质发电全面转向热电联产、完善生物质热电联产政策措施提供依据。

二、示范建设总体情况

“百个城镇”生物质热电联产县域清洁供热示范项目共136个，涉及20个省（区、市）及新疆生产建设兵团，装机容量380万kW，年消耗农林废弃物和城镇生活垃圾约3600万t。其中，农林生物质热电联产项目126个、城镇生活垃圾焚烧热电联产项目8个、沼气热电联产项目2个，新建项目119个，技术改造项目17个，总投资约406亿元。

“百个城镇”生物质热电联产县域清洁供热示范项目力争2018年底前建成（或完成技改），为河北省广宗县等70个县城、河北省宽城县龙须门镇等63个乡镇提供民用清洁供暖，供暖面积约9000万m^2，惠及县城及乡镇居民约400万人；为76个中小工业园区提供清洁热力，合计约6900万GJ。示范项目供热部分每年替代散煤约660万t，区域内相应规模的燃煤供热设施关停。相当于每年节约天然气约40亿m^3。

三、示范建设技术要求

“百个城镇”生物质热电联产县域清洁供热示范项目主要为县域农林生物质热电联产和城镇生活垃圾焚烧热电联产新建项目或技改项目，少数为沼气热电联产项目。民用负荷为县城（或地级市辖区）、人口较集中的乡镇，工业负荷为中小型工业园区。示范项目主要条件如下：

（一）示范项目按照以热定电原则合理选择机型，以民用采暖为主的，县城采暖面积不小于20万m^2，单个乡镇采暖面积不小于2万m^2，采暖季热电比不小于100%；以工业供热为主的，年平均热电比不小于100%。

（二）示范项目配套热网应同步建成，开始供热；示范项目应建立分布式清洁供热体系，建立健全供热计量、监测、服务等制度体系。

（三）示范项目建设运行应满足国家及地方污染物排放标准及其他要求。农林生物质热电联产项目烟尘、二氧化硫、氮氧化物排放达到超低排放标准，城镇生活垃圾焚烧热电联产主要污染物排放达到欧盟排放标准。

（四）示范项目应根据资源条件，采取增加生物质供热锅炉、增设蓄热装置等方式，进一步提高供热能力，扩大供暖面积。

四、相关工作要求

（一）请各省（区、市）能源主管部门加强生物质热电联产县域清洁供热示范项目组织管理，纳入本地区治理散煤和清洁供热工作计划，与“煤改气”“煤改电”等一起部署，一起落实，一起考核。北方地区示范项目应纳入当地清洁取暖实施方案，与其他清洁供暖方式协调实施。

（二）请各省（区、市）能源主管部门在修订本地区“十三五”可再生能源规划及生物质发电项目布局时，优先将生物质热电联产县域清洁供热示范项目纳入规划。在锅炉置换、终端取暖补贴、供热管网补贴等方面享受公平的支持政策。指导项目所在地方及项目单位加强公众沟通和宣传，做好防范化解“邻避”问题工作。

（三）请各省（区、市）能源主管部门加强监督管理，确保示范项目可靠供热。组织做好项目核准管理工作，加强生物质资源管理，统筹做好项目原料保障，指导项目所在地能源主管部门及项目单位做好项目建设运行，及时组织验收和总结评价，明确生物质热电联产在本地区清洁供热中的定位和作用，加快推进生物质热电联产应用。

（四）请国家电网公司、南方电网公司及有关地方电网企业组织做好示范项目接入电网工作，加快办理进度；请水电总院结合示范建设情况，牵头组织相关研究机构，抓紧研究完善生物质热电联产技术规范等标准体系；请中国生物质能联盟密切跟踪示范建设进展情况，及时开展技术指导和阶段性评估，建立生物质能供热行业统计监测体系，促进生物质热电联产可持续健康发展。

联系人及电话：

国家能源局新能源司　韩江舟　张海平　010－68555031

附件：“百个城镇”生物质热电联产县域清洁供热示范项目汇总表（略）

国家能源局

2018 年 1 月 19 日

国家能源局关于印发进一步加强电力建设工程质量监督管理工作意见的通知

（国能发安全〔2018〕21 号）

各省（自治区、直辖市）、新疆生产建设兵团发展改革委（能源局）、经信委（工信委），北京市城市管理委员会，各派出能源监管机构，中国电力企业联合会，水电水利规划设计总院，全国电力安委会各企业成员单位，各电力建设工程质量监督机构，各有关单位：

为深入学习贯彻党的十九大精神，严格落实《建设工程质量管理条例》《中共中央国务院关于开展质量提升行动的指导意见》（中发〔2017〕24 号）《国家发展改革委　国家能源局关于推进电力安全生产领域改革发展的实施意见》（发改能源规〔2017〕1986 号）等规定，我局制定了《关于进一步加强电力建设工程质量监督管理工作的意见》，现印发你们，请遵照执行。工作中的重大问题，请及时向国家能源局报告。

附件：关于进一步加强电力建设工程质量监督管理工作的意见

国家能源局

2018 年 2 月 14 日

关于进一步加强电力建设工程质量监督管理工作的意见

为深入学习贯彻党的十九大精神，严格落实《建设工程质量管理条例》《中共中央国务院关于开展质量提升行动的指导意见》（中发〔2017〕24 号）、《国家发展改革委　国家能源局关于推进电力安全生产领域改革发展的实施意见》（发改能源规〔2017〕1986 号）等规定，现就进一步加强电力建设工程质量监督管理工作提出如下意见。

一、国家能源局依法依规对全国电力建设工程质量实施统一监督管理。贯彻执行国家关于电力建设工程质量监督管理的法律法规和方针政策，不断完善电力建设工程质量监督管理规章制度和标准规范体系，组织、指导和协调全国电力建设工程质量监督管理工作，组织开展全国电力建设工程质量监督管理巡查督查和专项检查，监督指导地方政府电力管理等有关部门和各派出能源监管机构的电力建设工程质量监督管理工作。

国家能源局电力安全监管司归口全国电力建设工程质量监督管理工作，其他有关司和单位依其职责做好相关工作。国家能源局各派出能源监管机构按照国家能源局授权承担所辖区域内除核安全外的电力建设工程质量安全的监督管理，对电力建设工程质量监督机构（以下简称质监机构）进行业务监督指导，依法组织或参与电力事故调查处理。

二、地方各级政府电力管理等有关部门依法依规履行地方电力建设工程质量监督管理责任，按照国家能源局有关规定，继续做好可再生能源发电工程的质量监督管理，并积极配合派出能源监管机构，做好其他电力建设工程质量监督管理相关工作；对质监机构进行业务监督指导。

三、国家能源局电力可靠性管理和工程质量监督中心（以下简称可靠性和质监中心）受国家能源局委托，研究拟订电力建设工程质量监督政策措施、规章制度及监督检查大纲并组织实施相关工作，协调解决质量监督工作存在的突出问题；对质监机构进行业务监督指导；参与涉及电力建设工程质量重大争议处理、重大事故调查及相关专项检查；负责全国电力建设工程质量监督信息管理等工作。

四、电力工程质量监督总站更名为电力工程质量监督站；水电工程质量监督总站和国家可再生能源发电工程质量监督总站合并，更名为可再生能源发电工程质量监督站。

质监机构要继续按照国家能源局现行文件规定的

业务范围开展工程质量监督，其中各电力建设工程质量监督中心站（以下简称中心站）可开展可再生能源发电工程质量监督。根据工作需要，各监督站、中心站可设立项目站。

质监机构要规范设置，持续加强机构建设和队伍建设，制定本机构各项工作管理制度，配备专职工作人员，配置必要的检测仪器和设备，建立与质量监督任务相适应的组织体系和保障体系；要充分发挥专家和第三方检测机构作用，严禁工程建设项目参建单位人员作为质监机构专家或工作人员参加本项目的质量监督。

质监机构对各级政府部门审批、核准、备案的电力建设工程按照职责分工同步开展质量监督，要加强对有关电力建设工程质量的法律、法规和强制性标准执行情况的监督检查；要按照依法依规、严谨务实、清正廉洁、优质高效的原则，独立、规范、公正、公开开展工作。

质监机构要认真履职，采取措施确保工作不断、秩序不乱、队伍不散、质量不降。凡因机构职能弱化、履职不力等造成工程质量事故或重大质量隐患的，将依法依规严肃追究责任。

五、质量监督不代替建设、监理、设计、施工等单位的质量管理工作。未经审批、核准、备案的电力建设工程，质监机构不得受理其质量监督注册申请。未通过质监机构监督检查的电力工程，不得投入运行。

六、质监机构要按规定将年度和阶段性质监工作计划等信息，及时向地方政府电力管理等有关部门、国家能源局电力安全监管司、各派出能源监管机构、可靠性和质监中心报送。报送信息的内容、程序及时限等要求另行发文规定。

各监督站、中心站要及时将主要负责人名单、项目站设置情况及工作联系方式报告所在地省级政府电力管理等有关部门、派出能源监管机构、可靠性和质监中心。

七、各企业要进一步健全电力建设工程质量管控体系，明确具体部门负责工程质量监督对口联系；要全面落实各参建单位的工程质量责任，特别要强化建设单位的首要责任和勘察、设计、施工单位的主体责任，并充分发挥监理单位作用；要按照国家法律法规和标准规范要求，加强施工现场管理，落实工程质量管控措施，坚决遏制重特大质量事故发生。

各企业要主动接受各级政府电力管理等有关部门、派出能源监管机构、质监机构开展的质量监督管理和专项检查等活动。

八、地方政府电力管理等有关部门和派出能源监管机构要按照国家有关规定，统筹项目核准备案、市场准入、行政执法等环节力量，进一步强化电力建设工程质量监督管理，加强对质监机构的监督指导。对发现的问题责令限期整改，对整改不到位或存在重大质量隐患的电力建设工程，依法采取停止施工、停止供电等强制措施，并给予上限经济处罚。

九、各有关单位要认真落实本意见要求，确保各项工作落实到位。国家能源局将适时对执行情况开展督查。

国家能源局综合司关于发布2017年度光伏发电市场环境监测评价结果的通知

各省、自治区、直辖市及新疆生产建设兵团发展改革委（能源局），各派出能源监管机构，国家电网公司、南方电网公司、内蒙古电力公司：

为推动光伏发电建设运营环境不断优化，引导企业理性投资，促进光伏产业健康有序发展，根据《国家能源局关于建立市场环境监测评价机制引导光伏产业健康有序发展的通知》（国能发新能〔2017〕79号），现将2017年度光伏发电市场环境监测评价结果予以公布。本评价结果将作为加强光伏行业管理、引导各地有序开发的重要依据。

附件：2017年度光伏发电市场环境监测评价结果❶

国家能源局综合司
2018年2月28日

国家能源局关于发布2018年度风电投资监测预警结果的通知
（国能发新能〔2018〕23号）

各省（自治区、直辖市）、新疆生产建设兵团发展改革委、经信委（工信厅）、能源局，国家能源局各派出机构，国家电网公司、南方电网公司、内蒙古电力公司、中国华能集团公司、中国大唐集团公司、中国华电集团公司、国家能源投资集团公司、国家电力投资集团公司、中国华润集团公司、中国长江三峡集团公司、国家开发投资公司、中国核工业集团公司、中国广核集团有限公司、电力规划设计总院、水电水利规划设计总院、中国风能协会、国家可再生能源中心：

---

❶ 具体内容见“电力监管”栏目。

为引导风电企业理性投资，督促各地区改善风电开发建设投资环境，促进风电产业持续健康发展，现将各省（区、市）风电开发投资监测预警结果予以公布，并就落实好风电投资监测预警机制有关事项通知如下：

一、根据对各省（区、市）2017年风电开发建设和运行状况的监测，2018年度风电开发投资预警信息如下：甘肃、新疆（含兵团）、吉林为红色预警区域。内蒙古、黑龙江为橙色预警区域，山西北部忻州市、朔州市、大同市，陕西北部榆林市以及河北省张家口市和承德市按照橙色预警管理。其他省（区、市）和地区为绿色预警区域。

二、红色预警的区域暂停风电开发建设，集中精力采取有效措施解决存量风电消纳问题。已核准的风电项目暂缓建设，已纳入规划且列入各年度实施方案未核准的风电项目暂停核准，电网企业停止受理缓建和暂停核准项目的并网申请。对平价上网示范项目以及2017年底前已完成核准并列入年度实施方案且升压汇集站主体工程已完成建设的风电项目，电网企业落实消纳条件后，可并网运行。国务院能源主管部门组织的特高压电力外送通道配套项目、清洁能源消纳示范区内的项目从其专门规定。

红色预警地区已投入运行或在建输电通道优先消纳存量风电项目。新疆准东、酒泉二期风电基地项目应在受端地区电网企业确认保障消纳的前提下有序建设。

三、橙色预警地区除符合规划且列入年度实施方案的风电项目和我局组织的示范项目及市场化招标项目外，不再新增年度建设规模，之前已纳入年度实施方案的项目可以继续核准建设。橙色预警地区的省级能源主管部门应会同电网企业保障本地区风电项目消纳状况显著改善，在3月底前制定本地区可再生能源电力消纳专项工作方案，报我局备案后方可开展项目核准工作。

四、预警结果为绿色的地区按照有关要求自行组织风电项目建设，但要把握好风电项目的建设节奏，在落实消纳市场等条件的基础上有序推进，避免出现限电状况。

请各省（区、市）能源管理部门加强落实，及时向我局报告预警机制落实情况。

附件：2018年全国风电投资监测预警结果

国家能源局

2018年3月5日

2018年全国风电投资监测预警结果

地区	预警结果
北京	绿色
天津	绿色
河北南网	绿色
河北北网	绿色
山西	绿色
蒙东	橙色
蒙西	橙色
辽宁	绿色
吉林	红色
黑龙江	橙色
上海	绿色
江苏	绿色
浙江	绿色
安徽	绿色
福建	绿色
江西	绿色
山东	绿色
河南	绿色
湖北	绿色
湖南	绿色
广东	绿色
广西	绿色
海南	绿色
重庆	绿色
四川	绿色
贵州	绿色
云南	绿色
西藏	绿色
陕西	绿色
甘肃	红色
青海	绿色
宁夏	绿色
新疆（含兵团）	红色

国家能源局综合司关于进一步深入做好流域水电综合监测及水能利用监测工作的通知

（国能综通新能〔2018〕29号）

各省、自治区、直辖市及新疆生产建设兵团发展改革委（能源局），国家电网公司、南方电网公司、中国华能集团公司、中国大唐集团公司、中国华电集团公司、中国国电投集团公司、中国长江三峡集团公司、国家开发投资公司、国家能源投资集团有限责任公司，国家可再生能源信息管理中心：

为贯彻落实党的十九大精神，以习近平新时代中国特色社会主义思想为指导，认真落实生态文明建设和绿色发展有关要求，进一步加强流域水电综合管理，推进流域水电综合监测和水能利用监测体系建设，在已开展的长江、金沙江、大渡河、雅砻江、乌江等流域水电综合监测试点工作基础上，深入做好流域水电综合监测和水能利用监测工作。现将有关要求通知如下。

一、进一步完善流域水电综合监测体系，提升监测平台覆盖范围，对主要河流、大中型水电站系统开展流域水电综合监测工作。

二、请各有关单位按照《国家能源局关于印发〈水能利用率计算导则〉〈水能利用监测与发布管理办法〉和〈流域梯级工程特性及运行情况资料报表（试行）〉的通知》（国能发新能〔2017〕4号）有关要求，协助做好流域水电综合监测及水能利用监测工作，提升水电站信息化管理水平，落实数据交换技术基础工作，会同国家可再生能源信息管理中心研究落实安全、可行的数据对接方案，积极推动监测平台对接和数据报送工作。

三、请国家可再生能源信息管理中心加强监测平台建设，认真落实生态文明建设和绿色发展有关要求，持续推进流域水电开发运行涉及的生态环境影响、水能资源利用、流域风险因素、移民安置和库区经济社会发展等监测工作；提升监测平台运行水平，协助加强数据安全管理和数据分析能力建设；完善流域水电信息共享平台，提高信息资源的利用效率。

四、请各省、自治区、直辖市及新疆生产建设兵团能源主管部门梳理本地区在运、在建的大中型水电站（单站总装机容量5万kW及以上）情况，并请于3月15日前将有关情况反馈我局（新能源和可再生能源司）。

联系方式：任爱武 68555033/5037（传真）

附件：大中型水电站情况统计表（略）

国家能源局综合司
2018年2月27日

国家能源局　国务院扶贫办关于印发《光伏扶贫电站管理办法》的通知
（国能发新能〔2018〕29号）

各省、自治区、直辖市及新疆生产建设兵团发展改革委（能源局）、扶贫办，各派出能源监管机构，国家电网公司、南方电网公司、内蒙古电力公司：

为规范光伏扶贫电站建设运行管理，保障光伏扶贫实施效果，促进光伏扶贫健康有序发展，根据《中共中央国务院关于打赢脱贫攻坚战的决定》（中发〔2015〕34号）和《关于实施光伏发电扶贫工作的意见》（发改能源〔2016〕621号），国家能源局、国务院扶贫办制定了《光伏扶贫电站管理办法》，现印发你们，请按要求认真贯彻落实。

附件：光伏扶贫电站管理办法

国家能源局　国务院扶贫办
2018年3月26日

光伏扶贫电站管理办法

第一条　光伏扶贫是资产收益扶贫的有效方式，是产业扶贫的有效途径。为规范光伏扶贫电站建设运行管理，保障光伏扶贫实施效果，根据《中共中央国务院关于打赢脱贫攻坚战的决定》（中发〔2015〕34号）和《关于实施光伏发电扶贫工作的意见》（发改能源〔2016〕621号），制定本办法。

第二条　光伏扶贫电站是以扶贫为目的，在具备光伏扶贫实施条件的地区，利用政府性资金投资建设的光伏电站，其产权归村集体所有，全部收益用于扶贫。

第三条　本办法适用于国家“十三五”光伏扶贫电站项目。

第四条　光伏扶贫对象为列入国家光伏扶贫实施范围的建档立卡贫困村的建档立卡贫困户，优先扶持深度贫困地区和弱劳动能力贫困人口。

第五条　光伏扶贫电站原则上应在建档立卡贫困村按照村级电站方式建设。根据当地实际情况，确有必要并经充分论证可以联建方式建设村级电站。

第六条　光伏扶贫电站由各地根据财力可能筹措资金建设，包括各级财政资金以及东西协作、定点帮扶和社会捐赠资金。光伏扶贫电站不得负债建设，企业不得投资入股。

第七条　村级扶贫电站规模根据帮扶的贫困户数量按户均5kW左右配置，最大不超过7kW，单个电站规模原则上不超过300kW，具备就近接入和消纳条件的可放宽至500kW。村级联建电站外送线路电压等级不超过10kV，建设规模不超过6000kW。

第八条　光伏扶贫电站由县级政府按照“规划、设计、施工、验收、运维”五统一的原则实施，运用市场化方式委托专业机构负责光伏扶贫电站的建设、运行和维护。电站建设应符合国家相关规程规范和技术要求，确保质量与安全。光伏组件、逆变器等主要设备应采用国家资质检测认证机构认证的产品，鼓励采用达到“领跑者”技术指标的先进技术。鼓励采用设计施工采购（EPC）总承包方式统一开展县域内村级电站建设。

第九条　县级政府负责落实村级扶贫电站的建设场址和用地，场址土地不得属于征收土地使用税、耕地占用税的范围，不得占用基本农田，并符合《国土资源部　国务院扶贫办　国家能源局关于支持光伏扶贫和规范光伏发电产业用地的意见》（国土资规〔2017〕8号）规定。

电网公司负责建设配套接入电网工程，将光伏扶贫电站接网工程优先纳入电网改造升级计划，确保村级扶贫电站和接入电网工程同步建成投产。

第十条　省级政府能源、扶贫主管部门根据光伏扶贫政策要求组织对各县级光伏扶贫电站进行验收和评估，并将验收和评估情况形成书面报告报送国家能源局和国务院扶贫办。国家能源局会同国务院扶贫办对光伏扶贫电站验收和评估情况进行监督检查。

第十一条　电网公司保障光伏扶贫项目优先调度与全额消纳。

第十二条　光伏扶贫电站不参与竞价，执行国家制定的光伏扶贫价格政策。

第十三条　光伏扶贫电站优先纳入可再生能源补助目录，补助资金优先发放，原则上年度补助资金于次年1季度前发放到位。

第十四条　光伏扶贫电站收益分配与使用管理，按国务院扶贫办《村级光伏扶贫电站收益分配管理办法》（国开办〔2017〕61号）执行。

第十五条　光伏扶贫电站实行目录管理。国家能源局会同国务院扶贫办按建档立卡贫困村代码，对光伏扶贫电站统一编码、建立目录。纳入目录的，享受光伏扶贫电站政策。光伏扶贫电站有关信息统一纳入国家可再生能源信息管理平台。

第十六条　光伏扶贫电站项目计划下达后，对于一年内未开工建设、验收不合格且未按期整改的项目撤回计划，并给予通报。

第十七条　国家能源局、国务院扶贫办负责组织协调光伏扶贫重大问题，会同相关部门审核各省光伏扶贫实施方案，下达项目计划，对各省光伏扶贫实施工作进行指导监督。国务院扶贫办负责扶贫对象的识别认定和扶贫收益分配的管理监督。省级政府能源、扶贫主管部门负责本省光伏扶贫工作的统筹协调和管理监督，审核县级政府申报的扶贫实施方案和光伏扶贫补助目录，编制本省光伏扶贫实施方案并上报项目计划，出台本省光伏扶贫管理实施细则，组织本省光伏扶贫电站的验收和评估，保障本省光伏扶贫电站财政补助资金及时拨付和收益合理分配。县级政府负责落实光伏扶贫电站各项建设条件，编制本县光伏扶贫实施方案，申报光伏扶贫补助目录，组织实施光伏电站建设与运维，做好光伏扶贫收益分配。

第十八条　鼓励光伏企业积极履行社会责任，采取农光、牧光、渔光等复合方式，以市场化收益支持扶贫。

第十九条　本办法发布前已纳入国家光伏扶贫计划且已建成的集中式电站，按本办法执行。省级政府能源、扶贫主管部门应根据本办法制定本省光伏扶贫实施细则。

第二十条　本办法由国家能源局会同国务院扶贫办负责解释，自发布之日起施行。

国家能源局关于减轻可再生能源领域企业负担有关事项的通知

（国能发新能〔2018〕34号）

各省、自治区、直辖市、新疆生产建设兵团发展改革委（能源局），各派出能源监管机构，国家电网公司、南方电网公司、内蒙古电力公司：

为深入贯彻国务院关于减轻市场主体负担的有关要求，进一步规范可再生能源行业管理，减轻可再生能源企业（含其他机构和个人投资者，以下同）投资经营负担，促进可再生能源成本下降，支持可再生能源相关实体经济健康发展，现就有关政策落实的要求和支持措施通知如下。

一、严格落实《可再生能源法》要求，切实保障可再生能源产业健康发展

*（一）严格执行可再生能源发电保障性收购制度。*对符合国家可再生能源开发利用规划以及在国务院能源主管部门下达的年度建设规模内，经省级能源管理部门列入年度实施方案，且符合国家可再生能源保障性收购及产业投资环境监测预警机制、市场环境监测评价机制有关政策的风电、光伏发电、生物质发电等可再生能源发电项目，电网企业要及时受理项目并网申请，明确提供并网接入方案的时限，对符合并网安全技术标准的项目，不得自行暂停、停止受理项目并网申请或拒绝已办理并网手续的项目并网运行。电网企业应与符合规划以及年度建设规模（年度实施方案）且规范办理并网手续的项目单位签订无歧视性条款的符合国家法规的并网协议，承诺按国家核定的区域最低保障性收购小时数落实保障性收购政策（国家未核定最低保障性收购小时数的区域，风电、光伏发电均按弃电率不超过5%执行），因技术条件限制暂时难以做到的，最迟应于2020年达到保障性收购要求。对于未落实保障性收购要求的地区，国务院能源主管部门将采取暂停安排当地年度风电、光伏发电建设规模等措施控制项目开发建设节奏，有关省级能源管理部门不得将国务院能源主管部门下达的风电、光伏发电建设规模向此类地区配置。水力发电根据国家确定

的上网标杆电价（或核定的电站上网电价）和设计平均利用小时数，通过落实长期购售电协议、优先安排年度发电计划和参与现货市场交易等多种形式，落实优先发电制度和保障性收购。

（二）电网企业负责投资建设接网工程。各类接入输电网的可再生能源发电项目的接网及输配电工程，全部由所在地电网企业投资建设，保障配套电网工程与项目同时投入运行。之前相关接网等输配电工程由可再生能源发电项目单位建设的，电网企业按协议或经第三方评估确认的投资额在2018年底前完成回购。电网企业投资建设可再生能源发电项目的接网及输配电工程的合理费用，在扣除可再生能源电价附加补助资金后，计入所在省级电网输配电价核定成本范围。接入配电网的分布式可再生能源发电项目，接网工程及配套电网改造工程由电网企业（含社会投资增量配电网企业，以下同）投资建设。所有可再生能源发电项目的电能计量装置和向电网企业传送信息的通信设施均由电网企业出资安装。

（三）电力市场化交易应维护可再生能源发电企业合法权益。各电网企业和电力交易机构应遵循《可再生能源法》和电力改革关于可再生能源优先发电相关规定，按照《可再生能源发电全额保障性收购管理办法》（发改能源〔2016〕625号），对国务院能源主管部门会同经济运行主管部门核定的区域最低保障性收购小时数内的电量（国家未核定最低保障性收购小时数的区域，风电、光伏发电均按弃电率不超过5%执行），按国家价格主管部门核定或经招标、优选等竞争性方式确定的上网电价落实保障性收购。鼓励可再生能源发电企业超过最低保障性收购小时数的电量参与市场化交易。电网企业应与可再生能源发电企业签订优先发电合同，优先发电合同可以转让并按可再生能源发电企业所获经济利益不低于按国家价格主管部门核定或经招标、优选等竞争性方式确定的上网电价执行优先发电合同的原则获得相应补偿。实施可再生能源电力配额制，对各省级行政区域规定可再生能源占电力消费比重配额指标并进行考核，提高可再生能源利用水平。

二、优化投资环境，降低可再生能源开发成本

（四）减少土地成本及不合理收费。各地区能源管理部门应编制好可再生能源开发利用规划，并与相关土地利用、农牧林业、生态环保等规划衔接，优先利用未利用土地，鼓励按复合型方式用地，降低可再生能源项目土地等场址相关成本。地方能源管理部门在进行可再生能源项目布局时，应充分考虑土地类型及适用政策等因素，避免在适用城镇土地使用税和耕地占用税增加土地成本偏多的范围内规划布局集中式风电、光伏电站项目。村集体可以土地折价入股等方式参与项目投资，降低土地成本，并将所得收益用于支持村集体公益事业和增加农民收入。

（五）通过绿色金融降低企业融资成本。鼓励金融机构将可再生能源开发利用纳入绿色金融体系，加大对可再生能源项目投资企业的信贷投放，建立符合可再生能源项目的信用评级和风险管控体系，对信用良好的投资企业，在国家规定的基准利率基础上适度下浮，适当延长贷款期限并给予还贷灵活性。支持和鼓励可再生能源企业发行绿色债券和非金融企业绿色债务融资工具。鼓励地方通过专业化绿色担保机制等手段撬动更多社会资本投资于可再生能源等绿色产业领域。鼓励可再生能源投资企业与金融机构合作开展可再生能源投资项目资产证券化。完善可再生能源投资项目质量监测和风险评价体系。

（六）制止纠正乱收费等增加企业负担行为。各级地方政府有关部门不得向可再生能源投资企业收取任何形式的资源出让费等费用，不得将应由地方政府承担投资责任的社会公益事业相关投资转嫁给可再生能源投资企业或向其分摊费用，不得强行要求可再生能源企业在获取项目配置资格的同时对当地其他产业项目进行投资，不得将风电、光伏发电指标与任何无直接关系的项目捆绑安排，不得强行从可再生能源项目提取收益用于其他用途。已向风电、太阳能发电、生物质能等可再生能源项目违规收取资源出让费（或有偿配置项目，以下同）的地区，应按照“谁收取，谁退还”的原则，在本通知发布一年内完成清退。对继续强行收取资源出让费的地区，国家不在该地区布局各类可再生能源示范工程，有关省级能源管理部门不得将国务院能源主管部门下达的风电、光伏发电建设规模向此类地区配置。

三、完善政府放管服等公共服务，激发市场活力

（七）创新可再生能源项目开发机制，切实做好可再生能源政府服务。鼓励地方能源管理部门组织可再生能源项目前期工作，在落实项目建设外部条件后，采取招标方式选择项目投资主体。地方负责前期工作且采取招标方式组织的项目建设过程中，由地方能源管理部门会同有关部门负责落实各种审批手续。鼓励按照“谁审批，谁负责”的原则，建立能源管理部门牵头，相关部门协同配合的项目核准、备案等“一站式”服务。

（八）加强政策落实和监管。国家建立可再生能源开发利用法规政策执行监测评价机制，将相关法规政策执行和优化政府服务列入可再生能源项目投资预警机制的监测评价范围。国务院能源主管部门派出机构要加强对可再生能源项目年度建设规模、项目优

选、项目接网情况、优先上网及保障性收购情况的监管，加强对各地区落实可再生能源产业政策情况的监督。各省级能源管理部门应将可再生能源开发利用规划、项目配置办法等进行公示。电网企业应按月向所在地区的能源监管机构报送可再生能源发电项目接网、优先上网、保障性收购相关信息。各省级能源管理部门在编制项目建设年度实施方案或组织项目配置时，应要求市（县）级有关部门对项目涉及土地类型、税费等作出说明或承诺。对监测评价不合格的地方，停止在该地区安排国家组织开展的示范工程或支持的新的可再生能源开发利用项目。

（九）减少可再生能源项目物流成本。鼓励各地区公路管理机构要强化风机超大部件运输管理服务能力建设，提升大件运输行政许可服务水平。鼓励各地区对秸秆储存给予政策支持。

四、完善行业管理，减少投资和经营负担

（十）规范技术标准及其应用。电网企业应按照有关标准对可再生能源发电项目并网运行进行审查，确保电网安全高效运行。电网企业应根据电网安全以及网络与信息安全需要合理选择技术标准，避免可再生能源项目不必要的设备配置。区分接入电压等级、规格设定适宜的技术条件，对分布式发电功率因数等考核要考虑自发自用利用方式影响，在分布式电源满足接网安全技术及质量标准的前提下，能够在电网系统采取措施改善电能质量，不向分布式发电用户提出不合理的技术要求或进行不合理的考核收费。对风电、光伏发电等项目功率预报考核要公平合理。

（十一）转变风电设备质量风险控制方式。鼓励发挥保险的风险转移作用，促进风电设备质量保险发展，创新风电设备质量保险服务模式，丰富质量保险产品，加强风电设备质量监测评价和信用体系建设，鼓励以风电设备质量保险替代风电设备质量保证金。

（十二）规范各类检查和收费。电网企业对可再生能源发电项目进行并网及运行安全检查不收取费用，并网检测技术机构对项目采用已检测过的产品不重复检测，仅当检查或运行中发现项目所用涉网设备不符合并网标准，且项目单位完成技术整改后，才进行复查检测并按国家核定标准收费。各类检查均不得将应由本单位负担的公务费用向可再生能源项目单位转嫁。减少各种检查工作的随意性和对项目生产经营的干扰。

本通知自印发之日起执行。

国家能源局

2018 年 4 月 2 日

国家能源局关于印发《分散式风电项目开发建设暂行管理办法》的通知

（国能发新能〔2018〕30 号）

各省、自治区、直辖市、新疆生产建设兵团发展改革委（能源局），各派出能源监管机构，国家电网公司、南方电网公司、内蒙古电力公司：

为加快推进分散式风电发展，完善分散式风电的管理流程和工作机制，根据《可再生能源法》和国家发展改革委《分布式发电管理暂行办法》，我局制定了《分散式风电项目开发建设暂行管理办法》，现印发你们，请遵照执行。

附件：分散式风电项目开发建设暂行管理办法

国家能源局

2018 年 4 月 3 日

附件

分散式风电项目开发建设暂行管理办法

第一章　总　　则

第一条　为推进分散式风电发展，规范分散式风电项目建设管理，根据《中华人民共和国可再生能源法》《中华人民共和国电力法》《中华人民共和国行政许可法》《中华人民共和国土地管理法》以及《分布式发电管理暂行办法》，制定本办法。

第二条　分散式风电项目是指所产生电力可自用，也可上网且在配电系统平衡调节的风电项目。项目建设应满足以下技术要求：

（一）接入电压等级应为 110kV 及以下，并在 110kV 及以下电压等级内消纳，不向 110kV 的上一级电压等级电网反送电。

（二）35kV 及以下电压等级接入的分散式风电项目，应充分利用电网现有变电站和配电系统设施，优先以 T 或者 π 接的方式接入电网。

（三）110kV（东北地区 66kV）电压等级接入的分散式风电项目只能有 1 个并网点，且总容量不应超过 50MW。

（四）在一个并网点接入的风电容量上限以不影响电网安全运行为前提，统筹考虑各电压等级的接入总容量。

国家关于分布式发电的政策和管理规定均适用于分散式风电项目；110kV（东北地区 66kV）电压等级接入的分散式风电项目，接入系统设计和管理按照集

中式风电场执行。

第三条 鼓励各类企业及个人作为项目单位，在符合土地利用总体规划的前提下，投资、建设和经营分散式风电项目。鼓励开展商业模式创新，吸引社会资本参与分散式风电项目开发，充分激发市场活力。

第四条 各省级能源主管部门在国务院能源主管部门的组织和指导下，负责本地区分散式风电项目的开发规划、建设管理以及质量和安全监督管理职责。

第二章 规 划 指 导

第五条 地方各级能源主管部门会同国土、环保、规划等部门和相关企业，依据当地土地利用总体规划和风能资源、电网接入、清洁能源消纳能力等开发建设条件，制订当地分散式风电开发建设规划，并依法开展环境影响评价工作，编制规划环境影响报告书，同时结合实际情况及时对规划进行滚动修编。分散式风电开发建设规划应做好与《风电发展“十三五”规划》的衔接，在落实消纳条件和分散式风电技术要求的条件下，严格按照《国家能源局关于可再生能源发展“十三五”规划实施的指导意见》对风电建设规模的相关要求以及我局关于风电预警管理的相关规定编制，不得随意扩大建设规模。

规划编制可按以下流程开展：① 能源主管部门根据土地、资源等提出规模及布点方案；② 电网企业据此方案，基于电网、负荷，按照电网接入条件约束进行容量和布点的优化；③ 能源主管部门公开发布分散式风电规划报告并进行滚动修编。

第六条 全面拓宽应用领域。鼓励分散式风电项目与太阳能、天然气、生物质能、地热能、海洋能等各类能源形式综合开发，提高区域可再生能源利用水平；与生态旅游、美丽乡村、特色小镇等民生改善工程深入结合，促进县域经济发展；与智慧城市、智慧园区、智慧社区等有效融合，为构建未来城市（社区）形态提供能源支撑；与海岛资源开发利用充分结合，促进发展海洋经济、拓宽发展空间。

第七条 各级电网企业应积极配合分散式风电开发建设规划制订工作，提供本地区电网建设规划、潮流、新能源消纳等相关信息，并明确各并网点及其潜在接入容量等数据。鼓励分散式风电等分布式发电建设条件好的市（县）及地区电网企业编制分布式新能源电网接入和消纳的专项规划。

第八条 分散式风电项目开发建设规划应与土地利用、生态保护、乡村发展、电网建设等相关规划有效衔接，并符合城乡规划，避免分散式风电开发建设规划与其他规划冲突。

第三章 项目建设和管理

第九条 各地方要简化分散式风电项目核准流程，建立简便高效规范的核准管理工作机制，鼓励试行项目核准承诺制。地方能源主管部门制订完善的分散式风电项目核准管理工作细则，建立简便高效规范的工作流程，明确项目核准的申报材料、办理流程和办理时限等，并向社会公布。对于试行项目核准承诺制的地区，地方能源主管部门不再审查前置要件，审查方式转变为企业提交相关材料并作出信用承诺，地方能源主管部门审核通过后，即对项目予以核准。

第十条 鼓励各地方政府设立以能源主管部门牵头的“一站式”管理服务窗口，建立国土、环保等多部门高效协调的管理工作机制，并与电网企业有效衔接，建立与电网接入申请、并网调试、电费结算和补贴发放等相结合的分散式风电项目核准等“一站式”服务体系。

第十一条 分散式风电项目开发企业在项目取得土地、规划、环保等职能部门的支持性文件后，按照地方政府有关规定，向相应的项目核准机关报送项目申请报告。各地相关部门要针对分散式风电项目的特点简化工作流程，降低项目前期成本。

第十二条 开发企业应按照核准文件的要求进行建设。项目核准后两年内不开工建设的，按照《企业投资项目核准和备案管理办法》（国家发展和改革委员会令第 2 号）处理。项目开工以第一台风电机组基础浇筑为标志。

第十三条 在满足国家环保、安全生产等相关要求的前提下，开发企业可使用本单位自有建设用地（如园区土地），也可租用其他单位建设用地开发分散式风电项目。

分散式风电项目不得占用永久基本农田。对于占用其他类型土地的，应依法办理建设用地审批手续；在原土地所有权人、使用权人同意的情况下，可通过协议等途径取得建设用地使用权。

第十四条 分散式风电项目申请核准时可选择“自发自用、余电上网”或“全额上网”中的一种模式。自发自用部分电量不享受国家可再生能源发展基金补贴，上网电量由电网企业按照当地风电标杆上网电价收购，其中电网企业承担燃煤机组标杆上网电价部分，当地风电标杆上网电价与燃煤机组标杆上网电价差额部分由可再生能源发展基金补贴。对未严格按照技术要求建设的分散式风电项目，国家不予补贴。

第十五条 鼓励开发企业将位于同一县域内的多个电网接入点的风电机组打捆成一个项目统一开展前期工作，办理相关支持性文件，进行项目前期工作和开发建设。

第四章　电　网　接　入

第十六条　通过110kV（东北地区66kV）电压等级接入的分散式风电项目，应满足国家标准GB/T 19963《风电场接入电力系统技术规定》及其他国家/行业相关标准的技术要求；通过35kV及以下电压等级接入的分散式风电项目，应满足国家标准GB/T 33593《分布式电源并网技术要求》及其他国家/行业相关标准的技术要求。

第十七条　电网企业应为纳入专项规划的35kV及以下电压等级的分散式风电项目接入电网提供便利条件，为接入系统工程建设开辟绿色通道。接入公共电网的分散式风电项目，接入系统工程以及接入引起的公共电网改造部分由电网企业投资建设。接入用户侧的分散式风电项目，在用户范围内的接入系统工程由项目业主投资建设，接入引起的公共电网改造部分由电网企业投资建设。

第十八条　电网企业应完善35kV及以下电压等级接入分散式风电项目接网和并网运行服务。由地市或县级电网企业设立分散式风电项目“一站式”并网服务窗口，按照简化程序办理电网接入，提供相应并网服务，并及时向社会公布配电网可接入容量信息。

第十九条　35kV及以下电压等级接入分散式风电项目办理并网手续的工作流程、办理时限，参照以下要求执行：

（一）地市或县级电网企业客户服务中心为分散式风电项目业主提供并网申请受理服务，向项目业主填写并网申请表提供咨询指导，接受相关支持性文件，不得以政府核准文件、客户有效身份证明之外的材料缺失为由拒绝并网申请。

（二）电网企业为分散式风电项目业主提供接入系统方案制订和咨询服务，并在受理并网申请后20个工作日内，由客户服务中心将接入系统方案送达项目业主，经项目业主确认后实施。

（三）分散式风电项目主体工程和接入系统工程竣工后，客户服务中心受理项目业主并网调试申请，接收相关材料。

（四）电网企业在受理并网调试申请后，10个工作日内完成关口电能计量装置安装服务，并与项目业主（或电力用户）签署购售电合同和并网调度协议。合同和协议内容参照有关部门制订的示范文本内容。

（五）电网企业在关口电能计量装置安装完成后，10个工作日内组织并网调试，调试通过后直接转入并网运行。

（六）电网企业在并网申请受理、接入系统方案制订、合同和协议签署、并网调试全过程服务中，不收取任何费用。

第二十条　电网企业应按规定的并网点及时完成应承担的接网工程，在符合电网运行安全以及网络与信息安全技术要求的前提下，尽可能在用户侧以较低电压等级接入，允许内部多点接入配电系统，避免安装不必要的升压设备。

第二十一条　电网企业应根据分散式风电接入方式、电量使用范围，本着安全、简便、及时、高效的原则做好并网管理，提供相关服务。

第二十二条　分散式风电与电网的产权分界点为风电机组集电线路最靠近电网的最后一台风电机组处，电量计量点原则上尽可能接近产权分界点，在技术条件复杂时可由开发企业与当地电网企业协商确定。电网企业提供的电能计量表应可明确区分项目总发电量、“自发自用”电量和上网电量。

第二十三条　完善分散式风电项目电费结算和补贴拨付。

（一）电网企业按月（或双方约定）与分散式风电项目单位（含个人）结算电费和转付国家补贴资金，按分散式风电项目优先原则做好补贴资金使用预算和计划，保障国家补贴资金及时足额转付到位。

（二）电网企业应按照有关规定配合当地税务部门处理好购买自然人（个人）分散式风电项目电力产品发票开具和税款征收问题。

（三）电网企业应做好项目电费结算和补贴发放情况的统计，并按要求向国务院能源主管部门及其派出机构、省级能源主管部门报送相关信息。

（四）分散式风电项目并网调试完成，并具备正式结算条件后，由电网企业按季度按流程向财政部、国家发展改革委、国家能源局申报纳入可再生能源发电补贴目录。

第二十四条　对于接入10kV及以上电压等级电力系统的分散式风电项目，开发企业应确保其安装的风电机组型号通过了相关国家标准、行业标准所规定的测试，并网运行时电能质量和所在公共电网的接入点电压合格。分散式风电应充分利用自身无功电压调节能力，补偿分散式风电接入带来的无功和电能质量控制需求。电网企业根据当地电网运行需要，统一建立覆盖本地区的功率预测预报体系。

第二十五条　分散式风电项目根据其所用的风电机组技术特性运行，在确保电力系统网络与信息安全的前提下，向地市或县级电网调度部门上传运行信息。

第五章　运　行　管　理

第二十六条　分散式风电项目运营主体应当遵守电力业务许可制度，依法开展发电相关业务，并接受国务院能源主管部门及其派出机构的监管。

第二十七条 加强分散式风电项目监测和评价。电网企业应与分散式风电项目建立沟通协调机制，及时掌握分散式风电运行情况。在电网和分散式风电项目检修期间，做好接入点隔离措施。

第二十八条 完善产业技术服务体系。通过市场机制培育分散式风电项目规划设计、工程建设、评估认证、运行维护等环节的专业化服务能力，满足分散式风电项目多元化参与主体的技术需求。

第二十九条 探索新型专业化的运维商业模式。鼓励分散式风电项目应用智能化运行管理技术，实现无人值守的运行模式；鼓励开发企业委托第三方专业机构提供运维服务。

第三十条 完善分散式风电项目机组退役管理。制订风电机组剩余寿命评估标准，在风电机组并网运行达到设计寿命前1～2年内，对机组状况、运行条件及剩余寿命等进行综合评估，按照标准要求对机组采取延期服役或拆除处理。

第六章 金融和投资开发模式创新

第三十一条 创新投融资机制。鼓励各类企业、社会机构、农村集体经济组织和个人参与投资分散式风电项目，实现投资主体多元化。

（一）鼓励项目所在地政府建立分散式风电项目融资服务平台，与银行、保险公司等金融机构合作开展金融服务创新，如设立公共担保基金、风险补偿基金等。鼓励项目所在地政府结合民生项目对分散式风电项目提供贷款贴息。

（二）鼓励银行等金融机构，在有效防控风险的前提下，综合考虑社会效益和商业可持续性，积极为分散式风电项目提供金融服务，探索以项目售电收费权和项目资产为质押的贷款机制。

（三）在确保不增加地方政府隐性债务的前提下，鼓励合法合规地采用融资租赁方式为分散式风电项目提供一体化融资租赁服务；鼓励各类基金、保险、信托等与产业资本结合，探索建立分散式风电项目投资基金；鼓励担保机构对中小企业和个人提供建设分散式风电项目的信用担保，支持分散式风电入户、入社区（乡村和工业园区等）。

第三十二条 积极开展商业模式创新。在农民自愿的前提下，可以将征地补偿费和租用农用地费作为资产入股项目，形成集体股权，并量化给农村集体经济组织成员，建立公平、公正、公开的项目收益分配制度，以组、村、乡镇不同层级农村集体经济组织为股权持有者，其成员为集体股权受益主体，推动实现共享发展。鼓励社会资本采取混合所有制、设立基金、组建联合体等多种方式，以PPP合作模式参与地方政府主导的分散式风电项目投资建设。

第三十三条 鼓励项目所在地开展分散式风电电力市场化交易试点，允许分散式风电项目向配电网内就近电力用户直接售电，市场化交易范围、交易方式、交易电价、输配电价、交易各主体权利和义务等按照分布式发电市场化交易相关规定执行。

第七章 附　则

第三十四条 本办法自颁布之日起实施，有效期5年。

第三十五条 本办法由国家能源局负责解释。

国家能源局综合司关于进一步强化隐患排查治理和风险管控　保障电力系统安全稳定运行的紧急通知

（国能综通安全〔2018〕62号）

各省、自治区、直辖市、新疆生产建设兵团发展改革委（能源局）、经信委（工信委），各派出能源监管机构，全国电力安委会各企业成员单位：

2018年4月7日，国家电网公司±800kV天山换流站极Ⅰ高端Y/D-B相换流变突发故障，引发设备着火，造成部分设备烧损。同日，大量海藻涌入海南昌江核电厂海水取水系统并堵住鼓型滤网，导致循环水泵跳闸，1、2号核电机组相继停运。两起事故（事件）再次给电力安全生产工作敲响了警钟，为杜绝类似事故（事件）再次发生，保障电力系统安全稳定运行，现就有关事项紧急通知如下。

一、进一步落实电力企业安全生产主体责任。各电力企业要按照“党政同责、一岗双责、失职追责”的要求，进一步健全完善安全生产责任落实机制，特别要夯实基层电力企业安全基础，提高安全意识，强化责任意识，严格执行各项规程规范和管理制度，确保各项安全要求和措施落实到位。

二、全面开展隐患排查治理工作。各电力企业要加强在建工程施工安全和电力设备设施运行维护管理，开展隐患排查。要重点排查发、输、变电设备，加强巡视维护，及早发现设备异常缺陷并进行处理；开展火灾隐患排查，重点排查大型电力设施、重点部位、易燃易爆危险品设备设施防火措施落实情况以及消防设施配置运行情况；加强电力二次系统安全管理，避免因二次设备拒动、误动导致事故（事件）范围扩大。

三、全面提升安全风险管控能力。各电力企业要完善安全风险管控闭环机制，针对系统、设备和作业过程存在的风险，采取切实措施，努力降低或消除安全风险；从规划、建设、技改等方面全方位开展工作，不断完善电网结构、提升设备可靠性，坚决防止因安全风险管控不到位导致电网大面积停电。

四、加强电力应急管理。各电力企业要进一步加强事故（事件）预想，加强与地方政府有关部门的沟通衔接，建立健全有针对性的事故（事件）应急救援社会联动机制，完善各级各类事故（事件）应急处置预案特别是电气火灾隐患应急预案。及时组织开展应急演练特别是电气火灾专项应急演练，提高应急能力和水平，确保突发事件应急处置快速、有序，防止事故（事件）扩大。进一步规范信息报送，及时按程序报告事故（事件）信息。

五、探索建立大电网故障主动防御体系。有关电力企业要针对长距离、大容量直流输电通道故障对送、受端电网带来的严重影响，通过技术进步，进一步提高特高压交直流混联电网运行安全水平。增强系统动态无功支撑水平，提高电网有功调节能力；合理配置系统安全稳定控制装置，科学制定控制策略和处置预案，不断提高大电网故障主动防御能力。

六、强化电力安全监管。国家能源局各派出监管机构要会同地方政府电力管理等有关部门，督促电力企业落实安全生产主体责任，强化安全意识，深入开展隐患排查治理工作，及时落实安全风险管控措施，确保电力建设工程施工安全、电力系统安全稳定运行和电力可靠供应。

国家能源局综合司
2018 年 4 月 16 日

国家能源局关于进一步促进发电权交易有关工作的通知
（国能发监管〔2018〕36 号）

各派出能源监管机构，国家电网公司、南方电网公司，华能、大唐、华电、国家能源、国家电投集团公司，三峡集团公司，国家开发投资公司，中核、中广核集团公司，华润（集团）有限公司，内蒙古电力（集团）公司，北京、广州电力交易中心，有关电力企业、电力交易中心：

为贯彻落实党中央、国务院深化电力体制改革工作部署，稳妥有序推进电力市场建设，大幅度提高电力市场化交易比重，以市场化方式增加清洁电力供应，现就进一步促进发电权交易有关工作通知如下。

一、坚持市场化原则，落实节能减排政策。坚持市场主体平等自愿、利益共享，原则上符合国家产业政策和相关规定的各类发电企业均可参与发电权交易。充分发挥市场在资源配置中的决定性作用，任何部门（机构）不得随意干预发电权交易行为，不得变相优惠让利，不得设置前置审批。落实节能减排政策，促进电力产业结构优化调整，原则上由大容量、高参数、环保机组替代低效、高污染火电机组及关停发电机组发电，由水电、风电、光伏发电、核电等清洁能源发电机组替代低效、高污染火电机组发电，不应逆向替代，实现全社会节能减排目标和资源有效利用。

二、发电企业积极参与，促进发电权交易开展。现阶段发电权交易是指发电企业将基数电量合同、优先发电合同等合同电量，通过电力交易机构搭建的交易平台，以双边协商、集中竞价、挂牌等市场化方式向其他发电企业进行转让的交易行为。发电企业应在保障自身发、用电安全的基础上，按照《电力中长期交易基本规则（暂行）》等有关规定自主、自愿参与发电权交易，签订并履行交易合同及电量互保协议。在水电、风电、光伏发电、核电等清洁能源消纳空间有限的地区，鼓励清洁能源发电机组间相互替代发电，通过进一步促进跨省跨区发电权交易等方式，加大清洁能源消纳力度。鼓励符合国家产业政策和相关规定、公平承担社会责任的燃煤自备电厂通过市场化方式参与发电权交易，由清洁能源替代发电。

三、规范市场运行组织，切实做好相关工作。电力交易机构应根据相关规则组织开展各类发电权交易并编制年度、月度交易计划，及时完成结算，做好电力交易信息披露等相关工作，并按照有关规定报所在地派出能源监管机构和地方政府相关部门备案。电力调度机构应加强调度运行管理，对发电权交易进行安全校核，并及时向市场主体公布校核结果，确保系统安全稳定运行的前提下，保障发电权交易结果的执行。电网企业应为市场主体提供公平的输配电服务和电网接入服务，保障输配电设施的正常运行，按照《电力中长期交易基本规则（暂行）》及相关规定收取输配电费，代收代付电费和政府基金及附加等。

四、持续完善交易规则，积极推进市场建设。各地发电权交易应与电力市场建设相关工作统筹考虑，做好发电权交易与优先发电优先购电计划以及其他电力交易品种之间的协调与衔接，原则上由清洁能源优先发电计划外电量替代火电基数电量。各派出能源监管机构应根据《电力中长期交易基本规则（暂行）》等相关文件要求，会同地方政府相关部门、电力交易机构持续完善相关规则，建立健全规范透明的市场交易机制，结合当地实际，丰富发电权交易方式及类型，积极稳妥推进电力市场化交易。

五、加强电力市场监管，维护市场交易秩序。各派出能源监管机构要进一步加强对发电权交易工作的综合指导，切实加强发电权交易监管，维护公平公正的市场秩序。要按照《发电权交易监管暂行办法》等有关规定要求，督促电力交易机构及时报送、披露相关信息，并及时公布发电权交易开展情况。

工作中如遇重大事项，请及时报告国家能源局（市场监管司）。

联系人及电话：张旭 010－66597303

国家能源局

2018 年 4 月 27 日

国家能源局关于印发进一步支持贫困地区能源发展助推脱贫攻坚行动方案（2018—2020 年）的通知

（国能发规划〔2018〕42 号）

各省、自治区、直辖市和新疆生产建设兵团发展改革委（能源局），中国煤炭工业协会，中国石油和化学工业联合会，有关企业：

为深入贯彻落实党的十九大精神和党中央、国务院脱贫攻坚重大决策部署，充分发挥能源行业特点和系统优势，进一步加大支持力度，促进贫困地区能源加快发展，为打赢脱贫攻坚战提供更加有力的能源保障和支撑，我局研究制定了《进一步支持贫困地区能源发展助推脱贫攻坚行动方案（2018—2020 年）》。现印发你们，请结合本单位实际，采取有力措施，积极推进落实。

附件：进一步支持贫困地区能源发展助推脱贫攻坚行动方案（2018—2020 年）

国家能源局

2018 年 5 月 9 日

附件

进一步支持贫困地区能源发展助推脱贫攻坚行动方案（2018—2020 年）

党的十八大以来，以习近平同志为核心的党中央把脱贫攻坚提到治国理政的重要位置，作出了一系列决策部署，脱贫攻坚取得了决定性进展。党的十九大将脱贫攻坚工作摆到更加突出的位置，强调精准脱贫是必须坚决打好的三大攻坚战之一。为深入贯彻落实党的十九大精神和党中央、国务院脱贫攻坚重大决策部署，指导能源行业充分发挥行业特点和系统优势，进一步加大支持力度，促进贫困地区能源加快发展，为打赢脱贫攻坚战提供更加有力的能源保障和支撑，特制定本行动方案。

一、总体要求

（一）指导思想

全面贯彻落实党的十九大和十九届二中、三中全会以及中央经济工作会议，中央农村工作会议、中央扶贫开发工作会议精神，以习近平新时代中国特色社会主义思想为指导，围绕 2020 年实现现行标准下脱贫、全面建设小康社会的总目标，瞄准突出短板和瓶颈制约，以“三区三州”等深度贫困地区和丧失劳动能力贫困人口为重点，坚持精准识别扶贫对象，坚持精准对接能源发展需求，坚持因地制宜、分类施策，坚持真扶贫、扶真贫，创新思路、机制和方法，举全行业之力，进一步加大对贫困地区能源基础设施建设、产业扶贫开发等方面的支持力度，助推贫困地区经济社会发展，为全面打好脱贫攻坚战、使贫困地区与全国同步建成小康社会提供可靠的能源保障。

（二）行动目标

到 2020 年，贫困地区能源资源开发有序有效推进；贫困地区能源普遍服务水平显著提高，达到或接近本省（区、市）平均水平；完成西藏等地区农村通动力电，实现全国贫困地区农村动力电全覆盖；行业内各单位、各部门负责的定点扶贫县全部摘帽。

二、着力提高认识和改进作风

（三）深入落实习近平扶贫开发战略思想

党的十八大以来，习近平总书记多次深入贫困地区调研，结合世情国情和贫困地区情况，就扶贫开发工作发表了一系列重要讲话，提出了一系列新思想、新论断、新举措，形成了新时代中国特色社会主义扶贫开发战略思想，为打赢脱贫攻坚战提供了行动指南和根本遵循。能源行业各主管部门、各单位要全面系统学习并深刻领会习近平扶贫开发战略思想，并以此来武装头脑、指导实践，用实际行动体现政治忠诚和政治担当。

（四）强化扶贫领域作风治理

全面贯彻习近平总书记关于对扶贫领域腐败和作风问题开展专项治理的重要指示精神，积极落实国开发〔2017〕10 号文件部署，把作风建设放在突出位置，用 1 年左右时间着力解决能源扶贫领域存在的认识不到位，措施不精准、效果不明显、工作不扎实、责任不明确等突出问题，确保取得阶段性成果，并将作风建设贯穿脱贫攻坚全过程，持续推进，以作风改进带动扶贫成效的提升，推动能源扶贫工作高效开展。

三、加快贫困地区能源资源开发建设

（五）优先规划布局能源开发项目

在各级各类能源“十三五”规划的中期评估、调整以及相互衔接中，将贫困地区能源建设摆上更为重

要的位置，在符合相关政策、条件允许、经济可行的情况下，煤炭、煤电、油气、水电等资源开发利用类重大项目、跨区域重大能源输送通道项目以及风电、光伏等新能源项目，优先在贫困地区布局建设。加快推进涉及贫困地区的各类能源规划编制、审核和批复工作。依据国家发布和批复的能源规划，规范能源资源勘探开发秩序，将能源资源的开发、转化、利用更多与提高建档立卡贫困户收入紧密联系起来。

（六）高质量加快推进能源项目建设

加强各级各类能源“十三五”规划实施跟踪协调与监督检查，优先办理贫困地区能源项目审批核准事项，积极落实前置条件，推动项目尽早开工建设投产。

加快推动贫困地区流域龙头水库和重大水电项目建设，以西南水电开发为重点，尤其是“三区三州”地区，力争到2020年开工建设常规水电6000万kW；加快建设安徽金寨、陕西镇安等抽水蓄能电站项目；在做好生态环境保护的基础下，支持西部离网缺电贫困地区小水电扶贫工程项目建设。

结合可再生能源分布和市场消纳情况，积极支持贫困地区因地制宜发展风能、太阳能、生物质能等可再生能源，有序推进内蒙古、新疆、甘肃、河北、四川等贫困地区风电基地和青海、新疆、甘肃、内蒙古、陕西等贫困地区光伏电站建设。

加快推进贫困地区煤炭矿区总体规划批复和项目核准工作，促进煤炭行业结构调整和转型升级，有序开发煤炭资源。

加快青藏油气管道项目前期工作，推动建设南疆天然气乌什支线。

加强贫困地区电网和输电通道建设。加快建设藏中和昌都联网工程、拉萨至灵芝铁路供电工程，研究推进建设阿里与藏区主网互联工程，新疆电网进一步向南疆延伸。建设乌东德、白鹤滩、金沙江上游等西部水电基地外送通道，推进“三区三州”水电开发与消纳。力争建成淮东—皖南±1100kV特高压直流工程，开工建设雅中—南昌±800kV特高压直流工程和安徽石店500kV、甘肃洪德330kV、江西广昌220kV等一批重点电网工程。

四、着力完善贫困地区能源基础设施

（七）进一步加大贫困地区农村电网改造升级力度

制定和实施《“三区三州”农网改造升级攻坚三年行动计划（2018—2020年）》，明确西藏、新疆南疆、四省藏区、四川凉山州、云南怒江州、甘肃临夏州未来3年农网改造升级的目标、任务和措施，落实具体任务，全面带动当地农村电气化建设，为深度贫困地区发展提供坚强电力保持。

制定和实施《中西部省份贫困地区农网改造升级三年实施方案（2018—2020年）》，明确除“三区三州”外贫困地区未来3年农网改造升级目标、任务和措施等，进一步提高贫困地区用电水平，带动贫困地区农村经济社会发展和产业升级。

加大中央预算内投资、电网企业自有资金、地方财政资金和专项建设基金等各类资金对贫困地区农网改造升级的投入，研究调整“三区三州”等深度贫困地区农网改造升级工程资本金比例，加快项目审批核准和组织实施，做好统筹协调，强化监督检查，为工程顺利实施创造良好条件。

（八）启动实施抵边村寨电网升级改造攻坚计划

边境省份能源主管部门和电网企业应将抵边村寨作为农村电网改造升级的重点，全面解决供电容量低、安全隐患多、电压不达标、不通动力电等问题，缩小抵边村寨与内陆供电服务差距，切实提高抵边村寨电力保障能力。

（九）进一步加快实施动力电全覆盖工程

继续按照国家能源局、国务院扶贫办《关于印发贫困村通动力电工程实施方案的通知》（国能新能〔2016〕398号）部署，在基本完成第一阶段工作基础上，积极开展第二阶段西藏通动力电工作。以老旧线路和配电台区改造升级为重点，加大政策、资金支持力度，提高建设标准，抓紧组织实施，强化监督检查，确保到2020年完成包括西藏在内的所有贫困地区农村通动力电建设任务，满足贫困户生产生活和贫困地区产业发展需求。

（十）建立电力普遍服务监测评价体系

研究建立以县为单位的电力普遍服务监测评价体系，对农网规模、技术指标、电网企业投入、县级供电企业经营情况等进行监测评价，重点监测农村电网运行服务、电网企业投入等，加大对电网企业农网建设的监督，督查履行电力普遍服务责任，做好农村电力管理和供电服务。

五、精准实施光伏扶贫工程

（十一）光伏扶贫规模优先向深度贫困地区安排

在条件适宜地区，以贫困村村级光伏电站为重点，有序推进光伏扶贫。在编制和下达“十三五”光伏扶贫规模计划时，优先支持“三区三州”等深度贫困地区建设村级光伏电站，鼓励地方政府统筹建设资金，根据扶贫对象数量、分布及光伏发电建设条件，因地制宜实施光伏扶贫项目。鼓励采取农光、牧光、渔光等复合方式，以市场化收益支持精准扶贫。

（十二）确保光伏扶贫工程质量和效果

完善光伏扶贫管理机制，按照《光伏扶贫电站管理办法》规定，加强对光伏扶贫的对象确定、招标建设、运行维护、电网接入、补贴发放、收益分配等环节统筹协调和监督检查，严格限定帮扶对象和建设条件，完善工作信息传递机制，推行政府“规划、设计、施工、验收、运维”五统一模式，保障项目质量、实施效果，以及补贴足额及时到位，促进光伏扶贫健康有序发展。

在贫困地区农村电网改造工作中，电网企业要优先推进光伏扶贫项目配套接网工程建设，制定合理的光伏扶贫项目并网运行和电量消纳方案，确保配套接网工程同步投入运行，光伏扶贫项目优先上网和全额收购。电网企业要加快光伏扶贫项目电费结算及补贴发放进度，切实增强群众获得感和满意度。

六、完善能源扶贫政策措施

（十三）优先安排投资补助资金

中央和地方能源类预算内投资安排要向贫困地区重点倾斜。研究推动设立电力普遍服务基金，形成有利于支持贫困地区电力发展的长效机制。能源企业要继续扩大支持贫困地区能源发展项目的自筹资金规模，要将贫困地区建档立卡贫困人口、贫困发生率、能源基础设施薄弱程度作为安排能源投资的重要依据，实行差别化扶持。在提高贫困地区能源服务水平和安全生产水平的同时，切实发挥能源投资的拉动作用，进一步促进当地经济发展。

（十四）优先开展各类改革试点

在推动增量配电网业务改革试点、油气体制改革等各项能源专项改革试点过程中，对符合条件的贫困地区要优先予以考虑和支持，让能源改革成果更快地惠及贫困地区经济社会发展，促进贫困群众脱贫致富。

（十五）调整完善能源资源开发收益分配政策

在加大贫困地区水电、煤炭、油气等能源资源开发的同时，研究调整完善针对贫困地区能源资源开发收益分配的特殊政策并积极贯彻落实，让贫困地区和贫困群众从能源资源开发中更多地受益。在贫困地区组织开展水电、煤炭、油气等能源资源开发资产收益扶贫改革试点，加大政策支持力度，加强项目运行保障，让建档立卡贫困户更多分享能源资源开发收益。

（十六）建立健全水电利益共享机制

研究建立健全水电开发利益共享机制，将从发电中提取的资金优先用于本水库移民和库区后续发展，增加贫困地区年度发电指标，提高贫困地区水电工程留存电量比例。对在贫困地区开发水电站用集体土地的，试行给原住居民集体股权方式进行补偿，让贫困人口更好地分享资源开发收益。

（十七）优先保障特殊地区能源发展需求

能源行业各主管部门、各单位要认真贯彻落实中办、国办《关于支持深度贫困地区脱贫攻坚的实施意见》（厅字〔2017〕41 号）文件精神，按照中央“三个新增”要求，以解决突出制约问题和补齐短板为重点，进一步加大对贫困地区，特别是“三区三州”等深度贫困地区的支持力度，做到项目优先安排、资金需求优先保障、工作事项优先推进、重大改革优先试点、政策措施优先落实。各能源监管机构要对贫困地区电力市场秩序和安全生产给予特别关注，加强监管和培训、确保扶贫项目质量和安全。

七、加强定点扶贫工作

（十八）进一步明确定点扶贫目标任务

全面聚焦党的十九大关于脱贫攻坚的新部署新要求，各单位要把定点扶贫地区脱贫工作纳入本单位工作重点，加强工作力量，紧扣脱贫摘帽目标，将任务逐一分解落实到年度，明确重点任务和时间表，采取有力措施，对账销号，深入推进落实，确保完成帮扶任务。

（十九）切实提高精准帮扶实效

各单位要按照“五个一批”的要求，将单位职能优势与定点帮扶贫困地区实际需求结合起来，因地制宜、因村施策、因户施法，真正扶到点上、帮到根上，切实提高定点扶贫工作的精准度和有效性。

（二十）深化人才支援和教育帮扶

按照习总书记“扶贫先扶智”指示要求，能源企业、行业所属高校、科研院所、媒体和学会、协会要充分发挥在科研、教育、培训等方面的优势，积极开展智力帮扶，在定点扶贫地区积极开展支教、培训、讲座等活动。各单位各部门要继续选派政治素质好、工作能力强，有吃苦和奉献精神的优秀干部到定点扶贫地区挂职，要把培养锻炼干部与定点扶贫有机结合起来。

八、强化落实保障措施

（二十一）加强组织领导

国家能源局加强贫困地区能源扶贫工作的政策制定、规划指导、跟踪协调和监督检查。各地能源行业主管部门、各单位要更加高度重视贫困地区脱贫攻坚工作，作为一项重要政治任务摆上议事日程，主要负责同志要亲自抓、经常过问，结合本单位实际科学谋划精准扶贫思路，进一步细化目标任务和政策举措，逐项分解落实到人，精心组织实施，确保完成各项任务。

（二十二）深化调查研究

按照党的十九大关于“脱真贫、真脱贫”的决策部署，各单位要主动开展对贫困地区的调研，及时掌握贫困地区发展需求，发展愿望和面临的突出困难问题，找准与业务工作的结合点，为完善能源扶贫政策、帮扶措施打下坚实基础。

（二十三）加大投入力度

能源行业各主管部门、各单位要运用自身职能和行业资源优势，在资金、项目、人力等方面进一步加大对贫困地区的倾斜支持力度；能源企业要将自身发展与贫困地区脱贫攻坚工作结合起来，发挥资金、技术、市场、管理等方面优势，积极支持贫困地区能源产业发展，带动贫困地区经济社会发展。

（二十四）严格督查考核

能源行业各主管部门、各单位要建立和完善扶贫工作考核机制，对照扶贫任务分工，加强监督检查和考核评估。对成绩突出的要进行表扬奖励和优先提拔任用，对未完成扶贫任务分工的，要视情况给予相应的责任追究。加大对扶贫政策、资金、项目等方面的管理和监督，强化廉政风险防控，确保能源扶贫项目安全、资金安全、干部安全。

（二十五）加强干部培训

能源行业各主管部门、各单位要突出学习贯彻习近平总书记扶贫开发战略思想这个重中之重，加强脱贫攻坚方针政策、工作方法等培训，在 2019 年底前把本单位本部门扶贫一部培训一遍。

（二十六）大力宣传引导

进一步创新宣传方式，拓宽宣传渠道，在行业内外的电台、电视台、报刊，网络等媒体上积极宣传能源扶贫政策、进展和成效，营造行业内外共同关注、参与、支持能源扶贫工作的良好环境氛围。

国家能源局关于 2017 年度全国可再生能源电力发展监测评价的通报

（国能发新能〔2018〕43 号）

各省（区、市）发展改革委、能源局，国家电网公司、南方电网公司、内蒙古电力公司，各有关单位：

为促进可再生能源开发利用，科学评估各地区可再生能源发展状况，确保实现国家 2020 年、2030 年非化石能源占一次能源消费比重分别达到 15%左右和 20%左右的战略目标，根据《关于建立可再生能源开发利用目标引导制度的指导意见》（国能新能〔2016〕54 号）和《关于做好风电、光伏发电全额保障性收购管理工作的通知》（发改能源〔2016〕1150 号），我局委托国家可再生能源中心汇总有关可再生能源电力建设和运行监测数据，并与各地区能源主管部门和电网企业进行衔接和复核，形成了《2017 年度全国可再生能源电力发展监测评价报告》（以下简称监测评价报告）。

现将监测评价报告予以通报，以此作为各地区 2018 年可再生能源开发建设和并网运行的基础数据，请各有关地区和单位高度重视可再生能源电力发展和全额保障性收购工作，采取有效措施推动提高可再生能源利用水平，为完成全国非化石能源消费比重目标作出积极贡献。

附件：2017 年度全国可再生能源电力发展监测评价报告[1]

国家能源局

2018 年 5 月 11 日

国家能源局关于发布 2021 年煤电规划建设风险预警的通知

（国能发电力〔2018〕44 号）

各省、自治区、直辖市、新疆生产建设兵团发展改革委（能源局），各派出能源监管机构，中电联，国家电网公司、南方电网公司，华能、大唐、华电、国电投、国家能源集团，中咨公司、电力规划设计总院：

为深入学习贯彻习近平新时代中国特色社会主义思想和党的十九大精神，推进供给侧结构性改革，积极稳妥做好 2018 年化解煤电过剩产能工作，按照《关于推进供给侧结构性改革　防范化解煤电产能过剩风险的意见》（发改能源〔2017〕1404 号）、《2018 年煤电化解过剩产能工作要点》（发改运行〔2018〕554 号）等相关文件要求，国家能源局会同相关单位进一步完善了 2021 年煤电规划建设风险预警机制。现将有关事项通知如下。

一、煤电规划建设风险预警的指标体系分为煤电建设经济性预警指标、煤电装机充裕度预警指标、资源约束指标。其中，煤电建设经济性预警指标是建设性指标，体现了在当地建设煤电项目的经济性，为发电企业规划建设煤电项目提供决策参考；煤电装机充裕度预警指标是约束性指标，体现了当地煤电装机、电力供应的冗余情况；资源约束指标为约束性指标，反映了在当地规划建设自用煤电项目的可行性。

二、煤电建设经济性预警指标基于 2021 年各省、自治区、直辖市新投运煤电项目的预期投资回报率，分为红色、橙色、绿色三个等级。投资回报率低于当期中长期国债利率的为红色预警；投资回报率在当期中长期国债利率至一般项目收益率（电力项目通常为 8%）之间的为橙色预警；投资回报高于一般项目收益率的为绿色。煤电项目预期投资回报率计算方法、预警结果见附件 1、2。

三、煤电装机充裕度预警指标基于 2021 年各省、

[1] 具体内容见“电力监管”栏目。

自治区、直辖市电力系统备用率，分为红色、橙色、绿色三个等级。煤电装机明显冗余、系统备用率过高的为红色预警；煤电装机较为充裕、系统备用率偏高的为橙色预警；电力供需基本平衡或有缺口的、系统备用率适当或者偏低的为绿色。各省、自治区、直辖市电力系统参考备用率测算方法及预警结果见附件3、4。

四、资源约束指标基于各省、自治区、直辖市的大气污染物排放、水资源、煤炭消费总量以及其他相关资源的约束情况，分为红色、绿色两个等级。对于大气污染形势严峻、水资源量不足、煤炭消费总量亟需控制，或者存在其他资源约束煤电规划建设的，资源约束指标为红色预警；其余为绿色。各省、自治区、直辖市资源约束情况见附件5。

五、为积极稳妥做好2018年化解煤电过剩产能工作，按照适度从严的原则，分类指导各地煤电项目的核准、建设工作。

（一）装机充裕度指标为红色和橙色的省份，要暂缓核准、暂缓新开工建设自用煤电项目（含燃煤自备机组，下同），并在国家指导下，合理安排在建煤电项目的建设投产时序。

（二）装机充裕度指标、资源约束指标均为绿色的省份，要充分考虑跨省（区）电力互济等因素，在国家指导下，有序核准、开工建设自用煤电项目。

（三）装机充裕度指标为绿色、资源约束指标为红色的省份，要充分考虑跨省（区）电力互济等因素，在国家指导下，落实国土、环保、水利等国家有关政策要求，统筹研究煤电项目的规划建设问题。

六、在煤价、电价等关键条件发生较大变化或者相关重大政策出台后，将及时更新风险预警结果，另行补充发布。

特此通知。

附件：1. 煤电项目预期投资回报率计算方法（略）
2. 2021年经济性预警情况
3. 各省、自治区、直辖市电力系统参考备用率
4. 2021年装机充裕度情况
5. 2021年资源约束情况

国家能源局
2018年5月14日

附件2

2021年经济性预警情况

序号	地区		煤电建设经济性预警指标	序号	地区	煤电建设经济性预警指标
1	黑龙江		绿色	18	湖北	橙色
2	吉林		绿色	19	湖南	绿色
3	辽宁		绿色	20	江西	绿色
4	内蒙古	蒙东	绿色	21	四川	红色
5		蒙西	绿色	22	重庆	橙色
6	北京		—	23	西藏	—
7	天津		红色	24	上海	绿色
8	河北	冀北	绿色	25	江苏	绿色
9		冀南	绿色	26	浙江	绿色
10	山东		红色	27	安徽	绿色
11	山西		绿色	28	福建	橙色
12	陕西		绿色	29	广东	绿色
13	甘肃		红色	30	广西	红色
14	青海		红色	31	云南	红色
15	宁夏		红色	32	贵州	绿色
16	新疆		绿色	33	海南	绿色
17	河南		绿色			

附件3

各省、自治区、直辖市电力系统参考备用率

序号	地区		合理备用率	绿色区间	橙色区间	红色区间
1	黑龙江		13%	⩽17%	17%～18%	>18%
2	吉林		13%	⩽15%	15%～17%	⩾17%
3	辽宁		13%	⩽15%	15%～16%	⩾16%
4	内蒙古	蒙东	15%	⩽21%	21%～22%	⩾22%
5		蒙西	15%	⩽17%	17%～23%	⩾23%
6	北京		15%	—	—	—
7	天津		15%	⩽19%	19%～23%	⩾23%
8	河北		13%	⩽15%	15%～18%	⩾18%
9	山东		13%	⩽14%	14%～18%	⩾18%
10	山西		13%	⩽15%	15%～19%	⩾19%
11	陕西		13%	⩽15%	15%～19%	⩾19%
12	甘肃		13%	⩽16%	16%～20%	⩾20%
13	青海		13%	⩽16%	16%～21%	⩾21%
14	宁夏		15%	⩽19%	19%～22%	⩾22%
15	新疆		15%	⩽17%	17%～23%	⩾23%
16	河南		14%	⩽15%	15%～20%	⩾20%
17	湖北		14%	⩽16%	16%～22%	⩾22%

续表

序号	地区	合理备用率	绿色区间	橙色区间	红色区间
18	湖南	14%	≤17%	17%～22%	≥22%
19	江西	14%	≤16%	16%～23%	≥23%
20	四川	14%	≤15%	15%～19%	≥19%
21	重庆	15%	≤18%	18%～21%	≥21%
22	西藏	—	—	—	—
23	上海	15%	≤17%	17%～18%	≥18%
24	江苏	12%	≤13%	13%～19%	≥19%
25	浙江	12%	≤13%	13%～18%	≥18%
26	安徽	12%	≤14%	14%～18%	≥18%
27	福建	12%	≤14%	14%～19%	≥19%
28	广东	13%	≤14%	14%～19%	≥19%
29	广西	13%	≤15%	15%～20%	≥20%
30	云南	13%	≤15%	15%～17%	≥17%
31	贵州	13%	≤15%	15%～19%	≥19%
32	海南	20%	≤25%	25%～31%	≥31%

注　绿色区间：系统实际备用率不高于合理备用率，或在合理备用率之上小于当地一台大型煤电单机对应的系统备用率。

红色区间：系统实际备用率在合理备用率之上多出当地一年负荷增长需要的装机所对应的系统备用率。

橙色区间：系统实际备用率介于绿色及红色范围之间。

附件 4

2021 年装机充裕度情况

序号	地区		煤电装机充裕度预警指标	序号	地区	煤电装机充裕度预警指标
1	黑龙江		红色	18	湖北	绿色
2	吉林		红色	19	湖南	绿色
3	辽宁		橙色	20	江西	绿色
4	内蒙古	蒙东	红色	21	四川	橙色
5	内蒙古	蒙西	红色	22	重庆	红色
6	北京		—	23	西藏	—
7	天津		红色	24	上海	绿色
8	河北	冀北	红色	25	江苏	绿色
9	河北	冀南	绿色	26	浙江	绿色
10	山东		红色	27	安徽	绿色
11	山西		红色	28	福建	红色
12	陕西		绿色	29	广东	橙色
13	甘肃		红色	30	广西	红色
14	青海		红色	31	云南	红色
15	宁夏		红色	32	贵州	红色
16	新疆		红色	33	海南	绿色
17	河南		橙色			

附件 5

2021 年资源约束情况

序号	地区		资源约束指标	序号	地区	资源约束指标
1	黑龙江		绿色	18	湖北	绿色
2	吉林		绿色	19	湖南	绿色
3	辽宁		绿色	20	江西	绿色
4	内蒙古	蒙东	绿色	21	四川	绿色
5	内蒙古	蒙西	绿色	22	重庆	绿色
6	北京		红色	23	西藏	—
7	天津		红色	24	上海	红色
8	河北	冀北	红色	25	江苏	红色
9	河北	冀南	红色	26	浙江	红色
10	山东		红色	27	安徽	绿色
11	山西		绿色	28	福建	绿色
12	陕西		绿色	29	广东	红色
13	甘肃		绿色	30	广西	绿色
14	青海		绿色	31	云南	绿色
15	宁夏		绿色	32	贵州	绿色
16	新疆		绿色	33	海南	绿色
17	河南		绿色			

国家能源局关于推进太阳能热发电示范项目建设有关事项的通知

（国能发新能〔2018〕46 号）

青海省、甘肃省、河北省、内蒙古自治区、新疆自治区发展改革委（能源局）、物价局，国家电网公司，各太阳能热发电示范项目投资企业：

2016 年 9 月，我局印发《关于建设太阳能热发电示范项目的通知》（国能新能〔2016〕223 号，以下简称《通知》），启动首批 20 个太阳能热发电示范项目建设。为落实示范项目建设有关要求，加快推进示范项目建设，确保实施效果，经商国家发展改革委价格司、基础司，现将有关事项通知如下。

一、统一思想，高度重视示范项目建设

首批太阳能热发电示范项目是我国首次大规模开展的太阳能热发电利用示范工程，是推动太阳能热发电技术进步和产业发展的重要举措，项目顺利建设运营对于示范引领产业发展意义重大。相关省级能源主管部门和各示范项目投资企业作为示范项目建设的责任主体，必须高度重视，突出目标导向，切实履行主体责任，认真做好示范项目各项工作，确保具备建设条件的项目按要求建成投产，发挥应有的示范引领作用。

二、多措并举，着力构建项目推进机制

（一）建立电价退坡机制

《国家发展改革委关于太阳能热发电标杆上网电价政策的通知》（发改价格〔2016〕1881号）明确，2018年12月31日前全部建成投产的首批示范项目执行每千瓦时1.15元（含税）标杆上网电价。根据示范项目实际情况，首批示范项目建设期限可放宽至2020年12月31日，同时建立逾期投运项目电价退坡机制，具体价格水平由国家发展改革委价格司另行发文明确。

（二）建立建设内容调整机制

为促进太阳能热发电产业发展，在不影响行业公平公正性的前提下，示范项目业主可对相关示范建设内容进行适当调整，相关调整应符合以下要求：(1) 股权结构变更需维持绝对控股方不变；(2) 建设场址变更范围位于同一县域范围内；(3) 储换热介质和技术参数调整需保证系统性能优化；(4) 相关企业协商一致的，可调整技术集成商；(5) 其他示范内容原则上不得调整。建设内容调整须由企业报经省级能源主管部门组织技术支撑机构研究审定和履行相关程序，并于6月底前完成；省级能源主管部门需将示范内容调整批复情况及时报备我局。

（三）建立项目退出机制

根据《国家能源局综合司关于光热发电示范项目建设有关情况的通报》（以下简称通报），对通报中所列主动退出的示范项目，所在地省级能源主管部门要配合做好相关善后工作；对通报中所列逾期未报送建设承诺的示范项目，取消项目示范资格，不再享受示范政策；通报中所列承诺继续建设的示范项目投资企业，须按照通报中明确的计划开工时间和计划投产时间，同时落实安全生产责任和工程质量要求，确保示范项目建成投产。对于未按通报明确时限开工或投运的项目投资企业，将视情节轻重予以通报或限制参与后续太阳能热发电示范项目建设。

三、加强协作，多方联动形成工作合力

（一）我局将会同有关方面，严格《通知》规定及有关要求，对示范项目实施工作进行监督指导，建立健全和强化落实“退坡、调整、退出”三项工作机制和失信惩戒等制度，确保发挥首批项目行业示范引领作用。

（二）各示范项目所在地省级能源主管部门要及时开展项目建设推进工作，同时加强服务保障和组织协调，特别要做好与地方政府、电网企业的沟通协调工作，确保项目建设进度与质量效益。

（三）国家电网公司要按照《通知》要求，结合各示范项目明确的计划建设进度，及时开展配套电网送出工程建设，并提前研究示范项目投产后的并网运行方案，确保示范项目发电量全额消纳。

国家能源局

2018年5月18日

国家能源局关于2018年度风电建设管理有关要求的通知
（国能发新能〔2018〕47号）

各省、自治区、直辖市、新疆生产建设兵团发展改革委（能源局）、经信委（工信委、工信厅），各派出能源监管机构，国家电网公司、南方电网公司、内蒙古电力公司，中国华能集团公司、中国大唐集团公司、中国华电集团公司、国家能源投资集团公司、国家电力投资集团公司、中国华润集团公司、中国长江三峡集团公司、国家开发投资公司、中国核工业集团公司、中国广核集团有限公司，电力规划设计总院、水电水利规划设计总院、中国风能协会、国家可再生能源中心：

2017年，我国风电装机规模稳步增长，运行消纳情况明显好转，技术水平不断提升，产业发展呈现出稳中向好的势头。为促进风电产业高质量发展，降低度电补贴强度，现就做好2018年度风电建设管理工作的有关要求通知如下：

一、严格落实规划和预警要求。各省（自治区、直辖市）能源主管部门要严格执行《国家能源局关于可再生能源发展“十三五”规划实施的指导意见》（国能发新能〔2017〕31号）（以下简称《指导意见》）中各地区新增风电建设规模方案的分年度规模及相关要求。预警为红色和橙色的地区应严格执行《国家能源局关于发布2018年度风电投资监测预警结果的通知》（国能发新能〔2018〕23号）的有关要求，同时不得在“十三五”规划中期评估的过程中调增规划规模。预警为绿色的地区如需调整规划目标，可在落实风电项目配套电网建设并保障消纳的前提下，结合“十三五”规划中期评估，向国家能源局申请规划调整后组织实施。

二、将消纳工作作为首要条件。各省（自治区、直辖市）要按照《国家发展改革委、国家能源局关于印发〈解决弃水弃风弃光问题实施方案〉的通知》（发改能源〔2017〕1942号）和《国家能源局综合司关于报送落实〈解决弃水弃风弃光问题实施方案〉工作方案的通知》（国能综通新能〔2018〕36 号）要求向国家能源局报送 2018 年可再生能源电力消纳工作方案，对未报送的省（自治区、直辖市）停止该地区《指导意见》中风电新增建设规模的实施。

三、严格落实电力送出和消纳条件。新列入年度建设方案的风电项目，必须以电网企业承诺投资建设电力送出工程并确保达到最低保障收购年利用小时数（或弃风率不超过 5%，以下同）为前提条件，在项目所在地市（县）级区域内具备就地消纳条件的优先纳入年度建设方案。通过跨省跨区输电通道外送消纳的风电基地项目，应在送受端省级政府间送受电协议及电网企业中长期购电合同中落实项目输电及消纳方案并约定价格调整机制，原则上受端省（自治区、直辖市）电网企业应出具接纳通道输送风电容量和电量的承诺。

四、推行竞争方式配置风电项目。从本通知印发之日起，尚未印发 2018 年度风电建设方案的省（自治区、直辖市）新增集中式陆上风电项目和未确定投资主体的海上风电项目应全部通过竞争方式配置和确定上网电价。已印发 2018 年度风电建设方案的省（自治区、直辖市）和已经确定投资主体的海上风电项目 2018 年可继续推进原方案。从 2019 年起，各省（自治区、直辖市）新增核准的集中式陆上风电项目和海上风电项目应全部通过竞争方式配置和确定上网电价。各省（自治区、直辖市）能源主管部门会同有关部门参照随本通知发布的《风电项目竞争配置指导方案（试行）》制定风电项目竞争配置办法，抄送国家能源局并向全社会公布，据此按照《指导意见》确定的分年度新增建设规模组织本地区风电项目竞争配置工作。分散式风电项目可不参与竞争性配置，逐步纳入分布式发电市场化交易范围。

五、优化风电建设投资环境。各省（自治区、直辖市）能源主管部门要完善风电工程土地利用规划，优先选择未利用土地建设风电工程，场址不得位于生态红线范围和国家规定的其他不允许建设的范围，并应避开征收城镇土地使用税的土地范围，如位于耕地占用税范围，征收面积和征收标准应当按照风电工程用地特点及对土地利用影响程度合理确定。有关地方政府部门在风电项目开发过程中不得以资源出让、企业援建和捐赠等名义变相向企业收费，不得强制要求项目直接出让股份或收益用于应由政府承担的各项事务。各地市（县）级政府相关部门推荐风电项目参加新增建设规模竞争配置时，应对上述建设条件做出有效承诺或说明，省级能源主管部门应对相关市（县）履行承诺的情况进行考核评估，并作为后续安排新增风电建设规模的重要依据。

六、积极推进就近全额消纳风电项目。支持风能资源丰富地区结合当地大型工业企业和产业园区用电需求建设风电项目，在国家相关政策支持下力争实现不需要补贴发展。鼓励在具备较强电力需求的地级市区域，选择年发电利用小时数可达到 3000h 左右的风能资源场址，在省级电网企业确保全额就近消纳的前提下，采取招标方式选择投资开发企业并确定上网电价，特别要鼓励不需要国家补贴的平价上网项目。

请各有关单位按照上述要求，积极采取有效措施，切实做好相关工作，促进风电产业持续健康发展。

附件：风电项目竞争配置指导方案（试行）（略）

国家能源局

2018 年 5 月 18 日

国家能源局关于促进能源领域首台（套）重大技术装备示范应用的通知

（国能发科技〔2018〕49 号）

各省、自治区、直辖市及计划单列市发展改革委（能源局），新疆生产建设兵团发展改革委，各有关中央企业、行业协会和有关科研机构：

为深入贯彻落实习近平总书记在三峡视察时的重要讲话精神，全面做好经国务院同意、由国家发展改革委会同有关部门联合印发的《关于促进首台（套）重大技术装备示范应用的意见》（以下简称《意见》）要求的各项工作，加快推进能源领域首台（套）重大技术装备示范应用，现通知如下。

一、大力推动能源领域首台（套）重大技术装备突破

（一）各单位要按照建设清洁低碳、安全高效能源体系的要求，组织推动和加快突破一批能源领域瓶颈制约性的重大技术装备，要加强首台（套）重大技术装备创新合作，强化研发与应用的衔接。我局将组织能源企业、装备制造企业、有关研发机构加强对接，加快创新成果的示范应用。

（二）各地方发展改革委（能源局）、有关中央企业要做好能源领域首台（套）重大技术装备组织申报工作。我们将依托重大技术装备创新研究院、行业协会、检验检测机构以及能源研发中心、评定中心等设施和平台，按照《意见》要求开展首台（套）重大技术装备评定，做好首台套产品目录发布以及示范效果评价等。

（三）我局将结合能源发展规划和有关项目建设，设立示范项目，落实首台（套）重大技术装备示范任务。各地方发展改革委（能源局）、能源企业要结合自身实际，积极承担示范任务和主动申报示范项目。

（四）经评价示范成功的首台（套）重大技术装备列入“能源重大技术装备推广应用指导目录”，在后续能源项目建设中推广应用。

二、综合施策支持能源领域首台（套）重大技术装备示范应用

（一）承担首台（套）重大技术装备示范任务的能源项目优先纳入相关规划并由各级投资主管部门按照权限核准或审批。首台套研制、示范应用情况等按照《意见》要求纳入特殊事项清单，作为项目审批和考核评价的重要参考依据。

（二）能源领域首台（套）重大技术装备招投标按照《意见》第三十六条“严格执行招标投标法规政策”开展，经报行业主管部门批准，可采用单一来源采购、竞争性谈判等方式以保障示范任务落实。

（三）承担首台（套）重大技术装备示范任务的能源项目根据实际需要，在设立示范项目时明确并享有燃料供应、发电并网、运行调度等方面的适当优惠政策。

（四）建立能源领域首台（套）容错机制。对承担首台（套）重大技术装备示范任务的项目，根据实际情况明确示范应用过失宽容政策，综合考虑非人为责任、认知不足等因素，减轻或豁免相关企业及负责人的行政、经济、安全、运行考核等责任。

（五）能源领域首台（套）重大技术装备除享受《意见》明确的知识产权、资金、税收、金融、保险等支持政策外，鼓励地方根据实际情况进一步制定细化支持政策。

特此通知。

联系人：国家能源局能源节约和科技装备司

张彦文 010－68505550，贺涛 010－68505468

国家能源局

2018 年 6 月 5 日

国家能源局关于印发《国家能源应用技术研究及工程示范项目管理暂行办法补充规定》的通知

（国能发科技〔2018〕52 号）

各省（自治区、直辖市、计划单列市）发展改革委（能源局），有关能源企业，有关科研院所、高等院校，相关行业协（学）会：

为进一步完善国家能源应用技术研究及工程示范项目过程管理和验收工作，根据《国务院关于改进加强中央财政科研项目和资金管理的若干意见》（国发〔2014〕11 号）、《国家重点研发计划管理暂行办法》（国科发资〔2017〕152 号）、《国家科技重大专项（民口）资金管理办法》（财科教〔2017〕74 号）等要求，我局对《国家能源应用技术研究及工程示范项目管理暂行办法》（国能科技〔2013〕227 号）作出相关补充规定。现将《国家能源应用技术研究及工程示范项目管理暂行办法补充规定》印发你们，请遵照执行。

附件：国家能源应用技术研究及工程示范项目管理暂行办法补充规定

国家能源局

2018 年 6 月 7 日

国家能源应用技术研究及工程示范项目管理暂行办法补充规定

为进一步完善国家能源应用技术研究及工程示范项目过程管理和验收工作，根据《国务院关于改进加强中央财政科研项目和资金管理的若干意见》（国发〔2014〕11 号）、《国家重点研发计划管理暂行办法》（国科发资〔2017〕152 号）等要求，现对《国家能源应用技术研究及工程示范项目管理暂行办法》（国能科技〔2013〕227 号）中关于项目过程管理和验收工作条款做出如下补充规定。

第一章　管　理　职　责

第一条　国家能源局是国家能源应用技术研究及工程示范项目过程管理和验收的组织部门，主要职责是：

（一）研究制定国家能源应用技术研究及工程示范项目相关管理制度；

（二）组织开展项目年度及中期管理、监督检查等；

（三）根据项目所属行业，按照国家有关招投标、政府采购法律法规择优确定第三方机构独立开展项目的调整变更评审、年度及中期评审、验收等工作；

（四）其他有关项目管理工作。

第二条　项目牵头单位负责项目的具体组织实施工作，主要职责是：

（一）按照签订的项目任务合同书组织实施项目，履行项目任务合同书各项条款，落实配套条件，完成项目研发任务和目标；

（二）严格执行国家科研项目实施及资金使用各项管理规定，建立健全科研、财务等内部管理制度，落实国家激励科研人员的政策措施；

（三）牵头组织编报项目年度报告、项目中期报告，及时按程序报批项目执行中的重大事项及调整变更事项等；

（四）接受国家能源局指导，并牵头配合做好项目监督检查、评审验收等工作；

（五）其他有关项目组织实施的牵头工作。

第三条 项目下设课题的，课题承担单位应强化课题责任，依据项目实施总体要求完成课题任务、实现课题目标。课题承担单位须接受项目牵头单位的指导、协调和监督，对项目牵头单位负责。

第四条 第三方机构根据委托函，本着公平、公正、独立的原则，充分发挥第三方作用，开展好项目的年度和中期评审、变更调整评审及验收等工作，提出具有专业性、权威性和公信力的意见，并对相关结论独立承担法律责任。

第二章 项目过程管理

第五条 项目牵头单位和课题承担单位应根据项目任务合同书确定的目标任务和分工安排，履行各自的责任和义务，按进度高质量完成相关研发任务，并在此基础上共同实现项目总体目标。

第六条 课题承担单位应积极配合项目牵头单位组织开展的督导检查和统筹协调等有关工作，及时向项目牵头单位报告研究进展和重大事项，支持项目牵头单位强化项目课题间的协同，加强课题研究成果的集成。

第七条 项目牵头单位应切实履行好牵头责任，制定具体的项目组织实施方案，全面掌握项目进展情况，加强统筹协调，推动项目各课题协同攻关。对项目执行及资金使用等情况进行监督检查，于每一项目年结束前及项目实施中期（执行周期 3 年及以上项目），分别向国家能源局报送项目年度执行情况报告和项目中期执行情况报告，并及时报告影响项目实施的重大事项等。

第八条 国家能源局根据项目牵头单位报送的项目年度执行情况报告、项目中期执行情况报告及项目重大事项报告等，委托第三方机构组织开展项目相关评审工作，并以评审意见为依据，提出项目任务合同后续实施意见，同时抄送财政部。实施意见一般分为执行、变更、撤销、终止四种情况。

第九条 项目不得擅自调整和变更，执行中确需调整或变更的，由项目牵头单位及时提出书面申请，按程序报送国家能源局。国家能源局委托第三方机构组织开展项目变更或调整评审，并以评审意见为依据提出批复意见，同时抄送财政部。

项目延期如无特殊原因应在项目合同到期 6 个月前提出，原则上只允许延期 1 次，延期时间原则上不超过 1 年。未按要求提出延期申请的，原则上按照正常进度组织验收工作。

国拨资金和自筹资金配比调整，在事先协商一致基础上，适用本条款。

第十条 项目实施中遇到下列情况之一的，项目牵头单位均可提出撤销或终止项目的建议。国家能源局委托第三方机构组织对已开展工作、资金使用、已购设备仪器、阶段性成果、知识产权等情况开展评审，并以评审意见为依据提出批复意见，同时抄送财政部。

（一）经实践证明，项目技术路线不合理、不可行，或项目无法实现项目任务合同书规定的进度且无改进办法；

（二）项目执行中出现严重的知识产权纠纷；

（三）完成项目任务所需的资金、原材料、人员、支撑条件等未落实或发生改变导致研究无法正常进行；

（四）组织管理不力或者发生重大问题导致项目无法进行；

（五）项目实施过程中出现严重违规违纪行为，严重科研不端行为，不按规定进行整改或拒绝整改；

（六）项目任务合同书规定其他可以撤销或终止的情况。

第三章 项目验收管理

第十一条 项目验收由国家能源局根据相关文件要求，委托第三方机构具体组织实施。承担项目验收工作的第三方机构执行回避制度。

第十二条 项目执行期满后，由国家能源局启动项目验收工作。项目验收工作应在项目验收启动后 3 个月内完成，不得无故逾期。申请提前验收的，提前时间一般不超过 6 个月。项目下设课题的，项目牵头单位在项目验收前组织完成课题验收。

涉及项目延期等调整变更的，项目验收以国家能源局批复意见为准。

第十三条 财务验收审计报告是项目验收的重要依据。项目牵头单位应按照国家有关招投标、政府采购法律法规确定具有财政部、科技部认可的国家科研项目财务验收审计资格的会计师事务所开展项目财务审计。会计师事务所出具的项目财务审计报告，原则上可在项目验收阶段直接使用。如无特殊情况，国家能源局不再另行组织审计。

第十四条 项目验收专家组应由技术、管理和产业等方面专家共同组成，人数一般不少于 10 人（至少含 2 名财务专家）。验收专家原则上从能源领域选择，并执行回避制度。

第十五条 项目验收专家在审阅资料、听取汇报、实地考察、观看演示、提问质询的基础上，填写《国家能源应用技术研究及工程示范项目课题验收专家评议表》（格式参见附件1），形成通过验收、不通过验收或结题的课题任务验收专家意见。

（一）按期保质完成任务合同书确定的目标和任务，为通过验收；

（二）因非不可抗拒因素未完成任务书确定的主要目标和任务，或存在应报批调整变更事项未报批、验收中弄虚作假及不配合验收等情况的，为不通过验收；

（三）因不可抗拒因素未完成任务合同书确定的主要目标任务的，按照结题处理。

形成课题任务验收专家意见的同时，项目验收财务专家应根据项目财务审计报告形成课题财务验收专家意见。

第十六条 根据课题验收专家意见，验收专家组讨论形成通过验收、不通过验收或结题的课题验收专家组意见，并填写《国家能源应用技术研究及工程示范项目课题验收意见表》（格式参见附件2）。

第十七条 国家能源局根据项目验收专家组意见形成项目验收结论，并向项目牵头单位下达《国家能源应用技术研究及工程示范项目验收结论书》（格式参见附件3），同时抄送财政部。

第十八条 项目通过验收后，在项目牵头单位的组织下，课题承担单位应在3个月内办理财务结账手续。项目资金如有结余的，按照《国务院关于改进加强中央财政科研项目和资金管理的若干意见》《中央部门财政拨款结转和结余资金管理办法》中的相关规定处理。

第十九条 未通过验收的项目，项目牵头单位应在接到《国家能源应用技术研究及工程示范项目验收结论书》后的3个月内组织完成整改工作，并由项目牵头单位以书面形式按程序向国家能源局提出验收申请。再次验收不通过的项目，视为不通过验收。

第二十条 项目牵头单位应及时做好项目通过验收后的文件资料整理和归档工作，并将电子材料汇总后按程序报送国家能源局。项目通过验收后3年内，项目牵头单位及课题承担单位都有义务配合国家能源局做好已验收项目的后续有关工作。

第二十一条 涉密项目的验收工作，应严格按照《中华人民共和国保守国家秘密法》《科学技术保密规定》等相关法律法规执行。

第四章 相关责任

第二十二条 项目过程管理和验收工作相关责任追究按照《国家能源应用技术研究及工程示范项目管理暂行办法》（国能科技〔2013〕227号）有关规定执行。对项目牵头单位、课题承担单位、第三方机构和验收专家存在失职，渎职，滥用职权，玩忽职守，徇私舞弊，弄虚作假，以及截留、挪用、挤占、骗取财政补助资金等违纪违法行为的，将按照国家相关规定追究相关单位和责任人的责任。涉嫌犯罪的，移送司法机关处理。

第五章 附 则

第二十三条 国家能源应用技术研究及工程示范项目过程管理及验收工作所需经费按照《国务院关于改进加强中央财政科研项目和资金管理的若干意见》执行，在项目资金中列支。

第二十四条 本补充规定适用于“国家能源应用技术研究及工程示范项目”的管理，如《国家能源应用技术研究及工程示范项目管理暂行办法》（国能科技〔2013〕227号）与本补充规定内容不一致，以本补充规定为准。

第二十五条 本补充规定由国家能源局能源节约和科技装备司负责解释。

第二十六条 本补充规定自发布之日起施行。

附件：1. 国家能源应用技术研究及工程示范项目课题验收专家评议表（略）
2. 国家能源应用技术研究及工程示范项目课题验收意见表（略）
3. 国家能源应用技术研究及工程示范项目验收结论书（略）

国家能源局综合司关于做好光伏发电相关工作的紧急通知

（国能综通新能〔2018〕93号）

各派出能源监管机构，国家电网公司、南方电网公司、各地方电网企业：

近日，国家发展改革委、财政部、国家能源局联合印发了《关于2018年光伏发电有关事项的通知》（发改能源〔2018〕823号，以下简称《通知》）。据反映，部分电网企业以《通知》为由停止了分布式光伏发电的并网、代备案和补贴垫付等相关工作。经研究，现将有关要求通知如下。

一、各地、各电网企业应依法依规继续做好光伏发电项目并网、（代）备案和地方补贴垫付等工作，不得以项目未纳入国家补贴建设规模范围为由擅自停止。

二、各派出能源监管机构要加强对电网企业的监管，发现问题及时纠正。

特此通知。

国家能源局综合司
2018年6月19日

国家能源局关于印发《电力安全生产行动计划（2018—2020年）》的通知

（国能发安全〔2018〕55号）

各省、自治区、直辖市、新疆生产建设兵团发展改革委（能源局）、经信委（工信委），全国电力安全生产委员会各成员单位：

为贯彻落实党中央、国务院关于加强安全生产工作的决策部署，不断提升全国电力安全生产水平，保障电力系统安全稳定运行和电力可靠供应，依据《中华人民共和国安全生产法》《中华人民共和国电力法》等法律法规，以及《中共中央　国务院关于推进安全生产领域改革发展的意见》《安全生产“十三五”规划》《地方党政领导干部安全生产责任制规定》等文件，我们制定了《电力安全生产行动计划（2018—2020年）》。现印发给你们，请认真贯彻执行。

国家能源局

2018年6月27日

附件：《电力安全生产行动计划（2018—2020年）》❶

国家能源局关于印发《电力行业应急能力建设行动计划（2018—2020年）》的通知

（国能发安全〔2018〕58号）

各省、自治区、直辖市及新疆生产建设兵团发展改革委（能源局）、经信委（工信委），北京市城管委，国家能源局各派出能源监管机构，全国电力安委会企业成员单位，各有关单位：

为贯彻习近平新时代中国特色社会主义思想和党的十九大精神，落实党中央、国务院关于安全生产应急管理工作的决策部署，全面加强电力行业应急能力建设，进一步提高电力突发事件应对能力，国家能源局制定了《电力行业应急能力建设行动计划（2018—2020年）》。现印发给你们，请遵照执行。

国家能源局

2018年7月30日

附件：《电力行业应急能力建设行动计划（2018—2020年）》❷

国家能源局综合司关于依托能源工程组织申报第一批燃气轮机创新发展示范项目的通知

（国能综通科技〔2018〕121号）

各省、自治区、直辖市及计划单列市发展改革委（能源局），新疆生产建设兵团发展改革委，各有关中央企业：

为落实十九大建设清洁低碳、安全高效能源体系的工作部署，加快推进燃气轮机创新发展，助推天然气产供储销体系建设，实现能源发展动力变革，根据《依托能源工程推进燃气轮机创新发展的若干意见》（发改能源〔2017〕920号），我局拟依托能源工程组织开展第一批燃气轮机创新发展示范项目。现通知如下。

一、示范目标

贯彻落实“两机专项”工作要求以及《依托能源工程推进燃气轮机创新发展的若干意见》（发改能源〔2017〕920号）、《加快推进天然气利用的意见》（发改能源〔2017〕1217号）、《关于促进能源领域首台（套）重大技术装备示范应用的通知》（国能发科技〔2018〕49号）、《政府核准的投资项目目录》（2016年本）等相关文件要求，依托各类能源工程组织开展燃气轮机关键技术装备创新试验示范，加快形成燃气轮机研发、设计、制造、试验和维修服务能力，助推天然气产供储销体系建设，有效保障燃气调峰、分布式能源、天然气输送、海洋和非常规油气等能源项目建设对燃气轮机的需求。

二、申报要求

（一）示范内容

围绕当前能源产业发展亟需的燃气调峰、分布式能源、天然气输送、海洋和非常规油气开发，兼顾航空发动机的能源改型应用，组织开展重型燃气轮机，分布式能源、天然气长输管线驱动、海洋平台、页岩气开发等用途的燃气轮机，以及燃气轮机运维服务技术的示范应用。

示范项目应是首台（套）重大技术装备示范应用项目，且具有典型代表性和可行性，确保所示范技术

❶ 具体内容见“电力规划”栏目。

❷ 具体内容见“电力规划”栏目。

装备的创新性和技术先进性。

具体内容见附件 1《燃气轮机示范项目申报指南》。

（二）申报材料要求

申报应提交项目实施方案，主要包括项目概况、投资方及建设单位、工程建设条件、工程技术方案、主要技术指标、燃气轮机创新工作方案、社会效益等，明确承担的燃气轮机创新示范任务和责任分工，提供燃气轮机研发方案专题报告及评审文件、项目可行性研究报告及第三方评审文件。

具体要求见附件 2《燃气轮机示范项目申报材料要求》。

（三）报送方式和时间

由地方发展改革委（能源局）、有关中央企业结合燃气轮机相关项目建设需求，组织项目业主联合燃气轮机研制单位共同申报示范项目。其中，中央企业项目涉及地方审批核准的须通过地方上报；无需衔接地方规划或地方审批核准的，可由中央企业集团申报。

示范项目申报材料（一式三份）和电子光盘请于 10 月 31 日前报送我局。

三、组织实施

我局负责组织和指导示范项目申报、评审和建设实施。申报工作完成后，我局将委托第三方单位组织专家对申报项目开展评审，确保项目符合申报指南。经评审入选的项目将进行公示，最后发文公布。示范项目建成投运后，我局将组织项目验收和后评价

四、其他事项

（一）发电类示范项目按程序优先纳入国家电力建设规划，由各级投资主管部门核准或审批。

（二）考虑到天然气产供储销体系建设有关任务要求，为缓解天然气调峰压力，原则上单机功率较大的重型燃气轮机示范项目均为调峰机组；单机功率较小的中小型燃机示范项目根据实际情况酌情发展分布式能源，并优先支持可热电解耦、承担天然气调节任务的项目。

（三）示范项目享受《国家能源局关于促进能源领域首台（套）重大技术装备示范应用的通知》（国能发科技〔2018〕49 号）有关支持政策。

特此通知。

联系人及电话：

国家能源局科技司　张彦文 010－68505550

贺　涛 010－68505468

附件：1. 燃气轮机示范项目申报指南

2. 燃气轮机示范项目申报材料要求

国家能源局综合司

2018 年 8 月 4 日

抄送：电力规划设计总院，中国机械工业联合会

附件：1. 燃气轮机示范项目申报指南（略）

2. 燃气轮机示范项目申报材料要求（略）

国家能源局关于推行电力业务许可办理“最多跑一次”的实施意见

（国能发资质〔2018〕66 号）

各派出能源监管机构：

为进一步深化“放管服”改革，优化电力营商环境，提高行政许可服务水平，方便群众和企业办事，根据中共中央办公厅、国务院办公厅《关于深入推进审批服务便民化的指导意见》和《国务院办公厅关于印发进一步深化“互联网＋政务服务”推进政务服务“一网、一门、一次”改革实施方案的通知》要求，国家能源局决定推行电力业务许可办理“最多跑一次”，现提出如下实施意见。

一、总体要求

电力业务许可办理实行“最多跑一次”，是践行以人民为中心的发展思想、深化“放管服”改革的有力举措。全面推行许可办理“最多跑一次”，建立健全“审批手续最简，办事效率最高，服务质量最佳”的电力业务许可管理机制，方便群众和企业办事，防范行政许可办理中权力寻租等廉政风险，强化事中事后监管，营造良好的市场准入环境，激发电力市场活力。

二、基本原则

——许可服务便民利民。坚持以人民为中心的发展思想，强化服务意识，简化优化许可服务流程，明确标准、压缩时限，创新服务方式，丰富服务内容，提高服务质量，让群众、企业办事更方便、更顺畅。

——许可程序规范标准。严格遵循法律法规，规范许可事项办理程序，执行许可程序标准化，限制自由裁量权，维护群众和企业的合法权益，推进行政许可制度化、规范化。

——信息数据公开共享。全面公开许可事项，实现办事全过程公开透明、可追溯、可核查，切实保障群众和企业的知情权、参与权和监督权。加快推进“互联网＋许可服务”，运用大数据等现代信息技术，打破信息孤岛，推动信息互联互通、开放共享，提升服务整体效能。

三、主要措施

（一）加强平台建设，全面实现网上办理

大力推进“互联网＋许可服务”，优化行政许可办事程序，完善网上许可办事服务平台，实现电力业务许可证、承装（修、试）电力设施许可证的申请、

受理、审查、决定等环节全部网上通办，不得以任何理由要求申请企业到派出能源监管机构现场办理，申请企业可通过快递方式提交纸质最终版申请材料，派出能源监管机构可通过快递方式寄出许可证，实现许可办理“一次不用跑”或“最多跑一次”。

（二）简化许可办事程序，规范审批流程

严格按照《电力业务行政许可　承装（修、试）电力设施行政许可流程规范》等四个文件要求，对许可流程进行梳理、规范，简化办事材料，精简办事环节，不得要求申请企业提供规定要求之外的材料和证明，涉及多个许可事项的共性材料只需提交1份。根据行政许可流程规范和网上办理程序要求，修订办事指南和填报指南等说明并在许可办事服务平台主要位置展示，规范、清晰指导企业网上办理许可申请，大力压减办理时间，提高许可申请、受理、审批效率。

（三）大力推进许可信息公开

大力推进许可信息公开，各项电力业务办理流程、需提交资料清单等许可事项及有关要求通过门户网站、许可办事服务平台公布。申请企业可以在平台终端随时查看办证进度和申请材料补正意见，实现许可信息公开透明。

（四）采取线上咨询、培训模式

改变传统“面对面”服务模式，充分利用业务QQ群、微信群、电话等多种沟通交流工具，提供线上咨询服务，“零见面”指导申请企业线上填报、提交、补交电子版申请材料。优化许可受理人员配置，加强许可受理、审查人员业务培训，提高许可线上服务水平。

（五）丰富监管手段，加强事中事后监管

严格实行“双随机、一公开”抽查、非现场核查和定期自查制度，对持证企业遵守许可制度等情况加强事中事后动态监管，积极探索实施企业信用分类监管、失信惩戒和守信激励等手段，推进事中事后监管与许可服务深度融合，线上线下监管一体化，对问题企业重点关注，加大抽查、核查力度，确保许可和监管的公平、规范、有效。

四、实施时间

各派出能源监管机构应加快资质许可信息系统、许可受理人员等配置的优化，电力业务许可办理“最多跑一次”自本意见印发之日起全面实行。

五、工作要求

（一）加强组织领导

各派出能源监管机构要高度重视，主要负责人对“最多跑一次”工作负总责、亲自抓，分管领导具体抓，明确责任主体，细化责任分工，层层落实，将“最多跑一次”工作具体化、常态化，持续有效推进。

（二）强化监督检查

国家能源局资质中心结合各地开展情况进行工作指导、督查，对督查中发现的问题，督促派出能源监管机构认真分析原因、制定整改方案、限期整改。

（三）加强业务培训

各派出能源监管机构应加强许可受理人员的业务培训，加强业务研讨，分享经验做法，提升服务水平，提高服务意识和办事效率。

（四）提高工作成效

依托国家能源局网站、12398能源监管热线等畅通互动渠道，方便群众、企业咨询和对电力业务许可办理“最多跑一次”突出问题的举报投诉，接受群众和社会监督，确保电力业务许可办理“最多跑一次”取得实效。

国家能源局
2018年8月24日

国家能源局综合司关于印发《大型先进压水堆及高温气冷堆核电站重大专项档案管理实施细则》的通知

（国能综通核电〔2018〕132号）

中国核工业集团公司、中国华能集团公司、国家电力投资集团公司、中国广核集团有限公司、清华大学、华能山东石岛湾核电有限公司、中核能源科技有限公司：

为规范核电重大专项档案管理，确保专项档案的安全性、真实性、可靠性、完整性和可用性，促进国家科技信息资源长期保存和有效共享。依据《国家科技重大专项（民口）档案管理规定》《国家科技重大专项（民口）验收管理办法》《国家科技重大专项（民口）课题财务验收办法》《大型先进压水堆及高温气冷堆核电站科技重大专项实施管理办法》和国家相关保密法规，我们组织编制了《大型先进压水堆及高温气冷堆核电站重大专项档案管理实施细则》，现印发给你们，请遵照执行。

国家能源局综合司
2018年9月6日

附件：《大型先进压水堆及高温气冷堆核电站重大专项档案管理实施细则》（略）

国家能源局关于加强电力行业网络安全工作的指导意见

（国能发安全〔2018〕72号）

各省、自治区、直辖市、新疆生产建设兵团发展改革委（能源局）、经信委（工信委），国家能源局各派出监管机构，全国电力安全生产委员会各企业成员单位：

为深入贯彻党的十九大精神，全面落实习近平总书记关于网络强国战略的重要论述，按照《中华人民共和国网络安全法》《电力监管条例》及相关法律法规要求，健全电力行业网络安全责任体系，完善网络安全监督管理体制机制，加强关键信息基础设施安全保护，提升电力监控系统安全防护水平，强化网络安全防护体系，提高自主创新及安全可控能力，防范和遏制重大网络安全事件，保障电力系统安全稳定运行和电力可靠供应，提出以下意见。

一、落实企业网络安全主体责任

（一）建立健全网络安全责任制。电力企业是网络安全责任主体，企业各级党委（党组）对本单位、本部门网络安全工作负主体责任，企业主要负责人是网络安全第一责任人。将网络安全纳入企业安全生产管理体系，按照谁主管谁负责、谁运营谁负责、谁使用谁负责的原则，落实网络安全主体责任，厘清界面，强化考核，严格责任追究，确保网络安全责任全覆盖。

（二）健全企业网络安全组织体系。落实网络安全保护责任，设立专门网络安全管理及监督机构，设置相应岗位，加快各级网络安全专业人员配备；重点企业、机构建立首席网络安全官制度。

二、完善网络安全监督管理体制机制

（三）健全网络安全监督管理体系。按照谁主管谁负责的原则，国家能源局依法依规履行电力行业网络安全监督管理职责，地方各级人民政府有关部门按照法律、行政法规和国务院的规定，切实履行网络安全属地监督管理职责。国家能源局各派出监管机构根据授权开展网络安全监督管理工作。

（四）依法履行网络安全监督管理职能。制定、修订电力行业网络安全监督管理规定，强化电力行业网络安全标准化能力建设，建立电力行业网络安全联席会议制度，协调推进电力行业网络安全监督管理工作。

（五）强化网络安全协同监督管理。国家能源局及其派出监管机构加强与国家网络安全主管部门、地方各级人民政府有关部门的沟通，形成工作合力，协同开展网络安全检查等工作，加大违法违规行为的处置力度。

（六）加强网络安全技术监督。发挥电力行业网络安全技术服务机构作用，开展电力行业网络安全技术监督工作。加强电力调度机构对并网电厂涉网部分电力监控系统安全防护技术监督，强化电网和发电企业内部网络安全技术监督。

三、加强全方位网络安全管理

（七）履行网络安全等级保护义务。按照国家等级保护制度要求，修订行业等级保护制度，加强等级保护专业力量建设，深化网络安全等级保护定级备案、安全建设、等级测评、安全整改、监督检查全过程管理工作。

（八）规范网络安全风险评估。加快完善自评估为主、第三方检查评估为辅的网络安全风险评估工作机制，及时开展检测评估，其中关键信息基础设施每年至少开展一次评估。规范评估流程、控制评估风险，整改安全隐患，完善安全措施。

（九）加强全业务、全过程网络安全管理。加强发、输、变、配、用、调度等电力全业务网络安全管理，严格落实“三同步”原则，加强漏洞和隐患源头及动态治理，加强日常运维及安全防护管理，落实全生命周期安全管理措施，保障电力系统网络安全。加强供应链安全管理，强化供应商资质审查、能力评估。保障网络安全资金投入。

（十）加强全员网络安全管理。建立健全全员网络安全管理制度，开展网络安全负责人、关键岗位人员安全背景审查，企业应建立网络安全关键岗位专业技术人员持证上岗制度，有关从业人员应先培训后上岗。加强对产品和服务供应商现场人员的网络安全管理。

四、强化关键信息基础设施安全保护

（十一）落实关键信息基础设施重点保护要求。研究制定电力行业关键信息基础设施认定规则、保护规划及标准规范，开展关键信息基础设施认定工作，实行重点保护。加强关键信息基础设施网络安全监测预警体系建设，提升关键信息基础设施应急响应和恢复能力。

（十二）推进行业网络安全审查。逐步完善电力行业网络产品和服务安全审查制度，明确审查范围，确立审查要点，规范审查流程。有序开展电力行业网络产品和服务安全审查工作。

（十三）进一步完善电力监控系统安全防护体系。按照“安全分区、网络专用、横向隔离、纵向认证”的原则，进一步完善结构安全、本体安全和基础设施安全，逐步推广安全免疫。结合电力生产安全新形势和安全保障需求，及时修订电力监控系统安全防护相关配套方案。强化新能源和中小电力企业等电网末梢的网络安全防护能力，推进配电、用电涉控部分的网络安全防护建设。

五、加强行业网络安全基础设施建设

（十四）加快密码基础设施建设。在重要业务、重要领域实施密码保护，完善电力行业密码支撑体系，实现电力行业密码基础设施一体化管理。健全电力行业密码检测手段，开展密码应用安全性评估。深化商用密码在电力行业中的应用，促进密码技术与电力应用融合发展。

（十五）建设网络安全仿真验证环境。适应电力行业网络安全研究、测试、演练等应用需求，整合现有资源，建立覆盖发、输、变、配、用、调度全环节的网络安全仿真验证环境，开展重大网络安全事件模拟验证、漏洞挖掘、攻防演练、业务培训等工作。建设行业网络安全重点实验室。

（十六）建立行业网络安全信息资源共享机制。整合行业漏洞挖掘与研究资源，开展漏洞分析、安全加固研究，建立行业漏洞库，完善与国家信息安全漏洞共享平台的沟通、协调和通报机制，加强漏洞预警能力建设，引导企业及时开展漏洞消缺工作，提升企业处置安全漏洞能力。

（十七）强化网络安全检测与服务。强化安全检测机构能力建设，严格执行国家及行业网络安全检测标准，鼓励自主研发检测工具，丰富安全检测技术手段。完善行业网络安全服务体系，开展网络安全认证、检测、风险评估等安全服务。

六、加强电力企业数据安全保护

（十八）加强企业数据安全保障。健全数据安全保护机制，明确数据安全责任主体，强化重要数据的识别、分类和保护，加强关键系统、核心数据容灾备份设施建设。加强重要数据出境管理。加强大数据安全保障能力建设。

（十九）加强个人信息、用户信息保护。强化业务系统个人信息、用户信息保护能力，防止个人信息、用户信息泄露，建立完善个人信息安全事件投诉、举报和责任追究机制。

七、提高网络安全态势感知、预警及应急处置能力

（二十）推进网络安全态势感知、预警能力建设。建立行业、企业网络安全态势感知预警平台，加强电力监控系统、重要管理信息系统、互联网出口的全面监测，加强网络安全信息的汇集、研判建立健全网络安全信息共享和通报机制，健全完善政企联动、上下协同的通报预警机制。

（二十一）加强网络安全应急处置能力建设。建立电力行业网络安全应急指挥平台，完善网络安全应急预案。加强网络安全应急队伍、应急资源库建设，组织开展实战型网络安全应急演练，提升网络安全事件应急快速响应能力。

（二十二）健全重大活动网络安全保障机制。建立分级网络安全保障机制，统筹行业资源，强化协调指挥。针对国家重大活动，制定保障工作方案，落实保障措施。

八、支持网络安全自主创新与安全可控

（二十三）坚持关键领域安全可控。推动电力专用安全防护设备升级换代，加快推进专用系统与装备、通用软硬件产品安全可控替代及应用。坚持新能源、配电网及负荷管理等领域智能终端、智能单元安全可控。加强安全可控产品的研制与应用，鼓励开展前沿性技术应用研究。

（二十四）加速推进核心技术攻关与应用。加强体系化技术布局，完善制度、市场环境，推进电力系统网络安全核心技术突破。重点在电力系统关键系统、重大装备、防护体系、专用芯片、密码应用、攻防对抗和检测技术等领域，加强自主创新与应用突破。支持电力专用芯片研发和使用。

（二十五）做好新技术、新业务网络安全保障。关注能源生产、经营、消费等领域发展带来的网络安全问题，加强对“大云物移智”等新技术，以及微电网、充电基础设施、车联网、“互联网＋”等新业务的网络安全风险研究，为行业发展提供网络安全保障。

九、积极推动电力行业网络安全产业健康发展

（二十六）优化网络安全产业生态。以行业内重点网络安全企业为主导，打造产学研用协同创新发展平台，构建电力行业网络安全产业联盟。推进网络安全技术成果的市场化应用。引导社会资本设立行业网络安全产业发展基金。

（二十七）引导网络安全产业健康发展。做好行业网络安全产业体系建设，通过统筹规划、精准投资、综合评价等措施，在技术产业、政策上共同发力，释放产业发展主体活力，引导网络安全产业健康发展。

十、推进网络安全军民融合深度发展

（二十八）推进网络安全军民融合深度发展。加强统筹协调、密切协作配合、推动军地信息融合共享，建立较为完善的网络安全联防联控机制。拓宽渠道，促进技术、人才、资源等要素双向流动转化。鼓励电力企业、网络安全产业单位加强“军转民”“民参军”，促进军地协同技术创新。

十一、加强网络安全人才队伍建设

（二十九）加强网络安全人才队伍建设。加强行

业网络安全政策宣贯、知识普及，定期开展电力行业网络安全交流。加大网络安全人才培养投入，加强从业人员技能培训，探索企业、高校、科研院所、军队共建产学研用结合的人才培养机制，建立电力行业网络安全专家库。完备网络安全岗位设置，完善人才激励机制。

十二、拓展网络安全国际合作

（三十）拓展网络安全国际合作。构建网络安全常态化国际交流合作机制，推动电力行业网络安全国际交流，拓展网络安全对话合作平台。加强在预警防范、应急响应、技术创新、标准规范、信息共享等方面合作，组织开展国际网络空间安全重大问题研究，积极参与有关国际标准、规则制定工作。

国家能源局

2018 年 9 月 13 日

国家能源局综合司关于开展低压用户供电可靠性管理工作的通知

（国能综通安全〔2018〕141 号）

国家电网有限公司、南方电网有限责任公司、内蒙古电力（集团）有限责任公司：

为贯彻落实习近平新时代中国特色社会主义思想和党的十九大精神，进一步深化电力可靠性管理，保障人民日益增长的美好生活对高质量电力供应的需求，经研究，决定在部分地区探索开展低压用户供电可靠性管理工作。现将有关事项通知如下。

一、工作目标

探索开展低压用户供电可靠性管理研究和实践，构建低压用户供电可靠性统计、评价体系，推进可靠性指标应用，打通用户可靠性管理的“最后一米”，为全国低压用户供电可靠性管理和成果应用工作积累经验，推动电力供应高质量发展。

二、工作内容

（一）探索开展低压用户供电可靠性信息采集和统计工作。鼓励供电企业基于低压供配电网络拓扑、智能电能表自动采集、电力用户停电报修等管理方法和技术路线，完善低压电力用户和配电设备台账管理，探索和完善行之有效的低压用户供电可靠性采集和统计方式。

（二）探索开展低压用户供电可靠性评价工作。根据现有技术标准和评价规程，加强理论研究和实践经验总结，探索开展低压用户供电可靠性评价、评估和预测工作。鼓励供电企业根据自身实际，开发和完善相关供电可靠性信息管理系统，研究制定相关低压用户供电可靠性管理的团体标准、企业标准。

（三）探索开展低压用户供电可靠性指标管理应用。鼓励供电企业将低压用户供电可靠性数据和指标应用于安全生产、规划设计、电力建设、供电服务、设备招投标、分布式能源消纳以及电力营商环境评价、用户满意度测评等工作和改进，及时发现供配电网络架构的薄弱环节、供电设备的隐患缺陷和运行管理不到位等问题，稳步提升低压用户供电质量。

三、地区选择

探索开展低压用户供电可靠性管理工作的具体地区由电网企业自行确定，应尽量选择不同经济发展水平的地区。

四、时间安排

（一）启动部署阶段（即日起至10月）

各单位按照文件要求，结合企业实际情况，研究制定科学合理、切实可行的低压用户供电可靠性管理探索工作方案，明确工作内容、技术路线和业务流程，落实牵头部门和责任岗位，启动和部署低压用户供电可靠性探索工作。请电网企业汇总所辖相关单位的工作方案，于 10 月底前报送国家能源局电力可靠性管理和工程质量监督中心。

（二）具体实施阶段（2018 年 10 月～2019 年 9 月）

各单位根据制定的工作方案，精心组织，全面推进低压用户供电可靠性探索工作。电网企业要加强对所辖单位的技术支持、指导和监督。国家能源局及其派出机构将对探索工作进行跟踪和了解。

（三）总结推广阶段（2019 年 10 月～2019 年底）

各单位全面总结低压用户供电可靠性探索工作，形成工作总结和相关成果，于 2019 年 12 月 30 日前报送国家能源局电力可靠性管理和工程质量监督中心。国家能源局将视情况，适时推广低压用户供电可靠性管理工作。

各单位要高度重视低压用户供电可靠性管理工作，探索过程中遇到的问题请及时向国家能源局电力可靠性管理和工程质量监督中心反馈。

联系人及电话：陈黎丽　010－63413579

国家能源局综合司

2018 年 9 月 30 日

国家能源局关于做好 2018—2019 年采暖季清洁供暖工作的通知

（国能发电力〔2018〕77 号）

北京、天津、河北、山西、内蒙古、辽宁、吉林、黑龙江、山东、陕西、甘肃、宁夏、新疆、青海、河南省（区、市）、新疆生产建设兵团发展改革委（能源局），北京市城市管理委员会，中核、中广核、中国石油、中国石化、中国海油、国家电网、内蒙古电力、中国华能、中国大唐、中国华电、国家能源、国家电投、中国三峡、国投、中国华润、中煤、中国电建、中国能建集团（公司），电力规划设计总院、水电水利规划设计总院：

为全面落实习近平总书记关于推进北方地区冬季清洁取暖的重要指示，坚持以习近平新时代中国特色社会主义思想和党的十九大精神为指导，按照党中央、国务院决策部署，因地制宜、循序渐进、积极稳妥做好2018—2019年采暖季北方地区清洁供暖工作，确保群众安全温暖过冬，现将有关事项通知如下。

一、扎实抓好清洁取暖实施方案落实。目前，各地已按照《北方地区冬季清洁取暖规划（2017—2021年）》（以下简称《规划》）要求，编制了本地区清洁取暖实施方案，制定了清洁取暖年度工作计划。各地要进一步强化政治责任，完善工作体系，提高效率、落实分工、履行职责，统筹协调能源供应、项目建设与运行、政策支持、资金落实、安全监管等问题，咬定目标，在保证供暖安全的前提下，坚决完成实施方案和年度计划提出的各项目标任务。要重视数据统计工作，统一数据口径，建立细致全面的清洁取暖数据台账，并按时报送我局。

二、稳妥推进“煤改气”“煤改电”。坚持宜电则电、宜气则气、宜煤则煤、宜热则热，以供定改，先立后破。“煤改气”要以气定改，先落实气源再实施改造。各地要切实履行保障民生用气的主体责任，做好本地区供应量的分解落实、统筹安排、合理使用。加强合同履行监管，确保按照已签订合同保障供用气。继续挖掘冬季增产增供潜力，鼓励综合利用非常规天然气、煤制天然气、煤层气等支持清洁供暖，不断完善天然气产供储销体系，全力推进全国长输管道互联互通。完善应急预案，提前制定“压非保民”、应急调峰等措施，保障极端情况下民生用气。供气企业要确保已确定的资源供应总量目标落实，严格按合同足额供应。按照天然气产供储销体系建设统一要求，加快推进重点项目。“煤改电”要以供电能力作为基础，先保障供电再实施改造。各地要在“煤改电”项目确村确户基础上，提前组织做好配套电网升级改造，满足电供暖设施用电需求。鼓励各类发电企业通过电力直接交易参与电供暖，研究探索新能源发电企业通过建设专用输配电设施清洁供暖。逐步扩大蓄热式、热泵型电供暖比重。电网企业要加强与各地“煤改电”的协调对接，在确保建设施工质量安全前提下，加快配电网和农网建设改造，并加强输变电设备的运行监测和安全保护。做好应急预案，对可能出现的各类故障提前制定应对措施，在最短时间内恢复供暖用电。

三、积极扩大可再生能源供暖规模。各地要结合资源条件，在不损害生态环境前提下提高地热资源勘探开发力度，简化项目办理手续，完善配套支持政策，增加地热供暖面积。扎实做好生物质资源量评估分析，重点发展生物质热电联产或生物质锅炉供暖，以及分散式生物质成型燃料供暖，并落实《规划》关于生物质热电超低排放改造、城市城区生物质锅炉达到天然气锅炉排放标准的要求。在具备资源条件的城镇和农村地区，鼓励以“农户收集、就近加工、就地使用”的模式大力推进生物质成型燃料替代散烧煤，积极推进生物沼气等其他生物质能供暖。将太阳能供暖与其他清洁供暖方式科学搭配，因地制宜发展“太阳能＋”供暖。

四、扎实推进清洁燃煤集中供暖。坚持宜煤则煤，不断扩大清洁燃煤集中供暖面积。各地要通过优先安排投产、列为应急调峰储备电源、提高机组供热能力、扩大供热半径、规划建设民生背压热电机组等方式，进一步鼓励超低排放热电联产清洁供暖。结合国家煤炭去产能工作统一部署，合理释放部分煤炭先进产能，保障民生取暖用煤。大力提升燃煤锅炉房环保水平，落实《规划》关于城市城区燃煤锅炉超低排放改造要求。选择生产连续稳定并排放余热的工业企业，充分考虑错峰生产等环保措施，合理确定供暖规模，发展工业余热供暖。

五、守住群众安全温暖过冬底线。各地在新清洁供暖设施落实能源供应、安全稳定运行之前，决不允许拆除原有供暖设施。要用好煤、电、天然气等各类能源联保联供，对仍需使用煤炭取暖的用户，切实做好洁净煤供应保障工作。对于偏远山区等暂不能通过清洁供暖替代散烧煤供暖的，重点利用“洁净型煤＋环保炉具”等方式替代散烧煤。完善应急预案，制定有针对性的需求侧管理措施并提高执行力，确保冬季高峰期居民供暖安全。严格落实安全生产属地管理责任、相关部门监管责任和企业主体责任，完善安全管理制度，提高安全管理水平，加强日常巡查维护和安全知识宣传，全面排查消除安全隐患，确保相关供暖设施安全运行。

六、探索创新清洁供暖模式。各地要结合清洁供暖实践，创新体制机制，优化营商环境，进一步放开能源、热力生产和供应领域，引导社会资本进入清洁供暖市场，鼓励企业开展技术创新和经营创新，发展新技术、新模式、新业态。北方地区冬季清洁取暖试点城市要用好中央财政资金和地方配套资金，在新型技术应用、先进模式培育上先行先试，充分发挥试点带动作用。在具备条件的农村地区，要按照就地取材的原则，因地制宜就近利用清洁能源资源，发展形式多样、灵活适用的农村清洁供暖模式。对于应用效果好、可持续性强、具有推广价值的清洁供暖案例，请各地及时报送我局。

七、加强清洁取暖工作监管。按照《规划》要求，各地要创新监管措施和手段，密切跟踪工作进展，掌握目标任务完成情况及工作推进中的实际困难，会同国家能源局派出监管机构组织开展监督检查和考核评价。各地要在12月15日前向我局报送方案，在采暖季结束后两周内报送报告。采暖季结束后，我局将委托第三方机构，对各地清洁供暖实施情况进行评估，重点评估落实《规划》要求情况、落实实施方案和年度计划情况、国家有关文件和会议部署执行情况以及本通知要求事项的执行情况等，并将评估结果予以通报。

请各单位按以上要求做好各项工作，如遇重大事项，请及时报告我局。请各地发展改革委（能源局）做好与各部门的协调工作，并将相关要求通知本地区相关企业。

特此通知。

国家能源局

2018年11月23日

国家能源局关于印发《电力安全监管约谈办法》的通知

（国能发安全〔2018〕79号）

全国电力安全生产委员会成员单位：

为加强电力安全监管工作，规范监管行为，防范和遏制重特大电力事故，国家能源局制定了《电力安全监管约谈办法》。现印发给你们，请遵照执行。

国家能源局

2018年11月28日

电力安全监管约谈办法

第一条 为加强电力安全监管工作，规范监管行为，防范和遏制重特大电力事故，依据《中共中央 国务院关于推进安全生产领域改革发展的意见》《电力安全生产监督管理办法》《电力建设工程施工安全监督管理办法》，制定本办法。

第二条 本办法所称电力安全监管约谈（以下简称约谈），是指国家能源局及其派出机构约见电力企业，就电力安全生产有关问题进行提醒告诫、督促整改的谈话。

第三条 国家能源局组织的约谈由国家能源局负有电力安全监管职责的部门组织，派出能源监管机构组织的约谈由派出能源监管机构负有电力安全监管职责的处室组织。约谈可视需要邀请单位主要领导、分管领导或相关部门人员及专家参加。

第四条 电力企业发生以下情形之一由国家能源局负责组织约谈。

（一）发生《电力安全事故应急处置和调查处理条例》所规定的电力安全事故；

（二）发生重大及以上生产安全事故；

（三）发生性质严重、社会影响恶劣的较大生产安全事故；

（四）3个月内发生2起以上较大生产安全事故；

（五）3个月内发生5起以上一般及以上生产安全事故；

（六）发生造成重大社会影响的电力安全事件；

（七）谎报、迟报、瞒报、漏报电力安全信息；

（八）未贯彻落实安全生产法律法规和党中央、国务院有关安全生产的决策部署，安全生产责任制落实不到位；

（九）发现重大安全生产隐患或存在重大安全生产风险；

（十）国家能源局认定有必要实施监管约谈的其他情形。

各派出能源监管机构根据辖区内实际情况确定实施约谈的情形，并报国家能源局负有电力安全监管职责的部门备案。

第五条 约谈对象为电力企业安全生产第一责任人、分管安全生产工作的负责人及有关人员。原则上国家能源局约谈电力企业（集团）总部，派出能源监管机构约谈所辖区域电力企业。

第六条 组织约谈前，由负有电力安全监管职责的部门（处室）制定约谈方案，报国家能源局（派出能源监管机构）分管负责人批准。

约谈方案应包括约谈事由、约谈方组成人员、被约谈方组成单位及人员等内容。

第七条 约谈经批准后，由约谈方书面通知被约谈方，告知被约谈方约谈事由、时间、地点、参加人员、需要提交的材料以及提交时限等。

第八条 被约谈方应按照要求准备书面材料，主要包括安全生产基本情况、存在问题及原因分析、主要教训及整改措施等。被约谈方应按要求时限向约谈方报送参加人员名单和书面材料。

第九条 具体约谈过程按照以下程序实施。

（一）约谈方说明约谈事由，通报被约谈方存在的问题；

（二）被约谈方就约谈事项进行陈述说明，提出下一步拟采取的整改措施，并回答约谈方提出的质询；

（三）约谈方提出整改要求，被约谈方表态；

（四）形成约谈纪要送相关单位并归档。

第十条 被约谈方应当在要求的时限内完成整改并报送整改落实报告。

约谈方应对整改落实报告进行审核，必要时可进行现场核查。对落实整改措施不力，连续发生事故的，约谈方要在行业内给予通报，依法依规从严处理。

第十一条 约谈方可根据政务公开的要求依法依规向社会公开约谈的情况。

第十二条 约谈方人员应当依法行政、廉洁奉公。有下列情形之一的，给予批评教育；情节严重的，给予行政处分。

（一）约谈过程态度蛮横或者故意刁难被约谈方的；

（二）滥用约谈手段谋取私利、违法乱纪的；

（三）徇私舞弊、玩忽职守的；

（四）其他违反监管人员工作纪律的行为。

国家能源局综合司关于落实国务院安委会通报精神加强电力行业危险化学品安全生产工作的通知

（国能综通安全〔2018〕183号）

各省、自治区、直辖市、新疆生产建设兵团发展改革委（能源局）、经信委（工信委），各派出能源监管机构，全国电力安委会各企业成员单位：

2018年11月28日，河北省张家口市桥东区发生爆燃事故，造成23人死亡、22人受伤。11月30日，国务院安委会办公室印发《关于河北省张家口市“11·28”重大爆燃事故的通报》（安委办明电〔2018〕18号，以下简称《通报》），通报了事故直接原因，并提出了深入排查管控危险化学品安全风险等工作要求。现将《通报》转给你们，请结合电力行业危险化学品安全生产实际，切实抓好以下工作。

一、全面加强电力行业危险化学品安全生产工作

河北省张家口市“11·28”重大爆燃事故的发生再次暴露出化工和危险化学品安全生产的复杂性和严峻性。电力行业涉及液氨、柴油、氢气、液氯等多种危险化学品，部分构成重大危险源，安全风险不容忽视。各单位要高度重视，深刻吸取事故教训，认真贯彻落实《通报》和12月2日国务院安委会危险化学安全生产专题视频会议要求，以极端认真负责的精神，全面加强电力行业危险化学品安全生产工作，坚决防范和遏制重特大事故。要按照《国家能源局关于印发电力行业危险化学品安全综合治理实施方案的通知》和《国家能源局综合司关于进一步加快推进电力行业危险化学品安全综合治理工作的通知》要求，持续深入推进电力行业危险化学品安全生产综合治理工作，加强组织领导，注重源头治理，切实提高电力行业危险化学品安全生产水平。

二、深入排查管控电力行业危险化学品安全风险

各电力企业要切实落实安全生产主体责任，强化和落实安全管理措施，提高危险化学品安全管理水平。全面摸排危险化学品安全风险，重点排查液氨、天然气、柴油、氢气等涉及易燃易爆有毒有害的危险化学品储存使用设施的安全风险，发现风险管控不到位、存在安全隐患的要立即组织整改，整改后仍然达不到要求的，要坚决停用。要对危险化学品储存、使用场所开展全面隐患排查，确保安全距离等满足要求，防范威胁社会公共安全。要全面加强液氨等重大危险源安全管理，严格落实《燃煤发电厂液氨罐区安全管理规定》《燃气电站天然气系统安全管理规定》等要求，确保运输、储存、使用安全。要加强危险化学品运输安全管理，规范厂区内外车辆停放，落实液氨接卸过程安全措施。

三、加强电力行业危险化学品事故应急处置

各单位要高度重视电力行业危险化学品突发情况应对处置工作，强化应急意识、制定完善危险化学品安全事故处置应急预案，并定期开展应急演练。要加强危险化学品应急救援能力建设，强化危险化学安全知识培训，配备必要的应急救援装备器材，并定期检查维护，保证完好可用。遇有突发事故或发生液氨、天然气泄漏等紧急情况的，要立即采取应急处置措施，设置隔离区域和疏散地点，并强化政企联动，协同开展应急救援工作，严防发生衍生事故和事故扩大升级。

四、做好迎峰度冬和岁末年初电力安全生产工作

当期正值电力迎峰度冬和岁末年初重要时期，电力、热力供应保障责任重、压力大，做好电力安全生产工作意义重大。各单位要高度重视，落实《国务院安委会办公室关于进一步加强当前安全生产工作的紧急通知》和国家能源局有关文件要求，切实加强迎峰度冬和岁末年初电力安全生产各项工作，强化安全风险分析研判，全面排查、及时消除各类安全隐患，坚决防范和遏制重特大事故发生，有效保障供电、供热安全。

国家能源局综合司

2018年12月4日

国家能源局关于印发《核电厂初步设计消防专篇内容及深度规定》《核电厂消防工程竣工验收管理办法》和《运行核电厂消防安全管理实施细则》的通知

（国能发核电〔2018〕82 号）

中国核工业集团有限公司、中国广核集团有限公司、国家电力投资集团有限公司、中国华能集团有限公司：

为进一步加强核电厂消防安全管理，规范核电厂消防工程初步设计、竣工验收和运行管理工作，根据《中华人民共和国消防法》《核电厂消防安全监督管理暂行规定》，我局制定了《核电厂初步设计消防专篇内容及深度规定》《核电厂消防工程竣工验收管理办法》和《运行核电厂消防安全管理实施细则》，现印发你们。上述文件自印发之日起实施，请遵照执行。

特此通知。

国家能源局

2018 年 12 月 11 日

附件：略。

国家能源局综合司　国务院扶贫办综合司关于做好光伏扶贫电站验收评估工作的通知

（国能综通新能〔2018〕198 号）

各省、自治区、直辖市及新疆生产建设兵团发展改革委（能源局）、扶贫办：

为贯彻落实《中共中央　国务院关于打赢脱贫攻坚战的决定》和《中共中央　国务院关于打赢脱贫攻坚战三年行动的指导意见》，扎实有序推进光伏扶贫，保障光伏扶贫实施效果，请你们按照《光伏扶贫电站管理办法》等要求，认真组织开展本省（区、市）光伏扶贫电站的验收、评估工作。现将有关事项通知如下。

一、请各省级能源、扶贫主管部门高度重视，制定光伏扶贫电站验收评估工作方案，建立验收评估工作机制，以县为单元对已建成且纳入国家光伏扶贫目录的光伏扶贫电站开展验收、评估。验收、评估应包括电站建设质量、建设资金、运行维护、收益分配等内容。

二、请各省级能源、扶贫主管部门落实职责分工、加强协调配合。省（区、市）发展改革委（能源局）牵头组织集中式光伏扶贫电站的验收、评估，省（区、市）扶贫办（局）牵头组织村级电站（含户用）的验收、评估，对验收、评估过程中发现的相关问题要明确责任单位和人员，及时督促整改。

三、请各省级能源、扶贫主管部门于 1 月底前将本省（区、市）已开展的验收、评估工作情况及下步工作安排报送国家能源局和国务院扶贫办。国家能源局、国务院扶贫办将邀请纪检监察部门、审计署适时对各省（区、市）相关工作开展情况进行抽查检查。

联系电话：国家能源局　010－68555894

国务院扶贫办 010－84419684

国家能源局综合司　国务院扶贫办综合司

2018 年 12 月 19 日

统计资料

电力统计基本数据一览

项目	单 位	2018年	2017年	比上年增长（%）
一、发电量	**亿 kWh**	**69 947**	**64 529**	**8.40**
水电	亿 kWh	12 321	11 947	3.13
其中：抽水蓄能	亿 kWh	329	328	0.44
火电	亿 kWh	49 249	45 877	7.35
其中：燃煤	亿 kWh	44 829	41 782	7.29
燃气	亿 kWh	2155	2032	6.04
燃油	亿 kWh	15	27	-42.53
生物质发电	亿 kWh	936	813	15.23
核电	亿 kWh	2950	2481	18.87
风电	亿 kWh	3658	3046	20.09
太阳能发电	亿 kWh	1769	1178	50.24
其他	亿 kWh	1	1	-4.15
6000kW 及以上火电厂发电量	**亿 kWh**	**49 167**	**45 762**	**7.44**
燃煤	亿 kWh	44 821	41 772	7.30
其中：煤矸石发电	亿 kWh	1286	1423	-9.58
燃气	亿 kWh	2134	2016	5.86
其中：常规燃气	亿 kWh	2053	1957	4.93
煤层气发电	亿 kWh	70	52	35.94
燃油	亿 kWh	15	27	-42.45
其他	亿 kWh	2143	1920	11.62
其中：余温、余气、余压发电	亿 kWh	1230	1129	8.96
垃圾焚烧发电	亿 kWh	481	376	28.08
秸秆、蔗渣、林木质发电	亿 kWh	427	413	3.40
二、全社会用电量	**亿 kWh**	**69 002**	**63 636**	**8.43**
1. 全行业用电合计	**亿 kWh**	**59 310**	**54 849**	**8.13**
第一产业	亿 kWh	746	684	8.99
第二产业	亿 kWh	47 733	44 571	7.09
其中：工业	亿 kWh	46 954	43 874	7.02
第三产业	亿 kWh	10 831	9593	12.90
2. 城乡居民生活用电合计	**亿 kWh**	**9692**	**8788**	**10.29**
城镇居民	亿 kWh	5531	5010	10.40
乡村居民	亿 kWh	4162	3778	10.15

续表

项目	单 位	2018 年	2017 年	比上年增长（%）
三、发电装机容量	**万 kW**	**190 012**	**178 451**	**6.48**
水电	万 kW	35 259	34 411	2.46
其中：抽水蓄能	万 kW	2999	2869	4.52
火电	万 kW	114 408	111 009	3.06
其中：燃煤	万 kW	100 835	98 562	2.31
燃气	万 kW	8375	7580	10.49
燃油	万 kW	173	197	-11.94
生物质发电	万 kW	1947	1651	17.93
核电	万 kW	4466	3582	24.68
风电	万 kW	18 427	16 400	12.35
太阳能发电	万 kW	17 433	13 042	33.66
其他	万 kW	20	7	200.35
6000kW 及以上火电厂装机容量	**万 kW**	**114 100**	**110 506**	**3.25**
燃煤	万 kW	100 794	98 517	2.31
其中：煤矸石发电	万 kW	3240	3518	-7.90
燃气	万 kW	8313	7532	10.37
其中：常规燃气发电	万 kW	8139	7400	9.98
煤层气发电	万 kW	151	113	33.32
燃油	万 kW	170	193	-12.11
其他	万 kW	4755	4199	13.24
其中：余温、余气、余发电	万 kW	2854	2626	8.68
垃圾焚烧发电	万 kW	889	722	23.08
秸秆、蔗渣、林木质发电	万 kW	969	850	13.97
四、35kV 及以上输电线路回路长度	**km**	**1 892 018**	**1 825 611**	**3.64**
1. 交流	**km**	**1 850 631**	**1 788 212**	**3.49**
其中：1000kV	km	11 005	10 073	9.25
750kV	km	20 543	18 830	9.10
500kV	km	187 158	173 772	7.70
330kV	km	30 477	30 183	0.97
220kV	km	434 493	415 311	4.62
110kV	km	652 891	631 361	3.41
35kV	km	514 066	508 682	1.06
2. 直流	**km**	**41 995**	**37 399**	**12.29**
其中：±1100kV	km	608		
±800kV	km	21 723	20 874	4.07
±660kV	km	2091	1334	56.75
±500kV	km	15 428	13 552	13.84
±400kV	km	1640	1640	0.00

续表

项目	单　位	2018 年	2017 年	比上年增长（%）
五、35kV 及以上变电设备容量	**万 kVA**	**699 219**	**662 928**	**5.47**
1. 交流	**万 kVA**	**666 622**	**630 730**	**5.69**
其中：1000kV	万 kVA	14 700	13 800	6.52
750kV	万 kVA	17 030	14 540	17.13
500kV	万 kVA	136 494	125 508	8.75
330kV	万 kVA	13 125	13 029	0.74
220kV	万 kVA	213 127	203 352	4.81
110kV	万 kVA	219 379	209 847	4.54
35kV	万 kVA	52 767	50 654	4.17
2. 直流	**万 kVA**	**33 196**	**32 198**	**3.10**
其中：±1100kV	万 kVA	600		
±800kV	万 kVA	17 361	17 841	-2.69
±660kV	万 kVA	947	947	0.00
±500kV	万 kVA	13 353	13 410	-0.43
±400kV	万 kVA	141		
六、新增发电装机容量	**万 kW**	**12 785**	**13 019**	**-1.80**
水电	万 kW	859	1287	-33.27
其中：抽水蓄能	万 kW	130	200	-35.00
火电	万 kW	4380	4453	-1.65
其中：燃煤	万 kW	3056	3504	-12.79
燃气	万 kW	884	571	54.87
其中：常规燃气	万 kW	881	571	54.42
煤层气发电		2		
燃油	万 kW			
其他	万 kW	440	379	16.26
其中：余温、余气、余压	万 kW	198	175	13.13
垃圾焚烧发电	万 kW	148	123	20.53
秸秆、蔗渣、林木质发电	万 kW	94	81	16.51
核电	万 kW	884	218	306.44
风电	万 kW	2127	1720	23.64
太阳能发电	万 kW	4525	5341	-15.26
其他	万 kW	10		
七、火电机组退役和关停容量	**万 kW**	**1197**	**929**	**28.79**
八、年底主要发电企业电源项目在建规模	**万 kW**	**17 890**	**20 804**	**-14.01**
水电	万 kW	7940	7887	0.68
火电	万 kW	6936	8637	-19.70
核电	万 kW	1345	2289	-41.23
风电	万 kW	1564	1909	-18.07

续表

项目	单　位	2018年	2017年	比上年增长（%）
九、新增直流输电线路长度及换流容量				
1. 线路长度	**km**	**3325**	**8339**	**-60.13**
其中：±1100kV	km	3325		
±800kV	km		8339	-100.00
±660kV	km			
±500kV	km			
±400kV	km			
2. 换流容量	**万kW**	**3200**	**7900**	**-59.49**
其中：±1100kV	万kW	1200		
±800kV	万kW	2000	7700	-74.03
±660kV	万kW			
±500kV	万kW		200	-100.00
±400kV	万kW			
十、新增交流110kV及以上输电线路长度及变电设备容量				
1. 线路长度	**km**	**56 973**	**58 084**	**-1.91**
其中：1000kV	km	129	2846	-95.47
750kV	km	1573	899	74.97
500kV	km	14 540	7999	81.77
330kV	km	828	2521	-67.16
220kV	km	20 697	18 810	10.03
110kV（含66kV）	km	19 206	25 010	-23.21
2. 变电设备容量	**万kVA**	**31 024**	**32 595**	**-4.82**
其中：1000kV	万kVA	900	3000	-70.00
750kV	万kVA	1140	1740	-34.48
500kV	万kVA	11 160	8275	34.86
330kV	万kVA	612	783	-21.84
220kV	万kVA	8402	10 433	-19.47
110kV（含66kV）	万kVA	8810	8364	5.33
十一、本年完成电力投资	亿元	**8161**	**8239**	**-0.94**
1. 电源投资	亿元	**2787**	**2900**	**-3.89**
水电	亿元	700	622	12.65
火电	亿元	786	858	-8.31
核电	亿元	447	454	-1.55
风电	亿元	646	681	-5.12
太阳能发电	亿元	207	285	-27.38
其他	亿元			
2. 电网投资	亿元	**5374**	**5339**	**0.65**
送变电	亿元	5133	5135	-0.04
其中：直流	亿元	520	859	-39.41
交流	亿元	4613	4276	7.87

续表

项目	单　位	2018 年	2017 年	比上年增长（%）
其他	亿元	241	204	18.10
十二、单机 6000kW 及以上机组平均单机容量				
水电：单机容量	万 kW/台	6.10	6.07	0.02
机组台数	台	4894	4816	1.62
机组容量	万 kW	29 830	29 252	1.98
火电：单机容量	万 kW/台	13.38	13.15	0.23
机组台数	台	8070	7796	3.51
机组容量	万 kW	107 969	102 501	5.33
十三、6000kW 及以上电厂供热量	**万 GJ**	**480 625**	**421 084**	**14.14**
十四、6000kW 及以上电厂发电标准煤耗	**g/kWh**	**289.9**	**291.3**	**-1.3**
十五、6000kW 及以上电厂供电标准煤耗	**g/kWh**	**307.6**	**309.4**	**-1.8**
十六、6000kW 及以上电厂厂用电率	**%**	**4.69**	**4.80**	**-0.11**
水电	%	0.25	0.27	-0.02
火电	%	5.95	6.04	-0.09
十七、6000kW 及以上电厂发电设备利用小时	h	**3880**	**3790**	**90**
水电	h	3607	3597	10
其中：抽水蓄能	h	1102	1176	-74
火电	h	4378	4219	159
核电	h	7543	7089	454
风电	h	2103	1949	155
太阳能发电	h	1230	1205	25
十八、6000kW 及以上电厂燃料消耗				
发电消耗标煤量	万 t	130 805	121 811	7.38
发电消耗原煤量	万 t	195 719	177 592	10.21
供热消耗标煤量	万 t	18 104	16 519	9.60
供热消耗原煤量	万 t	27 523	24 248	13.51
十九、供、售电量及线损				
供电量	亿 kWh	59 508	54 357	9.48
售电量	亿 kWh	55 777	50 835	9.72
线损电量	亿 kWh	3731	3522	5.93
线路损失率	%	6.27	6.48	-0.21
二十、发用电设备比				
发电装机容量：用电设备容量		1:3.96	1:4.05	
二十一、电力弹性系数				
电力生产弹性系数		1.27	0.95	34.07
电力消费弹性系数		1.28	0.95	34.41

注 1. 电源投资完成额口径为全国主要发电企业。

2. 从 2018 年 5 月开始，三次产业划分按照《国家统计局关于修订〈三次产业划分规定（2012）〉的通知》（国统设管函〔2018〕74 号）调整，为保证数据可比，同期数据根据新标准重新进行了分类。

分地区发电装机容量

地区	合计			水电			火电			核电			风电			太阳能发电			其他
	2018年（万kW）	2017年（万kW）	同比（%）	2018年（万kW）	2017年（万kW）	同比（%）	2018年（万kW）	2017年（万kW）	同比（%）	2018年（万kW）	2017年（万kW）	同比（%）	2018年（万kW）	2017年（万kW）	同比（%）	2018年（万kW）	2017年（万kW）	同比（%）	2018年（万kW）
全　国	**190 012**	**178 451**	**6.48**	**35 259**	**34 411**	**2.46**	**114 408**	**111 009**	**3.06**	**4466**	**3582**	**24.68**	**18 427**	**16 400**	**12.35**	**17 433**	**13 042**	**33.66**	**20**
北　京	1276	1219	4.62	98	98	0.00	1119	1077	3.84		0		19	19	0.00	40	25	59.80	
天　津	1709	1499	13.99	1	1	0.00	1529	1402	9.01				52	29	81.96	128	68	88.43	
河　北	7427	6807	9.11	182	182	0.02	4617	4574	0.94				1391	1181	17.75	1234	868	42.14	3
山　西	8758	8073	8.49	223	244	-8.79	6628	6366	4.10		0		1043	872	19.68	864	590	46.37	
内蒙古	12 285	11 826	3.89	242	242	-0.02	8229	8170	0.72	0	0		2868	2670	7.42	946	743	27.36	0
辽　宁	5192	4869	6.65	299	295	1.41	3383	3193	5.95	448	448	0.00	761	711	7.05	302	223	35.70	
吉　林	3055	2864	6.68	385	380	1.24	1892	1820	3.95				514	505	1.77	265	159	66.39	
黑龙江	3129	2969	5.39	104	103	0.86	2212	2201	0.46				598	570	4.89	215	94	128.42	
上　海	2525	2400	5.22				2365	2271	4.16				71	71	0.00	89	58	53.24	
江　苏	12 657	11 469	10.36	265	265	-0.02	9749	9430	3.38	437	212	106.23	865	656	31.89	1332	907	46.84	10
浙　江	9565	8899	7.48	1161	1160	0.08	6209	6134	1.22	908	657	38.06	148	133	11.61	1138	814	39.87	0.4
安　徽	7089	6468	9.60	312	310	0.54	5413	5053	7.13				246	217	13.32	1118	888	25.89	
福　建	5770	5597	3.09	1322	1307	1.14	3128	3074	1.76	871	871	0.00	300	252	19.23	148	92	60.08	
江　西	3554	3167	12.21	627	615	1.89	2165	1934	11.98				225	169	33.53	536	449	19.32	
山　东	13 107	12 556	4.38	108.1	107.8	0.25	10 367	10 335	0.31	125			1146	1061	7.97	1361	1052	29.36	
河　南	8680	7880	10.16	401	399	0.48	6821	6544	4.23				468	233	100.72	991	703	40.87	0.0
湖　北	7401	7124	3.88	3675	3671	0.10	2884	2787	3.50				331	253	30.99	510	413	23.44	
湖　南	4522	4277	5.72	1598	1570	1.73	2284	2267	0.73		0		348	263	32.05	292	176	66.39	
广　东	11 929	10 968	8.76	1576	1486	6.06	8137	7768	4.75	1330	1046	27.10	357	335	6.76	527	332	59.01	2
广　西	4513	4332	4.19	1677	1669	0.44	2288	2217	3.18	217	217	0.00	208	150	38.58	124	78	58.67	

续表

地区	合计			水电			火电			核电			风电			太阳能发电			其他
	2018年（万kW）	2017年（万kW）	同比（%）	2018年（万kW）	2017年（万kW）	同比（%）	2018年（万kW）	2017年（万kW）	同比（%）	2018年（万kW）	2017年（万kW）	同比（%）	2018年（万kW）	2017年（万kW）	同比（%）	2018年（万kW）	2017年（万kW）	同比（%）	2018年（万kW）
海　南	919	786	16.90	154	114	35.70	465	465	0.00	130	130	0.00	34	34	0.00	136	43	212.36	0
重　庆	2386	2326	2.60	756	736	2.69	1537	1544	-0.44				50	33	51.59	43	12	244.55	
四　川	9833	9721	1.14	7824	7714	1.42	1575	1662	-5.22				253	210	20.13	181	135	34.14	
贵　州	6039	5778	4.52	2212	2119	4.39	3263	3160	3.25		0		386	363	6.32	178	135	31.51	
云　南	9341	8957	4.28	6649	6281	5.86	1508	1613	-6.51	0	0		857	825	3.93	326	238	36.89	0
西　藏	304	281	8.32	160	158	1.12	42	40	3.74				1	1	0.00	98	79	23.41	4
陕　西	5443	4935	10.29	385	379	1.63	3937	3658	7.63		0		405	364	11.43	716	535	33.85	
甘　肃	5113	4995	2.35	927	868	6.86	2064	2059	0.21				1282	1282	0.00	839	786	6.83	
青　海	2800	2543	10.09	1192	1191	0.09	379	399	-5.01	0	0		267	162	64.75	962	791	21.55	
宁　夏	4715	4188	12.59	43	43	0.00	2845	2583	10.12		0		1011	942	7.38	816	620	31.64	
新　疆	8978	8679	3.44	702	702	0.00	5377	5207	3.26		0		1921	1836	4.62	978	934	4.71	

分地区新增发电装机容量

单位：万kW

地区	合计	水电		火电										核电	风电	太阳能发电	其他
					燃煤		燃气		燃油	其他							
		合计	其中：抽水蓄能	合计	合计	其中：煤矸石发电	合计	其中：常规燃气		合计	其中：余温、余气、余压发电	其中：垃圾焚烧发电	其中：秸秆、蔗渣、林木质发电				
全　国	**12 785**	**859**	**130**	**4380**	**3056**	**0.2**	**884**	**881**		**440**	**198**	**148**	**94**	**884**	**2127**	**4525**	**10**
北　京	56			41			34	34		7		7				15	

续表

地区	合计	水电		火电										核电	风电	太阳能发电	其他
		合计	其中：抽水蓄能	合计	燃煤		燃气		燃油	其他							
					合计	其中：煤矸石发电	合计	其中：常规燃气		合计	其中：余温、余气、余压发电	其中：垃圾焚烧发电	其中：秸秆、蔗渣、林木质发电				
天　津	319			229	200		25	25		4			4		28	61	
河　北	840			205	178					27	22	2	3		246	389	
山　西	822			297	280		6	6		11	11				196	329	
内蒙古	413			67	66					1	1				215	132	
辽　宁	193			105	105										50	37	
吉　林	189			51	51										9	129	
黑龙江	213	3		36	28					8	0	3	5		31	143	
上　海	128			96	1		88	88		7	7					32	
江　苏	1258	0.01		374	131		214	214		28	13	12	3	225	197	452	10
浙　江	859	7		163	79		24	24		59	26	31	2	250	26	412	
安　徽	724	2		353	302	0.2	1			50	2	11	37		24	345	
福　建	210	22		74	49					25	20	5			56	58	
江　西	402	16		205	200					5	5				62	120	
山　东	758	0.3		145	64		1	1		81	34	28	18	125	94	393	
河　南	956	3		422	373		35	35		14	2	7	6		238	294	
湖　北	365	6		112	104					8	7	1			81	166	
湖　南	296	29		33	2		1	1		29	15	13	2		100	135	
广　东	894	90	90	484	35		449	449						284	2	34	
广　西	216	5		119	105					14		2	12		61	30	
海　南	56	40	40													16	
重　庆	91	14		31	1		1	1		29	6	23			19	27	
四　川	280	155		30	16		2	1		12	6	2	4		47	48	

续表

地区	合计	水电		火电										核电	风电	太阳能发电	其他
		合计	其中：抽水蓄能	合计	燃煤		燃气		燃油	其他							
					合计	其中：煤矸石发电	合计	其中：常规燃气		合计	其中：余温、余气、余压发电	其中：垃圾焚烧发电	其中：秸秆、蔗渣、林木质发电				
贵　州	26														15	11	
云　南	393	392													0	1	
西　藏	13	1														12	
陕　西	607	4		389	375					14	14				59	155	
甘　肃	130	61		4	1					3	2	1				65	
青　海	321	1													112	208	
宁　夏	372			101	101										84	187	
新　疆	385	10		214	208		1	1		5	5				74	87	

分地区发电量

地　区	合计			水电			火电			核电			风电			太阳能发电			其他
	2018年（亿kWh）	2017年（亿kWh）	同比（%）	2018年（亿kWh）	2017年（亿kWh）	同比（%）	2018年（亿kWh）	2017年（亿kWh）	同比（%）	2018年（亿kWh）	2017年（亿kWh）	同比（%）	2018年（亿kWh）	2017年（亿kWh）	同比（%）	2018年（亿kWh）	2017年（亿kWh）	同比（%）	2018年（亿kWh）
全　国	**69 947**	**64 529**	**8.40**	**12 321**	**11 947**	**3.13**	**49 249**	**45 877**	**7.35**	**2950**	**2481**	**18.87**	**3658**	**3046**	**20.09**	**1769**	**1178**	**50.24**	**1**
北　京	449	394	14.03	10	11	-11.84	433	377	14.73		0		3	3	0.29	3.1	2.0	49.51	
天　津	670	596	12.43	0.2	0.07	114.29	654	584	12.00				8	6	35.75	8	6.2	29.49	
河　北	2787	2657	4.89	17	20	-18.57	2361	2296	2.84				283	263	7.43	126	77	63.40	
山　西	3088	2766	11.65	43	42	1.88	2739	2503	9.41		0		212	165	28.63	94	56	69.43	
内蒙古	5005	4424	13.14	45	24	91.42	4198	3736	12.36	0	0		632	551	14.74	130	113	14.95	

续表

地区	合计			水电			火电			核电			风电			太阳能发电			其他
	2018年（亿kWh）	2017年（亿kWh）	同比（%）	2018年（亿kWh）	2017年（亿kWh）	同比（%）	2018年（亿kWh）	2017年（亿kWh）	同比（%）	2018年（亿kWh）	2017年（亿kWh）	同比（%）	2018年（亿kWh）	2017年（亿kWh）	同比（%）	2018年（亿kWh）	2017年（亿kWh）	同比（%）	2018年（亿kWh）
辽宁	1926	1791	7.50	46	45	1.94	1381	1349	2.38	302	236	27.79	165	150	10.32	32	12	175.32	
吉林	871	783	11.30	79	77	1.88	664	606	9.57				105	87	20.68	24	13.1	84.32	
黑龙江	1029	954	7.85	26	25	4.08	859	816	5.24				125	108	15.39	20.3	5.7	253.75	
上海	857	866	-1.03				833	846	-1.59				18	17	6.49	6	3	134.88	
江苏	5031	4885	2.99	34	29	14.10	4462	4481	-0.42	242	173	40.18	173	120	43.19	120	81	48.47	0.4
浙江	3508	3348	4.77	192	212	-9.71	2598	2544	2.15	587	511	14.96	31	25	20.58	100	56	78.08	0.1
安徽	2726	2470	10.35	53	57	-5.85	2519	2311	9.01				50	41	22.44	104	62	67.35	
福建	2462	2186	12.64	325	416	-21.80	1405	1139	23.35	646	560	15.22	72	65	12.08	14	5.7	140.28	
江西	1301	1186	9.77	116	157	-26.20	1093	967	12.97				41	31	31.06	52	30	73.79	
山东	5218	4860	7.36	4.9	6.7	-27.29	4824	4615	4.54	39			214	166	28.48	137	73	88.00	
河南	2974	2703	10.04	144	100	44.34	2689	2528	6.36				57	30	88.82	84	44.4	88.88	
湖北	2851	2646	7.77	1471	1494	-1.50	1267	1075	17.78				64	48	33.28	49	28	73.34	
湖南	1432	1340	6.87	432	498	-13.30	919	786	16.92		0		60	50	20.91	20	5.6	265.24	
广东	4572	4348	5.15	292	301	-2.96	3283	3165	3.73	896	800	12.02	63	62	2.47	38	20	86.17	0.2
广西	1617	1345	20.22	609	614	-0.82	796	575	38.32	161	127	26.93	42	25	68.77	9.3	4.1	128.50	
海南	327	305	7.18	27	26	4.04	211	195	8.17	77	75	3.46	5	6	-11.53	6	3	87.98	
重庆	799	727	9.90	242	253	-4.21	547	467	17.16				8	7	9.29	2.0	0.2	741.67	
四川	3761	3569	5.37	3249	3164	2.70	435	354	22.94				55	35	54.20	22	16	36.87	
贵州	2117	2012	5.23	770	733	5.03	1263	1210	4.38		0		68	63	8.43	15.8	6	175.04	
云南	3244	2958	9.64	2699	2502	7.86	290	240	21.15	0	0		220	188	16.75	34	28	22.57	
西藏	67	58	15.40	57	51	12.67	1.2	0.4	183.33				0.1	0	7.69	8	6	36.60	1
陕西	2005	1962	2.21	102	109	-6.90	1761	1747	0.82		0		72	54	33.41	71	52	35.46	
甘肃	1599	1342	19.14	444	374	18.65	830	707	17.41				230	188	22.63	95	73	29.31	
青海	805	616	30.83	517	332	55.83	120	153	-21.71	0	0		38	18	112.86	131	113	15.71	
宁夏	1614	1404	14.96	20	16	26.65	1310	1158	13.15		0		187	155	20.61	97	76	28.82	
新疆	3235	3030	6.75	254	256	-0.80	2506	2349	6.72				358	318	12.32	116	107	8.90	

分地区全社会用电量

地　区	用电量（亿 kWh）	同比增长（%）
全　国	**69 002**	**8.43**
北　京	1142	7.08
天　津	861	6.93
河　北	3666	6.51
山　西	2161	8.54
内蒙古	3353	15.52
辽　宁	2302	7.81
吉　林	751	6.77
黑龙江	974	4.88
上　海	1567	2.61
江　苏	6128	5.52
浙　江	4533	8.11
安　徽	2135	11.12
福　建	2314	9.52
江　西	1429	10.42
山　东	5917	8.96
河　南	3418	7.94
湖　北	2071	10.83
湖　南	1745	10.35
广　东	6323	6.11
广　西	1703	17.86
海　南	327	7.17
重　庆	1119	12.27
四　川	2459	11.53
贵　州	1482	7.02
云　南	1679	9.17
西　藏	69	18.61
陕　西	1594	6.65
甘　肃	1290	10.75
青　海	738	7.47
宁　夏	1065	8.85
新　疆	2686	5.65

全国分行业用电量

指标名称	用户个数（个）	用户用电装接容量（kW）	用电量		
			2018年（万kWh）	2017年（万kWh）	同比增长（%）
全社会用电总计	**589 449 200**	**7 527 698 781**	**690 018 870**	**636 363 119**	**8.43**
A. 全行业用电合计	66 718 295	4 527 014 955	593 096 438	548 486 439	8.13
第一产业	7 066 111	120 485 335	7 458 694	6 843 222	8.99
第二产业	14 301 688	2 676 510 888	477 332 288	445 711 317	7.09
第三产业	45 350 497	1 730 018 732	108 305 456	95 931 901	12.90
B. 城乡居民生活用电合计	522 730 905	3 000 683 826	96 922 432	87 876 681	10.29
城镇居民	227 036 300	1 535 653 196	55 306 577	50 096 697	10.40
乡村居民	295 694 605	1 465 030 631	41 615 854	37 779 983	10.15
全行业用电分类	**66 718 295**	**4 527 014 955**	**593 096 438**	**548 486 440**	**8.13**
一、农、林、牧、渔业	**12 148 910**	**197 612 995**	**12 425 270**	**11 664 674**	**6.52**
1. 农业	4 571 372	76 854 949	3 966 613	3 785 912	4.77
2. 林业	106 124	3 491 212	201 613	183 370	9.95
3. 畜牧业	1 387 189	22 308 774	1 870 291	1 594 112	17.32
4. 渔业	664 553	12 108 997	1 420 177	1 279 827	10.97
5. 农、林、牧、渔专业及辅助性活动	5 419 672	82 849 063	4 966 577	4 821 452	3.01
其中：排灌	4 599 504	69 222 118	4 133 591	3 995 860	3.45
二、工业	**12 689 005**	**2 497 462 628**	**469 539 116**	**438 740 830**	**7.02**
（一）采矿业	356 753	154 548 691	25 370 857	23 616 032	7.43
1. 煤炭开采和洗选业	49 137	60 976 974	9 062 768	8 640 845	4.88
2. 石油和天然气开采业	16 729	21 253 021	4 173 287	4 171 576	0.04
3. 黑色金属矿采选业	44 834	16 468 083	3 882 581	3 693 171	5.13
4. 有色金属矿采选业	39 473	17 010 809	3 794 760	3 235 949	17.27
5. 非金属矿采选业	122 392	21 310 961	2 507 608	2 322 399	7.97
6. 其他采矿活动	84 188	17 528 844	1 949 853	1 552 093	25.63
（二）制造业	11 162 060	1 609 329 735	350 968 133	327 756 837	7.08
1. 农副食品加工业	3 274 949	70 146 397	6 286 312	5 894 942	6.64
2. 食品制造业	356 715	23 347 183	3 417 867	3 244 946	5.33
3. 酒、饮料及精制茶制造业	231 767	12 112 249	1 427 784	1 319 230	8.23
4. 烟草制品业	119 749	4 373 754	391 877	385 571	1.64
5. 纺织业	604 503	56 542 143	16 374 637	15 778 998	3.77
6. 纺织服装、服饰业	354 565	19 936 685	3 450 612	3 193 800	8.04
7. 皮革、毛皮、羽毛及其制品和制鞋业	180 045	14 277 519	2 234 228	2 086 715	7.07

续表

指标名称	用户个数（个）	用户用电装接容量（kW）	用电量		
			2018年（万kWh）	2017年（万kWh）	同比增长（%）
8. 木材加工和木、竹、藤、棕、草制品业	616 472	24 472 715	3 379 547	3 071 752	10.02
9. 家具制造业	195 753	11 248 211	1 529 772	1 385 865	10.38
10. 造纸和纸制品业	288 484	25 726 233	7 282 381	7 078 767	2.88
11. 印刷和记录媒介复制业	79 247	7 761 448	1 262 669	1 191 749	5.95
12. 文教、工美、体育和娱乐用品制造业	168 743	9 724 918	1 599 396	1 493 822	7.07
其中：体育用品制造	8377	1 114 252	188 878	165 229	14.31
13. 石油、煤炭及其他燃料加工业	128 469	51 214 063	11 886 517	10 094 617	17.75
其中：煤化工	9895	14 630 901	2 832 225	1 851 416	52.98
14. 化学原料和化学制品制造业	183 280	143 287 670	45 475 808	44 086 219	3.15
其中：氯碱	2505	15 048 845	5 892 707	5 518 029	6.79
电石	626	23 962 648	8 553 189	8 293 035	3.14
黄磷	479	4 273 720	1 273 360	1 212 971	4.98
肥料制造	40 671	24 356 003	7 501 942	7 222 255	3.87
15. 医药制造业	75 752	21 766 029	3 857 426	3 567 998	8.11
其中：中成药生产	11 169	2 912 324	369 966	339 385	9.01
生物药品制品制造	5117	4 035 829	785 810	697 693	12.63
16. 化学纤维制造业	20 034	13 686 656	3 951 390	3 841 170	2.87
17. 橡胶和塑料制品业	505 089	67 484 005	13 761 705	12 989 008	5.95
其中：橡胶制品业	96 666	20 105 857	3 764 238	3 597 365	4.64
塑料制品业	408 237	47 345 087	9 986 679	9 381 152	6.45
18. 非金属矿物制品业	776 742	159 908 526	35 063 968	33 178 774	5.68
其中：水泥制造	174 063	45 486 456	13 856 683	13 416 954	3.28
玻璃制造	20 567	7 380 863	1 325 790	1 166 035	13.70
陶瓷制品制造	67 462	14 911 831	3 794 961	3 464 718	9.53
碳化硅	1710	1 939 602	633 305	626 136	1.15
19. 黑色金属冶炼和压延加工业	22 258	169 498 539	54 259 563	49 417 010	9.80
其中：钢铁	16 145	127 880 864	37 813 204	35 050 607	7.88
铁合金冶炼	4868	38 303 868	15 623 650	13 437 455	16.27
20. 有色金属冶炼和压延加工业	70 254	170 894 265	60 286 796	57 285 252	5.24
其中：铝冶炼	1359	101 163 266	47 450 070	44 388 937	6.90
铅锌冶炼	588	5 075 455	1 611 860	1 506 146	7.02
稀有稀土金属冶炼	702	1 664 141	568 908	603 631	-5.75
21. 金属制品业	1 163 749	125 496 338	22 763 578	20 300 565	12.13
其中：结构性金属制品制造	270 183	30 151 718	5 215 133	4 843 169	7.68
22. 通用设备制造业	404 700	155 808 807	9 035 698	8 311 990	8.71

续表

指标名称	用户个数（个）	用户用电装接容量（kW）	用电量		
			2018年（万kWh）	2017年（万kWh）	同比增长（%）
其中：风能原动设备制造	236	116 716	16 158	14 442	11.88
23. 专用设备制造业	110 910	23 245 259	3 523 226	3 312 693	6.36
其中：医疗仪器设备及器械制造	7010	1 544 096	251 735	234 336	7.42
24. 汽车制造业	29 047	30 434 623	4 822 727	4 243 808	13.64
其中：新能源车整车制造	287	789 256	102 507	65 824	55.73
25. 铁路、船舶、航空航天和其他运输设备制造业	54 504	25 312 079	3 418 914	3 575 749	-4.39
其中：铁路运输设备制造	3730	3 531 956	325 193	335 121	-2.96
城市轨道交通设备制造	715	1 562 473	120 864	108 298	11.60
航空、航天器及设备制造	716	2 518 380	257 474	212 868	20.95
26. 电气机械和器材制造业	131 516	44 612 514	7 808 760	7 258 964	7.57
其中：光伏设备及元器件制造	892	909 955	174 460	87 760	98.79
27. 计算机、通信和其他电子设备制造业	89 222	68 453 360	14 735 568	13 167 501	11.91
其中：计算机制造	1087	2 095 694	509 859	487 840	4.51
通信设备制造	12 916	6 093 503	1 147 404	1 069 001	7.33
28. 仪器仪表制造业	20 853	4 223 053	857 851	913 000	-6.04
29. 其他制造业	691 141	38 028 168	4 775 965	4 436 408	7.65
30. 废弃资源综合利用业	106 772	8 536 432	960 530	748 386	28.35
31. 金属制品、机械和设备修理业	106 850	7 778 643	1 085 064	901 571	20.35
（三）电力、热力、燃气及水生产和供应业	1 170 192	733 584 202	93 200 126	87 367 960	6.68
1. 电力、热力生产和供应业	794 936	680 269 177	86 249 129	81 008 635	6.47
其中：电厂生产全部耗用电量	85 218	197 235 975	44 490 445	41 717 293	6.65
线路损失电量	22 763	81 098 569	33 517 143	32 328 990	3.68
抽水蓄能抽水耗用电量	8106	17 283 906	3 920 246	3 689 339	6.26
2. 燃气生产和供应业	58 732	16 143 898	1 736 176	1 610 997	7.77
3. 水的生产和供应业	316 525	37 171 126	5 214 821	4 748 327	9.82
三、建筑业	**1 706 267**	**186 257 987**	**8 878 235**	**7 872 058**	**12.78**
1. 房屋建筑业	900 322	78 521 609	3 561 572	3 324 647	7.13
2. 土木工程建筑业	168 256	38 788 224	1 745 653	1 533 458	13.84
3. 建筑安装业	196 900	12 069 210	642 363	569 966	12.70
4. 建筑装饰、装修和其他建筑业	440 790	56 878 943	2 928 648	2 443 988	19.83
四、交通运输、仓储和邮政业	**668 602**	**265 907 250**	**16 084 973**	**14 373 904**	**11.90**
1. 铁路运输业	46 222	161 187 642	8 978 402	8 127 307	10.47
其中：电气化铁路	21 714	110 049 372	6 730 278	5 995 550	12.25

续表

指标名称	用户个数（个）	用户用电装接容量（kW）	用电量		
			2018年（万kWh）	2017年（万kWh）	同比增长（%）
2. 道路运输业	133 782	47 408 194	3 033 097	2 582 811	17.43
其中：城市公共交通运输	39 804	28 386 093	1 816 220	1 458 348	24.54
3. 水上运输业	11 151	5 157 342	422 574	413 759	2.13
其中：港口岸电	978	729 647	25 749	25 292	1.81
4. 航空运输业	15 316	6 206 053	505 581	436 479	15.83
5. 管道运输业	5536	5 008 535	568 968	457 592	24.34
6. 多式联运和运输代理业	13 767	4 141 572	352 787	331 615	6.38
7. 装卸搬运和仓储业	394 034	34 366 423	1 973 663	1 775 063	11.19
8. 邮政业	48 794	2 431 488	249 899	249 279	0.25
五、信息传输、软件和信息技术服务业	**4 187 835**	**68 255 268**	**8 107 728**	**6 476 537**	**25.19**
1. 电信、广播电视和卫星传输服务	2 860 414	37 902 700	4 173 756	4 122 871	1.23
2. 互联网和相关服务	1 234 193	20 210 490	2 863 200	1 711 716	67.27
其中：互联网数据服务	15 527	4 459 888	749 596	243 746	207.53
3. 软件和信息技术服务业	93 227	10 142 077	1 070 772	641 950	66.80
六、批发和零售业	**18 361 286**	**320 606 814**	**21 306 972**	**18 913 846**	**12.65**
其中：充换电服务业	126 493	5 156 075	289 762	173 799	66.72
七、住宿和餐饮业	**2 810 378**	**98 737 245**	**7 696 994**	**7 012 061**	**9.77**
八、金融业	**285 793**	**23 300 671**	**1 813 297**	**1 795 419**	**1.00**
九、房地产业	**3 335 761**	**283 933 791**	**11 987 155**	**10 214 408**	**17.36**
十、租赁和商务服务业	**1 132 092**	**84 225 935**	**4 888 861**	**4 513 417**	**8.32**
其中：租赁业	126 445	4 587 503	285 987	273 590	4.53
十一、公共服务及管理组织	**9 392 366**	**500 714 374**	**30 367 837**	**26 909 285**	**12.85**
1. 科学研究和技术服务业	167 685	34 674 322	1 837 589	1 620 267	13.41
其中：地质勘查	9510	613 737	45 430	43 497	4.44
科技推广和应用服务业	70 253	10 548 527	313 579	286 369	9.50
2. 水利、环境和公共设施管理业	2 729 203	101 038 094	5 536 075	4 955 617	11.71
其中：水利管理业	161 202	17 690 450	896 012	775 777	15.50
公共照明	1 831 461	50 108 746	2 796 053	2 499 944	11.84
3. 居民服务、修理和其他服务业	3 313 162	68 178 700	3 981 946	3 443 898	15.62
4. 教育、文化、体育和娱乐业	1 165 404	155 340 249	8 401 294	7 253 768	15.82
其中：教育	743 893	118 592 426	6 642 904	5 664 005	17.28
5. 卫生和社会工作	381 956	50 265 868	4 487 891	4 010 236	11.91
6. 公共管理和社会组织、国际组织	1 634 952	91 216 745	6 123 043	5 625 498	8.84

分地区全社会用电量分类

单位：万 kWh

地区	全社会用电总计	A. 全行业用电合计	第一产业	第二产业	第三产业	B. 城乡居民生活用电合计	一、农、林、牧、渔业	二、工业	（一）采矿业	（二）制造业	（三）电力、热力、燃气及水生产和供应业	三、建筑业	四、交通运输、仓储和邮政业	五、信息传输、软件和信息技术服务业	六、批发和零售业	七、住宿和餐饮业	八、金融业	九、房地产业	十、租赁和商务服务业	十一、公共服务及管理组织
全　国	**690 018 870**	**593 096 438**	**7 458 694**	**477 332 288**	**108 305 456**	**96 922 432**	**12 425 270**	**469 539 116**	**25 370 857**	**350 968 133**	**93 200 126**	**8 878 235**	**16 084 973**	**8 107 728**	**21 306 972**	**7 696 994**	**1 813 297**	**11 987 155**	**4 888 861**	**30 367 837**
北　京	11 423 809	8 860 245	106 382	3 316 045	5 437 818	2 563 564	188 431	3 073 165	30 300	1 722 005	1 320 861	253 012	543 668	467 824	671 789	326 519	130 417	1 250 600	242 435	1 712 384
天　津	8 614 388	7 498 204	151 554	5 650 537	1 696 113	1 116 184	182 347	5 542 514	102 335	4 185 539	1 254 640	115 153	346 248	65 009	199 382	78 870	18 318	333 415	69 260	547 687
河　北	36 656 607	31 715 936	522 409	25 056 839	6 136 689	4 940 671	1 164 820	24 675 076	1 862 819	17 938 493	4 873 765	438 688	1 169 947	444 610	1 349 405	318 954	79 037	336 041	125 743	1 613 614
山　西	21 605 278	19 620 382	166 769	16 901 411	2 552 203	1 984 896	429 615	16 671 156	3 553 000	8 991 164	4 126 992	246 935	725 063	169 849	381 455	138 617	37 761	71 513	78 494	669 924
内蒙古	33 534 397	32 077 476	210 651	29 268 258	2 598 566	1 456 922	509 109	29 162 367	1 666 106	22 004 367	5 491 893	110 990	471 099	656 050	335 638	193 488	29 605	85 024	58 526	465 580
辽　宁	23 023 759	20 300 809	338 815	16 498 846	3 463 148	2 722 950	438 143	16 274 223	1 284 151	11 259 309	3 730 763	241 163	617 075	233 735	803 502	260 536	66 013	264 545	86 718	1 015 156
吉　林	7 505 674	6 273 512	128 704	4 576 725	1 568 084	1 232 162	189 107	4 483 249	383 306	2 394 278	1 705 665	98 887	275 442	130 388	326 337	107 633	36 021	92 865	38 215	495 368
黑龙江	9 738 819	7 892 449	284 333	5 830 143	1 777 972	1 846 370	472 652	5 714 591	1 843 238	1 944 973	1 926 380	118 168	251 182	129 402	356 447	105 733	24 730	125 269	43 718	550 556
上　海	15 666 595	13 231 100	52 239	7 947 293	5 231 568	2 435 495	63 736	7 802 115	4235	6 337 739	1 460 141	160 615	542 268	223 979	733 044	155 206	182 068	1 672 419	281 414	1 414 236
江　苏	61 282 703	53 699 973	464 635	44 482 253	8 753 085	7 582 730	719 827	43 960 553	231 587	37 024 270	6 704 696	546 888	907 648	602 893	1 733 560	578 275	128 368	1 433 659	392 751	2 695 551
浙　江	45 328 248	39 300 065	211 658	32 438 319	6 650 088	6 028 183	290 255	31 765 503	164 725	26 479 523	5 121 255	717 624	741 692	528 606	1 469 950	581 508	142 562	679 218	423 483	1 959 663
安　徽	21 350 693	17 689 997	217 301	14 063 087	3 409 609	3 660 696	278 848	13 724 314	860 785	9 639 201	3 224 328	340 136	413 649	209 318	785 261	235 629	55 144	370 575	123 539	1 153 586
福　建	23 138 246	18 741 558	323 536	15 062 700	3 355 323	4 396 688	348 786	14 764 591	233 868	11 773 437	2 757 287	351 137	396 552	276 454	864 855	293 078	57 687	223 949	133 583	1 030 885
江　西	14 287 680	11 661 931	72 968	9 228 883	2 360 081	2 625 749	121 342	9 040 612	489 487	5 672 382	2 878 743	246 618	360 801	238 779	510 938	214 416	50 822	163 378	25 287	688 937

续表

地区	全社会用电总计	A. 全行业用电合计	第一产业	第二产业	第三产业	B. 城乡居民生活用电合计	一、农、林、牧、渔业	二、工业	(一)采矿业	(二)制造业	(三)电力、热力、燃气及水生产和供应业	三、建筑业	四、交通运输、仓储和邮政业	五、信息传输、软件和信息技术服务业	六、批发和零售业	七、住宿和餐饮业	八、金融业	九、房地产业	十、租赁和商务服务业	十一、公共服务及管理组织
山 东	59 167 729	52 487 207	776 241	45 319 959	6 391 006	6 680 522	1 213 262	44 813 895	2 121 844	35 884 543	6 807 508	508 036	1 098 530	343 868	1 180 338	402 221	96 358	653 012	288 683	1 889 003
河 南	34 176 769	28 143 763	462 172	22 472 206	5 209 385	6 033 006	747 606	22 042 672	1 357 475	15 463 263	5 221 933	442 262	840 570	224 083	1 664 131	262 586	61 305	459 602	84 999	1 313 947
湖 北	20 714 302	16 763 990	202 863	12 846 291	3 714 836	3 950 312	334 197	12 540 688	413 183	9 193 955	2 933 550	365 396	621 552	185 372	809 202	288 513	57 382	462 081	64 071	1 035 536
湖 南	17 452 430	12 863 610	150 566	9 559 427	3 153 617	4 588 820	208 068	9 323 219	681 254	6 176 626	2 465 339	252 126	594 453	210 205	652 849	256 078	41 859	284 947	78 401	961 405
广 东	63 233 539	53 329 541	1 126 281	40 027 028	12 176 233	9 903 998	1 248 718	39 676 982	380 061	32 025 508	7 271 413	727 467	1 282 890	778 135	2 501 343	1 123 012	196 278	856 186	1 666 915	3 271 615
广 西	17 030 356	13 671 275	255 305	11 159 366	2 256 604	3 359 081	325 550	10 965 572	290 289	9 051 144	1 624 139	211 398	400 007	167 002	321 275	219 661	33 563	140 673	122 147	764 428
海 南	3 268 181	2 685 522	139 282	1 432 277	1 113 964	582 658	161 357	1 349 538	61 615	789 076	498 846	83 389	69 532	57 923	142 271	185 764	17 423	308 812	47 924	261 589
重 庆	11 187 910	9 137 491	33 043	6 770 757	2 333 692	2 050 419	37 133	6 579 900	170 158	5 044 647	1 365 096	240 259	291 858	155 248	527 844	150 620	27 183	467 323	33 168	626 956
四 川	24 594 895	19 931 296	111 572	15 619 912	4 199 812	4 663 599	164 641	15 273 532	974 638	11 258 457	3 040 436	489 316	582 985	365 396	1 015 284	283 556	69 242	523 743	66 142	1 097 459
贵 州	14 821 218	11 976 433	71 140	10 171 862	1 733 432	2 844 785	89 925	9 868 241	752 911	6 989 466	2 125 864	335 767	353 881	214 909	272 935	155 671	47 609	151 645	39 677	446 174
云 南	16 790 775	14 471 828	134 917	12 161 125	2 175 786	2 318 947	184 132	11 742 094	803 686	9 084 765	1 853 643	425 315	363 219	237 283	369 810	231 191	29 311	136 976	111 326	641 170
西 藏	690 198	559 690	798	367 472	191 420	130 508	1844	333 404	80 303	90 044	163 057	34 068	21 461	8788	33 241	22 886	5423	3519	3250	91 805
陕 西	15 941 733	13 348 681	158 179	10 089 895	3 100 606	2 593 052	384 840	9 788 462	1 681 904	5 065 052	3 041 505	317 923	723 062	183 951	612 510	212 225	35 042	238 936	56 076	795 652
甘 肃	12 895 236	11 882 931	69 610	10 019 861	1 793 460	1 012 305	409 149	9 885 521	961 222	7 184 624	1 739 675	149 874	526 915	124 531	237 414	111 392	20 052	46 404	30 245	341 434
青 海	7 383 377	7 079 301	10 909	6 658 059	410 333	304 076	24 758	6 612 896	403 584	5 753 264	456 048	46 105	86 832	37 986	77 600	31 355	5087	37 475	5332	113 876
宁 夏	10 648 476	10 353 114	58 036	9 672 769	622 310	295 361	190 596	9 631 706	245 103	7 809 860	1 576 743	47 036	81 784	40 559	107 870	48 387	7989	44 597	16 316	136 274
新 疆	26 864 848	25 847 126	445 827	22 662 685	2 738 614	1 017 722	1 302 475	22 456 764	1 281 684	16 737 158	4 437 922	216 483	383 109	395 592	259 491	123 413	23 638	68 753	51 023	566 385

分地区 6000kW 及以上电厂发电技术经济指标

地区	利用小时（h）						厂用电率（%）			发电标准煤耗（g/kWh）	供电标准煤耗（g/kWh）	发电消耗原煤量（万 t）	发电消耗标准煤量（万 t）
	合计	水电	火电	核电	风电	太阳能发电	合计	水电	火电				
全　国	**3880**	**3607**	**4378**	**7543**	**2103**	**1230**	**4.69**	**0.25**	**5.95**	**290**	**308**	**195 719**	**130 805**
北　京	3655	1000	3939	0	1866	1261	2.61	0.94	2.67	204	209	50	851
天　津	4218	0	4471	0	1830	864	5.55	0.00	5.64	270	286	2078	1724
河　北	4047	753	5090	0	2276	1275	5.26	1.32	5.93	291	309	9897	6680
山　西	3758	1850	4318	0	2196	1265	6.72	0.37	7.36	298	321	13 596	7787
内蒙古	4159	1873	5124	0	2251	1632	6.41	0.57	7.41	306	331	24 380	12 847
辽　宁	3859	1539	4199	6739	2265	1235	5.90	1.81	6.41	291	311	7181	3947
吉　林	3004	2036	3590	0	2057	1332	5.57	1.23	6.68	278	298	3685	1801
黑龙江	3413	2465	3886	0	2144	1447	5.86	1.06	6.50	292	313	4462	2498
上　海	3527	0	3571	0	2489	946	4.55	0.00	4.59	285	298	2809	2332
江　苏	4213	1256	4576	7881	2216	1059	4.25	0.06	4.28	280	292	15 378	12 401
浙　江	4055	1546	4201	7936	2173	1085	4.92	0.53	4.98	282	296	9068	7150
安　徽	4327	1674	5005	0	2150	1065	4.69	0.70	4.79	275	289	9509	6428
福　建	4496	2504	4507	7410	2587	1099	4.98	0.32	5.08	291	304	5030	3730
江　西	4126	1831	5269	0	1940	1064	4.31	0.68	4.80	284	297	3774	2693
山　东	4256	442	4707	8305	1971	1227	5.80	1.84	6.17	291	309	18 512	13 429
河　南	3589	3538	3893	0	1746	998	4.88	0.25	5.29	288	305	11 080	7449
湖　北	4034	4071	4527	0	2159	1115	2.39	0.11	5.17	287	302	4327	3337
湖　南	3391	2785	4048	0	2051	933	4.13	0.80	5.63	297	312	3489	2493
广　东	4209	1519	4290	7829	1860	884	4.91	0.50	4.96	289	304	11 389	9226

续表

地区	利用小时（h）						厂用电率（%）			发电标准煤耗（g/kWh）	供电标准煤耗（g/kWh）	发电消耗原煤量（万t）	发电消耗标准煤量（万t）
	合计	水电	火电	核电	风电	太阳能发电	合计	水电	火电				
广西	3735	3882	3502	7411	2294	1006	3.41	0.36	5.97	295	313	2478	1627
海南	3946	1962	4549	5936	1524	752	7.02	0.34	7.64	281	304	788	562
重庆	3445	3345	3572	0	2177	602	5.30	0.50	7.12	297	319	2277	1713
四川	3874	4220	2713	0	2333	1461	0.64	0.10	4.52	309	328	1426	974
贵州	3481	3268	3938	0	1821	932	5.15	0.18	7.88	302	326	6427	3415
云南	3600	4241	1928	0	2643	1182	0.98	0.25	8.14	313	340	1407	642
西藏	2276	3597	304	0	1863	900	0.67	0.61	0.27	358	387	0	0
陕西	3829	2868	4428	0	1959	1274	6.65	1.20	7.28	304	327	6327	4151
甘肃	3212	4840	4178	0	1772	1336	3.20	0.41	5.41	307	324	3847	2532
青海	2971	4360	3156	0	1524	1464	1.12	0.23	6.54	313	335	514	355
宁夏	3649	4711	4865	0	1888	1383	6.77	1.90	7.90	295	317	5663	3334
新疆	3641	3626	4647	0	1941	1228	6.18	0.20	7.60	293	314	4871	2694

分地区6000kW及以上电厂供热情况

地区	供热容量（万kW）	供热量（GJ）	供热厂	用电	供热标准煤耗（kg/GJ）	供热消耗原煤量（万t）	供热消耗标准煤量（万t）
			厂用电量（万kWh）	厂用电率（kWh/GJ）			
全国	47 661	4 806 252 247	**4 234 862**	**8.8**	**37.7**	**27 523**	**18 104**
北京	721	81 550 005	53 006	6.5	38.0	82	310
天津	1304	94 896 300	89 106	9.4	39.3	410	373
河北	3779	266 940 536	235 238	8.8	39.2	1582	1045
山西	3969	217 399 791	203 345	9.4	39.8	1491	865
内蒙古	4154	329 495 571	354 157	10.7	40.4	2631	1332

续表

地区	供热容量（万 kW）	供热量（GJ）	供热厂	用电	供热标准煤耗（kg/GJ）	供热消耗原煤量（万 t）	供热消耗标准煤量（万 t）
			厂用电量（万 kWh）	厂用电率（kWh/GJ）			
辽宁	2502	361 065 890	372 174	10.3	40.5	2453	1461
吉林	1395	206 029 785	251 633	12.2	39.4	1641	811
黑龙江	1643	302 539 087	257 149	8.5	39.1	2120	1182
上海	521	58 210 760	46 797	8.0	37.4	214	218
江苏	6616	956 667 855	743 253	7.8	29.5	3668	2825
浙江	1760	562 384 776	414 110	7.4	37.8	2817	2126
安徽	1643	15 811 284	8926	5.6	41.2	97	65
福建	811	39 570 824	18 324	4.6	39.3	223	155
江西							
山东	6927	772 393 822	717 022	9.3	39.7	4058	3067
河南	2468	138 388 516	100 640	7.3	45.5	941	629
湖北	588	37 787 115	28 852	8.0	42.0	206	158
湖南	464	47 447 707	79 523	16.8	43.4	1031	206
广东	1002	49 026 064	35 959	7.3	32.5	204	160
广西							
海南							
重庆	179	52 199 780	39 597	7.6	39.4	308	206
四川							
贵州	30	243 206	229	9.4	44.9	2	1
云南							
西藏							
陕西	1195	41 283 501	37 802	9.2	40.9	253	169
甘肃	1214	90 924 991	82 895	9.1	41.0	556	373
青海							
宁夏	494						
新疆	1680	83 995 079	65 127	7.8	43.6	532	367

分地区35kV及以上输电线路回路长度

单位：km

地区	合计	一、直流工程	±1100kV	±800kV	±660kV	±500kV	±400kV	±400kV以下	二、交流工程	1000kV	750kV	500kV	330kV	220kV	110kV（含66kV）	35kV
全国	**1 892 018**	**41 995**	**608**	**21 723**	**2091**	**15 428**	**1640**	**506**	**1 850 022**	**10 396**	**20 543**	**187 158**	**30 477**	**434 493**	**652 891**	**514 066**
北京	10 898								10 898			1910		3223	3948	1817
天津	11 998	392		392					11 606	579		1110		3067	3433	3418
河北	103 845	1244		1044	200				102 601	1839		12 100		23 258	33 748	31 656
山西	76 998	1367			1062	305			75 631	1284		9086		17 055	22 859	25 346
内蒙古	114 898	1647	0	887	0	715	0	44.497	113 251	468	0	12 552	0	35 709	42 293	22 228
辽宁	63 001	193				193			62 808			8855		19 060	34 859	34
吉林	38 615								38 615			3387		12 668	22 517	44
黑龙江	60 185								60 185			5966		15 361	25 349	13 510
上海	10 097	461		106		81		274	9636	147		1151		3717	1028	3592
江苏	95 621	727		418		148		160	94 895	1015		12 894		29 508	33 438	18 039
浙江	65 985	1025		526		472		27	64 960	1187		8412		18 143	23 342	13 877
安徽	76 366	6695	608	2921		3166			69 670	1230		5896		16 315	20 303	25 927
福建	49 500	0						0	49 500	342		5348		12 740	17 111	13 959
江西	51 994	450		450					51 544			4708		12 976	16 289	17 570
山东	105 715	1544		1129	415				104 171	1423		9135		26 455	32 596	34 563
河南	78 430	722		722					77 707	343		7932	140	19 283	25 372	24 637
湖北	72 551	2983		1185		1798			69 568	180		9909		14 923	22 608	21 948
湖南	69 207	2597		1740		857			66 610			4668		14 612	23 523	23 807
广东	82 207								82 207			10 877		26 616	36 944	7770
广西	75 733								75 733			2423		17 716	22 598	32 996
海南	10 595								10 595					3969	3984	2643

续表

地　区	合计	一、直流工程	±1100kV	±800kV	±660kV	±500kV	±400kV	±400kV以下	二、交流工程	1000kV	750kV	500kV	330kV	220kV	110kV（含66kV）	35kV
重　庆	37 380	676		676					36 704			3596		9551	11 442	12 115
四　川	97 087	1094		854		240			95 993			15 053		21 344	29 480	30 116
贵　州	55 580								55 580			4077		13 239	18 305	19 959
云　南	91 397	562				562			90 835			12 483		15 624	27 301	35 427
西　藏	23 415	423					423		22 992			2838		3076	9173	7905
陕　西	44 327	1570		968	308	294			42 758	359	2844	271	10 726		18 516	10 043
甘　肃	65 225	2599		2599					62 625		5557		10 951	826	23 508	21 783
青　海	31 708	1217					1217		30 491		3180		6410		12 864	8038
宁　夏	18 547	301	0	195	106	0	0	0	18 246	0	2249	0.00	2249	2419	7317	4012
新　疆	81 047	166		166					80 881		6714	196		21 841	26 842	25 287
跨　区	21 867	11 342		4744		6598			10 525			10 326		200		

分地区35kV及以上变压器情况（含公用变压器和自备变压器）

地　区	合计			一、直流工程			±1100kV			±800kV			±660kV			±500kV		
	座数（座）	组数（组）	铭牌容量（万kVA）	座数（座）	组数（组）	铭牌容量（万kVA）	座数（座）	组数（组）	铭牌容量（万kVA）	座数（座）	组数（组）	铭牌容量（万kVA）	座数（座）	组数（组）	铭牌容量（万kVA）	座数（座）	组数（组）	铭牌容量（万kVA）
全　国	**71 833**	**142 504**	**699 819**	**70**	**627**	**33 196**	**1**	**2**	**600**	**24**	**320**	**17 361**	**2**	**24**	**947**	**28**	**251**	**13 353**
北　京	745	1720	13 170															
天　津	1371	3876	10 607															
河　北	4263	8846	41 713															
山　西	2856	5847	24 668	0	0	0												
内蒙古	2417	4488	29 502	5	33	1725	0	0	0	3	24	1222	0	0	0	1	8	501
辽　宁	2756	5284	26 395	2	12	1060										2	12	1060

续表

地区	合计			一、直流工程			±1100kV			±800kV			±660kV			±500kV		
	座数（座）	组数（组）	铭牌容量（万kVA）	座数（座）	组数（组）	铭牌容量（万kVA）	座数（座）	组数（组）	铭牌容量（万kVA）	座数（座）	组数（组）	铭牌容量（万kVA）	座数（座）	组数（组）	铭牌容量（万kVA）	座数（座）	组数（组）	铭牌容量（万kVA）
吉林	1408	2263	8142															
黑龙江	2190	3606	10 154		2	179												
上海	1879	4137	20 901	7	38	1536				1	24	713				3	10	812
江苏	5439	12 116	65 212	4	84	3268				3	72	2928				1	12	340
浙江	3259	6714	46 772	8	23	1962	0	0	0	2	16	1839	0	0	0	0	0	0
安徽	3285	6663	23 282	1	2	600	1	2	600	0	0	0				0	0	0
福建	1743	3126	19 623	2	4	212												
江西	1760	3145	13 125															
山东	6396	13 587	53 507	3	60	2831				2	48	2367	1	12	464			
河南	3581	6792	33 717	2	12	1170				1	8	904						
湖北	2733	5007	22 146	5	54	1575										5	54	1575
湖南	2582	4613	16 396	2	36	1249				1	24	909				1	12	340
广东	2715	6193	54 139															
广西	2568	5252	13 619															
海南	353	647	2329															
重庆	1234	2350	12 560															
四川	2956	5219	30 061	4	84	2974				3						1	84	2974
贵州	1846	3225	12 845															
云南	2514	4510	17 194	2	8	721										2	8	721
西藏	377	519	1761	1	6	71												
陕西	1891	3611	14 561	1	1	300										1	1	300
甘肃	1553	3142	14 326	1	24	990				1	24	990						
青海	591	1205	8002	1	2	71												
宁夏	658	1497	9899	2	36	1473				1	24	990	1	12	484			
新疆	1877	3154	17 108	0	8	972	0	0	0	0	8	972	0	0	0	0	0	0
跨区	37	150	12 383	17	98	8258				6	48	3528				11	50	4729

续表

地区	±400kV			±400kV 以下			二、交流工程			1000kV			750kV			500kV		
	座数（座）	组数（组）	铭牌容量（万 kVA）	座数（座）	组数（组）	铭牌容量（万 kVA）	座数（座）	组数（组）	铭牌容量（万 kVA）	座数（座）	组数（组）	铭牌容量（万 kVA）	座数（座）	组数（组）	铭牌容量（万 kVA）	座数（座）	组数（组）	铭牌容量（万 kVA）
全　国	**2**	**8**	**141**	**14**	**22**	**794**	**71 762**	**141 877**	**666 622**	**25**	**73**	**14 700**	**49**	**95**	**17 030**	**709**	**1903**	**136 494**
北　京							745	1720	13 170							10	28	3095
天　津							1371	3876	10 607	1	2	600				9	20	1965
河　北							4263	8846	41 713	3	6	1800				47	110	9745
山　西							2856	5847	24 668	3	5	1500				23	52	4826
内蒙古	0	0	0	1	1	2	2412	4455	27 777	3	15	1500	0	0	0	37	94	6990
辽　宁							2754	5272	25 334							29	61	5633
吉　林							1408	2263	8142							14	47	2347
黑龙江				1	2	179	2189	3604	9975							17	25	2043
上　海				3	4	11	1872	4099	19 365	1	2	600				12	42	4204
江　苏							5435	12 032	61 944	3	21	2100				59	143	12 984
浙　江	0	0	0	6	7	123	3251	6691	44 810	3	6	1800	0	0	0	46	117	10 455
安　徽							3284	6661	22 682	2	3	900				27	48	4080
福　建				2	4	212	1741	3122	19 411	1	2	600				23	48	4357
江　西							1760	3145	13 125							23	41	3019
山　东							6393	13 527	50 677	3	7	2100				47	108	8840
河　南				1	4	266	3579	6780	32 547	1	2	600				42	82	7361
湖　北							2728	4953	20 571	1	2	600				25	47	4220
湖　南							2580	4577	15 147							20	37	2963
广　东							2715	6193	54 139							53	412	12 915
广　西							2568	5252	13 619							10	18	1400
海　南							353	647	2329									
重　庆							1234	2350	12 560							13	31	2727

续表

地区	±400kV			±400kV 以下			二、交流工程			1000kV			750kV			500kV		
	座数（座）	组数（组）	铭牌容量（万 kVA）	座数（座）	组数（组）	铭牌容量（万 kVA）	座数（座）	组数（组）	铭牌容量（万 kVA）	座数（座）	组数（组）	铭牌容量（万 kVA）	座数（座）	组数（组）	铭牌容量（万 kVA）	座数（座）	组数（组）	铭牌容量（万 kVA）
四　川							2952	5135	27 087							49	96	8330
贵　州							1846	3225	12 845							16	30	2225
云　南							2512	4502	16 473							30	78	4425
西　藏	1	6	71				376	513	1690							7	34	862
陕　西							1890	3610	14 261				7	14	2940	1	2	357
甘　肃							1552	3118	13 337				10	18	3600			
青　海	1	2	71				590	1203	7931				7	15	2670			
宁　夏							656	1461	8425	0	0	0	6	12	2280	0	0	0
新　疆	0	0	0	0	0	0	1877	3146	16 136	0	0	0	19	36	5540	0	0	0
跨　区							20	52	4125							20	52	4125

地区	330kV			220kV			110kV（含 66kV）			35kV		
	座数（座）	组数（组）	铭牌容量（万 kVA）	座数（座）	组数（组）	铭牌容量（万 kVA）	座数（座）	组数（组）	铭牌容量（万 kVA）	座数（座）	组数（组）	铭牌容量（万 kVA）
全　国	**232**	**561**	**13 125**	**6393**	**13 649**	**213 127**	**29 489**	**55 754**	**219 379**	**34 865**	**69 842**	**52 767**
北　京				109	278	4758	440	1073	5018	186	341	299
天　津				99	238	3650	248	505	2183	1014	3111	2209
河　北				357	807	12 818	1426	2895	12 855	2430	5028	4495
山　西				249	530	7362	934	1858	7619	1647	3402	3360
内蒙古	0	0	0	302	713	10 435	1294	2258	7495	776	1375	1356
辽　宁				298	645	8934	2424	4562	10 763	3	4	4
吉　林				121	207	2604	1270	2006	3191	3	3	1
黑龙江				182	307	3486	1111	1839	3424	879	1433	1022
上　海				132	350	6894	278	582	2885	1449	3123	4782

续表

地区	330kV			220kV			110kV（含66kV）			35kV		
	座数（座）	组数（组）	铭牌容量（万kVA）	座数（座）	组数（组）	铭牌容量（万kVA）	座数（座）	组数（组）	铭牌容量（万kVA）	座数（座）	组数（组）	铭牌容量（万kVA）
江苏				645	1260	21 176	2454	4789	21 889	2274	5819	3795
浙江	0	0	0	373	815	14 892	1577	3207	15 163	1252	2546	2500
安徽				255	501	7326	833	1563	7090	2167	4546	3285
福建				229	446	6995	856	1586	6720	632	1040	739
江西				183	341	4734	604	1076	4341	950	1687	1030
山东				450	965	15 852	1932	3695	16 949	3961	8752	6935
河南				330	685	10 972	1381	2599	10 893	1825	3412	2721
湖北				244	461	6925	1126	1963	7427	1332	2480	1400
湖南				196	411	5324	967	1606	5504	1397	2523	1356
广东				413	1015	20 231	1959	4268	20 630	290	498	362
广西				223	469	5693	676	1159	4737	1659	3606	1789
海南				36	73	1072	148	276	1063	169	298	195
重庆				127	259	4426	520	990	4555	574	1070	853
四川				272	573	8686	1083	2028	8373	1548	2438	1698
贵州				156	303	4661	676	1203	4945	998	1689	1014
云南				173	442	5585	705	1305	5109	1604	2677	1354
西藏				11	20	265	87	151	414	271	308	149
陕西	72	177	3922	2	2	48	823	1561	5810	985	1854	1184
甘肃	85	188	4432	9	45	430	520	1021	3864	928	1846	1010
青海	50	132	3101				250	511	1913	283	545	247
宁夏	25	64	1671	40	109	1648	276	598	2419	309	678	408
新疆	0	0	0	177	379	5244	611	1021	4136	1070	1710	1215
跨区				0	0	0						

分地区 35kV 及以上换流变压器情况

地区	合计			±1100kV			±800kV			±660kV			±500kV			±400kV			±400kV 以下		
	换流站（座）	换流变组数（组）	换流变容量（万 kVA）	换流站（座）	换流变组数（组）	换流变容量（万 kVA）	换流站（座）	换流变组数（组）	换流变容量（万 kVA）	换流站（座）	换流变组数（组）	换流变容量（万 kVA）	换流站（座）	换流变组数（组）	换流变容量（万 kVA）	换流站（座）	换流变组数（组）	换流变容量（万 kVA）	换流站（座）	换流变组数（组）	换流变容量（万 kVA）
全　国	**72**	**635**	**34 169**	**1**	**2**	**600**	**24**	**320**	**17 361**	**3**	**32**	**1920**	**28**	**251**	**13 353**	**2**	**8**	**141**	**14**	**22**	**794**
北　京																					
天　津																					
河　北																					
山　西	1	8	972							1	8	972									
内蒙古	5	33	1725				3	24	1222				1	8	501				1	1	2
辽　宁	2	12	1060										2	12	1060						
吉　林																					
黑龙江	1	2	179																1	2	179
上　海	7	38	1536				1	24	713				3	10	812				3	4	11
江　苏	4	84	3268				3	72	2928				1	12	340						
浙　江	8	23	1962				2	16	1839										6	7	123
安　徽	1	2	600	1	2	600															
福　建	2	4	212																2	4	212
江　西																					
山　东	3	60	2831				2	48	2367	1	12	464									
河　南	2	12	1170				1	8	904										1	4	266
湖　北	5	54	1575										5	54	1575						
湖　南	2	36	1249				1	24	909				1	12	340						
广　东																					
广　西																					

续表

地区	合计			±1100kV			±800kV			±660kV			±500kV			±400kV			±400kV 以下		
	换流站（座）	换流变组数（组）	换流变容量（万 kVA）	换流站（座）	换流变组数（组）	换流变容量（万 kVA）	换流站（座）	换流变组数（组）	换流变容量（万 kVA）	换流站（座）	换流变组数（组）	换流变容量（万 kVA）	换流站（座）	换流变组数（组）	换流变容量（万 kVA）	换流站（座）	换流变组数（组）	换流变容量（万 kVA）	换流站（座）	换流变组数（组）	换流变容量（万 kVA）
海南																					
重庆																					
四川	4	84	2974				3						1	84	2974						
贵州																					
云南	2	8	721										2	8	721						
西藏	1	6	71													1	6	71			
陕西	1	1	300										1	1	300						
甘肃	1	24	990				1	24	990												
青海	1	2	71													1	2	71			
宁夏	2	36	1473				1	24	990	1	12	484									
新疆		8	972					8	972												
跨区	17	98	8258				6	48	3528				11	50	4729						

主要发电企业发电装机容量及发电量

企业名称	发电装机容量（万 kW）												发电量（亿 kWh）											
	合计		水电		火电		核电		风电		太阳能发电		合计		水电		火电		核电		风电		太阳能发电	
	2018 年	2017 年	2018 年	2017 年	2018 年	2017 年	2018 年	2017 年	2018 年	2017 年	2018 年	2017 年	2018 年	2017 年	2018 年	2017 年	2018 年	2017 年	2018 年	2017 年	2018 年	2017 年	2018 年	2017 年
中国华能集团有限公司	17 657	17 187	2607	2226	12 869	12 928			1863	1785	318	248	7026	6496	957	880	5642	5255			387	334	41	27
中国大唐集团有限公司	13 892	13 776	2704	2685	9445	9470			1632	1520	111	101	5540	5169	980	906	4222	3975			322	275	15	13

续表

企业名称	发电装机容量（万 kW）												发电量（亿 kWh）											
	合计		水电		火电		核电		风电		太阳能发电		合计		水电		火电		核电		风电		太阳能发电	
	2018 年	2017 年	2018 年	2017 年	2018 年	2017 年	2018 年	2017 年	2018 年	2017 年	2018 年	2017 年	2018 年	2017 年	2018 年	2017 年	2018 年	2017 年	2018 年	2017 年	2018 年	2017 年	2018 年	2017 年
中国华电集团有限公司	14 779	14 692	2722	2697	10 429	10 405			1334	1309	295	281	5559	5123	883	824	4367	4031			268	235	41	33
国家能源投资集团有限责任公司	23 879	23 042	1867	1849	18 052	17 483			3829	3590	131	119	9550	8880	648	606	8086	7583			798	672	19	18
国家电力投资集团有限公司	14 340	12 623	2385	2203	8189	7423	573	448	1657	1383	1537	1166	5015	4226	904	680	3292	2945	333	236	305	240	181	125
国投电力控股股份有限公司	3401	3162	1672	1672	1576	1376			105	99	48	16	1516	1289	844	830	648	442			20	15	5	2
中国核工业集团有限公司	2264	1554	182				1910	1435	111	99	61	20	1305	1033	66				1212	1013	21	18	7	2
中国长江三峡集团有限公司	6147	6123	4944	5064	263	263			584	524	356	272	2515	2466	2246	2243	106	90			124	102	40	32
华润电力控股有限公司	3690	3712	47	47	3643	3665							1766	1735	22	20	1744	1715						
黄河万家寨水利枢纽有限公司	150	150	150	150									48	27	48	27								
新力能源开发有限公司	404	404			404	404							193	206			193	206						
北京能源集团有限责任公司	2227	2039	58	58	1829	1661			218	235	121	86	865	818	19	20	784	738			46	47	16	12
河北建设投资集团有限责任公司	1161	1141			845	845			306	288	10	8	518	450			442	385			74	64	1	1
山西国际电力集团有限公司	710	608	13	13	580	510			79	59	38	25	251	204	6	5	224	185			16	11	5	3
申能股份有限公司	990	904			951	869			35	35	3	0. 4	364	356			355	347			9	8	0. 4	0. 04
江苏省国信资产管理集团有限公司	1420	1398	160	160	1176	1164			75	65	9	9	585	562	21	13	547	533			16	15	1	1
浙江省能源集团有限公司	3391	3343	85	85	3192	3230			1	1	112	27	1435	1337	12	16	1411	1318			0. 1	0. 1	12	2
安徽省皖能股份有限公司	693	655			693	655							304	271			304	271						

续表

企业名称	发电装机容量（万 kW）												发电量（亿 kWh）											
	合计		水电		火电		核电		风电		太阳能发电		合计		水电		火电		核电		风电		太阳能发电	
	2018 年	2017 年	2018 年	2017 年	2018 年	2017 年	2018 年	2017 年	2018 年	2017 年	2018 年	2017 年	2018 年	2017 年	2018 年	2017 年	2018 年	2017 年	2018 年	2017 年	2018 年	2017 年	2018 年	2017 年
江西省投资集团有限公司	150	150	10	10	140	140							74	63	2	3	72	60						
广东省粤电集团有限公司	3215	3009	234	234	2877	2694			58	53	46	28	1193	1193	80	95	1099	1087			10	9	4	3
中国广核集团有限公司	4161	3581	20	20	50	55	2431	2147	1239	1128	422	231	2002	1777	8	50	19	19	1697	1472	244	211	33	26
广州发展集团股份有限公司	418	455			395	439			8	8	14	8	179	186			176	185			1	1	1	1
深圳能源集团股份有限公司	1006	920	82	82	735	695			91	62	97	81	348	298	28	29	290	249			17	10	12	9
甘肃省电力投资集团有限责任公司	541	541	177	177	267	267			80	80	17	17	200	149	77	67	108	69			13	11	2	2
中铝宁夏能源集团有限公司	425	415			264	264			141	131	20	20	159	158			133	136			23	19	3	3

全国火电 100MW 及以上容量机组运行可靠性综合指标

机组容量（MW）	机组分类	台数	台年数	平均容量（MW/台）	利用小时（h/台年）	可用小时		不可用小时及次数						降低出力等效停运小时（h/台年）	等效可用系数（%）	等效强迫停运率（%）
						运行（h/台年）	备用（h/台年）	计划停运		非计划停运		强迫停运				
								次数（次/台年）	小时（h/台年）	次数（次/台年）	小时（h/台年）	次数（次/台年）	小时（h/台年）			
100～120MW	燃煤全部	11	11	102.73	4241.32	5464.67	3102.43	0.45	172.71	0.91	20.19	0.91	20.19		97.8	0.37
	燃煤国产	8	8	103.75	3935.88	5317.95	3272.36	0.38	144.01	0.5	25.68	0.5	25.68		98.06	0.48
	燃煤进口	3	3	100	5086.35	5870.59	2632.32	0.67	252.11	2	4.98	2	4.98		97.07	0.08

续表

机组容量（MW）	机组分类	台数	台年数	平均容量（MW/台）	利用小时（h/台年）	可用小时		不可用小时及次数						降低出力等效停运小时（h/台年）	等效可用系数（%）	等效强迫停运率（%）
						运行（h/台年）	备用（h/台年）	计划停运		非计划停运		强迫停运				
								次数（次/台年）	小时（h/台年）	次数（次/台年）	小时（h/台年）	次数（次/台年）	小时（h/台年）			
125MW	燃煤全部	15	14.42	125	4387.06	6786.58	1311.27	0.9	634.29	0.55	27.85	0.42	16.47	3.79	92.4	0.3
	燃煤国产	11	10.66	125	4316.28	6578.04	1450.74	0.84	693.53	0.75	37.69	0.56	22.29	5.13	91.59	0.42
	燃煤进口	4	3.76	125	4587.48	7377.1	916.35	1.06	466.56						94.67	
130～138MW	燃煤全部	55	54.49	135.22	4066.81	5835.13	2193.95	1.17	642.59	0.83	88.33	0.77	84.6	0.32	91.65	1.43
	燃煤国产	55	54.49	135.22	4066.81	5835.13	2193.95	1.17	642.59	0.83	88.33	0.77	84.6	0.32	91.65	1.43
140～150MW	燃煤全部	64	62.63	147.28	4356.15	6005.96	1995.11	1.21	621.58	0.69	137.34	0.51	89.24	6.6	91.26	1.57
	燃煤国产	61	59.63	147.21	4332.53	5929.12	2096.49	1.14	590.07	0.72	144.32	0.54	93.78	6.94	91.54	1.67
	燃煤进口	3	3	148.64	4821.07	7518.23		2.67	1241.77						85.82	
160～185MW	燃煤全部	11	10.88	163.64	4349.5	6344.83	2013.21	0.55	367.59	0.46	34.37	0.46	34.37	0.24	95.41	0.54
	燃煤国产	5	5	162	4976.83	6988.43	1642.15	0.4	106.55	0.6	22.87	0.6	22.87		98.52	0.33
	燃煤进口	6	5.88	165	3825.47	5807.2	2323.18	0.68	585.65	0.34	43.97	0.34	43.97	0.44	92.81	0.76
100～199MW	燃煤全部	156	153.42	138.9	4252.04	6012.52	2066.28	1.07	584.89	0.72	96.31	0.62	73.23	3.31	92.19	1.26
	燃煤国产	140	137.78	138.8	4239.05	5956.46	2120.86	1.06	577.67	0.75	105.01	0.63	79.3	3.67	92.16	1.37
	燃煤进口	16	15.64	139.75	4365.59	6502.78	1588.95	1.15	648.09	0.51	20.19	0.51	20.19	0.19	92.37	0.31
200MW	燃煤全部	92	89.51	200	4252.3	6163.6	1887.27	0.84	591.88	0.79	117.25	0.67	64.93	0.14	91.9	1.04
	燃煤国产	91	88.51	200	4277.66	6204.99	1837.89	0.85	598.57	0.79	118.55	0.67	65.64	0.14	91.81	1.05
	燃煤进口	1	1	200	2007.69	2500.45	6257.25			1	2.3	1	2.3	0.27	99.97	0.1
205～250MW	燃煤全部	60	58.05	216.67	3797.19	5570.09	2472.41	1.02	645.42	0.79	72.08	0.48	38.52	3.01	91.77	0.73
	燃煤国产	53	52.01	215.38	3935.56	5799.64	2233.67	1.04	659.01	0.75	67.67	0.44	32.92	3.38	91.67	0.61
	燃煤进口	7	6.04	226.43	2676.26	3710.48	4406.42	0.83	535.32	1.16	107.78	0.83	83.91	0.05	92.66	2.21
200～299MW	燃煤全部	152	147.56	206.58	4064.46	5918.64	2128.78	0.91	613.98	0.79	98.61	0.6	54.03	1.33	91.85	0.92
	燃煤国产	144	140.52	205.66	4145.09	6047.92	1991.26	0.92	621.99	0.78	98.84	0.58	52.96	1.39	91.76	0.89
	燃煤进口	8	7.04	223.13	2591.76	3557.55	4640.34	0.71	467.66	1.14	94.45	0.85	73.59	0.08	93.58	2.03

续表

机组容量（MW）	机组分类	台数	台年数	平均容量（MW/台）	利用小时（h/台年）	可用小时		不可用小时及次数						降低出力等效停运小时（h/台年）	等效可用系数（%）	等效强迫停运率（%）
						运行（h/台年）	备用（h/台年）	计划停运		非计划停运		强迫停运				
								次数（次/台年）	小时（h/台年）	次数（次/台年）	小时（h/台年）	次数（次/台年）	小时（h/台年）			
300MW	燃煤全部	357	353.28	300	4393.99	6268.93	1728.62	0.89	541.56	0.83	220.88	0.68	146.49	4.21	91.25	2.34
	燃煤国产	351	347.28	300	4403.54	6264.64	1734.63	0.88	539.13	0.82	221.6	0.68	147.16	3.48	91.28	2.34
	燃煤进口	6	6	300	3841.14	6517.36	1381.02	1	682.12	1.5	179.5	0.67	107.53	46.74	89.63	2.23
310～328.5MW	燃煤全部	62	60.95	320.15	4296.87	6246.03	2053.76	0.69	437.14	0.41	23.07	0.3	11.03	2.07	94.72	0.21
	燃煤国产	56	54.95	319.86	4289.93	6209.6	2111.36	0.71	418.84	0.38	20.2	0.29	10.62	2.3	94.96	0.21
	燃煤进口	6	6	322.83	4359.83	6576.55	1531.16	0.5	603.14	0.67	49.14	0.33	14.79		92.55	0.22
330～340MW	燃煤全部	248	246.44	330.4	4455.46	6453.19	1599.04	0.88	629.8	0.81	77.98	0.65	53.62	5.11	91.86	0.89
	燃煤国产	241	239.44	330.41	4477.73	6489.03	1566.66	0.88	627.48	0.79	76.84	0.63	51.77	4.73	91.91	0.85
	燃煤进口	7	7	330	3692.87	5225.59	2708.01	0.86	709.3	1.43	117.1	1.43	117.1	18.23	90.36	2.52
350～352MW	燃煤全部	159	158.21	350.03	4641.23	6937.65	1236.3	0.77	533.74	0.88	52.32	0.73	34.21	2.63	93.28	0.52
	燃煤国产	120	119.61	350	4711.6	7079.46	1154.05	0.77	468.68	0.99	57.81	0.81	35.62	3.41	93.95	0.54
	燃煤进口	39	38.6	350.1	4423.27	6498.36	1491.07	0.78	735.25	0.54	35.31	0.47	29.84	0.22	91.2	0.46
360～380MW	燃煤全部	10	9.94	362.9	3959.79	5886.83	2332.56	0.7	532.11	0.4	8.5	0.4	8.5		93.83	0.14
	燃煤国产	2	2	370	5810.53	7799.43	72.53	1	888.03						89.86	
	燃煤进口	8	7.94	361.13	3481.99	5393.05	2916.03	0.63	440.22	0.5	10.7	0.5	10.7		94.85	0.2
300～399MW	燃煤全部	836	828.82	320.78	4451.29	6457.76	1618.46	0.85	559.16	0.8	124.62	0.65	82.86	3.94	92.15	1.32
	燃煤国产	770	763.28	318.94	4476.69	6478.34	1602.36	0.85	548.11	0.81	131.19	0.65	86.68	3.78	92.2	1.37
	燃煤进口	66	65.54	342.27	4175.54	6234.28	1793.16	0.76	679.2	0.73	53.36	0.58	41.31	5.76	91.57	0.74
500MW	燃煤全部	8	7.88	507.5	4847.68	6723.63	1325.5	1.4	585.52	0.89	125.35	0.51	119.29	5.3	91.82	1.74
	燃煤进口	8	7.88	507.5	4847.68	6723.63	1325.5	1.4	585.52	0.89	125.35	0.51	119.29	5.3	91.82	1.74
600MW	燃煤全部	248	241.7	600	4509.88	6484.78	1581.75	0.74	576.9	0.82	116.57	0.61	40.65	5	92.03	0.67
	燃煤国产	235	229.19	600	4490.95	6478.84	1623.47	0.73	550.07	0.8	107.62	0.6	40.2	5.28	92.43	0.66
	燃煤进口	13	12.52	600	4856.5	6593.56	817.78	0.88	1068.16	1.2	280.5	0.72	48.79		84.6	0.73

续表

机组容量（MW）	机组分类	台数	台年数	平均容量（MW/台）	利用小时（h/台年）	可用小时		不可用小时及次数						降低出力等效停运小时（h/台年）	等效可用系数（%）	等效强迫停运率（%）
						运行（h/台年）	备用（h/台年）	计划停运		非计划停运		强迫停运				
								次数（次/台年）	小时（h/台年）	次数（次/台年）	小时（h/台年）	次数（次/台年）	小时（h/台年）			
630～650MW	燃煤全部	78	77.44	635.13	4525.64	6570.93	1500.38	0.74	643.88	0.57	44.81	0.45	26.68	3.74	92.1	0.44
	燃煤国产	76	75.44	635.26	4534.91	6582.66	1492.95	0.73	638.4	0.58	45.99	0.46	27.38	3.84	92.14	0.45
	燃煤进口	2	2	630	4172.84	6124.63	1782.83	1	852.54						90.27	
660～680MW	燃煤全部	177	176.87	661.22	4666.26	6796.31	1371.27	0.69	497.99	0.84	94.42	0.71	56.7	3.16	93.2	0.84
	燃煤国产	167	166.87	661.29	4678.58	6805.34	1384.66	0.67	486.23	0.84	83.78	0.73	56.94	3.14	93.46	0.84
	燃煤进口	10	10	660	4460.34	6645.43	1147.41	1.1	694.76	0.7	272.4	0.4	52.6	3.56	88.92	0.84
600～699MW	燃煤全部	503	496.01	626.99	4571.15	6615.49	1489.78	0.72	557.83	0.79	96.9	0.62	44.47	4.11	92.48	0.7
	燃煤国产	478	471.5	627.02	4568.07	6617.47	1513.23	0.71	540.57	0.78	88.74	0.62	44.37	4.25	92.77	0.7
	燃煤进口	25	24.52	626.4	4630.34	6577.39	1038.44	0.98	890.14	0.9	254.02	0.53	46.43	1.53	86.92	0.72
700MW	燃煤全部	8	8	700	5090.85	7021.89	526.02	1.5	1049.03	1.5	163.06	1.38	162.29	26.1	85.87	2.61
	燃煤国产	4	4	700	5318.46	7291.57	422.61	1.75	1020.65	0.5	25.18	0.25	23.63		88.06	0.32
	燃煤进口	4	4	700	4863.24	6752.21	629.42	1.25	1077.42	2.5	300.95	2.5	300.95	52.19	83.67	4.97
800MW	燃煤全部	2	1.75	880	4381.54	7156.82	146.72	2.85	1143.82	2.28	312.65	1.14	17.05	16.97	83.18	0.39
	燃煤进口	2	1.75	880	4381.54	7156.82	146.72	2.85	1143.82	2.28	312.65	1.14	17.05	16.97	83.18	0.39
900MW	燃煤全部	2	2	900	4527.98	6384.32	1423.9	0.5	946.72	0.5	5.07	0.5	5.07		89.13	0.08
	燃煤进口	2	2	900	4527.98	6384.32	1423.9	0.5	946.72	0.5	5.07	0.5	5.07		89.13	0.08
1000MW	燃煤全部	99	98.73	1009.11	5096.55	7048.55	1070.15	0.78	588.97	0.6	52.33	0.51	33.13	7.2	92.6	0.52
	燃煤国产	99	98.73	1009.11	5096.55	7048.55	1070.15	0.78	588.97	0.6	52.33	0.51	33.13	7.2	92.6	0.52
500～1000MW	燃煤全部	622	614.38	688.9	4703.29	6724.69	1371.66	0.76	575.69	0.77	87.96	0.61	43.8	5.17	92.37	0.69
	燃煤国产	581	574.23	692.63	4705.57	6730.06	1394.71	0.73	556.05	0.75	79.18	0.6	41.41	4.95	92.69	0.65
	燃煤进口	41	40.15	636.1	4667.73	6640.92	1011.88	1.15	882.23	1.1	224.97	0.75	81.09	8.51	87.26	1.31
100～1000MW	燃煤全部	1766	1744.18	424.54	4573.68	6575.36	1511.26	0.84	571.6	0.78	101.79	0.63	59.07	4.52	92.26	0.93
	燃煤国产	1635	1615.81	426.33	4588.35	6591.18	1513.14	0.83	556.61	0.78	99.08	0.63	58.93	4.35	92.47	0.93
	燃煤进口	131	128.37	402.22	4377.96	6364.36	1486.17	0.93	771.59	0.84	137.89	0.64	61.04	6.71	89.54	1.04
燃气轮机组		180	179.84	292.51	2713.39	4248.21	3853.03	1.06	644.67	0.45	14.08	0.43	12.19	0.54	92.47	0.30

全国水电 40MW 及以上容量机组运行可靠性综合指标

机组分类	机组容量（MW）	台数	台年数	平均容量（MW/台）	利用小时（h/台年）	可用小时		不可用小时及次数						降低出力等效停运小时（h/台年）	等效可用系数（%）	等效强迫停运率（%）
						运行（h/台年）	备用（h/台年）	计划停运		非计划停运		强迫停运				
								次数（次/台年）	小时（h/台年）	次数（次/台年）	小时（h/台年）	次数（次/台年）	小时（h/台年）			
水电轴流机组	全部	158	156.07	103.46	4344.52	5520.6	2589.49	1.65	644.99	0.15	4.92	0.09	4.24		92.58	0.08
	40～99MW	74	73.75	57.78	3844.71	4822.25	3218.29	1.99	703.09	0.26	16.38	0.15	13.94		91.79	0.29
	100～199MW	75	73.31	136.35	4872.07	6140.48	2031.66	1.16	587.19	0.05	0.68	0.03	0.62		93.29	0.01
	200～299MW	9	9	204.94	2635.35	3769.05	4164.88	2.89	824.61	0.11	1.46	0.11	1.46		90.57	0.04
水电混流机组	全部	754	749.92	235.23	3986.98	5138.39	3022.9	1.32	587.75	0.11	10.96	0.06	4.66	6.31	93.09	0.09
	40～99MW	316	313.62	61.06	3488.24	4724.56	3527.74	1.22	505.47	0.06	2.24	0.05	1.31	58.06	93.54	0.03
	100～199MW	135	135	134.96	3332.65	4317.59	3754.12	1.38	661.36	0.07	26.94	0.04	26.63		92.14	0.61
	200～299MW	84	83.85	236.36	3359.92	4232.57	3901.01	1.35	623.85	0.11	2.57	0.02	0.6		92.85	0.01
	300MW 及以上	219	217.45	547.93	4272.05	5481.73	2683.24	1.4	583.71	0.19	11.31	0.11	2.51		93.21	0.05
抽水蓄能机组	全部	103	103	263.92	2585.83	2806.2	4816.88	7.76	1113.8	1.06	23.13	0.84	7.28		87.02	0.26
	40～99MW	7	7	67.14	1806.63	1783.97	3549.04	6.14	3418.2	1	8.79	0.86	4.45		60.88	0.25
	100～199MW	6	6	150	2506.47	2375.58	5596.27	8.5	788.09	0.17	0.05	0.17	0.05		91	
	200～299MW	27	27	240.74	2298.06	2413.71	5217.87	7.3	1121.16	0.56	7.26	0.52	4.81		87.12	0.2
	300MW 及以上	63	63	306.57	2705.33	2983.23	4676.46	8.06	1070.42	1.37	29.9	1.05	8.51		87.44	0.28
全部		1015	1008.98	217.63	3839.66	4877.52	3213.32	2.03	657.13	0.21	12.02	0.14	4.95	5.07	92.3	0.1

2017 年水电 40MW 及以上容量机组运行可靠性主要指标

机组分类	机组容量	台数	台年数	平均容量（MW/台）	利用小时	可用小时（h）		不可用小时及次数						降低出力等效停运小时	等效可用系数（%）	等效强迫停运率（%）
						运行	备用	计划停运		非计划停运		强迫停运				
								次数	小时	次数	小时	次数	小时			
抽水蓄能机组	全部	85	85.23	250.24	3035.11	3242.64	4603.38	9.19	916.42	2.08	11.33	1.89	9.44	0	89.45	0.29
	40～99MW	9	9.02	63.33	2740.94	3820.47	3788.51	9.87	1134.04	2.99	16.98	2.99	16.98	0	86.86	0.44
	100～199MW	6	6.02	150	2766.56	2665.27	4775.9	9.8	1314.66	1.5	4.17	1.5	4.17	0	84.94	0.16
	200～299MW	20	20.05	240	3467.37	3567.23	4216.37	9.13	966.84	1.65	9.56	1.65	9.56	0	88.85	0.27
	300MW 及以上	50	50.14	300	2924.08	3151.46	4747.84	9.01	868.12	2.15	12.11	1.83	9.43	0	90.01	0.30
水电轴流机组	全部	151	148.15	105.68	4555.49	5623.4	2537.58	1.54	602.58	0.13	1.07	0.05	0.99	0	93.14	0.02
	40～99MW	68	67.18	59.37	3648.99	4476.52	3519.71	1.95	769.92	0.25	1.51	0.09	1.23	0	91.19	0.03
	100～199MW	74	71.94	136.16	4701.06	5920.42	2324.49	1.11	518.27	0.03	1.09	0.03	1.09	0	94.12	0.02
	200～299MW	9	9.02	204.94	5742.48	6526.16	1545.5	1.88	688.34	0	0	0	0	0	92.14	0.00
水电混流机组	全部	709	707.42	232.91	3725.79	4859.09	3273.71	1.44	624.08	0.07	3.92	0.05	3.7	6.63	92.76	0.08
	40～99MW	301	300.21	60.2	3617.31	4939.73	3268.41	1.5	546.65	0.05	6.28	0.04	5.24	60.35	93.01	0.11
	100～199MW	125	124.8	136.2	3056.07	4129.81	4064.8	1.31	554.44	0.12	15.42	0.08	15.2	0	93.49	0.37
	200～299MW	84	84.13	236.36	3337.19	4437.99	3548.7	1.3	772.32	0.06	0.99	0.04	0.24	0	91.17	0.01
	300MW 及以上	199	198.29	553.44	3918.26	5035.47	3101.81	1.51	620.77	0.07	2.28	0.07	2.28	0	92.89	0.05
全部		945	940.8	214.14	3717.19	4747.43	3357.21	2.16	653.35	0.26	4.48	0.22	4.09	5.42	92.44	0.09

各省（区、市）电力公司供电可靠性指标

企业名称	供电可靠率（%）			平均停电时间（h/户）			等效总用户数		
	城市	农村	全口径	城市	农村	全口径	城市	农村	全口径
全国	**99.945 5**	**99.774 8**	**99.820 2**	**4.77**	**19.73**	**15.75**	**2 529 918**	**6 980 149**	**9 510 068**
国家电网有限公司	**99.951 9**	**99.786 7**	**99.829 8**	**4.21**	**18.68**	**14.91**	**1 995 303**	**5 666 905**	**7 662 208**
华北区域									
国网冀北电力有限公司	99.935 0	99.766 5	99.793 0	5.69	20.45	18.13	37 562	201 036	238 598
国网北京市电力公司	99.989 6	99.934 2	99.963 8	0.91	5.77	3.17	78 568	68 220	146 788
国网河北省电力有限公司	99.953 9	99.776 9	99.807 5	4.03	19.55	16.86	83 878	400 563	484 441
国网山西省电力公司	99.949 9	99.730 8	99.777 5	4.39	23.58	19.49	43 496	160 667	204 163
国网天津市电力公司	99.969 4	99.880 4	99.925 4	2.68	10.48	6.54	54 637	53 459	108 096
国网山东省电力公司	99.962 8	99.845 9	99.876 1	3.26	13.50	10.86	190 976	548 671	739 648
东北区域									
国网辽宁省电力有限公司	99.949 0	99.732 1	99.795 8	4.46	23.47	17.89	95 180	228 686	323 866
国网吉林省电力有限公司	99.938 0	99.731 7	99.781 1	5.43	23.50	19.17	50 648	160 596	211 244
国网黑龙江省电力有限公司	99.942 7	99.723 5	99.805 0	5.02	24.22	17.08	64 377	108 656	173 033
国网内蒙古东部电力有限公司	99.924 6	99.601 0	99.646 2	6.61	34.96	30.99	22 715	139 695	162 410
华东区域									
国网江苏省电力有限公司	99.957 9	99.889 1	99.906 9	3.69	9.71	8.16	224 799	644 837	869 637
国网浙江省电力有限公司	99.964 2	99.863 3	99.884 8	3.14	11.97	10.09	124 570	459 807	584 378
国网安徽省电力有限公司	99.944 8	99.790 9	99.830 8	4.84	18.32	14.82	96 979	276 944	373 923
国网上海市电力公司	99.989 2	99.948 8	99.965 3	0.95	4.49	3.04	65 835	95 513	161 348
国网福建省电力有限公司	99.955 4	99.837 6	99.867 4	3.91	14.23	11.62	73 889	218 313	292 202
华中区域									
国网河南省电力公司	99.949 9	99.737 2	99.792 9	4.39	23.02	18.15	141 954	400 931	542 885
国网湖北省电力有限公司	99.953 9	99.773 5	99.824 0	4.04	19.84	15.42	107 377	276 439	383 816
国网湖南省电力有限公司	99.953 2	99.769 0	99.824 0	4.10	20.24	15.42	101 565	238 676	340 241
国网江西省电力有限公司	99.945 7	99.746 2	99.800 6	4.76	22.23	17.47	62 187	165 943	228 129
国网四川省电力公司	99.940 4	99.754 1	99.798 1	5.22	21.54	17.68	63 144	204 181	267 325
国网重庆市电力公司	99.951 6	99.790 4	99.846 0	4.24	18.36	13.49	70 735	134 258	204 993
西北区域									
国网陕西省电力公司	99.942 0	99.753 7	99.831 2	5.08	21.57	14.79	39 331	56 293	95 625
国网甘肃省电力公司	99.945 8	99.713 8	99.742 6	4.75	25.07	22.55	23 652	166 829	190 481
国网青海省电力公司	99.905 1	99.576 4	99.685 2	8.32	37.11	27.58	12 682	25 627	38 309
国网宁夏电力有限公司	99.941 6	99.772 7	99.822 5	5.12	19.91	15.55	16 713	39 958	56 671

续表

企业名称	供电可靠率（%）			平均停电时间（h/户）			等效总用户数		
	城市	农村	全口径	城市	农村	全口径	城市	农村	全口径
国网新疆电力有限公司	99.871 1	99.556 2	99.614 8	11.29	38.88	33.74	43 838	191 612	235 450
国网西藏电力有限公司	99.414 2	98.784 6	99.345 3	51.31	106.47	57.36	4016	494	4510
南方电网公司	**99.936 5**	**99.771 3**	**99.824 6**	**5.56**	**20.04**	**15.36**	**462 592**	**970 775**	**1 433 367**
广东省	99.954 2	99.854 9	99.900 4	4.01	12.71	8.72	286 862	338 786	625 648
广东电网有限责任公司	99.944 0	99.854 7	99.880 4	4.91	12.73	10.47	136 866	338 336	475 202
广州供电局有限公司	99.961 3	—	99.961 3	3.39	—	3.39	80 852	—	80 852
深圳供电局有限公司	99.966 2	—	99.966 2	2.97	—	2.97	69 144	—	69 144
广西电网有限责任公司	99.921 5	99.762 7	99.806 6	6.88	20.79	16.94	54 143	141 845	195 988
云南电网有限责任公司	99.895 6	99.735 4	99.764 2	9.14	23.18	20.66	49 473	225 998	275 471
贵州电网有限责任公司	99.912 9	99.709 4	99.749 3	7.63	25.46	21.96	54 837	224 842	279 679
海南电网有限责任公司	99.881 6	99.642 0	99.715 2	10.37	31.36	24.95	17 277	39 303	56 581
内蒙古电力（集团）有限责任公司	**99.897 0**	**99.772 3**	**99.803 7**	**9.02**	**19.95**	**17.20**	**44 986**	**133 835**	**178 822**
山西国际电力集团公司	**99.840 6**	**99.467 7**	**99.539 5**	**13.97**	**46.63**	**40.34**	**2904**	**12 180**	**15 083**
陕西省地方电力（集团）有限公司	**99.770 3**	**99.698 9**	**99.704 2**	**20.12**	**26.38**	**25.92**	**9301**	**117 464**	**126 765**
广西水利电业集团公司	**99.638 6**	**99.122 2**	**99.203 9**	**31.66**	**76.89**	**69.74**	**14 833**	**78 990**	**93 823**

直辖市及省会城市用户供电可靠性指标

企业名称	供电可靠率（%）			用户平均停电时间（h/户）			等效总用户数		
	城市	农村	全口径	城市	农村	全口径	城市	农村	全口径
国网北京市电力公司	99.989 6	99.934 2	99.963 8	0.91	5.77	3.17	78 568	68 220	146 788
国网石家庄供电公司	99.978 1	99.858 8	99.884 2	1.92	12.37	10.14	17 932	66 206	84 138
国网太原供电分公司	99.961 8	99.796 2	99.920 0	3.34	17.86	7.01	15 031	5081	20 113
国网天津市电力公司	99.969 4	99.880 4	99.925 4	2.68	10.48	6.54	54 637	53 459	108 096
国网济南供电公司	99.978 4	99.906 2	99.929 8	1.89	8.22	6.15	14 391	29 677	44 068
国网沈阳供电公司	99.948 3	99.741 0	99.819 0	4.53	22.69	15.85	23 073	38 241	61 314
国网长春供电公司	99.959 3	99.762 4	99.810 8	3.56	20.82	16.57	13 304	40 765	54 069
国网哈尔滨供电公司	99.972 1	99.774 8	99.876 8	2.44	19.73	10.79	27 409	25 603	53 013
国网南京供电公司	99.977 4	99.931 4	99.949 7	1.98	6.01	4.41	30 395	46 013	76 408
国网杭州供电公司	99.984 3	99.904 8	99.930 8	1.37	8.34	6.06	29 433	60 513	89 946
国网合肥供电公司	99.950 9	99.838 8	99.898 0	4.30	14.12	8.94	22 034	19 726	41 760
国网上海市电力公司	99.989 2	99.948 8	99.965 3	0.95	4.49	3.04	65 835	95 513	161 348

续表

企业名称	供电可靠率（%）			用户平均停电时间（h/户）			等效总用户数		
	城市	农村	全口径	城市	农村	全口径	城市	农村	全口径
国网福州供电公司	99.976 4	99.885 9	99.912 4	2.06	10.00	7.68	14 142	34 179	48 321
国网郑州供电公司	99.966 7	99.863 0	99.916 6	2.92	12.00	7.31	32 152	30 049	62 201
国网武汉供电公司	99.973 9	99.913 5	99.949 8	2.28	7.58	4.39	39 790	26 337	66 127
国网长沙供电公司	99.970 2	99.853 1	99.915 7	2.61	12.87	7.38	25 266	21 976	47 242
国网南昌供电公司	99.978 7	99.863 0	99.913 6	1.86	12.00	7.57	11 709	15 108	26 817
国网成都供电公司	99.955 3	99.762 7	99.823 3	3.92	20.79	15.48	17 364	37 805	55 169
国网重庆市电力公司	99.951 6	99.790 4	99.846 0	4.24	18.36	13.49	70 735	134 258	204 993
国网西安供电公司	99.950 5	99.807 9	99.888 9	4.34	16.83	9.73	17 258	13 118	30 376
国网兰州供电公司	99.964 2	99.898 9	99.923 7	3.14	8.86	6.69	7576	12 385	19 961
国网西宁供电公司	99.956 3	99.720 9	99.837 3	3.83	24.45	14.26	6291	6435	12 726
国网银川供电公司	99.969 2	99.877 6	99.915 6	2.70	10.72	7.40	7278	10 294	17 572
国网乌鲁木齐供电公司	99.960 8	99.906 3	99.930 0	3.43	8.21	6.13	9041	11 721	20 762
国网拉萨供电公司	99.399 5	98.180 8	99.266 4	52.60	159.36	64.26	1892	232	2124
国网广州供电局有限公司	99.961 3	—	99.961 3	3.39	—	3.39	80 852	—	80 852
国网南宁供电局	99.963 8	99.823 6	99.874 3	3.17	15.45	11.01	16 614	29 322	45 936
国网昆明供电局	99.958 5	99.816 3	99.859 7	3.63	16.09	12.29	12 795	29 116	41 911
国网贵阳供电局	99.949 5	99.767 0	99.851 6	4.42	20.41	13.00	14 164	16 376	30 540
国网海口供电局	99.938 9	99.753 6	99.861 8	5.35	21.59	12.11	6153	4383	10 535
国网呼和浩特供电公司	99.891 5	99.900 1	99.897 0	9.51	8.75	9.02	9648	17 098	26 746

2017 年全国电网 220kV 及以上电压等级架空线路、变压器、电抗器、断路器等 13 类输变电设施运行可靠性主要指标

设施类型	电压等级（kV）	设施总数/线路全长*	统计百台（段、km）年数	强迫停运率**	可用系数（%）	连续可用小时（h/次）	非计划停运次数（次）	非计划停运时间***	计停次数（次）	计停时间***
架空线路	综合	7487.674	7284.570	0.055	99.497	30 210.2	486	0.454	4896	41.512
	220	4483.510	4411.911	0.050	99.823	33 470.035	284	0.349	3752	13.754
	330	284.906	276.169	0.098	99.282	23 851.806	28	0.335	183	52.765
	400	20.630	20.630	0.097	94.390	3307.44	2	0.017	3	491.383
	500	2052.071	2015.533	0.070	99.341	20 324.449	158	0.534	876	54.744
	660	26.667	26.730	0	95.778	7661.056	0	0	2	337.736
	750	183.578	178.030	0.028	99.032	20 972.816	6	1.429	43	80.058
	800	340.694	275.487	0.015	96.888	9325.96	4	0.961	14	271.665
	1000	95.617	80.080	0.050	98.770	12 621.341	4	0.958	23	106.767
变压器	综合	15 350	149.836	0.154	99.856	40 763.612	68	0.138	3147	12.201
	220	10 303	101.162	0.079	99.890	39 571.102	23	0.014	2214	9.513
	330	387	3.757	0.266	99.787	43 782.988	2	0.032	73	18.596
	500	4257	41.201	0.316	99.800	44 912.274	42	0.447	760	16.308
	750	245	2.366	0.423	99.752	39 757.391	1	0.325	51	21.224
	1000	158	1.350	0	99.376	23 989.964	0	0	49	54.697
电抗器	综合	2780	27.277	0.220	99.827	56 989.71	15	0.514	405	14.536
	220	176	1.681	0	99.980	113 255.755	1	0.013	12	1.746
	330	131	1.303	0	99.803	126 527.594	0	0	9	17.257
	500	1900	18.904	0.212	99.903	65 391 875	4	0.065	249	8.412
	750	400	3.957	0.505	99.632	34 190.172	8	2.648	93	29.582
	1000	173	1.432	0	99.205	28 285.258	2	1.595	42	66.336

续表

设施类型	电压等级（kV）	设施总数/线路全长*	统计百台（段、km）年数	强迫停运率**	可用系数（%）	连续可用小时（h/次）	非计划停运次数（次）	非计划停运时间***	计停次数（次）	计停时间***
断路器	综合	42 082	417.178	0.141	99.942	68 206.464	95	0.019	5260	4.973
	220	34 048	337.341	0.107	99.944	68 557.603	49	0.008	4259	4.779
	330	1675	16.479	0.121	99.919	82 422.989	4	0.1	171	6.928
	500	6045	60.223	0.332	99.952	68 038.214	40	0.054	735	4.122
	750	306	3.016	0.332	99.625	27 421.127	2	0.079	94	32.812
	1000	8	0.119	0	99.881	103 991.233	0	0	1	10.420
电流互感器	综合	119 851	1190.489	0.010	99.981	197 872.305	25	0.004	5242	1.584
	220	102 239	1015.198	0.004	99.983	202 449.816	11	0.002	4381	1.477
	330	2956	28.937	0.035	99.937	99 736.796	3	0.001	251	5.460
	500	14 652	146.081	0.048	99.981	206 026.649	11	0.016	610	1.565
	750	3	0.030	0	100	26 280	0	0	0	0
	1000	1	0.243	0	100	213 013.167	0	0	0	0
电压互感器	综合	75 176	739.698	0.023	99.970	190 928.927	38	0.004	3353	2.550
	220	52 787	521.644	0.008	99.988	257 991.803	17	0.003	1754	1.051
	330	4341	42.263	0	99.955	137 056.796	1	0.003	269	3.941
	500	16 699	163.416	0.080	99.939	127 965.344	20	0.01	1098	5.253
	750	931	9.110	0	99.801	53 817.036	0	0	148	17.389
	1000	418	3.265	0	99.460	33 868.354	0	0	84	47.229
隔离开关	综合	150 248	1491.421	0.009	99.986	294 312.568	49	0.002	4387	1.212
	220	130 304	1291.698	0.005	99.989	330 626.453	25	0.001	3397	0.921
	330	3835	37.907	0	99.947	161 895.647	8	0.006	197	4.587
	500	15 265	153.109	0.033	99.979	202 561.97	12	0.006	650	1.759
	750	827	8.143	0.246	99.755	48 408.061	4	0.012	143	21.458
	1000	17	0.564	0	100	494 281.817	0	0	0	0

续表

设施类型	电压等级（kV）	设施总数/线路全长*	统计百台（段、km）年数	强迫停运率**	可用系数（%）	连续可用小时（h/次）	非计划停运次数（次）	非计划停运时间***	计停次数（次）	计停时间***
避雷器	综合	120 536	1186.328	0.010	99.978	241 844.277	52	0.001	4241	1.944
	220	96 827	955.255	0.001	99.988	305 588.531	38	0.001	2700	1.061
	330	4044	39.487	0.025	99.960	153 675.319	1	0	224	3.475
	500	17 811	174.521	0.057	99.950	150 103.245	13	0.004	1005	4.293
	660	1	0.010	0	100	8760	0	0	0	0
	750	1366	13.410	0	99.806	52 107.71	0	0	225	16.972
	1000	487	3.644	0	99.441	36 484.417	0	0	87	48.986
耦合电容器	综合	9238	93.849	0.011	99.990	496 771.333	2	0.001	163	0.727
	220	8786	89.319	0.011	99.990	485 938.276	2	0.001	159	0.707
	330	102	1.020	0	100	893 520	0	0	0	0
	500	350	3.509	0	99.983	768 412.642	0	0	4	1.452
阻波器	综合	16 197	164.601	0.036	99.988	419 652.144	7	0	336	0.930
	220	13 128	133.652	0	99.992	515 726.569	1	0	226	0.592
	330	664	6.714	0	99.987	735 128.1	0	0	8	1.118
	500	2401	24.194	0.248	99.964	196 169.206	6	0.003	102	2.748
	750	4	0.040	0	100	35 040	0	0	0	0
电缆线路	综合	40.65	39.916	0	99.922	204 987.419	0	0	45	6.851
	220	40.066	39.332	0	99.921	214 496.513	0	0	43	6.889
	500	0.584	0.584	0	99.951	65 520.708	0	0	2	4.318
组合电器	综合	4939	45.598	0.016	99.991	12 014.291	46	0.02	3279	0.774
	220	3208	29.576	0.007	99.991	9486.124	24	0.001	2707	0.782
	330	86	0.798	0.257	99.980	5064.198	13	0.064	125	1.660
	500	1569	14.542	0.004	99.996	45 987.338	6	0.008	271	0.316
	750	24	0.222	0	99.894	3186.61	0	0	61	9.263
	1000	52	0.460	0.567	99.876	3407.776	3	1.602	115	9.074

续表

设施类型	电压等级（kV）	设施总数/线路全长*	统计百台（段、km）年数	强迫停运率**	可用系数（%）	连续可用小时（h/次）	非计划停运次数（次）	非计划停运时间***	计停次数（次）	计停时间***
母线	综合	11 497	114.255	0.166	99.961	128 813.082	22	0.015	753	3.402
	220	9839	97.871	0.143	99.973	148 289.962	17	0.016	561	2.356
	330	269	2.604	1.152	99.978	162 921.124	3	0.003	11	1.521
	500	1317	13.040	0.153	99.873	66 330.808	2	0.009	170	11.110
	750	61	0.610	0	99.827	48 494.347	0	0	11	15.118
	1000	11	0.129	0	100	113 337.35	0	0	0	0

* 架空线路、电缆线路单位为百千米；其他设备单位为台（段）。

** 架空线路、电缆线路单位为次每百千米年；其他设备单位为次每百台（段）年。

*** 架空线路、电缆线路单位为小时每百千米·年；其他设备单位为小时每台（段）年。

2017 年全国点对点直流输电系统运行可靠性主要指标

系统名称	额定电压（kV）	额定输送容量（MW）	投运时间			能量可用率（%）	能量利用率（%）	强迫能量不可用率（%）	计划能量不可用率（%）	强迫停运次数（次）	总输送电量（MWh）
葛南	±500	1164	极Ⅰ 极Ⅱ	PoleⅠ PoleⅡ	1989-9-1 1990-8-1	92.290	54.124	0.140	7.57	1	5 518 842
天广	±500	1800	极Ⅰ 极Ⅱ	PoleⅠ PoleⅡ	2000-12-26 2001-6-26	97.257	55.619	0.077	2.67	3	8 770 000
龙政	±500	3000	极Ⅰ 极Ⅱ	PoleⅠ PoleⅡ	2003-6-1 2003-6-1	95.920	40.416	0.140	3.94	1	10 621 392
江城	±500	3000	极Ⅰ 极Ⅱ	PoleⅠ PoleⅡ	2004-6-1 2004-6-1	97.450	65.054	0.020	2.54	1	17 096 184

续表

系统名称	额定电压（kV）	额定输送容量（MW）	投运时间			能量可用率（%）	能量利用率（%）	强迫能量不可用率（%）	计划能量不可用率（%）	强迫停运次数（次）	总输送电量（MWh）
高肇	±500	3000	极Ⅰ 极Ⅱ	PoleⅠ PoleⅡ	2004-9-24 2004-5-31	99.124	43.617	0.256	0.62	3	11 494 000
宜华	±500	3000	极Ⅰ 极Ⅱ	PoleⅠ PoleⅡ	2006-12-1 2006-12-1	91.380	40.751	0.000	8.62	0	10 709 323
兴安	±500	3000	极Ⅰ 极Ⅱ	PoleⅠ PoleⅡ	2007-12-3 2007-6-21	98.338	57.960	0.449	1.21	3	15 232 000
德宝	±500	3000	极Ⅰ 极Ⅱ	PoleⅠ PoleⅡ	2010-4-21 2010-4-21	95.690	44.744	1.120	3.19	2	11 758 733
伊穆	±500	3000	极Ⅰ 极Ⅱ	PoleⅠ PoleⅡ	2010-9-30 2010-9-30	95.640	58.525	0.060	4.31	1	15 380 493
银东	± 660	4000	极Ⅰ 极Ⅱ	PoleⅠ PoleⅡ	2011-3-25 2011-3-25	96.490	86.193	0.000	3.51	0	30 202 128
林枫	±500	3000	极Ⅰ 极Ⅱ	PoleⅠ PoleⅡ	2011-5-2 2011-5-2	91.690	30.658	0.000	8.31	0	8 057 032
柴拉	±400	600	极Ⅰ 极Ⅱ	PoleⅠ PoleⅡ	2012-6-10 2012-6-10	92.840	30.643	0.900	6.26	3	1 610 611
牛从甲	±500	3200	极Ⅰ 极Ⅱ	PoleⅠ PoleⅡ	2014-4-11 2013-10-12	96.577	52.533	0.029	3.39	1	14 726 000
牛从乙	±500	3200	极Ⅰ 极Ⅱ	PoleⅠ PoleⅡ	2014-6-29 2014-6-29	96.207	52.519	0.000	3.79	0	14 722 000
金中	±500	3200	极Ⅰ 极Ⅱ	PoleⅠ PoleⅡ	2016-6-18 2016-6-18	95.966	47.399	0.000	4.03	0	13 287 000
楚穗	±800	5000	极Ⅰ 极Ⅱ	PoleⅠ PoleⅡ	2010-6-18 2009-12-28	95.652	64.425	0.189	4.15	3	28 218 000
复奉	±800	6400	极Ⅰ 极Ⅱ	PoleⅠ PoleⅡ	2010-7-26 2010-7-26	94.540	57.787	0.000	5.46	0	32 397 742
锦苏	±800	7200	极Ⅰ 极Ⅱ	PoleⅠ PoleⅡ	2012-7-19 2012-12-6	95.790	61.375	0.230	3.98	1	38 710 418

续表

系统名称	额定电压（kV）	额定输送容量（MW）	投运时间			能量可用率（%）	能量利用率（%）	强迫能量不可用率（%）	计划能量不可用率（%）	强迫停运次数（次）	总输送电量（MWh）
天中	±800	8000	极Ⅰ 极Ⅱ	PoleⅠ PoleⅡ	2014-1-25 2014-1-25	95.960	51.324	0.000	4.04	0	35 968 000
宾金	±800	8000	极Ⅰ 极Ⅱ	PoleⅠ PoleⅡ	2014-7-3 2014-7-3	94.280	55.530	0.800	4.92	4	38 915 379
普侨	±800	5000	极Ⅰ 极Ⅱ	PoleⅠ PoleⅡ	2015-5-30 2014-1-29	94.578	67.927	0.117	5.32	2	29 752 000
灵绍	±800	8000	极Ⅰ 极Ⅱ	PoleⅠ PoleⅡ	2016-8-24 2016-8-24	93.59	28.72	0.04	6.37	1	20 127 000

2017 年全国背靠背直流输电系统运行可靠性主要指标

系统名称	换流站/单元	额定输送容量（MW）	投运时间	能量可用率（%）	能量利用率（%）	强迫能量不可用率（%）	计划能量不可用率（%）	强迫停运次数（次）	总输送电量（MWh）
灵宝背靠背	接流站	1100	2005-7-1	96.360	89.394	0.000	3.640	0	8 692 289
	单元Ⅰ 120kV	360	2005-7-1	95.096	91.445	0.000	4.904	0	2 883 801
	单元Ⅱ 167kV	750	2009-12-15	96.960	88.409	0.000	3.040	0	5 808 488
高岭背靠背	换流站	3000	2008-11-1	96.310	81.897	0.000	3.690	0	21 522 559
	单元Ⅰ±125kV	750	2008-11-1	96.960	81.376	0.000	3.040	0	5 346 435
	单元Ⅱ±125kV	750	2008-11-1	96.710	79.630	0.000	3.290	0	5 231 693
	单元Ⅲ±125kV	750	2012-11-13	97.171	84.623	0.000	2.829	0	5 559 719
	单元Ⅳ±125kV	750	2012-11-13	94.412	81.959	0.000	5.588	0	5 384 713
黑河背靠背	接流站	750	2012-1-07	94.420	42.633	0.098	5.480	3	2 801 000
	单元Ⅰ 125kV	750	2012-1-07	94.420	42.633	0.098	5.480	3	2 801 000

2017 年全国各区域供电可靠性主要指标

区域	统计口径	供电可靠率（%）	用户平均停电次数（次/户年）	用户平均停电时间（h/户年）	用户平均故障停电时间（h/户年）	用户平均预安排停电时间（h/户年）	等效总用户数（户）	用户总容量（kVA）
华北区域	全口径	99. 847	2. 71	13. 37	5. 28	8. 09	1 813 108	576 588 529
	城市	99. 960	0. 79	3. 46	1. 22	2. 25	456 719	294 071 447
	农村	99. 809	3. 35	16. 70	6. 64	10. 06	1 356 389	282 517 082
东北区域	全口径	99. 766	4. 11	20. 52	6. 73	13. 79	845 336	187 614 294
	城市	99. 939	1. 09	5. 30	1. 45	3. 85	231 657	109 655 880
	农村	99. 700	5. 25	26. 26	8. 72	17. 55	613 679	77 958 414
华东区域	全口径	99. 880	2. 31	10. 47	3. 58	6. 89	2 179 673	872 538 358
	城市	99. 959	0. 84	3. 56	1. 30	2. 26	568 478	350 261 262
	农村	99. 853	2. 82	12. 91	4. 39	8. 53	1 611 196	522 277 096
华中区域	全口径	99. 808	2. 85	16. 86	4. 13	12. 73	1 844 830	545 212 800
	城市	99. 946	0. 94	4. 73	1. 26	3. 47	512 780	297 859 694
	农村	99. 754	3. 59	21. 53	5. 24	16. 29	1 332 050	247 353 106
西北区域	全口径	99. 714	5. 42	25. 02	9. 35	15. 67	579 506	135 035 008
	城市	99. 904	2. 17	8. 42	3. 37	5. 05	128 496	73 996 671
	农村	99. 660	6. 35	29. 76	11. 06	18. 70	451 009	61 038 337
南方区域	全口径	99. 817	3. 25	16. 06	6. 59	9. 47	1 417 705	523 084 029
	城市	99. 941	1. 09	5. 18	1. 79	3. 39	440 064	163 290 676
	农村	99. 761	4. 23	20. 96	8. 75	12. 21	977 642	359 793 353
全国	全口径	99. 814	3. 28	16. 27	5. 67	10. 61	9 075 562	2 917 095 381
	城市	99. 943	1. 10	5. 02	1. 62	3. 40	2 410 377	1 321 180 382
	农村	99. 768	4. 07	20. 35	7. 13	13. 21	6 665 185	1 595 914 999

2017 年各区域故障停电原因分类

区域	影响指标	自然因素		设备原因		外力因素		运行维护		用户影响		主网影响		设计施工		低压设施故障	
		*	**	*	**	*	**	*	**	*	**	*	**	*	**	*	**
华北区域	AIHC	1.569 9	11.02	0.824 2	5.79	1.390 3	9.76	0.107 7	0.76	0.960 7	6.75	0.215 5	1.51	0.063 1	0.44	0.198 0	1.39
	AITC	0.442 4	16.35	0.223 8	8.27	0.459 0	16.97	0.037 0	1.37	0.260 7	9.64	0.047 0	1.74	0.017 3	0.64	0.062 2	2.30
东北区域	AIHC	2.742 3	13.36	1.035 7	5.05	1.415 0	6.89	0.363 2	1.77	0.831 6	4.05	0.140 6	0.69	0.018 9	0.09	0.179 6	0.88
	AITC	0.822 7	20.01	0.330 9	8.05	0.497 0	12.09	0.059 5	1.45	0.323 2	7.86	0.029 2	0.71	0.005 2	0.13	0.067 9	1.65
华东区域	AIHC	0.828 4	7.71	1.087 2	10.12	1.041 7	9.70	0.146 4	1.36	0.318 9	2.97	0.229 2	2.13	0.042 9	0.40	0.099 2	0.92
	AITC	0.268 6	11.65	0.303 8	13.17	0.359 2	15.57	0.047 2	2.05	0.110 8	4.80	0.080 4	3.49	0.009 8	0.42	0.038 3	1.66
华中区域	AIHC	1.101 5	6.27	0.998 5	5.68	1.030 4	5.86	0.119 4	0.68	0.354 2	2.01	0.247 2	1.41	0.095 4	0.54	0.204 0	1.16
	AITC	0.267 3	9.36	0.260 1	9.10	0.268 5	9.40	0.037 0	1.29	0.096 1	3.36	0.058 2	2.04	0.014 6	0.51	0.053 2	1.86
西北区域	AIHC	2.260 2	8.69	1.385 3	5.32	1.174 0	4.51	1.220 9	4.69	2.380 4	9.15	1.317 9	5.06	0.154 4	0.59	0.167 0	0.64
	AITC	0.768 2	14.16	0.193 4	3.56	0.456 1	8.41	0.574 2	10.58	1.170 9	21.58	0.160 7	2.96	0.017 5	0.32	0.072 0	1.33
南方区域	AIHC	2.299 3	15.20	0.924 7	6.11	0.946 8	6.26	0.601 2	3.97	0.802 3	5.30	0.207 6	1.37	0.102 6	0.68	0.037 3	0.25
	AITC	0.611 2	20.28	0.294 2	9.76	0.301 2	10.00	0.217 3	7.21	0.262 0	8.69	0.066 4	2.20	0.026 9	0.89	0.014 0	0.47
全国	AIHC	1.693 9	10.24	1.060 8	6.41	1.176 5	7.11	0.404 1	2.44	0.721 9	4.36	0.369 4	2.23	0.074 2	0.45	0.139 6	0.84
	AITC	0.482 6	14.94	0.288 0	8.91	0.384 0	11.88	0.149 8	4.64	0.251 5	7.78	0.100 3	3.11	0.015 7	0.49	0.046 2	1.43

* 指标的受影响值（AIHC：h/户，AITC：次/户）。

** 受影响占全部停电总值的百分数（%）。

2017 年全国各区域预安排停电原因分类

区域	影响指标	检修停电		电网建设施工		业扩工程施工停电		市政工程建设施工停电		调电		限电		用户申请停电		低压作业影响	
		*	**	*	**	*	**	*	**	*	**	*	**	*	**	*	**
华北区域	AIHC	6.324 1	44.40	2.183 2	15.33	0.113 4	0.80	0.107 0	0.75	0.020 8	0.15	0.043 8	0.31	0.082 3	0.58	0.010 9	0.08
	AITC	0.754 3	27.88	0.291 6	10.78	0.022 1	0.82	0.013 1	0.48	0.021 0	0.78	0.017 7	0.66	0.018 8	0.70	0.003 8	0.14
东北区域	AIHC	9.115 9	44.42	4.304 5	20.97	0.133 9	0.65	0.080 6	0.39	0.053 2	0.26	0.029 1	0.14	0.067 5	0.33	0.085 8	0.42
	AITC	1.361 7	33.12	0.527 0	12.82	0.028 4	0.69	0.010 2	0.25	0.018 2	044	0.003 4	0.08	0.022 8	0.55	0.015 2	0.37
华东区域	AIHC	2.314 3	21.54	4.353 4	40.52	0.103 1	0.96	0.066 4	0.62	0.051 8	0.48	0.005 1	0.05	0.030 2	0.28	0.024 6	0.23
	AITC	0.378 2	16.40	0.634 7	27.52	0.017 5	0.76	0.009 3	0.40	0.035 1	1.52	0.001 3	0.06	0.006 4	0.28	0.005 4	0.23
华中区域	AIHC	7.616 0	43.32	5.161 8	29.36	0.156 2	0.89	0.110 4	0.63	0.059 7	0.34	0.006 2	0.04	0.230 8	1.31	0.011 9	0.07
	AITC	1.026 7	35.94	0.651 0	22.79	0.022 2	0.78	0.013 4	0.47	0.046 6	1.63	0.002 1	0.07	0.024 6	0.86	0.001 9	0.07
西北区域	AIHC	8.463 3	32.52	6.635 0	25.50	0.227 2	0.87	0.240 8	0.93	0.066 9	0.26	0.099 4	0.38	0.200 1	0.77	0.037 6	0.14
	AITC	1.098 2	20.24	0.712 1	13.13	0.049 4	0.91	0.041 9	0.77	0.038 2	0.70	0.035 7	0.66	0.028 4	0.52	0.016 8	0.31
南方区域	AIHC	5.751 2	38.02	2.509 1	16.59	0.337 7	2.23	0.268 4	1.77	0.038 8	0.26	0.096 1	0.64	0.187 4	1.24	0.028 2	0.19
	AITC	0.707 9	23.49	0.277 5	9.21	0.061 2	2.03	0.031 3	1.04	0.089 7	2.98	0.018 2	0.60	0.030 8	1.02	0.007 7	0.26
全国	AIHC	6.154 5	37.21	4.145 3	25.06	0.179 8	1.09	0.145 5	0.88	0.053 3	0.32	0.057 6	0.35	0.127 3	0.77	0.036 8	0.22
	AITC	0.833 3	25.79	0.534 3	16.54	0.032 8	1.01	0.017 6	0.54	0.044 4	1.38	0.020 1	0.62	0.020 9	0.65	0.009 1	0.28

* 指标的受影响值（AIHC：h/户，AITC：次/户）。

** 受影响占全部停电总值的百分数（%）。

发电企业综合厂用电率情况统计

单位：%

地区	燃煤发电		燃气发电		水电	
	2017 年	2016 年	2017 年	2016 年	2017 年	2016 年
全国平均	6.88	6.75	2.23	2.18	1.00	0.98
北京	—	—	2.52	2.41	—	—
天津	7.78	7.81	2.65	2.58	—	—
河北	7.35	7.54	—	—	—	—
山东	6.61	6.51	—	—	—	—
山西	8.82	8.81	2.47	2.69	0.90	1.01
蒙东	9.78	9.96	—	—	2.26	2.40
蒙西	8.46	8.33	—	—	—	—
辽宁	8.14	8.23	—	—	3.09	2.78
吉林	9.28	9.36	—	—	1.44	1.15
黑龙江	8.33	8.62	—	—	4.97	1.92
陕西	8.98	8.65	—	—	1.51	1.61
甘肃	7.56	7.50	—	—	1.67	2.25
宁夏	8.15	8.06	—	—	1.95	1.95
青海	7.42	7.42	—	—	0.93	1.05
新疆	8.52	8.18	—	—	1.12	1.16
上海	5.20	4.54	2.54	2.68	—	—
江苏	5.00	4.31	1.90	1.56	0.58	0.40
浙江	6.17	6.05	2.71	2.67	1.14	1.12
安徽	4.74	4.95	—	—	1.07	0.73
福建	5.46	6.05	1.83	1.84	1.07	0.36
湖北	6.26	6.10	3.17	3.19	0.77	0.78
湖南	6.04	5.91	—	—	2.09	2.20
河南	6.85	6.70	2.06	2.08	2.92	2.94
江西	4.92	4.89	—	—	1.49	1.26
四川	8.21	8.46	2.50	2.03	0.91	0.94
重庆	7.07	7.17	2.67	2.61	1.23	1.20
广东	6.45	6.64	2.00	1.99	1.66	1.37
广西	7.60	7.88	—	—	0.83	0.85
云南	8.75	8.25	—	—	0.85	0.73
贵州	8.30	8.32	—	—	0.80	0.77
海南	6.95	6.75	2.82	2.83	1.52	1.59

续表

地区	风电		核电		光伏发电		生物质发电	
	2017 年	2016 年	2017 年	2016 年	2017 年	2016 年	2017 年	2016 年
全国平均	2.95	2.87	6.58	7.07	1.90	1.72	11.73	11.80
北京	1.10	1.31	—	—	—	—	—	—
天津	2.30	2.50	—	—	—	—	—	—
河北	2.69	2.83	—	—	1.96	1.85	—	—
山东	2.60	2.33	—	—	2.50	3.51	11.66	10.74
山西	2.71	2.58	—	—	1.42	1.57	—	—
蒙东	2.53	2.55	—	—	3.00	1.05	4.98	1.26
蒙西	2.50	2.82	—	—	3.40	1.82	—	—
辽宁	3.88	3.27	8.90	8.98	3.26	2.95	11.54	15.85
吉林	3.54	4.43	—	—	5.65	5.29	7.76	8.12
黑龙江	3.93	4.16	—	—	3.49	2.46	10.27	13.43
陕西	2.22	2.13	—	—	0.72	0.99	—	—
甘肃	2.51	3.02	—	—	1.08	1.48	9.55	10.77
宁夏	4.15	4.40	—	—	1.71	1.64	—	—
青海	2.62	2.59	—	—	1.19	1.15	—	—
新疆	2.94	2.82	—	—	1.60	1.67	—	—
上海	2.82	2.62	—	—	—	—	21.53	21.62
江苏	2.35	2.41	7.00	6.37	2.33	2.12	10.50	11.15
浙江	—	—	6.10	6.13	0.67	0.99	—	—
安徽	2.36	2.51	—	—	0.20	0.39	—	—
福建	4.04	2.48	6.66	8.94	1.14	0.86	—	—
湖北	3.95	4.17	—	—	1.01	1.26	8.72	9.61
湖南	2.73	2.43	—	—	0.71	—	9.80	11.32
河南	2.74	3.14	—	—	1.04	1.37	10.68	11.24
江西	3.32	3.40	—	—	0.89	0.72	—	—
四川	3.10	2.93	—	—	2.12	2.25	17.99	17.18
重庆	3.03	3.11	—	—	—	—	13.04	15.38
广东	3.94	4.33	4.96	4.95	0.01	0.22	5.58	5.39
广西	2.67	3.66	7.09	7.47	—	—	—	—
云南	2.10	2.03	—	—	2.26	0.49	26.07	22.33
贵州	2.50	2.45	—	—	1.60	1.16	8.20	9.80
海南	2.90	2.80	8.45	9.28	1.49	6.14	—	—

注 1. 综合厂用电率=发电量与上网电量差/发电量。

2. 此次统计不含西藏。

3. 由于统计口径和样本量的变化，部分 2016 年数据与 2017 年通报数据存在差异。

4. 光伏统计口径不含分布式光伏。

发电企业平均上网电价情况统计

地区	燃煤发电			燃气发电			水电		
	2017 年（元/MWh）	2016 年（元/MWh）	增长率（%）	2017 年（元/MWh）	2016 年（元/MWh）	增长率（%）	2017 年（元/MWh）	2016 年（元/MWh）	增长率（%）
全国平均	371.65	362.37	2.56	664.94	695.09	-4.34	258.93	264.60	-2.14
北京	—	—	—	657.78	732.37	-10.18	—	—	—
天津	375.79	385.62	-2.55	707.98	719.08	-1.54	—	—	—
河北	363.93	363.07	0.24	—	—	—	—	—	—
山东	409.60	386.52	5.97	—	—	—	—	—	—
山西	316.07	308.26	2.54	674.01	675.31	-0.19	293.81	303.11	-3.07
蒙东	295.95	293.27	0.91	—	—	—	384.17	384.70	-0.14
蒙西	268.80	262.09	2.56	—	—	—	—	—	—
辽宁	358.56	351.46	2.02	—	—	—	256.99	254.23	1.09
吉林	368.91	362.07	1.89	—	—	—	413.78	413.98	-0.05
黑龙江	371.86	362.08	2.70	—	—	—	471.25	413.98	13.83
陕西	329.60	323.11	2.01	—	—	—	342.58	322.08	6.36
甘肃	263.55	238.58	10.47	—	—	—	248.78	245.30	1.42
宁夏	255.47	242.46	5.37	—	—	—	350.45	298.55	17.38
青海	272.42	260.58	4.54	—	—	—	214.64	219.85	-2.37
新疆	224.44	222.95	0.67	—	—	—	249.88	253.45	-1.41
上海	411.27	400.99	2.56	780.09	808.99	-3.57	—	—	—
江苏	388.35	377.21	2.95	603.77	642.38	-6.01	—	—	—
浙江	432.57	411.53	5.11	841.63	837.86	0.45	563.43	566.84	-0.60
安徽	373.58	363.69	2.72	—	—	—	396.56	422.57	-6.16
福建	370.68	354.22	4.64	542.77	586.28	-7.42	349.62	350.83	-0.34
湖北	408.84	396.87	3.02	773.96	739.21	4.70	273.06	272.08	0.36
湖南	451.28	445.43	1.31	—	—	—	327.23	339.69	-3.67
河南	370.11	358.23	3.32	599.99	627.74	-4.42	315.14	311.11	1.29
江西	413.26	399.62	3.41	—	—	—	368.99	363.66	1.46
四川	406.40	468.40	-13.24	504.05	490.07	2.85	259.08	262.08	-1.14
重庆	394.71	377.04	4.69	799.33	644.30	24.06	327.58	320.18	2.31
广东	444.70	461.35	-3.61	651.65	657.24	-0.85	369.02	358.95	2.81
广西	402.71	386.18	4.28	—	—	—	220.37	226.40	-2.66
云南	470.25	566.13	-16.94	—	—	—	192.20	199.79	-3.80
贵州	348.17	299.68	16.18	—	—	—	287.63	285.56	0.73
海南	432.53	422.05	2.48	642.78	640.59	0.34	398.75	399.18	-0.11

续表

地区	风电			核电			光伏发电			生物质发电		
	2017年（元/MWh）	2016年（元/MWh）	增长率（%）	2017年（元/MWh）	2016年（元/MWh）	增长率（%）	2017年（元/MWh）	2016年（元/MWh）	增长率（%）	2017年（元/MWh）	2016年（元/MWh）	增长率（%）
全国平均	562.30	564.72	-0.43	402.95	421.06	-4.30	939.90	938.21	0.18	765.36	745.02	2.73
北京	733.13	749.27	-2.15	—	—	—	—	—	—	—	—	—
天津	614.35	620.64	-1.01	—	—	—	—	—	—	—	—	—
河北	551.81	545.78	1.10	—	—	—	1057.54	1204.29	-12.19	—	—	—
山东	615.19	617.81	-0.42	—	—	—	1101.31	1110.43	-0.82	797.70	752.40	6.02
山西	619.91	611.58	1.36	—	—	—	945.35	917.32	3.06	—	—	—
蒙东	537.31	545.64	-1.53	—	—	—	852.31	954.56	-10.71	742.08	747.17	-0.68
蒙西	477.47	487.23	-2.00	—	—	—	926.70	968.39	-4.30	—	—	—
辽宁	597.07	601.36	-0.71	367.29	386.16	-4.89	708.35	710.90	-0.36	739.49	741.96	-0.33
吉林	579.19	612.57	-5.45	—	—	—	922.46	941.60	-2.03	743.00	746.02	-0.40
黑龙江	567.49	618.81	-8.29	—	—	—	682.41	668.92	2.02	567.64	559.51	1.45
陕西	579.93	593.26	-2.25	—	—	—	571.32	491.19	16.31	—	—	—
甘肃	470.83	440.26	6.95	—	—	—	855.74	855.09	0.08	608.11	759.01	-19.88
宁夏	562.62	569.40	-1.19	—	—	—	871.57	895.64	-2.69	—	—	—
青海	513.00	591.66	-13.29	—	—	—	867.77	780.11	11.24	—	—	—
新疆	466.20	477.34	-2.33	—	—	—	895.85	922.55	-2.89	—	—	—
上海	751.91	731.75	2.75	—	—	—	—	—	—	653.55	668.97	-2.30
江苏	652.90	620.86	5.16	448.48	452.71	-0.93	1120.98	1319.67	-15.06	857.12	753.87	13.70
浙江	—	—	—	415.83	414.04	0.43	1115.04	1088.10	2.48	—	—	—
安徽	609.17	603.80	0.89	—	—	—	992.83	995.19	-0.24	—	—	—
福建	626.32	600.96	4.22	372.19	422.61	-11.93	973.00	990.37	-1.75	—	—	—
湖北	637.81	611.88	4.24	—	—	—	767.51	794.60	-3.41	572.85	764.48	-25.07
湖南	588.29	604.16	-2.63	—	—	—	1014.22	—	—	770.38	769.74	0.08
河南	610.75	583.62	4.65	—	—	—	744.54	845.00	-11.89	750.15	750.15	—
江西	616.29	610.20	1.00	—	—	—	1016.98	1009.28	0.76	—	—	—
四川	565.93	613.15	-7.70	—	—	—	818.87	713.23	14.81	794.99	777.28	2.28
重庆	545.18	580.10	-6.02	—	—	—	—	—	—	643.50	659.45	-2.42
广东	608.48	606.72	0.29	430.17	435.48	-1.22	993.53	1000.00	-0.65	747.88	748.03	-0.02
广西	607.51	555.06	9.45	400.69	369.40	8.47	—	—	—	—	—	—
云南	423.76	471.67	-10.16	—	—	—	1109.13	998.78	11.05	638.70	672.75	-5.06
贵州	619.56	633.75	-2.24	—	—	—	953.48	1011.32	-5.72	—	—	—
海南	664.27	664.16	0.02	429.52	430.00	-0.11	1010.00	1059.93	-4.71	—	—	—

注 平均上网电价=售电收入/上网电量×1.17，含税。

电网企业线损率统计

单位：%

地　区	2017 年	2016 年
全国平均	6.72	6.66
北京	6.71	6.45
天津	6.73	6.88
河北（北网）	5.67	5.77
河北（南网）	7.42	7.84
山东	4.55	5.65
山西	4.63	4.78
内蒙古（东部）	5.50	6.85
内蒙古（西部）	3.93	4.04
辽宁	6.15	6.13
吉林	6.98	7.03
黑龙江	5.46	5.70
陕西	5.67	5.83
甘肃	5.17	5.78
宁夏	1.69	2.89
青海	3.40	3.34
新疆	9.63	7.26
上海	5.92	5.97
江苏	4.15	3.87
浙江	4.07	4.15
安徽	6.52	7.00
福建	4.50	4.73
湖北	6.74	6.79
湖南	8.25	8.72
河南	6.29	8.57
江西	6.68	6.92
四川	5.87	6.67
重庆	7.28	6.97
广东	3.82	3.25
广西	5.75	5.65
云南	4.46	5.18
贵州	5.32	5.07
海南	7.23	7.33
广州	3.79	3.98
深圳	3.67	3.71

电网企业平均购销差价（不含税）统计

地区	购销差价（含线损）			购销差价（不含线损）		
	2017年（元/MWh）	2016年（元/MWh）	增长率（%）	2017年（元/MWh）	2016年（元/MWh）	增长率（%）
全国平均	215.65	219.22	-1.63	193.52	197.38	-1.95
北京	212.00	209.48	1.20	180.55	178.80	0.98
天津	220.22	221.95	-0.87	193.12	193.74	-0.31
河北（北网）	164.03	164.02	0.01	144.41	144.24	0.12
河北（南网）	198.59	208.76	-4.87	173.52	182.56	-4.95
山东	217.45	222.12	-2.10	201.34	202.55	-0.60
山西	114.82	126.43	-9.19	101.45	112.75	-10.02
内蒙古（东部）	172.85	208.84	-17.23	158.51	190.91	-16.97
内蒙古（西部）	117.35	118.10	-0.63	108.58	109.34	-0.69
辽宁	195.26	200.93	-2.82	175.05	180.88	-3.22
吉林	209.80	211.81	-0.95	186.06	188.30	-1.19
黑龙江	136.38	143.01	-4.64	118.06	123.78	-4.62
陕西	147.31	153.85	-4.25	128.77	135.13	-4.71
甘肃	148.90	153.85	-3.21	137.65	141.78	-2.92
宁夏	97.34	96.50	0.87	93.57	90.34	3.57
青海	114.41	117.42	-2.57	107.82	110.69	-2.60
新疆	140.75	156.89	-10.29	125.58	140.83	-10.83
上海	243.67	238.67	2.10	219.42	214.21	2.43
江苏	222.09	226.89	-2.12	206.68	212.97	-2.96
浙江	217.54	219.46	-0.87	201.29	202.88	-0.78
安徽	206.76	217.47	-4.92	183.29	192.97	-5.01
福建	185.92	203.78	-8.76	170.15	187.32	-9.17
湖北	228.57	228.73	-0.07	205.06	205.30	-0.12
湖南	216.22	237.06	-8.79	185.56	205.12	-9.54
河南	194.12	201.71	-3.76	173.65	174.04	-0.22
江西	224.99	240.94	-6.62	200.35	216.22	-7.34
四川	186.24	201.33	-7.50	171.12	184.05	-7.03
重庆	224.68	229.10	-1.93	200.60	206.44	-2.83
广东	157.32	173.89	-9.53	136.33	155.83	-12.51
广西	167.02	181.52	-7.99	148.79	164.15	-9.36
云南	124.33	131.68	-5.58	115.39	121.19	-4.79
贵州	139.47	124.90	11.66	124.15	110.92	11.93
海南	234.79	239.95	-2.15	204.41	209.84	-2.59
广州	172.71	187.77	-8.02	155.33	168.95	-8.06
深圳	148.95	138.03	7.91	131.03	119.02	10.09
国家电网公司（母公司）	47.91	47.53	0.79	40.07	39.83	0.60
南方电网公司（母公司）	71.51	71.89	-0.52	57.37	57.23	0.26

注 省级电网全口径电量购销价差，未剔除对省外送电的数据影响。

电网企业平均销售电价和居民用电平均电价统计

地　区	平均销售电价			居民用电平均电价		
	2017年（元/MWh）	2016年（元/MWh）	增长率（%）	2017年（元/MWh）	2016年（元/MWh）	增长率（%）
全国平均	609.10	614.83	-0.93	528.94	525.75	0.61
北京	759.61	766.00	-0.83	488.52	494.78	-1.27
天津	697.19	709.47	-1.69	501.90	503.66	-0.35
河北（北网）	573.70	569.61	0.72	513.53	513.96	-0.08
河北（南网）	598.45	605.08	-1.09	523.04	523.74	-0.13
山东	649.89	641.77	1.27	539.32	538.60	0.13
山西	456.58	466.65	-2.16	488.83	487.76	0.22
内蒙古（东部）	490.54	529.44	-7.35	498.90	508.11	-1.81
内蒙古（西部）	388.36	381.76	1.73	428.05	436.24	-1.88
辽宁	589.54	594.23	-0.79	512.56	513.38	-0.16
吉林	615.70	611.73	0.65	529.70	531.87	-0.41
黑龙江	530.67	539.45	-1.63	516.41	521.63	-1.00
陕西	492.70	501.87	-1.83	506.78	506.30	0.09
甘肃	415.75	410.12	1.37	525.66	522.54	0.60
宁夏	369.12	353.67	4.37	463.18	462.72	0.10
青海	346.31	363.80	-4.81	403.65	404.00	-0.09
新疆	374.57	402.03	-6.83	529.63	530.93	-0.24
上海	735.74	735.62	0.02	573.10	572.90	0.03
江苏	672.22	666.56	0.85	519.32	519.56	-0.05
浙江	702.74	704.92	-0.31	556.81	558.94	-0.38
安徽	634.42	636.66	-0.35	572.67	572.72	-0.01
福建	609.12	626.65	-2.80	553.22	557.15	-0.71
湖北	648.30	644.20	0.64	572.70	573.53	-0.14
湖南	651.88	668.46	-2.48	609.56	607.81	0.29
河南	584.25	581.39	0.49	557.67	552.36	0.96
江西	665.96	670.78	-0.72	620.30	620.54	-0.04
四川	501.32	518.40	-3.29	504.72	523.34	-3.56
重庆	621.67	621.77	-0.02	533.39	533.80	-0.08
广东	653.16	680.75	-4.04	666.25	677.34	-1.64
广西	546.63	551.30	-0.85	551.45	557.69	-1.12
云南	367.77	373.66	-1.58	434.74	468.01	-7.11
贵州	481.98	452.25	6.57	482.09	484.17	-0.43
海南	728.12	725.39	0.38	631.88	632.30	-0.07
广州	717.47	750.86	-4.45	643.17	656.00	-1.96
深圳	767.74	784.70	-2.16	707.41	716.11	-1.21
国家电网公司（母公司）	616.58	618.49	-0.31	—	—	—
南方电网公司（母公司）	622.87	640.11	-2.69	—	—	—

注　平均销售电价不含政府性基金及附加，含税；居民用电平均电价为到户价。

电网企业代征政府性基金及附加平均水平统计

地区	2017年（元/MWh）	2016年（元/MWh）	增长率（%）
全国平均	36.60	46.45	-26.91
北京	31.78	46.10	-31.06
天津	38.52	62.08	-37.95
河北（北网）	31.03	41.00	-24.32
河北（南网）	29.69	41.82	-29.00
山东	31.44	40.42	-22.22
山西	47.09	56.17	-16.17
内蒙古（东部）	17.14	31.32	-45.27
内蒙古（西部）	44.30	53.10	-16.57
辽宁	28.50	35.04	-18.67
吉林	48.12	48.12	—
黑龙江	21.10	23.87	-11.60
陕西	44.89	62.81	-28.53
甘肃	20.80	24.36	-14.61
宁夏	22.57	24.90	-9.37
青海	21.92	24.31	-9.83
新疆	3.59	6.81	-47.23
上海	71.83	77.83	-7.71
江苏	40.63	51.67	-21.36
浙江	37.12	48.64	-23.68
安徽	60.28	59.80	0.80
福建	30.39	38.97	-22.01
湖北	41.20	42.33	-2.66
湖南	43.06	51.12	-15.77
河南	36.93	49.31	-25.11
江西	31.38	39.00	-19.54
四川	41.33	44.97	-8.09
重庆	51.38	68.54	-25.04
广东	32.28	43.51	-25.82
广西	40.58	42.25	-3.94
云南	30.87	23.19	33.12
贵州	25.21	31.34	-19.55
海南	28.31	40.36	-29.86
广州	31.53	43.36	-27.28
深圳	30.90	44.80	-31.03

注 电网企业省内售电量口径平均值，含税。

企业风采

企业风采专栏特约编委

国家经济技术研究院有限公司（简称国网经研院）是国家电网有限公司直属全资子公司，是从事电网规划设计及相关科研工作的咨询机构，以支撑国家电网科学发展为己任，为国家能源电力规划及相关政策的制定提供技术和决策支撑。国网经研院具有“工程咨询甲级资格”“工程设计电力行业专业甲级资质”和“工程勘查专业甲级资质”，是国家发展改革委认定的承担国家委托投资咨询评估任务的咨询机构，具备从特高压交直流到配电网、一二次专业齐备的规划设计研究体系，拥有“新世纪百千万人才工程”国家级人选、享受国务院政府津贴专家、国家电网公司“科技领军人物”等专家人才队伍，培育了规划、设计、评审等核心业务能力，形成了从特高压交直流到配电网各专业齐备的全业务体系。

国网经济技术研究院有限公司

Guowangjingyanyuan

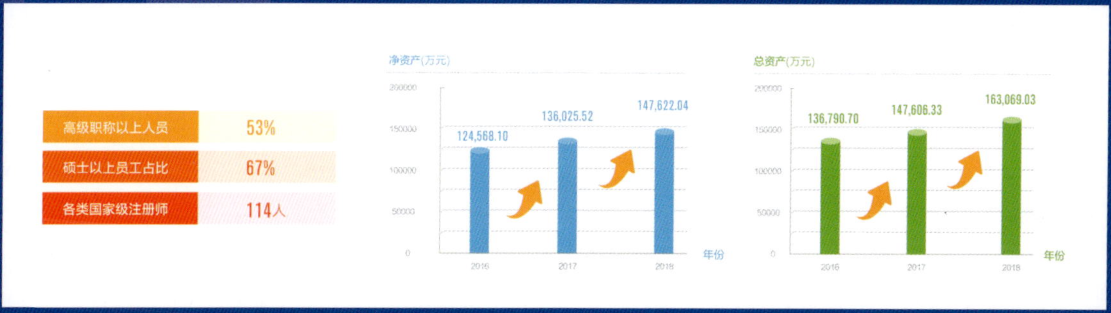

◎业务领域

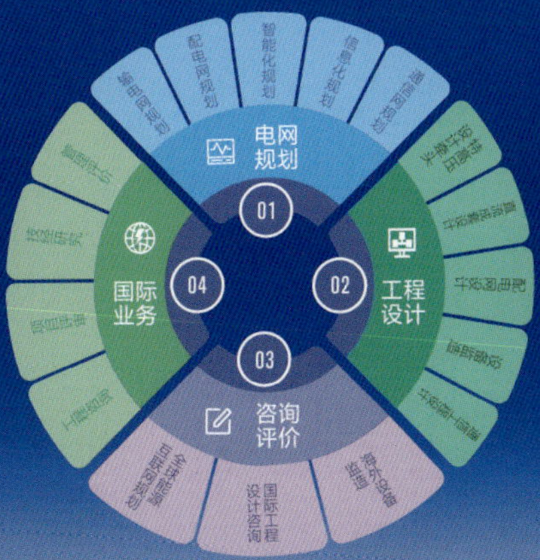

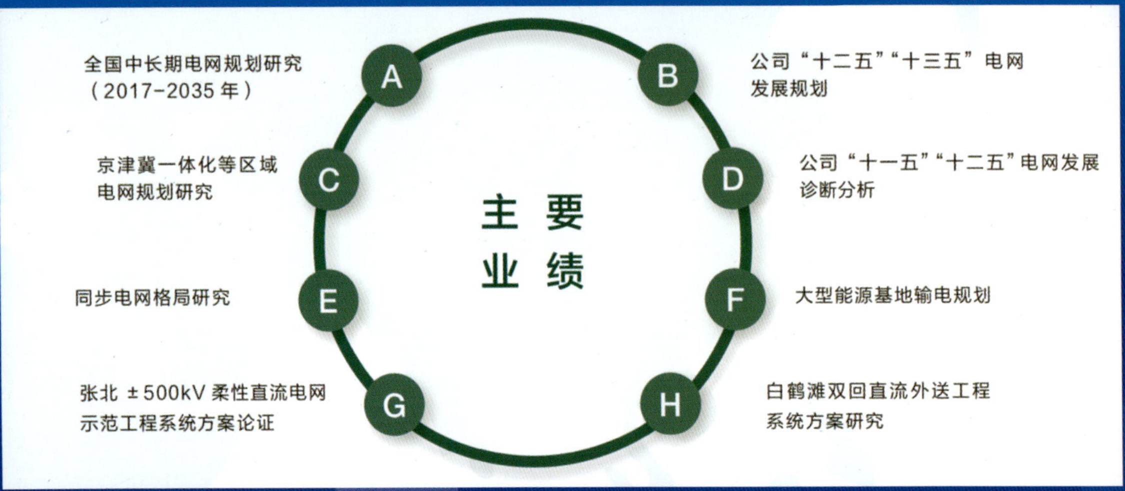

勇于挑战 成就梦想

YONGYUTIAOZHAN CHENGJIUMENGXIANG

◎电网规划

承担全国中长期电网规划研究（2017-2035年），编制国家电网公司“十二五”“十三五”电网发展规划，开展京津冀一体化等区域电网规划研究。

承担“十一五”“十二五”“十三五”期间配电网城网规划、农网规划等相关专题专项研究及规划制定，完成雄安新区电网规划、国家电网公司经营区深度贫困地区电网专项规划等专题专项研究制定工作。

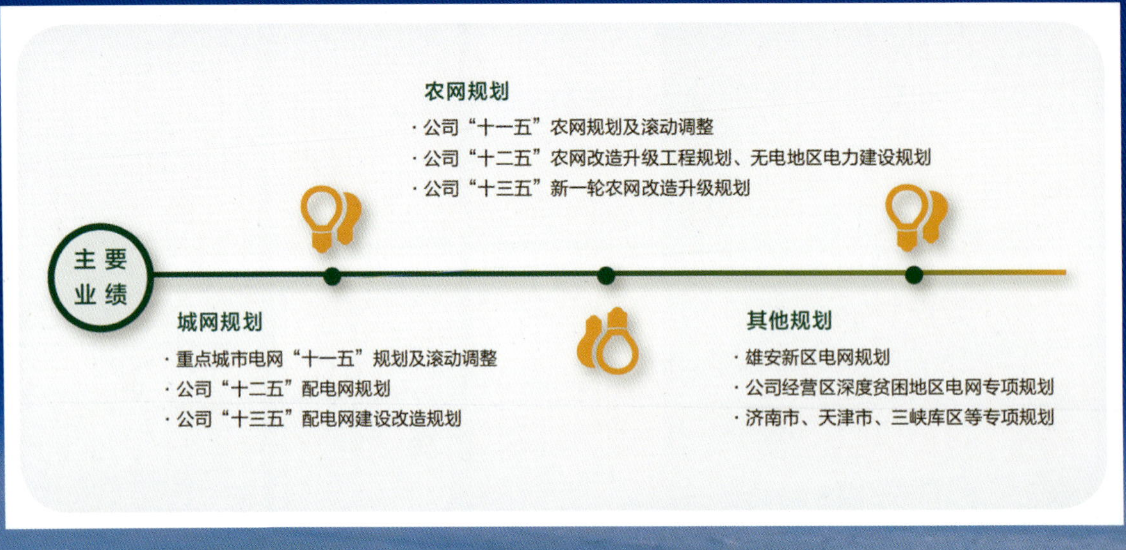

◎咨询评价

◇工程咨询　承担特高压交直流和跨省电网等重大项目方案论证和预可研，负责省级电网整体规划和各专项规划评审。

◇项目评审　承担特高压和跨省电网工程可研内审、500kV及以上输变电工程项目可研评审、330kV及以下特殊项目可研评审、220kV及以上项目初步设计评审及复核、电网接入系统、电网建设项目可行性研究、生产技改大修、小型基建、系统二次项目、信息化、营销项目、产业项目等各类专项评审。

◇技经研究　围绕“投资、成本、效益”，关注电网发展新形势，重点针对投资策略、造价管控、效益评价开展前瞻性、创新性研究。主导技经专业标准制定，推广定额计价和造价管理标准。

国网经济技术研究院有限公司

Guowangjingyanyuan

◎工程设计

累计牵头完成36项特高压工程的预可研、可研、初步设计和施工图设计；承担特高压/高压常规直流工程技术方案的咨询研究与系统设计工作，依托自主成套设计技术，结合不同外部系统条件对每个直流工程开展定制化设计；承担交直流设备监造工作，监造任务涉及28个工程，设备本体投资额度500亿元。

国网经研院牵头设计的浙北-福州特高压交流输变电工程获得2016-2017年度“国家优质工程金质奖”

● 全球能源互联网规划
● 国际工程设计咨询
● 海外设备监造

国网经研院承担成套设计的昌吉-古泉工程师目前世界上电压等级最高、输送容量最大、输送距离最远、技术水平最先进的±1100kV特高压直流输电工程。

国网经研院承担成套设计的巴西美丽山二期工程是目前世界上输送距离最长的±800kV特高压直流输电工程，该工程已于2019年10月25日正式投入商业运行。

国网经研院承担全球能源互联网跨国、跨洲联网重大工程方案论证，全球能源互联网规划标准编制；承担海外设备监造，涵盖欧洲、北美、日本，涉及十余个厂家及产品。

◎新业务领域

建设“三型两网”是国家电网公司深入贯彻习近平新时代中国特色社会主义思想，认真落实习近平总书记“四个革命、一个合作”能源安全新战略和网络强国战略部署的重大创新举措。国网经研院立足规划设计咨询核心业务，发挥主配网、一二次、信息通信专业齐备和联系工程紧密的综合优势，着力推进“两网”融合发展，取得了积极成效。

牵头完成“两网（坚强智能电网、泛在电力物联网）”融合发展规划编制；支撑泛在电力物联网建设，推进基础资源价值链延伸，结合示范项目建设经验，快速形成“多站融合”典型设计方案。

勇于挑战 成就梦想

YONGYUTIAOZHAN CHENGJIUMENGXIANG

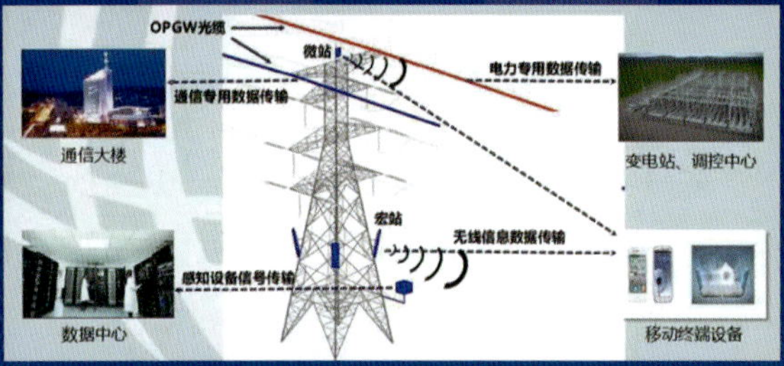

牵头制定35kV及以上线路工程“共享杆塔”设计安装技术导则。

完成电网工程数字化管理应用系统建设，推动电网工程三维设计、新一代信息技术与数字电网创新融合。

◎科研创新

国网经研院作为公司科技创新基地，承担或参与国家级科技项目19项，牵头公司科技项目215项，建成实验室12个，编制各类标准418项，其中国际标准7项，国家标准32项，行业标准42项，拥有电网规划量化评估技术、±1100kV特高压直流输电工程成套设计技术、新一代智能变电站设计与评估等科技攻关团队12支，牵头项目获得各类成果荣誉96项。

国家能源特高压直流输电工程成套设计研发（实验）中心（公司高压直流实时仿真实验室）是国家能源局首批批准设立的16个国家能源研发（ 实验）中心之一，为在运直流工程提供技术支撑。

SGIT 国网信通产业集团
STATE GRID INFO & TELECOM GROUP
思极 让能源更智慧 让生活更美好
SGIT Make The Energy Smarter Make Life Better
service@sgitg.sgcc.com.cn
400-888-0186
互联·共享 让能源更智慧 让生活更美好
国网信通产业集团依托“云(云端服务)-网(网络通信)-边(边缘计算)-端(智能终端)-芯(智能芯片)-智(人工智能)”完善的产业体系和咨询、规划、设计、建设、运维、运营一站式服务能力,全面支撑泛在电力物联网建设。
云端服务
发电企业
人工智能
电力用户
网络通信
电工装备
电网企业
智能芯片
员工
供应商
边缘计算
智能终端
芯片及物联网|人工智能|大数据及云服务|通信|管理信息化|运维服务
北斗及地理信息服务|网络及信息安全|综合能源管控

探索
开启能源世界的无限可能
Exploring，open up the unlimited possibilities of the energy world
国网信通产业集团
STATE GRID INFO & TELECOM GROUP
思极 让能源更智慧 让生活更美好
SGIT Make The Energy Smarter Make Life Better

SGIT 国网信通产业集团
STATE GRID INFO & TELECOM GROUP
思极 让能源更智慧 让生活更美好
SGIT Make The Energy Smarter Make Life Better
开拓
勇探泛在物联的崭新蓝海
Explore，Dare to explore the new blue ocean
of Ubiquitous internet of things.

华电煤业集团有限公司

华电煤业集团有限公司（简称华电煤业）成立于2005年8月，是中国华电集团有限公司专门从事煤炭及相关产业开发、运营的专业公司。

近年来，华电煤业认真贯彻落实习近平新时代中国特色社会主义思想，努力践行“服务华电、创造价值”的使命，协同发展煤炭、电力、物流产业板块，初步构建了以煤炭产业为核心，集煤、电、路、港、航为一体的产业构架，总体建成5000万 t 级特大型煤炭企业集团，连续八年进入中国煤炭工业50强。

今后一个时期，华电煤业将坚持新发展理念，推动高质量发展，总体建成资源配置一流、安全生产保障水平一流、绿色可持续发展水平一流、价值创造能力一流、企业治理能力一流、品牌影响力一流的国内一流煤炭企业集团。

附　录

2018年发布的电力相关国家标准

序号	标准编号	标　准　名　称	被代替标准号	发布日期	实施日期
1	GB/T 2694—2018	输电线路铁塔制造技术条件	GB/T 2694—2010	2018-07-13	2019-02-01
2	GB/T 4473—2018	高压交流断路器的合成试验	GB/T 4473—2008	2018-07-13	2019-02-01
3	GB/T 11023—2018	高压开关设备六氟化硫气体密封试验方法	GB/T 11023—1989	2018-12-28	2019-07-01
4	GB/T 20626.2—2018	特殊环境条件　高原电工电子产品　第2部分：选型和检验规范	GB/T 20626.2—2006	2018-12-28	2019-07-01
5	GB/T 22071.1—2018	互感器试验导则　第1部分：电流互感器	GB/T 22071.1—2008	2018-12-28	2019-07-01
6	GB/T 22072—2018	干式非晶合金铁心配电变压器技术参数和要求	GB/T 22072—2008	2018-12-28	2019-07-01
7	GB/T 24835—2018	1100kV 气体绝缘金属封闭开关设备运行维护规程	GB/Z 24835—2009	2018-12-28	2019-07-01
8	GB/T 24836—2018	1100kV 气体绝缘金属封闭开关设备	GB/Z 24836—2009	2018-07-13	2019-02-01
9	GB/T 24837—2018	1100kV 高压交流隔离开关和接地开关	GB/Z 24837—2009	2018-09-17	2019-04-01
10	GB/T 24838—2018	1100kV 高压交流断路器	GB/Z 24838—2009	2018-09-17	2019-04-01
11	GB/T 24839—2018	1000kV 交流系统用支柱绝缘子技术规范	GB/Z 24839—2009	2018-07-13	2019-02-01
12	GB/T 24840—2018	1000kV 交流系统用套管技术规范	GB/Z 24840—2009	2018-07-13	2019-02-01
13	GB/T 24841—2018	1000kV 交流系统用电容式电压互感器技术规范	GB/Z 24841—2009	2018-07-13	2019-02-01
14	GB/T 24842—2018	1000kV 特高压交流输变电工程过电压和绝缘配合	GB/Z 24842—2009	2018-07-13	2019-02-01
15	GB/T 24843—2018	1000kV 单相油浸式自耦电力变压器技术规范	GB/Z 24843—2009	2018-07-13	2019-02-01
16	GB/T 24844—2018	1000kV 交流系统用油浸式并联电抗器技术规范	GB/Z 24844—2009	2018-07-13	2019-02-01
17	GB/T 24845—2018	1000kV 交流系统用无间隙金属氧化物避雷器技术规范	GB/Z 24845—2009	2018-07-13	2019-02-01
18	GB/T 24846—2018	1000kV 交流电气设备预防性试验规程	GB/Z 24846—2009	2018-07-13	2019-02-01
19	GB/T 29328—2018	重要电力用户供电电源及自备应急电源配置技术规范	GB/Z 29328—2012	2018-12-28	2019-07-01
20	GB/T 36039—2018	燃气电站天然气系统安全生产管理规范		2018-03-15	2018-10-01
21	GB/T 36042—2018	超超临界汽轮机转子体锻件技术条件		2018-03-15	2018-10-01
22	GB/T 36043—2018	大型汽轮发电机组轴系动力特性技术规范		2018-03-15	2018-10-01
23	GB/T 36045—2018	燃煤火电机组增容改造监管规范		2018-03-15	2018-10-01
24	GB/T 36047—2018	电力信息系统安全检查规范		2018-03-15	2018-10-01
25	GB/T 36050—2018	电力系统时间同步基本规定		2018-03-15	2018-10-01
26	GB/T 36115—2018	精准扶贫　村级光伏电站技术导则		2018-03-15	2018-10-01
27	GB/T 36116—2018	村镇光伏发电站集群控制系统功能要求		2018-03-15	2018-10-01
28	GB/T 36117—2018	村镇光伏发电站集群接入电网规划设计导则		2018-03-15	2018-10-01

续表

序号	标准编号	标 准 名 称	被代替标准号	发布日期	实施日期
29	GB/T 36119—2018	精准扶贫　村级光伏电站管理与评价导则		2018-03-15	2018-10-01
30	GB/T 36270—2018	微电网监控系统技术规范		2018-06-07	2019-01-01
31	GB/T 36271.1—2018	交流 1kV 以上电力设施　第 1 部分：通则		2018-06-07	2019-01-01
32	GB/T 36273—2018	智能变电站继电保护和安全自动装置数字化接口技术规范		2018-06-07	2019-01-01
33	GB/T 36274—2018	微电网能量管理系统技术规范		2018-06-07	2019-01-01
34	GB/T 36276—2018	电力储能用锂离子电池		2018-06-07	2019-01-01
35	GB/T 36277—2018	电动汽车车载静止式直流电能表技术条件		2018-06-07	2019-01-01
36	GB/T 36278—2018	电动汽车充换电设施接入配电网技术规范		2018-06-07	2019-01-01
37	GB/T 36279—2018	架空导线自阻尼特性测试方法		2018-06-07	2019-01-01
38	GB/T 36280—2018	电力储能用铅炭电池		2018-06-07	2019-01-01
39	GB/Z 36281—2018	与附加功能组合的剩余电流保护电器		2018-06-07	2019-01-01
40	GB/T 36283—2018	智能变电站二次舱通用技术条件		2018-06-07	2019-01-01
41	GB/T 36285—2018	火力发电厂汽轮机电液控制系统技术条件		2018-06-07	2019-01-01
42	GB/T 36290.2—2018	电站流程图　第 2 部分：图形符号		2018-06-07	2019-01-01
43	GB/T 36291.1—2018	电力安全设施配置技术规范　第 1 部分：变电站		2018-06-07	2019-01-01
44	GB/T 36291.2—2018	电力安全设施配置技术规范　第 2 部分：线路		2018-06-07	2019-01-01
45	GB/T 36292—2018	架空导线用防腐脂		2018-06-07	2019-01-01
46	GB/T 36293—2018	火力发电厂分散控制系统技术条件		2018-06-07	2019-01-01
47	GB/T 36294—2018	抽水蓄能发电企业档案分类导则		2018-06-07	2019-01-01
48	GB/T 36498—2018	柔性直流换流站绝缘配合导则		2018-09-17	2019-04-01
49	GB/T 36544—2018	变电站用质子交换膜燃料电池供电系统		2018-07-13	2019-02-01
50	GB/T 36545—2018	移动式电化学储能系统技术要求		2018-07-13	2019-02-01
51	GB/T 36547—2018	电化学储能系统接入电网技术规定		2018-07-13	2019-02-01
52	GB/T 36548—2018	电化学储能系统接入电网测试规范		2018-07-13	2019-02-01
53	GB/T 36549—2018	电化学储能电站运行指标及评价		2018-07-13	2019-02-01
54	GB/T 36550—2018	抽水蓄能电站基本名词术语		2018-07-13	2019-02-01
55	GB/T 36551—2018	同心绞架空导线性能计算方法		2018-07-13	2019-02-01
56	GB/T 36558—2018	电力系统电化学储能系统通用技术条件		2018-07-13	2019-02-01
57	GB/T 36559—2018	高压直流输电用晶闸管阀		2018-07-13	2019-02-01
58	GB/T 36567—2018	光伏组件检修规程		2018-09-17	2019-04-01
59	GB/T 36568—2018	光伏方阵检修规程		2018-09-17	2019-04-01
60	GB/T 36569—2018	海上风电场风力发电机组基础技术要求		2018-09-17	2019-04-01
61	GB/T 36570—2018	水力发电厂消防设施运行维护规程		2018-09-17	2019-04-01
62	GB/T 36571—2018	并联无功补偿节约电力电量测量和验证技术规范		2018-09-17	2019-04-01

续表

序号	标准编号	标 准 名 称	被代替标准号	发布日期	实施日期
63	GB/T 36572—2018	电力监控系统网络安全防护导则		2018-09-17	2019-04-01
64	GB/T 36573—2018	电力线路升压运行节约电力电量测量和验证技术规范		2018-09-17	2019-04-01
65	GB/T 36716—2018	节能评估技术导则　燃煤发电项目		2018-09-17	2019-04-01
66	GB/T 36955—2018	柔性直流输电用启动电阻技术规范		2018-12-28	2019-07-01
67	GB/T 36956—2018	柔性直流输电用电压源换流器阀基控制设备试验		2018-12-28	2019-07-01
68	GB/T 36994—2018	风力发电机组　电网适应性测试规程		2018-12-28	2019-07-01
69	GB/T 36995—2018	风力发电机组　故障电压穿越能力测试规程		2018-12-28	2019-07-01
70	GB/T 37008—2018	柔性直流输电用电抗器技术规范		2018-12-28	2019-07-01
71	GB/T 37010—2018	柔性直流输电换流阀技术规范		2018-12-28	2019-07-01
72	GB/T 37011—2018	柔性直流输电用变压器技术规范		2018-12-28	2019-07-01
73	GB/T 37012—2018	柔性直流输电接地设备技术规范		2018-12-28	2019-07-01
74	GB/T 37013—2018	柔性直流输电线路检修规范		2018-12-28	2019-07-01
75	GB/T 37014—2018	海上柔性直流换流站检修规范		2018-12-28	2019-07-01
76	GB/T 37015.1—2018	柔性直流输电系统性能　第 1 部分：稳态		2018-12-28	2019-07-01
77	GB/T 37015.2—2018	柔性直流输电系统性能　第 2 部分：暂态		2018-12-28	2019-07-01
78	GB/T 37016—2018	电力用户需求响应节约电力测量与验证技术要求		2018-12-28	2019-07-01
79	GB/T 37134—2018	并网发电厂辅助服务导则		2018-12-28	2019-07-01
80	GB/T 37136—2018	电力用户供配电设施运行维护规范		2018-12-28	2019-07-01
81	GB/T 37137—2018	高原 220kV 变电站交流回路系统现场检验方法		2018-12-28	2019-07-01
82	GB/T 37141.2—2018	高海拔地区电气设备紫外线成像检测导则　第 2 部分：输电线路		2018-12-28	2019-07-01
83	GB/T 37155.1—2018	区域保护控制系统技术导则　第 1 部分：功能规范		2018-12-28	2019-07-01
84	GB 50168—2018	电气装置安装工程　电缆线路施工及验收标准	GB 50168—2006	2018-11-08	2019-05-01
85	GB 50170—2018	电气装置安装工程　旋转电机施工及验收标准	GB 50170—2006	2018-11-08	2019-05-01
86	GB 50217—2018	电力工程电缆设计标准	GB 50217—2007	2018-02-08	2018-09-01
87	GB/T 50297—2018	电力工程基本术语标准	GB/T 50297—2006	2018-12-26	2019-06-01
88	GB/T 50548—2018	330kV～750kV 架空输电线路勘测标准	GB 50548—2010	2018-09-11	2019-03-01
89	GB 51302—2018	架空绝缘配电线路设计标准		2018-11-08	2019-05-01
90	GB/T 51307—2018	塔式太阳能光热发电站设计标准		2018-07-10	2018-12-01
91	GB/T 51311—2018	风光储联合发电站调试及验收标准		2018-09-11	2019-03-01
92	GB/T 51313—2018	电动汽车分散充电设施工程技术标准		2018-09-11	2019-03-01
93	GB/T 51320—2018	建设工程化学灌浆材料应用技术标准		2018-09-11	2019-03-01
94	GB/T 51338—2018	分布式电源并网工程调试与验收标准		2018-11-08	2019-05-01
95	GB/T 51341—2018	微电网工程设计标准		2018-12-26	2019-06-01

2018 年发布的电力行业标准

序号	标准编号	标准名称	被代替标准号	发布日期	实施日期
1	NB/T 31129—2018	风力发电机组振动状态评价导则		2018-4-3	2018-7-1
2	NB/T 31130—2018	风力发电场设备润滑技术监督规程		2018-4-3	2018-7-1
3	NB/T 31131—2018	风力发电场测量技术监督规程		2018-4-3	2018-7-1
4	NB/T 31132—2018	风力发电场电能质量技术监督规程		2018-4-3	2018-7-1
5	NB/T 31133—2018	海上风电场风力发电机组混凝土基础防腐蚀技术规范		2018-4-3	2018-7-1
6	NB/T 31134—2018	海上用风力发电设备关键部件环境耐久性评价 发电机		2018-4-3	2018-7-1
7	NB/T 31135—2018	海上用风力发电设备关键部件环境耐久性评价 控制系统		2018-4-3	2018-7-1
8	NB/T 31136—2018	海上用风力发电设备关键部件环境耐久性评价 变流器		2018-4-3	2018-7-1
9	NB/T 31137—2018	海上用风力发电设备关键部件环境耐久性评价 结构件		2018-4-3	2018-7-1
10	NB/T 31138—2018	高原风力发电机组电气控制设备结构防腐技术要求		2018-4-3	2018-7-1
11	NB/T 31139—2018	高原风力发电机组用全功率变流器液体冷却散热技术要求		2018-4-3	2018-7-1
12	NB/T 31140—2018	高原风力发电机组主控制系统技术规范		2018-4-3	2018-7-1
13	NB/T 31141—2018	直驱风力发电机组　偏航、变桨轴承型式试验技术规范		2018-4-3	2018-7-1
14	NB/T 31142—2018	直驱风力发电机组　主轴轴承挂机测试方法规范		2018-4-3	2018-7-1
15	NB/T 31143—2018	直驱风力发电机组　主轴轴承型式试验技术规范		2018-4-3	2018-7-1
16	NB/T 31144—2018	风力发电机组　液压盘式制动器制动块		2018-4-3	2018-7-1
17	NB/T 32004—2018	光伏并网逆变器技术规范	NB/T 32004—2013	2018-4-3	2018-7-1
18	NB/T 32041—2018	光伏发电站设备后评价规程		2018-4-3	2018-7-1
19	NB/T 32042—2018	光伏发电工程建设监理规范		2018-4-3	2018-7-1
20	NB/T 33001—2018	电动汽车非车载传导式充电机技术条件	NB/T 33001—2010	2018-4-3	2018-7-1
21	NB/T 33028—2018	电动汽车充放电设施术语		2018-4-3	2018-7-1
22	NB/T 33029—2018	电动汽车充电与间歇性电源协同调度技术导则		2018-4-3	2018-7-1
23	NB/T 34061—2018	生物质锅炉供热成型燃料贮运技术规范		2018-4-3	2018-7-1
24	NB/T 34062—2018	生物质锅炉供热成型燃料工程设计规范		2018-4-3	2018-7-1
25	NB/T 34063—2018	生物质锅炉供热成型燃料术语		2018-4-3	2018-7-1
26	NB/T 34064—2018	生物质锅炉供热成型燃料工程运行管理规范		2018-4-3	2018-7-1
27	NB/T 34065—2018	生物质锅炉供热成型燃料试验方法通则		2018-4-3	2018-7-1
28	NB/T 35108—2018	气体绝缘金属封闭开关设备配电装置设计规范	DL/T 5139—2001	2018-4-3	2018-7-1
29	NB/T 35109—2018	水电工程三维激光扫描测量规程		2018-4-3	2018-7-1

续表

序号	标准编号	标准名称	被代替标准号	发布日期	实施日期
30	NB/T 35110—2018	水电站地下埋藏式月牙肋钢岔管设计规范		2018-4-3	2018-7-1
31	NB/T 35111—2018	水电工程渣场设计规范		2018-4-3	2018-7-1
32	NB/T 35112—2018	水电工程层析成像技术规程		2018-4-3	2018-7-1
33	NB/T 35113—2018	水电工程钻孔压水试验规程	DL/T 5331—2005	2018-4-3	2018-7-1
34	NB/T 35114—2018	水电岩土工程及岩体测试造孔规程	DL/T 5125—2009	2018-4-3	2018-7-1
35	NB/T 35115—2018	水电工程钻探规程	DL/T 5013—2005	2018-4-3	2018-7-1
36	NB/T 35116—2018	水电工程全球导航卫星系统（GNSS）测量规程		2018-4-3	2018-7-1
37	NB/T 35117—2018	水电工程钻孔振荡式渗透试验规程		2018-4-3	2018-7-1
38	NB/T 35118—2018	水电站油系统技术规范		2018-4-3	2018-7-1
39	NB/T 41010—2018	交流电弧炉供电技术导则　电能质量控制		2018-4-3	2018-7-1
40	NB/T 42093.2 —2018	干式变压器绝缘系统　热评定试验规程　第 2 部分：600V 及以下绕组		2018-4-3	2018-7-1
41	NB/T 42142—2018	光伏并网微型逆变器技术规范		2018-4-3	2018-7-1
42	NB/T 42143—2018	光伏组件功率优化器技术规范		2018-4-3	2018-7-1
43	NB/T 42144—2018	全钒液流电池　维护要求		2018-4-3	2018-7-1
44	NB/T 42145—2018	全钒液流电池　安装技术规范		2018-4-3	2018-7-1
45	NB/T 42146—2018	锌溴液流电池　电极、隔膜、电解液测试方法		2018-4-3	2018-7-1
46	NB/T 42147—2018	全封闭型电动机-压缩机用无功耗及低功耗电子式起动器		2018-4-3	2018-7-1
47	NB/T 42148.1—2018	电池驱动器具及设备的开关　第 1 部分：通用要求		2018-4-3	2018-7-1
48	NB/T 42149—2018	具有远程控制功能的小型断路器（RC-MCB）		2018-4-3	2018-7-1
49	NB/T 42150—2018	低压电涌保护器专用保护设备		2018-4-3	2018-7-1
50	NB/T 42152—2018	非线性金属氧化物电阻片通用技术要求		2018-4-3	2018-7-1
51	NB/T 42153—2018	交流插拔式无间隙金属氧化物避雷器		2018-4-3	2018-7-1
52	DL/T 1013—2018	大中型水轮发电机微机励磁调节器试验导则	DL/T 1013—2006	2018-4-3	2018-7-1
53	DL/T 1077—2018	离子交换树脂有机溶出物测定方法	DL/T 1077—2007	2018-4-3	2018-7-1
54	DL/T 1093—2018	电力变压器绕组变形的电抗法检测判断导则	DL/T 1093—2008	2018-4-3	2018-7-1
55	DL/T 1094—2018	电力变压器用绝缘油选用导则	DL/T 1094—2008	2018-4-3	2018-7-1
56	DL/T 1095—2018	变压器油带电度现场测试方法	DL/T 1095—2008	2018-4-3	2018-7-1
57	DL/T 1096—2018	变压器油中颗粒度限值	DL/T 1096—2008	2018-4-3	2018-7-1
58	DL/T 1147—2018	电力高处作业防坠器	DL/T 1147—2009	2018-4-3	2018-7-1
59	DL/T 1798—2018	换流变压器交接及预防性试验规程		2018-4-3	2018-7-1
60	DL/T 1799—2018	电力变压器直流偏磁耐受能力试验方法		2018-4-3	2018-7-1
61	DL/T 1800—2018	水轮机调节系统建模及参数实测技术导则		2018-4-3	2018-7-1
62	DL/T 1801—2018	水电金属结构及设备焊接接头相控阵超声检测		2018-4-3	2018-7-1
63	DL/T 1802—2018	水电厂自动发电控制及自动电压控制系统技术规范		2018-4-3	2018-7-1

续表

序号	标准编号	标准名称	被代替标准号	发布日期	实施日期
64	DL/T 1803—2018	水电厂辅助设备控制装置技术条件		2018-4-3	2018-7-1
65	DL/T 1804—2018	水轮发电机组振动摆度装置技术条件		2018-4-3	2018-7-1
66	DL/T 1805—2018	电力变压器用有载分接开关选用导则		2018-4-3	2018-7-1
67	DL/T 1806—2018	油浸式电力变压器用绝缘纸板及绝缘件选用导则		2018-4-3	2018-7-1
68	DL/T 1807—2018	油浸式电力变压器、电抗器局部放电超声波检测与定位导则		2018-4-3	2018-7-1
69	DL/T 1808—2018	干式空心电抗器匝间过电压现场试验导则		2018-4-3	2018-7-1
70	DL/T 1809—2018	水电厂设备状态检修决策支持系统技术导则		2018-4-3	2018-7-1
71	DL/T 1810—2018	110（66）kV 六氟化硫气体绝缘电力变压器使用技术条件		2018-4-3	2018-7-1
72	DL/T 1811—2018	电力变压器用天然酯绝缘油选用导则		2018-4-3	2018-7-1
73	DL/T 1813—2018	油浸式非晶合金铁心配电变压器选用导则		2018-4-3	2018-7-1
74	DL/T 1814—2018	油浸式电力变压器工厂试验油中溶解气体分析判断导则		2018-4-3	2018-7-1
75	DL/T 1815—2018	电化学储能电站设备可靠性评价规程		2018-4-3	2018-7-1
76	DL/T 1816—2018	电化学储能电站标识系统编码导则		2018-4-3	2018-7-1
77	DL/T 1817—2018	变压器低压侧用绝缘铜管母使用技术条件		2018-4-3	2018-7-1
78	DL/T 1818—2018	可逆式水泵水轮机调节系统试验规程		2018-4-3	2018-7-1
79	DL/T 1819—2018	抽水蓄能电站静止变频装置技术条件		2018-4-3	2018-7-1
80	DL/T 1820—2018	电站锅炉动力驱动泄放阀技术导则		2018-4-3	2018-7-1
81	DL/T 1821—2018	火电站闸阀、截止阀检修导则		2018-4-3	2018-7-1
82	DL/T 1822—2018	电站用抽汽止回阀订货验收导则		2018-4-3	2018-7-1
83	DL/T 1823—2018	六氟化硫气体中矿物油、可水解氟化物、酸度的现场检测方法		2018-4-3	2018-7-1
84	DL/T 1824—2018	运行变压器油中丙酮含量的测量方法　顶空气相色谱法		2018-4-3	2018-7-1
85	DL/T 1825—2018	六氟化硫在线湿度测量装置校验　静态法		2018-4-3	2018-7-1
86	DL/T 1826—2018	旋转喷吹袋式除尘器		2018-4-3	2018-7-1
87	DL/T 1827—2018	脱硫用石灰石/石灰采样与制样方法		2018-4-3	2018-7-1
88	DL/T 1828—2018	火电厂烟气脱硝再生催化剂		2018-4-3	2018-7-1
89	DL/T 1829—2018	火电厂袋式除尘器荧光粉检漏技术规范		2018-4-3	2018-7-1
90	DL/T 1830—2018	烟气集成净化碳基材料选用导则		2018-4-3	2018-7-1
91	DL/T 1831—2018	柔性直流输电换流站检修规程		2018-4-3	2018-7-1
92	DL/T 1832—2018	配电网串联电容器补偿装置技术规范		2018-4-3	2018-7-1
93	DL/T 1833—2018	柔性直流输电换流阀检修规程		2018-4-3	2018-7-1
94	DL/T 1834—2018	电力市场主体信用信息采集指南		2018-4-3	2018-7-1
95	DL/T 1835—2018	燃气轮机及联合循环机组启动调试导则		2018-4-3	2018-7-1
96	DL/T 1836—2018	矿物绝缘油与变压器材料相容性测定方法		2018-4-3	2018-7-1

续表

序号	标准编号	标准名称	被代替标准号	发布日期	实施日期
97	DL/T 1837—2018	电力用矿物绝缘油换油指标		2018-4-3	2018-7-1
98	DL/T 1838—2018	电力用圆形及异形绝缘管		2018-4-3	2018-7-1
99	DL/T 1839.1—2018	电力可靠性管理信息系统数据接口规范　第 1 部分：通用要求		2018-4-3	2018-7-1
100	DL/T 1839.2—2018	电力可靠性管理信息系统数据接口规范　第 2 部分：输变电设施		2018-4-3	2018-7-1
101	DL/T 1839.4—2018	电力可靠性管理信息系统数据接口规范　第 4 部分：供电系统用户供电		2018-4-3	2018-7-1
102	DL/T 1840—2018	交流高压架空输电线路对短波无线电测向台（站）保护间距要求		2018-4-3	2018-7-1
103	DL/T 1841—2018	交流高压架空输电线路与对空情报雷达站防护距离要求		2018-4-3	2018-7-1
104	DL/T 1842—2018	垃圾发电厂运行指标评价规范		2018-4-3	2018-7-1
105	DL/T 1843—2018	垃圾发电厂危险源辨识和评价规范		2018-4-3	2018-7-1
106	DL/T 1844—2018	湿式静电除尘器用导电玻璃钢阳极检验规范		2018-4-3	2018-7-1
107	DL/T 1845—2018	电力设备高合金钢里氏硬度试验方法		2018-4-3	2018-7-1
108	DL/T 1846—2018	变电站机器人巡检系统验收规范		2018-4-3	2018-7-1
109	DL/T 1847—2018	发电厂曝气生物滤池验收导则		2018-4-3	2018-7-1
110	DL/T 1848—2018	220kV 和 110kV 变压器中性点过电压保护技术规范		2018-4-3	2018-7-1
111	DL/T 1849—2018	电站减温减压装置订货、验收导则		2018-4-3	2018-7-1
112	DL/T 1850—2018	电站用水泵出口液控止回蝶阀订货、验收导则		2018-4-3	2018-7-1
113	DL/T 1851—2018	发电厂钢制衬胶管道和管件		2018-4-3	2018-7-1
114	DL/T 319—2018	架空输电线路施工抱杆通用技术条件及试验方法	DL/T 319—2010	2018-4-3	2018-7-1
115	DL/T 363—2018	超、特高压电力变压器（电抗器）设备监造导则	DL/T 363—2010	2018-4-3	2018-7-1
116	DL/T 432—2018	电力用油中颗粒度测定方法	DL/T 432—2007	2018-4-3	2018-7-1
117	DL/T 439—2018	火力发电厂高温紧固件技术导则	DL/T 439—2006	2018-4-3	2018-7-1
118	DL/T 474.1—2018	现场绝缘试验实施导则　绝缘电阻、吸收比和极化指数试验	DL/T 474.1—2006	2018-4-3	2018-7-1
119	DL/T 474.2—2018	现场绝缘试验实施导则　直流高电压试验	DL/T 474.2—2006	2018-4-3	2018-7-1
120	DL/T 474.3—2018	现场绝缘试验实施导则　介质损耗因数 $\tan\delta$ 试验	DL/T 474.3—2006	2018-4-3	2018-7-1
121	DL/T 474.4—2018	现场绝缘试验实施导则　交流耐压试验	DL/T 474.4—2006	2018-4-3	2018-7-1
122	DL/T 474.5—2018	现场绝缘试验导则　避雷器试验	DL/T 474.5—2006	2018-4-3	2018-7-1
123	DL/T 485—2018	电力企业标准体系表编制导则	DL/T 485—2012	2018-4-3	2018-7-1
124	DL/T 489—2018	大中型水轮发电机静止整流励磁系统试验规程	DL/T 489—2006	2018-4-3	2018-7-1
125	DL/T 5032—2018	火力发电厂总图运输设计规范	DL/T 5032—2005	2018-4-3	2018-7-1
126	DL/T 515—2018	电站弯管	DL/T 515—2004	2018-4-3	2018-7-1
127	DL/T 5210.2—2018	电力建设施工质量验收规程　第 2 部分：锅炉机组	DL/T 5210.2—2009、DL/T 5210.8—2009	2018-4-3	2018-7-1

续表

序号	标准编号	标准名称	被代替标准号	发布日期	实施日期
128	DL/T 5210.3—2018	电力建设施工质量验收规程　第 3 部分：汽轮发电机组	DL/T 5210.3—2009、DL/T 5210.5—2009、DL/T 5210.6—2009	2018-4-3	2018-7-1
129	DL/T 5210.4—2018	电力建设施工质量验收规程　第 4 部分：热工仪表及控制装置	DL/T 5210.4—2009	2018-4-3	2018-7-1
130	DL/T 521—2018	真空净油机验收及使用维护导则	DL/T 521—2004	2018-4-3	2018-7-1
131	DL/T 5285—2018	输变电工程架空导线（800mm^2 以下）及地线液压压接工艺规程	DL/T 5285—2013	2018-4-3	2018-7-1
132	DL/T 5313.9—2018	水电水利基本建设工程单元工程质量等级评定标准　第 9 部分：土工合成材料应用工程		2018-4-3	2018-7-1
133	DL/T 5313.14—2018	水电水利基本建设工程单元工程质量等级评定标准　第 14 部分：混凝土面板堆石坝工程		2018-4-3	2018-7-1
134	DL/T 5342—2018	110kV～750kV 架空输电线路铁塔组立施工工艺导则	DL/T 5342—2006	2018-4-3	2018-7-1
135	DL/T 5343—2018	110kV～750kV 架空输电线路张力架线施工工艺导则	SDJJS2—1987、DL/T 5343—2006	2018-4-3	2018-7-1
136	DL/T 5352—2018	高压配电装置设计规范	DL/T 5352—2006	2018-4-3	2018-7-1
137	DL/T 5539—2018	采动影响区架空输电线路设计规范		2018-4-3	2018-7-1
138	DL/T 5540—2018	天然气分布式供能站建设预算项目划分导则		2018-4-3	2018-7-1
139	DL/T 5541—2018	换流站接地极工程建设预算项目划分导则		2018-4-3	2018-7-1
140	DL/T 5542—2018	配电网规划设计规程		2018-4-3	2018-7-1
141	DL/T 5760—2018	电除尘器施工工艺导则	SDJ 99—1988	2018-4-3	2018-7-1
142	DL/T 5761—2018	水工混凝土界面处理剂施工技术规范		2018-4-3	2018-7-1
143	DL/T 5762—2018	梯级水电厂集中监控系统安装及验收规程		2018-4-3	2018-7-1
144	DL/T 5763—2018	袋式除尘器施工工艺导则		2018-4-3	2018-7-1
145	DL/T 5764—2018	火电工程质量评价标准		2018-4-3	2018-7-1
146	DL/T 5765—2018	20kV 及以下配电网工程工程量清单计价规范		2018-4-3	2018-7-1
147	DL/T 5766—2018	20kV 及以下配电网工程工程量清单计算规范		2018-4-3	2018-7-1
148	DL/T 5767—2018	电网技术改造工程工程量清单计价规范		2018-4-3	2018-7-1
149	DL/T 5768—2018	电网技术改造工程工程量清单计算规范		2018-4-3	2018-7-1
150	DL/T 5769—2018	电网检修工程工程量清单计价规范		2018-4-3	2018-7-1
151	DL/T 5770—2018	电网检修工程工程量清单计算规范		2018-4-3	2018-7-1
152	DL/T 583—2018	大中型水轮发电机静止整流励磁系统技术条件	DL/T 583—2006	2018-4-3	2018-7-1
153	DL/T 677—2018	发电厂在线化学仪表检验规程	DL/T 677—2009	2018-4-3	2018-7-1
154	DL/T 692—2018	电力行业紧急救护技术规范	DL/T 692—2008	2018-4-3	2018-7-1
155	DL/T 710—2018	水轮机运行规程	DL/T 710—1999	2018-4-3	2018-7-1
156	DL/T 783—2018	火力发电厂节水导则	DL/T 783—2001	2018-4-3	2018-7-1
157	DL/T 793.5—2018	发电设备可靠性评价规程　第 5 部分：燃气轮发电机组		2018-4-3	2018-7-1
158	DL/T 800—2018	电力企业标准编写导则	DL/T 800—2012	2018-4-3	2018-7-1

续表

序号	标准编号	标准名称	被代替标准号	发布日期	实施日期
159	DL/T 894—2018	除灰除渣系统调试导则	DL/T 894—2004	2018-4-3	2018-7-1
160	DL/T 929—2018	矿物绝缘油、润滑油结构族组成的测定　红外光谱法	DL/T 929—2005	2018-4-3	2018-7-1
161	DL/T 930—2018	整锻式汽轮机转子超声检测技术导则	DL/T 930—2005	2018-4-3	2018-7-1
162	DL/T 984—2018	油浸式变压器绝缘老化判断导则	DL/T 984—2005	2018-4-3	2018-7-1
163	DL/Z 1812—2018	低功耗电容式电压互感器选用导则		2018-4-3	2018-7-1
164	NB/T 31014—2018	双馈风力发电机变流器技术规范	NB/T 31014—2011	2018-6-6	2018-10-1
165	NB/T 31015—2018	永磁风力发电机变流器技术规范	NB/T 31015—2011	2018-6-6	2018-10-1
166	NB/T 31017—2018	风力发电机组主控制系统技术规范	NB/T 31017—2011	2018-6-6	2018-10-1
167	NB/T 31018—2018	风力发电机组电动变桨控制系统技术规范	NB/T 31018—2011	2018-6-6	2018-10-1
168	NB/T 31145—2018	风电场标识系统编码规范		2018-6-6	2018-10-1
169	NB/T 31146—2018	风电机组检修提升机技术规范		2018-6-6	2018-10-1
170	NB/T 31147—2018	风电场工程风能资源测量与评估技术规范		2018-6-6	2018-10-1
171	NB/T 31148—2018	风力发电机组钢制筒形塔架监造导则		2018-6-6	2018-10-1
172	NB/T 31149—2018	风力发电机组变桨系统用超级电容器技术规范		2018-6-6	2018-10-1
173	NB/T 32043—2018	光伏发电工程可行性研究报告编制规程		2018-6-6	2018-10-1
174	NB/T 32044—2018	光伏发电工程预可行性研究报告编制规程		2018-6-6	2018-10-1
175	NB/T 32045—2018	光伏发电站直流发电系统设计规范		2018-6-6	2018-10-1
176	NB/T 32046—2018	光伏发电工程规划报告编制规程		2018-6-6	2018-10-1
177	NB/T 32047—2018	光伏发电站土建施工单元工程质量评定标准		2018-6-6	2018-10-1
178	NB/T 33030—2018	国民经济行业用电分类		2018-6-6	2018-10-1
179	NB/T 35119—2018	水电工程水土保持设施验收规程		2018-6-6	2018-10-1
180	NB/T 35120—2018	水电工程施工总布置设计规范	DL/T 5192—2004	2018-6-6	2018-10-1
181	NB/T 35121—2018	水电工程沟水治理设计规范		2018-6-6	2018-10-1
182	NB/T 42154—2018	高压/低压预装式变电站试验导则		2018-6-6	2018-10-1
183	NB/T 42155—2018	高原用交流 40.5kV 金属封闭开关设备最小安全距离		2018-6-6	2018-10-1
184	NB/T 42156—2018	配电网串联电容器补偿装置		2018-6-6	2018-10-1
185	NB/T 42157—2018	铅炭铅酸蓄电池通用技术规范		2018-6-6	2018-10-1
186	NB/T 42158—2018	核电厂用 UPS 设备技术要求		2018-6-6	2018-10-1
187	NB/T 42159—2018	三电平交流/直流双向变换器技术规范		2018-6-6	2018-10-1
188	NB/T 42160—2018	三电平直流/直流双向变换器技术规范		2018-6-6	2018-10-1
189	NB/T 42161—2018	微小型水轮发电机组电子负荷控制器技术条件		2018-6-6	2018-10-1
190	NB/T 42162—2018	小水电机组选型设计规范		2018-6-6	2018-10-1
191	NB/T 42163—2018	小水电机组自并励励磁系统技术条件		2018-6-6	2018-10-1
192	NB/T 42164—2018	PG 系列高温型屏蔽电动机（带泵）技术条件		2018-6-6	2018-10-1
193	NB/T 42165—2018	多端线路保护技术要求		2018-6-6	2018-10-1

续表

序号	标准编号	标准名称	被代替标准号	发布日期	实施日期
194	NB/T 42166—2018	配电网电压时间型馈线保护控制技术规范		2018-6-6	2018-10-1
195	NB/T 42167—2018	预制舱式二次组合设备技术要求		2018-6-6	2018-10-1
196	NB/T 47066—2018	冷凝锅炉热工性能试验方法		2018-6-6	2018-10-1
197	DL/T 1004—2018	电力企业管理体系整合导则	DL/T 1004—2006	2018-6-6	2018-10-1
198	DL/T 1120—2018	水轮机调节系统测试与实时仿真装置技术规程	DL/T 1120—2009	2018-6-6	2018-10-1
199	DL/T 1231—2018	电力系统稳定器整定试验导则	DL/T 1231—2013	2018-6-6	2018-10-1
200	DL/T 1852—2018	工频接地电阻测量设备检测规程		2018-6-6	2018-10-1
201	DL/T 1853—2018	10kV 有载调容调压变压器技术导则		2018-6-6	2018-10-1
202	DL/T 1854—2018	发电厂水处理用强碱性阴离子交换树脂动力学性能试验方法		2018-6-6	2018-10-1
203	DL/T 1855—2018	电厂水处理设备用不锈钢筛管技术要求		2018-6-6	2018-10-1
204	DL/T 1856—2018	核级阴离子交换树脂中氯型、碳酸型、硫酸型基团含量测定方法		2018-6-6	2018-10-1
205	DL/T 1857—2018	煤中氯含量的测定　氧弹燃烧离子选择电极法		2018-6-6	2018-10-1
206	DL/T 1858—2018	水电厂自动滤水器技术条件		2018-6-6	2018-10-1
207	DL/T 1859—2018	水电厂转速监测装置技术条件		2018-6-6	2018-10-1
208	DL/T 1860—2018	自动电压控制试验技术导则		2018-6-6	2018-10-1
209	DL/T 1861—2018	高过载能力配电变压器技术导则		2018-6-6	2018-10-1
210	DL/T 1862—2018	电能质量监测终端检测技术规范		2018-6-6	2018-10-1
211	DL/T 1863—2018	独立型微电网运行管理规范		2018-6-6	2018-10-1
212	DL/T 1864—2018	独立型微电网监控系统技术规范		2018-6-6	2018-10-1
213	DL/T 1865—2018	痕量总有机碳分析仪校验规程		2018-6-6	2018-10-1
214	DL/T 1866—2018	发电厂水处理用折叠式滤元验收导则		2018-6-6	2018-10-1
215	DL/T 1867—2018	电力需求响应信息交换规范		2018-6-6	2018-10-1
216	DL/T 1868—2018	电力资产全寿命周期管理体系规范		2018-6-6	2018-10-1
217	DL/T 1869—2018	梯级水电厂集中监控系统运行维护规程		2018-6-6	2018-10-1
218	DL/T 1870—2018	电力系统网源协调技术规范		2018-6-6	2018-10-1
219	DL/T 1871—2018	智能电网调度控制系统与变电站即插即用框架规范		2018-6-6	2018-10-1
220	DL/T 1872—2018	电力系统即时消息传输规范		2018-6-6	2018-10-1
221	DL/T 1873—2018	智能变电站系统配置描述（SCD）文件技术规范		2018-6-6	2018-10-1
222	DL/T 1874—2018	智能变电站系统规格描述（SSD）建模工程实施技术规范		2018-6-6	2018-10-1
223	DL/T 1875—2018	智能变电站即插即用接口规范		2018-6-6	2018-10-1
224	DL/T 5046—2018	发电厂废水治理设计规范	DL/T 5046—2006	2018-6-6	2018-10-1
225	DL/T 506—2018	六氟化硫电气设备中绝缘气体湿度测量方法	DL/T 506—2007	2018-6-6	2018-10-1
226	DL/T 5374—2018	火力发电厂初步可行性研究报告内容深度规定	DL/T 5374—2008	2018-6-6	2018-10-1
227	DL/T 5375—2018	火力发电厂可行性研究报告内容深度规定	DL/T 5375—2008	2018-6-6	2018-10-1

续表

序号	标准编号	标准名称	被代替标准号	发布日期	实施日期
228	DL/T 5543—2018	特高压输变电工程环境影响评价内容深度规定		2018-6-6	2018-10-1
229	DL/T 5544—2018	架空输电线路锚杆基础设计规程		2018-6-6	2018-10-1
230	DL/T 5545—2018	火力发电厂间接空冷系统设计规范		2018-6-6	2018-10-1
231	DL/T 5546—2018	自然通风冷却塔防腐设计导则		2018-6-6	2018-10-1
232	DL/T 5547—2018	核电厂汽轮发电机组系统及布置设计规范		2018-6-6	2018-10-1
233	DL/T 5548—2018	变电工程技术经济指标编制导则		2018-6-6	2018-10-1
234	DL/T 5549—2018	输电工程（架空线路）技术经济指标编制导则		2018-6-6	2018-10-1
235	DL/T 5771—2018	农村电网 35kV 配电化技术导则		2018-6-6	2018-10-1
236	DL/T 953—2018	水处理用强碱性阴离子交换树脂耐热性能及抗氧化性能测定方法	DL/T 953—2005	2018-6-6	2018-10-1
237	NB/T 10072—2018	抽水蓄能电站设计规范	DL/T 5208—2005	2018-10-29	2019-3-1
238	NB/T 10073—2018	抽水蓄能电站工程地质勘察规程		2018-10-29	2019-3-1
239	NB/T 10074—2018	水电工程地质测绘规程	DL/T 5185—2004	2018-10-29	2019-3-1
240	NB/T 10075—2018	水电工程岩溶工程地质勘察规程	DL/T 5338—2006	2018-10-29	2019-3-1
241	NB/T 10076—2018	水电工程项目档案验收工作导则		2018-10-29	2019-3-1
242	NB/T 10077—2018	堆石混凝土筑坝技术导则		2018-10-29	2019-3-1
243	NB/T 10078—2018	水轮机进水球阀选用、试验及验收规范		2018-10-29	2019-3-1
244	NB/T 10079—2018	水电工程水生生态调查与评价技术规范		2018-10-29	2019-3-1
245	NB/T 10080—2018	水电工程陆生生态调查与评价技术规范		2018-10-29	2019-3-1
246	NB/T 10081—2018	潮汐电站水能设计规范		2018-10-29	2019-3-1
247	NB/T 10082—2018	潮汐电站资源调查评价规范		2018-10-29	2019-3-1
248	NB/T 10083—2018	水电工程水利计算规范	DL/T 5105—1999	2018-10-29	2019-3-1
249	NB/T 10084—2018	水电工程运行调度规程编制导则		2018-10-29	2019-3-1
250	NB/T 10085—2018	水电工程水文预报规范		2018-10-29	2019-3-1
251	NB/T 10086—2018	风电场工程节能报告编制标准		2018-10-29	2019-3-1
252	NB/T 10087—2018	陆上风电场工程施工安装技术规程		2018-10-29	2019-3-1
253	NB/T 10088—2018	户外型光伏逆变成套装置技术规范		2018-10-29	2019-3-1
254	NB/T 10089—2018	25kV 铁道交流系统用无间隙金属氧化物避雷器		2018-10-29	2019-3-1
255	NB/T 10090—2018	螺杆膨胀机与被驱动机械发出的空间噪声的测量		2018-10-29	2019-3-1
256	NB/T 10091—2018	高压开关设备温度在线监测装置技术规范		2018-10-29	2019-3-1
257	NB/T 10092—2018	全钒液流电池用橡胶类密封件技术条件		2018-10-29	2019-3-1
258	NB/T 10093—2018	压力式温控器及温度计用毛细管		2018-10-29	2019-3-1
259	NB/T 10094—2018	能量调节器		2018-10-29	2019-3-1
260	NB/T 10095—2018	液体膨胀压力式温度计		2018-10-29	2019-3-1
261	NB/T 10096—2018	电力建设工程施工安全管理导则		2018-10-29	2019-3-1
262	NB/T 25084—2018	核电厂常规岛焊接工艺评定规程	DL/T 1117—2009	2018-11-21	2019-4-1
263	NB/T 25085—2018	核电厂常规岛焊接技术规程	DL/T 1118—2009	2018-11-21	2019-4-1

续表

序号	标准编号	标准名称	被代替标准号	发布日期	实施日期
264	NB/T 25086—2018	核电厂常规岛焊接工程质量验收规程		2018-11-21	2019-4-1
265	NB/T 25087—2018	核电厂水处理用离子交换树脂动力学性能试验方法		2018-11-21	2019-4-1
266	NB/T 25088—2018	压水堆核电厂凝汽器真空系统调试导则		2018-11-21	2019-4-1
267	NB/T 25089—2018	核电厂常规岛闭式冷却水换热器技术条件		2018-11-21	2019-4-1
268	NB/T 25090—2018	核电厂常规岛闭式循环冷却水泵技术条件		2018-11-21	2019-4-1
269	NB/T 25091—2018	核电厂常规岛水压试验规范		2018-11-21	2019-4-1
270	NB/T 25092—2018	核电厂实物保护系统调试技术导则		2018-11-21	2019-4-1
271	NB/T 25093—2018	核电厂汽轮机数字电液控制系统调试导则		2018-11-21	2019-4-1
272	NB/T 25094—2018	核电厂汽水管道与支吊架维修调整导则	DL/T 982—2005	2018-11-21	2019-4-1
273	NB/T 25095—2018	核电厂海工构筑物防腐蚀施工及验收规范		2018-11-21	2019-4-1
274	NB/T 25096—2018	核电厂用离子交换树脂有机溶出物的测定方法		2018-11-21	2019-4-1
275	NB/T 25097—2018	核电厂用离子交换树脂中金属杂质含量的测定方法		2018-11-21	2019-4-1
276	NB/T 25098—2018	压水堆核电厂二回路水汽化学监督导则		2018-11-21	2019-4-1
277	NB/T 20356－2018	核电厂建设工程常规岛建筑安装工程费用定额	NB/T 20356—2015	2018-12-10	2019-4-1
278	NB/T 20358.11－2018	核电厂建设工程预算定额　第 11 部分：常规岛建筑工程	NB/T 20358.11—2015	2018-12-10	2019-4-1
279	NB/T 20358.12－2018	核电厂建设工程预算定额　第 12 部分：常规岛热力设备安装工程	NB/T 20358.12—2015	2018-12-10	2019-4-1
280	NB/T 20358.13－2018	核电厂建设工程预算定额　第 13 部分：常规岛电气设备安装工程	NB/T 20358.13—2015	2018-12-10	2019-4-1
281	NB/T 20007.50－2018	压水堆核电厂用不锈钢　第 50 部分：安全级设备用奥氏体不锈钢锻件		2018-12-10	2019-4-1
282	NB/T 20007.51－2018	压水堆核电厂用不锈钢　第 51 部分：安全级设备用奥氏体不锈钢板		2018-12-10	2019-4-1
283	NB/T 20007.52－2018	压水堆核电厂用不锈钢　第 52 部分：安全级设备用奥氏体不锈钢棒和型钢		2018-12-10	2019-4-1
284	NB/T 20008.34－2018	压水堆核电厂用其他材料　第 34 部分：蒸汽发生器用 NS3105 合金 U 形管		2018-12-10	2019-4-1
285	NB/T 20008.35－2018	压水堆核电厂用其他材料　第 35 部分：非能动余热排出热交换器用 NS3105 合金 C 形管		2018-12-10	2019-4-1
286	NB/T 20009.32－2018	压水堆核电厂用焊接材料　第 32 部分：低合金钢气体保护焊焊丝		2018-12-10	2019-4-1
287	NB/T 20009.36－2018	压水堆核电厂用焊接材料　第 36 部分：钢制安全壳用气体保护焊焊丝		2018-12-10	2019-4-1
288	NB/T 20512.1－2018	核电厂运行许可证延续　第 1 部分：老化管理审查对象筛选和时限老化分析识别		2018-12-10	2019-4-1
289	NB/T 20512.2－2018	核电厂运行许可证延续　第 2 部分：机械设备老化管理审查		2018-12-10	2019-4-1
290	NB/T 20512.3－2018	核电厂运行许可证延续　第 3 部分：电气和仪控设备老化管理审查		2018-12-10	2019-4-1

续表

序号	标准编号	标准名称	被代替标准号	发布日期	实施日期
291	NB/T 20512.4—2018	核电厂运行许可证延续　第 4 部分：构筑物和构筑物构件老化管理审查		2018-12-10	2019-4-1
292	NB/T 20513.1—2018	核电厂定期安全审查指南　第 1 部分：通用要求		2018-12-10	2019-4-1
293	NB/T 20514—2018	核级板式热交换器设计制造规范		2018-12-10	2019-4-1
294	NB/T 20515—2018	压水堆核电厂乏燃料组件湿法贮存临界安全分析准则		2018-12-10	2019-4-1
295	NB/T 20516—2018	轻水堆核电厂假想管道破损事故防护设计准则		2018-12-10	2019-4-1
296	NB/T 20517—2018	核电厂培训领域业绩目标和评估准则		2018-12-10	2019-4-1
297	NB/T 20518—2018	核电厂钢制安全壳老化管理指南		2018-12-10	2019-4-1
298	NB/T 20519—2018	核电厂设备老化机理分析技术要求		2018-12-10	2019-4-1
299	NB/T 20520—2018	核电厂用金属软管通用技术条件		2018-12-10	2019-4-1
300	NB/T 20521—2018	核电厂老化与寿命管理设备筛选和分级指南		2018-12-10	2019-4-1
301	NB/T 20522—2018	核电厂堆芯中子通量测量指套管涡流检测		2018-12-10	2019-4-1
302	NB/T 20523—2018	核电文件档案管理要求		2018-12-10	2019-4-1
303	NB/T 20524—2018	压水堆核电厂安全停堆设计准则		2018-12-10	2019-4-1
304	NB/T 20525—2018	堆焊层重叠区域的低合金钢焊接热影响区评价试验要求		2018-12-10	2019-4-1
305	NB/T 20526—2018	压水堆蒸汽发生器出厂水压试验要求		2018-12-10	2019-4-1
306	NB/T 20527—2018	重水堆核电厂一回路管道流动加速腐蚀管理指南		2018-12-10	2019-4-1
307	NB/T 20528—2018	压水堆核电厂压力管道破前漏声发射监测		2018-12-10	2019-4-1
308	NB/T 20529—2018	压水堆核电厂辐射防护设计准则		2018-12-10	2019-4-1
309	NB/T 20530—2018	压水堆核电厂运行状态设计基准源项分析准则		2018-12-10	2019-4-1
310	NB/T 20531—2018	核电厂主控室可居留性评价用大气弥散因子分析方法		2018-12-10	2019-4-1
311	NB/T 20532—2018	核电厂消防系统调试技术导则		2018-12-10	2019-4-1
312	NB/T 20533—2018	核电厂蒸汽旁路系统调试技术导则		2018-12-10	2019-4-1
313	NB/T 20534—2018	压水堆核电厂核燃料装卸料系统调试技术导则		2018-12-10	2019-4-1
314	NB/T 20535—2018	核电厂一回路钝化技术导则		2018-12-10	2019-4-1
315	NB/T 20536—2018	用作乏燃料贮运设备核临界控制的含硼金属基中子吸收材料		2018-12-10	2019-4-1
316	NB/T 20537—2018	压水堆核电厂燃料组件临界热流密度实验要求		2018-12-10	2019-4-1
317	NB/T 20538—2018	压水堆核电厂燃料包壳用锆合金管材		2018-12-10	2019-4-1
318	NB/T 20539—2018	核电厂异型预制混凝土蜗壳安装技术规程		2018-12-10	2019-4-1
319	NB/T 10100—2018	光伏发电工程地质勘察规范		2018-12-25	2019-5-1
320	NB/T 10101—2018	风电场工程等级划分及设计安全标准		2018-12-25	2019-5-1
321	NB/T 10102—2018	水电工程建设征地实物指标调查规范	DL/T 5377—2007	2018-12-25	2019-5-1
322	NB/T 10103—2018	风电场工程微观选址技术规范		2018-12-25	2019-5-1
323	NB/T 10104—2018	海上风电场工程测量规程		2018-12-25	2019-5-1

续表

序号	标准编号	标准名称	被代替标准号	发布日期	实施日期
324	NB/T 10105—2018	海上风电场工程风电机组基础设计规范		2018-12-25	2019-5-1
325	NB/T 10106—2018	海上风电场工程钻探规程		2018-12-25	2019-5-1
326	NB/T 10107—2018	海上风电场工程岩土试验规程		2018-12-25	2019-5-1
327	NB/T 10108—2018	水电工程阶段性蓄水移民安置实施方案专题报告编制规程		2018-12-25	2019-5-1
328	NB/T 10109—2018	风电场工程后评价规程		2018-12-25	2019-5-1
329	NB/T 10110—2018	风力发电场技术监督导则		2018-12-25	2019-5-1
330	NB/T 10111—2018	风力发电机组润滑剂运行检测规程		2018-12-25	2019-5-1
331	NB/T 10112—2018	风力发电机组设备监造导则		2018-12-25	2019-5-1
332	NB/T 10113—2018	光伏发电站技术监督导则		2018-12-25	2019-5-1
333	NB/T 10114—2018	光伏发电站绝缘技术监督规程		2018-12-25	2019-5-1
334	NB/T 10115—2018	光伏支架结构设计规程		2018-12-25	2019-5-1
335	NB/T 10127—2018	大型煤粉锅炉炉膛及燃烧器性能设计规范	JB/T 10440—2004	2018-12-25	2019-5-1
336	NB/T 33002—2018	电动汽车交流充电桩技术条件	NB/T 33002—2010	2018-12-25	2019-5-1
337	NB/T 33008.1—2018	电动汽车充电设备检验试验规范　第 1 部分：非车载充电机	NB/T 33008.1—2013	2018-12-25	2019-5-1
338	NB/T 33008.2—2018	电动汽车充电设备检验试验规范　第 2 部分：交流充电桩	NB/T 33008.2—2013	2018-12-25	2019-5-1
339	DL/T 282—2018	合并单元技术条件	DL/T 282—2012	2018-12-25	2019-5-1
340	DL/T 283.1—2018	电力视频监控系统及接口　第 1 部分：技术要求	DL/T 283.1—2012	2018-12-25	2019-5-1
341	DL/T 283.2—2018	电力视频监控系统及接口　第 2 部分：测试方法	DL/T 283.2—2012	2018-12-25	2019-5-1
342	DL/T 283.3—2018	电力视频监控系统及接口　第 3 部分：工程验收		2018-12-25	2019-5-1
343	DL/T 404—2018	3.6kV～40.5kV 交流金属封闭开关设备和控制设备	DL/T 404—2007	2018-12-25	2019-5-1
344	DL/T 411—2018	电力大屏幕显示系统通用技术条件	DL/T 411—1991 DL/T 631—1997 DL/T 632—1997	2018-12-25	2019-5-1
345	DL/T 435—2018	电站锅炉炉膛防爆规程	DL/T 435—2004	2018-12-25	2019-5-1
346	DL/T 537—2018	高压/低压预装式变电站	DL/T 537—2002	2018-12-25	2019-5-1
347	DL/T 559—2018	220kV～750kV 电网继电保护装置运行整定规程	DL/T 559—2007	2018-12-25	2019-5-1
348	DL/T 567.2—2018	火力发电厂燃料试验方法　第 2 部分：入炉煤粉样品的采取和制备方法	DL/T 567.2—1995 DL/T 567.4—1995	2018-12-25	2019-5-1
349	DL/T 606.4—2018	火力发电厂能量平衡导则　第 4 部分：电平衡	DL/T 606.4—1996	2018-12-25	2019-5-1
350	DL/T 627—2018	绝缘子用常温固化硅橡胶防污闪涂料	DL/T 627—2012	2018-12-25	2019-5-1
351	DL/T 686—2018	电力网电能损耗计算导则	DL/T 686—1999	2018-12-25	2019-5-1
352	DL/T 802.9—2018	电力电缆用导管技术条件　第 9 部分：高强度聚氯乙烯塑料电缆导管		2018-12-25	2019-5-1
353	DL/T 846.5—2018	高电压测试设备通用技术条件　第 5 部分：六氟化硫气体湿度仪	DL/T 846.5—2004	2018-12-25	2019-5-1
354	DL/T 846.6—2018	高电压测试设备通用技术条件　第 6 部分：六氟化硫气体检漏仪	DL/T 846.6—2004	2018-12-25	2019-5-1

续表

序号	标准编号	标准名称	被代替标准号	发布日期	实施日期
355	DL/T 848.2—2018	高压试验装置通用技术条件 第 2 部分：工频高压试验装置	DL/T 848.2—2004	2018-12-25	2019-5-1
356	DL/T 856—2018	电力用直流电源和一体化电源监控装置	DL/T 856—2004	2018-12-25	2019-5-1
357	DL/Z 860.1—2018	电力自动化通信网络和系统 第 1 部分：概论	DL/Z 860.1—2004	2018-12-25	2019-5-1
358	DL/T 860.4—2018	电力自动化通信网络和系统 第 4 部分：系统和项目管理	DL/T 860.4—2004	2018-12-25	2019-5-1
359	DL/T 860.10—2018	电力自动化通信网络和系统 第 10 部分：一致性测试	DL/T 860.10—2006	2018-12-25	2019-5-1
360	DL/T 860.904—2018	电力自动化通信网络和系统 第 90-4 部分：网络工程指南		2018-12-25	2019-5-1
361	DL/T 890.452—2018	能量管理系统应用程序接口（EMS-API） 第 452 部分：CIM 稳态输电网络模型子集		2018-12-25	2019-5-1
362	DL/T 890.453—2018	能量管理系统应用程序接口（EMS-API） 第 453 部分：图形布局子集	DL/T 890.453—2012	2018-12-25	2019-5-1
363	DL/T 974—2018	带电作业用工具库房	DL/T 974—2005	2018-12-25	2019-5-1
364	DL/T 978—2018	气体绝缘金属封闭输电线路技术条件	DL/T 978—2005	2018-12-25	2019-5-1
365	DL/T 1000.1—2018	标称电压高于 1000V 架空线路绝缘子 使用导则 第 1 部分：交流系统用瓷或玻璃绝缘子	DL/T 1000.1—2006	2018-12-25	2019-5-1
366	DL/T 1000.4—2018	标称电压高于 1000V 架空线路绝缘子 使用导则 第 4 部分：直流系统用棒形悬式复合绝缘子		2018-12-25	2019-5-1
367	DL/T 1035.1—2018	循环流化床锅炉检修导则 第 1 部分：总则	DL/T 1035.1—2006	2018-12-25	2019-5-1
368	DL/T 1035.2—2018	循环流化床锅炉检修导则 第 2 部分：锅炉本体检修	DL/T 1035.2—2006	2018-12-25	2019-5-1
369	DL/T 1035.3—2018	循环流化床锅炉检修导则 第 3 部分：锅炉烟风系统检修	DL/T 1035.3—2006	2018-12-25	2019-5-1
370	DL/T 1035.4—2018	循环流化床锅炉检修导则 第 4 部分：锅炉灰渣冷却及输送系统检修	DL/T 1035.4—2006	2018-12-25	2019-5-1
371	DL/T 1035.5—2018	循环流化床锅炉检修导则 第 5 部分：锅炉耐火防磨层检修	DL/T 1035.5—2006	2018-12-25	2019-5-1
372	DL/T 1035.6—2018	循环流化床锅炉检修导则 第 6 部分：石灰石输送系统及 SNCR 脱硝系统检修	DL/T 1035.6—2006	2018-12-25	2019-5-1
373	DL/Z 1080.2—2018	电力企业应用集成 配电管理系统接口 第 2 部分：术语	DL/Z 1080.2—2007	2018-12-25	2019-5-1
374	DL/T 1080.100—2018	电力企业应用集成 配电管理系统接口 第 100 部分：实现框架		2018-12-25	2019-5-1
375	DL/T 1091—2018	火力发电厂锅炉炉膛安全监控系统技术规程	DL/T 1091—2008	2018-12-25	2019-5-1
376	DL/T 1100.1—2018	电力系统的时间同步系统 第 1 部分：技术规范	DL/T 1100.1—2009	2018-12-25	2019-5-1
377	DL/T 1100.3—2018	电力系统的时间同步系统 第 3 部分：基于数字同步网的时间同步技术规范		2018-12-25	2019-5-1
378	DL/T 1100.4—2018	电力系统的时间同步系统 第 4 部分：测试仪技术规范		2018-12-25	2019-5-1
379	DL/T 1100.6—2018	电力系统的时间同步系统 第 6 部分：监测规范		2018-12-25	2019-5-1

续表

序号	标准编号	标准名称	被代替标准号	发布日期	实施日期
380	DL/T 1405.2—2018	智能变电站的同步相量测量装置　第 2 部分：技术规范		2018-12-25	2019-5-1
381	DL/T 1405.3—2018	智能变电站的同步相量测量装置　第 3 部分：检测规范		2018-12-25	2019-5-1
382	DL/T 1414.351—2018	电力市场通信　第 351 部分：分区电价式市场模型交互子集		2018-12-25	2019-5-1
383	DL/T 1876.1—2018	六氟化硫检测仪技术条件—分解产物检测仪		2018-12-25	2019-5-1
384	DL/T 1877—2018	空冷凝汽器清洗装置		2018-12-25	2019-5-1
385	DL/T 1878—2018	燃煤电厂储煤场盘点导则		2018-12-25	2019-5-1
386	DL/T 1879—2018	智能变电站监控系统验收规范		2018-12-25	2019-5-1
387	DL/T 1880—2018	智能用电电力线宽带通信技术要求		2018-12-25	2019-5-1
388	DL/T 1881—2018	智能变电站智能控制柜技术规范		2018-12-25	2019-5-1
389	DL/T 1882—2018	验电器用工频高压发生器		2018-12-25	2019-5-1
390	DL/T 1883—2018	配电网运行控制技术导则		2018-12-25	2019-5-1
391	DL/T 1884.1—2018	现场污秽度测量及评定　第 1 部分：一般原则		2018-12-25	2019-5-1
392	DL/T 1884.3—2018	现场污秽度测量及评定　第 3 部分：污秽成分测定方法		2018-12-25	2019-5-1
393	DL/T 1885—2018	低压省煤器性能试验导则		2018-12-25	2019-5-1
394	DL/T 1886—2018	水电水利工程砂石筛分机械安全操作规程		2018-12-25	2019-5-1
395	DL/T 1887—2018	水电水利工程砂石破碎机械安全操作规程		2018-12-25	2019-5-1
396	DL/T 1888—2018	160kV～500kV 挤包绝缘直流电缆使用技术规范		2018-12-25	2019-5-1
397	DL/T 1889—2018	输电杆塔用紧固件横向振动试验方法		2018-12-25	2019-5-1
398	DL/T 1890—2018	智能变电站状态监测系统站内接口规范		2018-12-25	2019-5-1
399	DL/T 1891—2018	火力发电厂双齿辊碎煤机		2018-12-25	2019-5-1
400	DL/T 1892—2018	堆取料机运行维护导则		2018-12-25	2019-5-1
401	DL/T 1893—2018	变电站辅助监控系统技术及接口规范		2018-12-25	2019-5-1
402	DL/T 1894—2018	电力光纤传感器通用规范		2018-12-25	2019-5-1
403	DL/T 1895—2018	火力发电厂烟气中铅的测定——石墨炉原子吸收分光光度法		2018-12-25	2019-5-1
404	DL/T 1896—2018	火力发电厂烟气脱硝用催化剂技术条件		2018-12-25	2019-5-1
405	DL/T 1897—2018	交、直流架空线路用长棒形瓷绝缘子串元件　使用导则		2018-12-25	2019-5-1
406	DL/T 1898—2018	智能变电站监控系统测试规范		2018-12-25	2019-5-1
407	DL/T 1899.1—2018	电力架空光缆接头盒　第 1 部分：光纤复合架空地线接头盒		2018-12-25	2019-5-1
408	DL/T 1899.2—2018	电力架空光缆接头盒　第 2 部分：全介质自承式光缆接头盒		2018-12-25	2019-5-1
409	DL/T 1899.3—2018	电力架空光缆接头盒　第 3 部分：光纤复合架空相线接头盒		2018-12-25	2019-5-1
410	DL/T 1900—2018	智能变电站网络记录分析装置技术规范		2018-12-25	2019-5-1

续表

序号	标准编号	标准名称	被代替标准号	发布日期	实施日期
411	DL/T 1901—2018	水电站大坝运行安全应急预案编制导则		2018-12-25	2019-5-1
412	DL/T 1902—2018	高压交、直流空心复合绝缘子施工、运行和维护管理规范		2018-12-25	2019-5-1
413	DL/T 1903—2018	水电水利工程仓储运行管理规程		2018-12-25	2019-5-1
414	DL/T 1904—2018	可逆式抽水蓄能机组振动保护技术导则		2018-12-25	2019-5-1
415	DL/T 1905—2018	锅炉屋顶盖和紧身封闭技术规范		2018-12-25	2019-5-1
416	DL/T 1906—2018	循环流化床锅炉防磨技术导则		2018-12-25	2019-5-1
417	DL/T 1907.1—2018	变电站视频监控图像质量评价　第 1 部分：技术要求		2018-12-25	2019-5-1
418	DL/T 1907.2—2018	变电站视频监控图像质量评价　第 2 部分：测试规范		2018-12-25	2019-5-1
419	DL/T 1908.907—2018	电力自动化通信网络和系统　第 90-7 部分：分布式能源(DER)系统功率变换器对象模型		2018-12-25	2019-5-1
420	DL/T 1909—2018	-48V 电力通信直流电源系统技术规范		2018-12-25	2019-5-1
421	DL/T 1910—2018	配电网分布式馈线自动化技术规范		2018-12-25	2019-5-1
422	DL/T 1911—2018	智能变电站监控系统试验装置技术规范		2018-12-25	2019-5-1
423	DL/T 1912—2018	智能变电站以太网交换机技术规范		2018-12-25	2019-5-1
424	DL/T 1913—2018	DL/T 860 变电站配置工具技术规范		2018-12-25	2019-5-1
425	DL/T 1914—2018	DL/T 698.45 至 DL/T 860 的数据模型映射规范		2018-12-25	2019-5-1
426	DL/T 1915—2018	火电厂低浓度颗粒物测试技术规范　重量法		2018-12-25	2019-5-1
427	DL/T 1916—2018	便携式烟气逃逸氨测量系统技术要求		2018-12-25	2019-5-1
428	DL/T 1917—2018	电力用户业扩报装技术规范		2018-12-25	2019-5-1
429	DL/T 1918—2018	电力工程接地用铝铜合金技术条件		2018-12-25	2019-5-1
430	DL/T 1919—2018	发电企业应急能力建设评估规范		2018-12-25	2019-5-1
431	DL/T 1920—2018	电网企业应急能力建设评估规范		2018-12-25	2019-5-1
432	DL/T 1921—2018	电力建设企业应急能力建设评估规范		2018-12-25	2019-5-1
433	DL/T 1922—2018	架空输电线路导地线机械震动除冰装置使用技术导则		2018-12-25	2019-5-1
434	DL/T 1923—2018	架空输电线路机器人巡检系统通用技术条件		2018-12-25	2019-5-1
435	DL/T 1924—2018	燃气-蒸汽联合循环机组余热锅炉水汽质量控制标准		2018-12-25	2019-5-1
436	DL/T 1925—2018	燃气-蒸汽联合循环机组热工自动化系统检修运行维护规程		2018-12-25	2019-5-1
437	DL/T 1926—2018	火力发电机组自启停控制系统技术导则		2018-12-25	2019-5-1
438	DL/T 1927—2018	发电机、汽轮机轴颈焊接修复技术导则		2018-12-25	2019-5-1
439	DL/T 1928—2018	火力发电厂氢气系统安全运行技术导则		2018-12-25	2019-5-1
440	DL/T 1929—2018	燃煤机组能效评价方法		2018-12-25	2019-5-1
441	DL/T 1930—2018	火力发电厂汽水压力管道制造质量监理技术规程		2018-12-25	2019-5-1
442	DL/T 1931—2018	电力 LTE 无线通信网络安全防护要求		2018-12-25	2019-5-1

续表

序号	标准编号	标准名称	被代替标准号	发布日期	实施日期
443	DL/T 1932—2018	6kV～35kV 电缆振荡波局部放电测量系统检定方法		2018-12-25	2019-5-1
444	DL/T 1933.4—2018	塑料光纤信息传输技术实施规范　第 4 部分：塑料光缆		2018-12-25	2019-5-1
445	DL/T 1933.5—2018	塑料光纤信息传输技术实施规范　第 5 部分：光缆布线要求		2018-12-25	2019-5-1
446	DL/T 1934—2018	火力发电厂直接空冷系统运行导则		2018-12-25	2019-5-1
447	DL/T 1935—2018	架空导线载流量试验方法		2018-12-25	2019-5-1
448	DL/T 1936—2018	配电自动化系统安全防护技术导则		2018-12-25	2019-5-1
449	DL/T 1937—2018	垃圾发电厂监控系统技术规范		2018-12-25	2019-5-1
450	DL/T 1938—2018	垃圾发电厂炉渣处理技术规范		2018-12-25	2019-5-1
451	DL/T 1939—2018	垃圾发电厂渗沥液处理技术规范		2018-12-25	2019-5-1
452	DL/T 1940—2018	智能变电站以太网交换机测试规范		2018-12-25	2019-5-1
453	DL/T 1941—2018	可再生能源发电站电力监控系统网络安全防护技术规范		2018-12-25	2019-5-1
454	DL/T 1942—2018	燃气轮发电机组静止变频启动系统通用技术条件		2018-12-25	2019-5-1
455	DL/T 1943—2018	合并单元现场检验规范		2018-12-25	2019-5-1
456	DL/T 1944—2018	智能变电站手持式光数字信号试验装置技术规范		2018-12-25	2019-5-1
457	DL/T 1945—2018	高压直流输电系统换流变压器标准化接口规范		2018-12-25	2019-5-1
458	DL/T 1946—2018	气体绝缘金属封闭开关设备 X 射线透视成像现场检测技术导则		2018-12-25	2019-5-1
459	DL/T 1947—2018	交流特高压电气设备现场交接特殊试验监督规程		2018-12-25	2019-5-1
460	DL/T 1948—2018	架空导体能耗试验方法		2018-12-25	2019-5-1
461	DL/T 1949—2018	火力发电厂热工自动化系统电磁干扰防护技术导则		2018-12-25	2019-5-1
462	DL/T 1950—2018	变电站数据通信网关机检测规范		2018-12-25	2019-5-1
463	DL/T 1951—2018	变压器绕组变形测试仪通用技术条件		2018-12-25	2019-5-1
464	DL/T 1952—2018	变压器绕组变形测试仪校准规范		2018-12-25	2019-5-1
465	DL/T 1953—2018	电容电流测试仪通用技术条件		2018-12-25	2019-5-1
466	DL/T 1954—2018	基于暂态地电压法局部放电检测仪校准规范		2018-12-25	2019-5-1
467	DL/T 1955—2018	计量用合并单元测试仪通用技术条件		2018-12-25	2019-5-1
468	DL/T 1956—2018	绝缘管型母线运行监测系统通用技术条件		2018-12-25	2019-5-1
469	DL/T 1957—2018	电网直流偏磁风险评估与防御导则		2018-12-25	2019-5-1
470	DL/T 1958—2018	电子式电压互感器状态检修导则		2018-12-25	2019-5-1
471	DL/T 1959—2018	电子式电压互感器状态评价导则		2018-12-25	2019-5-1
472	DL/T 1960—2018	变电站电气设备抗震试验技术规程		2018-12-25	2019-5-1
473	DL/T 5143—2018	变电站和换流站给水排水设计规程	DL/T 5143—2002	2018-12-25	2019-5-1
474	DL/T 5161.1—2018	电气装置安装工程质量检验及评定规程　第 1 部分：通则	DL/T 5161.1—2002	2018-12-25	2019-5-1

续表

序号	标准编号	标准名称	被代替标准号	发布日期	实施日期
475	DL/T 5161.2—2018	电气装置安装工程质量检验及评定规程 第 2 部分：高压电器施工质量检验	DL/T 5161.2—2002	2018-12-25	2019-5-1
476	DL/T 5161.3—2018	电气装置安装工程质量检验及评定规程 第 3 部分：电力变压器、油浸电抗器、互感器施工质量检验	DL/T 5161.3—2002	2018-12-25	2019-5-1
477	DL/T 5161.4—2018	电气装置安装工程质量检验及评定规程 第 4 部分：母线装置施工质量检验	DL/T 5161.4—2002	2018-12-25	2019-5-1
478	DL/T 5161.5—2018	电气装置安装工程质量检验及评定规程 第 5 部分：电缆线路施工质量检验	DL/T 5161.5—2002	2018-12-25	2019-5-1
479	DL/T 5161.6—2018	电气装置安装工程质量检验及评定规程 第 6 部分：接地装置施工质量检验	DL/T 5161.6—2002	2018-12-25	2019-5-1
480	DL/T 5161.7—2018	电气装置安装工程质量检验及评定规程 第 7 部分：旋转电机施工质量检验	DL/T 5161.7—2002	2018-12-25	2019-5-1
481	DL/T 5161.8—2018	电气装置安装工程质量检验及评定规程 第 8 部分：盘、柜及二次回路接线施工质量检验	DL/T 5161.8—2002	2018-12-25	2019-5-1
482	DL/T 5161.9—2018	电气装置安装工程质量检验及评定规程 第 9 部分：蓄电池施工质量检验	DL/T 5161.9—2002	2018-12-25	2019-5-1
483	DL/T 5161.10—2018	电气装置安装工程质量检验及评定规程 第 10 部分：66kV 及以下架空电力线路施工质量检验	DL/T 5161.10—2002	2018-12-25	2019-5-1
484	DL/T 5161.11—2018	电气装置安装工程质量检验及评定规程 第 11 部分：通信工程施工质量检验	DL/T 5161.11—2002	2018-12-25	2019-5-1
485	DL/T 5161.12—2018	电气装置安装工程质量检验及评定规程 第 12 部分：低压电器施工质量检验	DL/T 5161.12—2002	2018-12-25	2019-5-1
486	DL/T 5161.13—2018	电气装置安装工程质量检验及评定规程 第 13 部分：电力变流设备施工质量检验	DL/T 5161.13—2002	2018-12-25	2019-5-1
487	DL/T 5161.14—2018	电气装置安装工程质量检验及评定规程 第 14 部分：起重机电气装置施工质量检验	DL/T 5161.14—2002	2018-12-25	2019-5-1
488	DL/T 5161.15—2018	电气装置安装工程质量检验及评定规程 第 15 部分：爆炸及火灾危险环境电气装置施工质量检验	DL/T 5161.15—2002	2018-12-25	2019-5-1
489	DL/T 5161.16—2018	电气装置安装工程质量检验及评定规程 第 16 部分：1kV 及以下配线工程施工质量检验	DL/T 5161.16—2002	2018-12-25	2019-5-1
490	DL/T 5161.17—2018	电气装置安装工程质量检验及评定规程 第 17 部分：电气照明装置施工质量检验	DL/T 5161.17—2002	2018-12-25	2019-5-1
491	DL/T 5210.5—2018	电力建设施工质量验收规程 第 5 部分：焊接	DL/T 5210.7—2010	2018-12-25	2019-5-1
492	DL/T 5339—2018	火力发电厂水工设计规范	DL/T 5339—2006	2018-12-25	2019-5-1
493	DL/T 5344—2018	电力光纤通信工程验收规范	DL/T 5344—2006	2018-12-25	2019-5-1
494	DL/T 5362—2018	水工沥青混凝土试验规程	DL/T 5362—2006	2018-12-25	2019-5-1
495	DL/T 5365—2018	电力数据通信网络工程初步设计文件内容深度规定	DL/T 5365—2006	2018-12-25	2019-5-1
496	DL/T 5425—2018	深层搅拌法地基处理技术规范	DL/T 5425—2009	2018-12-25	2019-5-1
497	DL/T 5550—2018	火力发电厂燃油系统设计规程		2018-12-25	2019-5-1
498	DL/T 5551—2018	架空输电线路荷载规范		2018-12-25	2019-5-1
499	DL/T 5552—2018	配电网规划研究报告内容深度规定		2018-12-25	2019-5-1

续表

序号	标准编号	标准名称	被代替标准号	发布日期	实施日期
500	DL/T 5772—2018	水电水利工程水力学安全监测规程		2018-12-25	2019-5-1
501	DL/T 5773—2018	水电水利工程施工机械安全操作规程　混凝土运输车		2018-12-25	2019-5-1
502	DL/T 5774—2018	水电水利基础处理工程竣工资料整编及验收规范		2018-12-25	2019-5-1
503	DL/T 5775—2018	水电水利工程水泥改性膨胀土施工技术规范		2018-12-25	2019-5-1
504	DL/T 5776—2018	水平定向钻敷设电力管线技术规定		2018-12-25	2019-5-1
505	DL/T 5777—2018	水工混凝土掺用硅粉技术规范		2018-12-25	2019-5-1
506	DL/T 5778—2018	水工混凝土用速凝剂技术规范		2018-12-25	2019-5-1
507	DL/T 5779—2018	气体绝缘金属封闭输电线路施工及验收规范		2018-12-25	2019-5-1
508	DL/T 5780—2018	智能变电站监控系统建设规范		2018-12-25	2019-5-1
509	DL/T 5781—2018	配电自动化系统验收技术规范		2018-12-25	2019-5-1
510	DL/T 5782—2018	20kV 及以下配电网工程后评价导则		2018-12-25	2019-5-1

索　引

内容索引

说明

本索引是全书条目和条目内容的主题分析索引。索引主题按先数字大小，再字母顺序，最后汉语拼音字母的顺序，并辅以汉字笔画、起笔笔形顺序排列。同音时，按汉字笔画由少到多的顺序排列，笔画数相同的按起笔笔形一(横)、丨(竖)、丿(撇)、丶(点)、㇕(折，包括㇆、㇗、㇛等)顺序排列。第一字相同时，同原则按第二字排列，余类推。

A

B

C

D

F

G

H

J

K

L

R

S

T

W

X

Z

表解中医

水曰润下，引申为凡具有滋润、下行、寒凉、闭藏等性质或作用的事物或现象

作者简介

严冬，江苏省中医院主任中医师，南京中医药大学副教授，硕士生导师，国家中医药创新骨干人才，全国第五批名老中医学术经验继承人，名老中医唐蜀华传承工作室成员，江苏省“青蓝工程”优秀青年骨干教师培养对象，江苏省中医学会心系分会常务委员，世联中医内科学会会员。

主要从事中医内科及心血管方向的临床、教学和科研工作20年，讲授《中医内科学》等课程6000余学时，发表SCI论文6篇，核心期刊论文60余篇，主编《中医临床必备知识表解手册》、副主编《中医内科处方手册》及参编著作10部，作为主持人和主要参加者完成国家自然科学基金、教育部博士点基金以及省厅级等各级课题16项。获江苏省科技进步三等奖1项，江苏中医药科学技术三等奖2项。主要研制潜阳育阴颗粒、补心软脉颗粒，并拥有发明专利3项。

擅长运用中医整体思维、象数思维、变易思[illegible]